Enzyklopädie der Neuzeit

Beobachtung – Dürre

2

im Auftrag des Kulturwissenschaftlichen Instituts (Essen)
und in Verbindung mit den Fachwissenschaftlern
herausgegeben von Friedrich Jaeger

Verlag J. B. Metzler
Stuttgart / Weimar

Bibliografische Information der Deutschen Bibliothek
Die Deutsche Bibliothek verzeichnet diese Publikation
in der Deutschen Nationalbibliografie;
detaillierte bibliografische Daten sind im Internet über
<http://dnb.ddb.de> abrufbar.

Gedruckt auf säure- und chlorfreiem,
alterungsbeständigem Papier.

Gesamtwerk:
ISBN-13: 978-3-476-01935-6
ISBN-10: 3-476-01935-7

Band 2:
ISBN-13: 978-3-476-01992-9
ISBN-10: 3-476-01992-6

Dieses Werk einschließlich aller seiner Teile ist urheberrechtlich geschützt. Jede Verwertung außerhalb der engen Grenzen des Urheberrechtsgesetzes ist ohne Zustimmung des Verlages unzulässig und strafbar. Das gilt insbesondere für Vervielfältigungen, Übersetzungen, Mikroverfilmungen und die Einspeicherung und Verarbeitung in elektronischen Systemen.

© 2005 J. B. Metzler'sche Verlagsbuchhandlung
und C. E. Poeschel Verlag GmbH in Stuttgart

www.metzlerverlag.de
info@metzlerverlag.de
www.enzyklopaedie-der-neuzeit.de

Einbandgestaltung:
Willy Löffelhardt

Satz:
Dörr + Schiller GmbH, Stuttgart

Kartografie:
Richard Szydlak, Tübingen

Druck und Bindung:
Kösel GmbH, Krugzell
www.koeselbuch.de

Printed in Germany
November / 2005

Verlag J. B. Metzler
Stuttgart / Weimar

Herausgebergremium

Geschäftsführender Herausgeber
PD Dr. Friedrich **Jaeger** (Essen)

Fachgebiete und Fachherausgeber/innen

FG 01: Staat, politische Herrschaft und internationales Staatensystem

Prof. Dr. Horst **Carl** (Gießen)
Prof. Dr. Christoph **Kampmann** (Marburg)

FG 02: Globale Interaktion

Prof. Dr. Helmut **Bley** (Hannover)
Prof. Dr. Hans-Joachim **König** (Eichstätt)
Prof. Dr. Stefan **Rinke** (Berlin)
Dr. Kirsten **Rüther** (Essen/Hannover)

FG 03: Recht und Verfassung

Prof. Dr. Wilhelm **Brauneder** (Wien)
Prof. Dr. Sibylle **Hofer** (Regensburg)
Prof. Dr. Diethelm **Klippel** (Bayreuth)

FG 04: Lebensformen und sozialer Wandel

Prof. Dr. Josef **Ehmer** (Wien)
Prof. Dr. Friedrich **Lenger** (Gießen)

FG 05: Wirtschaft

Prof. Dr. Ulrich **Pfister** (Münster)
Prof. Dr. Werner **Plumpe** (Frankfurt am Main)
Prof. Dr. Werner **Troßbach** (Kassel)

FG 06: Naturwissenschaften und Medizin

Prof. Dr. Friedrich **Steinle** (Wuppertal)
Prof. Dr. Reinhold **Reith** (Salzburg)

FG 07: Bildung, Kultur und Kommunikation

Prof. Dr. Wolfgang **Behringer** (Saarbrücken)
Prof. Dr. Gerrit **Walther** (Wuppertal)

FG 08: Kirchen und religiöse Kultur

Prof. Dr. Albrecht **Beutel** (Münster)
Prof. Dr. Walter **Sparn** (Erlangen-Nürnberg)

FG 09: Literatur, Kunst und Musik

Prof. Dr. Markus **Fauser** (Vechta)
Prof. Dr. Roland **Kanz** (Bonn)
Prof. Dr. Laurenz **Lütteken** (Zürich)
Prof. Dr. Silvia S. **Tschopp** (Augsburg)

FG 10: Umwelt und technischer Wandel

Prof. Dr. Reinhold **Reith** (Salzburg)
Prof. Dr. Friedrich **Steinle** (Wuppertal)

Inhaltsverzeichnis

Hinweise zur Benutzung	IX
Abkürzungsverzeichnis	X
Abbildungsverzeichnis	XIII
Die Autoren dieses Bandes	XVII
Übersetzer	XIX
Die Artikel dieses Bandes (Übersicht)	XX
Lemmata	1

Redaktion

Dr. Brigitte Egger (Redaktionsleitung)
Petra Enderle M. A.
Franz Hackenberg M. A.
Mirjam Neusius M. A.
Simone Schäfer M. A.

Teilherausgeber

FG 01: Staat, politische Herrschaft und internationales Staatensystem

Prof. Dr. Ronald G. **Asch** (Freiburg): Monarchie; Staat
Prof. Dr. Hartwig **Brandt** (Marburg/Lahn): Politische Bewegungen
Prof. Dr. Heinz **Duchhardt** (Mainz): Europa
Prof. Dr. Gabriele **Haug-Moritz** (Graz): Stände
Prof. Dr. Christoph **Kampmann** (Marburg/Lahn): Friede
Prof. Dr. Bernhard **Kroener** (Potsdam): Krieg
Prof. Dr. Rolf **Reichardt** (Mainz): Revolution
Prof. Dr. Georg **Schmidt** (Jena): Freiheit
Prof. Dr. Reinhard **Stauber** (Klagenfurt): Nation
Prof. Dr. Wolfgang E. J. **Weber** (Augsburg): Politik

FG 02: Globale Interaktion

Dr. Ravi **Ahuja** (Heidelberg): Südostasiatische Staaten und Indischer Ozean
Prof. Dr. Helmut **Bley** (Hannover): Expansionen; Weltsysteme
Prof. Dr. Suraiya **Faroqhi** (München): Osmanisches Reich
Prof. Dr. Hans-Joachim **König** (Eichstätt): Expansionen; Neue Welt; Weltwahrnehmungen
Prof. Dr. Achim **Mittag** (Tübingen): Chinesische Welt
Prof. Dr. Hans-Heinrich **Nolte** (Hannover): Osteuropäische Welt
Prof. Dr. Stefan **Reichmuth** (Bochum): Islam
Prof. Dr. Stefan **Rinke** (Berlin): Kulturkontakt, globaler; Neue Welt
Dr. Kirsten **Rüther** (Essen/Hannover): Kolonialismus; Religiöse Interaktion
Prof. Dr. Helwig **Schmidt-Glintzer** (Wolfenbüttel): Chinesische Welt

FG 03: Recht und Verfassung

Prof. Dr. Wilhelm **Brauneder** (Wien): Gesetz; Verfassung
Prof. Dr. Barbara **Dölemeyer** (Frankfurt/Main): Justiz
Prof. Dr. Sibylle **Hofer** (Regensburg): Recht; Privatrecht
Prof. Dr. Diethelm **Klippel** (Bayreuth): Naturrecht und Rechtsphilosophie; Grundrechte; Rechtswissenschaft
Prof. Dr. Peter **Oestmann** (Münster): Strafrecht
Prof. Dr. Gerd **Schwerhoff** (Dresden): Kriminalität
Prof. Dr. Thomas **Simon** (Wien): Öffentliches Recht

FG 04: Lebensformen und sozialer Wandel

Prof. Dr. Josef **Ehmer** (Wien): Bevölkerung; Lebenslauf
Prof. Dr. Gudrun **Gersmann** (Köln): Adel
Prof. Dr. Andreas **Gestrich** (Trier): Familie
Prof. Dr. Wolfgang **Hardtwig** (Berlin): Genossenschaft, Verein
Prof. Dr. Friedrich **Lenger** (Gießen): Bürgertum; Stadt
Prof. Dr. Jan **Lucassen** (Amsterdam): Mobilität
Prof. Dr. Leo **Lucassen** (Amsterdam): Mobilität
Prof. Dr. Reinhold **Reith** (Salzburg): Handwerk
Prof. Dr. Edith **Saurer** (Wien): Lebensstile
Prof. Dr. Wolfgang **Schmale** (Wien): Gesellschaft
Prof. Dr. Claudia **Ulbrich** (Berlin): Geschlecht; Juden

FG 05: Wirtschaft

Prof. Dr. Markus **Denzel** (Leipzig/Bozen): Handel
Prof. Dr. Josef **Ehmer** (Wien): Arbeit
Prof. Dr. Mark **Häberlein** (Bamberg): Weltwirtschaft, europäische
Prof. Dr. Michael **North** (Greifswald): Geldwirtschaft
Prof. Dr. Werner **Plumpe** (Frankfurt/Main): Wirtschaft; Ökonomie, politische
Prof. Dr. Reinhold **Reith** (Salzburg): Gewerbe
Prof. Dr. Werner **Troßbach** (Kassel): Landwirtschaft; Ländliche Gesellschaft
Prof. Dr. Clemens **Zimmermann** (Saarbrücken): Ernährung

FG 06: Naturwissenschaften und Medizin

Prof. Dr. Wolfgang **Eckart** (Heidelberg): Medizin; Krankheit; Gesundheit
Prof. Dr. Moritz **Epple** (Frankfurt/Main): Mathematische Wissenschaften
Prof. Dr. Martin **Gierl** (Göttingen): Orte, Medien, Akteure des Wissens
Prof. Dr. Staffan **Müller-Wille** (Exeter): Naturgeschichte
Prof. Dr. Christoph **Meinel** (Regensburg): Chemische Wissenschaften
Prof. Dr. Friedrich **Steinle** (Wuppertal): Physikalische Wissenschaften
Prof. Dr. Catherine **Wilson** (New York): Wissen und Wissensideale

FG 07: Bildung, Kultur und Kommunikation

Dr. Matthias **Asche** (Tübingen): Universität
Prof. Dr. Wolfgang **Behringer** (Saarbrücken): Alltagskultur und Mentalitäten
Dr. Klaus **Beyrer** (Frankfurt/Main): Kommunikation
Dr. Jens **Bruning** (Göttingen): Schule
Prof. Dr. Gerhard **Dohrn-van Rossum** (Chemnitz): Zeit
Dr. Sicco **Lehmann-Brauns** (Berlin): Philosophie
Prof. Dr. Clemens **Zimmermann** (Saarbrücken): Medien
Prof. Dr. Gerrit **Walther** (Wuppertal): Bildung und Ausbildung; Geschichte; Humanismus

FG 08: Kirchen und religiöse Kultur

Prof. Dr. Albrecht **Beutel** (Münster):
Frömmigkeitskulturen; Theologie
Prof. Dr. Michael **Bergunder** (Heidelberg):
Religionen
Prof. Dr. Karl Christian **Felmy** (Erlangen-Nürnberg):
Orthodoxe Kirchen
Prof. Dr. Thomas **Kaufmann** (Göttingen):
Konfessionalisierung
Prof. Dr. Karl-Erich **Grözinger** (Potsdam): Judentum
Prof. Dr. Hans **Schneider** (Marburg/Lahn):
Religiöse Bewegungen
Prof. Dr. Peter **Walter** (Freiburg):
Römisch-katholische Kirche
Prof. Dr. Walter **Sparn** (Erlangen-Nürnberg):
Säkularisierung; Weltbilder
Dr. Jennifer **Wasmuth** (Berlin): Orthodoxe Kirchen
Prof. Dr. Dorothea **Wendebourg** (Berlin):
Evangelische Kirchen

FG 09: Literatur, Kunst und Musik

Prof. Dr. Sibylle **Appuhn-Radtke** (München):
Graphik; Kunsttheorie; Malerei
Prof. Dr. Markus **Fauser** (Vechta): Literaturtheorie
Prof. Dr. Martin **Huber** (Hagen): Gattungsgeschichte
Prof. Dr. Roland **Kanz** (Bonn):
Kunsttheorie; Malerei; Skulptur
Prof. Dr. Hans-Jürgen **Lüsebrink** (Saarbrücken):
Komparatistik
Prof. Dr. Laurenz **Lüttchen** (Zürich): Musik
Prof. Dr. Dirk **Niefanger** (Erlangen-Nürnberg): Theater
PD Dr. Ulrich **Rehm** (Bonn): Malerei; Kunsttheorie
Prof. Dr. Silvia Serena **Tschopp** (Augsburg):
Literarische Institutionen; Gattungsgeschichte
PD Dr. Jürgen **Wiener** (Düsseldorf):
Architektur, Architekturtheorie

FG 10: Umwelt und technischer Wandel

Dr. Christoph **Bartels** (Bochum): Montanwesen
Dr. Dietmar **Bleidick** (Bochum): Energie
Prof. Dr. Rüdiger **Glaser** (Freiburg):
Klima und Naturkatastrophen
Dr. Torsten **Meyer** (Cottbus): Umwelt
Dr. Marcus **Popplow** (Cottbus):
Ingenieurwissenschaften; Transport und Verkehr
Prof. Dr. Reinhold **Reith** (Salzburg):
Technischer Wandel
Prof. Dr. Lars-Ulrich **Scholl** (Bremerhaven):
Transport und Verkehr
PD Dr. Jörn **Sieglerschmidt** (Konstanz): Natur
Prof. Dr. Wolfhard **Weber** (Bochum): Energie

Hinweise zur Benutzung

Die Stichwörter und das Auffinden von Informationen

Die Artikel der **Enzyklopädie der Neuzeit** (1450–1850) sind in alphabetischer Reihenfolge angeordnet. Informationen, die nicht als eigener Lexikoneintrag gefasst sind, können mit Hilfe des **Registers** aufgefunden werden. Dies betrifft Personen- und Ortsnamen, zu denen aus konzeptionellen Gründen keine Artikel vorgesehen sind, aber auch eine Vielzahl weiterer Sachbegriffe. Ein **Registerband**, der Register zu Personen, Orten und Sachen enthält, erscheint als Band 16 nach Abschluss der enzyklopädischen Bände 1–15.

Interims-Register

Die **Register zu den laufenden Bänden** werden schon vorab im Internet zur Verfügung gestellt. Kurz nach Erscheinen der einzelnen Bände ist ein jeweils aktualisiertes **Interims-Register** über die Homepage der Enzyklopädie unter folgender Adresse zugänglich: http://www.enzyklopaedie-der-neuzeit.de – Navigationspunkt: Interims-Register.

Der Aufbau der Artikel

Eine Vorab-Gliederung zu Beginn der Artikel listet nach Art einer Inhaltsübersicht die Zwischenüberschriften ersten Ranges auf. Lange Artikel haben zur besseren Orientierung weitere Vorab-Gliederungen nach den einzelnen Kapitelüberschriften.

Ziffern in eckigen Klammern [1] beziehen sich auf Einträge in der Bibliographie. Diese Ziffern können um spezielle Seitenzahlen ergänzt sein [2. 227–234].

Schräggestellte Pfeile vor Begriffen im Text (↗) verweisen auf weitere Artikel der *Enzyklopädie*, die zusätzliche Informationen enthalten. Am Ende des Artikeltexts, vor dem bibliographischen Teil, finden sich die Schlussverweise (→). Unter dieser Rubrik sind allgemein verwandte und weiterführende Lemmata zum Thema aufgeführt (»Wo kann ich mehr zu diesem Gegenstand lesen?«).

Die Bibliographie am Ende jeden Artikels kann einteilig oder in die Kategorien »Quellen« und »Sekundärliteratur« getrennt sein. Unter »Quellen« sind in diesem Fall Quellentexte der Neuzeit, also des 15.–19. Jahrhunderts, angeführt.

Abkürzungen

Die allgemeinen und bibliographischen Abkürzungen sind im Abkürzungsverzeichnis am Anfang des Bandes aufgelöst.

Abbildungen

Texte und Abbildungen/Karten stehen in engem Zusammenhang. Eine erläuternde Bildunterschrift enthält jeweils Hinweise zur Interpretation. Weitere Angaben finden sich in der Liste der Abbildungen am Beginn des Bandes.

Abkürzungsverzeichnis

1. Allgemeine Abkürzungen

ABGB	Allgemeines Bürgerliches Gesetzbuch
afrikan.	afrikanisch
ägypt.	ägyptisch
ALR	Allgemeines Landrecht für die preußischen Staaten
amerikan.	amerikanisch
angelsächs.	angelsächsisch
arab.	arabisch
asiat.	asiatisch
AT	Altes Testament
belg.	belgisch
bes.	besonders
BGB	Bürgerliches Gesetzbuch
Bl.	Blatt
böhm.	böhmisch
brasil.	brasilianisch
brit.	britisch
bulg.	bulgarisch
byz.	byzantinisch
bzw.	beziehungsweise
ca.	circa
chines.	chinesisch
christl.	christlich
d. Ä.	der Ältere
d. h.	das heißt
d. J.	der Jüngere
dän.	dänisch
dt.	deutsch
elsäss.	elsässisch
engl.	englisch
etc.	et cetera
europ.	europäisch
evang.	evangelisch
fläm.	flämisch
franz.	französisch
Frühe Nz.	Frühe Neuzeit
frühnzl.	frühneuzeitlich
gedr.	gedruckt
gegr.	gegründet
german.	germanisch
ggf.	gegebenenfalls
griech.	griechisch
hebr.	hebräisch
hl.	heilig
histor.	historisch
holländ.	holländisch
i. Allg.	im Allgemeinen
i. e.	id est
iber.	iberisch
ind.	indisch
indian.	indianisch
insbes.	insbesondere
iran.	iranisch
islam.	islamisch
ital.	italienisch
japan.	japanisch
Jh.(s)	Jahrhundert(s)
jüd.	jüdisch
kath.	katholisch
kelt.	keltisch
kroat.	kroatisch
kulturwiss.	kulturwissenschaftlich
lat.	lateinisch
lit.	literarisch
MA	Mittelalter
ma.	mittelalterlich
math.	mathematisch
mex.	mexikanisch
mhdt.	mittelhochdeutsch
mlat.	mittellateinisch
muslim.	muslimisch
n. Chr.	nach Christus
niederl.	niederländisch
nördl.	nördlich
norweg.	norwegisch
NT	Neues Testament
Nz.	Neuzeit
nzl.	neuzeitlich
o. Ä.	oder Ähnliches
o. g.	oben genannt
oriental.	orientalisch
orth.	orthodox
osman.	osmanisch
österr.	österreichisch
östl.	östlich
pers.	persisch
poln.	polnisch
portug.	portugiesisch
preuß.	preußisch
protest.	protestantisch
r.	recto
röm.	römisch
roman.	romanisch
russ.	russisch
s. o.	siehe oben
s. u.	siehe unten
schott.	schottisch
schwed.	schwedisch
schweizer.	schweizerisch
skand.	skandinavisch

Abkürzungsverzeichnis

sog.	so genannt		Bibl.	Bibliothek
span.	spanisch		gedr.	gedruckt
südl.	südlich		Enz.	Enzyklopädie
u. a.	unter anderem/anderen		et al.	et alii, et aliae (und andere)
u. Ä.	und Ähnliche(s)		FS	Festschrift
u. g.	unten genannt		ges.	gesammelte
u. ö.	und öfter		Handwb.	Handwörterbuch
u. v. m.	und viele(s) mehr		Hdb.	Handbuch
ungar.	ungarisch		Hrsg., hrsg.	Herausgeber, herausgegeben
ursprgl.	ursprünglich		Jb.	Jahrbuch
usw.	und so weiter		Jbb.	Jahrbücher
v.	verso		Kat.	Katalog
v. a.	vor allem			
v. Chr.	vor Christus		Komm.,	Kommentar,
venez.	venezianisch		komm.	kommentiert
vgl.	vergleiche		Lex.	Lexikon
westl.	westlich		N. F.	Neue Folge
wiss.	wissenschaftlich		N. S.	Neue Serie, Nova Series, New Series etc.
z. B.	zum Beispiel		Ndr.	Nachdruck
z. T.	zum Teil		Orig.	Original
			Proc.	Proceedings
			Rez., rez.	Rezension, rezensiert
			Slg.	Sammlung
			Übers.,	Übersetzung,
			übers.	übersetzt
			WB	Wörterbuch
			Zsch.	Zeitschrift

2. Maße

a	Ar
cm	Zentimeter
dm	Dezimeter
h	Stunde
ha	Hektar
km	Kilometer
km^2	Quadratkilometer
l	Liter
m	Meter
m^2	Quadratmeter
m^3	Kubikmeter
min	Minute
Mio.	Million(en)
ml	Milliliter
mm	Millimeter
ms	Millisekunde
s	Sekunde
t	Tonne
Mrd.	Milliarde(n)

3. Abkürzungen in der Bibliographie

Abt.	Abteilung
Art.	Artikel
Ass.	Association, Associazione
Aufl.	Auflage
Ausg.	Ausgabe
Ausst.	Ausstellung
Ausst.kat.	Ausstellungskatalog
Bd.	Band
Bde.	Bände

4. Bibliographische Abkürzungen

AFG	Archiv für Kulturgeschichte
ÄGB	Ästhetische Grundbegriffe, hrsg. von K. Barck et al., 2000-2005
DNP	Der Neue Pauly. Enzyklopädie der Antike, hrsg. von H. Cancik et al., 1996-2003
DRW	Deutsches Rechtswörterbuch, hrsg. von der Preußische Akademie der Wissenschaften, danach von der Heidelberger Akademie der Wissenschaften, 1914ff.
DVjs	Deutsche Vierteljahrsschrift für Literaturwissenschaft und Geistesgeschichte
GG	Geschichte und Gesellschaft
GGB	Geschichtliche Grundbegriffe. Historisches Lexikon zur politisch-sozialen Sprache in Deutschland, hrsg. von O. Brunner et al., 1972-1997
GWU	Geschichte in Wissenschaft und Unterricht
HGE	Handbuch der Geschichte Europas, hrsg. von P. Blickle, 2002 ff.
HRG	Handwörterbuch zur deutschen Rechtsgeschichte
HRelG	Handbuch religionswissenschaftlicher Grundbegriffe, hrsg. von H. Cancik et al., 1998-2001

HWPh	Historisches Wörterbuch der Philosophie, hrsg. von J. Ritter, 1971 ff.
HWRh	Historisches Wörterbuch der Rhetorik, hrsg. von G. Ueding, 1992 ff.
JbWG	Jahrbuch für Wirtschaftsgeschichte
HZ	Historische Zeitschrift
Kant AA	Immanuel Kant, Gesammelte Schriften (Akademie-Ausgabe), hrsg. von Wilhelm Dilthey et al., 1900 ff.
Krünitz	Ökonomische Encyklopädie oder Allgemeines System der Staats-, Stadt-, Haus- und Landwirtschaft (später: Ökonomisch-technologische Encyclopädie), begründet von Johann Georg Krünitz, 1773 bis 1858 in 242 Bänden (mehrere Auflagen)
LiLi	Zeitschrift für Literaturwissenschaft und Linguistik
LMA	Lexikon des Mittelalters, 1977-1988
LThK	Lexikon für Theologie und Kirche. 3. Aufl., hrsg. von W. Kasper, 1993-2001
HJb	Historisches Jahrbuch
MGG²	Die Musik in Geschichte und Gegenwart. Neubearbeitete Ausg., hrsg. von L. Finscher et al., 1994 ff. (S: Sachteil; P: Personenteil)
NGr²	The New Grove Dictionary of Music and Musicians, hrsg. von St. Sadie, 2. Auflage, 2001
ÖZG	Österreichische Zeitschrift für Geschichtswissenschaften
P & P	Past and Present
RDK	Reallexikon zur Deutschen Kunstgeschichte, hrsg. vom Zentralinstitut für Kunstgeschichte München, 1937 ff.
RDL	Reallexikon der deutschen Literaturwissenschaft, hrsg. von K. Weimar, 1997 ff.
RGG³	Die Religion in Geschichte und Gegenwart. Handwörterbuch für Theologie und Religionswissenschaft, hrsg. von K. Galling et al., 3. Aufl., 1957-1965
RGG⁴	Religion in Geschichte und Gegenwart, hrsg. von H.D. Betz et al., 4. Aufl. 1998 ff.
TRE³	Theologische Realenzyklopädie, hrsg. von G. Müller, 3. Aufl., 1977-2004
VSWG	Vierteljahrschrift für Sozial- und Wirtschaftsgeschichte
WdF	Wege der Forschung
Zedler	Großes vollständiges Univeral Lexikon aller Wissenschafften und Künste, hrsg. von Johann Heinrich Zedler, 64 Bde. und 4 Suppl.-Bde., 1732-1754
ZfKG	Zeitschrift für Kunstgeschichte
ZHF	Zeitschrift für Historische Forschung
ZKG	Zeitschrift für Kirchengeschichte
ZRG (GA/ KA/ RA)	Zeitschrift der Savigny-Stiftung für Rechtsgeschichte (Germanistische Abteilung / Kanonistische Abteilung / Romanistische Abteilung)

Abbildungsverzeichnis

Nicht in allen Fällen war es möglich, die Rechtsinhaber geschützter Bilder zu ermitteln. Selbstverständlich wird der Verlag berechtigte Ansprüche auch nach Erscheinen des Buches erfüllen.

Beobachtung, Abb. 1: Darstellung des großen Mauerquadranten auf der Insel Hven (Kupferstich aus: Tycho Brahe, Astronomiae instauratae mechanica, Wandsbek 1598, S. A 4v).
Bergbautechnik
Abb. 1: Heinrich Groff, Arbeiten in der Grube La rouge myne de Sainct Nicolas bei St. Croix, Elsass (Federzeichnung auf Papier, um 1530). Foto: Deutsches Bergbau-Museum Bochum.
Abb. 2: Georg Winterschmidt, Wassersäulenmaschine (Tafel XIX aus: Abhandlung von der Winterschmidtischen Wassersäulen-Maschine, 1763; Kupferstich nach einer Handzeichnung des Konstrukteurs). Foto: Deutsches Bergbau-Museum Bochum.
Bergmann, Abb. 1: Georg Engelhardt Löhneyß, Bericht vom Bergwerk, Zellerfeld 1617 (Ausschnitt aus dem Titelblatt).
Bergmannsstand, Abb. 1: Das löbliche und weitberühmbte Bergwerck zu Freyberg in Meisnerlandt / sampt dem Brandt (Brandt-Erbisdorf bei Freiberg) / und seinen zugehörigen Gebirgen und Refier / Gedruckt im Tausent Fünffhundert und drey und siebenzigsten Jahr (Titelholzschnitt aus: Austeilung der Churfuerstlichen Alten / weitberuehmbten Bergstadt Freyberg / in Meissen, Freiberg 1594).
Beschneidung, Abb. 1: Beschneidung Jesu (Holzschnitt aus: Bernhard Richel, Speculum humanae salvationis, 1476).
Besteck, Abb. 1: Flämischer Wandteppich, 15. Jh. (Ausschnitt aus der Abendmahldarstellung). Thiers, Musée de la Coutellerie.
Bevölkerung
Abb. 1: Die Bevölkerung Europas 1400–1850 (Diagramm).
Abb. 2: Die Wachstumsraten der europ. Bevölkerung 1400–1850 (jährliches Wachstum pro 1000 Einwohner; Tabelle).
Abb. 3: Die Bevölkerung europ. Länder 1550–1850 (in Mio., bezogen auf ihr gegenwärtiges Territorium; Tabelle).
Abb. 4: Die Bevölkerung der großen europ. Mächte in Millionen (in den jeweiligen Grenzen). Bezugsjahre: Frankreich 1707, 1789, 1856; Russland 1719, 1795, 1850; Habsburgermonarchie 1700, 1754, 1857; Preußen 1700, 1816, 1871 (Diagramm).
Abb. 5: Die Bevölkerungsdichte in Europa um 1600 (Karte). Neuzeichnung nach Vorlagen von Josef Ehmer.
Abb. 6: Städte Europas um 1500 und um 1800 (zwei Karten). Neuzeichnung nach: J.-P. Bardet / J. Dupâquier (Hrsg.), Histoire des populations de l'Europe, Bd. 1, 1997 sowie Vorlagen von Josef Ehmer.
Abb. 7: Das demographische System West- und Nordwesteuropas (1600–1750; Tabelle).
Bibliothek
Abb. 1: Juan de Herrera, Bibliothek des Escorial in Madrid, um 1576 (Ausmalung von Pellegrino Tibaldi 1590–1592). Foto: Holger Simon.
Abb. 2: Daniel Gran, Apotheose Kaiser Karls VI. (Ausschnitt aus dem Deckengemälde der Wiener Hofbibliothek; Ausmalung 1726–1730). Foto: Stefan Hoppe.
Biedermeier, Abb. 1: Georg Friedrich Kersting, Vor dem Spiegel, 1827 (Öl auf Holz). Kiel, Kunsthalle.
Biene
Abb. 1: Waldbienenzucht (Kupferstich aus: Johann Georg Krünitz, Das Wesentlichste der Bienen-Geschichte und Bienenzucht..., Berlin 1774).

Abb. 2: Gartenbienenzucht (Holzschnitt aus: Olaus Magnus, Historia de gentibus septentrionalibus, Rom 1555).
Bier
Abb. 1: »Der Bier-Brauer« (Kupferstich aus: Georg Christoph Weigel, Abbildung der gemein-nützlichen Haupt-Stände, Regensburg 1698, nach S. 546).
Abb. 2: William Hogarth, Beer Street, 1751 (Stahlstich; 3. Zustand). London, British Museum, Inv. Nr.: C.c. 2–165.
Bildergeschichte
Abb. 1: Ein grawsamlich geschicht Geschehen zu passaw Von den Juden... (Einblattholzschnitt, Passau, ca. 1470). München, Staatliche Graphische Sammlung.
Abb. 2: Wahrhafte Beschreibung deß Urtheils / so Anno 1666... an einem weit beschreiten vnd erschröcklichen Zauberer vollbracht worden (Einblattholzschnitt, Augsburg nach 1666). München, Stadtmuseum, Inv. Nr.: Maillinger I/532.
Abb. 3: H. Hoffmann, Der Struwwelpeter oder lustige Geschichten und drollige Bilder...; Urmanuskript von 1844, S. 7 (kolorierte Federzeichnung). Nürnberg, Germanisches Nationalmuseum.
Bilderverehrung, Abb. 1: Michael Ostendorfer, Die Wallfahrt zur »Schönen Madonna zu Regensburg« (Holzschnitt, um 1519/1520).
Bildhauertechnik
Abb. 1: Nanni di Banco, Sockelrelief vom Tabernakel der Quattro Santi Coronati (Florenz, Orsanmichele um 1414–1416).
Abb. 2: Georg Pencz, Kinder des Planeten Merkur, (Holzschnitt, 1531; Detail).
Abb. 3: Metodo di modellare con terra (Kupferstich aus: F. Carradori, Instruzione elementare per gli studiosi della scultura, Florenz 1802).
Abb. 4: Nachguss von Giambolognas Bronzestatuette des Mars. Berlin, Staatliche Museen, Skulpturensammlung.
Bildpropaganda
Abb. 1: Hans Baldung gen. Grien, Martin Luther als inspirierter Heiliger (Holzschnitt aus: Martin Luther, Acta et Res Gestae D[omini] Martini Lutheri in Comitiis Principu[m] Wormaciae, Straßburg 1521).
Abb. 2: George Murgatroyd Woodward, Freedom on the Continent, 1803 (kolorierte Radierung).
Biologie
Abb. 1: Darstellungen der Honigbiene und ihrer Organe nach Beobachtungen und Zeichnungen Francesco Stellutis (Kupferstich aus: Francesco Stelluti, Persio tradotto, Rom 1630, S. 52).
Abb. 2: Darstellung von Versuchen zum Stoffhaushalt von Pflanzen durch Stephen Hales (aus: Stephen Hales, Vegetable Staticks, London 1727, S. 28).
Blei
Abb. 1: Seigerherd zum Ausschmelzen von Silber aus metallischem Kupfer mit Hilfe von Blei (aus: Georg Agricola, Zwölf Bücher vom Berg- und Hüttenwesen, Basel 1557).
Abb. 2: Treibarbeit zur Trennung von Silber und Blei im 16. Jh. (aus: Georg Agricola, Zwölf Bücher vom Berg- und Hüttenwesen, Basel 1557).
Bleichereigewerbe, Abb. 1: Heinrich Vogtherr, Wahre Kontrafaktur der löblichen Stadt St. Gallen und ihrer umliegenden Landschaft, 1545 (Holzschnitt).

Boden
Abb. 1: Dünenbildung in einer Heidelandschaft. Ausschnitt aus einem Ölgemälde von Ludwig Menke (Die Senne, 1865). Detmold, Lippisches Landesmuseum.
Abb. 2: Bodenerosion im Kartenbild. Nachzeichnung der historischen Flurkarte »Grund Riß des Amts Herzberger Schenkflure vor Lütgenhausen wie selbige bey der in dem Jahre 1768 vollstreckten Vermessung von den Zehentzehern angewiesen und befunden worden von Johann Heinrich Kaltenbach«. Aus: H.-R. Bork, Landschaftsentwicklung in Mitteleuropa, Gotha und Stuttgart, Klett-Perthes 1998, S. 260.

Bodenbearbeitung
Abb. 1: Einsatz der Ackerwalze auf einem Gutsbetrieb (Kupferstich aus: Franz Philipp Florin, Oeconomus prudens et legalis, 3. Buch, Leipzig 1722, S. 587).
Abb. 2: Querschnitt durch den Aufbau eines Bifangs. Neuzeichnung nach: R. Beck, Unterfinning, 1993, S. 125.

Botanik
Abb. 1: Darstellung einer »demonstratio« im botanischen Garten von Leyden (Detail aus: Petrus Paaw, Hortus publicus academiae Lugdunum-Batavae, 1661).
Abb. 2: Gartenkatalog zu Beginn des 18.Jh.s (Seite aus: Johann Jacob Dillen, Catalogus plantarum circa Gissam sponte nascentium, 1718).
Abb. 3: Frontispiz zu Carl von Linnés »Hortus Cliffortianus« (1737).

Botanischer Garten
Abb. 1: Grundriss des Botanischen Gartens von Padua (Kupferstich von Girolamo Porro, aus: L'Horto dei semplici di Padova, 1591).
Abb. 2: Ansicht des Botanischen Gartens von Uppsala (Kupferstich aus: Carl von Linné, Hortus Upsaliensis, 1745).

Botenwesen, Abb. 1: Botenordnung mit Postabgängen, 1610 (kolorierter Holzschnitt). Frankfurt, Museum für Kommunikation.

Botschafter, Abb. 1: Eugène Delacroix, Bildnis Charles de Mornays in Botschafteruniform, 1832 (Aquarell). Paris Musée du Louvre, D.A.G., Inv. Nr.: RF 9564. Foto: Christian Jean, RMN / Vertrieb: Bpk Berlin.

Brandschatzung, Abb. 1: Erhard Schön, Der Brandmeister (Einblattholzschnitt, Nürnberg 1535).

Brei
Abb. 1: »Erbs-Koch«, aus: Zedlers Universal Lexikon, Bd. 8, 1734, Sp. 1504.
Abb. 2: »Haber-Grütze«, aus: Zedlers Universal Lexikon, Bd. 12, 1735, Sp. 41.

Brille, Abb. 1: Der Hl. Petrus mit einer Nietbrille. Ausschnitt aus der Predella des Hochaltars der St. Jakobs-Kirche in Rothenburg ob der Tauber von Friedrich Herlin, 1466.

British Empire, Abb. 1: Das British Empire und seine Flottenstützpunkte um 1850 (Karte). Neuzeichnung nach: A.N. Porter (Hrsg.), Atlas of British Overseas Expansions, 1991, S. 122 sowie nach Vorlagen von Helmut Bley.

Brücke
Abb. 1: Enwurf Andrea Palladios zum Bau einer steinernen Brücke über den Canal Grande in Venedig (Kupferstich aus: Andrea Palladio, I quattro libri dell'architettura, Buch 3, Venedig 1570, S. 22–23).
Abb. 2: Eisenbahnbrücke über den Severn bei Coalbrookdale (Frontispiz der »Sammlung nützlicher Aufsätze und Nachrichten, die Baukunst betreffend«, Bd. 1, 1797).

Abb. 3: Verschiedene Brückenkonstruktionen (aus: Max Becker, XXV Tafeln zur Allgemeinen Baukunde des Ingenieurs, Stuttgart 1853, Taf. V).

Brunnen
Abb. 1: Johann Adam Delsenbach, Der Neue-Bau zu Nürnberg gegen das Hallerthür (Kupferstich, 1753). Nürnberg, Museen der Stadt Nürnberg, Graphische Sammlung, Inv. Nr.: Nor. K. 7000 M21.
Abb. 2: Giambologna, Neptunbrunnen in Bologna, 1563–1567 (Bronze und Veroneser Marmor).
Abb. 3: Gianlorenzo Bernini, Tritonbrunnen in Rom, Piazza Barberini, 1643 vollendet (Travertin). Foto: Doris Lehmann.

Buchillustration
Abb. 1: Leipziger Biblia pauperum, drittes Viertel des 15. Jh.s. Leipzig, Universitätsbibliothek, Rep. II. 114, Bl. 29r.
Abb. 2: Breviarium Romanum, Antwerpen 1614 (Titelkupfer von Theodor Galle).

Bühnenbild
Abb. 1: Matthäus Küsel nach Ludovico Burnacini, Bocca d'inferno (Kupferstich mit Radierung, ca. 14,5 x 8,5 cm). 7. Bühnenbild zum 2. Akt, 6.–7. Szene, der Oper »Il pomo d'oro« von M.A. Cesti und F. Sbarra, Wien 1667.
Abb. 2: Francesco Galli Bibiena, Zweigeschossige Kuppelrotunde mit Karyatiden, erstes Drittel des 18. Jh.s. (Feder in Braun, laviert, 45,2 x 40 cm). Bühnenbild für eine Opera Seria. Innsbruck, Tiroler Landesmuseum Ferdinandeum.

Bürgerliche Gesellschaft, Abb. 1: D. Doncre, Le juge Pierre Lecoq et sa famille, 1791 (Ölgemälde). Vizille, Musée de la Révolution française, Inv. Nr.: MRF 1984-263.

Bürgerunruhen
Abb. 1: Tumult und Aufflauff zu Leipzig, an(no) 93, den 19. und 20. Meiens ... (Radierung, ca. 1593). Leipzig, Stadtgeschichtliches Museum.
Abb. 2: Ware abconterfeyung Welcher gestalt Vier aufrurer in Leipzig Vor dem Rahthaus seint enthoubt Worden ... (Radierung, ca. 1593). Leipzig, Stadtgeschichtliches Museum.

Büste, Abb. 1: Gianlorenzo Bernini, Büste des Scipione Borghese, 1632 (Marmor, 100 x 82 x 48 cm). Rom, Galleria Borghese.

Chaussee, Abb. 1: Straßenquerschnitt nach Pierre-Marie-Jérôme Trésaguet (aus: Pierre-Marie-Jérôme Trésaguet, Mémoire sur la construction et l'entretien des chemins ..., 1775).

Chinesische Welt, Abb. 1: Cao Junyi, Gesamtkarte der Neun Grenzmarken, der Himmelsfelder sowie der Wegstrecken im ganzen Reich, Nanking 1644 (Tianxia jiubian fenye renji lucheng quantu; 125 x 121 cm). London, British Library, Maps.*60875. (11).

Chinoiserie, Abb. 1: Daniel Marot, Entwurf für eine Kaminwand (Kupferstich, Blatt 33 der Folge »Nouvelles Cheminée faittes en plusieurs endroits de la Hollande et autres Provinces du dessin du D. Marot«, Œuvres du Sr D. Marot ..., Amsterdam, 2. Aufl. 1712; 1. Aufl. 1703). Dresden, Kupferstichkabinett. Foto: Sächs. Landesbibliothek Staats- und Universitätsbibliothek Dresden, Abt. Deutsche Fotothek; Aufnahme: Regine Richter (Archivnr. 280734).

Chor, Chormusik, Abb. 1: Festhalle d. 1. deutschen Sängerfestes, Würzburg 1845 (Lithographie von Franz Leinecker, 1845; aus: Egbert Gaerschen, Ehrenkranz des ersten deutschen Sängerfestes in Würzburg am 4., 5. und 6. August 1845, Würzburg 1845)

Christianisierung
Abb. 1: Kruzifix, Königreich Kongo, 18./19. Jh. (Bronze, Holz, Blech; 29 x 19 cm). Sammlung Bareiss. Foto: George Meister, München.

Abb. 2: Gnadenbild der Jungfrau von Guadalupe (Mexiko, 16. Jh.). Gadalupe Hidalgo, Wallfahrtskirche Nuestra Señora de Guadalupe.

Christologie
Abb. 1: Heinrich Aldegrever, Der Glaube, 1528 (Kupferstich).
Abb. 2: Albrecht Dürer, Christus in der Vorhölle, 1510 (Holzschnitt).

Dampfmaschine
Abb. 1: Thomas Saverys Dampfpumpe, um 1698.
Abb. 2: Denis Papins Hochdruckdampfmaschine ohne Kondensation 1698/1707 (Kupferstich aus: Denis Papin, Ars nova ad aquam ignis adminiculo efficacissime elevandam, 1707).
Abb. 3: Denis Papins Dampfzylinder, 1690 (Kupferstich aus: Acta eruditorum, 1690).
Abb. 4: Newcomens atmosphärische Dampfmaschine von Dudley Castle, 1712/13 (Kupferstich von Thomas Barney, 1719).
Abb. 5: Dampfmaschine von James Watt 1784 (nach: John Farey, A Treatise on the Steam Engine, 1827).

Deckenmalerei
Abb. 1: Michelangelo, Decke der Sixtinischen Kapelle im Vatikanischen Palast in Rom, 1508–1512.
Abb. 2: Raffael, Psyche-Loggia in der Villa Farnesina in Rom, 1518/19.
Abb. 3: Annibale Caracci, Galleria im Palazzo Farnese in Rom, 1597–1604.
Abb. 4: Pietro da Cortona, Salone im Palazzo Barberini in Rom, 1637.
Abb. 5: Cosmas Damian Asam, Vision des Hl. Benedikt, Langhaus-Deckenfresko der Benediktiner-Abteikirche Weingarten, 1718–1720.

Deich
Abb. 1: Reinhard Woltmann, Deichprofil für den sog. Hadeler Seeband-Deich, der sich an der Mündung der Elbe in die Nordsee (Cuxhaven) befindet (Federzeichnung um 1790). Otterndorf, Archiv des Landkreises Cuxhaven, Kspg. W.E. Ott., VI. A, Nr. 7.
Abb. 2: Deichbauarbeiten in Wischhafen (Niederelbe), 1719 (lavierte Federzeichnung). Stade, Niedersächsisches Staatsarchiv, Kartenabteilung, Neu Nr. 11912.

Demographische Katastrophe, Abb. 1: Die Entwicklung der indigenen Bevölkerung in Hispanoamerika 1492–1650 (Tabelle).

Demographische Krisen, Abb. 1: Eine demographische Krise des type ancien: Saint-Lambert-des-Levées (Pays de la Loire), 1625–1628 (Diagramm). Neuzeichnung nach: P. Guillaume / J.-P. Poussou, Démographie historique, 1970, S. 147.

Demographische Transition, Abb. 1: Schematisches Modell der demographischen Transition (Diagramm). Neuzeichnung nach Vorlagen von Josef Ehmer.

Denkmal, Abb. 1: Verschiedene Arten besonderer und symbolischer Säulen (aus: Augustin Charles Daviler und Leonhard Christoph Sturm, Anleitung zu der ganzen Civil-Baukunst, Augsburg 1759, Taf. 124).

Deposition, Abb. 1: »Siehe wie man Studenten macht...« (Depositionsdarstellung aus: Jakob von der Heyden, Speculum Cornelianum, Straßburg 1618).

Dialekt, Abb. 1: Der deutsche Sprachraum und seine Dialekte (Karte). Neuzeichnung nach Entwürfen von Peter Wiesinger.

Diplomatie
Abb. 1: Botschaftertreppe in Versailles (Kupferstich von Louis de Suruge de Surgis aus: Le Grand Escalier du château de Versailles, Taf. 6, 1725).
Abb. 2: Federico Zuccari, Allegorie des Disegno. Rom, Palazzo Zuccari, Sala del Disegno, um 1599.

Dorf
Abb. 1: Predigt des Hans Behem in Niklashausen (kolorierter Holzschnitt aus: Hartmann Schedel, Weltchronik, Nürnberg 1493, Bl. 255r).
Abb. 2: »Rodingen« (heute Rhoda bei Erfurt; Ausschnitt aus einer kolorierten Karte aus dem Jahr 1556). Arnstadt, Stadt- und Kreisarchiv, Bestand Stadt Arnstadt, Sign.: 093-03-7.

Draht, Abb. 1: »Die Drat-Mühl« (Kupferstich aus: Georg Christoph Weigel, Abbildung der gemein-nützlichen Haupt-Stände, Regensburg 1698, nach S. 294).

Drehbank
Abb. 1: Drechsler beim Abdrehen einer Büchse (aquarellierte Federzeichnung aus: Hausbuch der Mendelschen Zwölfbrüderstiftung zu Nürnberg, Album I: 1388–1545, fol. 18v). Nürnberg, Stadtbibliothek, Amb. 317.2.
Abb. 2: »Der Rothschmied-Drechsel« (Kupferstich aus: Georg Christoph Weigel, Abbildung der gemein-nützlichen Haupt-Stände, Regensburg 1698, nach S. 328).

Druckgraphik
Abb. 1: Hans Baldung, gen. Grien, Die Hexen, 1510 (Farbholzschnitt von zwei Platten, 37,5 x 27,7 cm; Detail). München, Staatliche Graphische Sammlung, Inv.Nr.: 1920:171.
Abb. 2: Claude Mellan, Vera Ikon, 1649 (Kupferstich von einer Platte, 43 x 32 cm; Detail). Paris, Bibliothèque Nationale de France, Cabinet des Estampes.
Abb. 3: Rembrandt Harmensz van Rijn, Flucht nach Ägypten, 1651 (Radierung mit Kaltnadel und Stichel, 12,7 x 11 cm; 1. Zustand). London, British Museum.
Abb. 4: Gilles Demarteau d. Ä. nach François Boucher, Mädchenkopf im Profil, um 1760–1770 (Crayonmanier, 21 x 16,5 cm).
Abb. 5: Francisco de Goya, Asta su Abuelo (Bis zu seinem Ahnen), 1799 (Caprichos, Bl. 39; Aquatinta, 21,8 x 15,4 cm).

Druckmedien
Abb. 1: Typographeum (Kupferstich aus: Christian Friedrich Geßner, Die so nöthig als nützliche Buchdruckerkunst und Schriftgießerey, Bd.1, Leipzig 1740, nach S. 170).
Abb. 2: Lithographische Schnellpresse, erfunden und gebaut von der Firma G. Sigl in Wien (Anzeige im Journal für Buchdruckerkunst, 1852).
Abb. 3: Beispiel einer »Newen Zeitung« mit einem Bericht über die Geburt siamesischer Zwillinge. (Einblattdruck mit Kupferstich-Illustrationen, Nürnberg ca. 1620). Wadgassen, Deutsches Zeitungsmuseum.

Dürre
Abb. 1: Ursachen und Auswirkungen von Dürre (Schaubild). Neuzeichnung nach Vorlagen des Drought Mitigation Centers sowie von Rüdiger Glaser.
Abb. 2: Rekonstruierte Luftdruckdatenfelder für den Sommer 1540 (Karte). Vorlage von Juerg Luterbacher et al. 2005.

Die Autoren dieses Bandes

Claudia **Albert** (Berlin): Bildungsroman
Clemens **Albrecht** (Koblenz): Bürgerlichkeit
Gerhard **Ammerer** (Salzburg): Bettler
Sibylle **Appuhn-Radtke** (München): Bildpropaganda; Druckgraphik
Stefanie **Arend** (Erlangen): Drama
Ronald G. **Asch** (Freiburg): Commonwealth
Matthias **Asche** (Tübingen): Dissertation
Babette **Ball-Krückmann** (München): Bühnenbild
Eva-Maria **Bangerter-Schmid** (Ludwigsburg): Bildergeschichte
Christoph **Bartels** (Bochum): Bergbautechnik; Bergmannslampe; Bewetterung
Dagmar **Bechtloff** (Bremen): Cofradía
Wolfgang **Behringer** (Saarbrücken): Beschleunigung; Bibliotheca Magica; Bier; Drohung
Andrea **Bendlage** (Bielefeld): Büttel
Sebastian **Berg** (Münster): Buße
Albrecht **Beutel** (Münster): Bibelübersetzung; Dogmengeschichte
Klaus **Beyrer** (Frankfurt am Main): Botenwesen; Brief
Cordula **Bischoff** (Dresden): Chinoiserie
Dietmar **Bleidick** (Bochum): Brenn- und Leuchtstoffe
Bettina **Blessing** (Regensburg): Dienste, städtische
Helmut **Bley** (Hannover): British Empire
Birgit **Bolognese-Leuchtenmüller** (Wien): Drogenkonsum
Stefan **Brakensiek** (Bielefeld): Bodenmarkt; Dilettant
Hartwig **Brandt** (Marburg): Chartismus
Kai **Bremer** (Osnabrück): Concetto
Ernst **Bruckmüller** (Wien): Bürger
Wolfgang **Brückner** (Würzburg): Bilderbogen
Jens **Bruning** (Göttingen): Berufsbildung; Bürgerschule
Friedhelm **Brusniak** (Würzburg): Chor, Chormusik
Erich **Bryner** (Zürich): Bibelübersetzung
Thomas **Buchner** (Linz): Blauer Montag
Bodo **Buczynski** (Berlin): Bildhauertechnik
Dirk **Bühler** (München): Brücke
Todd **Butler** (Pullmann, Washington): Dämonologie
Horst **Carl** (Gießen): Brandschatzung
Alf **Christophersen** (München): Bibelkritik
Ralf Georg **Czapla** (Heidelberg): Bibeldichtung
Gesa **Dane** (Göttingen): Bürgerliches Trauerspiel
Markus A. **Denzel** (Leipzig/Bozen): Buchführung, doppelte
Michael **Derndarsky** (Klagenfurt): Deutscher Dualismus
Anke **Detken** (Göttingen): Dichter
Gerhard **Dohrn-van Rossum** (Chemnitz): Chronologie
Norbert **Dubowy** (Heidelberg): Camerata
Jochen **Ebert** (Kassel): Domäne

Wolfgang U. **Eckart** (Heidelberg): Blut; Blutkreislauf; Brownianismus; Cholera
Josef **Ehmer** (Wien): Bevölkerung; Demographische Krisen; Demographische Transition
Rainer S. **Elkar** (München): Brandwirtschaft; Buchbinder
Moritz **Epple** (Frankfurt am Main): Differentialgeometrie
Dietrich **Erben** (Bochum): Denkmal
Raingard **Esser** (Bristol): Bürgerkrieg
Dirk **Evers** (Tübingen): Determinismus
Andreas **Fahrmeir** (Köln): Bildungsbürgertum; Bürgerbuch; Bürgerdeputierte; Bürgereid; Bürgermeister; Bürgerrecht; Bürgertum
Michael **Farrenkopf** (Bochum): Bergbautechnik; Bergmannslampe; Bewetterung
Bardo **Fassbender** (Berlin): Bündnisrecht
Michael **Fessner** (Bochum): Bergakademie
Norbert **Fischer** (Hamburg): Deich
Ute **Frevert** (New Haven, Connecticut): Duell
Martin **Friedrich** (Bochum): Disziplin
Stephan **Füssel** (Mainz): Bibliographie; Bibliothek
Mariacarla **Gadebusch-Bondio** (Greifswald): Berufskrankheiten; Diätetik
Susanne **Galley** (Potsdam): Bruderschaft
Hermann **Geffcken** (Celle): Biene
Joachim **Gentz** (Göttingen): Buddhismus
Andreas **Gestrich** (Trier): Berufsfolge; Clan
Martin **Gierl** (Göttingen): Disputation; Disziplinen, gelehrte
Rüdiger **Glaser** (Freiburg): Dürre
Friedrich Wilhelm **Graf** (München): Dechristianisierung
Siegfried **Grillmeyer** (Nürnberg): Briefzensur
Ruth **Groh** (Konstanz/Heidelberg): Buch der Natur
Thomas **Grosser** (Viernheim): Bildungsreise
Hans-Peter **Großhans** (Tübingen): Chiliasmus
Ewald **Grothe** (Wuppertal): Burschenschaft
Rita **Gudermann** (Berlin): Boden
Hans-Peter **Haferkamp** (Köln): Besitz
Werner **Hahl** (München): Dorfgeschichte
Sylvia **Hahn** (Salzburg): Dienstboten
Wolfgang **Hardtwig** (Berlin): Bildungsverein; Bruderschaft; Bund; Christlicher Verein; Collegium; Deutsche Gesellschaften
Karl **Härter** (Frankfurt am Main): Bundesstaat
Hans-Michael **Haußig** (Potsdam): Diaspora
Nicole **Hegener** (Rom): Bildhauertechnik
Ingo **Heidbrink** (Bremerhaven): Binnenschifffahrt
Max Sebastián **Hering Torres** (Wien): Charivari
Hedwig **Herold-Schmidt** (Erfurt/München): Demagogenverfolgungen

Die Autoren dieses Bandes

David **Hiley** (Regensburg): Choral
Georg **Himmelheber** (München): Biedermeier
Hans-Joachim **Hinrichsen** (Zürich): Dirigent
Gunther **Hirschfelder** (Bonn): Brot
Martin Ernst **Hirzel** (Rom): Christentumsgesellschaft
Oliver **Hochadel** (Wien): Blitzableiter
Sibylle **Hofer** (Regensburg): Darlehen; Dienstvertrag
Rudolf **Holbach** (Oldenburg): Böttcher
Martin **Illert** (Hamburg): Bulgarische orthodoxe Kirche
Hans Niels **Jahnke** (Duisburg-Essen): Differentialkalkül
Nils **Jansen** (Düsseldorf): Deliktsrecht
Claudia **Jarzebowski** (Berlin): Beschneidung; Blut
Karoline **Kahl** (Münster): Diebstahl
Jochen-Christoph **Kaiser** (Marburg): Diakonie
Michael **Kaiser** (Köln): Bündnis; Dreißigjähriger Krieg
Roland **Kanz** (Bonn): Concetto; Decorum; Disegno
Katrin **Keller** (Wien): Bischofsstadt; Bürgerunruhen
Diethelm **Klippel** (Bayreuth): Deutsches Privatrecht
Ernst **Koch** (Jena): Calvinismus
Lucia **Koch** (Berlin): Damenstift
Gerald **Kohl** (Wien): Deutsche Einheit; Deutscher Bund
Frank **Konersmann** (Bielefeld): Brennerei
Hans-Joachim **König** (Eichstätt): Bourbonische Reformen; Columbian Exchange
Franz **Körndle** (Augsburg): Cäcilianismus
Craig **Koslofsky** (Urbana, Illinois): Dunkelheit
Hans-Joachim **Kraschewski** (Marburg): Blei
Eva-Bettina **Krems** (Marburg): Deckenmalerei
Claudia **Küpper-Eichas** (Sehnde): Bergmann; Bergmannsstand
Eva **Labouvie** (Magdeburg): Beschwörung; Besessenheit
Achim **Landwehr** (Düsseldorf): Denunziation
Johannes **Laufer** (Göttingen): Bergmannsstand
M. H. D. van **Leeuwen** (Amsterdam): Berufsmobilität
Sicco **Lehmann-Brauns** (Berlin): Cartesianismus; Dialektik
Luise **Leinweber** (Bonn): Bilderverehrung
C. **Lesger** (Amsterdam): Berufsmobilität
Stefanie **Lieb** (Köln): Denkmalpflege
Andrea **Lindmayr-Brandl** (Salzburg): Cantus firmus
Martin **Löhnig** (Regensburg): Bürgschaft
Günther **Lottes** (Potsdam): Bill of Rights
Laurenz **Lütteken** (Zürich): Dilettant
Bernd **Marquardt** (St. Gallen): Bergordnung
Peter **Marshall** (Warwick): Bestattung
Ruth **Mayer** (Hannover): Diaspora
Henning **Mehnert** (Bonn): Commedia dell'Arte
Marcus **Meier** (Marburg): Dissenters
Christoph **Meinel** (Regensburg): Chemische Wissenschaften
Michael **Mende** (Braunschweig): Drehbank
Rainer **Metz** (Köln): Deflation
Torsten **Meyer** (Cottbus): Brandversicherung
Achim **Mittag** (Tübingen): Chinesische Welt
Heinz **Mohnhaupt** (Frankfurt am Main): Druckprivileg
Stefan **Morét** (Würzburg): Brunnen
Gernot Michael **Müller** (Augsburg): Dialogliteratur
Uwe **Müller** (Frankfurt an der Oder): Chaussee
Staffan **Müller-Wille** (Exeter): Botanik; Botanischer Garten
Roger **Münch** (Wadgassen): Druckmedien
Johannes **Myssok** (Münster): Bildhauer
William **Naphy** (Aberdeen): Drohung
Frank **Neubert** (Leipzig): Brahmo Samaj
Dirk **Niefanger** (Erlangen): Bühne
Hans-Heinrich **Nolte** (Barsinghausen): Bojaren
Philipp **Nordloh** (Münster): Brandstiftung
Michael **North** (Greifswald): Depositenbank; Diskont
John Ashley **Null** (Berlin): Book of Common Prayer
Friederike **Nüssel** (Münster): Dogma; Dogmatik
Peter **Oestmann** (Münster): Beweis; Brandstiftung; Buße; Constitutio Criminalis Carolina; Diebstahl
Rolf **Parr** (Bielefeld): Dichterbund
Birgit **Pelzer-Reith** (Salzburg): Besteck
Laurent **Pfister** (Paris): Code Civil; Code Pénal
Ulrich **Pfister** (Münster): Calvinismus; Chinahandel
Richard **Potz** (Wien): Cuius regio, eius religio
Claus **Priesner** (München): Chemische Gewerbe
Ulrich **Rasche** (Jena): Deposition
Mathias **Reimann** (Ann Arbor, Michigan): Common Law
Katharina **Reinholdt** (Saarbrücken): Bigamie
Wilfried **Reininghaus** (Münster): Bergstadt
Reinhold **Reith** (Salzburg): Bleichereigewerbe; Bleistift; Brille
Ernst **Riegg** (Potsdam): Chronik
Michael **Riekenberg** (Leipzig): Caudillismus
Stefan **Rinke** (Berlin): Demographische Katastrophe
Raphael **Rosenberg** (Heidelberg): Bildbeschreibung
Florian **Ruhland** (Bonn): Brunnen
Kirsten **Rüther** (Essen/Hannover): Christentum, global; Christianisierung; Dämonisierung
Gerhard **Sauder** (Saarbrücken): Bücherverbrennung
Bernd **Schildt** (Bochum): Dorfgericht
Michael **Schippan** (Berlin): Dekabristen
Hans **Schlosser** (Augsburg): Codex Iuris Bavarici Criminalis; Codex Maximilianeus Bavaricus Civilis
Wolfgang **Schmale** (Wien): Bürgerliche Gesellschaft
Hans **Schneider** (Marburg): Bibelgesellschaft; Böhmisten
Herbert **Schneider** (Saarbrücken): Chanson
Konrad **Schneider** (Frankfurt am Main): Bimetallismus; Dukat
Ute **Schneider** (Mainz): Buchhandel; Buchmarkt; Buchmesse
Lars-Ulrich **Scholl** (Bremerhaven): Dampfschiff
Jan **Schröder** (Tübingen): Communis opinio
Gerd **Schwerhoff** (Dresden): Devianz
Christoph **Schwöbel** (Tübingen): Bibel

Stephan **Sensen** (Altena): Draht
Jörn **Sieglerschmidt** (Konstanz): Dimorphismus
Michael **Sikora** (Münster): Desertion; Disziplin
Holger **Simon** (Köln): Bibliothek
Thomas **Simon** (Wien): Bevölkerungspolizei
Thomas **Sokoll** (Hagen): Beruf
Walter **Sparn** (Erlangen): Christologie
Hasso **Spode** (Berlin): Branntwein
Friedrich **Steinle** (Wuppertal): Beobachtung
Dieter **Stellmacher** (Göttingen): Dialektdichtung
Werner **Telesko** (Wien): Buchillustration
Anuschka **Tischer** (Marburg): Botschafter; Diplomatie
Georg **Toepfer** (Berlin): Biologie
Werner **Troßbach** (Kassel): Bodenbearbeitung; Brache; Dorf; Dorfgemeinde; Düngung
Silvia Serena **Tschopp** (Augsburg): Bibeldrama
Sebastian **Tyczewski** (Heidelberg): Dürre
Miloš **Vec** (Frankfurt am Main): Cortegiano
Robert **Vellusig** (Graz): Brief; Briefroman
Vera **Viehöver** (Düsseldorf): Biographie
Wolfgang **Viereck** (Bamberg): Dialekt
Michael **Wagner** (Gießen): Directoire
Stephanie **Waldow** (Erlangen): Dramaturgie
Peter **Walter** (Freiburg): Bibelübersetzung; Bischofsamt; Dogma; Dogmatik
Rolf **Walter** (Jena): Börse
Gerrit **Walther** (Wuppertal): Bildung; Bildungspolitik; Charakter; Dame; Dekadenz
Jennifer **Wasmuth** (Berlin): Dogmatik
Günther **Wassilowsky** (Münster): Bistum
Wolfgang E. J. **Weber** (Augsburg): Despotie
Wolfhard **Weber** (Bochum): Dampfmaschine
Michael **Weichenhan** (Berlin): Dualismus
Hubert **Weitensfelder** (Wien): Blei
Jürgen **Weitzel** (Würzburg): Corpus Iuris Canonici
Dorothea **Wendebourg** (Berlin): Bischofsamt; Diakon/Diakonisse
Angelika **Westermann** (Rantrum): Bergrecht; Bergregal
Erdmann **Weyrauch** (Leipzig): Buch; Buchbesitz; Buchdruck
Peter **Wiesinger** (Wien): Dialekt
Peter **Wollny** (Leipzig): Collegium
Heide **Wunder** (Kassel): Brei
Philipp **Zitzlsperger** (Berlin): Büste
Caroline **zum Kolk** (Paris): Damenhof

Übersetzer

D. P.	Dieter Prankel
M. P.	Marcus Popplow
P. O.-M.	Patricia Omitogun-Meyer

Die Artikel dieses Bandes

Beobachtung
Bergakademie
Bergbautechnik
Bergmann
Bergmannslampe
Bergmannsstand
Bergordnung
Bergrecht
Bergregal
Bergstadt
Beruf
Berufsbildung
Berufsfolge
Berufskrankheiten
Berufsmobilität
Beschleunigung
Beschneidung
Beschwörung
Besessenheit
Besitz
Bestattung
Besteck
Bettler
Bevölkerung
Bevölkerungspolizei
Beweis
Bewetterung
Bibel
Bibeldichtung
Bibeldrama
Bibelgesellschaft
Bibelkritik
Bibelübersetzung
Bibliographie
Bibliotheca Magica
Bibliothek
Biedermeier
Biene
Bier
Bigamie
Bildbeschreibung
Bilderbogen
Bildergeschichte
Bilderverehrung
Bildhauer
Bildhauertechnik
Bildpropaganda
Bildung
Bildungsbürgertum
Bildungspolitik
Bildungsreise

Bildungsroman
Bildungsverein
Bill of Rights
Bimetallismus
Binnenschifffahrt
Biographie
Biologie
Bischofsamt
Bischofsstadt
Bistum
Blauer Montag
Blei
Bleichereigewerbe
Bleistift
Blitzableiter
Blut
Blutkreislauf
Boden
Bodenbearbeitung
Bodenmarkt
Böhmisten
Bojaren
Book of Common Prayer
Börse
Botanik
Botanischer Garten
Botenwesen
Botschafter
Böttcher
Bourbonische Reformen
Brache
Brahmo Samaj
Brandschatzung
Brandstiftung
Brandversicherung
Brandwirtschaft
Branntwein
Brei
Brenn- und Leuchtstoffe
Brennerei
Brief
Briefroman
Briefzensur
Brille
British Empire
Brot
Brownianismus
Brücke
Bruderschaft
Brunnen
Buch

Buch der Natur
Buchbesitz
Buchbinder
Buchdruck
Bücherverbrennung
Buchführung, doppelte
Buchhandel
Buchillustration
Buchmarkt
Buchmesse
Buddhismus
Bühne
Bühnenbild
Bulgarische orthodoxe Kirche
Bund
Bundesstaat
Bündnis
Bündnisrecht
Bürger
Bürgerbuch
Bürgerdeputierte
Bürgereid
Bürgerkrieg
Bürgerliche Gesellschaft
Bürgerliches Trauerspiel
Bürgerlichkeit
Bürgermeister
Bürgerrecht
Bürgerschule
Bürgertum
Bürgerunruhen
Bürgschaft
Burschenschaft
Buße
Büste
Büttel
Cäcilianismus
Calvinismus
Camerata
Cantus firmus
Cartesianismus
Caudillismus
Chanson
Charakter
Charivari
Chartismus
Chaussee
Chemische Gewerbe
Chemische Wissenschaften
Chiliasmus
Chinahandel
Chinesische Welt
Chinoiserie
Cholera

Chor, Chormusik
Choral
Christentum, global
Christentumsgesellschaft
Christianisierung
Christlicher Verein
Christologie
Chronik
Chronologie
Clan
Code Civil
Code Pénal
Codex Iuris Bavarici Criminalis
Codex Maximilianeus Bavaricus Civilis
Cofradía
Collegium
Columbian Exchange
Commedia dell'Arte
Common Law
Commonwealth
Communis opinio
Concetto
Constitutio Criminalis Carolina
Corpus Iuris Canonici
Cortegiano
Cuius regio, eius religio
Dame
Damenhof
Damenstift
Dämonisierung
Dämonologie
Dampfmaschine
Dampfschiff
Darlehen
Dechristianisierung
Deckenmalerei
Decorum
Deflation
Deich
Dekabristen
Dekadenz
Deliktsrecht
Demagogenverfolgungen
Demographische Katastrophe
Demographische Krisen
Demographische Transition
Denkmal
Denkmalpflege
Denunziation
Depositenbank
Deposition
Desertion
Despotie
Determinismus

Deutsche Einheit
Deutsche Gesellschaften
Deutscher Bund
Deutscher Dualismus
Deutsches Privatrecht
Devianz
Diakon/Diakonisse
Diakonie
Dialekt
Dialektdichtung
Dialektik
Dialogliteratur
Diaspora
Diätetik
Dichter
Dichterbund
Diebstahl
Dienstboten
Dienste, städtische
Dienstvertrag
Differentialgeometrie
Differentialkalkül
Dilettant
Dimorphismus
Diplomatie
Directoire
Dirigent
Disegno
Diskont

Disputation
Dissenters
Dissertation
Disziplin
Disziplinen, gelehrte
Dogma
Dogmatik
Dogmengeschichte
Domäne
Dorf
Dorfgemeinde
Dorfgericht
Dorfgeschichte
Draht
Drama
Dramaturgie
Drehbank
Dreißigjähriger Krieg
Drogenkonsum
Drohung
Druckgraphik
Druckmedien
Druckprivileg
Dualismus
Duell
Dukat
Düngung
Dunkelheit
Dürre

Beobachtung

1. Begriff
2. Traditionen der wissenschaftlichen Beobachtung
3. Reflexionen
4. Neue Perspektiven

1. Begriff

B. (lat. *observatio*) stellt die Hauptquelle empirischen ↗Wissens und zusammen mit dem ↗Experiment das zentrale Verfahren der ↗Naturwissenschaften und der empirischen Gebiete der Geistes- und Sozialwissenschaften dar (↗Empirismus). Als gerichtete, auf spezifische Gegenstände oder Gegenstandsaspekte fokussierte Aufmerksamkeit ist B. auch in nichtwiss. Lebensbereichen zu finden, wenn etwa ein Zeichner seinen Gegenstand, das Militär feindliche Linien, ein Roulettespieler seine Mitspieler oder ein Passant merkwürdige Gestalten auf dem Parkplatz beobachtet.

2. Traditionen der wissenschaftlichen Beobachtung

Verfahren, die als B. bezeichnet werden, wurden schon in der Antike praktiziert. Die Sternverzeichnisse (in Form von Karten oder Astrolabien) und Finsternisvorhersagen der antiken und ma. Welt sind ohne B. genauso wenig denkbar wie die zahlreichen Naturgeschichten, Floren und Faunen oder Krankheitsbeschreibungen. Allerdings erfuhren diese Traditionen ab dem 15. Jh. erhebliche Veränderungen; überdies wurden neue Felder systematisch der B. erschlossen.

In die astronomische B. führte der dän. Adlige Tycho Brahe die Ideale von systematischer Breite und hoher Präzision erstmals in Europa konsequent ein und trug ihnen in dem von ihm ab 1576 errichteten Großobservatorium u. a. durch arbeitsteilige Organisation des B.-Vorgangs Rechnung (↗Astronomie; vgl. Abb. 1). Inwieweit er dabei vorangehende ähnliche Unternehmungen im Orient (Maragha 13./14. Jh., Samarkand 15. Jh., Istanbul 16. Jh.) zum Vorbild nahm, ist noch nicht geklärt. Tycho erkannte den Einfluss der atmosphärischen Lichtbrechung und führte das Verfahren der Korrektur von B.-Ergebnissen durch nachträgliche Rechnung ein: Die »Daten«, die schließlich als Grundlage der neuen Planetentheorien von Johannes Kepler und Isaac Newton dienten, waren schon nicht mehr unmittelbare B.-Daten, sondern mathematisch-theoretisch »bereinigte«. Durch die Einführung und stetige Verbesserung des ↗Teleskops seit dem 17. Jh. wurde die B.-Genauigkeit ständig erhöht, von einer halben Bogenminute bei Tycho auf eine Zehntel-Bogensekunde im Jahr 1838 (erste B. einer Sternparallaxe durch F. Bessel). Zur B. der Position von Himmelskörpern kam seit Galileo Galilei

Abb. 1: Darstellung des großen Mauerquadranten auf der Insel Hven (Kupferstich aus: Tycho Brahe, *Astronomiae instauratae mechanica*, Wandsbek 1598). Tycho Brahes Observatorium war der dän. Insel Hven mit privaten Mitteln, aber auch Zuwendungen des Königs errichtet worden. Der dargestellte große Mauerquadrant geht auf Tychos eigenen Entwurf zurück. Die arbeitsteilige Organisation des Beobachtungsvorgangs ist gut erkennbar: Das Peilen (noch vor dem Teleskop), das Registrieren der Zeit und das Aufschreiben der Beobachtungbefunde oblagen unterschiedlichen Personen, die durch Zurufe kommunizierten. Das im Hintergrund erkennbare alchemistische Labor macht überdies klar, dass Observatorien typischerweise Stätten der Beobachtung und des Experimentierens gleichermaßen waren.

auch die B. von deren physischen Merkmalen, etwa der Mondoberfläche, der Sonnenflecken oder der Eigenrotation der Planeten.

In der ↗Naturgeschichte gewann die systematische B. im Zuge der Erschließung neuer Länder zunehmend an wirtschaftlicher Bedeutung. Um Pflanzen, Tiere und Mineralien als neuartig identifizieren, mit bekannten in Beziehung setzen und darüber kommunizieren zu können, war das Erfassen spezifischer Merkmale erforderlich. In erhöhtem Maße galt dies für Versuche der ↗Akklimatisation, die etwa durch Transfer von Nutzpflanzen aus und nach Europa weitreichende wirtschaftliche Folgen hatten. In der Naturgeschichte trat schon im 17. Jh. die wechselseitige Abhängigkeit von B. und Klassifikationssystemen, die sich ihrerseits als problematisch und revisionsbedürftig herausstellen konnten, stärker hervor als etwa in der Astronomie. Die Debatten des 18. Jh.s um angemessene Klassifikationssysteme (John Ray und Carl von Linnée in der ↗Botanik) konnten nur vor dem Hintergrund ausgefeilter und wohlgeübter B.-Techniken stattfinden und trugen ihrerseits zu deren Entwicklung bei.

Nicht praktische oder klassifikatorische, sondern theologische Motive führten in der Physikotheologie zur Hochschätzung der B. der ↗Natur. Neben Pflanzen, Tieren, Mineralien und geographischen Formationen traten auch Menschen anderer Kulturen in ihrem Aussehen, ihren Verhaltensweisen, Riten usw. in den Kreis der B. Die im 18. Jh. als solche begründete ↗Anthropologie fußte in wichtigen Teilen auf B. (vgl. auch ↗Ethnographie).

Die in der Renaissance stark kultivierte B. des menschlichen ↗Körpers war für Kunstwerke (↗Anatomiestudium) ebenso Grundlage wie für das rasch wachsende Wissen in ↗Anatomie und ↗Medizin; Leonardo da Vincis Arbeiten stellten ein herausragendes Beispiel einer breiteren Entwicklung dar. In seinen *Observationes medicae* (1676) legte der engl. Arzt Thomas Sydenham eine auf B. basierte systematische Beschreibung von Krankheitsbildern vor und betonte, dass jeder Arzt seine eigene B. anstellen müsse. Stärker noch als in der Anatomie war die B. – in einer auf die Antike zurückreichenden Tradition – in der ↗Physiologie schon immer an Instrumente und Intervention gebunden und damit nahe am Experiment. Neben Skalpell und Lupe gewann dabei seit dem 17. Jh. v. a. das ↗Mikroskop an Bedeutung. Robert Hooke und Antoni Leeuwenhoek begründeten eine Tradition mikroskopischer B., die Naturgeschichte, Anatomie und Physiologie gleichermaßen einbezog. Auf der Grundlage kontinuierlich verbesserter ↗wissenschaftlicher Instrumente entwickelten sich im 18. und 19. Jh. unterschiedliche Theorien zur Beschaffenheit von Organen und Geweben. Zugleich wurde die Selbstbeobachtung zunehmend wichtig: in der Sinnesphysiologie am Übergang zum 19. Jh., zuvor aber als Introspektion in der von Karl Philipp Moritz propagierten »Erfahrungsseelenkunde« des 18. Jh.s, aus der sich ein wichtiger Strang der ↗Psychologie entwickeln sollte.

Seit der Einführung des ↗Kompasses im 12. Jh. und den dadurch ermöglichten ↗Entdeckungsreisen war die B. der Ausrichtung der Kompassnadel in ihrer räumlichen und zeitlichen Variation für die ↗Schifffahrt Lebensnotwendigkeit und wiss. Datensammlung gleichermaßen. Die schon im 16. Jh. entstehenden Theorieentwürfe des Erdmagnetismus (↗Magnetismus) nahmen auf diese Daten Bezug; eine Trennung der wiss. B. von den praktischen Notwendigkeiten der ↗Navigation fand erst im frühen 19. Jh. durch die Einrichtung eigener geomagnetischer B.-Netzwerke statt.

Eine zentrale Rolle spielte B. auch in der Landvermessung, die im 18. Jh. entscheidende Impulse für die Weiterentwicklung der B.-Instrumente lieferte, v. a. in der Präzisionsoptik. Auch in anderen der B. seit dem 17. Jh. erschlossenen Feldern wie Wolken, Wetter (↗Wettererfassung), Regenmengen oder Gezeiten (↗Meteorologie) dominierte schon seit dem 17. Jh. die (stets instrumentenvermittelte) Messung (↗Messung und Quantifizierung).

3. Reflexionen

Dass die B. in der Frühen Nz. in so unterschiedlichen Bereichen in den Vordergrund trat, hatte neben den genannten wirtschaftlichen Faktoren auch mit dem Propagieren empirischer und anwendungsnaher Naturforschung zu tun, dem u. a. der brit. Lordkanzler Francis Bacon vielbeachteten Ausdruck verlieh. B. wurde von Bacon zusammen mit dem ↗Experiment (von dem sie nun terminologisch scharf getrennt wurde) als Königsweg empirischer Forschung und als Grundlage erfolgreicher Technik präsentiert; das eigene Schauen wurde polemisch dem Studium der Buchautoritäten gegenübergestellt. Die im Bacon'schen Sinne begründeten wiss. ↗Akademien und Gesellschaften der Frühen Nz. verstanden sich als Sammelort für B. aller Art, getragen von der Hoffnung, dass sich aus einer nur breit genug gelegten B.-Basis die Verallgemeinerungen, Gesetze und schließlich Einsichten in die ↗Ursachen der Naturvorgänge durch geregeltes induktives Schließen mehr oder weniger zwangsläufig ergeben mögen.

Die im 18. Jh. eintretende Ernüchterung von diesem Optimismus betraf nicht nur das induktive Verallgemeinern, sondern v. a. auch den B.-Vorgang selbst. In der Naturgeschichte trat die Abhängigkeit vom mehr oder weniger willkürlich und zweckorientiert zu wählenden Klassifikationssystem allzu deutlich hervor, wobei wiss. und wirtschaftliche Interessen oft zu ganz unterschiedlichen Entscheidungen führten, etwa bei Pharmazeuten, Züchtern und Akademikern. Auch wurde deutlich, wie sehr die B. von der persönlichen Eignung des Beobachters abhing: Neben den praktischen Fähigkeiten und den Sinnen sollte auch seine Urteilskraft geschult werden, um vorschnelle Urteile zu vermeiden und die Subjektivität zurückzudrängen (↗Objektivität).

Dementsprechend wurden im 18. Jh. zunehmend Reflexionen zur B. im Allgemeinen angestellt, von Praktikern und Außenstehenden gleichermaßen. Der Philosoph Christian Wolff schied B. und Experiment ausdrücklich am Kriterium des Eingreifens (1732); Zedler bestimmte 1740 in seinem *Universallexikon* die B. (er sprach von »*observatio*«) noch schärfer als »die Art gelehrter Erfahrung, die nicht Experiment« sei und nannte sie auch »Anmerckung« oder »Bemerckung« [1. 278].

Seine Unterscheidung in astronomische, medizinische und mikroskopische B. fand sich in veränderter Form in den Artikeln der *Encyclopédie* (1765) wieder, wo B. als »Aufmerksamkeit der Seele, gerichtet auf Objekte, die die Natur ihr bietet« bestimmt und in die Bereiche Astronomie, Physik (Naturlehre) und Medizin differenziert wurde [2. 310–323]. Bemerkenswerterweise war der Person des Beobachters und ihren Qualifikationen ein eigener Artikel gewidmet; im Eifer des positiven Kontrastierens der neuen Naturwissenschaft gegenüber den Moralwissenschaften wurden dabei allerdings auch Nikolaus Kopernikus und Pierre Gassendi, die kaum durch eigene B.-Tätigkeit bekannt waren, unter die großen Beobachter der Astronomie gezählt.

1770 schrieb die *Holländische Gesellschaft der Wissenschaften zu Haarlem* einen Preis zur Frage aus: »Was ist für die Kunst der B. erforderlich, und inwieweit trägt diese Kunst zur Verbesserung der Urteilskraft bei?« (↗Preisfragen). Der Preisträger, der Schweizer Gelehrte und Geistliche Benjamin Carrard, erstellte einen regelrechten Katalog der erforderlichen Eigenschaften des Beobachters und betonte (wie andere auch), dass beim Bericht auch nicht das kleinste Detail unterschlagen werden dürfe. In ähnliche Richtung ging die Arbeit des Zweitplatzierten, des Genfer Naturforschers Jean Senebier, dessen Arbeit 1775 veröffentlicht wurde [4]. In beiden Fällen wurde die (v. a. naturhistorische) B. als eine »Kunst« präsentiert, bei der korrektes Vorgehen zentral wichtig, aber eben nicht vollständig nach Regeln lernbar war, sondern erübt werden musste.

Die Frage des B.-Fehlers zog v. a. in instrumentendominierten Bereichen hohe Aufmerksamkeit auf sich. In der ↗Astronomie zuerst bekannt, setzte sich in vielen Gebieten die Einsicht durch, dass jede B. nur begrenzte Genauigkeit hat und überdies durch bestimmte Effekte systematisch verfälscht werden kann. Zur Verfälschung durch atmosphärische Lichtbrechung kamen die Fehler im Instrument (durch sphärische und chromatische Aberration, Erschütterung, mangelnde Justierung usw.). Wenn möglich, wurden diese Fehler durch Rechnung nachträglich wieder korrigiert. Auch in der Mikroskopie war schon früh klar, dass das Bild nicht immer unmittelbar genommen werden durfte: Den optischen Fehlern und der Schwierigkeit, im mikroskopischen Bild überhaupt etwas zu erkennen, suchte man hier durch Trainieren der Urteilskraft des Beobachters zu begegnen. Die für die transparenten Präparate stets notwendigen Färbetechniken stellten eine eigene, schon früh als solche erkannte Quelle möglicher Verfälschungen dar.

War das 17. und 18. Jh. von einem Optimismus hinsichtlich der möglichen Elimination von Fehlerquellen geprägt, vollzog sich im späten 18. und frühen 19. Jh. eine kritische Wendung: Aus der Einsicht, dass B.-Fehler prinzipiell nicht zu vermeiden seien, entwickelte man pragmatische Verfahren der Kontrolle und des Umgangs mit ihnen [3]. Es setzte sich die Unterscheidung durch, die heute zwischen statistischen und systematischen Fehlern getroffen wird; zur mathematischen Behandlung der nicht herausrechenbaren Fehler entwickelten Adrien Marie Legendre und Carl Friedrich Gauss eine eigene Fehlerrechnung.

Auch die Person des Beobachters erschien nun in anderem Licht: Hatte man noch im 18. Jh. auf Zurückdrängung der Subjektivität durch Schulung und Selbstdisziplinierung gesetzt, sollte sie nun zumindest möglichst klar erfasst und ihre Auswirkung kontrolliert werden. In der fabrikmäßig organisierten B.-Maschinerie des Greenwicher Observatoriums wurde im frühen 19. Jh. durch Kontrollmessungen die »persönliche Gleichung« jedes einzelnen Beobachters ermittelt und in die Datenkorrektur einbezogen. Mit dem Aufkommen automatischer Aufzeichnungsverfahren im zweiten Drittel des 19. Jh.s, insbes. der ↗Photographie, trat nochmals die Hoffnung einer gänzlich objektiven B. auf den Plan, erwies sich allerdings bald als nicht erfüllbar: Der Beobachter nahm nun zwar eine andere Rolle ein, war aber mit all seiner ↗Subjektivität nicht verschwunden.

4. Neue Perspektiven

Während Instrumente, Methoden und Objekte der B. und die Person des Beobachters mit all ihren Eigenschaften schon seit dem 18. Jh. Gegenstand der Reflexion waren, traten im 20. Jh. neue histor. Perspektiven hinzu. Eine wesentliche betrifft die Darstellungsformen von B.-Resultaten. Schon immer mussten die Resultate der B., sollten sie denn zum Wissenserwerb dienen, in geeigneter Weise niedergelegt und kommunizierbar gemacht werden. Unterschiedlichste Repräsentationsformen wurden dazu schon seit der Antike aus anderen Lebensbereichen übernommen oder eigens entwickelt: In der Astronomie verwandte man Listen, Tafeln und Tabellen, wie sie aus der ↗Mathematik bekannt waren, aber auch im Buchhaltungswesen seit dem 14. Jh. verwendet wurden; ebenso wurden Kartendarstellungen (auch in Form von Astrolabien) verwendet.

In ↗Naturgeschichte und ↗Anatomie bestand seit der Nz. ein enger Bezug zur Kunst des Zeichnens und zur künstlerischen Ausbildung: Beobachter mussten auch gute Zeichner sein. Nur in Teilbereichen zog man eigene Zeichner heran, die aus den Skizzen der Beobachter kommunizierbare Bilder herstellten. Bisweilen wurden gänzlich neue Darstellungsformen entwickelt, so etwa im 19. Jh. das Verfahren der Isolinien (Isobaren, Isothermen, usw.), die zur Repräsentation globaler (und damit nur indirekt beobachtbarer) Phänomene wie Gezeiten, ↗Klima, ↗Magnetismus der gesamten Erde usw. eingeführt wurden. Naturgeschichte und ↗Medizin verwandten zur Kommunikation neben textlichen Beschreibungen und bildlichen Darstellungen auch dreidimensionale Modelle aus Wachs. Solche Repräsentationsformen in all ihrer Varietät waren und sind aber – das ist eine zentrale historische Einsicht – der B. nicht äußerlich oder nachgeordnet, sondern können den eigentlichen B.-Vorgang fundamental prägen: Man sah und sieht notwendigerweise mit der Perspektive dessen, der das Beobachtete darzustellen hat.

Verwandt dazu ist die Frage nach dem Verhältnis zwischen B. und Sprachkategorien. Zur Bezeichnung des spezifischen Status von B.-Resultaten (ebenso auch experimentellen) entwickelten sich schon in der Frühen Nz. neue Begriffe und ein besonderer epistemischer Status: Was durch B. konstituiert wurde, galt als durch »↗Erfahrung« gegeben und als nicht mehr in Frage zu stellendes »Faktum«. B.-Resultaten wurde und wird eine hohe, nicht leicht in Frage zu stellende Dignität beigemessen. Dabei hat sich gerade der Begriff des Faktums erst in der Frühen Nz. aus juristischen Zusammenhängen heraus in die Naturforschung hineinentwickelt. Im Fall der Astronomie waren schon seit dem 17. Jh. die Daten nicht mehr unmittelbar durch B. gewonnen, sondern explizit durch Rechnung korrigiert. Später war das in vielen Gebieten und in erhöhtem Maße der Fall.

An solche Befunde knüpft sich die weiterreichende Frage an, inwieweit überhaupt von unmittelbaren »Daten« gesprochen werden kann, oder ob diese vielleicht immer schon durch Sprache oder Begriffe geprägt waren, die ihrerseits nicht kulturunabhängig gedacht werden können. Beide Gesichtspunkte – die Darstellungsmittel der B. und ihre Verbindung zur Sprache – sind erst im späten 20. Jh. ins Blickfeld histor. Forschung getreten. Ihre Erforschung wird dazu beitragen, die Entwicklung der B. stärker an die allgemeine Kulturentwicklung anzubinden.

→ Empirismus; Erfahrung; Experiment; Messung und Quantifizierung; Methode; Objektivität

Quellen:
[1] Art. Observation, in: Zedler 25, 1740, 278–287
[2] D. Diderot / J. d'Alembert (Hrsg.), Encyclopédie ou dictionnaire raisonné des sciences, des arts et des métiers, Bd. 11, 1765 [3] M. J. Schleiden, Grundzüge der wissenschaftlichen Botanik nebst einer methodologischen Einleitung als Anleitung zum Studium der Pflanze (2 Theile), 1842–1843 [4] J. Senebier, L'art d'observer, 2 Bde., 1775 (2. Aufl.: Essai sur l'art d'observer et de faire les expériences, 1802).

Sekundärliteratur:
[5] L. Daston, Objectivity versus Truth, in: H. E. Bödeker et al. (Hrsg.), Wissenschaft als kulturelle Praxis, 1750–1900, 1999, 17–32 [6] C. Hoffmann, The Ruin of a Book: Jean André de Luc's »Recherches sur les modifications de l'atmosphère« (1772), in: Modern Language Notes 118, 2003, 586–602 [7] H. Poser, Art. Observatio, Beobachtung, in: HWPh 6, 1984, 1072–1081

[8] J. Schickore, Ever-Present Impediments. Exploring Instruments and Methods of Microscopy, in: Perspectives on Science 9, 2001, 126–146.

Friedrich Steinle

Beredsamkeit s. Rhetorik

Bergakademie
Die ab der zweiten Hälfte des 18. Jh.s gegründeten B. waren technische Fachschulen zur wiss. Ausbildung von Berg- und Hüttenbeamten (↗Montanwesen). Die landesherrschaftlichen ↗Montanverwaltungen hatten diese bislang aus erfahrenen Empirikern rekrutiert. Die fortschreitende bergbauliche Entwicklung erforderte aber zunehmend theoretisch ausgebildete Fachkräfte. Das Hauptmotiv zur Errichtung von B. lag im Verlangen der jeweiligen Landesherrschaft, die Bodenschätze rationeller zum Vorteil der ↗Staatsfinanzen auszubeuten. Die B. waren deshalb administrativ und organisatorisch eng mit den Montanverwaltungen verknüpft und speziell auf die wachsenden fiskalischen Bedürfnisse des absolutistischen Staates ausgerichtet (↗Absolutismus); insbes. in denjenigen Staaten, die das Regalrecht auf Bodenschätze in Anspruch nahmen (↗Regalien) und den Bergbau nach dem Direktionsprinzip betrieben (↗Montanwesen) [3].

Drei unterschiedliche Ausgangssituationen sind festzustellen: Die alten ↗Montanreviere (z. B. im Harz, im Erzgebirge, in Niederungarn, in der Region um Almadén/Kastilien-La Mancha oder im Gebiet um Kongsberg/Südnorwegen) waren an die Grenzen ihrer bergtechnischen Möglichkeiten (↗Bergbautechnik) gestoßen und bedurften neuer Impulse zur Fortentwicklung, die nur die Wissenschaft geben konnte. Staaten wie Frankreich, Preußen oder Russland, in denen das Berg- und Hüttenwesen noch nicht so weit vorangeschritten war, benötigten Fachleute zum weiteren Ausbau ihres Montansektors. In Großbritannien mit seinem privatwirtschaftlich betriebenen Bergbau (Grundeigentümerbergbau) mussten die Unternehmer selbst die entsprechenden Fachkräfte stellen. Der Staat leistete erst zur Mitte des 19. Jh.s mit der Ausbildung von Berg- und Hütteningenieuren flankierende Hilfestellung. Kennzeichnend für diese unterschiedliche Ausgangslage war auch die Wahl des Standortes. Hannover, Sachsen, Österreich-Ungarn, Spanien und Norwegen errichteten die B. direkt in ihren traditionellen Montanzentren (Clausthal/Harz 1775, Freiberg/Erzgebirge 1766, Schemnitz/Niederungarn 1764/70, Almadén 1777, Kongsberg 1786). Frankreich, Preußen, Russland und Großbritannien hingegen gründeten sie in ihren Hauptstädten Paris (1783), Berlin (1770/71), St. Petersburg (1773) und London (1851) [4].

Eine neue Generation leitender Berg- und Hüttenbeamter (↗Technische Ausbildung), die der Wissenschaft sehr aufgeschlossen gegenüberstand und sie zum Nutzen des Berg- und Hüttenwesens einsetzen wollte, war die treibende Kraft zur Errichtung von B. Sie studierte aufmerksam die europaweit erscheinenden montan-, technik- und naturwiss. Werke, pflegte einen über die Revier- und Landesgrenzen hinausgehenden intensiven Gedankenaustausch und stand mit führenden Wissenschaftlern ihrer Zeit in Kontakt. Der Übertritt von leitenden Berg- und Hüttenbeamten in den Dienst anderer ↗Landesherren führte zur personellen Kontinuität bei den konzeptionellen Vorstellungen, wie sie Friedrich Anton von Heynitz (1725–1802) sehr gut veranschaulicht. Heynitz war zunächst in der hannoverischen Bergverwaltung tätig, wechselte dann in die sächsische, verbrachte einige Zeit in Paris als Berater eines privaten Bergbauunternehmers und beendete seine Laufbahn als Leiter des preuß. Bergwerks- und Hüttendepartements in Berlin. Er setzte sich in all diesen Funktionen für die Errichtung bzw. den Ausbau von B. (Clausthal 1775, Freiberg 1766, Paris 1783, Berlin 1770/71) ein. Der rege Austausch und die personelle Kontinuität führten dazu, dass es bei der Gründung von B. zunächst keine prinzipiellen Unterschiede in der Konzeption gab [5].

Die allgemeinen Akademiebestrebungen im 18. Jh. zur Förderung der Wissenschaften (↗Akademie) kamen den B. zugute. Diese lehrten von Beginn an die unterschiedlichen bergbauspezifischen Disziplinen auf hohem theoretischen Niveau; daneben stand aber auch die praxisnahe Ausbildung in den Berg- und Hüttenwerken. Diese enge Verknüpfung von Theorie und Praxis kennzeichnete die B., womit sie sich grundlegend von der Universität unterschied.

Die erste B. wurde in Freiberg/Sachsen nach jahrzehntelanger Diskussion 1766 unter Heynitz' maßgeblicher Mitwirkung errichtet. Der Anlass war die hohe Staatsverschuldung, bedingt durch Misswirtschaft und die Folgen des ↗Siebenjährigen Krieges (1757–1763). Ihr Lehrplan sah folgende Fächer vor: Mathematik, Mechanik, Metallhüttenkunde, Bergbaukunde, Physik (ab 1769), Chemie (1793), Maschinenkunde (1796) und Baukunde (1802). Neben der Vermittlung der theoretischen Fächer legte die Montanverwaltung großen Wert auf die praktische Ausbildung in den Bergwerks- und Hüttenbetrieben [2].

In Frankreich erfolgte zunächst eine rudimentäre theoretische Ausbildung von Berg- und Hüttenbeamten an der 1747 gegründeten *École des ponts et chaussées*. Das Verlangen des franz. Staates, neue Geldquellen für seine maroden Staatsfinanzen zu erschließen, war wie in Sachsen das Hauptmotiv zur Errichtung einer speziellen Bergbaufachschule. Nach dem Vorbild Freibergs entstand 1783 die *École des mines* in Paris, wobei Heynitz beratend mitwirkte. Der theoretische Unterricht fand im Herbst und im Winter in Paris statt; der praktische erfolgte im Frühjahr in den Bergbauregionen Frankreichs. Die ↗Französische Revolution führte dann zur Neukonzeption der ingenieurtechnischen Ausbildung. Die 1794 gegründete ↗École Polytechnique übernahm die Vermittlung der wiss. Grundlagenfächer; die weiterführenden Fachschulen (*Écoles spéciales d'application*) wie die *École des mines* bildeten nur noch für einzelne Spezialdisziplinen aus. Das franz. Ausbildungssystem wich mit dieser institutionellen Trennung der wiss. Grundlagenfächer von der eigentlichen Fachausbildung diametral vom ganzheitlichen Ausbildungsanspruch der B. im dt.sprachigen Raum ab [1].

Die B. entwickelten sich im 19. Jh. zu Trägern des wiss.-technischen Fortschritts, wobei bes. die B. in Freiberg und Clausthal ihre führende Rolle behielten und weiter ausbauten. Beide B. besaßen weltweit einen hervorragenden Ruf, der zahlreiche ausländische Wissenschaftler und Studenten anzog. Die B. pflegten weiterhin einen regen wiss. Gedankenaustausch, der sich v. a. auf ein personengebundenes Netzwerk stützte. Allerdings blieb der grundsätzliche Unterschied zwischen dem franz. und dem vom dt. Einfluss geprägten Ausbildungssystem bestehen. Die Ausbildungspraxis der *grandes écoles* in Frankreich erhielt ein immer größeres Gewicht, wohingegen im dt.sprachigen Raum – aber auch in Spanien, Russland und Norwegen – die B. den engeren Rahmen der berg- und hüttenmännischen Ausbildung verließen und sich mehr und mehr zu Technischen Hochschulen entwickelten.

→ Akademie; Berufsbildung; Fachschule; Ingenieur; Montanwesen; Technische Ausbildung

[1] J.-P. Barbian, Dt.-franz. Beziehungen in der Wissenschaft und Technologie des 18. und frühen 19. Jh.s. Das Beispiel der montanwissenschaftlichen Ausbildung, in: Technikgeschichte 56, 1989, 305–328 [2] H. E. Kolb, Die Gründung der Clausthaler Hochschule im Rahmen der übrigen Bergakademien und montanistischen Fakultäten, in: Technische Universität Clausthal. Zur Zweihundertjahrfeier 1775–1975, Bd. 1: Die Bergakademie und ihre Vorgeschichte, 1975, 1–8 [3] E. Kroker, Bergverwaltung, in: K. G. A. Jeserich et al. (Hrsg.), Dt. Verwaltungsgeschichte 3, 1984, 514–526 [4] O. Wagenbreth, Die Technische Universität Bergakademie Freiberg und ihre Geschichte dargestellt in Tabellen und Bildern, 1994 [5] W. Weber, Innovationen im frühindustriellen dt. Bergbau und Hüttenwesen. Friedrich Anton von Heynitz, 1976.

Michael Fessner

Bergbau s. Montanwesen

Bergbauakademie s. Bergakademie

Bergbautechnik

1. Begriff
2. Phase I – Arbeit mit Schlägel und Eisen
3. Phase II – Pulversprengen und Ausbau der Wasserkraft-Netzwerke
4. Phase III – der Weg in industrielle Dimensionen
5. Zusammenfassung

1. Begriff

Unter B. fasst man alle technischen Methoden und Hilfsmittel zusammen, die zur Gewinnung mineralischer Rohstoffe aus dem Untergrund eingesetzt werden. Schon im 16. Jh. setzte eine Verwissenschaftlichung der B. ein, die bes. im Werk des G. Agricola (1494–1555) [1] sichtbar wird. Dort wurden die wesentlichen Felder der B. – Schachtabteufen und Streckenvortrieb, Grubenausbau, ↗Gewinnung, Förderung, ↗Wasserhaltung, ↗Bewetterung, Beleuchtung und Grubenvermessung (↗Markscheidewesen) – umrissen. Daneben wurden Tagebautechniken wie z. B. der Gold- oder Mineralgewinnung aus wässerigen Lösungen (↗Salinentechnik) dargestellt.

Bereits im MA hatte die bes. wichtige untertägige Mineralgewinnung zu Grubenbauen von über 200 m Tiefe und vielen 100 m horizontaler Erstreckung geführt. Schon seit dem frühen 14. Jh. wurden erste Maschinen mit Wasserradantrieb installiert. Aus dem frühnzl. Bedürfnis nach schriftlicher und bildlicher Darstellung der B. und nach ihrer Verknüpfung mit den entstehenden Natur- und Technikwissenschaften entwickelte sich bald eine ↗Montanliteratur. Das Bemühen um mathematische und physikalische Fundierung verstärkte sich im 17. Jh. Das Bedürfnis nach systematischer Ausbildung in der B. führte im 18. Jh. zur europaweiten Gründung von ↗Bergakademien, wo neben der B. ↗Geologie und ↗Mineralogie, ↗Mathematik, ↗Physikalische Wissenschaften, Chemie (↗Chemische Wissenschaften) und ↗Technisches Zeichnen gelehrt wurde. Es sind drei Entfaltungsphasen der B. zu beobachten: (a) Phase der Gewinnung mit Schlägel und Eisen (bis ca. 1635); (b) Phase des Sprengens mit Schwarzpulver und der Wasserkraft-Vernetzung (ca. 1635–1750); (c) Industrialisierungsphase (1750–1850).

2. Phase I – Arbeit mit Schlägel und Eisen

Seit dem SpätMA dominierte in der Gewinnung von Mineralien die Arbeit mit den Werkzeugen »Schlägel« (Hämmer unterschiedlicher Form und Schwere) und »Eisen« (Bergeisen, gestielte Meißel unterschiedlicher Größe und Gestalt); diese wurden – gekreuzt dargestellt – zum Symbol des Bergbaus. Ferner nutzte man Keile und Brechstangen; zur Zermürbung des Gesteins konnte auch Feuer gesetzt werden, oft vorbereitend für die Arbeit mit den genannten Werkzeugen [10]. Der ↗Förderung dienten Schubkarren und – auf größeren Strecken – eisenbeschlagene Förderwagen (»Hunde«), die auf Bohlengleisen (»Hundsgestängen«) liefen. Diese Bohlengleise bestanden aus paarig angeordneten Brettern, die man – einen Zwischenraum lassend – auf Schwellen befestigte. Ein »Leitnagel« griff unter dem Boden des Förderwagens in den Zwischenraum und hielt den Wagen in der Spur. Im Schacht förderte man mit Kübeln und Körben am Handhaspel, dessen Wellbaum zum Auf- und Abwickeln des Seils in der Regel an beiden Enden mit gegenläufig angebrachten Kurbeln bewegt wurde, in größeren und tieferen Schächten mit (Pferde-)Göpeln. Das Grundwasser floss über Stollen von oft beträchtlicher Länge ab. Aus Bereichen unter deren Sohle wurde es mit dem Haspel in Gefäßen gehoben; dazu nutzte man auch Becherwerke, die von Wasserrädern getrieben werden konnten, wie auch die sog. »Heinzenkünste« (vertikale Röhren, in denen man Wasser mit Hilfe einer Endloskette hochförderte, die mit Lederbällen besetzt war; ↗Wasserhaltung). Eine Mechanisierung der Wasserhaltung in bedeutenderen Gruben ist kennzeichnend für diese Phase I. Die »Wasserkünste« wurden zu Kernelementen der nzl. B. in Europa [5]. Ein hoher Grad technischer Vereinheitlichung charakterisiert das nzl. Montanwesen (vgl. Abb. 1).

Die Gewinnung erfolgte selektiv. Im Erzabbau zielte man v. a. auf Reicherze mit bes. hohem Gehalt der Wertmetalle; oft ließ man erhebliche Anteile ärmerer Erze zurück. Ein gutes Beispiel bildet der Bergbau beim tirolischen Schwaz im Inntal, wo reiche Kupfer-Silber-Erze v. a. am Falkenstein abgebaut wurden. Man begann dort 1515, Tiefbaue unter der Sohle des wasserabführenden Erbstollens anzulegen und erreichte in nur 20 Jahren ohne Maschineneinsatz rund 240 m Tiefe bei 8 Sohlen mit einem Streckennetz von ca. 7 km Länge. Allein zur Wasserhaltung waren in 6 vierstündigen Schichten ca. 600 Arbeitskräfte eingesetzt. Ein hoher Personaleinsatz auf engem Raum war bei größeren Mineralvorkommen charakteristisch. So waren im Falkenstein (mit einer Ausdehnung eines großen Abbaufeldes der Gegenwart) 1526 über 4500 Vollbergleute, über 1000 Knechte und ca. 400 »Buben« in der Anlernphase beschäftigt, ferner ca. 170 Mann Aufsichtspersonal [8]. Wie in vielen ↗Montanrevieren war hier ein Großbetrieb ausgebildet, der technisch immer stärker zusammenwuchs, was sich in einem verstärkten wirtschaftlichen, organisatorischen und rechtlichen Zusammenschluss der anfangs zahlreichen Einzelgruben niederschlug.

Die Gewinnung von Flöz-Lagerstätten, die meist eine gewisse Neigung aufwiesen (z. B. ↗Steinkohle; Kupferschiefer) und flach fallenden Gängen erfolgte im sog. »Pfeilerbau«. Man legte an einer Grundstrecke den Stoß des Flözes frei und räumte es dann in »Pfeilern« von einigen Metern Kantenlänge in Richtung des Ansteigens aus. Die Hohlräume sicherte man mit Trockenmauern

Bergbautechnik

Abb. 1: Heinrich Groff, Arbeiten in der Grube *La rouge myne de Sainct Nicolas* bei St. Croix, Elsass (Federzeichnung auf Papier, um 1530). Die Zeichnung zeigt einen Ausschnitt des Grubengebäudes der Roten Grube: drei Schächte mit Haspeln und Leitern (»Fahrten«) sowie die Förderwagen auf ihren Bohlengeleisen auf drei Sohlen, rechts unten zwei Bergleute beim Abbau des Erzes. Rund 20 Bergleute sind bei verschiedenen Arbeiten dargestellt. Die Abbildung entstammt einer Serie von Zeichnungen zu dieser Grube mit realistischen und ortsgenauen Darstellungen z. B. noch heute erhaltener Gebäude.

und dahinter gehäuftem Schutt und/oder Holzausbau. Massige oder stockförmige Lagerstätten (Salz, viele untertage gewonnene Werksteine, Dachschiefer, Kalk) wurden in Kammern gewonnen, deren Größe sich nach der Tragfähigkeit des Gesteins richtete. Sie konnten z. T. sehr groß (Durchmesser bis 100 m, Höhe bis 200 m) werden, etwa im Steinsalzabbau Siebenbürgens oder bei der Dachschiefergewinnung, z. B. bei Angers in Frankreich (Durchmesser über 100 m, Höhe mehrere 100 m). Wie bei der Flözgewinnung ließ man in Abständen Sicherheitspfeiler stehen [2].

Der Ausbau zur Sicherung der Gruben erfolgte v. a. mit Holz. Schächte wurden mit starken Stämmen und Querhölzern gesichert, die Hauptstrecken mit Stempeln und ggf. Kappen (Querhölzern), die zusammen sog. »Türstöcke« bildeten. Je nach Gesteinsbeschaffenheit musste die Grubenzimmerung mehr oder weniger aufwendig erfolgen. In den Schächten und Hauptstrecken gehörte das Auswechseln schadhaft gewordener Zimmerung zu den wichtigen Aufgaben im Grubenbetrieb.

Um 1540 wurde im böhm.-sächsischen Raum eine Maschine zur ↗Wasserhaltung erstmals eingesetzt, die wenig später G. Agricola als »Ehrenfriedersdorfer Radpumpe« in die Literatur einführte [1.154]; sie trieb Pumpen mit Hilfe einer Kurbelwelle an und übersetzte durch eine Pleuelstange die Rotation des Rades in eine Translationsbewegung, die zum Hub der Pumpenkolben genutzt wurde. Nach 1550 verbreitete sich die Radpumpe rasch im Bergbau Europas; sie erlaubte es, Wasser aus erheblich größerer Tiefe als zuvor zu heben. Als ↗Bergmannslampe (»Geleucht«) dienten zumeist schalenförmige »Frösche«, in denen man als Nahrungsmittel ungeeignete Fette (»Unschlitt«) verbrannte. Die Fortbewegung (»Fahrung«) in den Grubenbauen erfolgte während der ersten und zweiten Phase ausschließlich zu Fuß, nur ausnahmsweise benutzte man in den Schächten die Fördertonne, um Bergleute zu Schachtreparaturen an Ort und Stelle zu bringen oder Verletzte zu bergen. Höhenunterschiede von oft mehreren 100 m überwand man auf Leitern (»Fahrten«). In schrägen Schächten nutzte man auch Rutschen.

3. Phase II – Pulversprengen und Ausbau der Wasserkraft-Netzwerke

Gegen Ende des 16. Jh.s gerieten viele Montanreviere Europas in eine Krise. Die Vorräte an Reicherzen gingen zur Neige; die auf deren Gewinnung abgestimmten Techniken wurden zunehmend inadäquat. Der Dreißigjährige Krieg (1618–1648) verstärkte die Krise, in vielen Revieren kam der Bergbau zum Erliegen. Zuerst 1617–1627 in den Vogesen, dann vor 1635 in der Slowakei, Böhmen und im Harz, nach 1650 überall in Europa, wurden Versuche zum Einsatz einer neuen Gewinnungstechnik unternommen, des Sprengens mit Schwarzpulver. Wo und von wem das Bohren von Sprenglöchern, deren Besatz mit Schwarzpulver, Verdämmen durch einen Pflock und gezielte Zündung der Ladung mittels eines Schwefelfadens oder pulvergefüllten Röhrchens (geführt durch eine seitliche Kerbe im Dämm-Pflock) als sog. ↗Schießarbeit erfunden wurde, ist unbekannt. Während man das Pulversprengen bei mit schmalen Gängen stark verzweigten Mineralvorkommen erst nach langen Experimenten effektiv zu nutzen lernte, erwies es sich bei mächtigen Vorkommen als bedeutende Basisinnovation, so im Buntenzrevier des Oberharzes. In wenigen Jahren entwickelte es sich dort zu einem massenhaft eingesetzten Verfahren, das als neue Arbeiterkategorie die »Bohrhauer« hervorbrachte. 50 Jahre nach der erster Erwähnung des Schießens verbrauchte man im Revier von Clausthal/Oberharz wöchentlich 556 kg Schwarzpulver für ca. 1600 Sprenglöcher, das waren ca. 80 000 Sprenglöcher jährlich.

Man lernte rasch, mit Hilfe der Schießarbeit auf umfangreiche aber edelmetallarme Erzpartien rationell zuzugreifen. Dies erhöhte die gewonnenen Roherzmengen erheblich, damit auch die zu Tage zu fördernden Materialmassen sowie den Umfang der ↗Mineralaufbereitung. Gleichzeitig erhöhte sich das Tempo der Raumschaffung unter Tage und des Ausgriffs in größere Tiefe. Die Aufweitung von Strecken und Schächten sowie die Vergrößerung von Fördergefäßen waren die Folge, ferner die Zunahme der zu hebenden Wassermengen. Bes. die Förderung und die Wasserhaltung waren nur noch unter Maschineneinsatz zu bewältigen, zu deren Antrieb lediglich ↗Wasserkraft verfügbar war.

Die Schießtechnik hatte letztlich gewaltige ↗Wasserbau-Aktivitäten zur Folge: Man baute die langsam gewachsenen Anlagen aus Speicherteichen und kilometerlangen Zu- und Ableitungsgräben, weit in die Landschaft greifend, aus. Viele Wasserräder wurden über und unter Tage neu eingebaut, um die Pumpen und Förder-Kehrräder zu betreiben [6.170–219]. Letztere hatten zwei Schaufelkränze, mit denen sie durch Umsteuerung der Wasseraufgabe in Rechts- bzw. Linksdrehung versetzt werden konnten. Die Welle des Rades wickelte die beiden alternierend auf- und niedergehenden Förderseile bzw. -ketten auf und ab. Eine Backenbremse und die Schieber der Wasseraufgaberinne wurden durch einen Fördermaschinisten bedient. Die oberschlächtigen Wasserräder hatten Durchmesser von 8 bis 12 m. Die Schächte erreichten, abhängig v. a. vom Zudrang des Grundwassers und den Pumpenkapazitäten, Tiefen von 300 m und mehr in wasserreichen Mittelgebirgsregionen. Im Hochgebirge mit anderen Gegebenheiten für die natürliche Entwässerung erreichte man, z. B. bei Kitzbühel in Österreich, bereits 1599 mit dem Heilig-Geist-Schacht 886 m Tiefe [12.170–171].

Der Vortrieb großer Stollensysteme, der schon im MA begonnen hatte, wurde intensiviert. Man nutzte die Stollen verstärkt dazu, unter Tage Wasserräder zu installieren, indem man das Wasser über höher gelegene Sohlen auf die kaskadenförmig hinter- und untereinander angeordneten Räder leitete und es über den tiefsten Stollen abfließen ließ. So konnte man Gefällhöhen von bis zu 200 m nutzbar machen. Der Betrieb der Bergwerke wurde nun in allen größeren Revieren Europas irreversibel abhängig von Maschinen mit Wasserkraftantrieb. Große Teich- und Grabensysteme prägen daher viele Bergbaulandschaften, so z. B. in Norwegen, Schweden, im böhmischen und sächsischen Erzgebirge, im Harz oder in Ungarn und Siebenbürgen. Neu war die intensive Vernetzung der Anlagen zu großen Systemen [6.186–205]. Die Anlage und Wartung dieser Netze ließ eine wichtige Gruppe von Spezialisten entstehen, die als Kunstmeister und Kunstknechte bezeichnet wurden. Die Entwicklungen stellten erhöhte Anforderungen an das ↗Markscheidewesen, da eine sehr genaue Vermessung immer wichtiger wurde.

Die auf Wasserkraft basierende Technik wurde, nicht anders als die Technik des Industriezeitalters, laufend verbessert. Ältere Literatur erweckt oft den Eindruck, das technische Instrumentarium des 16. Jh. sei bis an die Schwelle des Industriezeitalters unverändert eingesetzt worden. Der genaue Blick auf die Konstruktionen zeigt jedoch, dass die Veränderungen u. a. die Effizienz erheblich steigerten. Bes. der Ausbau zu vernetzten Großanlagen verlieh der Technologie auf Wasserkraftbasis eine neue Wertigkeit.

4. Phase III – der Weg in industrielle Dimensionen

V. a. die Gründung von ↗Bergakademien seit den 1730er Jahren markiert ein neues Stadium in der Entwicklung der B. Schon an der Wende zum 18. Jh. hatte die Suche nach neuen, den Wasserrädern überlegenen Motoren zum Antrieb bes. der Pumpen und Fördermaschinen eingesetzt, in deren Verlauf europaweite Expertenkontakte entstanden. Bis ca. 1750 führte diese Suche zur ↗Dampfmaschine sowie zur Wassersäulenmaschine als einsatzfähigen Motoren. Während die Dampfmaschine, zunächst v. a. im Steinkohlenbergbau der brit. Inseln in der zweiten Hälfte des 18. Jh.s, mit Zeitverzug dann auch in Kontinentaleuropa, als neues Antriebsaggregat eingeführt wurde, war sie in den Revieren des Erzbergbaus wegen Problemen der Versorgung mit dem knappen Brennstoff meist nicht einsetzbar. Hier wurde um 1750 eine ebenfalls kolbengetriebene, aber durch den Druck einer hohen Wassersäule anstatt durch Dampf in Bewegung gesetzte Maschinenkonstruktion entwickelt, und zwar parallel durch die Konstrukteure Hell in Ungarn und durch Winterschmidt im Oberharz. Das eigentliche Antriebsaggregat war, wie bei der Dampfmaschine, eine Ganzmetall-Konstruktion, der systematische Berechnungen zu Grunde lagen; Winterschmidt veröffentlichte sie 1763 [4]. In einigen Revieren, so im Oberharz sowie in der Salzgewinnung des Voralpenlandes, wurden Wassersäulenmaschinen erfolgreich noch bis nach 1900 eingesetzt (vgl. Abb. 2). Die neuen Maschinen revolutionierten die Wasserhaltung und die Förderung und führten zu einer Umgestaltung der gesamten B. In der Horizontalförderung begann der Ersatz der Bohlengeleise durch Schienen aus Eisen bzw. Stahl, was den Einsatz stark vergrößerter Förderwagen erlaubte. Schon zuvor zum Teil stark verdichtet und vielfach personalstark, wuchsen nun Bergwerke, Anlagen über Tage zur Mineralaufbereitung, vielfach auch die Hüttenwerke zu Fabrikkomplexen zusammen.

Im Betrieb unter Tage war eine Neuausrichtung des Grubenbaus kennzeichnend. Die neue Maschinentechnik wurde oft mit der Neuanlage großer Entwässerungsstollen verbunden, die man auch für einen Kahntransport der gewonnenen Mineralien ausbaute, so im brit. Steinkohlenbergbau [7], im Steinkohlen- und Erzbergbau Schlesiens und im Erzbergbau zahlreicher Reviere wie z. B. des sächsischen Erzgebirges, Siebenbürgens, der Slowakei (bzw. des seinerzeitigen Niederungarn) oder des Harzes. Im Abbau wurden neue Verfahren eingeführt, mit denen man schon vor 1750 experimentiert hatte. War im Erzbergbau die Gewinnungstechnik bis dahin v. a. der Strossenbau gewesen, bei dem man die zumeist steil einfallenden Gänge vom Schacht aus in treppenförmigen Stößen in die Tiefe fortschreitend abgebaut hatte, kehrte man die Abbaurichtung nunmehr um: Zunächst wurde der Schacht bis zu einer gewissen Tiefe geteuft, aus dem Gesenk heraus wurde die Lagerstätte mit Strecken unterfahren, von denen aus man dann, nach oben fortschreitend, das Erz abbaute. Diese

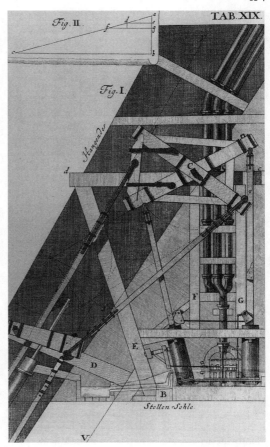

Abb. 2: Georg Winterschmidt, Wassersäulenmaschine (Tafel XIX aus: Abhandlung von der Winterschmidtischen Wassersäulen-Maschine, 1763; Kupferstich nach einer Handzeichnung des Konstrukteurs). Aus dem Schacht (diagonal von rechts oben nach links unten im Querschnitt) wird das Antriebswasser von oben rechts durch drei Rohrleitungen zur Steuerung der (in einer Kammer oberhalb der Stollensohle aufgestellten) Maschine geführt und über diese den Kolben zugeleitet. Über zwei Stangen sind diese dem Übertragungskreuz verbunden, an das die in den Schacht hinabführenden Pumpengestänge angeschlagen sind. Die Kolbenbewegung wird über das Kreuz in die Translationsbewegung der Pumpengestänge übersetzt. Links unten ist der obere Teil einer angehängten Saug-Hubpumpe dargestellt. Sie gießt das gehobene Wasser in eine Rinne auf der Stollensohle aus (schematisch im Querschnitt), in die auch das verbrauchte Betriebswasser geleitet wird, um über den Stollen zur Tagesoberfläche zu fließen.

den Abbau vorbereitenden Arbeiten bezeichnete man nun als »Aus- und Vorrichtung«, die jetzt von der eigentlichen Gewinnungsarbeit unterschieden wurden. Der anfallende Schutt blieb dabei in den Abbauhohlräumen zurück und die Bergleute arbeiteten sich darauf in die Höhe, wobei sog. »Rolllöcher« offengehalten wurden, durch die man die Abbaue erreichen und die gewonnenen Mineralien zur Grundstrecke hinabstürzen konnte, wo sie in Förderwagen (oder auch Kähne) geladen und den Schächten über das Streckennetz zugeführt wurden [6. 306–318]. Zu höher befindlichen Abbauen hin ließ man ggf. einen Teil der Gangmasse als sichernde »Schwebe« stehen. In älterer Zeit hatte man den Schutt auf hölzerne Bühnen über den Abbaustrossen eingebracht, um so u. a. die Hohlräume gegen Gebirgsdruck zu sichern. Die Holzbühnen hielten aber nur begrenzt; wenn sie verfaulten, konnten die darauf gehäuften Lockermassen in Bewegung geraten und schwere Schäden bis hin zur Destabilisierung ganzer Gruben verursachen. Um mehr Sicherheit und Dauerhaftigkeit zu gewährleisten, ging man nun oft dazu über, Hauptstrecken und Schächte auszumauern. Förderung und Wasserhaltung wurden nun gewöhnlich zentralisiert, mit den neuen Maschinenanlagen konnten sehr viel größere Grubengebäude bedient werden als zuvor.

Nach 1830 wurde, ausgehend vom Harzer Erzbergbaurevier, die Schachtförderung durch die Entwicklung anwendungsreifer ↗Draht-Seile revolutioniert, wobei diese Neuentwicklung weit über den Bergbau hinaus große Bedeutung erlangte; Drahtseile sind seither bei fast allen Vorgängen unverzichtbar, die mit dem Bewegen schwerer Lasten zusammenhängen.

Hinsichtlich der Personenbeförderung in Schächten wurden um 1830 zuerst im Harz die »Fahrkünste« entwickelt. An Pendelgestänge, wie man sie auch zum Betrieb der Pumpen nutzte, brachte man – in der Hubhöhe entsprechenden Abständen – Trittbretter und Handgriffe an. Die alternierende Auf- und Abbewegung der Doppelgestänge erlaubte es, die Hebephasen durch Umsteigen im Moment der Bewegungsumkehr zur stufenweisen Aufwärtsbewegung zu nutzen, die Senkphasen zum Hinabfahren in die Schächte [6. 437–438]. Diese neuen Anlagen verbreiteten sich bald im Bergbau vieler europ. Montanreviere. Das Drahtseil begann man gegen Ende der Nz. zum Betrieb von Förderkörben zu nutzen, in denen auch eine Personenbeförderung möglich wurde; sie wird als »Seilfahrt« bezeichnet.

Ein Grundproblem des Bergbaus bildete die Beleuchtung. Im Steinkohlenbergbau mit seinen explosionsgefährlichen Ausgasungen aus der Kohle wurde die immer noch gängige Bergmannslampe mit offener Flamme zum Problem; es setzten Versuche zur Entwicklung von Sicherheitslampen ein, zuerst im Steinkohlenbergbau der brit. Inseln.

5. Zusammenfassung

Die B. hatte zwar über die Epochen hinweg stets dieselben Grundprobleme zu bewältigen – Eindringen in den Untergrund durch Zertrümmern, Sicherung der Hohlräume, Förderung, Wasserhaltung, Bewetterung, Scheidung nutzbarer und tauber Mineralkomponenten und Beleuchtung – in der Bewältigung dieser Aufgaben erfolgten jedoch technische Wandlungen und Umbrüche von großer Tragweite. Personalkonzentration, frühe Maschinenabhängigkeit, Anlagengröße und technische Vernetzung großer Einheiten verliehen der B. Pioniercharakter in der Entwicklung der (Produktions-)Technik hin zu industriellen Dimensionen. Dies äußert sich nicht zuletzt in der frühen Verwissenschaftlichung der B.

→ Industrialisierung; Innovation; Montanreviere; Montanwesen; Technischer Wandel

Quellen:
[1] G. Agricola, De re metallica libri XII – Zwölf Bücher vom Berg- und Hüttenwesen, 1977 (Vollständige Übers. nach dem lat. Original von 1556) [2] Ch. T. Delius, Anleitung zu der Bergbaukunst nach ihrer Theorie und Ausübung (2 Bde.), Wien ²1806 [3] A. M. de Héron de Villefosse / C. Hartmann, Über den Mineralreichthum, Sondershausen 1810–1839 (Bd. 1–5 und Atlas) [4] G. Winterschmidt, Abhandlung von der Winterschmidtischen Wassersäulen-Maschine usw., in: H. Calvör, Historisch-chronologische Nachricht und ... Beschreibung des Maschinenwesens ... bey dem Bergbau auf dem Oberharze (Bd. 1), Braunschweig 1763, 159–200 (Ndr. 1986).

Sekundärliteratur:
[5] Ch. Bartels, Das Wasserkraft-Netz des historischen Erzbergbaus im Oberharz, in: Technikgeschichte 56, 1988, 177–192 [6] Ch. Bartels, Vom frühnzl. Montangewerbe zur Bergbauindustrie, Erzbergbau im Oberharz 1635–1866, 1992 [7] M. Clarke, Untertägige Kanäle in britischen Bergwerken, in: Der Anschnitt 54, 2002, 103–111 [8] E. Egg et al., Stadtbuch Schwaz. Natur – Bergbau – Geschichte, 1986 [9] M. Fessner et al., »Gründliche Abbildung des uralten Bergwerks« – Eine virtuelle Reise durch den historischen Harzbergbau, 2002 (CD und Textband) [10] G. Körlin / G. Weisgerber, Keilhaue, Fimmel, Schlägel und Eisen im ma. Bergbau, in: Der Anschnitt 56, 2004, 64–75 [11] H.-J. Kraschewski, Betriebsablauf und Arbeitsverfassung des Goslarer Bergbaus am Rammelsberg vom 16. bis zum 18. Jh., 2002 [12] L. Suhling, Aufschließen, Gewinnen und Fördern, 1983.

Christoph Bartels / Michael Farrenkopf

Bergmann

B. heißt nach einem Bergbau-Wörterbuch des 18. Jh.s »ein jeder, so in der Gruben arbeitet oder ein Arsch-Leder träget; und vornehmlich dieser, welcher gute Wissenschafft in Bergwercks-Sachen hat« [3]. Als B. im engeren Sinne wird bis heute ein Arbeiter bezeichnet, der im Rahmen der Gewinnung und Förderung mineralischer Rohstoffe tätig ist (↗Montanwesen), im weiteren Sinne auch das Leitungspersonal und die Anteilseigner einer Grube (vgl. Abb. 1).

Die Berufsgruppe des B. umfasste eine Vielzahl von Beschäftigten, wozu unter und über Tage tätige Arbeiter ebenso wie das Leitungs- und Aufsichtspersonal gerechnet wurden. Schon im 16. Jh. gab es eine weitreichende

Abb. 1: Georg Engelhardt Löhneyß, Bericht vom Bergwerk, Zellerfeld 1617 (Ausschnitt aus dem Titelblatt des Buches). Verschiedene Tätigkeiten der Bergleute sind dargestellt: Der im Hintergrund kniende B. schlägt mit Schlägel und Eisen Erz oder Gestein aus dem Berg, der links stehende B. löst mit einem Brecheisen lockeres Gestein aus der Felswand; rechts ein Karrenläufer mit hölzerner Transportkarre. Der B. im Vordergrund scharrt mit einer Kratze das gewonnene Material zusammen, um es in ein Transportbehältnis verladen zu können.

Arbeitsteilung. Ein Chronist nannte um 1580 z. B. für den Harzer Erzbergbau: Häuer, Förderknechte, Maschinenarbeiter, Ausschläger, Scheide- und Klauberjungen; Setz- und Siebwäscher; Herdwäscher; Pocher; Treibleute und Stürzer, Zimmerleute, Maurer, Bergschmiede, Grabensteiger und Teichwärter [1]. Für den Alltag des B. war früh die Schichtarbeit bestimmend, die sich grundlegend vom agrarischen Arbeitsrhythmus unterschied, in welchem der Wechsel von Tag und Nacht und nicht die Uhrzeit bestimmend war (↗Arbeitszeit). Das System (zwei oder drei Schichten) und die Stundenanzahl pro Schicht variierten je nach Tätigkeit. Ein B. erhielt entweder Zeitlohn oder einen zwischen Unternehmensleitung und Arbeitern vor Ort ausgehandelten Gruppen-Akkordlohn (das Gedinge); Entlohnung in Geld war üblich (↗Lohnarbeit).

Der rechtliche Rahmen der Bergarbeit wurde meist durch ↗Bergordnungen geregelt. In fast allen nzl. europ. ↗Montanrevieren stand der Bergbau unter Verwaltung und Aufsicht der ↗Landesherren (Direktionsprinzip; ↗Bergrecht). Den B. wurden häufig Sonderrechte (Bergfreiheiten, Privilegien) eingeräumt (↗Bergmannsstand). Ein B. war an der Wende vom MA zur Nz. ein gesuchter Facharbeiter und seine Mobilität dementsprechend ausgeprägt. Es gab Wanderungsbewegungen in ganz Europa (↗Arbeitsmigration).

Bei der ↗Gewinnung des Bodenschatzes stand die Handarbeit im Vordergrund. Erst ab der ersten Hälfte des 17. Jh.s wurde bei der Bergarbeit gesprengt (↗Bergbautechnik). Neben dem ↗technischen Wandel und der Erhöhung der Produktivität hatte die Einführung der Schießarbeit weitreichende Auswirkungen auf die Arbeit des B. Zum Bohren der Sprenglöcher wurde nicht mehr der kunstfertige Handwerker benötigt; dies konnten wenig qualifizierte Arbeitskräfte (Bohrhauer) verrichten.

In der ↗Mineralaufbereitung wurde das gewonnene Material für die Weiterverarbeitung vorbereitet. Die Aufbereitungsbetriebe hatten eine wichtige Funktion für die Ausbildung des B., der hier in der Regel in jungen Jahren seine Berufslaufbahn begann. In der informellen Ausbildung des B. folgten nach der Aufbereitung verschiedene Tätigkeiten unter Tage (als Bergjunge, Knecht, schließlich Hauer). Auch ältere oder invalide B. wurden in den Aufbereitungsbetrieben beschäftigt. Bei Arbeitsunfähigkeit gab es in vielen Bergrevieren soziale Sicherungssysteme (↗Knappschaft).

Die Arbeit des B. in der frühen Nz. ähnelte strukturell bereits der des Industriezeitalters. Die Besonderheiten des ↗Montanwesens förderten zu Beginn des 18. Jh.s zu Pauperisierungstendenzen, was teilweise zu Verhältnissen ähnlich denen der Industriezentren des 19. Jh.s führte; soziale Spannungen waren die Folge. Die Bergleute verfügten bereits früh über ein Instrumentarium zur Durchsetzung ihrer Interessen. Im 14. Jh. schon gab es Zusammenschlüsse der B. bei Arbeitskonflikten. Eingaben, Demonstrationen, Fortzug aus dem Montanrevier oder Streiks wurden eingesetzt, um Forderungen durchzusetzen (↗Arbeitsniederlegung). Zahlreiche Untersuchungen gerade der letzten Jahrzehnte zu einzelnen Montanrevieren beleuchten auch die Geschichte und Situation des B. [4].

→ Bergbautechnik; Bergmannsstand; Montanwesen; Montanwirtschaft

Quellen:
[1] H. Denker, Die Bergchronik des Hardanus Hake, Pastors zu Wildemann, 1911 [2] G. E. Löhneyss, Bericht vom Bergwerk, Zellerfeld 1617 [3] Minerophilo, Neues und Curieuses Bergwercks-Lexikon, Chemnitz 1730.

Sekundärliteratur:
[4] Ch. Bartels, Vom frühnzl. Montangewerbe zur Bergbauindustrie. Erzbergbau im Oberharz 1635–1866, 1992 [5] G. Heilfurth, Der Bergbau und seine Kultur, 1981 [6] K. H. Ludwig / P. Sika (Hrsg.), Bergbau und Arbeitsrecht.

Die Arbeitsverfassung im europ. Bergbau des MA und der frühen Nz., 1989 [7] H. WILSDORF, Montanwesen, eine Kulturgeschichte, 1987.

Claudia Küpper-Eichas

Bergmannslampe

Als B. bezeichnet man alle bei der untertägigen Gewinnung mineralischer Rohstoffe zur Erhellung der Grubenräume eingesetzten künstlichen Lichtspender. Als Sammelbezeichnung für B. hat sich der dt. Begriff des bergmännischen »Geleuchts« verbreitet [1]. Im Vergleich zu anderen Feldern der ↗Bergbautechnik wurden während der Nz. zwar, abhängig von Bergbausparten und Montanregionen, viele Formen der B. ausgebildet. Konstruktion, Funktion und Brennmaterial basierten jedoch bis ins 18. Jh. auf Grundlagen, die sich z.T. schon im prähistorischen (z.B. Hallstattkultur) und römerzeitlichen Bergbau entwickelt hatten. Konstruktiv wesentlich verändert wurde die B. erst nach 1750 in der Industrialisierungsphase des Bergbaus (1750–1850) und infolge steigender Bedeutung des untertägigen Steinkohlenbergbaus (↗Steinkohle). Lagerstättenabhängig verschieden stark wurde dabei das Grubengas Methan (CH_4) freigesetzt, das in der Kohle gebunden war und durch die Gewinnung in die Grubenräume austrat [2]. Bei einem Gehalt von ca. 5–14% Methan in der Grubenluft entstanden explosive Gasgemische, die durch den Kontakt mit der Flamme der B. entzündet werden konnten. Ca. 1800–1850 bildeten sich deshalb Konstruktionen der B. aus, die das Risiko der Initialisierung von »Schlagwetter- und Kohlenstaubexplosionen« vermeiden sollten. Für diese Art der B. setzte sich während des 19. Jh.s die Bezeichnung Sicherheits- bzw. Wetterlampe durch [3].

Bis um 1800 existierten drei Grundkategorien der B.: Holzbrand (Kienspan), Kerze und Fett- bzw. Öllampe. Gemeinsames Prinzip war der kontrollierte Abbrand des Brennstoffs durch eine zumeist offene Flamme, welche die Leuchtkraft der B. bestimmte. Fast alle B. der Nz. waren darauf ausgelegt, vom ↗Bergmann am Körper getragen zu werden (»tragbares Geleucht«). Diese Variabilität der B. am Arbeitsort unterschied sich von der »ortsfesten« Beleuchtung mit elektrischen Lampen, die sich im 20. Jh. durchsetzte. Die nzl. B. musste aufgrund ihrer geringen Leuchtstärke und des sich im Arbeitsprozess beständig wandelnden Zuschnitts des Grubengebäudes tragbar sein [4].

Kienspäne, die bereits um 1000 v. Chr. im Salzbergbau in Hallstatt (Österreich) eingesetzt wurden, waren in der Regel aus Holz geschnittene dünne quadratische Stäbe. Bis zu 1 m lang wurden sie in Bündeln zum Arbeitsort getragen, dort angezündet und in Gesteinsspalten gesteckt. Seit dem MA bildeten sich eiserne Kienspanhalter aus. Aufgrund der im alpinen Salzbergbau verfügbaren Holzressourcen kam diese Form des Holzbrandes hier noch bis zum Beginn des 19. Jh.s vor.

Die während der Nz. verwandten Kerzen waren häufig aus billigem Talg hergestellt; als Dochte dienten getrocknete Tiersehnen oder Flachs. Auch für Kerzen entwickelten sich zu Beginn der Nz. eiserne Halterungen, z.T. in Form einer langen Eisenspitze (engl. *candle stick*) zur Verkeilung im Gestein.

Die in der Nz. verbreitet eingesetzten Fett- bzw. Öllampen bestanden v. a. aus mit Hartlot zusammengefügten Eisenteilen. Als Grundtypen sind offene, flache und schalenförmige »Frösche« mit Haken zur Aufhängung (Zentraleuropa), geschlossene, flache und runde »Linsen« mit Hängevorrichtung (Mittelmeerraum) sowie geschlossene zylindrische »Schellen« mit Haken oder Klemmvorrichtung (Zentraleuropa und angelsächsischer Raum) zu unterscheiden. Der Abbau des geringmächtigen Kupferschieferflözes im Mansfelder Raum führte bis zum 16. Jh. zur Ausbildung sehr kleiner »Schellen«, die an der Kopfbedeckung der Bergleute befestigt wurden und die vorwiegend kriechende Förderung erleichterten (»Kopfschelle«). Um das Flackern und Verlöschen der Flamme zu vermeiden, umgab man Kerzen oder Öllampen im sächsischen Erzbergbau seit dem 18. Jh. mit einem Holzgehäuse mit Glasfront (»Freiberger Blende«) [1]; [4].

Die Mitte des 18. Jh.s im engl. Steinkohlenbergbau einsetzende Suche nach explosionssicheren B. ging zunächst von im Bergbau unpraktikablen chemischen Leuchtkörpern aus (↗Brenn- und Leuchtstoffe). Die von Carlisle Spedding konstruierte *steel-mill*, bei der durch Abrieb eines Feuersteins ein kalter und wenig heller Funkenregen erzeugt wurde, fand in England eine gewisse Verbreitung. Um 1800 konzentrierten sich die Versuche wieder auf Öllampen, deren Flamme man durch Einhausung von der Grubenluft zu isolieren suchte [5]. Die maßgebliche technische Innovation stammte v. a. von Humphry Davy (1815/16), der die Flamme der Öllampe mit einem Drahtzylinder umgab. Dieser kühlte die Wärme der B. beim Kontakt mit einem Schlagwettergemisch unter die kritische Entzündungstemperatur ab. Alle Sicherheitslampen des 19. Jh.s, ab etwa 1830 zugunsten der Leuchtkraft mehrheitlich durch einen Glaszylinder auf Flammenhöhe ergänzt, beruhen auf dem Prinzip des kühlenden Drahtkorbes, ohne allerdings in jedem Fall die Initialisierung von Schlagwetter- und Kohlenstaubexplosionen verhindern zu können [2].

→ Beleuchtung; Bergbautechnik; Brenn- und Leuchtstoffe; Innovation; Montanwesen; Technischer Wandel

[1] W. BÖRKEL / H. WOECKNER, Des Bergmanns Geleucht, Bd. 4, 1983 [2] M. FARRENKOPF, Schlagwetter und Kohlenstaub. Das Explosionsrisiko im industriellen Ruhrbergbau (1850–1914), 2003 [3] P. HUBIG, 160 Jahre Wetterlampen. Lampen für die

Sicherheit im Kohlenbergbau, 1983 [4] K. REPETZKI, 3000 Jahre Grubengeleuchte. Zur Geschichte der Grubenlampe, 1973 [5] F. SCHWARZ, Entwicklung und gegenwärtiger Stand der Grubenbeleuchtung beim Steinkohlen-Bergbau, 1914.

Christoph Bartels / Michael Farrenkopf

Bergmannsstand

1. Definition und Zugehörigkeit
2. Standeskultur und Standesethos
3. Entwicklung

1. Definition und Zugehörigkeit

Der B. konstituierte sich als soziale Gruppe im Kontext der mitteleurop. ↗Ständegesellschaften. Demnach bestimmten in erster Linie ethisch-normative Merkmale der sozialen Herkunft über die Zugehörigkeit zum B. und damit über die Lebenschancen, also das berufliche Fortkommen und die soziale Sicherung der Standesmitglieder. Die Wurzeln des B. gehen auf die Bergbaubruderschaften des späten MA zurück. In diesem Umfeld kollektiver Autonomie prägten sich berufsständische Gewohnheiten aus, welche die Bergknappen auf ihren Wanderungen in die frühnzl. ↗Montanreviere tradierten. Die landesfürstlichen oder städtischen ↗Bergordnungen des 15. und 16. Jh.s setzten den Rahmen beruflicher Sonderrechte, auf deren Grundlage große Teile des Bergvolks oder der bergmännischen Bevölkerung der frühnzl. Montanreviere eine exklusive Stellung innerhalb der ständischen Sozialordnung beanspruchten (↗Bergrecht).

Zu den wichtigsten standesbildenden ↗Privilegien des B. gehörten bis zum Beginn des 19. Jh.s neben der persönlichen Freizügigkeit, insbes. in den alten Revieren des Erz- und Salzbergbaus, die herrschaftliche Kornversorgung in Krisenzeiten, Unterstützung bei Krankheit und Berufsunfähigkeit sowie Hilfen für Witwen und Waisen, medizinische Versorgung durch Bergärzte, Anspruch auf berufsständische Selbstrekrutierung des berg- und hüttenmännischen Nachwuchses, Steuerfreiheit und Befreiung vom Militärdienst, das Recht zu genossenschaftlichen Zusammenschlüssen und schließlich auch das Recht zur Beschwerde oder Petition beim Landesherrn (↗Petitionsrecht). Ein in hohem Maße bewusstseinsprägendes und stabilisierendes Element des ständischen Sozialprofils war auch der Hausbesitz, der einen Teil der bergmännischen Bevölkerung und gerade auch der Arbeiterschaft durch einen dem ↗Bürgertum ähnlichen Status aufwertete.

Zum »ehrbaren« B. zählten im umfassenden Sinne einer ↗Korporation alle beim Bergbau Beschäftigten vom einfachen Pochknaben und Hauer aufwärts bis zum akademisch gebildeten Bergbeamten (↗Montanverwaltung); z. T. waren die Hüttenleute und Salinenarbeiter ebenfalls darin eingeschlossen. In der Frühen Nz. zählen auch Frauen zu den Beschäftigten im Montangewerbe [10]. Sie arbeiteten allerdings meist nicht unter Tage (Ausnahmen z. B. Belgien, England und Schottland im 19. Jh.), sondern in den Aufbereitungsbetrieben (↗Mineralaufbereitung) oder in Bereichen der Versorgung oder Dienstleistung. Die Zahl der Arbeiterinnen innerhalb eines Montanreviers stand in Abhängigkeit von Konjunktur und Arbeitskräfteangebot. Es lassen sich beispielsweise während des ↗Dreißigjährigen Krieges (1618–1648), einer Zeit des akuten Arbeitskräftemangels, Frauen auch in ansonsten Männern vorbehaltenen Positionen nachweisen (↗Frauenarbeit; ↗Frauenberufe). Beim Anwachsen der männlichen Arbeitsbevölkerung eines Reviers wurden die Frauen aus dem montanistischen Arbeitsbereich wieder verdrängt. Sie trugen allerdings nach wie vor mit ihren Tätigkeiten in den verschiedensten Gebieten (in landwirtschaftlichem Nebenerwerb, Transportwesen, Handel, Heimarbeit) einen erheblichen Teil zum Einkommen der Bergmannsfamilien bei. Unter günstigen Umständen konnte dies bis zu 50 % des Familieneinkommens ausmachen [3].

V. a. seit dem 18. Jh. beschränkte sich die Zugehörigkeit zum B. im Kern auf die Mitglieder der lokalen oder regionalen ↗Knappschaften, also der Bergarbeiter einschließlich der Steiger. In ihnen wurden unter der Aufsicht der Bergverwaltung ständische Prinzipien sozialer Ordnung und Solidarität institutionalisiert. Unter dem Etikett der berufsständischen Integration bildeten die Knappschaften seit dem 17. Jh. effektive Instrumente ethisch-normativer Standeskontrolle in den Händen der staatlichen Bergverwaltung. Standespolitik war Ordnungspolitik, die soziale Privilegien zum Schutz vor den existenziellen Risiken der Bergarbeit bot und dafür Arbeitsdisziplin und Loyalität gegenüber der ↗Obrigkeit einforderte. Der Sonderrechtsstatus »herrschaftlicher« Bergarbeiter in den unter dem staatlichen Direktionsprinzip stehenden Montanrevieren begünstigte sicherlich die ausgeprägte Affinität von Bergleuten zum ↗Landesherrn oder Monarchen, der wiederum durch die soziale Fürsorge gegenüber den Bergleuten seine Legitimität verstärkte (↗Montanwesen). Aus Anlass von Inspektionen und Ehrentagen des Landesherrn bzw. hoher Beamter demonstrierte die Arbeiter- und Beamtenschaft der Berg- und Hüttenwerke durch »bergmännische Aufwartungen« oder öffentliche Aufzüge, zu der sie gegliedert nach Berufsformationen antrat, ein Abbild ständischer Geschlossenheit und Loyalität. Fürstliche Rangreglements und Uniformordnungen symbolisierten die hierarchische Gliederung des B. nach innen und dessen ständische Exklusivität nach außen.

2. Standeskultur und Standesethos

Als äußerliches Zeichen der Zugehörigkeit zum B. trugen die Bergleute eine besondere Tracht, die je nach Region oder Zeitraum variieren konnte (vgl. Abb. 1). Wesentliches Merkmal war das sog. Arschleder, eine halbrunde Lederschürze, die zum Schutz des Gesäßes bei der Arbeit um die Hüfte geschnallt und als Standessymbol bei Paraden oder bergmännischen Aufwartungen getragen wurde. Weitere Elemente der bergmännischen Tracht waren schon im MA eine kapuzenähnliche Kopfbedeckung (Gugel, auch in anderen Bevölkerungsgruppen weit verbreitet), später Bergkappe oder Schachthut, ein Zierbeil (Barte oder Häckel), ein besonderes Messer (Tzscherper oder Schärper), das an einer Gürteltasche (Tzscherpertasche) befestigt war, und das Geleucht (↗Bergmannslampe).

Über den nationalsprachlichen Zusammenhang hinausweisend entwickelte sich innerhalb des B. eine beson-

Abb. 1: Das löbliche und weitberühmbte Bergwerck zu Freyberg in Meisnerlandt/ sampt dem Brandt (Brandt-Erbisdorf bei Freiberg)/ und seinen zugehörigen Gebirgen und Refier/ Gedruckt im Tausent Fünffhundert und drey und siebentzigsten Jahr (Titelholzschnitt aus: Austeilung der Churfuerstlichen Alten/ weitberuehmbten Bergstadt Freyberg/ in Meissen, Freiberg, 1594; die Veröffentlichung handelt von den im Bergbau dieses Reviers durch die einzelnen Gruben erzielten Gewinnen). Zahlreiche Bergleute des zeitgenössischen dt. Erzbergbaus sind in charakteristischer Berufskleidung bei typischen Verrichtungen des Bergbaus und der Erzaufbereitung dargestellt.

dere Sprache, in erster Linie fachspezifische Ausdrücke aus dem Bereich des Montanwesens, die aber z. T. auch heute noch in übertragenem Sinn gebraucht werden. Zahlreiche bergmännische Wörterbücher versuchten bereits im 17. und 18. Jh., diese Sprache für Nichtbergleute zu erschließen. V. a. in der Frühen Nz. waren Bergleute gesuchte Facharbeiter mit hoher Mobilität, die sich u. a. an der Verbreitung sprachlicher Ausdrücke nachvollziehen lässt. So fand der Bergmannsgruß »Glück Auf« seit dem 17. Jh. Verbreitung in allen Montanrevieren Mitteleuropas [4].

Als ein weiteres Element der Standeskultur des B. ist die Religiosität zu nennen. Sie stand in unmittelbarem Zusammenhang mit den Gefahren und der Außergewöhnlichkeit des Arbeitsplatzes. Die ma. Standeskonfraternitäten der Bergleute, die Bergbaubruderschaften, widmeten sich religiösen Inhalten, stifteten Altäre und Heiligenfiguren. Gebet und Andacht vor der Schicht gehörten in vielen Montanrevieren zum Arbeitsalltag der Bergleute. Zahlreiche Bergmannskapellen und Bildstöcke legen auch heute noch Zeugnis von der Frömmigkeit der Bergleute ab, die himmlischen Schutz für ihre gefährliche Arbeit erbaten. Besondere Schutzheilige, allen voran St. Anna, St. Daniel und St. Barbara, wurden verehrt. Daneben gab es spezielle bergmännische ↗Feiertage, wie z. B. das Bergdankfest, die mit Andacht und feierlichen Umzügen begangen wurden. Musik durfte dabei nicht fehlen: Bergmannskapellen und ein besonderes Liedgut zählen ebenfalls zu Elementen der Standeskultur [5]. Sage und Erzählung bilden einen weiteren wichtigen Bereich; Bergmannssagen sind aus allen Montanrevieren Europas überliefert, deren Motive sich oft ähneln (z. B. Berggeist). Schließlich ist noch der Bereich der bildenden Kunst zu nennen, wobei allerdings zwischen der Selbstdarstellung des B. und der Verwendung bergbaulicher Motive in Kunst und Kunsthandwerk unterschieden werden muss, die sich in Kreisen der Gewerken (Anteilseigner von Bergwerken und Hütten) und an den Fürstenhöfen v. a. vom 16. bis zum 18. Jh. großer Beliebtheit erfreuten (z. B. Porzellanfiguren oder Münzprägung) [8].

Ein charakteristisches, in vorindustrieller Zeit verbreitetes Bild »vom Bergmannsstande« und seinen Gemeinschaftsbindungen überliefert ein Werk zum sächsischen Bergbau zu Beginn des 19. Jh.s: »Die Eindrücke, welche der Berg- und Hüttenmann von Jugend auf im Dienste und während der Arbeitszeit aufnimmt, die Denkweisen und Gewohnheiten, welche vom Vater auf den Sohn forterben …, die gemeinsame, dem Nichtbergmann oft unverständliche Bergmannssprache, die Knappschaftseinrichtung, das gemeinsame, dem Bergmann von Jugend auf eingeimpfte Interesse an den glücklichen oder unglücklichen Ereignissen beim Bergbau und dessen Erfolgen, … dies Alles kann keine andere Folge haben, als dass Alles, was Bergmann heißt, seien es Bergarbeiter oder Grubenvorstände oder Staatsbeamte, von einem und demselben Standpunkte aus auf das bürgerliche Leben und alle socialen Verhältnisse hinblickt, sich selbst aber in einem gemeinsamen Stande vereinigt betrachtet« [1].

Zum Sozialprofil des B. gehörte die familiär tradierte Berufsnachfolge (↗Berufsfolge). Mit ihr korrespondierte ein lebenszyklisch normierter Karriereweg, der im Kindesalter begann und mit der Tätigkeit als invalider oder alter »Gnadenlöhner« endete. Die Söhne der Berg- und Hüttenleute traten gewöhnlich im Kindesalter, teilweise schon vor dem zehnten Lebensjahr, beim Bergbau, v. a. bei der Erzaufbereitung in Arbeit (↗Kinderarbeit). Als Pochknaben, Gruben- oder Hüttenjungen wurden sie in die Knappschaftsverbände aufgenommen und so frühzeitig im berufsständischen Milieu sozialisiert (↗Bergmann).

Ein Element der bergmännischen Standesethik steckt in dem alten Sprichwort: »Bergbau ist nicht *eines* Mannes Sache«. Dies spielt zum einen auf das Ineinandergreifen verschiedener Arbeitsgänge bei der Bergarbeit an, zum anderen auf das Aufeinanderangewiesensein der Bergleute bei der gefahrvollen Arbeit unter Tage, das einen außergewöhnlich starken Gruppenzusammenhalt erzeugt. Der Mitbergmann heißt »Kumpel« oder »Kamerad«, Treue und Verlässlichkeit zählen zu seinen Tugenden. Die außergewöhnliche bergmännische Arbeitswelt und ihr intensiver kollektiver Bezug evozieren die besondere Ausprägung des Berufsstandes in den Bereichen von Sprache, Brauchtum, Sage und bildender Kunst, die sich in ähnlicher Form etwa bei Seeleuten findet [5].

3. Entwicklung

Der B. wurzelte im MA. Mit seinen z. T. noch im 16. Jh. aktiven Bruderschaften (z. B. in Schwaz mit einem Bruderhaus, in Goslar seit 1260 mit einem Hospital) und den noch weitgehend handwerklich geprägten Arbeitsweisen (↗Bergbautechnik) waren seine Strukturen und Organisationen ma. Berufsvereinigungen wie Gilden und ↗Zünften sowie den zahlreichen religiös-berufsständischen Bruderschaften gerade denen des ↗Handwerks in vielem ähnlich. Bruderbüchsen zur Unterstützung bedürftiger Standesgenossen und Bergmannsspitäler können vielfach schon vor der Nz. belegt werden. Mit der Herausbildung spezifischer Wert- und Verhaltensmuster und der Pflege soziokultureller Traditionen konkretisierten sich im B. zeittypische Vorstellungen einer gruppenspezifischen sozialen Identität der Bergleute.

Aus dem Bewusstsein spezieller sozialer Rechte und Institutionen, gleicher oder ähnlicher ökonomischer Bedingungen, beruflicher Erfahrungen und Lebensverhältnisse sowie verbindender sozialer Gewohnheiten und Konfliktstrategien entstand ein regional übergreifendes bergmännisches Standesethos und Gemeinschaftsgefühl. Wesentliches Moment der Identitäts- und Standesbildung waren Konflikterfahrung und kollektiver ↗Protest. In den großen Knappenaufständen z. B. von Joachimsthal (1525) und Schwaz und anderen Tiroler Revieren (1525) entluden sich bereits in der Frühen Nz. heftige Spannungen zwischen Kapital und Arbeit bzw. Gewerken, Bergbeamten und Obrigkeit auf der einen sowie Bergknappen auf der anderen Seite. Vom 16. bis zum 18. Jh. kam es in bedeutenden Montanrevieren, insbes. in Sachsen, in Mansfeld und im Harz, wiederholt zu scharfen Sozialkonflikten, in denen die Bergleute ihre ständischen Rechte und Gewohnheiten gegen staatliche Eingriffe und Unternehmerinteressen, aber auch gegen Zuwanderer zu verteidigen suchten [3]. Durch weitreichende obrigkeitliche Reglementierungen überformte jedoch der absolutistische ↗Ständestaat zunehmend die korporativen Strukturen des alten B., der sich unter erheblichem Einfluss der sozialen Konflikte zum exklusiven Berufsstand »herrschaftlicher Arbeiter« wandelte.

Die Berufung auf ständische Ordnungsmuster und traditionale Verhaltenskodizes diente der ↗Obrigkeit auch dazu, soziale Gegensätze zu kaschieren und fiskalische Leistungsforderungen zu legitimieren. Die Einbindung in den B. bot der Bergarbeiterschaft allerdings auch Schutz vor unternehmerischer Willkür, wie v. a. in den neu entstehenden Kohlezechen. Die reale Lebenswelt der ↗Montanwirtschaft hob sich freilich von den Idealvorgaben ab. Zwischen Arbeitern, Steigern und Bergbeamten bestand eine weite Spanne sozialer Ungleichheit. Auch unter den einfachen Bergleuten existierte eine starke soziale Differenzierung der Einkommens- und Besitzverhältnisse. Das verbreitete Phänomen des ↗Pauperismus der ↗Unterschichten erfasste im 18. und frühen 19. Jh. auch die Bergarbeiter.

Bes. im frühen 19. Jh. wurden den Bergleuten »Kastengeist« und »Standesdünkel« vorgeworfen. Liberale Reformer sahen darin die Ursache, dass Bergleute auch in Krisen kaum bereit waren, ihr angestammtes berufliches Umfeld aufzugeben und in andere Gewerbe zu wechseln. In der Tat erwiesen sich viele Bergleute v. a. im traditionellen Erz- und Salzbergbau als relativ immobil und ›klebten‹ an ständischen Privilegien, die ihnen im Unterschied zu industriellen Lohnarbeitern nicht nur elementare Sicherheiten wie den Schutz vor Erwerbslosigkeit boten, sondern auch das Gefühl sozialer Anerkennung oder ↗Ehre vermittelten. Nicht zuletzt auch politische Initiativen zur Identitätsstiftung begründeten einen Mythos von den besonderen sozialen Verhältnissen des B. So leisteten etwa die habsburgische und die preußische Monarchie in den Anfängen der ↗Industrialisierung mit sozialpolitischen Interventionen zugunsten der Bergarbeiter den Tendenzen ständischer Vergesellschaftung zur Abgrenzung gegen das entstehende Fabrikproletariat Vorschub. In diesem Zusammenhang steht auch das Aufkommen der Knappenvereine, die sowohl Foren des Arbeitskampfes wie der Berufsstandstümelei bildeten. Die Auflösung des B. wurde freilich mit der Aufhebung ständischer Privilegien durch den bürgerlichen Verfassungs- und Rechtsstaat des 19. Jh.s besiegelt.

→ Bergmann; Bergrecht; Montanreviere; Montanwesen; Montanwirtschaft; Ständegesellschaft; Stand

Quellen:
[1] C. F. G. Freiesleben, Der Staat und der Bergbau, 1839 [2] G. E. Löhneyss, Bericht vom Bergwerk, Zellerfeld 1617.

Sekundärliteratur:
[3] Ch. Bartels, Vom frühnzl. Montangewerbe zur Bergbauindustrie. Erzbergbau im Oberharz 1635–1866, 1992 [4] G. Heilfurth, Glückauf! Geschichte, Bedeutung und Sozialkraft des Bergmannsgrußes, 1958 [5] G. Heilfurth, Der Bergbau und seine Kultur. Eine Welt zwischen Dunkel und Licht, 1983 [6] J. Kocka, Weder Stand noch Klasse. Unterschichten um 1800, 1990 [7] K. H. Ludwig / P. Sika, Bergbau und Arbeitsrecht. Die Arbeitsverfassung im europ. Bergbau des MA und der frühen Nz., 1989 [8] R. Slotta / Ch. Bartels, Meisterwerke bergbaulicher Kunst vom 13. bis 19. Jh., 1990 [9] K. Tenfelde, Art. Bergarbeiterkultur in Deutschland. Ein Überblick, in: GG 5, 1979, 12–53 [10] C. Vanja, Bergarbeiterinnen. Zur Geschichte der Frauenarbeit im Bergbau, Hütten- und Salinenwesen, in: Der Anschnitt 39, 1987, 2–25 und 40, 1988, 128–143.

Johannes Laufer / Claudia Küpper-Eichas

Bergordnung

Die mitteleurop. B. stellte einen Spezialfall der nzl. ↗Polizeiordnung zur Regelung von Rechtsfragen des Bergbaus dar (↗Montanwesen), insbes. von Eisen-, Edelmetall- und Salzbergbaubezirken, und bildete daher einen Teil des ↗Bergrechts. Vorläufer lassen sich bis auf das Trienter Bergrecht von 1185 zurückverfolgen. Nach einer älteren privilegienrechtlich gestalteten Phase gibt es Hunderte von Beispielen von B. aus dem 15. bis 18. Jh.; das 19. Jh. brachte den Übergang zu inhaltlichen und geographisch umfassenderen Berggesetzen. Geltungsbereich einer B. war in der Regel der engere Bergrechtsbezirk einer konkreten Gerichtsherrschaft (z. B. das herzoglich-bayerische Rattenberg, 1463; das fürstbischöflich-bambergische Kanaltal in Kärnten, heute Italien, 1584), wofür bereits die Diversität der lokalen Umweltbedingungen sprach. B. konnten aber auch ein gesamtes Territorium erfassen (z. B. Kursachsen, 1589).

Gesetzgeber waren die jeweiligen lokalen Inhaber des kaiserlichen ↗Bergregals. Im ↗Heiligen Röm. Reich basierte dieses auf der jedenfalls seit 1158 vom Reichsoberhaupt beanspruchten Oberhoheit über den Bergbau (Ronkalische Konstitution). Konzipiert war diese Oberhoheit als exklusives kaiserliches Delegationsmonopol, wovon ausgiebig zugunsten der dezentral verteilten Gewalten Gebrauch gemacht wurde. Seit der Goldenen Bulle von 1356 waren die sieben ↗Kurfürsten Inhaber des kaiserlichen Bergregals, seit dem (gefälschten) Privilegium Maius von 1358/59 ebenso die Erzherzöge von Österreich, bald auch die übrigen interessierten Reichsfürsten, außerdem eine nicht zu unterschätzende Zahl landsässig-gerichtsherrschaftlicher Gewalten. Das Verfahren der Gesetzgebung war im Bereich der B. stärker als im Agrarbereich herrschaftlich geprägt, doch ist eine genossenschaftliche (ständische bzw. gerichtsgemeindliche) Partizipation auch hier nicht ganz wegzudenken.

Inhaltlich enthielten B. Bestimmungen zur herrschaftlichen Organisation des Bergbaubezirks, zur ↗Gerichtsbarkeit, zur Betriebs- und Arbeitsorganisation, zur sonstigen Rechtsstellung der Berggemeindebewohner (z. B. zur Nachsteuerpflichtigkeit des Wegzuges), zur Energieversorgung, zum Transport sowie zu der regelmäßig im ↗Montanrevier selbst stattfindenden Erzverhüttung. Strukturell stellten die meisten Rechtssätze Verbotsnormen mit Strafandrohung dar. Eine bes. hohe Regelungsdichte erforderte der neuralgische Schwachpunkt des vorindustriellen Montangewerbes, nämlich die Anpassung der Produktionskapazität an die Bedingungen eines »modellierten Solarenergiesystems« (Sieferle), i. e. an die natürliche Nachwachsgeschwindigkeit des Primärenergieträgers Holz (↗Wald; ↗Holzsparkünste). Ein Zuviel an Bergwerksaktivitäten musste vermieden werden. Berg- und Industrieforstverordnungen ergingen häufig kombiniert, damit – wie es 1583 für das welfische Westharzrevier hieß – nicht »wolerbawete Bergkwerck mangelung Holtzes ungenutzt zugrundt ... gehen« [1.179]. Entsprechend betonte die Berg- und Forstordnung für das Kanaltal von 1584 das intergenerative Nachhaltigkeitsprinzip, dass weder die gegenwärtigen Hüttenbetreiber noch »ihre Nachkhomben an ... Feuerholz durch unordentliche verschwendung und verhauung der Wälder nit mangl leiden« sollen [1.178]. In den kaiserlich-habsburgischen Herrschaften des Breisgaus galt nach der B. von 1517, dass das jeweilige lokale Berggericht das Energieholz für die einzelnen Betreiber der Berg- und Hüttenwerke anzuweisen habe. Im gemeinsamen Bergwerks-»Staat« der welfischen Herzogtümer auf dem Harz war der Energieforstbetrieb gemäß der B. von ca. 1648 den fürstlichen Berghauptleuten unterstellt, die den Gewerken das beantragte Schacht-, Röst- und Bauholz im Rahmen der Reproduktionskapazitäten bewilligten.

Das Zeitalter der traditionellen B., das ohne grundsätzliche Veränderungen auch das 18. Jh. umfasste, klang mit der aufgeklärt-industriellen Doppelrevolution um

1800 aus (↗Industrialisierung), die Energiesystem (↗Energie), Gewerbestruktur und Rechtsordnung gleichermaßen fundamentalen Veränderungen unterzog. Nach dem legislativen Vorbild des franz. Revolutionsstaates (*Loi relative aux mines* von 28.7.1791; *Code des mines* von 21.4.1810) wurden die B. durch staatsweit gültige einheitliche Berggesetze ersetzt, etwa durch das Allgemeine Preußische Berggesetz vom 24.6.1865. Das ma. Bergregal, das erst mit dem Untergang des Alten Reiches (1806) seinen vom Kaiser abgeleiteten Charakter verloren hatte, wurde nun in den meisten mitteleurop. Staaten (nicht jedoch in der Schweiz) durch die staatliche Berghoheit ersetzt.

→ Bergrecht; Bergregal; Montanwesen; Montanwirtschaft; Polizeiordnung

[1] B. Marquardt, Umwelt und Recht in Mitteleuropa. Von den grossen Rodungen des Hochmittelalters bis ins 21. Jh., 2003 [2] G. Mauss, Regal, Recht und Leiheform im mitteleurop. Bergbau, 1967 [3] P. Steinsiek, Nachhaltigkeit auf Zeit. Waldschutz im Westharz vor 1800, 1999 [4] H. Valentinitsch, Das landesfürstliche Quecksilberbergwerk Idria 1575–1659, 1981 [5] R. Willecke, Die dt. Berggesetzgebung von den Anfängen bis zur Gegenwart, 1977.

Bernd Marquardt

Bergrecht

1. Definition und Entwicklung
2. Bergrecht und Landesherr
3. Bergrecht und Gewerken
4. Bergrecht und Berg- und Hüttenarbeiter

1. Definition und Entwicklung

Unter B. versteht man jenen Normverbund, welcher die Rechte und Pflichten des ↗Bergregal-Inhabers, der Gewerken (Anteilseigner von Bergwerken und Hütten) und aller Personen definierte, die durch ihre Arbeitskraft am Berg- und Hüttenwesen einer Montanregion beteiligt waren (↗Montanwesen). Das B. traf Regelungen einerseits über das Verhältnis zwischen Grundeigentümer und Regalherrn (die Verleihung von Gruben und ihren Betrieb oder die an den Regalherrn zu leistenden Abgaben und dessen Rechte an den erzeugten Mineralien), andererseits über die Beziehung zwischen den selbst bauenden Anteilseignern bzw. den später nur noch Kapital einschießenden Gewerken und den Berg- und Hüttenarbeitern (↗Bergmannsstand) samt ihren Familien sowie zwischen den Bergwerksverwandten und ihren ländlichen und/oder städtischen Nachbarn. Das B. bildete den normativen Rahmen einer Montanregion (↗Montanreviere).

Das B. erstreckte sich gemäß den Konstitutionen des Reichstags von Roncaglia 1158 auf ↗Edelmetalle und ↗Salz, entzog diese zugunsten des Königs den Grundherren, weitete sich seit dem ausgehenden 15. Jh. auf ↗Blei, ↗Kupfer und z. T. ↗Eisen aus und galt im 18. Jh. oft auch für ↗Steinkohle. Die ma. B. schufen in Süd-, Mittel und Ostmitteleuropa in schriftlicher Form Grundlagen für eine geordnete Erz-, Edelmetall- und Salzgewinnung. Die wichtigsten Stationen waren das B. von Trient (1185/1208), das Iglauer B. (1249), das Goslarer B. (1271), das *ius regale montanorum* Böhmens (1300), das Freiberger B. aus dem 14. Jh., das schlesische Goldberger B. (1342) und der Schladminger Bergbrief (1408), die einander in erheblichem Ausmaß beeinflussten. Im Schwarzwald waren bergrechtliche Normierungen ursprünglich Bestandteil der Verleihungsurkunden, bevor auch dort 1370 für das Territorium des Grafen von Freiburg das B. in einen eigenständigen Rechtstext gefasst wurde.

Das B. bildete unter besonderer Berücksichtigung des Erzfinders und der Bergbaufreiheit die raum- und zeitbezogenen Grundlagen für die Entwicklung der allgemeinen zweiten ↗Montankonjunktur, die in den 1430er Jahren in Tirol begann und zeitversetzt von Revier zu Revier bis 1560/70 andauerte. Die ersten Tiroler B. aufgreifend, schuf Maximilian I. mit dem Schwazer B. bis 1517 und der Bergordnung für Vorderösterreich (1517) für den gesamten Bergbau im Habsburger Reich ein B., das in wesentlichen Teilen bis ins 19. Jh. Bestand hatte. Ähnliches lässt sich von der Annaberger ↗Bergordnung von 1509 sagen, in der das Direktionsprinzip (s.u. 2) manifest wurde. Von den Braunschweiger Herzögen für den Harzer Bergbau aufgegriffen und den dortigen Verhältnissen angepasst, strahlte es später bis nach Russland und Südamerika aus. Kennzeichnend für bergrechtliche Normierungen in der Frühen Nz. war die Bezeichnung »(Berg-)Ordnung« mit dem Hinweis auf den jeweiligen Geltungsbereich; sie wurde ggf. durch spätere Erläuterungen und Instruktionen ergänzt sowie durch Änderung einzelner Artikel an regionale und temporäre Sonderheiten angepasst.

Dem sich aus dem ↗Bergregal der ↗Landesherren ableitenden B. und seinen Rechtssetzungen kamen im frühnzl. Finanzstaat sowie in Wirtschaft und Gesellschaft bes. im 16. Jh. einzigartige Aufgaben mit besonderen Dimensionen zu. Der Grundsatz der Bergfreiheit implizierte einen Freiheitsbegriff, der alle an der ↗Montanwirtschaft Beteiligten umfasste und sie in Berggemeinden organisierte. Davon direkt betroffen waren sowohl die benachbarten bzw. in Bergbauregionen nicht dem B. unterliegenden Mitglieder der Gemeinden als auch die durch Münzmetalle und die Münzproduktion (↗Münze) verursachte Monetarisierung und indirekt auch die städtische Gesellschaft. Grenzen überschreitende ↗Lagerstätten zwangen zu herrschaftsübergreifender Kooperation; man wollte Erze abbauen, Investoren finden, durch Einnahmen aus Abgaben und Gebühren den fürstlichen Haushalt stärken und obendrein den sozialen Frieden in der Montanregion sichern. Dazu diente die durch den Bergrichter im Namen des Regalherrn ausgeübte Berggerichtshoheit, wobei die Verfolgung der vier »hohen Rügen« (Brand, Raub, Mord und Notzucht) dem Landrichter zustand.

Die ab 1560/70 in den meisten europ. Revieren einsetzende Verlagerung des Bergbaus auf Edel- und Buntmetalle (↗Edelmetalle) löste einen sich ständig verstärkenden zentralistischen Zugriff der Landesherren aus, der gleitend in eine merkantilistisch orientierte ↗Wirtschaftspolitik überging. Dazu trug die Einführung der Sprengarbeit unter Tage ab 1630 bei, die zu einer scharfen Trennung zwischen der Masse von Bohrhauern und einer expandierenden Verwaltung von betriebsführenden Montanbeamten führte. Die in diesem Zusammenhang erforderlichen Normänderungen schlugen sich in den jeweiligen B. nieder. Das wird bes. deutlich im Harz und im norwegischen Silbererzbergbau zu Kongsberg, abgeschwächt auch im schwed. und norweg. Kupferbergbau bzw. im erzgebirgischen oder salzburgischen Silberbergbau des 17./18. Jh.s erkennbar.

Bes. sichtbar wird diese Tendenz am Vergleich zwischen der Jülich-Klevischen Bergordnung für den Erzbergbau von 1541 mit der »Renovierten« Bergordnung für die Grafschaft Mark von 1737, die mit dem 1738 gegründeten Märkischen Bergamt zu Bochum den zentralistischen Zugriff der Regierung in Berlin markierte und die Verfügungsgewalt des Staates endgültig auf die ↗Steinkohle ausdehnte. Hier begann eine die ↗Industrialisierung im Bergbau begleitende Neuordnung des B., die mit dem franz. *loi relative aux mines* von 1791 und dem *code des mines* Napoleons von 1810 unter franz. Einfluss gelangte. Dieses Gesetz stärkte insbes. in den Rheinbundstaaten und nach 1815 in den linksrheinischen Gebieten Preußens den Grundeigentümer und kam in ganz Preußen mit dem Miteigentümergesetz von 1851 zum Zuge. Seinen Abschluss fand dieser Prozess im Preußischen Allgemeinen Berggesetz von 1865. Ähnliches galt z. B. für die Berggesetzgebung in Österreich um die gleiche Zeit.

2. Bergrecht und Landesherr

Allein der ↗Landesherr entschied in der Frühen Nz. durch die inhaltliche Gestaltung des B. darüber, ob und in welcher Rechtsform er sich bzw. andere Personenkreise am Berg- und Hüttenwesen beteiligte. In den Montanregionen von Erzgebirge und Harz setzte sich das Direktionsprinzip durch. Die Kurfürsten und Herzöge von Sachsen übten die Hoheitsrechte über das Berg- und Hüttenwesen des sächsischen Erzgebirges aus, indem sie neben der Berggerichtsbarkeit, Rechtssetzungsgewalt und Verwaltungshoheit durch die Beamten ihrer ↗Montanverwaltung die Oberaufsicht über den technischen Betrieb und die damit verbundene Sicherheit unter und über Tage gewährleisteten und alle maßgeblichen ökonomischen Entscheidungen trafen. Nach dem Riechenberger Vertrag von 1552, mit dem der Stadt Goslar jegliche bergrechtliche Einflussnahme auf die Geschicke des Rammelsberger Bergbaus genommen wurde, kamen dieselben Prinzipien durch die Montanverwaltung der Herzöge von Braunschweig-Wolfenbüttel im gesamten Harz zur Anwendung. In allen Fällen, auch bei der Übernahme der Annaberger Bergordnung im skand. Raum oder in Südamerika, wurden Abgaben für den Landesfürsten von dem aus den Schmelzhütten kommenden ↗Silber erhoben.

Ausgehend von der Tiroler B.-Tradition wurde in den habsburgischen Montanregionen wie auch im Salzburgischen der Freiheitsgrundsatz auf das Unternehmertum ausgedehnt. Gewerken konnten sich in unterschiedlicher Form zum Betrieb von Gruben zusammenfinden bzw. unabhängig vom Bergbau Schmelzhütten betreiben (↗Schmelzprozesse). Dem Regalherrn standen nach dem B. Abgaben in Form der sog. »Fron« (d. h. des Zehnten auf das geförderte Erz), des »Wechsels« als Abgabe auf das Brandsilber und des »Überwechsels« als Abgabe für das nicht an die landesherrliche Münze gelieferte Silber zu. Sie mussten einen landesherrlichen Grubenanteil auf ihre Kosten mitbauen, weitere fürstliche Eigenteile wurden wie Gewerkenanteile behandelt.

Der Regalherr konnte eine eigene Hütte betreiben, was fast in jedem Revier der Fall war. Damit bot er den nicht schmelzenden Gewerken eine Verkaufsalternative ihrer Erze und sicherte die Nachhaltigkeit im Erzabbau. Sein auf dem Münzregal (↗Regalien) fußendes Vorkaufsrecht auf das Silber machte er im Grunde nur im Fall von Schwaz geltend, während anderes Tiroler Silber nach Zahlung des »Überwechsels« frei verkäuflich war. Aufgrund zahlreicher Verpfändungen floss aber zwischen 1480 und 1550 auch Schwazer Silber an oberdt. Handelshäuser. Ein erheblicher Teil des Silbers aus den Vogesen und dem Sundgau ging an die Münzstätten des Rappenmünzbundes und ab 1584 in die neue landesherrliche Münze in Ensisheim im Oberelsass. Die Herzöge von Lothringen orientierten sich bei der Ausgestaltung des B. im Erz- wie im Salzbergbau an den alpenländischen Usancen.

In allen Montanregionen Europas behielt der Regalherr neben der Oberaufsicht über den technischen Betrieb bis ins 19. Jh. die Verwaltungshoheit und schuf mit einer von ihm abhängigen Bergbeamtenschaft die Grundlage für den Übergang zur merkantilistischen Wirtschaftspolitik (↗Merkantilismus). Dem B. zugehörig war die Berggerichtsbarkeit, welche der Bergrichter mit Schöffen aus dem Kreis der Montanbeamten, Bergarbeitern (↗Bergmann) oder Aufsichtspersonen ausübte.

Mit Ausnahme der vier hohen Rügen (s. u. 1) galt der Grundsatz: B. brach Landrecht. Gerichtsort war der Amtssitz der Bergverwaltung. Damit hob das B. die für auswärtige Gewerken sonst geltenden rechtlichen bzw. gerichtlichen Zuständigkeiten auf.

3. Bergrecht und Gewerken

Die Gewerken waren nach dem B. in denjenigen Montanregionen, in denen der Landesherr sich für das Direktionsprinzip entschieden hatte, von der unternehmerischen Verfügung ausgeschlossen und auf ihre Eigenschaft als Investoren reduziert. Sie partizipierten durch die Kapitalbereitstellung über Bergteile (Kuxe) am Gewinn oder Verlust und konnten nur – z. B. als Pächter von Herdfeuern (so in Mansfeld im Harz) – einen begrenzten unternehmerischen Handlungsspielraum erlangen.

In anderen Montanregionen sprach ihnen das B. die Möglichkeit zu, als Kapitalgeber wie als Bergbau- und Hüttenbetreiber und Metallkaufleute in Erscheinung zu treten. Das B. gestand ihnen das Recht auf Schürfung und Mutung (Reservierung eines höffigen Feldes) und einen Anspruch auf Belehnung (Verleihung) unabhängig vom Nachweis ihrer Finanzkraft zu. Im Gegenzug waren die Gewerken zur Aufnahme des Abbaus in kurzer Frist und zu regelmäßigem Zechenbetrieb verpflichtet. Sie trafen die wirtschaftlich wie technisch relevanten Entscheidungen im Berg- und Hüttenwesen (↗Bewetterung, Wasserlösung, Schmelztechnik), stellten das benötigte Personal ein und waren zu dessen regelmäßiger Entlohnung gemäß der in einigen B. verankerten Lohntaxen verpflichtet. Zur Holz- und Holzkohlebeschaffung konnten sie bestenfalls die Amtshilfe des Bergherrn in Anspruch nehmen. Weiter waren sie zur regelmäßigen Rechnungslegung vor landesherrlichen Beamten, zur Zahlung der Zubuße (erforderliche Vorschüsse oder zeitweilige Zuschüsse zu den Betriebskosten) sowie der Befriedigung des regalherrlichen Vorkaufsrechts verpflichtet. Bei bergrechtlichen Streitigkeiten waren sie der Berggerichtsbarkeit unterworfen.

Obwohl das preuß. B. im 17./18. Jh. für die beiden westl. Provinzen, das Herzogtum Kleve und die Grafschaft Mark, die kameralistische Wirtschaftspolitik merkantilistischer Prägung unter Ausschluss eines freien Unternehmertums stärken sollte, entwickelte sich dieses hier als Träger technischer wie wirtschaftlicher Innovationen ähnlich wie in den Nachbarregionen Westfalens sowie des Sauer- und des Siegerlandes.

4. Bergrecht und Berg- und Hüttenarbeiter

Die relative Einheitlichkeit des B. ermöglichte ↗Migration und Integration. Die Grundzüge des B. standen in der Nz. in allen bergbautreibenden Regionen Europas in der Tradition des röm. Rechtes (vgl. ↗Gemeines Recht), basierend auf den allen Montanregionen gemeinsamen Grundbedingungen und Problemen. Nicht zu unterschätzen ist dabei die prägende Wirkung der Rechtserfahrung, die wandernde Bergleute durch ganz Europa transportierten, der rege Austausch der bergbautreibenden Fürsten für das B. Das die ↗Montanwirtschaft verbindende und das B. in wesentlichen Teilen inhaltlich bestimmende Axiom der Bergfreiheit erforderte für die Bergarbeiter wie für alle Mitglieder der Berggemeinde einen besonderen Schutz.

War die im B. garantierte Rechtsstellung der Berg- und Hüttenarbeiter und ihrer Familien unstrittig, barg diese im Hinblick auf die bergnahen bzw. bergverwandten Berufe erheblichen Zündstoff. Zur Vermeidung von Rechtsstreitigkeiten enthielten die meisten B. den Passus, dass nur derjenige »unter dem Bergstab« stand, der einer Tätigkeit im direkten Zusammenhang mit der Montanwirtschaft nachging. Zu den Bergverwandten zählten Holzarbeiter, Köhler, Fuhrleute und Schmiede. Über das B. bot der Regalherr den Berg- und Hüttenarbeitern wie ihren Familien einen umfassenden Schutz. Dieser erstreckte sich über die Befreiung von an Grund- oder Leibherren zu leistenden Abgaben und Diensten bis hin zur Testamentserstellung und -vollstreckung sowie der rechtlichen Sicherung der Witwen (↗Witwen-/Witwerschaft) und Waisen.

In den Habsburger Territorien setzte das B. den Rahmen für die Versorgung mit Wohnraum, Lebensmitteln und anderen Verbrauchsgütern, garantierte die Teilhabe an dörflichen Rechten wie Allmendenutzung (↗Allmende), Vogel- und Fischfang sowie die Kleintierjagd. In den nach dem Direktionsprinzip oder als Regiebetrieb geführten Montanregionen übernahmen häufig die Regalherren die Organisation der Lebensmittelversorgung. Das im B. genehmigte Tragen von Waffen diente dem Schutz auf Wanderungen und auf dem Weg zur Arbeit, war aber auch als ein eng mit dem Freiheitsrecht verknüpftes Statussymbol zu sehen.

Alle diese besonderen Merkmale der bergmännischen Rechtsstellung verschwanden im 17. Jh. weitgehend, sei es durch Rückgang der Ergiebigkeit der Erzadern oder durch Stilllegung des Erzbergbaus im ↗Dreißigjährigen Krieg, sei es durch die merkantilistische Wirtschaftspolitik im Verein mit der Einführung der Sprengarbeit. Der ↗Bergmann wurde durch die Montanverwaltung des absoluten Fürsten zu einem ständisch orientierten Arbeiter degradiert. Das gilt auch für den seit Mitte des 18. Jh.s zunehmenden Steinkohle-Bergbau. Hier fand die Aushöhlung des Freiheitsgrundsatzes für Bergarbeiter einen Höhepunkt, indem Zu- und Abwanderung in den preuß. Montanregionen seitens der Bergämter eingeschränkt wurde.

→ Bergmannsstand; Bergordnung; Bergregal; Montanprivilegien; Montanwesen; Montanwirtschaft; Regalien

Quellen:
[1] F. A. Schmidt (Hrsg.), Chronologisch-systematische Sammlung der Berggesetze der Königreiche Ungarn, Kroatien, Dalmatien, Slawonien und des Großfürstenthumes Siebenbürgen, 1834–1835 [2] J. B. Trenkle, Bergordnung des Kaisers Maximilian vom Jahre 1517, in: Schau-ins-Land 13, 1886, 62–78 [3] T. Wagner, Corpus juris metallici … oder Sammlung der neuesten und älteren Bergwerks-Gesetze, 1791.

Sekundärliteratur:
[4] W. Achenbach, Das gemeine dt. Bergrecht, 1871 [5] G. Boldt, Das Recht des Bergmanns, 1960 [6] H. Löscher, Das erzgebirgische Bergrecht des 15. und 16. Jh.s, 1961 [7] K. H. Ludwig / P. Sika (Hrsg.), Bergbau und Arbeitsrecht, 1989 [8] R. Müller-Erzbach, Das Bergrecht Preußens und des weiteren Deutschland, 1916 [9] R. Palme, Rechts-, Wirtschafts- und Sozialgeschichte der inneralpinen Salzwerke bis zu deren Monopolisierung, 1983 [10] G. Roos, Die geschichtliche Entwicklung des Bergbaus, insbesondere des Bergrechts im Elsass und in Lothringen, 1974 [11] W. Streit, Vergleichende Darstellung der Oberharzer Bergrechte und des älteren dt. Bergrechts, 1966 [12] W. Westhoff / W. Schlüter, Geschichte des dt. Bergrechts, in: Zsch. für Bergrecht 50, 1909, 27–95.

Angelika Westermann

Bergregal

Das B. entzog den Grundbesitzern das Nutzungsrecht an den Bodenschätzen – zunächst an ↗Edelmetallen sowie ↗Salz, bald auch ↗Kupfer und ↗Blei, später z. T. ↗Steinkohle und anderen Mineralien – und räumte es dem politischen Souverän ein, der damit ein finanzielles Mitnutzungsrecht sowie das Recht zur Verleihung nach ↗Lehnsrecht erhielt. Dem Besitzer stand bei Nutzung seines Grundes für das ↗Montanwesen eine Entschädigung zu.

Das B. entstand im hohen MA und erlangte bald in fast allen europ. Staaten mit Bergbau Geltung, ausgenommen Großbritannien, wo das Recht der Grundherren an den Bodenschätzen nie in Frage gestellt wurde (↗Grundherrschaft). Im Heiligen Röm. Reich manifestierte Kaiser Friedrich I. mit der Konstitution von Roncaglia schon 1158 das B. Der Herrscher erhielt das unveräußerliche Obereigentum über Metalle und Salz, welche er nun durch Belehnung politisch instrumentalisieren konnte. Das Prinzip der Belehnung mit dem B. durch den König wurde erstmals mit der Goldenen Bulle von 1356 durchbrochen, welche das B. den Kurfürsten übereignete.

In der Folge entwickelte sich das B. mit der Vergabe an einzelne ↗Landesherren (z. B. Brixen, Mansfeld, Tirol) bis zum Beginn der nzl. ↗Montankonjunktur im 15. Jh. schleichend als de facto jedem Landesherrn zustehend, aber noch ohne reichsrechtlich anerkannte Grundlage. Diese entstand 1648, als mit den Verträgen zum ↗Westfälischen Frieden das B. de jure in die Hand aller Landesherren gelangte, nachdem die erste nzl. Welle der Montankonjunktur ihren Zenit überschritten hatte. Damit wurde sowohl die Voraussetzung für ein staatliches Monopol an allen Erzlagerstätten im Alten Reich geschaffen als auch die Rechtsgrundlage dafür, das B. im Zusammenhang z. B. mit dem preuß. und österr.-ungarischen Salinenwesen (↗Salinentechnik) ebenfalls auf die Steinkohle auszudehnen. Ähnliche Entwicklungen finden sich mit geringen Modifikationen in den meisten europ. Ländern, wie z. B. Norwegen und Schweden, Polen, Russland, Ungarn, Italien und Spanien.

Wenn es v. a. im 16. Jh. vereinzelt zur Teilung der Nutzungsrechte kam, dann stellte dies nicht die Rechtsgrundlage generell infrage. Vielmehr handelte es sich um einvernehmlich getroffene vertragliche Regelungen (a) in strittigen Fällen, (b) aufgrund der eine Montanregion durchschneidenden politischen Grenzen (z. B. Hallein, Reichenhall, Berchtesgaden, Lothringen), oder (c) aufgrund traditioneller gewohnheitsrechtlicher Nutzung durch Grundherren (vorausgesetzt, Letztere waren in der Lage, ein politisch oder finanziell gegründetes Abhängigkeitsverhältnis des Regalherrn auszunutzen; z. B. Wilhelm I. von Rappoltstein um 1500 im Lebertal, Herrschaft Stollberg/Erzgebirge). Auch bei Teilungen des Landes unter verschiedene Linien wie im Falle der Häuser Wettin, Mansfeld oder Braunschweig blieb das Berg- und Hüttenwesen in seiner Einheit oft unangetastet; nur die daraus fließenden Einkünfte wurden geteilt.

Die rasche wirtschaftliche Nutzung der Erzvorkommen hatte Vorrang vor der über langanhaltende Rechtsstreitigkeiten zu klärenden Frage der Inhaberschaft des B. (z. B. Brixen, Vorderösterreich, Lothringen). Kaum ein Hoheitsrecht verband so intensiv ökonomisch und finanziell nutzbare Möglichkeiten mit rechtlichen und politischen Zugriffen auf Land und Leute, stärkte durch Einnahmen aus dem Berg- und Hüttenwesen, durch Abgaben, Vorkaufsrechte und der Möglichkeit der teilweisen oder vollständigen Verpfändung der Nutzungsrechte (z. B. an die oberdt. Handelshäuser im 15./16. Jh.) den finanziellen Handlungsspielraum der Landesherren sowie durch die Verfügung über Münzmetalle auch seine wirtschafts- und sozialpolitischen Möglichkeiten. In den meisten europ. Staaten blieb das B. bis zum Ende der Nz. Rechtsgrundlage des Montanwesens, so z. B. in Preußen, wo es allerdings erst in der zweiten Hälfte des 18. Jh.s effektiv durchgesetzt wurde. Seine Ablösung erfolgte dort endgültig erst durch das Preußische Allgemeine Berggesetz von 1865.

→ Bergrecht; Montanreviere; Montanwesen; Regalien

[1] B. Descher, Der Kursächsisch-Schönbergische Regalienstreit um 1555 bis 1564, 1999 [2] W. Ebel, Über das landesherrliche Bergregal, in: Zsch. für Bergrecht 109, 1968, 146–183 [3] D. Hägermann, Dt. Königtum und Bergregal im Spiegel der

Urkunden, in: W. KROKER / E. WESTERMANN (Hrsg.), Montanwirtschaft Mitteleuropas vom 12.–17. Jh., 1984, 13–23 [4] A. ZYCHA, Das Recht des ältesten dt. Bergbaus bis zum 13. Jh., 1899.

Angelika Westermann

Bergstadt

In der europ. Stadtgeschichte wird B. in zwei Bedeutungen verwendet: (1) in einem weiten Sinn als eine ↗Stadt, die v. a. durch die Förderung von Erzen oder anderen Bodenschätzen und deren Weiterverarbeitung geprägt ist. Der Bergbau (↗Montanwesen) konnte auch vorhandene Städte überformen, so bes. im Steinkohlenbergbau (↗Steinkohle) z. B. Englands und Deutschlands (v. a. 18. Jh.). Diesem funktionalen Begriff steht (2) die engere, rechtliche Definition von B. gegenüber (14. bis 17. Jh.). Im Unterschied zum Umland räumten die Landesherren (↗Landesherrschaft) den Bewohnern von B. besondere Freiheitsrechte ein. Diese konnten die Zeit des aktiven Bergbaus überdauern. Eine erste Gründungswelle fällt in das hohe MA. Nach Silberfunden 1268 dauerte es eine Generation, bis die B. Freiberg (Sachsen) entstand. Der im 14./15. Jh. aufkommende Bergbau auf ↗Zinn ließ planlos Siedlungen im östl. Erzgebirge wachsen, die nachträglich ↗Stadtrechte erhielten (Altenberg 1451). Viele kleinere Montansiedlungen gingen im späten MA unter, als der Bergbau ruhte.

Typisch für die Entstehung von B. zu Beginn der Nz. war die rasche Abfolge von Erzfunden, einem dadurch verursachten sog. »Berggeschrei«, das viele Menschen anzog, und Stadtentstehung. Das beste Beispiel liefert die Geschichte von Annaberg (Sachsen): 1492 wurde am Schreckenberg ein reiches Silberfeld entdeckt. Die 1496 vermessene, kreisrunde neue Stadt erhielt 1497 ihren Namen und wurde mit Privilegien der Wettiner ausgestattet. Binnen weniger Jahre baute man Rathaus, Kloster, ↗Lateinschule, ↗Hospital und Stadtkirche. Die Annaberger ↗Bergordnung (1499/1509) war das erste gedruckte dt. ↗Bergrecht. Die Bürgergemeinde bildete 1505 ihren ersten Rat. 1509 lebten hier 8 000 Menschen, 1540 12 000; Annaberg war nun die größte Stadt Sachsens. Die Mehrzahl der B. lag im sächs.-böhmischen Erzgebirge. Joachimsthal, 1516 gegründet (1520 Stadtrechte), überflügelte Annaberg und war mit 18 000 Einwohnern zweitgrößte Stadt Böhmens.

Viele der B. im Erzgebirge waren planmäßige Gründungen und besaßen schachbrettartige Grundrisse. Im österr. ↗Montanwesen hat der Bergbau auf Bunt- und ↗Edelmetalle nur wenige Städte entstehen lassen. In Tirol waren Kitzbühel, Rattenberg oder Sterzing schon vor dem Bergboom Städte. Schwaz, mit 20 000 Einwohnern um 1520 zweitgrößte Siedlung nach Wien, erhielt nie das Stadtrecht. Charakteristisch für Österreich waren viele kleine Märkte mit stadtähnlichen Funktionen in ↗Montanrevieren. Die Bildung selbständiger Berggemeinden konnte durch adlige Sonderrechte behindert werden. Die Erbteilungen unter den Welfen förderte seit 1524 im Oberharz die Entstehung von sieben B., u. a. Clausthal (Stadtrecht 1554), St. Andreasberg (1537), Zellerfeld (1532). Wichtige B. entwickelten sich u. a. in Ungarn, der Slowakei, Siebenbürgen, aber auch in Norwegen (z. B. Kongsberg).

Die Stadtgeschichtsforschung sieht in den B. aufgrund der durchgängigen Sonderrechte der Bewohner trotz regionaler Unterschiede einen eigenen frühnzl. ↗Stadttypus. Bergfreiheiten boten Anreize, sich in B. niederzulassen oder dort auf Dauer zu bleiben; dazu zählten freies Baumaterial, Selbstverwaltungsrechte, wirtschaftliche Vergünstigungen wie ↗Marktrecht, Brau- und Schankrechte, Zollbefreiung und Freiheit des Montanbetriebs. In die Privilegierung waren meistens nicht nur die Bergleute einbezogen, sondern auch die Beschäftigten in der Zulieferung und Weiterverarbeitung (»Bergverwandte«).

Die Realgeschichte der B. ist geprägt durch große kulturelle und ökonomische Leistungen. Die B. waren im 16. Jh. Zentren des ↗Humanismus. So starb Adam Riese in Annaberg, Georgius Agricola war u. a. Bergarzt in der B. Joachimsthal. Der Bergbau schuf hier repräsentative Bau- und Kunstwerke. Zur Finanzierung der Montanindustrie war ein Gesamtmitteleuropa erfassendes Netz von Kapitalbeziehungen aufzubauen (↗Bank). Die Versorgung von mehreren tausend Menschen erforderte ein weit reichendes Transportsystem. Ferner musste in B. Vorsorge für eine große Zahl von Unfallopfern und für die vielen Bergkranken getroffen werden (↗Berufskrankheiten). Die B. fanden eigene Antworten durch die Gründung von Hospitälern und ↗Knappschaften als Vorformen der Berufsgenossenschaften. ↗Armut blieb dennoch in B. ein verbreitetes Phänomen, ebenso die atypischen demographischen Strukturen (↗Bevölkerung). V. a. in der Anfangsphase der B. waren junge Männer über- und Frauen unterrepräsentiert. Mit Einsetzen der ↗Industrialisierung kam es erneut zu einer starken bergbaulichen Prägung von Städten bes. durch den Steinkohlebergbau (↗Steinkohle).

→ Bergbautechnik; Montanreviere; Montanwesen; Stadt

[1] B. I. BERG, Krisen und Konjunkturen im skandinavischen Bergbau bis 1800, in: CH. BARTELS / M. A. DENZEL (Hrsg.), Konjunkturen im europ. Bergbau in vorindustrieller Zeit, 2000, 85–101 [2] I. EBNER, Österr. Bergbaustädte und Bergmärkte im MA und in der frühen Nz., in: Jb. für Regionalgeschichte 16, 1989, 57–72 [3] K. H. KAUFHOLD / W. REININGHAUS (Hrsg.), Stadt und Bergbau, 2005 [4] M. MITTERAUER (Hrsg.), Österr. Montanwesen, 1974 [5] H. STOOB, Frühnzl. Städtetypen, in: H. STOOB (Hrsg.), Die Stadt. Gestalt und Wandel bis zum industriellen Zeitalter, 1985, 191–224 [6] O. WAGENBRETH / E. WÄCHTLER, Bergbau im Erzgebirge, 1990.

Wilfried Reininghaus

Bergsteigen s. Alpinismus; Gebirge

Beruf

1. Definition
2. Begriffsgeschichte
3. Historisch-empirische Befunde
4. Frauenberufe

1. Definition

Unter B. versteht man heute eine qualifizierte und dauerhafte Erwerbstätigkeit, die innerhalb der arbeitsteiligen Auffächerung der ↗Wirtschaft durch ein mehr oder weniger klar bestimmtes Aufgabenfeld abgegrenzt ist und als solche auf einer spezifischen Ausbildung fußt (↗Berufsbildung; ↗Professionalisierung). Dem B. stehen zahlreiche Einkommen generierende bzw. Unterhalt stiftende Tätigkeiten gegenüber, die nicht über den Status eines B. verfügen, z. B. Taglöhnerarbeiten oder Heimarbeit.

Die Zahl der B. nimmt ständig zu, da im Zuge des ↗technischen Wandels die berufliche (= berufl.) Ausdifferenzierung (Arbeitsteilung; s. ↗Arbeit) stets schneller voranschreitet als auf der anderen Seite B. »aussterben«. In der Volkszählung von England und Wales aus dem Jahr 1841 (der ersten, die nach dem B. des Haushaltsvorstands fragte) sind knapp 900 B. dokumentiert; die B.-Statistik des Dt. Reiches wies 1895 bereits rund 10 000 B.-Bezeichnungen aus; die Klassifikation der B. im *Dictionary of Occupational Titles* (DOT) des Internationalen Arbeitsamtes (ILO, Genf) beruht gegenwärtig auf rund 75 000 B.-Beschreibungen.

2. Begriffsgeschichte

2.1. Mittelalter

Das MA fand durch die christl. Aufwertung der ↗Arbeit zu einem ersten Konzept des B. Nicht nur das kirchliche oder weltliche ↗Amt (lat. *officium, ministerium*), sondern auch jede, selbst die niedrigste Form des (unfreien) Dienstes (lat. *servitium*) wurde als von Gott zugewiesene Aufgabe verstanden. Jedem ↗Stand (lat. *ordo*) kam eine spezifische Funktion für die Gesellschaft zu (Beten, Kämpfen/Schützen, Arbeiten), dem Einzelnen damit die Verpflichtung zur standesgemäßen Tätigkeit/Arbeit, d. h. entsprechend dem Stand, in den er oder sie von Gott berufen wurde (lat. *vocatio*). Seit dem 11./12. Jh. wurde die Vielfalt der ↗Gewerbe über eine Klassifikation von sieben »mechanischen Künsten« (↗Artes mechanicae) begrifflich geordnet, die bezeichnenderweise der Einteilung der sieben Freien Künste (↗Artes liberales) im Lehrbetrieb der ma. Universität nachempfunden war. In der scholastischen Sozialtheorie (Thomas von Aquin) erwuchs daraus die Vorstellung, dass sich aus dem göttlichen »Ruf« eines jeden in sein Amt eine »Ämterverteilung« (lat. *distributio officiorum*) ergibt, die den gesellschaftlichen Zusammenhang als arbeitsteilige Ordnung begreifbar machte.

2.2. Luthers Bibelübersetzung und Max Webers Protestantische Ethik

Luther nahm dieses Motiv auf, als er in seiner ↗Bibelübersetzung (1522/1534) das Wort »B.« benutzte und ihm zugleich eine »moderne« Wendung gab. Den Schlüssel liefern zwei Stellen: »Ein jeglicher bleibe in dem B., darinnen er berufen ist« (1. Kor. 7, 20) und »Bleibe in Gottes Wort … und beharre in deinem B. … Vertrau du Gott und bleibe in deinem B.« (Jes. Sir. 11, 21–22). Im griech. Text (im letzteren Fall dem der Septuaginta) stehen hier einerseits »Ruf« (griech. *klēsis*), andererseits »Mühsal« und »Arbeit« (*pónos* und *érgon*). Indem Luther gleichlautend vom »B.« spricht, erweitert er den Sinnhorizont des »Rufs« und der »Berufung« (in der Vulgata: lat. *vocatio*) in einen bestimmten »Stand« (lat. *status*) auf sämtliche B. im rein weltlichen Sinne, einschließlich der »unqualifizierten« Tätigkeiten, die auf schweißtreibender Anstrengung und schmerzhafter Verausgabung (lat. *labor*) beruhen. Die theologische Pointe dieser Bedeutungsverschiebung lag im Affront gegen die altkirchliche Auffassung, wonach der Klerus (Mönche, Priester) einen herausgehobenen Stand darstellte; diesem Stand der Vollkommenheit könne nur derjenige angehören, der dazu »berufen« sei, der äußeren Welt zu entsagen und in Gehorsam, Keuschheit und Armut zu leben. Dagegen folgt aus dem protest. Grundsatz des Priestertums aller Gläubigen, dass es eines besonderen geistlichen Standes nicht bedarf und damit grundsätzlich jeder B. gottgefälliges Tun darstellt, sofern der Einzelne genau dort seiner standesgemäßen Pflicht nachkommt, wo Gott ihn hingestellt haben mag (↗Protestantismus).

Max Weber, dem wir die erste Analyse von Luthers B.-Konzeption verdanken, sah diese Wendung zur konsequenten Heiligung aller weltlichen B. als welthistor. Weichenstellung an, die den Weg zur »innerweltlichen ↗Askese« im ↗Puritanismus eröffnet habe (↗Protestantische Ethik). Die Erfahrung der Bewährung im B. als göttlicher Gnadenbeweis habe den psychologischen Antrieb zu rationaler Betriebsführung bei äußerster Sparsamkeit und strengster Lebensführung geliefert und damit erst jene geistige Haltung hervorgebracht, die zur Herausbildung des modernen ↗Kapitalismus unerlässlich sei (vgl. ↗Calvinismus).

2.3. Beruf in der Alltagssprache der Neuzeit

Der B.-Begriff drang erst allmählich in die politisch-soziale Alltagssprache ein. Bis weit ins 18. Jh. blieben

»Stand«, »Kunst« und »Amt« als zusammenfassende Ordnungsbegriffe erhalten, oder man sprach von »Gewerben«, »Handwerken« und »Hantierungen« (oder auch »Professionen«). Auch in den Bildzeugnissen kommt dies zum Ausdruck. Bewegen sich die spätma. Totentänze noch vornehmlich im ständischen Rahmen, so kommen in Holbeins *Bildern des Todes* (1538) neben den Lebensaltern (Greisin, junges Kind) auch schon einzelne B. hinzu (Arzt, ↗Kaufmann, ↗Krämer). Das *Ständebuch* Jost Ammans (1567) bietet ein Panorama von gut 130 B., doch der Untertitel annonciert dieses als Beschreibung aller »Künste, Handwerke und Händel.« Selbst die Tafelwerke der großen *Encyclopédie* (1751–1780) Diderots und d'Alemberts, in deren minutiösen Darstellungen und Beschreibungen die zahlreichen B. sogar in einzelne berufstypische Arbeitsschritte zerlegt werden, sprechen im Titel noch gleichsam ma. von *sciences*, *arts libéraux* und *arts méchaniques*.

Erst im 19. Jh. trat der »B.« an die Stelle der alten Begriffe, die gleichwohl in Wortverbindungen wie »B.-Stand« als Momente der politischen Aufladung virulent blieben. Die neutrale, rein deskriptive Verwendung des B.-Begriffs hat sich endgültig wohl erst mit der modernen B.-Statistik durchgesetzt.

3. Historisch-empirische Befunde

3.1. Spätmittelalterliche Ausgangslage

Ein erster Schub der Ausdifferenzierung der B. erfolgte in den spätma. Städten. Motor der berufl. Differenzierung war zunächst das städtische Gewerbe. Selbst in kleineren Städten gab es seit dem 13./14. Jh. die »klassischen« B. zur elementaren Bedarfsdeckung im Bereich der Nahrung (↗Bäcker, ↗Metzger, Müller s. ↗Mühlengewerbe), Kleidung (Weber, ↗Schneider, ↗Schuhmacher) und Wohnung (↗Tischler, Maurer, Zimmermann, Dachdecker, s. ↗Baugewerbe). Je größer die Stadt, umso höher war der Grad der gewerblichen Spezialisierung und damit die Zahl der B., v. a. in den Textil-, Metall- und anderen Exportgewerben, die eng mit dem Handel verflochten waren. Im Handel (↗Kaufleute) erfolgte die berufl. Differenzierung daher nicht nur nach Umfang des Sortiments (Großhändler, Kleinhändler) und Reichweite des Austauschs (Fernkaufmann, Händler, Höker), sondern zunehmend auch nach Handelsgütern (Tuch-, Wein-, Holzhändler etc.). Dass es z. B. in Frankfurt am Main bereits im 15. Jh. rund 340 B. gab, ist v. a. auf diese gewerbliche Vielfalt zurückzuführen.

Im ↗Textilgewerbe ergab sich die berufl. Ausdifferenzierung nicht nur durch die arbeitsteilige Zerlegung des Produktionsprozesses (z. B. im Wollgewerbe: Spinner, Weber, Walker, Karder, Scherer, Färber etc.), sondern ebenso durch die gleichsam »quer« dazu erfolgte Spezialisierung auf einzelne Sorten (Woll-, Leinen-, Seidenweber etc.). Noch vielfältiger war die Palette der B. im Metallgewerbe. So gab es in Köln im 15. Jh. allein im ↗Schmiede-Handwerk mehr als 40 unterschiedliche B.-Zweige.

Der berufsständische Status – ob durch ↗Zünfte institutionalisiert oder nicht – markierte eine spezifische Reputation (»ehrbares Handwerk«, »ehrbarer Kaufmann«) (↗Ehre), die als Garant für die Qualität der Produkte und Dienstleistungen verstanden wurde, aber auch mit der Diskriminierung unliebsamer Konkurrenten (»Pfuscher«, vgl. ↗Störer) einherging. Als »unehrliche« B. dagegen galten solche, die wegen ihrer Nähe zum Tode mit Tabus behaftet waren (Scharfrichter/ ↗Henker, Abdecker/Schinder; vgl. ↗Unehrbarkeit), obwohl es sich dabei meist um (vereidigte!) städtische Ämter handelte und die handwerkliche Kompetenz ihrer Inhaber außer Frage stand.

In der Stadt bildeten sich recht früh ↗Ämter heraus, die keine (rotierenden) Ehrenämter mehr waren (wie ↗Bürgermeister oder Ratsherr), sondern über engere Fachkompetenz mit einem festen Gehalt verbunden waren. Dies betraf sowohl den Bereich der inneren Verwaltung (↗Stadtschreiber – oft zugleich Stadtchronist, Syndikus, Kämmerer) und städtischen Gerichtsbarkeit (↗Richter, ↗Henker) als auch sonstige öffentliche Aufgaben im Bereich der Gesundheitspflege und ↗Hygiene (Arzt, Hebamme, Abdecker, Totengräber; s. auch ↗Medizinalpersonen) oder der äußeren Sicherheit (Pförtner, Wächter, ↗Büttel). Typisch für die Stadt waren schließlich die »freien« B., deren Vertreter eine hohe (oft akademische) Qualifikation besaßen, aber (sofern sie kein öffentliches Amt innehatten) für ihre Dienste kein festes Gehalt, sondern auftragsbezogene ↗Honorare erhielten (↗Rechtsanwalt, ↗Notar, ↗Apotheker, ↗Künstler, ↗Musiker).

3.2. Neuzeitliche Entwicklung

3.2.1. Gewerbe
3.2.2. Dienstleistungen

3.2.1. Gewerbe

In der ↗Frühen Neuzeit erfolgte aufgrund technischen Wandels und steigender Arbeitsteilung in zahlreichen Gewerben und Tätigkeiten eine Vervielfachung von Tätigkeiten und B. Beispiele sind der ↗Buchdruck, das ↗Montanwesen und die ↗Verhüttungstechnik oder die ↗Waffenherstellung, die Produktion feinmechanischer Instrumente und die Erzeugung von ↗Luxusgütern aller Art. Gleichwohl darf man deren Bedeutung nicht überbewerten. Hinsichtlich der Verteilung der B. auf die Gesamtbevölkerung fielen nämlich bis zum Beginn der ↗Industrialisierung die gänzlich neuen B. innerhalb der innovativen Nischen kaum ins Gewicht. Für die Frühe Nz. charakteristisch ist vielmehr die flächendeckende Ausdehnung, Verfestigung und Verallgemeinerung des spätma. B.-Spektrums. Indem die berufl. Vielfalt der Stadt auch aufs Land überging, gerieten immer größere Teile der Bevölkerung in den Sog berufl. ausgerichteter Beschäftigung.

Die wichtigsten ↗Leitsektoren dieser Entwicklung waren zunächst wiederum das Textil- und Metallgewerbe. Im Zuge der ↗Protoindustrialisierung kam es zur gewerblichen Verdichtung auf dem Lande und zur Expansion des dörflichen Handwerks (↗Ländliches Gewerbe). Allerdings waren z.B. Spinnen und Weben (↗Webereigewerbe) oft gerade keine festen B., sondern Teilzeit- und Nebenbeschäftigungen, die nur in der Kombination mit anderen (v.a. auch landwirtschaftlichen) Arbeiten einen prekären Lebensunterhalt ermöglichen. Mehrfach-B. waren weit verbreitet, auch unter besser gestellten Dorfhandwerkern (↗Metzger waren oft zugleich Wirte).

Die Auswirkungen der ↗Industrialisierung auf Verteilung (und innere Ausgestaltung) der B. waren überaus zwiespältig. In der ↗Stahl-Erzeugung entstanden mit den neuen großbetrieblichen Verfahren neue B. wie Schmelzer, Puddler und Walzer. Auch die zunehmende Zerlegung und Mechanisierung der Metallverarbeitung im Rahmen zentralisierter Gewerbebetriebe (↗Manufakturen, Fabriken) schufen neue B. Doch derselbe Prozess führte auch zur industriellen Konservierung von B., indem die berufstypischen Tätigkeiten in einzelne Handgriffe zerlegt wurden, die so »klein« waren, dass daraus keine eigenen B. mehr erwachsen konnten. Bezeichnenderweise ist die klassische Apotheose der modernen Arbeitsteilung, die Adam Smith gleich zu Beginn seines Werkes *An Inquiry into the Nature and Causes of the Wealth of Nations* (1776; »Eine Untersuchung über das Wesen und die Ursachen des Reichtums der Nationen«) formuliert hat, genau an einem solchen Beispiel entfaltet (I, 1): In seiner Beschreibung der Stecknadelmanufaktur unterscheidet er 18 Verrichtungen (engl. *operations*); gleichwohl ist jeder der dort beschäftigten Arbeiter ein Nadelmacher (*pin-maker*), ganz gleich, ob er nur mit dem Feilen der Spitze oder dem Aufsetzen des Kopfes befasst ist. In der Tat haben sich in der Metallindustrie und im ↗Maschinenbau das ganze 19. und 20. Jh. hindurch bestimmte Schlüsselqualifikationen als feste B. (↗Schlosser, Dreher, Formtischler) erhalten, unabhängig davon, womit diese Arbeiter dann tatsächlich befasst waren.

3.2.2. Dienstleistungen

Neben Handwerk und Handel markieren ↗Verwaltung und ↗Militär das für die Nz. wichtigste Feld für die Entstehung neuer B. Die Schaffung einer modernen Bürokratie und eines ↗stehenden Heeres sind im Zusammenhang mit der Herausbildung des modernen ↗Staates zu sehen. In beiden Fällen standen am Ende dieser Entwicklung im frühen 19 Jh. rational, arbeitsteilig und hierarchisch organisierte Stäbe, deren Binnengliederung nach dem Prinzip der Fachkompetenz für klar abgegrenzte Aufgabenbereiche erfolgte. Vereinfacht gesagt: An die Stelle des königlichen und/oder fürstlichen Dieners und Amtsträgers traten der moderne B.-↗Beamte und der B.-↗Soldat.

Der soziale und politische Ort dieses Prozesses war durchaus unterschiedlich. An der Spitze der Staatsgewalt (einschließlich der ↗Diplomatie) gab es im Verlauf der Nz. kaum prinzipielle Änderungen, weil die Zahl der entscheidenden Personen denkbar klein blieb und die sachliche Aufgliederung ihrer Ämter (Ressortprinzip) v.a. auf die Monopolisierung und Zentralisierung der obersten Staatsgeschäfte zielte und die persönliche Bindung der Amtsträger an den Fürsten erhalten blieb. Innerhalb der administrativen Stäbe dagegen entstanden im Zuge der flächendeckenden Ausdehnung der Steuer-, Finanz- und Heeresverwaltung durch funktionale Hierarchisierung v.a. auf der Kontrollebene neue Ämter von strategischer Bedeutung (Kommissar/↗Intendant; ↗Offizier), die zunehmend nach fachlicher Eignung (häufig juristischer Kompetenz) vergeben wurden und daher schon dem modernen Verständnis des B. recht nahe kamen.

Noch höher war die Zahl neuer B. an den königlichen und fürstlichen ↗Höfen, wo aus häuslichen Diensten eine breite Palette höfischer Ämter entstand (Kammerdiener, Koch, Kutscher, Konzertmeister etc.). Die ostentative Ausstattung adeliger und großbürgerlicher Häuser und Palais mit reichhaltigem Personal trug zur Verbreitung dieses Musters berufl. »Aufblähung« bei (↗Dienstboten).

Dabei ist aber stets zu bedenken, dass im Bereich der Verwaltung die im strengen Sinne berufl. Organisation so lange unvollständig bleiben musste, wie bei der Rekrutierung des Personals neben (oder gar an Stelle) der reinen Fachkompetenz andere Mechanismen wie Patronage, ↗Klientel-Beziehungen oder ständische ↗Privilegien wirksam blieben.

Im Militär blieb ohnehin in allen europ. Ländern (auch in Preußen) das Offizierskorps bis zur ↗Französischen Revolution Ende des 18. Jh.s eine Domäne des ↗Adels. Der B.-Beamte ebenso wie der B.-Offizier wurde erst im 19. Jh. geschaffen, als an die Stelle der (geburts-)ständischen Gesellschaft, die zugleich eine berufsständische Gesellschaft war (↗Berufsmobilität), die ↗Bürgerliche Gesellschaft trat, die sich in der Frage, welche B. ihren Mitgliedern anstünden, neben den Prinzipien der ↗Gleichheit und ↗Freiheit nur noch auf das der individuellen Leistung berief (↗Bürgertum; ↗Bildungsbürgertum; ↗Wirtschaftsbürgertum; ↗Bürgerlichkeit).

Zu den jüd. Berufen vgl. ↗Jüdisches Wirtschaftsleben.

4. Frauenberufe

Die Geschichte der B.-Welt ist vornehmlich männlich bestimmt, nicht zuletzt deshalb, weil die Quellen durchweg mehr über die Beschäftigung der Männer als die der Frauen sagen (↗Geschlechterrollen). Gleichwohl ist bereits für die Antike eine Vielzahl von ↗Frauenberufen bezeugt, die weniger auf »natürliche« Eigenschaften (Amme, Hebamme) als auf kulturelle und männliche sexuelle Präferenzen (↗Prostitution) und/oder einfach die geschlechtsspezifische Teilung eines Erwerbszweiges (Tänzer/Tänzerin, Schneider/Schneiderin) verweisen.

Auch im MA gab es ein weites Feld weiblicher Tätigkeiten, v. a. in der Textilherstellung. Gleichwohl ist fraglich, inwieweit man hier von ↗Frauenberufen im strengen Sinne sprechen kann, da eigenständige weibliche Erwerbstätigkeit in der Regel nicht gegeben war. Zwar waren z. B. Spinnen und Weben ↗Frauenarbeit, eigene Frauenzünfte gab es jedoch in der Regel nur wenige. Die Zünfte der Goldspinnerinnen und Seidenweberinnen in Köln gehören zu den Ausnahmen, welche die Regel der Zunft (und des Handwerks insgesamt) als eines männlichen B.-Feldes bestätigen. Zu dieser Regel gehörte auch, dass die Frau des ↗Meisters im Betrieb (v. a. in Verkauf und Buchführung) mitarbeitete oder Töchter »angelernt« wurden. Aber als solche blieb sie im berufl. Schatten des Mannes, aus dem sie erst heraustreten konnte, wenn sie als Meisterwitwe seinen Betrieb weiterführte.

In der Nz. kam es v. a. in den unterständischen Schichten zu einer Ausdehnung der Frauenarbeit (und ↗Kinderarbeit), namentlich im ↗Textilgewerbe, sowohl im protoindustriellen Sektor (Heimindustrie) als auch in der zentralisierten Produktion. Die Spinnmaschinen und mechanischen Webstühle in den Textilfabriken des frühen 19. Jh.s (↗Webtechnik) wurden hauptsächlich von Mädchen und (jungen) Frauen bedient. Aus den »gehobenen« B. dagegen wurden Frauen völlig verdrängt. Die ↗Professionalisierung der freien B. (Rechtsanwalt, Arzt, ↗Ingenieur etc.) war reine Männersache, da sie über akademische Bildungspatente erfolgte (Frauen blieb bis ins späte 19. Jh. in allen Ländern der Zugang zur ↗Universität verwehrt). Der geschlechtspolitische Skandal dieses Vorgangs lässt sich am eindringlichsten am Beispiel der Geburtshilfe aufzeigen (↗Geburt), wo der studierte Gynäkologe (↗Gynäkologie) in eine gleichsam »natürliche« Frauendomäne eindrang (die in allen traditionellen Kulturen als solche bezeugt ist) und damit die ↗Hebamme zur Handlangerin degradiert wurde.

→ Arbeit; Amt; Berufsbildung; Berufsfolge; Berufskrankheiten; Frauenberufe; Gewerbe; Professionalisierung

[1] K. Bücher, Die Bevölkerung der Stadt Frankfurt am Main im 14. und 15. Jh., Bd. 1, 1886 [2] K. Bücher, Die Berufe der Stadt Frankfurt am Main im MA, 1914 [3] W. Conze, Art. Beruf, in: GG 1, 1972, 490–507 [4] E. Engel, Die dt. Stadt im MA, 1993 [5] J. Kocka, Arbeitsverhältnisse und Arbeiterexistenzen. Grundlagen der Klassenbildung im 19. Jh., 1990 [6] J. Kocka, Weder Stand noch Klasse. Unterschichten um 1800, 1990 [7] H. Lehmann / G. Roth (Hrsg.), Weber's »Protestant Ethic«, 1993 [8] J. Nowosadtko, Scharfrichter und Abdecker. Der Alltag zweier »unehrlicher Berufe« in der Frühen Nz., 1994 [9] R. Palla, Verschwundene Arbeit. Ein Thesaurus untergegangener Berufe, 1994 [10] W. Reinhard, Geschichte der Staatsgewalt, 1999 [11] T. Rendtorff, Art. Beruf, in: HWPh 1, 1971, 833–835 [12] O. K. Roller, Die Einwohnerschaft der Stadt Durlach im 18. Jh., 1907 [13] H. Schultz, Landhandwerk im Übergang vom Feudalismus zum Kapitalismus, 1984 [14] K. Schulz, Handwerksgesellen und Lohnarbeiter, 1985 [15] H. Siegrist (Hrsg.), Bürgerliche Berufe, 1988 [16] E. Troeltsch, Die Soziallehren der christlichen Kirchen und Gruppen, 1912 [17] M. Weber, Die protestantische Ethik und der Geist des Kapitalismus, in: M. Weber, Ges. Aufsätze zur Religionssoziologie 1, 1920, 17–206 [18] M. Wensky, Die Stellung der Frau in der stadtkölnischen Wirtschaft im SpätMA, 1980 [19] C. Werkstetter, Frauen im Augsburger Zunfthandwerk, 2001 [20] B. Wunder, Geschichte der Bürokratie in Deutschland, 1986 [21] G. Wunder, Die Bürger der Stadt Hall, 1980 [22] H. Wunder, »Er ist die Sonn', sie ist der Mond«. Frauen in der Frühen Nz., 1992.

Thomas Sokoll

Berufsbildung

1. Grundlagen und Forschungsstand
2. Berufliche Bildung im Handwerk
3. Kaufmännische Berufsbildung
4. Reformimpulse in der handwerklichen und kaufmännischen Berufsausbildung im 18. Jh.
5. Landwirtschaftliche Berufsbildung
6. Sonstige Felder der beruflichen Bildung
7. Berufliche Bildung im 19. Jh. zwischen Tradition und Innovation

1. Grundlagen und Forschungsstand

Neben der gelehrten Bildung an ↗Lateinschulen und ↗Universitäten als der ersten Traditionslinie abendländischer ↗Bildung gilt die Geschichte der Elementarbildung und die damit verbundene Berufs(aus)bildung als zweite Traditionslinie. Die oft mit diesen beiden Entwicklungen verknüpfte Unterscheidung nach »Bildungswissen« und »Handlungswissen« ist jedoch eher vom modernen Bildungssystem hergeleitet; für die nzl. Bildungsrealität kann man keinesfalls so präzise differenzieren.

Als Teildisziplin der Berufs- und Wirtschaftspädagogik widmet sich die Geschichte der B. der histor.-gesellschaftlichen Realität von ↗Arbeit und ↗Beruf, v. a. den damit verbundenen Qualifikationsprozessen in Betrieb und ↗Schule [9]. Während die Historische Bildungsforschung allgemein seit den 1970er Jahren eine Vielzahl an neuen Studien aufzuweisen hat, ist die Historische B.-Forschung lange Zeit nur mit wenigen Publikationen hervorgetreten. Erst in den letzten Jahren ist eine Intensivierung der berufspädagogischen Forschung erkennbar [5]; [10], die zudem eine große Anzahl grundlegender Quelleneditionen geleistet hat [1].

Bereits ein Überblick über die dt. B.-Geschichte der Nz. ist kaum möglich, da sie durch keinerlei einheitliche und durchgängige Entwicklungen, sondern vielmehr durch ausgeprägte Fragmentierungen und Regionalisierungen gekennzeichnet ist. Charakteristisch ist ein überaus hohes Maß an Traditionalität, die auch das 18. Jh. mit seinen zahllosen Reformanstrengungen und Impulsen letztlich nicht durchbrach. Keinesfalls kann eine durchgängige Modernisierung hin zur »dualen Ausbildung« bzw. zum »dualen System« festgestellt werden, und auch das 19. Jh. fand im Zeichen von ↗Neuhumanismus und ↗Liberalismus lange Zeit keine Lösung hinsichtlich der Optimierung beruflicher Bildung.

Entscheidende Grundvoraussetzung für die B. im Europa der Nz. war neben den individuellen Kenntnissen und Fähigkeiten, die für das betreffende Arbeitsumfeld nötig waren, v. a. die Eingliederung des beruflichen Nachwuchses in die Sphäre seiner zukünftigen Tätigkeit und deren überkommene Grundregeln und Brauchtümer. Die Sozialisation und die Weitergabe traditioneller Verhaltensweisen und -formen standen sowohl im Gewerbe bzw. Handwerk als auch bei der kaufmännischen B. noch vor der beruflichen Qualifikation im Mittelpunkt der Unterweisung.

2. Berufliche Bildung im Handwerk

Wichtigste Zugangsvoraussetzungen für eine Lehre im ↗Handwerk waren nicht etwa die individuellen Befähigungen für die jeweilige Tätigkeit oder bestimmte Vorkenntnisse; die ↗Zünfte forderten vielmehr eine handwerkswürdige Herkunft (eheliche, freie und ehrliche sowie christliche bzw. später konfessionell »passende« Geburt, lediger Stand), womit zugleich eine wirksame Zugangsbeschränkung etabliert war. Zudem waren Mädchen spätestens seit dem 17. Jh. von einer Lehre ausgeschlossen. Im MA und auch noch im 16. Jh. hatte es unter konjunkturell günstigen Rahmenbedingungen weibliche Lehrlinge in regelrechten Frauenzünften (Seidenweberei, Goldspinnerei) durchaus gegeben, wobei die für Deutschland oft herangezogenen Fallbeispiele Köln und Nürnberg jedoch nicht verallgemeinert werden dürfen (↗Frauenarbeit, ↗Frauenberufe). Darüber hinaus stellt sich die Frage, ob es sich bei den sog. »weiblichen Handarbeiten« wie Spinnen, Stricken und Nähen, die auch in Schulen unterrichtet wurden, um ein berufsvorbereitendes Lernen für die ↗Hauswirtschaft handelte und diese Tätigkeiten daher an die Seite der männlichen Handwerksberufe gestellt werden müssten.

Mit der »Aufdingung«, der zunftöffentlichen Aufnahme im Alter von durchschnittlich 12 (11–14) Jahren, übernahm der ↗Meister sowohl den fachlichen Teil der Ausbildung als auch die Aufgabe, den Lehrling in die soziale Korporation der Zunft einzugliedern. Mit Beginn der ↗Lehrzeit, die zwischen zwei und vier, teilweise aber auch bis zu acht Jahren dauern konnte und mit der Zahlung eines Lehrgeldes verbunden war, wurde der Lehrling zumeist ein Mitglied der Familie des Lehrherren und unterstand dessen Erziehung und Zucht; dies führte häufig zu Problemen, da berufsfremde Tätigkeiten oft genauso viel Zeit einnahmen wie die eigentlichen Lehrinhalte. Die Zunft war damit Lebensform und Erziehungsorgan für ihre Mitglieder und ist daher zutreffend als Ausgangs- und Endpunkt der Erziehung charakterisiert worden [6].

Gegenstand der B. im Gewerbe war nicht eine theoretische, auf Schriftlichkeit aufbauende Unterweisung, sondern die Weitergabe von Erfahrungswerten, die durch Vormachen, Zusehen und »Nachahmen (der Vorfahren)« (lat. *imitatio maiorum*) vermittelt wurden. Über die eigentlichen Inhalte und Ziele der Handwerkslehre ist im Gegensatz zu den formalen Anforderungen (Lehrzeiten und -kosten) kaum etwas bekannt. Die Qualität dieser starren und wenig effizienten Ausbildung hing damit allein vom Engagement und von den didaktischen Fähigkeiten des Lehrherrn ab. Auch der Abschluss der Lehrzeit ging nicht mit einem Nachweis der erworbenen Kenntnisse und Fertigkeiten einher; die Lehrzeit endete ohne jede Prüfung mit der »Freisprechung« und der Ausstellung des Gesellenbriefes. An die Lehrzeit schloss sich dann sehr oft die Wanderschaft der ↗Gesellen an, die hierdurch ihr praktisch erworbenes Berufswissen in der Praxis vertieften (↗Gesellenwanderung). Wenn auch das »Handlungswissen« eindeutig Priorität hatte, verfügten die Handwerkslehrlinge bereits weit vor dem 18. Jh. über Grundkenntnisse im Lesen und Schreiben (↗Alphabetisierung), obwohl dies in den Handwerksordnungen nicht ausdrücklich vorgeschrieben wurde.

3. Kaufmännische Berufsbildung

Die innerberufliche Differenzierung in der Kaufmannschaft reichte vom weltweit agierenden Groß- und Fernhandelskaufmann bis hin zum örtlichen Einzelhändler und ↗Krämer. Während die in Innungen und

Gilden (↗Zunft) organisierten lokal orientierten ↗Kaufleute ähnliche B.-Formen pflegten wie die Handwerker, hatten sich im Groß- und ↗Außenhandel bereits im MA exklusive Ausbildungswege etabliert [4].

Hervorgegangen waren die Fernhandelskaufleute (↗Kaufleute) aus dem Wanderhandel. Die praktische B. dieser Gruppe fand auch nach ihrer Sesshaftwerdung v. a. außerhalb des Alten Reichs statt. Dabei spielte im mittleren und nördl. Deutschland der Handelsraum der ↗Hanse (Nowgorod, Bergen, London, Brügge) die zentrale Rolle; für die ober- bzw. süddt. Kaufleute war Venedig mit der Brückenfunktion zum Orient wichtigster Ausbildungsort. Ziel dieser Auslandslehre war das Erlernen der Fremdsprachen, der Erwerb von Kenntnissen hinsichtlich der regionalen Handelswaren und -formen sowie des Rechnungswesens und nicht zuletzt die Einübung traditioneller sozialer Verhaltensweisen innerhalb des Berufsstandes. In der Regel war die Ausbildung auf den eigenen Nachwuchs beschränkt, lediglich über das Bergener Hansekontor konnten auch Kinder aus bäuerlichen Schichten Zugang zum Kaufmannsberuf finden.

Den wesentlichen Unterschied zu den Ausbildungsinhalten im Handwerk bildete dabei die ↗Schriftlichkeit des Geschäftsbetriebs, weshalb bereits vor der Auslandslehre Lesen, Schreiben und natürlich Rechnen erlernt werden musste. Dazu waren neben den städtischen ↗Lateinschulen, die in ihren unteren Klassen einen solchen Basisunterricht anboten, zunächst v. a. die »Teutschen Schulen« in der Lage, dann aber auch privat betriebene Schreib- und Rechenschulen, die ihr Bildungsangebot besser auf die Bedürfnisse der Interessenten abstimmen konnten (doppelte ↗Buchführung, Rechnungslegung; vgl. ↗Elementarschule).

4. Reformimpulse in der handwerklichen und kaufmännischen Berufsausbildung im 18. Jh.

Mit dem Aufkommen des ↗Merkantilismus und seiner dt. Variante, dem ↗Kameralismus, verband sich bereits frühzeitig ein neues Verständnis von B. [3]. Ausgelöst von der Kritik am »alten Schlendrian« bestand nun das erklärte Ziel, Effizienz im beruflichen Handeln und damit in der B. einzuführen: Das »Anlernen« sollte durch einen theoretischen und systematischen Unterricht ergänzt werden, der letztlich nur in neu ausgerichteten oder neu zu gründenden berufsvorbereitenden und berufsbegleitenden Schulen geleistet werden konnte. Auch sollten nun Prüfungen für Lehrlinge und Meister allgemein eingeführt bzw. geordnet und staatlich beaufsichtigt werden. Die als überaus wichtig angesehenen Lehrabschlussprüfungen wurden jedoch zumeist erst in der ersten Hälfte des 19. Jh.s eingeführt. Als Vertreter dieser frühen theoretischen Auseinandersetzung mit einer Verbesserung der berufsbezogenen Bildung können für Deutschland Johann Joachim Becher, Johann Heinrich Gottlob Justi, Georg Heinrich Zincke oder Paul Jacob Marperger genannt werden.

Einen weiteren Reformimpuls brachte der ↗Pietismus mit seiner Betonung der realen Unterrichtsgegenstände. Wenn auch mit Christoph Semmlers »Mathematischer und Mechanischer Realschule« (1708) in Halle ein erster solcher Schulversuch schon nach wenigen Jahren scheiterte, war mit der 1747 durch Johann Julius Hecker in Berlin gegründeten »Ökonomisch-Mathematischen Realschule« endgültig ein Schultyp etabliert, der in den nächsten Jahren und Jahrzehnten oft kopiert wurde und auf lange Sicht eine wichtige Ergänzung des nzl. Schulwesens darstellte (↗Realschule). Neben Klassen für die einzelnen ↗Gewerbe bestand an der Berliner Realschule zumindest kurzfristig auch eine »Manufactur-, Commercien- und Handlungs-Classe«, so dass sowohl für das Handwerk als auch für zukünftige Kaufleute Bildungsangebote bestanden.

Auch die schulpraktischen Versuche bei der Umsetzung der durch den ↗Utilitarismus geleiteten pädagogischen Ideen des ↗Philanthropismus führten ähnlich wie beim Pietismus zur Berücksichtigung berufsbildender Unterrichtsinhalte [2]. So erhielten die Schüler am durch Johann Bernhard Basedow 1774 errichteten Philanthropinum in Dessau zunächst gemeinsamen Unterricht, bevor man die Klassen in solche für zukünftig Studierende und Nichtstudierende aufteilte. Die Schüler, die nicht für ein Studium vorgesehen waren, erhielten u. a. Unterricht in den sog. Handlungswissenschaften oder absolvierten kaufmännische Übungen in Rechnungswesen oder Buchführung. Doch nicht nur diese aufsehenerregenden Neugründungen der Aufklärungsepoche bezogen solche Unterrichtsgegenstände in ihr Angebot ein, auch an zahlreichen ↗Lateinschulen und ↗Gymnasien wurden im letzten Drittel des 18. Jh.s »realwissenschaftliche« Fächer in die Lehrpläne aufgenommen, und mit speziellen Angeboten für künftige Kaufleute versuchte man, diese wichtige städtische Klientel an die jeweilige Schule zu binden. Wie auch bei den berufsvorbereitenden Unterrichtsinhalten auf den ↗Realschulen konnten dabei kaum spezielle berufliche Kenntnisse vermittelt werden; hierfür waren spezielle ↗Fachschulen erforderlich.

Zur Verbesserung der Ausbildung im Handwerk gründete man seit ungefähr 1760 an verschiedenen Orten Deutschlands Zeichenschulen, um das Anfertigen von Baurissen (↗Technisches Zeichen) für verschiedene Handwerksberufe zu standardisieren und den gestiegenen Bedürfnissen anzupassen. Vorreiter dieser Entwicklung war Frankreich, wo solche Schulen seit den späten 1740er Jahren in großer Zahl existierten; auch hier begriff man diese Einrichtungen als Antwort auf die traditionelle Lehrlingsausbildung, um das bisherige »Nachahmen« durch »Verstehen« zu ersetzen. Das franz. Vorbild wurde in zahlreichen europ. Ländern, z. B. in den Niederlanden, in Ungarn, Spanien, Italien, aufgegriffen, wo sich Zeichenschulen in verschiedenen Formen (z. T. auch für Gesellen und Meister) seit dem letzten Drittel des 18. Jh.s etablierten. So werden diese Schulen in der Forschungsliteratur vereinzelt sogar als erste »Berufsschulen« bezeichnet, auch wenn deren Besuch während des 18. Jh.s nur in den wenigsten Fällen verpflichtend war. Zudem kam es in verschiedenen europ. Staaten im 18. Jh. auch zur Einrichtung von Bau- oder ↗Bergakademien sowie von »Navigationsschulen«, die als Vorläufer der Technischen Hochschulen angesehen werden können.

Die allgemein verbreiteten Forderungen nach einer Verschulung der B. wurden am Ende des 18. Jh.s v. a. im kaufmännischen Bereich umgesetzt, wenn auch die meisten dieser Fachschulen meist nur kurze Lebensdauer hatten. Den größten Bekanntheitsgrad erzielte in Deutschland die 1768 unter Johann Georg Büsch eröffnete »Hamburgische Handlungs-Akademie«, der überregional bedeutende Einrichtungen in Magdeburg, Krefeld, Berlin und Nürnberg sowie rund zwei Dutzend weiterer kleinerer privat initiierter Schulen folgten. Auf Impulse des jeweiligen Landesherrn hin kam es auch an der Hohen Carlsschule in Stuttgart sowie am Collegium Carolinum in Braunschweig zur Einführung von Handelsunterricht; 1770 wurde in Wien mit der »Real-Handlungs-Academie« die erste kaufmännische Lehranstalt in den habsburgischen Ländern eingerichtet. Damit gab es in Deutschland relativ früh solche Einrichtungen. In Göteborg z. B. wurde eine vergleichbare Handelsschule erst 1826 eröffnet, und weiter verbreitet war diese Schulform in Skandinavien erst in der zweiten Hälfte des 19. Jh.s. Wesentlich früher hatte man Handelsschulen in Portugal (Lissabon 1759) oder in den Hafenstädten der brit. Inseln eingerichtet, wo man aufgrund des Überseehandels für eine Verbesserung der kaufmännischen Bildung (einschließlich ↗Navigation, ↗Geographie und der modernen Fremdsprachen) bes. offen war. In England und Schottland bestand zudem die Praxis, dass sich mehrere kleine Schulen einen der zahlreichen umherziehenden Lehrer für den Unterricht in den kaufmännischen Fächern teilten, um so der Nachfrage entgegenzukommen.

Zwar waren in der zweiten Hälfte des 18. Jh.s aus den theoretischen Überlegungen in einem förderlichen Reformklima zahlreiche konkrete Schulprojekte erwachsen, dennoch kann von einer umfassenden Durchsetzung der zahlreichen neuen Ideen zur Verbesserung der B. natürlich nicht gesprochen werden. Vielmehr lassen sich vereinzelte regionale oder lokale städtische Reforminseln erkennen, für die fast immer private Initiativen ausschlaggebend waren und nur in Ausnahmefällen eine finanzielle Unterstützung durch den Landesherrn feststellbar ist. Zudem scheiterte die vereinzelt zu beobachtende Absicht, eine Berufsschulpflicht einzuführen, weitgehend am Widerstand der Meister. Trotz dieser eher ernüchternden Bilanz waren die organisatorischen und didaktischen Konzepte und Reformideen des späten 18. Jh.s wichtige Vorstufen der uns gegenwärtig vertrauten dual angelegten Berufsausbildung [12].

5. Landwirtschaftliche Berufsbildung

Wie bei der Nachahmungslehre im Handwerk und in Teilen des kaufmännischen Sektors wurde auch im landwirtschaftlichen Bereich, in dem die Mehrzahl der Bevölkerung tätig war, die Bearbeitung des Bodens zur ↗Pflanzenzucht und ↗Tierzucht durch Zusehen, Nachahmen und Mitmachen gelernt; auch hier wurden die Erfahrungen der vorangehenden Generation tradiert. Erst im Zeichen von ↗Merkantilismus, ↗Aufklärung und Physiokratismus (↗Physiokratie) und durch den Einfluss zahlreicher ökonomischer und landwirtschaftlicher Vereine seit der zweiten Hälfte des 18. Jh.s finden sich erste Ansätze eines spezifischen landwirtschaftlichen Unterrichts (↗Landwirtschaftskunde), der in Deutschland zunächst v. a. in den ländlichen ↗Elementarschulen sowie in den ↗Industrieschulen erteilt wurde [14. 306–310]. Auch in Schottland und Irland z. B. gab es solche als Gewerbeschulen bezeichnete Einrichtungen, die neben Spinnen und Stricken auch landwirtschaftliche Techniken oder die Grundzüge der Gärtnerei vermittelten.

Die erste dt. Schule speziell zur landwirtschaftlichen Bildung wurde 1794 in der Nähe von Hamburg eingerichtet, und in den ersten Jahrzehnten des 19. Jh.s setzte eine Gründungswelle solcher Schulen ein, differenziert nach Anspruchsstufen und nach landwirtschaftlichen Fachrichtungen. Die nordischen Länder Dänemark, Norwegen oder Schweden folgten etwas später: Frühformen von Landwirtschaftsschulen finden sich dort seit ungefähr 1825; seit den 1840er Jahren bildete sich ein dichteres Netz solcher Lehranstalten aus. Neben Lehrstühlen an Universitäten und speziellen landwirtschaftlichen Akademien, die sich v. a. an den Nachwuchs der Großgrundbesitzer wandten, boten in Deutschland Ackerbauschulen eine ganzjährige gehobene Ausbildung für besser gestellte Bauernsöhne an, bei der der Anteil praktischer Unterweisung immer geringer wurde. Daneben gab es Landwirtschaftsmittelschulen sowie Winterschulen, die über zwei Winter hinweg Vollzeitunterricht anboten und sich v. a. an die Söhne weniger wohlhabender Landwirte richteten. Demgegenüber hatten die seit der Mitte des 19. Jh.s bestehenden ländlichen Fortbildungsschulen mehr den Charakter von ergänzenden

Volksschulen; eine B. im engeren Sinne fand dort nicht statt. Neben diesen Schultypen entstanden vergleichbare Bildungseinrichtungen für landwirtschaftsnahe Fachgebiete wie Gartenbau oder Forstwesen (↗Forstakademie; ↗Wald).

6. Sonstige Felder der beruflichen Bildung

Über die o. g. zentralen Bereiche hinaus gab es eine Vielzahl an B.-Wegen für spezielle Tätigkeiten, die aber zahlenmäßig nur einen geringen Anteil ausmachten. Dazu zählte die Ausbildung von Beamten (↗Beamtenausbildung), Offizieren (↗Offiziersausbildung) und Pfarrern (↗Pfarrerausbildung), die alle auf das Engste mit dem (früh-)modernen Staat und damit auch dessen Bildungseinrichtungen, ↗Universität und ↗Gymnasium, in Verbindung standen.

Für die Ausbildung insbes. von Offizieren und Beamten in technischen Fächern bestanden Spezialschulen (↗Technische Ausbildung), die nach franz. Vorbild Artillerie- und Ingenieuroffiziere sowie Baubeamte hervorbrachten (↗École Polytechnique). Die spezielle Berufs(aus)bildung im Bergbau hatte dagegen auch in Deutschland lange Tradition (↗Bergakademie). Auch hier differenzierte sich das Bildungssystem seit dem späten 18. Jh. in Einrichtungen für Führungskräfte (Bergbauakademien), Aufsichtspersonal (Bergschulen) und Bergarbeiter (Berufsschulen) immer weiter aus.

7. Berufliche Bildung im 19. Jh. zwischen Tradition und Innovation

Die Ansätze zu einer Reformierung der B. erlahmten um 1800 nicht zuletzt dadurch, dass Realitätsbezug, Praxisnähe und Nützlichkeitsprinzip, aber auch die Experimentierfreudigkeit der aufgeklärten Bildungsvorstellungen durch das Bildungsideal des ↗Neuhumanismus mit seiner Betonung der allgemeinen Menschenbildung abgelöst wurden. Ein völliger Rückzug des Staates aus dem Bereich der B. war mit dieser Umorientierung aber nicht verbunden: Trotz Fortbestand der Meisterlehre wurden für das Gewerbe mit der Einrichtung von Gewerbeschulen (u. a. gewerbliche Fachschulen, Produktionsschulen, Provinzialgewerbeschulen [7]) und einer höheren technischen Fachbildung wichtige staatliche Impulse gegeben [8]. Die kaufmännische Bildung war hingegen seit dem frühen 19. Jh. stark von staatsferner Eigenständigkeit geprägt. Bereits 1818 wurde in Gotha eine kaufmännische Lehrlingsschule eingerichtet, worauf zahlreiche weitere Gründungen folgten; überregional bekannt war v. a. die Lehrlingsabteilung der Öffentlichen Handelslehranstalt in Leipzig (1831). Bei aller Heterogenität hinsichtlich Organisation und Lehrangebot der kaufmännischen Lehrlingsschulen war ein verbindendes Merkmal, dass der Unterricht noch bis in die zweite Hälfte des 19. Jh.s hinein in den frühen Morgen- und/oder späten Abendstunden stattfand, da letztlich die Anwesenheit der Lehrlinge im Betrieb wichtiger war.

So lässt sich für die erste Hälfte des 19. Jh.s im Handwerk eher eine Stagnation im Bereich der B. feststellen, da deren im Zuge der Aufklärung erreichte Bedeutung keinen Fortbestand hatte [14]. Im Gegensatz zur kaufmännischen B., die aus eigenem Antrieb neue Wege hin zu eigenständigen berufsbegleitenden Schulen ging, blieb es in den gewerblichen Ausbildungsformen in Deutschland zumeist bei der Meisterlehre (in den Niederlanden z. B. war es demgegenüber 1818 zur Abschaffung der Zünfte und der damit verbundenen alten Form der Lehre gekommen, wodurch die Zeichenschulen in ihrer ausbildungsbegleitenden Funktion aufgewertet wurden). Im Zeichen der ↗Industrialisierung und der damit verbundenen Auflösung der traditionellen Arbeits- und Wohneinheit (↗Haus, ganzes) verlor die überkommene handwerkliche Berufsausbildung der *Imitatio*-Lehre dann endgültig ihre Legitimationsbasis [13]. Erst im späten 19. Jh. begann die Entwicklung zu einer Vereinheitlichung der B. und zum sog. Dualen System mit dem schulischen Lernen als verordnetem Ausbildungsbestandteil, dessen bildungstheoretische Grundlage in Deutschland u. a. Georg Kerschensteiner legte und das um 1920 endgültig zur Etablierung der modernen Berufsschule führte [15].

→ Beruf; Bildung; Elementarschule; Fachschule; Professionalisierung; Realschule; Schule; Technische Ausbildung

Quellen:
[1] K. Stratmann et al. (Hrsg.), Quellen und Dokumente zur Geschichte der Berufsbildung in Deutschland, 1980–2003.

Sekundärliteratur:
[2] H. Blankertz, Berufsbildung und Utilitarismus. Problemgeschichtliche Untersuchungen, 1963 [3] H.-P. Bruchhäuser, Berufsbildung, in: N. Hammerstein / U. Herrmann (Hrsg.), Handbuch der dt. Bildungsgeschichte 2 (im Druck) [4] H.-P. Bruchhäuser, Kaufmannsbildung im MA. Determinanten des Curriculums im Spiegel der Formalisierung von Qualifizierungsprozessen, 1989 [5] K. Büchter / M. Kipp, Historische Berufsbildungsforschung. Positionen, Legitimationen und Profile – ein Lagebericht, in: Jb. für Historische Bildungsforschung 9, 2003, 301–324 [6] R. Endres, Handwerk-Berufsbildung, in: N. Hammerstein (Hrsg.), Handbuch der dt. Bildungsgeschichte 1, 1996, 375–424 [7] K. Harney, Die preußische Fortbildungsschule. Eine Studie zum Problem der Hierarchisierung beruflicher Schultypen im 19. Jh., 1980 [8] R. Hasfeld, Berufsausbildung im Großherzogtum Baden. Zur Geschichte des »dualen Systems« im Handwerk, 1996 [9] F.-J. Kaiser / G. Pätzold (Hrsg.), Wörterbuch Berufs- und Wirtschaftspädagogik, 1999 [10] H.-U. Musolff / A. Hanschmidt (Hrsg.), Elementarbildung und Berufs(aus)bildung in und außerhalb der Schule 1450–1750, 2005 (im Druck) [11] W. Schmale / N. L. Dodde

(Hrsg.), Revolution des Wissens? Europa und seine Schulen im Zeitalter der Aufklärung (1750–1825). Ein Handbuch zur europ. Schulgeschichte, 1991 [12] K. STRATMANN, Die Krise der Berufserziehung im 18. Jh. als Ursprungsfeld pädagogischen Denkens, 1967 [13] K. STRATMANN, Geschichte der beruflichen Bildung. Ihre Theorie und Legitimation seit Beginn der Industrialisierung, in: H. BLANKERTZ et al. (Hrsg.), Enzyklopädie Erziehungswissenschaft 9 (Teil I: Handbuch), 1982, 173–202 [14] K. STRATMANN et al., Berufsbildung, in: K.-E. JEISMANN / P. LUNDGREEN (Hrsg.), Handbuch der dt. Bildungsgeschichte 3, 1987, 271–315 [15] S. THYSSEN, Die Berufsschule in Idee und Gestaltung, 1954.

Jens Bruning

Berufsfolge

Unter B. wird in der histor. Familienforschung primär die Übernahme des elterlichen Betriebs durch einen Sohn oder eine Tochter im Bereich des ↗Handwerks oder der ↗Industrie bezeichnet, z. T. auch allgemein das Ergreifen des gleichen ↗Berufs. Der Begriff wird aber auch für die direkte Nachfolge von Söhnen in das Amt des ↗Vaters in akademischen Berufen in der Frühen Nz. verwendet.

Im Handwerk der Frühen Nz. basierten weder die Aufrechterhaltung des täglichen Betriebs noch die ↗Altersversorgung der ↗Eltern in der gleichen Weise auf der Mitarbeit und der Betriebsübernahme durch die Kinder wie dies in der ↗Landwirtschaft der Fall war. Bes. im zünftigen Handwerk (↗Zunft) wurde der Arbeitskräftebedarf nicht über Kinder, sondern über auszubildende Arbeitskräfte von außen gedeckt. Diese lebten im Prinzip im Haushalt des ↗Meisters (↗Lehrzeit) und waren ledig. Bes. im kleinen Handwerk, wo der Wert der Produktionsmittel gering und die Wohnung oft nicht Eigentum der Familie war, bestand daher für die Söhne wenig Grund, das Handwerk des Vaters zu erlernen, um einmal dessen Betrieb zu übernehmen. So finden sich in der Frühen Nz. bei ↗Handwerkern deutlich weniger Haushalte, in denen Ehepaare mit Eltern oder Elternteilen zusammenlebten als im ländlichen Bereich. Neolokalität der Kinder war fast die Regel, selbst wenn ein Sohn den gleichen Beruf wie der Vater ergriff. Dazu kam der Wanderzwang (↗Gesellenwanderung) des zünftigen Handwerks, welcher die Söhne auch bei gleichem Beruf aus dem Haus führte. Viele kehrten nicht in den elterlichen ↗Haushalt zurück [5. 91–93]; [6].

Mit der Lockerung und allmählichen Aufhebung des Wanderzwanges seit dem ausgehenden 18. Jh. verschoben sich im Handwerk die Koresidenzquoten deutlich sowohl in Richtung eines längeren Verbleibens der Kinder im elterlichen Haushalt als auch auf eine größere Tendenz zur Übernahme des elterlichen Betriebs. In Düsseldorf z. B. folgten im 19. Jh. in den meisten Handwerken etwa ein Viertel der Söhne den Vätern im Beruf. Niedrigere Werte gab es weiterhin bei den ärmeren Handwerkern wie den Schneidern oder Schustern, während bei Schreinern und metallverarbeitenden Handwerkern (↗Metall) mit einer teureren Geräteausstattung die »Berufsvererbung« deutlich stärker verbreitet war [4. 105–109]. Für die niederl. Industriestadt Tilburg konnte für den zunftfernen Beruf der Hausweber im ausgehenden 19. Jh. nicht nur eine hohe intergenerationelle B. (über 65%), sondern auch eine deutlich engere Bindung der Kinder an den elterlichen Haushalt nachgewiesen werden [3. 200–232]. Auch in den frühen Industrieunternehmen des ausgehenden 18. und frühen 19. Jh.s sowie im Bankenwesen (↗Bank) spielten familiäre Netzwerke und v. a. die innerfamiliäre B. eine zentrale Rolle. Dies war für die Stabilität bzw. den Ausbau von Industrieunternehmen durchaus funktional [7. 245–247]. Im modernen Handwerk und in der Kleinindustrie ist allerdings sowohl aufgrund der abnehmenden Kinderzahl pro Familie als auch aufgrund der sozialen Öffnung des akademischen Bildungsbereichs die B. zu einem viel diskutierten Problem geworden. In vielen Familienunternehmen ist heute eine innerfamiliäre Regelung der Nachfolge in der Betriebsleitung nicht möglich.

B. war zumindest in der Frühen Nz. auch ein strukturelles Element der Alters- und Statussicherung in der Beamtenschaft (↗Beamter). Landes- und andere Dienstherren hatten keine Verpflichtung, arbeitsunfähige alte Beamte im Dienst zu belassen oder ihnen eine Pension oder den Witwen eine Unterstützung zu bezahlen. Dies führte dazu, dass sich hier häufig ein System der B. etablierte, welches man als Ämtererblichkeit bezeichnen kann. In dieser relativ kleinen Gruppe der meist ohnehin durch hohe verwandtschaftliche Verbindungen vernetzten Beamten wurde es üblich, dass man entweder gegenseitig seinen Kindern Stellen zuspielte oder dass ein Sohn direkt die Stelle Vaters »erbte« und diesen dann zu versorgen hatte. Bei protest. Pfarrern z. B., von denen in der Regel erwartet wurde, dass sie ihren Beruf bis an ihr Lebensende ausübten (↗Pfarramt), setzte sich durch, dass sie Helfer, sog. Vikare, an die Seite gestellt bekamen. Sehr häufig handelte es sich dabei um einen der eigenen Söhne, der nach dem Tod des Vaters die Pfarrei übernahm. Auf diese Weise bildeten sich in ↗Städten und v. a. in ↗Dörfern oft Pfarrerdynastien heraus, die das Amt (ähnlich wie die Schulmeister) über mehrere Generationen innehatten. In den größeren Territorien wurde allerdings früh versucht, der Erblichkeit v. a. der geistlichen ↗Ämter entgegenzuwirken. Voraussetzung dafür war eine anderweitige Regelung der Alters- und v. a. der Witwenversorgung durch Altersversorgungskassen (vgl. ↗Witwenkasse; ↗Witwen-/Witwerschaft). Im Laufe des 19. Jh.s wurden diese Kassen ausgebaut und die Inanspruchnahme einer ↗Pension nach dem Ausscheiden aus dem Dienst zunehmend mit rechtlichen Regelungen abgesichert. Damit wich dann auch der Druck auf die Söhne, die B. anzutreten [1]; [2. 68 f.].

→ Altersversorgung; Beruf; Berufsmobilität; Familie; Jugend; Verwandtschaft

[1] C. Conrad, Vom Greis zum Rentner, 1994 [2] A. Gestrich, Erziehung im Pfarrhaus, in: M. Greiffenhagen (Hrsg.), Das evangelische Pfarrhaus. Eine Sozial- und Kulturgeschichte, ²1991, 63–82 [3] A. Janssens, Family and Social Change. The Household as a Process in an Industrializing Community, 1993 [4] F. Lenger, Zwischen Kleinbürgertum und Proletariat. Studien zur Sozialgeschichte der Düsseldorfer Handwerker 1816–1878, 1986 [5] M. Mitterauer, Vorindustrielle Familienformen. Zur Funktionsentlastung des »ganzen« Hauses im 17. und 18. Jh., in: M. Mitterauer, Grundtypen alteurop. Sozialformen. Haus und Gemeinde in vorindustriellen Gesellschaften, 1979, 35–97 [6] M. Mitterauer, Zur familienbetrieblichen Struktur im zünftischen Handwerk, in: M. Mitterauer, Grundtypen alteurop. Sozialformen. Haus und Gemeinde in vorindustriellen Gesellschaften, 1979, 98–122 [7] M. Reitmayer, Bankiers im Kaiserreich. Sozialprofil und Habitus der dt. Hochfinanz, 1999.

Andreas Gestrich

Berufskrankheiten

1. Begriff
2. Berufskrankheiten zwischen Antike und Früher Neuzeit
3. Tradition der Minenarbeiterpathologien (16.–18. Jh.)
4. Arbeiterpathologien als Gegenstand neuer Reflexion (18.–19. Jh.)

1. Begriff

B. bilden eine eigene Gruppe von Erkrankungen, die als Folge pathogener Arbeitsbedingungen anzusprechen sind (↗Gewerbepathologie). Diese Begriffsbestimmung entwickelte sich bereits mit der 1700 erschienenen Monographie B. Ramazzinis über die Erkrankungen der Arbeiter (s.u. 4.); jedoch spielten die B. im allgemeinen Verständnis bis in das 19. Jh. hinein kaum eine Rolle. Weder die Stichworte ↗Arbeit, ↗Beruf und ↗Krankheit im Zedler'schen Lexikon des 18. Jh.s noch die Definitionen von franz. *travail* und *maladie* in der *Encyclopédie* von Diderot und d'Alembert verbinden die entsprechenden Begriffe miteinander.

2. Berufskrankheiten zwischen Antike und Früher Neuzeit

Einzelne B. wurden im 16. und 17. Jh. als Folge pathogener Arbeitsumstände anerkannt und zum Gegenstand medizinischer Abhandlungen erhoben; für diese B. konnten nur wenige antike Autoren als Autoritäten dienen. Die hippokratischen *Epidemien* (5./4. Jh. v.Chr.) beschreiben vage die Beschwerden eines Mannes aus der »Erzgrube«, der u.a. unter Splenomegalie (»Milzvergrößerung«), Atemnot und Blässe leidet [3. Buch IV, 25]. Obgleich die geschilderten Symptome nicht ausdrücklich auf die Arbeitsbedingungen zu beziehen sind, verband u.a. Ramazzini den späteren lat. Begriff *vir metallicus* (»Minenarbeiter«) mit dieser Textstelle [7.17]. Der röm. Autor Plinius lieferte Beschreibungen über die tödliche Wirkung der »schwefeligen und alaunhaltigen Dünste« bei Brunnengräbern [5. XXXI, 28, 49] und über den tödlichen Staub (lat. *pernicialis pulvis*), dem die Bergarbeiter ausgesetzt waren [5. XXXIII, 40]. Der röm. Arzt Galen beobachtete (*De simplicibus medicamentibus et facultatibus*, Kap. 9) die gesundheitlichen Belastungen von Arbeitern, die auf Zypern unter Tage vitriolhaltiges Wasser sammelten.

3. Tradition der Minenarbeiterpathologien (16.–18. Jh.)

Die frühnzl. ↗Medizin berücksichtigte vorrangig die B. von Minenarbeitern, welche in dem zentralen Gewerbe der zeitgenössischen ↗Wirtschaft tätig waren. Diese Schwerpunktsetzung scheint eng verbunden mit den technischen Entwicklungen zu sein, die seit dem 15./16. Jh. im ↗Montanwesen stattfanden. Mit ihnen verbanden sich eine Erhöhung der Produktion und erhebliche Umwelt- und Arbeitsplatzbelastungen [15.40] (↗Technischer Wandel; ↗Umwelt und Umweltprobleme). Der ital. Arzt G.M. da Grado lieferte in seinem medizinischen Werk *Practica* (1471, gedr. 1502) die erste Beschreibung einer aus heutiger Sicht pathogenen Kohlenoxydvergiftung. Sein Schüler U. Ellenbog widmete sich der Verhütung und Therapie der durch Kohlendunst, Blei- und Quecksilberdämpfe hervorgerufenen Vergiftungen [2] (↗Blei; ↗ Schwermetallvergiftungen).

Paracelsus prägte in der ersten Hälfte des 16. Jh.s den Terminus »Bergkrankheit« bzw. »Bergsucht« als Sammelbegriff für Lungensucht, Schwindsucht des Leibes und Magengeschwüre. Er bezeichnete folgende Arbeitergruppen als »bergsüchtig«: Erzleute, Schmelzer, Knappen, die Menschen in der Erzwäscherei, in den Silber-, Gold-, Alaun-, Schwefelbergwerken oder in der Vitriolsiederei, in den Blei-, Kupfer-, Zwitter-, Eisen- oder Quecksilberbergwerken (*Von der Bergsucht und anderen Bergkrankheiten*, um 1531). Von »den bößen dingen / die den berkleuten begenendt« sprach G. Agricola 1556. Für ihn zählten Feuchtigkeit, Wasser oder Staub, denen die Minenarbeiter ausgesetzt waren, zu den denkbaren Ursachen der B. Er meinte, dass Wasser und Feuchtigkeit »die Schenkel ... verderben« [1. VI, 179 recto]; ferner verwies er auf durch die Trockenheit und den Staub der Minen bedingten schweren Atem (Asthma).

Auch die von J. Mathesius im 16. Jh. begründete und bis ins 19. Jh. reichende Tradition der sog. Bergprädigt ist für die histor. Rekonstruktion der unter Bergleuten verbreiteten B. wesentlich. Die Berufswelt, ihre Gefahren, zahlreiche Unfallquellen und Dauerbelastungen werden in diesen an Bergleute gerichteten Predigten ausführlich beschrieben. Zu den rekurrierenden Krankheitsbildern gehören z. B. »Krummhälse«, die durch die Körperhaltung im Kupferschieferbergbau hervorgerufen wurden, Bergsucht und »Hüttenkatze« bzw. ↗Hüttenrauch (kolikartige Erkrankung). Einer der frühesten Hinweise auf ↗Staublunge (*silicosis*) findet sich in den *Observationes medicae* (1692) des niederl. Anatomen I. de Diemerbroeck, der bei Autopsien von verstorbenen Steinschneidern kleine sandartige Ansammlungen in den Lungen vorfand [10].

4. Arbeiterpathologien als Gegenstand neuer Reflexion (18.–19. Jh.)

Die fortschreitende Zentralisierung, Arbeitsteilung und Spezialisierung in der großgewerblichen Fertigung (↗Manufaktur) gegen Ende des 17. Jh.s vergrößerte das Themengebiet medizinischer Reflexion über B. In der manufakturellen Nadelproduktion beispielsweise erwies sich das trockene Schleifen der Nadel als hohes Gesundheitsrisiko. In der ↗Papiermacherei arbeiteten an der Bütte, wo der Bogen geschöpft und dann auf dem Sieb geschüttelt wurde, die am stärksten von B. betroffenen Arbeitskräfte. Die hohe Belastung von Armen und Beinen führte zu Bandscheibenschäden und der permanente Kontakt mit Wasser zu ↗ Rheuma [11. 36 ff.].

Das verstärkte Interesse der Medizin an B. schlug sich in B. Ramazzinis Werk *De morbis artificum diatriba* (1700) nieder, das europaweit Verbreitung fand (eine ital. Ausgabe wurde 1745 veröffentlicht; eine erweiterte dt. Übersetzung von J.C.G. Ackermann erschien 1780–1783 unter dem Titel *Abhandlung von den Krankheiten der Künstler und Handwerker*). Die Schrift eröffnete einen systematischen Zugang zu den B. und legte die Fundamente für die Herausbildung der ↗Arbeitsmedizin als Disziplin. Ramazzini befasste sich mit den für 52 Berufsgruppen typischen Erkrankungen und betonte dabei die Bedeutung der Ätiologie (»Lehre von den Krankheitsursachen«) und Prävention neben den therapeutischen Maßnahmen. Der Tradition folgend, begann er mit den Krankheiten der Bergarbeiter (Atembeschwerden, Zahnverlust und rheumatische Gelenkschmerzen sowie Anschwellungen); unter den anschließend behandelten, sowohl Männer als auch Frauen betreffenden B. befinden sich u.a. die Merkurvergiftungen der Spiegelmacher in Venedig, die Erkrankungen der ↗Gelehrten, der Weber/innen (↗Webereigewerbe), Wäscherinnen (↗Wäscherei) und ↗Hebammen.

Die ↗Industrialisierung des 18. Jh.s veränderte die Arbeitsumstände und die zugehörigen Pathologien und Unfallformen. 1775 beobachtete der Chirurg P. Pott das häufige Auftreten von Hodenkrebs bei Schornsteinfegern, den er auf die in den Kaminen aufsteigenden Rußdämpfe bezog [6]. 1831 verfasste C.T. Thackrah ein systematisches Werk über industrielle Pathologien und deren Prävention, in dem er u. a. auch die Folgen von ↗Kinderarbeit berücksichtigte [8]. In den zeitgenössischen realistisch-naturalistischen ↗Romanen (etwa von H. de Balzac, É. Zola, G. Verga, C. Dickens, G. Hauptmann) stellen die typischen Erkrankungen der städtischen und ländlichen ↗Unterschichten ein wichtiges literarisches Motiv dar (↗Realismus; ↗Naturalismus). B. wurden in der Mitte des 19. Jh.s zu einem gesellschaftspolitischen Phänomen und Bestandteil der »sozialen Frage« (↗Pauperismus). Dies begünstigte zumindest in den industrialisierten Ländern Europas die Einführung staatlicher Regelungen des ↗öffentlichen Gesundheitswesens für die arbeitenden Gesellschaftsschichten. Neben dem Präventionsgedanken wurde aufgrund der Einführung von ↗Versicherungen auch die Meldepflicht von B. für Ärzte selbstverständlich, was sich seit der zweiten Hälfte des 19. Jh.s mit den Bestrebungen verband, den Begriff B. medizinisch einheitlich zu definieren [9].

→ Arbeitsmedizin; Gewerbepathologie; Krankheit; Medizin; Staublunge

Quellen:
[1] G. AGRICOLA, De re metallica libri XII, Basel 1556 [2] U. ELLENBOG, Von den gifftigen besen tempfen und reuchen, Augsburg 1524 [3] HIPPOKRATES, Épidémies, in: E. LITTRÉ, (Hrsg.), Oeuvres complètes d' Hippocrate, Bd. 5, Paris 1846 [4] PARACELSUS, Von der Bergsucht und anderen Bergkrankheiten, bearbeitet von F. Koelsch, 1925 [5] G. PLINIUS SECUNDUS D.Ä., Naturkunde (Naturalis historiae libri XXXVII), hrsg. und übers. von R. König et al., 1973–1996 [6] P. POTT, Chirurgical Observations Relative to the Cataract, the Polypus of the Nose, the Cancer of the Scrotum …, London 1775 [7] B. RAMAZZINI, Le malattie degli artefici, Venedig 1745 [8] C. T. THACKRAH, The Effects of the Principal Arts, Trades and Professions, and Civic States and Habits of Living on Health and Longevity, London 1831.

Sekundärliteratur:
[9] F. CURSCHMANN, Der Begriff der Berufserkrankung, in: Zentralblatt für Gewerbehygiene und Unfallverhütung N. F. 1, 1924, 2–5 [10] L. J. GOLDWATER, From Hippocrates to Ramazzini: Early History of Industrial Medicine, in: Annals of Medical History N. S. 8, 1936, 27–35 [11] R. REITH, Praxis der Arbeit. Überlegungen zur Rekonstruktion von Arbeitsprozessen in der handwerklichen Produktion, in: R. REITH (Hrsg.), Praxis der Arbeit. Probleme und Perspektiven der handwerksgeschichtlichen Forschung, 1998, 11–54 [12] G. ROSEN, History of Miner's Disease, 1943 [13] E. ROSNER, Ulrich Ellenbog und die Anfänge der Gewerbehygiene, in: Sudhoff's Archiv 38, 1954, 104–110 [14] I. SAHMLAND, Gesundheitsschädigung der Bergleute. Die Bedeutung der Bergpredigten des 16. bis frühen 18. Jh.s als Quelle arbeitsmedizingeschichtlicher Fragestellungen, in: Medizinhistorisches Journal 23, 1988, 240–276 [15] W. WEBER, Arbeitssicherheit. Historische Beispiele – aktuelle Analysen, 1988.

Mariacarla Gadebusch-Bondio

Berufsmobilität

1. Beschränkung sozialer Mobilität in der Neuzeit
2. Rahmenbedingungen sozialer Mobilität
3. Berufsmobilität und Karriere

1. Beschränkung sozialer Mobilität in der Neuzeit

Die drei Hauptformen der ↗sozialen Mobilität (= M.) sind (1) die intergenerationale M., (2) die intragenerationale M. (B. oder Karriere-M.) und (3) die ↗Heiratsmobilität. Allen drei Formen gemeinsam sind die Indikatoren ↗Beruf, ↗Besitz und Sozialprestige [7]; [9].

In der Nz. hatte der gesellschaftliche Status, den der Einzelne mit der Geburt erhielt, eine vorrangige Bedeutung und erschwerte alle drei Formen der sozialen M. (↗Ständegesellschaft). Bes. Wichtigkeit kam ihm beim ↗Adel zu, der in weiten Teilen Europas an der Spitze der gesellschaftlichen Hierarchie stand. Aufgrund der Vererblichkeit des Adelsstandes war es für Außenstehende schwer, in diese Schicht aufzurücken, wenn auch immer wieder Einzelpersonen oder Gruppen in diesen Stand erhoben wurden (↗Nobilitierung). Ebenso hatte der Status bei der Geburt für andere gesellschaftliche Gruppen entscheidende Bedeutung. Das städtische ↗Patriziat schottete sich fast überall gegen Neuankömmlinge ab und beschränkte damit die Aufstiegsmöglichkeiten für wohlhabende ↗Kaufleute und ↗Unternehmer. Ebenso nutzten die ↗Handwerker ihren Geburtsstatus, um niedrigere Gesellschaftsschichten auszugrenzen. Der Erwerb des ↗Bürgerrechts als Vorbedingung für die Mitgliedschaft in einer ↗Zunft und für den Aufstieg zum Handwerksmeister war in der Regel für Bürgerkinder leichter und mit geringeren Kosten verbunden als für Außenseiter (↗Berufsfolge).

2. Rahmenbedingungen sozialer Mobilität

Trotz dieser Beschränkungen existierte auch in der Nz. ein gewisses Maß an sozialer M. Die beiden Schlüsselfragen der Forschung hierzu lauten: Wie und unter welchen Bedingungen veränderten sich die Mobilitätsraten (= MR.) in der Nz.? Welche Gesellschaftsklassen erwiesen sich als die mobilsten? Obwohl nur wenige empirische Untersuchungen zum Thema vorliegen, ermöglichen es soziologische und historischen Studien, drei Hypothesen zu formulieren:

(1) Die soziale M. der bäuerlichen Bevölkerung war gering und v. a. nach unten gerichtet [14. 370 f.]. Folglich lagen die MR. im Europa der Frühen Nz. niedriger als in späteren Perioden. Sie nahmen in dem Maße zu, in dem der bäuerliche Anteil an der Gesamtzahl der Erwerbstätigen abnahm. Der Anteil der ↗Bauern und der landwirtschaftlichen Arbeitskräfte variierte regional, betrug aber im Europa des 16. Jh.s etwa 80%. Bis zur Mitte des 19. Jh.s sank dieser Wert ab, erreichte jedoch in den meisten Ländern immer noch 50%; in Mittel- und Osteuropa lag er bedeutend höher [13.1, 134]; [12. Abschnitt C1].

(2) Die Chancen auf sozialen Aufstieg waren regional sehr unterschiedlich verteilt. Im nzl. Europa finden sich in Regionen mit einem modernen Wirtschaftssystem höhere MR., wobei »modern« impliziert, dass die ↗Landwirtschaft einen geringeren Prozentsatz der Arbeitskräfte beschäftigte. Somit liefert das Ausmaß der ↗Urbanisierung und der wirtschaftlichen Spezialisierung wichtige Hinweise auf die Unterschiede in den MR. im nzl. Europa. Verstädterungsraten wiesen große regionale Variationen auf. Wenn man ↗Städte als Zentren mit 5000 Einwohnern und mehr definiert, rangierten im Jahr 1500 die Verstädterungsraten von gerade 2% in Skandinavien bis zu 30% in den Niederlanden; drei Jahrhunderte später variierte die Rate zwischen 4% in Rumänien und 34% in den Niederlanden [1. 259]. Trägt man die europ. Städte in eine Landkarte ein, so ergibt sich ein bananenförmiger Städtegürtel, der sich von Norditalien über Süd- und Norddeutschland und die Niederlande bis Südostengland erstreckt [17. 170–171]; [5. 11–17]. Die gesamte Nz. hindurch dominierten diese Städte den ↗Handel und die Güterproduktion ↗Europas, auch wenn sich der Schwerpunkt allmählich von Südosten (Italien) zum Nordwesten hin (England und die Niederlande) verschob.

Außerhalb des Städtegürtels beschränkten sich Urbanisierung und wirtschaftliche Spezialisierung weitgehend auf das Hinterland der ↗Hauptstädte, auf einige Regionen entlang der Küsten und der schiffbaren Binnengewässer. Wesentlich geringere Chancen auf soziale M. bestanden in entlegenen, isolierten und vom Meer abgeschnittenen Gegenden. Dies gilt auch für Ostelbien, wo die »zweite ↗Leibeigenschaft« die Menschen an die Landgüter band und das Wachstum der Städte beschnitt (↗Gutswirtschaft). Schnell wachsende Städte wie Danzig und Breslau bildeten hier die Ausnahme; ihre Dynamik ergab sich aus ihrer Funktion als Umschlagplätze für den internationalen Handel.

(3) Neben einzelnen Regionen lassen sich Perioden mit überdurchschnittlich hohen MR. ausmachen. Das sog. »lange« 16. Jh. (der Zeitraum von ca. 1450 bis zum frühen 17. Jh.) und die Periode nach der Mitte des 18. Jh.s dürften relativ hohe MR. aufgewiesen haben. In diesen Zeiten wuchs auch die ↗Bevölkerung Europas rapide an [17. Tabelle 3.6]; [1. 297, Tabelle C4]. Ab der Mitte des 18. Jh.s verstärkte sich dieser Trend wohl aufgrund der in manchen Regionen beginnenden Auflösung des Zunftsystems.

3. Berufsmobilität und Karriere

3.1. Was ist eine Karriere?

Die Schlüsselfragen der Forschung lauten: Was ist eine Berufslaufbahn? Lässt sich der Ursprung moderner Karrieremuster in die Frühe Nz. zurückverfolgen [2]?

Die einfachste Definition von Karriere ist, sie als Synonym für die Geschichte des Arbeitslebens eines Individuums zu verstehen (↗Arbeit). Dadurch lässt sich jeder Arbeitskraft, auch wenn sie nur eine bescheidene Funktion ausübt, eine Karriere zuschreiben. Nach einer anderen, v. a. in der angelsächs. Welt verbreiteten Sicht ist der Begriff allerdings nur auf beruflich erfolgreiche Personen anzuwenden, als »das Fortschreiten einer Person durch das Leben (oder einen bestimmten Lebensabschnitt), v. a. wenn dieses öffentlich wahrgenommen wird oder von bemerkenswerten Vorfällen geprägt ist« (*Oxford English Dictionary*).

Eine weitere Frage ist, ob sich der Begriff der Karriere nur auf Arbeitssituationen anwenden lässt, in denen eine vorgegebene Struktur den beruflichen Aufstieg festlegt (formelle Karrieren). Die Existenz einer Berufshierarchie wird dabei in den Sozialwissenschaften häufig stillschweigend vorausgesetzt als »eine strukturierte Abfolge beruflicher Rollen, die von Individuen im Laufe ihres Arbeitslebens übernommen werden, wobei wachsendes Prestige und weitere Belohnungen impliziert sind, ein Abstieg jedoch nicht ausgeschlossen wird« [11.55]. Die Beschäftigung einer Person bei einem Unternehmen stellt aber nur einen von verschiedenen Karrierepfaden dar, die sich aus geschichtlichen Quellen erschließen lassen [16]. Neben dem Aufstieg in einer formal definierten hierarchischen Bürokratie unterscheidet man ein professionelles Karrieremodell (↗Professionalisierung), das auf der nichthierarchischen Ausübung einer bestimmten akademischen oder handwerklichen Fertigkeit beruht, eine unternehmerische Karriere (↗Unternehmer), die auf der Entwicklung eines erfolgreichen Geschäfts fußt, und eine dynastische Karriere, die auf der Übertragung von Besitz und anderen Ressourcen auf die Nachkommen basiert [8].

Formelle Karrieren finden im Rahmen einer klar definierten Abfolge von Ausbildung bzw. Berufsausbildung und Aufstieg statt. Informelle Karrieren lassen sich dagegen nur über konkrete individuelle Karrierepfade rekonstruieren, wie sie für einzelne Personen belegt sind.

3.2. Formelle Karrieren

Gewöhnlich konzentriert sich die Erforschung moderner Karrierestrukturen und Ämterkarrieren (↗Amt) – im Anschluss an Max Webers Studien zur Geschichte der Bürokratie – auf das Entstehen hierarchischer und bürokratischer Organisationen seit dem 19. Jh. [18].

Bürokratische Organisationen gab es allerdings bereits in der Nz., wie das Musterbeispiel des ↗Militärs beweist. Das Militärwesen produzierte große und komplexe Organisationen. Die höheren Ränge blieben oft dem ↗Adel vorbehalten, d. h. in erster Linie dem Hochadel [6.38]. Dabei handelte es sich um ein teures Privileg, da man von den höheren Chargen erwartete, dass sie einen Teil der Kosten selbst trugen. Der Herzog von Alba beispielsweise musste seinen beachtlichen Besitz verpfänden, um seinem Souverän Philipp II. zu dienen; er hinterließ seinen Erben einen riesigen Schuldenberg.

Während Besitz und adelige Herkunft somit eine Vorbedingung für die Besetzung höherer militärischer Ränge war, ließ sich die Karriere niederrangiger ↗Offiziere in gewissem Umfang auch nach Leistung und Dienstjahren bemessen. Die gewöhnlichen ↗Soldaten stammten normalerweise aus der ↗Unterschicht und genossen geringes Ansehen bei ihren Vorgesetzten sowie der Zivilbevölkerung. Doch fähige und ausdauernde Männer wie François Chevert schafften den Weg an die Spitze: Durch militärische Fähigkeiten und Mut erwarb er den Respekt und die Patronage seiner Vorgesetzten und stieg vom einfachen Soldaten zum Rang eines Generalleutnants der franz. Armee auf [6.45]. Der Beginn der kolonialen ↗Expansion verhalf ehrgeizigen Männern wie etwa Francisco Pizarro zu hohen Stellungen: Seine bescheidene Herkunft und sein Analphabetentum waren kein Hindernis, Bürgermeister der neu gegründeten Stadt Panama zu werden. 1523 übertrug ihm Karl V. die ↗Eroberung des Reichs der ↗Inkas, ernannte ihn zum Generalgouverneur aller zu erobernden Territorien und verlieh ihm vizekönigliche Machtbefugnisse.

Von der Mitte des 17. Jh.s an wurde die ↗Marine seefahrender Nationen wie England und Holland professionalisiert; es entstand eine feste Laufbahn für Offiziere [3.111–112]. Fortan wurden sie fast ausnahmslos aus dem hohen Adel oder, wie etwa im Falle Hollands, aus dem städtischen Patriziertum rekrutiert. Davor entstammten zwar Offiziere ebenfalls oft den gehobenen Schichten, doch standen die Marinekarrieren insgesamt einer breiteren Schicht offen, und selbst einfache Seeleute konnten Spitzenpositionen erreichen. Michiel Adriaanz de Ruijter, Sohn eines Bierkutschers in einer holländ. Provinzstadt, der sein Berufsleben bei einem Seilmacher begann, ist ein berühmtes Beispiel. Er arbeitete sich in der Handelsmarine nach oben, wurde Kapitän in der holländ. Kriegsmarine und schaffte es bis zum oberkommandierenden Admiral. Diese Spitzenposition brachte ihm nicht nur Ruhm und Ansehen ein, sondern auch beachtlichen Reichtum [3.121–122].

Die Spitzenpositionen großer ↗Handelsgesellschaften, wie beispielsweise die *English East India Company* (gegr. 1600) und die holländ. *Verenigden Oostindischen Compagnie* (VOC, gegr. 1602; ↗Ostindische Kompanien) besetzten ursprünglich die Kaufleute, welche sie gegründet hatten. Das städtische Patriziat der Niederl. Republik übernahm jedoch bald die Kontrolle über diese lukrativen Posten und machte sie für alle anderen praktisch unzugänglich. In den asiat. Kontoren der VOC verhielt es sich anders: Hohe Fluktuationsraten, z. T. als Folge der hohen Sterblichkeit, boten Aufstiegsmöglichkeiten.

Soldaten und Seeleute, die nach Ostasien gingen, erhielten ebenfalls die Chance zum sozialen Aufstieg. In Asien herrschte permanenter Mangel an europ. Handwerkern; in der zweiten Hälfte des 17. Jh.s gab es Klagen, dass hier viele Männer mehr Geld verdient und höherrangige Arbeitsplätze bekommen hätten als ihnen in ihrer Heimat zugestanden worden wäre. Doch verblasst ihr Lohn im Vergleich zu den gigantischen Reichtümern, welche die Befehlshaber durch illegalen Handel oder andere Geschäfte anhäuften, um sich damit die Einheirat in die hohe Gesellschaft sowie die Verbesserung der sozialen Stellung auch ihrer Nachkommen zu verschaffen.

Auch die Kirchen schufen Organisationen mit bürokratischen Zügen und Karrieremöglichkeiten. Junge Männer von Rang und Adel hatten hier ebenfalls die besten Aussichten. Es sind aber auch Erfolgskarrieren für Männer aus bescheidenen Verhältnissen belegt, so für Giulio Mazzarino aus Pescina bei Rom: Von bürgerlicher Herkunft, brachten ihn seine vielen Begabungen (u. a. sein Talent für den Aufbau von Beziehungen) mit Kardinal Richelieu, dem Ersten Minister Frankreichs unter Ludwig XIII., in Verbindung. Beide setzten sich bei Papst Urban VIII. für ihn ein; Jules Mazarin – inzwischen ein Franzose – wurde im Dezember 1641 zum Kardinal befördert. Vergleichbare Karrieren sind in den calvinistischen Kirchen nicht zu finden, da diesen eine eindeutige formale Hierarchie fehlt.

In der Nz. gab es somit große, bürokratisch strukturierte Organisationen, die formale Karrieren ermöglichten. Diese Karrieren reichten gewöhnlich nicht von der untersten bis zur obersten Stufe der Hierarchie; das Eingangsniveau bedingte größtenteils die erreichbare Endstufe. Am weitesten kamen Männer aus den gehobenen Kreisen der Aristokratie und des Patriziertums (↗Eliten), ausgestattet mit entsprechendem Prestige, Einfluss, gesellschaftlichen Kontakten, Finanzmitteln und ↗Bildung. Der niedrige Adel, die obere Mittelschicht und noch deutlicher die untere Mittelschicht und die einfachen Leute traten auf einem niedrigeren Niveau ein und erreichten folglich nur eine entsprechend niedrigere Stufe, wenn auch Beispiele Ausnahmen belegen.

Auch die Handwerkszünfte waren formale hierarchische Organisationen und Vehikel der B. (↗Zunft). Sie überwachten die Berufspraktiken ihrer Mitglieder und boten Ausbildung sowie eine formale Laufbahn an, die von der ↗Lehrzeit und dem ↗Gesellen-Rang bis zur Position des ↗Meisters führte. Die regionalen Variationen waren beträchtlich. In den Küstengegenden der Niederlande z. B. galten nur wenige der Anforderungen, die man gewöhnlich an die aufstrebenden ↗Bürger und ↗Handwerker einer Zunft stellte. Die Auflage der Wanderjahre (↗Gesellenwanderung) fehlte ganz [10. 31–33]. Beschränkungen des Zugangs zur Meisterschaft in manchen Gewerben und Regionen führten allerdings dazu, dass eine Anzahl von Lehrlingen und Gesellen ihr gesamtes Arbeitsleben als Lohnempfänger verbrachte.

3.3. Informelle Karrieren

Die wenigen Informationen zu Karrieren außerhalb der formalen Organisationen beziehen sich ausschließlich auf Männer. Frauen übten natürlich ebenfalls Berufe aus – beispielsweise als ↗Amme, Dienerin, Ladenbesitzerin, Spinnerin, Hausiererin und ↗Magd (↗Frauenberufe; ↗Frauenarbeit) –, aber ihr Arbeitsleben ist kaum dokumentiert. Die Beschäftigung als Dienstmädchen (↗Dienstboten) war wohl die einzige, in der eine große Zahl v. a. junger Frauen mit Menschen einer anderen Gesellschaftsschicht in Berührung kamen (↗Geschlechterrollen).

Selbst in den weitest entwickelten Wirtschaftssystemen der Nz. beschäftigte die ↗Landwirtschaft einen hohen Prozentsatz der Arbeitskräfte. Trotzdem haben die Berufslaufbahnen der ↗Bauern, ↗Kleinbauern und ↗Knechte nicht die angemessene wiss. Aufmerksamkeit gefunden, die sie verdienen. Unstrittig ist, dass nach Mortalitätskrisen, wie z. B. nach dem ↗Dreißigjährigen Krieg oder ↗Pest-Einbrüchen, auch solche Menschen Bauern werden konnten, die unter normalen Umständen diesen Status nicht erreichten. Eine Verbesserung der Berufsmöglichkeiten für die Überlebenden von Kriegsverwüstungen und ↗Epidemien gab es nicht nur in der Landwirtschaft, sondern auch in der städtischen Ökonomie (↗Demographische Krisen).

Im Lauf der Nz. sahen sich immer mehr Menschen gezwungen, ihren Lebensunterhalt mit ↗Arbeit außerhalb der Landwirtschaft zu bestreiten. Manche zogen auf der Suche nach Einkommen in die ↗Städte als den Zentren der ↗Industrie und Dienstleistungen (↗Stadt-Land-Wanderung); andere blieben vor Ort und verschafften sich ein (Zusatz-)Einkommen durch protoindustrielle Arbeit (↗Protoindustrialisierung), durch ↗Fischerei, als Bauhilfsarbeiter oder in der Frachtschifffahrt, die in einigen Regionen zahlreiche Arbeitsplätze bot. Der Ausbau der Protoindustrie und des Dienstleistungssektors bot neue Chancen: In einer seefahrenden Region wie Nordholland war ein Aufstieg über Generationen vom Seemann über den Schiffsbesitzer bis hin zum Großkaufmann nichts Ungewöhnliches. Einige der bekanntesten Kaufmannsdynastien im Amsterdam des 17. Jh.s hatten ihre geschäftlichen Wurzeln in der provinziellen Frachtschifffahrt Hollands.

Aufstiegsmöglichkeiten gab es bes. in Regionen und Zeiten mit dynamischem Wirtschaftswachstum, wie z. B. in Holland im 17. Jh. Dies setzte allerdings voraus, dass die jeweiligen nzl. Gesellschaften für Veränderungen offen waren und monopolistische Interessen die Aktivitäten innovativer ↗Unternehmer nicht zum Scheitern brachten. Derartige offene Gesellschaften finden sich gewöhnlich an Orten, die zur Außenwelt engen Kontakt hielten und wo die Menschen an von der Norm abweichende Verhaltens- und Denkmuster gewöhnt waren. Insbes. in Zentren der Zuwanderung förderte das Zusammentreffen von Menschen mit verschiedenen Hintergründen, Zielen, Ressourcen, Informationen und Fertigkeiten ↗Innovation und wirtschaftliches Wachstum [4]. Aufgeschlossene Gesellschaften und Zuwanderung trugen wesentlich zur ↗sozialen Mobilität bei.

Zu den spezifischen Karrieremustern und Formen der B., die sich mit dem historischen Aufstieg der modernen Professionen verbanden (Ärzte, Anwälte, Lehrer, Ingenieure etc.), zu den neuen Ausbildungswegen und Bildungspatenten, die über soziale Aufstiegsmöglichkeiten wesentlich mitentschieden und eine neue Dynamik beruflicher Mobilität erzeugten, vgl. ↗Berufsbildung und ↗Professionalisierung.

→ Arbeit; Beruf; Berufsbildung; Berufsfolge; Professionalisierung; Soziale Mobilität

[1] P. Bairoch et al., La population des villes européennes. Banque de données et analyse sommaire des résultats, 800–1850, 1988 [2] J. C. Brown et al., The History of the Modern Career: an Introduction, in: J. C. Brown et al. (Hrsg.), Origins of the Modern Career, 2004, 3–41 [3] J. R. Bruijn, The Dutch Navy of the Seventeenth and Eighteenth Centuries (Studies in Maritime History), ²1995 [4] C. M. Cipolla, The Diffusion of Innovations in Early Modern Europe, in: Comparative Studies in Society and History 14, 1972, 46–52 [5] K. Davids / J. Lucassen, Introduction, in: K. Davids / J. Lucassen (Hrsg.), A Miracle Mirrored. The Dutch Republic in European Perspective, 1995, 1–25 [6] Ch. Duffy, The Military Experience in the Age of Reason, 1998 [7] A. Inkeles, Industrial Man: The Relation of Status to Experience, Perception and Values, in: American Journal of Sociology 66, 1960, 1–31 [8] R. Kanter, Careers and the Wealth of Nations: A Macro-Perspective on the Structure and Implications of Career Forms, in: M. B. Arthur et al. (Hrsg.), Handbook of Career Theory, 1989, 506–521 [9] C. Kerr et al., Industrialism and Industrial Man. The Problems of Labour and Management in Economic Growth, ²1973 [10] P. Lourens / J. Lucassen, »Zunftlandschaften« in den Niederlanden und im benachbarten Deutschland, in: W. Reininghaus (Hrsg.), Zunftlandschaften in Deutschland und den Niederlanden im Vergleich (Kolloquium der Historischen Kommission für Westfalen 1997), 2000, 11–43 [11] G. Marshall (Hrsg.), Dictionary of Sociology, ²1998 [12] B. R. Mitchell, European Historical Statistics, 1750–1970, 1975 [13] N. J. G. Pounds, An Historical Geography of Europe 1500–1840, 1979 [14] J. Schlumbohm, Lebensläufe, Familien, Höfe. Die Bauern und Heuerleute des Osnabrückischen Kirchspiels Belm in proto-industrieller Zeit, 1650–1860, 1994 [15] J. A. Schumpeter, Theorie der wirtschaftlichen Entwicklung. Eine Untersuchung über Unternehmergewinn, Kapital, Kredit, Zins und den Konjunkturzyklus, ⁴1935 [16] D. Vincent, Mobility, Bureaucracy and Careers in Early-Twentieth-Century Britain, in: A. Miles / D. Vincent (Hrsg.), Building European Society. Occupational Change and Social Mobility in Europe 1840–1940, 1993, 217–239 [17] J. de Vries, European Urbanization 1500–1800, 1984 [18] M. Weber, Wirtschaft und Gesellschaft, ⁵1985.

M. H. D. van Leeuwen / C. Lesger (Ü: D. P.)

Berufsschule s. Berufsbildung; Schule

Berufung s. Rechtsmittel

Besatzung s. Okkupation

Beschleunigung

Bei ersten Versuchen, B. als »histor. Erkenntniskategorie« zu etablieren, wurde auf die Jahre um 1800 hingewiesen, die von manchen Historikern als »Achsenzeit« begriffen werden [4. 368 f.]. Mittlerweile wird hingegen die gesamte Frühe Nz. als eine Periode betrachtet, in welcher die Geschwindigkeit des Lebens zunahm. Dabei könnte man zunächst an die schnelllebigen 1520er Jahre (die Zeit der ↗Religionskriege), die revolutionären 1640er Jahre, oder an die »atlantischen« ↗Revolutionen am Ausgang des 18. Jh.s denken, in denen rasch wechselnde Begebenheiten den Zeitgenossen den Eindruck einer B. der ↗Zeit vermittelten. Diese Perioden zeichneten sich auch durch besondere Aktivitäten und Veränderungen im Kommunikationswesen aus, was bei der Wahrnehmung weit entfernter Ereignisse ausschlaggebend war (↗Aktualität). Der Bereich der ↗Kommunikation erweist sich als zuverlässiger Gradmesser für die B., denn die Geschwindigkeit wurde hier tatsächlich ermittelt. Seit dem Beginn der Nz. wurde aktiv an der B. der Nachrichtenübermittlung und des physischen Transports gearbeitet. Die Frage der B. wurde seit dem späten 14. Jh. – etwa bei Nikolaus von Oresme – im Rahmen der Kinematik theoretisch durchdacht [5]. Völlig unabhängig davon begannen im Herzogtum Mailand Experimente mit temporären Reiterstafetten. Die Laufzettel zur Überwachung der Briefübergabe waren von Anfang an mit der stereotypen Mahnung zu höchstmöglicher Geschwindigkeit, dem sog. Cito-Vermerk, ausgestattet, der bis zum Beginn des Eisenbahnzeitalters erhalten blieb. Diese Laufzettel (»Poststundenzettel«) verknüpften Raum und Zeit und boten damit ein Messinstrument für Geschwindigkeit.

Mit der Fixierung der Postkurse konnte das Etappensystem der Poststationen in Westeuropa seit etwa 1500 zu Reisezwecken genutzt werden, was schlagartig zu einer Veränderung des Reiseverhaltens führte (↗Reise). Reisende von Wien über Brüssel nach Barcelona vertrauten auf die neuen Poststationen und nahmen lieber Umwege in Kauf, als jeweils vor Ort Preise auszuhandeln und Zeit zu verlieren. Die Benutzung dieses auf regelmäßigem Pferdewechsel beruhenden Kommunikationssystems blieb auf erwachsene, gesunde männliche Reisende beschränkt. Im Reich Karls V. wurde das Postwesen (↗Post) zuerst für die private ↗Brief-Beförderung geöffnet, was den Nachrichtenverkehr revolutionierte, insbes. im Zusammenhang mit der Einführung periodischer Postreiter. Seit den 1540er Jahren orientierten sich städtische und territoriale Botensysteme (↗Botenwesen) an der transkontinentalen Postlinie zwischen Venedig und Antwerpen, deren wöchentlicher Rhythmus von da an den Takt des Kommunikationsverhaltens vorgab. Die Verzweigung und Vernetzung des Postwesens machte nach 1600 rasche Fortschritte, wobei die ↗Reichspost eine Schrittmacherfunktion übernahm. Postkutschen wurden zuerst um 1630 in Frankreich im Linienverkehr zur ↗Personenbeförderung eingesetzt, was das Reisen für Frauen, Kinder, Alte und Kranke stark erleichterte. Der Wegebau wurde v. a. in England seit den 1660er Jahren durch die Gesetzgebung der *Turnpike Acts* rasch vorangetrieben. Straßenbau und Chaussierung erlaubte eine leichtere Kutschenkonstruktion und die Einführung einer Federung. Dadurch wurde der Straßenbau soweit beschleunigt, dass um 1800 Postkutschen auch auf langen Strecken schneller verkehrten als Eilkuriere zu Beginn der Nz. (↗Straßen- und Wegebau; ↗Chaussee)

Für den Personentransport wurden am Beispiel der Strecke London-Edinburgh für den Zeitraum 1776–1966, also von der Zeit der *stage coach*, über die 1784 eingeführte *mail coach* zur Eisenbahn und schließlich zum Flugzeug eine B. von 29,4 min pro Jahr berechnet (nach der Formel $TT_1 - татT_2 / Y_2 - Y_1$ ($TT = $ *travel time*/Reisedauer; $Y = $ *year*/Jahr bzw. Datum) [3]. Vergleicht man die Frühe Nz. mit der Zeit nach 1800, so zeigt sich, dass sich z. B. auf der Strecke von Augsburg nach Hamburg die physische Fortbewegung durch den Raum von ca. 1500 bis 1800 rechnerisch im Schnitt um zwei Stunden pro Jahr beschleunigte – mehr als zwischen 1800 und 2000. Die größte B. erfolgte durch das Postwesen. Bei einer Reiseleistung von 30 km pro Tag dauerte die Bewältigung der etwa 900 km langen Strecke Augsburg-Hamburg vor 1500 bei ungemachten Wegen und unorganisiertem Reisen im Durchschnitt wohl 30 Tage. Nach Etablierung des Postkurses Köln-Hamburg, der 1612 den Anschluss an den bestehenden Postkurs von Augsburg über Rheinhausen nach Köln herstellte, benötigten Sendungen von Augsburg nach Hamburg noch elf Tage. Mit der Einrichtung eines Kurses Hamburg-Frankfurt verkürzte sich die Zeit 1642 um zwei Tage, mit dem Kurs Hamburg-Kassel-Nürnberg seit 1653 um einen weiteren Tag. Mit dem 1695 etablierten Direktkurs über Erfurt und Coburg brauchten Sendungen nur noch sechs Tage.

Die Verbesserung der Straßen beschleunigte den ↗Transport im Laufe des 18. Jh.s soweit, dass man um 1800 mit einer Brieflaufzeit von fünf Tagen rechnete. Reisende brauchten zwei bis drei Tage länger, doch mit Einführung der Eilposten (↗Eilwagen) erreichten die Postkutschen in den 1820er Jahren die Geschwindigkeit der Postreiter. Die absoluten Geschwindigkeiten waren zwar im Vergleich zu den heutigen gering, die relativen Fortschritte jedoch waren groß.

Zur B. auf einzelnen Strecken kam die Erhöhung der Zeittakte. Hatte eine neue Form der ↗Periodizität das Leben der Gebildeten seit der Mitte des 16. Jh.s in einem wöchentlichen Rhythmus – dem des Posttags – zu prägen begonnen, so wurde dieser bis zum Ende des 18. Jh.s dem natürlichen Rhythmus von Tag und Nacht angeglichen: Jeder Tag war jetzt Posttag. ↗Briefe, Wechselbriefe, Wertsendungen und Pakete trafen an großen Orten täglich aus ganz Europa ein. Nicht nur die Welt der Nachrichten veränderte ihren Rhythmus, sondern auch die des Reisens. Die Frequenz der Postkutschen erhöhte sich im Verlauf des 18. Jh.s so sehr, dass nicht nur tägliche Kutschen, sondern mehrmals täglich Fahrdienste im Linienverkehr auf denselben Strecken verkehrten, auf wichtigen Kurzstrecken, wie etwa zwischen Wien und Preßburg, sogar stündlich. Dies veränderte den Rhythmus des Lebens. Die Fahrpläne gaben die Ankunfts- und Abgangszeiten der Verkehrsmittel statt wie früher stündlich nach Einführung der Eilposten in Minuten an. Die Periode der »minutiösen« ↗Zeitmessung hat damit im Zeitalter der Postkutsche begonnen. Die Präzision des Postsystems erhöhte sich soweit, dass der Zeitunterschied zwischen den geographischen Längengraden eine Rolle zu spielen begann [2. 296–321]. Die Einführung einer »↗Normalzeit« zur Abstimmung der Fahrpläne war die Folge. Diese Vereinheitlichung der Zeit wird gemeinhin als Paradebeispiel für die Konsequenzen des Eisenbahnbaus betrachtet. Doch bereits 1825 war eine »Normaluhr« am preuß. Hauptpostamt in Berlin eingerichtet worden, welche die Zeit zwischen Königsberg und Kleve standardisieren sollte. Ihre Zeit wurde durch transportable und schlagfeste Kursuhren, die von allen Postkutschen mitgeführt werden mussten, bis in die letzten Winkel des Reiches verbreitet.

Die Einführung der ↗Eisenbahn im 19. Jh. war der Auftakt für ähnliche Entwicklungen wie sie 300 Jahre zuvor durch das Postwesen entstanden waren. Während einzelne Eisenbahnstrecken eher für den Warentransport interessant waren, orientierten sich nach dem Bau längerer durchgehender Personenbahnen die existierenden Kommunikationsnetze – für Briefverkehr und Reisen – an der überlegenen neuen Technologie. Die Vernetzung der Eisenbahnstrecken um 1850 führte nicht zu einem Rückgang der Postkutschenfrequenz, sondern zu einer Steigerung. Doch nun dienten die Kutschen nur noch als

Zulieferer zu den Bahnhöfen, wie dies um 1550 die Boten zu den neuen Postämtern getan hatten. Die neue Technologie übernahm vom Postwesen alle wesentlichen Merkmale der Effizienz: ein auf regelmäßigen Stationen beruhendes System der Raumportionierung, feste Tarife, Fahrkarten, Kurskarten, Fahrpläne und das Flügelsymbol des Götterboten Merkur, welches von der Reichsbahn in das noch lange verwendete Symbol des geflügelten Rades transformiert wurde.

→ Aktualität; Infrastruktur; Schnelligkeit; Tempo; Transport und Verkehr; Zeit; Zeitmessung

[1] W. Behringer, Im Zeichen des Merkur. Reichspost und Kommunikationsrevolution in der Frühen Nz., 2003 [2] G. Dohrn-van-Rossum, Die Geschichte der Stunde. Uhren und moderne Zeitordnungen, 1992 [3] D. G. Janelle, Central Place Development in a Time-Space-Framework, in: Professional Geographer 20, 1968, 5–10 [4] R. Koselleck, Vergangene Zukunft. Zur Semantik geschichtlicher Zeiten, ³1984 [5] E. Sylla, Art. Kinematik, Kinetik, in: LMA 5, 1991, 1156–1158.

Wolfgang Behringer

Beschneidung

Die B. (hebr. *berit milah*, arab. *khitān*) ist ein altes Ritual unklarer Herkunft, das in die Traditionen jüd. und muslim. Glaubenspraktiken aufgenommen wurde; das Ritual bezieht sich ausschließlich auf Männer. Im ⁊Judentum steht die B. für den Bund des Stammvaters Abraham mit Gott (Gen. 17, 10). Die B. symbolisiert die Zugehörigkeit zum Bund und damit zur jüd. Gemeinschaft, d. h. zum Volke Israel. Sie soll am achten Lebenstag – auch am *Schabbat* – vollzogen werden (Gen. 17, 12). Von der Frühen Nz. bis zum Ende des 19. Jh.s wurde die B. in der Synagoge vorgenommen und als Fest der gesamten jüd. Gemeinde gefeiert. So schreiben es die Religionsgesetze im *Schulchan Aruch* (1564/65) vor. Der *Mohel* (Beschneider) führte die B. durch; er hatte in der jüd. Gemeinschaft enorme soziale Bedeutung, da er über medizinische Kenntnisse und weitreichende religiöse Kompetenzen (z. B. Namengebung) verfügte (vgl. Abb. 1). Ihm war es erlaubt, das aus der Wunde austretende Blut mit dem Mund abzusaugen. Laut Talmud sollte so der Heilungsprozess unterstützt werden.

Im 19. Jh. geriet diese Praxis zunehmend ins Visier christl. und jüd. B.-Kritiker. Mit dem Argument, das ⁊Blut könne ⁊Krankheiten übertragen, wurde es üblich, Röhrchen zur Hilfe zu nehmen. Zur gleichen Zeit entstanden in vielen europ. Ländern Vorschriften, nach denen dem *Mohel* ein Arzt zur Seite gestellt werden soll. In Ausnahmefällen dürfen bis heute Frauen die B. vornehmen. Seit dem ausgehenden MA wird die B. in der jüd. Tradition verstärkt als ein Ritus verstanden, durch den für den Sohn die imaginierte Blutsverwandtschaft

Abb. 1: Beschneidung Jesu (Holzschnitt aus: Bernhard Richel, *Speculum humanae salvationis*, 1476). Die Darstellung steht in der Tradition nicht polemischer Holzschnitte, die sich mit der Thematik der Beschneidung Jesu auseinandersetzen. Die Mutter Maria übergibt ihren Sohn dem Mohel; sie hält während der Prozedur die Hand des Kindes, eine Geste, die ihr Einverständnis suggeriert. Dieses Bild kennzeichnet Zurückhaltung. Damit unterscheidet es sich deutlich von blutrünstigen und offen antisemitischen Darstellungen der christl. Kunst derselben Zeit, in denen die Beschneidung ein zentrales Thema bildet.

mit seinen »Brüdern« in der Gemeinschaft der ⁊Juden an die Stelle der Mutter tritt. Darüber hinaus ist die B. konstitutiv für Vorstellungen einer auf Nachkommenschaft konzentrierten ⁊Sexualität. Im Laufe des MA etablierte sich unter dem Einfluss des jüd. Gelehrten und Arztes Moses ben Maimon die Vorstellung von der B. als einer Praktik, die die sexuelle Lust einschränke und damit der spirituellen Vervollkommnung diene. Diese Auslegung reagierte auch auf christl. Polemiken, die Juden sexuelle Zügellosigkeit zuschrieben.

Im ⁊Islam wird die B. meist zwischen dem siebten und zwölften Lebensjahr vollzogen und im Wesentlichen als eine die Zeugungskraft unterstützende Vorbereitung auf die Heirat verstanden. Der Zeitpunkt der B. verschob sich im Lauf der Jahrhunderte. Wurden die Kinder zunächst in

Anlehnung an die jüd. Praxis am siebten oder achten Tag beschnitten, führten Abgrenzungsbestrebungen islam. Gelehrter im 13./14. Jh. dazu, die B. zu einem späteren Zeitpunkt zu vollziehen; dieser sollte an vorislam. Traditionen anknüpfen und wurde zudem aus medizinischer Sicht für unbedenklicher gehalten. Zugleich bedeutete die B. die Übernahme religiöser Pflichten, wie etwa die Teilnahme am Ramadan. Die B. wird im Islam von den prophetischen Sammlungen (*hadith*) vorgeschrieben. Umstritten ist bis heute, ob die B. verbindlich festgelegt (*fard*) sei oder sich unverbindlicher aus der prophetischen Überlieferung ergebe (*sunnah*). Dabei sind die regionalen Unterschiede bei den B.-Praktiken und die Vorstellungen, welche sich mit der B. verbinden, im Islam bis heute stark ausgeprägt.

Die B. fungierte im späten MA und in der Frühen Nz. immer wieder als Anknüpfungspunkt für antijüd. Hetzkampagnen. So kursierte z. B. die Vorstellung, vor jeder B. werde ein christl. Kind getötet. In der christl. Frömmigkeitsliteratur entwickelte man die sog. Herzens-B. (die Vorstellung, mit der sog. Vorhaut des Herzens würden letzte Glaubenshindernisse entfernt; Röm. 2, 25–29) als spiritualisiertes Vorbild für die Taufe. Im 19. Jh. entbrannten in den christl. Mehrheitsgesellschaften Europas Debatten über die Zulässigkeit der B. im Kontext einer national gefärbten staatlichen Judenpolitik, die sich bald mit Diskussionen zwischen ↗ Reformjudentum und Traditionalisten innerhalb der jüd. ↗ Gemeinden überlagerten. Schließlich wurde die B. innerhalb der jüd. Gemeinden als unerlässlich bekräftigt, um Zugehörigkeit zu stiften. Eine Folie dieser Auseinandersetzung war die breite diskursive Stereotypisierung des beschnittenen ↗ Körpers als krank, nervös, verweiblicht. Als herausragendes Symbol für die Zugehörigkeit zur Gemeinschaft der Juden, welches Frauen ausschließt, löste die B. innerhalb des Judentums in den 1970/80er Jahren anhaltende feministische Debatten aus.

In aktuellen Diskussionen ist insbes. die B. von Frauen (Genitalverstümmelung, Klitorektomie) umstritten, die v. a. für Teile Afrikas dokumentiert ist und häufig in den Zusammenhang einer fundamentalistischen (Re-)Islamisierung gestellt wird. Die B. von Frauen geht, soweit bekannt, auf Gebräuche aus vorjüd. und v. a. vorislam. Zeit zurück und besitzt somit lediglich eine assoziierte Verbindung zum klassisch arab. Islam.

→ Blut; Familie; Geschlechterrollen; Juden; Judentum; Sexualität

[1] E. Baumgarten, Circumcision and Baptism. The Development of a Jewish Ritual in Christian Europe, in: E. W. Mark (Hrsg.), The Covenant of Circumcision. New Perspectives on an Ancient Jewish Rite, 2003, 114–128 [2] S. J. D. Cohen, Why Aren't Jewish Women Circumcised?, in: Gender History 3, 1997, 560–578 [3] H. Eilberg-Schwartz, The Savage in Judaism. An Anthropology of Israelite Religion and Ancient Judaism, 1990 [4] D. Gollaher, Das verletzte Geschlecht. Die Geschichte der Beschneidung, 2002 [5] L. V. Snowman, Art. Circumcision, in: Encyclopedia Judaica, Bd. 2, 1971, 568–576 [6] A. J. Wensinck, Art. Khitan, in: C. E. Bosworth et al. (Hrsg.), The Encyclopedia of Islam, Bd. 5, 1986, 20–22.

Claudia Jarzebowski

Beschwörung

B. gehören zum magischen Repertoire sowohl der ↗ Gelehrten und der Kirche als auch volkstümlicher Praktiken (↗ Magie). Ihr Wert resultiert aus ihrer auf Veränderung zielenden Wirkung, die im Gegensatz zum Besprechen, zum Segen oder Gebet an Rituale der Bezwingung oder des Befehls geknüpft ist. B. richten sich auf Lebenszusammenhänge wie Krankheit, den Verlust von Gütern, die Abwehr oder Bannung von Gefahr und an verschiedene Kraftträger (Tote, Dämonen, Geister, den Teufel, Heilige). Sie verstärken und autorisieren ihren zwingenden Charakter durch den Einbezug zusätzlicher Mächte, magischer Elemente, Dinge oder Namen und durch die Herstellung von sprachlichen Bezügen zu zweckdienlichen Ereignissen in Form der analogischen bzw. gleichnishaften Erzählung oder zu wirkmächtigen Vor- und Urbildern.

B. zählen zur Wortmagie, die eine Bezüglichkeit, Kongruenz oder sogar Identität zwischen dem Zeichen (Ausgesprochenen) und dem Bezeichneten (der beabsichtigten Wirkung) voraussetzt. Dabei wird der Effekt der B.-Formel, die sich nach vorgeschriebenen Gesetzmäßigkeiten und Schlüsselwörtern richtet, materiell gedacht, als ob die Sprache in Worten oder Buchstaben wirkmächtige Substanz transportiere, um Wirklichkeit nach dem Willen des Beschwörers neu zu schaffen oder zu verändern. Dieses Verständnis begründet einerseits in Abgrenzung zur Alltagssprache die Aufnahme von fremd- oder geheimsprachlichen (auch: »heiligen«) Elementen, andererseits die Existenz kaum mehr dekodierbarer B.-Formeln (*Abrakadabra, Sator*-Formel). B. werden durch eine metrische Struktur, die Modi der Rezitation sowie durch verbale und nonverbale Handlungen unterstützt, die den Befehlscharakter unterstreichen.

B. bezwecken Einwirkungen auf eine sich zunächst verweigernde Macht oder Persönlichkeit. Mit der Zitation beschwörender Worte werden B.-Handlungen wie das Handauflegen oder Berühren, das Bestreichen und Anblasen oder Formen des Analogiezaubers zwischen Wortbedeutung und Zweck der B. verbunden. Häufig dienen magisierte Gegenstände (Kerzen, Feuer, Weihwasser, Bilder), Symbole (Kreis, Pentagramm, Kreuzzeichen) oder Orte (Friedhof, Kreuzweg), an denen die B. durchgeführt werden, ebenso der Intensivierung und suggestiven Wirkung des B.-Rituals wie die Wiederholung von Worten, Wortsequenzen oder Motiven.

B. existieren in allen Kulturkreisen und Bevölkerungsschichten seit der Antike. Neben der Ausbildung einer gelehrten philosophischen B.-Literatur bes. zur B. von Dämonen, Toten und Göttern (Theurgie) bei Römern und Griechen sowie im jüd.-christl. Kulturkreis (↗Kabbala; *Magia Naturalis,* vgl. ↗Naturmagie; Exorzismus, Taufe) entwickelten sich B.-Formen innerhalb der Alltagsmagie, die von volksmagischen Spezialisten, häufig Frauen oder Geistlichen, angewandt wurden. Bekannt sind die aus dem 10. Jh. stammenden *Merseburger Zaubersprüche,* die die Hauptprinzipien der B. in sich vereinen, wie sie auch über die gesamte Nz. bis ins 19. Jh. hinein verwendet wurden. Es handelt sich zumeist um eine Form der Anrufung und des Zwangs einer Macht oder Person unter den Willen des Beschwörers durch die Kombination eines epischen mit einem befehlenden Teil der B.-Formel. Dabei kann der Befehl die Form einer Drohung, Bannung, Aufforderung, Verfluchung oder eines Verbotes annehmen, so dass B. in Bereichen des Hilfs-, Heil-, Bann- und Abwehrzaubers existieren (↗Zauberei).

Wegen ihrer Anschaulichkeit und ihrer analogen Bezüge erfreuten sich in der Nz. insbes. religiöse Gleichnisse als narrative Bestandteile von B. großer Beliebtheit: Wie das Blut in den Wunden des Gekreuzigten stand, so soll es in der Verletzung eines Kranken stehen; den Würmern im Körper eines Menschen wird befohlen zu sterben, wie sie starben, als Jesus mit Petrus einen Acker pflügte; so wahr wie Maria Jesus geboren hat, so behalte jedes Gewehr seine Kugel; dem Ungeziefer wird befohlen, sich aus dem Haus zu entfernen, wie sich der Stein vom Grab Christi löste. Als Referenz dienten bei B. von Dämonen oder missliebigen Menschen aber auch die Allmacht Gottes, das Blut und die Wunden Jesu, die verschiedenen Namen Gottes und der Heiligen oder die Dreifaltigkeitsformel: »Dieb, Dieb, Dieb kehre wieder um mit der gestohlen sach, du wirst gezwungen durch die Allmacht Gottes. Gott der Vater rufet dich zurück, Gottes Sohn wendet dich um, Gott der heilige Geist führet dich zurück … Dieb du musst kommen, die zehn Gebote zwingen dich, du sollst nicht stehlen + + + Amen« [2.127]. B., die auf eine existenzielle Beeinträchtigung eines Gegenübers abzielten, konnten in der Zeit der ↗Hexenverfolgungen leicht den Formen des kriminalisierten Schadenzaubers zugeschrieben werden. Theologen aller Konfessionen lehnten volksmagische B. als Formen des ↗Aberglaubens (lat. *superstitio*) strikt ab. Mit der ↗Aufklärung und der prinzipiellen Abwertung magischer Rituale wurden B. zu Bestandteilen esoterischer Subkulturen oder zum Ausdruck irrationaler Weltfremdheit.

→ Aberglaube; Esoterik; Magie; Naturmagie; Okkultismus; Zauberei

[1] D. Harmening, Das magische Wort, in: Perspektiven der Philosophie. Neues Jb. 23, 1997, 365–385 [2] E. Labouvie, Verbotene Künste. Volksmagie und ländlicher Aberglaube, 1992 [3] K. Thomas, Religion and the Decline of Magic. Studies in Popular Beliefs in Sixteenth and Seventeenth Century England, 1971.

Eva Labouvie

Besessenheit

1. Definition
2. Kirchliche Auffassungen und Heilungsmethoden
3. Volkstümliche Auffassungen

1. Definition

B. setzt den Glauben an die Möglichkeit der Inbesitznahme eines Lebewesens, vorzugsweise eines Menschen, durch ein dämonisches Wesen voraus. Diese Inbesitznahme kann freiwillig oder unfreiwillig erfolgen. Voraussetzung ist die Vorstellung, dass eine andere Wesenheit (Gottheit, Dämon, Verstorbener) mit ihrer spirituellen Kraft von einem lebenden Menschen (selten von einem Tier) Besitz nehmen, in diesem wohnen, durch ihn sprechen und handeln und sich in dessen Verhalten äußern kann. B. wurde in der Frühen Nz. in den europ. Kulturkreisen als Bestandteil kultischer Handlungen, als Form der Beherrschtheit durch Dämonen bzw. den Teufel (↗Teufelsglaube) oder als ↗Krankheit angesehen, die durch einen im Körperinneren befindlichen Krankheitsdämon in Tiergestalt ausgelöst wurde. Seit dem 18. Jh. wurde B. auch als psychische oder neuropsychische Erkrankung betrachtet. Demnach gehört B. zum Kanon christl. Auffassungen von der Wirkungsweise übernatürlicher Wesen, zum Bereich des volkstümlichen Glaubens an ↗Geister sowie auch zur medizinischen Deutung von Geisteskrankheiten (↗Wahn).

Die Forschung hat sich in den letzten Jahrzehnten im Zusammenhang mit der Untersuchung von Hexerei (↗Hexe) und Volksmagie (↗Magie) bes. der Analyse der durch Dämonen verursachten B. zugewandt. Einmal interessiert dabei die Einordnung der B. und des B.-Begriffs in die christl. Tradition (Abgrenzung von B./Wunder/Heiligkeit/Hexerei/Teufelspakt) und deren Repertoire der Neutralisierung in Form des Exorzismus, der Teufelsbannung oder der Hilfesuche bei ↗Heiligen. Zum anderen wird die gewandelte Vorstellung von dämonischer B. seit dem 18. Jh. im Umfeld der entstehenden ↗Naturwissenschaften und der Entwicklung medizinischer Erkenntnisse untersucht (↗Medizin). Auffassungen von der »natürlichen« Erklärung der B. hätten zu einer strikteren Trennung zwischen Nervenkrankheiten und B. geführt. Dabei hätten erstere als experimentell erforsch- und behandelbare Erkrankungen neue Therapieverfahren in der aufkommenden Psychologie hervorgebracht (säkularisierte Sicht), während die weiterhin auf das Einwirken von Dämonen zurückgeführte B. in der Zuständigkeit der Kirche und ihrer professionellen Exorzisten sowie der Volksheiler verblieben sei (populäre Sicht).

2. Kirchliche Auffassungen und Heilungsmethoden

Die Existenz guter und böser ⟶Geister ist ein Dogma der ⟶röm.-kath. Kirche. Dämonen und Satan selbst können sich dem Menschen als »Erscheinung« (lat. *apparitio*) mitteilen, ihn umlagern (lat. *obsessio*) oder in seinen Körper eindringen (lat. *possessio*). Mit dieser aus der jüd. Tradition übernommenen Vorstellung korrespondieren sowohl im AT als auch im NT Schilderungen über B.-Fälle und Formen ihrer Regulierung durch autorisierten Exorzismus und ⟶Beschwörungen. So wird im NT von der Befreiung Besessener durch Jesus berichtet, die, von einem Krankheitsdämon befallen, an Blindheit, Stummheit, Fieber, Aussatz oder Lähmung erkrankt waren; beispielhaft ist der Exorzismus des Gadareners (Markus 5,1–20), der die typischen Merkmale der B. nach christl. Vorstellung aufweist: Verhaltensänderungen, übermenschliche Kraft, dämonisches Wissen. Die Austreibung des Dämons, zugleich symbolische Reinigung der ⟶Seele und Kampf gegen das Reich Satans, geschieht hier im Namen Gottes sowie durch Befehlsformeln – beides Elemente der Grundlehre des kirchlichen Exorzismus, wie sie 1614 im *Rituale Romanum* festgeschrieben wurde. In diesem liturgischen Handbuch wird B. als Zustand der »Belagerung« eines Menschen durch einen Dämon beschrieben, der sein Opfer körperlich so lange mit Schmerzen attackiert, bis er in Form einer Fliege oder eines Dunstes/Hauches in dessen Körper einfahren kann. Sichtbar wird die B. (als *obsessio* oder *possessio*) an einer Folge körperlicher und psychischer Veränderungen, denen durch eine ebensolche Folge von ⟶Ritualen begegnet werden muss. Die kath. Kirche kennt den »Großen« und »Kleinen Exorzismus« zur Heilung von B., wobei beide Formen von autorisierten Spezialisten nach festgefügtem Ritus (Formeln, Abendmahl, Verhör, Drohung und Befehl zum Ausfahren) durchzuführen sind.

3. Volkstümliche Auffassungen

Nach volkstümlicher Ansicht handelt es sich bei B. meist um den körperlichen Befall durch einen Krankheitsdämon. Volksmagie und -medizin sahen v.a. in psychisch und körperlich komplexen sowie stark verändernden Erkrankungen Formen der B., die man als Strafe Gottes oder als die Folgen einer Verzauberung deutete. Wirksame Gegenmittel offerierten – neben kirchlichem Exorzismus, Heiligenanrufung und Wunderheilung – die volksmagischen Praktiken des Krankheitszaubers (Segnerei, Sympathiemagie) und des Bann- und Abwehrzaubers. Im Zuge der ⟶Hexenverfolgung wurde B. mit dem Wirken des Teufels in Verbindung gebracht, weshalb im »Großen Exorzismus« die Frage nach der zauberischen Verursachung der B. gestellt wurde. Erst seit dem ausgehenden 18. Jh. wandelte sich im Zuge von ⟶Aufklärung und ⟶Medikalisierung die wiss. Auffassung von B. von der magisch-religiösen zur medizinischen Deutung, nach der man in der B. eine Form von Geisteskrankheit erkannte.

→ Aberglaube; Dämonologie; Magie; Teufelsglaube; Volksfrömmigkeit; Zauberei

Quellen:
[1] F. HOFFMANN, Philosophische und medizinische Untersuchung von Gewalt und Würckung des Teuffels in natürlichen Cörpern, 1704.

Sekundärliteratur:
[2] S. FERBER, Exorcism in Early Modern France, 2004 [3] S. LORENZ (Hrsg.), Dämonische Besessenheit. Zur Interpretation eines kulturhistorischen Phänomens, 2003 [4] H. WEBER, Die besessenen Kinder. Teufelsglaube und Exorzismus in der Geschichte der Kindheit, 1991 [5] C. ZIKA, Exorcising Our Demons, 2003.

Eva Labouvie

Besiedlung s. Einwanderung; Kolonialmigration; Siedlung; Siedlungskolonie

Besitz

1. Begriffsentwicklung
2. Besitz und Eigentumserwerb
3. Besitzschutz
4. Recht oder Faktum

1. Begriffsentwicklung

B. (lat. *possessio*) ist tatsächliche Herrschaft über eine Sache, unterschieden von der rechtlichen Herrschaftsmacht, insbes. dem ⟶Eigentum (lat. *dominium*). Das Römische Recht, Grundlage der kontinentaleurop. B.-Lehre, unterschied als Gegenbegriff zum Eigentum den zivilrechtlichen Besitz (*possessio civilis*), der einen rechtlich wirksamen B.-Erwerb (*iusta causa*) voraussetzte, und den natürlichen Besitz (*possessio naturalis*), bei dem es als bloßer Innehabung der Sachherrschaft (*detentio*) einer *iusta causa* nicht bedurfte. Unter Einfluss von ⟶Kanonistik und ⟶Legistik bildete sich im ⟶Gemeinen Recht aus den auf Einzelfällen basierenden röm. Regelungen eine hochkomplexe B.-Lehre heraus, auf der die älteren europ. Kodifikationen, insbes. ⟶Allgemeines Landrecht für die preußischen Staaten, ⟶Code civil und ↗Allgemeines Bürgerliches Gesetzbuch, beruhen. Im 19. Jh. erfolgte unter dem Einfluss von F. C. von Savignys *Recht des Besitzes* (1803) nochmals eine Neuausrichtung der Thematik, die bes. in das BGB Eingang gefunden hat. Drei Problemkreise standen seit der Antike im Mittelpunkt des juristischen Interesses.

2. Besitz und Eigentumserwerb

Possessio civilis, der rechtmäßig erworbene B., war wichtigster Bestandteil des Eigentumserwerbs durch Ersitzung. Während in der Antike der Ersitzende nur bei B.-Erwerb gutgläubig hinsichtlich seines Rechts, die Sache zu erwerben, sein musste, sah die ma. Kanonistik auch in späterer Bösgläubigkeit eine Sünde und verlangte während der gesamten Ersitzungszeit guten Glauben. Neben der Ersitzung stellte die gemeinrechtliche Lehre in Anlehnung an regionales ↗Gewohnheitsrecht den Grundsatz auf, dass freiwilliger B.-Verlust die Herausgabeklage des Eigentümers ausschloss. Hieraus entwickelte sich die Lehre vom Eigentumserwerb kraft guten Glaubens (Art. 2279 Cc, § 932 BGB).

3. Besitzschutz

Im antiken röm. Recht entwickelte sich ein Schutz des Besitzers gegen Entziehung und gewaltsame Störung durch einen besonderen B.-Schutzprozess. Aus der Betonung der tatsächlichen Sachherrschaft, aber auch aus gesellschaftlichen Wertungen der Römer folgte, dass Fremdbesitzer, die für eine andere Person besaßen, nur in Ausnahmefällen geschützt wurden. Den zersplitterten ma. Bodenrechten entsprach diese Wertung nicht mehr. Seit dem MA und fortwirkend in der Nz. wurden daher abgestufte B.-Positionen anerkannt, also auch B. ohne tatsächliche Sachherrschaft geschützt. Dies betraf insbes. auch Fremdbesitzer, etwa Mieter und Pächter. Eine enorme Ausweitung erlebte in diesem Zeitraum auch die Anwendung des B.-Rechts auf Rechte. Dem Besitzschutz unterfielen nun auch kirchliche ↗Ämter, Gerichtsgewalten o. Ä., nicht mehr nur Sachen. Wichtigster Grund für diese Ausweitung der B.-Lehre im Gemeinen Recht war angesichts des auch in der Nz. lange drängenden ↗Fehde-Problems die Vermeidung von Selbsthilfe. Schon in Rom war die Selbsthilfe in ein institutionelles, »staatliches« Verfahren eingebunden und Gewaltanwendung wesentlich nur noch dann zugelassen worden, wenn der B. durch ↗Gewalt oder heimlich weggenommen worden war. Im ↗kanonischen Recht trat dem antiken B.-Schutz ein Anspruch auf Wiederherstellung aller Rechtspositionen des ehemaligen Besitzenden an die Seite (Spolien-Klage). Prozessuale Besonderheit des nzl. B.-Schutzprozesses war ein schnelles, vereinfachtes Verfahren, welches ohne Vorentscheidung des ordentlichen ↗Prozesses eine schnelle und vorläufige Streitbeendigung ermöglichte. Der B.-Schutzprozess wurde im 19. Jh. Vorbild des heutigen einstweiligen Rechtsschutzes, der als Arrest oder als einstweilige Verfügung die vorläufige Sicherung des klägerischen Begehrens ermöglichte.

4. Recht oder Faktum

Im 19. Jh. wurde im Gefolge mehrdeutiger Aussagen Savignys die bereits in der ma. Rechtswissenschaft [1] diskutierte Frage neu aufgegriffen, ob der B. selbst ein Recht sei oder nur ein Faktum [2]. Die Brisanz des Streits folgte daraus, dass ein B.-Recht auch dem Dieb eine schützenswerte Rechtsstellung gewähren würde (↗Diebstahl). Während daher teilweise die öffentliche Sicherheit, nicht der B., als Grund des B.-Schutzes betrachtet wurde, fand Savigny vermittelnd ein Recht der Person auf Schutz vor Gewalt gewährleistet [3. 22]. Weitergehend sah G. F. Puchta im B. selbst ein Recht »an der eigenen Person« [2.122]. Während die Herrschaft über Sachen nur als ↗Eigentum Recht sei, werde im B. die Person selbst, d. h. ihr Wille, geschützt. Näher als jedes andere Recht hing der B. in dieser Perspektive mit der Frage zusammen, ob das Privatrecht aus der Freiheit des Individuums oder aus staatlichem Willen hervorging. Neben der hochpolitischen Dimension stand hinter diesem Streit auch die systematische Frage, ob der B. wie seit Baldus im ↗Sachenrecht, mit Savigny im Obligationsrecht oder mit Puchta als Recht der Persönlichkeit eigenständig am Beginn des Systems Platz finden sollte.

→ Eigentum; Prozess; Rechtsgeschichte

Quellen:
[1] C. G. BRUNS, Das Recht des Besitzes im MA und in der Gegenwart, 1848 [2] S. F. PUCHTA, Pandekten, ³1845 [3] F. C. VON SAVIGNY, Das Recht des Besitzes, 1803.

Sekundärliteratur:
[4] J. BRAUN, Der Besitzrechtsstreit zwischen Carl Friedrich von Savigny und Eduard Gans, in: Quaderni Fiorentini 9, 1980, 457–506 [5] A. BÜRGE, Römisches Privatrecht, 1999, 45–62 [6] G. WESENER, Zur Dogmengeschichte des Rechtsbesitzes, in: FS W. Wilburg, 1975, 453–476.

Hans-Peter Haferkamp

Besitzrechte, bäuerliche s. Bäuerliche Besitzrechte

Besserung s. Strafzweck

Bestattung

Nicht zuletzt wegen der hohen Sterblichkeits-Rate aller europ. Gesellschaften (↗Mortalität) war die Frage, wie und wo man die Toten bestattet, in der gesamten Nz. von großer Bedeutung. Drei Faktoren waren immer beteiligt: (1) die praktische Notwendigkeit, den Leichnam sicher zu entsorgen, (2) der Ausdruck von Religiosität und (3) die Darstellung von gesellschaftlichem Status.

Weil nach christl. Glauben beim Jüngsten Gericht und bei der Auferstehung der Leib mit der Seele wiedervereinigt wird (↗Eschatologie), war die Art der B. eine Frage von kultureller Tragweite. Im späten MA wurde die Beerdigungspraxis auch von der Doktrin des ↗Fegefeuers (lat. *purgatorium*) beeinflusst. Eine B. in Kirchen oder Klöstern war von besonderem Wert, weil die Seelen im Fegefeuer aus der Nähe der Reliquien und Altäre, an denen Messen gelesen werden, Nutzen ziehen sollten [1]. Grabmonumente in Kirchen (↗Grabmal) forderten Besucher auf, für die Seele des Verstorbenen zu beten. Die Mehrheit der Toten wurde allerdings im Freien auf den Kirchhöfen beerdigt. Diese Gräber waren seltener mit Aufschriften versehen; aus Raumnot wurden die Gebeine in regelmäßigen Abständen ausgegraben und in sog. Beinhäusern (Ossarien) aufbewahrt.

Die Beerdigungstopographie war eine Landkarte des gesellschaftlichen Status: Die Mitglieder der lokalen ↗Eliten besetzten die begehrtesten Stellen (z. B. neben dem Hochaltar), während für die Armen nur Plätze am Rand des Friedhofs blieben. Die B. war somit ein unmittelbares Symbol für die Zugehörigkeit zur Gemeinschaft: Exkommunizierten wurde die B. in geweihtem Boden ebenso verweigert wie Selbstmördern (↗Selbsttötung). Diese wurden in der Regel mit dem Gesicht nach unten beerdigt, um ihre Auferstehung zu verhindern; zudem trieb man in manchen Gegenden auch noch einen Pfahl durch ihren Körper, damit die Seele nicht auf Wanderschaft gehen konnte. Wo die ↗Obrigkeit die B. von Selbstmördern auf Friedhöfen anordnete, kam es wiederholt zu Unruhen in der bäuerlichen Bevölkerung.

Theoretisch durften auch ungetaufte Kleinkinder nicht auf dem ↗Friedhof beerdigt werden, doch kann man in diesem Zeitalter hoher ↗Kindersterblichkeit davon ausgehen, dass viele Gemeinden dieses Verbot ignorierten. Während der ↗Pest-Epidemien war man vermutlich gezwungen, das komplizierte Regelwerk der B. außer Kraft zu setzen und die Opfer in Gemeinschaftsgräber zu legen.

Die ↗Reformation suchte dem Glauben an das Fegefeuer ein Ende zu bereiten; in manchen Gegenden Nordeuropas gab es daher Bestrebungen, die Toten fern der Kultstätten/Gotteshäuser zu beerdigen, um die Lebenden vor der Versuchung zu bewahren, für die Verstorbenen Fürbitte zu leisten. Luther und andere Reformatoren verwiesen auf die biblische Praxis, die Toten außerhalb der Stadtmauern zu beerdigen, und brachten einige dt. Städte dazu, die Friedhöfe auch aus gesundheitlichen Gründen räumlich von den Kirchen zu trennen. Die Verlegung der Grabstätten war jedoch umstritten und stieß auf – manchmal erfolgreichen – Widerstand [3].

Die B. in der Kirche wurde in der protest. Welt weithin mit Misstrauen betrachtet. Im calvinistischen Schottland war die Ablehnung dieser Praxis am stärksten ausgeprägt; sie wurde immer wieder untersagt [2]. Dennoch ist die Kontinuität der traditionellen B.-Praktiken fast überall augenfällig. Die Reformatoren lehrten zwar, dass kein Ort auf Gottes Erde heiliger sei als alle anderen, doch blieb die B. in der geweihten Erde des Kirchengeländes im protest. wie im kath. ↗Europa die Norm. Wegen ihrer Funktion als Statussymbol gab es weiterhin auch B. in der Kirche. Schott. Großgrundbesitzer umgingen das Verbot, indem sie kunstvolle *burial aisles* an der Kirchenaußenwand errichten ließen.

In konfessionell gespaltenen Gemeinschaften konnten B. zu einem explosiven Problem werden. Franz. Katholiken sahen ihre Friedhöfe als beschmutzt an, wenn dort Ketzer (i. e. Reformierte) beerdigt lagen; Leichen von ↗Hugenotten wurden manchmal ausgegraben und in Gräben geworfen. Das ↗Edikt von Nantes (1598) wies den Reformierten ihre eigenen Beerdigungsstätten zu, aber viele Hugenotten wollten weiterhin dort begraben werden, wo ihre Vorfahren lagen [2]. Den Katholiken im protest. England erging es genauso. Sie begruben ihre Toten heimlich nachts auf dem Gemeindefriedhof.

Vor und nach der Reformation war der Dorffriedhof ein kommunaler Raum und Treffpunkt der Bewohner. Da er nur teilweise Hindernisse wie Grabsteine aufwies, trieb man dort regelmäßig ↗Sport, hielt Märkte ab und feierte ↗Feste. Die kirchlichen Obrigkeiten missbilligten diese Aktivitäten, konnten sie aber meist nicht verhindern. Friedhöfe waren auch der Schauplatz von Geistergeschichten, ein Ausdruck des Volksglaubens, dass – entgegen der offiziellen Lehre der kath. wie protest. Kirchen – sich die Seelen in der Nähe der Körper aufhalten, aus denen sie gewichen sind [4].

Gegen Ende der Nz. wuchs die Angst vor dem Gesundheitsrisiko, das von den traditionellen B.-Praktiken ausging. In Paris wurden z. B. gegen Ende des 18. Jh.s die Kirchhöfe geschlossen und große städtische Friedhöfe außerhalb der Stadtmauern angelegt [1]. Dies lässt sich als Aspekt der ↗Säkularisierung ansehen, doch betrachten die meisten Europäer bis in die Gegenwart eine anständige B. als religiöse Pflicht und als Ausdruck ihrer Zuneigung zu den Verstorbenen.

→ Eschatologie; Friedhof; Funeralmusik; Grabmal; Tod

[1] P. Ariès, L'Homme devant la mort, 1977 [2] B. Gordon / P. Marshall (Hrsg.), The Place of the Dead: Death and Remembrance in Late Medieval and Early Modern Europe, 2000 [3] C. M. Koslofsky, The Reformation of the Dead. Death and Ritual in Early Modern Germany, 1450–1700, 2000 [4] P. Marshall, Beliefs and the Dead in Reformation England, 2002 [5] N. Ohler, Sterben und Tod im MA, ²2003, 132–156.

Peter Marshall (Ü: D. P.)

Bestechung s. Korruption

Besteck

1. Begriff
2. Löffel
3. Messer
4. Gabel
5. Neue Produktionsverfahren

1. Begriff

Der Begriff B., der die drei Essgeräte Messer, Gabel und Löffel mit einheitlicher Gestaltung der Griffe kennzeichnet, kam um 1800 auf. Noch die Enzyklopädien des 18. Jh.s bezeichneten ein B. als Behälter, Etui oder Futteral, in das kleine Instrumente oder Werkzeuge gesteckt werden können, um sie »solchergestalt gut zu verwahren, oder bei sich tragen zu können« [1]. Das Ess-B. in seiner heutigen Form bildete sich in der europ. Tisch- und Tafelkultur erst um 1700 heraus. Erst im 18. Jh. bestand ein Bestecksatz aus jeweils gleich gestalteten Messern, Gabeln und Löffeln, wenngleich auch schon im 16. Jh. paarig gestaltete Bestecke aus Gabel und Messer vereinzelt Verwendung fanden.

2. Löffel

Auch wenn Löffel (= L.) eine lange Tradition seit der Antike aufweisen, scheinen sie noch im 14. Jh. selbst bei den gehobenen Ständen eine Rarität gewesen zu sein. Haushaltsinventare verzeichneten in der Regel nur wenige kostbare, von ihrer Funktion her spezielle Stücke. Meist benutzte man sie zur Entnahme flüssiger Speisen aus einer Schüssel, wie dies Erasmus von Rotterdam in seinem ↗Anstandsbuch von 1530 beschreibt: »Wenn jemand aus einem Kuchen oder einer Pastete etwas mit einem L. reicht, so empfange es auf einem Brotstück oder nimm den dargereichten L. und schütte die Speise auf das Brot, gib dann den L. zurück« [5. Kap. IV]. Erst im 15. und 16. Jh. wurden L. in weiten Teilen Europas fester Bestandteil der gedeckten Tafel. Doch zunächst lag nicht überall für jeden Tischgenossen ein eigener L. bereit, sondern zwei oder mehrere Personen nutzten ihn gemeinsam. Montaigne bemerkte 1580 in seinem *Journal de Voyage*, dass (in der Schweiz im Gegensatz zu Deutschland) für jede Person am Tisch ein eigener L. aufgelegt werde [7. 50].

L. hatten meist eine runde, fast kreisförmige Kelle (Laffe) und einen kantigen oder runden, kurzen Stiel, der beim ↗Essen von der ganzen Faust umschlossen wurde. In den bäuerlichen – und meist auch in den städtischen – Haushalten benutzte man L. aus Hartholz (z.B. Buchsbaumholz). Für den gehobenen Bedarf beschlug man die Stielenden häufig mit Silber; die Oberschicht besaß L. aus massivem ↗Silber. Seit der Mitte des 16. Jh.s verlängerte man den Stiel und setzte Zierknäufe in Form von Kugeln, Wappen, Halb- oder Ganzfiguren an ihr Ende. Größere Verbreitung erfuhren L. im ausgehenden 16. und im beginnenden 17. Jh. mit dem Aufkommen von tiefen Tellern an der Tafel. Durch die Verfeinerung der Esssitten veränderten sich die Formen ab der zweiten Hälfte des 17. Jh.s weiter: Der L.-Stiel wurde nun nicht mehr mit der ganzen Hand, sondern vornehmer zwischen Daumen, Mittel- und Zeigefinger gehalten. Die Kelle nahm ovale Form an, der Stiel wurde bandartig verbreitet.

Aus dem Erzgebirge, das seit dem 16. Jh. große Mengen hölzerner L. lieferte, kamen seit dem Beginn des 18. Jh.s verzinnte Exemplare aus Eisen, die wesentlich billiger und haltbarer als die aus Zinn waren. Durch die »Plattenschmiedekunst«, das Schmieden von Löffelplatten aus dünnem Stabeisen, sank der Preis weiter: Ein L.-Macher konnte täglich bis zu 25 Dutzend L. teufen und schlichten. Bis zum verkaufsfähigen L. waren jedoch – je nach Sorte und Qualität – bis zu 30 Arbeitsgänge notwendig. Mitte des 18. Jh.s wurden in Beiersfeld, dem wichtigsten Standort im Erzgebirge, über zwanzig verschiedene Sorten fabriziert [10]. 1795 versorgten dort 65 Meister die L.-Händler; um 1790 betrug die Jahreserzeugung mehr als 200 000 Dutzend Stück, die bis nach Spanien und Russland geliefert wurden [9].

3. Messer

Die Sitte, bei Tisch Messer (= M.) aufzulegen, war in Europa zu Beginn der Nz. uneinheitlich. Erasmus von Rotterdam erwähnt in seinem Anstandsbuch, in Italien lägen so viele M. auf dem Tisch, als Gäste geladen seien, während man in Frankreich nur einige auf dem Tisch vorfinde. In Deutschland bringe der Gast das Tisch-M. mit; meist stecke es in einem am Gürtel getragenen Futteral aus Leder, aus dem der reich verzierte Griff (das sog. Heft) herausrage [5. Kap. IV]. Dieser Griff konnte mit figürlichem Schmuck verziert sein und aus besonderen Materialien wie Gold, Silber, Kupfer oder Messing, aber auch aus Horn, Elfenbein, Ebenholz, Achat oder Bernstein bestehen. Bis ins 16. Jh. hatte sich in den Zentren der M.-Produktion eine Arbeitsteilung herausgebildet: Klingenschmiede fertigten die Rohklingen, die anschließend von den Schleifern bearbeitet wurden; daraufhin besorgten die Messerer die Beschalung oder Beheftung und versahen die M. mit Scheiden.

Bis zum Ausgang des 17. Jh.s waren die Klingen der M. meist mittelspitz geschliffen, danach setzten sich abgerundete oder halbrunde Formen durch. Ein Edikt Ludwigs XIV. verbot 1669 das Auflegen von spitzen Messern, um Körperverletzungen und Morden vorzubeugen; darüber hinaus sollte dem noch von Kardinal

Abb. 1: Flämischer Wandteppich, 15. Jh. (Ausschnitt aus der Abendmahldarstellung). Spitz geschliffene Messer wurden mitunter auch als Zahnstocher benutzt. Noch die Anstandsbücher des 18. Jh.s – etwa bei Johann Christian Barths *Galante Ethica* (3. Aufl. 1728, 60 und 83) – ermahnen den *galant homme*, »nicht mit Messer oder Gabel in den Zähnen zu stochern«.

Richelieu beklagten Stochern in den Zähnen ein Ende bereitet werden (vgl. Abb. 1).

Die Funktion der spitzen Messerklinge übernahm schließlich die Gabel, da das M. nun nicht mehr zum Aufspießen der Speisen benutzt wurde. In England, Frankreich und auch in Teilen Deutschlands wurde im 18. Jh. vielfach der vordere Klingenbereich breiter gestaltet, um mit dem M. – wie mit einem flachen Löffel – Speisen, die durch die zwei- oder dreizinkige Gabel hindurchfallen konnten, zum Mund führen zu können [12].

4. Gabel

Essgabeln waren im europ. Raum, sieht man von kostbaren Einzelausführungen ab, bis ins 16. Jh. als Tafelgerät so gut wie unbekannt. Ihr Gebrauch galt lange Zeit als »weibisch« und als übertriebener ↗Luxus. Als »Teufelsklaue«, als »Forke des Teufels«, die auf einer christl. Tafel nichts zu suchen habe, zog sie die Missbilligung der Kirche auf sich. Noch im 17. Jh. ließ Monteverdi zur Buße für jede ↗Mahlzeit, die er mit einer Gabel (= G.) einnehmen musste, drei Messen lesen [3]; [15].

Was man nicht mit den Fingern aß, spießte man auf die schmale, spitz zulaufende Klinge des Messers oder auf ein Spießchen, den sog. Pfriem, und führte diese zum Mund. Nicht nur Montaigne bediente sich kaum der G., und biss sich deshalb bisweilen vor Hast in die Finger, auch am Wiener Hof aß man um 1650 noch mit den Fingern [7]; [14]. Nur beim Tranchieren und Vorlegen sowie in der ↗Küche fand eine zweizinkige Spieß-G. Verwendung. Für klebriges Konfekt und Früchte mit stark färbendem Saft gab es kleine zierliche Konfekt-G. (sog. Pironen).

Die Speise-G. stammt wahrscheinlich aus dem byz. Raum und gelangte von dort aus nach Italien. Bei Botticellis *Das Hochzeitsbankett* (1483) essen die Damen mit zweizinkigen G. In Italien scheint sich die G. im 16. Jh. als Gebrauchsgegenstand der Ober- und Mittelschichten durchgesetzt zu haben. Katharina de' Medici soll die Gabel bei ihrer Heirat mit Heinrich II. 1533 in Frankreich eingeführt haben, doch sie verbreitete sich nur langsam nördl. der Alpen. In Zürich wurde sie erst nach 1580 gebräuchlich; England erreichte sie erst Anfang des 17. Jh.s. Thomas Coryate vermerkte 1608 in seinem Reisebericht, dass nur in den ital. Städten beim Essen von Fleisch eine Gabel benutzt werde, die beim Schneiden des Fleisches behilflich sei, »doch werden sie nur von den Vornehmen benutzt« [4].

Das ↗Bürgertum übernahm allmählich die neuen Verhaltensweisen bei Tisch. Im 18. Jh. ging man in den bürgerlichen Haushalten in weiten Teilen Europas dazu über, den Gästen M., G. und L. vorzulegen. Während dieses Zeitraums vollzog sich auch ein Formwandel: Aus der zweizinkigen, geraden Spieß-G. entwickelte sich die heute noch gebräuchliche Kellen-G. mit drei oder vier leicht gebogenen Zinken, mit der die Nahrung bequem zum Mund geführt werden kann [8]; [9]; [2]. Um 1800 hatte sich der Gebrauch der G. im europ. Bürgertum weitgehend etabliert. Johann Beckmann hielt die G. nunmehr »bey den Tafeln gesitteter Völker so unentbehrlich, dass man die Möglichkeit ohne sie zu speisen, fast nicht mehr ohne Ekel denken kann«, wenngleich sie sich bei der Landbevölkerung erst im 19. Jh. durchsetzte [3]; [14]. Goethe berichtete am Ausgang des 18. Jh.s in seiner *Campagne in Frankreich*, dass es dort in ländlichen Wirtshäusern nicht Sitte sei, G. und M. aufzulegen; noch im Wörterbuch der Gebrüder Grimm wird 1878 darauf hingewiesen, dass die G. »noch jetzt wol nicht überall durchgedrungen ist« [6]; [15].

5. Neue Produktionsverfahren

Mit dem Einzug in die bürgerlichen Haushalte entstand eine große Nachfrage, die sich auf die Produktionsverfahren auswirkte. Bereits seit der Mitte des 18. Jh.s wurde – ausgehend vom engl. Sheffield – mit der Plattiertechnik eine dünne Silberauflage auf eine andere Metallschicht aufgetragen [11]. Die so versilberten Bestecke waren wesentlich billiger als die massiven. Die Plattierung wurde ab 1830 durch das galvanische Verfahren abgelöst (↗Galvanismus), das um die Mitte des

19. Jh.s die industrielle Fertigung ermöglichte [9]; [13]. Zu Beginn der 1840er Jahre wurde von Hermann Krupp die Löffelwalze entwickelt, mit der eine Massenfabrikation möglich wurde. Damit konnten B.-Teile ausgewalzt, aus einem B.-Streifen ausgestochen und gleichzeitig Muster eingeprägt werden. Die Produktion setzte Mitte der 1840er Jahre in Berndorf bei Wien ein. Bereits seit den 1830er Jahren wurden die verschiedensten Legierungen zur B-Herstellung entwickelt; 1850 brachte die Berndorfer Metallwarenfabrik ein versilbertes B. aus Neusilber unter der Bezeichnung »Alpacca« (Alpakkasilber) auf den Markt [9].

→ Essen; Küche; Produktinnovation; Statuskonsum; Tafelkultur

Quellen:
[1] Art. Besteck, in: Krünitz 4, 309 [2] Art. Gabel, in: Zedler 10, 1735 [3] J. Beckmann, Gabeln, in: J. Beckmann (Hrsg.), Beyträge zur Geschichte der Erfindungen 5, 1805, 286–300 [4] Th. Coryate, Die Venedig- und Rheinfahrt A. D. 1608, 1970 (Orig. 1611) [5] Erasmus von Rotterdam, De civilitate morum puerilium, Köln 1530 [6] J. Grimm / W. Grimm, Gabel, in: Das Deutsche Wörterbuch 4, 1878, 1117–1129
[7] M. de Montaigne, Tagebuch einer Reise nach Italien, über die Schweiz und Deutschland von 1580 bis 1581 (übers. und hrsg. von H. Stilett), 2002 (Orig. 1774/75).

Sekundärliteratur:
[8] J. Amme, Historische Bestecke. Formenwandel von der Altsteinzeit bis zur Moderne, 2002 [9] G. Benker, Alte Bestecke. Ein Beitrag zur Geschichte der Tischkultur, 1978 [10] E. Matthes, Erzgebirgische Löffelherstellung des 16.–18. Jh.s, in: Glückauf 60, 1940, 98–100 [11] S. Moore, Table Knives and Forks, 1995 [12] H. Petroski, Messer, Gabel, Reissverschluss: Die Evolution der Gebrauchsgegenstände, 1994, 13–35 [13] H. Pfaender, Das Tischmesser. Eine kulturgeschichtliche-technologische Untersuchung unter bes. Berücksichtigung der industriellen Formgebung, 1957
[14] R. Sandgruber, Die Anfänge der Konsumgesellschaft. Konsumgüterverbrauch, Lebensstandard und Alltagskultur in Österreich im 18. und 19. Jh., 1982 [15] H. Spode, Von der Hand zur Gabel. Zur Geschichte der Esswerkzeuge, in: A. Schuller / J. A. Kleber (Hrsg.), Verschlemmte Welt: Essen und Trinken historisch-anthropologisch, 1994, 20–46.

Birgit Pelzer-Reith

Bestimmung des Menschen s. Mensch

Betrug s. Vermögensdelikt

Bettler

Die Hochschätzung der religiös begründeten ↗Armut durch die Kirche und die Christenpflicht, unverschuldeten Armen zu helfen, wurden erstmals zur Mitte des 14. Jh.s in Frage gestellt. Obwohl der Caritas-Gedanke beim Umgang mit B. während der gesamten Frühen Nz. fortlebte, kam es zu einer zunehmend kritischen Betrachtung der Problematik. Bes. in den Städten bemühte man sich ab dem 16. Jh. verstärkt um die Bekämpfung v. a. des betrügerischen Bettels [4. 49–52]. Die verschärfte Kritik am »beruflichen« und betrügerischen Almosensammeln führte zu zahlreichen Druckschriften, unter denen der erstmals 1509/10 erschiene, wahrscheinlich aus der Feder des Pforzheimer Hospitalmeisters Matthias Hütlin stammende *Liber vagatorum* (»Buch der Vaganten«) zahlreiche Auflagen erfuhr und nicht zuletzt deshalb so populär wurde, weil er sehr detailliert 28 B.- und Gaunertypen und deren verschiedene Täuschungs- und Bettelpraktiken beschrieb [5. 17 f.].

Da Vagieren und Almosensammeln – entgegen den gängigen zeitgenössischen Erklärungsmustern, die dies mit Selbstverschulden und Müßiggang begründeten – überwiegend auf realen Notlagen beruhten, verstärkten sich im Verlauf der Frühen Nz. sowohl die kirchliche als auch die private und körperschaftliche ↗Armenpflege durch Gemeinden, Zünfte, Gewerkschaften. Die politischen Strategien, Normen und Organisationsformen wandelten sich insbes. im 17. und 18. Jh.: Ausbau des Heimatrechts, Gründung von Zucht- und ↗Arbeitshäusern, Druck von Steckbriefen, Durchführung von B.-Streifen und -Schüben, Änderungen im Strafsystem (Zu den behördlichen Vorgehensweisen, zu Rechtsnormen und zur Abschiebung von B. vgl. ↗Armen- und Bettelwesen).

Frühnzl. B.innen und B. wurden von der Forschung während der letzten Jahrzehnte v. a. innerhalb der Armutsgeschichte behandelt. Das Interesse galt dabei ausschließlich dem Armen- und Bettelwesen, nicht dem Individuum und seinem Verhalten. Der anthropologische Aspekt gewann in der Wissenschaft erst in jüngster Zeit an Bedeutung. Dennoch fehlt bis heute ein mehrere Regionen und Länder umfassender und zu Vergleichen geeigneter Überblick zu den Überlebensstrategien der (nichtsesshaften) Armen.

Der Bettel als Teil des ökonomischen Verhaltens von Armen zur Beschaffung von Subsistenzmitteln jenseits von Arbeit (jedoch zumeist im Verbund mit dieser) trat in verschiedenen Erscheinungsformen auf; er wurde durch die Eigenheiten der Region und der ansässigen Menschen und deren Wirtschaftsweisen bestimmt und orientierte sich an der Vermeidung von Konflikten mit der Obrigkeit, um einer Arretierung oder Strafe zu entgehen, und mit der Bevölkerung, um das vorhandene Sozialkapital in Form von Unterstützungen zu erhalten. Der Lebensraum »Straße« wurde von den B. als eine Art Ressource, als »Zweckraum« angesehen, den man sich aneignen musste. Die Auswertung von österr. Gerichtsakten und Steckbriefsammlungen des 18. Jh.s ergab, dass die »Standortgebundenheit« von B. im Verlauf der Frühen Nz. zunahm und die Bettelrouten kleinräumiger wurden [1. 473–476]; [3. 58 f.].

Der Bettel, die wichtigste Strategie unter der »Ökonomie des Notbehelfs« war mit bestimmten Wertesystemen und spezifischen Praktiken gekoppelt, wobei das Betteln zumeist als legitime Alternative zur ↗Arbeit angesehen wurde. Die Geltendmachung von Almosenansprüchen basierte auf gängigen Armutsbildern, Kommunikations- und Legitimationsformen (vgl. ↗Altersarmut). Innerhalb der fahrenden Personengruppen (↗Fahrendes Volk) war das Almosensammeln alters- und geschlechtsspezifisch organisiert und orientierte sich u.a. am Mitleid der sesshaften ↗Bevölkerung. Emotionalisiert wurde das Almosenbegehren etwa durch das Mitführen von Kleinkindern. Die angewandten Strategien reichten von der Devotion bis zur Aggressivität; je vielfältiger das Repertoire des einzelnen B. war, je augenscheinlicher er Not und Elend zur Schau stellen konnte, desto größer erwiesen sich seine Chancen, milde Gaben zu erhalten. Neben schäbiger Kleidung als Basis des Habitus der Bedürftigkeit war die Almosenforderung häufig in ritualisierte Formen eingebunden (Gesten der Demut, Gebete und Mitführen von religiösen Gegenständen, Aufsagen von Sprüchen, Singen von Liedern, Spielen eines Instruments etc.) [2. 109–112].

Daneben existierten verschiedene Ausprägungen des listigen, des betrügerischen und des gewaltsamen Bettels, wobei das Bettelrepertoire bei Bedarf bisweilen von unterwürfigen auf ungestüme Formen umschlagen konnte. Zahlreiche B. bedienten sich auch entsprechender Bettelmasken und zogen als Priester, Kollektanten, (ausgeraubte) Pilger, Krüppel oder als aus osmanischer Gefangenschaft Geflohene durchs Land.

→ Armenpflege; Armen- und Bettelwesen; Armut; Bevölkerungspolizei; Kriminalität

[1] G. Ammerer, Heimat Straße. Vaganten im Österreich des Ancien Régime, 2003 [2] G. Ammerer, »... ein handwerksmässiges Gewerbe ...« Bettel und Bettelpraktiken von Vagierenden im Ancien Régime, in: Österreich in Geschichte und Literatur 47, 2003, 98–118 [3] A. Blauert / E. Wiebel, Gauner- und Diebslisten. Registrieren, Identifizieren und Fahnden im 18. Jh., 2001 [4] H. Bräuer, »... und hat seithero gebetelt«. Bettler und Bettelwesen in Wien und Niederösterreich zur Zeit Kaiser Leopolds I., 1996 [5] R. Jütte, Arme, Bettler, Beutelschneider. Eine Sozialgeschichte der Armut in der Frühen Nz., 2000.

Gerhard Ammerer

Beute s. Kriegsbeute

Bevölkerung

1. Diskurse und Praktiken
2. Demographische Entwicklung
3. Demographische Systeme
4. Erklärungsansätze

1. Diskurse und Praktiken

1.1. Begriff
1.2. Bevölkerungsdiskurse
1.3. Bevölkerungspolitik
1.4. Bevölkerungsstatistik

1.1. Begriff

Bis in das späte 18. Jh. wurde im Deutschen der Begriff B. im Sinne der Vermehrung der Einwohnerzahl gebraucht. Noch Krünitz' *Oeconomische Encyclopädie* (1788) verwendete B. als Gegenbegriff zu »Entvölkerung« [1]. Erst am Übergang zum 19. Jh. vollzog sich der Wandel des B.-Begriffs zu seiner modernen Bedeutung. Im ersten Band des *Dt. Wörterbuchs* der Brüder Grimm (1854) erscheint das Verb »bevölkern« im traditionellen Sinn, das Substantiv B. wird nun als »Einwohnerschaft« definiert. Ähnliche semantische Verschiebungen fanden in anderen europ. Sprachen statt. Auch im Französischen und Englischen bezeichneten *population* bzw. *dépopulation/depopulation* bis zum Ende des 18. Jh.s Prozesse [30. 11–29]. Wenn Autoren der Frühen Nz. von B. im modernen Sinn sprachen, verwendeten sie Begriffe wie Einwohner, Volkszahl (engl. *number of the people*), Zahl der Untertanen (franz. *nombre de sujets*) oder Menschengeschlecht (engl. *mankind*).

Die neue Bedeutung von B. als »Einwohnerschaft« im frühen 19. Jh. artikuliert das Bedürfnis nach einer neutralen Begrifflichkeit, die alle Bewohner eines ↗Territoriums unabhängig von ihrer ständischen, sozialen oder ethnischen Zugehörigkeit erfasst. Insofern steht der semantische Wandel des B.-Begriffs im Zusammenhang mit dem Übergang zum ↗Nationalstaat und zur ↗bürgerlichen Gesellschaft.

Allerdings lebt die frühnzl. Verwendungsweise im modernen B.-Begriff weiter, da dieser neben seiner allgemeinen neutralen auch eine spezifisch demographische Bedeutung enthält: B.-Wissenschaft oder B.-Geschichte handeln nicht von »Einwohnerschaft« schlechthin, sondern von der Zahl der Einwohner, ihrer Zusammensetzung, ihrer Zu- oder Abnahme, ihrer Verteilung und Bewegung im Raum (↗Mobilität) sowie von Geburten (↗Fertilität), Sterbefällen (↗Mortalität) und ↗Eheschließungen. Als Bezeichnung für die Erforschung dieser spezifisch reproduktiven Dimensionen von B. bürgerte sich seit den 1850er Jahren der Begriff der »Demographie« ein [16. 218].

1.2. Bevölkerungsdiskurse

Im frühnzl. Europa erfolgte die weit verbreitete Reflexion über B. mitunter schon in einer Systematik, die den Begriff der B.-Theorie verdient. Seit dem späten 19. Jh. beschäftigte sich die B.-Wissenschaft mit der Rekonstruktion der Geschichte des B.-Denkens, die als Teil der nationalökonomischen »Dogmengeschichte« galt. In der großen Menge frühnzl. Schriften, welche auf die eine oder andere Weise B. thematisierten, können dominante Diskursfelder identifiziert werden. Im Mittelpunkt aller Überlegungen stand das Verhältnis der B. zu den natürlichen bzw. wirtschaftlichen Ressourcen sowie die moralische Beschaffenheit des Menschen. Die Antworten auf diese Frage standen in vier unterschiedlichen, jedoch nicht strikt voneinander getrennten Kontexten:

(1) Im Diskursfeld der ↗Theologie [29] bildete die B. ausgehend vom biblischen Gebot des »Wachsens und Vermehrens« einen Teil der göttlichen Ordnung, die sich durch das Gleichgewicht der Größe und des Wachstums der B. sowie der Unterhaltsmittel auszeichne. Martin Luther schrieb in einer seiner Predigten über die ↗Ehe, dass Gott die Kinder, die er werden lasse, auch ernähre. [41.93]; [20.932]. Der erste dt. B.-Theoretiker und Demograph Johann Peter Süßmilch nannte sein Hauptwerk *Die Göttliche Ordnung in den Veränderungen des menschlichen Geschlechts, aus der Geburt, dem Tode und der Fortpflanzung desselben erwiesen* (1741).

(2) Im historischen Diskursfeld äußerten sich beispielsweise Niccolò Machiavelli (*Geschichte von Florenz*, 1525) und Sir Walter Raleigh (*History of the World*, 1614) zu B.-Fragen. Die Verfasser historischer Abhandlungen stützten sich in hohem Maß auf Klassiker der griech.-röm. Antike und behandelten B.-Fragen oft anhand antiker Beispiele [21.15–17]. Zugleich versuchten sie, die Erfahrungen ihrer ↗Gesellschaft, die von todbringenden Seuchen (↗Epidemien), Hungersnöten (↗Hungerkrisen) und ↗Kriegen geprägt waren, in ihr Geschichtsbild zu integrieren. Von ital. Autoren am Beginn des 16. Jh.s [14.544–545] über engl. Schriftsteller im 17. bis zu Thomas Robert Malthus am Ende des 18. Jh.s lässt sich die Idee verfolgen, dass eine »Übervölkerung« eintreten könne; das Gleichgewicht zwischen B.-Zahl und Ressourcen müsse dann entweder durch Auswanderung oder durch die Geißel des Todes wieder hergestellt werden [29.17, 34]; [39.57–68].

(3) Ein politisches Diskursfeld entstand im späten 14. Jh. mit einer neuen Form des ↗Staates (»Fürstenstaat« bzw. »Flächenstaat«). Die zunehmende Zentralisierung der Staatsgewalt wurde in der ↗politischen Theorie vom Konzept des »Staatswohls« als Ausdruck des allgemeinen Besten flankiert (↗Absolutismus). Demnach liege auch das B.-Wachstum im Interesse des Staates; zudem kämen Macht und Ruhm eines Fürsten in der Zahl seiner ↗Untertanen zum Ausdruck. Derartige Überlegungen ließen sich im 16. Jh. in der fürstlichen Ratgeberliteratur wie in der europ. Staatstheorie von Machiavelli bis Jean Bodin finden [40.8–15].

(4) Im 17. Jh. gingen diese B.-Ideen unter der Bezeichnung des »Populationismus« in die Wirtschaftstheorie des Absolutismus ein (↗Merkantilismus). »Je volckreicher eine Stadt, je mächtiger ist sie auch« [2], lautete die vorherrschende Meinung. Vorsichtigere Autoren vertraten allerdings die Ansicht, dass nicht die B.-Zahl schlechthin entscheidend sei, sondern die Menge der wohlgenährten und -beschäftigten Menschen [39.154–156]. Insbes. der engl. Merkantilismus verknüpfte B. mit ↗Arbeit (engl. *labour*) und Fleiß (engl. *industry*) als den Voraussetzungen für den Reichtum der Nation [25.14]. Daraus entstanden im 18. Jh. zwei Spielarten des Populationismus: eine optimistische Variante, die davon ausging, dass eine wachsende B. automatisch auch eine Zunahme der Unterhaltsmittel und der Beschäftigungsmöglichkeiten bewirken würde, und eine pessimistische Position, die ein Missverhältnis zwischen B., Arbeit und Ressourcen für möglich hielt [24.26–30]. Seit dem Merkantilismus etablierte sich die politische ↗Ökonomie als theoretischer Rahmen von B.-Diskursen; im späten 19. und frühen 20. Jh. traten konkurrierend ↗Biologie und Rassenhygiene hinzu.

Ihren Höhepunkt erreichte die pessimistische Position in Malthus' *Essay on the Principle of Population* (1798); hierdurch wurde zugleich ein fundamentaler Wandel des B.-Diskurses eingeleitet. Malthus griff verschiedene in den letzten 300 Jahren entwickelte Denkfiguren auf und verknüpfte sie zu einer Theorie, die eine enorme Wirkung entfaltete und den B.-Diskurs des 19. und 20. Jh.s nachhaltig prägte (↗Malthusianismus).

Den Ausgangspunkt bildete die Annahme eines grundsätzlichen Gegensatzes zwischen B. und Ressourcen: Da das Menschengeschlecht unter natürlichen Bedingungen dazu neige, sich wesentlich schneller zu vermehren als seine Unterhaltsmittel, müsste es immer wieder durch ↗demographische Katastrophen auf eine verträgliche Größe zurückgeführt werden – ein Prozess, den Malthus *positive check* (»positives Hemmnis«) nannte. Die einzige Alternative zu diesem B.-Gesetz bestünde im freiwilligen Verzicht auf ↗Heirat und Vermehrung bei allen jenen, die ihrer Familie kein ausreichendes Einkommen garantieren könnten. Diese »vorbeugende« Variante nannte Malthus *preventive check* (»vorbeugendes Hemmnis«). Die durchschlagende Wirkung dieser Theorie hing weniger mit ihrem demographischen Gehalt zusammen als mit ihrer expliziten antirevolutionären Zielrichtung. Das Argument, dass jede Unterstützung von Armen nur das B.-Wachstum anrege, das Elend vergrößere und somit als kontraproduktiv abzulehnen sei, hatte unmittelbare Wirkung auf die

Abschaffung des alten *Poor Law* in England (1834) und auf den Umgang mit ↗Armut in ganz Europa.

1.3. Bevölkerungspolitik

Der Begriff der B.-Politik wird in der neueren Forschung in einer breitgefächerten Weise verwendet, die sämtliche Formen der Erfassung und Beeinflussung der Größe, Bewegung und Zusammensetzung von B. einschließt (vgl. ↗Politik). In der Nz. handelt es sich um eine B.-Politik im engeren Sinn, nämlich um staatliche Maßnahmen zur Förderung bzw. Beschränkung des B.-Wachstums, die aus dem zeitgenössischen B.-Denken resultierten.

Im 17. Jh. begann die staatliche B.-Politik mit den Versuchen absolutistischer Staaten, die Theorien des Populationismus in Verordnungen, Gesetze und politisches Handeln umzusetzen (↗Populationistik). Ein typisches Beispiel ist die Politik des franz. »Finanzministers« Jean-Baptiste Colbert unter Ludwig XIV. Sein Programm richtete sich zum einen auf die Förderung der Zuwanderung (Einwanderung) und das Verbot der Auswanderung (↗Emigration; ↗Auswanderungsfreiheit), zum anderen auf die Förderung von ↗Heirat und Kinderreichtum, u. a. durch Steuererleichterungen: Ehepaaren, die vor dem 20. Lebensjahr heirateten, wurde die *taille* (»Kopfsteuer«) für fünf Jahre erlassen, Vätern von mehr als zehn ehelichen Kindern auf Dauer [40. 21–26]. Diesem Programm lag die Überzeugung zugrunde, dass die Existenz der ↗Untertanen ausschließlich dem Wohl des Staates zu dienen habe, für den sie sich vermehren und arbeiten sollten.

Im Lauf des 18. Jh.s geriet die Doktrin der Unterordnung individueller Freiheiten unter das Staatswohl in zunehmenden Gegensatz zu den Theorien der ↗Aufklärung. In Frankreich plädierten schon zur Mitte des 18. Jh.s die Anhänger der ↗Physiokratie für den Rückzug des Staates von politischer Einflussnahme auf die B., deren Entwicklung sich auf natürliche Weise vollziehen und regeln solle und würde. In Deutschland folgte in den 1790er Jahren eine »liberale Wende« der B.-Politik [24. 128]. In der engl. Gesellschaft waren liberale Ideen bes. tief verwurzelt (↗Liberalismus); selbst Malthus verteidigte die völlige Freiheit der ↗Eheschließung. Wenn sich jemand auch ohne ausreichende Mittel verheirate, so habe die Gesellschaft kein Recht, dies zu verhindern oder zu bestrafen. Allerdings dürften diese Menschen auch nicht die geringste Unterstützung von Seiten der Gesellschaft erwarten. Sie müssten vielmehr der »Strafe der Natur, der Strafe der Not« überlassen werden [17. 31].

Auf dem europ. Kontinent und v. a. im dt.sprachigen Raum erfolgte dagegen in den ersten Jahrzehnten des 19. Jh.s eine Rückkehr zur staatlichen B.-Politik, die nun dem Populationismus der Frühen Nz. diametral entgegengesetzt war. Ihr Ziel bestand darin, das Anwachsen der B. und insbes. der ↗Unterschichten zu verhindern. Heiratsverbote für besitzlose Menschen, die in vielen dt. Territorien schon seit dem 17. Jh. bestanden, wurden seit den 1820er Jahren vereinheitlicht, auf eine neue bürokratische Grundlage gestellt und verschärft (↗Ehekonsens). Manche dt. Theoretiker dieser neuen Politik, wie in den 1830er Jahren Robert Mohl, schlugen einen breiten Katalog von Zwangsmaßnahmen zur Verminderung der B. vor, die bis zur Zwangsdeportation großer B.-Gruppen reichte [24. 219]; [39. 157]. Liberale Auffassungen und ein Verzicht des Staates auf B.-Politik setzten sich in Deutschland erst ab den 1860er Jahren durch und prägten die Epoche des Kaiserreichs (1870/1–1918). Doch bereits gegen Ende des 19. Jh.s ertönte neuerlich der Ruf nach staatlicher B.-Politik – nun unter eugenischem und rassenhygienischem Vorzeichen.

Ideologische Grundlage der repressiven B.-Politik des frühen 19. Jh.s bildete die panikartige Ausmaße annehmende Angst vor »Überbevölkerung« und ↗Pauperismus. In dieser Periode war nach traditionell vorherrschender Meinung der dt. Geschichtswissenschaft ein »Überschuss nahrungsloser B.-Teile« Realität [39. 152]. Die empirische Grundlage für diese Auffassung ist allerdings dünn. Sozioökonomische und demographische Indikatoren führen keineswegs eindeutig zu dem Schluss, dass der ↗Vormärz (1815–1848) tatsächlich von außergewöhnlicher Verarmung infolge von B.-Wachstum geprägt gewesen sei [19. 62–67]. In dieser Perspektive erscheint »Überbevölkerung« nicht als Realitätsbeschreibung, sondern als normatives Konzept und als Chiffre für Revolutionsangst und antiproletarische Ressentiments [18. 23–25].

1.4. Bevölkerungsstatistik

1.4.1. Bevölkerungszahl
1.4.2. Bevölkerungsbewegung
1.4.3. Bevölkerungswissenschaft

Die heutige B.-Statistik unterscheidet zwischen »Bestandsgrößen« (B.-Zahl gegliedert nach Geschlecht, Alter usw.) und »demographischen Ereignissen« (Geburten, Sterbefällen, Eheschließungen, Zu- und Abwanderungen etc.). Obrigkeitliche Interessen an der Erfassung beider Daten bestanden seit dem MA aus militärischen, fiskalischen, versorgungspolitischen und religiösen Gründen; die früheste und dichteste Überlieferung ist für Italien erhalten [7. Bd. 1, 1–90].

1.4.1. Bevölkerungszahl

In ital. Städten stammen erste B.-Verzeichnisse aus dem 12. und 13. Jh. Vom 14. Jh. an wurden B.-Zählungen häufiger durchgeführt, vom 16. Jh. an sind sie in großer Zahl überliefert [7]. Die Ziele dieser Erhebungen unterschieden sich voneinander, und sie erfassten die B. auf unterschiedliche Weise. Vier Gründe waren bes. wichtig [9.39–65]: An erster Stelle stand die Einnahme von ↗Steuern. Dementsprechend lag vielen Zählungen nicht das Interesse an der Gesamtheit der B. zugrunde, sondern an der Zahl der steuerpflichtigen ↗Haushalte. Sie zählten in der Regel »Feuerstellen« (ital. *focolari, fuoche*) und erfassten die sie repräsentierenden Familienoberhäupter.

Ein zweites Ziel lag in der Sicherung der Versorgung der ↗Städte mit Brotgetreide und Salz (↗Lebensmittelversorgung). Bes. wenn Kriege und Belagerungen drohten oder wenn wegen einer drohenden ↗Pest-Epidemie die Grenzen geschlossen wurden, war es notwendig, die benötigten Lebensmittelvorräte abschätzen zu können. In diesen Fällen ermittelten die städtischen Behörden die Zahl der *bocche* (»Münder«) [7. Bd. 1, 8]. Ein drittes Ziel bestand in der Ermittlung der Zahl der waffenfähigen Einwohner (Männer meist im Alter von 15–70 Jahren). Viertens gab es kirchliche Seelenverzeichnisse (lat. *status animarum*). Die Priester hatten den Auftrag, zu Ostern alle Angehörigen ihrer Pfarrgemeinde aufzunehmen, um überprüfen zu können, wer zur Beichte und Kommunion erschien und wer nicht [9.43].

Ein zunehmendes Interesse an der zahlenmäßigen Erfassung der B. ist in der Frühen Nz. v. a. in Westeuropa zu beobachten (↗Statistik). Zählungen der Feuerstellen (franz. *feux*) wurden in Teilen Frankreichs (Provence und Normandie) vom 13. Jh. an, 1328 erstmals im gesamten Königreich durchgeführt [16.219]. In England verzeichnete man schon 1377 zwecks Einhebung einer Kopfsteuer (engl. *poll tax*) alle Einwohner über 14 Jahre [4.18]. Bes. in den Fürstenstaaten des 16. Jhs. und in den absolutistischen ↗Monarchien des 17. und 18. Jh.s stieg das Interesse an der Kenntnis der B.-Zahl. Trotzdem kam es in dieser Periode noch nicht zur Ausbildung von einheitlichen und zentralisierten Zählungen. Manche frühe Zählung war erstaunlich ambitiös, wie der ↗Kataster von Florenz im Jahr 1427, der nicht nur die Zahl der Haushalte, sondern tatsächlich der gesamten B. ermittelte: 59557 Personen in der Stadt, rund eine Viertelmillion im Territorium.

Andere Erhebungen wiederum zeigten sich nur an bestimmten Personen interessiert. Staaten, Kirchen und ↗Kommunen agierten nebeneinander mit unterschiedlichen Zielen, wobei die Staaten in der Regel nur die Ergebnisse kirchlicher und städtischer Zählungen zusammenfassten, was auch noch für die staatlichen ↗Volkszählungen in der ersten Hälfte des 18. Jh.s zutrifft [16.221]. Für die erste sog. Volkszählung in der Habsburgermonarchie (1754) erhielten die Pfarrer den Auftrag, Seelenregister nach staatlichen Vorschriften anzulegen und an die politischen Behörden weiterzuleiten (↗Kirchenbücher; ↗Kirchenstatistik).

Spätma. und frühnzl. B.-Zählungen sind oftmals lückenhaft und unvollständig; trotzdem bieten sie der Forschung Anhaltspunkte für begründete Schätzungen. Eine Ausnahme von diesem allgemeinen Befund bildeten die skand. Länder, die Königreiche Dänemark (einschließlich Norwegen und Island) und Schweden [8.375]. Schweden führte erstmals 1749 eine landesweite B.-Zählung durch, die ab 1755 alle fünf Jahre wiederholt und von einer neu gegründeten Königlichen Statistischen Kommission ausgewertet wurde [16.222], und verfügte zu dieser Zeit über die beste B.-Statistik Europas.

↗Volkszählungen im modernen Sinn, die nach einheitlichen Richtlinien die gesamte B. an einem Stichtag erfassen, entstanden erst am Übergang vom 18. zum 19. Jh. Vorläufer waren die USA, wo die Verfassung von 1787 Zählungen in zehnjährigem Abstand (beginnend 1790) vorschrieb, da der Kongress entsprechend der B.-Zahl zusammengesetzt werden sollte. England und Frankreich folgten 1801 sowie in den folgenden Jahrzehnten alle anderen europ. Staaten. Zur Organisation und Auswertung der Zählungen wurden statistische Ämter gegründet (Frankreich 1800, Preußen 1805, Österreich 1810), deren Aktivitäten die Verlässlichkeit der Zählungen weiter erhöhten (↗Personenstandsregister).

1.4.2. Bevölkerungsbewegung

Die B.-Bewegung lässt sich aus den »demographischen Ereignissen« ↗Geburt, ↗Heirat und ↗Tod erschließen (↗Lebenslauf). Verzeichnisse der ↗Taufen und ↗Bestattungen wurden in Pfarren ital. Städte seit dem SpätMA geführt und oft schon von den städtischen Behörden zusammengefasst. Städtische Taufregister gab es in Siena nahezu lückenlos seit 1381, in Florenz seit 1450, in Pisa seit 1457. Begräbnisregister sind in Florenz seit 1398 erhalten, in Mantua seit 1496, in Palermo seit 1500 [7. Bd. 1, 58]. Auch in einzelnen Städten Deutschlands, Frankreichs, Spaniens und anderer westeurop. Länder wurden schon im 15. Jh. Kirchenbücher geführt [16.223].

Den entscheidenden Anstoß zur Ausweitung der kirchlichen Personenstandsregister gab allerdings die ↗Reformation. In den reformierten Städten der Schweiz wurden ab 1526 (Zürich) Tauf- und Heiratsregister angelegt. Landesweite Verordnungen gab es in Staaten mit protest. Landeskirchen wie z. B. für die anglikanische Kirche in England 1538 [5.7]. Skand. Länder folgten im 17. Jh. nach (Dänemark 1646, Norwegen 1685, Schweden 1686) [8.375]. Die kath. Kirche beschloss im ↗Trienter Konzil (1563) eine umfassende Regelung. Die Priester jeder Pfarre wurden verpflichtet, nach einheitlichen Regeln ein Taufbuch und ein Ehebuch zu führen. 1614 ordnete der Papst auch die Führung von Sterbebüchern an. In die Praxis wurden diese Maßnahmen allerdings nur sehr langsam und lückenhaft umgesetzt.

Vom späten 18. Jh. an ging die Registrierung der »demographischen Ereignisse« auf die Staatsverwaltungen über. Das revolutionäre Frankreich führte 1792 Zivilstandsregister ein, die von Staatsbeamten geführt wurden. In einigen europ. Staaten, z. B. in der Habsburgermonarchie, blieb allerdings die Führung der Standesregister im ganzen 19. Jh. in den Händen der Kirchen.

1.4.3. Bevölkerungswissenschaft

Mit den verschiedenen Zählungen und Kirchenbüchern entstand in der Frühen Nz. eine Masse demographischer Daten. In der zweiten Hälfte des 17. Jh.s begannen in England die ersten Versuche, diese für demographische Analysen zu nutzen. John Graunt verwendete die von der Londoner Stadtverwaltung zusammengestellten und wöchentlich veröffentlichten Namenslisten der Verstorbenen (engl. *bills of mortality*), um so die Entwicklung der ↗Mortalität und der ↗Todesursachen zu analysieren; hierdurch sollten Regelmäßigkeiten – z. B. in der Altersverteilung der Verstorbenen – erkennbar werden. Damit machte Graunt die ersten Schritte zur Berechnung von Sterbetafeln und zur Schätzung der ↗Lebenserwartung. Für viele Historiker bezeichnet dies den Anfang der modernen Demographie.

Sein Zeitgenosse William Petty führte diese Studien fort. Im Titel einer seiner Schriften gab er dieser neuen Forschungsrichtung einen Namen: *Political Arithmetick*. In der ersten Hälfte des 18. Jh.s fand die »Politische Arithmetik« Anhänger in Europa, v. a. in Holland, Frankreich und der Schweiz [16. 226–233]. In ihren Schriften wurde erstmals eine B.-Theorie mit empirischen Daten verknüpft [21. 12]. Sie konstruierten auch den bis heute vorherrschenden Gegenstandsbereich der Demographie, nämlich die quantitative Analyse der »vitalstatistischen« Daten. In Deutschland begründete Johann Peter Süßmilch die wiss. B.-Statistik. In seinem Hauptwerk (1741, s. o. 1.2) wertete er eine große Zahl von Tauf-, Heirats- und Sterberegistern aus. Alle frühen B.-Statistiker verstanden sich daneben als politische Ratgeber und machten Vorschläge, wie die B.-Erhebungen zu verbessern und zu vereinheitlichen seien. Süßmilch plante die statistische Aufnahme der B.-Bewegung in Preußen, die ab 1747 im ganzen Staatsgebiet durchgeführt wurde.

In der zweiten Hälfte des 18. Jh.s gewannen diese Studien der B.-Statistik eine immer stärkere historische Dimension, bes. in Italien, wo große und weit zurückreichende Datenbestände vorhanden waren. 1775 veröffentlichte der Florentiner Marco Lastri eine B.-Geschichte von Florenz 1451–1774, die auf der Auswertung der Kirchenbücher des Baptisteriums San Giovanni beruhte [35. 591]. Mit dem Beginn des 19. Jh.s wurden die – im Zusammenhang mit dem Volkszählungswesen – neu gegründeten staatlichen Statistischen Büros (s. o. 1.4.1.) zu den wichtigsten Trägern der gegenwartsbezogenen und historischen demographischen Forschung.

2. Demographische Entwicklung

2.1. Bevölkerungswachstum
2.2. Regionale Differenzierung
2.3. Bevölkerungsdichte und Urbanisierung

2.1. Bevölkerungswachstum

Die europ. B. wuchs im Lauf der Nz. stark an. Für den Beginn des 15. Jh.s wird die Einwohnerzahl ↗Europas – in geographischer Definition das Gebiet vom Atlantik bis zum Ural – auf etwa 60 Mio. geschätzt, zur Mitte des 19. Jh.s erreichte sie fast 300 Mio. (vgl. Abb. 1 und Abb. 2). Dieses enorme Wachstum verlief aber sehr unregelmäßig. Eine starke B.-Zunahme prägte schon das HochMA, bis die Pestwelle der Jahre 1347–1353 zu einem Abbruch des Trends und zu einem beträchtlichen B.-Rückgang führte (↗Demographische Krise). Erst im 15. Jh. setzte ein neuer Wachstumsschub ein, der bis in das 16. Jh. andauerte. Zuwachsraten von 2–3 Promille pro Jahr sind Ausdruck einer schnellen B.-Vermehrung. Das 17. Jh. war dagegen wieder von einer Verlangsamung geprägt; insbes. in der ersten Jahrhunderthälfte stagnierte die B. In der zweiten Hälfte des 17. Jh.s setzte ein neuerliches Wachstum ein, das sich fortlau-

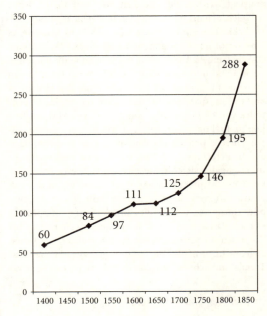

Abb. 1: Die Bevölkerung Europas 1400–1850 (in Mio.). Quelle für 1400: [6. 250]; für 1500–1850: [33. 19].

Zeitraum	Wachstumsrate
1400–1500	3
1500–1600	2,0–2,7
1600–1700	1,2–1,8
1700–1750	3,1
1750–1800	5,0–5,7
1800–1850	7,8

Abb. 2: Die Wachstumsraten der europ. Bevölkerung 1400–1850 (jährliches Wachstum pro 1000 Einwohner). Quelle: [6. 251]; [33. 19].

fend beschleunigte. Wachstumsraten von 5 Promille pro Jahr in der zweiten Hälfte des 18. und von fast 8 Promille in der ersten Hälfte des 19. Jh.s sind Ausdruck einer bisher unbekannten Dynamik. Während sich vom HochMA bis in das 17. Jh. Perioden der Zunahme, der Stagnation und des Rückgangs der B. abwechselten, setzte im 18. Jh. ein steiler Anstieg ein, der im 19. und bes. im 20. Jh. auch auf andere Kontinente übergriff und bis heute anhält [32. 31].

Die Grundzüge dieser Entwicklung sind relativ gut abgesichert. An die B.-Zahlen und Wachstumsraten im Einzelnen dürfen allerdings keine strengen Maßstäbe angelegt werden. Für die Zeit vor dem 19. Jh. liegen lediglich Schätzungen vor, deren Datenbasis und Verlässlichkeit sich im Lauf der Nz. allerdings verbesserte; eine historisch-demographische Faustregel besagt, dass B.-Schätzungen für 1500 in einer Bandbreite von 20 % nach unten und oben schwanken können, für 1700 um 10 % und für 1800 um 5 % [20. 248]. Einer B.-Angabe von 80 Mio. im späten 15. Jh. sollte man daher einen Spielraum von 64 bis 96 Mio. zugestehen; 200 Mio. im frühen 19. Jh. können immer noch 190 bis 210 Mio. bedeuten. Diese Unschärfen bleiben nicht ohne Auswirkungen auf die Berechnung der Wachstumsraten, und in der Tat unterscheiden sich die Angaben bei einzelnen Forschern beträchtlich [6. 251]. Insbes. die langen Zyklen des nzl. B.-Wachstums, v.a. das Ausmaß von Beschleunigung oder Rückgang, sollten mit Zurückhaltung interpretiert werden. Diese Vorsicht ist allerdings in erster Linie bei B.-Zahlen für ganz Europa oder für größere Territorien angebracht. Auf lokaler und regionaler Ebene sind Trends und Schwankungen eindeutiger nachweisbar.

2.2. Regionale Differenzierung

Das nzl. B.-Wachstum verlief in regionaler Hinsicht sehr unterschiedlich (vgl. Abb. 3 zur demographischen Entwicklung einiger europ. Länder in ihren gegenwärtigen Grenzen). England und Frankreich repräsentieren ein nordwesteurop. Muster. Das 16. und frühe 17. Jh. waren hier von einer starken B.-Zunahme geprägt; das späte 17. und frühe 18. Jh. zeichneten sich durch Stagnation aus. Im späten 18. Jh. endeten diese Gemeinsamkeiten der beiden Länder. England durchlief zwischen 1750 und 1850 ein exzeptionelles Wachstum, in welchem die B. innerhalb von 100 Jahren um das Dreifache anstieg. Frankreich zeigt dagegen im selben Zeitraum nur ein geringes Wachstum.

In der dt. B.-Geschichte lässt sich die erste Hälfte des 17. Jh.s als demographische Krisenperiode erkennen. Der ↗Dreißigjährige Krieg und die ↗Epidemien in seinem Umfeld führten in einzelnen Regionen zu dramatischen B.-Verlusten, in ganz Deutschland zu einem Rückgang um mehr als ein Viertel. Dasselbe trifft auch auf die angrenzenden österr. Gebiete zu, v.a. auf die Länder der böhm. Krone. Vom 18. Jh. an wies der dt.sprachige Raum wieder eine starke B.-Vermehrung auf. Das mediterrane Europa, v.a. Spanien und die Staaten der ital. Halbinsel, wurde dagegen in der Frühen Nz. von Stagnation geprägt und zeigt auch nach 1750 ein vergleichsweise bescheidenes Wachstum. Die skand. Staaten wiesen bis in das 18. Jh. kleine B.-Zahlen von wenigen hunderttausend Menschen auf. Norwegen und Dänemark überstiegen erst am Übergang zum 19. Jh. die Millionengrenze. Im 19. Jh. stieg die B. dieser Länder aber stark an.

Das B.-Wachstum des nzl. Europas bestand aus mehreren unterschiedlichen Entwicklungspfaden. Dementsprechend verschob sich auch im Lauf der Nz. das Gewicht der großen Regionen. Nordwesteuropa (einschließlich des dt. Sprachraums) behauptete seine dominierende Position. Hier lebten im späten 15. wie im

	1550	1650	1750	1850
England	3	5	6	17
Frankreich	14	21	24	36
Deutschland	13	10	18	35
Italien	12	12	16	25
Spanien	7		9	15
Norwegen		0,4	0,6	1,4
Dänemark		0,6	0,8	1,4
Schweden			1,7	3,4

Abb. 3: Die Bevölkerung europ. Länder 1550–1850 (in Mio.; bezogen auf ihr gegenwärtiges Territorium). Quellen: [6. 251]; [33. 19]; [42. 563–587]; [36. 10]; [19. 17].

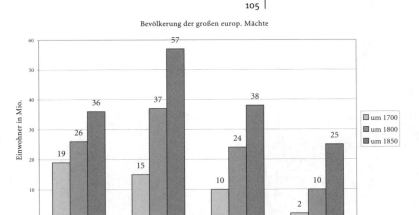

Abb. 4: Die Bevölkerung der großen europ. Mächte in Millionen (in den jeweiligen Grenzen). Bezugsjahre: Frankreich 1707, 1789, 1856; Russland 1719, 1795, 1850; Habsburgermonarchie 1700, 1754, 1857; Preußen 1700, 1816, 1871. Quellen: [26. 45]; [19. 18].

frühen 19. Jh. etwas weniger als die Hälfte der Europäer. Der Anteil der Südeuropäer ging dagegen zurück und lag um 1800 zwischen einem Viertel und einem Fünftel. Osteuropa erhöhte seinen Anteil und stellte im frühen 19. Jh. rund ein Drittel der europ. B. [6. 251].

Die Zeitgenossen interessierten sich v. a. für die B.-Zahlen der Staaten, die nach der merkantilistischen ↗Populations-Doktrin als Ausdruck von Macht und Stärke gedeutet wurde (↗Merkantilismus). Die entscheidenden weltpolitischen Akteure der Frühen Nz. zeichneten sich allerdings nicht durch große B. aus. Spanien, die Weltmacht des 16. Jh.s, war mit rund 7 Mio. Einwohnern immerhin ein mittelgroßer Staat. In den Vereinigten Provinzen der Niederlande lebten auf dem Höhepunkt ihres globalen Einflusses im »Goldenen Zeitalter« (um 1650) etwas weniger als 2 Mio. Menschen. Auch England, die Weltmacht des 18. Jh.s, zählte 1750 nur 6 Mio.

Betrachtet man die B.-Zahlen, so gab es im Europa des 16. und 17. Jh.s mit Frankreich eine einzige Großmacht, um 18. Jh. traten Russland und die Habsburgermonarchie hinzu und im 19. Jh. schließlich Preußen. Die Relationen zwischen diesen Mächten verschoben sich zwischen 1700 und 1850 deutlich (vgl. Abb. 4). Die Ursache für die Unterschiede im Wachstum lagen zum kleineren Teil im demographischen Verhalten der jeweiligen Untertanen. In Frankreich wurde das B.-Wachstum vom späten 18. Jh. an durch die hier früh einsetzende Geburtenkontrolle (↗Empfängnisverhütung) gedrosselt. In allen übrigen Großmächten erfolgte der B.-Zuwachs v. a. durch territoriale Expansion.

Auf dem Herrschaftsgebiet der österr. Habsburger lebten zur Mitte des 16. wie auch des 17. Jh.s nicht mehr als 6,5 Mio. Menschen. Ein Zuwachs um 1700 auf 10 Mio. war die Folge der Rückeroberung des türkischen Ungarns. Die 24 Mio. des späten 18. Jh.s beruhten auf den Erwerbungen der südl. Niederlande und der Lombardei, Galiziens, Siebenbürgens und türkischer Gebiete auf dem Balkan. Die Expansion des ↗Russischen Reichs nach Westen (balt. Provinzen, Polen) und Süden (Ukraine, Schwarzmeerküste) führte ebenfalls zu einer Vergrößerung der B.

Auch bei den länderbezogenen B.-Zahlen ist Vorsicht geboten. Die Angaben basierten vor dem 19. Jh. nicht auf Volkszählungen, sondern auf Schätzungen, die z. T. schon von Zeitgenossen wie auch später von Historikern auf sehr unterschiedlicher Datengrundlage erhoben wurden. In Frankreich machte Vauban erstmals 1707 den Versuch, aus unterschiedlichen regionalen B.-Angaben der 1690er Jahre die Einwohnerzahl des gesamten Königreichs zu berechnen, und kam auf 19,094 146 Einwohner. Historische Demographen stellten in Vaubans Berechnung eine Reihe von Fehlern fest, die sie zu dem Schluss führten, dass die tatsächliche franz. B. um 1700 zwischen 17 und 21 Mio. lag [17. 32–45]. Auch die B.-Zahlen Englands, dessen B.-Geschichte am intensivsten erforscht wurde, beruhen für die Zeit vor 1801 auf zu unterschiedlichen Ergebnissen führenden Schätzungen. Für 1700 schwanken diese zwischen 4,7 und 5,7 Mio. Einwohnern – eine Bandbreite von 20 % [25. 563–596].

2.3. Bevölkerungsdichte und Urbanisierung

Ein differenziertes Bild ergibt die Untersuchung der B.-Dichte, bei der die enormen demographischen Unterschiede im frühnzl. Europa bes. deutlich hervor treten (vgl. Abb. 5).

Im 16. und 17. Jh. lag der demographische Schwerpunkt in einem von Norden nach Süden Europas verlaufenden Streifen, der die folgenden Regionen umfasste: Das südöstl. England mit dem Zentrum London; die südl. und die nördl. Niederlande; mit Ausnahme weniger Gebirgsregionen fast das ganze Frankreich; das Rheinland; Norditalien und die Toskana; und einen Küstenstreifen von Rom über Neapel bis nach Sizilien. In diesem Gebiet lag die B.-Dichte zumindest über 20

Bevölkerung

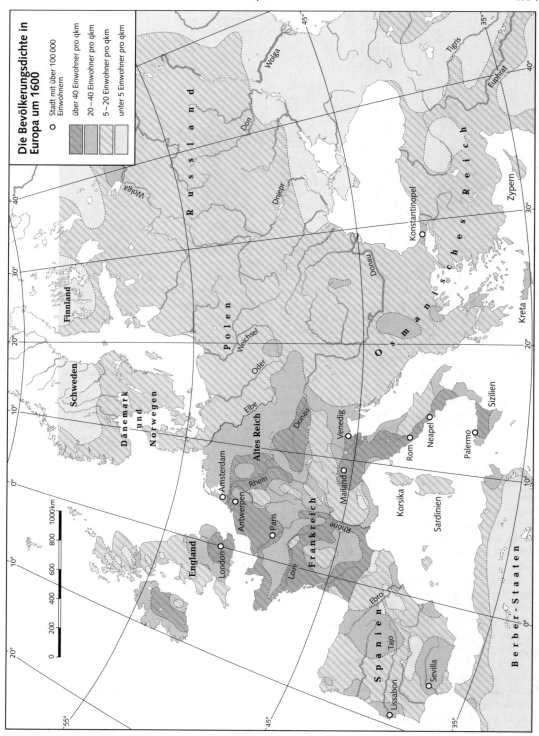

Abb. 5: Die Bevölkerungsdichte in Europa um 1600 (Karte).

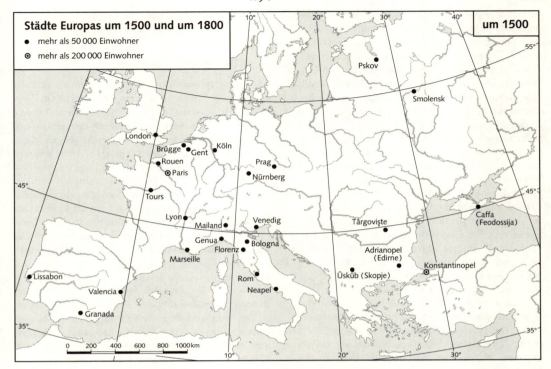
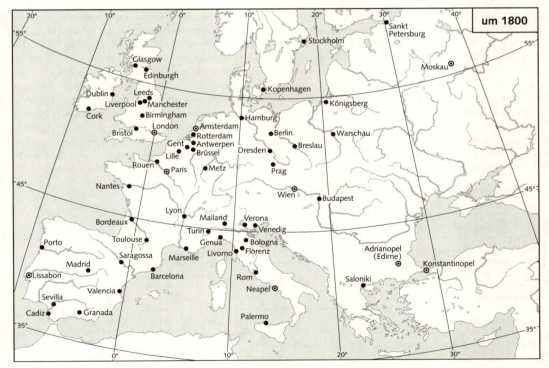

Abb. 6: Städte Europas um 1500 (oben); Städte Europas um 1800 (unten).

Einwohnern pro km², in großen Teilen davon sogar über 40. Nordeuropa, beginnend mit dem nördl. England und Schottland über die skand. Länder; ↗Osteuropa östl. der Elbe (mit Ausnahme der böhm. Länder) und das Territorium des ↗Osmanischen Reichs (von Ungarn bis Kleinasien) waren dagegen nur schwach bevölkert. Nur wenige Staaten wiesen zur Gänze eine hohe B.-Dichte auf. Zu ihnen gehörte als größter und wichtigster Frankreich, weiter die südl. und die nördl. Niederlande, sowie einige kleinere westdt. und einige ital. Staaten.

Derselbe Raum bildete auch den Kern des städtischen Europas [13] (vgl. Abb. 6). In der Frühen Nz. lebte die große Mehrheit der Europäer auf dem Land (↗Stadt-Land-Beziehungen; ↗Stadt-Land-Wanderung). Auf ↗Städte (mit mehr als 5000 Einwohnern) entfielen vom 16. bis in das 18. Jh. nicht mehr als 10–14 % der europ. B. (wenn man Russland nicht einbezieht, wo kaum mehr als 4–5 % in Städten lebten) [6.258]. Dabei bestanden aber große Unterschiede zwischen den Regionen. Die Niederlande und Italien wiesen den höchsten Urbanisierungsgrad auf; hier lebten 20–40 % der B. in Städten (↗Urbanisierung).

Relativ gut sind die B.-Zahlen der ↗Großstädte bekannt. Um 1500 waren die beiden mit Abstand größten Städte Konstantinopel (200000 Einwohner) und Paris (225000). Nur wenige andere Städte überschritten die Marke von 100000 Bewohnern: Adrianopel (Edirne, Türkei), Mailand, Neapel und Venedig. Die folgenden drei Jahrhunderte waren allerdings von einer kontinuierlichen Zunahme der Anzahl und der Größe der Metropolen geprägt (↗Hauptstadt). Um 1800 konnten bereits 21 Städte mehr als 100000 Einwohner und neun mehr als 200000 aufweisen. Neben Zentren des globalen Handels (Lissabon, Amsterdam; ↗Weltwirtschaft) gehörten nun auch die ↗Residenzstädte großer Staaten in diese Kategorie (Moskau, Neapel, Wien). Mit großem Abstand war nun London mit 860000 Einwohnern zur führenden europ. Metropole aufgestiegen, gefolgt von Konstantinopel (570000) und Paris (547000) [6.261]. Millionenstädte entstanden in Europa allerdings erst mit den Urbanisierungsprozessen des 19. Jh.s.

3. Demographische Systeme

Demographische Strukturen und Prozesse sind das Ergebnis des Zusammenwirkens von ↗Mortalität, ↗Fertilität, Heiratsverhalten und ↗Migrationen. Letztere wurden bisher zuwenig in historisch-demographische Forschungen integriert, obwohl große geographische ↗Mobilität das frühnzl. Europa prägte (↗Arbeitsmigration; ↗Einwanderung; ↗Emigration). Dagegen bemühte sich die Forschung, die Wechselbeziehungen von Mortalität, Fertilität und Heiratsverhalten zu demographischen Systemen zusammenzufassen. Im nzl. Europa lässt sich eine ganze Reihe demographischer Systeme identifizieren [33.126]; besondere Bedeutung kommt aber zwei Systemen zu, die idealtypisch gegenübergestellt werden: das demographische System West- und Nordwesteuropas sowie das System Osteuropas. Das Konzept des *European Marriage Pattern* (europ. ↗Heiratsmuster) ist mit der Konstruktion dieser Systeme eng verbunden.

Das nordwesteurop. System ist gut erforscht. Aus einer großen Zahl von Lokalstudien lassen sich seine wesentlichen Merkmale zusammenfassen [23] (vgl. Abb. 7), in erster Linie ein hohes ↗Heiratsalter und damit ein frühes Ende der Gebärfähigkeit. Da die ↗Ehe fast ein Monopol auf die Zeugung innehatte, kam unehelichen Geburten kein nennenswertes Gewicht zu. Das bewirkte, dass sich ↗Schwangerschaften und ↗Geburten im Leben einer durchschnittlichen Frau auf eine kurze Periode von einem guten Dutzend Jahren beschränkten. Da Geburten aus verschiedenen Gründen in der Regel nicht Jahr für Jahr aufeinander folgten, kamen Kinder in größeren Abständen zur Welt. Fünf oder sechs Geburten im Leben einer Frau waren die Regel. ↗Säuglingssterblichkeit und ↗Kindersterblichkeit waren hoch, so dass im Durchschnitt nur zwei oder drei Kinder das Erwachsenenalter erreichten (↗Familienrekonstitutionen).

Alter der Frauen bei der Erstheirat	25–27 Jahre
Alter bei der letzten Geburt	38–41 Jahre
Periode ehelicher Fruchtbarkeit	12–15 Jahre
Abstände zwischen den Geburten	2–3 Jahre
Geburtenzahl pro verheirateter Frau	5–6 Geburten
Anteil unehelicher Geburten	unter 5 %
Säuglings- und Kindersterblichkeit vor dem 10. Lebensjahr	40–50 %
Überlebende Kinder pro verheirateter Frau	2–3

Abb. 7: Das demographische System West- und Nordwesteuropas (1600–1750). Bei den Daten handelt es sich um Durchschnittswerte nach Familienrekonstitutionen ländlicher Pfarren. Quelle: [23].

Das osteurop. System ist nur wenig erforscht. Seine Konstruktion beruht auf einer sehr kleinen empirischen Basis von wenigen Dorfstudien aus dem zentralen Russland zwischen 1782 und 1858 [28. 65–89]; [12]. Dieser begrenzte Rahmen lässt jedoch wesentliche Unterschiede zum nordwesteurop. Modell sichtbar werden. Das ↗Heiratsalter war in den untersuchten russ. Dörfern sehr niedrig, bei Männern durchschnittlich 18–20, bei Frauen bei 17–19 Jahre. Dieses System prägte eine lange Periode ehelicher Fruchtbarkeit und wies dementsprechend hohe Geburtenraten auf. Eine Frau brachte durchschnittlich sieben Kinder zur Welt. Allerdings war auch die Sterberate sehr hoch (fast 40 im Jahr pro 1 000 Einwohner; Nordwesteuropa: etwa 30) [28. 73]. Auch großräumigere Datenaufnahmen zeigen für Russland noch im 19. Jh. eine niedrige ↗Lebenserwartung [6. 496].

Seit dem frühen 20. Jh. hat sich in der Demographie die Verwendung meteorologischer Metaphern eingebürgert. In dieser Terminologie herrschte in Osteuropa ein *high pressure system* mit vielen Geburten und Todesfällen, in Nordwesteuropa hingegen ein *low pressure system* mit wenigen Geburten und – vergleichsweise – geringer Sterblichkeit (↗Mortalität). Als Idealtypen bieten die skizzierten demographischen Systeme durchaus Erkenntnisgewinn; ihre Reichweite ist trotzdem in Frage zu stellen. Das bisher aufwendigste Forschungsprojekt zur europ. B.-Geschichte, das *Princeton European Fertility Project* (begonnen 1963), untersuchte den Rückgang der Fruchtbarkeit auf dem ganzen europ. Kontinent vom Atlantik bis zum Ural [11]. Die erhobenen Daten zur ↗Fertilität und zum Heiratsverhalten ergeben für die Mitte des 19. Jh.s ein buntes Bild. Regionen mit sehr niedrigem Heiratsalter und hoher Fertilität sind in der Tat überwiegend im Osten zu finden, Regionen mit sehr hohem Heiratsalter und niedriger Fertilität liegen v. a. an der atlantischen Küste und in zentraleurop. Gebirgsregionen. Zwischen diesen extremen Polen gibt es zahlreiche Abstufungen, die nicht in einer Ost-West-Dichotomie aufgehen.

Ein Problem des Konzepts der demographischen Systeme liegt in ihrer Statik. Sie können die Merkmale frühnzl. B.-Strukturen zusammenfassen, sind aber nicht geeignet, den im 18. Jh. einsetzenden langfristigen Rückgang der Sterblichkeit und den im späten 19. Jh. folgenden Rückgang der Fertilität zu beschreiben und zu erklären. Diesem säkularen Wandel widmet sich die Theorie der ↗demographischen Transition. Der Anstieg der Lebenserwartung und der Übergang zur Geburtenbeschränkung führten im 20. Jh. zum Abbau regionaler Unterschiede und zur Homogenisierung der demographischen Strukturen in Europa.

4. Erklärungsansätze

4.1. Sterblichkeit als Hauptfaktor
4.2. Fertilität und Heiratsverhalten als Hauptfaktoren
4.3. Bevölkerungs- und Agrarzyklen
4.4. Mikrogeschichtliche Perspektiven

Die europ. B. wuchs vom 15. bis zum 19. Jh. stark an, wobei der Wachstumsprozess starke Schwankungen aufwies. Bei den Versuchen, das Wachstum und seine Variationen zu erklären, spielen die Traditionen des frühnzl. B.-Diskurses eine erstaunlich große Rolle. Bes. die Malthus'sche B.-Theorie (s. o. 1.2.) bildet bis in die Gegenwart einen Fluchtpunkt der demographischen Diskussion. In den Ansätzen zur Erklärung der nzl. B.-Entwicklung sind malthusianische, anti- und neo-malthusianische Konzepte von Bedeutung [21.10]. Dies trifft v. a. für makrohistorische Erklärungsansätze zu, die den nzl. Wandel und die Variationen der europ. demographischen Entwicklung in einem Modell zu erfassen suchen. Bei den Anhängern malthusianischer Konzepte lassen sich zwei Richtungen unterscheiden, die entsprechend den beiden von Malthus formulierten Hemmnissen des B.-Wachstums entweder die Sterblichkeit (Malthus: *positive check*) oder die Begrenzung der Fruchtbarkeit (*preventive check*) in den Mittelpunkt stellen.

4.1. Sterblichkeit als Hauptfaktor

Die Position der ersten Richtung lässt sich wie folgt auf den Punkt bringen: In »landwirtschaftlichen Gesellschaften war die Sterberate normalerweise niedriger als die Geburtenrate und die Bevölkerung pflegte zu wachsen, aber am Ende löschten katastrophische Höhepunkte der Sterberate die ›überzählige‹ Bevölkerung aus. Der Kreislauf begann von neuem« [10. 100]. In dieser Sichtweise ist die B.-Stagnation des 17. Jh.s Ausdruck einer ↗demographischen Krise, die sich notwendigerweise aus dem starken B.-Wachstum der vorhergehenden Periode ergab.

Die Betonung der ↗Mortalität als Hauptfaktor ist aber nicht automatisch mit malthusianischen Positionen verbunden. Vom SpätMA bis in das 19. Jh. lassen sich zwei Drittel bis drei Viertel aller Sterbefälle auf eine von Mensch zu Mensch übertragbare ↗Krankheit zurückführen [33. 84]. Die Chancen, sich vor Ansteckungen zu schützen, waren wegen der materiellen Armut und dem mangelnden Wissen gering; im frühnzl. ↗Europa kam dies in einer allgemeinen geringen ↗Lebenserwartung von etwa 30 Jahren zum Ausdruck.

Um die großen Variationen bzw. Zyklen der Sterblichkeit auf diesem niedrigen Niveau zu erklären, müssten zum einen gesellschaftliche Faktoren berücksichtigt werden, die vor Infektionskrankheiten schützten, zum anderen aber auch die Entwicklung der Mikroben, die ↗Krankheiten auslösten (Bakterien, Viren usw.). Manche

Krankheiten ließen sich schon in der Frühen Nz. durch gesellschaftliche Maßnahmen eindämmen (Blockierung der Ansteckungswege im Fall der ↗Pest und ↗Cholera). Einzelne Kranheitserreger zogen bei ihrem ersten Auftreten verheerende Wirkungen nach sich, während in späteren Phasen biologische Anpassungsmechanismen, Immunität und Resistenz ihren Einfluss abschwächten. Einige Krankheiten, wie die Malaria, die vom ersten nachchristl. Jahrhundert an im Mittelmeerraum die Mortalität stark beeinflusste, zeigt große Zyklen unterschiedlicher Wirkung, die bis heute nicht erklärt werden können. Deshalb sei es nicht möglich, Sterblichkeitszyklen bewirkende Bedingungen »in einem für die verschiedenen Krankheiten geltenden Einheitsmodell zusammenzufügen« [33.118].

Eine zunehmende Rolle bei der Erklärung frühnzl. Mortalitätsvariationen spielt auch die Klimageschichte (↗Klima und Naturkatastrophen). Die Periode vom 14. bis zum 19. Jh. wies in Europa niedrigere Durchschnittstemperaturen auf als die Epochen davor und danach (↗Kleine Eiszeit). Innerhalb dieser allgemeinen Klimaverschlechterung gab es allerdings Phasen mit bes. kalten Winter- und feuchten Sommermonaten sowie warme und trockene Perioden [37]. In Mitteleuropa waren das letzte Drittel des 16. Jh.s, das späte 17. und das frühe 18. Jh. von ungünstigem Wetter betroffen. Diese Klimavariationen wirkten zum einen direkt auf die Sterblichkeit ein, indem sie die Verbreitung bestimmter Krankheiten förderten, zum anderen indirekt, indem sie ↗Ernte-Erträge und damit die ↗Ernährung beeinflussten.

4.2. Fertilität und Heiratsverhalten als Hauptfaktoren

Am Beispiel der engl. B.-Geschichte von der Mitte des 16. bis zur Mitte des 19. Jh.s wurde die These entwickelt, dass die Fertilität die Schwankungen des frühnzl. B.-Wachstums in England in stärkerem Maß beeinflusse als die Mortalität [42]; [44.549]. Als Grundlage dieser These diente die Beobachtung, dass sich die eheliche Fruchtbarkeit im frühnzl. England kaum veränderte, wohl aber das ↗Heiratsalter beträchtlichen Schwankungen unterlag. Sinkendes Heiratsalter erhöhte die eheliche Fruchtbarkeit, steigendes Heiratsalter verringerte sie. Die Variationen des Heiratsalters wiederum liefen parallel zu jenen der Reallöhne (↗Realeinkommen).

Den demographischen Zyklus des frühnzl. Englands (starkes Wachstum 1550–1650, Stagnation und teilweise sogar B.-Rückgang 1650–1730 und anschließend lang anhaltendes beschleunigtes Wachstum) ist mit dem expliziten Verweis auf das malthusianische Konzept des *preventive check* erklärt worden [42]; demnach ermutigte ein steigender Lebensstandard, eine Ehe einzugehen; umgekehrt bewogen verschlechterte Bedingungen viele Menschen zum Verzicht auf die Heirat oder zu deren Aufschub [43.140]. Somit beruhte das ausserordentlich starke Wachstum der engl. B. nach 1750 auf dem parallelen Rückgang des Heiratsalters und der ↗Mortalität.

Die Annahme, dass das Heiratsverhalten den wesentlichen Regulierungsmechanismus der frühnzl. B.-Bewegung bilde, liegt auch dem Konzept des »homöostatischen« oder »autoregulativen« demographischen Systems zugrunde, das franz. Historiker in den 1960er Jahren entwickelten [15]. Ausgangspunkte dieses Modells sind das hohe Heiratsalter und die hohen Anteile zeitlebens lediger Menschen im nordwestl. Europa der Frühen Nz. Durch dieses europ. ↗Heiratsmuster könne die B. flexibel auf wirtschaftliche und demographische Wechsellagen reagieren. Da die ↗Eheschließung an wirtschaftliche Unabhängigkeit und an die Verfügung über eine »Stelle« (z. B. Bauernhof oder Handwerksbetrieb) gebunden gewesen sei, blieben B.-Entwicklung und ökonomische Ressourcen im Gleichgewicht.

Auf wirtschaftliche Krisenperioden – wie z. B. die Krise des 17. Jh.s – reagierten die Menschen mit höherem Heiratsalter und damit weniger Nachkommen. Umgekehrt waren nach demographischen Krisen verstorbene Ehepartner oder -paare rasch aus dem großen Pool an Ledigen ersetzbar. Das Konzept des selbstregulierenden demographischen Mechanismus dominierte in den 1970er und 1980er Jahren die Erklärung der frühnzl. B.-Entwicklung, zog später aber zunehmend Kritik auf sich [22]; [17.64–67].

4.3. Bevölkerungs- und Agrarzyklen

Ein weiterer Versuch zur Erklärung der schwankenden Wachstumsraten weist der landwirtschaftlichen Entwicklung die zentrale Rolle zu (↗Landwirtschaft). Am Beispiel des südfranz. Languedoc wurde versucht, eine »große Wellenbewegung« der Agrar- und B.-Entwicklung zu rekonstruieren [31.318–344]; ein langer Aufschwung der landwirtschaftlichen Produktion im 16. Jh; ein Nachlassen des Wachstums zwischen etwa 1570 und 1650; eine voll ausgeprägte Krise seit den 1670er Jahren und erst von den 1750er Jahren an wieder ein beschleunigtes Wachstum. Die B.-Entwicklung verlief parallel, und insbes. der B.-Rückgang ab 1680 wurde dabei aus dem Agrarzyklus abgeleitet: Seine Ursache liege im niedrigen Lebensstandard, in Arbeitslosigkeit und Armut. Wie für Malthus setzt in dieser Interpretation der Stand der Landwirtschaft dem B.-Wachstum Grenzen, aber hier sind keine natürlichen oder absoluten Grenzen im Sinne eines Nahrungsspielraums gemeint, sondern Lebensweisen, Denkstrukturen, technologische Kenntnisse, welche der Expansion der Landwirtschaft im Wege standen [31.328].

Ähnliche Überlegungen wurden schon in den 1930er Jahren in Deutschland angestellt; hier wurde ebenfalls von »langen Wellen« in der Entwicklung von Landwirtschaft und B. ausgegangen, wobei die Schwankungen der ↗Getreide-Preise als Indikatoren dienten: ein Aufschwung von 1200 bis zur Mitte des 14. Jh.s, dem ein Abschwung bis zum Ausgang des 15. Jh.s folgte; ein zweiter Aufschwung vom Beginn des 16. Jh.s bis zur Mitte des 17. Jh.s mit dem folgenden Rückgang bis zur Mitte des 18. Jh.s; und dann der Beginn eines dritten Zyklus [3.7]. In dieser Interpretation begrenzte – mit expliziter Wendung gegen Malthus – nicht die Tragfähigkeit der Landwirtschaft das B.-Wachstum, sondern umgekehrt stellte die B.-Bewegung die entscheidende »Triebkraft« der ↗Agrarkonjunkturen dar [3.157–158].

4.4. Mikrogeschichtliche Perspektiven

In den letzten Jahren ist eine große Zahl an lokalen und regionalen Studien veröffentlicht worden, die versuchen, den makrohistorischen Erklärungsansätzen des demographischen Wandels ein komplexeres Bild gegenüberzustellen, in dem sozialen und kulturellen Faktoren ein stärkeres Gewicht zukommt [27.126]. Während makrohistorische Modelle mit wenigen Variablen auskommen, versuchen mikrohistorische Studien zu zeigen, dass Mortalität, Fertilität und Heiratsverhalten von vielen Faktoren beeinflusst werden. Im Bereich der Mortalität spielen etwa ↗Säuglingssterblichkeit und ↗Kindersterblichkeit eine wesentliche Rolle. Beide sind u. a. verhaltensabhängig und kulturell bedingt; die konkrete Arbeitssituation der Mütter besaß großen Einfluss auf die Überlebenschancen ihrer Kinder; bei Erwachsenen beeinflussten sowohl ↗Lebensstile als auch Gesundheitsgefährdungen im ↗Beruf das Mortalitätsrisiko.

Neben dem Heiratsalter wirkten weitere Faktoren auf die ↗Fertilität. Die eheliche Fruchtbarkeit wurde etwa von der ↗Arbeitsmigration beeinflusst. Auf kürzere oder längere Zeit getrennt lebende Paare gab es häufig gerade in den nzl. ↗Unterschichten. Auch bewusste Geburtenbeschränkung lässt sich in Lokalstudien lange vor 1800 nachweisen [38] (↗Empfängnisverhütung). Uneheliche Geburten waren zwar in vielen europ. Ländern eine zu vernachlässigende demographische Größe, in manchen Regionen erreichten sie jedoch hohe Werte. Generell stieg die Illegitimitätsrate seit dem späten 18. Jh. an (↗Unehelichkeit) [34].

Gerade das Heiratsverhalten unterlag in hohem Maß sozialen und kulturellen Bedingungen. Die ↗Eheschließung spielte für individuelle Lebenslaufentscheidungen eine wesentliche Rolle. Sie war in vielen Milieus Teil von Familienstrategien und vom Typus der Familienökonomie abhängig (↗Familie; ↗Ehe). Entscheidungen für oder gegen die ↗Heirat wurden von kulturellen, sozialen, rechtlichen, religiösen und weiteren Faktoren beeinflusst, die im jeweiligen lokalen Rahmen unterschiedlich zusammenwirkten – komplexer, als in den von aggregierten Daten abgeleiteten Zusammenhängen zwischen Heirat und Reallöhnen zum Ausdruck kommt [27.128].

Mikrohistorische Studien lassen die Komplexität sämtlicher Dimensionen des demographischen Verhaltens sichtbar werden. Sie haben den Blick der Historischen Demographie für die Differenziertheit menschlichen Verhaltens und gesellschaftlicher Umstände geöffnet und große Theorien des demographischen Wandels in Frage gestellt. Bisher waren sie aber nicht in der Lage, ihrerseits allgemeine Erklärungsangebote zu entwickeln.

→ Demographische Krisen; Demographische Transition; Fertilität; Heiratsmuster, europäische; Lebenslauf; Mortalität; Politik; Population; Statistik

Quellen:
[1] Art. Bevölkerung, in: Krünitz 4, 1788, 362–377 [2] J. J. BECHER, Politischer Discurs von den eigentlichen Ursachen des Auff- und Abnehmens der Städte, Länder und Republicken, Frankfurt am Main 1677 (3. Aufl. 1688).

Sekundärliteratur:
[3] W. ABEL, Agrarkrisen und Agrarkonjunktur in Mitteleuropa vom 13. bis zum 19. Jh., 1935 [4] M. ANDERSON (Hrsg.), British Population History. From the Black Death to the Present Day, 1996 [5] A. ARMENGAUD, Population in Europe 1700–1914, in: The Fontana Economic History of Europe III, 1970, 5–69 [6] J.-P. BARDET / J. DUPÂQUIER (Hrsg.), Histoire des populations de l'Europe 1, 1997 [7] J. BELOCH, Bevölkerungsgeschichte Italiens (3 Bde.), 1937–1939 [8] T. BENGTSSON, Les pays nordiques de 1720 à 1914, in: J.-P. BARDET / J. DUPÂQUIER (Hrsg.), Histoire des populations de l'Europe 2, 1998, 371–395 [9] P. BURKE, Städtische Kultur in Italien zwischen Hochrenaissance und Barock. Eine historische Anthropologie, 1996 [10] C. CIPOLLA, The Economic History of World Population, ^{7}1978 [11] A. J. COALE / S. C. WATKINS (Hrsg.), The Decline of Fertility in Europe. The Revised Proceedings of a Conference on the Princeton European Fertility Project, 1986 [12] P. CZAP, Eine zahlreiche Familie – des Bauern größter Reichtum, in: M. MITTERAUER / R. SIEDER (Hrsg.), Historische Familienforschung, 1982, 192–240 [13] J. DE VRIES, European Urbanization, 1500–1800, 1984 [14] D. DEMARCO, Il dibattito settecentesco sulla populazione in Italia, in: La populazione italiana nel Settecento (Convegno su »La ripresa demografica del Settecento«, Bologna 1979) hrsg. von der Società Italiana de Demografia Storica, 1979, 539–590 [15] J. DUPÂQUIER, L'autorégulation de la population française (XVIe-XVIIIe siècle), in: J.-P. BARDET / J. DUPÂQUIER (Hrsg.), Histoire de la population française 1, 1988, 413–436 [16] J. DUPÂQUIER, La connaissance démographique, in: J.-P. BARDET / J. DUPÂQUIER (Hrsg.), Histoire des populations de l'Europe 1, 1997, 218–238 [17] J. EHMER, Heiratsverhalten, Sozialstruktur, ökonomischer Wandel. England und Mitteleuropa in der Formationsperiode des Kapitalismus, 1991 [18] J. EHMER, Migration und Bevölkerung – zur Kritik eines Erklärungsmodells, in: Tel Aviver Jb. für dt. Geschichte 27, 1998, 5–30 [19] J. EHMER, Bevölkerungsgeschichte und Historische Demographie 1800–2000, 2004 [20] L. ELSTER, Art. Bevölkerungswesen III. Bevölkerungslehre und Bevölkerungspolitik, in: Handwb. der Staatswissenschaften 2, ^{3}1909, 926–1002 [21] D. E. C. EVERSLEY, Social Theories of Fertility and the Malthusian Debate, 1959 [22] G. FERTIG, Demographische Autoregulation in vorindustriellen Bevölkerungen, in: Beiträge zur historischen Sozialkunde 3, 2000, 93–98 [23] M. FLINN, The

European Demographic System, 1500–1820, 1981 [24] M. FUHRMANN, Volksvermehrung als Staatsaufgabe? Bevölkerungs- und Ehepolitik in der dt. politischen und ökonomischen Theorie des 18. und 19. Jh.s, 2002 [25] E. S. FURNISS, The Position of the Laborer in a System of Nationalism. A Study in the Labor Theories of the Later English Mercantilists, 1918 [26] P. GOUBERT, The Ancien Régime. French Society 1600–1750, 1973 [27] J. HATCHER, Understanding the Population History of England 1450–1750, in: P&P 180, 2003, 83–130 [28] S. L. HOCH, Serfdom and Social Control in Russia. Petrovskoe, a Village in Tambov, 1986 [29] E. P. HUTCHINSON, The Population Debate. The Development of Conflicting Theories up to 1900, 1967 [30] H. LE BRAS (Hrsg.), L'invention des populations. Biologie, idéologie et politique, 2000 [31] E. LE ROY LADURIE, Die Bauern des Languedoc, 1990 [32] M. LIVI BACCI, A Concise History of World Population, 1992 [33] M. LIVI BACCI, Europa und seine Menschen. Eine Bevölkerungsgeschichte, 1999 [34] M. MITTERAUER, Ledige Mütter. Zur Geschichte unehelicher Geburten in Europa, 1983 [35] M. P. PAOLI, La statistica demografica toscana nella secondo metà del Settecento, in: La popolazione Italiana nel settecento (Convegno su »La ripresa demografica del Settecento«, Bologna 1979), hrsg. von der Società Italiana di Demografia Storica, 1979, 591–606 [36] CH. PFISTER, Bevölkerungsgeschichte und Historische Demographie 1500–1800, 1994 [37] CH. PFISTER, Wetternachhersage. 500 Jahre Klimavariationen und Naturkatastrophen (1496–1995), 1999 [38] U. PFISTER, Die Anfänge von Geburtenbeschränkung. Eine Fallstudie (ausgewählte Zürcher Familien im 17. und 18. Jh.), 1985 [39] R. P. SIEFERLE, Bevölkerungswachstum und Naturhaushalt. Studien zur Naturtheorie der klassischen Ökonomie, 1990 [40] J. J. SPENGLER, French Predecessors of Malthus. A Study in Eighteenth-Century Wage and Population Theory, 1942 [41] CH. E. STANGELAND, Pre-Malthusian Doctrines of Population. A Study in the History of Economic Theory, 1904 [42] E. A. WRIGLEY / R. S. SCHOFIELD, The Population History of England 1541–1871. A Reconstruction, 1981 [43] E. A. WRIGLEY, The Growth of Population in 18th-Century England, in: P&P 98, 1983, 121–150 [44] E. A. WRIGLEY et al., English Population History from Family Reconstitution, 1580–1837, 1997.

Josef Ehmer

Bevölkerungspolitik

s. Bevölkerung; Peuplierung; Politik

Bevölkerungspolizei

1. Begriff
2. Polizeiwissenschaft
3. Populationspolitik

1. Begriff

B. bezeichnet ein bestimmtes in ganz Europa verbreitetes bevölkerungspolitisches Konzept. Der Begriff wird in der zweiten Hälfte des 18. Jh.s im Kontext der dt. ↗Polizeiwissenschaft verwendet und umschreibt ein Bündel administrativer Maßnahmen, die sämtlich darauf ausgerichtet waren, die Einwohnerzahl eines Landes zu erhöhen. Die B. lässt sich mithin als die spezifisch absolutistische Variante einer zielgerichteten ↗Bevölkerungspolitik definieren, wie sie für das 18. Jh. typisch war (↗Absolutismus). Sie war untrennbar verbunden mit den Prämissen und politischen Ordnungsleitbildern der Polizeiwissenschaft dieser Zeit.

2. Polizeiwissenschaft

Die Polizeiwissenschaft, Teil der Kameralwissenschaften (↗Kameralismus), verstand sich als die Lehre von den innenpolitischen Vorbedingungen einer zahlreichen, wohlhabenden und daher auch zu hohen ↗Steuer-Leistungen fähigen Untertanenschaft. Sie basierte auf der Grundannahme, dass die Macht eines Regenten in hohem Maße von der Anzahl seiner ↗Untertanen abhänge: Denn zum einen ließen sich aus einer zahlenstarken ↗Bevölkerung viele ↗Soldaten ausheben, zum andern erhöhte jeder Untertan als Besteuerungsobjekt die Einkünfte des ↗Landesherrn, die wiederum neben dem ↗Militär den zweiten entscheidenden Machtfaktor ausmachten. Wollte der Fürst daher Macht akkumulieren, musste er darauf hinarbeiten, möglichst viele und möglichst reiche Untertanen zusammenzubringen [5. 455 ff.]. Um dies zu erreichen, lehrte die Polizeiwissenschaft eine entsprechende B.; vgl. ↗Polizei (Gute Policey).

Damit waren diejenigen Verwaltungsmaßnahmen angesprochen, die unmittelbar der Bevölkerungsvermehrung dienen sollten. In den streng axiomatisch-deduktiv aufgebauten polizeiwiss. Darstellungen, etwa den *Grundsätzen* von J. H. G. Justi (1756), wurden dabei drei administrative Aktionsfelder unterschieden [2]: (1) die »Herbeyziehung der Fremden in das Land«, d. h. die ↗Peuplierung des Landes durch gezielte Förderung der ↗Einwanderung, etwa von Kriegs- oder ↗Glaubensflüchtlingen, die von der rechtlichen Erschwerung der Auswanderung flankiert sein sollte; (2) solche »Mittel, welche die Vermehrung der Eingebohrnen des Landes befördern«, wie die Beseitigung aller rechtlichen und faktischen Hindernisse, die der ↗Eheschließung und dem Kinderreichtum der Untertanen entgegenstehen konnten (Abbau traditioneller rechtlicher ↗Ehe-Hindernisse sowie aller Faktoren, welche die ↗Fertilitäts-Quote zu beeinträchtigen schienen); (3) »Gegenmittel«, um Krankheiten und »frühzeitige[m] Tod der Unterthanen« vorzubeugen [2. 9]; hieraus entwickelte sich dann die ↗Medizinalpolizei als eigene administrative Tätigkeit des Staates.

3. Populationspolitik

Diese vorbehaltlose Populationspolitik beruhte auf der bis zum Ende des 18. Jh.s weit verbreiteten optimistischen Annahme, dass es ohne weiteres möglich sei, auch einer stetig wachsenden Bevölkerung die erforderliche ↗Nahrung zu beschaffen, wenn man nur die staatliche ↗Wirtschaftspolitik konsequent am Ziel landwirtschaftlicher Produktivitätssteigerung ausrichtete. Das hierfür erforderliche praktische Wissen lehrte die

↗Ökonomie; sie war neben der Polizeiwissenschaft die zweite wichtige Kameralwissenschaft, die mit ihren Strategien zur Erweiterung des Nahrungsspielraums durch ↗Landwirtschaft, ↗Boden-Melioration und Verbesserung der Agrartechnik für das Populationsziel der B. die materielle Vorbedingung ausreichender Nahrungsmittelversorgung sicherstellen sollte [5.440ff.]. Alle diese Handlungsmodelle waren letztlich beseelt von einem tiefsitzenden Glauben an die rationale Gestaltbarkeit der Welt und an die Realisierbarkeit weitreichender Planung. Diese Grundannahmen wurden spätestens mit dem Beginn des 19. Jh.s brüchig, als sich die sozialen Folgen einer schnell anwachsenden Bevölkerung bemerkbar machten. Zunehmende Skepsis gegenüber der die absolutistische B. tragenden Grundannahme, dass die Nahrungsproduktion mit nahezu jedem Bevölkerungswachstum Schritt halten könne, führte dann auch sehr schnell zur Aufgabe der einseitig wachstumsorientierten bevölkerungspolitischen Leitvorstellungen [4.128ff.].

In der Policeyliteratur schlug sich dieser Wandel insofern nieder, als dort der Begriff der B. nach 1800 schnell verschwand. Heinrich Günther von Berg übernahm den Begriff noch in sein *Policeyrecht* (1802–1809) [1], in Robert Mohls berühmter *Policeywissenschaft nach den Grundsätzen des Rechtsstaats* (1832) hingegen ist er bereits verschwunden [3]. Mohl räumt der Bevölkerungspolitik dort zwar gleich zu Beginn des ersten Bandes großen Raum ein, doch er spricht nicht mehr von B. [3.69ff.] – dies wohl deshalb, weil der Begriff schon damals zu sehr mit einer aus der Sicht des 19. Jh.s geradezu gefährlich einseitigen Ausrichtung auf das Bevölkerungswachstum verbunden war. Man begann nun die Disproportion von Bevölkerung und Nahrungsmittelversorgung und ganz generell den ↗Pauperismus zu fürchten, d.h. das Anwachsen einer Masse mittelloser Hungerleider, in der sich revolutionäres Potential bilden konnte. Statt unbegrenztem Wachstum im Sinne der alten B. wurde daher – etwa bei Mohl – eine differenzierte Bevölkerungspolitik befürwortet, die, je nach den zur Verfügung stehenden Nahrungsspielräumen, anderswo Bevölkerungsvermehrung, hier aber »Maßregeln gegen Übervölkerung« [3.118] bis hin zur systematischen Förderung der Auswanderung propagierte (↗Emigration), wenn eine ausreichende Versorgung in Frage gestellt schien.

→ Bevölkerung; Polizei (Gute Policey); Verwaltung

Quellen:
[1] H.G. VON BERG, Handbuch des teutschen Policeyrechts, 1802–1809 [2] J.H.G. JUSTI, Grundsätze der Policey-Wissenschaft, 1756 [3] R. MOHL, Die Polizei-Wissenschaft nach den Grundsätzen des Rechtsstaates, 1832.

Sekundärliteratur:
[4] M. FUHRMANN, Volksvermehrung als Staatsaufgabe? Bevölkerungs- und Ehepolitik in der dt. politischen und ökonomischen Theorie des 18. und 19. Jh.s, 2002 [5] TH. SIMON, »Gute Policey«. Ordnungsleitbilder und Zielvorstellungen politischen Handelns in der frühen Nz., 2004.

Thomas Simon

Bevölkerungsstatistik s. Bevölkerung; Statistik

Bewässerung s. Wasser

Beweis

1. Juristisch
2. Mathematisch

1. Juristisch

1.1. Grundlegung

Im Gerichtsverfahren streiten die Parteien in erster Linie um Tatsachenbehauptungen. Das ↗Gericht von der Wahrheit dieser Behauptungen zu überzeugen, trägt entscheidend zum Ausgang des ↗Prozesses bei. Das Verfahren, diese Überzeugung des Gerichts zu erreichen, nennt man ebenso wie das Ergebnis B.

Im ma. Prozess hing der Ausgang offener Fragen oftmals von einem Leumundseid einer Partei ab, die hierbei von Eideshelfern unterstützt wurde (↗Eid). Gegenstand dieses Verfahrens war nicht die Ermittlung der faktischen Wahrheit, sondern unmittelbar die Integrität der Person, ihre Ehrenhaftigkeit und soziale Anerkanntheit (↗Ehre). Bis ins 13. Jh. waren bei unlösbar erscheinenden Problemen sogar Gottesurteile wie etwa der Zweikampf verbreitet. Nach dem Verbot der Gottesurteile und der Überwindung des Leumundseides war das B.-Verfahren vom 15. Jh. bis zum Ende des ↗Ancien Régimes im 18. Jh. durch eine rationale Wahrheitsfindung gekennzeichnet, allerdings ohne freie Würdigung der B. Die B.-Problematik war hierbei im ↗Zivilprozess grundverschieden von derjenigen im ↗Strafprozess. Die heute selbstverständliche freie richterliche B.-Würdigung beruht auf franz. Einfluss und breitete sich seit dem frühen 19. Jh. in Europa aus. Die Hauptstationen des B.-Verfahrens, auch in rechtshistor. Hinsicht, sind die Ermittlung der beweisführenden Partei, die Bestimmung des B.-Gegenstandes, die Festlegung des B.-Mittels sowie die Feststellung des B.-Ergebnisses.

1.2. Der Beweis im frühneuzeitlichen Prozess

1.2.1. Strafprozess
1.2.2. Zivilprozess

1.2.1. Strafprozess

Im Strafprozess war der ursprünglich kanonische (d.h. kirchenrechtliche) ↗Inquisitionsprozess im weltlichen Recht zunächst Italiens, aber auch zahlreicher mittel- und westeurop. Länder rezipiert worden. Die Wahrheitsfindung war eine Aufgabe, die das Gericht von Amts wegen übernahm. Nur wenn dem Beschuldigten die ↗Straftat nachgewiesen werden konnte, war eine Verurteilung zulässig. Da es Tatzeugen nur selten gab und ein Indizien-B. verboten war, wurde das Geständnis des Angeklagten zum wichtigsten B.-Mittel (lat. *confessio est regina probationum*, »Das Geständnis ist die Königin der Beweise«). Seine Erzwingung war der Zweck der ↗Folter, die ebenso wie der Inquisitionsprozess ihre Wurzeln im ma. Röm.-kanonischen Recht hatte (↗Gemeines Recht).

Seine gesetzliche Ausformulierung fand dieses Konzept in der ↗Constitutio Criminalis Carolina (CCC) von 1532. Die CCC sah ein doppeltes B.-Verfahren vor. Die Frage, ob der Beschuldigte gefoltert werden durfte, hing davon ab, ob bestimmte Indizen (»genugsame anzeygung«) vorlagen. Diese Indizien mussten mit zwei guten Zeugen bewiesen werden, wobei das Zeugnis vom Hörensagen ausgeschlossen war (Art. 23, 65 CCC). Die Folterung führte dagegen nicht zum B. der Indizien, sondern zum B. der Schuld. Hierbei sollte das Geständnis als B.-Mittel aber nur anerkannt werden, wenn der Angeklagte es außerhalb der Folter ohne Schmerzen wiederholte. Außerdem war das Gericht gehalten, den Wahrheitsgehalt des Geständnisses zu überprüfen. Nur wenn der Angeklagte etwas gestand, das kein Unschuldiger wissen konnte, sollte man die Schuld als bewiesen ansehen (Art. 60 CCC). Falls jedoch zwei oder drei gute Zeugen vorhanden waren, die mit eigenen Augen die Tat beobachtet hatten, konnte der Täter auch ohne Geständnis, also auch ohne vorherige Folter, unmittelbar aufgrund des Zeugen-B. verurteilt werden (Art. 67, 69 CCC).

Die CCC folgte wie das gesamte ↗Gemeine Recht einer gesetzlichen B.-Lehre. Ob eine Tat bewiesen war oder nicht, hing danach nicht von der Würdigung des ↗Richters, sondern von der Erfüllung bestimmter fester Vorgaben ab. Bes. deutlich wird dies beim Zeugen-B. Wenn zwei gute Zeugen dasselbe sagten, musste das Gericht ihnen glauben (»zweier Zeugen Mund tun die Wahrheit kund«, 5. Mose 19, 15; Goethe, Faust I, V. 3013–3014). Diese gesetzliche B.-Theorie war in zahlreichen europ. Ländern verbreitet, so auch in der franz. *Ordonnance criminelle* von 1670. In England mit seiner Tradition des ↗Common Law kannte man diese B.-Theorie dagegen nicht. Hier folgte man einem Indizien-Prinzip, das lediglich zur Ausschließung bestimmter ungeeigneter B.-Mittel führte. Über den Wert des B.-Mittels entschieden dagegen die Geschworenen (↗Laienrichter).

Im Gegensatz zum ma. Recht, in dem grundsätzlich der Beklagte seine Unschuld beweisen konnte, fiel das B.-Recht des Angeklagten im Inquisitionsprozess weg. Lediglich in strafrechtlichen Akkusationsprozess, in dem nicht von Amts wegen ermittelt wurde, sondern die Parteien sich wie im Zivilprozess gegenüberstanden, konnte es Abweichungen geben. In der Praxis wurden diese strengen Regeln des Gemeinen Rechts modifiziert. Gerade bei Sonderverbrechen wie ↗Zauberei (↗Hexenprozess) kam es häufig zu Verurteilungen, obwohl die Indizien für die Folterung nicht ordnungsgemäß bewiesen waren und auch das Geständnis nicht auf seinen B.-Wert hin überprüft worden war. Anderseits war der Entlastungs-B. des Inquisiten über Art. 47 CCC hinaus weit verbreitet (↗Strafverteidigung).

1.2.2. Zivilprozess

Im frühnzl. gemeinrechtlichen ↗Zivilprozess war das B.-Problem anders geartet. Da es hier keine Wahrheitsfindung ex officio gab, spielte die Folter keine Rolle. Die B.-Bedürftigkeit hing hier entscheidend davon ab, ob eine Behauptung zwischen den Parteien streitig war oder nicht. Unstreitige, also übereinstimmende, Behauptungen der Parteien hatte das Gericht ohne weiteres für wahr anzusehen. Bei streitigem Vortrag kam es dagegen zum B. Im Gegensatz zum modernen Beibringungsgrundsatz, nach dem die Gerichte für die Rechtsanwendung, die Parteien dagegen für den Tatsachenvortrag verantwortlich sind, beschränkte sich die Pflicht des Gerichts zur Rechtsermittlung vielerorts auf das rezipierte Röm.-kanonische Recht. Häufig war es daher vorgesehen, dass die Parteien über die Existenz und den Inhalt partikularer Rechtsnormen B. führen sollten. Oftmals betraf dies örtliche Gewohnheiten des Ehegüterrechts und des ↗Erbrechts. Während im Röm. Recht Männer und Frauen gleiche Erbportionen erhielten, gab es vielerorts partikular Benachteiligungen von Frauen. Jetzt versuchten männliche Erben, die Rechtmäßigkeit dieser Benachteiligung zu beweisen. Diese Lehre ging auf die spätma. ital. ↗Rechtswissenschaft zurück, wurde aber etwa in Frankreich nicht in derselben Schärfe und auch in Deutschland in der Praxis nur teilweise übernommen [7]. Im Gegensatz zum ma. B.-Vorrecht sprach man im nzl. Recht von *onus probandi* (»B.-Last«). Welche der Parteien mit der B.-Führung belastet war, konnte für den Prozessausgang entscheidend sein und bildete daher in zahlreichen Verfahren einen Streitpunkt.

Die wichtigste Differenzierung des B.-Rechts wird in den Prozessgesetzen des 16. bis 18. Jh.s gar nicht deutlich. In der Praxis gab es nämlich die Unterscheidung zwischen förmlichen und formlosen B.-Führungen. Formlose B.-Führungen erfolgten in der Weise, dass die Parteien ihren Schriftsätzen bestimmte ↗Urkunden oder Augenscheinsobjekte wie etwa Landkarten beilegten, auch wenn das Gericht dies nicht verlangt hatte; dadurch versuchten die B.-Führer, ihre Behauptungen zu erhärten. Auch private Zeugenbefragungen durch einen von den Parteien beauftragten ↗Notar wurden dem Gericht auf diese Weise mitgeteilt.

Förmliche B.-Verfahren erkennt man dagegen an der Mitwirkung des ↗Gerichts. Im frühnzl. ↗Prozess gab es hierfür v. a. zwei Möglichkeiten: Im gemeinen Zivilprozess, der u. a. das Verfahren vor dem ↗Reichskammergericht und dem ↗Reichshofrat beherrschte, fanden kommissarische B.-Aufnahmen statt. Demgegenüber war in zahlreichen ↗Partikularrechten, v. a. im sächsischen Recht, das B.-Urteil weit verbreitet. Bei ersterem Verfahren, das in den vergangenen Jahren intensiv erforscht wurde [8], beauftragte das Gericht einen Kommissar, B. über die streitigen Behauptungen zu erheben.

Bes. verbreitet waren kommissarische Zeugenvernehmungen am Wohnort der Zeugen. Die Zeugen brauchten nicht zu dem ggf. weit entfernten Gericht zu reisen, sondern ihre Aussagen wurden in einem sog. B.-Rotulus niedergeschrieben. Der heute bekannte Unmittelbarkeitsgrundsatz galt nicht: Das Gericht bekam die Zeugen nie zu Gesicht, sondern urteilte später auf rein schriftlicher Grundlage. Neben Zeugenvernehmungen führten die B.-Kommissare auch Augenschein-B. durch. Sie besichtigten bestimmte Objekte oder Örtlichkeiten und hielten die Ergebnisse schriftlich bzw. in Form von Zeichnungen oder Landkarten fest. Auch Parteieide, die Vernehmung von Sachverständigen und die Überprüfung der Echtheit von ↗Urkunden konnten zu den Aufgaben der B.-Kommissare gehören.

Aufgrund der fehlenden freien B.-Würdigung gab es ein differenziertes System, den B.-Wert der einzelnen B.-Mittel zu bestimmen. Falls eine Partei einen unvollständigen B. geführt hatte, besaß sie die Möglichkeit, ihre Aussage durch einen Suppletionseid zu einem vollen B. zu verstärken. Demgegenüber konnte man auch den Prozessgegner zu einem ↗Eid zwingen, wenn nur dieser Informationen besaß, von denen der Prozessausgang abhing (sog. Eidesdelation). Auf dieser gemeinrechtlichen Grundlage beruhte nicht nur der ↗Kameralprozess, sondern auch das B.-Verfahren in roman. Rechtsordnungen wie der Spaniens und Portugals [2. 2406, 2447].

Gegenüber dem kommissarischen B. im Kameralprozess war im Partikularrecht, v. a. im ↗Sächsischen Recht das B.-Verfahren ein abgetrennter eigener Verfahrensteil, der durch ein sog. B.-Interlokut eröffnet wurde. In diesem »Zwischenurteil« legte das Gericht fest, welche Partei innerhalb welcher Zeit welche Behauptung zu beweisen habe. Im Einklang mit der älteren dt. Rechtstradition war der Prozessausgang damit insofern vorherbestimmt, als der gelungene oder gescheiterte B. notwendig zum Sieg oder zur Niederlage vor Gericht führte [1]. Es war daher konsequent, dass man gegen ein B.-Urteil ↗Rechtsmittel einlegen konnte. Aufgrund der hohen juristischen Autorität des Leipziger Schöffen und Professors Benedikt Carpzov setzte sich das B.-Interlokut im 17. Jh. in zahlreichen dt. Territorien durch, wurde im Kameralprozess (Jüngster Reichsabschied 1654) aber nicht übernommen. Im röm.-gemeinrechtlichen Zivilprozess wurde das B.-Urteil erst im 18. Jh. rezipiert. 1879 wurde es in Deutschland durch einen einfachen B.-Beschluss abgelöst. In Frankreich kannte die *Ordonnance civile* von 1667 die Kombination von B.-Urteil (franz. *appointement à faire preuve*) und dem Verfahren vor einem beauftragten Gerichtsmitglied. Zeugenvernehmungen unter Ausschluss der Parteien waren weit verbreitet, obwohl sie für hohe Streitwerte eigentlich verboten waren [2. 2503].

1.3. Der Weg zur freien Beweiswürdigung

Laut der älteren Forschungsliteratur gab es im 18. Jh. eine Krise des gelehrten B.-Rechts; verwiesen wird hierbei zumeist auf den Strafprozess, der nach der Abschaffung der ↗Folter (zuerst 1740 in Preußen) sein wichtigstes B.-Erzwingungsmittel verloren hatte. Nach neueren Untersuchungen stimmt dies nur bedingt [9. 504–506]. Zum einen konnte man den Beschuldigten bei unklarer B.-Lage zu einer Verdachtsstrafe verurteilen (↗Strafe). Zum anderen bejahten Strafrechtswissenschaftler wie Johann Samuel Friedrich Boehmer den B.-Wert von Indizien für die Schuldfeststellung und relativierten so die hohe Bedeutung des Geständnisses. Schließlich verzichtete man bei einem unvollständigen B. auf den heute notwendigen Freispruch und entließ den Angeklagten durch eine *absolutio ab instantia* lediglich vorläufig aus dem Verfahren. Diese »Instanzentbindung« entfaltete keine ↗Rechtskraft, sodass bei neuen Verdachtsmomenten das Verfahren jederzeit weitergeführt werden konnte.

Die Idee, dass man aus dem strengen B.-Dogma des gelehrten Rechts ausbrechen solle, formulierte zuerst Heinrich Kramer in seinem *Malleus Maleficarum*, dem berüchtigten »Hexenhammer« von 1486/87. Um möglichst viele ↗Hexen verurteilen zu können, sollten die Hexenverfolger auch ohne Geständnisse Todesurteile verhängen können. Diese radikale Ansicht setzte sich indes selbst im ↗Hexenprozess nicht durch. Lediglich in einem Fall wurde 1627 in Köln Katharina Henot als Hexe verbrannt, obwohl sie kein Geständnis abgelegt hatte.

Wegweisend für die dt. Tradition war der Reichsabschied von 1570 (↗Reichsgesetzgebung). § 97 billigte dem ↗Reichskammergericht ausdrücklich zu, Zeugenaussagen nach eigenem Ermessen zu würdigen. Andere Gerichte wie etwa das Oberappellationsgericht Celle schlossen sich diesem Grundsatz an. Zum allgemeinen Durchbruch kam die freie B.-Würdigung jedoch erst im Gefolge der franz. Gesetzgebung im 19. Jh. Die rechtsphilosophischen Wurzeln lagen freilich in der ↗Aufklärung. Bes. vehement hatte der neapolitanische Rechtsphilosoph Gaetano Filangieri in seiner *Scienza della legislazione* (1782–1791) die moralische Gewissheit in der

Seele des ↗Richters als ausreichend angesehen, um einen Menschen zu verurteilen. Von Napoleon Bonaparte als *notre maitre à tous* (Filangieri als »unser aller Lehrmeister«) gerühmt, verwundert es nicht, dass die franz. Prozessgesetze der napoleonischen Zeit diesem Konzept folgen. Der *Code de procédure civile* (1806) schaffte in Frankreich die überkommenen gesetzlichen B.-Regeln ab und führte die freie richterliche B.-Würdigung ein. Außerdem sollte die B.-Aufnahme, insbes. die Zeugenvernehmung, in Zukunft öffentlich erfolgen. Das B.-Urteil behielt der *Code* jedoch im Anschluss an die ältere franz. Tradition bei: Als B.-Mittel kannte die Prozessordnung Zeugenverhör, Urkunden, Sachverständige, Augenschein (franz. *decentes sur les lieux*) und Parteivernehmung. Der *Code d'instruction criminelle* (1808) machte die Geschworenen ausdrücklich darauf aufmerksam, dass das Gesetz keine Regeln enthalte, von denen sie die Vollständigkeit und Hinlänglichkeit eines B. abhängig machen dürften. Es ging vielmehr darum, dass die Geschworenen nach ihrer inneren Überzeugung (*intime conviction*) entscheiden sollten (Art. 342).

Ähnlich wie der ↗Code civil wurde auch das franz. Prozessrecht in vielen europ. Ländern bis 1813 übernommen. Auch nach seiner förmlichen Abschaffung in der Restaurationszeit nach 1815 übte es nachhaltigen Einfluss auf die Reformdiskussionen in Italien, Deutschland und anderen Ländern aus. Es gab zwar auch im 19. Jh. immer noch Anhänger der gesetzlichen B.-Theorie, so etwa den portug. Rechtsgelehrten Pereira e Sousa [2. 2447], doch übernahmen die ↗Kodifikationen der europ. Staaten im Wesentlichen die Neuerungen aus Frankreich, wenn auch teilweise mit mehreren Jahrzehnten Verzögerung.

→ Gericht; Prozess; Recht; Strafrecht; Urteil

[1] G. Buchda, Art. Beweisinterlokut, in: HRG 1, ¹1971, 408–411 [2] H. Coing (Hrsg.), Hdb. der Quellen und Literatur der neueren europ. Privatrechtsgeschichte, Bd. 3.2, 1982 [3] B. Dick, Die Entwicklung des Kameralprozesses nach den Ordnungen von 1495 bis 1555, 1981, 164–173 [4] A. Ignor, Geschichte des Strafprozesses in Deutschland 1532–1846, 2002 [5] U. Kornblum, Art. Beweis, in: HRG 1, ¹1971, 401–408 [6] J.J. Lauk, Art. Beweis, in: J.C. Bluntschli / K. Brater (Hrsg.), Dt. Staatswörterbuch 1, 1857, 135–142 [7] P. Oestmann, Rechtsvielfalt vor Gericht, 2002, 263–430 [8] E. Ortlieb, Im Auftrag des Kaisers. Die kaiserlichen Kommissionen des Reichshofrats, 2001 [9] M. Schmoeckel, Humanität und Staatsraison, 2000.

Peter Oestmann

2. Mathematisch

S. ↗More geometrico

Bewetterung

Zur B. eines Bergwerksbetriebes zählen alle physikalisch-chemischen Reaktionen und die im Rahmen der ↗Bergbautechnik angewandten Einrichtungen, welche folgenden Zwecken dienen: (1) Zuführung der erforderlichen Atemluft zu den unter Tage befindlichen Menschen und Tieren, (2) Sicherung der Verbrennungsluft für die ↗Bergmannslampen, (3) Verdünnung und Entfernung der in den Gruben auftretenden explosiven (»schlagenden«), stickigen (»matten«) und giftigen (»bösen«) Gase (sog. Wetter) sowie (4) Abführung überschüssiger Wärme durch Zuleitung kühlerer Luft zur Herstellung erträglicher Arbeitstemperaturen [5]. Die Erzeugung eines ununterbrochenen Wetterstromes in einem Grubengebäude bedingt die Existenz mindestens einer einziehenden und ausziehenden Tagesöffnung. Der Wetterstrom teilt sich danach in den ein- und ausziehenden Strom, die Abbaubetriebe bilden dabei die Grenze. Grundsätzlich kann die »natürliche« B., bei der sich der Wetterzug durch unterschiedlichen Druck an den Tagesöffnungen ergibt, von der »künstlichen« B. unterschieden werden. Letztere wird durch den Einsatz spezieller technischer Konstruktionen erzielt.

Bei der zu Beginn der Nz. in den zentraleurop. ↗Montanregionen erreichten Größe der Grubengebäude war eine allein natürliche B. in der Regel nicht mehr ausreichend. Vielfach kamen hier bereits Einrichtungen zur künstlichen B. zum Einsatz, die erstmals durch Georgius Agricola Mitte des 16. Jh.s ausführlich beschrieben wurden [1]. Ausgehend von einer dem naturwiss. Kenntnisstand geschuldeten rein deskriptiven Darstellung der natürlichen B. wird im 6. Buch von *De re metallica libri XII* (»Zwölf Bücher vom Berg- und Hüttenwesen«) der zeitgenössische technische Stand der Wettermaschinen erläutert. Insgesamt handelte es sich um überwiegend aus Holz gefertigte mechanische Einrichtungen zur Be- und Entlüftung der Grubengebäude. Sie waren an den Tagesöffnungen der Stollen oder Schächte installiert. Als charakteristische Formen zeigten sich zum einen fest stehende oder bewegliche, z. T. auch schornsteinartige Aufsätze auf den Wetterschächten (Wetterhut, Wetterfass). Ihre Funktion bestand in der reinen Sammlung und Umleitung übertägiger Luftströme in das Grubengebäude. Ferner wurden trommelartige Radialgebläse (Wettertrommeln) errichtet, die auf einer Welle aufsetzten und durch Rotationsbewegung eine Ventilationswirkung erzielten. Ihre Flügel hatte man teilweise mit Eisenblechen verkleidet. Als dritte Form waren speziell konstruierte Blasebälge verbreitet, die mittels vertikaler Bewegung und wechselseitigem Öffnen verschiedener »Windlöcher« sowohl verbrauchte »Wetter« auszogen, als auch frische Luft in das Grubengebäude bliesen. Die mitunter schweren Blasebälge für den Zuluft- und Abluftbetrieb wurden durch Menschen-, Tier- oder Wasserkraft angetrieben. Die »Wettertrommeln« ließen sich zusätzlich auch mit Hilfe von Windflügeln durch die Windkraft in Bewegung setzen.

Zur Verteilung der Frischwetter in den Stollen, Schächten und Strecken dienten hölzerne Luftkanäle von zumeist rechteckigem Querschnitt (»Lutten«), die mit den übertägigen »Wettermaschinen« in Verbindung standen. Aufgrund der durch unterschiedliche Schacht- und Streckenquerschnitte hervorgerufenen Reibungswiderstände verringerte sich die Stärke des Wetterzuges bis zu den entlegenen Grubenräumen. An den eigentlichen Gewinnungsorten verteilte man die Frischwetter deshalb zumeist durch Wedeln mit Tüchern (Diffusion).

Maßgebliche Fortschritte in der B. datieren erst aus dem 18. Jh. Sie basieren auf einer Vertiefung der Kenntnisse zur Wetterlehre im Zuge der sich ausbildenden ↗Montanwissenschaften. So gelang es Michail Lomonossow Mitte des 18. Jh.s, das Wesen der natürlichen B. naturwiss. zu begründen [4]. Eine physikalische Theorie lag auch den wettertechnischen Arbeiten von J. Bartels im Harz 1711 zugrunde [3.10]. Der Erkenntnisfortschritt bestand v. a. in der Verbindung von Vorstellungen zu Luftdruck, spezifischem Gewicht und Dichte der Luft. Eine eigentliche Theorie der künstlichen B. wurde allerdings erst gegen Mitte des 19. Jh.s in Anlehnung an die technische Strömungslehre von Julius Weisbach entwickelt [2].

In der technischen Umsetzung der B. kam es während des 18. Jh.s zu einer verstärkten Anwendung von Verfahren, welche den Auftrieb der Grubenwetter erzielten. Im Grubengebäude wurden Kessel aufgestellt und darin Holz verbrannt (»Kesseln«). Ab 1800 installierte man sowohl über als auch unter Tage zunehmend fest stehende Wetteröfen. Daneben wurden leistungsfähigere Luftpumpen (»Harzer Wettersatz«) entwickelt [3.10–11].

→ Bergbautechnik; Innovation; Montanwesen; Montanwissenschaften; Technischer Wandel

Quellen:
[1] G. Agricola, De re metallica libri XII / Zwölf Bücher vom Berg- und Hüttenwesen …, vollständige Übers. von C. Schiffner nach dem lat. Orig. von 1556, 1977 [2] J. Weisbach, Lehrbuch der Ingenieur- und Maschinentechnik in drei Teilen, 1850–1860.

Sekundärliteratur:
[3] S. Batzel, Aus der Geschichte der Grubenbewetterung, in: Bergbau-Archiv. Zsch. für Wissenschaft und Forschung im Bergbau 19, 1958, 1–15 [4] G. Buchheim / R. Sonnemann (Hrsg.), Geschichte der Technikwissenschaften, 1990 [5] L. Suhling, Aufschließen, Gewinnen und Fördern. Geschichte des Bergbaus, 1983.

Christoph Bartels / Michael Farrenkopf

Bibel

1. Die Bedeutung der Bibel in der Neuzeit
2. Reformationszeit
3. Frühe Neuzeit
4. Aufklärung und Romantik

1. Die Bedeutung der Bibel in der Neuzeit

Die Neuaufbrüche in allen Sphären der Kultur, die als Charakteristikum der europ. Nz. betrachtet werden, sind ohne Bezug auf die B. nicht zu verstehen. Die Neuorganisation der Gesellschaftsordnungen und Herrschaftsformen (↗Herrschaft), des Bildungswesens (↗Bildung) und der Wissenschaft (↗Wissen und Wissensideale), die neuen Impulse in Kunst und Literatur (↗Literarische Institutionen) sowie die neuen Interpretationen menschlichen Selbstverständnisses vollzogen sich weitgehend in Auseinandersetzung mit der B. als dem umfassenden Zeichensystem zur Interpretation und Gestaltung der Wirklichkeit im Christentum (↗Europäische Religionsgeschichte) [2]. Wo sich spezifisch nzl. Entwicklungen innerhalb des Christentums durchsetzten oder gesellschaftliche Institutionen und individuelle Lebensformen ihr Profil in Auseinandersetzung mit dem Christentum schärften, wurde direkt oder indirekt auf die B. Bezug genommen, die selbst – durch die bedeutungsgeladene Betonung des Epochenbruchs in der Gegenüberstellung von »neuem« und »altem« Testament – ein Grundelement des nzl. Selbstverständnisses enthielt.

Als Zeugnis der raum-zeitlich gebundenen geschichtlichen ↗Offenbarung Gottes in Israel und in Jesus von Nazareth ist ihre Stellung als Heilige Schrift durch die Unwiederholbarkeit dieser geschichtlichen Offenbarung begründet, welche die Bewahrung des Offenbarungsgeschehens in seiner möglichst genauen und darum schriftlich tradierten Bezeugung forderte (↗Schrift und Tradition). Die Unwiederholbarkeit begründete im Urchristentum die Rezeption der alttestamentlichen Schriften und die Produktion der neutestamentlichen Schriften, deren Auswahl und Zusammenstellung zu einem Kanon am Übergang vom 4. zum 5. Jh. abgeschlossen war. Die Aktualisierung der überlieferten geschichtlichen Offenbarung wird im Christentum als Selbstvergegenwärtigung ↗Gottes im Heiligen Geist verstanden, der auch als Quelle und Bürge der biblischen Wahrheit in Anspruch genommen wird. Das spannungsvolle Verhältnis zwischen Buchstabe und Geist (↗Hermeneutik), zwischen der Auslegung des biblischen Zeichensystems als paradigmatischer Interpretation der Wirklichkeit des Menschen (in der Welt und in seiner Beziehung zu Gott) und der dem Menschen geschenkten unmittelbaren Erfahrung der Wahrheit im Geist, zwischen textgebundener Tradition und personaler Gewissheit auf Grund von erlebter Evidenz durchzieht die gesamte abendländische Kulturgeschichte.

Die B. bestimmte in der Nz. nicht nur in der gottesdienstlichen ↗Liturgie und Verkündigung (↗Predigt) stets neu die Identität der christl. Kirche, die faktisch als Interpretationsgemeinschaft der B. existierte, vielmehr war die Interpretation der gesamten Wirklichkeit auf der Basis der B. bis weit in die Nz. Gemeingut in der Geschichte des ⸍ Abendlandes. Als das Weltbuch verstanden, das die Geschichte von *Alpha* bis *Omega*, von der Schöpfung bis zur endzeitlichen Vollendung umgreift, bot die B. den narrativen Rahmen, in dem jedes geschichtliche Ereignis zu verorten war.

Das »Buch der Schrift« war der Schlüssel zum ⸍ Buch der Natur. Durch die biblischen Rechtssatzungen war die Schrift zugleich Rechtsbuch, auf das sich jede Vorstellung von ⸍ Naturrecht und positivem Recht stützte. Als Glaubensbuch formulierte die B. die Inhalte, an denen sich in den nzl. religiösen Auseinandersetzungen jede Glaubensregel ausweisen musste; daneben wurde sie auch als persönliches Erbauungs- und Trostbuch gelesen (⸍ Erbauungsschriften). Jede Form von sozialer Ordnung, jede Form von ⸍ Herrschaft wurde aus der B. begründet, war aber auch von ihr her kritisierbar. Zugang zur B. bedeutete darum Zugang zur Interpretationsautorität über die Wirklichkeit in allen ihren Dimensionen.

2. Reformationszeit

Die ⸍ Reformation Martin Luthers war – ganz in der Tradition der ma. Reformbewegungen John Wyclifs und der Lollarden oder des Johannes Huß und der Hussiten – eine B.-Bewegung. Paradigmatischen Charakter hatte Luthers Berufung auf die Schrift vor Karl V. auf dem Reichstag zu Worms 1521 als Begründung der Weigerung, seine Lehre zu widerrufen. Sie nahm die letzte Instanz in Anspruch, durch die auch der Kaiser selbst seine Autorität begründete.

Die Berufung auf die Schrift war in den reformatorischen Bewegungen ein Appell an die höchste Autorität, die alle anderen Autoritäten relativierte. Die von Luther in der Auseinandersetzung mit Erasmus von Rotterdam entwickelte Auffassung, dass die Schrift in dem, was sie sage, äußere Klarheit besitze und dass ihr Wahrheitszeugnis durch das Wirken des Geistes Gottes innere Klarheit und letzte Gewissheit gewinne, war die Entmachtung des kirchlichen ⸍ Lehramtes, das seine Berechtigung auf die Notwendigkeit einer autoritativen Auslegung der B. angesichts ihrer Unklarheiten stützte. Ist die B. klar, äußerlich wie innerlich, dann ist die Auslegung prinzipiell jedem Glied der Kirche anvertraut und zugemutet. Die reformatorische Überzeugung, dass die B. allein in ihrer sich selbst auslegenden und deswegen auf keine anderen Instanzen angewiesenen Klarheit letzte Gültigkeit in Gottes- und Weltdingen besitzt, relativierte alle anderen Autoritätsansprüche. Dies war die Basis der reformatorischen Lehre vom allgemeinen Priestertum aller Gläubigen (⸍ Priesteramt).

Verband die Berufung auf die letztbegründende Autorität der B. alle reformatorischen Bewegungen gegenüber der spätma. ⸍ Römisch-katholischen Kirche, sind die Unterschiede im theologisch begründeten Gebrauch der B. der Schlüssel zum Verständnis der inneren Differenzierungen der Reformationsbewegung. Während für Luther das Christuszeugnis in der Dialektik von Gesetz und Evangelium die in der Schrift ausweisbare »Mitte der Schrift« war, bestimmte für Calvin die Einheit des Bundes Gottes mit den Menschen im »alten« und »neuen« Testament die weitere Gültigkeit des alttestamentarischen Gesetzes auch für die Christen. Die ⸍ Täufer-Bewegungen des 16. Jh.s (Menno Simons) postulierten den unbedingten Gehorsam gegenüber dem Buchstaben der Schrift, während die sog. ⸍ Schwärmer (Thomas Müntzer) unter Berufung auf den »Geist der Schrift« ihr apokalyptisches Geschichtsverständnis als Legitimation zum Aufstand interpretierten (vgl. ⸍ Apokalyptik; ⸍ Chiliasmus).

Die Differenzierungen im Verständnis der B. als letztgültiger Autorität hatten direkte Konsequenzen für die Theorien und Formen der Sozialgestaltung, die sich auf die B. beriefen. Gemeinsam war ihnen, dass die postulierte »Souveränität« des Gottesvolkes im allein auf die Schrift gegründeten und allein an Gott gebundenen Urteil über Glaubensdinge zum wirkungsmächtigen Faktor bei der Herausbildung des Gedankens der Volkssouveränität in weltlichen Dingen wurde.

3. Frühe Neuzeit

Während die B. auf kath. Seite im Grunde erst im ausgehenden 19. Jh. zu einem religiösen Volksbuch wurde, setzte auf evang. Seite der ⸍ Buchdruck das reformatorische Prinzip der Höchstgeltung der B. praktisch um. Nachdem der Gebrauch der B. bis zur Reformation fast ausschließlich auf den ⸍ Gottesdienst beschränkt war, wandelte sich ihre Funktion danach vom reinen »Gottesdienstbuch« zum »Hausbuch«, das auch privat gelesen wurde. Die Auslegung der B. durch gelehrte Kleriker verlor damit ihren Monopolanspruch, gelehrte B.-⸍ Exegese vollzog sich nun im Kontext der Interpretation und Applikation der B. in allen Bereichen der Gesellschaft.

Die von der Reformation beförderte allgemeine Schulbildung (⸍ Schule) wurde zum entscheidenden Korrelat des protest. Schriftprinzips. Die Übersetzung der B. in die ⸍ Volkssprache war eine notwendige Implikation des Zusammenhangs zwischen dem Prinzip der alleinigen Gültigkeit der Heiligen Schrift als religiöse Autorität (*sola scriptura*, »die Schrift allein«) und der Vorstellung vom Priestertum aller Gläubigen. Die ⸍ Bibelübersetzungen in die ⸍ Nationalsprachen beförderten die Ausbildung national-sprachlich definierter Kommunikationsgemeinschaften, die sich als entscheidender Faktor beim Zerfall des supranationalen ⸍ Heiligen Römischen Reiches Deutscher Nation und als entscheidender Impuls bei der Genese der ⸍ Nationen erwiesen, die die

Geschichte der ↗Neuzeit durchzieht. Während im ↗Pietismus die B. als Leitfaden individueller Herzensfrömmigkeit fungierte, gewann sie im engl. ↗Puritanismus zeitweise die Funktion der ↗Obrigkeit, insofern im ↗Commonwealth alle legislativen, judikativen und exekutiven obrigkeitlichen Funktionen aus der B. hergeleitet wurden. In dieser fundamentalpolitischen Funktion wurde die B. von den Pilgervätern auch in die »↗Neue Welt« Amerikas gebracht, und hat diese – im Rahmen der von der Verfassung der USA festgestellten Unabhängigkeit von Staat und Kirche – bei großen Teilen der nordamerikan. Bevölkerung weitgehend behalten (↗Kirche und Staat).

4. Aufklärung und Romantik

Der durch den ↗Buchdruck ermöglichte Übergang von einer wesentlich auf mündlicher ↗Kommunikation (↗Mündlichkeit) und der Sinnorientierung durch Bilder basierenden zu einer durch schriftliche Kommunikation geprägten Gesellschaft (↗Schriftlichkeit) – ein Umstellungsprozess, der sich in erster Linie durch die Verbreitung gedruckter B. vollzog – war der gemeinsame Boden sowohl für Lehren der Verbalinspiration der B. als auch für die histor.-kritische B.-Exegese. War im engl. Deismus die Berufung auf die autonome ↗Vernunft und Erfahrung, losgelöst vom Zeichensystem der Schrift, das Kriterium zur Beurteilung der Wahrheit der Schrift (↗Vernunftreligion), wurde im Rahmen der histor.-kritischen B.-Auslegung ein vom Zeichensystem der B. losgelöstes Geschichtsverständnis zum Maßstab kritischer Untersuchungen biblischer Texte.

Die ↗Bibelkritik der ↗Aufklärung erwies sich darin als ambivalent, dass sie einerseits auf der Loslösung der B. aus dem Autoritätszusammenhang von Tradition (↗Traditionsverständnis) und ↗Lehramt aufbaute und das Laienrecht zur B.-Interpretation entschlossen in die eigene Hand nahm, andererseits die eigene Einsicht nicht mehr von der Erleuchtung durch den Heiligen Geistes geleitet sah, sondern das Licht des eigenen Verstandes zum Prinzip der aufklärerischen B.-Auslegung machte. Gegenüber dem abstrakten Vernunftideal der Aufklärung machte die ↗Romantik auch im Umgang mit der B. die Vorstellung einer geschichtlich inkarnierten, individuellen Vernunft geltend. Im Vollzug der Aufklärung wurde nicht mehr das Buch der B. als der Schlüssel zur Auslegung des »↗Buches der Natur« und der ↗Geschichte betrachtet. Vielmehr wurde das »Buch der Natur«, das sich nur der natürlichen Vernunft erschloss, zum Schlüssel der Deutung des Buchs der B. War zu Beginn der Nz. die B. das Buch, von dem her alle anderen Bücher zu interpretieren waren, setze sich auf dem Höhepunkt der Nz. das Prinzip durch, dass die B. wie jedes andere Buch zu interpretieren sei [3]. Die religiöse Bedeutung und kulturelle Wirkung der B. hat den Streit um ihre Interpretation über die Nz. hinaus überdauert.

→ Bibeldichtung; Bibelkritik; Bibelübersetzung; Offenbarung; Schrift und Tradition; Theologie

[1] H. Karpp, Art. Bibel IV, in: TRE 6, ³1980, 48–93
[2] H. Graf Reventlow, Epochen der Bibelauslegung (4 Bde.), 1990–2001 [3] H. H. Schmid / J. Mehlhausen (Hrsg.), Das reformatorische Schriftprinzip in der säkularen Welt, 1991
[4] Ch. Schwöbel, Art. Bibel IV. Dogmatisch, in: RGG⁴ 1, 1426–1432.

Christoph Schwöbel

Bibelausgabe s. Bibelübersetzung

Bibelauslegung s. Exegese

Bibeldichtung

1. Definition
2. Formen

1. Definition

Der Begriff B. erfasst ein Spektrum vielfältiger, zuweilen interferierender Textsorten in Versform, die inhaltlich entweder auf biblische Bücher, Episoden und Stoffe oder aber auf parabolisches, apokryphes und legendarisches Schrifttum rekurrieren (↗Bibel). Als spezifische Form der ↗geistlichen Dichtung setzte die nzl. B. zunächst spätantike und ma. Traditionen fort; seit der ↗Reformation stand sie jedoch als Medium der Vermittlung christl. Tugendhaftigkeit (↗Tugend) vermehrt im Fokus von Abgrenzungsbestrebungen (Selektion des Kanons, Ersetzung paganer durch christl. Inhalte, Transformation antiker Darstellungsmuster in einen moralisch abgesicherten Aussagezusammenhang) gegenüber heidnisch-antiker Lügenhaftigkeit und Frivolität, die man v. a. in der ↗Mythologie manifestiert sah [8].

2. Formen

2.1. Kleinformen

Innerhalb der poetischen Kleinformen, die sämtliche Möglichkeiten lyrisch-melischen (↗Lyrik), elegischen (↗Elegie) oder epigrammatischen (↗Epigramm) Sprechens ausschöpften, erwiesen sich insbes. die ↗Psalmendichtung (Paulus Schedius Melissus, Ambrosius Lobwasser, Eobanus Hessus, Martin Opitz u. a.) und die Perikopendichtung als wirkmächtig. Durch Luthers Psaltervorrede von 1528 poetologisch begründet, führte die Übertragung und Nachdichtung der Lieder Davids zur Herausbildung eines eigenen lit. Typus, der seine Funktion zwischen individueller Meditation (mit z. T. performativer Zuspitzung des Psalminhalts auf die konkrete Lebenssituation des Dichters) und gemeinschaftlicher Adhortation fand [1]; [6]. Darüber hinaus wurden

Psalmen vereinzelt als Gebete oder Klagelieder in die Redepartien epischer Dichtungen wie etwa Nicodemus Frischlins *Hebraeis* eingefügt. Die Perikopendichtung folgt der Ordnung der im Gottesdienst vorgetragenen Sonntagsevangelien. Die lat. Perikopendichtung setzte mit Johann Spangenberg (*Evangelia dominicalia in versiculos extemporaliter versa*, »Sonntagsevangelien, in Stegreifverse gefasst«, 1539), die dt. mit Martin Agricola und Nicolaus Herman ein und erreichte ihren Höhepunkt im 17. Jh. bei Johannes Heermann, Martin Opitz und Andreas Gryphius [7].

2.2. Drama

Zentrale Bedeutung als Ort des konfessionellen Diskurses kam seit dem 16. Jh. dem ↗Theater zu. Biblische Stoffe bildeten die Grundlage zahlreicher protest. ↗Schuldramen [10] und der im Dienste der ↗Gegenreformation stehenden ↗Jesuitendramen [12]; [11]; [13].

2.3. Epos

In Konkurrenz zum ↗Bibeldrama trat in der Frühen Nz. die Bibelepik (↗Epos) [14], die nahezu denselben Stoffkreis für sich beanspruchte, den biblischen Bericht jedoch amplifizierte, die Handlung in Bezug zum histor. Geschehen setzte und dieses aus heilsgeschichtlicher Perspektive reflektierte. Traditionelle epische Bauweise erhielt ab dem 16. Jh. wieder stärkeres Gewicht gegenüber kommentierenden und exegetischen Elementen, die das spätantike und ma. Epos dominiert hatten. Bedingt durch Curtius' Bestätigung des ästhetischen Verdikts der Goethezeit [2.46] ist die wiss. Erforschung des Genres bislang auf Einzelstudien beschränkt geblieben.

Als Bibelepik wird gemeinhin ein Spektrum strukturell unterschiedlicher Textsorten bezeichnet, das vom Epyllion (Kleinepos) über die metrische Paraphrase des Bibeltextes und die Evangelienharmonie (auf dem Wortlaut der vier Evangelien beruhender einheitlicher Bericht vom Leben und Wirken Jesu) bis hin zum Bibelepos oder biblischen Epos [16] im engeren Sinne mit seiner artifiziellen und eigenständigen Organisation des Quellenstoffes (*ordo artificialis*) reicht. Die frühnzl. Dichter treffen diese Unterscheidungen freilich nicht. Sie verwenden einheitlich die Begriffe *carmen heroicum* (»heroisches Gedicht«) und *carmen virgilianum* (»vergilianisches Gedicht«), mit denen sie ihre Werke als Hexameterdichtungen ausweisen, die den Vorgaben antiker ↗Poetik und ↗Metrik (Aristoteles, Diomedes) und der *Aeneis* Vergils als dem idealtypischen antiken Prototyp verpflichtet sind.

Die Herausbildung einer eigenständigen Bibelepik wurde in Deutschland insbes. durch zwei Faktoren begünstigt: Zum einen waren dies die in den 1490er Jahren vom Kreis um Alexander Hegius in Deventer initiierten Bemühungen um die Restauration der spätantiken lat. Bibelepen (Iuvencus, Arator, Avitus, Sedulius, Prudentius), die zunächst in der überlieferten, später dann in einer nach stilkritischen Erwägungen verbesserten (emendierten) Textgestalt ediert wurden, zum anderen die Rezeption der Bibelepik der ital. Renaissance, die bereits hohes ästhetisches Niveau erreicht hatte. Baptista Mantuanus' *Parthenice Mariana* (1491/92), Battista Fieras *Evangelica historia* (1522) und mehr noch Iacopo Sannazaros *Parthenias* (1526) und Marco Girolamo Vidas *Christias* (1535) verliehen als Leit- und Mustertexte Bibelepen europaweit entscheidende Impulse.

In Deutschland wurden zwischen der *Josephias* des Sachsen Paulus Didymus (1580), dem bewusst als christl. Gegenstück zu Vergil konzipierten Epos des württembergischen Dramatikers Nicodemus Frischlin über die Geschichte des alten Israel (*Hebraeis*, postum 1599) und der *Moseis* des Theologen Ulrich Bollinger (1597; erweitert 1603) bis zu den beiden in der Jugend entstandenen Herodes-Epen (1634/35) und der Ölberg-Dichtung des Andreas Gryphius (*Olivetum*, 1646; überarbeitet 1648) [3] zahllose ambitionierte Versuche der epischen Transformation von Teilen der ↗Bibel unternommen [5]. Dabei entstanden exzellente Dichtungen wie z. B. Georgius Nicolasius' *Historia Iesu Christi* (1590), Caspar Sturms bis 1700 viel gelesene *Bella Josuae* (1621; »Kriege Josuas«) und Jakob Bidermanns SJ *Herodias* (1622), ein Epos über den Bethlehemitischen Kindermord.

Hinzu kam eine reiche, nicht annähernd überschaubare Epylliendichtung, die sich entweder den kleineren Büchern der Bibel (Jonas) oder aber theologisch zentralen Szenen (David und Goliath) zuwandte. Biblisches thematisieren in Form fingierter ↗Briefe von Frauengestalten des AT und des NT auch die *Heroides sacrae*, christl. Adaptationen der »Heldenfrauenbriefe« Ovids. Allegorische Bibelepen kennt die Nz. etwa in Gestalt der *Sarcotis* (1654) des dt. Jesuiten Jakob Masen, von der die engl. Literaturkritik des 19. Jh.s überzeugt war, John Milton habe sie plagiiert, oder *De raptu Cerberi* (1538) des Kroaten Jacobus Bonus. In Großbritannien reihten sich 1634 Alexander Ross (weitere Aufl. 1638 und 1659) und 1670 Robert Clarke (weitere Aufl. 1708 und 1855) mit ihren jeweils *Christias* genannten epischen Darstellungen des Lebens Jesu in die Kontinuität der europ. Bibelepik ein. Volkssprachliche Dichtungen flankierten in Frankreich, Italien und England die neulat. Tradition und wurden durch Übersetzungen in Deutschland bekannt. So übertrug Tobias Hübner 1619 Guillaume de Salluste du Bartas' Weltschöpfungsepos *La Sepmaine ou Creation du Monde* (1578), Barthold Heinrich Brockes verdeutschte 1715 Giambattista Marinos *Strage degli Innocenti* von 1632 (»Der Bethlehemitische Kindermord«) und seit 1682 fand John Miltons Blankversdichtung

Paradise Lost (1668/74) verschiedene dt. Übersetzer. Eigene Versuche blieben demgegenüber unbedeutend oder überschritten wie Hans Jakob Christoffel von Grimmelshausens *Joseph* (1666) und Philipp von Zesens *Assenat* (1670) bereits die Schwelle zum biblischen ↗Roman.

Die in der ersten Hälfte des 18. Jh.s geführte Auseinandersetzung um das Wunderbare in der Dichtung und dessen Darstellbarkeit erfasste auch die christl. Epik. Johann Jakob Bodmers Verteidigung und Übersetzung von Miltons *Paradise Lost* (1732, 1740) inspirierte Klopstock zu seinem *Messias* (1748–73; überarbeitet und erweitert 1780 und 1800), der ersten Hexameterdichtung in dt. Sprache. Mit ihr erreichte die biblische Versepik ihren Höhepunkt, obwohl in den 20 Gesängen das biblische Geschehen hinter der theologischen Lehre von der Erlösung der Menschheit zurücksteht. Versuche des Theologen Johann Wilhelm Petersen und des Klopstock-Lehrers Johann Joachim Gottlob, mit der *Uranias* (1729) bzw. der *Christeis* (1759) das lat. Bibelepos zu restituieren, scheiterten ebenso [4] wie die verschiedentlich unternommenen hybriden Anstrengungen der Übertragung der Epen Marinos, Miltons und Klopstocks ins Lateinische. Bodmer selbst versifizierte in einer Reihe von Patriarchaden Stoffe des AT. Christoph Martin Wieland bereicherte mit *Der geprüfte Abraham* (1753), Lavater mit *Jésus Messias* (1783), einer Harmonisierung der vier Evangelien mit der Apostelgeschichte, die Tradition der volkssprachlichen Bibelepik [9]. Gerhard Anton von Halems *Jesus, der Stifter des Gottesreiches* (1810), Friedrich Rückerts Evangelienharmonie *Leben Jesu* (1839), eine Replik auf David Friderich Strauß' kritische Darstellung *Das Leben Jesu* (1835/36), und Friedrich Wilhelm Helles *Jesus Messias* (1896) sind die letzten Zeugen einer im 19. Jh. allmählich verklingenden Tradition.

→ Bibeldrama; Drama; Epos; Geistliche Dichtung; Lyrik; Psalmendichtung

[1] I. Bach / H. Galle, Dt. Psalmendichtung vom 16. bis zum 20. Jh. Untersuchungen zur Geschichte einer lyrischen Gattung (Quellen und Forschungen zur Sprach- und Kulturgeschichte der germanischen Völker 219), 1989 [2] E. R. Curtius, Europ. Literatur und lat. MA, ¹¹1993 [3] R. G. Czapla, Epen oder Dramen? Gattungstheoretische Überlegungen zu Andreas Gryphius' lat. Bibeldichtung, in: Jb. für Internationale Germanistik 32.2, 2000, 82–104 [4] R. G. Czapla, Schulpforta und die Bibelepik des 18. Jh.s. Klopstocks Lehrer Johann Joachim Gottlob am Ende als Dichter und Theologe, in: Daphnis 34, 2005, 287–326 [5] W. L. Grant, Neo-Latin Verse-Translations of the Bible, in: The Harvard Theological Review 52, 1959, 205–211 [6] E. Grunewald et al. (Hrsg.), Der Genfer Psalter und seine Rezeption in Deutschland, der Schweiz und den Niederlanden im 16. bis 18. Jh. (Frühe Nz. 97), 2004 [7] H.-H. Krummacher, Der junge Gryphius und die Tradition. Studien zu den Perikopensonetten und den Passionsliedern, 1976 [8] W. Kühlmann, Poeten und Puritaner: Christl. und pagane Poesie im dt. Humanismus. Mit einem Exkurs zur Prudentius-Rezeption in Deutschland, in: Pirckheimer-Jb. 8, 1993, 149–180

[9] D. Martin, Das dt. Versepos im 18. Jh. Studien und kommentierte Gattungsbibliographie, 1993 [10] J. A. Parente, Religious Drama and the Humanist Tradition. Christian Theatre in Germany and in the Netherlands 1500–1680 (Studies in the History of Christian Thought 39), 1976 [11] J.-M. Valentin, Le théâtre des Jésuites dans les pays de langue allemande (1554–1680), 3 Bde., 1978 [12] J.-M. Valentin, Le théâtre des Jésuites dans les pays de langue allemande. Répertoire chronologique des pièces représentées et des documents conservés (1555–1773), 2 Bde., 1983–1984 [13] J.-M. Valentin, Theatrum catholicum. Les Jésuites et la scène en Allemagne au XVIᵉ et au XVIIᵉ siècles, 1990 [14] M. Wehrli, Sacra poesis. Bibeldichtung als europ. Tradition, in: M. Wehrli, Formen ma. Erzählung. Aufsätze, 1969, 51–71 [15] R. Wimmer, Jesuitentheater: Didaktik und Fest. Das Exemplum des ägyptischen Joseph auf den Bühnen der Gesellschaft Jesu (Das Abendland NF 13), 1982 [16] A. Wünsche, Das biblische Epos in der neueren dt. Literatur, in: Jahresbericht der Städtischen Höheren Töchterschule Dresden für das Schuljahr 1878/80, 1880, 3–23

Ralf Georg Czapla

Bibeldrama

Im weiteren Sinn umfasst der Begriff B. all jene theatralischen Dichtungen, die auf biblischen Stoffen beruhen; im engeren Sinn bezeichnet er einen im 16. und frühen 17. Jh. v. a. in protest. Territorien verbreiteten dramatischen Typus, dessen Genese und Geltungsgewinn im Kontext humanistischer und (gegen-)reformatorischer Bestrebungen zu sehen sind.

Die fruchtbare Auseinandersetzung humanistischer Gelehrter (↗Humanismus) mit der antiken Komödie (Terenz) und Tragödie (Seneca) (↗Antikerezeption) begünstigte die Herausbildung und Durchsetzung neuer theatralischer Gestaltungsprinzipien, die auf eine Symbiose zwischen dem ästhetischen Modell des griech. und röm. Dramas und der ethisch-religiösen Programmatik eines sich reformierenden Christentums zielen. Ungeachtet offenkundiger Anleihen beim geistlichen Spiel des MA konstituiert das B. ein eigenständiges Genre, dessen formale Modernität sich u. a. in der Gliederung in Akte und Szenen manifestierte.

Den Stoff-Fundus des B. bildete die ↗Bibel, wobei sich eine Präferenz für das AT und die apokryphen Schriften des AT abzeichnet. Besonderer Beliebtheit erfreuten sich biblische Figuren wie Abraham (z. B. Théodore de Bèze, *Abraham sacrifiant*, 1550), Joseph (z. B. Georg Macropedius, *Josephus*, 1544; Jost van den Vondel, *Joseph in Egypten*, 1640), Esther (z. B. Anonymus, *Godly Queen Hester*, um 1525; Hans Sachs, *Esther*, 1530), David (z. B. Louis des Masures, *David combattant/David triomphant/David fugitif*, 1566; George Peele, *David and Bethsabe*, 1599), Judith (z. B. Sixt Birck, *Judith*, 1539) oder Susanna (z. B. Paul Rebhun, *Susanna*, 1536; Thomas Garter, *The Most Virtuous and Godly Susanna*, 1578). Darüber hinaus gehören auch Adam und Eva, Jakob und Esau, Jephta, Hiob oder Tobias zu den im B. immer wieder behandelten Gestalten des AT. Aus dem NT sind es v. a. die Parabel vom verlorenen Sohn (z. B. Burkard Waldis, *De parabell vam verlorn Szohn*, 1527; Willem Gnaphaeus, *Acolastus*, 1529) und die Hochzeit zu Kanaa (z. B. Paul Rebhun, *Die Hochzeit zu Cana*, 1538), die als Vorlage für eine Dramatisierung dienten.

Die bemerkenswerte Verbreitung des B. im 16. Jh. steht in Zusammenhang mit dem hohen Stellenwert, den die Heilige Schrift für die protest. Theologie besaß. Dem Ziel, die Kenntnis der Bibel auch innerhalb illiterater Bevölkerungsgruppen zu fördern, dienten neben einer Reihe von Übersetzungen des hebr. und griech. Urtexts in europ. Sprachen (↗Bibelübersetzung) auch die Vermittlung biblischer Erzählung im Modus theatralischer Inszenierung. Die überwiegend positive Einschätzung des ↗Dramas durch die frühen Exponenten der lutherischen und calvinistischen ↗Reformation erklärt sich nicht nur aus der durch die szenische Rezitation bewerkstelligten Einübung sprachlicher und rhetorischer Fähigkeiten im Rahmen gymnasialer Erziehung (↗Lateinschule), sondern v. a. aus den dem Drama inhärenten Möglichkeiten der Vermittlung eines evang. fundierten Wertesystems. Es ist so gesehen nicht verwunderlich, dass neben in lat. Sprache verfassten biblischen ↗Schuldramen eine große Zahl volkssprachlicher Stücke entstand, die sich dort, wo sie (v. a. im südt.-schweizer. Raum) nicht nur im schulischen Rahmen, sondern im öffentlichen Raum zur Aufführung gelangten, potentiell an die gesamte Bürgerschaft einer ↗Stadt richteten.

Zwar vertrauten nicht nur reformatorisch gesinnte Autoren, sondern auch deren kath. Kontrahenten auf die Wirkung dramatischer ↗Inszenierung (↗Jesuitendrama), dennoch fällt auf, dass das B. mehrheitlich in zumindest partiell protest. Territorien, d. h. im dt.sprachigen Raum [3]; [4], in den Niederlanden [4], in England [1]; [5] und Frankreich [2], gepflegt wurde. Im Kontext konfessioneller Auseinandersetzung kam ihm zunächst die Funktion zu, die jeweilige theologische Position auf prägnante Weise zu formulieren und den religiösen Gegner zu diffamieren. Der konfessionspolemische Charakter der ersten sich biblischer Stoffe bedienenden Spiele wich bereits gegen die Mitte des 16. Jh.s einer auf religiöse und moralische Didaxe zielenden Haltung. Das B. diente nun primär als Instrument der Popularisierung der im Zuge der ↗Konfessionalisierung ausgebildeten theologischen Dogmen, ethischen Postulate und sozialen Handlungsnormen und – dies gilt insbes. für England – der Stärkung protest. Identität. Mit Blick auf die zu bewältigenden religiösen und profanen Herausforderungen gestaltete es durch die Heilige Schrift legitimierte exemplarische Rollenmodelle, die erst im Laufe des 17. Jh.s, im Zuge einer skeptischeren Beurteilung geistlicher Schauspiele durch protest. Theologen, an Strahlkraft verloren.

→ Bibeldichtung; Drama; Erbauungsliteratur

[1] R. BLACKBURN, Biblical Drama under the Tudors, 1971 [2] E. KOHLER, Entwicklung des biblischen Dramas des XVI. Jh.s in Frankreich, 1911 [3] W. MICHAEL, Das dt. Drama der Reformationszeit, 1984 [4] J. PARENTE, Religious Drama and the Humanist Tradition. Christian Theatre in Germany and in the Netherlands 1500–1680, 1987 [5] M. ROSTON, Biblical Drama in England. From the Middle Ages to the Present Day, 1968.

Silvia Serena Tschopp

Bibelepos s. Epos; Bibeldichtung

Bibelgesellschaft

1. Anfänge
2. Pietismus und Erweckungsbewegungen
3. Probleme
4. Katholische Sicht

1. Anfänge

B. (engl. *Bible Societies*) als Organisationen zur Verbreitung der ↗Bibel sind erst im 18./19. Jh. entstanden. Doch die Aufgabe der Bibelverbreitung in der ↗Volkssprache resultiert schon aus dem reformatorischen Verständnis der ↗Bibel als einziger Autorität in christl. Glaubensfragen und des Priestertums aller Getauften, das allein auf die Bibel angewiesen ist (↗Reformation). Mit der durch den ↗Buchdruck ermöglichten Verbreitung von Luthers ↗Bibelübersetzung, die in außerdt. protest. Ländern zu gleichen Unternehmungen anregte, begann die Entwicklung der Bibel zum evang. Volksbuch. Aber Luthers Wunsch, dass alle Christen sie täglich gebrauchten, standen vorerst noch die geringe Alphabetisierung (↗Analphabetismus) der Bevölkerung und die hohen Buchpreise entgegen. Immerhin wurden bis 1626 schätzungsweise 200 000 Luther-Bibeln gedruckt und durch den ↗Buchhandel vertrieben.

2. Pietismus und Erweckungsbewegungen

Die unter veränderten Rahmenbedingungen erhobene Reformforderung des ↗Pietismus, »das Wort Gottes reichlicher unter uns zu bringen« (Ph. J. Spener, *Pia desideria*, 1675), rief zunächst einige Privatinitiativen zur Bibelverbreitung hervor, erhielt dann aber in Halle mit der Gründung einer Bibelanstalt durch A. H. Francke und C. H. von Canstein 1710 eine organisatorische Basis. Canstein versprach auf Grund genauer Berechnungen und mit Hilfe eines Grundkapitals von 3 000 Talern, das NT für zwei Groschen, eine Handbibel in kleinem Format für sechs Groschen zu liefern. Kostensparende Herstellungsverfahren (v. a. der »stehende« Drucksatz) und die Neuinvestierung der Verlagsgewinne machten preiswerte, auch ärmeren Bevölkerungsschichten erschwingliche Bibelausgaben möglich. Im ersten Jahrzehnt vertrieb die Bibelanstalt schon 100 000 Exemplare des NT und 80000 Vollbibeln, bis 1830 waren es drei Mio. Bibeln. Das Engagement des Halle'schen Pietismus in der ↗Mission führte schon bald zu gedruckten Bibelübersetzungen in außereurop. Sprachen.

Die europ. und amerikan. ↗Erweckungsbewegungen bildeten den Hintergrund der im 19. Jh. entstandenen B. Sie alle gehen zurück auf das Vorbild und die Anregung der 1804 in London gegründeten und interkonfessionell arbeitenden *British and Foreign Bible Society*, die eine stürmisch expandierende Wirksamkeit entfaltete. Nach 15 Jahren hatte sie bereits 1,5 Mio. Bibeln in 13 europ. und fünf außereurop. Sprachen verbreitet. Sie blieb bis heute die bedeutendste B. Auch auf dem europ. Kontinent und bes. im dt.sprachigen Raum fand das durch Londoner Emissäre progagierte und durch Anschubfinanzierungen unterstützte Anliegen der Bibelverbreitung ein lebhaftes Echo. In dichter Folge entstanden B. in Nürnberg und Basel (1804), Berlin (1805), Württemberg (1812), dem Bergischen Land und Sachsen (1814); im Laufe des 19. Jh.s wurden in den meisten dt. Ländern B. gegründet, von denen etliche noch heute bestehen. Sie widmeten sich – wie auch die B. in der Schweiz und in Skandinavien – der volkskirchlichen Bibelverbreitung; lediglich die Württembergische Bibelanstalt druckte auch Bibelübersetzungen für Missionsgebiete.

3. Probleme

Als im sog. Apokryphenstreit (1824–1826) die Britische B. auf Drängen der schott. Presbyterianer beschloss, nur noch Bibelausgaben ohne die Apokryphen zu verbreiten und alle anders verfahrende Gesellschaften nicht mehr zu unterstützen, endete die Kooperation mit dt. und skand. B., die nach lutherischem Brauch die apokryphen Schriften als Anhang zum AT druckten.

4. Katholische Sicht

Die Gründung der Britischen B. hatte auch in kath. Gebieten Resonanz und Nachahmung gefunden (in Deutschland: Regensburg 1805, Heiligenstadt 1815), doch stießen diese B. auf die Ablehnung des kirchlichen ↗Lehramts. Im Einklang mit älteren Vorbehalten gegen das Bibellesen in der Volkssprache und aus der Sorge, die Lektüre, bes. von unerläuterten nichtkath. Übersetzungen, könnte zur ↗Häresie führen, verurteilten die Päpste (Pius VII. 1816, Leo XII. 1824, Pius VIII. 1829, Gregor XVI. 1844, Pius IX. 1846, 1849 und 1864) die B. als »Pest«. Erst seit Ende des 19. Jh.s trat ein Wandel ein, der auch zur Gründung kath. B. führte.

→ Bibel; Bibelübersetzung; Erweckungsbewegungen; Mission; Reformation

[1] J. ALTENBEREND, Bibelanstalt, Bibelbund oder Bibelgesellschaft. Bibelverbreitung und Vereinsgründung in der katholischen Kirche zwischen 1805 und 1830, in: A. BOGNER et al. (Hrsg.), Weltmission und religiöse Organisation, 2004, 249–286 [2] W. CANTON, History of the British and Foreign Bible Society, 5 Bde., 1905–1910 [3] W. GUNDERT, Geschichte der dt. Bibelgesellschaften im 19. Jh., 1987 [4] H. HAUZENBERGER, Basel und die Bibel. Die Bibel als Quelle ökumenischer, missionarischer, sozialer und pädagogischer Impulse in der ersten Hälfte des 19. Jh.s, 1995 [5] B. KÖSTER, Die erste Bibelausgabe des Halleschen Pietismus. Eine Untersuchung zur Vor- und Frühgeschichte der Canstein'schen Bibelanstalt, in: Pietismus und Nz. 5, 1980, 105–163 [6] B. KÖSTER, Die Lutherbibel im frühen Pietismus, 1984 [7] S. MEURER, Art. Bibelgesellschaften, in: RGG⁴ 1, 1998, 1448–1454.

Hans Schneider

Bibelkritik

1. Begriff
2. Von der Alten Kirche zur Reformationszeit
3. Aufklärung und Romantik
4. Die historisch-kritische Methode
5. Die Durchführung der Bibelkritik im 19. Jh.
6. Ausblick

1. Begriff

»B.« bildet, wie die eng verwandte »Bibelwissenschaft«, den Oberbegriff für die methodengeleitete, kritische ↗Exegese (die Auslegung alt- und neutestamentlicher kanonisch-biblischer Texte sowie auch apokrypher und deuterokanonischer (i. e. dem nur in der Septuaginta überlieferten Kanon angehörender) Schriften. Im Rückgriff auf Prinzipien der antiken ↗Philologie bildete sich in der Nz. ein festes historisch-kritisches Methodeninstrumentarium heraus (↗Textkritik; ↗Historische Methode). Seine Auslegungsgrundsätze sind prinzipiell erweiterungsfähig. Sie erheben den Anspruch, auf grundsätzlich alle Texte, also nicht nur die biblischen (= bibl.), anwendbar zu sein (↗Hermeneutik). Daraus ergibt sich die Grundfrage, ob der Aussagegehalt der bibl. Schriften, ihr religiöser Anspruch durch histor.-kritische Analyse angemessen erfasst werden kann oder durch andere Herangehensweisen, etwa charismatischer Art, ergänzt werden muss. Mit der Beantwortung dieser Problemstellung verbindet sich die Frage nach dem Wissenschaftsstatus der ↗Theologie.

2. Von der Alten Kirche zur Reformationszeit

Innerhalb der Ausbildung exegetischer Methoden (↗Exegese) nimmt der Kirchenvater Origenes (ca. 185–254) eine herausgehobene Position ein. Er unterzog die Texte einer kritischen Analyse, indem er wesentliche Aspekte der griech. Sprach- und Literaturwissenschaft auf sie anwendete, etwa in der vergleichenden Gegenüberstellung unterschiedlicher Überlieferungen eines Textes.

Zentrale Stellung erhielt die sog. allegorische Auslegung, die von den einzelnen Elementen und Aussageebenen eines Textes auf einen verborgenen, tieferen geistigen Sinn schloss. Die Theologen des MA entwickelten auf der Basis eines »doppelten Schriftsinns« von *sensus litteralis* oder *sensus historicus* (dem »wörtlichen« bzw. »historischen Sinn«) und *sensus spiritualis* oder *sensus mysticus* (dem »geistigen« bzw. »verborgenen Sinn«) die Lehre von einem »vierfachen Schriftsinn« (↗Hermeneutik).

Diese Interpretation stieß auf den Widerstand von Reformatoren und Humanisten (Erasmus von Rotterdam, Johannes Reuchlin). Ins Zentrum trat im 16. Jh. – bei gleichzeitiger Rückbesinnung auf antike Rhetorik – der buchstäbliche Textsinn, der nicht durch eine womöglich willkürliche ↗Allegorie verfälscht werden dürfe. Die Aussagen der Heiligen Schrift seien, so Martin Luther, prinzipiell eindeutig und verstehbar, die ↗Bibel sei aus sich selbst heraus verständlich und »ihr eigener Interpret« (lat. *sui ipsius interpres*); »dunkle« Stellen könnten durch andere, »klare« erläutert werden. Um derartige Aufhellung bemühte sich wegweisend Matthias Flacius Illyricus in seiner *Clavis Scripturae Sacrae* (»Schlüssel zur Heiligen Schrift«) von 1567. Theologen der altprotest. Orthodoxie versuchten, durch eine ausgeprägte Lehre von der Verbalinspiration die Bedeutung der bibl. Texte zu fixieren und textkritischen Einwänden gegenüber zu verteidigen. Auf röm.-kath. Seite wurde im ↗Trienter Konzil (1554–1563) die B. mit dem Traditionsprinzip verbunden, um das reformatorische *sola scriptura* (»allein die Schrift«) zurückzuweisen.

3. Aufklärung und Romantik

Mit der ↗Aufklärung trat die Entwicklung der histor.-kritischen Methoden, die von dem kath. Theologen Richard Simon mit seiner *Histoire critique du Vieux Testament* (1678; »Kritische Geschichte des AT«) ein Fundament erhalten hatte, in ihre entscheidende Phase. Zunehmend erhob die Bibelauslegung den Anspruch, unabhängig von dogmatischen Vorannahmen und kirchlicher Bevormundung erfolgen zu können. Außerdem verknüpften sich B. und Hermeneutik – als Kunst regelgeleiteter, wiss. Auslegung von Texten – verstärkt zu einem untrennbaren Zusammenhang. 1734 stellte der Pietist Johann Albrecht Bengel, der Begründer der nt. Textkritik, in der Einleitung zu seinem *Novum Testamentum Graecum* die berühmte Forderung auf: »*Te totum applica ad textum; rem totam applica ad te*«. Er verband darin die exegetische »Zuwendung zum Text« mit der Aufforderung, »die ganze Sache« der Schrift auf sich selbst anzuwenden, womit nicht nur auf den klassischen Literalsinn, sondern auch auf die persönliche Heilsrelevanz des NT abgezielt wurde.

Die pietistische Hermeneutik ist wesentlich durch ihre oppositionelle Haltung zur herrschenden Kirchendoktrin bestimmt (↗Pietismus). Gegen deren normative Vorgaben versucht sie, auf die eigentliche christl. Botschaft unmittelbar zuzugreifen. Die Entfaltung der Hermeneutik als theologisch selbständige Disziplin diente der Absicherung dieses Unterfangens, das schließlich in die Ausgestaltung histor.-kritischer Methoden zur regelgeleiteten Exegese des AT und NT umschlug. Wegweisende Vertreter waren zunächst August Hermann Francke, Joachim Lange, dessen *Hermeneutica sacra* 1733 erschien, sowie Johann Jakob Rambach. In seinen *Institutiones hermeneuticae sacrae* (1723) wird wie auch bei Bengel die *subtilitas applicandi* (»Feinheit der Anwendung«) zu einem Zentralbegriff: Der Text sei auf das ihn lesende oder hörende Individuum anzuwenden. Maßgeblich wurden auch Siegmund Jakob Baumgarten sowie sein Schüler Johann Salomo Semler (*Abhandlung von freier Untersuchung des Canon*, 1771–1775). Stärker noch als dieser wurde der Leipziger Theologe Johann August Ernesti mit seiner *Institutio interpretis Novi Testamenti* (1761, 5. Aufl. 1809; »Unterweisung des Auslegers des NT«) bahnbrechend für die Entwicklung der histor.-kritischen Exegese.

Vor diesem Hintergrund und unter gleichzeitiger Rezeption Gotthold Ephraim Lessings sowie Johann Gottfried Herders gelangten kritische Bibelauslegung und Hermeneutik im Werk Friedrich Schleiermachers zu ihrem weit in das 19. Jh. hineinreichenden ersten Höhepunkt. In seiner *Hermeneutik und Kritik mit besonderer Beziehung auf das NT* (1838) verbanden sich ↗Theologie und ↗Philologie. Statt dogmatisch vorbestimmter Exegese hatte sich nunmehr eine den allgemeinen historischen und philologischen Kriterien verpflichtete theologische Disziplin ausgeprägt, die bis in die Gegenwart verfeinert und erweitert wird.

4. Die historisch-kritische Methode

Im Einzelnen haben sich folgende Bearbeitungsebenen der histor.-kritischen Methode herausgebildet:

(1) Die Grundlage der kritischen Analyse biblischer Schriften bildete die ↗Textkritik. In ihr wird der Versuch unternommen, sich dem Wortlaut und der Schreibweise eines Textes so, wie sie der Autor ursprünglich vorgenommen hatte, möglichst anzunähern. Es geht darum, die älteste Textstufe zu rekonstruieren; dafür werden zunächst die sog. Textzeugen zusammengestellt (Papyri, Handschriften, Lektionare, alte Übersetzungen). Diese werden dann ausgewertet, kategorisiert und gegeneinander abgewogen. Zu unterscheiden sind »äußere« (Qualität der Bezeugung) und »innere« Kritik (Entstehung der Lesarten; ↗Edition).

(2) Auf der Basis der Textanalyse wird in der Literarkritik unter Rückgriff auf sprachwiss. Methoden die literarische Struktur der (in der Textkritik rekonstruier-

ten) Urfassung geprüft. In Teilschritten werden formale Textabgrenzung innerhalb des engeren Kontextes, sprachliche Analyse, Aufbau und Gliederung des Textes sowie seine Einordnung in den weiteren Kontext herausgearbeitet. Die bisherigen Beobachtungen werden auf einer höheren Ebene ausgewertet und der Versuch unternommen, den Text in einen übergreifenden schriftlich-literarischen Kontext einzuordnen. Gefragt wird nach seiner literarischen Eigenart und danach, ob er einheitlich ist oder auf verschiedene Quellen und redaktionelle Bearbeitungsstufen zurückgeht.

(3) Zu Beginn des 20. Jh.s wurde die »Formkritik« bzw. »Formgeschichte« entwickelt. Sie folgt der Grundeinsicht, dass die schriftliche Gestaltung, wie vorhergehend bereits die mündliche Überlieferung, gerade in der volkstümlichen Literatur relativ festen Formen unterliegt, die auf eigenen Stilgesetzen basieren.

(4) Die »Traditionskritik« oder »Traditionsgeschichte« prüft den Text auf die in ihm enthaltenen Motive und Elemente hinsichtlich ihrer Herkunft aus dem AT, dem Frühjudentum, der ↗Apokalyptik usw. Sie integriert den zu untersuchenden Text in den Traditions- und Überlieferungsstrom seiner Entstehungszeit. Zum festen Bestandteil der Traditionsgeschichte gehört eine religionsgeschichtliche Untersuchung. Sie dient dem Vergleich mit anderen, auch außerbibl. Texten (ägypt., altoriental., hellenistisch-röm.), um zu einer theologie-, religions- und geistesgeschichtlichen Einordnung zu gelangen. Wirkmächtig wurde hier die sich um Hermann Gunkel, Wilhelm Bousset, Albert Eichhorn bildende »Religionsgeschichtliche Schule«.

(5) In Analogie zur Überlieferungsgeschichte, die nach den mündlichen Vorstufen des Textes fragt, wendet sich die »Redaktionsgeschichte« den verschiedenen Schichten der schriftlichen Fassung zu, d.h. dem Weg, den der Text von seiner ältesten schriftlichen Stufe bis hin zu ihrer Letztfassung zurückgelegt hat. Sie bildet das synthetische, zusammensetzende Gegenstück zur analytischen Literarkritik sowie zur Formgeschichte.

(6) Eine Erweiterung finden diese etablierten Methoden der B.s, die von röm.-kath. Seite erst seit dem Zweiten Vatikanischen Konzil anerkannt sind, durch vielfältige Ergänzungen einander an Aktualität ständig überbietender neuer Ansätze: Teilweise erweitern sie den klassischen Methodenkanon, teilweise stellen sie ihn kritisch in Frage (Befreiungstheologie, Feministische Theologie, *Gender Studies*, Sozial- und Kulturwissenschaft oder Tiefenpsychologie).

5. Die Durchführung der Bibelkritik im 19. Jh.

Bei den bibelkritischen Bemühungen ging es nicht nur um fachimmanente Debatten um das richtige Schriftverständnis, sondern zugleich auch um anhaltende scharfe positionelle Kämpfe, die bis in den Bereich des Politischen gingen. Im Kontext einer religiös legitimierten Herrschaftsordnung musste die Kritik an der bestimmenden Kirchen- und Auslegungsdoktrin auch als Legitimationsentzug verstanden werden. Wiederholte Abgrenzungen führender Theologen von ihren Fakultäten, die bis zum Wechsel in andere Fachbereiche führen konnten, dokumentieren die Härte der Auseinandersetzungen; zu nennen sind für das 19. und frühe 20. Jh. etwa Heinrich Ewald und Julius Wellhausen.

Das 19. Jh. nimmt innerhalb der geschichtlichen Entwicklung der B. eine zentrale Stellung ein. Jetzt wurden die Einsichten von ↗Aufklärung und ↗Rationalismus konsequent auf die bibl. Texte angewendet, wodurch grundlegende Verschiebungen und Veränderungen des bis dahin traditionellen Schriftverständnisses erfolgten. Schleiermacher kam dem Phänomen der angeblich vom Apostel Paulus geschriebenen, tatsächlich aus seiner Schülerschaft stammenden Briefe (Deuteropaulinismus) auf die Spur (*Über den sogenannten ersten Brief des Paulos an den Timotheos*, 1807) [5]. Heinrich E. G. Paulus wurde nachhaltig berühmt und berüchtigt, indem er die nt. Wunder durchgängig rational erklären wollte, u.a. durch Scheintod, auch des Gekreuzigten. Seine Ergebnisse waren für die liberale »Leben-Jesu-Forschung« von tragender Bedeutung, in der sich der Bruch mit dem bisherigen Bibelverständnis manifestierte. 1820 postulierten die *Probabilia* Karl Gottlieb Bretschneiders, dass das Johannesevangelium aufgrund der Widersprüche, in denen es zu den synoptischen Evangelien steht, keinen Glauben verdiene; die Reden Jesu im Johannesevangelium seien Dichtungen, seine Authentizität nicht beweisbar.

1835/36 erschien die erste Auflage des zweibändigen *Leben Jesu* von David Friedrich Strauß, das die theologische und politische Welt nachhaltig beunruhigte und zu heftigen Reaktionen mit dem Charakter fast von Volksaufständen und zu einer unüberschaubaren Fülle an Flugschriften führte. Strauß versuchte zu zeigen, dass die Gestalt Jesu in den Evangelien eine »mythische« Einkleidung des »historischen« Jesus durch die christl. Gemeinden darstelle. Erst durch spätere quellenkritische Einsichten erhielt die Leben-Jesu-Forschung im letzten Drittel des 19. Jh.s eine methodische Grundlage.

6. Ausblick

Alle Teilbereiche einer kritischen Auslegung des AT und NT erfuhren mit dem 19. Jh. tiefgreifende Umwälzungen. Dies gilt nicht nur für die Frage nach dem »Leben Jesu« oder die sich entwickelnden Auslegungsmethoden, sondern etwa auch für die Suche nach den einzelnen Quellen des Pentateuchs, die literarkritische Zerlegung der großen Prophetenbücher, die Suche nach einer »Johanneischen Schule« oder die Problematisierung der Verfasserschaft paulinischer Briefe. Sämtliche Einzelaspekte wurden in eine Umgestaltung der Konzepte der Geschichte Israels und des Urchristentums eingebunden, zu der auch die Entwicklung der im frühen 19. Jh. begründeten Wissenschaft der ↗Archäologie substantiell beitrug. Maßgeblich wurde hierbei in der ersten Jahrhunderthälfte Ferdinand Christian Baur mit seiner »Tübinger Schule«.

Im weiteren 19. und 20. Jh. wurde die lange Zeit fast rein dt.-protest. B. theologisches Allgemeingut in Europa und in den USA, zuletzt auch in der röm.-kath. Theologie. Allerdings blieb die B. wegen ihrer Verknüpfung mit normativen Interessen stets das Feld heftiger Kontroversen und ist dies heute mehr denn je. Besonders strittig war als Ergebnis einer Verbindung von Systematischer Theologie im 20. Jh. Rudolf Bultmanns berühmtes »Entmythologisierungsprogramm« (↗Hermeneutik), in dem die nt. Texte einer durch Martin Heidegger angeregten existentialen Interpretation unterzogen wurden, um die historisch-kritische Distanzierung der Bibel durch die B. mit der Überzeugung ihrer Gegenwartsrelevanz zu verbinden.

→ Bibel; Edition; Exegese; Hermeneutik; Philologie; Theologie

[1] F. Hahn, Theologie des Neuen Testaments (2 Bde.), ²2005 [2] O. Kaiser, Einleitung in das Alte Testament, ⁵1984 [3] H. J. Kraus, Geschichte der historisch-kritischen Erforschung des Alten Testaments, ⁴1988 [4] W. Kümmel, Das Neue Testament. Geschichte der Erforschung seiner Probleme, ²1970 [5] F. Schleiermacher, Kritische Gesamtausgabe, Bd. 1/5: Schriften aus der Hallenser Zeit (hrsg. von H. Patsch), 1995, 153–242 [6] U. Schnelle, Einleitung in das Neue Testament, ⁵2005.

Alf Christophersen

Bibelübersetzung

1. Protestantismus
2. Katholizismus
3. Orthodoxe Kirchen

1. Protestantismus

Die Reformatoren sahen in der ↗Bibel die vollständige, in sich evidente ↗Offenbarung Gottes. Damit war eine spiritualistische Berufung auf zusätzliche innere Offenbarungen ebenso abgewehrt wie die katholische Auffassung, dass sich Gott gleichermaßen in Bibel und kirchlicher Tradition offenbart habe und die Bibel deshalb allein von den kirchlichen Sachwaltern der Lehrtradition (↗Lehramt), keinesfalls aber von jedermann, recht verstanden und gedeutet werden könne. Diese offenbarungstheologische Differenz erklärt zugleich, weshalb muttersprachliche B. von katholischer Seite lange Zeit beargwöhnt wurden (s. u. 2.). Dagegen bildete die Forderung nach volkssprachlichen B. ein Kernanliegen der ↗Reformation; ihre Umsetzung war ein konstitutives frömmigkeitsgeschichtliches Element des nzl. ↗Protestantismus. Seit der Reformation bekam die muttersprachliche Bibel eine tragende liturgische und erbauliche, übrigens auch sprach- und literaturgeschichtliche Bedeutung. Gleichwohl dürfen die funktional anders gelagerten mhdt. Übersetzungen (= Ü.) nicht zur bloßen Vorgeschichte der Lutherbibel marginalisiert werden (s. u. 2.1.).

1.1. Übersetzungen ins Deutsche

1.1.1. Reformationszeit

Luthers *Biblia, das ist die gantze Heilige Schrifft Deudsch* (1534) hat für Jahrhunderte eine von keinem anderen dt. Buch jemals eingeholte kirchen-, frömmigkeits- und literaturgeschichtliche Wirkung erzielt [3]. Verschiedene Faktoren waren dafür bestimmend: sowohl die erstmals konsequent erfolgte Zugrundelegung des auf Hebräisch (AT) und Griechisch (NT) verfassten biblischen Urtextes (anstatt seiner lat. Ü., der *Vulgata*) als auch eine in dieser Form neue übersetzungstheoretische Begleitreflexion [1] (↗Übersetzung); dazu kam die besondere sprachgestalterische Begabung Luthers, der mit der »Dolmetschung« des bibl. Textes immer auch die hermeneutische Verantwortung für dessen zielsprachliche Rezeptionsfähigkeit verbunden wusste. Schon seine frühesten dt. Texte enthielten Ü. einzelner Bibelverse, Psalmen und Predigttexte.

Während seines Aufenthalts auf der Wartburg (1521/22) übersetzte Luther in nur elf Wochen das gesamte NT. Dabei standen ihm die neuesten philologischen Hilfsmittel – v. a. der von Erasmus edierte griech. Text des NT – zur Verfügung. Eine Benutzung anderer dt. Ü. ist unwahrscheinlich, nicht auszuschließen ist jedoch der Einfluss einer mündlichen Ü.-Tradition. Die erste Auflage erschien im September 1522 (*Septembertestament*), bereits im Dezember 1522 kam ein verbesserter Neudruck heraus (*Dezembertestament*). Seit 1522 arbeitete Luther, nun in Kooperation mit anderen Wittenberger Reformatoren, an der Ü. des AT. Im Herbst 1534 erschien die erste dt. Vollbibel; neun weitere, jeweils revidierte Ausgaben folgten bis zu seinem Todesjahr 1546. Die meisten bibl. Bücher hatte Luther, dem Vorbild des lat. Kirchenvaters Hieronymus folgend, mit Vorreden versehen. Zudem fügte er am Rand kurze Wort- und Sacherklärungen sowie Verweise auf bibl. Parallelstellen bei.

Die Lutherbibel (= Lb.) war ein durchschlagender Erfolg und verdrängte die gedruckten mhdt. Ü. rasch (↗Buchdruck). Selbst die kath. B. der Reformationszeit blieben dem Text der Lb. stark verpflichtet (H. Emser 1527, J. Dietenberger 1534, J. Eck 1537; s. u. 2.3.). Bereits

1534 erschien in Lübeck die von J. Bugenhagen besorgte erste niederdt. Lb.; zuvor waren bereits sämtliche Teillieferungen ins Niederdt. übertragen worden. In der Folge erschienen jeweils in Anlehnung an die aktuelle Revisionsgestalt der Lb. weitere niederdt. Ausgaben (z. B. Erfurt 1536, Wittenberg 1541, Magdeburg 1545, zuletzt Goslar-Lüneburg 1621).

In der Schweiz [9] erschien zunächst ein Abdruck von Luthers NT samt beigefügtem Glossar (Basel 1522/23). Dann kam in Zürich das *Septembertestament* in einer alemannischen Bearbeitung durch den Kreis um U. Zwingli heraus; entsprechend verfuhr man mit Luthers Teillieferungen des AT. Weil sich Luthers Ü. der prophetischen Bücher verzögerte, griff man dabei in Basel auf eine aus täuferischen Kreisen (↗Täufer) stammende Ü. zurück, während man in Zürich die Lücke durch eigene Übertragungen schloss. In der Überarbeitung des schweizer. Reformators L. Jud lag seit 1540 die lange Zeit gültige Fassung der *Zürcher Bibel* vor.

1.1.2. Neuzeit

Bis ins 19. Jh. waren unterschiedliche Fassungen der Lb. nebeneinander in Gebrauch; eine einheitliche Revision ihrer Textgestalt kam erst 1892 zustande. Dagegen wurde die *Zürcher Bibel* bereits viel früher revidiert, bes. einschneidend 1667, als man den alemannischen Textcharakter konsequent in hochdt. Sprachform überführte. Aus etlichen dt. ↗Dialekten gingen (Teil-)Ü. der Lb. hervor. Auf evang. Seite entstand als erste Ü. nach Luther die Bibelausgabe des reformierten Theologen J. Piscator (1602–1604), die sich um größtmögliche Nähe zum Urtext bemühte; bis 1846/48 wurde sie immer wieder gedruckt. Auf der Grundlage von Lb. und Zürcher Bibel kam zwischen 1726 und 1742 die achtbändige, pietistisch inspirierte *Berleburger Bibel* heraus, die den Text fortlaufend mit mystisch-allegorischen Erläuterungen versah. In freier Wiedergabe übersetzte N. von Zinzendorf 1727 das NT. Dagegen übertrug der württembergische Pietist A. Bengel 1753 das NT aufgrund exakter philologisch-exegetischer Textarbeit (↗Textkritik). Die *Wertheimer Bibel* des rationalistischen Theologen J. L. Schmidt gelangte über die fünf Bücher Mose (1735) nicht hinaus [7].

Vollends marginal blieb die von C. F. Bahrdt als *Neueste Offenbarungen Gottes* (1773) veröffentlichte Paraphrase des NT. In strenger wiss. Orientierung übertrug W. M. L. de Wette das AT (1809/10) und NT (1814). In der Annahme, der Wortlaut des biblischen Urtextes sei von Gott eingegeben, stellte die v. a. in der ↗Erweckungsbewegung verbreitete *Elberfelder Bibel* (NT 1855, Vollbibel 1871) alle muttersprachlichen Interessen zurück, um den Urtext so getreu wie möglich abzubilden. Gleichwohl blieb der theologische Rang und frömmigkeitspraktische Wert der Lb. bzw. (auf reformierter Seite) der *Zürcher Bibel* während der gesamten Nz. praktisch konkurrenzlos.

1.2. Übersetzungen ins Englische

Beeindruckt von Erasmus und Luther, entschloss sich der in Oxford ausgebildete Theologe W. Tyndale zu einer engl. Ü. zunächst des NT. Da ihm die notwendige Zustimmung eines Bischofs versagt blieb, kam sie 1526 in Worms zum Druck (verbesserte Ausgabe 1543). Tyndale, der neben dem Urtext auch die lat. Ü. des Erasmus sowie die Lb. konsultierte, begann auch mit einer Ü. des AT, von der aber nur noch Teillieferungen erscheinen konnten. Die erste engl. Vollbibel (1534/35) stammt von M. Coverdale. Dieser griff auf die vorhandenen Abschnitte Tyndales zurück und ergänzte sie v. a. auf der Grundlage lat. Ü. sowie der Lb. und Zürcher Bibel. In ihrer Revision von 1539 wurden die Referenztexte erweitert, v. a. aber die zahlreichen Germanismen der Erstausgabe getilgt (1540 in liturgischem Format als *Great Bible* erschienen, weitere Revision 1537 durch engl. Bischöfe zur *Bishop's Bible*). 1537 veröffentlichte J. Rogers eine Neubearbeitung der Tyndale-Coverdale'schen Ü., die er um Randbemerkungen und theologische Summarien vermehrte.

Eine weitere Bibel schufen engl. Exulanten der Reformationszeit in Genf (↗Reformation), nun erstmals mit Verszählung, die sie mit hilfreichen Beigaben (Karten, Abbildungen, Register) und einer Fülle von Randerklärungen, welche meist aus J. Calvins Bibelkommentierung geschöpft waren, versahen (1557–1560, maßgebliche Fassung 1576; ↗Calvinismus). Um die Vielzahl der umlaufenden Bibelausgaben einzudämmen, erarbeitete eine Gelehrtenkommission in England im Auftrag König Jakobs I. die 1611 erschienene, fortan liturgisch verbindliche *King James Version* (*Authorized Version*). Diese in gepflegtes, leicht archaisierendes Englisch gefasste Ü. war zugleich ein – bis in die Gegenwart fortwirkendes – Ereignis der engl. Literaturgeschichte. Im 18. Jh. verschiedentlich revidiert – so 1768 im NT von J. Wesley –, wurde sie 1840/65 erneut überarbeitet. Danach spaltete sich ihre Rezeptionsgeschichte in die *English Revised Version* (1881/85) und die *American Standard Version* (1901). Erst in der zweiten Hälfte des 19. Jh.s erschienen neben der *King James Version* wieder andere protest. B. [4. 4].

1.3. Übersetzungen in nordisch-germanische Sprachen

Der Luther-Schüler H. Mikkelsen gab 1524 eine sprachlich unbeholfene, eng an Luther gebundene dän. Ü. des NT heraus. Daneben erschien 1529 eine auf der lat. *Vulgata* und Luther basierende Ü. des NT. 1550 lag die erste dän. Vollbibel vor, die gemäß der Weisung König Christians III. dem Luthertext möglichst treu zu folgen suchte; diese u. a. von Ch. Pedersen geschaffene Ü. wurde mehrfach, zuletzt 1802, revidiert. Aber nicht sie, sondern die als Revision einer älteren Vorlage geschaffene *Svaning-Bibel* von 1647 setzte sich dann als nzl. Standardbibel durch (1717 erneute Revision zur *Missions-Bibel*). Wegen der bis 1814 bestehenden politischen Union mit Dänemark entstanden eigenständige norweg. B. erst seit der zweiten Hälfte des 19. Jh.s. In Schweden erschien eine evang. Ü. des NT erstmals 1526. Sie basierte v. a. auf dem lat. Erasmus-Text und der frühnhdt. sowie niederdt. Lutherversion; Übersetzer und Entstehungsgeschichte sind unbekannt. Die erste schwed. Vollbibel (*Gustav-Vasa-Bibel*, 1541) übernahm für das NT den revidierten Text von 1526 und folgte im AT weithin der Ü. Luthers, ohne den Urtext zu konsultieren (Neuausgabe 1641 als *Gustav-Adolf-Bibel*). Eine wiederum verbesserte Ausgabe firmierte als *Karl-XII.-Bibel* (1702/03) und blieb bis ins 20. Jh. in kirchenamtlichem Gebrauch. Volkssprachliche Bibeln entstanden auch in Island (1584, danach etliche Revisionen) und auf den Färöerinseln (AT 1823, NT 1927).

1.4. Übersetzungen ins Niederländische

Bereits 1522 erschien eine niederl. Übertragung von Luthers *Septembertestament* in Antwerpen, zwei weitere Drucke folgten 1525/26 in Basel. Vorlagen der 1525 erschienenen Ü. des AT waren die schon vorhandenen Ü. Luthers sowie die *Delfter Bibel* von 1477. Beide Teile wurden 1526 zur ersten niederl. Vollbibel verbunden. Seit dem 16. Jh. brachten die in den Niederlanden versammelten Konfessionen und Sekten vielfach eigene B. hervor. Die *Statenbijbel* (1637) war die Umsetzung des von der Dordrechter Synode (1618/19) erlassenen Auftrags einer einheitlichen, den Ursprachen folgenden B.; sie ist, mehrfach revidiert, bis heute die Standardbibel der reformierten Kirche (↗Calvinismus) geblieben [5].

1.5. Übersetzungen in romanische Sprachen

Aufgrund der restriktiven Inquisitionspraxis (vgl. ↗Inquisition) blieben volkssprachliche B. im roman. Sprachraum bis ins 18. Jh. ein weithin evang. Phänomen. So entstand unter der Federführung von Th. Beza die franz. *Bible de Genève* (1588) durch Kombination der von dem reformierten Theologen P. Olivetanus erstellten Ü. des AT und der 1530 erschienenen Übertragung des NT durch J. Faber Stapulensis (etliche Bearbeitungen bis ins 19. Jh.) [6]. In Italien veröffentlichte der reformationsfreundliche Humanist (↗Humanismus) A. Brucioli 1532 eine volkssprachliche B., die zwar 1559 auf den ↗Index verbotener Bücher gesetzt, jedoch in einer Genfer Überarbeitung von 1562 für die evang. Exulanten bedeutsam wurde. Als maßgebliche B. des ital. ↗Protestantismus etablierte sich die sprachlich glänzende Übertragung von G. Diodati (1641, vorläufige Fassung 1607).

In Portugal entstand die erste heimische B. in der reformierten Gemeinde von Batavia (NT 1681, Vollbibel 1753); sie erlebte zahlreiche Auflagen, wurde ein wichtiger Konstitutions- und Kontinuitätsfaktor des portug. Protestantismus und kam 1917 in einer auf Brasilien zugeschnittenen Überarbeitung noch einmal heraus. Nach zwei span. Ü. des NT (1543, 1556) veröffentlichte der protest. Emigrant C. de Reina 1569 die erste span. Vollbibel, die v. a. auf das lat. NT des Erasmus und jüd. Ü. des AT zurückgriff und deren im Rückgang auf den Urtext erstellte, später mehrfach revidierte Überarbeitung durch C. de Valera als *Reina-Valera-Bibel* bis heute in Gebrauch ist. In den Mundarten des Rätoromanischen brachte der Protestantismus ebenfalls volkssprachliche B. hervor (Oberengadinisches NT 1560, Unterengadinische Bibel 1679, Oberländer Bibel 1719).

1.6. Übersetzungen in weitere Sprachen

Auch anderswo wurde die protest. Forderung, die Bibel jedermann zugänglich und verstehbar zu machen, durch volkssprachliche B. verwirklicht. Dazu zählen Ü. im kelt. (irische Bibel 1690, schott.-gälisches NT 1747, AT 1801, walisische Bibel 1588, revidiert 1620) und balt. Sprachraum (lettische Bibel 1685–89 mit Unterstützung des schwed. Königs, litauische Bibeln 1579–90 und 1735, nordestnische Bibel 1739 mit finanzieller Hilfe Zinzendorfs) [10]. In Finnland übersetzte der Luther-Schüler M. Agricola das NT (1548) sowie den Psalter und die Prophetenbücher (1551/52). Kirchliche Bedeutung erlangte dann die von mehreren Gelehrten erstellte, 1642 erschienene finn. Gesamtbibel (Revision 1682). Die von Hussiten um 1430 begründete Tradition der ungar. B. brachte mehrere, teils kommentierte Ü. des NT und großer Teile des AT hervor. Für die ungar. Kirchen- und Kulturgeschichte erlangte die B. des reformierten Theologen C. Károlyi (1590) eine der Lb. im dt. Sprachraum vergleichbare Bedeutung.

→ Bibel; Evangelische Kirchen; Exegese; Protestantismus; Reformation; Übersetzung

Quellen:
[1] M. LUTHER, Sendbrief vom Dolmetschen, Wittenberg 1530.

Sekundärliteratur:
[2] A. BEUTEL et al., Art. Bibelübersetzungen II./III., in: RGG⁴ 1, 1998, 1498–1515 [3] H. BLANKE, Bibelübersetzung, in: A. BEUTEL (Hrsg.), Luther Hdb., 2005, 258–265 (im Druck) [4] F. F. BRUCE, History of the Bible in English, ³1978 [5] C. C. DEBRUIN, De Statenbijbel en zijn voorgangers, 1937 [6] F. DELFORGE, La Bible en France et dans la francophonie,

1991 [7] U. Goldenbaum, Der Skandal der Wertheimer Bibel. Die philosophisch-theologische Entscheidungsschlacht zwischen Pietisten und Wolffianern, in: U. Goldenbaum (Hrsg.), Apell an das Publikum. Die öffentliche Debatte in der dt. Aufklärung 1687–1796, 2004, 175–508 [8] S. L. Greenslade (Hrsg.), The Cambridge History of the Bible, Bd. 3, 1963 [9] W. Hadorn, Die Dt. Bibel in der Schweiz, 1925 [10] T. Pöld, Protestantische Bibelübersetzungen in Nordosteuropa, in: Kirche im Osten 11, 1968, 65–74 [11] W. I. Sauer-Geppert et al., Art. Bibelübersetzungen III./IV., in: TRE 6, 1980, 228–299 [12] D. C. Steinmetz (Hrsg.), The Bible in the 16th Century, 1990 [13] H. Volz, Bibel und Bibeldruck in Deutschland im 15. und 16. Jh., 1960 [14] H. Volz, Martin Luthers dt. Bibel, 1978.

Albrecht Beutel

2. Katholizismus

2.1. Kirchliche Rahmenbedingungen

Die ↗Römisch-Katholische Kirche lehnte im SpätMA volkssprachige B. zwar nicht grundsätzlich ab, stand ihnen aber – zumal nach der Erfindung des ↗Buchdrucks – kritisch gegenüber. Das kirchliche ↗Lehramt fürchtete v. a. um seine Deutungshoheit, wenn theologisch ungebildeten Klerikern (↗Geistliche) und Laien ein unmittelbarer Zugang zur ↗Bibel eröffnet würde. Darin sah es sich durch die Kirchenspaltung bestätigt, die es u. a. auf das reformatorische Schriftprinzip (*sola scriptura* »allein die Schrift« – als Legitimation von Glaube und Bekenntnis) und die zu dessen Durchsetzung geschaffenen B. zurückführte. Das ↗Trienter Konzil erklärte 1546 die althergebrachte, v. a. auf Hieronymus zurückgehende lat. Übersetzung (= Ü.) der *Vulgata* zur maßgebenden Autorität und bestand auf dem Vorrang der kirchenamtlichen Schriftauslegung (↗Exegese) vor der Auslegung durch Einzelne.

Die im Zug der ↗Gegenreformation aufgestellten Indices (↗Index verbotener Bücher) untersagten volkssprachige B. entweder ganz oder machten deren Gebrauch von Ausnahmegenehmigungen abhängig.

Eine Wende der lehramtlichen Position erfolgte erst Mitte des 18. Jh.s unter Papst Benedikt XIV., der die Lektüre der Bibel in den ↗Volkssprachen gestattete, sofern die Ü. kirchlich approbiert und mit erläuternden Anmerkungen versehen waren. Gregor XVI. versuchte zur rigorosen Haltung der Gegenreformationszeit zurückzukehren. Erst mit Leo XIII. setzte sich endgültig eine liberalere Position durch. Die von protest. ↗Bibelgesellschaften verbreiteten, den genannten Kriterien nicht entsprechenden B. blieben für Katholiken jedoch weiterhin verboten.

2.2. Übersetzungen ins Lateinische

Auch wenn in der Nz. die volkssprachigen B. im Vordergrund standen, dürfen die lat. B. nicht vergessen werden. Solche wurden bereits während des MA der *Vulgata* an die Seite gestellt, um Theologen, die der biblischen Sprachen – Hebräisch und Griechisch – nicht mächtig waren, den Urtext zu erschließen. In dieser Absicht übersetzte Erasmus von Rotterdam das NT auf der Basis der von ihm zu diesem Zweck geschaffenen Edition des griech. Textes neu ins Lateinische (1516) [11. 121–130]. Der ital. Dominikaner Sanctes Pagninus schuf eine wortgetreue Ü. der gesamten Bibel aus den Ursprachen (1527). Die humanistische Kritik an der *Vulgata* führte schließlich zu deren 1592 abgeschlossenen Revision (*Vulgata Sixto-Clementina*).

2.3. Übersetzungen ins Deutsche

Die erste gedruckte dt.sprachige B. brachte Johann Mentelin 1466 in Straßburg heraus. Ihr Text basiert auf einer um 1350 in Bayern entstandenen Ü. nach der *Vulgata*. Er wurde in insgesamt 14 oberdt. Ausgaben immer wieder dem veränderten Sprachempfinden angepasst. Parallel dazu erschienen vier niederdt. B. [5]; [10. 29–35].

Die kath. deutschen B. der Reformationszeit [6], alle von der kirchlichen oder weltlichen Obrigkeit in Auftrag gegeben, verdanken ihre Entstehung dem Erfolg der Lutherbibel (s. u. 1.1.), deren Verbreitung sie eindämmen sollten. Hieronymus Emser bearbeitete und kommentierte zu diesem Zweck Luthers Ü. des NT auf der Basis der *Vulgata* (1527). Johannes Dietenberger bezog in seine Vollbibel (1534) auch Luthers Ü. des AT ein, die er mit der *Vulgata* verglich, für das NT griff er auf Emsers B. zurück. Letzteres tat auch Johannes Eck in seiner Vollbibel (1537), deren alttestamentlicher Teil die zu sehr an Luther orientierte Ü. Dietenbergers zu revidieren suchte. Der auch als geistlicher Dichter hervortretende Kaspar Ulenberg überarbeitete 1614–1617 die Bibel Dietenbergers auf der Basis der *Sixto-Clementina* (erschienen 1630). Die im Umkreis des für eine Verständigung zwischen den Konfessionen eintretenden Mainzer Erzbischofs und Kurfürsten Johann Philipp von Schönborn entstandene *Mainzer Bibel* (1662) richtete sich wieder stärker an Dietenberger aus und kam dadurch erneut Luthers Ü. nahe.

Lässt sich aus den Vorreden zu diesen Bibeln zunächst noch ein gewisser Vorbehalt gegen B. überhaupt herauslesen, so wurde ab der Mitte des 16. Jh.s die eingedeutschte Bibel auch auf kath. Seite als Erbauungsbuch anerkannt. Mit dem von Dominikus von Brentano übersetzten NT (1790/91 u. ö.) erschien erstmals eine kath. B. auf der Basis des griech. Textes [3]. Ihm folgte auch die weit verbreitete, 1821 auf den ↗Index verbotener Bücher gesetzte Ü. des NT (1807) durch Leander van Eß, der unter Mitarbeit zahlreicher Gelehrter auch das AT aus dem Urtext eindeutschte (1822–1836) [1]. Die von

Joseph Franz von Allioli übersetzte Gesamtbibel (1830–1837), die bis weit ins 20. Jh. neu aufgelegt wurde, rühmt sich auf dem Titelblatt, »aus der *Vulgata* mit Bezug auf den Grundtext neu übersetzt« zu sein [9].

2.4. Übersetzungen in andere Sprachen

Die Bibel oder Teile davon, besonders die im Gottesdienst verwendeten Texte, wurden von kath. Übersetzern, häufig unter Rückgriff auf spätma. Vorläufer sowie auf die Ü. des Erasmus und des S. Pagninus, aus der *Vulgata* in die wichtigsten europ. Sprachen übersetzt. Die so entstandenen B. von J. Faber Stapulensis und A. Brucioli ins Französische bzw. Italienische (s. o. 1.5.) etwa galten als zumindest kryptoprotest. und wurden verboten. Die von Professoren der Löwener Universität besorgte franz. B. (1550) stellt hauptsächlich eine Bearbeitung der Ü. von Faber Stapulensis dar [2]. Diese »Löwener Bibel« wird häufig verwechselt mit der franz. B. von R. Benoist (1566), die hauptsächlich auf reformierten B. (s. o. 1.5.) beruhte, und, trotz kirchlicher Verbote, mit Unterstützung der Löwener Theologen von den Niederlanden aus verbreitet wurde [4.189–192]. Einen eigenen Akzent setzten in der zweiten Hälfte des 17. Jh.s von Jansenisten (vgl. ⁊Jansenismus) angefertigte franz. Ü. der Bibel und liturgischer Bücher, die bewusst auf eine Aktivierung der Laien abzielten [4.199–232]. Span. B. konnten lange nur im Ausland erscheinen, erst gegen Ende des 18. Jh.s wurde eine span. B. im Land gedruckt. Von Katholiken angefertigte engl. B., welche die offiziellen protest. nach der *Vulgata* korrigieren sollten, mussten in Frankreich herausgebracht werden (»Rheims-Douai-Bibel«, NT 1582, AT 1609/10) [12.133–137]; [8.162–210]. Auf päpstlichen Auftrag geht die umfangreich kommentierte ital. B. von A. Martini zurück (1769–1781).

In den Ländern der Mission beschränkten sich die kath. Missionare häufig darauf, die Teile der Bibel zu übersetzen, die für die Liturgie von Bedeutung waren. Erst im 19. Jh. entstanden umfassendere B. ins Arabische, Chinesische, Japanische, Khmer, Hindi usw. [7].

→ Bibel; Exegese; Gegenreformation; Schrift und Tradition; Übersetzung

[1] J. Altenberend, Leander van Eß (1772–1847). Bibelübersetzer und Bibelverbreiter zwischen katholischer Aufklärung und evangelikaler Erweckungsbewegung (Studien und Quellen zur westfälischen Geschichte 41), 2001 [2] P.-M. Bogaert / J.-F. Gilmont, La première Bible française de Louvain (1550), in: Revue théologique de Louvain 11, 1980, 275–309 [3] R. Bohlen (Hrsg.), Dominikus von Brentano (1740–1797). Publizist, Aufklärungstheologe, Bibelübersetzer, 1997 [4] B. Chédozeau, La Bible et la liturgie en français. L'Église tridentine et les traductions bibliques et liturgiques (1600–1789), 1990 [5] W. Eichenberger / H. Wendland, Dt. Bibeln vor Luther. Die Buchkunst der achtzehn dt. Bibeln zwischen 1466 und 1522, 1977 [6] U. Köster, Studien zu den katholischen dt. Bibelübersetzungen im 16., 17. und 18. Jh. (Reformationsgeschichtliche Studien und Texte 134), 1995 [7] T. A. Lenchak, How the Bible Has Functioned in Roman Catholic Mission, in: Verbum SVD 45, 2004, 285–303 [8] C. A. MacKenzie, The Battle for the Bible in England (1557–1582), 2002 [9] E. Vogl et al. (Hrsg.), Joseph Franz von Allioli (1793–1873). Leben und Werk (Ausst.kat. Stadtmuseum Sulzbach-Rosenberg), 1993 [10] H. Volz, Bibel und Bibeldruck in Deutschland im 15. und 16. Jh., 1960 [11] P. Walter, Theologie aus dem Geist der Rhetorik. Zur Schriftauslegung des Erasmus von Rotterdam (Tübinger Studien zur Theologie und Philosophie 1), 1991 [12] R. H. Worth, Church, Monarch and the Bible in Sixteenth Century England. The Political Context of Biblical Translation, 2000.

Peter Walter

3. Orthodoxe Kirchen

Die ⁊Russische Orthodoxe Kirche, nach der Eroberung Konstantinopels durch die Osmanen (1453) die bedeutendste orth. Kirche, erhielt mit der von Erzbischof Gennadij von Nowgorod 1499 geschaffenen Übersetzung (= Ü.) die erste vollständige kirchenslawische ⁊Bibel. Angeregt wurde diese durch die Auseinandersetzung mit der »Häresie« der »Judaisierenden« (einer Nowgoroder-Moskauer Strömung an der Wende vom 15. zum 16. Jh., die u. a. die Trinitätslehre sowie die Ikonen- und Heiligenverehrung ablehnte), die über vollständigere Bibeltexte verfügten als die Russ. Orth. Kirche selbst. Psalter-Ü. schuf Maksim Grek 1518 und 1552. Da sich die Orthodoxie in Polen-Litauen gegenüber den abendländischen Kirchen zu verteidigen hatte, übersetzte der aus Polock stammende Franz Skoryna im ersten Viertel des 16. Jh.s die Bibel in die damalige Gegenwartssprache Südwestrusslands (Drucke in Prag und Wilna) und Fürst Konstantin von Ostrog veranlasste die Überarbeitung und den Druck der kirchenslawischen *Ostroger Bibel* (1581).

Das erste in Russland gedruckte Buch war der *Apostol* (Moskau, 1664; Apostelgeschichte und Briefe des NT). Die *Elisabethbibel* von 1751 ist bis heute der maßgebende Text für die kirchenslawischen Gottesdienste. Eine systematische Ü.-Arbeit in das damalige literarische Russisch schuf die 1812 gegründete Russische Bibelgesellschaft (Vier Evangelien 1819, NT 1821, die at. Bücher Genesis bis Ruth und die Psalmen 1822); sie brachte auch Ausgaben in Kirchenslawisch, Armenisch, Georgisch, Alt- und Neugriechisch heraus. 1826 wurde die Bibelgesellschaft aus politischen Gründen aufgelöst, 1856 die B.-Arbeit vom *Heiligen Synod* wieder aufgenommen. Die Synodalausgabe von 1876 ist bis heute die verbreitetste russ. B.

Auch in anderen orth. Ländern wurde die traditionelle kirchenslawische bzw. griech. Bibelsprache vom Kirchenvolk immer weniger verstanden. Deswegen erschien das Matthäusevangelium 1823, das NT 1840, das AT 1855–1864 im Bulgarischen. Die serbokroatische Ü. des NT von Vuk Karadžić wurde 1847 gedruckt, die ganze Bibel erschien 1864–1868 in Belgrad. Eine Ü. der Bibel oder von Bibelteilen ins damalige gesprochene Griechisch schufen Kritopulos Metrophanes, Athanasios Patellarios und Kyrillos Lukaris im 17. Jh.

Die Ü. ins Neugriechische, die in der ersten Hälfte des 19. Jh.s in Zusammenarbeit mit der Britischen Bibelgesellschaft geschaffen wurden, waren umstritten, da man eine protest. Überfremdung befürchtete. Die wichtigsten rumän. B. waren die Evangelien-Ü. von Diaconul Coresi (Diakon Coresi) von 1561, das NT von Belgrad 1648 und die *Bukarester Bibel* von 1688. 1666 erschien in Amsterdam unter der Leitung des Bischofs Oskan von Jerewan die erste gedruckte armen. Bibel, die als ein Meisterwerk der Druckkunst gilt.

→ Bibel; Orthodoxe Kirchen

[1] C. DOGNIEZ et al., Art. Bibelübersetzungen, in: RGG⁴ 1, 1487–1515 [2] M.I. RIŽSKIJ, Istoria perevodov biblii v Rossi, 1978. [3] W.I. SAUER-GEPPERT et al., Art. Bibelübersetzungen III./IV., in: TRE 6, 228–299

Erich Bryner

Bibelwissenschaft s. Bibelkritik; Exegese; Hermeneutik; Judentum, Wissenschaft

Bibliographie

1. Definition
2. Geschichte
3. Allgemeinbibliographien

1. Definition

Unter B. im engeren Sinne versteht man Verzeichnisse von ↗Büchern (später auch von unselbständig erscheinenden Publikationen in ↗Zeitschriften, Aufsatzsammlungen etc.). Diese Verwendung ist zuerst in Gabriel Naudés *Bibliographia politica* (Venedig 1633) und *Bibliographia militaris* (1637) belegt, Übersichten über die wichtigsten Werke zu Fragen des Staates bzw. des Militärs.

Bis dahin war der ursprünglich griech. Begriff für das Abschreiben von Büchern, für eine Typologie der Bücherverzeichnisse sowie für die Buchkunde selbst verwendet worden. Für B. im Sinne von Bücherverzeichnissen findet man auch synonyme Begriffe wie *bibliotheca, elenchus,* ↗Katalog, Lexikon, Index, *manuel*, Thesaurus oder Repertorium. Im 18. Jh. wurde der Begriff der B. auch für die allgemeine Wissenschaftskunde vom Buch, die Bücherkunde (lat. *notitia librorum*), verwendet. Dieser Begriff hat sich im angelsächs. Bereich bis in die Gegenwart erhalten, wo *bibliography* die Buchkunde inklusive der Buchgeschichte und der Textkritik meint. Der Begriff der B. subsumiert sowohl Titellisten als auch annotierende (mit kurzen Erläuterungen versehene), referierende (um Inhaltsberichte ergänzte) oder räsonierende (kritisch beurteilende) B. Die Anordnung kann alphabetisch nach den Verfassern oder den Titeln erfolgen oder sachlich nach bestimmten Systematiken. Es gibt retrospektive B. (die in der Regel abgeschlossen sind) oder periodische, die fortgeschrieben und auch kumuliert werden können.

2. Geschichte

Die übliche Form der B. im MA waren die handschriftlichen, stationären ↗Bibliotheks-Kataloge; sie wurden im 15. Jh. durch neue Formen von gedruckten Auswahl-B. ergänzt. Ein frühes Beispiel ist Johannes Trithemius' *Liber de scriptoribus ecclesiasticis* (Basel 1494), ein bio-bibliographisches Lexikon zu Kirchenschriftstellern, das ca. 1000 Autoren und 7000 Titel verzeichnet. Der schweizer. Polyhistor Konrad Gesner ordnete und annotierte in der *Bibliotheca universalis* Literatur aus allen Wissensgebieten nach den Bibliothekskatalogen alphabetisch (1545) und systematisch (1549) und gilt damit als ein Stammvater der modernen B. Ein praktisches buchhändlerisches Verkaufsinstrument waren die Kataloge der ↗Buchmessen in Frankfurt und Leipzig ab 1564 (bis 1750) bzw. 1594 (bis 1860), die auf private Initiative und auf freiwillige Meldung hin entstanden und daher in hohem Grad unzuverlässig sind, da u.a. geplante, dann aber nicht ausgeführte Drucke aufgenommen und ein großer Teil der erschienenen Titel dort gar nicht verzeichnet wurden. Sie stehen aber am Anfang einer periodischen B., einem »Verzeichnis lieferbarer Bücher«.

Zeitlich parallel dazu erschien der *Index librorum prohibitorum* (Rom 1559–1948; ↗Index verbotener Bücher), eine erste B. zensierter Bücher, die die kath. Kirche ihren Gläubigen verbot (↗Zensur). Seit dem 17. Jh. entstanden National-B., wie 1672 die *Bibliotheca Hispana nova* und die parallel zur Einrichtung von Nationalbibliotheken entstandenen gedruckten Bibliothekskataloge, die de facto eine National-B. darstellten, so eine erste Version des Kataloges der *British Library* 1787 (eine überarbeitete Ausgabe erschien 1813–1819 in sieben Bänden, nach 1836 als *New General Catalogue of Printed Book*). In Frankreich erscheint die *Bibliographie de la France* seit 1811.

Parallel dazu gab es zahlreiche versteckte B. in den reich aufkommenden ↗Enzyklopädien und Lexika, etwa in Zedlers *Universallexikon* (1732–1754) oder in der *Encyclopédie* (1751/52) D. Diderots und J. d'Alemberts. Das aufkommende Interesse an der Buchgeschichte im 18. Jh.

führte dazu, dass auch eine erste B. der Frühdrucke (↗Inkunabeln) erstellt wurde, die *Annales typographici* von G. W. Panzer (1793–1803). Indirekt enthält auch Christian Gottlieb Jöchers *Allgemeines Gelehrten-Lexikon* (4 Bde., Leipzig 1750/51) ein wichtiges Verzeichnis gelehrter Literatur, ebenso das Schriftstellerlexikon von Georg Christoph Hamberger, *Das gelehrte Teutschland oder Lexikon der jetzt lebenden Schriftsteller*, das von Johann Georg Meusel in 23 Bänden fortgeführt wurde (1796–1834).

3. Allgemeinbibliographien

In Fortsetzung der Messkataloge entstanden im 18./19. Jh. Allgemein-B. der im dt. ↗Buchhandel erschienenen Bücher, Zeitschriften und Landkarten. Der Geraer Buchhändler Wilhelm Heinsius erstellte 1812/13 ein *Allgemeines Bücher-Lexikon* der von 1700 bis 1810 erschienenen Titel. Sein Gehilfe Christian Gottlob Kayser (1782–1857) führte es als selbständiger Verleger bis 1841 fort und erarbeitete ein *Vollständiges Bücher-Lexikon enthaltend alle von 1750 bis 1832 in Deutschland und den angrenzenden Ländern gedruckten Bücher* (1834/36), das sein Nachfolger Bernhard Tauchnitz fortführte. Parallel dazu erschien 1851 bis 1912 *Hinrichs Bücher-Catalog* in Leipzig. Diese privaten Unternehmen mündeten dann in der ersten dt. regulären National-B., dem *Dt. Bücherverzeichnis*, Leipzig ab 1916.

Diese genannten B. seit 1700 wurden mechanisch im *Gesamtverzeichnis des dt.sprachigen Schrifttums 1700–1910* in 160 Bänden, München 1979–1987, kumuliert (sog. GV-Alt).

Die Inkunabeln von der Gründung der Buchdruckerkunst bis zum 31.12.1500 werden im *Gesamtkatalog der Wiegendrucke* seit 1925 verzeichnet (2005 bis zum Buchstaben H). Für das 16. Jh. liegt das *Verzeichnis der im dt. Sprachbereich erschienenen Drucke des 16. Jh.s* vor (sog. VD 16); im Entstehen begriffen ist ein gleiches Verzeichnis für die Titel des 17. Jh.s (sog. VD 17).

→ Bibliothek; Buch; Zeitschrift

[1] H. Blinn, Informations-Hdb. Dt. Literaturwissenschaft, ³1994 [2] P. Burke, A Social History of Knowledge. From Gutenberg to Diderot, 2000 [3] H.-A. Koch, Art. Bibliographie, in: W. Killy (Hrsg.), Literatur-Lex. 13, 1992, 96–99 [4] F. Nestler, Einführung in die Bibliographie, 2005 [5] P. Raabe, Formen und Wandlungen der Bibliographien, in: H.-A. Koch (Hrsg.), Welt der Information. Wissen und Wissensvermittlung in Geschichte und Gegenwart, 1990, 79–96 [6] P. Raabe, Einführung in die Bücherkunde zur dt. Literaturwissenschaft, ¹¹1994 [7] A. Serrai, Origine di »Bibliographia« in quanto titolo disciplinare, in: Bibliotheca. Rivista di studi bibliografici 1, 2002, 15–44 [8] W. Totok (Hrsg.), Hdb. der bibliographischen Nachschlagewerke, ⁶1984–1985.

Stephan Füssel

Bibliotheca Magica

1. Vorgeschichte des Aberglaubendiskurses
2. Haubers »Bibliotheca, acta et scripta magica«
3. Ziele und Wirkung

1. Vorgeschichte des Aberglaubendiskurses

Das Projekt einer B.M. (»Magischen Bibliothek«) gehört in den Kontext des Kampfes zwischen Wissenschaft (↗Wissen und Wissensideale) und ↗Aberglaube. Ausgehend von Christian Thomasius, der 1696 als Gutachter noch die Hinrichtung einer ↗Hexe befürwortet hätte, wenn er von Kollegen nicht zurückgehalten worden wäre, wurden zu Beginn des 18. Jh.s frühere Debatten über Hexerei gezielt für politische Zwecke aufbereitet (Abschaffung der ↗Hexenprozesse und der ↗Folter). Der Jurist Johann Reiche, von Thomasius mit der einschlägigen Disputation *De crimine magiae* (»Über das Verbrechen der Magie«) promoviert [4], edierte die wichtigsten älteren Schriften dt. Autoren zum Thema der Hexerei [5]. Der Mediziner Christian Weißbach folgte mit Übersetzungen engl. Hexenprozessgegner, mitsamt einer ausführlichen Würdigung Thomasius' als »tapferer Hercules«, der der »abscheulichen Bestie der Superstition« des »Aberglaubens von der Hexerey« den Kopf abgeschlagen habe. Thomasius selbst fasste die Ansichten von Befürwortern und Gegnern des Hexenglaubens zusammen [6], unterstützt von dem Hallenser Kollegen Jacob Brunnemann und dessen *Discours von den betrüglichen Kennzeichen der Zauberey* (1708), die eine »Historische Anleitung von dem Zustande der Hexen und des Hexen-Processes vor und nach der Reformation« enthielt [1].

2. Haubers »Bibliotheca, acta et scripta magica«

Im Zuge dieser Auseinandersetzung setzten Quelleneditionen ein: Das Publikum sollte sich ein Bild von der Finsternis vergangener Zeiten machen. Das wichtigste Projekt war dabei die von 1738 bis 1746 publizierte *Bibliotheca, acta et scripta magica* (»Magische Bibliothek, Handlungen und Schriften« [2]), deren Gegenstand (so der Untertitel) »Nachrichten und Urtheile von solchen Büchern und Handlungen« waren, »welche die Macht des Teufels in leiblichen Dingen betreffen«. Herausgeber war der aus einer Württemberger Pfarrdynastie stammende Eberhard David Hauber, Oberpfarrer in Stadthagen und Superintendent der Grafschaft Schaumburg-Lippe. Hauber hatte in Tübingen und Altdorf Mathematik und Naturwissenschaften studiert, bevor er 1727 in Helmstedt das Doktorat der Theologie erwarb. Er stand einem rationalistischen ↗Pietismus nahe und versuchte, konfessionell ausgleichend auf Lutheraner und Reformierte zu wirken. Wegen seiner Bemühungen um die ↗Aufklärung galt er bereits im 18. Jh. als eine Berühmtheit [8]. Mit der B.M. schuf Hauber ein zeitschriftenähnliches Mitteilungsorgan (↗Zeitschrift). In der ersten Lieferung forderte er zur Mitarbeit, zum Übersenden von Nachrichten und Rezensionen auf. Hauber trennte streng zwischen ↗Edition und ↗Kommentar, gab jeder Ausgabe einen Kupferstich bei und ging – zumindest anfangs – systematisch vor. Das »1. Stück« der B.M. gab den Text der gegen das dt. Hexenwesen gerichteten päpstlichen Bulle *Summis desiderantes affectibus* von 1484 im lat. Original und in dt. Übersetzung wieder und beschäftigte sich mit dem *Hexenhammer*, dem einflussreichsten Handbuch zur ↗Hexenverfolgung von 1487. Das »2. Stück« präsentierte die Bulle Johannes' XXII., *Super illius specula* (1321), beschäftigte sich u.a. mit Gegnern der ↗Hexenprozesse und enthielt einen Kupferstich von Johann Weyer. Bereits im »3. Stück« unterbrach Hauber seine Systematik mit einer zeitgenössischen ungar. Hexengeschichte von 1730, bevor er die Edition päpstlicher Bullen fortsetzte. Das »4. Stück« handelte von antiken Gespenstergeschichten. Die Lieferungen der B.M. wurden nicht zu Jahresbänden zusammengefasst; der erste Band schloss erst mit dem »12. Stück« 1739 ab (mit Register der Autoren, Personen, Bücher und zitierten Bibelstellen).

3. Ziele und Wirkung

Haubers B.M. war ein Instrument der Kulturpolitik. Dies wird anhand der Dedikationen deutlich, die Konturen einer aufgeklärten (protest.) ↗Öffentlichkeit erkennen lassen. Auffallend ist die Ehrung des Thomasius-Kreises in Halle: Dem Juristen Brunnemann wurde die erste Lieferung gewidmet, die nächste dem Mediziner Friedrich Hoffmann, Anreger mehrerer Schriften zur Frage der Macht des Teufels über die Körper, die sich mit der alten Frage nach der Möglichkeit des Hexenfluges unter theologischen und medizinischen Gesichtspunkten auseinander setzten, das »3. Stück« dem lutherischen Kirchenrechtler Justus Henning Böhmer, der ebenfalls auf Thomasius' Seite in die großen Debatten eingegriffen hatte. Danach fächerte sich das Dedikationsspektrum auf. Das »7. Stück« etwa war dem Hamburger Senator Barthold Hinrich Brockes gewidmet, dem Herausgeber der Moralischen Wochenschrift *Der Patriot* [2.7. Stück, Vorrede]. Der zweite Band der B.M. konnte mit einer Sensation aufwarten: der engl. Parlamentsakte, die wenige Monate zuvor *witch-craft* (dt. »Hexerei«) aus der Liste strafbarer Verbrechen in England gestrichen hatte, im Original vom 24.6.1736 und in dt. Übertragung. »Es geschieht mit sehr großer meiner Freude«, schreibt Hauber pathetisch, »daß ich meinen geehrten und geliebten Lesern bey dem Anfang des zweyten Bandes dieser Bibliothec einen so merkwürdigen Beweiß von dieser Besserung unserer Zeiten vorlegen kann« [2.13. Stück, Vorrede].

Haubers Edition stellt auf breiter anthropologischer Ebene – von den ersten Hexenprozessen im 14. Jh. in Savoyen bis zum zeitgenössischen Zauber chines. Gaukler und den Riten von Eskimo-Schamanen – Bausteine zu einer Geschichte der ↗Magie bereit. Rezensenten hoben hervor, dass er »seine Absicht, den Aberglauben zu schwächen und die Hexenprocesse zu vermindern«, mit seinem Periodicum »glücklich erreichet« habe [8.250]. Das Projekt machte insofern Schule, als die Hochaufklärung die Historisierung und Katalogisierung des Aberglaubens fortsetzte. Herausragend waren hier Paul Henri Thiery d'Holbach mit seiner *Histoire naturelle de la superstition* (1768), gefolgt von Ernst Urban Keller mit seinem *Grab des Aberglaubens* (1777/78), sowie Elias Caspar Reichard, der seine *Vermischten Beyträge zur Beförderung einer nähern Einsicht in das gesamte Geisterreich. Zur Verminderung und Vertilgung des Aberglaubens* (1780/1–1788) als eine Fortsetzung von Haubers B.M. betrachtete [3]. Noch Georg Conrad Horst stellte seine *Zauberbibliothek* (1821–1826), eine Textsammlung über »Zauberei, Theurgie und Mantik, Zauberer, Hexen und Hexenprocessen, Dämonen, Gespenster und Geistererscheinungen« direkt in die Tradition von Haubers B.M. Seit den 1840er Jahren wurden derartige Materialsammlungen durch kohärente histor. Darstellungen ersetzt.

→ Aberglaube; Aufklärung; Hexenliteratur; Hexenverfolgung; Magie; Zauberei

Quellen:
[1] J. Brunnemann, Aloysii Chartini Discurs von betrüglichen Kennzeichen der Zauberey worinnen viel abergläubische Meinungen vernunftmäßig untersucht und verworfen..., Stargard 1708 (2. Aufl. Halle 1727; 3. Aufl. Frankfurt/Leipzig 1729) [2] E.D. Hauber, Bibliotheca, acta et scripta magica: Nachrichten, Auszüge und Urtheile von solchen Büchern und Handlungen, welche die Macht des Teufels in leiblichen Dingen betreffen, Lemgo 1738–1745 [3] E.C. Reichard, Vorrede, in: Caspar Reichards Vermischte Beyträge zur Beförderung einer nähern Einsicht in das gesamte Geisterreich. Zur Verminderung und Vertilgung des Aberglaubens 1, 1781 [4] J. Reiche, De crimine magiae, Diss. Halle 1701 [5] J. Reiche (Hrsg.), Unterschiedliche Schrifften vom Unfug des Hexen-Processes, Halle 1703 [6] C. Thomasius, Disputatio juris canonici de origine ac progressu processus inquisitorii contra sagas, Halle 1712.

Sekundärliteratur:
[7] W. Behringer, Wissenschaft im Kampf gegen den Aberglauben. Die Debatten über Wunder, Besessenheit und Hexerei, in: R. van Dülmen / S. Rauschenbach (Hrsg.), Macht des Wissens. Die Entstehung der modernen Wissensgesellschaft, 2004, 365–390 [8] A.F. Büsching, Eberhard David Hauber, in: A.F. Büsching (Hrsg.), Beyträge zu der Lebensgeschichte denkwürdiger Personen 2, 1783–1789, 161–262 [9] M. Pott, Aufklärung und Aberglaube. Die dt. Frühaufklärung im Spiegel ihrer Aberglaubenskritik, 1992.

Wolfgang Behringer

Bibliothek

1. Definition und Entwicklung bis zur Neuzeit
2. Historische Rahmenbedingungen
3. Nationalbibliotheken
4. Hofbibliotheken
5. Gelehrtenbibliotheken
6. Universitätsbibliotheken
7. Bibliotheksarchitektur

1. Definition und Entwicklung bis zur Neuzeit

Das aus dem 5. Jh. v. Chr. stammende griech. Wort *bibliothḗkē* (wörtlich »Ablage für Bücher«) wurde später auf den Aufbewahrungsraum, auf ein eigenes Gebäude und schließlich auf die Sammlung von ↗Büchern selbst bezogen. Für die frühe B.-Geschichte im griech.-röm. Altertum ist der enge Zusammenhang zwischen Aufbewahrung und gelehrter Nutzung der Bücher konstitutiv; eine der bedeutendsten Buchsammlungen der griech. Antike, das *Museion* in Alexandria, war um 320 v. Chr. als Forschungsstätte für Kultur und Literatur von Ptolemaios I. gegründet worden. Nach dem Untergang des röm. Reichs übernahmen Kloster-B. und seit dem 13. Jh. Universitäts-B. die Bewahrung kirchlichen und weltlichen Gedankengutes sowie die Vermittlung antiker und christl. Geisteskultur. Die Kloster-B. mit einem Umfang von im Regelfall 60 bis 300 Titeln enthielten meist ↗Bibel-Ausgaben und liturgische Texte, Bibelkommentare und Kirchenväterschriften, Scholastika, Predigtsammlungen und nicht selten das klassische antike Schrifttum, das auf diese Weise die Jahrhunderte überdauerte. Die ↗Universitäten in Italien und Frankreich schufen seit dem 13. Jh. Büchersammlungen für die einzelnen ↗Fakultäten, die später zu Universitäts-B. zusammengeführt wurden.

2. Historische Rahmenbedingungen

2.1. Humanismus

Zu einer inhaltlichen Umstrukturierung der B. kam es durch die geistigen und technischen Veränderungen des 15. Jh.s. Die *studia humanitatis* veränderten die universitäre Lehre und Ausbildung, sorgten für eine bewusste Pflege der Schriften des griech.-röm. Altertums, eine Bestandssicherung der nationalen Vergangenheit und eine systematische ↗Edition und Weitergabe der Texte. Der ↗Humanismus mit seinem Glauben an die allgemeine Bildungsfähigkeit der Menschen wurde im 15. Jh. neben der Kirche zum größten Förderer der neuen Technik des ↗Buchdrucks, der ab 1454 zunächst Theologica und Liturgica, nach wenigen Jahren verstärkt Humanistica, zu 90 % in lat. Sprache, produzierte. Die von Gutenberg und seinen Zeitgenossen durch die Bereitstellung von ↗Lehrbüchern für den akademischen Unterricht ausgelöste ↗Bildungs-Revolution fand ihren Niederschlag in einer Öffnung der sich neu konstituierenden Schul- und Universitäts-B., Fürsten- und Hof-B. sowie in privaten Büchersammlungen mit einem bis dahin nicht vorstellbaren Ausmaß an Texten wie auch in einem neuen Umgang mit dem gedruckten Wort.

Es ist kein Zufall, dass gerade an den vom humanistischen Gedankengut geprägten ital. Fürstenhöfen Büchersammlungen öffentlich zugänglich gemacht wurden; so wurde die Privat-B. der Familie Medici, die *Biblioteca Medicea Laurenziana*, bereits Mitte des 15. Jh.s im florent. Dominikanerkloster San Marco als öffentliche B. geführt und 1571 in dem noch heute zugänglichen B.-Saal als Pult-B. zugänglich gemacht (↗Familienbibliothek). Geöffnet wurden die Fürsten-B. in Mailand, Neapel, Urbino oder Venedig (*Biblioteca Marciana*), ebenso durch humanistisch gesinnte Fürsten in Ungarn (Matthias Corvinus) oder in Frankreich (Franz I.). Die erste öffentliche B. Frankreichs war die Büchersammlung Kardinal Jules Mazarins, die 1643 mit etwa 40 000 Bänden geöffnet wurde. Seit 1488 war die B. des Duke of Gloucester in Oxford benutzbar, die um 1600 durch Sir Thomas Bodley neu begründet wurde und im frühen 17. Jh. mit einem praktikablen ↗Katalog im Autorenalphabet erschlossen wurde; als *Bodleian Library* besteht sie bis heute.

Die Hof-B. in Wien, München oder Heidelberg, in Wolfenbüttel, Berlin oder Hannover förderten in den dt.sprachigen Ländern – bei jeweils individuellen, von den Fürsten bestimmten Schwerpunkten – den Fortschritt der Wissenschaften und den öffentlichen Zugang zu ↗Wissen und ↗Bildung. ↗Reformation und ↗Gegenreformation förderten auf der einen Seite die Einrichtung von Stadt- und Schul-B., die allerdings durch die konfessionellen Gegensätze in der zweiten Hälfte des 16. Jh.s häufig zu parteilichen Institutionen mit geringer Öffentlichkeitswirkung wurden.

2.2. Das 17. und 18. Jahrhundert

Der ↗Dreißigjährige Krieg (1618–1648) lähmte nicht nur das kulturelle und wiss. Leben in Mitteleuropa, sondern führte auch zu einer hohen Zahl an B.-Zerstörungen und -Verschleppungen, deren Folgen z. T. bis in die Gegenwart reichen. Die Heidelberger *Palatina* kam 1623 nach Rom, viele andere B. wurden nach Uppsala oder Stockholm in Schweden verschleppt. Die zweite Hälfte des 17. Jh.s war durch Repräsentationsbauten absolutistischer Fürsten mit ihren Saal-B. (Prunksäle mit Wandregalen) bestimmt (s. u. 7.). Seit dem frühen 18. Jh. nahm die Bedeutung der Universitäts-B. neben den sich immer mehr öffnenden Hof-B. deutlich zu (s. u. 4. und 6.). Universitätsneugründungen wie 1737 in Göttingen sorgten für einen veränderten B.-Bestand (Trennung von Geistes- und Naturwissenschaften), die Aufnahme aufklärerischen Schrifttums, den Wandel zu einer Gebrauchs-B. mit der jeweils neuesten Forschungsliteratur und eine Öffnung auch für die Studierenden. Gelehrten-B. gingen im 18. Jh. häufig aus Privatbesitz in öffentliche Sammlungen über (s. u. 5.).

Im 18. Jh. nahmen auch die bibliothekstheoretischen Überlegungen zu. Ideen Gabriel Naudés aufnehmend, forderte G. W. Leibniz eine systematische Ordnung der Bestände, eine Erschließung durch Kataloge und einen festen Erwerbungsetat.

2.3. Das 19. Jahrhundert

Die ↗Säkularisation ab 1803 führte zu einer gravierenden Veränderung in der B.-Landschaft Deutschlands: Viele kirchliche B. gingen in staatliches Eigentum über, Zentral-B. erhielten erhebliche Zuwächse (z. B. wuchs die Hof- und Staats-B. in München 1803 auf eine halbe Million Bände an). Vorangegangen waren u. a. die Aufhebung des ↗Jesuiten-Ordens (1773) und eine Teilsäkularisation österr. Klöster unter Joseph II. seit 1782. Im ↗Josephinismus wurden auf diese Weise die Universitäts-B. gestärkt und durch eine einheitliche B.-Instruktion 1778 zentral reglementiert.

Die Zunahme der allgemeinen Lesefähigkeit (↗Alphabetisierung) seit der Mitte des 18. Jh.s brachte zwei neue Typen von B. hervor, die ↗Lesegesellschaften, bereits vor dem Ende des 18. Jh.s, und die Leih-B. Lesegesellschaften boten anfangs die Möglichkeit, gemeinsam bestimmte ↗Zeitungen oder ↗Zeitschriften zu abonnieren, auszuleihen oder in einem gemeinsamen Lesesaal zu benutzen und sich ggf. darüber hinaus zu geselligem Leben zu treffen; in den Leih-B. wurden gegen Einzelgebühr Belletristik und Nachschlagewerke an ein allgemeineres Publikum verliehen. Gerade die Leih-B. führten im 19. Jh. zu einer deutlichen Verbreitung der Lesemöglichkeiten.

3. Nationalbibliotheken

U.a. in Italien, Frankreich und Großbritannien entstanden im 18. Jh. National-B.; der erste Lesesaal der *British Library* wurde 1753 eröffnet, zu deren Gründungssammlungen die *Royal Library* Georgs II. und weitere bedeutende Privatsammlungen gehörten. Die *Royal Library* übertrug das Pflichtexemplarrecht auf die engl. National-B., die durch wichtige Sammlungen von ↗Flugschriften, Dokumenten zur ↗Englischen Revolution sowie von Frühdrucken und anderen Altbeständen schon bei der Gründung ein Museum nationaler Buchkultur war.

Ein Pflichtexemplarrecht gab es in Frankreich bereits durch einen Erlass Franz' I. von 1537, nach dem von allen gedruckten Werken ein Belegstück für die *Librairie du Roi* eingereicht werden musste. 1692 wurde diese B. öffentlich zugänglich gemacht und 1792 in *Bibliothèque Nationale* umbenannt.

Die territoriale Zersplitterung Deutschlands führte dazu, dass Ideen einer National-B., etwa im Zusammenhang mit der ↗Paulskirchenversammlung von 1848, nicht zum Tragen kamen und erst auf Anregung des Börsenvereins der dt. Buchhändler 1912 in Leipzig die »Deutsche Bücherei« errichtet wurde. Seit diesem Zeitpunkt werden hier alle dt.sprachigen Titel gesammelt und in einer National-↗Bibliographie festgehalten; im Unterschied zu den anderen National-B. wurde aber keine rückwirkende Ergänzung vorgenommen.

4. Hofbibliotheken

Das wiss. und gelehrte Leben der Nz. wurde durch die Existenz und die Arbeitsmöglichkeiten in den Hof-B. befördert. Freilich waren Buchbestände und Öffnungszeiten unterschiedlich und durch die jeweiligen Fürsten bestimmt. Manchmal überwogen deren repräsentative Bestrebungen und B. wurden nur als Ergänzung zu Münzsammlungen und Kuriositätenkabinetten eingerichtet, in anderen Fällen waren Fürsten selbst Bibliophile und wiss. interessiert oder B. wurden von gelehrten Bibliothekaren zur Blüte geführt. So gründete Albrecht V. von Bayern 1571 eine Hof-B., in der er zuvor erworbene Bestände (etwa Orientalia und die Sammlung Johann Jakob Fuggers oder die des Nürnberger Humanisten Hartmann Schedel) zusammenführte.

1618 zählte diese B. bereits 17 000 Drucke und etwa 1 000 Handschriften. Nach einem Jahrhundert weitgehender Stagnation wurde die Hof-B. im Zeichen des aufgeklärten Kurfürsten Max III. Joseph mit einem regelmäßigen Etat versehen und für die Arbeit der 1759 gegründeten *Bayerischen Akademie der Wissenschaften* geöffnet. Die erhebliche Zunahme an Beständen nach der Auflösung des Jesuitenordens und v. a. durch die zentrale Übernahme der bayerischen Bestände nach der Säkularisation machte die Hof-B. im frühen 19. Jh. zur größten B. im dt. Sprachgebiet und zur reichsten ↗Inkunabel-Sammlung der Welt; in ihr befand sich etwa eine halbe Million aus den reichen Klöstern und Stiften von Augsburg, Regensburg oder Salzburg, von Tegernsee, Wessobrunn und Freising übernommener Bände. Präzise nach Fachgruppen aufgestellt und katalogisiert, wurden die Bestände 1843 der wiss. Nutzung zugeführt.

Norddt. Beispiele sind die Hof-B. in Hannover und Wolfenbüttel, die ab 1690 durch G. W. Leibniz' ordnende Leitung geprägt wurden. Leibniz übernahm die Grundideen der bibliothekstheoretischen Schrift von Gabriel Naudé (*Advis pour dresser une bibliothèque...*, Paris 1627); er ordnete nach einem festen Schema von Klassen und vermehrte die B. systematisch. Eine feste Bezahlung der Bibliothekare und verlässliche Öffnungszeiten für alle Interessierten wurden durchgesetzt. Aus persönlichem Interesse hatte Herzog Julius von Braunschweig-

Wolfenbüttel und v. a. der Bibliophile Herzog August d. J. 2000 Handschriften und 28000 Druckschriften gesammelt und durch einen eigenen Bücherkatalog handschriftlich erschlossen (1661). Leibniz erstellte daraufhin einen alphabetischen Katalog und ließ einen prunkvollen B.-Saal errichten. Zu den dort wirkenden gelehrten Bibliothekaren gehörte auch Gotthold Ephraim Lessing.

Die Hof-B. in Wien entstammt den privaten B. der Habsburger unter Kaiser Ferdinand I. Da sich die habsburgischen Kaiser seit Maximilian I. mit philologisch-histor. Forschung beschäftigten und sich dem ↗Humanismus öffneten, fanden zahlreiche Humanistensammlungen sowie griech.-röm. Texte Eingang in diese B. 1623 wurde sie in die Hofburg verlegt und im Lauf des 17. Jh.s durch zahlreiche Sammlungen (u. a. der des dän. Astronomen Tycho Brahe oder der Ambraser B.) qualitätsvoll erweitert. Im Prunksaal der Hofburg wurde die B. ab 1726 Mittelpunkt einer repräsentativ-barocken Wissenschaftsförderung und unter Kaiser Joseph II. mit den Beständen aus aufgelösten Jesuitenklöstern und der beginnenden Säkularisierung erheblich angereichert.

In Heidelberg erweckte Kurfürst Ottheinrich die fürstliche Büchersammlung zu neuem Leben, indem er nicht nur die Bestände systematisch ergänzte, sondern die Bände auch in eigens angefertigten Einbänden zu einem großartigen Ensemble zusammenfügte. Seine *Bibliotheca Palatina* wurde 1567 schon »die Mutter aller B. in Teutschland« genannt. Da Ottheinrich sie zu einem Instrument im Kampf für die Reformation einsetzte, wurde sie im Dreißigjährigen Krieg von Herzog Maximilian I. von Bayern an Papst Gregor XV. nach Rom verschenkt.

5. Gelehrtenbibliotheken

Die Ausrichtung auf das Ideengut des ↗Humanismus, der konfessionellen Auseinandersetzung und der ↗Aufklärung sind für die Privat-B. der Nz. charakteristisch. Da sie in den meisten Fällen nicht nur für den Privatbesitz, sondern auch für das gelehrte Umfeld zur Verfügung standen und meist beim Erbfall in eine öffentliche B. überführt wurden, gehören sie genuin zur nzl. B.- und Bildungsgeschichte.

Das Bemühen, die Literatur der Antike möglichst vollständig in gedruckten Ausgaben präsent zu halten und die zeitgenössischen Autoren zu erwerben und daran zu messen (↗Antikerezeption), ist für die großen Sammler bes. in den oberdt. Städten charakteristisch. Der Humanist und Historiker Beatus Rhenanus stiftete seine an Quellen und zeitgenössischer Literatur reiche B. seiner Vaterstadt Schlettstadt, wo sie in der *Bibliothèque d'Humanisme* bis in die Gegenwart fortwirkt. Der Humanist und Historiker Joachim Vadianus, selbst Verfasser einer ersten Literaturgeschichte klassischen und neulat. Schrifttums, hinterließ seine einzigartige Sammlung der Stifts-B. von St. Gallen. Der Augsburger Patrizier Conrad Peutinger vermachte über 2000 juristische Bücher dem Jesuitenkolleg Augsburg, die sich heute in der dortigen Stadt-B. befinden.

Der Nürnberger Jurist und Humanist Willibald Pirckheimer vermerkte auf seinen Exlibris bezeichnenderweise *sibi et amicis* (»sich und den Freunden«), um damit den gelehrten Austausch über Bücher zu dokumentieren. Ein Großteil seiner B. hat sich in der Sammlung des engl. Bibliophilen Thomas Howard, Earl of Arundel, in der *British Library* erhalten. Von den Reformatoren sind die B. Martin Luthers, Philipp Melanchthons oder seines entschiedenen Gegners Johannes Ecks bemerkenswert.

Die polyhistorisch orientierten Gelehrten des 17. Jh.s schufen oft bedeutende Quellensammlungen: So hinterließ der Historiker Marquard Freher seine Quellensammlung der Heidelberger *Palatina*; Melchior Goldast von Haiminsfeld erwarb über 4000 Handschriften, die in die Bremer Gymnasial-B. mündeten. Konrad Haeberlin schuf eine einmalige Sammlung von Quellendokumenten zum Dreißigjährigen Krieg, die sich heute in der Thurn und Taxis'schen Hof-B. in Regensburg befinden.

Im 18. Jh. waren sowohl die adligen Polyhistoren als auch die neue Generation von Universitäts-↗Professoren Sammler bedeutender Spezial-B., darunter der hallesche Jurist und Universitätskanzler Johann Peter von Ludewig, dessen 14000 Drucke und 800 Handschriften 1745 versteigert wurden. Versteigert wurde auch die B. des Polyhistors und Bibliothekars Burkhard Gotthelf Struve mit über 4000 Bänden. Beispielhaft ist die B. des Göttinger Philologen Christian Wilhelm Büttner mit 12000 Bänden, die sich heute zum großen Teil in der Universitäts-B. Jena befinden; der Stadtarzt Johann Christian Senckenberg hinterließ seiner Vaterstadt Frankfurt am Main eine naturhist.-medizinische Buchsammlung; der Marburger Mediziner Ernst Gottfried Baldinger besaß 16000 Bände, die in die Hof-B. Darmstadt kamen.

6. Universitätsbibliotheken

Die Bestände der ↗Universitäts-B. folgten dem wiss. Fortschritt von der Scholastik zum Humanismus und den anschließenden Veränderungen der Universitätsstrukturen, d. h. der Umwandlung der Artistenfakultät in die ↗Philosophische Fakultät mit eigenem Promotionsrecht und beginnender textphilologischer Arbeit. Gedruckte ↗Dissertationen, Thesen und ephemere Schriften wie Gelegenheitsadressen, Leichenpredigten etc. füllten im 17. Jh. zahlreiche Universitäts-B. Die Universitäts.-B. waren bis in das 18. Jh. hinein weniger für Studierende als für die Grundversorgung der Professoren eingerichtet. Mit der Zunahme der Publikationen, namentlich der Zeitschriften, entstanden im letzten Drittel des 18. Jh.s Instituts-B., die auch zum Diskussionsort der Fachkollegen wurden. Neuere Wege beschritten norddt. B.; so wurde die 1618 gegründete Sammlung für die Universität Helmstedt in die Selbstverwaltung der Professoren gelegt, die sich frühzeitig um eine liberale Ausleihpolitik bemühten – auch für Studierende.

Gründlich geplant war die Universitäts-B. in Göttingen (1737), die von dem Hannover'schen Minister Adolf Freiherr von Münchhausen von Anfang an mit einem festen Etat ausgestattet wurde. Leibniz' systematisierende Überlegungen zur Aufstellung und Katalogisierung wurden von Anfang an befolgt; 1800 waren bereits 150 000 Bände systematisch aufgestellt und verzeichnet. Führende gelehrte Bibliothekare wie Christian Gottlob Heyne (1812) schufen einen bis heute nutzbaren Realien- und einen alphabetischen Katalog.

Der Anstieg der Lesefähigkeit und die Kostensenkungen bei der Bucherzeugung durch Schnellpressen zu Beginn des 19. Jh.s bedingten andere Einstellungen zum Erwerb von Büchern für Studierende, Professoren und Privatpersonen sowie eine neue Aufgabenstellung der Universitäts-B. Bis ans Ende des 19. Jh.s dauerte es allerdings noch, bis in städtischen Büchereien, sog. Volks-B., tatsächlich die allgemeine Zugänglichkeit von Wissen und Bildung für jedermann durchgesetzt werden konnte.

→ Bibliographie; Bildung; Buch; Katalog; Medien; Schriftkultur

[1] P. Burke, A Social History of Knowledge. From Gutenberg to Diderot, 2000 [2] L. Buzas, Dt. Bibliotheksgeschichte der Nz. (1500–1800), 1976 [3] O. Dann, Lesegesellschaft und bürgerliche Emanzipation, 1981 [4] U. Jochum, Kleine Bibliotheksgeschichte, 1993 [5] G. Leyh (Hrsg.), Hdb. der Bibliothekswissenschaft (3 Bde.), ²1952–1965 [6] M. Martino, Die dt. Leihbibliothek, 1990 [7] B. Moeller et al. (Hrsg.), Studien zum städtischen Bildungswesen des späten MA und der frühen Nz., 1983 [8] J. Vorstius / S. Joost, Grundzüge der Bibliotheksgeschichte, ⁸1980.

Stephan Füssel

7. Bibliotheksarchitektur

7.1. Allgemein

Die B. bezeichnet auch einen ↗Bautypus zur Aufbewahrung von ↗Büchern. Schon in der Antike wurden neben Schriftrollen Raritäten und Naturdinge zu Studienzwecken gesammelt (so in der berühmten B. von Alexandria, 3. Jh. v. Chr.); im MA wurden Bücher in der Sakristei oder Schatzkammer neben liturgischen Geräten und Kuriositäten aufbewahrt (St. Gallen, 9. Jh.). Erst im 19. Jh. verdrängte die B. vollständig die geistlichen und fürstlichen Wunder- und Kunstkammern (↗Kunstsammlung; ↗Museum). Bis dahin kann die B. als multimediale Sammlung von Studienobjekten aufgefasst werden, in der die künstlerische Ausgestaltung mit den kuriosen Studienobjekten und Büchern eine Einheit bildete, die dem erkenntnistheoretischen Wandel und dem zeitgenössischen Selbstverständnis des Gelehrtenstudiums unterlag (↗Sammlung, gelehrte).

7.2. Bautypologie

Im MA waren die B. zumeist gewölbte zwei- oder dreischiffige Hallen, in denen die Bücher in Schränken (lat. *armarium*) aufbewahrt wurden oder aber seit dem HochMA auf Pulten zum Studium angekettet auslagen (*Sorbonne* in Paris, 13. Jh.). Michelangelo verzichtete in der 1524 begonnenen *Biblioteca Laurenziana* in Florenz auf die in Italien typische Dreischiffigkeit und schuf erstmalig einen einheitlichen, für die Nz. stilbildenden Saal, behielt aber die Pulte als Aufbewahrungsort der Bücher bei. Juan de Herrera errichtete um 1567 im *Escorial* in Madrid einen langgestreckten und gewölbten B.-Saal mit einer einheitlichen Schrankwand für die Bücher (vgl. Abb. 1), die wenig später in der *Biblioteca Ambrosiana* in Mailand (1603–1609) zugunsten einer einheitlichen, sehr hohen Regalwand mit Empore auf-

Abb. 1: Juan de Herrera, Bibliothek des Escorial in Madrid (um 1567); Ausmalung von Pellegrino Tibaldi (1590–1592). Der tonnengewölbte Saal von 54 m Länge und 10 m Breite hat einheitlich hohe und offene Wandregale. Das ikonographische Programm entfaltet eine Synthese der theologischen und philosophischen Wissenschaften: In den beiden Lünetten wird die Personifikation der Philosophie (über der Schule von Athen) am einen Kopfende der Personifikation der Theologie (über der Darstellung des Konzils von Nicäa) am anderen Ende gegenübergestellt. Die *Artes liberales* im Tonnengewölbe werden als Entfaltung beider Wissenschaften interpretiert.

Abb. 2: Daniel Gran, Apotheose Kaiser Karls VI. (Ausschnitt aus dem Deckengemälde der von Joseph Emanuel Fischer von Erlach 1723–1726 erbauten Wiener Hofbibliothek). Auf einem kaiserlichen Bildnismedaillon wird Kaiser Karl VI. von einem Adler getragen und von Herkules und Apollon verehrt. Herkules verweist auf die Stärke und Tapferkeit, Apollon auf die Weisheit des Kaisers als *Hercules musarum*. Zur Rechten die drei Hesperiden, die Herkules die goldenen Äpfel brachten und hier allegorisch als die besorgte Regierung (Ruder), das unsterbliche Andenken der Nachwelt (Sternenkranz) und die Glorie des habsburgischen Hauses (Fahne mit A:E:J:O:V:) interpretiert sind. Über dem kaiserlichen Medaillon schwebt die Personifikation des immerwährenden Ruhms mit Obelisk, Lorbeerkranz und Palmzweig, der zur Rechten von Fama aus einer doppelten Trompete verkündet wird.

gegeben wurde. Dieser Typus einer gewölbten Saal-B. mit Bücherregalen und Empore dominierte die nzl. B.-Bauten Europas (*Biblioteca Barberiniana*, heute Vatikan, 1630–1635; *Bibliothèque Mazarine* in Paris, 1646; Benediktinerabtei Ottobeuren, 1711–1719), wenngleich der Hallentypus nie vollständig verschwand (*Biblioteca Vaticana* in Rom, 1587–1590; Jesuitenkolleg in Rom, 1618–1631).

Hof- und Kloster-B. waren in den jeweiligen Baukomplex integriert; Letztere waren meist an die Klausur (Sakristei, Kapitelsaal) angebunden. Die verstärkte Nutzung der B. durch externe ↗Gelehrte förderte im 17. Jh. die Verlegung der B. in selbständige Bauten. Erstmalig sah Christopher Wren im *Trinity College* in Cambridge (vor 1675) einen freistehenden Zentralbau für die B. vor, der aber nicht ausgeführt wurde. Schließlich ließ Herzog Anton Ulrich in seiner Residenz zu Wolfenbüttel von Herman Korb 1706–1710 eine freistehende B. als zweigeschossigen Ovalbau mit doppeltem Umgang über Pfeilern errichten (vgl. *Radcliffe Library* in Oxford, 1712–1749), die 1887 wegen Baufälligkeit abgerissen werden musste. In der Wiener Hofbibliothek (1723–1737) schuf Joseph Emanuel Fischer von Erlach durch die Verbindung eines ovalen Zentralbaus mit einem Saal die Kuppel-B. und setzte sie architektonisch vom kaiserlichen Hof ab.

Die starke Vergrößerung der Buchbestände im 19. Jh. einerseits und die durch die ↗Aufklärung motivierte Trennung von B. und ↗Kunstkammer andererseits bedingten ein neues Verhältnis von Buch und ↗Leser. Es entstanden die modernen Magazin-B. mit angeschlossenen Lesesälen, erstmalig in Paris mit der B. *Ste Geneviève* 1844–1850. Im 19. Jh. entstanden großartige Hallenbauten aus Guss- oder Stahlkonstruktionen (*Bibliothèque National* in Paris, 1868) neben Lesesälen im Renaissancestil (Straßburg, 1889–1894; Leipzig, 1888–1891) und basilikalen B. im Stile der Neugotik (*John Rylands Library* in Manchester, 1890–1900).

7.3. Ausstattung

Farbige Deckendekorationen (↗Deckenmalerei) mit Personifikationen der Fakultäten und Gelehrtenporträts sind schon aus dem MA bekannt. In der Frühen Nz.

erhielten die B. ein komplexes ikonologisches, meist mit ↗Allegorien argumentierendes Programm durch Maler-, Stukkateur- und ↗Bildhauer-Arbeiten, das einer visuellen Rhetorik folgt und direkt im Zusammenhang mit der B. als Sammlung von Studienobjekten gelesen werden muss. Eine systematische Studie zur ↗Ikonographie der B. [3] fehlt [4. 21].

Das zentrale Thema in den ↗Kloster-B. ist die göttliche ↗Weisheit (lat. *divina sapientia*), der die einzelnen Wissenschaften unterstellt sind (Dillingen, 1737–1738; Schussenried, 1757). Vereinzelt steht auch der antike Gott der Weisheit, Apollon, im Mittelpunkt (Gaming, Niederösterreich, 1720–1735). In Admont (1776) sind die Stufen der Erkenntnis von der Propädeutik, die auf die antiken Autoren zurückreicht, über das Studium der vier Fakultäten bis hin zur göttlichen Weisheit vor dem Hintergrund der letzten vier Dinge (Tod, Gericht, Hölle, Himmel) im Zusammenspiel von ↗Malerei und ↗Skulptur dargestellt. Die einzelnen Wissenschaften können auch die Systematik der B. (Metten, 1722–1725) versinnbildlichen. Schließlich dienen die Bildprogramme der B. der klösterlichen oder feudalen Selbstpräsentation. Im Kuppelscheitel der Wiener Hofbibliothek (vgl. Abb. 2) ist die Apotheose Kaiser Karls VI. dargestellt, die ihn als Herrscher mit Schwert und Feder preist und ihn in ein komplexes allegorisches Programm einbindet, das die kriegerischen und die friedvollen Tugenden des Kaisers hervorhebt.

Die aufklärerische Kritik an den allegorischen Programmen und an der visuellen Erkenntnis förderte im 19. Jh. zum einen die Trennung von Kunstkammer und Buch-B. und zum anderen große Lesesäle ohne ikonographische Ausgestaltung.

→ Architekturtheorie; Bautypus

[1] E. Garberson, Eighteenth-Century Monastic Libraries in Southern Germany and Austria. Architecture and Decorations, 1998 [2] E. Lehmann, Die Bibliotheksräume der dt. Klöster in der Zeit des Barock, 1996 [3] C.-P. Warncke (Hrsg.), Ikonographie der Bibliotheken, 1992 [4] H. Wischermann, Die barocke Klosterbibliothek als kunstwissenschaftliche Forschungsaufgabe, 1984.

Holger Simon

Biedermeier

B. ist die Bezeichnung für den in Zentraleuropa zwischen ca. 1815 und 1830/35 vorherrschenden Kunststil. Sein Name geht auf den fiktiven »Gottlieb Biedermaier« zurück; unter diesem Pseudonym veröffentlichten A. Kußmaul und L. Eichrodt seit 1855 in den *Fliegenden Blättern* Spottgedichte auf die vermeintlich spießige jüngste Vergangenheit. Als (abwertende) Stilbezeichnung fand B. in den 1890er Jahren Eingang in die wiss. Literatur. Seit Beginn des 20. Jh.s erfuhr der Stil eine positive Würdigung [1]; [3]. Spezialuntersuchungen erschienen zunächst vorwiegend zu Möbeln [10]; [8]; [9], bald aber auch schon zur ↗Malerei [2]; [11]; eine neue Forschungswelle folgte in den 1980er Jahren.

Die Jahre nach den ↗Freiheitskriegen waren zunächst voller Hoffnung und Aufschwung für ein nach Bildung strebendes Bürgertum (↗Bildungsbürgertum) und eine sich neu formierende Jugend (Turnerbünde, ↗Burschenschaften). Natur- und Geisteswissenschaften erlebten eine Blüte, ein aktives Interesse an bildender Kunst und Literatur wurde durch entsprechende Neugründungen (↗Kunstsammlungen, Leih-↗Bibliotheken) und ein Ansteigen der Buchproduktion (↗Buchmarkt) befriedigt. Die alsbald einsetzende Reaktion (↗Karlsbader Beschlüsse) unterdrückte jedoch alle freiheitlichen Bestrebungen mit Polizeigewalt und durch strikte ↗Zensur. Der Bürger zog sich in sein Heim zurück; nur in der Kunst des B. verwirklichten sich die neuen Errungenschaften von Freiheit, geistiger Offenheit, Klarheit und edler Schlichtheit.

Das B. war der erste von bürgerlichen Künstlern und Kunsthandwerkern (↗Kunsthandwerk) für die ↗Bürger geschaffene Stil, und er war von solcher Überzeugungskraft, dass sich selbst die Fürsten dieser Formensprache bedienten. Die Blüte war von kurzer Dauer, seit den 1830er Jahren traten mit der durch die fortschreitende ↗Industrialisierung und die Beschleunigung des Verkehrs veränderten Gesellschaft zunehmend die Stilprinzipien des ↗Historismus wieder in den Vordergrund.

Das B. ist ein klassizistischer Stil (↗Klassizismus; ↗Klassizistische Architektur), der sich jedoch von dessen unmittelbar vorausgehenden Ausprägungen deutlich absetzte. In der Architektur wurden überschaubare, klar gegliederte Formen mit geschlossenem Umriss bevorzugt. Baukuben wurden aneinander gefügt, scheibenartige Bauglieder, oft mehrfach geschichtet, bestimmten die Fronten, denen Säulen, Gebälke, Giebel aufgelegt sein konnten, ohne aber für die Konstruktion notwendig zu sein oder diese zu demonstrieren.

In der ↗Skulptur wurden die größten Leistungen in der isolierten Darstellung des Menschen vollbracht und selbst antike Götter oder christl. Heilige in schlichter Menschlichkeit dargestellt. Die klassische Antike war nicht mehr das alleinige Vorbild; der unmittelbare Kontakt zum Betrachter wurde gesucht. Frontalität, eine reliefartig flächige Ausbreitung und ein stets geschlossener Umriss wurden zum ästhetischen Prinzip.

Das Neue in der Malerei des B. entstand durch ungebundene Maler, die ihre Motive nicht in der Mythologie und der Historie, sondern in der Gegenwart fanden, in der realistisch wiedergegebenen ↗Landschaft, der Straßen- oder Innenraumansicht (↗Interieurbild; vgl. Abb. 1), im unpathetischen ↗Porträt oder im ↗Stillleben. Landschaften wurden nicht mehr komponiert, die

Abb. 1: Georg Friedrich Kersting, Vor dem Spiegel, 1827 (Öl auf Holz). Die Darstellung von Innenräumen war im B. beliebt, wobei einer exakten Wiedergabe aller Einzelheiten der Einrichtung, in diesem Falle auch der Kleidung, bes. Bedeutung zukommt. Das Private der Darstellung und der wie zufällig gewählte Ausschnitt des Raumes sind Stilelemente der B.-Malerei.

Qualität ihrer Wiedergabe entstand durch den gewählten Blickpunkt, durch den interessanten Ausschnitt. Bildparallele Schichtungen, Fenster- oder Tordurchblicke wurden gesucht, dramatische Tiefenzüge vermieden. Im Porträt sollte sich der Dargestellte in sachlichem Licht wie im Spiegel erkennen. Im Format paßten sich die Gemälde der bürgerlichen Wohnung an. Vorbilder findet man in der ebenfalls bürgerlichen ⁊Malerei der Holländer des 17. Jh.s. Genredarstellungen (⁊Genrebild) wurden erst durch die dem B. nachfolgende Künstlergeneration wieder eingeführt.

Das Kunstgewerbe erfuhr seine künstlerische Gestaltung durch Entwürfe der Handwerker selbst (⁊Kunsthandwerk). Bei den Möbeln (⁊Materielle Kultur) setzte man sich entschieden ab vom vorausgehenden höfischen und franz. ⁊Empire. Man fand Vorbildliches im Rückgriff auf Formen des Zopfstils (Ornamentstil des späten 18. Jh.s im Übergang vom ⁊Rokoko zum ⁊Klassizismus), v.a. aber in England. Praktische Benutzbarkeit war oberstes Gebot. Die Bearbeitungsmethoden und das verwendete Material – das flache Brett – bestimmten die Form, das helle, einheimische Holz mit seiner Maserung wurde zum wichtigsten Schmuck der stets einansichtigen Möbel. »Architektonische« Glieder wurden schreinerisch aus Leisten zusammengesetzt. Handwerkliches Können wurde in scheinbar gebogenen und kugeligen Formen (Globustischchen) oder in der spielerisch reizvollen Gestaltung von Innenteilen demonstriert. Vergoldete Beschläge traten zurück und wurden durch solche aus Holz oder Holzmasse ersetzt.

Das gehobene Alltagsgerät in Silber, ⁊Porzellan oder Glas besticht durch seine Schlichtheit, konnte andererseits durch liebevolle Bemalung oder durch technisch perfekten Dekor zum Sammlerstück werden, das in Vitrinen und Etageren zur Schau gestellt wurde.

→ Bürgertum; Genrebild; Malerei; Skulptur

[1] M. von Boehn, Biedermeier. Deutschland von 1815–1847, 1910 [2] K. Gläser, Das Bildnis im Berliner Biedermeier, 1932 [3] G. Hermann, Das Biedermeier im Spiegel seiner Zeit, 1913 (Neuausg. 1965) [4] G. Himmelheber, Kunst des Biedermeier, 1988 [5] G. Himmelheber, Biedermeiermöbel, ²1991 (1. engl. Ausg. 1974) [6] H. Ottomeyer (Hrsg.), Biedermeiers Glück und Ende (Ausst.kat.), 1987 [7] G.E. Pazaurek, Gläser der Empire- und Biedermeierzeit, ²1976 [8] A. Schestag, Die Entstehung des Biedermeierstils, in: Kunst und Kunsthandwerk 6, 1903, 263–290 [9] A. Schestag, Die Entstehung des Biedermeierstils, in: Kunst und Kunsthandwerk 7, 1904, 415–427 [10] A. Schestag, Die Entstehung des Biedermeierstils, in: Kunst und Kunsthandwerk 9, 1906, 568–573 [11] P.F. Schmidt, Biedermeier-Malerei, 1923 [12] R. Waissenberger (Hrsg.), Wien 1815–1848. Bürgersinn und Aufbegehren, 1986.

Georg Himmelheber

Biene

1. Bienenwirtschaft
2. Arbeitsmethoden und -mittel
3. Bienenkunde: Geschlecht, Züchtung, Sprache
4. Kenntnisvermittlung und imkerliche Zusammenschlüsse

Die B., 1758 durch Linné als lat. *apis mellifera* (»Honig-B.«) klassifiziert, ist ursprünglich in Europa, Westasien und Afrika heimisch. Wo die Dauer der blütenreichen Jahreszeiten (durch Kälte oder durch Dürre) zu kurz zur Vermehrung durch Schwärme und zum nachfolgenden Eintragen von Wintervorräten ist, kann sie nicht wild überleben [10]; weitere Honigbienenarten leben in Süd- und Ostasien. Zu Beginn der Nz. war B.-Haltung auf die Gebiete des natürlichen Vorkommens beschränkt. Brit. Siedler brachten europ. Honig-B. nach Amerika (Virginia, 1622), Australien (1822) und Neuseeland (1842). Die russ. Kolonisation Sibiriens führte seit Ende des 18. Jh.s zur Ausbreitung der B.-Haltung nach Zentral- und Ostasien. Eine andere Gruppe staatenbildender, in Höhlen nistender und Honigvorräte in Waben aus ⁊Wachs und Harz sammelnder B., die »stachellosen B.« (artenreichste Gattungen: *Melipona* und *Trigona*) ist weltweit in den Subtropen und Tropen verbreitet. In Mittelamerika fanden die Spanier bei ihren Eroberungen in B.-Stöcken bewirtschaftete Meliponenvölker vor, z. B. bei den Maya in Yucatán.

1. Bienenwirtschaft

Die B.-Wirtschaft umfasst nicht nur die B.-Haltung, sondern auch ↗Wachs- und Honighandel. Auch nachgelagerte Gewerbe wie die Wachsverarbeitung, die Herstellung von Met, Lebkuchen u. Ä. können dazu gezählt werden.

B.-Haltung wurde in der Nz. v. a. dort Haupterwerb, wo man aus Ackerbau und Viehwirtschaft keine ausreichenden Erträge erzielte. In der Lüneburger Heide z. B. dienten diese Erwerbszweige lediglich zur Selbstversorgung, ↗Wolle, Honig und Wachs waren hingegen ↗Marktprodukte. In Brandenburg, Pommern, West- und Ostpreußen, in Polen, im Baltikum und in Russland lebten ganze Dörfer von der Waldbienenzucht (↗Wald), waren Wachs und Honig neben Pelzen Hauptwirtschaftsgut [7.129–134]. Wo die übliche landwirtschaftliche Bodennutzung die vorhandene Arbeitskraft sinnvoll auslastete, hielt man B. im Nebenerwerb oder für den Eigenbedarf an Honig. ↗Kleinbauern betrieben Imkerei neben ihrer Landwirtschaft, Stadtbürger neben ihrem Handwerk. Bei Lehrern und Pfarrern konnte der Ertrag aus einer Imkerei als Naturalleistung zur Vergütung gehören [8]; [11].

Da Wachs und Honig nicht zwingend zur Selbstversorgung benötigt wurden, konnten sie seit dem MA zur Begleichung von Abgaben dienen (↗Leistungen, bäuerliche). Honig war oft Teil des Kleinzehnten (↗Zehnt), Wachszinse gingen an Kirchen und Klöster. Bis um die Mitte des 19. Jh.s war Honig in Europa das mit Abstand häufigste Süßungsmittel, diente der Aufwertung von ↗Wein, Obstmosten und ↗Bier, wurde zu Met vergoren. In gewisser Weise spielte die B.-Wirtschaft die Rolle, die heute der Zuckerindustrie zukommt. Honig konnte gut in Tonnen gelagert und transportiert werden.

Während des ↗Dreißigjährigen Krieges trug der Zusammenbruch der Nachfrage nach Honig und Wachs auch in den von Zerstörungen weniger betroffenen Gebieten erheblich zum Niedergang der B.-Haltung bei. Im 18. Jh. war die ↗Marktausrichtung einer der Gründe, die in Braunschweig-Lüneburg [3.205–224] und Preußen [6.147 f.] zu einer staatlichen Förderung der B.-Haltung führten. Mit heimischem Honig sollte der Import des teuren ↗Zuckers aus Übersee substituiert werden (↗Merkantilismus). Prämien und Abgabenreduktionen sollten zur Aufstellung zusätzlicher B.-Völker anreizen. Der Erfolg blieb aus, da die Tragfähigkeit vielerorts bereits erreicht war. Der Ausfall der Zuckerimporte durch die napoleonische ↗Kontinentalsperre belebte die Imkerei dagegen kurzfristig regional. Erst als die Erzeugung von Rübenzucker den Zuckerpreis auf das Niveau des Honigpreises sinken ließ, geriet die B.-Haltung seit der Mitte des 19. Jh.s zunehmend unter wirtschaftlichen Druck.

Die Bedeutung der B.-Haltung für die Ertragssicherung im Pflanzenbau wurde erst spät erkannt: 1793 beschrieb Ch. K. Sprengel die Biologie der Blüten und die Bedeutung der Fremdbestäubung für die Qualität des Fruchtansatzes als »Das entdeckte Geheimnis der Natur im Bau und in der Befruchtung der Blumen«. 1811 betonte er, dass der Staat zur Sicherung einer ertragreichen ↗Landwirtschaft ein »stehendes Heer« von B.-Völkern zu unterhalten hätte, gäbe es die Imker nicht [4]. Bereits 1694 hatte Camerarius die Rolle der Staubgefäße beim Samenansatz beschrieben; 1750 erläuterte Dobbs die Rolle des Blütenbesuchs der B.

Da B.-Völker einerseits ortsfest nisten, andererseits aber bei ihren Blütenbesuchen und bes. beim Schwärmen sich der Kontrolle entziehen können, waren bereits in den Volksrechten bienenrechtliche Vorschriften enthalten. Auch in den ↗Weistümern war B.-Recht formuliert [9]. Eines der bedeutendsten Dokumente in Deutschland ist das 1470 schriftlich fixierte »Wietzenmühlenrecht«, das für das Gebiet um Celle galt [1.233 f.].

2. Arbeitsmethoden und -mittel

Gegen Ende des MA war in Europa die B.- und Honigjagd in dem Maße verschwunden, in dem B.-Völker als Fund und Fang oder die Wälder, zu deren Inventar sie gehörten, Privateigentum geworden waren. An ihre Stelle waren die Formen sog. traditioneller B.-Haltung getreten, die im Großen und Ganzen bis in die Mitte des 19. Jh.s Bestand hatten, als technische und wirtschaftliche Umwälzungen zur »rationellen« oder modernen Imkerei führten.

Im Osten Europas hatte sich die Honigjagd zur Waldbienenzucht gewandelt. Schwärme wurden in Höhlen »gelockt« (»Beuten«), die als B.-Wohnungen in starke Stämme geschlagen wurden (vgl. Abb. 1). Im übrigen Europa hatte die B.-Jagd die Völker in die Körbe und Kästen der Garten- oder Hausbienenzucht gebracht. Hier »fing« der Imker die abgehenden Schwärme und setzte sie in B.-Wohnungen auf eingefriedete Stellen.

Die berufsmäßig betriebene Waldbienenzucht war im östl. Europa dort verbreitet, wo die B.-Völker wie das ↗Wild als Waldinventar dem Grundherren gehörten, der die Nutzung von Waldrevieren mit B.-Besatz (»Zeidelweiden«) gegen Dienstleistung und Abgaben zu Lehen gab (↗Grundherrschaft; ↗Lehnswesen). Als Rodungen die Waldflächen schrumpfen ließen und der Mangel an starkem Nutzholz zur geregelten Holzwirtschaft zwang, wurde die Beutnerei (Waldbienenhaltung) aus den Wäldern verdrängt. In den Nürnberger Reichswäldern war dieser Prozess bereits im 16. Jh. abgeschlossen,

Abb. 1: Waldbienenzucht (Kupferstich aus: J. G. Krünitz, Das Wesentlichste der Bienen-Geschichte und Bienenzucht ..., Berlin 1774). Die Bienenhaltung in Bäumen war z. T. bis in das 19. Jh. neben Jagd, Waldweide und Köhlerei eine Hauptnutzungsart der Wälder. Im Bild sieht man Bienenzüchter (»Zeidler«) bei der Arbeit im Nürnberger Reichswald. Im MA hatten sie im Gebiet um Nürnberg dem Kaiser Armbrustschützen als Geleitschutz zu stellen. Bei Erscheinen der Abbildung war die Bienenhaltung in Bäumen dort schon seit zwei Jahrhunderten nicht mehr üblich, die »Zeidlerei« zur Korbimkerei geworden.

im Raum Bayreuth kam das Verbot im 18. Jh., und am Ende des 19. Jh.s waren auch in Westpreußen die letzten Beutenbäume aufgelassen und die »Beutner« zu »Imkern« geworden.

Die Hausbienenzucht wurde nur in den wichtigsten Honig- und Wachserzeugungsgebieten Mittel-, West- und Südeuropas hauptberuflich betrieben, und zwar abseits der Siedlungen in bes. ausgewiesenen, eingefriedeten B.-Ständen. Massenangebote an Blütennahrung wurden gezielt mit den B.-Völkern »angewandert« – mit Pferdefuhrwerken, Trägern und Tragtieren, z. T. auch per Boot (z. B. auf Favignana vor Sizilien [5. 87 f.] oder in Ägypten [7. 349]). Dass diese »Wanderimkerei«

bereits zu Beginn des 16. Jh.s auch in den Geestgebieten von Flandern bis Niedersachsen bekannt war, zeigt ein nach Angaben des schwed. Bischofs Olaus Magnus in Rom gefertigter Holzschnitt (vgl. Abb. 2).

Seit dem 17. Jh. führte das Bestreben, ohne Abtötung und Störung der Entwicklung eines B.-Volkes nach Bedarf auch mitten im Jahr Honig zu ernten und Völker durch Teilen statt durch Schwärmenlassen zu vermehren, zur Entwicklung teilbarer B.-Wohnungen. Durch austauschbare Auf- und Untersätze wurde im 17. Jh. in England, später in Frankreich und Deutschland »Schichtenbeweglichkeit« erreicht (»Magazin«-B.-Wohnung). Die »Wabenbeweglichkeit«, die man – angeregt durch die Beschreibung eines griech. Mobilkorbes mit Trageleisten aus dem 17. Jh. – seit dem 18. Jh. erprobte, erwies erst um die Mitte des 19. Jh.s ihren Wert – als man begann, den Honig durch Zentrifugalkraft zu gewinnen, ohne Waben zu zerstören [11. 101].

3. Bienenkunde: Geschlecht, Züchtung, Sprache

Bis zum Ende des MA gab es keine Kenntnisse über die Fortpflanzung der B. und die Entstehung des Wachses. Man nahm an, dass B. Eier und Wachs aus den Blüten sammeln und in den Stock tragen. Die Vorstellung von der Jungfräulichkeit der B. und die Bewunderung für das vorbildlich wohlgeordnete Staatswesen im B.-Korb waren seit der Antike weit verbreitet [7. 604–607].

Die ersten mikroskopischen Darstellungen der B. und ihrer Organe stammen aus dem 17. Jh. J. Swammerdam bewies das weibliche Geschlecht der B.-Königin und das männliche der Drohnen. 1793 erkannte Ch. Jurine, dass auch Arbeits-B. Weibchen sind. Ende des 18. Jh.s wurden erstmals die Ausflüge der Jungköniginnen als Paarungsflüge beschrieben, eine für die B.-Züchtung wichtige Beobachtung [2]. J. Dzierzon bewies 1845, dass Königinnen und Arbeiterinnen aus befruchteten, die Drohnen parthenogenetisch aus unbefruchteten Eiern entstehen. Seine Untersuchungen gelangen, weil er die ital. B. verwendete. Vorwiegend ihm ist der Erfolg dieser B.-Rasse ab ca. 1850 als »Welt-B.« zuzuschreiben wie auch der Beginn der gezielten Züchtung.

Bereits in der Antike schenkte man der Arbeitsteilung im B.-Volk und den B.-Tönen Aufmerksamkeit. Die ersten nzl. Beschreibungen von B.-Tänzen lieferten J. Evelyn (*Elysium Britannicum*, Manuskript von 1655) [7. 567] und J. Spitzner (1788). Erst im 20. Jh. lernte man, die sog. B.-Sprache zu »verstehen« und zu nutzen.

4. Kenntnisvermittlung und imkerliche Zusammenschlüsse

In der ⁊ Hausväterliteratur wurde die B.-Haltung als Teil der Landwirtschaft nach antikem Vorbild berück-

Abb. 2: Gartenbienenzucht (Holzschnitt aus: Olaus Magnus, *Historia de gentibus septentrionalibus*, Rom 1555). Bienenschauer und Wanderwagen prägten das Bild der berufsmäßigen Strohkorbimkerei in Nordwestmitteleuropa seit dem Ausgang des MA. Im Vordergrund sieht man den Wanderwagen, im Hintergrund einen Bienenstand mit Strohkörben sowie einen Imker beim »Dengeln« und Sandwerfen, damit der Schwarm sich niederlässt.

sichtigt. Erste B.-Zuchtanleitungen, in denen eigene Erfahrungen und Beobachtungen in der Landessprache weitergegeben wurden, erschienen in Deutschland, Spanien, den Niederlanden, England und Italien in der zweiten Hälfte des 16. Jh.s. Das 18. Jh. ist reich an Imkerliteratur; auch die »Gelehrten Anzeigen« der Spätaufklärung enthielten belehrende Beiträge, Berichte und Praxisempfehlungen. Erste B.-Zeitschriften entstanden in Deutschland im letzten Drittel des 18. Jh.s, in Frankreich und den USA seit der Mitte des 19. Jh.s.

Schon früh wurden die Waldimker zu Zusammenschlüssen veranlasst und erhielten Statuten und ↗Privilegien (z. B. Nürnberg 1296, Bamberg 1410, Hoyerswerda 1492). Die Zeidlergenossenschaften schlichteten interne Konflikte und waren als Gruppe Ansprechpartner ihrer Grundherren. Sie zerfielen, als die B.-Haltung aus dem Wald in den Siedlungsbereich gedrängt wurde. In Brabant entstanden erste Imkergilden (z. B. 1486 in Zele zwischen Gent und Antwerpen, 1633 in Oosterhout bei Breda, 1695 in Mortsel bei Antwerpen) [7. 447].

Das 18. Jh. brachte nach dem Vorbild der Ökonomischen Gesellschaften Zusammenschlüsse neuen Typs, getragen von Pfarrern, ↗Gutsbesitzern und bürgerlichen Mitgliedern, die der Vermehrung und Verbreitung von Kenntnissen im Sinne der ↗Aufklärung dienen wollten, einerseits um die Lebensverhältnisse der Landbevölkerung zu verbessern, andererseits um die Wirtschaftskraft des Landes zu stärken, ermutigt durch landesfürstliche Fördermaßnahmen wie die Bestellung von B.-Inspektoren oder B.-Meistern (z. B. in Bayern und in Preußen [11]) bzw. die Gründung einer B.-Zuchtschule in Wien durch Maria Theresia. Die teils überregional wirkenden »Ökonomischen Bienengesellschaften« (Oberlausitz, Franken, Pfalz-Bayern) überlebten die napoleonische Zeit nicht. Um die Mitte des 19. Jh.s entstanden in Deutschland die ersten modernen Imkervereine auf lokaler und regionaler Ebene (z. B. 1838 in Weimar).

→ Landwirtschaft; Marktprodukte, landwirtschaftliche; Nutztiere; Wachs; Zucker; Zoologie

Quellen:
[1] J. Grimm, Weisthümer. Dritter Theil, 1842 [2] F. Huber, Nouvelles observations sur les abeilles, 1792 [3] A. G. Kästner, Sammlung einiger die Bienenzucht besonders in den Churfürstlich-Braunschweig-Lüneburgischen Landen betreffenden Aufsätze und Nachrichten ..., 1766 [4] C. K. Sprengel, Die Nützlichkeit der Bienen und die Nothwendigkeit der Bienenzucht, von einer neuen Seite dargestellt, 1811.

Sekundärliteratur:
[5] L. Armbruster, Imkerei-Betriebsformen II., in: Archiv für Bienenkunde 14, 1933, 57–120 [6] J. G. Bessler, Geschichte der Bienenzucht, 1885 [7] E. Crane, The World History of Bee-Keeping and Honey Hunting, 1999 [8] C. Lässig et al. (Hrsg.), Dem großen Gärtner auf der Spur. Von Pfarrgärten im Allgemeinen und denen aus Thüringen im Besonderen, ²2004 [9] S. Lühn-Irriger, Die Biene im dt. Recht von den Anfängen bis zur Gegenwart, 1999 [10] F. Ruttner, Naturgeschichte der Honigbienen, 1992 [11] E. Schwärzel, Durch sie wurden wir. Biographie der Großmeister und Förderer der Bienenzucht im dt.sprachigen Raum, 1985.

Hermann Geffcken

Bier

1. Konsum
2. Bierbrauerei
3. Industrialisierung der Brauerei

1. Konsum

Während in Südeuropa und in Frankreich in der Nz. der ↗Wein-Konsum überwog, gehörte im Norden und Osten des Kontinents der B.-Konsum zu den Grundkonstanten des Alltagslebens (↗Alltag). B. galt hier als Grundnahrungsmittel und – stärker eingebraut – als ↗Fastenspeise [1]. Seit dem SpätMA vollzog sich im mitteleurop. Raum ein tiefgreifender Wandel im ↗Konsum-Verhalten, in dessen Verlauf der Wein als Alltagsgetränk durch B. ersetzt wurde. Voraussetzung dafür war ein technischer Innovationsprozess, infolgedessen sich der ↗Hopfen als B.-Würze allgemein durchsetzte und das B. größere Haltbarkeit und Schmackhaftigkeit erlangte [13].

Beschleunigt wurde der Prozess seit dem Ende des 15. Jh.s durch eine Häufung von schlechten Jahrgängen, in denen der Wein in Mitteleuropa missriet. Vom Niederrhein bis Österreich vollzog sich im 16. Jh. eine verstärkte Hinwendung zum B.-Konsum, die durch die dauerhafte Südverschiebung der Weinbaugrenze im Zuge der Abkühlung während der ↗Kleinen Eiszeit zu einer unumkehrbaren Entwicklung wurde. An Fürstenhöfen, in Ratstrinkstuben und Klöstern hielt man in gewissem Umfang am vornehmeren Weinkonsum fest, doch zeigt die Gründung von Hofbräuhäusern, dass der größere Teil der wachsenden Hofgesellschaften mit dem billigeren Getränk verköstigt werden sollte. In weiten Teilen Deutschlands, Englands, Belgiens, Polens, Böhmens und sogar Österreichs wurde Wein durch B. substituiert. Der steigende B.-Konsum führte in München zu einer Verfünffachung der Zahl der bürgerlichen Brauereien von nur 15 um 1480 auf 74 im Jahr 1620, während sich die ↗Bevölkerung nur verdoppelte: Mit den Klosterbrauereien und dem 1589 gegründeten Hofbräuhaus bestanden vor dem ↗Dreißigjährigen Krieg 80 Brauereien in einer Stadt von 20 000 Einwohnern [3. 58–63].

Die anfänglich hohe Anzahl der Brauberechtigten in Einbeck bei Hannover (723 Brauer im Jahr 1616, aber nur 24 um 1800, bei jeweils ca. 7 000 Einwohnern) oder in einigen Städten an Nord- und Ostsee zeigt an, dass diese nicht nur für den Lokalbedarf produzierten oder das Braurecht nur im Nebengewerbe ausübten. Bedingt durch den Aufschwung des Braugewerbes in Skandinavien, den Niederlanden und England sowie die Zunahme der ländlichen Brauereien war der B.-Export im 16. Jh. im gesamten Hanseraum rückläufig. Im poln. Danzig reduzierte sich die Zahl der Brauer mit dem Wegbrechen der Märkte für »See-B.« von 400 (Mitte 15. Jh.) auf 150 (Mitte 16. Jh.) bzw. 54 (Mitte 17. Jh.). Tendenziell wurden die Brauer auf den Lokalabsatz beschränkt [6], wie das in Binneneuropa wegen der Kosten des Landtransports immer der Fall war. Selbst der Import von Spezial-B., etwa Stark-B. aus Einbeck (»Einpöckisch« bzw. Bock-B.), war eine Ausnahme und entsprach der Freude am Exotischen. Nur im Fall von B.-Knappheit halfen die Städte einander aus.

Folge der steigenden Bedeutung des B. in Süddeutschland war eine stärkere ↗Standardisierung des Brauvorgangs. Der Rat der Stadt München warb zur Verbesserung des Brauverfahrens Gesellen aus Pilsen an und erließ 1487 ein Reinheitsgebot, das 1516 von Herzog Wilhelm IV. von Bayern auf das Herzogtum ausgedehnt wurde. Nach diesem genial einfachen Verbraucherschutzgesetz, das in Deutschland als »Dt. Reinheitsgebot« heute noch Gültigkeit besitzt, sollten allein Wasser, Malz und ↗Hopfen zum Brauen zugelassen sein. Das Achten auf Qualität und Preis des B. war ein Gebot der politischen Vorsicht. Verdorbenes B. oder B.-Preiserhöhungen (sei es aufgrund einer Erhöhung der Verbrauchssteuer oder aufgrund von ↗Getreide-Teuerungen) galten als Indiz für schlechte Regierung und bargen das Potential zur Revolte (B.-Krawall). Noch während der ↗Märzrevolution 1848/49 wurde in München nicht etwa ein Regierungsgebäude gestürmt, sondern das Privathaus des reichsten Brauers, den man als Lokalpolitiker für die Preispolitik verantwortlich machte. Trotz aller Versuche zur Preisfixierung folgte der B.-Preis mittelfristig dem Getreidepreis: Er stieg das ganze 16. Jh. hindurch, ging dann bis zur Mitte des 18. Jh.s leicht zurück und begann danach entsprechend dem Bevölkerungswachstum wieder zu steigen (↗Agrarpreise).

Der Pro-Kopf-Verbrauch von B. wird in Deutschland im 16. Jh. auf rund einen Liter täglich geschätzt [10. 38]. Das Saufen galt im europ. Rahmen als Nationaleigenschaft der Deutschen; Fremden fiel die Sitte des »↗Zutrinkens« auf. Der protest. Theologe Andreas Musculus kritisierte den übermäßigen ↗Alkoholkonsum mit seiner Schrift über den *Saufteufel* (1563). In der ersten Hälfte des 19. Jh.s lag der Pro-Kopf-Verbrauch in Oberbayern bei ca. 200 l pro Jahr. In der Residenzstadt München, wo man um 1855 sogar 333 l errechnen kann, schlugen Marktbesucher, Reisende und Garnisonssoldaten zu Buche [3. 120]. In Süddeutschland begannen die Brauer im 18. Jh. mit der Anlage großer Lagerkeller und attraktiver B.-Gärten vor den Toren der Städte. Damit und mit der Errichtung von »B.-Palästen« durch Großbrauer setzte eine soziale Aufwertung des B.-Konsums ein, die für das 19. Jh. charakteristisch werden sollte. Die Krise der hansischen Exportbrauereien kann nicht darüber hinwegtäuschen, dass der B.-Konsum trotz neuer ↗Genussmittel (↗Tee, ↗Kaffee, ↗Kakao, ↗Branntwein) und der verbesserten Qualität des ↗Trinkwassers weitgehend der Bevölkerungsentwicklung folgte. Dazu trug die Entstehung neuer Trink-Anlässe, wie das Oktoberfest in München (1810), bei. Mit der Einführung der künstlichen Kühlung verbreitete sich der B.-Konsum seit der Mitte des 19. Jh.s in die südl. Teile der Donaumonarchie, nach Italien und nach Spanien.

2. Bierbrauerei

Die herkömmlichen Daten der Periodisierung sind in der Geschichte der Brauerei nur beschränkt sinnvoll.

Auch Revolutionäre trinken B. Nur Getreideknappheit in Kriegszeiten oder bei Missernten konnte zu Brauverboten führen, da die Sicherung des »täglichen ↗Brotes« Vorrang hatte. Die Rohstoffe Malz (aus Gerste, Weizen oder Hafer) und Wasser waren unbestritten; das Zusetzen von Hefe zur Gärung wird in den Brauordnungen nicht erwähnt, ist aber aufgrund der engen Verbindung von Brauern und Bäckern sicher [8. 46–52]. Bei den Zusatz- und Geschmacksstoffen reichte die Palette vom Hopfen über Kräuterextrakte (Grut) bis hin zu gefährlichen Substanzen wie dem Bilsenkraut, doch war um 1500 die Verdrängung des Gruts durch den ↗Hopfen sogar in England und im Rheinland abgeschlossen. Das Grundproblem der Haltbarmachung des B., die Kontrolle der Temperatur beim Brauvorgang und bei der Lagerung, war damit jedoch nicht gelöst.

Die Obrigkeiten versuchten, die Qualität des Getränks durch eine Reihe von Maßnahmen zu sichern: Limitierung der Brauzeiten auf die kühlere Jahreszeit (im Süden Deutschlands von Michaeli/29. September bis Georgi/23. April, mit dem stärker eingebrauten »Märzen-B.«), Festlegung der Inhaltsstoffe, Limitierung der Brauberechtigten, Regelung des Ausschanks (B.-Satzlose) und Festlegung von Ausbildungsgängen. Zur Überwachung gehörte die Beschränkung der Braukonzession auf bestimmte Grundstücke (radizierte Braugerechtigkeit) und die regelmäßige ↗Qualitätskontrolle der Rohstoffe und des Endprodukts (B.-Beschau). Der Obrigkeit oblag die Preisfestsetzung (B.-Taxe) sowie die Besteuerung der Produzenten (Malzaufschlag, Malzakzise) und der Konsumenten (B.-Aufschlag, B.-Akzise). Die permanente Verbrauchs-↗Steuer auf B., in Bayern seit 1543, gehörte zu den wichtigsten steuerlichen Einnahmequellen der Städte und Territorien [3. 54–58].

Das Braurecht (lat. *ius braxandi*) galt wie das Schankrecht in der Nz. als hoheitliches Recht, das bei den Fürsten, dem Adel, den Klöstern oder den Städten lag. Nur in wenigen Landschaften – etwa in dünn besiedelten Teilen Frankens und der rheinischen Mittelgebirge – blieb seine Bindung an das Bürgerrecht länger erhalten.

Die Herstellung von B. erfolgte im 16. und 17. Jh. regional unter sehr unterschiedlichen Bedingungen: zum Hausgebrauch, im Nebenerwerb, als vollberufliches Brauerhandwerk oder – im Bereich der ↗Hanse – unter protoindustriellen Bedingungen unter Leitung des Kaufmanns, der den Export auf dem Seeweg organisierte und als Brauherr durch Brauknechte B. herstellen ließ. Die Produktionsbedingungen glichen sich jedoch in Nord- und Süddeutschland im handwerklichen ↗Gewerbe an (vgl. Abb. 1). Die ↗Professionalisierung des Brauerberufs wurde durch Ausbildungsordnungen mit vorgeschriebener ↗Lehrzeit, ↗Gesellenwanderung und ↗Meister-Prüfung vorangetrieben. Der Ausstoß dieser handwerklichen Brauereien war gering. In den ehemaligen Weingebieten wurde die steigende Nachfrage durch eine Vermehrung der Betriebe befriedigt, während die Schrumpfung der Brauindustrie in den Hansestädten oft erst im 18. Jh. zum Abschluss kam.

Abb. 1: Der Bier-Brauer (Kupferstich, aus: G.Ch. Weigel, *Ständebuch*, 1698, nach S. 546). Die Brauerei steht unter der Leitung eines Meisters, der mit Hilfe einer limitierten Zahl von Gesellen und Lehrlingen eine obrigkeitlich beschränkte Zahl von Sudvorgängen durchführt. Hierzu heißt es: »Das Bier ist nechst dem Wein das beste Getränck/ und ist die Kunst/ dasselbe zu bräuen/ von Gott den Menschen aus sonderbarer Güte und Gnade geoffenbaret/ und ist darumb kein Zweiffel das Bierbrauen sey eine ehrliche/ nützliche/ und nöthige Handthierung« [2. 541].

Der ↗Dreißigjährige Krieg bildete in ganz Deutschland wegen des drastischen Bevölkerungsrückgangs eine Zäsur. Danach verbreiteten sich zur Verwaltung des Mangels zunftähnliche Formen im Braugewerbe. Mancherorts gelang den Brauern die Gründung eigener ↗Zünfte. In München wurde die Zahl der bürgerlichen Brauereien bis um 1800 auf einem niedrigen Niveau bei konstant 54 Betrieben festgelegt. Diese Beschränkung sowie neue Formen der Besteuerung führten dazu, dass die meisten erhaltenen Brauereibezeichnungen auf einen Brauer des späten 17. oder frühen 18. Jh.s zurückgehen. Die Fixierung der Brauereinamen machte die Betriebe für die Steuerbehörden leichter identifizierbar und ermöglichte den Vordruck von Formularen. Nur etwa 25 % der alten Brauereien wurden nach einer topographischen Gegebenheit oder einem Merkmal des Hauses benannt [3. 69–74].

Bei steigender Nachfrage erlaubte man den Brauern, die Zahl der Suden zu erhöhen und größere Sudpfannen zu verwenden. Die Toleranz stieg auch gegenüber Frauen, die als Witwen über Jahrzehnte hin selbständig die Geschäfte führen und durch Knechte brauen lassen konnten. In den 1770er Jahren wurden 20% der Münchner Brauereien von Frauen geführt – eine Zahl, die nach der Gewerbeliberalisierung nie mehr erreicht wurde. Die Abkoppelung des Braubetriebs von der Person des Eigentümers führte zu einer Differenzierung des Braugewerbes bereits vor dem Ende der alten Brauverfassung [3.75–79].

3. Industrialisierung der Brauerei

Vorbild bei der ↗Industrialisierung war England, wo zur Versorgung der Millionenstadt London die B.-Produktion ganz neue Dimensionen annahm. *Ale* und das stärker eingebraute *beer* waren im Gegensatz zum ↗Branntwein selbst im puritanischen Großbritannien als Droge der Unterschichten akzeptiert (vgl. Abb. 2).

Brauer vom gesamten Kontinent besuchten im frühen 19. Jh. Brauereien in London, Nordengland und Schottland, um die industrielle Brautechnik durch Lehrgänge und ↗Industriespionage zu erlernen [4.155–170]. Brauerssöhne wie Gabriel Sedlmayr aus München, Georg Lederer aus Nürnberg oder Anton Dreher aus Wien waren beeindruckt vom Sozialprestige der britischen Industriebrauer, die einen adelsähnlichen Lebensstil pflegten. Michael T. Bass aus Burton-on-Trent, *the prince of brewers*, wurde wenig später tatsächlich in den Adelsstand erhoben und vertrat seinen Wahlkreis im Parlament. Sein Sohn Michael A. Bass wurde zum *Baron Burton* erhoben [4.157–170].

Seit den 1830er Jahren setzte man in den Lagerkellern vermehrt Natureis zur Kühlung ein, und bereits in den 1840er Jahren, als nach engl. Vorbild ↗Dampfmaschinen in den Brauereien eingesetzt wurden, avancierte München zu einem Innovationszentrum. Brauer wie Heinrich Hürlimann aus Zürich oder Jacob Christian Jacob-

Abb. 2: William Hogarth, *Beer Street*, 1751 (Stahlstich). Hogarth kontrastierte in satirischen Blättern die behäbige *Beer Street* mit der chaotischen *Gin Lane* in London. Die Trinker aus verschiedenen Volksklassen im Vordergrund strahlen Zufriedenheit aus, doch kann das Trinken auch zum Laster werden: Das baufällige Haus rechts ist durch das an der Vorderseite angebrachte Zeichen mit den drei Kugeln als Pfandleihhaus zu erkennen. Im Hintergrund lockt bereits das nächste Pub.

sen aus Kopenhagen, der seit den 1840er Jahren in seiner Carlsberg-Brauerei »bayrisches B.« braute, reisten nicht mehr nach London, sondern hierher [7]. Trotz Maschineneinsatzes wurde eine zunehmende Zahl von Arbeitern beschäftigt. Der Braubetrieb in der Altstadt wurde aufgegeben und große B.-Fabriken vor den Toren auf der grünen Weise errichtet. Die Brautechnik wurde durch Instrumenteneinsatz und Zusammenarbeit mit Chemikern wie Justus von Liebig (1803–1873) verbessert, was schließlich zur Etablierung einer »Brauwissenschaft« an landwirtschaftlichen Hochschulen führte [11. 92–120]. Entscheidend für den Aufschwung wurde der ↗Eisenbahn-Bau, der den Massenexport ermöglichte.

Zum Zeitpunkt der Pariser Weltausstellung 1867 beschäftigten Brauereien wie Bass (Burton-on-Trent) und Alsopp & Sons (London) bereits mehr als 1500 Arbeiter, die größte Brauerei auf dem Kontinent, Dreher, hatte 600 Beschäftigte im Hauptbetrieb (Wien/Schwechat) und 250 in Filialbetrieben (Triest und Michelob). Die größten dt. Brauereien beschäftigten 230 (Ludwig Brey, Löwenbräu) bzw. 160 (Gabriel Sedlmayr, Spatenbräu) Arbeiter. Alle Dortmunder Brauereien zusammen beschäftigten zu diesem Zeitpunkt weniger als 140 Arbeiter [11. 174]. Der Konzentrationsprozess war bei Einführung der Gewerbefreiheit weit vorangeschritten. In München ging die Zahl der Brauereien von 57 im Jahr 1820 auf 16 im Jahr 1870 zurück. Ihr Ausstoß war höher als der aller handwerklichen Brauer.

→ Alkoholkonsum; Branntwein; Ernährung; Hopfen; Trinkkultur; Trunksucht; Wein

Quellen:
[1] Art. Bier, in: Zedler 3, 1733, 1789–1794 [2] Ch. G. Weigel, Abbildung und Beschreibung der gemein-nützlichen Hauptstände, Regensburg 1698 (Faksimile-Neudruck 1987).

Sekundärliteratur:
[3] W. Behringer, Löwenbräu. Von den Anfängen des Münchner Brauwesens bis zur Gegenwart, 1991
[4] W. Behringer, Die Spaten-Brauerei, 1397–1997. Die Geschichte eines Münchner Unternehmens vom MA bis zur Gegenwart, 1997 [5] W. Behringer / C. Schäder, Münchner Großbrauereien. Vom Aufstieg kleiner Braustätten zu weltbekannten Bierfabriken, in: F. Kaiser (Hrsg.), Wirtshäuser in München um 1900. »Berge von unten, Kirchen von außen, Wirtshäuser von innen«, 1997, 55–68 [6] C. von Blanckenburg, Die Hanse und ihr Bier. Brauwesen und Bierhandel im hansischen Verkehrsgebiet, 2001 [7] K. Glamann, Jacobsen of Carlsberg. Brewer and Philanthropist, 1991 [8] K. Hackel-Stehr, Das Brauwesen in Bayern vom 14. bis 16. Jh., insbesondere die Entstehung und Entwicklung des Reinheitsgebotes (1516), 1987 [9] M. Jackson, Das große Buch vom Bier, 1977
[10] W. Reininghaus, Gewerbe in der Frühen Nz., 1990
[11] M. Teich, Bier, Wissenschaft und Wirtschaft in Deutschland 1800–1914. Ein Beitrag zur dt. Industrialisierungsgeschichte, 2000
[12] R. W. Unger, Technical Change in the Brewing Industry in Germany, the Low Countries, and England in the Late Middle Ages, in: The Journal of European Economic History 21, 1992, 281–313 [13] R. van Uytven, Le combat des boissons en Europe du Moyen Age au XVIIIe siècle, in: S. Cavaciocchi (Hrsg.), Alimentazione e nutrizione, secc. XIII-XVIII, 1997, 53–89.

Wolfgang Behringer

Bigamie

B. (Doppelehe von lat. *bi*, »zweifach«; griech. *gámos*, »Hochzeit«, »Ehe«) bezeichnet das Eingehen einer zweiten ↗Ehe, während die erste Ehe noch besteht. Die frühnzl. Definition von B. ist durch das christl. Gebot der Unauflöslichkeit der Ehe geprägt. Daher umfasst sie nach kath. Auffassung neben der strafrechtlich relevanten Doppelehe (lat. *bigamia simultanea* oder *bigamia vera*, »gleichzeitige« bzw. »echte B.«) alle Ehen, die diesem Gebot zuwiderlaufen, wie etwa auch eine zweite Ehe nach dem Tod eines Gatten (lat. *bigamia successiva*).

Die B. im engeren Sinne war seit Diokletian (285, *Codex Iustinianus* 5,5,2) strafbar; sie blieb als Verstoß gegen das Monogamiegebot jedoch zunächst eine rein kirchliche Angelegenheit. Ab dem SpätMA wurde das Delikt gleichsam von weltlichen Gerichten sanktioniert; spätma. ↗Stadtrechte sahen für B. die ↗Todesstrafe durch Ertränken oder Enthauptung vor. 1532 wurde die B. von Mann und Frau in der *Peinlichen Gerichtsordnung* ↗*Constitutio Criminalis Carolina* (CCC) Kaiser Karls V. erstmals reichsrechtlich poenalisiert (Art. 121) und, im Unterschied zur *Bambergensis* (1507; Art. 146), ohne Ansehen des Geschlechts als qualifizierter ↗Ehebruch eingestuft, der mit dem Tode bedroht wurde [3. 155]. Wie die Gesetzgebung im Alten Reich entzog auch die engl. B.-Akte (1603), die das Delikt als Kapitalverbrechen definierte, die B. der kirchlichen Gerichtsbarkeit. Das ↗*Allgemeine Landrecht für die preußischen Staaten* (1794) wandelte die Todesstrafe schließlich in eine mehrjährige Zuchthausstrafe um (II, 20 §§ 1066–1068). Erst im 19. Jh. setzte sich die moderne Rechtsauffassung der B. als Betrug an der Öffentlichkeit und Verletzung der Eheordnung durch, ohne dass von der Zuchthausstrafe abgesehen wurde (Reichsstrafgesetzbuch § 171). Privatrechtlich stellt die B. als *impedimentum ligaminis* ein Ehehindernis dar (Bürgerliches Gesetzbuch § 1309, § 1326).

Politisch brisant war die B. des Landgrafen Philipp von Hessen. Der protest. Fürst, der 1540 Margaretha von der Sale geehelicht hatte, obwohl er bereits mit Christina von Sachsen verheiratet war, musste sich, als dies publik wurde, mit erheblichen politischen Zugeständnissen an Kaiser Karl V. den Dispens von der CCC erkaufen. Damit wurde die ↗Reformation zeitweilig in Misskredit gebracht, da Luther und Melanchthon dem Anliegen des notorischen Ehebrechers, ihn durch diese Zweiehe aus seiner Gewissensnot zu befreien, in einem geheimen Beichtrat stattgegeben hatten. Indem Luther die B. einer Scheidung (↗Eheauflösung) vorzog, verwies er indes auf die Unauflöslichkeit der Ehe – eine Haltung, die er bereits 1531 bezüglich der europaweit diskutierten Scheidungsabsichten des engl. Königs Heinrich VIII. von Katharina von Aragon vertreten hatte. Sobald die politische Aktualität abnahm, war der juristische und theologische B.-Diskurs nur noch von marginaler Bedeutung [3.173]. Den Aufklärern diente die B. lediglich als Demonstrationsobjekt in der Naturrechtslehre, etwa Christian Thomasius, der anhand der B. die Wesensverschiedenheit von Naturrecht und Offenbarung darlegte (*De crimine bigamiae*, 1685; ↗Naturrecht und Rechtsphilosophie).

In der sozialen Praxis erwies sich die B. nicht als Spielart der ↗Polygamie, sondern als eine bes. Form der konsekutiven Monogamie. Sie war eine Folge der restriktiven Scheidungspolitik im frühnzl. Europa und betraf v.a. die mobilen ↗Unterschichten, denen im Gegensatz zu den herrschenden Schichten, die z.T. Ausnahmeregelungen für sich erwirken konnten (↗Ehe zur linken Hand), eine Scheidung in der Regel verwehrt blieb. Trennung vom Ehepartner in Kombination mit ↗Mobilität der Betroffenen und Anonymität in der Fremde als Folge schlechter Kommunikation und fehlender Eheregister sind die typischen Konstanten bigamer Ehen. Die Ursachen dafür, dass statt des ungefährlicheren ↗Konkubinats eine zweite Ehe riskiert wurde, sieht die Forschung in pragmatischen Gründen, dem Willen sich einzufügen, teilweise auch in der Annahme, die Trennung sei rechtsgültig gewesen [5.202].

In größerer Zahl sind B.-Fälle nur durch Archive der kath. ↗Inquisition überliefert. Auf der Basis der strengeren Ehebestimmungen des ↗Trienter Konzils (1545–1563) nahm die röm. und span. Inquisition neben ↗Häresie zunehmend auch sexuelle ↗Devianz und damit die B. ins Visier. Zwischen 1550 und 1700 repräsentierte die B. ca. 6% aller Fälle, die die span. Inquisition in Europa und der Neuen Welt verfolgte. Die männlichen Angeklagten (ca. 80%) erwartete eine mehrjährige Galeerenstrafe, weibliche (ca. 20%) dagegen Ehren- und ↗Leibesstrafen sowie mehrjährige Haft (↗Strafe). Die B.-Akten der Inquisition haben es Historikern ermöglicht (für Mexiko [1]; für Italien [7]), neben der Sanktionspraxis auch das Ehe- bzw. Scheidungsverhalten von sozialen Gruppen zu untersuchen, die sonst kaum in den Quellen vorkommen.

Vor weltlichen Gerichten in der Frühen Nz. war B. ein selteneres, wenn nicht unbekanntes Delikt. Obwohl als gravierendes Verbrechen eingestuft, waren die tatsächlichen Strafen aus Rücksicht auf bestehende Ehen milder als vorgeschrieben: Bigame Ehen wurden annulliert und die schuldige Partei mit Buß- und Ehrenstrafen sowie ↗Verbannung und Geldstrafen belegt (↗Buße). Die Verbesserung der Kommunikationswege und die bürokratische Erfassung des Personenstandes erschwerte zunehmend das Eingehen einer bigamen Ehe, aber erst die Erleichterung der Scheidung im 19. und 20. Jh. marginalisierte das Phänomen der B. endgültig.

→ Ehe; Ehebruch; Eherecht; Konkubinat; Polygamie

[1] R. Boyer, Lives of the Bigamists. Marriage, Family, and Community in Colonial Mexico, 1995 [2] S. Buchholz, Philippus Bigamus, in: Rechtshistorisches Journal 10, 1991, 145–159 [3] P. Mikat, Die Polygamiefrage in der frühen Nz., in: H. Mertens (Hrsg.), Spektrum. Aufsätze und Reden von Paul Mikat, 1995, 147–224 [4] R. Phillips, Putting Asunder. A History of Divorce in Western Society, 1988 [5] A. Poska, When Bigamy is the Charge. Gallegan Women and the Holy Office, in: M. Giles (Hrsg.), Women in the Inquisition. Spain and the New World, 1999, 189–205 [6] W. Rockwell, Die Doppelehe des Landgrafen Philipp von Hessen, 1904 [7] K. Siebenhüner, Bigamie und Inquisition in Italien 1600–1750, 2006 (in Vorbereitung).

Katharina Reinholdt

Bild s. Altarbild; Genrebild; Historienbild; Landschaftsbild; Miniaturbild

Bildbeschreibung

Kürzere B. sind seit dem 16. Jh. Bestandteil von längeren Texten, insbes. der frühnzl. Gattungen, die den Kunstdiskurs konstituierten – also von Viten, ↗Reiseberichten, Traktaten einzelner Kunstgattungen, Werkmonographien, seit dem 18. Jh. auch von Ausstellungsbesprechungen, Galeriebriefen und Sammlungskatalogen, sowie Geschichten der Kunst nach den Denkmälern (↗Kunstgeschichtsschreibung) –, aber auch von ↗Briefen und Belletristik. Seit dem 17. Jh. kommen B. als selbständige Texte vor; das früheste bekannte Beispiel ist M. Aguccis Manuskript über Carraccis *Schlafende Venus* von 1602 [1], seit den 1660er Jahren lassen sich auch gedruckte Beispiele nachweisen [4.152]. Sie tragen im Titel vielfach die Bezeichnung *descrittione* (ital.), *description* (franz.) oder Beschreibung; ein Äquivalent zum modernen Begriff der B. existiert jedoch in der Nz. noch nicht. Inwiefern die Entwicklung der Architekturbeschreibung mit jener von Gemälden und Skulpturen korreliert, ist nicht erforscht.

In der zweiten Hälfte des 20. Jh.s nimmt der Begriff Ekphrasis eine zentrale Rolle in der Diskussion über das Verhältnis von Text und Bild ein und wird vielfach als äquivalent zu B. verstanden. Übersehen wurde allerdings, dass griech. *ékphrasis* (»Beschreibung«, »Verdeutlichung« [2.143]; lat. *descriptio*), ein Terminus technicus der antiken Rhetorik, in der Kunstliteratur der Nz. kaum vorkommt. Von der röm. Kaiserzeit bis in die spätbyz. Zeit bezeichnet er einen Teil der Rede. In Absetzung zum nüchternen Bericht ist Ekphrasis die anschauliche Darstellung eines Geschehens. In bes. Fällen können Lobreden auf Ekphrasen beschränkt sein (↗Panegyrik). Ein viel beachtetes Beispiel sind die *Eikónes* (»Bilder«) des griech. Schriftstellers Philostrat, in denen Gemälde Gegenstand der Prunkrede sind. Philostrat konzentriert sich dabei auf die Handlung und übergeht die

Beschaffenheit der Bilder. Es ist daher verständlich, dass die *Eikónes* als thematische Anregung für Bilder der Nz. dienen konnten, als Modell für B. jedoch eher ungeeignet waren [2. 143–155]; [7].

B. erheben den Anspruch, einerseits Werke der bildenden Künste mit Worten zu reproduzieren, andererseits den Leser zu einer vertieften Betrachtung derselben anzuleiten. So schrieb A. Félibien 1663 in Bezug auf ein Gemälde von Ch. Le Brun, Ziel seiner Beschreibung des Bildes sei es, »eine unvollständige Kopie dieses Gemäldes vorzulegen, oder besser ein anderes Gemälde, das weder Linien noch Farben besitze, das aber dazu dienen könnte, Linien und Farben des Originals sorgfältiger wahrnehmen zu lassen« [4. 149]. Dass eine schriftliche B. das Bild weder reproduzieren noch ersetzen könne, dass sie vielmehr geeignet sei, neben der Reproduktion gelesen zu werden, ist eine Erkenntnis, die bereits im frühen 17. Jh. diskutiert wurde und sich v. a. seit dem 19. Jh. im Druck von Büchern, in denen Bilder mit B. kombiniert wurden, niedergeschlagen hat [6].

Bis zur Mitte des 16. Jh. gab es nur wenige und vereinzelte Beschreibungen realer Bilder. Erstmalig verfasste Vasari in seinen *Vite de' piu eccellenti architetti, pittori et scultori italiani* (1550; »Die Lebensgeschichten der hervorragendsten ital. Architekten, Maler und Bildhauer«) Hunderte von B. Meistens beschränkt er sich auf die Nacherzählung des dargestellten Geschehens mit lobender Hervorhebung von Einzelheiten, gelegentlich führt er jedoch eingehende Schilderungen v. a. der dargestellten Figuren aus. In Ermangelung qualitätsanalytischer Begriffe vermittelt Vasari strukturelle Interpretationen auf Umwegen, v. a. durch die Abfolge des Textes [7. 48; 124]; [6. 302]. Von 1550 an lässt sich die Geschichte der B. als Entwicklung einer Textgattung verfolgen, in der nach und nach neue Begriffsfelder und Redewendungen geprägt und popularisiert wurden. Diese Entwicklung bildet eine Grundlage des kunstkritischen und kunstwissenschaftlichen Diskurses (vgl. ↗Kunstkritik; ↗Kunstgeschichtsschreibung).

Die von A. Félibien in den 1660er Jahren etablierten planvollen Beschreibungen von Kunstwerken nach vorgegebenen Kategorien für die B. (Sujet, ↗Komposition, ↗Zeichnung, Licht und Farbe etc.) behielten bis weit ins 18. Jh. Modellcharakter. Dennoch finden sich bis zur Mitte des 18. Jh.s nur wenige B. (zuerst nur in Italien, seit Mitte des 17. Jh.s in Frankreich, mit J. Richardsons *Essay on the Theory of Painting* von 1715 in England). Nach 1750 fand eine rasche Popularisierung des Mediums statt; die Anzahl der publizierten Texte, nun auch in dt. Sprache, wuchs deutlich an (J. J. Winckelmann, D. Diderot, W. Heinse, J. W. von Goethe u. a. traten als Verfasser von B. auf). Zugleich fand ein Ausbau spezifischer Techniken der B. statt: Die Beschreibung angenommener Blickbewegungen von Betrachtern und die Einführung geometrisch-analytischer Begriffe dienen zur Erfassung kompositioneller Sachverhalte [3. 55–74]. Seit J. J. Winckelmann werden Naturmetaphern gezielt in B. eingesetzt [8]. Die Zunahme von B. geht mit einer kritischen Reflexion ihres Status zwischen Dichtung und Sachlichkeit einher (K. Ph. Moritz, *Inwiefern Kunstwerke beschrieben werden können*, 1788; A. W. Schlegel, *Die Gemälde*, 1799).

→ Kunstgeschichtsschreibung; Kunstkritik; Kunsttheorie

Quellen:
[1] M. Agucchi, Descrittione della Venere dormiente di Annibale Carrazzi, in: C. C. Malvasia, La Felsina pittrice, 1678, 503–514.

Sekundärliteratur:
[2] G. Boehm / H. Pfotenhauer (Hrsg.), Beschreibungskunst – Kunstbeschreibung. Ekphrasis von der Antike bis zur Gegenwart, 1995 [3] O. Bonfait (Hrsg.), La description de l'oeuvre d'art, 2004 [4] Ch. Michel (Hrsg.), La naissance de la théorie de l'art en France 1640–1720 (Revue d'esthétique 31/32, 1997) [5] E. Osterkamp, Im Buchstabenbilde, 1991 [6] R. Rosenberg, Von der Ekphrasis zur Bildbeschreibung. Vasari, Agucchi, Félibien, Burckhardt, in: ZfKG 58, 1995, 297–318 [7] R. Rosenberg, Beschreibungen und Nachzeichnungen der Skulpturen Michelangelos, 2000 [8] R. Rosenberg, Inwiefern Ekphrasis keine Bildbeschreibung ist, in: J. Knape (Hrsg.), Visuelle Rhetorik und Bildrhetorik, 2006 (im Druck).

Raphael Rosenberg

Bilderbogen

B. ist in Deutschland ein Gattungsbegriff der Massenbilderforschung (vgl. [1]), die sich mit populärer Druckgraphik aller Art seit der Herstellung von ↗Papier und dessen Bedrucken in Mitteleuropa kurz vor 1400 befasst. Der Ausdruck (meist in Verbindung mit dem Herstellungsort, z. B. Neuruppiner B., Münchner B.) ist jedoch als Bezeichnung für Produkte spezialisierter Bilder-Druckereien erst seit dem frühen 19. Jh. geläufig. Als Markenname entsprechend franz. Gewohnheit (*Imagerie d'Epinal, Imagerie rue Saint-Jacques* aus Paris) hat sich international für die Massenbilder der Terminus *Imagerie populaire* durchgesetzt. In der niederl. Forschung heißen die speziellen B. »volks- en kinderprenten«, in Skandinavien nach deren Aufbewahrungsort in Truhendeckeln »kistebrev«.

»Bogen« ist ursprünglich die Bezeichnung für das handgeschöpfte Papier, das gefaltet zwei Blatt (lat. *folio*) ergibt. »Halbbogenblätter« nennen darum Verkaufskataloge im 19. Jh. die kleineren Formate von B. Reine »Kupfer« (zeitgenössische Bezeichnung) ohne Typendruck heißen in der Regel »Blätter«, weil die handhabbare Plattengröße das Folioformat kaum überstieg, während die Lithographie des 19. Jh.s wieder mit riesigen Steinen möglich war. Der B. war formal ein ↗Einblattdruck, womit in der Kunstgeschichte jedoch nur frühe Holzschnitte bezeichnet werden. Funktional war der B. ein Flugblatt (franz. *feuille volante*), in der dt. Forschung Terminus technicus für die »illustrierten Flugblätter« (engl. *illustrated broadsheets*) im Unterschied zu den mehrblättrigen ↗Flugschriften, die höchstens einen Titelholzschnitt oder ein Titelkupfer besaßen. Die histor. Entwicklung verlief vom Flugblatt zur ↗Zeitung.

B. in Form von Einblattdrucken waren bis um 1550 Holzschnitte mit Blocktext oder typographischem Schriftteil. Holzstiche (Xylographien) gab es als Zeitungsillustration erst in der zweiten Hälfte des 19. Jh.s; daher wird der Typus der Münchner B. auch Zeitungs-B. genannt. Die Kombination von Kupferstichen aus der Tiefdruckpresse und nachfolgend beim Buchdrucker hinzugefügtem Typendruck heißt für das 17. und 18. Jh. stets illustrierte Flugblätter, auch wenn sie typische B.-Motive transportieren. Per Hand schablonenkolorierte Lithographien gab es als Massenware erst seit dem Biedermeier bis ins 20. Jh.; chromolithographische Erzeugnisse aus dampfgetriebenen Schnellpressen aus der Zeit nach 1870 ermöglichten in der Luxuspapierindustrie im sog. Öldruck die Herstellung von Wandschmuck und die Massenproduktion von Bildpostkarten, die zu einem der Funktionsäquivalente von B. wurden.

Eine weitere Gattungstypologie von B. (mit entsprechender Herstellerspezialisierung) ergibt sich aus den Bildinhalten und deren Gebrauchszusammenhängen: B. dienten als Andachtsgraphik, Kultpropaganda, Haussegen, Heiligenbilder (bis zum Kleinstformat der Gebetbuchbilder); für Sensationsblätter von Unglücken, Missgeburten, Kriegen und Verbrechen (im 16. Jh. ↗Newe Zeitung, im 19. Jh. *canards*); politische und konfessionelle ↗Karikaturen, ↗Polemiken, Meinungsmache; Moralsatiren, Lehrhaftes, Exotisches, Topographisches, Allegorisches, Genredarstellungen (beliebte Inhalte z. B.: Landsknechte, Soldaten, Bauern) und Herrscherporträts; im 19. Jh. gab es B. auch für Kinderlehrmittel, Schulheftumschläge, Ankleidepuppen, Papiertheater zur Literaturvermittlung und Märchen-B.

Die formale Darstellungsart reicht vom illustrierenden Einzelbild über Simultanszenen in streifenförmigen Reihenbildern bis zur gefelderten Anordnung um ein zentrales Mittelbild – alles schon im 15. Jh. vorhanden und nicht erst als optische Begleitung für den ↗Bänkelsang oder für Comics erfunden. Herstellungszentren waren in Mitteleuropa, der lange dominierenden Erfinderregion aller druckgraphischen Techniken, in der Frühen Nz. Augsburg und Nürnberg, im 19. Jh. – neben anfangs noch Nürnberg – Neuruppin, Weißenburg im Elsass und Esslingen, im 19./20. Jh. Frankfurt am Main, Dresden und Berlin. Bassano del Grappa im Veneto bildete die Hauptkonkurrenz im Süden. Der Vertrieb von B. erfolgte bis ins 20. Jh. vornehmlich über den ↗Hausiererhandel (durch Kolporteure, meist aus spezialisierten Kleinregionen). Das ital. Pieve Tesino in den Dolomiten vermochte als österr. Ort bis zum Ersten Weltkrieg in alle Welt zu liefern. Nur Frankreich schottete sich zeitweise durch Schutzzölle ab.

Die wiss. Erforschung der B. ging in Deutschland von der Germanistik, also von den Texten und Themen aus und betrifft heute v. a. das Barockzeitalter (↗Barock). Die ↗Zeitungswissenschaft beschäftigt sich mit dem Nachrichtencharakter des Mediums. Die Volkskunde hat das Gesamtphänomen im Auge, mit besonderem Blick auf die Konsumenten; Ziel ist die Dokumentation von Motiv- und Wirkungsgeschichte anhand der Erstellung von Gesamtkatalogen einzelner, meist später Offizinen und spezieller Gebrauchsartikel.

→ Buchdruck; Druckgraphik; Druckmedien

[1] W. Brückner, Massenbilderforschung, eine Bibliographie, 2004.

Wolfgang Brückner

Bildergalerie s. Galerie

Bildergeschichte

Zu den Erscheinungsformen des Erzählens in Bildern gehören medial, funktional und künstlerisch völlig unterschiedliche Werke. Die Geschichte der B. beginnt in vorchristl. Zeit mit den Felszeichnungen in Steinzeithöhlen und führt über altägyptische Totenbücher, ma. Wandteppiche (Bayeux) und spätma. Blockbücher hin zum ↗Bilderbogen des 18./19. Jh.s. Mit der Wende zum 20. Jh. bricht die Zeit des Comicstrips an, eine ursprünglich an den Unterhaltungsteil US-amerikan. Sonntagszeitungen gebundene und nur auf einen einzigen Bildstreifen beschränkte Bildererzählung, die sich rasch weiterentwickelte und zur populärsten Ausformung der Gattung in der Moderne avancierte [1]. In dem langen und variantenreichen Prozess der Durchdringung von Wort und Bild stellt die B. nur einen kleinen Ausschnitt dar. Als Gattung kann sie der ↗Erzählliteratur zugeordnet werden; der Gattungsbegriff wird allerdings erst am Ende des 19. Jh.s greifbar. Als Ausgangspunkt ihrer Entwicklung gelten jene ma. Werke, die ihre Entstehung der bildgestützten Vermittlung von Glaubensinhalten vorwiegend an ein leseunkundiges Publikum verdanken, wie die *Biblia Pauperum*, die ↗Ars moriendi, Narren- und Totentanzbilderbogen (vgl. Abb. 1) [8].

Mit den neuen Reproduktionstechniken der Frühen Nz. (↗Buchdruck; ↗Druckmedien; ↗Druckgraphik) änderten sich nicht nur die Wirkungsweise und der Adressatenkreis von Bild-Text-Erzeugnissen, sondern auch deren Funktion [10]. Neben Belehrung und Nachrichtenvermittlung trat die Unterhaltung immer mehr in

Ein grawsamlich geschicht Geschehen zu passaw Von den Juden als hernach volgt

Hye stylt Cristoff acht partickel des sacroments auß der kirchen. legt das in sein taschen. hatt dy darinne drei tag behalte

Hye schuet er die sacrament den juden auff den tisch die vmb marsligt gewesen sein. darumb sy im ein gulde gaben

Hye tragen die jude vn schulklopffer. die sacrament yn ir synagog. vnd vber antwurten oye den Juden.

Hye stycht pfeyl Jud das sacrament auff irem altar.ist plut darauß gangen das er vn ander juden gesehen haben.

Hye teylten sy auß dye sacramet schicken zwen partickel gen Prag. Bwe gen salczpurg.zwen yn die Newenstat

Hye verprenten sy die sacramet versuchen ob vnser glaub gerecht wer floge auß dem offen zwen engel. vn i. taube

Hye vecht man all Juden zu passaw die dy sacrament gekaufft verschicke gestolen vnd verprant haben.

Hye furt ma sy fur gericht. verurtaylt die vier getaufft. fackel mand. kolman vnd walich.sein gekopft worden.

Hye zereyst man den pfeyl vnd vettel die oda sacramet behylte. oz darnach gestochen vnd verprant haben.

Hye verprent man sy mit sampt de juden. die yn irem glauben plyben. vnd vmb das sacrament gewest haben.

Hye wirt der Cristoff des sacraments verkauffer. auff einem wage zerryssen mit gluenden zangen.

Hye hebt man an zw pawen. vnserm herren zu lob eyn gotzhauß. Auß der Juden synagog rc.

Nach christi gepurt. M.CCCC.LXX
vn. iar Regirende zu den zeyte der hochwirdig furst vn herr her Ulrich zu passaw geborn vonn Nußdorff. So hat sych begeben das ein leychfertiger vn verzagter mensch weylandt genant Cristoff eysen

mit grymmiger gier zu creutzige. christe glaube zu beweren. Ein jud ein scharpfes messer genumet den leychnä cristi auff irem altar in der synagog gestochen darauß plut geflossen. Eins kindes angesicht erschyne. Die jude sere erschracken. wurde zu rade. vn schickte.ij. partickel gen Prag. ij. in die Newestat.ij. gen Saltzpurg.ij. partickel worffen sy yn eine gldene packoffen. haben sy

Abb. 1: Ein grawsamlich geschicht Geschehen zu passaw Von den Juden ... (Einblattholzschnitt, Passau, ca. 1470). In Bild und Text wird hier die Geschichte einer angeblichen Hostienschändung durch die Passauer Juden 1470 erzählt (Bild 1–6) und die Bestrafung der »Täter« vorgeführt (Bild 7–11). Vorwürfe wie Hostienfrevel, Ritualmord, Brunnenvergiftung und Wucher gehörten seit dem späten MA zum gängigen Repertoire antijüd. Propaganda und wurden während der Frühen Nz. v. a. auch von den Produzenten illustrierter Flugblätter immer wieder ausgestaltet.

den Vordergrund. Bildgestützte Berichte über politische Tagesereignisse (Kriegshandlungen, Attentate, Aufstände) und Sensationsnachrichten (Naturkatastrophen, spektakulären Verbrechen, Hinrichtungen, Wundererscheinungen u. Ä.) machten einen Großteil der Produktion aus (vgl. Abb. 2).

Eingebettet in einen breiten publizistischen Kontext werden die Grenzen zwischen B. und anderen narrativen Bild/Text-Medien wie illustriertem Buch (↗Buchillustration), Flugblatt (↗Flugschrift), Zeitungslied, Moritat oder ↗Bänkelsang fließend [2]; [7]; [6]. Das 19. Jh., in dem eine breite, meist bürgerliche ↗Öffentlichkeit mit einer Vielzahl illustrierter Druckerzeugnisse bedient wurde (↗Almanache; illustrierte ↗Zeitungen; ↗Bilderbogen), gilt als Blütezeit der klassischen B. [5]. Vorbereitet durch die Werke der zeichnenden Geschichtenerzähler

Bildergeschichte

Abb. 2: Wahrhaffte Beschreibung deß Urtheils / so Anno 1666 ... an einem weit beschreiten vnd erschröcklichen Zauberer vollbracht worden (Einblattholzschnitt, Augsburg nach 1666). Das Zeitungslied aus der Werkstatt Elias Wellhöfers berichtet in sechs Bildfeldern (Einzelbildern und Simultandarstellungen) und einem ausführlichen Text (mit Verweisbuchstaben) über Leben und Tod des Simon Altsee aus Rodenbuch, der der Zauberei angeklagt und am 9. Januar 1666 in München hingerichtet wurde. Wie in Abb. 1 nimmt auch hier die Darstellung der Strafaktionen einen breiten Raum ein, so dass davon ausgegangen werden kann, dass mit solchen Bildergeschichten die Sensationsgier und Schaulust der Rezipienten, aber auch der Wunsch der Obrigkeit nach Abschreckung und Sozialdisziplinierung befriedigt wurden.

des 18. Jh.s (W. Hogarth, D. Chodowiecki) und durch die Jugend- und ↗Kinderliteratur – so in J.E. Gailers *Neuem orbis pictus für die Jugend*, 1832 (einer Neufassung des berühmten ↗Lehrbuches von J.A. Comenius, *Orbis sensualium pictus*, 1658; »Die sichtbare Welt in Bildern«) und in H. Hoffmanns *Der Struwwelpeter* von 1845 (vgl. Abb. 3) – etablierte sich die B. als eigenes buchmäßiges Erzählgenre.

Am Beginn dieser Entwicklung stand das Werk des Genfer Autors und Zeichners R. Töpffer, der mit seinen *Komischen Bilderromanen* (dt./franz. Ausgabe 1846; Federzeichnung/Autographie) erstmals B. in Form eigenständiger Buchveröffentlichungen auf den Markt brachte – als erste *Histoire de Monsieur Jabot* (1833) [3]. Für die weitere Entwicklung der Gattung in Deutschland wurde die Bilderwelt W. Buschs prägend, der ab 1859 seine gezeichneten ↗Verserzählungen (Holzschnitte) im ↗Bilderbogen veröffentlichte (*Fliegende Blätter*, München), 1865 für *Max und Moritz* aber die Buchform wählte. Daneben erlebte die Gattung B. im Dienste des Bildjournalismus für die illustrierte Presse ab der 2. Hälfte des 19. Jh.s zahlreiche Transformationen [5].

Sowohl die textlosen als auch die bildlich-textlichen Ausformungen der B. lassen sich in zwei Grundtypen unterteilen [9]: (1) im »distinguierenden« Darstellungstyp stehen Einzelbilder in Reihe, entweder als geschlossene Form (z. B. Alphabet, Wochentage) oder als offene Bilderkette mit einer variablen Anzahl an Feldern; (2) in der in einem Bildfeld zusammengefassten Simultandarstellung müssen der lineare Aufbau der Handlung und das zeitliche Nacheinander der Szenen vom Betrachter gedanklich aus einem bildnerischen Miteinander herausgelöst und geordnet werden (bildimmanente sukzessive Wahrnehmung).

Beide Formen weisen eine Vielzahl an Verknüpfungsmöglichkeiten zwischen Text und Bild auf: Spruchbänder, Motti, Bildüberschriften und -unterschriften, separate Textfelder. Oftmals unterstützen und lenken Verweisbuchstaben bzw. -ziffern die Bilddeutung und die Verknüpfung mit dem Text. Bei der B. handelt es sich folglich weder um einen illustrierten Text noch um eine unverbundene Ansammlung von Abbildungen mit Textbeigaben, sondern um eine narrative Bilderfolge bzw. Bildkomposition, die eine sequentielle Wahrnehmung einfordert. Das von W. Busch proklamierte ›Schreiben in Bildern‹ [11. 253] führt beim Rezipienten konsequenterweise zu einer ›Lektüre von Bildern‹, deren Aussagen v. a. bei der klassischen B. durch einen Text gestützt, erweitert oder fortgeschrieben werden. So entwickelt die B. ein Handlungskontinuum, das es der Phantasie des Lesers/Betrachters ermöglicht, das Stoffgerüst und den Verlauf der Ereignisse zu rekonstruieren.

→ Bilderbogen; Buchillustration; Druckgraphik; Druckmedien; Flugschrift

[1] G. BLANCHARD, Histoire de la bande dessinée. Une histoire des histoires en images de la préhistoire à nos jours, ²1974 [2] T. CHEESMAN, The Shocking Ballad Picture Show. German Popular Literature and Cultural History, 1994 [3] G. CORLEIS, Die Bildergeschichten des Genfer Zeichners Rodolphe Töpffer (1799–1846). Ein Beitrag zur Entstehung der Bildergeschichte im 19. Jh., ²1979 [4] E. HILSCHER, Die Bilderbogen im 19. Jh., 1977 [5] T. KUCHENBUCH, Bild und Erzählung. Geschichten in Bildern. Vom frühen Comic Strip zum Fernsehfeature, 1992 [6] D. KUNZLE, History of the Comic Strip, Bd. 1: The Early Comic Strip. Narrative Strips and Picture Stories in the European Broadsheet from c. 1450–1825, 1973 [7] D. KUNZLE, History of the Comic Strip, Bd. 2: The Nineteenth Century, 1990

Abb. 3: H. Hoffmann, Der Struwwelpeter oder lustige Geschichten und drollige Bilder …, Urmanuskript von 1844, S. 7 (kolorierte Federzeichnung). Hoffmann greift hier in der Geschichte vom »Wilden Jäger« das Motiv der ›verkehrten Welt‹ auf und erzählt vom Sieg des Schwächeren über den vermeintlich Stärkeren. Die Urfassung, die dem Erstdruck von 1845 zugrunde liegt, aber genau wie dieser noch nicht den Titel *Struwwelpeter* trägt, enthält lediglich sechs Geschichten, allesamt mit einem lockeren Bildaufbau und einer von Hoffmann bewusst gewählten karikaturistischen Vereinfachung der Figuren und Handlungen.

[8] S. Mertens et al., Blockbücher des MA. Bilderfolgen als Lektüre (Ausst.kat. Gutenberg Museum Mainz), 1991 [9] K. Riha, Bilderbogen, Bildergeschichte, Bilderroman. Zu unterschiedlichen Formen des Erzählens in Bildern, in: W. Haubrichs (Hrsg.), Theorien, Modelle und Methoden der Narrativistik (Erzählforschung, Bd. 3), 1978, 176–192 [10] M. Schilling, Bildpublizistik der frühen Nz. Aufgaben und Leistungen des illustrierten Flugblatts in Deutschland bis um 1700, 1990 [11] G. Ueding, Wilhelm Busch: Das 19. Jh. en miniature, 1977.

Eva-Maria Bangerter-Schmid

Bildersturm s. Ikonoklasmus

Bilderverehrung

1. Formen der Bilderverehrung
2. Bildgebrauch und Bilderverehrung in der Kirchengeschichte

1. Formen der Bilderverehrung

Im christl. Kulturkreis bezeichnet B. die rituelle oder zeremonielle Verehrung von bildlichen Darstellungen Gottes, Mariae oder von ↗Heiligen. Die christl. B. entstand mit dem Aufkommen des personalen Sakralbildes (↗Ikone) im 4. Jh.; in der Folgezeit fand sie unterschiedliche Ausdrucksformen. Seit der Frühzeit sind Verbeugung, Kniefall oder Niederwerfen (Proskynese, Prostration) als Adorantenhaltungen anzunehmen. Auch das Berühren sowie das Küssen eines heiligen Bildes sind als Formen der B. früh bezeugt. Zumindest seit dem MA ist die Gabe von Votiven und Kerzen zur Auszeichnung und Beleuchtung eines verehrten Bildes bekannt. In der Nz. fand das Bekleiden, Krönen und Schmücken von Gnadenbildern zunehmend Verbreitung. In nzl. Prozessionen dienten u. a. eigens angefertigte Bildwerke einer populären B. (vgl. Abb. 1) [7].

Zu den Maßnahmen der kath. Reform des 16. und 17. Jh.s (↗Gegenreformation) gehörte die Neubelebung des Wallfahrtswesens. Zielpunkte von ↗Wallfahrten konnten ein Ort übersinnlicher Erscheinungen, ein Heiligengrab, Reliquien oder ein Gnadenbild sein, deren ↗Legende eine bes. Heilswirksamkeit bezeugte und deshalb in besonderem Maße B. nahe legte. Die Wiederbelebung bzw. Neugründung von Wallfahrten zu marianischen Gnadenorten, an denen bildliche Darstellungen der Gottesmutter verehrt wurden, verdankt sich der im Zuge der kath. Reform bes. unterstützten Marienfrömmigkeit (↗Marienverehrung). Der Jesuit Petrus Canisius etwa beförderte 1570 die Wallfahrt nach Altötting, dessen Heilige Kapelle die *Schwarze Madonna* birgt, ein als wundertätig verehrtes Mariengnadenbild, dem die Gläubigen bis heute ihre Verehrung durch Votivgaben erweisen. Zu einem der populärsten Marienwallfahrtsorte Deutschlands entwickelte sich seit dem Dreißigjährigen Krieg (1618–1648) Kevelaer, wo die Verehrung des unscheinbaren Gnadenbildes, eines Kupferstiches der *Trösterin der Betrübten*, erst 1642 einsetzte.

Seit dem SpätMA wurden an den Wallfahrtsorten druckgraphische Reproduktionen, plastische Nachbildungen oder Reliefs des verehrten Gnadenbildes angeboten, welche die Gläubigen zur Erinnerung oder Vergegenwärtigung bei der privaten Andacht erwerben konnten. Im individuellen Umgang mit solchen kleinen Andachtsbildern oder Pilgerzeichen war die Grenze zwischen kirchlich genehmigter und volkstümlicher Praxis der B. fließend. Bisweilen dienten die Andachtsbildchen magischen Praktiken [1] (↗Aberglaube). Obrigkeitliche Maßnahmen des 18. Jh.s, die im Rahmen der Aufklärung der barocken B. Einhalt gebieten sollten, führten v. a. im österr. ↗Josephinismus und während der ↗Säkularisation (1802/03) zur Aufhebung von Wallfahrtsorten und zum Verbot aller aufwendigen Formen öffentlicher B.

2. Bildgebrauch und Bilderverehrung in der Kirchengeschichte

Im Christentum entwickelte sich während des 4. Jh.s das personale Sakralbild, obwohl die Zulässigkeit der Darstellung göttlicher und heiliger Personen nicht unumstritten war. Gegner der B., wie z. B. Tertullian, Origenes oder Eusebius, sahen eine Gefahr in der möglichen Götzenverehrung (Idolatrie). 787 fand der Byzantinische Bilderstreit, in dem während mehrerer Jahrzehnte um die Zulässigkeit der B. gerungen worden war, auf dem Zweiten Konzil von Nicäa sein Ende: B. wurde nun gestattet. Mitte des 13. Jh.s stellte Thomas von Aquin die Unterscheidung zwischen Verehrung des Urbildes und Verehrung des Abbildes auf eine systematische Grundlage. Er forderte, dass der Trinität Anbetung (lat. *latria*) gebühre, während deren Abbildungen nur eine auf die Urbilder von Gottvater, Christus und Heiliger Geist bezogene Anbetung (lat. *latria relativa*) zukomme. Entsprechend sollten die Gläubigen auch Maria und den Heiligen unmittelbare Verehrung (mittellat. *hyperdulia* bzw. *dulia*) zukommen lassen, deren Bilder aber lediglich in *hyperdulia relativa* bzw. *dulia relativa* betrachten. Demnach gestattete auch Thomas von Aquin die B., und er schätzte die Gefahr der Idolatrie als gering ein, da die Ehre, die Gläubige dem Abbild erwiesen, auf das Urbild zurückgehe.

Im späten 15. und im frühen 16. Jh. entfachte die Frömmigkeitspraxis der B. wiederum lebhafte Auseinandersetzungen, die sich einerseits im kontroverstheologischen Schrifttum über die *imagines sacrae* (»heiligen Bilder«) niederschlagen, andererseits zu ikonoklastischen Ausschreitungen führten (↗Ikonoklasmus) [9]. Die Haltung der Reformatoren zur Bilderfrage war kei-

Bilderverehrung

Abb. 1: Michael Ostendorfer, Die Wallfahrt zur »Schönen Madonna zu Regensburg« (Holzschnitt, um 1519/1520). Ostendorfers einzigartige Darstellung dieser 1519 entstandenen und bereits sechs Jahre später wieder eingestellten Wallfahrt führt verschiedene Formen der B. vor Augen. Durch die geöffnete Tür der provisorischen Wallfahrtskirche erblickt man das wundertätige Marienbild, dem zahlreiche Pilger Votivgaben darbringen. Auf dem Vorplatz vor dem hölzernen Gebäude erhebt sich die 1516 geschaffene Marienstatue, die von einer kleineren Gruppe von Wallfahrern in verschiedenen Haltungen der Proskynese verehrt wird.

neswegs einheitlich (↗Reformation): Martin Luther lehnte die Verehrung von Bildern Gottes oder der Heiligen ab, doch den Nutzen, den künstlerische Darstellungen für die Vermittlung von Glaubensinhalten haben, stellte er nicht in Abrede. Aufgrund dieser bilderfreundlichen Haltung erhielten viele lutherische Kirchen eine reiche bildliche Ausstattung. Dagegen wies der ↗Calvinismus nicht allein die Zulässigkeit der B. zurück, sondern untersagte den Gebrauch von sakralen Bildern überhaupt. Im Gebiet der Schweizer Reformation wurden die vorhandenen Bildwerke aus übernommenen Kirchen entfernt und in Neubauten auf eine bildkünstlerische Ausstattung verzichtet.

Wenngleich die Reformatoren unterschiedliche Haltungen zur Bilderfrage einnahmen, waren sie sich in der Ablehnung der B. einig. Dagegen hielten die altgläubigen Theologen an der Zulässigkeit der B. fest. In der 25. Sitzung des ↗Trienter Konzils (1563) wurde die kath. Lehrmeinung zur Heiligenverehrung und zur B. formuliert, die ausdrücklich auf die Lehrsätze des Zweiten Konzils von Nicäa Bezug nimmt, und erneut eine angemessene Verehrung der heiligen Bilder befürwortet, »da die Ehre, die man ihnen erweise, auf die Urbilder zurückgehe« (lat. *quoniam honos, qui eis exhibetur, refertur ad prototypa, quae illae repraesentant*). Die Einhaltung dieser Bestimmung und die Unterbindung von

Missbrauch stellten die Konzilsväter in die Verantwortung der Bischöfe.

→ Frömmigkeitskulturen; Heilige; Ikone; Ikonoklasmus

[1] M. Beer / U. Rehm (Hrsg.), Das kleine Andachtsbild. Graphik vom 16. bis zum 20. Jh. Auswahlkat., 2004 [2] O. Christin / D. Gamboni (Hrsg.), Crises de l'image religieuse. De Nicée II à Vatican II, 1999 [3] H. Dünninger, Wallfahrt und Bilderkult. Gesammelte Schriften, 1995 [4] S. Fassbinder, Wallfahrt, Andacht und Magie. Religiöse Anhänger und Medaillen, 2003 [5] D. Ganz / G. Henkel (Hrsg.), Rahmen-Diskurse. Kultbilder im konfessionellen Zeitalter, 2004 [6] K. Greyerz, Religion und Kultur. Europa 1500–1800, 2000 [7] G. Henkel, Rhetorik und Inszenierung des Heiligen. Eine kulturgeschichtliche Untersuchung zu barocken Gnadenbildern in Predigt und Festkultur des 18. Jh.s, 2004 [8] E. Nordhofen (Hrsg.), Bilderverbot. Die Sichtbarkeit des Unsichtbaren, 2001 [9] N. Schnitzler, Ikonoklasmus – Bildersturm. Theologischer Bilderstreit und ikonoklastisches Handeln während des 15. und 16. Jh.s, 1996 [10] H. Schwebel, Die Kunst und das Christentum. Geschichte eines Konflikts, 2002 [11] A. Stock (Hrsg.), Wozu Bilder im Christentum? Beiträge zur theologischen Kunsttheorie, 1990 [12] A. Stock, Keine Kunst. Aspekte der Bildtheologie, 1996 [13] A. Stock, Bilderfragen. Theologische Gesichtspunkte, 2004.

Luise Leinweber

Bildhauer

Deutlicher als die Berufsbezeichnungen in anderen europ. Sprachen lässt der dt. Begriff die Substanz der professionellen Abgrenzungsbemühungen erkennen, welche den Beruf des B. und seine gesellschaftliche Anerkennung in der Nz. begleiteten. Zunächst ist jedoch zwischen Italien und Europa nördlich der Alpen zu trennen, da die Entwicklung des Berufsbildes im Süden weitaus früher einsetzte und sich auch mit größerer Geschwindigkeit weiterentwickelte, sodass es wiederholt zum Vorbild auch für entsprechende Bemühungen in Deutschland oder Frankreich werden konnte.

Ausgangspunkt für das gesamte Europa war die Organisation von B. im Verband der Kathedralbauhütten des 12. bis 14. Jh.s. Da es in diesem Zeitraum auch kein festgelegtes Berufsbild des Architekten (↗Architekturtheorie) oder eine entsprechende einschlägige Ausbildung gab, kam es wiederholt zu Doppelkarrieren, den sog. B.-Baumeistern. Derartige Wechsel zwischen einzelnen künstlerischen Disziplinen lassen sich auch in der Nz. immer wieder finden, etwa in den Karrieren Michelangelos oder Berninis [5].

Auch wenn im Norden bereits aus den Kathedralwerkstätten vereinzelt Namen von B. überliefert sind, lässt sich dies keineswegs mit der Quantität und Qualität vergleichen, mit denen in Italien schon ab dem 12. Jh. Künstlerinschriften von B. deren professionelles Selbstverständnis und Künstlerstolz zum Ausdruck bringen. Dabei ging es keineswegs nur um Fragen des Prestiges, sondern einerseits um die professionelle Abgrenzung zu den einfachen Werkleuten, die nur architektonische Formteile bearbeiteten, andererseits aber auch um eine gesteigerte soziale Anerkennung und Aufwertung. Dieser in Italien früh einsetzende Prozess, der sich von Anfang an auf antike Vorbilder als Rollenmodell berief, erlebte ab der Frühen Nz. eine erhebliche Beschleunigung, indem die nunmehr stadtsässigen B. in gleicher Weise wie die Maler versuchten, der Bindung an die ↗Zünfte zu entfliehen und als Vertreter einer freien Kunst in Gleichstellung mit den ↗Artes liberales anerkannt zu werden.

Denn im Norden wie im Süden waren die B. auf höchst künstliche Weise dem Zunftsystem (↗Zunft) zugeordnet, wobei nördl. der Alpen neben anderen Restriktionen auch ein verbindlicher Ausbildungsgang vorgeschrieben war, der meist drei bis vier Jahre dauerte und durch eine anschließende Wanderschaft abgeschlossen wurde (↗Gesellenwanderung). Für eine Niederlassung als ↗Meister musste ein bestimmtes Alter (23 bis 25 Jahre) nachgewiesen werden und ab dem 15. Jh. ein Meisterstück vorgelegt werden. Ein Weg, der Zunftpflicht zu entgehen, war, »Hofbefreiter« zu werden, d. h. als Hof-B. oder alternativ dazu bei einer ↗Stadt angestellt zu werden [2].

Im Verlauf des 18. Jh.s führte die zunehmende Loslösung der Künstler vom Zunftsystem und von den ↗Höfen einerseits zu einer stärkeren Selbständigkeit und größeren Freiheit – was sich positiv auf die Preisgestaltung der Werke auswirken konnte –, aber andererseits auch zu größerer ökonomischer Unsicherheit. In Krisenzeiten wie in den Jahren der ↗Französischen Revolution waren deshalb die B. als Erste von Auftragsausfall und ↗Armut betroffen.

In Italien, insbes. in Florenz, bedingten die Abgrenzungsbestrebungen zum ↗Handwerk im 15. Jh. eine Intellektualisierung des Berufs, welche mit analogen Entwicklungen in der ↗Malerei einherging (vgl. ↗Bildhauertechnik, Abb. 1) [3]. Zeugnis hierfür sind die frühen Traktate zur B.-Kunst wie Leon Battista Albertis *De Statua* (um 1435) und Lorenzo Ghibertis *Commentarii* (ab 1447), in denen erstmals ein B. selbst über die eigene Praxis reflektierte und diese Überlegungen mit der antiken Kunstliteratur verknüpfte (↗Antikerezeption) [1]; [7]. Diese Versuche zur intellektuellen Aufwertung des ↗Berufs gipfeln im 16. Jh. in der Person Michelangelos, der vorrangig als B. tätig war und zu seiner Zeit als bedeutendster Künstler galt [4]. In zahlreichen Sonetten und Briefen dachte er über sein Schaffen nach und trug dadurch u. a. zur Debatte über die Rangfolge der bildenden Künste (↗Paragone) bei, die sich seit Alberti entsponnen hatte. Eine professionelle Anerkennung und Gleichstellung mit der ↗Malerei erfuhr die Bildhauerei allerdings bereits 1563 durch die Gründung der Florentiner Akademie.

Die Organisation der B.-Ausbildung durch die ↗Akademien, wie sie seit der Frühen Nz. als System nach und nach in ganz Europa übernommen wurde, führte zu einer weiteren Betonung der theoretischen Grundlagen und zu einer Konzentration auf den Entwurf. Dagegen wurde die Ausführung oftmals Spezialisten überlassen und hiermit der Prozess der Abtrennung von Theorie und Praxis, wie er im 15. Jh. in Florenz einsetzte, mit letzter Konsequenz vorangetrieben. Die Spezialisierung innerhalb großer Werkstätten (↗Künstlerwerkstatt) erlaubte jedoch auch positiv die Bewältigung selbst umfangreicher Großprojekte, wie sie als Ausstattungskampagnen im sakralen und profanen Bereich für die Kunst des ↗Barock charakteristisch waren. Zu einer völligen Trennung von Entwurf und Ausführung kam es allerdings erst im frühen 19. Jh., wodurch die entsprechenden Verfahrensweisen der Moderne etabliert wurden.

→ Architekturtheorie; Bildhauertechnik; Kunstakademie

Quellen:
[1] L. B. Alberti, Das Standbild (De statua), hrsg. von O. Bätschmann / Ch. Schäublin, 2000.

Sekundärliteratur:
[2] Th. Müller, Art. Bildhauer, Bildschnitzer, in: RDK 2, 1948, 582–614 [3] J. Poeschke, Die Skulptur der Renaissance in Italien, Bd. 1: Donatello und seine Zeit, 1990 [4] J. Poeschke, Die Skulptur der Renaissance in Italien, Bd. 2: Michelangelo und seine Zeit, 1992 [5] J. Pope-Hennessy, Italian High Renaissance and Baroque Sculpture, ⁴1996 [6] J. Pope-Hennessy, Italian Renaissance Sculpture, ⁴1996 [7] R. Wittkower, Sculpture: Processes and Principles, 1977.

Johannes Myssok

Bildhauertechnik

1. Begriffe
2. Skulptur
3. Plastik

1. Begriffe

Voraussetzung für das Verständnis einer ↗Skulptur ist das Wissen um das verwendete Material und den bildhauerischen Herstellungsprozess. Jeder Werkstoff unterliegt bei seiner Verarbeitung spezifischen Gesetzmäßigkeiten, die das Erscheinungsbild eines Bildwerkes prägen. Dabei unterscheiden sich die Schaffensprozesse von Skulptur und ↗Plastik grundsätzlich voneinander.

Zur Skulptur zählen gemeißelte und geschnitzte Werke aus den verschiedensten Materialien (Stein- und Holzarten, Elfenbein und verwandten Werkstoffe). Zur Plastik gehören Werke aus modellier- und formbaren Stoffen (Ton, Papiermaché, ↗Stuck, Gips, Scagliola) und gießbarem Material (Metalle und andere durch Abformung und Gießprozesse herstellbare Werkstoffe).

2. Skulptur

2.1. Stein

Die verschiedenen Werkstoffe erfordern bei der Herstellung einer Skulptur spezielle Vorgehensweisen mit unterschiedlichen Werkzeugen und Techniken, die seit der Antike unverändert sind. Stein [7]; [13]; [15] ist im Gegensatz zu Holz ein hartes, sprödes Material, das der Bearbeitung großen Widerstand entgegensetzt. Er fordert vom Künstler einerseits Kraftaufwand, andererseits wohlüberlegtes, vorsichtiges Herantasten an die Form durch schichtweise Abarbeitung. Dem Steinbildhauer steht zur Bearbeitung eine weitaus geringere Anzahl an Werkzeugen als dem Bildschnitzer zur Verfügung; von der Antike bis zur Mitte des 19. Jh.s sind diese in ihren drei Grundformen gleich geblieben. Im Steinbruch erfolgt das grobe Zurichten von Quadern und Blöcken (Bossieren oder Poussieren). In der Bauhütte oder ↗Werkstatt legt der ↗Bildhauer seinen Steinblock zur Bearbeitung auf zwei Holzböcke von unterschiedlichen Höhen oder, v. a. zur weiteren Ausführung nach der Grobbearbeitung, in einen Sandkasten. Vom MA bis in das 18. Jh. hinein wurde die Skulptur meist liegend bearbeitet; erst im 18. und 19. Jh. ging man dazu über, das Werkstück je nach Größe auf einem Bildhauerbock stehend zu bearbeiten. Die dabei benutzten ↗Werkzeuge tragen entweder keilförmig zugeschliffene Schneidkanten oder Spitzen, die hammerartig oder als Meißel ausgebildet sein können und heute in der Regel aus Stahl bestehen. Mit dem Spitzmeißel wird die grobe Ausarbeitung vorgenommen, mit Hilfe des Zahnmeißels mit seinen zwei bis acht unterschiedlich geformten Zähnen (spitze und flache) schafft der Künstler weitere Differenzierungen und Oberflächenstrukturen. Der Breitmeißel ist messerartig in verschiedenen Grundformen (maximale Breite 12 cm) zu einem breiten Scharriereisen ausgeschmiedet; hierzu gehört auch der flach geschmiedete Rundmeißel, dessen Schneideform halbrund bis fast gerade sein kann. Das halbrunde Eisen wird auch als Bohrer verwendet (vgl. Abb. 1).

Als Schlagwerkzeuge für die Meißel dienen Holzklöpfel (für weiche Steine wie Sandsteine, Kalksteine, Alabaster) oder Eisenschlägel (für harte Steine wie Granit, Porphyr, Marmor). Im Gegensatz zu allen anderen Steinarten kann Alabaster (feinkristalliner Gips) auch mit Holzwerkzeugen bearbeitet werden. Zum Glätten der gestalteten Oberfläche gibt es eine Reihe von Kratz-, Schab- und Schleifwerkzeugen. Für weiche Steine werden sägeartige Kratzer, für härtere Kalksteine und Marmorsorten grobe und feingezahnte Raspeln verwendet. Als Schleifmittel dienen hauptsächlich Quarze, grobe und feine Sandsteine, Bimssteine oder auch Quarzsand. Zum Polieren eines harten Steines nimmt man Schmirgelpulver, Trippel oder Zinnasche.

Abb. 1: Nanni di Banco, Sockelrelief vom Tabernakel der *Quattro Santi Coronati* (Florenz, Orsanmichele, um 1414–1416). Dargestellt sind typische Arbeitsvorgänge in einer Bildhauerwerkstatt, links die Bearbeitung eines gewundenen kleinen Säulenschafts und rechts die einer Figur.

2.2. Holz

Der Werkstoff Holz [14]; [15]; [17] kann im Gegensatz zur Steinbearbeitung mit geringerem Kraftaufwand in seine endgültige plastische Form gebracht werden. Dabei steht dem Holzbildhauer zudem eine größere Anzahl an Werkzeugen zur Verfügung. Von den Bildschnitzern wurden jeweils die regional anzutreffenden Holzsorten bevorzugt, die sich in Weich- (Linde, Pappel, Erle, Weide, Nadelhölzer) und Harthölzer (Eiche, Nussbaum, Kastanie, Buchsbaum) unterscheiden. Da der heimische Markt der hohen Nachfrage nicht immer nachkommen konnte, wurden schon im MA Hölzer importiert. So wurde im Baltikum Eichenholz in Form von Wagenschott in verschiedenen Größen in gespaltener oder gesägter Form für den Export zugerichtet. Alle ↗Zünfte des Schreiners (↗Tischler), Kistlers und Bildschnitzers blieben vom aktiven ↗Holzhandel ausgeschlossen. Es war ihnen nicht gestattet, ein Holzlager zu unterhalten; es durfte lediglich so viel Material in den Werkstätten lagern wie für ein Projekt nötig. Nur für Michael Erhart in Ulm ist 1475 ein Holzlager in den Quellen belegt [18. 247].

Vom MA an erfolgte die Bearbeitung des Holzblockes in liegender Position; dabei spannte man diesen zangenartig in eine Werkbank ein, um die Figur drehen und allseitig leicht ausarbeiten zu können (↗Drehbank; ↗Schraubstock). Zum Einspannen bohrte man an der Oberseite (Kopf- oder Schulterbereich) ein Loch für die Aufnahme eines Eisendorns, an der Unterseite dagegen finden sich in der Regel paarweise zwei schlitzartige Vertiefungen zur Fixierung durch Metallzapfen. Größere Skulpturen legte man auf zwei Holzböcke, die das Werkstück mit Metallklammern festhielten (vgl. Abb. 2). Auch die Bildschnitzer arbeiteten ab dem 18./19. Jh. am stehenden Werkstück.

Seit dem MA standen den Bildhauern als Anregung für ihre ↗Kompositionen Hand-↗Zeichnungen, später auch ↗Druckgraphiken zur Verfügung. Mit Rötel oder Holzkohle wurde die zu schaffende Figur oder das ↗Relief auf dem Werkblock skizziert. Zu den wichtigsten Werkzeugen zählen Stemm-, Stech- und Schnitzeisen in drei Grundformen: das Stemmeisen mit gerader Schneide, das an der Klinge ausgestellte Balleisen mit gerader oder schrägstehender Schneide sowie diverse Hohleisenformen. Bei größeren Bildwerken wurde mit dem Beitel und Dechstel die grobe Form herausgehauen. Die feinere Ausarbeitung erfolgte mit verschiedenen Hohl- und Flacheisen, sodass hinterschnittene und differenzierte Faltengebungen herausgearbeitet werden konnten. Gleichzeitig mit dem Herausschlagen der großen Form wurden Holzskulpturen von der Rückseite her ausgehöhlt, um der Gefahr eines späteren Reißens entgegenzuwirken. Die Glättung der Oberfläche konnte mit verschiedenen Raspeln und Schabeisen erzielt werden.

2.3. Elfenbein, elfenbeinähnliche Zähne, Bein und Geweih

Kaum ein anderer Werkstoff erfreute sich zu allen Zeiten in und außerhalb Europas größerer Beliebtheit als das Elfenbein und elfenbeinähnliche Zähne (Zahnbein von Walross, Nilpferd, Narwal, Pottwal) sowie verwandte Materialien wie Bein und Geweih [12]; [13]; [15].

Abb. 2: Georg Pencz, Kinder des Planeten Merkur (Holzschnitt, Detail, 1531). Der Bildhauer arbeitet an einem eingespannten Holzblock und nimmt nach und nach mit verschiedenen Werkzeugen die Holzschichten für die Skulptur ab.

Alle genannten Materialien sind extrem hygroskopisch, quellen und schwinden bei klimatischen Veränderungen; ferner reagieren sie auf Veränderungen der Lichtverhältnisse mit Aufhellung und Verdunkelung des Materials. Von der Antike bis zur Erfindung mechanischer Geräte (Fräsen) im 19. Jh. blieben die dem Bildschnitzen ähnlichen Bearbeitungstechniken nahezu unverändert. Kennzeichnend für das harte Material des Elfenbeins ist die Arbeit mit scharfen Schnitzwerkzeugen (Stichel, Raspeln, Feilen, Schabgeräte, Bohrer), die dazu dienen, Materialschichten sukzessive abzutragen. Aufgrund der Materialstruktur kann man feindifferenziert arbeiten und hinterschnittene Partien minutiös ausführen. V. a. das kostbare Material des Elfenbeins eignet sich in idealer Weise für die künstlerisch und technisch anspruchsvolle Ausarbeitung kleiner Bildwerke. Das Glätten der Oberfläche erfolgt durch sorgfältiges Schaben und Schleifen.

3. Plastik

3.1. Ton (Terracotta)

Ton ist neben Stein und Holz einer der ältesten Werkstoffe, mit denen künstlerisch gearbeitet wird. Der Sammelbegriff Ton [6]; [19] umfasst alle Tonarten vom stark verunreinigten Ziegellehm bis zum reinsten Kaolin, die in mager und fett unterschieden werden. Der magere Ton lässt sich weniger leicht formen als der fette. Beim Trockenprozess und während des Brennens jedoch hat der magere Ton einen geringeren Schwund, d. h., er neigt weniger zur Rissbildung. Je nach Epoche und Region erhielten Bildwerke in Ton durch Glasuren eine polychrome Oberfläche. Die Herstellungsweisen der Tonplastiken variieren stark (vgl. Abb. 3).

Beim Aufbau von Vollplastiken sind zwei Verfahren zu unterscheiden: Der massive Aufbau mit anschließender Aushöhlung und der Aufbau über einem Hohlkern. Bei Ersterem wird die Plastik auf einer Brettunterlage um einen stützenden Metalldorn herum aufgesetzt und

Abb. 3: *Metodo di modellare con terra* (Kupferstich aus: F. Carradori, *Istruzione elementare per gli studiosi della scultura*, Florenz 1802). In der Künstlerwerkstatt befinden sich verschiedene Kunstwerke, die mit plastischen Modelliertechniken (z. B. Ton) auf Werkbänken gefertigt wurden.

modelliert, um ein Zusammenbrechen des Bildwerkes zu verhindern. Neben seinen Händen setzt der Künstler beim Modellieren meist nur wenige Instrumente wie spachtelartige Messer, Hölzer und Drahtschlingen ein. Nach Beendigung des Arbeitsprozesses und einer Trockenzeit wird das Bildwerk von den Stützen befreit und mit einer Modellierschlinge bis zu einer gleich dicken Wandstärke von innen ausgehöhlt, um der Gefahr des Reißens während des Brennvorganges entgegenzuwirken.

Die Hohlkerntechnik bietet bes. bei größeren Bildwerken technische Vorteile. Dabei wird die Plastik während ihres Aufbaus von innen durch ein Stützgerüst getragen; eine Öffnung in der Rückseite ermöglicht, von innen her einen Gegendruck zu gewährleisten. Des Öfteren wurden exponierte Bereiche wie Kopf, Arme und Beine sowie Attribute separat gearbeitet und während des Schaffensprozesses vor dem Brennen mit Hilfe von Tonverstärkungen und -schlicker angefügt. Bei der plastischen Ausgestaltung verwendet man z. B. für Borten und Säume sowie Applikationen Model oder Stempeleindrücke. Kleinbildwerke wie Votivfiguren wurden vom MA bis ins 19. Jh. v. a. in Zentren wie Leiden, Lüttich und Utrecht in Serienproduktion gefertigt. In allen Epochen stellte man nicht nur Details, sondern auch Reliefs und ganze Plastiken mit Hilfe von Negativformen (Matrizen) her. So beschreibt Benvenuto Cellini in seinem *Trattato della scultura* (1568, Kap. III), wie in zerlegbaren Gipsstückformen Skulpturen in Ton gegossen wurden (↗Naturabguss) [2]. Die Oberflächen wurden teilweise durch Engoben und Glasuren oder durch eine polychrome Fassung reich ausgestaltet.

3.2. Papiermaché

In einem der Tonplastik verwandten Verfahren fertigte man Figuren in Pappmaché (ital. *cartapesta*) [10]. Der Werkstoff ist in Europa seit dem 15. Jh. nachweisbar und wird aus Altpapier, Holzzellstoff und verschiedenen Füllstoffen wie Ton, Gips, Schwerspat oder Kieselgur in Verbindung mit Leim oder Stärke als Bindemittel hergestellt. In der Regel verwendete man Pappmaché als preiswertes und leicht herstellbares Material, um besondere Gebrauchsgegenstände wie Dosen, Vasen, Tabletts, aber auch Skulpturen und Reliefs aus Formen/Matrizen seriell zu fabrizieren. Von der Renaissance bis zum 18. Jh. fertigte man in Italien und Frankreich für Theater- oder ↗Festdekorationen freiplastisch aufgebaute Statuen auf einem Stützgerüst (vgl. ↗Bühnenbild). Selbst namhafte Renaissancekünstler wie Jacopo Sansovino schufen eine Reihe von Madonnenreliefs in dieser Technik. Die Oberflächengestaltung war meist sehr aufwendig, teils wurden auch edle Werkstoffe wie Marmor und Pretiosen imitiert sowie Lacktechniken mit Perlmutt zur Veredelung eingesetzt.

3.3. Stuck, Gips und Scagliola

Stuck ist in der Antike erstmals in Ägypten nachweisbar. Nach dem ital. Begriff *stucco* wurden sowohl das Material als auch die Technik »Stuck« benannt [11]. Wie Ton eignet sich Stuck sowohl zum Modellieren als auch zum Eindrücken in eine Form, muss aber im Gegensatz zum Ton eigens hergestellt werden. Der Grundstoff für die weiße Stuckmasse besteht im Wesentlichen aus Kalk- oder Gipskalkmörtel, der mit möglichst reinem Sand und Wasser, auch Kasein vermengt wird. Im Gegensatz dazu wird die Gipsmasse ausschließlich aus Gips, einem kristallisierenden Mineral, gewonnen, das zweimal im Kessel oder Ofen gebrannt wird, um ihm das Kristallwasser zu entziehen, und dann pulverisiert und gesiebt wird. Beim Vermengen der Substanz mit Wasser verhärtet diese wieder und bindet ab. Die meist angewandte Technik ist das Antragen des Stucks. Die formbare Masse wird dabei in der Regel in Schichten auf die Wand gebracht und dann freihändig mit dem Possiereisen oder dem Spachtel modelliert. Ebenso kann die Stuckmasse in Formen und Model gegossen werden, um diese Stücke nach dem Trocknen zu applizieren. Seit jeher wurden die Stuckplastiken je nach Funktion auch polychrom gefasst.

Eine Variante stellt der Stuckmarmor dar, bei dem die Stuckmasse zusätzlich beliebig eingefärbt werden kann. Die verschiedenfarbigen Teigmassen werden dann vermischt, wobei große Farbflächen, feine Steinadern und Einsprengel den Stein imitieren. Die ausgerollten Teigflächen bzw. -massen werden vielseitig verwendet, z. B. für Architektur und Bauschmuck wie Wandverkleidungen oder Säulenschäfte, aber auch für Dekorationen bis hin zu ganzen Skulpturenausstattungen. Eine um 1590 aufkommende Variante des Stuckmarmors ist die *Scagliola*-Technik, die *Pietra-dura*-Arbeiten (Einlegearbeiten aus Stein) imitiert, wobei intarsienähnlich buntfarbige Stuckeinlagen zu Ornamentplatten zusammengesetzt oder ganze Bilder geschaffen werden. Meist entstanden *Scagliola*-Arbeiten in Form von Tafeln, die für Wandvertäfelungen oder als Bild- bzw. Gedenktafel, Antependium, Tischplatte oder Möbeldekoration, seltener für Fußböden verwendet wurden.

3.4. Metallguss

Eine der vornehmsten Aufgaben des Bildhauers ist seit jeher der Guss v. a. großformatiger Bronzebildwerke, die auf Grund des kostbaren Materials und der ebenso aufwendigen wie schwierigen Gusstechnik zu den exklusivsten Kunstwerken überhaupt zählen (vgl. Abb. 4) [8].

Dramatisch überzeichnet, aber detailgenau schildert Benvenuto Cellini in seiner Autobiographie den Guss der monumentalen Bronzefigur des Perseus als künstlerischen Höhepunkt seines Lebens [1]. Seit der Antike werden

Bildhauertechnik

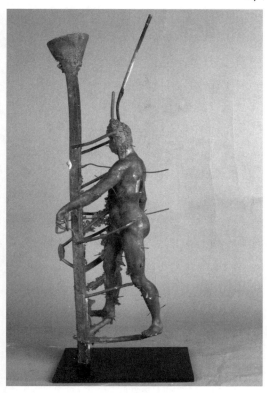

Abb. 4: Nachguss von Giambolognas (1529–1608) Bronzestatuette des Mars. Der Nachguss zeigt nach der Befreiung vom Gussmantel, aber vor der weiteren Bearbeitung im kalten Zustand das komplizierte System von Zulauf-, Ablauf- und Luftkanälen.

Bronzegüsse vornehmlich als Hohlgüsse im Wachsausschmelzverfahren (franz. à cire perdue, »verlorene Form«) hergestellt. Dabei wird ein Lehmkern vorbereitet, der in seinen Dimensionen kleiner als das Wachsmodell ist; in ihm werden Kernstützen aus Bronze oder ähnlichem Metall verankert. Darauf wird ein Wachsmantel in möglichst gleichmäßigen Schichten in der Stärke und Form modelliert, welche die zu gießende Figur haben soll.

Aus ↗Wachs werden auch der Zufluss und die Luftkanäle für das flüssige Metall sowie die beim Guss entweichende Luft angelegt, damit sich die Form gleichmäßig von unten nach oben befüllen lässt. Das Wachsmodell mit dem Zufluss und den Luftkanälen wird mit einem Lehmmantel umgeben, den nach der Trocknung Eisenbänder sichern. Diese Form wird in eine Gießgrube gebracht und erhitzt, so dass das geschmolzene Wachs ausfließen kann. Nachdem die Form fertig gebrannt ist, stampft man die Grube mit Erde aus, damit die Form während des Gusses dem Druck des flüssigen ↗Metalls besser standhält. Dann werden im Schmelzofen mehrere Metalle zur eigentlichen Bronze verschmolzen. Hauptbestandteile sind Kupfer (85–90%), Zinn (ca. 5–15%) sowie Zink (5–7%) und Blei (1–5%) zur Verbesserung der Gießbarkeit (bei ca. 1100°C). Nach dem Erkalten des Gusses wird die Grube geöffnet, der Formmantel zerschlagen und die ebenfalls mit Metall gefüllten Guss- und Luftkanäle werden mit einem Meißel abgeschlagen; dann wird die Oberfläche des Bronzegusses mit Ziselierwerkzeugen bearbeitet, häufig auch patiniert. Eine technische Variante stellt seit dem 18. Jh. der Bronzeguss in der sog. Lehmteilform dar, die Vorform zum im 19. Jh. üblichen und weiter ausgebildeten Sandformverfahren. Dabei wird eine meist zerlegbare Stückform aus Gips verwendet und mit einzelnen abnehmbaren Sandformstücken in zwei sandgefüllte, eiserne Formkästen gebettet, die das Modell je zur Hälfte umschließen oder mit Gipsteilformen umschalen (↗Gipsabguss).

Preisgünstiger im Vergleich zur Bronze ist das ↗Blei, dessen Schmelzpunkt wesentlich niedriger liegt. In der ersten Hälfte des 18. Jh.s wurde der Bleiguss nicht nur für Bleisiegel oder Kleinplastiken verwendet, sondern auch für große Skulpturen, so insbes. von Georg Raphael Donner (Pressburg, Wien), der daran die seidig schimmernde Oberfläche schätzte.

Der Zinnguss (Legierung aus Zinn mit Kupfer, gelegentlich auch Wismut oder Blei, vgl. ↗Zinngießer) erfreute sich seit der Antike und erneut seit dem ausgehenden 18. Jh. großer Beliebtheit. Im MA stellte man aus Zinn v. a. liturgisches Gerät (Taufbecken und -kessel) sowie Gebrauchsgegenstände her.

Das Reproduktionsverfahren des Zinkgusses (meist dünnwandige zusammengesetzte Einzelteile) wurde auf Grund des kostengünstigen Gussmaterials um 1830 für große und kleine Plastiken, Lampen und Leuchter sowie Bauornamente in Berlin entwickelt und im Berliner Raum, v. a. in Potsdam, u. a. von Karl Friedrich Schinkel eingesetzt [3]. Meist wurde das Sandgussverfahren verwendet, die Großplastik wurde in Lehm geformt oder nach Gipsmodellen gegossen. Durch verschiedene Überzüge konnten Materialien wie Sandstein, Marmor oder Bronze imitiert werden. Dank seiner Formschärfe, Korrosionsbeständigkeit und Leichtigkeit wurde der Zinkguss im 19. Jh. bei ↗Denkmälern genutzt.

Der Eisenkunstguss fand erst seit dem 15. Jh. künstlerische Anwendung für die Herstellung v. a. von Ofenplatten und Grabplastiken [4]; [8]. Die Erfindung von Kupolöfen und Verbesserungen des Lehmabformverfahrens ermöglichten im 1725 gegründeten Eisenwerk Lauchhammer zum Ende des 18. Jh.s die Entwicklung des Eisenkunstgusses [3]. In großer Zahl wurden dort großformatige Freiplastiken, Baudekorationen (Geländer, Brüstungen), Reliefs und Kleinkunstobjekte gegossen. Kennzeichnend für den Eisenkunstguss sind das hohe Gewicht und die Detailgenauigkeit. »Preußischer Eisenkunstguss« oder »Berliner Eisen« (*fer* oder *fonte de*

Berlin) wurde in Berlin, Gleiwitz und Sayn v. a. vom Ende des 18. Jh.s bis zur Mitte des 19. Jh.s praktiziert. Diese Produkte sind durch die Feinheit der Güsse bes. berühmt geworden; speziell stellten diese Firmen neben Skulpturen und Gerätschaften auch Ziergegenstände wie Vasen und Schalen sowie Schmuck nach antikem Vorbild her.

→ Bauskulptur; Bildhauer; Plastik; Relief; Skulptur

Quellen:
[1] B. CELLINI, I trattati dell'oreficeria e della scultura di Benvenuto Cellini, hrsg. von C. Milanesi, 1857 (Ndr. 1994)
[2] B. CELLINI, Mein Leben, übers. von J. Laager, 2000.

Sekundärliteratur:
[3] Material und Möglichkeit. Zinkguß des 19. Jh.s in Potsdam, 1997 [4] Antike Kunst und das Machbare: Früher Eisenkunstguß aus Lauchhammer (Ausst.kat. Abguß-Sammlung Antiker Plastik Berlin), 2004 [5] A. ARENHÖVEL, Eisen statt Gold. Preußischer Eisenkunstguß aus dem Schloß Charlottenburg, dem Berlin Museum und anderen Sammlungen (Ausst.kat. Schloß Charlottenburg), 1982 [6] B. BUCZYNSKI, Die Lorcher Kreuztragung, in: Sculptures médiévales allemandes. Conservation et restauration (Ausst.kat.), 1993, 41–62 [7] B. BUCZYNSKI / A. KRATZ, Untersuchungen an Steinbildwerken Tilman Riemenschneiders, in: Tilman Riemenschneider. Frühe Werke (Ausst.kat.), 1981, 335–375 [8] CH. HAUSSER, Die Kunstgiesserei, 1972 [9] C. HORBAS, Marmorstuck und Scagliola: von kunstvollen Werkstoffen und ihren Rezepturen, in: Weltkunst 67, 1997, 691–698 [10] C. HORBAS, Papiermarché: von kunstvollen Werkstoffen und ihren Rezepturen, in: Weltkunst 67, 1997, 841–848 [11] C. HORBAS, Stuck und Gips: von kunstvollen Werkstoffen und ihren Rezepturen, in: Weltkunst 67, 1997, 537–540 [12] H. JEHLE, Elfenbein und Bein, in: Glanz der Ewigkeit. Meisterwerke aus Elfenbein der Staatlichen Museen zu Berlin (Ausst.kat. Anton Ulrich-Museum Braunschweig), 1999, 17–19 [13] H. KÜHN, Erhaltung und Pflege von Kunstwerken und Antiquitäten (2 Bde.), 1974–1981 [14] E. OELLERMANN, Der Beitrag des Schreiners zum spätgotischen Schnitzaltar, in: Zsch. für Kunsttechnologie und Konservierung 9, 1995, 170–180 [15] N. PENNY, Geschichte der Skulptur. Material, Werkzeug, Technik, 1995 [16] E. SCHMIDT, Der preuß. Eisenkunstguß. Technik, Geschichte, Werke, Künstler, 1981 [17] A. VON ULLMANN, Bildhauertechnik des SpätMA und der Frührenaissance, 1984 [18] H. WESTHOFF, Vom Baumstamm zum Bildwerk. Skulpturenschnitzerei in Ulm um 1500, in: Meisterwerke massenhaft. Die Bildhauerwerkstatt des Niklaus Weckmann und Malerei in Ulm um 1500 (Ausst.kat.), 1993, 245–264
[19] H. VON WILM, Gotische Tonplastik in Deutschland, 1929.

Bodo Buczynski / Nicole Hegener

Bildpropaganda

1. Definition
2. Konfessionelle Bildpropaganda
3. Politische Bildpropaganda

1. Definition

Die B. ist ↗Propaganda mit visuellen Mitteln, d. h. eine gezielte Verbreitung von Meinungen und Vorstellungen mit Hilfe von Bildern. Bei der Bildkonzeption werden »Überredung« bewirkende Stilmittel wie die lo-

Abb. 1: Hans Baldung gen. Grien, Martin Luther als inspirierter Heiliger (Holzschnitt, aus: Martin Luther, *Acta et Res Gestae D[omini] Martini Lutheri in Comitiis Principu[m] Wormaciae*, Straßburg, 1521). Die Taube, die über dem Haupt des noch als Augustinermönch gezeigten Luther schwebt, steht für die Inspiration seiner Schriften (wohl v. a. der ↗Bibelübersetzung) durch den Hl. Geist; der Nimbus (Heiligenschein) spricht für die spirituelle Auserwähltheit des Reformators. Durch diesen Rückgriff auf die Tradition des ma. »Inspirationsbildes« stellte Hans Baldung Luther in die Nachfolge der oft in dieser Weise dargestellten Evangelisten und Kirchenväter und warb damit für die Akzeptanz von Luthers Lehre.

bende Überbietung (↗Rhetorik), aber auch ↗Karikatur und ↗Satire eingesetzt.

Die B. war in der Frühen Nz. weit verbreitet; der Begriff hat hingegen erst im letzten Drittel des 20. Jh.s Eingang in die Forschungsliteratur gefunden. Da die ↗Druckgraphik die zeitgleiche Beeinflussung vieler Adressaten ermöglichte und damit effektiver war als ältere Bildtechniken, fand sie durchgehend für B. Verwendung. Im 17. und in der ersten Hälfte des 18. Jh.s dienten auch Wand- und Deckengemälde, Stuckarbeiten, Skulpturen und Bildteppiche vielfach dem gleichen Zweck.

Ein Grenzbereich der B. ist die kommerzielle ↗Werbung. In größerem Umfang kam die nzl. B. vor allem auf zwei Gebieten zum Einsatz: auf dem Feld der religiösen und dem der politischen Auseinandersetzung.

2. Konfessionelle Bildpropaganda

Die weltanschaulichen Auseinandersetzungen während der ↗Reformation und der ↗Bauernkriege lösten eine intensive B. aus, die zunächst von protest. gesinnten Künstlern, v. a. den Brüdern Barthel und Sebald Beham sowie Georg Pencz in Nürnberg, getragen wurde [10]; [9]. Die möglichen Verfahren der B. wurden hier erstmals ausführlich erprobt: sowohl die bildliche Empfehlung der Reformatoren (vgl. Abb. 1) als auch die satirische Diffamierung ihrer Gegner. Im Zeitalter der ↗Konfessionalisierung gewann auch die kath. B. an polemischer Schärfe; zugleich versuchten Gruppen der kath. Kirche, über eine stringente Bildkatechese und Herrscherpanegyrik (↗Panegyrik) verlorenes oder gefährdetes Terrain zurückzugewinnen. Neben Flugblatt (↗Flugschrift) und ↗Buchillustration wurden auch ↗Altarbild, ↗Deckenmalerei, ↗Epitaph und ↗Grabmal in den Dienst konfessioneller B. gestellt. Bei ihnen tritt die Polemik zugunsten der Werbung für die jeweils eigene Auffassung zurück (evang. B.: z. B. Lucas Cranach d. J., Epitaph Herzog Johann Friedrichs von Sachsen und seiner Familie, 1555, Weimar, Stadtkirche; kath. B.: z. B. Giorgio Vasari, Allegorie der Unbefleckten Empfängnis, 1543, Lucca, Museo di Villa Guinigi).

3. Politische Bildpropaganda

Die politische B. der Nz. umfasste verschiedene Aspekte: die oft zentral gesteuerte fürstliche B. in eigener Sache (Staatspropaganda), die strategische, gegen innere und äußere Feinde gerichtete B. und die B. rivalisierender sozialer Gruppen innerhalb eines Staates.

Die meisten nzl. Fürsten waren daran interessiert, über B. den Glanz ihrer dynastischen und persönlichen Vorzüge zu vermitteln und damit ihre Machtstellung zu konsolidieren (↗Hof). Im 16. Jh. galt dies zunächst für Kaiser Maximilian I., der einen ganzen Stab von ↗Dichtern, ↗Gelehrten und Künstlern um sich sammelte, um deren Inventionen für seine B. nutzbar zu machen. Maximilians Wunsch nach monumentalen Zeugnissen seiner ↗Genealogie und seiner ↗Tugenden führte – neben der Planung für sein vielfiguriges Grabmal in der Innsbrucker Hofkirche – zu wandfüllenden »Riesenholzschnitten« (dem *Triumphzug* mit 54 m Länge sowie der 3,57 m hohen *Triumphpforte*; [7. 389–418]; [6]).

Parallel zur Entwicklung der absolutistischen Monarchien nahm das Bewusstsein von der Bedeutung einer staatlich gesteuerten B. zu (König Gustav II. Adolf von Schweden betreffend vgl. [3]). Im 17. Jh. überlagerte sie alle Formen fürstlicher ↗Repräsentation.

1663 beauftragte König Ludwig XIV. von Frankreich seinen Minister Jean-Baptiste Colbert mit der Gründung von ↗Akademien zur Entwicklung und Koordination seiner B. Die *Académie des inscriptions* entwarf Hauptlinien und Details der königlichen B., die sich in der Ausstattung von Schlössern und Parkanlagen ebenso niederschlug wie in der Medaillenkunst und bei ↗Festen [4]. Nicht nur regierende Fürsten, sondern auch Angehörige des ↗Adels und des hohen Klerus [1. 173–190] förderten durch B. ihre Akzeptanz. Als Mittel zum Zweck diente häufig ein allegorischer Bezug auf die familieneigene ↗Heraldik (z. B. Pietro Berettini da Cortona, Deckengemälde mit Bienen – der Wappenfigur der Barberini – im Salon des Palazzo Barberini, Rom, vollendet 1639) oder ein »Identifikationsporträt« (z. B.

Abb. 2: George Murgatroyd Woodward, *Freedom on the Continent*, 1803 (kolorierte Radierung). Der karikierte Napoleon I. stellt säbelschwingend die mit Halseisen gefesselten, knienden Vertreter europ. Staaten vor die »freie« Wahl, ob sie Freund oder Feind sein wollen. Die Karikatur konnte im Sinne strategischer B. wirken, denn sie erläuterte die Gefährlichkeit des Usurpators und damit die Berechtigung der brit. Kriegserklärung an Frankreich im Mai 1803.

Dosso und Battista Dossi, Papst Leo X. als hl. Gregor, ehem. Altarbild im Dom von Modena, 1532; vgl. [5]; [1. 37–62]).

Während solche Erzeugnisse der B., wie auch die im 19. Jh. bedeutende ↗Schlachtenmalerei, v. a. affirmativ wirken sollten, richtete sich die strategische B. gegen militärische Feinde: In großem Umfang wurde letztere im ↗Dreißigjährigen Krieg [3] und während der Napoleonischen Kriege (↗Befreiungskriege) betrieben (vgl. Abb. 2). Während der ↗Französischen Revolution wurden in ganz Europa die ideologischen Gegensätze durch B. verschärft; sie reagierte auf die einzelnen Phasen der franz. Regimes [2]; [8]. Mit Hilfe beißender Satire sicherten die Protagonisten der B. ihren Erzeugnissen die gewünschte Aufmerksamkeit.

→ Flugschrift; Karikatur; Propaganda; Satire

[1] A. ELLENIUS (Hrsg.), Iconography, Propaganda and Legitimation, 1998 [2] K. HERDING / R. REICHARDT, Die Bildpublizistik der Franz. Revolution, 1989 [3] A. HEYDE, Kunstpolitik und Propaganda im Dienste des Großmachtstrebens, in: K. BUSSMANN / H. SCHILLING (Hrsg.), 1648. Krieg und Frieden in Europa 2, 1998, 105–111 [4] T. KIRCHNER, Der epische Held. Historienmalerei und Kunstpolitik im Frankreich des 17. Jh.s, 2001 [5] F. B. POLLEROSS, Das sakrale Identifikationsporträt (2 Bde.), 1988 [6] T. SCHAUERTE, Die Ehrenpforte für Kaiser Maximilian I., 2001 [7] R. SCHOCH et al., Albrecht Dürer. Das druckgraphische Werk, Bd. 2, 2002 [8] B. SCHOCH-JOSWIG, »Da flamt die gräuliche Bastille«. Die Franz. Revolution im Spiegel der Bildpropaganda (1798–1799), 1989 [9] I. VAN GÜLPEN, Der dt. Humanismus und die frühe Reformationspropaganda 1520–1526, 2002 [10] H. ZSCHELLETZSCHKY, Die »drei gottlosen Maler« von Nürnberg, 1975.

Sibylle Appuhn-Radtke

Bildung

1. Begriff
2. Grundzüge
3. Epochen
4. Besonderheiten europäischer Bildung

1. Begriff

Für jenen Formationsprozess, in dessen Verlauf das Individuum durch ↗Erziehung und eigene Anstrengungen zu einer Persönlichkeit werden soll, die den Normen der ihn bestimmenden Gesellschaft möglichst gut entspricht, stand in den europ. Kultursprachen der Frühen Nz. ein breites Wortfeld zur Verfügung. Dabei dominierten von Anfang an die nationalsprachlichen Ableitungen der lat. Begriffe *educatio* (»Erziehung«, »Erzogen-Sein«), *eruditio* (»Belesenheit«) und *scientia* (»↗Wissen«). Einen didaktischen Klang besaß das engl.-franz. *formation* – ein Zusammenwirken von Lernen und äußerem Schliff, das ausnahmsweise auch als *self-formation* (Shaftesbury) stattfinden konnte – und *instruction* (»Unterweisung«).

Civilization bzw. *civilisation* betont die politisch-gesellschaftliche Einführung in die *civitas civilis* (»Bürgergesellschaft«). *Culture* meinte v. a. geistige Bildung im Gegensatz zum menschlichen Naturzustand. Das griech. *paideía* wurde erst im 19. Jh. revitalisiert und blieb ein gelehrtes Kunstwort [9]; [10]; [15].

Die dt. Worte »bilden« und »B.« wurden von der ↗Mystik des 14. Jh.s geprägt, um – im Sinne von 2. Kor. 3,18, aber auch der neuplatonischen Emanationslehren – deren Ideal einer Angleichung an Gott zu beschreiben. In diesem Sinne wurde der Begriff B. bis zum 18. Jh. bes. unter (meist protest.) Mystikern und Theosophen gebraucht [9]; [10]. In seiner modernen Bedeutung, die er im späten 18. Jh. annahm, ging und geht er in keinem dieser anderen Begriffe auf und ist in keine andere Sprache übersetzbar. Als ein Leitbegriff von ↗Idealismus, ↗Neuhumanismus und ↗Historismus beansprucht er vielmehr, sie alle zu umfassen und zu ihrer höchsten Form zu steigern (vgl. 3.6.). Heute ist »B.« ein Synonym sowohl für Erziehung (die Vermittlung und Erlernung sozialer und kultureller Techniken) bzw. ↗Pädagogik und ↗Berufsbildung als auch für die Aneignung der in einer Gesellschaft gültigen (verbindlichen oder oppositionellen) Leitbilder und Wertbegriffe.

2. Grundzüge

2.1. Bildung als Elitenphänomen
2.2. Zwischen Religion und Säkularisierung
2.3. Weibliche Bildung
2.4. Institutionalisierung

2.1. Bildung als Elitenphänomen

»Die« B. gab es nie. Weil B. von je konkreten sozialen Bedingungen, Bedürfnissen und Wertsystemen geprägt wird und nur derjenige als gebildet gilt, den die tonangebenden Kreise der ihn bestimmenden Gesellschaft als solchen anerkennen, differierten die Vorstellungen von B. auch in der »Nz.« nach Epochen, Ländern, Trägergruppen, Traditionen, Mentalitäten, Institutionen, politischen, sozialen und konfessionellen Kontexten. Jeder ↗Stand (bisweilen jede Gruppe innerhalb eines Standes) besaß eigene B.-Ideale, -Institutionen, -Gänge und -Stile. So verlief die adlige ↗Standesbildung anders, nämlich weniger förmlich und institutionalisiert als die eines ↗Geistlichen oder ↗Bürgers, aber auch anders als die eines Fürsten (vgl. ↗Fürstenspiegel). Erst nach 1800 begannen sich diese Unterschiede allmählich zu verwischen [5]; [6].

Gemeinsam war all diesen B.-Formen, dass sie ein Phänomen der ↗Eliten bzw. derer blieben, die der Oberschicht angehören wollten. Nur die führenden Kreise und diejenigen, die von ihnen protegiert wurden, besaßen ↗Muße und Mittel, außer einer beruflich-fachlichen

Ausbildung noch solche Kenntnisse und Fähigkeiten zu erwerben, die ein langes Studium, ausgedehnte Reisen (↗Kavalierstour; ↗Peregrinatio academica, ↗Wallfahrt), persönliche Bekanntschaften (↗Gelehrtenrepublik) oder praktische Erfahrungen bei exklusiven Institutionen wie Höfen, hohen Gerichten oder Generalstäben erforderten. Nur durch solche Erfahrungen aber konnte man das Sachwissen und die Kenntnis der ungeschriebenen Regeln, Stile und Usancen der führenden Gruppen erlangen, die nötig waren, um von diesen als Gleichrangiger akzeptiert zu werden. Eine »Volksbildung« hingegen, die über eine (oft nur rudimentäre) ↗Alphabetisierung und eine Ausbildung in elementaren praktischen Grundfertigkeiten hinausging, begann im Zeichen der ↗Aufklärung erst um 1760, erfuhr aber nach 1820 vielerorts wieder einen deutlichen Rückschlag (↗Elementarschule) [5]; [6]; [7]; [14].

Trug B. so zur Vereinheitlichung und Festigung der Eliten bei, wurde sie in anderer Hinsicht zugleich auch ein Medium ihrer internen Konkurrenzen. Die Rivalitäten um soziale, konfessionelle oder kulturelle Führungspositionen nämlich äußerten sich auch in Kontroversen über »wahre« und »falsche« B. Deshalb gehörten B. und B.-Kritik – die Klage, dass die vom politisch-weltanschaulichen Gegner vertretene B. unbrauchbar, unfruchtbar, der Religion, Moral oder Vernunft abträglich sei – als komplementäre Elemente des gleichen Phänomens untrennbar zusammen.

2.2. Zwischen Religion und Säkularisierung

Da sie die Inhalte der B. exklusiv diktieren wollten, stritten die führenden Kräfte der Epoche – Fürsten und Stände, Geistliche und Weltliche, Katholiken und Protestanten, ↗Universitäten und ↗Akademien – um die Kontrolle über deren Institutionen. V.a. im Zeitalter der Glaubensspaltung, seit dem 16. Jh., kam es in vielen Territorien zu konkurrierenden Schulgründungen, weil ↗Stände oder ↗Städte ihre Kinder nicht in die ↗Schulen der vom ↗Landesherrn geforderten Konfession schicken wollten (↗Konfessionalisierung). Dieser Streit endete bis zum Ausgang des 18. Jh.s fast überall mit einem Sieg der Zentralregierungen (↗Bildungspolitik). Zuvor aber (in manchen Regionen Europas auch noch danach) unterhielten vielerorts auch Kirchen, ↗Klöster, Adlige (↗Adel), Städte, ↗Dorfgemeinden, ↗Korporationen und religiöse Splittergruppen eigene Schulen und andere B.-Einrichtungen [5]; [17].

So spiegelten die Ideale, Institutionen und Inhalte der B. in ihrer Vielfalt die Strukturen der politisch-sozialen Welt sowie deren Ordnungsvorstellungen und Machtverhältnisse wider. Mit allen lebensweltlichen Umbrüchen der Epoche der ↗Neuzeit gingen solche der B. einher.

Bis zur Mitte des 19. Jh.s blieb B. religiös geprägt. Deshalb waren die B.-Institutionen meist nur Mitgliedern der gleichen Glaubensgemeinschaft zugänglich (↗Erziehung). Allenfalls aus missionarischen Motiven nahm man Konfessionsfremde in sie auf. Ein entscheidendes Merkmal der europ. B. blieb es aber, dass sie sich seit Beginn der Nz. zusehends von kirchlicher Einsprache emanzipierte. Im internen Verkehr der christl. Oberschichten wurde dies bereits im 16. Jh. erreicht. Eine allgemeine ↗Säkularisierung der B. setzte aber erst mit der ↗Aufklärung ein. Nun nahmen erstmals seit dem HochMA wieder jüd. Intellektuelle öffentlich am B.-Diskurs teil. Gerade für sie, deren B. fast ausschließlich in ↗Thora-Schulen stattgefunden hatte, wurde die neue, aufgeklärte B. ein wichtiges Medium der Emanzipation nach innen wie nach außen [6]. Dennoch gilt es zu betonen, dass sich ↗Humanismus, ↗Aufklärung und bürgerliches Zeitalter (s.u. 3.7.) keineswegs als Phasen einer progressiven Säkularisierung der B. beschreiben lassen. Eher ließe sich die These vertreten, dass ↗Kultur und B. in ihrem Verlauf selbst eine quasi sakrale Aura entfalteten, eine quasi religiöse Verehrung erfuhren.

2.3. Weibliche Bildung

Ein bis heute kontrovers diskutiertes Kapitel der europ. B.-Geschichte ist das Verhältnis zwischen männlicher und weiblicher B. Seit dem ↗Humanismus stimmte man in vornehmen Kreisen überein, dass Jungen und Mädchen grundsätzlich die gleiche B. erhalten sollten, und die vornehme Erziehungspraxis entsprach dem durchaus.

Nicht zuletzt dank der seit dem 16. Jh. aufblühenden weiblichen Schulorden (z.B. der Ursulinerinnen der Angela Merici, gegr. 1611, oder der Englischen Fräulein der Mary Ward, gegr. 1611), aber auch protest. Bemühungen im Umfeld des Pietismus (etwa im Hallenser *Gynaeceum*, 1698–1740) besaßen Töchter aus adligen und großbürgerlichen Familien bis zum Ende des 18. Jh.s mitunter vorzügliche B.-Möglichkeiten [8. Bd. 1, 252–274]. In diesen Kreisen gab es einzelne Frauen, die auf Universitäten studierten und in seltenen Ausnahmefällen auch promoviert wurden – meist nur in den ↗Artes liberales (so 1678 E.L. Cornaro Piscopia in Padua, 1732 L. Bassi in Bologna, 1787 D. Schlözer in Göttingen), aber auch in den höheren Fakultäten (so 1754 die Medizinerin D.Ch. Erxleben in Halle, 1777 die Juristin A.P. Amoretti in Padua) [8. Bd. 1, 273–294]; [14. 242–243].

Um 1800 stagnierten solche Ansätze. Wenn Frauen nun von den wichtigsten B.-Chancen ausgeschlossen blieben – vor 1900 durften sie generell weder Gymnasien noch Universitäten besuchen –, so resultierte dies aus der besonderen Sphäre, in der und für die ihre B. stattfand: Auch Frauen der oberen Stände und Schichten hatten ihre Erfüllung bis zum Ende des 19. Jh.s in »Haus« und Familie zu finden (↗Privatheit), während männliche B. auf die »Welt« gerichtet war. Diese traditionellen Rollenmuster erwiesen sich als zäher und langlebiger als alle emanzipatorischen B.-Ideale, die vorerst allenfalls in kurzlebigen, privaten Initiativen (etwa der Hamburger »Hochschule für das weibliche Geschlecht«, 1850–1852) realisiert werden konnten (↗Frauenbildung, ↗Mädchenerziehung) [8. Bd. 2, 66–82].

2.4. Institutionalisierung

Charakteristisch für die Epoche ist schließlich die zunehmende Institutionalisierung der B. Sie betraf – scheinbar paradox – gerade auch jene informellen Elemente, die zur elitären ↗Standesbildung gehörten. So wurden adlige Metiers wie ↗Fechtkunst und ↗Reitkunst auf ↗Ritterakademien vermittelt. Mit Studienaufenthalten in Rom schufen die ↗Jesuiten Äquivalente zur ↗Kavalierstour. Die ↗Universitäten des 17. Jh.s boten technische Disziplinen an, die bislang Arkana militärischer Spezialisten gewesen waren (etwa ↗Festungsbau oder ↗Wasserbau; vgl. ↗Ingenieursausbildung), und im 18. Jh. gründeten sie ↗Kunstsammlungen und ↗Bibliotheken, die es zuvor nur an Höfen gegeben hatte [14]; [16]; [17]. Diese Institutionalisierung von Standeswissen bewirkte einerseits, dass die Elite ihren B.-Kanon auf Fächer ausdehnte, die bislang nicht dazu gehört hatten (z. B. auf ↗Alchemie, ↗Naturwissenschaften oder die griech. Sprache; ↗Gräzistik), und ihn so erweiterten oder veränderten. Andererseits eröffnete diese ↗Popularisierung Aufsteigern neue Chancen ↗sozialer Mobilität. Diese universale Dynamik, die die europ. B. der Frühen Nz. bewirkte und beförderte, ist eines ihrer wichtigsten Merkmale.

3. Epochen

3.1. Humanismus
3.2. Konfessionelles Zeitalter
3.3. Barock
3.4. Aufklärung
3.5. Rousseau
3.6. Idealismus
3.7. Bürgerliches Zeitalter

3.1. Humanismus

Die für die nzl. B. entscheidende und prägende Bewegung war die des ↗Humanismus. Seit dem 14. Jh. in Oberitalien sich ausbildend, griff sie im 15. Jh. auf ganz Europa über. Sie bewirkte eine erste Annäherung, sogar eine partielle Vereinheitlichung der Vorstellungen, die die europ. Eliten über B. hegten.

Basis humanistischer B. war die Idee, dass Herren wie Damen von Stand mehr wissen und können müssten, als eben dieser Stand von ihnen verlangte. Zusehends diente B. nicht mehr in erster Linie dazu, dem Menschen Gottes Willen einsichtig zu machen und ihn so auf das Jenseits vorzubereiten, sondern seine eigene irdische Situation zu verbessern. Zu diesem Zweck entwickelten die Humanisten eine weltzugewandte B., die alle menschlichen Vermögen – auch die bis dahin für sündhaft gehaltene ↗Sinnlichkeit – harmonisch entfaltete, zu praktischer ↗Sittlichkeit (lat. *virtus*) veredelte und lehrte, diese zum eigenen ↗Glück und zum Nutzen des Gemeinwesens (lat. *bonum commune, res publica*) auszuüben [5] (↗Gemeinnutz; ↗Gemeinwohl).

Als bester Weg zu diesem Ziel erschienen die *studia humanitatis* (↗Artes liberales), v. a. die sprachlich-kommunikativen Disziplinen ↗Grammatik, ↗Rhetorik und Poesie (↗Poetik), die die Humanisten v. a. in der klassischen lat. Literatur musterhaft ausgeprägt fanden (↗Antikerezeption). Anders als im MA sah man deren B.-Wert nun weniger in ihrer Logik oder ihren Lehren, sondern in sinnlich-ästhetischen Qualitäten wie Eleganz, perfekter Balance von Form und Inhalt und der Fähigkeit, konkrete, individuelle Befunde und Befindlichkeiten genau, anschaulich und suggestiv zu beschreiben. Eine solche Sprachfähigkeit (lat. *eloquentia*) zu erlangen, wurde seit Petrarca zum höchsten Ziel humanistischer B. Eine gut geformte, genaue Sprache galt als Schule der Seele, als beste Garantin von Wahrheit und Moral, als Ideal von Kultur [4. Bd. 3]; [5].

Die Wiederentdeckung der Sinnlichkeit bewirkte, dass humanistische B. in neuer Weise auf ↗Individualität und ↗Charakter des einzelnen Menschen achtete. In berühmten Schulen wie denen des Vittorino da Feltre in Mantua (seit 1423) oder des Guarino da Verona in Ferrara (seit 1436) suchte man die persönlichen Anlagen eines jeden Schülers früh zu erkennen und zu entwickeln. Ziel der B. war jedoch nicht das freie Ausleben dieser Persönlichkeit, sondern die Kunst, die widerstrebenden Seelenkräfte, Affekte und Neigungen miteinander zu harmonisieren, sie zwanglos (also keineswegs stoisch-asketisch) in eine ausgeglichene Mittellage (lat. *modus, aurea mediocritas*) zu versetzen und so zu einer heiteren Seelenruhe (*tranquillitas animi*) zu gelangen. Diese durch B. vermittelte Selbstdisziplin erst schien dem Menschen die ihm eigene Würde (*dignitas hominis*) zu verleihen. Sie erst befähigte ihn, gemäß seiner moralischen Pflicht für das Gemeinwesen zu wirken. In diesem Sinne definierte C. Salutati humanistische B. 1401 als *eruditionis moralis studia* (»Moralische Studien«) [5]; [16].

Weil man zum Verständnis der antiken Literatur histor. Kenntnisse (z. B. ↗Altertumskunde; ↗Philologie) und Begabung zur histor.-philologischen Kritik brauchte, wurden diese zu integralen Bestandteilen humanistischer B. Der Blick für das individuell Besondere verband sich bei den Humanisten mit dem Sinn für das je Spezifische einer Situation, für die Historizität menschlichen Lebens und Handelns. B. wurde damit auch zur Kunst der Perspektivierung, der richtigen Einschätzung des hier und jetzt Möglichen, Nötigen und Gebotenen (*aptum*; vgl. ↗Decorum), des klugen Umgangs mit der ↗Zeit (symbolisiert in Gestalt der schwer berechenbaren Fortuna; ↗Glück).

Aufgrund der soziokulturellen Entstehungsbedingungen humanistischer B. – ihre Träger waren zunächst einzelne ↗Lehrer-Persönlichkeiten, die vornehme Schüler um sich sammelten und von reichen Gönnern finanziert wurden – eignete ihr ein stark elitärer Zug, aber auch eine deutlich emanzipatorische Wirkung. Ihre Vermittler blieben zunächst vagierende Einzelne, ihre Zentren Fürstenhöfe und städtische Patrizierzirkel. In diesen Kreisen aber entfachte sie sozialen ↗Ehrgeiz und eine neue Art ständischer Konkurrenz: »Eine von der Antike, aber nicht durch den Geburtsstand geadelte *nobilitas literaria* [»Bildungsadel«] trat neben eine durch die aristokratische Herkunft bevorzugte, studierende *nobilitas literata* [»gebildeter Adel«] [17]; [14]. Die Humanisten lehrten den europ. Adel, den eigenen Stand durch gelehrte Studien zu stützen und zu legitimieren (↗Standesbildung). Insofern blieben die Schulen, die die Humanisten gründeten oder reformierten, zumeist einer kleinen Elite vorbehalten [4. Bd. 2]; [5].

3.2. Konfessionelles Zeitalter

Als verbindlicher Kanon einer allgemeinen schulischen B. etabliert, institutionell konsequent umgesetzt und damit einer breiteren Öffentlichkeit vermittelt wurden die B.-Konzepte des Humanismus erst im Zeitalter der Glaubensspaltung (ab ca. 1520). Dabei aber wurden sie z. T. erheblich verändert, weil jede der konkurrierenden Konfessionen versuchte, sie zur Stärkung und Propagierung des eigenen ↗Dogmas zu funktionalisieren [16].

Von Anfang an war der Humanismus in Italien selbst, aber auch in den Kulturzentren jenseits der Alpen auf eine intensive, bisweilen erregte, apokalyptisch gestimmte Laienfrömmigkeit gestoßen (*devotio moderna*). Deren Anhänger schätzten die humanistische B. weniger als Schule urbaner Sittlichkeit, sondern eher als Methode, von kirchlichen Autoritäten unabhängig zu werden und das Wort Gottes besser zu verstehen. Mit der ↗Reformation kam Luthers Absage an die »spitzfindige« Rationalität der Scholastik hinzu. Er »ließ als Unterbau der ›wahren‹ Theologie folgerichtig nur mehr eine um mathematische und naturkundliche Kenntnisse erweiterte Sprachschulung gelten« [5. 255]. Beide Tendenzen förderten die allgemeine Zuwendung zu humanistischer B.; nun allerdings diente sie als Propädeutik der neuen ↗Theologie.

Die Reformation Martin Luthers wurde von Ph. Melanchthon von Anfang an als eine B.-Bewegung konzipiert (↗Bildungspolitik), deren Leitideal der Straßburger Rektor Johannes Sturm später in die Formel »weise, wortgewandte Frömmigkeit« (lat. *sapiens atque eloquens pietas*) fasste. Zu diesem Zweck übernahm die reformatorische B. wichtige Momente des Humanismus, v. a. die philologisch-histor. Kritik, die Betonung des individuellen Einzelnen und eine auf Praxis zielende Methodik (↗Loci communes). In didaktischer Absicht adaptierte sie zugleich aber auch Elemente jenes scholastischen ↗Aristotelismus, gegen den die frühen Humanisten gekämpft hatten, v. a. dessen logisch-dialektische Argumentationskunst und dessen hierarchische Ordnungsstrukturen. So wurde die protest. Orthodoxie (ebenso wie bald darauf die in Spanien entwickelte kath. ↗Neuscholastik) zur Erbin und produktiven Fortsetzerin scholastischer Systematik. Versuche des ↗Calvinismus hingegen, im dichotomischen Verfahren des ↗Ramismus oder in der philologisch-kritischen Jurisprudenz des sog. *Mos Gallicus* Alternativen zur aristotelischen *methodus* zu entwickeln, mussten seit Mitte des 17. Jh.s als gescheitert gelten (↗Rechtswissenschaft) [4. Bd. 2]; [5]; [17].

Gleichwohl entfaltete gerade der Calvinismus mit seinen international renommierten Hochschulen (z. B. Heidelberg, Bourges oder Leiden) nach 1560 so bedeutende bildungspolitische Initiativen, dass er zeitweise die Führung innerhalb des ↗Protestantismus übernahm. Weil ein Calvinist, um ein verantwortliches Mitglied seiner Gemeinde sein zu können, wissen musste, was und aus welchen Gründen er glaubte, gewannen B. und Ausbildung für die Reformierten höchste Bedeutung [5]. So bereiteten gerade die calvinistischen B.-Bestrebungen den Boden für die enzyklopädischen Wissenschaftskonzepte des 17. Jh.s (vgl. 3.3.), aber auch für die Akzeptanz des ↗Cartesianismus.

Nicht minder bediente sich die Papstkirche humanistischer B.-Konzepte, um der Bedrohung durch die gegnerischen Konfessionen zu begegnen. Die ↗Jesuiten, denen die Umsetzung des 1563 in Trient (↗Trienter Konzil) verabschiedeten ↗Seminardekrets oblag (↗Bildungspolitik; ↗Klosterschule), räumten den artistischen Fächern, v. a. den klassischen Sprachen, prominente Plätze in ihren ↗Lehrplänen ein. Auch sie förderten die individuellen Begabungen der Schüler und erstrebten eine weltzugewandte, im praktischen Leben einsetzbare geistliche B. Aber auch sie wollten nicht mehr das sittlich handelnde Subjekt, sondern das gebildete Gemeindemitglied, das die Dogmen seines Glaubens beredt zu verteidigen und zu verbreiten wusste [16]; [17].

Alle Konfessionen definierten B. somit als einen Kanon klar explizierbarer Grundwahrheiten. Zugleich aber erweiterten sie sie um eine Dimension, die sich der Sagbarkeit entzog: um die ↗Sensibilität, sich von religiösen Gefühlen ergreifen lassen zu können – sei es als plötzliche Erhellung, wie sie in der ↗Mystik und ↗Theosophie des 16. und 17. Jh.s und später in den B.-Gängen des ↗Pietismus wichtig war [10], sei es als Wirkung spiritueller Disziplin wie bei Ignatius von Loyola, den man dafür bewunderte, dass er stets an der gleichen Stelle der Messe von Tränen übermannt wurde. Deshalb scheint die Mehrheit der Zeitgenossen die ↗Konfessionalisierung humanistischer B. keineswegs als Verarmung empfunden zu haben, sondern eher als deren Vollendung.

So war die Zeit der europ. ↗Konfessionskriege ebenso wie die des Wiederaufbaus nach dem ↗Dreißigjährigen Krieg (1648) eine Epoche rascher B.-Expansion. Alle Konfessionen schufen neue Schulen und Universitäten. Der ↗Lehrbuch-Markt blühte auf. Gerade im Alten Reich führte die enge Nachbarschaft der Konfessionen dazu, dass jede von ihnen ihre eigenen, missionarisch ausgreifenden B.-Institutionen einrichtete. Wo hingegen eine solche Konkurrenz zwischen den Konfessionen fehlte, wie in England, in Spanien oder den skand. Ländern, blieben die B.-Impulse vergleichsweise schwach [16].

Nirgends aber gelang die Konfessionalisierung der B. ganz. Die eifrigen Bestrebungen der Regierungen nämlich, B. und Ausbildung ihrer Untertanen nach konfessionellen Prinzipien auszurichten, um sie auch politisch kontrollieren zu können, veranlassten die Eliten, sich eine B. außerhalb des konfessionellen Bereichs zu erschließen. Wirkungsmächtig wurde neben dem aristokratischen ↗Skeptizismus eines Montaigne v. a. der ↗Neustoizismus, den J. Lipsius im Anschluss an Tacitus und Seneca konzipierte (↗Späthumanismus; ↗Tacitismus). Er kombinierte die klassische ↗Affektenlehre mit psychologischen Taktiken der Verstellung (lat. *simulatio*) und des Verschweigens (*dissimulatio*) zu einer Schule der Seelenstärke (*constantia*) und Lebensklugheit (*prudentia*), die lehrte, auch in Extremsituationen unerschütterlich und undurchschaubar zu bleiben, um in einer von Konkurrenz und ↗Bürgerkrieg zerrissenen Welt zu überleben und äußere Zumutungen abzuweisen. Nicht zuletzt dank ihrer künstlerischen Umsetzung durch Maler wie Rubens wirkte Lipsius' Lehre maßgeblich auf die ↗Standesbildung des ↗Barock [4. Bd. 3]; [11].

3.3. Barock

Das Trauma der europ. Religionskriege verstärkte seit Ende des 16. Jh.s die Bemühungen um eine B. jenseits theologischer Dogmen. Erste Impulse zu einer Überwindung des konfessionellen Denkens kamen von Theologen selbst. In der ersten Hälfte des 17. Jh.s entwarfen reformerisch gesinnte Lutheraner wie W. Ratke (Ratichius) und J. V. Andreae, Calvinisten wie J. H. Alsted und ein Mitglied der ↗Herrnhuter Brüdergemeine wie J. A. Komenský (Comenius) B.-Systeme, die alle Bereiche von Gottes Schöpfung systematisch umfassen, seinen Willen zu erkennen geben und die Menschen so zu einem besseren Leben führen sollten. Entscheidende Aufschlüsse erwarteten sich diese Gelehrten – wie auf kath. Seite der Jesuit A. Kircher – von einer Analyse der ↗Sprache, nach deren Bauprinzip, so hoffte man, das unermessliche Wissen sinnvoll und übersichtlich geordnet werden könne. Sie schien ein ebenso rationales wie organisches Muster vorzugeben, vom Einfachen zum Komplizierten, vom Bekannten zum Unbekannten fortzuschreiten, um auf empirischem Wege zur Erkenntnis objektiver Prinzipien zu gelangen (↗Empirismus), wie es zuerst 1605 der engl. Kanzler F. Bacon gefordert hatte (*On the Advancement of Learning*; »Zum Fortgang der Wissenschaften«). Das bedeutendste Ergebnis solcher Bestrebungen, Comenius' *Janua linguarum reserata aurea* (1631; »Geöffnete Sprachentür«), bekundete deren konfessionsübergreifenden Charakter schon darin, dass es auf Vorarbeiten span. Jesuiten aufbaute [4. Bd. 3]; [10].

So entstand das barocke B.-Ideal des ↗Polyhistor, der über alle Sprachen und Wissenszweige gebot, um neue Fakten exakt benennen und ihnen ihren Platz in der ↗Enzyklopädie universalen Wissens anweisen zu können [19]. Er verkörperte die radikale Steigerung des sprachlich definierten B.-Ideals des Humanismus und zugleich dessen Überwindung, weil die strenge Bindung der Sprache an die Sachen eine Rhetorik im klassischen Sinne nicht mehr zuließ. Folgerichtig führten solche Bestrebungen – die man hauptsächlich in den nun verstärkt gegründeten ↗Akademien zu realisieren suchte – im Laufe des 17. Jh.s zu einer Abkehr vom Paradigma der klassischen Antike (*Querelle des Anciens et des Modernes*, vgl. ↗Antikerezeption) und zu einer Hinwendung zu mathematischen und naturwiss. Disziplinen (↗Naturwissenschaften). Daneben rückten – schon aus rein praktischen Gründen – Jurisprudenz (↗Rechtswissenschaft) und ↗Medizin zu bevorzugten Studiengebieten auf. Beide Fächer wurden an Jesuitenuniversitäten gar nicht unterrichtet, wohl aber an den neuen niederl. Hochschulen, die zudem philologische Kritik, Sprachen und technische Disziplinen pflegten und nicht zuletzt aufgrund ihrer konfessionellen ↗Toleranz zu bevorzugten Studienorten für die europ. Eliten wurden [5]; [14]; [16].

Solche Disziplinen wurden v. a. vom ↗Adel verlangt, der überbordende ↗Gelehrsamkeit als nicht standesmäß ablehnte und eine B. bevorzugte, die auf praktische Fähigkeiten, Prägnanz des Ausdrucks und gute ↗Manieren zielte – Ideale, die im 17. Jh. in erster Linie von engl. Autoren wie H. Peacham (*The Compleat Gentleman*, 1622) oder J. Locke (*Some Thoughts concerning Education*, 1693) postuliert wurden. Schulen und Hochschulen, die adlige Klientel gewinnen wollten, konzentrierten sich deshalb zusehends auf Disziplinen wie ↗Naturrecht, Verwaltungslehre und ↗Kameralismus und unterrichteten nicht mehr auf ↗Latein, sondern in der Landessprache [4. Bd. 3]; [17].

Noch in der zweiten Hälfte des 17. Jh.s waren die wesentlichen Impulse zu solch rationalen, zweckgerichteten B.-Reformen gleichwohl religiöser Natur. Nur gingen sie nicht mehr von den großen Konfessionskirchen aus, sondern von elitären Religionsgemeinschaften wie den Jansenisten im Umkreis des Pariser Klosters Port Royal (↗Jansenismus) oder den dt. Pietisten (↗Pietismus). Gequält vom Gefühl der eigenen Sündhaftigkeit und erfüllt von der Vorstellung eines Gottes, der sie zu unablässiger Tätigkeit im Dienst am Nächsten ermahnte, entwickelten sie in Opposition zur herrschenden Orthodoxie didaktische Konzepte, um B. möglichst vielen Menschen zugänglich zu machen und weniger Privilegierte so zu aktiver Selbsthilfe zu befähigen. Das bedeutendste Monument dieser Bestrebungen wurde das ↗Waisenhaus und die ihm angegliederten Anstalten, die A. H. Francke seit 1695 im preuß. Halle ins Leben rief. Aber auch die Bildungsanstalten der Philanthropen des 18. Jh.s (J. B. Basedow, Ch. G. Salzmann, F. E. von Rochow; ↗Philanthropismus) oder die Armenschule H. Pestalozzis entstanden aus solchen religiösen Impulsen [4. Bd. 3]; [6].

3.4. Aufklärung

Die christliche Überzeugung, dass B. dem Gemeinwohl dienen müsse, verweltlichte sich im Zeichen der ↗Aufklärung zu dem Postulat, dass B. der Gesellschaft praktischen Nutzen zu stiften habe. Zugleich wurde das aristokratische Ideal formaler Eleganz allgemein verbindlich. Dessen maßgebliche Formulierung stammte von dem neuplatonisch gestimmten Locke-Schüler Shaftesbury, der 1711 im Sinne des ↗Sensualismus zeigte, dass das Gute durch »moralischen Enthusiasmus« aus dem Schönen erfühlt werden könne. Diese Idee wurde gerade in der dt. B. wirkmächtig. Auch M. Mendelssohn und I. Kant waren überzeugt, dass ein ideales Urbild im Subjekt der Seele einen Drang zur Selbstvervollkommnung eingebe [10]. So zeigt ihr Beispiel, wie problemlos Rationalisierung des Denkens und religiöse Impulse nebeneinander bestehen und bestimmend für die neue B. werden konnten – v. a. in Deutschland, dessen aufgeklärte B.-Debatte zu einem beachtlichen Teil von Theologen (wie J. G. Herder oder F. I. Niethammer) getragen wurde (↗Idealismus; s. u. 3.6.).

Herrschten bei den dt. wie den engl. B.-Theoretikern mithin eher moralisch-religiöse Stimmungen vor, so wurde B. in Frankreich zusehends als ein politisches Problem aufgefasst und als Waffe gegen den ↗Absolutismus formiert. Sie sollte helfen, die Gesellschaft als ganze zu verändern, nämlich an der ↗Vernunft auszurichten und so als eine Gemeinschaft mündiger ↗Bürger neu zu begründen. Die meisten Aufklärer suchten dies durch eine Funktionalisierung des öffentlichen Unterrichts zu erreichen. Er sollte v. a. nützliches politisches und praktisches, aber auch (so in den Schulplänen der ↗Physiokratie) wirtschaftliches Wissen vermitteln. Die aufgeklärte ↗Bildungspolitik machte insofern keinen Unterschied zwischen B. und ↗Berufsbildung, polemisierte dafür aber heftig gegen eine Gelehrsamkeit, die ihre praktische Nützlichkeit nicht unmittelbar erweisen konnte [6].

Zugleich wiesen die Aufklärer der ↗Gesellschaft selbst eine zentrale Rolle bei der Vermittlung von B. zu, indem sie sie zur Schule von Lebensart und Kultur, zur B. des Herzens und der ↗Gefühle erklärten. Auch in dieser Auffassung, dass B. nur innerhalb der und durch die Gesellschaft gelingen könne, wirkte ein aristokratisches Ideal. B. wurde insofern gleichbedeutend mit Soziabilität, die beim kultivierten Verkehr zwischen Mann und Frau begann und sich in gepflegter Konversation und ↗Geselligkeit vollendete [9]. Als gebildet galt den Aufklärern, wer über alles informiert war und geistreich konversieren konnte, was die neue ↗Öffentlichkeit interessierte: politische und gesellschaftliche Ereignisse, literarische und gelehrte Neuerscheinungen, Erfindungen und Entdeckungen. ↗Salons, ↗Lesegesellschaften, ↗Freimaurer-Logen, aber auch das ↗Theater und die rasch expandierende ↗Presse wurden insofern zu Institutionen der Bildung. 1784 identifizierte Moses Mendelssohn B. geradezu mit Aufklärung und Kultur [18].

In den Programmen der Aufklärer (kaum aber in ihrer tatsächlichen Praxis) zielte B. nicht mehr auf einzelne soziale Gruppen, Konfessionen oder Nationen, sondern auf die gesamte Menschheit, auf die »Erziehung des Menschengeschlechts« (G. E. Lessing, 1780). B. erhielt somit eine emphatische, missionarische, beinahe religiöse Konnotation (↗Protestantischer Bildungsbegriff). Als eine wichtige Quelle von B. begann nun die ↗Geschichte zu gelten, da sie über die ↗Fortschritte der menschlichen Kultur und B. informiere, über deren Bedingungen, immanente Gesetze und über legislative Maßnahmen, durch die sie gefördert werden könnten (↗Aufklärungshistorie).

3.5. Rousseau

Radikalisiert, neu akzentuiert und z. T. gegen die Aufklärung selbst gewendet wurde der aufgeklärte B.-Begriff von J.-J. Rousseau. Da fast alle seine einflussreichen Schriften – vom *Discours sur les sciences et les arts* (1750; »Abhandlung über Kunst und Wissenschaft«) bis zu *Du contrat social* (1762; »Über den Gesellschaftsvertrag«) und *Émile ou De l'éducation* (1762; »Emil oder Über die Erziehung«) – Fragen der B. umkreisen, ist seine Bedeutung für die moderne europ. B. kaum zu überschätzen.

Mit seinen aufgeklärten Vorgängern und Zeitgenossen teilte Rousseau die Überzeugung, dass B. zu einer besseren ↗Gesellschaft führe. Anders als jene aber bestritt er entschieden, dass sie innerhalb der bestehenden Gesellschaft stattfinden dürfe: Da diese dekadent, verworfen und unfrei sei, habe die bisherige B. die Menschen nicht besser, sondern nur schlechter gemacht. In *Émile* entwarf er dagegen das Idealbild einer Erziehung, die gelingt, weil sie das Individuum von allen gesellschaftlichen Einflüssen (auch der Lektüre) abschirmt, um es allein am Leitfaden der »↗Natur« und einer zur reinen Tugendwelt stilisierten Antike zu einem reichen, gefestigten ↗Charakter zu bilden. Indem dieser B.-Gang der »natürlichen« Entwicklung des Menschen folge – Rousseau begründete die moderne Psychologie der ↗Kindheit als eigenwertiger, eigengesetzlicher Lebensepoche –, führe die Entfaltung der ↗Sinnlichkeit unwillkürlich zur Sittlichkeit, zu klarem Denken und damit zur vernünftigen Einsicht in die Notwendigkeit von Moral und Religion. So wurde B. zur Kunst, durch eine »natürliche« (schlichte und sittliche) Lebensweise zu einer ↗Sensibilität zurückzufinden, die unverfälscht von Konventionen und literarischen Klischees ist, authentisch, naturhaft ursprünglich, zart und stark zugleich.

In Rousseaus Konzeption hörte B. endgültig auf, Bestätigung und Konsolidierung des Bestehenden zu sein. Sie wurde zur revolutionären Vision einer neuen Gesellschaft. Aus einem Medium der Legitimation oder Kritik wurde sie zu einer Waffe der Opposition nun auch gegen den aufgeklärten Absolutismus (↗Reformabsolutismus) und die ihn legitimierende aufgeklärte ↗Vernunft. Weit konsequenter als seine Zeitgenossen verlegte der Verfasser des *Émile* das Ziel von B. in eine Zukunft, die sich von der Gegenwart radikal unterschied.

3.6. Idealismus

Rousseaus vernunftkritisches B.-Konzept wirkte in ganz Europa spektakulär, bes. tief und nachhaltig aber in Deutschland, bei dessen ↗Bürgertum politische und kulturelle Potenz bes. stark auseinander klafften (↗Bildungsbürgertum). Bald begannen hier nicht nur Versuche, die Rousseau'schen Forderungen unmittelbar in didaktische Praxis umzusetzen (etwa durch die Anhänger des ↗Philanthropismus, die ihre Internate außerhalb der großen Städte gründeten), sondern auch Bestrebungen, sie auf eine nicht minder revolutionäre Weise weiterzuentwickeln.

1774 griff J. G. Herder, der Anreger und Vordenker des ↗Sturm und Drang, in *Auch eine Philosophie der Geschichte zur B. der Menschheit* die vernünftige B. der Aufklärung als künstlich und »mechanisch« an, da sie das Wesentliche des Lebens, der Kultur und Geschichte des Menschen gar nicht berühre, sondern diesen zum Sklaven »politischen Kalküls« erniedrige. Zehn Jahre später, in den *Ideen zur Philosophie der Geschichte der Menschheit*, entwarf er die Weltgeschichte als einen universalen, »organischen« B.-Gang hin zu einer allgemeinen Humanität, der gerade in seiner unendlichen Vielgestaltigkeit auch für die B. des Individuums vorbildlich sein müsse. Als Mittel dazu betrachtete Herder v. a. die ↗Sprache und die Kunst, hier insbes. die Poesie, durch deren Vollendung der Mensch zu neuer Natürlichkeit und reiner Humanität zurückfinden könne [10]; [15]; [18].

Schon zuvor, gleichzeitig mit Rousseau und ganz im Geiste seiner emphatischen Ideen über »Natur« und »Antike«, hatte der ↗Antiquar Johann Joachim Winckelmann das Ideal einer sittlich-ästhetischen B. entworfen, die ausschließlich an der »edlen Einfalt und stillen Größe« der ebenso schönen wie freien Griechen des 5. Jh.s v. Chr. ihr Vorbild finden sollte. Sie wurde zum Programm des sog. ↗Neuhumanismus, den führende klassische Philologen des späten 18. Jh.s (Ch. G. Heyne, J. A. Ernesti, F. A. Wolf) konzipierten und F. I. Niethammer 1808 (*Der Streit des Philanthropismus und Humanismus in der Theorie des Erziehungsunterrichts unserer Zeit*) für die didaktische Praxis ausformulierte. Diese B. beruhte auf dem Versuch, durch ein intensives, professionelles Studium eine so intime Kenntnis der Sprache und Kultur der Griechen zu erlangen, dass deren natürliches Genie für alles »Wahre, Gute und Schöne« auch dem modernen Menschen zur zweiten Natur werde und sein Denken und Handeln leite – nicht mehr in mühsamer Nachahmung, sondern in authentischer antiker Freiheit und Schönheit [10].

Nach dem Vorbild Rousseaus (*Les Confessions*, posthum 1782; »Die Bekenntnisse«) wurde für die Dichter der dt. Klassik (↗Klassiken) und ↗Romantik die eigene Lebensgeschichte zur einzig authentischen Quelle von B. ↗Bildungsromane wie K. Ph. Moritz' *Anton Reiser* (1785/90), Jean Pauls *Hesperus* (1795), Goethes *Wilhelm Meisters Lehrjahre* (1795/96), F. Schlegels *Lucinde* (1799) oder Novalis' *Heinrich von Ofterdingen* (1802) handelten von der Selbstfindung eines besonderen, unvergleichlichen Subjekts, das durch aktive Erfahrung der je besonderen, unvergleichlichen Welt und Wirklichkeit zu Reife und Autonomie findet. Zugleich arbeiteten die Jenaer Romantiker an einer Theorie der B., die die Gegensätze von absoluter Individualität und absoluter Universalität im Medium der Kunst produktiv zusammenführen sollte (»Universalpoesie«).

Sie taten dies in engem Austausch mit den Wortführern des ↗Idealismus. Diese konzipierten B. ebenfalls als Entfaltung und Entwicklung aller natürlichen Kräfte und Anlagen des Menschen, als die allmähliche Selbsterkenntnis des menschlichen Geistes, als Bedingung und Wirkung seiner Emanzipation von allen äußeren Autoritäten. In ihren frühen Schriften schilderten sowohl J. G. Fichte (*Beitrag zur Berichtigung der Urteile des Publikums über die franz. Revolution*, 1794) als auch G. W. F. Hegel (*Phänomenologie des Geistes*, 1807) dieses Zu-sich-selbst-Kommen der ↗Vernunft in einer Sprache individueller Erfahrung. Anders als Rousseau und Herder aber glaubten sie – wie schon ihr Vorbild I. Kant – nicht an einen »natürlichen« Gang der individuellen bzw. histor. Entwicklung. Sie konzipierten sie vielmehr als eine hohe sittliche Pflicht, als Aufforderung zu aktiver »Selbstthätigkeit«: Jedes Subjekt habe unablässig an sich selbst zu arbeiten, um durch die »Kultivierung« des eigenen Selbst eine ebenso kultivierte, mündige, freie Gesellschaft heranbilden zu helfen [6]; [15]; [18].

B. im idealistischen Sinne war insofern Selbst-B.: die Fähigkeit, sich alle Dimensionen menschlichen Lebens und Wissens systematisch anzueignen und aus ihren Prinzipien die Struktur von Wirklichkeit an sich zu erkennen, um jederzeit praktisch auf diese einwirken zu können. Der sich Bildende, so formulierte W. von Humboldt diese *Theorie der B. des Menschen* (1792), müsse »die Masse der Gegenstände sich selbst näher bringen, diesem Stoff die Gestalt seines Geistes aufdrücken und beide einander ähnlicher machen«, um so nicht nur die Natur »von allen Seiten kennen zu lernen, als vielmehr um durch diese Mannigfaltigkeit der Ansichten die eigene innewohnende Kraft zu stärken, von der sie nur anders und anders gestaltete Wirkungen sind« [18].

Endgültig hörte B. damit auf, das Anstreben und Erreichen einer vorgegebenen Form zu sein. Emphatisch verabsolutiert, ins Universale gesteigert, wurde sie zu einem prinzipiell unabschließbaren produktiven Prozess, dadurch aber zugleich zum Selbstzweck: zur höchsten Äußerung und Erfüllung von Menschsein an sich.

Als entscheidendes Merkmal, »erste und unerläßliche Bedingung« (Humboldt) und wichtigstes Ziel einer so verstandenen B. galt ↗Freiheit. Ihr suchten W. von Humboldt, F. Schleiermacher und geistesverwandte Mitstreiter in der 1810 gegründeten Universität Berlin einen neuartigen institutionellen Rahmen zu geben. Sie bestimmten das Verhältnis zwischen Lehrenden und Studierenden nicht mehr als das zwischen Lehrern und Schülern, sondern als die Gemeinschaft derer, die aus gleichen Interessen in »Einsamkeit und Freiheit« gemeinsam ↗Forschung betreiben. Deren Prinzip beruhte darauf, Wissenschaft »als etwas noch nicht ganz Gefundenes und nie ganz Aufzufindendes zu betrachten, und unablässig sie als solche zu suchen«. Provokant setzten die Berliner Universitätsgründer dem aufgeklärten ↗Utilitarismus somit das scheinbar paradoxe Modell einer absolut zweckfreien B. entgegen, die gerade durch ihre vollendete Emanzipation von den Diktaten der Politik und Gesellschaft jene Freiheit des Blicks gewinnt, die wahre Einsichten überhaupt erst möglich macht und der Menschheit als ganzer so einen anderen, besseren und höheren Nutzen eröffnet. Zumindest in Deutschland war B. damit akademische, wiss. B. geworden. Das Berliner Modell strahlte in den folgenden Jahrzehnten nach ganz Europa aus, bes. nach Großbritannien, Skandinavien, Osteuropa, und in die Vereinigten Staaten [12]; [14]; [15].

3.7. Bürgerliches Zeitalter

Dieser revolutionäre Umbruch des B.-Konzepts erfolgte parallel zu jenen politisch-gesellschaftlichen Umwälzungen, durch die seit 1792 in den meisten europ. Staaten viele traditionsstiftende B.-Institutionen vernichtet wurden. In der kath. Welt, gerade auch im kath. Deutschland sorgte die ↗Französische Revolution für »eine Strukturzerstörung großen Ausmaßes« [17], da im Zuge der ↗Säkularisation viele ↗Gymnasien und ↗Universitäten aufgehoben und damit einer spezifisch kath. B. die Basis entzogen wurde. Dies trug wesentlich zu einem kath. »B.-Defizit« bei und vergrößerte den protest. B.-Vorsprung zu einer protest. Hegemonie in B.-Fragen, die für das 19. Jh. charakteristisch wurde (↗Bildungspolitik).

Damit wuchs der B. die neue Aufgabe zu, verlorene nationale Traditionen zu ersetzen und nationale ↗Identität neu zu begründen. Die junge franz. Republik hatte 1793 mit ihrer straff zentralisierten, aus patriotischer Propaganda und Fachausbildung kombinierten *instruction publique* (»öffentlicher Unterricht«), die ranggleiche, staatstreue Funktionseliten schaffen sollte, das Beispiel gegeben. Ähnliches propagierte Fichte seit 1807 in seinen *Reden an die deutsche Nation*. Das einzig mögliche »Rettungsmittel« aus dem schmählichen Zusammenbruch, so erklärte er, »bestehe in der B. zu einem durchaus neuen und bisher ... niemals ... als allgemeines und nationales Selbst dagewesenen Selbst, und in der Erziehung der ↗Nation ... zu einem ganz neuen Leben«. B. müsse allgemein werden, um so jeden »Unterschied der Stände« zu beseitigen und eine Gemeinschaft gleicher Staatsbürger heranzubilden, deren nationale Stärke eben in ihrer weltbürgerlichen Gesinnung bestehe [18].

Dieser Einspruch gegen das Konzept privilegierter »gebildeter Stände«, das die Aufklärer propagiert und das auch noch die neuhumanistischen B.-Theoretiker favorisiert hatten [2], blieb revolutionäres Programm. Seit der ↗Restauration standen die politischen Rechte und der soziale Rang des dt. ↗Bürgertums wieder in einem krassen Missverhältnis zu seinem kulturellen Niveau und seiner ökonomischen Potenz. Wieder, wie schon zur Zeit der Aufklärung, wurde B. – diesmal aber die neue, wiss. B. – zum einzigen Mittel des Aufstiegs in die fürstliche Verwaltung und damit zu (indirekter) politischer Partizipation. So formierte sich nun das ↗Bildungsbürgertum als ein durch akademische B. ausgezeichneter Stand professioneller Diener und Stützen des Staates und privilegierter Teilhaber an dessen Macht. Die Orte, an denen es diese B. erwarb, waren das neuhumanistische ↗Gymnasium und die neuen Forschungsuniversitäten [3]; [7].

Grundzug der B. des 19. Jh.s war – v. a. in Deutschland, während in den romanischen Kulturen und in Großbritannien vielfach das sprachlich-humanistische B.-Ideal herrschend blieb – ein starkes histor. Moment. Nicht deshalb aber galt die ↗Geschichte als vornehmste Disziplin, weil man von ihr praktische Regeln im aufgeklärt-utilitarischen Sinne erwartet hätte, sondern weil sie mit den Ursprüngen und Stadien der organischen Entwicklung von Völkern, Individuen und Ideen deren Wesen zu offenbaren versprach und so die idealistische Vorstellung einer zweckfreien, auf menschliches Handeln an sich zentrierten B. optimal erfüllte [13]. Dieses Verständnis von B. als histor. Einsicht in die Entwicklung der Menschheit durch ihre verschiedenen Kulturstufen hindurch bildete eine wesentliche Voraussetzung für das kulturelle Prestige der ↗Geschichtswissenschaften seit dem frühen 19. Jh. sowie für ihren Aufstieg zu einer zentralen Disziplin der Geisteswissenschaften (↗Historismus). In seiner *Historik* (1857) begründete J. G. Droysen das histor. Denken als das zentrale Organ der B. mit dem Argument, dass es im Verstehen von Geschichte als Bildungsprozess die spezifisch kulturelle Signatur der menschlichen Welt enthülle und entfalte: »Mit gutem Grund nennen die Alten das Menschsein die *humanitas*, B., die B. ist durch und durch histor. Natur; und der Inhalt der Geschichte ist die werdende *humanitas*, die werdende B. Hier haben wir den Punkt, der unserer Wissenschaft ihre eigentümliche Bedeutung gibt.«

Alle Disziplinen, auch ↗Naturwissenschaften und ↗Medizin, untersuchten ihre Gegenstände daher in deren histor. Gewordensein. Abstrakte Modellbildung und typologische Verfahren hingegen galten zumindest in der ersten Hälfte des 19. Jh.s vielerorts als oberflächlich und unwissenschaftlich. In Westeuropa blieb vielmehr weiterhin das aufgeklärte B.-Paradigma bestimmend – was dazu führte, dass Naturwissenschaften und Technik hier früher Eingang in den B.-Kanon fanden als in Deutschland [7].

Leitendes Thema der B.-Diskussion in der bürgerlichen Epoche blieb die politische Mündigkeit, die eben durch eine umfassende B. erreicht werden sollte. Wie im 18. Jh. hielt man dafür, dass der Staat »das Recht und die Schuldigkeit habe, sich um die B. des Volkes … zu bekümmern, demnach fördernd oder bestimmend darauf einzuwirken« (C. von Rotteck, 1837). Stärker noch als zur Zeit der Aufklärung und ganz im Gegensatz zu Fichte aber zweifelte man aufgrund der Erfahrungen der Revolution an der B.-Fähigkeit der unteren Schichten. Vielmehr würden diese, so befürchtete man, durch B. nur zu Widersetzlichkeiten und Aufruhr gereizt werden [7]; [18].

Dies gab der akademisch-wiss. B. des 19. Jh.s einen staatsfrommen, obrigkeitstreuen, zunehmend nationalistischen Zug. Anderseits aber wurden gerade die Universitäten in der Zeit des ↗Vormärz zu Bastionen politischen ↗Protests, und prominente Repräsentanten universitärer B. traten bei den europ. ↗Revolutionen des Jahres 1848 als Protagonisten hervor, in Deutschland z. B. als Abgeordnete der ↗Paulskirchenversammlung.

Indem die B. sich von äußeren Zwecken emanzipiert hatte, war sie weltanschaulich ambivalent geworden. Ihre Autonomie trug zu ihrer Größe wie zu ihrer stetigen Gefährdung bei: Sie konnte in affirmativem ↗Positivismus erstarren, aber auch jene kritische Kraft gewinnen und zu jener freien Selbstbestimmung aufsteigen, von der ihre idealistischen Erfinder geträumt hatten. Diese Überzeugung, nämlich dass B. in jeder Hinsicht frei sein müsse, um frei machen zu können, bleibt das wohl wichtigste Vermächtnis des 19. Jh.s an spätere Epochen.

4. Besonderheiten europäischer Bildung

Die Verbindung von B. und ↗Freiheit, wie sie mit der Idee einer ständeübergreifenden, universalen B. am Beginn der Nz. einsetzt, ist ein genuin europ. Phänomen. Zwar haben auch andere Weltkulturen, bes. China (↗Chinesische Welt) und Japan, umfassende B.-Konzepte entwickelt und auf hohem intellektuellen wie organisatorischen Niveau praktiziert. Nur in Europa aber hat B. sich im Laufe der Nz. bewusst und in einem beachtlich hohen Maße aus traditionellen politisch-gesellschaftlichen Hierarchien gelöst. Nur hier wurde sie nicht allein zum Mittel sozialen Aufstiegs, sondern auch zum Motor der Emanzipation. Nur hier konnte sie als ein Menschenrecht gedacht werden. Die gewaltige soziale Dynamik, die die Nz. auszeichnet – ungeachtet vieler real fortbestehender ständischer Formen –, resultierte nicht zuletzt aus dieser B.-Revolution.

Genuin europäisch, weil untrennbar verknüpft mit dem Konzept einer Selbstvervollkommnung durch eine unaufhörliche Ausweitung und Verfeinerung des empirisch-praktischen Wissens, ist daher auch die Idee moderner ↗Forschung. Nur in Europa gehörten B. und Forschung seither zusammen und konstituierten gemeinsam ein produktives Paradox: Eben weil beide programmatisch von den Vorschriften der Gesellschaft abgekoppelt waren, machten sie diese fähig, sich progressiv zu verändern, politische Freiheit zu wahren und zu verteidigen. Deshalb ist der Dualismus von Forschung und B. bis heute eine tragende Säule europ. Selbstverständnisses und europ. Kultur.

Zum B.-Begriff und zu B.-Institutionen außereurop. Länder und Kulturen vgl. u. a. ↗Wissen; ↗Orientalismus; ↗Madrasa; ↗Koranschule; ↗Schule; ↗Schriftkultur.

→ Berufsbildung; Bildungspolitik; Disziplinen, gelehrte; Erziehung; Gelehrter; Gelehrte Frauen; Gelehrsamkeit; Humanismus; Pädagogik; Schriftkultur; Schule; Universität; Wissen und Wissensideale

[1] D. BENNER / F. BRÜGGEN, Art. Bildsamkeit/Bildung, in: D. BENNER / J. OELKERS (Hrsg.), Historisches WB der Pädagogik, 2004, 174–215 [2] H. E. BÖDEKER, Die »gebildeten Stände« im späten 18. und frühen 19. Jh.: Zugehörigkeit und Abgrenzungen. Mentalitäten und Handlungspotentiale, in: J. KOCKA (Hrsg.), Bildungsbürgertum im 19. Jh. Teil IV: Politischer Einfluß und gesellschaftliche Formation (Industrielle Welt 48), 1989, 21–52 [3] W. CONZE / J. KOCKA (Hrsg.), Bildungsbürgertum im 19. Jh. Teil I: Bildungssystem und Professionalisierung in internationalen Vergleichen (Industrielle Welt 38), 1985 [4] E. GARIN, Geschichte und Dokumente der abendländischen Pädagogik; Bd. 1–3, 1966–1967 [5] N. HAMMERSTEIN (Hrsg.), 15. bis 17. Jh. Von der Renaissance und der Reformation bis zum Ende der Glaubenskämpfe (Hdb. der dt. Bildungsgeschichte 1), 1996 [6] N. HAMMERSTEIN (Hrsg.), Das 18. Jh. Vom späten 17. Jh. bis zur Neuordnung Deutschlands um 1800 (Hdb. der dt. Bildungsgeschichte 2), 2005 [7] K.-E. JEISMANN / P. LUNDGREEN (Hrsg.), 1800–1870. Von der Neuordnung Deutschlands bis zur Gründung des Dt. Reiches (Hdb. der dt. Bildungsgeschichte 3), 1987 [8] E. KLEINAU / C. OPITZ (Hrsg.), Geschichte der Mädchen- und Frauenbildung, 2 Bde., 1996 [9] R. KOSELLEK, Einleitung – Zur anthropologischen und semantischen Struktur der Bildung, in: R. KOSELLEK (Hrsg.), Bildungsbürgertum im 19. Jh. Teil II: Bildungsgüter und Bildungswissen (Industrielle Welt 41), 1990, 11–46 [10] E. LICHTENSTEIN, Art. Bildung, in: HWPh 1, 921–937 [11] M. MORFORD, Stoics and Neostoics. Rubens and the Circle of Lipsius, 1991 [12] U. MUHLACK, Die Universitäten im Zeichen von Neuhumanismus und Idealismus: Berlin, in: P. BAUMGART / N. HAMMERSTEIN (Hrsg.), Beiträge zu Problemen dt. Universitätsgründungen der Frühen Nz. (Wolfenbütteler Forschungen 4), 1978, 299–340 [13] U. MUHLACK, Bildung zwischen Neuhumanismus und Historismus, in: R. KOSELLEK (Hrsg.), Bildungsbürgertum im 19. Jh. Teil II: Bildungsgüter und Bildungswissen (Industrielle Welt 41), 1990, 80–105 [14] W. RÜEGG (Hrsg.), Von der Reformation zur Franz. Revolution (1500–1800), (Geschichte der Universität in Europa 2), 1996 [15] B. SANDKAULEN, La Bildung, in: Frankfurter Allgemeine Zeitung Nr. 271 (19.11.2004), 10 [16] A. SCHINDLING, Schulen und Universitäten im 16. und 17. Jh. Zehn Thesen zu Bildungsexpansion, Laienbildung und Konfessionalisierung nach der Reformation, in: W. BRANDMÜLLER et al. (Hrsg.), Ecclesia Militans. Studien zur Konzils- und Reformationsgeschichte. FS R. Bäumer, Bd. 2, 1989, 561–569 [17] A. SCHINDLING, Bildungsreformen im Reich der Frühen Nz. - Vom Humanismus zur Aufklärung, in: A. KOHNLE / F. ENGEHAUSEN (Hrsg.), Zwischen Wissenschaft und Politik. Studien zur dt. Universitätsgeschichte. FS E. Wolgast, 2001, 11–25 [18] R. VIERHAUS, Art. Bildung, in: GGB 1, 508–551 [19] H. ZEDELMAIER, Bibliotheca universalis und Bibliotheca selecta. Das Problem der Ordnung gelehrten Wissens in der Frühen Nz. (Beihefte zum Archiv für Kulturgeschichte 33), 1992.

Gerrit Walther

Bildungsbürgertum

1. Allgemeines
2. Ursprünge
3. Zugang und sozialer Status
4. Professionalisierung
5. Ausblick

1. Allgemeines

B. ist ein von der Forschung geprägter Begriff für eine soziale Schicht, die ihr gehobenes Einkommen durch die Anwendung von spezialisiertem Fachwissen erzielte, das in aller Regel durch ein Universitätsstudium erworben und durch Bildungspatente dokumentiert wurde (↗Bildung; ↗Professionalisierung). Typisch bildungsbürgerliche ↗Berufe waren Anwalt, Richter, Arzt, Pfarrer, Dozent an höheren Schulen (↗Gymnasium) oder ↗Universitäten sowie ↗Beamter im höheren Staatsdienst. An den Grenzen des B. standen seit dem 18. Jh. freie Schriftsteller, seit dem 19. Jh. Ingenieure, Architekten und Landvermesser. Absolventen einer militärischen Spezialausbildung (z.B. Artillerieoffiziere oder Festungsbaumeister), technischer Fachschulen für Bergbau (↗Bergakademie) oder Seefahrt, ↗Konservatorien und ↗Kunstakademien galten dagegen v. a. wegen der Nähe der Ausbildung zur Lehre und des eher niedrigen sozialen Status der Berufe in der Nz. nicht als Angehörige des B. Da ein gewisses Maß an ↗Bürgerlichkeit für die Zuordnung zum B. unerlässlich war, schlossen mangelnde Selbständigkeit Akademiker in abhängiger Stellung (z. B. Hauslehrer) und die fehlende Familie kath. Welt- oder Ordensgeistliche aus [1]; [9].

2. Ursprünge

Die Tätigkeitsbereiche des B. existierten bereits im MA. Neu war, dass seit den Bildungsreformen des ↗Humanismus die Kenntnisse der wiss. Grundlagen von Theologie, Jurisprudenz oder Medizin zunehmend als Voraussetzung für die Praxis der ↗Seelsorge, Rechtsprechung und Heilkunst galten. Für den Übergang zu dieser neuen Weltsicht in der Seelsorge – die durch die kirchliche Aufsicht über Eherecht, sittliche Normen und zentrale Teile des Bildungswesens allgemeine Relevanz besaß – waren die ↗Reformation bzw. die tridentinischen Reformen (↗Trienter Konzil) ausschlaggebend, die eine umfassende theologisch-philosophische Ausbildung aller Mittler zwischen Gott und Welt vorsahen. Im Bereich der Staatsverwaltung wurde die Rechtsordnung, die sich nun z. T. am Röm. Recht (↗Gemeines Recht) orientierte, rasch so komplex, dass sie nur noch von Spezialisten mit umfassender Vorbildung interpretiert und in konsistenter Manier fortgeschrieben werden konnte (↗Beamtenausbildung); trotzdem erfolgte die Schlichtung der meisten Streitfälle bis weit ins 18. Jh. weiterhin durch ↗Laienrichter. Während diese Veränderungen von Kirchen und Herrschern vorgegeben oder gefördert wurden, erfolgte die Entwicklung in der ↗Medizin wie in den ↗Naturwissenschaften aufgrund autonomer Erkenntnisinteressen (z. B. Sektion; ↗Astronomie) auf der Grundlage derselben antiken und arab. Überlieferung, welche den Anstoß zur Modernisierung von Kirche und Rechtswesen lieferte.

3. Zugang und sozialer Status

Das Studium an ↗Universitäten erforderte erhebliche finanzielle Mittel. ↗Stipendien aus kirchlichen, öffentlichen oder privaten Quellen standen in nur sehr begrenztem Umfang zur Verfügung – am Beginn der Frühen Nz. für maximal 15% der Studienplätze [1. 61]. Dieser Anteil nahm im 18. und 19. Jh. angesichts wachsender Studentenzahlen und obrigkeitlicher Bedenken gegen die soziale Ausweitung akademischer ↗Bildung eher ab. Auch wenn die Studentenzahlen anstiegen, wie beispielsweise in Deutschland von mindestens 4000 im 18. Jh. auf rund 16 000 um 1830, besuchten in keinem europ. Land mehr als 0,5% eines Jahrgangs eine Universität [7. 18–23, 55–68, 206 f.].

Bei der Entscheidung zur Aufnahme eines Studiums spielten neben Talent, finanziellen Möglichkeiten und Förderung auch die Familientraditionen eine maßgebliche Rolle; da es kaum formelle, leistungsbezogene Zugangsvoraussetzungen gab, kann man hier sogar von ›Bildungserbrechten‹ sprechen [8. 141]. Dennoch entwickelte sich das B. nur selten zu einem Stand mit erblichen ↗Privilegien. Zwar beinhaltete in England ein Magister-Abschluss an den Universitäten Oxford und Cambridge auf Lebenszeit das ↗Wahlrecht für die Parlamentsabgeordneten der Universität, aber anders als beim ↗Stadtbürgertum oder den franz. Parlamentsjuristen gab es nie einen vererbbaren Anspruch auf die Zugehörigkeit zur Korporation (↗Bürgerrecht).

Die wirtschaftliche Lage des B. war so gut, dass die Angehörigen vielfach an der Spitze der Einkommenshierarchie standen. Neben militärischen Leistungen ermöglichte v. a. Bildung in der Nz. hohe ↗soziale Mobilität. Die Lebensformen des B. wurden durch seine Nähe zu ↗Höfen und Regierungen geprägt; auch die gemeinsame Studienerfahrung mit Adeligen (↗Adelsstudium) förderte die Konvergenz bildungsbürgerlicher und adeliger ↗Lebensstile. Seit dem frühen 19. Jh. übernahm das B. (darunter v. a. die ↗Juristen) auch eine politische Führungsrolle; es begann Ministerien und Parlamentsausschüsse zu dominieren, wobei sich freilich (z. B. in der Person Otto von Bismarcks) universitäre Bildung und adelige Herkunft oft ergänzten.

4. Professionalisierung

Regionale Besonderheiten ergaben sich v. a. aus dem Verhältnis zwischen Staat und B., wobei zwei Entwicklungspfade hervortreten. Auf dem europ. Kontinent kontrollierte der Staat seit der Frühen Nz. den Zugang zu Bildungspatenten und übernahm es zugleich, das B. mit einem Monopol auf bestimmte Berufe auszustatten. Im anglo-amerikan. Raum erfolgte dagegen wesentlich später eine Selbstregulierung von Bildungseliten mit staatlicher Unterstützung.

4.1. Kontinentale Professionalisierung

Auf dem europ. Kontinent orientierten sich die Lehrangebote der Universitäten v. a. an den Bedürfnissen der jeweiligen Herrscher, die in steigendem Maße allgemein gebildete Administratoren, Juristen und Ärzte benötigten. In protest. Territorien gehörten auch Pfarrer zu den an Hochschulen ausgebildeten Staatsbediensteten; in kath. Ländern war dies untypisch (↗Beamte). Außer in Frankreich, wo die Universität als Ort umfassender höherer Bildung durch die napoleonische Bildungsreform teilweise von spezialisierten »Nationalschulen« verdrängt wurde, boten kontinentale Hochschulen ein umfassendes Fächerspektrum an. Sie wurden von ↗Städten oder Territorien finanziert, aber auch mehr oder weniger streng überwacht; im Gegenzug erkannte die ↗Obrigkeit universitäre Qualifikationen bevorzugt an (↗Akademische Grade). So führten in der Medizin staatliche Maßnahmen gegen »Quacksalber« zu einem Monopol der legitimen Ausübung der Heilkunde durch Ärzte, die mit einem Bildungspatent ausgestattet waren, während Lehrberufe wie Chirurg oder Hebamme in die Rolle von Hilfstätigkeiten abgedrängt wurden (↗Medizinalpersonen) [3]. Ähnliches geschah, als in Württemberg nach 1800 überwiegend universitär qualifizierte ↗Notare die in einer Lehre ausgebildeten ↗Schreiber ablösten [5].

Eine Folge war die enge Bindung des B. an den Staat, was zugleich bedeutete, dass Examina jenseits der Territorialgrenzen nur bedingt anerkannt wurden; dies beschränkte die internationale Mobilität des B. Sowohl die ↗Aufklärung als auch die parlamentarische Beamtenopposition in den süddt. ↗Parlamenten des frühen 19. Jh.s verdeutlichen, dass dies nicht zur Kritiklosigkeit führen musste. Diese Form der Konstituierung des B. verband aber nicht nur verschiedene Fachrichtungen durch die gemeinsame Universitätserfahrung und ggf. den Beamtenstatus; sie war zweifellos auch eine der Gründe für die (Fehl-)Entwicklungen des modernen bürokratischen Staates in Kontinentaleuropa.

4.2. Englische Professionalisierung

In England (nicht Schottland), in den USA und anderen engl. Siedlungskolonien verlief die Entwicklung in einer Weise, welche die Unterschiede zwischen den *professions* stärker hervortreten ließ als die gemeinsame Bildungserfahrung; dementsprechend gibt es keine engl. Übersetzung des Begriffs »B.« mit denselben Konnotationen. Die (bis 1830 zwei) engl. Universitäten spezialisierten sich auf die allgemeine Ausbildung von Söhnen der gesellschaftlichen Elite und die Berufsvorbereitung angehender Pfarrer. Die Juristenausbildung fand für ↗Anwälte (*solicitors*) und Notare (*scriveners*) als Lehrberuf, für vor Gericht plädierende Anwälte und angehende ↗Richter (*barristers*) als Lehre innerhalb kollegienähnlicher *Chambers* der ↗Inns of Court statt (↗Juristenausbildung). Auch in anderen Bildungsberufen wurde die Zertifikation professioneller Kompetenz von halb-privaten Praktikervereinigungen übernommen. In den USA waren das im Justizwesen (↗Justiz) – in dem im 18. Jh. ausgebildete Juristen rar waren – die *bar associations* und die obersten Staatsgerichte. Die Approbation von Medizinern nahmen in England am Ende der Frühen Nz. das *Royal College of Surgeons* (eine im 18. Jh. entstandene Abspaltung der Zunft der Barbiere und Chirurgen; ↗Bader), das *Royal College of Physicians* (ein Zusammenschluss von Ärzten) und die Londoner ↗Apotheker-Zunft vor. Staatliche Diskriminierung nicht examinierter Ärzte setzte erst Mitte des 19. Jh.s ein. Dies hatte eine distanziertere Beziehung zwischen B. und Staat zur Folge; neben den Geschworenengerichten trug diese Sozialisation brit. Juristen zur relativen Unabhängigkeit der brit. Justiz bei. Außerdem blieben bildungsbürgerliche Berufe im engl.sprachigen Raum so für Migranten eher zugänglich.

Im Detail gab es zahlreiche Abweichungen von dem Modell einer getrennt verlaufenden kontinentalen und insulären Entwicklung: So folgte beispielsweise das schott. Bildungswesen dem kontinentalen Universitätsmodell; die Herausbildung der franz. Anwaltsprofession [10] entsprach eher dem engl. Muster.

5. Ausblick

In der zweiten Hälfte des 19. Jh.s beschleunigte sich das quantitative Wachstum des B.; außerdem versuchten neue Berufe mit Erfolg (Ingenieure, Architekten) bzw. zunächst erfolglos (Volksschullehrer), die Integration ins B. zu erreichen. Gegen Ende des Jahrhunderts öffneten sich die Universitäten schließlich auch zaghaft für Studentinnen. Der Anstieg der Zahl der Absolventen von Gymnasien und höheren Schulen sowie die periodische Überfüllung des Arbeitsmarktes für Akademiker führten langfristig zu einem relativen sozialen Abstieg des B., v. a. im Vergleich zum ↗Wirtschaftsbürgertum. Das B. war immer durch einen bes. Grad intellektueller Unruhe und Dynamik charakterisiert; dazu traten zunehmend soziale Dynamik und Unsicherheit.

→ Beruf; Bildung; Bildungspolitik; Bürgertum; Eliten; Professionalisierung

[1] W. Conze / J. Kocka (Hrsg.), Bildungsbürgertum im 19. Jh., Teil 1: Bildungssystem und Professionalisierung in internationalen Vergleichen (Industrielle Welt, Bd. 38), 1985
[2] P. J. Corfield, Power and the Professions in Britain 1700–1850, 1995 [3] C. Huerkamp, Der Aufstieg der Ärzte im 19. Jh. Vom gelehrten Stand zum professionellen Experten. Das Beispiel Preußen (Kritische Studien zur Geschichtswissenschaft, Bd. 68), 1985 [4] M. R. Lepsius (Hrsg.), Bildungsbürgertum im 19. Jh. Teil 3: Lebensführung und ständische Vergesellschaftung (Industrielle Welt, Bd. 47), 1992 [5] I. F. McNeely, The Emancipation of Writing. German Civil Society in the Making, 1790s–1820s, 2003 [6] W. Rüegg (Hrsg.), Geschichte der Universität in Europa. Bd. 2: Von der Reformation zur Franz. Revolution, 1996 [7] W. Rüegg (Hrsg.), Geschichte der Universität in Europa. Bd. 3: Vom 19. Jh. zum 2. Weltkrieg (1800–1945), 2004 [8] M. Schäfer, Bürgertum in der Krise: Städtische Mittelklassen in Edinburgh und Leipzig von 1890 bis 1930 (Bürgertum, Bd. 23), 2003 [9] H. Siegrist, Bürgerliche Berufe. Zur Sozialgeschichte der freien und akademischen Berufe im internationalen Vergleich (Kritische Studien zur Geschichtswissenschaft, Bd. 80), 1988 [10] B. Sur, Histoire des avocats en France des origins à nos jours, 1998.

Andreas Fahrmeir

Bildungspolitik

1. Begriff und Träger
2. Vom Humanismus zum Absolutismus
3. Aufklärung
4. Bürgerliches Zeitalter

1. Begriff und Träger

Der erst seit den 1960er Jahren gebräuchliche Begriff B. bezeichnet jenen Bereich der Kulturpolitik, der sich auf das Unterrichtswesen bezieht: die Bestrebungen von ↗Obrigkeiten und Führungseliten, ihre polit. Ziele durch die Gründung und Begünstigung von Institutionen der ↗Bildung und Ausbildung zu fördern und entsprechende oppositionelle Einrichtungen zu bekämpfen. So verstanden war B. ein wichtiger Teilbereich nzl. ↗Politik, ein wesentliches Moment im Formationsprozess des modernen ↗Staats, ein zentrales Medium der ↗Konfessionalisierung wie auch der Entstehung des modernen ↗Bürgertums [13. 388–405].

Träger von B. waren in der Frühen Nz. Fürsten und Kirchen, aber auch religiöse, adlige und städtische ↗Eliten und ↗Korporationen. Meist richtete sich B. auf die Einrichtung, Pflege und Überwachung von ↗Schulen und ↗Universitäten, aber auch auf die Stiftung von ↗Stipendien, Bursen und ↗Kollegien sowie die Förderung religiöser Gemeinschaften, die sich dem Unterricht verschrieben hatten. In einem weiteren Sinne lassen sich aber auch ↗Akademien, ↗Bibliotheken, ↗Museen und die ↗Zensur als Objekte frühnzl. B. verstehen.

Im 15. Jh. setzte in ganz Europa eine Welle von Schulgründungen ein, v. a. in Spanien, wo die Zahl der Universitäten unter der Regierung der »katholischen Könige« Ferdinand und Isabella (1474–1516) von neun auf 24 stieg (hinzu kamen weitere vier in den Kolonien), aber auch im ↗Heiligen Römischen Reich Deutscher Nation. Überall strebten fürstliche wie städtische Obrigkeiten danach, den Bildungsstand der ↗Bevölkerung zu verbessern, weil sie zu der Einsicht gelangt waren, dass gebildete Eliten (v. a. ↗Juristen und Pfarrer) für den Staat unentbehrlich seien – und zwar gleichermaßen als professionelle Amtsverwalter (↗Beamtenausbildung) wie als Stützen der Regierung. Dies geschah parallel zur Entstehung erster, zunächst sehr elitärer Frühformen politischer ↗Öffentlichkeit. B. begann mithin als der Versuch, dieser meinungsbildenden Elite zu einer höheren Qualifikation und damit zu einer besseren sozialen Position zu verhelfen, um durch die Loyalität der Regierten den eigenen polit. Handlungsspielraum zu erweitern [2]; [5]; [11].

2. Vom Humanismus zum Absolutismus

Das erste große Beispiel nzl. B. war die Etablierung des ↗Humanismus in den (bis dahin theologisch dominierten) Schulen und Universitäten. Dies erzwangen die weltlichen Obrigkeiten zunächst im Heiligen Röm. Reich (1497: Reform der Universität Wien durch Conrad Celtis; 1502: Gründung der ersten humanistischen Universität in Wittenberg), in Spanien (1499/1508: Gründung der Universität *Alcalá de Henares*) und in Frankreich (1530: Berufung humanistischer *lecteurs royaux* ins später sog. *Collège Royal* nach Paris). Diese Maßnahmen öffneten adligen und bürgerlichen Anhängern der Krone attraktive Ausbildungsmöglichkeiten jenseits der Theologie (wenngleich diese nach wie vor die besten ↗Karriere-Chancen bot). Zugleich manifestierten sie den Anspruch der Stifter auf ↗Autonomie und ↗Souveränität.

Solche Bestrebungen verstärkten sich im Zeitalter der Glaubensspaltung. Alle Konfessionen versuchten, durch eine umfassende Neuausrichtung und intensive Kontrolle (↗Visitation) ihrer Bildungseinrichtungen ihren Glauben zu fördern, die gegnerischen Konfessionen zu verdrängen und die Untertanen konfessionell zu lenken. Wiederum zuerst im Heiligen Röm. Reich, bald auch in der Schweiz, im skand. Raum, in den habsburgischen Erblanden, Frankreich und Polen entstanden zu diesem Zweck neue Schulen, Gymnasien und Universitäten (1527: Marburg; 1544: Königsberg; 1551: Dillingen; 1559: Genf; 1586: Graz). Wie Philipp Melanchthon, der *praeceptor Germaniae* (»Lehrer Deutschlands«), betätigten sich auch viele andere Reformatoren im Auftrag von Fürsten und Städten als Bildungsreformer, verfassten Schulordnungen, ↗»Lehrpläne« und autoritative ↗Lehrbücher. Für die konfessionell engagierten Fürsten war diese Entsendung eigener Theologen als Schulgründer wie das Anlocken fremder Studenten an die eigenen Universitäten ein wichtiges Mittel, den eigenen politischen Handlungsspielraum über die eigenen Grenzen hinaus zu erweitern [6]; [11]; [14].

Behielt der ↗Protestantismus bis zur Mitte des 16. Jh.s die bildungspolit. Initiative, so schuf die röm. Kirche sich in dem 1563 beim ↗Trienter Konzil verabschiedeten ↗Seminardekret die Basis einer höchst wirksamen eigenen B. Die Ausführung des Beschlusses, dass an jeder Bischofskirche ein zentrales Priesterseminar (↗Pfarrerausbildung) zu gründen sei, übernahm – in manchen Regionen der roman. Länder exklusiv – der ↗Jesuiten-Orden. Dank seiner zentralen Leitung, seinem einheitlichen, 1599 in der *Ratio atque institutio studiorum Societatis Jesu* (»Grundsätze und Ordnung der Studien innerhalb der Gesellschaft Jesu«) definitiv fixierten Lehrplan und dem bald dichten Netz von Niederlassungen in ganz Europa und den iber.-franz. Überseekolonien stellte sein Wirken das erste Beispiel einer systematisch und weltweit durchgeführten B. dar. Diese Dominanz der *Societas Jesu* dauerte bis zur Mitte des 18. Jh.s. Noch seine Vertreibung aus Portugal (1757), Frankreich (1764), Spanien und Neapel (1768) und sein (durch außenpolit. Pressionen erzwungenes) Verbot durch den Papst (1773) waren bildungspolit. Taten ersten Ranges, weil die Regierungen ihre Bildungssysteme grundlegend erneuern und eine eigene B. teilweise überhaupt erst beginnen mussten [6].

Bis zur Mitte des 18. Jh.s erfolgte B. im Kontext (und oft genug im Schatten) allgemeiner Reform- und Reorganisationsbestrebungen nach Kriegen und Umwälzungen. Das gilt für die Gründung der Universität Leiden, durch die die Niederlande 1575 ihren Sieg über Spanien manifestierten, ebenso wie für die B. kleiner dt. Territorien nach 1648 (etwa die Ernsts des Frommen in Sachsen-Gotha zwischen 1641 und 1674) oder für den Ausbau der ↗Elementarschulen in England nach der ↗Glorious Revolution 1688/89. Charakteristisch für diese B. war die oft enge Kooperation der Regierungen mit externen Trägern: mit Schulorden oder Privatunternehmern (z. B. mit dem von König Friedrich Wilhelm I. von Preußen privilegierten Pietisten A. H. Francke in Halle). V. a. England überließ seine B. bis ins 19. Jh. hinein fast ganz privaten (kirchlichen) Trägern, während Schottland seit dem *Act of Settling Schools* (1696) ein blühendes Schulwesen aufbaute, das die Voraussetzungen der ↗Schottischen Aufklärung schuf.

Zwar entwickelten die meisten Regierungen seit dem 16. Jh. Organe zur Kontrolle und Lenkung der Bildung

(z. B. Konsistorien, Räte, ↗Visitationen, seit dem 19. Jh. mancherorts auch Ministerien). Ein wirksamer Zugriff des Staates gelang aber allenfalls dort, wo ↗Stände oder andere Zwischengewalten, eine Öffentlichkeit und eine gewachsene schulische ↗Infrastruktur fehlten. Das eindrucksvollste Beispiel einer solchen bildungspolit. Autokratie bot Russland. Unter Peter dem Großen, der 1714 systematisch ↗Elementarschulen einzurichten befahl, v. a. aber unter Katharina der Großen, die im *Großen Erziehungsplan* (1764) erstmals auch die Mädchenbildung von Staats wegen regeln (↗Frauenbildung; ↗Mädchenschule) und seit 1782 ein umfassendes Bildungssystem realisieren ließ, fand eine B. von bis dahin unbekannter Konsequenz statt [3]. In den entwickelteren westl. Ländern hingegen konkurrierten staatliche Institutionen mit zahlreichen regionalen und lokalen Einrichtungen unter dörflicher, städtischer, landschaftlicher, zünftiger, genossenschaftlicher oder geistlicher Trägerschaft [11]. Hier blieb eine oppositionelle B. möglich, zu deren extremen Formen etwa die Unterweisungen zählten, die illegal nach England eingereiste Jesuiten im 16. und 17. Jh. kath. Adligen angedeihen ließen, oder der Unterricht, den revolutionsfeindliche Priester nach 1791 der Bevölkerung der aufständischen westlichen Provinzen erteilten.

3. Aufklärung

Eine neue Dimension erreichte die europ. B. unter dem Einfluss der ↗Aufklärung. Ausschlaggebende Faktoren waren die Finanzkrisen der größeren Staaten, der dadurch erhöhte Bedarf an ↗Reformen und fähigem Verwaltungspersonal (vgl. ↗Beamter; ↗Verwaltung), ein wachsendes Misstrauen gegen kirchliche Einflüsse auf den Staat (↗Kirche und Staat) sowie ein allgemeiner Bildungsenthusiasmus, der sich v. a. in Frankreich in einer Flut von Literatur über *éducation publique* (»öffentlichen Unterricht«) niederschlug. Programmatisch eröffnete der Fortschrittstheoretiker Condorcet seinen *Esquisse d'un tableau historique des progrès de l'ésprit humain* (»Entwurf einer histor. Übersicht über die Fortschritte des menschlichen Geistes«) 1791 mit dem Satz: »Man kann der Gesamtheit eines Volkes alles beibringen, was jeder einzelne Mensch braucht« [1. 83]. Für nötig hielten Aufklärer v. a. praktische Fähigkeiten, naturwiss. und ökonomische Kenntnisse, die nach dem Plan der Physiokraten (↗Physiokratie) im Zentrum eines künftigen öffentlichen Unterrichts stehen sollten. Ziel staatlicher B., die alle größeren europ. Staaten durch Kommissionen, Pläne und Kontrollen zu forcieren suchten, wurde der spezialisierte Praktiker. In Frankreich, aber auch in Deutschland wurden vermehrt Spezialschulen für Medizin, Landwirtschaft, Ingenieurwesen und Bergbau eingerichtet (↗Medizinische Ausbildung; ↗Technische Ausbildung; ↗Landwirtschaftskunde). Die aufgeklärten Musteruniversitäten Halle (1694), Göttingen (1736) und Edinburgh (1582, Neugründung 1746) waren berühmt für ihre praktische Ausrichtung [7]; [15].

In der Praxis bewirkte diese zweckorientierte B. empfindliche Einschränkungen der Bildungschancen. Zwar vermehrte Kaiser Joseph II. ab 1781 in seinen österr. Erblanden die sog. Trivialschulen; im Gegenzug aber reduzierte er die ↗Gymnasien, erschwerte deren Besuch durch hohe Schulgebühren und begrenzte die Zahl der ↗Studenten auf die Zahl der verfügbaren Stellen im Staatsdienst (↗Josephinismus). Die ↗Juden, die jetzt erstmals von der staatlichen B. erfasst wurden, erhielten 1782 zwar Zugang zu den Universitäten, mussten den Unterricht in ihren Thoraschulen dafür aber in dt. Sprache durchführen. Für Frauen hingegen blieben – aus dem gleichen Zweckkalkül – höhere Bildungsanstalten bis ins 19. Jh. hinein verschlossen (↗Frauenbildung; ↗Geschlechterrollen). So stand die B. der Aufklärung nicht selten in einem merkwürdigen Gegensatz zu deren eigenem Bildungspathos [7]; [9]; [15].

Dramatisch verschärft wurde diese Tendenz durch das Verbot des Jesuitenordens (1773) und durch die Auflösung der geistlichen Schulen und Universitäten im Zuge der ↗Französischen Revolution und der ↗Säkularisation der geistlichen Staaten des Heiligen Röm. Reiches (1802/03). In beiden Ereignissen vollendeten sich die bildungspolit. Zentralisierungsbestrebungen des Aufgeklärten Absolutismus (↗Reformabsolutismus), beide führten aber auch zu einer drastischen Verarmung des Bildungsangebotes. In Deutschland bewirkte die ersatzlose Aufhebung zahlloser kath. ↗Elementarschulen auf dem Lande, vieler Gymnasien und Universitäten jenes kath. »Bildungsdefizit« und jene protest. Hegemonie in der B., die für das 19. Jh. charakteristisch wurden [4]; [7]; [15].

4. Bürgerliches Zeitalter

Die B. des 19. Jh.s setzte die aufgeklärten Tendenzen relativ bruchlos fort, auch wenn die Kirche im Zeichen der ↗Restauration gerade in kath. Ländern wieder mehr am schulischen Leben beteiligt wurde. Allgemein kennzeichnend für die B. der europ. Regierungen wurden eine noch stärkere Funktionalisierung der Bildung, eine weitere Differenzierung und ↗Professionalisierung ihrer Institutionen, ein intensiverer Zugriff auf diese, eine Zunahme der Reglementierungen – von Verordnungen einer allgemeinen Schulpflicht (die allerdings erst nach 1850 erreicht wurde) über eine Systematisierung der Curricula und Prüfungssysteme bis hin zur Lehrerbildung – und eine insgesamt größere Effizienz dieser Maßnahmen. Allmählich nämlich begannen die bildungspolit. Instrumentarien des Staates tatsächlich zu greifen. Dies nutzten die Regierungen auf unterschiedliche Weise. Blieb in Frankreich, in Italien wie auch im dt. Südwesten ein mehr oder weniger straff organisiertes Fachhochschulwesen bestimmend, wurde in der übrigen dt. Universitätskultur zusehends das preuß. Bildungssystem vorbildlich, das 1810 mit der Universität Berlin ein ausstrahlungskräftiges Modell erhalten hatte (↗Bildung; ↗Universität). Diese neuartige Forschungsuniversität suchte das bildungspolit. Ideal der Preußischen Reform zu realisieren, die ↗Untertanen durch Bildung zur polit. Partizipation zu befähigen und sie so zu mündigen, loyalen Staatsbürgern zu erheben (↗Staatsbürgerschaft). Dieses Konzept wurde, wie das preuß. Schulsystem überhaupt, im Laufe des 19. Jh.s in ganz Europa und in den Vereinigten Staaten als attraktiv empfunden und vielfach nachgeahmt [8].

Nicht nur in Deutschland, sondern auch in vielen anderen europ. Ländern – mit der markanten Ausnahme Englands, das einer staatlich gelenkten B. gegenüber skeptisch blieb, und der osteurop. Staaten, die bis in die 1860er Jahre eine bildungspolit. Stagnation erlebten – begann der Staat, »Schulstaat« zu werden: »Gesellschaft (wurde) Schulgesellschaft, ja allmählich verschulte Gesellschaft« [12. 451]. Diese Entwicklung bot gerade denjenigen Chancen, die bislang nicht an Staat und Gesellschaft hatten partizipieren können. In Deutschland strebten nicht zuletzt jüd. Bürger dem vom Staat angebotenen neuen Leitbild des ↗Bildungsbürgertums nach, das dank Bildung und Loyalität zum Verbündeten der Obrigkeit wird und im Gegenzug Rechte und Privilegien erwarten darf [10]. Gleichzeitig wurden nun auch die Unterschichten zu Objekten der B., zunächst durch die Fürsorge des bürgerlichen ↗Philanthropismus, bald aber auch in Eigeninitiativen, aus denen nach 1850 die Arbeiterbildungsvereine und die (bes. in England populäre) Erwachsenenbildung hervorgehen sollten.

All diese Entwicklungen (zu denen u. a. auch die neue Rolle der Armee als Gegenstand bildungspolit. Aufmerksamkeit zu zählen ist) wirkten zusammen, um B. bis zur Mitte des 19. Jh.s endgültig zu einem allgemeinen, weithin beachteten Politikum »und also das Bildungswesen zum Gegenstand des polit. Streits der ↗Parteien und des polit. motivierten Zugriffs des Staates« zu machen [8. 3]. Aus einem wenig beachteten Randgebiet der allgemeinen ↗Politik war die B. zu einem ihrer Kernbereiche geworden.

→ Bildung; Elementarschule; Politik; Schule; Universität

[1] A. DE BAECQUE / F. MÉLONO, Lumières et liberté: Les dix huitième et dix neuvième siècles (Histoire culturelle de la France 3), 1998 [2] R. CARRASCO, L'Espagne classique 1474–1814 (Carré histoire 14), 2000 [3] E. DONNERT, Rußland im Zeitalter der Aufklärung, 1983 [4] N. HAMMERSTEIN, Bildungsdefizit und Bildungschancen der Katholiken im 19. Jh. Universitäten und Wissenschaften, in: Rottenburger Jb. 14, 1995, 131–152 [5] N. HAMMERSTEIN (Hrsg.), 15. bis 17. Jh. Von der Renaissance und der Reformation bis zum Ende der Glaubenskämpfe (Hdb. der dt. Bildungsgeschichte 1), 1996 [6] N. HAMMERSTEIN, Bildung und Wissenschaft vom 15. bis zum 17. Jh. (Enz. dt. Geschichte 64), 2003 [7] N. HAMMERSTEIN (Hrsg.), Das 18. Jh. Vom späten 17. Jh. bis zur Neuordnung Deutschlands um 1800 (Hdb. der dt. Bildungsgeschichte 2), 2005 [8] K.-E. JEISMANN / P. LUNDGREEN (Hrsg.), 1800–1870. Von der Neuordnung Deutschlands bis zur Gründung des Dt. Reiches (Hdb. der dt. Bildungsgeschichte 3), 1987 [9] E. KLEINAU / C. OPITZ (Hrsg.), Vom MA bis zur Aufklärung (Geschichte der Mädchen- und Frauenbildung 1), 1996 [10] S. LÄSSIG, Jüdische Wege ins Bürgertum. Kulturelles Kapital und sozialer Aufstieg im 19. Jh. (Bürgertum N. F. 1), 2004 [11] W. NEUGEBAUER, Staatsverfassung und Bildungsverfassung, in: J. BECKER (Hrsg.), Interdependenzen zwischen Verfassung und Kultur (Der Staat, Beiheft 15), 2003, 91–125 [12] TH. NIPPERDEY, Dt. Geschichte 1800–1866. Bürgerwelt und starker Staat, 1983 [13] W. REINHARD, Geschichte der Staatsgewalt. Eine vergleichende Verfassungsgeschichte Europas von den Anfängen bis zur Gegenwart, 1999 [14] H. SCHEIBLE (Hrsg.), Melanchthon und seine Schüler (Wolfenbütteler Forschungen 73), 1997 [15] A. SCHINDLING, Bildung und Wissenschaft in der Frühen Nz. 1650–1800 (Enz. dt. Geschichte 30), ²1999.

Gerrit Walther

Bildungsreform s. Bildungspolitik

Bildungsreise

Als B. wird eine Form und Konvention der ↗Reise bezeichnet, die in Westeuropa seit dem 17. Jh. zunehmend an Bedeutung gewann und in der Forschung zumeist mit dem Adjektiv »bürgerlich« charakterisiert wird [5]. Angesichts der pragmatischen Multifunktionalität kostspieliger längerer Auslandsaufenthalte stellte sie ein Kulturmuster dar, das in publizierten ↗Reiseberichten und v. a. in der Literatur (↗Bildungsroman) stärker akzentuiert wurde als in der Reisepraxis selbst.

B. bezeichnet das Phänomen einer zunehmend individualisierten Ausgestaltung eines längeren Aufenthaltes in der Fremde, der als zentraler Bestandteil soziokultureller Sozialisation im Übergang zum Erwachsenenalter (aber auch danach) von den gesellschaftlichen Oberschichten kultiviert wurde. Dafür waren insbes. zwei Voraussetzungen von Bedeutung: Zum einen verbesserten sich in der Nz. mit der zunehmenden infrastrukturellen Raumdurchdringung des Staates (↗Post; ↗Infrastruktur; ↗Verkehrsnetz) die organisatorischen Bedingungen dafür, dass sich die temporäre geographische ↗Mobilität erhöhte; zum anderen kam es im Zuge des (länderspezifisch phasenverschobenen) Übergangs von der ma. geburtsständischen Gesellschaft zur funktionsorientierten Leistungsgesellschaft zu einer Aufwertung des soziokulturellen Leitmusters einer nicht mehr primär standesspezifischen, sondern nun allgemeinen ↗Bildung, die v. a. von den aufstrebenden mittelständischen Gesellschaftsgruppierungen propagiert wurde (↗Bildungsbürgertum).

Beide Entwicklungen führten auch zu einer Umorientierung der traditionellen Reisepraxis, wobei die Engländer, die sich auf eine *Grand Tour* (↗Kavalierstour) durch West- und Südeuropa begaben, offensichtlich eine Vorreiterrolle einnahmen. Die auf die B. bezogenen Postulate fanden zunächst Eingang v. a. in die pädagogische Literatur und die ↗Apodemik. So sah J. Locke 1693 die Funktion eines längeren Auslandsaufenthaltes als »*last part ... in education, ... to complete the Gentleman*« [1. 262]. Bei J.-J. Rousseau diente er 1762 im Rahmen einer »natürlichen« Erziehung dazu, um über den eigenen Stand hinaus »*connaître les hommes en général*« (»die Menschen im Allgemeinen kennen zu lernen«) [4. 564]. H. A. O. Reichard erklärte 1784 programmatisch: »Die Vernunft sagt, daß man die Vorurtheile seiner Geburth, wie die Vorurtheile seiner Erziehung ablegen soll ... All dieses läßt sich aber nur auf Reisen erlangen« [3. Vorrede].

Darüber hinaus sollte die Auffächerung der Anschauungsbereiche zu einer emotionalen und ästhetischen Sensibilisierung führen, sodass die B. als ideales Mittel für die autonome Entfaltung der Anlagen des Reisenden im Sinne seiner »Selbstbildung« propagiert wurde: »Wer blos als Mensch reist, muß sich zum Zwecke seines Reisens die allgemeine Bestimmung des Menschen vorsetzen, und diese erlangt er durch die allgemeine Bildung oder durch Entwicklung, Übung und Veredelung aller Kräfte« [2. Bd. 2, 262 f.].

Diese ganzheitliche Bildungsvorstellung sollte zugleich die standesspezifisch-funktionale Verengung konventionalisierter Reisetraditionen wie der ↗Peregrinatio academica, der ↗Kavalierstour oder der berufsbedingten Handels- und Gelehrtenreise überwinden. Damit aber wurde die B. mehr und mehr dem Arbeitsalltag entgegengesetzt, diente auch der physischen und psychischen Erholung und – mit der Ausrichtung auf die nicht unmittelbar zweckbezogenen Bereiche von Natur und Kunst – der Erkundung alternativer Erfahrungsräume.

Auf Grund der begrenzteren Zeit- und Finanzbudgets nichtadliger Reisender diversifizierte sich deren Reisepraxis gegenüber den länderübergreifenden Europareisen der Aristokratie im ausgehenden 18. Jh. im Rahmen einer kulturellen Differenzierung der Reiseziele, die in Italien in erster Linie die antike Kunst, in der Schweiz das Naturerlebnis und in England wie in Frankreich den ökonomisch-technologischen und politischen Fortschritt in Augenschein nahm. Der fließende Übergang der B. von einem pädagogischen Modell zu einer prestigeträchtigen Konvention kennzeichnet zusammen mit einer zunehmenden sozialen Erweiterung des Reisens, die durch die technischen Verbesserungen im ↗Eisenbahn-Zeitalter begünstigt wurde, die Entstehung des modernen ↗Tourismus.

→ Bildung; Reise; Tourismus

Quellen:
[1] J. Locke, Some Thoughts Concerning Education, London 1693 [2] F. Posselt, Apodemik oder die Kunst zu reisen, 2 Bde., Leipzig 1795 [3] H. A. O. Reichard, Handbuch für Reisende aus allen Ständen, Leipzig 1784 [4] J.-J. Rousseau, Émile ou de l'éducation, Paris 1768.

Sekundärliteratur:
[5] Th. Grosser, Reisen und soziale Eliten. Kavalierstour – Patrizierreise – bürgerliche Bildungsreise, in: M. Maurer (Hrsg.), Neue Impulse der Reiseforschung, 1999, 135–176 [6] I. Kuczynsky, Zum Aufkommen der individualisierten Wirklichkeitssicht in der engl. Reiseliteratur des 18. Jh.s, in: H.-W. Jäger (Hrsg.), Europ. Reisen im Zeitalter der Aufklärung, 1992, 35–46.

Thomas Grosser

Bildungsroman

Als Grundmodell des nzl. B. gilt »die Lebensgeschichte eines jungen Protagonisten ..., die durch eine Folge von Irrtümern und Enttäuschungen zu einem Ausgleich mit der Welt führt« [3. 35]. Doch selbst die wenigen Literaturwissenschaftler, die den B. als eigenständiges Genre betrachten, kommen nicht umhin, dieses von vornherein zu problematisieren. Der B. erscheine zumeist »vorbehaltvoll und ironisch«, sei jedoch »als Ziel oder zumindest als Postulat notwendiger Bestandteil einer ›Bildungs‹-Geschichte« [3. 35]. Dieses Changieren zwischen überindividuellem, gar nationalem Anspruch und ungenügender realer Einlösung prägte die ↗Gattungsgeschichte des B. seit Goethes kanonischem Doppelroman *Wilhelm Meisters Lehrjahre* (1795/96) und *Wilhelm Meisters Wanderjahre* (1829). Wilhelms Theaterleidenschaft, insbes. seine Identifikation mit Hamlet, aber auch die zahlreichen Zufälle und Intrigen ließen den Text bereits den Zeitgenossen als pikarischen Roman, (↗Schelmenroman), Geheimbund-, Staatsroman oder gar als *gothic novel* erscheinen. So zog er sich gleichermaßen die Enttäuschung der bildungsbürgerlichen Leser von Christoph Martin Wielands *Agathon* und die enthusiastische Zustimmung der Jenaer Frühromantiker zu. Friedrich Schlegels Begeisterung für »dieses schlechthin neue und einzige Buch, welches man nur aus sich selbst verstehen lernen kann«, wurde allerdings relativiert durch seine Kritik, der Roman liefere nur »Tendenzen ohne gründliche Ausführung« [4. 60–61].

Der B. war demnach weniger als fest definiertes lit. Genre zu verstehen denn als Ensemble von Erwartungen, die v. a. in Deutschland um 1800 an einen ↗Roman gerichtet werden konnten. Kombiniert er einerseits unterhaltende Elemente empfindsamer Romane sowie des Theater- oder Geheimbundromans, so formuliert er zugleich auch das Ideal der Vervollkommnung des Individuums (↗Individualität). Diese Utopie wurde nun allerdings nicht mehr – wie etwa bei Johann Gottfried Schnabels *Insel Felsenburg* (1731–1743, erschienen 1882) – auf einen extraterritorialen Raum verlegt, sondern vielmehr im dt. Handels-, Bürger- und Verwaltungsmilieu angesiedelt. So fanden die ↗Leser sich selbst im Helden des Romans wieder; er bot ihnen »Handlungsanleitung und Verstehenshilfe bürgerlicher Existenz« [7.342]. Der Dorpater Professor für Eloquenz, Karl Morgenstern, prägte den Begriff B. 1820 mit der expliziten Perspektive auf die innere Wirkung der Ereignisse auf den Helden [5], die jedoch nicht didaktisch gedacht sei. Der B. wurde so zur »Allegorie des dt. Bürgertums« [7.349] mit seinem Bedürfnis nach persönlicher wie nationaler Selbstvergewisserung.

Fügte sich schon *Wilhelm Meister* nur schwer diesem Muster, so entbehrten Friedrich Hölderlins *Hyperion* (1797/99), Jean Pauls *Titan* (1800/03) oder Joseph von Eichendorffs *Ahnung und Gegenwart* (1815) dieser Dimension völlig: Ein Ausgleich zwischen dem Individuellen und dem Sozialen war für die Protagonisten allenfalls in der Selbstreflexion des Ästhetischen oder in der Religion denkbar. Vollends wurde das Modell in E. T. A. Hoffmanns Doppelroman *Lebensansichten des Katers Murr* (1819/21) unterlaufen, in denen ein Kater seine Lebensgeschichte auf die Rückseiten der zerrissenen Musikerbiographie Johannes Kreislers schreibt; die Formeln des B. – »Lebenserfahrungen des Jünglings« wie »reifere Monate des Mannes« – wurden so parodistisch mit dem Roman des scheiternden Künstlers verknüpft.

Ein solches Oszillieren zwischen gleichzeitiger Bestätigung und Kritik des Genres begünstigte seine Verknüpfung mit dem Schelmen-, Künstler- oder Sonderlingsroman. Auch Gottfried Kellers *Grüner Heinrich* (1853–1855, zweite Fassung 1879/80) gibt eher vom Scheitern als vom gelungenen Bildungsgang seines Protagonisten Zeugnis. Es ist umstritten, ob der B. auch für weibliche Protagonisten eine Chance bereithielt; in seiner kanonischen Form (*Wilhelm Meister*, 5. Buch) scheint diese allenfalls in der Entsagung und imaginären Vereinigung mit einem unsichtbaren Freund zu bestehen [1]. Forschungsbeiträge aus dem anglo-amerikan. Raum [2]; [6] versuchen mit Verweisen auf Charles Dickens, Thomas Carlyle oder auch William Golding den ansonsten als nur dt. Phänomen betrachteten B. als »westeuropäisches« Genre zu etablieren, bisher allerdings nur mit geringer Resonanz.

→ Bildung; Gattungsgeschichte; Roman

[1] E. Bronfen, Nachwort, in: E. Bronfen (Hrsg.), Die schöne Seele, 1996, 388–391 [2] J. H. Buckley, Season of Youth, 1974 [3] J. Jacobs / M. Krause, Der dt. Bildungsroman. Gattungsgeschichte vom 18. bis zum 20. Jh., 1989 [4] D. Mahoney, Der Roman der Goethezeit (1774–1829), 1988 [5] K. Morgenstern, Über das Wesen des Bildungsromans (1820/1), in: E. Lämmert et al. (Hrsg.), Romantheorie. Dokumentation ihrer Geschichte in Deutschland 1620–1880, 1971, 256–257 [6] R. P. Shaffner, The Apprenticeship Novel, 1984 [7] W. Vosskamp, Der Bildungsroman als literarisch-soziale Institution, in: Ch. Wagenknaecht (Hrsg.), Zur Terminologie der Literaturwissenschaft (Akten des 9. Germanistischen Symposions der DFG 1986), 1988, 337–352.

Claudia Albert

Bildungsverein

1. Definition, Entstehung, Ziele
2. Arbeiter-Bildungsvereine

1. Definition, Entstehung, Ziele

Der Bildungszweck prägte bereits das seit der Mitte des 18. Jh.s aufblühende aufklärerische Sozietätswesen (↗Sozietätsbewegung). In den ↗»Lesegesellschaften«, ↗»Patriotischen Gesellschaften« und »Landwirtschaftlichen Gesellschaften« ging es den zunehmend selbstbewussten ↗Bürgern und dem bildungswilligen ↗Adel darum, ihre Weltkenntnis zu erweitern, praktische Fertigkeiten zu erwerben und diese in die entstehende bürgerliche ↗Öffentlichkeit hinein zu vermitteln. Auch die seit dem 18. Jh. entstehenden »geselligen Vereine« verbanden mit dem Geselligkeitszweck immer eine Bildungsabsicht. Mit der seit den 1790er Jahren verstärkt einsetzenden Aufklärungskritik und dem Vordringen des neuhumanistischen Bildungsbegriffs (↗Neuhumanismus) trat jedoch auch im Vereinswesen in Abgrenzung von ausschließlich verwertungsbezogenen Zwecken ein betont nicht-utilitärer Vervollkommnungsanspruch des Individuums hervor. Angestrebt wurde ökonomische, militärische, literarische, gelehrte und zugleich verstärkt auch moralische und ästhetische ↗Bildung. Im dt. Vormärz (1815–1848) entstand daraus das Konzept des B., das die Freiwilligkeit der Bindung, individuelle Selbständigkeit der Mitglieder und deren gefühlsmäßige Nähe durch Bildung zum Ausdruck brachte. Darüber hinaus verstanden die liberale Theorie und die Vereinspraxis des liberalen ↗Bürgertums das Vereinswesen zunehmend staatsbürgerlich-pädagogisch als Möglichkeit zur Einübung politisch-partizipatorischer Verhaltensweisen.

Die Grenzen zwischen B. und politischem ↗Verein wurden unter den staatlichen Restriktionen des Vereinsrechts bewusst fließend gehalten; dies geschah schon deshalb, weil der dt. Bildungsbegriff seit Herder ein Element der Freiheit und Gleichheit enthielt. Seit Beginn der 1840er Jahre sahen zahlreiche Bürger im Verein zudem die Möglichkeit, die »arbeitenden Klassen« zu mehr Bildung und damit einhergehend zur Integrationsfähigkeit in die ↗bürgerliche Gesellschaft zu führen. So umfasste z. B. in Sachsen Anfang der 1840er Jahre ein Verein zur Verbreitung von Volksschriften, der auch öffentliche Anerkennung fand, bald rund 7 600 Mitglieder, bis 1844 schlossen sich ihm 24 weitere dt. Städte an. Vereinen wie z. B. dem von dem Industriellen und Politiker Friedrich Harkort gegründeten »Verein für die deutsche Volksschule und Verbreitung gemeinnütziger Kenntnisse« (1843) lag ein umfassendes Konzept von Volksbildung und Erziehung zur politischen Mündigkeit zugrunde. Dieses fand jedoch seine Grenze dort, wo eine Bereitschaft zur arbeitenden Geselligkeit und konkreten Fortbildung im »Vierten Stand« nicht vorausgesetzt wurde.

2. Arbeiter-Bildungsvereine

Das Programm sozialen Aufstiegs und politischer Emanzipation durch Bildung trug anfangs auch die entstehende Arbeiterbewegung. Im Ausland fanden seit 1832 der in die Emigration getriebene demokratische Radikalismus und das Emanzipationsstreben von Handwerks-↗Gesellen zusammen. In Brüssel, London und später in zahlreichen schweizer. Orten entstanden B. für wandernde Handwerksgesellen, die sich z. T. schon ausdrücklich »Arbeiter« nannten, wie in der von Karl Schapper 1840 in London gegründeten Deutschen Bildungsgesellschaft für Arbeiter. Diese Vereine waren häufig mit geheimbundartigen Organisationen des ↗Jungen Deutschland verbunden; die Bildungsarbeit hatte mitunter auch den Zweck, politische Aktivitäten zu tarnen. Gleichwohl blieben Bildungsabsicht und politische Organisierung der Arbeiterschaft etwa im Frühsozialismus (↗Sozialismus) Wilhelm Weitlings eng verknüpft. Als in Deutschland in den 1840er Jahren die ersten Arbeitervereine gegründet wurden, spielten heimgekehrte frühere Mitglieder der Auslandsvereine eine wichtige Rolle.

Der Bildungszweck ging gleichermaßen in die erste gesamtdt. Arbeiterorganisation ein, die »Allgemeine Deutsche Arbeiterverbrüderung«, gegründet im Juni 1848 auf einem Kongress dt. Handwerker- und Arbeiter(bildungs)vereine. Zu seinen Grundforderungen gehörten kostenloser Unterricht bis zum 14. Lebensjahr (↗Elementarschule) und frei benutzbare Volksbibliotheken sowie die Möglichkeit zur Fortbildung der Arbeiter bis hin zu einem wiss. Anspruch, die durch staatliche Einrichtungen, aber auch Arbeitervereine ermöglicht werden sollten [1. 31]. Als die Arbeiterverbrüderung von den Behörden verboten wurde (1850–52), zogen sich manche Vereine ganz auf den Bildungszweck zurück und ermöglichten so eine Kontinuität der Organisation; diese trat schließlich mit der Gründung des »Verbands Deutscher Arbeiterbildungsvereine« 1863 in Frankfurt am Main wieder stärker an die Öffentlichkeit. Eine führende Rolle spielten dabei Vertreter der bürgerlich-demokratischen Bewegung wie Louis Büchner, Eugen Richter, Max und Franz Wirth sowie Franz-Hermann Schulze-Delitzsch, aber auch der künftige Vorsitzende der Sozialdemokratischen Arbeiterpartei Deutschlands, August Bebel. Die hier zusammengeschlossenen Vereine wollten sowohl die Elementarfächer als auch Zeichnen und Geometrie sowie Französisch und Englisch lehren; dieser Unterricht sollte durch Vorträge in Geschichte, Geographie, Gesetzeskunde, Erziehungskunde, Gesundheitslehre und Volkswirtschaft ergänzt werden.

1865 wurde August Bebel Vorsitzender des Leipziger Arbeiter-B. Von jetzt ab löste sich die zunehmend selbstbewusste Arbeiterschaft von der bürgerlich-demokratischen Führung. Im Einklang mit Karl Marx, der im *Kommunistischen Manifest* (1848) die »Klassenbildung« als Produkt der kapitalistischen Produktions- und Eigentumsverhältnisse kritisiert hatte, lösten sich der Allgemeine Deutsche Arbeiterverein (ADAV, gegr. 1863, Vorsitzender Ferdinand Lassalle) und die Sozialdemokratische Arbeiterpartei Deutschlands (SDAP, gegr. 1869, vereint mit ADAV zu SAP 1875, Vorsitzender: August Bebel) bewusst und gezielt vom Begriff und Konzept der demokratisch-bürgerlich orientierten Arbeiter-B. Auf dem fünften Vereinstag der Arbeiter-B. in Nürnberg (1868) trennten sich die Delegierten von rund 110 Vereinen von der Zusammenarbeit mit der demokratischen bürgerlichen Bildungsbewegung, indem sie die »Abschaffung aller Klassenherrschaft« forderten und erklärten, dass die »Emanzipation (Befreiung) der arbeitenden Klassen ... durch die arbeitenden Klassen selbst erobert« werden müsse [1. 69].

Gleichwohl blieb auch im Kaiserreich und in der Weimarer Republik der Kulturzweck innerhalb des sozialdemokratischen Arbeitervereinswesens sehr präsent, v.a. in den Volkstheater- und Volkshochschulvereinen.

→ Bildung; Bürgerliche Gesellschaft; Bürgertum; Interessenverband; Verein

[1] K. Birker, Die dt. Arbeiterbildungsvereine 1840–1870, 1973 [2] W. Hardtwig, Strukturmerkmale und Entwicklungstendenzen des Vereinswesens in Deutschland 1789–1848, in: O. Dann (Hrsg.), Vereinswesen und bürgerliche Gesellschaft in Deutschland 9, 1984, 11–53 [3] W. Hardtwig, Genossenschaft, Sekte, Verein in Deutschland, Bd. 1: Vom SpätMA bis zur Franz. Revolution, 1997 [4] G. Ritter / K. Tenfelde, Arbeiter im Dt. Kaiserreich 1817–1914, 1992 [5] W. Schieder, Anfänge der dt. Arbeiterbewegung. Die Auslandsvereine im Jahrzehnt nach der Julirevolution von 1850, 1963 [6] K. Tenfelde, Die Entfaltung des Vereinswesens während der industriellen Revolution in Deutschland, in: O. Dann (Hrsg.), Vereinswesen und bürgerliche Gesellschaft in Deutschland 9, 1984, 55–94.

Wolfgang Hardtwig

Bill of Rights

Die B.O.R. (»Rechtebulle«) ist eines der Staatsgrundgesetze der durch die Glorreiche Revolution von 1688/89 (↗Glorious Revolution) geschaffenen politischen Ordnung Englands, die das Königtum zu einem Amtskönigtum und das ↗Parlament zum Gravitationszentrum der engl. Politik machte [4]. Es handelt sich dabei – im Gegensatz zu dem Eindruck, den die Wirkungsgeschichte des Gesetzes vermittelt – nicht um ein Programmgesetz wie die franz. *Menschen- und Bürgerrechtserklärung* von 1789, sondern dem Anspruch nach um die Feststellung einer immer schon geltenden Verfassungslage, die durch Jakob II. in Frage gestellt worden war. Die engl. Herrschaftselite (Grundbesitzer; *gentry*) hatte nach Ende des *Commonwealth* die Restauration der Stuart-Monarchie 1660 nämlich keineswegs als Einladung zu einem absolutistischen Experiment (*Absolutismus*), sondern als Rückkehr zu einer Form der *Monarchie* verstanden, die sich einem impliziten Verfassungskonsens verpflichtet fühlte (*Konstitutionelle Monarchie*). Jakob II. hatte jedoch ab 1685 mit seiner gegen das herrschaftliche Establishment gerichteten Politik, welche die politischen Besitzstände in Frage stellte, diesen Konsens aufgekündigt und damit einen Feststellungsbedarf geschaffen [6].

Aus dem Blickwinkel der Herrschaftselite stellte die B. O. R. die Grundlage für die Einladung an Wilhelm von Oranien und seine Frau Maria (Tochter Jakobs II. Stuart) dar, den engl. Thron zu übernehmen. Man hat der B. O. R. deshalb auch den Charakter einer *Wahlkapitulation* zugeschrieben oder sie als einen Herrschaftsvertrag (*Leges fundamentales*) angesehen, der 1688/89 zwischen der engl. Herrschaftselite und Wilhelm sowie Maria selbst abgeschlossen wurde [2]. Die Wirkungsgeschichte des Dokuments hat gerade diesen Aspekt immer weiter ausgedeutet und die Entstehungszusammenhänge ebenso wie den tatsächlichen Text dabei so weit in den Hintergrund gedrängt, dass die B. O. R. als eine Art vorgängige Menschenrechtserklärung im Bewusstsein geblieben ist [5]. Wesentlichen Anteil an dieser wirkungsgeschichtlichen Entwicklung haben die »B.O.R.« der amerikan. Einzelstaaten, die gleichsam die Brücke zwischen dem ursprünglichen Dokument der Menschenrechtserklärung und den ebenfalls als B. O. R. bekannten ersten zehn Amendments der *nordamerikanischen* Verfassung darstellen.

Die B. O. R., *An Act for declaring the rights and liberties of the subject and settling the succession of the crown* (»ein Beschluss/Gesetz zur Erklärung der Rechte und Freiheiten des Untertans und zur Festlegung der Thronfolge«), eröffnet die Reihe von Verfassungsgesetzen, welche die Thronfolgekorrektur von 1688/89 zu einer Verfassungsrevolution werden ließen (*Thronfolge; *Sukzessionsordnung*). Dies tritt nicht zuletzt in der deklaratorisch-narrativen Mischform zutage, welche die verfassungsgeschichtliche Übergangssituation einzufangen versucht [6].

Der erste Teil des Gesetzeswerkes begann mit einer Aufstellung der Rechtsverletzungen Jakobs II. aus der Sicht des Parlaments in zwölf Punkten, die an ein Amtsenthebungsverfahren (*Impeachment*) erinnern. Darauf folgte eine knappe, weitgehend deskriptive Darstellung der verfassungsrechtlichen Lage, die durch Jakobs Abdankung entstanden war. Das Parlament propagierte damit eine Rechtsfiktion, die sich in den vorausgegangen Debatten beider Häuser als Sprachregelung für das tatsächliche Geschehen herauskristallisiert hatte und die auch die konservativen Kräfte akzeptieren konnten. Hieran schloss sich eine Liste mit 13 Positionen an, welche die Jakob II. vorgeworfenen Rechtsverletzungen, nun positiv gewendet, in Verbots- und Gebotsform als *ancient rights and liberties* deklarierten. Der zweite Artikel protokollierte die Abweichung von der Thronfolge durch die Übertragung der Krone an Wilhelm und seine Ehefrau aus dem Hause Stuart: eine gemeinschaftliche Einsetzung, die aber für den überlebenden Ehepartner weiter gelten sollte. Die Abkehr vom dynastischen Prinzip (*Dynastie*) trat darin vollends zutage. Artikel 3 enthielt Formeln für die Loyalitätseide der Untertanen. Damit war die Explikation der Verfassungskrise und des Konsenses über deren politische und rechtliche Bewältigung abgeschlossen. Es folgte nun eine Art Protokoll über die Wiederherstellung der Legalität, die damit gleichsam gesetzlich festgestellt wurde. Religionspolitische Konsequenzen zog schließlich Artikel 9, der Katholiken von der Thronfolge ausschloss und den Eid auf die Testakte von 1679, die Katholiken den Einzug in das Parlament verwehrte, neben den Krönungseid stellte.

Die B. O. R. wurde zu einem Schlüsseldokument im politischen Bewusstsein nicht nur der auf das Parlament fixierten Herrschaftselite, sondern der weiteren Nation, die sich im Kontext der politischen Öffentlichkeit des 18. Jh.s eröffnete. Sie katalogisierte einige der Geburtsrechte der Engländer (*birthrights of an Englishman*), auf die sich die amerikan. Kolonisten als engl. Bürger im Unabhängigkeitskampf beriefen und die unter dem Einfluss naturrechtlicher Denkmuster im Laufe der Aufklärungsepoche zu abstrakten Grundrechten umgedacht wurden [3]. Heute steht der Terminus B.O.R. für allgemeine und spezielle Grundrechtskataloge.

→ Glorious Revolution; Monarchie; Parlament; Sukzessionsordnung

Quellen:
[1] J. Jones, The Revolution of 1688 in England, 1972
[2] W.A. Speck, Reluctant Revolutionaries. Englishmen and the Revolution of 1688, 1988.

Sekundärliteratur:
[3] R. Beddard, The Revolutions of 1688, 1991
[4] E. Cruickshanks, The Glorious Revolution, 2000
[5] E. Hellmuth, Die Debatte um die »Bill of Rights« im 18. Jh., in: G. Birtsch, Grund- und Freiheitsrechte von der ständischen zur spätbürgerlichen Gesellschaft, 1987, 117–134 [6] D.L. Jones, A Parliamentary History of the Glorious Revolution, 1988.

Günther Lottes

Bimetallismus

B. (Doppelwährung) bezeichnet ein ↗Währungssystem, bei dem zwei Münzmetalle, deren Wertverhältnis offiziell festgelegt ist, als gesetzliches Zahlungsmittel in Umlauf sind. Bei monometallistischen Währungen (↗Monometallismus) war die Bestimmung des Wertverhältnisses vergleichsweise einfach: Ein Metall (↗Gold oder ↗Silber) war das Währungsmetall und die ↗Münzen des anderen Metalls wurden entsprechend der jeweils herrschenden und von den Metallpreisen abhängigen Gold-Silber-Relation auf der Basis des Währungsmetalls bewertet. So wurden z. B. im Alten Reich nach den Reichsmünzreformen des 16. Jh.s die umlaufenden Goldmünzen auf der Grundlage der reinen Reichssilberwährung mit dem Reichstaler als Kern bewertet. Die gleichzeitige Verwendung von zwei ↗Edelmetallen (Parallelwährung), wie sie in Europa ab dem 13./14. Jh. zunehmend üblich war, bedeutete noch keinen B., auch wenn das Wertverhältnis von Gold und Silber über längere Zeit konstant war. Der Wert von Goldmünzen war im Alten Reich zwar amtlich festgesetzt, doch wurden diese Regulierungen durch das Erheben von Aufgeld für begehrte Münzsorten gerne und auch erfolgreich unterlaufen.

Ein festgeschriebener B. ignoriert das Schwanken einer Gold-Silber-Relation. Besaß ein Staat eine Doppelwährung, musste er beide Metalle zu festen Kursen ankaufen, ohne dass er auf Preisentwicklungen auf dem Edelmetallmarkt reagieren konnte. Frankreich führte als erstes europ. Land 1803 eine Doppelwährung auf der Basis der damaligen und seit 1785 für Frankreich amtlichen Relation von 1:15,5 (Gold:Silber) ein, nachdem bereits die USA 1792 mit einer Doppelwährung auf der Grundlage der Relation von 15:1 vorausgegangen waren. Großbritannien hingegen besaß bereits seit 1774 de facto eine Goldwährung, da Goldmünzen gesetzliches Zahlungsmittel waren und Silbermünzen bei Zahlungen nur bis zu einer Höhe von 25 £ angenommen werden mussten. Hier wurde 1816 Gold als das alleinige gesetzliche Zahlungsmittel zugelassen; der Annahmezwang von Silbermünzen wurde auf 2 £ beschränkt.

Dennoch übernahmen in der Folgezeit zahlreiche Staaten wie Belgien (1832), Schweiz (1850/60), Italien (1862) und Griechenland (1868) auf der Basis des ↗Franc die franz. Doppelwährung. Aufgrund der Schwankungen der Weltproduktion von Gold und Silber und des unterschiedlichen Feingehaltes der Silber-↗Scheidemünzen waren die betreffenden Länder von spekulativen Edelmetallexporten betroffen. Um den kontinuierlichen Silberabfluss aus den vier Franc-Ländern einzudämmen, wurde 1865 die »Lateinische Münzunion« gegründet. Ihre Ziele waren die Herstellung eines gemeinsamen Münzumlaufes, die Erleichterung des Zahlungsverkehrs sowie ein Rückgang der Wechselkursschwankungen.

Nachdem 1873 Deutschland, die Niederlande und die skand. Länder zur Goldwährung übergegangen waren, verfiel der Silberpreis (1:36) so stark, dass die meisten europ. Staaten nach z. T. heftigen Diskussionen reine Goldwährungen einführten. Frankreich konnte diesen Prozess nicht ignorieren. Wegen des Silberpreisverfalls fand der franz. B. 1878 mit der freien Ausprägung von Silbergeld ein Ende; das Nebeneinander von Goldmünzen und den nach wie vor als Währungsmünzen umlaufenden silbernen Fünf-Franc-Stücken bildete eine »hinkende« Goldwährung.

Obgleich die bimetallistischen Systeme durch die Gold- und Silbermünzprägung in Krisenzeiten stabiler als monometallistische Systeme waren, da sie auf Angebot und Nachfrage der jeweiligen Währungsmetalle ausgleichend reagieren konnten, führte der wirtschaftliche Druck der monometallistischen Goldwährungssysteme des Deutschen Reiches und Großbritanniens zur (fast) europaweiten Übernahme einer goldbasierten Währung und damit zum internationalen Goldstandard.

→ Geld; Monometallismus; Münze; Währung; Währungssystem

[1] N. W. J. Baas, Die Doppelwährungspolitik Frankreichs 1850–1885, 1984 [2] M. Flandreau, L'or du monde: La France et la stabilité du système, 1848–1873, 1995 [3] M. Friedman, Bimetallism Revisited, in: Journal of Economic Perspectives 4, 1990, 85–104 [4] W. Lexis, Art. Doppelwährung, in: Handwb. der Staatswissenschaften 3, ²1900, 237–252 [5] M. North, Das Geld und seine Geschichte. Vom MA bis zur Gegenwart, 1994, 143–151 [6] F. von Schrötter, Art. Doppelwährung (Bimetallismus), in: F. von Schrötter (Hrsg.), WB der Münzkunde, 1930, 156–157 [7] R. Sedillot, Le Franc, 1953 [8] A. Soetbeer, Edelmetall-Produktion und Werthverhältniss zwischen Gold und Silber seit der Entdeckung Amerika's bis zur Gegenwart (Ergänzungsheft No. 57 zu Petermann's Mittheilungen), 1879 [9] F. Zellfelder, Art. Bimetallismus, in: M. North (Hrsg.), Von Aktie bis Zoll. Ein historisches Lex. des Geldes, 1995, 56.

Konrad Schneider

Bimorphismus s. Dimorphismus

Binnenschifffahrt

1. Voraussetzungen
2. Wasserstraßen
3. Politische Rahmenbedingungen
4. Schiffstypen
5. Antriebe
6. Ladungen und verkehrswirtschaftliche Bedeutung

1. Voraussetzungen

Die B. und die Seeschifffahrt (↗Hochseeschifffahrt) waren bis zur Einführung der ersten ↗Eisenbahnen die einzigen Verkehrsträger, welche große Gütermengen über mittlere und weite Entfernungen transportieren konnten (↗Transport und Verkehr). In Antike und MA war die B. ausschließlich auf die Nutzung natürlicher Gewässer angewiesen, doch wurden diese seit dem 14. Jh. durch künstliche ↗Kanäle zu einem Wasserstraßennetz ergänzt und im Verlauf der Nz. zunehmend reguliert.

Die Fahrzeuge der B. waren zunächst an die Bedingungen der jeweiligen Wasserstraßen angepasste, einfache hölzerne Schiffe von geringer Größe (Schiffslängen unter 10 m), die sich im Laufe der Jahrhunderte auf den Transport von einzelnen Ladungsgütern oder von Fahrgästen spezialisierten; mit dem Ausbau des Wasserstraßennetzes entstanden wenige weitgehend standardisierte Schiffstypen (↗Schiffbau) [4]; [5].

Der Vortrieb der Schiffe erfolgte unter Ausnutzung natürlicher Kräfte (Strömung, ↗Windenergie) sowie durch die Nutzung tierischer bzw. menschlicher Kraft (↗Treidlerei). Ab dem beginnenden 19. Jh. kam es dann mehr und mehr zum Einsatz von ↗Dampfmaschinen; diese bedingten anfangs einen großen Aufschwung der B., zu dem v. a. auch der Personentransport beitrug. Mit der wachsenden Bedeutung der Eisenbahn allerdings begann der Rückzug der B. auf den Transport loser Massengüter.

2. Wasserstraßen

Natürliche Gewässer wurden bereits seit dem MA in großem Umfang zum Transport von Waren und Gütern aller Art sowie für den ↗Personenverkehr genutzt. Da jedoch abgesehen von den Hauptströmen (wie Rhein, Elbe und Donau) geringe Fahrwassertiefe sowie jahreszeitlich stark schwankende Wasserführung die meisten natürlichen Fließgewässer des mitteleurop. Raumes prägten, blieb die mögliche Verkehrsleistung auf diesen Wasserstraßen begrenzt. Zudem entsprach der Verlauf der Flüsse (zumeist in Süd-Nord-Richtung) nicht in jedem Fall dem der Warenströme, so dass bereits im ausgehenden MA erste künstliche Wasserstraßen projektiert und realisiert wurden [1].

Die bedeutendste dieser frühen künstlichen Wasserstraßen war die zwischen Lauenburg und Lübeck errichtete Stecknitzfahrt, die primär dem Transport des Lüneburger Salzes in den Seehafen Lübeck diente und damit einen entscheidenden Beitrag zum ↗Ostseehandel leistete. Der um 1400 aufgenommene Salztransport auf der insgesamt 94 km langen Wasserstraße mit 17 Staustufen erreichte in der ersten Hälfte des 16. Jh.s mit einer durchschnittlichen Jahrestransportmenge von knapp 12 500 t seinen Höhepunkt. Die Reisezeit der Schiffe mit ca. 12,5 t Tragfähigkeit betrug zwischen Lauenburg und Lübeck ungefähr zwei bis drei Wochen, da die geringe Wasserführung lange Wartezeiten an den Stauschleusen mit sich brachte (↗Schleuse; ↗Kanal).

Die am Ende des 15. Jh.s eingeführten Kammerschleusen schufen die Voraussetzungen für eine erhebliche Intensivierung des Wasserstraßenbaus, da man jetzt nicht nur größere Höhendifferenzen überwinden konnte, sondern zugleich der Wasserverbrauch je Schleusung deutlich verringert wurde. So wurde z. B. in der ersten Hälfte des 16. Jh.s eine Kanalverbindung zwischen Alster und Trave geplant, die Hamburg unmittelbar an den Ostseehandel anschließen sollte; mit dem Ausbau der Elde (Mecklenburg-Vorpommern) begannen zeitgleich die Arbeiten für einen direkten Anschluss der Elbschifffahrt an die Ostsee bei Wismar; beide Projekte jedoch konnten aus politischen Gründen nicht vollständig realisiert werden. Nach dem Ende des Dreißigjährigen Krieges (1648) erfolgten schließlich umfangreiche Kanalbauten im Gebiet zwischen Elbe und Oder, die sowohl die durchgehende Schifffahrt zwischen diesen Flüssen ermöglichten als v. a. auch ein Wasserstraßennetz innerhalb Preußens entstehen ließen.

Der Ausbau der natürlichen Wasserstraßen und insbes. der großen Ströme setzte in der Regel erst mit der Einführung der ↗Dampfschiffe im 19. Jh. ein, da diese Wasserstraßen einerseits bereits ohne Ausbaumaßnahmen die üblichen Schiffe der vorindustriellen B. aufnehmen konnten und vor dem 19. Jh. andererseits die territoriale Zergliederung der Flussläufe einen koordinierten Ausbau nahezu unmöglich gemacht hatte.

Abgesehen von dem Gebiet zwischen Elbe und Oder gab es somit vor Ende des 19. Jh.s in Deutschland kein geschlossenes Wasserstraßennetz, sondern eine Vielzahl isolierter Wasserstraßen, die den Einsatz sehr unterschiedlicher Schiffsgrößen erlaubten. Während die meisten dieser Verkehrswege nur für den regionalen Güter- und ↗Personentransport relevant waren, erschlossen die großen Ströme das Hinterland der in den Mündungsgebieten gelegenen Seehäfen.

Grundsätzlich galt diese Struktur für die meisten europ. Staaten, wobei in einzelnen Ländern (Frankreich, Dänemark, Schweden) zusätzlich Wasserstraßenprojekte realisiert wurden, die einzelne Seehäfen miteinander verbanden, welche überwiegend strategischen Zwecken dienten.

3. Politische Rahmenbedingungen

Im Vergleich zur Seeschifffahrt war die dt. B. zunächst erheblich durch die territoriale Kleingliedrigkeit Deutschlands erschwert, die eine Vielzahl von ↗Zöllen und Stapelrechten (↗Stapelzwang) sowie Schifffahrtsprivilegien mit sich brachte. Diese sorgten dafür, dass eine durchgehende Schifffahrt auf den großen Strömen nicht oder nur mit erheblichen Verzögerungen sowie zusätzlichen Kosten möglich war; der Bau von künstlichen Wasserstraßen konnte zumeist nur innerhalb eines Territoriums realisiert werden.

Zu einer grundlegenden Veränderung dieser Situation kam es erst infolge des ↗Wiener Kongresses (1815). Artikel 108–117 der Kongressakte regelten erstmalig die Rechte der internationalen Flussschifffahrt; Artikel 109 legte außerdem insbes. die Freiheit der Schifffahrt auf den Flüssen fest. Gemeinsam mit der Aufhebung der Stapelrechte und der Regelung der Schifffahrtsabgaben wurden hier die Voraussetzungen dafür geschaffen, dass sich die B. zu einem überregionalen und internationalen Verkehrsträger entwickeln konnte. Die Zollhoheit der Uferstaaten wurde jedoch beibehalten.

Zur Fortschreibung der allgemeinen Regelungen der Wiener Kongressakte und deren Anpassung an die jeweiligen Eigenheiten der internationalen Flüsse entstanden in der ersten Hälfte des 19. Jh.s schließlich Stromkommissionen für die einzelnen Flussgebiete, in denen Repräsentanten sämtlicher Uferstaaten vertreten waren. Die von den Kommissionen festgelegten Schifffahrtsakten regelten sämtliche schifffahrtsrechtlichen Aspekte der verschiedenen Flussgebiete, wobei der Gleichbehandlungsgrundsatz für die Angehörigen aller Uferstaaten galt. Die Stromkommissionen der B. gehören damit zu den ersten supranationalen Verwaltungen und bestehen teilweise bis in die Gegenwart (z. B. Zentralkommission für die Rheinschifffahrt) [3].

4. Schiffstypen

Die in der B. eingesetzten Fahrzeuge waren im ausgehenden MA zunächst meist einfache hölzerne Schiffe; diese variierten in Abhängigkeit von den jeweiligen Wasserstraßen stark in Bauform und Größe. Zusätzlich kamen in der Talfahrt (d. h. mit der Strömung treibend) vielfach Flöße zum Einsatz, die dem Holztransport aus den waldreichen Gebieten der Oberläufe dienten (↗Flößerei).

Die Weiterentwicklung dieser Schiffe blieb und bleibt bis heute stets durch die Dimensionen der zu befahrenden Wasserstraße begrenzt, so dass sich einzelne Bauformen über sehr lange Zeiträume erhielten [8]. Erst die Einführung von ↗Eisen und Stahl im Binnenschiffsbau des 19. Jh.s erlaubte grundsätzlich neuartige Bauformen, aus denen sich im Verlauf des Jahrhunderts wenige standardisierte Frachtschiffstypen herausbildeten. Fahrzeuge für den ↗Personentransport oder Schlepper bzw. Arbeitsfahrzeuge wurden hingegen in immer breiterer Typenvielfalt entwickelt.

Für die gesamte Epoche bis zum Ende des 19. Jh.s war prägend, dass die frachttragenden Fahrzeuge nicht mit eigenen Maschinenanlagen ausgestattet, sondern gesegelt, getreidelt oder geschleppt wurden. Solange der Schiffsantrieb auf die natürlichen Kräfte von Strömung und Wind sowie auf das Treideln durch menschliche oder tierische Kraft angewiesen blieb, bildete diese Antriebsart auch eine natürliche Grenze für das Wachstum der Fahrzeuge. Da der Wind in der B. anders als in der Seeschifffahrt stets nur ein Hilfsantrieb war, der nur im Fall des glücklichen Zusammentreffens von Wasserstraßenverlauf und Windrichtung genutzt werden konnte, limitierte das Treideln zumindest die Beladung der stromaufwärts fahrenden Schiffe.

Mit der Einführung der ↗Dampfmaschine in die B. (seit ca. 1800) kamen weitere auf Waren- und Personentransport spezialisierte Typen auf (↗Dampfschiff); darunter waren die Fahrgastschiffe die wichtigsten, die vor dem Ausbau des Eisenbahnnetzes bzw. in Regionen ohne adäquate Eisenbahnanbindung die Funktion des öffentlichen Personenverkehrs erfüllten, aber zugleich auch dem Transport von Stückgut in kleineren Mengen dienten. Daneben erlangten im Laufe des 19. Jh.s Schlepper unterschiedlicher Bauformen besonderen Stellenwert. Durch diesen Schiffstyp konnte sich die B. erstmals aus der Abhängigkeit von den natürlichen Vortriebskräften lösen; damit wurde einerseits eine Kalkulierbarkeit von ↗Reisen, andererseits eine erheblich gesteigerte Reisegeschwindigkeit erzielt (↗Beschleunigung).

Angesichts der zunehmenden Konkurrenz der Eisenbahn fand die B. ab 1850 immer mehr im Transport von Massengütern ihre Hauptbeschäftigung; dies wirkte sich insofern auf die Schiffstypen aus, als nun Schiffe mit wenig untergliederten Laderäumen und großen Luken relevant wurden. Gegen Ende des 19. Jh.s traten neben die universell einsetzbaren Massengutschiffe die ersten auf bestimmte Ladungsgüter spezialisierten Fahrzeuge der B., v. a. die zunächst als Kastenschiffe bezeichneten Tankschiffe [2]. Diese auf nur einen Ladungstyp limitierten Fahrzeuge läuteten ein neues Zeitalter der B. ein, da die Bindung bzw. Abhängigkeit zwischen Befrachter und Schifffahrtsunternehmen erheblich verstärkt wurde.

Aus dem zunächst universell einsetzbaren Binnenschiff der Frühen Nz. entwickelte sich bis zum ausgehenden 19. Jh. ein differenziertes System spezialisierter Fahrzeugtypen, die zumeist nur noch auf einzelnen Wasserstraßen bestimmte Güter befördern konnten.

5. Antriebe

Anders als in der Seeschifffahrt erlangte die ↗Windenergie als Antriebskraft in der B. keine große Bedeutung, da die Verläufe der Wasserstraßen keine freie Kurswahl unter der besten Ausnutzung der Windrichtung erlaubten. Die Besegelungen der B. blieben daher während der Nz. relativ einfache Konstruktionen, die zumeist nur aus einem einzigen rechteckigen Spritsegel bestanden. Erschwerend für die Nutzung von Segeln kam hinzu, dass im Verlauf der Nz. immer mehr Wasserstraßen von ↗Brücken überquert wurden, so dass die Masten niederlegbar sein mussten.

Den Hauptantrieb für die Talfahrt auf den Flüssen bildete das natürliche Gefälle bzw. die Strömung selbst; d. h. die Schiffe trieben auf dem Fluss zu Tal, während sie zu Berg vom Ufer aus gezogen oder seltener von ihrer Besatzung gestakt oder gerudert wurden.

Erst die Entwicklung der Dampfmaschine konnte dieses System verändern; bereits innerhalb der ersten zwei Jahrzehnte des 19. Jh.s waren auf nahezu allen dt. und übrigen europ. Wasserstraßen erste ↗Dampfschiffe im Einsatz. Als Propulsionselement nutzten die Dampfschiffe der B. nahezu ausschließlich das Schaufelrad und behielten dieses auch vielfach bei, als die Seeschifffahrt bereits zum Propeller übergegangen war. Angesichts der meist geringen Wassertiefe erlaubte das Schaufelrad die Übertragung größerer Maschinenkräfte und wurde erst im 20. Jh. durch den Propeller verdrängt.

Neben der Entwicklung von maschinengetriebenen Binnenschiffen wurde auf einzelnen Wasserstraßen (z. B. Teltowkanal im Süden von Berlin; franz. Wasserstraßennetz) auch das Treideln mittels Treidellokomotiven fortentwickelt (↗Lokomotive); eine wichtige Sonderform war die Kettenschifffahrt und Tauerei, bei der sich maschinengetriebene Fahrzeuge an einer im Flussbett liegenden Kette (oder an einem Tau) zu Berg zogen.

In der frachttragenden B. wurde das Grundprinzip der antriebslosen Fahrzeuge, die externe Vortriebsmittel nutzten, grundsätzlich bis zum Ende des 19. Jh.s beibehalten, während die Personenschifffahrt seit dem Beginn des 19. Jh.s immer mehr auf Fahrzeuge mit eigenem Antrieb an Bord setzte.

6. Ladungen und verkehrswirtschaftliche Bedeutung

Die Ladungen der B. bestanden am Ende des MA zunächst aus allen Gütern, die über weite Entfernungen transportiert werden mussten. Zwar gab es einzelne Strecken, auf denen man nahezu nur eine Güterart beförderte (z. B. der Salztransport der Stecknitzfahrt, s. o. 1.), doch wurden auch diese Güter als Stückgut gefahren. Die verkehrswirtschaftliche Bedeutung der B. lag v. a. darin, dass sie als einziger Verkehrsträger fähig war, größere Gütermengen über weitere Entfernungen zu transportieren [7]. Daran änderte sich bis zum Beginn der ↗Industrialisierung nur wenig, wobei die B. mit der stetigen Zunahme des Seeverkehrs insofern an Bedeutung gewann, als sie die Hinterlandverbindung der Seehäfen sicherstellte.

Infolge der Industrialisierung gewann der Transport montaner Massengüter (↗Montanwesen) stetig zunehmende verkehrswirtschaftliche Bedeutung bzw. wurde sogar zur zwingenden Voraussetzung ihres Fortschreitens. Gerade die Beförderung von ↗Kohlen entwickelte sich im 19. Jh. zum ökonomischen Rückgrat der B.

Während der Transport von Stückgut und Personen sich immer weiter auf die Eisenbahn mit ihrer besseren Netzbildungsfähigkeit und höheren Reisegeschwindigkeit verlagerte, bot die B. im Fall der Kohle niedrigere Transportkosten je Gewichtseinheit und die Möglichkeit, große Mengen zu befördern. Diese Spezialisierung auf montane Massengüter brachte aber zugleich erhebliche strukturelle Veränderungen des Wirtschaftssektors B. mit sich, als die Montanindustrie zunehmend begann, eigene Binnenschifffflotten aufzubauen, statt sich der B. als eines externen Dienstleisters zu bedienen. Dieser im 19. Jh. begonnene Trend setzte sich bis in das 20. Jh. kontinuierlich fort und bestimmt noch gegenwärtig in gewissem Umfang das Verkehrssystem der B.

Im Verlauf der Nz. entwickelte sich die B. somit von einem universellen Verkehrsträger zu einem auf den Transport von Massengütern spezialisierten Teilsektor der Verkehrswirtschaft.

→ Hochseeschifffahrt; Kanal; Schifffahrt; Schiffsbau; Transport und Verkehr

[1] M. Eckoldt (Hrsg.), Flüsse und Kanäle. Die Geschichte der dt. Wasserstraßen, 1998 [2] I. Heidbrink, Dt. Binnen-Tankschifffahrt 1887–1994, 2000 [3] L. Jolmes, Geschichte der Unternehmungen in der Rheinschiffahrt, 1960 [4] O. Most, Die dt. Binnenschiffahrt, eine Gemeinschaftsarbeit, ²1964 [5] H. Ringhand (Hrsg.), Die Binnenschiffahrt. Fließende Straßen – lebendige Ströme, 1992 [6] L. U. Scholl, Als die Hexen Schiffe schleppten. Die Geschichte der Ketten- und Seilschleppschiffahrt auf dem Rhein, 1985 [7] O. Teubert, Die Binnenschiffahrt. Ein Hdb. für alle Beteiligten (2 Bde.), 1912–1918 [8] W. Teubert, Der Flußschiffbau (einschließlich Treibmittel): ein Hand- und Lehrbuch für Ingieure, Studierende und Schiffahrtbetreibende, 1920.

Ingo Heidbrink

Biographie

Der Begriff B. (von griech. *bíos*, »Leben«, und *gráphein*, »schreiben«) im Sinne von »Lebensbeschreibung« ist in der engl. Form *biography* 1683 erstmals belegt und im dt. Sprachraum seit dem 18. Jh. nachweisbar. Lit. Lebensbeschreibungen gehören zu den ältesten schriftlichen Äußerungsformen der Menschheitsgeschichte und haben ihren Ursprung in den in allen Kulturen verbreiteten Praktiken des Totengedenkens und des Herrscherlobs. Das Spektrum biographischer Formen reicht von Grabinschrift, Nekrolog sowie Lob- und Preisrede über ↗Legende und Vita bis hin zu Charakteristik, Porträt und ↗Anekdote, vom Lexikonartikel über den ↗Essay bis hin zur Lebensdarstellung in der Form des biographischen ↗Romans. Die B. steht insofern an der Schnittstelle von Kunst und Wissenschaft, als sie einerseits lit. Text und damit Objekt literaturwiss. Analyse ist, andererseits aber selbst Instrument wiss. Forschung. Die historische B. ist eine Form der ↗Geschichtsschreibung [3] und weist als Narration nach heutiger Auffassung auch da fiktionale Elemente auf, wo sie sich am Ideal historischer Faktentreue orientiert [8]. Neben ↗Autobiographie, ↗Brief, ↗Tagebuch und ↗Bildungsroman ist die B. eines der zentralen Medien, in denen sich seit der Frühen Nz. historisch je spezifische Konzepte von ↗Individualität herausgebildet haben.

Wirkungsmächtige antike Vorbilder der nzl. B. waren v. a. Suetons Kaiserviten (um 120) sowie Plutarchs moralpädagogische Ziele verfolgenden *Parallelbiographien* großer Griechen und Römer (105–115). Während im MA Heiligenlegenden und Fürstenviten dominierten, erwachte in der ↗Renaissance ein starkes Interesse an den Lebensläufen hervorragender Künstler und Schriftsteller. Exemplarisch für diese Tendenz sind Sammelwerke wie Giovanni Boccaccios *De casibus virorum illustrium* (1356–64; »Über den Sturz berühmter Männer«) und Giorgio Vasaris *Vite de' più eccellenti pittori, scultori e architetti* (1550/68; »Die Lebensgeschichten der hervorragendsten italienischen Architekten, Maler und Bildhauer«). Typisch für das humanistische Interesse am einzelnen Menschen sind auch Jean de La Bruyères essayistische Charakterskizzen (*Les Caractères*, 1688). In der ↗Aufklärung wurden zunehmend auch bürgerliche Lebensläufe biographiewürdig, was sich in der Popularität von Gelehrtenlexika und Anekdotensammlungen zeigt. Johann Gottfried Herder und in seiner Folge die Romantiker reflektierten und praktizierten die B. als »Denkmal«, d. h. als Medium der Erinnerung (z. B. Karl August Varnhagen von Ense, *Biographische Denkmale*, 1824–1830). Wenngleich einzelne Individual-B. wie Voltaires *Histoire de Charles II* (1731) oder John Boswells *Life of Samuel Johnson* (1791) stark rezipiert wurden, erreichte die Individualbiographik erst im 19. Jh. ihren Höhepunkt. Hatte im viktorianischen England die heroisierende B. Konjunktur (z. B. Thomas Carlyle, *History of Friedrich II of Prussia*, 1858–65), entwickelte sich in Deutschland unter dem Einfluss des ↗Positivismus die auf kritischem Quellenstudium basierende historistische B. (z. B. Gustav Droysen, *Das Leben des Feldmarschalls Grafen York von Wartenburg*, 1851/52; Georg Heinrich Pertz, *Leben des Ministers Freiherr von Stein*, 1849–54). Neben der histor.-politischen B. entwickelte sich im Deutschland des Nachmärz der Typus der geistes- bzw. kulturgeschichtlichen Individual-B. (z. B. Rudolf Haym, *Wilhelm von Humboldt*, 1856) [7].

Während die B. von Wilhelm Dilthey als privilegierte geisteswiss. Darstellungsform angesehen wurde [1], brachten die populären historischen B. der Weimarer Zeit das zwischen Wissenschaft und Kunst oszillierende Genre innerhalb der Geschichtswissenschaft in Misskredit [2]. Dass sich die B.-Forschung bis heute vergleichsweise wenig ausdifferenziert hat, ist darüber hinaus als Konsequenz der Konjunktur des Strukturalismus anzusehen, der dem Individuum die geschichtsbildende Kraft abspricht und die zentrale Aufgabe der Wissenschaft in der Analyse der diskursiven und institutionellen Bedingungen historischer Machtverhältnisse ausmacht. Als Folge der Diskussion um die »Rückkehr des Autors« ist die B. allerdings in den letzten Jahren wieder ins Blickfeld methodisch interdisziplinär arbeitender Forschung gerückt [4]. Wichtige Impulse für eine Theorie der Gattung gehen dabei von der Gender-Forschung aus, die sich kritisch dagegen wendet, das aus männlichen Lebensläufen gewonnene Erzählschema der Berufs-B. verabsolutierend zum Gattungsmodell zu erklären (↗Geschlechterrollen) [5].

→ Autobiographie; Gattungsgeschichte; Gedächtnis; Geschichtsschreibung; Individualität

[1] W. Dilthey, Die Biographie, in: W. Dilthey, Der Aufbau der geschichtlichen Welt in den Geisteswissenschaften, 1970, 303–310 [2] Ch. Gradmann, Historische Belletristik. Populäre historische Biographien in der Weimarer Republik, 1993 [3] O. Hähner, Historische Biographik. Die Entwicklung einer geschichtswiss. Darstellungsform von der Antike bis ins 20. Jh., 1999 [4] Ch. Klein (Hrsg.), Biographik zwischen Theorie und Praxis, 2002 [5] A.-K. Reulecke, Die Nase der Lady Hester. Überlegungen zum Verhältnis von Biographie und Geschlechterdifferenz, in: H. Röckelein (Hrsg.), Biographie als Geschichte, 1993, 117–142 [6] J. Romein, Die Biographie. Einführung in ihre Geschichte und Problematik, 1948 (²1946) [7] H. Scheuer, Biographie. Studien zur Funktion und zum Wandel einer literarischen Gattung vom 18. Jh. bis zur Gegenwart, 1979 [8] H. White, Auch Klio dichtet oder die Fiktion des Faktischen. Studien zur Tropologie des historischen Diskurses, 1986.

Vera Viehöver

Biologie

1. Begriffsgeschichte und Entstehung der Disziplin
2. Der Weg zur Experimentalwissenschaft
3. Vitalismus, Mechanismus, Organismus
4. Die Biologie als Disziplin im 19. Jh.

1. Begriffsgeschichte und Entstehung der Disziplin

Die Bezeichnung B. für eine naturwiss. Lehre der Lebensphänomene erscheint – anders als lange Zeit angenommen – nicht erst am Ende, sondern bereits in der Mitte des 18. Jh.s [1]; [12]. In seiner lat. Form (*biologia*) lässt sich das Wort bis ins späte 17. Jh. zurückverfolgen [9]. Bis zur Mitte des 18. Jh.s wurde es allerdings nicht in seiner heutigen Bedeutung, sondern zur Bezeichnung des individuellen Lebens eines Menschen verwendet, also in Anlehnung an die Grundbedeutung des griech. Wortes *bíos* (»Leben«, »Lebenswandel«). Im Übergang vom 18. zum 19. Jh. diente der Begriff verschiedenen

Autoren (K. F. Burdach, J. B. Lamarck und G. R. Treviranus) zur Bezeichnung einer neuen Wissenschaft; der Name wurde in programmatischer Absicht auf die zu dieser Zeit modernen Bereiche der Erforschung der organischen ↗Natur bezogen: (vergleichende) ↗Anatomie, ↗Physiologie und ↗Embryologie, d. h. Disziplinen, die von übergreifenden Prinzipien der Struktur und Funktion von ↗Organismen ausgehen. Nachdem der Begriff zu Beginn des 19. Jh.s in der romantischen ↗Naturphilosophie vielfach auftrat – und zwar häufig im Sinne einer umfassenden Naturlehre, die auch den Bereich des Anorganischen einschloss –, setzte er sich in seiner heutigen, engeren Bedeutung erst seit den 1830er Jahren durch, v. a. unter dem Einfluss Auguste Comtes, der 1838 der B. in seinem System der positiven Wissenschaften eine definierte Position zwischen natürlicher und sozialer Physik (d. h. Soziologie) zuwies (↗Positivismus).

Unabhängig von Namensgebung und disziplinärer ↗Wissensorganisation lassen sich biologische (= biol.) Fragestellungen bis in die Antike zurückverfolgen, v. a. im medizinischen Schrifttum (↗Physiologie; ↗Anatomie). Eine langfristige Kontinuität von Begriffen, Paradigmen und Theorien wird durch die relativ stabile Konzeption des Lebens als eines abgegrenzten Bereichs der Natur ermöglicht. Die seit der Antike übliche Charakterisierung des Lebens über typische, nur Lebewesen eigene Vorgänge (Ernährung, Wachstum, Entwicklung und Fortpflanzung) weist den Gegenstand B. als einen weitgehend geschlossenen Phänomenbestand aus. Einem Wandel unterlag damit weniger die Abgrenzung des Gegenstandes als die Art seiner Erschließung: Bis in die Nz. stand ein beschreibend-klassifizierender Ansatz im Vordergrund, der die organische Formenmannigfaltigkeit mehr dokumentierte als in ihr allgemeine Prinzipien suchte. Erst am Ende der Epoche, um die Mitte des 19. Jh.s, wurde es möglich, übergreifende Prinzipien zu formulieren, die »Leben« zu einem abstrakt charakterisierbaren Naturphänomen machen: Die systematische Beschäftigung mit den organischen Naturvorgängen wurde von einer Untersuchung unterschiedlicher Lebewesen zu einer einheitlichen Naturwissenschaft des Lebens, eben der B. Weil die entscheidenden vereinheitlichenden Prinzipien (z. B. Organisation, Regulation, ↗Evolution) erst seit dem Ende des 18. Jh.s entwickelt wurden, kann davor nicht von einer B. im eigentlichen Sinne gesprochen werden [5.207].

2. Der Weg zur Experimentalwissenschaft

In der Frühen Nz. waren Darstellungen der organischen Natur oft in eine allgemeine Naturbeschreibung eingebunden. Der beschreibende und klassifizierende Ansatz der ↗Naturgeschichte ist auch für die speziell botanischen und zoologischen ↗Enzyklopädien des 16. Jh.s kennzeichnend. Sie enthalten meist eine alphabetisch geordnete Auflistung der bekannten biol. Arten einer Region und eine Beschreibung ihrer Gestalt (häufig mit Abbildungen versehen), ihres Vorkommens und – bei Tieren – ihres Verhaltens. Für die ↗Botanik verfahren die sog. ↗Kräuterbücher nach diesem Prinzip (z. B. die reich bebilderten Werke von Otto Brunfels, 1530–1536, Hieronymus Bock, 1539, und Leonhart Fuchs, 1542). Für die ↗Zoologie ist das umfassendste Werk dieser Art die *Historia animalium* (1551–1558; »Geschichte der Tiere«) von Conrad Gesner. Wenn auch in den Pflanzen- und Tierbeschreibungen des 16. Jh.s praktische Aspekte der Heilkunde oder anderer Zwecke (unter dem Begriffspaar »nützlich« versus »schädlich«) nie ganz außer Acht gelassen werden, so treten sie doch zunehmend in den Hintergrund.

Diese Werke und die Edition der klassischen Schriften von Theophrast, Plinius und Dioskurides regten die direkte Beobachtung von Pflanzen und ↗Tieren in der Natur oder in speziell eingerichteten Gärten an. Solche meist den ↗Universitäten angeschlossenen ↗botanischen Gärten und ↗zoologischen Gärten entstanden seit Mitte des 16. Jh.s. An verschiedenen ↗Medizinischen Fakultäten wurden parallel dazu Lehrstühle für medizinische Botanik eingerichtet. Am Ende des 16. Jh.s emanzipierte sich die Botanik allmählich von der ↗Medizin; es erschienen erste wiss. Werke, die die Prinzipien der Pflanzenbeschreibung und -klassifikation unabhängig von ihrer medizinischen Verwendung erörterten, etwa von Cesalpino (1583) oder Zaluziansky (1592). In der Zoologie des 16. Jh.s entstanden erste Vorstellungen der Homologie morphologischer Strukturen aus dem Vergleich von Skeletten, z. B. der Extremitäten von Mensch und Pferd bei Leonardo da Vinci (1506/07) oder des Knochengerüstes von Mensch und Vogel bei Belon (1555; vgl. ↗Aviatik, Abb. 2).

Die kontinuierliche beschreibende Tradition erhielt im 17. Jh. eine Ergänzung durch eine vollkommen neue Behandlung der Gegenstände: den analytisch-experimentellen Ansatz. Neben die Methode des Beschreibens und Vergleichens des in der Natur Vorgefundenen trat eine systematische Analyse, die die planmäßige und wiederholte, künstliche Variation der natürlichen Verhältnisse einschloss. Die Ergebnisse dieser Variationen wurden in einem Versuchsaufbau festgehalten und mit Hilfe von Messgeräten quantifiziert, die zu diesem Zweck hergestellt wurden (↗Experiment). Einer der ersten Erfolge mit dieser Methode war die Entdeckung des ↗Blutkreislaufs durch den Physiologen William Harvey (1628). Ein für die nzl. B. entscheidendes Werkzeug bilden die seit Mitte der 1620er Jahre gebauten Vergrößerungsinstrumente mit mehreren Linsen, die ↗Mikroskope (vgl. Abb. 1). Sie erschlossen nicht nur eine völlig neue Welt von Mikroorganismen, die bes. von Antoni van Leeuwenhoek in der zweiten Jahrhunderthälfte be-

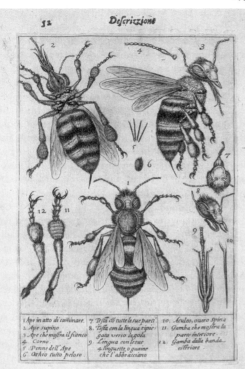

Abb. 1: Darstellungen der Honigbiene und ihrer Organe nach Beobachtungen und Zeichnungen Francesco Stellutis (Kupferstich aus: Francesco Stelluti, *Persio tradotto*, 1630). Die Tafel gilt als eine der ersten veröffentlichten biol. Darstellungen, die mit Hilfe eines Mikroskops erstellt wurden.

schrieben wurde, sondern gewährten auch Einblicke in den Feinbau der Gewebe größerer Organismen und ermöglichten die Bildung von ↗Hypothesen über die Wirkungsweise und Funktion von Organen (↗Physiologie). Besondere Erfolge brachte der experimentelle Ansatz in der Physiologie des 18. und 19. Jh.s (vgl. Abb. 2).

Die Analyse der organischen Bewegungsphänomene mit der bes. durch Albrecht von Haller Mitte des 18. Jh.s herausgearbeiteten Unterscheidung von »Irritabilität« (muskelgebundene Verkürzungsfähigkeit) und »Sensibilität« (nervenvermittelte seelische Vorstellung) war ebenso durch die experimentelle Methode geleitet wie die zur gleichen Zeit einsetzenden Studien zur Neurophysiologie der Reflexe, die spätere Sinnesphysiologie und die mit Lavoisiers Grundlegung der ↗Chemie am Ende des 18. Jh.s beginnende Aufklärung der Prozesse der Atmung, Photosynthese und Verdauung als Phänomene des Stoffwechsels. So wichtig die ↗Experimente für die Erforschung der Lebensprozesse waren, so grausam war auch die dahinter stehende Praxis, die den qualvollen Tod unzähliger Labortiere bedingte (↗Tierversuch).

Neben dem experimentellen Ansatz behauptete sich in der nzl. B. auch die beschreibende Methode, die sich als (vergleichende) Morphologie und als klassifizierende Systematik entfaltete. Letztere zielte seit dem 17. Jh. auf ein »natürliches System«, in dem nicht nur eines oder wenige, sondern zahlreiche Merkmale Berücksichtigung finden. Es etablierte sich eine hierarchische Gliederung des Pflanzen- und Tierreichs in Kategorien von zunehmendem Umfang (↗Gattungen, Familien, Ordnungen, Klassen, usw.; ↗Art, naturwissenschaftlich). Die in dem beschreibenden Ansatz erarbeitete Dokumentation der Formenmannigfaltigkeit bildete eine wesentliche Anregung für die Formulierung der ↗Evolutions-Theorie im 19. Jh. – auch wenn die klassifikatorisch tätigen Biologen (z. B. Carl von

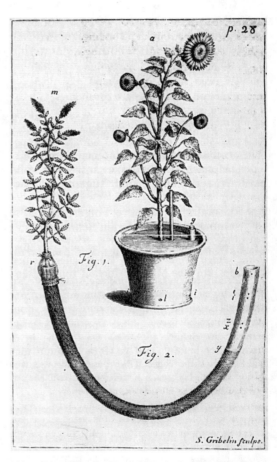

Abb. 2: Darstellung von Versuchen zum Stoffhaushalt von Pflanzen durch Stephen Hales (*Vegetable Staticks*, 1727). In Figur 1 ist eine eingetopfte Sonnenblume abgebildet, die allein Wasser und Luft von außen erhält; aus dem Stoffzuwachs der Pflanze wird darauf geschlossen, dass sie etwas Materielles aus der Luft entnimmt und ihrem Körper zuführt. Figur 2 enthält die Darstellung eines Geräts zur Messung des negativen Drucks, der durch die Transpiration von Pflanzen entsteht.

Linné und Georges Cuvier) Theorien der Transformation von Arten ursprünglich ablehnten [15]; [11].

3. Vitalismus, Mechanismus, Organismus

Die Erforschung der Strukturen und Prozesse von Lebewesen war von programmatischen und ideologischen Auseinandersetzungen um das richtige Verständnis und die adäquate Methode begleitet. Die vom 17. bis zum 19. Jh. dominanten Richtungen waren ↗Vitalismus, ↗Mechanismus und Holismus (mit dem zentralen Begriff des ↗Organismus). Im Vitalismus wurde durch die Postulierung besonderer, nur den Lebewesen eigener Prinzipien (z. B. ↗Seele oder Lebenskraft) die Abgrenzung des Lebendigen als spezieller Bereich der ↗Naturwissenschaft betont. Durch das Zusammenhalten der spezifisch biol. Phänomene erwies sich das vitalistische Paradigma einerseits als vereinheitlichendes Programm; die eingeführten lebensspezifischen Prinzipien hatten aber andererseits einen fragwürdigen materiellen Status. Wiederholt erwies es sich daher als fruchtbar für die empirische Forschung, diese Prinzipien zu hinterfragen oder ihre Geltung zu begrenzen. In diese Richtung wirkten etwa die von Descartes vollzogene strikte Unterscheidung von *res extensa* (lat., »ausgedehnte Substanz«) und *res cogitans* (»denkende Substanz«; ↗Cartesianismus) und die gut ein Jahrhundert später von Haller betriebene Differenzierung einer nach mechanischen Prinzipien erklärbaren »Irritabilität« von einer auf höhere Seelenvermögen verweisenden »Sensibilität«. Diese Differenzierungen befreiten die Untersuchung der Lebensvorgänge von Rücksichten auf bewusstseinstheoretische und metaphysische Bezüge und ermöglichten eine unbekümmerte mechanistische Analyse.

Die Kritik des Vitalismus mündete also in den Mechanismus. Im mechanistischen Programm wurde der Weg der Zergliederung der Lebewesen in einzelne Komponenten beschritten. Maßgeblich für das Verständnis war der Vergleich physiologischer Prozesse mit zunächst einfachen mechanischen Einrichtungen wie Hebeln, Flaschenzügen und Pumpen – die lebenden ↗Körper wurden also nach dem Modell von leblosen, konstruierten ↗Maschinen konzipiert. Für zentrale Phänomene der Lebewesen, ihre Ernährung, Entwicklung, Regeneration und Fortpflanzung, erwiesen sich die mechanischen Modelle allerdings zunächst als wenig hilfreich; erst im 19. Jh. wurden sie mit den Fortschritten der Physik und Chemie erneut wegweisend (z. B. in der Elektrophysiologie der Reizleitung und den chemischen Theorien des Stoffwechsels). Seit Mitte des 17. Jh.s gewannen zunächst Erklärungsansätze an Einfluss, die einen spezifisch biol., organisierenden und koordinierenden Faktor ins Spiel brachten, z. B. den *archeus faber* (lat. »ursprünglicher Werkmeister«) bei J. B. van Helmont (1648) oder die *anima* (lat. »Seele«) bei G. E. Stahl (1708). Diese vitalistischen Lehren versuchten, eine Frage zu beantworten, die für den ↗Mechanismus eine Erklärungslücke darstellte: Wie nämlich die Lebewesen als organisierte Systeme gebildet und gesteuert werden, wenn nicht durch einen göttlichen Schöpfer [14]; [16].

An die für die B. entscheidende Stelle der Vermittlung von Vitalismus und Mechanismus trat in der zweiten Hälfte des 18. Jh.s das Konzept der Organisation. Im Gegensatz zu den leblosen Körpern der Natur galten die Lebewesen unter diesem Paradigma als organisierte Systeme, und anders als unter dem Vorzeichen des Vitalismus wurde der Unterschied von lebendigen und leblosen Körpern nicht mehr auf einen besonderen Stoff oder eine besondere Kraft zurückgeführt, sondern auf die besondere Anordnung der ↗Materie. Es war u. a. der Philosoph Kant, der entscheidende Weichen für das Verständnis eines Lebewesens als ganzheitliche Organisation, d. h. als Gefüge von einander wechselseitig erzeugenden und bedingenden Gliedern, entwickelte und dabei das zentrale Konzept der Selbstorganisation herausarbeitete, das Lebewesen von Maschinen unterscheidet. Nicht über die Eigenarten der Teile für sich, sondern über ihre Interaktion wurde die Lebendigkeit damit zu bestimmen versucht [2]; [10]. Die Konzepte von »Lebendigkeit« und »Organisation« konnten identifiziert werden: Das Lebewesen wird zum ↗Organismus.

4. Die Biologie als Disziplin im 19. Jh.

Die Entwicklung der B. im 19. Jh. war durch zunehmende Technisierung der ↗Laboratorien, institutionelle ↗Professionalisierung und konzeptionelle Vereinheitlichung gekennzeichnet. Die Technisierung ermöglichte den rasanten Aufstieg der experimentellen ↗Physiologie und den Anschluss des biol. Wissens an die Erkenntnisse der Physik und ↗Chemie. So gaben chemische Analysen Aufschluss über die anorganische Natur der Bausteine der Lebewesen (Harnstoffsynthese durch Wöhler, 1828), und die Verbesserung der mikroskopischen Technik ermöglichte Fortschritte in der Erforschung der Feinstruktur und frühen Entwicklung der Organismen.

Die Institutionalisierung der B. und ihre Emanzipation von der Medizin waren mit der Herauslösung der Anatomie, Physiologie oder ↗Naturgeschichte aus den ↗Medizinischen Fakultäten und der Einrichtung von zoologischen und botanischen Lehrstühlen in den ↗Philosophischen Fakultäten verbunden. Gerade in Deutschland wurde dieser Weg konsequent beschritten, so dass bis zur Mitte des 19. Jh.s eine Reihe von zoologischen Lehrstühlen u. a. in Berlin, Breslau und Heidelberg entstand [13]. Ein explizites und reflexives Bewusstsein der B. als einheitlicher Disziplin, das seinen Ausdruck u. a. in der Einrichtung eines Curriculums der B. fand, erfolgte erst jetzt [4]; [3].

Grundlegend für die Ausbildung eines einheitlichen konzeptionellen Rahmens der B. war die Konvergenz von ↗Botanik und ↗Zoologie in einer anatomisch-strukturellen und einer naturgeschichtlichen Hinsicht. In struktureller Hinsicht ergaben anatomisch-physiologische Untersuchungen mittels des Mikroskops das Bild der Übereinstimmung im Feinbau aller Organismen, insofern alle aus ähnlichen Bausteinen, den »Elementarorganismen« der Zellen, zusammengesetzt sind. Im Anschluss an die Ähnlichkeit der Strukturen ergab sich auch für die grundlegenden Prozesse der Befruchtung und Vererbung eine im Prinzip analoge Behandlung. In historischer Hinsicht war es die Evolutionstheorie, die einen naturgeschichtlichen Zusammenhang aller Organismen postulierte (↗Evolution). Mit diesen zwei Ansätzen war eine konzeptionelle Basis gewonnen, welche die Botanik und Zoologie auf einen gemeinsamen Boden stellte – Pflanzen und Tiere werden gleichermaßen als aus Zellen zusammengesetzte, komplexe und hierarchisch geordnete Systeme gesehen, die sich in einem langen Prozess der Evolution entwickelt haben. Die detaillierte Erforschung dieser Verhältnisse konnte damit in der einheitlichen disziplinären Ordnung einer Wissenschaft, der B., erfolgen.

→ Botanik; Evolution; Naturgeschichte; Zoologie

Quellen:
[1] M.C. HANOV, Philosophiae naturalis sive physicae dogmaticae tomus III. Continens geologiam, biologiam, phytologiam generalem ..., Halle 1766.

Sekundärliteratur:
[2] G. BARSANTI, Lamarck and the Birth of Biology, 1740–1810, in: S. POGGI / M. BOSSI (Hrsg.), Romanticism in Science. Science in Europe, 1790–1840, 1994, 47–74 [3] J.A. CARON, »Biology« in the Life Sciences: A Historiographical Contribution, in: History of Science 26, 1988, 223–268 [4] W. COLEMAN, Biology in the Nineteenth Century, 1971 [5] M. FOUCAULT, Les mots et les choses (dt. Die Ordnung der Dinge, 1971), 1966 [6] T.S. HALL, Ideas of Life and Matter (2 Bde.), 1969 [7] F. JACOB, La logique du vivant, 1970 (dt. Die Logik des Lebendigen, 2002) [8] I. JAHN (Hrsg.), Geschichte der Biologie, 1998 [9] K.T. KANZ, Von der Biologia zur Biologie. Zur Begriffsentwicklung und Disziplingenese vom 17. bis zum 20. Jh., in: Verhandlungen zur Geschichte und Theorie der Biologie 9, 2002, 9–30 [10] T. LENOIR, The Strategy of Life. Teleology and Mechanics in Nineteenth Century German Biology, 1982 [11] E. MAYR, The Growth of Biological Thought. Diversity, Evolution, and Inheritance (dt. Die Entwicklung der biologischen Gedankenwelt, 1984), 1982 [12] P. MCLAUGHLIN, Naming Biology, in: Journal of the History of Biology 35, 2002, 1–4 [13] L.K. NYHART, Biology Takes Form. Animal Morphology and the German Universities, 1800–1900, 1995 [14] J. ROGER, Les sciences de la vie dans la pensée francaise du XVIIIe siècle, 1963 [15] P.F. STEVENS, The Development of Biological Systematics. Antoine-Laurent de Jussieu, Nature, and the Natural System, 1994 [16] A. SUTTER, Göttliche Maschinen. Die Automaten für Lebendiges bei Descartes, Leibniz, LaMettrie und Kant, 1988.

Georg Toepfer

Bischofsamt

1. Katholizismus
2. Protestantismus
3. Orthodox

1. Katholizismus

1.1. Das katholische Bischofsamt

Bischof (= Bf.; von griech. *epískopos*: »Aufseher«) bezeichnet (1) im NT das Mitglied eines gemeindlichen Leitungsgremiums; (2) seit dem 2. Jh. den Vorsteher einer christl. Stadtgemeinde, der diese unter Mitarbeit von Presbytern (↗Priesteramt) und Diakonen leitet; (3) seit der Spätantike bis heute den Vorsteher eines größeren Bezirks (↗Bistum), den Diözesan-Bf. Das B. im zuletzt genannten Sinn beinhaltet neben der Leitung des eigenen Sprengels auch gesamtkirchliche Aufgaben, die kollegial wahrgenommen werden (↗Konzil). Von den Diözesan-Bf. sind die Weih-, Auxiliar- oder Koadjutor-Bf. zu unterscheiden, die lediglich nominell ein Bistum innehaben, faktisch aber einem Diözesan-Bf. zugeordnet sind.

1.2. Mittelalterliches Verständnis

Im Gefolge der Entwicklung, die den Bf. immer mehr vom gemeindlichen Seelsorger zum Leiter einer übergeordneten kirchlichen Einheit werden ließ, wurde das B. im MA primär von dieser jurisdiktionellen Aufgabe her bestimmt (↗Amt), obwohl ihm bestimmte sakramentale Funktionen wie Firmung und Ordination sowie die Weihe von Kirchen u. Ä. vorbehalten blieben. Die Bf.-Weihe selbst wurde weithin nicht als ↗Sakrament, sondern als *sakramentale* (liturgische Handlung, die Ähnlichkeiten zu einem Sakrament aufweist, aber nicht als solches gewertet wird) verstanden. Die ma. Amtstheologie war bis in die Frühe Nz. hinein von Aussagen des lat. Kirchenvaters Hieronymus über das Verhältnis von Presbyter und Bf. geprägt, der beide Ämter in ihrem Wesen als identisch ansah und dem B. lediglich einen kirchenrechtlichen Vorrang einräumte, der sich in der Ordinationsbefugnis äußere. Diese Aussagen hatten zur Folge, dass das B. theologisch als Anhängsel des ↗Priesteramts erschien. Der Bf. gehört nach der Auffassung der ma. Theologen nicht zum Weihesakrament (lat. *ordo*), da dieses streng von den Funktionen bei der Eucharistiefeier her verstanden wurde und der Bf. hierbei keine Aufgabe hat, die nicht auch der einfache Priester wahrnehmen kann. Die jurisdiktionelle Vorrangstellung des Bf. wurde mit der Notwendigkeit von Leitungsämtern innerhalb der als Ordnungsgefüge aufgefassten Kirche begründet. Allerdings gab es einige wenige Theologen, die den Bf. zum Weihesakrament rechneten, weil es zu seinen Aufgaben gehöre, Priester für die Eucharistiefeier zu ordinieren [3. 38–56].

Als entscheidende Voraussetzung für das B. erschien das Priesteramt, so dass eine Bf.-Weihe ohne vorhergehende Priesterweihe (in Unkenntnis der altkirchlichen Praxis) als unmöglich angesehen wurde. Wenn das B. lediglich einen Zuwachs an jurisdiktionellen Vollmachten beinhaltete, lag es nahe, die bischöfliche Weihevollmacht als grundsätzlich mit der Priesterweihe verliehene, jedoch hinsichtlich der Ausübung gebundene Vollmacht zu betrachten. Vor diesem Hintergrund erschien die Priesterweihe durch vom Papst (↗Papsttum) dazu beauftragte Priester als durchaus konsequent, auch wenn diese Konsequenz von etlichen Theologen bestritten wurde. Faktisch erlaubten Päpste im SpätMA in Einzelfällen Priestern, Priester zu weihen [3. 318 f.].

1.3. Theologische Entwicklung in der Neuzeit

Diejenigen Theologen, die seit dem SpätMA den Bf. nicht nur jurisdiktionell, sondern auch hinsichtlich der Weihevollmacht über den Priester stellten, begründeten dies mit der größeren Fülle nicht nur an jurisdiktionellen, sondern auch an sakramentalen Vollmachten des Bf., etwa der Vollmacht zu firmen und zu ordinieren. Gleichwohl bilden Bf. und Priester ein Priestertum (lat. *sacerdotium*), innerhalb dessen dem B. die höchste Spitze zukommt. Diese Auffassung, die sich im 13. Jh. bei Johannes Duns Scotus anbahnte und von Theologen in seinem Gefolge vertreten wurde, war zu Beginn des 16. Jh.s noch eine Minderheitenmeinung. Auf dem ↗Trienter Konzil (1545–1563) konnte sich keine der beiden Positionen durchsetzen, so dass beide in der Folgezeit bis weit ins 20. Jh. hinein vertreten wurden. Erst das Zweite Vatikanische Konzil hat 1964 in seiner Kirchenkonstitution *Lumen Gentium* (Nr. 21) das B. als »Fülle des Weihesakramentes« bestimmt und damit ein primär jurisdiktionelles Verständnis desselben für obsolet erklärt. Es sah mit der Alten Kirche im B. das Paradigma des kirchlichen Amtes und betrachtete das Priesteramt als eine begrenzte Partizipation daran [3. 273 ff.].

Der wirkmächtigste Verfechter eines als Sakrament verstandenen, dem Priesteramt übergeordneten B. war Robert Bellarmin um 1600, der aus diesem Verständnis geradezu eine antireformatorische Waffe schmiedete [3. 55 f.]. Über die konfessionelle Polemik hinaus konnte damit in der Folge das B. als in der sakramentalen Struktur der Kirche verwurzelt gesehen werden.

Der Gedanke der apostolischen Nachfolge spielte bei den ma. und frühnzl. Vertretern der letztgenannten Position eine gewisse Rolle für das Verständnis des B. Da die Handauflegung bei der theologischen Deutung sowohl der Priester- als auch der Bf.-Weihe jedoch nur eine nachgeordnete Rolle spielte, wurde dieser Gedanke verständlicherweise nicht in das Bild einer »Kette von Handauflegungen« gefasst, das erst in den interkonfessionellen Auseinandersetzungen der Nz. größere Bedeutung gewann [4].

1.4. Kirchenpolitische Aspekte

Bereits in der Spätantike nahmen die Bf. neben geistlichen auch politische Funktionen wahr. Seit dem MA kam es (v. a. in der Reichskirche) zu einer Vermischung der Ebenen, da die Bf. dort zugleich regierende Fürsten waren, und politische bzw. dynastische Erwägungen bei der Wahl bzw. Bestätigung oft größeres Gewicht hatten als die geistliche Eignung eines Kandidaten. Die Problematik wurde durch die Unterscheidung von Weihe- und Jurisdiktionsvollmacht noch verschärft, die es – gegen kirchenrechtliche Vorschriften – ermöglichte, Bf. zu sein, ohne die höheren Weihen zu empfangen. Ein solcher Bf. konnte lediglich seine landesherrlichen und einen Teil seiner kirchlichen Rechte wahrnehmen; alle Akte, die die Bf.-Weihe voraussetzen, musste er Weih-Bf. überlassen [2]. Diese Situation wurde durchaus als problematisch empfunden, endete jedoch erst mit dem Ende der Reichskirche in der ↗Säkularisation zu Beginn des 19. Jh.s [1. 41–347]. Eine keineswegs geringe Zahl von Bf. verstand ihr Amt jedoch primär als geistliches Leitungsamt und übte es in diesem Sinne aus. Als Prototyp des Seelsorger-Bf. in der Nz. gilt der heilig gesprochene Mailänder Erzbischof Karl Borromäus.

Die Bestellung zum B. geschah in der Nz. entweder durch landesherrliche Nomination (etwa in Frankreich, Spanien oder Ungarn) oder durch Wahl des Domkapitels (in den meisten Diözesen des ↗Heiligen Römischen Reiches). In jedem Fall wirkte der Papst durch die ihm vorbehaltene Bestätigung mit. Seit dem *Codex Iuris Canonici* von 1917 gilt in der kath. Kirche die freie Ernennung durch den Papst als Regel, die Wahl durch das Domkapitel sowie alle anderen Formen als Ausnahme.

→ Amt; Bistum; Episkopalismus; Geistliche; Kirche und Staat; Priesteramt; Römisch-Katholische Kirche

[1] P. Berglar / O. Engels (Hrsg.), Der Bischof in seiner Zeit. Bischofstypus und Bischofsideal im Spiegel der Kölner Kirche (FS J. Kardinal Höffner), 1986 [2] F. Jürgensmeier (Hrsg.), Weihbischöfe und Stifte. Beiträge zu reichskirchlichen Funktionsträgern der Frühen Nz. (Beiträge zur Mainzer Kirchengeschichte 4), 1995 [3] H. Müller, Zum Verhältnis von Episkopat und Presbyterat im Zweiten Vatikanischen Konzil. Eine rechtstheologische Untersuchung (Wiener Beiträge zur Theologie 35), 1971 [4] H. Smolinsky, Successio apostolica im späten MA und im 16. Jh., in: T. Schneider / G. Wenz (Hrsg.), Das kirchliche Amt in apostolischer Nachfolge, Bd. 1, 2004, 357–375.

Peter Walter

2. Protestantismus

2.1. Das evangelische Bischofsamt

Unter den Reformatoren entwickelte insbes. Martin Luther eine Konzeption des B. und der Stellung des Bischofs (= Bf.), die auch Eingang in die Bekenntnisschriften (↗Bekenntnis) der evang.-lutherischen Kirchen fand (↗Luthertum) [1]; [8]; [7]. Sie beruhte auf seinen theologischen Einsichten in das Wesen des kirchlichen ↗Amtes und wurde in Anknüpfung an das und in Kontrast zum B. der Kirche seiner Zeit entfaltet (s. o. 1.). Basissatz ist die Gleichsetzung des B. im theologischen Sinne mit dem Amt der Verkündigung. Da dies primär im ↗Pfarramt verwirklicht ist, ergibt sich die theologische Gleichsetzung: Der Pfarrer ist der eigentliche Bf. Keineswegs kongregationalistisch eingestellt (↗Kongregationalismus), verfocht Luther, wie auch Calvin, eine übergemeindliche Kirchenstruktur (↗Kirchenordnung), deren konkrete Gestalt »nach menschlichem Recht« (lat. *iure humano*) festzulegen sei. Anders als Calvin bevorzugte er dafür nicht das synodale, sondern das episkopale Modell, d. h. die Wahrnehmung übergemeindlicher Aufgaben durch einzelne Amtsträger, nicht durch Gremien. Er bejahte das im ersten Jahrtausend gewachsene übergemeindliche B. grundsätzlich als angemessen, wenn es als dem Pfarramt theologisch nachgeordnete funktionale Ausgliederung verstanden und allein mit geistlichen, nicht mit politischen Mitteln ausgeübt werde (vgl. Melanchthon in *Confessio Augustana* 28: »ohne Gewalt, nur mit dem Wort«; lat. *sine vi, sed verbo*) – eine Maxime, die zur Kritik an der Koppelung von B. und politischer Macht im Reich führte (Geistliche Fürstentümer).

2.2. Entwicklungen in der Reformationszeit

Die lutherische ↗Reformation erstrebte die Übernahme der vorhandenen Diözesanstruktur in gereinigter Gestalt und den Anschluss amtierender Bf. an die Reformation. Das gelang nur außerhalb des Heiligen Röm. Reiches, v. a. in Skandinavien (↗Reformation); im ↗Heiligen Römischen Reich scheiterte es an der verfassungsmäßigen Verankerung der Geistlichen Fürstentümer, die, wie im ↗Augsburger Religionsfrieden von 1555 endgültig festgeschrieben, die Zugehörigkeit zur röm.-kath. Konfession voraussetzte. Aus demselben Grund, zunehmend auch an Machtansprüchen der protest. Fürsten, scheiterte nach mehrfachen Versuchen der Aufbau eines evang. Diözesan-B. Nach befristeter Wahrnehmung bischöflicher Aufgaben durch Visitationen schuf die lutherische Reformation ab 1525 in den Superintendenten aber eigene bischöfliche Amtsträger. Oberhalb ihrer übernahmen nach und nach die Landesherren, von Luther widerwillig als »Not-Bf.« akzeptiert, die bischöflichen Leitungs- und Aufsichtsfunktionen, in den Reichsstädten wurden diese von den Räten ausgeübt [1]; [8].

2.3. Entwicklungen nach der Reformationszeit

Das so entstehende Landesherrliche ↗Kirchenregiment, protest. Spiegelbild der Geistlichen Fürstentümer (↗Bistum), war in den dt. evang. – lutherischen, reformierten und unierten – Kirchen bis 1918 in Geltung (↗Landeskirche), auch wenn das bischöfliche Wirken der Fürsten immer wieder attackiert wurde, so im 16. und 17. Jh. von Vertretern der lutherischen Orthodoxie und des ↗Pietismus sowie im 19. Jh. von liberalen (Schleiermacher) wie konfessionellen (Hengstenberg, Löhe, Kliefoth) Theologen; dabei war die Kritik der Letzteren mit der ausdrücklichen Forderung nach einem selbständigen B. der lutherischen Kirche verbunden [3]; [4].

Die Begründungen des landesherrlichen Summepiskopats, d.h. der Auffassung des Fürsten als *summus episcopus* (»oberster Bf.«) und Träger der höchsten kirchlichen Jurisdiktionsgewalt, wechselten. Das ↗Episkopalsystem des 17. Jh.s führte die bischöfliche Rolle der Fürsten auf einen von der politischen getrennten Ursprung zurück, nämlich auf eine im ↗Augsburger Religionsfrieden vorgenommene sekundäre Übertragung der früheren reichsbischöflichen Rechte auf die protest. ↗Landesherren. Sie wurde ausdrücklich auf das äußere Kirchenregiment beschränkt und schloss die geistlichen Aufgaben (wie Predigt, Sakramentsverwaltung und Schlüsselgewalt) nicht ein [2]. Mit Ausbildung des absolutistischen Territorialsystems hingegen galt die bischöfliche Rolle der Fürsten als Ausfluss ihrer politischen Macht, weshalb sie auch Landesherren anderer Konfession zugestanden werden konnte; sie war aber ebenfalls auf das äußere Kirchenregiment beschränkt [2].

Für das in der Aufklärung entwickelte Kollegialsystem schließlich war der Summepiskopat der Fürsten rein kirchlichen Ursprungs; er kam dem Landesherrn zu, weil die Kirche, zu der auch er gehörte, ihm als Verein die bischöfliche Rolle übertragen hatte, wozu nun auch geistliche Rechte gezählt werden konnten [5].

Gerade dieser Anspruch führte im 19. Jh. zur grundsätzlichen Kritik am Summepiskopat der Fürsten. Dieser wurde durch landesherrliche Behörden (↗Konsistorium, Oberkirchenrat) ausgeübt, die zunächst eigene Ämter mit relativer Selbständigkeit waren, nach dem ↗Dreißigjährigen Krieg (1618–1648) aber dem staatlichen Behördengefüge eingegliedert wurden (↗Kirche und Staat). Im 19. Jh. errangen sie zunehmende Selbständigkeit vom Staatsapparat, allerdings nicht vom fürstlichen Summepiskopat. Gleichwohl bildeten sie, zusammen mit den nun nach und nach eingerichteten Synoden, die tragenden Säulen, die 1918 den Übergang zur kirchlichen Selbständigkeit ermöglichten, welche auch selbstgewählte Bf. einschloss [6].

→ Amt; Episkopalsystem; Geistliche; Kirche und Staat; Kirchenregiment; Priesteramt; Protestantismus

[1] M. Brecht (Hrsg.), Martin Luther und das Bischofsamt, 1990 [2] M. Heckel, Deutschland im konfessionellen Zeitalter, 1983 [3] E. Hirsch, Geschichte der neuern evangelischen Theologie, Bd. 5, ⁴1968 (Kapitel 49: Der Streit um den Kirchenbegriff) [4] C. Link, Die Grundlagen der Kirchenverfassung im lutherischen Konfessionalismus des 19. Jh.s, insbesondere bei Theodosius Harnack, 1966 [5] K. Schlaich, Kollegialtheorie. Kirche, Recht und Staat in der Aufklärung, 1969 [6] J. Wallmann, Kirchengeschichte Deutschlands seit der Reformation, ⁵2000 [7] D. Wendebourg, Das eine Amt der einen Kirche, in: Zsch. für evang. Kirchenrecht 45, 2000, 4–37 [8] D. Wendebourg, Die Reformation in Deutschland und das bischöfliche Amt, in: D. Wendebourg, Die eine Christenheit auf Erden, 2000, 195–224.

Dorothea Wendebourg

3. Orthodox

S. ↗Amt

Bischofsstadt

Im hohen MA, als dieser Stadttyp seine größte Bedeutung erlangte, waren B. im engeren Sinne ↗Städte mit einem Bischofssitz, in denen alle Amtsgewalt vom Bischof abgeleitet wurde [2. 239] (↗Bischofsamt). Sie bildeten das (namensgebende) Zentrum der jeweiligen Diözese, wobei der Bischofssitz selbst in West- und in weiten Teilen Mitteleuropas – etwa bis zur Elblinie – älter als die Stadt war. Ihre besondere Relevanz erhielten B. gerade dadurch, dass sie im westl. und mittleren Europa am Anfang der Herausbildung der Stadt okzidentalen Typs standen. Aus dem Verfassungstyp der B. entwickelte sich in Auseinandersetzungen zwischen Stadtbewohnern und geistlichem Stadtherrn die europ. Stadt mit ihren wesentlichen Charakteristika wie beispielsweise der Bürgergemeinde oder der Selbstverwaltung (↗Stadtbürgertum; ↗Städtische Verfassung).

Seit dem späten MA jedoch verloren B. im Vergleich zu anderen ↗Stadttypen zunehmend an Bedeutung; der Begriff B. büßte seinen verfassungsgeschichtlichen Inhalt ein. Die Mehrzahl der B. des MA konnte in den erwähnten Auseinandersetzungen ihre rechtliche Emanzipation vom geistlichen Stadtherrn erreichen und wurde zur Freien Stadt; dieser Prozess lässt sich u. a. auch in Italien beobachten. In der Nz. sind unter B. nur noch Städte mit Bischofssitz zu verstehen; im Grunde genommen bilden sie nun eine Untergruppe der ↗Residenzstädte. Zwei weitere Entwicklungen trugen ebenfalls zu einem Bedeutungsverlust bei: Im Zuge der ↗Reformation verloren insbes. im Norden und Osten des Alten Reiches etliche B. mit der ↗Säkularisierung der Bistümer und deren Eingliederung in fürstliche Territorien ihre herausragende Funktion.

Aber auch in den kath. Gebieten führten anhaltende Konflikte zwischen Stadt und Bischof um Reformation oder Jurisdiktion dazu, dass viele Bischöfe ihre alten Kathedralstädte verließen und in kleinere benachbarte Städte auswanderten (z.B. von Köln nach Bonn, von Worms zeitweise nach Ladenburg, von Konstanz nach Meersburg). In anderen Fällen konnten sich die Bischöfe in ihren Städten behaupten; als Zentren von Fürstbistümern wiesen diese nun mehr und mehr Charakteristika von Residenzstädten auf. Mit dem Reichsdeputationshauptschluss von 1803 wurden diese geistlichen Territorien jedoch säkularisiert und verschiedenen Fürstenstaaten angegliedert (↗Säkularisierung). Spätestens seit diesem Zeitpunkt kann der Typus der B. lediglich mit der Anwesenheit eines Bischofs beschrieben werden, ein Faktum, das für die Entwicklung der Stadt nur noch geringe Relevanz besaß. Bereits in Städten, die erst in der Frühen Nz. zu Bischofssitzen erhoben wurden (z.B. Wien, Olmütz/Olomouc), beeinflusste dieses Faktum die Wirtschaft und Sozialstruktur der Stadt nur gering bzw. entsprach der einer fürstlichen ↗Residenz generell.

In den B. ma. Ursprungs blieben die älteren Prägungen des Stadtbildes durch die Funktion in der Frühen Nz. allerdings erhalten. Dazu gehörten die an prominenter Stelle gelegene große Kathedralkirche, die Domherrenkurien in ihrer Umgebung oder die Existenz einer Domburg, welche nicht selten in Reaktion auf Auseinandersetzungen mit der Bürgerschaft entstanden. Mit der ↗Gegenreformation wuchs die ohnedies erhebliche Zahl von ↗Klöstern und Stiften in B. weiter an; ↗Priesterseminare und Jesuitenresidenzen traten hinzu. Die umfangreiche Gruppe der ↗Geistlichen war und blieb kennzeichnend für die Sozialstruktur einer B. Zugleich setzten an dieser Gruppe häufig Konflikte an, denn die Domherren, aber auch Bewohner der Domfreiheit waren rechtlich exemt und unterlagen nicht der städtischen ↗Gerichtsbarkeit. Räumlich und juristisch existierten daher in vielen B. Sonderrechtsbereiche.

Der Bischof, die Domherren, die Angehörigen der bischöflichen Hofhaltung und der geistlichen wie weltlichen Verwaltung bildeten gerade in den kleinen B. der Frühen Nz. ebenso wie in Neben- und Ausweichresidenzen einen erheblichen Wirtschaftsfaktor. An ihren Bedürfnissen – dies war eine Gemeinsamkeit aller Residenzstädte – orientierten sich ↗Handel und ↗Handwerk der Stadt. Dabei war freilich nicht unwichtig, ob der Bischof über ein größeres Territorium gebot oder als weltlicher Fürst nur wenig Einfluss hatte. In größeren geistlichen Territorien profitierten B. wirtschaftlich erheblich von ihrer Residenzfunktion.

Auch in kultureller Hinsicht ist während der Frühen Nz. eine Annäherung zwischen B. und Residenzstadt feststellbar; im Hinblick auf das religiöse Leben darf man freilich bei B. eine größere Bedeutung gegenreformatorischer Frömmigkeit und ihrer Institutionen annehmen. Etliche auch der kleineren B. waren zudem in der Frühen Nz. Sitz einer ↗Universität, von der kulturelle und soziale Wirkungen auf das innerstädtische Leben ausgingen.

→ Bistum; Stadt; Stadtentwicklung; Stadttypen

[1] G. Dilcher, Die Bischofsstadt. Zur Kulturbedeutung eines Rechts- und Verfassungstypus, in: Das MA. Perspektiven mediävistischer Forschung 7, 2002, 13–38 (mit weiterer Literatur)
[2] R. Kaiser, Art. Bischofsstadt, in: LMA 3, 1983, 239–245
[3] B. Kirchgässner / W. Baer (Hrsg.), Stadt und Bischof (Stadt in der Geschichte 14), 1988 [4] V. Press (Hrsg.), Südwestdt. Bischofsresidenzen außerhalb der Kathedralstädte, 1992.

Katrin Keller

Bistum

1. Begriff
2. Die Bistümer der Reichskirche
3. Die Entwicklung der katholischen Bistümer in der Neuzeit

1. Begriff

B. bezeichnet ein kirchliches Territorium, in dem ein kath. Bischof sein Amt ausübt (↗Bischofsamt). Dem entspricht auf evang. Seite die Institution der ↗Landeskirche. Der Begriff (von mhdt. *bischoftuom*, »das, was des Bischofs ist«) wird seit dem MA in der Westkirche weitgehend synonym mit dem schon in der Spätantike üblichen Terminus »Diözese« (griech. *dioíkēsis*, lat. *dioecesis*, »Verwaltung«, »Verwaltungsbezirk«) verwendet und bringt die grundlegende Rolle des Bischofs zum Ausdruck.

2. Die Bistümer der Reichskirche

In räumlicher Ausdehnung und internem Organisationsgrad unterschieden sich die B. selbst innerhalb eines Landes gravierend [7]. Um 1500 gab es im ↗Heiligen Römischen Reich Deutscher Nation 66 B. bzw. Erz-B., die in zwölf Kirchenprovinzen unter einem jeweiligen Vorsteher (Metropoliten) zusammengefasst waren. Die größten Kirchenprovinzen bildeten Mainz mit zwölf und Salzburg mit zehn sog. Suffragan-B. Ein die Modernisierung teils hemmendes, teils förderndes Spezifikum der Reichskirche stellte das »Geistliche Fürst-B.« dar: 55 der residierenden Diözesanbischöfe waren zugleich weltliche Landesherren von (meist nicht mit den kirchlichen Sprengeln deckungsgleichen) Hoch- bzw. Erzstiften und damit regierende Fürsten mit einem Sitz im ↗Reichstag.

Drei von ihnen (Mainz, Köln, Trier) gehörten dem Kurkollegium an und wählten zusammen mit den weltlichen ↗Kurfürsten den röm. König (↗Kaiser). Als im ↗Westfälischen Frieden (1648) der konfessionelle Besitzstand festgeschrieben wurde, hatte die Reichskirche 19 Fürst-B. durch die ↗Reformation verloren. Zwischen 1648 und 1803 kam es zu acht kath. Neugründungen [6. 23–33].

Die im MA ausgebildete interne Untergliederung eines B. in Archidiakonate, Dekanate und Pfarreien blieb auch in der Nz. in der Kath. Kirche grundsätzlich bestehen. Im Zuge eines Ausbaus der diözesanen Zentralverwaltung büßte allerdings das Amt des Archidiakons, das als Mittelinstanz im MA große Eigenständigkeit auch in Konkurrenz zum Bischof erlangte, gegenüber der leitenden B.-Hierarchie am Sitz des bischöflichen Stuhls (Domkapitel, Generalvikar, Offizial, bischöfliche Beamte) immer mehr an Kompetenz ein.

3. Die Entwicklung der katholischen Bistümer in der Neuzeit

Das ↗Trienter Konzil (1545–1563), das die bischöfliche Residenzpflicht einschärfte (↗Amt), rückte die B. ins Zentrum der nachtridentinischen Reform und machte die kath. Bischöfe – zusammen mit den neuen Seelsorgeorden (↗Jesuiten) – zu ihren entscheidenden Trägern vor Ort. Instrumente waren dabei Synoden sowohl auf Ebene der Kirchenprovinzen als auch der B. Die Einrichtung von ↗Priesterseminaren und mehr oder weniger regelmäßig abgehaltene Pastoralkonferenzen zielten auf die Formation eines gebildeten Diözesanklerus. Umfangreiche Protokollbestände aus dem 17. und 18. Jh. zeugen von einer Hochphase bischöflicher Pastoralvisitation in den Pfarreien, die (neben der Inspektions- und Kontrollfunktion) auch der Repräsentation bischöflicher Macht diente. Das nicht nur unter den Reichsbischöfen erstarkte Selbstbewusstsein (↗Episkopalismus) kollidierte dabei mit dem gleichzeitig installierten päpstlichen Nuntiaturwesen (↗Nuntius).

Mit der unter Kaiser Joseph II. durchgeführten »Diözesanregulierung« der kath. Kirche Österreichs (↗Josephinismus) erfuhren die immer schon von staatlicher Seite verfolgten Bestrebungen, die B.-Gebiete in Übereinstimmung mit staatlichen Grenzen zu bringen, weitgehende Realisierung. Ähnlich führte die revolutionäre Zerschlagung der episkopal-landeskirchlichen Strukturen des ↗Ancien Régime (↗Französische Revolution) in fast allen kath. Ländern zumindest kurzfristig zur Auslieferung der Kirche an die Staatsgewalt. Langfristig jedoch hatte der Untergang der ortskirchlichen Gegengewichte eine allgemeine Romzentrierung und päpstliche Machtzunahme zur Folge, welche in den ↗Ultramontanismus des 19. Jh.s mündete. Als die alten Episkopalordnungen fielen, blieb den Staaten nur noch der Papst als Verhandlungspartner (↗Papsttum). Im ↗Konkordat mit Frankreich (1801) schuf Papst Pius VII. eine neue Kirche ganz nach den Vorgaben Napoleons, systematisch mit einem B. pro Département. Dass der Papst im Zuge dieser Reorganisation die Demission des gesamten franz. Episkopates anordnete, war eine Demonstration päpstlicher Vollmacht, wie sie in der Kirchengeschichte bislang nicht vorgekommen war. Nach dem mit der ↗Säkularisation (1803) vollzogenen Ende der Reichskirche kam es schließlich auch zu einer völligen Neuordnung der dt. B.-Landschaft [1].

→ Amt; Bischofsamt; Episkopalismus; Kirche und Staat; Römisch-Katholische Kirche

[1] D. Burkard, Staatskirche – Papstkirche – Bischofskirche: die »Frankfurter Konferenzen« und die Neuordnung der Kirche in Deutschland nach der Säkularisation, 2000 [2] G. Chaix (Hrsg.), Le diocèse: espaces, représentations, pouvoirs (France, XVe–XXe siècle), 2002 [3] E. Gatz (Hrsg.), Die Bischöfe des Heiligen Römischen Reiches 1648–1803. Ein biographisches Lexikon, 1990 [4] E. Gatz (Hrsg.), Die Bistümer und ihre Pfarreien (Geschichte des kirchlichen Lebens in den dt.sprachigen Ländern seit dem Ende des 18. Jh.s, Bd. 1), 1991 [5] E. Gatz (Hrsg.), Die Bischöfe des Heiligen Römischen Reiches 1448–1648. Ein biographisches Lexikon, 1996 [6] E. Gatz (Hrsg.), Die Bistümer des Heiligen Römischen Reiches von ihren Anfängen bis zur Säkularisation, 2003 [7] A. Schindling / W. Ziegler (Hrsg.), Die Territorien des Reiches im Zeitalter der Reformation und der Konfessionalisierung. Land und Konfession 1500–1650 (7 Bde.), 1989–1997.

Günther Wassilowsky

Bittschrift s. Supplik

Blasphemie s. Gotteslästerung

Blauer Montag

Als B. M. wird eine Verringerung der Wochen- bzw. Jahresarbeitszeit bezeichnet, die insbes. im ↗Gewerbe seit dem 14. Jh. für zahlreiche europ. Regionen nachgewiesen ist und überwiegend zu Beginn der Arbeitswoche angesiedelt war. Diese Verringerung bezog sich entweder auf einzelne Tage oder Tagesteile nach Höhepunkten des wirtschaftlichen bzw. liturgischen Kalenders (wie ↗Messen, ↗Jahrmärkte, Fest- oder ↗Feiertage) oder auf davon unabhängig vereinbarte Montage. An diesen Tagen wurde nicht oder nur in reduziertem Ausmaß gearbeitet; teilweise verwendeten ↗Gesellen diese Zeiten auch für Nebentätigkeiten. Der B. M. diente daneben insbes. als Badetag (↗Baden) oder stellte jenen Tag dar, an denen Gesellen ihre Zusammenkünfte hielten.

Die etymologische Herleitung des Begriffs ist nicht eindeutig. Zahlreiche Deutungen verweisen auf die blaue Farbe der Altarumhüllung während der Fastenzeit im MA, in der auch Gesellenumzüge stattfanden, was einen ursprünglich engen Bezug zum christl. Feiertagskalender nahe legt. Dafür spricht auch, dass das mhdt. Wort *blaw* so viel wie »heilig« bedeutet.

Der B. M. lässt sich in erster Linie in jenen Arbeitsbereichen nachweisen, in denen die ↗Arbeitszeit Gegenstand von Konflikten (↗Soziale Konflikte) und Normierungsversuchen war (↗Handwerk, Gewerbe, ↗Montanwesen). Die erste bekannte Erwähnung des B. M. stammt 1330 vom Handwerk der Lübecker Pergamentmacher, ausdrückliche Forderungen nach freien Montagen erhoben 1375 erstmals die Hamburger Böttchergesellen. Der B. M. ist für alle dt.sprachigen Regionen für die Zeit seit dem 16. Jh. überliefert; zahlreiche Nachweise finden sich auch für Frankreich (*Saint-Lundi*), Italien (*lunediana*), England (*Good* bzw. *Saint Monday*) oder Skandinavien (*blaa Mandag*).

Die Verbreitung des B. M. ist im Kontext der Jahres- bzw. Wochenarbeitszeit im jeweiligen Gewerbe zu sehen und hing von den spezifischen Interessen bzw. von den Machtkonstellationen zwischen ↗Meistern, ↗Gesellen und ↗Obrigkeiten ab. Gesellen waren insbes. in jenen Regionen an zusätzlicher arbeitsfreier Zeit interessiert, wo durch die Abschaffung von Feiertagen im Zuge der ↗Reformation eine Ausdehnung der Jahresarbeitszeit angestrebt wurde. Auch in jenen Gewerben, in denen Sonntagsarbeit teilweise erlaubt war (↗Sonntag), lässt sich das Bemühen der Gesellen um einen Ausgleich in Form des B. M. erkennen.

Der B. M. stellte gerade in diesen Regionen und Gewerben immer wieder eine Ursache von Konflikten dar. Zahlreiche Auseinandersetzungen zwischen Gesellen und Meistern seit dem MA belegen, dass der B. M. auch im Handwerk nie kontinuierlich und allgemein akzeptiert war. Seit dem 17. Jh. verbreitete sich unter Obrigkeiten und gelehrten Zeitgenossen die Ansicht, der B. M. wäre Kennzeichen des Müßiggangs und würde als sog. »Handwerksmissbrauch« der Entwicklung des Gemeinwesens im Wege stehen. Spätestens seit dem 18. Jh. intensivierten sich die Bemühungen, den B. M. abzuschaffen. 1731 wurde in einem Paragraphen der ↗Reichshandwerksordnung ein Verbot des B. M. erlassen, dem aber nur teilweise Folge geleistet wurde. 1770 folgte ein Dekret für die habsburgischen Länder und 1783 eines für Preußen. Der zunächst nur geringe Erfolg dieser Normen lässt sich nicht nur auf den Widerstand von Gesellen zurückführen, sondern auch auf das bis weit ins 19. Jh. reichende Fortdauern jener Arbeitsumstände, die der Verbreitung des B. M. seit dem MA förderlich waren. Erst durch die stärkere Regularisierung von Arbeitszeit im Gefolge der Ausbreitung fabrikindustrieller Produktionsformen (↗Fabrik), ebenso wie durch die allmähliche Etablierung des Samstags als eines z. T. arbeitsfreien Tages und die Entstehung des Arbeiterurlaubs verlor der B. M. an Bedeutung; vereinzelt kann er noch bis ins frühe 20. Jh. nachgewiesen werden.

Die Forschung beurteilte den B.M. lange als Ausdruck einer spezifisch vorindustriellen Arbeitsauffassung. Diese sei aufgabenzentriert gewesen, ohne eine feste Trennung zwischen ↗Arbeit und ↗Muße zu kennen. Mit der Befriedigung eines begrenzten Niveaus an Bedürfnissen sei der Wunsch nach Muße gegenüber dem Streben nach Erwerb in den Vordergrund gerückt. Neuere Forschungen relativieren diese Position. Die Möglichkeiten und das Niveau von ↗Konsum wie auch die Leistungskomponente in gewerblichen ↗Löhnen und damit der Anreiz, zusätzliches Einkommen (↗Realeinkommen) zu generieren, waren im vorindustriellen Europa größer als angenommen. Der B.M. kann aus dieser Perspektive als *leisure activity* (»Freizeitbeschäftigung«) einer Gruppe qualifizierter Arbeitskräfte und damit als Mittel sozialer Distinktion verstanden werden.

→ Arbeit; Arbeitszeit; Freizeit

[1] C. KOEHNE, Studien zur Geschichte des blauen Montags, in: Zsch. für Sozialwissenschaft N.F. 11, 1920, 268–287 (394–414) [2] D. REID, The Decline of Saint Monday, 1766–1876, in: P&P 71, 1976, 76–101 [3] W. REININGHAUS, Die Entstehung der Gesellengilden im SpätMA, 1981 [4] H.F. SINGER, Der Blaue Montag. Eine kulturgeschichtliche und soziale Studie, 1917 [5] E.P. THOMPSON, Time, Work-Discipline and Industrial Capitalism, in: P&P 38, 1967, 56–97.

Thomas Buchner

Blech s. Hammerwerk

Blei

1. Gewinnung und Verhüttung des Metalls
2. Blei als Umweltgift

1. Gewinnung und Verhüttung des Metalls

Im Vergleich zu ↗Kupfer und ↗Eisen, den wichtigsten, weil am häufigsten verwendeten Nicht-Edelmetallen der Nz., gehört B. zu den minderen ↗Metallen. Bei niedrigen Gestehungskosten und damit günstigem Marktpreis diente es speziellen ↗Handwerken wie Glasern, Orgelbauern oder Buchdruckern (Typenguss) als weicher Werkstoff. Das nzl. ↗Baugewerbe nutzte es u. a. zur Herstellung von Bedachungen, Röhren und zum Vergießen von Bauklammern, die Heilkunde für Pflaster und Salben (↗Pharmazie). Die größte Nachfrage bestand jedoch nicht innerhalb der B.-Gießerei (Gusswaren, Schrot- und Kugelfabrikation), sondern in den Schmelzhütten. Ihnen diente der niedrige Schmelzpunkt und die Funktion des B. als Trennmittel (↗Verhüttungstechnik). Insofern war die Bedeutung des B. wesentlich größer, als gewöhnlich angenommen wird.

Sowohl technische Neuerungen beim Schmelzverfahren (↗Schmelzprozess) von Kupfererzen mit Silberanteilen als auch ein wachsender B.-Bedarf führten zu Beginn des 16. Jh.s zu einer Expansion des europ. B.-Bergbaus. Den Anstoß gab das Seigerverfahren (↗Seigerhütte), das zur Abscheidung von ↗Silber aus einer Kupfermatrix und zur Produktion von Garkupfer eingesetzt wurde (vgl. Abb. 1). Dieses Verfahren benötigte zur Umkristallisation des Kupfers einen ca. 16-fachen Überschuss des Treibmittels B. bei der Kupellation (= pyro-

Abb. 1: Seigerherd zum Ausschmelzen von Silber aus metallischem Kupfer mit Hilfe von Blei (aus: Georg Agricola, Zwölf Bücher vom Berg- und Hüttenwesen, Basel 1557). Der gemauerte Herd (A, B) hatte zwei parallel nach innen geneigte Seigerbänke mit einer dazwischen liegenden Seigergasse. Auf den Herd wurden vier bis fünf runde Seigerstücke (Kupfer und Blei, 3–4 Zentner schwer) gestellt, wobei Eisenstücke als Unterlage dienten. Die senkrecht und quer zur Seigergasse aufgestellten Stücke bewahrte eine Holzkohlenfüllung vor dem Umfallen. Anschließend wurden die Seitenwände aufgerichtet, der Riegel vorgelegt und der Ofen mit kleinen Holzstücken gefüllt. Das Silber seigerte dann zusammen mit dem B. aus, da beide eher schmolzen als das Kupfer. Die Seigerdörner waren gegen Ende der Seigerung stärker oxidierte und kupfrige Nebenprodukte, die gesondert aufgearbeitet wurden.

technischer Prozess zur Trennung von B. und Silber durch Oxidieren des B.).

Diese Kupferseigerung bedeutete eine technisch umwälzende Neuerung in der Geschichte der ↗Metallurgie. Das Verfahren gelangte 1453 in Nürnberg zur Anwendungsreife; anschließend erfolgte der Transfer in das Mansfelder Revier, nach Thüringen und Sachsen (vgl. auch unten 2.). Damit erhielt nicht nur die Kupfererzeugung, sondern auch die B.-Förderung einen starken Wachstumsimpuls: In Mitteleuropa stieg die Silbergewinnung zwischen 1470 und 1540 um das Fünffache. Der jährliche B.-Bedarf aller Thüringer B.-Hütten, die Mansfelder Rohkupfer seigerten, lag bei 10 000–12 000 Zentnern; die entsprechenden Anlagen in der Mittelslowakei verarbeiteten 3 500–6 000 und die Hütten in Kuttenberg (Böhmen) über 3 000 Zentner pro Jahr. Dieses innovative Verfahren bekräftigte die führende Stellung dt. Länder in der ↗Bergbautechnik Mitteleuropas.

Die Schwerpunkte der europ. B.-Gewinnung und -Bearbeitung lagen in den Bergbaurevieren Englands (Cumberland, Cornwall), Polens (Olkusz, Tarnowitz), Schlesiens (Beuthen), des Harz (Goslar, Oberharz) sowie Kärntens (Bleiberg-Villach).

Auf den in Frankfurt am Main anlässlich der ↗Messen abgehaltenen B.-Märkten wurden neben niederrheinischem und westfälischem auch B. aus dem Elsass (Straßburg) und aus der Pfalz in geringen Mengen angeboten. Spanien (Linares/Jaén) war reich an B., welches nach Deutschland und England ausgeführt wurde. Deutschland produzierte noch Ende des 19. Jh.s mit 60 Haupt- und 40 Nebenbetrieben bei 13 000 Beschäftigten jährlich 150 000 t B.-Erz (im Rheinland, in Westfalen, Schlesien, Nassau, im Harz und im sächsischen Erzgebirge).

Für die Gewinnung von B. war der sog. B.-Glanz (Galenit = Bleisulfid) das bei weitem wichtigste Erz; es wurde je nach Reinheit auf verschiedene Weise verarbeitet; (zu den gesundheitlichen Gefahren s. u. 2.). Der Verhüttung ging eine Konzentration des B.-Glanzes im Erz auf mechanischem Weg voraus (↗Mineralaufbereitung). Die Verhüttung selbst erfolgte im 16./17. Jh. durch Niederschlagsarbeit (Zerlegung des B.-Glanzes durch Eisen oder eisenhaltige Materialien), im 18. Jh. durch Röstverfahren (starkes Erhitzen sulfidischer Erze unter Luftzutritt). Im 18. und 19. Jh. wurde die Röstreduktionsmethode genutzt, welche die geröstete Masse unter Zusatz von Schlacke (zur Aufnahme der Erden und Metalloxide) und unter Beifügung von Kohle einer reduzierenden Schmelzung unterwarf; dabei entstand aus dem B.-Oxid metallisches B. Nach 1878 wurde die elektrolytische Raffination von B. entwickelt.

→ Metall; Silber; Montanwesen; Verhüttungstechnik

Quellen:
[1] H.-J. Kraschewski (Hrsg.), Quellen zum Goslarer Bleihandel in der frühen Nz. (1525–1625), Hildesheim 1990.

Sekundärliteratur:
[2] I. Blanchard, International Lead Production and Trade in the »Age of the Saigerprozess« 1460–1560, 1995 [3] K.-H. Ludwig / F. Gruber, Gold- und Silberbergbau im Übergang vom MA zur Nz., 1987 [4] D. Molenda, Polski ołów na rynkach Europy Srodkowej w XIII-XVII wieku (Polnisches Blei auf den Märkten Mitteleuropas vom 13.–17. Jh.), 2001 [5] L. Suhling, Der Seigerhüttenprozess. Die Technologie des Kupferseigerns nach dem frühen metallurgischen Schrifttum, 1976.

Hans-Joachim Kraschewski

2. Blei als Umweltgift

B. und die meisten B.-Verbindungen zählen zu den bekanntesten ↗Umweltgiften. Sie werden vom Organismus nur schwer aufgenommen und führen daher selten zu akuten Vergiftungen; eine lang andauernde Einwirkung ruft allerdings chronische Schäden hervor. In Form von Staub, Dampf oder Rauch gefährdet B. die Gesundheit besonders. Die Erkrankten werden müde und neigen zu Appetitlosigkeit, Kopfschmerzen und Koliken. Als typisches äußeres Kennzeichen einer Vergiftung gilt der B.-Saum, eine dunkle Linie zwischen Gaumen und Zahnfleisch.

B.-Vergiftungen sind schon aus dem antiken Rom bekannt, wo das Metall u. a. für Wasserleitungen Verwendung fand. Mit der seit der Frühen Nz. steigenden Verwendung von B. im ↗Buchdruck, bei der Gewinnung von ↗Silber und in der Waffenproduktion (s. o. 1.) stiegen auch die gesundheitlichen Risiken.

Schon bei der ↗Gewinnung, ↗Mineralaufbereitung und Verhüttung (↗Schmelzprozess; ↗Verhüttungstechnik) der Erze zeigten sich die Gefahren des Umgangs mit B.: Pochwerke zerkleinerten die Erze mechanisch; dabei wurden diese in Trögen durch Pochstempel bearbeitet. Die trockene Pochung erzeugte viel Staub, der die Arbeiter gesundheitlich belastete. Mit dem Übergang zur Nasspochung seit dem Beginn des 16. Jh.s gelangten dann vermehrt schädliche Stoffe in die Gewässer. Im Harz ging um 1820 rund ein Viertel des geförderten B.-Glanzes (s. o. 1.) bei der Aufbereitung verloren; dies führte dazu, dass Hochwasser noch im 60 km entfernten Hildesheim Kühe, Klein- und Federvieh vergiftete [2]. Ebenso setzte die Erzeugung des Roh-B. durch Schmelzung aus den aufbereiteten Erzen der Gesundheit der Arbeiter zu. Wegen seines niedrigen Schmelzpunktes wurde Alt-B. vielfach wieder aufbereitet und einer neuen Verwendung zugeführt.

Bes. wichtig war der Einsatz von B. im Seigerhüttenprozess (↗Seigerhütte), um Kupfer und Silber voneinander zu trennen (s. o. 1.). Die in Schwaz (Österreich) gewonnenen Erze wurden auf ähnliche Art im »Tiroler Abdarrprozess« verhüttet. Insgesamt ging bei der Seigerung rund ein Zehntel des eingesetzten B. verloren, das meiste davon beim Treiben. Das dabei entstehende Rauchgas belastete Menschen und Umgebung im hohem Maß (vgl. Abb. 2).

Neben den Berg- und Hüttenleuten (↗Bergmann) hatten auch viele Gewerbetreibende immer wieder mit B. zu tun und litten entsprechend unter den Folgen. Dazu zählten etwa die Hersteller von B.-Produkten wie Mennige (B.-Oxid) und B.-Weiß, das eine Grundlage für die Farbenproduktion bildete (↗Farbstoffe), ferner die Farbenreiber und -händler, die Maler und Haustüncher, die Zinngießer, Münz- und Schroterzeuger, die Juweliere und Goldschmiede. Schriftgießer und Orgelbauer verwendeten große Mengen des Metalls, die Glaser fassten mit B.-Ruten das Fensterglas ein (↗Glas). Um 1675 erfand man in England das B.-Glas, das mit B.-Oxid versetzt eine sehr hohe Lichtbrechung aufwies. Es wurde als Flintglas für optische Linsen in ↗Teleskopen eingesetzt und täuschte seit der zweiten Hälfte des 18. Jh.s als »Strass« den Glanz echter Edelsteine vor. Stein- und Glasschneider bearbeiteten ihre Produkte mit Rädchen aus B., die ↗Töpfer nutzten es als Flussmittel, um die Temperaturen bei der Herstellung wasserdichter Glasuren zu senken. Die mit B. und anderen Metallen versetzten Glasuren gefährdeten vielfach auch die Konsument/innen.

Seit ca. 1750 ließ sich Schwefelsäure industriell in B.-Kammern erzeugen (↗Chemisches Gewerbe). Obwohl das Metall resistent gegen die Säure war, wurde es durch die dabei entstehenden Temperaturen und angesichts der großen erzeugten Mengen teilweise freigesetzt. Bei der Körperpflege und für medizinische Zwecke fanden B.-Präparate vielfach Anwendung: als Schminke, Haarfärbemittel, Salben gegen aufgesprungene Hände und Lippen, gegen Fuß-, Achselschweiß und Sommersprossen (↗Kosmetik; ↗Pharmazie).

Seit den 1830er Jahren erforschten Ärzte die Toxikologie des B. systematisch, u. a. Henry Burton in London und Louis Tanquerel des Planches in Paris. Letzterer stützte sich in seinen Ausführungen auf mehr als 1200 untersuchte Krankheitsfälle. Das B. behielt zwar auch in der Folge seinen hohen Stellenwert in der Technik, doch wurde allmählich eine Reihe von Maßnahmen getroffen, um den Umgang mit dem Metall gefahrloser zu gestalten.

→ Berufskrankheiten; Hüttenrauch; Metall; Schwermetallvergiftung; Umweltgifte

Quellen:
[1] B. Ramazzini, Die Krankheiten der Künstler und Handwerker und die Mittel sich vor denselben zu schützen, 1823.

Sekundärliteratur:
[2] Ch. Bartels, Ma. und frühnzl. Bergbau im Harz und seine Einflüsse auf die Umwelt, in: Naturwissenschaften 83, 1996, 483–491 [3] K. Dinklage, Die älteste österr. Bleiweißfabrik und ihre Gründung in Klagenfurt im Jahre 1761, in: Blätter für Technikgeschichte 18, 1956, 122–137 [4] U. Halle, Die Diskussion über die Schädlichkeit der Bleiglasur. Ein Beispiel des Produzenten- und Verbraucherschutzes im 18. und 19. Jh., in: A. Jockenhövel (Hrsg.), Bergbau, Verhüttung und Waldnutzung im MA, 1996, 249–258 [5] E. Lewy, Die Berufskrankheiten der Bleiarbeiter, 1873 [6] H. Weichardt, Gewerbetoxikologie und Toxikologie der Arbeitsstoffe, in: M. Amberger-Lahrmann et al. (Hrsg.), Gifte, 1988, 197–252 [7] H. Weitensfelder, Bunte Metalle – vergiftete Umwelt: Auswirkungen von Bergbau und Verhüttung in historischer Perspektive, in: E. Bruckmüller et al. (Hrsg.), Umweltgeschichte, 2000, 40–53.

Hubert Weitensfelder

Der Ofen A. Die Holzscheite B. Die Silberglätte C. Das Blech D. Ein hungriger Meister ißt Butter, damit das Gift, welches der Herd ausatmet, ihm nicht schadet; denn sie ist ein Spezialmittel dagegen E.

Abb. 2: Treibarbeit zur Trennung von Silber und Blei im 16. Jh. (aus: Georg Agricola, Zwölf Bücher vom Berg- und Hüttenwesen, Basel 1557). Den Ofen (A) bedeckt ein Treibehut, der mit einem Kran abgehoben werden kann. Das erhitzte Blei wird mit Glätthaken durchgerührt, seine Oberfläche mit einem Streicheisen abgezogen. Ein Blech vor dem Ofen (D) schützt den Treiber beim Herausziehen der Glätte (C) vor spritzendem Metall. Beim Treibvorgang setzt sich gelber ↗Hüttenrauch am Ofen und in seiner unmittelbaren Umgebung ab. Im Vordergrund verzehrt ein Hüttenmann Butter aus einem Krug, um sich gegen das Gift zu schützen.

Bleichereigewerbe

1. Definition
2. Bleichtechnik und Bleichzentren
3. Chemische Bleiche

1. Definition

Als Bleichen bezeichnet man die Entziehung oder Zerstörung der organischen Farbstoffe in pflanzlichen Spinnfasern, um den daraus hergestellten Geweben ein

Bleichereigewerbe

Abb. 1: Heinrich Vogtherr, Wahre Kontrafaktur der löblichen Stadt St. Gallen und ihrer umliegenden Landschaft, 1545 (Holzschnitt). Die Stadtansichten und »Prospecte« der europ. Textilzentren zeigen meist im Vordergrund die langen, schneeweißen Leinenbahnen als Zeichen von Fleiß und Wohlstand. Das Leinwandgewerbe in St. Gallen zählte um 1530 gegen 350 Meister; jährlich wurden hier mehr als 10 000 Tücher gebleicht.

möglichst weißes Aussehen zu geben. Neben der Garn- und Strangbleiche war insbes. die Tuchbleiche wichtig, mit der v. a. die Leinwand, der ↗Barchent oder der Kattun marktfähig gemacht wurde. Für Tuche, die nicht für den Export bestimmt waren, bestand kein Bleichzwang. Für das Bleichen der groben Tuche aus ↗Baumwolle des freien Zürcher Tüchligewerbes galt 1564, dass es »nit der bleickeren als (oder) mannen arbeit syge, sonnders merteils durch wyber usgericht werde« [10. 39]. Auch in Augsburg unterlagen die von Frauen gewebten Schleier und »Fatzelein« nicht dem Bleichzwang [3. 102]. Für die Exportware setzte sich der Bleichzwang durch: Im oberschwäbischen Leinwandgebiet wurde das B. schon im 13. Jh. betrieben. Zu Beginn des 14. Jh.s ist eine Bleiche in Konstanz genannt, in Augsburg und Memmingen (1332 Bleichplatz, 1347 kaiserliches Privileg) wurde noch vor der Mitte des 14. Jh.s eine solche eingerichtet. Mit dem Chemnitzer Bleich-Privileg (1347) verbot der Markgraf von Meißen den Export von Garn und ungebleichter Leinwand, und die Weber im Umkreis von zehn Meilen mussten auf die Bleiche liefern.

Die Bleichen lagen meist in den Zentren der Textilregionen, doch außerhalb der ↗Stadt. Meist waren sie im Besitz der Stadt, die sie an Bleicher verpachtete; erst im 18. Jh. waren Bleichen im Privatbesitz häufiger. Der Bleicher zahlte eine Pachtsumme, doch der ↗Rat setzte den Bleichlohn fest, und der Besitzer des zu bleichenden Tuches zahlte neben dem Bleichlohn eine Gebühr (Bleichzoll, Ungeld, Weißgeld) an die Stadt. Der hohe Raumbedarf hatte schon im 14. Jh. zu einer Konzentration des Bleichprozesses geführt. Wenn z. B. in St. Gallen in der zweiten Hälfte des 14. Jh.s 2 000 bis 3 000 Tücher (je 120 Ellen, d. h. ca. 90 m lang) und 1654 fast 20 000 Stück (das Stück fast 100 m lang und 1 m breit) auf die Bleiche gelegt wurden, entsprang daraus ein enormer Flächenbedarf (vgl. Abb. 1) [14. 61]. Um 1600 kamen allein in Augsburg, dem mitteleurop. Zentrum der Barchentproduktion, eine halbe Mio. Tuche auf die Bleiche [3. 97]. Die Bleichen waren große, zentralisierte Betriebe und umfassten neben den Bleichfeldern mehrere Gebäude wie Wohnhaus, Laughaus, Walke, Mangel, Backhaus und Ställe; mitunter war auch ein landwirtschaftlicher Betrieb damit verbunden.

2. Bleichtechnik und Bleichzentren

Die Feld-, Natur- oder Rasenbleiche dauerte mehrere Wochen bzw. Monate, wobei das von Natur aus graue Leinen am längsten gebleicht werden musste. Die Tuche wurden zunächst einige Tage gebrüht, dann auf der Bleichwiese ausgelegt. Nach dem Laugen der Tuche mit Bleichlauge, die man aus Buchenasche, Pottasche oder anderen Alkalien herstellte, wurden sie wieder ausgelegt, gewalkt und nochmals ausgelegt. Das »Felden« und »Laugen« wurde mehrfach wiederholt, und während der Auslage mussten die Tuche vom Bleichgesinde mit Wasser besprengt werden. Die Bleichfelder waren meist von Kanälen durchzogen. Um ein gleichmäßiges Weiß zu erreichen und um Struktur und Haltbarkeit des Gewebes nicht durch Fäulnis, Lauge (oder Säure) anzugreifen, musste je nach Witterungsbedingungen sowie nach Qualität der Fasern und Feinheit der Gewebe die Dauer und Kombination der einzelnen Schritte angepasst, variiert und mehrfach wiederholt werden. Die Bleichen hatten daher einen hohen Bedarf an Arbeitskräften: Die Bleichsaison begann im Frühjahr und dauerte bis in den November. 1590 beschäftigte in Augsburg jeder Bleicher 40 Knechte sowie Stallknechte und Mägde [3.109f.]. In Haarlem waren im 17. Jh. rund 1200 Arbeitskräfte während der Saison tätig (↗ Arbeitsmigration). Sie kamen aus Brabant, Westfalen, Ostfriesland, Overissel und Gelderland. Bleicharbeit war hier – wie auch in Schottland [4.197] – überwiegend ↗ Frauenarbeit, bes. in der Garnbleiche [7.327]; auch in Bielefeld stellten auf der »Alten Holländischen Bleiche« (gegründet 1767) die Bleichmägde die größte Gruppe [5.180].

Da Bleiche und Appretur für die Marktchancen eines Tuches entscheidend waren, genoss im 17./18. Jh. die »Bleiche Holländischer Art« internationales Ansehen: Während im Oostzaangebiet nördlich von Amsterdam nur gröbere Ware gebleicht wurde, bleichte man um Haarlem ausschließlich feines Leinen und Garn. Schon 1494 waren hier Leute »met lyndelacken (›Leinenlaken‹) te blycken« beschäftigt und am Dünenstreifen um Haarlem zählte man 1580 mehr als 40 Bleichen. Im 17. Jh. wurden jährlich 80000 bis 100000 Stück gebleicht. Aus Flandern, Nordfrankreich, Polen, Schlesien und anderen dt. Leinenregionen kam feines Leinen zur Bleiche, und auch engl. und schott. Feinleinen wurde bis in die 1750er Jahre in Haarlem gebleicht [7.325].

Bis zur Errichtung einer »Holländischen Bleiche« in Bielefeld durch »Holländer« (Fachkräfte aus dem niedersächsischen Lingen, die auf holländ. Bleichen gearbeitet hatten) sandten auch die Bielefelder Kaufleute Feinleinen dorthin [5.91]. Die Tuche gingen dann als *Hollands* oder *toiles de Hollande* in alle Welt. Haarlems Vorrangstellung beruhte auf günstigen meteorologischen Bedingungen und die Dünen boten ein reines, durch den Sand gefiltertes Regenwasser. Zur Säuerung bzw. zur Beseitigung der Salze, die sich durch das Laugen gebildet hatten, verwendete man Buttermilch, die bei der Butterherstellung in großen Mengen anfiel und von der während einer Bleichsaison ca. vier Mio. Liter verbraucht wurden. Pottasche aus dem Baltikum, Seife und Torf standen preisgünstig zur Verfügung [7.324]. V.a. die niederländ. Maler Jacob van Ruisdael und seine Nachfolger Vermeer van Haarlem und Jan Kessel haben mit den Stadtansichten von Haarlem, den *Haarlempjes*, die »Bleichwiesen bei Haarlem« (Ruisdael, 1670/75) zum Thema gemacht [12]; [3.121–135]; [14.58–68].

3. Chemische Bleiche

Für die Dauer der Bleiche lag für den Kaufmann das für die Tuche eingesetzte Kapital brach [6]. Das am längsten zu bleichende Leinen geriet im 18. Jh. unter Druck durch die ↗ Baumwolle; daher wurden – ausgehend von den Leinenregionen [4], aber auch in Verbindung mit dem Kattundruck [3.146] – Versuche unternommen, die Appretur zu verbessern sowie knappe und teure Alkalien zu substituieren [4.65–90]; [8.261]. Bleicher und Chemiker versuchten, den langsamen, von der Witterung abhängigen Bleichprozess zu beschleunigen: 1754 experimentierte der Schotte Francis Home mit Schwefelsäure (Vitriol) und setzte sie statt der Buttermilch zur Säuerung ein, womit die Bleichzeit verkürzt werden konnte [1].

Nachdem Carl Wilhelm Scheele 1774 das Chlor entdeckt hatte, publizierte Claude-Louis Berthollet 1785 dessen bleichende Wirkung auf Textilien [8.263]; [9]. James Watt erkannte sofort die kommerziellen Möglichkeiten dieses Prozesses; er war einer der Ersten, der die Probleme der Chlorbleiche in technischem Maßstab gelöst und Apparaturen zur Herstellung des gefährlichen Gases entwickelte [8.279]. Die Chlorbleiche fand Ende des 18. Jh.s in Schottland und Lancashire sowie auch in Frankreich Verbreitung [11]. Doch sie war schwer zu beherrschen; ihre großtechnische Durchsetzung basierte erst auf dem 1799 von Charles Macintosh entwickelten und von Charles Tennant patentierten Bleichpulver (Absorption von Chlor in trockenem Kalk). Das Bleichpulver – im 19. Jh. schließlich die wichtigste industriell hergestellte Substanz – gilt als eine der einfachsten und einflussreichsten Erfindungen in der Geschichte der chemischen Industrie [11] (↗ Chemische Gewerbe). Mit der Chemisierung des Bleichprozesses verloren Standorte wie Haarlem an Bedeutung: Ende des 18. Jh.s wurden hier nur noch 48000 Stück gebleicht und 1825 nur noch eine einzige Bleiche betrieben [7.324f.].

Die chemische Bleiche (»Schnellbleiche«) ersetzte bei den Baumwolltuchen die Auslage im Freien völlig und verkürzte sie bei Leinwand gravierend. Der Veredelungsprozess wurde von Witterung bzw. Naturprozessen unabhängig. Bis 1850 hatte sich die Chlorbleiche, die aus einer engen Verbindung von Labor und Werkstatt sowie Wissenschaft und Gewerbe hervorgegangen war, schließlich durchgesetzt [2]; [9].

→ Baumwolle; Chemische Gewerbe; Leinengewerbe; Technischer Wandel; Textilgewerbe; Textilien

Quellen:
[1] F. Home, Experiments on Bleaching, 1756 (dt. Ausg. 1777) [2] W. H. K. von Kurrer, Das Bleichen der Leinwand und der leinenen Stoffe in den europ. Ländern, 1850.

Sekundärliteratur:
[3] C.-P. Clasen, Textilherstellung in Augsburg in der Frühen Nz., Bd. 2: Textilveredelung, 1995, 97–181 [4] A. Clow / N. L. Clow, The Chemical Revolution. A Contribution to Social Technology, 1952 [5] A. Flügel, Kaufleute und Manufakturen in Bielefeld. Sozialer Wandel und wirtschaftliche Entwicklung im proto-industriellen Leinengewerbe von 1680 bis 1850, 1993 [6] L. Gittins, Innovations in Textile Bleaching in Britain in the Eighteenth Century, in: Business History Review 53, 1979, 194–204 [7] S. C. R. Greup-Roldanus, Geschiedenis der Haarlemmer Bleekerijen, 1936 [8] R. L. Hills, James Watt and Bleaching, in: R. Fox / A. Nieto-Galan (Hrsg.), Natural Dyestuffs and Industrial Culture in Europe, 1750–1880, 1999, 259–282 [9] A. E. Musson / E. Robinson, The Introduction of Chlorine Bleaching, in: A. E. Musson / E. Robinson, Science and Technology in the Industrial Revolution, 1969, 252–332 [10] U. Pfister, Die Zürcher Fabriques. Protoindustrielles Wachstum vom 16. bis zum 18. Jh., 1992 [11] J. G. Smith, The Origins and Early Development of the Heavy Chemical Industry in France, 1979 [12] L. Stone-Ferrier, Views of Haarlem: A Reconsideration of Ruisdael and Rembrandt, in: The Art Bulletin 67, 1985, 417–436 [13] K. H. Wolff, Textile Bleaching and the Birth of the Chemical Industry, in: Business History Review 48, 1974, 143–163 [14] E. Ziegler, Zur Geschichte des stadtsanktgallischen Leinwandgewerbes, in: Rorschacher Neujahrsblatt 73, 1983, 51–76.

Reinhold Reith

Bleistift

Der Graphitstift, der zum Schreiben und Zeichnen verwendet wird, besteht aus einer in einen Holzkörper eingelegten bzw. eingeleimten Mine. Schon Künstler der Renaissance benutzten neben Kreide, Rötel oder Holzkohle einen länglichen Stift: einen spitzen, oben gebogenen Draht aus einer Blei-Zinn-Legierung, eine Vorform des B. Noch 1540 präsentierte der ital. Schreibmeister Giovambattista Palatino auf einer Abbildung »aller Werkzeuge, die ein guter Schreiber braucht« zwar Zirkel und Metallgriffel, doch keinen B. [3.49]. 1562 berichtet Johannes Mathesius in seiner Sammlung von 16 Bergpredigten *Sarepta oder Bergpostill* wie man »jetzt aufs papier mit einem neuen und selbstwachsnen metal zu schreiben pfleget«, und in Konrad Geßners *De omni rerum fossilium genere* (1656; »Über alle Arten von Fossilien«) findet sich die erste Abbildung eines Vorläufers des B. Geßner beschreibt den Stift als einen Griffel, der zum Schreiben gedacht sei und aus einer Art ↗Blei (engl. *antimon*) bestehe, das zugespitzt und in einen Holzgriff gesteckt werde [1].

Um 1550 entdeckte man in Borrowdale im nordwestengl. Cumberland Graphitvorkommen [1]. Wegen der metallisch schimmernden Oberfläche, der Weichheit und des hohen spezifischen Gewichts hielt man das Material für ein Bleierz; daher wurde es auch als *plumbago* bezeichnet. In Deutschland nannte man es »Bleiweiß« oder »Bleiglanz«. Erst Carl Wilhelm Scheele bestimmte 1779 die chemische Struktur des Materials, das zehn Jahre später durch den Freiberger Mineralogen Abraham Gottlob Werner die wiss. Bezeichnung Graphit (von griech. *gráphein,* »schreiben«) erhielt [4]; [3].

Gegen Ende des 16. Jh.s war Graphit in Europa bekannt; man benutzte zunächst die Graphitstückchen ohne Hülle zum Schreiben oder Zeichnen: 1599 lobte der ital. Sammler Ferrante Imperato den *grafio piombino* (»Stift aus Blei«), der viel praktischer zum Zeichnen sei als Feder und Tinte [3.54]. Noch im 17. Jh. nahm der B. Form an: Man zersägte die Graphitblöcke in Platten, dann zu Stiften mit quadratischem Querschnitt und leimte diese in Holzkörper ein. Der engl. Metallurge John Pettus vermerkte 1683, dass man das *black lead* (»schwarzes Blei«) in Holzkörper aus Kiefer oder Zeder »hineingeformt« und als B. verkauft habe, »als etwas Nützlicheres als Feder und Tinte« [3.62].

Seit Beginn der 1660er Jahre wurden B. in Nürnberg produziert. Bleiweißschneider oder Schroter, die bislang Kreide und Rötel bearbeitet hatten, sägten den Graphit in Stücke; anschließend fassten ihn Schreiner und andere holzverarbeitende Handwerker in Holzkörper. Noch 1662 hatte der Nürnberger Rat dem Kramer Friedrich Staedtler »das bleiweißsteft-machen und -führen als ein pertinenz (›Recht‹) des schreinerhandwercks« abgeschlagen; erst 1731 erlangten die Nürnberger B.-Macher eine eigene Ordnung als geschworenes ↗Handwerk [2].

Graphit aus Cumberland eignete sich am besten zur Herstellung von B.; er war jedoch teuer und auf dem Kontinent nur schwer zu beschaffen [3.55]. Man griff daher auf andere europ. Vorkommen (in Italien, Böhmen, Passau) zurück, deren Graphit jedoch mindere Qualität und geringere Reinheit aufwies. Außerdem mischte man den anfallenden Graphitstaub und -bruch bzw. die Produktionsabfälle (↗Abfall) mit Bindemitteln und stellte daraus B.-Minen her: 1687 vermerkte ein Nürnberger Drogist, dass man – »allhier das schwartz Bleyweiß sehr stark nachkünstle« [2.452].

Als England 1793 in den ersten Koalitionskrieg gegen Frankreich eingriff (↗Französische Revolution), kam dort kein *plombagine* (Borrowdale-Graphit) mehr auf den Markt. 1794 entwickelte daher Nicolas-Jacques Conté im Auftrag des franz. Kriegsministers Carnot ein neues Verfahren: Die Minen wurden aus einer Mischung von feingepulvertem, geschlämmtem Graphit und Ton hergestellt und durch Brennen bei hohen Temperaturen gehärtet. Diese sog. keramischen B.-Minen konnten je nach Zusammensetzung in unterschiedlichen Härtegraden (aber einheitlicher Schwärze) und für verschiedene Anwendungen hergestellt werden; so nannte man die B. für Künstler *crayons Conté* [3.77]. Der Österreicher Joseph Hardtmuth entwickelte 1798 mit der »Wiener Methode« ein ähnliches Verfahren [3].

Diese Herstellungsmethoden, mit denen ein stabilerer B. hergestellt werden konnte, führten zu einem großen Aufschwung der B.-Produktion nicht nur in Frankreich und Österreich. Bes. Nürnberg entwickelte sich im 19. Jh. zum Zentrum der B.-Industrie in Deutschland. Die Entdeckung weiterer Graphitlagerstätten (Ceylon, Sibirien) um die Mitte des 19. Jh.s (während die in Cumberland versiegten) ließ die Produktion weiter ansteigen. Um 1870 arbeiteten allein in Nürnberg ca. 5500 Arbeiter in 24 Fabriken und produzierten jährlich an die 250 Mio. B. [4].

Der unscheinbare B. ist somit eine ↗Produktinnovation der Nz.: Durch die Substitution eines knappen und teuren Materials wurde ein neues Verfahren entwickelt, mit dem formbare und standardisierbare Minen hergestellt werden konnten. Der B. eignete sich für Entwürfe, technische wie künstlerische Zeichnungen und wurde als universelles, billiges Schreibgerät zu einem unverzichtbaren Alltagsgegenstand.

→ Produktinnovationen; Technischer Wandel; Technisches Zeichnen

Quellen:
[1] Art. Bleystifte, in: J. Beckmann, Beyträge zur Geschichte der Erfindungen 5, 1805, 235–254 (Ndr. 1965 u.ö.).

Sekundärliteratur:
[2] H. H. Hofmann, Friedrich Staedler, Bleistiftverleger in Nürnberg 1662, in: Tradition. Zsch. für Firmengeschichte und Unternehmerbiographie 12, 1967, 449–456 [3] H. Petroski, Der Bleistift: Die Geschichte eines Gebrauchsgegenstands, 1995 [4] H. Weger, Der Graphit und seine wichtigsten Anwendungen, 1872.

Reinhold Reith

Blitzableiter

Benjamin Franklin gilt gemeinhin als Erfinder des B. Die Vermutung, dass die Wolken elektrisch geladen seien, war zwar schon zuvor geäußert worden; in seiner Schrift *Experiments* (1751) [1] formulierte Franklin aber erstmals seine beiden genuin neuen Einsichten: (1) Spitze Metallstangen vermögen über große Distanzen hinweg ↗Elektrizität (= El.) zu entladen; (2) erdet man diese, können sie Gebäude vor Blitzeinschlägen bewahren. Die ursprüngliche Idee war dabei, die El. der Atmosphäre behutsam abzuführen, ohne eine starke Entladung (Blitzschlag) zu provozieren.

Franklins Vorschlag, mittels Metallstangen El. aus den Wolken zu »ziehen«, wurde am 10. Mai 1752 in Marly (nördl. von Paris) von seinem franz. Übersetzer, Th. F. Dalibard, erstmals praktisch umgesetzt. Kurz darauf gelang dies auch Franklin selbst, indem er mit Hilfe eines Flugdrachens Funken aus der Atmosphäre ziehen konnte. Diese frühen ↗Experimente mit gut isolierten, also gerade nicht geerdeten Metallstangen oder -drähten waren äußerst gefährlich. Der dt. Naturforscher G. W. Richmann wurde im August 1753 in St. Petersburg durch einen Kugelblitz getötet. Der »schützende« B. ist also im Kontext der Erforschung der atmosphärischen El. entstanden.

Eine verlässliche Konstruktion des B. musste sich erst stabilisieren: Anfänglich wurden für den Ableiter unterhalb der Spitze noch Ketten oder mit Haken verbundene Drähte statt durchgehender Materialien verwendet. Auch dass die Erdung im Boden nicht mit dem Gebäude verbunden sein darf, bedurfte einschlägiger Erfahrungen, wie sie in den 1750er und 1760er Jahren im Umfeld Franklins gemacht wurden [3].

Im Gegensatz zu Britisch-Amerika dauerte es in Europa mehrere Jahrzehnte, bis sich der B. durchgesetzt hatte. So waren um 1750/60 durchaus nicht alle Naturkundigen von der Schutzfunktion des B. überzeugt und fragten sich, ob der B. den Blitz nicht eigentlich erst anziehe und die Gefahr vergrößere. In Frankreich stand der einflussreiche Abbé Nollet, ein Gegner von Franklins Theorie der El., dem B. ablehnend gegenüber und verzögerte dessen Einführung. Der erste B. im dt. Sprachraum wurde 1770 auf dem Jacobiturm in Hamburg angebracht; von einer flächendeckenden Verbreitung kann erst ab den 1780er Jahren die Rede sein. Eine treibende Kraft war das Militär, das seine Pulvermagazine schützen wollte. Es waren aber letztlich insbes. die Medien der Aufklärung, die ↗Zeitungen und ↗Zeitschriften, die einen regelrechten Propagandafeldzug zugunsten des B. führten. In der Debatte um den B. ist daher die Einseitigkeit der Quellen zu beachten, in denen fast nur die Befürworter des B. zu Wort kommen, seine Gegner aber nur in Zerrbildern [3].

Die Bedeutung des B. für das Selbstverständnis der ↗Aufklärung ist kaum zu überschätzen [5] und wurde von den Zeitgenossen als eine der wichtigsten Errungenschaften des 18. Jh.s bezeichnet, nicht zuletzt deshalb, weil die stets postulierte Nützlichkeit des experimentellen Studiums der Natur durch die Erfindung des B. geradezu idealtypisch eingelöst worden war. Alt und neu, rückständig und aufgeklärt, schädlich und nutzbringend – in kaum einem Bereich ließ sich dies so eindeutig benennen wie beim Blitzschutz. Traditionelle Methoden gegen den Blitz wie das Läuten von Kirchenglocken oder das Gewittergebet wurden von den Aufklärern als »abergläubisch« diskreditiert (↗Aberglaube) und sogar gesetzlich verboten. Viele dieser Praktiken hielten sich aber bis weit ins 19. oder gar bis ins 20. Jh. hinein. Vereinzelt ist auch militanter Widerstand gegen die Anbringung von B. bzw. deren Zerstörung belegt, etwa weil man diese für das Ausbleiben des Niederschlags verantwortlich machte.

Die Einführung des B. ist demnach auch unter mentalitätsgeschichtlicher Perspektive instruktiv [4]. Der Blitz galt lange als Strafinstrument Gottes. Die Aufklärer – darunter auch viele Theologen – wollten im B. aber keinesfalls eine »Entwaffnung« Gottes sehen. In diesem neuen Verständnis galt die ↗Natur nicht mehr als zerstörerisch und unkontrollierbar, sondern als der menschlichen Ratio zugänglich und auch als ästhetisch. Denn nur wer sich vor Blitzschlägen sicher fühlt, kann auch die Schönheit eines Gewitters genießen. Der Abriss des metaphysischen Obdachs durch die Naturforschung erzeugte andererseits aber auch Sinndefizite wie das »Skandalon des zufällig zuschlagenden Blitzes« [2. 26] (↗Entzauberung der Welt).

Im letzten Viertel des 18. Jh.s war die Schutzfunktion des B. unter den Naturkundigen nicht mehr umstritten. Sehr heftig wurde hingegen die richtige Form und Anbringung des B. debattiert. Denn mit der flächendeckenden Verbreitung des B. war ein beträchtlicher Markt entstanden. Nachgefragt wurden aber nicht nur Metallstangen, sondern auch Expertisen. Dafür sicherten sich im dt. Sprachraum v. a. die Professoren der Physik, in England und Frankreich die Königlichen ↗Akademien der Wissenschaften das Monopol. Die mit den Phänomenen der El. ebenfalls bestens vertrauten ↗Instrumentenmacher und umherziehenden Elektrisierer wurden auf die Rolle bloßer Handwerker reduziert.

Wissenschaftshistorisch bedeutsam ist die Kontroverse von 1777/78 um den Schutz der Pulvermagazine von Purfleet in London. B. Wilson propagierte »runde«, also mit einer Kugel versehene B. und versuchte nachzuweisen, dass die »spitzen« B. Franklins nicht sicher seien. Wilson unterlag letztlich, weil seine spektakulären Demonstrationen im Londoner Pantheon ihm den Vorwurf des Betrugs einbrachten. Dass sich der brit. König auf Wilsons Seite geschlagen hätte, weil Franklin ein Vertreter der aufständigen Kolonien war, ist ein Mythos [3]. Richtig ist, dass Franklin durch die Kombination von aufgeklärter Naturforschung und emanzipativem politischen Engagement zu einer der großen Lichtgestalten der Aufklärung stilisiert wurde, wie es in einem lat. Epigramm von 1778 auf den Punkt gebracht wurde: »*Eripuit caelo fulmen sceptrumque tyrannis*« (»Dem Himmel hat er den Blitz entrissen, den Tyrannen das Szepter«).

→ Elektrizität; Meteorologie; Naturwissenschaft und Religion; Physikalische Wissenschaften

Quellen:
[1] B. Franklin, Experiments and Observations on Electricity, 1751 (dt.: Briefe von der Elektricität, 1758).

Sekundärliteratur:
[2] O. Briese, Die Macht der Metaphern. Blitz, Erdbeben und Kometen im Gefüge der Aufklärung, 1998 [3] P. Heering / O. Hochadel (Hrsg.), Playing with Fire. A Cultural History of the Lightning Rod, 2006 [4] H.-D. Kittsteiner, Das Gewissen im Gewitter, in: Jb. für Volkskunde N. F. 10, 1987, 7–26 [5] E. Weigl, Entzauberung der Natur durch Wissenschaft – dargestellt am Beispiel der Erfindung des Blitzableiters, in: Jb. der Jean-Paul-Gesellschaft 22, 1987, 7–40.

Oliver Hochadel

Blut

1. Medizin
2. Kultur und Gesellschaft

1. Medizin

1.1. Blut in der Humoralpathologie

Unter B. wurde bis ins frühe 18. Jh. der feuchte, wohltemperierte »Safft« verstanden, der »sich in den B.-Adern aufhält, und nach [der Ärzte] Meynung aus vier besondern Feuchtigkeiten, nemlich Schleim, gelber und schwarzer Galle und dem eigentlich sogenanntem B.« bestehe [1. 207]. Die Säfte mit den ihnen eigenen Qualitäten (Blut: warm, feucht; gelbe Galle: warm, trocken; Phlegma/Schleim: kalt, feucht; schwarze Galle: kalt, trocken) entstehen aus Sicht der ↗Humoralpathologie durch Kochung (lat. *coctio*) aus der Nahrung und sind mit wechselnden Anteilen stets im Gesamt-B. enthalten. Die Organe ziehen sich die je passenden Teile des B. als ihre Nahrung heraus. Das B. ist demnach also Mittler zwischen ↗Nahrung und den Organen, während das nicht Passende weiterfließt und über Darm und Harnwege in den Exkrementen und im Urin, über die Haut durch den Schweiß, aus dem ↗Hirn über die Nase als Schleim etc. ausgeschieden wird.

Sind die vier Säfte des B. gut gemischt, herrscht Eukrasie (»gute Mischung«), die ↗Gesundheit (lat. *temperies*) verbürgt. Entstehen aber durch falsche ↗Ernährung, schlechte Verdauung oder falsche Lebensweise zu viele Überschussstoffe, so resultiert ein gestörtes Mischungsverhältnis, Dyskrasie, die für ↗Krankheit (lat. *intemperies*) steht. Hier muss nun der Arzt blutreinigend eingreifen, entweder durch den ↗Bader (Aderlass, Schröpfen etc.), medikamentöse Maßnahmen (Erbrechen, Schwitzen, Niesen, Abführen, Harntreiben) oder durch Belehrungen über die rechte Lebensweise (↗Diätetik): Ausgeglichenheit in den *sex res non naturales* (»den sechs nicht-natürlichen Gegebenheiten«): Bewegung/Ruhe, Schlafen/Wachen, Essen/Trinken, Aufnahme/Ausscheidung, Gemütsbewegungen, Sexualität, um so die Eukrasie und damit die Gesundheit des ↗Körpers wieder herzustellen.

An dieser spätestens seit den Lehren des griech.-röm. Arztes Galenos von Pergamon (129-ca. 216) kanonischen Auffassung änderte sich bis ins späte 17. Jh. wenig, sieht man von der im 16. Jh. allerdings wirkungslosen Fundamentalkritik des Paracelsus ab. Das B., so Paracelsus, sei »ein« Ding; nichtig sei die »fantasia der vier complexionen« des B.: »Alle qualitäten, feuchten und complexionen sind erdichtet … Es wird im B. keine Krankheit, es sei denn, sie werde darein [durch himmlische Samen] gesät« [10. 214–215]. Allerdings hatte die Lehre weitere Systematisierungen und Ausdifferenzierungen in der pers.-arab. Medizin des MA (bes. bei Avicenna) sowie im 16. und 17. Jh. durch den Pariser Arzt Jean Fernel (durch die aristotelische Unterscheidung zwischen Materie/Stoff und Form, lat. *materia* und *forma*) und den Wittenberger Arzt Daniel Sennert (Ausgleich zwischen antiker und chemiatrischer Doktrin; vgl. ↗Chemiatrie) erfahren.

1.2. Mechanistische, vitalistische und neohumorale Blutlehren

Über die chemisch-physikalischen Bestandteile und Eigenschaften des B. wurde bis in die Mitte des 17. Jh.s allenfalls spekuliert. So vermuteten Anhänger des ↗Cartesianismus (um 1670), dass im Herzen zwei B.-Arten zusammenstießen: das saure B. mit viel *chylus* (Nahrungssaft) aus der oberen und das alkalische aus der unteren Hohlvene. In Zedlers Universalenzyklopädie liest man noch zu Beginn des 18. Jh.s von der Zusammensetzung des B., es sei aus »einem wässerigen Naß, mit einigen gelatinösen, ölichten, salzigen, erdigten und Lufft-Theilgen vermischt« [1. 207]. Diese Auffassung entsprach der des Iatromechanikers Friedrich Hoffmann (1695), wonach das Mischungsverhältnis verschiedener Teilchen im B. die Entstehung warmer oder kalter, dünner, zäher oder klebriger Beschaffenheiten des umlaufenden B. bedinge; hierdurch entstünden Krankeiten. Im Grunde handelte es sich hier also lediglich um eine mechanistische Erweiterung der alten Säftelehre (↗Humoralpathologie).

Ähnliche Auffassungen vertrat im 18. Jh. Herman Boerhaave. Mit allerlei chemischen und physikalischen Methoden (Destillation, Verbrennung, Vakuumversuche) wurde in seinem Gefolge den vermuteten Bestandteilen nachgespürt, da sie mit bloßem Auge und ohne ↗Experimente nicht zu erkennen waren. Physikalisch-chemisch erklärte auch der Leidener Arzt Hieronymus David Gaub die ↗Physiologie und Pathophysiologie des B. Ein Überwiegen der festen oder dünneren B.-Bestandteile führe zu pathogenen Verdickungen oder Verdünnungen des B.; chemisch gäben die nicht ausgeschiedenen »Schärfen« (saure, herbe, laugenartige, alkalische, faulige, salzige, salmiakartige) des B. Anlässe zu Krankheiten.

Auch in den vitalistisch-biodynamischen Konzepten (K. E. Rothschuh [10]) des 18. Jh.s spielte das B. eine besondere Rolle (↗Vitalismus). Hier setzen sich ältere Vorstellungen vom »vitalen« Nutzen des B. fort, die bereits bei Zedler als reduktionistisch kritisiert wurden: Wegen seines großen Nutzens für alle Körperverrichtungen sei es »kein Wunder, daß das B. so genau mit dem Leben verbunden ist, daß es sogar einige für die Natur und das Leben selbst angesehen haben, und dahero gewisse Medici auf die Gedancken gerathen, die ganze Medicin beruhe allein auf der Erkänntniß des B., … wodurch sie aber die Untersuchung und Cur, nicht nur derer meisten äusserlichen, sondern auch vieler innerlichen Kranckheiten ausgeschlossen haben« [1. 212–213]. Im ↗Animismus Georg Ernst Stahls durchströmt es den ↗Organismus (nicht Mechanismus!) des Körpers und teilt den Organen die Anweisungen der den Körper regierenden Seele mit. Hieraus entwickelte sich die vitalistische Auffassung von der Selbstbelebtheit des B. und seiner Kraft, auch »Leben in allen Teilen des Körpers« zu unterhalten (John Hunter, 1794; [10. 220]). Bei Salomon Ludwig von Steinheim verbanden sich 1836 vitalistische und neohumoralistische Auffassungen, wenn er den im B. vereinigten »Urflüssigkeiten« alle »Charaktere des Lebens« zuwies.

Die Lebenskraft der Säfte beeinflusste schließlich auch alle physikalisch(mechanisch)-chemischen Eigenschaften des B. In der B.-Lehre Carl Heinrich Röschs manifestierte sich 1837 das ganze Konglomerat des humoralistisch-chemisch-vitalistischen Konzepts der Zeit. Der Körpersaft lebt, besitzt Sensiblität und ↗Irritabilität (↗Brownianismus), kann sein Volumen aktiv vermehren (lebendige Expansion), weist eine autonome Bewegung der B.-Kügelchen auf und verkörpert das Keimmaterial des Organismus. Die Gerinnung wird hierbei zwar als vordergründiges Ergebnis des B.-Chemismus gedeutet, zugleich aber auch als die letzte vitale Äußerung des B. und des Organismus.

Eine letzte neohumoralistische B.-Lehre (Krasenlehre, i. e. Mischungslehre) entwarf der Wiener Pathologe Karl von Rokitansky im ersten Band seines *Handbuchs der pathologischen Anatomie* 1846. Er glaubte, mit dem Plasma des B. ein omnipotentes »Blastem« vor sich zu haben, aus dem sich alle Gewebe, so auch der Faserstoff des B., entwickeln können. Örtliche Anomalien oder Dyskrasien des B. als Ausdruck »präexistenter Erkrankungen des Gesamt-B.« sind verantwortlich für die Entstehung aller möglichen Formen »lokaler Krankheitsprozesse«. Der Berliner Pathologe Rudolf Virchow wies noch im gleichen Jahr diesen Versuch einer humoralpathologischen »Krasenlehre« des B. zurück und erreichte bereits wenige Jahre später mit seiner *Cellularpathologie* (lat. *Omnis cellula a cellula*, 1855/58) das definitve Ende der humoralistischen Pathologie.

1.3. Korpuskulare Bestandteile des Blutes

Die Beschreibung der korpuskularen Bestandteile des B. gelang erst nach der Einführung des »Vergrößerungs-Glases« und dem systematischen Einsatz des ↗Mikroskops. Immerhin vermutete der niederl. Naturforscher Jan Swammerdam bereits 1658 im Frosch-B. flache ovale Teilchen, und der ital. Leibarzt Papst Innozenz' XII., Marcello Malpighi, schrieb 1666 über rote Teilchen (lat. *rubri atomi*) im Frisch-B. von Aderlasspatienten. Es sei falsch, heißt es allerdings erst in den *Opera posthuma* Malpighis (1697), dass »jene Teilchen, welche die Flüssigkeit aufbauen, nicht sichtbar gemacht werden könnten«, sehe man doch durch das Mikroskop »allerlei Körper verschiedener Gestalt, die im Serum schwimmen«.

Als erster wirklicher Beobachter der roten B.-Körperchen (Erythrozyten) gilt der Naturforscher Antony van Leeuwenhoek, der in seinem berühmten Brief an die *Royal Society* vom 28. April 1673 über seine im Selbstversuch gemachten mikroskopischen B.-Beobachtungen berichtet: »*that it consists of small round globuls driven through a Crystalline humidity or water: Yet, wether all Blood be such, I doubt*« (»dass es aus kleinen, runden Kügelchen besteht, die durch eine kristalline Flüssigkeit oder Wasser getrieben werden: Doch ob alles B. derart ist, bezweifle ich«). Leeuwenhoek entdeckte, dass sich die B.-Körperchen extrem verformen und damit auch feinste Kapillaren passieren können. Der Zusammenhang zwischen dem Sauerstofftransport durch das in den Erythrozyten enthaltene Hämoglobin und der Lungenatmung sollte allerdings erst durch Felix Hoppe-Seyler in der zweiten Hälfte des 19. Jh.s aufgedeckt werden. Bereits Leeuwenhoek hatte auch andere kleinere und weniger zahlreiche B.-Körperchen als die roten gesehen. Deren Deutung als weiße B.-Körperchen blieb jedoch dem Engländer William Hewson und dem ital. Biologen Lazzaro Spallanzani vorbehalten. Während Hewson seine 1773 beschriebenen kleineren B.-Korpuskeln allerdings noch für Fettkügelchen wie diejenigen in der Milch hielt, scheint Spallanzani weiße B.-Körperchen zumindest beim Salamander identifiziert zu haben.

Die weitere Entdeckungsgeschichte der B.-Eigenschaften und korpuskulären B.-Bestandteile ist weitverzweigt. Zu nennen sind etwa die frühen Ergebnisse der Gerinnungsforschung von Hewson (Gerinnungshemmung bei niedriger Temperatur, 1772), John Hunter (Gerinnung an der Luft, 1797), Hermann Nasse (B.-Plättchen, 1842). Differenziertere frühe Untersuchungen zu den korpuskulären Bestandteilen des B. wurden 1842 von dem franz. Hämatologen Alfred Donné vorgelegt, wärend die Zellularphysiologie des B. in der ersten Hälfte des 19. Jh.s mit den Arbeiten des Biologen Theodor Schwann und des Pathologen Rudolf Virchow ihren Ausgang nahm. Virchow prägte 1856 die Begriffe der Blutkrankheiten Leukämie und Leukozytose.

1.4. Menstrualblut

Besondere Beachtung fand wie in der antiken und ma. Literatur auch in der Frühen Nz. das Menstrual-B. (vgl. auch unten 2.3.) Wenn auch seine Entstehung bis ins 18. Jh. unklar war, wurden seit Hildegard von Bingen (1098–1179) immer wieder Beziehungen zwischen Monatsregel, Libido und weiblicher Diffamierung – bis hin zur Verfolgung als »↗Hexen« – hergestellt (↗Magie). Als giftig galt das Menstrual-B. nicht nur Paracelsus: »Es gibt kein Gift in der Welt, das schädlicher ist als das menstruum«. Auch eine Beziehung zwischen den Mond- und Blutungszyklen schien unbestreibar. Ambroise Paré steht hierfür 1586 mit seiner Auffassung »*Luna vetus vetulas, nova luna juvenes repurgat*«: »Der alte Mond (Vollmond) reinigt alte Frauen, der Neumond die jungen«; vgl. auch Johannes Varandaeus, 1615: »Die blut- und saftreichen jungen Mädchen werden bereits unter dem Einfluß des neuen Mondes menstruiert, während es bei den Älteren der ganzen Kraft einer Mondperiode bedarf, um ihre Gefäße zur Öffnung zu bringen.«

Noch 1732 stellte der franz. Arzt Guillaume Mauquest de la Motte über Ursprung und Funktion des Menstrual-B. fest: »Es ist und bleibt ein Geheimnis«, aber er äußerte bereits Mutmaßungen über die gesunde und krankhafte Monatsblutung. Bei Zedler wird 1739 über die Funktion des Menstrual-B. spekuliert: »Die Weiber sind von dem höchsten Schöpffer, vor den Männern mit einer grösseren Menge B. ... beschencket worden, damit sie, Zeit ihrer Schwangerschafft, der in ihnen verborgenen Frucht genugsame Nahrung darreichen können« [2]. Außerhalb der ↗Schwangerschaft sei dieses B. »etwas überflüssiges«, während der Schwangerschaft aber könne man seine Funktion daraus ermessen, dass die Blutung ausbleibe. Die Spekulationen über Ursachen und Funktionen der Menstrualblutung fanden nach der Entdeckung der Eizelle im Follikel durch den Physiologen Karl Ernst von Baer 1837 ein Ende. Bereits 1821 mutmaßte der engl. Arzt John Power, dass die Periode unmittelbar durch ein das Ovar verlassendes Ei ausgelöst werde. Einen ersten Erklärungsversuch für den Beginn der Blutung lieferte 1863 – noch weit entfernt von der Kenntnis der hormonellen Zyklusbedingungen – Eduard Pflüger, der von einer nervösen Reizung der Gebärmutterschleimhaut als Auslöser für die menstruelle Abstoßung der Schleimhaut ausging.

1.5. Blut als Heilmittel

Die nzl. ↗Apotheke kannte eine ganze Reihe von Präparaten, denen B. beigemischt war, so etwa das *oleum rectificatum* (zur Verjüngung), den *balsamus antipodagricus* (gegen Gicht), den *spiritus antiepilepticus* (gegen Fallsucht), die *mumia vitae alexiteria* (für den Kindersegen) oder das *arcanum sanguinis humani* (allgemein lebensstärkend, die Embryonalentwicklung fördernd; ↗Pharmazie). Daneben wurde mit frischem B. der Zur-Ader-Gelassenen oder auch Hingerichteter Abwehr- und Schadenszauber betrieben (↗Magie). Blutwurst aus Tierblut, mit allerlei Zutaten versehen und in der Winterzeit und im Frühling genossen, belegt die Annahme einer besonderen Heil- und Stärkungskraft des B. Gleiches gilt für B.-Segensformeln, die meist zur B.-Stillung gesprochen wurden und seit dem MA bekannt sind.

→ Blutkreislauf; Krankheit; Medizin; Organismus

Quellen:
[1] Art. Blut, Sanguis, Haema, in: Zedler 4, 207–214 [2] Art. Menses, in: Zedler 20, 818–825.

Sekundärliteratur:
[3] Art. Blut – Blutzersetzung, in: H. A. Pierer, Pierer's Universal-Lexikon der Vergangenheit und Gegenwart 2, 1857, 913–931 [4] Art. Blut – Blutwurz, in: H. Bächtold-Stäubli (Hrsg.), Handwb. des dt. Aberglaubens 1, 1927, 1434–1463 [5] W. U. Eckart, Meilensteine der Kreislauf-, Gefäß- und Blutforschung, in: P. Nawroth / H. G. Lasch (Hrsg.), Vaskuläre Medizin systematisch, 1999, 23–33 [6] E. Fischer-Homberger, Krankheit Frau: zur Geschichte der Einbildungen, 1984 [7] R. Hell, Der Säftebegriff in den Schriften Thomas Sydenhams (1624–1689), 2002 [8] S. Hering / G. Maierhof (Hrsg.), Die unpässliche Frau – Sozialgeschichte der Menstruation und Hygiene, 2002 [9] P. Moore, Blood and Justice: The Seventeenth-Century Parisian Doctor Who Made Blood Transfusion History, 2003 [10] K. E. Rothschuh, Konzepte der Medizin in Vergangeheit und Gegenwart, 1978 [11] G. Schury, Lebensflut: eine Kulturgeschichte des Blutes, 2001 [12] D. Starr, Blood – An Epic History of Medicine and Commerce, 2000 [13] Th. Wüller, Über die Geschichte der Entdeckung der geformten Blutbestandteile, 1940.

Wolfgang U. Eckart

2. Kultur und Gesellschaft

2.1. Blut in der jüdischen und christlichen Vorstellung

Antiken Vorstellungen zufolge ist das B. der Sitz des Lebens. Diese werden in der hebräischen Bibel (AT; Levitikus 17, 11) aufgegriffen und im Neuen Testament fortgeführt; in beiden gehört das B. Gott. Hierin liegt ein Grund für die koscheren Nahrungsvorschriften im jüd. Ritual (Genesis 9, 4; ↗Juden). Während die hebr. Bibel die Bedeutung des Opfer-B. für die Sühne betont, hebt das NT in direktem Bezug darauf die sühnende Wirkung des B. Jesu hervor. Auf diese Vorstellung stützten sich z. B. Geißler/innen, deren Aufkommen im Kontext der ↗Gegenreformation wieder stark zunahm.

Die erbittert geführten Debatten um das B. Jesu in der Eucharistie (↗Sakrament) erreichten in der ↗Reformation einen Höhepunkt. Im Zentrum stand die bereits im 11. Jh. von dem scholastischen Theologen Berengar von Tours aufgeworfene Frage, ob sich Brot und Wein bei Kommunion bzw. Abendmahl tatsächlich für den Moment der Speisung in den Leib und das B. Jesu verwandeln (Transsubstantiation), Jesus also realiter anwesend sei. Diese Vorstellung war für die kath. Kirche und den ↗Glauben ihrer Anhänger/innen über Jahrhunderte hinweg konstitutiv (↗Christologie). Auch Luther wehrte sich gegen Überzeugungen (z. B. des Reformators Zwingli), die Wein und Brot symbolisch verstanden. Diese öffentlichkeitswirksam geführten Debatten verweisen auf ein sich wandelndes Verständnis von B., das Mitte des 19. Jh.s in naturwiss.-biologische Konzepte mündete (s. o. 1.). U.a. verlor der noch im MA äußerst vitale Glaube an sog. B.-Reliquien (↗Amulette, die angeblich das B. Jesu enthielten, etc.) stetig an Bedeutung.

Vorstellungen, die sich mit B. verknüpften und auf eine jeweils fremde Religion projiziert wurden, sind konstitutiv für das Zusammenleben z. B. von jüd. und christl. Bevölkerung. Deutlich wurde dies beispielsweise an der in der Nz. weit verbreiteten Praxis, jüd. Männer des rituellen Mordes an christl. Kindern zu beschuldigen (sog. B.-Klage). Diese Beschuldigungen, die von Angehörigen der christl. Gemeinde und nicht unbedingt von Obrigkeiten ausgingen, funktionierten u. a. deshalb, weil seit dem 13. Jh. die Vorstellung Fuß fassen konnte, dass Juden Feste wie *Jom Kippur* (Opferfest) oder Rituale wie die ↗Beschneidung gerne mit dem B. von Christen durchführten [6]. Erst im späten 18. und 19. Jh. setzten sich Auffassungen durch, welche die sog. Ritualmorde und den mutmaßlichen Bedarf an »christl. B.« als antijüdische Legenden entlarvten.

2.2. Verwandtschaft und Herrschaft

B. war zudem konstitutiv für Konzepte von ↗Verwandtschaft und Ehe (↗Verwandtenehe), die bis 1850 einen erheblichen Wandel durchliefen. Zahlreiche Heiratsverbote gründeten auf der Vorstellung, dass Menschen im Fleische (lat. *una caro*) oder im Glauben (lat. *cognatio spiritualis*) blutsverwandt seien. Verstöße gegen diese Verbote nannte man deswegen i. Allg. B.-Schande (↗Inzest). Erst Ende des 18. Jh.s wurde im juristischen Sprachgebrauch zwischen Personen unterschieden, die durch Abstammung bzw. durch Anheirat miteinander verwandt waren. So bezieht sich der Begriff der B.-Schande im ↗Allgemeinen Landrecht für die Preußischen Staaten (1794) ausschließlich auf enge B.-Verwandte. Die Bedeutung von B. für die Konstitution von Verwandtschaft reduzierte sich spätestens in der ersten Hälfte des 19. Jh.s auf ein von biologischen Vorstellungen geprägtes Maß, wie es auch modernen Ansichten inhärent ist. Rassistische Ideologien des 19. und frühen 20. Jh.s, wie sie im Vorfeld und während des Nationalsozialismus entworfen und vertreten wurden, machten sich biologistische Ansätze zunutze und luden sie wiederum mit althergebrachten Vorurteilen auf, wenn vermeintlich jüd. und vermeintlich christl. B. unterschieden wurde [7].

Die konstitutive Bedeutung, die man B. in der Frühen Nz. beimaß, zeigte sich auch im normativen und nicht-normativen Verständnis von weltlicher ↗Herrschaft. So hieß die an landesherrliche Kompetenzen gebundene Hochgerichtsbarkeit in der Tradition des ausgehenden MA B.-Gerichtsbarkeit (oder Peinliche ↗Gerichtsbarkeit), denn nur hier durften Kapitalverbrechen (u. a. ↗Mord, Raubbrand, ↗Vergewaltigung, B.-Schande) verhandelt und Todesurteile verhängt werden. Erst im 16. Jh. wurde die B.-Gerichtsbarkeit auch an Städte (z. B. München 1561) verliehen.

B. war darüber hinaus zentral für das lebensweltlich wirksame Verständnis von legitimer und nicht legitimer ↗Gewalt, wobei sowohl als rechtmäßig wahrgenommene blutige als auch für unrechtmäßig gehaltene unblutige Gewalt vorstellbar waren. Unabhängig vom tatsächlichen Auftreten diente der Verweis auf B. etwa bei Verletzungswunden vor Gericht dazu, bestimmte Gewalthandlungen zu legitimieren bzw. zu delegitimieren [5]. Ab der Mitte des 18. Jh.s schwächten sich beide Bedeutungskomponenten von B. (Herrschaft, Gewalt) ab. Zum einen sorgte die zunehmende Kritik an sühnenden Strafformen im Kontext der ↗Strafrechts-Reformbewegung für ein juristisches Vokabular und Strafkonzept, aus dem B., sei es im Kontext von ↗Folter oder ↗Todesstrafe, weitgehend verschwand. Zum anderen wurde ab Mitte des 18. Jh.s der Anspruch, sowohl legitime als auch nicht legitime Gewalt zu definieren, von juristischen und politischen Institutionen absorbiert und die Regelung von Konflikten zentralisiert.

2.3. Traditionelle Zuschreibungen

B. unterlag zudem geschlechterspezifischen Vorstellungen. So galt die Menstruation bis in die Nz. hinein primär als Folge weiblicher Versündigung. Paracelsus vertrat die Auffassung, es gebe nichts Giftigeres als Menstruations-B. (s. o. 1.4.) [3]. Im 17. Jh. gingen Fachkundige davon aus, mit dem Menstruations-B. insbes. junger Mädchen ließe sich ein wirksamer Liebestrunk (lat. *philtrum*) für Männer herstellen. Der männliche Samen galt als aphrodisierendes Äquivalent. Im 18. Jh. setzt sich in der Folge Rousseaus die Ansicht durch, die Stärke der Blutung indiziere zivilisatorische Schäden, z. B. einen zu üppigen Lebensstil. Während der Samen als eine spezifische Erscheinungsform des männlichen B. interpretiert wurde, galt die Muttermilch als Erscheinung weiblichen B. [10]. Diese Verbindung von Milch (Nahrung), Samen (Zeugung) und B. wurde bis in das 18. Jh. hinein vertreten [1]. So bestand die schon aristotelische Auffassung, der männliche Samen als Kondensat des B. versehe das entstehende Kind mit der Seele des Vaters.

In der Frühen Nz. findet sich B. außerdem in volksmagischen Bedeutungszusammenhängen (↗Magie), die bis in die Gegenwart hinein wirken. Zu nennen sind Vorstellungen vom B.-Wunder (B.-Schwitzen, Kreuzmalblutungen), vom B.-Regen, der Katastrophen ankündigt (↗Naturwunder), sowie vom B. als Stärkungs- und Heilmittel, z. B. die Vorstellung, mit frischem B. ließe sich krankes B. (Leberflecken, Muttermale) wegwaschen. Diese und viele andere Vorstellungen wurden in der älteren Literatur unter der Bezeichnung »B.-Aberglaube« zusammengefasst. Eine spezifische Unterform bildeten Annahmen, nach denen die Verwendung von bestimmtem B. (z. B. dem ungeborener Kinder) zum Gelingen von Verbrechen wie Diebstahl, Raubbränden u. a. beitragen könne (Diebsaberglaube), weswegen diese spezifische Verwendungsformen überhaupt erst zu Verbrechen wie Morden an schwangeren Frauen führten [2]. Ende des 18. Jh.s kam es verstärkt zu Gründungen von Glaubensbewegungen, die das B. im Titel trugen (z. B. »Jünger vom kostbaren B. Jesu«) und als mystische Gegenbewegung zu rationaleren Verstehensweisen von B. gesehen werden können.

→ Aberglaube; Geschlecht; Körper; Magie; Sexualität; Verwandtschaft

Quellen:
[1] M. Schurig, Spermatologia historico-medica, Frankfurt am Main 1720.

Sekundärliteratur:
[2] Art. Blut, in: H. Bächtold-Stäubli (Hrsg.), Handwb. des dt. Aberglaubens 1, 1927, 1434–1442 [3] E. Fischer-Homberger, Krankheit Frau und andere Arbeiten zur Medizingeschichte der Frau, 1979 [4] B. A. Gerrish, Art. Eucharist, in: The Oxford Encyclopedia of the Reformation 2, 1996, 71–81 [5] M. Hohkamp, Grausamkeit blutet – Gerechtigkeit zwackt: Überlegungen zu Grenzziehungen zwischen legitimer und nicht-legitimer Gewalt, in: B. Krug-Richter / M. Eriksson (Hrsg.), Streitkulturen. Studien zu Gewalt, Konflikt und Kommunikation in der ländlichen Gesellschaft (16.–19. Jh.), 2003, 59–81 [6] R. P. Hsia, Blut, Magie und Judenhaß in Deutschland der frühen Nz., in: M. Hagenmeier et al. (Hrsg.), Krisenbewußtsein und Krisenbewältigung in der Frühen Nz. – Crisis in Early Modern Europe. FS für H.-Ch. Rublack, 1992, 353–371 [7] C. Jarzebowski, Inzest. Verwandtschaft und Sexualität im 18. Jh., (2005) [8] F. Matthieu, Biografie van het Bloed. Mythologie, Legenden, Rituelen, Mensenoffers en Andere Bloederige Praktijken, 2003 [9] J. Milgrom, Art. Blood, in: Encyclopedia Judaica 2, 1971, 1115–1116 [10] G. Pomata, Vollkommen oder verdorben? Der männliche Samen im frühnzl. Europa, in: L'Homme. Zsch. für Feministische Geschichtswissenschaft 2, 1995, 59–81 [11] D. Starr, Blut. Stoff für Leben und Kommerz, 1999.

Claudia Jarzebowski

Blutkreislauf

1. Vorstellungen bis in die Frühe Neuzeit
2. Harveys Syntheseleistung
3. Reaktionen und Auswirkungen

1. Vorstellungen bis in die Frühe Neuzeit

Der kanonischen Blutbewegungslehre des griech.-röm. Arztes Galenos von Pergamon folgend herrschte von der Antike bis ins 17. Jh. die Auffassung einer zentrifugalen Bewegung des ↗Blutes im ↗Körper vor. Nach seiner Entstehung in der Leber gelange es über die Hohlvene in die rechte Herzkammer, von dort über die Herzscheidewand in die linke Herzkammer, von wo es sich in alle Teile des Körpers ausbreite, um schließlich in der Körperperipherie verbrannt zu werden. Erste Erweiterungen dieser Vorstellung, die von der griech. Antike bis in die Frühe Nz. das ärztliche Denken in Europa bestimmte, erfolgten durch den span. Arzt Miguel Serveto und den ital. Anatomen Realdo Colombo. 1553 erschien Servetos Werk *Christianismi restitutio* (»Wiederherstellung des Christentums«), in dem dieser sich zum Arianismus bekannte, zugleich aber auch erstmals im lat. Abendland den »Kleinen B.« beschrieb. Zuvor hatte der ägypt. Arzt Ibn an-Nafis (ca. 1210–1288) bereits in einem Avicenna-Kommentar eine Theorie des Lungenkreislaufs vorgestellt.

Unabhängig von Ibn an-Nafis und Serveto beschrieb auch Realdo Colombo 1559 in *De re anatomica* (»Von der Anatomie«) den Lungenkreislauf. Colombo hatte durch Vivisektionen festgestellt, dass die Lungenvenen entgegen der antiken Theorie Blut enthielten, nicht Luft zur Kühlung des Herzens. Das Blut stamme aus dem rechten Herzventrikel, fließe über die Lungenarterie in das Lungengewebe und von dort in die Lungenvenen. Colombo konnte auch erstmals die Phasen der Herzaktion sinnvoll zuordnen. Andreas Vesalius hatte zwar 1543 in seiner *Fabrica de corporis humani* (»Bau des menschlichen Körpers«) durch Autopsie die Poren der Herzscheidewand nicht sehen können, dieses Unvermögen allerdings in ein Lob des Schöpfergottes umgewandelt, dem es gelungen sei, so winzige Poren ins Herzseptum einzufügen, dass diese dem menschlichen Auge verborgen bleiben müssten.

2. Harveys Syntheseleistung

Die erstmalige Beschreibung des großen B. erfolgte 1628 durch den engl. Arzt William Harvey in seiner *Exercitatio anatomica de motu cordis et sanguinis in animalibus* (»Anatomische Ausarbeitung über die Bewegung des Herzens und des Blutes bei den Tieren«), nachdem er bereits seit 1615 wesentliche Aspekte der Kreislauftheorie in seinen Vorlesungen präsentiert hatte.

Zweifellos stellt die Beschreibung des B. eines der bedeutendsten Forschungsergebnisse der nzl. ↗Physiologie dar; sie war die Synthese einer Reihe gefäßphysiologischer Einzeluntersuchungen und zugleich Ausdruck eines gewandelten ärztlichen Verhältnisses zu den antiken Autoritäten. Das autoptische »Lesen« im *liber naturae* (↗Buch der Natur) hatte sich gegen die buchgelehrte Abhängigkeit von antiken Quellen durchgesetzt. Entscheidende Argumente für die nun auch schriftlich festgelegte B.-Theorie lieferten physiologisch-morphologische Beobachtungen, mathematische Überlegungen zur Körperblutmenge, aber auch unblutige und blutige ↗Experimente, wie etwa Venenunterbindungsversuche am Menschen oder herznahe Gefäßunterbindungen am ↗Tier (↗Experimentalmedizin).

In seiner morphologischen Erklärung bediente sich Harvey einer Reihe älterer Beobachtungen: die früheren Beschreibungen der Venenklappen, das bei Vesal angesprochene, aber nicht richtig gedeutete Fehlen von Poren in der Herzscheidewand, die Beschreibung und Funktion der Herzklappen, die Lage der großen Gefäße sowie die Erkenntnisse Servetos und Colombos. All diese Einzelbeobachtungen fasste Harvey zusammen und interpretierte sie in ihrem physiologischen Zusammenhang. Erst so konnte die neue Zirkulationstheorie (Herzmotorik, zentrifugaler Arterienblutstrom, zentripetaler Venenrückfluss) entwickelt und untermauert werden. Harvey gelang es, durch Blutmengenberechnungen und die Messung der Strömungsgeschwindigkeit des Blutes quantitativ zu belegen, dass der ↗Organismus kaum in der Lage sei, in kurzen Zeiträumen immer wieder aufs Neue große Blutmengen nachzuproduzieren, wie es die klassische Blutentstehungs- und Blutbewegungslehre Galens prinzipiell gefordert hatte. Tier- und humanexperimentelle Gefäßunterbindungen zeigten ihm deutlich auch die unterschiedliche Strömungsrichtung des venösen und arteriellen Blutes und stützten so ebenfalls das neue Konzept. In einem entscheidenden Punkt allerdings blieb Harveys Argumentation lückenhaft: Es gelang ihm nicht, den Übergang des arteriellen in das venöse Blut direkt nachzuweisen.

3. Reaktionen und Auswirkungen

Nicht zuletzt wegen des fehlenden Beweisstückes (für den kapillären Übergang) wurde Harveys B.-Lehre in den ersten Jahrzehnten nach der Publikation der *Exercitatio anatomica* auch zum Zielpunkt gelehrter Spötteleien und offener Anfeindungen. Man beschimpfte ihn als »Circulator«. Entschiedene Gegner Harveys waren in Frankreich Jean Riolan d. J. (1580–1657), in England James Primrose (gest. 1659) und in Deutschland Caspar Hofmann (1572–1648). Zu den frühen Anhängern der neuen Lehre gehörten im 17. Jh.

Ärzte, Naturforscher und Philosophen gleichermaßen, etwa Francis Glisson, Thomas Willis, Robert Fludd, Pierre Gassendi, René Descartes und Henricus Regius.

Im gesellschaftstheoretischen Gewand findet sich die Kreislauflehre Harveys in Thomas Hobbes *Leviathan* (1660, Kap. 24), wenn dieser den Kreislauf des Geldes im Staat mit dem des Blutes im menschlichen Organismus vergleicht und dabei die Körperlichkeit der staatlichen Gemeinschaft hinsichtlich der Ökonomie plastisch verdeutlicht. Wie die Flüssigkeiten des Körpers, insbes. das Blut, wandere auch das Geld »innerhalb des Staates von Mensch zu Mensch« und »ernähre« auf seinem Umlauf jedes Glied, das es berühre. Harveys physiologische Vorstellungen setzten sich erst im letzten Drittel des 17. Jh.s durch, nachdem der mikroskopische Nachweis der Lungenkapillaren durch Marcello Malpighi das letzte Glied der B.-Lehre geliefert hatte. Kapillarbeobachtungen waren erst in der zweiten Hälfte des 17 Jh.s nach der Einführung des ↗Mikroskops in die experimentelle physiologische Forschung möglich geworden.

Ausgehend von den B.-Forschungen Harveys wurden am Ende des 17. Jh.s parenterale Gaben von Arzneimitteln und sogar Blutübertragungen erprobt. Intravenöse Injektionen am Menschen nahmen zuerst die Engländer John Wilkins und Christopher Wren vor. Transfusionsversuche führten Richard Lower und Jean B. Denis durch; Lower transfundierte 1665 tierisches Blut auf ein anderes Tier, Denis wagte 1667 als erster die Transfusion von Tierblut auf den Menschen. Diese ersten Injektions- und Transfusionsversuche waren mit erheblichen Risiken für das Leben der Patienten verbunden. Es kam zu tödlichen Zwischenfällen, und die neuen Verfahren wurden verboten. Sie wurden erst im 19. Jh. – erneut mit fatalen Folgen für die klinischen Probanden – wieder aufgenommen. Vor diesem Hintergrund verwundert es nicht, dass die alte Praxis des Aderlassens trotz Harveys Entdeckung unvermindert fortgeführt wurde. Zur wirklich gefahrlosen therapeutischen Methode reifte die Transfusion erst nach der Entdeckung der Blutgruppen (1901) durch Karl Landsteiner im frühen 20. Jh.

→ Biologie; Blut; Medizin; Physiologie

Quellen:
[1] W. Harvey, Exercitatio anatomica de motu cordis et sanguinis in animalibus, 1628.

Sekundärliteratur:
[2] W.L. von Brunn, Kreislauffunktion in William Harvey's Schriften, 1967 [3] T. Doby, Discoverers of Blood Circulation: From Aristotle to the Times of Da Vinci and Harvey, 1963 [4] R. French, William Harvey's Natural Philosophy, 1994 [5] Th. Fuchs, Die Mechanisierung des Herzens. Harvey und Descartes – Der vitale und der mechanische Aspekt des Blutkreislaufs, 1992 [6] D. Goltz, Die Lehre vom Blutkreislauf und die Entstehung einer rationalen Pharmakologie, 1988 [7] A. Gregory, Harvey's Heart: The Discovery of Blood Circulation, 2001 [8] J. Schouten / D. Goltz, James Primrose and his Battle against the Theory of Blood Circulation, in: Sudhoffs Archiv: Zsch. für Wissenschaftsgeschichte 61/4, 1977, 331–362.

Wolfgang U. Eckart

Blutschande s. Inzest

Boden

1. Bodenbelastung
2. Bodendegradation
3. Bodenerosion
4. Bodenmelioration

1. Bodenbelastung

1.1. Einleitung

Mit dem Begriff B. wird in der Regel die von Wasser, Luft und organischen Elementen durchsetzte und aufgrund von Verwitterung und Zersetzung entstandene Erdoberfläche verstanden, die das Substrat für die Land- und Forstwirtschaft bildet [11]. Als Produkt geologischer wie biologischer Prozesse ist der B. nicht etwa statisch, sondern in steter Veränderung begriffen. Bis in die Gegenwart hinein werden bes. in den ›jüngeren‹, eiszeitlich geprägten Landschaften Veränderungen nachgewiesen, so etwa die Entstehung von Inseln, die Verlagerung von Flüssen, die Bildung von Heiden und Mooren etc. Doch nicht nur natürliche Einflüsse, sondern auch menschliche Eingriffe zeitigten nachhaltige Wirkung auf Relief, Schichtung und Vegetation und verliehen Böden und Landschaften ihr eigentümliches Gepräge [6].

Bis weit in das 19. Jh. hinein stellte der land- und forstwirtschaftlich genutzte B. das wichtigste Produktionsmittel überhaupt dar. Seine nachhaltige Nutzung und stetige Verbesserung musste folglich das Ziel der Ökonomie sein. Allerdings kam es bereits in vorindustrieller Zeit zu tiefgreifenden Konflikten aufgrund konkurrierender Nutzungsinteressen: Nicht nur die ↗Landwirtschaft, sondern auch verschiedene ↗Gewerbe beanspruchten Rechte am B. Insbes. durch Übernutzung sowie durch Schadstoffeintrag über ↗Luft (↗Luftreinhaltung; ↗Luftverschmutzung) und ↗Wasser (↗Wasserverschmutzung) kam es zu Belastungen der Erdoberfläche, die bis hin zur vollständigen Zerstörung der fruchtbaren Schicht (s. u. 2.) reichen konnten.

Der B. ist als histor. Kategorie von der Geschichtswissenschaft bisher kaum erforscht worden, nicht zuletzt, weil hierbei eine interdisziplinäre Herangehensweise notwendig ist [12].

1.2. Boden und Bodenbelastung in der Perspektive der Zeitgenossen und der historischen Forschung

Quellen zur Geschichte des B. entstanden häufig in Zusammenhang mit Steuererhebungen und behördlichen Ermittlungen. Zu nennen sind hier etwa die während des ↗Ancien Régime in Frankreich dem König vorgelegten Beschwerdesammlungen (*Cahiers de Doléances*) sowie Steuerlisten, Urkunden- und ↗Grundbücher oder die medizinischen und statistischen Topographien Deutschlands. Hierbei entwickelte sich seit dem 18. Jh. auch das ↗Kataster-Wesen und die Bonitierung nach B.-Qualität und Erträgen. Auch Klagen über nachteilige Veränderungen des B., etwa durch Erosionsprozesse oder Vergiftungserscheinungen an Pflanzen und Tieren, wurden behördlich dokumentiert. Wichtige Zeugnisse stellen zudem Schriftstücke dar, die im Zusammenhang mit den aufwendigen und konfliktreichen B.-Verbesserungsmaßnahmen (s. u. 4.) entstanden. All diesen Quellen ist die obrigkeitliche Perspektive gemeinsam. Sie müssen daher durch die Auswertung von histor. Kartenmaterial oder modernen Luftaufnahmen sowie durch naturwiss. Analyseverfahren (z. B. Pollen- oder B.-proben) ergänzt werden.

Nicht nur obrigkeitliche Instanzen, auch Gelehrte befassten sich während der Nz. mit dem Wert und der Belastung des B. In der Wirtschaftslehre der ↗Physiokratie, die in der Zeit des ↗Absolutismus in Frankreich entstand, basierte die gesamte Volkswirtschaft allein auf den agrarischen Erzeugnissen; als sog. *classe productive* galt nur der landwirtschaftlich tätige Bevölkerungsteil; damit war der B. der Quell allen Reichtums überhaupt. Dem Schutz des B. und seiner stetigen Verbesserung sollte also das Bestreben gelten. Allerdings war man sich zur gleichen Zeit auch durchaus der Gefahren durch B.-Verunreinigungen bewusst: Vertreter der bis in die zweite Hälfte des 19. Jh.s bestehenden ↗Miasmen-Theorie wie der Münchener Hygieneprofessor Max Pettenkofer glaubten, dass der B. durch die aufsteigenden Dünste von Fäkalien, ↗Abfällen und Abwässern auch Ursache von ↗Epidemien sein könne. ↗Hygiene- und Meliorationsmaßnahmen sollten dieser Form der B.-Belastung entgegenwirken. In den 1880er Jahren wies Robert Koch die Infektion durch über das ↗Trinkwasser verbreitete Erreger (Tuberkulose, ↗Cholera) nach. Mit der in der Folge praktizierten Abwasserentsorgung durch die Fließgewässer (↗Assanierung) wurde langfristig eine weitere Form der B.-Belastung hervorgerufen: die Eintragung von Schadstoffen über das ↗Wasser.

In der Zeit der ↗Aufklärung geriet der landwirtschaftlich genutzte B. verstärkt in das Blickfeld der Öffentlichkeit, insbes. durch das Schrifttum der Agrarreformer (↗Agrarreformen), die in ihm entsprechend der klassischen ökonomischen Theorie neben ↗Arbeit und Kapital (↗Kapitalbildung) den wichtigsten Produktionsfaktor sahen. Während des fortschrittsgläubigen 19. Jh.s wurde die Theorie von der Verbesserung des B. weitergeführt. So entwickelte Justus von Liebig in den 1840er Jahren seine These vom Raubbau am B.: der Ackerbau entziehe dem B. Mineralien, die ihm durch (künstliche) ↗Düngung wieder zugeführt werden müssten.

Sowohl die Zeitgenossen als auch die neuere Forschung nahmen wahr, dass mit der Nutzung des B., insbes. bei hohem Nutzungsdruck durch verschiedene Parteien mit widerstreitenden Interessen, immer auch die Gefahr seiner Belastung verbunden war. Eine der einflussreichsten Theorien zur Übernutzung des B. ist bis in die Gegenwart hinein Garett Hardins Formulierung des sog. Allmendproblems (1968) geblieben [5]: Ihm zufolge neigt jedes Individuum dazu, frei verfügbare Ressourcen wie Wasser, B. und Luft (sog. Allmenden) zu seinem eigenen Vorteil so weit wie möglich auszunutzen. Mit zunehmender Bevölkerungsdichte beschwöre dieses Verhalten jedoch einen ökologischen Kollaps herauf, da nämlich eine wachsende Zahl egoistischer Nutzer die freien Ressourcen irgendwann über die Grenzen ihrer Belastbarkeit hinaus beanspruchten. Erst die Anwendung gesellschaftlichen Zwangs (Gesetze, Strafbestimmungen) bringe den Einzelnen dazu, sich einzuschränken, wovon letztlich die Allgemeinheit profitiere; dieser Zwang diene also dem ↗Gemeinwohl und damit mittelbar auch dem Individuum. Diese These, die von Befürwortern der Gemeinheitsteilungen (↗Allmende; ↗Allmendeteilung) seit dem 18. Jh. unterstützt wird, ist in der Umweltgeschichte (↗Umwelt; ↗Umweltprobleme) nicht unumstritten geblieben, gibt es doch durchaus auch histor. Belege für einen nachhaltigen Umgang mit kollektiven B.-Ressourcen [3].

1.3. Bodenbelastung durch die Landwirtschaft

Landwirtschaftliche Arbeit lässt sich als beständiger Kampf gegen die Rückkehr der natürlichen (bzw. ›spontanen‹) und unerwünschten Vegetation definieren. Ohne Landwirtschaft wäre Mitteleuropa noch immer eine »grüne Wüste Wald« [14. 171]. Bereits die Existenz von Ackerboden ist also für sich genommen ein Beleg intensivster Kulturanstrengungen. Im Prinzip trägt die landwirtschaftliche Bearbeitung des B. durch ↗Düngung, das Abtragen von Steinen etc. zur Verbesserung der B.-Fruchtbarkeit bei. Der Prozess der Rodungen, der sich in mehreren Schüben von der Steinzeit in manchen Gegenden bis in das 19. Jh. hineinzog, führte in Mitteleuropa erst zur Entstehung der vielfältigen Kulturlandschaft und ist daher nicht per se als Belastung anzusehen. Der von Bäumen und Sträuchern entblößte B. war allerdings deutlich anfälliger für die Wirkungen von falscher Behandlung sowie von Wind und Wetter (↗Brandwirtschaft) [7].

Bei der bereits seit dem ausgehenden 7. Jh. bekannten und bis ins 20. Jh. hineinreichenden Plaggendüngung in Nordwestdeutschland trugen die Bewohner der umliegenden Dörfer die B.-Narbe der entfernter liegenden Heidegründe ab, um sie samt anhaftendem organischen Material und vermischt mit Stallmist auf die hofnahen Äcker zu bringen. Während die oft über Jahrhunderte auf diese Weise gedüngten Böden in der Nähe der Ortschaften bzw. Gehöfte sich langsam über die Umgebung erhoben (Wölbäcker), führte dieses Verfahren bes. in den sandigen Regionen zur Verheidung der abgeplaggten Gebiete. Der Plaggenhieb beschränkte sich keineswegs nur auf die unfruchtbaren Heidegebiete; es gab auch extra für diesen Zweck angelegte Sinken und Erdfänge in den Gewässern. Außerdem wurde Schlick aus den Entwässerungsgräben oder aus dem Überschwemmungsbereich von Wiesen auf die Äcker gefahren. An anderen Orten trug man punktuell Oberboden von den Ackerflächen ab, um sie mit Plaggen wieder aufzufüllen. Auch den Ackerrändern und Wegrainen konnte Mutterboden entnommen werden; Wege wurden z. T. so angelegt, dass sie zur Gewinnung von Plaggen dienen konnten. Ebenso fuhr man Moder, Teichschlamm und Grabenauswurf auf die Felder. So gelang es, bereits vor dem Einsatz künstlicher Düngemittel die B.-Produktivität um ein Vielfaches zu steigern. Allerdings brachte dieser Prozess auch B.-Verlagerungen von z. T. erheblichem Ausmaß mit sich [10].

Ist die Zeit bis 1850 eher durch einen stetigen Mangel an Dünger gekennzeichnet, der begrenzende Faktor der Landwirtschaft überhaupt, so stellen sich andere Formen der B.-Belastung durch die Landwirtschaft eher als Phänomene des 20. Jh.s dar, so die Überdüngung, der Einsatz von Pestiziden und die Verdichtung des B. durch schweres Gerät.

1.4. Bodenbelastung durch Gewerbe und Industrie

In den dichtgedrängten Städten des MA und der Nz. wurde als B.-Belastung vornehmlich die Verunreinigung von Straßen und Wegen mit ↗Abfällen und Fäkalien verstanden, der obrigkeitliche Anordnungen mehr schlecht als recht Einhalt gebieten konnten (↗Fäkalienbeseitigung). Aber auch die massive Schädigung der B. durch den Eintrag von Schadstoffen mit toxischer Wirkung auf Mensch, Tier und Pflanze aus der gewerblichen Produktion ist nicht erst ein Problem der Industrialisierung, sondern bereits aus vorindustrieller Zeit bekannt (↗Umweltgifte): So wurden bereits im MA jene ↗Gewerbe, die wegen ihrer Abfälle, Abwässer und Emissionen die Stadt zu verschmutzen drohten, flussabwärts an den Stadtrand verdrängt. Dennoch kam es immer wieder zu gravierender Belastung des B. durch mittelbar über das Wasser oder die Luft eingetragene Schadstoffe. Ausschlaggebend war in der Regel die Praxis, die gewerblichen Abwässer ungeklärt in die Fließgewässer einzuleiten und Emissionen ungefiltert freizusetzen. Daher ist zwischen der Belastung von B., Luft und Wasser oft nicht genau zu unterscheiden.

So wurden beispielsweise im Siegerland, in dem es eine lange Tradition der genossenschaftlich organisierten Mischökonomie aus Landwirtschaft und Montangewerbe (↗Metallhütten; ↗Hammerwerke) gab, bereits im ersten Drittel des 16. Jh.s Rieselanlagen nachgewiesen, die der Bewässerung künstlich angelegter Wiesen dienten. Bei diesem Verfahren gelangten die an organischen Stoffen reichen Hausabwässer als willkommene Düngung auf die Wiesen. Als Problem sollten sich jedoch die gewerblichen Abwässer erweisen, die zur Vergiftung von Wiesenvegetation und Böden führen konnten. Am Beispiel des im Harz entspringenden Flusses Innerste etwa, dessen Wasser in Poch- und Stampfwerken benutzt wurde, um Erze vom Abraum zu trennen, ließ sich nachweisen, wie sehr die Schadstoffe zu Anfang des 19. Jh.s den B. belasteten: Ganze Abraumhalden wurden durch das Wasser fortgetragen [12. 91]. Das bleihaltige Wasser konnte zu Schwermetallvergiftungen der Erde führen, wenn es sich in den Niederungen ablagerte (↗Blei; ↗Umweltgifte). Andere Quellen berichten, dass auf dem Gelände von Gerbereien, Färbereien oder Kattunfabriken der B. von den Rückständen der Produktion durchsetzt war (↗Lederproduktion; ↗Bleichereigewerbe; ↗Textilgewerbe). Auch die stark salzhaltigen Grubenabwässer und der Kohlenschlamm, der beim Waschen der Kohlen entstand, schädigten die von ihnen berührten B. In der Regel beschränkte sich die Belastung des B. vor der ↗Industrialisierung noch weitgehend auf die unmittelbare Umgebung des Gewerbestandorts [7]; [1].

Die Verunreinigung von B. mit städtischen Abwässern in großem Maßstab setzte in vielen dt. Großstädten erst seit den 1870er Jahren unter dem Druck der sich verschlechternden hygienischen Bedingungen ein (vgl. ↗Stadthygiene). Die Anlage von Schwemmkanalisationen schien zu dieser Zeit als elegante Lösung gleich zweier Probleme – des ↗Hygiene-Problems der Städte und des Düngermangels in der Landwirtschaft. Auf lange Sicht schufen die Rieselfelder allerdings zuvor unbekannte ökologische Schwierigkeiten.

Zur B.-Belastung sind im weiteren Sinne auch Veränderungen des Reliefs zu rechnen, etwa durch Anlage von Steinbrüchen, Kies- und Mergelgruben. In manchen Regionen führten menschliche Eingriffe zur Entstehung neuer, die Landschaft prägender B.-Strukturen wie Tagebaulöcher oder Abraumhalden. Letztere setzten häufig Schadstoffe frei, diejenigen der Sodaindustrie (↗Chemische Gewerbe) beispielsweise emittierten giftigen Schwefelwasserstoff. Auch im Gefolge des Untertagebergbaus kam es zu Schäden, etwa durch Verwerfungen des Geländes oder Versumpfungen durch die Veränderung des Grundwasserhaushaltes [2].

Stets war die B.-Belastung ebenso ein soziales wie ein ökologisches Phänomen: Rechtliche und gesellschaftliche Rahmenbedingungen bestimmten mit darüber, ob und in welchem Umfang bestimmte Bevölkerungsgruppen – seien dies die ländlichen Unterschichten oder aber die Gewerbetreibenden – den B. belasten konnten. So ist z. B. die Übernutzung der ↗Allmenden durch die Armen vor den ↗Allmendeteilungen ihren fehlenden Zugangsmöglichkeiten zur knappen ökonomischen Ressource B. geschuldet.

1.5. Bodenschutz

Anders als bei Wasser und Luft (↗Luftreinhaltung) ließen Bestrebungen zum Schutz des B. lange auf sich warten, obwohl – bzw. möglicherweise auch weil – der Zugang zum B. bereits früh eigentumsrechtlich geregelt war. Zwar zielten obrigkeitliche Erlasse bereits seit dem MA darauf, die Schädigungen des B. durch Schadstoffeintrag zu begrenzen, doch zu einer eigenständigen B.-Schutzgesetzgesetzgebung kam es nicht. Auch der 1877 gegründete »Internationale Verein gegen Verunreinigung der Flüsse, des B. und der Luft« setzte sich kaum mit den Problemen des B.-Schutzes auseinander. In der frühen Umweltgesetzgebung, wie beispielsweise der Preußischen Gewerbeordnung von 1845, die bestimmten ↗Gewerben bereits umwelthygienische Beschränkungen auferlegte [9]; [13], wurden zumeist Luft, Wasser oder Pflanzen geschützt, nicht jedoch der B. selbst.

→ Bodenbearbeitung; Landwirtschaft; Ressourcennutzung; Umwelt und Umweltprobleme; Wasserverschmutzung

[1] Ch. Bartels, Ma. und frühnzl. Bergbau im Harz und seine Einflüsse auf die Umwelt, in: Naturwissenschaften 83, 1996, 483–491 [2] Ch. Bartels, Montani und Silvani im Harz. Ma. und frühnzl. Bergbau und seine Einflüsse auf die Umwelt, in: A. Jockenhövel (Hrsg.), Bergbau, Verhüttung und Waldnutzung. Auswirkungen auf Mensch und Umwelt (VSWG, Beihefte 121), 1996, 112–127 [3] R. Beck, Ebersberg oder das Ende der Wildnis. Eine Landschaftsgeschichte, 2003 [4] H.-R. Bork et al., Landschaftsentwicklung in Mitteleuropa. Wirkungen des Menschen auf Landschaften, 1998 [5] G. Hardin, Die Tragik der Allmende, in: M. Lohmann (Hrsg.), Gefährdete Zukunft. Prognosen angloamerikanischer Wissenschaftler, 1970, 30–48 (The Tragedy of Commons, in: Science 162, 1968, 1243–1248) [6] H. Jäger, Entwicklungsprobleme europ. Kulturlandschaften. Eine Einführung, 1987 [7] H. Jäger, Einführung in die Umweltgeschichte, 1994 [8] H. Küster, Geschichte der Landschaft in Mitteleuropa. Von der Eiszeit bis zur Gegenwart, 1995 [9] I. Mieck, Luftverunreinigung und Immissionsschutz in Frankreich und Preußen zur Zeit der frühen Industrialisierung, in: Technikgeschichte 48, 1981, 239–251 [10] G. Niemeier / W. Taschenmacher, Plaggenböden. Ein Beitrag zu ihrer Genetik und Typologie, in: Westfälische Forschungen 2, 1939, 29–64 [11] F. Scheffer, Lehrbuch der Bodenkunde, ¹⁵2002 [12] E. Schramm, Zu einer Umweltgeschichte des Bodens, in: F.-J. Brüggemeier / T. Rommelspacher (Hrsg.), Besiegte Natur. Geschichte der Umwelt im 19. und 20. Jh. 1989, 86–105 [13] M. Stolberg, Ein Recht auf saubere Luft? Umweltkonflikte am Beginn des Industriezeitalters, 1994 [14] L. Trepl, Natur im Griff. Landschaft als Öko-Paradies, in: W. Hammann / T. Kluge (Hrsg.), In Zukunft. Berichte über den Wandel des Fortschritts, 1985, 165–182.

Rita Gudermann

2. Bodendegradation

Der Begriff der B.-Degradation meint die vollständige Zerstörung der fruchtbaren obersten B.-Schicht, die bis hin zur Versteppung und Desertifikation (Wüstenbildung) großer Gebiete reichen kann. In mediterranen Gebieten wird die Wüstenbildung häufig mit menschlichem Wirken, insbes. der Entwaldung, in Verbindung gebracht – eine These, die allerdings von der neueren Forschung unter Hinweis auf die Bedeutung klimatischer Faktoren nicht in jedem Fall bestätigt wird. In den gemäßigten Zonen mit ihrer zumeist dichten Vegetationsdecke war die Gefahr der Degradation (= D.) geringer.

Als einer der wichtigsten anthropogenen Auslöser für die B.-D. im MA wird die Brandrodung angesehen, also jene Praxis, die Vegetation abzubrennen, um den B. für die Viehweide oder den Ackerbau vorzubereiten (↗Brandwirtschaft). Die verbleibende Asche düngte den B. und führte über einen gewissen Zeitraum zu guten Erträgen. Danach war die B.-Kraft allerdings erschöpft, so dass die Brandrodung meist einen Wanderfeldbau bedingte. Auch die seit der Bronzezeit praktizierte extensive Waldweidewirtschaft in Nordwestdeutschland wird als Verursacher ausgemacht: Bereits der Tritt der Weidetiere richtete auf dem weichen Untergrund Schäden an. Die Entrindung der älteren Bäume und das Abweiden des Jungwuchses verhinderten anschließend die Erneuerung der ↗Wälder. Die baumlosen Flächen wurden mit zusammengekehrtem Laub und Rohhumus aus den Wäldern gedüngt (↗Düngung).

Dieses Verfahren entzog jedoch den Waldböden Mineralien, und der Verlust an Humus wirkte sich auf die Fähigkeit des B. aus, erneut Wasser und Nährstoffe zu binden. Die Folge waren Auszehrung und schließlich Degeneration; aus dem gelichteten »Hudewald« wurde Steppe. Im Falle ungünstiger klimatischer und geologischer Bedingungen verlor der schutzlos dem Regen ausgesetzte Sand-B. schließlich durch Auswaschung weitere Nährstoffe. Die Podsolierung, d. h. das Auswaschen aller nichtsandigen Feinstoffe und der Nährstoffe aus der oberen B.-Schicht durch Niederschläge, führte durch die im Heide-B. vorkommenden Humussäuren zur Entstehung des nährstoffarmen Bleichsandes sowie einer wasserundurchlässigen Ortsteinschicht, bestehend aus verkrusteten Aluminium-, Eisen-, Kalziumteilchen und organischen Substanzen. Dadurch wurde wiederum der Zufluss von Oberflächenwasser in die Fließgewässer verstärkt; diese wurden in den sandigen Gebieten zu mäandrierenden, bisweilen reißenden Bächen. Am Ende des Prozesses, der bis in das 19. Jh. hineinreichte, konnten vegetationslose Dünenlandschaften stehen (vgl. Abb. 1).

Die ausgedehnten Heidelandschaften Europas, die sich von der nordspanischen Küste über die britischen Inseln, Nordfrankreich, Belgien, die Niederlande, Norddeutschland, Dänemark und die südlichen Teile Norwegens und Schwedens erstrecken, haben ihre Entstehung dem oben geschilderten Prozess zu verdanken [6]; [5]. In Deutschland waren insbes. jene Landschaften betroffen, die durch ein Nebeneinander von trockenen, sandigen Anhöhen (›Sandschellen‹) und sumpfigen Niederungen sowie durch ursprünglich niedrige landwirtschaftliche Produktivität gekennzeichnet waren, so z. B. die Lüneburger Heide oder die Senne bei Paderborn. In unterschiedlichem Ausmaß war das Problem daher auch in nordöstl. Gebieten Deutschlands, etwa im brandenburgischen Havelland, bekannt. Es verstärkte sich noch mit der Abdrängung der seit dem Ende des 17. Jh.s anwachsenden unterbäuerlichen Schichten (↗ Unterschichten) auf nährstoffarme Moor- und Heideböden und dauerte in manchen Gegenden bis in das 20. Jh. fort. Ihre maximale Ausdehnung erreichten die Heiden jedoch vermutlich um 1800 [2]; [4].

Eine breite Diskussion während der Aufklärungszeit über die Ursachen der B.-D. führte schließlich zur Aufteilung der Gemeinheiten (↗ Allmenden), ausgehend von der Überlegung, dass das Privateigentum an Grund und B. zu einer sorgfältigeren Nutzung führe. Gegen die vollständige D. der B., wie sie von den Zeitgenossen in z. T. drastischen Bildern geschildert wurde, spricht allerdings, dass die B. nach den ↗ Allmendeteilungen z. T. erstaunlich schnell regenerierten, teils durch Düngung, teils mit Hilfe von Meliorationen (s. u. 4.), die anschließend sogar intensive landwirtschaftliche Nutzung ermöglichten. So erscheint es zumindest fraglich, ob die Degeneration bis 1850 tatsächlich in dem verheerenden Ausmaß stattgefunden hat, den manche Quellen schildern. In weitem Umfang scheint sie eher ein soziales Problem gewesen zu sein, nämlich der Ausdruck neuer Ansprüche an den B.: Um den Übergang zum Privateigentum (↗ Eigentum; ↗ Grundbesitz) und zur Intensivierung der ↗ Landwirtschaft zu forcieren, wurden die traditionellen Nutzungsformen von den Vertretern der neuen, rationellen Landwirtschaft disqualifiziert; im Zuge der Allmendeteilungen sollte neu zu benennenden Grundeigentümern der ungehinderte Zugriff auf den B. gewährleistet sein [3].

Meliorationsmaßnahmen (s. u. 4.) und die im 18. Jh. verstärkt in Angriff genommene Torfgewinnung konnten durch die Absenkung des Grundwasserspiegels ebenfalls zu massiven D.-Erscheinungen führen, denn der Niedermoor-B. drohte beim Kontakt mit Luft zu vermullen, d. h. sich in feinsten Staub aufzulösen. Andere Formen der B.-D. ließen sich dort beobachten, wo großflächige Tagebaue angelegt wurden, etwa in den mitteldt. Braunkohlegebieten (↗ Montanreviere). Allerdings blieb die dadurch hervorgerufene Devastierung der Landschaften bis 1850 noch ein punktuelles Phänomen, dessen Umfang bei weitem nicht an den der Großtagebaue heranreichte, die nach 1950 entstanden. Die bis zur Mitte des 19. Jh.s beipielsweise in der Gegend um das ostdt. Bitterfeld entstandenen Gruben und Abraumhalden bildeten jedoch den Ausgangspunkt für die flächenhaften Verwüstungen in den Braunkohlerevieren des

Abb. 1: Dünenbildung in einer Heidelandschaft. Ausschnitt aus einem Ölgemälde von Ludwig Menke (Die Senne, 1865, Lippisches Landesmuseum Detmold). Überweidung, die Abtragung der humusreichen oberen Bodenschichten als Düngemittel und die Einflüsse von Wind und Wetter trugen dazu bei, dass dazu prädestinierte Böden, wie hier der karge Sandboden in der westfälischen Senne nahe Paderborn, stellenweise von jeder Vegetation entblößt wurden.

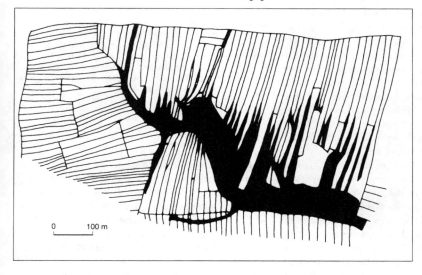

Abb. 2: Bodenerosion im Kartenbild. Nachzeichnung der historischen Flurkarte »Grund Riß des Amts Herzberger Schenkflure vor Lütgenhausen wie selbige bey der in dem Jahre 1768 vollstreckten Vermessung von den Zehentzehern angewiesen und befunden worden von Johann Heinrich Kaltenbach«. Die Prozesse der B. konnten zum Verlust großer Teile von Ackerland führen. Der Abtrag fruchtbarer Bodenpartikel durch Wind und Wasser folgte dabei den traditionellen Grenzziehungen zwischen benachbarten Flurstreifen. Schwarz treten tiefe Erosionskerben hervor.

20. Jh.s. Auch das Problem der Versiegelung des B. durch Bebauung und Asphaltierung trat erst seit den 1970er Jahren in den Vordergrund.

→ Flur; Klima und Naturkatastrophen; Umwelt und Umweltprobleme

[1] P. BLAIKIE / H. BROOKFIELD, Land Degradation and Society, 1987 [2] U. HARTEISEN, Die Senne. Eine historisch-ökologische Landschaftsanalyse als Planungsinstrument im Naturschutz (Siedlung und Landschaft in Westfalen 28), 2000 [3] J. RADKAU, Natur und Macht. Eine Weltgeschichte der Umwelt, 2000, 226–245 [4] G. VÖLKSEN, Die Lüneburger Heide. Entstehung und Wandel einer Kulturlandschaft (Veröffentlichungen des niedersächsischen Instituts für Landeskunde und Landesentwicklung an der Universität Göttingen, Heft 3), 1984 [5] N.R. WEBB, Heartlands. A Natural History of Britain's Lowland Heaths, 1986 [6] N.R. WEBB, The Traditional Management of European Heartlands, in: Journal of Applied Ecology 35, 1998, 987–990.

Rita Gudermann

3. Bodenerosion

Unter B.-Erosion (von lat. *erodere*, »ausnagen«) wird der durch natürliche Prozesse oder auch durch menschliche Eingriffe in Gang gesetzte Abtrag von B.-Partikeln durch Wind, Wasser, Eis, Steinschlag oder Lawinen und ihre Anlagerung an anderen Stellen im Gelände verstanden. Die Erosion (= E.) ruft durch die Verringerung der Fruchtbarkeit, den Verlust von Düngemitteln, die Freispülung landwirtschaftlicher Kulturen sowie die Bedeckung von Pflanzen in der Umgebung große Schäden hervor. Zugleich führt sie im weiteren Umkreis zur Verunreinigung von Straßen und Wegen sowie zum Nährstoffeintrag in Gewässer mit der Gefahr ihrer Eutrophierung, d.h. der Überdüngung und in der Folge zum Absterben von Lebewesen. Während Löss-B. durch Abspülungen bes. gefährdet sind, ist bei Sand-B. eher die Abwehung zu befürchten. Weniger betroffen sind Marsch- und Moorböden mit ihrer dichten Vegetationsdecke. Auch Weinberge sind wegen ihrer Hanglage betroffen, insbes. neu angelegte. Allerdings kann die E. auch zu B.-Verbesserung an anderen Orten führen: Abgetragene fruchtbare B.-Partikel lagern sich als sog. Auelehm in Flusstälern ab und bilden einen für die Landwirtschaft überaus fruchtbaren B.

Seit dem Auftreten menschlicher ↗Siedlungen überwiegen die schädlichen Folgen anthropogen bedingter E.-Prozesse, als deren Ursachen in erster Linie Abholzungen zu nennen sind (↗Wald), des Weiteren die übermäßige Beanspruchung sandiger und nährstoffarmer Böden durch Weidetiere (↗Weidewirtschaft). Die in vielen Regionen in Gemengelage, d.h. ohne dazwischenliegende Wege angeordneten, gleichlaufenden, langgestreckten Äcker führten dazu, dass die Pflugrichtung Wind und Wasser die Richtung vorgab (vgl. Abb. 2; ↗Bodenbearbeitung).

Auch der dauerhafte Anbau derselben Feldfrüchte (›ewiger Roggen‹) leistete der E. Vorschub (↗Fruchtfolgen). Der in der Nz. allgegenwärtige Düngermangel, der einen üppigen Pflanzenwuchs und damit das Austrocknen und die Befestigung der B.-Krume durch die Wurzeln verhinderte (↗Düngung), sowie das Fehlen von parzellierender Vegetation wie Hecken oder Waldstreifen sind ebenfalls als Ursachen für B.-E. anzusehen.

Nach den ↗Agrarreformen des 18. und 19. Jh.s verbesserte sich durch die Parzellierung der ausgedehnten Gemeinheiten (↗Allmendeteilung) und durch die Anlage von Schutzhecken, sog. Knicks, die Situation. Als Maßnahmen gegen die E. wurden auch offen liegende

Sandböden und Dünen aufgeforstet oder Felder terrassenförmig angelegt, Zwischenkulturen angebaut und das Oberflächenwasser gezielt abgeführt. Z. T. wurde das Problem durch die Anlage großer, zusammenhängender Felder (Verkopplungen, Flurbereinigungen, Arrondierungen) jedoch noch verstärkt. Die im Zusammenhang mit der landwirtschaftlichen Intensivierung seit dem 18. Jh. neu angebauten Feldfrüchte brachten teilweise eine bessere B.-Abdeckung mit sich (so etwa die ↗Leguminosen), konnten aber auch, wie z. B. ↗Kartoffeln und Rüben, zu einer Verschlimmerung der E. führen.

Die E. des B. ist insbes. für Hanglagen bereits in der Bronzezeit, in der griech.-röm. Antike und im SpätMA nachgewiesen. Sie nahm in den durch den Bevölkerungsdruck in Gang gesetzten Phasen intensivierter ↗Landwirtschaft noch zu [5]; [3], da in diesen Perioden auch Grenzlagen unter den ↗Pflug genommen wurden, die ansonsten ungenutzt blieben oder als Weideflächen dienten. Doch auch in Phasen des Bevölkerungsrückgangs (↗Demographische Krisen), verbunden mit dem Wüstfallen kultivierter Böden (↗Wüstung), konnten durch archivalische Quellen wie auch durch naturwiss. Verfahren E.-Prozesse nachgewiesen werden, etwa während des 14. Jh.s nach der großen europ. Hungersnot (1316/17) und der Großen Pest (1348–1350). Verheerende E.-Schäden waren dann zwischen 1750 und 1790 bes. in Thüringen und Sachsen, im Harzvorland, in Hessen, dem Hunsrück, der Westpfalz, dem Saarland, in Baden-Württemberg und dem Elsass zu beklagen [1]. Ebenfalls betroffen waren zu unterschiedlichen Phasen ihrer Entwicklung die küstennahen nordwesteurop. Heidegebiete, beispielsweise die engl. Region Devon im MA [2].

Ihre schlimmsten Auswirkungen mit der Bildung von z. T. haustiefen Schluchten zeitigte die E. in Gegenden mit ohnehin schwierigen physischen Bedingungen oder hohem Bevölkerungsdruck. So konnte sie durch die Abschwemmung bestellter Äcker zu regional begrenzten Katastrophen führen, z. B. in der franz. Champagne oder in Burgund im ausgehenden 18. Jh. [6]. Beklagt wurde zeitgenössisch neben dem Verlust der B.-Krume auch der des wertvollen Düngers. Allerdings hat es in Mitteleuropa mit seinen kleinteiligen, oft noch von Hecken umgebenen Feldern nie vergleichbare E.-Schäden gegeben wie etwa im Südwesten der USA in den 1930er Jahren, als verheerende Sandstürme die oberste fruchtbare B.-Schicht abtrugen (*Dust Bowl*) und viele Farmer in den Ruin getrieben wurden.

→ Flur; Landwirtschaft; Klima und Naturkatastrophen; Umwelt und Umweltprobleme

[1] H.-R. Bork, Landschaftsentwicklung in Mitteleuropa. Wirkungen des Menschen auf Landschaften, 1998 [2] I. D. L. Foster et al., Evidence for Medieval Soil Erosion in the South Hams Region of Devon, UK, in: The Holocene 10, 2000, 261–271 [3] O. Rackham / J. Moody, The Making of the Cretan Landscape, 1996 [4] G. Richter, Analyse und Bilanz eines Umweltproblems, 1998 [5] T. H. Van Andel et al., Land Use and Soil Erosion in Prehistoric and Historic Greece, in: Journal of Field Archaeology 17, 1990, 379–396 [6] J. Vogt, Aspects of Historical Soil Erosion in Western Europe, in: P. Brimblecombe / C. Pfister (Hrsg.), The Silent Countdown. Essays in European Environmental History, 1990, 83–91.

Rita Gudermann

4. Bodenmelioration

Mit dem Begriff der Melioration (= M.; von lat. *melior,* »besser«) wird die Verbesserung der Ertragsfähigkeit einer land- oder forstwirtschaftlich genutzten oder zur Nutzung vorgesehenen B.-Fläche umschrieben. Der Begriff der Landeskultur (↗Landesausbau) wird z. T. synonym verwandt. Im engeren Sinne meint der Begriff die Bewässerung oder Entwässerung von Moor- und Heidelandschaften durch die Begradigung von Fließgewässern, die Anlage von ↗Kanälen, den Bau von ↗Deichen, das Verlegen von Drainagerohren, die Ziehung von Ab- oder Zuleitungsgräben oder das Ablassen von Seen und Teichen (↗Feuchtlandkultivierung). Im weiteren Sinne werden auch die Urbarmachung von Böden überhaupt (Rodung, tiefer Umbruch, Entsteinung) sowie die Kultivierung von Heide und Ödland durch Aufforstungen als M. betrachtet [1]. M.-Maßnahmen beeinflussten den Grundwasserstand der Umgebung nachhaltig und bedingten einen tiefgreifenden Wandel der land- und forstwirtschaftlichen Nutzfläche. In Mitteleuropa führten sie insbes. zum Verlust von Feuchtgebieten. Häufig gingen sie mit erheblichen Interessenkonflikten verschiedener Beteiligter (Landwirte, Fischer, Schiffer, Müller) einher.

Erst seit dem Ende des 17. Jh.s wurden mit dem Anwachsen der ↗Bevölkerung nach der spätmittelalterlichen ↗Agrarkrise verstärkt wieder arbeitsintensive M. in Angriff genommen. Als Vorreiter dieser Entwicklung zeigten sich dabei engl. Pächter (↗Pacht) und freie ↗Bauern, die auf ihren Grundstücken Windschutzhecken, Abflussgräben oder – seit der Mitte des 19. Jh.s – auch Röhrendrainagen anlegten. Erwarteten sich Bauern und Gutsbesitzer zumeist höhere Erträge, so bedeuteten die M. für viele Neusiedler (↗Kleinbauern) die Chance auf eine eigenständige Existenz. Auch die ↗Miasmen-Theorie, der zufolge die B. schädliche und krankheitserregende Stoffe ausdünsten könne, führte mancherorts zur Durchführung von Entwässerungsmaßnahmen. Während die Feuchtgebiete im Westen Frankreichs (*landes*) bis ins 19. Jh. in traditioneller Weise genutzt wurden (Schilfgewinnung, Weide), waren in England die ↗Enclosures häufig mit Neulandgewinnung verbunden. In Preußen entwickelte sich vor dem Hintergrund der engl. Erfahrungen während der Aufklärung mit Blick auf die stetig weiter wachsende Bevölkerung ein verstärktes öffentliches Interesse an Moor- und Heidegebieten, die nun nicht mehr als zu vernachlässigendes ›Öd- und Unland‹, sondern als brachliegende Ressourcen wahrgenommen wurden. Zu praktischen Umsetzungen kam es während des 18. Jh.s in landesherrlichen Landeskulturprojekten wie beispielsweise der M. des Oder-, Warthe- und Netzebruchs [2] oder der Rektifikation des Oberrheins unter Johann Gottfried Tulla (↗Flussregulierung). Die Wirkung dieser prestigeträchtigen Maßnahmen war allerdings noch begrenzt.

Während des 19. Jh.s war es ein erklärtes Ziel der ↗Agrarreformen, mit der Durchsetzung des Privateigentums am B. (↗Grundbesitz) intensivere Bewirtschaftungsweisen zu ermöglichen, die häufig M.-Maßnahmen voraussetzten. Die vielfältigen rechtlichen Bindungen des B. und das Auseinanderfallen von Besitz- und Nutzungsrechten hatten dies zuvor verhindert. Auf eigene Initiative begannen Bauern erst nach der Überwindung der Agrarkrise der 1820er Jahre verstärkt mit der Durchführung von Be- und Entwässerungsmaßnahmen. Das ↗Wasser gewann als die B.-Fruchtbarkeit bestimmender Faktor immense Bedeutung. Erst in der zweiten Hälfte des 19. Jh.s jedoch machten staatlich initiierte Wasserbaugenossenschaften die Umsetzung großangelegter M.-Maßnahmen möglich (↗Wasserbau). Binnen weniger Jahrzehnte wurden in Deutschland Moore und Heiden durch Äcker, Wiesen und Weiden verdrängt. Hatte um 1830 ihr Anteil in manchen Regionen Preußens noch bei bis zu 50% gelegen, so war er um 1880 zumeist auf etwa 5% gesunken; die intensiv bewirtschaftete Fläche hatte sich entsprechend erhöht. Veränderte Wirtschaftsmethoden erlaubten es, die ↗Fruchtfolgen zu erweitern und neue Arten von ↗Nutzpflanzen anzubauen [2].

Brachten die M. in manchen Regionen wie beispielsweise dem Oderbruch Ertragssteigerungen um ein Vielfaches mit sich, so zeitigten sie häufig auch eine Reihe von unerwünschten Nebenwirkungen. Anstelle einer Verbesserung konnte auch eine Verschlechterung des B. eintreten: die Versumpfung flussabwärts liegender Gebiete etwa, eine durch Drainage und Gräben hervorgerufene zu starke Austrocknung, bei Moorböden auch die Vermullung, d. h. der Zerfall der B.-Krume zu Staub und damit die vollständige Degradation des Bodens (s. o. 2.).

→ Bodenbearbeitung; Feuchtlandkultivierung; Flur; Grundbesitz; Landesausbau; Landwirtschaft

[1] H.-G. Bohte, Landeskultur in Deutschland. Entwicklung, Ergebnisse und Aufgaben in mehr als 250 Jahren, 1976
[2] R. Gudermann, Morastwelt und Paradies. Ökonomie und Ökologie in der Landwirtschaft am Beispiel der Meliorationen in Westfalen und Brandenburg (1830–1880), 2000
[3] A. Ineichen, Innovative Bauern: Einhegungen, Bewässerung und Waldteilungen im Kanton Luzern im 16. und 17. Jh., 1996
[4] D. Speich, Helvetische Meliorationen. Die Neuordnung der gesellschaftlichen Naturverhältnisse an der Linth (1783–1823), 2004.

Rita Gudermann

Bodenbearbeitung

Die B. dient der Verbesserung der Nährstoffversorgung, der ↗Unkraut-Regulierung und der Saatbeetbereitung (↗Saat). Durch das Wenden der oberen Krume gelangen zuvor ungenutzte Nährstoffe in den Wurzelbereich der ↗Nutzpflanzen und Unkrautsamen bzw. -pflanzen gleichzeitig in tiefere Bodenschichten. Die Struktur des ↗Bodens muss so fein gekrümelt sein (»Gare«), dass der Transfer von Wasser und Nährstoffen in die Saaten ermöglicht wird.

Während im ↗Garten ↗Handgeräte Verwendung fanden, war die Bodenvorbereitung im nzl. Ackerbau in der Regel mechanisiert; man setzte ↗Pflüge und Eggen ein, die von Gespannen (↗Anspannung, tierische) gezogen wurden. Eine Mechanisierung der Hackvorgänge erfolgte im Ackerbau erst mit der Ausdehnung der entsprechenden Kulturen (↗Hackfrüchte), in England im zweiten Drittel des 18. Jh.s (↗Landtechnik) [4.129]. Die Ackerwalze (vgl. Abb. 1), die zur Einebnung und Bindung der Bodenstruktur diente, kam in der Nz. im ↗Getreide-Bau selten, im Flachsanbau (↗Faserpflanzen) im 18. Jh. regelmäßig zum Einsatz.

Durch die B. mit dem asymmetrischen Beetpflug, der auf dem Kontinent bis zur Mitte des 19. Jh.s dominierte, konnte die Oberfläche der Äcker verschiedenartig gestaltet werden. Wurde mit dem Pflügen einmal am Ackerrand und das nächste Mal in der Mitte begonnen, kamen Ebenäcker zustande; Wölbäcker [3.6] entstanden durch Zusammenpflügen, d. h. wenn jedes Mal wieder am Ackerrand begonnen wurde [5.41]. Man konnte einen Acker auch in mehrere Längsstreifen einteilen, die aus wenigen Furchen bestanden und voneinander durch Vertiefungen getrennt waren. Sie wurden »Bifänge« oder »Stränge« genannt (vgl. Abb. 2) [5.40–45] und waren in Flandern, Franken und Bayern verbreitet. Wie die Wölbäcker setzten sie eine große Oberfläche der Witterung aus, weswegen diese Form v. a. für Böden sinnvoll war, die Nässe stauten [1.126].

In den verbreiteten dreigliedrigen ↗Fruchtfolgen zog man nach Sommergetreide selten eine Winterfurche. Nach der Stoppelbeweidung (↗Weidewirtschaft) wurde im Juni des folgenden Jahres der Pflug zur Brachfurche eingesetzt. Darauf folgte im August die Streck- oder Stürzfurche, die zur Einarbeitung des Dungs (↗Düngung) genutzt wurde, im September die Saatfurche für das Wintergetreide. Nach der ↗Ernte wurde das Winterfeld zunächst beweidet, ehe man Anfang November die

Abb. 1: Einsatz der Ackerwalze auf einem Gutsbetrieb (Kupferstich aus: Franz Philipp Florin, *Oeconomus prudens et legalis*, 3. Buch, Leipzig 1722, S. 587). Deutlich sichtbar sind die geschwungenen Bifänge bzw. Ackerstränge (vgl. Abb. 2), die durch den Einsatz des Beetpfluges zustande kamen und durch die Walze etwas abgeflacht wurden.

Winterfurche und Ende März die Saatfurche für das Sommergetreide zog.

Im 18. Jh. wurde kaum tiefer als 5 bis 10 cm (heute ca. 30 cm) gepflügt. In der Schweiz und in England schaffte ein Ochsengespann im 17. Jh. täglich 0,3 bis 0,4 ha, engl. Pferdegespanne durchschnittlich 0,5 ha [8. 299]. Während in England im Laufe des 18. Jh.s leichtere Pflüge die Leistungen erhöhten, lagen sie in Deutschland an der Wende vom 18. zum 19. Jh. zwischen 0,3 und 0,5 ha, bei flachen Furchen waren 0,8 ha möglich [2. 64 f.].

Wo nur kleine Flächen mit ↗Getreide bestellt wurden, verwendete man noch im 18. Jh. auch im Ackerbau statt des Pfluges Handgeräte, im Schweizer Emmental auf bäuerlichen Betrieben [7.163], im Bielefelder Umland auf den kleinen ↗Pacht-Landwirtschaften der Heuerlinge (↗Einlieger). In Flandern dagegen kam der tiefer reichende Spaten auch auf größeren Betrieben zum Einsatz, indem ↗Tagelöhner Pflugfurchen nachzogen oder die Gräben zwischen den Strängen vertieften [3]. In Norddeutschland wurde an der Wende zum 19. Jh. der Spaten bei der Bodenvorbereitung für tiefwurzelnde und nährstoffzehrende Pflanzen verwendet, z. B. bei ↗Kartoffeln [9.175 f.] oder – wie in der Magdeburger Börde – beim Anbau von Zichorien. ↗Wanderarbeiter aus dem Eichsfeld, überwiegend Frauen, brauchten bei einem Arbeitstag von 12 bis 14 Stunden und einer Grabtiefe von 40 cm für einen Viertelhektar mindestens 15 Tage [6. 150].

→ Anspannung, tierische; Brache; Flur; Garten; Haken; Pflug

[1] R. Beck, Unterfinning. Ländliche Welt vor Anbruch der Moderne, 1993 [2] R. Berthold, Entwicklungstendenzen der spätfeudalen Getreidewirtschaft in Deutschland, in: Bäuerliche Wirtschaft und landwirtschaftliche Produktion in Deutschland und Estland (16. bis 19. Jh.), 1982, 11–134 [3] J. David, Spade Cultivation in Flanders, in: Tools and Tillage 5, 1984, 3–12 [4] K. Herrmann, Pflügen, Säen, Ernten. Landarbeit und Landtechnik in der Geschichte, 1985 [5] H. Jänichen, Ma. und nzl. Ackerbau in Schwaben, vorwiegend nach Zeugnissen aus dem Neckarbecken behandelt, in: H. Jänichen, Beiträge zur Wirtschaftsgeschichte des schwäbischen Dorfes, 1970, 23–156 [6] H.-H. Nölle, Die Bodennutzung in Schleibnitz und der Magdeburger Börde ... seit dem frühen MA, in: Zsch. für Agrargeschichte und Agrarsoziologie 47, 1999, 146–160 [7] C. Pfister, Im Strom der Modernisierung. Bevölkerung, Wirtschaft und Umwelt im Kanton Bern 1700–1914, 1995 [8] B.H. Slicher van Bath, The Agrarian History of Western Europe A. D. 500–1850, 1963 [9] U. Wendler, Der Kartoffelanbau in der Lüneburger Heide bis zur Mitte des 19. Jh.s, in: H. Ottenjann / K. H. Ziessow (Hrsg.), Die Kartoffel. Geschichte und Zukunft einer Kulturpflanze, 1992, 163–185.

Abb. 2: Querschnitt durch den Aufbau eines Bifangs, eines schmalen, hier aus lediglich vier Furchen und Kämmen bestehenden Ackerstreifens. Um Leerfahrten am Kopfende zu minimieren, setzte man eine zweite Furche auf dem Rückweg unmittelbar neben die erste. Dadurch wurden die Kämme gegeneinander geworfen. Durch Anbringen weiterer Furchen links und rechts an den Seiten [2. 63] kamen schmale gewölbte Beete zustande [1.125] (vgl. auch Abb. 1).

Werner Troßbach

Bodenmarkt

Ein B. entstand zunächst in den ma. ↗Städten, im Verlauf des SpätMA und der Nz. auch auf dem Land. Diese Institution regelte in vielen Teilen Europas – zusammen mit Lehnsvergabe (↗Lehnswesen), grundherrschaftlicher Leihe (↗Bäuerliche Besitzrechte), Pfand und ↗Pacht – den Transfer des Besitzes von Grundstücken und ganzen ↗Gütern, auch zwischen ↗Adel und ↗Bauern [3]. Nach der wirtschaftswiss. Definition kann man von einem voll entwickelten B. erst sprechen, wenn allein Angebot und Nachfrage preisbildend wirken [4] (↗Markt). Solch ein B. im strengen Sinne entwickelte sich seit dem HochMA wohl nur innerhalb und im Umland mancher Städte sowie in den weitgehend urbanisierten Regionen Europas (Oberitalien, Niederlande, Flandern, England), während überall sonst Bodentransfers durch ↗Grundherrschaft und ↗Dorfgemeinden kontrolliert wurden [12]. Zwar weitete sich der ländliche B. von der Mitte des 14. bis ins 16. Jh. allenthalben aus (angeregt durch demoökonomische Faktoren; ↗Agrarkrise), die Entwicklung mündete jedoch anschließend im größten Teil Europas – nicht nur dort, wo ↗Gutsherrschaften überwogen – in die neuerliche herrschaftliche Bindung des ↗Bodens, von der die Kommerzialisierung in den Handelszentren scharf abstach [7] (↗Grundbesitz). Die Entstehung einer Gruppe von Rentiers wie in Frankreich wurde dadurch in Deutschland weitgehend verhindert [1]. Im 18. Jh. nahmen die Transfers am B. erneut zu; freilich führten erst die ↗Agrarreformen des frühen 19. Jh.s zu dessen völliger Liberalisierung.

In der Nz. unterlag der ländliche B. in den meisten dt. Territorien obrigkeitlichen Restriktionen und v. a. adligen und bäuerlichen Erbstrategien (↗Erbpraxis). Insofern blieb der Transfer von Immobilien durch Formen der Redistribution (Eingriffe von Guts- und Grundherrschaft) und der Reziprozität (Zirkularität innerhalb von Familien- bzw. Verwandtschaftsverbänden) bestimmt, während dem ↗Markt lediglich eine flexibilisierende Funktion innerhalb der Systeme von Erbschaft, Lehnsvergabe und Grundherrschaft zukam [2]. Darauf deutet auch die weitgehende Scheidung in Märkte für ↗Großgrundbesitz und bäuerlichen Grundbesitz hin: Die wenigen bisher vorliegenden empirischen Studien haben ständisch abgegrenzte Teilmärkte identifiziert, die nach unterschiedlichen Regeln funktionierten (so etwa für Piemont [6] und für die nördliche Schweiz [11]). Selbst die Märkte für große Güter stellen sich differenziert dar, je nachdem, ob deren Besitz den Zugang zu politischen Repräsentativkörperschaften regelte (↗Rittergut), oder ob es sich lediglich um große Landwirtschaftsbetriebe handelte, die in erster Linie Gewinn abwerfen sollten [5].

Solange der von Bauern bewirtschaftete Boden in weiten Teilen Deutschlands grundherrschaftlichen Bindungen unterlag (↗Grundherrschaft), prägten diese den B. regional unterschiedlich. So war in weiten Teilen Südwestdeutschlands der dörfliche B. im 18. Jh. kaum noch herrschaftlichen Restriktionen unterworfen [9]; hier bildeten ↗Erbpraxis und lokaler B. flexible, aufeinander bezogene Systeme, die einander durchdrangen. Im mittleren Deutschland und in Bayern scheint der Unterschied zwischen grundherrschaftlichem Boden und bäuerlichem ↗Eigentum (»walzende Stücke«), das in den einzelnen Gemeinden in unterschiedlichen Mischungsverhältnissen vorkam, entscheidend gewesen zu sein [8]. Im Nordwesten und Osten Deutschlands gab es offiziell keinen bäuerlichen B., der nicht von der Landesherrschaft oder von Grund- oder Gutsherren kontrolliert worden wäre. Die herrschaftliche Bindung des Bodens stand einer Anpassung der Bodennutzung an die Bedürfnisse der bäuerlichen ↗Haushalte zwar im Wege, die starren Rechtsverhältnisse scheinen hier jedoch durch individuelle Verträge mit dem jeweiligen Grundherren, durch Absprachen unter Nachbarn und durch innerfamiliäre Vererbungspraktiken flexibel gehandhabt worden zu sein [10].

Angesichts der vielfältigen Einflüsse durch bäuerliche Familien, Grundherren und den ↗Territorialstaat lässt sich die Preisbildung (↗Preis) am B. kaum systematisieren. Fälle eines vorwiegend familiär gesteuerten B. (mit sog. Kinder- oder Geschwisterpreisen in Fällen von Hofübergabe oder Erbschaft; ↗Erbpraxis) stehen neben solchen, in denen die innerdörfliche Solidarität dafür sorgte, dass Parzellen nur unter den besser situierten Bauern zirkulierten. Überhaupt stellt sich die Frage, ob die Bewahrung geschlossener bäuerlicher ↗Güter nicht nur ein verbreitetes Abschöpfungsmodell zur Sicherstellung bäuerlicher ↗Leistungen darstellte, sondern auch eine Strategie des Statuserhalts bäuerlicher Oberschichten. Das hieße jedoch, dass Restriktionen auf dem B., die Transfers erschwerten, nicht einseitig herrschaftlichen Interessen dienten, sondern auch den ökonomischen und politischen Vorrang der größeren Bauern in den Dorfgemeinden auf Dauer sicherstellten.

→ Bäuerliche Besitzrechte; Boden; Erbpraxis; Grundbesitz

[1] G. Béaur, Le marché foncier à la veille de la Révolution. Les mouvements de propriété beaucerons dans les régions de Maintenon et de Janville de 1761–1790, 1984 [2] S. Brakensiek, Grund und Boden – eine Ware? Ein Markt zwischen familialen Strategien und herrschaftlichen Kontrollen, in: R. Prass et al. (Hrsg.), Ländliche Gesellschaften in Deutschland und Frankreich, 18.–19. Jh., 2003, 269–290 [3] S. Cavaciocchi (Hrsg.), Il Mercato della Terra, Secc. XIII–XVIII (Atti della Trentacinquesima Settimana di Studi 2003. Istituto Internazionale di Storia Economica F. Datini), 2004 [4] G. Fertig, »Der Acker wandert zum besseren Wirt«? Agrarwachstum ohne preisbildenden Bodenmarkt im Westfalen des 19. Jh.s, in: Zsch. für Agrargeschichte und Agrarsoziologie 52/1, 2004, 44–63 [5] A. Flügel, Bürgerliche Rittergüter. Sozialer Wandel und politische Reform

in Kursachsen (1680–1844), 2000 [6] G. Levi, Das immaterielle Erbe. Eine bäuerliche Welt an der Schwelle zur Moderne, 1986 [7] B. H. Lienen, Aspekte des Wandels bäuerlicher Betriebe zwischen dem 14. und 17. Jh. an Beispielen aus Tudorf (Kreis Paderborn), in: Westfälische Forschungen 41, 1991, 288–315 [8] T. Robisheaux, Rural Society and the Search for Order in Early Modern Germany, 1989 [9] D. W. Sabean, Property, Production and Family in Neckarhausen, 1700–1870, 1990 [10] J. Schlumbohm, Lebensläufe, Familien, Höfe. Die Bauern und Heuerleute des osnabrückischen Kirchspiels Belm in proto-industrieller Zeit, 1650–1860, 1994 [11] A. Schnyder-Burghartz, Alltag und Lebensformen auf der Basler Landschaft um 1700. Vorindustrielle, ländliche Kultur und Gesellschaft aus mikrohistorischer Perspektive, 1992 [12] B. J. P. van Bavel / P. Hoppenbrouwers (Hrsg.), Landholding and Land Transfer in the North Sea Area (Late Middle Ages–19th Century), 2004.

Stefan Brakensiek

Bodenrecht s. Immobiliarrechte

Bodenverkehrsfreiheit s. Eigentum; Privatautonomie

Böhmisten
Die Anhänger der Lehren des schlesischen Theosophen und Mystikers Jakob Böhme wurden schon in der polemischen Literatur (↗Polemik) des 17. Jh.s »B.« genannt. Die B. formierten sich weder zu einer religiösen Sondergemeinschaft noch bildeten sie eine klar abgrenzbare philosophische Schule aus. Mit Gedanken Böhmes verschmolzen von Anfang an andere Traditionen, so dass der »Böhmismus« ein schillerndes Phänomen darstellt.

Böhme wirkte zum einen durch seine ↗Theosophie. In den Umbrüchen der Frühen Nz. schien manchen Zeitgenossen wie auch späteren Lesern, denen die Antworten der konfessionellen ↗Theologien nicht mehr genügten, seine Spekulation über den ewigen »Ungrund«, aus dem Gott sich selbst gebiert, sich erkennt und die Welt als das Andere seines Selbst gestaltet, ein faszinierender Weltentwurf. In den Kreisen der ↗Rosenkreuzer und Pansophen (↗Pansophie), die eine grundlegende Reform der Religion anstrebten, galt er als prophetischer Verkünder der erwarteten Zeitenwende, in der ↗Naturphilosophie und ↗Alchemie wirkten die pansophisch-alchimistischen Elemente seines Weltbildes weiter, im ↗Pietismus und anderen ↗Erweckungsbewegungen beeindruckte seine auf Christus und die Wiedergeburt gerichtete ↗Mystik.

Zum andern wirkte Böhme durch die Originalität und die imaginative Kraft seiner Sprache, von der im Zeitalter des ↗Barock (auf die erste und zweite schlesische Dichterschule, bes. D. Czepko und Angelus Silesius; Quirinus Kuhlmann) und später bes. in der ↗Romantik nachhaltige Anregungen ausgingen.

Durch die Publikationsgeschichte der Werke Böhmes lässt sich die Verbreitung des Böhmismus nachweisen. Nach Böhmes Tod bemühte sich sein Freund A. von Franckenberg um die Veröffentlichung und Verbreitung der lit. Hinterlassenschaften. Mit dem Druck dreier Werke (1631–1634; darunter die Genesis-Auslegung *Mysterium magnum*) in Amsterdam begann der Einfluss in den religiös toleranten Niederlanden. Der Kaufmann A. W. van Beyerland sammelte Böhme-Manuskripte, übersetzte sie ins Niederländische und ließ auch einige Schriften im dt. Originaltext drucken. Seine Arbeit führten der Diplomat M. le Blon und der Verleger H. Beets fort.

Dem engl. Lesepublikum wurde in den 1640er Jahren, als eine Vielfalt religiöser und philosophischer Bücher erschien, der »*Teutonick philosopher* Jacob Behmen« aus Übersetzungen (von J. Sparrow und J. Ellistone) zugänglich. I. Newton erhielt durch die Böhme-Lektüre Anregungen für seine naturwiss. Forschungen, und G. W. Leibniz wurde von einem engl. Böhme-Begeisterten auf dessen Werk hingewiesen. Aus den engl. *Behmenists* gingen Ende des 17. Jh.s die ↗Philadelphier (Jane Leade, J. Pordage u. a.) hervor; sie verbanden Ideen Böhmes mit stark akzentuierten heilsgeschichtlich-eschatologischen Vorstellungen (↗Eschatologie), die sie an den dt. Pietismus weitergaben.

Als Nachlassverwalter Böhmes und Gralshüter seiner Lehre verstand sich der in Amsterdam lebende dt. Theosoph J. G. Gichtel. Er gab 1682–1683 erstmals *Alle theosophischen Wercke* Böhmes in einer Gesamtausgabe (15 Bde.) heraus. Es folgten Gesamteditionen durch die ↗Gichtelianer J. O. Glüsing (1715) und J. W. Überfeld (1730). Gichtels Ausgabe, mit der Böhmes Breitenwirkung in Deutschland begann, erweckte großes Interesse in pietistischen Kreisen. Die Zurückhaltung des Begründers des Pietismus, Ph. Spener, gegenüber dem Werk Böhmes konnte die Wertschätzung innerhalb des radikalen Pietismus nicht mindern; Böhme selbst gilt bei einigen Forschern als »Vater« und entscheidender Ideengeber des Pietismus. Neben Böhmes Kritik am äußeren Kirchenwesen und am konfessionellen Meinungsstreit wurden etwa bei G. Arnold die Vorstellungen von der himmlischen »Weisheit« (griech. *sophia*) und von der ursprünglichen ↗Androgynität des Menschen aufgegriffen. Der bedeutendste pietistische Böhme-Interpret war im 18. Jh. F. Chr. Ötinger.

Für das 19. Jh. wurden die Böhme-Übersetzungen des franz. Theosophen L. C. de Saint-Martin einflussreich (1800–1809), dessen u. a. von M. Claudius ins Deutsche übertragene Schriften mit zur Neuentdeckung Böhmes in der dt. Romantik beitrugen (F. von Baader, Novalis, L. Tieck, Fr. Schlegel; in der Malerei C. D. Friedrich, Ph. O. Runge). Unter den Idealisten (↗Idealismus) wirkte Böhme auf Fichtes aktualistische Ich-Lehre, auf F. W. Schellings Freiheitsverständnis und Hegels dialektische Philosophie (↗Dialektik).

Von dem Aufschwung, den die Böhme-Forschung seit dem 19. Jh. nahm, profitierte auch die Aufarbeitung seiner Wirkungsgeschichte. Eine monographische, den Forschungsstand dokumentierende Darstellung des Böhmismus fehlt bisher.

→ Frömmigkeitskulturen; Mystik;
Religiöse Bewegungen; Theosophie

Quellen:
[1] J.O. GLÜSING (Hrsg.), Theosophia Revelata. Das ist: Alle Göttliche Schriften Des … Deutschen Theosophi Jacob Böhmens, Hamburg 1715.

Sekundärliteratur:
[2] E. BENZ, Die Mystik in der Philosophie des dt. Idealismus, 1952 [3] E. EDERHEIMER, Jakob Böhme und die Romantiker, 1904 [4] S. HUTIN, Les disciples anglais de Jacob Boehme aux XVIIe et XVIIIe siècles, 1960 [5] F. VAN LAMOEN, Abraham Willemsz van Beyerland. Jacob Boehme en het Nederlandse hermetisme in de 17e eeuw, 1986 [6] H. OBST, Jakob Böhme im Urteil Philipp Jacob Speners, in: Zsch. für Religions- und Geistesgeschichte 23, 1971, 22–39 [7] E.H. PÄLTZ, Art. Böhme, Jacob, in: TRE³ 6, 1980, 748–754 [8] H. SCHNEIDER, Der radikale Pietismus in der neueren Forschung, in: Pietismus und Nz. 8, 1982, 15–42 [9] H. SCHNEIDER, Der radikale Pietismus in der neueren Forschung, in: Pietismus und Nz. 9, 1983, 117–151 [10] W. STRUCK, Der Einfluß Jakob Böhmes auf die engl. Literatur des 17. Jh.s, 1936 [11] N. THUNE, The Behmenists and the Philadelphians. A Contribution to the Study of English Mysticism in the 17th and 18th Centuries, 1948 [12] G. WEHR, Jakob Böhme, ²1985 [13] S. WOLLGAST, Philosophie in Deutschland 1550–1650, ²1993.

Hans Schneider

Bohren s. Schießarbeit

Bojaren

Das älteste, aus dem 11. Jh. stammende russ. Recht (*Russkaja Pravda*) nennt nach den Fürsten und vor dem Hofadel »B.« als grundbesitzende Herren [12]; ähnlich auch bei Bulgaren und Rumänen [3]. Umgangssprachlich wurde das Wort im Russischen wie *barin* (»Herr«) benutzt [11]; eine Herleitung vom indogerman. √bher (»tragen«) – wie im dt. »urbar« – ist naheliegend, aber auch andere werden diskutiert [16].

Im Fürstentum Moldau lässt sich im SpätMA gut rekonstruieren, wie B. bei der Auflösung von ↗Klientel-Strukturen – im Übergang aus nomadischer Wirtschaftsweise – und gegen die Interessen der ↗Dorfgemeinden als Grundbesitzer fassbar werden. B. trugen zur Stabilisierung des ↗Staates bei und nahmen über einen B.-Rat Einfluss auf die Politik der Fürsten (rumän. *hospodare*) [14]. Im Rang standen die B. überall hinter den Nachfahren fürstlicher Familien (russ. *knjazy*), aber vor den übrigen Adelsrängen. Im Großfürstentum Litauen schoben sich jedoch nach der Union mit Polen (1386–1569) die Magnaten – die oft aus Fürstenfamilien stammten wie die Geschlechter Radziwiłł oder Czartoryski – über die *boiare-szlachta*, und da es in Polen wenig ↗Hofadel gab, wurden B. hier nicht selten zum untersten Rang und einkommensmäßig zur »nackten« *szlachta* – also zum armen ↗Landadel. Im Kiewer Reich (9.–13. Jh.) gehörten die B. zur älteren Gefolgschaft (russ. *staraja družina*) mit eigenem Hof, während die jüngere Gefolgschaft am Hof des Fürsten lebte.

In Moskau gewannen die B. im 15. und 16. Jh. an Einfluss (Geschlechterlisten bei [17]; [1]). Sie wurden zu Trägern der russ. ständischen Bewegung, die im Reichstag (*Sobor*) ein Mitbestimmungsorgan auf Reichsebene und im B.-Rat (*Duma*) ein Beratungsorgan des Zaren hatte. Die russ. ↗Stände erreichten, ähnlich wie die meisten westeuropäischen, kein Recht auf Selbsteinberufung und (ähnlich wie in Kastilien, jedoch anders als in England) auf ↗Steuerbewilligung. Ähnlich wie in England, aber anders als in Polen, Frankreich oder dem ↗Heiligen Römischen Reich Deutscher Nation gab es in Russland keine regionalen Stände [15]; [4]; [9].

Im 17. Jh. erkannte der Zar nur diejenigen als B. an, die er in die *Duma* berufen hatte. Während die Geschlechter selbst an ihren Titeln festhielten, verwischten politische Praxis und Einkommensunterschiede die Differenzen zwischen Fürsten, B., dem eigentlichen Hofadel (*dvorjane*) und dem ↗Landadel, den B.-Kindern (*deti bojarskie*). So gab es einerseits Fürsten, die nicht einmal einen Hof besaßen und erst recht keine schollenpflichtigen Bauern, andererseits gab es B. mit 70 000 Bauern wie die Morosov [5]. Der Rang der Familien wurde durch eine Platzordnung (*Mestnichestvo*) festgelegt, in welche das Dienstalter der Familien in Moskau einging; eine B.-Familie, deren Ahn früh von einem Teilfürstentum nach Moskau gewechselt war, konnte vor einer Fürstenfamilie stehen, deren Ahn das erst spät getan hatte. Der Moskauer Adel machte also die Differenz zwischen den Familien zum Distinktionsmerkmal. Diese spielte auch in Westeuropa eine Rolle, wurde dort aber meist durch das Korporationsprinzip eingeschränkt, das die Oldenburger Herzöge ihrer Ritterschaft nicht zuerkannten, das aber z.B. poln. und litauischer Adel zur Perfektion entwickelten (alle Mitglieder der Korporation galten als gleich).

Mit der Abschaffung von *Mestnichestvo* und *Duma* und der Nichteinberufung des *Sobor* nach 1684 wurde der russ. ↗Absolutismus durchgesetzt [10]. Damit wurde auch der Titel »B.« obsolet; an seine Stelle traten westl. Titel wie »Graf« oder »Baron«. Das unter Zar Peter I. im frühen 18. Jh. eingeführte Konzept einer Rangordnung aller Diener des Staates, durch die ein Kollegienassessor (auch wenn er zugereist war) dem Major gleichgestellt und in den erblichen Adel erhoben wurde, war bis zur Revolution (1917) gültig, ging aber an der sozialen Realität des russ. Adels im 18. und 19. Jh. vorbei [7]; [8].

Katharina II. ließ in der zweiten Hälfte des 18. Jh.s den gutsbesitzenden Adel in den Gouvernements Adelsmarschälle und Versammlungen wählen, die im 19. Jh. einen Ausgangspunkt für die Selbstverwaltungen der Provinzen (*zemstva*) bildeten: »Gesellschaft« entstand als »staatliche Veranstaltung« – die Krone schuf sich adlige Korporationen [6].

Südl. der Donau wurde der B.-Adel nach der Eroberung durch das ↗Osmanische Reich meist im 14. Jh. vernichtet oder deklassiert; in Bulgarien knüpften jedoch nach der Befreiung 1879 einige Neureiche an der alten Titulatur wieder an. In Rumänien blieb der B.-Adel trotz Bodenreform bis zum Ende des Zweiten Weltkriegs bestehen [13].

→ Adel; Adelsnation

[1] A. V. Antonov, Rodoslovnye rospisi, 1996 [2] H.-J. Becker (Hrsg.), Der zusammengesetzte Staat, 2005 [3] I. M. Beljavskaja et al. (Hrsg.), Istorija juzhnykh i zapadnykh slavjan, 1969 [4] L. V. Cherepnin, Zemskie sobory russkogo gosudarstva, 1978 [5] R. O. Crummey, Aristocrats and Servitors, 1983 [6] D. Geyer, ›Gesellschaft‹ als staatliche Veranstaltung, in: D. Geyer (Hrsg.), Wirtschaft und Gesellschaft im vorrevolutionären Rußland, 1975, 20–52 [7] J. M. Lotman, Rußlands Adel. Eine Kulturgeschichte von Peter I. bis Nikolaus I., 1997 [8] E. N. Marasinova, Psichologija elity rossijskogo dvorjanstva, 1999 [9] H.-H. Nolte, Kleine Geschichte Russlands, ³2003 [10] H.-H. Nolte, Autonomien im vorpetrinischen Russland, in: H.-J. Becker (Hrsg.), Der zusammengesetzte Staat, 2005 [11] S. G. Pushkarev, Dictionary of Russian Historical Terms, 1970 [12] H. Rüss, Herren und Diener, 1994 [13] G. Stadtmüller, Geschichte Südosteuropas, 1950 [14] O. Subtelny, Domination of Eastern Europe, 1986 [15] H.-J. Torke, Die staatsbedingte Gesellschaft im Moskauer Reich, 1974 [16] H.-J. Torke (Hrsg.), Lex. der Geschichte Rußlands, 1985 [17] S. B. Veselovskij, Issledovanija po istorii klassa sluzliykh zemlevladel'cev, 1969.

Hans-Heinrich Nolte

Book of Common Prayer

1. Bedeutung
2. Die Entwicklung bis 1637
3. Restauration

1. Bedeutung

Das »BCP« (»Allgemeines Gebetbuch«) ist die ↗Kirchenordnung der Kirche von England (↗Anglikanismus). Es enthält die Ordnungen des täglichen Morgen- und Abendgottesdienstes (*Morning and Evening Prayer*), des sonntäglichen Hauptgottesdienstes (Abendmahlsgottesdienst), der Taufe, der Ordination sowie weiterer Riten. Das ursprünglich von Erzbischof Thomas Cranmer 1549 verfasste ↗Gebetbuch etablierte zusammen mit dem ebenfalls von ihm verfassten *Book of Homilies* (»Buch der Predigten«) und den *Articles of Religion* (↗Neununddreißig Artikel) den evang. Charakter der ↗Reformation in England. Das BCP erwies sich als das einflussreichste der drei Werke, da gemäß dem Prinzip *lex orandi – lex credendi* (»Gesetz des Betens – Gesetz des Glaubens«, d. h. »Die Glaubenslehre folgt dem Gebet«) die spätere engl. Theologie im BCP den definitiven Ausdruck des authentischen anglikanischen Glaubens sah.

2. Die Entwicklung bis 1637

Aufbauend auf biblischer Autorität und altchristl. Praxis verband Cranmer Gottesdienste in der Volkssprache mit einem Schriftlesungssystem, nach welchem der Psalter jeden Monat, das NT (ohne die Offenbarung) im Laufe von vier Monaten und der Großteil des AT im Lauf eines Jahres zu lesen ist. Seine Quellen bildeten der *Use of Sarum* (»Ritus von Salisbury«, die lat. Hauptliturgie des ma. Englands), das Brevier (Gebetbuch) des span. Theologen Quiñones, altchristl. Werke der West- und Ostkirche sowie dt. Kirchenordnungen, insbes. die *Pia deliberatio* (»Fromme Erwägung« von 1545) der Reformatoren Martin Bucer und Melanchthon sowie die Nürnberger Kirchenordnung des fränkischen Reformators Andreas Osiander. Cranmer behielt eine vereinfachte Form der traditionellen liturgischen Struktur bei (↗Liturgie), doch strich er alle Erwähnungen der ma. Lehren, die vom ↗Protestantismus abgelehnt wurden, z. B. die des persönlichen Verdienstes und des Messopfers. 1550 erschien das reformatorische *Ordinal* (Ordinationsliturgie); es wurde 1552 mit dem BCP zusammengeführt.

Auf Rat u. a. der in England lebenden Reformatoren Bucer und Petrus Martyr Vermigli gab Cranmer dem BCP 1552 eine stärker reformierte Prägung und strich etliche Riten. Der Wortlaut bei der Austeilung des Abendmahls wurde neu gestaltet, um sicherzustellen, dass die Gegenwart Christi nicht leiblich, sondern geistlich verstanden wurde (↗Sakrament). Die liturgische Anweisung der sog. *Black Rubric* erklärte, dass das Knien der Kommunikanten keine leibliche Gegenwart Christi (Realpräsenz) andeute. Außerdem ordnete Cranmer das Abendmahlsgebet neu, um das Dankgebet des Volkes als Reaktion auf die mit den Abendmahlsgaben einhergehende Gnade darzustellen und nicht als Zentrum des Sakraments. Schließlich unterstrich er die Bedeutung der Buße, indem er das Abendmahl mit den Zehn Geboten und das Morgen- und Abendgebet mit einem Sündenbekenntnis beginnen ließ.

Das von der engl. Königin Maria I. abgelehnte BCP (Fassung von 1552) wurde von Elisabeth I. 1559 mit wenigen, aber wichtigen Änderungen wieder eingeführt. Abfällige Bemerkungen über den Papst wurden gestrichen. Um den Glauben an die Realpräsenz Christi im Abendmahl zuzulassen, verband man die Austeilungsworte der ersten Fassung mit denen der Version von 1552 und beseitigte die *Black Rubric*. Eine stärker protest.

Reform, auf welche die Puritaner drängten (↗Puritanismus), lehnte Elisabeth I. ab. Angesichts der puritanischen *Millenary Petition* (»Petition der Tausend«) auf der Hampton Court-Konferenz (1604) erklärte sich jedoch Jakob I. zu einigen Zugeständnissen bereit, so v. a. die private Taufe im BCP auf die Geistlichkeit zu beschränken und eine neue ↗Bibelübersetzung zu genehmigen (*King James Version*).

Um ein »kath.« liturgisches Ethos in Großbritannien zu fördern, führte Erzbischof William Laud 1637 in Schottland ein neues Gebetbuch ein, dessen Abendmahlsliturgie wesentliche Aspekte des BCP von 1549 wiederherstellte. Auf Grund starken Widerstands wieder zurückgezogen, wurde es nur in der späteren unabhängigen *Scottish Episcopal Church* verwendet.

3. Restauration

Nach der Restauration Karls II. Stuart (↗Englischer Bürgerkrieg) wurde das während des ↗Commonwealth (1649–1660) verbotene BCP neu aufgelegt. Die Puritaner brachten daraufhin auf der Savoy-Konferenz (1661) ihre *Exceptions* (»Einwendungen«) gegen das BCP vor, allerdings ohne Erfolg. Dem *Durham Book,* John Cosins Vorschlag einer dem schott. BCP folgenden tiefgreifenden Neufassung, erging es wenig besser. Einige Zeremonien in Richtung Lauds wurden 1662 in das BCP eingefügt. Doch blieb der Text von Cranmers Liturgie (1552) im Wesentlichen unverändert, und die *Black Rubric* wurde wiederhergestellt.

Nach dem Erreichen der Unabhängigkeit (↗Nordamerikanische Revolution) überarbeiteten amerikan. Anglikaner das BCP gemäß der Abendmahlstradition der *Scottish Episcopal Church* (1789), da schott. Bischöfe den ersten amerikan. anglikanischen Bischof weihten.

Trotz des zunehmenden Einflusses des Anglokatholizismus in der zweiten Hälfte des 19 Jh.s entstand keine Neufassung des engl. BCP. Die wenigen offiziellen Veränderungen bestanden in der Entfernung der speziellen Gottesdienste für die königliche Familie (1859), einer neuen Reihe von Bibeltexten für den Gottesdienst (1871) und der Zulassung kürzerer Sonntagsgottesdienste (1872). Tiefergreifende Veränderungen sollte erst das 20. Jh. bringen.

→ Anglikanismus; Gebetbuch; Gottesdienst; Liturgie

Quellen:
[1] F. Brightman, The English Rite, ²1921.

Sekundärliteratur:
[2] P. Brooks, Thomas Cranmer's Doctrine of the Eucharist, ²1992 [3] G. Cuming, A History of Anglican Liturgy, ²1982 [4] S. Sykes et al. (Hrsg.), The Study of Anglicanism, ²1998.

John Ashley Null

Bordell s. Frauenhaus; Prostitution

Börse

1. Definition und Begrifflichkeit
2. Entwicklung in der Frühen Neuzeit
3. Die Rolle der Börsen innerhalb des neuzeitlichen Wirtschaftssystems

1. Definition und Begrifflichkeit

Die B. ist eine zeitlich und örtlich genau festgelegte Marktveranstaltung, bei der vertretbare Güter (i. e. austauschbare Güter bzw. Wertpapiere) gehandelt wurden. Dieser regelmäßig stattfindende Markt ist durch staatliche oder berufsständische Vorschriften geregelt. Sie benennen die Zulassungsvoraussetzungen für Personen, gehandelte Objekte und die Marktüberwachung. B.-Gegenstand sind ausschließlich fungible (austauschbare) Güter, die nach Maß, Zahl oder Gewicht gehandelt werden können. Die Vertretbarkeit (Fungibilität) ist die Voraussetzung für den Handel ohne Besichtigung, d. h. für den Tausch abwesender Güter. Die B. ist damit ein Markt hohen Abstraktionsgrades und darin von allen anderen Marktveranstaltungen (z. B. Messe oder Auktion) unterscheidbar. Die B. übernimmt mehrere Funktionen, z. B. die der Marktbildung, der gesteigerten Zirkulation und Finanzierung von Staat und Unternehmen. Neben den Effekten-B. gibt es Waren-B., die hier nicht weiter betrachtet werden.

Der Ursprung des Begriffs B. ist nicht eindeutig geklärt. Denkbar ist die Ableitung von spätlat. *bursa* (»Ledersack«) oder von dem Namen der Brügger Kaufmannsfamilie van der Beurse (dieser möglicherweise seinerseits von niederl. *beurs*, »Geldbeutel«, vor deren Haus sich bezeugtermaßen im 14. Jh. regelmäßig Kaufleute zu Geschäftszwecken trafen.

2. Entwicklung in der Frühen Neuzeit

2.1. Vorformen der Börse

Zwar gab es bereits im ausgehenden MA börsenähnliche Zentralmärkte für Waren, ↗Wechsel, Sorten, fungible Zinspapiere (Vorläufer der später üblichen ↗Anleihen), Kuxe (Anteil an einem durch mehrere Teilhaber – sog. Gewerken – betriebenen Bergwerk) usw., doch kann man nur eingeschränkt von B. sprechen, da konkrete Nachweise dafür fehlen, dass die Marktveranstaltungen regelmäßig zu einem bestimmten Zeitpunkt unter genau definierten Regeln an präzisierten Orten stattfanden. Außerdem muss man die Fungibilität der genannten B.-Gegenstände noch als begrenzt ansehen, insofern ihre Übertragung des ↗Indossaments bedurfte, was beim Wechsel als geborenem Orderpapier der Fall ist, oder es sich um Namenspapiere handelte, deren Transferierung nur durch Zession (Abtretung) möglich war.

2.2. Börsenplätze

In der Frühen Nz. wurden Zinspapiere (Festverzinsliche Wertpapiere im Unterschied zu Dividendenpapieren wie z. B. Aktien) immer häufiger gehandelt. Die Obligationen, Kammerbriefe oder die im Ostseeraum sog. ›Handschryften‹ kamen zunehmend an professionell organisierte ↗Kapitalmärkte, insbes. an die B. in West- und Mitteleuropa: In Brügge war 1409 die erste B. Europas gegründet worden, der 1460 Antwerpen und 1462 Lyon folgten.

In London bezog 1570 die *Royal Exchange* ihr Börsengebäude, die *London Stock Exchange* richtete man erst 1773 ein. Die Stadt konnte ihre Bedeutung als erstrangiger B.-Platz bis heute erhalten. Der Handel mit ↗Aktien spielte dort seit dem beginnenden 18. Jh. eine große Rolle, wenn auch zunächst außerbörslich in den Seitengängen der Waren- und Fonds-B. In Frankreich sind von den ersten gesetzlich organisierten B. jene von Lyon und Toulouse (1546) sowie Rouen (1566) zu nennen. Die Pariser B. fand 1724 gesetzliche Anerkennung. 1753 folgte die Wiener B. und mit der *New York Stock Exchange* 1792 erhielt das internationale B.-Wesen den ersten außereurop. wichtigen B.-Ort. Im Zuge der weltwirtschaftlichen Verflechtung in der zweiten Hälfte des 19. Jh.s kamen in den industrialisierten Ländern allenthalben ↗Kapitalmärkte zweiten und dritten Grades hinzu. So wurde der Aktienhandel zunehmend institutionalisiert und die Voraussetzungen zur börsenrechtlichen Ausgestaltung geschaffen. Dazu gehörten allgemeine Normativbestimmungen für Händler und Makler ebenso wie Vorschriften und Edikte sowie B.-Verfassungen.

In Deutschland war es im 16. Jh. zu ersten Gründungen börsenmäßiger Marktveranstaltungen gekommen. Schwerpunkte lagen in Oberdeutschland, bes. in Augsburg und Nürnberg (1540) und später in Hamburg (1558), Köln (1566) und Danzig (1593). Im 17. Jh. folgten Lübeck (1605), Königsberg (1613), Bremen (1614), Frankfurt/Main (1615) und Leipzig (1635). Im frühen 18. Jh. (1716) kam die Berliner B. hinzu.

1530 war in Amsterdam die erste Effekten-B. im engeren Sinne entstanden. Dort handelte man erstmals festverzinsliche Wertpapiere, die sog. Rentmeisterbriefe, aber auch andere Anleihen bzw. Obligationen. Mit der Gründung der Niederl.-Ostind. Kompanie als Kapitalgesellschaft 1602 wurden deren Aktien an der Amsterdamer B. emittiert (↗Ostindische Kompanien). Später kamen die Aktien der Westind. Kompanie hinzu sowie Staatsanleihen und brit. Effekten (↗Westindische Kompanien). Durch das Geschäft in Dividendenpapieren wurde Amsterdam zum führenden B.-Ort für Beteiligungskapital des 17. und frühen 18. Jh.s. Auf diese Zeit dürfte auch der Begriff *joint stock* für Aktienkapital zurückgehen. Freilich war Amsterdam nicht der Ursprungsort des Beteiligungskapitals, denn bereits im MA arbeiteten die *Monti* (ital. Leihbanken) mit einem solchen. Diese Arten vertretbarer Wertpapiere bilden heute den Schwerpunkt der meisten B. Hinzu kamen Genussscheine, Optionsscheine und spezielle Arten von ↗Anleihen.

Wegen der günstigen Mobilisierung von Beteiligungskapital war Amsterdam der erste nennenswerte Platz des internationalen Aktienhandels bzw. der Zentralort des organisierten ↗Kapitalmarktes in dividendentragenden Wertpapieren. Dort ist auch der Ursprung verfeinerter Techniken des Effektenhandels zu sehen. Insofern war die Amsterdamer B. der Prototyp der B. für Beteiligungspapiere, wie sie danach in anderen Ländern entstanden.

Das Amsterdamer B.-Geschäft erfuhr 1688 durch Joseph de la Vega eine anschauliche, aber auch sehr kritische Schilderung [1]. Vega hielt den Aktienhandel für einen »Auszug aller Betrügereien, einen Schatzgräber von nützlichen Dingen und doch einen Herd des Unheils«. Er typisierte die Akteure, insbes. die Käufer (Kapitalisten, ↗Kaufleute, Spieler) und gab Ratschläge, z. B. dass man sich mit ↗Aktien nicht »verheiraten«, d. h. Gewinne ohne Zögern realisieren und über die dadurch womöglich versäumten weiteren Gewinnmöglichkeiten durch Kursanstieg keine Reue empfinden solle.

Zwischen 1650 und 1750 waren es v. a. holländ. Finanziers vom Kapitalmarkt Amsterdam, über die der internationale Kapitaltransfer abgewickelt wurde, bevor London im späteren 18. und im 19. Jh. diese Rolle als internationale Gläubigerstadt übernahm. Am Beispiel Amsterdams und Londons lässt sich gut die allmähliche Verlagerung internationalen Finanzkapitals und die Schwächung (Amsterdam) bzw. sukzessive Stärkung (London) eines Finanzplatzes im globalen Maßstab erkennen. Im späten 17. Jh. hatten sich immer mehr niederl. »Kapitalisten« entschieden, ihre überschüssige Liquidität in engl. Staatspapiere zu investieren, mit denen ab den 1720er Jahren in Amsterdam ein lebhaftes Geschäft getrieben wurde. Andere Fürsten und Staaten (Österreich, die dt. Staaten, Schweden, Dänemark, Russland, Spanien, die Vereinigten Staaten von Amerika) folgten in der Aufnahme von Anleihekapital in Amsterdam (↗Staatskredit). Die Niederlande waren lange der Kreditvermittler der Welt; daher ist das Ende Amsterdams als führender Finanzplatz Europas verbunden mit der zunehmenden Zahlungsunfähigkeit von Fürsten und Staaten im Zuge der revolutionären Umbrüche und der (napoleonischen) Kriege (↗Staatsbankrott). Die Londoner B. profitierte stark vom Zuzug holländ. Kapitalisten und gleichzeitig vom realwirtschaftlichen Wachstum

Englands mit seiner dynamischen ⁊Industrialisierung und seiner Schlüsselstellung im internationalen Handel.

3. Die Rolle der Börsen innerhalb des neuzeitlichen Wirtschaftssystems

3.1. Staats- und Kriegsfinanzierung

Außerordentlicher Kapitalbedarf, der über die B. der Nz. organisiert wurde, ergab sich v. a. aus der frühen Staatsbildung, ⁊Kriegsfinanzierung, den Kolonialbestrebungen der europ. Mächte (⁊Kolonialismus) sowie den damit meist zusammenhängenden Handelskompanien und Chartergesellschaften (⁊Handelsgesellschaft). Hinzu kamen der ⁊Straßen- und Wegebau sowie der Bau von ⁊Brücken und ⁊Kanälen. Darüber hinaus bedurften im Übergang zu den Industriellen Revolutionen zahlreiche Protoindustrien umfangreichen Gründungs- und Investitionskapitals, das zunehmend leicht an einer immer größeren Zahl von B. aufgenommen werden konnte (⁊Industrialisierung).

3.2. Börsenspekulation und Finanzkrisen

Wie blühend das Geschäft mit ⁊Aktien außerhalb und innerhalb des B.-Parketts war, erweisen nicht zuletzt die teilweise ausufernden ⁊Spekulationen mit diesen Beteiligungspapieren. So gab es in den Zentren des internationalen Kapitalgeschäfts immer wieder euphorische Phasen. In England entstanden nach der ⁊Glorious Revolution (1687–89) in den 1690er Jahren zahlreiche Aktiengesellschaften. Einige der dort gehandelten Werte entwickelten sich zu ausgesprochen soliden und ertragsstarken Aktien, einer Art nzl. *blue chips* wie z. B. jene der *Bank of England* oder der ⁊Kolonialgesellschaften. Hinzu kamen die Aktien kleinerer *joint stock companies*, um das Jahr 1700 immerhin über 100 an der Zahl. Nach dem Abschluss des Span. ⁊Erbfolgekrieges war es ähnlich.

Sowohl England als auch Frankreich strebten durch eine Umwandlung kurzfristiger Staatsschulden in Aktien privilegierter ⁊Handelsgesellschaften, die als Entgelt für ihre Privilegien langfristige Staatsanleihen zeichneten, eine Konsolidierung ihrer Verpflichtungen zu günstigen Konditionen an. Aufgrund der Aussicht auf Kursgewinne kam es um 1720 in beiden Ländern zu spekulativen Blasen, die in die erste internationale Finanzkrise mündeten. 1711 war in England die Südseekompanie mit dem förmlichen Recht des Alleinhandels mit dem span. Weltreich konzessioniert worden. Der sog. *South Sea Bubble* mündete 1720 in eine restriktive Aktiengesetzgebung, den *Bubble Act*, der erst 1825 wieder aufgehoben wurde. In Frankreich erreichte der schott. Finanzier John Law 1717 die Konzessionierung einer ⁊Notenbank und einer eng damit verbundenen Handelsgesellschaft zur Ausbeutung der franz. Besitzungen in Nordamerika (ab 1719 *Compagnie des Indes*). Die inflationäre Finanzierung von Aktienkäufen führte zu einem spekulativen ›Mississippi-Fieber‹, das in einen Zusammenbruch des franz. Finanzsystems mündete. Immerhin brachte die *Compagnie des Indes* die ersten Inhaberaktien heraus und legte damit den Grundstein für eine der wesentlichen Erleichterungen im Kapitalverkehr bzw. die weitere Internationalisierung des Wertpapierhandels (⁊Aktie).

3.3. Die Börsen als Motor der Industrialisierung

Doch die internationale Durchsetzung der Inhaberaktien in breitem Maßstab trat erst allmählich ein; an vielen B.-Orten erst im 19. Jh. In Frankfurt/Main wurden beispielsweise erst im Jahr 1820 Aktien gehandelt, nämlich die der österr. Nationalbank, und danach jene der Bayerischen Hypotheken- und Wechselbank (vgl. ⁊Bank). Einen heftigen Schwung in den ⁊Kapitalmarkt für Beteiligungspapiere brachten allenthalben ⁊Infrastruktur- bzw. ⁊Eisenbahn-Projekte. Eisenbahnaktien wurden in Frankfurt erstmals 1837 gehandelt, und zwar die der vom Frankfurter Bankhaus Bethmann mitfinanzierten Taunusbahn. Durch die Revolution des Eisenbahnwesens entfaltete sich eine enorme Kapitalnachfrage. In den 1840er Jahren kam es zu einer starken Gründungseuphorie, zuweilen als »Eisenbahnfieber« bezeichnet. Dies wird auch darin deutlich, dass von 1840 bis 1844 die Zahl der an der Berliner B. gehandelten Eisenbahnaktien von den Papieren zweier Gesellschaften auf die von 29 anstieg. In Verbindung damit traten häufig hochspekulative Zeit- und Prämiengeschäfte auf, gegen die man mit Verordnungen vorging, und indem man nur noch Zug-um-Zug-Geschäfte, bei denen Leistung und Gegenleistung zugleich erbracht werden müssen, zuließ, d. h. die ⁊Spekulation austrocknete.

Jedenfalls setzte sich die B. in aller Breite im 19. Jh. als eine Institution durch; sie wurde zur wesentlichen Kapitalgeberin der ⁊Wirtschaft, indem sie den nachfragenden Kapitalnehmern, meist der Industrie, aus Tausenden von kleinen Kanälen Geldkapital zuführte, und zur zentralen Ausgleichsstelle für die wechselnden Bedürfnisse des regionalen, nationalen und internationalen Kapitals. Immer intensiver wurde auch das Zusammenwirken von ⁊Banken und B. Dies spielte für die Mobilisierung und Transformation von Aktienkapital eine zunehmend wichtige Rolle und hing mit dem erwähnten Prozess der Durchsetzung der Inhaberaktie im 18. Jh. und der allgemein stattfindenden Versachlichung und Mobilisierung von Forderungsrechten zusammen.

Es handelte sich bei den meisten frühen B. noch um Wechsel-B., die dann im 19. Jh. die Mobilisierung fungibler Inhaberpapiere auf breiterer Basis besorgten. Werner Sombart sprach in diesem Zusammenhang von der »Demokratisierung des öffentlichen Kredits« [8.59] und umschrieb damit die wachsende Zahl von Kapitalmarkt-Gläubigern aus allen Vermögenslagen. Unterstützt wurde diese Entwicklung wesentlich durch neue Kommunikationsmittel, etwa die B.-Zeitungen und die Telegraphie.

Die beiden wichtigsten dt. B. waren im 19. Jh. Frankfurt und Berlin, wobei mit der Reichsgründung 1871 Berlin zentrale Bedeutung gewann und Frankfurt/Main überflügelte. Frankfurts besondere Stellung war ein Resultat seiner überragenden Handels- und ↗Messe-Funktion und der engen Beziehungen zur Wiener B. Berlin profitierte hingegen weniger von der Handelstradition als vielmehr von der Kapital nachfragenden Großindustrie; freilich kam dem organisierten ↗Kapitalmarkt auch die Zentralität der neuen Reichshauptstadt zugute. Während in Frankfurt stärker das Anleihegeschäft gepflegt wurde, stand in Berlin das Aktiengeschäft im Vordergrund. Die 1870 erfolgte Aufhebung der Konzessionspflicht für Aktiengesellschaften in Deutschland erleichterte einerseits den Zugang zum Aktienmarkt erheblich, führte andererseits aber zu spekulativen Überhöhungen und einem beispiellosen Gründungsschwindel, dem man in der Folge mit Regulierungen begegnete. Im Zuge der Internationalisierung und weltweiten Integration der Kapitalmärkte gegen Ende des 19. Jh.s wurden Frankfurt und Berlin wichtige Knotenpunkte eines globalen Netzwerks, wozu die technischen ↗Innovationen (Telegraphie, Telephonie, B.-Zeitungen, Übersee-Unterwasserkabel etc.) wesentlich beitrugen (↗Kommunikationsrevolution). Jedenfalls lässt sich beobachten, dass die Dynamik der ↗Industrialisierung verbunden mit der infrastrukturellen wie logistischen Erschließung der wachstumsstärksten Regionen der Welt und die Entwicklung der organisierten Kapitalmärkte mit ihren Zentralorten, den B., einander wechselseitig bedingten und verstärkten.

→ Aktie, Aktiengesellschaft; Bank; Geldwirtschaft; Kapitalmarkt; Kredit

Quellen:
[1] J. DE LA VEGA, Die Verwirrung der Verwirrung. Vier Dialoge über die Börse in Amsterdam. Nach dem spanischen Orig. übers. und eingeleitet von O. Pringsheim, unveränderter Ndr. der Ausg. Breslau 1919, 1989 (Orig. Amsterdam 1688).

Sekundärliteratur:
[2] B. BAEHRING, Börsen-Zeiten. Frankfurt in vier Jahrhunderten zwischen Antwerpen, Wien, New York und Berlin, 1985 [3] R. EHRENBERG, Art. Börsenwesen, in: Handwb. der Staatswissenschaften, hrsg. von J. Conrad, Bd. 3, ³1909, 168–198 [4] W. ENGELS, Art. Börsen und Börsengeschäfte, in: Handwb. der Wirtschaftswissenschaft, Bd. 2, 1980, 56–69 [5] R.C. MICHIE, The London Stock Exchange, 1999 [6] M. NORTH, Das Geld und seine Geschichte. Vom MA bis zur Gegenwart, 1994 [7] H. POHL (Hrsg.), Dt. Börsengeschichte, 1992 [8] W. SOMBART, Die Juden und das Wirtschaftsleben, Leipzig 1913.

Rolf Walter

Botanik

1. Begriffsgeschichte
2. Neuanfänge in der Renaissance
3. Disziplinbildung
4. Botanik und europäische Expansion
5. Botanik um 1800

1. Begriffsgeschichte

Der Begriff B. geht auf das griech. Wort *botánē* (»Kraut«) zurück. Der griech.-röm. Arzt Galen bezeichnete Personen, die Heil- und andere Nutzpflanzen in freier Wildbahn sammelten und auf lokalen Märkten anboten, als *botanikoí* (Thrasibylos 14,9). Mit der Renaissance verbreitete sich zunehmend der latinisierte Ausdruck *botanicus*, der aus der Abhandlung *De materia medica* des Dioskurides (ca. 70 n.Chr.) übernommen wurde. Als Adjektiv verwendet lässt er sich mit »Pflanzenkenntnisse betreffend« übersetzen. In seiner substantivischen Form bezeichnete er Personen, die sich wiss. mit Pflanzen beschäftigten. Bis zur Mitte des 18. Jh.s blieb es weitgehend bei diesen beiden Verwendungen. Erst 1736 wurde der Ausdruck *botanices* im Untertitel der *Fundamenta botanica* von Carl von Linné gebraucht, um eine wiss. Disziplin zu bezeichnen. Seit der Mitte des 18. Jh.s setzte sich B. dann in dieser Bedeutung in allen europ. Hochsprachen durch [1].

2. Neuanfänge in der Renaissance

Mit der ↗Renaissance begann, wie auf anderen Wissensgebieten auch, eine kritische Auseinandersetzung mit dem aus der Antike überlieferten Wissen über Pflanzen (↗Antikerezeption). Auf Grund der engen Beziehung zu ↗Landwirtschaft und ↗Pharmazie – Pflanzen waren die wichtigste Quelle »einfacher Heilmittel« (lat. *simplicia*) – kannte auch das christl. und arab. MA eine reiche und komplexe Überlieferung zur Pflanzenkunde (↗Heilpflanzen) [6]. Gegenüber dieser Tradition setzten humanistisch orientierte Ärzte und Apotheker des 16. und frühen 17. Jh.s, die sog. Väter der B., auf den Rückgriff auf antike Originalquellen (v. a. Theophrast, Plinius d. Ä. und Dioskurides) und den Abgleich der darin enthaltenen Angaben mit Erfahrungen aus eigener Anschauung (griech. *autopsía*) [15]. Es entstanden umfangreiche gedruckte und mit zahlreichen Holzschnitten bebilderte Werke, wie Otto Brunfels' *Herbarum vivae eicones* (Straßburg 1530–1536, dt. *Contrafeyt Kreutterbuch*, 1532–1537), Hieronymus Bocks *New Kreütter Buch* (Straßburg 1539), Leonhart Fuchs' *De historia stirpium comentarii insignes* (Basel 1542, dt. *New Kreuterbuch*, 1543), die *Commentarii in libros sex Pedacii* [sic] *Dioscoridis* (1554) des ital. Arztes Pietro Andrea Gregorio Mattioli sowie die *Rariorum aliquot stirpium per hispanias observatum historia* (Antwerpen 1576) des Carolus Clusius (↗Pflanzendarstellung). Neben der möglichst vollständigen Beschreibung von Pflanzenarten galt das Hauptaugenmerk dieser Literatur der Aufklärung von Synonymen, d.h. dem Versuch, die Vielfalt der überlieferten Pflanzenbezeichnungen auf eindeutig bestimmte Pflanzenarten zu beziehen. Rasch stellte sich dabei heraus, dass den antiken Autoren viele exotische, jedoch auch mittel- und nordeurop. Pflanzen nicht bekannt waren [18].

3. Disziplinbildung

Erste Lehrstühle der B. enstanden Mitte des 16. Jh.s in den ↗medizinischen Fakultäten nordital. ↗Universitäten. 1544 wurde Luca Ghini auf einen der ersten dieser Lehrstühle an der Universität Pisa berufen [4]. Die genaue Bezeichnung seines Lehrstuhls mit *lector simplicium* (»Dozent einfacher Heilmittel«) verrät, dass die Lehrtätigkeit auf die Vermittlung pharmazeutischen Wissens beschränkt blieb. Diese Unterordnung der B. unter die Bedürfnisse der ↗Medizin sollte sich bis ins späte 18. Jh. halten, als die ersten, speziell der B. gewidmeten Lehrstühle entstanden, um häufig in einem zweiten Schritt von der medizinischen zur ↗philosophischen Fakultät zu wandern [20].

Dennoch lässt sich im Fall der B. schon lange vorher von einer eigenständigen Disziplin sprechen. Dies verdankt sich zwei Institutionen, die ebenfalls mit dem Namen Luca Ghinis verknüpft sind: dem ↗botanischen Garten und dem Herbarium. Ghini übernahm mit seinem Lehrstuhl nicht nur das Amt des Vorstehers eines der ersten botanischen (= bot.) Gärten, sondern soll auch das Herbarium zur Aufbewahrung getrockneter Pflanzenexemplare erfunden haben. Eines der frühesten erhalten gebliebenen Herbarien stammt von seinem Schüler und Nachfolger Andrea Cesalpino (1519–1603). Garten und Herbarium dienten dem pharmazeutischen Unterricht in sog. *demonstrationes*. Dabei wurde den Studenten von einem *demonstrator* eine Pflanze im Garten gezeigt, während der *professor* ihren Namen nannte, ihre Kennzeichen beschrieb und ihre medizinischen Wirkungen erläuterte (vgl. Abb. 1). Frühe Bezeichnungen wie *hortus hiemalis* (lat.; »Wintergarten«) verraten, dass das Herbarium den Garten in seiner Anschauungsfunktion außerhalb der Vegetationsperiode vertrat. Außerdem wurden *herbationes* (bot. Exkursionen) in die nähere Umgebung von Universitäten unternommen, um den Unterricht auf Pflanzen an ihren natürlichen Standorten auszudehnen.

Mit ↗Garten und Herbarium waren Institutionen entstanden, mit deren Hilfe sich Literaturangaben und andere Überlieferungen zu Pflanzen an lebenden oder präparierten Pflanzenindividuen exemplifizieren und beurteilen, d.h. bestätigen oder bestreiten ließen. Im Laufe des 17. Jh.s entstand auf dieser Basis eine reiche Literatur an Garten- und Regionalfloren, die im Grunde nichts enthielten als Auflistungen der Namen von Pflan-

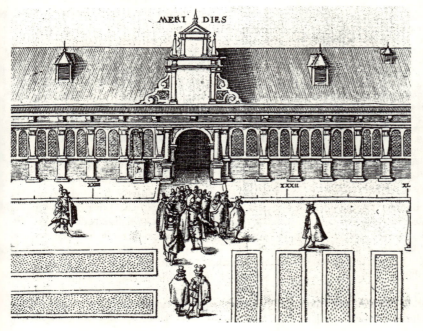

Abb. 1: Darstellung einer *demonstratio* im ↗botanischen Garten von Leyden (1661). Vor einem der regelmäßig angelegten Beete ist eine Gruppe von Studenten zu sehen. Ein *demonstrator* wendet ihnen den Rücken zu und weist mit einem Zeigestock auf die dort angebauten Pflanzen. Bei der Person, die etwas abseits stehend dem Betrachter den Rücken zuwendet, könnte es sich um den *professor* handeln (Detail aus: P. Paaw, *Hortus publicus academiae Lugdunum-Batavae*, 1661).

Maji. 55
7. B. 1. 70. latifolia mas, quæ brevi pediculo eſt
C. B. 419. it. cum longo pediculo Ejusd. 420. In
ſilvis omnibus.
 Fagus C. B. 419. Latinorum, Oxya Græcorum
7 B 1. 117. In ſilvis etiam omnibus obvia eſt.
 Myoſotis hirſuta arvenſis major: Echium ſcor-
pioides arvenſe C. B. 254. ſcorpioides foliſequam
flore minore 7. B. 3. 589. In marginibus agrorum
Haardtenſium
 Acer campeſtre & minus C B. 431. vulgare mi-
nori folio 7. B. 1. 166. In ſepibus & in ſilva Hanͤ⸗
geſtein.
 * Polypodium 7. B 3. 746. vulgare C. B. 359.
In ſcopulis ſilvæ Hangeſtein / inter ſaxa Fageti, &
in muris paſſim.
 Cyperoides ſilvarum tenuius ſpicatum Turn. 530.
Gramen cyperoides ſilvarum tenuius ſpicatum Lob.
Ill. St. 60. In ſilva Hangeſtein / Fageto, & ſilva
Schiffenbergenſi.
 * Menianthes paluſtre triphyllum latifolium &
anguſtifolium Turn. 117. Trifolium paluſtre C. B.
327. 7. B. 2. 389. In pratis udis circa Waldbrunn
& ante pagum Leigeſtern.
 Alnus vulgaris 7 B. 2. 151. rotundifolia gluti-
noſa viridis C. B. 428. An der Lahn und Grundels⸗
bach im Gifferwald.
 * Plantago anguſtifolia major C. B. 189. lanceo-
lata 7. B. 3. 505. Ad vias.
 * Sanguiſorba minor 7 B. 3. P. 2. 113. Pimpinella
ſanguiſorba minor hirſuta & 8. ſeu levis C. B. 162.
Ad radicem der Haardt / in colle leporino ante
 D 4   ſil-

Abb. 2: Gartenkatalog zu Beginn des 18. Jh.s (Seitenabdruck aus: Johann Jacob Dillen, *Catalogus plantarum circa Gissam sponte nascentium*, 1718). Lokalfloren und Gartenkataloge dominierten die bot. Literatur des 17. und 18. Jh.s. Der Text führt in kurzen Absätzen die Namen und Synonyme von Pflanzen auf, die in einer bestimmten Region – in diesem Fall in der Gegend um Gießen – oder in einem bestimmten Garten zu finden sind. Die Namen setzen sich aus Gattungsnamen und einer Artdiagnose zusammen. »*Acer campestre & minus*« bedeutet z. B. »kleinerer Feldahorn«. Ergänzt werden diese Namen durch Verweise auf Stellen in der bot. Literatur, an denen die Pflanzen bereits beschrieben oder benannt wurden. »C.B. 431« steht z. B. für die Seitenangabe 431 in Gaspard Bauhins *Pinax theatri botanici* (1623). Jeder Absatz schließt mit einer kurzen Erläuterung zum genauen Vorkommen der Pflanzen ab.

zenarten, die in einer bestimmten Gegend oder einem bestimmten Garten wuchsen (vgl. Abb. 2) [13].

Unter Pflanzennamen sind hier allerdings noch Artdiagnosen zu verstehen, d. h. Namen, die aus einer Gattungsbezeichnung sowie Unterscheidungsmerkmalen zusammengesetzt waren, die die in Frage stehende Art von allen anderen ↗Arten derselben Gattung unterscheiden sollte [5]. Die Konventionen, die sich nach und nach in Bezug auf diese Verzeichnisliteratur, aber auch auf die Verfassung von ausführlicheren Artbeschreibungen und die Verfertigung von Abbildungen herausbildeten, wurden schließlich von dem schwed. Naturforscher Carl von Linné in der *Philosophia botanica* (1751) zusammengeführt und zugleich um eine entscheidende Innovation, die binominale Nomenklatur, ergänzt. Demnach setzen sich Artnamen immer aus einem Gattungsnamen und einem beliebig gewählten Artzusatz zusammen (z. B. *Promus avium*). So waren waren schließlich Bezeichnungen für Pflanzen gefunden, die ihre Gültigkeit auch bei verändertem Wissensstand behielten. Wer sich in der zweiten Hälfte des 18. Jh.s diesen Konventionen entzog, wie z. B. Michel Adanson, der Verfasser des bemerkenswerten, aber zeitgenössisch kaum rezipierten Werkes *Familles des plantes* (1763), sah sich an den Rand der wiss. Gemeinschaft gedrängt. Ende des 18. Jh.s wurden die ersten Fachgesellschaften und -zeitschriften gegründet, so etwa 1781 die *Linnean Society of London* mit ihrem *Journal*, einer der ersten ↗Fachzeitschriften überhaupt. Dies leitete eine Entwicklung ein, die in die international verbindliche Festlegung bot. Nomenklaturregeln mündete, wobei Carl von Linnés *Species plantarum* (1753) zum Ausgangspunkt gültiger Pflanzennamen gewählt wurde.

4. Botanik und europäische Expansion

Die Regelung der Benennung, Beschreibung und bildlichen Darstellung von Pflanzen schuf zwar ein Gerüst für die disziplinäre Kommunikation innerhalb der B., bestimmte aber nicht ihr Erkenntnisinteresse. Häufig wird als Grund für das gesteigerte Interesse an der B. angeführt, dass die Zahl der Pflanzenarten, mit denen Europäer in der Frühen Nz. in Berührung kamen, durch die weltweite Ausdehnung von Handelsbeziehungen und die Entstehung von europ. Kolonien in der Neuen Welt, Ostasien, und Afrika exponentiell anwuchs (↗Pflanzendiffusion). Antike Quellen bezogen sich noch auf etwa 900 Arten, während Gaspard Bauhins *Pinax theatri botanici* (1623) bereits 6000 Pflanzenarten aufführte und diese Zahl in John Rays *Historia plantarum* (1686) auf über 18 000 anstieg.

In der Tat war die Entwicklung der nzl. B. eng mit der des Welthandels (↗Weltwirtschaft) und des ↗Kolonialismus verflochten, sodass sich bot. Interessen oft unmittelbar mit den wirtschaftlichen Interessen des ↗Merkantilismus und ↗Kameralismus deckten [2]; [7]. Die ersten ↗botanischen Gärten wie die von Padua und Pisa (beide gegr. um 1544) dienten nicht nur dem pharmazeutischen Unterricht, sondern auch als Referenzsammlung für ↗Kaufleute, die die Authentizität und Qualität von Pflanzenlieferungen prüfen wollten [9.173]. Kapitäne und Schiffsärzte wurden von ihren Auftraggebern, insbes. den ↗Handelsgesellschaften, angehalten, naturhistor. Beobachtungen zu machen und Pflanzen und Tiere zu sammeln. Von besonderer Bedeutung für die Entwicklung der B. waren schließlich speziell zu Forschungszwecken organisierte ↗Forschungsreisen und die Entstehung einer bürgerlichen ↗Sammlungs-Kultur. Über diese verschiedenen Kanäle gelangten zahlreiche exotische Pflanzen nach Europa, aber auch umgekehrt europ. Pflanzen in die Kolonien. Durchgangsstation für diese Transplantationen waren in aller Regel botanische Gärten, in denen die ersten Schritte zur ↗Akklimatisation von Pflanzen unternommen wurden (vgl. Abb. 3). Zur Verbreitung erfolgreich angebauter Pflanzen trugen außerdem die intensiven Tauschbeziehungen unter bot. Gärten bei.

Die Gründe für das gesteigerte Interesse an der B. sind daher nicht nur in der wachsenden Anzahl ihrer Objekte zu suchen. Mit der weiträumigen Verbreitung von Pflanzen durch bot. Gärten rückte zugleich das

Abb. 3: Frontispiz zu C. von Linnés *Hortus cliffortianus* (1737). Die Allegorie zeigt Europa, als Königin thronend in der Mitte, der von links Personifikationen der drei anderen Erdteile exotische Pflanzen darbieten. Zu ihren Füßen liegt ein Plan für einen botanischen Garten und Putten spielen mit Gartenbauinstrumenten, u. a. einem Thermometer. Rechts hinter Europa, mit den Gesichtszügen Linnés, ein Apoll mit erhobener Fackel. Die Allegorie thematisiert die Aufgabe des Botanikers, Licht bzw. Ordnung in das Chaos exotischer Vielfalt zu bringen, und zwar im Interesse Europas. Das Instrument dazu sind ↗botanische Gärten.

Problem ihrer Identifikation in den Vordergrund, d. h. die Frage, welche Pflanzen über lokale Kontexte hinaus als gleichartig betrachtet werden können und woran sich dies erkennen lässt [11]. Im 17. Jh. konzentrierten sich Bemühungen, dieses Problem zu lösen, noch überwiegend auf den Entwurf diagnostischer Systeme. Solche Systeme versuchten, über eine Reihe von Merkmalsunterscheidungen zur eindeutigen Bestimmung der bekannten Arten zu gelangen, mussten aber immer wieder angesichts neu entdeckter Arten revidiert werden. Um 1700 kam es zwischen John Ray, Joseph Pitton de Tournefort und August Quirinus Rivinus zu einer Debatte um das beste Vorgehen bei der Erstellung solcher Systeme [16]. Mit der Rezeption des Werks Carl von Linnés setzten sich dann stärker induktiv orientierte Verfahren in der B. durch [10]. Der Zusammenhang der Arten und Gattungen im sog. natürlichen System galt nun als ein Forschungsgegenstand, dem durch vergleichende Beschreibung, ↗Anatomie und ↗Experiment (↗Hybride) zu Leibe gerückt werden konnnte (↗Art).

5. Botanik um 1800

Mit der Entstehung der ↗Biologie um 1800 erfuhr die B. eine Umwälzung analog zur ↗Zoologie [11]. Klar geregelt, mit geringem materiellen Aufwand zu betreiben und als paradigmatisch »nützliche« Wissenschaft geltend, erfreute sich die B. großer Popularität und damit der Unterstützung einer Vielzahl von Amateuren, die sich in lokalen ↗Vereinen und Gesellschaften organisierten. Zugleich entstanden mit den *Kew Gardens* bei London und dem *Jardin des plantes* in Paris zentrale Institutionen, in denen systematisch aus aller Welt zusammengetragenes Material von professionellen Botanikern bearbeitet wurde [8]; [17]. Forschungsergebnisse zur Variabilität, Ökologie und Biogeographie der Pflanzen verdichteten sich zu Problemkreisen, denen sich frühe Evolutionisten wie Erasmus Darwin, Jean-Baptiste Lamarck und Johann Wolfgang von Goethe widmeten und die in Charles Darwins Evolutionstheorie eine wirkungsmächtige Lösung erfuhren (↗Evolution; ↗Metamorphose) [3].

Wie in der Zoologie rückte damit auch in der B. der pflanzliche ↗Organismus als vermittelnde Instanz zwischen lokaler Umwelt und spezifischer Lebensäußerung in den Mittelpunkt der Aufmerksamkeit. Schon Andrea Cesalpino und John Ray, letzterer im Rückgriff auf posthum veröffentlichte Arbeiten Joachim Jungius', hatten versucht, ihren Überlegungen zur Klassifikation der Pflanzen durch Bezugnahme auf physiologische und embryologische Erkenntnisse mehr Gewicht zu geben. Im 17. Jh. hatten außerdem Marcello Malpighi und Nehemiah Grew umfangreiche auf mikroskopische Beobachtungen gestützte Monographien zur ↗Embryologie und Anatomie der Pflanzen veröffentlicht. Von besonderer Bedeutung war außerdem die Entdeckung der pflanzlichen ↗Sexualität durch Rudolf Jacob Camerarius (1694), die in Carl von Linnés *Systema naturae* (1735) pflanzentaxonomisch umgesetzt wurde. Mit Stephen Hales' *Vegetable Staticks* (1727) waren schließlich grundlegende, die Ernährung und Atmung der Pflanzen betreffende Sachverhalte geklärt.

Alle diese frühen pflanzenanatomischen und -physiologischen Arbeiten ordneten sich allerdings noch den Erkenntniszielen einer allgemein verstandenen Naturlehre unter (↗Physikalische Wissenschaften). Erst nachdem Antoine-Laurent de Jussieu in seinen *Genera plantarum* (1789) das Problem eines »natürlichen Systems« der Pflanzen explizit formuliert und einen Vorschlag zur Einteilung des Pflanzenreichs in »natürliche Familien« vorgelegt hatte, entwickelten sich Ansätze, den Aufbau und die Funktionen des pflanzlichen Körpers in spezifisch bot., vergleichend-morphologischer Hinsicht zu untersuchen [19]. 1813 legte der schweizer. Naturhistoriker Augustin Pyramus de Candolle mit seiner *Théorie élémentaire de la botanique* ein Werk vor, das sich in seiner biologiegeschichtlichen Bedeutung ohne weiters mit dem Georges Cuviers vergleichen lässt. Insbes. gingen von ihm Anstöße für die Formulierung der Zellehre duch Matthias Jacob Schleiden und Theodor Schwann aus [14]. Mit diesen Entwicklungen wandelte sich die B. endgültig zu einer modernen, an Instrumente und Experimente gebundenen und daher nur dem Spezialisten zugänglichen wiss. Einzeldisziplin.

→ Art (Naturgeschichte); Botanischer Garten; Evolution; Heilpflanzen; Naturgeschichte; Nutzpflanzen; Pflanzenzucht

[1] W. Baron, Gedanken über den ursprünglichen Sinn der Ausdrücke Botanik, Zoologie und Biologie, in: G. Rath / H. Schipperges (Hrsg.), Medizingeschichte im Spektrum, 1966, 1–10 [2] R. Drayton, Nature's Government: Science, Imperial Britain, and the »Improvement« of the World, 2000 [3] J. Drouin, Von Linné zu Darwin: Die Forschungsreisen der Naturhistoriker, in: M. Serres (Hrsg.), Elemente einer Geschichte der Wissenschaften, 1989, 569–595 [4] D. von Engelhardt, Luca Ghini (um 1490–1556) und die Botanik des 16. Jh.s, in: Medizinhistorisches Journal 30, 1995, 3–49 [5] B. Hoppe, Der Ursprung der Diagnosen in der botanischen und zoologischen Systematik, in: Sudhoffs Archiv 62, 1978, 105–130 [6] I. Jahn et al. (Hrsg.), Geschichte der Biologie, ³1998, 88–160 [7] L. Koerner, Linnaeus: Nature and Nation, 1999 [8] D.P. Miller / P.H. Reill (Hrsg.), Visions of Empire: Voyages, Botany, and Representations of Nature, 1996 [9] A. Minelli (Hrsg.), The Botanical Garden of Padua: 1545–1995, 1995 [10] S. Müller-Wille, Botanik und weltweiter Handel. Zur Begründung eines Natürlichen Systems der Pflanzen durch Carl von Linné (1707–1778), 1999 [11] S. Müller-Wille, Joining Lapland and the Topinambes in Flourishing Holland: Center and Periphery in Linnaean Botany, in: Science in Context 16, 2003, 461–488 [12] S. Müller-Wille, Ein Anfang ohne Ende. Das Archiv der Naturgeschichte und die Geburt der Biologie, in: R. van Dülmen / S. Rauschenbach (Hrsg.), Macht

des Wissens. Die Entstehung der modernen Wissensgesellschaft, 2004, 587–605 [13] B. OGILVIE, The Many Books of Nature: Information Overload, in: Journal of the History of Ideas 64, 2003, 29–40 [14] O. PARNES, The Envisioning of Cells, in: Science in Context 13, 2000, 71–92 [15] K. REEDS, Renaissance Humanism and Botany, in: Annals of Science 33, 1976, 519–542 [16] P. R. SLOAN, John Locke, John Ray, and the Problem of the Natural System, in: Journal of the History of Biology 5, 1972, 1–55 [17] E. C. SPARY, Utopia's Garden: Natural History from Old Regime to Revolution, 2000 [18] J. STANNARD et al. (Hrsg.), Herbs and Herbalism in the Middle Ages and Renaissance, 1999 [19] P. F. STEVENS, The Development of Systematics: Antoine-Laurent de Jussieu, Nature and the Natural System, 1994 [20] G. WAGENITZ, Botanische Gärten und Herbarien und die Emanzipation der Botanik von der Medizin, in: E. HÖXTERMANN et al. (Hrsg.), Die Entstehung biologischer Disziplinen, Bd. 1 (Verhandlungen zur Geschichte und Theorie der Biologie; Bd. 8), 2002, 57–73.

Staffan Müller-Wille

Botanischer Garten

Die ersten B. G. entstanden Mitte des 16. Jh.s an den nordital. Universitäten Padua (gegr. 1545) und Pisa (gegr. um 1547). Seit den karolingischen Reformen hatten zwar auch Klostergärten eine Überlieferungs- und Ausbildungsfunktion, sie dienten aber doch vordringlich der Versorgung der lokalen Bevölkerung mit pflanzlichen Heilmitteln (↗Heilpflanzen). In den seit der Renaissance entstehenden Universitätsgärten wurden Pflanzen dagegen nicht zum Verbrauch angebaut, sondern zu Darstellungszwecken. Sie dienten allein dem botanisch-pharmazeutischen Unterricht, als Referenzsammlung für Kaufleute oder zu Forschungszwecken der ↗Botanik. In der Nz. gewann letztere Funktion immer mehr an Bedeutung, so dass B. G. – neben astronomischen ↗Observatorien – als die ältesten Großforschungseinrichtungen betrachtet werden können. Im 17. Jh. begannen neben den ↗Universitäten auch Apothekervereine (z. B. *Chelsea Physic Garden*), ↗Handelsgesellschaften und Adelspersonen B. G. anzulegen. Die königlichen Gärten bei London (heute bekannt als *Kew Gardens*) sowie der *Jardin du Roi* in Paris (nach der ↗Französischen Revolution als *Jardin des plantes* dem *Musée d'histoire naturelle* angegliedert) wandelten sich im frühen 19 Jh. zu staatlichen Institutionen [3].

Die Bedeutung der B. G. hängt zum einen damit zusammen, dass diese eine Vielzahl wiss. Aktivitäten zusammenführten. Eng an die ↗Pharmazie gekoppelt, sammelten Vorsteher der B. G., meist Professoren der

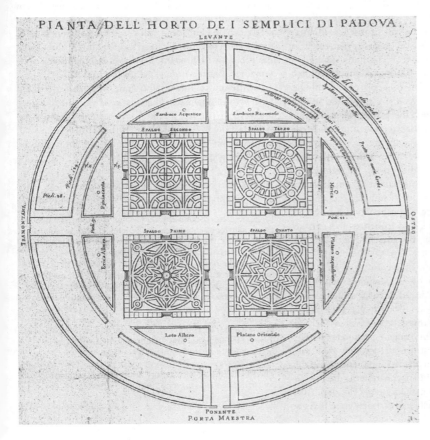

Abb. 1: Grundriss des Botanischen Gartens von Padua (Kupferstich von Girolamo Porro, aus: *L'Horto dei semplici di Padova*, 1591). Der Garten ist als Kreis angelegt, dem vier Quadrate eingeschrieben sind, die den vier Erdteilen entsprechen sollen. Jedes Quadrat enthält eine Vielzahl ornamental angelegter Beete. Dieses frühe Beispiel zeigt, wie sehr die botanische Forschung im 16. Jh. noch in allegorische Zusammenhänge eingebettet war.

Abb. 2: Ansicht des Botanischen Gartens von Uppsala (Kupferstich aus: C. von Linné, *Hortus upsaliensis*, 1745). Der dargestellte Garten gliedert sich, vom Betrachter aus gesehen, in einen hinteren Bereich mit Wasserbecken und Treibhäusern und einen zweigeteilten vorderen Bereich, auf dem die Beete nach den 24 Klassen des linnéschen Sexualsystems angelegt sind. Diese Art, B. G. anzulegen, dominierte bis in die Mitte des 19. Jh.s, als man zu Anordnungen nach ökologischen und geographischen Gesichtspunkten überging.

↗Medizin, nicht nur Pflanzen, sondern legten auch zoologische und mineralogische ↗Sammlungen an. Spezielle Aufbewahrungssysteme, wie etwa das ↗Herbarium für getrocknete Pflanzen, durchliefen eine eigene technische Entwicklung, die nicht selten weitreichende Auswirkungen auf Forschungsinhalte und -stile hatte [2]. Schließlich war der B. G. auch ein Ort des ↗Experiments: Erstens erforderte der Anbau von exotischen Pflanzen technisches Wissen, das es oft erst experimentell zu entwickeln galt (↗Pflanzenzucht). Die Entwicklung von Thermometer und Treibhaus hing z. B. eng zusammen. Zweitens befand sich in den B. G. oft ein chemisches ↗Laboratorium. So führte etwa die *Académie des Sciences* in Paris Mitte des 18. Jh.s eine großangelegte Untersuchung zur chemischen Zusammensetzung von Medizinalpflanzen am *Jardin du Roi* durch.

Zum anderen waren die B. G. bedeutsam, da sie global operierten. Bereits die ersten Direktoren der B. G. von Padua und Pisa unternahmen Sammlungsreisen und unterhielten Tauschbeziehungen mit anderen Botanikern, um ihre Sammlungsbestände zu vervollständigen. Im Laufe des 16. und frühen 17. Jh.s entstanden B. G. in ganz Europa (Bologna 1567, Leyden 1577, Heidelberg 1593, Montpellier 1593, Oxford 1633), wobei sich der Schwerpunkt botanischer Tätigkeit nach Norden verschob, insbes. in die Niederlande [6]. Einige Gärten, so die von Oxford und Leyden, schlossen Verträge miteinander, in denen sie sich gegenseitig zum Austausch von Pflanzensamen verpflichteten [4]. Außerdem unterhielten die B. G. enge Beziehungen zu Forschungsreisenden (oft ↗Studenten der den B. G. vorstehenden Professoren), zu Schiffskapitänen und -ärzten sowie zu professionellen Pflanzenhändlern, die für Zuwachs an exotischem Material sorgten (↗Handel). Auch in den europ. Kolonien selbst entstanden erste B. G., so 1653 in der holländ. Kolonie am Kap der Guten Hoffnung.

Die mit der Flut des Materials einsetzende Verlagerung des botanischen Interesses auf taxonomische Fragestellungen (↗Botanik) spiegelt sich auch in der ↗Gartenarchitektur wieder. Während Renaissance-Gärten noch kleinteilig und ornamental angelegt waren [5], setzte sich im Laufe des 17. Jh.s eine Anordnung in langen, großangelegten, rechteckigen Beeten durch, auf denen die Pflanzen nach einem bevorzugten botanischen System angepflanzt wurden (vgl. Abb. 1 und Abb. 2).

Mitte des 19. Jh.s begann man in vielen Gärten, auf eine Anordnung nach ökologischen, v.a. aber biogeographischen Gesichtspunkten zu setzen. Hieran zeigt sich, dass die B. G. nicht bloße Aufbewahrungsorte sind, sondern den Denk- und Herrschaftsstil ihrer Epoche spezifisch widerspiegeln [1].

→ Botanik; Forschungsorganisation; Gartenarchitektur; Pflanzenzucht; Wissensorganisation

[1] M. Klemun, Botanische Gärten und Pflanzengeographie als Herrschaftsrepräsentationen, in: Berichte zur Wissenschaftsgeschichte 23, 2000, 330–346 [2] S. Müller-Wille, Carl von Linnés Herbarschrank. Zur epistemischen Funktion eines Sammlungsmöbels, in: A. te Heesen / E. Spary (Hrsg.), Sammeln als Wissen, 2001, 22–38 [3] J. Prest, The Garden of Eden: The Botanic Garden and the Recreation of Paradise, 1981 [4] W. T. Stearn, Botanical Gardens and Botanical Literature in the Eighteenth Century, in: J. Quinby / A. Stevenson, Catalogue of Botanical Books in the Collection of Rachel McMasters Miller Hunt, 1961, 41–140 [5] L. Tongiorgi Tomasi, Projects for Botanical and Other Gardens: A 16th Century Manual, in: Journal of Garden History 3, 1983, 1–34 [6] D. O. Wijnands, Hortus auriaci: the Gardens of Orange and Their Place in Late 17th Century Botany and Horticulture, in: Journal of Garden History 8, 1988, 61–86.

Staffan Müller-Wille

Botenwesen

1. Definition und Entstehung
2. Entwicklung des Botenwesens in der Neuzeit

1. Definition und Entstehung

1.1. Entwicklung im Mittelalter

Das B. umfasst die bereits im Altertum und im MA bestehende ↗Nachrichten-Vermittlung durch laufende oder reitende (selten fahrende) Boten, seit dem ausgehenden MA zunehmend in organisierter Form. Wie die Institution der ↗Post, der es vorausgeht – ohne durch sie unmittelbar abgelöst zu werden –, ist das B. Teil einer Geschichte der ↗Kommunikation. Der Beruf des Boten entstand im Laufe des SpätMA und entwickelte sich aus der Dienstleistung des ↗Brief-Transports. Über jeweils eigene Botendienste verfügten schon im 14. Jh. ↗Städte, ↗Universitäten, ↗Kaufleute und ↗Handelsgesellschaften, ebenso feudale und kirchliche Kreise sowie religiöse Orden. Reisende unterschiedlichster Herkunft wie etwa Soldaten, Pilger, Mönche und Gewerbetreibende kamen als Gelegenheitsboten in Frage. Das ma. Wort »Bote« (mittellat. *nuntius*) trennt die Funktionen des Boten von denen des Gesandten nur unscharf. Doch erschöpfte sich die Aufgabe der Boten in der bloßen Überbringung mündlicher oder schriftlicher Nachrichten, während Gesandte als bevollmächtigte Unterhändler (lat. *syndici*) in singulärem Auftrag mit Verhandlungsaufgaben betraut sein konnten (↗Botschafter; ↗Gesandtschaft). Als Bezeichnung für Berufsbriefboten dienten Ausdrücke wie *cursor, nuntius, brievedreger* neben Funktionsbezeichnungen wie *stad boden, lauffender bote, ritent botte* [6.259].

1.2. Staat und Kirche

Durch Quellen gut belegt ist das B. Römischer Könige bzw. Kaiser für das 15. Jh. unter Friedrich III., Karl dem Kühnen sowie Maximilian I. Universitäten – etwa Freiburg/Breisgau (1457) – verankerten das B. zur gleichen Zeit wie selbstverständlich in ihren Gründungsstatuten. Die eigenen Dienste nahmen Päpste an der Wende zur Nz. nur mehr in eiligen Fällen in Anspruch, i. Allg. bedienten sie sich bei der Verschickung von Briefen der bei ihnen vorsprechenden Boten bzw. der akkreditierten Prokuratoren. Wie Beispiele aus Frankfurt, Nürnberg und Regensburg bezeugen, griffen Könige nach dem Vorbild der röm. Kurie seit dem 15. Jh. aus Kostengründen ebenfalls auf fremde Botendienste zurück. Mit Schreiben vom 12. April 1460 wurde die Stadt Frankfurt durch Friedrich III. um Weiterleitung diverser, an Fürsten, Grafen und Städte gerichteter Sendbriefe ersucht [8.88]. Das Ausmaß der Vernetzung unter den Orden und Klöstern gibt ein »Botenzettel« (lat. *rotula*) der Benediktiner-Abtei St. Lambrecht in der Obersteiermark eindrucksvoll wieder, der zwischen dem 8. Juli 1501 und dem 4. April 1502 nicht weniger als 240 Einträge von Klöstern und Kirchen in Österreich, Bayern, der Pfalz, im Rheinland, Elsass, in der Schweiz und Tirol enthält [4].

1.3. Kaufleute

Schon im 14. Jh. hatten die Florentiner Kaufmannschaften ihre Nachrichtendienste zu größeren Organisationen zusammengeschlossen. Der 1357 gegründeten *Scarsella dei Mercanti Fiorentini* (ital. *scarsella* = »Botentasche«) gehörten zeitweise bis zu 17 Handelsgesellschaften an. Wurden die ↗Messen der Champagne von Oberitalien aus zunächst in saisonalem Turnus angesteuert, bestand auf der Achse Venedig – Augsburg – Brügge bereits im 15. Jh. ein regelmäßiger Botendienst mit relativ exakt bestimmten Abgangs- und Ankunftszeiten. Zwischen Venedig und Konstantinopel verkehrten die Botengemeinschaften alle sechs und zwischen Mailand und Brügge alle drei Tage, zwischen Florenz und Barcelona waren sie annähernd täglich unterwegs.

Unter den mitteleurop. Kaufleuten fand die Gepflogenheit, sich gemeinsam Boten zu teilen, kaum Verbreitung. Zu den Ausnahmen zählt das *Collegium der Olderlyde des gemeinen Kopmans*, eine unter Hamburger Kaufmannschaften im Jahr 1517 gegründete Interessengemeinschaft mit eigenem Botenwerk [7.10f.]. Dagegen bediente sich die Ravensburger Handelsgesellschaft zwischen Juli 1477 und April 1478 in ihrer Niederlassung in Brügge überwiegend fremder Unterstützung: Von insgesamt 95 Briefsendungen erreichten lediglich vier ihr Ziel mit eigenen Kräften; 30 Briefe wurden mithilfe befreundeter Kaufleute befördert, der Rest durch Mietkräfte, überwiegend städtische Boten [5.24].

1.4. Städte

Ebenfalls im 14. Jh. hatten die Städte ihr B. auf eine ordnungspolitische Grundlage gestellt. Hierzu gehörten die Einrichtung fester Anlaufstellen, die Berufung vereidigter Botenmeister und das Führen von »Botenbüchern«. Neben Straßburg, dessen »geschworene« Laufboten 1322 erstmals erwähnt wurden, ist das städtische B. etwa in den Amts- und Ausgabenverzeichnissen von Göttingen, Nürnberg, Regensburg und Konstanz urkundlich belegt. Hamburger Kämmereirechnungen, die seit 1350 Lohn und Aufwendungen für die dem Rat der Stadt direkt unterstellten Boten verbuchen, listen Vergünstigungen wie Dienstwohnung, Krankengeld, Altersversorgung, Spesen- und Kleidergeld auf. Auch die Beförderung privater ↗Briefe war jetzt als Nebenverdienst nicht mehr völlig ausgeschlossen, wie eine Straßburger Ordnung von 1405 zeigt. In einem Beschluss des Frankfurter städtischen Rates aus dem Jahr 1476 heißt es: »und wann ein Bürgermeister eim Bürger ein Botten leihet, und heisset der Bürger gehen, umb sein Lohn, das soll er thun« [4.17]. Das Entgelt lag einer Regelung von 1443 zufolge vom Auftraggeber unabhängig bei acht Pfennig pro Meile. Eine Straßburger Ordnung von 1484 ließ neben den drei hauptamtlichen Boten maximal weitere 21 Nebenboten zu.

1.5. Aufgaben des Boten

Die Boten wiesen sich durch eine Botenbüchse aus, die sich aus einem am Gürtel oder an einem Riemen um die Schulter getragenen Brieffass entwickelte, das ursprünglich die Briefsendungen aufnahm, später aber nur noch als mit dem Wappen des Dienstherrn geschmücktes Abzeichen diente. Bei seiner Amtseinführung wurde die Botenbüchse dem Boten feierlich übergeben. In der Beschaffenheit der Botenbüchse kamen Rangabstufungen zum Ausdruck. Gewöhnlich war sie aus Leder, seltener aus Holz gefertigt. Boten höheren Ranges trugen kupferne oder silberne Abzeichen.

Die Leistungen der Boten fielen zu Beginn der Nz. noch recht unterschiedlich aus. Bei bedeutenden Nachrichten, deren Überbringung im eigenen Aufgabenbereich lag, spielte Geschwindigkeit eine große Rolle. Wichtig war, dass die eigene Depesche schneller war als die des Konkurrenten oder Gegners [9.105] (↗Schnelligkeit). Zu Fuß legten die Boten am Tag rund 30 bis 50 km, zu Pferd rund 55 bis 70 km zurück. Tageswerte über 100 km erzielte ein reitender Eilbote, der unterwegs auf eine Gelegenheit zum Pferdewechsel traf. Waren die hauptberuflichen Boten gewöhnlich zu Fuß unterwegs, lagen die Leistungen der berittenen ↗Kuriere in Ausnahmefällen weit über dem Durchschnitt. So war etwa die Wahl Alexanders VI. zum Papst (1492) in Florenz nach nur zwölf Stunden bekannt. Von Nürnberg nach Venedig (ca. 620 km) gelangte eine Nachricht 1494 in vier Tagen und etwas mehr als zehn Stunden. Das Spitzenhonorar lag für diese Strecke bei mehr als 80 Gulden [5.31] und entsprach damit dem sonst durchschnittlichen Jahresverdienst.

2. Entwicklung des Botenwesens in der Neuzeit

2.1. Botenpost, Ordinari-Boten, Metzgerpost

Die Etablierung der unter Maximilian I. 1490 eingeführten, bald öffentlichen Taxis-Post (vgl. ↗Post) zog im Verlauf des 16. Jh.s eine merkliche Professionalisierung des B. nach sich. Auf den durch die Städte und Kaufleute organisierten Kursen steigerte sich das B. zur gewöhnlichen »Botenpost«. Zu den Merkmalen des neuen B. zählte neben seiner öffentlichen Verfügbarkeit jetzt v. a. die Regelmäßigkeit der Beförderung. Die Boten schlossen sich dem wöchentlichen Rhythmus der ↗Post an und verkehrten ebenfalls wöchentlich [3.106, 133 ff.]. Verschiedentlich richteten die Anstalten sogar Reitbotenkurse mit etappenweise wiederkehrendem Pferdewechsel ein.

In der zweiten Hälfte des 16. Jh.s ordnete das Gros der zentralen Städte sein B. entsprechend neu, darunter Augsburg, Straßburg, Nürnberg, Hamburg, Frankfurt, Breslau, Wien, St. Gallen und Köln. Durch Koordinierung der regelmäßig verkehrenden Ordinari-Boten verschiedener Städte untereinander entstand ein dichtes ↗Netzwerk der Kommunikation mit regelrecht aufeinander abgestimmten Kursen. Hamburg erließ z. B. in den 1570er Jahren Botenordnungen für die Strecke nach Antwerpen bzw. Amsterdam und nach Bremen, in den 1580er Jahren für Verbindungen mit Lüneburg und mit Köln, gefolgt von Botenordnungen für die Kurse nach Leipzig (1594), Danzig (1597) sowie Kopenhagen (nach 1602). Für den Frankfurter und den Nürnberger Nachrichtentransfer waren indessen die Boten der jeweiligen Zielorte zuständig [7.11 f.]. Zusätzlich aufgewertet wurde die Reform des B. angesichts einer anhaltenden Krise des Hauses Taxis, die in dessen enger Abhängigkeit von der span. Linie der Habsburger wurzelte. In den Strudel der span. Staatsbankrotte gerissen, wurden die Taxis in den späten 1570er Jahren wiederholt vor bedrohliche Liquiditätsprobleme gestellt [3.135 f.]. Die Kaufleute nutzten die Gunst der Stunde und organisierten binnen kürzester Zeit einen eigenen Postkurs von Nürnberg über Frankfurt und Köln nach Antwerpen.

Eine Eigenart des Ordinari-B. bildete sich im Süden des Reiches, v. a. in Württemberg, in Gestalt der Metzgerpost heraus. Unter den die Viehmärkte bereisenden ↗Metzgern galt die Mitnahme von Briefen ursprünglich als bloße Gefälligkeit, aus der sich aber Ende des 16. Jh.s eine unter landesherrlicher Aufsicht stehende Postanstalt entwickelte. Urkundlich nachgewiesen ist der Schritt vom unverbindlichen Botendienst der reisenden Metzger zur Institution der Metzgerpost durch eine 1611 vorbereitete und 1622 erlassene herzogliche Verordnung. Danach verpflichtete Württemberg seine Metzger auf verschiedenen Kursen mit Pferdewechsel zur Beförderung der landesherrlichen und amtlichen Korrespondenz gegen feste Besoldung. Den Postnachrichtenverkehr, dessen ordnungsgemäße Abwicklung durch »Stundenpässe« (»Laufzettel«) nachgewiesen wurde, konnte jedermann aus der Bevölkerung in Anspruch nehmen.

Mitte des 17. Jh.s befand sich das B. auf seinem Höhepunkt. Nürnberg hatte 1610 ein Verzeichnis zum Aushang gebracht, das wöchentliche Verbindungen mit insgesamt 16 verschiedenen Städten anzeigte. Neben dem konkreten Abgangs- und Ankunftstag listete der

Botenplan die ↗Gasthäuser auf, in denen die auswärtigen Boten abstiegen, um die für ihren Heimatort bestimmte Post einzusammeln (vgl. Abb. 1). Während die Metzger in eigener Regie Posthaltereien verwalteten, setzten sich im Nürnberger Beispiel v. a. Wirtshäuser als nzl. Nachrichtenbörse durch. Eine Hamburger Botenordnung von 1641 vermittelte neben den Abgangs- und Ankunftszeiten sogar eine Vorstellung von der Beförderungsdauer und legte dazu die Entgelte fest. Nach Bremen betrug die einfache Briefgebühr zwei, nach Leipzig vier und nach Danzig fünf Schilling. Mit Leipzig, Danzig und Kopenhagen verkehrten die Boten einmal in der Woche, zweimal in der Woche brachen sie nach Lüneburg und nach Amsterdam auf, mit Lübeck bestand bereits eine tägliche Verbindung [7. 12].

2.2. Entwicklung nach Gründung der Reichspost

Die Gründung der kaiserlichen ↗Reichspost schürte den Konflikt unter den im Nachrichtenwesen tätigen Wettbewerbern. Rudolf II. ernannte Leonhard von Taxis zum Reichsgeneralpostmeister und erklärte die ↗Post 1597 zum kaiserlichen ↗Regal. Mit dem Mandat war die Erneuerung eines schon 1578 ausgesprochenen Verbots der – wie es hieß – »Nebenboten« verbunden, das auf die Ordinari-Praxis der Kaufmannschaften und weiterer privater Botengruppierungen abzielte [3. 144, 175]. Den Boten wurde insbes. die arbeitsteilige Briefbeförderung durch Pferde- und Reiterwechsel sowie das Führen des Posthorns untersagt. Geduldet wurden die städtischen ↗Kurier-Dienste zu Ross wie zu Fuß lediglich ohne eigenen Botenwechsel [2. Bd. 2, 59]. Seinem Generalpostmeister gestand der Kaiser das Recht zu, zuwiderhandelnde Boten niederzuwerfen. Die Folge waren Auseinandersetzungen von davor nicht gekannter Schärfe. Postmeister wie der Kölner Jacob Henot ließen Kaufleute und Boten verhaften, einheimische Boten formierten sich im Gegenzug zu Widerstandsgruppen und zogen gegen die Gesandten der Reichspost zu Felde. Neuauflagen der kaiserlichen Restriktionen lassen sich indes über einen ungewöhnlich langen Zeitraum beobachten, zumal die Mandate sich im 17. Jh. nicht nur gegen das private B. und gegen postierende städtische Boten richteten, sondern auch (wenngleich erfolglos) gegen die neugeschaffenen Posten der protest. Länder.

Die Territorialstaaten selbst traten in der Frage der »Nebenposten« seit dem 17. Jh. mit Entschiedenheit auf. Die unter Friedrich Wilhelm, dem Großen Kurfürsten, eingerichtete kurbrandenburgische ↗Landespost führte ohne großen Verzug zur Aufhebung sämtlichen Botenwerks. Ähnlich verfuhr Württemberg, als es 1709 bei dem freilich gescheiterten Versuch der Gründung einer landesherrlichen Staatspost die Metzgerposten aufhob.

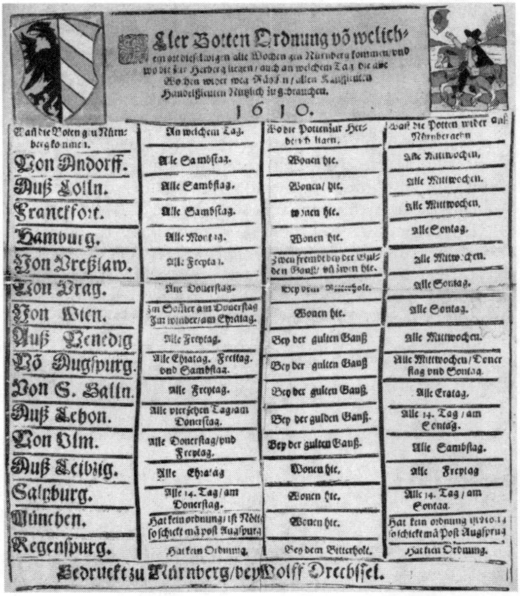

Aller Botten Ordnung võ welchẽ [illegible] alle Wochen zu Nürnberg kommen/ vnd wo die ihr Herberg ligen/ auch an welchem Tag die [illegible] Kauffleuten Handelsleuten nützlich zu gebrauchen.

1610.

Wañ die Boten zu Nürnberg kommen.	An welchem Tag.	Wo die Potten ihr Herberg haben.	Wañ die Potten wider auß Nürnberg gehn
Von Andorff.	Alle Sambstag.	Wonen hie.	Alle Mittwochen.
Auß Cölln.	Alle Sambstag.	Wonen/ hie.	Alle Mittwochen.
Franckfort.	Alle Sambstag.	Wonen hie.	Alle Mittwochen.
Hamburg.	Alle Montag.	Wonen hie.	Alle Sontag.
Von Breßlaw.	Alle Freytag.	Zwen frembd bey der Gulden Ganß/ vñ zwen hie.	Alle Mittwochen.
Von Prag.	Am Donerstag.	Bey dem [illegible].	Alle Sontag.
Von Wien.	Im Sommer am Donerstag Im winder/ am Erichtag.	Wonen hie.	Alle Sontag.
Auß Venedig	Alle Freytag.	Bey der gulden Ganß	Alle Mittwochen.
Võ Augspurg.	Alle Erichtag. Freitag. vnd Sambstag.	Bey der gulden Ganß	Alle Mittwochen/ Donerstag vnd Sontag.
Von S. Galln.	Alle Freytag.	Bey der gulden Ganß.	Alle Erchtag.
Auß Lyon.	Alle vierzehen Tag/ am Donerstag.	Bey der gulden Ganß.	Alle 14. Tag / am Sontag.
Von Vlm.	Alle Donerstag/ vnd Freytag.	Bey der gulden Ganß.	Alle Sambstag.
Auß Leipzig.	Alle Erchtag	Wonen hie.	Alle Freytag
Saltzburg.	Alle 14. Tag / am Donerstag.	Wonen hie.	Alle 14. Tag / am Sontag.
München.	Hat kein ordnung/ ist Nötig so schickt mã post Augspurg	Wonen hie.	Hat kein ordnung [illegible] so schickt mã Post Augspurg
Regenspurg.	Hat kein Ordnung.	Bey dem Bitterholt.	Hat kein Ordnung.

Gedruckt zu Nürnberg/ bey Wolff Drechssel.

Abb. 1: Botenordnung mit Postabgängen, 1610 (kolorierter Holzschnitt). Die Nürnberger Botenordnung des Jahres 1610 listet in der ersten Spalte Botenkurse nach 16 europ. Städten auf. Die zweite Spalte nennt den Ankunftstag der Boten, meist einmal wöchentlich, aber auch zwei- bis dreimal pro Woche bei Städten in der Nähe oder nur vierzehntägig bei ausländischen Städten. Die dritte Spalte belegt, in welcher Herberge die Boten Quartier nahmen und die Post für ihren Kurs einsammelten. Der Abgangstag der Boten wird in der vierten Spalte bekannt gegeben.

Preußen unterwarf im 18. Jh. die Briefbeförderung einem generellen Postzwang. Zuwiderhandlungen wurden nicht nur auf Seiten des Absenders, sondern auch des Empfängers mit Geldstrafen geahndet. Setzten private Boten die Ausübung ihres Gewerbes fort, drohte ihnen ↗Leibesstrafe und Festungshaft. Lediglich auf lokaler Ebene sowie auf wenigen, von der staatlichen Regie ausgenommenen überregionalen Kursen blieb dem traditionellen B. im 18. Jh. so eine letzte Schonfrist.

→ Brief; Kommunikation; Kurier; Nachricht; Post; Stadtbote

Quellen:

[1] A. Bruns (Hrsg.), Die Tagebücher Kaspars von Fürstenberg (2 Teile), 1985 [2] M. Dallmeier, Quellen zur Geschichte des europ. Postwesens 1501–1806 (3 Bde.), 1977–1987.

Sekundärliteratur:

[3] W. Behringer, Im Zeichen des Merkur. Reichspost und Kommunikationsrevolution in der Frühen Nz., 2003
[4] K. Beyrer, Der alte Weg eines Briefes, in: K. Beyrer / H.-C. Täubrich (Hrsg.), Der Brief. Eine Kulturgeschichte der schriftlichen Kommunikation, 1996, 11–25 [5] K. Gerteis, Rei-

sen, Boten, Posten, Korrespondenz im MA und Früher Nz., in: H. POHL (Hrsg.), Die Bedeutung der Kommunikation für Wirtschaft und Gesellschaft (VSWG, Beihefte 87), 1989, 19–36 [6] H.-D. HEIMANN, Brievedregher. Kommunikations- und alltagsgeschichtliche Zugänge zur vormodernen Postgeschichte und Dienstleistungskultur, in: H. HUNDSBICHLER (Hrsg.), Kommunikation und Alltag in SpätMA und früher Nz., 1992, 251–292 [7] M. NORTH, Nachrichtenübermittlung und Kommunikation in norddt. Hansestädten im SpätMA und der Frühen Nz., in: Archiv für dt. Postgeschichte 2, 1991, 8–16 [8] H. VON SEGGERN, Das Botenwesen Friedrichs III. (1440–1493). Eine europ. Besonderheit?, in: H. SCHNABEL-SCHÜLE (Hrsg.), Vergleichende Perspektiven – Perspektiven des Vergleichs (Studien zur europ. Geschichte von der Spätantike bis ins 20. Jh.), 1998, 67–122 [9] H. VON SEGGERN, Herrschermedien im SpätMA. Studien zur Informationsübermittlung im burgundischen Staat unter Karl dem Kühnen, 2003 [10] TH. SZABÓ, Art. Botenwesen, in: LMA 1, 1981, 484–487.

Klaus Beyrer

Botschafter

1. Definition
2. Entwicklung von Rang und Funktionen

1. Definition

»Ein Botschafter ist ein anständiger Mann, der in die Ferne geschickt wird, um für den Staat zu lügen« (lat. *legatus est vir bonus peregre missus ad mentiendum Reipublicae causa*) lautet ein berühmtes Bonmot des engl. Diplomaten und Schriftstellers Henry Wotton von 1604. Es drückt die Ambiguität des B.-Amtes aus: Die Renaissance-↗Diplomatie trat als ein verlängerter Arm der Kriegspolitik, nicht als Friedensdiplomatie ins Leben. Der B. war ggf. Lügner und Spion, aber er war auch Repräsentant seines Souveräns, in der Theorie sogar dessen förmliches Abbild. Folglich musste er die Kompetenz eines hochrangigen Politikers ebenso wie entsprechende soziale Herkunft besitzen. Die Diplomatietheorie stellte in der Frühen Nz. zusätzlich hohe moralische Anforderungen an B., die sich mit ihren Aufgaben nicht immer in Einklang bringen ließen. In der Praxis waren zudem Qualitäten wie robuste Gesundheit, Risikofreude, finanzielles Vermögen und nicht allzu enge soziale Bindungen und Verpflichtungen erforderlich, da B. sich – oft für lange Zeit – auf kostspielige Reisen in einen fremden, manchmal unsicheren und/oder feindlichen Kulturkreis begaben [8]; [16]; [7].

Eine Spezifizierung des B.-Amtes und ein klar umrissener Anspruch an dessen Inhaber wurden erst in der Nz. formuliert. Guillaume Durand definierte im 13. Jh. noch völlig vage, ein B. sei »jemand, der von einem anderen geschickt werde« (lat. *legatus est ... quicumque ab alio missus est*), eine Definition, die im Prinzip bis ins 16. Jh. hinein gültig blieb, auch wenn Bernard de Rosergio im 15. Jh. ergänzte, nur hochgeborene weltliche Fürsten (lat. *maiores natu principes seculi*) könnten einen B. entsenden, oder Konrad Braun 1548 einschränkte, dass Privatpersonen keinen B. beauftragen könnten, unter mögliche Entsender aber auch Bruderschaften oder Gesellschaften zählte [8]; [5]; [10]. Dann aber schritt die diplomatische Entwicklung rasch voran, so dass Abraham von Wicquefort in der zweiten Hälfte des 17. Jh.s bereits präzise – und im Kern bis heute gültig – formulierte, ein B. sei ein Staatsdiener (franz. *ministre public*), den ein Souverän zu einer auswärtigen Macht sende, um seine Person zu repräsentieren, auf der Grundlage einer Vollmacht (franz. *pouvoir*), von Beglaubigungsschreiben (franz. *lettres de créance*) oder einer anderen Bevollmächtigung, die seine Würde erkennen ließe [4].

2. Entwicklung von Rang und Funktionen

Feste Formen nahm die ↗Diplomatie erst allmählich ab dem 15. Jh. an; die umfassenden Begriffe »Diplomatie« und »Diplomaten« lassen sich erst Ende des 18. Jh.s nachweisen: In der Frühen Nz. gab es nicht »die« Diplomaten oder den *Corps diplomatique* als geschlossene Gruppe der für einen Fürsten im Ausland tätigen Personen. B. untereinander bildeten eine eigene soziale Gruppe. In dem Maße, indem das *droit d'ambassade* (das Recht, B. zu entsenden) auf Souveräne beschränkt wurde, engte sich der Begriff B. (auch Staats-B., franz. *ambassadeur*, engl. *ambassador*, span. *embajador*, lat. *legatus*, russ. *posol*) in scharfer Abgrenzung von anderen Gesandten ein: Von diesen hoben sich B. durch Rang und Protokoll – die Titulierung als Exzellenz; das Recht, bei Neuankunft von allen anderen B. die erste Visite zu erhalten – deutlich ab (vgl. Abb. 1). Sie mussten deshalb auch ausdrücklich ausgewiesen sein, sowohl durch das explizite Beglaubigungsschreiben (Kredenzbrief) ihres Entsenders als auch durch die allgemeine Anerkennung durch andere B. und durch den sie empfangenden Souverän.

B. differenzierten sich untereinander nach dem Rang ihrer Fürsten, bis 1815 im Wiener Reglement Gleichrangigkeit vereinbart wurde. Zudem wurde zwischen den für eine singuläre, begrenzte Aufgabe wie z. B. ↗Friedensverhandlungen entsandten außerordentlichen B. und den im Rang leicht abgestuften ordentlichen oder residierenden B. unterschieden. Diese standen wiederum über den sog. Residenten, die einen eigenen Rang im unteren Bereich der diplomatischen Hierarchie bildeten. Wie sehr das ↗Amt des B. nicht als bloße Funktion, sondern als sozialer Rang angesehen wurde, zeigt sich am Beispiel Jean de La Bardes, der als franz. Resident beim ↗Westfälischen Friedens-Kongress agierte. Er stand als zukünftiger B. bei der ↗Eidgenossenschaft fest und beharrte auf einem Rang als B. Da er der Funktion nach aber eindeutig Resident war, sorgte seine Forderung in

Abb. 1: Eugène Delacroix, Bildnis Charles de Mornays in Botschafteruniform, 1832 (Aquarell). Seit dem 19. Jh. zeichneten sich Botschafter auch äußerlich durch eine eigene Uniform aus. Durch Uniform und Degen war der Botschafter, obgleich Zivilist, nun dennoch durch militärische Attribute ausgezeichnet und erkennbar. Die an höfische Militäruniformen des 19. Jh.s angelehnte Kleidung blieb in ihren Grundelementen (dunkelblaues oder schwarzes Tuch, goldene Kragen- und Manschettenstickerei) bis weit in das 20. Jh. hinein üblich und ist z. T. noch heute gebräuchlich.

Osnabrück für erhebliche Missstimmung mit Frankreichs eigenen Verbündeten. Das Problem konnte nur durch die Abberufung La Bardes gelöst werden [14]. In dem Maße, in dem Diplomatie sich intensivierte und B. nun auch mit ihrer ↗Familie reisten, wurden Titel, Rang und protokollarische ↗Privilegien auch auf Ehefrauen von B. ausgedehnt, dank einer entsprechenden Initiative der franz. B.-Gattin Augustine Le Roux-Servien in den 1640er Jahren. 1754 verfasste Friedrich-Karl von Moser über die Rechte der B.-Gattin eine eigene Abhandlung [2].

Aufgrund ihres herausgehobenen Ranges und ihrer repräsentativen Funktion konnte die soziale Herkunft von B. unter Umständen eine höhere Rolle spielen als entsprechende Kompetenz. Bei konkreten Verhandlungen konnte dies durch die Besetzung der Delegation mit einem hochrangigen adeligen Prinzipal-B. und einem gelehrten B. an seiner Seite gelöst werden. Da es keine professionelle Diplomaten-Ausbildung gab, qualifizierte man sich für ein B.-Amt in der Regel durch eine allgemeine administrative Karriere. Rein diplomatische Karrieren blieben bis in das 19. Jh. eher die Ausnahme: Normalerweise war der Einsatz als B. Teil einer allgemeinen administrativen Laufbahn. Spezifische Einsichten konnte man nur gewinnen, indem man einen Verwandten oder Protektor auf einer Mission begleitete. Da B. in hohem Maße am ↗Hof agierten, wurden Mitglieder des ↗Adels bevorzugt, da Bürgerlichen die höfische Erziehung fehlte. Bes. hoch waren die sozialen Restriktionen in Frankreich, das insbes. unter Ludwig XIV. eine führende Stellung und Beispielfunktion innerhalb der europ. Diplomatie einnahm; seine B. waren ausnahmslos adelig, selbst bürgerliche Gesandte kamen so gut wie nicht vor. Allgemein blieb das B.-Amt bis ins 19. Jh. hinein in der Praxis eine Domäne Adeliger [7]; [12]; [13]; [9]. Die Ernennung von Frauen als B. wurde in der Theorie nicht völlig ausgeschlossen und kam zumindest in Frankreich 1645/46 einmalig vor [15].

→ Außenpolitik; Diplomatie; Gesandtschaft; Nuntius

Quellen:
[1] J. HOTMAN DE VILLIERS, De la Charge et Dignité de l'Ambassadeur, ²1604 [2] K.-F. MOSER, L'Ambassadrice et ses Droits, 1754 [3] J. A. DE VERA Y ZUÑIGA, Le parfait Ambassadeur, 1643 [4] A. DE WICQUEFORT, L'Ambassadeur et ses fonctions, ²1690.

Sekundärliteratur:
[5] B. BEHRENS, Treatises on the Ambassador Written in the Fifteenth and Early Sixteenth Centuries, in: The English Historical Review 51, 1936, 616–627 [6] L. BÉLY, Espions et ambassadeurs au temps de Louis XIV, 1990 [7] L. S. FREY / M. L. FREY, The History of Diplomatic Immunity, 1999 [8] G. MATTINGLY, Renaissance Diplomacy, 1955 [9] D. H. O'BRIEN, Mazarin's Diplomatic Corps, 1648–1661, in: North Dakota Quarterly 45, 1977, 31–42 [10] D. E. QUELLER, The Office of Ambassador in the Middle Ages, 1967 [11] W. J. ROOSEN, The Functioning of Ambassadors under Louis XIV, in: French Historical Studies 6, 1969, 311–332 [12] W. J. ROOSEN, The True Ambassador: Occupational and Personal Characteristics of French Ambassadors under Louis XIV, in: European Studies Review 3, 1973, 121–139 [13] W. J. ROOSEN, The Age of Louis XIV. The Rise of Modern Diplomacy, 1976 [14] A. TISCHER, Franz. Diplomatie und Diplomaten auf dem Westfälischen Friedenskongreß. Außenpolitik unter Richelieu und Mazarin (Schriftenreihe der Vereinigung zur Erforschung der Neueren Geschichte 29), 1999 [15] A. TISCHER, Eine franz. Botschafterin in Polen: die Gesandtschaftsreise Renée de Guébriants zum Hofe Władisławs IV. 1645/1646, in: L'Homme. Zsch. für feministische Geschichtswissenschaft 2, 2001, 305–321 [16] J. R. WOODHOUSE, Honourable Dissimulation: Some Italian Advice for the Renaissance Diplomat, in: Proceedings of the British Academy 84.1993 (Lectures and Memoirs), 1994, 25–50.

Anuschka Tischer

Böttcher

Wegen ihrer hohen Bedeutung für Konservierung und Transport von flüssigen, verderblichen oder vor Witterung zu schützenden Waren [9] gehörte die Böttcherei zu den stärker besetzten ↗Gewerben, v. a. in ↗Handelsstädten, Brauerei- und ↗Hafenstädten sowie in Weinbauregionen. In Hamburg z. B. erfolgte daher 1506 eine Beschränkung auf 120 Meister [6], 1572 lebten in Trier 56 Fassbinder [2]. Die Bezeichnungen für den Beruf differierten regional; zusätzlich kam es auf Grund des vielfältigen Bedarfs zu weiterer Spezialisierung. Neben den größere Tonnen, Fässer und Bottiche aus Hartholz (bes. Eiche) fertigenden B., den Bendern, Fassbindern oder (Holz-)Küfern – den sog. Schwarzbindern – gab es die Buchenholz verwendenden Rotbinder (⁊Holzverarbeitendes Gewerbe). Den Weinküfern oblag außer Reparaturen die gesamte Kellerarbeit bei der Veredelung der ⁊Weine. Als Klein- oder Weißbinder verselbständigten sich seit dem 13. Jh. die Büttner, Wanner/Wannenmacher, Kübler, Schäffler (Schaff = offenes Holzgefäß), Legler (Legel = Kiepe oder Hotte), Eimer- und Bechermacher.

Vorbereitende Funktionen als Hilfsgewerbe übernahmen in einzelnen Städten Daubenhauer und Bandschneider. Vielfach wurden Fassreifen und Dauben aber aus dem Umland eingeführt, z. B. aus den waldreichen Mittelgebirgsregionen in die Weinbauorte am Mittelrhein. Den Bedarf an Böttcherholz musste man nicht selten durch den ⁊Fernhandel decken [5]; Eichenholz für die hansische und niederl. Böttcherei kam etwa aus dem Osten oder Skandinavien (⁊Holzhandel). Mit Halbfertigwaren der Böttcherei wurde im 16. Jh. von Hamburg aus bis nach Spanien Handel getrieben.

Die Produktionstechnik änderte sich bis um 1900 kaum [5]. Als ⁊Werkzeuge dienten u. a. Messer, Beile, Sägen, Hobel, Bohrer, Schaber, Schlägel, Schraubwinkel und Schneidebank [1]. Der erste Schritt war das sog. Reißen mit Hilfe von Spalteisen und Schlägel, um die rohen Dauben zu erhalten. Es folgte das Zeichnen, Zuschneiden sowie das Fügen auf dem Fügeblock zur rechten Form und Krümmung. Das Zusammenstellen zu einem Fass geschah mithilfe von Setzreifen. Nach dem Beseitigen aller Ungleichmäßigkeiten führte abwechselnde Erwärmung, Befeuchtung und Auftreiben zur weiteren Biegung der Dauben und Schließung der Fugen. Letzte Schritte galten dem Zusammensetzen, Dübeln, Anpassen und Einbinden der Böden, dem Auftreiben der Reifen sowie dem Reinigen des Fassinneren, das in späterer Zeit mit einer Pechschicht versehen wurde. Für die Reifen verwendete man zunächst Holz. Im 16. Jh. kamen eiserne Bänder auf, setzten sich aber z. T. erst im 18. Jh. gegenüber den hölzernen Reifen durch [4].

Für die einzelnen Transportgüter (⁊Transport und Verkehr) wurden unterschiedliche Fässer hergestellt. Zur Aufbewahrung von Öl dienten die sog. Pipen, die eine lange ovale Form und viele Reifen hatten. Hansische Biertonnen umgab man nur oben und unten mit Reifen, während bei den Heringstonnen jeweils drei Reifen an vier Stellen angebracht wurden. Gegen Probleme der Dichtigkeit und Warenhaltbarkeit griffen viele Städte schon im MA zu zusätzlichen Maßnahmen der Qualitätssicherung und trafen Regelungen über eine Haftung. Dazu gehörte auch die Vorschrift einer Warenzeichnung für B., z. B. in London 1420 [3]. Das Stadtwappen, das auf Tonnen eingebrannt wurde, gewährte zusätzlichen Schutz vor Fälschung (⁊Qualitätskontrolle). Neben flüssigen Gütern und Nahrungsmitteln transportierte man ebenso Bücher, Papier, Sensen, Nägel etc. in Fässern.

Eine Normierung und Vereinheitlichung von Tonnengrößen gelang nur partiell. Immerhin galt für verschiedene ⁊Hansestädte bei den Heringstonnen schon im 15. und 16. Jh. der Lübecker oder der Rostocker »Band«, der auch in Dänemark angenommen wurde. In den Niederlanden gewann im ausgehenden 15. Jh. die Dordrechter Tonne an Bedeutung. Die Klagen über falsche ⁊Maße waren jedoch häufig und hingen auch mit der nichtzünftigen, bes. ländlichen Tonnenherstellung zusammen (⁊Ländliches Gewerbe). Hiergegen richteten sich Abwehrmaßnahmen der ⁊Zünfte wie Import- bzw. Verkaufsverbote für auswärtige Tonnen, z. B. in Haarlem 1557. Die Tätigkeit Nichtzünftiger wurde allerdings durch einzelne Bürger und Handwerker selbst gefördert, die dabei auch verlegerisch aktiv wurden (⁊Verlagssystem) [7].

Insgesamt konnten die B. ungeachtet aller Gefährdungen und ungeachtet einzelner wirtschaftlicher Krisenerscheinungen wegen sinkender Nachfrage (z. B. in der Brauerei; ⁊Bier) ihre wichtige Position lange behaupten. Erst nach 1900 geriet das ⁊Handwerk mit dem Vordringen alternativer Materialien (Zinkblech, Emailwaren) und Techniken der Gefäßherstellung in eine Krise.

→ Beruf; Gewerbe; Handel; Handwerk; Holzverarbeitendes Gewerbe

Quellen:
[1] A.-D. FOUGEROUX DES BANDAROY, Die Boettgerkunst, 1765.

Sekundärliteratur:
[2] G. BAYER / K. FRECKMANN, Küferhandwerk im Rheinland (Schriftenreihe des Freilichtmuseums Sobernheim, Nr. 3), 1978 [3] W. FORSTER, A Short History of the Worshipful Company of Coopers of London, 1991 [4] P. GRUBER, Fassbinder, in: R. LOIBL (Hrsg.), Das Geheimnis der Bruderschaft. Zunft und Handwerk in Passau (Ausst.kat.), 1996, 82–93 [5] F. HANGARTNER, Beiträge zur Geschichte des ma. Böttcher- und Küferhandwerks, Diss. Freiburg, 1925 [6] K. HELFENBERGER, Geschichte der Böttcher-, Küfer- und Schäfflerbewegung, 1928 [7] R. HOLBACH, Hansische Versandlogistik: Das Böttcherhandwerk, in: Hansische Geschichtsblätter 123, 2005 (im Druck) [8] M. PACKHEISER, Das Böttcherhandwerk in Hamburg. Volkskundliche Aspekte zur Geschichte eines Handwerks, 1986 [9] F. TECHEN, Die Böttcher in den wendischen Städten, besonders in Wismar, in: Hansische Geschichtsblätter 25, 1897, 67–127.

Rudolf Holbach

Bourbonische Reformen

1. Begriff
2. Historischer Kontext
3. Reformmaßnahmen
4. Die Bourbonischen Reformen im spanischen Kolonialreich
5. Die Aufklärung im spanischen Kolonialreich
6. Reaktionen im Kolonialreich

1. Begriff

Mit dem Terminus B. R. werden in Spanien diejenigen ↗Reformen (= R.) bezeichnet, mit denen die ↗Dynastie der Bourbonen im Laufe des 18. Jh.s die von ihren Vorgängern (den Habsburgern) geerbten Strukturen in ↗Handel, ↗Wirtschaft, ↗Verwaltung und ↗Militär veränderten.

2. Historischer Kontext

Nach dem Niedergang des span. Reiches unter dem letzten Habsburger Karl II. (gest. 1700), der mit dem ↗Spanischen Erbfolgekrieg (1701–1713/14) seinen Tiefpunkt erreichte, begann die neue Dynastie der Bourbonen mit Philipp V. (1701–1746) und Ferdinand VI. (1746–1759) zunächst noch zögerlich, dann mit Karl III. (1759–1788) intensiv und ambitioniert und mit Karl IV. (1788–1808) fortführend ein umfangreiches R.-Programm durchzuführen [5]; [11]. Es war dazu bestimmt, Spanien politisch, wirtschaftlich und kulturell zu erneuern und seine Bedeutung als Großmacht in Europa und Amerika wiederherzustellen bzw. sie zu verteidigen und so den Bestand des Weltreichs zu sichern. Im Vergleich zu den entwickelteren Ländern Europas war Spanien ein zurückgebliebenes Agrarland. Nur in den exportorientierten Provinzen Sevilla einschließlich Cádiz, Katalonien sowie in der Provinz um die Hauptstadt Madrid waren größere Teile der Bevölkerung in der handwerklich-manufakturellen Produktion sowie im Handel beschäftigt.

Außerdem war Spaniens Handelsbilanz negativ: Der Wert der Importe von Fertigwaren aus Europa, darunter bes. ↗Textilien, überstieg den Wert der Exporte von Agrarprodukten und Rohstoffen. Das Handelsbilanzdefizit ließ sich nur durch den Reexport amerikan. ↗Edelmetalle und kolonialer Agrarprodukte ausgleichen. Im Übrigen hatte Spanien, das selbst überwiegend nur landwirtschaftliche Erzeugnisse wie ↗Wein, ↗Branntwein, ↗Oliven-Öl bereitstellte, gegenüber seinen amerikan. Gebieten weitgehend die Funktion eines Transitlandes, das zum einen vorwiegend europ., nichtspan. Fertigwaren nach Amerika und zum anderen in die europ. Länder wiederum Edelmetalle sowie tropische und subtropische Agrarprodukte und Rohstoffe reexportierte.

Bei den R. bedienten sich die Bourbonen bei Ideen der ↗Aufklärung, einer span. Aufklärung, die gegenüber der philosophisch-politisch orientierten franz. Aufklärung eher praktisch-pragmatisch ausgerichtet war [12]; [15]. Denn in der Konfrontation mit der desaströsen Regierungspraxis ihrer Vorgänger sahen sich die Bourbonen zu Neuerungen gezwungen, die sie nach der Besetzung Havannas durch die Engländer (1762) und der Niederlage Spaniens gegenüber England im ↗Siebenjährigen Krieg (1763) forcierten.

Seitdem England im 17. Jh. in der Karibik Stützpunkte wie Jamaika (1655) erworben und ausgebaut hatte, stellte es mit seinem wirtschaftlichen Expansionsdrang eine Bedrohung der Handelsverbindungen zwischen Spanien und Amerika dar und war ein ernst zu nehmender Rivale. Gerade nach der Eroberung Havannas sahen sich Karl III. und seine Minister vor die Alternative gestellt, entweder gegenüber England weiter an Boden zu verlieren oder aber Spanien zu modernisieren. Seine R.-Politik gilt deshalb als »defensive Modernisierung« [4]; [20].

3. Reformmaßnahmen

Die Ideen der Aufklärung mit dem Glauben an die ↗Vernunft und ihrem optimistischen Vertrauen bes. in die Natur- und Erfahrungswissenschaften als Faktor menschlichen ↗Fortschritts, wie sie von ihrem fruchtbarsten span. Theoretiker, Fray Benito Jerónimo Feijoo y Montenegro, in seinen *Cartas Eruditas y Curiosas* (1742–1760; »Gelehrte und interessante Briefe«) formuliert wurden, waren in Spanien bes. in der zweiten Hälfte des 18. Jh.s lebendig [8]; [18]. Sie leiteten mit der Abkehr von den traditionellen Bildungsinhalten der span. Scholastik und der Hinwendung zur modernen Wissenschaft eine kulturelle Erneuerung ein, die zu einem wichtigen Bestandteil der B. R. wurde.

Denn die neuen Wissenschaften, eingesetzt zur Erforschung der natürlichen Reichtümer Spaniens und seiner Kolonien sowie ihrer Förderung, erschienen als das adäquate Instrument, um Spaniens Vormachtstellung wiederherzustellen. Theoretiker und Praktiker der Modernisierungsbestrebungen wie José del Campillo y Cossío, Bernardo Ward, Pedro Rodríguez Campomanes, José Moñino, Gaspar Melchor de Jovellanos und Gerónimo de Uztáriz machten mit ihren Reden und Schriften in diesem Sinn für die nützlichen Wissenschaften (span. *ciencias útiles*, u. a. für die Ökonomie) Propaganda und griffen als Berater und Minister sogar in die Geschicke des Staates ein [6]; [9]; [10].

Außer der R. der Hochschulen und des Unterrichtswesens, durch die der Einfluss der kath. Kirche zurückgedrängt und praktisches, nützliches Wissen, aber auch der ↗Patriotismus gefördert werden sollten, entstanden als Medium und Instrument solcher Geisteshaltung literarische Zirkel (span. *Tertulias*), nach dem Vorbild vergleichbarer Gesellschaften in Frankreich (↗Gesellschaft, literarische; ↗Lesegesellschaft), oder die sog. ↗Patriotischen Gesellschaften (*Sociedades Patrióticas*) und Gesellschaften von Vaterlandsfreunden zur Förderung der Wirtschaft (*Sociedades económicas de amigos del país*). 1764 wurde, ebenfalls nach europ. Vorbild, die erste Patriotische Gesellschaft in Vergara im Baskenland gegründet. Sie bemühten sich entsprechend der allgemeinen Tendenz – allerdings eher auf privater Ebene – um eine Wiederbelebung der span. Wirtschaft und befassten sich mit Fragen der landwirtschaftlichen Produktionssteigerung sowie die Förderung von ↗Handwerk und Handel durch Verbreitung neuer Ideen, Techniken und Methoden. Sie belegen das enge Verhältnis zwischen Aufklärung und wirtschaftlicher Regeneration.

Das Wiedererstarken Spaniens war nach der Vorstellung seiner Aufklärer und Staatsmänner v. a. durch die Belebung der ↗Wirtschaft zu erreichen, die es durch eine effektivere Staats-↗Verwaltung abzusichern sowie durch bessere ↗Bildung und Ausbildung zu fördern galt. So nahmen einerseits Maßnahmen zur Wirtschaftsförderung sowie zum Ausbau und zur Verbesserung der Verwaltungsorganisation, andererseits Bildungskampagnen einen wichtigen Platz innerhalb der B. R. ein. Die Verwaltungsreformen betrafen den Aufbau von Ressortministerien mit direkt dem König verantwortlichen Einzelbeamten anstelle der alten Ratsgremien sowie den Ausbau einer zentralisierten und nach einheitlichen Richtlinien arbeitenden Verwaltungsbürokratie. Eine der wichtigsten R., die unter Philipp V. eingeleitet wurden, war die Einführung von Heeres-, Finanz- und Provinz-↗Intendanten (1711–1749) und damit einer kompetenten Verwaltungsorganisation auf Provinzebene. Die straffe Zentralisierung des Verwaltungsapparats diente auch dazu, die königliche Machtstellung, d. h. ihre Kontrolle und Autorität in allen Bereichen des staatlichen Lebens zu stärken.

Die R. sollten v. a. von oben, d. h. von der absoluten ↗Monarchie ausgehen. Tatsächlich stellen die B. R. seit der Mitte des 18. Jh.s ein Beispiel für den aufgeklärten Absolutismus (↗Reformabsolutismus) ähnlich der Politik Kaiser Josephs II. dar. Die Stärkung der Zentralgewalt war aber zugleich Ausdruck des Bestrebens der absoluten Monarchie der Bourbonen, ihre Legitimation aus dem ↗Gottesgnadentum und weniger aus der alten span. politischen Vorstellung von einem Vertrag zwischen Krone und Volk abzuleiten. In dieses Selbstverständnis passte es auch, dass die Schriften der ↗Jesuiten Suárez, Molina und Mariana, welche die Tyrannei verdammt und das Recht auf Widerstand gegen den Tyrannen formuliert hatten (↗Tyrannislehre), verboten wurden und dass Karl III. per Dekret vom 27. Februar 1767 die Mitglieder des Jesuiten-Ordens aus Spanien und Amerika auswies.

4. Die Bourbonischen Reformen im spanischen Kolonialreich

4.1. Das Reformkonzept José del Campillo y Cossíos

Die Bemühungen der Bourbonen, Spaniens Position in Europa wiederherzustellen, bezogen auch die amerikan. Gebiete mit ein. So sollten durch eine effektivere wirtschaftliche Ausbeutung Amerikas die für die R. notwendigen Einkünfte Spaniens erhöht werden. Die R. gingen dabei von der Konzeption des ↗Merkantilismus, d. h. von der Konzentration auf den ↗Außenhandel aus. Die Vorstellungen, wie die amerikan. Gebiete zum Nutzen Spaniens neu in Wert zu setzen seien, erstreckten sich nicht nur auf die Außenhandelsbeziehungen, sondern auf alle Bereiche politischer, wirtschaftlicher und sozialer Entwicklung, auch auf Verteidigungsmaßnahmen v. a. in der Karibik gegenüber dem Rivalen England [14]; [7].

Die Grundzüge dieses Ansatzes sind in der berühmten, schon 1743 im Manuskript vorliegenden und 1789 veröffentlichten Denkschrift des span. Finanz- und Kriegsministers José del Campillo y Cossío *Nuevo sistema de gobierno económico para la América* (»Neues System der ökonomischen Herrschaft für Amerika«) enthalten, der theoretischen Anleitung für zahlreiche praktische R.-Maßnahmen im span. Kolonialreich, v. a. in der reformintensiven Regierungszeit Karls III. Campillos Überlegungen, die von einer Gesamtanalyse der Situation in den hispanoamerikan. Gebieten ausgingen, lassen sich geradezu als ein umfassender staatlicher Entwicklungsplan charakterisieren, dessen Zielsetzung allerdings primär der Gesundung und Entwicklung Spaniens dienen sollte. Den Dreh- und Angelpunkt bildete der Handel zwischen Mutterland und Kolonien. Um diesen zu steigern (und das bedeutete, den kolonialspan. Markt soweit wie möglich zu erschließen und zu erweitern), waren R. im Verwaltungsapparat, im Wirtschaftsleben sowie in der Gesellschaftspolitik erforderlich.

Zur R. der Verwaltungsorganisation sollten wie in Spanien selbst in allen amerikan. Provinzen Intendanten ernannt werden. An der Spitze neu zu gliedernder territorialer Verwaltungseinheiten (span. *intendencias*) sollten sie als allerseits zuständige staatliche Entwicklungsagenten das neue System der ökonomischen Staatsverwaltung Schritt für Schritt vorantreiben.

Als fiskalische Maßnahme zur Verbesserung der Einkünfte des Mutterlandes empfahl Campillo, die Fabrikation und den Verkauf von ↗Tabak und Tabakwaren zu einem staatlichen ↗Monopol zu machen. Nach dem Vorbild Englands und Frankreichs verlangte er die Liberalisierung des Handels zwischen Spanien und seinen überseeischen Kolonien, d. h. die Aufhebung des andalusischen Handelsmonopols nach Amerika mit Cádiz als einzigem Im- und Exporthafen. Von einem freizügigen Handel erwartete Campillo eine Belebung der Manufakturproduktion im Mutterland. Als guter Merkantilist forderte Campillo, diese (bes. für Textilprodukte) in den Kolonien zu verbieten, um die wenigen span. ↗Manufakturen vor unliebsamer Konkurrenz zu schützen. Die überseeischen Besitzungen sollten nun im wirklichen Sinn Kolonien, nämlich abhängige Gebiete, sein: einerseits Lieferanten von Rohstoffen aus Wirtschaft und Bergbau, andererseits Abnehmer von Fertigwaren aus Spanien.

4.2. Territoriale Neugliederung in Hispanoamerika

Seit den 1730er Jahren nahmen die Bourbonen einige wichtige Veränderungen in der räumlichen Gliederung ihres ↗Kolonialreichs vor, in denen deutlich das Bestreben zu erkennen ist, die amerikan. Gebiete durch die Repräsentanz des königlichen Willens effektiver zu durchgliedern, sie wirtschaftlich stärker als bisher zu nutzen und sie bes. gegenüber dem Zugriff des engl. Rivalen militärisch abzusichern. 1739 wurde im nordandinen Raum ein großes Gebiet aus dem Vizekönigreich Peru herausgelöst und als Vizekönigreich Neu-Granada eingerichtet. Es umfasste das Gebiet der heutigen Staaten Ecuador, Kolumbien und Venezuela.

Auch im Süden des Kontinents, wo ebenfalls Interventionen von Ausländern drohten und noch nicht besiedelte Räume vorhanden waren, vollzogen sich weitreichende administrative Neugliederungen. Um sich das Wirtschaftspotential der noch kaum erschlossenen La-Plata-Region zu sichern und diese vor Übergriffen des portug. Nachbarn zu schützen, wurde 1776/77 das Vizekönigreich La-Plata mit Sitz in Buenos Aires errichtet. Zur besseren Verteidigung des Kolonialreichs ließ Karl III. ab 1763 strategisch wichtige Verteidigungsanlagen bes. im Karibikraum neu befestigen.

Noch wichtiger und weitreichender war der Beschluss, die relativ kleinen Verbände regulärer span. Truppen in Amerika durch permanente Milizen zu ergänzen. Diese sollten sich hauptsächlich aus Einheimischen zusammensetzen, mit Angehörigen der weißen Oberschicht als Offiziere. Mit dieser Maßnahme begab sich Spanien in eine gewisse Abhängigkeit von kreolischen Militärs, die ihre militärische Ausbildung nicht nur für, sondern, wie sich später zeigte, ggf. auch gegen Spanien einbringen konnten.

4.3. Liberalisierung des transatlantischen Handels

Seit 1765 nahm die span. Krone eine schrittweise Liberalisierung des Handels zwischen Mutterland und Kolonien vor, der sich entsprechend dem Prinzip des ↗Merkantilismus bislang in einem geschlossenen Wirtschafts- und Handelsraum vollzogen hatte. Nun wurde die Zahl der Anlaufhäfen in Spanien und in den Kolonien erweitert. Das berühmte Freihandelsreglement (*Reglamento para el comercio libre*) vom 12. Oktober 1778, mit dem 13 span. und 24 amerikan. Häfen das Recht auf unmittelbaren interkontinentalen Handel erhielten, bedeutete die endgültige Formulierung eines freieren Handels, der aber nach wie vor auf den Austausch innerhalb des span. Handels- und Wirtschaftsraums beschränkt war. Handel mit nichtspan. Häfen war den Amerikanern weiterhin untersagt. Ziel war es, die Besiedlung bevölkerungsarmer Regionen zu fördern, den ↗Schmuggel-Handel auszuschalten und über ein gestiegenes Handelsvolumen höhere ↗Steuern einzunehmen. V. a. aber sollten die Kolonien einerseits als Absatzmärkte für span. Produkte mit ↗Zoll-Vergünstigung gegenüber ausländischen Waren, andererseits als Lieferanten von Rohstoffen für Spaniens ↗Industrie stärker als bisher ausgenutzt werden.

4.4. Zentralisierung

Die Maßnahmen zur Dezentralisierung der territorialen Verwaltung verbanden die Träger der B. R. mit einer stärkeren Zentralisierung der politischen Kontrolle durch die Regierung in Madrid. Ab 1765 wurden in Neu-Spanien, Peru, Chile und Neu-Granada Generalvisitationen durchgeführt, die die Grundlage für weitere R.-Maßnahmen bildeten. Im Zuge institutioneller Veränderungen tauchten neue hohe ↗Beamte auf. Zur effizienteren Verwaltung der königlichen Finanzen und zur strafferen Durchgliederung der Territorialbehörden wurde ab 1782 auch in Amerika – mit Ausnahme des Vizekönigreichs Neu-Granada – das Intendantensystem eingerichtet. Die bislang von den Vizekönigen wahrgenommene Aufsicht über das Finanz- und Steuerwesen wurde nun dem Indienminister direkt unterstellten Beamten übertragen.

Dieser für die Kolonialbevölkerung ohnehin schon empfindliche bürokratische Zugriff wurde dadurch noch problematischer, dass im Unterschied zu der bis zur Mitte des 18. Jh.s geübten Praxis, auch Amerika-Spanier zu ↗Beamten der wichtigen Appellationsgerichtshöfe (span. *audiencia*) zu ernennen bzw. ihnen die Möglichkeit zum ↗Ämterkauf zu gewähren, nach 1750 nicht nur dieser unterbunden wurde, sondern auch überwiegend Europa-Spanier (sog. *Peninsulares*) in die hohen Verwaltungs- und Kirchenpositionen der Kolonien berufen wurden. Mit Recht gelten deshalb die B. R. als »neuer Imperialismus«, als »zweite Conquista«, die nun aber die Amerika-Spanier, die Kreolen, betraf [4]; [13].

Parallel zur engeren bürokratischen Kontrolle und damit zur fiskalischen Überwachung unternahmen die

Reformer seit 1750 auch stärkere Anstrengungen, die Einkünfte der Krone zu erhöhen. Dies geschah einmal durch die Steigerung der Bergbauerträge mit Hilfe moderner Techniken oder durch die erhöhte Produktion von Agrarerzeugnissen wie ↗Zucker, ↗Kakao, ↗Kaffee und ↗Tabak. Zum anderen wurden staatliche ↗Monopole ausgeweitet und die Eintreibung der Steuern, v. a. der 4–6%igen Verkaufssteuer (span. *alcabala*), nunmehr vom Staat selbst und zunehmend rigoroser in die Hand genommen.

5. Die Aufklärung im spanischen Kolonialreich

Entsprechend den wirtschaftspolitischen Zielen förderten die span. Krone, ihre Minister und die hohen Kolonialbeamten das auch in den Kolonien erwachende Interesse an den ↗Naturwissenschaften und an Wirtschaftsfragen. Neue ↗Universitäten wurden gegründet, neue Bildungspläne diskutiert [3]; [21]. Da von der Modernisierung im Bergbau (↗Montanwesen) und von Effektivierung der ↗Landwirtschaft die stärksten Wachstums- und Entwicklungsimpulse bzw. die größten Profite erwartet wurden, konzentrierten sich die Förderungsmaßnahmen auf diese Bereiche.

Die span. Krone organisierte zur Bestandsaufnahme der Reichtümer Amerikas zahlreiche ↗Forschungsreisen: 1777 brach eine botanische Expedition nach Peru und Chile auf (1777–1788); ab 1783 erforschte eine königliche botanische Expedition die Flora und Fauna des Vizekönigreichs Neu-Granada. 14 Jahre dauerte eine botanische Expedition in Neu-Spanien (1788–1802). An der von dem Italiener A. Malaspina geleiteten Forschungsreise rund um Amerika und über den Pazifik (1789–1794) nahmen zahlreiche span. Wissenschaftler und Naturforscher teil. Im Bergbaubereich wurden Expeditionen in Mexiko, Peru und Neu-Granada durchgeführt, um den Abbau von ↗Edelmetallen wieder in Gang zu bringen. An diesen Unternehmungen nahmen Kreolen teil, arbeiteten als Forscher, Zeichner oder Maler mit, erwarben sich durch diese Tätigkeit Landeskenntnisse und entdeckten die Reichtümer und Möglichkeiten ihres eigenen Landes. Sie wurden ihrerseits häufig zu Multiplikatoren der neuen Wissenschaften und Denkweisen und gaben in ihren eigenen Studien über Geographie und Wirtschaftsfragen ihre Erkenntnisse über die Entwicklungsbedingungen und -möglichkeiten der einzelnen amerikan. Regionen an ihre Landsleute weiter.

Foren solcher Verbreitung waren die *Tertulias* und die Patriotischen Gesellschaften (s.o. 3), die sich in einigen Zentren des Kolonialreichs nach span. Vorbild bildeten. Ohne das Medium ↗Zeitungen jedoch, die gerade in der Zeit der Modernisierungspropagierung in Amerika gegründet wurden, wären beide nur esoterische Clubs ohne größere Wirkung geblieben. Gerade die Zeitungen wirkten als Bildungsorgane wesentlich an der Bekanntmachung der Ideen der Aufklärung mit, verbreiteten Landeskenntnisse und weckten oder verstärkten zugleich den Patriotismus.

6. Reaktionen im Kolonialreich

Die Ergebnisse der B. R. blieben jedoch hinter den Erwartungen zurück. Spanien erfuhr keinen wirtschaftlichen Modernisierungsschub in Richtung ↗Industrialisierung. Im Kolonialreich machten es die B. R. den zur sozialen und ökonomischen Oberschicht gehörenden Amerika-Spaniern immer schwerer, sich mit dem Mutterland zu identifizieren und gegenüber dem span. Staat loyal zu bleiben. Die Amerika-Spanier stellten zunehmend die Legitimität der span. Herrschaft in Frage. Bes. die von den Amerikanern als Diskriminierung empfundene Benachteiligung bei der Ämterbesetzung trug zur Entfremdung und Rivalität zwischen Europa-Spaniern und Amerika-Spaniern bei und förderte eine immer stärker werdende Bindung an die eigene Region bzw. an Amerika.

Zudem barg die von Spanien vorgenommene naturgeographische Bestandsaufnahme den Keim der Loslösung vom Mutterland in sich. Denn in dem Maße, wie die Kreolen die wirtschaftlichen Möglichkeiten und Reichtümer ihrer jeweiligen Region wahrnahmen, stieß das Konzept auf Ablehnung, das die wirtschaftliche Entwicklung der Kolonien in Abhängigkeit von Spanien fördern sollte. Deshalb bezog man den von Spanien geplanten Entwicklungsprozess auf das eigene Land, das zunehmend zum Mittelpunkt der wirtschaftlichen und politischen Überlegungen wurde. Die Rezeption der Aufklärung förderte einen für den späteren ↗Emanzipations-Prozess wichtigen Optimismus hinsichtlich der eigenen Möglichkeiten. So wurden die B. R. ein entscheidender Faktor für die ↗lateinamerikanischen Unabhängigkeitsrevolutionen.

→ Atlantische Welt; Aufklärung; Intendant; Kolonialreich; Merkantilismus; Weltwirtschaft

Quellen:
[1] J. DE CAMPILLO Y COSSÍO, Nuevo sistema de gobierno ecónomico para América, Madrid 1789 (Ndr. 1993).

Sekundärliteratur:
[2] J.L. ABELLÁN, Historia crítica del pensamiento espanol. Bd. 3: Del barroco a la ilustración (siglos XVII y XVIII), 1981 [3] A.O. ALDRIDGE (Hrsg.), The Ibero-American Enlightenment, 1971 [4] D.A. BRADING, Miners and Merchants in Bourbon Mexico. 1783–1820, 1971 [5] A. DOMÍNGUEZ ORTIZ, Carlos III y la España de la ilustración, ⁴1989 [6] K.-D. ERTLER, Kleine Geschichte der span. Aufklärungsliteratur, 2003 [7] M. GÓNGORA, Studies in Colonial History of Spanish America, 1975 [8] R. HERR, The Eighteenth-Century Revolution in Spain, 1958 [9] S. JÜTTNER (Hrsg.), Spanien und Europa im Zeichen der Aufklärung, 1991 [10] W. KRAUSS, Die Aufklärung in Spanien, Portugal und Lateinamerika, 1973 [11] R. KREBS,

Die iberischen Staaten von 1659–1788, in: Th. Schieder (Hrsg.), Hdb. der europ. Geschichte 4, 1968, 549–584 [12] R. Krebs Wilckens, La renovación de España en el pensamiento de los economistas españoles del siglo XVIII, in: Historia (Santiago de Chile) 2, 1962–1963, 168–177 [13] J. Lynch, Las revoluciones hispanoamericanas, 1808–1826, 1976 [14] L. Navarro García, Hispanoamérica en el siglo XVIII., 1975 [15] V. Palacio Atard, Los Españoles de la ilustración, 1964 [16] H. Pietschmann, Die Einführung des Indendantensystems in Neu-Spanien im Rahmen der allgemeinen Verwaltungsreform der span. Monarchie im 18. Jh., 1972 [17] L. Sánchez Agesta, El pensamiento político del despotismo ilustrado, 1953 [18] J. Sarrailh, L'Espagne eclairée de la seconde moitié du XVIII siècle, 1954 [19] R. Shafer, The Economic Societies in the Spanish World, 1763–1821, 1958 [20] J. Stein / B. H. Stein, The Colonial Heritage of Latin America. Essays on Economic Dependence in Perspective, 1970 [21] A. P. Whitaker (Hrsg.), Latin America and the Enlightenment, 1961.

Hans-Joachim König

Bourgeoisie s. Bürgertum; Wirtschaftsbürgertum

Boxen s. Sport

Brache

Die B. war ein prägendes Element des Ackerbaus vor den epochalen Veränderungen, die als ↗Agrarrevolution bezeichnet werden. In die ↗Fruchtfolgen war meist ein Jahr integriert, in dem ein jeweils wechselnder, prozentual gleichbleibender Teil des Ackerlandes unbebaut blieb (in Zweifelderwirtschaften die Hälfte, in Dreifelderwirtschaften ein Drittel etc.) [2.13 f.]. Die Ruhephase ermöglichte bodenbiologische Regenerationsprozesse und den Eintrag von Stickstoff aus der Atmosphäre (↗Boden). Das Umpflügen der B. (von »brechen«), zuerst im Juni (»B.-Monat«) durchgeführt und dann teils mehrfach wiederholt (↗Bodenbearbeitung), diente der Bekämpfung des ↗Unkrauts und der ↗Düngung.

Die B. war Bestandteil im Weidezyklus der dörflichen Herden. In den *common-field*-Systemen (↗Flur) wurden komplizierte Weidereglements entwickelt (↗Weidewirtschaft), die von Beauftragten der ↗Dorfgemeinde überwacht wurden [6.167]. Die B. benutzte man dann als Weide, wenn die Wiesen zur Heugewinnung gesperrt waren und im ↗Wald noch kein Gras aufgewachsen war, d. h. im Mai und im beginnenden Juni.

Bereits im HochMA wurden vereinzelt Teile der B. »besömmert«, d. h. v. a. durch die Aussaat von Wicken genutzt, die als ↗Leguminosen die Versorgung der Äcker mit Stickstoff verbesserten. Die Belege stammen aus Südengland, Flandern und dem Gebiet um Köln, wo sich unter städtischem Einfluss früh eine intensive ↗Landwirtschaft entwickelt hatte [9.78]. Während Wicken, ein beliebtes Pferdefutter (↗Pferd), abgeweidet werden konnten, standen diejenigen Teile der B., die mit Erbsen oder Linsen zur menschlichen ↗Ernährung bebaut waren, nicht als Weide zur Verfügung. Der seit dem 14. Jh. bezeugte Anbau von nährstoffzehrenden Pflanzen wie Kraut, Rüben, Waid (↗Farbstoffe) und z. T. auch Flachs und Hanf (↗Faserpflanzen) warf zusätzlich Düngerprobleme auf.

Hohe Bevölkerungsdichte, durch Stadtnähe und gewerbliche Durchdringung des Landes ermöglicht, begünstigte im 16. Jh. ein weiteres Vordringen der »Besömmerung«, d. h. der Frühjahrsbestellung der B. Anders als in entlegenen Gebieten Niederbayerns, wo Mitte des 17. Jh.s »in die prachvelder zu bauen … verbotten« wurde, war in der Umgebung der Tuchmacherstadt Nördlingen [8.314, 318] und der Weberstadt Ulm [3.137] der Anbau von Flachs, Rüben und Erbsen auf Teilen der B. bereits Ende des 16. Jh.s in zahlreichen Dorfordnungen gestattet. Den Konflikt mit der Beweidung versuchte man dadurch zu lösen, dass nur kleine Teile der B. zur Besömmerung freigegeben wurden. In England dagegen drängte die Ausdehnung leistungsfähiger Großlandwirtschaften bereits im 16. Jh. im Gefolge von ↗Enclosures kollektive Restriktionen an einigen Stellen zurück. Hier entstanden Systeme, die keine B. mehr kannten, in den *Midlands* z. B. Varianten der ↗Koppelwirtschaft (*convertible husbandry*), in denen Getreide- und Futterbau durch die periodische Aussaat von Kleegras integriert waren.

In den Mittelmeerländern verbreitete sich mit dem ↗Mais bereits im späten 16. Jh. eine neue ↗Nutzpflanze auf der B. [2.65]. Im Pariser Becken [6.123] und in Rheinhessen [5.201] nahm die B.-Besömmerung erst um die Mitte des 18. Jh.s merklich zu. In der dörflichen Landwirtschaft wurde die B. dort am ehesten zurückgedrängt, wo zahlreiche Kleinstellenbesitzer den marktorientierten Anbau von ↗Gemüse, ↗Tabak oder Flachs betrieben, so in der fruchtbaren und verkehrsgünstig gelegenen Oberrheinebene [1.743–746]. ↗Gutsbetriebe übernahmen bei der Besömmerung der B. dann eine Pionierfunktion, wenn sie – ähnlich wie in England – nicht auf Fronarbeit und der Nutzung kollektiver Rechte beruhten. In der Kurmark Brandenburg waren um 1800 ca. 20 % der B. bebaut [7.83]. In anderen preuß. Ostprovinzen sowie in einzelnen sächsischen, thüringischen und hessischen Dörfern wurden Nutzungsintensivierungen dagegen vielfach durch Frondienste (↗Fron), Zehntforderungen (↗Zehnt) für B.-Früchte sowie kollektive und gutsherrliche Weiderechte behindert. Die Aufhebung bzw. Ablösung der Weiderechte und die Ausbreitung der ↗Stallhaltung im Zuge der ↗Agrarreformen sowie die Steigerung der Nachfrage nach landwirtschaftlichen Produkten führten seit 1840 zu einer rapiden Abnahme der B.-Flächen [4.163–165].

→ Boden; Bodenbearbeitung; Flur; Fruchtfolgen; Landwirtschaft

[1] J.-M. Boehler, La paysannerie de la plaine d'Alsace. Une société rurale en milieu rhénan (1648–1789), Bd. 1, 1994 [2] O. Festy, L'agriculture pendant la Révolution française. L'utilisation des jachères 1789–1795, 1950 [3] H. Grees, Ländliche Unterschichten und ländliche Siedlung in Ostschwaben, 1975 [4] H. Harnisch, Kapitalistische Agrarreformen und industrielle Revolution. Agrarhistorische Untersuchungen über das ostelbische Preußen zwischen Spätfeudalismus und bürgerlich-demokratischer Revolution von 1848/49, 1984 [5] G. Mahlerwein, Die Herren im Dorf. Bäuerliche Oberschicht und ländliche Elitenbildung in Rheinhessen 1700–1850, 2001 [6] J. Moriceau, L'élevage sous l'Ancien Régime, 1999 [7] H.-H. Müller, Märkische Landwirtschaft vor den Agrarreformen von 1807. Entwicklungstendenzen des Ackerbaus in der zweiten Hälfte des 18. Jh.s, 1967 [8] G. von Trauchburg, Ehehaften und Dorfordnungen. Untersuchungen zur Herrschafts-, Rechts- und Wirtschaftsgeschichte des Rieses anhand ländlicher Rechtsquellen aus der Grafschaft Öttingen, 1995 [9] H. Zückert, Allmende und Allmendaufhebung. Vergleichende Studien zum SpätMA bis zu den Agrarreformen des 18./19. Jh.s, 2003.

Werner Troßbach

Brahmo Samaj

B. S. bezeichnet die erste Reformbewegung im ↗Hinduismus des 19. Jh.s; 1828 in Kalkutta als *Brāhmo Sabhā* von Rāmmohan Roy gegründet und 1843 nach kurzer Phase der Stagnation unter Debendranath Tagore in B. S. (ind. »Gesellschaft [der Anhänger] Brahmas«; »Brahma-Gesellschaft«) umbenannt. Ziel der Bewegung war vorrangig eine Reform des überkommenen Hinduismus im Zuge intensiver Auseinandersetzungen mit dem Christentum und der brit. Kolonialmacht.

Roy, der bis heute als einer der »Väter des modernen Indien« gilt [3]; [6], entstammte einer wohlhabenden Brahmanenfamilie, deren Angehörige seit mehreren Generationen in muslim. Diensten (Mogulherrschaft) standen und über entsprechende pers. Bildung verfügten. Er war ab 1803 in Diensten der brit. Kolonialadministration in Bengalen tätig (↗British Empire; ↗Kolonialreich). In seiner Beschäftigung mit dieser und ab 1813 auch mit Missionaren v. a. unitarischer Provenienz (↗Unitarier) wandte er sich religiösen Themen zu und befasste sich mit der Philosophie des *Vedānta* – einem der sechs klassischen Systeme ind. Scholastik – und speziell des *Advaita Vedānta* (*Advaita* = Nondualismus), mit Fragen religiöser Autorität, mit dem ↗Christentum und dem ↗Islam. Gerade auf dem Gebiet des *Advaita Vedānta* wurde Roy von den brit. Orientalisten (↗Orientalismus), nicht aber von den Indern als Autorität anerkannt und prägte so das Bild dieser philosophischen Richtung entscheidend mit. Seine Interpretation war jedoch erheblich von der liberalen islam. Theologie des Mogulhofes beeinflusst. Die starke nicht-dualistische Ausrichtung stellte eine Basis für Roys Zusammenarbeit und Auseinandersetzungen mit unitarischen Christen her. Nach Debatten mit christl. Missionaren und mit traditionell ausgerichteten Hindus gründete er 1828 mit Gleichgesinnten die *Brāhmo Sabhā*, in deren wöchentlichen Gottesdiensten (*sevā*) christl. Strukturelemente und Inhalte (↗Predigt, Schriftrezitation, z. T. Jesus-Verehrung) mit hinduistischen (*Veda*-Rezitation, *Vedānta*, auch Kastentrennung) verbunden waren.

Nach dem Tod Roys 1833 in England war die *Brāhmo-Sabhā* kaum aktiv, bis sie 1843 durch Debendranath Tagore (dem Vater des späteren Nobelpreisträgers Rabindranath) wiederbelebt wurde. Dieser entstammte einer im frühen 19. Jh. zu großem Wohlstand gelangten Industriellenfamilie und wurde bis in die 1870er Jahre zur bedeutendsten Person im B. S. Unter seiner Führung wuchs die Bewegung stark an und entfaltete in den 1860er und 70er Jahren ihren größten Einfluss, v. a. in bengalischen Intellektuellen- und Studentenkreisen. Der Kalkuttaer Student Keshub Chandra Sen hatte bereits kurz nach seinem Eintritt 1857 eine führende Rolle übernommen und mit missionarischen Aktivitäten für eine Ausbreitung des B. S. über Bengalen hinaus in ganz Indien gesorgt. Gleichzeitig führte er, oft gegen den Widerstand Tagores, verstärkt christl. Elemente ein, was 1865/6 zu einer ersten Spaltung des B. S. führte. Tagores Zweig, der *Ādi*-B. S. (urspgl. B. S.) blieb in der Folgezeit an Bedeutung weit hinter dem 1866 von Sen gegründeten *B. S. of India* zurück. Dieser vertrat zunehmend einen Universalismus, der alle Religionen umfassen sollte. Sens Publikationstätigkeit (v. a. Gründung und Betreuung mehrerer Zeitschriften des B. S.) sorgte für große Öffentlichkeitswirksamkeit der Bewegung. 1878 kam es erneut zu einer Spaltung in einen radikalreformerischen Zweig (*Sadhāran*-B. S. unter Protap Chandra Majumdar und Shivnath Shastri) und den Zweig Sens. Letzterer verwandelte sich unter Sens Führung 1882 in die *Church of the New Dispensation* (*Nava Vidhān*), wobei Sen sich als neuer Prophet dieser im Selbstverständnis universalistischen Religion ansah. Internationale Bedeutung erlangte v. a. der *Sadhāran*-B. S. durch den Auftritt Majumdars und anderer Führungsmitglieder auf dem Weltparlament der Religionen 1893 in Chicago.

Nachdem die Bewegung erst in den 1840er Jahren unter D. Tagore und dann in der zweiten Hälfte des 19. Jh.s ein starkes Wachstum verzeichnen konnte, erlebte sie ihren Höhepunkt nach Mitgliederzahlen Anfang der 1920er Jahre; nach der Unabhängigkeit Indiens 1947 schwand diese Bedeutung zunehmend. Unbestreitbar ist aber bis heute der Einfluss des B. S. auf die Entstehung und Verbreitung der Idee einer ind. Nation, die auf der gemeinsamen Religion des Hinduismus fußt. Als erste und bedeutendste Gruppe beeinflusste der B. S. die Gründung und Entwicklung nahezu aller sozio-religiösen Reformbewegungen [2] des 19. Jh.s in Indien entscheidend. So zeigen v. a. der *Ārya Samāj* und die

Rāmakrishna-Bewegung (bes. in der Person Vivekānandas) enge personelle und inhaltliche Verbindungen mit dem B.S., aber auch führende Intellektuelle (z.B. Rabindranath Tagore) und Protagonisten der ind. Unabhängigkeitsbewegung (z.B. Mahātmā Gāndhī) waren von den Ideen dieser Bewegung beeinflusst.

→ Hinduismus; Indien; Südasiatische Religionen; Unitarier

[1] W. HALBFASS, Indien und Europa. Perspektiven ihrer geistigen Begegnung, 1981, 222–243 [2] K.W. JONES, Socio-Religious Reform Movements in British India, 1989 [3] D. KILLINGLEY, Rammonun Roy in Hindu and Christian Tradition. The Teape Lectures 1990, 1993 [4] D. KOPF, The Brahmo Samaj and the Shaping of the Modern Indian Mind, 1979 [5] S. LAVAN, Unitarians and India. A Study in Encounter and Response, 1977 [6] B.C. ROBERTSON, Raja Rammohan Ray. The Father of Modern India, 1995 [7] A.P. SEN, Hindu Revivalism in Bengal 1872–1905. Some Essays in Interpretation, 1993.

Frank Neubert

Brandbekämpfung, Brandgefahr
s. Brandversicherung; Feuerwehr

Brandmarken s. Strafe

Brandschatzung

»Brandschatzung ist eine gewisse Contribution, so man dem Feinde bezahlt, um sich von der Verheerung mit Feuer loß zu kauffen«, definierte Zedlers Großes Lexikon [1.1080] den Zusammenhang von ↗Kriegführung und Schutzgelderpressung, der für das Kriegswesen in Europa in SpätMA und Früher Nz. charakteristisch gewesen ist. Für den dt. Begriff B., der Drohung (Feuer) und Zweck (Geld) bes. plastisch miteinander verknüpft [2], gibt es zwar weder im Englischen noch im Französischen einen entsprechenden Ausdruck, doch diese Methode der Gelderpressung war gängige Praxis auf den europ. Kriegsschauplätzen der Frühen Nz. [5]. Wenn der Begriff seit dem 17. Jh. zunehmend synonym mit ↗Kontribution bzw. Kriegskontribution gebraucht wurde, spiegelte sich darin die Entwicklung der ↗Kriegsfinanzierung wider, die von situativer Erpressung zu systematischen Abgabesystemen fortschritt, indem Geld schließlich auch von Orten im Umkreis des jeweiligen Quartierortes gefordert und eingezogen wurde. Die Übergänge von zunehmend flächendeckend organisierten Gelderpressungen zu regulären Kriegssteuern, die dem Unterhalt immer größerer Armeen dienten, wie sie beispielsweise Wallenstein im ↗Dreißigjährigen Krieg perfektionierte, waren fließend [7].

Wie viele Elemente der frühnzl. Kriegführung wurzelt auch die Praxis der B. im ↗Fehde-Wesen und seinen Regelungsmechanismen. ↗Brandstiftung galt im Rahmen einer Kriegführung, die v.a. auf die materielle Schädigung des Gegners abzielte, als bes. effizientes Mittel, um die Untertanen und Hintersassen des jeweiligen Fehdegegners zu treffen und diesen zum ↗Frieden zu nötigen. Die aus Holz gebauten und mit Stroh gedeckten Häuser auf dem Land und in den Städten boten sich als leichtes Ziel an, wobei der Verlust an Nahrungsmitteln und Werkzeugen im Inneren der Häuser häufig wohl noch schwerer wog als die Zerstörung der Bausubstanz. Die im 16. Jh. verbreitete Furcht vor »Mordbrennern«, die in Kriegszeiten durch gezielte Brandstiftung im Hinterland des Feindes die Zivilbevölkerung schädigen sollten, lässt das Ausmaß der Bedrohung deutlich werden, das ein solches Mittel der Kriegführung für die Untertanen darstellte [8].

Seit dem 15. Jh. lassen sich zahlreiche Beispiele dafür finden, dass die Drohung mit Brandstiftung bewusst als Mittel zur Erpressung von Schutz- bzw. Lösegeld eingesetzt wurde und mit den potentiellen Opfern förmliche Vereinbarungen über die Höhe der zu leistenden B. getroffen wurden [3.449–451]. Im Gegenzug wurde den Untertanen Schutz für ihr ↗Eigentum zugesagt, der entweder durch Abstellung von Soldaten oder in abstrakter Weise in Form eines Schutzbriefes gewährleistet werden sollte. Für beides setzte sich im 16. Jh. im dt.sprachigen Raum der Begriff *salva guardia* (franz. *sauvegarde*, »Schutz«) durch, der ebenso wie die Institution bis ins 18. Jh. gebräuchlich blieb. Hinter dieser Tendenz, Vereinbarungen zu Lasten, aber auch zum Schutz der Zivilbevölkerung zu treffen, standen keine Vorgaben eines ohnehin nur rudimentär entwickelten ↗Völkerrechts, sondern durchweg zweckrationale Erwägungen: Ungeregeltes Plündern oder gar die Vernichtung der Existenzgrundlage der Bevölkerung sollte verhindert werden, weil dies den frühnzl. Armeen die Versorgungsbasis entzog und damit militärisch kontraproduktiv war. Der Logik solcher Ausbeutung folgte zudem die seit dem 15. Jh. vermehrt zu beobachtende Tendenz, Übergriffe des Militärs dadurch zu steuern, dass der zu solchen Handlungen befugte Personenkreis beschränkt wurde [4]. In den ↗Landsknechts-Heeren des 16. Jh.s wurden dazu eigene »Ämter« geschaffen: Analog zum Beutemeister, der für die Verteilung der ↗Kriegsbeute zuständig war, bildete sich die Funktion des »Brandmeisters« aus, der die B. zu organisieren und einzutreiben hatte oder im Fall der Zahlungsverweigerung die Drohung mit Brandstiftung in die Tat umsetzte (vgl. Abb. 1).

Wenngleich diese für die europ. Kriegführung der Frühen Nz. charakteristische Tendenz zu einer zweckorientierten Einhegung kriegerischer Konflikte in der Realität des ↗Krieges immer wieder an Grenzen stieß oder völlig außer Kraft gesetzt wurde, zeugt es von einem grundlegenden Missverständnis der Institution B. und ihrer Logik, wenn im gegenwärtigen Sprach-

Abb. 1: Erhard Schön, Der Brandmeister (Einblattholzschnitt, Nürnberg, 1535). In dieser Darstellung aus einer frühen Holzschnittfolge militärischer Ämter repräsentiert ein Vertreter des Schwäbischen Bundes die Funktion des Brandmeisters. Das Heer des Bundes besaß Vorbildcharakter, weil es in der ersten Hälfte des 16. Jh.s im Reich die am besten organisierte Militärmacht darstellte. Das Attribut des Brandmeisters ist eine überdimensionierte Brandfackel, er selbst wird durch Kleidung und Habitus als wichtiger Funktionsträger charakterisiert.

gebrauch »B.« immer wieder in einem Atemzug mit Plündern, Vergewaltigen und Morden genannt und zur Metapher für kriegerische Gewaltexzesse wird.

→ Kontribution; Krieg; Kriegsbeute; Kriegsrecht; Militärverwaltung

Quellen:
[1] Art. Brandschatzung, in: Zedler 4, 1734, 1080–1082 [2] Art. Brandschatzung, in: J. GRIMM / W. GRIMM, Dt. WB 2, Leipzig 1860, 300–301.

Sekundärliteratur:
[3] Dt. Rechts-WB. WB der älteren dt. Rechtssprache, Bd. 2, 1935 [4] P. CONTAMINE, The Growth of State Control. Practices of War, 1300–1800: Ransom and Booty, in: P. CONTAMINE (Hrsg.), War and Competition between States, 2000, 163–193 [5] F. REDLICH, De Praeda militari. Looting and Booty 1500–1815, 1956, 44–57 [6] F. REDLICH, Contributions in the Thirty Years' War, in: Economic History Review 12, 1959–1960, 247–254 [7] H. SALM, Armeefinanzierung im Dreißigjährigen Krieg.

Der Niederrheinisch-Westfälische Reichskreis 1635–1650, 1990 [8] B. SCRIBNER, Mordbrenner Fear in Sixteenth-Century Germany: Political Paranoia or the Revenge of the Outcast, in: R. J. EVANS (Hrsg.), The German Underworld: Deviant and Outcasts in German History, 1988, 29–56.

Horst Carl

Brandstiftung

Unter B. verstand das ma. und frühnzl. ↗Strafrecht das vorsätzliche oder fahrlässige Anzünden von Gebäuden, v. a. von Wohnhäusern. Wegen der engen Bebauung in ↗Städten, leicht brennbarer Baumaterialien (Holz und Stroh) und unzureichender Löschmöglichkeiten (↗Feuerwehr) war die Brandgefahr eine ständige Bedrohung. Zahlreiche Städte Europas erließen deswegen im 16. und 17. Jh. ↗Polizeiordnungen, die genaueste Anordnungen zur Verhinderung von Bränden aufstellten. Die B. war damit einer der schwersten Verstöße gegen das friedliche Zusammenleben.

Im Einklang mit der spätma. ital. ↗Rechtswissenschaft sah auch das frühnzl. dt. Recht die B. als sog. Ausnahmeverbrechen an (lat. *crimen exceptum, delictum atrocissimum*). Rechtlich war sie damit ↗Zauberei, Raubmord (↗Mord) und anderen Schwerverbrechen gleichgestellt. Ähnlich wie bei der Zauberei herrschte Angst vor überregionalen ↗Mordbrenner-Banden, die durch Flugblätter noch angeheizt wurde [4]. Dem überführten Täter drohten nicht nur härteste ↗Strafen, sondern v. a. ein willkürlicher ↗Inquisitionsprozess. Die Schutzvorschriften zugunsten der Beschuldigten wurden bei der Verfolgung von Ausnahmeverbrechen vielfach missachtet, da man wegen der Schwere der Tat die Rechtsnormen überschreiten durfte. Die Kursächsischen Konstitutionen von 1572 übernahmen bis in die Formulierung hinein dieses Konzept (IV § 17), und auch der sächs. Strafrechtler Benedikt Carpzov hielt Brandstifter für »nutzlose Schädlinge«, die schwerste Bestrafung verdienten [5.31].

Die verschiedenen Formen der B. wurden seit dem MA in mehreren europ. Rechten deutlich unterschieden. Man grenzte Brand und Mordbrand voneinander ab. Mordbrand als schwerste Form der B. war das heimliche, oftmals nächtliche Feuerlegen ohne Rücksicht darauf, ob Personen zu Schaden kamen. Wie beim ↗Diebstahl privilegierte das ältere Recht die offene Tatausführung. Bei der B. dürfte dies mit der weiten Verbreitung der ↗Fehde zusammenhängen; neben eigenmächtigen Pfändungen kam es dabei regelmäßig zu Brandlegungen. Mit dem endgültigen Fehdeverbot im ↗Ewigen Landfrieden (1495) fiel der Grund für die Privilegierung der offenen B. weg. Daher unterschieden die Bambergische Halsgerichtsordnung 1507 (Art. 151) und die ↗*Constitutio Criminalis Carolina* 1532 (Art. 125) nicht mehr zwischen offener und heimlicher B., sondern drohten dem »boßhafftigen überwunden brenner« den Feuertod an. Damit sollte das Strafmaß der Schuld des Täters entsprechen. Das betraf v. a. die Abgrenzung von Vorsatz und Fahrlässigkeit. In der Praxis scheint sich die Unterscheidung von heimlicher und offener B. aber noch lange gehalten zu haben. Ob der Feuertod als Rechtsfolge aus dem Röm. Recht übernommen wurde, ist unklar. Als spiegelnde Strafe (Talion) war die Verbrennung des Brandstifters in zahlreichen ma. Rechten lange vor der ↗Rezeption des röm.-kanonischen Rechts anerkannt, so auch in Dänemark, Schweden und Livland.

Die Gesetze des 18. Jh.s regelten die B. sehr differenziert. Der ↗Codex Iuris Bavarici Criminalis bestrafte 1751 die vorsätzliche B. mit dem Feuer, drohte aber selbst für den Versuch noch die Schwertstrafe an. Nur in Ausnahmefällen wie etwa bei tätiger Reue konnte eine mildere Strafe nach richterlichem Ermessen verhängt werden. Die Constitutio Criminalis Theresiana (1768) enthielt für bes. schwere Fälle sogar Verschärfungen der Feuerstrafe (Zwicken mit glühenden Zangen, Rädern). Für Jugendliche, Verwahrloste und Betrunkene wurden dagegen Milderungen vorgeschrieben (↗Unzurechnungsfähigkeit; ↗Strafmündigkeit). In großer Ausführlichkeit regelte das ↗Allgemeine Landrecht für die preußischen Staaten 1794 eine Vielzahl von B.-Delikten. Die traditionelle Deliktsbezeichnung Mordbrand wurde beibehalten, aber auf diejenigen Taten beschränkt, die begangen wurden, um durch die B. zugleich ein anderes Verbrechen zu verüben. Hierfür drohte weiterhin der Feuertod, der in der Praxis aber nicht mehr vollzogen wurde.

Undifferenziert bestrafte dagegen der franz. ↗Code Pénal von 1810 jede vorsätzliche B. mit dem Tode (Art. 434). Der Gesetzgeber hielt B. für ein feiges und hinterhältiges Verbrechen, das aufgrund des drohenden hohen Personen- und Sachschadens einen hohen Unrechtsgehalt aufwies. 1832 wurde die Strafandrohung dahingehend modifiziert, dass nur noch das Inbrandsetzen von Räumlichkeiten, die der Unterbringung von Menschen dienten, mit der ↗Todesstrafe belegt wurde. Für die sonstigen Fälle wurde Zwangsarbeit oder Zuchthausstrafe (↗Gefängnis) angedroht. Die fahrlässige B. wurde gemäß Art. 458 des Code pénal lediglich mit Geldstrafe belegt (↗Buße) [1].

Im späten 18. und frühen 19. Jh. wurden B. verstärkt zum ländlichen Phänomen. Öfter kam es zu B. durch Knechte und Mägde. Das ↗Gesinde sah oft wohl keinen anderen Ausweg, um Konflikte mit den Dienstherren zu lösen. Ursachen für die B. konnten sowohl Rache für erlittene Demütigungen als auch v. a. bei Mädchen der Wunsch nach Rückkehr zu den Eltern sein. Die B. erschien dabei als wohl einziges Mittel, um das Dienstverhältnis zu beenden [6].

→ Feuerwehr; Kriminalität; Strafrecht; Straftat

[1] C. Brandt, Die Entstehung des code pénal von 1810 und sein Einfluss auf die Strafgesetzgebung der dt. Partikularstaaten, 2002 [2] E. Münster-Schröer, »Vort sullen wir roiff ind brandt…« Brand und Mordbrand, in: Westfälische Forschungen 54, 2004, 19–37 [3] E. Osenbrüggen, Die Brandstiftung in den Strafgesetzbüchern Deutschlands, 1854 [4] M. Spicker-Beck, Räuber, Mordbrenner, umherschweifendes Gesind, 1995 [5] G. Timcke, Der Straftatbestand der Brandstiftung in seiner Entwicklung durch die Wissenschaft des gemeinen Strafrechts, 1965 [6] O. Ulbricht, Rätselhafte Komplexität: Jugendliche Brandstifterinnen, in: A. Blauert / G. Schwerhoff (Hrsg.), Kriminalitätsgeschichte, 2000, 801–829.

Peter Oestmann / Philipp Nordloh

Brandversicherung

1. Begriff
2. Geschichte und Entwicklung
3. Die Verweltlichung des Brandes

1. Begriff

Die B. (Feuerversicherung) zählt zu den Sachschadensversicherungen. Sie deckt durch Feuer verursachte Schäden an Immobilien und Mobilien ab, wobei die ersten B. des 17. Jh.s auf die Absicherung von Immobilien zielten. Zu unterscheiden sind grundsätzlich zwei Gestaltungsformen: B. können entweder nach genossenschaftlichen/wechselseitigen oder nach privatwirtschaftlichen Grundsätzen organisiert sein. Als Bestandteil eines umfassenden Versicherungssystems und Ausdruck einer fortschreitenden Profanisierung des Verständnisses von Bränden bildeten sich B. im Verlauf des 18. Jh.s europaweit aus (↗Versicherung).

2. Geschichte und Entwicklung

Die histor. Wurzeln der B. liegen in den seit dem 15. Jh. nachgewiesenen ↗Seeversicherungen des Mittelmeerraums, in stärkerem Maße jedoch in den städtischen Brand- und Schutzgilden. Zu den ersten europ. Schutzgilden zählt die zu Beginn des 15. Jh.s gegründete »Polycarpus-Gilde« in Delmenhorst, deren Mitglieder sich wechselseitig verpflichteten, Feuergeschädigten nach Maßgabe ihres Vermögens finanzielle Unterstützung zu gewähren [1. 218]. 1644 wurde mit den ebenfalls auf Gegenseitigkeit beruhenden Feuerkontrakten »Alles mit Bedacht« in Hamburg das Prinzip der Beitragsvorauszahlung eingeführt; Feuergeschädigte erhielten eine Auszahlung von 1000 Talern zum Wiederaufbau ihrer Immobilien. 1676 wurden diese nebst anderen in der ↗Stadt bestehenden Kontrakten zur kommunalen »General-Feuerkasse« zusammengefasst. Diese Institution gewann Vorbildcharakter für die Gründung weiterer kommunaler B. (z. B. Harburg 1677, Kopenhagen

1681, Magdeburg 1685). Prägten sich in Kontinentaleuropa um die Wende zum 18. Jh. kommunale B. aus, so dominierten in England nach dem »Großen Brand« von London 1666 privatwirtschaftliche B. Als erste B. gilt das von Nicholas Barbon gegründete *Fire Office*, welches eigene Feuerbrigaden zur Bekämpfung von Bränden einsetzte (↗Feuerwehr) und die versicherten Häuser mit sog. Feuermarken versah. Zwar folgten in den nächsten Jahren weitere Gründungen in engl. Städten, jedoch stagnierte nach dem Erlass eines Antispekulationsgesetzes (*Bubble Acts* 1720) die Entwicklung des Versicherungswesens; erst nach Aufhebung des Gesetzes 1824 setzte eine neue Welle ein.

Auch in den absolutistischen Staaten Kontinentaleuropas erwies sich die flächendeckende Durchsetzung der B. als schwierig, obwohl häufig auftretende ↗Stadtbrände, deren Ursachen in der hohen Brandgefahr der ↗Baustoffe (Holz, Stroh) und der Enge der Straßen zu sehen sind (↗Bauordnung), zu langjährigen finanziellen Belastungen des Staates führen konnten, wenn dieser Wiederaufbauhilfen oder betroffenen Städten und ↗Kommunen teilweise über Jahrzehnte hinaus Steuerfreiheit gewährte [4. 86 ff.].

Die Gründungen staatlicher B. versprachen allerdings ebenso zusätzliche Steuereinnahmen (↗Steuern). Unter fiskalischen Aspekten wurde in den B. ein herrschaftliches ↗Regal gesehen. Dies galt auch für die ersten, auf dem Prinzip des Versicherungszwanges beruhenden öffentlich-rechtlichen B., wie z.B. für die 1706 auf königliche Initiative hin gegründete preuß. »Stadt- und Land-Feuer Cassa«. Da sie jedoch seitens des Adels keine Unterstützung fand, scheiterte dieses Projekt Friedrichs I. nach nur wenigen Jahren. Nach diesem ersten, noch erfolglosen Schritt entfaltete sich zügig seit der Mitte des 18. Jh.s von Preußen ausgehend ein kontinentaleurop. B.-Wesen [2]. Die Voraussetzung dieser rasanten Verbreitung von B. war, dass sie in den Augen spätabsolutistischer Herrscher zum Symbol moderner Staatlichkeit wurde (↗Absolutismus). Gerade in den angelegten ↗Katastern sah man die Möglichkeit, die bisherigen Leistungen der staatlichen Datenaufnahme mithilfe der ↗Verwaltung zu kontrollieren und effizienter zu gestalten. So verloren B. immer mehr den Charakter von Regalien und wurden im aufklärerischen Sinne als naturrechtlich gebotene Vorsorgeleistung wahrgenommen.

Die öffentlich-rechtlichen B. beruhten zumeist auf dem Prinzip der Freiwilligkeit. Häufig mit einem hohen Eigenbehalt versehen, der mögliche ↗Brandstiftung vermeiden sollte, verband sich im Versicherungsfall die Auszahlung mit einer Wiederaufbauverpflichtung. Das Prämiensystem bemaß sich nach dem Versicherungswert, nicht nach dem Versicherungsrisiko, was ihre Akzeptanz förderte. Im Verlauf des 19. Jh.s sind zwei wichtige Zäsuren zu erkennen: Zunächst begann sich die Versicherungspflicht für alle Hausbesitzer durchzusetzen, sodann nahm seit der Mitte des 19. Jh.s nach England auch auf dem Kontinent die Zahl der privatwirtschaftlichen B. zu. Während die öffentlich-rechtlichen B. mit ihrem Prämiensystem auf ein solidarisches Unterstützungsprinzip setzten, hatte die Etablierung der privatwirtschaftlichen B. zu Folge, dass sich um die Wende zum 20. Jh. das Prinzip der Gefahrenklassen durchsetzte; dies ging zumeist zu Lasten ärmerer Bevölkerungskreise, da deren Gebäude als stark brandgefährdet eingeschätzt wurden. Allerdings setzte sich dieses Prämiensystem nicht nur aus wirtschaftlichen Gründen durch, sondern auch, weil ihm eine brandverhütende Wirkung zugeschrieben wurde.

3. Die Verweltlichung des Brandes

Die Entwicklung der europ. B. markiert nicht nur eine ökonomische, politische und bürokratische Zäsur, sondern auch einen Einschnitt aus mentalitätsgeschichtlicher Sicht. Feuer und Brände galten der ma. und nzl. Gesellschaft als eine Strafe Gottes. Stadtbrände brachte man häufig mit Naturerscheinungen in Zusammenhang, die als Ankündigung des Straffeuers interpretiert wurden, so dass ein Brand kein Zufall sein konnte. Diese religiöse Deutung erleichterte es den betroffenen Kommunen, finanzielle Unterstützungen zu erhalten. Mit dem kirchlich und obrigkeitlich legitimierten sog. Brandbettel stand ihnen ein Instrument hierfür zur Verfügung.

Der seit dem 17. Jh. feststellbare technische Fortschritt im Feuerlöschwesen (↗Feuerwehr) und die Verbreitung der bereits im SpätMA auftauchenden Brandordnungen sind ein Indiz dafür, dass sich neben dieser religiösen Lesart ebenso die Auffassung verbreitete, der Mensch könne sich »aus eigener Kraft und mittels weltlicher Mittel« zur Wehr setzen [1. 219]. Ähnlich wie die sich in letzten Viertel des 18. Jh.s durchsetzenden ↗Blitzableiter, die dem Blitz seine Lesart als göttliches Strafinstrument nahmen, schrieben die B. die Profanisierung des Verständnisses von Bränden fort. Allerdings forderten die B. auch, da die religiöse Lesart weiterhin bestand, heftige Kontroversen heraus [2. 115]. Sie bestanden selbst gegen Ende des 19. Jh.s, wie das 1881 veröffentlichte Drama »Gespenster« Hendrik Ibsens verdeutlicht, in dem die religiös motivierte Versicherungsfeindlichkeit prominent auftaucht.

→ Brandstiftung; Feuerwehr; Stadtbrand; Versicherung

[1] M. L. ALLEMEYER, »Daß es wohl recht ein Feuer vom Herrn zu nennen gewesen …« Zur Wahrnehmung, Deutung und Verarbeitung von Stadtbränden in norddt. Schriften des 17. Jh.s, in: M. JAKUBOWSKI-TIESSEN / H. LEHMANN (Hrsg.), Um Himmels Willen. Religion im Katastrophenzeitalter, 2003, 201–234

[2] P. Borscheid, Feuerversicherung und Kameralismus, in: Zsch. für Unternehmensgeschichte 30/2, 1985, 96–117
[3] A. E. Bulau, Footprints of Assurance, 1953 [4] S. T. McMloy, Government Assistance in Eighteenth-Century France, ²1973
[5] G. Plumpe, Anfänge der dt. Versicherungswirtschaft. Die hessische Brandversicherungsanstalt 1767–1885, in: Hessisches Jb. für Landesgeschichte 31, 1981, 149–172.

Torsten Meyer

Brandwirtschaft

Zu den ältesten, weltweit verbreiteten Bodennutzungssystemen gehört die B. oder Schwendwirtschaft (engl. *shifting cultivation*); sie ist in Europa vom frühen MA bis zum 20. Jh. nachweisbar. Während Brandrodungen sich seit vorgeschichtlicher Zeit in unkultivierte Flächen ausdehnen und gegenwärtig in Afrika, Asien und Südamerika häufig einen Raubbau verursachen, betreibt die B. einen zyklischen Kulturwechsel (Umtrieb) auf gleicher Fläche, wobei in der Regel Wald, Heide oder Moor geflämmt werden. Die B. ist ein vornehmlich extensives ↗Nutzungssystem, um unter ungünstigen Produktionsbedingungen in grenzwertigen Lagen – wie z. B. auf Berghängen oder nur periodisch genutzten Außenfeldern – Ertragssteigerungen oder überhaupt Ertrag zu erzielen. Dabei sind der B. häufig genossenschaftliche oder andere gemeinwirtschaftliche Betriebsformen eigentümlich (↗Genossenschaft), die nicht nur die Arbeitsprozesse, sondern auch den Gewinn betreffen.

Das für die Bewirtschaftung charakteristische regelmäßige Brennen lässt das Wurzelwerk der Charakterpflanzen – z. B. der Bäume – unbeschädigt, so dass sie wieder austreiben können; die Heide kann schon innerhalb eines Jahres zu voll ausgebildeten Stauden nachwachsen. Bes. vielgestaltig ist die Bewirtschaftung von Waldflächen – jene des Niederwaldes noch mehr als die des Hochwaldes (↗Wald). Allgemein folgen auf die Wald- eine Acker- und schließlich eine ↗Weidewirtschaft, bevor die Ausgangskultur wieder erreicht wird. Die Umtriebszeiten zwischen zwei Brennabschnitten betrugen je nach Ertrags- und Erholungsdauer des jeweiligen Typs der B. 5 bis 10, 12 bis 14, in machen Fällen auch 30 bis 40 Jahre. In der Niederwaldwirtschaft geht im Unterschied zur Hochwaldwirtschaft dem Flämmen ein »Auf-den-Stock-Setzen« des Gehölzes voraus, d. h. ein Abschneiden kurz über der Bodenoberfläche. Der Wiederaustrieb führt dann nicht zur Stamm-, sondern zu mehrfacher Stangenbildung, was für die ↗Köhlerei nützlich ist, die unter den häufig genutzten Laubbaumarten Eichen- und Buchenholz bevorzugt.

Vor- und frühindustrielle Verhüttungsverfahren waren in vielen Teilen Europas auf ↗Holzkohle angewiesen. Weitere in der Waldwirtschaft genutzte Baumarten waren Ahorn, Hainbuche, Salweide, Hasel, Erle und sogar Kastanie. Eichenstangen wurden vor der Abholzung oft geschält, um die getrocknete, gemahlene Rinde (Lohe), mit Wasser versetzt, für das Gerben von Häuten zu Leder zu nutzen. Das Brennen führt zur basisch-mineralischen Aschedüngung und bildet die Voraussetzung für die Ackerwirtschaft auf oftmals sauren, lehmigen Böden. Die Bearbeitung der gebrannten Flächen geschah mit Hakenpflug oder Hacke (↗Bodenbearbeitung; ↗Haken; ↗Pflug). Zur Sommersaat diente häufig Buchweizen, als Wintersaat wurden Dinkel, Roggen oder Einkorn (eine seit der Steinzeit angebaute, gering fruchttragende, robuste Weizenart; ↗Getreide) und als Frühjahressaat Hafer, ↗Kartoffeln oder der schnell wachsende, aber weniger ertragreiche Staudenroggen ausgebracht. Hatte sich die Bodenfruchtbarkeit erschöpft, so folgte der Eintrieb von ↗Schafen oder Kühen.

Im dt.sprachigen Raum entwickelte sich in der Nz. in den Mittelgebirgen und in den Alpen eine besondere Vielfalt von B.: Hierzu gehörten als Niederwaldbewirtschaftung die Siegerländer Hauberge, die Reutberge und Reutfelder des Schwarzwaldes und die Birkenberge des Bayerischen Waldes. In dieser Betriebsform war nicht selten die Feld- und ↗Viehwirtschaft von größerer Bedeutung als die Waldwirtschaft. Bei der Hochwaldwirtschaft ging es vorrangig um forstliche Bestandspflege und nachrangig um landwirtschaftliche Ausbeute. Hierzu gehörten in der Regel die Röderwaldungen in Westfalen, Pommern, im Odenwald, in Nordfrankreich und Belgien. In Ostpreußen, Sachsen, der Steiermark und Niederösterreich, in der Krain, Albanien und den böhm. Ländern gab es unterschiedliche Formen der B. Immer spielte das Feuer eine entscheidende Rolle, doch konnte die Aschedüngung unterschiedlich erreicht werden, entweder durch das flächige Abflämmen oder aber durch das Abschälen (Schiffeln, Abplaggen) der Bodenoberfläche und das anschließende Verbrennen der getrockneten Rasensoden mit Ginster, Reisig, Geäst und Holzabfällen auf Haufen. Die Asche wurde dann verstreut. Diese Verfahrensweise ist typisch für die Schiffelwirtschaft der Eifel, die sich von einer Niederwald- zu einer Wacholder-Heidewirtschaft wandelte. Abplaggen und Heide-Rasen-Brennen waren in Norddeutschland und in England (engl. *paring and burning*; spätere Bezeichnung: *devonshiring*) schon vor dem MA verbreitet.

Sehr wahrscheinlich verweisen die Länderbezeichnungen Schweden und Schweiz etymologisch auf das Schwenden der Wälder mit Feuer. Gerade in den nordischen Ländern hatte die B. der Wälder eine lange Tradition; auf manchen Flächen Finnlands wurde sie 500 bis 1000 Jahre betrieben. Moorbrandkulturen waren ebenfalls in Finnland, v. a. aber in Russland, den Niederlanden und in Belgien üblich, Gebüsch- oder Rasenbrennen in Spanien, Stoppelbrände im waldarmen Italien. Obwohl das Ende der B. in den dt. Mittelgebirgen wesentlich zur Verfichtung beigetragen hatte und obwohl das regelmäßige Feuer in Wald und Flur im 20. Jh. deutlich in Misskredit geraten und gesetzlich unterbunden worden war, erlebt die B. zur Zeit gerade mit Blick auf Asien, Afrika und Südamerika in ökologischer Hinsicht eine positive Neubewertung.

→ Boden; Nutzungssystem; Wald

[1] A. BECKER, Der Siegerländer Hauberg, 1991
[2] J. G. GOLDHAMMER et al., Nutzung des Feuers in mittel- und nordeurop. Landschaften, in: NNA-Berichte (Alfred Toepfer Akademie für Naturschutz) 10/5, 1997, 18–38 [3] H. KÜSTER, Geschichte des Waldes von der Urzeit bis zur Gegenwart, 1998
[4] F. SCHNEITER, Agrargeschichte der Brandwirtschaft, 1970
[5] F. SIGAUT, L'agriculture et le feu, 1975.

Rainer S. Elkar

Branntwein

Im 11. Jh. wurde (wahrscheinlich in Salerno) erstmals aus erhitztem ↗Wein »brennendes Wasser« (lat. *aqua ardens*) erzeugt. Im 12./13. Jh. gelangte die Kunst der ↗Destillation in die Alchimistenzirkel Europas und Asiens (↗Alchemie). Das Geheimmittel des B. stellte die Quintessenz des Weins und damit die Lebenskraft (lat. *spiritus*) dar und galt als Jungbrunnen und Helfer gegen alle Krankheiten (lat. *aqua vitae*, »Lebenswasser«). Um 1320 setzte in Deutschland die gewerbliche Produktion durch Apotheker mit speziellem Privileg ein; die ↗Pest begünstigte die Verbreitung, weil der B. vor der Pest-Erkrankung schützen sollte. Am Ende des MA wurden in Städten und Klöstern bereits zahlreiche Frucht- und Kräuterliköre (Persico, Ettaler etc.) hergestellt und in Wirtshäusern und Buden verkauft; der B. erhielt eine Zwitterstellung als Heil- und Genussmittel.

1490 meinte der Wundarzt Hans Folz aus Nürnberg, dass »nun schier jedermann« B. trinke. In der Tat nahm der Konsum zu, eine Tendenz, die sich im 16./17. Jh. fortsetzte, als der billigere Kornbrand die Wein- und Obstbrände zurückdrängte. Einfache Sorten hatten 15–25 Volumenprozent, die teuersten bis zu 70 Prozent. Es ergingen Brennverbote bei Kornknappheit und Erlasse gegen den Missbrauch (in Hessen wurde 1524 sogar ein gänzliches Verkaufsverbot ausgesprochen). Dennoch blieb B. ein ↗Luxus-Gut von magisch-medizinischer Qualität, dessen Gebrauch auf wohlhabende (männliche) Stadtbürger sowie Bergleute, Soldaten und Seeleute beschränkt blieb. Rauschtrinken erscheint in den Quellen als ein eher seltenes Phänomen. Bei der Kampagne gegen den »Saufteufel« spielte der B. bezeichnenderweise keine Rolle (↗Trunksucht). Produktionszentren im dt. Raum wurden Danzig und Nordhausen (1507: erste Brennsteuer). Begehrt waren auch Weinbrände aus Jerez und Armagnac, im 17. Jh. zudem Cognac und der karibische Zuckerrohrbrand Rum. In Osteuropa dominierte der Roggenbrand (später Wodka genannt), im Osmanischen Reich der Anisbrand Raki aus Rosinen oder Feigen, im Fernen Osten Arrak aus Reis oder Melasse.

Im 18. Jh. setzte sich in Deutschland die Diffusion des B. fort, v. a. im Norden und Osten, wobei die Entwicklung lokal und sozial sehr unterschiedlich verlief. Zumal in der Handwerkerschaft wurde der prestigeträchtige und als »stärkend« geltende B. nun populär. Erneut wurden Brenn- und Missbrauchsverbote erlassen; zumeist wurde die ↗Brennerei jedoch als einträgliches Veredelungsgewerbe gelobt, dessen Abfallprodukt, die Schlempe, ein vorzügliches Viehfutter abgab. Da die Landbevölkerung nur sporadisch über B. verfügte, blieb der Gesamtverbrauch begrenzt. In Osteuropa entwickelte sich der Roggenbrand dagegen zur Konkurrenz des ↗Biers. In einer Dissertation hieß es 1733 voll Abscheu, dass er bei Polen und Russen »fast als ein Getränk gebraucht wird«. V. a. in England stieg der Konsum in der ersten Hälfte des 18. Jh.s dramatisch; anders als in Osteuropa wurde der »Gin«, urspgl. ein Tuberkulose- und Pestmittel auf Wachholderbasis, als soziale Bedrohung thematisiert; durch Steuererhöhungen und Schanklizensierung gelang es, die »Gin-Panik« zu beenden. Fortan trug B. das Odium, ein »Gift« und ein »Gesöff des Pöbels« zu sein (teure Brände und Mixgetränke wie Punch blieben hiervon weithin ausgenommen).

In Preußen warnte Ch. W. Hufeland 1802 in diesem Sinne vor einer »B.-Seuche«, doch erst im Gefolge von Reformen (↗Gewerbefreiheit; Abschaffung der Erbuntertänigkeit, ↗Agrarreformen) nahm die Zahl der Konsumenten und damit der durchschnittliche Verbrauch stark zu. Als »gesunkenes« Kulturgut revolutionierte der »Schnaps« in den 1820er bis 1840er Jahren die ↗Trinkkultur der (ländlichen) ↗Unterschichten, die nun das Bier verschmähten. Voraussetzungen waren die Durchsetzung von Marktwirtschaft und Lohnarbeit im Kontext der frühen ↗Industrialisierung sowie die Verwissenschaftlichung des Gär- und Brennprozesses. Letztere steigerte Durchsatz (i. e. die Schnelligkeit der Produktion) und Ausbeute und ermöglichte die Verarbeitung dicker Maischen; dadurch konnte der billigere Kartoffelschnaps den Kornbrand verdrängen. In Ostelbien verlagerte sich die Brennerei aufs platte Land, wo auf den ↗Rittergütern tausende dampfbetriebene »Spritfabriken« arbeiteten. Ähnlich verlief die Entwicklung in Irland und Polen, wogegen in den USA die Rumproduktion aus Melasse steil anstieg. In vielen Ländern formierten sich religiös inspirierte Massenbewegungen gegen den B.; sie sind v. a. als Reaktion auf die Modernisierung der Gesellschaft (»Schrankenlosigkeit«) zu lesen. Zumal in Deutschland blieb jedoch gänzlich strittig, ob die »B.-Pest« Ursache oder Folge des ↗Pauperismus sei; 1848 brach der »Kreuzzug wider den B.« zusammen, und der Verbrauch nahm weiter zu. Erst im Kaiserreich erfolgte eine Abkehr von der marktliberalen Alkoholpolitik; es wurden staatliche Maßnahmen zur Konsum- und Produktionssteuerung ergriffen.

→ Alkoholkonsum; Brennerei; Destillation; Trinkkultur; Trunksucht

[1] Spirituosen-Jahrbuch, 1950–2000 [2] H. Arntz, Weinbrenner. Die Geschichte vom Geist des Weines, 1975 [3] H. Spode, Die Macht der Trunkenheit. Kultur- und Sozialgeschichte des Alkohols in Deutschland, 1993.

Hasso Spode

Brasilholz s. Farbstoffe

Brauchtum
s. Alltag; Arbeitsbräuche; Judentum; Volkskultur

Brauerei s. Bier

Braunkohle s. Kohlen

Brautmystik s. Mystik

Brei
B. nahm in den europ. Ernährungssystemen (↗Ernährung) bis zum 19. Jh., wie heute noch in vielen außereurop. Ländern, einen zentralen Platz ein [5]. Dem entspricht die Rolle des B. im Märchen [10]. B. bezeichnet ein gekochtes Gericht, das aus ↗Getreide-Körnern (Weizen, Roggen, Gerste, Hafer, Dinkel, Hirse, Mais und Reis), Buchweizen (Knöterichgewächs) oder ↗Leguminosen (Bohnen, Erbsen, Linsen) mit Wasser, ↗Milch, ↗Bier (Kofent) oder ↗Wein zubereitet wurde (vgl. Abb. 1–2). Im 18. Jh. umfasste B. auch Mus und Grütze; B. war den Oberbegriffen ↗Gemüse – »Speisen, welche so weich und schlierig als ein Brey oder Muss« [1] – und Zugemüse – »alles, was an grünen oder gebackenen und gedörrten Obste, Hülsenfrüchten, Grütze, Mehlbrey, allerhand Eyerspeisen, Garten- und Kohlgärtner-Kräutern und Wurtzeln in der Küche zugerichet« [4] – zugeordnet. B. aus einheimischem Obst kam geringe Bedeutung zu, vielmehr war Dörrobst – v. a. Zwetschgen, Äpfel, Birnen und Kirschen – wichtig, um den Getreide-B. kalorisch und geschmacklich anzureichern.

B. sättigen wegen der Kohlehydrate und des vergleichsweise hohen Anteils an Eiweiß (z. B. Weizen 12 %, Leguminosen 20–25 %). Je feiner das Getreide ausgemahlen wird, desto weniger Eiweiß und Mineralstoffe enthält das Mehl. In der Regel wurde Getreide-B. aus Gries, Grütze oder Graupen gekocht, wofür die Getreidekörner mit besonderen Mahlgängen in den Mühlen oder in Stampfgefäßen der Haushalte enthülst und die Kleieschicht (»Kleyen« = ein Viertel des Körnergewichts

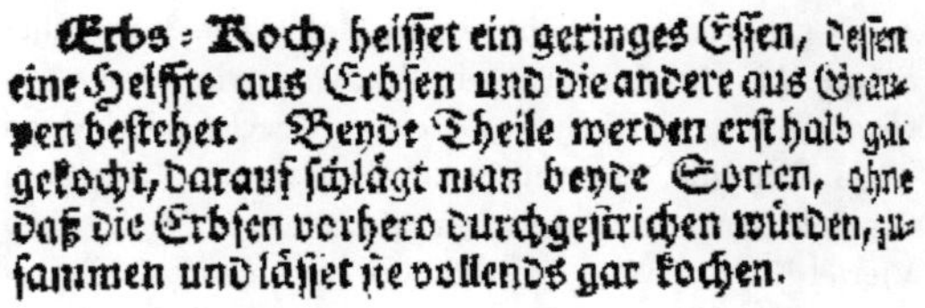

Erbs-Koch, heisset ein geringes Essen, dessen eine Helffte aus Erbsen und die andere aus Graupen bestehet. Bende Theile werden erst halb gar gekocht, darauf schlägt man benyde Sorten, ohne daß die Erbsen vorhero durchgestrichen würden, zusammen und lässet sie vollends gar kochen.

Abb. 1: »Erbs-Koch«, aus: Zedler, Bd. 8 (1734), 1504

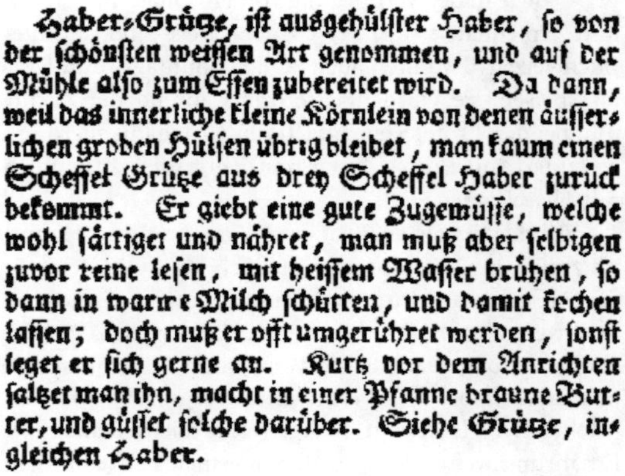

Haber-Grütze, ist ausgehülster Haber, so von der schönsten weissen Art genommen, und auf der Mühle also zum Essen zubereitet wird. Da dann, weil das innerliche kleine Körnlein von denen äusserlichen groben Hülsen übrig bleibet, man kaum einen Scheffel Grütze aus drey Scheffel Haber zurück bekommt. Er giebt eine gute Zugemüsse, welche wohl sättiget und nähret, man muß aber selbigen zuvor reine lesen, mit heissem Wasser brühen, so dann in warme Milch schütten, und damit kochen lassen; doch muß er offt umgerühret werden, sonst leget er sich gerne an. Kurtz vor dem Anrichten saltzet man ihn, macht in einer Pfanne braune Butter, und güsset solche darüber. Siehe Grütze, ingleichen Haber.

Abb. 2: »Haber-Grütze«, aus: Zedler, Bd. 12 (1735), 41

Im Zedler'schen *Universallexikon* (1732–1754) finden sich zahlreiche Brei-Rezepte. Bei Erbskoch (Abb. 1) z. B. handelt es sich um eine sättigende Speise aus eiweißhaltigen Erbsen und stark quellenden Graupen. Das Gericht erfordert keine besondere Sorgfalt beim Kochen und gehörte in der Nz. zu den einfachen Alltagsmahlzeiten. Die Zutaten der Hafergrütze (Abb. 2) hingegen sind ausgesucht: Der Hafer ist von der »schönsten weissen Art« und die enthülsten Körner müssen verlesen werden, bevor sie mit Wasser gebrüht und mit warmer Milch gar gekocht werden. Die Grütze wird mit brauner Butter serviert. Sie galt als gesunde und sättigende Kost, die für Bessersituierte durchaus eine tägliche Speise war, für Ärmere jedoch ein Sonntagsessen.

[3]) schonend abgerieben wurden. Gegenüber ↗Brot und Bier war die Zubereitung einfach und holzsparend: B. wurde kalt angesetzt (eingeweicht), in größeren Mengen gekocht, warm gehalten, aufgewärmt oder aufgebacken und brachte, auch mit unterschiedlichen Zutaten wie Speck, Öl, Kraut, Trockenobst, Wildbeeren, Pilzen und ↗Gewürzen, Abwechslung in die Mahlzeiten. Klöße (gekochter B.) oder Schmalzgebackenes können zu diesen Zubereitungen gerechnet werden. Die schwer verdaulichen B. aus Bohnen, Erbsen und Linsen wurden oft durchgeschlagen und es wurden Essig oder Kräuter wie Kümmel, Dost, Anis zugesetzt. Bei jedem Lebensmittel wurden Verträglichkeit sowie die unterschiedlichen Zubereitungsarten auf ihre heilenden oder schädigenden Wirkungen bei innerlicher oder äußerlicher Anwendung bedacht, nicht zu vergessen die symbolische Bedeutung z. B. der Hirse (Fruchtbarkeit).

B. gehörte zum Speisen- und Mahlzeitensystem aller Stände [9]. Im Einzelnen nachgewiesen ist er v. a. als Gesindekost – »jährlich auf einen Knecht oder Magd ... an Getreide, Zugemüsen und andern Zu-Kost: fünff Scheffel Korn, Dreßdnisches Maasses zu Brode, drey Viertel Korn zu Müsern und Suppen, einen Scheffel bis fünff Viertel Gerste zu Graupen; ein halber Scheffel Weitzen; ein halber Scheffel Erbsen; ein Viertel Linsen« [2] – sowie in der Verpflegung von Hospitälern, Waisen- und Armenhäusern [9]; [7]. Hirse-, Reis- und mitunter Buchweizen-B. zählten auch zu den Sonntags- und Festtagsspeisen; sie wurden vielerorts während der ↗Ernte und bei den Erntefesten aufgetischt [10], dann allerdings verfeinert mit Butter, Eiern und Zimt oder zusammen mit Fleisch oder Fisch.

B. bildeten neben Brot und Bier die dritte Hauptnutzung von Getreide (einschließlich Mais und Reis) für die ↗Ernährung. Ihre Bedeutung, v. a. die Rolle von Buchweizen und Hirse, wird erheblich unterschätzt [10]: Die Forschung beachtet die Versorgung der großen und mittleren Städte (↗Lebensmittelversorgung) sowie der ↗stehenden Heere mit Brotgetreide, nicht jedoch die Ernährungsweise der Bevölkerungsmehrheit auf dem Land. Hirse, Buchweizen und Leguminosen sind in den grundherrlichen Abgaben kaum sichtbar; sie dienten meist der lokalen Versorgung. Ähnliches gilt für Leguminosen, die im Sommerfeld, wenn nicht gar in ↗Gärten angebaut wurden. Die nach Region und Ernteausfall äußerst differenzierte Nutzung der verschiedenen Getreidearten für Brot und Bier wird meist übersehen. Bei Brot- wie bei Braugetreide gab es Qualitätsunterschiede zwischen Winter- und Sommergetreide [6]; diese waren ausschlaggebend für den Anteil, der für Gries, Grütze und Graupen zum Eigen- und Lokalverbrauch oder für das Groß- und Federvieh verwendet wurde.

Im 19. Jh. ging die Bedeutung des B. nur langsam zurück [9], in manchen ländlichen Regionen blieb er bis weit in das 20. Jh. eine wichtige Nahrungsgrundlage. Langfristig traten ↗Kartoffeln und Brot die Nachfolge des B. an [8].

→ Armenspeise; Brot; Ernährung; Gemüse; Getreide; Leguminosen

Quellen:
[1] Art. Gemüse, in: Zedler 10, 1735, 329 [2] Art. Gesindekost, in: Zedler 10, 1735, 1288 [3] Art. Kleyen, in: Zedler 15, 1737, 930 [4] Art. Zugemüse, Zumus, Mußwerck oder Zukost, in: Zedler 63, 1750, 1227–1228.

Sekundärliteratur:
[5] A. FENTON / E. BISBAN (Hrsg.), Food in Change. Eating Habits from the Middle Ages to the Present Day, 1986 [6] H. HILDEBRANDT / M. GUDD, Getreideanbau, Mißernten und Witterung im südwestlichen unteren Vogelsberg und dem angrenzenden Vorland während des 16. und frühen 17. Jh., in: Archiv für hessische Geschichte und Altertumskunde NF 49, 1991, 85–146 [7] B. KRUG-RICHTER, Zwischen Fasten und Festmahl. Hopsitalverpflegung in Münster 1540–1650, 1994 [8] H. OTTENJANN / K.-H. ZIESSOW, Die Kartoffel. Geschichte und Zukunft einer Kulturpflanze, 1992 [9] H. J. TEUTEBERG / G. WIEGELMANN, Der Wandel der Nahrungsgewohnheiten unter dem Einfluß der Industrialisierung, 1972 [10] H. WUNDER, »Der süße Brei«. Vom Sattwerden und Überleben in der Frühen Nz., in: F. BOTH (Hrsg.), Realienforschung und historische Quellen. FS H. Ottenjann, 1996, 25–35.

Heide Wunder

Brenn- und Leuchtstoffe

1. Begriff
2. Brennstoffe
3. Leuchtstoffe

1. Begriff

B. und L. sind sowohl natürlich vorkommende als auch veredelte feste, flüssige oder gasförmige Stoffe, die als wesentliche Bestandteile Kohlenstoff und Wasserstoff enthalten und unter Sauerstoffzufuhr verbrennen. Zu den natürlichen B. zählen Holz, Braun- und ↗Steinkohle, ↗Torf, Erdöl sowie Erd- oder Naturgas (↗Gas); diese wurden mit Ausnahme von Erdgas z. T. seit der Antike genutzt und trugen in regional unterschiedlichem Ausmaß die Hauptlast der europ. B.-Versorgung. Holz war der mit Abstand wichtigste B. und zugleich der bevorzugte ↗Baustoff der Frühen Nz., sodass diese in der Forschung auch als das »hölzerne Zeitalter« bezeichnet wurde [8]; [10]. Künstliche bzw. veredelte B. gewannen erst im 19. Jh. größere Bedeutung. Dazu zählen ↗Holzkohle, Koks und Briketts, Destillationsprodukte des Erdöls, Teere und Alkohole sowie durch Ent- und Vergasung von ↗Kohlen gewonnene Gase.

Während sich der Wert eines B. an der enthaltenen Wärmeenergie bemisst, steht bei den L. die Helligkeit der Verbrennungsflamme im Vordergrund. Als L. dienten bevorzugt pflanzliche und tierische Produkte wie Talge, ↗Wachse, Fette und Öle. Die Erzeugung von Licht und Wärme war in der Nz. immer mit einem Verbrennungsprozess, also der Oxydation der in B. enthaltenen Kohlen- und Wasserstoffe verbunden. Obwohl sich Wissenschaftler und Alchimisten schon seit dem MA mit der ↗Verbrennung befasst hatten, gab es bis zum Ende des 18. Jh.s keine wiss. haltbare Erklärung dafür. Erst Antoine Laurent de Lavoisier widerlegte die älteren Vorstellungen, erkannte die Rolle des Sauerstoffs, deutete die Verbrennung damit als Oxydation und rief 1783 ein neues Zeitalter der ↗Chemie aus.

2. Brennstoffe

2.1. Holz

Bis ins 19. Jh. hinein war Holz der wichtigste B. Der größte Teil wurde als Heizstoff der Öfen, Herde und Kamine (↗Ofenbau) im häuslichen Bereich verbraucht (↗Heizen). Daneben wuchs der Holzbedarf des ↗Gewerbes seit dem MA mit leichten Schwankungen und regional unterschiedlichen Ausprägungen an. Bes. in den europ. Montanregionen (↗Montanwesen; ↗Montanreviere) hatte der enorme Verbrauch an Grubenholz und Holzkohlen schon früh zu einer weitgehenden Rodung der Wälder geführt, sodass die Organisation und Sicherstellung der Holzversorgung bereits im 16. Jh. ein essentielles Problem der Hütten und Salinen (↗Salinentechnik) wurde. In den größeren Städten machte sich der Mangel an Brennholz nun regelmäßig bemerkbar; denn neben dem Holzbedarf für den Hausbrand benötigten energieintensive Gewerbe wie ↗Bäcker, Brauer, Glasmacher (↗Glas), ↗Schmiede, ↗Töpfer und Ziegelbrenner große Mengen. Andererseits begünstigte der Holzreichtum eine dezentrale wirtschaftliche Entwicklung und bot gewerbearmen Regionen eine Chance [7. 58 f.]. Aufgrund der in Verbrauchernähe oftmals abgewirtschafteten ↗Wälder war eine ausreichende Holzversorgung v. a. eine Transport- und Kostenfrage (↗Transport und Verkehr). Die Brennholz- und Holzkohlenversorgung wurde meist in städtischer Regie betrieben, um auf Verteilung und Preise Einfluss nehmen zu können. Im Verlauf der ↗Industrialisierung verlor das Holz sukzessive seine Bedeutung als B. an die Steinkohle [7]; [8].

2.2. Steinkohle, Koks, Braunkohle und Torf

Steinkohle war in Mitteleuropa seit dem MA bekannt; sie wurde bes. in Gegenden, wo sie dicht unter der Erdoberfläche lag, zu Heizzwecken verwendet (↗Heizen). Die regionalen Engpässe bei der Holzkohlenversorgung führten in England und Wales im 16. Jh. zu einem Aufschwung der Steinkohlenproduktion. Wurden in den 1550er Jahren 200 000 t Kohle gefördert, waren es in den 1680er Jahren bereits 2,9 Mio. t und in den 1780er Jahren 8 Mio. t. Die Kohlen wurden bes. in der Montanindustrie und zur Ziegelherstellung (↗Baustoffe) eingesetzt. Auf dem Kontinent blieb – mit Ausnahme der Gegend um Lüttich – die Verwendung von Steinkohle (und seit dem 14. Jh. von Steinkohlenbriketts, den sog. *hochets*) sehr beschränkt. Auch die in England in der zweiten Hälfte des 18. Jh.s weit verbreitete Kokserzeugung setzte sich hier erst im 19. Jh. durch. Holzkohle war auf dem Kontinent vielfach billiger und daher der bevorzugte B. bei der Erzeugung von ↗Eisen. Die Eignung von Steinkohle zum ↗Hausbrand und als B. im Gewerbe war zudem wegen der starken Rauchentwicklung und des mitunter hohen Anteils an Schwefel und anderen Inhaltsstoffen umstritten. Noch Paul Jacob Marperger schreibt 1708 (³1748) in seinem *Kaufmanns-Magazin*, die Steinkohlen gäben einen »sehr bösen und corrosiven Rauch« von sich, weshalb auch der dritte Teil der Bevölkerung von London an Schwindsucht sterbe [1. Teil 2, 513] (↗Luftverschmutzung; ↗Umwelt und Umweltprobleme; ↗Umweltgifte).

Erst mit dem zunehmenden Energiebedarf der europ. Staaten im Zuge der Industrialisierung wurde die Steinkohle zum wichtigsten Energieträger (↗Energie). Bis zur Mitte des 19. Jh.s waren die Anlagen der Montanindustrie wie auch die Dampfmaschinen weitgehend auf Steinkohlen- bzw. Koksfeuerung umgestellt (vgl. ↗Dampfkraft). Der forcierte Ausbau der Eisenbahnnetze seit der Jahrhundertmitte (↗Eisenbahn) sorgte schließlich nicht nur für einen ständig steigenden Kohlenverbrauch sowohl durch den B.- als auch durch den Eisenbedarf, sondern löste auch das Transportproblem. Die Nutzung von Braunkohle und Torf blieb dagegen aufgrund ihres geringen Brennwertes weiterhin auf Hausbrandzwecke in den Förderregionen beschränkt. So spielte Braunkohle bereits im 18. Jh. im Rheinland eine gewisse Rolle, wo sie mit Wasser zu einem Brei angerührt und in Formen zu sog. Klütten (Ziegeln) gepresst und verfeuert wurde. Auch in Frankreich, Sachsen, Brandenburg und Thüringen sowie in Böhmen und Ungarn waren Braunkohlen als B. bekannt. ↗Torf wurde bes. in den moorreichen Gebieten Norddeutschlands, der Niederlande, Irlands, Schottlands und Skandinaviens genutzt, wo er die Hausbrandversorgung sicherte und auch in Industrie und Gewerbe Einsatz fand [2]; [3]. In allen landwirtschaftlich geprägten Gebieten wurde ebenso mit getrocknetem Kuhdung geheizt. Außerdem wurde die ausgelaugte, zu Kuchen gepresste und getrocknete Lohe aus der Gerberei (↗Lederproduktion) als B. verwendet.

3. Leuchtstoffe

3.1. Kerzen und Lampen

Der aus harzreichem Nadelholz hergestellte Kienspan war zwar als günstigstes Leuchtmittel weit verbreitet, doch er besaß nur kurze Brenndauer und rußte stark, sodass er für den Gebrauch in Gebäuden wenig geeignet war. Die hohen Kosten für Kerzen und Öllampen konnten nur die Begüterten aufbringen. So versanken mit Sonnenuntergang große Teile der Städte und Dörfer in tiefes Dunkel [5] (↗Dunkelheit); allerdings ist die »Lichtarbeit« in ↗Handwerk und ↗Gewerbe bei Kerzenlicht von September bis Ostern schon für das 14. Jh.

belegt (↗Arbeitszeit). Kerzen (»Lichter«) bestanden zunächst aus Bienen-↗Wachs und seit dem 15. Jh. auch aus Talg, das aus tierischen Fetten gewonnen wurde. Als sog. Unschlitt wird das an Gedärmen und Nieren der Rinder haftende ausgelassene Fett bezeichnet, das seit dem 15. Jh. auch in der ↗Bergmannslampe verbrannt wurde: In den 1520er Jahren benötigten allein die Schwazer Gruben in Tirol jährlich 22400 kg Unschlitt, bei Versorgungsschwierigkeiten wurde auf Schmalz zurückgegriffen [6]. Chemisch besteht Talg aus den Triglyzeriden von Stearin-, Palmitin- und Ölsäure.

Die Herstellung von künstlicher Stearinsäure gelang erst Anfang des 19. Jh.s. Nachdem Michel Eugène Chevreul und Henri Bracannot 1817 den chemischen Prozess entdeckt hatten, war es Adolphe de Milly, der in den 1830er Jahren die Verseifung von Fetten und die Weiterverarbeitung von Kalkseifen entwickelte (↗Seife) und damit die Basis für eine industrielle Kerzenproduktion legte. Die flächendeckende Einführung des Verfahrens erfolgte jedoch erst nach 1850 [4]. In Lampen wurde ebenfalls Talg verbrannt, dazu vereinzelt auch aus Ölsaaten gepresstes Öl wie Rüb-, Lein-, oder Hanföl (↗Ölpflanzen). Aus Erdöl raffiniertes Petroleum oder Benzin gewann erst mit dem Aufschwung der Erdölförderung nach 1860 an Bedeutung [11].

3.2. Leuchtgas

Gegen Ende des 18. Jh.s war das Prinzip der Steinkohlenentgasung in Westeuropa von mehreren Wissenschaftlern unabhängig voneinander geklärt worden, doch William Murdoch kann als Vater der Steinkohlengaserzeugung gelten, da er als erster mit einer Retorte größere Mengen Gas produzierte und zur ↗Beleuchtung der Firma Boulton & Watt in Soho (London) verwendete. Der aufstrebenden Industrienation England brachte die künstliche Ausleuchtung der Betriebe einen wichtigen Vorsprung, da nicht nur die ↗Arbeitszeit ausgedehnt, sondern auch technisch aufwendige bzw. filigrane Tätigkeiten besser durchgeführt werden konnten. In den ersten beiden Jahrzehnten des 19. Jh.s entstanden zahlreiche Leuchtgasanstalten mit einem umfangreichen Versorgungsnetz. In Deutschland wurden zwischen 1826 und 1850 insgesamt 35 Gasanstalten v. a. in den großen Residenzstädten gegründet. Beleuchtet wurden zunächst nur repräsentative Gebäude und Plätze [9]. Größere Bedeutung erhielt das Gas erst nach der Jahrhundertmitte, musste sich jedoch bald der Konkurrenz von Erdölprodukten und ↗Elektrizität stellen, sodass seine Rolle sowohl bei Beleuchtungs- als auch bei Antriebszwecken begrenzt blieb.

→ Beleuchtung; Energie; Gewerbe; Heizen; Montanwesen; Technischer Wandel

Quellen:
[1] P. J. MARPERGER, In Natur- und Kunst-Sachen neu-eröffnetes Kaufmanns-Magazin, zum Unterricht und Dienst ... der edlen Kaufmannschaft überhaupt Beflissenen ... in einem beliebten alphabetischen Lexico abermahls eröffnet (2 Teile), ³1748.

Sekundärliteratur:
[2] G. BAYERL / U. TROITZSCH, Die vorindustrielle Energienutzung, in: C. GRIMM (Hrsg.), Aufbruch ins Industriezeitalter 1, 1985, 40–85 [3] M. FARRENKOPF (Hrsg.), Koks. Die Geschichte eines Werkstoffes (2 Bde.), 2003 [4] E. MARAZZA, Die Stearinindustrie, 1896 [5] J. MATZ (Hrsg.), Vom Kienspan zum Laserstrahl. Zur Geschichte der Beleuchtung von der Antike bis heute, 2000 [6] R. PALME, Die Unschlittversorgung von Schwaz Mitte der zwanziger Jahre des 16. Jh,s, in: E. WESTERMANN, Bergbaureviere als Verbrauchszentren im vorindustriellen Europa, 1997, 33–45 [7] J. RADKAU, Das Rätsel der städtischen Brennholzversorgung im »hölzernen Zeitalter«, in: D. SCHOTT (Hrsg.), Energie und Stadt in Europa, 1997, 43–75 [8] J. RADKAU / I. SCHÄFER, Holz. Ein Naturstoff in der Technikgeschichte, 1987 [9] N. H. SCHILLING, Handbuch für Steinkohlengas-Beleuchtung, ²1866 [10] W. SOMBART, Der moderne Kapitalismus, Bd. II/2, ²1916, 1137–1155 [11] D. YERGIN, Der Preis. Die Jagd nach Öl, Geld und Macht, 1991.

Dietmar Bleidick

Brennerei

Die Destillation von ↗Branntwein soll während des 9. Jh.s über Kontakte zu arab. Ärzten in Europa bekannt geworden sein. Die im 13. Jh. praktizierte Rektifikation (mehrfache Destillation) bildete die Grundlage für die Herstellung trinkbaren Branntweins, dessen Konsum im Verlauf des 15. Jh.s zunahm. Die B. als landwirtschaftliches Nebengewerbe lässt sich am Ende des 16. Jh.s zuerst in Frankreich nachweisen, in der zweiten Hälfte des 17. Jh.s traten England und im Verlauf des 18. Jh.s Irland und Deutschland hinzu [1. 410]; [3. 4ff., 27ff.]. Allerdings hat diese Funktion bisher in der dt. und franz. Forschung zur ↗Agrarrevolution und zur Agrarmodernisierung wenig Beachtung gefunden. In der engl. Forschung nimmt sie hingegen einen prominenten Platz ein, um die in der zweiten Hälfte des 17. Jh.s wachsende Kommerzialisierung der ↗Landwirtschaft – insbes. der Viehmast – zu erklären [10. 334–338]; [9. 356–358].

In den einschlägigen dt. Enzyklopädien und Traktaten des späten 18. und frühen 19. Jh.s wurde der B. jedoch eine Schlüsselfunktion für die Erhöhung der Vieh- und Getreideerträge in wiesenarmen Gebieten eingeräumt, bes. dann, wenn diese mit ganzjähriger ↗Stallhaltung verbunden war [6]. Die beim Branntweinbrennen als Abfallprodukt entstehende eiweißhaltige Schlempe erlaubt effektive Mästung von ↗Schweinen und ↗Rindern und fördert größere Dungmengen (↗Düngung). Nach Ansicht zahlreicher Agrarschriftsteller (↗Landwirtschaftskunde) des 18. und 19. Jh.s erwiesen sich die Investitionen in eine B. bes. dann als rentabel, wenn zu den Einnahmen aus verkauftem Branntwein solche aus dem Verkauf gemästeten Viehs kamen

[11. Bd. 1, 285f.]. Bis zum Beginn des 20. Jh.s wurde diese Betriebsinnovation in agrarwiss. Lehrbüchern (z.B. von A.D. Thaer, J.A. Schlipf, Th. von der Goltz und F. Aereboe) als ein wesentliches Merkmal marktorientierter Agrarproduktion hervorgehoben.

Für die verbreitete Kenntnis der agrarwirtschaftlichen Funktion der B. im 19. Jh. spricht ihre Inanspruchnahme durch unterschiedliche Agrarproduzenten. Denn B. unterhielten nicht nur adlige und bürgerliche Gutsbesitzer (↗Gutsbesitz) in Ostdeutschland und ↗Großbauern in Westfalen, Hessen, Rheinhessen, Bayern und der Pfalz [8]; [2]; [6], sondern gelegentlich auch genossenschaftlich organisierte ↗Kleinbauern [11. Bd. 2, 373 f.]; [4] (↗Genossenschaft). Eine hohe Anzahl von B. bestand in Agrarlandschaften, in denen der Anbau von ↗Kartoffeln früh eingesetzt hatte und die Bodenverhältnisse hohe Erträge erlaubten, wie z.B. im östl. Preußen, in der Pfalz und in Rheinhessen. Im linksrheinischen Südwesten betrieben zahlreiche Dörfer zu Beginn des 19. Jh.s eine B. [6]. Zeitgenössischen Statistiken lässt sich entnehmen, dass es sich in der ersten Hälfte des 19. Jh.s mehrheitlich um kleinere Betriebe handelte, die als Selbstversorger einzuschätzen sind. Ihre Anzahl verringerte sich nach der Gewerbeordnung von 1869, die den Nachweis lokalen Bedarfs forderte und höhere Steuern veranschlagte [5]. Die meisten der verbleibenden Betriebe wurden ausgebaut, lösten sich von ihrer unmittelbaren Bindung an einen landwirtschaftlichen Betrieb und gehörten nunmehr vornehmlich zur Lebensmittelindustrie.

Die breite räumliche Streuung der B. im 19. Jh. verdankt sich zum einen dem Umstand, dass für die Herstellung von Branntwein unterschiedliche Rohstoffe in Frage kamen: ↗Getreide, ↗Kartoffeln, Zuckerrüben (↗Zucker), Obst (↗Obstbau) oder ↗ Wein. Zum anderen beruhte die wachsende Zahl der B. auf erhöhtem Bedarf nach Branntwein und nach billigem ↗Fleisch auf Seiten einer wachsenden Stadtbevölkerung. Für den Verbreitungsgrad von B. spielte außerdem die frühnzl. ↗Gewerbepolitik eine entscheidende Rolle. Während in dt. Territorien für die Betreibung einer B. zumeist eine obrigkeitliche Konzession erforderlich war, deren Erteilung nicht nur vom Bedarf, sondern auch von der Rücksicht gegenüber bereits bestehenden B. abhing [12], bestand in England und in Frankreich, wo die Regierungen in erster Linie über Steuer- und Zollgesetze die Branntweinproduktion beeinflussten [11. 335f.], weitestgehende ↗Gewerbefreiheit.

→ Agrarrevolution; Branntwein; Stallhaltung; Viehwirtschaft

[1] J.K. Bluntschli / K. Brater (Hrsg.), Dt. Staats-WB., Art. Landwirtschaft V, 1861, 325–331 [2] I. Buchsteiner, Großgrundbesitz in Pommern 1871–1914. Ökonomische, soziale und politische Transformation der Großgrundbesitzer, 1993 [3] L.M. Cullen, The Brandy Trade under the Ancien Régime. Regional Specialisation in the Charente, 1998 [4] G.B. Hagelberg / H.-H. Müller, Kapitalgesellschaften für Anbau und Verarbeitung von Zuckerrüben in Deutschland im 19. Jh., in: JbWG 1974/4, 113–147 [5] E. Heinig, Die Konzession zum Kleinhandel mit Branntwein. Ein praktischer Leitfaden…, 1938 [6] F. Konersmann, Bäuerliche Branntweinbrenner. Ihre Schlüsselrolle in der Agrarmodernisierung des dt. Südwestens (1740–1880), in: G. Apel / A. Hennigs (Hrsg.), Technische Innovation auf dem Dorf, 2005 (im Druck) [7] J.-M. Moriceau, Im Zentrum des landwirtschaftlichen Fortschritts? Landwirtschaftliche Großbetriebe in Frankreich vom 17.–19. Jh., in: R. Prass et al. (Hrsg.), Ländliche Gesellschaften in Deutschland und Frankreich, 18.–19. Jh., 2003, 77–100 [8] H.-H. Müller, Domänen und Domänenpächter in Brandenburg-Preußen im 18. Jh., in: JbWG 1965/4, 152–192 [9] R. Perren, The Agricultural Servicing and Processing Industries, in: J. Thirsk et al. (Hrsg.), The Agrarian History of England and Wales 6, 1989, 384–544 [10] J. Thirsk, Agricultural Policy: Public Debate and Legislation, in: J. Thirsk et al. (Hrsg.), The Agrarian History of England and Wales 5.2, 1985, 298–388 [11] Th. von der Goltz (Hrsg.), Geschichte der dt. Landwirtschaft, 2 Bde., 1902–1903 [12] D. Willoweit, Gewerbeprivileg und »natürliche Gewerbefreiheit«. Strukturen des preußischen Gewerberechts im 18. Jh., in: K.O. Scherer / D. Willoweit (Hrsg.), Vom Gewerbe zum Unternehmen. Studien zum Recht der gewerblichen Wirtschaft im 18. und 19. Jh., 1982, 60–109.

Frank Konersmann

Brief

1. Gattungsgeschichte
2. Kommunikationstechnik und Briefbeförderung

1. Gattungsgeschichte

1.1. Gattung und Medium

Der B. ist eine schriftliche, individuell adressierte Mitteilung, die zumeist verschlossen versandt wird. Als Elementarform interaktionsfreier ↗Kommunikation ist er durch die Lösung der Kommunikation aus dem konkreten Situationszusammenhang und die wechselseitige Abwesenheit des Lesers beim Schreiben sowie des Schreibers beim Lesen gekennzeichnet. Das Wort B. leitet sich von dem vulgärlat. *brevis libellus* (»kurzes Büchlein«) ab und akzentuiert neben der ↗Schriftlichkeit die Kürze des Textes, ein Merkmal, das an die Nähe des B. zum Gespräch erinnert. Zwar ist Kommunikation im Medium des B. – wie schriftliche Kommunikation generell – »zerdehnt« [10], durch dessen individuelle Adressierung aber bleiben das Hier-und-Jetzt des Schreibens und das Hier-und-Jetzt des Lesens aufeinander bezogen.

Das Medium selbst ist in funktionaler Hinsicht nicht festgelegt. Die Versuche, den B. gattungstheoretisch zu bestimmen, klassifizieren ihn deshalb als Mittel pragmatischer schriftlicher Kommunikation, das mehr oder weniger typische Formen ausbildet – je nachdem, ob der Sachbezug (Darstellung) oder der Personenbezug (Ausdruck, Appell) im Zentrum des Schreibens steht [18.1–28]. B.-Gattungen, d. h. kommunikative Routinen, entstehen überall dort, wo die Anlässe des Schreibens und die Anforderungen an die Formulierung (Bitte, Dank, Trost, Glückwunsch etc.) so konstant bleiben, dass sie Konventionalisierungsprozesse in Gang setzen.

1.2. Gattungsgeschichte als Mediengeschichte: Der Brief im 16. und 17. Jahrhundert

Eine Gattungsgeschichte des B. lässt sich nur als Geschichte des Mediums B. schreiben und ist aufs Engste mit der Geschichte der Schriftkultur verbunden. Die Nutzung des Mediums war im dt. Sprachraum bis ins 18. Jh. in sozialer, funktionaler und thematischer Hinsicht eingeschränkt, zunächst auf den ↗Nachrichten-Austausch in politischen, bürokratischen und ökonomischen Handlungsfeldern. Neben den ↗Klöstern und den ↗Kanzleien der Höfe und Städte waren v. a. die Handelshäuser auf das Medium angewiesen. Die aus einzelnen Handelszentren eingehenden Nachrichten bezahlter Korrespondenten wurden bereits im 16. Jh. kompiliert und entwickelten sich zu – erst handschriftlichen, dann gedruckten – Vorformen der ↗Zeitung (↗Aviso; ↗Aktualität).

Zwar gab es neben diesem sachbezogenen Nachrichtenverkehr auch schon im 15. und 16. Jh. den privaten B.-Wechsel. Wer schreiben konnte, nutzte die Möglichkeiten, sich brieflich mitzuteilen: nach dem Befinden zu fragen, von Neuigkeiten zu berichten, seine Freuden und Sorgen auszudrücken u. Ä. Dieser private B.-Wechsel aber war sich seiner autonomen Geltung nicht bewusst. Die überlieferten B. des 16. Jh.s sind prosaisch schlicht, Aneinanderreihungen von Nachrichten, in denen die Interaktionsnähe des Mediums für die sprachliche Gestaltung nicht stilprägend wird. Zu den wenigen Ausnahmen zählen etwa die B. Luthers [24] (im 17. Jh. dann die B. Liselottes von der Pfalz), in denen sich das Schreiben an der »Sprache der Nähe« [14] orientiert.

Eine autonome B.-Kultur entwickelte sich lediglich im Rahmen der humanistischen Gelehrtenkultur, die sich ganz wesentlich im Medium des B. vollzog (↗Gelehrtenkorrespondenz; ↗Humanismus). Sie diente sowohl dem Austausch wiss. Informationen als auch der Pflege des sozialen Kontakts. Doch wurde der B.-Wechsel der Humanisten fast ausschließlich auf ↗Latein geführt, d. h. in einer Sprache, die von keinem muttersprachlich erworben, sondern außerhalb der Familie im Rahmen des Studiums alter Schriften erlernt wurde. So blieb die Schulung der verbalen Eloquenz immer auch ein Selbstzweck des kommunikativen Austausches (↗Rhetorik). Der B. dokumentierte die Kunstfertigkeit seines Verfassers und war von vornherein darauf angelegt, gesammelt und gedruckt zu werden. Die B.-Sammlungen bildeten ein Reservoir von gelungenen sprachlichen Wendungen, ↗Loci communes, pointierten Sentenzen, die von den Autoren ihrerseits in ↗Florilegien und ähnlichen Materialsammlungen aufgenommen wurden. Im Kontext dieser an den B. Ciceros und des jüngeren Plinius geschulten Korrespondenzen wurden nicht nur die antike Gedankenwelt, sondern auch die topischen Bestimmungen des Freundschafts-B. wiederentdeckt. Erasmus von Rotterdam definierte den B. in seiner Schrift *De conscribendis epistolis* (1522, »Über das Briefeschreiben«) als *absentium amicorum quasi mutuus sermo* (»gleichsam stilles Gespräch unter abwesenden Freunden«). Da die Interaktionsdimension der Kommunikation im B. zur Geltung kommt, lässt sich dieser – so der aus der Antike stammende Topos – als »Spiegel der Seele« verstehen [16].

1.3. Brieftheorie und Briefschreiblehre vom 16. bis ins frühe 18. Jahrhundert

Die Interaktionsnähe des B. blieb – wie die Geschichte der B.-Theorie zeigt – im dt. Sprachraum zunächst ohne Belang. Bereits im MA gab es Anleitungen zum Verfassen von B. Diese lat. *artes dictandi* oder *artes dictaminis* fanden ihre Nachfolger in volksprachlichen B.-Lehrbüchern, sog. B.-Stellern (Formelbüchern, Kanzlei- und Notariatsbüchern u.Ä.), die in Deutschland seit der Mitte des 15. Jh.s nachgewiesen sind. Das Wort selbst ist erst seit der Mitte des 17. Jh.s belegt und bezeichnete zunächst den professionellen Verfasser eines B., seit August Bohses (Talander) Lehrbuch *Der allzeitfertige Briefsteller* (1690) auch das Werk, das in Form von einzelnen Regeln, allgemeinen Erörterungen und Muster.-B zum Verfassen von B. anleitete. [17. 45–47]

Bis ins 18. Jh. war die B.-Schreiblehre (Epistolographie) eine Teildisziplin der ↗Rhetorik. Entsprechend orientierten sich die ↗Stil- und Dispositionsvorschriften der B.-Steller an den Techniken zur Ausarbeitung der Rede. Der B. beginnt mit dem »Gruß« an den Adressaten (lat. *salutatio*), wirbt in einleitenden Worten um dessen »Wohlwollen« (*captatio benevolentiae*), erörtert den Sachverhalt, um den es geht (*narratio*), trägt dem Adressaten sein »Anliegen« vor (*petitio*) und schließt mit Dank und Gruß (*conclusio*). Die *salutatio* und die *captatio benevolentiae* bilden gemeinsam mit der *conclusio* den Interaktionsrahmen für den Informationsgehalt des Schreibens.

Auch die Stilvorschriften der B.-Steller sind rhetorisch konzipiert. Dem sozialen Rang des Adressaten entsprechend unterscheiden sie zwischen drei verschiedenen Stilhöhen (einem einfachen, mittleren und hohen Stil), die sich dem Verhältnis zwischen den B.-Partnern und der jeweiligen Wirkungsabsicht anzupassen haben. Je höher der Stil, desto elaborierter die Syntax und desto größer die Fülle des Ausdrucks, d. h. der Aufwand an schmückenden Adjektiven, hyperbolischen Redefiguren, Metaphern und Vergleichen. Zur Frage des angemessenen Stils zählt ganz wesentlich auch der korrekte, sozialständisch abgestufte Gebrauch von Anrede- und Grußformeln, die in den B.-Stellern detailliert aufgelistet werden (↗Decorum).

Das vordringlichste Stilideal der B.-Steller des 16. und frühen 17. Jh.s ist die schlichte Sicherung des Textverständnisses: Ungebräuchliche, aus ma. Kanzlei-Tradition stammende Wortformen und Phrasen werden abgelehnt, die Kohärenz des B. – d. h. seine Kürze, Ordnung, Deutlichkeit [17. 206–210] – steht im Zentrum der Aufmerksamkeit. In der zweiten Hälfte des 17. Jh.s, namentlich in den umfangreichen Sekretariatsbüchern Georg Philipp Harsdörffers (1655) und Kaspar Stielers (1673/74), trat neben diese Stilideale die der rhetorischen Idee des Redeschmucks verpflichtete Forderung nach Zierlichkeit und Reinheit [17. 210–216].

Die dt. ↗Schriftsprache des 17. Jh.s war vom Stil der Kanzleien (*stylus curiae*) bestimmt. Zwar trugen diese ganz wesentlich zur Ausbildung und Durchsetzung einer einheitlichen hochdt. Schriftsprache bei, doch stand ihre Diktion den expressiven Qualitäten des mündlichen Ausdrucks fern. Ihr Duktus war nicht persönlich, sondern argumentativ, ihre sprachliche Grundform nominalistisch und in ästhetischer Hinsicht ausdruckslos.

Daran änderten auch die Modifikationen nichts, die die B.-Schreiblehre in der zweiten Hälfte des 17. Jh.s und im frühen 18. Jh. erfuhr. Dazu gehörte zum einen die Ablösung des fünfgliedrigen Dispositionsschemas durch die von Christian Weise (*Curiöse Gedancken von Deutschen Brieffen*, 1691) in die Epistolographie eingeführte *Chrie* (lat. *chria*), ein aus dem altsprachlichen Unterricht stammendes Textbildungsverfahren, das einen Schreibanlass (lat. *antecedens*) und eine Mitteilungsabsicht (*consequens*) mit Hilfe einer logischen Begründung (*connexio*) argumentativ verknüpft (auch die *Chrie* wurde mit einem *Initial-Complimente* und einem *Final-Complimente* auf die Interaktion abgestimmt). Dazu gehörte zum andern die zunehmende Orientierung des B. an der höfischen Konversation, die gegen Ende des 17. Jh.s unter dem schillernden Begriff des »Galanten« zum Modephänomen wurde. Die Vertreter der sog. galanten Rhetorik – August Bohse (Talander), Christian Friedrich Hunold (Menantes), Benjamin Neukirch – fanden ihre Vorbilder in der franz. Epistolographie – europaweit einflussreich waren die Schriften von J. P. de la Serre (*Le Secrétaire de la Cour*, 1623) – und in den B. aus dem Umkreis der franz. Hofkultur (↗Hof). Ihre genuine Ausdrucksform war das höfliche und galante Kompliment, dessen einschmeichelnde Formeln auch in den B. Eingang fanden und (zusammen mit dem Gebrauch franz. Wortformen) im frühen 18. Jh. den guten Ton bestimmten.

1.4. Briefkultur im 18. und 19. Jahrhundert

Das 18. Jh. gilt gemeinhin als »Jahrhundert des B.« [22. Bd. 2, 245]. Die Geschichte des B. lässt sich als Prozess verstehen, in dessen Verlauf die rhetorischen und die genuin schriftsprachlichen Aspekte des Schreibens sukzessive zurückgenommen werden und der B. sich dem Duktus der mündlichen Rede nähert [23]. Die stiltheoretischen Chiffren für diese Nachbildung des Redens im Medium der Schrift sind Natürlichkeit, Lebendigkeit, Individualität [17. 218–223]. In Frankreich ist bereits im 17. Jh. von »Einfachheit« (*simplicité*) und von »Nachlässigkeit« (*négligence*), in England von »Schlichtheit« (*plainness*) die Rede.

Ihre prägnanteste Formulierung fand die Theorie des B. in den Schriften Christian Fürchtegott Gellerts, v. a. in der einer Sammlung von authentischen B. vorangestellten *Praktischen Abhandlung von dem guten Geschmacke in Briefen* (1751). Gellert verfasste keinen B.-Steller im traditionellen Sinn, sondern versuchte aus der topischen Bestimmung des B. als »freie Nachahmung des guten Gesprächs« elementare Formulierungs- und Gestaltungsstrategien abzuleiten und über die detaillierte, genuin ästhetische Kritik einzelner B. zur Geschmacksbildung beizutragen (↗Geschmack). Gellerts zentrale Anweisung lautet: Stelle dir die Person, an die du schreibst, leibhaftig vor und schreibe so, als würdest du dich sprechend an dein Gegenüber wenden. Als »Mimesis von ↗Mündlichkeit«, d. h. als schriftliche Nachbildung der Interaktion gewinnt der B. elementare ästhetische Qualitäten. Das Formulieren bildet mimisch-gestische, ganz generell imaginative Qualitäten aus und verleiht dem sprachlichen Ausdruck einen persönlichen Ton.

Es wäre missverständlich, die B.-Kultur des 18. Jh.s auf einen allgemeinen, von einer sozialen Schicht getragenen Stil- und Geschmackswandel zurückzuführen. Es ging um einen allgemeinen Strukturwandel der Schriftkultur selbst, der sich sprachgeschichtlich als umfassender Grammatisierungsschub und kommunikationsgeschichtlich als Universalisierung des Schriftgebrauchs beschreiben lässt (↗Alphabetisierung): als dessen Entgrenzung in sozialer, thematischer, zeitlicher und funktionaler Hinsicht (↗Schrift). Es wurde nicht nur anders geschrieben, sondern auch von allen möglichen Leuten über alles Mögliche in allen möglichen Situationen und zu allen möglichen Anlässen – auch dann, wenn es in sachlicher Hinsicht nichts mitzuteilen gab. In der B.-Kultur des 18. Jh.s öffnete sich die Schriftkultur dem geselligen Betragen (↗Geselligkeit); sie verlieh dem sozialen Leben einen eigenen Rhythmus und wurde Teil einer neuartigen, die ständischen Grenzen auflösenden ›Erlebniskultur‹. Die Fähigkeit und die Möglichkeit, an der Schriftkultur zu partizipieren, wurde zum eigentlichen sozialen Distinktionsmerkmal (↗Lebensstile).

Die Erlebniskultur des 18. Jh.s. etablierte sich als schriftliche Konversation, an der Männer wie Frauen gleichermaßen Anteil hatten und die sich ganz wesentlich als Korrespondenz zwischen einander zugetanen Männern und Frauen (Geschwistern, Freundinnen und Freunden, Liebenden) vollzog. B. wurden im geselligen Rahmen vorgelesen und zirkulierten im Bekanntenkreis. Die Alphabetisierung der Frauen – die »Feminisierung der Kultur« [6.158] – war ihre entscheidende Voraussetzung. Schon die franz. Hofkultur des 17. Jh.s war von B. schreibenden Frauen geprägt (berühmt sind die B. der Mme de Sévigné [19]; ähnliche Beachtung fanden in England später die B. der Lady Montagu). In der dt. B.-Kultur des 18. Jh.s wurden vom Rhetorikunterricht unverbildete Frauen zum Vorbild und zur Herausforderung für B. schreibende Männer.

Im B. fand die Erlebniswirklichkeit des Lebens zur Sprache. Dabei lässt sich beobachten, dass der vom Schreiben ausgehende Zwang, alles Erleben Sprache werden zu lassen, die Artikulationsfähigkeit generell stimulierte und steigerte. Wer im 18. Jh. B. schrieb, entdeckte sich selbst in der Einsamkeit des Schreibens und in deren spannungsreichem Bezug auf die Interaktion. Gerade der Rückzug aus der Interaktion eröffnete dem Schreibenden die Möglichkeit, sich auf eine Weise zu artikulieren, die ihm in der Interaktion verschlossen blieb. Das gilt v. a. für die Generation derjenigen, die in einer mutterspachlichen Schriftkultur sozialisiert wurden, d. h. ihre »Erziehung durch Lecture« (Schiller) erhielten. Für viele dieser um und nach 1750 geborenen jungen Männer und Frauen wurde das Schreiben von B. zum Medium der Selbstwahrnehmung und der Selbstbegegnung, zum Medium, in dem sie sich – gleichsam als »ästhetisches Subjekt« [5] – schreibend gestalteten.

Die Entstehung einer modernen »schriftlichen Konversationskultur« war ein gesamteurop. Prozess, der sich in Frankreich und England früher vollzog als im dt. Sprachraum und der die Kommunikationsmöglichkeiten der Zeitgenossen auf eine faszinierende Weise entgrenzte. Im Verlauf des 19. Jh.s wurde das Schreiben von B. zur kulturellen Selbstverständlichkeit, nicht selten auch zur Verpflichtung und Last [4]. Gellert hatte die Gattung »B.-Steller« im traditionellen Sinn an ein Ende geführt. Eine theoretisch anspruchsvolle, auf eine allgemeine Stiltheorie zielende B.-Schreiblehre findet sich danach nur noch bei Karl Philipp Moritz (*Anleitung zum Briefschreiben*, 1783). Die zahlreichen Veröffentlichungen von authentischen B.-Wechseln, die Professionalisierung der Schulbildung, nicht zuletzt die Explosion der literarischen Kultur selbst marginalisierten die Gattung in kultureller Hinsicht. Gleichwohl behauptete sie sich in Form von auflagenstarken *Universal-Briefstellern* (Otto Friedrich Rammler, 1834; Ludwig Kiesewetter, 1843) als Hausbuch für die konventionellen Anforderungen des geselligen Lebens und den prosaischen Schriftverkehr.

1.5. Brief und Buchdruck – Brief und Literatur

Seit es den ↗Buchdruck gibt, steht das Medium B. mit anderen Medien im Verbund und findet in ihnen sekundäre Verwendungsweisen [18.107–157]: als gedrucktes »Sendschreiben« (Martin Luther) oder »offener«, an einen individuellen Adressaten und ein anonymes Publikum zugleich gerichteter B. [11]; als anonym publizierte, satirische Sammlung fingierter B. (ihr Prototyp sind die sog. »Dunkelmännerbriefe«, die *Epistolae obscurorum virorum*, 1515/17) [21]; als authentischer oder fiktiver Leser-B. (in den ↗Moralischen Wochenschriften und anderen journalistischen Medien); als nur formal adressierte, sach- und problembezogene (philosophische, ästhetische, kritische) Abhandlung oder als Folge von gedruckten Reise-B.

Das 18. Jh. entdeckte die poetischen Qualitäten des B. Die beim Schreiben von B. erkundeten Möglichkeiten, sich als Person zu artikulieren, begründeten die »Literatur« neu und gaben ihr einen neuen »Sitz im Leben«. Ihre im 18. Jh. zentrale Erscheinungsform, die mimetische Zweitfassung der neuen kommunikativen Alltagspraxis, war der ↗Briefroman. Lange zuvor allerdings war der B. ein Element der Literatur und bildete selbst literarische Formen aus: Dem ↗Roman diente er seit der Antike dazu, verschiedene Handlungsräume zueinander in Beziehung zu setzen und die Möglichkeiten des Erzählens figurenperspektivisch zu erweitern [12]. Dem ↗Drama war er Mittel, handlungsrelevante Informationen auf die Bühne zu bringen und Intrigen zu inszenieren [13]. Epistolare Lyrik (versifizierte B. ohne pragmatische Primärfunktion, sog. poetische Episteln) gab es seit der Antike [15]; für die dt. Literatur des 17. Jh.s maßgeblich wurden neben den *Epistulae* des Horaz v. a. die elegischen *Heroides* Ovids (fiktive B. mythischer Frauenfiguren), an die Christian Hofmann von Hofmannswaldau mit seinen *Helden-Briefen* (1679) anknüpfte [8].

Individuell adressierte poetische Episteln (John Donne, Christian Günther u. a.) waren im 17. und auch noch im 18. Jh. eine eigenständige, zumeist auf spätere Verbreitung im Druck angelegte Kunstform. Doch waren dies Formzitate, die mit der endgültigen Durchsetzung der Schriftkultur in der zweiten Hälfte des 18. Jh.s zu einer Randerscheinung wurden. Die eigentliche »epistolare Poesie« des 19. Jh.s war die gedruckte B.-Sammlung (Julie de Lespinasse, 1809; Rahel Varnhagen,

1833, u. a.), die eine personale Lebenswirklichkeit in ihren interpersonalen Bezügen dokumentierte und einem anonymen Publikum als »dauernde Spuren des Daseins« (Goethe) vergegenwärtigte.

→ Briefroman; Gelehrtenkorrespondenz; Kommunikation; Kommunikationsmedien; Liebesbrief; Rhetorik; Schriftlichkeit

Quellen:
[1] W. Benjamin (Hrsg.), Deutsche Menschen. Eine Folge von Briefen, Frankfurt am Main 1972 (^{1}1936) [2] A. Ebrecht et al. (Hrsg.), Brieftheorie des 18. Jh.s. Texte, Kommentare, Essays, 1990 [3] G. Mattenklott et al. (Hrsg.), Dt. Briefe 1750–1950, 1988.

Sekundärliteratur:
[4] R. Baasner (Hrsg.), Briefkultur im 19. Jh., 1999 [5] K. H. Bohrer, Der romantische Brief. Die Entstehung ästhetischer Subjektivität, 1987 [6] S. Bovenschen, Die imaginierte Weiblichkeit. Exemplarische Untersuchungen zu kulturgeschichtlichen und literarischen Präsentationsformen des Weiblichen, 1979 [7] R. Chartier (Hrsg.), La correspondance. Les usages de la lettre au XIXeme siècle (engl. Teilübers.: Correspondence. Models of Letter-Writing from the Middle Ages to the Nineteenth Century, 1997), 1991 [8] H. Dörrie, Der heroische Brief. Bestandsaufnahme, Geschichte, Kritik einer humanistisch-barocken Literaturgattung, 1968 [9] A. Duțu (Hrsg.), Brief und Briefwechsel in Mittel- und Osteuropa im 18. und 19. Jh., 1989 [10] K. Ehlich, Text und sprachliches Handeln. Die Entstehung von Texten aus dem Bedürfnis nach Überlieferung, in: A. Assmann et al. (Hrsg.), Schrift und Gedächtnis. Beiträge zur Archäologie der literarischen Kommunikation, 1983, 24–43 [11] R. B. Essig, Der Offene Brief. Geschichte und Funktion einer publizistischen Form von Isokrates bis Günter Grass, 2000 [12] G. Honnefelder, Der Brief im Roman. Untersuchungen zur erzähltechnischen Verwendung des Briefes im dt. Roman, 1975 [13] V. Klotz, Bühnen-Briefe. Kritiken und Essays zum Theater, 1972 [14] P. Koch / W. Oesterreicher, Sprache der Nähe – Sprache der Distanz. Mündlichkeit und Schriftlichkeit im Spannungsfeld von Sprachtheorie und Sprachgeschichte, in: Romanistisches Jb. 36, 1985, 15–43 [15] M. Motsch, Die poetische Epistel. Ein Beitrag zur Geschichte der dt. Literatur und Literaturkritik des 18. Jh.s, 1974 [16] W. G. Müller, Der Brief als Spiegel der Seele. Zur Geschichte eines Topos der Epistolartheorie von der Antike bis Richardson, in: Antike und Abendland 10, 1980, 138–157 [17] R. M. G. Nickisch, Die Stilprinzipien in den dt. Briefstellern des 17. und 18. Jh.s. Mit einer Bibliographie der Briefschreiblehre (1474–1800), 1969 [18] R. M. G. Nickisch, Brief, 1991 [19] F. Nies, Gattungspoetik und Publikumsstruktur. Zur Geschichte der Sévignébriefe, 1972 [20] B. Redford, The Converse of the Pen. Acts of Intimacy in the Eighteenth-Century Familiar Letter, 1986 [21] H. Rogge, Fingierte Briefe als Mittel politischer Satire, 1966 [22] G. Steinhausen, Geschichte des dt. Briefes. Zur Kulturgeschichte des dt. Volkes, 1968 (^{1}1889–1891) [23] R. Vellusig, Schriftliche Gespräche. Briefkultur im 18. Jh., 2000 [24] H. Wenzel, Luthers Briefe im Medienwechsel von der Manuskriptkultur zum Buchdruck, in: H. Wenzel et al. (Hrsg.), Audiovisualität vor und nach Gutenberg. Zur Kulturgeschichte der medialen Umbrüche, 2000, 185–201.

Robert Vellusig

2. Kommunikationstechnik und Briefbeförderung

2.1. Öffentliche Post

Die materielle Basis für die nzl. B.-Kultur legte die ↗Post. Als öffentliche Institution geht sie auf eine Initiative Maximilians I. zurück. Unter Leitung des mit der Beförderung seiner Dekrete betrauten Hauses Taxis wurde 1490 eine erste Postlinie zwischen Innsbruck und Mechelen bei Brüssel erschlossen. Chronische Unterfinanzierung zwang Maximilian zu Beginn des neuen Jahrhunderts dann regelrecht dazu, die Einrichtung für private B.-Korrespondenz zu öffnen. Im Unterschied zu älteren, nahezu ausnahmslos Staat und Militär vorbehaltenen Reiterstafetten folgte die Post der Taxis somit dem Prinzip allgemeiner Zugänglichkeit. Die Augsburger Handelshäuser Anton Welsers und Jakob Fuggers zählten zu den ersten Privatkunden. Für das frühe 16. Jh. ist eine rasche Erweiterung des Nutzerkreises belegt [5. 68 ff.].

Für die öffentliche Post war ein Katalog institutioneller Leistungen charakteristisch, an dem sich der Erfolg dieser ↗Kommunikationsrevolution bemaß. Die gewöhnliche B.-Post zeichnete sich durch ihren regelmäßigen Gang aus, durch festgesetzte Abgangs- und Ankunftszeiten, durch ein geordnetes Tarifsystem sowie Zuverlässigkeit und Pünktlichkeit bei der Beförderung. Durch regelmäßigen Wechsel der Pferde und Kuriere setzte sie beim Reisetempo neue Maßstäbe. Für die Strecke zwischen Innsbruck und Brüssel veranschlagte ein Postvertrag von 1516 je nach Jahreszeit zwischen fünf und sechs Tage, insgesamt 197 Stunden benötigte die Post einer Berechnung aus dem Jahr 1583 zufolge für die Strecke von Venedig bis Köln [5. 74, 158]. Seit den 1530er Jahren verkehrten die Taxis'schen ↗Kuriere in wöchentlichem Rhythmus. Erstmals in der Geschichte der ↗Kommunikation wurde B.-Beförderung in hohem Maße plan- und berechenbar.

2.2. ›Porto‹ / ›Franco‹

Ansätze zu einer festen tariflichen Regelung der Leistungen im B.-Verkehr lassen sich bis zur Mitte des 16. Jh.s zurückverfolgen. In den 1580er Jahren enthielten B. bereits wie selbstverständlich Frankierungsvermerke [5]. Anders als bei den traditionellen Botendiensten (↗Botenwesen), die das Porto häufig noch individuell aushandelten, setzte sich auf den Reitpostkursen jetzt ein einheitliches Taxwesen durch. Verbindliche Taxverzeichnisse brachten ab dem frühen 17. Jh. etwa Augsburg, Frankfurt am Main und Köln zum Aushang. Die Entgeltordnungen unterschieden zwischen ›Franco‹ (ital. *franco di porto*, »frachtfrei«), der bei der Absendung bezahlten, und ›Porto‹ (ital. *portare*, »tragen«), der beim Empfang beglichenen Gebühr. Wurden Ländergrenzen überschritten, kamen Mischvarianten ins Spiel. In solchen Fällen war die Gebühr bis zur Grenze durch den Absender und ab da durch den Empfänger zu entrichten. Beispielsweise war die Post nach Italien bis Augsburg und nach Frankreich bis Wesel zu frankieren [2]. Kurbrandenburg, das nach dem Ende des Dreißigjährigen Krieges (1648) eine eigene Staatspost (↗Landespost) schuf, hatte sich ausschließlich auf das Portoverfahren verlegt. Unter den gegebenen Möglichkeiten zu entscheiden, stand dem Absender im Übrigen frei. Ob ein B. *franco* oder *porto* abgeschickt werde, bilanziert noch 1810 die *Ökonomisch-technologische Encyklopädie* von Johann Georg Krünitz, sei »der Post gewöhnlich gleichgültig« [7.21]. Unter den Bedingungen der dt. Kleinstaaterei mag das Portoverfahren gleichwohl bevorzugt worden sein. Immerhin verpflichtete es die Anstalten, welche im Falle eines Verlustes leer ausgingen, bei der Expedition der B.-Post zu besonderer Sorgfalt.

Die Portosätze verhielten sich über lange Zeit weitgehend konstant – sieht man von vorübergehenden krisenbedingten Schwankungen ab. Das B.-Porto wurde i. Allg. gestaffelt nach Entfernung und Gewicht der Sendung errechnet. Kursbücher, die im Laufe des 18. Jh.s an Zahl wie in ihrem Umfang merklich zunahmen, vermitteln detaillierten Einblick in die Gebührenstrukturen. Danach kostete z. B. ein einfacher B. von Frankfurt nach Bonn im Jahr 1756 – »franco nach Belieben« – eineinhalb Batzen, die Gebühr für einen B. von Berlin nach Magdeburg bezifferte sich 1782 auf zwei Groschen und sechs Pfennige, nach Bremen auf vier und nach Augsburg auf acht Groschen [1.399]; [2.568 ff.].

2.3. Erweiterung und Verdichtung

Die Verbesserung der infrastrukturellen Leistungen – nach 1648 trat das Angebot einer Personenpost hinzu (↗Personenbeförderung) – nahm die Anstalten noch bis ins 18. Jh. in Anspruch. Zwischen 1700 und 1740 steigerte Preußen die Zahl seiner Posthaltereien von 120 auf 300 und bis ins letzte Jahrhundertdrittel erneut auf nunmehr 700 Einheiten. Die Thurn-und-Taxis-↗Reichspost vermochte ihre wichtigsten Fahrpostlinien überhaupt erst im 18. Jh. zu realisieren. Insgesamt ging mit der Einführung der Personenbeförderung die gleichzeitige Vernetzung der Peripherie einher. Ausbau und Verdichtung des Postnetzes zogen wiederum eine spürbare Erhöhung der Kursfrequenz nach sich. War die Post im späten 17. Jh. auf allen größeren Kursen zweimal wöchentlich verkehrt, so verdoppelte sich der Beförderungstakt bis zum ausgehenden 18. Jh. in der Regel.

Die Vorreiterschaft bei der postalischen Vernetzung übernahmen die kontinentalen Transitstrecken, wie etwa die alte Taxis'sche Postroute zwischen Innsbruck und Brüssel sowie der 1649 unter Kurfürst Friedrich Wilhelm angelegte brandenburgische West-Ost-Kurs zwischen Kleve und Memel. Ebenso wichtig waren die traditionellen Handelswege – beispielsweise zwischen Nürnberg und Frankfurt oder Frankfurt und Basel (↗Handelsrouten). Tägliche Verbindungen wurden zuerst zwischen den Residenzen eingerichtet, darunter die Kurse von Berlin nach Potsdam und von Köln nach Brühl bzw. Bonn. Schon im frühen 18. Jh. lief die Augsburger Post täglich bis Memmingen, außerdem nach Köln und nach Stuttgart. Auch Frankfurt und Mainz verband zur gleichen Zeit eine solche »Journaliäre«. Die Liste der wöchentlich eintreffenden Posten führte Mitte des 18. Jh.s Nürnberg mit 138 Bewegungen an, gefolgt von Frankfurt mit 129. Die Fahrpläne Augsburgs und Wiens verzeichneten jeweils 77 Eintragungen, weit abgeschlagen dagegen vorerst Berlin mit wöchentlich 43 Postbewegungen [5.612].

2.4. Posttag

Vom Gang der Post, genaugenommen dem Wechsel zwischen den Tagen, an denen sie eintraf bzw. abging, und solchen, an denen sie ausblieb bzw. ruhte, waren Leben und Alltag der Menschen zutiefst geprägt. In Gustav Freytags *Bildern* aus dem 18. Jh. sind Ankunft und Abgang der Post »unter den Tagesereignissen das wichtigste«. Naturgemäß bestimmte der Posttag über Konzept und Takt der B.-Korrespondenz. »Ich lasse keinen Posttag ungebraucht«, wusste der preuß. Staatswissenschaftler Theodor Hippel wie viele seiner Zeit von seinen Schreibgewohnheiten zu berichten. »Weil doch die Post vor morgen abend nicht abgeht«, ließ Heinrich von Kleist am 21. August 1800 aus dem ländlichen Coblentz bei Pasewalk die Geliebte Wilhelmine von Zenge wissen, »so will ich noch ein Blättchen Papier für Dich beschreiben …«. Und Fürst Pückler-Muskau ermunterte seine »Muse« Bettina von Arnim am 14. April 1832: »Schicke auch Deine B. so oft Du willst, meinetwegen jeden Posttag!« [6.140]. Man schrieb sich »posttäglich« – und antwortete »postwendend«. Auch Goethe soll, wiewohl ein geselliger Mensch, an Posttagen für niemanden zu sprechen gewesen sein. Wer nicht bereit war, sich dem Beförderungsrhythmus der ↗Ordinari-Post zu fügen, dem blieb indes die unter Geschäftsleuten und Politikern geschätzte Möglichkeit einer ungleich kostspieligeren Expresszustellung, bevor an der Wende zum 19. Jh. die tägliche Post zusehends überwog.

Unter preuß. Regie wurde die eintreffende Post bis ins 18. Jh. im Postamt öffentlich zum Aushang gebracht. Nicht selten soll es dabei zu tumultartigen Szenen gekommen sein [3]. Den Abholern wurde eine Frist gesetzt und bei deren Überschreitung ein Diener mit der Zustellung der B. gegen ein zusätzliches Entgelt betraut. Bei der Reichspost war die lokale Zustellung seit dem 16. Jh. bekannt, Preußen gewichtete sie hingegen erst im Verlauf des 18. Jh.s. Eine Gebührenordnung aus dem Jahr 1770 sah pro B. eine Zustellgebühr von drei Pfennigen und die zweimal tägliche Zustellung vor, vormittags um 11 Uhr und nachmittags um 6 Uhr.

B.-Kästen spielten noch bis ins 19. Jh. eine völlig untergeordnete Rolle. Ihre Anbringung lag im Ermessen der jeweiligen Postmeister. In Christoph Weigels *Ständebuch* von 1698 ist ein B.-Kasten erstmals bildlich belegt [7. 62]. Jedoch scheiterte 1766 Preußen bei dem Versuch kläglich, einen B.-Kasten auf dem Flur des Berliner Posthauses aufzustellen [3. 314]. Auf Seiten der Bevölkerung ignoriert, wurde der Kasten nach nur drei Jahren wieder entfernt; einen neuerlichen Anlauf nahm man 1824. Ebenso wie die Reform der ↗Eilwagen und Schnellposten, die im Postreiseverkehr zu einer enormen ↗Beschleunigung führte, erschienen B.-Kästen jetzt als zukunftweisende Einrichtung. Im großen Stil vermochte sich der B.-Kasten aber erst mit Einführung der Postwertzeichen durchzusetzen (in England 1840, bei den dt. Postverwaltungen 1849/50). Die B.-Marke gestattete es, die Post selbst zu frankieren bzw. sie in bereits frankiertem Zustand einzuwerfen. Das Ensemble aus Postkasten und B.-Marke schuf nicht zuletzt die Grundlage für eine Beschleunigung der innerpostalischen Betriebsabläufe.

→ Infrastruktur; Kommunikation; Kommunikationsrevolution

Quellen:
[1] C. L. EBER, Geographisches Reise- Post- und Zeitungs-Lexicon von Teutschland, Jena 1756 [2] C. G. HAUBOLD (Hrsg.), Topographisches Reise- Post- und Zeitungs-Lexicon von Deutschland, Bd. 2, Leipzig ²1782. [3] H. STEPHAN, Geschichte der Preußischen Post von ihrem Ursprunge bis auf die Gegenwart, 1859.

Sekundärliteratur:
[4] W. BEHRINGER, Thurn und Taxis. Die Geschichte ihrer Post und ihrer Unternehmen, 1990 [5] W. BEHRINGER, Im Zeichen des Merkur. Reichspost und Kommunikationsrevolution in der Frühen Neuzeit, 2003 [6] K. BEYRER, Liebespost. Die Ordnung der Gefühle bei der Beförderung, in: B. BURKARD (Hrsg.), liebe. komm. Botschaften des Herzens, 2003, 132–151 [7] K. BEYRER / H.-C. TÄUBRICH (Hrsg.), Der Brief. Eine Kulturgeschichte der schriftlichen Kommunikation, 1996 [8] G. NORTH, Die Post. Ihre Geschichte in Wort und Bild, 1989

Klaus Beyrer

Briefbeförderung s. Botenwesen; Kurier; Post

Briefgeheimnis s. Postgeheimnis

Briefroman

B. stellen eine Geschichte in einer Folge von ↗Briefen dar. Der Begriff geht auf das engl. *epistolary novel* (franz. *roman épistolaire*) zurück und setzte sich gegenüber der im 18. Jh. noch gebräuchlicheren Bezeichnung »Roman in Briefen« (engl. *novel in letters*, franz. *roman par lettres*) durch.

Der B. wird durch das komplementäre Verhältnis zweier Perspektiven bestimmt: der Perspektive des Briefschreibers, der die Ereignisse im offenen Horizont ihres Verlaufs durchlebt, und der Perspektive des Herausgebers, der die hinterlassenen Briefe als Elemente einer Geschichte präsentiert. In dieser Differenzierung von Erlebnisgegenwart und Handlungskonstruktion liegt die poetische Innovation des B. begründet [6]. Die Geschichte, die der B. entwirft, erzählt sich gleichsam von selbst. An die Stelle eines fiktiven Erzählers tritt ein fiktiver Herausgeber, der einen oder mehrere Briefwechsel (mehrstimmiger B.), seltener die Briefe eines einzelnen Schreibers (einstimmiger B.) ediert, in einer Vorrede oder in Fußnoten kommentiert und gelegentlich auch Lücken im Handlungszusammenhang erzählend füllt.

Die Geschichte des nzl. B. ist Teil einer umfassenderen Geschichte der Verschriftlichung des Erzählens, d. h. eines Prozesses, in dessen Verlauf die ästhetischen Möglichkeiten, die das Schreiben dem Erzählen eröffnet, entdeckt und kultiviert wurden [5]. In dem Maße, in dem der ↗Roman sich seiner ↗Schriftlichkeit bewusst wurde, begann das narrative Schreiben sich als schriftliche ↗Mimesis und kunstvolle Steigerung des Sprechens (↗Mündlichkeit) zu verstehen. Dies geschieht einmal dadurch, dass das Schreiben die konversationelle Rahmung des mündlichen Erzählens nachbildet. Die Ereignisse, von denen der einzelne Brief erzählt, sind in das schriftliche Gespräch integriert, das der Briefschreiber mit seinem imaginären Gegenüber führt. Überdies werden die durchlebten Ereignisse nicht als auktorial gedeutete erzählt, sondern als unmittelbare Spuren des Daseins vergegenwärtigt. Die Fiktion eines sich aus der Interaktion zurückziehenden und im Schreiben zum Erleben findenden Bewusstseins vermittelt dem Leser den Eindruck, einer fremden Erlebniswirklichkeit zu begegnen.

Vorformen des B. finden sich bereits in der Antike. Ihre eigentliche Geschichte allerdings erfuhr die Gattung im Kontext der Briefkultur des 18. Jh.s (↗Brief); in ihr fand sie ihren Sitz im Leben, so wie sie ihrerseits den privaten Briefwechsel stimulierte. Der eigentliche Begründer und erste Klassiker der Gattung war Samuel Richardson mit seinen B. *Pamela* (1740), *Clarissa* (1747/48) und *Sir Charles Grandison* (1753/54), die in ganz Europa zu ersten literarischen Bestsellern wurden. Bezeichnenderweise entstand *Pamela* im Kontext von Richardsons Arbeit an einer Sammlung von Musterbriefen. Nicht zufällig auch beruft sich der Autor in der Vorrede von *Sir Charles Grandison* auf das Vorbild von »*Familiar Letters, written, as it were, to the Moment, while the Heart is agitated by Hopes and Fears, on Events undecided*«. Der zweite Klassiker des B. ist Jean-Jacques

Rousseau. Seine *Lettres de deux Amants* (*La Nouvelle Héloïse*, 1761) suchen nach einer von konventionalisierten Ausdrucksformen noch nicht verstellten »Sprache des Herzens«. Eine im Rahmen der Gattung singuläre, hinsichtlich seiner Wirkung beispiellose Erscheinung sind Goethes *Die Leiden des jungen Werthers* (1774). Goethe reduzierte den B. auf die Briefe eines einzelnen Schreibers und vergegenwärtigte die Geschichte seines Helden als Bewusstseinsdrama; Briefe schreibend gerät Werther in Bewusstseinslagen, aus denen er sich aus eigener Kraft nicht mehr zu befreien weiß.

Die genannten B. machten nicht nur ihre Autoren, sondern auch die lit. Figuren selbst zu europ. Berühmtheiten. Hatte der B. im 18. Jh. zunächst wesentlichen Anteil an der poetologischen Nobilitierung des ↗Romans (↗Poetik), so wurde er im letzten Drittel des Jahrhunderts zum ersten lit. Modephänomen. Die moderne ↗Unterhaltungsliteratur fand hier ihren Ursprung. Zahlreiche B. wurden von Frauen (u. a. Sophie von La Roche) verfasst. Im Zeitraum von 1740 bis 1820 erschienen in Europa mehr als 1000 B., unter ihnen bedeutende Werke wie Choderlos de Laclos' *Les Liaisons dangereuses* (1782), Ludwig Tiecks *William Lovell* (1795/96), Friedrich Hölderlins *Hyperion* (1797/99) und Christoph Martin Wielands *Aristipp* (1800/01). Die Geschichte des B. kam im 19. Jh. an ein Ende. Die von ihm entwickelten Techniken des narrativen Schreibens sind aber zum selbstverständlichen Bestandteil der modernen Literatur geworden.

→ Brief; Erzählliteratur; Roman; Schriftlichkeit

[1] J. G. ALTMAN, Epistolarity. Approaches to a Form, 1982 [2] T. O. BEEBEE, Epistolary Fiction in Europe. 1500–1850, 1999 [3] L. MÜLLER, Herzblut und Maskenspiel. Über die empfindsame Seele, den Briefroman und das Papier, in: G. JÜTTEMANN et al. (Hrsg.), Die Seele. Ihre Geschichte im Abendland, 1991, 267–290 [4] H. R. PICARD, Die Illusion der Wirklichkeit im Briefroman des 18. Jh.s, 1971 [5] G. TER-NEDDEN, Die Unlust zu fabulieren und der Geist der Schrift. Medienhistorische Fußnoten zur Krise des Erzählens im 18. Jh., in: Jb. der Jean-Paul-Gesellschaft 32/33, 1997–1998, 191–220 [6] W. VOSSKAMP, Dialogische Vergegenwärtigung beim Schreiben und Lesen. Zur Poetik des Briefromans im 18. Jh., in: DVjs 45, 1971, 80–116.

Robert Vellusig

Briefzensur

Die Entwicklung der B. ist auf das Engste mit dem Aufbau des ↗Post-Wesens verknüpft. Solange persönliche Boten eine Nachricht von A nach B brachten, waren die Möglichkeiten, ↗Briefe abzufangen, zu kontrollieren und zu zensieren äußerst eingeschränkt (↗Botenwesen; ↗Kurier). Mit der Etablierung fester Postrouten wuchs der verstärkte Zugriff auf jegliche Korrespondenz (↗Post). Deshalb wurden die Auseinandersetzungen um Postrechte nicht nur aus ökonomischen, sondern auch aus Gründen der B. oftmals verbittert geführt.

Im Laufe der Frühen Nz. nahm aufgrund des steigenden ↗Kommunikations-Bedürfnisses nicht nur die Briefbeförderung quantitativ und qualitativ einen rasanten Aufschwung, sondern auch die B. Bereits zu Beginn des 16. Jh.s mehrten sich die Stimmen, die, wie z. B. Martin Luther 1529, die »Briefdiebe« aufs Schärfste verurteilten, welche »heimlich Briefe eröffneten und verfälschten« [3]. Karl V. ließ zur gleichen Zeit wichtige Korrespondenzen nur verschlüsselt übermitteln und legte großen Wert auf sichere Postrouten. So ging es immer um ein Spiel auf zwei Seiten: ↗Informationsbeschaffung und Informationsgeheimhaltung. Daher spiegelt sich die Geschichte der B. auch in der Entwicklung der Kryptologie wider (↗Kryptographie). L. B. Alberti schuf bereits Mitte des 15. Jh.s die Grundlage des polyalphabetischen Chiffrierverfahrens, das in seiner Anwendung stetig verfeinert wurde.

Zu einer systematisch organisierten Briefspionage kam es erst ab der Mitte des 17. Jh.s. Ludwig XIV. richtete ein zentrales Amt zur Briefüberwachung ein, das wegen seiner geheimen Tätigkeit als *Cabinet noir* (»Schwarzes Kabinett«) bezeichnet wurde. Hier wurden nicht nur Briefe von Diplomaten und Militärs, sondern auch solche verdächtiger Privatpersonen durchforscht und dem König übermittelt. Ein derartiges ↗Spionage-System war in Frankreich problemlos einzurichten: Da es hier eine Staats-↗Post gab, konnten die weitverzweigten Postämter auch zur Briefüberwachung herangezogen werden. Anders sah die Situation im Alten Reich aus. Hier war das Fürstenhaus Thurn und Taxis als Inhaber der ↗Reichspost nicht den Habsburgern, sondern dem ganzen Alten Reich gegenüber zur sicheren Briefbeförderung verpflichtet. Dennoch versuchte bereits Leopold I. die Reichspost ähnlich wie sein franz. Gegenspieler zu nutzen. Die Habsburger lernten v. a. durch militärische Auseinandersetzungen, konkret dem Spanischen und dem österr. ↗Erbfolgekrieg, die B. zu schätzen. Hierfür wurden gerade die zentralen Postämter des Reiches herangezogen. Wien wurde dabei zum Zentrum der Briefspionage, auch wenn andere Landesherren, wie in Preußen, Frankreich, Russland und England ebenfalls ihre Schwarzen Kabinette ausbauten.

In J. B. Fridericis Lehrbuch *Cryptographia* (1685) heißt es, dass »nunmehr kein Brieff so wol verpitschieret ist, der nicht durch listige Hand, … ganz unvermerckt könne auff- und wieder zugemacht werden«. Die technische Seite der »Briefmanipulation« spielte in der Tat eine untergeordnete Rolle. Man verfügte in Wien wie anderswo über das entsprechende Instrumentarium, um einen Siegelabdruck zu erstellen und damit nach Lektüre wieder neu zu versiegeln. Von häufig vorkommenden Siegeln, wie z. B. der ↗Gesandtschaften auf dem Immerwährenden ↗Reichstag, hatte man Kopien erstellt. So konnte es in Hektik und Arbeitsüberlastung vorkommen, dass ein Brief mit falschem Siegel weitergeschickt wurde.

Was aber hätte das fachgerechte Öffnen, Abschreiben und Verschließen der Briefe erbracht, wenn man die verwendeten Chiffren nicht entziffern konnte? Unter Joseph II. arbeiteten bereits mehr als zehn Dechiffrierer und ihnen kam der Ruf zu, im 18. Jh. die erfolgreichsten Code-Knacker Europas zu sein. Der Wiener Zentrale kamen zwei Funktionen zu: Zum einen arbeitete sie wie andere Schwarze Kabinette im Lande; die Post wurde systematisch überwacht, d. h. in der kurzen Zeit zwischen Einlieferung und Auslieferung geöffnet, abgeschrieben und neu verschlossen. Zum anderen liefen in Wien von allen Postlogen die Abschriften interessanter Korrespondenzen ein, die hier entschlüsselt wurden.

Einen bes. Höhepunkt erlebte die B. nach 1800. Metternich nutzte dieses Instrument der Politik meisterhaft; jährlich wurden 15 000 Abschriften angefertigt, die Ausstattung der Schwarzen Kabinette stets vermehrt und Konferenzorte wie Karlsbad nach der Leistungsfähigkeit des dortigen Schwarzen Kabinetts ausgewählt. Folgerichtig wurde daher nach dem Krieg von 1866 die habsburgtreue Thurn und Taxis'sche Post durch Bismarck aufgelöst. Ab der Mitte des 19. Jh.s fand der Gedanke des Briefgeheimnisses, das keiner Kontrolle untersteht Eingang in die Rechtspraxis (↗Postgeheimnis).

→ Botenwesen; Brief; Kurier; Kryoptographie; Postgeheimnis; Spionage; Zensur

Quellen:
[1] Wie sichert man sich vor Brief-Erbrechung und deren Verfälschung? In drey verschiedenen Abhandlungen. Nebst Siegel- und Schrift-Cabinetten für den Liebhaber, 1797
[2] J. B. FRIDERICI, Cryptographia oder Geheime schrifft-, münd- und würckliche Correspondentz welche lehrmäßig vor stellet eine hoch-schätzbar Kunst verborgene Schriften zu machen und aufzulösen …, 1685 [3] M. LUTHER, Von heimlichen und gestohlenen Briefen, in: M. LUTHER, Gesammelte Werke. Weimarer Ausg. Bd. 30.2, 1909, 1–48.

Sekundärliteratur:
[4] K. BEYRER (Hrsg.), Streng geheim. Die Welt der verschlüsselten Kommunikation, 1999 [5] S. GRILLMEYER, Habsburgs Diener in Post und Politik. Das »Haus« Thurn und Taxis zwischen 1745 und 1867, 2005 [6] J. PIEKALKIEWICZ, Weltgeschichte der Spionage. Agenten – Systeme – Aktionen, 1988.

Siegfried Grillmeyer

Brille

1. Erste Brillenformen
2. Herstellungszentren und Handel
3. Weiterentwicklung und Fertigung

1. Erste Brillenformen

Seit ungefähr 1200 legte man Halbkugeln aus ↗Glas oder Edelstein (Bergkristall, Beryll) direkt auf die Schrift, um sie zu vergrößern. Aus diesen Lesesteinen entwickelte sich schon im 13. Jh. das Augenglas, eine konvexe Linse, die mit einem Stiel versehen vor das Auge gehalten wurde. Sowohl der Zeitpunkt der ↗Erfindung als auch der Erfinder der B. sind – trotz langlebiger Legenden und Geschichtsfälschungen – nicht bekannt. Schon am Ende des 13. Jh.s wurden in Venedig B. angefertigt, die man begrifflich als lat. *oculare* (ital. *occhiale*) von den *lapides ad legendum* (»Lesesteinen«) unterschied. Die Gläser wurden aus sog. weißem Glas (Kristallglas) aus Murano bei Venedig gefertigt [3]; [9].

Abb. 1: Der Hl. Petrus mit einer Nietbrille. Ausschnitt aus der Predella des Hochaltars der St. Jakobs-Kirche in Rothenburg ob der Tauber von Friedrich Herlin, die Christus und die zwölf Apostel darstellt (1466).

Nietete man zwei Gläser an ihren Griffen zusammen, so entstand eine Niet-B., die auf der Nase festgeklemmt wurde (vgl. Abb. 1). Eine frühe Darstellung auf einem Fresko von Tomaso da Modena im Kloster San Nicolò von Treviso (1352) zeigt 40 Prediger, darunter einen mit einem Vergrößerungsglas in der Hand und einen anderen, Hugo von St. Cher, mit einer Niet-B. auf der Nase [2. 169]. Auf zahlreichen gotischen Flügelaltären erscheint die B. meist als Attribut von Schülern, Mönchen oder Aposteln, z. B. bei der ältesten dt. Darstellung einer B. (1403) auf dem Wildunger-Altar von Conrad von Soest oder auf dem Polyptichon *Der Tod Mariä* des Albrechtsaltars (1439), das einen im Messbuch lesenden Apostel mit Niet-B. zeigt [2. 169, 172]. Die B. diente zunächst den Lesenden: Petrarca schreibt 1531 in *Posteritati* (Brief an die Nachwelt) dass er, da ihn nach seinem sechzigsten Lebensjahr die Sehkraft verließ, leider zur B. (*ocularium*) habe greifen müssen [3. 9].

2. Herstellungszentren und Handel

In Deutschland ist die Herstellung von B. seit 1450 in Frankfurt am Main, 1466 in Straßburg und 1478 in Nürnberg nachgewiesen, Regensburg folgte; auch in Paris war die B.-Herstellung seit der Mitte des 15. Jh.s etabliert. Das niederl. Wort *bril* soll schon im 14. Jh. in die dt. Sprache Eingang gefunden haben, wobei der Plural »Brillen« – wie auch in anderen Sprachen – das Gläserpaar bezeichnete [8. 17, 34 f.]. Bis in die zweite Hälfte des 15. Jh.s wurden B.-Gläser nur konvex geschliffen; sie dienten der Korrektur der Altersweitsichtigkeit (Presbyopie). Nicolaus Cusanus erwähnt jedoch schon um 1430/40 Zerstreungslinsen für Kurzsichtige; der Abt Franciscus Maurolicus von Messina beschrieb im 16. Jh. als erster die optische Wirkung von konkaven und konvexen Gläsern, die er als »alte Gesicht« (konvex, Sammellinse) und »junge Gesicht« (konkav, Zerstreuungslinse) bezeichnete [8. 17, 35 f.]. Mit »Gesicht« bezeichnete man die Sehkraft, und als »Blödigkeit« des Auges oder des Gesichts die Sehschwäche.

Zentren der B.-Herstellung in Deutschland waren Regensburg, wo die B.-Macher ein »geschworenes« bzw. zünftiges ↗Handwerk bildeten (↗Zunft), sowie Nürnberg, wo die »Parillenmacher« seit 1568 ein »gesperrtes« Handwerk waren, bei dem die Arbeitskräfte nicht (ab)wandern und die Meister keine fremden ↗Gesellen aufnehmen durften. Neben ihren Töchtern, einem Lehrjungen und zwei Gesellen konnten die Meister weitere Arbeitskräfte für das Glasschleifen (Glasreiben) beschäftigen, sog. Stückwerker, darunter auch Frauen, die »nach dem Hundert« bezahlt wurden. Die Meister bezogen das ↗Glas von den Glashütten [5. 69–79]. Im 18. Jh. entwickelte sich Fürth als bedeutender Standort, wo man v. a. billige Ware herstellte, u. a. Gläser, die in einer sog. Schöpfzange gegossen und in heißem Zustand gepresst wurden. Eine solche Schöpfzange hat Christian Gottlieb Hertel 1716 in *Vollständige Anweisung zum Glaß-Schleifen* beschrieben; er unterschied nach dem Radius der Schleifschalen drei Klassen von Brillenbedürftigen, die umgerechnet zwei bis vier, vier bis fünf, oder sechs bis acht Dioptrien entsprechen [8. 17, 46 f.]; [6. 24].

Bis in die zweite Hälfte des 19. Jh.s wurden B. von Wanderhändlern abgesetzt [7. 379 f.]; [8. 17, 35]. 1583 galt in Nürnberg das Dutzend als Verkaufseinheit, bis 1675 setzte sich »eine Lade« (acht B. in einer Spanschachtel) durch; zehn solcher Schachteln bildeten das »Brillenmacherhundert« mit 80 Stück [8. 17, 45]. Die B.-Händler hatten keinen guten Ruf: Georg Henisch vermerkt 1616 in seinem Wörterbuch *Teütsche Sprach und Weißheit* für »Brillen verkaufen« das Synonym »betriegen« [4. 250]. Krünitz hält noch 1775 venez. B. für die besten: »Sonst werden auch die englischen und pariser von vielen hochgeschätzt … Von gemeinen Brillen werden sehr viele in Nürnberg verfertiget, und Dutzend-, Futteral- und Stückweise an die Krämer, sonderlich an diejenigen, welche Hecheln, Nähnadeln und Mausfallen feil umher tragen, verkaufet« [1. 707]. Auf dem Jahrmarkt waren B. schon für einige Pfennige zu haben, doch B., die ein »Perspectivmacher« (*opticus*) – wie Johann Wiesel in Augsburg für Herzog August von Wolfenbüttel 1630 auf Bestellung und für eine bestimmten Sehstärke (»auf 50 Jahr gerichtet«) – fertigte, kosteten mehrere Gulden [4. 249–252].

3. Weiterentwicklung und Fertigung

In der Renaissance war die Niet-B. von einer verbesserten Fassung verdrängt worden. Bei der Bügel-B. wurden die Gläser durch einen festen, halbrunden Steg (Nasenbügel) miteinander verbunden. Die Fassung wurde aus Holz, Horn, Fischbein oder Leder gefertigt, aber auch diese B. mussten meist auf der Nase festgeklemmt oder mit der Hand gehalten werden. Die Faden-B., die man mit seitlich angebrachten Fadenschlingen hinter den Ohren befestigte, war im 16./17. Jh. in Italien und Spanien verbreitet. In Nürnberg wurden ab etwa 1616 Draht(klemm)-B. hergestellt, bei denen ein mit einer Nut versehener Draht um die Gläser gebogen wurde; der Mittelteil des Drahtes fungierte als Nasensteg. Mit der Plättmühle konnte man nach 1640 den Draht in einem Arbeitsgang flach pressen und mit einer Nut versehen, und ab 1730 mit der Musierwelle eine Beschriftung (Meisterzeichen) einprägen, wobei man zunächst Messingdraht, dann versilberten Kupferdraht (leonischen Draht) verwendete [8. 17, 45]. Zu Beginn des 18. Jh.s kam die Schläfen-B. mit seitlichen Bügelstangen wahrscheinlich in London auf [8. 18, 100]. Daraus entwickelte sich im 19 Jh. die Ohren-B. [8. 18, 104]. Sie konnte auch beim Gehen getragen werden, wobei das B.-Tragen durch junge Leute (Kurzsichtige) nicht nur vom greisen Goethe als respektwidrig empfunden wurde [8.18, 111]. Mit dem Klemmer oder Kneifer (*pincenez*) kam in den 1840er Jahren eine Form auf, welche sich beim gebildeten Bürgertum großer Beliebtheit erfreute [10.117 f.].

Das Schleifen und Polieren der Gläser in mehreren Arbeitsgängen war ein aufwendiger und gesundheitsschädlicher Prozess, da das Glas meist trocken gerieben wurde [8.17, 39]. Beim Schleifen vollzog sich der Übergang zur industriellen Fertigung durch den Einsatz der (zunächst handgetriebenen) Vielspindelschleifmaschine, die sich der Prediger Johann Duncker 1801 patentieren ließ; bei ihr konnten elf Schleifschalen gleichzeitig betrieben werden. Bis nach 1850 wurde das Schleifen jedoch auch von Kindern (↗Kinderarbeit) und in Strafanstalten verrichtet. Die von Duncker gegründete Optische Industrieanstalt Rathenow beschäftigte 1815 fünf Kinder und sechs Erwachsene, 1845 67 Arbeiter. In Fürth wurde die Maschinenschleiferei mit ↗Wasserkraft 1824 eingeführt, ↗Dampfkraft wurde erst 1846 eingesetzt; gleichzeitig nahm Carl Zeiss in Jena den Betrieb auf. Doch noch 1857 wurden in Fürth 2,4 Mio. (39%) der jährlich erzeugten 6,14 Mio. Gläser von Hand geschliffen. Um 1850 lieferten Fürth und Nürnberg jährlich ca. 7,5 Mio. B.-Gläser, die in Europa (bes. Österreich, Türkei), Amerika und Ostindien abgesetzt wurden [8.8, 111 f.]. Seit der Mitte des 19. Jh.s stellte man Presslinge her, die leichter und schneller zu schleifen waren.

Wenngleich die B. zu den Innovationen des MA zählt, so geschah ihre Ausdifferenzierung und Verbreitung in der Nz. (↗Produktinnovation): Die B. dürfte – über ihre Funktion für die Lesenden und Schreibenden hinaus (↗Alphabetisierung) – in vielen Bereichen das Arbeitsleben wesentlich verlängert haben, denn die Augenlinse verliert ab dem vierzigsten Lebensjahr an Elastizität. Nicht zufällig zeigen die Kupferstiche in Jan van der Straets *Nova Reperta* (1580) zu den »neuen Erfindungen« auch die – schlecht beleuchteten – Werkstätten des Uhrmachers, des Kupferstechers und des Destillateurs und jeweils einen älteren Mann mit B., womit auch dieser Erfindung Reverenz erwiesen wurde [7.376]. Auch in den Darstellungen der ↗Alterstreppen erscheint die B. als unvermeidbares Attribut des ↗Hohen Alters: Ein Holzschnitt nach Zeichnungen von Tobias Stimmer (um 1560) zu den zehn Altersstufen zeigt die 60-Jährige am Spinnrocken mit einer an der Mütze befestigten B. (Mützen-B.) In Jost Ammans ↗Ständebuch von 1568 sind die B. »Auff mancherley Alter gericht / Von viertzig biß auff achtzig jarn / Darmit das gsicht ist zu bewarn.«

Neben B. mit meist schwachen Sammellinsen wurden auch solche mit Zerstreuungslinsen für Kurzsichtige hergestellt. Dennoch erfolgte bis ins 19. Jh. die Klassifikation der Sehstärke meist nach dem Lebensalter, wenngleich Optikern wie Johann Wiesel bekannt war, dass »es nit alle mal an den Jaren oder dem alter gelegen« ist [4.251]. Erst 1875 wurde mit der Dioptrie eine objektive Maßeinheit eingeführt, welche die Brechkraft einer optischen Linse bezeichnet, deren Brennweite ein Meter beträgt.

→ Auge; Erfindung; Glas; Innovation; Optik; Produktinnovation; Technischer Wandel

Quellen:
[1] Art. Brille, in: Krünitz 6, 1775, 705–710.

Sekundärliteratur:
[2] F. DAXECKER, Representations of Eyeglasses on Gothic Winged Altars in Austria, in: Documenta Ophthalmologica 93, 1997, 169–188 [3] C. FRUGONI, Das MA auf der Nase. Brillen, Bücher, Bankgeschäfte und andere Erfindungen des MA, 2003 [4] I. KEIL, Augustanus Opticus. Johann Wiesel (1583–1662) und 200 Jahre optisches Handwerk in Augsburg, 2000 [5] G. KÜHN / W. ROOS, Sieben Jahrhunderte Brille, 1968 [6] A. KUISLE, Brillen. Gläser, Fassungen, Herstellung, 1997 [7] J.-C. MARGOLIN, Des lunettes et des hommes ou la satire des mal-voyants au XVIᵉ siècle, in: Annales ESC 30, 1975, 375–393 [8] M. VON ROHR, Aus der Geschichte der Brille mit bes. Berücksichtigung der auf der Greeffschen beruhenden Jenaischen Sammlung, in: Beiträge zur Geschichte der Technik und Industrie 17, 1927, 30–50 (sowie Bd. 18, 1928, 95–117) [9] E. ROSEN, The Invention of Eyeglasses, in: Journal of the History of Medicine and Allied Sciences 11, 1956, 13–47, 183–218 [10] F. ROSSI, Brillen: Vom Leseglas zum modischen Accessoire, 1989.

Reinhold Reith

British Empire

1. First und Second Empire: Interpretationen
2. Imperium oder komplexes System maritimer Hegemonie
3. Kapitalistisches Weltsystem versus Reichsbildung
4. Von England zu Großbritannien – der erste Schritt
5. Von der europäischen Handelsbasis zur Atlantischen Welt: Anfänge des »Ersten Empire«
6. Empire und europäische Konkurrenz
7. Die Anfänge des »Second Empire«
8. Die Entstehung von Diasporas und weltweiten Migrationen
9. Zusammenfassung

1. First und Second Empire: Interpretationen

»B. E.« ist ein populärer, aber auch irreführender Begriff. Für die Frühe Nz. lassen sich brit. Aktivitäten im Atlantischen und Indischen Ozean eher als ein recht unkoordiniertes Gewebe von Einflussnahmen beschreiben: Siedlungsversuche in Amerika seit etwa 1606, Unternehmungen der 1600 gegründeten *East India Company* (↗Ostindiengesellschaften) auf dem indischen Subkontinent, ↗Freibeuter-Fahrten gegen die span. Flotten, Kampf um Inseln in der Karibik sowie Errichtung von Stützpunkten für den ↗Sklavenhandel an der Küste

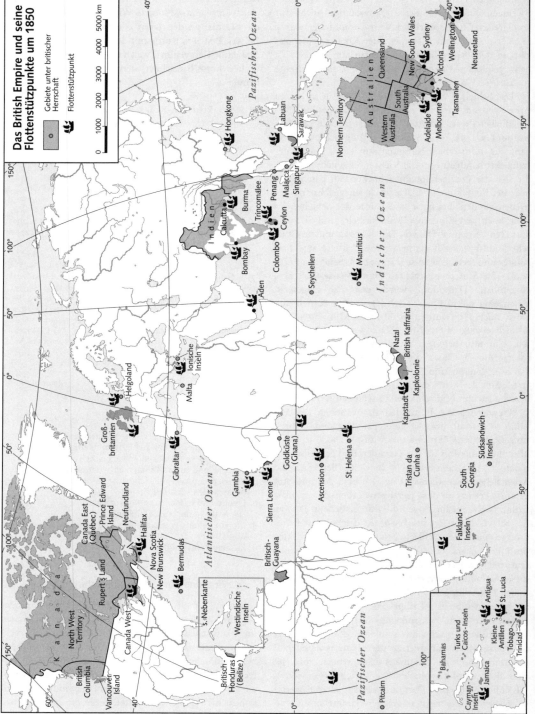

Abb. 1: Das *British Empire* und seine Flottenstützpunkte um 1850. Anzahl der Schiffe der Flottenstützpunkte:
Großbritannien: 28
Mittelmeer: 3
Canadian Lakes (Kanada): 3
Nordamerika und Westindische Inseln: 10
Südamerika: 14
Westafrika: 27
Kap: 10
Ostindien und China: 25
Pazifischer Ozean: 12
Die Karte illustriert, dass auch um die Mitte des 19. Jh.s die weltweite maritime Präsenz des *British Empire* mindestens so prägend war wie seine territoriale Kontrolle. Fügte man Generalkonsulate und Handelsfaktoreien hinzu, käme der starke Einfluss informeller Kontrolle prägnanter zur Geltung. Der Einfluss in Südamerika, in Ägypten und an der Ostküste Afrikas sowie in der Levante ist, weil diplomatisch und handelstechnisch geprägt, nicht abgebildet.

Westafrikas. Eine Systematik begann erst mit der ↗Monopol-Gesetzgebung (so mit den Navigationsakten, d. h. den engl. Gesetzen zur Förderung der nationalen Schifffahrt ab 1651) und der brit. Kontrolle des Sklavenhandels ab 1713. Dazu kam die Stabilisierung der Neuengland-Kolonien, die Kontrolle von Zuckeranbaugebieten in der Karibik und der Übergang zur Territorialherrschaft in Bengalen, die den Sieg im Weltkrieg von 1756–1763 (↗Siebenjähriger Krieg) gegen Frankreich voraussetzten. In der Rückschau kam für die Zeit bis zum Verlust der USA (1783) der Begriff des *First Empire* auf; ihm folgte im 19. und 20. Jh. das *Second Empire* – auch dies eher ein Begriff des Rückblicks aus der Warte des Hochimperialismus am Ende des 19. Jh.s. Konzepte des informellen Einflusses (Freihandelsimperialismus) standen jedoch dem liberalen Zeitgeist näher.

Aus dem histor. Rückblick des 21. Jh.s erscheint das B. E. als dasjenige weltpolitisch prägende Gebilde, das in der Kette der überseeischen Reichsbildungen europäischer Mächte am Ende der ↗Neuzeit den nachhaltigsten Einfluss ausübte. Auf den Landkarten des Zeitalters des Imperialismus waren große Teile der Welt mit dem Rot der brit. Kolonien, Protektorate und Dominions eingefärbt; allen voran das Kronjuwel Indien, aber auch Kanada, Australien, wichtige Teile der Karibik, Afrikas und des Nahen Ostens sowie Südostasiens (vgl. Abb. 1). Dabei fehlen die USA; ihr Bruch mit der brit. Herrschaft als Folge der ↗Nordamerikanischen Revolution und des Unabhängigkeitskrieges (1776–1783) beendete das *First Empire*.

Nach dieser Interpretation entwickelte sich mit der Reorganisation Indiens (1857) und nach brit. Neuerwerbungen im 19. Jh. (v. a. in Afrika) vom Kap der Guten Hoffnung (annektiert 1806) bis Ägypten (nach langem Vorlauf 1882 okkupiert) ein *Second Empire* oder *New Empire*. Man hat den Schwerpunkt des *First E.* in der ↗Atlantischen Welt Nordamerikas und der Karibik gesehen (mit Stützpunkten in Afrika zur Organisation des ↗Sklavenhandels), den des *Second E.* im Osten, v. a. in Asien, mit Britisch-Indien als Angelpunkt. Diese wohl populärste Vorstellung von einer Weltherrschaft, die erst durch das Aufholen der Industriemächte USA und Deutschland Konkurrenz bekam sowie erst durch die Dekolonisierungsprozesse des 20. Jh.s untergraben wurde, wird jedoch mit Blick auf die Periode der Nz. fragwürdig.

Die Vorstellungen von Reichsbildung oder gar Weltherrschaft – geprägt nach dem Muster des antiken Röm. Reiches – stehen mit der histor. Realität und ihren Interpretationen in vielfachem Widerspruch. Sowohl im Kontext der europ. als auch dem der außereurop. Geschichte suggeriert der Begriff »Imperium« umfassende hegemoniale Kontrolle über die beherrschten Gebiete. Diese Lesart gibt der Metropole London die Direktionskompetenz und schreibt dem Prinzip der territorialen Durchdringung großes Gewicht zu (↗Kolonialismus). Sie geht von Akteuren aus, die ein Imperium errichten wollten, wie es die »Imperialisten« Cecil Rhodes oder Joseph Chamberlain um die Wende zum 20. Jh. formulierten. Dabei hatte J. R. Seely schon 1883 in *The Expansion of England* festgestellt, das B. E. sei ungeplant (sozusagen in »*absent mind*«) entstanden. Andere, so R. Robinson, argumentierten, dass viele Expansionsprozesse insbes. im 19. Jh. durch Widerstandshandlungen und Initiativen der lokalen ↗Eliten Außereuropas ausgelöst worden seien [11], für die J. Galbraith 1962 das Bild der *turbulent frontier* prägte [6].

2. Imperium oder komplexes System maritimer Hegemonie

Die wiss. Diskussion um das E. ist voll entbrannt. Grundlage der *Oxford History of the British Empire* [10] ist das Konzept des B. E., das sich aus dem *British overseas enterprise* am Ende des 17. Jh.s entwickelte; die metropolitane Direktion – seine Steuerung von London aus – wird als gegeben angenommen. In der *New Imperial History* [14] hingegen werden *Culture, Identity and Modernity in Britain and the Empire* 1660–1840 (so der Untertitel) v. a. vom kulturwiss. Standpunkt analysiert; dabei wird das geschlossene Bild eines territorial konsolidierten und zentral gestalteten E. zugunsten der Betonung großer Gestaltungsräume sowohl der einheimischen Bevölkerungen (nicht nur der Eliten) als auch der aus Europa stammenden Siedler und Plantageneigner aufgelöst. Wichtig ist in dieser Sicht, dass der brit. Einfluss die Welt weniger prägt, als die außereurop. Welt auf vielfältige Weise auf Großbritannien zurückgewirkt, ja geradezu Identität und Ausformung der Moderne bestimmt habe; insbes. die Abgrenzung zum Anderen habe aufgrund der Erfahrung der ↗Expansion den europ. ↗Zivilisations-Begriff akzentuiert und das Konzept des *Englishman* (später ↗Gentleman) geprägt.

Diese Erfahrung wird auch für bestimmte Formen und Inhalte der ↗Aufklärung und der ↗Säkularisierung in Europa verantwortlich gemacht: So habe die dramatische Erweiterung des Menschenbildes (↗Mensch) dazu geführt, dass wichtige Aspekte der biblischen Schöpfungsgeschichte in Frage gestellt und angesichts so unterschiedlicher Erscheinungsformen des Menschlichen die gemeinsame Herkunft der Menschheit aus einer Wurzel zum Problem wurde (↗Anthropologie).

Eine komparative Betrachtung der Großreiche der Nz. (so etwa C. A. Baylys *The Imperial Meridian* [3]) zeigt andere Aspekte auf: Die Kontinuitäten insbes. des span. Weltreiches, die brit. Auseinandersetzungen mit der niederländ. maritimen ↗Hegemonie im 17. Jh. (↗Kolonialreiche), v. a. aber die überragende Bedeutung der franz. Weltmacht bis zu deren Niederlage im ↗Siebenjährigen Krieg und dem Scheitern von Napoleons Griff nach der Hegemonie treten hervor. Aus dieser Perspektive erscheint die Konkurrenz um die Macht in der Welt (und immer auch in ↗Europa) als zentral. Bei der Untersuchung der Gründe für die Erfolge des Vereinigten Königreichs wird eine zu enge Betrachtung der Geschichte des B. E. von Fragen nach den Instrumenten und Bedingungen der erfolgreichen Expansion abgelöst.

3. Kapitalistisches Weltsystem versus Reichsbildung

Nicht fern dieses Ansatzes sind die Hypothesen Immanuel Wallersteins von 1974. Sie erklären die Besonderheit der europ. Entwicklung seit dem »langen« 16. Jh. damit, dass sich in ↗Europa eben kein ↗Reich durchsetzen konnte; der Versuch des habsburgischen Kaisers Karl V., ein Weltreich zu begründen, »in dem die Sonne nicht unterging«, scheiterte, wodurch die soziale und auch ökonomische Dynamik Europas nicht in die engen bürokratischen Grenzen eines Reiches gefesselt wurde. Eine Vereinheitlichung im Sinne einer Reichsbildung sei am System der europ. Konkurrenz zerbrochen – einer »imitierenden Konkurrenz« der europ. Gesellschaften [9]. Nach diesem Ansatz ist ein B. E. geradezu ein Widerspruch zu den Grundtendenzen der Nz. Und so ist es kein Zufall, dass die neue *Oxford History* den ersten Band über das 17. Jh. als *British overseas enterprise*, als ein maritimes Unternehmen charakterisiert.

Wallerstein hat die Absichten Karls V. sicher überinterpretiert; dieser wollte kein Weltreich im Sinne einer territorialen Hegemonie gründen, das Europa und die räumliche Ausdehnung nach Amerika einschloss. Sein imperiales Konzept war das des antiken röm. Imperiums mit seinen politisch-rechtlichen und universal-religiösen Implikationen; er war geleitet von der Vorstellung der *Respublica Christiana* als einer Friedens- und Rechtsordnung zur Wahrung der europ. Christenheit. Allerdings wäre zu überprüfen, ob sich in Spanien mit seinen amerikan. Kolonien nicht doch eine Reichsbildung vollzog, denn ab Philipp II. (2. Hälfte des 16. Jh.s) sind – anders als unter Karl V. – hegemoniale Reichsvorstellungen mit bürokratischen Tendenzen zu erkennen.

Auch für die Charakterisierung des B.E nach dem Verlust der USA ist die Fixierung auf den Reichsbegriff in Frage gestellt worden. 1953 eröffneten Ghallager und Robinson [7] die Diskussion, ob nicht das maritime System und die Bevorzugung informeller Einflussnahme die brit. Politik stärker geprägt habe als die direkte territoriale Kontrolle. Sie bezeichneten dies in Abgrenzung zu den Methoden des Hochimperialismus des Ende des 19. Jh.s als »Freihandelsimperialismus«. Eine ausgereifte Untersuchung legten dann P. J. Cain und A. G. Hopkins vor [4]: In der Periode nach 1815, die von liberalen Grundüberzeugungen geprägt war (↗Liberalismus), galten Kolonien als »Mühlsteine« am Hals des Mutterlandes (Adam Smith).

Gallagher und Robinson, geprägt von der Dynamik des *New Imperialism* nach 1870 mit der dramatischen Aufteilung Afrikas sowie der drohenden Aufteilung Chinas (↗Chinesische Welt) und des Osmanischen Reiches, stellten zu ihrer Überraschung fest, dass Großbritannien in der Periode des »Freihandelsimperialismus« ständig Gebiete annektierte (so in Südafrika, Nigeria, Aden und Indien), und fragten nach den treibenden Kräften. Die ältere Forschung, so Robinson und Galbraith [6], hatte die *turbulent frontiers* und die Aktivitäten der lokalen Repräsentanten der *chartered companies* (↗Handelsgesellschaften wie den ↗Ostindischen Kompanien), vor Ort stationierter Truppeneinheiten, aber auch die Widerstandshandlungen lokaler Eliten verantwortlich gemacht. Cain und Hopkins [4] gingen einen Schritt weiter: Sie argumentierten, dass die brit. Expansion durch einen besonderen Stil einer *gentlemanly order* (»Gentlemans-Ordnung«) geprägt worden sei, welche die Interessen des brit. Landadels (*landed interest*) und des damit eng verbundenen Handels bündelte; ihr schrieben sie ein Hauptinteresse an eher informellen Kontrollmechanismen zur Sicherung von internationalen Handelsbeziehungen, Dienstleistungen und des Privatbesitzes in Übersee zu. Ähnlich hatte bereits Ernst Schulin den ↗Eliten-Diskurs in Großbritannien als auf Organisation des ↗Außenhandels hin orientiert definiert und den Begriff »Handelsstaat England« bekannt gemacht [12].

Letztlich betonen Cain und Hopkins die enorme Ausprägung des »Dienstleistungssektors« gegenüber ↗Manufaktur und Agrarökonomie. Dieser sei die treibende Kraft der brit. Expansion gewesen; dazu gehörte das weltweit operierende ↗Wechsel- und Versicherungswesen und zunehmend auch die Kontrolle des Weltkapitalverkehrs, der Vorrang im Export und Reexport von ⁊Kolonialwaren. Diese vom und für den Handel entwickelten Strukturen seien – ähnlich wie zuvor für die niederländische – auch für die brit. ⁊Hegemonie prägend gewesen. Dabei wird durchaus dem brit. Staat eine wichtige Rolle zugewiesen. Der systematische Ausbau der ⁊Flotte (siehe auch oben Abb. 1), die auch »private« Akquisitionen in der Welt sicherte, die konsequente Seekriegsführung, die Subsidien für Koalitionspartner in internationalen Kriegen – alle gestützt durch die starken ⁊Staatsfinanzen – machten zusammen mit dem Servicesektor die Stärke der brit. Expansion aus.

Damit lässt sich auch eine der Hauptschwächen der »Imperialismustheorie« des frühen 20. Jh.s überwinden. Mit ihr hatte man ausgehend von Lenins Theorie, dass der Hochimperialismus mit den industriellen Konzentrationsprozessen in den USA und Deutschland zu tun hätte und von Bankenkonzentration begleitet worden sei, die Weltstellung Großbritanniens im 19. und frühen 20. Jh. nicht ausreichend erklären können. Der Blick auf die Kontrolle des Weltwährungssystems, der Warenbörsen und des Welttransportsystems lässt jedoch das Argument der Konzentrationsprozesse in der Weltwirtschaft auch für Großbritannien gültig erscheinen.

Liest man die Geschichte des B. E. unter diesem Aspekt – der Kontrolle von Handelsstrukturen und von wichtigen Teilen des Weltverkehrs –, lässt sie sich als maritime Expansion und Hegemonie deuten. Sie war so ausgeprägt, dass der Verlust der Neuengland-Kolonien im amerikan. Unabhängigkeitskrieg 1783 (obwohl dieser als so katastrophale Niederlage empfunden wurde, dass Georg III. im Moment der Niederlage von Yorktown seinen Rücktritt erwog) die ökonomischen Beziehungen zu den USA letztlich nicht tangierten (s. u. 5).

Wenn man sich von einem zu starren E.-Konzept löst, wenn man statt dessen diese maritim geprägte Dynamik ins Zentrum stellt und sie eng mit der Sozialverfassung und den intellektuellen Strömungen Großbritanniens des 18. Jh.s verknüpft, kommen die Handlungsspielräume der lokalen ⁊Eliten der außereurop. Gebiete, aber auch der Metropole London selbst in den Blick. Die Rückwirkung der Welterfahrung auf die brit. Insel förderte flexible Strategien. Gerade die fast unübersichtliche Variationsbreite von Besitzungen, Vertragsverhältnissen, Siedlungsstrukturen und Arbeitsverhältnissen verweigerte sich schematischer bürokratischer Homogenisierung. Sie lud geradezu zur Duldung lokaler Autonomien nicht nur von Siedlern und lokalen brit. Compagnievertretern ein, sondern gab auch den indigenen Bevölkerungen, nicht allein ihren Eliten, erhebliche Handlungsspielräume.

So konnte das komplexe System – bestehend aus Siedlergesellschaften, ⁊Plantagenwirtschaften und aus asiat. Großreichen, aus dem ⁊Sklavenhandel dienenden strategisch platzierten Flottenstützpunkten und Forts wie auch damit verbundenen Handels- und Produktionsstrukturen – kontrolliert werden. Kooperierende Eliten Außereuropas (so Fürstenhäuser asiatischer Großreiche, kreolische Oberschichten Lateinamerikas oder große afrikanische Sklavenhandelshäuser) passen ebenso in dieses Bild des B. E. wie die brutalen Plünderungen und Gewaltanwendungen in den Kolonien konkurrierender Kolonialmächte.

4. Von England zu Großbritannien – der erste Schritt

In der Literatur zur Vorgeschichte des B. E. oder zum Aufstieg Großbritanniens zu einer auf den Weltmeeren vorherrschenden Weltmacht (*Great Power*) spielten im 17. Jh. die politischen Bestrebungen der engl. Könige und des Cromwell'schen ⁊Commonwealth, Schottland, Wales und Irland in das politische System des Vereinigten Königreichs einzubeziehen, eine zentrale Rolle; diese Union wurde 1707 vollzogen. Zwei (z. T. auch widersprüchliche) Argumentationsketten sind von zentraler Bedeutung:

(1) Wenn das Bild des auf die Weltmeere ausgreifenden Englands und später Großbritanniens prägend bei der Erklärung der Entstehung des B. E. ist, so muss der Zeitpunkt bestimmt werden, zu dem Großbritannien aufhörte, eine (u. a. durch seine Besitzungen in Frankreich) auf den europ. Kontinent konzentrierte Macht zu sein (Hundertjähriger Krieg bis 1453). Diese Abgrenzung vom franz. Einfluss wurde auch für Schottland, teilweise auch für Irland beim Übergang unter die kulturelle Hegemonie des Britischen wichtig.

Die Methoden, Schottland, Irland und Wales in das Vereinigte Königreich zu integrieren, sind nach Meinung der Autoren der *New Imperial History* [14] auch als Vorspiel und Vorlauf für die Formation des B. E. zu lesen. So ließen sich die Strategien, mit denen die Eliten Schottlands, Wales' und Irlands einbezogen worden seien (auch dadurch, dass sie die brit. Krone mit Truppenkontingenten unterstützten), im politischen Umgang mit den ind. Fürstenstaaten wiederfinden. Das breite Spektrum von Taktiken, die bei der Verankerung der aufkommenden brit. Präsenz im ⁊Weltsystem angewandt wurden, sei auf diesen variationsreichen Prozess der Zusammenführung einer fragmentierten Gesellschaft auf den brit. Inseln zurückzuführen. Noch wichtiger, dieser Integrationsprozess habe zu sehr unterschiedlichen Ergebnissen geführt: Schottland sei am Prozess der Expansion, am gewerblichen Fortschritt und damit auch an der Entwicklung des E.-Gedanken beteiligt gewesen, Irland dagegen sei weitgehend zur ersten ⁊Kolonie des entstehenden Weltreiches geworden und Wales eine marginalisierte Region geblieben. Auf den brit. Inseln hätten sich also bereits unterschiedliche Formen der Inkorporation abgezeichnet, die später im B. E. zum Tragen kamen.

Die Autoren der *New Imperial History* [14] argumentieren also, dass noch vor dem Prozess des Ausgreifens in die Welt bereits das Konzept der engl.-großbritannischen Identität in Abgrenzung zum »Anderen« erfolgt sei; sie verbinden diese mit der Entstehung des Vereinigten Königreichs als einer ersten E.-Form, die dann auf die Expansion in die ↗Neue Welt übertragen worden sei. Allerdings weisen sie den Auswirkungen der Erfahrungen mit Außereuropa danach eine zentrale Rolle zu. Sie untermauern diese These nicht nur mit der liberalen Theorie seit Hobbes (↗Liberalismus), sondern weisen auch nach, wie stark die ↗Schottische Aufklärung durch die Auseinandersetzung mit der außereurop. Welt geprägt wurde.

(2) Demgegenüber führen brit. Mediävisten, darunter R. R. Davies [5], an, dass die Konsolidierung der engl. ↗Monarchie unter Einschluss von Schottland, Wales und Irland aus vielen fragmentierten Landesteilen erwachsen sei. Politisches Kernland habe mit politischer Rückständigkeit – in der Sprache der Zeit »*sweet civility and barbarous rudeness*« (»süße Zivilisation und barbarische Rohheit«) – auf den brit. Inseln koexistiert. Betrachteten sich die schott. Könige nach zeitgenössischen Beobachtungen im 12. Jh. als »Franzosen durch Rasse, Manieren, Lebensformen und Sprache« (die bei Hofe auch nur Franzosen beschäftigten), so setzte sich nach langer Koexistenz auch in Schottland der engl. Einfluss durch. Laut Davies war vor der politischen Integration der brit. Inseln und nach ihrer Abgrenzung vom Festland im 14. Jh. das »Englische« als Lebensform geprägt. Und – so kann man unter Aufnahme der Argumente der *New Imperial History* – sagen: Das entstehende erweiterte Bewusstsein der gemeinsamen Insellage und Abgrenzung gegenüber der weiteren Welt beruhte auf dieser ma. Vorprägung des »Englischen«.

Das Konzept des »Barbarischen«, das zuerst auf rückständige Regionen der brit. Inseln angewandt worden war, wurde im Zuge der ↗Expansion auf Gesellschaften der neuen Welten übertragen (↗Barbar). Es war offen: Durch Wohlstand und Machtentfaltung konnte man aus der »Barbarei« herauswachsen. Es ist noch zu bestimmen, wann sich im Umgang mit fremden Kulturen eine europ. oder brit. Arroganz gegenüber dem Anderen etablierte, ohne dessen Entwicklungschance ernst zu nehmen (↗Ausgrenzung; ↗Alterität).

5. Von der europäischen Handelsbasis zur Atlantischen Welt: Anfänge des »Ersten Empire«

Die Entstehung einer engl. Identität als einer Vorprägung für die britische lag zeitlich vor dem Ausgreifen in den außereurop. Raum und war zunächst durch die Beziehungen zu Europa bestimmt. Die ↗Atlantische Welt stand zunächst sehr am Rande; das Ausgreifen Großbritanniens war mit der span. und portug. Expansion nicht vergleichbar, auch wenn es Handelsabkommen mit Portugal und Spanien gab. Auch die Organisationsform der ↗Handelsgesellschaft (*chartered company*) wurde für Europa entwickelt. So war die Gesellschaft für Russland älter (*Muscovy Company*, gegr. 1555) und blieb z. B. für die Versorgung mit Materialien für den ↗Schiffbau lange wichtiger als die Produkte aus den nordamerikan. Wäldern. An zweiter Stelle stand der Handel mit der Mittelmeerwelt, wobei die verfeinerten, aber preiswerten brit. Kammgarnprodukte insbes. im 17. Jh. erfolgreich mit dem mediterranen ↗Textilgewerbe mithalten konnte. Bei Waren des Südens (wie ↗Wein oder Rosinen), aber auch ↗Gewürzen Asiens fungierte Großbritannien als Reexporteur für Nord- und Mitteleuropa, bevor dann im 17. Jh. die eigentlichen ↗Kolonialwaren die Produktpalette erheblich erweiterten. Auch die koloniale Durchdringung Irlands zwischen 1550 und 1700 trug zu dieser ersten Phase der kommerziellen Expansion bei, da durchgesetzt wurde, dass von dort Roh-↗Wolle statt Wollwaren nach England geliefert werden mussten.

Die Anfänge der brit. Besiedlung der späteren Neuengland-Kolonien seit 1606 waren geradezu kläglich; die ersten Ansiedlungen scheiterten, und es gab lange Stagnationsphasen. Lange Zeit blieben die Aktivitäten der brit. *Hudson Bay Company* im Bereich des heutigen Kanada wichtiger als die ersten brit. Siedlungen an den Küsten Nordamerikas, weil die Schätze der nordamerikan. Wälder und die Fischgründe Neufundlands genutzt wurden. Zentrum und eigentliche Einnahmequelle des ersten B. E. waren die Westindischen Inseln. Das Handelsvolumen von St. Dominique war aufgrund der Produktion von ↗Zucker nach der Eroberung von 1761 höher als das Handelsvolumen sämtlicher Neuengland-Kolonien am Vorabend des nordamerikan. Unabhängigkeitskrieges. Um die Kontrolle Westindiens musste immer wieder gekämpft werden. In gewissem Sinn gehörten auch die Plantagen der künftigen Südstaaten der USA in dieses System der Kolonialwarenproduktion.

Der Durchbruch im Atlantischen System (↗Atlantische Welt) erfolgte, als Großbritannien durch den Asiento-Vertrag mit Spanisch-Amerika 1713 das Monopol im transatlantischen ↗Sklavenhandel gewann. Die Konstruktion der *chartered company* (einer privilegierten Handelsgesellschaft mit eigenen Hoheitsrechten), die Handel, militärische Kontrolle und politische Verwaltung in ihrem jeweiligen Einflussbereich verband, führte zu großer Autonomie der lokalen Agenten und der mit ihnen Handel treibenden oder kooperierenden lokalen Eliten. Auch Siedlungen folgten diesem Kooperationsmuster, solange die Machtverhältnisse dies erforderten.

Siedler agierten ebenfalls recht autonom und mit starkem Selbstbewusstsein gegenüber der fernen Londoner Zentrale. Diese Tendenz war bes. ausgeprägt, wenn eine Siedlung von religiösen ↗Dissenters betrieben wurde und der Wunsch nach Autonomie Grund für die ↗Emigration gewesen war.

London konnte nur in den seltensten Fällen lokale Krisen abwenden, rechtzeitig Flottenabteilungen entsenden oder sonstigen effektiven Schutz gewähren. Es war auch meist nicht in der Lage, den merkantilistischen Prinzipien folgenden Anspruch auf ↗Monopole im Handel und Warenverkehr gegenüber Durchbrechungen und Umgehungen durchzusetzen. Als dies in der Folge der Finanzkrise nach dem ↗Siebenjährigen Krieg z. B. bei ↗Tee und ↗Tabak von der Londoner Regierung ernsthaft versucht wurde, brach die ↗Nordamerikanische Revolution aus.

6. Empire und europäische Konkurrenz

Bei allen großen europ. »Weltkriegen« des 17. und 18. Jh.s ging es um die brit. Position in der ↗Neuen Welt, auf den Westindischen Inseln und in Indien, aber auch im Europahandel. Die Vorrangstellung war stets umstritten und bedroht. Seekriege mit der Handelsmacht und überlegenen Frachtschifffahrt der Niederlande im 17. Jh. führten zu Niederlagen, Siegen und Kompromissen. Auch nach dem Sieg über die span. ↗Armada (1588) war die brit. ↗Hegemonie auf den Weltmeeren instabil.

Aber diese Konflikte und die damit verbundene notwendige Präsenz britischer Flotteneinheiten z. B. in der Karibik oder vor der amerikan. Küste, die brit. Dominanz beim Sklaventransport und das in einer Grauzone zwischen Abenteurertum und politischer Mandatierung weit verbreitete Freibeutertum (↗Freibeuter) prägten in Großbritannien die Vorstellung, dass seine entstehende Weltposition von seiner maritimen Präsenz abhing. Außerdem gelang es zunehmend, Waren aus der Levante (↗Levantehandel) und aus dem Atlantikraum für den Reexport auf London zu konzentrieren und damit Englands Ökonomie zusätzlich zu den Leistungen der heimischen ↗Landwirtschaft und des ↗Textilgewerbes entscheidend zu stärken.

Trotz dieser globalen Orientierung des B. E. argumentieren Historiker der brit. Flottengeschichte, dass die brit. Weltpräsenz v. a. durch die Konzentration der Flotte im Ärmelkanal abgesichert wurde. Sie minderte nicht nur die Invasionsgefahr und hielt Frankreich von Irland fern, sondern bedrohte, vom westl. Eingang des Kanals aus operierend, die gegen die vorherrschenden Winde segelnden franz. und niederl. Flotten. Auch der brit. Europahandel genoss den Schutz der brit. ↗Flotte vor europ. Rivalen durch bewaffnete Konvoi-Bildung. Lediglich einmal brach man dieses Prinzip der Konzentration auf den Ärmelkanal, um 1778–1781 vor den Küsten Nordamerikas die franz. Unterstützung für die rebellierenden Neuengland-Kolonien anzugreifen – und gerade dabei kam es zu den strategischen Niederlagen, die zur Kapitulation von Yorktown führten und den Verlust des nordamerikan. Unabhängigkeitskrieges beschleunigten (↗Nordamerikanische Revolution).

Die Rivalität mit Frankreich im Welthandel des 18. Jh. sowie um die Kontrolle Nordamerikas und Indiens wurde letztlich – trotz der Entscheidungen im ↗Siebenjährigen Krieg, die Frankreich in Nordamerika und Indien sowie in Westindien weitgehend ausschalteten – erst durch den Sieg gegen Napoleon dauerhaft zugunsten Großbritanniens entschieden. Auch diese Konzentration auf die europ. Mächtekonstellation trug dazu bei, dass sich die Autonomie der Handelskompanien und der Siedlergesellschaften behauptete und Kompromisse mit den einheimischen Eliten und politischen Strukturen etwa in Indien oder im Indischen Ozean notwendig wurden. Das gilt für den Fortbestand etlicher indischer Fürstentümer, für die Duldung der Herrschaft Sansibars über die Küste Ostafrikas und für die weitgehende Autonomie der Siedler der Kapkolonie. Obwohl das B. E. Hauptträger des ↗Sklavenhandels an Afrikas Küsten war, ging der brit. Einfluss vor 1840 über eine prekäre Kontrolle der Küstenforts nicht hinaus.

Allerdings wurde diese Weltrivalität auch dadurch entschieden, dass Großbritannien, gestützt auf die Reformen der brit. Landwirtschaft, auf die Nutzung ländlicher Arbeitskräfte in der Textilproduktion und auf neue Finanzaufkommen (Besteuerung des Handels), eine Finanzkraft organisieren konnte, der die durch den Erhalt großer Territorialarmeen und Landkriege belasteten europ. Großmächte wenig entgegensetzen konnten. So entsprachen die brit. Subsidien an Preußen im Siebenjährigen Krieg etwa dem Gesamtaufkommen der preuß. Steuern.

7. Die Anfänge des »Second Empire«

Für die Entstehung eines *Second Empire* gilt Ähnliches wie für das erste: Es war eine nachträgliche Konstruktion der »Imperialisten« des späten 19. Jh.s. Ihr stand ein offenes System gegenüber, in das sich auch das kulturell-rassistisch geprägte Konzept eines Angelsachsentums einfügen ließ, das die USA einschloss. Die wachsende Bedeutung der Handelsbeziehungen mit den USA nach der brit. Niederlage von 1783 und die zentrale Rolle der amerikan. ↗Baumwoll-Produktion für die brit. Textilindustrie zu Beginn des 19. Jh.s stärkte die ↗Atlantische Welt.

Dennoch kam es im 19. Jh. zu einer geographischen Gewichtsverlagerung, weil die Kolonialherrschaft in Indien erheblich ausgeweitet wurde und die Handelswelten des Indischen Ozeans und des Südchinesischen Meers in den Vordergrund rückten. Damit gewannen das Mittelmeer und Ägypten als wichtige Transiträume, aber auch Kapstadt erhöhte strategische Bedeutung für die Sicherung des brit. Interesses an Indien.

Die Folgen für die Herrschaftssysteme dieser Regionen waren erheblich. Das omanische Sultanat auf Sansibar, das dort und an der ostafrikan. Küste eine von Oman verselbständigte Handels- und Seeherrschaft errichtete, erfuhr eine von Großbritannien geduldete Autonomie. Die Offensive Muhammad Alis (Khedive von Ägypten), der von einem reformierten Ägypten aus das Osmanische Reich durch einen militärischen Vorstoß zu erneuern versuchte, wurde 1839 gewaltsam durch die europ. Seemächte gestoppt. Sie zwangen das ↗Osmanische Reich zu den Tanzimat-Reformen im Sinne einer Europäisierung von Recht, Militär und Gesellschaft. Das China-Geschäft Britisch-Indiens führte 1840 zum ↗Opiumkrieg gegen China und zur Öffnung Chinas für den europ. Handel. Die damit ausgelösten Verwerfungen und Reformen der chines. Gesellschaft (↗Chinesische Welt) werden durchaus zur langen Vorgeschichte der Chines. Revolution von 1912–1949 gezählt. Als die brit. Territorialherrschaft in Indien durch den großen Sepoy-Aufstand 1857 in eine Krise geriet, wurde als Reaktion darauf die moderne Kolonialverwaltung etabliert, die Vorbild für den brit. ↗Kolonialismus des 19. und 20. Jh.s werden sollte, symbolisiert durch die Krönung Queen Victorias zur Kaiserin von Indien (1876).

Bevor dieses neue – v. a. durch die ind. Kolonialherrschaft und durch die Kolonisierung Afrikas seit 1806 (Kapstadt) und 1861 (Lagos in Nigeria) auch territorial geprägte – E. des *New Imperialism* an der Wende vom 19. zum 20. Jh. entstand, prägten eine viel weniger territorial ausgerichtete Strategie und wohl auch Ideologie die Zeit nach dem Verlust der USA, insbes. nach dem brit. Triumph über Napoleon. Die Periode von 1815 bis 1875 wird häufig als Ära des Freihandelsimperialismus bezeichnet (↗Freihandel). In ihr überwogen Formen der informellen Einflussnahme: Handelsdurchdringung, Erzwingung von Handelsverträgen, gewaltsame Öffnung von Häfen. Unabhängigkeitsbewegungen und Sezessionen wurden politisch gefördert. Neben den Eingriffen in China, im Osman. Reich und im Indischen Ozean ist die brit. Unterstützung der lateinamerikan. Oberschichten bei der Ablösung von Spanien das prominenteste Beispiel (↗Lateinamerikanische Unabhängigkeitsrevolution).

Neben dieser Strategie, sich auf informelle politische und handelspolitische Einflussnahme zu beschränken, welche die überlegene Produktion der engl. Industrie, die Vorherrschaft über die Weltmeere und die Kontrolle des Weltfinanzsystems nutzen konnte, bestand aber stets die Bereitschaft, auch territoriale Ausweitung zu betreiben, wenn es die lokalen Umstände nahe legten. Flottendemonstrationen und Bombardements taten ihr Übriges. Ohnehin entstanden mit der Konsolidierung der Siedlergesellschaften in Kanada (seit 1812), in Australien (seit Beginn des 19. Jh.s) und Südafrika (seit 1806) neben der Kolonialherrschaft in Indien große territorial geprägte Regionen. Die Vielzahl kleiner Territorien zur Versorgung der ↗Flotte im weltweiten Einsatz wurde stetig erweitert (s. auch Abb. 1 oben).

Diese territoriale Dimension, die trotz der offiziellen Freihandelsdoktrin das gesamte 19. Jh. prägte, führte letztlich zum Konzept, dass ein *Second Empire* entstanden sei und dieses gegen die konkurrierenden Mächte – auch die USA, zeitweilig gegen das expandierende Russische Reich und Frankreich, ab 1896 aber v. a. gegen das neue Dt. Reich – gesichert und verteidigt werden müsse.

8. Die Entstehung von Diasporas und weltweiten Migrationen

Die weltpolitischen Entscheidungen in Nordamerika und in Asien zwischen Siebenjährigem Krieg (1763) und dem Ende der napoleonischen Herrschaft (1821) hatten erhebliche Konsequenzen für die von den Hegemonialkriegen nur indirekt berührten Bevölkerungen dieser Kontinente. Mit dem Ende der franz. Herrschaft im Hinterland Nordamerikas, mit den Niederlagen der verbündeten Indianergruppen und mit der intensivierten Westwanderung der europ. Siedler (↗Frontier) zeichnete sich das Ende des organisierten Widerstandes der indian. politischen Gruppierungen ab (↗Indianerpolitik) und es setzte die von etlichen Wissenschaftlern als ↗Genozid betrachtete Vernichtung der indian. Bevölkerung mit den sie begleitenden Landverlusten ein. In Australien begann ab etwa 1813 im Zuge der Besiedlung aus Europa ein ähnlicher Vertreibungs- und Vernichtungskampf gegen die Aborigines.

Die Vertreibungs- und Vernichtungsaktionen gegen Indianer und Aborigines erfolgten nahezu im Schatten der liberal und humanitär überhöhten Antisklavereibewegung (↗Antisklavereiverein) – zunächst in England, dann in weiten Teilen Europas und auch in den USA. Die humanitären Aktionen gegen ↗Sklavenhandel und ↗Sklaverei hatten keinerlei Auswirkungen auf die Lage der Indianer in den USA und führten auch nicht zum Schutz der Aborigines Australiens, rechtfertigten aber am Ende des 19. Jh.s die europ., darunter insbes. die brit. Interventionen in Afrika, die auch mit dem Vorwand begründet wurden, dem Sklavenhandel ein Ende zu setzen.

Der Kampf gegen die Sklaverei war eng mit der brit. liberalen Bewegung verflochten und von christl. Gruppen wie ↗Methodisten und ↗Quäkern getragen. Die Kampagne begann um 1770 und erreichte in der Gesetzgebung Großbritanniens ab 1807 (Handelsverbot, 1833 Sklavereiverbot im E.) ihren Höhepunkt. Sie änderte nichts daran, dass in den gut 100 Jahren der Bewegung dennoch 80 % aller seit 1550 im Atlantischen System verschobenen Sklaven gehandelt wurden, zumal der Hauptabnehmer im 19. Jh. – Brasilien – erst 1888 das Sklavereiverbot erließ. Aber in England selbst wurden immer mehr Sklaven befreit. Es galt, nach der Niederlage Englands gegen die USA loyale ehemalige Sklaven zu versorgen. Durch gegen den westafrikan. Handel gerichtete Aktivitäten der brit. Flotte entstand der Druck, für sie Ansiedlungen innerhalb des B. E. zu schaffen, so in Sierra Leone. Aufgrund der Auseinandersetzungen in den jungen USA über die Zukunft der Sklaverei, die 1861–1865 im amerikan. Sezessionskrieg kulminierten, stieg die Zahl der geflohenen oder freigekauften Sklaven weiter; es kam zur Gründung von Liberia durch Abolitionisten und Sklaveneigner, die ihre befreiten Sklaven loswerden wollten.

Diese Prozesse bestimmen die Anfänge einer von einem ↗Diaspora-Gedanken mitgeprägten afroamerikan. Bewegung in den USA und in London, die aber marginalisiert blieb. Ihr Symbol, das die damalige Zeit erschütterte, war die ↗Haitianische Revolution von 1792, ein unmittelbares Ergebnis der radikalen Phase der ↗Französischen Revolution, das zum ersten Staat befreiter Sklaven führte.

Die Periode des Freihandelsimperialismus förderte aber auch umfassende ↗Arbeitsmigrationen und die Bildung von ↗Diasporas, die sich am europ. geprägten Weltmarktsystem beteiligten. Syrer, Libanesen, Hadramautis, Omanis, Händlergruppen aus Bombay und Auslandschinesen nutzten die Nischen des Systems.

Als Ersatz für den Sklavenhandel entstanden Systeme zur Rekrutierung indischer und chinesischer Arbeitskräfte oder für Lateinamerika auch südeurop. Saisonarbeiter. Afrikanische ↗Zwangsarbeits-Systeme entstanden zunächst in Südafrika, mit Aufkommen des Kolonialismus auch im übrigen Kontinent. Am Beginn des 19. Jh.s waren dies die Anfänge eines globalisierten Arbeitsmarkts. Der erste Höhepunkt seiner Entwicklung trat dann allerdings erst Ende des 19. Jh.s ein, als die geringen Frachtraten der ↗Dampfschiffe diese Migrationen förderten und zur europ. Massenauswanderung in die beiden Amerikas beitrugen (↗Emigration).

9. Zusammenfassung

Das B. E. war nicht das Ergebnis einer bewussten Strategie, sondern entstand aus einer Vielzahl von Einflussformen unter Einbeziehung auch lokaler Eliten. Tragendes Element war die Erfahrung, dass der in Europa und dann in Übersee organisierte weltweite Handel eine wichtige Quelle brit. Wohlstandes sein konnte, so wichtig auch die inner-brit. Produktivitätsentwicklung blieb. Immer mehr zeigte sich, dass das System der Absicherung durch eine große ↗Flotte im Kanal und der Befähigung zu weltweiter Präsenz bedurfte, so prekär auch diese Flottenstärke vor dem 19. Jh. war. Kennzeichnend war die Offenheit des Systems; das B. E. war kein Großreich im klassischen Sinn. Die brit. Hegemonie war bis 1815 stets umkämpft. Die Handlungsfähigkeit der übrigen europ. Groß- und Handelsmächte – zunächst der Niederlande, dann v. a. Frankreichs – im südamerikan. Bereich, in der Karibik, in Teilen Asiens und auch Spaniens darf nicht unterschätzt werden. Die Entwicklungen des Ersten und des Zweiten B. E. sehen nur vom Ergebnis her und im Rückblick betrachtet eindeutig oder geradlinig aus.

Trotz aller Bedeutung der innergesellschaftlichen Entwicklung, des Wandels brit. Agrar- und Gewerbeproduktion sowie der Integration von Irland, Schottland und Wales in das System Großbritanniens hatte das mithilfe der Flotte weltweite System der Handelsbeziehungen und abhängigen Gebiete zentrale Bedeutung. Auch das Englisch-Sein und die *gentlemanly order* entwickelten sich ganz erheblich in Abgrenzung zum Anderen der außereurop. Welt – auch wenn die ma. Anfänge dieser Identitätsbildung sich zunächst gegen Frankreich sowie auf den »brit.« Inseln gegen Schottland, Irland und Wales entwickelt hatten, bis eine Integration (teilweise jedenfalls) als hegemoniale Struktur gelang. Es ist offenkundig, dass insbes. mit der Verflechtung von ↗Liberalismus, erfolgreicher ↗Industrialisierung und der Hegemonie seit 1815 wichtige Elemente der brit. Weltsicht mit den Erfahrungen der außereurop. Präsenz anderer großer europ. Mächte – v. a. Frankreichs – in eine gesamteurop. Perspektive zusammenflossen. Hierzu gehören die Antisklavereibewegung, die Ideologie der angelsächsischen Siedlungsgesellschaften, wesentliche Elemente des protest. Missionswesens und die Betonung maritimer Präsenz.

→ Globale Interaktion; Kolonialismus; Kolonialreiche

Quellen:
[1] J. R. Seely, The Expansion of England, 1883.

Sekundärliteratur:
[2] K. R. Andrews, Trade, Plunder and Settlement. Maritime Enterprise and the Genesis of the British Empire 1480–1630, 1984 [3] C. A. Bayly, Imperial Meridian. The British Empire and the World 1780–1830, ⁵1997 [4] P. J. Cain / A. G. Hopkins, British Imperialism, Bd. 1: Innovation and Expansion 1688–1914; Bd. 2: Crisis and Deconstruction 1914–1990, 1993 [5] R. R. Davies, The First English Empire 1093–1343, 1998 [6] J. S. Galbraith, The Turbulent Frontier as a Factor in British Expansion, in: Comparative Studies in Society and History 2, 1960, 150–168 [7] J. Gallagher / R. E. Robinson, The Imperialism of Free Trade, in: Economic History Review 6, 1953, 1–15 [8] G. Holmes, The Making of a Great Power. Late Stuart and Early Georgian Britain 1660–1722, 1993 [9] E. Krippendorf, Internationales System als Geschichte, 1975 [10] W. R Louis (Hrsg.), The Oxford History of the British

Empire (3 Bde.), 1998–1999 [11] R. ROBINSON, Non-European Foundations of European Imperialism. A Sketch for a Theory of Collaboration, in: R. OWEN / B. SUTCLIFFE (Hrsg.), Studies in the Theory of Imperialism, 1972, 118–140 [12] E. SCHULIN, Handelsstaat England, 1968 [13] I. WALLERSTEIN, Das moderne Weltsystem (3 Bde.), 2004 (engl. 1976) [14] K. WILSON (Hrsg.), A New Imperial History. Culture, Identity and Modernity in Britain and the Empire 1660–1840, 2004.

Helmut Bley

Brot

B. war im nzl. Europa das mit Abstand wichtigste Nahrungsmittel. Im dt. Sprachraum betrug im 16.–18. Jh. der Anteil des B. an der Nahrung der Gesamtbevölkerung etwa 50–75% des Kalorienverbrauchs. Seine Bedeutung stieg seit dem 16. Jh. Dafür waren folgende Gründe verantwortlich: sinkender Fleischverbrauch (↗Fleischkonsum), Ausweitung des Anbaus von ↗Getreide, wachsende ↗Bevölkerung, zunehmende Substituierung von ↗Brei-Speisen und Suppen durch B. Für das B. mussten bis zu 50% der Lebenshaltungskosten verwendet werden, wobei die Preise konjunkturell bedingt stark schwanken konnten. B.-Teuerungen (z. B. in Paris 1651, 1661, 1694) führten zu Hunger und sozialen Unruhen (↗Hungerrevolte; ↗Lebensmittelrevolte). Als arm galt, wer kein B. hatte. Die Anfänge städtischer ↗Armenpflege konzentrierten sich auf B.-Versorgung. In Augsburg konnte 1622 für einen Gulden pro Person die Berechtigung für den Erhalt von etwa 25–30 kg Roggen erworben werden. Von diesen Subventionierungen profitierten ca. 10–15% der Bevölkerung.

Die herausgehobene Rolle des B. spiegelt sich im Volksglauben, in Redewendungen (z. B. »Alles Brot ist dem gesund, der hungert«, »Abgeschnitten Brot hat keinen Herrn«) und im Brauch (ritualisierter B.-Anschnitt), wobei B. oft kunstvoll gestaltet wurde (Gebild-B.). Die besondere Bedeutung des B. war dabei mit seiner eucharistischen Funktion im kath. ↗Gottesdienst verzahnt. In der Kombination mit ↗Salz galt B. vielerorts als glückbringend: Ehepaaren wurde beim Einzug in das eigene Haus Salz und Brot geschenkt. In Schlesien erhielten Haustiere am Heiligen Abend B., in Österreich bekamen Pferde am Stephanustag B. und Salz.

In ärmeren ländlichen Regionen Europas, v. a. in den dt. Mittelgebirgen, blieben die im Vergleich zum B. schwerer verdaulichen, aber auch mit weniger Energieaufwand herzustellenden und als rückständig angesehenen Breispeisen länger (z. T. bis ins späte 19. Jh.) bedeutend als in den Städten; im mitteleurop. Raum wurde früher und mehr B. verzehrt als in Westeuropa und im Mittelmeerraum.

Im dt. Sprachraum wurden hauptsächlich Roggen und Weizen verbacken, im Mittelmeerraum fast nur Weizen. Die Palette der B.-Sorten diversifizierte sich im Verlauf der Frühen Nz., wobei geographische Unterschiede bestehen blieben. In Nordwestdeutschland war Schwarz-B. (darunter auch »Pumpernickel«) das Hauptnahrungsmittel. Aus zweimal geschrotetem, nicht gesichtetem Roggen, also inklusive Kleie, entstanden große viereckige Laibe mit harter Kruste. Einem westfälischen Tagebuch zufolge wurden 1768 an sechs Terminen insgesamt 1 916,49 kg B. für den engeren Haushalt des Artländer Hofs gebacken. Ein B. wog 17–32 kg. An Feiertagen aß man auch Weizen-B. oder den sog. »Schönroggen« aus gesiebtem Roggen in der Form eines Dreipasses oder einer Raute. In Süddeutschland gehörte das feine Roggen-B. zur Alltagskost. An Festtagen waren im Norden wie im Süden Misch-B. oder Weizen-B. beliebt, wobei man das B. im Süden häufiger mit Kümmel, Anis oder Fenchel würzte.

Aus den unterschiedlichen B.-Arten in Nord- und Süddeutschland erklärt sich die zeitlich unterschiedliche Einführung von Butter-B. Während in Norddeutschland bereits im 16. Jh. mit Butter bestrichene B. gegessen wurden, kamen sie erst ab Mitte des 18. Jh. gemeinsam mit dem ↗Kaffee nach Süddeutschland. Dies lag an der B.-Würze, da Butter und ↗Gewürze als austauschbar galten. Zudem war dies bedingt durch die im Norden übliche Verwendung von gesalzener Butter, die bis zu einem Jahr haltbar war, während im Süden bis ins 19. Jh. nur das leicht verderbliche Butterschmalz verwendet wurde und Butter deshalb nur zu bestimmten Jahreszeiten zur Verfügung stand (↗Fettkonsum). Daher verbreiteten sich Butter-B. vorwiegend im Hanseraum; wegen der engen Handelsverbindungen nach Westeuropa war dort genügend Salz erhältlich.

Während in den Städten gewerbliche ↗Bäcker die B.-Herstellung dominierten, herrschte auf dem Land die Eigenherstellung vor, nördl. des Mittelgebirgsgürtels meist in Dorfgemeinschaftsbackhäusern. Weiter im Süden verfügten die Bauern oft über eigene Öfen. Seit dem Ende des 18. Jh.s setzte sich das professionelle Bäckerhandwerk stärker im ländlichen Raum durch. Im 18. Jh. erreichte der Anteil des B.-Verbrauchs an der ↗Ernährung seinen Höhepunkt. Die massenhafte Ausbreitung der ↗Kartoffel v. a. in den Mittelgebirgen und im Nordosten führte seit den 1780er Jahren zu einem regional verbreiteten starken Bedeutungsverlust des B.

Trotz der Konjunktur der histor. Nahrungsforschung ist die Forschungslage zum B. unbefriedigend.

→ Bäcker; Ernährung; Getreide

[1] R. L. AEBI, Unser Brot, 1990 [2] F. BINDER, Die Brotnahrung. Auswahl-Bibliographie zu ihrer Geschichte und Bedeutung, 1973 (Erster Nachtrag 1979, bearb. v. M. Franz. Zweiter Nachtrag 1986, bearb. v. M. Franz, K. Winkler. Schriftenreihe des Deutschen Brotmuseums 9, 9A, 9B) [3] H. DINSTÜHLER, Wein und Brot, Armut und Not. Wirtschaftskräfte und soziales Netz

in der kleinen Stadt. Jülich im Spiegel vornehmlich kommunaler Haushaltsrechnungen des 16. und beginnenden 17. Jh.s, 2001 [4] H. EISELEN (Hrsg.), Brotkultur, 1995 [5] H. KAISER, Das alltägliche Brot. Über Schwarzbrot, Pumpernickel, Backhäuser und Grobbäcker. Ein geschichtlicher Abriß, 1989 [6] J.R. TER MOLEN, Brood. De geschiedenis van het brood en het broodgebruik in Nederland, 1983 [7] J.-C. MULLER (Hrsg.), Le pain des européens. Techniques et symboles. Das Brot der Europäer. Technik und Symbolik, 1995 [8] F. NIESSEN, Botschaft des Brotes. Von Brauchtum und Heiligkeit des Brotes, 1985 [9] G. WIEGELMANN, Regionale Unterschiede der Würzgewohnheiten in Mitteleuropa dargelegt am Beispiel der Brotwürze., in: G. WIEGELMANN / H.J. TEUTEBERG, Unsere tägliche Kost. Geschichte und regionale Prägung (Studien zur Geschichte des Alltags, Bd. 6), 1986, 203–215.

Gunther Hirschfelder

Brotaufstand s. Lebensmittelunruhen

Brownianismus

1. Die Lehre und ihr Hintergrund
2. Verbreitung
3. Weitere Entwicklung in der Physiologie und Klinischen Medizin

1. Die Lehre und ihr Hintergrund

Die medizinische Reformbewegung des B. ging von der Reizbarkeitslehre des schott. Arztes John Brown (1736–1788) aus, nach der das Leben als ein durch innere und äußere Reize erregter und ebenso aufrechterhaltener Zustand zu verstehen ist. Grundkraft des Lebens sei das biologische Reiz- bzw. Erregbarkeitspotential. Als entscheidend für den Krankheits- oder Gesundheitszustand des menschlichen ↗Körpers müsse man seine Irritabilität (»Reizbarkeit«; engl. excitability, lat. incitabilitas) ansehen, die Bereitschaft und Fähigkeit des ↗Organismus, auf Reize zu reagieren. Bestimmend in der Vielfalt der medizintheoretischen Lebenskonzepte des 18. Jh.s, die sich deutlich gegen die klassische Säftelehre (Humoralphysiologie) und den cartesianischen ↗Mechanismus abzusetzen bemühten, waren seit etwa 1700 die Seelen- und Erregbarkeitslehren. Sie hatten in Stahls ↗Animismus ihren Ausgang genommen und wurden durch die Konzepte von Irritabilität und ↗Sensibilität ergänzt sowie ausdifferenziert.

Den Begriff »Irritabilität« hatte bereits Francis Glisson in seinen Traktaten De natura (1672) und De ventriculo et intestinis (1677; »Über den Magen und die Därme«) geprägt und systematisch in ein physiologisches Lebenskonzept integriert (↗Physiologie). Glisson, der in Cambridge seit 1636 ↗Naturgeschichte lehrte und 1667–1669 Präsident des College of Physicians war, gilt deswegen auch als Vorläufer der v.a. durch Albrecht von Haller im 18. Jh. auf dem europ. Kontinent geprägten Irritabilitätslehre. Doch erst John Brown entwickelte die Einzelaspekte der heftigen Erregbarkeitsdiskussion zu einem einfachen, aber allgemeingültig gedachten Lebens- und Krankheitskonzept weiter. Seine Theorie erfreute sich um 1800 großer Popularität, wurde in der frühen »romantischen« Medizin erregt aufgegriffen und ging als B. in die Geschichte der ↗Medizin ein.

Brown differenzierte zwischen sthenischen ↗Krankheiten, die man als Reizüberflutung mit der Folge einer Abnahme der Erregbarkeit (als indirekte Schwäche) verstehen könne, und asthenischen Krankheiten, die als Reizmangelerscheinungen mit der Wirkung einer Zunahme der Erregbarkeit (als direkte Schwäche) zu erklären seien. Alle Erkrankungen seien somit auf die Opposition von asthenischen und sthenischen (phlogistischen) Zuständen reduzierbar, die aus der Erregbarkeit hervorgingen, was einfache Behandlungsarten durch Zufuhr oder Entzug von Stimuli ermögliche. Beide Körperzustände seien somit Krankheiten, die der Arzt jeweils mit dämpfenden Mitteln (kalten Getränken, Laudanum, vegetarischer Ernährung, Ruhe, Aderlass, Erbrechen etc.) oder mit anregenden Therapeutika (Wärme, gebratenes Fleisch, Bewegung, frische Luft, viel Alkohol, ↗Elektrizität etc.) zu behandeln habe. Sthenie und Asthenie, so Brown, seien diathetische, d.h. anlagebedingte Krankheitszustände. Therapieziel müsse es sein, überall dort, wo man die schädigenden Einflüsse auf den Körper nicht beseitigen könne, ein Gleichgewicht der Erregbarkeit herzustellen, um so die Gesundheit des Organismus wiederherzustellen.

2. Verbreitung

Die Gründe für die verblüffende Popularität einer Gesundheitslehre (↗Gesundheit), die sich noch in den 1790er Jahren in ganz Europa weiter Rezeption erfreute (in den nordital. habsburgischen Provinzen befördert durch Pietro Moscati und Josef Frank, im dt.sprachigen Raum durch Adalbert Marcus, Christoph Wilhelm Hufeland, Melchior Adam Weikard, Christoph Heinrich Pfaff, Andreas Röschlaub, Friedrich Wilhelm Schelling und bes. durch Christoph Girtanner) und bis in die ↗Neue Welt Nordamerikas reichte, sind bis heute nicht geklärt. Sicher aber bewirkte die im Grunde einfache, logisch-reduktionistische Schlüssigkeit des B. seine hohe Akzeptanz mit, vielleicht auch die konzeptionelle Nähe zur ↗Homöopathie. Hinzu trat, dass der B. die drastische Entleerungstherapie der gängigen Heilpraxis (Abführen, Aderlass, Erbrechen) zurückwies, ein milderes, Psyche, ↗Umwelt und ↗Nahrung betreffendes Behandlungsschema vorschlug und zugleich die Wirkmächtigkeit eines makrobiotischen Jungbrunnens versprach: »Könnte der gehörige Grad der Erregung immer unterhalten werden, so würde der Mensch ewige Gesundheit geniessen« [1.72]. Dass auch Laudanum (↗Opium) als beruhigendes und Alkohol als stimulierendes Therapeutikum nicht fehlten (↗Alkoholkonsum), dürfte seine Attraktivität eher gemehrt als gemindert haben.

Aber es gab auch Skandale und heftige Polemik gegen die Lehre Browns. Aufsehen erregte etwa der wenig »romantische« Tod Auguste Böhmers (1800), die mit ihrer Mutter Caroline Schlegel und deren Liebhaber, dem Philosophen Schelling, zur Kur ins unterfränkische Bad Bocklet gereist war. Die Mutter »kurte« mit Friedrich Wilhelm, Auguste aber erkrankte schwer. Schellings ambitionierte Versuche, das Mädchen brownianistisch zu heilen, wie er es gerade bei Marcus und Röschlaub gesehen hatte, schlugen fehl; Auguste starb, vermutlich an einer Infektionskrankheit. Es folgte ein polemischer Streit im zeitgenössischen Blätterwald, bei dem Schelling Kurpfuscherei vorgeworfen wurde. Augustes Tod diente als willkommener Vorwand, Schellings ↗Naturphilosophie und zugleich die Lehre des B. als Scharlatanerie bloßzustellen.

Der Streit ist freilich nicht ohne die Folie gesellschaftlicher Umbrüche im Europa unter dem Eindruck der ↗Französischen Revolution zu verstehen. So wurde der B. von Anfang an einerseits mit sozialen Reformen verbunden, andererseits bereits in den 1790er Jahren als medizinischer ↗Jakobinismus abgestempelt [10. 213]. Brown habe mehr Menschen auf dem Gewissen als die Franz. Revolution und die Napoleonischen Kriege zusammen [6. 36]. In Göttingen kam es 1802 gar zu Studentenunruhen und regelrechten Gassenschlachten zwischen Brownianern und Nicht-Brownianern, die nur durch eine Abteilung Hannoverscher Kavallerie befriedet werden konnten. In Paris goutierte man solche Differenzen zwischen revolutionärer *modernité* und absolutistischem Preußentum gern. Die im Sinne Schellings naturphilosphisch geprägte Deutung des B. als medizinisch-wiss. Reform gewann um 1800 im dt.sprachigen Raum an Attraktivität. Im Sinne der ↗Schottischen Aufklärung und der Philosophie Kants markierte der B. das Bemühen, die Medizin von einer empirischen zur physiologisch-pathologisch orientierten Wissenschaft zu entwickeln.

3. Weitere Entwicklung in der Physiologie und Klinischen Medizin

Schellings romantisch-naturphilosophischer Wissenschaftsbegriff freilich vermochte sich nicht gegen die junge naturwiss.-experimentalphysiologisch orientierte »organische Physik« (↗Physiologie) – Brücke, Du Bois-Reymond und Helmholtz bezeichneten sich selbst in Abgrenzung zur ↗romantischen Naturphilosophie als »Firma der organischen Physik« – als neue Leitwissenschaft der ↗Medizin durchzusetzen. In Frankreich, wo sich die Physiologie mit François Magendie um 1800 längst auf den Weg zur Experimentalwissenschaft begeben hatte (↗Experiment), wurde der B. bes. durch François J. V. Broussais propagiert. Broussais' Bedeutung beruht wesentlich auf der Zugehörigkeit zur Führungsgruppe der Pariser Schule der Klinischen Medizin; Broussais war in dieser Gruppe Protagonist der neuen, organbezogenen, lokalistischen Läsionslehre (franz. *Toutes maladies sont locales*, »Alle Krankheiten sind lokal«); zum anderen propagierte er eine »physiologische Doktrin«, die sich wesentlich auf den therapeutischen Entzug von ↗Blut stützte. Als entschiedener Anhänger des B. verstand Broussais die meisten chronischen Krankheiten als Folgeerscheinungen von Irritationen, Reizungen und Entzündungen des Magen-Darmtraktes (franz. *gastroentérite*). Diese müsse man durch Diät (↗Diätetik), schleimige Arzneitränke (*ptisane*), bes. aber durch Blutegel heilen.

Entscheidend für die exzessive Blutentleerung (einen Hauptpunkt der Therapie Broussais) war der Umstand, dass er verändernd in das System Browns eingriff. Anders als dort wird bei Broussais fast jede Erregungsstörung als gesteigerte Reaktionsbereitschaft des ↗Organismus oder der Einzelorgane und damit als sthenischer Zustand erklärt (alles ist Reizung, Irritation). Diese Reizung geht zwar immer von einem bestimmten Ort aus – meist vom Gastrointestinaltrakt –, teilt sich aber durch Sympathie auch anderen Organen und schließlich dem ganzen Organismus mit. Als Schlussfolgerung muss jede Therapie in erster Linie abschwächend und mäßigend sein. Damit rückte die entleerende Therapie übermächtig in den Vordergrund, freilich nicht mehr als reinigende, sondern als entzündungshemmende Therapie. Ihre Popularität kann an der Zahl der nach Frankreich importierten Blutegel gemessen werden: Allein 1827 waren es 33 Mio., die an den Franzosen Tag und Nacht saugten (in einer Sitzung wurden zwischen 20 und 50 Tiere angesetzt).

Durch seine eigenwillige Theorie und Praxis stellte Broussais, ohne sich dessen bewusst zu sein, dem ontologischen Krankheitsbegriff ein pathophysiologisches Konzept gegenüber. Seine Popularität zeigt sich u.a. auch darin, dass sich Honoré de Balzac in der *Comédie humaine* kritisch mit ihm auseinandersetzte. In Deutschland spotteten Karikaturisten über seine pseudo-brownianistische Blutentleerungstherapie. Broussais' Konzept ließ sich jedoch nicht gegen die konkurrierende naturwiss. Medizin halten. Spätestens in den frühen 1840er Jahren begann sein rascher Niedergang.

→ Krankheit; Medizin; Physiologie; Therapeutische Konzepte

Quellen:
[1] John Brown's System der Heilkunde (hrsg. und übers. von C. H. Pfaff), ³1804 (Orig. 1796) [2] TH. BEDDOES, The Elements of Medicine of John Brown, 1775 [3] J. BROWN, Elementa me-

dicinae, 1780–1788 [4] CH. GIRTANNER, Historische Nachrichten und politische Betrachtungen über die franz. Revolution (17 Bde.), 1791–1803 [5] A. RÖSCHLAUB, Von dem Einflusse der Brown'schen Theorie in die praktische Heilkunde, 1798.

Sekundärliteratur:
[6] T. HENKELMANN, Zur Geschichte des pathophysiologischen Denkens: John Brown (1735–1788) und sein System der Medizin, 1981 [7] R. E. MCGREW, Encyclopedia of Medical History, 1985 [8] P. MEYER, Christoph Wilhelm Hufeland und der Brownianismus, 1993 [9] R. MÜLLER, Joseph Frank (1771–1842) und die Brownsche Lehre, 1970 [10] G. B. RISSE, The History of John Brown's Medical System in Germany during the Years 1790–1806, 1971 [11] H. J. SCHWANITZ, Homöopathie und Brownianismus 1795–1844: zwei wissenschaftstheoretische Fallstudien aus der praktischen Medizin (Medizin in Geschichte und Kultur 15), 1985 [12] W. SEGEBRECHT (Hrsg.), Romantische Liebe und romantischer Tod. Über den Bamberger Aufenthalt von Caroline Schlegel, Auguste Böhmer, August Wilhelm Schlegel und Friedrich Wilhelm Schelling im Jahre 1800, 2000 [13] N. TSOUYOPOULOS, Andreas Röschlaub und die Romantische Medizin, 1982 [14] N. TSOUYOPOULOS, Art. Brownianismus, in: Enzyklopädie der Medizingeschichte, 2005, 213–214.

Wolfgang U. Eckart

Brücke

1. Überblick
2. Theorie und Baupraxis in Renaissance und Barock
3. Beginn des modernen Brückenbaus

1. Überblick

Beim Ausbau ihres Wege- und Wasserleitungsnetzes schufen die Römer die wesentlichen technischen und bis in die Nz. maßgeblichen Grundlagen für den Straßen- und Aquäduktbau in Europa. Mit dem Rückgriff auf Bauformen und Techniken der Antike in Verbindung mit neuen theoretischen Erkenntnissen eröffneten sich in der Nz. Möglichkeiten, die schwerfälligen B. der Antike und des MA durch flach und weit gespannte, leichtere B. zu ersetzen [7]. Am Ende des 18. Jh.s erhielt der B.-Bau durch neue Baustoffe und Techniken Impulse, die schließlich den Weg zum modernen B.-Bau vorbereiteten.

2. Theorie und Baupraxis in Renaissance und Barock

Seit Mitte des 15. Jh.s machten die nun breit rezipierten *Zehn Bücher über Architektur* des röm. Baumeisters Vitruv antike Techniken des B.-Baus erneut bekannt (↗Architekturtheorie). Auf diese Schrift gründete Leon Battista Alberti seine durchaus auch in der Praxis wirksamen Theorien zum ↗Gewölbebau [9]. Ebenso befasste sich Leonardo da Vinci mit dem Entwurf von B. 1502 pries er dem Sultan Bajezid II. in Istanbul sein Können mit einer Skizze an, die eine 240 m weit gespannte B. über das Goldene Horn zeigte [5].

Andrea Palladio, dessen Vorstellungen für lange Zeit vorbildlich blieben, widmete in seinen *Vier Büchern zur Architektur* (gedr. 1570) dem B.-Bau ein ganzes Kapitel. Weit über die damaligen technischen Möglichkeiten hinaus ging Faustus Verantius mit seinem Werk *Machinae Novae* (»Neue Mechanismen«; gedr. 1616), in dem u. a. eine eiserne Ketten-B. abgebildet war, die es damals nur in China gab. Der chines. B.-Bau war zu dieser Zeit dem europ. weit voraus. Mit einem flachen Bogen und einer Spannweite von 37 m entstand schon im 7. Jh. die Anji-B. in Zhao Xian in der chin. Provinz Hebei [5].

In Europa mussten in der Praxis vielfach bereits im MA begonnene Bauaufgaben in der Nz. zu Ende gebracht werden, bevor man neue theoretische Überlegungen und technische Verbesserungen bei Neubauten umsetzen konnte [10]. Baukosten und Unterhalt wurden, weil städtische Mittel meist nicht ausreichten, durch besondere ↗Steuern, ↗Zölle oder Mieteinnahmen gedeckt; so sicherten meist Mautstationen die B.-Köpfe; häufiger Geldmangel führte oft zu einer Verlängerung der Bauzeiten. Der 1350 aufgenommene Bau der Alten Elbe-B. in Dresden in ma. Bauart wurde beispielsweise erst 1470 abgeschlossen, der Neubau des Ponte Sisto (durch Baccio Pontelli) über den Tiber in Rom hingegen ahmte 1474 den antiken Vorläuferbau bewusst nach [10].

Bestehende B. wurden ergänzt und umgebaut. Für den Ponte Vecchio über den Arno in Florenz (1341–1345, Taddeo Gaddi) entwarf Giorgio Vasari 1565 für Cosimo I. einen überdachten Verbindungsweg zwischen dem Palazzo Pitti und den Uffizien über die bereits bebaute B. Katharina von Medici ließ die 1559 errichtete B. über den Cher beim Schloss Chenonceaux 1566 mit einer dreigeschossigen Galerie überbauen.

Zu dieser Zeit wurden zunehmend neue B.-Konzeptionen realisiert. Eine der ersten B. mit einem 32 m weiten Korbbogen in Europa wurde 1567 mit dem Ponte Santa Trinità über den Arno in Florenz gebaut (durch Bartolommeo Ammanati) [6]. Der Entwurf von Giovanni da Ponte für die 1592 erbaute Rialto-B. in Venedig stellte mit seinem flachen Segmentbogen, dessen Auflagerkräfte vom weichen Schwemmgrund aufgenommen werden mussten, extreme Anforderungen an die Gründung der Brücke. Ein einziger flacher Werksteinbogen, der in der Mitte gerade noch die Durchfahrt von Schiffen ermöglichte, spannte sich über den Kanal. Die steinernen Widerlager der B. wurden schräg gemauert und treppenförmig abgestuft, um den Horizontalschub des Bogens aufnehmen und in den Untergrund ableiten zu können. Das Fundament folgt dem Kräfteverlauf, den da Ponte erstmals statisch richtig interpretierte und baulich umsetzte. Die Widerlager ruhen auf einem Pfahlrost aus 6 000 dicht gerammten Holzpfählen. Die Bauarbeiten waren 1592 nach dreieinhalbjähriger Bauzeit abgeschlossen [4] (vgl. Abb. 1). Nach dem Vorbild der Rialto-B.

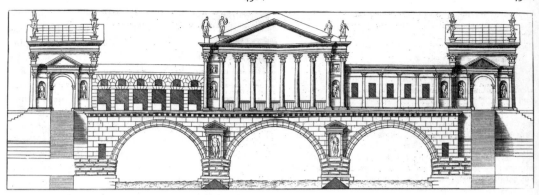

Abb. 1: Entwurf Andrea Palladios zum Bau einer steinernen Brücke über den Canal Grande in Venedig (Kupferstich aus: A. Palladio, *I quattro libri dell'architettura 3*, Venedig 1570, 22–23). Palladio bezieht seine Vorbilder für diese Brücke bewusst aus der Antike und verwendet für seinen soweit eher konservativen Vorschlag daher als Tragwerk drei massive Rundbogen, die mit einem großen zentralen Aufbau und gedrungenen Nebengebäuden überbaut sind. Auf der Brücke jedoch ist eine fortschrittliche und nach strengen städtebaulichen Gesichtspunkten großzügig gestaltete Ladenstrasse mit den für Palladios Entwürfe typischen Loggien und Plätzen untergebracht. Palladios Zeichnung inspirierte im 18. Jh. v. a. Landschaftsarchitekten in England, wo in Gartenanlagen gerne sog. *Palladian Bridges* gebaut wurden. Genau nach diesem Entwurf entstand erst 1996 die Brücke für das Brücke-Museum in Kurashiki (Japan). Die letzte Holzbrücke über den Canal Grande war 1512 abgebrannt. Nach langen Diskussionen um den Wiederaufbau rangen neben Palladio auch Architekten wie Michelangelo Buonarotti oder Vincenzo Scamozzi um den prestigeträchtigen Auftrag; es setzte sich allerdings der gewagte Entwurf von Giovanni da Ponte durch.

wurde von 1597 bis 1602 die Fleischbrücke in Nürnberg (Peter Unger und Wolf Jacob Stromer) erbaut.

Im europ. ↗Barock wurden ↗Gärten mit phantasievollen B. verziert und bestehende Groß-B. mit Statuen geschmückt [10]. Engelsfiguren von Gianlorenzo Bernini ersetzten 1671 die antiken Skulpturen der Engelsbrücke in Rom, die ma. Karlsbrücke in Prag wurde ab 1693 mit Statuen wie der des B.-Heiligen Johannes von Nepomuk ausgestattet [5].

Außerhalb Zentraleuropas sind vielfach eigenständige Entwicklungen im B.-Bau zu erkennen. Unter osman. Einfluss entstanden u. a. 1554 bis 1562 der Maglova-Aquädukt bei Istanbul (*Mimar Koca Sinan ibn Abd al-Mannan*) und 1557 bis 1566 die symbolreiche Alte Brücke von Mostar (*Mimar Hajrudin*) über die Neretva. Spitzbogen zieren die 1599 bis 1602 erbaute, zweistöckige Allah-Verdi-Chan-B. in Isfahan.

Nachdem Mönche auf der iber. Halbinsel jahrhundertelang die röm. Aquädukte gewartet hatten, wurde mit der Kolonialisierung der ↗Neuen Welt ab 1521 die span. Technologie für den Aquädukt- und Straßenbrückenbau exportiert, wie etwa beim 1543 bis 1560 unter Leitung des Franziskanermönchs Francisco de Templeque entstandenen Aquädukt bei Zempoala (Hidalgo, Mexiko) [5]. Doch auch Berichte über die Leistungen indian. Baumeister gelangten seither nach Europa. Der Missionar Fray Diego de Ocaña beschrieb 1603 in seinem Bericht aus Peru eine Hänge-B. mit Kettengliedern aus Holz. Zwei Jahrhunderte später ließ sich Alexander von Humboldt von den B. beeindrucken, die er auf seiner Amerikareise von 1799 bis 1804 überquerte [5].

Der B.-Bau in Japan folgte vielgestaltigen Mustern, so entstand in Okinawa 1498 die Hojyo-Bashi, eine Steinplatten-B., 1502 mit der Tennyo-Bashi eine Bogen-B. aus Stein und 1673 mit der Kintai-Kyo-B. bei Iwakuni eine gewaltige Holz-B.

3. Beginn des modernen Brückenbaus

Ab Mitte des 18. Jh.s standen in Europa ausgereifte Techniken im Holz- und Steinbrückenbau den aufkommenden neuen ↗Baustoffen ↗Eisen und Beton gegenüber. Erst jetzt dienten B. ausschließlich dem Straßen-, später dem Schienenverkehr (↗Eisenbahn) und wiesen keine Tore, Statuen oder Überbauungen mehr auf. Ihre Errichtung wurde zunehmend von eigens ausgebildeten ↗Ingenieuren geplant und überwacht [8].

Im Entwurf von Holz-B. bedeutete die 1754 von Johann Ulrich Grubenmann geplante Holz-B. über den Rhein bei Schaffhausen einen Markstein. Das gewagte Projekt – mit einem Bogen von 119 m Spannweite dreimal größer als alle bis dahin gebauten Holz-B. – wurde nicht verwirklicht, doch gilt Grubenmann zumindest als erster Baumeister, welcher die mechanischen Eigenschaften seiner Bauten im Modellversuch (↗Architekturmodell; ↗Modell, technisches) erprobte [5]; [6]. Visionär war auch der Entwurf für eine Holzfachwerk-B. mit 298 m Spannweite über die Neva in St. Petersburg, mit dem der Mechaniker Ivan Petrovic Kulibin experimentierte [5]. Sein B.-Modell bestand 1776 den Belastungstest vor der akademischen Kommission, welcher die Mathematiker Euler und Bernoulli angehörten, wurde aber wegen politischer Intrigen nicht realisiert. Die größte jemals gebaute Holz-B. ist die Colossus-B. über den Schuylkill bei Fairmont in Philadephia (USA) von 1811 mit 104 m Spannweite.

Einer der Höhepunkte des B.-Baus mit Werkstein ist die Seine-B. von Neuilly bei Paris, die Jean-Rodolphe Perronet 1774 entwarf [7]. Er war Mitbegründer und Lehrer an der 1747 in Paris gegründeten Ingenieurakademie, der *École des ponts et chaussées* (↗Ingenieursausbildung), und gilt als erster Bauingenieur. Der 1851 als Eisenbahn-B. erbaute Göltzschtalviadukt bei Plauen in Sachsen ist eine der letzten großen Stein-B.

Neben ersten Experimenten mit den Baustoffen Zement und Beton, die in der Praxis des B.-Baus erst Ende des 19. Jh.s umgesetzt werden sollten, erschlossen zunächst B. aus Eisen technisches Neuland. Die erste Eisenbrücke über den Severn bei Coalbrookdale in England (vgl. Abb. 2) setzte 1779 einen Meilenstein. Fünf Rundbögen aus Gusseisen mit je 31 m Spannweite wurden vorgefertigt und am Standort montiert. Sie fand schnell Nachahmer: so 1796 bei Laasan in Niederschlesien über das Striegauer Wasser [9] oder 1797 über den Kupfergraben in Berlin (Friedrich Gilly). Leicht und zart wirken die Schmiedeeisenbögen des 1804 erbauten Pont des Arts über die Seine in Paris (Louis-Alexandre Cessart).

Beim frühen ↗Eisenbahn-Brückenbau wurden zunächst Fachwerkträger aus Holz eingesetzt (vgl. Abb. 3). Doch bald bot sich auch hier der Baustoff Eisen an, den ↗Maschinenbauer und Bauingenieure gleichermaßen bei ↗Lokomotive, Trasse (↗Schiene) und B. verwenden konnten. George und Robert Stephenson entwickelten 1825 beim Bau der *Gaunless Bridge* einen linsenförmigen Träger als Teil der ersten Eisenbahnstrecke Englands von Stockton nach Darlington. Auch die 1850 mit Spannweiten bis 139 m erbaute Britannia-Röhren-B. über die Menai-Meerenge vor Wales entwarf R. Stephenson [6].

Das erste Patent (↗Patentrecht) auf eine Hänge-B. mit Eisenketten meldete 1808 James Finley in den USA an. In Europa wurde die Bangor-B. über die Menai-Meerenge in Wales 1826 als erste Eisenketten-B. mit 176 m Spannweite von Thomas Telford erbaut. 1840–1849 wurde die Kettenbrücke in Budapest errichtet [5]; [6]. Ein an Metalldrähten aufgehängter Steg wurde 1816 erstmals in Philadelphia (USA) vorgestellt. 1824 erbauten Henri Dufour und Marc Séguin in Genf die erste Hänge-B. mit Kabeln aus Stahldrähten. Theoretische Erörterungen zur Berechnung von Hänge-B. stellte Louis Navier an. Die Jagd nach Rekordspannweiten begann 1834 mit dem Bau des 273 m weit gespannten Grand Pont Suspendu über das Saane-Tal bei Fribourg (Joseph Chaley). Rückschläge wie der 1850 durch 730 im Gleich-

Abb. 2: Eisenbrücke über den Severn bei Coalbrookdale (Frontispitz der »Sammlung nützlicher Aufsätze und Nachrichten die Baukunst betreffend«, Bd. 1, 1797). Der Architekt Thomas F. Pritchard hatte Entwürfe für eine Holzfachwerk-, eine Stein- und eine Gusseisenbrücke vorgelegt. Abraham Darby III., Eigentümer der Eisenschmelzwerke vor Ort (*Coalbrookdale Company*), ließ die Gusseisenbrücke mit einigen Veränderungen an Pritchards Entwurf, 1777–79 bauen. Sofort war die *Ironbridge* eine Touristenattraktion; Künstler malten und zeichneten sie, Ingenieure mussten sie gesehen haben. Bis 1950 bestand für Fahrzeuge und Fußgänger Mautpflicht. Seit 1934 unter Denkmalschutz, zählt sie seit 1986 zum Weltkulturerbe der UNESCO.

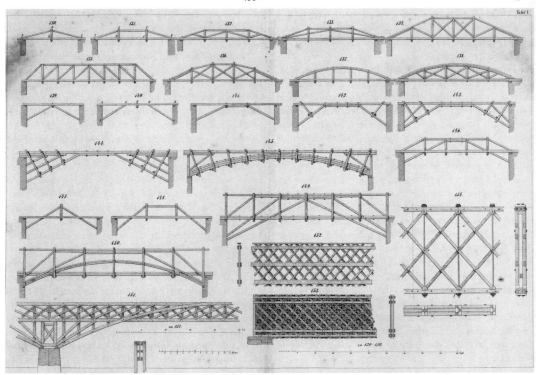

Abb. 3: Verschiedene Brückenkonstruktionen aus den *XXV Tafeln zur Allgemeinen Baukunde* (gedr. 1853) von Max Becker. Überlegungen zu Hänge- (Nr. 135) und Sprengwerken (Nr. 144) sowie zu Fachwerkträgern machten sowohl bereits Villard de Honnecourt im 13. Jh. als auch die Architekten der Renaissance. Beim frühen Eisenbahnbrückenbau wurden Gitter- und Fachwerkträger eingesetzt, weil sie leicht, belastbar und montagefreundlich sind. Gitterträger wie der von Ithiel Town (1820 in den USA patentiert, Nr. 152 und 153) wurden zuerst aus Holzlatten und ab 1840 auch als Gusseisenkonstruktion gebaut. J. Warren und T. Monzani (1848) sowie J. Mohiné (1854) entwickelten dieses System in England zum Strebenfachwerk weiter. Bes. wichtig für den Brückenbau ist das 1846 in den USA als Ständerfachwerk patentierte Trägersystem von William Howe (Nr. 154). Auf der Basis der Untersuchung eiserner und hölzerner Fachwerkträger entwickelte Carl Culmann seine graphische Statik, eines der wichtigsten theoretischen Konzepte des Brückenbaus im frühen 19. Jh.

schritt marschierende Soldaten verursachte Einsturz des Pont d'Angers führten zu neuen Erkenntnissen über das Schwingungsverhalten von B.

Die großen Leistungen der Nz. beim B.-Bau liegen schließlich in der Optimierung der traditionellen Baustoffe Stein und Holz und der Entwicklung von Beton und Eisen, deren Materialeigenschaften und Tragverhalten dank ingenieurwiss. Forschung berechenbar und damit beherrschbar wurden. Die Umsetzung dieser Forschungen führte auch zur Entwicklung neuer Konstruktionstypen wie Fachwerken, Röhren und Seilwerken, mit denen immer wirtschaftlichere, tragfähigere und weiter gespannte B.-Bauwerke entstehen konnten.

→ Architekturtheorie; Baustatik; Ingenieursarchitektur; Landverkehr; Transport und Verkehr

Quellen:
[1] M. Becker, Der Brückenbau in seinem ganzen Umfange, 1858 [2] L. Navier, Mémoire sur les ponts suspendus, 1823 [3] J.-R. Perronet, Description des projets et de la construction des ponts, 1788.

Sekundärliteratur:
[4] D. J. Brown, Brücken – Kühne Konstruktionen über Flüsse, Täler, Meere, 1994 [5] D. Bühler, Brückenbau im 20. Jh. Gestaltung und Konstruktion, 2000 [6] L. Fernández Troyano, Tierra sobre el Agua, 1999 [7] B. Heinrich, Brücken. Vom Balken zum Bogen, 1989 [8] P. Séjourné, Grandes Voûtes, 1911–1916 [9] H. Straub, Geschichte der Bauingenieurkunst, 1949 [10] P. Zucker, Die Brücke, 1921.

Dirk Bühler

Brückenbau s. Verkehrsarchitektur

Brüdergemeine s. Herrnhuter

Bruderschaft

1. Bruderschaft der Gesellen
2. Christliche Bruderschaften
3. Jüdische Bruderschaften
4. Weitere Formen

1. Bruderschaft der Gesellen

1.1. Begriff, Entstehung, Zwecke

Bruderschaftliche Verbindungen verschmolzen genossenschaftlich-berufsspezifische, moralisch-soziale und religiöse Zwecke. Wo der Begriff B. (lat. *fraternitas*) auftaucht, deutet er auf jene Gleichrangigkeit von ↗Arbeit, Religion und ↗Geselligkeit hin, die das Gemeinschaftsleben im MA von Grund auf prägte. Im Laufe der Frühen Nz. verschoben sich jedoch vielfach die Gewichte; ab der Wende vom 18. zum 19. Jh. verschwanden die bruderschaftlich verfassten Verbände, ohne dass ihre Traditionen ganz untergingen.

↗Gesellen-B. entstanden im späten MA, als die Handwerksgesellen auf Grund ökonomischer und demographischer Voraussetzungen größeren eigenen Handlungsspielraum gewannen, das Wandern (↗Gesellenwanderung) obligatorisch wurde und die B. als religiöse Laienorganisation über ihre Bindungen an ↗Zunft und Gilde die Arbeits- und Sozialverfassung des ↗Handwerks wesentlich beeinflusste. Die Gesellen übertrugen das Modell des gildehaften Zusammenschlusses von Menschen mit gleichen beruflichen Interessen und Lebensverhältnissen auf ihre eigenen Bedürfnisse. Erste Gesellen-B. lassen sich in Oberdeutschland und am Oberrhein seit den 1330er Jahren nachweisen. Von dort aus breitete sich eine umfassende Gesellenbewegung aus. Sie erfasste weite Teile Europas; nur in England kam es nicht zu einer nennenswerten gesellenbruderschaftlichen Organisation. In Frankreich trug die schwere Krise des Hundertjährigen Krieges (1337–1453) zur Absonderung der Gesellen aus den älteren *confréries* in *compagnonages* bei.

Im 15. Jh. verstärkte die in Europa weithin eingebürgerte Praxis der Gesellenwanderung, bei der vielfach weite Strecken zurückgelegt wurden, die Notwendigkeit, sozialen und religiös-kulturellen Rückhalt in eigenen Verbindungen zu finden. Hinzu kam ein elementares Bedürfnis nach ↗Geselligkeit, das zuerst durch Gesellentrinkstuben, später durch die B. befriedigt wurde. Zur selbständigen bruderschaftlichen Organisation der Gesellen trug bei, dass die Zünfte in der städtischen Sozialordnung (↗Stadt) und Politik eine immer größere Rolle spielten, die Gesellen in dieses System aber nicht integriert waren. Spezielle Ordnungen legten Normen und Aktivitäten der B. fest. Fast immer bestand Beitrittszwang; die Aufnahmegebühren berücksichtigten den Ausbildungstand und die Einkünfte. Spezielle Rituale mit z. T. sehr groben Späßen und Praktiken hoben die ↗Initiation in die Gemeinschaft und interne, funktionsbedingte Rangunterschiede hervor. B. wurden im Anschluss an bestimmten Kirchen errichtet und konnten demnach auch kirchliche Leistungen in Anspruch nehmen: den gemeinsamen ↗Gottesdienst an Festtagen, die gemeinsame ↗Bestattung der Verstorbenen, geistliches Gedächtnis und Fürbitte; die Gesellen-B. nahmen auch gemeinsam an Prozessionen teil, statteten Altäre aus und präsentierten sich so in der städtischen ↗Öffentlichkeit.

Neben diesen religiösen Funktionen übernahmen die B. Aufgaben der unmittelbaren Daseinssicherung: Unterstützung im Krankheitsfall durch Krankenkassen oder die Bereitstellung von Spitalbetten, Arbeitsvermittlung, Unterstützung in Konfliktfällen mit der ↗Obrigkeit oder den zünftischen ↗Meistern. Zudem wachten die B. über die Aufrechterhaltung der strengen Regeln, die den Zusammenhalt der Gruppe wahrten und pflegten die gemeinsame Sitte (etwa beim Umtrunk, beim Verhalten am Arbeitsplatz und in allen Fragen der korporativen Ehre).

1.2. Obrigkeitliche Einschränkungen und Widerstand

Trinkstuben wurden von den städtischen Obrigkeiten widerwillig geduldet, da sich ein Verbot nicht dauerhaft durchsetzen ließ (↗Trinkkultur). Nachdem es dem ↗Rat in den Städten seit der Mitte des 15. Jh.s zunehmend gelungen war, die Autonomie der Zünfte einzuengen, ging man auch verstärkt gegen die B. vor. Immer und überall in Sorge vor allem, was als »Zusammenrottung« und »Konspiration« erscheinen konnte, vermuteten sie – nicht ganz zu Unrecht – in den häufigen selbständigen und kaum kontrollierbaren Zusammenkünften der Gesellen in ihren Herbergen eine Bedrohung ihrer obrigkeitlichen Stellung. Im letzten Drittel des 15. Jh.s entstand die Institution des ↗Städtetags, die auf regionaler Ebene die Gesellenverbände zu unterdrücken suchte. 1522 beschloss der Städtetag in Esslingen, alle B. aufzuheben; die Durchsetzung des Verbots erwies sich jedoch als unmöglich, v. a. aufgrund der gewerblichen Konkurrenz zwischen den Städten selbst.

In den kleineren ↗Gewerben gehörten seit dem späten 15. Jh. B. nicht nur Gesellen, sondern auch ↗Meister und Meisterwitwen an, z. T., wenn es dem Unterstützungszweck dienlich war, sogar zunftfremde Personen. Zunft und Gesellen-B. konnten regional im 16., 17. und frühen 18. Jh. durchaus kooperieren, wenn die Interessen eine gemeinsame Frontstellung gegen die Stadtobrigkeit nahe legten. Die rechtliche Stellung der Gesellen-B. blieb jedoch weithin ungeklärt.

Seit dem frühen 18. Jh. verschlechterte sich unter dem Vorzeichen eines verstärkten Durchgriffs der staatlichen und städtischen Obrigkeiten auf das alltägliche Leben und im Zeichen einer zunehmenden Krise der zünftischen Gewerbeverfassung die Situation der Gesellen-B. überall in Europa. Nach einem Aufstand der Augsburger Schuhknechte (1726) verbot die ↗ Reichshandwerksordnung von 1731 »Koalitionen« ganz allgemein und schuf damit ein Klima der Bedrohung für die B., wenn auch von Territorium zu Territorium unterschiedlich intensiv. Die zunehmenden ökonomisch und technologiegeschichtlich bedingten Spannungen sowie der Druck der Anpassung an aufklärerisch-bürgerliche Arbeits- und Verhaltensnormen führten in Deutschland in den 1790er Jahren schließlich zu einer ganzen Serie von Gesellenaufständen, bei denen es wesentlich um die Verteidigung der »↗ Ehre«, das heißt der Autonomie der Gesellen-B. ging, so etwa in Mainz 1790, Bremen, Hamburg und Rostock 1791 und 1795. Die schärfste Zuspitzung brachte der Breslauer Gesellenaufstand im April 1793, in dem die Gesellen, konfrontiert mit scharfen und provozierenden Aktionen der Meister, der Stadtobrigkeit und des Militärs, in einer Kette von Solidarisierungen versuchten, ihre ↗ Korporation zu erhalten. In Frankreich führte nach mehreren vergeblichen Versuchen des ↗ Ancien Régime schließlich die ↗ Französische Revolution mit der *Loi le Chapelier* (1791) ein völliges ↗ Koalitionsverbot und damit auch ein Verbot der *compagnonnages* herbei. Hier wie in Deutschland ist das Ende der Gesellen-B. allerdings nicht genau fixierbar.

1.3. Nachwirkungen

In Deutschland brachte die von Staat zu Staat unterschiedlich frühe und intensive Abschaffung der Zunftverfassung das Ende der bruderschaftlichen Organisationen, doch gingen ihre wesentlichen Traditionen auf Umwegen in die neue ↗ Vereins-Kultur und damit auch in die gewerkschaftlichen Vereine des 19. Jh.s ein (↗ Gewerkschaft). So steht sicher neben der zünftischen auch die speziell gesellenbruderschaftliche Organisationserfahrung hinter dem neuen Typus etwa des Versicherungsvereins, der in Reichsstädten wie Nürnberg seit der Mitte des 18. Jh.s aufblühte. Auch die Arbeiter- und Gesellenunterstützungskassen in Preußen (seit 1845) zehrten, von der preuß. Verwaltung z. T. offiziell akzeptiert, von der Organisationserfahrung der älteren B. In Frankreich lebten zahlreiche *compagnonnages* ungeachtet ihres Verbots und ihrer inneren Zersplitterung weiter; die Übergänge zur modernen Arbeitervereinigung waren hier gleitender als in Deutschland. Die *compagnonnages* passten sich teilweise an die industriegesellschaftliche Klassenstruktur an; sie erlebten in der Julimonarchie (seit 1830) eine Renaissance und florierten auch noch im Zweiten Kaiserreich (1852 bis 1870).

→ Bund; Gesellen; Interessenverband; Korporation; Verein

[1] A. HERZIG / R. SACHS, Der Breslauer Gesellenaufstand von 1793. Die Aufzeichnungen des Schneidermeister Johann Gottlieb Klose. Darstellungen und Dokumentation, 1987
[2] W. REININGHAUS, Die Entstehung der Gesellengilden im SpätMA, 1981 [3] W. REININGHAUS, Vereinigungen der Handwerksgesellen in Hessen-Kassel vom 16. bis zum frühen 19. Jh., in: Hessisches Jb. für Landesgeschichte 31, 1981, 97–148
[4] K. SCHULZ, Handwerkergesellen und Lohnarbeiter. Untersuchungen zur oberrheinischen und oberdt. Stadtgeschichte des 14. bis 17. Jh.s, 1985 [5] C. M. TRUANT, The Rites of Labor. Brotherhoods of Compagnonnage in Old and New Regime France, 1994.

Wolfgang Hardtwig

2. Christliche Bruderschaften

2.1. Begriff

Der Begriff B. (lat. *fraternitas*) tritt in der politisch-sozialen Sprache des SpätMA und teilweise auch der Frühen Nz. in der weltlichen und der geistlichen Sphäre auf. Vom 12. bis zum 15. Jh. zeichnet sich die Tendenz ab, dass B. Vereinigungen benannte, in denen religiöse Zwecke im Vordergrund standen. B. heißen demnach – abgesehen von den Gesellen-B. (s. o. 1.), für die jedoch ebenfalls die religiöse Orientierung wichtig war – Personenvereinigungen, die freiwillig eingegangen und auf Dauer angelegt wurden und vorrangig religiöse, oft auch karitative Ziele verfolgten. Sie waren in der Regel an eine Kirche oder Kapelle gebunden, entwickelten eine gewisse Selbständigkeit auf der Grundlage eigener Statuten und verknüpften den religiösen mit geselligen und sozialen Zwecken. Typologisch sind u. a. zu unterscheiden: Zunft-B. mit beruflichen und religiösen Zielen, Andachts-B., zu denen etwa auch Wallfahrts-B. und katechetische B. gehörten, sozialkaritative B. wie Hospital-B. und Elenden-B., »ständische« B. (z. B. Priester-B.) und »Schützen-B.« Die Übergänge zwischen diesen Typen verlaufen fließend; berufliche, religiöse und gesellige Ziele der verschiedenen B. waren jeweils unterschiedlich akzentuiert.

2.2. Entstehung, Verbreitung, Zwecke, Sozialstruktur

Die B. entwickelten sich aus der religiösen Laienbewegung des SpätMA und erlebten im 15. Jh. einen erheblichen Aufschwung. In eine Krise gerieten sie im Zuge der ↗ Reformation; Luther entzog ihnen das theologische Fundament und entfernte sie aus dem ↗ Protestantismus, indem er durch seine ↗ Gnadenlehre, in der die individuelle Beziehung zwischen Gott und dem einzelnen Gläubigen ganz in den Vordergrund rückte, das gegenseitige Fürbittgebet entwertete. Zunächst ging das B.-Wesen auch in den kath. Regionen zurück; im Laufe der kath. Reform und ↗Gegenreformation blühte es jedoch alsbald in ↗Städten und ↗Dorfgemeinden intensiver und breiter auf als zuvor. Bruderschaften standen prinzipiell von Anfang an auch Frauen offen (Ausnahme: Klerikerbruderschaften) V. a. für karitative Tätigkeiten und die Pflege der Devotion gab es auch rein weibliche B., die jedoch in der Regel von Männern geleitet bzw. beaufsichtigt wurden.

2.3. Motive

Christliche B. entstanden häufig aus aktuellen Frömmigkeitsbedürfnissen, die z. B. bei Seuchen oder sonstigen Notlagen aufkamen. Entstehungsgründe konnten auch die Wundertätigkeit von Reliquien oder die päpstliche Privilegierung mit Ablässen sein (↗Frömmigkeitskulturen). Den Kern ihrer Soziabilität bildete der freiwillige, selbst gewählte Zusammenschluss von Gleichgesinnten; dazu kamen das Totengedenken (↗Totengedächtnis) und die Sicherung des Totendienstes. Häufig traten Gläubige erst bei schwerer Erkrankung oder bei unmittelbar drohender Todesgefahr einer B. bei. Im Vordergrund stand der Wunsch, einen Ablass zu erhalten, wie er den meisten Devotions-B. gewährt wurde. Das Motiv, sich von drohenden Sündenstrafen zu befreien, nahm bei den Altgläubigen nach der Reformation an Zugkraft noch zu, da ↗Ablässe jetzt nicht mehr gekauft, sondern durch die Aufnahme in eine B. erworben werden konnten. Schon die spätma. Laienbewegung vertraute bei der Sicherung des Seelenheils (↗Seele) nicht mehr so sehr auf Amtskirche und Klosterorden (↗Mönchtum), sondern schuf auf genossenschaftlicher Grundlage (↗Genossenschaft) selbst Vereinigungen zur gegenseitigen Unterstützung durch ↗Gebet und ↗Gottesdienst und, damit einhergehend, zur Minderung der Furcht vor den Qualen des ↗Fegefeuers.

Diese religiösen Motive verflochten sich aufs Engste mit sozialkaritativen Bedürfnissen. Diese brachten, regional und temporal unterschiedlich dicht gestreut, den speziellen Typus der Unterstützungs-B. hervor, v. a. dort, wo von städtischen Behörden eingesetzte selbständige Stiftungen mit Pflegern für die soziale Fürsorge nicht vorhanden waren oder nicht ausreichten (↗Armenpflege). Besondere Notsituationen konnten zielgerichtet dazu führen, dass neue karitative bruderschaftliche Vereinigungen eingerichtet wurden, wie etwa 1627 in Düsseldorf die Frauen-Sodalität zur Pflege von Pestkranken.

Unverzichtbar für christl. B. (wie für Gilde, ↗Zunft und Gesellen- und Studenten-B.) war schließlich die ↗Geselligkeit. Religiöse und weltliche, spirituelle und materielle, persönliche und kommunikativ-soziale Antriebe gingen dabei nahtlos ineinander über. Die B. boten die Möglichkeit, eine elementare Freude am korporativen und prunkvollen Auftreten auszuleben, wie es der überwiegenden Mehrzahl der Bevölkerung sonst kaum möglich war. Bei öffentlichen Feierlichkeiten hatten die B. ihren festen Platz inne; zudem nutzten sie die Gelegenheit, ihre Mitgliederstärke, ihren Reichtum und ihren Rang in der ständischen Hierarchie nach außen darzustellen (↗Ständegesellschaft).

Die B. bildete die genossenschaftliche Sozialform, in der jede ständische Gruppierung ihren jeweils besonderen religiösen, sozialen und kommunikativen Bedürfnissen nachgehen konnte. Ihre Mitglieder kamen v. a. aus der Oberschicht und, mit Einschränkung, der Mittelschicht; die unteren Schichten traten kaum in Erscheinung. Orts-B. spiegeln die Sozialstruktur der jeweiligen ↗Kommune oder des Stadtviertels wider.

Unverheirateten Frauen bot sich die Möglichkeit zu einem gemeinsamen, ständisch gesonderten Leben, das in der religiösen Kultur und im Fürsorgewesen der spätma. Stadt einen wesentlichen Platz einnahm. Ehefrauen und Witwen konnten der B. ihrer Männer angehören. Allerdings öffneten sich nicht alle B.-Typen weiblichen Mitgliedern in gleicher Weise; bes. hoch lag der Frauenanteil bei den Wallfahrts-B. und bei lokalen Devotions-B. Für das Trierer Land wurde nachgewiesen, dass Frauen hier zumindest ihrem Anteil an der Gesamtbevölkerung entsprechend in B. vertreten waren. In gemischten B. blieb Frauen allerdings der Zugang zu den Ämtern in der Regel verwehrt. Gleichwohl enthielt das B.-Prinzip eine egalisierende Komponente. Es betonte intern die Gleichheit der Mitglieder, was sich v. a. in der gemeinsamen religiösen Praxis zum Ausdruck kam.

2.4. Bruderschaften, Konfessionalisierung, Aufklärung

Von Anfang an bestand eine Spannung zwischen den genossenschaftlichen B. und der Amtskirche, die sich nach dem Ausbruch der Reformation noch verstärkte. 1536 bündelte eine Provinzialsynode in Köln die Vorwürfe gegenüber den B.: Diese müssten stärker kirchlich kontrolliert und autorisiert werden, da sie die Autorität der Bischöfe und des ganzen Klerus untergrüben; bruderschaftliche Vermögen würden für ↗Feste und fragwürdige weltliche Zwecke verwendet; das religiöse Leben der B. sei vielfach profaniert. Tatsächlich trat die breite religiöse Soziabilität der B. vielfach in Konkurrenz zur ↗Seelsorge durch die Pfarrer.

Eine spezielle Form von B. stellen die »Marianischen Kongregationen« dar. Sie wurden überall, wo ↗Jesuiten-Kollegien entstanden, durch Dozenten ins Leben gerufen (z. B. in Köln 1576; Trier, Mainz, Würzburg, Fulda, Ingolstadt 1577; Innsbruck, Speyer, München 1578). In diesen Kongregationen, auch *Sodalitates ad studia pietatis*

(»Sodalitäten für Frömmigkeitspraxis«) genannt, betrieben die Schüler über den spirituellen Bildungsplan des Collegiums hinausgehende geistliche Übungen unter der Leitung eines Jesuitendozenten. Die Marianischen Kongregationen waren als Keimzellen einer kath. Durchchristlichung der Gesellschaft gedacht; tatsächlich erfasste ihr Netz die örtliche Gesellschaft zunehmend entlang der sozialen Schichtung, gegliedert nach Bildungsgrad und gesellschaftlichem Rang. Die jesuitische ↗Frömmigkeitskultur der Nz. bis ins 19. Jh. vereinbarte damit zwei unterschiedliche, aber aufeinander verweisende Prinzipien: eine zumindest partielle Individualisierung der Religiosität einerseits, die Betonung einer gottgegebenen ständischen Hierarchie und Funktionsverteilung in der ↗Gesellschaft andererseits.

Die ↗Gegenreformation zentralisierte die B. von Rom aus, kontrollierte sie intensiver und stärkte die Stellung der Ortsgeistlichen in ihnen. Gleichwohl blieb die spätma. Formenvielfalt erhalten, wenn auch mit neuer Akzentsetzung. Geselligkeit und soziale Aktivitäten traten zurück, Frömmigkeitspraxis und religiöse Unterweisung wurden wichtiger – insofern zog die Amtskirche die B. in den Prozess der ↗Konfessionalisierung hinein. Die Orden (neben Jesuiten auch Franziskaner und Kapuziner) gründeten neue B. Katholische Herrschaftshäuser wie die Habsburger und Wittelsbacher nutzten das B.-Wesen, um die religiöse Legitimation ihrer ↗Herrschaft zu stärken und den bruderschaftlichen Gedanken in seiner gegenreformatorischen Umformung für ihre Konfessionalisierungspolitik aus kirchlichem wie staatlichem Interesse zu nutzen. So traten etwa der 1573 in Wien gegründeten studentischen »Sodalitas Sankt Barbara« der Kaiser, wichtige Vertreter der Hofgesellschaft, Adlige und Frauen der höheren Stände sowie hohe Kleriker bei. In Düsseldorf ließ sich Herzog Wolfgang Wilhelm in die 1619 gegründete Marianische Kongregation aufnehmen und 1641 zum Präfekten wählen.

Seit der Mitte des 18. Jh.s führte die Verknüpfung von staatlichem ↗Absolutismus und ↗Aufklärung jedoch auch in den geistlichen Territorien dazu, dass B. zunehmend bekämpft wurden. Nach dem Verbot von Neugründungen schon unter Maria Theresia verbot Joseph II. 1783 in den österr. Landen sämtliche B. Die meisten B. wurden aufgelöst oder lösten sich unter staatlichem wie auch kirchlichem Druck am Ende des 18. Jh.s selbst auf.

Gleichwohl bewies das B.-Wesen eine erstaunliche Beharrungskraft über die Krisen von Aufklärung, Revolutionszeitalter und ↗Säkularisation hinweg. Unter dem Vorzeichen der innerkirchlichen Reformbewegung seit dem Ende der Reichskirche und verstärkt seit den 1840er Jahren erlebten die B. einen neuen Aufschwung und verliehen damit dem neu aufblühenden kath. ↗Vereins-Wesen aus der Tradition des vormodernen B.- und Kongregationswesens heraus erheblichen Rückhalt. B. haben in kath. Regionen auf dem Land, aber auch in der Stadt bis tief ins 20. Jh. hinein den Festzyklus und die Sitte des kath. Gemeindewesens beeinflusst.

→ Frömmigkeitskultur; Genossenschaft; Interessenverband; Korporation; Verein

[1] W. Hardtwig, Genossenschaft, Sekte, Verein in Deutschland, Bd. 1: Vom SpätMA bis zur Franz. Revolution, 1997, 70–97 [2] W. Katzinger, Die Bruderschaften in den Städten Oberösterreichs als Hilfsmittel der Gegenreformation und Ausdruck barocker Frömmigkeit, in: J. Sydow (Hrsg.), Bürgerschaft und Kirche, 1980, 97–111 [3] L. Remling, Bruderschaften in Franken. Kirchen- und sozialgeschichtliche Untersuchungen zum spätma. und frühnzl. Bruderschaftswesen, 1986 [4] B. Schneider, Bruderschaften im Trierer Land. Ihre Geschichte und ihr Gottesdienst zwischen Tridentinum und Säkularisation, 1989.

Wolfgang Hardtwig

3. Jüdische Bruderschaften

3.1. Begriff

Die traditionelle Bezeichnung für eine jüdische B. lautet *Hevra* bzw. *Havura* (hebr. für »Verbund«, »Assoziation«). Dieser Begriff beschreibt eine private Assoziation, die sich einem bestimmten Auftrag verpflichtet fühlt, wie z. B. dem Bau und Unterhalt einer ↗Synagoge, edukativen oder wohltätigen Zwecken. Die bekannteste Form der *Hevra* ist die *Hevra Kadischa* (hebr. »Heilige Bruderschaft«), eine Vereinigung, die sich um Sterbende und deren Angehörige bemüht.

3.2. Geschichte

Die Anfänge jüdischer B. dürften in der Epoche des Zweiten Tempels (3. Jh. v. Chr. bis 1. Jh. n. Chr.) zu suchen sein, als die hellenistische Kultur sich in der jüd. Gesellschaft auszubreiten begann. In den antiken graeco-romanischen Städten spielten private Vereinigungen mit kulturellen oder religiösen Zielen eine große Rolle. Insbes. in der ↗Diaspora bildeten sich Assoziationen zur Errichtung und Erhaltung von ↗Synagogen, aber auch Handwerker- oder Handelsgilden. Bevorzugtes Wirkungsfeld privater Vereinigungen war die ↗Bildung. Der jüd. Elementarunterricht war zwar in der Regel Aufgabe der Eltern, die höhere Bildung erfolgte jedoch oft in privaten Kreisen um einen berühmten Gelehrten, dessen Schüler mit ihrem Meister eine jahrelange enge Lebensgemeinschaft bildeten. Eine Besonderheit innerhalb der antiken jüd. Gesellschaft stellten die B. der Pharisäer dar, Assoziationen von Toragelehrten, welche die hohen Standards priesterlicher Reinheit auch auf den Alltag von Nichtpriestern übertragen wollten. Die Mitglieder dieser B. legten bes. Wert auf koschere

Nahrungsmittel und die persönliche Heiligung, weshalb sie mit Menschen, die jenen Maßstäben nicht entsprachen, keine Tischgemeinschaft hielten [1].

Im MA emanzipierten sich die jüd. Gemeinden Europas zunehmend von den alten Zentren des Judentums, Babylon und Palästina. Die Einzelgemeinde organisierte sich autonom, der Einfluss der vermögenden Mitglieder nahm gegenüber den Gelehrten zu, und somit wuchs auch die Bedeutung der B. im öffentlichen Leben. Deren Wirkungsfelder (Bildung, Wohlfahrt, Tora und Kult, Synagogenbau, Handwerksgilden) entsprachen antiken Vorbildern, wobei nun der karitativen Arbeit die größte Bedeutung zukam. Bereits im 13. Jh. entstanden kleine Gruppen von Mystikern, die zum Zwecke des Studiums mystischer Schriften B. bildeten. Unter ihnen ragte bes. die *Havura Keduscha* um Esra und Asriel von Gerona heraus, die für die Entwicklung der ↗Kabbala von großer Bedeutung war. In der Tradition dieser frühen kabbalistischen B. stehen auch die mystische Gemeinschaft von Safed (Galiläa) im 16. Jh. (um Jizchak Luria und Hajim Vital) sowie jene Zirkel von jüd. Mystikern des 17. und 18. Jh.s, aus denen heraus sich der osteurop. ↗Hasidismus entwickeln sollte. Kabbalistische B. waren Gruppen mystisch Gleichgesinnter, die durch besondere Formen des Gebets und des Studiums kabbalistischer Schriften zum spirituellen Wohlergehen ihrer Gemeinde beitragen wollten [4].

Aus dem 14. Jh. datieren die frühesten Nachrichten über die Tätigkeit einer kultisch orientierten *Hevra*, die zum Ziel hatte, bes. früh mit dem morgendlichen Gebet zu beginnen. Unter den edukativen Vereinigungen erreichten diejenigen besondere Verbreitung, die sich um die Elementarbildung materiell benachteiligter Kinder (sog. *Talmud Tora*) sowie die Erwachsenenbildung (sog. *Schass-Hevre* zum Studium des Talmud und anderer Traditionsliteratur) verdient machten.

Nicht nur die berufsständischen B. orientierten sich organisatorisch an den christl. Gilden. Hier wie dort gab es eine Hierarchie von Vorständen, verdienten und einfachen Mitgliedern, einen strengen Verhaltenskodex sowie regelmäßige Versammlungen zu Gebet und Studium. Die jährlichen Bankette der *Hevra* waren gesellschaftliche Höhepunkte. Die Mitgliedschaft in einer B. wurde als eine Ehrenpflicht verstanden, die mitunter auch recht kostspielig werden konnte. Dies galt in besonderer Weise für die *Hevra kadischa*, die in Deutschland etwa seit dem 16. Jh. Einzug hielt. Diese B., ursprünglich im sefardischen Judentum beheimatet (↗Sefardim), befasste sich zwar in der Hauptsache mit Beerdigungen, erfüllte aber auch in deren Umfeld viele karitative Aufgaben (wie die Betreuung Kranker und Angehöriger) [3].

Ab dem 18. Jh. wurden die traditionellen B. vielfach von Vereinen abgelöst, die sich nicht mehr an der (religiös konnotierten) Gilde, sondern am bes. in Deutschland florierenden Vereinswesen orientierten (↗Verein). Dieser strukturelle Wandel ermöglichte schließlich auch jüd. Frauen die aktive Teilnahme an der karitativen Arbeit der ↗Gemeinden.

→ Frömmigkeitskulturen; Hasidismus; Judentum; Kabbala

[1] S. J. D. Cohen, From the Maccabees to the Mishnah, 1989, 115–123 [2] C. Hezser, The Social Structure of the Rabbinic Movement in Roman Palestine, 1977, 315–325 [3] M. Meyer / M. Brenner (Hrsg.), Deutsch-jüdische Geschichte in der Nz. (4 Bde.), 1996–1997 [4] J. Weiss, A Circle of Pneumatics in Pre-Hasidism, in: J. Weiss / D. Goldstein (Hrsg.), Studies in Eastern European Jewish Mysticism, 1985, 27–42.

Susanne Galley

4. Weitere Formen

S. ↗Cofradía; ↗Knappschaft; ↗Studentenverbindung; ↗Sufi-Bruderschaften

Brunnen

1. Umwelt und Technik
2. Gestalterische und künstlerische Aspekte

1. Umwelt und Technik

B. bildeten bis weit in das 19. und 20. Jh. hinein die elementare Einheit der ↗Wasserversorgung im ländlichen und städtischen Raum. Hinter dem Begriff B. verbergen sich höchst unterschiedliche Zugriffsweisen auf die Ressource ↗Wasser. Aus dem unelastischen Bedarf an Koch-, Wasch-, und ↗Trinkwasser und der Verwendung von Brauchwasser in ↗Landwirtschaft und ↗Gewerbe sowie dem Wasserdargebot der jährlich zur Verfügung stehenden Süßwassermenge entwickelte sich eine ↗Infrastruktur, in deren Mittelpunkt weltweit B. standen bzw. stehen.

Die gängige Systematik, auf der z. B. schon die einschlägigen B.-Artikel der ↗Enzyklopädien von Zedler und Krünitz beruhen, unterscheidet B. einerseits nach der Technik der Wassergewinnung bzw. -förderung [1] und andererseits nach ihrem Eigentumsstatus. Die Wasserversorgung stellten in frühnzl. ↗Siedlungen Grundwasser-B. sicher, bei deren Bauweise seit dem SpätMA der aus Stein gefertigte B.-Schacht vorherrschte. Oberflächennahes Grundwasser ließ sich mittels eines neben dem B.-Schacht gelagerten Schwenkarms schöpfen. Lag der Grundwasserspiegel tiefer, wurden Eimer über eine Winde oder ein Rad an Seilen bzw. Ketten hinabgelassen. Von dieser Art der Versorgung ist grundsätzlich jene mit fließendem Wasser durch sog. Lauf-B. zu unterscheiden. Standen Quellen mit ausreichender Schüttung zur Verfügung, konnte das Wasser über Gefälleleitungen zu den B. fließen. Eine Variante, v. a. im Vorderen Orient und Mittelmeerraum, stellen die als *Qanate* bezeichneten Stollen dar, die Grundwasser über ein Gefälle zu Lauf-B. führen. Aufwendiger gestaltete sich die Herstellung eines künstlichen Gefälles in Wasserwerken. In diesen förderten Pumpwerke Grund- oder Oberflächenwasser in einen höhergelegenen Behälter, von dem aus es durch Rohrleitungen an Lauf-B. verteilt wurde.

Unabhängig vom Typ des B. hing sein Einzugsbereich davon ab, ob es sich um einen öffentlichen oder einen privaten B. handelte. In der Regel war ausschlaggebend, auf wessen Grund sich ein B. befand. Während für den Unterhalt privater B. die Eigentümer aufkamen, sorgten die ↗Kommunen oder die von Anliegern gebildeten ↗Genossenschaften für die Pflege öffentlicher B. Letztere spielten eine wichtige Rolle im ↗Alltag ihrer Nutzer (Informationsaustausch, Feste; vgl. [5]), aber auch bei der Brandbekämpfung (↗Feuerwehr) sowie als repräsentative, von Fremden besuchte Sehenswürdigkeiten (vgl. Abb. 1).

Die frühnzl. Wasserversorgung aus B. wurzelt tief im MA [4]. Allerdings liefen während der Frühen Nz. quantitative und qualitative Transformationen auf verschiedenen Ebenen ab. Im Prozess der frühnzl. ↗Urbanisierung nahm die Anzahl und die Leistungsfähigkeit der Wasserwerke zu. Man installierte Leitungsnetze (↗Wasserleitung) mit angeschlossenen Lauf-B. und erweiterte bereits bestehende. In Augsburg wurden z. B. Anfang des 15. Jh.s, 1538 und 1609 mehrere Wasserwerke zur Versorgung von Leitungsnetzen errichtet und in der Folgezeit um- und ausgebaut. Bautzen erhielt 1558 und 1606/10 zwei Anlagen [3]. Über einen privaten Lauf-B. zu verfügen war prestigeträchtig und mit hohen Kosten verbunden, die sich meist nach der geeichten Wassermenge richteten. Für die Versorgung aus Grundwasser-B. bedeutete die im Laufe des 18. Jh.s einsetzende Umrüstung zu Pump-B. eine wichtige Neuerung. Die zunächst hölzernen Pumpen ermöglichten den Wassernutzern eine ergiebigere, weniger anstrengende und auch unfallfreie Förderung. Zudem minimierten die geschlossenen Pump-B. die Gefahr der Verunreinigung des B.-Wassers durch herabfallenden Unrat.

Die Anzahl und räumliche Verteilung von B. in frühnzl. Siedlungen ist wegen der meist nur bruchstückhaft belegten privaten B. selten nachweisbar. Als Anhaltspunkt kann dienen, dass 1810 in Nürnberg 1187 Grundwasser-B. und 283 Lauf-B. bzw. 173 öffentliche und 1297 private B. ermittelt wurden [2]. Doch trotz der zahlreichen B. war der anthropogene Eingriff in

Abb. 1: Johann Adam Delsenbach, Der Neue-Bau zu Nürnberg gegen das Hallerthür (Kupferstich, 1753). Delsenbach hielt in seinen Nürnberger Ansichtenfolgen (begonnen 1714) auf zahlreichen Blättern die alltägliche Wasserversorgung an Zieh-, Pump- und Laufbrunnen fest. Der Tritonbrunnen auf dem Neuen Bau (Maxplatz) wurde 1687 errichtet. Um ihn und in der Folge ca. 40 weitere Brunnen mit fließendem Wasser zu versorgen, war in die Nägeleinsmühle an der Pegnitz ein Wasserwerk eingebaut worden. Das Wasser wurde nicht aus dem monumentalen Becken selbst entnommen, sondern an den zu beiden Seiten stehenden kleinen Laufbrunnen (im Bild: vor und hinter dem Hauptbrunnen).

den Wasserhaushalt in der Nz. im Vergleich zum späten 19. und 20. Jh. gering. Als problematischer erwies sich die Verschmutzung von B. sowohl am Ort der Wassergewinnung – etwa durch Sickerwasser aus nahen Latrinen – als auch am Ort der Wasserabgabe. Seit dem MA ergingen Verordnungen zur Reinhaltung gerade der öffentlichen B., in denen z. B. das Waschen verboten wurde. Doch lässt sich weder aus diesen Verboten noch aus den seit Beginn des 19. Jh.s intensivierten Inspektionen von B. eine differenzierte Aussage über den Zustand der B. in der Nz. ableiten. Durch Urbanisierung, ⇗Industrialisierung und die Etablierung der wiss. ⇗Hygiene geriet die auf B. basierende Wasserversorgung im 19. Jh. unter starken Druck, woraufhin sie zunächst modernisiert und ab dem letzten Drittel des 19. Jh.s durch die zentrale Infrastruktur moderner Prägung ersetzt wurde.

→ Ressourcennutzung; Stadthygiene; Wasser; Wasserverschmutzung; Wasserversorgung

Quellen:
[1] J. LEUPOLD, Theatri machinarum hydraulicarum oder: Schau-Platz der Wasser-Künste (2 Bde.), 1724–1725 (Ndr. 1982).

Sekundärliteratur:
[2] K. H. FISCHER, Die Wasserversorgung der Reichsstadt, in: STADTMAGISTRAT NÜRNBERG, Die Wasserversorgung der Stadt Nürnberg von der reichsstädtischen Zeit bis in die Gegenwart. FS zur Eröffnung der Wasserleitung von Ranna, 1912, 1–130 [3] FRONTINUS-GESELLSCHAFT (Hrsg.), Die Wasserversorgung in der Renaissancezeit (Geschichte der Wasserversorgung; Bd. 5), 2000 [4] R. J. MAGNUSSON, Water Technology in the Middle Ages. Cities, Monasteries, and Waterworks after the Roman Empire, 2001 [5] K. SIMON-MUSCHEID, Städtische Zierde – gemeiner Nutzen – Ort der Begegnung. Öffentliche Brunnen in ma. Städten, in: H. BRÄUER et al. (Hrsg.), Die Stadt als Kommunikationsraum. Beiträge zur Stadtgeschichte vom MA bis zum 20. Jh., 2001, 699–720.

Florian Ruhland

2. Gestalterische und künstlerische Aspekte

B. stellten seit dem SpätMA eine der anspruchsvollsten Aufgaben der Gattung ⇗Skulptur dar und wurden meist für Stadtplätze, Palasthöfe- und Fassaden sowie für Gärten (⇗Gartenarchitektur), Grotten und Nymphäen geschaffen. Ihre ikonographische Ausschmückung bezieht sich häufig auf Themen, die mit dem Element Wasser zu tun haben und zugleich auf Status und Selbstverständnis der ⇗Auftraggeber anspielen. Ihre Funktion reichte von der ⇗Wasserversorgung bis zum reinen Schaustück. Aufwendig künstlerisch gestaltet wurden in der Regel Lauf- und Spring-B., die die künstlerische mit der technischen Leistung vereinigten. Während im Europa nördl. der Alpen im 15. Jh. spätgotische Formen vorherrschten (Ulm, *Fischkasten* 1492; Urach, *Marktbrunnen* 1495–1500), entwickelte sich in Italien der sog. Kandelaber-B. in einer an antiken Kandelabern ori-

Abb. 2: Giambologna, Neptunbrunnen in Bologna, 1563–1567 (Bronze und Veroneser Marmor). Charakteristisch für die florent. geprägten Brunnen des 16. Jh.s ist die Dominanz der oftmals virtuosen Figuren gegenüber dem Wasser, das zumeist in dünnen, künstlich wirkenden Strahlen in Erscheinung tritt.

entierten Form mit einer oder mehreren Schalen und einer Figur als Bekrönung. Eines der wenigen erhaltenen Beispiele solcher B. des 15. Jh.s befindet sich heute im Palazzo Pitti in Florenz. Eine Vorstellung vom ital. B. des 15. Jh.s geben die zahlreichen B.-Darstellungen der Epoche.

Grundform und Motive des Schalen-B. des 15. Jh.s wurden von N. Tribolo an den beiden ab 1538 in der Medici-Villa Castello bei Florenz errichteten B. weiterentwickelt. Charakteristisch für den *Fiorenza-B.* und den größeren *Herkules-Antäus-B.* (beide ursprünglich im Zentrum des ⇗Villen-Gartens) sind die zahlreichen, teils freiplastischen Figuren an Schaft und Schalen. Bei beiden B. sind die Abschlussfiguren mit dem Wasser verbunden: Die Fiorenza wringt ihr Haar aus, der von Herkules erhobene mythische Riese Antäus speit eine Fontäne in den Himmel. Von Florenz aus verbreitete sich der vielfigurige B. in ganz Italien: G. A. Montorsoli entwickelte am *Orion-B.* in Messina (1547–1553) das Schema des Kandelaber-B. weiter, erfand dann aber bei seinem dortigen *Neptun-B.* (1553–1557) einen neuen Typ, in dessen Mitte statt einer Fülle kleinteiliger Figuren eine Kolossalfigur steht. B. dieses Typs errichteten kurze Zeit später B. Ammannati in Florenz (1560–1575) und Giambologna in Bologna (1563–1567; vgl. Abb. 2).

Elemente der beiden Grundformen wurden später auch kombiniert, wie beim *Okeanos-B.* des Giambologna im Florentiner *Boboli-Garten* (1570–1575), einem Schalen-B. mit Kolossalfigur im Zentrum. Mit den B. A. de Vries' und H. Gerhards in Augsburg fand der Florentiner Figuren-B. auch außerhalb Italiens Nachfolge. Die in Florenz entwickelten Lösungen blieben nördl. der Alpen z. T. bis ins 18. Jh. Vorbild (G. R. Donner, *Providentia-B.*, Wien, 1737–1739).

Nach der Wiederherstellung der antiken ↗Wasserleitungen im späten 16. Jh. wurde Rom zum Zentrum der künstlerischen Entwicklung des B. Bei den von G. Della Porta errichteten B. wurde weitgehend auf figürliche Plastik verzichtet. Stattdessen wurde die Fülle des Wassers zum Gestaltungselement. Die Wasserfülle ist auch leitendes Prinzip der typischen röm. Schauwände (ital. *mostre*), architektonisch gefasster Wand-B., die am innerstädtischen Endpunkt einer Wasserleitung große Wassermengen präsentieren. Den fulminanten Schlusspunkt in der Entwicklung dieses Typs bildet die *Fontana di Trevi* (N. Salvi, vollendet 1762). Für die röm. B. des 16.

Abb. 3: Gianlorenzo Bernini, Tritonbrunnen, Rom, Piazza Barberini, 1643 vollendet (Travertin). Beim Triton-B. spielt das Wasser neben den Figuren eine gleichberechtigte Rolle; architektonische Elemente existieren dagegen kaum. Vier auf ihren Köpfen balancierende Delphine, die eine aufgeklappte Muschel mit rittlings darauf sitzendem Triton tragen, scheinen sich auf geheimnisvolle Weise aus dem Wasser zu erheben und erwecken den Eindruck, als könnten sie leicht wieder darin verschwinden.

und 17. Jh.s spielte die Antike in vieler Hinsicht eine Rolle: In Villengärten wurden antike Statuen und Brunnenbecken wiederverwendet, während in der *Villa d'Este* in Tivoli bei Rom antike B. als Vorbilder herangezogen wurden [5].

Im ital. B. des 16. Jh.s standen die Skulpturen als virtuose Werke der Kunst im Gegensatz zum Naturelement ↗Wasser. Diesen Gegensatz löste erst Gianlorenzo Bernini im 17. Jh. auf, dessen B. sowohl an die florent. als auch an die röm. Tradition des 16. Jh.s anschließen. Sein *Triton-B.* auf der röm. *Piazza Barberini*, 1643 fertiggestellt, scheint aus Elementen zu bestehen, die alle dem Reich der Natur angehören (vgl. Abb. 3).

Bei Berninis *Vierströme-B.* (1648–1651) auf der *Piazza Navona* in Rom kommt ein künstlicher Felsen vor, der von Tieren und den vier Flussgöttern bevölkert und von einem Obelisk bekrönt wird. Damit wird ein künstliches »Naturambiente« auf den städtischen Platz übertragen und zugleich ein narratives Element eingeführt. Berninis Neuerungen sind Grundlage vieler späterer B., v. a. in Parks. Beim *Apollo-B.* in Versailles (1668–1670) von J. B. Tuby befinden sich die Figuren ohne Sockel direkt auf der Wasseroberfläche, als tauchten sie gerade daraus auf [6]. Mit dem Wasser bilden sie eine szenische Einheit. In die umgebende Wasserfläche eingefügt ist auch der *Perseus-Andromeda-B.* von R. Frémin (1721–1738) im Schlosspark von La Granja, wo Andromeda auf einem Felsen im Wasser vom wasserspeienden Drachen bedroht wird.

Wie bei der *Fontana di Trevi* dominierten im Spätbarock B. mit bildhafter Schauseite sowohl bei frei stehenden B. mit großen Becken (*Neptun-B.* in Versailles von L.-S. Adam, 1735/40; *Neptun-B.* in Dresden von L. Mattielli, 1741/44) als auch bei B.-Anlagen an Palastfassaden (Rue Grenelle in Paris, von E. Bouchardon, 1737). Selbst bei Platzanlagen rückten sie an die Seite (Place Stanislas in Nancy von B. Guibal, 1752/55). Sublimer Abschluss dieses Typus im Zeitalter von Aufklärung und Empfindsamkeit ist Hubert Roberts Verwandlung der hochbarocken *Thetisgrotte* François Girardons im Garten von Versailles in ein dreidimensionales Bild einer heroischen Ruinenlandschaft (ab 1778). Gleichwohl verschwanden mit dem Siegeszug des engl. Gartens aufwendige B.-Anlagen aus den Gärten, während auf den Stadtplätzen das Personendenkmal den B. mehr und mehr verdrängte, nicht zuletzt auch, weil die Wasserversorgung zunehmend dezentral wurde.

→ Architekturtheorie; Gartenarchitektur; Skulptur; Wasserkünste

[1] C. D'ONOFRIO, Le fontane di Roma, 1986 [2] S. MORÉT, Der ital. Figurenbrunnen des Cinquecento, 2003 [3] J. POESCHKE, Die Skulptur der Renaissance in Italien. Michelangelo und seine Zeit, 1992 [4] J. POPE-HENNESSY, Italian High Renaissance and

Baroque Sculpture, 1996 [5] A. Schreurs / S. Morét, »Mi ricordo che, essendo proposto di volere fare un fonte …« Pirro Ligorio und die Brunnenkunst, in: Mitteilungen des Kunsthistorischen Instituts in Florenz 38, 1994, 280–309 [6] G. Weber, Brunnen und Wasserkünste in Frankreich im Zeitalter von Louis XIV. Mit einem typengeschichtlichen Überblick über die franz. Brunnen ab 1500, 1985.

Stefan Morét

Brunnenplastik, Brunnenskulptur s. Brunnen

Buch

1. Wortbedeutungen und Definitionen
2. Buchforschung
3. Form und Gestalt
4. Vor- und Frühformen des Buchs
5. Bedeutung für die Frühe Neuzeit
6. Symbolik und Metaphorik
7. Historische Entwicklung in der Neuzeit

1. Wortbedeutungen und Definitionen

Das Wort B. bezeichnet (1) ein umfangreicheres Schrift- oder Druckwerk aus Papierbogen oder -blättern mit einem Einband oder Umschlag; (2) den Teil eines größeren Schriftwerkes, z.B. die 24 Bücher der *Ilias*; (3) ein physisches Objekt aus mehreren zusammengefassten Blättern Papier für beliebige Beschriftungen, z.B. das Tagebuch; (4) ein Instrument für kaufmännische Buchführungen; (5) eine Wettliste beim Pferderennen; (6) eine Maßeinheit für eine bestimmte Menge Papier; (7) eine Metapher für die göttliche Schöpfung, vgl. ↗Buch der Natur; (8) in übertragenem Sinne das »B. der Bücher«, die ↗Bibel.

Ein B. als Schrift- oder Druckwerk kann aus unterschiedlichen Blickwinkeln definiert werden, als: (a) ein materieller Gegenstand, der beliebig vervielfältigt aus einem bestimmten handwerklichen, (proto-)industriellen oder automatisierten Herstellungsprozess hervorgegangen ist; (b) ein Träger von differenzierten graphischen Zeichen (Schrift-, Bild- oder Notenzeichen); (c) ein Medium für spezifische Formen der ↗Kommunikation; (d) ein auf ökonomische Zwecke ausgerichtetes Produkt, das kommerzielle Märkte bedient (↗Buchmarkt). Die Doppelnatur des B. als Ware einerseits und Kultur- und Geistträger andererseits spiegelt sich in der Unterscheidung von B. »zur Unterhaltung« und B. »zur Weiterbildung«.

2. Buchforschung

Eine erschöpfende Gesamtdarstellung zum B., die modernen, medientheoretischen Ansprüchen gerecht würde, liegt noch nicht vor. Die Integration der B.-Wissenschaft in eine medienvergleichende Perspektive ist in Ansätzen vollzogen; erste synthetisierende Analysen zum B. wurden unternommen [3]; [8]; [2]. Lediglich die Geschichte des ↗Buchhandels ist gut erforscht [10]; [5], bes. in fachbibliographischen Arbeiten [7]; [9]; [4].

3. Form und Gestalt

Als Produkt eines zumeist gewerblichen Herstellungsprozesses, der kein schlichtes ↗Handwerk, sondern ein hochkomplexes System handwerklicher und später (proto)industrieller Synergien darstellte, war das B. ein physisches Objekt, dessen jeweilige Gestalt von den verwendeten Materialien und den zeittypischen Moden und Möglichkeiten abhing. Grundform des B. war seit der Antike der Kodex, »bei dem rechteckige, zweiseitig beschriebene oder bedruckte Lagen aus Pergament oder Papier unterschiedlicher Blattzahl durch einen Einband oder Umschlag verbunden sind« [8]. Anders als eine Handschrift ist ein B. wegen des mechanisierten, seriellen Druckes idealiter in allen Exemplaren identisch und zielt dadurch im Kern auf einen anonymen, entindividualisierten Markt (↗Buchmarkt).

Bald nach der Gutenberg'schen Erfindung erzwang die Technisierung der B.-Herstellung die Ausbildung einer typographischen »Grammatik« für das neue Kommunikationsmedium, welche die Erscheinungsform und Funktionalität des B. auf Jahrhunderte maßgeblich festlegte (↗Typographie).

Im 16. Jh. entwickelten sich Adressierungs- und Erschließungselemente – Titelblatt (mit Angaben zu ↗Autor, Titel, Erscheinungsort, ↗Verlag und/oder Drucker und Erscheinungsjahr), Widmung, Leseranrede, Inhaltsverzeichnis, Paginierung, Bogensignaturen, Kustoden (fortlaufendes Alphabet am rechten Seitenende), Textgliederung durch Abschnitt-, Kapitel- und Absatzüberschriften, Marginalien (gedruckte Randnotizen), ↗Fußnoten, ↗Register, Abkürzungsverzeichnis, Errataliste usw. –, die das B. trotz seiner Massenhaftigkeit für die Rezeption beherrschbar hielten. Das B. der Nz. befriedigte damit die funktionalen Anforderungen aller drei auch die moderne B.-Kultur bestimmenden Instanzen, die von Produktion, Distribution und Rezeption. Insofern waren Erscheinungsform und -gestalt des gedruckten B. weder zufällig noch beliebig, sondern Konsequenzen des auf ↗Standardisierung und ↗Mechanisierung angelegten Herstellungsverfahrens. Sie formten so Denkweisen und Wahrnehmungsstrukturen der Nz.

4. Vor- und Frühformen des Buchs

Der (antike) Kodex, bei dem mehrere Tafeln mit eingeritzten oder in Wachs geschriebenen Zeichen verbunden waren, ist die Vorform des nzl. B. Andere frühe Medien, die Zeichen und damit Bedeutungen aufnahmen und überlieferten, sind als buchmediale Neben-, Schein- oder Fehlformen anzusehen, z. B. Tontafeln aus Babylonien, Papyrusrollen aus Ägypten, Tonscherben (Ostraka) aus Griechenland, Schriftrollen und Wachstafeln aus dem alten Rom. Auch ↗Einblattdrucke des späten MA, die von ganzteiligen Holzstöcken durch Abreibverfahren hergestellt wurden, und Flugblätter (↗Flugschrift) mit sehr geringen Umfängen waren keine B. im strengen Sinne. Frühe ↗Zeitungen und erste ↗Zeitschriften können wegen ihrer immanenten Periodizität ebenfalls nicht als B. gelten, selbst wenn sie in B.-Bindeeinheiten zusammengefasst wurden.

Als echte Frühformen des B. sind Holztafel- und Block-B. aus dem 15. und frühen 16. Jh. anzuführen. Diese xylographischen Objekte entstanden als Doppelblatt durch Abreiben vom Holzdruckstock bzw. durch ein Druckverfahren und durch das Zusammenbinden mehrerer einseitig bedruckter Blätter. Blockbücher vereinigten Texte und Bilder in charakteristischer Weise; damit lassen sie auf weniger literate Rezeptionsweisen schließen (lat. *pictura est laicorum litteratura*, »Malerei ist die Literatur der Laien«). Sie boten v. a. religiös-erbauliche Schriften an wie Armenbibeln (*Biblia pauperum*, vgl. ↗Buchillustration mit Abb. 1), Heilsspiegel, Kalendertafeln oder lat. Grammatiken für den Schulunterricht.

5. Bedeutung für die Frühe Neuzeit

Der ↗Buchdruck hat in so nachhaltiger Weise die Epoche der ↗Frühen Nz. geprägt, dass man von einer »Kultur«- oder »↗Medienrevolution« gesprochen hat [3]. Mit den nun potentiell zahlenmäßig unbeschränkt und rationell herstellbaren B. konnten raum- und zeitungebunden informative, kommentierende, bildende und unterhaltende Texte in einen komplexen Kommunikationsprozess eingebracht werden. Dieser durch B. in Gang gesetzte kommunikative Wandel veränderte zwar nicht abrupt, dafür aber nachhaltig nahezu alle Lebensbereiche der Nz. Die Vielzahl der B. mit der Vielfalt ihrer Stoffe trugen maßgeblich zur Entstehung eines »Informationstyps [bei], den wir heute ↗Wissen nennen« [8]. Der Buchdruck wurde zu einem epochalen *agent of change* [1] (vgl. das McLuhan'sche Schlagwort der »Gutenberg-Galaxis«). Das B. war somit das Leitmedium der Frühen Nz. Die buchmediale Innovationskraft der typographischen Kommunikationstechnologie kann jedenfalls für die Epoche von 1450 bis zum Beginn des Industriezeitalters im 19. Jh. kaum überschätzt werden.

Seit dem 16. Jh. bildete das »Typographeum« die klassischen Instanzen der modernen B.-Kultur aus: Autoren (Produktion), Drucker/Verleger (mit allmählicher Trennung beider Berufsgruppen); Buchführer, die im Platz- und Wanderhandel den B.-Vertrieb unternahmen (Distribution); B.-Sammler, Bibliothekare, Leser und Kritiker (Rezeption). Nahezu frei von zunft- und berufsständischen Zwängen orientierten sie sich alle letztlich am Markt mit seinen landläufigen Mobilitätspotentialen und ökonomischen Vernetzungen; es entstanden ↗Buchmessen in Frankfurt am Main (Blütezeit zwischen 1550 und 1680) und vom späten 17. Jh. an in Leipzig. Neben den wirtschafts- und handelsgeschichtlichen Neuerungen trugen der B.-Druck und seine Produkte erheblich zur Ausbildung frühmoderner ↗Staats-Organisation, zur ↗Standardisierung und Normierung der ↗Nationalsprachen (insbes. in Deutschland), zur Kommerzialisierung privater und öffentlicher ↗Kommunikation, zur Schaffung unterschiedlicher Teilöffentlichkeiten (»reformatorische Öffentlichkeit«, Öffentlichkeit der Aufklärung; vgl. ↗Öffentlichkeit) und zur Ausbildung neuer funktionaler ↗Eliten (Autoren) bei.

6. Symbolik und Metaphorik

Neben den Informationsvermittlungs- und Informationsspeicherfunktionen kamen dem B. symbolische bzw. metaphorische Bedeutungen zu. Im ma. Christentum westl. Prägung, das auch als B.-Religion bezeichnet wird, waren B. auf bildlichen Darstellungen vielfach Christus, der Gottesmutter Maria, den Heiligen, Kirchenvätern und anderen klerikalen Figuren zugeordnete Attribute. Daneben gab es eine weltliche B.-Symbolik und -Metaphorik, etwa als Zeichen für Weisheit, Gelehrsamkeit, das Gesetz. Im MA dienten B. allgemein *ad maiorem Dei gloriam* (»zur größeren Ehre Gottes«); in den frühen Hochschulen und ↗Universitäten wurden weltlichere B.-Metaphern gebräuchlich, ggf. auch in karikierender Weise. Wenn auch das B. von der Mitte des 15. Jh.s an seinen magisch-mythischen Gehalt verlor, blieb es Symbol und Metapher für den Bereich des Geistes. Neben religiös-theologischen Werten wie Gottgefälligkeit, Glaubensgehorsam und Tugendhaftigkeit war es – u.a. wegen der Hochschätzung durch Humanisten und Reformatoren – ein Code für ↗Gelehrsamkeit. Auch soziales Prestige und fürstliches Repräsentationsbedürfnis verbanden sich in der Frühen Nz. mit dem B. Die Vorstellung vom »guten B.« im protest. Bürgertum des 19. und 20. Jh.s war eine Fortsetzung dieser alten Hochwertung.

7. Historische Entwicklung in der Neuzeit

Eine Epochengliederung der B.-Kultur unterscheidet vier Phasen unterschiedlicher Dauer und Intensität [2]. Eine erste Phase wird vom 1. Jh. bis zur Mitte des 15. Jh.s angesetzt (Vor- und Frühformen). Ein zweiter Abschnitt umfasst die Zeit von 1450 bis zum Beginn des 20. Jh.s. Ein dritter Zeitabschnitt definiert sich durch das Aufkommen des Taschenbuches (1920er Jahre) bis etwa 1960/70 mit den Anfängen einer Rückwärtsentwicklung zum »Elitebuch« [2]. Das überwältigende Angebot an elektronischen Medien der Gegenwart markiert den Aufbruch in eine vierte Phase mit einem dramatischen Funktionswandel des B., der Internationalisierung des ↗Buchmarktes und einem Aufmerksamkeits- und Bedeutungsverlust des Mediums B. [2].

Die zweite Phase ist jedoch noch zu differenzieren. Das halbe Jahrhundert nach Gutenbergs Erfindung, die sog. ↗Inkunabel- oder Wiegendruckzeit, war gleichsam die Inkubationsphase des neuen Druckmediums B. Noch versuchte sich der B.-Druck vorrangig in der Imitation von Handschriften: großformatige, anspruchsvolle, in der Regel hochpreisige Druckwerke, meist im ↗Latein der ↗Gelehrten verfasst, mit theologischen, juristischen, medizinischen, humanistischen Inhalten. Erst allmählich öffnete sich das B. den pragmatischen Bedürfnissen des ↗Handels, der ↗Verwaltung oder der ↗Geschichtsschreibung. B. wurden von kirchlichen, frühakademischen, vorbürgerlichen ↗Eliten benutzt. Druck um Druck wandelte sich der Begriff von »Publizität, da dem handschriftlich Vervielfältigten bald der Anspruch auf ↗Öffentlichkeit abgesprochen wird« [8]. Die religiösen und revolutionären Bewegungen des 16. Jh.s (↗Reformation, ↗Bauernkrieg, ↗Gegenreformation) erkannten rasch das Proprium der neuen Informationstechnologie; eine ideologische Massenbewegung (die Glaubensreform) verband sich mit dem Massenmedium B.: »ohne B.-Druck keine Reformation« (B. Möller). Die These wurde auch umgedreht: »Ohne Reformation kein Buchdruck« [9].

Allein zwischen 1515 und 1530 erschienen, auf eine beinahe hysterische Nachfrage reagierend, etwa 15 000 ↗Flugschriften, vorwiegend in den ↗Volkssprachen gedruckt. Das B. wurde aktiver Teil einer ↗öffentlichen Meinungs-Bildung. Die ↗Alphabetisierungs-Raten verbesserten sich signifikant und lagen in den Städten bei 10 bis 30%. Das B. als technisiert hergestelltes Massenmedium fand erstmals seine allgemeine Bestimmung.

Den verheerenden Wirren des Dreißigjährigen Krieges folgte das Barockzeitalter mit einer breiten, imposanten B.-Kultur, die teilweise zu maßlosen Übertreibungen in Ausstattung, Sprache und Stoffen neigte, allerdings auch neue mediale Formen hervorbrachte (↗Zeitungen). Dem vorherrschenden Gebrauch des ↗Lateins im B. traten nun ↗Sprachgesellschaften entgegen. Die schon im 16. Jh. einsetzende Funktion des B. als Wissensspeicher und -vermittler verstärkte sich und machte das B. zum unverzichtbaren Instrument der nzl. ↗Naturwissenschaften und des ↗Ingenieurwesens.

Wichtige Änderungen im B.-Gebrauch ergaben sich im späten 18. Jh. unter dem Einfluss der ↗Aufklärung, der Auflösung feudaler Ständestrukturen und der Bewusstwerdung eines gebildeten, sich in Maßen emanzipierenden ↗Bürgertums in der sog. (ersten qualitativen) Leserevolution. Trotz nahezu gleichbleibender technologischer und ökonomischer Faktoren – maßgebliche technische Innovationen gab es erst im 19. Jh. – bildeten sich neue Strukturen der buchmedialen Kommunikation, welche die überlieferte B.-Nutzung in Form inhaltlich und stofflich konstanter Wiederholungslektüre (»intensive Lektüre«) zugunsten einer extensiven Lesepraxis zurücktreten ließ, »die das moderne, inhomogene und zersplitterte, Lesepublikum« charakterisierte [8]. Jetzt befriedigte das B. individuelle, emotionale, intellektuelle, Bildungs- und Unterhaltungsbedürfnisse eines weitgehend alphabetisierten Publikums bürgerlichen Zuschnitts. Diese gesellschaftlich, politisch und kulturell belangvolle »Sattelzeit« (nach R. Koselleck zwischen 1780 und 1830) leitete zur alle sozialen Formationen umfassenden, industrialisierten B.-Wirtschaft des 19. Jh.s über und führte in die sog. zweite (quantitative) Leserevolution.

→ Bibliothek; Buchdruck; Buchillustration; Buchmarkt; Druckmedien; Lesekultur; Medien

[1] E. Eisenstein, The Printing Press as an Agent of Change. Communications and Cultural Transformations in Early-Modern Europe, 1979 (2 Bde.) [2] W. Faulstich (Hrsg.), Grundwissen Medien, ⁵2004 [3] M. Giesecke, Der Buchdruck in der frühen Nz. Eine historische Fallstudie über die Durchsetzung neuer Informations- und Kommunikationstechnologien, 1998 [4] G. Hagelweide, Literatur zur deutschsprachigen Presse. Eine Bibliographie von den Anfängen bis 1970, 1985–2004 (14 Bde.) [5] G. Jäger et al. (Hrsg.), Geschichte des dt. Buchhandels im 19. und 20. Jh., 2001–2003 (Bd. 1, 1–2) [6] M. Janzin / J. Güntner, Das Buch vom Buch. 5000 Jahre Buchgeschichte, ²1997 [7] H. Meyer, Bibliographie der Buch- und Bibliotheksgeschichte: (BBB), 1982–2004 (23 Bde.) [8] U. Rautenberg / D. Wetzel, Buch (Grundlagen der Medienkommunikation 11), 2001 [9] E. Weyrauch, Wolfenbütteler Bibliographie zur Geschichte des Buchwesens im dt. Sprachgebiet. 1840–1980 (WBB), 1990–1999 [10] R. Wittmann, Geschichte des dt. Buchhandels, ²1999.

Erdmann Weyrauch

Buch der Natur

1. Entstehung der Metapher
2. Mittelalter und Aufwertung der Laienlektüre
3. Die Lektüre des Buches der Natur in den neuen Wissenschaften
4. Physikotheologie
5. Der Übergang zu anderen Deutungsmodellen in der Aufklärung

1. Entstehung der Metapher

Seit Augustinus ist B. D. N. in der christl. Literatur die gebräuchliche Metapher zur Bezeichnung der natürlichen Welt als einer »zweiten Schrift«, durch die sich ↗Gott neben der Hl. Schrift (↗Bibel) den Menschen offenbart hat. Die Lehre von den zwei Büchern Gottes begründete er 412 in den *Enarrationes in Psalmos* zu Psalm 42: »Das göttliche Buch sei dir ein Buch, damit du es hörst, der Erdkreis sei dir ein Buch, damit du es siehst. In diesen Textsammlungen lesen diejenigen, die die Buchstaben kennen, in der ganzen Welt liest auch der Ungebildete.« [1. Bd. 36, 518].

Geprägt wurde die Metapher vom Mönchsvater Antonius (3./4. Jh. n. Chr.), von dem berichtet wird: »Einer der Weisen von damals kam zum gerechten Antonius und sagte zu ihm: Wie kannst du es ertragen, Vater, des Trostes der Bücher beraubt zu sein? Der antwortete: Mein Buch, Philosoph, ist die Natur der geschaffenen Dinge, und sie steht vor mir, wenn ich Gottes Worte lesen will« [5. 695 f.]. In der frühen Patristik, die die Buchmetapher noch nicht kannte, war die zugrundeliegende Denkfigur – das schöpfungstheologische Deutungsmuster – bereits weit verbreitet, so etwa bei Origenes, Laktanz, Basilius von Caesarea und Ambrosius von Mailand: Sie preisen die wunderbare Ordnung dieses schönen ↗Kosmos, den Gott um der Menschen willen und zu ihrem Nutzen geschaffen habe [15]. Wortmächtig setzte Augustinus diese Tradition fort und überschritt sie zugleich: Durch die Offenbarung der Propheten haben wir erfahren, dass Gott Himmel und Erde geschaffen hat, aber »auch abgesehen von den Prophetenstimmen verkündet die Welt selber, obwohl stillschweigend, durch ihre wohlgeordnete Wandelbarkeit … und die wunderbare Formschönheit alles Sichtbaren, sowohl, dass sie geschaffen ist, als auch, dass nur der unsagbar und unfasslich große … Gott sie geschaffen haben kann« (*Civitas Dei* 11,4). An anderer Stelle beruft er sich auf Röm 1,20, wo es heißt: »Gottes unsichtbares Wesen, das ist seine ewige Kraft und Gottheit, wird ersehen, so man das wahrnimmt, an den Werken, nämlich an der Schöpfung der Welt« (*Confessiones* 7,20).

Solchermaßen biblisch legitimiert, konnte der Gedanke der Erkenntnis Gottes (↗Gottesbilder), vermittelt durch die sichtbare Welt, zum Kern der Lehre vom B. D. N. werden. Augustinus wusste ebenso wie die philosophisch gebildeten frühen Kirchenväter, dass die ↗Natürliche Theologie heidnischen Ursprungs war, entwickelt und tradiert von Platon (im *Timaios*) und dem ↗Platonismus sowie ausgebaut von der Stoa (Cicero, *De natura deorum*). An dieses Vorwissen konnte die Missionsarbeit (↗Mission) v. a. bei gebildeten Heiden anknüpfen, denn das mit der Lehre von der natürlichen Gotteserkenntnis – in ihrer heidnischen und ihrer christl. Gestalt – verbundene Deutungsmuster war jeweils dasselbe: der teleologische Analogieschluss von der Beschaffenheit der natürlichen Welt auf ihren Urheber [17. 18 f.]. Wenn jeder Mensch, darunter auch Heiden und Schriftunkundige, das Dasein und das Wesen des Schöpfergottes unmittelbar aus der Natur erkennen

kann, so war doch mit der universellen Lesbarkeit des B. D. N. für Augustinus nicht die Annahme einer Gleichrangigkeit der beiden Bücher verbunden. Er erkannte zwar die Rationalität der ↗Natürlichen Theologie an, wollte sie aber vorwiegend zu missionarischen Zwecken eingesetzt sehen. Der Vorrang der Heilstheologie vor der Schöpfungstheologie durfte nicht in Frage gestellt werden. Das Lesen im B. D. N. hat in erster Linie den Zweck, den Sinn der Hl. Schrift besser zu verstehen: Neigungen, sich der ↗Natur um ihrer selbst willen zuzuwenden, um sie zu verstehen, hielt Augustinus überdies für »krankhafte ↗Neugier«, das Verborgene der Natur zu erforschen, »das zu wissen für nichts gut ist« (*Confessiones* 10, 35). Eine solche Abwertung der natürlichen Welt rief seit dem 12. Jh. eine Gegenbewegung hervor, die über das Ringen um die Gleichrangigkeit der beiden Bücher schließlich im 18. Jh. zur Auflösung der Metapher führte.

2. Mittelalter und Aufwertung der Laienlektüre

Im 13. Jh. sprach Bonaventura (Johannes Fidanza), Ordensgeneral der Franziskaner, vom *liber scriptus intus et foris*: »Doppelt ist das Buch; das eine entspricht der inneren Schrift, die Gottes ewige Kunst und Weisheit ist, das andere der äußeren Schrift, die der Sinnenwelt zugehört« (*Breviloquium* 2,11). Neben dem überlieferten schöpfungstheologischen Deutungsmuster bildete sich im Gefolge der Aristoteles-Renaissance im 12. Jh., die eine Aufwertung des Wissens von der Natur zur Folge hatte, ein anderes, wiss. Deutungsmuster heraus. Die Metapher B. D. N. stand in der neuen Lesart für das gesamte verfügbare, in Buchform vorliegende Wissen von der Natur. Ma. Enzyklopädien, in der Mehrzahl Tier- und Pflanzenbücher, erschienen unter dem Titel *Buch der Natur*. Thomas von Cantimpré verfasste im 13. Jh. eine Enzyklopädie unter dem Titel *De natura rerum*, die in der dt. Druckfassung von 1475 den Titel *Das Buch der Natur* erhielt.

Flankiert und gestützt wurde die wiss. Aufwertung der natürlichen Welt im 12. Jh. durch Hugo von St. Viktor. Die von ihm geprägte antiaugustinische Formel *nihil esse superfluum* besagt, man solle alles lernen, da »nichts überflüssig sei« (*Eruditio didascalica* 7,1 [1. Bd. 176, 811]). Auch Bonaventura öffnete die Möglichkeit einer Verbindung der beiden Deutungsmuster, indem er hervorhob, dass Gott durch beide Bücher, das seiner Worte und das seiner Werke, erkannt werden wolle (*Breviloquium* 2,5). Auf dem Weg zur Annahme einer Gleichrangigkeit der beiden Bücher Gottes spielte an der Wende vom 13. zum 14. Jh. Raimundus Lullus eine wichtige Rolle. Er brachte die ↗Natürliche Theologie und die Wissenschaft von der Natur (↗Naturphilosophie) in sein System einer christl. Universalphilosophie ein. Seinem Bemühen, die maurisch-islamische Welt zu missionieren, standen auf der maurischen Seite naturforschende Theologen gegenüber. Auch hier bot die Lehre vom B. D. N. große Vorteile, barg jedoch zugleich die Gefahr, die Autorität der Kirche als einziger Instanz der Heilsvermittlung in Frage zu stellen.

Im 14. Jh. signalisieren zwei Namen eine solche Gefahr: Nikolaus von Kues (Nicolaus Cusanus) und Raimundus von Sabunde. Cusanus' erkenntnistheoretisches Hauptwerk trägt den Titel *Idiota de Sapientia* (»Der Laie über die Weisheit«). Der Titel verweist antischolastisch darauf, dass menschliches Wissen aus realer Erfahrung erwächst. Der Laie ist der unbefangene Leser im B. D. N. Vom Gelehrten befragt, woher er denn seine Wissenschaft der Unwissenheit (lat. *scientia ignorantiae*) habe, antwortet er: »Nicht aus deinen, sondern aus Gottes Büchern, die er mit seinem Finger geschrieben hat« [2. 6 f.].

Cusanus wird Sabundes *Theologia naturalis* gekannt haben [14.59], jenen *Liber naturae sive creaturarum* (»Buch der Natur oder der Geschöpfe«) von 1436 [10], der der Lehre von den zwei Büchern großen Auftrieb verschaffte und eine lange Wirkungsgeschichte haben sollte – nicht zuletzt deshalb, weil das Werk auf dem ↗Trienter Konzil verboten wurde. Sabunde hatte zwar, wie andere vor ihm, beschwichtigend geschrieben, zu einer fehlerlosen Lektüre des B. D. N. bedürfe der Mensch der Bibel, aber auch behauptet, wer nichts von Gott wisse, werde durch das B. D. N. auf den Weg der Gotteserkenntnis geführt und erklimme so eine Sprosse auf der Naturleiter zu Gott. Was indes die Kirchenoberen bes. alarmierte, war der Umstand, dass er in Bezug auf die beiden Bücher eine dezidierte Umverteilung der Gewichte vorgenommen hatte: Die Hl. Schrift bedürfe der Auslegung, ohne die sie schwer zu verstehen sei; sie könne aber an die falschen Interpreten geraten. Kein Ketzer (↗Häresie) könne jedoch das B. D. N. verfälschen (*Liber naturae sive creaturarum*, Prologus 25–37).

3. Die Lektüre des Buches der Natur in den neuen Wissenschaften

Mit der Entstehung der *New Science*, bes. aber mit dem Aufkommen der Neuen ↗Astronomie, entwickelt von Nikolaus Kopernikus, Galileo Galilei, Johannes Kepler und Isaac Newton, verschmolzen die beiden Deutungsmuster. Kepler, der sich und andere Astronomen als »Priester des höchsten Gottes am Buch der Natur« bezeichnete [4. 193], rief nach der Entdeckung des dritten Gesetzes der Planetenbahnen aus: »Ich fühle mich hingerissen von einem unsäglichen Entzücken über die göttliche Schau der himmlischen Harmonien« [3. 31].

Der Blick durch das ↗Teleskop öffnete für Galilei ungeahnte Tiefen des Weltraums. Er las 1615 im »Buch des Himmels« und erkannte darin Größe und Herrlichkeit Gottes. Für ihn war die Lehre von den zwei Büchern der Garant für die Einheit von Wissen und Glauben: »Denn die Heilige Schrift und die Natur gehen gleicherweise aus dem göttlichen Wort hervor.« Die Sprache, in der »das große Buch niedergeschrieben ist, das immer vor unseren Augen liegt«, ist die der Mathematik [11. 232]. Seine Wissenschaft, die mit der Formulierung von Fallgesetz und Trägheitsgesetz die ↗Mechanik im modernen Sinn als mathematische Wissenschaft begründete, hatte ihn von der Existenz eines Mechaniker-Gottes überzeugt, der ein unwandelbares System von Naturgesetzen geschaffen habe. Auch Newton, bei dem zwar nicht mehr die Metapher B. D. N., wohl aber das Deutungsmuster auftaucht, betrachtete es als ein Ziel seiner wiss. Arbeit, Beweggründe für die Existenz Gottes zu finden [6. 431]. Er glaubte, weder Ursprung noch Struktur der Welt ließen sich auf mechanische Ursachen zurückführen, sondern setzten einen intelligenten Schöpfer, »skilled in mechanics and geometry« voraus [6. 429]. Sowohl die an der Mathematik orientierten Wissenschaften Astronomie und Physik als auch die vom Baconismus beeinflussten experimentierenden Wissenschaften wie Biologie, Chemie und Physiologie blieben bis in die erste Hälfte des 19. Jh.s weitgehend in das naturtheologische Weltbild eingebettet.

4. Physikotheologie

Die am Ende des 17. Jh.s von England ausgehende und in ganz ↗Europa bis Neuengland verbreitete physikotheologische Bewegung (↗Physikotheologie) griff die Verbindung von ↗Naturwissenschaft und ↗Theologie auf theologischer, fach- und populärwiss. Ebene auf. Ihr Ziel, das Dasein und die wesentlichen Attribute Gottes durch das Studium der einzelnen natürlichen Dinge zu beweisen, beschäftigte über ein Jahrhundert unzählige Autoren: nicht nur Naturwissenschaftler, sondern auch Theologen, Juristen, Ratsherren, Schulmeister und Landpfarrer. Ihre Methode der systematischen ↗Beobachtung mittels Sammeln, Zählen und Vergleichen war weiterhin die der alten aristotelischen Naturforschung. Ausgerüstet mit ↗Teleskop und ↗Mikroskop, mit Thermometer und Barometer, mit Botanisiertrommel und Schmetterlingsnetz, Seziermesser und Waage, versuchten sie eine vollständige Inventarisierung der sog. Wunder der Welt, um Ordnung und Zweckmäßigkeit der Schöpfung durchgängig nachzuweisen. Eine Flut von »Bindestrichtheologien« entstand wie z. B. Rana-(»Frosch«-)Theologie oder Pyro-(»Feuer«-)Theologie. Der Arzt und Physikotheologe Bernard Nieuwentijt bewies in seiner Anthropotheologie die Weisheit Gottes aus der sinnvollen Einrichtung der Venenklappen [7]. Die Zweigliedrigkeit der meisten Titel bringt zum Ausdruck, dass die Lektüre des B. D. N. beiden Deutungsmustern folgt. Allerdings nahm die Darstellung der wiss. Erkenntnisse zunehmend breiteren Raum ein, während die theologischen Kommentare in die Vor- und Nachworte abwanderten.

Auch in ↗Erbauungsliteratur und Dichtung (↗Lyrik) fand die Physikotheologie Eingang. Das neunbändige Werk des Hamburger Ratsherrn Barthold Hinrich Brockes, *Irdisches Vergnügen in Gott, bestehend in Physicalisch- und Moralischen Gedichten* (erschienen ab 1721), war die poetische Enzyklopädie der Bewegung. Ein solches Programm vermittelte weiten Leserkreisen eine optimistische und fortschrittsgläubige Grundstimmung (↗Fortschritt) und den Glauben an einen Schöpfergott, dessen ordnende Vernunft alles zum Besten gelenkt hat und lenken wird (↗Schöpfungslehre). Die Werke der Physikotheologen trugen entscheidend zur Verbreitung wiss. Kenntnisse bis auf die Dörfer bei. Ihr Anteil an der ↗Entzauberung der alten, noch magisch bestimmten vormodernen Welt ist unbestreitbar. Frühaufklärer und Physikotheologen waren oft dieselben ↗Gelehrten.

5. Der Übergang zu anderen Deutungsmodellen in der Aufklärung

Im 18. Jh. waren die Auflösungserscheinungen der Lehre von den zwei Büchern Gottes unübersehbar. Dieser Prozess schritt nicht linear voran. Bis zum Ende des Jahrhunderts gab es Versuche, sie in ihre alten Rechte einzusetzen. J.G. Hamann erweiterte die Lehre um das »Buch der Geschichte«, postulierte aber in augustinischer Tradition den Vorrang der Hl. Schrift, die den Schlüssel für die Lektüre des B.D.N. und des Buchs der Geschichte bilde. Hermann Boerhaave gab Jan Swammerdams mikroskopische Arbeiten (↗Mikroskop) über die Anatomie der Insekten – keine Physikotheologie – 1737 unter dem Titel *Biblia naturae* (»Bibel der Natur«) heraus, womit zum letzten Mal in einer naturwiss. Schrift auf die Zwei-Bücher-Lehre Bezug genommen wurde.

In einem gegenläufigen Prozess wurde die Metapher des B.D.N. historisiert und anthropologisiert. Ihr Anwendungsbereich als Denkfigur öffnete sich den neuen Wissenschaften von der Geschichte und vom Menschen sowie den Anfängen der Naturästhetik: Der Schweizer Philosoph Johann Georg Sulzer, in seinen Anfangsjahren noch physikotheologisch inspiriert, feierte 1750 das B.D.N. als Quelle aller Schönheit – ohne jeden Bezug auf die Natürliche Theologie. Der Versuch einer naturästhetischen Grundlegung der Theorie der Künste (↗Ästhetik) führte aus der theologischen Tradition des B.D.N. heraus [18. 207].

Der Hamburger Aufklärer Hermann Samuel Reimarus schließlich griff die Lehre von den zwei Büchern Gottes an, indem er, gestützt auf das alte Argument der Rationalität der Natürlichen Theologie und damit der universellen Lesbarkeit des B.D.N., das Buch der Worte Gottes für überflüssig erklärte. Da es den »allermeisten schlechterdings unmöglich« sei, schrieb er 1754, die Botschaft der Bibel »zu bekommen, anzunehmen und zu gebrauchen«, Gott aber wohl »alle Menschen seligmachen« wolle, so »muss gewiss die ↗Offenbarung nicht nötig, und der Mensch für keine Offenbarung gemacht sein … Es bleibt der einzige Weg, dadurch etwas allgemein werden kann, die Sprache und das B.D.N., die Geschöpfe Gottes und die Spuren der göttlichen Vollkommenheit, welche darin als in einem Spiegel allen Menschen, so gelehrten als ungelehrten, so Barbaren als Griechen, Juden und Christen, aller Orten und zu allen Zeiten, sich deutlich darstellen« [9. 734].

Reimarus spielte den Universalismus der ↗Vernunft gegen den Universalismus der christl. Lehre von den zwei Büchern aus. Die Behauptung der Rationalität der Natürlichen Theologie konnte jedoch der philosophischen Kritik nicht standhalten. Es war Immanuel Kant, der nach Vorarbeiten David Humes den teleologischen ↗Gottesbeweis, Kernargument der Lehre vom B.D.N., widerlegte (*Kritik der reinen Vernunft* B 651f., B 649; *Kritik der Urteilskraft* § 90) [17. 21, 30, 87].

Goethe reagierte auf diese Aufhebung der Einheit von Glauben und Wissen mit dem Rückzug auf die Subjektivität eines pantheistischen Naturgefühls (*Maximen und Reflexionen*, in: [12. Bd. 12, 365 f.]): »Den teleologischen Beweis vom Dasein Gottes hat die kritische Vernunft beseitigt, wir lassen es uns gefallen … Was aber nicht als Beweis gilt, soll uns als Gefühl gelten, und wir rufen daher von der Brontotheologie bis zur Niphotheologie alle dergleichen fromme Bemühungen wieder heran. Sollten wir im Blitz, Donner und Sturm nicht die Nähe einer überwältigenden Macht, in Blütenduft und Luftsäulen nicht ein liebevoll sich annäherndes Wesen empfinden dürfen?«

→ Natürliche Theologie; Natur; Physikotheologie; Schöpfungslehre; Weltbilder

Quellen:
[1] Patrologiae cursus completus (hrsg. von J.-P. Migne), Series Latina (Patrologia Latina), 1861 (Ndr. 1991) [2] N. DE CUSA, Idiota de Sapientia/Der Laie über die Weisheit (hrsg. von R. Steiger), 1988 [3] J. KEPLER, Weltharmonik (hrsg. von M. Caspar), 1939 [4] J. KEPLER, Gesammelte Werke, Bd. 13: Briefe, 1590–1599 (hrsg. von M. Caspar), 1945 [5] E. LE PONTIQUE, Traité practique ou le Moine, Bd. 2 (Sources chrétiennes, Bd. 171, hrsg. von A. Guillaumont und C. Guillaumont), 1971 [6] I. NEWTON, Opera quae exstant omnia, Bd. 4 (hrsg. von S. Horseley), 1782 (Ndr. 1964) [7] B. VAN NIEUWENTYT, L'existence de Dieu démontré par les merveilles de la nature, 1715 [8] A.C. PELTIER (Hrsg.), S. R.E. Cardinalis S. Bonaventurae opera omnia, Bd. 7, 1866 [9] H.S. REIMARUS, Abhandlung von den vornehmsten Wahrheiten der natürlichen Religion, in: Gotthold Ephraim Lessing, Gesammelte Werke, hrsg. von P. Rilla) 7, 1912, 734–735 [10] R. SABUNDUS, Theologia Naturalis seu liber creaturarum (hrsg. von F. Stegmüller), 1852 (Ndr. 1966) [11] G. SARAGAT (Hrsg.), Le Opere di Galileo Galilei (Nuova

ristampa della edizione Nazionale) Bd. 6, 1968 [12] E. Trunz (Hrsg.), Goethes Werke, Bd. 12, 1962.

Sekundärliteratur:
[13] K. van Berkel / A. Vanderjagt (Hrsg.), The Book of Nature in Antiquity and the Middle Ages, 2005
[14] H. Blumenberg, Die Lesbarkeit der Welt, 1981
[15] D. Groh, Die Entstehung der Schöpfungstheologie und der Lehre vom Buch der Natur bei den frühen Kirchenvätern in Ost und West bis Augustin, in: A. Assmann (Hrsg.), Zwischen Literatur und Anthropologie. Diskurse, Medien, Performanzen, 2005, 139–147 [16] R. Groh, Theologische und philosophische Voraussetzungen der Rede vom Buch der Natur, in: A. Assmann (Hrsg.), Zwischen Literatur und Anthropologie. Zwischen Literatur und Anthropologie. Diskurse, Medien, Performanzen, 2005, 139–147 [17] R. Groh / D. Groh, Weltbild und Naturaneignung, ²1996 [18] F. Ohly, Das Buch der Natur bei Jean Paul, in: H.-J. Mühl / E. Mannack (Hrsg.), Studien zur Goethezeit, 1981, 177–232 [19] E. Rothacker, Das ›Buch der Natur‹. Materialien und Grundsätzliches zur Metapherngeschichte, 1979.

Ruth Groh

Buchbesitz

1. Definition
2. Nachweis
3. Formen des Buchbesitzes

1. Definition

B. meint das ↗Eigentum an ↗Druckmedien, unabhängig von der Materialität und vom Zustandekommen des Besitzes (Geschenk, Tausch, Kauf oder Vererbung) [2]. Im 16./17. Jh. vermischten sich diese Erwerbungswege; später dominierten Erben und Kaufen. Der B. ermöglicht keine unmittelbare und eindeutige Aussage über die Buchlektüre. Er informiert über den quantitativen Umfang und den thematischen Horizont der verfügbaren Literatur. Privater B., bes. bei Vorliegen mehrerer Büchersammlungen aus zeit- und ortsgleicher Provenienz, kann als kulturhistor. Indikator ersten Ranges gewertet werden, denn in Verbindung mit Daten zur sozioökonomischen Lage der Buchbesitzer erlaubt der B. Aussagen zum Verhältnis von Gesellschaftsstruktur und Kulturniveau.

Vom B. ist die im 17. Jh. entstehende Bibliophilie [1] zu unterscheiden, die sich durch die Leidenschaft, wertvolle Bücher zu sammeln, charakterisiert. Der Bibliophile will nicht lesen; ihn fasziniert die Materialität seiner Sammelobjekte (Einband, Typographie usw.). B. impliziert dagegen auch das grundsätzliche Interesse am Inhalt der Bücher.

2. Nachweis

B. wird durch Inventare, ↗Kataloge und andere Akten belegt. In Württemberg stehen vom 16. bis zum 19. Jh. als Quellen die »Inventuren und Teilungen« zur Verfügung, die den mobilen Besitz von Eheleuten verzeichnen [3]. In Städten, z. B. Braunschweig oder Kitzingen (Bayern), nennen Inventare explizit Bücher als Vermögensbestandteile. Seltener sind private Büchersammlungen realiter erhalten – wie etwa die 4 000 Bände des Syndikus Johann Camman d. J. in der Stadtbibliothek Braunschweig – in den Altbestand von ↗Bibliotheken eingegangen. In Frankreich beruht der archivalische Nachweis von Buchbesitz auf zahllosen *inventaires après décès*, in England auf *probate inventories* [5].

Die quantifizierende Auswertung dieser Quellen begann in den 1960er Jahren in der franz. Sozial- und ↗Kulturgeschichte (Schule der *Annales*). Gegenwärtig werden quantifizierende Studien von mentalitäts- oder kulturgeschichtlichen Untersuchungen verdrängt (↗Mentalität). Nachhaltiges Interesse am B. zeigt die histor. Leserforschung, die gelegentlich B. mit praktizierter Lektüre verwechselt (↗Lesekultur; ↗Leser).

Der B. von Handschriften lässt sich schon vor der Erfindung des ↗Buchdrucks (Mitte des 15. Jh.s) belegen. Wachsender Schriftgebrauch (↗Schriftlichkeit), Verfügbarkeit von ↗Papier sowie zunehmende ↗Alphabetisierung in Städten, zunächst in Italien, steigerten die Akzeptanz von Büchern. Auch die niederl. Frömmigkeitsbewegung (↗Frömmigkeitskulturen) der »Devotio moderna« (14./15. Jh.) entwickelte ein vielfältiges Medieninteresse. Die essentielle Ausweitung privaten B. hing direkt mit der Durchsetzung des ↗Buchdrucks zusammen. Die neue Drucktechnik ermöglichte ein breites Buchangebot und sinkende Anschaffungspreise für Bücher. Einen Schub erfuhr diese Entwicklung mit dem ↗Humanismus und der reformatorischen Bewegung im 16. Jh.

3. Formen des Buchbesitzes

Es können vier verschiedene Grundformen des B. ausgemacht werden, die nicht verabsolutiert werden dürfen: (1) B. der Humanisten, (2) bürgerlicher B. in der Folge der ↗Reformation, (3) fürstlicher B. der Barockzeit, (4) B. aufgeklärter, bürgerlicher oder adeliger Bildungseliten im 18. Jh. (↗Aufklärung; ↗Bildung; ↗Bildungsbürgertum; ↗Adelsstudium). Bei Humanisten mit B. handelte es sich um die Minderheit einer gelehrten Elite (↗Gelehrter), die über nationale und Sprachgrenzen hinweg an antiker Literatur in lat. und griech. Sprache interessiert war. Diese Elite diskutierte in ihrer Korrespondenz (↗Gelehrtenkorrespondenz) intensiv den B., die Lektüre und – in Kooperation mit Buchdruckern – die Initiierung neuer Buchprojekte. Luthers ausgeprägte Buchorientierung bewirkte im reformierten ↗Stadtbürgertum ein lebhaftes, aber konfessionell gebundenes Interesse am B., das sich wegen gestörter Quellenüberlieferung nur selten breit aufzeigen lässt. In Braunschweig ist z. B. für das 16. und 17. Jh. der Besitz von 12 000 Büchern dokumentierbar; in der Landstadt Kitzingen (Bayern) sind es bis 1618 etwa 6 000 Druckwerke. Drei Viertel der Titel sind hier zu identifizieren. In Amiens sind für diese Epoche nur 30 % des B. exakt bibliographisch bestimmbar. Isolierte Einzelnachweise zu individuellem B., bes. in gelehrten und gebildeten Kreisen, sind weit verbreitet.

Bei dichter Quellenüberlieferung sind für die Frühe Nz. vier verschiedene Typen privaten B. erkennbar: (1) der bescheidene Gebrauchstitelmix von wenigen Büchern bei Angehörigen niederer sozialer Gruppen (↗Bibel, Postille, ↗Kräuterbuch, Rechenbuch); (2) die ordentliche Sammlung theologischer, histor. und/oder medizinischer Literatur im Umfang von 50 bis 150 und mehr Titeln im Stadtbürgertum und sozio-politischen Funktionseliten (Ratsherren, ↗Bürgermeister); (3) komplexe Privatbibliotheken studierter Fachleute (Theologen, ↗Juristen, Mediziner) mit hohen fremdsprachigen Anteilen (↗Latein) und mehreren Hundert Objekten; (4) exzeptioneller B. wie in der Augsburger Patrizierfamilie Fugger, beim Braunschweiger Syndikus Johann Camman (11 000 Werke in 4 000 Bänden) oder in riesigen Universalbibliotheken wie derjenigen der Grafen Heinrich von Bünau (42 000 Bde.) oder Heinrich von Brühls (62 000 Bde.).

Thematisch ist im frühen B. die schöne Literatur nur marginal vertreten. Man unterscheidet daher die »Muss-Literatur« von der (belletristischen) »Kann-Literatur«, deren Anteil im 18. Jh. wuchs; die Gründe hierfür waren veränderte Angebots- und Nachfrageverhältnisse (Leserevolution des 18. Jh.s, vgl. ↗Lesekultur). B. hängt mit Besitz, sozialer Achtung und ↗Bildung zusammen. Allerdings sind Besitzschichten nicht ohne weiteres auch Bildungsschichten; auch verweist größerer B. nicht schematisch auf reiche Vermögen.

Fürstlicher B. ist mehrfach belegt. Diese zunächst privaten, zu Repräsentations- und Studienzwecken angelegten Buchsammlungen etwa der bayerischen Herzöge, der kurfürstlich-pfälzischen Herrschaft in Heidelberg (Bibliotheca Palatina) oder der zeitgenössisch als Weltwunder gepriesene Bücherschatz Herzog August d. J. von Braunschweig-Lüneburg (ca. 130 000 Titel) mutierten im 17./18. Jh. zu Staatseinrichtungen und wurden Grundlage heutiger Landesbibliotheken. Fürstlicher B. gehört somit eher zur Bibliotheksgeschichte.

Der B. spielt vom 15. bis zum 19. Jh. eine eminente Rolle für die nzl. Adels- und Bürgerkultur (↗Adelsleben; ↗Bürgerlichkeit). Protest. Bevölkerungsteile scheinen sich entschiedener dem symbolischen Wert von B. verschrieben zu haben als altgläubige. Hier wurzelt auch die z. T. überspannte Buchverehrung im protest. ↗Bildungsbürgertum des 19. Jh.s.

→ Bibliothek; Bildung; Buch; Buchhandel; Buchmarkt; Druckmedien; Lesekultur

[1] G. A. E. BOGENG, Die großen Bibliophilen. Geschichte der Büchersammler und ihrer Sammlungen, 1922 [2] G. KOHLFELDT, Zur Geschichte der Büchersammlungen und des Buchbesitzes in Deutschland, in: Zsch. für Kulturgeschichte 7, 1900, 325–388 [3] H. MEDICK, Weben und Überleben in Laichingen 1650–1900, 1997 [4] R. DE SMET, Les humanistes et leur bibliothèque, 2001 [5] A. VAN DER WOUDE (Hrsg.), Probate Inventories, 1980.

Erdmann Weyrauch

Buchbinder

War die Buchbinderei im MA v. a. ein klösterliches ↗Handwerk, das mit seinen großformatigen, reich geschmückten Holzdeckel-Folianten bleibende Werte der Kulturgeschichte schuf, so gelangte sie seit dem 14. Jh. zunehmend in die Hände städtischer ↗Bürger. In Deutschland betrug die ↗Lehrzeit eines B. in der Regel zwei bis vier Jahre. Ehe der ↗Geselle allerdings ↗Meister werden konnte, musste er eine Wander- und Wartezeit von bis zu fünf Jahren ableisten (↗Gesellenwanderung). Die B. gehörten zu den weit gereisten, bes. gebildeten ↗Handwerkern. Frauen und Kinder spielten innerbetrieblich – zumal bei beschränkter Lehrlings- oder Gesellenzahl – eine wichtige Rolle: Sie waren hauptsächlich mit Vorrichtarbeiten betraut; zu den gängigen Aufgaben der B.-Witwen zählten sowohl die selbständige Leitung des Betriebs als auch die Weiterbeschäftigung von Lehrlingen sowie die Neueinstellung von Gesellen. ↗Juden galten als nicht zunftfähig, sie erhielten jedoch durchaus öffentliche Aufträge, so z. B. 1469 der Nürnberger B. Meierlein Jud. Dort, wo bedeutende Judengemeinden beheimatet waren, gab es oftmals auch hervorragende Buchdrucker und B., so in Prag, im fränkischen Fürth, aber auch in hessischen Städten [1]; [3].

In Verbindung mit den Fortschritten des ↗Buchdrucks vollzog die Buchbinderei im 15. Jh. den Wandel des ↗Buches zum handlichen Gebrauchsgegenstand und schließlich im 19. Jh. zum informellen Massenmedium. Über diese Zeitspanne hinweg sind die drei grundlegenden Arbeitsschritte der B. gleich geblieben: Sie begannen mit dem Vorrichten, wobei die gefalteten Bogen in endgültiger Text- und Seitenfolge in der Heftlade miteinander verbunden werden. Es folgte die Behandlung und das rückseitige Verleimen des Buchblocks, so dass dieser seine saubere rechtwinklige Form und in der Regel einen Rundrücken erhält. Schließlich wurde der Buchblock in die Buchdecke durch Verleimung eingehängt. Auch die industrielle Fertigung ist von diesen Produktionsabschnitten bestimmt.

Während des SpätMA und der Frühen Nz. florierte die Buchproduktion v. a. in Handels-, Nachrichten- und Bildungszentren wie Venedig, Florenz, London und Paris, oder – im dt.sprachigen Raum – in Augsburg, Basel,

Erfurt, Heidelberg, Leipzig, Nürnberg, Straßburg und Wien. In Paris wurden die B. schon 1467 als eine große und reiche Korporation bezeichnet; in Deutschland bildeten sich eigene ↗Zünfte – trotz des unmittelbaren Einflusses der Erfindung Gutenbergs (1450) auf die Buchproduktion – erst im Verlauf des 16. Jh.s. Tatsächlich vollzogen sich die entscheidenden betrieblichen und technischen Veränderungen in der Buchproduktion in Italien und Frankreich: Die Bücher Gutenbergs wie seiner Nachfolger blieben großformatig, schwer und teuer, was auch durch die herkömmlichen Holzdeckel bedingt war; dies erwies sich wirtschaftlich als Nachteil, da der Absatz sehr vermögenden Kreisen vorbehalten blieb.

In der venez. Werkstatt von Aldus Manutius d. Ä. entstanden um 1500 weniger aufwendig gestaltete Oktavbände, für die Francesco Griffo 1501 eine bes. feine Kursivtype entwickelte. Unter der Bezeichnung »Aldinen« wurden sie zu frühen Vorläufern der Taschenbücher. Manutius verwendete nicht mehr Holz-, sondern Pappdeckel, die er in der Regel mit Ziegenleder überzog. Dadurch ließen sich keine schweren Verzierungen und Schließen mehr anbringen, wohl aber feine ornamentale Präge- und Stempelmusterungen; so fanden bes. die in Mode kommenden Arabesken Verbreitung, was sich langfristig stilbildend auswirken sollte [2]. Solche Bücher kamen einer erhöhten Bildungsnachfrage entgegen, beförderten diese und regten weiteren Absatz an; gleichzeitig stand dem ↗Handel ein auch transportgünstigeres Gut zur Verfügung. Der Büchersammler Jean Grolier, der in Italien Kontakt mit Manutius hatte, trug im 16. Jh. zur Verbreitung der Blindpressung und Stempelverzierung in Frankreich bei; die sog. Grolierbände zeichnen sich durch kunstvolle Ledermosaiken aus.

Zu den Spitzenprodukten der ↗Renaissance gehören auch die Folianten-Einbände der Bibliothek des ungar. Königs Matthias I. Corvinus, die meist noch im aufwendigeren älteren Verfahren hergestellt wurden. Die Bezeichnung besonderer Einbände – wie z. B. »Manutius«, »Grolier«, »Maiolis«, »Canevaris« und »Corvinus« – erinnert mithin häufig an die buchproduzierende Werkstatt oder an berühmte Sammler und nicht unbedingt an einen erfinderischen B. Dt. Fachbezeichnungen wie »Franz« für Leder- bzw. »Halbfranz« für Halblederbände charakterisieren die führende Bedeutung der franz. Bindetechnik. An den europ. Königshöfen, vornehmlich in Frankreich [4], aber auch an den bayerischen, pfälzischen und sächsischen Fürstenhöfen des 17. und 18. Jh.s entstanden in Fortentwicklung der Renaissance-Tradition Prachtwerke der Buchbindekunst. Für einen letzten Abglanz dieser Entwicklung sorgte 1842 in London der aus Budapest zugewanderte B. Joseph Zaehnsdorf [5].

→ Buch; Buchdruck; Buchhandel; Gewerbe; Handwerk

[1] W. S. Brassington, A History of the Art of Bookbinding with some Account of the Books of the Ancient, 1984 [2] M. Davies, Aldus Manutius. Printer and Publisher of Renaissance Venice, 1995 [3] H. Helwig, Das dt. Buchbinder-Handwerk. Handwerks- und Kulturgeschichte, 2 Bde., 1962–1965 [4] E. Thoinan, Les reliurs français (1500–1800), 1893 [5] J. W. Zaehnsdorf, The Art of Bookbinding, 1890.

Rainer Elkar

Buchdruck

1. Definition
2. Ostasiatische Druckverfahren
3. Frühe europäische Druckverfahren
4. Johannes Gutenberg und die Folgen

1. Definition

B. bezeichnet erstens ein spezielles Druckverfahren (Hochdruck) und zweitens die Herstellung von ↗Druckmedien mit beweglichen Metalllettern, die um 1450 durch Johannes Gutenberg in Gang gesetzt wurde. Beim B. handelt es sich um eine handwerklich, später protoindustriell betriebene technische ↗Innovation, die der rationellen, marktorientierten Produktion identischer Druckwerke diente. Sie war Grundlage der immensen gesamtgesellschaftlichen Wirkung des B.: Er stellt eine Schlüsseltechnologie dar, die auf einen anonymen Markt ausgerichtet ist. Diese »Implementierung eines neuen Mediensystems« [4] markierte eine Wende weg vom Handschriftenzeitalter.

2. Ostasiatische Druckverfahren

Die Technik, mit Einzellettern zu drucken, war in Ostasien lange vor Gutenberg in Gebrauch. Bereits im 5. Jh. v. Chr. lassen sich Lettern aus Knochen, Keramik, Holz oder Metall in China belegen; die chines. Erfindung des ↗Papiers im 2. Jh. v. Chr. lieferte Bedruckstoff in ausreichenden Mengen. Das »Drucken« erfolgte durch Abreibungen und Abklatschen von Steinschriften auf feuchtes Papier. Im 7. Jh. druckte man von Holztafeln, bei denen jedes Zeichen seitenverkehrt in einen Holzstock geschnitzt wurde, die in einer Art Hochdruckverfahren eingefärbt und danach abgerieben wurden. Der Chinese Bi Sheng experimentierte in der Mitte des 11. Jh.s mit Keramikstempeln, im 14. Jh. soll Wang-Dschen Holzlettern geschnitten haben. Das Drucken mit beweglichen Lettern konnte sich in China nicht wirklich durchsetzen. Die Unzahl chines. Schriftzeichen verhinderte dies ebenso wie das Fehlen eines freien Marktes, überbordende Staatsbürokratie und verwickelte Eigentumsrechte, die den Anreiz zur ökonomischen Nutzung der Technik erstickten.

Koreanische Bemühungen um den Druck mit beweglichen Lettern aus Metall liegen technisch und zeitlich näher an der Innovation Gutenbergs. Die Technik des Druckens mit Metalllettern wurde im 14. Jh. in Korea erfunden. Nur wenige Jahrzehnte vor Gutenberg entstand hier 1377 das älteste überlieferte Beispiel eines im klassischen B. hergestellten Werkes, eine Anthologie der Zen-Lehre. Aber auch der koreanischen Drucktechnik blieb der welthistorische Erfolg versagt.

3. Frühe europäische Druckverfahren

In Europa wurden ↗Textilien schon seit dem 13. Jh. mit hölzernen Modeln bedruckt (↗Baumwoll-Druck). Bereits ein halbes Jahrhundert vor der Erfindung Gutenbergs wurden auch schon Druckwerke hergestellt: Heiligen- und Andachtsbilder wurden im Holzschnitt und – seltener – im Kupferstich vervielfältigt, um private Andachtsbedürfnisse zu befriedigen (↗Druckgraphik). Teilweise wurden diese ↗Einblattdrucke, deren Vorlagen aus einer Holztafel herausgeschnitten waren, mit Texten versehen. Später wurden auch kleinformatige Spielkarten angefertigt.

Eine immense Nachfrage garantierte den Erfolg dieser frühen Drucke. Technisch entstanden die Objekte durch Reiberdruck; dabei wird eine Hochdruckform eingefärbt und die Farbe durch das rückwärtige Anreiben des Papiers übertragen. Werden Blätter zu Lagen zusammengelegt, spricht man von Blockbüchern, die sich bes. durch die Kombination von Abbildungen und Text auszeichnen. Die Herstellung von Blockbüchern fällt in die Zeit von etwa 1450 bis 1530, also zeitgleich zum frühen B. Ihr Gegenstand sind Heilsspiegel, Armenbibeln, ↗Kalender oder ↗Lehrbücher; ihr Verbreitungsgebiet waren Deutschland und die Niederlande.

4. Johannes Gutenberg und die Folgen

Die entscheidende Entwicklung des B. ist jedoch dem Mainzer Patriziersohn Johannes Gutenberg zuzuschreiben. Nach langjährigen Experimenten in Straßburg und Mainz erstellte er Mitte des 15. Jh.s mit seinem Bibeldruck (sog. B 42) das Meisterstück der neuen Technologie. Seine Leistung lag in der Idee begründet, einen Text in seine kleinsten Elemente, die Lettern, zu zerlegen, und in der Integration verschiedener Erfindungen und Techniken. Deren Zusammenführung brachte den Prozess des B. und sein Produkt, das Druckwerk, hervor. Im Einzelnen bestand dieser Prozess aus sechs Erfindungen: Der Herstellung beliebig vieler Abgüsse identischer Lettern diente (1) das Handgießinstrument. Aus hartem Metall wurde ein Buchstabe geschnitten (Patrize), mit dem, in weicheres Metall (Kupfer) geschlagen, eine Negativform (Matrize) hergestellt wurde. Diese verschloss unten den verstellbaren Handgießapparat, in dem nacheinander durch flüssiges Metall zahllose Abgüsse gleicher Lettern in negativer Form gegossen werden konnten. Diese Einrichtung war der innovative Kern der Gutenberg'schen Technologie: Sie ermöglichte die serielle Anfertigung von Drucktypen hoher Qualität. Ohne gründliche metallurgische Kenntnisse wäre die Erfindung (2) einer zweckmäßigen Legierung aus Zinn, Blei, Antimon und Wismut für die Metalllettern kaum denkbar gewesen.

Auch der (3) Druckfarbe war bes. Aufmerksamkeit zu schenken. Zuvor gebrauchte Druckfarben mussten für den doppelseitigen Druck »eingedickt« werden. Dies gelang durch eine Verarbeitung von Leinölfirniss und Ruß. Ein guter Druck setzte den gleichmäßigen Auftrag der Druckfarbe auf die Druckplatte voraus. Gutenberg entwickelte (4) den Druckballen, einen halbrunden Tampon aus Hundeleder, der mit Rosshaaren gefüllt wurde und durch Abrollen auf dem Satz einen stetigen Farbauftrag gewährleistete.

Anders als asiat. Abreibe- und Abbürstverfahren verwendete Gutenberg (5) eine Presse, deren Vorbild in den Weinpressen des Rheinlandes zu sehen ist. Mit der Spindelpresse, die mittels einer Metallplatte einen starken, gleichmäßigen Druck auf den auf dem Satz liegenden Bedruckstoff (meistens ↗Papier) ausüben konnte, war ein Instrument erfunden, das wegen seiner technischen Perfektion über Jahrhunderte beinahe unverändert in Gebrauch blieb. Schließlich ergrübelte der Erfinder des B. (6) den Winkelhaken für die rasche Zusammensetzung einzelner Lettern zu ganzen Zeilen und das Setzschiff, um diese zu kompletten Seiten zu verbinden.

Der B. erreichte gegenüber früheren Verfahren eine hohe ↗Standardisierung bei gesteigerter Produktivität. Es stand jetzt eine »Schönschreibmaschine« für das »typographische Informationssystem« der Nz. bereit [4]. Der Triumph des B. lässt sich statistisch untermauern. In der Wiegendruckzeit (1450–1500) wurden ca. 30 000 Titel mit geschätzten 9 Mio. Exemplaren produziert (↗Inkunabeln). 1480 arbeiteten Buchdruckereien bereits in mehr als 130 Städten Europas. Für das 16. Jh. werden 160 000 Titel angenommen mit 140 bis 200 Mio. Exemplaren; für das 17. Jh. setzt man 250 000 Titel an; im 18. Jh. sollen es bis zu 350 000 gewesen sein. Rein quantitativ übertraf der B. damit alle bis dahin denkbaren Maßstäbe der Information und Kommunikation. Eine durchgreifende technische Weiterentwicklung des Gutenberg'schen B. erfolgte erst im 19. Jh.

→ Buch; Buchillustration; Druckgraphik; Druckmedien; Medienrevolution; Offizin

[1] H. BARGE, Geschichte der Buchdruckerkunst, 1940 [2] F. FUNKE, Buchkunde. Ein Überblick über die Geschichte des Buches, 1999 [3] C.W. GERHARDT, Geschichte der Druckverfahren. Teil II: Der Buchdruck (Bibliothek des Buchwesens

3), 1975 [4] M. Giesecke, Der Buchdruck in der frühen Nz., 1999 [5] M. Janzin / J. Güntner, Das Buch vom Buch, 5000 Jahre Buchgeschichte, ²1997.

Erdmann Weyrauch

Bücherverbrennung

In den älteren dt. Wörterbüchern von Adelung, Campe und Grimm findet sich kein Beleg für B. Die ersten Einträge stammen vom Ende des 20. Jh.s, wobei oft auf *autodafé* (»Verbrennung«) verwiesen wird. Dieser Begriff war in Frankreich seit dem frühen 19. Jh. üblich; damit war meist die B. gemeint. Auch in engl. und amerikan. Wörterbüchern sind erst seit Beginn der siebziger Jahre des 20. Jh.s die Begriffe *book-burner* und *book-burning* belegt. Man hat kürzlich den Begriff »Buchhinrichtung« für die öffentlichen Schriftenverbrennungen durch die Hand des Henkers als Extremfälle der ↗Zensur vorgeschlagen [4].

Bereits im alten Ägypten wurden nach einem Machtwechsel Schriften zerstört; in Griechenland lässt sich das Verbrennen gemeinschaftsgefährdender Schriften nur vereinzelt nachweisen. Im Rom der Republik und der Kaiserzeit kam es während Kriegen und in anderen Notzeiten öfter zu B. aus religiös-politischen Gründen. In den ersten drei Jahrhunderten begnügte sich die Kirche im Kampf gegen heidnische und häretische Schriften noch mit geistiger und geistlicher Argumentation. Seit Konstantin griff sie auf Methoden des heidnischen röm. Staates zurück, d. h. B. und Fluch wurden nun als Disziplinierungsmittel gegen Heiden, Häretiker, Manichäer, Arianer und Nestorianer eingesetzt [5]. Im 11./12. Jh. begann man auch wieder mit der Verbrennung ketzerischer Schriften; aus dem 13. Jh. sind B. auf öffentlichen Plätzen bekannt. Im 14. und 15. Jh. fanden zahlreiche Aktionen gegen ↗Bücher und Menschen statt (z. B. Jan Hus). Im 15. Jh. kam es in Italien und in Paris zu »Verbrennungen der Eitelkeiten / Nichtigkeiten« (ital. *bruciamenti delle vanità*). Im Zeitalter des ↗Buchdrucks wuchs mit der Anzahl der Bücher auch die Furcht vor ihnen. Obrigkeiten und die Kirche nutzten die B. zunehmend als politisches Instrument.

Die Wirksamkeit der B. sollte durch Öffentlichkeit, Beispielwirkung, Beteiligung des Scharfrichters oder Henkers und Ritualisierung gewährleistet werden. Häufig wirkte sie wie eine abgekürzte Form der Menschenhinrichtung (↗Todesstrafe): Zum Ritual gehörte der Richtplatz oder der öffentliche Markt, akustische Begleitung durch Glocken, Horn- und Trompetensignale oder Trommelwirbel, öffentliche Verlesung des Urteils, das Brechen des Stabes, das Zerreißen und Verbrennen der Bücher durch den Henker. Allerdings wurden oft keine Originalbücher, sondern Papierpacken verbrannt, so dass die Justizbeamten die verurteilten Bücher für sich selbst behalten konnten.

Schon vor der Zeit Luthers erschienen päpstliche Bullen (1487, 1501, 1515), die eine schärfere Überwachung von ↗Buchdruck und ↗Buchhandel forderten. Bücher, die sich gegen die Religion richteten, sollten konfisziert und verbrannt werden. Als Luther 1520 eine Bannandrohungsbulle durch Papst Leo X. zugestellt bekam, die im Druck in mehreren Auflagen verbreitet war, wurde sie in den meisten dt. Städten und Ländern verhöhnt, beschmutzt, zerrissen oder ins Wasser geworfen. Studenten taten sich dabei bes. hervor. Durch Augenzeugen ist bekannt, dass die Bulle am 10.12.1520 vor den Toren der Stadt Wittenberg mit Folianten des Kanonischen Rechts und der *Summa angelica* (alphabetisch geordnetes Handbuch des Bußsakraments) des Minoritenpaters Angelus de Clavasio ins Feuer geworfen wurde [1]; [2].

Einen Höhepunkt erreichte die Verfolgung von Büchern in ganz Europa im letzten Drittel des 17. und in der ersten Hälfte des 18. Jh.s. Häufiger als zuvor oder danach kam es in dieser Zeit zu B. z. B. in England; in Frankreich jedoch erst seit dem zweiten Jahrzehnt des 18. Jh.s. Daneben wird von einzelnen »Buchhinrichtungen« in den Generalstaaten, der Eidgenossenschaft, Dänemark, Polen, aber auch im Reichsgebiet berichtet. In der Mitte des 18. Jh.s wurde in der habsburgischen Monarchie und im Alten Reich das Mittel der B. nur noch selten angewandt. Allmählich setzte sich die Auffassung durch, dass das Totschweigen eines Buches besser sei als eine Buchhinrichtung. Dennoch sprachen sich die Aufklärer nicht grundsätzlich gegen die B. aus, und selbst aufgeklärte Fürsten billigten gelegentlich eine B. – so Friedrich II. und Joseph II.

Die zweite Häfte des 18. Jh.s kann als Schlussphase der B. betrachtet werden. Als 1817 im Zusammenhang mit der 300-Jahrfeier der Reformation protest. Studenten deutscher Universitäten zur Wartburg einluden, wo am 18.10. der »Geburtstag des Glaubens und der Freiheit« gefeiert werden sollte, wurden abends auf dem Wartenberg Freudenfeuer angezündet. Im Gedenken an Luthers Verbrennung der päpstlichen Bulle und der kanonischen Schriften im Jahre 1520 wurden Papierpacken ins Feuer geworfen, auf welche Titel zu verbrennender Bücher geschrieben waren (z. B. Werke von Kotzebue, Ancillon, Haller, von Kamptz, Ascher), aber auch Bücher und Zeitschriften von Gegnern der ↗Turnerbewegung, der ↗Burschenschaften und der »↗akademischen Freiheit«, von Verteidigern des ↗Absolutismus, von aktiven Politikern und führenden Staatsbeamten und der »Code Napoléon« wurden verbrannt. Die B. der Studenten auf dem Wartenberg wurde als Akt des Aufruhrs verstanden. Nun hatte sich das »Volk« des Instruments der B. bemächtigt, welches bislang einzig in Händen der ↗Obrigkeit gelegen hatte [3].

Im 19. Jh. fanden nur noch zwei Buchhinrichtungen statt (Rom 1815, Barcelona 1822). Bis 1848 wurden in Deutschland gelegentlich Steuerrollen, Zolltarife und Maut-Akten verbrannt. Im letzten Drittel des 19. Jh.s geriet das Instrument der B. immer mehr in Vergessenheit. Vereinzelte B. im 20. Jh. wurden nach dem Fanal des 10. 5. 1933 kaum wahrgenommen.

→ Buch; Index verbotener Bücher; Zensur

[1] H. Beschorner, Die sogenannte Bannbulle und ihre angebliche Verbrennung durch Luther am 10. Dezember 1520, in: Forschungen aus Mitteldt. Archiven, 1953, 315–327 [2] M. Brecht, Martin Luther. Sein Weg zur Reformation 1483–1521, ²1983 [3] H. Kühn (Hrsg.), Das Wartburgfest am 18. Oktober 1817. Zeitgenössische Darstellungen, archivalische Akten und Urkunden, 1913 [4] H. Rafetseder, Bücherverbrennungen. Die öffentliche Hinrichtung von Schriften im historischen Wandel, 1988 [5] W. Speyer, Büchervernichtung und Zensur des Geistes bei Heiden, Juden und Christen, 1981.

Gerhard Sauder

Buchformat s. Druckmedien

Buchführung, doppelte

1. Entwicklung der Buchführung in Antike und Mittelalter
2. Entstehung der doppelten Buchführung
3. Verbreitung seit der Frühen Neuzeit

1. Entwicklung der Buchführung in Antike und Mittelalter

B. oder Rechnungslegung ist wohl annähernd so alt wie kaufmännisches Handeln selbst. Bereits im sumerischen Mesopotamien (3. Jahrtausend v. Chr.) wurden Geschäftsvorgänge auf Tontafeln aufgezeichnet. Diese seit der Antike gebräuchliche, einfache B. diente dabei der Dokumentation getätigter Geschäftsvorgänge zur Erinnerung für den Handelnden selbst und als Beweis gegenüber Anfeindungen vor Gericht. So musste etwa nach dem röm. *Corpus iuris civilis* die Rechnungslegung von Kaufleuten bei Streitigkeiten vor Gericht öffentlich präsentiert werden.

Von besonderer Wichtigkeit wurde eine derartige Dokumentation innerhalb der lat. Christenheit in der Zeit der ↗kommerziellen Revolution seit dem ausgehenden 12. Jh., als die räumliche, mengenmäßige und personelle Ausdehnung der Handelsgeschäfte v.a. oberital.-toskanischer ↗Kaufleute eine genauere Kontrolle der einzelnen Aktivitäten notwendig machte. Insbes. bei ↗Handelsgesellschaften ermöglichte es die B., die verschiedenen ↗Faktoreien effektiv zu kontrollieren und den einzelnen Kapitalgebern bzw. Gesellschaftern das ihnen innerhalb der Gesellschaft zustehende Vermögen (Kapital, Gewinnanteile etc.) zuzurechnen. Entscheidendes Kriterium der erstellten Bücher war auch hier ihre Beweiskraft vor Gericht (ein Beispiel sind die Bücher der Geldwechsler von Piacenza und Bologna; festgelegt durch Statuten von 1391 bzw. 1454). Diese war jedoch unabhängig von der Art und Weise, wie die Bücher einzelner Gesellschaften oder Handelsunternehmen geführt wurden. In der Regel wurden die einzelnen Geschäftsvorfälle ohne besondere Ordnung bestenfalls chronologisch untereinander notiert.

Der nächste Schritt nach diesen noch relativ ungeordneten Aufzeichnungen erfolgte dann mit der Gegenüberstellung bzw. Kontobildung. Eine weitere Neuerung in der B.-Technik, die im 14. Jh. mehr und mehr an Bedeutung gewann, war die gelegentliche Saldierung der verschiedenen Konten bzw. Posten, da Gesellschaftsverträge in der Regel jeweils nur auf wenige Jahre (zwei bis vier) abgeschlossen wurden, sodass anlässlich jeder Verlängerung abgerechnet werden musste.

2. Entstehung der doppelten Buchführung

Als entscheidender Schritt in der Entwicklung der Buchhaltung wird die Herausbildung der sog. D. B. (ital. *partita doppia*) angesehen. Hierunter ist zu verstehen, dass »alle externen Transaktionen ebenso wie alle internen Bestandsveränderungen ... auf zwei verschiedenen Konten eines Hauptbuchs, einem Konto auf der Soll-Seite (links) und einem auf der Haben-Seite (rechts) verbucht werden. Beide Einträge registrieren den gleichen Betrag, weisen ihn aber mit unterschiedlichen Vorzeichen (Soll und Haben) aus. Folglich müssen die Umsätze aller Soll-Buchungen in der Summe den Umsätzen aller Haben-Buchungen entsprechen« [16. 89 f.].

Möglicherweise ist die D. B. mit ihren differenzierten Kontoarten (Personen-, Bestands-, Aufwands-, Ertragskonten etc.) durch die Ausdehnung der Praxis doppelter Verbuchungen einzelner Posten bei Personenkonten auf die gesamte Buchhaltung entstanden. Dabei kann ein zeitlicher Zusammenhang zwischen der Entwicklung der D. B. und der des reisenden Fernhandelskaufmanns hin zum residierenden Kontorkaufmann im Verlauf der kommerziellen Revolution festgestellt werden. Die ältesten Rechnungsbücher, die auf B. basieren, stammen aus Florenz (um 1300), doch lief ihre Entwicklung wohl gleichzeitig, wenn auch unabhängig in verschiedenen ital. Städten ab, von wo sie sich im Laufe der Jahrzehnte und Jahrhunderte durch die zahlreichen Handelskontakte der ital. Kaufleute über die gesamte lat. Christenheit verbreitete. Dabei blieb die D. B. nicht auf den kaufmännischen Bereich im engeren Sinne beschränkt, denn auch ↗Städte, ↗Höfe, ↗Klöster oder andere Institutionen (z. B. ↗Hospitäler) übernahmen sie bereits im ausgehenden MA.

3. Verbreitung seit der Frühen Neuzeit

Für die Verbreitung der D. B. vom »Modell Italien« [4] über weite Teile West- und Mitteleuropas sorgten zum einen die weitreichenden Handelskontakte der ital. Kaufleute-Bankiers wie auch das Bedürfnis zahlreicher nicht-ital. ↗Kaufleute, ihre kaufmännischen Kenntnisse in Italien durch gezielte Studien und/oder durch die Aneignung von Erfahrungswissen zu vertiefen. Zum anderen dienten Traktate wie *De computis et scripturis* (1494; wörtlich »Von den Rechnungen und Aufzeichnungen«, i. e. »Über die Buchhaltung«) des Franziskaners Luca Pacioli zur Verbreitung der D. B. Pacioli war damit weder der »Erfinder« der D.B., die bereits annähernd zwei Jahrhunderte zuvor existierte, noch schrieb er den ältesten Traktat (dieser stammt von Benedetto Cotrugli Raugeo aus dem Jahr 1458, gedruckt erst Venedig 1573); sein Verdienst ist darin zu sehen, dass er den ersten relativ vollständigen Überblick über das venez. Buchhaltungssystem des ausgehenden 15. Jh.s vorlegte. Hierauf folgten zahlreiche Traktate über D. B. in verschiedenen europ. Sprachen, wobei sich im dt. Raum v. a. die Darstellung des Nürnbergers Wolfgang Schweicker *Zwifach Buchhalten sampt seinen Giornal* (1549) an Pacioli anlehnte.

Im 17. und 18. Jh. kam es nur zu einigen wenigen Modifikationen, die vorrangig von Frankreich (v. a. von De la Porte, 1673) ausgingen und die in den Lehrbüchern der Zeit ihren Niederschlag fanden: die Zerlegung des Grundbuchs oder Memorials in Einkaufs-, Verkaufs-, Kassa- (schon im 16. Jh. gebräuchlich) und Notizbuch; die Einführung eines Sammeljournals mit monatlicher Journalisierung, wodurch die Anzahl der im Hauptbuch aufgeführten Posten drastisch reduziert wurde; die Einführung eines Kontokorrentkontos als eines Kollektivkontos zur Beschränkung der Kontenzahl [8. 201–210].

Gegenüber der einfachen B. ermöglichte die D. B. die exakte rechnerische Kontrolle der getätigten Eintragungen. Darüber hinaus stellte die Einführung des Gewinn- und Verlustkontos (ital. *utile e danno*) den wohl wichtigsten Fortschritt in der Entwicklung der Rechnungslegung dar. Die Saldierung der Konten erlaubte es nämlich erstmals, die Einzelerfolge festzustellen und zu bilanzieren. Gerade durch die auf der Grundlage einer umfassenden Inventur erstellten Bilanz wurde es möglich, genauen Aufschluss über die Verwendung des im Unternehmen steckenden Kapitals (Aktiva) wie über die Ansprüche von Unternehmer(n) und Gläubigern zu gewinnen.

Wie viele Kaufleute diese Chance nutzten und wie weit die D. B. zu welchem Zeitpunkt in Europa überhaupt verbreitet war, muss unbestimmt bleiben. Auch die Kriterien der Kontoführung bzw. der Verbuchung sind oft nur schwer nachvollziehbar, ja z. T. sogar »ohne innere Logik« [16. 91]. Schließlich können auch keine Kategorien von Firmen aufgestellt werden, die die D. B. verwandten; während einige große Kapitalgesellschaften sie bereits im 14. Jh. zumindest teilweise nutzten (Datini, Medici), fand sie bei anderen bis zum ausgehenden 19. Jh. keinen Eingang, so beispielsweise in der Niederl. Vereinigten ↗Ostindischen Kompanie (VOC). So kannte etwa »die Fuggerbuchhaltung … zwar schon den doppelten Buchungssatz, verwendet ihn aber noch nicht in der Weise, dass ein geschlossenes System der Doppik entsteht« [10. 52].

In der zweiten Hälfte des 17. Jh.s und im 18. Jh. stieg die Erarbeitung und Herausgabe von Anleitungen zur B. sehr stark an, die sich vielfach im Rahmen von umfassendere Themen abhandelnden ↗Kaufmannshandbüchern finden. Dieser Umstand war zum einen die Folge eines steigenden Bedarfs an buchhalterischen Informationen und Methoden als Konsequenz der sich erheblich ausweitenden Handelstätigkeit, zum anderen trug er zu einer internationalen Ausweitung und Standardisierung der B.-Techniken bzw. der Kaufmannstechniken generell in nicht unbedeutendem Maße bei [5]; [2].

Allerdings nahm erst mit der zunehmenden Gründung von Industrie- und Eisenbahn-Aktiengesellschaften (↗Aktie) im 19. Jh. der Gebrauch der D. B. zu, wurde jedoch immer noch nicht allgemein verbindlich. Noch zu Beginn des 20. Jh.s wurde die wiss. ernstgemeinte Frage gestellt: »Bedarf die Aktiengesellschaft der D. B.?«, die dann bejaht wurde [11]! Gesetzliche B.- und Bilanzrichtlinien, verbunden mit der Pflicht zur Veröffentlichung von Unternehmensbilanzen, wurden erst im Laufe des 20. Jh.s eingeführt.

Die Bedeutung der D. B. für den Aufstieg kapitalistischer Wirtschaftsformen, die insbes. Max Weber und Werner Sombart hervorhoben, wird inzwischen von der Forschung als deutlich überzogen eingestuft [16]; [6]; [12]. Ein Handbuch zur allgemeinen Betriebswirtschaftslehre fasst die Bedeutung der D. B. jedoch wie folgt zusammen: »Der Zweck der doppelten Verbuchung ist allein rechentechnischer (mathematischer) Natur: Kontrolle der Rechenfähigkeiten … Deshalb ist die Entwicklung der D.B. ein technischer Fortschritt, nicht so wichtig wie die Erfindung der Dampfmaschine, aber bedeutsamer als die des Taschencomputers« [12. 97].

→ Handel; Handelsbücher; Kaufleute; Kaufmannshandbücher

Quellen:
[1] B. CONTRUGLI RAUGEO, Dell'ordine de tenere la scrittura mercantilmente, in: B. CONTRUGLI RAUGEO, Della mercatura e del mercante perfetto, Venedig 1573 (1458) [2] J. HOOCK / P. JEANNIN (Hrsg.), Ars mercatoria (Handbücher und Traktate für den Gebrauch des Kaufmanns, 1470–1820, Bd. 3), 2001

[3] L. PACIOLI, Tractatus de computis et scripturis, in: L. PACIOLI, Summa de arithmetica, geometria, proportioni et proportionalita, Venedig 1494.

Sekundärliteratur:
[4] F. BRAUDEL, Modell Italien. 1450–1650, 1999 [5] M. A. DENZEL et al. (Hrsg.), Kaufmannsbücher und Handelspraktiken vom SpätMA bis zum beginnenden 20. Jh., 2002 [6] F. MELIS, Storia della ragioneria. Contributo alla conoscenza e interpretazione delle fonti più significative della storia economica, 1950 [7] G. T. MILLS, Early Accounting in Northern Italy: The Role of Commercial Development and the Printing Press in the Expansion of Double Entry in Genoa, Venice and Florence, in: Banchi pubblici, banchi privati e monti di pietà nell'Europa preindustriale, Bd. 1 (Atti Società Ligure di Storia Patria NS 31), I, 1991, 117–132 [8] B. PENNDORF, Geschichte der Buchhaltung in Deutschland, 1913 [9] R. DE ROOVER, New Perspectives on the History of Accounting, in: Accounting Review 30, 1955, 405–420 [10] H. SCHIELE / M. RICKER, Betriebswirtschaftliche Aufschlüsse aus der Fuggerzeit, 1967 [11] E. SCHMALENBACH, Bedarf die Aktiengesellschaft der doppelten Buchführung?, in: ZHF 1, 1906–1907, 41–45 [12] D. SCHNEIDER, Allgemeine Betriebswirtschaftslehre, ³1994 [13] D. SCHNEIDER, The History of Financial Reporting in Germany, in: P. WALTON (Hrsg.), European Financial Reporting. A History, 1995, 123–155 [14] B. S. YAMEY, Accounting and the Rise of Capitalism. Further Notes on a Theme by Sombart, in: Journal of Accounting Research 2, 1964, 117–136 [15] B. S. YAMEY, Bookkeeping and Accounts, 1200–1800, in: S. CAVACIOCCHI (Hrsg.), L'impresa industria commercio banca, secc. XIII-XVIII (Atti della »Ventiduesima Settimana di studi« 1990), 1991, 163–187 [16] B. S. YAMEY, Doppelte Buchführung, in: M. NORTH (Hrsg.), Von Aktie bis Zoll. Ein historisches Lex. des Geldes, 1995, 89–92.

Markus A. Denzel

Buchgeld s. Geld

Buchhandel

1. Organisationsformen
2. Zentren des Buchhandels

1. Organisationsformen

In der Frühen Nz. waren der herstellende B. (mit den beiden Bereichen Druckerei, s. ↗Buchdruck, und ↗Verlag) und der vertreibende B. (Sortiment) noch nicht klar voneinander getrennt. Mischformen existierten bis ins 18. Jh. Als erste professionelle Ausdifferenzierung der Buchbranche kamen in der Inkunabelzeit (ab ca. 1480 bis 1500) die Buchführer als Vorläufer der reinen Sortimenter auf. Sie vertrieben entweder im Auftrag eines Druckers/Verlegers oder auf eigene Kosten ↗Bücher, ↗Flugschriften und Broschüren im stationären Ladengeschäft oder zogen mit den Druckerzeugnissen in kleinere und größere Städte, um an stark frequentierten Orten wie ↗Universitäten, Kirchen, ↗Marktplätzen und ↗Messen möglichst viele potentielle Kunden anzusprechen. Durch den Wanderhandel der Buchführer wurde schon früh ein ganz Europa umspannendes buchhändlerisches Vertriebsnetz aufgebaut. Bis 1550 sind über 1000 Buchführer namentlich nachgewiesen. Im 16. Jh. schlossen sich Drucker/Verleger auch zu überregionalen Vertriebsgesellschaften zusammen. Mit dem Aufstieg der ↗Buchmesse in Frankfurt am Main als zentralem Umschlagsplatz verlor der Wanderhandel an Bedeutung; Kolporteure, die mit preiswertem Kleinschrifttum und populären Lesestoffen über das Land zogen, blieben allerdings bis um 1900 ein wichtiger Vertriebszweig.

Im 17. Jh. versorgten Drucker/Verleger v. a. regionale Kundenbedürfnisse, während der messfähige Verleger/Sortimenter seine Waren auf den Buchmessen mit Kollegen Druckbogen gegen Druckbogen tauschte (»verstechen«). Ausstattung, z. B. Kupferstichillustrationen, und Papierqualität, selten die Buchinhalte, waren beim Tauschverhältnis 1:1 entscheidend. Voraussetzung für die Teilnahme am nach dem ↗Dreißigjährigen Krieg einsetzenden Tauschverkehr, durch den mühsame Umrechnungen unterschiedlicher Währungen vermieden wurden, war eine genügend große Eigenproduktion, die mit dieser Methode eine flächendeckende Verbreitung erfuhr. Die Mängel des Tauschverfahrens wurden ab etwa 1750 evident, als sich die in den Zentren der ↗Aufklärung ansässigen norddt. Verleger/Sortimenter zunehmend weigerten, ihr attraktiveres Programm mit süddt. Kollegen zu tauschen. Diese reagierten mit unberechtigten Nachdrucken in großem Stil, eine gängige Praxis, die kontroverse, scharf geführte Diskussionen in der Branche provozierte.

Der Wandel des buchhändlerischen Geschäftsverkehrs führte Ende des 18. Jh.s zum Konditionsverkehr, bei dem nicht verkaufte Bücher zurückgegeben werden durften. Leipzig wurde zum zentralen Kommissionsplatz des dt. B. Mit der Durchsetzung des Konditionshandels trat seit dem Beginn des 19. Jh.s mehr und mehr der reine Sortimenter auf. Die Integration buchhändlerischer Unternehmen im Börsenverein der dt. Buchhändler (gegr. 1825) stellte die erste gesamtdt. berufsständische Organisation dar.

2. Zentren des Buchhandels

Bedeutendes europ. Verlagszentrum der Frühen Nz. war im 15. Jh. die Handelsstadt Venedig, in der mit 4500 Titeln mehr ↗Inkunabeln gedruckt wurden als in anderen europ. Städten und der humanistische Druckerverleger Aldus Manutius die Druckkunst mit Ausgaben antiker Autoren zur Blüte führte. Im dt.sprachigen Raum waren v. a. die süddt. Städte wie Augsburg, Ulm und Nürnberg führend. Der Nürnberger Großverleger Anton Koberger dominierte ab 1470 den Wettbewerb der Drucker/Verleger und druckte bis 1500 über 200 Titel. Dort betrieb auch die Verlegerdynastie Endter ab 1590 ein florierendes Geschäft mit Bibeln, Gebetbüchern und illustrierten Werken; die Endter waren mit ca. 1400

Titeln die produktivsten Verleger dieser Zeit im gesamten südd. Raum.

Bestimmend im europ. Verlagswesen wurden im 17. Jh. allerdings die niederl. Unternehmer. Ihre Vormachtstellung und ihre qualitativ hochwertig ausgestatteten Druckerzeugnisse diktierten bisweilen die Bücherpreise. In Antwerpen unterhielt Christophe Plantin schon im 16. Jh. eine Großdruckerei. Er stand in engen Geschäftsverbindungen mit Kölner Buchhändlern und verkaufte seine Erzeugnisse in Tausenden von Exemplaren auf den Messen in Paris und Frankfurt europaweit. In Amsterdam wirkten allein im letzten Drittel des 17. Jh.s über 270 Firmen, darunter die Druckerfamilie Blaeu, spezialisiert u. a. auf Atlanten, und die Dynastie der Elzevier (Leiden, Amsterdam), die über 2000 politische, länderkundliche und wiss. Schriften in verschiedensprachigen Ausgaben, außerdem Nachdrucke franz. Belletristik auf den Markt brachten, um sie gewinnbringend in ganz Europa abzusetzen.

In Deutschland verloren die südd. Städte ihre herausgehobene Position in der zweiten Hälfte des 17. Jh.s an ostdt. und norddt. Zentren: Halle, Jena, Hamburg, Dresden, Berlin wurden in der jährlichen Titelproduktion führend, v. a. aber Leipzig, wo ab ca. 1700 die miteinander verschwägerten Familien der Großverleger Thomas Fritsch, Johann Friedrich Gleditsch und Moritz Georg Weidmann v. a. den Lexikon-Markt fast konkurrenzlos beherrschten. London stieg erst gegen Ende des 18. Jh.s zum bedeutenden Buchhandelszentrum auf.

→ Buch; Buchmarkt; Buchmesse; Verlag

[1] H. GRIMM, Die Buchführer des dt. Kulturbereichs und ihre Niederlassungsorte in der Zeitspanne von 1490 bis um 1550, in: Archiv für Geschichte des Buchwesens 7, 1967, 1153–1772 [2] P. G. HOFTIJZER, Engelse boekverkopers bij de Beurs, 1987 [3] F. KAPP / J. GOLDFRIEDRICH, Geschichte des dt. Buchhandels, 4 Bde., 1886–1913 (Ndr. 1970) [4] H.-J. MARTIN / R. CHARTIER, Histoire de l'édition française, 2 Bde., 1983–1984 [5] H. WIDMANN, Der dt. Buchhandel in Urkunden und Quellen, 2 Bde., 1965 [6] R. WITTMANN, Geschichte des dt. Buchhandels. Ein Überblick, ²1999.

Ute Schneider

Buchillustration

1. Definition
2. Historische Entwicklung
3. Buchgattungen

1. Definition

Der Begriff B. bezeichnet grundsätzlich alle Formen der bildlichen Ausschmückung von Texten: Initialen, Bordüren, Rahmen, Vignetten, typographische Zierelemente und figurale Darstellungen in den verschiedensten druckgraphischen Techniken (↗Druckgraphik). B. als künstlerischer Schmuck ist dabei von der dokumentarischen B. als notwendigem Bestandteil eines wiss. Textes zu unterscheiden. Buchgattung und Textinhalt bestimmen das jeweilige Verhältnis zwischen Text und Bild. Die nzl. B. ist nicht ohne die lange Tradition der ma. Handschriftenillustration verständlich, da die Holzschnitt-B. des 15. Jh.s zunächst Gestaltungsprinzipien der Buchmalerei übernahm [6].

2. Historische Entwicklung

Von den ungefähr 40 000 erhaltenen Druckwerken des 15. Jh.s (↗Inkunabel) ist nur rund ein Drittel illustriert. Als direkte Vorläufer des mit beweglichen Lettern gedruckten ↗Buches können die (häufig kolorierten) Blockbücher, die als zu Büchern gestaltete Holzschnittfolgen konzipiert waren, angesehen werden (vgl. Abb. 1 unten). Bilder und Texte wurden dabei (im Gegensatz zu Büchern mit Letterndruck und Holzschnittillustrationen) zusammen in den Holzstock geschnitten. Sie waren bes. in den Niederlanden und in Süddeutschland verbreitet.

Augsburg (Günther Zainer), Mainz, Straßburg und Ulm (Johann Zainer d. Ä.) waren im späten 15. Jh. die wichtigsten dt. Zentren für den Buchdruck [3]. Daneben waren v. a. Basel und Venedig (Lucantonio Giunta, tätig 1506–1522 und Aldus Manutius, 1449–1515) in der Herstellung von ↗Inkunabeln (Wiegendrucken) führend. In der ersten Hälfte des 16. Jh.s stieg auf Grund von ↗Humanismus und ↗Reformation die Buchproduktion sprunghaft an. Während in dieser Zeit die B. in Form von Initialen, Randleisten und Rahmen in Holzschnitt-Technik dominierte, traten in der zweiten Hälfte des 16. Jh.s und im 17. Jh. Frontispize und Vignetten in Kupferstichtechnik (in England und in den Niederlanden auch als Radierungen) zunehmend in den Vordergrund.

Kurz vor 1550 wurde in Lyon das erste mit Kupferstichen illustrierte Buch verlegt. Während im 16. und 17. Jh. ↗Offizinen im dt. Sprachraum [4] und in den Niederlanden (Antwerpen: Druckerei und Verlagsbuchhandlung Plantin-Moretus) führend waren, dominierten im 18. Jh. neben den Augsburger Verlagen [1] franz. (v. a. Pariser) Drucker (bes. Sébastien Le Clerc). Ihre Produktion gipfelte in der von Diderot und d'Alembert 1751–1780 herausgegebenen *Encyclopédie* und in der *Histoire naturelle* (1749–1784) des Comte de Buffon. Die stilistischen Wandlungen des 18. Jh.s veränderten die Gestaltungsmöglichkeiten in der B. nachhaltig. Der Wechsel im Buchformat führte zur Herstellung von kleinen, raffiniert ausgestatteten Werken mit Kartuschen-, Rocaillen- und Arabeskendekor (↗Ornamentik).

Abb. 1: Leipziger *Biblia pauperum*, drittes Viertel des 15. Jh.s, Bl. 29r (Blockbuch). Über 30 Blockbücher, zumeist religiös belehrenden und erbaulichen Inhalts, sind bis heute bekannt. Die abgebildete *Biblia pauperum*, die zum Typus der 40-blättrigen Ausgabe gehört, zeigt auf Blatt 29 die Auferstehung Christi im Zentrum, kombiniert mit den geläufigen at. Typen »Samson mit den Stadttoren von Gaza« (links) und »Der Wal wirft Jona ans Land« (rechts). Kommentierende Prophetensprüche erläutern den heilsgeschichtlichen Inhalt.

3. Buchgattungen

Neben Heldenromanen (↗Roman), fiktiven ↗Autobiographien (u. a. *Theuerdanck*, Augsburg 1517) und ↗Chroniken wurden im 16. Jh. bevorzugt Werke naturwiss. Inhalts (Astronomie, Mathematik und Medizin) zur Visualisierung der beschriebenen Sachverhalte illustriert. Dazu gehören u. a. Andreas Vesalius' *De humani corporis fabrica* (Basel 1543), das *Herbarium vivae eicones* (Straßburg 1536) und Leonhard Fuchs' *De historia stirpium* (Basel 1542), im 17. Jh. bes. Isaac Newtons *Philosophiae naturalis principia mathematica* (London 1687). Ab dem zweiten Viertel des 16. Jh.s traten Text und Bild in Emblembüchern (↗Emblematik) in ein neues, wechselseitiges Verhältnis. Das 17. Jh. brachte, unter vorwiegend aristokratischer Patronanz, eine Fülle reich ausgestatteter Publikationen hervor. Die B. gewann dabei im Verhältnis zum Textumfang deutlich an Gewicht. Dies zeigt sich u. a. in den 1625/27 in Frankfurt/Main erschienenen *Icones biblicae* des Matthäus Merian d. Ä., deren 233 (in der Folge immer wieder nachgestochene) Kupferstiche 1630 erstmals eine in Straßburg gedruckte Lutherbibel zierten.

Neben der Bibelillustration [5] erlangte die B. durch ↗Porträt-Graphik im 17. Jh. einen völlig neuen Stellenwert. Ein herausragender Entwerfer gestochener Titelblätter war Peter Paul Rubens [2] (vgl. Abb. 2). Ab 1640 fertigte Nicolas Poussin Titelillustrationen für die *Imprimerie Royale* an. Im Verhältnis zur Gesamtheit der ab dem 17. Jh. stark zunehmenden Titelblattillustrationen

Abb. 2: *Breviarium Romanum*, Antwerpen 1614 (Titelkupfer von Theodor Galle). Die im Zuge des ↗Trienter Konzils durchgeführte grundlegende Neuordnung der liturgischen Formulare der Röm. Kirche schuf für die Editionen von Psalter, Brevier und Missale neue Grundlagen. Die Ikonographie des Titelblatts des Antwerpener Breviers zielt auf die Vergegenwärtigung wichtiger Bezugspunkte des kath. Glaubens: Die im oberen Drittel thronende Ecclesia als Papstkirche (mit Tiara) wird mit den Apostelfürsten Petrus (links) und Paulus (rechts) kombiniert. Der untere Abschnitt verweist auf den Lobpreis Gottes (nach Psalm 150) durch Musikinstrumente (links), die Devise Papst Pauls V. (Mitte) und den Psalmisten König David rechts (Krone und Harfe).

wurde die zeitgenössische Literatur relativ selten mit Tafeln versehen. Eine Ausnahme stellen hier die Stiche nach John Medina für die Edition von John Miltons *Paradise Lost* (1688) dar. Hingegen beteiligten sich bedeutende Künstler häufig als Vorzeichner für die Illustrationen mythologischer Texte, darunter François Boucher für *Les Métamorphoses d'Ovide* (Amsterdam 1732). Das große Folioformat blieb im 18. Jh. v. a. Festbeschreibungen, Reisepublikationen, Vedutenwerken (z. B. Giovanni Battista Piranesis *Le Antichità Romane*, Rom 1756), architektonischen und archäologischen Bilderwerken (Paul Deckers *Fürstlicher Baumeister*, Augsburg 1716, und Johann Bernhard Fischer von Erlachs *Entwurff*

einer historischen Architektur, Wien 1721) sowie naturkundlichen Publikationen vorbehalten.

In der zweiten Hälfte des 18. Jh.s wurde Daniel Chodowiecki in der dt. B. führend; er schuf kleinformatige szenische Illustrationen zur Literatur der Aufklärung. Nach 1800 schlug sich das Interesse der Romantiker an der Volksliteratur in ↗Märchen-Illustrationen nieder, die v. a. von Ludwig Richter (1803–1884) vorgezeichnet wurden. Die Bibelillustration erfuhr mit Julius Schnorr von Carolsfelds Werken *Die Heilige Schrift des Alten und Neuen Testaments* (Landshut-München 1851) und *Die Bibel in Bildern* (Leipzig 1852–1860) einen Höhepunkt.

→ Buch; Buchdruck; Druckgraphik; Druckmedien; Emblematik; Malerei

[1] H. Gier / J. Janota (Hrsg.), Augsburger Buchdruck und Verlagswesen. Von den Anfängen bis zur Gegenwart, 1997 [2] J. R. Judson / C. van de Velde, Book Illustrations and Title-Pages (Corpus Rubenianum Ludwig Burchard, Teil 21), 2 Bde., 1978 [3] H. Kunze, Geschichte der Buchillustration in Deutschland: Das 15. Jh., Text- und Bildband, 1975 [4] H. Kunze, Geschichte der Buchillustration in Deutschland: Das 16. und 17. Jh., Text- und Bildband, 1993 [5] W. H. Lange, Art. Buchillustration, in: RDK 2, 1948, 1384–1420 [6] O. Pächt, Buchmalerei des MA. Eine Einführung, 1984 [7] W. Telesko, Zu Prinzip und Methode der Illustration in gedruckten Bibelausgaben vom 17. bis zum 19. Jh., in: Biblos 52, Heft 1–2, 227–241.

Werner Telesko

Buchmalerei s. Buchillustration

Buchmarkt

Gutenbergs Erfindung des ↗Buchdrucks mit beweglichen Metalltypen um 1440/50 verbreitete sich von Mainz ausgehend bis 1500 in über 250 europ. Städten; v. a. in Handels- und Universitätsstädten sowie Bischofssitzen wurden Druckereien eingerichtet: um 1460 in Straßburg und Bamberg, 1465 in Subiaco bei Rom, 1466 in Köln, 1468 in Augsburg und Basel, 1469 in Venedig, 1470 in Neapel, Nürnberg und Paris, 1471 in Florenz und Mailand, 1473 in Lyon, Ulm und Utrecht, 1474 in Valencia und Krakau, 1475 in Breslau, Brügge, Loewen, Lübeck und Zaragoza. Ungefähr 27 000 bis 30 000 verschiedene ↗Inkunabeln in Auflagenhöhen von zunächst 150–200 Exemplaren, ab etwa 1470 in 300–600 und mehr Exemplaren erschienen zu ca. 80% in der europ. Gelehrtensprache ↗Latein. Bis um 1470/80 lehnten die Inkunabeldrucker das Programm ihrer Druckereien (»Offizinen«) sowohl inhaltlich als auch in der äußeren Gestalt der Drucke stark an die Handschriften an. Gedruckt wurde zunächst das, was bei Institutionen wie Kirche, ↗Universität oder ↗Schulen sicheren Absatz versprach. In den Frühdruckstädten bildeten sich z. T. inhaltlich erheblich voneinander abweichende Verlagsprogramme heraus. Während z. B. in Köln hauptsächlich lat. theologische Werke und in Basel v. a. Werke des ↗Humanismus gedruckt wurden, war die südd. Handelsstadt Augsburg schon früh ein Zentrum volkssprachlicher, illustrierter Drucke für ein kaufkräftiges Laienpublikum. In London herrschten in der ↗Offizin des Erstdruckers William Caxton von Beginn an (ab 1477) volkssprachliche Schriften der schönen Literatur vor.

Die Quantität der Buchproduktion der Frühen Nz. kann aufgrund fehlender zuverlässiger bibliographischer Aufzeichnungen nicht exakt belegt werden. Deutlichen Aufschwung nahmen jedoch sowohl die Titelproduktion als auch die Auflagenzahlen während der ↗Reformation, die in enger Wechselwirkung mit allen ↗Medien des B. stand. Tausende religiöse und politische ↗Flugschriften mit Durchschnittsauflagen von 1000 und mehr Stück, Luthers ↗Bibelübersetzung des NT in insgesamt über 200 000 Exemplaren (zwischen 1522 und 1546) und weitere Reformationsdrucke führten zu einem frühen Höhepunkt dt.sprachiger Produktion.

Die dt. Drucker/Verleger versorgten bis ins 18. Jh. vorwiegend den gelehrten B.; allerdings befriedigte eine Vielzahl dt.sprachiger ↗Fachprosa (Kräuter- und Destillierbücher, Hebammenbüchlein, Koch-, Rechen-, Reit- und Fechtbücher) ab dem 16. Jh. die zunehmenden Bedürfnisse des ↗Bürgertums. Neben Ratgeberliteratur und berufsbezogenen Büchern existierten auf dem volkstümlichen Markt unterhaltende Lesestoffe, meist aus dem MA tradierte, in Prosaform übertragene ↗Epen oder zeitgenössische populäre ↗Satiren und ↗Schwänke. Die Ausweitung des B. und die Erschließung neuer Leser- bzw. Käuferschichten (↗Lesekultur; ↗Leser) in den einzelnen europ. Ländern wurde von ↗Verlegern mit einem jeweils spezifischen Repertoire von Textgattungen erreicht, die mittels geeigneter Publikationsformen für einen größeren Leserkreis eingerichtet und inhaltlich angepasst wurden; in Frankreich kursierten im 16. und 17. Jh. höchst erfolgreich die *livres bleus* (Ritter- und ↗Schelmenromane, ↗Märchen, Anleitungsbücher) und die *occasionnels* (Broschüren mit moralisch-religiösen Lehren), deren Pendant in England die *chapbooks* (weltliche und religiöse Texte auf wenigen Bogen), in Spanien die *pliegos sueltos* (Romanzen auf einem Druckbogen) waren [1. 399–418].

Spätestens in der zweiten Hälfte des 16. Jh.s begann der europ. B. mehr und mehr in nationale Teilmärkte zu zerfallen. Dieser Nationalisierungsprozess war nach dem Einbruch der Buchproduktion im ↗Dreißigjährigen Krieg (1618–1648) weitgehend abgeschlossen. Zwischen 1610 und 1619 verzeichneten die Messkataloge jährlich durchschnittlich knapp 1600 Titel, nach dem Krieg nur noch etwa die Hälfte. Die ↗Buchmessen in Frankfurt am Main und Leipzig wurden ab 1650 kaum mehr von franz., engl. und ital. Buchhändlern besucht, eine Ausnahme bildeten noch niederl. Verleger, die weiterhin für den gesamteurop. Markt produzierten [6. 84]. Gleichzeitig nahm der Anteil der ↗Nationalsprachen in der Titelproduktion zu; ab 1692 überflügelten dt.sprachige Bücher endgültig quantitativ die lat. Werke, und im Zuge aufklärerischer Bemühungen um die Bildung des Menschen wurde ein qualitativer Wandel auf dem dt. B. eingeleitet: Im Laufe des 18. Jh.s kam es zu einer deutlichen Verschiebung des Anteils unterschiedlicher Sachgebiete an der Gesamtproduktion. Die ↗Theologie verlor ihre Dominanz (von durchschnittlich 40 % im 17. Jh. stetig zurückgehend auf ca. 6 % im Jahr 1800) zugunsten anderer, neuer Wissenschaftszweige und Disziplinen wie ↗Naturgeschichte, ↗Pädagogik, ↗Philosophie oder Kameralwissenschaften. Bes. die Belletristik wurde im letzten Drittel des 18. Jh.s zum aufstrebenden Wirtschaftsfaktor (1800: über 27 % an der Gesamtproduktion), was seinen Ausdruck v. a. in der Romanproduktion und in neuen Publikationsformen wie den beliebten Musen-↗Almanachen fand. Dennoch war erst der moderne, durch technische Innovationen im Satz- und Druckbereich und eine gewachsene Nachfrage expandierende B. des 19. Jh.s ein Massenbuchmarkt, der sein universales Angebot an unterhaltender Lektüre, von Werken der Informations- und Wissensvermittlung sowie von ↗Zeitschriften einem Massenpublikum zur Verfügung stellen konnte.

→ Buch; Buchdruck; Buchhandel; Buchmesse; Lesekultur

[1] R. CHARTIER / G. CAVALLO (Hrsg.), Die Welt des Lesens, 1999 [2] E. FISCHER (Hrsg.), Der Buchmarkt der Goethezeit. Eine Dokumentation, 1986 [3] H. GIER / J. JANOTA (Hrsg.), Augsburger Buchdruck und Verlagswesen, 1997 [4] M. GIESECKE, Der Buchdruck in der frühen Nz., 1991 [5] L. GRENZMANN / K. STACKMANN (Hrsg.), Literatur und Laienbildung im SpätMA und der Reformationszeit, 1984 [6] R. WITTMANN, Geschichte des dt. Buchhandels. Ein Überblick, ²1999.

Ute Schneider

Buchmesse

1. Die Messplätze Frankfurt am Main und Leipzig
2. Messkataloge

1. Die Messplätze Frankfurt am Main und Leipzig

Der Verkauf von Handschriften auf der allgemeinen Warenmesse im verkehrstechnisch günstig gelegenen Frankfurt am Main ist bereits für das 14. Jh. bezeugt; gedruckte Bücher wurden nachweislich seit den 1460er Jahren durch den Mainzer Frühdrucker Peter Schöffer angeboten. Trotz des vorherrschenden Wanderhandels

(↗Buchhandel) zog diese ↗Messe bereits im letzten Drittel des 15. Jh.s überregional wirkende Drucker/Verleger aus dem nord- und süddt. Raum an, z. B. aus Basel, Lübeck und Nürnberg, sowie Papierhändler (↗Papier). Der Buchvertrieb wurde schnell fester Bestandteil der Warenmesse; deshalb forderte der Mainzer Erzbischof Berthold von Henneberg 1485 den Frankfurter Rat auf, die zum Verkauf angebotenen Bücher vorher prüfen zu lassen. Zum wichtigsten Zentrum des gesamteurop. ↗Buchhandels wurde Frankfurt spätestens ab der Mitte des 16. Jh.s, als Drucker/Verleger aus Venedig, Genf, Lyon, Paris, Amsterdam, Antwerpen und Leiden persönlich die B. besuchten und dort eigene Bücherlager unterhielten. Die B. erfüllte neben ihrer Rolle als Warenumschlagsplatz im 16. Jh. auch eine wichtige Kommunikations- und Informationsfunktion für die ↗Gelehrten, die regelmäßig anreisten (z. B. Philipp Melanchthon). Indiz für die Blütezeit zwischen ca. 1550 und 1680 der jeweils im Frühjahr und im Herbst fest terminierten B. ist das Aufkommen eines gedruckten Messkatalogs (1564) und die Einrichtung der kaiserlichen Bücherkommission (1569) zur Überwachung der Buchproduktion (↗Buchdruck).

Während die B. in Frankfurt stets international orientiert war und Buchhändler aus ganz Europa anzog, war die B. in Leipzig seit dem 16. Jh. mehr auf den nationalen und osteurop. Markt (Breslau, Prag, Danzig, Königsberg) konzentriert. Ab ca. 1680 wurde die Leipziger B. zur ernsten Konkurrentin und überflügelte Frankfurt bald. Die Gründe sind vielfältig: Die lat. Buchproduktion ging zugunsten der Landessprachen zurück (↗Buchmarkt), was sich ungünstig auf den internationalen Handel auswirkte, die (kath.) ↗Zensur in der dem Kaiser unterstellten Freien Reichsstadt war strenger als die Behörden im aufgeklärten, liberaleren Leipzig, und schließlich wurde 1710/11 der Termin der Frankfurter Frühjahrsmesse verlegt, sodass die Messebesucher zwischen Leipzig und Frankfurt wählen mussten. Leipzig avancierte auch durch die Ansiedlung kapitalkräftiger Verlagshäuser und durch die merkantilistische Wirtschaftspolitik (↗Merkantilismus) zum bedeutenden Buchhandelsplatz für nord- und ostdt. Verleger. Als 1764/5 unter dem Einfluss des Leipziger Verlegers Philipp Erasmus Reich einschneidende Reformen im buchhändlerischen Geschäftsverkehr eingeleitet wurden und der bis dahin auf den Messen übliche Tauschhandel abgeschafft sowie moderne Lektürestoffe stärker nachgefragt wurden, wurde die B. in Frankfurt für den überregionalen Handel bedeutungslos. Der von der hessischen Regierung unterstützte sog. »Hanauer Bücherumschlag«, der 1775 eingerichtet wurde und unprivilegierten, d. h. nicht durch die Obrigkeiten genehmigten Nachdrucken ein Handelsforum bieten sollte, konnte sich nicht durchsetzen. Die halbjährlichen Termine der B. in Leipzig, zu Cantate (vierter Sonntag nach Ostern) und zu Michaelis (29. September), bestimmten bis weit ins 19. Jh. den Buchproduktionsprozess zeitlich und wurden maßgebende Abrechnungstermine für die Verleger.

2. Messkataloge

Die ersten Messkataloge (Titelverzeichnisse) waren reine Privatunternehmen, die den Druckern/Verlegern als Werbeinstrumente dienten. Erstmals erschien 1564 der Messkatalog des Augsburger Buchhändlers Georg Willer, der darin sowohl die von ihm gedruckten Bücher als auch die von ihm nach Frankfurt mitgeführten, aber aus anderen Offizinen stammenden Verlagsprodukte verzeichnete. Die Messkataloge wurden ab 1598 vom Rat der Stadt Frankfurt organisiert; sie erschienen bis 1750. Ab 1594 wurden Messkataloge vom Leipziger Buchhändler Henning Grosse eigens auch für die dortige Messe herausgebracht. Die periodisch erscheinenden Kataloge führten lediglich die Titel auf, die auf den Messen gehandelt wurden (Novitäten, ältere Werke, z. T. auch Vorankündigungen) und sind als bibliographische Nachschlagewerke daher unvollständig, geben jedoch die Tendenzen der Buchproduktion wieder und lassen Aussagen über die Programme einzelner Firmen zu. Schriften, die nur von regionaler Bedeutung waren und nicht in Frankfurt oder Leipzig angeboten wurden, fehlen. Dennoch waren die Messkataloge wichtige buchhändlerische Vertriebsmittel und dienten den Zensurbehörden zur Überwachung. Die Drucke wurden nach wiss. ↗Fakultäten verzeichnet, sodass sie neben ihrer Werbefunktion für die Branche dem vorwiegend gelehrten Kundenkreis als Informationsorgan über Neuerscheinungen dienten. Ab 1759 wurden die Leipziger Messkataloge von der Weidmann'schen Buchhandlung übernommen und den Entwicklungen auf dem ↗Buchmarkt sowie den gewandelten Bedürfnissen des Käuferpublikums entsprechend in rein alphabetische Titelverzeichnisse umgewandelt. Der Leipziger Messkatalog erschien noch bis 1860 und kann als Vorläufer der dt. Nationalbibliographie gelten.

→ Buch; Buchhandel; Buchmarkt; Katalog; Verlag

[1] P. DÜSTERDIECK, Buchproduktion im 17. Jh. Eine Analyse der Meßkataloge für die Jahre 1637 und 1658, in: Archiv für Geschichte des Buchwesens 14, 1974, 163–220 [2] B. FABIAN (Hrsg.), Die Meßkataloge Georg Willers, 1972 (Ndr.) [3] B. FABIAN (Hrsg.), Die Meßkataloge des 16., 17. und 18. Jh.s, 1977–1985 [4] F. KAPP / J. GOLDFRIEDRICH, Geschichte des dt. Buchhandels, 4 Bde., 1886–1913 (Ndr. 1970) [5] K. G. SCHWETSCHKE (Hrsg.), Codex nundinarius Germaniae literatae bisecularis, 1850–1877.

Ute Schneider

Buddhismus

1. Der europäische Wahrnehmungshorizont
2. Die Instrumentalisierung des Buddhismus

1. Der europäische Wahrnehmungshorizont

Die nach ihrem Gründer Buddha (6.–5. Jh. v. Chr.) benannte Religion des B. ist die älteste der großen sog. ↗Weltreligionen und die in Asien gegenwärtig am stärksten verbreitete religiöse Tradition. Die europ. Wahrnehmung des B. war in der Nz. wesentlich von zwei Umständen geprägt: Der B. erlangte einerseits durch ↗Missionsberichte in Europa Bekanntheit, andererseits bezogen sich diese Darstellungen v. a. auf die chines. Situation des B. Aus christl. Perspektive wurde die Wahrnehmung des B. als Religion erst mit dem in der Nz. stattfindenden grundlegenden Wandel des ↗Religionsbegriffs möglich. Seit dem frühen 17. Jh. verstand man neben dem Christentum das ↗Judentum, den ↗Islam und den sog. Götzendienst, worunter auch der B. fiel, als Religionen. Dieses vierfache Schema blieb grundlegend bis ins 19. Jh.

Auf der Basis einer Flut neuer Textübersetzungen [6] wurden seit dem späten 18. Jh. neue Typologien entwickelt, die im 19. Jh. zur Herausbildung der einflussreichen engl. Nomenklatur *Boudhism* (1821), *Hindooism* (1829), *Taouism* (1839) und *Confucianism* (1862) führte (↗Ostasiatische Religionen). Der B. als eigenständige Religion rückte in Europa begrifflich und konzeptuell deshalb erst im 19. Jh. in den Blick.

2. Die Instrumentalisierung des Buddhismus

2.1. Die christliche Mission

Die frühesten Berichte über den B., die im 16. Jh. von christl. Missionaren wie Francis Xavier und Matteo Ricci aus Japan und China kamen, waren aufgrund der spezifischen Ausprägungen des B. in diesen Ländern sowie der unterschiedlichen Interessen der beiden Missionare recht verschieden. Während der B. in China zu jener Zeit bereits stark von der Volksreligion aufgenommen worden war, blieb er in Japan eher mit der herrschenden Klasse verbunden und dominierte dort den intellektuellen Diskurs. An den frühen Briefen der Missionare aus dem 16. Jh. lässt sich deutlich sehen, wie stark die Einschätzungen und Bewertungen des B. einerseits vor einer christl. Folie stattfanden und andererseits von ganz persönlichen und zufälligen Einzelerlebnissen und Begegnungen abhingen. Das außerordentlich genaue Studium der buddhistischen (= buddh.) Lehren, das die ↗Jesuiten für die schwierigen und langwierigen intellektuellen Dispute, welche sie mit den gelehrten Mönchen führten, in Japan betrieben, hatte keinen weiteren Einfluss auf die europ. Wahrnehmung des B., da Europäer zu Beginn des 17. Jh.s für ca. 250 Jahre weitgehend des Landes verwiesen wurden.

In China, welches das europ. B.-Bild der Nz. viel stärker prägen sollte als Japan, war eine andere Situation gegeben. Der dortige Missionar Matteo Ricci setzte sich zunächst mit den Buddhisten auseinander, bis er bemerkte, dass die konfuzianischen (= konfuz.) Beamtengelehrten (↗Konfuzianismus) und insbes. der chines. Kaiser für die ↗Mission ein wichtigeres Gegenüber darstellten; diese bestimmten mit ihrer Religionspolitik nicht nur über die Religionen in China, sondern auch über die Ausbreitung der christl. Mission. Aufgrund ihrer eigenen Ausbildung interessierten sich die jesuitischen Missionare weniger für die unzähligen Lokalformen der chines. Volksreligion, als deren flexible Variante sie den B. auffassten, als für die kanonisierte Philosophie der Gelehrtenschicht und die weitgehend von Konfuzianern besetzten Institutionen. Eine ernsthafte Auseinandersetzung mit den Buddhisten fand daher nicht statt: man konzentrierte sich vielmehr sehr bald ganz auf die konfuz. Beamten und die Diskussion mit ihnen.

Das hatte zwei wichtige Folgen. Erstens legte diese Ausrichtung die geläufige Einordnung der buddh. Fremdreligion als »Götzendienst« nahe. Tatsächlich finden sich in der christl. Literatur über den B. lediglich abfällige Bemerkungen über Idolatrie, Verschlagenheit und ↗Aberglauben. Zweitens entsprachen diese Urteile dem konfuz. B.-Diskurs, mit dem sich der jesuitische aus missionsstrategischen Gründen verbündete. Daraus entwickelte sich im frühen 17. Jh. eine längere Polemik zwischen Jesuiten und Buddhisten, die u. a. dazu führte, dass Missionare buddh. Statuen verbrannten und sich dafür taktisch mit den Konfuzianern verbündeten. Die Tatsache, dass der B. in China politisch in jener Zeit gegenüber einem erstarkenden Staatskonfuzianismus an Kraft verlor, stärkte die negativen Urteile der Jesuiten, die im Niedergang des B. göttlichen Willen sahen. Aus dieser Situation des chines. B., die sich von der japanischen politisch und intellektuell stark unterschied, beruhte auch das wenig ausgebildete B.-Wissen der Jesuiten in China.

Die in Europa rezipierten Berichte Riccis spiegeln somit in erster Linie seine eigene strategische Position gegenüber dem B. wider, die sich wesentlich an der konfuz. Polemik gegen den B. orientierte und sich an diese anschloss. Daraus ergibt sich die Übersetzung der traditionellen konfuz. B.-Kritik in den Horizont nzl. europ. religiöser Auseinandersetzung. Das durch den eingeschränkten konfuz. Blickwinkel polemisch verzerrte B.-Bild wurde nochmals durch den eingeschränkten missionarischen Horizont polemisch entstellt nach Europa gebracht, wo es wiederum ein drittes Mal im Kontext der innerchristl. ↗Polemik modifiziert wurde, um es für eine europ. Debatte zu instrumentalisieren.

Diese Dreistufung ist eine vereinfachte Analyse eines weitaus komplexeren Prozesses, bei dem noch mehr Faktoren berücksichtigt werden müssten [4].

2.2. Der Buddhismus in europäischer Philosophie und Theologie des 17. und 18. Jh.s

Die Übersetzung der konfuz. Kritik in europ. Schriften fand zunächst in ganz grundlegenden pejorativen Kategorien der europ. religiösen Terminologie statt. Riccis Missverständnis der buddh. Idee der »Leerheit« führte zur europ. Auffassung vom B. als Nihilismus und Atheismus, welche von den Nachfolgern Riccis wie Trigault und Longobardi akzentuiert und noch aggressiver verbreitet wurde. Sie artikulierte sich im 17. und 18. Jh. ebenfalls in den Schriften wichtiger Jesuiten der Pekinger Mission wie Le Gobien, Le Comte und Bouvet, welche regelmäßigen Briefwechsel mit herausragenden Vertretern der europ. Geistesgeschichte wie etwa Leibniz führten. Über ihre in Europas Gelehrtenzirkeln weit verbreiteten Veröffentlichungen zum chines. Reich besaßen sie großen Einfluss auf das europ. Verständnis des B.

Der B. wurde in den Schriften weiterhin als Gegenstand in den europ. Streit zwischen Philosophen und Theologen um die Frage des Verhältnisses von rationalem ↗Humanismus und Religion konstruiert, indem er einem idealen rationalen und aufklärerischen Konfuzianismus gegenübergestellt wurde; damit wurde eine ganz anders geartete chines. Auseinandersetzung in den europ. Kontext übersetzt. Einflussreiche Gelehrte Europas, wie etwa Montesquieu und Voltaire, wandten sich daher im 18. Jh. der rationalen und ethischen Moralphilosophie des großen chines. Philosophen Konfuzius zu und identifizierten den B. als Gegenpol dazu.

Dieselbe Form europ. Einordnung lässt sich auch an anderen Urteilen über den B. zeigen. Le Gobien hatte zu Beginn des 18. Jh.s buddh. Meditation mit stoischer Apathie oder Indifferenz verglichen, was Du Halde 1735 in seiner einflussreichen *Beschreibung des chines. Reiches* dazu brachte, die Passivität des B. zu kritisieren und dieser das moralische Engagement der Christen sowie der Konfuzianer gegenüberzustellen. Diese Polarisierung zwischen aktivem Engagement und passiver Weltflucht fußte wiederum auf einem europ. Streit um christl. Monastizismus und ↗Quietismus, der in jener Zeit aktiv geführt wurde. In Schriften des 17. und 18. Jh.s kann der dem B. zugeschriebene Begriff des »Quietismus« nur dann richtig verstanden werden, wenn man ihn vor dem Hintergrund insbes. der Auseinandersetzung der Jesuiten mit dem ↗Jansenismus versteht. In den meisten Fällen galt die Kritik am B. auch hier den Feinden zu Hause, die mit dieser exotischen Verzerrung bloßgestellt und auf eine Stufe mit den »heidnischen Götzendienern« gestellt werden sollten.

Eine andere Form der B.-Instrumentalisierung findet sich in der philosophischen Rezeption des B., die sich auf missionarische Berichte stützte; im Wesentlichen übernahm auch diese die beiden Stereotypen jesuitischer Beschreibungen des B. als Quietismus und als Aberglaube. Das »wertvollere« Attribut des »Atheismus«, an dem auch das Christentum kritisch gemessen wurde, war hingegen für den Konfuzianismus reserviert. Die philosophische Motivation, sich mit dem B. auseinander zu setzen, lag in den Versuchen von beispielsweise Kant, Hegel und Schopenhauer, die eigenen philosophischen Theorien zu belegen. Dabei verstanden sie den B. in europ. Begriffen, woraus sich häufig ein Zirkelschluss entwickelte: Die Interpretation der Philosophen wirkte auf die philologischen Übersetzungen der buddh. Termini zurück, dies bestärkte die Auslegungen der Philosophen, was zu einer Selbststabilisierung der philosophischen B.-Theorien führte.

Leibniz etwa stellte in seiner *Theodizee* (1710) fest, der B. lehre, alles sei »auf das Nichts als das erste Prinzip aller Dinge zurückzuführen«. Auf dieser falschen Information aufbauend folgerte Kant eine buddh. Ethik der »Fühllosigkeit und Entsagung aller Arbeit« als Indifferenz, die nicht mehr in die Welt eingreife. Die dem B. schon früher nachgesagte Passivität wurde von Kant so auch philosophisch als Schlussfolgerung begründet.

Herder untermauerte diese Auffassung mit den geographischen Gegebenheiten Asiens. Die buddh. Lehre galt ihm als »das Erzeugnis warmer Klimate, ein Geschöpf menschlicher Halbseelen, die die Wohllust der Gedankenlosigkeit in körperlicher Ruhe über alles lieben«. Sie schläfert »die Seelen ein, sie macht sie mitleidig und unkriegerisch, geduldig, sanft und träge« [2.21]. Hegel, der den B. ebenfalls mit der Idee des Nichts als Urprinzip verband, formulierte in seinen *Vorlesungen über die Ästhetik* [1.327] weiter, dass die Inder unfähig seien, historisches Geschehen zu verstehen und am Beginn oder sogar noch vor der Geschichte stünden [11.269–271]. Diese Ansichten entstanden im 18. Jh. in einem Klima der »Entzauberung Asiens« [8], zu einer Zeit, als Europa weltpolitisch an Macht gewann und sein Selbstverständnis zunehmend zu eurozentristischer und orientalistischer Perspektive führte (↗Eurozentrismus; ↗Orientalismus). Als Folge der missionarischen Berichte und Bewertungen sind dies die ersten Versuche, den B. für größere philosophische und andere wiss. Theorien zu instrumentalisieren.

2.3. Der Buddhismus in den Wissenschaften des 19. Jh.s

Vor dem Hintergrund der ↗Aufklärung war das jesuitische Schema eines humanistischen und rationalen Konfuzianismus versus eines götzendienerischen nihilistischen B. prägend für das B.-Verständnis im Europa des 17. und 18. Jh.s. Das änderte sich im 19. Jh. mit der Orientalischen Renaissance und der Einrichtung der ersten Lehrstühle für die orientalistischen Fächer. Wie sich die Aufklärer China als ihrem Idealmodell zuwandten, so erblickten die Romantiker in Indien die Wiege ihres Ideals einer ursprünglichen und wahren ↗Mystik. 1844 legte Burnouf die erste fundierte wiss. Darstellung des ind. B. vor. Damit rückte der frühe ind. B. zum ersten Mal ins Bewusstsein der Europäer, die ihn bislang lediglich mit China und Japan in Verbindung gebracht hatten, wenn auch Indien als Ursprungsort des B. bekannt gewesen war.

Im 19. Jh. wurde das bei Kant und Hegel vorbereitete Bild einer Lehre, die das Nichts zum Ursprung hat und zu Passivität führt, zu völkerpsychologischen und rassistischen Ideologien erweitert; diese gipfelten in biologistischen Entartungstheorien wie jener Max Nordaus, der all diejenigen verurteilte, die sich zum B. hingezogen fühlten. Der B. wurde nun zwischen den Polen eines ganz anderen polemischen Spannungsfeldes eingeordnet, welches nicht mehr zwischen Theismus und Atheismus oder Sein und Nichtsein, sondern zwischen Stärke und Schwäche, Gesundheit und Krankheit, Leben und Tod, Individualität und Typus, Ich und Nicht-Ich etc. unterschied; diese neuen polaren Kategorien rückten im 19. Jh. im Anschluss an die darwinistischen Kulturtheorien in den Mittelpunkt des europ. Diskurses.

Ausnahmen bildeten Ansätze wie z. B. der Schopenhauers, welcher das negative Verhältnis, das dem B. zur Geschichte nachgesagt wird, positiv wertet. Gegen die Fokussierung Hegels auf den geschichtlichen Prozess machte er den B. im Sinne einer platonischen Idee von einem Unveränderlichen und immerdar Bleibenden stark, das er mit dem Nirvana identifizierte. Aber auch hier steht noch sein europ. Interesse im Vordergrund, die Hegelianer (↗Hegelianismus) auf Platon aufmerksam zu machen.

→ Jesuiten; Konfuzianismus; Orientalismus; Ostasiatische Religionen

Quellen:
[1] G. W. F. HEGEL, Ästhetik, hrsg. von F. Bassenge nach der zweiten Ausg. H. G. Hothos (1842), Bd. 1, ³1976
[2] J. G. HERDER, Ideen zur Philosophie der Geschichte der Menschheit, 3./4. Teil, in: B. SUPHAN (Hrsg.), Herders sämtliche Werke 14, 1909 (Ndr. 1967).

Sekundärliteratur:
[3] J. J. CLARKE, Oriental Enlightenment: The Encounter between Asian and Western Thought, 1997 [4] J.-P. DUTEIL, Le mandat du Ciel: le rôle des jésuites en Chine, de la mort de François-Xavier à la dissolution de la Compagnie de Jésus, 1552–1774, 1994 [5] B. FAURE, Chan Insights and Oversights. An Epistemological Critique of the Chan Tradition, 1993, 15–51
[6] F. M. MÜLLER (Hrsg.), Sacred Books of the East, Translated by Various Oriental Scholars, 1879–1910 (Zsch.)
[7] J. OFFERMANNS, Der lange Weg des Zen-Buddhismus nach Deutschland vom 16. Jh. bis Rudolf Otto, 2002
[8] J. OSTERHAMMEL, Die Entzauberung Asiens. Europa und die asiatischen Reiche im 18. Jh., 1998 [9] H. SCHMIDT-GLINTZER, Der Buddhismus, 2005 [10] J. Z. SMITH, Religion, Religions, Religious, in: M. C. TAYLOR (Hrsg.), Critical Terms for Religious Studies, 1998, 269–284 [11] V. ZOTZ, Geschichte der buddhistischen Philosophie, 1996, 266–304.

Joachim Gentz

Bühne

1. Begriffsbestimmung
2. Historische Bühnenformen

1. Begriffsbestimmung

Der Begriff B. bezeichnet i. Allg. jeden Ort, der regelmäßig für eine Aufführung vor ↗Publikum genutzt wird, z. B. Redner-, Festspiel-, ↗Theater- oder ↗Opern-B., in der Frühen Nz. aber auch Richt-B. oder das ↗anatomische Theater. Er trennt durch seine in der Regel erhöhte und gut einsehbare, aber je nach historischen Gepflogenheiten, Bauart oder performativem Zweck (↗Performanz) den Zuschauer- vom Darstellerbereich. Der Begriff B. wird bis heute aber auch als Ausdruck für die Theater insgesamt sowie für einzelne Sparten verwendet.

Im engeren Sinne versteht man B. als konkrete Spielfläche in einem ↗Theater, die das Schauspiel zum spezifischen Raumerlebnis macht. Es beruht wesentlich auf der Vorführung menschlicher Bewegungen im theatralen Raum; die B. erscheint also als herausgehobener Ort, in dem anders als im Zuschauerraum agiert, gesprochen oder gesungen werden darf. Synonyme des so verstandenen Theaterraums sind »Schau-B.« oder »Schauplatz«; in der neueren Theaterwissenschaft finden sich Bezeichnungen wie »Aufführungsraum« (engl. *performance space*) oder »ludischer Raum« (engl. *ludic space*). Er wird 1745 in Zedlers Universallexikon definiert als »ein erhabener Ort, auf welchem von darzustellenden Personen allerhand Trauer- Freuden- und Singe-Spiele (Tragedies, Comedies, Opern) und andere zur öffentlichen Schau gehörigen Dinge aufgeführet oder aufgestellet werden« [1. 458].

2. Historische Bühnenformen

2.1. Die Vielfalt frühneuzeitlicher Bühnen

Im antiken Amphitheater waren die Publikumsränge ansteigend und in einer fast geschlossenen Ellipse um den Spielbereich angeordnet. Schon in der Antike gab es eine – wenn auch nicht mit dem nzl. Theater vergleichbare – Trennung von Zuschauer- und Spielbereich; damit aber war die B. als eigenständiger Raum des Theaters etabliert. Die histor. B.-Formen der Nz. unterschieden sich v. a. in der Gestaltung des Grenzbereichs von Zuschauer- und B.-Raum. Als einfachste B.-Form nicht nur der Nz. erscheint ein freier, im Grunde unfixierter Platz, der zum improvisierten Spielort (zur Stegreifbühne) erklärt wurde (engl. *environmental theatre*); er konnte gleichzeitig – auch in Konkurrenz zu anderen Aufführungen und Spielorten – von unterschiedlichen Performanz-Gruppen (Gauklern, Alleinunterhaltern usw.) genutzt werden.

Als Aufführungsort schon stärker herausgehoben war das einfache Brettergerüst, das von den Zuschauern als abgegrenzter Spielort akzeptiert und von Wandertruppen auf Straßen und Plätzen errichtet wurde. Das hölzerne Podium wurde in der »Buden-B.« weiterentwickelt, die ebenfalls auf einer simplen und mehr oder minder improvisierten Trennung von Zuschauer- und ↗Schauspieler-Bereich beruhte. Solche flexiblen Theaterformen existierten seit dem MA, etwa bei der ↗Commedia dell'Arte; sie bestanden aus einer erhöhten Spielfläche, um die sich die Zuschauer von drei Seiten gruppieren konnten. Die vierte Seite diente den Auf- und Abtritten, an die sich der Umkleidebereich und ggf. das Requisitenlager anschloss. Sie war durch einen Vorhang geschützt, der gleichzeitig den Hintergrund des Spiels bildete; die B. wurde durch eine rechteckige »Bude« aus Stangen und Stoffen gestaltet.

Auch aus dem MA stammte die – im frühnzl. Theater, insbes. im geistlichen Spiel noch intensiv genutzte – Simultan-B., die den einzelnen Szenen oder Szenenfolgen eigene Spielorte bot; sie konnten vom Zuschauer während der ganzen Aufführung gesehen und von den Schauspielern auch gleichzeitig bespielt werden. Simultan-B. wurden sowohl in Kirchen und Schulen als auch in Städten genutzt. Dabei richtete sich die Szenengestaltung strikt nach den Örtlichkeiten (Altären, Kapellen, Treppen usw.), in deren unmittelbarer Nähe gespielt wurde oder die sogar vorübergehend als eigene B. genutzt werden konnten. Die Grenze zwischen Zuschauerraum und B. zeigte sich gerade im Bereich der religiösen ↗Performanz nicht immer klar gezogen, so bes. bei Prozessionen, aber auch bei dt. ↗Passionsspielen sowie franz. und engl. Mysterienspielen. Die gezeigten biblischen Szenen konnten leicht als Bestandteil des eigenen Lebens angenommen und auf den Alltag bezogen werden. Die Prozessionen arbeiteten mit beweglichen Wagen-B., die – anders als später die stehenden Theater – das Spiel zu den Zuschauern bringen konnten.

Die Idee einer Verschränkung von Spielort und Publikumssphäre lag auch den seit dem SpätMA in England (v. a. in Cornwall) genutzten Rundtheatern zugrunde. Dieses *theatre in the round* stellte eine eigenständige, fest installierte Theateranlage dar. Fünf Teil-B. für allegorische Darstellungen, für Gott und den Teufel, waren auf einem erhöhten Rundgang eines wasserumzogenen Rundwalls verteilt; dieser umschloss eine kreisrunde Arena, in deren Mitte sich der sechste, der »menschliche« Handlungsort befand. Ähnlich verfuhr das span. *Corral-Theater* des *Siglo de Oro* (16./17. Jh.), das sich im Innenhof eines Häuserblocks befand. Hinter den vergitterten Fenstern lagen die Logen (span. *aposentos*); im Hof, vor der einfachen Bretter-B., standen Bänke, dahinter befanden sich die Stehplätze. Seit Anfang des 17. Jh.s trennte ein bemalter Vorhang B. und Zuschauerraum; die Abgänge befanden sich an den Seiten.

Auch im Theater des elisabethanischen Zeitalters in England (in der zweiten Hälfte des 16. Jh.s) erhielt sich eine gewisse Verschränkung von Zuschauer- und B.-Raum. Das genaue Aussehen des frühen *Globe-Theaters* Shakespeares ist ungewiss; letztlich stellte es wohl eine Variante der antiken Arena-B. dar. Der Innenraum dürfte insgesamt einen Durchmesser von etwa 20 m umfasst haben. Der Zuschauerhof, in dem sich auch die langgestreckte B. befand, war durch eine umlaufende und mit Stroh oder Ziegeln überdachte dreistöckige Galerie begrenzt, auf der sich zusätzliche Zuschauerränge für die betuchtere Gesellschaft befanden; diese Plätze waren also auch oberhalb der B. eingerichtet. Die weit in den Zuschauerraum hineinragende große Vor-B. (Rampe) fand bis in die spätere Nz. (etwa beim *Restoration Theatre* in der zweiten Hälfte des 17. Jh.s) und bis ins 20. Jh. hinein Nachahmer.

Keineswegs einheitlich war die Meistersinger-B. (vgl. ↗Meistergesang). Neben Nürnberg gab es im dt.sprachigen Raum weitere Spielorte, etwa in Lübeck, Köln, Windsheim, Basel, Luzern oder Glogau. Die Nürnberger Meistersinger wirkten als Sing-, Dichter- und Spielgruppe v. a. im späten 15. und 16. Jh. (Hanz Rosenplüt, Hans Sachs, Jakob Ayrer u. a.), aber auch noch später. Sie verwendeten bei ihren Aufführungen von ↗Fastnachtspielen und einfachen Schauspielen unterschiedliche, immer komplexer angelegte B.-Typen. Neben Varianten der ma. Simultan-B. finden sich später sogar Spielpodien, die mit schlichten Verwandlungstechniken ausgestattet waren. Anfangs spielte man zu ebener Erde in Wirtshäusern und Bürgerstuben, wobei man einfach an einer Seite des Raumes Platz schuf und sich ungeordnet darum platzierte; später nutzte man eine stärker abgetrennte B. in der Nürnberger Martha-Kirche sowie im Remter (Speisesaal) des Predigerklosters. Eine erhöhte B. (niederdt. *borch*, »Burg«) kann man auch für das Lübecker Spiel annehmen.

Zu selbständigen Handlungsorten im engeren Sinn kam es in der Renaissance in Italien. Dort entstand im 16. Jh. die Terenz-B. der Humanisten, eine Bild-B. frontal zum Zuschauerraum mit perspektivisch gemaltem

Hintergrund. Die B. selbst wurde durch einen manchmal architektonisch aufwendig gestalteten Proszeniumsbogen umrahmt. Die schmale Spielfläche bezeichnete den einzigen Handlungsraum des Schauspiels, meist eine städtische Straße (Einort-B.; vgl. ↗Bühnenbild). Die B. des Humanistendramas erscheint als vom Besucher distanziertes, gerahmtes, illusionistisch wirkendes Bild, als »B.-Bild« im eigentlichen Sinn.

2.2. Die Guckkastenbühne

In der Barockzeit entstanden in ganz Europa Schauspielhäuser mit Guckkasten-B. nach diesem Muster: 1604–1607 als erster fester Theaterbau in Deutschland das Ottoneum in Kassel, in Amsterdam 1638 die *Schouwburg* als niederl. Nationaltheater. Der dt. Architekt Joseph Furttenbach veröffentlichte 1640 vier Bücher zum ↗Theaterbau, zur B.-Gestaltung und Kulissenkunst. Gleichwohl dominierten in dt.sprachigen Ländern bis zum Ende des 17. Jh.s die unselbständigen Spielorte in den ↗Gymnasien und ↗Universitäten, an ↗Höfen und in den Sälen der ↗Städte. Aber auch an diesen Orten setzte sich eine frontale, deutlich vom Zuschauerraum getrennte B. durch. Sie machte deutlich, dass der ↗Schauspieler durch sein Agieren in seiner Rolle einem anderen, nunmehr mimetisch verstandenen Raum zugeordnet war; damit war er in die fiktive Welt des B.-Geschehens integriert.

Im übertragenen Sinn erscheint seit dem 17. Jh. freilich auch der Zuschauerraum als eine Art B., auf der sich die höfische Gesellschaft inszenierte: Die Zuschauer beobachten die anderen Zuschauer, ihre Kleidung, ihr Gebaren und ihre Konversationen oft mehr als das Geschehen auf der Theater-B. Die in der Regel künstlerisch gestalteten Logen (insbes. die deutlich akzentuierten Fürstensitze) können daher als wichtige Neben-B. angesehen werden.

Zwar hat die Guckkasten-B. die Theatergeschichte bis heute geprägt, doch entwickelte sie sich im Laufe der Nz. technisch weiter. Zur Steigerung der Illusionswirkung entwickelte man in der Nz. verschiedene Formen der Perspektivgestaltung und der B.-Verwandlung. Zu nennen wären der B.-Fall (ab dem 17. Jh.), eine ansteigende Rampe im Hintergrund der B., die Weite suggerieren und bessere Einsichtmöglichkeiten gewähren sollte, die seit dem 15. Jh. verwendeten *telari*, d. h. drehbare, an drei Seiten mit Motiven bemalte Prismen oder die sich im 18. Jh. durchsetzenden Kulissen-B. mit flachen bemalten Wänden, die durch Wagen (ital. *caretto*) oder durch Seilzüge bewegt werden konnten. Erst im 19. Jh. setzten sich die Dreh-B. (erstmals 1896 im Münchner Residenztheater eingesetzt) und geschlossene, dreidimensionale B.-Bilder mit plastischen Ausstattungselementen durch.

→ Bühnenbild; Drama; Theater; Theaterbau

Quellen:
[1] Art. Theater, in: Zedler 43, 1745, 458–462.

Sekundärliteratur:
[2] Bühnentechnik (IRB-Literaturauslese 1239), hrsg. vom Fraunhofer-Informationszentrum Raum und Bau, 1987
[3] M. BRAUNECK, Die Welt als Bühne (2 Bde.), 1993–1996
[4] E. FISCHER-LICHTE, Semiotik des Theaters, 1983
[5] W. UNRUH, Theatertechnik, 1969.

Dirk Niefanger

Bühnenarchitektur s. Bühnenbild

Bühnenbild

1. Zum Begriff
2. Auswirkungen der vitruvianischen Bühne: ›Badezellenbühne‹ und Periakten
3. Die Kulissenbühne
4. Bühnenbild mit beweglichen Kulissen
5. Das Bühnenbild des 19. Jahrhunderts

1. Zum Begriff

Die künstlerische Ausstattung der ↗Bühne, durch die der Schauplatz der Handlung im ↗Theater gestaltet wird, wird seit dem 20. Jh. als B. bezeichnet. Zuvor wurde der Ausdruck »Verwandlung« in wörtlicher Übersetzung von ital. *mutazione* verwendet [12. Bd. 25, 2118]; so wurden in den ital. Textbüchern (*libretti*) die B. der ↗Oper genannt. Gleichzeitig wurde der Begriff »Scene« gebraucht (nach ital. *scena*; franz. *scène*), womit sowohl die gesamte Bühne als auch das B. benannt sein konnte [12. Bd. 14, 1940 f.]. Der ital. Ausdruck *scenografia* ist in allgemeinem Sinne mit »Bühnenbildnerei«, im engeren Sinn mit »B.-Entwurf« zu übersetzen.

2. Auswirkungen der vitruvianischen Bühne: ›Badezellenbühne‹ und Periakten

Ausgangspunkt der schnell auf ganz Europa ausgreifenden Entwicklung des B. war Italien [18]. Am Anfang stand die literarische Wiederbelebung des antiken ↗Dramas, v. a. der lat. Komödien von Terenz und Plautus, die von der von Pomponius Laetus gegründeten *Accademia Romana* ausging. Die Einrichtung des Spielorts durch die Aneinanderreihung mehrerer kleinerer Räume, deren Front als einheitliche Fassade gestaltet oder durch Dächer als Häuserreihe ausgewiesen wurde, ist durch Illustrationen frühnzl. Texteditionen der Komödien des Terenz bezeugt (Lyon 1493; Straßburg 1496). Die einzelnen Zellen waren durch Inschriften spezifischen, vom Stück geforderten Orten zugewiesen und durch einen Vorhang von der Spielrampe abgetrennt [18. 214 ff.].

Diese sog. Badezellenbühne, die das Prinzip der ma. Simultanbühne mit dem der nzl. Sukzessionsbühne verband, war eine sehr vereinfachte Form der antiken Bühnenrückwand, der *scenae frons*, wie sie von Vitruv (1. Jh. v. Chr.) in seinem Traktat *De architectura libri decem* (»Zehn Bücher über Architektur«) überliefert worden war [9.5, Kap. 6–8]. Vitruvs Schrift bildete zusammen mit archäologischen Befunden die Grundlage von Rekonstruktionsversuchen der antiken Bühne in der Renaissance; den frühesten unternahm Leon Battista Alberti in seinem Werk *De re aedificatoria* (1451; »Von der Architektur«) [1. Buch 8, Kap. 7]. Den Höhepunkt der Auseinandersetzung mit Vitruv bildete die nun aufwendig gestaltete Bühnenrückwand des *Teatro Olimpico* (1580/84) in Vicenza von Andrea Palladio. Sie präsentiert sich als eine durch Säulen, Figurennischen und Gesimse rhythmisierte Schaufassade, die mit einem Hauptportal und zwei Seitenöffnungen die Gliederung eines ↗Triumphbogens aufgreift. Durch die Portale blickt man auf drei in starker perspektivischer Verkürzung wiedergegebene und aus Holz gefertigte Straßenzüge; die letzteren wurden nachträglich von Vincenzo Scamozzi eingebaut, als Reflex der seit etwa 1520 etablierten Kulissenbühne (s. u. 3.).

Vitruv hatte für die drei Genera der Bühnendichtung – Tragödie, Komödie und ↗Satyrspiel (seit der Renaissance »Pastorale« genannt) – je eine Art von B. vorgegeben [9.5, 6, 9]. In der Antike wurde das jeweils passende B. auf Periakten, dreiseitigen und drehbaren Prismen, gezeigt, die in den drei Öffnungen der Bühnenrückwand standen. Dieses zweite Gestaltungselement der vitruvianischen Bühne [9.5, 6, 8] wurde zu Beginn des 16. Jh.s aufgegriffen und auf Kulissen übertragen, um durch sie den Spielort zu gestalten.

3. Die Kulissenbühne

Die Kulissen bestanden aus hölzernen, mit Pappe oder Leinwand bespannten Winkelrahmen, die auf beiden Seiten der Bühne parallel und hintereinander versetzt angeordnet und rückwärts in der Mitte von einem Prospekt hinterfangen wurden. Die auf ihnen nach den Gesetzen der Zentralperspektive (↗Perspektive) angelegten Szenerien sollten sich dem Zuschauer als ein stimmiges Bild präsentieren.

3.1. Entwicklung

Die an dieser Entwicklung beteiligten Künstler waren keine eigentlichen Bühnenbildner; das B. war nur ein Teilgebiet ihrer Aufträge im Rahmen fürstlicher ↗Repräsentation. So stammt die früheste erhaltene Skizze einer Perspektivbühne (um 1496) von Leonardo da Vinci (Codex Atlanticus, fol. 358 verso, Mailand, Bibl. Ambrosiana; [18. Abb. 155]). Baldassare Peruzzi lieferte 1514 laut Giorgio Vasaris *Vite* das B. für die röm. Aufführung der Komödie *Calandria* des Kardinals Bernardo Dovizi (gen. Il Bibbiena); es ist wahrscheinlich ausschnittsweise in einer Zeichnung überliefert (Turin, Bibl. Reale; [18.283f.]). Raffael schuf 1519 eine Ansicht von Ferrara als B. für *I Suppositi* (»Die Vermeintlichen«) von Ariost in Rom [18.257]. Sebastiano Serlio »kodifizierte« die B.-Typen der Renaissance, indem er den Passagen über die Gestaltung der ↗Bühne in seinem Architekturtraktat *Tutte l'opere d'architettura e prospettiva* drei entsprechende Illustrationen beigab [8. Buch 2] (ed. princ. Paris 1545).

3.2. Szenische Verwandlungen in Intermedien

Wichtige Impulse erhielt die Entwicklung des B. im 16. Jh. von den sog. Intermedien, pantomimischen, später durch Gesangseinlagen erweiterten Zwischenakten mythologischen oder allegorischen Inhalts, die meist von der Haupthandlung losgelöst waren. In ihnen wurden erstmals szenische Verwandlungen eingesetzt. Mit Hilfe von Seilwinden und anderen Apparaten konnten aus Holz, Draht, Pappe oder Leinwand gefertigte Objekte scheinbar schwebend in den Bühnenraum abgeseilt werden. Ein Meister dieser Neuerungen war Bernardo Buontalenti. Bes. hervorzuheben ist seine Inszenierung der sechs Intermedien zur Komödie *La pellegrina* (»Die Pilgerin«) von Girolamo Bargagli, aufgeführt anlässlich der Hochzeit von Großherzog Ferdinando I. de' Medici und Christine von Lothringen 1589 in Florenz [16. Kat. 9]; [14. Bd. 2, 121ff.].

Sein Schüler, der engl. Architekt Inigo Jones, importierte die ital. Innovationen nach England. Er leitete hier die Inszenierungen der Maskenspiele (↗Maske) des Dichters Ben Jonson (*Stuart court masque*), die als höfische Kunstform inhaltlich wie künstlerisch im Gegensatz zu den späteren Aufführungen der Shakespearezeit standen. Die sog. Shakespearebühne besaß keine eigens gefertigten Dekorationen, um den Spielort darzustellen, vielmehr wurde dieser von den Schauspielern angesagt (Wortkulisse); die Shakespearebühne besaß also kein eigentliches B.

Der ebenfalls in Italien ausgebildete Architekt Joseph Furttenbach führte die Periakten als Mittel des B. in Deutschland ein und publizierte Idealentwürfe in seinen Traktaten [2]; [3]; [4]. Umgesetzt werden konnten sie in dem von ihm 1640/41 errichteten Theater am Binderhof in Ulm, das dem protest. ↗Schuldrama diente [14. Bd. 3, 434]; [11. Bd. 2, 383ff.].

4. Bühnenbild mit beweglichen Kulissen

4.1. Frühformen

Den Raum für das B. mit beweglichen Kulissen bot die höfische *Opera seria* (↗Oper). Anfang des Jah-

Abb. 1: Matthäus Küsel nach Ludovico Burnacini, *Bocca d'inferno*. 7. Bühnenbild zum 2. Akt, 6.–7. Szene, der Oper *Il pomo d'oro* von M. A. Cesti und F. Sbarra, Wien 1667 (Kupferstich mit Radierung). Vor der 6. Szene spaltet sich die Erde und unter Feuer und Rauch erscheint ein Höllenrachen als Frontkulisse. Vor dem Prospekt der feurigen Stadt Dite, der Residenz des Gottes Pluto, rudert der Seelenschiffer Charon die drei Furien über den Acheron und entlässt sie in die Oberwelt. Höllenszenen, die literarisch aus Dantes *Inferno* bekannt waren, wurden im 17. Jh. fester Bestandteil der Bühnenbildtypologie.

res 1600 fanden in Florenz zwei Inszenierungen dieser neuen Musikrichtung statt. Schon die zweite Aufführung, *Il Rapimento di Cefalo* (»Die Entführung des Cephalus«), von Giulio Caccini (Libretto von Gabriello Chiabrera) erforderte sechs Verwandlungen (Parnass, Wald, Meer, Ruinenlandschaft, Bergwerk, Himmel; [14. 301 f.]). Bereits diese ersten Opernaufführungen waren charakteristisch für die Ausweitung und Bereicherung der B.-Typologie im 17. Jh. Während Buontalenti noch auf unbewegliche Winkelrahmenkulissen und Periakten zurückgreifen musste, verbesserte Giovanni Battista Aleotti die Bühnenkunst entscheidend mit der Erfindung der beweglichen Kulisse, für die er mit dem Bau des *Teatro Farnese* in Parma (1618/19) die bautechnischen Voraussetzungen schuf. Gegenüber dem *Teatro Olimpico* in Vicenza wurde die Fassadenarchitektur der ↗Bühne so umgestaltet, dass sie nur noch den Rahmen für eine einzige große Öffnung (vormals das mittlere Hauptportal) bildete, hinter der nun der voll bespielbare und in seinen Dimensionen deutlich erweiterte Bühnenraum lag. Die Kulissen saßen in kleinen, auf Gleitschienen beweglichen Wagen und konnten bei der nächsten Verwandlung schnell ausgetauscht werden. Sie machten zunächst bis zu vier Veränderungen möglich. Durch ihre dichte Staffelung von üblicherweise fünf bis sechs Gassen konnte zugleich ein intensiverer ↗Illusionismus als bisher erzielt werden.

Von enormer Bedeutung für die dynamischen Effekte und Überraschungsmomente des barocken B. war die Fortentwicklung der sog. Maschinenkunst im 17. Jh.: Wolken mit thronenden Göttern senkten sich von oben in den Bühnenraum hinein, Höllenerscheinungen und Ungeheuer konnten aus Gräben im Bühnenboden aufsteigen; Schiffe und andere Gefährte wurden seitlich über die Bühne gezogen. Beschrieben und weiterentwickelt wurden solche Maschinen von Nicola Sabbattini [7]. Hauptvertreter der neuen Bühnengestaltung war Giacomo Torelli [17], der maßgeblich zur Verbreitung und auch technischen Verbesserung des Kulissensystems seines Lehrers Aleotti beitrug. 1645 wurde er von Kardinal Mazarin nach Paris berufen, wo er 1654 mit der Aufführung von *Le Nozze di Peleo e Teti* (»Die Hochzeit von Peleus und Thetis«) auf dem Höhepunkt seines Erfolgs stand. Kennzeichnend für Torelli ist der klare und symmetrische Aufbau der Architekturen, deren Strenge sich nicht zuletzt dem franz. Barockklassizismus verdanken dürfte.

Während König Ludwig XIV. von Frankreich mit der Gründung der *Académie Royale de musique* (1671) die Entwicklung der franz. Nationaloper förderte, für die Jean Bérain viele B.- und Kostümentwürfe lieferte, leiteten am Kaiserhof in Wien vorwiegend ital. Bühnenbildner die Monumentalinszenierungen der Oper. Unter Kaiser Ferdinand III. wurden Giovanni Burnacini und 1657 unter Leopold I. dessen Sohn Ludovico nach Wien berufen. Die Ausstattung der Oper *Il pomo d'oro* (»Der goldene Apfel«) von Marc Antonio Cesti (Libretto von Francesco Sbarra) mit 23 Bühnenbildern (vgl. Abb. 1), die anlässlich der Feierlichkeiten zur ersten Hochzeit Kaiser Leopolds I. (1666–1667) aufgeführt wurde, stellte eine nicht mehr erreichte Höchstleistung barocker Bühnenkunst dar [21. 85–109].

Auch an anderen barocken Höfen im dt.-sprachigen Raum wurden im 17. Jh. ital. Bühnenbildner beschäftigt, so in München Francesco Santurini unter Kurfürst Ferdinand Maria von Bayern, unter Kurfürst Max Emanuel die Brüder Domenico und Gasparo Mauro. Mit dem gebürtigen Hamburger Oswald Harms trat hingegen ein dt. Bühnenbildner auf den Plan, der in Rom und Venedig ausgebildet worden war. Der v. a. in Dresden und Hamburg tätige Harms bewies im Verzicht auf eine dominante Architektur deutliche Eigenständigkeit gegenüber der ital. Tradition.

4.2. Das spätbarocke Bühnenbild

Die letzten entscheidenden Anregungen erhielt die Kulissenbühne durch Andrea Pozzo. Er nahm bei den Entwürfen keine Rücksicht mehr auf Kulissengrenzen, d. h. er ordnete eine Palast- oder Häuserfront nicht mehr je einer Kulisse zu, sondern verteilte die Scheinarchitektur auf mehrere Kulissen [6]. Dadurch steigerte Pozzo die Komplexität seiner hochbarocken Architekturen und bereitete den Boden für die Arbeiten der Familie Galli Bibiena, die als Theaterarchitekten und Bühnenbildner in drei Generationen vom Ende des 17. Jh.s bis über die Mitte des 18. Jh.s das Erscheinungsbild des europ. B. bestimmen sollten [15]. Ferdinando Galli Bibiena bereicherte die architektonischen Bühnenillusionen durch die Einführung der Winkelperspektive (ital. *scena per angolo*) [5. § 67, 68]. Die strenge Achsensymmetrie mit einem mittig in oder hinter dem Abschlussprospekt liegenden Fluchtpunkt wurde dabei zugunsten meist mehrerer seitlich liegender Fluchtpunkte aufgegeben. Der Betrachter schien nun von der Seite in ausschnitthaft wiedergegebene, äußerst vielschichtige Bildräume zu blicken.

Die Erfindung virtuoser Bildarchitekturen mit sich multiplizierenden Raumabfolgen kennzeichnet auch die Arbeiten weiterer Mitglieder der Familie: Francesco (vgl. Abb. 2) und Giuseppe, ein Sohn Ferdinandos, zählen zu den bedeutendsten. Sie leiteten fast 40 Jahre lang (1711–1748) die Aufführungen der Wiener Hofoper sowie Festveranstaltungen und Trauerfeiern des Kaiserhauses. Daneben wurden sie an den Höfen von Mannheim, Dres-

Abb. 2: Francesco Galli Bibiena, Zweigeschossige Kuppelrotunde mit Karyatiden, erstes Drittel des 18. Jh.s (Feder in Braun, laviert). Die Phantasiearchitektur für eine heute unbekannte *Opera seria* (↗Oper), die verschiedene Würdeformeln der Baukunst vereint, vertritt den Typus der »Sala magnifica«, die in erster Linie dem Auftritt des Fürsten vorbehalten war. Durch Pracht und Monumentalität des Bühnenbildes wurde dessen Machtfülle veranschaulicht. Zugleich stellt der Entwurf einen Höhepunkt des spätbarocken Bühnenbildes dar.

den, Bayreuth und Berlin, aber auch in Lissabon, St. Petersburg oder Breslau sowie an den meisten Bühnen Italiens beschäftigt.

Die hohe Mobilität der Theater- und Bühnenkünstler bewirkte eine weitgehende Internationalität und Vereinheitlichung des B. Sie sorgte auch für die breite Entfaltung des ↗Theater-Betriebs an den dt. Höfen, der sich v. a. dem franz. Schauspiel und der ital. Oper widmete. Neben den bereits genannten gab es noch eine Reihe weiterer Zentren, die für das B. wichtig wurden: Stuttgart und Ludwigsburg mit Niccolò Jommelli, der als musikalischer Leiter (1753–1769) auch für die B. sorgte. In Kassel betreute der Maler Johann H. Tischbein d. Ä. 1760–1783 den Opernbetrieb, und 1749 wurde mit Giovanni Paolo Gaspari nochmals ein ital. Theaterarchitekt und Bühnenbildner nach München berufen. In Paris, wo die Galli Bibiena nicht vertreten waren, setzte 1724–1743 Niccolò Servandoni die Tradition der ital. Maschinenoper fort.

5. Das Bühnenbild des 19. Jahrhunderts

Der letzte große Schritt in der Geschichte des illusionistischen B. fand in der ersten Hälfte des 19. Jh.s an den Bühnen von Mailand und Paris statt [13]; [22]. Den neuen B.-Stil bestimmte eine Vereinfachung der Architekturen sowie eine Reduktion der Blickachsen und Raumabfolgen, was zur Monumentalisierung der Darstellung bei abnehmender Tiefenwirkung der Bühne führte. Von den Librettisten neu eingeführte Themenkreise bedingten ein neues Bildrepertoire mit Motiven aus der röm. Antike, Ägypten, dem MA und dem Orient. Die wichtigsten Bühnenbildner an der Mailänder *Scala* (1778 neu errichtet) waren Paolo Landriani sowie seine Schüler Giovanni Perego und Alessandro Sanquirico, ausgebildet in der Klasse für Bühnengestaltung an der *Accademia della Brera* in Mailand. Für die Pariser Oper sind die Arbeiten von Pierre L. C. Ciceri, seit 1812 Leiter der Abteilung für Malerei an der Musikakademie, hervorzuheben; seine B. zeichneten sich durch histor. Wahrscheinlichkeit aus oder gaben genau benannte Schauplätze wieder: z. B. den Marktplatz von Neapel, auf dem die histor. Handlung der Oper *La muette de Portici* (»Die Stumme von Portici«) spielt (Paris 1828, Libretto: Eugène Scribe, Musik: Daniel François Auber).

Mit Karl Friedrich Schinkel fanden klassizistische Tendenzen Eingang in die deutsche Bühnengestaltung [20]; [19]. Berühmt ist sein B. für den Auftritt der Königin der Nacht in Mozarts *Zauberflöte* in der Inszenierung von 1816 an der Berliner Hofoper. Gleichsam als programmatische Absage an die barocke Raumdynamik ließ Schinkel die Königin auf einer Mondsichel in den als Sternenhimmel gestalteten Bühnenraum hineinschweben. 1818 folgte eine Münchner Inszenierung desselben Werks von Simon Quaglio, Mitglied einer weitverzweigten Künstlerfamilie, die das ganze 19. Jh. lang an allen wichtigen dt.-sprachigen Zentren der Oper vertreten war. Gegenüber Schinkels kühler Ästhetik des B., auf dem selbst die Sterne in geordneten Bahnen aneinandergereiht waren, gestaltete Quaglio seinen Prospekt im Sinne der Romantik, indem er das Mystische und Unheimliche der Königin der Nacht mit malerischen Mitteln betonte.

→ Bühne; Inszenierung; Oper; Theater

Quellen:
[1] L. B. ALBERTI, De re aedificatoria libri X, Florenz 1485 [2] J. FURTTENBACH, Architectura civilis, Ulm 1628 [3] J. FURTTENBACH, Architectura recreationis, Ulm 1640 [4] J. FURTTENBACH, Mannhaffter Kunst-Spiegel, Augsburg 1663 [5] F. GALLI BIBIENA, Architettura civile, Parma 1711 [6] A. POZZO, Perspectivae pictorum et architectorum (2 Bde.), Rom 1693–1700 [7] N. SABBATTINI, Pratica di fabricar scene e machine nei teatri, Ravenna 1638 [8] S. SERLIO, Tutte l'opere d'architettura e prospetiva, Vicenza 1618 [9] M. VITRUVIUS, De architectura libri decem (Zehn Bücher über Architektur), übersetzt und mit Anmerkungen versehen von C. Fensterbusch, ³1981.

Sekundärliteratur:
[10] O. G. BAUER, Das Sichtbare in der Oper. Vom illustrierenden zum interpretierenden Bühnenbild., in: Bayerische Akademie der schönen Künste, Jb. 9, 1995, 143–242 [11] M. BRAUNECK, Die Welt als Bühne. Geschichte des europ. Theaters (4 Bde.), 1996 [12] J. GRIMM / W. GRIMM, Deutsches WB (17 Bde.), 1854–1971 [13] C. JOIN-DIÉTERLE, Les décors de scène de l'opéra de Paros à l'époque romantique, 1988 [14] H. KINDERMANN, Theatergeschichte Europas (10 Bde.), 1959–1974 [15] D. LENZI / J. BENTINI (Hrsg.), I Bibiena. Una famiglia europea (Ausst.kat. Bologna/Venedig), 2000 [16] F. MANCINI et al. (Hrsg.), Illusione e pratica teatrale (Ausst.kat. Venedig), 1975 [17] F. MILESI (Hrsg.), Giacomo Torelli. L'invenzione scenica dell'Europa barocca (Ausst.kat. Fano), 2000 [18] G. POCHAT, Theater und bildende Kunst im MA und in der Renaissance in Italien, 1990 [19] D. SCHNEIDER, Bühnenbild in historischen Zeugnissen des 17. bis 19. Jh.s (Ausst.kat. Berlin), 1983 [20] G. SCHÖNE, Das Bühnenbild im 19. Jh. (Ausst.kat. Bamberg), 1959 [21] S. SOLF, Festdekoration und Groteske. Der Wiener Bühnenbildner Lodovico Ottavio Burnacini, 1975 [22] M. VIALE FERRERO, La scenografia della Scala nell'età neoclassica, 1983.

Babette Ball-Krückmann

Bulgarische orthodoxe Kirche

Die orth. Christen zwischen Donau und Rhodopengebirge, Ohrid-See und Schwarzem Meer besaßen zwischen 1393 und 1870 keine nationale Kirchenorganisation: Im Anschluss an die osmanische Eroberung des Zweiten Bulgarischen Reiches (1393) büßte das Patriarchat von Tărnovo seine ↗Autokephalie (d. h. den Status einer autonomen orth. Kirche) ein und unterstand bis 1870 der Jurisdiktion (d. h. der kirchlichen Oberaufsicht) des Patriarchen von Konstantinopel. Dieser übte seit der Amtseinsetzung des Gennadios Scholarios (6. Januar

1454) nicht nur die kirchliche, sondern auch die zivile Gerichtsbarkeit über die nach islam. Fremdenrecht lebende Gemeinschaft der orth. Christen im Osmanischen Reich aus (↗Patriarchate).

Die bulgar. Kirchengeschichtsschreibung bewertet die Epoche von 1393 bis 1870 als Zeitalter der Unterdrückung und der kulturellen Entfremdung. Das in diesem Zusammenhang auch in der wiss. Literatur verwendete Schlagwort vom »türkischen Joch« verschleiert jedoch den multiethnischen und multireligiösen Charakter des ↗Osmanischen Reiches.

Während im urbanen Raum seit dem Ende des 14. Jh.s (in den alten Zentren Sofia und Plovdiv, später auch in den türkischen Gründungen Pazardzik und Dobritsch) allmählich eine islam. Kultur entstand, bewahrte die ländliche Volkskultur trotz der Einschränkung durch islam. Bau- und Kleidervorschriften stärker ihren orth. Charakter. Als Orte der Pflege kirchenslawischer Überlieferungen hatten die Klöster nach dem Ende der spätma. Herrscherhöfe von Târnovo und Vidin bis zum Beginn des 19. Jh.s eine Monopolstellung inne. Ein wichtiges spirituelles und kulturelles Zentrum außerhalb Bulgariens bildete der griech. Berg Athos, insbes. dessen Klöster Zoograph und Hilendar.

In der nzl. bulgar. Literatur überwog noch bis über die Mitte des 19. Jh.s hinaus das erbauliche Schrifttum. Eine Neuerung gegenüber der ma. bulgar. Literatur stellte die große Zahl der für die private Erbauung bestimmten Florilegien dar. Als bedeutendes Zeugnis der Originalliteratur beschreibt Vladislav Gramatiks »Bericht von der Überführung der Gebeine des Johannes von Rila« [1] (15. Jh.) die Transformation der sakralen Topographie des frühnzl. Balkans. Die Martyrien Georgs d. J., Georgs des Jüngsten und Nikolaus' d. J. schildern das konfliktreiche Miteinander von Christentum und ↗Islam im 16. Jh. [1].

Im 18. Jh. setzte ein mentalitätsgeschichtlicher Wandel unter den christl. Balkanvölkern ein, in dessen Folge das bislang vornehmlich über die Zugehörigkeit zu einer religiösen Gruppe definierte Selbstverständnis dem Bewusstsein ethnischer Zugehörigkeit wich. Gegen die seit der Mitte des 18. Jh.s durch das Patriarchat von Konstantinopel betriebene Zentralisierung der Kirchenstruktur (Aufhebung der Autonomie des Erzbistums von Ohrid 1767) sowie gegen die Hellenisierung des Schulwesens und der Liturgie forderten die Vertreter der sog. »nationalen Wiedergeburt« die Errichtung einer jurisdiktionell und geistig autonomen B. O. K. (↗Nationalkirche). Die in der 1762 verfassten slawisch-bulgar. Geschichte [2] des Priestermönchs Paisij von Hilendar und in den Schriften des Bischofs Sofronij von Vratsa formulierten nationalkirchlichen Gedanken erhielten 1839 durch die Aufhebung der religiösen Segregation im »Rosengartendekret« des Sultans Abdülmecit I. entscheidenden Auftrieb. Ein Zentrum der nationalkirchlichen Bestrebungen war die seit 1849 bestehende bulgar. Gemeinde von Konstantinopel unter dem Metropoliten Hilarion von Makariopol.

Zur Spaltung der nationalkirchlichen Bewegung kam es, als 1860 eine Gruppe um den Journalisten Dragan Tsankov die Kirchenunion mit der ↗Röm.-kath. Kirche erklärte. Um die unterschiedlichen nationalkirchlichen Bestrebungen auf dem Balkan im Gleichgewicht zu halten, dekretierte Sultan Abdülaziz am 12. März 1870 die Errichtung eines bulgar. Exarchates (d. h. einer autonomen Kirchenprovinz), dessen jurisdiktionelle Grenzen über das Territorium des heutigen bulgar. Staates bis nach Mazedonien hineinreichten. Allerdings wurde das Exarchat durch eine vom Patriarchen von Konstantinopel im September 1872 zusammengerufene Synode wegen der Häresie des Phyletismus (d. h. Nationalismus) verurteilt und erst am 22. Februar 1945 wieder als rechtgläubig anerkannt.

→ Orthodoxe Kirchen; Osmanisches Reich; Patriarchate

Quellen:
[1] P. Dinekov et al. (Hrsg.), Hristomatija po starobâlgarska literatura, ³1974 [2] P. Kostadinova (Hrsg.), Izvori za bâlgarskata istorija, 1994.

Sekundärliteratur:
[3] H.-D. Döpmann, Das alte Bulgarien. Ein kulturgeschichtlicher Abriß bis zum Ende der Türkenherrschaft im Jahre 1878, 1973 [4] R. Gavrilova, Vekât na bâlgarskoto duhovno vâzrazhdane, 1992 [5] C. Georgieva, Svetât na bâlgarite prez rannite vekove na osmanskoto vladistvo, 1989 [6] T. Haardt, Die Lage der bulgarischen Kirche im osmanischen Reich bis zur Zeit des Tanzimat, 1949 [7] F. Heyer, Die orientalische Frage im kirchlichen Lebenskreis. Das Einwirken der Kirchen des Auslands auf die Emanzipation der orthodoxen Nationen Südosteuropas 1804–1912, 1991 [8] H. Inalcik, Tanzimat ve Bulgar meselesi, ²1992 [9] M. Kiel, Art and Society of Bulgaria in the Turkish Period. A Sketch of the Economic, Juridical and Artistic Preconditions of Bulgarian Post-Byzantine Art and its Place in the Development of the Art of the Christian Balkans, 1360/70–1700. A New Interpretation, 1985 [10] O. Todorova, Pravoslavnata tsârkva i bâlgarite prez xix. vek, 1997.

Martin Illert

Bund

1. Begriff
2. Der reichsrechtliche Bund
3. Der religiöse Bund

1. Begriff

Der Begriff B. lässt sich erst in der mhdt. Rechtssprache der zweiten Hälfte des 13. Jh.s nachweisen. Der Sprachgebrauch überschneidet sich vielfach mit dem von Begriffen wie Einung, Gelübde, Verständnis, Frieden, Freundschaft, ↗Bruderschaft, ↗Gesellschaft, ↗Genossenschaft oder Eidgenossenschaft. B. bezeichnet immer den Akt eines freiwilligen, mehr oder weniger intensiven Sich-Verbindens. Das Wortfeld blieb lange offen für Überlappungen mit Einung, Vereinigung, ↗Bündnis, Verbündnis. Bis zur ↗Reformation jedoch lag der Schwerpunkt auf zwei Bedeutungskomponenten: zum einen auf der Verbindung von Städten (↗Städtebund) bzw. von Rittern oder Fürsten mit ↗Städten, wie etwa beim »Preußischen B.« (1440) oder beim letzten »Schwäbischen B.« (1489); zum anderen auf der Selbst- und Fremdbenennung für bäuerliche B. als »Bundschuh«.

Im B.-Begriff artikuliert sich eine Vertragsvorstellung, in der Gleichrangige eine Verbindung eingehen. Der B. vertrug sich mit der ständisch-hierarchischen Gesellschaftsverfassung des MA und der ↗Frühen Neuzeit, solange er (1) nicht das gleichheitliche Ordnungsprinzip der innerbündischen Beziehungen auf solche zwischen verschiedenen ↗Ständen bzw. Trägern feudaler Herrschaftsrechte und Beherrschten ausdehnte, und (2) nicht als Kampfbegriff gegen die feudale Herrschaftsordnung eingesetzt wurde, wie beispielsweise im »Bundschuh«. Der Begriff des Bundschuhs (abgeleitet von dem für Bauern typischen Schnürschuh als Feldzeichen) ist seit der Mitte des 13. Jh.s nachgewiesen und im 14. Jh. schon weit verbreitet. Seit Beginn des 15. Jh.s lud sich der Begriff »Bundschuh« sozialrevolutionär auf und bezeichnet nun zunächst bäuerliche Zusammenschlüsse ohne herrschaftlichen Schutz, seit der Mitte des 15. Jh.s solche mit ausdrücklich oppositioneller Stoßrichtung gegen die Herrschaft. Bei den Inhabern kirchlicher und weltlicher ↗Herrschaft geriet er damit in das sprachliche Umfeld der Konspiration (lat. *conspiratio*; *colligatio*, »Verbindung«).

Eine neue »B.-Theologie« (s. u. 3.) brachte seit der ↗Reformation aus der Sicht der Amtskirchen wie der weltlichen Obrigkeit den B.-Begriff in die Nähe des Terminus »Sekte«. ↗Sekten hießen im kirchlichen Sprachgebrauch der Reformationszeit in polemischer und pejorativer Verwendung Gruppen, die sich von der offiziellen kirchlichen Lehre und Heilsverwaltung entfernten und eine einseitige, unzulängliche und damit potentiell rebellische Form von Christlichkeit darstellten (↗Häresie). Die häufige Reihung von »Sekte«, »Rotte« und »Bruderschaft« im Sprachgebrauch Luthers deutet darauf hin, wie im Bewusstsein des Reformators die Gruppenbildungen der »radikalen Reformation« mit der gleichheitlichen und auf dem Prinzip der Selbstbestimmung aufbauenden religiösen Laienbewegung des SpätMA verschmolzen (Die Frage, welche Anstöße und Wirkungschancen der Reformator selbst dieser Bewegung verdankte, muss hier offen bleiben; ↗Bauernkrieg).

Die klassisch gewordene Religionssoziologie des frühen 20. Jh.s deutete den Begriff »Sekte« um; die kritische Stoßrichtung gegen amtskirchliche Hierarchien und religiöse Orthodoxie wurde positiv umgewertet und mit der Konnotation von ↗Verein als dem Grundtypus genossenschaftlich-freiwilliger Vergesellschaftung verbunden: Max Weber zufolge beruht die Sekte auf der freien Vereinbarung der Mitglieder; sie wird dadurch zwar zu einem »aristokratischen Gebilde«, aber auch zu einem »Verein der religiös voll Qualifizierten« [2]. Auch Ernst Troeltsch definierte Sekten als Vereine; er begründete die Besonderheit der Sekte aus der Polarität von anstaltlicher kirchlicher Organisation und Gnadenverwaltung auf der einen, ihrem Charakter als eigenständiger sozialkultureller Realisierung der christlichen Botschaft auf der anderen Seite. Weber und Troeltsch betonten jeweils die spezifische religiöse Qualifikation der Sektenmitglieder und wiesen der Sekte damit eine wesentliche Rolle bei der Entstehung der modernen Subjektivität und Individualität zu. Troeltsch sah zudem eine besondere Affinität zwischen Sekte und aufstrebenden ↗Unterschichten. Mit diesen Überlegungen wurde auf das Selbstverständnis der radikal reformatorischen Gruppen zurückgegriffen, die sich selbst als »B.« von religiös Gleichgesinnten außerhalb der festgefügten kirchlichen Hierarchie verstanden hatten.

2. Der reichsrechtliche Bund

Im MA und in der Frühen Nz. stand im Mittelpunkt der Vorstellung von öffentlicher Ordnung die Wahrung des Friedens. Ihr diente das Prinzip der freien Einung z. B. von Reichsfürsten und Städten in Form eines Personenverbands, der sowohl den Frieden zwischen den Mitgliedern als auch den wechselseitigen Schutz sowie den Beistand der Mitglieder gegenüber Dritten sichern sollte. Seit dem Ende des Staufischen Kaisertums (1268) übernahmen neben freien Einungen B. diese Funktionen. B. wurden als Friedens-, Rechts- und Interessengemeinschaften gegründet, bei denen die gemeinsamen Institutionen möglichst gering und die Autonomie der Vertragspartner möglichst stark gehalten wurde. Auf kurze oder längere Frist angelegt, konstituierten sie sich durch Eidschwur oder feierliches Gelübde; dazu gehörten auch Regelungen für den Fall des Vertragsbruchs und Schiedsgerichte (vgl. ↗Austrägalgerichtsbarkeit).

Zum Verbandstyp des Bundes gehörten Landfriedens-B., Städte-B., Ritter-B., aber auch Fürstenbündnisse, die seit dem 15. Jh. für die ↗Reichsverfassung grundlegende Bedeutung gewannen. Die Reichsverfassung als Ganzes entstand in der Spannung und wechselseitigen Durchdringung der zwei dominanten Typen europ. Staatsbildung, des herrschaftlichen und des genossenschaftlichen; diese unterschieden sich weniger in dem Inhalt als in der Form der Herrschaftsausübung. Das

Wechselspiel von ⁊Herrschaft und ⁊Genossenschaft dauerte an, solange das ⁊Heilige Römische Reich Deutscher Nation bestand.

Schon die Verbindung der sieben Kurfürsten im Kurverein von Rense (1338) verankerte das B.-Prinzip als dauerhaften und integralen Bestandteil in der Reichsverfassung. In der zweiten Hälfte des 15. Jh.s bildete sich der ⁊Reichstag heraus, der die Struktur des Reiches als eine in den Rahmen der Lehensordnung eingefügte Genossenschaft aus Mitgliedern gestuften Rechts institutionalisierte. Auch in die Beschlüsse der sog. Reichsreform auf dem Wormser Reichstag 1495 gingen die Organisationserfahrung und der Autonomieanspruch der Fürsten und Städte aus der bündischen Bewegung ein. Aus der »Reichsreform« entstand die »Kreisverfassung«, die das Reich in Selbstverwaltungskörper einteilte und der Erhebung von ⁊Steuern sowie der Verteidigung des Reichs gegen Türken und Franzosen diente.

In der Tradition von spätma. B. stehen auch die konfessionellen B. der kath. »Liga« und der protest. »Union« 1608 (⁊Dreißigjähriger Krieg), die in transformierter Form als *Corpus Catholicorum* und *Corpus Evangelicorum* nach 1648 in die Reichsorganisation integriert wurden. Einzelne ⁊Reichsstände schlossen sich zur Wahrung des Kräftegleichgewichts im Reich wie auch zur Friedenswahrung nach außen zu B. zusammen (z. B. die Fürstenassoziation des Ersten ⁊Rheinbunds von 1658). Insgesamt konnten diese B. keinen bestimmenden Einfluss auf eine Fortbildung der Reichsverfassung gewinnen, doch stellten sie ein stabilisierendes Element in der Reichsverfassung und Reichspolitik nach innen und außen dar.

Mit dem im ⁊Westfälischen Frieden (1648) verankerten Prinzip des *ius foederis* (»Bündnisrecht«) der Reichsstände wurde die genossenschaftliche Struktur des Heiligen Röm. Reiches noch einmal festgeschrieben, aber auch der antagonistischen Struktur der Beziehungen zwischen den Einzelstaaten im Rahmen des Reichs angepasst. Begrifflich äußerst sich dies darin, dass der Terminus ⁊Bündnis das Wortfeld von B., Bündnis, Verbündnis etc. jetzt eindeutig dominiert.

Bei der territorialen Neuordnung Mitteleuropas nach dem Ende des Heiligen Röm. Reiches (1806) griffen die auf dem ⁊Wiener Kongress (1814/15) versammelten Repräsentanten der dt. Staaten bewusst auf die föderale Struktur des Alten Reiches zurück, indem sie der neuen staatenbündischen Einheit den Namen »⁊Deutscher Bund« gaben.

3. Der religiöse Bund

Im 15. Jh. wurde der Begriff B. zum Ausdruck fundamentaler Opposition gegen herrschaftlich-feudale und kirchliche Zwänge, sobald Umstände eintraten, die dieser Opposition eine tragfähige ideell-religiöse Rechtfertigung verliehen. Die entscheidende Bedeutungserweiterung und -verschiebung erfuhr B. schließlich in der reformatorischen Theologie und den auf diese gestützten Versuchen, über eine neue Art der ⁊Gemeinde-Bildung die Lebensführung der Gläubigen durch und durch zu verchristlichen.

Luther deutete in seiner Bibelübersetzung den B. als einseitige Stiftung Gottes, die eine aktive Rolle im Vertrag des Menschen mit Gott ausschließt. Dagegen verstand die »radikale Reformation« unter B. ein Vertragsmodell, das von der grundsätzlichen Gleichberechtigung der vertragsschließenden Parteien ausging und herrschaftliche Beziehungen zwischen den Verbundenen verneinte. Für Thomas Müntzer waren die von ihm in Allstedt und Mühlhausen gegründeten »Bünde« Organe, die den Anspruch auf außerweltliche Heilsverwirklichung mit sozialrevolutionären Forderungen verbanden (Allstedter »Verbündtnis« und Mühlhauser »Ewiger Bund« 1524/25; ⁊Bauernkrieg). Müntzer sah im B. die Gemeinschaft der religiös Auserwählten; er war Ausdruck sowohl eines radikalen ⁊Antiklerikalismus als auch der Wendung gegen ein amtskirchliches Monopol der Schriftauslegung und damit auch Zeichen einer verstärkten Subjektivität der Gläubigen. Mit der Gründung von religiösen B. zog Müntzer die praktische Konsequenz aus seiner These, dass die ursprüngliche Reinheit und Vollkommenheit der urchristl. Gemeinde durch die Vereinigung von weltlicher und geistlicher Gewalt verloren gegangen sei. Der B. solle nun die Entfremdung, die mit dem Eindringen von Herrschaft in die ursprünglich gleichheitliche und brüderschaftliche Gemeinde erfolgt sei, aufheben (⁊Christlicher Verein).

Auch allen täuferischen Gemeinden (⁊Täufer) lag die Lehre von der Erneuerung des B. Gottes zugrunde; konkretisiert wurde dies in der Erwachsenentaufe und im Prinzip der Pfarrerwahl nach dem Ideal der urchristl. Gemeinde. Auf der Grundlage dieser B.-Theologie gründeten meist charismatisch begabte Prediger die täuferischen Gemeinden als freiwilligen Zusammenschluss religiös-spirituell bewegter Laien. Der Rückzug der Täufer in die Abgeschlossenheit kleiner Gemeinden war nicht in ihren Anfängen angelegt, sondern die Konsequenz zweier schwerwiegender Erfahrungen: zum einen des Scheiterns des ⁊Bauernkriegs, zum anderen der gnadenlosen Verfolgung durch alt- wie neukirchliche Obrigkeiten. Die B.-Theologie wurde nunmehr eher defensiv, die »Brüderliche Vereinigung« von Schleitheim 1527 mit den von Michael Sattler verfassten sog. *Schleitheimer Artikeln* bildete seit 1534 die Grundlage eines »stillen Täufertums«. Da ihre Lebensführung völlig von der Absicht bestimmt wurde, das ganze Leben mit einer an der Bergpredigt orientierten Christlichkeit zu durchdringen, lehnten die Täufer die Übernahme obrigkeitlicher Ämter v. a. nach der Katastrophe des chiliastisch-aktivistischen Münsteraner Täuferreichs 1534 ab (↗Chiliasmus) und übten Gehorsam gegenüber jeglicher Obrigkeit. Die B.-Theologie blieb aber die Inspirationsquelle für religiöse Bedürfnisse und Ziele, die weder in der alten röm.-kath. noch in der neu entstehenden Lutherischen Kirche (↗Luthertum) den für sie nötigen Freiraum finden konnten.

Die bundestheologischen Elemente der Lehre des Genfer Reformators Johann Calvin trugen dazu bei, dass die kirchliche Organisation stärker als im Luthertum von der Gemeinde her aufgebaut und die Mitwirkung der Laien an der Kirchenleitung gestärkt wurde. Das förderte einerseits eine straffe, nicht nur obrigkeitlich erzwungene ↗Kirchenzucht, schuf aber auch Raum für weitere intensive Sektenbildung, die v. a. in der Kritik am staatlich abgeschwächten reformatorischen Impuls und der staatskirchlichen Verfasstheit des ↗Anglikanismus seit dem ausgehenden 16. Jh. weltgeschichtliche Wirkung erzielte.

Aus dem calvinistisch geprägten ↗Puritanismus kamen wichtige Siedlergruppen, welche die ersten neuengl. Kolonien in Nordamerika aufbauten (die *Pilgrim Fathers* gründeten 1620 die Kolonie Plymouth). Mit ihrer spezifischen Verbindung von Gläubigkeit, Hochschätzung des wirtschaftlichen Erfolgs und bürgerlich-politischem Selbstbewusstsein schufen sie entscheidende Grundlagen, auf denen die kapitalistisch-zivilreligiöse Prägung der politischen Mentalität in den führenden Schichten der nordamerikan. Gesellschaft beruht.

→ Bündnis; Genossenschaft; Herrschaft; Interessenverband; Verein

Quellen:
[1] E. Troeltsch, Die Soziallehren der christlichen Kirchen und Gruppen, 1961 (Neudruck der Ausgabe von 1922) [2] M. Weber, Kirche und Sekte, in: M. Weber, Die protestantische Ethik. Eine Aufsatzsammlung, hrsg. von J. Winckelmann, ⁶1981, 348–358.

Sekundärliteratur:
[3] W. Ellinger, Thomas Müntzer. Leben und Werk, 1975 [4] A. Friesen / H.-J. Goertz (Hrsg.), Thomas Müntzer, 1978 [5] H.-J. Goertz, Thomas Müntzer. Geschichte und Deutung, 1980 [6] W. Hardtwig, Genossenschaft, Sekte, Verein in Deutschland, Bd. 1: Vom SpätMA bis zur Franz. Revolution, 1997 [7] K. Jeserich / H. Pohl (Hrsg.), Dt. Verwaltungsgeschichte, Bd. 1: Vom SpätMA bis zum Ende des Reiches, 1983 [8] R. Koselleck, Art. Bund, Bündnis, Föderalismus, Bundesstaat, in: GGB 1, 1972, 582–671.

Wolfgang Hardtwig

Bundesakte s. Deutscher Bund

Bundesstaat

Der B. mit einheitlichem Staatsgebiet, Staatsvolk und Staats- bzw. Zentralgewalt als eine dauerhafte Verbindung von Gliedstaaten (B., Länder, Kantone) ohne eigene Subjektivität im ↗Völkerrecht existierte bis zum Ende des 18. Jh.s weder in der Praxis, noch wurde er in der juristisch-politischen Literatur theoretisch behandelt [3]; [4]. Moderne B. entstanden erst 1787 mit den USA und 1848 mit der Schweiz. In Deutschland kam es dagegen in der Nachfolge des Alten Reichs mit dem ↗Rheinbund (1806) und dem ↗Deutschen Bund (1815) zunächst zur Gründung von ↗Staatenbünden. Als histor. Kategorie ist der B., der den modernen, souveränen ↗Staat voraussetzt, für die föderalen Gebilde bzw. Bünde der Vormoderne folglich nur bedingt tauglich [7].

In der »politisch inhomogenen Welt« des frühnzl. Europa, in der sich weder staatliche ↗Souveränität noch staatliches ↗Gewaltmonopol voll durchgesetzt hatten, konnten sich im Prinzip alle Herrschaftsinhaber zu vielgestaltigen Bünden zusammenschließen [5. 247]. Mit der ↗Schweizer Eidgenossenschaft (bis 1798), der Republik der Niederlande (1579–1795) und dem ↗Heiligen Römischen Reich deutscher Nation (bis 1806) entstanden erste dauerhafte föderale Verbindungen. Zwar blieb das Alte Reich formal eine durch ↗Lehnsrecht zusammengehaltene ↗Monarchie, doch gewannen seine Mitglieder – die Reichsstände – faktisch weitgehende politische Mitwirkungsrechte. Auf den ↗Reichstagen berieten ↗Kurfürsten, Fürsten und ↗Reichsstädte mit dem Kaiser die Reichsgesetze (↗Reichsgesetzgebung) und alle Reichsangelegenheiten. Starken Einfluss übten die Reichsstände auch auf die Reichsgerichtsbarkeit (↗Reichskammergericht) und die zehn ↗Reichskreise als Exekutivorgane aus. Für ihre eigenen Gebiete besaßen sie ↗Gesetzgebungs- und Jurisdiktionsgewalt, Verwaltungshoheit und das ↗Bündnisrecht.

Allerdings war diese Landeshoheit durch die meist traditional begründeten Rechte anderer Herrschaftsinhaber und intermediärer Gewalten (Landadel, Städte, Kirche) wie auch durch die ↗Reichsverfassung begrenzt und kann nicht mit moderner Souveränität gleichgesetzt werden. ↗Bündnisse durften sich nicht gegen Kaiser und Reich richten; Reichsrecht, Reichsgesetzgebung und Reichsgerichte waren der partikularen Gesetzgebung und Gerichtsbarkeit übergeordnet, und der Kaiser blieb trotz schwacher Stellung unangefochtene Zentralgewalt. Zudem erlangten die meisten Reichsstände mit ihren häufig zersplitterten, kleinen Gebieten und ihrer geringen politischen und ökonomischen Potenz auch in der Verfassungswirklichkeit kaum staatliche Qualität. Insofern war das Alte Reich weder Staatenbund noch B.; es entzog sich jeder formalen Klassifikation. Dies gilt auch für seine ehemaligen Mitglieder, die Schweizer Eidgenossenschaft und die Republik der Niederlande, die sich ebenfalls als föderal strukturierte und durch vertragliche Vereinbarungen zusammengehaltene ↗Bünde formierten.

In Auseinandersetzung mit diesen Verfassungsstrukturen setzte bereits in der Frühen Nz. die staatsrechtliche Beschäftigung mit föderalen Gebilden ein. Als frühe Vertreter eines theoretischen ↗Föderalismus [1] können Johannes Althusius; [1. 47], Ludolph Hugo [1. 56 ff.] und Montesquieu gelten, die freilich keine expliziten bundesstaatlichen Modelle entwarfen oder diskutierten [6]. Erst die Gründung der USA mit einer bis heute gültigen bundesstaatlichen Verfassung, die eine funktionsfähige Verteilung der Souveränität zwischen Gesamtheit und Mitgliedern vornahm, brachte die exemplarische Verwirklichung des B. als einen Staatstypus der Moderne. Die Kommentierung der amerikan. Unionsverfassung von 1787 in den *Federalist Papers* (einer Serie von Zeitungsartikeln) lieferte hierzu die theoretischen Grundlagen. Die Autoren Alexander Hamilton, James Madison und John Jay entfalteten darin 1787/88 die zentralen Aspekte eines B. in Abgrenzung zum Staatenbund: Friedenssicherung, Konfliktschlichtung zwischen den Mitgliedern und größere innere Stabilität; geschlossenere, effektivere, gemeinsame Außenpolitik; innere Herrschaftskontrolle durch vertikale Gewaltenteilung und ein System von *checks and balances*; Einbettung der Bürger in die regionalen Strukturen der jeweiligen Gliedstaaten, aber gleichzeitig unmittelbare politische Beziehungen zum Gesamtstaat durch Wahl des Präsidenten und der Gesamtvertretung, die wiederum direkt für alle Bürger einen normativen und politischen Rahmen insbes. durch Gesetzgebung vorgibt.

Die *Federalist Papers* beeinflussten auch die staatsrechtliche Diskussion in Mitteleuropa, die durch die Gründung des ↗Rheinbundes und des ↗Deutschen Bundes sowie der Rückkehr der Schweiz zu einem nicht eindeutig klassifizierbaren Bund (1815) erneut angefacht wurde und um das Begriffspaar Bundesstaat – Staatenbund kreiste. Robert von Mohl, Paul Achatius Pfizer, Friedrich von Gagern und Karl Theodor Welcker entwickelten in Auseinandersetzung mit der Verfassung des Dt. Bundes Modelle, die letztlich den Durchbruch von der Reichs- zur B.-Idee brachten. Letztere besaß jedoch in der ↗Märzrevolution 1848/49 keine Realisierungschancen, und erst mit dem Norddt. Bund (1866) und dem Dt. Reich (1871) formierten sich B., freilich unter der Hegemonie des Gliedstaates Preußen.

→ Bündnis; Föderalismus; Nordamerikanische Verfassung; Staat; Staatenbund; Staatsrecht

[1] B. Grzeszick, Vom Reich zur Bundesstaatsidee. Zur Herausbildung der Föderalismusidee als Element des modernen dt. Staatsrechts, 1996 [2] K. Härter, Sicherheit und Frieden im frühnzl. Alten Reich: Zur Funktion der Reichsverfassung als Sicherheits- und Friedensordnung 1648–1806, in: ZHF 30, 2003, 413–431 [3] B. Hirsch, Der Begriff des Bundesstaates in der dt. Staatsrechtslehre. Eine dogmen-geschichtliche Untersuchung, 1961 [4] H. Nawiasky, Der Bundesstaat als Rechtsbegriff, 1920 [5] W. Reinhard, Geschichte der Staatsgewalt. Eine vergleichende Verfassungsgeschichte Europas von den Anfängen bis zur Gegenwart, 1999 [6] M. Stolleis, Geschichte des öffentlichen Rechts in Deutschland. Bd. 1: Reichspublizistik und Policeywissenschaft 1600–1800; Bd. 2: Staatsrechtslehre und Verwaltungswissenschaft 1800–1914, 1988–1992 [7] J. B. Westerkamp, Staatenbund und Bundesstaat. Untersuchungen über die Praxis und das Recht der modernen Bünde, 1892 (Ndr. 1970).

Karl Härter

Bundling s. Kiltgang

Bündnis

1. Zur Begrifflichkeit: Bund, Bündnis, Bündnissystem
2. Bündnisstrukturen
3. Bündnis und dynastisches Prinzip
4. Religion und Bündnis
5. Von der Universalmonarchie zum europäischen Bündnissystem

1. Zur Begrifflichkeit: Bund, Bündnis, Bündnissystem

Der Terminus B. ist für die Frühe Nz. um eine Vielzahl von erweiternden, spezifizierenden und konkurrierenden Ausdrücken zu ergänzen, wobei es zeittypisch ist, dass eine exakte Definition überaus schwierig erscheint: Zu nennen sind v. a. ↗Bund, Allianz, Einung, Assoziation, ↗Verein, *Confoederatio*, Liga, Union, Vereinigung, Verbrüderung, Konvent, aber auch ↗Genossenschaft und ↗Zunft. Die große begriffliche Vielfalt empfiehlt zunächst einen offenen B.-Begriff [4]; [5]; [8].

Der Ursprung dieses Begriffs ist in der alteurop. Konzeption des Bundes zu suchen [8. 583–586]. Wesentlich für die Bundesidee ist der genossenschaftliche Charakter: Ein B. in diesem Sinne ist zunächst ein Abkommen zwischen prinzipiell (standesgemäß) Gleichen. In dieses Spektrum gehören alle Formen von freiwilligen und befristeten Zusammenschlüssen, etwa solche verschiedener Herrschaftsträger wie Reichsritter, Grafen und Prälaten, Städte, Kurfürsten (Kurverein), Landfriedensbünde, ständischer Unionen, konfessionell geprägter Organisationen (Union, Liga) [10], aber auch dynastische Verbindungen wie Erbeinigungen sowie schließlich klassische politische B. und Allianzen, wie sie auf europ. Ebene üblich waren.

Die letztgenannten B.-Formen stehen im Folgenden im Mittelpunkt, da in der Frühen Nz. der ↗Territorialstaat entstand, der schließlich allein als Souverän B.-Fähigkeit beanspruchen konnte. Indem aber zunächst alle Herrschaftsträger und Inhaber von ↗Privilegien Anspruch erhoben, B. eingehen zu können, war der Kreis der B.-Berechtigten zunächst erstaunlich groß. Auch intermediäre Gewalten (z. B. Landstände) verstanden sich als b.-fähig. Erst mit dem Konzept der ↗Souveränität gab es ab dem 17. Jh. ein Kriterium, das die B.-Fähigkeit zunehmend exklusiver werden ließ. So ist die Etablierung von B. letztlich untrennbar mit der Entwicklung des souveränen ↗Staates verbunden (↗Bündnisrecht). Dabei summierten sich die bestehenden B. zu einem lockeren B.-System, in dem alle europ. Staaten ihren Platz finden konnten (↗Staatensystem). Das B. stellt somit ein typisches politisches Phänomen auf dem Weg in die Moderne dar.

2. Bündnisstrukturen

B. basierten auf der prinzipiellen Anerkennung gegenseitiger Rechte und Pflichten der B.-Partner. Selten war ein B. eine nur bilaterale Konstruktion. Gerade spätma. Einungen und überhaupt alle nach genossenschaftlichem Bundesprinzip organisierten Formen verbanden mehrere Partner. Zudem war ein B. prinzipiell erweiterbar, wenn neue Allianzpartner beitraten. Auf diese Weise expandierte die ↗Schweizerische Eidgenossenschaft, aber auch konfessionelle und politische B. im Reich, so der ↗Rheinbund 1658 und der Fürstenbund 1785.

Grundsätzliches B.-Ziel war die Wahrung gemeinsamer Interessen. In der Praxis waren viele B. von einem deutlichen Kräfteungleichgewicht unter den Vertragspartnern geprägt. So besaß in der Union von Utrecht (1579), die die Keimzelle des niederl. Staates werden sollte, die Provinz Holland das stärkste Gewicht, und der Fürstenbund von 1785 war eindeutig ein reichspolitisches Machtinstrument in der Hand der Großmacht Preußen.

Kennzeichnend für ein B. war meist eine begrenzte Laufzeit, was zum einen mit dem B.-Zweck zusammenhing. Zum anderen entsprach das zeitlich limitierte B. den vielfach personal gedachten politischen Strukturen. Dass ein B. auch über den Tod eines Fürsten hinaus Bestand haben sollte, war keineswegs ein Automatismus; der Nachfolger musste sich daran nicht gebunden fühlen. Zwar gab es für jede ↗Dynastie besondere B.-Traditionen, doch erst die Entpersonalisierung der ↗Politik im Rahmen der Staatswerdung schuf hier verbindlichere Grundlagen. Das Streben nach Berechenbarkeit von B. führte in der ↗Aufklärung dazu, dynastische Ansprüche aus dem politischen Arkanbereich (↗Arkanpolitik) herauszuholen und die Motivlage der B.-Partner offen zu legen (vgl. z. B. [1]). Damit sollte letztlich der Stabilität des europ. B.-Systems zugearbeitet werden.

Der B.-Zweck wurde generell defensiv formuliert. Dies galt auch für die Fälle, in denen ein B. eine kaum verhüllte offensive Zielsetzung verfolgte. Die B.-Partner stellten eine gemeinsame Bedrohung fest und sicherten einander wechselseitige Schutz- und Hilfeleistung zu; dies war etwa für die vielen Bünde zur (Land-)Friedenswahrung im Alten Reich typisch. Auch das ↗Widerstandsrecht motivierte zu B.-Abschlüssen, insofern eine als tyrannisch angesehene Herrschaft einen Zusammenschluss zum Selbstschutz der Betroffenen erforderte (↗Monarchomachen). Der Aspekt der Verteidigung bezog sich auf die eigenen Territorien genauso wie auf den Schutz der Konfession. Die Wahrung von verletzten ↗Privilegien und (dynastischen) Rechten war ein Argument für die Formierung eines B.; ebenso bildeten sich Koalitionen, um die gefährdeten Machtverhältnisse in einem B.-System zu konsolidieren (↗Gleichgewicht der Kräfte). Letztlich waren auch die Allianzen gegen das revolutionäre Frankreich defensiv, ging es doch um die Bewahrung der monarchisch strukturierten Regierungsform in den europ. Staaten (↗Monarchie). Der defensive Charakter eines B. war konstitutiv für den Anspruch auf ↗Legitimität.

3. Bündnis und dynastisches Prinzip

Es entsprach dem Charakter des dynastischen Fürstenstaats der Vormoderne, dass viele B. den Erfordernissen dynastischer Politik folgten (↗Dynastie). Danach war die typische B.-Form die Verheiratung. ↗Eheschließungen sollten die politische Bindung zweier Häuser bekräftigen und waren gleichzeitig selbst das entscheidende Element der dynastischen Verbindung. Aus solchen Heiraten abgeleitete ↗Erbrechte sollten wiederum maßgeblich weitere B.-Konstellationen bestimmen. Derartige B.-Formen prägten die Mächtekonstellationen bis hinauf zur europ. Ebene. Am spektakulärsten war dabei zweifellos das Vorgehen des Hauses Habsburg. Dessen Heiratspolitik führte seit dem ausgehenden MA zu einem weit gespannten B.-System auf dynastischer Grundlage, bevor es in umfangreiche Territorialgewinne mündete.

Handelte es sich hier tendenziell um ein ausgreifend-expansionistisches Verständnis von B., war ein anderer Typ von dynastischem B. weit defensiverer Natur. Erbverbrüderungen waren Verträge über eine wechselseitige Erbfolge, zielten also darauf ab, die Herrschaftsnachfolge im Falle des Aussterbens einer der beiden bündnisnehmenden Häuser (oder der Linien eines Gesamthauses) zu regeln (↗Thronfolge). Ein prominentes Beispiel ist die ab dem 15. Jh. über viele Generationen hinweg geführte Erbverbrüderung der Landgrafen von Hessen mit den in Sachsen herrschenden Wettinern; dieses dynastische B. wurde regelmäßig durch Verheiratungen gefestigt und fand vielfach auch in einer gemeinsamen und koordinierten Politik Ausdruck. Wie sehr Verheiratungen als Mittel der B.-Politik eingesetzt wurden, um schwierigste politische Verwerfungen zu überbrücken, zeigen Beispiele auf europ. Ebene. So prüfte die engl. Krone in den 1620er Jahren Chancen einer Ehe des Prinzen von Wales, Karl Stuart, mit der span. Infantin

Maria, der Bourbone Ludwig XIII. heiratete die Habsburgerin Anna von Österreich.

4. Religion und Bündnis

Ab dem 16. Jh. konkurrierte ein neues Kriterium beim Abschluss von B. mit dem dynastischen Prinzip: Die Konfession wurde zu einer immer wichtigeren Orientierungsmarke für B., die ganz unter dem Zeichen eines ↗Bekenntnisses standen. Mit diesem neuen B.-Typ, der bis in die Zeit des ↗Dreißigjährigen Kriegs eine Rolle spielte (Protestantische Union, Katholische Liga), wurde gleichzeitig der Religionskrieg ein typischer Konflikt dieses Zeitalters (↗Konfessionalisierung; ↗Konfessionskriege). Für alle diese B. war im Selbstverständnis der Gedanke der Defension handlungsleitend, insofern sich die B.-Partner wegen ihres Bekenntnisses bedroht fühlten und daher den Schutz einer Allianz suchten. Am ausgeprägtesten war dieses Bedrohungsgefühl bei den reformierten Fürsten, die B. unter konfessionsverwandten Mächten suchten. Doch bereits führende Mitglieder des Schmalkaldischen Bundes (1531), der als Organisation evang. Reichsstände eines der ersten Konfessions-B. seiner Art darstellte, betrieben zuweilen eine B.-Politik ohne Betracht der Konfession, als sie mit dem altgläubigen Frankreich ein B. gegen den kath. Kaiser Karl V. eingingen. Ohnehin gab es in dieser Zeit immer auch B. zwischen Mächten unterschiedlicher Konfession, etwa zwischen dem kath. Frankreich und dem lutherischen Schweden im 17. Jh., wie umgekehrt Potentaten derselben Konfession sich in gegnerischen B. fanden.

Allen diesen Konstellationen war gemeinsam, dass sie innerhalb des christl. ↗Europa stattfanden. B., die den Bereich des ↗Abendlands überschritten, waren gerade in religiöser Hinsicht schwierig. Dies galt bereits aufgrund des russ.-orthodoxen Glaubens für das Zarenreich, das erst im 18. Jh. wirklich in das B.-Gefüge integriert wurde [9] (↗Russisches Reich). In religiöser Hinsicht überhaupt nicht b.-fähig war das ↗Osmanische Reich. Als »Erbfeind des christl. Namens« apostrophiert, vermochte allein die Bedrohung durch die Türken die sonst völlig zerstrittenen christl. Potentaten zu einem gemeinsamen B. zusammenzuschließen, befördert auch von einer immer virulenten Kreuzzugsidee. Doch als machtpolitischer Faktor konnte das Osmanische Reich nicht ignoriert werden; bes. Frankreich war schon im 16. Jh. versucht, durch eine Koalition mit der Hohen Pforte das als übermächtig empfundene Habsburg zu schwächen [6]. Ungeachtet aller realpolitischen Erwägungen stellten die Kontakte Frankreichs mit den Osmanen einen Tabubruch dar, der von franz. Seite lange geheim gehalten und dann, als er ruchbar geworden war, zu einem europ. Skandal wurde. Erst im Laufe des 18. Jh.s wurde das Osmanische Reich in das europ. B.-System offen einbezogen [3. 188–194].

5. Von der Universalmonarchie zum europäischen Bündnissystem

Der Zerfall der ma. *Universitas Christiana* im 16. Jh. führte unmittelbar zur Krise der Ordnungsvorstellung einer ↗Universalmonarchie, wie sie das Kaisertum für sich in Anspruch nahm. Im 16. und frühen 17. Jh. entwickelten das franz., span. und auch schwed. Königtum neue Universalismuskonzepte, die miteinander in Konkurrenz traten [2]. B.-Konzepte wurden durch diese Rivalitäten zunehmend schwieriger. Erst die Entwicklung eines B.-Systems, wie es mit dem System des ↗Westfälischen Friedens Gestalt annahm, vermochte mit dem Konzept des Mächtegleichgewichts die Universalismen zu überwinden [11]. Hegemoniale Ansprüche, wie sie etwa Frankreich erhob, sahen sich den B. anderer europ. Mächte gegenübergestellt.

Allerdings lebte die Vorstellung einer hierarchisierten Staatenwelt in anderer Form weiter, indem Mächte wie Frankreich und Großbritannien die herausgehobene Position eines *Arbiter* (»Schiedsrichters« der Christenheit) beanspruchten [7]. Deutlich wurde die Hierarchisierung im Mächtesystem seit dem späten 17. Jh., als sich Großbritannien, Habsburg/Österreich, Frankreich und Russland als die eigentlichen Großmächte herauskristallisierten. Sie allein waren tatsächlich autonom b.-fähig, während sich die anderen Staaten b.-politisch an den »Großen« zu orientieren hatten. Freilich gab es auch hier Spielräume, die etwa die äußerst flexible brandenburgische B.-Politik des späten 17. Jh.s nutzte (»Wechselfieber«). Welchen Wert aber dieses B.-System besaß, zeigten die Erschütterung, die der Aufstieg Preußens zur fünften Großmacht (und damit zur Etablierung der Pentarchie) auslöste. Eine Reaktion darauf war der ↗Renversement des alliances, als Frankreich und Österreich ihre über Generationen tradierte Gegnerschaft zugunsten eines B. gegen den gemeinsamen preuß. Feind eintauschten (1756).

Wie wichtig aber nach wie vor das dynastische Prinzip für die Stabilität des europ. B.-Systems war, verdeutlichten v. a. die franz. Revolutionskriege (↗Französische Revolution; ↗Befreiungskriege). Hier fanden sich nahezu alle Staaten Europas zusammen, um gegenüber den republikanischen Ideen die ↗Monarchie und damit auch die Dynastie als Ordnungsfaktor des ↗Staatensystems zu bewahren. Eine ausdrückliche Bestätigung fand die alte Ordnung mit der in den Regelungen des ↗Wiener Kongresses 1815 zum Ausdruck gekommenen Remonarchisierung, insbes. in der ↗Heiligen Allianz und im ↗Deutschen Bund. Ein Nationalgefühl oder national definierte Interessen spielten in der europ. B.-Politik bis zu diesem Zeitpunkt keine Rolle; dies sollte sich erst im Laufe des 19. Jh.s ändern.

→ Außenpolitik; Bündnisrecht; Bund; Diplomatie; Dynastie; Gleichgewicht der Kräfte; Staat; Staatensystem; Völkerrecht

Quellen:
[1] C. H. Schweder, Theatrum Historicum Praetensionum et Controversiarum illustrium, Oder Historischer Schauplatz der Ansprüche und Streitigkeiten Hoher Potentaten und anderer regierender Herrschaften in Europa …, 1712 (2. Aufl. 1727).

Sekundärliteratur:
[2] J. Burkhardt, Die entgipfelte Pyramide. Kriegsziele und Friedenskompromiß der europ. Universalmächte, in: K. Bussmann / H. Schilling (Hrsg.), 1648. Krieg und Frieden in Europa (Katalog zur 26. Europaratsausstellung 1998/99), Textbd. 1: Politik, Religion, Recht und Gesellschaft, 1998, 51–60 [3] H. Duchhardt, Balance of Power und Pentarchie. Internationale Beziehungen 1700–1785 (Hdb. der Geschichte der Internationalen Beziehungen, Bd. 4), 1997 [4] Th. Fröschl, Einleitung. Confoederationes, Uniones, Ligae, Bünde. Versuch einer Begriffsklärung für Staatenverbindungen der frühen Nz. in Europa und Nordamerika, in: Th. Fröschl (Hrsg.), Föderationsmodelle und Unionsstrukturen. Über Staatenverbindungen in der frühen Nz. vom 15. zum 18. Jh. (Wiener Beiträge zur Geschichte der Nz., Bd. 21), 1994, 21–44 [5] W. Hardtwig, Genossenschaft, Sekte, Verein in Deutschland, Bd. 1: Vom SpätMA bis zur Franz. Revolution, 1997 [6] M. Hochedlinger, Die franz.-osmanische »Freundschaft« 1525–1792, in: Mitteilungen des Instituts für Österr. Geschichtsforschung 102, 1994, 108–164 [7] Ch. Kampmann, Arbiter und Friedensstiftung. Die Auseinandersetzung um den politischen Schiedsrichter in Europa der Frühen Nz. (Forschungen aus dem Gebiet der Geschichte, NF 21), 2001 [8] R. Koselleck, Art. Bund, Bündnis, Föderalismus, Bundesstaat, in: GB 1, 1972, 582–671 [9] R. Pommerin, Bündnispolitik und Mächtesystem. Österreich und der Aufstieg Rußlands im 18. Jh., in: J. Kunisch (Hrsg.), Expansion und Gleichgewicht. Studien zur europ. Mächtepolitik des Ancien régime (ZHF, Beiheft 2), 1986, 113–164 [10] V. Press (Hrsg.), Alternativen zur Reichsverfassung in der Frühen Nz.? (Schriften des Histor. Kollegs, Kolloquien, Bd. 23), 1995 [11] K. Repgen, Der Westfälische Friede und die Ursprünge des europ. Gleichgewichts, in: K. Repgen, Von der Reformation zur Gegenwart. Beiträge zu Grundfragen der nzl. Geschichte (hrsg. von K. Gotto und H. G. Hockerts), 1988, 53–66.

Michael Kaiser

Bündnisrecht

Unter B. (lat. *ius foederis*, franz. *droit des alliances*) versteht man seit dem 16. Jh. das Recht eines Fürsten, einer ↗Republik oder einer freien ↗Stadt – später: eines ↗Staates –, mit einer fremden Macht ein politisches oder militärisches ↗Bündnis (lat. *foedus*, franz. *alliance*) einzugehen, in der Regel durch Abschluss eines völkerrechtlichen ↗Vertrags. Über das durch einen allgemeinen Freundschaftsvertrag begründete Verhältnis hinausgehend, hatte ein Bündnis einen bestimmten Zweck; es war auf friedliche oder kriegerische Erfolge gerichtet, auf die Sicherung und Förderung äußerer und innerer Staatsinteressen [6. 32]. Insbes. für den Eintritt des Bündnisfalles (lat. *casus foederis*) sagten die Vertragsschließenden einander wechselseitigen Schutz und Beistand zu. Je nach den Verabredungen traten die Subjekte eines Bündnisses im Falle des ↗Krieges entweder als Hauptpartei (franz. *allié*, Verbündeter, Kriegsgenosse) oder als Nebenpartei (franz. *auxiliaire*, Hilfsmacht) auf.

Das B. war grundsätzlich vom Recht zur ↗Kriegsführung (lat. *ius pacis ac belli*, *ius ad bellum*) abhängig. Wie dieses Recht war das B. generell Teil und Folge der ↗Souveränität eines Fürsten oder Gemeinwesens, d. h. einer potentiell umfassenden ↗Herrschaft im Inneren eines ↗Territoriums und einer rechtlich unbeschränkten Handlungsfreiheit nach außen. Was J. J. Moser 1779 für das »Recht, einen Krieg anzufangen« schrieb, galt auch für das B.: »Das Recht, einen Krieg zu führen, ist eigentlich ein Vorzug eines unabhängigen Staates« [1. 13]. Seit dem späteren 18. Jh. wurden das B., das allgemeine völkerrechtliche Vertragsrecht und das ↗Gesandtschafts-Recht zusammen als »auswärtige Hoheitsrechte« bezeichnet [5. 416]. Nach [3. 456] gehört das B. »in den Zusammenhang der Herausbildung des modernen Staates; es ist eines jener Rechte, welche bestimmte Träger ›öffentlicher‹ Gewalt im frühmodernen Europa bei sich zu konzentrieren und zu monopolisieren suchten, um damit über ein Territorium ›staatliche‹ Gewalt mit Ausschließlichkeitsanspruch (auch des Handelns nach ›außen‹ hin) zu begründen«. Ungeachtet einer formalen Kontinuität des Rechtstitels und der Formeln unterscheide sich das nzl. B. von der ma. Bündnisfreiheit (zu dieser vgl. [7. 586 ff.]) durch eine Beschränkung des Kreises der Berechtigten sowie eine Änderung der Zwecke und der politischen Rahmenordnung [3. 457].

Im ↗Westfälischen Frieden von 1648 erlangten die ↗Reichsstände eine förmliche Anerkennung des von ihnen seit langem beanspruchten und praktizierten B., nämlich des *ius faciendi inter se et cum exteris foedera pro sua cuiusque conservatione ac securitate* (»Rechts, untereinander und mit Auswärtigen Bündnisse zur jeweils eigenen Erhaltung und Sicherheit zu schließen«; Art. VIII § 2, S. 2 des Friedensvertrags von Osnabrück = § 63 des Friedensvertrags von Münster) [8. 130]. Allerdings stand dieses B. unter einem Treuevorbehalt zugunsten von Kaiser und Reich. Die Reichsstände besaßen damit das B. (und implizit auch das Kriegführungsrecht), obwohl sie nicht souverän waren, sondern lediglich Träger der Landeshoheit (lat. *superioritas territorialis*) im Rahmen der ↗Reichsverfassung [4. 28 ff.]. Dieser besondere Rechtszustand führte bis zum Ende des Alten Reiches (1806) zu zahlreichen politischen und publizistischen Kontroversen; vermutlich ist – bes. im Zusammenhang der Bemühungen um eine Bestimmung der »Rechtsnatur« des Reiches – niemals so viel über das B. geschrieben worden wie im Deutschland des 17. und 18. Jh. [7. 627 ff.].

Die Völkerrechtslehre des Auslands nahm die Anomalie als etwas Gegebenes hin (↗Völkerrecht). So schrieb Vattel, Autor des führenden Völkerrechts-Lehrbuchs seiner Zeit, 1758: »Der Souverän, der sich im Besitz der vollen und unbeschränkten Herrschaft befindet, ist ohne Zweifel berechtigt, im Namen des von ihm repräsentierten Staates Verträge abzuschließen ... [Doch] haben die Fürsten und Freien Städte Deutschlands das Recht, Bündnisse mit fremden Mächten einzugehen, obgleich sie vom Kaiser und Reich abhängen« (Buch II, § 154) [2. 255 f.]. Gelegentlich wurde allerdings den (größeren) Reichsständen die Souveränität zugesprochen, eben weil sie das B. besaßen.

Der ↗Deutsche Bund knüpfte an die Reichsverfassung an, indem Art. XI der Dt. Bundesakte bestimmte: »Die Bundes-Glieder behalten zwar das Recht der Bündnisse aller Art, verpflichten sich jedoch, in keine Verbindungen einzugehen, welche gegen die Sicherheit des Bundes oder einzelner Bundesstaaten gerichtet wären.« Dagegen wollte die ↗Nationalversammlung von 1848/49 das B. der Reichsgewalt vorbehalten: »Die Reichsgewalt ... schließt die Bündnisse und Verträge mit dem Auslande ... ab« (§ 6 Abs. 2 der Reichsverfassung 1849). Sie folgte damit dem Vorbild der amerikan. Bundesverfassung von 1787 (Art. I, Section 10: »*No State shall enter into any Treaty, Alliance, or Confederation*«). Nach Art. 11 der Verfassung des Norddt. Bundes (1867) und der Reichsverfassung von 1871 besaß das Präsidium des Bundes bzw. der Kaiser das Recht, »im Namen des Bundes (Reichs) Krieg zu erklären und Frieden zu schließen, Bündnisse und andere Verträge mit fremden Staaten einzugehen«.

→ Bündnis; Kriegsrecht; Staatsrecht; Völkerrecht

Quellen:
[1] J. J. Moser, Versuch des neuesten europ. Völker-Rechts in Friedens- und Kriegs-Zeiten. Vornehmlich ..., so sich seit dem Tode Kayser Carls VI. im Jahr 1740 zugetragen haben. Teil 9: Versuch des neuesten europ. Völker-Rechts in Kriegszeiten, 1779 [2] E. de Vattel, Le droit des gens ou principes de la loi naturelle, 1959 (Orig. 1758).

Sekundärliteratur:
[3] E.-W. Böckenförde, Der Westfälische Friede und das Bündnisrecht der Reichsstände, in: Der Staat 8, 1969, 449–478 [4] B. Fassbender, Die verfassungs- und völkerrechtsgeschichtliche Bedeutung des Westfälischen Friedens von 1648, in: I. Erberich et al. (Hrsg.), Frieden und Recht, 1998, 9–52 [5] B. Fassbender, Auswärtige Hoheitsrechte der dt. Territorien und Einzelstaaten vor der Reichsgründung, in: Der Staat 42, 2003, 409–436 [6] A. von Kirchenheim, Art. Allianzen (Bündnisverträge), in: K. Strupp (Hrsg.), WB des Völkerrechts und der Diplomatie 1, 1924, 32–35 [7] R. Koselleck, Art. Bund, Bündnis, Föderalismus, Bundesstaat, in: GGB 1, 1972, 582–671 [8] A. Oschmann, Die Friedensverträge mit Frankreich und Schweden. Teil 1: Urkunden (Acta Pacis Westphalicae, Serie 3, Abt. B, Bd. 1), 1998.

Bardo Fassbender

Buntmetall s. Edelmetalle

Burg s. Festungsbau; Schloss; Schlossbau

Bürger

1. Begriff
2. Stadtbürger
3. Staatsbürger
4. Besitz- und Bildungsbürger

1. Begriff

Der Terminus B. umschreibt drei verschiedene Begriffe: (1) den vollberechtigten, durchwegs männlichen Bewohner der (privilegierten) ↗Stadt der alteurop. (feudalen) Gesellschaft (↗Stadtbürgertum), (2) den Inhaber der ↗Staatsbürgerschaft, (3) das Mitglied des z. T. rechtlich hervorgehobenen Besitz- und ↗Bildungsbürgertums des 19. und frühen 20. Jh.s.

2. Stadtbürger

Ebenso wie im SpätMA wurde in den nzl. Städten als B. ein bestimmter, oft nur kleiner Teil der städtischen Bevölkerung bezeichnet, nämlich der meist aufgrund des ↗Bürgereides und Aufnahme in eine B.-Liste (eventuell in einem ↗Bürgerbuch) voll durch das ↗Bürgerrecht berechtigte bzw. verpflichtete Stadt-B. Die Verpflichtung umfasste Wehrdienste und ↗Steuer-Leistungen, auch die Übernahme gewisser ↗Ämter (↗Dienste, städtische); die Berechtigung betraf mindestens das Anrecht auf Pflege bzw. Ernährung bei Arbeitsunfähigkeit oder dauerhafter Krankheit in einer für die B. reservierten Institution (etwa dem B.-Spital; ↗Hospital), darüber hinaus Rechte auf gewisse höhere Ämter oder auch Teilnahme am ↗Rat. Die Ausweitung des Kreises der B. war vielfach das Ergebnis erfolgreicher ↗Bürgerunruhen.

Voraussetzung für das B.-Recht war in der Regel die vollberechtigte Ausübung eines »bürgerlichen« (= bürgerl.) ↗Berufes (als ↗Meister, damit sehr oft auch die Mitgliedschaft in einer ↗Zunft), verbunden mit der Führung eines eigenen Hausstandes, nicht immer auch mit dem Besitz eines eigenen Hauses. Innerhalb der Bürgerschaft erscheinen bestimmte Gruppen häufig hervorgehoben, wie die des ↗Stadtadels, des ↗Patriziats, der Handelstreibenden bzw. der mit Finanzgeschäften Befassten oder aber auch der landesfürstlichen ↗Beamten, in manchen Städten auch formell, jedenfalls oft sichtbar in ↗Kleiderordnungen. Im Zuge der nzl. ↗Staats- und Nationsbildung verlor der traditionelle Stadt-B. seine umfassende Rechtsstellung; einzelne Rechte blieben aber mit dem B.-Recht verbunden, das bis ins 20. Jh. verliehen wurde. Die Reformen des 19. Jh.s beließen in Preußen und in Bayern den B. noch eine Reihe von Einflussmöglichkeiten, freilich unter staatlicher Aufsicht. Die Gemeinde der besitzenden B. erhielt sich mancherorts als Personenverband neben der Einwohnergemeinde bis heute, etwa in dt.-schweizer. Orten (z. B. die Gemeinde der »Burger« in Bern).

3. Staatsbürger

Die Wortwahl »Staats-B.« signalisiert die Vorstellung, den städtisch beschränkten B.-Begriff insbes. mit seiner Egalität (↗Gleichheit) auf die Staatsorganisation auszuweiten; vgl. auch engl. *citizen* (von *city*), franz. *citoyen* (*cité*), ital. *cittadino* (*città*), span. *ciudadano* (*ciudad*). Typisch dafür ist der Ersatz des Begriffs »↗Untertan« durch »B.« bes. in Rechtstexten ab etwa 1800. So erfasste das ↗Allgemeine Bürgerliche Gesetzbuch (schon in der Version von 1786) prinzipiell alle »Einwohner des Staates«. Das Bürgerl. Recht bzw. Gesetzbuch betraf nicht nur den Stand der B. unter Ausschluss von ↗Adel und ↗Bauern, denn zu ihm zählten auch Rechtsinstitute des Adels (Familien-↗Fideikommiss) und des Bauernstandes (Erbpacht, Erbzins). Das Bürgerl. Recht betraf prinzipiell als Übersetzung von *ius civile* alle Staats-B. (lat. *cives*) und überdies auch Ausländer im Staatsgebiet, ausdrücklich auf der Grundlage der Gleichrangigkeit im Rechtsverkehr. Als »Rechte der Staats-B.« hingegen verstand man die ↗Grundrechte als Rechtsgarantien gegenüber der Staatsgewalt.

4. Besitz- und Bildungsbürger

Die Besitz- und Bildungs-B. des 19. und frühen 20. Jh.s waren keine einheitliche Klasse, sondern eine Konfiguration verschiedener gesellschaftlicher Gruppierungen (↗Bildungsbürgertum). Um die soziale Lage zwischen Aristokratie und hoher Geistlichkeit einerseits, Bauern und Arbeitern andererseits zu bezeichnen, gebrauchte man im 18. und in der ersten Hälfte des 19. Jh.s den Begriff »Mittelstand« sowie spezifisch »gebildeter B.«. An diesen Bildungs-B. wandten sich die Konversationslexika, ↗Zeitschriften für die »gebildeten Stände«; sie stellten z. B. die Mitglieder der ↗Lesegesellschaften [1. 21 f.]. Mit ihm war die alte ↗Ständegesellschaft (Adel, hohe Geistlichkeit, Vertreter nur bestimmter Städte bzw. bäuerlicher Gemeinden) erheblich modifiziert. Um 1840 sah man den Stand der B. eigens hervorgehoben, aber stark differenziert und unterschied in »Honoratioren«, »welche ohne Handarbeit selbständig leben können« (»Geistliche, Aerzte, Rechtsgelehrte, Officiere, Kapitalisten, größere Kaufleute, Güterbesitzer und Fabrikanten«), und in die »selbständigen B., auch im engeren Sinn B. genannt«, deren »körperliche Anstrengung mehr leitend und den Arbeiten beispielgebend erscheint« (Dt. Viertel-Jahresschrift 1839: [1. 21 f.]). ↗Fortschritts, der gehobenen ↗Bildung und Kultur und der politischen Mitbestimmung schuf bzw. erkämpfte sich allmählich eine neue Rechtsposition.

Im Bereich der Grundrechte begünstigten seine wirtschaftlichen Möglichkeiten z. B. das Recht auf ↗Freizügigkeit und auch die ↗Auswanderungsfreiheit, seine kulturelle Entfaltung, die ↗Religionsfreiheit sowie die Lehr-, Lern- und ↗Wissenschaftsfreiheit, (↗Akademische Freiheit), dies alles ergänzt um die auch politisch wichtige Vereins- und ↗Versammlungsfreiheit. Die Grundrechte kamen freilich auch den anderen Bevölkerungsschichten zugute, nicht jedoch als wichtigstes politisches Mitwirkungsrecht das ↗Wahlrecht: Es schützte mindestens bis zur Mitte des 19. Jh. und teilweise bis 1918 die Interessen gerade des Besitz- oder Bildungs-B. Die Erfordernisse einer bestimmten Steuerleistung oder einer höheren (z. B. universitären) Ausbildung (Steuer- bzw. Bildungszensus) schlossen weite Bevölkerungsteile vom Wahlrecht aus. Die Einteilung etwa in die Wählerklassen der Stadt- und Landgemeinden mit disproportionaler Mandatszuteilung bevorzugte die Stadt-B. (österr. Landtage bis 1918), das steuerlich abgestufte Dreiklassenwahlrecht begünstigte Personen mit höherer Steuerleistung (preuß. Landtag, österr. Gemeinden bis 1918).

Zu ↗Parlamenten des Zwei-Kammern-Systems fanden durch besonderen Besitz oder Bildung qualifizierte B. einen weiteren Zugang dort, wo sie Mitglieder der ersten Kammer werden konnten (z. B. Herrenhaus in Preußen, Österreich, Ungarn). Derart dominierte Parlamente vermochten sich zum fortschrittlich-bürgerl. Widerpart einer konservativ-monarchisch (adeligen) Regierung zu entwickeln; durch ebenso zusammengesetzte Gemeindevertretungen wurden zahlreiche Städte liberal-bürgerl. regiert. Kraft dieser Rechtspositionen konnte, obgleich quantitativ eine Minderheit, das Bürgertum doch einer ganzen Kultur seinen Stempel aufdrücken. Politisch büßte es mit der Demokratisierung der Wahlrechte ab der zweiten Hälfte des 19. Jh.s allerdings seine privilegierte Position ein.

→ Bürgerliche Gesellschaft; Bürgerrecht; Bürgertum; Grundrechte; Verfassung; Verfassungsrechte

[1] W. Brauneder, Leseverein und Rechtskultur, 1992
[2] E. Bruckmüller et al. (Hrsg.), Bürgertum in der Habsburgermonarchie, 10 Bde., 1990–2003 [3] L. Gall (Hrsg.), Bürgertum in Deutschland, 1989 [4] J. Kocka (Hrsg.), Bürgertum im 19. Jh., 1988 [5] F. Lenger, Städtisches Bürgertum und kommunale Selbstverwaltung im 19. Jh. Die größeren Städte der preußischen Westprovinzen und Bayerns im Vergleich, in: B. Sicken (Hrsg.), Stadt und Militär 1815–1914, 1998, 27–60 [6] M. Mitterauer, Das Problem der zentralen Orte als sozial- und wirtschaftshistorische Forschungsaufgabe, in: M. Mitterauer (Hrsg.), Stadt und Markt im MA. Beiträge zur historischen Zentralitätsforschung, 1980, 22–51 [7] M. Riedel, Art. Bürger, Staatsbürger, Bürgertum, in: GGB 1, 1972, 672–725 [8] M. Weber, Wirtschaft und Gesellschaft. Grundriss der verstehenden Soziologie, Bd. 1, 1964.

Ernst Bruckmüller

Bürgerbuch

Die Aufnahme von Personen ins städtische ↗Bürgerrecht wurde schriftlich dokumentiert. Dazu diente in vielen ↗Städten das B., eine chronologische Liste der Neubürger mit Angaben zur Person (Name, Beruf, ggf. Art der Aufnahme, Herkunftsort, besondere Kennzeichen oder Denkwürdigkeiten). B. sind eine hervorragende Quelle sowohl für genealogische Forschungen als auch für die Sozialgeschichte städtischer Mittel- und Oberschichten in MA und Früher Nz. So liefern in B. verzeichnete Berufsangaben z. B. Informationen über die städtische ↗Sozialstruktur; zudem illustriert der zeitliche Rhythmus der Aufnahmen wirtschaftliche Konjunkturen. Über die Angaben zur geographischen Herkunft der ↗Bürger lassen sich Migrationswege erschließen (↗Mobilität); zusätzlich dokumentiert die Form der Bürgeraufnahme die Geschichte des Bürgerrechts und seiner Binnendifferenzierung. Zahlreiche B. liegen in edierter Form vor (etwa [5]; [6]; [7]; Überblick in [13]).

B. wurden zu praktischen Verwaltungszwecken angelegt (↗Verwaltung); der Eintrag belegte den Rechtsstatus. Diese Art der Dokumentation erwies sich aber nur in kleineren Städten als sinnvoll, wo das Bürgerrecht wichtig, die ↗Stadtverwaltung wenig bürokratisiert und Papier knapp war; B. finden sich daher in der Frühen Nz. v. a. in Mittel-, Ost- und Nordeuropa. Edierte B. verzeichnen in aller Regel pro Jahr durchschnittlich deutlich unter 20 Neuzugänge [9]; [11]; dagegen lassen sich in den größeren Städten Westeuropas schon vor 1800 mehrere hundert Neuaufnahmen jährlich nachweisen.

Hinzu kam, dass bei überregionaler Mobilität von Bürgern der Eintrag in einer chronologischen Liste zum Nachweis etwa einer sich aus einem Bürgerrecht ergebenden landesweiten Steuerfreiheit für den Einzelnen kaum sinnvoll war; in diesem Fall benötigte man eine Bescheinigung des Bürgerrechts, wodurch zugleich ein B. verzichtbar wurde: hierbei sind B. daher vornehmlich für Ehrenbürgerrechte überliefert [3]. Normale Bürgeraufnahmen wurden dagegen als Routinevorgänge in Ratssitzungen vollzogen und protokolliert; als Nachweis des Bürgerrechts dienten Urkunden, deren Durchschrift man, eventuell mitsamt den bei der Aufnahme präsentierten Belegen, in ↗Archiven aufbewahrte. Aus diesen Akten wurden von Zeit zu Zeit aufgrund konkreter Bedürfnisse (z. B. Sondersteuern) Bürgerlisten oder Einwohnerlisten erstellt, die zusammen mit anderen Verwaltungsaufstellungen abgeheftet wurden (vgl. z. B. [2] zu Bristol: Bürgeraufnahmen und Brotpreise; 1674–1728). Bürgeraufnahmen in Ratsprotokollen wurden später, vielfach bereits aus genealogischem Interesse, durch Register erschlossen, die auf den Protokollen oder, wie in London, auf den Aufnahmeunterlagen basierten [1]. Auch in Deutschland fand seit dem 18. Jh. in größeren Städten eine entsprechende Modernisierung der Bürgeraufnahmen statt, so dass die Bezeichnung B. sich fortan auch auf Ratsprotokolle bezog, die v. a. Beschlüsse und Verordnungen des Magistrats enthielten. Im 19. und 20. Jh. bezeichnet B. dann – metaphorisch – Handlungsanweisungen für (Staats-)Bürger, d. h. Sammlungen städtischen oder staatlichen Rechts [10]; [4]; [12].

→ Bürgertum; Stadt; Stadtverwaltung

Quellen:
[1] Freedom Indexes (Corporation of London Record Office), London o. J. [2] Burgesses and Assize of Bread Book (Bristol Record Office, ref no 04796), Bristol 1674–1728 [3] London's Roll of Fame: Being Complimentary Notes and Addresses from the City of London, on Presentation of the Honorary Freedom of that City … From the Close of the Reign of George II, A. D. 1757, to 1884 (hrsg. von der Corporation of London), 1884 [4] Bürgerbuch (Sammlung von Verordnungen) der Stadtgemeinde Frankfurt am Main, 1906–1930 [5] D.-G. ERPENBECK / E. KÜNG (Hrsg.), Narvaer Bürger- und Einwohnerbuch 1581–1704, 2000 [6] P. VON GEBHARDT (Hrsg.), Das ältere Berliner Bürgerbuch 1453–1700 (Quellen und Forschungen zur Geschichte Berlins, Bd. 1), 1927 [7] E. KAEBER (Hrsg.), Die Bürgerbücher und Bürgerprotokollbücher Berlins von 1701–1750 (Quellen und Forschungen zur Geschichte Berlins, Bd. 4), 1934 [8] E. KLOSS (Hrsg.), Das Bürgerbuch der Stadt Konitz von 1150 bis 1850 (Quellen und Darstellungen zur Geschichte Westpreussens, Bd. 13), 1927 [9] A.-L. KOHL, Das Bürgerbuch der Stadt Ahaus 1400–1811 (Beiträge zur Geschichte der Stadt Ahaus, Bd. 1), 1979 [10] H. PÜTTMANN (Hrsg.), Dt. Bürgerbuch für 1845, 2 Bde., 1845–1846 (Ndr. 1975) [11] K. RITTERSHAUSEN / H. JOCKISCH (Hrsg.), Das Bürgerbuch von Meseritz 1731–1851 (Wiss. Beiträge zur Geschichte und Landeskunde Ostmitteleuropas, Bd. 114), 1981 [12] F. WIELANDT, Neues Badisches Bürgerbuch. Eine Sammlung der wichtigsten Gesetze und Verordnungen aus dem Verfassungs- und Verwaltungsrecht des Großherzogtums Baden, Heidelberg [5/6]1892–1897.

Sekundärliteratur:
[13] H. RIEPER, Quellen für Familienforscher in Ländern, Landschaften, Städten und Orten: eine Bibliographie familiengeschichtlicher Veröffentlichungen aus dem gesamten dt. Sprachraum, 2002 [14] A. SCHRÖDER, Westfälische Bürgerrechtsquellen. Bedeutung und Nachweis veröffentlichter und unveröffentlichter Bürgerbücher und Bürgeraufnahmelisten, in: Beiträge zur westfälischen Familienforschung 17, 1959, 1–56.

Andreas Fahrmeir

Bürgerdeputierte

1. Funktion
2. Zusammensetzung
3. Politische Bedeutung

1. Funktion

B. und Stadtverordnete lösten in den Jahrzehnten um 1800 Räte (vgl. auch ↗Ausschuss, ständisch; ↗Rat) als Vertreter der städtischen Bürgerschaft ab (↗Stadtbürgertum). Während Räte unterschiedliche ↗Stände wie ↗Handwerker oder ↗Kaufleute repräsentierten, spiegelten B. eine neue Partizipationsvorstellung wider, der zufolge in erster Linie Einkommen, Dauer der Ansässigkeit und ggf. Religionszugehörigkeit über das Recht zur aktiven Beteiligung an städtischen Repräsentationsorganen bestimmten: B. konnten im Prinzip alle in der ↗Stadt ansässigen, unbescholtenen und wirtschaftlich abgesicherten Staatsbürger (↗Staatsbürgerschaft) werden. Die Vielfalt histor. Stadtverfassungen wich landesweit einheitlichen Stadt- oder Lokalverfassungsordnungen. Obgleich v. a. in dt. Städten der Besitz des ↗Bürgerrechts eine Voraussetzung für das kommunale ↗Wahlrecht blieb, wurde dessen Erwerb neu geregelt; unbescholtenen, vermögenden Inländern mussten Städte fortan Niederlassung und politische Partizipation gestatten.

Der Übergang von Räten zu B. erfolgte in Frankreich im Zuge der Revolutionszeit (↗Französische Revolution), setzte sich aber erst gegen Ende der zweiten Restauration durch, in Preußen durch die Stein'sche Städteordnung (1808), in Süddeutschland durch die zwischen ↗Rheinbund-Zeit und den 1820er Jahren erlassenen Gemeindeordnungen, in Großbritannien durch die Reform der meisten ↗Stadtverwaltungen 1835/6. In Großbritannien, Süddeutschland oder den Freien Städten des Dt. Bundes blieben die alten Amtsbezeichnungen in Gebrauch. Sie bezeichneten nun aber, anders als die Abstufung zwischen (gemeinen) Räten (*Councillors*) und (elitären) *Aldermen* der engl. Munizipalverfassung von 1835 suggeriert, keine ständische Differenzierung, sondern unterschiedliche Wahlmodi, die das politische Gewicht vermögender Einwohner erhöhen und plötzliche politische Richtungswechsel verhindern sollten.

B. konnten entweder, wie etwa im napoleonischen Frankreich oder in Preußen, von der Regierung ernannte ↗Bürgermeister beraten und so die Höhe der städtischen Steuerlast mitbestimmen, oder, wie etwa in Großbritannien oder Süddeutschland, ein Lokalparlament bilden, das bisweilen eine effektive Bürgerwehr (↗Miliz) kontrollierte [3]; [7]. B. waren für lokale Angelegenheiten wie Gewerbe-, Gesundheits- und Lokalpolizei, Stadtplanung und Armenhilfe zuständig.

2. Zusammensetzung

B. wurden im frühen 19. Jh. öffentlich nach einem Zensuswahlrecht gewählt, das liberaler (z. B. Frankreich vor 1830) oder restriktiver (z. B. England nach 1835) sein konnte als das Wahlrecht zu den nationalen ↗Parlamenten. Da B. zudem in der Lage sein mussten, unbesoldete, zeitaufwendige und unter Umständen kostspielige ↗Ämter wahrzunehmen, entstanden Notablenversammlungen, in denen v. a. die städtische Vermögenselite (↗Wirtschaftsbürgertum; ↗Eliten) vertreten war. B. gehörten einer meist eng vernetzten städtischen Oberschicht an, die neben der Stadtverwaltung auch ↗Vereine, wohltätige Stiftungen und kulturelle Einrichtungen anführte und so das gesellschaftliche Leben einer Stadt insgesamt entscheidend prägte. Daher entsprach die formelle politische Rolle oft nicht dem tatsächlichen Einfluss [6]; [2].

3. Politische Bedeutung

Proto-parteipolitische Grundsatzkonflikte in Stadtverordneten-Versammlungen waren v. a. Spiegelbild nationaler politischer Polarisierungen und ↗Klientel-Netzwerke, die für praktische lokale Fragen vielfach nur indirekt relevant waren. Dennoch deckten sich stadtbürgerliche Interessen an niedrigen Steuern, lokaler Wirtschaftsförderung und kommunaler Autonomie weitgehend mit dem Programm des politischen ↗Liberalismus. V. a. in eher konservativen monarchischen Staaten konnte dies zum systematischen Konflikt mit der Staatsregierung führen, so dass Stadtverordneten-Versammlungen in ↗Restauration und Vormärz oft Kristallisationspunkte für bürgerliche Reformpolitik wurden; in revolutionären Krisen – wie in Brüssel und Paris 1830 oder allgemein 1848 – bildeten die B. im ↗Rathaus oft das Zentrum von Umsturzbewegungen, deren Erfolg von ihrer Fähigkeit abhing, die Unterstützung der nicht wahlberechtigten Einwohnerschaft zu gewinnen.

→ Grundrechte; Stadt; Stadtbürgertum; Städtische Verfassung

[1] P. Benedict (Hrsg.), Cities and Social Change in Early Modern France, 1989 [2] G. Duby et al. (Hrsg.), Histoire de la France urbaine, Bd. 4 und 5, 1985 [3] S. Freitag, Schwarzwälder Republik oder Thiengen als Polis, in: Ius Commune. Zsch. für europ. Rechtsgeschichte 23, 1996, 367–380 [4] R. Jeske, Kommunale Amtsinhaber und Entscheidungsträger – die politische Elite, in: L. Gall (Hrsg.), Stadt und Bürgertum im Übergang von der traditionalen zur modernen Gesellschaft, 1993, 273–294 [5] F. Lenger, Bürgertum und Stadtverwaltung in rheinischen Großstädten des 19. Jh.s. Zu einem vernachlässigten Aspekt bürgerlicher Herrschaft, in: L. Gall (Hrsg.), Stadt und Bürgertum im 19. Jh., 1990, 97–169 [6] R. J. Morris, Voluntary Societies and British Urban Elites, 1750–1850, in: Historical Journal 26, 1983, 95–118 [7] P. Nolte, Gemeindebürgertum und Liberalismus in Baden 1800–1850: Tradition – Radikalismus – Republik, 1994.

Andreas Fahrmeir

Bürgereid

Der Schwur des B. war ursprünglich Kern des Aufnahmeverfahrens ins ↗Bürgerrecht. In einer feierlichen Zeremonie traten Neubürger mit der ihrem künftigen Stand entsprechenden Ausstattung (z. B. Waffen zur Stadtverteidigung) vor den ↗Rat und gelobten (1)Untertänigkeit gegenüber dem ↗Landesherrn; (2) Gehorsam gegenüber dem Rat, bes. bei der Stadtverteidigung, dem Aufdecken eventueller Verschwörungen und der Bekämpfung von Bränden; (3) Anerkennung der städtischen

Gerichte als einziger Justizinstanz [3.1042f.] (Eidesformeln z.B. in [1.13]; [2.3f.]).

Der B. war v.a. dort relevant, wo die politische Stabilität und innere Organisation von ↗Städten und ihre Eingliederung in die Herrschaftsstrukturen von ↗Territorialstaaten einigermaßen fragil war. Unter diesen Umständen war es notwendig, Neubürger förmlich zur Selbstverpflichtung auf Untertänigkeit gegenüber der territorialen wie der städtischen ↗Obrigkeit zu verpflichten, v.a. bei häufigen Wechseln des Stadtherren.

In dem Maße, in dem sich landesherrliche ↗Souveränitäts-Ansprüche, das staatliche ↗Gewaltmonopol und die Allgemeingültigkeit von durch einen einheitlichen Instanzenzug interpretierten ↗Gesetzen durchsetzten, wurden B. überflüssig; außerdem verhinderte die steigende Zahl der Bürgeraufnahmen feierliche und ausgedehnte Zeremonien (↗Bürgerbuch).

Schließlich nahm die aktive Partizipation an Herrschaftsaufgaben in dem Maße ab, in dem eine professionelle ↗Polizei und eine professionelle Armee v.a. im 18. Jh. an Stelle eines Bürgeraufgebots traten; damit reduzierte sich die Bedeutung des B. auf einen Quasi-Amtseid künftiger Mitglieder einer Bürgerwehr. Die Folge dieser Entwicklungen war, von Westeuropa ausgehend, der Übergang zu Staats-B., die v.a. Amtsträger schwören mussten (↗Amt), sowie die gleiche Anwendung von Gesetzen ohne Rücksicht auf den persönlichen Status des einzelnen Einwohners [5.185].

In Großbritannien war zwischen 1673 und 1828 der Nachweis des jährlichen Kommunionempfangs nach anglikanischem Ritus für die Übernahme öffentlicher Ämter v.a. in städtischen ↗Korporationen entscheidend; dadurch verloren B. einen großen Teil ihrer Relevanz, da sie nicht mehr das Hauptmittel zur Feststellung von Loyalität gegenüber der monarchisch-religiösen Obrigkeit waren.

In Frankreich gab es 1790 nach der jahrzehntelangen Erfahrung einer Zentralisierung von Herrschaftsfunktionen keine Gelegenheit zu Missverständnissen, obgleich der Staats-B. in den Verfassungen mit einer Formulierung (*serment civique*) beschrieben wurde, hinter der man früher einen Stadt-B. vermutet hätte.

Im Münster des 18. Jh.s schließlich beschworen Anwärter auf das Bürgerrecht im B. hauptsächlich die Richtigkeit der vorgelegten Dokumente, v.a. des Nachweises der ehelichen Geburt; dass sie gute ↗Untertanen sein würden, bedurfte keiner darüber hinausgehenden Versicherung mehr [4.23f.].

→ Bürgertum; Obrigkeit; Stadt; Untertan

Quellen:
[1] E. Kloss (Hrsg.), Das Bürgerbuch der Stadt Konitz von 1550–1850 (Quellen und Darstellungen zur Geschichte Westpreußens, Bd. 13), 1927 [2] F. Schütz (Hrsg.), Der Königlichen Preussischen Stadt Gumbinnen Rahts- und Bürger-Buch 1728–1852 (Sonderschriften des Vereins für Familienforschung in Ost- und Westpreußen e.V., Bd. 40), 1978.

Sekundärliteratur:
[3] B.-U. Hergemöller, Art. Bürgereid, in: LMA 2, 1983 [4] S. Kill, Bürgertum in Münster 1770–1870 (Stadt und Bürgertum, Bd. 12), 2001 [5] W. Reinhard, Geschichte der Staatsgewalt. Eine vergleichende Verfassungsgeschichte Europas von den Anfängen bis zur Gegenwart, 1999.

Andreas Fahrmeir

Bürgerkämpfe s. Bürgerunruhen

Bürgerkrieg

1. Definition
2. Exemplarische Bürgerkriegssituationen im Europa der Frühen Neuzeit
3. Bürgerkriege im außereuropäischen Bereich

1. Definition

Ein B. ist ein bewaffneter Konflikt, der zwischen nationalen, politischen und religiösen Gruppen innerhalb eines Landes (oft mit Unterstützung ausländischer Mächte) stattfindet. Häufige Ursachen sind gewaltsame Regierungswechsel, Sezessionsbestrebungen regionaler Volksgruppen (↗Regionalismus; ↗Nationalismus) und religiöse bzw. konfessionelle Auseinandersetzungen zwischen Mehrheiten und Minderheiten in einem Land (↗Konfessionskriege). In der histor. Forschung findet sich der Begriff v.a. für nationale Konflikte des 19. und 20. Jh.s, doch bezeichneten Zeitgenossen und Historiker auch frühnzl. gewaltsame Konflikte in Westeuropa als B. Zur Theorie, Diskussion und Terminologie des *bellum civile* des 16.–18. Jh.s vgl. ↗Krieg.

2. Exemplarische Bürgerkriegssituationen im Europa der Frühen Neuzeit

2.1. England

So wird der Terminus B. z.B. für die bewaffneten Auseinandersetzungen zwischen Gegnern und Anhängern der Stuartmonarchie in England, Schottland und Irland um die Mitte des 17. Jh.s verwendet (↗Englische Revolution). Hier ist die neuere Forschung v.a. bemüht, die traditionelle, England-zentrierte Perspektive auf die Ereignisse zwischen 1638 und 1660 zu einem *War of the Three Kingdoms* zu erweitern, der seinen Ursprung nicht in der Auseinandersetzung des engl. ↗Parlaments mit seinem absolutistischen König hatte, sondern an der Peripherie in Schottland und Irland. Der Konflikt entzündete sich an den spezifischen, v.a. religionspolitischen ↗Gravamina einflussreicher Gruppen (wie der schott. *Covenanter* und irischer kath. Adliger gegen die Politik Karls I.), bevor er sich nach England ausbreitete.

Das bis in die späten 1980er Jahre in der engl. B.-Forschung dominierende Paradigma des marxistischen Klassenkampfs als Universalinterpretation der Ereignisse, die zum Krieg in allen Teilmonarchien der Stuarts und schließlich zur Hinrichtung Karls I. (1649) führten, ist mittlerweile einer sehr viel facettenreicheren Analyse von lang- und kurzfristigen Ursachen gewichen [7. 6–58]. Diese werden auch nicht mehr wie in der früheren whiggistischen Forschung (↗Whigs) teleologisch als Stufen zum Aufstieg des engl. Parlaments und damit der parlamentarischen Demokratie interpretiert. Die mit der Stuartmonarchie unzufriedenen Gruppen fanden sich vielmehr aus höchst unterschiedlichen Motiven zusammen. Die massiven Interessengegensätze zwischen Katholiken, Presbyterianern und Anglikanern, aber auch der Unmut des kath. irischen Adels über seine anhaltende soziale und politische Unterdrückung, erhielten offenbar erst in der verzerrten Perspektive Karls I. eine gemeinsame, anti-royalistische Stoßrichtung.

2.2. Frankreich

Eine ähnliche Entwicklung lässt sich auch in der Interpretation der ↗Religionskriege in Frankreich (1562–1598) nachzeichnen. Auch hier rücken verstärkt die politischen und militärischen Ereignisse außerhalb der politischen Machtzentren in den Mittelpunkt; v. a. für die urbanen Zentren des Landes sind seit den 1980er Jahren wichtige Studien vorgelegt worden, so etwa für Rouen, Lyon, Marseille, Toulouse, Dijon und Tours [2]; [8]. Während die franz. B. in der traditionellen Forschung lediglich als Adelsrevolten v. a. der königsnahen Familien Guise und Bourbon in Zeiten der politischen Schwäche des regierenden Hauses Valois interpretiert wurden, in denen die Konfession nur den Vorwand für machtpolitisches Kalkül lieferte, betrachten neuere Untersuchungen die Ursache für die extrem gewalttätigen Auseinandersetzungen gerade zwischen denjenigen, die nicht unmittelbar in die Politik am und um den Königshof involviert waren, als religiös bzw. konfessionell motiviert.

Dementsprechend spricht man hier nun nicht mehr von B., sondern von ↗Religionskriegen [10]; [6]. Sozioökonomische Interpretationen, die den wirtschaftlichen Niedergang des franz. ↗Adels und den Aufstieg des ↗Bürgertums als Ursache für diese Kriege sehen, finden sich dagegen häufiger im Interpretationsfeld von Revolutionstheorien und im Lager marxistischer und marxistisch inspirierter Historiker [5]. Die Führungsschwäche der Valois, zunächst unter der Regentschaft Katharina von Medicis, dann unter dem unpopulären Heinrich III., spielte zweifellos eine wichtige Rolle für Art und Umfang der B. Nicht zu unterschätzen ist auch ihr internationaler Charakter: Die Kath. Liga unter Führung der Guise erhielt Hilfe von Spanien, die ↗Hugenotten unter Condé und Coligny Unterstützung von protest. Fürsten im Alten Reich.

Erst der Coup des Bourbonen Heinrich IV., der zum ↗Katholizismus übertrat und den Hugenotten als religiöser Minderheit im Lande weitgehende ↗Privilegien zugestand (↗Edikt von Nantes), brachte dem politisch und wirtschaftlich ausgebluteten Land einen – wenn auch nur temporären – Frieden. Religiöse und politische Motive griffen hier ineinander. Fünfzig Jahre später entlud sich die Unzufriedenheit über die königliche Politik, namentlich die Steuerpolitik, unter einer Regentschaftsregierung erneut in der ↗Fronde (1648–1653), die in der ersten Phase (1648–1649) vom Pariser ↗Parlament, in der zweiten Phase (1651–1653) von den großen Adelsfamilien des Landes getragen wurde. Der Aufstand brach nicht zuletzt wegen der Uneinigkeit seiner Führung zusammen und ebnete den Weg für das absolutistische Regime Ludwigs XIV. (↗Absolutismus).

2.3. Niederlande

Problematischer erscheint der Terminus »B.« als Bezeichnung des Achtzigjährigen Krieges in den Niederlanden (1572–1648; ↗Niederländischer Aufstand). V. a. in der niederl. Geschichtsschreibung wurde der Krieg in der Tradition des 19. Jh.s bis in die jüngere Forschung als Aufstand bezeichnet, an dessen Ende die Etablierung der politisch und wirtschaftlich so erfolgreichen niederl. ↗Republik stand. Dass einander in den Kämpfen zwischen 1572 und 1648 (mit langen Friedensperioden, v. a. dem Waffenstillstand von 1609 bis 1621) Einwohner der bis dahin unter den Habsburgern vereinigten Niederlande bewaffnet gegenüberstanden, wurde dabei häufig übersehen. Dazu trugen auch die Propagandisten der nördl. Provinzen während des Krieges bei, die sich gegen die landesfremden span. Herrscher, nicht aber gegen ihre Landsleute aus dem Süden wandten.

Wo eine gesamtniederl. Perspektive in den Blickpunkt kommt, geht die Forschung vom »Niederländischen B.« und nicht vom »Aufstand der Niederlande« aus. Dies entspricht der Wahrnehmung der zeitgenössischen Kommentatoren aus dem Süden wie etwa dem Antwerpener Hofhistoriker Jean-Baptiste Gramaye. Auch hier durchlief die Interpretation des Krieges historiographische Konjunkturen, die den Entwicklungen in der B.-Forschung für Frankreich und v. a. Großbritannien ähneln. Vergleichbar ist etwa die Rolle der Konfession, die insbes. in der älteren Forschung eine Schlüsselposition innehatte und die zu den Versatzstücken des Aufstiegs sowohl Englands als auch der Niederlande gegen die übermächtige kath. Tyrannei ihrer Herrscher zählt. Regionalstudien haben allerdings auch in den

Niederlanden zu einem differenzierteren Bild der Auseinandersetzungen geführt, in denen die kath. gebliebene Mehrheit der nördl. Provinzen eine wichtigere Rolle spielte, als ihr in der calvinistisch geprägten »Meistererzählung« des 19. Jh.s und ihrer Nachfolger zugestanden worden war. Wie in Großbritannien und Frankreich hat auch in den Niederlanden die sozio-ökonomische Interpretation des Aufstandes an Einfluss verloren.

Obwohl die Historiker der Niederlande größtenteils an der Nomenklatur »Aufstand« gegenüber »B.« festhalten, ist man sich heute weitgehend darin einig, dass im achtzigjährigen Krieg, der im ↗Westfälischen Frieden (1648) mit der offiziellen Anerkennung der Vereinigten Provinzen als unabhängiger Republik endete, verschiedene Gruppen für verschiedene Ziele eintraten und dass sich diese Ziele auch in den einzelnen Phasen der Auseinandersetzung änderten. Als Stichwort sei hier die »kleine Tradition« städtischer Aufstände handwerklicher Schichten für mehr Mitbestimmung in den urbanen Zentren des Landes seit dem 14. Jh. genannt, die in der Forschung gegenüber der »großen Tradition« des Aufstandes nun auch als Motiv für die Unruhen der 1560er und 1570er Jahre hervorgehoben wird (↗Revolte). Darüber hinaus versteht man diesen Krieg nun sehr viel mehr als Teil der internationalen Politik im Europa des späten 16. und 17. Jh.s, in deren Zusammenhang die Niederlande im Machtkalkül der span. Habsburger nur einer von mehreren Schauplätzen waren, während andererseits das Haus Oranien-Nassau immer auch Reichspolitik betrieb.

3. Bürgerkriege im außereuropäischen Bereich

Im Kontext der ↗globalen Interaktion fanden B. auch außerhalb Europas statt. Bes. beachtenswert sind der Sezessionskrieg in den USA (1861–1865; ↗US-Amerikanischer Bürgerkrieg), die Tai-Ping-Bewegung in China (1851–1864), die Yoruba-Kriege im heutigen Nigeria (1817–1877) sowie das ↗Mfecane in Südafrika (1828–1839), die alle sowohl auf interne als auch auf externe Einflüsse zurückzuführen sind. Ob sich derartige Auseinandersetzungen mit dem am Konzept des (europ.) ↗Bürgers orientierten Begriff B. deuten lassen, ist umstritten. Es handelt sich um innergesellschaftliche Kämpfe in einem umfassenden Sinne, wobei insbesondere die Abgrenzung zu Unabhängigkeitsrevolutionen und entsprechenden Sezessionsbemühungen – etwa auch auf dem Balkan des frühen 19. Jh.s (Griechenland 1821) oder bei der Aufteilung des südamerikan. ↗Kolonialreiches Spaniens – im Einzelfall schwierig ist (vgl. auch ↗Nordamerikanische Revolution; ↗Lateinamerikanische Unabhängigkeitsrevolutionen).

→ Englische Revolution; Konfessionskriege; Konflikt; Krieg; Religionskrieg; Revolution; Sedition; Staatsbildungskrieg

[1] R. Asch, Triumph des Revisionismus oder Rückkehr zum Paradigma der bürgerlichen Revolution? Neuere Forschungen zur Vorgeschichte des engl. Bürgerkrieges, in: ZHF 22, 1995, 523–540 [2] P. Benedict, Rouen during the Wars of Religion, 1981 [3] P. Benedict et al. (Hrsg.), Reformation, Revolt and Civil War in France and the Netherlands 1555–1585, 1999 [4] K. Greyerz, England im Jahrhundert der Revolutionen, 1603–1714, 1994 [5] H. Heller, Iron and Blood: Civil Wars in Sixteenth Century France, 1991 [6] M. Holt, The French Wars of Religion, 1562–1629, 1995 [7] R. Hutton, Debates in Stuart History, 2004 [8] W. Kaiser, Marseille im Bürgerkrieg. Sozialgefüge, Religionskonflikte und Faktionskämpfe 1559–1596, 1991 [9] J. Kenyon / J. Ohlmeyer (Hrsg.), The Civil Wars. Military History of England, Scotland and Ireland 1638–1660, 1998 [10] R. Knecht, The French Wars of Religion, 1559–1598, 1996.

Raingard Esser

Bürgerliche Gesellschaft

1. Französische Revolution und Bürgerliche Gesellschaft
2. Geschichtliche Wurzeln
3. Soziale Hintergründe
4. Begriffsgeschichte

1. Französische Revolution und Bürgerliche Gesellschaft

»Was ist der Dritte Stand? Alles. Was ist er bisher in der politischen Ordnung gewesen? Nichts. Was will er? In der politischen Ordnung etwas werden« [2]. Die griffigen Formulierungen des Abbé Sieyès in seinem politischen Pamphlet *Was ist der Dritte Stand?* (1789) können als Gründungsmanifest der B. G. und der revolutionären Beseitigung der ↗Ständegesellschaft angesehen werden. Sehr viel mehr als die früheren sog. bürgerlichen ↗Revolutionen (Niederlande 16. Jh., England 17. Jh.) sind die ersten Jahre der ↗Französischen Revolution (1789–1799) als Versuch zu werten, einen neuen Gesellschaftstypus zu realisieren. Der Versuch verstand sich aus Sicht der Revolutionäre als Modell mindestens für die Staaten ↗Europas. Ideell traf dies auch zu, denn bis nach Südosteuropa wurden, inspiriert durch die Franz. Revolution, Forderungskataloge zur Reform von ↗Gesellschaft und politischer ↗Verfassung aufgestellt.

Das franz.-revolutionäre Modell der B. G. umfasste folgende Prinzipien: (1) die traditionellen ständischen Unterscheidungen werden aufgelöst; (2) das Volk ist politisch der Souverän; (3) Ausdruck der ↗Souveränität ist die Repräsentation durch ein ↗Parlament und die ↗Gewaltenteilung; (4) das ↗Wahlrecht erstreckt sich auf die erwachsenen Männer und ist in Bezug auf die Wahlberechtigten gleich, wird aber durch Zensusbestimmungen eingeschränkt; (5) der Zugang zu allen ↗Berufen und Stellungen (auch Militär) ist bei Eignung frei (Leistungsprinzip); (6) es herrschen individuelle ↗Freiheit, rechtliche ↗Gleichheit (mit Einschränkungen, vorwiegend nur für Männer) und Eigentumsrecht; (7) es gelten männlich-bürgerliche Fundamentalrechte; (8) die staatliche Kompetenz wird auf Wirtschaft (↗Wirtschaftspolitik), Fürsorge und ↗Bildung ausgeweitet; (9) es herrscht konfessionelle Neutralität des Staats (↗Kirche und Staat); (10) ↗Nation, ↗Staat und ↗Kultur werden in eins gesetzt; (11) bürgerliche Moral und ↗Tugend sind allgemein verbindlich (↗Bürgerlichkeit); (12) man orientiert sich an ↗Innovationen aller Art, insbes. wiss., technischer und medizinischer Neuerungen; (13) ↗Glückseligkeit ist allgemeines gesellschaftliches Ziel; (14) die Hegemonie des Mannes wird festgeschrieben (↗Geschlechterrollen); (15) die bürgerliche ↗Ehe ist Fundamentalzelle der Gesellschaft; (16) Kunst und Bildung fungieren als Steuerungsinstrumente der B. G.; (17) der *Citoyen* ist Ausdruck des neu geschaffenen Menschen; (18) gesellschaftliche Selbstorganisation ist zulässig (↗Verein).

Es steht außer Frage, dass es sich hierbei um einen Idealtypus handelt, der weder in der Revolution in Frankreich noch im europ. Rezeptionsraum in dieser Form umgesetzt wurde. Während in Frankreich die Minderheitengruppe der ↗Juden an der B. G. teilhatte, blieb sie in Deutschland vor 1860/70 davon ausgeschlossen. Den Zeitgenossen war bewusst, dass die nordamerikan. Gesellschaft sehr viel mehr dem Idealtypus der B. G. entsprach als die europäische. Ständisch-bürgerliche Mischformen prägten noch stark die erste Hälfte des 19. Jh.s. Als soziale Schicht machte das ↗Bürgertum nur wenige Prozent der Gesamtbevölkerung aus. Insoweit war die B. G. die Veranstaltung einer Minderheit, nämlich der (männlichen) ↗Eliten, die jedoch bis in die Oberschicht der ↗Handwerker und ↗Kaufleute, teilweise auch der Facharbeiter, reichte. Dessen ungeachtet etablierte sich die B. G. als allgemeine Organisationsform von Gesellschaft und wirkte als Modell in andere Schichten hinein (↗Bürgerlichkeit). Der bürgerliche Habitus blieb nicht auf das Bürgertum beschränkt. Dennoch kann die B. G. vor dem späten 19. Jh. kaum als gesellschaftlich hegemonial bezeichnet werden, da sich einerseits die Adelsgesellschaft (↗Adel) zäh verteidigte und andererseits mit dem Proletariat eine eigenständige Gesellschaftsformation entstand (↗Unterschichten).

2. Geschichtliche Wurzeln

Die B. G. war freilich keine Erfindung der ↗Nordamerikanischen Revolution oder der Franz. Revolution bzw. Vorrevolution (1787–1789); teilweise wurden Reformversuche des aufgeklärten Absolutismus (↗Reformabsolutismus) weitergeführt [18]. Ihre sozialgeschichtlichen Wurzeln reichen in die Stadtgeschichte des SpätMA zurück. ↗Bürger war, wer das ↗Bürgerrecht der ↗Stadt besaß. Zumeist betraf dies die ökonomisch führenden Schichten (Zunftmeister, Kaufleute, Patrizier). Trotz aller Hierarchie innerhalb des ↗Stadtbürgertums bildete die Gemeinsamkeit des Bürgerrechts und der Freiheit des Bürgers einen gewissen Gleichheitsfundus, auf dem die politische Machtausübung in der Stadt ruhte. Im ↗Rat war das Bürgertum politisch repräsentiert. Die Tatsache, dass es über die wesentlichen ökonomischen, militärischen und administrativrechtlichen Ressourcen verfügte, bedeutete gesellschafts- und institutionengeschichtlich eine Vorwegnahme einiger Kennzeichen der späteren B. G. Dies gilt in besonderem Maß für die frühnz. Stadtrepubliken wie Venedig, die über sich keinen Herrn anerkannten, mit größeren oder kleineren Einschränkungen auch für eine Vielzahl größerer Städte in Europa. Am weitesten war vor 1800 die Entwicklung einer »nationalen« B. G. in den nördl. Niederlanden vorangeschritten [15].

Im Zuge von ↗Bürgerunruhen und Bürgerkämpfen wurde seit dem SpätMA immer wieder versucht, politische Mitbestimmungsrechte zu erkämpfen. Beispielhaft ist der 1358 gescheiterte Griff der Pariser Stadtbürger (unter der Führung des Kaufmannschaftvorstehers Étienne Marcel) nach einem Teil der landesweiten Macht unter Ausschluss des Adels. Regional, d. h. dort, wo sich Städtelandschaften wie in Oberitalien, den Niederlanden, in Schottland (*Low Lands*) und England entwickelt hatten, bildete sich der Typus der B. G. – so bereits die richtige These von Karl Marx um 1857 [1] – schon im 15., 16. und 17. Jh. aus. Die ↗Schottische Aufklärung lieferte erstmals die passende ↗Gesellschaftstheorie. In Frankreich führte die zunehmende Zentralisierung der Macht und der Sieg des absolutistischen Systems (↗Absolutismus) über den Adel zur Entstehung einer bürgerlichen Elite, in deren Händen Finanz, Handel, Verwaltung und Justiz lagen; sie stellte ein landesweites Geflecht dar und assimilierte langfristig »am oberen Rand« den Adel. Anders als in England und in den Niederlanden fehlte dieser B. G. jedoch die politische Mitbestimmung.

Erst im 18. Jh. entwickelte sich die B. G. zu einem europ. Gesellschaftstypus – sowohl auf dem europ. Kontinent (einschließlich des Vereinigten Königreichs [12]) als auch in Nordamerika und teilweise in den Kolonien. In West- und Mitteleuropa erfasste sie auch den ländlichen Raum (↗Ländliche Gesellschaft), in Italien, Portugal, Spanien, den skandinavischen Ländern und in Ostmitteleuropa blieb sie auf die städtischen Zentren beschränkt. Bezüglich Südosteuropa und Russland kann nur in Einzelfällen vor dem späten 19. Jh. von B. G. gesprochen werden [3]. Histor. Voraussetzungen waren das demographische und ökonomische Wachstum in Gestalt der ↗Industrialisierung sowie der ↗Kapitalismus als Grundlage des Wirtschaftssystems. Wachstumsorientierung, ↗Migration, individuelle ↗Mobilität und ↗Konsum von Gütern als Massenphänomene kennzeichnen die B. G. im sozio-ökonomischen Kontext.

3. Soziale Hintergründe

Mit Einschränkungen waren im 18. Jh. die ↗Freimaurer, ↗Illuminaten-Orden und sonstige vergleichbare ↗Geheimgesellschaften Impulsgeber der B. G. Zwar planten sie nicht Umsturz und Revolution, wie es seit der Franz. Revolution bis heute immer wieder behauptet wurde, da sie stark unpolitisch-esoterisch ausgerichtet waren; doch erwies sich etwa der Grundsatz der Gleichberechtigung der Mitglieder ohne Standesansehen als modellhaft – auch darin, dass die Unterschichten von vornherein nicht in Betracht gezogen wurden.

In Ostmitteleuropa (mit Ausnahme Böhmens und Mährens) war das Bürgertum schwächer vertreten als in Westeuropa; in Russland breiteten sich Logen zwar bis nach Irkutsk aus, aber deren niedrige Mitgliederzahl (nur 3000 insgesamt) verdeutlicht die Ausdünnung Richtung Osten. Die strukturellen Voraussetzungen für die B. G. waren damit so gut wie nicht gegeben. In Südosteuropa traten Logen, Geheimbünde und andere ↗Vereine vorwiegend erst nach 1800/1810 auf, dann aber in recht großer Zahl, doch ohne eine die B. G. vorstrukturierende Wirkung [20]. Am deutlichsten zeigt sich ein Zusammenhang zwischen Freimaurerei und Jakobinern in Frankreich und Mitteleuropa. Die philosophische Verbindung zwischen ↗Vernunft, ↗Freiheit, ↗Gleichheit und Antidespotismus bot sich als Handlungsmatrix in der praktischen Politik an, zugunsten der Errichtung von Republiken (Frankreich, Mainz, USA) [5]; [13].

Ganz allgemein trugen Freimaurerlogen und bürgerliche Vereine aller Art zur Formierung der B. G. bei. Die aus dem Adel und dem Bürgertum stammenden Mitglieder begegneten sich im Verein in der Regel auf gleichem Fuß. Dies trug im Kleinen dem gewachsenen Gewicht des Bürgertums Rechnung, bevor es im Großen auf der politischen Bühne durchgesetzt wurde, so in Frankreich 1789. Viele Logen und Vereine (z. B. ↗Antisklavereivereine) waren quer durch Europa oder auch nach Übersee vernetzt; die Mitglieder reisten hin und her. Andere Vereinigungen verfolgten dasselbe Ideal, so die Frauenrechtsvereine, die philanthropischen ↗Frauenvereine [4] und Menschenrechtsgesellschaften [16]. Die praktische, kommunikative und ideelle Vernetzung bürgerlicher Vereine wirkte grenzübergreifend strukturbildend und förderte die Ausbreitung der B. G. als europ. Gesellschaftstypus. Die Tatsache, dass die Vereine in der ersten Hälfte des 19. Jh.s fast wie Pilze aus dem Boden sprossen und nach festen Regeln und Statuten mit Wahlämtern, Ausschüssen, Abfassung von Protokollen und Jahresberichten funktionierten [11], machte sie zu Schulen der liberalen Zensus- und Männerdemokratie, durch welche die B. G. charakterisiert ist.

Die ↗Geselligkeit [7] als eine grundlegende Eigenschaft der B. G. erstreckte sich auf alle lebensweltlichen Bereiche. Besondere Bedeutung kam der Kunst zu, in der sich die Identität der B. G. ausdrücken konnte [9]. Eng damit verbunden war die Schaffung des passenden Menschentyps, des ↗Bürgers, *citoyen* oder *citizen*. Die Ablösung der ständischen Gesellschaft durch die B. G. schien unter dem Leitwort der Regenerierung (franz. *régénération*) einen neuen Menschentyp zu verlangen. I. Allg. geschah dies mit Hilfe von ↗Anstandsbüchern [6], die als Handreichungen für beide Geschlechter gedacht waren, doch kam es mitunter auch zu einer Blut- und Eisenpraxis und -Theorie wie vorübergehend in der Franz. Revolution [17].

4. Begriffsgeschichte

Der Begriff der B. G. reicht in die griech.-röm. Antike zurück (griech. *politiké koinōnía*, lat. *societas civilis*) [10]; [14]; [19]. Sehr allgemein bezeichnet der Terminus die rechtlich-politische Verfasstheit von ↗Gesellschaft, ggf. im Unterschied zum angenommenen ↗Naturzustand. Politische Gesellschaft und ↗Staat werden dabei nicht getrennt. In der Frühen Nz. lag bis ins 18. Jh. der Akzent auf der Bedeutung von Gemeinde, also Bürgergemeinde (↗Kommune), die einer Herrschaft (Oligarchie, Monarchie) unterworfen ist. In den frühnzl. ↗Vertragstheorien wird die Herrschaftsunterwerfung auf einen Vertrag zwischen Untertanen und Herrscher(n) zurückgeführt (↗Staatsvertrag). Der jüngere Begriff der B. G. seit der zweiten Hälfte des 18. Jh.s setzt bezüglich der Staatsform der ↗Monarchie mindestens eine geteilte ↗Souveränität zwischen Bürgern und Monarch (↗konstitutionelle Monarchie) voraus. In ihrer liberalsten Ausprägung umfasste die Bezeichnung alle volljährigen steuerzahlenden Männer.

Dass der Begriff der B. G. (engl. *civil society*, franz. *société civile*, poln. *społeczeństwo obywatelskie*, ungar. *polgári* od. *civil társadalom*, etc.) auf dem um 1800 eingetretenen begrifflichen Auseinandertreten von Staat und Gesellschaft beruhe, wie seit [14] regelmäßig angenommen wird, lässt sich so nicht sagen: Die histor. Vorstellung, dass das »Haus« (griech. *oíkos*) die Kernzelle des Staates sei, beanspruchte noch bis 1850 Gültigkeit: ↗Haushalt und ↗Familie galten weiterhin als »Pflanzschule« von Staat und ↗Nation, als Keimzelle bürgerlicher ↗Tugend und Moral und waren keineswegs eine rein private Angelegenheit [8.70]. Wichtiger war die Aufteilung der Lebenswelt in eine männliche und weibliche Sphäre, auf der die B. G. aufbaute (vgl. Abb. 1 unten).

Von der politischen Philosophie bzw. der Naturphilosophie (↗Natur- und Rechtsphilosophie) wanderte der Begriff im 18. Jh. in die neu aufkommende Gesellschafts-

Abb. 1: D. Doncre, *Le juge Pierre Lecoq et sa famille*, 1791 (Ölgemälde). Dem Mann, stehend, sind die politischen Symbole zugeordnet, der Frau, sitzend, Kinder und Haushaltssymbole. Männliche und weibliche Sphäre sind unterschieden, aber erst gemeinsam ergeben sie das harmonische Ganze der Bürgerlichen Gesellschaft.

philosophie eines Adam Smith oder Adam Ferguson [12]: Die B.G. ist eine »zivilisierte« Gesellschaft und hebt sich deshalb von (vermeintlich) naturwüchsigen Gesellschaften ab. Zwischen etwa 1750 und 1850 wurden die Begriffe B.G., Bürgergesellschaft und ↗Zivilgesellschaft weitgehend gleichbedeutend verwendet. Marx und Engels verkürzten diesen Gesellschaftstypus auf den Zusammenhang mit der kapitalistischen Wirtschaft; der Begriff der B.G. wurde im Deutschen allmählich zu einem Terminus der Gesellschaftskritik, bevor er in der sog. Zivilgesellschaft seit ca. 1980 eine Renaissance erlebte.

→ Bildungsbürgertum; Bürger; Bürgerlichkeit; Bürgertum; Eliten; Gesellschaft

Quellen:
[1] K. MARX, Grundrisse der Kritik der politischen Ökonomie, 1953, 5f. (Ndr. der Ausg. von 1857–1858) [2] E.J. SIEYÈS, Was ist der Dritte Stand?, hrsg. von O. Dann, 1988 (Ndr. der Ausg. von 1789).

Sekundärliteratur:
[3] N. BERMEO / P. NORD (Hrsg.), Civil Society before Democracy. Lessons from Nineteenth-Century Europe, 2000 [4] G.-F. BUDDE, Harriet und ihre Schwestern. Frauen und Zivilgesellschaft im 19. Jh., in: R. JESSEN et al. (Hrsg.), Zivilgesellschaft als Geschichte. Studien zum 19. und 20. Jh., 2004, 327–343 [5] S.C. BULLOCK, Revolutionary Brotherhood. Freemasonry and the Transformation of the American Social Order, 1730–1840, 1996 [6] U. DÖCKER, Zur Konstruktion des bürgerlichen Menschen. Verhaltensideale und Verhaltenspraktiken in der bürgerlichen Gesellschaft (Diss. Wien), 1992 [7] E. FRANÇOIS (Hrsg.), Geselligkeit, Vereinswesen und bürgerliche Gesellschaft in Frankreich, Deutschland und der Schweiz, 1750–1850, 1986 [8] K. HAGEMANN, Familie – Staat – Nation: das aufklärerische Projekt der »Bürgergesellschaft« in geschlechtergeschichtlicher Perspektive, in: M. HILDERMEIER et al. (Hrsg.), Europ. Zivilgesellschaft in Ost und West. Begriff, Geschichte, Chancen, 2000, 57–84 [9] A. HEMINGWAY et al. (Hrsg.), Art in Bourgeois Society, 1790–1850, 1998 [10] M. HILDERMEIER et al. (Hrsg.), Europ. Zivilgesellschaft in Ost und West. Begriff, Geschichte, Chancen, 2000 [11] S.-L. HOFFMANN, Geselligkeit und Demokratie. Vereine und zivile Gesellschaft im transnationalen Vergleich 1750–1914, 2003 [12] H. MEDICK, Naturzustand und Naturgeschichte der bürgerlichen Gesellschaft, 1973 [13] M. NEUGEBAUER-WÖLK, Esoterische Bünde und Bürgerliche Gesellschaft. Entwicklungslinien zur modernen Welt im Geheimbundwesen des 18. Jh.s, 1995 [14] M. RIEDEL, Art. Gesellschaft, bürgerliche, in: GGB 2, ³1994, 719–800 [15] S. SCHAMA, Überfluss und schöner Schein. Zur Kultur der Niederlande im Goldenen Zeitalter, 1988 [16] W. SCHMALE, Zur Geschichte der Menschenrechte und Menschenrechtsorganisationen, ca. 1788 bis 1934, in: M.G. ASH / C.H. STIFTER (Hrsg.), Wissenschaft, Politik und Öffentlichkeit, 2002, 305–320 [17] W. SCHMALE, Geschichte der Männlichkeit in Europa, 1450–2000, 2003, 186–194 [18] F.E. SCHRADER, Die Formierung der bürgerlichen Gesellschaft 1550–1850, 1996 [19] A.B. SELIGMAN, The Idea of Civil Society, 1992 [20] H. SUNDHAUSSEN, Chancen und Grenzen zivilgesellschaftlichen Wandels: Die Balkanländer 1830–1940 als historisches Labor, in: M. HILDERMEIER et al. (Hrsg.), Europ. Zivilgesellschaft in Ost und West. Begriff, Geschichte, Chancen, 2000, 149–177.

Wolfgang Schmale

Bürgerlicher Tod s. Person

Bürgerliches Recht s. Privatrecht

Bürgerliches Trauerspiel

Neben dem empfindsamen ↗Briefroman ist wohl keine andere Gattung so aufschlussreich für die lit. Neuorientierungen und kulturgeschichtlichen Wandlungsprozesse um 1750 wie das B.T. Dieses steht im Kontext von grundlegenden gattungs-, stil-, theater- und kulturgeschichtlichen Veränderungen, die ↗Drama und ↗Theater seit der Mitte des 18. Jh.s bestimmten. Mit der »↗Ständeklausel« fielen die mit ihr verbundenen lit. Stil- und Gattungsnormen. Das überkommene Gattungsgesetz, nach dem ↗Tragödien die Unglücksfälle von Fürsten und Adligen in hohem Stil und in gereimten Versen (etwa Alexandrinern) zum Gegenstand haben, die ↗Komödien dagegen die teils lächerlichen, teils rührenden Konflikte von Bürgerlichen und Bauern in Prosarede, wurde außer Kraft gesetzt. Das Leiden der bürgerlichen Mittelschichten wurde selbst tragikfähig und zum Gegenstand von Bewunderung und Mitleid.

In Deutschland war es Gotthold Ephraim Lessing, der ein Trauerspielmodell begründete, das, »als ästhetisches Paradigma menschlichen Scheiterns, auf Wahrheit und Wahrung der *conditio humana* verpflichtet ist [...] und die Niederlagen der bürgerlichen Moral ins Bild setzte, um damit die Naturbegabung des Menschen zur Solidarität, zum Mitleid zu restituieren« [9.1393]. Anschließend an Werke der engl. Literatur (wie George Lillos Drama *The London Merchant* von 1731, und Samuel Richardsons Roman *Clarissa*, 1747 ff.) und zeitgleich mit den empfindsamen Dramen von Denis Diderot in Frankreich schrieb Lessing das erste B.T. und begründete damit die Gattung: *Miss Sara Sampson* (1755). »Bürgerlich« ist hier nicht soziologisch gemeint (das Stück spielt in Kreisen des engl. Landadels), sondern vielmehr im Sinne von »privatmenschlich« oder »familiär«. Es handelte sich, anders als in den überkommenen Tragödien, um kein öffentlich-politisches Sujet, sondern um die seelischen Konflikte einer Tochter zwischen Gehorsamspflicht gegenüber ihrem Vater und Gefühlsverwicklungen mit ihrem Geliebten, der sie entführt und damit entehrt hat. Die patriarchalische Ordnung ist durch diesen Konflikt gestört und wird erst im abschließenden Tableau um die sterbende Protagonistin in den wechselseitigen Vergebungsgesten wiederhergestellt.

Lessing schuf damit ein erstes Beispiel jener bürgerlich-empfindsamen Dramatik, die er in den Folgejahren auch theoretisch zu begründen half, zunächst in den Briefwechseln mit seinen Berliner Freunden Friedrich Nicolai und Moses Mendelssohn (1756/57), dann auch in der *Hamburgischen Dramaturgie* (1768/69). Er kehrte sich dabei vom Heroismus der barockklassizistischen Tragödie v. a. Pierre Corneilles, Jean Racines und Voltaires ab und stellte stattdessen die Erregung des Mitleids und die Schulung der Mitleidfähigkeit als den zentralen Zweck des Trauerspiels in den Vordergrund. »Der mitleidigste Mensch ist der beste Mensch, zu allen gesellschaftlichen Tugenden [...] der aufgelegteste. Wer uns also mitleidig macht, macht uns besser und tugendhafter, und das Trauerspiel, das jenes tut, tut auch dieses, oder – es tut jenes, um dieses tun zu können« [5.671]. Voraussetzung dafür sind Dramenfiguren, in denen der Zuschauer sich selbst wieder erkennen kann, weil sie »von gleichem Schrot und Korne« [4.559] sind, weiterhin ein Leiden der Figuren, in das diese durch Übereilung, Fehleinschätzung oder einen Fehler geraten sind, verbunden mit einer bewunderungswürdigen Haltung im Leiden, die geeignet ist, die spezifische »gemischte Empfindung« des Mitleidens auszulösen. Im Zentrum von Lessings zweitem B.T., *Emilia Galotti* (1772), stehen die seelischen Leiden einer von ihrem hoch gesteigerten Sündenbewusstsein gequälten Frau, die ein märtyrergleiches Schicksal in einer Zeit anstrebt, in der nach Lessing das Märtyrertum obsolet geworden ist.

Die Verbindung von privatmenschlichen Konflikten und Ständeproblematik mit durchaus gesellschaftskritischer Intention wurde von Autoren des ↗Sturm und Drang wie Johann Wolfgang von Goethe, Heinrich Leopold Wagner, Friedrich Maximilian von Klinger, Jakob Michael Reinhold Lenz und Friedrich Schiller in einer Reihe von Trauerspielen der 1770er und 1780er Jahre fortgesetzt. Es handelt sich fast stets um leidende Frauengestalten, die von unlösbaren Konflikten zwischen Gehorsamspflicht gegenüber dem Vater und Liebe zu einem dem Vater nicht genehmen Liebhaber zerrissen werden. Generationen- und Geschlechterkonflikte werden auf diese Weise ineinander geblendet. Von Autoren wie Friedrich Ludwig Schröder, August Wilhelm Iffland und August von Kotzebue wurde diese Thematik des B.T. ins »Rührende« und nur Larmoyante verflacht, was wiederum Autoren wie Goethe, Schiller, Heinrich von Kleist und Franz Grillparzer nach 1800 zu Rückgriffen auf Elemente der heroischen Tradition des ↗Klassizismus veranlasste.

Die Gattung des B.T. war damit faktisch an ihr Ende gekommen, trotz vereinzelter Nachzügler wie Christian Friedrich Hebbels *Maria Magdalena* (1845). Als Georg Büchner mit seinem Fragment gebliebenen Drama *Woyzeck* (1837) noch einmal an die gesellschaftskritischen Intentionen der Sturm und Drang-Generation anschloss, veränderte er das bürgerliche zum sozialen Drama, indem er einen Repräsentanten des vierten Standes (der Unterschicht) auf die Bühne brachte, was von den Dramatikern des ↗Naturalismus (Gerhard Hauptmann, Johannes Schlaf etc.) im letzten Drittel des 19. Jh.s aufgenommen wurde.

→ Drama; Theater; Tragödie

[1] W. BARNER, ›Zu viel Thränen, nur Keime von Thränen‹. Über Miß Sara Sampson und Emilia Galotti beim zeitgenössischen Publikum, in: Das weinende Saeculum. Colloquium 1981, hrsg. von der Arbeitsstelle Achtzehntes Jh., 1983, 89–105
[2] M. FICK, Lessing-Handbuch. Leben – Werk – Wirkung, 2000 [3] K. S. GUTHKE, Das dt. bürgerliche Trauerspiel, 1994 [4] G. E. LESSING, Hamburgische Dramaturgie, 75. Stück (19. Januar 1768), in: W. BARNER et al., Gotthold Ephraim Lessing, Werke und Briefe, Bd. 6, 1985, 556–560 [5] G. E. LESSING, Gotthold Ephraim Lessing an Friedrich Nicolai im November 1756, in: W. BARNER et al., Gotthold Ephraim Lessing, Werke und Briefe, Bd. 3, 2003, 668–673 [6] T. MARTINEC, Lessings Theorie der Tragödienwirkung. Humanistische Tradition und aufklärerische Erkenntniskritik, 2003 [7] C. E. ROCHOW, Das bürgerliche Trauerspiel, 1999 [8] F. SCHÖSSLER, Einführung in das bürgerliche Trauerspiel und das soziale Drama, 2003 [9] C. WIEDEMANN, Briefwechsel über das Trauerspiel zwischen Lessing, Mendelssohn und Nicolai, in: W. BARNER, Gotthold Ephraim Lessing, Werke und Briefe, Bd. 3, 2003, 1377–1439.

Gesa Dane

Bürgerlichkeit

1. Kontext und Konzeption
2. Begriff und Genese
3. Bürgerlichkeit als Kultur

1. Kontext und Konzeption

Das soziologische Konzept der B. verdankt sich der Verlegenheit, die Träger der ↗Aufklärung und der wachsenden politischen Partizipationsansprüche des Dritten Standes (↗Ständegesellschaft) nicht mit einer sozialstrukturell definierbaren Schicht ↗»Bürgertum« identifizieren zu können [14. 9]. Da der histor. Wortgebrauch von B. allenfalls eine lose Verbindung mit Begriffen wie ↗Kultur, ↗Humanität (Lessing) oder dem importierten Terminus »Civilisation« aufweist [10], gewann der Begriff seine Prägnanz erst im Kontext der Bürgertumsforschung der 1980er Jahre. Das »Versagen der empirischen Soziologie« bei der sozialstrukturellen Erfassung einer Klasse »Bürgertum« und die Heterogenität des histor. Phänomens, weise auf die Existenz einer »immateriellen Klasse« hin, die durch eine Orientierung an der »histor. Idee« B. als gemeinsamem Entwurf des sozialen Daseins vergesellschaftet werde; diese Idee konditioniere das menschliche Handeln, determiniere es aber nicht [12].

In dieser Perspektive rückte die bürgerliche Kultur ins Blickfeld soziologischer und sozialhistor. Forschung. Sie ist laut [13] eben kein Korrelat typischer Erwerbs- oder Berufslagen; »ihr liegt nicht eine strukturelle Homogenität, sondern eine kulturelle Kommunität zugrunde« [13. 263]. Die bürgerliche Kultur erklärte sich für autonom und muss auch aus den Veränderungen des Kulturlebens erklärt werden; diese sind mannigfach strukturell bedingt, haben jedoch ihrerseits Strukturen geprägt, etwa durch die freien Assoziationen (↗Verein), die Formierung von ↗Öffentlichkeit oder durch andere Formen kultureller Vergesellschaftung.

Die Differenz zwischen der Heterogenität sozialer Lagen und der Homogenität geistiger Identitäten, zwischen Struktur und Kultur machte M. R. Lepsius zur Ausgangsbasis einer Differenzierung zwischen der Mittelklasse als Trägerschicht sozialstruktureller Merkmale und dem sich aus ihr (aber: nicht *nur* aus ihr) auf einer höheren Ebene vergesellschaftenden Bürgertum. Grundlage dieser »Vergesellschaftung« höherer Ordnung seien zwar durchaus Interessen, aber diese würden erst handlungswirksam, wenn sie durch gemeinsam akzeptierte Normen und Wertorientierungen selektiert und gebündelt seien. Dazu gehören die neuen Ideen der ↗bürgerlichen Gesellschaft, eine neue Wirtschaftstheorie und eine neue soziale Organisationsform in Gestalt der freien Vereinigung von Privatpersonen (Sozietäten, ↗Vereine). »Dem vergesellschafteten Bürgertum entspricht eine spezifische Art der Lebensführung, die man als B. bezeichnen kann. B. und Bürgertum sind insofern Korrespondenzbegriffe ohne volle Deckungsgleichheit. Das Bürgertum ist die Vergesellschaftung von Mittelschichten, die B. ist die typische Art der Lebensführung dieser Vergesellschaftung« [8. 96].

Die Attraktivität dieser Konzeption liegt darin, dass mit einer habitualisierten B. ein flexibles Scharnier zwischen der sozialstrukturell identifizierbaren, aber wenig aussagekräftigen Schicht Bürgertum und der sich quecksilbrig wandelnden bürgerlichen Kultur zur Verfügung steht. Zudem steht ›Habitus‹ als ein »System dauerhafter Dispositionierung von Handlungen« (P. Bourdieu) für eine theoriefähige Präzisierung des Begriffs. Damit wird es möglich, »nach dem Grad und der Art der B. eines Systems, einer Gesellschaft, eines gesellschaftlichen Teilbereichs in Vergangenheit (und Gegenwart) zu fragen« [7. 44].

Ausdrücklich eingeschlossen sind somit die ↗Alltags-Formen bürgerlicher Kultur, die Tischsitten, Konventionen, Kleidungsformen (↗Lebensstile) – neben den Leitideen bürgerlicher Lebensführung wie Selbständigkeit, ↗Freiheit, ↗Toleranz. Diese Spannung zwischen eingelebten Elementen bürgerlichen Verhaltens und dem der B. eigenen Reflexionsdiktat ist am besten im Begriff der ›Haltung‹ zu fassen. »Was die Privatleute als solche denken und tun, soll in keiner Weise durch soziale Zwänge induziert sein, sondern ganz ihren allgemein menschlichen Dispositionen und ihrer individuellen Eigenverantwortung, in aufklärerischer Terminologie ihrer ›Natur‹ und ↗›Vernunft‹ entspringen. Verlangt wird eine innengestützte Haltung, nicht ein eingeschliffener Habitus« [9. 17]. Im Begriff der Haltung findet der Habitus also sein notwendiges Gegenstück, um die der B. inhärente Spannung zwischen eingeschliffenen Verhaltensformen und hochreflektierter Lebensführung, zwischen Individualisierung und Vergesellschaftung aufzufangen [5. 3].

2. Begriff und Genese

B. ist demnach ein idealtypisches Regelsystem von Werten und Handlungsmustern, das sich an den Prinzipien der individuellen Selbsttätigkeit und Selbstvervollkommnung (↗Bildung; ↗Autonomie) und der kollektiven Selbstorganisation ausrichtet [6]. B. fordert vom Individuum die stete Reflexion der eigenen Lebensumstände und -ziele. Insofern setzt sie die christl. Kultur der Gewissensbefragung (↗Gewissen) fort, stellt jedoch ihre Ethik unter einen reflexiven Vorbehalt. Dadurch kann sie individuell zum funktionalen Äquivalent für Religion werden, taugt als gesellschaftlicher Religionsersatz jedoch nicht, sondern zehrt die Glaubensbestände der überlieferten Offenbarungsreligionen langsam, aber stetig auf (↗Entzauberung). B. formuliert nach außen einen universalistischen Bildungsanspruch, der keine

Exklusion beabsichtigt (↗Ausgrenzung), diese aber häufig zur Folge hat und über Bildungspatente oder intellektuelle Moden in sozialen Status umsetzt. B. kristallisiert sich sozial in freien Assoziationen (↗Vereine, Logen, Clubs, ↗Akademien, ↗Salons, ↗Parteien) und tendiert zur Integration (vgl. die Begriffe ↗Stand, ↗Nation, Menschheit), erzeugt dabei jedoch stetig neue Exklusionsformen: sozial in gesellschaftlichen Hierarchien, die sich über Leistung und Geldbesitz definieren, politisch über Zugehörigkeitsrechte (Nation), kulturell über eine dynamisierte Zeiterfahrung (Avantgarde [2]).

Universalhistorisch betrachtet ist B. ein spezifisches Produkt der europ. ↗Neuzeit. Zentrale Voraussetzung dafür war die hochma. Entstehung einer Stadtkultur jenseits der Regentensitze (↗Stadt), die durch ein hohes Maß an Autonomie und ↗Selbstverwaltung geprägt war. Ökonomisch wurde das europ. ↗Stadtbürgertum von der Entstehung großräumiger Handelsstrukturen getragen. Die technologische und wiss. Entwicklung führte zu einer zunehmend differenzierteren Arbeitsteilung und forderte eine ↗Professionalisierung, die in ihrer Dynamik das ↗Zunft-Wesen sprengte und in der freien, marktlich geregelten Vertragsbeziehung ihre spezifische Form fand. Die politischen Rahmenbedingungen für diesen Prozess konnten höchst unterschiedlich ausfallen. Während in England der koloniale Handelskapitalismus zu einer Vermögensbildung führte, die der Oberschicht neben zunehmenden Partizipationsrechten auch einen sozial offenen Lebensstil jenseits der bürgerlichen Berufe ermöglichte, sorgte der französische ↗Absolutismus für eine Homogenisierung des Untertanenverbandes. Hier erwuchs das bürgerliche, standesübergreifende Ideal der Lebensführung (↗Honnête homme) aus den Salons des funktionslos gewordenen ↗Adels heraus. In Deutschland dagegen formierte sich die B. in einem zersplitterten politischen Raum über ↗Bürgerrechte, ↗Beruf und ↗Kultur. In allen Ländern jedoch wurde sie erst dann zur Leitmaxime für andere soziale Schichten, wenn die religiösen ↗Bürgerkriege entweder durch Ausgleich oder durch zentralstaatlichen Machtgewinn neutralisiert worden waren.

Obgleich sich ↗Lebensstile als Phänomene langer Dauer einer scharfen Periodisierung entziehen, kann man doch trotz aller nationaler und regionaler Unterschiede eine Frühphase bis zur Mitte des 18. Jh.s unterscheiden, in der B. noch weitgehend ständisch gebunden blieb. Die ↗Aufklärung kann in weiten Teilen als Verbreitungsapparat bürgerlicher Lebensführung interpretiert werden, da Begriffe wie »↗Vertrag«, »↗Vernunft«, »↗Freiheit«, »Moral«, »↗Autonomie« und »↗Erziehung« ins Zentrum der öffentlichen Reflexion rückten. Mit den bürgerlichen Revolutionen ab 1789 gewann B. nach und nach den Status eines allgemeinen Rechtstitels (franz. citoyen, engl. citizen, ↗Bürger), der alle mündigen Staatsbürger einer Nation umfasst (↗Staatsbürgerschaft). Das 19. Jh. kann dann als das Jh. der B. bezeichnet werden, in dem der bürgerliche Lebensstil zur öffentlich dominierenden und repräsentativen Form wurde.

3. Bürgerlichkeit als Kultur

In allen europ. Staaten war B. ein Kulturideal, das, universalistisch formuliert und prinzipiell für alle offen, jede sozial begrenzte Struktur, in der es sich materialisiert hatte, transzendierte. Deshalb beschränkte sich die Tendenz zur Verbürgerlichung durch Partizipation an der bürgerlichen Kultur nicht auf diejenigen Schichten, die Basedow 1768 als »Privatstand der gesitteten Bürger« benannt hatte [1]. Idealtypisch lassen sich die Elemente der B. unter vier Leitbegriffen beschreiben: (1) Autonomie, (2) ↗Gleichheit, (3) Moralität, (4) Perfektibilität.

3.1. Autonomie

Die zentrale Voraussetzung für die ↗Autonomie des ↗Bürgers war die Einführung der ↗Geldwirtschaft. Erst dadurch wurde es möglich, die individuelle Existenzgrundlage von der konkreten Erwerbsform zu lösen und die eigene Daseinsform aus der jeweiligen Begrenzung durch die Güterproduktion, in die man durch Geburt oder Beruf hineingestellt war, zu lösen und ihr mit Hilfe des Kreislaufs erwerbbarer Güter ein eigenes Gepräge zu verleihen. Als Bürger »richtet man sich ein«. Die finanzielle Autonomie durch ein eigenes Einkommen ist deshalb zentrale Maxime bürgerlicher Lebensführung, und diese Autonomie ist noch gesteigert, wenn das Einkommen über die alten »freien« Berufe (Kaufmann, Arzt, Anwalt) gesichert wird. Die finanzielle steht dabei neben anderen Formen der Autonomie: der politischen der freien Meinungsäußerung – und später dann Wahl – (↗Grundrechte), der sozialen Selbständigkeit in der Wahl der Freunde und Assoziationen, der Autonomie des ästhetischen Urteils und der Autonomie der moralischen Reflexion.

3.2. Gleichheit

Der universalistische Anspruch bürgerlicher Kultur stellt das Ideal der B. unter ein Gleichheitspostulat: Weil prinzipiell jeder den bürgerlichen Lebensmaximen folgen kann, ist keiner a priori ausgeschlossen; naturrechtlich wurde dies fixiert, indem man die Autonomie des Bürgers zur Natur des Menschen erklärt. Damit wurde zuerst ideell, dann sozial und schließlich politisch eine ↗Gleichheit gestiftet, die permanent auf ihre Einlösung unter real Ungleichen drängte. So entstand eine Spannung, die zum Motor des »sozialen Fortschritts« wurde: »›Mensch‹ war man nur, wenn man sich im Kanon zeitgenössischer Kultur ›gebildet‹ hatte, wenn man der leitbildhaften Mentalität des aufgeklärten, tätigen, nach persönlicher Autonomie strebenden Subjekts entsprechen konnte und die Spannung von ↗Vernunft und Leidenschaft (↗Gefühl) im Medium der Kulturtechniken positiv zu einem ›redlichen‹ ↗Charakter zu verarbeiten vermochte. Die daraus gewonnene ›innere Natur‹ des Individuums machte den Wert der Person aus« [11. 55]. Sozial manifestierte sich das bürgerliche Gleichheitsideal etwa in der Forderung, andere Personen angemessen zu grüßen (↗Grüßen; ↗Anredeformen)[3].

3.3. Moralität

Das Streben nach sittlicher Verbesserung von Individuum und Gesellschaft ist ein zentrales Element der B., wobei auch das ethische Urteil autonom wird. Wo der Mensch aus den ständischen Korporationen entlassen wurde, geriet sein Handeln unter den Zwang der mehr und mehr individuellen Rechtfertigung. Moral wurde zu einem Schlüsselbegriff der ↗Aufklärung, weil nur mehr ethische Reflexion (einschließlich Reflexion der Tradition) und nicht mehr traditionale Geltung ethische, ästhetische und politische Entscheidungen begründbar machten (↗Ethik). Die moralische Erziehung des Einzelnen, ja ganzer Gruppen gehört somit zum Kern der B. Im 18. Jh. führte Adam Ferguson das spezifisch Menschliche im Kontrast zum interessengebundenen Nutzen auf das sittliche Empfinden zurück, Knigge empfahl den *esprit de conduite* (die Fähigkeit zu richtigem Verhalten) zur moralischen Vervollkommnung, nicht zum gesellschaftlichen Fortkommen (↗Anstandsbuch), und die franz. Moralisten ergossen ihren Spott über die Heucheleien der Gesellschaft im festen Vertrauen auf die moralische Überlegenheit des ›echten Gefühls‹ (↗Moralistik).

3.4. Perfektibilität

B. bedeutet somit auch stets, an die Verbesserungsmöglichkeit von Mensch und Gesellschaft zu glauben. Die zentralen Mittel hierzu sind ↗Vernunft und ↗Erfahrung. Die rationale Planbarkeit aller menschlicher Verhältnisse soll sowohl das Leben des Einzelnen durch einen Bildungsprozess als auch das Leben der Nation und Menschheit dem allgemeinen Fortschritt zugänglich machen. Lessings Formel von der »Erziehung des Menschengeschlechts« deckte die allgemein verbreitete Vorstellung ab, dass die Menschheit in der Frühzeit das Gute nur unter Androhung von Strafe zu tun bereit war, im Laufe der Zeit aber durch Erkenntnis und Vernunft zur Einsicht gelangt sei [4. 86]. B. bedeutet demnach, Handeln an der rationalen Erkenntnis zur Verbesserung von Welt und Selbst auszurichten. In den ↗Schulen wird die individuelle Perfektibilität durch ↗Erziehung, in den ↗Universitäten die kollektive durch Wissenschaft institutionalisiert.

B. ist somit weit mehr als ein geschichtlich abgrenzbares und abgeschlossenes Phänomen; denn durch den bürgerlichen Lebensstil wurden zentrale Elemente der westeurop. Moderne zur Grundlage eines globalen Entwicklungsmodells, das histor. nicht durch eine Gegenbewegung (›proletarischer Lebensstil‹), sondern durch kulturelle Variation (China, Indien) abgelöst wird.

→ Bildungsbürgertum; Bürgerliche Gesellschaft; Bürgertum; Kultur; Lebensstile; Soziale Wertesysteme

Quellen:
[1] J. B. Basedow, Die ganze Natürliche Weisheit im Privatstande der gesitteten Bürger, Halle 1768.

Sekundärliteratur:
[2] C. Albrecht, Der ewige Aufstieg der Canaille über die Avantgarde in die Institutionen, oder: Die Verzeitlichung der Klassik, in: C. Albrecht (Hrsg.), Die bürgerliche Kultur und ihre Avantgarden, 2004, 87–95 [3] H. Bausinger, Bürgerlichkeit und Kultur, in: J. Kocka (Hrsg.), Bürger und Bürgerlichkeit im 19. Jh., 1987, 121–142 [4] E. Behler, Unendliche Perfektibilität. Europ. Romantik und Franz. Revolution, 1989 [5] M. Hettling, Politische Bürgerlichkeit. Der Bürger zwischen Individualität und Vergesellschaftung in Deutschland und der Schweiz von 1860 bis 1918 (Bürgertum; Beiträge zur europ. Gesellschaftsgeschichte 13), 1999 [6] M. Hettling, Bürgerliche Kultur – Bürgerlichkeit als kulturelles System, in: P. Lundgreen (Hrsg.), Sozial- und Kulturgeschichte des Bürgertums, 2000, 319–339 [7] J. Kocka, Bürgertum und Bürgerlichkeit als Problem der dt. Geschichte vom späten 18. zum frühen 19. Jh., in: J. Kocka (Hrsg.), Bürger und Bürgerlichkeit im 19. Jh., 1987, 21–63 [8] M. R. Lepsius, Zur Soziologie des Bürgertums und der Bürgerlichkeit, in: J. Kocka (Hrsg.), Bürger und Bürgerlichkeit im 19. Jh., 1987, 79–100 [9] T. Reitz, Bürgerlichkeit als Haltung. Zur Politik des privaten Weltverhältnisses, 2003 [10] M. Riedel, Bürgerlichkeit und Humanität, in: R. Vierhaus (Hrsg.), Bürger und Bürgerlichkeit im Zeitalter der Aufklärung, 1981, 13–34 [11] W. Ruppert, Bürgerlicher Wandel. Die Geburt der modernen dt. Gesellschaft im 18. Jh., 1983 [12] S. Strasser, Jenseits des Bürgerlichen. Ethisch-politische Mediationen für diese Zeit (Praktische Philosophie 15), 1997 [13] F. H. Tenbruck, Bürgerliche Kultur, in: Kölner Zschr. für Soziologie und Sozialpsychologie, Sonderheft 27: Kultur und Gesellschaft, 1986, 263–285 [14] R. Vierhaus (Hrsg.), Bürger und Bürgerlichkeit im Zeitalter der Aufklärung (Wolfenbüttler Studien zur Aufklärung 7), 1981.

Clemens Albrecht

Bürgermeister

1. Aufgaben und Stellung in der Frühen Neuzeit
2. Soziale Herkunft
3. Stellung im 19. Jahrhundert

1. Aufgaben und Stellung in der Frühen Neuzeit

B. waren ursprünglich Inhaber des höchsten ↗Amts in ↗Städten; sie standen den ↗Räten und Gerichten vor, spielten bei städtischen Ritualen (z. B. ↗Bürgereid) eine zentrale Rolle und vertraten die Interessen der Stadt gegenüber Territorialherren, in den Territorialständen (⁊Stand, Stände) und später in den ⁊Parlamenten, welche eine Mitgliedschaft des B. von Amts wegen vorsahen (z. B. Preußens Herrenhaus). Umgekehrt waren B. für die Durchsetzung fürstlicher Mandate (z. B. für die Erhebung der städtischen ⁊Steuern oder die Aufstellung von ⁊Milizen) verantwortlich. Die doppelte Verpflichtung des B. gegenüber Bürgerschaft und Stadtherrn wurde im Amtseid dokumentiert.

Die Ausgestaltung des B.-Amts war so unterschiedlich wie die europ. Stadtverfassungen (⁊Städtische Verfassung). Das galt bereits für die Amtsbezeichnungen – (*Lord*) *Mayor* oder (*Lord*) *Provost* in Großbritannien, *prévôt*, später *maire* in Frankreich – welche die repräsentative oder exekutive Rolle des B. betonten. Städte konnten einen oder mehrere B. besitzen, die entweder unterschiedliche Aufgaben wahrnahmen oder in verschiedenen Monaten amtierten. Der Zugang zum Amt konnte durch Ernennung (wie z. B. in vielen Städten Frankreichs oder in Preußen), Wahl durch Räte oder ⁊Bürger (z. B. in Baden oder vielen engl. Städten), schließlich durch komplexe Rotations- bzw. Losverfahren (in Frankfurt am Main oder London) erfolgen. Die Wahl bedurfte fast immer der Bestätigung durch den Stadtherren, der das Recht zur Ablehnung mehr oder weniger intensiv nutzen konnte.

B. konnten v. a. ausführendes Organ der Zentralgewalt sein oder unter mehr oder weniger intensiver Kontrolle der Räte als Vertreter der Bürgerschaft agieren. In manchen Ländern waren judikative, exekutive und repräsentative Funktionen in Städten formal getrennt. In England z. B. wurde zwischen *Sheriff* und *Lord Lieutenant* als zivile bzw. militärische Exekutive, *Justice of the Peace* als unterste Instanz der allgemeinen Justiz und *Mayor* als Oberhaupt der Bürgergemeinde und Herr der Gewerbegerichtsbarkeit unterschieden, bis im 18. Jh. eine Tendenz zur Personalunion einsetzte.

Für das politische Gewicht des B. entscheidend war die Größe der Stadt, ihre Stärke im Vergleich zur Zentralgewalt und der lokale und regionale politische Kontext. Während z. B. in London bis ins 19. Jh. bedeutende Reservatrechte des B. bestehen blieben [4], wurde in der franz. Hauptstadt Paris das als »Vorstand der Kaufmannsgilde« (*prévôt des marchands*; ⁊Zunft) titulierte Stadtoberhaupt bereits im MA Teil der königlichen Exekutive und trat in der Frühen Nz. hinter dem Polizeipräfekten und dem Intendanten zurück. In preuß. Städten war die Funktion des B. als Vertreter des Zentralstaats ausgeprägter als z. B. in freien ⁊Reichsstädten, südddt. Territorien, der Schweiz, den Niederlanden oder ital. Stadtrepubliken.

2. Soziale Herkunft

B. stammten meist aus der Spitze der städtischen Vermögenselite (⁊Sozialstruktur; ⁊Eliten). In kleineren Städten, wo nur wenige für das Amt in Frage kamen, ergab sich so unabhängig vom Ernennungsmodus eine Tendenz zu langen Amtszeiten bis hin zur faktischen Wahl auf Lebenszeit oder zu B.-Dynastien. In Frankreich wurden städtische Spitzenämter im 17. Jh. käuflich und erblich [3] (⁊Ämterkauf).

3. Stellung im 19. Jahrhundert

In dem Maße, in dem die Zentralisierung und Systematisierung staatlicher ⁊Verwaltung im Laufe des 18. Jh.s zunahm, wurden B. allgemein vom Mittler zwischen Stadt und Landesfürst zum letzten Glied einer vom Staatszentrum ausgehenden Verwaltungshierarchie. Diese Entwicklung erreichte ihren Höhepunkt im aufgeklärten Absolutismus (⁊Reformabsolutismus) zwischen 1793 und 1848. Folge der Systematisierung war auch, dass fortan – im dt.sprachigen Raum bisher ⁊Schultheiß oder Schulze genannte – Vorsteher von ⁊Dörfern ebenfalls als B. bezeichnet wurden.

Im späteren 19. Jh. wurden B. (auch in Frankreich) wieder meist gewählt, allerdings nun nach den Bestimmungen landesweit vereinheitlichter, nur nach Einwohnerzahl differenzierenden Lokalverwaltungsordnungen (⁊Lokalverwaltung). Der Wandel hatte nur dann einen Wechsel der Sozialstruktur der B. zur Folge, wenn es durch die Wahl aristokratischer Grundbesitzer zu B. zur »Rückkehr des Schlosses ins Rathaus« kam. In dt. Städten war dies selten; in Frankreich war diese Entwicklung – v. a. in kleineren Städten – seit der Rückkehr zur B.-Wahl zu beobachten, in England dagegen erst im späten 19. Jh.

→ Kommune; Stadt; Städtische Verfassung; Verwaltung

[1] Art. Bürgermeister, in: Brockhaus' Konversations-Lex. 3, 1892, 792 [2] I. A. ARCHER, Politics and Government 1540–1700, in: P. CLARK (Hrsg.), The Cambridge Urban History of Britain 2, 2000, 235–262 [3] R. CHARTIER, Oligarches et absolutisme, in: G. DUBY (Hrsg.), Histoire de la France urbaine 3, 1985, 157–179 [4] V. HOPE, My Lord Mayor. Eight Hundred Years of London's Mayoralty, 1989 [5] J. INNES / N. ROGERS, Politics and Government 1700–1840, in: P. CLARK (Hrsg.), The Cambridge Urban History of Britain 2, 2000, 529–574 [6] G. KÖBLER, Art. Bürgermeister, in: LMA 2, 1983, 1047–1048.

Andreas Fahrmeir

Bürgermilitär, Bürgerwehr s. Stadtgarde

Bürgerrecht

1. Ursprünge und Inhalte
2. Innere Differenzierung
3. Zugangsvoraussetzungen
4. Das Ende des Bürgerrechts

1. Ursprünge und Inhalte

B. bezeichnet ↗Privilegien und Rechte, welche durch die persönliche Zugehörigkeit zu einer städtischen ↗Korporation begründet waren. Sonderrechte für Mitglieder bürgerlicher Korporationen ergaben sich bereits seit dem MA aus ↗Stadtrechten, die von Monarchen oder sonstigen Stadtherren gewährt oder aus einer verschriftlichen Tradition hervorgegangen waren; diese verliehen den oberen sozialen Schichten wirtschaftliche Privilegien und das Recht einer mehr oder weniger umfassenden ↗Selbstverwaltung. Im Detail variierten die mit dem Status des ↗Bürgers verbundenen Rechte schon im MA von Region zu Region [1], doch beinhaltete das B. fast überall vier Privilegien: (1) Partizipation an städtischer Herrschaft durch Teilnahme an Bürgerversammlungen für Wohnbezirk oder ↗Stadt, aktives und passives ↗Wahlrecht zu ↗Räten und ↗Ämtern (damit verbunden – auch unfreiwillige – Übernahme städtischer Aufgaben wie Abfallbeseitigung, Brandschutz, Verteidigung nach innen und außen); (2) ↗Gerichtsstand vor einem – oft von der Bürgerschaft gewählten – städtischen Gericht; (3) Monopole auf bestimmte ↗Berufe oder Tätigkeiten sowie Wettbewerbsvorteile durch Befreiung von ↗Steuern und Abgaben in der Stadt oder einem größeren Herrschaftsbereich; (4) wirtschaftliche Absicherung im Notfall aus städtischem Besitz und städtischen Stiftungen [1].

2. Innere Differenzierung

2.1. Politische Rechte

Im Verlauf von SpätMA und Früher Nz. wurden die Städte größer und die ↗Stadtverwaltung komplexer; dies führte meist zum Übergang von einem B. zu mehreren abgestuften B. Herrschaftsaufgaben wie die Wahl wichtiger Amtsträger (↗Beamter) gingen von Bürgerversammlungen an kleinere Sonderversammlungen über; die Bedeutung engerer Räte wuchs. V. a. für den Zugang zum Magistrat spielten familiäre Netzwerke, die Konfessions- und Besitzverhältnisse widerspiegelten, eine große Rolle, so dass sich – unabhängig davon, ob die Aufnahme in weitere oder engere Ratsversammlungen formal durch ↗Wahlen oder ↗Kooptation erfolgte – vielerorts ein Kreis »ratsfähiger« Familien bildete, deren Mitglieder faktisch eine besondere Art des B. besaßen. Diese Abstufung wurde bisweilen durch Proteste oder Aufstände in Frage gestellt und teilweise zurückgenommen, blieb insgesamt aber größtenteils bestehen.

2.2. Wirtschaftliche Rechte

In ähnlicher Weise entwickelte sich die Differenzierung wirtschaftlicher B. Je mehr der städtische Wohlstand durch spezialisierte Kaufmanns-, Handwerks- oder Finanztätigkeiten wuchs und die Sterblichkeit der Stadtbewohner aufgrund besserer Lebensverhältnisse zurückging (↗Mortalität), desto größer wurde der Anreiz zur Abschottung gegen Neubürger o. Ä. Räte und ↗Zünfte errichteten v. a. im späten 17. und 18. Jh. höhere Barrieren; zudem wuchs der zur Betriebsgründung erforderliche finanzielle Aufwand v. a. im ↗Fernhandel sowie in Luxus- und Spezialhandwerken (wie z. B. des Goldschmieds). Wo diese Abschließung nur bestimmte bes. attraktive Wirtschaftssektoren betraf, bildete sich eine Statusgruppe heraus, die Wohnrecht und begrenzte ökonomische Rechte besaß, aber in ihrer Berufswahl beschränkt und von politischer Partizipation ausgeschlossen war (z. B. die Beisassen dt. Städte oder die vom Wahlrecht teilweise ausgeschlossenen *freemen* Londons; s. u. 2.4.).

2.3. Nichtbürger

Je schwieriger der Erwerb des B. wurde, desto mehr vergrößerte sich die Gruppe der ›unterbürgerlichen Schichten‹ (↗Unterschichten), d. h. derjenigen Stadtbewohner, denen das B. verwehrt blieb, sei es wegen »ehrloser« Geburt (unehelicher Geburt oder als Kind z. B. eines Henkers; ↗Unehrlichkeit) oder fehlender finanzieller Möglichkeiten. Zudem war das B. in vielen Städten an eine oder wenige Konfessionen gebunden, so dass religiöse ↗Minderheiten ausgeschlossen wurden (↗Juden; ↗Hugenotten). Schließlich konnten Personen mit einer direkten Verbindung zum Monarchen oder zur Kirche vom B. ausgeschlossen oder befreit sein (s. u. 2.4.).

2.4. Bezeichnungen

Die Bezeichnung der verschiedenen B. variierte mit Zeit und Ort; eine umfassende Bestandsaufnahme fehlt bislang. In Deutschland wird die politische ↗Elite des ↗Bürgertums oft als »↗Patriziat« bezeichnet (in Ungarn: »Ringbürger« [14.370]; gelegentlich auch: »Großbürger«). Unterhalb der (Voll-)↗Bürger standen »Beisassen« oder »Schutzverwandte« mit gesichertem Rechtsstatus und eingeschränkten ökonomischen Möglichkeiten; allerdings blieben sie ohne politische Rechte. »Eximierte« waren Personen, welche – z. B. als ↗Beamte oder ↗Soldaten – das Bürgerrecht nicht erwerben mussten bzw. durften.« ↗Fremde« schließlich umfasste auswärtige Besucher, die nicht im Dienstverhältnis des Landesherren standen.

In Großbritannien und seinen amerikan. Kolonien wurde das B. als brit. *freedom* bzw. amerikan. *freemanship* (der *freemen*) sowie als *burgage* (der *burgesses*) bezeichnet. In manchen Städten war die politische Macht auf Mitglieder der städtischen Korporation beschränkt; dieser Status konnte vererbt, durch Kooption weitergereicht oder verkauft werden. In der City of London gab es neben den *freemen* die *liverymen*, wohlhabendere Zunftmitglieder, deren Versammlung die höchsten städtischen Amtsträger und die Parlamentsabgeordneten wählte. *Freemen* und *liverymen* besaßen aber prinzipiell dieselben ökonomischen Rechte. *Freemen* verfügten zusätzlich über das aktive und passive ↗Wahlrecht auf Bezirksebene [2].

In Genf wurde im 18. Jh. nach dem Zeitpunkt des B.-Erwerbs differenziert. Inhaber der unbeschränkten B. waren *citoyens*, die *citoyens* der ersten Generation aber *bourgeois* (obgleich *citoyens* kollektiv als *bourgeoisie* bezeichnet wurden); *habitants* mit Beisassen-Status waren wiederum die Väter von *natifs*. Dazu kamen *sujets* – die in der Stadt privilegienlosen Einwohner der zu Genf gehörenden Landgemeinden (dt. oft: »Pfahlbürger«) – und *étrangers* von außerhalb der Stadt [5.28].

In franz. Städten hatte das B. nur in Bürgerstädten wie Bordeaux Bestand. In einer direkt von einem Stadtherrn dominierten Stadt wie Paris (das der Krone unterstand) wurde die Bezeichnung *bourgeois* bereits im späten MA – ähnlich wie beim durch ›noblen‹ ↗Lebensstil‹ erworbenen ↗Adel – zum Kennzeichen der Mitgliedschaft in einer v. a. durch ihre finanzielle Position definierten städtischen Elite. Ökonomische Rechte ergaben sich dort nur aus der Mitgliedschaft in einer Zunft [9]; [4].

2.5. Bürgerrecht und Adel

Die Übergänge zwischen B. und Adel waren meistens fließend; das ↗Allgemeine Landrecht für die preußischen Staaten, das Adel und Bürgertum für unvereinbar erklärte, zog untypisch scharfe Grenzen (vgl. auch [14.382]). Die nach dem ↗Reichsdeputationshauptschluss (1803) mediatisierten (d. h. der Hoheit eines Landesfürsten unterstellten) ↗Reichsstädte integrierten das Patriziat formell in den Adel (↗Mediatisierung). In Frankreich oder Großbritannien wurde den obersten Amtsträgern der wichtigsten Städte der Adelsrang zuerkannt, so in der Anrede *Lord Mayor* für die ↗Bürgermeister von London und York, *Lord Provost* in Glasgow und Edinburgh oder der *noblesse de clocher* (»Kirchturmadel«) als dritter Kategorie hinter Schwert- und ↗Amtsadel in Frankreich [9.132].

3. Zugangsvoraussetzungen

Das B. musste persönlich erworben werden; die gebührenpflichtige Aufnahme wurde schriftlich dokumentiert (↗Bürgereid; ↗Bürgerbuch). Der Eintritt ins B. setzte neben ehrbarer ehelicher Geburt die durch Vermögen, Einkaufsgelder (Gebühren für die Zuzugserlaubnis), eine handwerkliche oder kaufmännische Lehre nachgewiesene wirtschaftliche Unabhängigkeit voraus. Obgleich die Forderung nach ökonomischer Selbständigkeit verheiratete Frauen vom B. ausschloss, besaßen ledige Bürgerstöchter und Witwen meist wirtschaftliche, seltener politische B. Die Kontrolle über den Zugang zum B. hielt den Wert des rechnerischen Anteils der einzelnen Bürger am kollektiven städtischen Besitz konstant. Daher war die Aufnahme von Bürgersöhnen, die idealerweise an die Stelle ihrer Eltern traten, unproblematisch, während bei Auswärtigen der Nutzen für die Stadt den Ausschlag gab. Söhne von B.-Inhabern besaßen nach Erreichen der Volljährigkeit in der Regel einen Anspruch auf die Aufnahme ins B.; in England – wo das B. der meisten Städte zudem käuflich war – galt das auch für Absolventen einer Lehre. Die Heirat mit einer Bürgerstochter begründete seltener einen Rechtsanspruch [10]. Bedingungen für Auswärtige richteten sich nach der konjunkturellen Lage und dem Wert des städtischen Besitzes; tendenziell stiegen Kaufpreise für das B. bzw. Einzugsgelder im Verlauf des 18. Jh.s in erfolgreichen Städten deutlich an. In Frankfurt am Main oder Genf waren im 18. Jh. z. B. Einzugsgelder von weit mehr als zehn Handwerkerjahresverdiensten üblich. Außerdem wurde hier ledigen Neubürgern die ↗Ehe mit einer Bürgerstochter oder -witwe zur Pflicht gemacht.

Der Aufnahmeprozess in das B. unterschied sich von Stadt zu Stadt. Das galt v. a. für die Verbindung zwischen B. und Zunftmitgliedschaft; so war in der Londoner City eine Zunftangehörigkeit Voraussetzung für den Erwerb des Stadt-B., während man in Liverpool das B. auch ohne diese direkt erwerben konnte. In dt. Städten entschieden Ratsgremien über Bürgeraufnahmen, während in Frankreich die städtische Aufnahme mit der direkten Verleihung von B. durch die Krone konkurrierte.

Fiskalische B. waren oft vom Wohnort unabhängig. In Paris schloss die Integration in die *bourgeoisie* – ähnlich wie die Mitgliedschaft im Adel – die landesweite Befreiung von persönlichen Steuern ein; auch Londoner Bürger genossen die landesweite Befreiung von lokalen Abgaben. Faktisch war das B. bestimmter Städte auch ein Äquivalent der Mitgliedschaft im Untertanenverband. V. a. in den dt. Staaten, in Großbritannien sowie den Kolonien in Neu-England und New York [7] konnten Städte in der Praxis Ausländer naturalisieren (einbürgern). In Frankreich gelang es dagegen der Zentralgewalt, das Staats-B. zur dominanten Kategorie zu machen.

Die Inhaber des B. waren eine Minderheit der städtischen Bevölkerung, so in Frankfurt am Main 1785 zwölf Prozent der Einwohner, in Bordeaux um 1785 sechs Prozent [9.439]. In London waren um 1800 rund 10000 der ca. 129000 Einwohner der City (bzw. der 1000000 Einwohner der Metropole insgesamt) *liverymen*; die Zahl der *freemen* ist unbekannt [2.195, 201].

4. Das Ende des Bürgerrechts

Seit dem Ende des 18. Jh.s waren zunehmend Beiträge zu städtischen Abgaben die Grundlage für lokale politische Partizipationsrechte. Ein Grund dafür war der von Zentralregierungen erstrebte Übergang zum allgemeinen Staats-B. (↗Staatsbürgerschaft); er war Kennzeichen der franz. Politik im 18. Jh. und des außerpreuß. aufgeklärten Absolutismus (↗Reformationsabsolutismus), die sich mit der ↗Französischen Revolution und dem österr. ↗Allgemeinen Bürgerlichen Gesetzbuch von 1811 (vorübergehend) durchsetzten [11]. Ökonomische B. wurden außerdem in ländlichen Regionen durch die Auswirkungen der protoindustriellen Produktion (↗Protoindustrialisierung) und in von der Zunftaufsicht nicht betroffenen Vororten (›Ausnahmebezirken‹ wie dem Pariser Faubourg Saint-Antoine) entwertet; ebenso durch die Weigerung von Geschworenengerichten und Verwaltungen, Bürgermonopole aggressiv zu verteidigen. Dazu kam mancherorts eine Politik der ↗Gewerbefreiheit [12.38–44]; [6]; [15].

In der Franz. Revolution findet sich der letzte offizielle Verweis auf das *droit de bourgeoisie* in einem Edikt vom April 1790, das die Aufnahme ins städtische B. der Naturalisation im Staat gleichsetzte; die Verfassung und das Koalitionsverbot (*loi Chapelier*) von 1791 schafften städtische Korporationen und Zünfte ab. Auch in stark vom Export franz. Rechtsvorstellung geprägten Städten wie Mailand finden sich nach der Revolution in Einwohnerkarteien keine Hinweise auf B. oder Adelsprivilegien mehr. In Großbritannien waren lokale B. eher einem schleichenden Erosionsprozess unterworfen. Da das ↗Parlament in England in der Frühen Nz. keine neuen Stadtrechte vergab und sich die ökonomischen Schwerpunkte in eher stadtarme Regionen im Norden Englands verlagerten, wurden B. zu kuriosen Überhängen in wirtschaftlich wenig prosperierenden ↗Kleinstädten und ↗Dörfern. Zwischen 1835 und 1836 wurden B. im Rahmen von Reformen der ↗Lokalverwaltung abgeschafft – mit Ausnahme der Londoner City, wo politische B. bis heute bestehen [2]. Länger hielten sich B. in Mittel- und Osteuropa, wo die ↗ständische Gesellschaft reformresistenter war. Der Übergang von der Bürger- zur Einwohnergemeinde erfolgte dort letzlich erst mit den Revolutionen von 1917/19. Zwar wurde die Zulassung zum B. – zumal im freizügigen Preußen – für Personen mit hohem Einkommen zur Formalität, doch blieben lokale politische Rechte an das B. gekoppelt.

→ Bürger; Bürgertum; Einbürgerung; Staatsbürger; Stadt; Zunft

[1] W. P. BLOCKMANS et al., Art. Bürger, Bürgertum, in: LMA 2, 1983, 1005–1041 [2] A. FAHRMEIR, Ehrbare Spekulanten. Stadtverfassung, Wirtschaft und Politik in der City of London, 1688–1900, 2003 [3] L. GALL, Vom alten zum neuen Bürgertum. Die mitteleurop. Stadt im Umbruch 1780–1820, 1991 [4] D. GARRIOCH, The Making of Revolutionary Paris, 2002 [5] A. V. HARTMANN, Reflexive Politik im sozialen Raum. Politische Eliten in Genf zwischen 1760 und 1841, 2003 [6] H.-G. HAUPT, Das Ende der Zünfte in Europa: Ein Vergleich, 1993 [7] G. R. HODGES, Legal Bonds of Attachment: The Freemanship Law of New York City, 1648–1801, in: W. PENCAK / C. E. WRIGHTS (Hrsg.), Authority and Resistance in Early New York, 1988, 226–244 [8] M. MERIGGI / P. SCHIERA, Dalla città alla nazione: borghesie ottocentesche in Italia e in Germania, 1993 [9] R. MOUSNIER, Les institutions de la France sous la monarchie absolue (Bd. 1: Société et État), 1974, 437–469 [10] S. OGILVIE, How Does Social Capital Affect Women? Guilds and Communities in Early Modern Germany, in: American Historical Review 109, 2004, 325–359 [11] P. SAHLINS, Unnaturally French: Foreigners in the Old Regime and After, 2004 [12] H. SCHULZ, Das ehrbare Handwerk: Zunftleben im alten Berlin zur Zeit des Absolutismus, 1993 [13] R. SWEET, The English Town, 1680–1840, 1999 [14] B. SZELÉNYI, The Dynamics of Urban Development: Towns in Sixteenth- and Seventeenth-Century Hungary, in: American Historical Review 109, 2004, 360–386 [15] M. J. WALKER, The Extent of Guild Control of Trades in England, c. 1660–1820: A Study Based on a Sample of Provincial Towns and London Companies (Diss. Cambridge), 1985.

Andreas Fahrmeir

Bürgerrechte s. Grundrechte

Bürgerschule

Die B. entwickelte sich in Deutschland im Lauf des 18. Jh.s als städtische Mittelschule, um die oft beklagte Lücke zwischen den gewöhnlichen ↗Elementarschulen und den ↗Lateinschulen zu schließen. Ziel dieses neuen, aus der Differenzierung des niederen Schulwesens (↗Schule) hervorgegangenen Schultyps war es, eine allgemeine, »realistische« ↗Bildung für die Kinder des gewerbetreibenden städtischen ↗Bürgertums anzubieten (u. a. moderne Sprachen, Rechnen und Mathematik, Naturbeschreibung und -lehre, Geschichte, Erdbeschreibung, praktische Fertigkeiten), die über das Niveau der elementaren Schulen hinausreichte, ohne aber wie die höheren Schulen schon eine gelehrte Bildung einschließlich ↗Latein zu vermitteln.

Weder B. noch Mittelschule sind bis ins 20. Jh. hinein eindeutig zu definieren: Während z. B. in Süddeutschland, Österreich oder Polen »Mittelschule« Bildungseinrichtungen bezeichnete, die zwischen den Elementarschulen und den ↗Universitäten angesiedelt waren (in der Nz. also v. a. die Gymnasien der Jesuiten und anderer Orden), war es im nördl. Deutschland ein Schultyp, der zwischen Volksschule und ⁊Gymnasium eine »mittlere« Bildung anbot. Unterschiede in der Benennung gab es aber selbst innerhalb einzelner Territorien; zudem war die Grenze gerade zur ⁊Realschule, aber auch zu den kleinen zwei- oder dreiklassigen Lateinschulen fließend [6]. In Preußen z. B. wurden erst 1872 alle gehobenen Volksschulen, also die zahlreichen Bürger-, Mittel-, Rektor-, höheren Knaben- und Stadtschulen, unter der Bezeichnung Mittelschule zusammengefasst und einheitlich beaufsichtigt, während die über die normale Schulpflicht (⁊Schulordnung) hinausgehenden »höheren« Bürgerschulen gemeinsam mit den Realschulen zu den (lateinlosen) höheren Schulen gerechnet wurden [5]. Nicht nur die dt. bildungsgeschichtliche Forschung hat das »mittlere« Bildungswesen stark vernachlässigt; anscheinend wirkte neben der vergleichsweise geringen Schülerzahl dieser Einrichtungen v. a. die Ablehnung von Mittelschulen und den darin verstärkt angebotenen Realienfächern durch das in der ersten Hälfte des 19. Jh.s dominierende neuhumanistische Denken nach (⁊Neuhumanismus).

Bereits in der zweiten Hälfte des 17. Jh.s u. a. von Veit Ludwig von Seckendorff gefordert, brachten insbes. die pietistischen Bildungsvorstellungen August Hermann Franckes in Halle entscheidende Impulse für erste Gründungen von Schulen mit mittleren, praxisorientierten Bildungsinhalten (⁊Pietismus). Großen publizistischen Einfluss hatte im Zeichen der pädagogischen Ideen der ⁊Aufklärung v. a. das Werk des evang. Theologen und Schulrektors Friedrich Gabriel Resewitz zur »Erziehung des Bürgers« (1773) [1], das die Dreigliedrigkeit des Schulwesens mit einer besonderen Stärkung der Schulen für den Mittelstand (den »geschäftigen Bürgerstand«) einschließlich der in ihnen zu vermittelnden Realien forderte. Dieses seit den 1770er Jahren vermehrt zu beobachtende dt. Modell der B. inspirierte insbes. die Entwicklung in den skand. Ländern, wobei in Dänemark die obersten Klassen der städtischen Elementarschulen als B. eingerichtet wurden, während in Norwegen dieser neue Schultyp streng getrennt neben den Elementar- und Lateinschulen existierte. Gegenüber der in dän. und norweg. Städten zu beobachtenden Gründungswelle seit den 1780er Jahren lässt sich in Schweden eine erste B. erst 1836 feststellen; in Finnland hingegen experimentierte man zwischen 1812 und 1822 immerhin kurzfristig mit einer Realschule [7].

In anderen europ. Staaten wurde das spezifische Modell der B. zwar nicht verfolgt, doch gab es auch hier eine Vielzahl an Ansätzen, schulische Angebote oberhalb der Elementarschulen zu schaffen. So wurden z. B. in Italien nach 1818 höhere Elementarschulen eingeführt, die Realklassen für »ökonomische Berufe« besaßen, während man in der Schweiz vereinzelt direkt am dt. Modell der Realschule anknüpfte. In Österreich differenzierte sich das niedere Schulwesen im letzten Viertel des 18. Jh.s in Trivialschulen, Hauptschulen und Normalschulen; letztere dienten gleichzeitig der Lehrerausbildung. In Bulgarien und Rumänien lassen sich aufgewertete Volksschulen in Form sog. Hauptschulen seit den 1830er Jahren feststellen, in Polen dagegen wurden die höheren Elementarschulen in Form von Subdepartementalschulen bereits 1819 wegen des Fehlens geeigneter Lehrer wieder abgeschafft.

Bei einer näheren Betrachtung der dt. Entwicklung konnte die neuere Forschung jedoch deutlich machen, dass auch zahlreiche der in den 1820er und 1830er Jahren in einer zweiten Gründungsphase entstehenden B. keinesfalls das Ergebnis einer staatlichen ⁊Bildungspolitik waren, sondern vielmehr aufgrund lokaler Bildungsinteressen des jeweiligen ⁊Bürgertums, also durch kommunale Schulpolitik, eingerichtet wurden und damit direkt an ältere Traditionen anknüpften [2]; [4]; [8]. Die erste Hälfte des 19. Jh.s stellte so für das im letzten Drittel des 18. Jh.s in Ansätzen entstehende mittlere Schulwesen einschließlich der B. eine Zeit des Übergangs und des Ausprobierens dar. Erst im letzten Drittel des 19. Jh.s entfalteten sich die mittleren Schulen auf einer festen Grundlage, und erst das 20. Jh. brachte endgültig den Schritt zu einem dreigliedrigen Schulsystem.

→ Bildung; Bürgertum; Elementarschule; Schule

Quellen:
[1] F. G. Resewitz, Die Erziehung des Bürgers zum Gebrauch des gesunden Verstandes und zur gemeinnützigen Geschäfftigkeit, Kopenhagen 1773 (Ndr. der 9. Aufl. 1975).

Sekundärliteratur:
[2] H.-J. Apel / M. Klöcker, Die preußische höhere Bürgerschule im Vormärz. Analyse des Bildungsprogramms und der Schülerschaft an der ersten rheinischen höheren Bürgerschule zu Köln, in: Zsch. für Pädagogik 30, 1984, 775–795 [3] H. W. Brandau, Die mittlere Bildung in Deutschland. Historisch-systematische Untersuchung einiger ihrer Probleme, 1959 [4] F.-M. Kuhlemann, Die höheren Bürgerschulen. Vergleichende Aspekte des »mittleren« Schulwesens im Rheinland 1790–1860, in: Rheinische Vierteljahrsblätter 59, 1995, 123–151 [5] P. Lundgren, Sozialgeschichte der dt. Schule im Überblick, Teil I: 1770–1918, 1980 [6] R. Maskus (Hrsg.), Zur Geschichte der Mittel- und Realschule, 1966 [7] W. Schmale / N. L. Dodde (Hrsg.), Revolution des Wissens? Europa und seine Schulen im Zeitalter der Aufklärung (1750–1825). Ein Hdb. zur europ. Schulgeschichte, 1991 [8] V. Wittmütz, Schule der Bürger. Die höhere Schule im Wuppertal 1800–1850 im Spannungsfeld zwischen bürgerlichem Gestaltungswillen und staatlicher Reglementierung, 1981.

Jens Bruning

Bürgerspital s. Hospital

Bürgertum

1. Definition und Gegenstand
2. Sozialgeschichte
3. Kulturgeschichte
4. Politische Geschichte
5. Forschungsgeschichte und Forschungsprobleme

2. Sozialgeschichte
2.1. Wirtschaftsbürgertum
2.2. Kleinbürgertum
2.3. Bildungsbürgertum
2.4. Umfang

1. Definition und Gegenstand

B. bezeichnet (1) eine soziale Schicht, deren Mitglieder sich durch überdurchschnittlichen Wohlstand, eine Tätigkeit in ↗Handwerk, ↗Handel, ↗Bank-Wesen, ↗Industrie oder ↗Berufen, die eine hochspezialisierte, meist universitäre Ausbildung voraussetzen, auszeichnen und in aller Regel in ↗Städten beheimatet sind; ferner (2) Personen, die sich durch einen Wertekanon, der Leistungsbereitschaft, Partizipation in ↗Vereinen, ↗Bildungs-Willen, ästhetische Rezeption von Hochkultur, »Respekt vor der Wissenschaft« und ein »besonderes Familienideal« (↗Familie) umfasst, vom Rest der Gesellschaft abheben (↗Bürgerlichkeit), oder (3) die an politischen Entscheidungsprozessen partizipieren (↗Staatsbürgertum; ↗Liberalismus).

Ambivalenzen des Begriffs ergeben sich bereits aus den systematischen Überschneidungen der Definitionen. Während B. als soziale Schicht vom ↗Adel, der Landbevölkerung (↗Bauern) und städtischen unterständischen Schichten (↗Unterschichten) [13] abgegrenzt ist, umfasst es als kulturelle (2) oder politische (3) Gemeinschaft Teile dieser Gruppen; überhaupt war die Ausweitung des B. zum »allgemeinen Stand« aller (ehrbaren) Staatsbürger seit dem 18. Jh. in den Staats- und Gesellschaftsanalysen der ↗Aufklärung angelegt [32. 215–266]. Schließlich wechselte die Bedeutung von B. mit der Epoche: Bis ins 18. Jh. bezeichnete B. eher einen durch einen Rechtsstatus definierten Stand (↗Bürgerrecht), ab dem späten 18. Jh. vornehmlich eine durch ökonomische Lage, berufliche Tätigkeit oder Selbstwahrnehmung abgegrenzte Klasse (↗Klassengesellschaft).

Während B. im Deutschen zugleich eine sozial, kulturell und politisch definierte Gruppe bezeichnet, differenzieren andere Sprachen zwischen den Definitionen. Im Englischen, Französischen oder Italienischen beschreiben *middling ranks/middle classes*, *bourgeoisie* (auch engl.) oder *borghesia* wirtschaftliche Lage und Kultur der ›mittleren‹ gesellschaftlichen Schichten, während das politische B. als *citizens*, *citoyens*, oder *cittadini* erscheint [22]. B. ist mithin ein Terminus, der nicht nur eine soziale, kulturelle oder politische Gruppe beschreibt, sondern diese auch konstruiert und damit – vielleicht – konstituiert.

Im Folgenden wird vornehmlich nach dem Ausmaß der Einheit des B. und den Gründen, diese Einheit zu postulieren, gefragt (zu der konkreten Entwicklung bürgerlicher Berufe vgl. ↗Bildungsbürgertum, ↗Wirtschaftsbürgertum und ↗Stadtbürgertum).

B. umfasst Familien von »Besitz« und »↗Bildung« [2], also soziale Gruppen, deren strukturelle Gemeinsamkeiten sich erst gegen Ende der Frühen Nz. entwickelten und regional unterschiedlich stark ausprägten. Der folgende Überblick untersucht, wie die Vorstellung eines einheitlichen B. begründet werden kann, welche spezifischen Probleme diese Annahme nach sich zieht und wo ihre Grenzen liegen.

2.1. Wirtschaftsbürgertum

Kern des ↗Wirtschaftsbürgertums waren ↗Berufe in Handwerk und Handel, welche den Besitz des ↗Bürgerrechts oder spezielle ↗Privilegien (etwa für ↗Juden) voraussetzten. Die gemeinsame Standeszugehörigkeit trug dazu bei, die mit der Zeit größer werdenden Vermögens- und Statusunterschiede zwischen Großhändlern, Fabrikanten und Bankiers (↗Bank) einerseits, Handwerkern und Einzelhändlern andererseits zu überbrücken. ↗Unternehmer in allen Bereichen blieben bis zum Ende des 18. Jh.s durch ähnliche Lebenserfahrungen geprägt. Den institutionellen Rahmen ihres wirtschaftlichen Handelns setzten überregionale Handwerksordnungen, städtische ↗Zünfte und Kaufmannszusammenschlüsse, die oft genossenschaftliches Wirtschaften vorschrieben oder förderten (vgl. ↗Genossenschaft). Die Ausbildung erfolgte überwiegend durch eine ↗Lehrzeit. Ihre wirtschaftliche Perspektive war überlokal, meist überregional – das ergab sich bei Groß- und Fernhändlern aus der Natur der Sache, bei ↗Handwerkern aus der Wanderschaft (↗Gesellenwanderung); [10]; [34].

Die Prägekraft dieser gemeinsamen Erfahrungen war aber nicht überall gleich stark. Auf den brit. Inseln, in Italien oder den Niederlanden nahm die Bedeutung juristischer Standesunterschiede (↗Stand; ↗Stände) bereits im 17. und 18. Jh. ab. In Frankreich blieben sie theoretisch wichtig, wurden aber lokal unterschiedlich geregelt und seit dem 17. Jh. durch ↗Ämterkauf massiv unterlaufen; in Norditalien wie in Österreich sorgte die »bürokratische Monarchie« für einen Abbau von Standesunterschieden (↗Josephinismus), der in Österreich aber nach 1800 wieder zurückgenommen wurde [23]. Im übrigen Mitteleuropa blieben Zunftordnungen und Standesunterschiede auch nach 1800 von nachhaltiger Bedeutung, während in Osteuropa ein Bürgerstand durch ältere ↗Stadtgründungen nach mitteleurop. Vorbild oder die gesellschaftliche Neuordnung des aufgeklärten Absolutismus (↗Reformabsolutismus) zwar etabliert wurde, insgesamt aber ein marginales Phänomen blieb [30]. In den Kolonien europ. Staaten waren Standesunterschiede weniger ausgeprägt als bei den jeweiligen Kolonialmächten.

Die Abschaffung bzw. Lockerung des Zunftzwangs und die (partielle) Aufhebung von städtischen ↗Bürgerrechten im Zuge des Übergangs von der Bürger- zur Einwohnergemeinde im 19. Jh. beseitigte den gemeinsamen Rechtsstatus des ↗Wirtschaftsbürgertums, zumal immer mehr Unternehmer außerhalb von Städten aktiv wurden, um ländliche Rohstoff- und Energiequellen oder Arbeitskräftereserven zu nutzen. Die Integration dieser Unternehmer ins Wirtschafts-B. ergab sich aus ihrem Berufsprofil, ihren Heiratskreisen und ihrer – freilich nur begrenzt dokumentierten – Selbstwahrnehmung. In der zeitgenössischen Diskussion wurden diese neuen Unternehmer teilweise durch die Bezeichnung *bourgeoisie* oder »Kapitalisten« vom Wirtschafts-B. älterer Prägung differenziert.

2.2. Kleinbürgertum

Die Beziehung zwischen ›neuen‹ Kapitalisten und ›altem‹ Wirtschafts-B. ist umstritten. Eine Forschungshypothese geht von der Formierung einer neuen sozialen Schicht in Großbritannien und den Niederlanden seit dem 18. Jh., in Frankreich und Deutschland seit dem späten 18. Jh. sowie in Osteuropa seit dem 19. Jh. aus; dies sei geschehen, als vermögende (Industrie-)Unternehmer an die Spitze der städtischen (Bürger-)Gesellschaften vordrangen. Zugleich habe das traditionelle Wirtschafts-B. Sozialprestige und Einkommen eingebüßt, weil die handwerkliche Produktion in kleinen Werkstätten durch in ↗Fabriken hergestellte und von Großhändlern vertriebene Massenwaren verdrängt wurde. So konnte spätestens in den Jahrzehnten um 1850 das Klein-B. als neue soziale Formation entstehen, charakterisiert durch die Erfahrung rapiden sozialen Abstiegs. Da das Klein-B. versucht habe, an den traditionellen korporativen Strukturen festzuhalten, sei es – im Gegensatz zum Groß-B. – zum Gegner wirtschaftlicher Modernisierung und zu einer politisch rückwärtsgewandten, von der Sehnsucht nach einer harmonischen Vergangenheit erfüllten Schicht geworden [38].

Fest steht, dass seit der Mitte des 19. Jh.s die Unterschiede in den Vermögensverhältnissen von Industrieunternehmern oder Bankiers einerseits, ↗Handwerkern und Einzelhändlern (↗Krämern) andererseits kaum mehr durch gemeinsame Ausbildungs- und Wirtschaftserfahrungen zu überbrücken waren. Inwieweit das zur gesellschaftlichen Marginalisierung und politischen Radikalisierung des Klein-B. führte, dessen Produktionsformen in allen europ. Wirtschaften bis in die 1880er Jahre prägend blieben, hing v. a. von der konkreten politischen Entwicklung ab. In Frankreich beispielsweise galten Kleinbürger und ↗Kleinbauern auch nach 1870 als soziale Basis der Dritten Republik (1870–1940), während sie im Dt. Reich in stärkerem Maße durch Interessenvertretungen von Großindustrie, Großagrariern und Arbeiterverbänden (↗Gewerkschaft) an den Rand des politischen Spektrums abgedrängt wurden.

Eine zweite Deutung betont dagegen, dass das ›neue‹ Wirtschafts-B. der Großunternehmer aus dem ›alten‹ Wirtschafts-B. hervorging, dessen Mitglieder ökonomische Möglichkeiten nutzten, die sich aus den Veränderungen der ↗Sattelzeit um die ↗Französische Revolution ergaben, so dass das ›neue‹ B. aus dem alten B. entstand und auch kulturelle Gemeinsamkeiten den Austausch zwischen beiden Gruppen erleichterten. Auch diese Deutung gibt aber zu, dass die Selbstmodernisierung nur einem Teil des ›alten‹ B. gelang und nach 1850 die Spaltung kaum mehr überbrückt werden konnte [24]; [6].

Der Verbleib von kleineren Unternehmern im B. hing somit erstens von der Bereitschaft zur Modernisierung, zweitens von globalen konjunkturellen Entwicklungen und Strukturen ab.

2.3. Bildungsbürgertum

Bildungsbürger – die hochqualifizierten Absolventen von ↗Universitäten und sonstigen höheren Bildungseinrichtungen – unterlagen nicht der Pflicht, das ↗Bürgerrecht zu erwerben; bisweilen wurden sie sogar von diesem ausgeschlossen. Zudem waren sie nicht unbedingt an Städte gebunden, sondern fanden sich bei ↗Hof, in ↗Klöstern, Stiften, Pfarreien, Gerichtsorten oder Universitäten (↗Bildungsbürgertum); ihre Einkünfte aus Ämtern übertrafen bis gegen Ende der Frühen Nz. (oft dramatisch) die des Wirtschafts-B. (↗Beamter).

Bis ins 19. Jh. prägten aristokratische ↗Studenten und deren Umgangsformen (vgl. ↗Burschenschaft; ↗Deposition; ↗Duell) die Universitäten; Konflikte zwischen biederen Bürgern und aufgeweckten bzw. aufsässigen Studenten waren z. B. als »*town & gown*« sprichwörtlich. Hohe und höchste ↗Ämter in Staat oder Kirche, für die man eine akademische Bildung benötigte (Kardinal- und ↗Bischofsamt, ↗Richter, ↗Minister), wurden fast ausschließlich mit Adeligen besetzt (↗Amtsadel). Der Aufstieg in bildungsbürgerliche Spitzenpositionen setzte bis ins 18. Jh. somit entweder adelige Herkunft voraus oder führte selbst zur Aufnahme in den Adelsstand. Beispiele sind der aristokratische Rang der *noblesse de robe* der franz. Jurisprudenz, die Mitgliedschaft der obersten Richter im brit. *House of Lords* oder die Stellung von ↗Geistlichen als dem Ersten Stand.

Für Söhne des ↗Stadtbürgertums hatte höhere ↗Bildung implizit auch das Ausscheiden aus der Bürgerschaft (↗Bürgerrecht) zum Ziel. Lebens-, Ausbildungs-,

Berufs- und Gesellschaftserfahrung von Bildungs-B. und Wirtschafts-B. waren in der Frühen Nz. somit kaum vergleichbar. Das änderte sich erst im Verlauf des 19. Jh.s. Die Aufhebung des Adelsmonopols für den höheren Staatsdienst zugunsten (staats-)bürgerlicher Rechtsgleichheit, die Expansion des höheren Bildungswesens (↗Schule; ↗Universität), die Konvergenz bildungs- und wirtschaftsbürgerlicher Einkommen – die dann allerdings durch immer größere wirtschaftsbürgerliche Gewinnmöglichkeiten gegen Ende des 19. Jh.s wieder verloren ging – und die Konzentration von Verwaltungs- und Justizfunktionen in (Haupt-)Städten führten zur Angleichung der Lebensformen, einer gemeinsamen Mitgliedschaft in ↗Vereinen, Verwaltungsgremien oder ↗Parlamenten. Allerdings gehörten auch dort die offiziellen Vertreter des Bildungs-B. entweder (wie in Großbritannien oder Bayern) der ›bürgerlichen‹ zweiten oder (wie in Preußen) der ›aristokratischen‹ ersten Kammer an. Der kulturelle und soziale Abstand zwischen Wirtschafts-B. und Bildungs-B. ergab sich fortan v. a. aus dem Grad der Öffnung des höheren Bildungswesens für bürgerliche Studenten, der etwa in Deutschland oder Frankreich erheblich, in England bis zur Gründung der »neuen« Universitäten ab 1830 dagegen eher gering war.

2.4. Umfang

Je nach Definition gehörten zwischen 4 % und 20 % der ↗Bevölkerung der nzl. europ. Staaten zum B. Dabei spielen objektive Faktoren – wie etwa die von Westeuropa nach Osteuropa abnehmende ↗Urbanisierung – ebenso eine Rolle wie eher willkürliche Kriterien: Zu nur aus dem jeweiligen Forschungszusammenhang zu verstehenden Entscheidungen zählen z. B. konkrete Einkommens- oder Vermögensgrenzen [7] und die Entscheidung über die Zuordnung von protest. bzw. kath. ↗Geistlichen zum Bildungs-B. Angesichts der Rolle der Familie für das B. (s. u. 3.1.), aber auch der Annahme eines kath. Bildungsdefizits werden v. a. in Deutschland kath. Geistliche kaum zum Bildungs-B. gerechnet. In Bezug auf Vermögensgrenzen hat sich in der Forschung eine eher restriktive Definition durchgesetzt, welche das B. auch im 19. Jh. als kleine ↗Elite erscheinen lässt, die kaum die »Mitte« der Gesellschaft darstellte [20]; [29]; [18].

3. Kulturgeschichte

3.1. Familiensinn
3.2. Leistungsdenken
3.3. Vereinswesen
3.4. Fazit

Zu Beginn der Frühen Nz. war B. v. a. als Rechtsstatus definiert (↗Stand, Stände). Kulturelle Praktiken und Weltdeutungen (↗Bürgerlichkeit) stifteten den Zusammenhalt von Bildungs-B. und Wirtschafts-B. in dem Maße, in dem rechtliche Standesunterschiede an Bedeutung verloren. Der genaue Zeitpunkt des Übergangs unterschied sich von Land zu Land, von Region zu Region und von Stadt zu Stadt, da er von lokalen juristischen wie kulturellen Traditionen und sozialen Praktiken abhing. In Paris wurde *bourgeoisie* bereits zu Beginn der Frühen Nz. eher als Lebensform begriffen, während in Bordeaux dem juristischen Aspekt mehr Bedeutung zukam. In Frankfurt am Main oder Hamburg trat die Definition des B. als Kulturgemeinschaft bis ins späte 19. Jh. hinter dem B. als Rechtsstatus zurück, während das ↗Allgemeine Landrecht für die preußischen Staaten mit seiner Definition von B. als Gruppe, die weder dem Adel noch der Bauernschaft zugerechnet werden konnte, auf die städtische Lebensweise insgesamt zielte [21. 660–662] (↗Lebensstile).

Als Kern kultureller ↗Bürgerlichkeit identifizierte Eigenschaften wurden somit genau zu der Zeit Bestandteil bürgerlicher Identität, als im politischen Bereich die Grenzen zwischen B. als Stand und ↗Staatsbürgerschaft als Gemeinschaft aller unabhängigen ehrbaren ↗Hausväter sowohl in der staatsphilosophischen Diskussion als auch in den ↗Verfassungen und Verfassungsentwürfen verschwammen und schließlich verschwanden. Das war – je nach Land – vom späten 17. Jh. (Großbritannien, John Locke) bis zum 19. Jh. der Fall [15]; [9]. Bürgerlichkeit als Mittel der Identitätsstiftung hatte daher von Anfang an eine doppelte Bedeutung bzw. einen doppelten Anspruch: einerseits war sie Attribut einer bestimmten sozialen Schicht, andererseits für die staatsbürgerliche Gesellschaft insgesamt verbindliche Norm. Obgleich v. a. im ausgehenden 18. Jh. literarische Werke einen Gegensatz zwischen bürgerlicher Tugend und adeliger Verdorbenheit darstellten (z. B. Friedrich Schillers *Kabale und Liebe*, 1784 bzw. Choderlos de Laclos' *Les liaisons dangereuses*, 1782), grenzte das Kriterium der Bürgerlichkeit das B. weitaus weniger klar von anderen Klassen ab, als es die wirtschaftliche Rolle oder die Ausbildung vermochten. Einige Beispiele:

3.1. Familiensinn

B. und Adel teilten sowohl die Wertschätzung familiärer Bindungen und die Pflege verwandtschaftlicher Beziehungen aus persönlichem wie materiellen Interesse als auch die Sanktion von ↗Unehelichkeit oder unstandesgemäßen Ehen (↗Ebenbürtigkeit). Die Zunahme der emotional geprägten Partnerwahl im Zuge der ↗Empfindsamkeit des späten 18. und frühen 19. Jh.s bedeutete hierbei keinen grundsätzlichen Richtungswechsel, denn diese erfolgte auch im B. weiterhin überwiegend in der eigenen sozialen Schicht (↗Ehekonsens). Ein auf Trennung von (privater) ↗Familie und (öffentlichem) ↗Beruf zielendes Familienideal, das im 19. Jh. für das B. prägend wurde [4], blieb aus lebenspraktischen Gründen bis ins 18. Jh. unrealistisch: Privatwohnung und Werkstatt bzw. Kontor waren selbst bei wohlhabenden Kaufleuten etwa in London nicht getrennt (↗Privatsphäre; ↗Öffentlichkeit) [16. 85–114]. Eine geringere Bedeutung der ↗Ehe fand sich dagegen in der Tat bei unterständischen Schichten, die z. T. aufgrund ökonomisch motivierter Eheschränkungen an der Gründung legitimer Familien gehindert waren.

3.2. Leistungsdenken

Mit Gewinnstreben verbundene körperliche ↗Arbeit war für das B. legitim; als unzulässig galten hingegen unehrliche Berufe wie ↗Henker, ↗Büttel oder abhängige Arbeitsverhältnisse (z. B. ↗Dienstboten; vgl. ↗Unehrlichkeit). Bürgerliches Gewinnstreben in der Frühen Nz. unterschied sich dennoch vom modernen Leistungsdenken. Stadtbürgerliches Wirtschaften fand in Kooperation statt, die wirtschaftliche Ungleichheit und individuelle Arbeitsbelastung begrenzte und Höchstleistungen kaum honorierte. Bürgerliche Ämter oder Sinekuren wurden vielfach – in betontem Gegensatz zum Leistungsprinzip – als Ausgleich für berufliche Fehlentscheidungen und nicht zur Belohnung erbrachter oder vermuteter Leistung vergeben. Die Inanspruchnahme sozialer Sicherungssysteme des B. (wie ↗Hospitäler oder Stiftungen) brachte – anders als die reguläre Armenhilfe, die wirtschaftlichen Misserfolg gesellschaftlich ächtete – keinen ↗Ehrverlust mit sich. Bildungsbürger verschleierten ihr Gewinnmotiv durch den Verweis auf den Dienst am ↗Gemeinwohl und Zahlungsmodalitäten, die den direkten Austausch von Leistung gegen Bargeld vermieden. Erst mit dem Übergang zur ↗Gewerbefreiheit seit Ende des 18. Jh.s trat unbeschränkte ↗Unternehmer-Konkurrenz an die Stelle der Kooperation. Im Laufe des 19. Jh.s galt dies zunehmend auch für Bildungsbürger, die als Schul- oder Hochschulabsolventen um Plätze an Elitehochschulen oder Posten im Staatsdienst konkurrierten, welche nun auf der Grundlage einer detaillierten Bewertung individueller Leistung vergeben wurden (↗Beamtenausbildung).

3.3. Vereinswesen

Zu Beginn der Frühen Nz. war bürgerliche ↗Geselligkeit durch ↗Zünfte geprägt, die ökonomische und soziale Interessen verbanden; dazu traten seit dem 17. Jh. Gesellenverbände (↗Bruderschaft). Der Übergang von Zünften zu ↗Vereinen und Interessengruppen war ebenso fließend wie der von den Gesellenverbänden zu ↗Gewerkschaften [11]. Seine Form hing mit rechtlichen Rahmenbedingungen (etwa dem Verbot berufsständischer Vereinigungen in Frankreich 1792) und lokalen Gegebenheiten zusammen. In Großbritannien entwickelten sich Zünfte zu modernen Vereinen des Wirtschafts-B., die ähnliche Funktionen übernahmen wie Klubs oder Vereine mit expliziteren politischen, philanthropischen oder kulturellen Zielsetzungen [19]; [12]; [31]. In Deutschland, wo Zünfte ihre ökonomische Funktion länger bewahrten und stärker staatlich reguliert wurden, konzentrierten sich Vereine auf andere Formen der Geselligkeit und Diskussion. Weder Zünfte noch Vereine waren ausschließlich Verbände des B.; beide zogen in teilweise erheblichem Umfang auch adelige Mitglieder an.

3.4. Fazit

Eine bürgerliche Kultur, welche Bildungs-B. und Wirtschafts-B. verband, bildete sich seit dem 18. Jh. heraus, um im Laufe des 19. Jh.s für das B. prägend zu werden. Entscheidend für die kulturelle Einheit des B. waren v. a. öffentlich dokumentiertes Leistungsdenken und Organisationsformen, die sich an stadtbürgerliche Modelle anlehnten. Die bürgerliche Kultur richtete sich in manchen Ländern – v. a. Mitteleuropas – pointiert gegen die als Gegensatz zu den bürgerlichen Werten beschriebene Adelskultur; im Mittelpunkt stand dabei die Hochschätzung von wirtschaftlichem Erfolg, Innovation, Bildung und kultureller Modernität, welche der Aristokratie allesamt weitgehend abgesprochen wurde. In anderen Ländern – wie in Frankreich, Italien oder Großbritannien – bestanden zwischen adeliger und bürgerlicher Kultur dagegen eher graduelle, oft finanziell bedingte Unterschiede, die allenfalls zur Differenzierung innerhalb einer relativ homogenen Schicht von Notabeln taugten. Überall waren bürgerliche Lebensformen durch finanzielle Zugangsbeschränkungen (Mitgliedsgebühren von Vereinen, Buchpreise, die Kosten einer bürgerlichen Wohnung usw.) nach unten abgegrenzt; allen vermögenden Personen standen sie jedoch prinzipiell offen [35]; [26].

4. Politische Geschichte

Das B. erschien auch als Vertreter konkreter politischer Interessen, die sich aus seiner sozialen Lage oder kulturellen Wertvorstellungen ergaben (zur Entwicklung von ↗Bürgern bzw. *citoyens* zu Trägern staatlicher ↗Souveränität vgl. ↗Staatsbürgerschaft). Zu den spezifisch bürgerlichen politischen Forderungen gehörten an erster Stelle der gleichberechtigte Zugang zu staatlichen ↗Ämtern, Auszeichnungen und Dienstleistungen auf der Grundlage von Leistung und Vermögen. An zweiter Stelle folgten die Förderung von ↗Gewerbe, ↗Handel und ↗Industrie durch Wirtschafts-, ↗Zoll- und Steuerpolitik sowie die Abschaffung von Gewerbebeschränkungen. V.a. in diesem Bereich verzeichnete das B. bereits im frühen 19. Jh. beträchtliche Erfolge: Die Einrichtung von dt. ↗Zollvereinen seit 1828, die Abschaffung der brit. Kornzölle 1846, überhaupt der Übergang zur Gewerbefreiheit (↗Gewerbepolitik) scheinen den Aufstieg des B. zum entscheidenden politischen Machtfaktor zu dokumentieren. Innerhalb des Wirtschafts-B. waren diese politischen Ziele aber durchaus umstritten, da sie auf unterschiedliche Berufsgruppen verschiedene Auswirkungen hatten. So verschärften ↗Freihandel und Gewerbefreiheit die Lage des Klein-B.

Die genannten politischen Ziele trugen aber durchaus zur Verbindung von Bildungs-B. und Wirtschafts-B. bei, weil sie konkrete ökonomische Interessen von Teilen des Wirtschafts-B. mit den Gesellschaftsvisionen staatlich-bürokratischer Reformbewegungen zur Deckung brachten, die sich vom Abbau von Standesschranken und Wirtschaftshemmnissen sowohl die Freisetzung von Leistungsreserven als auch die Steigerung staatlicher Macht versprachen. Die verfassungspolitischen Implikationen der Forderung nach einer Gesellschaft rechtsgleicher Bürger (↗Bürgerliche Gesellschaft) waren innerhalb des B. selbst allerdings heftig umstritten [21]; [3].

5. Forschungsgeschichte und Forschungsprobleme

Die moderne Verwendung des Begriffs B. ist durch die gesellschaftlichen Analysen geprägt, welche Karl Marx und Max Weber in der zweiten Hälfte des 19. Jh.s formulierten. Beide sahen das B. (bzw. die »Kapitalisten«, zu denen Marx aber auch das Bildung-B. zählte) als Träger gesellschaftlicher und politischer Modernisierung. Diese Erkenntnis wurde zur Grundlage umfassender, historisch fundierter Prognosen, mit deren Verifikation oder Falsifizierung sich die Geschichtswissenschaft v. a. seit der Erhebung des Marxismus zur kommunistischen Staatsideologie intensiv beschäftigte. Im Mittelpunkt der Betrachtung stand dabei die Rolle des B. – oder allgemeiner der ›mittleren‹ gesellschaftlichen Schichten – in politischen oder wirtschaftlichen Umbruchsituationen, so in Großbritannien v. a. vom 17. bis zum 19. Jh. [9]; [1], in Frankreich seit etwa der Mitte des 18. Jh.s [8]; [15]; [7] und in Deutschland seit der ↗Sattelzeit um 1800 [14]; [25].

Allerdings wurde der Leitbegriff B. zum Zwecke der empirischen sozialhistor. Forschung unterschiedlich eingesetzt. Die klassischen franz. Untersuchungen zum B. betrachteten z. B. – in Analogie zum Notabeln-Begriff – die finanzielle Situiertheit als ausschlaggebendes Kriterium [7], während in Deutschland B. meist durch eine Aneinanderreihung von Berufen oder seinen Rechtsstatus definiert wurde [25]; [14]. Für die brit. Forschung war die Unterstützung bestimmter politischer Ziele (z. B. Wahlrechtserweiterung, ↗Freihandel) entscheidend [3].

Insgesamt hing der Nutzen des Konzepts B. für die histor. Analyse von Modernisierung davon ab, inwieweit die B.-Forschung an eine Rivalität zwischen B. und ↗Adel um politische und wirtschaftliche Führungspositionen anknüpfen konnte. Diese war in Osteuropa angesichts der geringen Größe des B. kaum zu erwarten. In Großbritannien, dem franz. Einflussgebiet und (Nord-) Italien konnte wirtschaftlicher Erfolg durch ↗Ämterkauf oder den Erwerb von Landgütern in gesellschaftliches Prestige konvertiert werden, wodurch der dortige Adel sich praktisch zu einer Funktionselite entwickelte, die sich von einem – ebenfalls gegenüber Neuzugängen – nur begrenzt offenen B. systematisch kaum unterschied. In Mitteleuropa förderten erbliche Standesschranken dagegen Reibungen zwischen B. und Adel, die wiederum politische Frontstellungen schufen, die sich mit Hilfe sozialhistorischer Kategorien als gut analysierbar erwiesen.

Aber auch in Mitteleuropa war die Gliederung der Gesellschaft in drei ↗Stände bzw. zwei Klassen (↗Klassengesellschaft) nur eine von vielen Möglichkeiten, gesellschaftliche Realitäten zu beschreiben. Unter Verweis auf alternative Deutungen (etwa ungebrochene Hierarchien von ›ganz oben‹ bis ›ganz unten‹, vom Monarchen bis zum Bettler) ist in letzter Zeit das Erklärungspotential von B. bzw. »Mittelklassen« radikal in Frage gestellt worden. Dabei ist die anglo-amerikan. Forschung am weitesten gegangen. Das ergab sich zum einen aus den Schwierigkeiten bei dem Versuch, eine sozialhistor. Erklärung der politischen ↗Revolutionen des 17. Jh.s und der (von der Hocharistokratie getragenen) politischen ↗Reformen des 19. Jh.s vorzulegen [17]; [1]. Dazu kam, dass die brit. Sozialgeschichte der Gegenwart die These vom säkularen Aufstieg des B. widerlegt, da die Aristokratie ihre Position an der Spitze weitgehend behaupten konnte [27]. In den letzten Jahren hat sich daher v. a. in der brit. Forschung die These durchgesetzt, dass Kategorien wie »Mittelklasse« als politisches Postulat zu verstehen sind; im Fall der brit. *middle classes* habe der Begriff dazu gedient, in revolutionären Umbruchzeiten einen Teil der ↗Elite als politisch moderaten und daher zuverlässigen Träger politischer Macht darzustellen oder zu empfehlen. Der Nutzen dieses im Kern politischen Konstrukts als Erklärung sozialhistorischer Prozesse sei begrenzt, da es keiner sozialen oder ökonomischen Realität entspreche [5]; [37]; [33]. Im gleichen Sinne ist vorgeschlagen worden, für die franz. Geschichte den Begriff *bourgeoisie* zu verwerfen [28]. Eine ähnliche Überprüfung des B.-Begriffs für Deutschland steht aber noch aus.

→ Bildungsbürgertum; Bürger; Bürgerliche Gesellschaft; Bürgerlichkeit; Stadtbürgertum; Stand, Stände; Wirtschaftsbürgertum

[1] J. Barry, The Making of the Middle Class?, in: P&P 145, 1994, 194–208 [2] H. Best, Die Männer von Bildung und Besitz: Struktur und Handeln parlamentarischer Führungsgruppen in Deutschland und Frankreich 1848/49 (Beiträge zur Geschichte des Parlamentarismus und der politischen Parteien, Bd. 90), 1990 [3] A. Briggs, Middle-Class Consciousness in English Politics, 1780–1846, in: P&P 9, 1956, 65–74 [4] G.-F. Budde, Auf dem Weg ins Bürgerleben. Kindheit und Erziehung in dt. und engl. Bürgerfamilien 1840–1914, 1994 [5] D. Cannadine, Class in Britain, 1998 [6] G. Crossick / H.-G. Haupt, Die Kleinbürger. Eine europ. Sozialgeschichte des 19. Jh.s, 1998 [7] A. Daumard, Les bourgeois de Paris au XIXe siècle, 1970 [8] Y. Durand, Finance et mécénat. Les fermiers généraux au XVIIIe siècle, 1976 [9] P. Earle, The Making of the English Middle Class. Business, Society and Family Life in London, 1660–1730, 1989 [10] J. Ehmer, Die Herkunft der Handwerker in überregionalen städtischen Zentren: Zürich, Wien und Zagreb zur Mitte des 19. Jh.s, in: K. Roth (Hrsg.), Handwerk in Mittel- und Südosteuropa: Mobilität, Vermittlung und Wandel im Handwerk des 18. bis 20. Jh.s (Südosteuropa-Studien 38), 1987, 47–67 [11] C. Eisenberg, Dt. und engl. Gewerkschaften: Entstehung und Entwicklung bis 1878 im Vergleich (Kritische Studien zur Geschichtswissenschaft, Bd. 72), 1986 [12] A. Fahrmeir, Ehrbare Spekulanten: Stadtverfassung, Wirtschaft und Politik in der City of London (1688–1900), 2003 [13] R. von Friedeburg, Lebenswelt und Kultur der unterständischen Schichten in der Frühen Nz., 2002 [14] L. Gall (Hrsg.), Stadt und Bürgertum im Übergang von der traditionalen zur modernen Gesellschaft (HZ, Beiheft 16), 1993 [15] D. Garrioch, The Formation of the Parisian Bourgeoisie 1690–1830, 1996 [16] D. Hancock, Citizens of the World. London Merchants and the Integration of the British Atlantic Community, 1735–1785, 1995 [17] J. H. Hexter, The Myth of the Middle Class in Tudor England, in: J. H. Hexter, Reappraisals in History, 1961, 71–116 [18] O. Janz, Bürger besonderer Art: evangelische Pfarrer in Preußen 1850–1914 (Veröffentlichungen der Historischen Kommission zu Berlin, Bd. 87), 1994 [19] R. King, The Sociability of the Trade Guilds of Newcastle and Durham, 1660–1750, in: H. Berry / J. Gregory (Hrsg.), Creating and Consuming Culture in North-East England, 1660–1830, 2004, 57–71 [20] J. Kocka (Hrsg.), Bürgertum im 19. Jh. Deutschland im europ. Vergleich (3 Bde.), 1988 [21] R. Koselleck, Preußen zwischen Reform und Revolution: Allgemeines Landrecht, Verwaltung und soziale Bewegung von 1791 bis 1848, ^{4}1989 [22] R. Koselleck et al., Drei bürgerliche Welten? Zur vergleichenden Semantik der bürgerlichen Gesellschaft in Deutschland, England und Frankreich, in: H.-J. Puhle (Hrsg.), Bürger in der Gesellschaft der Nz. Wirtschaft – Politik – Kultur, 1991, 14–58 [23] T. Kroll, Dynastische Adelspolitik und gesellschaftlicher Wandel im Italien des Risorgimento. Der toskanische Adel in der bürokratischen Monarchie (1800–1860), in: E. Conze / M. Wienfort (Hrsg.), Adel und Moderne. Deutschland im europ. Vergleich im 19. und 20. Jh., 2004, 19–40 [24] F. Lenger, Zwischen Kleinbürgertum und Proletariat: Studien zur Sozialgeschichte der Düsseldorfer Handwerker 1816–1878 (Kritische Studien zur Geschichtswissenschaft, Bd. 71), 1986 [25] P. Lundgreen (Hrsg.), Sozial- und Kulturgeschichte des Bürgertums. Eine Bilanz des Bielefelder Sonderforschungsbereichs (1986–1997), 2000 [26] G. MacLean et al. (Hrsg.), The Country and the City Revisited: England and the Politics of Culture, 1550–1850, 1999 [27] P. Mandler, The Fall and Rise of the British Aristocracy, in: E. Conze / M. Wienfort (Hrsg.), Adel und Moderne. Deutschland im europ. Vergleich im 19. und 20. Jh., 2004, 41–58 [28] S. Maza, The Myth of the French Bourgeoisie: An Essay on the Social Imaginary 1750–1850, 2003 [29] T. Mergel, Zwischen Klasse und Konfession. Katholisches Bürgertum im Rheinland 1794–1914, 1994 [30] B. N. Mironov, Social Policies of Catherine the Great and Their Results: Establishment of Estate Paradigm in Law and Consciousness, in: E. Hübner et al. (Hrsg.), Rußland zur Zeit Katharinas II. Absolutismus – Aufklärung – Pragmatismus, 1998, 115–136 [31] R. J. Morris, Voluntary Societies and British Urban Elites, 1750–1850, in: Historical Journal 26, 1983, 95–118 [32] P. Sahlins, Unnaturally French: Foreign Citizens in the Old Regime and After, 2004 [33] J. Seed, From ›Middling Sort‹ to Middle Class in Late Eighteenth- and Early Nineteenth-Century England, in: M. L. Blush (Hrsg.), Social Orders and Social Classes in Europe since 1500: Studies in Social Stratification, 1992, 114–135 [34] H. R. Southall, The Tramping Artisan Revisits: Labour Mobility and Economic Distress in Early Victorian England, in: Economic History Review 44, 1991, 272–296 [35] K. Urbach, Adel versus Bürgertum. Überlebens- und Aufstiegsstrategien im dt.-britischen Vergleich, in: F. Bosbach et al., Geburt oder Leistung? Elitenbildung im dt.-britischen Vergleich (Prinz-Albert-Studien, Bd. 21), 2003, 25–42 [36] R. Vierhaus et al., Bürger und Bürgerlichkeit im Zeitalter der Aufklärung (Wolfenbütteler Studien zur Aufklärung, Bd. 7), 1981 [37] D. Wahrman, Imagining the Middle Class. The Political Representation of Class in Britain, c. 1780–1840, 1995 [38] H.-U. Wehler, Die Geburtsstunde des Kleinbürgertums, in: H.-J. Puhle (Hrsg.), Bürger in der Gesellschaft der Nz. Wirtschaft – Politik – Kultur, 1991, 199–209.

Andreas Fahrmeir

Bürgerunruhen

1. Begriff und Forschungsgeschichte
2. Entwicklungsphasen
3. Ziele und Verlauf
4. Nachwirkungen

1. Begriff und Forschungsgeschichte

Da eine europaweit anerkannte und benutzbare Begriffsbestimmung für »Unruhen« im histor. Kontext fehlt, wird hier auf die derzeit im dt.sprachigen Raum am häufigsten verwendete Definition Peter Blickles zurückgegriffen: »Protesthandlungen von (mehrheitlich allen) ↗Untertanen einer ↗Obrigkeit zur Behauptung und/oder Durchsetzung ihrer Interessen und Wertvorstellungen. Sie sind vornehmlich politischer Natur insofern, als sie die Legitimität von obrigkeitlichen Maßnahmen (und damit die Obrigkeit an sich) in Frage stellen …« [3. 5]. Auseinandersetzungen zwischen Bürgerschaft und ↗Rat, Gemeinde (↗Kommune) und städtischer Obrigkeit in diesem Sinn sind der vormodernen ↗Stadt weseneigen. Bei B. handelt es sich demnach nicht primär um ↗soziale Konflikte zwischen städtischen Bevölkerungsgruppen, nicht um ökonomisch orientierte Auseinandersetzungen wie etwa die ↗Hungerrevolten des 18. Jh.s oder um konfessionelle Streitigkeiten. B. konnten solche Elemente beinhalten, aber sie unterschieden sich von ihnen sowohl durch die Ziele (s. u. 3.) als durch die Träger des ↗Protests (männliche Mitglieder der bürgerlichen Gemeinde, meist unter Teilnahme der städtischen ↗Unterschichten [14. 29]; [6. 306]).

Bürgerunruhen

Abb. 1: Tumult und Aufflauff zu Leipzig, an(no) 93, den 19. und 20. Meiens ... (Radierung). Der sog. Calvinistensturm in Leipzig (1593) belegt die Verquickung politischer und religiöser Elemente in den Unruhen des 16. Jh.s. Schon seit Jahren schwelten Konflikte um die Beteiligung einer handwerklich-kleinhändlerischen Mittelschicht am Ratsregiment. Die religionspolitisch prekäre Lage einer calvinistischen Minderheit unter den Leipziger Kaufleuten, deren Vertreter 1591 aus dem Rat entfernt worden waren, ließ es zu, dass alteingesessene Ratsfamilien das vorhandene Konfliktpotential kanalisierten. Es kam zu Tumulten und zu Plünderungen von Häusern der calvinistischen Kaufleute. Das Bild zeigt auch die bezeichnenderweise tatenlos zusehende Stadtwache.

Forschungen zur Geschichte von B. haben in der dt. Geschichtswissenschaft lange Tradition, nicht zuletzt deshalb, weil der politische ↗Liberalismus des 19. Jh.s den ↗Reichsstädten als Orten traditioneller Bürgerfreiheit, als Gesellschaftsmodell der freien Selbstbestimmung eine erhebliche Bedeutung in der Tradition des ↗Bürgertums zuwies. Dieses Interesse richtete sich jedoch einseitig auf die ma. Phase der Emanzipation der großen Reichsstädte von ihren Stadtherren. Diese Schwerpunktsetzung wirkt bis heute nach; Unruhen in Städten der Nz. (insbes. des 17. und 18. Jh.s) und Auseinandersetzungen in kleineren Städten sind bislang wenig behandelt worden. Zudem kam es erst in den ausgehenden sechziger und siebziger Jahren des 20. Jh.s bei der Erforschung innerstädtischer Auseinandersetzungen der vormodernen Gesellschaft zu einem Neuansatz [3. 52 f.]; [10. 51–56]; [14. 23–29, 301–304], der – beeinflusst von franz. und brit. Untersuchungen – auch sym-bolische Formen des Protests, Mechanismen städtischer Öffentlichkeit u. Ä. explizit in die Darstellung einbezog.

2. Entwicklungsphasen

Ein gültiges Modell der Entwicklungsphasen von Unruhen im europ. wie im dt. Rahmen fehlt bisher; der folgende Überblick kann deshalb nur grobe Strukturen im zeitlichen Ablauf von B. festmachen [8]. Da die Geschichte der vormodernen Stadt untrennbar mit Auseinandersetzungen um die soziale Verteilung politischer Macht verbunden war, sind B. bereits kennzeichnend für die spätma. Stadt zwischen dem 13. und 15. Jh. Für die B., die in diesem Zeitraum v. a. in großen und mittleren Städten Mitteleuropas und Italiens zu beobachten waren, benutzte die ältere stadtgeschichtliche Forschung den Begriff »Zunftkämpfe«, weil die ↗Zünfte als Organisationsformen der Bürgerschaft darin meist eine pro-

Abb. 2: Ware abconterfeyung Welcher gestalt Vier aufrurer in Leipzig Vor dem Rahthaus seint entheubt Worden ... (Radierung). Als die Gewalt zu eskalieren drohte, wandten sich Rat und landesherrliche Behörden schnell gegen die meist unterbürgerlichen Schichten angehörenden Tumultanten. Die Wiederherstellung innerstädtischer Ordnung gipfelte in der Hinrichtung von zwei Handwerksgesellen, einem Tagelöhner und einem Maurer als den Rädelsführern am 1. Juni 1593 auf dem Leipziger Markt. Symbolisch wurde durch ihre Eliminierung in Gegenwart der in Wehr und Waffen angetretenen Bürgerschaft der innerstädtische Friede wiederhergestellt. An den personellen Verhältnissen im Leipziger Rat änderte sich nichts.

minente Rolle spielten. Seit den 1970er Jahren hat sich für diese Phase der B. jedoch in der dt.sprachigen Forschung die Bezeichnung »Bürgerkämpfe« durchgesetzt, die deren Charakter als Partizipationskonflikte zwischen konkurrierenden städtischen Führungsgruppen deutlicher widerspiegelt [3. 7, 52]; [4. 117–141]; [10].

Eine neue Entwicklungsphase von B. begann im Alten Reich in der Zeit um 1520, als in den Konflikten im Kontext der ↗Reformation Auseinandersetzungen um die Konstituierung der politischen als einer religiösen Gemeinde erhebliche Bedeutung hatten. Während diese konfessionellen Elemente in Italien und Spanien nie nennenswerte Relevanz für innerstädtische Auseinandersetzungen erreichten, waren sie im Alten Reich bis ins ausgehende 16. Jh., in Frankreich während der Hugenottenkriege (1562–1598), in den Niederlanden in den 1560er und 1570er Jahren und in England im Kontext der Auseinandersetzungen in der ↗Englischen Revolution der 1640er Jahre

bedeutungsvoll [10. 64]; [6. 317, 321 f.]; [8. 46 f.]. Außerdem dem Umstand, dass konfessionelle Konflikte nicht selten zum Auslöser von B. wurden, unterschieden sich die Auseinandersetzungen dieser Phase von denen der Bürgerkämpfe auch durch ihre Verlaufsweisen. Die spätma. Elemente von Versammlung, Bannerlauf, Glockengeläut, Sicherung der Tore, Bewaffnung der Bürger wichen neuen Formen symbolischer Kommunikation [3. 54]; [10. 69]; [9. 144]. V.a. aber begann im Alten Reich bereits im 16. Jh. der Stellenwert juristischer Momente innerhalb der Auseinandersetzungen zuzunehmen – Kaiser, Landesfürst und Reichsgerichte wurden in zunehmendem Maße als Schiedsinstanzen bei B. in Anspruch genommen [6. 310 f.].

Eine Kombination sowohl aus Elementen des juristischen Konfliktaustrags als auch der Verrechtlichung sowie ausufernde ↗Gewalt charakterisierte die B. des ausgehenden 16. und beginnenden 17. Jh.s im Alten Reich [5. 30 f.] (vgl. Abb. 1 und Abb. 2). Bekannte und gut untersuchte Beispiele stellen etwa der ›Fettmilch-Aufstand‹ in Frankfurt am Main (1612–1616), die Auseinandersetzungen in Erfurt (1648–1664) sowie der ›Aufstand des Nikolaus Gülich‹ in Köln in den 1680er Jahren dar. Derartige jahrelange, z. T. gewalttätige B. in großen Städten kamen gerade im 17. Jh. auch in vielen europ. Staaten vor; darunter erreichte die Revolte des Masaniello in Neapel (1647), welche das ganze Vizekönigtum erschütterte, wohl die größte europaweite Publizität.

In der zweiten Hälfte des 17. Jh.s und im 18. Jh. wurden allerdings innerhalb des Alten Reiches Fälle offener ↗Revolte und Gewaltanwendung immer seltener [14. 277], was einen sichtbaren Unterschied zu B. in anderen europ. Staaten darstellt. Bezeichnenderweise waren es im 17. und 18. Jh. zudem immer mehr mittlere und kleine Städte, in denen es zu B. kam. Bes. deutlich wird dies in den 1790er Jahren, als zahlreiche lange schwelende innerstädtische Konflikte offen ausbrachen. Unter dem Einfluss der ↗Französischen Revolution verschärfte sich nicht etwa die Problemlage, doch in vielen Städten trug das franz. Beispiel dazu bei, dass die Bereitschaft zum Widerstand, zur Austragung der Konflikte mit den städtischen Obrigkeiten des Alten Reiches zunahm. Charakteristisch für diese Entwicklungsphase war zudem, dass die ↗Landesherren dt. Territorien (ähnlich wie ital. Fürsten und die Könige Westeuropas) B. nicht selten dazu nutzten, den Prozess der Eingliederung des städtischen Regiments in die sich entwickelnde ↗Verwaltung frühnzl. Territorien voranzutreiben. Bes. im Alten Reich versetzte die Schiedsrichterfunktion im juristischen Konfliktaustrag den Landesherrn in die Lage, mit seiner Entscheidung direkt eigene Interessen zu verfolgen [8. 50]; [12. 44–47].

Die erste Hälfte des 19. Jh.s war im dt.sprachigen Raum eine Phase des Übergangs. Während in manchen Territorien eine neue, bürgerlich geprägte ↗Öffentlichkeit in den Städten an Einfluss gewann, während ↗Vereine und Assoziationen neue Organisationsformen für bürgerliche Gruppen boten und Neuordnungen der Gemeindeverfassungen Partizipationsmöglichkeiten veränderten, blieben in vielen Gebieten B. in ihrem Ablauf noch mindestens bis in die 1830er Jahre frühnzl. Formen verpflichtet. Der zunehmende soziale Sprengstoff, den der Statusverlust der handwerklichen Mittelschichten (↗Handwerk) und die Pauperisierung (↗Pauperismus) mit sich brachten, erweiterte die Trägergruppen der Auseinandersetzungen und verschärfte die Konflikte; deren Austragung blieb aber in Verlauf und Argumentation nach wie vor an der Wahrung alten Herkommens orientiert.

3. Ziele und Verlauf

Im Zentrum der B. stand stets das Verhältnis zwischen ↗Rat und Bürgerschaft. Dabei ist davon auszugehen, dass das in der Entstehungsphase der Städte ausgeprägte gemeinsame Verständnis als Schwurgemeinschaft, als ↗Genossenschaft, deren Vertretung gegenüber Dritten der Rat darstellte, in der Nz. keine zentrale Rolle mehr spielte. Die Räte waren bereits seit dem SpätMA in den großen Städten, – später in Städten aller Größenkategorien – von ihrem Selbstverständnis her ↗Obrigkeit, die Bürgerschaft aber ↗Untertanen. Trotzdem blieb in der Bürgergemeinde das Bewusstsein einer Verpflichtung des Rates gegenüber der Bürgerschaft im Sinne der Wahrung des »gemeinen ↗Nutzens« erhalten. Sie stellte sowohl den Hintergrund als auch die Legitimation der verbreiteten Forderungen der ↗Bürger dar, die sich als Wahrer dieses gemeinen Nutzens gegen Missbräuche der städtischen Obrigkeit verstanden.

Fast immer bildeten Beschwerden über Misswirtschaft des Rates oder einzelner seiner Mitglieder, über steigende Steuerbelastungen – auch wenn diese oft nicht auf die Initiative des Rates, sondern des Stadtherrn zurückgingen – sowie Klagen über Amtsmissbrauch, Vetternwirtschaft bzw. Nepotismus, ↗Korruption und Geheimniskrämerei [3. 53]; [6. 307–309]; [9. 146–156] den Hauptteil der Vorwürfe. In ↗Reichsstädten spielte auch der Vorwurf kostspieliger Außenpolitik eine Rolle. Die häufigsten Forderungen zur Behebung dieser Missstände liefen zum einen auf eine Offenlegung von Finanzgebaren, Rechnungen oder ↗Privilegien hinaus, zum anderen auf die Einrichtung von Gremien, die den Rat insbes. in finanzieller Hinsicht kontrollieren sollten, und damit auf eine Eingrenzung selbstherrlicher Ratsgewalt. In dieser zentralen Ausrichtung trafen sich die Forderungen der Bürger oft mit denen des Landesfürsten, welcher demzufolge in den Konflikten nicht selten die Partei der Bürgerschaft ergriff.

Angesichts der Vielgestaltigkeit des konkreten Verlaufs von B. in den einzelnen Städten ist ein generalisierender Überblick schwierig. Die erwähnten Vorwürfe und Forderungen von Abgeordneten der Bürgerschaft wurden vor dem Rat vorgetragen, in schriftlicher Form als ↗Gravamina, direkt als ↗Supplik an den Fürsten oder in tumultuarischer Form während Aufläufen der Bürger vor dem ↗Rathaus bzw. auf anderen öffentlichen Plätzen. Typisch für das Alte Reich war, dass im Kontext von B. gewöhnlich ↗Ausschüsse oder Deputierte (↗Bürgerdeputierte) durch die Bürgerschaft bestimmt wurden, die deren Vertretung in Verhandlungen mit dem Rat oder in gerichtlichen Auseinandersetzungen wahrnahmen und teilweise sogar als interimistische Stadtregierungen wirkten. Auch die Besetzung des Rathauses, die Bewaffnung der Bürger und regelrechte Straßenschlachten konnten zum Verlaufsbild gehören.

Oft hörte der Rat die Abgeordneten an, nahm Petitionen entgegen und bahnte damit eine Austragung des Konflikts in rechtlichem Rahmen an, ohne aber eine

Akzeptanz der Forderungen zu präjudizieren. War das Konfliktpotential allerdings über Jahre zu sehr angewachsen bzw. fehlten übergeordnete Schiedsinstanzen, konnte es zu Gewalt gegen den Rat oder einzelne seiner Repräsentanten und zu deren Flucht aus der Stadt kommen. Auch wo das nicht der Fall war, gehörte die gegenseitige Verdächtigung und Ehrabschneidung zum Erscheinungsbild der B. Der Rat bezeichnete die Opponenten als Pöbel, die Bürger veranstalteten ↗Charivari und Katzenmusiken vor den Häusern von Ratsmitgliedern oder nutzten die Fastnachtszeit (↗Karneval) zur Darstellung ihrer Sichtweise. Solche symbolischen Formen des Protests konnten auch den Auftakt zur eigentlichen Unruhe darstellen, denn dem sichtbaren Ausbruch der Konflikte ging stets eine lange Phase der allmählichen Zuspitzung voraus; manche Auseinandersetzung erlebte aber auch über Jahrzehnte immer wieder plötzliche Ausbrüche, um schließlich in den Rahmen rechtlicher Austragung zurückzukehren oder zeitweise zum Erliegen zu kommen.

Am Ende einer B. stand zumindest im Alten Reich nach langwierigen Verhandlungen meist ein Kompromiss, indem der Rat einigen Forderungen der Bürgerschaft nachgab, diese dafür weitere Beschuldigungen zurückzog und der städtischen Obrigkeit erneut Gehorsam zusagte. Letzteres geschah z. T. durch eine Erneuerung des ↗Bürgereids gegenüber dem Rat. Bei gewalttätigen Ausschreitungen war die Beilegung natürlich schwieriger und meist auch von obrigkeitlicher Gewalt gegenüber tatsächlichen oder angeblichen Rädelsführern begleitet: Hinrichtungen (↗Todesstrafe), Stadtverweis, ↗Leibesstrafen. Oft genug war in solchen Fällen die gänzliche Rekonstruktion der vorherigen Verhältnisse die Folge, was die Unangemessenheit der Mittel bes. augenfällig machte.

4. Nachwirkungen

Lange Zeit hat die dt.sprachige Forschung B. vorrangig als Symbol bürgerlichen Emanzipationsstrebens in den Reichsstädten behandelt, dessen langfristige Wirkungen aber vernachlässigt. Dies geschah nicht zuletzt, weil das programmatische Zentrum der B. jeweils die Rekonstruktion alten Rechts bildete. Die Relevanz von B. für die histor. Entwicklung wurde gering eingeschätzt. In letzter Zeit sind jedoch mindestens zwei Bereiche aufgezeigt worden, in denen die Nachwirkung von B. neu überdacht werden sollte. (1) Dabei handelt es sich zum einen um die Verbindung von B. mit der Ausformung einer politischen Kultur des frühnzl. ↗Bürgertums, vorrangig in den Reichsstädten. Im Gegensatz zu älteren Forschungsauffassungen waren die Bürger der frühnzl. Städte eben nicht nur Untertanen einer Obrigkeit, sondern verfügten über Vorstellungen von legitimen Interessen Einzelner wie bürgerlicher Gemeinschaften, welche es ggf. in aktiver Auseinandersetzung mit den verschiedenen Obrigkeiten zu wahren galt [12. 87–93]. Diese Konflikttraditionen wirkten weit ins 19. Jh. hinein, ebenso wie etwa modellhafte Vorstellungen einer Bürgergemeinde im Denken gerade des dt. politischen ↗Liberalismus eine erhebliche Rolle spielten. (2) Zum anderen ist auf die Relevanz von B. für die Konstituierung von ↗Öffentlichkeiten in der Frühen Nz. hingewiesen worden [14. 309–314]. Damit wurde ihnen ein Modernisierungspotential zugewiesen, das – gemeinsam mit anderen Phänomenen wie ↗Vereinen oder ↗Zeitungen – bei der Entstehung einer bürgerlichen Öffentlichkeit im 19. Jh. bedeutsam war. Beide Aspekte bedürfen jedoch nicht nur weiterer konzeptioneller Überlegungen, sondern v. a. weiterer Fallstudien für verschiedene ↗Stadttypen.

→ Bürger; Bürgerliche Gesellschaft; Bürgerrecht; Bürgertum; Gewalt; Konflikt; Öffentlichkeit; Revolte; Stadt

[1] W. Beik, Urban Protest in Seventeenth-Century France: The Culture of Retribution, 1997 [2] Y.-M. Bercé, Fête et révolte. Des mentalités populaires du XVIe au XVIIIe siècle, 1994 [3] P. Blickle, Unruhen in der ständischen Gesellschaft 1300–1800, 1988 [4] E. Engel, Die dt. Stadt des MA, 1993 [5] C. R. Friedrichs, German Town Revolts and the Seventeenth-Century Crisis, in: Renaissance and Modern Studies 26, 1982, 26–51 [6] C. R. Friedrichs, The Early Modern City, 1450–1750, 1995 [7] C. R. Friedrichs, Urban Politics in Early Modern Europe, 2000 [8] K. Gerteis, Frühnzl. Stadtrevolten im sozialen und institutionellen Bezugsrahmen, in: W. Rausch (Hrsg.), Die Städte Mitteleuropas im 17. und 18. Jh., 1981, 43–58 [9] U. Hafner, Republik im Konflikt. Schwäbische Reichsstädte und bürgerliche Politik in der frühen Nz., 2001 [10] P. Johanek, Bürgerkämpfe und Verfassung in den mittelalterlichen Städten, in: H. E. Specker (Hrsg.), Einwohner und Bürger auf dem Weg zur Demokratie. Von den antiken Stadtrepubliken zur modernen Kommunalverfassung, 1997, 45–73 [11] E. Le Roy Ladurie, Karneval in Romans. Eine Revolte und ihr blutiges Ende 1579–1580, 1982 (franz. 1979) [12] H. Schilling, Die Stadt in der Frühen Nz., 1993 [13] A. Wood, Riot, Rebellion and Popular Politics in Early Modern England, 2002 [14] A. Würgler, Unruhen und Öffentlichkeit. Städtische und ländliche Protestbewegungen im 18. Jh., 1995.

Katrin Keller

Bürgschaft

1. Definition und Bedeutung
2. Fähigkeit zum Eingehen der Bürgenverpflichtung
3. Haftung des Bürgen
4. Haftung der Erben des Bürgen

1. Definition und Bedeutung

Die B. ist ein Sicherungsmittel, bei dem sich eine Person (der Bürge) gegenüber einem Gläubiger verpflichtet, für die Verbindlichkeit eines Schuldners einzustehen. Die heute geläufige Haftung des Bürgen ausschließlich mit dem Vermögen steht am Ende einer langen Entwicklung weg von der Haftung mit dem Leib, die erst im 15. Jh. abgeschlossen war [3]; [4]. In den gesetzlichen Regelungen der B. aus dem 16. bis 18. Jh. spiegelt sich die Lösung von regionalen Rechtsvorstellungen zugunsten röm.-rechtlicher Inhalte wider. Diese Rezeption ist in Europa regional unterschiedlich verlaufen. So wiesen etwa süddt. Regelungen deutlich früher einen starken röm.-rechtlichen Einschlag auf als die Bürgschaftsrechte vieler schweizer. Städte [2].

Die B. war zu Beginn der Nz. ein Sicherungsmittel, das in seiner Bedeutung kaum überschätzt werden kann. Die Erfüllung nahezu jeder Verbindlichkeit konnte durch B. gesichert werden [3]. Die Weiterentwicklung des B.-Rechts und ihre eingehende Regelung in den Gesetzeswerken zeigt, dass die B. durch die gesamte Nz. hindurch das wohl wichtigste Sicherungsmittel blieb. Die Bedeutung der B. wird auch daran deutlich, dass sich in der zeitgenössischen Literatur B.-Formulare finden, etwa in Kreittmayrs Kommentar zum ↗Codex Maximilianeus Bavaricus Civilis. Erst gegen Ende der Nz. nahm die praktische Relevanz der B. als Sicherungsmittel zugunsten von ↗Grundpfandrechten ab [1].

2. Fähigkeit zum Eingehen der Bürgenverpflichtung

Frauen waren aufgrund rezipierter röm.-rechtlicher Regeln zu ihrem Schutz grundsätzlich am Abschluss von B.-Verträgen gehindert. Allerdings konnten sie unter bestimmten Voraussetzungen auf diesen Schutz verzichten [1]; [2]; [5]. Vorbild war die Regelung in der Frankfurter Reformation (1578), die an Lehren anknüpfte, welche zugunsten praktischer Bedürfnisse v. a. des Handels von den röm.-rechtlichen Regeln abgewichen waren. Hiernach konnten Frauen nach gehöriger Belehrung und Handelsfrauen ohne weiteres B.-Verträge abschließen [2].

3. Haftung des Bürgen

Nach den zu Beginn der Nz. geläufigen Rechtsvorstellungen haftete der Bürge im Verhältnis zum Schuldner oftmals ausschließlich oder vorrangig für die Erfüllung der gesicherten Verbindlichkeit des Schuldners. Im Zuge der Rezeption des Röm. Rechts wurde im 15./16. Jh. in weiten Teilen des Alten Reichs die Bürgenhaftung zu einer Haftung abgeschwächt, die in ihrem Bestand abhängig vom Bestand der Forderung des Gläubigers (Akzessorietät) und nachrangig zur Haftung des Schuldners (Subsidiarität) war [1]; [2]. Infolgedessen konnte der Bürge gegen das Zahlungsverlangen des Gläubigers die Einrede erheben, dass der Gläubiger zunächst den Schuldner verklagen müsse (Einrede der Vorausklage). Etwas anderes galt nur, wenn er hierauf gesondert verzichtet hatte oder der Schuldner nicht greifbar oder ersichtlich zahlungsunfähig war. Aufgrund seiner subsidiären Haftung musste der Bürge den Gläubiger auch nur gegen Abtretung dessen Anspruchs gegen den Schuldner befriedigen. Erstmals ordnete dies der Codex Maximilianeus Bavaricus Civilis in IV. 10 § 14 an. Auf diese Weise stand dem Bürgen jedenfalls ein Rückgriffsanspruch gegen den Schuldner zu [1]; [2]. Abweichend hiervon galt in den altösterr. Ländern sowie in Böhmen und Mähren bis in das 18. Jh. eine Ersthaftung des Bürgen und es wurde nur zögerlich wenigstens eine Haftung des Schuldners neben dem Bürgen anerkannt [5]. Die schweizer. Rechte kannten mehrere Formen der B. gleichberechtigt nebeneinander und gingen nicht von der Subsidiaritätsregel aus [2].

4. Haftung der Erben des Bürgen

Im 16. Jh. setzte sich auch die aus dem Röm. Recht übernommene Vererblichkeit von B.-Verpflichtungen durch. Zuvor war die Bürgenhaftung als Reminiszenz an die Haftung mit dem Leib als höchstpersönlich und deshalb unvererblich angesehen worden [2]. Diese Auffassung war allerdings weiterhin sehr geläufig, denn es finden sich noch lange Bürgenverpflichtungen »für uns und unsere Erben« [1].

→ Gemeines Recht; Privatrecht; Vertrag

[1] C. S. Hoppe, Die Bürgschaft im Rechtsleben Hamburgs 1600–1900, 1997 [2] K. R. Maier, Die Bürgschaft in süddt. und schweizerischen Gesetzbüchern 16.–18. Jh., 1980 [3] W. Ogris, Die persönlichen Sicherheiten in den westeurop. Rechten des MA, in: Recueils de la Société Jean Bodin pour l'histoire comparative des institutions 39: Les sûretés personnelles 2, 1971, 1–26 [4] R. P. Walliser, Das Bürgschaftsrecht aus historischer Sicht dargestellt im Zusammenhang mit der Entwicklung des Schuldrechts in den schweizerischen Kantonen Waadt, Bern und Solothurn bis zum 19. Jh., 1974 [5] G. Wesener, Die Entwicklung des Bürgschaftsrechts in den altösterreichischen Ländern, in: Recueils de la Société Jean Bodin pour l'histoire comparative des institutions 39: Les sûretés personnelles 2, 1971, 671–693.

Martin Löhnig

Bürokratie s. Verwaltung

Burschenschaft

Bei den B. handelt es sich um studentische Korporationen, die in Deutschland im Zusammenhang mit den ↗Befreiungskriegen gegen Napoleon entstanden. Die studentischen Kriegsteilnehmer beabsichtigten, statt der verschiedenen Landsmannschaften eine einheitliche studentische Verbindung zu schaffen, deren Ziel die

Befreiung des Vaterlandes und die nationale Einigung sein sollte. In den Gründungsmotiven, der spezifischen Verknüpfung von nationalen mit freiheitlichen Zielen und v. a. in der nationalromantischen Ausrichtung unterschieden sich die B. von den Studentenverbindungen in anderen europ. Ländern. Den Begriff der B. hatten bereits die Gründer der Berliner ↗Turnerbewegung, Friedrich Ludwig Jahn und Friedrich Friesen, in ihrer 1811 entworfenen »Ordnung und Einrichtung der B.« verwendet. Als Zentren der studentischen Einigungsbestrebungen erwiesen sich die ↗Universitäten in Berlin, Gießen, Halle, Heidelberg und Jena. Publizisten und ↗Professoren, wie u. a. Ernst Moritz Arndt und Heinrich Luden, vermittelten mit ihren patriotischen Schriften den studentischen Gruppen ihre nationalen Ideen (↗Patriotismus). Unmittelbare Vorläufer der B. waren die 1814 im Rhein-Main-Gebiet entstandenen ↗Deutschen Gesellschaften, unter ihnen bes. der sog. Hoffmann'sche Bund. Am 12. 6. 1815 konstituierte sich in Jena die erste dt. B., die im Gegensatz zu den Landsmannschaften die gesamte Studentenschaft einer Universität organisatorisch zusammenfassen sollte [5].

Neben den patriotisch-freiheitlichen und nationalen Zielen waren insbes. die egalitär-demokratischen Ansätze für die frühe Bewegung der B. charakteristisch. Man wollte die ständische Ordnung (↗Stand; ↗Ständegesellschaft) zugunsten einer geistig elitären, christl. ausgerichteten Gemeinschaft überwinden. Gedacht war an einen national geeinten Staat mit monarchisch-konstitutioneller ↗Verfassung. Das Bekenntnis zu diesen Zielen erfolgte offensiv, indem man die Zusammengehörigkeit durch eine einheitliche Sprache (↗Nationalsprachen), Bartmode und Tracht nach außen demonstrierte und sich selbst als geistige ↗Elite der werdenden ↗Nation stilisierte. Zugleich grenzte man sich von den studentischen Orden und den Landsmannschaften ab, die entweder als provinziell oder als kosmopolitisch kritisiert wurden. Das schloss allerdings nicht aus, dass man sich dennoch in vieler Hinsicht an diesen älteren studentischen Organisationsformen orientierte [1]. Der hohe ethische Anspruch kam in dem Motto der Jenaer Urburschenschaft »Ehre, Freiheit, Vaterland« zum Ausdruck. Als Symbolfarben der B. wurden die Uniformfarben des Lützow'schen ↗Freikorps, Schwarz-Rot-Gold, eingeführt.

Als früher Höhepunkt der B. ist das am 18. 10. 1817 auf der Wartburg bei Eisenach organisierte Fest anzusehen [4]. Es erinnerte an das vierjährige Jubiläum der Völkerschlacht bei Leipzig (↗Befreiungskriege) und den 300. Jahrestag der ↗Reformation. Als Versammlung der verschiedenen B. an dt. Universitäten sollte es deren engeren Zusammenschluss herbeiführen. Es kamen rund 500 Studenten aus gut zehn dt. Universitäten zusammen, die v. a. protest. und norddt. Herkunft waren.

Als ein frühes dt. »Nationalfest« hat die Wartburgfeier ein hohes Maß an ↗Öffentlichkeit erhalten. Bes. die am Vorabend des Festes veranstaltete Verbrennung von »undeutschen« Büchern und Symbolen der »Reaktion« erregte Aufsehen und trug zu vielen ablehnenden Reaktionen bei (↗Bücherverbrennung).

Genau ein Jahr nach dem Wartburgfest wurde am 18. 10. 1818 die »Allgemeine deutsche Burschenschaft« (Programm von H. Riemann) in Jena gegründet. In diesen Jahren kam es auch zu einer Radikalisierung der B. Aus dem Kreis der Gießener »Schwarzen« und ihres Mentors Karl Follen stammte der Student Karl Ludwig Sand, der mit seinem Attentat auf den als russ. Spion verdächtigten Dichter August von Kotzebue am 23. 3. 1819 die Verfolgung burschenschaftlicher Betätigung an den Universitäten auslöste. Auf einer Konferenz in Karlsbad zwischen dem 6. und dem 31. 8. 1819 verabredeten die größeren dt. Staaten das entschlossene Vorgehen gegen die B. und deren »revolutionäre Umtriebe«. Am 20. 9. 1819 bestätigte die Deutsche Bundesversammlung in Frankfurt diese ↗Karlsbader Beschlüsse. Nach dem darin verankerten Verbot der B., das mehrfach verlängert wurde, gingen studentische Verbindungen teilweise in den Untergrund. Die B. als eine der ersten politischen Vereinigungen in Deutschland lebte nach 1830 und in der ↗Revolution 1848/49 verstärkt auf und sah schließlich 1871 in der Gründung des dt. ↗Nationalstaates ihre eigenen Ziele verwirklicht.

→ Befreiungskriege; Demagogenverfolgungen; Karlsbader Beschlüsse; Nationalstaat; Studentenverbindung

[1] W. HARDTWIG, Studentische Mentalität – Politische Jugendbewegung – Nationalismus, in: HZ 242, 1986, 581–628 [2] H. HAUPT et al. (Hrsg.), Quellen und Darstellungen zur Geschichte der Burschenschaft und der dt. Einheitsbewegung (17 Bde.), 1910–1940 [3] K. LUYS, Die Anfänge der dt. Nationalbewegung von 1815 bis 1819, 1992 [4] K. MALETTKE (Hrsg.), 175 Jahre Wartburgfest. 18. Oktober 1817–18. Oktober 1992, 1992 [5] G. STEIGER, Urburschenschaft und Wartburgfest. Aufbruch nach Deutschland, ²1991 [6] P. WENTZCKE et al. (Hrsg.), Darstellungen und Quellen zur Geschichte der dt. Einheitsbewegung im neunzehnten und zwanzigsten Jh. (15 Bde.), 1957–1995.

Ewald Grothe

Burse s. Kolleg

Buße

Der Begriff »B.« wurde im MA und in der Nz. im rechtlichen Bereich nicht eindeutig verwendet (zum kirchlichen Bereich vgl. ↗Kirchenbuße; ↗Kirchenzucht); er konnte sowohl die öffentliche Geldstrafe als auch den privatrechtlichen ↗Schadensersatz bedeuten. In beiden Fällen war die B. eine Geldzahlung für ein geringes Vergehen (↗Straftat), das nicht körperlich oder mit ↗Gefängnis bestraft wurde (↗Strafe). Die öffentliche B.-Zahlung verdrängte nach und nach die private Zahlung und verlor damit ihren Charakter als reine Schadensersatzleistung. Andererseits war eine klare Trennung zwischen ↗Privatrecht und ↗Strafrecht nicht immer zu erkennen. Um 1800 entwickelte sich die B. zu einer eigenständigen Sanktion neben Schadensersatz auf der einen und Kriminalstrafe auf der anderen Seite.

Die B.-Zahlung allein an den Verletzten begegnet bis weit ins 16. Jh. hinein in dörflichen ↗Weistümern. Hier blieben sogar Zahlungen in Naturalien und Schein-B. mit sehr geringem Wert gebräuchlich. Teilweise überdauerten selbst die seit dem FrühMA bekannten Wergeldzahlungen (private Geldbußen bei Tötungsdelikten). In der gemeinrechtlichen ↗Strafrechtswissenschaft verloren B. dann an Bedeutung; im Zentrum stand die körperliche, »peinliche« Strafe (↗Leibesstrafen). Das zeigt deutlich die ↗Constitutio Criminalis Carolina von 1532. Lediglich bei Überschreitung des Notwehrrechts (Art. 142) und beim heimlichen ↗Diebstahl (Art. 157) spricht die *Carolina* von B., und nur an wenigen anderen Stellen werden Geldsanktionen angedroht. In erster Linie sollte die »geltbuß« beim Diebstahl dem Bestohlenen geleistet werden, je nach Tatumstand in doppelter oder vierfacher Höhe des Wertes. War der Dieb dazu nicht in der Lage, drohte ihm »kercker«.

Auf jeden Fall hatte die B.-Zahlung an den Verletzten Vorrang vor einer B.-Zahlung an die Obrigkeit, falls der Täter nicht genügend Geld hatte. In der Praxis wurden auch bei anderen Delikten die angedrohten körperlichen Strafen oft gemildert und durch B. ersetzt, die je nach Schwere der Tat und je nach der Person des Täters bis zu einem Jahreseinkommen betrugen [6]. Diese Beobachtungen zur Entwicklung der strafrechtlichen Sanktionen in der Frühen Nz. sind für mehrere europ. Länder, u. a. England, Frankreich und Deutschland, gemacht worden; sie deuten auf eine grundsätzliche Zweispurigkeit des frühnzl. Sanktionensystems hin. Neben eigenständigen B.-Sanktionen gab es bis ins 19. Jh. auch Geldzahlungen als Verschärfungen der Hauptstrafe, z. B. einer Freiheitsstrafe, bis hin zur Konfiskation von Sachen, die bei der Straftat eine Rolle gespielt hatten. Ob man dabei von B. sprechen sollte, ist aber zweifelhaft.

Das in Deutschland bis ins 18. Jh. übliche Nebeneinander ziviler und strafrechtlicher B. war in Frankreich unbekannt. Unter dem Einfluss des Kanonischen Rechts (↗Kirchenrecht) wurden hier selbst kleine Delikte ausschließlich öffentlich verfolgt, so dass auch die B. nur an die Krone fiel. Der Verletzte durfte lediglich Schadensersatz einklagen, konnte aber niemals den in Deutschland üblichen zwei- oder vierfachen Wert der Sache erhalten (↗Deliktsrecht) [3.506].

Außerhalb des peinlichen Strafrechts besaßen B. im Partikularrecht größere Bedeutung. Zahlreiche ↗Polizeiordnungen des 16.–18. Jh.s drohten B. für Verstöße gegen Ordnungsvorschriften an. Hierbei handelte es sich stets um Zahlungen an die ↗Obrigkeit. Das galt auch für Prozess-B.: Pflichtverletzungen der Parteien im Prozess führten oftmals zur B.-Zahlung an das Gericht. Daneben blieb die Grauzone zum Privatrecht v. a. bei ↗Beleidigungen erhalten. Die Jurisprudenz entwickelte speziell hierfür eine private und eine strafrechtliche Injurienklage (lat. *actio civilis, actio criminalis*), die jeweils auf eine B.-Zahlung hinauslief, einmal an den Fiskus, einmal an den Geschmähten [4.51].

In der ↗Strafgesetzgebung des 18. Jh.s nahmen Geldstrafen dann leicht an Bedeutung zu. Der ↗Codex Iuris Bavarici Criminalis von 1751 kannte »Geld-Straff« für leichtere Delikte, und das ↗Allgemeine Landrecht für die preußischen Staaten führte 1794 bei mehreren Delikten die Alternative von Geld- und Leibesstrafe ein. Die völlige Loslösung der Geldstrafe vom Zivilrecht war hier aber noch nicht erfolgt, denn bei Nichtzahlung trat lediglich »bürgerlicher Arrest« ein.

Die moderne Unterscheidung der B. sowohl vom Schadensersatz als auch von Kriminalstrafen geht auf den franz. ↗Code pénal von 1791 und 1810 zurück. B. waren dort als Sanktionen für Übertretungen angedroht (Art. 9 von 1810), im Gegensatz zu den strengen Strafen für Verbrechen und Übertretungen [2.124]. J. A. Feuerbach beschränkte sein *Strafgesetzbuch für das Königreich Bayern* von 1813 von vornherein auf Verbrechen und Vergehen. B. spielten dort eine nur untergeordnete Rolle und konnten lediglich bei einzelnen Delikten verhängt werden. Dagegen waren B. die übliche Rechtsfolge bei bloßen Polizeiübertretungen, die außerhalb des Strafgesetzbuchs u. a. im Polizeistrafgesetzbuch geregelt waren (↗Polizeistrafrecht). Diese Zweiteilung in Strafrecht und (heute sog.) Ordnungswidrigkeitenrecht erwies sich als zukunftsträchtig und liegt auch dem modernen dt. Recht noch zugrunde, wenn auch der rechtliche Charakter der B. bis ins 20. Jh. strittig blieb [5.4, 40].

→ Kirchenbuße; Kirchenzucht; Strafe; Strafgesetzgebung; Strafrecht

Quellen:
[1] Art. Buße, in: Zedler 4, 1733, 2015–2018.

Sekundärliteratur:
[2] Ch. Brandt, Der Code pénal von 1810 und sein Einfluss auf die dt. Strafgesetzgebung, 2002 [3] H. Coing, Europ. Privatrecht, Bd. 1: Älteres Gemeines Recht, 1985 [4] R.-P. Fuchs, Um die Ehre, 1999 [5] C. G. von Waechter, Die Buße bei Beleidigungen und Körperverletzungen, 1874 [6] M. Wittke, Vollzug und Androhung von Geldstrafen, in: Westfälische Forschungen 54, 2004, 39–55.

Peter Oestmann / Sebastian Berg

Büste

Mit B. ist die plastische Darstellung des Menschen vom Kopf bis maximal zu den Hüften gemeint. Sie wird unterschieden in Schulterbild, Brustbild und Halbfigur (meist mit angefügten Armen). Die B.-Form zur Darstellung des Menschen fand v. a. in der Gattung des ↗Porträts weite Verbreitung, deren Ursprünge bis in die ägypt. Kultur zurückreichen (Nofretete, Berlin). Aber auch typisierte Darstellungen z. B. von Heiligen sind seit dem MA bekannt. Die gängigen Materialien für B. sind Terracotta, Stein (v. a. Marmor) und Bronze.

Die etymologische Herleitung des Wortes B. ist ungewiss. In Italien ist *busto* seit dem 14. Jh. in Verwendung und bezeichnet v. a. den Oberkörper, aber auch Korsage, Leichnam oder Grabstelle. Vermutlich ist Ulisse Aldrovandi [1] einer der Ersten, der in seiner Beschreibung der antiken Kunstwerke die Begriffe *testa col petto* (»Kopf mit Brust«) und *testa col busto* (»Kopf mit Oberkörper«) gleichberechtigt verwendete, bis sich schließlich Anfang des 17. Jh.s *busto* im heutigen Sinne etablierte. Die vielleicht älteste bekannte Porträt-B. der Frühen Nz. stammt von Donatello und zeigt Niccolò da Uzzano, allerdings ist ihre frühe Datierung um 1425–1430 umstritten [4]. Gesichert ist das Jahr 1453 für die B. des Piero de' Medici in Florenz.

Das vermehrte Auftreten der B., zu denen bald auch Frauen-B. zählten, war bedingt durch antike Vorbilder, die in den Stadtpalästen der ↗Renaissance gesammelt wurden. Bes. beliebt waren die B. der antiken Kaiser als Originale oder Kopien (↗Antikerezeption).

Erstaunlich ist, dass mit den ersten Porträt-B. der Medici zwar auf antike Vorbilder zurückgegriffen, ihre Form jedoch nicht nachgeahmt wurde. Die Renaissance-B. setzte sich dadurch von den Vorbildern ab, dass sie vollplastisch ausgebildet und knapp unterhalb der Schultern gerade abgeschnitten wurde, um frei auf der Fläche zu stehen, während die antike B. auf der Rückseite ausgehöhlt war, am unteren Rand in einem Kreissegment endete und wegen ihrer geschlossenen Rundform nicht ohne Sockel aufgestellt werden konnte. Die eigenwillige, unantike Form der nzl. B. lehnte sich an die ma. Reliquien-B. an, war jedoch vorrangig der genealogischen *memoria* verpflichtet (↗Memorialkunst). Sie fand in der frühen Renaissance zunächst in kleinen Nischen über den Türstürzen, Fenstern und Kaminen der Paläste Aufstellung. An ↗Grabmälern setzten sie sich erst seit dem konfessionellen Zeitalter ab dem 16. Jh. durch.

Die erste bedeutende Herrscher-B., die sich durch die antiken Merkmale der unteren Rundung und rückseitigen Aushöhlung auszeichnet, ist Benvenuto Cellinis Bronzeporträt des Großherzogs Cosimo de' Medici (1545, Florenz). Seitdem setzte sich die B. *all'antica* (ital., »nach antiker Art«) bes. rasch auch im nördl. Europa durch. Mit dem röm. ↗Bildhauer Gianlorenzo Bernini erlebte die B. im 17. Jh. einen Höhepunkt (vgl. Abb. 1). Selbst Ludwig XIV. ließ sich von Bernini 1665 in Paris in Marmor porträtieren, wobei der Bildhauer direkt in den Stein arbeitete, ohne zuvor ein Tonmodell angefertigt zu haben – eine in dieser Zeit vollkommen unübliche Arbeitsweise.

Die bisherige Auswertung frühnzl. Inventare hat ergeben, dass in Sammlungen Porträt-B. ausschließlich Familienangehörige zur Visualisierung genealogischer Tradition darstellten (↗Genealogie). Höchsten Seltenheitswert haben B., die als diplomatisches Geschenk an andere Herrscherhäuser weitergegeben wurden. Solche Werke waren stets einer höfischen Öffentlichkeit in den jeweiligen Palästen zugänglich und nicht selten Objekte von Lobgedichten (↗Hof).

Die Rezeptionsbedingungen änderten sich in den Epochen des Spätbarock (↗Barock) und ↗Klassizismus. Insbes. der Aufschwung des ↗Bildungsbürgertums und Literatentums konstituierte eine neue ↗Elite. Neben der kontinuierlichen Tradition der Herrscher- und Aristokraten-B. erlebten die ↗Dichter- und Denkerporträts in allen europ. Ländern einen ungeheuren Aufschwung. Während Erstere noch immer höfischer Etikette ver-

Abb. 1: Gianlorenzo Bernini, Büste des Scipione Borghese, 1632 (Marmor, Rom, Galleria Borghese). Berninis Marmor- und Bronzebildnisse von weltlichen Herrschern, Päpsten und Kardinälen zeichnen sich durch eine hohe Lebendigkeit und Momenthaftigkeit aus, die den Dargestellten in lebhafter Sprech- und Denkaktion erscheinen lassen.

pflichtet waren, setzten sich Letztere im Habitus ostentativ davon ab. Die Intellektuellen-B. war im späten 18. und frühen 19. Jh. hinsichtlich ihrer Form und Gewandung streng antiken Darstellungsmustern verpflichtet (z. B. Schiller-B. von J. H. Dannecker, 1794), um auf ein klassisches Künstler- und Dichterideal zu verweisen, während sich in der Zeit des ↗Biedermeier bzw. Vormärz dann ein bürgerlicher Darstellungsmodus (z. B. Bürgergewand statt Toga) durchsetzte, der auf nationales Selbstbewusstsein in der Gegenwart ausgerichtet war (z. B. Goethe-B. von J. G. Schadow, 1823). Nicht mehr der gesellschaftliche Stand, sondern die persönliche Leistung des Dargestellten bestimmten Inhalt und Form der B.

Die Funktion der Porträt-B. verlagerte sich im frühen 19. Jh. von der genealogischen *memoria* hin zum moralischen Postulat bildungsbürgerlicher und nationaler Werte der ↗Aufklärung. Die Präsentation der B. nahm zunehmend Raum im öffentlichen Bereich von ↗Bibliotheken und Gartenanlagen (↗Gartenarchitektur) ein, und kulminierte schließlich in den ideologisch verbrämten »Ruhmestempeln« (Walhalla, 1830–1842).

→ Denkmal; Plastik; Porträt; Skulptur

Quellen:
[1] U. Aldrovandi, Delle statue antiche, Venedig 1562.

Sekundärliteratur:
[2] E.-B. Krems, Die ›magnifica modestia‹ der Ludovisi auf dem Monte Pincio in Rom. Von der Hermathena bis zu Berninis Marmorbüste Gregors XV., in: Marburger Jb. für Kunstwissenschaft 29, 2002, 105–164 [3] I. Lavin, On the Sources and Meaning of the Renaissance Portrait Bust, in: Art Quarterly 33, 1970, 207–226 [4] J. Poeschke, Die Skulptur der Renaissance in Italien. Donatello und seine Zeit, 1990 [5] B. Stephan et al. (Hrsg.), Hauptsache Köpfe. Plastische Porträts in Dresden (Ausst.kat.), 2001 [6] Ph. Zitzlsperger, Gianlorenzo Bernini. Die Papst- und Herrscherporträts. Zum Verhältnis von Bildnis und Macht, 2002.

Philipp Zitzlsperger

Büttel

1. Begriff und Aufgaben in der Frühen Neuzeit
2. Soziale Stellung
3. Übergang zu exekutiven Polizeiorganen

1. Begriff und Aufgaben in der Frühen Neuzeit

Ursprünglich war B. (althochdt. *poto, putil*; mhdt. *Bütel*; mittelnieder-dt. *bodel, boddel*) die Bezeichnung für einen Gerichtsdiener. Im Laufe des SpätMA und der Frühen Nz. entwickelte sich B. als Sammelbezeichnung für niedere Amtsträger mit unterschiedlichen polizeilichen Funktionen. Die jeweiligen Aufgaben des B., deren Erfüllung er mit einem Amtseid zu beschwören hatte, wurden von der ↗Obrigkeit im Einzelnen definiert. Gerade diese Multifunktionalität war ein wichtiges Kennzeichen des ↗Amtes. Eine Spezialisierung oder gar Ausbildung für die einzelnen Aufgaben gab es bis weit in das 18. Jh. nicht. Man übertrug einem B. Wachaufgaben; er fungierte bei Steuereinziehungen oder Pfändungen, zuweilen auch als Scharfrichter (↗Henker) oder dessen Gehilfe [1]. Daneben erscheint der B. auch im Rahmen der städtischen ↗Armenpflege oder als Bettelvogt, ebenso als Gerichtsbote, Fronbote, Gerichtsknecht, Häscher, Herberger, Gewaltrichterknecht, Stadtknecht, Scherge u. v. m. Die Überschneidung von Zuständigkeiten und die Kumulation mehrerer Ämter sind daher die Regel [4]. In kleineren Dörfern findet man regelmäßig nur den »Dorfschütz«. Die Anzahl des betreffenden städtischen Personals richtete sich häufig nach der Größe der Städte.

Mit der Entstehung und Ausweitung des staatlichen Gewaltmonopols seit dem SpätMA gibt es erste Anzeichen der Differenzierung und Ausweitung des städtischen Personals. Die Dienstpflichten wurden seit dem 16. Jh. genauer formuliert und Aufgaben deutlicher zugeteilt. Damit setzte auch eine Hierarchisierung innerhalb der Exekutivämter ein [1].

2. Soziale Stellung

B. waren wohl Handwerker, die im städtischen ↗Dienst ihr Auskommen suchten: Über ihre Motivation lassen sich angesichts dürftiger Quellen nur Vermutungen anstellen. Ein wichtiger Grund wird in den sich langsam verschlechternden Bedingungen im ↗Handwerk seit dem 15. Jh. zu suchen sein. Nicht selten übte der B. sein Amt neben seinem erlernten Broterwerb aus. Das differenzierte Besoldungssystem des Vollzugspersonals setzte sich im Wesentlichen aus regelmäßigen Schenkungen (*liebung, bibal*), den gesonderten, dem Tagelohn ähnlichen Vergütungen für einzelne Amtshandlungen sowie der prozentualen Beteiligung an Strafgeldern und Naturalien zusammen. Diese doppelte Lohnstruktur war ein Kennzeichen des spätma. und frühnzl. Arbeitsmarktes. Häufig wurden die unteren Stadtbediensteten als arm bezeichnet. Der Vorteil des Stadtdienstes lag jedoch in einem regelmäßigen Einkommen, auch wenn dieses, verglichen mit Gesellenlöhnen, sehr gering ausfallen konnte [1]; [3].

Der B. verkörperte die Konflikte zwischen obrigkeitlichen Ansprüchen und den Interessen der Einwohner, denn er war zugleich Amtsperson und Mitglied der lokalen Gesellschaft. Das Auftreten der obrigkeitlichen Diener wurde wohl eher negativ wahrgenommen. Ihre Verpflichtung zur Festnahme und Versorgung von Delinquenten rückte sie darüber hinaus in die Nähe unehrenhafter Personen wie die des Scharfrichters. Schmähungen als *Scherge*, *bodel*, *halfbodel* und *bodelssone* gehören seit dem SpätMA daher zu den gebräuchlichen und strafbaren ↗Beleidigungen. Während die niederen Vollzugsorgane noch im 14. Jh. ihre Arbeit ohne Ehrverlust verrichtet hatten, wurden sämtliche Stadt- und Ratsdiener sowie die niederen Chargen im Gerichts- und Polizeidienst ab dem 16. Jh. schließlich vom Verdikt der ↗Unehrlichkeit erfasst [2]. Allerdings diskutieren neuere Studien die Bedeutung dieser Unehrlichkeit kontrovers und stellen die in der älteren Forschung behauptete radikale soziale Ausgrenzung in Frage. Die ↗Ehre bzw. die Unehrlichkeit der B. und ihrer Nachkommen wurde in erster Linie im Handwerk diskutiert, wo es um den Zugang zu immer knapper werdenden Ressourcen ging. Diese Konflikte nahmen in der ↗Frühen Nz. deutlich an Schärfe zu. Die soziale Position der B. blieb daher ambivalent [1]; [3]; [4].

3. Übergang zu exekutiven Polizeiorganen

Seit dem 17. Jh. ist die Ausformung exekutiver Polizeiorgane auf territorialer Ebene zu beobachten (↗Polizei). Traditionale Exekutivämter wie der B. hatten sich in den Augen der Obrigkeit als ineffektiv, schwer kontrollierbar und überfordert erwiesen, um die immer zahlreicher werdenden Normen der ↗Polizeiordnungen umzusetzen [3]. In der Regel handelte es sich bei dem neuen Personal, das die Aufgaben u. a. des B. übernahm, um örtlich stationierte Husaren- und Dragonerverbände, die als Polizeiorgane sowohl den Regierungen als auch der jeweiligen Militäradministration unterstanden und insbes. zur Kontrolle von mobilen Randgruppen und Straftätern eingesetzt wurden. Solche Gendarmerien wurden bis zum Beginn des 19. Jh.s in fast allen dt. Staaten als starker Arm der Exekutive installiert. Hier liegt eine wesentliche Ursache für die tiefgreifende und langfristig wirkende Übernahme militärischer Handlungsmuster durch die Polizeiverwaltung in der Moderne. Der »Schutzmann« vor Ort, gefürchtet und geachtet, blieb jedoch auch im 19. Jh. noch ein Generalist [5].

→ Dienste, städtische; Henker; Justiz; Polizei; Unehrlichkeit

[1] A. Bendlage, Henkers Hetzbruder – Das Strafverfolgungspersonal der Reichsstadt Nürnberg im 15. und 16. Jh., 2003
[2] E. Dankert, Unehrliche Leute. Die verfemten Berufe, 1979
[3] A. Holenstein et al. (Hrsg.), Policey in lokalen Räumen. Ordnungskräfte und Sicherheitspersonal in Gemeinden und Territorien vom SpätMA bis zum frühen 19. Jh., 2002
[4] J. Nowosadtko, Scharfrichter und Abdecker. Der Alltag zweier ›unehrlicher Berufe‹ in der Frühen Nz., 1994
[5] H. Reinke, »… nur für die Sicherheit da«? Zur Geschichte der Polizei im 19. und 20. Jh., 1993.

Andrea Bendlage

Butter s. Fettkonsum; Milch

C

Cäcilianismus

C. bezeichnet eine von Regensburger Kirchenmusikern um die Mitte des 19. Jh.s ausgehende Bewegung, die eine Reform der kath. Kirchenmusik in der säkularisierten Welt und ihre liturgische Vertiefung zum Ziel hatte. 1868 kam es in einem zweiten Anlauf zur Gründung des »Allgemeinen Caecilienvereins«, 1870 erkannte Papst Pius IX. die neue Vereinigung an. Das von den Caecilianern vertretene Gedankengut wurzelte freilich nicht in neuen Ideen eines konservativen Regensburger Zirkels, sondern griff ganz bewusst auf ältere Traditionen zurück, die nach der ↗Säkularisation verloren zu gehen schienen.

In der Tat gab es im Bereich der ↗Kirchenmusik eine Traditionslinie, die vom späten MA ausgehend bis zum Beginn des 19. Jh.s reichte. Als Gegenreaktion auf den weit verbreiteten Missbrauch einer vermeintlich verweltlichten Musik im ↗Gottesdienst formierten sich um die Mitte des 15. Jh.s unter Berufung auf patristische Texte (Augustinus, Hieronymus) orthodoxe Vorstellungen zu einer Kirchenmusik, die sich an die Texte der liturgischen Formulare und die Melodien des Gregorianischen ↗Chorals binden sollte. Beinahe gleichzeitig gelangte die Bulle Papst Johannes' XXII. *Docta sanctorum patrum* von 1324/25 mit ihren Restriktionen gegenüber mehrstimmigen Praktiken in die ersten gedruckten Ausgaben des ↗Corpus Iuris Canonici. Nicht zufällig entdeckte man damals als Patronin der (Kirchen-)Musik die Heilige Cäcilia, wobei nach der Legende das Instrumentalspiel bei ihrer Hochzeit (*cantantibus organis*) als Orgelspiel der Heiligen selbst interpretiert wurde. Im Umfeld des ↗Trienter Konzils spitzte sich die Diskussion um die Kirchenmusik so weit zu, dass erwogen wurde, den Gregorianischen Choral als einzige Möglichkeit zuzulassen.

Der Beschluss des Konzils von Trient, künftig nichts »Ausschweifendes und Unreines« (lat. *lascivum et impurum*) in der Kirchenmusik zu gestatten, ließ viel Freiheit für die konkrete Umsetzung. Am stärksten wirkten dabei die sehr ausführlichen Bestimmungen des bischöflichen Liturgiebuchs *Caeremoniale episcoporum* (1600, Rom). Darüber hinaus erörterten in ↗Klöstern und weiteren Klerikerkreisen weit verbreitete theologische Schriften den Spielraum für liturgische Musik an konkreten Beispielen (↗Liturgie). Es ist vermutlich kein Zufall, dass die meisten ihrer Verfasser ↗Jesuiten waren; gerade sie setzten sich in ihren Traktaten nachhaltig für die liturgische Musik ein. So finden wir in den *Disputationes* (1586) Robert Bellarmins eine regelrechte Verteidigungsschrift der liturgischen ↗Musik, die eine bis in biblische Zeiten zurückreichende Tradition dokumentieren sollte. Bellarmin folgten Henrique Henriquez mit seiner *Theologia moralis* (1588), die *Commentarii theologici* (1591) des Gregor von Valentia, *De Religione* (1609) von Francisco Suarez, das *Opus morale* (1613) des Tomás Sanchez, der *Mystagogus* (1629) von Louis Cresolles und *De primo ac praecipuo sacerdotis officio* (1639) von Pietro Persico. Inhaltlich verwandt sind die Traktate der Nicht-Jesuiten Andrea Piscara Castaldo (*Praxis Caeremoniarum*, 1625) und Giovanni Bona (*De divina psalmodia*, 1663), der zwar dem strengen Orden der Zisterzienser angehörte, aber später als Kardinal große Bedeutung für die Gestaltung der Liturgie nach den Reformen des Konzils erlangte.

Neben der sorgfältigen theologischen Fundierung bildete die »Rettung der Kirchenmusik«, die Giovanni Pierluigi da Palestrina im Zusammenhang mit dem Konzil von Trient gelungen sein soll, seit dem Ende des 16. Jh.s einen eigenen Mythos aus, mit dessen Hilfe die konservative Haltung in der Kirchenmusik – auch im Hinblick auf eine Aufführungspraxis ohne ↗Orgel – begründbar wurde. In diesem Sinne berichten etwa Johannes Mabillon in seinem *Iter Italicum* von 1724 und Jean Grancolas im *Commentarius Historicus in Romanum Breviarium* (Venedig 1734). 1665 und 1725 bestätigten Papst Alexander VII. und das Konzil von Rom den Text von *Docta sanctorum*. Eine Zusammenfassung annähernd aller bekannten kirchlichen Stellungnahmen zur Kirchenmusik brachte dann die Enzyklika *Annus qui* 1749. Eigentlich nur zur Ermahnung an die Bischöfe im Kirchenstaat gerichtet, für das Heilige Jahr 1750 angemessene Musik in den Gottesdiensten zu gewährleisten, wurde das Dekret zum Hauptbürgen für alle späteren restaurativen Bewegungen. Auf musikhistor. Seite trugen Martin Gerbert [2] und Giuseppe Baini [1] nochmals das erreichbare Material zur kath. Auffassung von Kirchenmusik zusammen, die durch das Gedankengut der ↗Aufklärung gefährdet schien. Gerade Bainis Palestrina-Biographie bereitete in dt. Übersetzung [3] den Boden für den späteren C.

Allen diesen Schriften ist eine Fixierung auf den Gregorianischen Choral als einzig wahrer Kirchenmusik und eine regelrecht feindselige Gesinnung gegenüber dem Theatralischen, Dramatischen oder Opernhaften (↗Oper) gemeinsam. Neben dem Choral sollte lediglich Musik im Stile Palestrinas, immer aber in der Liturgie dienender Funktion gelten. Instrumentales Spiel (↗Instrumentalmusik) wurde in untergeordneter Stellung toleriert. Bemerkenswerterweise stehen die kirchenmusikalisch-ästhetischen Vorstellungen von Vertretern der Frühromantik (Tieck, Friedrich und August Wilhelm Schlegel, E. T. A. Hoffmann und Reichardt; vgl. ↗Romantik) diesen Forderungen ebenso nahe wie die Schrift des protest. Juristen Anton Friedrich Justus Thibaut *Über Reinheit der Tonkunst* [4].

→ Jesuiten; Kirchenmusik; Liturgie; Musik; Musikästhetik

Quellen:
[1] G. BAINI, Memorie storico-critiche della vita e delle opere di Giovanni Pierluigi da Palestrina, 2 Bde., 1828   [2] M. GERBERT, De cantu et musica sacra, 2 Bde., 1774   [3] F. KANDLER, Ueber das Leben und die Werke des G. Pierluigi da Palestrina genannt der Fürst der Musik ... (hrsg. von R. G. Kiesewetter), 1834   [4] A. F. J. THIBAUT, Über Reinheit der Tonkunst, 1825.

Sekundärliteratur:
[5] T. CONOLLY, Mourning into Joy: Music, Raphael, and Saint Cecilia, 1994   [6] W. KIRSCH (Hrsg.), Palestrina und die Kirchenmusik im 19. Jh., 3 Bde., 1989–1994   [7] F. KÖRNDLE, Was wußte Hoffmann? Neues zur altbekannten Geschichte von der Rettung der Kirchenmusik auf dem Konzil von Trient, in: Kirchenmusikalisches Jb. 83, 1999, 65–90   [8] CH. T. LEITMEIR, Komponieren im Brennpunkt von Kirche und Kunst. Eine Fallstudie über »katholische« Musik der Spätrenaissance am Beispiel der Werke von Jacobus de Kerle, 2005 (im Druck)   [9] C. A. MONSON, »The Council of Trent Revisited«, in: Journal of the American Musicological Society 55, 2002, 1–37   [10] H. UNVERRICHT (Hrsg.), Der Caecilianismus. Anfänge – Grundlagen – Wirkungen. Internationales Symposium zur Kirchenmusik des 19. Jh.s, 1988.

Franz Körndle

Calvinismus

1. Konfession
2. Wirtschaftliche Bedeutung

1. Konfession

1.1. Begriff und Verbreitung

Der durch den Hamburger Pastor und Lutherschüler J. Westphal ursprünglich in abwertendem Sinne geprägte Begriff C. bezeichnet neben Werk und Wirkung des Genfer Reformators Johannes Calvin (1509–1564) auch die Wirkungsgeschichte der von Ulrich Zwingli (1484–1531) und seinen Schülern getragenen Zürcher Reformationsbewegung. »Calvinistisch« kann also Synonym zu »reformiert« sein, so z. B. im reichsrechtlichen Sprachgebrauch seit dem ↗Westfälischen Frieden (1648).

Einfluss gewann der C. seit dem 16./17. Jh. außer in der Schweiz v. a. in Westeuropa, so in Frankreich (↗Hugenotten), England, Schottland, Irland und den Niederlanden, aber auch in West- und Nordwestdeutschland, Ungarn und zeitweise in Polen (von Bedeutung sind die calvinistisch ausgerichteten Universitäten Heidelberg und Leiden). Im Zuge von Vorgängen der ↗Konfessionalisierung in ursprünglich lutherischen Territorien entwickelte sich in der Kurpfalz, in den nassauischen und westfälischen Grafschaften und in Bremen durch das Wirken von Schülern Melanchthons das sog. Deutschreformiertentum als eigener Typus des C. [14. 44–59]. Unter dem Einfluss der Schüler Zwinglis entstand der engl.-schott. ↗Puritanismus mit seinen Verzweigungen. Auch in der speziellen Kultur der anglikanischen Kirchengemeinschaft schlug sich der C. nieder (↗Anglikanismus). Tiefgreifend prägt er nach dem Beginn der puritanischen Auswanderung aus England (1620) die Gesellschaft der USA (↗Glaubensflüchtlinge).

1.2. Akzente konfessioneller Theologie

In der Theologie des C. wurden zentrale Lehrinhalte des antiken Christentums wie die Lehre von der göttlichen ↗Trinität und der Gottheit Jesu Christi (↗Christologie) übernommen. Daneben ergaben sich primär gegenüber dem röm. ↗Katholizismus, aber auch dem ↗Luthertum kennzeichnende Differenzen in der Glaubenslehre.

Die Person Christi wird als Werkzeug Gottes bei der Durchsetzung seiner Herrschaft verstanden. Damit ist der Einheit Gottes mit Jesus von Nazareth eine Grenze gesetzt und gegenüber der menschlichen Natur Jesu das gebietende Königtum Christi betont. Im ↗Gottesbild gewinnen der diametrale Unterschied zwischen Gott und Welt und die Souveränität von Gottes freier Willenssetzung prägende Bedeutung. Die Betonung der Letzteren wurde bei den Schülern Calvins zur Lehre von der unveränderlichen Vorherbestimmung des Menschen entweder zur Erlösung oder zur Verwerfung ausgebaut (↗Prädestinationslehre), wobei Gläubige sich ihrer Vorherbestimmung zur Erlösung im ethischen Fortschritt vergewissern können. Die innercalvinistische Kontroverse mit den »Remonstranten« (nach lat. remonstrare »zurückweisen«), die unter Hinweis auf die Willensfreiheit des Menschen eine unbedingte Prädestination ablehnten, führte nach der Synode von Dordrecht 1619/20 zur Kirchenspaltung. Bei den Schülern Zwinglis verband sich die Gewissheit der göttlichen Erwählung mit dem Vertrauen auf Gott. Das Wirken Gottes in der Geschichte erscheint, wurzelnd in Entwürfen von Schülern Zwinglis, als eine Reihe von Bundesschlüssen Gottes mit der Menschheit (»Föderaltheologie«, nach lat. *foedus* »Bund«).

Die ↗Bibel wird in Neigung zu moralisierender Auslegung als Anweisung zu aktiver Umsetzung der Gottesbzw. Christusherrschaft im persönlichen Leben und in der Gesellschaft gelesen. Das Handeln des erlösten Menschen ist an den Gehorsam gegenüber den göttlichen Geboten gebunden. Er wird zum »Erfüllungsgehilfen des Gesetzes« [16. 658].

Die streng auf zwei, Taufe und Abendmahl, beschränkten ↗Sakramente gelten nach calvinist. Verständnis nicht aus sich heraus als heilswirksam, sondern lediglich als zusätzlich erklärende Zeichen für die bereits im ↗Glauben verwirklichte Rettung des Menschen, dienen als öffentliches Bekenntnis der Zugehörigkeit zur Kirche und müssen vor den Augen der versammelten Gemeinde vollzogen werden. Die Nottaufe in Todesgefahr durch Laien wird abgelehnt.

Die Kirche wird als Werkzeug der Gottesherrschaft auf Erden begriffen. Ihre Lehre und die Aussagen ihres Bekenntnisses verstehen sich als aktuelle und damit unter Umständen vorläufige Anweisungen zur Erfüllung des in den zehn Geboten niedergelegten göttlichen Gesetzes. Aktuelle ethische Entscheidungen können kirchentrennende Bedeutung erlangen. Ein für alle regionalen Kirchen verbindliches ↗Bekenntnis wie im Luthertum existiert im Bereich des C. nicht. Die ↗Kirchenordnung ist Bestandteil des Bekenntnisses der Kirche und hat die Ausübung von ↗Kirchenzucht und Disziplin zur Folge. Zum Wesen der Kirche gehört ihre beständige Reformation [6. 431–488]. Der religiöse Impuls zur Verbesserung der Welt kann in der Zusammenarbeit mit lutherischen Kirchen von den Lutheranern Kompromisse in Inhalten der Lehre fordern (↗Irenik). Die kirchlichen ↗Ämter – Lehrer, Pastor, Presbyter (Ältester) und ↗Diakon – beruhen auf verbindlicher biblischer Anordnung. Diese vier Ämter begründen kollegial-synodale bzw. auf die Souveränität der Einzelgemeinde bezogene Verfassungsstrukturen, schließen bischöfliche Strukturen (↗Bischofsamt) aus und verstehen sich auch als politische Modelle.

1.3. Elemente calvinistischer Konfessionskultur

Die im klassischen C. wirksamen religiösen Kräfte führten zur Gestaltung eigener kultureller Traditionen, die noch in späteren Transformationen, so z. B. im ↗Puritanismus und im Neo-C. erkennbar bleiben. Eine der Voraussetzungen dafür war die starke Verwurzelung seiner frühen Vertreter in der Rechtswissenschaft (wie etwa Lambert Daneau und Theodor Beza) [16].

Als Merkmale des calvinist. Kirchenbaus entwickelten sich einfach und rational gestaltete, bilderlose Gottesdiensträume. Texttafeln mit den Zehn Geboten sollten an deren Bedeutung erinnern. Für Riten forderte man strenge biblische Begründung. Der Orgel- und Instrumentalmusik wurde Misstrauen entgegengebracht; strophische Umdichtungen des gesamten biblischen ↗Psalters, ursprünglich hugenottischen Ursprungs und in mehrere europ. Sprachen übersetzt, wurden zur klassischen Form der calvinist. ↗Kirchenmusik. Kritik an spezieller Gewandung von Geistlichen meldete sich bes. im ↗Puritanismus [9.161–163]. Konfessionelles Gegenbild war die im röm. ↗Katholizismus und teilweise im ↗Luthertum fortgeführte Gottesdienstkultur. Die Form des ↗Gottesdienstes wurde zur Bekenntnisfrage.

Nicht zuletzt im Blick auf Formen der ↗Liturgie übte der C. Kritik am kirchlichen Weg des Luthertums, der als halb »papistisch« und der Vollendung bedürftig galt. Diese Kritik führte zur reformierten ↗Konfessionalisierung in Deutschland als einer obrigkeitlich gesteuerten Einführung des reformierten Bekenntnisses in Territorien, in denen die Wittenberger ↗Reformation Fuß gefasst hatte (»Vollendung der Reformation«) [14].

In der politischen ↗Ethik des C. konnte sich das von Calvin entwickelte Muster des Gegenübers von ↗Kirche und Staat nur begrenzt gegen die Identifizierung von kirchlichem und politischem Gemeinwesen durchsetzen [9.283–285]. Die Obrigkeitskritik der franz. ↗Monarchomachen lebte zwar von Anleihen beim lutherischen Widerstandsrecht [9.123]. Die synodal-presbyteriale Praxis (s.o. 1.2.) lehnte sich aber an politisch-gesellschaftliche Vorgaben an [15.105–161]. Tendenzen zum politischen Aktionismus konnten absolutistische Herrschaftspraxis unbedenklich in Anspruch nehmen, wie es sich in der Kurpfalz und in der Theologie der Hugenotten zeigte [9.141].

Das Amt der ↗Diakone führte, wo es bestand, zum Aufbau einer Institution der Armen- und Bedürftigenfürsorge, die für die spätere staatliche Wohlfahrtspflege vorbildlich wurde (↗Diakonie). Gleichzeitig übte diese Institution auch soziale Kontrolle aus, die sich im Alltag der Bürger bemerkbar machte. Der Ausübung der ↗Kirchenzucht dienten ↗Konsistorien, die aus Pastoren und hinzugewählten Ältesten zusammengesetzt, allwöchentlich zusammentraten und neben Leitungs- und Verwaltungsangelegenheiten bekannt gewordene Verstöße gegen die Zehn Gebote und ihre Ahndung besprachen und beschlossen [15.41–68]. Diese Einrichtung bestimmte das Verhalten und die Normen des Gemeinwesens im Sinne der calvinist. Lehre und Ethik und diente als Instrument zur Erhaltung des Friedens und einer für die nzl. Gesellschaft immer wichtiger werdenden Verhaltensdisziplin (↗Disziplin; ↗Sozialdisziplinierung). Die mit ihr verbundenen Repressionen konnten bei den Betroffenen schwere psychische Belastungen hervorrufen [13].

Den C. begleiteten Neigungen zu philosophischen Konzepten in platonischer Tradition (↗Platonismus), wie sie sich bei P. Ramus und in der engl. Philosophie des 17. Jh.s zeigen (↗Ramismus). In Verbindung mit dem ↗Neustoizismus verstärkten sie in der ↗Gesellschaftstheorie die Tendenz zur Aufwertung von Nützlichkeit (↗Utilitarismus), rationaler Ordnung und Disziplinierung bis hin zur militärischen Organisation der Gesellschaft.

Der C. leistete über den Einfluss des ↗Puritanismus auf die europ. Kultur der Frühen Nz. einen erheblichen Beitrag zur Emanzipation des nzl. Individuums (↗Individualisierung); ebenso trug die verstärkte Bedeutung des ↗Gewissens bei der Selbstkontrolle zur allmählichen Auflösung konfessioneller Orientierungen bei. Der Ansatz des engl. Puritaners W. Amesius [1], der die orthodoxe calvinist. Lehre mit dem Anliegen frommen Lebens verband, wurde in der calvinist. ↗Erbauungsliteratur weitergeführt, befruchtete den reformierten ↗Pietismus und fand ein Echo bis weit über den C. hinaus.

1.4. Transformationen

Der C. erwies sich als bes. anschlussfähig an für die Nz. charakteristische Entwicklungen in Philosophie, Anthropologie, Staats- und Rechtstheorie. Der Beitrag der »Remonstranten« (s.o. 1.2.), unterstützt durch die Rezeption des ↗Cartesianismus, bestand in der Einbeziehung rationaler Argumente in die Diskussion um überkommene Lehrfragen. Die Föderaltheologie (s.o. 1.2.) fand bei J. Althusius eine Analogie in der Staats- und ↗Gesellschaftstheorie (Herrschaftsvertrag zwischen Herrscher und Volk, Volkssouveränität, bürgerliche ↗Freiheiten). H. Grotius verband frühe histor. Kritik mit dem Entwurf eines ↗Völkerrechts auf der Basis von ↗natürlicher Religion und Naturrecht sowie der Forderung von ↗Toleranz.

Dem engl. ↗Puritanismus entstammten zukunftsweisende literarische Werke. J. Bunyans *Pilgerreise* (*The Pilgrim's Progress from This World to That Which Is to Come*, 1678) begründete den Typus des nzl. Seelenromans, J. Miltons *Das verlorene Paradies* (*Paradise Lost*, 1667) steht am Beginn des nzl. religiösen ↗Epos. Der C., der die bildende Kunst im Kirchenraum ablehnte und auf den gesellschaftlichen Bereich beschränkte, ließ in den Niederlanden eine große Tradition bürgerlicher Malerei entstehen. Zum Wiedererstarken des calvinist. konfessionellen Bewusstseins kam es in den Niederlanden um 1830 im sog. Neo-C.

→ Frömmigkeitskulturen; Kirche und Staat; Prädestinationslehre; Protestantische Ethik; Reformation; Theologie

Quellen:
[1] W. AMESIUS, De conscientia, Amsterdam 1630 [2] H. FAULENBACH / E. BUSCH (Hrsg.), Reformierte Bekenntnisschriften, Bd. 1/1, 2002 [3] H. HEPPE, Die Dogmatik der evangelisch-reformierten Kirche (hrsg. von E. Bizer), ²1958 [4] E. F. K. MÜLLER, Die Bekenntnisschriften der reformierten Kirche, 1903 (ND 1999) [5] W. NIESEL (Hrsg.), Bekenntnisschriften und Kirchenordnungen der nach Gottes Wort reformierten Kirche, 1947 [6] G. VOETIUS, Politica ecclesiastica, Teil 3, Amsterdam 1676.

Sekundärliteratur:
[7] T. FEHLER, Calvinist Poor Relief in Emden, 1996 [8] B. GERRISH, Tradition and the Modern World. Reformed Theology in the Nineteenth Century, 1978 [9] E. KOCH, Das konfessionelle Zeitalter. Katholizismus – Luthertum – Calvinismus, 2000 [10] D. MCKIM (Hrsg.), Encyclopedia of the Reformed Faith, 1992 [11] J. T. MCNEILL, The History and Character of Calvinism, ²1973 [12] M. PRESTWICH (Hrsg.), International Calvinism 1541–1715, ²1997 [13] M. SCHÄR, Seelennöte der Untertanen: Selbstmord, Melancholie und Religion im alten Zürich 1500–1800, 1985 [14] H. SCHILLING (Hrsg.), Die reformierte Konfessionalisierung in Deutschland – Das Problem der »Zweiten Reformation« (Schriften des Vereins für Reformationsgeschichte, Bd. 195), 1986 [15] H. SCHILLING, Civic Calvinism in Northwestern Germany and the Netherlands, Sixteenth to Nineteenth Centuries, 1991 [16] CH. STROHM, Ethik im frühen Calvinismus, 1996.

Ernst Koch

2. Wirtschaftliche Bedeutung

2.1. Max Webers These zur protestantischen Ethik

Seit Max Webers Studie *Die protestantische Ethik und der Geist des Kapitalismus* [8] ist der Einfluss des C. auf wirtschaftliche Entwicklungen vielfach erörtert worden (vgl. ↗Protestantische Ethik; ↗Kapitalismus). Für Weber besteht der »Geist des Kapitalismus« im Streben »nach immer erneutem Gewinn, nach Rentabilität« im Rahmen des kontinuierlichen, rationalen Betriebs. Rentabilität setzt eine rationale Berechnung und planmäßige Verwendung von Betriebsmitteln voraus. Eine solche durch Zweckrationalität geprägte Wirtschaftsweise ist eingebettet in eine umfassendere kulturell geprägte okzidentale Lebensführung.

Die Lehren des asketischen ↗Protestantismus (C., ↗Pietismus, die Richtungen der ↗Methodisten und ↗Täufer) – waren nach Weber einer methodischen Lebensführung bes. förderlich. Entscheidend hierfür war die ↗Prädestinationslehre (s. o. 1.2.): Der bereits im Schöpfungsplan festgelegte Gnadenstand jedes Menschen kann weder durch Gebete noch durch gute Werke beeinflusst werden (↗Gnadenlehre). Die daraus folgende Distanz zwischen Mensch und Gott impliziert eine Vereinzelung der Gläubigen (↗Individualisierung) sowie eine ↗Entzauberung der Welt. Das Vollbringen guter Werke ist nicht mehr Mittel zum Heil, sondern selbst bereits Ausdruck des Gnadenstandes, Zeichen für Gottes Segen und Wirksamkeit in der Welt.

Angesichts der Ungewissheit über den eigenen Gnadenstand, dieses »Gefühls einer unerhörten inneren Vereinsamung des einzelnen Individuums« übten Gläubige über sich eine systematische Selbstkontrolle aus; hierzu gehörte das dauernde Hervorbringen guter Werke als Zeichen der Zugehörigkeit zu den Auserwählten. Der Heilszweck einzelner guter Handlungen schwand so zugunsten einer zum System gesteigerten, d. h. rationalen, Werkheiligkeit. Entsprechend weitete sich im Sinn einer innerweltlichen ↗Askese der Bereich, in dem der Gläubige im Alltag gute Werke erbringen konnte, erheblich aus; er schloss ethisch gutes Alltagshandeln, wirtschaftlichen und familiären Erfolg als äußere Zeichen der Gnade mit ein. Eine wertrational begründete asketische Lebensführung begünstigte somit die Entstehung von zweckrationalem Handeln im wirtschaftlichen und sozialen Alltag.

Die große Reichweite von Webers Analyse des asketischen Protestantismus ergibt sich aus ihrer Einbettung in eine universalhistor. angelegte Soziologie der Weltreligionen sowie in Ansätze einer systematischen Modernisierungstheorie [6]. Sie hat sich deshalb im 20. Jh. für die Entwicklung der soziologischen Theorie, die Erörterung der institutionellen Grundlagen der kapitalistischen Wirtschaft sowie die Orientierung wirtschafts- und sozialhistor. Forschung als fruchtbar erwiesen [2]; [3]; [7]. Empirisch lässt sich die These einer kausalen Verbindung zwischen ↗Protestantismus und ↗Kapitalismus allerdings höchstens beschränkt untermauern, so dass sie heute kaum mehr vertreten wird.

2.2. Konfessionelle Unterschiede im sozialen und wirtschaftlichen Alltag

Histor. ausgerichtete Untersuchungen zu Max Webers These bezogen sich insbes. auf drei Gebiete:

(1) Studien zum religiösen Habitus von Mitgliedern calvinistischer Gruppen zeigen, dass sich auch theologisch gebildete Gläubige über den Glauben an die göttliche (individuelle, im späten 17. Jh. dann sogar zunehmend allgemeine) Vorsehung den von Weber behaupteten Implikationen der Prädestinationslehre weitgehend entzogen [3. Kap. 12]. Auch wurde der Individualisierung der Lebensführung durch die hohe soziale Kohäsion bes. in ↗Baptisten-Gemeinden Schranken gesetzt.

(2) Studien zu den Unterschieden im Alltagshandeln zwischen den Konfessionsgruppen belegen für Oppenheim, eine trikonfessionelle Gemeinde in der Pfalz, dass im 17./18. Jh. innerhalb derselben ↗Zunft lutherische und calvinische Mitglieder ein höheres Vermögen hatten als kath. Mitglieder, und bei gleichem Vermögen evang.

Haushalte größere Getreidevorräte hielten als kath. Familien (↗Vorratshaltung). Des Weiteren lag die Säuglings- und Müttersterblichkeit in protestant. Familien unter derjenigen in kath. Familien (↗Mortalität) [9]. Europaweit begannen im 17. und 18. Jh. in den evang., insbes. den calvinist. geprägten Regionen, kaum jedoch im kath. Raum, Paare ihre Geburtenzahlen bewusst zu beschränken (↗Empfängnisverhütung; ↗Fertilität). Dies lässt sich einerseits mit der ansatzweisen Akzeptanz lustvoller, d. h. nicht notwendig auf Zeugung ausgerichteter ehelicher ↗Sexualität, andererseits mit der Selbstverantwortung der Eltern für ihre Kinder in der calvinist. Ehe- und Familienmoral erklären [5]. Schließlich nutzten bes. calvinist. Gemeinwesen die Kommunalisierung des ↗Kirchenguts zur Ausweitung von Bildungseinrichtungen; so erreichten die nördl. Niederlande im 17. Jh. eines der höchsten Bildungsniveaus im damaligen Europa (↗Alphabetisierung; ↗Schule) [1.165–172]. Demographie und Bildungswesen calvinist. Gemeinwesen deuten somit auf die Bewahrung und Akkumulation von Humankapital hin.

(3) Untersuchungen zu den konfessionellen Relationen innerhalb der nzl. Wirtschaftseliten erweisen, dass vom 17. zum 19. Jh. Fernkaufleute, Bankiers und frühe Industrielle überproportional aus protest. Gruppen stammten (↗Kaufleute; ↗Unternehmer; ↗Wirtschaftsbürgertum). Augenfällig ist dies in gemischtkonfessionellen Regionen wie dem Rheinland, Westfalen, Baden und der Schweiz. Nach ihrer Auswanderung aus Frankreich infolge der Aufhebung des ↗Edikts von Nantes (1685) spielten ↗Hugenotten im 18. Jh. bei der Integration von Produkt- und Finanzmärkten im gesamten Nordsee- und Nordatlantikraum eine ausschlaggebende Rolle [4.90–93]. Zwar ist für diese Gruppen immer wieder eine spezifische Geschäftsethik beobachtet und mit dem protest. Bekenntnis in Verbindung gebracht worden [10.67]; neuere Interpretationen erklären allerdings die Disposition calvinist. Gruppen zur Tätigkeit im ↗Fernhandel und in der entstehenden Protoindustrie (↗Protoindustrialisierung) einerseits mit ihrer sozial marginalen Stellung, die ihnen die Tätigkeiten in zünftisch geregelten Tätigkeiten verwehrte, andererseits durch den Status der ↗Diaspora, der eine hohe soziale Kohäsion unter räumlich von einander entfernten Mitgliedern bewirkte (↗Kaufmannsdiaspora). Es bestehen somit nur in ganz wenigen Bereichen Hinweise darauf, dass die prot. Ethik systematische Verhaltensunterschiede zwischen konfessionellen Großgruppen verursacht hat.

→ Kapitalismus; Protestantische Ethik

[1] J. DE VRIES / A. VAN DER WOUDE, The First Modern Economy: Success, Failure, and Perseverance of the Dutch Economy, 1500–1815, 1997 [2] D. LANDES, Wohlstand und Armut der Nationen. Warum die einen reich und die anderen arm sind, 1999 [3] H. LEHMANN / K. F. LEDFORD (Hrsg.), Weber's Protestant Ethic: Origins, Evidence, Contexts, 1993 [4] D. ORMROD, The Rise of Commercial Empires: England and the Netherlands in the Age of Mercantilism, 1650–1770, 2003 [5] U. PFISTER, Die Anfänge von Geburtenbeschränkung: Eine Fallstudie (ausgewählte Zürcher Familien im 17. und 18. Jh.), 1985 [6] W. SCHLUCHTER, Religion und Lebensführung (2 Bde.), 1988 [7] C. SEYFARTH / W. M. SPRONDEL (Hrsg.), Seminar: Religion und gesellschaftliche Entwicklung: Studien zur Protestantismus-Kapitalismus-These Max Webers, 1973 [8] M. WEBER, Die protestantische Ethik und der Geist des Kapitalismus, in: M. WEBER, Gesammelte Aufsätze zur Religionssoziologie, Bd. 1, 1920, 17–206 [9] P. ZSCHUNKE, Konfession und Alltag in Oppenheim: Beiträge zur Geschichte von Bevölkerung und Gesellschaft einer gemischtkonfessionellen Kleinstadt in der Frühen Neuzeit, 1984 [10] F. ZUNKEL, Der rheinisch-westfälische Unternehmer 1834–1879: ein Beitrag zur Geschichte des deutschen Bürgertums im 19. Jahrhundert, 1962.

Ulrich Pfister

Camerata

Der ital. Begriff C., »Versammlungsort« (abgeleitet von lat./ital. *camera*), ist für verschiedene Zusammenkünfte und akademieähnliche Vereinigungen um 1600 überliefert. Im engeren Sinn hat sich C. im ↗Musikschrifttum als Bezeichnung für den Zirkel eingebürgert, der sich in den 1570er und 1580er Jahren im Florentiner Palast von Giovanni Maria de' Bardi Conte di Vernio traf. Der Kreis war vom gemeinsamen Interesse für Literatur, antike Musik und ↗Musiktheorie getragen. Die theoretischen Erörterungen wie praktischen Versuche innerhalb der C. gelten als wesentliche Stadien in der Frühgeschichte des sich um 1600 entwickelnden Sologesangs (↗Monodie) sowie der ↗Oper.

C. wird oft auch verkürzt für den histor. allerdings nicht nachgewiesenen Begriff *C. fiorentina* verwendet. Die Belege für C. als Bezeichnung des Kreises um Bardi stammen aus einer Zeit, als dieser nicht mehr aktiv war; sie finden sich im Vorwort des Partiturdrucks von Giulio Caccinis *Euridice* (1600) und in einem Brief Pietro de' Bardis an G. B. Doni (1634). Vincenzo Panciatichi bezeichnet die C. als eine Örtlichkeit (bei Fiesole), an der sich die Dichter und Musiker zu treffen pflegten (Widmung von *Gli amorosi affanni*, 1606).

Die Zusammenkünfte der C., die zu keinem Zeitpunkt eine formelle ↗Akademie war, lassen sich für 1572/73 erstmals dokumentarisch belegen. Ihr gehörten nachweislich Giovannis Sohn Pietro de' Bardi, die Musiker Giulio Caccini, Piero Strozzi und der Lautenist und Musiktheoretiker Vincenzo Galilei (der Vater Galileo Galileis) an. Laut Bericht Pietro de' Bardis beschäftigte sich der allwöchentlich zusammentretende Kreis mit ↗Astrologie und verschiedenen Wissenschaften, doch er erlangte vordringlich mit Fragen zur Dichtung sowie zur antiken Musikanschauung und -praxis Bedeutung. Über Galilei trat die C. 1572 mit dem in Rom lebenden Antikenforscher und Musikgelehrten Girolamo Mei in Kontakt, der an seiner Abhandlung *De modis musicis antiquorum* (»Über die musikalischen Modi der Alten«) arbeitete und regelmäßig Briefe an Bardi und Galilei sandte, die in der C. diskutiert wurden.

Mei vertrat die Auffassung von der Einstimmigkeit der griech. Musik und dem durchgängig musikalischen Vortrag der griech. Tragödie; er lehnte den modernen ↗Kontrapunkt ab. Die Wiedergewinnung der Wirkung griech. Musik, die läuternde Kraft und Bewegung der Affekte waren Gegenstand von Bardis *Discorso mandato a Giulio Caccini … sopra la musica antica e 'l cantar bene* (ca. 1578, vgl. ↗Affektenlehre). Bardi folgte nicht der Auffassung Meis, die antike Tragödie sei vollständig gesungen geworden. Bardi und Strozzi sind die Gesprächspartner in Galileis Traktat *Dialogo della musica antica e della moderna* (1581/82), dessen Inhalt jedoch nur eingeschränkt die Fragestellungen innerhalb der C. widerspiegelt und kaum visionäres Potential enthält. Die praktischen musikalischen Versuche innerhalb der C. deckten Vertonungen traditioneller liturgischer, epischer oder lyrischer Texte ab, in keinem Fall aber dramatischer Gattungen: 1582 setzte Galilei die Klage des Conte Ugolino aus Dantes *Divina comedia* (Inferno XXXIII, 4–75), einen weltlichen epischen Text, ferner die Lamentationen des Jeremias, die er selbst mit Begleitung eines Violenensembles vortrug. Innovativ waren die Vertonungen lyrischer Texte, die Caccini in der C. sang. Sie wurden später in seine Sammlung der *Nuove musiche* (1601/02) aufgenommen und können als erste vollgültige Beispiele von begleitetem monodischem Sologesang gelten. Mitte der 1580er Jahre, spätestens mit dem Regierungsantritt von Ferdinando I. de' Medici 1587, infolgedessen Bardi seine Stellung am florent. Hof verlor, stellte die C. ihre Aktivitäten ein.

In einem weiteren Sinn wird der Begriff C. häufig auch auf die gleichfalls in Florenz angesiedelte private ↗Akademie des Jacopo Corsi angewendet. Ihr gehörten u. a. die Musiker Emilio de' Cavalieri, Jacopo Peri sowie die Dichter Ottavio Rinuccini und Giovanni Battista Strozzi d. J. an. Vincenzo Galilei, der Corsi seinen Traktat *Fronimo* in der Fassung von 1589 widmete, könnte Gedankengut des Kreises um Bardi an denjenigen Corsis vermittelt haben, doch ist kein formeller Kontakt, etwa eine Teilnahme Corsis an den Diskussionen Bardis, bekannt. Vielmehr dürfte eine Rivalität zwischen beiden Kreisen bestanden haben. Anders als Bardis C. griff Corsi sehr viel entschiedener die schon seit geraumer Zeit diskutierte Frage einer praktischen Wiedererweckung der antiken Tragödie auf. Versuche, dramatische Texte in ↗Musik zu setzen und aufzuführen, datieren auf 1594/95, als Peri und Corsi einzelne Teile der *Dafne* von Rinuccini vertonten, die 1597/98 in Corsis Haus erstmals vollständig aufgeführt wurde. Ihr folgte als erste zur Gänze erhaltene Oper *Euridice* von Rinuccini und Peri, die am 6. Oktober 1600 zu den Feierlichkeiten anlässlich der Hochzeit von Maria de' Medici mit Heinrich IV. von Frankreich aufgeführt wurde. Die Rivalitäten und Kontroversen der Gruppierungen um Bardi und Corsi erreichten mit der Aufführung der *Euridice* einen Höhepunkt. Im Streit um die Erfindung des neuen darstellenden Stils (ital. *stile rappresentativo*) verwies Caccini auf sein praktisches Wirken in der C. und untermauerte seinen Anspruch durch die Publikation einer eigenen vollständigen Vertonung derselben *Euridice* (1600).

→ Antikerezeption; Monodie; Musik; Musiktheorie; Oper

[1] F. Fano (Hrsg.), La Camerata fiorentina. Vincenzo Galilei (1520?-1591), la sua opera d'artista e di teorico come espressione di nuove idealità musicali, 1934 [2] P. Gargiulo et al. (Hrsg.), Neoplatonismo, musica, letteratura nel Rinascimento: I Bardi di Vernio e l'Accademia della Crusca (Atti del Convegno Internazionale di Studi, Firenze-Vernio 1998; Cahiers Accademia 1), 2000 [3] R. Katz, Collective »Problem-Solving« in the History of Music: The Case of the Camerata, in: Journal of the History of Ideas 45, 1984, 361–377 [4] W. Kirkendale, The Court Musicians in Florence during the Principate of the Medicis, 1993 [5] C. Palisca (Hrsg.), Girolamo Mei (1519–1594): Letters on Ancient and Modern Music to Vincenzo Galilei and Giovanni Bardi, 1960 [6] C. Palisca, The Florentine Camerata: Documentary Studies and Translations, 1989 [7] N. Pirrotta, Temperaments and Tendencies in the Florentine Camerata, in: The Musical Quarterly 40, 1954, 169–189.

Norbert Dubowy

Cantus firmus

1. Bedeutungsfelder
2. Entwicklung bis 1600
3. Entwicklung nach 1600

1. Bedeutungsfelder

Mit dem Begriff C. F. (lat., auch: *cantus prius factus*; ital. *canto fermo*, dt. »festgefügter, dauerhafter oder ungezierter Gesang«) sind drei Bedeutungsfelder verbunden. Bereits seit dem MA versteht man darunter in der geistlichen einstimmigen ↗Musik eine Melodie, die in gleichmäßigen Zeitwerten fortschreitet. Mit Entstehung der Mehrstimmigkeit wird C. F. auch als Bezeichnung für eine präexistente Melodie verwendet, die als Ausgangsbasis einer ↗Komposition dient. Beide Bedeutungen vermengend, erscheint dieser Begriff auch in der ↗Musiktheorie. Seit dem 16. Jh. benennt man dort das Subjekt eines Kontrapunktsatzes, zu dem als gleichförmig fortschreitende Linie die Gegenstimmen gesetzt werden, als C. F.

2. Entwicklung bis 1600

Zu Beginn der Nz. ist die Bezeichnung C. F. vor allem mit dem zweiten Begriffsfeld verbunden: Eine vorgegebene Melodielinie diente als gedankliche und materielle Grundlage einer mehrstimmigen Komposition, die wesentlich vom verwendeten C. F. geprägt war. Den ↗ Komponisten der Zeit stand eine Fülle von Auswahl- und Gestaltungsmöglichkeiten ihrer »Grundlinie« zur Verfügung. Traditionell aus dem Gregorianischen ↗ Choral stammend, wurde für den C. F. zunehmend auch auf einstimmige weltliche Melodien oder auf Einzelstimmen aus mehrstimmigen ↗ Chansons zurückgegriffen. Schließlich verwendete man auch frei erfundene Melodien, gerne auch von Solmisationssilben (Tonbuchstaben) abgeleitet. Die gewählte Melodielinie konnte weitgehend identisch übernommen werden, wobei eine ursprünglich rhythmisch freie Choralvorlage in langgedehnte Töne übertragen wurde. Sie wurde aber auch rhythmisch und melodisch angereichert, was so weit führte, dass sich am Ende dieser Entwicklung der C. F. kaum noch von den hinzukomponierten Stimmen unterschied. Die C. F. tragende Stimme war in der Regel der Tenor als mittlere Stimme, konnte aber auch von der obersten Stimme, seltener von einer anderen Stimme übernommen werden.

Diese Kompositionstechnik, von der Musikwissenschaft auch als C. F.-Technik bezeichnet, dominierte um 1500 die europ. Kunstmusik und durchdrang alle Genres. In der zyklischen ↗ Messe war ein gemeinsamer C. F. ein wesentliches verbindendes Element der einzelnen Abschnitte, in den ↗ Motetten spielten Choralbearbeitungen und feierliche Tenormotetten (vier- bis sechsstimmige Kompositionen, basierend auf einem oder zwei *cantus firmi*, wobei oft mehrere Texte gleichzeitig erklangen) eine wichtige Rolle. Das weltliche Gegenstück dazu war das Tenorlied (im 15. Jh. dreistimmig, mit Liedvorlage in der Oberstimme, im 16. Jh. zunehmend vierstimmig, mit Tenor-C. F.; ↗ Lied). Franz. Chansons und ital. Kanzonen wurden gern als Ausgangsbasis für C. F.-Melodien herangezogen. Wie vielfältig und kunstvoll man mit einem C. F. umgehen konnte, zeigt insbes. das Werk von Josquin Desprez (ca. 1450/55–1521).

3. Entwicklung nach 1600

Gegen Ende des 16. Jh.s verlor die Bindung einer Komposition an einen C. F. stark an Bedeutung. Sein Einsatz hatte bald die Wirkung eines konservativen oder archaischen Elements, das in die idealisierte Vokalpolyphonie des 16. Jh.s zurückverwies.

Als letztes Rückzugsgebiet, und zugleich mit einer neuen Blüte verbunden, fand der C. F. in der protest. ↗ Orgel- und ↗ Vokalmusik Verwendung. Zurückgehend auf Martin Luther, der geistliche Lieder als festen Bestandteil der ↗ Reformation verstand, wurden traditionelle ↗ Kirchenlieder zur Grundlage mehrstimmiger Vertonungen für Orgel oder für ein Vokalensemble. In Choralbearbeitungen, als einzelne ↗ Choräle, oder in Form von Choralsätzen in ↗ Kantaten, ↗ Passionen und ↗ Oratorien fanden sie Eingang in das Repertoire der ↗ Kirchenmusik v. a. des 17. und 18. Jh.s. Das alte Kirchenlied als C. F. war dabei ein klingendes Symbol für etwas Überkommenes, das es zu bewahren galt. Den Höhepunkt dieser Entwicklung bildet die Kirchenmusik von Johann Sebastian Bach (1685–1750). Vor diesem Hintergrund wurde ein C. F. im 19. Jh. in der Regel histor. und oftmals im direkten Bezug auf Bach verwendet.

Schließlich ist noch auf die Musiktheorie zurückzukommen, die – verbunden mit dem Namen Johann Joseph Fux (1660–1741) – aus ital. Kontrapunktlehren (↗ Kontrapunkt) den Begriff des C. F. übernahm. Dabei war es Praxis, dass eine choralmäßig geführte Stimme, die auch frei erfunden sein konnte, vom Lehrer vorgegeben und vom Schüler nach bestimmten Regeln zu einem mehrstimmigen Satz ausgebaut wurde. Diese Verwendung des C. F.-Begriffs hat sich im traditionellen Kompositionsunterricht über das Ende der Nz. hinaus bis in die Gegenwart erhalten.

→ Kirchenmusik; Komposition; Musik; Polyphonie

[1] W. FROBENIUS, Cantus firmus, in: Handwb. der musikalischen Terminologie, 1971, 1–5 [2] C. HOHLFELD / R. BAHR, Schule musikalischen Denkens: Der Cantus-firmus-Satz bei Palestrina, 1994 [3] T. F. KELLY, Plainsong in the Age of Polyphony, 1992 [4] E. H. SPARKS, Cantus Firmus in Mass and Motet, 1420–1520, 1963 [5] E. WEBER (Hrsg.), Itinéraires du cantus firmus (2 Bde.), 1994–1995.

Andrea Lindmayr-Brandl

Capriccio s. Architekturphantasie

Caritas s. Ethik; Nächstenliebe

Carolina s. Constitutio Criminalis Carolina

Cartesianismus

1. Definition
2. Cartesianismus in den Niederlanden
3. Cartesianismus im Heiligen Römischen Reich
4. Cartesianismus in Frankreich

1. Definition

Unter C. werden diejenigen philosophischen Richtungen des 17. und 18. Jh.s verstanden, die an die ↗ Philosophie René Descartes' (latinisiert: Cartesius; 1596–1650) anknüpften und die v. a. seine Methodologie und Physik fortführten. Der C. ist entsprechend durch drei Themenfelder bestimmt: (1) durch die Übernahme der cartesischen (= cartes.) Methodenlehre, die durch den methodischen Zweifel das selbstdenkende Ich (lat. *cogito*) zum Ausgangspunkt einer streng deduktiv verfahrenden Philosophie erklärt; (2) durch einen Substanzendualismus, der »denkende« und »ausgedehnte Substanz« (lat. *res cogitans* bzw. *res extensa*) zunächst streng voneinander schied und die Möglichkeit ihrer Verknüpfung in einer unendlichen Substanz (Gott) lokalisierte; (3) durch die Prinzipien der cartes. Physik, die aufgrund des Substanzendualismus Naturvorgänge rein mechanistisch erklärte (↗Mechanismus) und damit der mathematischen Beschreibung zugänglich machte [11].

Im 18. Jh. galt der C. in der ↗Naturwissenschaft als Gegner des ↗Newtonianismus, ein Gegensatz, der häufig mit den Dichotomien ↗Rationalismus versus ↗Empirismus, Nahwirkung versus Fernwirkung (hinsichtlich der Gravitation; ↗Schwere) oder Wellen- versus Teilchentheorie des Lichts (in der ↗Optik) gleichgesetzt wurde. Darüber dürfen jedoch die fundamentalen Gemeinsamkeiten beider Schulrichtungen, insbes. das Ideal einer mechanistischen und mathematisierten Naturauffassung, nicht übersehen werden. Von Bouilliers *Histoire du cartésianisme* (1842) an war der C. Gegenstand philosophiehistorischer Forschungen, wobei er zunächst als Gegenposition zur aristotelischen ↗Schulphilosophie stilisiert wurde. Seit Bohatecs Abhandlung über die *Cartesische Scholastik* (1912) ist jedoch immer deutlicher geworden, dass anstelle dieser Kontrastierung die Rezeption cartes. Denkens vielmehr ein äußerst komplexer, bis heute keineswegs ausreichend erforschter Prozess ist. Unter dem Titel C. werden in Abhängigkeit von geographischen, konfessionellen und institutionellen Rahmenbedingungen sehr unterschiedliche philosophische Positionen subsumiert.

2. Cartesianismus in den Niederlanden

Die früheste Rezeption erfuhr Descartes in seiner Wahlheimat, den reformierten Niederlanden. Sein als revolutionär wahrgenommenes Denken wurde bereits zu seinen Lebzeiten heftig diskutiert. Im Zentrum der niederl. Debatten stand die cartes. Methodenlehre, wie sie im *Discours de la méthode* (1637) entwickelt und in den *Meditationes de prima philosophia* (1641) angewandt worden war: Ausgehend von der Selbstgewissheit des denkenden Ichs sollten mittels Ableitung und Beweis schrittweise sichere Erkenntnisse erlangt werden – unabhängig von den Lehren und Verfahrensweisen der traditionellen, v. a. der schularistotelischen Philosophie. Der methodische Ansatz beim selbstdenkenden Ich wurde von den Gegnern Descartes' als Bedrohung der Theologie und des Konzepts einer von Gott empfangenen Philosophie (lat. *philosophia recepta*) aufgefasst. Gegenüber dem Modell einer Teilhabephilosophie, die philosophische Erkenntnis als Teilhabe am göttlichen Wissen auffasste, erschien Descartes als Verkünder einer Freiheit der Philosophie (lat. *libertas philosophandi*), die unabhängig von allen Vorgaben nur die zweifelsfreien Inhalte der eigenen ↗Vernunft akzeptierte. Daher verbarg sich hinter den Auseinandersetzungen über den C. sehr häufig ein Streit über die Freiheit der Philosophie von offenbarungstheologischen Vorannahmen.

An der Universität Utrecht kam es bereits 1641 nach einem Disput zwischen Descartes und dem Theologieprofessor Gisbertus Voetius zu einer Verurteilung der cartes. Philosophie durch den Senat. Auch an der für ihre geistige Offenheit bekannten Universität in Leiden wurde nach einer langen Auseinandersetzung zwischen Anhängern und Gegnern des C. 1647 die Erwähnung des Namens und der Lehren Descartes' verboten. Dennoch konnten sich nach Descartes' Tod (1650) seine Anhänger unter den günstigen politischen Umständen des statthalterfreien »Goldenen Zeitalters« der Niederlande an den Universitäten zunächst durchsetzen. Ein Jahrzehnt später hatte sich die cartes. Philosophie als fester Bestandteil des universitären ↗Lehrplans etabliert.

Die Diskussionen über den C. verlagerten sich nun zum einen auf die ↗Physiologie, in der der cartes. ↗Mechanismus durch ↗Experimente und anatomische Studien (Franciscus de la Boë Sylvius) modifiziert wurde (↗Anatomie). Eine materialistische Tradition cartesianischer Physiologie, die Lebewesen als ↗Maschinen begriff, reichte im 18. Jh. über Julien Offray de La Mettrie bis zu Pierre Jean Georges Cabanis. Zum anderen wurde die Tauglichkeit der cartes. Methode für die Theologie und insbes. für die Auslegung der Heiligen Schrift (↗Bibel) diskutiert. Cartesianer wie Lodewijk Meyer vertraten die Auffassung, dass auch der Sinn der Heiligen Schrift angemessen nur durch die von Vorurteilen befreite ↗Vernunft bei Anwendung der cartes. Methode erfasst werden könnte [4]. An die Frage nach den theologisch-metaphysischen Implikationen der cartes. ↗Metaphysik schloss nach Arnold Geulincx v. a. Baruch de Spinoza an. Nach einer ersten kritischen Kommentierung [6] versuchte Spinoza in seiner der geometrischen Methode (↗More geometrico) folgenden *Ethik* den cartes. Substanzendualismus durch das Konzept einer sowohl Ausdehnung als auch Denken umfassenden göttlichen Substanz zu lösen. Im Gefolge der Statthalterschaft Wilhelms III. von Oranien erstarkte in den Niederlanden seit 1672 wieder die reformierte Orthodoxie (↗Calvinismus) und bekämpfte in monatelangen Kampagnen den C. zusammen mit dem irenischen Coccejanismus (↗Irenik), ohne jedoch dauerhaft die Fortentwicklung der cartes. Philosophie aufhalten zu können [7].

3. Cartesianismus im Heiligen Römischen Reich

Nicht allein in den Niederlanden etablierte sich der C. an den Universitäten; er strahlte von Leiden ins ↗Heilige Römische Reich aus, wo er zunächst vornehmlich an den reformierten Universitäten rezipiert wurde. Die cartes. Metaphysik ließ sich mit der natürlichen Theologie der calvinistischen Tradition gut vereinbaren, weil sie (im Gegensatz zur aristotelischen ↗Metaphysik) ausdrücklich die Lehre von der göttlichen Schöpfung der Welt behauptete (↗Schöpfungslehre). Die Hohe Schule (*Gymnasium illustre*) Herborn wurde 1649 mit der Berufung des Philosophieprofessors Johannes Clauberg zum Ausgangspunkt des dt. C. [10]. Zusammen mit dem Mathematiker Christoph Wittich trat Clauberg nachdrücklich für die cartes. Philosophie ein [1]. Im ersten großen dt. C.-Streit standen ihnen Cyriacus Lentulus und Johannes Heinius entgegen, die sich 1651 mit der landesherrlichen Festschreibung von ↗Aristotelismus und ↗Ramismus als einzig legitimer Lehre in Herborn durchsetzten. Clauberg wechselte daraufhin nach Duisburg, das zum Zentrum des reformierten C. im Reich wurde [2]. Vom zu Brandenburg gehörenden Duisburg breitete sich der C. dann an den brandenburg-preuß. ↗Universitäten und ↗Gymnasien aus und zwang auch die lutherischen Universitäten, sich mit ihm auseinanderzusetzen. Durch die Einbindung des C. erst in die reformierte, dann in die lutherische ↗Schulphilosophie verlor er seine revolutionäre Aura, so dass im 18. Jh. die Bezugnahme auf cartes. Lehrstücke bald selbstverständlich wurde [9]. Außerhalb der Universitäten griff Gottfried Wilhelm Leibniz die Folgelasten der cartes. Metaphysik, insbes. des Substanzendualismus und des Mechanismus, kritisch auf und versuchte sie durch seine Monadenlehre und die Annahme einer prästabilisierten Harmonie zu überwinden.

4. Cartesianismus in Frankreich

Die Frage nach dem Verhältnis von Körper und Geist, die Descartes als zwei voneinander getrennte Substanzen beschrieben hatte, stand im Zentrum der Diskussionen in Frankreich [8]. Bereits die frühen Cartesianer Louis de la Forge und Géraud de Cordemoy vertraten eine auf Gottes Vermittlungsleistung setzende Lösung, die dann im Occasionalismus des Nicolas Malebranche (1638–1715) vor dem Hintergrund der Annahme einer vollständigen kausalen Unabhängigkeit beider Substanzen voneinander radikalisiert wurde: Da aufgrund ihrer Verschiedenheit weder der ausgedehnte Körper auf den ausdehnungslosen Geist, noch andersherum der Geist auf den Körper einzuwirken vermöge, müssen nach Malebranche alle Wechselbeziehungen als von Gott alleinursächlich bewirkte Interaktionen beschrieben werden. Die Erkenntnis äußerer Gegenstände beruhe daher nicht auf der Einwirkung dieser Gegenstände auf die menschlichen Sinne, sondern darauf, dass Gott den Anlass (lat. *occasio*) ergreift, ihre Ideen im menschlichen Geist hervorzurufen [3].

Neben der occasionalistischen Richtung spielte in Frankreich auch ein an der cartes. Physik und deren empirischer Bestätigung interessierter Zweig des C. eine wichtige Rolle: Jacques Rohault verfasste 1671 ein von Samuel Clarke ins Lateinische übersetztes und häufig kommentiertes Lehrbuch der cartes. ↗Mechanik, das zur Verbreitung und Diskussion der cartes. Naturphilosophie bis weit ins 18. Jh. maßgeblich beitrug [5]. Zudem propagierte Rohault in Vorträgen und physikalischen Darbietungen erfolgreich den physikalischen C., den sein Schüler Pierre-Sylvain Régis bis nach Südfrankreich trug. Im jansenistischen Kloster Port Royal entwarfen Antoine Arnauld und Pierre Nicole das berühmte cartes. Lehrbuch der ↗Erkenntnistheorie und ↗Logik, die *Logique ou l'art de penser* (1662), dem eine ebenfalls auf cartes. Prinzipien basierende ↗Grammatik (1660) zur Seite stand. Auch wenn auf Betreiben der ↗Jesuiten der C. in den 1670er Jahren in Frankreich verboten wurde, so ließ sich sein Vordringen auch hier nicht aufhalten. Nach der Popularisierung des C. durch Bernard de Fontenelles *Gespräch über die Vielzahl der Welten* (1686) wurde insbes. die königliche Pariser ↗Akademie der Wissenschaften zu einem Ort cartesianischer Naturwissenschaft.

An Bedeutung verlor der C. im Verlauf des 18. Jh. aufgrund von drei Faktoren: Die cartes. Physik wurde durch Isaac Newtons auf der Infinitesimalrechnung basierende Mechanik fortentwickelt (↗Infinitesimalien). Allerdings wichen Newton und seine Anhänger in zentralen Fragen v. a. der Gravitation und Optik von Descartes ab, so dass sich der Gegensatz von C. und Newtonianismus ausprägte. In der Metaphysik überführten die auf Descartes' Substanzendualismus reagierenden ↗Systeme Spinozas und Leibniz' cartes. Fragestellungen in neue Diskussionskontexte. Schließlich verdrängte der Siegeszug des angelsächs. ↗Empirismus den vernunftdeduktiven C. Dessen Methodenbewusstsein und kritischer Umgang mit tradierten Lehrmeinungen wirkten jedoch über die ↗Aufklärung hinaus fort.

→ Aristotelismus; Erkenntnistheorie; Mechanik; Metaphysik; Methode; Schulphilosophie; Skepsis

Quellen:
[1] J. CLAUBERG, Defensio Cartesiana, Amsterdam 1652 [2] J. CLAUBERG, Unterschied zwischen der Cartesianischen, und der sonst in Schulen gebräuchlichen Philosophie, Duisburg 1657 [3] N. MALEBRANCHE, De la Recherche de la Vérité, Paris 1674–1675 [4] L. MEYER, Philosophia Scripturae Interpres, Amsterdam 1666 [5] J. ROHAULT, Traité de Physique, Paris 1671 [6] B. SPINOZA, Renati Descartes Principiorum Philosophiae, Amsterdam 1663.

Sekundärliteratur:
[7] P. Dibon, Der Cartesianismus in den Niederlanden, in: J.-P. Schobinger (Hrsg.), Grundriß der Geschichte der Philosophie, Bd. 2: Frankreich und Niederlande, 1993, 349–374 [8] G. Rodis-Lewis, Der Cartesianismus in Frankreich, in: J.-P. Schobiger (Hrsg.), Grundriß der Geschichte der Philosophie, Bd. 2: Frankreich und Niederlande, 1993, 398–445 [9] W. Schmidt-Biggemann, Die Schulphilosophie in den reformierten Territorien, in: H. Holzhey / W. Schmidt-Biggemann (Hrsg.), Grundriß der Geschichte der Philosophie, Bd. 4: Das Heilige Römische Reich Deutscher Nation, Nord- und Ostmitteleuropa, 2001, 392–447 [10] Th. Verbeek (Hrsg.), Johannes Clauberg and Cartesian Philosophy in the Seventeenth Century, 1999 [11] S. Voss (Hrsg.), Essays on the Philosophy and Science of René Descartes, 1993.

Sicco Lehmann-Brauns

Casta s. Anthropologie; Ethnizität

Caudillismus

1. Begriffsgeschichte
2. Forschungspositionen
3. Zusammenfassung

1. Begriffsgeschichte

Der Begriff des C. bzw. des *caudillo* (span. für »(An)Führer«) geht auf lat. *caput* (»Haupt«) zurück [8. 237 ff.]. Anfänglich bezeichnete *caudillo* (= Co.) allgemein den Anführer eines Kriegshaufens, so in der Zeit der Rückeroberung der von den Mauren besetzten iber. Halbinsel (↗Reconquista); um 1500 wurde die Bezeichnung auf die span. Konquistadoren Amerikas übertragen (↗Eroberung). Starke Verbreitung fand der Begriff im Sprachgebrauch Lateinamerikas erst wieder im frühen 19. Jh. im Kontext der ↗Lateinamerikanischen Unabhängigkeitsrevolutionen sowie der ↗Staats- und Nationsbildung: Vor dem Hintergrund zahlreicher innerer Kriege sowie einer um sich greifenden Militarisierung der Gesellschaften wurde Co. im frühen 19. Jh. ein gängiger Begriff für die Anführer militärischer Klientelverbände bzw. lokale Machthaber.

In Spanien war der Begriff Co. im frühen 19. Jh. vergleichsweise weniger gebräuchlich, etwa zur Bezeichnung von Guerilaführern im Kampf gegen die napoleonische Herrschaft oder später zur Benennung der Militärbefehlshaber in den Karlistenkriegen. Lokale Bosse in Spanien wurden eher als *Kaziken* (span. *cacique*; »Anführer«, »Häuptling«) bezeichnet, mit einem ursprünglich aus der Sprache der karibischen Arawak-Indianer entlehnten Ausdruck. Erst unter General Francisco Franco (span. Staatschef 1936–1975) erfuhr der Terminus eine Renaissance. Der Co. war der »Führer«, wofür allerdings scheinbar weniger die span.-kastilische Begriffsgeschichte als vielmehr die Staatslehre Carl Schmitts Pate stand. In der aktuellen Wissenschaft wird der Co.-Begriff in erster Linie für die Geschichte Lateinamerikas im 19. Jh. benutzt. Eine gelegentlich ausgeweitete Anwendung auf etwa lateinamerikan. Diktatoren der zweiten Hälfte des 20. Jh.s ist ungenau.

Präziser ist es, C. als Epochenbegriff zu definieren, obgleich der C. in Lateinamerika kein singuläres Phänomen darstellt. Vielmehr ist der C. im Rahmen eines personalistisch strukturierten Gefolgschaftswesens zu betrachten [1. 170]: Er ist die epochenspezifische und regionale Variante des allgemeineren Phänomens des *warlordism*. In der Nz. sind drei wichtige Gruppen von *warlords* (»Kriegsherren«) zu nennen [10. 190 ff.]: (1) die lokalen Machthaber im Kontext der merkantil-kapitalistischen Imperien und des Aufkommens der europ. geprägten ↗Nationalstaaten-Ordnung; dazu zählen auch einige Söldnerführer im ↗Dreißigjährigen Krieg (1618–1648); (2) der klassische *warlord*, der in den Bereich der Auflösung kolonialer Ordnungen und/oder des Reichszerfalls bzw. des aufkommenden Imperialismus einzuordnen ist (am bekanntesten die chines. *warlords* 1911/1916–1930); in diesen Bereich fällt auch der C. des 19. Jh.s; (3) die *warlords* in der Gegenwart, die insbes. in Afrika sowie in vormaligen Territorien der UdSSR aus dem Zusammenbruch des sozialistischen Staatensystems und den sog. Globalisierungen hervorgegangen sind.

2. Forschungspositionen

2.1. Überblick

Das Phänomen des C. erfuhr bereits unter den lateinamerikan. Zeitgenossen große Aufmerksamkeit. Die frühen C.-Deutungen standen gänzlich im Zeichen des politischen ↗Liberalismus und seiner Modernisierungsrhetorik. Beispielhaft dafür ist Domingo F. Sarmientos Abhandlung über *Zivilisation und Barbarei* (1844/45) [12]. Sarmiento, Lehrer, Literat und von 1868 bis 1874 Staatspräsident Argentiniens, entwarf darin in Anlehnung an die Klimatheorie Montesquieus einen Gegensatz zwischen dem »barbarischen« Land und der »zivilisierten« Stadt, wobei die Co. als Verkörperung der Barbarei erschienen. Dieses Negativbild prägte das Verständnis des Co. in der Literatur und politischen Öffentlichkeit Lateinamerikas nachhaltig. Erst um die Wende vom 19. zum 20. Jh. und unter dem Eindruck der aufkommenden sog. Massengesellschaft wurden die Geschichtsdogmen des Liberalismus in Frage gestellt. Co. wurden nun als populäre Führer interpretiert, die es verstanden hätten, untere ländliche Bevölkerungen erfolgreich zu mobilisieren wie zu kontrollieren. Auch bescheinigte man ihnen, sich gegen eine hegemoniale, an Europa und den USA orientierte Politik verteidigt zu haben. Von hier aus war es nur mehr ein kurzer Schritt hin zu den nationalistischen Geschichtsanschauungen, die in den 1930er Jahren in Lateinamerika aufkamen.

Die heute gängigen sozial- und kulturwiss. Deutungen des C. können grob in drei Gruppen unterteilt werden [8. 240 ff.]: den herrschaftssoziologischen, den sozialanthropologischen sowie den funktionalistischen Ansatz. Neuerdings kommt der kulturanthropologische Ansatz hinzu.

2.2. Herrschaftssoziologische Interpretation

Der herrschaftssoziologische Ansatz ist eng mit Max Webers Begriff der charismatischen ↗Herrschaft verbunden. Demnach fiel der C. in das politische Vakuum, das der Sturz der span. Kolonialherrschaft (↗Kolonialismus) nach 1810 in Süd- und Mittelamerika hinterließ; die Co. hätten in dieser Situation durch eine charismatisch begründete Führerschaft die Kontrolle über politisch-militärische Gefolgschaften gewonnen und zum Erhalt von Herrschaft und Herrschaftslegitimation beigetragen. Diese Definition besitzt den Vorteil, dass sie den C. nicht, wie es in der Zeit selbst durch seine politischen Gegner geschah, als reines Gewaltverhältnis betrachtet, sondern auf die Frage des Legitimitätseinverständnisses eingeht, das laut Weber ein einigermaßen stabiles Herrschaftsgefüge erst begründet. Vorteilhaft ist auch, dass der C. in dieser Definition als ein epochengebundenes Phänomen verstanden wird. Allerdings ist der Charismabegriff strittig: Individuelle Verhaltensmuster eines Co., etwa verwegene Reitkünste oder Mut im Zweikampf, werden als Begründung des Charismas herangezogen, während institutionelle Formen fehlen. Manche wiss. Beschreibungen eines Co. laufen Gefahr, ihren Gegenstand zu mythologisieren.

Im sozialanthropologischen Ansatz liegt der Schwerpunkt auf den reziproken Klientel- oder auch Verwandtschaftsbeziehungen als Rückhalt des caudillistischen Machtgefüges. Lateinamerikan. Klientelverhältnisse waren abhängig z. B. von ethnischen, sozialen oder ökonomischen Bedingungen; konkrete Untersuchungen dazu sind bisher jedoch rar. Auch ist fraglich, ob der Klientelismus ein tragfähiges Konzept ist, um den C. als eine spezifische Herrschaftsform von anderen abzugrenzen, bildet er doch eine Konstante in der neueren Geschichte Lateinamerikas. Der Anthropologe Eric R. Wolf hat deswegen in der Organisation und Ausübung physischer Gewalt die wichtigsten Unterscheidungskriterien zwischen dem C. und anderen Formen des Klientelwesens benannt [13]. Typisch für die Co. war demnach die Aufstellung bewaffneter Klientelverbände zum Kampf gegen Rivalen wie gegen den Staat (soweit er existierte), wobei politische Zwecke und reine Beuteabsichten nicht immer klar zu trennen sind. In dieser Perspektive weist der C. enge Übergänge zum Bandenwesen auf, das in Lateinamerika im 19. Jh. verbreitet war.

2.3. Funktionalistische Ansätze

Die wohl stärkste Anerkennung hat in der histor. Forschung der funktionalistische Ansatz gefunden, der u. a. Positionen der »Geschichtsrevisionisten« aus dem frühen 20. Jh. aufgreift. Auch dieser Ansatz sieht den Anstoß zur vollen Ausbildung caudillistischer Herrschaften in der lateinamerikan. Unabhängigkeitskrise und der damit verbundenen Krise der Herrschaftslegitimation [7. 12 ff.]. In dieser Situation habe der C. nach 1810 als Ersatz staatlicher Institutionen fungiert und den Bestand der gesellschaftlichen Ordnung gesichert. Die Co. werden also als Substitut des ↗Staates und als Mittel zur sozialen Kontrolle ländlicher Unterschichten in einer Krisenzeit definiert. Diese Betrachtungsweise sieht jedoch davon ab, dass Co. prinzipielle Feinde des Staats sein konnten, sofern sie den Hass ländlicher oder ethnischer Gruppen gegen den Staat und das »Fremde« organisierten. Umgekehrt gab es Co., die nicht etwa den Staat ersetzten, sondern mit staatlichen Institutionen zusammenarbeiteten. Häufig hing die Einstellung eines Co. zum Staat von seiner sozialen Herkunft ab.

2.4. Kulturanthropologische Interpretation

In den letzten Jahren gewinnen vor dem Hintergrund des *cultural turn* in den Sozialwissenschaften kulturanthropologische Deutungen des C. an Gewicht. Gegenüber dem funktionalistischen Ansatz bieten sie den Vorteil, dass sie sich genauer in die Kenntnis lokaler Geschichten und Interaktionen einarbeiten. Dabei konzentrieren sie sich auf die Erforschung der kulturellen und symbolischen Repräsentationen des C. und auf »dichte Beschreibungen« caudillistischer Gefüge. Begünstigt wird diese Betrachtung, die sich stärker der »Kultur« als der »Politik« zuwendet, dadurch, dass Co. nicht selten kulturelle Identifikationen [9. 201 ff.] mit ihrer Klientel anstrebten. Einige präsentierten sich erfolgreich als messianische Anführer. Andere legten großen Wert darauf, sich in Kleidung und Sprache als Gleiche unter Gleichen zu geben, so etwa Juan Manuel de Rosas, der in der Provinz Buenos Aires ein mächtiger Viehzüchter war und zum Staatspräsidenten des Landes aufstieg (1829–1852). In der direkten Kommunikation mit ihrer Klientel wirkten die Co. als Zeichengeber und kulturelle Interpreten, wobei sie sich auch den ↗Aberglauben analphabetischer ländlicher Bevölkerungen oder den Männer- und Gewaltkult (*machismo*) zu Nutze machten (↗Gewalt; ↗Männlichkeiten). Erfolgreiche Co. sind deshalb als *culture heroes* bezeichnet worden, weil sie den kulturellen Erwartungen ihrer sozialen oder ethnischen Klientel offenbar zu entsprechen wussten [2]. Dies gab ihnen häufig Wettbewerbsvorteile im Kampf mit Rivalen, etwa den regulären Armeeoffizieren.

3. Zusammenfassung

Bei den verschiedenen Interpretationen des C. wird das Verhältnis von Kontinuität und Wandel jeweils anders betrachtet. Der sozialanthropologische Ansatz betont ein »vormodernes« Vermächtnis des C. und erklärt diesen als eine Projektion überkommener Mentalitäten in die Sphäre der politischen ↗Öffentlichkeit, die in Lateinamerika im späten 18. Jh. entstand. Der herrschaftssoziologische und der funktionalistische Ansatz unterstreichen dagegen die Krisenhaftigkeit der Epoche und leiten den C. aus Schwächungen, gar Zerfallsprozessen des Staates, der Wanderung von Machtpotentialen aus den Städten in das Landesinnere und der Ausbreitung kriegerischer Gewalt her.

Der Nutzen solcher Gegenüberstellungen ist fraglich. Denn der C. verknüpfte Elemente, die auf Zeitebenen unterschiedlicher historischer Länge angesiedelt waren [8]. Traditionen patrimonialer Herrschaft etwa, die als Dispositionen des C. wirken mochten, reichten weit in die iber.-kath. Traditionen Lateinamerikas zurück. Das Klientelwesen lag demgegenüber auf der mittleren histor. Zeitebene, weil die Ausgestaltung der Klientelbeziehungen von ökonomischen Konjunkturen oder dem Wechsel ländlicher Besitzverhältnisse abhängig war. Die vorgeblich charismatischen Merkmale, die einem Co. zugesprochen wurden, waren schließlich nur einer Person eigen und konnten nicht in der Generationenfolge übertragen werden; sie gehörten zur kurzen Zeitebene des Phänomens. Erst in der Unabhängigkeitskrise des frühen 19. Jh.s wurden diese verschiedenen Zeitschienen zusammengeführt. Co. waren politisch-militärische Führergestalten, die in einer Phase rückläufiger institutioneller Entwicklung halb Herrschafts-, halb Machtgebilde zu errichten vermochten, die den Menschen einer umgrenzten Region Ordnung zu geben oder zu erhalten versprachen. Ihre Herrschaft beruhte auf unterschiedlich gelagerten, schwer zu entzerrenden Mischungen von clanhaften Vernetzungen (↗Clan) und klientelaren Bindungen (↗Klientel), personalen Loyalitäten und charismatischen Persönlichkeitszügen. Ausschlaggebend blieb, dass die Co. in der Lage waren, die Gewaltressourcen der sozialen Netze, an deren Spitze sie standen, zu organisieren. So schufen sie aufgrund direkter Interaktionen und *face-to-face*-Beziehungen ihrer Person verpflichtete Kombattantengruppen. Co. waren (auch) erfolgreiche Gewalttäter [9] (↗Gewaltkriminalität).

In Lateinamerika gab es im 19. Jh. zahlreiche Co. Für eine Einteilung dieser Vielfalt ist es sinnvoll, an die Unterscheidung von »geschlossenen« und »offenen« Kriegsökonomien anzuknüpfen; danach sind Erstere auf die vor Ort vorhandenen Ressourcen angewiesen, Letztere dagegen bekommen von außen Mittel zugeführt [11]. So gab es Co., die den Unterhalt ihrer bewaffneten Klientel aus Eigenmitteln (z. B. Landbesitz) bestritten; sie betrieben »geschlossene« Kriegswirtschaften und übten enge Versorgungsfunktionen für ihre Anhänger und deren Familien aus. Dieser Typ der caudillistischen Herrschaft überwog in Randgebieten bzw. isolierten Regionen, in denen Subsistenzwirtschaften vorherrschten und der Handel primär lokaler Art war. Der Aktionsradius dieser Co. und ihre Fähigkeit, in »nationale« Belange einzugreifen, waren begrenzt. In »offenen« Ökonomien hingegen bezogen Co. ihre Ressourcen zusätzlich aus Steuern und Abgaben oder wurden von Dritten (etwa Kaufleuten) finanziert. Sie gebärdeten sich als »Staat« bzw. konnten enge Verbindungen mit staatlichen Institutionen eingehen, so etwa in der Provinz Buenos Aires, wo nach 1810 Co. aus den Zolleinkünften des Hafens alimentiert wurden. Dieser Typus war gezwungen, sich »politisch« zu gebärden, wollte er nicht untergehen, d. h. er musste Herrschaft im »nationalen« Maßstab anstreben und dazu die Rivalen ausschalten. In nicht wenigen Fällen gelangten diese Co. im 19. Jh. an die Spitze der Staatsgewalt.

→ Herrschaft; Klientel; Kolonialreiche; Lateinamerikanische Unabhängigkeitsrevolutionen

[1] S. Breuer, Der Staat. Entstehung, Typen, Organisationsstadien, 1998 [2] J.C. Chasteen, Heroes on Horseback. A. Life and Times of the Last Gaucho Caudillos, 1995 [3] A. Garrido Martín, Historiografía sobre el caciquismo – Balance y perspectivas, in: Hispania 176, 1990, 1349–1360 [4] F.X. Guerra, Los orígenes socio-culturales del caciquismo, in: Anuario del Instituto de Estudios Histórico-Sociales 7, 1992, 181–195 [5] J.D. Hellwege, Konquistador und Caudillo, in: Amerikanistische Studien 1, 1978, 219–230 [6] R. Kern (Hrsg.), Historical Dictionary of Modern Spain, 1990 [7] J. Lynch, Caudillos in Spanish America 1800–1850, 1992 [8] M. Riekenberg, Caudillismus. Zu einem Grundbegriff der spanischen und hispanoamerikanischen Geschichte, in: Neue Politische Literatur 2, 1995, 237–253 [9] M. Riekenberg, Kriegerische Gewaltakteure in Lateinamerika im frühen 19. Jh., in: R. Sieferle / H. Breuninger (Hrsg.), Kulturen der Gewalt. Ritualisierung und Symbolisierung von Gewalt in der Geschichte, 1998, 195–214 [10] M. Riekenberg, Warlords. Eine Problemskizze, in: Comparativ 5/6, 1998, 187–205 [11] J.C. Rufin, Kriegswirtschaft in internen Konflikten, in: F. Jean / J.C. Rufin (Hrsg.), Ökonomie der Bürgerkriege, 1999, 15–46 [12] D.F. Sarmiento, Facundo Quiroga oder: Zivilisation und Barbarei, 1911 (übers. von H. von Frankenberg) [13] E.R. Wolf/E.C. Hansen, Caudillo Politics. A Structural Analysis, in: Comparative Studies in Society and History 9, 1966–1967, 168–179.

Michael Riekenberg

Chanson

1. Formen bis zum 16. Jahrhundert
2. Formes fixes im 15. Jahrhundert
3. Dichtungs- und Überlieferungstypen der Chanson
4. Humanismus
5. Die französische Chanson im 16. Jahrhundert
6. Die Chanson seit dem 17. Jahrhundert

1. Formen bis zum 16. Jahrhundert

Ch. (franz.; »Lied«, »Gesang«) meint die Vielzahl weltlicher einstimmiger Lieder der Troubadours und Trouvères des 13. Jh.s sowie die Gruppe weltlicher mehrstimmiger ↗Lieder mit franz. Text vom 14. bis zum 16. Jh. Ab dem 17. Jh. bezeichnet Ch. einfache mehrstrophige Gesänge, die einstimmig, auch mit simpler Begleitung sowohl in höfischen wie auch in unterschiedlich gestaffelten bürgerlichen Kontexten gesungen werden konnten und bis zum Ende des 19. Jh.s in einer stetig steigenden Zahl von Drucken überliefert wurden. Das franz. Kunstlied des 19. Jh.s hingegen wird als *mélodie* bezeichnnet.

Mehrstimmige Ch. vom 14. bis zum Ende des 16. Jh.s sind höfische Lieder, die in verschiedenen Kontexten gesungen wurden und die, zumindest im 15. Jh., kompositionsgeschichtlich neben Messe und ↗Motette im Zentrum des Interesses standen. In den franz. mehrstimmigen Liedern, die vor dem Aufkommen mehrstimmiger ital.-, dt.- und anderssprachiger Repertoires im letzten Drittel des 15. Jh.s die musikalische Kultur auch die ital. und dt. Kapellen dominierten, zeigt sich in der Regel ein herausragender Kunstanspruch, der anfangs im Zusammenhang mit kompliziert gefügten Gedichten stand, sich dann nach 1500 als freie poetisch-musikalische, von Fall zu Fall individuell definierte Form verwirklichte. So ist die Geschichte der Ch. bis gegen 1500 fest verbunden mit der Geschichte der Gedichte in fester Form (franz. *formes fixes*, ↗Lyrik), die nach einem festgelegten Schema aufgebaut sind. Dieses Schema, in der Regel Resultat eines längeren Nebeneinanders verschiedener Varianten, war schließlich verbindlich. Die beliebtesten *formes fixes* des 14. und 15. Jh.s waren Rondeau, ↗Ballade, *Chant royal*, und die seltenere Virelais bzw. Bergerettes und Trioletts.

Die wesentlichen Merkmale der drei Hauptformen des literarischen Rondeaus waren zwei Reime und die Wiederholung der Refrainzeilen in der Mitte und am Ende. Seit der Mitte des 15. Jh.s gliedert sich das Rondeau in drei strophenartige Versgruppen, wobei bei einer Gesamtzahl von 13 oder 16 Versen als Refrain der erste oder die ersten beiden Verse in der Mitte und am Schluss wiederkehren. Schon bald wurde der Refrain auf den Anfang des ersten Verses in der Mitte und am Schluss wiederholt. In der Regel hat das Rondeau isometrische Acht- oder Zehnsilber, doch Charles d'Orléans verwendete auch kürzere Versmaße (z. B. bei *Le premier jour du mois de may* Achtsilber), während im 16. Jh. der Zehnsilber die Regel darstellt (V. Voiture, *Ma foy, c'est fait de moi, car Isabean*).

Die Ballade, seit Guillaume de Machaut (gest. 1377) ausgebildet, besteht aus drei Strophen und dem Envoi. Alle Strophen haben gleiche Reime und bestehen isometrisch aus Acht- oder Zehnsilbern. Die Strophen haben ebenso viele Zeilen wie der Vers Silben, der Envoi die Hälfte. Das Virelai, auch als *Ch. balladée* (»Balladenlied«) bezeichnet, war seit dem 13. Jh. in der gesprochenen und gesungenen franz. Lyrik verbreitet. Es wird durch einen bis zu fünf Verse umfassenden Refrain eingeleitet (später auf eine Zeile eingeschränkt) und die Strophen sind meist heterometrisch in der Form A (Refrain), b, b (Stollen), a, A. Bei einzeiligem Refrain gehen ihm vier Verse voraus, deren erster als Refrain am Ende der folgenden, aus zwei Stollen bestehenden Strophen wiederkehrt (Abba – cdcd abbaA / cdcd abbaA).

2. Formes fixes im 15. Jahrhundert

Die Gründung der burgund. Hofkapelle durch Herzog Philipp den Kühnen 1384 war vom Glanz der musikalischen Aktivitäten am päpstlichen Hof in Avignon unter Clemens VI. und Benedikt XII. beeinflusst. Sie erlebte 1415 unter Philipp dem Guten ihre Blütezeit. Am burgund. wie auch am franz. ↗Hof wurden insbes. die Ch. gepflegt. Die bald seltenere Ballade trat als feierliche Gelegenheitskomposition an die Stelle der isorhythmischen ↗Motette. In den wenigen erhaltenen Balladen der Quellen von 1420 bis 1430 folgt das Versmaß der Tradition, d. h. Zehnsilber mit Zäsur nach der vierten Silbe, jedoch kommen auch Acht- und Siebensilber vor (G. Dufays *Resvelliés vous et faites chiere lye*, und *Je loe Amours et ma dame Mercye*). Die letzten beiden Verse werden auf dieselbe Musik gesungen, der Rest der Strophe ist musikalisch ein neuer Abschnitt.

Von Dufay gibt es nur vier Virelais, bei seinen Nachfolgern ist es häufiger, so bei J. Ockeghem und A. Busnois. Wie das Rondeau beginnt auch das Virelai mit einem Refrain von meist vier oder fünf Zeilen, die durch ein Reimpaar verbunden werden. Das Virelai unterscheidet sich vom Rondeau durch ein Paar von Kurzstrophen, die als *ouvert* und *clos* bezeichnet sind. Sie bestehen aus zwei oder drei Zeilen mit neuen Reimen und sind als Kurzstrophenpaar neu vertont (als eigener musikalischer Abschnitt mit Wiederholung, jedoch mit eigenem Schluss, der gegenüber dem vorausgehenden, syntaktisch offenen jetzt geschlossen ist). Daran schließt sich der musikalische Refrain mit neuem Text und die Wiederholung des Refrains mit ursprünglichem Text an.

Das Rondeau aus vierzeiligen (*rondeau quatrain*) und fünfzeiligen (*rondeau quintain*) Strophen ist zwischen 1420 und 1490 die am häufigsten anzutreffende musikalisch-poetische Form des mehrstimmigen weltlichen Liedes. Den beiden Rondeau-Teilen folgt eine Kurzstrophe, die den Reim der ersten beiden Zeilen des *rondeau quatrain* und der ersten drei Zeilen des *rondeau quintain* übernimmt und zur ↗Musik des ersten Teils vorgetragen wird, bevor beide Refrainzeilen erneut erklingen. Das Rondeau setzt sich fort mit einer Langstrophe, gesungen auf die Musik und in der Regel als vollständige Wiederholung des Refrains.

3. Dichtungs- und Überlieferungstypen der Chanson

Inhaltlich bezeichnen die Ch. der *formes fixes* Themen aus der höfischen Tradition. Die *Complainte amoureuse* (»Liebesklage«) als häufigster Typus berichtet über die grenzenlose Leidenschaft für die auserwählte Dame und die großen Qualen nach der Zurückweisung durch sie (u. a. *Je languis en piteux martire*, wahrscheinlich von G. Dufay).

Seit dem späten 14. Jh. bestand die Tendenz, eine größere Zahl von Gedichten zu Zyklen zusammenzuschließen, etwa in den 1389 entstandenen *Cent ballades* (»Hundert Balladen«) des Kollektivs von Sénéchal d'Eu, Boucicaut, Philippe d'Artois und Jean de Crésecque oder in den *Cent ballades d'amant et de dame* (1409/10). Die literarische Zyklenbildung wurde von Guillaume de Machaut, Charles d'Orléans und François Villon weiterentwickelt. Merkmale des Dichterlebens wie Alter, ↗Tod, ↗Melancholie oder Gebrechlichkeit werden mit der Kritik an Zeiterscheinungen verbunden. In seiner Ballade *En la forêt d'ennuyeuse tristesse* beschreibt Charles d'Orléans z. B. seine Existenz mit der Metapher des einsam umherirrenden Blinden.

Die Mehrtextigkeit von Ch. und die vokale Konzeption der Stimmen erwies sich im Lauf des 15. Jh.s als Ergebnis der Integration von *Ch. rustiques* in den polyphonen Satz (etwa im Dufay zugeschriebenen Rondeau *Resvelons nous/Alons ent bien tos au may*). In Busnois' *Mon mignault musequin/Gracieuse, plaisante muniere* ist ein Rondeau im Cantus mit einem mündlich tradierten Strophenlied im ersten Contratenor verbunden, das im Tenor in der Unterquart imitiert wird. Dazu kommt ein zweiter untextierter Contratenor. Drei- und vierstimmige Sätze von *Ch. rustiques* mit wechselnden Satztechniken – imitierend wechselnde Stimmenpaare, homophon oder in freier ↗Kontrapunktik – sind von A. de Févin und J. Mouton überliefert. Für Josquin Desprez' Arrangements solcher mündlich tradierter Melodien ist die strenge Imitation bezeichnend.

Die Mehrzahl der erhaltenen Ch. zwischen 1420 und 1520 fand eine weite geographische Verbreitung und ist in ital. Handschriften erhalten. Seit der Mitte des 15. Jh.s dominierten Busnois und Ockeghem, deren Kompositionen in eigenen Liedhandschriften (*Chansonniers*) überliefert sind. Der nächsten Generation gehörten Komponisten wie Isaac und Josquin Desprez an, deren Werke zusammen mit denen Busnois' und Ockeghems zwischen 1501 und 1504 unter den Titeln *Odhecaton A*, *Canti B* und *Canti C* bei O. Petrucci in Venedig im Druck erschienen. Für die Zeit nach 1500 waren die am franz. Hof tätigen Komponisten Mouton und de Févin für den Ch.-Stil bestimmend.

Die zu Beginn der ↗Renaissance tonangebende Dichtergruppe der *Rhétoriqueurs* sah die Dichtung in erster Linie als ausgeklügelte Sprach- und Redekunst, d. h. die Form hatte den Vorrang vor dem Inhalt. Ballade und Rondeau wurden verfeinert und blieben im Repertoire. Inhaltlich ging es um die religiöse Erbauung und moralische Belehrung. Zu ihren Sprachkünsten gehören Lautspiele wie Alliteration, Anagramm und Akrostichon sowie komplizierte Reime. C. Marot schrieb noch Balladen heiteren Inhalts in seiner *Adolescence clémentine* (1532), und selbst in Arnoul Grébans *Mystère de la Passion* um 1450 gibt es *rondeaux* und *ballades* neben Hirtengesängen und Scherzliedern.

4. Humanismus

In den Gedichten der humanistisch geprägten Lyoner Dichterschule wurde das Ideal der höfischen ↗Liebe mit den Ideen des Neuplatonismus (↗Platonismus) und charakteristischen Motiven sowie Stil- und Formelementen des ↗Petrarkismus verbunden. Maurice Scève steht mit seinem petrarkistischen Gedichtzyklus *Délie, objet de plus haute vertu* (1544) aus zehnsilbigen Versen (*dizains*) an ihrer Spitze; seine Gedichte sind autobiographisch und als Summe gelehrter, naturwiss., histor. und politischer Einsichten zu verstehen.

Die *Pléiade* war die erste franz. Dichtergruppe – P. de Ronsard, J.-A. de Baïf, J. Du Bellay als Schüler des Gräzisten J. Dorat sowie É. Jodelle und P. de Tyard –, die gemeinsam ein präzises literarisches Programm und die Bindung an den ↗Hof vertraten. Ihr Programm war charakterisiert durch die Kenntnis der antiken, neulat. und ital. Lyrik, die Ablehnung der ma. Gattungen und die Pflege der pindarischen und horazischen ↗Ode, der Ekloge, des ↗Sonetts in Anlehnung an Petrarca und der in der Regel in Alexandrinern geschriebenen panegyrischen ↗Hymne – Gattungen, die zu Zyklen zusammengefasst wurden. Wichtigste Themen sind die von Amor geweckte Liebe, die Idealisierung der ↗höfischen Gesellschaft und der Dichterkollegien, Ruhm und Vergänglichkeit und die Liebe zum *terroir* (»Heimat«), verstanden als ein franz. Arkadien. Den Zyklen Du Bellays (*L'Olive*), Ronsards (*Les Amours*) und Baïfs (*Les Amours*) ist die anagrammatische Verschlüsselung der Namen der Geliebten gemeinsam (z. B. *olive*/Viole, Marie/*aimer*).

Ronsards in Anlehnung an die anakreontischen Gedichte (↗Anakreontik) geschriebene *Odelettes* sind voller Lebensfreude und Heiterkeit und wurden vielfach vertont (z. B. *Mignonne, allons voir*). Die 191 Sonette von Du Bellays *Regrets* überwanden durch ihre große Themenvielfalt – u. a. Reise- und »Frankreich«-Sonette sowie Satiren nach Horaz'schem Vorbild – die traditionelle Liebesthematik des Sonetts.

Um 1500 wurde die thematische Vereinheitlichung aller Stimmen in der Ch.-Vertonung zum Standard. Zunehmend wurden strengere Regeln für die Behandlung der Dissonanzen beachtet. Josquin Desprez' Stil kommt bes. in den *poèmes de déploration*, in den Totenklagen zum Tragen (etwa *Plus nuls regrets*), die sich stilistisch kaum von der ↗Motette unterscheiden lassen.

5. Die französische Chanson im 16. Jahrhundert

In Frankreich war die Ch. seit Beginn des 16. Jh.s die dominierende musikalische Gattung, bis 1550 vier-, danach fünfstimmig. Die *formes fixes* der *Grands Rhétoriqueurs* (1480–1490) wurden von einfacheren, strophischen Ch., von anekdotischen und höfischen Psalmen und ↗Epigrammen, z. B. von C. Marot, von den *Odelettes* und petrarkisierenden Sonetten Ronsards und der *Pléiade*-Dichter sowie von den *Chansonnettes* und *Vers mesurés* von Baïf abgelöst. Das Ideal der Textverständlichkeit, wie es von der *Pléiade* und der *Académie française* gleichlautend vertreten wurde, führte zu einer eng an der Textgestalt und ihrer Gliederung orientierten, syllabischen und überwiegend homorhythmischen Vertonung der Ch. C. Sermisys, P. Sandrins und P. Certons. Bei Sermisy gibt es eine Vielzahl von formalen Lösungen, etwa Symmetrien durch die Wiederaufnahme der Anfangsmotivik (ABCDEFAB) oder das spätere Aufgreifen zuvor erklungener Motive (ABCABCDEFC). Der *quatrain* mit umfassendem Reim als ABCA-Schema mit Wiederholung des Schlussverses kommt sehr oft vor. C. Janequin zeichnete sich bes. durch seine deskriptiven Ch. aus, von denen *L'Alouette* auf ein Virelai des 14. Jh.s zurückgeht; für *La Guerre* (1528) hatte er in H. Isaacs *Alla Battaglia* ein Modell. Mehrere dieser Ch. liegen in späteren, von Janequin modifizierten Versionen vor: In der einteiligen Fassung von 1537 sind z. B. in *Le chant des oiseaux*, einer Nachahmung des Vogelgesangs, die Struktur der ursprünglichen Fassung als Virelai und die Binnenstrophen eliminiert. Eine besondere Sensibilität für die gesprochene Sprache manifestiert Janequin in *Le caquet des femmes*, in dem er den Text wechselweise im homophonen und polyphonen Stil deklamieren lässt. In seinen *Ch. rustiques* beggnen hier und da noch *formes fixes*. Allgemein setzte sich seit 1540 in der Pariser Ch. die syllabische und die vertikale Vertonung unter dem Einfluss des ↗Tanzes, der *Voix de ville* sowie der ital. *Frottola* und *Villanelle* (vgl. ↗Madrigal) immer stärker durch.

Certon verwendete als erster die *Voix de ville* (volkstümliche, oftmals satirische Gesänge) als Grundlage für homophone strophische Ch. (zuerst 1549 in *Las, est-il créature*, dann im *Premier livre de chansons*, 1552). J. Chardavoine publizierte die einstimmigen *Voix de ville* (*Le recueil des plus excellentes chansons en forme de voix de ville*, 1576; 280 Gedichte, 186 davon mit heute identifizierten Melodien für die erste Strophe). Die Beschäftigung mit diesen Gesängen setzten F. M. Caïetain, P. Bonnet sowie Guillaume und Charles Tessier in ihren homophonen *Airs* (seit 1570 als *Airs de cour* bezeichnet) und letztendlich Bataille und Ballard in ihren nach 1600 publizierten monodischen *Airs de cour* fort (↗Arie). Die vierstimmigen Sätze von Chardavoines *Voix de ville* durch Caïetain (1576) stellen die ersten Versuche der *Musique mesurée à l'antique* dar, mehrsilbige Kompositionen, in denen die Versmaße als tonliche Längen und Kürzen wiedergegeben werden sollen. Humanisten wie Pontus de Tyard vertraten die Meinung, die bei Autoren der griech.-röm. Antike beschriebenen Wirkungen der Musik seien nur durch die Rückkehr zur unbegleiteten ↗Monodie und durch die richtige Wahl des Modus zu erreichen. Im Musik-Anhang von Ronsards *Amours* (1552) sind Melodien abgedruckt, auf die jeweils eine große Zahl verschiedener Gedichte gesungen werden sollten (auf Janequins *Nature ornant* u. a. 60 verschiedene Sonette).

In der zweiten Hälfte des 16. Jh.s schlugen sich Einflüsse der ital. *Villanelle* (↗Madrigal) in den *Voix de ville* oder Ch. von P. Certon, J. Arcadelt und C. Le Jeune nieder, solche des ital. ↗Madrigals von C. de Rore, Vicentino u. a. in chromatischen Ch. bei G. Costeley, A. de Bertrand und C. Le Jeune. Bei den Vertonungen der Sonette aus Ronsards *Amours* wurden die beiden Vierzeiler nach älterer ital. Manier mit der gleichen Musik vorgetragen, während die franz. Komponisten für die Dreizeiler verschiedene Lösungen bereithielten: die in Italien bereits lange aufgegebene Form mit gleicher Musik für jeden der beiden Dreizeiler, die Komposition oder die Wiederholung der gleichen Musik bei den reimenden Zweizeilern. J.-A. de Baïf verfasste seit 1567 *Vers mesurés*, in denen nach antikem Vorbild kurze und lange Silben alternieren. Wegen ihrer schematischen rhythmischen Umsetzung im Verhältnis 2:1 in homophonen Vertonungen ähnlich der *Voix de ville* wurden sie schon lange nicht mehr geschätzt. Nur die besten Komponisten entgingen dem Schematismus durch Diminutionen der »Längen« und »Kürzen«. Außerdem fanden zunehmend Madrigalismen Eingang in die Ch.

Le Jeune entlieh die melodisch führende Stimme einiger seiner sechs- bis achtstimmigen Ch. von anderen Komponisten, so etwa in *C'est une dure départie* von C. Sermisy. Die meisten seiner etwa 140 *Airs mesurés* erschienen posthum in *Le Printemps* (1603) und in den *Airs*-Drucken von 1608. Ihre Grundstruktur mit *chant* (Strophe), *rechant* (Refrain) und *reprise* (Refrainwiederholung) variierte Le Jeune bei mehrstrophigen *Airs* durch verschiedene Besetzungen. In *Revoici venir du printemps* z. B. alterniert der jeweils fünfstimmige Refrain mit vier Couplets, die nacheinander für zwei bis fünf Stimmen vertont sind. Mit seinem großen Spektrum an Neuschöpfungen trug Orlando di Lasso zu verschiedenen Kompositionsweisen der Ch. bei: mit *Ch. rustiques*-Sätzen, wie sie zu Beginn des 17. Jh.s verbreitet waren, mit imitatorisch-polyphonen Ch. und *Airs* in der Manier der *musique mesurée*.

Die franz. Komponisten, allen voran C. Janequin, zeichneten sich durch deskriptive Ch. wie etwa *Batailles* oder *Chants des oiseaux* aus; diese führten in instrumentalen Bearbeitungen in der *Canzone alla francese* in Italien oder auch Transkriptionen in anderen Ländern zu einer eigenen Gattung. Durch die Übertragung von Ch. für Tasten oder Zupfinstrumente (Intavolierung) oder durch ihre Transformationen in Tänze hat die franz. Ch. insgesamt erheblich zur Entwicklung der ↗Instrumentalmusik beigetragen. Die Popularität vieler Ch. manifestiert sich auch durch ihre Wiedergabe auf Gemälden, etwa Sermisys *Jouissance* auf fünf Werken des »Meisters der weiblichen Halbfiguren«.

6. Die Chanson seit dem 17. Jahrhundert

Seit dem 17. Jh. bezeichnet Ch. das einstimmige, in der Regel mehrstrophige franz. ↗Lied, das bei Theoretikern wie A. G. Meusnier de Querlon (1765) bis auf die Antike zurückgeführt, aber als spezifisch franz. Phänomen angesehen wurde. Autoren des 17. und 18. Jh.s trennten zwischen mehreren Kategorien von Ch., die auf unterschiedliche Verwendungsweisen, nicht jedoch auf wirklich unterschiedliche musikalische Stillagen verweisen: *Ch. à boire* (Trinklied), *Ch. à danser* (Tanzlied), *Ch. satiriques* (satirisches Lied), *Ch. galantes* (»galantes« Lied) etc. In Gestalt der im Druck erschienenen *Ch. spirituelle* oder der gesungenen Fabel spielte es in Erziehungsinstitutionen eine wichtige Rolle. Politische, historische, sozial- und moralkritische, mündlich überlieferte Ch. wurden seit etwa 1700 zu mehrbändigen handschriftlichen Anthologien für Sammler zusammengefasst, die von Historikern als Quelle für die *Histoire secrète* herangezogen werden.

Die Chansonniers von Pierre de Clairambault (36 Bde., die Jahre 1640 bis 1750 umfassend) und dem Comte de Maurepas (44 Bde., Repertoire von 1640 bis 1747) sind individuelle Sondersammlungen des 18. Jh.s, in denen sich gleichwohl das Repertoire der auf Straßen und Plätzen gesungenen Lieder spiegeln dürfte. Das von den ↗Zensur-Behörden kontrollierte Repertoire erschien hingegen im Druck, periodisch oder in ↗Anthologien. Die vielfältige Verwendung von Timbres (Sujets) aus allen kulturellen Bereichen und Gesellschaftsschichten und für die verschiedensten Zwecke (von der Verbreitung gesellschaftlicher und politischer Ereignisse bis hin zum Bühnenlied der ↗Komödie und zum erbaulichen religiösen ↗Lied) hat das Lied als Medium bis weit nach der Mitte des 19. Jh.s bedeutsam gemacht. In der ↗Französischen Revolution wurden Ch., häufig auch in Verbindung mit der Hymne, wegen ihres fasslichen Transports politischer Inhalte geschätzt; das berühmteste Beispiel ist die *Marseillaise*.

→ Lied; Lyrik; Musik

[1] G. Dottin, La chanson française de la Renaissance, 1984
[2] G. Durosoir, L'air de cour en France 1571–1655, 1991
[3] C. Goldberg, Die Chansons von Antoine Busnois, 1994
[4] U. Günther et al., Art. Chanson, in: MGG² I2, 559–622
[5] H. Mayer Brown, Art. Chanson, in: NGr² 5, 472–484
[6] R. Strohm, The Rise of European Music 1380–1500, 1993
[7] J.-M. Vaccaro (Hrsg.), La chansons de la Renaissance, 1981.

Herbert Schneider

Chaos s. Ordnung

Charakter

1. Begriff
2. Charakter als Zeichen
3. Charakter als Wesensart
4. Charakter als Modewort

1. Begriff

Zu Beginn der Nz. besaß der griech. Begriff *charaktér* (»Gepräge« bzw. »Prägung«), den erst Kirchenväter wie Augustinus in die lat. Literatursprache eingeführt hatten, einen technisch-abstrakten Sinn. Wie schon bei dem Aristoteles-Schüler Theophrast bezeichnete er gleichermaßen ein unveränderliches Merkmal, Erkennungszeichen oder Symbol und eine vorherrschende moralische Eigenschaft [5]. Die Kombination beider Motive erwies sich als so anregend und fruchtbar, dass »Ch.« bis zum Ende des 18. Jh.s in den europ. Kultursprachen einen rasanten Bedeutungswandel erlebte und zu einem Schlüsselbegriff in der Diskussion über das Wesen und die ↗Individualität des Menschen aufstieg.

2. Charakter als Zeichen

Bis zur Zeit der Aufklärung verstand man unter »Ch.« v. a. ein symbolisches Zeichen. Dies konnte ein ständisches Abzeichen sein – weshalb »Ch.« bis ins 19. Jh. als Synonym für »Beruf«, »Rang« und »Stand« verbreitet war –, aber auch eine Letter in der Druckkunst (der die *Encyclopédie* 1751 den größten Teil des

Lemmas »Ch.« widmete). Unter Gelehrten hingegen meinte »Ch.« eines jener graphischen Symbole, wie man sie in der ↗Astrologie, der ↗Alchemie, im Kabbalismus (↗Kabbala) und in den frühnzl. ↗Naturwissenschaften benutzte, um schwer beschreibbare, komplexe Zusammenhänge formelhaft zu bezeichnen [5]. Als »Ch.« figurierte bei dem Chronographen Joseph Justus Scaliger (*De emendatione temporum*, 1583; »Von der Verbesserung der Zeitrechnung«) jeder Punkt, durch den sich ein histor. Datum in dem von ihm konstruierten Zeitsystem exakt festlegen ließ.

Gottfried Wilhelm Leibniz hingegen suchte, als er 1677 eine *Characteristica universalis* plante, nach einer in ↗Zahlen und ↗Statistik darstellbaren Universalsprache, die zugleich die objektive Wahrheit eines jeden durch sie bezeichneten Objekts verbürgen könne. Als ein solches erkenntnistheoretisches Schema diente »Ch.« noch in der *Kritik der reinen Vernunft* (1781). Hier definierte Kant »Ch.« als Gesetz der ↗Kausalität einer wirkenden Ursache [2.539]. Anlässlich der Frage nach der Möglichkeit der Kausalität durch Freiheit unterschied er an jedem Subjekt einen »empirischen Ch.« und einen »intelligiblen Ch.«. Der »empirische Ch.« (den er mit der »Sinnesart« gleichsetzte) bewirke, dass die Handlungen des Subjekts als Erscheinungen mit anderen Erscheinungen nach beständigen Naturgesetzen zusammenhingen und von diesen, als ihren Bedingungen, abgeleitet werden könnten; der »intelligible Ch.« hingegen (die »Denkungsart«) sei keine Erscheinung, stehe also auch nicht unter den Bedingungen der ↗Sinnlichkeit, sondern entspreche dem »Ch. des Dinges an sich«.

3. Charakter als Wesensart

Die Idee, dass Ch. nicht ursprünglich gegeben, sondern zumindest teilweise von außen geprägt sei (von Gott bzw. der Lebenswelt), bestimmte den Begriff auch dann, als er im 17. Jh. allmählich seine moderne Bedeutung einer Summe der besonderen Wesensmerkmale eines Menschen, Zeitalters, Volks oder Kunstwerks annahm. In *Les Caractères ou les Moeurs de ce siècle* (1688), dem langen Anhang zu einer Übersetzung der *Charaktere* Theophrasts, porträtierte Jean de La Bruyère Typen seiner eigenen Zeit, deren Eigenschaften, Vorzüge und Laster den sozialen Rollen entsprachen, die sie spielten, bzw. den Milieus (z. B. Hof, Stadt, Kirche), denen sie entstammten oder denen sie ihr Verhalten anpassten [4]; [7]. Er schuf so die literarische Gattung der *Caractères*, *Characteristics* bzw. *Charakteristik*, die in England (z. B. durch Shaftesburys *Characteristics of Men, Manners, Opinions, Times*, 1711), v. a. aber in der franz. ↗Moralistik (z. B. in den *Caractères* des Vauvenargues, 1746, oder Chamforts *Caractères et anecdotes*, posthum 1795) zu hoher stilistischer Virtuosität gedieh und zusehends darauf zielte, Persönlichkeiten nicht mehr nur in ihren typischen Zügen darzustellen, sondern gerade in ihrer Einzigartigkeit. Um dies auf möglichst knappem Raum zu erreichen, bevorzugte man die Formen des ↗Aphorismus und der ↗Anekdote, die das Wesen des Dargestellten in einer spezifischen Handlung oder einem Ausspruch offenbaren. Erst um 1800 kamen die Gattungen der ↗Anthologie und der Rezension hinzu (z. B. in F. Schlegels *Über Lessing*, 1797) [6]; [8]; [9].

Einig war man darin, dass Ch. sich nicht in Eigenschaften oder Gedanken zeige, sondern in Handlungen. Noch 1813 fand Goethe, »dass der Ch. sich auf das Praktische beziehe. Nur in dem, was der Mensch tut, zu tun fortfährt, worauf er beharrt, darin zeigt er Ch.« [1.709]. Die philosophische Basis dieser Ansicht lag in der aufgeklärten Idee des moralischen Triebes. Hatte die *Encyclopédie* Ch. als *les inclinations des hommes considérés par rapport à leurs passions* (»die Neigungen der Menschen im Verhältnis zu ihren Leidenschaften«) definiert, so gingen dt., vom ↗Spinozismus inspirierte Spätaufklärer wie F. H. Jacobi (*Eduard Allwills Briefsammlung*, 1792) davon aus, dass die von außen auf das Subjekt einwirkenden Impulse in dessen Innerem strukturgleiche, sittliche Gegenkräfte mobilisierten. Für sie bemaß sich Ch. nach dem Grad, in dem ein Individuum sich durch seine Erlebnisse und Erfahrungen zu sittlichem Handeln herausfordern ließ [3]. Ch. war ihnen mithin weniger psychologisches Phänomen denn sittliches Postulat. Diese Überzeugung leitete auch die zeitgenössischen Versuche, Ch. nach äußeren Merkmalen zu messen, wie sie v. a. J. C. Lavater (*Physiognomische Fragmente zur Beförderung der Menschenkenntnis und Menschenliebe*, 1775/78) und der Hirnforscher F. J. Gall (*Darstellung der Gehirn- und Schädellehre*, 1805) unternahmen (↗Physiognomie).

Um 1800 war »Ch.« zu einem Schlüsselbegriff in der intellektuellen Debatte geworden. Die Denker des ↗Idealismus hofften, in ihm den Punkt zu finden, in dem sich Allgemeines und Besonderes, Ideal und ↗Sinnlichkeit auf je konkrete Weise vermitteln ließen. Romantiker wie F. Schlegel identifizierten »das Charakteristische« als höchsten Ausdruck des »Individuellen« und »Interessanten« (*Über das Studium der griech. Poesie*, 1795/97), setzten es als Inbegriff des Modernen dem »Idealischen« entgegen und fragten v. a. nach dem Verhältnis von Ch. und ↗Genie. Schon 1795 formulierte Goethe den Konsens des kommenden ↗Historismus, wenn er den Ch. eines Individuums mit dessen Geschichte gleichsetzte (↗Bildung). Sogar in die Politik fand der Begriff Eingang. Nach der preuß. Niederlage gegen Napoleon empfahl der Staatskanzler Hardenberg seinem König »eine ehrliche, gerade, treue Politik«, »Würde« und »einen edlen, festen Ton«: »Überhaupt zeige man Ch. Dieser muss dem Staat wieder aufhelfen, so wie der Mangel daran ihn gestürzt hat« (*Rigaer Denkschrift*, 12. 9. 1807).

4. Charakter als Modewort

Im 19. Jh. liefen all diese Bedeutungen nebeneinander. Allgemein herrschte die Überzeugung, dass Ch. sich in sittlichem Handeln zeige. Kaum ein Vorwurf war vernichtender als der, »charakterlos« zu sein – stand »Ch.« doch für jenes je Besondere, in dem sich Wesen und Wert eines Individuums zu erfüllen schienen. Deshalb gipfelte die Kunst von Malern, Schriftstellern und Schauspielern in der Fähigkeit zur differenzierten »Charakterzeichnung«. Gleichzeitig forcierte der aufkommende ↗Vitalismus das Motiv des ↗Willens.

In Arthur Schopenhauers materialistischer Umdeutung Kants wurde dessen »intelligibler Ch.« zum Willen zur Freiheit, der »empirische Ch.« hingegen zur »möglichst vollkommenen Kenntnis der eigenen ↗Individualität« [5]. 1822 resümierte Brockhaus' *Real-Encyclopädie* das populäre Verständnis, wenn sie Ch. als »ausgebildete, starke Vernunft und große Kraft des Willens« erklärte. Um diese Zeit war »Ch.« längst zu einem Modewort geworden, dessen Konturen verschwammen; grundlegend neue Akzente gewann es nicht. Deshalb hielt Jacob Grimm die »Ch.«-Euphorie 1860 geradezu für einen Irrweg. »Ch.« sei, so erklärte er im zweiten Band des *Deutschen Wörterbuchs*, »ein dem ohr des volks seltsam lautendes wort, für dessen verschiedne bedeutungen wir unsere eigenen ausdrücke *mahl, bild, zeichen, art, sitte, gepräge* hätten heranbilden sollen«.

→ Ethik; Individualität; Psychologie; Subjektivität

Quellen:
[1] J. W. VON GOETHE, Gedenkausgabe der Werke, Briefe und Gespräche, hrsg. von E. Beutler, 1949 [2] I. KANT, Critik der reinen Vernunft, Riga 1781.

Sekundärliteratur:
[3] W. JAESCHKE (Hrsg.), Friedrich Heinrich Jacobi. Ein Wendepunkt der geistigen Bildung der Zeit (Studien zum 18. Jh. 29), 2004 [4] M. RICORD, Les charactères de La Bruyère ou les exercices de l'esprit, 2000 [5] CH. SEIDEL, Art. Charakter, in: HWPh 1, 1971, 984–991 [6] J. THELLMANN, Die Geschichte von Caractère in der franz. Moralistik zwischen Klassik und Aufklärung, Diss. Konstanz, 1988 [7] L. VAN DELFT, La Bruyère Moraliste. Quatre études sur les Caractères, 1971 [8] F. WANNING, Diskursivität und Aphoristik. Untersuchungen zum Formen- und Wertewandel in der höfischen Moralistik, 1989 [9] R. ZIMMER, Die europ. Moralisten zur Einführung, 1999.

Gerrit Walther

Charivari

Die Herkunft des franz. Begriffs Ch. ist umstritten [5], doch die gebräuchlichste etymologische Erklärung führt Ch. auf spätlat. *caribaria* bzw. griech. *karēbaría* (»Kopfschwere«, »Kopfschmerzen«) zurück. Ch. bezeichnen spätma., aber ebenso nzl. von der städtischen oder ländlichen Bevölkerung ausgeübte Zensur- und Sanktionsrituale (↗Ritual), die durch Verstöße gegen die gesellschaftliche Moral ausgelöst wurden. Ch. waren europaweit gebräuchlich (dt. »Katzenmusik« oder »Tierjagen«, bayerisch »Haberfeldtreiben«, span. *cencerrada*, engl. *rough music*; ital. *scampanata*) [4].

Als Beweggründe für diese Rügepraktiken galten gewöhnlich die erneute Eheschließung einer Witwe (kaum eines Witwers), markante Alters- oder Körperunterschiede eines Brautpaares, Untreue, ↗Unzucht, ↗Diebstahl, das Heiraten eines Ortsfremden oder das Schlagen von Männern durch ihre Ehefrauen [1. 538]; [3. 443]. Wenngleich Ch. regional bedingte unterschiedliche Verlaufsformen aufwiesen, war z. B. im Frankreich des 16. und 17. Jh.s folgender Ablauf typisch: Zunächst begannen Ch. als Umzug sowohl mit lauter Musik als auch mit Lärm und Maskeraden. Die Parade suchte den »Missetäter« auf und verspottete ihn. So wurden Bußgelder vom Opfer verlangt und über den Leumund in Form einer Verhandlung gerichtet. Falls dies positiv verlief, konnte sich der »Übeltäter« durch das Bezahlen einer Strafe (auch durch Speisen und Alkohol) loskaufen, so dass sich der Umzug letztlich in ein ↗Fest verwandelte. Verlief die Verhandlung aber negativ und reagierte das Opfer mit Ausflüchten, nahmen die Umzüge häufig gewalttätige Formen an [2]; man hetzte den »Missetäter« und bestrafte ihn je nach Grad der Normüberschreitung mittels verbaler, visueller oder physischer Verspottung [6. 47]; [2]. Je nach Schandtat wurde das Opfer ins Wasser getaucht, geschlagen, zu einer Schandparade (z. B. Eselsritt, franz. *asouade*) gezwungen oder sein Eigentum beschädigt (z. B. Dachabdecken, Beschmutzen der Tür, Einschlagen von Fenstern). Häufig richteten sich Verspottung und ↗Ausgrenzung im Rahmen der tradierten patriarchalen Geschlechterordnung gegen »zänkische Frauen«, so dass Ch. auch deutlich misogyne Formen annahmen (↗Geschlechterrollen). Sobald Ch. allerdings in öffentliche Unordnung und Gewaltanwendung ausuferten, galten sie als gescheitert und wurden ab dem 16. Jh. vereinzelt, im 17., 18. und 19. Jh. zunehmend vor Gericht gebracht [1. 559]; [6. 118]. Spott und Hohn fungierten als Metapher der ↗Gewalt, erst die physische Bestrafung war explizite Gewaltanwendung.

Innergemeinschaftliche Spannungen konfessioneller, ökonomischer oder persönlicher Art führten im Laufe der Frühen Nz. zum Wandel von einem Sanktions- in einen Gewaltritus. Die Ch. wurden meist von Jugendlichen, vom Freundes- oder Familienkreis, aber ebenso von ↗Zünften und ↗Bruderschaften veranlasst. Im vormodernen Frankreich gab es die sog. Abteien (Narrenherrschaften), die – mit eigener Rechtsprechung – als populäre Gerichtshöfe zwar nicht an die Stelle des obrigkeitlichen Rechts traten, es jedoch ergänzten. Rügepraktiken waren ein Instrument der sozialen Kontrolle und damit ein Mittel zur Überwachung von Moral und Geschlechterbeziehungen [1. 568], eine besondere Form populärer ↗Sozialdisziplinierung, welche die Kontrolle bis in die Intimsphäre vorschob.

Ch. konnten allerdings auch gegen die Autorität des Klerus (↗Geistliche), des ↗Adels oder der Herrscher (↗Herrschaft) gerichtet werden. Hierbei wurde die politische, moralische oder ökonomische Missherrschaft öffentlich kritisiert [6.129] und die Ordnung paradoxerweise durch die Anomie des Rituals bewacht und hergestellt [1. 544]. Die »private Rügejustiz« [3. 433] stand nicht im Zusammenhang mit der obrigkeitlichen Rechtspflege (↗Justiz), wenngleich ihre Vollstrecker oftmals Bestrafungsmodalitäten der ↗Obrigkeit nachahmten. Ausgehend von der zunehmenden Verfestigung von Werten wie »Ruhe und Ordnung« setzten sich die Opfer immer häufiger gegen »die Bräuche des rituellen Spottes« zur Wehr; so häuften sich in Frankreich ab 1740 die gerichtlichen Verfolgungen der Ch. [1. 535, 562]. Durch die Entwicklung des Strafwesens in der ↗Aufklärung wurde die öffentliche Verspottung eingeschränkt, kontrolliert und zunehmend durch Gerichte ersetzt (↗Strafrecht; ↗Strafprozess). Die Rügepraktiken vermochten jedoch im 19. Jh. nicht nur zu überleben, sondern wurden in Deutschland während der ↗Märzrevolution 1848/49 zu einem festen Bestandteil der politischen Öffentlichkeit [3]; [4].

→ Ausgrenzung; Ehrverlust; Herausforderung; Sozialdisziplinierung; Strafe; Volkskultur

[1] P. Ariès / R. Chartier (Hrsg.), Geschichte des privaten Lebens: Von der Renaissance zur Aufklärung, Bd. 3, 1991 (franz. 1986) [2] J. Cashmere, The Social Uses of Violence in Ritual: Charivari or Religious Persecution?, in: European History Quarterly 21, 1991, 291–319 [3] E. Hinrichs, »Charivari« und Rügebrauchtum in Deutschland. Forschungsstand und Forschungsaufgaben, in: M. Scharfe (Hrsg.), Brauchforschung, 1991, 430–463 [4] J. Le Goff / J.-C. Schmitt (Hrsg.), Le Charivari, 1981 [5] K. Meuli, Charivari, in: H. Kusch (Hrsg.), FS F. Dornseiff, 1953, 231–243 [6] N. Zemon Davis, Humanismus, Narrenherrschaft und die Riten der Gewalt, 1987 (engl. 1975).

Max Sebastián Hering Torres

Charlière s. Aeronautik; Ballonfahrt

Chartered Company, Chartergesellschaft
s. British Empire; Handelsgesellschaft; Ostindische Kompanien; Westindische Kompanien

Chartismus
Der Begriff Ch. geht auf die *People's Charter* zurück, einem Manifest aus dem England der 1830er Jahre. Der Ch. selbst war Hervorbringung einer fortschreitenden Klassenherrschaft und eines populären politischen Radikalismus zugleich. Die Kraft, die ihn antrieb, war der ↗Protest gegen die als unzureichend erachtete ↗Reformbill von 1832, gegen die »halbe«, die besitzbürgerliche Parlamentsreform.

Die späten 1830er und frühen 1840er Jahre waren in England eine Zeit sozialer und politischer Spannungen (vgl. ↗Soziale Konflikte; ↗Politische Bewegungen). Dies stand ganz im Gegensatz zu den Verhältnissen auf dem europ. Kontinent, wo die politischen Widerstände unter verschärftem Staatsdruck erlahmten, wenn sie nicht schon resigniert hatten. Noch waren es allein die Schattenseiten der kapitalistischen Ökonomie, die hervortraten und ihr Bild bestimmten, und nicht deren produktive Erfolge [1]. Noch blieb das politische System abgeschottet gegen die ↗»Gesellschaft«, noch war das parlamentarische ↗Wahlrecht ein Privileg der besitzenden Klassen.

Die nicht im ↗Parlament vertretenen Bevölkerungsschichten brachten sich politisch auf zweifache Weise zur Geltung: Zum einen in der ↗Gewerkschafts-Bewegung, die in einer Vielzahl örtlicher ↗Vereine organisiert war; sie besaß indes auch schon einen nationalen Verband, der sich der Regierung und dem Parlament entgegenstellte. Insgesamt überwog in der Bewegung die reformerische Absicht; äußerstenfalls wurden Streiks (↗Arbeitsniederlegung) als politisches Mittel erwogen. Hier fand sich die »Aristokratie« der Arbeiterschaft zusammen. Gedanklich-programmatisch stand sie unter dem Einfluss der Soziallehre Robert Owens.

Überlagert wurde dieser Reformismus durch radikalere Kräfte und Strategien. 1836 wurde die *London Working Men's Association* gegründet. 1837 formulierten Mitglieder der Vereinigung jenes Manifest, das als *People's Charter* Berühmtheit erlangte und der Bewegung des Ch. ihren Namen gab. Indes war die Londoner Vereinigung nur die Spitze einer Vielzahl örtlicher und regionaler Gesellschaften, welche der Zentrale erst das Fundament verschafften. 1838 wurden von diesen Vertreter gewählt, die dem Unterhaus als »Abgeordnete« beitreten sollten. Auch Pläne eines Gegenparlaments wurden erwogen. Aber all dies blieb am Ende ohne praktische Folge.

Die *Charter* selbst erhob eine Reihe von Forderungen, die in ihrer Gänze eine Kampfansage an das »System« darstellten: allgemeines Stimmrecht, bevölkerungsgerechte Zuschneidung der Wahlbezirke, geheimes Wahlverfahren (↗Wahlen; ↗Wahlrecht), Diäten für Abgeordnete, jährliche Periodizität des Parlaments. Hinzu traten materielle Forderungen wie gerechte ↗Steuern, Abschaffung der Armenhäuser und Verbesserung der Arbeitsbedingungen in den ↗Fabriken. Als Absicht war erkennbar, über den Umbau der Verfassung Wirtschaft und Gesellschaft zu verändern. Indessen blieb unentschieden, was die Bewegung jenseits der Verfassungsforderungen im Einzelnen erstrebte. Der Tendenz nach war ihre Politik antiindustriell, wenn nicht sogar agrarromantisch gefärbt [3].

Es gab die Agitatoren der Gewalt wie den Anwalt Feargus O'Connor, der einige Jahre Abgeordneter gewesen war und mit seinem Blatt *Northern Star* die Massen bewegte. Und es gab die Gemäßigten, die Anhänger der *moral force* wie Francis Place und William Lovett, beide Mitverfasser der *Charter* [5]. Die Stärke der Bewegung lag in ihrer Fähigkeit zur Mobilisierung. 1839 sammelten die Chartisten 1,3 Mio. Unterschriften für ihre Forderungen und präsentierten sie dem Unterhaus. 1842 folgte eine zweite Petition mit 3,3 Mio. Unterschriften. Eine letzte Aktion 1847/48 mobilisierte noch einmal 2 Mio. Stimmen. Das waren Zahlen, die das Ausmaß kontinentaler Proteste um ein Vielfaches überstiegen. Im Kontrast dazu stand die geringe Wirkung, welche der Ch. erzielte. Zum einen scheiterte die Bewegung an den Unterschieden der ökonomischen Interessen, also der beruflichen Tätigkeiten und Branchen, zum anderen an den Divergenzen in den Absichten und Zielen, die verfolgt wurden. Zum Scheitern trug zudem der Umstand bei, dass das Parlament zu keiner Zeit bereit war, die Forderungen des Ch. auch nur zu debattieren. So zerbrach der Ch. auch an der Festung der *Commons* [3]; [4]. Schon bevor Europa eine neue Welle von Revolutionen (↗Märzrevolution 1848/49) erfasste, hatte sich in England das Prinzip ↗Revolution erschöpft.

In das Jahr 1838, als die Chartisten mit ihren Forderungen an die Öffentlichkeit traten, fielen auch die Anfänge der ↗Freihandels-Bewegung. Beide Strömungen erreichten einen neuen Wirkungsgrad politischer Publizität. Beide reagierten auf ein geschlossenes System aristokratischer Herrschaft und Politik. Was sie unterschied, waren Zielvorgaben und Organisation, war aber v. a. der Erfolg der Politik: Die Verfechter des Freihandels prägten einer neuen Epoche der engl. Geschichte ihren Namen auf.

→ Partei; Politische Bewegungen; Reformbill; Wahlen; Wahlrecht

[1] J. BELCHEM, Industrialization and Working Class. The English Experience 1750–1900, 1990 [2] G. HIMMELFARB, The Idea of Poverty. England in the Early Industrial Age, 1984 [3] F.CH. MATHER, Chartism and Society, 1980 [4] E. ROYLE, Chartism, 1980 [5] E.P. THOMPSON, The Making of the English Working Class, 1963.

Hartwig Brandt

Chassidismus s. Hasidismus

Chaussee

Seit der Mitte des 18. Jh.s – etwa 100 Jahre vor dem Beginn des Baus von ↗Eisenbahnen – erfolgte in weiten Teilen West- und Mitteleuropas eine Intensivierung des ↗Landverkehrs. Die entscheidende Voraussetzung dafür war die Herstellung von sog. Ch. (»erhöhte Fahrstraßen«). Der Bau und die Unterhaltung dieser Kunststraßen stellten neue Anforderungen an die staatliche Infrastrukturpolitik (↗Infrastruktur) und bildeten häufig die erste Aufgabe der sich entwickelnden Institutionen moderner lokaler ↗Selbstverwaltung.

Die Fahrbahn einer Ch. bestand aus mehreren Schichten verdichteter Steine, die ihre Festigkeit wesentlich steigerten und ihre ganzjährige Befahrbarkeit sicherten. Sie wies eine Wölbung oder ein Quergefälle auf und wurde seitlich durch Sommerwege für Pferde und Fußgänger, Gräben und Baumreihen begrenzt. Dadurch sollten die Entwässerung der Fahrbahn und ihre alleinige Nutzung durch Postwagen (↗Kutsche) und Frachtfuhrwerke gewährleistet werden. Die Technik des Ch.-Baus wurde zunächst in Frankreich entwickelt, wo an der 1747 in Paris gegründeten *École des ponts et chaussées* die ersten Straßenbauingenieure ausgebildet wurden (↗Technische Ausbildung; ↗Ingenieur). Die Fortentwicklung der Ch. in Frankreich und England erfolgte vorrangig durch eine bessere Auswahl und Kombination des aus Kies, Schotter und Steinen bestehenden Materi-

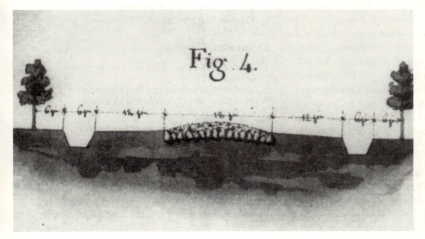

Abb. 1: Straßenquerschnitt nach Pierre-Marie-Jérôme Trésaguet (Mémoire sur la construction et l'entretien des chemins ..., 1775), der seit 1775 als franz. Generalingenieur für Brücken, Straßen und städtische Arbeiten tätig war. Zu sehen ist der Aufbau der gewölbten Fahrbahn aus mehreren Schichten, die aus Steinen unterschiedlicher Größe bestehen. Die Straße wird begrenzt durch Sommerwege, Entwässerungsgräben und Alleebäume.

als sowie mithilfe einer Anlage von Entwässerungssystemen, wodurch die Bau- und Unterhaltungskosten verringert und die Haltbarkeit gesteigert wurden (vgl. Abb. 1).

Bedeutsamer als der technische Fortschritt waren jedoch die mit dem Ch.-Bau verbundenen Veränderungen in der Organisation und Finanzierung des ↗Straßen- und Wegebaus. Die Pflasterung von Straßen und Methoden ihrer Ausbesserung mit Holz oder Steinen waren bereits in röm. Zeit bekannt und wurden seit dem SpätMA wieder aufgegriffen. Die Ch. des 18. Jh.s waren jedoch planmäßig angelegte und durchgängig befestigte Straßen, deren effektive Herstellung und Unterhaltung auf der Grundlage der traditionellen Wegebaupflicht der Grundbesitzer und durch Inanspruchnahme von Wegebaudiensten mittelfristig nicht realisierbar waren.

Deshalb entstanden die ersten Ch. in den größeren, durch einen zentralistischen ↗Absolutismus geprägten Staaten Europas, insbes. in Frankreich und in der Habsburger Monarchie. Hier sollten sie v. a. der Verbesserung des Personen- und Nachrichtenverkehrs (↗Kommunikation) sowie der Steigerung der Truppenbeweglichkeit dienen. Gleichzeitig erfolgte allerdings auch in England eine Chaussierung der wichtigsten Landstraßen. Träger des Straßenbaus waren hier die *turnpike trusts*, in denen zumeist das lokale Bürgertum dominierte. Diese faktisch gemeinnützigen Gesellschaften chaussierten die für den Wirtschaftsverkehr wichtigsten Straßen und refinanzierten sich durch Mautgebühren. Generell wurde der Ch.-Bau in einem jeweils unterschiedlichen Verhältnis aus allgemeinen Staatseinnahmen, Nutzungsgebühren und durch Dienstleistungen der anliegenden Grundbesitzer bzw. Gemeinden finanziert, die im Zuge des Ch.-Baus häufig in Geldabgaben umgewandelt wurden. Die Dichte und Qualität der Ch.-Netze in den verschiedenen Teilen Europas wurden daher sowohl von der finanziellen Potenz und den infrastrukturpolitischen Konzepten der Staaten als auch vom Ausmaß der Verkehrsbedürfnisse der regionalen Wirtschaft und der Postanstalten (↗Post) sowie der Ausgestaltung des ↗Wegerechtes bestimmt. Hinzu kamen Repräsentationsbedürfnisse einzelner Herrscher und natürliche Voraussetzungen, wie die Möglichkeit der Nutzung von Wasserstraßen (↗Kanal), die Existenz von geeignetem Straßenbaumaterial oder die Qualität der nicht befestigten Landstraßen.

Die ökonomischen Auswirkungen des Ch.-Baus lassen sich am Beispiel Englands skizzieren: Danach führte die Chaussierung einer Landstraße in der Regel im Personenverkehr zu einer Halbierung der Reisezeit (↗Reise) und bei Frachtfuhrwerken zu einer Verdopplung des Ladungsgewichtes; bei diesen entfielen zudem die sonst notwendigen Vorspanndienste an starken Steigungen. Die Ch. können daher als früher Bestandteil der ↗Kommunikationsrevolution des 19. Jh.s angesehen werden und waren auch noch nach Beginn des Eisenbahnbaus unerlässlich für die Einbeziehung ländlicher Produzenten in überregionale ↗Märkte. Die durch Ch.-Bauten hervorgerufene Intensivierung des Landverkehrs erhöhte seit den 1830er Jahren die private Investitionsbereitschaft in den Eisenbahnbau. Planung, Bau und regelmäßige Unterhaltung der Ch. trugen zu Aufbau und Modernisierung staatlicher Bauverwaltungen bei, bildeten oft zentrale Aufgaben der ersten Institutionen moderner Selbstverwaltung und dienten als Vorbild für viele große Infrastrukturprojekte des 19. Jh.s.

→ Landverkehr; Straßen- und Wegebau; Transport und Verkehr; Verkehrsnetz

[1] W. Albert, The Turnpike Trusts, in: D. H. Aldcroft et al. (Hrsg.), Transport in the Industrial Revolution, 1983, 31–63 [2] W. Behringer, Im Zeichen des Merkur. Reichspost und Kommunikationsrevolution in der Frühen Nz., 2003 [3] A. Helmedach, Das Verkehrssystem als Modernisierungsfaktor. Straßen, Post, Fuhrwesen und Reisen nach Triest und Fiume vom Beginn des 18. Jh.s bis zum Eisenbahnzeitalter, 2002 [4] M. G. Lay, Die Geschichte der Straße. Vom Trampelpfad zur Autobahn, 1995 [5] U. Müller, Infrastrukturpolitik in der Industrialisierung. Der Chausseebau in der preuß. Provinz Sachsen und dem Herzogtum Braunschweig vom Ende des 18. Jh.s bis in die siebziger Jahre des 19. Jh.s, 2000 [6] E. Pawson, Transport and Economy. The Turnpike Roads of Eighteenth Century Britain, 1977 [7] M. Popplow, Europa auf Achse. Innovationen des Landtransports im Vorfeld der Industrialisierung, in: R. P. Sieferle et al. (Hrsg.), Transportgeschichte im internationalen Vergleich. Europa – China – Naher Osten, 2004, 87–154.

Uwe Müller

Chemiatrie s. Iatrochemie

Chemie s. Chemische Wissenschaften

Chemie, romantische s. Romantische Chemie

Chemiegeschichtsschreibung
s. Wissenschaftsgeschichtsschreibung

Chemische Gewerbe

1. Handwerkliche Erzeugung von Gebrauchswaren oder Einzelchemikalien
2. Apotheken und verwandte Gewerbezweige
3. Die Anfänge der chemischen Großtechnik

1. Handwerkliche Erzeugung von Gebrauchswaren oder Einzelchemikalien

1.1. Überblick

Chemisch-technische Verfahren verwendet der Mensch bereits seit vor- oder frühgeschichtlicher Zeit, etwa bei der Erzeugung von ↗Töpfer-Waren und ↗Glas, zur Fabrikation von Sauerteigbrot oder von gegorenen Getränken. Am Ende des MA und in der Frühen Nz. entwickelten sich eine Reihe von ↗Gewerben, die zur Fabrikation ihrer Ware gezielt und bewusst chemische (= chem.) Reaktionen durchführten. Aus diesen Betrieben gingen am Ende des 18. und im 19. Jh. die ersten chem. ↗Fabriken hervor. Zu den chem.-technischen Handwerkern zählten die Hersteller von ↗Säuren, Soda, Pottasche, ↗Kupfer und Eisenvitriol, Salpeter, ↗Seife, Schießpulver und ↗Porzellan. Auch die ↗Apotheken waren chem.-pharmazeutische Kleinbetriebe, in denen neben den neuartigen »chem.« Arzneien der ↗Iatrochemie auch alkoholische Getränke und mit Rohrzucker gesüßte Präparate fabriziert wurden, die später in eigenen industriellen bzw. genossenschaftlichen Fabrikationsbetrieben gewonnen wurden.

1.2. Säuren und Alkalien

Säuren und Alkalien gehören zu den Grundsubstanzen vieler gewerblich-chem. Anwendungen. Traditionell war v. a. die Essigsäure von allgemeiner Bedeutung, und zwar in verdünnter Form als Wein- oder Obstessig. Um 1600 war das Verfahren zur Herstellung in konzentrierter Form bekannt. Georg Ernst Stahl konzentrierte den Essig durch Ausfrieren und lehrte die Herstellung konzentrierter Essigsäure durch Zersetzung eines Alkaliacetats mit Schwefelsäure. Die Bildung durch trockene Destillation von Holz setzte 1648 erstmals Rudolf Glauber als bekannt voraus. Die Mineralsäuren (Schwefel-, Salpeter- und Salzsäure) wurden erst nach dem 13. Jh. bekannt, die Salzsäure sogar erst um 1600. Die Herstellung und der Gebrauch dieser Säuren erfolgte bis ins 19. Jh. nur in bescheidenem Ausmaß; verwendet wurden sie v. a. von Alchemisten (↗Alchemie) bzw. von Chemikern und Apothekern. Einzig die Salpetersäure wurde auch in der ↗Metallurgie zur Trennung von Gold und Silber (Scheidewasser) gebraucht. Eine Mischung von Salpeter- und Salzsäure, das sog. »Königswasser«, diente zur Auflösung von Gold. Wie die Mineralsäuren waren auch Soda (Natriumcarbonat) und Pottasche (Kaliumcarbonat) keine Endverbrauchs-, sondern Zwischenprodukte. Sie wurden in relativ großen Mengen benötigt, hauptsächlich zur Fabrikation von ↗Glas und ↗Seife. Das oft beigemengte Natriumbicarbonat (Natron, $NaHCO_3$) wurde erst 1801 von Valentin Rose als eigene Verbindung beschrieben. Da Soda in Europa nicht als Mineral vorkommt, wurde es aus der Asche sodahaltiger Pflanzen (insbes. Meeresalgen) extrahiert.

1.3. Salpeter und Schwarzpulver

Die Gewinnung von Kalisalpeter (Kaliumnitrat, KNO_3) war für die Herstellung von Schießpulver unerlässlich. Mangels natürlicher Mineralvorkommen war man bis zur Entdeckung und Nutzung des Chilesalpeters im 19. Jh. gezwungen, Salpeter durch Auslaugung einer »nitrosen Erde« zu erzeugen. In den Salpetergärten, die seit dem 15. Jh. angelegt wurden, gab es lange Erdwälle, die mit tierischem Dung und Kalk versetzt und mit Urin begossen wurden. In den vor Regen geschützten, aber der Luft ausgesetzten Beeten wurde der organisch gebundene Stickstoff durch entsprechende Bakterien zu Nitrat oxidiert. Mit heißem Wasser wurde dieser Erde das rohe Nitrat nebst weiteren wasserlöslichen Substanzen entzogen. Beim Eindampfen verblieb ein brauner Rückstand von rohem Calciumnitrat – Mauersalpeter, $Ca(NO_3)_2$ –, der mit einer Holzaschelauge (Pottasche) in Kalisalpeter umgewandelt wurde (Ausfällung von Calciumcarbonat). Daneben gab es auch die Methode, den in Viehställen gebildeten Mauersalpeter von den Wänden zu kratzen.

Der Hauptverwendungszweck des Kalisalpeters war die Herstellung von Schießpulver (↗Schwarzpulver), einer Mischung aus ca. 75 Gewichtsteilen Kalisalpeter, 15 Teilen Holzkohlepulver und 10 Teilen Schwefel. Es brannte beim Entzünden rasch ab, ohne zu detonieren, wirkte aber verdämmt als Explosivstoff. Bis zur Erfindung der Schießbaumwolle durch Christian Friedrich Schönbein 1846 war Schwarzpulver der einzige zu Sprengungen und in Feuerwaffen aller Art verwendete Sprengstoff. Die früheste Rezeptur stammte vermutlich von den Chinesen, wo es eventuell medizinisch und dann auch für ↗Feuerwerke und wohl auch militärisch genutzt wurde. Vermutlich gelangte die Kenntnis der Bereitungs- und Wirkungsweise über in China tätige Mönche nach Europa, wo es Roger Bacon um 1267 anscheinend als Erster erwähnte. Die Erfindung durch den in Freiburg im Breisgau als Büchsenmeister tätigen Mönch und Alchemisten Berthold Schwarz (Bertholdus Niger) ist dagegen sagenhaft. Wohl aber dürfte Schwarz der Erfinder des gekörnten Pulvers und der sog. Steinbüchse gewesen sein (um 1370/75) [8]. Die Herstellung des Pulvers erfolgte in sog. Pulvermühlen und veränderte sich bis in die Zeit der Industrialisierung nicht nennenswert.

1.4. Seife

↗Seife besteht im Wesentlichen aus den Natrium- bzw. Kaliumsalzen höherer Fettsäuren. Die Fette können sowohl tierischen als auch pflanzlichen Ursprungs sein, in der Praxis wurden meist tierische Fette verwendet; erst im 19. und 20. Jh. nutzte man in großem Umfang Pflanzenöle. Die Fette bestehen aus Glycerin-Fettsäureestern (Triglyceriden), die erst mit Hilfe von Soda bzw. Pottasche »verseift«, d. h. in Fettsäuren und Glycerin gespalten werden mussten. Um die Verseifung durchführen zu können, mussten Soda bzw. Pottasche erst »kaustifiziert« (»brennend gemacht«) werden, was durch Umsetzung mit gebranntem Kalk (CaO) erfolgte. Die entstandene Ätzlauge bildete unter Abscheidung von Glycerin Seife. Aus Natronlauge entstand Hart- oder Kernseife, Kalilauge führte zu den Weich- oder Schmierseifen. Die Verwendung von Seife als Reinigungsmittel war in der Antike unbekannt; Galen erwähnte sie als eine Erfindung der Gallier und Germanen. Im MA und am Beginn der Nz. spielten v. a. Marseille und Venedig eine wichtige Rolle als Erzeuger bzw. Handelszentren. In Frankreich und Großbritannien entstanden gewerbliche Seifensiedereien; dort wurde die Herstellung vielfach durch ↗Monopole und Steuern eingeschränkt. In Deutschland war die Seifenherstellung ein Hausgewerbe und wurde in dieser Form in geringem Umfang noch zu Beginn des 20. Jh.s betrieben.

1.5. Farben

Ähnlich wie die Gerberei gehört auch die Textilfärberei zu den schon seit der Antike ausgeübten Ch. G., doch erfolgte die Färbung hierbei in handwerklicher Tradition mittels pflanzlicher ↗Farbstoffe. Erst zur Mitte des 19. Jh.s brachte die Isolierung synthetischer Farbstoffe aus dem Steinkohlenteer eine entscheidende Neuorientierung. Zu den Ch. G. im engeren Sinn zählte die Herstellung von anorganischen Pigmenten als Malfarbe, und auf diesem Gebiet sind in der Nz. nennenswerte Entwicklungen zu verzeichnen. Während die Nutzung in der Natur vorgefundener Mineralfarben teilweise seit vorgeschichtlicher Zeit bekannt ist, entstanden in der Nz. einige synthetische Farbpigmente, die natürliche Farbstoffe entweder ersetzten oder die bekannte Palette ergänzten.

Um die Mitte des 18. Jh.s entwickelte sich in Bayern die Fabrikation von Bronzefarbe [10]. Dabei handelte es sich um Abfallstoffe der Gold- und ↗Metall-Schlägerei (Aushämmern von Messing), die fein zerrieben und in Öl suspendiert wurden. Durch vorsichtiges Erhitzen der Suspension ließen sich rote, violette und gelbe Farbtöne (Anlauffarben) erzeugen. Die Farbtöne entstanden durch physikalische Prozesse auf der Oberfläche der feinen Metallflitter, die teilweise aus fast reinem Kupfer waren, teils bis zu 18% Zink enthielten. Metallbronzen solcher und anderer Zusammensetzung (Aluminiumbronzen) sind bis heute in Gebrauch.

Etwas länger schon ist das Berlinerblau (Eisenhexacyanoferrat (II, III)) bekannt. Vor 1710 (evtl. 1704) fand ein Berliner Farbenfabrikant bei dem Versuch, einen Farblack aus Cochenille herzustellen, durch Zufall ein hervorragend lichtechtes und farbkräftiges Blaupigment. Da er mit Ätzkali arbeitete, das von dem Alchemisten Johann Conrad Dippel (1673–1734) durch Umsetzung von Pottasche mit Blut erhalten worden war, vermutete Dippel, dass das neue Salz etwas mit diesem Alkali und dessen Wirkung auf Eisen zu tun haben müsse. Die Zubereitungsmethode blieb bis 1724 geheim, weshalb auch nicht genau bekannt ist, wann das Berlinerblau erstmals gefunden wurde. Die Entdeckung bereicherte nicht nur die Palette der bekannten Pigmente, sondern wurde auch für die Erforschung bzw. Entdeckung der Cyanide und der Blausäure (Scheele, 1782) wichtig. Die Herstellung des (gelben) Blutlaugensalzes (Kaliumhexacyanoferrat (II), $K_4[Fe(CN)_6]$) erfolgte noch Ende des 19. Jh.s vornehmlich aus tierischen Abfällen, die mit Pottasche und Eisenspänen gemischt und geglüht wurden.

Das ebenfalls als Pigment wichtige Bleiweiß (basisches Blei-II-carbonat $Pb(OH)_2 \cdot PbCO_3$) wurde in der traditionellen Weise durch Einsetzen von dünnen Bleiplatten in einen Kasten hergestellt, in dem sich Essigsäuredämpfe und Kohlendioxid (aus Mist) entwickelten (»holländisches Verfahren«). Das 1797 entdeckte Metall Chrom (griech. *chróma*, »Farbe«) diente bald als Basis mehrerer Malerfarben, von denen bes. das Chromgelb (Bleichromat, $PbCrO_4$) viel gebraucht wurde.

Das wegen seiner Giftigkeit berüchtigte Schweinfurter Grün (Kupferarsenit-Acetat) wurde seit 1814 in Schweinfurt fabrikmäßig gewonnen und war vorher unter dem Namen Mitis- oder Wienergrün bekannt. Die Farbe ist außergewöhnlich schön und leuchtend; sie entsteht beim Kochen von Kupferacetatlösung mit Arsenik.

Einer der wertvollsten Farbstoffe überhaupt war lange Zeit der Lapislazuli oder Lasurstein, eine Verbindung von Natrium-Aluminiumsilikat mit Natriumsulfid. Der natürliche Lasurstein wurde seit dem MA in einem aufwendigen Verfahren in das leuchtend blaue Ultramarin überführt, das mit Gold aufgewogen wurde. 1828 fanden Christian Gottlob Gmelin und Jean Baptiste Guimet ein Verfahren zur Herstellung künstlichen Ultramarins aus Tonerde, Quarz, Soda und Schwefel, die zusammen geglüht wurden; spätere Verfahren benutzten z.B. Porzellanerde (Kaolin), Glaubersalz (Natriumsulfat) und Kohlepulver. Das künstliche Ultramarin verdrängte das natürliche (dem es auch hinsichtlich der chem. Zusammensetzung ähnelt) praktisch vollständig und ermöglichte den massenhaften Gebrauch dieses Blaupigments.

2. Apotheken und verwandte Gewerbezweige

Zu den wichtigen Ch. G. zählten in der Nz. auch die ↗Apotheken, in denen sehr unterschiedliche Produkte erzeugt wurden. Mit der Verbreitung der Ideen des Medizinreformers Paracelsus, der die Verwendung von labormäßig hergestellten anorganischen Stoffen als Arzneien propagierte, nahm die chem. Labortechnik (↗Chemische Wissenschaften) in den Apotheken einen neuen Aufschwung. Für die nzl. ↗Alchemie- und ↗Pharmazie-Geschichte bes. interessant sind die von Paracelsus untersuchten Quecksilberpräparate und die Antimonverbindungen des Pseudonymus Basilius Valentinus bzw.

Johann Thöldes, der als Herausgeber der angeblichen Basilius-Texte auftrat, diese aber selbst verfasst haben dürfte. Die schon lange vorher übliche Extraktion von Arzneistoffen aus Pflanzen, Tieren oder Mineralien wurde beibehalten. Hierzu zählte nicht zuletzt die Fabrikation von allerlei »gebrannten Wässern«, d. h. mehr oder weniger stark alkoholhaltigen Extrakten, die entweder durch Destillation von Auszügen oder durch Einlegen von Pflanzen in Alkohol entstanden. Diese alkoholischen Auszüge bzw. Destillate wurden auch als »Quintessenzen« oder »Tinkturen« bezeichnet, der Ethylalkohol selbst hieß auch *spiritus vini* (»Weingeist«; lat. auch *aqua vitae* = »Lebenswasser«; ↗Spiritus). Mit den Apotheken sind zwei Ch.G. historisch verbunden, die sich zu wichtigen eigenständigen Erwerbszweigen entwickelten, nämlich die ↗Branntwein- und die ↗Zucker-Fabrikation.

Zubereitungen mit deutlich höherem Alkoholgehalt als ↗Wein oder ↗Bier wurden zu Beginn der Nz. nur in Apotheken erzeugt und dienten medizinischen Zwecken. Durch die Einführung der ↗Kartoffel in die europ. Landwirtschaft seit dem 17. Jh. wurde die Möglichkeit geschaffen, einen Teil der erzeugten Feldfrüchte zu vergären und anschließend zu brennen. Die Fabrikation von ↗Branntwein aus ↗Getreide wäre technisch schon früher möglich gewesen, hätte aber die Versorgungsbasis der ↗Bevölkerung bedroht (↗Ernährung). Erst der Anbau der Kartoffel auf bislang nicht zum Feldbau genutzten Flächen sowie der ca. dreifach höhere Flächenertrag an Stärke (gegenüber Getreide) schuf die Voraussetzungen zur Verbreitung der Schnapsbereitung in großem Stil. Die Kartoffelstärke an sich ist unvergärbar, weshalb man sie mit einem Zusatz von Getreidemalz und Wasser erwärmte und enzymatisch spaltete, wobei gärfähiger Malzzucker gebildet wurde. Im 19. Jh. wurde die Kartoffelstärke auch mit verdünnter Schwefelsäure gespalten.

Zucker wurde in Form von Rohrzucker in den Apotheken zu teuren »Latwergen« (sirupartige Zubereitungen, vor Einführung des Zuckers mit Honig versetzt) und Likören verarbeitet, hatte also wie der Alkohol zunächst den Charakter eines Pharmakons. Dies änderte sich durch die Verbreitung der Aufgussgetränke ↗Tee, ↗Kaffee und ↗Kakao, die gerne mit Zucker gesüßt wurden. Die Zuckerindustrie wurde zur entscheidenden Triebfeder für den Sklavenhandel von Afrika nach Mittel- und Südamerika (↗Atlantische Welt). Der Anbau des Zuckerrohrs und die Herstellung von Rohzucker erfolgte in den Kolonien (↗Kolonialismus). Die Raffination wurde meist in Europa durchgeführt und war bis ca. 1750 sehr arbeits- und energieintensiv (diskontinuierliches Verfahren in sog. »Runden«). 1747 erkannte der Chemiker Andreas Marggraf, dass der in bestimmten Rüben enthaltene Zucker mit dem Rohrzucker identisch ist. Die Extraktion des Zuckers aus den Zuckerrüben erwies sich als keineswegs einfach und wurde von Franz Karl Achard, dem Schwiegersohn Marggrafs, erst nach langwierigen Versuchen befriedigend gelöst. Die erste Rübenzuckerfabrik nahm 1802 im preuß. Kunern die Arbeit auf.

3. Die Anfänge der chemischen Großtechnik

Obwohl die Gewinnung von Zucker aus Rüben oder die Herstellung von Kartoffelschnaps durchaus in großem Stil erfolgte, rechnet man beide Gewerbezweige nicht zur chem. ↗Industrie im engeren Sinn. Eine verbindliche und allgemein gültige Definition für den Begriff besteht nicht, folgende beiden Merkmale erscheinen jedoch kennzeichnend: (1) Die chem. Industrie produziert chem. einheitliche Stoffe oder Stoffgemische in Mengen, die erheblich über denen liegen, die in vorher üblichen Gewerbebetrieben hergestellt wurden. (2) Die Produktion ist vernetzt, d. h. das Neben- oder Abfallprodukt eines Prozesses wird in einem anderen Prozess weiterverarbeitet. Eine chem. Fabrik stellt demnach nicht nur ein Produkt bzw. Zwischenprodukt, sondern mehrere her.

Die Anfänge der chem. Großtechnik gehen auf das späte 18. Jh. zurück. Die Herstellung von ↗Glas und insbes. die rasch wachsende ↗Baumwoll-Produktion erzeugten einen Bedarf an Soda bzw. Pottasche (bei Textilien als Bleich- und Färbemittel), der durch die traditionell verfügbaren ↗Ressourcen nicht mehr gedeckt werden konnte. Es lag nahe, nach einem Weg zu suchen, das reichlich vorhandene Kochsalz als Ausgangsbasis für »künstliche« Soda zu verwenden; allerdings war kein gangbarer Weg zur Durchführung dieser Reaktion bekannt. 1775 setzte die franz. Akademie der Wissenschaften einen Preis von 12 000 Livres für die Angabe einer technisch anwendbaren Methode zur Umwandlung von Kochsalz in Soda aus (↗Preisfragen). Dies veranlasste auch Nicolas Leblanc, sich mit dem Thema zu befassen. Aufbauend auf den Arbeiten anderer, entwickelte er bis 1789 das erste technisch brauchbare Verfahren zur Überführung von Kochsalz in Soda, den Leblanc-Prozess. Dabei wird aus Kochsalz und Schwefelsäure zunächst Natriumsulfat (Glaubersalz) gebildet, das dann mit Kohle und Kalk zusammengeschmolzen wurde, wobei sich u. a. Soda bildet, das durch Umkristallisieren gereinigt wird. 1791 erhielt Leblanc ein Patent auf sein Verfahren und gründete in St. Denis eine Fabrik mit einer Tagesleistung von 250–300 kg Soda. 1794 hob der Wohlfahrtsausschuss in der ↗Französischen Revolution das Patent auf, was den wirtschaftlichen Ruin Leblancs bedeutete und ihn schließlich in den Selbstmord trieb.

Das Leblanc-Verfahren war der Ausgangspunkt der modernen chem. ↗Industrie. Erstmals wurden in (für die damalige Zeit) großem Stil die Basischemikalien Salz, Kalk und Kohle eingesetzt, die bis heute die Grundlage der gesamten chem. Industrie bilden (abgesehen von der Kohle, die durch Erdöl bzw. Erdgas ersetzt wurde). Auch die Produktvernetzung, das zweite oben genannte Kriterium für eine chem. Industrie, erfüllte das Leblanc-Verfahren. Einerseits war zu seiner Anwendung Schwefelsäure nötig, andererseits entstanden neben der Soda enorme Mengen an Salzsäuregas. Dieses konnte wegen seiner toxischen Wirkung nicht einfach in die Luft geblasen werden, und man fand eine sehr nützliche Verwendung desselben durch die Erzeugung von Chlorkalk ($CaOCl_2$). Die in der Textilindustrie verarbeiteten Stoffe, v. a. Baumwolle, mussten nicht nur mit mittels Soda hergestellter Seife gewaschen, sondern auch gebleicht werden. Traditionell gab es dafür nur das langwierige und naturgemäß unzuverlässige Verfahren des Bleichens an der Sonne (↗Bleichereigewerbe). 1785 regte Claude Louis Berthollet die Verwendung von Chlor als Bleichmittel an und entwickelte durch Einleiten von Chlorgas in eine Pottaschelösung das *Eau de Javelle*. Charles Tennant bemerkte 1798 die Absorbierbarkeit des Chlorgases durch trockenen Löschkalk ($Ca(OH)_2$) und gründete 1800 in St. Rollox bei Glasgow eine Chlorkalkfabrik. Zur Herstellung des Chlorkalks brauchte man neben dem Löschkalk also Chlor, das man wiederum aus dem Salzsäuregas erzeugte, das beim Leblanc-Prozess anfiel. Es dauerte allerdings einige Jahrzehnte, ehe die Chlorerzeugung aus Salzsäure technisch optimiert war. Mit der Zeit wurde die Chlorkalkproduktion sogar lukrativer als die Sodaerzeugung, zumal nach Einführung des von Ernest Solvay 1861 patentierten Konkurrenzverfahrens der Sodaherstellung. Der Leblanc-Prozess wurde daher nur wegen der dabei entstehenden Salzsäure noch weiter betrieben.

Das Leblanc-Verfahren benötigte große Mengen an Schwefelsäure, die nicht durch die seit langem bekannte Vitriolbrennerei aus Eisensulfat in Form von Oleum gewonnen werden konnten. Die andere Möglichkeit, Schwefel zu verbrennen und die entstehende Schweflige Säure bzw. das Schwefeldioxid zu Schwefelsäure zu oxidieren, war im Prinzip ebenfalls schon seit dem MA bekannt, wurde aber erstmals 1746 in Birmingham als (großtechnisch nutzbarer) Bleikammerprozess durchgeführt. Dabei wurde durch Verbrennen von Schwefel erzeugtes Schwefeldioxid in mit Bleiplatten ausgekleideten Kammern durch nitrose Gase oxidiert. Die aneinander gereihten Bleikammern wurden schließlich durch zwei Absorptionstürme ergänzt, den den Bleikammern nachgeschalteten Gay-Lussac-Turm (1835) und den vorgeschalteten Gloverturm (1864). Das heute übliche Kontaktverfahren wurde nach 1875 auf der Grundlage einer Arbeit von Clemens Winkler über die katalytische Oxidation von Schwefeldioxid entwickelt und fand seit 1898 rasch weite Verbreitung. Auf der Grundlage der bereits um 1800 großindustriell verfügbaren Schwerchemikalien schuf eine neue Generation akademisch ausgebildeter Chemiker dann um die Mitte des 19. Jh.s einen neuen Typus wissenschaftsbasierter Industrie, mit dem das Deutsche Reich v. a. im Bereich der Feinchemikalien und synthetischen Farbstoffe bald den Weltmarkt beherrschte.

→ Apotheke; Chemische Wissenschaften; Farbstoffe; Gewerbe; Industrie; Technischer Wandel

[1] J. BECKMANN, Beyträge zur Geschichte der Erfindungen, 1786–1800 [2] C. BIRNBAUM (Hrsg.), Das neue Buch der Erfindungen. Gewerbe und Industrien. Rundschau auf allen Gebieten der gewerblichen Arbeit (6 Bde.), [6]1872–1875 [3] O. DAMMER, Chemische Technologie der Nz. (3 Bde.), 1910–1911 [4] G. FESTER, Die Entwicklung der chemischen Technik bis zu den Anfängen der Großindustrie, 1969 [5] R. J. FORBES, Short History of the Art of Distillation, 1948 [6] L. F. HABER, The Chemical Industry during the 19th Century. A Study of the Economic Aspects of Applied Chemistry in Europe and North America, 1958 [7] H. KOPP, Geschichte der Chemie (4 Teile), 1843–1847 [8] G. W. KRAMER, Berthold Schwarz. Chemie und Waffentechnik im 15. Jh., 1995 [9] E. O. LIPPMANN, Abhandlungen und Vorträge zur Geschichte der Naturwissenschaften (2 Bde.), 1906–1913 [10] C. PRIESNER, Bayerisches Messing. Franz Matthias Ellmayrs ›Mößing-Werkh AO. 1780‹. Studien zur Geschichte, Technologie und zum sozialen Umfeld der Messingerzeugung im vorindustriellen Bayern, 1997 [11] J. G. SMITH, The Origins and Early Development of the Heavy Chemical Industry in France, 1979.

Claus Priesner

Chemische Naturphilosophie

s. Naturphilosophie, chemische

Chemische Verfahren

s. Chemische Gewerbe; Chemische Wissenschaften

Chemische Wissenschaften

1. Kenntnisse und Theorien
2. Chemie als Disziplin
3. Apparate und Verfahren

1. Kenntnisse und Theorien

1.1. Überblick
1.2. Die montanistische, iatrochemische und naturphilosophische Tradition
1.3. Von der pneumatischen Chemie zur Chemischen Revolution
1.4. Atomismus und die Lehre von der chemischen Verbindung
1.5. Anfänge der Organischen Chemie

1.1. Überblick

Unter »Chemie« (etymologisch evtl. aus ägypt. *kmt*, der Bezeichnung für die schwarze Erde Ägyptens, oder von griech. *chēmeía* oder *chymeía*, »Metallguss«, hergeleitet) lassen sich unterschiedliche, auf die Herstellung, Reinigung oder Umwandlung von Stoffen gerichtete Verfahren und Wissensbestände zusammenfassen. Ihren

Ursprung haben sie in der ↗Metallurgie, der Bereitung von ↗Farbstoffen und ↗Glas, der Arzneiherstellung und der Lebensmitteltechnologie. Von der ↗Alchemie zunächst auch begrifflich nicht unterschieden, verbanden sich diese Wissensbestände in der Frühen Nz. mit ↗Paracelsismus und ↗Naturphilosophie zu einer kosmologisch eingebetteten ↗Materie-Lehre, aus der sich mit eher pragmatischer Zielsetzung und Anknüpfung an die ↗Pharmazie ein Universitätsfach entwickelte.

Die zunächst als Hilfswissenschaft der ↗Medizin verstandene Chemie (= CH.) nahm im 18. Jh. engere Verbindungen zur gewerblichen Praxis, dem ↗chemischen Gewerbe sowie zur ↗Naturgeschichte auf. Als Grundlagenwissenschaft für die Erklärung der allgemeinen Eigenschaften von Körpern konnte sich die CH. um 1800 als eigenständige Wissenschaft etablieren, nachdem ihr das 18. Jh. neue Institutionalisierungsoptionen, den theoretischen Rahmen, das analytische Forschungsprogramm und eine systematische ↗Nomenklatur gegeben hatte. Erfolgreiche Akademisierung und ein im pharmazeutisch-gewerblichen Bereich entstehender Arbeitsmarkt wiesen dem Fach im 19. Jh. eine Vorreiterrolle unter den experimentellen ↗Naturwissenschaften zu. Von der CH. ging die Transformation der ↗Universitäten in arbeitsteilige Forschungsstätten aus, und aus ihr heraus entstand seit der Mitte des 19. Jh.s ein neuer Typus von wissenschaftsbasierter ↗Industrie.

1.2. Die montanistische, iatrochemische und naturphilosophische Tradition

Nachdem in der Mitte des 16. Jh.s gelehrte Praktiker wie Vannoccio Biringuccio in *De la pirotechnia libri X* (Venedig 1540; »10 Bücher über die Feuertechnik«) oder Humanisten wie Georgius Agricola in *De re metallica libri XII* (Basel 1556; dt. »Vom Bergwerck 12 Bücher«, 1557) das chemische (= chem.), hüttenkundliche und montanistische Erfahrungswissen ihrer Zeit samt den praktizierten Verfahren und Hilfsmitteln systematisiert hatten (↗Montanwesen), lieferte der ↗Paracelsismus den theoretischen Rahmen einer sowohl kosmologisch wie auch theologisch eingebetteten chem. Naturphilosophie [13]. Mit Theoremen wie der Mikrokosmos-Makrokosmos-Analogie, den drei Prinzipien »Salz«, »Schwefel« und »Quecksilber« oder der Lehre von den Signaturen (den äußeren Erkennungszeichen innerer Wirkkräfte) hatte Paracelsus ein ebenso spekulatives wie faszinierendes Programm entworfen. Darin war die körperliche Welt als ein großer chem. Prozess begriffen, was dem Wissenden die Mittel zum praktischen Eingreifen gab (↗Naturmagie).

Die Herausforderung dieses Programms galt den etablierten ↗Wissenssystemen: (1) der Theologie, deren tradiertem ↗Dogma Paracelsus einen direkten, magisch-naturmystischen Zugang zur Wahrheit gegenüberstellte; (2) der in der Medizin vorherrschenden ↗Humoralpathologie, die ↗Gesundheit und ↗Krankheit aus der Mischung der vier Körpersäfte (Blut, Schleim, gelbe Galle, schwarze Galle) erklärte und der Paracelsus ein völlig anderes Therapiekonzept (nämlich die Gabe mineralisch-chem. Heilmittel) entgegensetzte; (3) schließlich der aristotelischen ↗Naturphilosophie, deren begrifflich-logische Ordnung die ↗Universitäten nach wie vor dominierte. Auf den Konflikt zwischen individualistisch-naturmystischer Erfahrung und didaktisch-methodischer Ordnung, der zwischen dem Paracelsisten Oswald Croll und dem Schulmann Andreas Libavius ausgetragen wurde, datiert die neuere Forschung den Ursprung der CH. als einer wiss. ↗Disziplin [16]. Libavius' *Alchemia* (Frankfurt/Main 1597) systematisierte die chem. Kenntnisse durch logisch-begriffliche Ordnung der Verfahren (Lösung, Destillation, Sublimation) und Apparaturen (Öfen, Gefäße) sowie der Substanzen und ihrer Eigenschaften. Erst in dieser »disziplinierten« Form konnte die paracelsische CH. als Chemiatrie oder ↗Iatrochemie die Schwelle zur Universitätswissenschaft nehmen, d. h. als eine auf das Verständnis physiologischer Vorgänge und die Bereitung chem. Arzneimittel gerichtete Hilfswissenschaft der ↗Medizin.

Dabei konkurrierten im 17. Jh. zwei unterschiedliche Auffassungen von wiss. CH.: zum einen das iatrochem. inspirierte Programm einer *chemia medica*, zu deren wichtigsten Exponenten der fläm. Arzt Johann Baptist van Helmont (1577–1644) mit seinem *Ortus medicinae* (Amsterdam 1648; dt. *Aufgang der Artzney-Kunst*, Sulzbach 1683) ebenso zählt wie Jean Beguin mit dem *Tyrocinium chymicum* (Paris 1610; »Chem. Lehrstück«) oder Nicolas Lemery, dessen *Cours de chymie* (Paris 1673) für viele Generationen das maßgebliche Lehrbuch blieb. In Konkurrenz dazu stand das Programm einer *chemia physica* (physischen CH.), wie es v. a. Robert Boyle in Oxford entworfen hatte, um die CH. im Zuge des wiederbelebten ↗Atomismus als eine Art Mikromechanik in das mechanistische Weltbild der Zeit zu integrieren [10]. Da Boyle alle Substanzeigenschaften durch in komplexen Strukturen konfigurierte Atome einer eigenschaftslosen Universalmaterie (*universal matter*) ersetzen wollte und daher sogar die Transmutation aller Stoffe ineinander für möglich hielt, erwies sich sein radikaler Reduktivismus in den Ch. W., die auf qualitative Bestimmungen nicht verzichten können, letztlich als Sackgasse. Als »Vater der modernen CH.«, wie man Boyle früher gern genannt hat, kann er nach neuerem Forschungsstand keinesfalls gelten.

In der Folge setzten sich zumeist eklektische Systeme aus paracelsischer Drei-Prinzipien- und aristotelischer Vier-Elemente-Lehre durch, nach denen man die Stoffe in flüchtige »*spiritus*«, verbrennliche »Öle«, destillierbare

»Wässer«, lösliche »Salze« und unlösliche »Erden« einteilte. In der Leidener iatromechanischen Schule verband sich dieser Ansatz mit der v. a. von Hermann Boerhaave (1668–1738) vertretenen Auffassung, dass ein nicht näher spezifiziertes Konzept von »Korpuskeln« als den kleinsten qualitativ bestimmten Stoffteilchen die naturwiss. Grundlage für eine rationale ↗Physiologie und Pathologie abgeben könne. In diese Tradition einer von Newton inspirierten korpuskularen Materielehre, die sich als physikalische Ursachenforschung verstand und nicht als praktische Kunst wie in der metallurgischen oder pharmazeutischen Tradition, gehörte auch eine *chemica physica*, wie sie Michail Lomonossow (1711–1765) an der Akademie von St. Petersburg vertrat.

So stellten sich die Ch. W. um die Mitte des 18. Jh.s als Nebeneinander weithin noch unverbundener Praxis- und Wissensfelder dar. Wissenschaft im Sinne eines einheitlichen, widerspruchsfreien und disziplinär organisierten Lehrsystems waren sie nicht. Das Erfahrungswissen von Berg- und Hüttenleuten hatte in der chem. Analyse von Mineralien, Erzen und Legierungen eine beachtliche Höhe erreicht. In der medizinischen Chemie stand die vitalistische Auffassung von Lebensvorgängen (↗Vitalismus) neben korpuskularmechanischen Ansätzen, und die Apotheker stellten chem. Präparate und durch chem. Prozeduren gewonnene pflanzliche Wirkstoffe als Bestandteil des Arzneischatzes her.

Die zunehmende Einbindung der Ch. W. in die Ausbildung von Ärzten, Apothekern und Hüttenleuten hatte zur Folge, dass die alte naturphilosophische Frage nach dem Wesen von Substanz und Materie allmählich einem CH.-Unterricht wich, der vornehmlich auf gewerbliche Anwendung zielte. Die Hinwendung zur Praxis brachte dem Fach öffentliche Anerkennung und staatliche Förderung; eine Verwissenschaftlichung industrieller Verfahren setzte jedoch erst im letzten Drittel des 18. Jh.s ein. Frankreich, wo die Verbindung von Wissenschaft, Wirtschaft und Staat seit der Revolution bes. eng war, übernahm dabei die führende Rolle. Die Herstellung von Soda und Schwefelsäure sowie die Chlorbleicherei (↗Bleichereigewerbe) sind frühe Beispiele einer chem. Großindustrie [28]. Auch die ↗Laboratorien der staatlichen Münzämter, der Salpeter- und Pulverfabrikation, der Berg- und Hüttenadministration sowie der ↗Porzellan-Manufakturen waren um 1800 wichtige Zentren praktisch-chem. Forschung.

1.3. Von der pneumatischen Chemie zur Chemischen Revolution

Die Entwicklung des theoretischen Lehrgebäudes ging zumeist eigene Wege. Die erste übergreifende chem. Theorie, die diesen Namen verdient, stammte von dem Hallenser Mediziner Georg Ernst Stahl (1660–1734). Danach sollten Verkalkung (Oxidation) und die Gewinnung von ↗Metallen aus ihren Erzen oder auch die Beziehungen zwischen Schwefel, sulfidischen Erzen und Vitriolen ihre Erklärung in der Annahme finden, dass bei solchen Umsetzungen ein stoffliches Prinzip der Brennbarkeit, das sog. Phlogiston, ausgetauscht werde. Weil das Feuer als wichtigstes *instrumentum* der CH. galt und chem. Umsetzungen oft unter Wärmeentwicklung verlaufen, konnte die Phlogistontheorie [30] eine große Zahl zuvor zusammenhangloser Phänomene einheitlich erklären. Sie bewährte sich v. a. in der ↗Metallurgie, wurde aber nie zu einem geschlossenen System ausgebaut. Wie die meisten frühen Theorien der CH. bezog sie sich nur auf bestimmte Substratklassen und Reaktionstypen.

Unabhängig davon und eher vom Bemühen um qualitativ-naturhistorische Klassifikation geprägt (↗Naturgeschichte), konnte sich insbes. die CH. der ↗Salze zu einem ökonomisch wichtigen Forschungsgebiet entwickeln. Auch die chem. ↗Mineralogie, die v. a. in den skand. Ländern florierte und in dem schwed. Chemiker Torbern Bergman in Uppsala ihren bedeutendsten Vertreter besaß, blieb dem naturhistorischen Paradigma verpflichtet. Andere Forscher hingegen versuchten, inspiriert von der Newton'schen Physik (↗Newtonianismus), die CH. als quantifizierende Wissenschaft von Teilchen und den zwischen diesen wirkenden Kräften neu zu formulieren (↗Affinität), um das Fach von dem Makel einer bloßen Experimentierkunst zu befreien.

Beim Experimentieren (↗Experiment) in fester und flüssiger Phase hatte man gasförmige Reaktionsprodukte, die sich nicht zu Flüssigkeiten kondensieren ließen, in der Regel als gewöhnliche Luft angesehen und nicht weiter beachtet. Die Beobachtung des engl. Geistlichen Stephen Hales, dass Luft sich »fixieren« und aus Pflanzen oder Mineralien wieder freisetzen lasse, sowie die Entdeckung des schott. Chemikers Joseph Black von 1756, dass sich aus der – bis dahin für einen reinen Stoff oder Element gehaltenen – Luft ein von atmosphärischer Luft verschiedener Bestandteil als »fixe Luft« (unser CO_2) abtrennen lässt, gaben den Anstoß zu einer bis dahin unbekannten CH. der Gase (»pneumatische CH.«, ↗Gaschemie), die neuartige apparative Maßnahmen forderte (s. u. 3.4.). 1774/75 erhielt der engl. Naturforscher Joseph Priestley bei dem Versuch, ohne Holzkohle metallisches Quecksilber aus seinen Erzen darzustellen, eine neue und »überaus atembare« (*eminently respirable*) Art von »Luft«. Er nannte sie *dephlogisticated air*, weil er glaubte, der atmosphärischen Luft das Phlogiston entzogen zu haben.

Um 1772 begann Antoine Laurent de Lavoisier an der Pariser *Académie des Sciences* mit Untersuchungen zur Fixierung und Freisetzung von »Luft«. Die dabei beobachteten Gewichtsänderungen brachten ihn auf den Gedanken, solche Prozesse im geschlossenen System mit Hilfe der Waage (s. u. 3.3.) systematisch zu bilanzieren (↗Messung und Quantifizierung). Die neuere Forschung hat seine Methode mit der Praxis kaufmännischer Buchhaltung und der ökonomischen Theorie seiner Zeit in Verbindung gebracht (↗Physiokratie) und als den eigentlichen Beginn der modernen, quantitativen CH. bezeichnet [18]. Auf dieser Grundlage entwickelte Lavoisier 1777 eine neue Theorie der Verbrennung, bei der ein Wärmestoff (franz. *calorique*, ↗Wärmelehre) an die Stelle des Phlogistons und an die Stelle von Priestleys »dephlogistierter Luft« der Sauerstoff trat, den Lavoisier als das für die saure Eigenschaft der ↗Säuren verantwortliche Prinzip ansah.

Damit blieb Lavoisiers Reform zwar einerseits der alten Substanzmetaphysik und der Lehre von den Imponderabilien verpflichtet, wies aber zugleich einen Weg, das chem. Wissen der Zeit von einem zentralen Gesichtspunkt her neu zu ordnen. Begleitet wurde dies von einer grundlegenden Reform der chem. ↗Nomenklatur, die sich an der Systematik Linnés orientierte (↗Botanik), und der Publikation seines Lehrbuchs *Traité élémentaire de chimie* (Paris 1789). In diesem ist das neue, analytisch definierte Konzept des chem. ↗Elements und die Auffassung von der CH. als quantitativ-analytischer Naturwissenschaft programmatisch entfaltet. Lavoisiers Schüler, allen voran Guyton de Morveau, benutzten die bereits 1750 in Diderots und D'Alemberts *Encyclopédie* beschworene Idee einer längst überfälligen »Revolution in der CH.« [4] – unter bewusster Verwendung des politisch konnotierten Begriffs – geschickt, um die neue, »antiphlogistische« CH. zu propagieren [15]. Gegen den heftigen Widerstand brit. und vor allem dt. Naturforscher, der mit der gleichzeitig einsetzenden Herausbildung nationaler Wissenschaftlergemeinschaften einherging [20], setzte sich die »franz.« CH. in den 1790er Jahren rasch in ganz Europa durch [7].

1.4. Atomismus und die Lehre von der chemischen Verbindung

Das analytische Forschungsprogramm der CH. ging davon aus, dass sich ↗Elemente in festen Zahlenverhältnissen verbinden und Verbindungen sich auf diesem Wege eindeutig definieren lassen. Bei Mineralien ist dies aber nicht immer der Fall. Die von 1801 bis 1807 zwischen Claude-Louis Berthollet in Paris und Joseph-Louis Proust in Madrid geführte Kontroverse um das von Proust aufgestellte »Prinzip der konstanten Sättigungsproportionen« war deshalb so lange nicht zu entscheiden, wie nicht klar war, was die elementaren Einheiten einer quantifizierenden CH. sind. Die Vollendung der »Chem. Revolution« gelang daher erst einem Außenseiter, und zwar durch Rückgriff auf den ↗Atomismus Newton'scher Prägung: Zur Deutung der Löslichkeit von Gasen in Wasser hatte John Dalton (1766–1844) in Manchester angenommen, dass die Materie aus unveränderlichen, kugelförmigen Atomen bestehe, jedes chem. Element aber genau eine Art von Atomen besäße und sich v. a. durch deren charakteristische Masse auszeichnete. Durch die Verbindung des Lavoisier'schen Elementbegriffs mit der Atomtheorie lieferte Daltons *A New Theory of Chemical Philosophy* (London 1808) eine Theorie der chem. Zusammensetzung, die sich erfolgreich operationalisieren ließ.

Denn mit der Atommasse besaß der Experimentator eine Messgröße, die mit den gravimetrischen Verfahren der Zeit hinreichend genau zu bestimmen war. Da die Atommasse eines Elements auch in dessen Verbindungen konstant bleibt, ergibt sich das Verbindungsgewicht aus der Summe der Atomgewichte der Elemente. Weiter nahm Dalton an, dass (1) Elemente einatomig seien; (2) wenn aus zwei Elementen nur eine Art von Verbindung erhalten wird, diese zweiatomig sei; und (3) wenn sich aus zwei Elementen unterschiedliche Verbindungen erhalten lassen, deren Bestandteile in ganzzahligen Verhältnissen stünden. Bezog man nun die relativen Atommassen auf den Wasserstoff mit der Einheit 1, so ergaben sich nicht nur höchst einfache Zahlenverhältnisse, sondern es ließen sich auch die von Proust als empirische Regel gefundenen ganzzahligen Proportionen als fundamentales Naturgesetz begründen. Nicht zu Unrecht verglich ein Zeitgenosse die Leistung Daltons mit der Kepler'schen Wende in der ↗Astronomie [1. Bd. 7, 95].

Auch wenn der bildhaft-realistische Atomismus Daltons sich nicht durchsetzen konnte und man in den Ch. W. bis weit ins 19. Jh. hinein pragmatisch am Äquivalentgewicht als bloßer Recheneinheit festhielt [27], so gab die Atomtheorie doch die Grundlage ab für die von Jöns Jakob Berzelius (1779–1848) in Stockholm entwickelte, im Wesentlichen noch heute gültige chem. Zeichensprache (↗Symbole, chemische). In dieser bezeichnen die Anfangsbuchstaben der lat. Elementnamen zugleich Masseneinheiten, sodass sich chem. Reaktionen als quantitative Gleichungen aufschreiben lassen [12].

Weder Lavoisier noch Dalton hatten die Natur der chem. Bindung plausibel erklären können, und das Konzept der chem. ↗Affinität war durch die Arbeiten Bertholletts problematisch geworden. Da stellte die 1800 in London publizierte Entdeckung des ital. Physikers Alessandro Volta, dass sich durch aufeinander geschichtete Plattenpaare zweier Metalle Strom erzeugen lässt (↗Elektrizität), die chem. Bindungslehre auf eine neue theoretische Basis. Weil elektrische Prozesse mit chem. Umsetzungen verbunden sind, führte der ↗Galvanismus zu der Auffassung, dass die Anziehung zwischen den Elementen und die Bildung elektrisch neutraler Verbindungen von elektrischen Kräften bewirkt wurden. Mit Hilfe

Voltaischer Batterien konnte Humphry Davy ab 1807 an der *Royal Institution* in London aus den bis dahin für elementar angesehenen »Erden« die Metalle Natrium, Kalium, Magnesium, Calcium, Strontium und Barium gewinnen. Sein Schüler Michael Faraday (1791–1867) zeigte darüber hinaus, dass bei elektrochem. Reaktionen feste Beziehungen zwischen chem. Masse und Ladungsmenge existieren. Von Berzelius fortentwickelt und durch sein aus dem Schwedischen übersetztes *Lehrbuch der Chemie* (dt. 1820–1831 u.ö., franz. 1829–1833) in ganz Europa verbreitet, lieferte die »dualistische Theorie«, in Verbindung mit Atomtheorie und der Berzelius'schen Zeichensprache, die für die erste Hälfte des 19. Jh.s wichtigste Theorie der CH. Zugleich wurde sie die Basis der später auch industriell wichtigen Elektrochemie.

1.5. Anfänge der Organischen Chemie

Die Übertragung dieses Ansatzes auf Stoffe aus dem Tier- und Pflanzenreich führte allerdings zu Problemen. Schon Lavoisier hatte nachgewiesen, dass organische Verbindungen aus einer sehr kleinen Zahl von ↗Elementen, nämlich Kohlenstoff, Wasserstoff, oft auch Sauerstoff und Stickstoff, aufgebaut und damit den Methoden der quantitativen Analyse zugänglich sind. Die durch Berzelius begründete und von Justus Liebig (1803–1873) gemeinsam mit Friedrich Wöhler experimentell bestätigte sog. Radikaltheorie nahm an, dass in organischen Verbindungen Kohlenwasserstoffgruppen (»Radikale«) die Rolle der Metallatome in mineralischen Stoffen übernehmen, bei Umsetzungen als Gruppen erhalten bleiben und dass auch hier elektrische Kräfte die Bindung bewirken. Das Problem des ↗Vitalismus, d.h. die Annahme, dass physiologische Prozesse von einer bes. Lebenskraft bewirkt seien, war für die Chemiker dabei irrelevant. Wöhlers berühmte Harnstoffsynthese von 1828, bei der er einen vorgeblich »anorganischen« Stoff in das »organische« Stoffwechselprodukt Harnstoff verwandelte, ist oft als Widerlegung der Lebenskraft missverstanden worden [26].

Substitutionsreaktionen hatten jedoch deutlich gemacht, dass die elektrochem. Natur solcher »Radikale« keine definierte Stoffeigenschaft ist; das 1830 entdeckte Phänomen der Isomerie, wonach unterschiedliche Verbindungen die gleiche Summenformel besitzen können, lenkte die Aufmerksamkeit auf die Frage nach der chem. »Konstitution«, d.h. der innermolekularen Gruppierung der Elemente. Dies ist der eigentliche Beginn der Organischen CH. – ein Begriff, den Novalis im Geist der Romantischen ↗Naturphilosophie einführte und den Hermann Kolbe auf die CH. der Kohlenstoffverbindungen eingrenzte [2. Bd. 1, 4]. Kolbe war Exponent einer Gruppe junger Forscher, die um 1845 das von Lavoisier geprägte analytische Programm der CH. für erschöpft hielten und sich am Beginn einer neuen Ära der synthetischen CH. sahen. Sie hielten es nämlich für möglich, nun auch komplizierte Naturstoffe künstlich zusammenzusetzen, ja die Natur durch synthetische Substanzen zu übertreffen. In der Tat war Kolbe 1845 die erste vollständige Synthese eines Naturstoffs, der Essigsäure, aus den Elementen gelungen, und in den 1850er Jahren entstanden die ersten synthetischen Farbstoffe. Sie leiteten den spektakulären Aufstieg der Farbenindustrie ein, mit der die dt. Chem. Industrie um 1900 den Weltmarkt beherrschen sollte.

2. Chemie als Disziplin

2.1. Konkurrierende Ansätze
2.2. Hilfswissenschaft der Medizin
2.3. Neubewertung als Grundlagenwissenschaft
2.4. Ausbildung, Kommunikation, Disziplingenese

2.1. Konkurrierende Ansätze

Während im dt. und skand. Raum chem. Wissen zur Ausbildung von Apothekern, Ärzten, Mineralogen oder Metallurgen gehörte, galten die Ch. W. in Paris eher als Teil der allgemeinen, experimentellen Naturwissenschaft (↗Physikalische Wissenschaften), wie sie etwa an der *Académie des Sciences* auf höchstem Niveau betrieben wurde. Dank öffentlicher Vorlesungen z. B. am *Jardin du Roi*, wo Diderot und Rousseau zu den Hörern zählten, genoss die CH. in Frankreich großes Prestige. In England hingegen fehlten chem. Ausbildungsstätten bis zur Mitte des 19. Jh.s. Stattdessen machten freie Demonstratoren die CH. dort im 18. Jh. zum festen Bestandteil einer öffentlichen Experimentalkultur [14]. Doch so heterogen wie die Wissens- und Praxisfelder der frühen CH. war auch das Spektrum ihrer Institutionen: ↗Universität und ↗Apotheke, Probierkammer und ↗Akademie, Münze und ↗Medizin, Bergwerk (↗Bergbautechnik) und Färberei (↗Farbstoffe) boten ganz unterschiedliche soziale und intellektuelle Bedingungen. Besäßen wir heute nicht einen einheitlichen Begriff von CH., so erschienen uns diese ganz unterschiedlichen »Chemien« jener Zeit wohl kaum als zusammengehörig.

Allein das ↗Laboratorium als der charakteristische Ort dieser Praktiken und das zum Labor gehörige Ensemble seltsamer Gerätschaften und Öfen erklären, dass es seit der Frühen Nz. eine – ikonographisch reich belegte – relativ einheitliche Wahrnehmungstradition gab. Aus dieser tritt uns die CH. meist als Inbegriff vergeblichen Strebens, das Laboratorium als Ort der Unordnung, der Chemiker oder Alchemist als »betrogener Betrüger« entgegen (↗Alchemie) [17].

Ein Bewusstsein fachlich-wiss. Eigenständigkeit bildete sich zunächst im Bereich des chem. Hochschulfaches heraus. Denn als die wichtigste Differenzierungsform der nzl. Wissenschaft sorgen die ↗Disziplinen für Selektion und Qualifikation, Innovation und Stabilisierung, Tradition und Legitimation wissenschaftlichen Wissens (↗Wissen und Wissensideale). Disziplingenese lässt sich dabei als Ergebnis eines kollektiven Prozesses begreifen, der unter Anpassung an eine sich wandelnde Umgebung jeweils neue soziale Strukturen schafft und diese institutionell stabilisiert. Dabei konkurrieren auf jeder Stufe unterschiedliche Forschungsprogramme, Handlungsnormen und Institutionalisierungsstrategien miteinander (↗Wissensorganisation) [24].

2.2. Hilfswissenschaft der Medizin

Bereits 1609 hatte der natur- und okkultwiss. interessierte Landgraf Moritz von Hessen-Kassel in Marburg seinen Leibarzt Johann Hartmann, einen Anhänger des ↗Paracelsismus, zum *chymiatriae professor publicus* und damit auf den ersten Universitätslehrstuhl für ein chem. Fach berufen. Im Lauf des 17. Jh.s konnte die CH. dann an vielen europ. Universitäten Fuß fassen, wurde dabei aber – in Abkehr vom ursprünglichen Programm einer kosmisch begründeten chem. Philosophie – mit praktisch-pharmazeutischer Zielsetzung in den Lehrplan der ↗Medizin eingebunden. Dies befreite sie aus dem Verdacht alchemischer Obskurität sowie aus dem starren Theorierahmen der Naturphilosophie und bot die Chance praktischer Bewährung, was mit einem Prestigezuwachs einherging. Da das Fach innerhalb der ↗Medizinischen Fakultäten jedoch meist vom rangniedrigsten ↗Professor in Verbindung mit ↗Anatomie, ↗Botanik und Arzneimittellehre (↗Pharmazie) vertreten wurde, blieb es auf seine hilfswiss. Funktion beschränkt. Fachprofessuren waren bis ins ausgehende 18. Jh. die Ausnahme; man rückte vielmehr nach Anciennität auf freiwerdende »höhere« Stellen vor, und so bot das System wenig Anreiz, sich auf eine der Hilfswissenschaften zu verlegen. Versuche zur Abschaffung dieses »Aufrückens«, wie sie etwa in der Habsburgermonarchie unternommen wurden, scheiterten meist am geringen Differenzierungsgrad der frühnzl. Universität. Oft war die CH.-Professur daher nicht viel mehr als der Einstieg in eine medizinische Karriere.

2.3. Neubewertung als Grundlagenwissenschaft

Aus diesem Dilemma heraus entstanden zu Beginn des 18. Jh.s unterschiedliche Institutionalisierungsstränge, die miteinander um akademische Ressourcen wetteiferten. Es ging um die programmatische Umwertung von der Hilfswissenschaft zur Grundlagenwissenschaft. Das franz. Modell, die CH. als allgemeine Naturwissenschaft mit Physik (↗Physikalische Wissenschaften) zu verbinden, wie es in der Pariser *Académie des Sciences* bereits im 17. Jh. geschehen war, kulminierte 1794 mit Gründung der ↗École Polytechnique, einem europaweit einmaligen Zentrum chem. Exzellenz und systematischer Laboratoriumsausbildung. Außerhalb der differenzierten und klar hierarchisierten Wissenschaftslandschaft der franz. Hauptstadt wäre ein solches Modell jedoch nicht zu realisieren gewesen. Größere Breitenwirkung entfaltete deshalb der Versuch der iatromechanischen Schule, von der korpuskular aufgefassten CH. her eine rationale ↗Physiologie und Pathologie (↗Krankheit) zu begründen. Damit wurden chem. Kenntnisse auch für den klinisch tätigen Arzt zunehmend wichtig.

Parallel dazu verlief ein weiterer Institutionalisierungsstrang, der die Ch. W. stärker auf ihre gewerblichen Anwendungen hin orientierte (↗Chemische Gewerbe), um sie aus der Anbindung an die Medizin zu lösen. Der schwed. Chemiker Johan Gottschalk Wallerius unterschied in diesem Zusammenhang 1751 erstmals zwischen »reiner« und »angewandter« Wissenschaft, um den diskriminierenden Gegensatz von »theoretischer Wissenschaft« und »praktischer Kunst« zu überwinden und die CH. vom Makel des bloß Handwerklichen zu befreien [5]. Indem er sie mit dem ↗Utilitarismus der Zeit und einem gewandelten Verständnis von ↗Öffentlichkeit verband, war ein neuer Orientierungsrahmen geschaffen, der den außermedizinischen, ökonomisch-gesellschaftlichen Bezügen der Ch. W. eine Schlüsselfunktion zuwies [23]. Neben der medizinischen CH. nannte Wallerius mineralogische CH. (lat. *chemia lithurgica*), Salz- (*chemia halurgica*), Feuer- (*chemia thejurgica*), Metall-, Glas-, Agrikultur- (*chemia oeconomica*), Farb- (*chemia chromatica*) und Kunst- oder Handwerks-CH. (*chemia technica, opificiaria*) als die wichtigsten Gegenstandsbereiche.

An den dt.sprachigen Hochschulen, die diesem Modell folgten, kam es im letzten Drittel des 18. Jh.s zu einer engen Verbindung von CH. und Kameralwissenschaften, wobei erstere seitens der sich gerade erst institutionalisierenden Kameralistik wirksame Unterstützung erfuhr. Der ↗Kameralismus ordnete die CH. den wirtschafts- und ordnungspolitischen Zielsetzungen des Staates zu, legitimierte damit ihren Anspruch auf gesellschaftliche Ressourcen und verwies zugleich auf das Rationalisierungs- und Modernisierungspotential experimenteller ↗Naturwissenschaft. Die institutionellen Folgen dieses Disziplinwandels kamen v. a. dort zur Geltung, wo die CH.-Professur nicht primär der Ausbildung künftiger Ärzte diente. Modellcharakter hatten in dieser Hinsicht die schwed. Universitäten Uppsala, Lund und Åbo, wo die CH. zu den ökonomischen Fächern gehörte.

Nicht zu unterschätzen ist auch die Rolle der im letzten Drittel des 18. Jh.s entstandenen ↗Bergakademien, wo sich die ersten Fachvertreter nachweisen lassen, die keine medizinische Ausbildung durchlaufen hatten. Universitätsprofessuren für CH. in Verbindung mit ↗Technologie oder »Ökonomie« (d. h. ↗Landwirtschaft) sind eine charakteristische Erscheinung der Zeit zwischen 1775 und 1820; aber auch im ↗Laboratorium der Preuß. Akademie der Wissenschaften in Berlin, dem bestausgestatteten Deutschlands, arbeiteten Johann Heinrich Pott und Andreas Sigismund Marggraf über Fragen der Erschließung und Verarbeitung heimischer Rohstoffe. Obwohl das Beckmann'sche Programm einer akademischen Technologie letztlich scheiterte und die Kameralwissenschaften im ersten Drittel des 19. Jh.s auseinander brachen, war damit ein tragfähiger Grund für eine Fortentwicklung der Ch. W. außerhalb des medizinischen Curriculums gelegt.

2.4. Ausbildung, Kommunikation, Disziplingenese

In der Zwischenzeit hatte eine weitere Institutionalisierungsstrategie an Bedeutung gewonnen. Im späten 18. Jh. galt nämlich die traditionelle Apothekerausbildung in Form eines Lehrverhältnisses als fachlich unzulänglich und den gesellschaftlichen Ambitionen des Berufsstandes hinderlich (↗Apotheke). Akademisierung sollte hier Abhilfe schaffen. Dem Beispiel von Johann Christian Wiegleb in Langensalza sowie Johannes Bartholomäus Trommsdorff in Erfurt folgend, entstanden in Deutschland seit 1779 private Lehranstalten, in denen Pharmazeuten, Drogisten und Gewerbetreibende eine praktisch-wiss. Ausbildung erhalten sollten. Da von 1805 an in den meisten dt. Ländern Apotheker ein vorbereitendes Universitätsstudium zu absolvieren hatten, stellte die ↗Pharmazie das wichtigste soziale Reservoir dar, aus dem sich der entstehende Chemikerberuf rekrutierte – lange bevor im Bereich der ↗Chemischen Gewerbe, der einsetzenden ↗Industrialisierung oder der Landwirtschaft (↗Agrikulturchemie) ein eigentlicher Bedarf an akademisch oder an polytechnischen Schulen ausgebildeten Chemikern existierte [19]; [22].

In diesem Umfeld vollzog sich die entscheidende Phase der Herausbildung der CH. als akademischer Disziplin mit klaren Karrieremustern, Fachprofessuren und festen Kommunikationsstrukturen [20]. Lorenz von Crells *Chemisches Journal für die Freunde der Naturlehre, Arzneygelahrtheit, Haushaltungskunst und Manufacturen* (Lemgo 1778–1781) ist nicht nur die erste ↗Fachzeitschrift der Ch. W., sondern die erste disziplinorientierte naturwiss. Fachzeitschrift überhaupt. Ihr folgten 1789 die von Lavoisier begründeten *Annales de chimie*, das neben den 1832 von Justus Liebig herausgegebenen *Annalen der Chemie und Pharmacie* wichtigste Kommunikationsmittel der sich formierenden Disziplin (↗Disziplinen, gelehrte).

Ein weiterer und folgenreicher Institutionalisierungsschub ging von Gießen aus. Dort hatte Liebig, zuvor in Paris in die neuesten Methoden der chem. Forschung eingeführt, 1824 ein kleines »Chem.-pharmaceutisches Institut« gegründet, das nach dem Modell pharmazeutischer Privatinstitute elementare praktisch-chem. Kenntnisse vermitteln sollte. Seit Mitte der 1830er Jahre entwickelte sich Liebigs Institut zu einer Einrichtung, deren Erfolgsrezept in der forcierten Hinführung zur experimentellen ↗Forschung und der arbeitsteiligen Organisation der Forschungspraxis bestand. Liebigs *Chemische Briefe*, die 1844 zunächst als Artikelserie in der *Augsburger Allgemeinen Zeitung*, kurz darauf simultan in dt. und engl. Buchausgaben erschienen (↗Popularisierung) und Übersetzungen in fast alle europ. Sprachen erfuhren, stellten die CH. als Zeichenlehre und Universalgrammatik der stofflichen Welt sowie als einen unverzichtbaren Teil der Allgemeinbildung dar. Gleichzeitig aber liefere die auf den Methoden der reinen CH. beruhende chem. Industrie den besten Maßstab für den Reichtum einer Nation.

Studenten und Gastwissenschaftler v. a. aus Frankreich und Großbritannien, die bei Liebig studiert hatten, exportierten das Gießener Konzept seit den 1840er Jahren an andere europ. Hochschulen. Die erfolgreichste unter diesen ausländischen Forschungseinrichtungen war das 1845 gegründete, von Liebigs Starschüler August Wilhelm Hofmann geleitete *Royal College of Chemistry* in London. Zehn Jahre später hatten Liebigs Schüler praktisch sämtliche CH.-Professuren an den Universitäten, Colleges und Lehrkrankenhäusern des Vereinigten Königreichs besetzt. Andere gründeten oder leiteten Industriebetriebe. Mit dieser breiten und erfolgreichen Institutionalisierung übernahmen die Ch. W. in der zweiten Hälfte des 19. Jh.s eine Führungsrolle bei der Transformation der Hochschulen von Lehr- in Forschungseinrichtungen sowie bei der Entstehung eines neuen Typs wissenschaftsbasierter ↗Industrie.

3. Apparate und Verfahren

3.1. Chemie als herstellende Wissenschaft
3.2. Destillation und Metallurgie (Probierkunde)
3.3. Quantifizierung und Instrumente
3.4. Gasapparaturen und Elementaranalyse

3.1. Chemie als herstellende Wissenschaft

Ort der Ch. W. ist das ↗Laboratorium, eine Werkstatt, in der neues Wissen geschaffen wird. Dabei entstammen die Stoffe und Mischungen des Chemikers typischerweise nicht dem vorhandenen Repertoire der von Natur aus vorgegebenen Dinge. Damals wie heute muss die CH. die Mehrzahl ihrer Gegenstände erst erzeugen, um sie zum Objekt praktischer und theoretischer Untersuchungen zu machen. In der CH. ist daher der Aspekt der Wissenskonstruktion bes. augenfällig; sie ist eine handlungsorientierte, herstellende Wissenschaft. Ihre wichtigsten Hilfsmittel sind Apparate und apparative Verfahren; aber auch Handgriffe und Maßnahmen zur Kontrolle von Temperatur und Zeit gehören dazu.

Wie im gewerblichen Bereich und in den Pharmakopöen der Apotheker erfolgte auch in der CH. die ↗Standardisierung und Identitätsprüfung lange v. a. mit Hilfe genau zu befolgender Herstellungsanweisungen. Noch Boerhaaves einflussreiche *Elementa chemiae* (Leiden 1732) präsentieren die CH. als Handlungs- und Verfahrenslehre: Der allgemeine Teil dieses lat. ↗Lehrbuchs behandelt die Hilfsmittel, Lösungsmittel und Gerätschaften, der spezielle Teil einzelne Prozesse, jeweils nach Herstellungsverfahren (lat. *apparatus*) und Anwendungszwecken (lat. *usus*) systematisiert und typischerweise mit »Man nehme ...« (lat. *sumatur*) beginnend. Lösungsmittel und Feuer als den Grundoperatoren in den Ch. W. entsprachen die beiden Grundtypen der Apparatur: Gefäße und Öfen.

3.2. Destillation und Metallurgie (Probierkunde)

Reinigungsverfahren wie Extraktion, Filtrieren, Sublimation, Kristallisation und Destillation oder auch Reaktionen bewirkende Maßnahmen wie etwa Auflösen, Schmelzen (↗Schmelzprozess), Mischen und Erhitzen spielten seit jeher eine zentrale Rolle für die Praxis der Ch. W. Sie gehen sämtlich auf die Antike zurück und wurden in der ↗Alchemie weiterentwickelt. Herausragende Bedeutung kam dabei der Destillation zu, die im europ. MA so weit vervollkommnet wurde, dass sich damit reiner Alkohol gewinnen ließ. In Form eines pharmazeutisch-technischen Handbuchs wurde dieses Praxiswissen erstmals im *Liber de arte destillandi de compositis* (1500; dt. 1512) des Straßburger Chirurgen Hieronymus Brunschwig zusammengestellt. Es enthält die detaillierten Beschreibungen und Abbildungen zahlreicher Destillationsgefäße: den Alembic oder Destillationshelm, den Kolben, die Retorte, Rückflussvorrichtungen usw. Mit der alchemischen Auffassung von der Fähigkeit aller Materie, zur Vervollkommnung zu gelangen, und der Aufgabe des Alchemisten, diese in der Natur angelegte Tendenz mit menschlicher Kunst zu bewirken, verband sich die paracelsische Überzeugung, das wirksame Prinzip oder »innere Wesen« der Heilmittel lasse sich als flüchtige Essenz (lat. *quinta essentia*) gewinnen. Damit besaß das Verfahren der Destillation eine weit über das Praktische hinausweisende Bedeutung (↗Spiritus).

Die im ↗Montanwesen gängigen Verfahren und Gerätschaften sind in den sog. Probierbüchern (↗Probierkunde) des 16. Jh.s sowie in den Kompendien des sächs. Humanisten Georgius Agricola (s. o. 1.2.) oder des böhm. Metallurgen Lazarus Ercker überliefert. Der Traktat *De sceuastica artis*, den Andreas Libavius der zweiten Auflage seiner *Alchemia* (Frankfurt/Main 1606) als Handbuch der chem. »Gerätekunde« beigab, enthält eine umfassende Zusammenstellung von Probieröfen, Schmelztiegeln und Destillationsgefäßen [25]. So phantastisch manche dieser Vorrichtungen anmuten, ihre historische Verwendung ist doch inzwischen durch Grabungsbefunde gesichert [29].

3.3. Quantifizierung und Instrumente

Die Waage (↗Gewichtsmessung) ist seit dem 14. Jh. als Hilfsmittel des Chemikers und Metallurgen bezeugt, in der Arzneibereitung sowie im kommerziellen Bereich; insgesamt reicht ihr Gebrauch noch weiter zurück. Ansätze einer analytisch-quantifizierenden Naturwissenschaft wird man darin jedoch nicht sehen dürfen. Denn bis ins 18. Jh. blieb die CH. der qualitativ-naturhistorischen Methode und der Frage nach der Substanz verpflichtet. Für diese aber galt der aristotelische Grundsatz, dass die Substanz nicht unter die Kategorie der Quantität falle. Zahlenwerte blieben daher ein äußeres Bestimmungsmerkmal: über den Stoff selbst und seine chem. Besonderheit besagten sie nichts. Die ↗Maße und Gewichte gehörten eher in den kaufmännischen Bereich des Taxierens, und dieser verlangte keine besondere Präzision (↗Messung und Quantifizierung). Dies gilt auch für den Bereich der Probierkunde, deren hochentwickelte analytische Methoden primär der Bestimmung der Abbauwürdigkeit galten und nicht dem naturwiss. Erkenntnisgewinn.

Erst mit dem Grundsatz des Massenerhalts, der implizit bereits in der Antike bekannt war, doch erst von Lavoisier als Naturgesetz formuliert und für die chem. Forschung operationalisiert wurde, sowie mit Lavoisiers Methode der exakten Bilanzierung chem. und physiologischer Prozesse in geschlossenen Systemen (s. o. 1.3.) erhielt die Waage ihre zentrale Bedeutung für die nzl. CH. Mit zunehmenden Anforderungen an die Präzision wurde die Waagentechnologie zu einer der instrumentellen Determinanten in der Entwicklung der analytischen CH., wobei die entscheidenden ↗Innovationen (kurzarmige und Mikrowaagen) erst in die zweite Hälfte des 19. Jh.s fallen [31].

Die Entwicklung der Apparate des Chemikers, Apothekers und Probierers blieb bis um 1800 bemerkenswert traditionell [3]. Der Grund liegt in der meist geringen Spezifik dieser Hilfsmittel, deren einfache Grundtypen sich unterschiedlichen Zwecken anpassen ließen. Dass der Experimentator diese selbst anfertigte und auch Glasapparaturen selbst blies, war die Regel. Kommerzielle Lieferanten von Laborbedarf kamen erst im frühen 19. Jh. auf; nur Waagen musste man aus den wenigen Werkstätten beziehen, die sich auf die Herstellung so komplexer ↗wissenschaftlicher Instrumente verstanden. Die wenigen wirklichen Neuerfindungen im chem. Instrumentenbau des 18. Jh.s, wie das beim Probieren von Erzen wichtige Lötrohr, blieben auf enge Anwendungskontexte beschränkt. Die großen Neuerungen in der chem. Laboratoriumstechnik, die sich mit der Einführung des Stadtgases und der ↗Elektrizität als Energieträger verbinden, fallen erst in die zweite Hälfte des 19. Jh.s.

3.4. Gasapparaturen und Elementaranalyse

Die wichtigsten apparativen ↗Innovationen der nzl. CH. gingen von der pneumatischen Chemie (↗Gaschemie) aus, die ihrerseits an Techniken anknüpfen konnte, die man seit der zweiten Hälfte des 17. Jh.s beim Experimentieren mit dem ↗Vakuum und der Luftpumpe zu beherrschen gelernt hatte. Probleme der Dichtigkeit und der Verbindung unterschiedlicher Werkstoffe stellten dabei erhebliche Anforderungen an Erfindungsreichtum und handwerkliches Geschick. Der entscheidende Übergang von den schlichten Glasgefäßen und offenen Quecksilbertrögen, mit denen man noch in der Mitte des 18. Jh.s die einzelnen »Luftarten« aufgefangen hatte, zu hoch komplexen Apparaturen aus Stahl, Messing und Glas fand im Forschungsprogramm Lavoisiers statt, das auf das präzise Bilanzieren stofflicher Umsetzungen in hermetisch geschlossenen Systemen zielte. Lavoisiers gasanalytische Apparatur, die heute im Pariser *Conservatoire des Arts et Métiers* aufbewahrt wird, kostete damals mehr als das Jahresgehalt eines hauptamtlichen Mitglieds der *Académie des Sciences*, und nur in Paris gab es damals ↗Instrumentenmacher, die in der Lage waren, derart komplizierte Apparaturen herzustellen. Durchgesetzt hat sich diese Technik daher erst in der miniaturisierten Form der Eudiometrie oder Luftgütemessung, deren Entwicklung v. a. auf Felice Fontana in Florenz zurückgeht [6].

Bes. folgenreich wurde die Elementaranalyse für die organische Chemie. Dass eine bestimmte Gewebeprobe 12 % Fett, 20 % Schleim, 44 % phosphorsaure Kalkerde, 1 % Eisenoxyd etc. enthalte, wie man es in den medizinisch-chem. Analysen der Zeit liest, half nicht einmal dem Arzt sehr viel weiter. Die üblichen gravimetrischen Verfahren zur Ermittlung der chem. Zusammensetzung wie die Ausfällung als Salz oder Veraschung mit anschließender prozentualer Bestimmung der mineralischen Rückstände waren dem pflanzlichen oder tierischen Untersuchungsmaterial wenig angemessen. Lavoisier hatte deshalb die Isolierung reiner Substanzen und die quantitative Ermittlung der darin enthaltenen Elemente zur wichtigsten Aufgabe der CH. bestimmt. Auch hatte er bereits einen Weg gewiesen, um den Wasserstoff-, Kohlenstoff- und Sauerstoffgehalt einer organischen Substanz volumetrisch, d. h. durch Volumenmessung, zu ermitteln. Joseph-Louis Gay-Lussac entwickelte dieses Verfahren weiter und baute es durch den Befund, dass Gasreaktionen in ganzzahligen Volumenverhältnissen erfolgen, zu einer Methode der Molekulargewichtsbestimmung aus.

Zu einer Routinemethode wurde die quantitative Elementaranalyse in der organischen Chemie jedoch erst, als es Liebig 1831 gelang, volumetrische und gravimetrische Verfahren zu einer leistungsfähigen und reproduzierbaren Methode zu verbinden. Sein bekannter »Kaliapparat« [32] ist ein miniaturisiertes Absorptionsgefäß, in dem Verbrennungsgase quantitativ aufgefangen und anschließend gewogen wurden. Damit konnten die Analysen nun auch von Hilfskräften erledigt werden, was kreatives Potential freisetzte und eine arbeitsteilige ↗Forschung ermöglichte. Dieser Vorgang der Verkapselung von Wissen und Prozeduren in die Black Box eines Instruments mit entsprechenden Rückwirkungen auf die Organisation der wiss. Arbeit wurde typisch für die Rolle von Instrumenten in der modernen Naturwissenschaft.

→ Agrikulturchemie; Alchemie; Chemische Gewerbe; Metallurgie; Physikalische Wissenschaften; Wissen und Wissensideale

Quellen:
[1] H. Davy, The Collected Works, Bd. 7, 1839–1840 [2] H. Kolbe, Ausführliches Lehrbuch der Organischen Chemie, 3 Bde., 1854–1860 [3] C. H. Schreger, Kurze Beschreibung der technisch-chemischen Geräthschaften älterer und neuerer Zeit, 3 Bde., 1802 [4] G. F. Venel, Chymie, in: D. Diderot / J. D'Alembert, (Hrsg.), Encyclopédie ou dictionnaire raisonné des sciences, des arts et métiers 3, 1753, 420–437 [5] J. G. Wallerius, Bref om Chemiens rätta Beskaffenhet, Nytta och Wärde, 1751.

Sekundärliteratur:
[6] F. Abbri, Science de l'air. Studi su Felice Fontana, 1991 [7] B. Bensaude-Vincent / F. Abbri (Hrsg.), Lavoisier in European Context: Negotiating a New Language for Chemistry, 1995 [8] B. Bensaude-Vincent / I. Stengers, Histoire de la chimie, 1993 [9] M. Beretta, The Enlightenment of Matter: The Definition of Chemistry from Agricola to Lavoisier, 1993 [10] M. Boas Hall, Robert Boyle and Seventeenth-Century Chemistry, 1958 [11] W. H. Brock, Viewegs Geschichte der Chemie, 1997 [12] M. P. Crosland, Historical Studies in the Language of Chemistry, 1962 [13] A. G. Debus, The Chemical Philosophy: Paracelsian Science and Medicine in the Sixteenth and Seventeenth Centuries, 1977 [14] J. Golinski, Science as Public Culture: Chemistry and Enlightenment in Britain, 1760–1820, 1992 [15] H. Guerlac, The Chemical Revolution: A Word from Monsieur Fourcroy, in: Ambix 23, 1976, 1–4 [16] O. Hannaway, The Chemists and the Word: The Didactic Origins of Chemistry, 1975 [17] C. R. Hill, The Iconography of the Laboratory, in: Ambix 22, 1975, 102–110 [18] F. L. Holmes, Lavoisier and the Chemistry of Life: An Exploration of Scientific Creativity, 1985 [19] E. Homburg, Van beroep ›Chemiker‹: De opkomst van de industriële chemicus en het polytechnische onderwijs in Duitsland, 1790–1850, 1993 [20] K. Hufbauer, The Formation of the German Chemical Community, 1720–1795, 1982 [21] A. I. Ihde, The Development of Modern Chem-

istry, 1964 [22] D. Knight / H. Kragh (Hrsg.), The Making of the Chemist: The Social History of Chemistry in Europe, 1789–1914, 1998 [23] C. Meinel, Reine und angewandte Chemie: Die Entstehung einer neuen Wissenschaftskonzeption in der Chemie der Aufklärung, in: Berichte zur Wissenschaftsgeschichte 8, 1985, 25–45 [24] C. Meinel, Zur Sozialgeschichte des chemischen Hochschulfaches im 18. Jh., in: Berichte zur Wissenschaftsgeschichte 10, 1987, 147–168 [25] B. Meitzner, Die Gerätschaft der chymischen Kunst: Der Traktat ›De sceuastica artis‹ des Andreas Libavius von 1606, 1995 [26] P. Ramberg, The Death of Vitalism and the Birth of Organic Chemistry: Wöhler's Urea Synthesis and the Disciplinary Identity of Organic Chemistry, in: Ambix 47, 2000, 170–195 [27] A. J. Rocke, Chemical Atomism in the Nineteenth Century, 1984 [28] J. G. Smith, The Origins and Early Development of the Heavy Chemical Industry in France, 1979 [29] R. W. Sokup / H. Mayer, Alchemistisches Gold – Paracelsistische Pharmaka: Laboratoriumstechnik im 16. Jh. Chemiegeschichtliche und archäometrische Untersuchungen am Inventar des Laboratoriums von Oberstockstall/Kirchberg am Wagram, 1997 [30] E. Ströker, Theoriewandel in der Wissenschaftsgeschichte: Chemie im 18. Jh., 1982 [31] F. Szabadváry, Geschichte der analytischen Chemie, 1966 [32] M. C. Usselman et al., Restaging Liebig: A Study in the Replication of Experiments, in: Annals of Science 62, 2005, 1–55.

Christoph Meinel

Chemisches Laboratorium s. Laboratorium

Chiffre s. Schrift

Chiliasmus

1. Begriff und Ursprung
2. Historischer und literarischer Hintergrund
3. Chiliastische Bewegungen in der Frühen Neuzeit
4. Nachreformatorische Formen des Chiliasmus
5. Säkularisierter Chiliasmus

1. Begriff und Ursprung

Ch., von griech. *chília* (»tausend«) – auch »Millenarismus« (nach lat. *millenium*) genannt – bezeichnet die Vorstellung einer tausend Jahre langen irdischen Heilszeit unter der Herrschaft des wiedergekommenen Christus am Ende der Zeit (↗Messias). Nach Offenbarung 20,1–7 sollen vor der allgemeinen Totenauferstehung, dem Jüngsten Gericht und dem ewigen Heil die im Voraus auferweckten Märtyrer und Bekenner mit Christus zusammen tausend Jahre lang in einem Friedensreich (im ↗Goldenen Zeitalter) auf Erden herrschen.

2. Historischer und literarischer Hintergrund

Der Ch. gehört in den Zusammenhang der ↗Apokalyptik und des Messianismus. Er entstand auf dem Hintergrund apokalyptischer Vorstellungen des antiken Judentums, eventuell mit griech. und iran. Einflüssen. Die Vorstellung einer dem ewigen Heil vorangehenden befristeten Messiaszeit findet sich z. B. im 4. Buch Esra (7, 28 f.) oder in der syrischen Baruchapokalypse (29 f.). Die Vorstellung einer tausendjährigen Dauer der messianischen Zwischenzeit geht auf das Judentum nach dem babylonischen Exil zurück, in dem sich seit dem 2. Jh. v. Chr. Spuren der Vorstellung einer Weltwoche von 7 mal 1000 Jahren nachweisen lassen. In der rabbinischen Literatur wird die sechs- bzw. siebentausendjährige Dauer der Welt in Analogie zu den sechs Tagen der Weltschöpfung und dem siebten Tag als Ruhetag Gottes gedeutet (vgl. Psalm 90, 4). Das messianische Friedensreich ist als der Weltensabbat das letzte Jahrtausend der Weltgeschichte.

In der altkirchlichen Theologie setzte sich schon bald eine allegorische Interpretation dieser Vorstellung und dann auch eine vollständige Ablehnung des Ch. durch. Gelegentlich wurde das tausendjährige Reich realistisch verstanden, sein Anbruch jedoch in eine nicht zu nahe Zukunft verlegt. Es setzte sich die Auffassung des Augustinus durch, dass die Herrschaft Christi zusammen mit den Heiligen schon mit seinem (ersten) Kommen begonnen habe und sich nun in der Welt als Kirche realisiere (*De civitate Dei* 20, 7–9). Die Zahl »tausend« wird dabei nicht literal, sondern als vollkommene Zahl und Ausdruck für die Fülle der Zeit interpretiert.

Auch im Islam finden sich chiliastische (= chil.) Vorstellungen. V. a. in der schiitischen Tradition ist die – jedoch nicht aus dem Koran stammende – Vorstellung des Mahdi (des »Rechtgeleiteten«) mit der Erwartung verbunden, dass diese messianische Gestalt vor dem Jüngsten Tag zur Erde kommen, Gerechtigkeit bringen und für befristete Zeit in einem Reich der Gerechtigkeit herrschen werde [25]; [9].

3. Chiliastische Bewegungen in der Frühen Neuzeit

Voraussetzung für den nzl. Ch. ist die Einteilung der ↗Weltgeschichte in drei Perioden durch Joachim von Fiore (1130/1135–1202). Joachim deutete die gesamte Geschichte entsprechend der Dreifaltigkeit Gottes: Auf das Reich des Vaters folgt das Reich des Sohnes (von der Geburt Christi bis zum Jahr 1200), dem sich dann das recht kurze und mit endzeitlichen Kämpfen erfüllte Reich des Geistes als letztes Weltzeitalter unter der Herrschaft der *spiritualis intelligentia* anschließen sollte (↗Weltalter). Durch die Periodisierung der ↗Geschichte und die damit verbundene Naherwartung erweckte der »Joachitismus« im späten MA neue chil. Vorstellungen und wirkte in der Nz. auf ↗Täufer und ↗Spiritualisten, aber auch – im 18. und 19. Jh. – auf die Geschichtskonzeptionen Gotthold Ephraim Lessings, Georg Friedrich Wilhelm Hegels oder Karl Marx'.

In der Verbindung chil. Vorstellungen mit sozialrevolutionären Zielen in mehreren Massenbewegungen zeigte sich schon im späten MA eine beginnende Säkularisierung des Ch., die sich dann im Laufe der Nz. vollzog. Zu nennen sind hier die sog. Geißler in Thüringen, der engl. Bauernaufstand 1381 und die nach der Hinrichtung von Jan Hus 1414 begründeten Taboriten in Böhmen. Von taboritischen Ideen inspiriert wurde der egalitäre Ch., den Hans Behem 1476 in Niklashausen bei Würzburg vertrat und in dem die Erwartung herrschte, dass »nach einem letzten blutigen Ringen mit den Horden des Antichristen absolute Gerechtigkeit von Neuem auf Erden herrschen, alle Menschen gleichen Standes und Brüder sein und vielleicht sogar alle Dinge gemeinsam besitzen würden« [14.258].

Dieses Ziel wollte auch die v. a. am Oberrhein aktive Bundschuhbewegung unter Führung von Joß Fritz erreichen, die Ende des 15. Jh.s nicht nur nach dem tausendjährigen Reich strebte, sondern unter dem Banner »Nichts denn die Gerechtigkeit Gottes« sämtliche Ordnungen abschaffen, alles kirchliche Eigentum unter das Volk verteilen, alle Steuern und Abgaben aufheben sowie Wald, Fluß und Weide zu Gemeinbesitz machen wollte. Der egalitäre Ch. lebte teilweise fort im linken Flügel der ↗Reformation, so bei Augustin Bader und dann im Täuferreich zu Münster (1534/35), das sich als Vorspiel des tausendjährigen Reiches verstand (↗Täufer). Gerne wird auch Thomas Müntzer als Ch. betrachtet, obwohl er die Vorstellung eines nahen Beginns des ewigen Reiches Gottes gegenüber der eines befristeten messianischen Zwischenreiches präferierte.

4. Nachreformatorische Formen des Chiliasmus

In den Hauptströmungen des ↗Protestantismus wurde der Ch. explizit verurteilt (vgl. u. a. *Confessio Augustana*, Art. 17; die 42 Artikel der anglikanischen Kirche von 1552, Art. 41). Insbes. wurde die Vorstellung einer doppelten Auferstehung der Toten und einer besonderen befristeten Periode der irdischen Herrschaft Christi zusammen mit den Frommen zurückgewiesen. Kritisiert wurde auch – als *Ch. crassus* (»grober Ch.«) –, dass der Ch. die himmlische Hoffnung durch eine irdische Hoffnung ersetze. Wenn ein Ch. von den Reformatoren vertreten wurde, dann als *Ch. subtilis* (»feiner Ch.«), wonach Christus vom Himmel aus, nicht auf Erden, herrschen und geistlichen, nicht materiellen Segen bringen werde.

Von der joachitischen Periodisierung der Geschichte beeinflusst, wurde in der Frühen Nz. verschiedentlich die Hoffnung auf ein neues Zeitalter und eine Erneuerung der Welt (lat. *renovatio mundi*) formuliert, so von dem Humanisten Marsilio Ficino (1433–1499), von Hieronymus Savonarola (1452–1498), von Tommaso Campanella (1568–1639) und von Guillaume Postel (1510–1581). Auch die franziskanische und jesuitische ↗Mission der Indianer im neu eroberten Amerika wurde als Zeichen für den Anbruch eines neuen Milleniums gedeutet.

Im Protestantismus kam es ab Ende des 16. Jh.s und dann im 17. Jh. zu einem vermehrten Auftreten des Ch. Dabei lassen sich ein Ch., der das tausendjährige Reich nach der Parusie (Wiederkunft) Christi erwartet (Prämillenarismus) und ein Ch., der das tausendjährige Reich vor der Parusie Christi ansetzt (Postmillenarismus), unterscheiden. Nach postmillenaristischer Auffassung setzt sich die Herrschaft des vom Himmel aus regierenden Christus allmählich auf Erden durch, bis er dann am Ende, wenn seine Herrschaft auf Erden universal ist, selbst wiederkommen wird. Der Protestantismus konnte mit dieser Form des Ch. seine Auseinandersetzungen mit der (antichristl. gedeuteten) röm.-kath. Kirche bereits als Teil der endzeitlichen Herrschaft Christi verstehen.

Der Prämillenarismus erhielt Unterstützung durch die exegetisch begründete und v. a. im 16. und 17. Jh. von Thomas Brightman, Johann Heinrich Alsted und Joseph Mede vertretene Auffassung, dass sich in keiner tausendjährigen Periode der Vergangenheit die Prophezeiungen von Off. 20 bereits erfüllt hätten, weshalb das tausendjährige Reich an das (noch ausstehende) Ende der Kirchengeschichte zu setzen sei. So nahmen Alsted und Mede seinen Beginn unter der Herrschaft Christi in der nahen Zukunft (noch im 17. Jh.) an.

Kennzeichnend für beide Varianten des Ch. ist in dieser Zeit der große Optimismus im Blick auf die weitere Entwicklung der Geschichte, die so oder so bald zu einem lang andauernden Reich der Gerechten führen werde. V. a. in England entwickelte sich die Vorstellung, dass aufgrund der Niederwerfung des Antichristen durch das Evangelium und die militärische Macht protestantischer Staaten ein Goldenes Zeitalter der Kirche vor der Parusie möglich sei.

Der engl. Ch. des 17. Jh.s lebte im ↗Puritanismus Nordamerikas fort, wobei die neue Heimat als Ort des kommenden Reiches Christi angesehen wurde. In Nordamerika verfestigte sich das chil. Bewusstsein v. a. in der ↗Erweckungsbewegung im 18. Jh. (*Great Awakening*), die von Jonathan Edwards und anderen als Vorbote des tausendjährigen Reiches verstanden wurde. Ab Ende des 18. Jh.s entwickelte sich eine von Amerika ausgehende rege Missionstätigkeit, die zur Entstehung eines weltweiten Reiches Gottes beitragen sollte. Kennzeichen dieses chil. Denkens war die Vorstellung eines kontinuierlichen ↗Fortschritts; ein Gedanke, dessen Übertragung auf eine säkularisierte Auffassung von Geschichte (↗Säkularisierung) und eine säkulare Fortschrittsidee nahelag.

Auf dem europ. Kontinent finden sich chil. Ideen bei franz. ↗Hugenotten – bes. bei Jean de Labadie – im niederl. ↗Calvinismus, im dt. ↗Pietismus – wichtigste

Vertreter: Philipp Jakob Spener, Johann Albrecht Bengel, Johann Wilhelm Petersen, und Joachim Lange – aber auch bei Spiritualisten – v. a. bei dem Mitbegründer der ↗Rosenkreuzer Tobias Hess. Zentrale Motive für ihr chil. Denken waren die Kritik an der unvollendeten Reformation und die Deutung der Kriege des 17. Jh.s.

Insbes. im Pietismus hat der Ch. bis heute anhaltende Spuren hinterlassen. Speners Anliegen war, die Kirche durch Sammlung und Förderung der Frommen zu bessern. Damit wird jedoch auch im Blick auf die Welt eine »Hoffnung besserer Zeiten« verbunden. Speners chil. Zukunftshoffnung ermöglichte es, auch hinsichtlich der Kirche eine fortschreitende geschichtliche Entwicklung zu denken. V. a. Bengel hat dann den Ch. im Pietismus verankert. Er folgerte aus Off. 20 eine chil. und postmilleniaristische ↗Eschatologie und berechnete den 18. 6.1836 als den Beginn des ersten von zwei aufeinanderfolgenden tausendjährigen Reichen, auf die dann Parusie, Weltende, Gericht und Neuschöpfung folgen würden. Neben der literalen Interpretation der »tausend Jahre« sind diese protest. Versionen des Ch. geprägt durch das Motiv einer Sammlung der Frommen und Gerechten als einer avantgardistischen Gegenmacht zur Welt, durch die auf längere Sicht schließlich die Welt zum Besseren gewendet werden sollte.

Zu den chil. Bewegungen in globaler Sicht vgl. ↗Millenarismus.

5. Säkularisierter Chiliasmus

Im Laufe der Nz. traten verschiedene Momente des Ch. in säkularer Form auf, v.a.: (1) die Periodisierung der Geschichte; (2) die Vorstellung eines kontinuierlichen geschichtlichen Fortschritts mit dem zu erreichenden Ziel eines Goldenen Zeitalters (↗Weltalter); (3) die Idee der Ausbildung einer Avantgarde der Gerechten, unter deren Herrschaft ein Reich des ↗Friedens und der ↗Gerechtigkeit realisiert wird. Das chil. Denken wirkte dadurch in der Philosophie und der politischen Theorie fort. So war sich Gotthold Ephraim Lessing in der *Erziehung des Menschengeschlechts* (1780) ganz gewiss, dass »die Zeit der Vollendung« kommen werde: eine Zeit, »da der Mensch, je überzeugter sein Verstand einer immer bessern Zukunft sich fühlet, von dieser Zukunft gleichwohl Bewegungsgründe zu seinen Handlungen zu erborgen, nicht nötig haben wird; da er das Gute tun wird, weil es das Gute ist«. Diese Zeit der Vollendung ist »die Zeit eines neuen ewigen Evangeliums«. Explizit identifizierte Lessing die joachitische Lehre (s.o. 3.) von den drei Perioden der Weltgeschichte mit seinem Plan der allgemeinen Erziehung des Menschengeschlechts [8. 508].

Immanuel Kant nannte die Vorstellung, dass das menschliche Geschlecht »im beständigen Fortgange zum Besseren« sei, explizit Ch. [5. 81]. Nach Kant kann auch »die Philosophie ... ihren Ch. haben«, weil »man ... die Geschichte der Menschengattung im Großen als die Vollziehung eines verborgenen Plans der Natur ansehen« dürfe, »um eine innerlich- und zu diesem Zwecke auch äußerlich-vollkommene Staatsverfassung zu Stande zu bringen, als den einzigen Zustand, in welchem sie alle ihre Anlagen in der Menschheit völlig entwickeln kann« [7. 27]. In der Realisierung dieses Planes unterscheidet Kant einen »philosophischen Ch.«, »der auf den Zustand eines ewigen, auf einen Völkerbund als Weltrepublik gegründeten Friedens hofft« von einem »theologischen Ch.«, »der auf des ganzen Menschengeschlechts vollendete moralische Besserung harrt« [6. 34]. Ausdrücklich gesteht Kant dem Ch. zu, ein »schönes Ideal« zu sein, und hebt dessen ethische Bedeutung hervor: Zwar ist die im Glauben bis zu ihrer Vollendung vorausgesehene Weltepoche nicht als empirische Vorstellung zu verstehen, doch solle man auf sie »im continuirlichen Fortschreiten und Annäherung zum höchsten auf Erden möglichen Guten ... hinaussehen« [6. 135 f.].

Im Blick auf den dt. ↗Idealismus und die idealistische Philosophie des 19. Jh.s wird häufig von einer Säkularisierung des theologischen Entwicklungsgedankens gesprochen: Nicht durch ein Handeln und Mitwirken Gottes, sondern durch die fortschreitende geschichtliche Entwicklung selbst wird die Verwirklichung des Ideals erwartet. In diesen Zusammenhang gehört auch der Marxismus und die sozialistische Bewegung (↗Sozialismus). Bei aller Verschiedenheit ist dem theologischen und dem säkularisierten Ch. jedoch das Interesse an einem geschichtlichen Endzustand als der Vollendung der Geschichte gemeinsam. Der Geschichtsprozess wird als fortschreitende Entwicklung mit dem Ziel eines geschichtlichen Idealzustandes verstanden.

→ Apokalyptik; Endzeit; Eschatologie; Geschichtsphilosophie; Geschichtstheologie; Millenarismus; Weltalter

Quellen:
[1] J.H. ALSTED, Diatribe de mille annis apocalypticis, 1627 [2] J.A. BENGEL, Erklärte Offenbarung Johannis oder vielmehr Jesu Christi, ⁴1834 [3] J. EDWARDS, Apocalyptic Writings. »Notes on the Apocalypse«. An Humble Attempt, in: The Works of Jonathan Edwards, Bd. 5, hrsg. von S.J. Stein, 1977 (Ndr. der Ausg. Venedig, 1527) [4] JOACHIM VON FIORE, Expositio in Apocalypsim, 1964 (Ndr. der Ausg. Venedig 1527) [5] I. KANT, Der Streit der Fakultäten, in: Kant AA, Bd. 7, 1907, 1–116 [6] I. KANT, Die Religion innerhalb der Grenzen der bloßen Vernunft, in: Kant AA, Bd. 6, 1907, 1–202 [7] I. KANT, Idee zu einer allgemeinen Geschichte in weltbürgerlicher Absicht, in: Kant AA, Bd. 8, 1912, 15–31 [8] G.E. LESSING, Die Erziehung des Menschengeschlechts, in: G.E. LESSING, Werke, Bd. 8, hrsg. von H.G. Göpfert, 1979, 489–510.

Sekundärliteratur:
[9] M. ADAS, Prophets of Rebellion. Millenarian Protest Movements against European Colonial Order, 1979 [10] R. BAUCKHAM, Art. Chiliasmus IV. Reformation und Neuzeit, in: TRE 7, 1981, 737–745 [11] W. BIESTERFELD / W. E. MÜHLMANN, Art. Chiliasmus, in: HWPh 1, 1971, 1001–1006 [12] G. G. BLUM, Art. Chiliasmus II. Alte Kirche, in: TRE 7, 1981, 729–733 [13] M. BRECHT et al. (Hrsg.), Chiliasmus in Deutschland und England im 17. Jh. (Pietismus und Nz.; Ein Jb. zur Geschichte des neueren Protestantismus 14), 1988 [14] N. COHN, Das neue irdische Paradies. Revolutionärer Millenarismus und mystischer Anarchismus im mittelalterlichen Europa, 1988 [15] H. CORRODI, Kritische Geschichte des Chiliasmus, Bde. 1–3/2, ²1794 [16] B. ENGLER et al. (Hrsg.), Millennial Thought in America. Historical and Intellectual Contexts 1630–1860, 2002 [17] J. E. FORCE / R. H. POPKIN (Hrsg.), The Millenarian Turn: Millenarian Contexts of Science, Politics, and Everyday Anglo-American Life in the Seventeenth and Eighteenth Centuries, 2001 [18] M. D. GOLDISH / R. H. POPKIN (Hrsg.), Jewish Messianism in the Early Modern World, 2001 [19] R. KONRAD, Art. Chiliasmus III. MA, in: TRE 7, 1981, 734–737 [20] K. A. KOTTMAN (Hrsg.), Catholic Millenarianism: From Savonarola to the Abbé Grégoire, 2001 [21] J. C. LAURSEN / R. H. POPKIN (Hrsg.), Continental Millenarians: Protestants, Catholics, Heretics, 2001 [22] G. LIST, Chiliastische Utopie und radikale Reformation. Die Erneuerung der Idee vom tausendjährigen Reich im 16. Jh., 1973 [23] K. LÖWITH, Weltgeschichte und Heilsgeschehen, ³1953 [24] R. H. POPKIN (Hrsg.), Millenarianism and Messianism in English Literature and Thought 1650–1800, 1988 [25] A. A. SACHEDINA, Islamic Messianism. The Idea of the Mahdi in Twelver Shiism, 1981 [26] W. SPARN (Hrsg.), Apokalyptik versus Chiliasmus? Die kulturwissenschaftliche Herausforderung des neuen Milleniums, 2002 [27] J. WALLMANN, Theologie und Frömmigkeit im Zeitalter des Barock, 1995.

Hans-Peter Großhans

Chinahandel

1. Die Rolle des Silbers im chinesischen Außenhandel
2. Handelsrouten und Handelszentren
3. Beziehungen zwischen China und Europa

1. Die Rolle des Silbers im chinesischen Außenhandel

Chinas Außenhandel war vom 14. bis zum 18. Jh. durch die chronische Knappheit des Landes an Währungsmetallen, insbes. ↗Silber und ↗Kupfer, geprägt. Dies schlug sich u. a. in einer niedrigen Preisrelation zwischen Silber und ↗Gold (↗Edelmetalle) nieder: Während in Westeuropa Gold pro Gewichtseinheit über Jahrhunderte ca. 12- bis 15-mal wertvoller als Silber war, betrug diese Relation in China im frühen 14. Jh. 10:1, um in der zweiten Hälfte des Jahrhunderts auf 5–6:1 abzusinken. Der hohe Wert des Silbers in China unterstützte die Entstehung eines Handelsbilanzüberschusses, denn chines. Güter waren auf Weltmärkten entsprechend billig. Hauptsächliche Exportgüter waren bis zum frühen 18. Jh. Rohseide und Seidentücher (↗Seide), danach war bis Mitte des 19. Jh.s ↗Tee wichtigstes Exportgut (1845 ca. 68 % des Exportwerts). ↗Porzellan war seit dem 16. Jh. von subsidiärer Bedeutung [6. Bd. 8, Kap. 8].

Vom frühen 15. bis zum frühen 16. Jh. war der chines. Außenhandel in tributäre Beziehungen zu anderen Kulturen eingebettet (↗Chinesische Welt, Kap. 1.2.): Gesandtschaften aus Innerasien und der Mongolei brachten insbes. ↗Pferde (↗Tierhandel), ↗Edelsteine und Silber an den chines. Hof und erhielten dafür v. a. Seide [6. Bd. 7, 257–265]. Nach 1523 spielte v. a. im Handel mit Japan die tributäre Beziehung kaum noch eine Rolle; vielmehr entstand in den 1530er und 1540er Jahren ein freier, nicht-staatlicher Seehandel, der allerdings von endemischer ↗Piraterie begleitet war. Staatliche Bemühungen ab 1547 zur Unterdrückung sowohl des nicht-staatlichen Handels als auch der Piraterie mündeten in den späten 1560er Jahren in die Beseitigung der Piraterie sowie die Freigabe des Außenhandels an private chines. Kaufleute [6. Bd. 7, 492–505].

2. Handelsrouten und Handelszentren

Die Erschließung von Silbervorkommen in Mexiko, Peru und Japan im Verlauf des 16. Jh.s führte zu einer deutlichen Reduktion des relativen Preises dieses Metalls auf Weltmärkten (↗Inflation; ↗Preisrevolution) und trug zu einer starken Ausweitung des chines. Außenhandels bei. Die drei wichtigsten ↗Handelsrouten nach China gingen über [6. Bd. 8, Kap. 8]:

(1) Manila: Mit der Inbesitznahme der Philippinen in den 1560er Jahren durch die Spanier und der Gründung Manilas als Hauptstadt (1571) entwickelte sich dort rasch eine große Kolonie chines. Händler (↗Kaufmannsdiaspora). Der Handel wurde durch die alljährlichen Silberschiffe aus Amerika gestützt [3]; auf dem Höhepunkt dieses Zyklus um 1600 flossen jährlich 140–300 t Silber nach China.

(2) Nagasaki: Durch die Entwicklung des Silberbergbaus in Japan nahm die Importkapazität dieses Landes nach der Mitte des 16. Jh.s deutlich zu; Seide aus China stellte das wichtigste Importgut dar (↗Japanhandel). Im späten 16. Jh. wurden auf diesem Weg ca. 33–48 t, zu Beginn des 17. Jh.s ca. 150–185 t Silber jährlich nach China importiert.

(3) Macao: 1556 erreichten Portugiesen (↗Handelsimperium; ↗Portugiesisches Kolonialreich) die Tolerierung einer Siedlung auf Macao, von der aus die Messen von Kanton besucht werden konnten. Diese Kaufmannssiedlung war nur lose an die portug. Krone bzw. den *Estado da India* gebunden. Im späten 16. und frühen 17. Jh. spielten Portugiesen eine wichtige Rolle als Zwischenhändler zwischen China einerseits und Japan bzw. Manila andererseits. Darüber hinaus brachten sie aus Europa transferiertes Silber, Pfeffer und andere ↗Gewürze vom Indischen Ozean nach China (↗Handelsräume; ↗Indienhandel) [1].

Der Ch. um 1600 stellt durch die Integration mehrerer transkontinentaler ↗Handelsrouten den ersten global integrierten Markt dar. In China selbst trugen das Exportwachstum und die Ausweitung der Geldmenge zu steigenden Staatseinnahmen und in den südöstl. Landesteilen zu verstärkter regionaler Arbeitsteilung sowie zum Wachstum der Städte bei. Die Preisrelation zwischen Gold und Silber stieg von 6:1 (1568) auf 10–13:1 um 1650 und glich sich allmählich einem internationalen Niveau an.

In der zweiten Hälfte der 1630er Jahre erfuhr der Ch. mehrere tiefgreifende Schocks, von denen er sich bis ins frühe 18. Jh. nur teilweise erholte. In einer Kampagne gegen illegale Silberexporte schränkte Spanien die Transfers von Amerika zu den Philippinen massiv ein. Die damit verbundenen Turbulenzen führten 1639/40 zu einer Revolte der chines. Gemeinschaft auf den Philippinen, die 20 000 Chinesen das Leben gekostet haben soll. U. a. in Abwehr der christl. ↗Mission reduzierte Japan seine Außenkontakte drastisch, so dass die Niederländische Ostindische Gesellschaft (VOC; ↗Ostindische Kompanien) ab etwa 1640 ein eigentliches Monopol im Japanhandel besaß. Umgekehrt war sie 1622/24 gewaltsam in den Ch. eingedrungen. Für den Handel zwischen China und Japan wurde insbes. Fort Zeelandia auf Taiwan genutzt (1623–1661). In den 1640er Jahren stabilisierte sich der Ch. bei einem Saldo von ca. 55 t Silber jährlich. Die Beziehungen der VOC mit China waren nie gut; eine permanente Niederlassung wurde nie erreicht, und 1689 wurden die Beziehungen zum chines. Hof abgebrochen. Der niederl. Ch. wurde in der Folge v. a. durch Dschunken, welche Batavia (Jakarta) anliefen, aufrecht erhalten (↗Weltwirtschaft, Zentren).

3. Beziehungen zwischen China und Europa

Die wachsende nordwesteurop. Nachfrage nach Tee führte im 18. Jh. zu einer Intensivierung der direkten Handelsbeziehungen zwischen China und Europa: Ab 1717 exportierte die Englische Ostindiengesellschaft (*East India Company*, EIC) regelmäßig Tee aus Kanton; um 1750 machte Tee etwa ein Viertel der durch die EIC aus Asien exportierten Güter aus [2.388]. Seit den 1770er Jahren spielten auch teilweise innerhalb, teilweise außerhalb der EIC agierende private engl. Kaufleute eine zunehmende Rolle im Ch. Daneben betrieb auch Frankreich einen substanziellen Import von Tee, der teilweise nach England geschmuggelt wurde. Das Chinageschäft war das dynamischste Segment des europ. Asienhandels im 18. Jh., und es trug wesentlich dazu bei, dass die EIC die VOC in Wachstum und Profitabilität überholte [4]; [5. Kap. 11].

Mit der Verlagerung der Exportstruktur Indiens zu Rohwaren einerseits und einer steigenden chines. Importkapazität andererseits entwickelte sich aus Indien stammendes ↗Opium im frühen 19. Jh. zu einem wichtigen Importgut. Die von den chines. Behörden 1837/39 angestrengte Unterdrückung von Opiumimporten mündete in einen allgemeinen Konflikt um europ. ↗Handelsrechte: Nach dem ↗Opiumkrieg (1840–1842) musste China im Frieden von Nanking (1842) Hongkong an Großbritannien abtreten und Handelsrechte in weiteren fünf Häfen gewähren. Bis 1860 (Vertrag von Peking) musste sich China ungehindertem europ. ↗Handel (↗Außenhandel) öffnen: Ausländer standen unter der extraterritorialen Jurisdiktion ihrer jeweiligen Konsuln; in den Vertragshäfen besaßen die europ. Mächte eigene Verwaltungen; China hatte die Präsenz ausländischer Handels- und Kriegsschiffe in den eigenen Küsten- und Binnengewässern hinzunehmen und die Höhe von ↗Zöllen wurde vertraglich beschränkt [6. Bd. 10, Kap. 4–5].

→ Chinesische Welt; Fernhandel; Handelsräume; Handelsrouten; Weltwirtschaft

[1] C. R. Boxer, The Great Ship from Amacon: Annals of Macao and the Old Japan Trade, 1555–1640, 1960 [2] K. N. Chaudhuri, The Trading World of Asia and the English East India Company, 1660–1760, 1978 [3] P. Chaunu, Les Philippines et le Pacifique des Ibériques, 1960 [4] L. Dermigny, La Chine et l'Occident: Le commerce à Canton au XVIIIe siècle, 1719–1833, 1964 [5] K. Glamann, Dutch-Asiatic Trade, 1620–1740, 1958 [6] D. Twitchett (Hrsg.), Cambridge History of China, 15 Bde., 1978–2002.

Ulrich Pfister

Chinamission s. Mission

Chinamode s. Chinoiserie

Chinarinde s. Fieber

Chinesische Welt

1. Chinas Stellung in der frühneuzeitlichen Welt
2. Politische Grundzüge
3. Religion, Wirtschaft und Gesellschaft
4. Die Ausdehnung der Chinesischen Welt: Kolonisation und Expansion
5. Weltbild und Weltbildwandel
6. China und Europa

1. Chinas Stellung in der frühneuzeitlichen Welt

1.1. China und Europa in der Frühen Neuzeit
1.2. Bevölkerung und Geographie

1.1. China und Europa in der Frühen Neuzeit

Am Anfang der Frühen Nz. steht China. Vordergründig verweist dies zum einen auf jene drei aus China stammenden technischen Errungenschaften, die in besonderer Weise zur Signatur der Nz. gehören – ↗Kompass, Schießpulver (↗Schwarzpulver) und ↗Buchdruck. Zum anderen rücken damit die Modernitätsmerkmale des frühnzl. Chinas in den Blick: die generelle Wertschätzung von ↗Bildung oder die vergleichsweise früh (in der Übergangszeit von der Tang- zur Song-Dynastie 8.–10. Jh.) erfolgte Ersetzung der Aristokratie durch die bildungsbasierte Beamtenelite der ↗Mandarine, die ausgreifenden Seeexpeditionen in der ersten Hälfte des 15. Jh.s sowie Chinas Rolle bei der Entstehung des Welthandelssystems (↗Chinahandel). Aufgrund dieser Entwicklungen erscheint China im 15./16. Jh. als »fortschrittlicher« und für den Durchbruch zur Moderne prädestinierter als das zeitgenössische Europa [12]; [30]; [38].

In ihrer ganzen Tragweite erschließt sich die Eingangsthese aber erst im Blick auf Chinas Rolle als Orientierungsgröße, Anschauungsfeld, Projektionsfläche und unerschöpfliches Anregungspotential für die Reflexion und Imagination im sich herausbildenden nzl. Europa – eine Rolle, die schon durch eine Reihe von bereits nzl. europ. Gemeinplätzen und Topoi indiziert wird – man denke etwa nur an die Yin-Yang-Symbolik, an die unterschiedlichsten Bezugnahmen auf Konfuzius als Weltweisen oder die Rede von »Xanadu« als Metapher paradiesischer Lustbarkeit (eigentlich *Shangdu*, die Sommerresidenz Kublai Khans in Dolon-nor). Für diese Rolle Chinas im symbolischen und mentalen Haushalt des nzl. Europas steht Marco Polos vielgelesener ↗Reisebericht *Il milione* ebenso wie der von Goethe mit Blick auf zeitgenössische Übersetzungen chines. Erzählungen geprägte Begriff der »↗Weltliteratur«.

Das Besondere an dieser Rolle war, dass China stets als das ganz Andere, aber nicht als das Barbarisch-Andere, sondern als Gegenentwurf zu Europa im Sinne eines anderen ↗Zivilisations-Projekts und deshalb auch als mit ↗Europa im Grunde geistesverwandt, angesehen wurde [27]. Leibniz brachte dies zum Ausdruck, wenn er in seinen *Novissima Sinica* (1697) eingangs bemerkte: »Durch eine einzigartige Entscheidung des Schicksals, wie ich glaube, ist es dazu gekommen, dass die höchste Kultur und die höchste technische Zivilisation der Menschheit heute gleichsam gesammelt sind an zwei äußersten Enden unseres Kontinents, in Europa und in Tschina …, das gleichsam wie ein Europa des Ostens das entgegengesetzte Ende der Erde ziert.«

Der hohe Stellenwert Chinas für das nzl. ↗Europa ist seit dem ausgehenden 18. Jh. aufgrund eines zunehmend negativ geprägten Chinabildes infolge der »Entzauberung Asiens« [27] überdeckt worden – mit weitreichenden Folgen für die Forschungsinteressen innerhalb der westl. ↗Sinologie, aber auch für das Selbstverständnis der chines. Führungs- und Bildungselite des 20. Jh.s, die sich »die Modernitätszentrierung des geschichtlichen Rückblicks« (Niklas Luhmann) zu Eigen machte [40]; unausgeschöpft blieb dadurch das Potential, gegenwärtige Globalisierungsprozesse so zu interpretieren, dass sie nicht als Oktroi des okzidentalen Rationalisierungsprozesses erscheinen, sondern als anschlussfähig an die eigene, chines. Tradition begreifbar sind.

1.2. Bevölkerung und Geographie

Die Bedeutung Chinas in der nzl. Welt macht bes. ein Blick auf die Demographie deutlich. Ausgehend vom ersten Zensus im Jahr 2 n. Chr., gegen Ende der westl. Han-Dynastie (206/202 v. Chr. bis 8 n. Chr.), bei der knapp 60 Mio. Menschen gezählt wurden, ist eine Richtgröße von einem Anteil der chines. Bevölkerung von 1/3 bis 1/5 der Weltbevölkerung durch die Jahrhunderte, mit abnehmender Tendenz in der Gegenwart, anzunehmen. Für die Epoche der Nz. sind Schätzungen relevant, nach der die Weltbevölkerung zur Mitte des 17. Jh.s bei 750 Mio. lag und um 1830 die Milliardengrenze überschritt; was China betrifft, so ist für 1650 nach der neuesten Forschung von einer Bevölkerung von über 250 Mio. auszugehen; 1830 dürfte sie bei über 380 Mio. gelegen haben (als relativ verlässlich gelten die aus offiziellen Erhebungen errechneten Zahlen von 313 Mio. für 1794 und 401 Mio. für 1834); d. h. für den Zeitraum von 1650 bis 1850 machte die chines. Bevölkerung etwa gut ein Drittel der Weltbevölkerung aus (↗Bevölkerung).

Für die Zeit von 1450 bis 1650 sind die Zahlen weniger verlässlich; im Falle Chinas stützen sie sich auf eine kontinuierliche Reihe von fast jährlichen Zensusangaben, die jedoch lediglich zu Besteuerungszwecken erhoben wurden. Durch eine Neubewertung der sich über die Dauer der Ming-Dynastie (1368–1644) ausweitenden Fehlerquote geht die neueste Forschung von einer Verdreifachung der Bevölkerung Chinas in diesem Zeitraum (von 85 Mio. um 1400 auf über 250 Mio. um 1650) aus [25. 743–746]. Dadurch relativiert sich die frühere Grundannahme, die von einer nur mäßigen Demographieentwicklung in der Ming-Zeit, gefolgt von einem fulminanten, friedenszeitbedingten Bevölkerungszuwachs im Laufe des 18. Jh.s ausging. Damit »fällt« eine Grundprämisse der Wirtschafts- und Gesellschaftsgeschichte des spätkaiserzeitlichen Chinas, und es rückt nachdrücklich die spätere Ming-Zeit (ca. 1530–1650) als eine Epoche mit Schwellencharakter in den Blick.

Wenn hier von der Ch. W. die Rede ist, so verweist dies bereits auf einen charakteristischen Grundzug der Geschichte des spätkaiserzeitlichen Chinas: die weiträumige Ausdehnung des als *China Proper* bezeichneten, unter der Qing-Dynastie (1644–1911) in 18 Provinzen untergliederten Kern-Reiches, insbes. das Ausgreifen der Mandschu-Herrschaft nach Innerasien hinein (↗Expansion), verbunden mit der Eingliederung der riesigen

Gebiete der Mandschurei, der Mongolei und Chines.-Turkestans ins Qing-Imperium, die Errichtung eines Protektorats über Tibet und die tributäre Anbindung der Nachbarländer Annam (Vietnam), Burma, Japan, Korea und Ryûkyû. Ferner fällt in den Berichtszeitraum das Vordringen von ↗Überseechinesen im südostasiat. Raum. Bei aller Unterschiedlichkeit der Lebensverhältnisse garantierten jedoch die Grundloyalität gegenüber dem herrschenden Kaiserhaus (↗Kaiser), der Ahnenkult (↗Ritual) sowie die prägende Kraft des Neokonfuzianismus eine beachtliche Einheitlichkeit der Sinn- und Wertestrukturen in den verschiedenen Teilen der Ch. W.

2. Politische Grundzüge

2.1. Vom 14. bis zum 16. Jahrhundert
2.2. Das 17. und 18. Jahrhundert

2.1. Vom 14. bis zum 16. Jahrhundert

Die mongolische Yuan-Dynastie (1271–1368) markiert eine deutliche Zäsur in der Geschichte des chines. Kaiserreichs: Mit ihr erlangte erstmals ein nicht-chines. Herrscherhaus die Herrschaft über Gesamtchina. Sie hatte damit den Präzedenzfall geschaffen, ohne den die Dauer und die Größe der vom Tungusenvolk der Mandschu errichteten Qing-Dynastie, der letzten Dynastie des chines. Kaiserreiches, nicht vorstellbar wären.

Aus den von religiös motivierten Aufstandsbewegungen und der Entstehung von regionalen Königreichen gekennzeichneten Wirren am Ende der Yuan-Dynastie war Zhu Yuanzhang (1328–1398), der Begründer der Ming-Dynastie, als Sieger hervorgegangen. Mit harter Hand schuf Zhu die institutionellen Grundlagen der Ming-Herrschaft, die im Wesentlichen von der nachfolgenden Qing-Dynastie übernommen wurden [31]. Bes. die Abschaffung des Kanzleramts hatte weitreichende Folgen für die Verschiebung der Machtbalance zwischen Kaiser und Zentralregierung zugunsten des Ersteren. Das Gründungswerk wurde allerdings erst durch Kaiser Yongle (reg. 1403–1424) vollendet, der in einem Bruderkrieg seinen Neffen und (legitimen) Nachfolger des Dynastiegründers vom Thron vertrieb und 1421 die ↗Hauptstadt von Nanking nach Peking verlegte.

Während des 15. und 16. Jh.s blieben die Mongolen eine vorrangige Gefahr für das Ming-Reich (1449 Debakel in der Schlacht von Tumu; 1550 Vorstoß Altan Khans auf Peking). Die akute Bedrohungslage beförderte einen rudimentären Nationsbildungsprozess, für den symbolisch die zwischen 1530 und 1630 sukzessiv zu einer durchgehenden Verteidigungslinie ausgebaute »↗Große Mauer« steht und durch den China in seinem Selbstverständnis erst vollends zum »Reich der Mitte« wurde. Eine weitere, ebenfalls um die Mitte des 16. Jh.s kulminierende Bedrohung ging von den »japanischen Piraten« (*wokou*) aus – eine Sammelbezeichnung für das aus allen Teilen Ost- und Südostasiens, mehrheitlich aber aus Japan und China selbst stammende seefahrende Volk, das vom ↗Schmuggel und dem privaten, bis 1567 illegalen Außenhandel, hauptsächlich mit Japan, lebte (↗Freibeuter). Die weitverbreitete Aversion gegen die *wokou*, die periodisch die Küstengebiete plünderten, übertrug sich auch auf die europ. ↗Kaufleute, die in China Fuß zu fassen suchten: Portugiesen in Macao 1557, gefolgt von den span. (1575), holländ. (1604) und engl. Kaufleuten (1637) in Kanton (↗Kaufmannsdiaspora).

2.2. Das 17. und 18. Jahrhundert

Die Endzeit der Ming-Dynastie war geprägt von zwei großflächigen Aufständen im Landesinneren und dem unwiderstehlichen Aufstieg der Mandschu-Nation unter ihrem Stammesfürsten Nurhaci (1555–1626) und seinem Nachfolger Abahai (reg. 1626–1643) im Nordosten Chinas. Unter Ausnutzung der Krisensituation, die sich aufgrund der Besetzung Pekings durch einen Rebellenanführer und des Selbstmordes des letzten Ming-Kaisers ergeben hatte, stießen die Mandschus 1644 auf Peking vor, vertrieben den Rebellenanführer und machten sich mit Unterstützung einer fähigen Kolloborationselite daran, Gesamtchina zu erobern [35]. Endgültig brachte aber erst der zweite Mandschu-Kaiser Kangxi (reg. 1662–1722) das Reich unter die Kontrolle des Qing-Hofes (s. o. 2.1.). Mit der Eroberung Formosas (Taiwans) 1683 und dem Sieg über das westmongolische Steppenreich Galdans 1696 stand Kangxi im Zenit seiner Macht.

Im Inneren spielte Kangxi klug die Rolle eines Förderers der Künste und Wissenschaften (einschließlich der westl. ↗Mathematik [11], der ↗Astronomie und des ↗Kalender-Wesens) und Hüters der konfuzianischen Tradition. Namentlich initiierte er die Kompilation der monumentalen Enzyklopädie *Gujin tushu jicheng* (1725; »Vollständige Sammlung von Schriften und Bildwerken aus alter und neuer Zeit«, 10 000 fadengeheftete Bände; ↗Enzyklopädie). Langfristig gelang es dadurch, die Loyalität der Literatenbeamtenschaft für das Mandschu-Herrscherhaus zu gewinnen. Dem Ziel der Vollendung der inneren Einheit galten auch Kangxis sechs kostspielige Inspektionsreisen (zwischen 1684–1707) in die Kernregion des unteren Yangtsetals.

Dass dieses Ziel aber nicht wirklich erreicht wurde, zeigen die durch die ungeklärte Thronnachfolge verursachten Verwerfungen, die einen dunklen Schatten auf die letzten eineinhalb Jahrzehnte von Kangxis sechzigjähriger Herrschaft warfen. Nach Kangxis Tod gelang es seinem vierten Sohn in einem Handstreich, den Thron für sich zu gewinnen. Unter der Herrschaftsdevise Yongzheng (»einträchtige Geradheit«) regierend (1723–1735), legte er das Fundament für die stupende

Machtentfaltung in der zweiten Hälfte des 18. Jh.s. Als von größter Bedeutung erwies sich neben der Konsolidierung der Staatsfinanzen die Schaffung des Staatsrats (*junjichu*), der das befugnisärmere innere Kabinett (*neige*) als oberstes Beratungsgremium und Koordinationsstelle für die Regierungsarbeit ersetzte [1].

Auf Yongzheng folgte Qianlong, der so lang wie kein anderer Kaiser Chinas regierte (1736–1799) und mit seinen innerasiat. Eroberungen das flächenmäßig größte Reich der chines. Geschichte schuf (s. u. 4.). In kultureller Hinsicht wurde die Qianlong-Ära durch die systematische Zusammenstellung der kaiserlichen Bibliothek und die damit einhergehende, in Umfang und Gründlichkeit unübertroffene Bestandsaufnahme der konfuzianischen Schrifttradition (*Siku quanshu zongmu tiyao*, »Gesamtkatalog mit Abrissen zu sämtlichen Büchern in den vier Abteilungen [der kaiserlichen Bibliothek]«; ↗Enzyklopädie) gekrönt. An deren Ende häuften sich jedoch unübersehbar die Zeichen des Niedergangs: eine leere Staatskasse, Günstlingswirtschaft und Korruption, Beginn der langanhaltenden Erhebungen der millenarischen Weißen-Lotus-Sekte (↗Weißer-Lotus-Aufstand), Aufstände unter den nicht-chines. Völkerschaften im Südwesten Chinas.

Die Krisenerscheinungen nahmen während der 1820er und 1830er Jahren zu. Empfindliche Auswirkungen auf Binnenhandel und -wirtschaft hatte die Versandung des Kaiserkanals [19], der nach der Flussbettveränderung des Gelben Flusses 1855 für die Getreidetransporte zwischen der Yangtse-Region und Peking schließlich ganz aufgegeben wurde. Dazu belasteten der zunehmende Silberabfluss und das sich nach 1825 rasant ausweitende Handelsdefizit durch die ungeachtet kaiserlicher Verbote sprunghaft steigenden ↗Opium-Einfuhren die Wirtschaft.

Zwar stellen rückblickend der (erste) ↗Opiumkrieg (1839–1842) und der zweite Opium- oder »Arrow«-Krieg (1856–1860) – samt den China aufgedrungenen »↗ungleichen Verträgen« – entscheidende Zäsuren auf Chinas Weg in die Moderne dar, doch zeitgenössisch sah sich die chines. Führung vordringlich mit gewaltigen Aufständen im Inneren konfrontiert, die ab Mitte des 19. Jh.s das Reich erschütterten, Resultat der massiven Überdehnung des Reichs im 18. Jh. Der verheerendste und an Menschenverlusten größte Aufstand – Schätzungen belaufen sich auf 20 bis 30 Mio. Tote –, die ↗Taiping-Rebellion in der unteren und mittleren Yangtse-Region (1851–1864), brachte die Mandschu-Dynastie an den Rand des Kollapses. Die erfolgreiche »Restauration« (*zhongxing*) der Dynastie, begleitet von erheblichen Modernisierungsanstrengungen, zeugen von der inneren Bindekraft des Reiches, der Stabilität seiner Institutionen sowie von der Krisenbewältigungskompetenz seiner Führungsschicht.

3. Religion, Wirtschaft und Gesellschaft

3.1. Religion und Familie
3.2. Wirtschaftliche Dynamik im »Zeitalter des Silbers« (1550–1650)

3.1. Religion und Familie

Die Frage, wie es die Chinesen mit der Religion halten, war für die europ.-chines. Begegnungsgeschichte (s. u. 6.4.) zentral und löste Ende des 17. und Anfang des 18. Jh.s eine lang anhaltende Debatte in Europa aus, deren Ausläufer bis in die heutige Chinaforschung hineinreichen (↗Sinologie). Diese Debatte befasste sich viel mit dem Gottesbegriff, aber wenig mit der Funktion von Religion in China. Die religiöse Fundierung des chines. Wirtschaftslebens, des sozialen Zusammenlebens in Familie, Sippschaft und Clanverbänden sowie des dörflichen und städtischen Gemeinwesens wurde daher lange verkannt und in ihrer Bedeutung unterschätzt.

Generalisierende Aussagen über die ↗Familie im spätkaiserzeitlichen China lassen sich angesichts erheblicher regionaler Unterschiede sowie nicht geringer Veränderungen in zeitlicher Perspektive nicht treffen. Bei der häufig beschriebenen Drei- oder Vier-Generationen-Familie, die unter einem Dach zusammenlebt, handelt es sich zweifelsohne um einen von der konfuzianischen Familienethik propagierten Idealtypus. Die soziale Wirklichkeit dagegen war von erstaunlicher Vielfalt von neben einander bestehenden Familienstrukturen gekennzeichnet (Kern-, multiple und Stammfamilien sowie patrilineare Clanverbände). Bei aller Unterschiedlichkeit besaßen die Familienstrukturen ein einigendes Merkmal: die Ausrichtung auf den Familienaltar mit den Ahnentafeln, auf den sich der häusliche Ahnenkult konzentrierte. Meist wurde der Ahnen täglich gedacht, und man brachte ihnen Opfer, in der Regel jeweils zu Beginn und in der Mitte der 24 Sonnenzeitabschnitte (à 14–16 Tage) eines Jahres sowie zu Festen, v. a. zum Neujahrsfest, und zu den Familienfeiern wie Hochzeiten, Begräbnissen, Prüfungserfolgen etc. (↗Ritual).

Wie die Familien den Hausaltar, so hatten die Dorfgemeinschaften und in den Städten die Nachbarschafts- und Stadtviertelgemeinschaften des spätkaiserzeitlichen China immer einen Tempel oder Schrein als Zentrum (↗Ländliche Gesellschaft). Das Gleiche gilt auch für Märkte sowie die landsmannschaftlich oder beruflich organisierten Kaufmanns- und Handwerkergilden. Die Ausbreitung dieser rituell-religiös begründeten Vergemeinschaftungen, zu denen auch Literatenvereinigungen und Geheimgesellschaften zählen, ist bislang erst in Ansätzen erforscht [15]; [29]. Fest steht jedoch, dass sie im 16./17. Jh. in signifikanter und zunehmender Zahl entstanden [9] und aufs Engste mit der außerordentlichen Wirtschaftsdynamik in Chinas »Zeitalter des Silbers« [14] verknüpft sind.

3.2. Wirtschaftliche Dynamik im »Zeitalter des Silbers« (1550–1650)

Die Grundkoordinaten dieser starken Wirtschafts- und Prosperitätsentwicklung (↗Kommerzialisierung) in der späten Ming-Zeit sind in geographischer Hinsicht die untere Yangtse-Region mit den Zentren Suzhou, Songjiang und Nanking [24], und im Hinblick auf die Handelswaren ↗Baumwolle, ↗Seide, ↗Porzellan und Buchdruckerzeugnisse. Ferner ist auf die Bedeutung des ↗Kaiserkanals, der den Wirtschaftsraum des unteren Yangtsetals mit Peking verband, sowie auf die Reform des Steuersystems, das sog. Ein-Peitschen-System (*yitiaobian*) hinzuweisen, in dem Dienstleistungen mit der Grundsteuer zu einer Einheitssteuer verschmolzen wurden.

Der tiefgehende wirtschaftliche und gesellschaftliche Wandlungsprozess der Übergangsperiode von Ming- zu Qing-Dynastie (Mitte des 17. Jh.s) wurde zuerst in der Volksrepublik der 1950er Jahre durch die Debatte über die frühnzl. Modernisierung Chinas unter dem Schlagwort der ↗»Sprossen des Kapitalismus« in den Blickpunkt gerückt; in jüngerer Zeit wird er mit Blick auf die Entstehung des internationalen Handelssystems und auf die Eröffnung neuer Handelswege durch den Zufluss des amerikan. Silbers v. a. nach China gesehen (↗Weltwirtschaft). Dabei wurde wiederholt die Frage diskutiert, warum es in China trotz günstigster Voraussetzungen nicht zum Durchbruch des modernen ↗Kapitalismus kam. Einflussreich ist die Theorie der sog. *high-equilibrium trap* (Mark Elvin; [10]), wonach auf hohem wirtschaftlichen Niveau die leichte Verfügbarkeit billiger Arbeitskräfte technologischen Fortschritt verhindert habe [17].

Allerdings scheint eine rein ökonomische Antwort nicht ausreichend zu sein, denn der gegen Ende der Ming-Zeit zu beobachtende Wandlungsprozess war mehr als rein wirtschaftlicher Natur [6]. So kommt mit der späten Ming-Zeit (ca. 1530–1650) eine Epoche in den Blick, die auf manchen Zeitgenossen ebenso betörend wie verstörend wirkte, und die uns in einem großen zeitgenössischen chines. ↗Roman als veralltäglichter »Karneval« geschildert wird [3]. In der nachfolgenden Qing-Dynastie als Zeitalter der ↗Dekadenz perhorresziert und so zu einer Art »Un-Zeit« gemacht, ist sie in der sinologischen Forschung gerade der letzten Jahre nachdrücklich in den Blick gerückt worden [33].

4. Die Ausdehnung der Chinesischen Welt: Kolonisation und Expansion

Die Ausdehnung der Ch. W. ist ein charakteristischer Grundzug des spätkaiserzeitlichen Chinas. Das heutige China beruft sich in seinen Gebietsansprüchen auf Hoheitsanerkennungen und Grenzziehungen, die zumeist diesem histor. Prozess geschuldet sind. Dennoch tut sich die histor. Forschung in China aus ideologischen und nationalen Gründen noch immer schwer, diesen Grundzug zu thematisieren [16]; wenn es geschieht, dann unter der Leitkategorie der »Grenzgebietsschließung« (*bianjiang kaifa*) [22]. Dies spricht aber nur *einen* Modus der Ausdehnung des Kaiserreichs der Ming- und Qing-Dynastien an, den der »inneren Kolonisation« (2). Davon zu unterscheiden sind zwei weitere Modi: (1) die Ausbreitung chines. Kolonien, insbes. im ost- und südostasiat. Raum, sowie (3) die »offensive ↗Expansion« in der zweiten Hälfte des 18. Jh.s.

(1) Einen Kolonisationsschub löste die mongolische Eroberung des Südl. Song-Reichs 1279 aus, gefolgt von Eroberungszügen nach Vietnam, Kambodscha, Burma und Java am Ende des 13. Jh.s. Ansiedlungen von chines. Kaufleuten und Handwerkern finden sich in der Mongolenzeit aber nicht nur in Angkor, an der Küste Malabars, in Tumasik (heute Singapur) und auf Ceylon, sondern auch entlang der zentralasiat. ↗Handelsrouten, z. B. in Samarkand (↗Seidenstraße), in der äußeren Mongolei, am Oberlauf des Jenissej und sogar in Moskau und Nowgorod.

Nach Gründung der Ming-Dynastie nahm die chines. Migration in die südostasiat. Länder und südind. Hafenstädte zu (↗Poduktionsgebiete, außereuropäische) – Ergebnis der offensiven Außenpolitik Kaiser Yongles (reg. 1403–1424): Mit der Besetzung Annams (nördl. Vietnam, 1406–1427) gingen sechs große Seeexpeditionen in den Indischen Ozean bis zur arab. Halbinsel und ostafrikan. Küste einher (eine siebte Expedition fand unter Yongles Nachfolger 1431–1433 statt). Die dafür eingesetzten Flotten unter dem Kommando des muslim. Eunuchen Zheng He (1371–1433/35) bestanden aus mehreren Dutzend (bei der ersten Seeexpedition sogar 317) Dschunken, deren größte mit über 120 m Länge ein Mehrfaches der zeitgenössischen europ. Galeonen maß. Neben Prestigegewinn und Informationen über die südostasiat. Länder brachten die Schiffe allerlei exotische »Tributgeschenke« zurück, darunter auch eine Giraffe, die als ein Zeichen der Huldigung Yongles durch den Himmel gedeutet wurde. Die Einstellung der offensiven Seefahrtspolitik hatte in erster Linie finanzielle Gründe, aber auch der mit der ↗Hauptstadt-Verlegung nach Peking bedingte Perspektivwechsel spielte eine Rolle, der die gefährdete Nordgrenze und die Binnenschifffahrt über den Kaiserkanal in den Blickpunkt des politischen Denkens rückte.

(2) Mit »innerer Kolonisation« wird der Langzeitprozess einer »stetigen Südwärtsbewegung des chinesischen Volkes« [2] bezeichnet, das Vordringen chines. Staatlichkeit in den von außerordentlich großer eth-

nischer, linguistischer und kultureller Vielfalt gekennzeichneten Südwesten Chinas (d. h. in die heutigen Provinzen Guizhou, Guangxi, Yunnan und Sichuan), die Besiedelung Hainans und Taiwans, der beiden großen Inseln im südchines. Meer, sowie die allmähliche kulturelle und administrative Eingliederung dieser Gebiete in das chines. Reich (↗Sinisierung). Dieser weit in die Geschichte chines. Staatsbildung zurückreichende Prozess beschleunigte sich im 13./14. Jh. mit der Eroberung Dalis (des Nachfolgereichs Nanzhaos, 649–902) durch die Mongolen 1253/54 und mit dessen Eingliederung als Provinz Yunnan unter den Ming (1382).

Aufgrund von Verboten, die in der frühen und mittleren Qing-Zeit die Ansiedlung von Han-Chinesen in der Mandschurei und Mongolei verhinderten, wurde der Südwesten die Hauptzielregion der innerchines. Migration aus den überbevölkerten Kernprovinzen des Reiches. Dies führte zu steigenden Spannungen und Konflikten mit den indigenen, nicht-chines. Völkerschaften, die summarisch als *Miao* bezeichnet wurden. Zudem wurde ab den 1720er Jahren nach und nach die bewährte indirekte Herrschaft mittels lokaler Fürsten (sog. *tusi*-System) durch kaiserliche Verwaltungsstrukturen ersetzt, was zahlreiche *Miao*-Aufstände zur Folge hatte [16. 118–121]. Der Prozess der »inneren Kolonisation« gelangte erst im ausgehenden 19. Jh. mit der Erhebung Taiwans zu einer eigenständigen Provinz (1886) zu einem gewissen Abschluss.

(3) »Offensive Expansion« bezieht sich hingegen auf die ausgreifenden zentralasiat. Eroberungen Qianlongs in der zweiten Hälfte des 18. Jh.s, die eine Abkehr von der passiven Tributpolitik markieren (vgl. ↗Expansion). Grundstein für Qianlongs Expansionspolitik war das 1720/21 den Westmongolen entrungene Patronat über den tibetischen Buddhismus (↗Lamaismus), verbunden mit der Schutzmachthoheit über Tibet, was dem Mandschu-Kaiserhaus hohen Einfluss auf die vielfach untereinander zerstrittenen mongolischen Stämme sicherte. Auf mehreren Missionen nach Tibet verstand es Lcang skya Rol pa'i rdo rje (1717–1786), der ranghöchste Lama von Peking und persönliche Glaubenslehrer Qianlongs, dieses Patronat zur Geltung zu bringen [37]. Damit war der Weg für den Krieg gegen das westmongolische Steppenreich der Dsungaren geebnet, der 1757 mit deren vernichtenden Niederlage und der Eroberung der Dsungarei und des Ili-Gebiets endete. Das Volk der Dsungaren wurde nahezu ausgerottet, ihr Name getilgt (bzw. in »Oiraten« umbenannt), die Erhebungen in den muslim. Oasenstädten südl. des Tianshan-Gebirges (in Yarkand, Aksu, Kashgar etc.) niedergeschlagen und damit ganz Chinesisch-Turkestan unter Kontrolle gebracht. Zusammen mit dem Ili-Gebiet wurde es 1760 einer Militärregierung unterstellt und als »Neue Territorien« (*Xinjiang*) dem Qing-Reich eingegliedert (1882 zur Provinz erhoben).

Damit war Qianlong gelungen, was allen früheren Dynastien versagt geblieben war: die endgültige Ausschaltung der permanenten Gefahr von Übergriffen, Beute- und Eroberungszügen der nomadischen Steppenvölker im Norden Chinas (↗Nomaden). Damit ging eine zweitausendjährige konfliktreiche Geschichte der Auseinandersetzung des chines. Kaiserreichs mit den nomadischen Stammesföderationen und Reichsbildungen an Chinas Nordgrenze zu Ende.

5. Weltbild und Weltbildwandel

5.1. Ethische Grundvorstellungen
5.2. Selbst- und Weltverständnis im Wandel
5.3. Kartographisches Weltbild

5.1. Ethische Grundvorstellungen

Das chines. Weltbild der späten Kaiserzeit (14.–19./20. Jh.) war wesentlich geprägt durch die konfuzianische Ethik in ihrer an der Lehre Zhu Xis (1130–1200) ausgerichteten Form. In ihrem Zentrum stand der Moralkatechismus der »Fünf Grundbeziehungen« (*wulun*), welcher der Kindespflicht gegenüber den Eltern (*xiao*) und der Loyalität gegenüber dem Herrscher (*zhong*) Priorität einräumte (↗Konfuzianismus). Die Fundierung des neokonfuzianischen Wertegerüsts erfolgte in der Anfangszeit der Ming-Dynastie (erste Hälfte 15. Jh.), als unter dem Yongle-Kaiser die Auslegungen der kanonischen Schriften durch Zhu Xi und anderer songkonfuzianischer Gelehrter, v.a. aber die von Zhu Xi zu einem neuen Kanon zusammengestellten und kommentierten »Vier Bücher« (*Sishu*) für die Staatsprüfungen verbindlich gemacht wurden und dieser Kanonisierung im Staats- und Konfuziuskult auch rituelle Prägnanz verliehen wurde (↗Ritual). Von einer »Staatsorthodoxie« zu sprechen hieße jedoch, die in der Mongolen- und frühen Ming-Zeit starke synkretistische, auf eine Synthese der »drei Lehren« (*sanjiao*; ↗Konfuzianismus) hin angelegte Geistesströmung zu übersehen (↗Taoismus; ↗Buddhismus). Zudem darf nicht vergessen werden, dass neben der vom spätkaiserzeitlichen Staat gestützten konfuzianischen Ziviltheologie und Sozialmoral eine Vielfalt religiöser und volksreligiöser Traditionen fortbestand – eine Koexistenz, die treffend als *»religious diversity with moral orthodoxy«* (Kwang-Ching Liu) charakterisiert wurde.

5.2. Selbst- und Weltverständnis im Wandel

Die Ausrichtung des Schulunterrichts auf die »Vier Bücher«, die Reduktion der Akademien (*shuyuan*) zu Lehranstalten für die Vorbereitung auf die Staatsprüfungen (↗Hochschulen), die Schematisierung aller Bildungsinhalte durch den »achtgliedrigen Prüfungsessay« (*baguwen*) gaben im ausgehenden 15. Jh. einen entscheidenden Impuls für eine Erneuerung des Neokonfuzianismus, die engstens mit dem Namen Wang Yangmings (1472–1529) verbunden ist. Wangs zentrale Botschaft lautete, dass jeder Mensch, da mit dem »angeborenen Wissen ums Gute« (*liangzhi*) begabt, ein »Heiliger« (*shengren*) werden könne – ohne dass es dafür unbedingt eines vorausgehenden Bücherstudiums bedürfe. Die Verbreitung von Wang Yangmings Lehre durch Schüler und Anhänger nahm in manchen Regionen Chinas geradezu die Züge einer Massenbewegung an. Wenn auch nicht alleiniger Grund, so hatte Wangs »Lehre vom Herzen« (*xinxue*) – das »Herz« (*xin*) als Sitz des »angeborenen Wissens ums Gute« bildete eine zentrale Kategorie dieser neuen Denktradition – zweifellos zumindestens eine katalysierende Wirkung auf einen Lebenswelt und Weltbild umgreifenden Wandlungsprozess in der späten Ming-Zeit (16./17. Jh.).

Dieser Wandlungsprozess zeitigte drei signifikante Tendenzen: (1) eine Ausweitung der »inneren Öffentlichkeit«: die tägliche Dreifach-Selbstprüfung (*sanxing*), Bekenntnisse von Verfehlungen und das Ablegen von Rechenschaft über das eigene Leben wurden Pflichtübungen der individuellen Lebensführung innerhalb der gebildeten Oberschicht [5]; (2) die wachsende Durchdringung aller lebensweltlichen Bereiche durch konfuzianischen Ritualismus und Moralismus; exemplarisch zeigt sich dies bei der durch »Ehrenbögen« (*pailou*) geförderten Ausbreitung des weiblichen Keuschheitskults, einschließlich der Praxis der Selbsttötung junger Witwen [36]; (3) die Kultivierung von Eigensinn: Unkonventionalität, Exzentrik und ein Hang zur Selbstinszenierung kennzeichneten das Handeln an der Öffentlichkeit (so z. B. jenes Gelehrten aus der Provinz, der zur Klageerhebung am Hof seinen Sarg mitnimmt), ebenso aber auch die großen Werke der Literatur – stellvertretend seien der ↗Roman *Die Reise nach dem Westen* (*Xiyouji*; Erstdruck in den 1590er Jahren) und das ↗Singspiel *Päonienlaube* (*Mudanting*; 1598 vollendet) von Tang Xianzu genannt –, der ↗Malerei und der Kalligraphie dieser Epoche.

Dieser Wandlungsprozess schuf, insbes. innerhalb der Gebildetenschicht in der unteren Yangtse-Region, die Voraussetzungen für die intellektuelle Wissbegierde und Aufnahmebereitschaft von Neuem und damit – auf chines. Seite – die Basis für die Begegnung mit den ↗Jesuiten-Missionaren (s. u. 6.3.).

In der nachfolgenden Qing-Dynastie wurde insbes. in der o. g. dritten Tendenz ein Hauptgrund für den Untergang der Ming-Dynastie gesehen und zugleich die späte Ming-Zeit als Zeit des Niedergangs und der Dekadenz gebrandmarkt. Deshalb war es auch nur konsequent, dass das Mandschu-Herrscherhaus wieder auf Zhu Xi und den Songkonfuzianismus (↗Konfuzianismus) setzte, und zwar aus Legitimationsgründen mit besonderer Verve [7]. Es verwundert daher nicht, dass sich gegen Ende der Kangxi-Ära Zeichen eines wachsenden »Sinozentrismus« mehrten: So forderte der Kangxi-Kaiser von den jesuitischen Kartographen (↗Kartographie) den Null-Meridian durch Peking zu legen, und in einer auf sein Geheiß zusammengestellten mathematischen Enzyklopädie wird die später in Variationen viel verwendete Gedankenfigur grundgelegt, dass die westl. Wissenschaften ihren Ursprung in China gehabt hätten und in der Folgezeit von den ausländischen Barbaren weiterpraktiziert worden seien [11]. Dazu gesellte sich eine im Laufe des 18. Jh.s verstärkte Forderung nach Unterdrückung und Exklusion von allem, was als nicht »korrekt« bzw. nicht »der rechten Norm entsprechend« (*zheng*) angesehen wurde; dies schlug u. a. in der weitgehenden Eliminierung des buddhistischen und taoistischen Schrifttums in der monumentalen Palastbibliothekssammlung *Siku quanshu* (s. o. 2.2.) nieder.

5.3. Kartographisches Weltbild

Die allmähliche Verengung des Wahrnehmungshorizonts (»*the closing of Chinese minds*« [26. 22–27]) im 17./18. Jh. lässt sich auch an chines. Weltkarten ablesen (↗Kartographie). Eine 1644 in Nanking entstandene Weltkarte verdeutlicht noch exemplarisch die Offenheit der spätmingzeitlichen Gebildeten für neue Sichtweisen (vgl. Abb. 1 unten): Zwar nimmt China ungefähr zwei Drittel der Landoberfläche ein, doch zeigt diese Karte mehr von der außerchines. Welt als alle früheren chines. Weltkarten. Klar erkennbar ist die »Große Mauer« im Norden als Bollwerk gegen die »Fremden der Gegenwelt« [2. 11–12], die »Barbaren« (*yi*) im engeren Sinne: die Mongolen.

Eine Prachtkarte von 1819 folgt hingegen Weltdarstellungen älteren Typs [34. Kap. 5]. Sie zeigt das »Reich« (*tianxia*, wörtlich »alles unter dem Himmel«), so z. B. auch Amerika und andere damals bekannte europ. Staaten – allerdings auf amorphe Inseln zusammengeschrumpft und zusammen mit mythischen Ländern im südchines. Meer verteilt. Diese Karte stützt also das Selbstbild des Mandschu-Kaisers als eines Weltenherrschers, das bes. von dem Kaiser Qianlong kultiviert wurde [8]. Im Vergleich zur ersten Karte fehlt auch die »Große Mauer«, die die aus dem Nordosten kommenden Mandschus exkludiert.

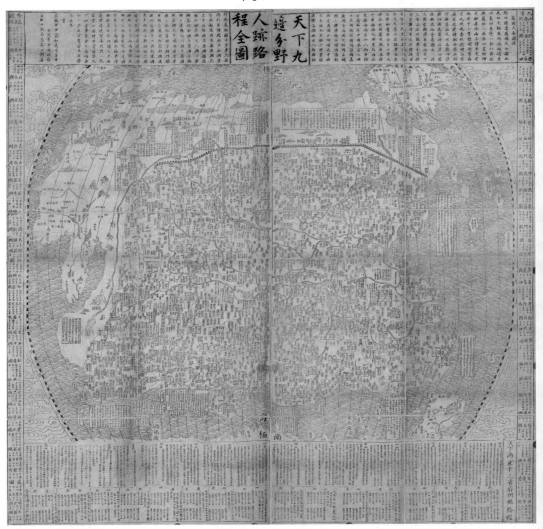

Abb. 1: Cao Junyi, Gesamtkarte der Neun Grenzmarken, der Himmelsfelder sowie der Wegstrecken im ganzen Reich, 1644 (*Tianxia jiubian fenye renji lucheng quantu*; 125 cm x 121 cm). Diese im Untergangsjahr der Ming-Dynastie entstandene chines. Weltkarte zeigt eindrucksvoll die Verknüpfung der buddhistischen Vorstellung einer riesigen Kontinentalscholle im Weltenmeer mit den durch die Jesuiten übermittelten Kenntnissen von der Erde als Kugel (erstmalig in der chines. Kartographiegeschichte werden die Längengrade dargestellt) sowie der außerchines. Geographie. Deutlich erkennbar sind die Konturen Afrikas, des Mittelmeers und Europas (*Ouluoba*) einschließlich Englands und Irlands. Dagegen ahnt der heutige Betrachter nicht, dass es sich bei den auffallend großen Inseln (oder Halbinseln) in der rechten oberen und unteren Ecke um Nord- bzw. Südamerika und bei der Insel in der Kartenmitte ganz rechts um Hispaniola (Haiti) handelt. Die Darstellung des ind. Subkontinents als einer nach unten hin leicht verbreiteten Borte im Westen und Südwesten des chines. Reiches folgt traditioneller Kartendarstellung.

6. China und Europa

6.1. Begegnungen, Interaktionen, Konflikte
6.2. Erste Periode (1517–1583):
   Berührungen – Kaufleute und Piraten
6.3. Zweite Periode (1583–1669):
   Annäherungen – die Jesuiten
6.4. Dritte Periode (1669–1735):
   Verwicklungen und Verwandlungen
6.5. Vierte Periode (1736–1838):
   Die Entstehung der Ungleichgewichtigkeit in der gegenseitigen Wahrnehmung
6.6. Fünfte Periode (1839–1864): Konfrontation

6.1. Begegnungen, Interaktionen, Konflikte

Die Geschichte der nzl. Begegnung zwischen China und Europa in ihrer kulturellen Dimension – den rezeptiv-schöpferischen Auseinandersetzungen beider Seiten mit dem je Anderen und den unterschiedlichsten Formen und Facetten der Aneignungen – geht in ihrer Breite und Tiefe über alle früheren Begegnungsgeschichten hinaus: in der Breite aufgrund ihrer langen Dauer, aber mehr noch aufgrund der Vielfalt kultureller Phänomene (im wahrsten Sinne des Wortes Gott und die Welt betreffend), die bei dieser Begegnung im Spiel waren, und entsprechend aufgrund der breiten Palette von Akteuren (Kaufleuten, Missionaren, Literaten, ↗Mandarinen, Diplomaten, Gartenarchitekten, Botanikern etc.); in der Tiefe insofern, als diese Begegnung nicht einseitig war (dafür stehen europ. Adaptionen so unterschiedlicher chines. Kulturgüter wie Hängebrücke, Segelwagen, ↗Rhabarber, Seidenraupenzucht, Kenntnis des Magnetismus, das Prüfungssystem etc.).

Entscheidend war, dass beide Seiten langfristig hohe Potentiale der Verarbeitung von ↗Fremdheits-Erfahrungen und des Umgangs mit dem Fremden aufgebaut hatten. Dadurch wurden in einer geschichtlich unvorhergesehenen Weise die Chancen der wechselseitigen Kommunikation zwischen den Kulturen ausgelotet.

In dieser Hinsicht ist die nzl. Begegnung zwischen China und Europa eine Erfolgsgeschichte. Dies festzustellen widerspricht gängigen Einschätzungen, die das Scheitern (in erster Linie das der christl. ↗Mission in China) oder – im Hinblick auf den europ. ↗Kolonialismus des 19./20. Jh.s – den Unheilscharakter dieser Begegnungsgeschichte in den Blickpunkt rücken. Diese negativen Aspekte, die Missverständnisse, Verwerfungen und Zerstörungen, dürfen bei einer Bilanz freilich nicht übersehen werden. Symbolisch stehen dafür am Anfang und Ende des hier betrachteten Zeitraumes zum einen der Kanonendonner der Salutschüsse, die die ersten offiziell ausgesandten portug. Schiffe in der Kanton-Bucht 1517 abgaben und dadurch einen Grundstock für Indignation und Argwohn auf chines. Seite schufen, zum anderen die Zerstörung des Pekinger Yuanming-Parks (samt seiner europ. Palastbauten; ↗Garten) durch engl. und franz. Truppen 1860.

Der folgende Überblick unterteilt die dreieinhalb Jahrhunderte während Begegnungsgeschichte im Hinblick auf die Hauptakteursgruppen, die jeweiligen Erwartungshaltungen und Konfliktlagen mit dem Fokus auf der Interaktion in fünf Perioden.

Zur Rolle Chinas im europ. Wahrnehmungshorizont der Nz. und in der Chinaforschung vgl. ↗Sinologie.

6.2. Erste Periode (1517–1583): Berührungen – Kaufleute und Piraten

Der unglückliche Auftakt des portug. Engagements in China 1517 hatte ein nicht minder entmutigendes Nachspiel: Der Ming-Hof wies alle Ersuchen seitens der Portugiesen um eine Handelserlaubnis in Kanton dezidiert zurück, unterband 1522 sogar die Übergabe eines Schreibens des portug. Königs an den chines. Kaiser. Die Portugiesen verlegten sich daraufhin auf den lukrativen Schleichhandel zwischen Japan, wo in den 1530er Jahren reiche Silberminen entdeckt worden waren, und der südostchines. Küstenregion. Schließlich wurde ihnen 1557 für einen jährlichen Pachtzins das Privileg einer dauerhaften Niederlassung auf einer Halbinsel im Perlflussdelta gewährt (↗Kaufmannsniederlassung). Das hier gegründete, von den Jesuitenmissionaren als Ausgangsstützpunkt genutzte Macao blieb bis ins 19. Jh. hinein ein zentraler Ort der europ.-chines. Begegnungsgeschichte, ungeachtet der Verschiebung des Handelsschwerpunkts zuerst nach Haicheng (Provinz Fujian), später nach Cochin China (mittleres Vietnam), Kanton und dann in der zweite Hälfte des 19. Jh.s nach Hongkong und Shanghai.

Die Duldung der Niederlassung in Macao von Seiten der Ming-Regierung zeugt vom chines. Pragmatismus im Umgang mit den »Barbaren«: Solange deren Friedfertigkeit garantiert schien, konnte ihnen die begehrte Handelserlaubnis zugestanden werden. Im vorliegenden Fall, wie auch bei der Aufhebung des Seehandelsverbots 1567, war die Ming-Politik von der Eindämmung des Freibeutertums der »japanischen Piraten« (*wokou*, s. o. 2.1.) geleitet. Allerdings wuchs das chines. Misstrauen gegenüber den Portugiesen, als es Anfang des 17. Jh.s zu notorischen Zusammenstößen zwischen Letzteren und den aggressiv auftretenden Holländern kam. Deren Versuch, Macao zu erobern, scheiterte jedoch (1622). Späterhin fanden die Portugiesen und damit der Standort Macao in den Jesuitenmissionaren stets einflussreiche Fürsprecher am Kaiserhof in Peking.

6.3. Zweite Periode (1583–1669): Annäherungen – die Jesuiten

In diese Periode fällt die Anfangs- und Blütezeit der ↗Jesuiten-Mission in China (↗Mission). Diese ist in erster Linie mit dem Namen Matteo Riccis verbunden, der 1583 von Macao kommend über verschiedene Stationen im Inneren Chinas 1598 Peking erreichte. Ricci begründete die Strategie der Akkomodation des Christentums an die chines. Kultur, die zunächst das Ziel verfolgte, die chines. Bildungselite für die christl. Religion zu gewinnen. Zum erstaunlichen Anfangserfolg dieses Prozesses trugen insbes. eine von Ricci in mehreren Versionen angefertigte Weltkarte sowie seine Versiertheit in Mathematik und Astronomie bei (er übersetzte um 1607 u. a. den Kommentar zur Geometrie von Euklid ins Chinesische [11]). Der bedeutendste christl. Konvertit war der Gelehrte Xu Guangqi (1562–1633), der bis in höchste politische Ämter aufstieg und wie kein anderer für die Aufgeschlossenheit der in der unteren Yangtse-Region ansässigen Bildungsschicht der späten Ming-Zeit steht [18]. Andererseits indizierte die erste anti-christl. Bewegung (1616–1621), ausgelöst von einem persönliche Interessen verfolgenden Literatenbeamten in Nanking, bereits eine allmähliche, in der Qing-Zeit sich langfristig fortsetzende Verengung des Wahrnehmungshorizonts jener konfuzianischen Bildungselite (s. o. 5.2.).

Die beiden bedeutendsten Jesuitenmissionare nach Ricci waren Giulio Aleni, der in der Küstenprovinz Fujian wirkte und eine Vielzahl von Werken in chines. Sprache verfasste, darunter ein auf Riccis Weltkarte basierendes Werk zur Geographie der Welt (*Zhifang waiji*, 1623) [20], sowie der in Köln geborene Johann Adam Schall von Bell. Ihm gelang es nach dem Dynastiewechsel von Ming zu Qing (1644), ein enges Vertrauensverhältnis zu dem ersten, jungen Mandschu-Kaiser aufzubauen. Zudem wurde er mit der Leitung des wichtigen Astronomischen Amtes betraut; dieses Amt hatten die Jesuiten, später die Lazaristen, kontinuierlich von 1725 bis 1824 inne. Trotzdem entgingen Schall und seine jesuitischen Mitarbeiter nur knapp der Vollstreckung der Todesstrafe in einem Prozess (1664/65), in dem die Jesuiten falscher Kalenderberechnungen, der Verbreitung von Irrlehren und der Vorbereitung eines Staatsstreichs bezichtigt wurden. Nach seinem Tod (1666) wurde Schall durch den gerade mündig gewordenen Kangxi-Kaiser rehabilitiert [23]; zugleich verhängte dieser jedoch das erste reichsweite Missionierungsverbot (1669).

Damit ging eine Epoche zu Ende, in der auf beiden Seiten eine intensiv geführte Auseinandersetzung stattfand – hier mit China und der chines. Kultur, dort mit den von den Jesuiten vermittelten Kenntnissen auf den Gebieten der Mathematik, Astronomie, Geographie und Medizin. Dafür stehen exemplarisch auf europ. Seite das auflagenstarke und vielfach übersetzte Grundlagenwerk von González de Mendoza, *Historia de las cosas más notables, ritos y costumbres del gran Reyno de la China* (Rom 1585, »Geschichte der bekanntesten Angelegenheit, Sitten und Gebräuche des Kaisers von China«; dt. 1596), auf chines. Seite etwa die Weltkarte von 1644 (s.o. 5.3.). Der vielleicht entscheidende Grund für das rapid nachlassende Interesse der chines. Gelehrten an den Jesuitenmissionaren als Dialogpartnern mag darin zu sehen sein, dass letztere ab 1630 ihr Haupttätigkeitsfeld an den Kaiserhof im fernen Peking verlagerten und dadurch in den Augen der Angehörigen der süd- und südostchines. Bildungsschicht zu einer Machtelite geworden waren, der sie grundsätzlich misstrauisch gegenüberstanden, um so mehr noch, als sich diese dann nach dem Dynastiewechsel in die Dienste der mandschurischen Fremddynastie stellte.

Auch der ↗Chinahandel der europ. Handelsnationen überschritt in dieser Periode einen (vorläufigen) Höhepunkt: Die Portugiesen wurden von dem Tokugawa-Regime 1639 gänzlich vom ↗Japanhandel ausgeschlossen; der florierende Handel zwischen Fujian und Manila, der ein Großteil des amerikan. Silbers nach China brachte, flaute gegen Mitte des 17. Jh.s ab; den Holländern wurde 1662 Taiwan (Formosa) von dem ming-loyalen General Koxinga (Zheng Chenggong, 1624–1662) entrissen, und sie mussten sich nach Batavia zurückziehen. Im selben Jahr (1662) wurde der letzte Ming-Thronprätendent, Prinz Gui, von einem Qing-General in Burma ergriffen und umgebracht. An dem flüchtigen Hof des Ming-Prinzen war nicht nur der leitende Minister ein christl. Konvertit, sondern auch die auf den Namen Helena getaufte Stiefmutter des Prinzen, die sich – vergeblich – mit der Bitte um Unterstützung an den Papst gewandt hatte.

6.4. Dritte Periode (1669–1735): Verwicklungen und Verwandlungen

Der an den Papst gerichteten Bittbrief der Prinzenstiefmutter Helena wirft ein Schlaglicht auf eine neue Rolle, die den Jesuiten in dieser Periode zuteil wurde: Sie wurden zu Unterhändlern und Gesandten (↗Gesandtschaft). In dieser Funktion traten sie erstmals beim Aushandeln des Vertrags von Nertschinsk 1689 auf, dem ersten Vertrag Chinas mit einem europ. Staat überhaupt, in dem der Grenzverlauf zwischen China und Russland festgelegt wurde. Zusammen mit dem Vertrag von Kjachta (1727), in dem der Grenzhandel *en detail* geregelt wurde, schuf er die Grundlage für eine 150 Jahre andauernde friedliche Koexistenz zwischen den beiden Großreichen [27. 128].

Als Gesandte, und zwar im Auftrag Ludwigs XIV., kam 1688 eine Gruppe von fünf »königlichen Mathematikern« der *Académie Royale des Sciences* an den Hof von Peking, gefolgt von einer zweiten offiziellen Mission 1698. Die Ankunft der franz. Jesuiten verursachte Spannungen mit den anderen, zumeist dem König von Portugal unterstellten Jesuiten am Mandschu-Hof und schmälerte so die Aussicht der Jesuitenmission, in dem v. a. von den Jansenisten forcierten »↗Ritenstreit« (bes. 1693–1705) über die auf die Duldung von Riten, Ahnenkult und Konfuziusverehrung setzende Missionspraxis der Jesuiten zu bestehen (↗Christianisierung). Dem definitiven Nein des Papstes gegen die Akkomodationsstrategie (1715) folgten zwei Edikte Kangxis (1717 und 1720), in denen das Missionsverbot von 1669 bekräftigt und das vorangegangene Toleranzedikt von 1692 außer Kraft gesetzt wurde [39.223, Anm. 92]. Kangxis Nachfolger Yongzheng, ein großer Förderer des ↗Lamaismus bzw. des ↗Buddhismus i. Allg., wiederholte erneut das Missionsverbot (1724) und, wichtiger noch, setzte es auch durch: Die Missionare wurden ausgewiesen.

Dies betraf jedoch nicht die am Hof als Kalendermacher, Astronomen, Kartographen oder Maler arbeitenden Jesuiten. So fand ihr ambitioniertestes Projekt, das von in China arbeitenden Jesuiten je in Angriff genommen worden war, just in der Zeit statt, als sich das Ende der Missionstätigkeit abzeichnete: die Erstellung des »Kangxi-Atlasses« (1708–1717). Ausgeführt von vornehmlich aus Frankreich stammenden Jesuiten, mit Unterstützung durch chines. Mitarbeiter, erforderte dieses Großprojekt ausgedehnte Landvermessungsarbeiten quer durch ganz China. In Europa wurde eine von Jean Baptiste Bourguignon d'Anville herausgegebene Ausgabe des »Kangxi-Atlasses« unter dem Titel *Nouvel Atlas de la Chine, de la Tartarie Chinoise, et du Thibet* (Den Haag 1737) auf lange Zeit zum Standardkartenwerk [16].

Der einzige namhafte Chinese, der in dem hier behandelten Zeitraum von 1517–1864 nach Europa kam und sogar eine Autobiographie verfasste, ist Arcade Hoang (ca. 1680–1716). Er war für die entstehende Sammlung chines. Bücher an der Pariser *Bibliothèque Nationale* zuständig; diese bildete den Grundstock für die Entwicklung der Sinologie im Frankreich des 19. Jh.s.

6.5. Vierte Periode (1736–1838): Die Entstehung der Ungleichgewichtigkeit in der gegenseitigen Wahrnehmung

Die erste Hälfte dieser vierten Epoche ist durch ein gravierendes Ungleichgewicht in der wechselseitigen Wahrnehmung gekennzeichnet: Während in Europa die Hochzeit der China-Begeisterung und der ernsthaften wie schwärmerischen Auseinandersetzung mit der chines. Kultur angebrochen war (↗Chinoiserie), wurden in China die europ. Fremden mehr und mehr auf streng kontrollierte Enklaven beschränkt – die nicht ausgewiesenen Jesuiten auf den Kaiserhof, und die Kaufleute, die zuvor in verschiedenen Häfen an der südostchines. Küste wie Kanton, Zhangzhou, Ningbo, Amoy und Yuntaishan hatten Handel treiben können, mussten sich nach der Kodifizierung des sog. Kanton-Systems (1759) auf Kanton, genauer gesagt auf ein 8 ha kleines Gebiet in der Perlflussmündung beschränken, von wo aus sie allein mit den staatlich lizenzierten Außenhandelsfirmen (*hang* bzw. »Hongs« in der europ. Literatur) in Kontakt treten durften. Dennoch wuchs v. a. der ↗Tee-Handel sprunghaft (die engl. Teeimporte stiegen von 400 000 engl. Pfund im Jahr 1720 auf 23,3 Mio. engl. Pfund im Jahr 1800).

Ungeachtet der sinozentrischen Tendenzen im Welt- und Selbstverständnis der chines. Bildungsschicht im 18. Jh. (s. o. 5.2.), entwickelte sich am ↗Hof Qianlongs sowie – wie wir dem *Traum der Roten Kammer* (*Hongloumeng*; 1792), Chinas größtem ↗Roman, entnehmen können – in den wohlhabenden Haushalten, die mit dem Hof interagierten, ein Geschmack an bestimmten europ. Produkten, insbes. an ↗Uhren und anderen feinmechanischen Produkten. Allein die kaiserliche Sammlung umfasste 1736 über 4 000 Meisterwerke europ. Feiningenieurskunst, darunter einen speziell für die gefahrlose Raubtierjagd konstruierten automatischen Tiger.

Für diese »Europa-Chinoiserie« steht paradigmatisch der 1747 im erweiterten Pekinger Yuanming-Park von Giuseppe Castiglione im ital. Barockstil erbaute Palast mit Wasserspielen. Von Castiglione ließ sich der Qianlong-Kaiser auch bevorzugt porträtieren. Eine zweite Malschule neben der Castigliones entstand um den jüngeren Jean-Denis Attiret. Beide wirkten auch an den 16 Rollbildern von Schlachtenszenen aus Qianlongs Eroberungszug 1757/59 mit (s. o. 4.), die als Vorlagen für die vom Kaiser in Paris in Auftrag gegebenen Kupferstiche dienten. Schließlich ließ Qianlong nach dem Vorbild des »Kangxi-Atlasses« die neu hinzugewonnenen Territorien in Ostturkestan durch seine Hofjesuiten vermessen (1756–59) und 1775 einen neuen Atlas, wiederum in Paris, in Kupfer stechen (die 41 Kupferplatten wurden erst 1925 im Kaiserpalast in Peking wieder aufgefunden).

Qianlong sprach also *contre cœur*, wenn es in dem anlässlich der Macartney-Gesandtschaft 1793 an Georg III. aufgesetzten und vielzitierten Schreiben heißt: »Wir legen keinen Wert auf Gegenstände, die fremdländisch oder geschickt erfunden sind«. Das Schreiben ist zum Symbol für die selbstgefällige und hochgradig illusionistische Haltung Chinas am Ende des 18. Jh.s gedeutet worden. Die neuere Forschung hat jedoch zeigen können, dass nicht – wie oft angenommen – Lord Macartneys Weigerung, den ↗Kotau zu vollziehen, ausschlaggebend für den aus brit. Sicht rundherum enttäuschenden Ausgang der Mission war. Vielmehr stand der alternde Kaiser offenbar unter dem Eindruck des gerade (1792) zurückgeschlagenen Einfalls der nepalesischen Gurkha in Tibet und der von Seiten des siegreichen Mandschu-Generals Fukang'an erhobenen Anschuldigung, die Briten hätten die Gurkha heimlich unterstützt – eine alarmierende Nachricht, da Tibet die Achillesferse des Qing-Imperiums war [4].

Noch entmutigender als Macartney erging es William Pitt, dem Leiter der Amherst-Mission (1816), der, ohne von Qianlongs Nachfolger auf dem Drachenthron empfangen worden zu sein, unverrichteter Dinge wieder zurückkehren musste. Zu Recht ist darauf hingewiesen worden, dass im China des frühen 19. Jh.s eine größere Unkenntnis über die außerchines. Welt herrschte als ein Jahrhundert zuvor [27] – die daraus resultierenden fatalen Fehleinschätzungen sollten sich in den beiden ↗Opiumkriegen rächen.

6.6. Fünfte Periode (1839–1864): Konfrontation

Diese letzte Periode ist geprägt von einer außerordentlichen Verdichtung der Interaktionen zwischen den westl. Mächten (allen voran das Britische Reich, Frankreich, die USA und Russland) mit ihren unterschiedlichen Institutionen und Akteuren (Missionarsgesellschaften, der ↗Ostindischen Kompanie, dem brit. Außenhandelsbevollmächtigten für China, der für die Bekämpfung der Taiping-Rebellion aufgestellten *Ever Victorious Army* usw.) und China. Hinzu kam der Einfluss des Westens bei der Taiping-Rebellion (1851–1864), deren Anführer Hong Xiuquan sich für den Messias Chinas und den jüngeren Bruder Christi hielt und eine stark vom Christentum beeinflusste und mit einigen traditionell-konfuzianischen Elementen durchsetzte Erlösungslehre propagierte.

Das eklatante Informationsdefizit wurde auf Seiten der aufgeschlossenen und weitsichtigeren Literatenbeamten – darunter ist neben Lin Zexu (1785–1850), dem kaiserliche Sonderbeauftragten für die Unterbindung des Opiumhandels, v. a. Wei Yuan (1794–1857) zu nennen – durchaus erkannt. Um Abhilfe zu schaffen, ließ Lin Berichte aus in Kanton, Macao, Singapur und Indien erscheinenden Auslandszeitungen und Teile aus einem Handbuch zum Internationalen Recht übersetzen sowie eine auf verschiedenen westl. Quellen beruhende Länderkunde der ausländischen Staaten mit dem Titel *Sizhou zhi* (»Aufzeichnungen der vier Kontinente«) zusammenstellen. Dieses Werk bildete wiederum die Grundlage für das von Wei Yuan herausgegebene *Haiguo tuzhi* (1844, erweiterte Auflagen 1847 und 1852; »Karten und Aufzeichnungen der überseeischen Staaten«), dem ersten großen länderkundlichen Kompendium zur außerchines. Staatenwelt in chines. Sprache. Es erfuhr auch in Japan lebhafte Aufnahme. In China dagegen stagnierte in den zwei Jahrzehnten zwischen den beiden Opiumkriegen der politisch-öffentliche Diskurs, wie der Herausforderung des Westens effektiv zu begegnen sei.

Dass China gerade in dieser Phase, der zweiten Hälfte des 19. Jh.s, den europ. Nationalstaaten, aber auch dem sich viel rascher nach westl. Vorbild modernisierenden Japan, unterlegen war, hat sicherlich viel damit zu tun, dass es eben kein Nationalstaat, sondern ein altes Kaiserreich war. Für den gebildeten Chinesen hatte dies einen unschätzbaren Vorteil, nämlich die seit alters her erreichte staatliche Einheit, die den inneren Frieden sicherte [32. 7]. Nirgends deutlicher wird uns das vor Augen geführt als in einem Aperçu des chines. Gelehrten Kang Youweis (1858–1927), als er auf seiner Reise entlang des Rheins 1908 bemerkte: »An günstigen Plätzen sind überall Burgen von Rittern aus früherer Zeit, Stätten, wo Kämpfe stattgefunden haben. Sie sind errichtet auf den weißen Knochen von Menschen und mit ihrem roten Blut gefärbt. Das betrübt einem das Herz. Wie viele Schlachtfelder kann man schon in unserem Lande noch sehen? ... Welche Sünden und welche Vergehen hat das europ. Volk noch vor fünfzig Jahren begangen! Und zweitausend Jahre hindurch erduldete es diese Grausamkeiten.... Wer zum ersten Male am Rhein entlang fährt, wird die Farbe des Gesichts wechseln ›vor Entsetzen‹ über das Unglück des europäischen Volkes; und er wird froh sein, dass das friedliche China seine Heimat ist« [13. 190].

→ Buddhismus; Chinahandel; Expansionen; Konfuzianismus; Kulturkontakt; Lamaismus; Mission; Opiumkrieg; Ostasiatische Religionen; Sinologie; Taiping-Rebellion; Taoismus

[1] B. S. BARLETT, Monarchs and Ministers. The Grand Council in Mid Ch'ing China, 1723–1820, 1999 [2] W. BAUER (Hrsg.), China und die Fremden. 3000 Jahre Auseinandersetzung in Krieg und Frieden, 1980 [3] D. BERG, Carnival in China. A Reading of the Xingshi Yinyuan Zhuan, 2002 [4] R. A. BICKERS (Hrsg.), Ritual and Diplomacy: The Macartney Mission to China, 1792–1794, 1993 [5] C. BROKAW, The Ledgers of Merit and Demerit: Social Change and Moral Order in Late Imperial China, 1991 [6] T. BROOK, The Confusions of Pleasure. Commerce and Culture in Ming China, 1998 [7] K.-W. CHOW, The Rise of Confucian Ritualism in Late Imperial China. Ethics, Classics, and Lineage Discourse, 1994 [8] P. K. CROSSLEY, A Translucent Mirror. History and Identity in Qing Imperial Ideology, 1999 [9] W. EBERHARD, Temple-Building Activities in Medieval and Modern China, in: Monumenta Serica 23, 1964, 264–318 [10] M. ELVIN, Another History. Essays on China from a European Perspective, 1996 [11] P. M. ENGELFRIET, Euclid in China: The Genesis of the First Chinese Translation of Euclid's Elements Book I–VI (Jihe yuanben, Beijing 1607) and Its Reception up to 1723, 1998 [12] A. G. FRANK, ReOrient: Global Economy in the Asian Age, 1998 [13] W. FRANKE, Ein Reisebericht Kang Yu-Wes über Deutschland, in: Sinica 8, 1933, 188–192 [14] R. VON GLAHN, Fountain of Fortune. Money and Monetary Policy in China, 1000–1700, 1996 [15] G. G. HAMILTON, Cathay and the Way Beyond: Modernization, Regionalism and Com-

merce in Imperial China (Diss. Univ. of Washington), 1975 [16] L. HOSTETLER, Qing Colonial Enterprise. Ethnography and Cartography in Early Modern China, 2001 [17] PH. C. C. HUANG, The Paradigmatic Crisis in Chinese Studies. Paradoxes in Social and Economic History, in: Modern China 17/3, 1991, 299–341 [18] C. JAMI et al. (Hrsg.), Statecraft and Intellectual Renewal in Late Ming China. The Cross-Cultural Synthesis of Xu Guangqi (1562–1633), 2001 [19] J. K. LEONARD, Controlling From Afar: The Daoguang Emperor's Management of the Grand Canal Crisis, 1824–1826, 1996 [20] T. LIPPIELLO / R. MALEK (Hrsg.), »Scholar from the West«. Giulio Aleni S. J. (1582–1649) and the Dialogue between Christianity and China, 1997 [21] K.-C. LIU (Hrsg.), Orthodoxy in Late Imperial China, 1990 [22] R. MA / CH. CHENG, Qingdai bianjiang kaifa [Die Erschließung der Grenzregion in der Qing-Zeit], 2 Bde., 1998 [23] R. MALEK (Hrsg.), Western Learning and Christianity in China: The Contribution and Impact of Johann Adam Schall von Bell, 1998 [24] J. MESKILL, Gentlemanly Interests and Wealth on the Yangtze Delta, 1994 [25] F. W. MOTE, Imperial China, 900–1800, 1999 [26] D. E. MUNGELLO, The Great Encounter of China and the West, 1500–1800, 1999 [27] J. OSTERHAMMEL, China und die Weltgesellschaft. Vom 18. Jh. bis in unsere Zeit, 1989 [28] J. OSTERHAMMEL, Die Entzauberung Asiens. Europa und die asiatischen Reiche im 18. Jh., 1998 [29] D. OWNBY, Brotherhoods and Secret Societies in Early and Mid-Qing China. The Formation of a Tradition, 1996 [30] K. POMERANZ, The Great Divergence. China, Europe, and the Making of the Modern World Economy, 2000 [31] E. S. RAWSKI, The Last Emperors. A Social History of Qing Imperial Institutions, 1998 [32] H. SCHMIDT-GLINTZER, China: Vielvölkerreich und Einheitsstaat. Von den Anfängen bis heute, 1997 [33] H. SCHMIDT-GLINTZER, China im Wandel im 17. Jh., in: K. E. MÜLLER (Hrsg.), Historische Wendeprozesse. Ideen, die Geschichte machten, 2003, 128–145 [34] R. J. SMITH, Chinese Maps. Images of ›All under Heaven‹, 1996 [35] L. A. STRUVE, The Ming-China Conflict, 1619–1683. A Historiography and Source Guide, 1998 [36] J.-K. T'IEN, Male Anxiety and Female Chastity. A Comparative Study of Chinese Ethical Values in Ming-Ch'ing Times, 1988 [37] X. WANG, The Qing Court's Tibet Connexion: Lcang sky Rol pa'i rdo rje and the Qianlong Emperor, in: Harvard Journal of Asiatic Studies 60, 2000, 125–163 [38] R. B. WONG, China Transformed. Historical Change and the Limits of European Experience, 1997 [39] W. ZHU, Coming Out of the Middle Ages. Comparative Reflections on China and the West, 1990 [40] H. T. ZURNDORFER, China and ›Modernity‹. The Uses of the Study of Chinese History in the Past and the Present, in: Journal of Economic and Social History of the Orient 40, 1997, 461–485.

Achim Mittag

Chinoiserie

Der Begriff Ch. entstand Mitte des 18. Jh.s aus dem franz. Wort *chinois* (»Chinese«) und bezeichnet einen europ. Kunststil vorwiegend des 17. und 18. Jh.s, der geprägt ist durch chines. oder pseudo-chines. Motive und Ornamente, Formen und Materialien. Allerdings wurde weder historisch-geographisch noch stilistisch differenziert, so dass chines., japan., indische, zum Teil auch osmanische oder ägypt. Elemente zu einem mitteleurop. Konstrukt des Fernöstlichen verschmolzen.

China (»Cathay«), das während der Herrschaft der Ming-Dynastie (1369–1644) kaum zugänglich war, avancierte durch die wenigen frühen Reisebeschreibungen (Marco Polo, Odorico da Pordenone, Sir John Mandeville; ↗Reise; ↗Reisebericht) zum phantasievoll imaginierten Land des irdischen Glücks. Sehnsüchtig richtete sich der Blick ↗Europas auf das vermeintliche Reich des Überflusses, dessen kaiserliche vernunftgeleitete Staatsregierung den Bewohnern ein Leben in Harmonie garantierte. Im Zuge dieser China-Begeisterung und -Bewunderung entstand eine verstärkte Nachfrage nach fernöstl. Waren (↗Chinahandel). Mit den um die Mitte des 16. Jh.s einsetzenden und sich im 17. Jh. verstärkenden Handelsbeziehungen (Gründung der ↗Ostindischen Kompanien: England 1600, Holland 1602, Frankreich 1664) gelangten ↗Tee, ↗Gewürze, ↗Seiden-Stoffe und Kunstgegenstände in immer größerer Zahl nach Mitteleuropa.

Besonders begehrt waren ↗Porzellan und Lackwaren, deren Herstellung europ. ↗Kunsthandwerker lange Zeit vor unüberwindliche technische Schwierigkeiten stellte. Erst 1709 gelang die Entwicklung europ. Hartporzellans (Gründung der Meißener Porzellanmanufaktur 1710) [9].

Großenteils über Holland wurden ostasiat. Porzellane unterschiedlicher Herkunft eingeführt, v. a. jedoch zeitgenössische, speziell für den europ. Markt geschaffene Waren [10]. Da der immense Bedarf nicht gedeckt werden konnte, entstanden zunächst in Delft, später an vielen anderen europ. Orten, einheimische Imitationen: blau-weiße ↗Fayencen, die sich in Farbigkeit und Dekor an chines. Ming- und Ch'ing-Porzellanen orientierten. Das Sammeln von Porzellan wurde zur Mode und führte zur Einrichtung eigener repräsentativer Räumlichkeiten, um die kostbaren asiat. Gefäße und Figuren in einem passenden asiat. Ambiente auszustellen (vgl. Abb. 1).

Da es auf die Gesamtwirkung des Raumes ankam, wurde weder stilistisch noch von der Wertigkeit her unterschieden zwischen »echten« Asiatica, Imitationen und Nachschöpfungen. Japan. Lacktafeln (oder europ. Kopien) dienten als Wandverkleidungen. ↗Deckenmalereien, ↗Stuck und Holzschnitzereien imitierten exotische ↗Ornamentik, Gemälde, Stoffe und ↗Tapeten wiesen chines. Muster auf. Zahlreiche Spiegel steigerten die Wirkung der Gefäße, deren Anzahl scheinbar ins Unendliche multipliziert erschien. Diese chinoisen Kabinette [2] (in der kunsthistorischen Terminologie definiert als Porzellan-, Spiegel- oder Lackkabinett [11]) entstanden Mitte des 17. Jh.s in den nördl. Niederlanden und verbreiteten sich – über die weiblichen Mitglieder des Hauses Oranien – zuerst an den Höfen der Niederlande, Deutschlands und Englands. Bis in die 1730er Jahre hinein war das chinoise Prunkkabinett kanonisch für nahezu jedes europ. Schloss geworden. Nach dem Vorbild des franz. *Trianon de Porcelaine* (Versailles), erbaut 1670–72, wurden sogar eigene Porzellanschlösser (Schloss Favorite bei Rastatt, das Japanische Palais in Dresden) eingerichtet.

Abb. 1: Daniel Marot, Entwurf für eine Kaminwand (Kupferstich, Blatt 33, aus der Folge *Nouvelles Cheminées* …, in: *Œuvres du Sr. D. Marot* … Amsterdam, 2. Aufl. 1712; 1. Aufl. 1703). Der aus Frankreich nach Holland emigrierte Architekt, Ornamentzeichner und Kupferstecher Marot entwickelte einen neuartigen Kamintyp für chinoise Kabinette, die sog. *Cheminée à la Hollondoise*, ein Miniatur-Porzellankabinett. Seine Entwürfe trugen wesentlich zur Verbreitung der Ch. bei.

Im 18. Jh. flossen Elemente der Ch. in die sich entwickelnde ↗Rokoko-Ornamentik ein: antiklassische und asymmetrische Formen, klare, bunte Farben (des nun favorisierten japan. Kakiemon-Porzellans) sowie Versatzstücke aus der Natur bildeten einen neuen Stil. In England entwickelte sich ab Mitte des 18. Jh.s nach vermeintlich chines. Vorbildern der engl. Landschaftsgarten, dessen architektonische Ausstattung [8] mit Brücken, Pagoden, chines. Teehäusern und Pavillons durch Musterbücher verbreitet wurde und Nachahmer in ganz Europa fand (↗Gartenarchitektur).

→ Gartenarchitektur; Interieur; Orientalismus; Porzellan; Schlossbau

[1] W.R. Berger, China-Bild und China-Mode im Europa der Aufklärung, 1990 [2] C. Bischoff, Spiegel-, Lack-, oder Porzellankabinett? Der chinoise Sammlungsraum und seine Ausdifferenzierung, in: Kritische Berichte 2, 2004, 15–23 [3] Sh.Ch. Chang, Das Chinabild in Natur und Landschaft von Athanasius Kirchers »China illustrata« (1667) sowie der Einfluß dieses Werkes auf die Entwicklung der Chinoiserie und der europ. Kunst (Diss. Berlin), 2003 [4] A.H. Czarnocka, Aspekte der »Chinoiserie« in der franz. Lackkunst des 18. Jh.s (Diss. Bonn), 1989 [5] Ch. Ganglin, China-Ilustrationen. Das China-Bild im Spiegel europ. illustrierter Reiseberichte der Barockzeit (Diss. München), 2002 [6] D. Jacobson, Chinoiserie, 1993 [7] M. Jarry, Chinoiserie. Chinese Influence on European Decorative Art: 17th and 18th Centuries, 1981 [8] S. Koppelkamm, Der imaginäre Orient. Exotische Bauten des 18. und 19. Jh.s in Europa, 1987 [9] U. Pietsch, Meissner Porzellan und seine ostasiatischen Vorbilder, 1996 [10] D.F.L. Scheurleer, Chinese Export Porcelain. Chine de

commande, 1974 [11] PH. VON WÜRTTEMBERG, Das Lackkabinett im dt. Schlossbau. Zur Chinarezeption im 17. und 18. Jh., 1998.

Cordula Bischoff

Chirurg, Chirurgie

s. Bader; Medizinalpersonen; Wundarznei

Cholera

1. Definition
2. Verbreitung und Bekämpfung

1. Definition

Der Begriff Ch. findet sich im Hebräischen als *chaul rah* (»böse Krankheit«). Ob die Krankheitsbezeichnung von griech. *choládes* (»Gedärme«) herrührt und Darmleiden bedeutet, in Anlehnung an die Viersäftelehre aus den griech. Worten für Galle (*chólos*) und Fluss (*rhóos*) zusammengesetzt ist (»Gallenfluss«) oder im Hinblick auf die profusen Diarrhoen mit *cholédra* (»Abflussrinne«) identifiziert wurde, ist etymologisch unklar. Anders als die in Europa seit langem bekannte Gallenruhr (lat. *ch. nostras*), die einheimische, unechte Ch., ein durch verschiedene Keime ausgelöster Brechdurchfall (meist der Kinder, lat. *ch. infantium*), war die (echte) *ch. asiatica* bis zum Beginn des 19. Jh.s in Europa unbekannt. Die Krankheit wird durch das Bakterium *Vibrio cholerae* ausgelöst, dessen Toxin zu starkem Durchfall mit Wasserverlust führt. Erst 1854 wurde der Erreger von Filippo Pacini als »gekrümmtes, kommaförmiges und hochbewegliches Bakterium« beschrieben. Die Erforschung der Ch. begann der Londoner Anästhesist John Snow, der erkannte, dass sich ihr Erreger im Darmtrakt der befallenen Personen ansiedelt und mit dem Stuhl ausgeschieden wird; er nahm auch bereits eine Übertragung durch ↗Trinkwasser an. Beim Auftreten der Krankheit in Ägypten 1883 bemühten sich eine franz. und eine dt. Expedition um die Aufklärung der Krankheitsentstehung. Robert Koch, der Leiter der dt. Expedition, isolierte den Erreger aus dem Darm verstorbener Patienten und züchtete ihn in Reinkultur.

2. Verbreitung und Bekämpfung

Die echte Ch. (*asiatica*) ist in Südasien seit dem 4. Jh. v. Chr. bekannt, wurde zuerst in Sanskrittexten beschrieben und war in Indien (v. a. im Gangesdelta) beheimatet; seit dem 19. Jh. breitete sie sich weltweit aus. Ch.-Epidemien in Indien sind bereits zwischen 1770 und 1790 dokumentiert. Mit einem großen Ausbruch 1817 verbreitete sich die Krankheit weit über ihr Ursprungsgebiet hinaus, wofür v. a. drei Voraussetzungen ausschlaggebend waren: der europ. ↗Kolonialismus in Südasien, die deutliche Zunahme von Waren- und Menschenströmen in Richtung Europa und die Entstehung großer urbaner Metropolen (↗Urbanisierung) im Gefolge der europ. und nordamerikan. ↗Industrialisierung, die aufgrund mangelhafter sanitärer Bedingungen, städtischer Überbevölkerung und ↗Armut der Krankheit ideale Nährböden lieferten.

Zunächst hatte das Bekanntwerden der großen ind. ↗Epidemie in Europa wenig Anlass zur Sorge gegeben. Indien war weit, und die Krankheit wurde den miasmatischen Sumpffiebern zugerechnet, demnach nicht als neue ↗Pest gedeutet. Zudem hatten die brit. Kolonialärzte James Boyle und James Annesly eine scheinbar wirksame Therapie entwickelt, die sich als »engl.« Methode auf Aderlass und die Gabe von Opium und Calomel (Quecksilberchlorid) stützte. Unruhe und schließlich panikartige Angst entstanden erst, als die Seuche unerwartet einige östl. Städte des russ. Reichs erreichte, zunächst 1823 Astrachan, 1830 Orenburg, und sich dann von dort über Moskau, St. Petersburg und Warschau (2600 Tote) nach Westen ausbreitete.

Vorschub leistete der Westausbreitung der Krankheit bes. der im Februar 1831 ausgebrochene russ.-poln. Krieg, den die demoralisierende Wirkung der Seuche sogar teilweise zum Erliegen brachte. Trotz der schnellen Errichtung von Sperrkordons und Kontumazanstalten, in denen Reisende sich einer 10- bis 20-tägigen Quarantäne zu unterziehen hatten, sowie systematischer Gepäck-, Kleidungs- und sogar Briefräucherungen mit Essig-, Schwefel-, Salpeter- und Chlordämpfen erreichte die Ch. 1831 Preußen zuerst in Danzig und Königsberg. Erfolglos blieben Versuche, Berlin durch die Einrichtung von 60 »Schutzbezirken gegen die Ch.«, besondere Quarantänemaßnahmen sowie durch die Etablierung einer Schutzkommission nach außen und innen abzusichern. Bes. betroffen waren die Armenviertel im Norden und Osten der Stadt und Quartiere in der Nähe von stehenden oder kaum bewegten Gewässern. Allein in Berlin forderte die Ch. 1462 Menschenleben, unter ihnen das des Philosophen G. W. F. Hegel.

Exemplarisch für den Ausbruch der Seuche in anderen europ. Metropolen ist London, das die Ch. im Februar 1832 vermutlich auf dem Seeweg aus Hamburg erreichte. Es gab dort, anders als in Kontinentaleuropa, bereits ein gut ausgebautes ↗Wasserleitungs-System, an das etwa 180 000 Haushalte angeschlossen waren (↗Assanierung). Andererseits hatte die steigende Ausstattung der Haushalte mit Wasserklosetts zu einer immensen Verschmutzung der Themse geführt. Im Gebiet derjenigen Wasserversorgungsgesellschaften, die bereits mit Filter- und Sedimentierungsanlagen ausgerüstet waren, blieb die Anzahl der Ch.-Kranken und -Toten niedrig. Im Versorgungsgebiet der *Southwark Water Works* allerdings stieg sie dramatisch, da diese ungefiltertes Themsewasser mit den Dejekten der Erkrankten unmittelbar gegenüber eines Hauptausflusses der Londoner Kanalisation absaugte und ins »Frischwasser«-Leitungsnetz pumpte. Insgesamt lag aber wegen der fortschrittlichen Wasserversorgung Londons die Ch.-Gesamtmortalität bei nur bei 0,34 % (vgl. Berlin 0,6 %) gegenüber Paris mit mehr als 2 % und 18 402 Toten.

Aus Paris berichtete Heinrich Heine am 19. April 1832 für die *Augsburger Allgemeine Zeitung*, bes. »allerlei Eis und sonstig kaltes Getränke« habe den Ausbruch der Krankheit befördert. Trotz eilends eingeleiteter Maßnahmen (*Commission sanitaire, Bureaux de secours*) habe man aber die Seuche nicht bekämpfen können. Als schließlich das Gerücht aufkam, die Ch. sei durch vergiftete Lebensmittel ausgebrochen, sei es zu gewalttätigen Übergriffen auf Lebensmittel- und Getränkehändler gekommen.

Nordamerika erreichte die Ch. auf dem Seeweg noch 1832 durch engl. Emigranten. Bes. New York, Columbus/Ohio und andere größere Städte der Ostküste wurden heimgesucht. Die zweite Ch.-Welle wütete 1848–1849 bes. in New York, wo allein in New York City 4000 Menschen der Krankheit erlagen.

Global lassen sich seuchenhistorisch vor 1850 drei Pandemien der Ch. unterscheiden: 1817–1825 (Osteuropa), 1826–1837 (Russland, Mitteleuropa und Amerika) und 1846–1862 (Russland, Mitteleuropa und Amerika). Insgesamt war die Bilanz der Ch. überaus bedrückend; sie überraschte die europ. ↗Bevölkerung vollkommen unvorbereitet. Es gab in der vorbakteriellen Epoche keine rationalen Erklärungs- oder gar Therapievorschläge. Als Vorbeugemittel nennt der Brockhaus von 1837 allenfalls: »Furchtlosigkeit, eine nüchterne Lebensweise, Vermeidung von Erkältungen, Schwelgereien, Ausschweifungen, übermäßigen geistigen und körperlichen Anstrengungen.« Seuchenhygienisch wirksame Maßnahmen konnten erst nach der Entdeckung des bakteriell-hygienischen Ursache-Wirkungszusammenhangs am Ende des 19. Jh.s entwickelt werden.

→ Demographische Krisen; Epidemie; Krankheit; Medizin; Stadthygiene

Quellen:
[1] F. Pacini, Osservazioni microscopiche e deduzioni patalogiche sul cholera asiatico, in: Gazzetta medica italiana. Federativa toscana 4, 1854, 277–282 (Ndr. in Lo Sperimentale 78, 1924).

Sekundärliteratur:
[2] O. Briese, Angst in den Zeiten der Cholera: Seuchen-Cordon, 4 Bde., 2003 [3] C. L. Briggs / C. Mantini-Briggs, Stories in the Time of Cholera: Racial Profiling during a Medical Nightmare, 2003 [4] B. Dettke, Die asiatische Hydra. Die Cholera von 1830/31 in Berlin und den preussischen Provinzen, Posen, Preussen und Schlesien, 1990 [5] R. Evans, Tod in Hamburg. Stadt, Gesellschaft und Politik in den Cholera-Jahren 1830–1910, 1996 [6] D. Goltz, »Das ist eine fatale Geschichte für unsern medizinischen Verstand« – Pathogenese und Therapie der Cholera um 1830, in: Medizinhistorisches Jb. 33, 1998, 211–244 [7] Ch. Gradmann, Das reisende Labor: Robert Koch erforscht die Cholera 1883/84, in: Medizinhistorisches Journal 38, 2003, 35–56 [8] P. Vinten-Johansen et al., Cholera, Chloroform, and the Science of Medicine: A Life of John Snow, 2003.

Wolfgang U. Eckart

Chor, Chormusik

1. Definition
2. Institutionen und Organisationsformen
3. Geschichtliche Entwicklungen

1. Definition

Ch. (von griech. *chorós* bzw. lat. *chorus*) bezeichnet im heutigen Sprachgebrauch eine »Gemeinschaft von Singenden«, in der die Einzelnen gleichermaßen Interpreten und Rezipienten von Chormusik (= Chm.) *a cappella* oder mit Instrumentalbegleitung sind [7]. Chorsingen vereint Stimmen, macht Stimmung und Abstimmung auch sozial erfahrbar und trägt in besonderer Weise zu Gemeinschaftsbildung, emotional verankerter sozialer Integration und Persönlichkeitsentfaltung bei [10. 11–13]. Daher wurde im Chorgesang auch der Anfang aller kultischen ↗Musik gesehen [21]. Geschichtlich traten Chöre – zunächst als Sprechchöre – erstmals als Bestandteil des klassischen griech. Dramas auf. Im Ch. war symbolisch das »Volk«, d. h. die Gemeinschaft der Polis-Bürger, verkörpert, teils im Sinne einer letzten sozialmoralischen Instanz, teils des aktuellen Zuschauers und des Publikums [15].

Seit dem MA präsentierten sich chorische Gruppierungen gemäß den sich für verschiedene Bereiche und Funktionen wandelnden Formen des Chorsingens als ein- oder mehrstimmige »Singechöre« in variablen Besetzungen von gleichstimmigen (Männer-, Frauen-, Kinder- und Jugend-, Mädchen- und Knaben-Ch.) bis hin zu gemischtstimmigen Ch. (Stimmlagen: Sopran, Alt, Tenor, Bass) in Vokalensemble- und Kammerchor- bis Massenchorstärke. Weitere Differenzierungsmerkmale, die den Chorklang bestimmten, waren neben stimmphysiologischen Bedingungen (Geschlechtsunterschieden, Lebensalter und Anzahl der Sänger) akustische (Choraufstellung und -platzierung), psychologische und soziologische Momente. Die Institution Ch. sowie ihre vielfältigen Organisationsformen und Ausprägungen (Chorgesangwesen) prägten die öffentliche und private ↗Musik-Kultur bis in die Gegenwart als integrierendes Moment entscheidend mit. Im kultisch, kirchlich-religiösen wie im gesellschaftlichen, kulturellen und politischen Bereich wird dem Ch. traditionell eine herausragende Stellung zuerkannt, bes. in der ↗Liturgie, im Bildungswesen, in der ↗Fest-Musik und zu Zwecken der ↗Repräsentation. Entsprechend vielfältig ist das musikalische Repertoire der Chm. mit einem breiten Spektrum von Gattungen, Formen und Aufführungsmöglichkeiten.

2. Institutionen und Organisationsformen

Zu den ältesten, heute noch bestehenden chorischen Einrichtungen zählt in der röm.-kath. Kirche die *Schola* (benannt nach der ursprünglich aus Berufssängern gebildeten, 1370 aufgelösten päpstlichen *schola cantorum*, die in der Regel den einstimmigen Gesang pflegte, während sich der Kirchen-Ch. dem mehrstimmigen Gesang widmete. Neben bedeutenden Chorinstitutionen mit hochangesehenen ↗Sänger-Komponisten – wie der päpstlichen (1431–1437 zeitweise unter der Leitung Guillaume Dufays) oder der kaiserlichen Hofkapelle (zur Zeit Maximilians I. um 1500 unter der Leitung Heinrich Isaacs) als Vorbilder zahlreicher weiterer Hof-↗Kapellen an Bischofssitzen und Residenzen – wurden in den Männer- und ↗Frauenklöstern teilweise eigene (chor-)musikalische Traditionen weitergepflegt (bes. bei den Zisterziensern; ↗Kloster) und im weltkirchlichen Bereich etwa durch Kalandbruderschaften neue Chortraditionen begründet [18]. Die evang.-lutherische Kirche führte einerseits die Tradition der Lateinschul-Ch. (unter der Leitung des *rector scholae*, später des Cantors) weiter; andererseits ermöglichte sie mit der Einführung der ↗Volkssprache in den ↗Gottesdienst die Verwendung von Laien-Ch. und definierte den Kirchen-Ch. als eine Einrichtung der Kirchengemeinde (Kerngemeinde).

Die 1525/26 durch Martin Luthers Freund Johann Walter nach dem Vorbild von Hofkapellen gegründete städtische Kantorei in Torgau wurde als Muster für die Verbindung von Schul-Ch. und bürgerlichen Laiensängern angesehen [16]. Während der *chorus choralis* die einstimmigen Gesänge übernahm, führte der *chorus figuralis* (*chorus symphoniacus*) mehrstimmige Chorwerke (Figuralmusik) auf. Im *chorus musicus* wirkten bürgerliche Sänger und Instrumentalisten (»Adjuvanten«, »Adstanten«) mit. Für besondere Aufgaben, etwa im Bereich der Sepulkralkultur oder zu Weihnachten, fanden sich wechselnde Chorgruppen (»Kurrende«). Beeindruckende Klangexperimente mit zwei und mehr Sänger-Ch. in Venedig (↗Mehrchörigkeit) führten im 17. Jh. bei leistungsfähigen Kantoreien zur Trennung in »Kapellchöre« und »Favoritchöre« und zu Höhepunkten der ↗Motetten-Kunst (Heinrich Schütz). Kantoreien wie die Dresdner Kreuzschule oder die Leipziger Thomasschule führten die überlieferte Tradition über den Tiefpunkt des Kantoreiwesens zwischen 1780 und 1830 hinaus weiter. Neue Impulse erhielt die durch das öffentliche Konzertleben in den Hintergrund gedrängte Schul- und ↗Kirchenmusik in dieser Phase durch die in der Regel ein- oder zweistimmig von Schulchören vorgetragenen Schullieder unter der Leitung ausgebildeter ↗Lehrer. In der Entwicklung des Chorgesangs für Erwachsene kam gegen Ende des 18. Jh.s dem ↗Opern-Ch. wachsende Bedeutung zu (Opernreform Ch. W. Glucks, »Priesterchor« in Mozarts *Zauberflöte*). Um 1800 entstanden in ↗Männerbünden, namentlich bei ↗Studenten, ↗Freimaurern, Jägern (↗Jagdmusik) und Soldaten (↗Militärmusik), Gesangsgruppen, die ein- oder mehrstimmig chorisch sangen.

Gegen Ende der Aufklärungszeit und am Anfang des 19. Jh.s bildeten sich durch eine neue, von humanistisch-volksbildnerischen, romantisch-historisierenden und nationalpolitischen Ideen getragene Laienchorbewegung »Singkreise«, »Singakademien« und »Oratorien-Ch.« unter Mitwirkung von Frauen. Diese Vereinigungen widmeten sich im Zuge einer kirchenmusikalischen Restaurationsbewegung der Wiederbelebung des einstigen *a-cappella*-Ideals und der klassischen Vokalpolyphonie (↗Cäcilianismus) sowie der Aufführung geistlicher und weltlicher Chorwerke (↗Messe, ↗Oratorium, ↗Kantate, ↗Motette, ↗Ballade), während die zur Pflege der ↗Geselligkeit und musikalischen Bildung, zunehmend jedoch auch aus politischen Motiven als »Gesangvereine« (»Liedertafel«, »Liederkranz«) organisierten Männer-, Frauen- und gemischten Chöre sich v. a. dem Chorlied zuwandten.

Nach dem Vorbild von Musikfesten wurden seit dem frühen 19. Jh. Chorfeste veranstaltet, die je nach Zielsetzung mehr den Charakter von Wettbewerben (»Chorwettbewerb«), Volks- und National-↗Festen (»Sängerfesten«) oder Konzerten (»Gesangfest«, »Chorkonzert«) trugen und rasch zur Bildung von »Sängerfest-Bünden«, »Sängerbünden« und Chorverbänden führten (1862 Gründung des »Deutschen Sängerbundes« als bis heute größte Laienchororganisation der Welt, »Deutscher Chorverband« genannt) [6].

3. Geschichtliche Entwicklungen

3.1. Kirchen- und Schulmusik

Die Auffassung, dass im kirchlichen Chorgesang eine ehrenvolle Aufgabe der ma. ↗Lateinschule lag, war der Grund für ihre intensive und extensive Beanspruchung für die musikalischen Aufgaben des ↗Gottesdienstes [19]. Hieran konnten die Reformatoren um Luther und Melanchthon anknüpfen. Daher konnte sich bereits wenige Jahrzehnte nach Einführung der Reformation auch in den evang. Landesteilen und Reichsstädten eine hoch stehende Pflege polyphoner Chm. an den Lateinschulen herausbilden, u. a. durch die kontinuierliche Aufführung der Musik von Josquin Desprez, Giovanni Pierluigi da Palestrina oder Orlando di Lasso. Mancherorts stand die

Leistungsfähigkeit städtischer Kantoreien über die Zeit des Dreißigjährigen Krieges hinaus den professionellen Hofkapellen in nichts nach. Eine traditionell dem Ch. zugewiesene Aufgabe bestand seit dem MA darin, bei Oratorien, bes. bei Passionsoratorien, das Volk zu vertreten (»Turba-Chöre«). Bis in das 19. Jh. hinein kam den Schul-Ch., v. a. in den ↗Dörfern, die wichtige Funktion zu, neue Kirchengesänge und ↗Kirchenlieder bzw. Choräle einzustudieren [13].

Mit dem Gemeindegesang im protest. Gottesdienst ist seit dem zweiten Drittel des 16. Jh.s eng der homophone vierstimmige Kantionalsatz verbunden, bei dem der Schul-Ch. den mehrstimmigen Satz aufführte und die Gemeinde die in den Diskant gelegte Lied- bzw. Choralmelodie mitsang (Lukas Osiander, 1569; ↗Choral) [17]. Entscheidende Bedeutung erhielt daher später auch der vom Ch. auszuführende Choralsatz, v. a. innerhalb der Kantate, die durch Johann Sebastian Bach (1685–1750) zu einzigartiger Höhe in der Geschichte der ↗Vokalmusik geführt wurde.

3.2. Laienchorbewegung

Die Institution des Ch. erfuhr in Folge der politischen und gesellschaftlichen Veränderungen in Europa nach der ↗Französischen Revolution von 1789 einen grundlegenden Wandel. Chorgesang wurde nicht mehr nur in seinen überkommenen musikalischen Gattungen, Formen und Einrichtungen und v. a. in Kirche, ↗Schule und ↗Theater gepflegt, sondern neu als repräsentativer Ausdruck der Emanzipation bürgerlicher Schichten verstanden. Deren Bildungs- und Assoziationsdrang führte um 1800 zur Gründung von Musik- und Chorvereinigungen mit dem Ziel, möglichst viele »Musikliebhaber« (↗Dilettant) zu einem gemeinsamen musikalischen und geselligen Erlebnis in den Konzertveranstaltungen zusammenzuführen.

Von den durch die engl. und franz. ↗Aufklärung beeinflussten volkstümlichen, sozialen und politischen Momenten der um 1800 bes. im dt. Sprachraum beginnenden Laienchorbewegung besaß das nationalpolitisch-oppositionelle das wirkungsmächtigste Potential. Neben der ↗Turnerbewegung und den Schützen zählten die »volkstümlich deutschen« ↗Sänger (Otto Elben) zu den führenden Kräften des organisierten gesellschaftlichen, patriotisch-deutschen ↗Nationalismus. Der Beitrag der Männergesangvereine zur kulturellen Nationsbildung kann nicht hoch genug eingeschätzt werden [3].

Nach dem Vorbild der von Carl Friedrich Christian Fasch 1791 in Berlin gegründeten und ab 1800 von Carl Friedrich Zelter geleiteten »Sing-Akademie« entstanden Oratorienvereine (↗Oratorium), für die Komponisten wie Friedrich Schneider, Andreas Romberg und Carl Loewe ein neues Oratorien- und Chorballaden-Repertoire schufen. Es ist bezeichnend, dass die ersten Impulse zur Erneuerung des Chorgesangs in Berlin von der ↗Kirchenmusik ausgingen. Bereits 1749 wurde eine »musikübende Gesellschaft« gegründet, die als einer der ersten bürgerlichen Musikvereine mit Statuten innerhalb der Vorgeschichte der »Sing-Akademie« Beachtung verdient (↗Passion). Auch bei anderen, nach 1800 gegründeten Chorvereinigungen lassen sich über die Statuten Verbindungen zu früheren Institutionen wie Kantoreien nachweisen, auch wenn die neuen bürgerlichen Einrichtungen andere Vereinszwecke verfolgten.

Aufführungen wie Carl Heinrich Grauns Passionsoratorium *Der Tod Jesu* 1755 im Berliner Dom oder Georg Friedrich Händels Oratorium *Judas Makkabäus* 1774, im Kontext der frühen dt. Händel-Rezeption, und die Arbeit an einer nach dem Vorbild von Orazio Benevoli komponierten 16-stimmigen Messe Faschs 1791 markieren wichtige Stationen in der Geschichte der »Sing-Akademie«. Seit 1794 begann mit der Einstudierung der doppelchörigen Motette *Komm, Jesu, komm* (BWV 229) die Bach-Pflege der »Sing-Akademie«, die 1829 in der legendären Aufführung der *Matthäuspassion* durch Felix Mendelssohn Bartholdy ihren ersten Höhepunkt erreichte. Angeregt durch Anton F. J. Thibauts Schrift *Ueber Reinheit der Tonkunst* (1825) erhielten der ↗Cäcilianismus und die protest. Restaurationsbewegung wichtige Impulse.

3.3. Männerchöre

Mit der Bildung der ersten »Liedertafel« in Berlin aus Mitgliedern der »Sing-Akademie« durch Zelter im Jahre 1809 und des ersten Männer-Ch. in Zürich 1810 durch Hans Georg Nägeli wurde die Gründungswelle organisierter Männergesangvereine eingeleitet. Am 21. Dezember 1808 beschlossen die Mitglieder der Berliner Sing-Akademie zur Feier der Rückkehr des Königs und zu seinem Lobe die Stiftung einer Liedertafel. Diese Gesellschaft von 25 Männern versammelte sich monatlich einmal bei einem Abendessen und »vergnügte sich an gefälligen Deutschen Gesängen«, die von Liedertafelmitgliedern, darunter von Goethes Freund Zelter selbst, gedichtet und vertont wurden [20. 352]. Die Organisationsform der Tafel kann äußerlich als Spiegelbild des preuß. Staates erscheinen, war jedoch, wie ihr *Comité administratif*, nach demokratischen Grundsätzen geordnet, da die sog. Beamten jedes Jahr neu gewählt wurden. In dem Vorschlagsrecht der Stamm-Mitglieder und im Wahlverfahren mittels Ballotage sind ebenso freimaurerische Einflüsse zu erkennen wie in der Aufnahme von Bearbeitungen von Mozarts *Zauberflöte*. Selbst Komponisten vom Range eines Carl Maria von Weber bewarben sich mit Kompositionen (*Turnierbankett* op. 68, 1812) um die Mitgliedschaft in der elitären Liedertafel.

Weber lieferte schließlich mit seiner Vertonung von Theodor Körners Gedichtzyklus *Leyer und Schwert* (op. 42, 1814) das Muster eines politischen Männerchorliedes mit nationalreligiöser Dimension [14. 67, 132–139].

Hatte die Erfahrung mit dem Bürgerkomitee das demokratische Element von Zelters Handeln geprägt, so wurde es bei Nägeli von pädagogisch-philanthropischen Voraussetzungen getragen: der Idee der Volksbildung durch Gesang. 1809 veröffentlichte er in Zürich *Die Pestalozzische Gesangbildungslehre nach Pfeiffers Erfindung kunstwissenschaftlich dargestellt im Namen Pestalozzis, Pfeiffers und ihrer Freunde*, worin er den demokratischen Charakter des Chorgesangs beschrieb, der nach seiner Auffassung die »Volksmajestät« versinnlichte: »Erst da beginnt das Zeitalter der Musik, wo nicht blos Repräsentanten die höhere Kunst ausüben – wo die höhere Kunst zum Gemeingut des Volkes, der Nation, ja der ganzen europäischen Zeitgenossenschaft geworden, wo die Menschheit selbst in das Element der Musik aufgenommen wird. Das wird nur möglich durch die Beförderung des Chorgesanges [...] Das Kunstwesen der Musik ist in der Ausübung seiner Natur nach demokratisch. Hier ist es, wo die Majestät des Volkes sich offenbart« [4.56]. Beeinflusst durch Johann Heinrich Pestalozzi gab Nägeli gemeinsam mit Michael Traugott Pfeiffer 1810 die *Gesangbildungslehre nach Pestalozzischen Grundsätzen* heraus, die eine ganze Reihe von Gesangschulen beeinflusste.

Im Gegensatz zu Zelter und Nägeli versuchte der Heidelberger Jurist Thibaut, in seinem privaten »Singkreis« mit einer Auswahl qualifizierter Sängerinnen und Sänger jegliche Geselligkeit unter den Teilnehmern auszuschalten, auf öffentliche Aufführungen zu verzichten und das *a-cappella*-Singen mit *Continuo*-Begleitung und dem Studium von Chm. unterschiedlichster Art zu fördern. Als musikalisches Repertoire dienten v. a. Werke der sog. klassischen Vokalpolyphonie, als deren Muster Palestrina galt (⁊Cäcilianismus).

Dass das gesellige Moment in der Chorbewegung des 19. Jh.s nicht unterschätzt werden darf, bestätigt Nägeli in seiner 1817 erschienenen *Gesangbildungslehre für den Männerchor*, worin er Michael Haydn als Schöpfer der musikalischen Gattung »Männerquartett« bezeichnet. 1795 erschien Haydns *Hymne an Gott. Ein Gesang zu 4 Männer Stimmen ohne Instrumental-Begleitung* mit dem Hinweis, dass diese Gesänge nur von vier gleichen, entweder vier Männer- oder vier Frauenstimmen, gesungen werden sollten.

3.4. Chorkompositonen

Für die weitere Entwicklung der Gattung Chorlied bleibt festzuhalten, dass sich Franz Schubert durch Haydns Schaffen zur Komposition für mehrstimmigen Männergesang anregen ließ. Wie bei Haydn und seinem Schüler- und Freundeskreis entwickelte sich im Anschluss an die Vertreter der sog. »Zweiten Berliner Liederschule« in Norddeutschland die Liedbearbeitung für mehrstimmigen Männergesang aus dem einstimmigen Klavierlied. Vorbild wurden Johann Friedrich Reichardts *Lieder im Volkston*, ein Liedtypus, den dieser seit 1780 gemeinsam mit Johann Abraham Peter Schulz entwickelt hatte und der sich durch »Simplizität« auszeichnete, ein Kriterium, an das sich später auch Friedrich Silcher bei seinen Volksliedbearbeitungen hielt (⁊Lied).

Nägeli selbst bezeichnete sich in klarer Abgrenzung zu Michael Haydn und seinen Schülern als Schöpfer der Gattung Männer-Ch. Charakteristisch dafür sei der Stil, wonach der Ch. der Männerstimmen der »Natur nach kein sehr figurirter« sein dürfe und im Hinblick auf die Akustik »alles lastende, schwerfällige im Gebrauch der Harmonien« zu vermeiden sei. Bezüglich der ⁊Harmonien komme es wesentlich darauf an, die Stimmenfortschreitung gut zu harmonisieren; der Gebrauch der Dissonanzen dürfe nicht übertrieben werden. Gegenüber der weiblichen Sprache habe der Mann »von Natur schärfere Lautirkraft«, woraus folge, dass die Kunstgattung des sog. deklamatorischen Gesanges »eigentlich vorzugsweise die männliche heißen« könne.

Prägende Eindrücke vom *a-cappella*-Gesang der kaiserlichen Hofkapelle in St. Petersburg unter der Leitung von Dimitrij Bortnjansky und ital. Sänger in der Sixtinischen Kapelle in Rom regten den Clementi-Schüler und Stuttgarter Stiftsorganisten Konrad Kocher 1823 an, für die Einführung eines vierstimmigen Gemeindegesangs einzutreten und einen »Verein für Kirchengesang« zu gründen. Im Jahr darauf entstand in Stuttgart aus diesen Kreisen ein »Liederkranz«, der mit dem Symbol des »Kranzes« seine demokratischen Ansätze und bereits 1825 mit einer ersten, danach jährlich wiederholten »Schillerfeier« sein Bildungsstreben nachdrücklich unterstrich. Deutlich artikuliert wurde dabei jedoch auch das Ziel der Gesellschaft, »den Volksgesang durch Mehrstimmigkeit und Verdrängung schlechter Lieder zu veredeln und in seiner Veredlung zu verbreiten« [2. 463].

Zur Aufführung großer Chorwerke, v. a. der Oratorien Händels und Joseph Haydns, bildeten sich um 1800 nach dem Muster der Berliner »Sing-Akademie« in den größeren Städten Mittel- und Norddeutschlands gemischte Chorvereinigungen. Haydns *Schöpfung* galt als »nationales Lieblingswerk der Deutschen« [1. 515] und wurde auch beim ersten dt. Musikfest in Frankenhausen in Thüringen 1810 (unter der Leitung Louis Spohrs) aufgeführt. Zwischen Wiener Kongress und der Revolution von 1848/49 legte sich über das Gebiet des Dt. Bundes ein engmaschiges Netz von Liedertafeln und -kränzen. Entscheidend für diese überregionale Verbreitung der patriotisch-dt. Sängerbewegung wurde nach

Schweizer Vorbild und dem Muster der Leipziger-Schlacht-Erinnerungsfeier von 1814 das Sängerfest, in dessen Mittelpunkt das »nationale Lied« stand, wofür Ernst Moritz Arndts Vaterlandslied *Was ist des Deutschen Vaterland* (1813) in der Vertonung Gustav Reichardts (1825) als »heimliche Nationalhymne Deutschlands« (bis zur Reichsgründung) galt.

Die »Schwäbischen Liederfeste« ab 1827 wurden zu viel beachteten Modellveranstaltungen. In Frankfurt am Main beteiligte sich der Pestalozzi- und Nägeli-Freund Franz Xaver Schnyder von Wartensee an der Gründung des »Liederkranzes«, der 1838 ein Sängerfest veranstaltete, bei dem die älteste, heute noch bestehende Mozart-Stiftung Deutschlands ins Leben gerufen wurde. Bei diesem Fest wurden u. a. Schnyders Oratorium für Männerstimmen *Zeit und Ewigkeit* (nach Texten von Friedrich Gottlieb Klopstock), Spohrs Psalm für zwei vierstimmige Männerchöre und vier Solostimmen *Um Erden wandeln Monde* (Vaterunser-Paraphrase Klopstocks) sowie ein Choral und die Motette *Ich danke dem Herrn* für vierstimmigen Männer-Ch. von Bernhard Klein aufgeführt. Bis 1844 fanden regionale Sängerfeste statt, wobei – wie in Frankfurt am Main – die gelegentlich hinzugefügte Bezeichnung »deutsch« das nationale Moment betonen sollte. Dagegen wurden 1845 in Würzburg [5.59–70], 1846 in Köln [12] und 1847 in Lübeck [22] Feste veranstaltet, die von vornherein als »deutsche Sängerfeste« geplant waren und als »gleichsam Meilensteine in der Entwicklungsgeschichte der dt. Nationalfeste und damit in der Geschichte der dt. Nationalbewegung überhaupt« gelten [11.181]. In Würzburg war 1845 »Deutschlands Einheit« das alle bewegende Thema; Schiller als »Nationaldichter« und Mozart als »Nationaltondichter« wurden gefeiert. Sämtliche Festchöre waren darauf ausgelegt, möglichst viele Kräfte in einer »großen, kolossale Tonmasse« zu bündeln (vgl. Abb. 1).

In Köln erregte Felix Mendelssohn Bartholdy mit der Aufführung seines *Festgesangs an die Künstler* (op. 68)

Abb. 1: F. Leinecker, Verbrüderungsszene vor der Festhalle des ersten dt. Sängerfestes in Würzburg (Lithographie, 1845). Lautete das Motto des Frankfurter Sängerfestes von 1838 noch »Gesang im Freien und Freies im Gesang« (H. Hoffmann), zeigten sich beim Würzburger Sängerfest 1845 bereits deutlichere demokratische Tendenzen: »Der sonstige Unterschied der Stände war total gelöst; vor der Festhalle ... war die allgemeinste Verbrüderung, überall tauschte man zum Zeichen derselben die Sängerzeichen gegenseitig aus; es gab fast kein ›Sie‹ mehr; Alles brauchte das trauliche ›Du‹« [3.107]. Neben den politischen Momenten dieses »Nationalfestes« wurden Zweck und Nutzen derartiger Veranstaltungen auch in artistischer (musikalisch-künstlerischer) und in moralischer Hinsicht hervorgehoben: »Stets allgemeiner werdende Gesangescultur unter den Mittelständen; Bekanntschaft mit den Meistern der Tonkunst und mit der lyrischen Poesie; veredeltere Lebensbegriffe durch eben den moralischen Einfluss dieser Poesie; die Vereinigung so vieler heterogener Elemente zu einem Brennpunct, und die damit verbundenen Berührungen und Sympathien« (Allgemeine musikalische Zeitung 47, 1845, 577).

(Text von Schiller) großes Aufsehen. Längst galt Mendelssohn nach Carl Maria von Weber nicht nur als das Vorbild für die Männerchorkomponisten schlechthin. Selbst Robert Schumann konnte gegenüber seinem Leipziger Freund nicht diese Breitenwirkung erzielen, und Franz Schuberts Chorschaffen war zu diesem Zeitpunkt noch nicht entdeckt. Die »deutschen Sängerfeste« des sog. Vormärz wurden zu einem Forum nationalreligiöser Bestrebungen [8], bewirkten eine flächendeckende Ausbreitung des Männergesangwesens [9] und gaben dem gesamten Laienchorwesen so starke Impulse, dass diese bis in die Gegenwart ausstrahlen.

→ Kapelle; Kirchenlied; Liturgie; Musik

Quellen:
[1] Allgemeine musikalische Zeitung Nr. 30 vom 24. Juli 1816 [2] Morgenblatt für gebildete Stände Nr. 17 vom 16. Mai 1825 [3] O. Elben, Der volksthümliche dt. Männergesang, ²1887 (¹1855) [4] H.G. Nägeli, Die Pestalozzische Gesangbildungslehre, 1809.

Sekundärliteratur:
[5] F. Brusniak, Das große Buch des Fränkischen Sängerbundes, 1991 [6] F. Brusniak, Art. Chor und Chormusik, 2. Chorwesen seit dem 18. Jh., in: MGG² S2, 1995, 774–824 [7] F. Brusniak, Art. Chor, in: RGG⁴ 2, 1999, 167–169 [8] F. Brusniak, Nationalreligiosität in der Sängerbewegung des 19. Jh.s. Das 5. Liederfest des Thüringer Sängerbundes in Eisenach 1847, in: H. Loos (Hrsg.), Musikgeschichte zwischen Ost- und Westeuropa: Kirchenmusik – geistliche Musik – religiöse Musik, 2001, 83–98 [9] F. Brusniak / D. Klenke, Sängerfeste und die Politik der dt. Nationalbewegung, in: Die Musikforschung 52, 1999, 29–54 [10] F. Brusniak (Hrsg.), Chor – Visionen in Musik. Essener Thesen zum Chorsingen im 21. Jh., 2003 [11] D. Düding, Organisierter gesellschaftlicher Nationalismus in Deutschland (1808–1874), 1984 [12] D. Düding, Nationale Oppositionsfeste der Turner, Sänger und Schützen im 19. Jh., in: D. Düding (Hrsg.), Öffentliche Festkultur. Politische Feste in Deutschland von der Aufklärung bis zum Ersten Weltkrieg, 1988, 166–190 [13] W. Gruhn, Geschichte der Musikerziehung, ²2003 [14] D. Klenke, Der singende »dt. Mann«. Gesangvereine und dt. Nationalbewußtsein von Napoleon bis Hitler, 1998 [15] W. Lipp, Musik, besonders Chormusik – Soziale Funktionen. Versuch einer Elementaranalyse, in: F. Brusniak (Hrsg.), Chor – Visionen in Musik, 2003, 57–68 [16] L. Lütteken, Patronage und Reformation. Johann Walter und die Folgen, in: J. Heidrich / U. Konrad (Hrsg.), Traditionen in der mitteldt. Musik des 16. Jh.s, 1999, 63–74 [17] F. Messmer, Art. Kantionalsatz, in: MGG² S4, 1996, 1773–1779 [18] E. Möller, Art. Kantorei, in: MGG² S4, 1996, 1779–1787 [19] K.W. Niemöller, Untersuchungen zu Musikpflege und Musikunterricht an den dt. Lateinschulen vom ausgehenden MA bis um 1600, 1969 [20] F.W. Riemer (Hrsg.), Briefwechsel zwischen Goethe und Zelter in den Jahren 1796 bis 1832, 1833 [21] G. Schünemann, Zur Soziologie des Chorgesanges, in: Organisationsfragen des Chorgesangwesens. Vorträge des Ersten Kongresses für Chorgesangwesen in Essen, 1929, 9–17 [22] H. Unverhau, Gesang, Feste und Politik. Dt. Liedertafeln, Sängerfeste, Volksfeste und Festmähler und ihre Bedeutung für das Entstehen eines nationalen und politischen Bewußtseins in Schleswig-Holstein 1840–1848, 2000.

Friedhelm Brusniak

Choral

1. Begriff
2. Geschichtliche Entwicklung des Gregorianischen Chorals
3. Der Gregorianische Choral in der mehrstimmigen Kirchenmusik
4. Der protestantische Choral in mehrstimmen Bearbeitungen
5. Choralbearbeitungen und -zitate im 19. Jh.

1. Begriff

Im modernen dt. Sprachgebrauch bezeichnet Ch. sowohl den einstimmigen lat. liturgischen Gesang (gewöhnlich auch als »Gregorianischer Ch.« bezeichnet) als auch das volkssprachliche ↗Kirchenlied der evang. Kirche [5]. Im MA verwendete man für den liturgischen (gregorianischen) Gesang in Messe (↗Gottesdienst) und ↗Offizium gewöhnlich den lat. Terminus *cantus* (*cantus gregorianus*, *cantus planus*). Ab dem 14. Jh. findet sich gelegentlich neben diesen auch der Begriff *cantus choralis*, welcher auf die Aufführung durch einen Sängerchor (im Gegensatz zur solistischen Mehrstimmigkeit) hinweist. So spricht Conrad von Zabern 1460/70 von *cantus choralis planus sive Gregorianus*.

Das Wort Ch. wurde wohl deshalb für das lutherische Kirchenlied verwendet, weil es nicht nur um chorisches Singen geht, sondern auch, weil einige reformatorische Kirchenlieder auf gregorianischen ↗Hymnen basieren. Der protest. Ch. hatte zudem den Status eines liturgischen Gesangs. Ferner konnte er den Ausgangspunkt für Bearbeitungen verschiedenster Art bilden, die dann als Ch. bezeichnet wurden, z. B. B. Gesius' *Christliche Choral- und Figuralgesänge* (Frankfurt/Oder, 1611) und J. S. Bachs *Sechs Choräle von verschiedener Art* (als die *Schübler-Choräle* bekannt). Im 17. Jh. erscheint Ch. bzw. Ch.-Gesang im Sinne von ↗Cantus firmus in mehrstimmigen Werken; gemeint ist, dass ein liturgischer Gesang in langen Notenwerten das Fundament eines polyphonen Gefüges bildet (↗Polyphonie). In den Kirchenkantaten (↗Kantate) J. S. Bachs wird der schlichte Schlusssatz gewöhnlich als Ch. bezeichnet.

2. Geschichtliche Entwicklung des Gregorianischen Chorals

2.1. Das Erbe des Mittelalters

Bereits das Repertoire des klassischen bzw. Gregorianischen Ch. des frühen MA ist entwicklungsgeschichtlich vielschichtig und stilistisch verschiedenartig [2]. Es gibt im ↗Stundengebet schlichte Antiphonen, große, mehrteilige Responsorien und strophische Hymnen mit gebundenen Texten. Unter den Messgesängen findet man die melismatischen, formelhaften *Gradualien* und *Trakten* sowie die eher frei gestalteten *Offertorien* und die häufig durch interne Wiederholungen geprägten *Alleluias*. Die erst ab dem 9. Jh. greifbaren Sequenzen bilden eine weitere musikalische Schicht. Im Gegensatz zu den anderen Gesangsgattungen der Messe sind Sequenzen syllabisch, d. h. jeder Textsilbe ist selten mehr als ein einzelner Ton zugeteilt. Ab dem 11./12. Jh. wurden zunehmend gereimte, akzentuierende Verstexte v. a. für Sequenzen und Offiziumszyklen (daher als Reimoffizien bekannt) gedichtet, deren Melodiesegmente regelmäßig in der Tonika und Quint enden. Die Gesänge wurden größtenteils nicht metrisch gesungen – daher ab dem 13. Jh. die Bezeichnung *cantus planus*, im Gegensatz zur *musica mensurabilis* der metrisch notierten und vorgetragenen Mehrstimmigkeit. Neben der Verschiedenartigkeit der Gesangsgattungen gab es im MA auch teils stark voneinander abweichende Fassungen der Melodien.

2.2. Neuzeit

Einen gravierenden Umbruch in seiner Tradition erlitt der lat. Ch. infolge des ↗Trienter Konzils (1545–1563) [4]. Unter Papst Paul V. erschienen neue Fassungen der röm. liturgischen Bücher: 1568 das *Breviarium Romanum* mit den Texten für das Stundengebet und 1570 das *Missale Romanum* mit den Texten der Messe (↗Liturgie). U. a. fanden die Sequenzen in der Messe fast keinen Platz mehr. Daher wurde eine angepasste Ausgabe der Melodien wünschenswert. 1577 wurden Giovanni Pierluigi da Palestrina und Annibale Zoilo mit der Edition eines neuen Graduale beauftragt. Palestrina zog sich bereits im Jahr darauf wieder von der Arbeit zurück. Erst 1614/15 erschien das durch Felice Anerio und Francesco Soriano vollendete *Graduale de Tempore* bzw. *Graduale de Sanctis* beim Medicea-Verlag in Rom. Es wurde darin eine grundlegende Revision des Ch. nach humanistischen Prinzipien durchgeführt: Der modale Toncharakter der alten Gesänge wurde vereinfacht und modernisiert, um eine bestimmte Dur- bzw. Moll-ähnliche ↗Tonalität zu gewinnen. Die oft als diffus empfundenen ma. Melodien mit ihren zahlreichen, anscheinend unmotivierten Melodiefloskeln und Melismen wurden gründlich vereinfacht. Gleichzeitig brachten jedoch andere Verleger Ch.-Bücher mit den angepassten Texten und ebenfalls zum Teil vereinfachten Melodien heraus (z. B. das *Antiphonarium Romanum*, 1603 und das *Graduale Romanum*, 1606 und 1611 der Druckerei Giunta in Venedig).

In den folgenden Jahrhunderten erschienen zahlreiche Bücher mit Kirchengesängen, die mit der ma. Tradition wenig gemeinsam hatten. Eine politische Dimension hatten die Revisionen in Frankreich: Bis zum Ende des 18. Jh.s verwendeten etwa zwei Drittel der franz. Diözesen nicht-röm. liturgische Bücher mit neu verfassten lat. Texten und neu komponierten Melodien. Bereits 1811 zeichnete sich eine Rückkehr zum röm. Vorbild ab, als Alexandre-Étienne Choron seine *Considérations sur la nécessité de rétablir le chant de l'Église de Rome dans toutes les églises de l'Empire français* (»Überlegungen zur Notwendigkeit, den Gesang der Röm. Kirche in allen Kirchen des franz. Reichs wieder herzustellen«) verfasste. Nach der Restauration der franz. Monarchie wurden in Frankreich wie auch in Deutschland wieder Mönchsorden zugelassen (↗Mönchtum). Die Frage, welche ↗Gesangbücher zu verwenden wären, wurde z. T. durch Rückgriff auf die *Editio Medicea* beantwortet, aber auch durch Versuche, ma. Handschriften zu entziffern. In diesem Sinne wurde v. a. von den Benediktinern vom Kloster Solesmes in Frankreich bahnbrechende Arbeit geleistet. 1901 sprach sich Papst Pius X. endgültig für die Solesmeser Version des Ch. aus.

3. Der Gregorianische Choral in der mehrstimmigen Kirchenmusik

Bereits im MA wurden Gregorianische Gesänge bei bes. feierlichen Anlässen mehrstimmig aufgeführt (↗Cantus firmus). Im 15. Jh. nahmen die Sätze des *Ordinarium Missae* (↗Messe) in der Pflege der geistlichen ↗Mehrstimmigkeit eine zentrale Rolle ein. Um sie musikalisch miteinander zu einem Zyklus zu verbinden, wurde häufig derselbe *Cantus firmus* für alle Sätze verwandt. Seltener vertonte man an hohen Festtagen des ↗Kirchenjahres auch die Sätze des *Proprium Missae* mehrstimmig. Im Laufe des 16. Jh.s verlor die Komposition von *Cantus firmus*-Sätzen allmählich an Bedeutung.

In der instrumental begleiteten Kirchenmusik im Concertato-Stil nach der Wende zum 17. Jh. spielte der Ch. keine wesentliche Rolle mehr. Die Verwendung der ↗Orgel als Ersatz oder Alternative für ein ↗Sänger-Ensemble bei der Ausführung mehrstimmiger Kirchenmusik erforderte eine Reihe von Techniken für die Improvisation von Gegenstimmen zum Ch. Üblicherweise wurde der Ch.-Abschnitt in gleich langen, großen Notenwerten gespielt und um kontrapunktische Stimmen ergänzt (↗Kontrapunkt). Die Orgel spielte oft alternierend mit dem Sängerchor, indem ein Vers von diesem gesungen, der nächste von der Orgel in verzierter Setzweise übernommen wurde. Im 16. Jh. verfassten mehrere Komponisten voll auskomponierte Ch.-Bearbeitungen für die Orgel.

4. Der protestantische Choral in mehrstimmigen Bearbeitungen

Der Gemeindegesang in dt. Sprache war zur Zeit der Reformation nicht neu. Vor 1518 sind über 1400 dt. ↗Kirchenlieder belegt. Viele sind Übersetzungen von Gregorianischen Gesängen, v. a. der schlichten strophischen ↗Hymnen. In der *Dt. Messe und Ordnung des Gottesdienstes* Martin Luthers wurden die lat. Gesänge der *Schola* (↗Chor) durch dt. Gemeindegesänge ersetzt. Luther begann 1523 mit der ↗Komposition neuer Kirchenlieder unter Berücksichtigung älterer dt. Kirchengesänge und der Lieder des dt. Zweigs der Hussitischen Protestanten, der Böhmischen Brüder (↗Herrnhuter). Von Luther sind 36 Texte bekannt, wovon sieben auf Psalmen, zwei auf anderen Texten des AT, sechs auf Stellen im NT, sechs auf lat. Hymnen, sieben auf anderen Gregorianischen Gesängen, neun auf Leisen bzw. anderen Kirchenliedern und vier auf Volksliedern basieren. Meist wurde die bereits bestehende Melodie übernommen bzw. umgearbeitet; es gab aber auch Originalmelodien, die oft Gemeinsamkeiten mit Melodien der Meistersinger zeigen und ihnen auch im modalen Gebrauch ähneln (ionisch = Glaube, dorisch = meditierend, phrygisch = Buße und Reue). Beliebteste Form war die sog. Barform (z. B. ABABCDE/B).

Auf protest. Ch. basiert eine unüberschaubar große Menge an Vokalwerken des 16. bis 18. Jh.s. Sofort nach der Publikation des ersten Buches mit Kirchenliedern, des sog. *Achtliederbuchs* (1523/24), veröffentlichte Johann Walter in Wittenberg eine Sammlung mit 38 vier- und fünfstimmige Vertonungen, das *Geystliche Gesangk Buchleyn* (mit einem Vorwort von Luther). Die Ch.-Melodie wird darin der Tenorstimme zugeteilt. Sowohl polyphon imitierende als auch homophone, akkordische Bearbeitungen sind bereits bei Walter zu finden. Beliebt war auch der Kantionalsatz, in welchem die Melodie der Sopranstimme gegeben wurde. Frühe Beispiele dafür stammen von Lucas Osiander (*Fünfftzig geistliche Lieder und Psalmen*, Nürnberg 1586) und Michael Praetorius (Sechster bis achter Teil seiner *Musae Sioniae*, Wolfenbüttel 1609–1610).

Bald folgten polyphone ↗Motetten mit dt. Kirchenliedern als *Cantus firmi*. Drei Bearbeitungsweisen wurden angewendet: (1) Die Melodie des Kirchenliedes wurde wie ein *Cantus firmus* behandelt; sie bleibt von den übrigen Stimmen musikalisch verschieden. (2) Um imitierende ↗Polyphonie zu ermöglichen, wurde die Kirchenliedmelodie weitgehend aufgegeben, nur der Text blieb erhalten. (3) Erst gegen Ende des 16. Jh.s wurden die einzelnen Phrasen der ↗Lied-Melodie als Themen für imitierende Mehrstimmigkeit aufgenommen. Im 17. Jh. entstanden Werke in zahlreichen Mischformen (mit Titeln wie *Geistliches Konzert* oder einfach *Kirchenstück*), in denen freie und choralgebundene Sätze nebeneinander stehen. Ch.-Kantaten, in welchen mehrere oder alle Strophen (lat. *per omnes versos*) des Kirchenlieds bearbeitet wurden, sind ebenfalls bekannt. Zu den führenden Meistern zählte Dietrich Buxtehude in Lübeck, ferner die Kantoren der Thomaskirche in Leipzig Sebastian Knüpfer, Johann Schelle und v. a. Johann Sebastian Bach. Von besonderer Bedeutung ist der zweite Leipziger Jahrgang der Kirchenkantaten, in dem sämtliche Strophen des Kirchenlieds die Textgrundlage bilden und die Binnenstrophen oft zu ↗Rezitativ-Sätzen oder ↗Arien-Sätzen umgedichtet sind. Am Anfang steht gewöhnlich ein großangelegter Ch.-Chorsatz, am Ende ein schlichter Kantionalsatz. In Bachs ↗Kantaten wird manchmal eine Ch.-Melodie aus symbolischen Gründen rein instrumental zitiert [6].

Organisten in den protest. Gebieten Deutschlands und der Nachbarländer setzten die bereits für die Bearbeitung Gregorianischer *Cantus firmi* erprobten Techniken auch für protest. Ch. fort. Von großer Bedeutung waren in dieser Hinsicht die Orgelwerke des frühen 17. Jh.s von Michael Praetorius in Wolfenbüttel, Jan Pieterszoon Sweelinck in Amsterdam, Samuel Scheidt in Halle und Heinrich Scheidemann in Hamburg. Zum *Cantus firmus* in mehr oder weniger langen Notenwerten konnten sowohl eine einzelne virtuose Gegenstimme als auch mehrere kontrapunktische Linien nach dem Vorbild des imitierenden Vokalsatzes hinzugefügt werden. Beliebt war auch die Verwendung der einzelnen Phrasen des Ch. als Motive für eine Reihe kontrapunktischer Durchführungen. Bes. interessant sind ferner Ch.-Fantasien, in denen Phrasen der Ch.-Melodie quasi improvisatorisch inmitten freier Abschnitte auf verschiedene Weise zitiert und bearbeitet sind. Auch Variations-Zyklen über Ch. wurden komponiert; die Tradition der Ch.-Bearbeitung für Orgel wurde von führenden Komponisten wie Johann Adam Reincken in Hamburg, Franz Tunder und Dietrich Buxtehude in Lübeck, Georg Böhm in Lüneburg und v. a. Johann Sebastian Bach in Weimar und Leipzig fortgesetzt.

5. Choralbearbeitungen und -zitate im 19. Jh.

Bearbeitungen von gregorianischen Melodien oder protest. Kirchenliedern sind seit dem 18. Jh. ein fundamentaler Teil des Orgelrepertoires, z. B. in den Werken Max Regers (1873–1916) oder Olivier Messiaens (1908–1992). Wegen ihrer besonderen geistlichen Assoziationen wurden Ch.-Melodien gelegentlich auch in nicht-liturgischen und sogar nicht-geistlichen Werken zitiert, wie z. B. in der *Reformations-Symphonie* in D-Dur (1830) von Felix Mendelssohn Bartholdy, der *Symphonie fantastique* (1830) von Hector Berlioz oder der Oper *Les Huguenots* (1836) von Giacomo Meyerbeer.

→ Chor, Chormusik; Kirchenlied; Kirchenmusik; Liturgie

[1] M. J. Bloxam, Art. Cantus firmus, in: MGG² S2, 1995, 404–417 [2] D. Hiley, Western Plainchant, 1993 [3] D. Hiley / M. Huglo, Art. Choralreform, in: MGG² S2, 1995, 848–863 [4] R. Molitor, Die Nach-Tridentinische Choralreform zu Rom, 1901–1902 [5] H. Möller, Art. Choral, in: MGG² S2, 1995, 824–827 [6] P. Wollny et al., Art. Choralbearbeitung, in: MGG² S2, 1995, 827–848.

David Hiley

Chorlied s. Chor, Chormusik; Lied

Christentum s. Christentum, global; Christianisierung; Europäische Religionsgeschichte

Christentum, global

1. Einleitung
2. Von der Weltreligion zur Religion Europas
3. Neues Christentum in Europa zum Beginn der Neuzeit
4. Europäisches Christentum und Expansion
5. Neue Christentümer außerhalb Europas
6. Globale Verflechtungen zum Beginn der Industrialisierung

1. Einleitung

Unter dem Ch. der Nz. wird gemeinhin ein auf ↗Europa zentriertes Ch. verstanden, das theologisch und institutionell von histor. Entwicklungen in Europa geprägt wurde. Neben dem ↗Katholizismus und dem ↗Protestantismus wurde die Orthodoxie (↗Orthodoxe Kirchen) häufig als dritte christl. Konfession bezeichnet. Dies hat zur Folge, dass innerhalb Europas zwar die Interaktion zwischen den genannten Konfessionen thematisiert wird, auch dass es eine Wahrnehmungsgeschichte des ↗Islams innerhalb der christl. Theologien gibt, dass aber außerhalb Europas und außerhalb der Beziehungen zum Islam hauptsächlich und einseitig das Wirken der europ. Kirchen und ↗Missionen gesehen wird. Wichtige globale Bezüge, die das Ch. als ↗Weltreligion in der Nz. unterhielt, werden damit ausgeblendet – einer Weltreligion, die im Kontext ↗globaler Interaktion während der Nz. ganz spezifische Konturen erwarb, die darüber hinaus an verschiedenen Orten eigenständig und eigenwillig interpretiert wurde und die an diesen verschiedenen Orten intelektuell, politisch, sozial und kulturell in lokale Austauschverhältnisse einbezogen wurde.

2. Von der Weltreligion zur Religion Europas

Die Konzentration auf das Ch. als Religion Europas wird um die Mitte des 15. Jh.s sichtbar: Nach dem Fall Konstantinopels 1453 wandte sich Papst Pius II. mit einem Schreiben an den türkischen Sultan Muhammad II., um diesen vor der Entschlossenheit aller christl. Völker zu warnen, sich einer islam. Eroberung vehement entgegenzustellen. In diesem Brief erstellte Pius II. eine Liste jener Nationen, die im Namen des christl. Europas die Waffen gegen die türkischen Eroberer aufnehmen würden: etwa das »starke Spanien«, die »kriegerischen Franzosen«, die »zahlreichen Deutschen«, die »mächtigen Briten« und die »kühnen Polen«, die »siegreichen Ungarn« sowie die »reichen Italiener«. Ausgeschlossen von dieser Inventarisierung waren jene Christen und ihre Kirchen, die im osman. Herrschaftsgebiet lebten, wie z. B. die Armenische Kirche, die sich als die älteste christl. Gemeinschaft der Welt verstand, aber auch die Nestorianer und Jakobiten und somit die Kirchen West- und Ostsyriens sowie die Koptische Kirche Ägyptens. Auch die ↗Griechische Orthodoxe Kirche und die Äthiopische Kirche, die in dem alten afrikan. Königreich Abessinien entstanden war und die sich ebenfalls als eine der ältesten christl. Gemeinschaften verstand, fehlten in der Auflistung. In Abgrenzung gegen den Islam und in Rückbesinnung auf die Antike formierte sich die Einheit der europ. Kirche bewusst gegen all diese Institutionen eines universalen Ch. In dem Moment, als sich (das christl.) Europa konstituierte, geschah dies unter Ausgrenzung der nicht-europ. christl. Kirchen.

3. Neues Christentum in Europa zum Beginn der Neuzeit

Bald danach machten sich innerhalb des Ch. Europas Reformbestrebungen bemerkbar, die zur Gründung neuer christl. Kirchen führte (↗Reformation). Die ↗Europäische Religionsgeschichte kennt die ↗Konfessionalisierung der Ch.-Landschaft. Für die Welten außerhalb Europas war dieser Prozess insofern wichtig, als mit den ↗Expansionen, an denen auch kath. und protest. ↗Missionen sowie die Kirchen der europ. Auswanderer nach Übersee beteiligt waren (↗Emigration), ein breites Spektrum christl. Praxis über Europa hinausgetragen und kulturell wie theologisch jeweils lokal auf originäre Weise in gesellschaftliche Entwicklungsprozesse integriert wurde (↗Christianisierung).

4. Europäisches Christentum und Expansion

Das Ch. Europas, das im 16. und 17. Jh. auf außereurop. Gesellschaften traf, begegnete nicht-christl. Religionen damit in einer Zeit, in der in Europa Wellen der ↗Hexenverfolgungen stattfanden, und in der u. a. auch eine differenzierte ↗Dämonologie entwickelt wurde. Die ↗Dämonisierung der Hochgötter, Gottheiten und Ahnen jener Gesellschaften, die in ihren ↗Gottesnarrativen nicht den *einen* christl. Gott erzählten, ergab sich daraus fast zwangsläufig. Trotzdem gelang die Entstehung neuer christl. Gemeinschaften, bes. dort, wo aufgrund der ↗Volksfrömmigkeit der kolonialen Eroberer eine größere Nähe zwischen den unterschiedlichen Religionen bestand als auf intellektuell-theologischer Ebene. Der span.-portug. Katholizismus der Eroberer war z. B. den Religionen afrikan. Völker oder den Religionen der Bevölkerung in Südamerika nicht ausschließlich fremd. Bestimmte religiöse Rituale, die in verschiedenen Religionen ähnlichen Stellenwert hatten, z. B. ↗Besessenheit, Divination (↗Prophetie) und Heiligenverehrung, trugen in hohem Maße zur Übersetzung des Ch. in lokale Kontexte bei. Solche Rituale ermöglichten nicht nur die Kommunikation mit dem Göttlichen, sondern auch die Verständigung unter verschiedenen Religionen (z. B. ↗Cofradía).

Bei der Vielzahl der weltweit entstehenden christl. Gemeinschaften innerhalb und außerhalb des Spektrums der Missionskirchen von ↗Synkretismus zu sprechen, ist problematisch, geht dieses Konzept doch davon aus, dass sich Ch. und indigene Religion vermischen und dabei weder das eine noch das andere bleiben [2]. Synkretismus ist ein Begriff aus den Akkulturations- bzw. ↗Kulturkontakt-Theorien, die insbes. für den afrikan. Kontext problematisiert worden sind, weil sie religiösen Ausdruck entlang einer Skala von »traditionell« bis »westlich« oder »modern« definieren, denn diese Sichtweise impliziert eine »mechanische Zuweisung von Kultureigenschaften« [3] und erklärt nicht, wie die Vermischung tatsächlich herbeigeführt wurde und wie diejenigen, die die »synkretistische« Religion praktizierten, diese tatsächlich wahrnahmen. Darüber hinaus wird der Synkretismus-Begriff meist auf die christl. Praxis angewendet, die in »Unabhängigen Kirchen« praktiziert wird, sehr viel seltener auf das Ch., das innerhalb der Missionskirchen entsteht, obwohl auch diese sich Formen des Ch. stets lokal aneigneten [2].

5. Neue Christentümer außerhalb Europas

Die histor. Entwicklung des Ch. in globaler Perspektive rief immer wieder neue christl. Bewegungen hervor, die Anspruch auf mehr als Aneignung erhoben. Viele Kirchen wurden von Propheten und charismatischen Führern begründet, die in eigener kirchlicher und religiöser Tradition zu Gott standen. Solche Bewegungen, die nicht unbedingt von einem von Europa ausgehenden Universalismus ausgingen, verstanden sich als ein gleichberechtigter Teil eines Ch., das als Weltreligion in vielen Teilen der Welt in Verschiedenheit und gleichzeitig als Teil eines Ganzen tatsächlich existierte. Mit der Anerkennung solch neuer Ch., die meist aus ↗Prophetien hervorgingen, taten ältere christl. Traditionen sich häufig schwer. Als ein Beispiel sei die Taiping-Bewegung genannt. Ihr Anführer Hong Xiuquan hatte 1837 eine Vision, aufgrund derer er 1849–1864 eine Bewegung gegen die Mandschu in Gang setzte (↗Chinesische Welt). Die Bewegung verstand sich als christl.: Hong Xiuquan behauptete von sich, durch Gott in den Himmel gerufen worden, der jüngere Bruder Jesus Christus und damit der zweite Sohn Gottes zu sein. Mit Hilfe dieses Mandats legitimierte er, gestützt von zwei Medien, die den Heiligen Geist verkörperten, seinen göttlichen Auftrag, die Mandschu zu eliminieren und das »Himmlische Königreich des Großen Friedens« zu installieren [6]. Zahlreiche Beispiele vergleichbarer Prophetien und neuer christl. Kirchen finden sich auch auf dem afrikan. Kontinent [5], mit dem Xhosa-Propheten Ntsikana z. B. bereits seit dem Ende des 18. Jh.s in einer Region und zu einer Zeit, als Bevölkerungen in zahlreichen Grenzkriegen unter kolonialen Einfluss gerieten (↗Kapkolonie; ↗Grenze).

6. Globale Verflechtungen zum Beginn der Industrialisierung

Das Ch., das seit Beginn des 19. Jh.s insbes. durch die vielgestaltige protest. Missionsbewegung auf die globale Ausdifferenzierung des Ch. Einfluss nahm (oft auch anders als von den einzelnen Missionen ursprünglich intendiert), leitete seine Lehre fast immer aus den Problemen der industriellen Umbruchzeit in Europa ab, sei es, um die Einflüsse der ↗Industrialisierung abzuwehren oder um industriell geprägte Arbeitsdisziplinen in die Vermittlung der christl. Botschaft zentral zu integrieren [4]. So waren einerseits die Sozialmodelle der pietistischen Mission vormodern konzipiert, andererseits propagierten die brit. Missionen Handel und Gewerbe nach einer Philosophie, die allgemein durch die Begriffe *christianisation-commerce-colonization* markiert wird.

In globaler Perspektive betrachtet, lässt sich das Verhältnis der vielfältigen Ch.-Varianten zueinander neu bemessen und ermöglicht einen alternativen Blick auch auf die Universalität des Ch.

→ Christianisierung; Kulturkontakt; Mission; Religiöse Interaktion; Synkretismus; Weltreligion

[1] D. Chidester, Christianity: A Global History, 2000 [2] B. Meyer, Beyond Syncretism: Translation and Diabolization in the Appropriation of Protestantism in Africa, in: Ch. Stewart / R. Shaw (Hrsg.), Syncretism/Anti-Syncretism: The Politics of Religious Synthesis, 1994, 45–68 [3] J. D. Y. Peel, Syncretism and Religious Change, in: Comparative Studies in Society and History 10, 1968, 121–141 [4] K. Rüther, The Power Beyond: Mission Strategies, African Conversion and the Development of a Christian Culture in the Transvaal, 2001 [5] B. G. M. Sundkler, Bantu Prophets in South Africa, 1948 [6] R. W. Wagner, Understanding Taiping Christian China: Analogy, Interest, and Policy, in: K. Koschorke (Hrsg.), »Christen und Gewürze«: Konfrontation und Interaktion kolonialer und indigener Christentumsvarianten, 1998, 132–157.

Kirsten Rüther

Christentumsgesellschaft

Bei der 1780 gegründeten »Deutschen Ch.« (Titel ab 1804, urspgl. »Gesellschaft zur Beförderung reiner Lehre und wahrer Gottseligkeit«) handelt es sich um eine v. a. von protest. Laien, aber auch von Theologen getragene Gesellschaft, die sich die Verteidigung des christl. Glaubens gegen die Kritik der theologischen ↗Aufklärung und seine praktische Förderung zum Ziel setzte. Während dies anfänglich v. a. mittels apologetischer Publizistik und durch die Schaffung von Korrespondenznetzwerken zwischen Gleichgesinnten versucht wurde (über 40 »Partikulargesellschaften« existierten in Deutschland und den Niederlanden bis in die 1830er Jahre), schritt man im 19. Jh. zur Gründung zahlreicher Unternehmungen in ↗Mission und ↗Diakonie. Durch die Tochtergründungen mit teilweise internationaler Ausstrahlung erlangte die v. a. im schweizer. und württembergischen Raum verwurzelte Ch. große Wirksamkeit, insbes. in der ersten Hälfte des 19. Jh.s. Zusammen mit der Brüdergemeine der ↗Herrnhuter vermochte die Ch. Impulse des ↗Pietismus und Spätpietismus an das 19. Jh. zu vermitteln und damit einen wichtigen Beitrag zur protest. ↗Erweckungsbewegung zu leisten, die sich in der Epoche der ↗Restauration (1815–1830) in zahlreichen Gegenden Europas formierte. Die Basler »Muttergesellschaft« wurde erst 2002 aufgelöst.

Die Ch. ist eng mit der Stadt Basel verknüpft. Dort gab es bereits vor der Ch. religiös-pietistische Gesellschaften, sodass der Augsburger Theologe Johann August Urlsperger mit seiner Programmschrift *Kurzer Bericht einer vorgeschlagenen und wirklich entstehenden Dt. Gesellschaft edler thätiger Beförderung reiner Lehre und wahrer Gottseligkeit* (1780) rasch Gehör fand. Vorbilder für die zu konstituierende Gesellschaft waren die 1698 in England ins Leben gerufene *Society for Promoting Christian Knowledge* (»Gesellschaft zur Verbreitung christl. Wissens«) und die 1771 in Schweden gegründete *Societas Svecana pro fide et christianismo* (»Schwedische Gesellschaft für Glaube und Christentum«). Die theologische Basis der Gesellschaft bildete dabei die Ablehnung rationalistischer ↗Bibelkritik, die volle ↗Erlösungs-Bedürftigkeit des Menschen, die Gott-Menschheit Christi (↗Christologie), die Versöhnung durch den Opfertod Christi und die chiliastisch gefärbte Erwartung des kommenden Reichs Gottes (↗Chiliasmus).

Die v. a. Urlsperger am Herzen liegende apologetische und antiaufklärerische Zielsetzung der Ch. trat allerdings schon bald zugunsten der erbaulich-praktischen Ziele in den Hintergrund. Vom Hauptsitz in Basel aus wurden zunächst handschriftliche Zirkularschreiben an die einzelnen Partikulargesellschaften versandt, in denen biblisch-theologische Fragen erörtert sowie Zeugnisse geistlicher Erfahrungen und Bekehrungsgeschichten veröffentlicht wurden. Ab 1783 übernahmen diese Aufgabe gedruckte erbauliche Zeitschriften, die von 1786 bis 1912 unter dem Titel *Sammlungen für den Liebhaber Christl. Wahrheit und Gottseligkeit* herausgegeben wurden. Die Mischung von individuellem, ab dem 19. Jh. vermehrt missionarisch-diakonischem Engagement (vgl. ↗Diakonie) und der Hoffnung auf das souveräne Wirken Gottes ist bezeichnend für die gesamte Frömmigkeit und Wirksamkeit der Ch. (↗Frömmigkeitskulturen).

Ihr Bestreben, christl. Weltgestaltung und ↗Glaube zu verbinden, stieß in der Anfangszeit insbes. auf die Kritik pietistischer Kreise Württembergs, die stärker dem ↗Quietismus zuneigten und die Diskontinuität zwischen der Lebenswelt und dem anbrechenden »Reich Gottes« betonten. Im Bestreben, von »äußeren« Ereignissen (↗Bekehrungen, Hilfe in ausweglosen Situationen, Verbreitung der ↗Bibel, Erfolge auf Missionsfeldern etc.) auf das Fortschreiten des Reiches Gottes und damit im weiteren Sinne auf die Wahrheit des Christentums zu schließen, kann ein empiristisch-aufklärerischer Zug festgestellt werden. Die (wenn auch unbeabsichtigte) Nähe zur Aufklärung zeigt sich ganz allgemein in der Ausrichtung der Ch. auf die Zukunft, in der starken Betonung der christl. Praxis und im Verzicht auf theologisch-dogmatische Reflexion.

Als ab 1783 die Ch. ihre Aufgaben nicht mehr allein durch Freiwilligenarbeit bewältigen konnte, wurde eine in der Folgezeit v. a. durch württembergische Theologen besetzte Sekretärsstelle geschaffen. Unter diesen Sekretären und mit maßgeblicher Unterstützung wohlhabender bürgerlicher Kreise Basels entfaltete die Ch. eine weitreichende Aktivität, die sich u. a. in folgenden Tochtergründungen äußerte: Gesellschaft zur Verbreitung erbaulicher Schriften (Traktatgesellschaft, 1802), Basler Bibelgesellschaft (1804), Judenschule (1812), Basler Gesellschaft zur Verbreitung des Christentums unter den Juden (1820), Gesellschaft von Freunden Israels (1831), Basler Missionsgesellschaft (später Basler Mission; 1815); Armen-Schul-Verein (dieser eröffnete 1820 im badischen Beuggen ein Schulinstitut unter der Leitung von Christian Heinrich Zeller); Evang. Jünglingsverein (1825), Verein zur sittlich-religiösen Einwirkung auf die Griechen (1826), Taubstummenanstalt (1833), Pilgermissionsanstalt auf Chrischona (1840), Kinderspital (1846), Abessinien-Mission (1852), Diakonissenanstalt in Riehen (1852), Syrisches Waisenaus in Jerusalem (1860), Christl. Vereinshaus (1865) [3. 277].

→ Erweckungsbewegungen; Evangelische Kirchen; Frömmigkeitskulturen; Mission

[1] M. BRECHT et al. (Hrsg.), Pietismus und Nz. Ein Jb. zur Geschichte des neueren Protestantismus, Bd. 7: Die Basler Christentumsgesellschaft, 1982 [2] U. GÄBLER, »Auferstehungszeit«. Erweckungsprediger des 19. Jh.s. Sechs Porträts, 1991 [3] M. GEIGER, Art. Basel, Christentumsgesellschaft, in: TRE 5, 1980, 276–278 [4] M. H. JUNG, Magnus Friedrich Roos und die Dt. Christentumsgesellschaft, in: TH.K. KUHN / M. SALLMANN (Hrsg.), Religion in Basel. Ein Lese- und Bilderbuch. FS U. Gäbler, 2001, 49–52 [5] E. STAEHELIN (Hrsg.), Die Christentumsgesellschaft in der Zeit der Aufklärung und der beginnenden Erweckung. Texte aus Briefen, Protokollen und Publikationen, 1970 [6] E. STAEHELIN (Hrsg.), Die Christentumsgesellschaft in der Zeit der Erweckung bis zur Gegenwart. Texte aus Briefen, Protokollen und Publikationen, 1974.

Martin Ernst Hirzel

Christianisierung

1. Begriff und Einordnung
2. (Wieder)-Begegnungen
3. Gemeinschaftsbildungen
4. Neuordnung der Welt(en) durch veränderte religiöse Kommunikation
5. Popularisierungen
6. Schluss

1. Begriff und Einordnung

Das Konzept der Ch. korreliert eng mit Begriffen, die die Implementierung der christl. Religion und Lebensweisen sowie die Hinkehrung von Gesellschaften und Individuen zum Christentum (= Chm.) umschreiben und die jene religiösen Traditionen fassen, die histor. aus diesen Interaktionsdynamiken entstanden. ↗ Mission, ↗ Missionierung, Chm., auch ↗ Konversion sind daher eng auf das Konzept der Ch. beziehbare Themenbereiche, die im Kontext ↗ globaler Interaktion ineinander griffen. Nirgends und nie bedeutete Ch. unumschränkte Europäisierung; sie stellte vielmehr eine solche Vorstellung massiv in Frage. Ebenso wenig bedeutete Ch. europ. Aktion, die Reaktionen in außereurop. Staaten, Reichen und Gesellschaften herausforderte. Ch. stellt im Kontext ↗ religiöser Interaktionen einen zentralen Prozess dar; er betrifft meist ganze Gesellschaften oder definierbare Gruppen einer Gesellschaft und umfasst unter Einbeziehung von deren jeweils älteren Religionen die Aneignungs- und Abgrenzungsprozesse gegenüber dem Chm. und der damit einhergehenden Kultur.

Wenn der Ch.-Begriff hier vornehmlich auf Prozesse außerhalb ↗ Europas bezogen wird, bedeutet dies nicht, dass das Chm. außerhalb Europas grundsätzlich ein anderes und deshalb in separaten begrifflichen Kategorien zu fassen wäre (↗ Christentum, global). Er setzt vielmehr eine übergreifende Perspektive (zu den Begrifflichkeiten innerhalb Europas vgl. ↗ europäische Religionsgeschichte) voraus und nimmt bei aller Tendenz zur verallgemeinernden Darstellung weder die organisierte Mission (die den Begriff »Ch.« als Kategorie der Beschreibung auch derogativ benutzte, um auf eine unterstellte oberflächliche Änderung der Lebensweise hinzuweisen, die nicht mit einer tiefer gehenden, spirituellen Neukonstitution der Gesellschaft einhergehe) noch bestehende einheitliche, abgrenzbare, in sich geschlossene Glaubenssysteme zum Ausgangspunkt seiner Betrachtungen. Statt dessen rücken die Begriffe Wechselwirkung, kulturelle Produktion und Transformation in den Mittelpunkt. Als solche inspirierte die Ch. im Verlauf der Nz. Konflikte und initiierte oder begleitete gesellschaftlichen Wandel. Dieser sich aus Konflikt und Wandel zusammensetzende Doppelprozess drückte sich konkret z.B. in der Verbreitung bestimmter Kulturtechniken, Ideen und Glaubensbestandteile, in der Diskussion von Werten und religiösen Vorstellungen sowie in religiös motivierten Migrationsbewegungen aus. Ch. ist damit zwischen dem 15. und 19. Jh. ein sich global entfaltendes Phänomen, das unter Umständen epochenversetzt durchaus mit der Ch. Europas während der Spätantike und des frühen MA [17] sowie mit neueren Versuchen der Ch. Europas durch z. B. aus Afrika kommenden Missionsbewegungen vergleichbar ist [2].

Interaktionen mit anderen Religionen, die die histor. Erfahrung einer einzelnen religiösen Gemeinschaft überschreiten, stehen in der Forschungsliteratur erst neuerdings im Mittelpunkt [8]. Meist nehmen Arbeiten zur Ch. eine einseitig von Europa ausgehende Perspektive ein und fügen sich damit unkritisch in die seit der Frühen Nz. vorherrschende Überschätzung der europ. Geschichtsmächtigkeit. In Sammelbänden, die zu Zwecken eines weltgeschichtlichen Überblicks dieses Defizit zu überwinden versuchen, stehen deshalb bislang häufig regional und auf einzelne Religionsgemeinschaften bezogene Fallstudien nebeneinander und plädieren so für eine perspektivische Erweiterung [13]; [10]; [14]. Von einer übergreifenden Periodisierung hinsichtlich der Ch. nimmt diese Literatur Abstand. Hier werden deshalb statt einer histor. Abfolge von Ch.-Phänomenen verschiedene Interaktionsdynamiken anhand ausgewählter Beispiele dargestellt, die Ch. einleiteten, akkomodierten, abbrachen oder sogar verhinderten. Obwohl global zu beobachten, war Ch. kein sich einheitlich entfaltender Prozess, sondern ist stets in lokalen Bezügen verortet. Ch. verändert Chm. Angesichts der Vielgestalt der religiösen Interaktionen, die außerhalb Europas stattfanden, stellte der Prozess seit Beginn der Nz. das vorrangig europ. gedachte Gesicht des Chm. durchweg in Frage.

2. (Wieder)-Begegnungen

2.1. (Wieder)-Begegnungen als Interaktionsprinzip
2.2. (Wieder)-Begegnung in Fallbeispielen
2.3. Fazit

2.1. (Wieder)-Begegnungen als Interaktionsprinzip

Eine wichtige Interaktionsdynamik der Ch. bestand in den Begegnungen und Wiederbegegnungen, die in der Nz. auf intellektueller, physischer, politischer und sozialer Ebene in globaler Vielfalt initiiert wurden und sehr unterschiedlich verliefen. Nachdem sich die europ. Kirche von den ↗ orthodoxen Kirchen des Ostens abgegrenzt hatte (↗ Christentum, global), begegneten seit dem 15. Jh. zahlreiche europ. Missionen nicht nur Gesellschaften, die das Chm. nicht kannten, sondern auch christl. Gemeinschaften, die seit langem außerhalb Europas verwurzelt waren [13]. In der Literatur wird kontrovers debattiert, ob solche Begegnungen langfristig zu einer »Kolonialisierung des Bewusstseins« der wiederum »Missionierten« führten [9]. Nicht alle Begegnungen waren jedoch von Akteuren geprägt, die im Namen des ↗Kolonialismus auftraten, und selbst in Begegnungen, bei denen der Einfluss des europ. Kolonialismus dominierte, provozierten nicht zwangsläufig die Vertreter und Verbündeten der Kolonialmacht Reaktionen der außereurop. Gesellschaften.

2.2. (Wieder)-Begegnung in Fallbeispielen

In vielen Teilen der Welt traten im Zuge der kolonialen ↗Expansion Europas Vertreter des Chm. auf, so z. B. die im Namen der span.-portug. Patronatsmission arbeitenden Bettelorden oder seit dem 16. Jh. die ↗Jesuiten. Mit der Errichtung der röm.-kath. Organisation *Propaganda Fide*, einer zentralen Leitungsinstanz der kath. Weltmission, deutete sich im 17. Jh. bereits an, dass die Ergebnisse der Begegnungen und Wiederbegegnungen der Initiative einer christl. Zentrale zugeschrieben werden sollten [4]. Seit dem letzten Jahrzehnt des 18. Jh.s beteiligten sich an den weltweiten Ch.-Prozessen zudem zahlreiche neu gegründete protest. Missionsgesellschaften, die zunächst aus der anti-abolitionistischen ↗Erweckungsbewegung hervorgingen und der in dieser Phase nicht zuletzt auch eine Reihe ehemaliger nordamerikan. oder in der ↗Diaspora lebende Sklaven angehörten. In Deutschland und Skandinavien entstanden daraufhin bis zur Mitte des 19. Jh.s insbes. unter dem Einfluss des ↗Pietismus konfessionsübergreifende Missionsgesellschaften, die ab dem zweiten Drittel des 19. Jh.s schließlich um solche erweitert wurden, die sich als konfessionell bewusste Repräsentanten des ↗Luthertums verstanden.

Diese Unterschiedlichkeiten der europ. Chm.-Landschaft konnten und sollten außerhalb Europas nicht unbedingt reproduziert werden. In den Begegnungen führte die Vielfalt einerseits dazu, dass sich das Chm. nicht unmittelbar als kohärentes System präsentierte und die Menschen, die außerhalb Europas Teil der Begegnung wurden, geradezu dazu aufforderte, einzelne christl. Aspekte sinnvoll in vorhandene Gesellschaftsmuster und Welterklärungen zu integrieren. Andererseits stellte das Chm. systematisierende Interpretationsmuster für weit verbreitete Phänomene wie z. B. Zauberei, Ursachen des Bösen und gesellschaftliches Ungleichgewicht zur Verfügung, die fast weltweit Einfluss auf den Umgang mit dem Bösen nahmen (↗Dämonisierung).

Vor diesem Hintergrund hießen 1498 in Südindien Thomaschristen Missionare willkommen, die wohl schon seit dem 5./6. Jh. die Fundamente ihrer Gemeinschaft auf den im Westen nicht zu den wichtigen Glaubensvermittlern gehörenden Apostel Thomas zurückführten. Aufgrund eines Missverständnisses verehrten die Ankömmlinge aus Portugal zunächst eine Hindu-Göttin in einem Hindu-Tempel, die sie für eine ind. Darstellung Marias in einer ind. adaptierten Kirche hielten. Die anfänglich von Offenheit geprägte Interaktion verschlechterte sich im Laufe des 16. Jh.s, als die Portugiesen von ihrer ursprünglichen Handelsphilosophie zum ↗Freihandel übergingen [22].

In einem ganz anderen Teil der Welt, Äthiopien, suchte das Herrscherhaus nach einem geeigneten militärischen Verbündeten im Westen. Äthiopische Gesandte nahmen im 14. Jh. Kontakt mit dem südl. Europa auf, der zu intensiver Briefkommunikation zwischen dem Reich des Priesterkönigs Johannes – so sahen die Portugiesen Äthiopien – und dem doch recht kleinen Königreich Portugal – so stellte der äthiop. Kaiser nach einem Blick auf die ihm geschenkte Weltkarte fest – führte. Dennoch kam es zu einem Bündnis, das 1540 erfolgreich äthiop. Herrschaftsgebiet von den Muslimen zurückeroberte. Danach siedelten sich die portug. Soldaten in Dörfern an, bis 1555, ausgelöst von einer kritischeren Sicht des äthiopischen Chm., die Jesuitenmission in Äthiopien begann [6]. Die Jesuitenmission war strikter in der Propagierung eigener Werte und scheute vor konfliktreichen Auseinandersetzungen in Äthiopien nicht zurück. Auch das zweite Beispiel weist auf eine anfängliche Offenheit der Begegnungen hin, die später revidiert wurde. Der kath. Kirche gelang es in dieser Zeit – nicht allein aufgrund der ↗Missionsberichte – sich als ein konsolidiertes und ausgreifendes Zentrum zu verstehen, von dem aus Begegnungen an vielen Orten in der so gedachten Weltperipherie (»im Feld«) initiiert wurden. Dass durch das Zusammentreffen der Kolonialmächte mit der christl. Religion kulturelle Traditionen vor Ort auch revitalisiert wurden, sahen sie nur ungern.

Vielerorts erlebten Gesellschaften, die das Chm. bis dahin nicht gekannt hatten, das Auftauchen von europ. Christen, Laien und Missionaren. Worin die Attraktivität des Erstkontakts, dessen Ausweitung oder Abbruch lag, ist häufig nur aus europ. Dokumentationen abzuleiten. Neugier und Offenheit der verschiedenen beteiligten Seiten mögen den Erstkontakt dominiert haben, aber auch von Gewalt und Überformung zeugen die Quellen. »Konversion und Kreuzzug« war das Motto, unter dem im 16. Jh. die span. kolonialen Eroberer in Südamerika die Begegnungen einleiteten (↗Eroberung). Bereits bis 1550 hatten sie als Herrscher einen in Südamerika fremden kulturellen und christl. legitimierten Habitus durchgesetzt und lokale Perspektiven überdeckt – allerdings nicht eliminiert. Die koloniale Gesellschaft wurde über Religion legitimiert, die Berücksichtigung von Mestizen in kirchlichen Ämtern gestoppt. Der anfänglichen Indigenisierung der Kirche in Südamerika waren damit bald Grenzen gesetzt.

»Konversion mit Herz und Seele« wurde hingegen zu einem Motto, das insbes. Protestanten seit dem ausgehenden 18. Jh. formulierten [8]. Eine große Zahl an Beobachtungen, die Missionare und Europäer bei ihren Begegnungen machten, wurden schriftlich nach Europa kommuniziert (↗Ethnographie). Häufig übersetzten die Berichterstatter Ungewohntes in eine aus der christl. Weltsicht abgeleitete Terminologie, der gemäß sie sich mit Menschen konfrontiert sahen, die z. B. »Fetischen« huldigten. In den ihnen nicht bekannten Göttern vermuten sie Dämonen, und gegen das Böse gingen sie vor, weil sie es als ihren Auftrag verstanden, Hexen- und Teufelswerk aus der Welt zu eliminieren (↗Dämonisierung). Fehlinterpretationen, ein Staunen über das Ungewohnte und das Bemühen um Verstehen schoben sich ineinander. Ch. bedeutete deshalb häufig auch die Einführung eines neuen Vokabulars, das ältere religiöse Sinnzuordnungen zudeckte oder überschrieb. Es gab allerdings auch Formen der Ch., bei denen zentrale Begriffe des Chm. in andere Sprachen übernommen wurden (↗Antonier; ↗Afrikanische Religion).

Die mittel- und langfristige Entwicklung der Begegnungen und mithin der Charakter der Ch. hing häufig davon ab, ob und wie ↗Konversionen zum Chm. sich auf gesamtgesellschaftliche Strukturen auswirkten. Der an Konversionen ablesbare Ch.-Prozess erstreckte sich teilweise über mehrere Generationen. Missionare klagten oft darüber, dass nur wenige Individuen sich zu einer Konversion bereit fanden bzw. dass die Konvertierten – aus Sicht der Missionare – Bräuche, aber nicht deren religiöse Inhalte übernahmen. Dennoch wurden christl. Lebens-, Kultur-, Arbeits- und Glaubensformen vielerorts allmählich etabliert, adaptiert und integriert, so dass es manchmal Generationen später zu Massenkonversionen kam. Die Gründe für solche Massenkonversionen, die aus freien Stücken oft erst im letzten Drittel des 19. Jh.s einsetzen, konnten bislang in der Geschichtsschreibung nicht endgültig geklärt werden; bei diesen indirekten Prozessen muss letztlich offen bleiben, welcher Zeitraum ihnen zugrunde lag.

Viele Begegnungen initiierten jedoch auch keinen Ch.-Prozess. In Regionen, in denen der ↗Islam etabliert war und die Argumente des ↗Monotheismus nicht neu genutzt werden konnten, blieben Ch.-Prozesse gemeinhin marginal. Auch in China, wo Konversion und Literalität keine Argumentationsbasis boten, verfestigten sich Ch.-Prozesse nicht. Zwar gab es seit den 1580er Jahren Versuche, in »chines. Riten« Aspekte des ↗Konfuzianismus mit dem Chm. zu vermischen – so wie es im ind. Glaubensbekenntnis anfänglich zu der Ausbildung der »malabarischen Riten« kam – doch brachen diese Interaktionsmuster ab, als um 1630 neue Missionsinitiativen in den betreffenden Regionen Chinas begannen. Aber auch auf dem afrikan. Kontinent stellten einige Herrscher sich jeglichen Ch.-Versuchen entgegen. Bekannt ist aus dem südl. Afrika das Königreich der Zulu, dessen Elite sich bis 1840 entschieden gegen die Ch. verwehrte, und noch bis zur militärischen Zerschlagung des Reiches 1879 Ch.-Prozesse auf ein Minimum reduzierte.

In Nordamerika, wo die erste Begegnung von Sklaven mit dem Chm. fast ausschließlich außerhalb des Wirkungskreises von Staat und Kirche, ja außerhalb des Wirkungskreises der weißen Bevölkerung stattgefunden hatte, nämlich gewissermaßen »unter sich«, formierte sich im Zuge des ↗Great Awakening (ca. 1730–1765; ↗Erweckungsbewegungen) der afrikan. Methodismus. Mit der formalen Kirchengründung der *American Methodist Episcopal Church* (↗Methodisten) propagierte er 1817 – in einer Zeit von Revolution und Reaktion, von expandierendem ↗Liberalismus und intensiviertem ↗Rassismus – Ch. als den Weg zur Freiheit der Schwarzen in den Vereinigten Staaten und darüber hinaus, insbes. in der Karibik und Afrika [1]. Ch. wurde in dieser nordamerikan. Begegnung seit den 1840er Jahren v. a. mit Bildung in Verbindung gesetzt und nicht zuletzt von dem Ehrgeiz getragen, Selbstachtung zu demonstrieren und Ansehen zu erwerben, um rassische Stereotype (↗Rasse) zu widerlegen [7].

2.3. Fazit

Begegnungen initiierten ↗religiöse Interaktionen, die wiederum Ausgangspunkt für Ch.-Prozesse waren. Die Vielfalt der Begegnungen schließt sich zu keinem einheitlichen Bild. Europäer konnten auf indigene Gesellschaften treffen und einen Ch.-Prozess in Gang setzen; christl. Gesellschaften konnten auf nicht-christl. Gesellschaften stoßen. Begegnungen fanden auch zwischen Gruppen statt, die seit ihrer Erstbegegnung mit dem Chm. dieses aus unterschiedlichen Traditionen facettenreich adaptiert hatten. Insofern stimmt auch die These von der Ch. als einer »Kolonialisierung des Bewusstseins« nur teilweise [9]. Zu sehr dominierten in zahlreichen Begegnungen Akteure, die nicht kolonisieren wollten. Zugleich wird deutlich, in welch großem Ausmaß schon geographisch gesehen christl. Religion in Regionen außerhalb Europas verlagert wurde, und dass dieser Prozess die Definition des Chm. als einer Religion Europas in Frage stellt.

3. Gemeinschaftsbildungen

3.1. Gemeinschaftsbildungen als Interaktionsprinzip
3.2. Gemeinschaftsbildungen in Fallbeispielen
3.3. Fazit

3.1. Gemeinschaftsbildungen als Interaktionsprinzip

Religiöse Interaktionsmechanismen hingen nicht nur von Begegnungen ab; immer ging die Ch. größerer

Regionen in hohem Maß von christl. Gemeinschaften aus. Diese Gemeinschaften lagen lokal auf der Ebene der christl. Familie oder des christl. Dorfes, überregional auf der Ebene des christl. Staates und der christl. Kirche, und imaginiert auch auf der Ebene einer wachsenden und sich ideell oder realiter vernetzenden Weltgemeinschaft der Christen. Auf allen drei Ebenen wurden durch die Bildung christl. Gemeinschaften Räume geschaffen, in denen christl. Symbole, Ideen, soziale Praktiken und materielle Kultur sowie die Formen intellektueller Auseinandersetzungen ausgehandelt wurden. Naturgemäß waren solche Gemeinschaften sehr unterschiedlich geprägt – schon seit der unmittelbaren Nachfolge Jesu. Laut christl. Tradition begründete der Apostel Johannes die Ostkirche, die die Gemeinschaft von Brüdern ins Zentrum stellte; Petrus gründete ein Chm. mit Hierarchien, an deren Spitze die kath. Kirche stand; Thomas vertrat das Modell einer spirituell orientierten Gemeinschaft, das sich für die Bildung einer Volkskirche wenig eignete. Außerhalb ↗Europas formierten sich im Zuge der kolonialen ↗Expansion, teils in Übereinstimmung mit dieser, teils aber auch als Gegenreaktion auf diese, lokal geprägte Formen von Gemeinschaft. Jede Gemeinschaftsbildung wiederum stand in starker Abhängigkeit vom sozialen, politischen, wirtschaftlichen und kulturellen Umfeld und hing nur zu geringem Teil vom Angebot derjenigen ab, die für sich in Anspruch nahmen, das Chm. autoritativ zu verkörpern. Ch. bedeutete damit Integration verschiedener durch Missionare vermittelter Aspekte des Chm. in das lebbare Umfeld der jeweiligen Gemeinschaften und von dort ausgehend darüber hinaus.

3.2. Gemeinschaftsbildungen in Fallbeispielen

Formale Zugehörigkeit zu einer christl. Gemeinschaft, konkret meist innerhalb einer Familie oder eines Dorfes, erwarben Individuen und Gruppen durch die Taufe. Die Annäherung an und weitgehende Eingliederung in eine solche Gemeinschaft konnte – wenn nicht durch Geburt – lange vorher erfolgen, vorrangig in jener Phase, in der potentielle Konvertiten mit einzelnen Aspekten des Chm., seiner Kultur und seinen Wirtschaftsformen vertraut und im Idealfall systematisch im ↗Glauben unterwiesen wurden. Für Südamerika, wo die Ch. durch Kirche und Staat forciert wurde, hatten im 17. Jh. jesuitische ↗Reduktionen herausragende Bedeutung bei der christl. Gemeindeentwicklung. Von diesen christl. Lehrdörfern ausgehend wurde nicht nur die Bevölkerung missioniert, sondern auch der Versuch unternommen, Menschen gegen Übergriffe der Kolonialmacht zu schützen. Weiter nördl., in Neuengland, gab es zu dieser Zeit sog. *praying towns*, die für christl. Indianer nach dem Vorbild engl. Städte errichtet wurden. Auf der anderen Seite des Atlantik, in der ↗Kapkolonie, wurden Missionsstationen zu Beginn des 18. Jh.s u. a. Sammelpunkte für emanzipierte Sklaven, für sich auflösende Familienverbände der Khoi und für Individuen, die Anschluss an eine solche Gemeinschaft suchten. Dort legten die Missionare besonderen Wert auf die Entwicklung eines christl. normierten Familien- und Geschlechterideals [21]. Während von solchen Gemeinschaften ausgehend christl. Formen innovativ auf das Umfeld übertragen wurden, wurden viele Hoffnungen dieser neuen christl. Elite auf tatsächliche Teilhabe am Chm. langfristig nicht erfüllt. Häufig waren die Erwartungen an die Mitgliedschaft bei einer lokal lebbaren, aber weltweit existierenden Gemeinschaft von Christen höher, als Missionare und Missionskirchen zuzugestehen bereit waren.

Gemeinschaftsbildung konnte auch verhindert werden; dies war der Hintergrund z. B. für den Ritenstreit (um 1634–1734) in China: Als die Chinesen 1583 mit den ersten Vertretern des europ. Chm. in einen Dialog traten, konnten sich gerade die chines. Intellektuellen, die den gelehrten ↗Konfuzianismus und dessen Philosophie, nicht aber die buddhistisch-taoistisch geprägten Volksreligionen vertraten, nicht vorstellen, die Übernahme des christl. Glaubens mit dem Abbruch der Ahnenverehrung zu verbinden; damit hätten sie sich ins gesellschaftliche Abseits gerückt [20]. Konversionen fanden u. a. wohl deshalb in den chines. Randgruppen und gerade nicht den höheren gesellschaftlichen Schichten statt. Seit den 1630er Jahren traten in China nämlich, von den Philippinen kommend, Mönche der kath. Bettelorden auf, die im Ordensgewand mit erhobenem Kreuz öffentlich auf den Straßen predigten. Sie propagierten Konversion und Ch. als Bruch mit dem Alten und Beginn von etwas Neuem, während die Jesuiten zuvor von Vollendung überlieferter Werte gesprochen hatten. Dies führte innerhalb der kath. China-Mission zum Ritenstreit, durch den Christen in China tatsächlich gesellschaftlich stark marginalisiert wurden, was sich in der Mandschu-Zeit ab 1644 mit der stärkeren Abschließung der führenden Schicht verstärkte (↗Chinesische Welt).

Die Entwicklung amtskirchlicher Strukturen in den für das Chm. neuen Gebieten bezog nur anfänglich und nur unter bestimmten Voraussetzungen Nicht-Europäer in offizielle Funktionen ein. So blieb die Installierung eines kongolesischen Bischofs in Afrika (1518) wie andernorts eine Ausnahme [23]. Die daraus entstehende Frustration lässt sich aus den kirchlichen Emanzipationsbestrebungen ableiten, die wie im Falle der kongolesischen ↗Antonier in den ersten Jahren des 18. Jh.s, mit voller Wucht aber erst seit dem Ende des 19. Jh.s einsetzten (vgl. Abb. 1).

Es gehörte seit dem 15. und 16. Jh. zur globalen wie lokalen Gemeinschaftsformation, dass Konvertiten aus den jeweils zu christianisierenden Gebieten in Europa ausgebildet wurden. Sie sollten in den christl. Ausbildungszentren Europas, z.B. in Lissabon, Leiden, Madrid, London und Kopenhagen – wohin manche sogar als Geiseln verbracht wurden –, mit den Grundzügen des Chm.s vertraut werden, um anschließend als kulturelle Übersetzer, Dolmetscher und Multiplikatoren in den zu missionierenden Gesellschaften zu fungieren. In der Tat führten Mitglieder der Gastgesellschaften die Konversionen häufiger als Missionare herbei [12]. Früh wurde deshalb kritisch eingeschätzt, inwieweit die Vermittlung christl. Werte überhaupt durch Nicht-Europäer erfolgen sollte. Diese Debatte entwickelte sich vor dem Hintergrund, dass zu Beginn der europ. Nz. Nicht-Europäer als ↗Barbaren, nicht aber als rassisch unterlegene Menschen wahrgenommen wurden (↗Rassismus).

Abb. 1: Kruzifix, Königreich Kongo, 18./19. Jh. (Bronze, Holz, Blech; 29×19 cm). Das Kruzifix zeigt die selbstbewusste Integration des christl. Glaubens. Mit einer Darstellung europäischer Herkunft ist es nicht unmittelbar gleichzusetzen, obwohl es kaum Elemente aufweist, die als typisch für die Afrikanische Religion gelten; vielmehr weist es auf die Übersetzung europäischer christl. Elemente in die Kultur der Bakongo hin. Das Kruzifix ist weder für die Kultur der Bakongo noch für die christ. Kultur »fremd«; es gehört beiden Kontexten an und repräsentiert somit Aspekte eines universal geltenden Christentums.

Gemäß dieser Vorstellung fehlte Barbaren nur die »Zivilisation«, ihre Unterlegenheit leitete sich aus ihrer angenommenen Rohheit und Unfertigkeit ab (vgl. z.B. ↗Kannibalismus). Jedoch waren Missionare überzeugt, dass diese Defizite durch die Annahme des Chm. auszugleichen seien.

Dass bei den physischen Verbringungen nach Europa die Interessen der Missionare, der entsendenden Familien und der entsandten jungen Männer unterschiedlich waren, liegt auf der Hand. Für Missionare mag im Vordergrund gestanden haben, hoch qualifizierte »Hilfskräfte« zu bekommen, die als Stützen indigener Kirchen einsetzbar waren. Von manchen angesehenen Temne-Familien in Sierra Leone ist hingegen um 1790 überliefert, dass sie verschiedene Söhne in jeweils verschiedenen Religionen und pragmatischen Kenntnissen instruieren ließen. Sie wollten auf diese Weise für sich und ihre Reiche den Zugang zu größtmöglichen spirituellen wie materiellen Ressourcen erschließen. Söhne und Töchter auf die Reise zu schicken, bot diesen Möglichkeiten, sich in Netzwerken außerhalb der eigenen Gemeinschaft zu etablieren und später den Wohlstand eines Reiches oder einer Familie zu sichern und zu erweitern [16]. In einer ganz anderen Region, bei den Montagnais in Kanada/Neufrankreich, verfuhren Familien ähnlich. Verschiedene Brüder wurden beispielsweise jeweils zu Schamanen, Jägern und Dolmetschern ausgebildet, um der Gemeinschaft neues Wissen zu sichern und damit die Grundlagen für die Interaktion mit franz. Pelzhändlern zu schaffen [19]. Solche Beispiele wären beliebig fortzusetzen. Im Unterschied zu der in Europa favorisierten Sichtweise, die eigene regional begrenzte Religion als unfehlbar und vollkommen aufzufassen, waren viele Gesellschaften der Welt auf ständiger Suche nach religiös-kultureller Innovation und Verbesserung. Diese unterschiedlichen religiösen Selbstverständnisse führten zu zahlreichen Auseinandersetzungen, verhinderten aber den Beginn einer Interaktion nicht. Ch. fand deshalb auch dort statt, wo später Vertreter des europ. Chm. von dessen Verfälschung oder gar »Niedergang« sprechen sollten. Dabei bleibt die Interpretation dessen, was »christl.« ist, kontrovers.

Durch die Gemeindebildungen in globalem Maßstab wurden Räume geschaffen, in denen sich Menschen ideell wie materiell als Mitglieder einer umfassend imaginierten Weltgemeinschaft verstanden [3]. Einzelne konnten sich in diesem Netz weiträumig bewegen. Als exemplarisch mag das Leben der Catherine Mulgrave-Thompson-Zimmermann gelten: 1831 wurde das Kind Gewe als Sklavin aus Liberia über den Atlantik nach Kuba verschifft, dann aber nach der Strandung des Schiffs in Jamaika von einem brit. Gouverneursehepaar adoptiert und auf renommierte christl. Schulen geschickt. Als junge Frau lernte sie den Afro-Amerikaner

George Thompson kennen, der seinerseits als Kind von Liberia nach Nordamerika gelangt war, dann in Beuggen und Basel zum Missionar ausgebildet wurde, um speziell Schwarze in der Karibik zu missionieren. Nach ihrer Heirat 1839 ging das Paar als Teil der schwarzen atlantischen Missionsbewegung an die Goldküste. Die Ehe scheiterte und Catherine Thompson ging eine zweite Ehe mit dem württembergischen Missionar Johannes Zimmermann ein, der zum pietistischen Milieu der Basler Mission gehörte; als dessen Frau blieb sie auf der Missionsstation tätig.

Die Gemeinschaften in dem weltweit gespannten Netz waren aber nicht gleichwertig. Trotz der global facettenreichen und nachhaltigen Interaktionsdynamiken behielt es sich die Gemeinschaft der europ. und nordamerikan. Missionsgesellschaften und Orden vor, die Qualität des christl. Lebens in den Gemeinschaften zu beurteilen und darüber zu befinden, ob das christl. Leben dort den vorgegebenen Regeln entsprach.

3.3. Fazit

Gemeinschaftsbildungen setzten somit auf unterschiedlichen Ebenen immer auch Inklusions- und Exklusionsmechanismen in Gang. Soweit sie lokal bestimmt waren, waren Missionare, christl. Gemeinde und Umfeld einbezogen. Waren sie global determiniert, verhandelten Missionare mit übergeordneten und für die Christen der lokalen Gemeinschaft häufig nicht unmittelbar erreichbaren Instanzen. Ein ganz anderes Verständnis von christl. Weltgemeinschaft entwickelte sich zudem in der röm. Zentrale der kath. Kirche, die nicht erst seit Beginn der Nz. die Christenheit zu erweitern hoffte, um damit den ↗Islam zu blockieren. Seit dem Ende des 18. Jh.s kann zudem ein Prozess beobachtet werden, der global gesehen – nicht nur im Chm. – als Formierung einer »imperialen Religion« umschrieben werden kann. Aggressivere europ. Staaten und Reiche propagierten neben aufkommenden nicht-europ. Nationalismen Religion als Identitätsmerkmal, auch wenn im Emanzipations-Diskurs Liberalität und Wissenschaft stärker betont wurden [5]. Die bis dahin erfolgte konfliktreiche Ch. wurde zunehmend zur Grundlage eines emanzipatorischen Selbstbewusstseins, das sich gegen ↗Kolonialismus und Fremdherrschaft wandte, lokale Formen gelebten Chm. aber auch einer offiziellen Homogenisierung unterzog.

4. Neuordnung der Welt(en) durch veränderte religiöse Kommunikation

4.1. Veränderung religiöser Kommunikation als Interaktionsprinzip
4.2. Veränderung religiöser Kommunikation in Fallbeispielen
4.3. Fazit

4.1. Veränderung religiöser Kommunikation als Interaktionsprinzip

In einer weiteren Interaktionsdimension bedeutete Ch. vielfach auch eine Veränderung der Kommunikation mit dem Göttlichen, den Ahnen und jenen nichtmenschlichen Mächten, die es nicht zu verehren, aber zu achten und mit denen gemeinsam es zu leben galt, da sie unmittelbar in die Belange der Menschen eingriffen. Zum einen prägte diese Kommunikation Vorstellungen von höchsten Gottheiten (↗Gottesnarrative). Im Königreich Kongo gelang die Ch. der Elite schließlich nur, weil es die Mitglieder des Herrscherhauses erreichten, das Chm. als einen sie legitimierenden Kult der Gräber – und damit der Ahnen – zu etablieren (↗Antonier). Kommunikation mit dem für Menschen nicht Fassbaren fand aber auch zu dem Zweck statt, Heilung zu erwirken und damit Krankheit, Leid und Not zu bewältigen. In diesem wichtigen Kommunikationsbereich wurden Religionen auf ihren pragmatischen Wert hin geprüft. Je nach Kultur verwandte man für diesen Zweck unterschiedliche Kommunikationstechniken wie z. B. Meditation, Traum, Seelenreise, Vision, Besessenheit, Verehrung, Gebet. Gerade durch den Kontakt mit Europäern, in dessen Folge teils verheerende ↗Epidemien ausbrachen (↗Columbian Exchange; ↗Demographische Katastrophe), stellte sich in vielen Regionen das Problem der Krankheit neu. ↗Dürren erwiesen sich als Perioden, in denen aufgrund der Tatsache, dass eine weitere Religion vor Ort vertreten war, Christen und Anhänger älterer Religionen mit Heilungsstrategien um die Lösung der Probleme konkurrierten.

4.2. Veränderung religiöser Kommunikation in Fallbeispielen

In solchen Zeiten kam es auch zu gegenseitigen Anschuldigungen, wie z. B. die Dokumentation der Missionsarbeit unter den Huronen in Kanada/Neufrankreich aus den Jahren 1634–1650 exemplarisch belegt. Missionare warfen aufgrund des überlieferten Wissen ihrer Gesellschaft und der Erkenntnisse aus Gebet und ihrer Ausbildung den Schamanen im Krankheitsfall vor, mit dem Teufel im Bunde zu sein oder beschuldigten sie generell der Scharlatanerie, während die Schamanen aufgrund der Erkenntnisse, die sich im Zustand kontrollierter Trance eingestellt hatten, die Missionare verdächtigten, Schadenzauber zu betreiben. Gerade die Taufe (↗Sakramente) wurde als Mittel verstanden, Krankheiten vorzubeugen und irdisches Wohlergehen zu sichern; auch als Form der Therapie wurde sie in den huronischen Alltag integriert. Da sie Unheil aber nicht abwandte, geriet sie teilweise auch in Misskredit. Ebenso geriet die Schrift als eine Medizin der Missionare, die auch zum Nachteil der Bevölkerung gereichen konnte in Verdacht. Bewusst hatten die Missionare sie als Teil einer christl. Magie vorgeführt, um die Huronen in Erstaunen zu versetzen. In der Krise konnte sie diejenigen, die sie beherrschten, ins Zwielicht stellen [19].

In der Tat war gerade die Schrift bes. in oral geprägten Gesellschaften im Ch.-Prozess eine Technik, um die Kommunikation mit dem Nicht-Menschlichen zu verändern (↗Mündlichkeit; ↗Schriftlichkeit). Die politische Elite einer Gemeinschaft überlegte sich deshalb oft genau, ob sie die neue Kulturtechnik nutzen oder von ihrem Herrschaftsgebiet fernhalten wollte, zumal Schrift je nach Intensität des ↗Kolonialismus mit dem Eroberungsprozess in Verbindung gebracht wurde [11]. Für jene Menschen, die christl. Formen übernahmen, ergaben sich veränderte Kommunikationsstile. In manchen Dörfern Neuenglands schrieb sich an der Wende vom 17. zum 18. Jh. die indian. Bevölkerung regelrecht persönlich in die Heilige Schrift ein. Sie versah engl.- oder algonquiansprachige Bibeln mit Randnotizen, um auf sich als Individuen aufmerksam zu machen, die Aussprache mit Mitgliedern der indian. Gemeinschaft zu suchen oder um mit Gott zu reden [25].

4.3. Fazit

Mittel- und langfristig führte die veränderte Kommunikation im Religiösen auch zu dem Wunsch, mit der christl. Welt in Europa direkt und unzensiert zu kommunizieren. Dieses Ansinnen wurde von Missionaren und europ. Orden und Missionsgesellschaften häufig als Rebellion interpretiert und verdeutlichte die ungleichen Machtverhältnisse, die sich unter christl. Gemeinschaften einstellten.

5. Popularisierungen

5.1. Popularisierungen als Interaktionsprinzip
5.2. Popularisierungen in Fallbeispielen

5.1. Popularisierungen als Interaktionsprinzip

Nicht zuletzt gingen insbes. von populären Formen religiöser Praxis Interaktionsdynamiken aus, die zur Ch. beitrugen. Eine breitenwirksame Verwurzelung des Chm. ohne populare Adaption und Eigenwilligkeit der Aneignung ist schlechthin undenkbar, denn erst über diese Prozesse machte sich die Masse der Bevölkerung mit einer Kultur, einem Denken oder einer sozialen Praxis vertraut, die z. B. auf intellektueller oder politischer Ebene nicht unmittelbar einleuchtend erschien. Amtsträger aus Kirche und Staat versuchten häufig, die kreativen Neuerungen zu formalisieren und damit auch für sich verfügbar zu machen, sie gewissermaßen theologisch zu bändigen und als kulturelle Hauptströmung zu definieren. Zudem bildeten populäre Glaubensformen zeitweise auch ein Potential für gezielte politische Mobilisierung. Popularisierungen sind zudem ein markantes Beispiel dafür, dass Ch. natürlich nicht nur als Interaktion zwischen europ. und außereurop. Verständnis des Chm. stattfand, sondern auch als konkurrierende Erfahrung und Deutung innerhalb der verschiedenen sozialen Gruppen einer Gesellschaft – in Europa ebenso wie in Gesellschaften anderer Weltregionen. Christl. Eliten kämpften allerorten gegen »abwegige« Formen wie z. B. ↗»Aberglauben« und ↗Magie. Die Anhänger populärer Frömmigkeitsstile wiederum warben prinzipiell immer auch um deren Anerkennung.

5.2. Popularisierungen in Fallbeispielen

Marienerscheinungen und die sich aus ihnen formierenden Verehrungstraditionen bieten für solche Dynamiken komplexe Beispiele. Exemplarisch für eine solche Popularisierung ist die Erscheinung der Jungfrau von Guadalupe und die Entstehung einer Guadalupe-Theologie. Nach der Eroberung der aztekischen Hauptstadt Tenochtitlán 1521 setzte die Verehrung Unserer Lieben Frau allmählich an einem Ort ein, an dem zuvor ein Heiligtum der Gottheit Tonantzin Cihuacóatl (»Unsere Verehrte Mutter Frau-Schlange«) gestanden hatte [15]. Im Dezember 1531 erschien die Jungfrau einem Visionär, dem getauften Nahua-Indio Juan Diego. Dieser bat den Bischof von Mexiko – wie von der Gottesmutter gewünscht – für sie ein geweihtes Heiligtum zu errichten. Dem Bischof wurde die Erscheinung erst glaubhaft, nachdem die Gottesmutter ihr Bild im Mantel des Visionärs hinterlassen (vgl. Abb. 2) und seinen Onkel von einer Krankheit geheilt hatte [15]; [18].

Für Mestizen und in Mexiko geborene Spanier bestätigte die Erscheinung unmittelbar eine Transformation der altmex., christl. und bereits miteinander interagierenden Kulturen und Religionen und wurde damit zu einem zunehmend wichtigen Symbol mex. Eigenart. Aus span. Sicht etablierte sich das Ereignis allmählich zu einem Zeichen der Hispanität und wurde als solches ab dem 17. Jh. theologisch kanonisiert [18]. Erst ab dem 18. Jh. wurde das Bild der schützenden Gottesmutter im Zuge geplanter Konversionsbemühungen den Indios gegenüber propagiert. Dieses von verschiedenen Bevölkerungsgruppen und Angehörigen divergenter religiöser

Abb. 2: Gnadenbild der Jungfrau von Guadalupe (Mexiko, 16. Jh.). In der Gestalt, in der sie sich nach der Legende im Mantel des Nahua-Indios Juan Diego einprägte, wurde sie vom 16. bis 20. Jh. zu einem integrativen Symbol, das dabei half, Mexiko als Nation zu einen.

Traditionen sehr unterschiedlich in die eigene sich wandelnde Religion integrierte Symbol, das teils in Anlehnung an Kirche und Staat, teils aber auch gerade getrennt von institutionalisierter Gläubigkeit seine Wirkung entfaltete, entwickelte damit eine solche Integrationskraft, dass es im Laufe der Geschichte des unabhängigen Mexikos immer wieder als nationales Emanzipationssymbol integrativ mobilisiert werden konnte [24].

6. Schluss

Ch. ist nicht etwa die Geschichte des Erfolges oder Misserfolges einer religiösen Transformation, schon gar nicht missionarische Sendung aus der Perspektive derjenigen, die das Chm. autoritativ zu verkörpern für sich in Anspruch nahmen. Statt dessen handelte es sich bei der Ch. immer wieder um das Bemühen vor Ort, der kolonialen Erfahrung Sinn zu verleihen und die eigene Religionsperspektive daraufhin zu prüfen, ob sie erweitert, ersetzt oder geschützt werden müsse; häufig war dabei jedoch die Maßgabe, die Herausforderungen des Alltags zu bewältigen. In der Tendenz stand für die Europäer die Verbindlichkeit der eigenen religiösen Praxis weitaus seltener zur Debatte als für viele Gesellschaften, die das nzl. Chm. der Europäer zu Gesicht bekamen.

Die durch den Blick auf Interaktion eröffnete Perspektive lässt auch die Frage nach gegenseitigen Beeinflussungen und nach Rückwirkungen auf das sog. europäische Chm. aufkommen. Hierzu gibt es bislang jedoch kaum Untersuchungen. Denn dass Interaktionen nicht nur außerhalb Europas stattfanden, sondern auf diejenigen zurückwirkten, die sich abgrenzten, steht außer Frage. Mit dem Blick auf Ch. sollte auch der Blick auf Transformationen frei werden, die nicht nur dort stattfanden, wo sich das Chm. der Transformation ohnehin nicht entziehen konnte, und sich damit auch auf das vertrautere Hier richten.

→ Christentum, global; Globale Interaktion; Mission; Missionierung; Religionen; Religiöse Interaktion

Quellen:
[1] L. Andrews / H. L. Gates (Hrsg.), Slave Narratives 2000.

Sekundärliteratur:
[2] A. Adogame, Mission from Africa – The Case of the Celestial Church of Christ in Europe, in: Zsch. für Missionswissenschaft und Religionswissenschaft 84, 2000, 29–44 [3] B. Anderson, Imagined Communities: Reflections on the Origin and Spread of Nationalism, 1990 [4] F. A. Aymoré / M. Müller, Die Globalisierung des Christentums durch die Überseemission der Jesuiten: Das Beispiel zentraleuropäischer Missionare in Südamerika im 17./18. Jh., in: H. Tyrell et al. (Hrsg.), Weltmission und religiöse Organisationen. Protestantische Missionsgesellschaften im 19. und 20. Jh., 2004, 137–161 [5] C. A. Bayly, The Birth of the Modern World 1780–1914, 2004 [6] V. Böll, Von der Freundschaft zur Feindschaft: Die äthiopisch-orthodoxe Kirche und die portugiesischen Jesuiten in Äthiopien, 16. und 17. Jh., in: K. Koschorke (Hrsg.), »Christen und Gewürze«. Konfrontation und Interaktion kolonialer und indigener Christentumsvarianten, 1998, 43–58 [7] J. T. Campbell, Songs of Zion. The African Methodist Episcopal Church in the United States and South Africa, 1995 [8] D. Chidester, Christianity. A Global History, 2000 [9] J. Comaroff / J. L. Comaroff, Of Revelation and Revolution. Christianity, Colonialism, and Consciousness in South Africa (2 Bde.), 1991–1997 [10] J. S. Cummins (Hrsg.), Christianity and Missions, 1450–1800, 1997 [11] J. Guy, Making Words Visible: Aspects of Orality, Literacy, Illiteracy and History in South Africa, in: South African Historical Journal 31, 1994, 3–27 [12] A. Hastings, The Church in Africa 1450–1950, 1995 [13] K. Koschorke (Hrsg.), »Christen und Gewürze«. Konfrontation und Interaktion kolonialer und indigener Christentumsvarianten, 1998 [14] H. Medick / P. Schmidt (Hrsg.), Luther zwischen den Kulturen. Zeitgenossenschaft – Weltwirkung, 2004 [15] R. Nebel, Santa María Tonantzin Virgen de Guadalupe. Religiöse Kontinuität und Transformation in Mexiko, 1992 [16] D. Northrup, Africa's Discovery of Europe 1450–1850, 2002 [17] L. von Padberg, Die Christianisierung Europas im MA, 1998 [18] S. Poole, Our Lady of Guadelupe. The Origins and Sources of a Mexican National Symbol 1531–1797, 1996 [19] F.-J. Post, Schamanen und Missionare. Katholische Mission und indigene Spiritualität in Nouvelle-France, 1997 [20] K. Schatz, Inkulturation und Kontextualität in der Missionsgeschichte am Beispiel des Ritenstreits, in: M. Pankoke-Schenk / G. Evers (Hrsg.), Inkulturation und Kontextualität. Theologien im weltweiten Austausch, 1994, 17–36 [21] P. Scully, Liberating the Family? Gender and British Slave Emancipation in the Rural Western Cape, South Africa, 1823–1853, 1997 [22] T. R. de Souza, The Indian Christians of St. Thomas and the Portuguese Padroado. Rape after a Century-long Courtship (1498–1599), in: K. Koschorke (Hrsg.), »Christen und Gewürze«. Konfrontation und Interaktion kolonialer und indigener Christentumsvarianten, 1998, 31–42

[23] J. THORNTON, The Development of an African Catholic Church in the Kingdom of Kongo, 1491–1750, in: Journal of African History 25, 1984, 147–167 [24] E. WOLF, The Virgin of Guadalupe. A Mexican National Symbol, in: Journal of American Folklore, 1958, 34–39 [25] H. E. WYSS, Writing Indians. Literacy, Christianity, and Native Community in Early America, 2003.

Kirsten Rüther

Christlicher Verein

Im ↗Bauernkrieg von 1525 kulminierte eine breite gesellschaftliche Unruhe, die sich in der spätma. Gesellschaft und Staatlichkeit angebahnt und eine unerhörte Dynamik gewonnen hatte. Sie übergriff den Gegensatz von Stadt und Land, erfasste auch das Rittertum (↗Ritter), hatte aber ihren Schwerpunkt eindeutig im bäuerlichen ↗Protest sowohl gegen die feudalen Abgaben und Lasten als auch gegen die Verdichtung von Staatlichkeit (↗Widerstand). Dieser Protest gewann eine neue Legitimationsbasis, indem er ein »göttliches Recht« in Anspruch nahm und sich damit auch auf die reformatorischen Ideen des allgemeinen Priestertums und der brüderlichen Gleichheit aller Menschen vor Gott berief (↗Reformation). Der Bauernkrieg stellt sich als eine Folge von Unruhen und Aufständen dar, deren Schwerpunkt zunächst zwischen Bodensee und Schwarzwald, seit Mitte März 1525 auch im östl. Teil des Allgäus lag; von dort breiteten sie sich in einem breiten Streifen nach Nordosten und Südosten aus.

Zwischen Januar und Mai 1525 bildeten sich im ober- und mitteldt. Aufstandsgebiet zahlreiche bäuerliche Zusammenschlüsse. Von Januar bis Anfang März 1525 entstanden zunächst der Baltringer »Haufen«, der »Allgäuer Bund« und am Bodensee der »Seehaufen«. Diese drei Zusammenschlüsse vereinigten sich schließlich am 6./7. März 1525 in Kempten zur »Christl. Vereinigung Oberschwabens«. Von da ab begegnet die Bezeichnung »Christl. Vereinigung« mehrfach zur Selbstbezeichnung der bäuerlichen Zusammenschlüsse, vielfach in Kombinationen und Varianten mit »Haufen«, »Christl. Versammlung«, »Bund« oder auch »Einung«. Damit griffen die ↗Bauern die spätma. Tradition genossenschaftlicher Verbandsbildung verstärkt auf (↗Genossenschaft). Sie verstanden ihre militärischen Zusammenschlüsse auch als »↗Bruderschaften«; wäre deren Transformation in dauerhafte militärisch-politische Ordnungseinheiten gelungen, so hätten diese auch einen »bruderschaftlichen« Charakter angenommen.

Umgekehrt erscheint die christl. Vereinigung der Bauern in herrschaftlichen Quellen als »verdammte Bruderschaft« (so der Fürstabt von Kempten vor dem Schiedsgericht des Schwäbischen Bundes, 18.–20. September 1525 [1.128]) – worin sich das Gefühl einer grundsätzlichen Bedrohung niederschlägt, die von einer auf dem christl. Gleichheitsgedanken aufgebauten gesellschaftlich-politischen Ordnung im Gegensatz zur herrschaftlich-ständisch bestimmten Gesellschaftsverfassung ausging (↗Ständegesellschaft). Durchgängig beriefen sich die Bauern auf die Christlichkeit ihres Anliegens. Alle genannten Begriffe umschreiben den Kern einer aus den reformatorischen Lehren neu legitimierten politisch-sozialen Ordnungsidee, die geistliche und weltliche Reformforderungen zusammenführte und mit bäuerlichen Interessen verknüpfte; diese Ordnungsidee konnte nun im Bewusstsein einer unangreifbaren Berechtigung vorgetragen werden. Der rechtliche und organisatorische Ansatzpunkt für eine solche neue Ordnung auf der Grundlage »christl. Freiheit und Gerechtigkeit« war das Modell des Ch. V.

Auf dem Gründungstag in Kempten beschlossen die versammelten Bauern eine gemeinsame Bundesordnung, eine Predigtordnung, Schwörartikel und eine Landesordnung für die Organisations- und Befehlsstrukturen der drei Haufen. Die Organisationsstrukturen der Haufen und der Ch. V. bauten sich überall von unten, von der »Versammlung« oder »Gemeinde« der Bauern her auf. Diese wählte einerseits die militärischen Obersten und andererseits die Räte, die ihnen zur Kontrolle und Unterstützung beigesellt wurden. Auch die »Urtailer« oder »Rechtssprecher«, die für die Friedenswahrung zuständig sein sollten, wurden aus der Mitte der Gemeinde gewählt. »Versammlung« bzw. »Gemeinde« bilden also die Keimzelle, aus der zunächst die militärische Organisation hervorging, die dann auch die Grundlage für die Ausübung hoheitlicher Funktionen darstellen sollte.

Von Beginn des bäuerlichen Aufruhrs an stand diese Gemeinde im Zentrum aller bäuerlichen Argumentation; sie bildete die Grundlage für die wirtschaftlich-sozialen, herrschaftskritischen wie religiösen Forderungen. Die Beschwerdeschriften gingen von der Gemeinde und ihrer Autonomie aus. Die privilegierten ↗Stände (↗Geistliche und ↗Adel) sollten zu den Gemeindelasten herangezogen und damit in die dörfliche Ordnung einbezogen werden. Kirchengemeinde und politische Gemeinde wurden zusammengedacht, der antikirchliche Widerstand bedeutete daher zugleich antiobrigkeitlichen Widerstand.

Aufgrund der Schnelligkeit, mit der sich der Aufruhr verbreitete und angesichts der bald einsetzenden militärischen Niederlagen blieb den Bauern kaum Zeit, ihre Vorstellungen zu einer tragfähigen politischen Programmatik weiterzuentwickeln. Die Bundes- und Feldordnungen blieben fragmentarisch und von den drängendsten Aufgaben der Gegenwart diktiert, die angestrebte politische Ordnung musste daher in der Schwebe bleiben – mit Ausnahme Salzburgs und Tirols, wo aufgrund spezieller Voraussetzungen förmliche Landesordnungen verfasst und beraten wurden. Die Bundesordnung der »Christlichen Vereinigung« Oberschwabens war im Wesentlichen defensiv und sparte weiterreichende politische Ordnungskonzepte größtenteils aus. Die »Fränkischen Haufen« dagegen verwiesen auf die bevorstehende geistliche und weltliche Reformation, wollten die Herrschaftsrechte des ↗Adels uneingeschränkt beseitigen und zielten wie die elsäss. Bauern letztlich auf eine durchgehende Neuordnung, die von der »Versammlung« oder »Gemeinde« der Bauern her aufgebaut sein sollte. Die vernichtenden Niederlagen der Bauern machten solchen Vorstellungen und Hoffnungen allerdings dauerhaft ein Ende.

→ Bauern; Bauernkrieg; Bruderschaft; Interessenverband; Widerstand, bäuerlicher

Quellen:
[1] G. Franz (Hrsg.), Quellen zur Geschichte des Bauernkrieges, 1963.

Sekundärliteratur:
[2] P. Blickle, Die Revolution von 1525, ²1981 [3] P. Blickle, Gemeindereformation. Die Menschen des 16. Jh.s auf dem Weg zum Heil, 1987 [4] H. Buszello / P. Blickle (Hrsg.), Der dt. Bauernkrieg, 1984 [5] W. Hardtwig, Genossenschaft, Sekte, Verein in Deutschland. Bd. 1: Vom SpätMA bis zur Franz. Revolution, 1997, 129–139.

Wolfgang Hardtwig

Christologie

1. Begriff
2. Reformatorische Christozentrik
3. Katholische Christologie
4. Humanistisch-aufklärerische Auflösung der Christologie
5. Rekonstruktionen im Übergang zur Moderne

1. Begriff

Das im 17. Jh. geprägte theologische Kunstwort Ch. bezeichnet die normative Reflexion (↗Dogma) der Person und des Wirkens Jesu Christi und dessen fortdauernder religiöser Bedeutung. Dieses intellektuelle Christusbild der Ch. ist eines unter mehreren, denn die Christusfrömmigkeit fand ihren Ausdruck stets auch in symbolischen, literarischen, bildnerischen, musikalischen und theatralischen Formen; trotz wechselseitiger Beeinflussung gingen diese Christusbilder (↗Jesus Christus; ↗Ikonographie) jedoch keineswegs immer konform mit der kirchlichen Ch. Aber sowohl in ihren intellektuellen als auch in ihren ästhetischen Gestaltungen erfuhr die Leitfigur der christl. Praxis und des christl. kulturellen Gedächtnisses im Verlauf der Nz. grundlegende Veränderungen und Brüche. Dies spiegelt in besonderem Maße die tiefgreifende Umgestaltung der Beziehung der Nz. zu ihrer christl. Herkunft. Während v. a. die reformatorischen, aber auch die gegenreformatorischen Bewegungen die religiöse Orientierung an Jesus Christus noch einmal vertieften, löste sich die sich säkularisierende Nz. (↗Säkularisation) immer mehr von der Vorstellung Jesu Christi als eines Gottmenschen und seiner ausschließlichen Bedeutung für das ewige Heil (↗Erlösung).

2. Reformatorische Christozentrik

Im ausgehenden MA war die Ch. kein bedeutendes Thema; lediglich die schon in den altkirchlichen Konzilien und im MA formulierte »Zweinaturenlehre« (Jesus Christus ist wahrhaft Mensch und wahrhaft Gott) bzw. »Satisfaktionslehre« (stellvertretende Genugtuung für die menschliche Sünde durch Leben, Leiden und Sterben Jesu Christi) wurde begrifflich verfeinert. Aber es blühte eine intensive Christusfrömmigkeit auf, die meditativ und mystisch auf die gefühls- und willensmäßige, demütige Vereinigung mit dem »Schmerzensmann« am Kreuz als der ↗Offenbarung der Liebe Gottes zielte (↗Mystik). Die Angst vor dem Jüngsten Gericht (↗Eschatologie) wurde in der »Sterbekunst« (↗Ars moriendi) und in der praktischen »Nachfolge Christi« verarbeitet; bis heute verbreitet ist das Erbauungsbuch *Imitatio Christi* (ca. 1420) Thomas von Kempens (↗Erbauungsliteratur). Ganz anders figurierte Christus bei Nikolaus von Kues, der seine Bedeutung als »konkretes Universum« oder »kontrahiertes Maximum« für die Vervollkommnung der Welt (↗Weltbilder) und der menschlichen Natur herausstellte.

Die ↗Reformation knüpfte hier nicht an, sondern entwickelte (v. a. durch M. Luther) die Demuts-Ch. weiter und korrigierte sie aufgrund eines neuen Verständnisses der in Christus nicht richtenden, sondern schenkenden Gerechtigkeit Gottes (↗Rechtfertigungslehre). In Kritik der scholastischen »Spekulation« wird die Ch. auf die Bedeutung des Handelns ↗Jesu Christi für das persönliche Heil konzentriert, das »allein im Glauben ergriffen« werden kann und soll (vgl. Abb. 1). So sagt Ph. Melanchthon im ersten reformatorischen Lehrbuch: »Christus erkennen heißt, seine Wohltaten erkennen, nicht, wie jene [Scholastiker] lehren, seine Naturen und Inkarnationsmodi zu betrachten« (*Loci communes rerum theologicarum*, 1521, *Introductio*). Luther schreibt die Vorstellung einer stellvertretenden Genugtuung in Bildern wie »dem fröhliche Tausch« (zwischen Christus und dem Sünder) fort.

Alle Reformatoren verneinen, dass der Mensch an den Verdiensten der ↗Heiligen teilhaben könne und verwarfen die ↗Marienverehrung zugunsten des Vertrauens »allein auf Christus«. Zudem betonte Luther, dass nicht nur das »Werk«, sondern auch schon die »Person« des menschgewordenen Gottes das Heil für die Menschen

Abb. 1: Heinrich Aldegrever, Der Glaube, 1528 (Kupferstich). Der kleinformatige, für die Einlage in ein Erbauungsbuch gedachte Stich konzentriert die Aufmerksamkeit ungewöhnlich stark auf das »Werk« Christi, von dessen »Person« nur die Füße am Kreuz zu sehen sind. Die den Glauben verkörpernde, kostbar in Renaissancemanier gekleidete Frau ist Maria Magdalena, einst Dirne, dann Jüngerin Jesu. In körperlicher Berührung empfängt sie die heilsame »Frucht« des Kreuzes, die von den eucharistischen Elementen (hier: Kelch und Hostie) symbolisiert werden. Diese Bildaussage ist noch nicht konfessionsspezifisch pointiert.

darstelle. Daher entfaltet er nicht nur die Bedeutung des Kreuzestodes Christi, sondern auch die der Inkarnation, der Menschwerdung Gottes zu Weihnachten: »Maria kocht Gott den Brei.«

An der Frage der Einheit der menschlichen bzw. göttlichen Natur Christi traten allerdings Differenzen auf, die bald zur konfessionellen Spaltung innerhalb der Reformation führten. Während Luther die völlige, sich gegenseitig durchdringende Gemeinschaft der göttlichen (des »Logos«, vgl. Joh. 1,1) und der menschlichen Natur in Christus und somit die Einheit der Person akzentuierte [8] (/Luthertum), wollten U. Zwingli und J. Calvin den Unterschied der Naturen in Christus nicht verwischt sehen (was einen schon in der Alten Kirche auftretenden Konflikt aktualisierte). Der Auffassung der Person Christi kam hohe praktische Bedeutung zu, denn sie rechtfertigte das jeweilige Verständnis des Hl. Abendmahls: (1) als leibhafter Empfang der realen Präsenz des ganzen Gottmenschen bei Luther, (2) als symbolisches Gedächtnismahl bei Zwingli, (3) als Mahl der geistigen Präsenz Christi in der reformierten Tradition (/Calvinismus) [2. B. 2, Kap. 12–16; B. 4, Kap. 9–12]. Alle drei Optionen waren sich jedoch einig in der Ablehnung der »papistischen« Sicht, die das Heilige Abendmahl weniger der Ch. als der Ekklesiologie zuordneten, d. h. als unblutige Wiederholung des Opferwerks Christi durch die Kirche verstanden.

Die Lutheraner warfen den Calvinisten vor, Christus zu zerteilen, wenn er nach seiner menschlichen Natur im /Himmel (d. h. räumlich oben) bleibe; die Calvinisten argwöhnten bei den Lutheranern ein immer noch »römisches«, d. h. »magisches« Verständnis des /Sakraments und hielten ihnen vor, die menschliche Natur Christi, wenn sie in jedem Abendmahl mit gegenwärtig sei, zu vergöttlichen und damit die Mittlerschaft Christi zwischen Gott und Mensch zu leugnen. Die These der Allgegenwart Christi trotz seiner menschlichen Natur, polemisch »Ubiquität« genannt, sei ein »neues Dogma« [14].

Die sowohl mit Scharfsinn als auch mit Schärfe geführten Debatten des 16. Jh.s erbrachten zwar keinen Konsens, aber eine dem jeweiligen /Glauben angemessene, sachlich differenzierte und logisch präzise Ch. Manche Lehrbildungen wurden teils protest., teils sogar christl. Gemeingut: die Gliederung der Ch. in »Person« und »Werk« Christi; die Annahme eines dreifachen »Amtes« Christi als Priester, König und Prophet (dem Messias des AT entsprechend); die Einzeichnung des Lebens Jesu in den Weg des Logos zu den Menschen (»Stand der Erniedrigung«, Phil. 2), der bis hin zum »Stand der Erhöhung« des von Tod und Höllenfahrt auferstandenen Gottmenschen zur allgegenwärtigen »Rechten Gottes« führt (vgl. Abb. 2) [4. Loc. 4]. Die Auslegung des Glaubenssatzes »Gott ist Mensch« wurde andererseits sogar innerhalb der lutherischen Ch., d. h. der Annahme, dass in Christus »das Endliche das Unendliche fasse« strittig, trotz einer bekenntnismäßigen Festlegung 1577 (Konkordienformel, Art. VII–IX).

Die schwäbischen Theologen im Gefolge von J. Brenz vertraten im frühen 17. Jh. die Auffassung, der ganze Christus sei in der Welt allgegenwärtig, aufgrund der Mitteilung der göttlichen Eigenschaft der Allgegenwart an seine Menschheit, d. h. kraf seiner Personeinheit und nicht erst kraft seines Wollens und Tuns [12. 117–289]. Wie beim Abendmahl die Hierarchie vom Himmel »oben« und der Erde »unten«, so wird in der Beziehung von Gott und Mensch die Alternative von Herrschaft und Knechtschaft aufgelöst. Die eigentlich daraus folgende These vom Leiden und Tod Gottes (!) am Kreuz wurde nur in der /Erbauungsliteratur, nicht in der Ch. ausgesprochen. Doch wurde um 1600 eine neue Lehre (ein dogmatischer Topos) über die »mystische Vereinigung« des Christen mit Christus ausgebildet (/Erlösung).

Abb. 2: Albrecht Dürer, Christus in der Vorhölle, 1510 (Holzschnitt). Diese Szene aus der »Höllenfahrt Christi« illustriert zugleich die »Person« Jesu Christi, d. h. die in ihm verkörperte Einheit menschlichen Leidens und göttlichen Sieges über den Tod (österliche Siegesfahne, Nimbus) und das »Werk« Christi: die Erlösung des Menschengeschlechts (Adam, Eva und Abel am Kreuz), die Sprengung des Höllentors, die Entmachtung der Dämonen und speziell die Rettung der ungetauften Kinder sowie der Frommen, die vor seinem Heilswerk lebten (auch Johannes des Täufers) aus der »Vorhölle« (*limbus*). Die Bildaussage steht diesseits der konfessionellen Kontroversen, auch wenn die Frage verschieden beantwortet wurde, ob Christi Hinabstieg in die Hölle noch zum Karfreitag oder schon zu Ostern gehöre.

3. Katholische Christologie

Der lutherischen Ch. widersprach auch die röm.-kath. Ch. [13]. Unbeschadet der z. B. in den Exerzitien des Ignatius von Loyola intensivierten Christusfrömmigkeit hatte das ↗Trienter Konzil keinen Anlass, die Ch. neu zu interpretieren. Die dem Konzil folgende kath. (tridentinische) Theologie übernahm zwar die reformatorische Lehre vom dreifachen Amt Christi, beschränkte sich ansonsten aber auf die Kritik an der reformatorischen Ch. und operierte dabei v. a. mit der These, dass Christus nur kraft seiner Menschheit der Mittler zwischen Gott und Mensch sei und deren Erhöhung zu Gott selbst erworben habe. Die Erlösung durch Jesus Christus wird zwar durch die Inkarnation als übernatürlich ermöglicht angesehen, doch der Inkarnierte erwirbt die Erlösung als quasi natürlicher Täter, d. h. aufgrund seines verdienstlichen Tuns und Leidens. Als häretisch galten der kath. Kirche bes. die lutherischen »Ubiquitarier«, welche die Personeinheit in der Tat präzise als Kommunikation der göttlichen und der menschlichen Natur definierten (↗Häresie). Der Gegensatz in der Ch. schloss aber nicht aus, dass literarisch-mystische und künstlerisch-expressive Christusbilder kath. Prägung die lutherische Frömmigkeit des Barock beeinflussten.

4. Humanistisch-aufklärerische Auflösung der Christologie

In der frühen Nz. wichen zwei Strömungen von den reformatorischen Ch. ab. Eine christosophische Richtung erstrebte die vollständige Einbeziehung allen Wissens in die Ch., transformierte diese durch Motive der ↗Hermetik, der ↗Alchemie und der ↗Kabbala und nahm eine Vergottung des Menschen kraft seiner Teilhabe am göttlichen Logos (manchmal auch: »am göttlichen Fleisch Christi«) an. Der später einflussreiche Ideengeber hierfür war der Mystiker J. Böhme [1]. Die andere Strömung kritisierte oder bestritt sogar alle Ch.; sie bestimmte seit dem frühen 17. Jh. zunehmend die philosophische und kulturelle, seit dem 18. Jh. z. T. auch die theologische Orientierung.

Schon manche Humanisten hatten die Pointe der *Philosophia Christi* zum Pädagogischen hin verschoben und Jesus Christus in erster Linie als moralisch vollkommenen und vorbildlichen Menschen interpretiert. Den Versuch, die »Zweinaturen-« und »Satisfaktionslehre« (und damit auch die ↗Trinitäts-Lehre) als bibel- und vernunftwidrig zu bestreiten, unternahmen erstmals die Vertreter des ↗Sozinianismus (*Rakower Katechismus*, 1605). Christus ist für sie ein »göttlicher Mensch«, der aufgrund seiner Lebensleistung nach seinem Tod von Gott auferweckt und in den Himmel erhoben wurde. Er ist daher als göttlicher Helfer zur sittlichen Vollkommenheit religiös zu verehren. Der anfängliche Supranaturalismus dieser Richtung (wunderbare Zeugung Christi, Entrückung in den Himmel; ↗Theologische Richtungen) wurde bald metaphorisch abgeschwächt, so dass die Ch. zu einer exemplarischen Anthropologie wurde (↗Mensch).

Erfolgreicher als der Sozinianismus konnte der aus England kommende Deismus im Alten Reich (wo die altkirchlichen Dogmen reichsrechtlich geschützt waren) wirken, bes. im dt. Protestantismus seit dem 17. Jh. Diese »natürliche«, d. h. sich von geschichtlicher Überlieferung (und deren konfessionell strittiger Interpretation) unabhängig machende und rein »vernünftige« Religion (↗Vernunftreligion) schwieg bezüglich Jesus Christus völlig. Das wurde zwar bis ins 18. Jh. als unchristl. verworfen, verminderte aber langfristig erfolgreich die kulturelle Bedeutung der Leitfigur Jesus Christus zugunsten eines rein naturrechtlichen ↗Gottesbildes. Auch der nzl. Pantheismus (z. B. Spinozas) machte die Ch. funktionslos.

In dieser neuen Situation formulierte G. W. Leibniz 1710 eine Ch., welche für die »fromme Aufklärung« typisch wurde. In seiner ↗Theodizee gilt Christus durch seine Vollendung der Gesetzgebung des Moses als »Stifter der aufgeklärtesten Religion« und als »Quelle und Mittelpunkt der Erwählung«, d. h. als zureichender Grund Gottes für die Erschaffung der Welt: In ihr, also der bestmöglichen Reihe der Dinge und Ereignisse, musste auch das vollkommenste Geschöpf enthalten sein [6. Préf.].

Dieser verkürzten Konzeption eines »Gottmenschen« stimmte die Theologie weithin nicht zu, vermochte aber keine bündige Alternative zu formulieren. Wichtige Voraussetzungen der Ch. (↗Metaphysik) begannen unsicher zu werden; zwischen der zeitgenössischen Ch. und der biblischen Gestalt des »Bruders« Jesus von Nazareth tat sich ein »garstiger Graben« auf (G. E. Lessing [7]). Die Frömmigkeit des ↗Pietismus vertraute dagegen auf die unmittelbar erfahrene göttliche Kraftwirkung des heilsgeschichtlich gegenwärtigen Christus. Die »metaphysische« Ch. »von oben« konnte dann spiritualistisch aufgelöst (z. B. G. Arnold; ↗Spiritualismus) oder, wie bei Zinzendorf, in einer emotionalen »Heilandsreligion« unterlaufen werden.

Den Bruch mit der traditionellen Ch. vollzog die Theologie der ↗Aufklärung seit der Mitte des 18. Jh.s. Sie verschwieg die Ch. sowohl in der ↗Predigt als auch im Unterricht und entfernte sie aus den ↗Gesangbüchern. Zugleich suchte sie nachzuweisen, dass die »Zweinaturenlehre« durch keine innere Empfindung bewahrheitet werden könne; die Lehre vom stellvertretend satisfaktorischen Werk Christi lehnte sie als falsch ab: Strafe könne nur auf die Besserung des zu Bestrafenden zielen, und auf moralische Subjekte könne Christus nur als moralisches Subjekt wirken. Eine rationalistische, die göttliche Offenbarung beiseite legende Revision der Ch. formulierte die ↗Religionsphilosophie I. Kants: Christus ist die Personifikation der Idee der moralisch vollkommenen Menschheit (der »eingeborene Sohn Gottes«). Dieses gute Prinzip oder »Urbild« hat erfahrungsunabhängige Realität in der moralisch gesetzgebenden ↗Vernunft, vermag aber als ein personifiziertes Prinzip ein ehrfurchtgebietendes »Vorbild« zu sein. Der neue, moralisch gesinnte Mensch muss daher die Strafleiden, die der Gerechtigkeit Gottes Genüge tun, in Gestalt der Abtötung des alten Menschen selbst tragen; er ist also, personifiziert vorgestellt, sein eigener stellvertretender Versöhner, Erlöser und Fürsprecher vor Gott [5. 73–105]. Nicht wenige Theologen votierten um 1800 auf ähnliche Weise gegen eine falsche »Christolatrie« bzw. für die Hochschätzung der »Person« Christi als Inbegriff einer unter natürlichen Bedingungen geleisteten Selbsttätigkeit sowie für die Hochachtung des »Werkes« Christi als Absicht, durch Lehre, Vorbild und todesmutige Treue den moralischen ↗Fortschritt der Menschheit zu befördern.

5. Rekonstruktionen im Übergang zur Moderne

Die rationalistische Auflösung der Ch. war kein alles beherrschender Vorgang, nicht zuletzt aufgrund der Selbstkritik der Aufklärung. Es gab auch die bis heute nachwirkende Option, das individuelle Christusbild als »Privatreligion« freizugeben und die traditionelle Ch. dagegen als bekenntnismäßige, öffentlich geltende Lehrgrundlage der institutionellen Religion fortbestehen zu lassen (J. S. Semler). Bis heute folgenreich ist auch die Verlagerung des normativen Anspruchs der Ch. in die ↗geistliche Dichtung (wofür der *Messias* F. G. Klopstocks stilbildend wirkte) sowie in die weltliche Dichtung, die mit der Ch. teils kritisch (z. B. J. W. Goethe, F. Schiller), teils konstruktiv umging (z. B. J. G. Hamann, J. G. Herder, J. H. Lavater, M. Claudius, J. Paul). In der ↗Romantik formulierte auch die bildende Kunst ein eigenständiges Christusbild. Mystisch-spekulative Christosophie hielt sich z. T. im christl. Rahmen (F. Chr. Oetinger), sprengte ihn aber auch mit der Behauptung neuer, Christus überbietender Offenbarungen (E. Swedenborg; ↗Swedenborgianer).

Während die röm.-kath. Ch. sich angesichts dieser Herausforderungen defensiv und bald restaurativ verhielt (und die orthodoxe Ch. sie noch gar nicht zur Kenntnis nahm), bildeten sich ab dem frühen 19. Jh. im evang. Bereich drei neue Entwicklungen heraus:

(1) Eine als »Ch. von unten« noch heute ökumenisch wirksame Rekonstruktion der Ch. gelang F. Schleiermacher. Ohne die Annahme zweier »Naturen« interpretierte er Jesus Christus als »Urbild« vollkommenen Menschseins so, dass er Christi stets lebensprägendes Gottesbewusstsein als »eigentliches Sein Gottes in ihm« versteht. Eben darin ist Jesus Christus, so natürlich sein Erscheinen in der Welt war, von allen anderen Menschen durch eine einzigartige Würde verschieden. Aber vermittelt durch das von ihm begründete neue »Gesamtleben« nimmt Christus die Gläubigen in die Kräftigkeit seines Gottesbewusstseins und die Seligkeit seiner Gottesbeziehung auf und wird dadurch ihr Erlöser und Versöhner. Die »Person« erfährt keine Reduzierung auf das »Werk«, das, in neuer Weise als dreifaches Amt beschrieben, eben in der Produktivität der »relativ übernatürlichen« Persönlichkeit Christi besteht [9. § 91–105].

(2) Eine theosophische Transformation (↗Theosophie) der Ch. bewirkte der Dt. ↗Idealismus, der Jesus

Christus als die geschichtliche Verwirklichung der Idee der versöhnten Einheit von Gott und Mensch interpretierte. F. W. J. Schellings *Philosophie der Offenbarung* (1841/42) erklärt gerade die Entäußerung des Logos in die menschliche Knechtsgestalt als Offenbarung seiner wesentlichen Gottheit. G. W. F. Hegels ↗Geschichtsphilosophie, die zugleich eine Theodizee darstellt, versteht den Kreuzestod Christi nun tatsächlich als »Tod Gottes« und spricht vom »spekulativen Karfreitag« im Gang Gottes durch die Negativität des Geschichtsprozesses zum wahren Leben des absoluten Geistes. Die spekulative Ch. wirkte sowohl im röm.-kath. Bereich (F. von Baader, A. Günther, Tübinger Schule) als auch in der russ. Religionsphilosophie nach.

(3) Seit etwa 1840 wurde die Ch. materialistisch und historisch-kritisch untergraben. Für ersteres steht die ↗Religionskritik L. Feuerbachs, dessen Pantheismus die Rolle Christi jedem Menschen zuschreibt, freilich ohne zwischen Gott und Mensch zu differenzieren. Letzteres verkörpert D. F. Strauß' historische Kritik der Jesusüberlieferung in den Evangelien als mythisierende Personifikation von göttlichen Eigenschaften, die in Wahrheit der Menschheit als Gattung zugehören [10]. Davon angeregt wurde die Christusfigur in allen europ. Literaturen, zumal den russischen, intensiv bearbeitet, und zahlreiche »*Ecce homo*« und »*Leben Jesu*«-Romane entstanden auch in Frankreich und England.

Die Ch. suchte sich um 1850 vielfach neu zu orientieren, z. B. in der Perspektive des »Paradox« (S. Kierkegaard), der *Kenosis* (»Entäußerung« Gottes selbst [11]), in der Entwicklung eines »Zentralindividuums« [3] oder eines »geschichtlichen Jesus« (A. Ritschl). An der Herausforderung durch die moderne Metaphysik-Kritik und die historische Kritik hat sich bis heute jede Ch. abzuarbeiten.

→ Mensch; Sakrament; Theologie; Theologische Richtungen; Trinität

Quellen:
[1] J. BÖHME, Der Weg zu Christo, Görlitz 1624 [2] J. CALVIN, Institutio Christianae religionis, Basel 1536 [3] I. A. DORNER, Entwicklungsgeschichte der Lehre von der Person Christi, Stuttgart 1839 [4] J. GERHARD, Loci theologici, Erfurt 1664 [5] I. KANT, Die Religion innerhalb der Grenzen der bloßen Vernunft, Königsberg 1793 [6] G. W. LEIBNIZ, Essais de théodicée, Amsterdam 1710 [7] G. E. LESSING, Über den Beweis des Geistes und der Kraft, Braunschweig 1777 [8] M. LUTHER, Vom Abendmal Christi. Bekenntnis, Wittenberg 1528
[9] F. SCHLEIERMACHER, Der christliche Glaube, Berlin ²1830–1831 [10] D. F. STRAUSS, Das Leben Jesu, kritisch bearbeitet, Tübingen 1835 [11] G. THOMASIUS, Christi Person und Werk, Erlangen 1852–1856

Sekundärliteratur:
[12] J. BAUR, Luthers klassische Erben, 1993 [13] F. COURTH, Christologie. Von der Reformation bis ins 19. Jh. (Hb. der Dogmengeschichte 3/1 d), 2000, 28–47 [14] TH. MAHLMANN, Das neue Dogma der lutherischen Christologie, 1969 [15] W. SPARN / J. MACQUARRIE, Art. Jesus Christus V–VI, in: TRE 17, 1988, 1–42 [16] R. WILLIAMS / K. H. ZUR MÜHLEN, Art. Jesus Christus III–IV, in: TRE 16, 1987, 745–772.

Walter Sparn

Christusbilder s. Christologie; Jesus Christus

Chronik

1. Form
2. Verfasser
3. Forschungslage

1. Form

Der Begriff meint meist einen linear fortlaufenden histor. Bericht mit einem relativ klar umgrenzten Themenschwerpunkt. In der Nz. besaßen die meisten Chroniken einen personalen, räumlichen und institutionellen Bezug, z. B. Dorf-Ch., ↗Stadtchronik, Landes-Ch., Familien-Ch., Adels-Ch. (↗Dynastiegeschichte), Kirchen-Ch., Bischofs-Ch., Ordens-Ch. Mitunter bezeichnete »Ch.« auch die sich in zahlreiche Einzeltexte aufgliedernde Gesamtgeschichte eines Gemeinwesens [2]. Daneben dauerte bis ins 16. Jh. die ma. Gattung der Weltchronik fort (z. B. in Hartmann Schedels *Liber chronicarum*, 1493; den *Enneades sive Rhapsiodia historiarum* des Sabellicus, 2 Bde., 1498–1504, oder den *Memorabilium omnis aetatis et omnium gentium chronici Commentarii* des Johann Nauclerus, 1504, gedr. posthum 1516. Wie schon im MA [13. 105–112] fehlte auch in der Nz. ein klar definierter und theoretisch reflektierter Gattungsbegriff (↗Gattungsgeschichte). Der weiten Verbreitung und kontinuierlichen Blüte, die die Ch. seit dem SpätMA erlebte, tat dies keinen Abbruch. Eher wurde ihre Ausdifferenzierung in zahlreiche Formen dadurch noch gefördert.

Gemeinsame formale Merkmale all dieser Ausprägungen waren eine Fokussierung auf die äußere Ereignisabfolge und eine stärker an der ↗Chronologie als am inhaltlichen Konnex orientierte Gestaltung. Allerdings wurde die Chronologie selten strikt durchgehalten, und rein annalistischen Texten standen Ch. mit ausgefeilter inhaltlicher Binnengliederung gegenüber. Dazwischen gab es eine Vielzahl von Mischformen. Die Betitelungen der z. T. anonymen Werke waren disparat – falls sie nicht ganz fehlten. Sie reichten von *Cronick, C(h)ronicon, C(h)ronica* bis zu *Annales, Collectanea, Gruendliche Beschreibung, Auszug der Vornehmsten Historien* usw. und deren je nationalsprachlichen Pendants (z. B. franz. *c(h)ronique, commentaires, abrégé chronologique*; span. *c(o)rónica*; engl. *chronicle*). Nicht weniger uneinheitlich präsentierte sich der Umfang der Ch.: Neben Fragmenten von wenigen Seiten standen vielbändige Werke. Auch wenn es thematische Schwerpunktsetzungen gab, spielten Kuriosa aller Art eine wichtige Rolle. Sie trugen zu dem kompilatorischen, bisweilen amorphen Charakter und der vielfach auf Fortsetzung durch andere Autoren angelegten Struktur vieler Ch. bei. Oft wurden fremde Texte integriert (Privilegien, Urkunden, Listen von Amtsträgern, Sagen und Anekdoten, Lieder und Gedichte, Stadtbeschreibungen usw.), die den Erzählfluss unterbrachen.

2. Verfasser

Wichtiger als alle formalen Merkmale ist als Hauptcharakteristikum der Ch. die Autorschaft von Laien (↗Dilettant), die erst im 19. Jh. den professionellen ↗Historikern das Geschäft der historiographischen Weltdeutung überließen. Dabei reichte der Autorenkreis von den gesellschaftlich-politischen und Bildungs-↗Eliten bis zu städtischen und z. T. ländlichen Mittelschichten. Gerade das macht die Bedeutung der in der Nz. meist in der ↗Volkssprache verfassten, als halbgelehrte Gattung am Schnittpunkt zwischen »Volks-« und »Elitenkultur« stehenden Ch. aus, dass ungelehrte ↗Autoren sich in ihr der humanistisch geprägten Bildungswelt zu bemächtigen suchten (↗Humanismus; ↗Bildung). Allerdings gab es seit dem 16. Jh. Ch., die durch die breite Heranziehung von Originalquellen und fundierte Kritik auf der gelehrten Höhe ihrer Zeit standen, so etwa die von einem Autorenkollektiv unter Leitung des M. Flacius Illyricus verfasste *Historia ecclesiastica secundum singulas centurias* (die sog. Magdeburger Centurien, 13 Bde., 1559–1574) oder die *Annales ordinis S. Benedicti* des Jean Mabillon (6 Bde., 1703–1739). Vollends seit dem ausgehenden 18. Jh. nahmen Ch. – verfasst von Gymnasialrektoren, Geistlichen und Juristen – Züge wiss. Abhandlungen an. Zurückdrängen konnte die professionelle ↗Geschichtsschreibung, die die methodischen Anforderungen der ↗Aufklärungshistorie aufnahm (↗Historische Methode), nur die landesfürstliche Ch. [4.327], nicht aber die Stadt-Ch., deren Blüte noch weit bis ins 19. Jh. anhielt.

3. Forschungslage

Wegen der Fülle der Überlieferung hat sich die Forschung bes. intensiv mit den ↗Stadtchroniken beschäftigt. Längst hat sie dabei aufgehört, Ch. als bloße Faktenlieferanten zu funktionalisieren. Stattdessen hat sich eine mentalitätsgeschichtliche Interpretation durchgesetzt, der sich in letzter Zeit auch narratologische Ansätze hinzugesellen [7]; [11]. Immer wichtiger geworden sind zudem Fragen nach der Bedeutung der Ch. für kollektive Identitätsstiftung und Erinnerungskultur [3]; [4]; [5]; [9. 57–86]; [11]; [12], nach den kommunikativen Umfeldern [8] und nach der Rezeption der Ch. die

mehr [3]; [11] oder weniger [2] optimistisch beurteilt wird. Der große Anteil handschriftlicher Überlieferung, oft basierend auf einer Leit-Ch. aus dem SpätMA oder dem 16. Jh., fand, so zeigt sich, im begrenzten Raum einer nzl. Stadt seine eigenen Rezeptionswege. Ähnlichen Fragestellungen geht die Untersuchung der anderen Subgattungen nach [1]; [4]; [9]; [10]. Als bes. fruchtbar erweist sich dabei der Blick auf die Rolle wissenschaftsgeschichtlicher Umbrüche [4]. Bei den Familien-Ch. betont die Forschung deren Charakter als Medium der ↗Repräsentation [13]. Texte aus nichtpatrizischem Umfeld sind zudem als Selbstzeugnisse wichtig [15].

Zentrales Forschungsdesiderat ist – neben der kaum begonnen übernationalen Bestandsaufnahme und Komparatistik – die Beschäftigung mit der Rolle der Ch. als Speicher für eine Vielzahl verschiedenartiger Textformen und als Transporteurin anderer Gattungen, die neben der regen Abschreibe- und Fortsetzungstätigkeit für ihren amorphen Mischcharakter verantwortlich ist.

→ Chronologie; Dynastiegeschichte; Geschichtsschreibung; Stadtchronik; Universalgeschichte

[1] G. Diehl, Exempla für eine sich wandelnde Welt. Studien zur norddt. Geschichtsschreibung im 15. und 16. Jh., 2000 [2] H. Droste, Schreiben über Lüneburg. Wandel von Funktion und Gebrauchssituation der Lüneburger Historiographie (1350–1639), 2000 [3] S. Dzeja, Die Geschichte der eigenen Stadt. Städtische Chronistik in Frankfurt am Main vom 16. bis zum 18. Jh., 2003 [4] T. Fuchs, Traditionsstiftung und Erinnerungspolitik. Geschichtsschreibung in Hessen in der Frühen Nz., 2002 [5] K. Graf, Gmünder Chroniken im 16. Jh. Texte und Untersuchungen zur Geschichtsschreibung der Reichsstadt Schwäbisch Gmünd, 1984 [6] E. Kooper (Hrsg.), The Medieval Chronicle, 1999 [7] G. Lottes, Stadtchronistik und städtische Identität. Zur Erinnerungskultur der frühnzl. Stadt, in: Mitteilungen des Vereins für Geschichte der Stadt Nürnberg 87, 2000, 47–58 [8] B. Mauer, ›Gemain Geschrey‹ und ›teglich Reden‹. Georg Kölderer – ein Augsburger Chronist des konfessionellen Zeitalters, 2001 [9] G. Menk (Hrsg.), Hessische Chroniken zur Landes- und Stadtgeschichte, 2003 [10] M. Müller, Die spätma. Bistumsgeschichtsschreibung. Überlieferung und Entwicklung, 1998 [11] S. Rau, Geschichte und Konfession. Städtische Geschichtsschreibung und Erinnerungskultur im Zeitalter von Reformation und Konfessionalisierung in Bremen, Breslau, Hamburg und Köln, 2002 [12] E. Riegg, Brandkatastrophen und stadtbürgerliche Identität. Die Wahrnehmung von Stadtbränden in der städtischen Chronistik, in: M. Gisler et al. (Hrsg.), Traverse. Themenheft ›Naturkatastrophen‹, 2003, 130–143 [13] G. Rohmann, ›Eines Erbarn Raths gehorsamer amptmann‹. Clemens Jäger und die Geschichtsschreibung des 16. Jh.s, 2001 [14] F.-J. Schmale, Funktion und Formen ma. Geschichtsschreibung, ²1993 [15] U.M. Zahnd, Einige Bemerkungen zu spätma. Familienbüchern aus Nürnberg und Bern, in: R. Endres (Hrsg.), Nürnberg und Bern. Zwei Reichsstädte und ihre Landgebiete, 1990, 7–37.

Ernst Riegg

Chronologie

1. Begriff
2. Verwissenschaftlichung der Chronologie seit dem 16. Jahrhundert

1. Begriff

Das neulat. Kunstwort *chronologia* taucht im 16. Jh. auf und ist als »Zeitrechnung«, »Zeit-Kunde«, »Jahrrechnung«, dann auch als »Wissenschaft von der Zeitrechnung« übersetzt worden; im Französischen und Englischen wurden auch Tätigkeitsbezeichnungen und Verbformen gebildet: *chronologiste, chronologer* und *to chronologize*. Zedlers *Universal-Lexikon* unterscheidet die um möglichste »Acurratesse« bemühte astronomische Ch. und die mit näherungsweiser Zeitberechnung befasste *Chronologia politica*, der noch die *Chronologia ecclesiastica* zugeordnet wird [1]. Letzterer, der kirchlichen Ch., obliege die Berechnung der Kirchenfeste, das Arbeitsfeld der ma. Komputistik, deren Hauptaufgabe, die Osterfestberechnung, bei den konfessionell geprägten Streitigkeiten um die gregorianische ↗Kalenderreform abgehandelt werde. In weiterer Bedeutung wurde der Begriff Ch. auch für annalistische bzw. chronikalische Aufzeichnungen jeglicher Art gebraucht, für die es auch den schon älteren Begriff »Zeitbuch« gab. Die Unterscheidung von astronomisch-mathematischer und historisch-technischer Ch. hat bis heute nicht an Bedeutung verloren.

Die Zählung in Jahren vor und nach Christi Geburt (sog. Inkarnationsära) hat sich seit dem SpätMA und bes. seit dem ↗Buchdruck ebenso durchgesetzt wie die innerhalb der Monate fortlaufende Tageszählung. Die retrospektive Inkarnationsära, d. h. die Rückwärtszählung von Christi Geburt an (v. Chr.), erlaubte, auch für frühe Zeiten ohne Bezug auf bestimmte Könige und Päpste Ereignisse zu datieren wie auch eine Festlegung des Schöpfungsdatums zu vermeiden. Die Verdrängung der Tagesdatierung nach Kirchen- und Heiligenfesten war jedoch ein sehr langwieriger, nach Regionen, sozialen Gruppen und dann auch nach Konfessionen unterschiedlich verlaufender Prozess.

Der hergebrachten nach Päpsten und Kaisern datierenden Chronistik setzte eine Gruppe protest. Theologen und Historiker unter der Führung des aus Kroatien stammenden Flacius Illyricus (Matthias Vlacic) eine *Historia ecclesiastica secundum singulas centurias* (1559–1574; »Kirchengeschichte nach einzelnen Hundertern«) entgegen, in der die Kirchengeschichte jeweils eines vollen Jahrhunderts in einem der 16 Bände abgehandelt wurde (↗Kirchengeschichtsschreibung). Die sog. Magdeburger Centuriatoren haben die abstrakte, dezimale Gliederung nach durchnummerierten Jahrhunderten zwar nicht erfunden, wohl aber so plausibel gemacht, dass die kath. Geschichtsschreibung (z. B. Caesar Baronius' *Annales ecclesiastici* 1588 ff.) sie sofort übernahm. Populär wurde die ↗Jahrhundertrechnung erst seit dem 17. Jh. durch histor.-didaktische Tabellenwerke [3. 75–90]; [4].

Bis in die Frühe Nz. blieb die von Augustinus für die Christenheit verbindlich formulierte Lehre von den sechs ↗Weltaltern geläufig, deren letztes vor dem Weltende die Gegenwart ist. Die wachsende Vertrautheit mit der Geschichte der alten Kulturen warf allerdings Fragen nach der Beschreibung sehr langer histor. Zeiträume (Ären) auf, nach ihren Anfangs- und Enddaten (↗Epochen) und v. a. nach der relativen chronologischen Situierung verschiedener Epochengliederungen.

2. Verwissenschaftlichung der Chronologie seit dem 16. Jahrhundert

An diesen Fragen setzte die Wissenschaft der Ch. ein, als deren Begründer der aus Frankreich in die Niederlande geflohene Humanist Joseph Justus Scaliger gilt. In *De emendatione temporum* (1583; »Von der Verbesserung der Zeitrechnung«) edierte und kommentierte er die Kalenderschriften verschiedener pers., babylonischer, ägypt., griech. und röm., christl.-ma. und nahöstl. Völker mit dem Ziel, die unterschiedlichen Datierungssysteme aufeinander zu beziehen. In seinem Hauptwerk *Thesaurus temporum* (1606; »Kompendium der Zeitrechnung«) hob er die Bedeutung des muslimischen ↗Kalenders für Kaufleute und Reisende hervor. Die sich allmählich verbreitenden Kenntnisse der Kalender der mittelamerikan. und der asiat. Kulturen machten die Frage nach der Möglichkeit einer universalen Ch. noch virulenter. Die Beschäftigung mit Ch. erfreute sich im 16. und 17. Jh. hohen Prestiges, nach Ansicht mancher Forscher grenzte sie an Besessenheit [5. 3 ff.].

Für Chronologen wie Scaliger sollten nicht mehr nur biblische Ch., sondern auch die philologische Rekonstruktion datierter Ereignisse – nach Möglichkeit gestützt auf Daten astronomischer Vorgänge wie Sonnen- und Mondfinsternisse – zu einem verlässlichen Datierungsgerüst werden. Als universale Referenz konstruierte Scaliger nach einem älteren Vorbild die »Julianische Periode«, einen Zyklus von 7980 Jahren, der sich aus der Multiplikation des 19-jährigen Mondzyklus mit dem 28-jährigen Sonnenzirkel und der 15-jährigen Indiktion, dem spätröm. Steuerzyklus, ergab. Ausgangspunkt des ersten Zyklus sollte der 1. Januar 4713 v. Chr. sein; dieses Datum war der gemeinsame Anfang aller drei Zyklen.

Daraus wurde später das heute noch gebräuchliche sog. Julianische Datum (JD) entwickelt, eine fortlaufende Tageszählung, die am 1. Januar 4713 v. Chr., 12 Uhr mittags beginnt. Dieses weit zurückliegende Datum ermöglichte die Umrechnung von Daten vor bzw. jenseits der Schöpfungsgeschichte wie auch der ↗Kalenderreformen – der Calvinist Scaliger war ein Gegner der gregorianischen Reform. Das Datum der Schöpfung (nach Scaliger im Jahr 3949 v. Chr.), die Zerstörung Trojas, die Gründung Roms, Christi Geburt und Mohammeds Auszug nach Mekka ließen sich so in eine scheinbar kohärente historische Ch. einordnen. Die dem Julianischen Datum vorausliegenden ägypt. Dynastien ordnete Scaliger einer vermutlich vorausgehenden (»proleptischen«) Julianischen Periode zu. Für die »histor. Zeit« konnte er so am Vorrang der biblischen Ch. festhalten. Einem allein auf die ↗Bibel gegründeten geschichtlichen Datengerüst war aber der Boden entzogen. Konzepte »geschichtlicher Zeiten« (↗Zeit) jenseits aller religiösen Überzeugungen mit sehr langen Vorzeiten und einer mindestens ebenso langen ↗Zukunft waren möglich geworden [2. 86 ff.].

Schon im SpätMA war Kritik an einem Kalender laut geworden, der wegen der Inkommensurabilität von Sonnenjahr und Mondmonaten zu einem Wegdriften des Osterdatums von seinen astronomischen Grundlagen geführt hatte. Die gregorianische Kalenderreform (1582) wurde zur einschneidendsten chronologischen Maßnahme für Nz. und Moderne. Im Gefolge ihrer allgemeinen Einführung, die sich v. a. wegen der konfessionell komplizierten Verhältnisse bis ins 20. Jh. hinzog, setzte sich auch ein einheitlicher Jahresanfang am 1. Januar durch.

Die ungeklärten und mit den damals verfügbaren Methoden auch nicht zu klärenden Fragen der vorbiblischen Ch. führten bis ins 18. Jh. zu zahlreichen Kontroversen. Im Zeitalter der ↗Aufklärung schwand das wiss. Prestige der Ch. gegenüber der Philosophie und den exakten Naturwissenschaften. Sie wurde neben der Urkundenlehre (Diplomatik) und der Schriftkunde (Paläographie) zu einer »Hilfswissenschaft«, zwar Bestandteil der akademischen Grundausbildung von Historikern, aber vielfach, z. B. von Voltaire, auch als antiquarische Marotte verspottet. Von Quellentexten unabhängige empirische Sicherungen histor. Daten durch archäologische oder physikalische Methoden waren noch nicht möglich, und die Aufklärer forderten Ordnungen der geschichtlichen Zeit nach Gründen der ↗Vernunft und nach philosophischen Begriffen. Endgültig diskreditiert wurde die biblische Ch. im 19. Jh. durch die Erkenntnisse der geologischen und biologischen Wissenschaften.

→ Chronik; Geschichtsschreibung; Kalenderreform; Weltgeschichte; Zeitordnungen; Zeitrechnung

Quellen:
[1] Art. Chronologie, in: Zedler 5, 1733, 2270–2274.

Sekundärliteratur:
[2] A. Borst, Computus. Zeit und Zahl im europ. MA, 1990 [3] A. Brendecke, Die Jahrhundertwenden. Eine Geschichte ihrer Wahrnehmung und Wirkung, 1999 [4] J. Burckhardt, Die Entstehung der modernen Jahrhundertrechnung. Ursprung und Ausbildung einer historiographischen Technik von Flacius bis Ranke, 1971 [5] A. Grafton, Joseph Scaliger. A Study in the History of Classical Scholarship II. Historical Chronology, 1993 [6] A.-D. von den Brincken, Historische Chronologie des Abendlandes. Kalenderreformen und Jahrtausendrechnungen, 2000.

Gerhard Dohrn-van Rossum

Ciceronianismus s. Latein

Civilité s. Urbanität

Clan

Das Wort C. stammt ursprünglich aus dem Angelsächsischen und wurde von dort ins Gälische (*clann*) und Altirische (*cland*) übernommen. C. war eine Bezeichnung für Nachkommenschaft bzw. ↗Familie. Seit dem ausgehenden MA fand der Begriff im Englischen und Gälischen fast ausschließlich für schott. Familienverbände Verwendung; für das nzl. Irland ist er dagegen wenig belegt [1].

In der modernen ethnologisch-anthropologischen Literatur wurde der Begriff C. von den schott. Familienverbänden auch auf andere Gesellschaften wie etwa die nordamerikan.-kanadischen *tlingit* [5] oder auf afrikan., chines. und japan. Verwandtschaftsverbände (↗Verwandtschaft) übertragen. In der anthropologischen Fachterminologie bezeichnet C. einen durch gemeinsame Abstammung verbundenen Nachkommenverband, der sich zwar auf einen integrativen Ahnen (engl. *apical ancestor*) an der Spitze der ↗Genealogie zurückführt, diese Abstammung jedoch im Gegensatz zu der als engl. *lineage* bezeichneten Verwandtschaftsgruppe nicht genau belegen kann [15]. Nicht-menschliche Ahnen eines C. werden Totem genannt. Die nzl. schott. C. führten sich z. T. auf mythologische kelt. Vorfahren (z. B. C. »Campbell«) oder auf irische und schott. Herrscher des frühen MA (z. B. C. »McGregor«) zurück. Einige reklamierten aber auch Wikinger als *apical ancestors*.

Die Mehrzahl der in der Nz. bekannten schott. C. war erst nach der normannischen Eroberung entstanden; diese C. gingen vielfach auf normannische Adelige zurück, die in den schott. *Highlands* Land eroberten und Herrschaft ausübten (z. B. C. »Fraser«) [6]; [11. 12]. Die gemeinsame Abstammung der kelt. Bevölkerung und der C.-Chefs ist in diesen Fällen also eine deutliche Fiktion. Der Einfluss des normannischen ↗Lehnswesens auf Stellung und Kompetenzen der schott. C.-Chefs (*toiseachs*) war außerordentlich stark, was sich v. a. in der Durchsetzung der Prinzipien der Primogenitur anstelle von Wahl sowie des Privatbesitzes an Grund und Boden in ihrer Hand seit dem MA zeigte.

Für familien- und verwandtschaftshistorische Fragestellungen sind C. unter verschiedenen Gesichtspunkten von Interesse: Während die anthropologischen C.-Definitionen meist von unilateralen (d. h. patri- oder matrilinealen) Verwandtschaftskonstruktionen ausgehen [9.148], basierten die nzl. schott. C. auf bilateralen Verwandtschaftsbeziehungen [2.598]. In den schott. C. gab es zudem bis ins 18. Jh. hinein die als *fosterage* bezeichnete Sitte, dass Kinder bes. von C.-Chefs in den Familien anderer führender C. erzogen wurden. Diese gaben selbst ihre Kinder auch in andere Familien ab. Dadurch sollten die sozialen Beziehungen innerhalb des C. gefestigt werden [4]. Diese Sitte existierte auch in zahlreichen anderen Gesellschaften mit ausgeprägten C.-Strukturen (z. B. in Westafrika) [3]; [8].

Heiraten wurden ebenfalls zur Stabilisierung von Verbindungen eingesetzt. Während manche C.-Systeme wie die der matrilinealen *tlingit* in Nordamerika [5], der patrilinealen *dinka* in Afrika [13. 48–58] oder der Ureinwohner Neuguineas [14] strikte Exogamieregeln kannten, gab es v. a. unter den nomadischen Gruppen Nordafrikas [10] sowie in Asien Gesellschaften, die C.-Endogamie bevorzugten. C.-Strukturen sind zwar bis in die Gegenwart für viele Gesellschaften kennzeichnend, strikte Endo- oder Exogamieregeln weichen jedoch zunehmend freieren Formen der ↗Partnerwahl.

→ Familie; Verwandtschaft

[1] Art. Clan, in: J. A. H. Murray (Hrsg.), The Oxford English Dictionary, Bd. 2, 1971, 456 [2] A. Barnard / J. Spencer (Hrsg.), Encyclopedia of Social and Cultural Anthropology, 1996 [3] I. Brady (Hrsg.), Transactions in Kinship. Adoption and Fosterage in Oceania, 1976 [4] A. Curle, Notice of Four Contracts of Bonds of Fosterage; with Notes on the Former Prevalence of the Custom of Fosterage in the Scottish Highlands, 1895 [5] G. Emmons, The Tlingit Indians (Anthropolgical Papers of the American Museum of Natural History, hrsg. und mit Anmerkungen versehen von F. De Laguna), 1991 [6] C. I. Fraser of Reelig, The Clan Fraser of Lovat. A Highland Response to a Lowland Stimulus, 1952 [7] L. Holý, Kinship, Honour, and Solidarity: Cousin Marriage in the Middle East, 1989 [8] U. Isiugo-Abanihe, Child Fosterage in West Africa, in: Population and Development Review 11, 1985, 53–73 [9] R. M. Keesing, Kin Groups and Social Structure, 1975 [10] A. Korotayev, Parallel Cousin (FBD) Marriage, Islamization, and Arabization, in: Ethnology 39/4, 2000, 395–407 [11] B. Lenman, The Jacobite Clans of the Great Glen, 1650–1784, 1984 [12] I. M. Lewis, Blood and Bone. The Call of Kinship in Somali Society, 1994 [13] J. Ryle, Krieger des Weißen Nils. Die Dinka, 1982 [14] R. C. Schmid, Die letzten Waldmenschen. Die Baumhausbewohner Neuguineas, 2000 [15] F. R. Vivelo, Hdb. der Kulturanthropologie. Eine grundlegende Einführung, 1981.

Andreas Gestrich

Code Civil

1. Entstehung
2. Charakter und Inhalt
3. Wirkungen und Würdigung

1. Entstehung

Um den Rechtspluralismus des ↗Ancien Régime abzuschaffen und eine auf ↗Gesetz gegründete Rechtseinheit zu verwirklichen, sah die Revolutionsverfassung von 1791 den Erlass eines einheitlichen C. C. (»Bürgerliches Gesetzbuchs«) vor (vgl. ↗Privatrecht). Zwischen 1791 und 1799 wurden vier Entwürfe erstellt, darunter drei durch Jean-Jacques Régis de Cambacérès; keiner davon wurde aber angenommen. Dass es 1804 in Frankreich zur Kodifikation des C. C. kam, erklärt sich aus dem Bemühen der Konsulatsregierung um Stabilität nach zehn Jahren der ↗Französischen Revolution und aus dem politischen Projekt Napoleons I., die Gesellschaft auf ein »Granitfundament« zu gründen und die nationale Einheit fest an einen starken Staat zu binden.

Vom 12. August 1800 an war die Redaktion eines Entwurfs einem Ausschuss von vier Mitgliedern anvertraut: Jean-Etienne Portalis, Malleville, Bigot de Préameneu und Tronchet. Gewählt wegen ihrer umfassenden Rechtserfahrung und ihrer politischen Mäßigung, vertraten sie die beiden Traditionen des alten Rechts: Portalis und Malleville das vom Röm. Recht (↗Gemeines Recht) beeinflusste *droit écrit* (»geschriebenes Recht«) Südfrankreichs, die Übrigen das ↗Gewohnheitsrecht (*droit coutumier*) Nordfrankreichs. Vorbereitet in vier Monaten, dann überprüft durch das *tribunal de cassation* und die Berufungsgerichte, wurde der Entwurf lange im *Conseil d'Etat* diskutiert, woran auch Napoleon I. teilnahm. Schließlich lag der Entwurf den gesetzgebenden Versammlungen vor und wurde als *Code civil des français* am 21. März 1804 veröffentlicht. Er bildete als einer der *cinq codes* (»fünf Gesetzbücher«) neben dem *Code de commerce* (Handelsgesetzbuch), dem *Code de procédure civil* (Zivilprozessordnung), dem *Code d'instruction criminelle* (Strafprozessordnung) und dem ↗*Code pénal* (Strafgesetzbuch) den Kern der damaligen Rechtsreform Frankreichs.

2. Charakter und Inhalt

Der C. C. gliedert sich in drei Teile und folgt damit den röm.-rechtlichen Instituten-Lehrbüchern, aber in der Umgestaltung durch die moderne Doktrin: Personen, Sachen, Verträge. Inhaltlich schuf der C. C. kein neues ↗Privatrecht. Er verwirklichte vielmehr eine »Transaktion« (Portalis), d. h. eine Verbindung zwischen »dem *droit écrit* und den Gewohnheiten«, aber auch zwischen dem Erbe des ↗Ancien Régime (*droit écrit*,

Gewohnheiten, königliche Gesetzgebung und Doktrin) und der ↗Französischen Revolution. Der Inhalt des C. C. spiegelt diesen Kompromissgeist wider. Die Redaktoren bestätigten zwar verschiedene revolutionäre Neuerungen, aber sie nuancierten davon auch die ↗Gleichheit und den Individualismus, ja verformten jene manchmal sogar, indem sie am alten Recht Anleihen nahmen und dem Staat eine wichtige Rolle reservierten.

Der C. C. geht z. T. auf die vorrevolutionäre königliche Gesetzgebung zurück, so etwa in der Wiederherstellung der traditionellen ↗Familie. Um die Familienstabilität zu gewährleisten, unterwarf er die ↗Eheschließung der öffentlichen und elterlichen Gewalt (↗Elternrecht) und schränkte die Scheidungsmöglichkeit ein (↗Eheauflösung); er verhinderte die Gleichstellung der ↗nichtehelichen Kinder, um die Ruhe der Familie zu bewahren; er gründete den Zusammenhalt der Familie auf die Autorität des Ehemannes und ↗Vaters analog zur Kaisermacht und nahm dafür die Hilfe der öffentlichen Ordnung in Anspruch; die verheiratete Frau wurde nahezu in die Rechtsunfähigkeit gedrängt. Das eheliche ↗Güterrecht illustriert bes. die erwähnte Verbindung von *droit écrit* und *droit coutumier*, denn der C. C. setzte zwar als gesetzlichen Güterstand die Fahrnisgemeinschaft des *droit coutumier* fest, widmete aber ebenfalls dem Dotalsystem des *droit écrit* zahlreiche Bestimmungen.

Hinsichtlich der gesetzlichen Erbfolge (↗Erbrecht) ließen sich die Verfasser sowohl von der im Röm. Recht festgelegten Erbfolgeordnung wie auch von Ergebnissen der Revolution leiten: Ihre Gleichheit blieb trotz einiger wesentlicher Ausnahmen (Fremde, nichteheliche Kinder) Grundsatz, aber im Gegensatz dazu trennte sich der C. C. vom revolutionären Recht, indem er im Namen einer restaurierten Hausautorität die Testierfreiheit rehabilitierte (↗Testament).

Als »universelle Seele der Gesetzgebung« (Portalis) nimmt das ↗Eigentum einen zentralen Platz im Gesetzbuch ein. Es wird als »das Recht, eine Sache auf die unbeschränkteste Weise (*la plus absolue*) zu benutzen und darüber zu verfügen« (Art. 544) definiert. Die Betonung dieses Absolutismus drückte den Willen aus, unwiderruflich mit dem ↗geteilten Eigentum der feudalen Bodenordnung, etwa des Grundherrn und seiner Bauern (↗Grundherrschaft), zu brechen und den Eigentümer von feudalen und gemeinschaftlichen Belastungen freizumachen. Das Eigentumsrecht ist allerdings durch die Staatsmacht und die Rücksicht auf die Nachbarn begrenzt. Dieser gemäßigte Individualismus (↗Individualität) charakterisiert auch das ↗Vertrags-Recht, da die Kodifikatoren der freien Ausübung des individuellen Willens wichtige Grenzen ziehen wie insbes. die, nicht von den »Gesetzen, welche die öffentliche Ordnung und die guten Sitten angehen«, abzuweichen (Art. 6). Eine weitere Hauptbestimmung schließlich (Art. 1382) bestätigte den allgemeinen Haftungsgrundsatz, der bereits von der naturrechtlichen Lehre aufgestellt worden war.

3. Wirkungen und Würdigung

Der C. C. galt außer in Frankreich einerseits in franz. Satellitenstaaten und daher u. a. bis 1900 in Teilen Deutschlands (↗Rheinisches Recht), in Teilen Polens bis nach 1945, kurzfristig in Oberitalien und in annektierten Gebieten der Habsburgermonarchie, andererseits in den franz. Kolonien. Er wurde zum Modell für zahlreiche ausländische Rechte, wie etwa in anderen romanischen, auch lateinamerikan. Staaten. Weltweit wurde er zum bekanntesten ↗Zivilgesetzbuch.

In Frankreich hat der C. C. alle politischen Regime überlebt. Jedoch erfuhr er ab dem Ende des 19. Jh.s tiefe Umwandlungen. Einerseits dominierte nun der Individualismus im ↗Familienrecht zugunsten der unehelichen Kinder und der verheirateten Frau, andererseits trat bes. infolge der wachsenden Staatsintervention ein starker Rückgang an Freiheit im Eigentums-, Vertrags- und ↗Schadenersatz-Recht ein. In diesen Bereichen spricht man gern von einer »Sozialisierung« des Privatrechts.

→ Eherecht; Privatrecht; Zivilgesetzbücher

[1] Le Code civil, 1804–2004: livre du bicentenaire, 2004
[2] J.-L. Halpérin, L'impossible Code civil, 1992
[3] J.-L. Halpérin, Le Code civil, 2003 [4] Y. Lequette / L. Leveneur, Le Code civil, 1804–2004: un passé, un présent, un avenir, 2004 [5] X. Martin, Mythologie du code Napoléon. Aux soubassements de la France moderne, 2003.

Laurent Pfister

Code d'Instruction Criminelle
s. Napoleonische Gesetzbücher; Strafprozess

Code de Commerce
s. Handelsrecht; Napoleonische Gesetzbücher

Code de Procédure Civile
s. Napoleonische Gesetzbücher; Zivilprozess

Code Pénal

1. Begriff
2. Der Code Pénal von 1791
3. Der Code Pénal von 1810
4. Wirkungen des Code Pénal in Deutschland und Europa

1. Begriff

C. P. ist die franz. Bezeichnung für ein Strafgesetzbuch. Insbes. versteht man darunter das 1810 unter Napoleon I. in Kraft getretene franz. Strafgesetzbuch, das zusammen mit dem ↗Code Civil (1804), dem *Code de procédure civil* (1806), dem *Code de commerce* (1807) und dem *Code d'instruction criminelle* (1808) die ↗Napoleonischen Gesetzbücher (*les cinq codes*) ausmacht.

2. Der Code Pénal von 1791

In Frankreich wurde die Kodifikation des gesamten Strafrechts in einem einzigen Gesetzeswerk zum ersten Mal zur Zeit der ↗Französischen Revolution verwirklicht [4]. Der dritte Stand (franz. *tiers etat,* das ↗Bürgertum) forderte, durch eine neue Gesetzgebung das ↗Strafrecht zu vereinfachen und die bisherige Vielfalt der Rechtsquellen und der daraus resultierenden Widersprüche zu überwinden. Damit ergriff der revolutionäre Gesetzgeber die Möglichkeit, die Missstände des ↗Ancien Régimes zu beseitigen und ein neues Strafrecht zu setzen, das von den Lehren der ↗Aufklärung, insbes. den Ideen Cesare Beccarias, geleitet wurde und das die Grundsätze der ↗Menschen- und Bürgerrechtserklärungen von 1789 in das einfache Recht übernahm.

Das Strafgesetzbuch, das im Oktober 1791 verkündet wurde, behandelte ausschließlich Verbrechen. Zahlreiche überkommene Verstöße gegen moralische und religiöse Normen wie etwa ↗Gotteslästerung, ↗Zauberei und Ketzerei (↗Häresie) wurden aufgehoben. Viele Strafbestimmungen verfolgten stattdessen das Ziel, die ↗Bürger gegen Übergriffe der öffentlichen Gewalt zu schützen und zugleich die neuen politischen Institutionen zu stützen. Die ↗Strafen waren von nun an für alle gleich und strikt durch das ↗Gesetz bestimmt. Das zuvor übliche richterliche Ermessen (franz. *arbitraire*) wurde damit verboten.

Durch den Strafvollzug wollte man die Öffentlichkeit erziehen (Le Peletier de Saint-Fargeau) sowie zugleich die Verurteilten bessern. Freilich blieb trotz des Widerstands einiger Abgeordneter, v. a. Robespierres, die ↗Todesstrafe in 32 Fällen bestehen, so etwa selbst für versuchten ↗Mord, für Amtsmissbrauch durch Minister und Verbrechen gegen das Vaterland (↗Hochverrat; ↗Spionage). Die nicht qualifizierte Todesstrafe (»einfache Entbehrung des Lebens«) wurde durch Enthauptung vollzogen. Auf Vorschlag des Doktors und Pariser Abgeordneten Joseph-Ignace Guillotin beschloss man, eine »Maschine, um Hälse zu schneiden«, später ↗Guillotine genannt, einzusetzen. Daneben gab es Freiheitsstrafen, jedoch keine lebenslänglichen, um dem Verurteilten die Hoffnung auf Freilassung zu belassen. Die strengste Freiheitsstrafe war die ↗Zwangsarbeit mit gefesselten Füßen in einem Straflager (franz. *bagne*). Außerdem kannte der C. P. von 1791 Isolationshaft (franz. *gêne*) und ↗Verbannung. Wegen der strengen Gesetzesbindung bewährte sich der C. P. in den Augen der Revolutionäre nicht und wurde alsbald zugunsten einer schnellen *justice révolutionnaire* durch den Gesetzgeber (Nationalkonvent) außer Kraft gesetzt.

3. Der Code Pénal von 1810

Napoleon Bonaparte forderte zu Beginn seines Konsulats eine erneute Kodifikation des Strafrechts. Im Jahr IX (1800/01) lag der Gesetzesentwurf vor, der von den Magistraten diskutiert, im *Conseil d'Etat* umgestaltet und endlich 1810 in Kraft trat. Er enthielt die für die europ. Rechtstradition wegweisende Unterscheidung strafbarer Handlungen nach Verbrechen, Vergehen und Übertretungen. Zahlreiche Tatbestände sollten in revolutionärer Tradition Individualrechtsgüter schützen, v. a. das ↗Eigentum. Im Vordergrund stand aber der Schutz der äußeren und inneren Sicherheit des Staates. 197 der 484 ↗Straftat-Bestimmungen betrafen Angriffe auf den ↗Staat: Landesverrat, Attentate und Verschwörungen gegen den Kaiser, Ungehorsam gegen öffentliche Anordnungen und Pressevergehen. Das Strafrecht war somit ein Mittel, um die napoleonische Herrschaft zu sichern.

Die Strenge des C. P. von 1810 zeigt sich auch an den Rechtsfolgen: Die angedrohten Strafen waren noch schärfer als im Gesetzbuch von 1791. Der Optimismus, den Verbrecher bessern zu können, war verflogen. Vielmehr ging es vornehmlich um den Nutzen für die Gesellschaft, um die Verhinderung zukünftiger Verbrechen (so G. J. B. Target, ein maßgebliches Redaktionsmitglied). Außer bei Verbrechen enthielt der C. P. Strafrahmen, innerhalb derer Richter entscheiden konnten. Die Ausweitung der Todesstrafe und die Wiedereinführung der lebenslangen Freiheitsstrafe belegen die Härte dieses Gesetzbuchs.

Nach dem Ende der napoleonischen Herrschaft erfuhr der C. P. tiefgreifende Umgestaltungen. Seit 1824 und 1832 waren bei der Strafzumessung mildernde Umstände zu berücksichtigen. Je stärker sich der Erziehungsgedanke durchsetzte, desto häufiger kam es zu Strafmilderungen. 1863 senkte man bei zahlreichen Verbrechen abermals die Strafdrohungen; dieser Trend verstärkte sich nach 1945 (1981 Abschaffung der Todesstrafe in Frankreich). Der *Nouveau C. P.* von 1994 steht in der Tradition dieser Neuerungen.

4. Wirkungen des Code Pénal in Deutschland und Europa

Wie die übrigen napoleonischen Gesetzbücher galt der C. P. in zahlreichen europ. Ländern, so auch im linksrheinischen Deutschland (↗Rheinisches Recht) [2]. V. a. die genaue Unterscheidung von Verbrechen, Vergehen und Übertretungen wurde in vielen europ. Strafgesetzbüchern übernommen und liegt auch dem modernen dt. Recht zugrunde.

→ Napoleonische Gesetzbücher; Rheinisches Recht; Strafe; Strafgesetzgebung; Strafrecht

[1] R. BADINTER (Hrsg.), Une autre justice, 1989 [2] CH. BRANDT, Die Entstehung des Code pénal von 1810 und sein Einfluß auf die Strafgesetzgebung der dt. Partikularstaaten, 2002 [3] J.-M. CARBASSE, Histoire du droit pénal et de la justice criminelle, 2000 [4] Y. CARTUYVELS, D'où vient le code pénal? Une approche généalogique des premiers codes pénaux absolutistes au XVIIIe siècle, 1996.

Laurent Pfister

Codex Iuris Bavarici Criminalis

Das Vorhaben des Kurfürsten Maximilian III. Joseph, den bayerischen Kurlanden »einen vollständigen neuen *Codex Iuris Patrii*« (»Kodifikation des Landesrechts«) zu geben, wurde erstmals 1751 mit der Verkündung des C. I. B. C., eines Strafgesetzbuchs, realisiert. Sein Verfasser war der Justizjurist und Geheime Ratskanzler Wiguläus Xaverius Aloysius Freiherr von Kreittmayr, eine schillernde Persönlichkeit der bayerischen Politik. Der Kodifikationsplan eines alle Rechtsgebiete erfassenden *Codex Maximilianeus* wurde 1753 durch eine ↗Zivilprozessordnung (*Codex Iuris Bavarici Judiciarii*) fortgesetzt und 1756 durch einen Zivilkodex ↗Codex Maximilianeus Bavaricus Civilis vollendet. Mit dieser Gesetzgebung reagierte Bayern auf eine Kabinettsorder Friedrichs des Großen, der 1746 die Schaffung eines landeseinheitlichen preuß. Rechts befohlen hatte.

Der Kriminalkodex des C. I. B. C. entsprach nur sehr bedingt den Kriterien einer ↗Kodifikation im Sinne der zeitgenössischen naturrechtlichen Gesetzgebungslehre (↗Naturrecht und Rechtsphilosophie). Tatsächlich hatte Kreittmayr lediglich eine nach Gesichtspunkten der Praktikabilität berichtigte Kompilation des alten, bis zur Malefizordnung von 1616 reichenden und hauptsächlich an die ↗Constitutio Criminalis Carolina von 1532 angelehnten ↗Strafrechts erarbeitet. Seine Adressaten waren ↗Richter sowie das ↗Justiz-Personal. Die Rechtssammlung war ihrem Charakter nach ein Praktikerhandbuch, das umfassende und detaillierte Dienstanweisungen zum Vollzug eines aus der Sicht des Naturrechts und der ↗Aufklärung überholten und in den Einzelheiten geradezu archaischen Strafrechts enthielt. Das rechtspolitische Ziel des C. I. B.C war Abschreckung durch Anwendung eines antiquierten Strafinstrumentariums, das selbst von den elementarsten Prinzipien einer aufgeklärten ↗Strafzweck-Lehre (z. B. von Montesquieu, Pufendorf, Thomasius, Christian Wolff) Welten entfernt war.

Diese rückwärtsgewandten Tendenzen spiegeln sich im Arsenal der barbarischen Strafen wider: Die ↗Todesstrafe wurde bei 55 Arten von Verbrechen angedroht. Die Vollzugsarten reichten von der Schwertstrafe über das Hängen, lebendige Verbrennen, Rädern, lebendige Vierteilen bis zu entwürdigenden, qualvollen Schärfungen (z. B. Riemen aus der Haut Schneiden, I.1 § 6). Entgegen der insoweit geradezu fortschrittlichen *Carolina* stellte der Kriminalkodex auch ↗Atheismus sowie ↗Häresie unter Strafe, verfolgte den notorischen, aufwieglerischen Ketzer mit der Schwertstrafe und Verbrennung des Leichnams (I.7 § 5).

Die Zweiteilung des Codex nach materiellem Recht und Prozessrecht wurde in rechtshistor. Arbeiten vereinzelt als Beweis der Fortschrittlichkeit der Kompilation gerühmt. Tatsächlich enthält der erste Teil eine ungeordnete, kasuistisch-detailgenaue Beschreibung der häufigsten in der Praxis vorkommenden Delikte. Gesetzgebungstechnisch verfehlt wurden Tatbestand und Sanktionen mit Befehlen an Richter und das sonstige Justizpersonal vermischt und häufig zusätzlich mit moralischen Anweisungen angereichert. Eine verbindliche Definition des Verbrechens fehlte. Als Oberbegriff diente die »Freveltat« (I. 1 § 1). Ihr wurden ohne erkennbare Unterscheidungskriterien willkürlich Straftatbestände teils über-, teils untergeordnet, die »malefizisch« oder niedergerichtlich zu ahnden waren (I. 2). Eine Trennung nach Kriminal- und ↗Polizeistrafrecht fand nicht statt (I.11). Ausdrücklich wurden Geistliche, Adelige, Graduierte, Soldaten und Akademiker von dieser Art von Strafgerichtsbarkeit befreit. Kompetenzkonflikte zwischen weltlicher und geistlicher Jurisdiktion sollten durch Verhandlungen mit dem geistlichen Konsistorium entschieden werden (II. 1 §§ 29, 30).

Dem verfahrensrechtlichen Teil fehlte ebenfalls eine sachliche Gliederung. Die Anweisungen waren ihrem Normcharakter nach überwiegend Musterformulare für das Gerichtspersonal, wie bei den verschiedenen Delikten die ↗Beweise zu erheben, die Indizien zu behandeln und die Rechtsakte zu protokollieren seien. Die ↗Folter blieb weiterhin Bestandteil des Strafverfahrens, wenn Kreittmayr sie auch im Anschluss an den röm. Juristen Ulpian als sehr gefährlich erkannte. Kreittmayr ließ dem Kriminalkodex 1752 Anmerkungen folgen, die jedoch aus schlichten Glossen zu den in den Bestimmungen enthaltenen Worten und Begriffen oder aus formularmäßigen Regeln für das konkrete Procedere bestanden und nicht das Niveau der Anmerkungen zum Zivilkodex erreichten. Der C. I. B. C. ist das wohl letzte Beispiel einer ihrem Wesen nach spätma. kompilatorischen Rechtssetzung. Das Werk verdient lediglich als rückständiger Vorläufer des ersten wirklich modernen, für die Strafrechtsgesetzgebung im Europa der Hochaufklärung vorbildlichen Feuerbach'schen Bayerischen Strafgesetzbuchs von 1813 eher protokollarische Beachtung.

→ Strafe; Strafgesetzgebung; Strafzweck; Todesstrafe

[1] W. PEITZSCH, Kriminalpolitik in Bayern unter der Geltung des Codex Juris Criminalis Bavarici von 1751, 1968 [2] H. SCHLOSSER, Der Gesetzgeber Kreittmayr und die Auf-

klärung in Kurbayern, in: R. BAUER / H. SCHLOSSER (Hrsg.), W. X. A. Freiherr von Kreittmayr (1705–1790). Ein Leben für Recht und Politik, 1991, 3–35 [3] M. SCHMOECKEL, Humanität und Staatsraison, 2000.

Hans Schlosser

Codex Maximilianeus Bavaricus Civilis

1. Entstehung und Geltung
2. Charakter und Inhalt
3. Wirkungen und Würdigung

1. Entstehung und Geltung

Im Zuge der durch Kurfürst Maximilian III. Joseph initiierten bayer. Gesetzgebungsreform, die in einem dreiteiligen *Codex Maximilianeus* alle Rechtsgebiete betraf, trat nach dem ↗Codex Iuris Bavarici Criminalis (1751) und dem *Codex Iuris Bavarici Iudiciarii* (Zivilprozessordnung von 1753) der C. M. B. C. als das dritte und letzte Teilgesetz in Kraft; er wurde am 2. 1. 1756 verkündet. Wie bereits die früheren Teilgesetze war auch der C. M. B. C. (»Zivilkodex«) ausdrücklich eine Reaktion auf die – zwar auf Preußen bezogene – Kabinettsordre Friedrichs des Großen vom 31. 12. 1746, mit der die Schaffung eines »auf die bloße Vernunft« gegründeten landeseinheitlichen Rechts befohlen wurde (Anmerkungen I. 2 § 9, 22).

Der Zivilkodex stammte im Wesentlichen aus der Feder des Justizjuristen und Geheimen Ratskanzlers Wiguläus Xaver Aloys Freiherr von Kreittmayr (1705–1790), einer schillernden Schlüsselfigur der kurbayer. Politik. Sein Ziel war nicht die Schaffung einer modernen ↗Kodifikation im Sinne der naturrechtlichen ↗Gesetzgebungstheorie. Vielmehr sollte das bereits geltende Recht in eine gefällige und praktikable Form (lat. *systema iuris privati universi*) gebracht werden. Der C. M. B. C. hatte zwar ausdrücklich das naturrechtliche Kodifikationsideal zum Vorbild genommen, erschöpfte sich aber tatsächlich in weitgehend unreflektierten Anleihen beim Vernunftrecht, überwiegend in der Form von Programmsätzen. Dem Naturrecht kam damit bestenfalls der Rang einer zusätzlich moralisch legitimierenden Instanz zu.

Das Gesetzbuch wollte das gesamte, seit dem Oberbayerischen Landrecht Kaiser Ludwigs des Bayern von 1335/1346, dem Münchener Stadtrecht von 1335 und dem (Gesamt-)Bayerischen Landrecht von 1616 geltende Recht unter Einbeziehung des ↗Gemeinen Rechts vereinigen. In der Oberpfalz ersetzte es nahezu vollständig das Neue Oberpfälzische Landrecht von 1657 mit Ausnahme einiger Bestimmungen des Ehegattenerbrechts (»Oberpfälzische Punkte«). Das ↗Gemeine Recht sollte nur mehr subsidiär herangezogen werden (Anmerkungen I. 2 § 9, 20).

2. Charakter und Inhalt

In seiner Gliederung folgte der C. M. B. C. dem Institutionensystem mit Erweiterungen: Im »Personenrecht« fanden sich auch Vorschriften über die ↗Leibeigenschaft, dem »Sachenrecht« wurden das Zehntrecht sowie die ↗Fron-Dienste und Scharwerksdienste, dem »Erbrecht« die Familien-↗Fideikommisse zugeschlagen. Seine Sprache ist umständlich und lehrbuchhaft, die Regelungen weitschweifig und mit lat. Rechtsbegriffen überfrachtet, was der Handhabung durch das Justizpersonal nicht unbedingt förderlich war.

3. Wirkungen und Würdigung

Die dogmatisch-theoretischen Grundlagen hatte Kreittmayr in seinen fünfbändigen *Anmerkungen* 1757–1768 niedergeschrieben. Ziel dieses Systemwerks war, auf der Basis des C. B. M. C. eine theoretisch vollwertige, eigenständige bayer. Zivilrechtswissenschaft zu schaffen; dies wurde allerdings nicht erreicht. Kreittmayrs Versuche, diese akademisch zu institutionalisieren, hatte die Ingolstädter Juristenfakultät 1758 zurückgewiesen: Der neue C. B. M. C. sollte lediglich neben den röm.-rechtlichen Institutionen und Pandekten »den landeskindern nicht nur *pro lege* sondern auch zum schulbuch dienen«.

Das Gesetzbuch war ein höchst konservatives Werk, da in seinem Sozialmodell dem absolutistischen Polizey- und ↗Ständestaat verpflichtet und damit völlig antiquiert. Auch deshalb wurde es von der zeitgenössischen wie späteren ↗Rechtswissenschaft so gut wie überhaupt nicht zur Kenntnis genommen. In der Zeit zwischen 1808 und 1864 entstanden sieben Entwürfe, die den unzeitgemäßen C. M. B. C. ersetzen sollten. Das bedeutendste Reformwerk war die 1811 durch Paul Johann Anselm Feuerbach und Adam von Aretin besorgte Kodexrevision. Sie scheiterte jedoch an der altadligen konservativen Fraktion im Geheimen Rat. Selbst die Forderung der bayer. Verfassung von 1818 nach einem einheitlichen Bürgerlichen Gesetzbuch (VIII § 7) blieb folgenlos. So galt im Königreich Bayern ein ↗Privatrecht, das weder den Anforderungen der Doktrin noch der Praxis genügte. Dennoch wurde C. B. M. C. erst am 1. 1. 1900 durch das Bürgerliche Gesetzbuch (BGB) abgelöst.

→ Gesetz; Gesetzgebung; Privatrecht; Zivilgesetzbücher

[1] R. BAUER, Nachwort, in: R. BAUER (Hrsg.), W. X. A. Freiherr von Kreittmayr, Compendium Codicis Bavarici, 1990, 1–14 (Ndr. der Ausgabe 1786) [2] W. DEMEL / W. SCHUBERT, Der Entwurf eines Bürgerlichen Gesetzbuchs für das Königreich Bayern von 1811, 1986 [3] S. GAGNÉR, Die Wissenschaft des gemeinen Rechts und der Codex Maximilianeus Bavaricus

Civilis, in: H. COING / W. WILHELM (Hrsg.), Wissenschaft und Kodifikation des Privatrechts im 19. Jh. 1, 1974, 1–118 [4] H. SCHLOSSER, Der Gesetzgeber Kreittmayr und die Aufklärung in Kurbayern, in: R. BAUER / H. SCHLOSSER (Hrsg.), W. X. A. Freiherr von Kreittmayr (1705–1790). Ein Leben für Recht, Staat und Politik. FS zum 200. Todestag, 1991, 3–35 [5] H. SCHLOSSER, Grundzüge der Neueren Privatrechtsgeschichte, 2005.

Hans Schlosser

Codice Criminale Toscano
s. Leopoldinisches Strafgesetzbuch

Cofradía

Mit dem span.-portug. Begriff C. (von lat. *confraternitas*) werden ↗Bruderschaften innerhalb der Kolonialgesellschaften in Übersee bezeichnet. Diese Laienvereinigungen haben ihren Ursprung im frühma. Europa. Mit einigen regional und zeitlich bedingten Abweichungen entwickelte sich das Bruderschaftswesen auf der Iber. Halbinsel ähnlich wie im übrigen Europa. Die Reconquista (d.h die Rückeroberung der islamisierten Teile der iber. Halbinsel durch Christen), und die damit verbundene christl. Re-Missionierung (↗Christianisierung) wiesen den C. eine besondere Bedeutung zu. Es lag nahe, dass C. innerhalb des Missionswerkes (↗Missionierung) der röm.-kath. Kirche in der ↗Neuen Welt als ein hervorragendes Mittel zur Vertiefung des christl. Glaubens bei den indian. Neuchristen betrachtet wurden.

Bereits in den 1520er Jahren – die militärische Eroberung des aztekischen Reiches (↗Azteken) war 1521 beendet – gründete der franziskanische Laienbruder Pedro de Gante die erste indian. C. Amerikas, die *C. del Santissimo Sacramento* (»Bruderschaft des hochheiligen Sakramentes«), im heutigen Einzugsgebiet von Mexiko-Stadt. Angesichts der ↗Epidemien, welche im 16. Jh. bes. unter den ↗Indianern wüteten, boten die C. mit ihrem Konzept der Vermittlung christl. Werte durch karitatives Handeln eine gute Möglichkeit zur Einlösung des Missionsauftrages [2].

Auch die span. respektive die portug. Krone, denen innerhalb des *regio patronato*, d. h. des königlichen Patronats über kirchliche Angelegenheiten, die Hoheit über die überseeische Kirche oblag, standen den C. und ihrem Wirken wohlwollend gegenüber, versprachen sie sich doch von der Vermittlung christl.-abendländischer Werte und deren Umsetzung im Alltag eine leichtere Integration der indian. Bevölkerung in die koloniale Gesellschaft. Damit sollte einerseits eine dauerhafte Befriedung der eroberten Gebiete in Übersee erreicht und so die militärisch-politische Abhängigkeit des Mutterlandes von den span. Siedlern abgebaut werden. Andererseits hoffte man, die Gefahr von Aufständen und Unruhen innerhalb der autochthonen Bevölkerung in dem Maße zu verringern, in dem Letztere die christl.-europ. Werte und Normen verinnerlichte und sich als Untertan der europ. Kronen verstand. Eine ähnlich befriedende Wirkung erhoffte man sich nach Ankunft der ersten afrikan. Sklaven von deren ↗Christianisierung (↗Sklaverei); sie sollten ihr Schicksal akzeptieren, nicht rebellieren.

Tatsächlich wurden C. von den Indios, aber auch von den Afroamerikanern Iberoamerikas begeistert angenommen. Oft jedoch waren Aufgaben und Funktionen der C. nur scheinbar kath., denn es kam vor, dass der Schutzpatron der Bruderschaft zwar dem Namen nach ein kath. Heiliger war, sich dahinter tatsächlich aber Eigenschaften einer indian. oder afrikan. Gottheit verbargen [6]. Religiöse Feste konnten auf diese Weise sowohl dem christl. Kalender als auch den afrikan. bzw. amerikan. religiösen Vorstellungen entsprechen, ohne dass dies dem Pfarrer erkennbar gewesen wäre. Zudem waren C. Laiengruppen auf Gemeindebasis und somit vor direkter kirchlicher Kontrolle weitgehend geschützt. Zusätzlich waren C., deren Mitglieder Frauen, Männer, Sklaven und Freie sein konnten, aus Sicht der einheimischen und der afrikan. Bevölkerung Iberoamerikas im wirtschaftlichen und sozialen, ja teilweise sogar im politischen Bereich außerordentlich wichtig. Im 17. Jh. stellten Angehörige derselben Familie oft die Inhaber der höchsten Ämter in der indian. kolonialen Gemeinde und der C. [1].

Schenkungen aus Testamenten bildeten oftmals den Grundstock des C.-Vermögens, das im Sinne der selbstgesetzten Aufgaben verwandt wurde. Diese konnten im Unterhalt eines Hospitals, in der Übernahme der Beerdigungskosten verstorbener Mitglieder oder in der Versorgung von Witwen und Waisen bestehen oder – im Falle schwarzer Bruderschaften –, im Freikauf versklavter Brüder und Schwestern. Darüber hinaus konnten die Mitglieder einer C. Kredite erhalten, die es ihnen als kleinen und mittleren Kaufleuten und Bauern ermöglichten, finanzielle Engpässe zu überbrücken [4]. C. spielten daher auch innerhalb der lokalen und regionalen Wirtschaft eine wichtige Rolle. Dies galt bis zur Mitte des 19. Jh.s, als die Kirche im öffentlichen Leben stark zurückgedrängt wurde. Heute beschränken sich die Aufgaben der C. auf den rein religiösen Bereich.

→ Columbian Exchange; Indianer; Sklaverei

[1] D. BECHTLOFF, Bruderschaften im kolonialen Michoacán. Religion zwischen Politik und Wirtschaft in einer interkulturellen Gesellschaft, 1992 [2] D. BECHTLOFF, Kirchliche Laienvereinigungen als Instrument zur Vermittlung christl.-abendländischer Werte, in: W. WAGNER (Hrsg.), Kolonien und Missionen, 1994, 136–146 [3] D. BECHTLOFF, Las cofradías en Michoacán durante la época colonial. La religión y su relación política y económica en una sociedad intercultural, 1996 [4] D. BECHTLOFF, Indio-Bruderschaften als Kleinkreditgeber auf dem Lande (1775), in: E. SCHMITT / T. BECK (Hrsg.), Das

Leben in den Kolonien (Dokumente zur Geschichte der europ. Expansion 5), 2003, 87–94 [5] M. CARROLL, The Penitente Brotherhood: Patriarchy and Hispano-Catholicism in New Mexico, 2002 [6] A. MEYERS / D. E. HOPKINS, Manipulating the Saints: Religious Brotherhoods and Social Integration in Postcolonial Latin America, 1988.

Dagmar Bechtloff

Collegium

1. Collège, College
2. Collegium musicum
3. Das pietistische Collegium bzw. Konventikel

1. Collège, College

S. ↗Kolleg; ↗Universität

2. Collegium musicum

Der lat. Begriff *collegium* – eine durch ein Gesetz (lat. *lex*) geschaffene Vereinigung – hat seit der Antike ein recht breites Bedeutungsfeld. Er bezeichnet im ursprünglichen Sinne eine Amtsgemeinschaft (z. B. ein C. von Beamten), aber auch einen Rat, eine ↗Bruderschaft, ↗Genossenschaft, Innung, ↗Zunft oder Truppe sowie schließlich deren Versammlungs- oder Sitzungsort. Im spezielleren Sinn ist C. auch eine öffentliche, meist höhere Lehranstalt (engl. *college*, franz. *collège*; ↗Kolleg; ↗Universität). Schließlich benennt man auch Lehrveranstaltungen an diesen Institutionen (↗Vorlesungen) als *collegia*.

Ein Teil dieses Bedeutungsspektrums blieb auch im konkretisierten Begriff C. M. erhalten, der zuerst im späten 16. Jh. im protest. Deutschland auftauchte, sich während des 17. und frühen 18. Jh.s dort großer Beliebtheit erfreute, dann zunehmend aus dem Sprachgebrauch verschwand und erst im 20. Jh. im Zuge historisierender Bestrebungen wieder auflebte. Ein C. M. konnte zunächst im allgemeinen Sinn eine freie Zusammenkunft Gleichgesinnter im Dienste der ↗Musik sein; man wird hier in erster Linie an nichtprofessionelle ↗Musiker oder allenfalls an Musiker außerhalb ihrer eigentlichen Dienstverpflichtungen denken, doch wurde der Begriff zuweilen auch auf ein professionelles ↗Orchester ausgedehnt. Wenn etwa Johann Sebastian Bach 1717/18 für die in seinem Hause stattfindenden Proben der Köthener Hofkapelle einen Zuschuss zu seiner Besoldung erhielt, so wurde dies in den Kammerrechnungen als »Hauß-Zins vor das C. M.« verbucht. Im späten 16. Jh. waren *collegia musica* offenbar nahezu gleichbedeutend mit Kantoreien (↗Kapelle), also unter der Leitung von Kantoren stehenden Vereinigungen zur Pflege der sonntäglichen ↗Kirchenmusik (z. B. Jena 1565: »Cantorey-Gesellschaft oder Collegium musicum«). Später erscheint der Begriff auf das private bürgerliche Musizieren beschränkt, wobei die Grenze zum *convivium musicum* (geprägt durch die Verbindung von Gastmahl und Musik) fließend ist. Bürgerliche C. M. entstanden vermehrt nach dem Ende des ↗Dreißigjährigen Kriegs in den großen Städten; berühmt waren etwa die Vereinigungen in Leipzig, Hamburg, Görlitz, Frankfurt/Main und Nürnberg.

In speziellerem Sinn wird unter dem Begriff C. M. eine Vereinigung von musikalisch interessierten ↗Studenten verstanden. Derartige Zusammenkünfte lassen sich in Leipzig und anderen ↗Universitätsstädten bis ins frühe 17. Jh. zurückverfolgen. Aus kleinen und vermutlich relativ lockeren Ensembles entstanden im Laufe der Zeit leistungsstarke Orchester, die oft zu einer wichtigen Stütze des städtischen Musiklebens wurden. Am besten erforscht sind die Verhältnisse in Leipzig, wo um die Mitte des 17. Jh.s offenbar mehrere konkurrierende Ensembles die Musikdarbietungen der zahlreichen akademischen, öffentlichen und privaten Feste bestritten, die Kirchenmusik in der Paulinerkirche (Universitätskirche) besorgten und gelegentlich auch mit Sing-↗Balletten und anderen szenischen Musikaufführungen hervortraten. Zu Beginn des 18. Jh.s formierten sich zwei Ensembles, die als förmliche Orchester und vermutlich mit festen Statuten arbeiteten – zum einen das 1701 durch Georg Philipp Telemann begründete, zum anderen das Johann Friedrich Faschs von 1708. Zugleich wuchs auch das Streben nach regelmäßiger öffentlicher Präsenz, finanzieller Absicherung und – trotz großer Fluktuation der Mitglieder – dauerhaftem institutionellen Bestand. Bald gab es wöchentliche Auftritte in ↗Kaffeehäusern, die sich offenbar weiter Beachtung erfreuten. Der Ruf der Ensembles drang schon bald über die Stadtgrenzen hinaus, und viele bedeutende Musiker legten den Grundstein zu ihrer Laufbahn im »Telemannischen« oder »Faschischen« C. M., so etwa im 18. Jh. Johann Georg Pisendel, Johann David Heinichen, Gottfried Heinrich Stölzel und Johann Christoph Graupner.

Von besonderer musikgeschichtlicher Bedeutung ist J. S. Bachs Übernahme des Telemannischen Ensembles im Jahr 1729. Für Bach ergab sich hierdurch die Möglichkeit zur Komposition und Aufführung seiner großen weltlichen ↗Kantaten, zugleich gewann er mit dem C. M. eine leistungsfähige Verstärkung seiner kirchenmusikalischen Aufführungen; die Realisierung von Werken wie der doppelchörigen Matthäus-Passion wäre ohne die Mitwirkung der studentischen Musiker sicher nicht möglich gewesen. In Leipzig wie auch andernorts standen die C. M. ab etwa 1730 an der Schwelle zum öffentlich-kommerziellen ↗Konzert-Betrieb. Allenthalben bürgerte sich nun der als zeitgemäßer empfundene Name »Concert« ein und verdrängte den altmodischen Begriff C. M.

Schließlich sei noch eine – verhältnismäßig seltene – Sonderform des C. M. erwähnt, die Bezeichnung einer Lehrveranstaltung mit musikalischem Inhalt. Der Musikgelehrte Lorenz Christoph Mizler berichtete in seiner Autobiographie (in: [3. 230]) von seiner Berufung an die Universität Leipzig (1736) und seinen dort abgehaltenen »Collegia ... in der ... Musik«, also ↗Vorlesungen ästhetischen, musikgeschichtlichen und -theoretischen Inhalts; einen ähnlichen Zweck erfüllte außerhalb des akademischen Rahmens offenbar auch Johann Matthesons »melopoetisches Collegio« [2. 412]. Bemerkenswert erscheint schließlich auch ein bei Heinrich Christoph Koch erwähntes, 1756 von Fürst Johann Friedrich in Rudolstadt eingerichtetes »Collegium musicum bey seiner Hofkapelle ..., welches zur Absicht hatte, auch theoretische Kenntnisse unter den Mitgliedern der Kapelle zu verbreiten« [1. 346].

→ Kirchenmusik; Konzert; Musik; Orchester

Quellen:
[1] H. C. KOCH, Musikalisches Lexikon: welches die theoretische und praktische Tonkunst, encyclopädisch bearbeitet ... und die alten und neuen Instrumente beschrieben, enthält, 1807
[2] J. MATTHESON, Der Vollkommene Capellmeister, 1739
[3] J. MATTHESON, Grundlage einer Ehrenpforte: woran der tüchtigsten Capellmeister, Componisten, Musikgelehrten, Tonkünstler ... Leben, Werke, Verdienste ... erscheinen sollen, 1740.

Sekundärliteratur:
[4] W. NEUMANN, Das »Bachische Collegium Musicum«, in: Bach-Jb. 47, 1960, 5–27 [5] E. PLATEN, Art. Collegium Musicum, in: MGG² S2, 1995, 944–951 [6] W. SALMEN, Das Konzert. Eine Kulturgeschichte, 1988 [7] A. WERNER, Freie Musiziergemeinschaften alter Zeit im mitteldt. Raum, 1950.

Peter Wollny

3. Das pietistische Collegium bzw. Konventikel

3.1. Begriff und erste Gründungen

Als C. bzw. Konventikel (von lat. *conventiculum*, »kleine Zusammenkunft«) bezeichnet man die spezielle Gesellungsform, welche 1670 von der religiösen ↗Reformbewegung des ↗Pietismus hervorgebracht wurde und die für die religiös-soziale Kultur des Pietismus sowie des Neupietismus (im 19. Jh.) bestimmend blieb. Der Pietismus war eine weitverzweigte und in sich vielgestaltige Frömmigkeitsbewegung (↗Frömmigkeitskulturen); sein Reformansatz wurzelt in der neuen und unverwechselbaren Form der Soziabilität, die sich im *Collegium Pietatis* (= C. P., wörtlich: »Kolleg der Frömmigkeit«) ausbildete.

Die ersten *Collegia Pietatis* entstanden seit 1670 unter der Leitung von Philipp Jacob Spener in Frankfurt am Main, in Württemberg sowie im Umkreis des von August Hermann Francke inspirierten Halle'schen Pietismus. Seit 1721 hielt der Hof- und Justizrat Reichsgraf von Zinzendorf religiöse Privatversammlungen ab und baute darüber hinausgehend seit 1722 auf seinem Gutsbezirk Herrnhut die um das C. P. zentrierte pietistische Frömmigkeit zu einer Lebensgemeinschaft aus, die religiöse Praxis, Ökonomie und soziales Zusammenleben regelte und umschloss (↗Herrnhuter).

Die neue Sozialform des pietistischen Konventikels führte mehrere schon vorher bekannte Formen geistlich-geistigen Austauschs zu einer neuen Synthese zusammen: die hausväterliche Bibellektüre bzw. Hausandacht, das seit 1620 v. a. an der ↗Universität Leipzig aufkommende ↗Gelehrten-C. von ↗Professoren und ↗Studenten sowie den religiös inspirierten bürgerlichen, sozial exklusiven Freundeskreis, wie er am Anfang des beispielgebenden Frankfurter C. P. 1670 stand. Zudem stützt sich das Konzept des C. P. auf das Vorbild der urchristl. Gemeindeversammlung und weist damit auf den umfassenden »generalreformatorischen« Ansatz der pietistischen Reformbewegung hin. Das Frankfurter C. P. bestand zunächst aus Angehörigen des Patriziats sowie Frankfurter Predigern, ihren Söhnen und Verwandten; 1674 transformierte sich dieser religiöse Lesezirkel durch die Aufnahme von Juristen, Medizinern, Kaufleuten, Handwerkern und auch Frauen. Die Führung und die Schriftauslegung lag zunehmend bei Philipp Jacob Spener, der in der eigentlichen Programmschrift des dt. Pietismus – *Pia Desideria* (1675; »Fromme Wünsche«) – Funktionen und Aufgaben der C. P. theologisch begründete. 1677 bereits ließ die Tübinger Theologische Fakultät auf Vorschlag Speners hin C. P. mit der Begründung zu, dass die Theologie als *habitus practicus* (»praktische Gesinnung«) neben der Gelehrsamkeit auch des gelebten Glaubens bedürfe.

Seit 1684 richteten einzelne württembergische ↗Geistliche religiöse Privatversammlungen ein. Sie wurden dabei motiviert von chiliastischen Stimmungen (↗Chiliasmus) und knüpften an Traditionen der »radikalen Reformation« an, die stärker als Luther das »allgemeine Priestertum« der Gläubigen und die religiöse Subjektivität betonte und der von Luther selbst noch in den 1520er Jahren eingeleiteten amtskirchlichen Verfestigung des ↗Protestantismus kritisch gegenüberstand. In Leipzig rief die neben Spener bedeutendste Gründergestalt des Pietismus, August Hermann Francke, zunächst ein *Collegium Philobiblicum* für hebr. und griech. Sprachstudien ins Leben und verband damit eine systematisierte Praxis der Studentenerweckung. Von inneruniversitären Gegnern aus Leipzig vertrieben, fand Francke seit 1692 als Pfarrer in Glauchau (Halle) ein Betätigungsfeld für seine systematischen sozialreformerischen Aktivitäten und zudem mit der Gründung des *Collegium Orientale Theologicum* (1702) an der Universität Halle die Sozialform, die es erlaubte, biblische Studien und neue Frömmigkeitspraxis zu verbinden.

3.2. Religiöse Erneuerung und Sozietät

Das Konventikel wertete ungeachtet der maßgeblichen Gründungsleistung von Geistlichen den religiös engagierten Laien auf und rückte das allgemeine Priestertum aller Gläubigen, das Luther zu Beginn der Reformation betont hatte, wieder ins Zentrum des Kirchenverständnisses. Mit Hilfe des C.P. sollte zugleich das ↗Priesteramt und dessen Praxis geläutert werden. Die C.P. kultivierten gefühlshafte Gläubigkeit sowie Subjektivität und wollten die mystische Uridee der Umkehr verwirklichen – pietistisch gefasst als »Erweckung« und Verwandlung zum »neuen Menschen«. Im C.P. verschmolzen in neuartiger Weise religiöse Weltdistanzierung, zwischenmenschliche Zuwendung und ein auf die Welt gerichteter Veränderungswille. Religiös engagierte Laien und reformerische, spirituell bewegte Geistliche formulierten hier eine Alternative zur zeitgenössischen Erfahrung von religiöser Indifferenz und Herrschaftsnähe der Amtskirchen. Gleichwohl verblieb die überwiegende Mehrzahl der Konventikel im amtskirchlichen Rahmen der Lutherischen Kirche (↗Luthertum), die Herrnhuter Brüder-Unität erhielt 1752 den Status einer eigenständigen evang. ↗Gemeinde zugesprochen.

Der Pietismus war Teil einer breiten Strömung religiöser Erneuerungsimpulse, die v.a. England und Westeuropa in der zweiten Hälfte des 17. Jh.s durchzogen. Insbes. Spener, Francke und Zinzendorf pflegten zahlreiche Kontakte zu Gesinnungsgenossen in England, Frankreich, Holland, Osteuropa. Francke griff mit dem Aufbau eines differenzierten Kommunikationsnetzes bis in die nordamerikan. Kolonien aus. Das weitreichende religiöse Reformbedürfnis, das diesem gesamteurop.-atlantischen Geflecht von Konventikeln zugrunde lag, speiste sich aus strukturellen Veränderungen, die sich überall in West- und Mitteleuropa vollzogen: Mit der Ausbildung des absolutistischen Staatskirchentums verhärtete sich die kirchliche Orthodoxie, der höfische ↗Absolutismus verschärfte die Spannungen zwischen ↗Monarchie und ↗Ständen.

Da sich die Staatsbildung überall im nzl. Europa intensivierte, nahmen auch die Kontrollansprüche des ↗Staates gegenüber der Kirche zu (↗Kirche und Staat). Gefördert durch schwere wirtschaftliche und soziale Krisen steigerte sich demgegenüber vielfach die Gläubigkeit des Kirchenvolks, sodass die Großorganisationen der Amtskirchen in der Spannung zwischen intensivierten staatlichen und kirchlichen Herrschaftsfunktionen einerseits und dem Frömmigkeitsbedürfnis der Gläubigen andererseits an Integrationskraft und Autorität verloren. Der Zusammenschluss in kleinen Zirkeln sollte dem Einzelnen eine stärkere Hinwendung zur persönlichen religiösen und ethischen Leistung und zur religiösen Gleichheit und Brüderlichkeit ermöglichen. Das Charisma religiöser Virtuosen bot in den C.P. einen Kristallisationskern für diese Bedürfnisse.

Auf den dt. Pietismus und die Kultur der Frömmigkeit im Konventikel wirkten auch umgekehrt Anstöße aus England und Frankreich zurück, so durch die 1694 von Jane Leade gegründete »Philadelphische Sozietät« (↗Philadelphier). Manche Konventikel zogen sich weitgehend in die religiöse ↗Innerlichkeit zurück, doch schloss die Kultivierung der Subjektivität eine aktivistische Weltzugewandtheit v.a. in den von Francke beeinflussten Konventikeln keineswegs aus. Ein markantes Beispiel ist die Elberfelder »Philadelphische Sozietät« (1728) von etwa 80 bis 90 Mitgliedern, größtenteils wohlhabenden und angesehenen Kaufleute und Fabrikanten sowie einigen Predigern; sie verbindet bes. prägnant die Merkmale einer sektenhaften Gemeinde (↗Sekte) mit der seit den 1790er Jahren in der Erweckungsbewegung maßgeblichen vereinsmäßigen Organisationsstruktur (↗Verein).

Aufklärerische Autoren kritisierten den Konventikel vielfach als Akte übermäßiger religiöser Selbstbespiegelung und eines gefühlsseligen Rückzugs aus der sozialen Realität. Mit der gegen die ↗Aufklärung gerichteten protest. Reformbewegung des Neupietismus gewannen die C.P. seit dem ausgehenden 18. Jh. und insbes. im Vormärz (1830–1848) wieder stark an Gewicht und verbanden sich jetzt vielfach (v.a. in Preußen) mit den politischen Intentionen und Aktivitäten des aufkommenden streng kirchlichen Hochkonservatismus.

→ Frömmigkeitskulturen; Interessenverband; Pietismus; Reformbewegungen, religiöse; Verein

[1] E. BEYREUTHER, Geschichte des Pietismus, 1978 [2] M. BRECHT, Geschichte des Pietismus (4 Bde.), 1993–2004 [3] W. HARDTWIG, Genossenschaft, Sekte, Verein in Deutschland, Bd. 1: Vom SpätMA bis zur Franz. Revolution, 1997, 175–197 [4] H. LEHMANN, Pietismus und weltliche Ordnung in Württemberg vom 17. bis zum 20. Jh., 1969 [5] J. WALLMANN, Philipp Jakob Spener und die Anfänge des Pietismus, ²1986.

Wolfgang Hardtwig

Columbian Exchange

1. Definition
2. Der Transfer von Kulturpflanzen und seine Folgen
3. Der Austausch von Tieren
4. Krankheiten und Krankheitserreger
5. Heilmittel

1. Definition

Der Terminus C.E. beschreibt die sich seit der ↗Entdeckungsreise des Christoph Kolumbus (1492) vollziehende, von den Zeitgenossen allerdings nicht in ihrem Ausmaß wahrgenommene Interaktion zwischen Europa und Amerika. 1972 legte der US-amerikan. Historiker Alfred W. Crosby Jr. dar, dass Kolumbus' Expeditionen in die ↗Neue Welt ebenso große Auswirkungen in biologischer wie in kultureller Hinsicht hatten, wenn nicht gar größere [2]; vgl. [1].

Seitdem wird der Begriff C.E. verwendet, um den enormen und vielfältigen Austausch zwischen Europa und Amerika, in den auch Afrika und Asien einbezogen wurden, also den Prozess ↗Globaler Interaktion zu beschreiben. Zugleich markiert er einen gewissen Perspektivenwechsel, insofern in der histor. Betrachtung nicht mehr wie bisher die Auswirkungen auf die von den Europäern eroberten und kolonisierten Völker und Weltregionen im Zentrum des Interesses stehen, sondern auch die beabsichtigten und unbeabsichtigten Konsequenzen für die an ↗Eroberung und Kolonisierung beteiligten europ. Gesellschaften berücksichtigt werden, insgesamt also der Austausch zwischen Europa und anderen Weltregionen wichtig wird. [3]; [5]; [9]; [10].

Durch den Austausch von Kulturpflanzen und Haustieren zwischen den Kontinenten begann seit 1492 tatsächlich eine massive Veränderung des globalen ökologischen Systems; jahrhundertelang hatten die voneinander isolierten Biosphären jeweils unterschiedliche Floren und Faunen hervorgebracht. Der Austausch von Pflanzen (↗Pflanzendiffusion) und Tieren (↗Tierhandel) zwischen den östl. und westl. Hemisphären beeinflusste so die europ., amerikan., afrikan. und asiat. Lebensarten: Nahrungsmittel, die vorher von einigen Völkern nie gesehen worden waren, wurden unverzichtbar.

2. Der Transfer von Kulturpflanzen und seine Folgen

So gelangten aus der Alten Welt Zuckerrohr, Reis, Weizen, Gerste, Roggen, Hafer, Hirse, Rüben, Kohl, Pfirsiche, Birnen, Orangen und einige Gemüsesorten nach Amerika: Gerade die Getreidesorten gediehen dort gut und ergänzten die Lebensmittelversorgung der einheimischen Bevölkerung. Einige Agrarprodukte wie Weizen und ↗Zucker entwickelten sich in den ↗Kolonialreichen in Amerika wiederum zu einem wichtigen Exportprodukt nach Europa.

Dabei hatte gerade der Zuckerrohranbau bes. auf den karibischen Inseln, in den späteren Südstaaten der USA, an den Karibikküsten Amerikas und in Brasilien auch unbeabsichtigte Auswirkungen auf die ↗Umwelt und die gesellschaftliche Zusammensetzung. Zuckerrohr wurde aus produktionstechnischen Gründen auf Plantagen angebaut, deren Anlage einen Eingriff in die vorhandene Landschaft bedeutete: in schon bebaute Agrarflächen, aber auch in den noch nicht genutzten tropischen Regenwald (↗Plantagenwirtschaft). Produktionssteigerungen waren immer nur durch eine Erweiterung der Anbauflächen zu erreichen, was in späteren Zeiten – während der Kolonialherrschaft, aber auch bis in die Zeit der unabhängigen Staaten Lateinamerikas – dazu führte, dass Ländereien kleinbäuerlicher Betriebe besetzt oder enteignet wurden. Damit ging oft Land verloren, das für die Produktion agrarischer Grundnahrungsmittel wichtiger gewesen wäre.

Die folgenreichste Wirkung des Zuckerrohranbaus jedoch ergab sich aus der Kombination von ↗Plantagenwirtschaft und ↗Sklaverei. Denn da auf den karibischen Inseln und in Brasilien die indian. Bevölkerung durch die gewaltsame Eroberung und durch europ. ↗Krankheiten bald dezimiert war (↗Demographische Katastrophe; ↗Epidemie), für die Plantagen aber Arbeitskräfte erforderlich waren, wurden schon ab dem 16. Jh. Sklaven aus Afrika in die verschiedenen Regionen Amerikas zwangsimportiert, wodurch sich im Süden der USA und in zahlreichen späteren Staaten Lateinamerikas die ethnische Zusammensetzung stark veränderte (↗Atlantische Welt). So äußerte sich der C.E. auch im ↗Sklavenhandel.

Umgekehrt gelangten aus der Neuen Welt Mais (Mexiko), Kartoffeln (Peru), Manioks, Tomaten, Kürbisse, Ananas, Papayas und Avocados in die Alte Welt [4]; [8]. Von besonderer Bedeutung waren ↗Mais und ↗Kartoffeln, denn gegenüber den verschiedenen europ. Getreidesorten hatten sie den Vorteil, dass sie mehr Kalorien pro Anbaufläche bereitstellten und bis zu viermal mehr Menschen ernähren konnten.

Mais wurde von Europäern schon ab der Mitte des 16. Jh.s auch in Afrika südl. des Äquators eingeführt und diente dort zur Ernährung der afrikan. Bevölkerung, aus der wiederum Sklaven auf die amerikan. Plantagen rekrutiert wurden. Die Kartoffel wurde zum Grundnahrungsmittel für Menschen auf der ganzen Welt; kein anderes Agrarprodukt war so wichtig für die ↗Ernährung der v.a. ärmeren ↗Bevölkerung, insbes. während Hungersnöten (↗Hungerkrisen) und Kriegen wie etwa dem Dreißigjährigen Krieg, dem Span. Erbfolgekrieg, dem Siebenjährigen Krieg oder dem Bayerischen Erbfolgekrieg. Dieser Tatbestand führte sogar zu der These, dass die beiden Kalorienlieferanten zu einem Bevölkerungswachstum beigetragen hätten [7], das wiederum eine wesentliche Voraussetzung der europ. ↗Industrialisierung dargestellt hätte [11]. Neuere Arbeiten relativieren diese These, ohne allerdings die Bedeutung der Kalorienlieferanten für die agrarische Nahrungsmittelversorgung zu schmälern [6].

3. Der Austausch von Tieren

In Bezug auf die Fauna war der C.E. ungleich; denn den altweltlichen Haus- und ↗Nutztieren, die seit der Eroberung nach Amerika und später auch nach Australien und Neuseeland transferiert wurden und sich dort schnell adaptierten und vermehrten (↗Pferde, ↗Rinder, ↗Schafe, Kaninchen und ↗Schweine) standen als Ergänzung des Haustierbestandes der Alten Welt nur der Truthahn und das Meerschweinchen gegenüber. Einige aus Europa stammende Nutztiere beeinflussten die Lebensgewohnheiten der autochthonen Bevölkerung in Amerika sehr.

So führte der Import des Pferdes dazu, dass die ↗Indianer in den Great Plains einen nomadischen Lebensstil mit der Büffeljagd zu Pferde annahmen. Schnell entwickelte sich das Pferd zu einem wichtigen Verkehrs- und Transportmittel. In Lateinamerika kamen auf den großen, abgelegenen Weideflächen z. B. Argentiniens und Venezuelas berittene Rinderhirten auf, die Gauchos bzw. Llaneros, die während der ↗Lateinamerikanischen Unabhängigkeitsrevolution eine besondere Rolle spielen sollten. Andere Nutztiere stellten auch für die indian. Bevölkerung eine Ergänzung der Nahrungsmittelversorgung dar; Rinder und Schafe z. B. entwickelten sich im Lauf der Kolonialzeit und bes. in den unabhängigen Staaten Amerikas zu wichtigen Exportgütern. Allerdings bedeuteten europ. Haustiere in der frühen Kolonialzeit auch eine Bedrohung für die autochthone Bevölkerung, da sie dieser Nahrung wegfraßen, Felder zerstörten und Krankheiten übertrugen.

4. Krankheiten und Krankheitserreger

Gänzlich ungleich war der C. E. in Bezug auf die Krankheitserreger (↗Krankheit). Die europ. Eroberer brachten eine Vielzahl von Krankheiten mit nach Amerika, gegen die sie selbst weitgehend immun waren, denen die einheimische Bevölkerung bei den ersten Kontakten ohne entsprechenden Immunschutz jedoch hilflos ausgeliefert war. Die gewaltsame Eroberung forderte zwar zahllose Tote, doch mehr noch dezimierten Krankheiten wie ↗Pocken, Masern, Diphtherie, Keuchhusten, Scharlach, Grippe und sogar Schnupfen die Bevölkerung. So fielen in den ersten Jahrzehnten der Eroberung bis zu 90 % der auf 30 bis 60 Mio. geschätzten Menschen Amerikas diesen Krankheiten zum Opfer; das verschaffte den kleinen Eroberergruppen enorme Vorteile, da das für sie sonst ungünstige Zahlenverhältnis relativiert wurde und sich ihnen freie Siedlungsräume anboten [1]. So können die europ. Krankheitserreger, die eine ↗demographische Katastrophe verursachten, geradezu als die eigentlichen Eroberer Amerikas gelten.

Die einzige bedeutende Krankheit, die die Europäer umgekehrt aus der Neuen Welt mitbrachten, war die ↗Syphilis, die zwar medizinische und gesellschaftliche Auswirkungen zeigte, für die demographische Entwicklung Europas jedoch irrelevant war.

5. Heilmittel

In den Kontext des C. E. gehören auch ↗Heilpflanzen aus der Neuen Welt wie etwa das Guajakholz als Mittel gegen die Syphilis sowie die Chinabaumrinde aus dem Andenraum zur Herstellung von Chinin gegen Infektionskrankheiten der Lungenwege (↗Fieber) oder die brasilianische »Brechwurzel« (Ipecacuanha) aus dem Amazonasraum, die als auswurffördernde Arznei bei Bronchialkatarrh verwendet wurde.

→ Atlantische Welt; Globale Interaktion; Kolonialismus; Kulturkontakt; Weltwirtschaft

[1] A. W. Crosby, Die Früchte des weißen Mannes. Ökologischer Imperialismus 900–1900, 1991 (The Ecology of Imperialism, 1986) [2] A. W. Jr. Crosby, The Columbian Exchange. Biological and Cultural Consequences of 1492, 1972 [3] J. H. Elliott, The Old World and the New, 1492–1650, 1970 [4] U. Ewald, Pflanzen Iberoamerikas und ihre Bedeutung für Europa, in: Jb. für Geschichte von Staat, Wirtschaft und Gesellschaft Lateinamerikas 32, 1995, 33–55 [5] W. Fischer / M. R. McInnis (Hrsg.), The Emergence of a World Ecomomy, 1500–1914, 1986 [6] E. Landsteiner, Nichts als Karies, Lungenkrebs und Pellagra? Zu den Auswirkungen des Globalisierungsprozesses auf Europa (1500–1800), in: F. Edelmayer et al. (Hrsg.), Die Geschichte des europ. Welthandels und der wirtschaftliche Globalisierungsprozess, 2001, 104–139 [7] W. Langer, American Foods and Europe's Population Growth, in: Journal of Social History 1, 1975, 51–61 [8] M. Montanari, Der Hunger und der Überfluss: Kulturgeschichte der Ernährung in Europa, 1993 [9] P. K. O'Brian / L. Prados de la Escosura, The Costs and Benefits of European Imperialism form the Conquest of Ceuta, 1415, to the Treaty of Lusaka, 1974, in: C.-E. Núñez (Hrsg.), Debates and Controversies in Economic History: Proceedings. Twelfth International Economic History Congress, 1998, 9–68 [10] H. Pohl (Hrsg.), The European Discovery of the World and its Economic Effects on the Pre-Industrial Society, 1500–1800, 1990 [11] R. N. Salaman, The History and Social Influence of the Potato, 1985.

Hans-Joachim König

Commedia dell'Arte

Der Terminus C. D. A. (»Berufstheater«; von ital. *commedia*, »Lustspiel/Theater« und *arte*, »Kunst/Gewerbe«) taucht erst im 18. Jh. in den theoretischen Schriften Carlo Goldonis auf; die ↗Schauspieler und Schauspieltruppen, die diese Typen- und Stegreif-Stücke seit dem 16. Jh. aufführten, verwendeten ihn nie. Goldoni unterschied damit das ↗Theater-Spiel der ↗Masken und Improvisationen von der schriftlich niedergelegten Charakterkomödie, die er selbst pflegte. Die Schauspieler nannten ihr Betätigungsfeld *la Commedia degli Zanni* (»Dienerkomödie«), *la Commedia a soggetto* (»Szenentheater«), *la Commedia all'italiana* oder *la Commedia mercenaria* (»Kaufmannskomödie«), um damit die materielle Seite dieser Kunst deutlich zu machen. Die Ausübenden waren einerseits in der Frühen Nz. offensichtlich Höflinge, wie es in den berühmten Fresken nach einer Aufführung am Münchener oder Landshuter Hof im sog. »Narrenturm« der Landshuter Burg Trausnitz verdeutlicht wird, andererseits und in erster Linie Wandertruppen.

Der erste überlieferte Kontrakt einer professionellen ↗Schauspieler-Truppe in Italien ist 1545 in Padua datiert und kennzeichnet deutlich Personen von niederer sozialer Stellung. Erst ab 1560 entstanden Truppen mit klangvolleren Bezeichnungen wie *Gelosi*, *Confidenti* und *Fedeli* (»Die Neidischen«, »Die Zuversichtlichen«, »Die Getreuen«), wobei diese seither berühmten Namen jeweils Teile von Wappen und Emblemen waren. Ab 1630 reisen die ital. Truppen auch ins Ausland, bes. nach Frankreich, wohl weil dort die ökonomischen Voraussetzungen besser waren als in Italien. Der Niedergang der C. D. A.-Truppen erfolgte nach 1700, als sich bedeutendere Stückeschreiber (bes. Carlo Goldoni und Carlo Gozzi) der Strukturen dieses Theaters bemächtigten und sie in eine feste lit. Form zu bringen versuchten.

Die C. D. A. ist ein Theater der »Masken« und Typen, die sich in kodifizierten Formen bildeten, entwickelten und verbreiteten. Zum Grundpersonal gehörten die beiden *Vecchi* (die »Alten«) und ihre beiden *Zanni* (»Diener«), wobei der Name *Zanni* eine dialektale (bergamaskische) Form von Gianni (= Giovanni) darstellt. Der grundsätzliche Plot, der sich aus dieser Konstellation ergab, war wesentlich auf die Altensatire gegründet, die von den listigen Dienern ins Rollen gebracht wurde. Später traten zur Ausgestaltung der Handlung noch andere schematisierte Personen hinzu. Die *Vecchi* setzten sich nun in erster Linie aus dem *Pantalone* – »(rote) Hose«; ursprünglich ein venez. Kaufmann –, und dem *Dottore*, einem zu Haarspaltereien und ausschweifenden Reden (oft in makkaronischem Latein, also einer Mischung aus Latein und Italienisch) neigenden Juristen aus der Universitätsstadt Bologna zusammen. Die *Zanni* hießen in ihrer Grundform *Arlecchino* (Harlekin), eine Figur, die ursprünglich aus der Unterstadt von Bergamo stammte, und *Brighella*, die feinere Variante aus der Oberstadt von Bergamo.

Der aufschneiderische *Capitano* (Hauptmann), ein Soldat mit martialischem Kostüm und Habitus, war eine Parodie auf die span. Besatzer Italiens im 16. Jh. *Pulcinella* (eine lustige Figur des Puppenspiels, ab 1670 in England als *Punch*, im 18. Jh. als *Petruschka* in Russland) entstand erst zu Beginn des 17. Jh.s und machte verschiedene tiefgreifende Wandlungen durch, vom buckligen Bartträger zum aufrecht gehenden Komödianten mit als *coppolone* bezeichnetem hohen Hut. Er ist als Typ fest an Neapel gebunden und karikiert die angeblichen Charaktereigenschaften der Neapolitaner (dumm, faul, gefräßig, durchtrieben) in stereotyper Weise.

Pierrot, der aus dem ital. *Pedrolino* des 16. Jh.s hervorging, erlebte seine größte Wirkung im Frankreich des 19. Jh.s, wo er schließlich tragifiziert und zum Prototyp des melancholischen (Verlierers) wurde; Jean-Baptiste Deburau (1796–1846), umschwärmter Pantomime und Schauspieler einer ganzen Epoche und in Marcel Carnés Film *Les enfants du paradis* als *Baptiste* verkörpert, war seine bedeutendste Inkarnation.

Keine Masken trugen hingegen die sog. *Innamorati* (»Liebenden«), deren Probleme meistens im Mittelpunkt der Handlung standen und deren Interessen zum Zankapfel zwischen den *Vecchi* und den *Zanni* wurden. Die Intrigen steuert meist die *Colombina* (»Täubchen«) bei, die kokette Dienerin, die mit ihren gewitzten Sprüchen das Theater der Nz. in verschiedener Gestalt (im franz. Theater als *Soubrette*) dominiert.

Die Plots der C. D. A. waren vielfältig und bezogen ihre Quelle aus der zeitgenössischen Novellistik, aus den span. Mantel-und-Degen-Stücken und weiteren lit. Vorlagen. Kontrovers diskutiert wird in der Forschung die Abhängigkeit dieser eher volkstümlichen ↗Komödien-Form von der sog. *commedia erudita* (gelehrte Komödie), die nach dem Vorbild der antiken lat. Komödien des Plautus und Terenz in der ital. Renaissance entstand. Ebenso hat man eine Herkunft aus dem ma. Gauklerwesen angenommen [2. 386].

→ Bühne; Drama; Komödie; Maske; Theater

[1] D. Fo, Manuale minimo dell'attore. Nuova edizione a cura di Franca Rame, 1987 [2] H. KINDERMANN, Theatergeschichte Europas, Bd. 3, 1959 [3] H. MEHNERT, Commedia dell'arte. Struktur – Geschichte – Rezeption, 2003 [4] V. PANDOLFI, La Commedia dell'arte. Storia e testi, 6 Bde., 1957–1961 [5] K. RICHARDS / L. RICHARDS, The Commedia dell'arte. A Documentary History, 1990.

Henning Mehnert

Common Law

1. Das Common Law als Rechtssystem
2. Summe von Rechtsregeln
3. Ideologie
4. Das Common Law als Rechtsfamilie von Weltgeltung

Im weitesten Sinne versteht man unter dem C. L. das Rechtssystem bzw. ↗Recht, das sich im ma. England zu entwickeln begann und sich dann im Laufe der Nz. und Moderne weltweit, insbes. in den von Großbritannien kolonialisierten Ländern, verbreitete. Im Einzelnen kann der Begriff des C. L. vier ganz unterschiedliche Bedeutungen haben. Ursprünglich war es das von den königlichen Gerichten geschaffene »gemeine«, d. h. für ganz England einheitliche Recht im Gegensatz zu den ↗Partikularrechten. Später meinte man mit dem C. L. unter Umständen auch das Fallrecht im Gegensatz zum Gesetzesrecht. Weiterhin versteht man unter C. L. oft das formstrenge Recht im Gegensatz zur *Equity* (s. u. 1.5.).

Schließlich kann man damit auch die anglo-amerikan. Rechtsfamilie meinen, die vor allem dem kontinentaleurop. geprägten *Civil Law* gegenübersteht. Im Folgenden wird das C. L. im weitesten Sinne als Rechtskultur verstanden und unter vier Gesichtspunkten betrachtet: als das im nzl. England vorherrschende Rechtssystem, als Summe von Rechtsregeln, als Ideologie und als Rechtsfamilie von Weltgeltung.

1. Das Common Law als Rechtssystem

Als Rechtssystem war das C. L. ein wesentlicher Charakterzug des nzl. England. Im 16. Jh. waren seine prägenden Merkmale bereits voll ausgebildet. Sie überdauerten im Wesentlichen die folgenden dreihundert Jahre. Im 19. Jh. wurde das klassische C. L.-System dann weitgehend durch Reformen des modernen Gesetzgebers abgeschafft (s. u. 1.6.).

1.1. Gerichte

Die Gerichtsstruktur (↗Gericht; ↗Gerichtsbarkeit) des C. L. bestand seit dem SpätMA hauptsächlich aus zwei Elementen: den drei zentralen *common law courts* und den umherreisenden Richtern.

Im Zentrum des klassischen C. L.-Systems standen drei mit Berufsrichtern besetzte ↗Law Courts, die sich im 12. und 13. Jh. im Wege allmählicher Spezialisierung von der *curia regis* (dem Kronrat) abgespalten hatten. Von ihrer Entstehung bis 1882 hatten diese Gerichte ihren Sitz in der heute in London gelegenen *Westminster Hall*. Ursprünglich hatten sie ganz verschiedene Aufgaben wahrgenommen. Der *Court of Exchequer* war insbes. für Steuer- und Abgabenstreitigkeiten zuständig; *King's Bench* verhandelte Sachen von besonderem Interesse für die Krone; und der *Court of Common Pleas* entschied Streitigkeiten zwischen Untertanen. Im Laufe der Jahrhunderte erweiterten diese Gerichte ihre Zuständigkeiten jedoch immer mehr, v. a. um einander Konkurrenz zu machen. Dadurch kam es zu Kompetenzüberschneidungen sowie zu Abgrenzungs- und Rangstreitigkeiten. Im Wesentlichen waren die drei Zentralgerichte jedoch gleichgeordnet. Einen streng hierarchischen Aufbau mit durchgehendem Instanzenzug gab es bis ins 19. Jh. nicht. Seit ca. 1500 kam der *Court of Chancery* hinzu, der allerdings nicht nach C. L., sondern in ↗Equity entschied.

Zweites Element der C. L.-Gerichtsstruktur war das System der umherreisenden Richter. Die Mitglieder der *common law courts* zogen zu bestimmten Terminen von Westminster aus durchs Land, um in den jeweiligen Bezirken (engl. *circuits*) vor Ort Gericht zu halten (engl. *assizes*). Dabei urteilten sie die jeweils anstehenden Streitfälle ab, oft unter Beiziehung von Geschworenen (s. u. 1.2.). Anspruchsvolle Rechtsfragen behielten sie unter Umständen den Zentralgerichten (d. h. der Beratung mit den Kollegen) in Westminster vor.

Das Gerichtssystem war damit sowohl zentralisiert als auch dezentralisiert. Tatsachenfragen wurden an Ort und Stelle entschieden; juristisch schwierige Probleme kamen vor die zentralen Kollegialgerichte. Aus diesem Zusammenspiel entwickelte sich auch eine Überprüfungskompetenz der Gerichte in Westminster gegenüber den Entscheidungen vor Ort.

1.2. Prozess

Eine einheitliche Form des ↗Prozesses gab es nicht. Dies hatte seinen Grund in dem aus dem MA überkommenen System der *writs* (lat. *breve*), der schriftlichen Anweisungen des Königs an seine Beamten vor Ort. Von Anfang an war die Möglichkeit, vor den C. L.-Gerichten zu klagen, ein Privileg desjenigen gewesen, der durch ein solches von der königlichen Kanzlei ausgestelltes Dokument dazu ermächtigt war. Die Zahl der mit diesen *writs* zugelassenen Klagformeln (engl. *forms of action*) hatte sich rasch ausgeweitet und ging zu Beginn der Nz. in die Hunderte. Im Prinzip bedingte jede Klagformel einen eigenen Prozessgang. Zwar gab es allgemeine Grundzüge, doch wichen die Prozessformen bezüglich Klagevoraussetzungen, Vorladung, Zuständigkeit, Zwangsmitteln usw. vielfach voneinander ab. Dadurch wurde der C. L.-Prozess der Nz. so vielgestaltig und kompliziert, dass ihn nur hochspezialisierte Fachjuristen beherrschen konnten (s. u. 2.1.).

Dass Kläger trotzdem in die königliche C. L.-Gerichtsbarkeit drängten, lag v. a. an den prozessualen Vorteilen, die diese gegenüber den alten Partikulargerichten bot. Die auf der Königsgewalt beruhenden C. L.-Gerichte versprachen nicht nur bessere Durchsetzbarkeit etwa von Vorladungen oder Urteilen, sondern auch ein rationaleres Beweisverfahren. Die traditionellen Beweismittel wie Reinigungseid oder Zweikampf wurden zunehmend (wenn auch erst im 19. Jh. vollständig) durch den Spruch einer Jury (↗Laienrichter) ersetzt. Dabei entschieden die Geschworenen ursprünglich aufgrund ihrer Vertrautheit mit den Verhältnissen und Geschehnissen vor Ort. Der Ausgang des C. L.-Prozesses beruhte also immer mehr auf Tatsachenkenntnis und Beurteilung der Sache statt auf den irrationalen Entscheidungsmethoden des älteren Prozesses.

1.3. Praktiker

Das nzl. C. L.-System wurde ausschließlich von Praktikern, nämlich von ↗Anwälten und ↗Richtern betrieben und fortentwickelt. Ganz im Gegensatz zum kontinentaleurop. Recht hatte es mit professoraler Gelehrsamkeit und akademischer Ausbildung nichts zu tun.

Schon zu Beginn der Nz. hatten sich zwei Gruppen von Anwälten herausgebildet. Die *attorneys* berieten Klienten außergerichtlich und bereiteten den Prozess vor. Die *pleaders* traten vor Gericht auf. Später nannten sich erstere *solicitors*, letztere *barristers*; diese Zweiteilung hat sich bis in die Gegenwart erhalten. Dabei genoss der *pleader* (*barrister*) das höhere Ansehen.

Seit dem SpätMA war die Anwaltschaft in hierarchisch organisierten Gilden, den ↗Inns of Court, organisiert. Sie genossen ein Monopol bei der Berufszulassung und -überwachung. Noch heute gibt es in London vier solcher *Inns*. Ende des 16. Jh.s wurden die *attorneys* aus den *Inns* ausgeschlossen; sie gründeten 1739 ihre eigene Berufsvereinigung.

Auch der juristische Nachwuchs wurde in den *Inns of Court* herangezogen. Dort bildete man die neu aufgenommenen Mitglieder durch eine Kombination von praktischer Anleitung, Vorträgen und Fallübungen aus, bis sie schließlich feierlich zur Anwaltschaft zugelassen wurden (engl. *call to the bar*). Allerdings brach dieser Ausbildungsbetrieb in den politischen Wirren der Mitte des 17. Jh.s zusammen; danach musste man mangels Studienmöglichkeit an einer Universität bei einem Anwalt in die Lehre gehen.

Die C.L.-Richter wurden aus dem Kreis der erfahrensten und angesehensten Anwälte ernannt. Dadurch bestanden engste Verbindungen zwischen Richtern (engl. *bench*) und Anwaltschaft (*bar*). Überhaupt bildeten die *common lawyers* während der gesamten Nz. eine kleine, leicht überschaubare und in London konzentrierte Elite, die gegenüber der Staatsgewalt weitgehend autonom blieb und sich selbst rekrutierte. Ausnahmslos in der Praxis ausgebildet und tätig, verlieh sie dem C.L. einen grundlegend praktischen Charakter, dem gelehrtes Theoretisieren und philosophische Spekulation fremd waren.

1.4. Rechtsquellen

Traditionelle Hauptquelle des C.L. war das Fallrecht. Seit dem 16. Jh. wurden die Gerichtsurteile in gedruckten Entscheidungssammlungen (↗Law Reports) veröffentlicht. Diese Sammlungen wurden zwar privat herausgegeben und hatten deshalb keinen offiziellen Charakter; da sie aber auch die Urteilsgründe wiedergaben, konnten sie als Grundlage eines Fallrechtssystems dienen. Im Laufe der Zeit wurde es üblich, dass sich die Gerichte an frühere Entscheidungen (engl. *precedents*) gebunden fühlten (engl. *stare decises*). In ihrer modernstrengen Form wurde diese Bindung allerdings erst im Laufe des 19. Jh.s anerkannt.

Daneben spielten auch die ↗Gesetze (engl. *statutes*) des ↗Parlaments eine Rolle. Streng genommen gehörten sie freilich nicht zum C.L., sondern standen diesem gerade gegenüber. In der Nz. blieb die ↗Gesetzgebung sporadisch; denn sie zielte in aller Regel auf die Abänderung des C.L. in Einzelfragen ab. Sie blieb deshalb stets nur vor dem Hintergrund des Fallrechts verständlich. Die *common lawyers* empfanden Gesetze meist als unheilvolle Einmischung und standen ihnen deshalb feindselig gegenüber. Konsequenterweise legten die C.L.-Gerichte Gesetze in der Regel möglichst eng aus.

Eine deutlich untergeordnete Rolle spielte die ↗Rechtsliteratur (↗Rechtswissenschaft). Gesamtdarstellungen des C.L. oder einzelner Gebiete waren bis ins 19. Jh. selten. Als maßgeblich anerkannt war nur eine sehr kleine Gruppe von kaum zehn *books of authority*. Die klassische und klarste Darstellung erfuhr das C.L. in William Blackstones *Commentaries on the Laws of England* (1765–69) [2].

1.5. Common Law und Equity

Schon im SpätMA hatte sich das C.L. als lückenhaft und formalistisch erwiesen, da es mit seinem *writ*-System für Einzelfallgerechtigkeit zu wenig Raum ließ. Enttäuschte Parteien wandten sich deshalb z.T. mit der Bitte um Abhilfe unmittelbar an den Kanzler des Königs. Als Kleriker gewährte er zunehmend Abhilfe nach allgemeinen Gerechtigkeitskriterien (↗Gerechtigkeit) und kraft unmittelbar königlicher Gerichtsgewalt, unter Umständen sogar gegen die Entscheidungen der C.L.-Gerichte. Seit Beginn der Nz. waren die Kanzler in der Regel weltliche Fachjuristen (↗Jurist) und entwickelten eine ausgefeilte »Billigkeits«-Rechtsprechung, die nun als ↗Equity bezeichnet wurde. Dieses war kein eigenständiges System, sondern ein Korrektiv zur Flexibilisierung des C.L.; es setzte das C.L. also voraus. Doch entwickelte es ein eigenes Fallrecht und eigene Rechtsinstitute von z.T. überragender Wichtigkeit, wie z.B. den *trust*. Im 17. und 18. Jh. verfestigte es sich fast ebenso wie das C.L., bis es diesem an Formalismus nicht mehr nachstand.

Equity war nicht nur Billigkeitsrecht, sondern hatte mit dem *Court of Chancery* auch ein eigenes Gericht. Dieses lag mit den C.L.-Gerichten oft in erbittertem Widerstreit, bis James I. 1616 entschied, dass *Equity* (und damit der *Court of Chancery*) im Zweifelsfall Vorrang genoss. Zudem gab es einen eigenen *Equity*-Prozess. Er setzte keinen *writ* voraus, war informell und wurde nur durch den Richter, d.h. ohne Jury, entschieden. Auch bot *Equity* Zwangsmittel und Vollstreckungsmöglichkeiten, die über diejenigen des C.L. hinausgingen.

1.6. Das Ende des klassischen Systems

Im 19. Jh. griff das brit. ↗Parlament die Reformideen der Zeit (u.a. diejenigen Jeremy Benthams) auf und modernisierte das engl. Rechtssystem (↗Justiz) grundlegend.

Die jahrhundertealten C.L.-Gerichte wurden umstrukturiert und schließlich im *Judicature Act* von 1873/75 mit dem *Court of Chancery* zu einem einheitlichen *High Court of Justice* verschmolzen. Diesem wurde ein *Court of Appeal* und weiterhin das *House of Lords* übergeordnet, womit ein streng hierarchischer Gerichtsaufbau geschaffen war. Das *writ*-System und die *forms of action*, die seit Jahrhunderten das Rückgrat des C.L. gebildet hatten, wurden nun schrittweise abgeschafft. Schließlich führte der *Judicature Act* auch eine einheitliche Klageart und einen weitgehend einheitlichen ↗Zivilprozess ein. Das alles bedeutete zugleich die institutionelle und prozessuale Verschmelzung von C.L. und *Equity*; denn ab sofort mussten alle Gerichte nach beiden gemeinsam entscheiden. Auch sonst bahnten sich tiefgreifende Veränderungen an. Die ↗Juristenausbildung begann sich allmählich von der Praxis in die ↗Universitäten zu verlagern, die jetzt vollwertige Studiengänge im C.L. einführten. V.a. erlebte die ↗Gesetzgebung einen enormen Aufschwung. Zwar kam es nicht zu umfassenden ↗Kodifikationen des engl. Rechts, doch begann die Gesetzgebung als Rechtsquelle dem Fallrecht ernsthaft Konkurrenz zu machen und es auf immer mehr Gebieten zu übertrumpfen.

Zwar erhielten sich manche Traditionen wie die Trennung zwischen *barristers* und *solicitors*, die Präzedenzbindung der Gerichte und die praktische Denkweise der *common lawyers*. Doch waren die genannten Veränderungen so wesentlich, dass vom klassischen C.L.-System der Nz. nur wenig übrig blieb.

2. Summe von Rechtsregeln

2.1. Dominanz des Prozessrechts

Betrachtet man das C.L. als Masse angewandter Regeln, so zeigt es sich im Kern als prozessuales Recht. Seit dem MA kam in Streitfällen alles darauf an, die richtige Klagformel zu wählen; denn sie bestimmte das zuständige Gericht, den Ablauf des ↗Prozesses, die Ansprüche des Klägers sowie die Verteidigungsmittel des Beklagten und anderes mehr. Die Wahl der falschen *form of action* führte unweigerlich zu Prozessverlust. Die hohe Kunst des C.L. war deshalb das *pleading*, der prozessuale Schlagabtausch vor Gericht.

Da die *common lawyers* für Jahrhunderte mit dem starren *writ*-System arbeiten mussten, passten sie viele der ma. *writs* durch Fiktionen den sich ändernden Umständen an. Setzte etwa eine Schadensersatzklage Gewaltanwendung seitens des Beklagten voraus (engl.-lat. *trespass vi et armis*), so fingierte man diese bei Bedarf. Auch entwickelte man das Recht auf der Grundlage sehr allgemein gehaltener *writs* fort, etwa indem man die Zulassung von Klagen nach Umständen des Einzelfalls erlaubte (engl. *trespass on the case*). So entstanden die materiellen Rechtsregeln, d.h. die Normen über Recht und Unrecht, zunächst nicht eigenständig, sondern sozusagen in den »Zwischenräumen des Prozessrechts« (»*in the interstices of procedural law*«, H.S. Maine). Erst im 18. und 19. Jh. gewann das materielle Recht selbständige Bedeutung. Doch wirkte das prozessuale Denken auch nach Abschaffung des *writ*-Systems noch stark fort: »*The forms of action we have buried, but they still rule us from their graves*« (F.W. Maitland [9.1]).

2.2. Schwerpunkte

Da auch im nzl. England Land das wichtigste Produktionsmittel und damit die bedeutsamste Form des Reichtums war, befasste sich das C.L. vor allem mit Rechten an Grundstücken (engl. *real property*). Dieses war wiederum eng verwoben mit der Nachlassregelung, d.h. dem Erbrecht. Mit der Zunahme des Geld- und Warenverkehrs seit Beginn der Nz. (↗Geldwirtschaft) entwickelte sich aber auch das Recht der ↗Marktgesellschaft, inbes. der ↗Verträge (engl. *law of contracts*). Ähnliches gilt für das Unfall- und Schadensrecht (engl. *torts*). Hinzu kam das ↗Strafrecht, das sich nach gemäßigten Anfängen dann im 18. und frühen 19. Jh. außerordentlich hart gegen die verarmende ↗Unterschicht zeigte (zu den verfassungsrechtlichen Aspekten s.u. 3.).

2.3. Einfluss des Römischen Rechts

Lange umstritten war der Einfluss des Römischen Rechts (↗Gemeines Recht). Heute besteht weitgehend Einigkeit darüber, dass sich das C.L. nicht in völliger Isolierung davon entwickelt hat. Der bereits im MA erhebliche röm.-rechtliche Einfluss verstärkte sich in der Nz. jedenfalls auf Teilgebieten noch einmal, v.a. über die zunächst an kirchenrechtlichen Grundsätzen orientierte *Equity*. Einigkeit besteht aber auch, dass es im nzl. England, anders als in Kontinentaleuropa, keine umfassende ↗Rezeption des Röm. Rechts gegeben hat. Nach Maitland war das C.L. in der entscheidenden Phase (15.–17. Jh.) dafür schon zu fest etabliert und professionalisiert [8]. Nicht zu vergessen ist jedoch, dass es im nzl. England neben dem C.L. auch ein stark röm.-rechtlich geprägtes See- und Handelsrecht (engl. *admiralty, law merchant*) gab (↗Seehandelsrecht; ↗Handelsrecht). Diese Materien lagen in den Händen der darauf spezialisierten *civilians* und unterstanden besonderen Gerichten. Auch die kirchliche Gerichtsbarkeit, die in erster Linie Familiensachen umfasste, war stark vom *civil law* geprägt.

3. Ideologie

3.1. Konservatismus und Evolution

Als Ideologie war das C.L. Teil des tief verwurzelten ↗Konservatismus der engl. Ober- und Mittelschicht sowie des damit verbundenen Glaubens an Evolution statt Revolution in der ↗Gesellschaft als ganzer. Dem lag die Überzeugung zugrunde, das C.L. sei »*handed down by tradition, use, and experience*« [2. Bd. 1, 17]. Diese Ideologie allmählicher Entwicklung entspricht freilich dem Fallrechtssystem, in dem die Gerichte nicht nur auf die Arbeit der Vergangenheit aufbauen, sondern unter Umständen sogar durch diese gebunden sind. Hinzu kam die Ansicht vom unvordenklichen Alter der maßgeblichen Grundsätze und Gewohnheiten. Dieses Alter des C.L. »*gives it its weight and authority*« [2. Bd. 1, 67]. Dahinter stand, meist unausgesprochen, die Annahme, dass in der Evolution des Rechts eine höhere Vernunft zum Ausdruck komme. Wie Edmund Burke der Französischen Revolution, so standen die *common lawyers* deshalb radikalen Brüchen mit der Tradition im Prinzip ablehnend gegenüber.

3.2. Freiheitsgarantie

Es war eben dieser Konservatismus, der das C.L. in politischen Krisenzeiten zu einem Kampfmittel für bürgerliche ↗Freiheiten machte. V. a. in den Auseinandersetzungen des 17. Jh.s zwischen den nach ↗Absolutismus strebenden Stuarts und dem erbittert Widerstand leistenden Parlament standen die führenden *common lawyers* entschieden auf Seiten des ↗Parlaments. Im Kampf gegen den Absolutismus beriefen sie sich nicht wie die ↗Französische Revolution vornehmlich auf aufklärerische Prinzipien (↗Aufklärung), sondern meist auf alte Gewohnheiten und anerkannte Freiheiten in der Tradition der *Magna Charta* von 1215. Als das Parlament in der ↗Glorious Revolution von 1688/89 obsiegte, wurde dies auch als Triumph des C.L. empfunden. Es galt danach jedenfalls in England als Verbürgung des ↗Rechtsstaates, inbes. bezogen auf die Garantie, dass Eingriffe in Leben, Freiheit und ↗Eigentum nur aufgrund von *due process of law* zulässig sind, also ein »ordnungsgemäßes Verfahren« voraussetzen.

4. Das Common Law als Rechtsfamilie von Weltgeltung

Versteht man unter dem C.L. die anglo-amerikan. Rechtstradition im weitesten Sinne, so handelt es sich dabei um eine der großen Rechtsfamilien der Welt. Zum C.L. in diesem Sinne gehören sowohl das Rechtssystem als auch die geltenden Regeln einschl. *case law, statutes* und *Equity* ebenso wie die oben genannte Verfassungsfunktion.

Als Rechtsfamilie hat sich das C.L. im Laufe der späten Nz. durch den Imperialismus des Mutterlandes in weiten Teilen der Welt verbreitet. Um die Mitte des 19. Jh.s besaß es bereits in Irland, in den USA (außer Louisiana) und Kanada (außer Quebec), Australien und Neuseeland, Indien und den sonstigen engl. Kolonien in Afrika und Asien Geltung. Allerdings begann das C.L. in diesen Ländern schon damals unter Umständen erheblich vom engl. Modell abzuweichen. Oft galt es nur für die westl. bzw. verwestlichte Oberschicht, während die einheimische Bevölkerung nach traditionellem Gewohnheitsrecht lebte.

Nicht zur eigentlichen Rechtsfamilie des C.L. gehört Schottland. Es war für Jahrhunderte vom kontinentaleurop. Recht geprägt, geriet allerdings seit der politischen Vereinigung mit England 1707 immer stärker unter dessen Einfluss. Das schott. Recht entwickelte sich deshalb zu einem Mischsystem aus *Civil Law* und *Common Law*.

→ Equity; Gemeines Recht; Gericht; Inns of Court; Law Court; Prozess; Recht

Quellen:
[1] J. H. Baker / S. F. C. Milsom, Sources of English Legal History, 1986 [2] W. Blackstone, Commentaries on the Laws of England (4 Bde.), 1765–1769 (Ndr. 1979) [3] C. H. S. Fifoot, History and Sources of the Common Law. Tort and Contract, 1949 [4] A. W. B. Simpson, Leading Cases in the Common Law, 1995.

Sekundärliteratur:
[5] J. H. Baker, An Introduction to English Legal History, ⁴2002 [6] W. Holdsworth, History of English Law (17 Bde.), ⁶1937–1972 [7] O. W. Holmes, The Common Law, 1881 (Ndr. 1963) [8] F. W. Maitland, English Law and the Renaissance, 1901 [9] F. W. Maitland, The Forms of Action at Common Law, 1909 [10] S. F. C. Milsom, Historical Foundations of the Common Law, ²1981 [11] T. F. T. Plucknett, Concise History of the Common Law, ⁵1956 [12] K. Zweigert / H. Kötz, Einführung in die Rechtsvergleichung, ³1996, 177–201.

Mathias Reimann

Commonwealth

Das Wort C. bezeichnet im Englischen im 16. Jh. einerseits ganz allgemein das Gemeinwesen (im Sinne des lat. *res publica*) als Einheit von staatlicher und gesellschaftlicher Ordnung, andererseits aber auch das mit dieser Einheit verbundene ↗Gemeinwohl. Der so geprägte Begriff war nicht antimonarchisch, stellte aber doch eine Ergänzung zur Definition Englands als *realm* (»Reich«) oder *kingdom* (»Königreich«), also als Reich eines Monarchen, dar. Um die Mitte des 16. Jh.s wurde C. zu einem Schlüsselbegriff für jene Vertreter eines oft christl. geprägten ↗Humanismus, die sich mit den sozialen und wirtschaftlichen Problemen ihrer Zeit, den *grievances of the commonwealth* (»Missständen des C.«) auseinandersetzten und nach ihrer Überwindung durch tiefgreifende Reformen strebten. Namentlich unter Eduard VI. (1547–1553) erhielten solche Vorstellungen zeitweilig eine erhebliche politische Bedeutung, um später dann eher zurückzutreten [4].

Erst im frühen 17. Jh. spitzte sich der Begriff stärker im Sinne republikanischer Wertvorstellungen zu, v. a. als mit dem Beginn des ↗Englischen Bürgerkrieges von 1642 auch die ↗Monarchie als Institution schrittweise in Frage gestellt wurde. Allerdings vollzog sich diese Entwicklung nur langsam; die meisten Führer des Unterhauses, die 1641–42 Karl I. entgegentraten, waren keineswegs Anhänger eines republikanischen C., sondern wollten lediglich die politische Macht des Königs oder sogar nur dieses speziellen Königs beschränken, der als Feind der traditionellen Freiheitsrechte (↗Grundrechte) und – für viele – auch des reinen ↗Protestantismus galt. Indes, je länger der Krieg dauerte, desto mehr wurde klar, dass ein Kompromiss mit Karl I. kaum zu erreichen war. Da (anders als später 1688) kein Alternativkandidat für den engl. Thron bereitstand, entschloss sich die Armee durch einen Gewaltstreich weiteren Verhandlungen mit dem König ein Ende zu setzen.

Am 6. Dezember (A. St. = Alter Stil, i. e. nach dem julianischen Kalender) 1648 wurde das Unterhaus durch Oberst Thomas Pride im Auftrag der Armee durch Ausschluss der gemäßigten Abgeordneten »gesäubert«. Im Januar 1649 schließlich wurde die Zustimmung des Oberhauses zu Gesetzen für entbehrlich erklärt und der König vor ein Gericht gestellt, das das neue Unterhaus im Auftrag des Oberkommandos der Armee eingesetzt hatte. Das Gericht verurteilte Karl I. zum Tode. Die Hinrichtung wurde am 30. Januar 1649 vollzogen, doch erst am 17. März wurde die Monarchie offiziell abgeschafft, auch wenn schon zuvor das Wort »König« aus allen offiziellen Dokumenten entfernt worden war. England sollte hinfort *in the way of a commonwealth* regiert werden, wie es im *Act for the abolishing the kingly office* (»Gesetz zur Abschaffung des Königsamtes«) hieß [5. 306].

Allerdings blieb unklar, wie die Verfassung der neuen ↗Republik aussehen sollte. Während die sog. Levellers – eine v. a. in der Armee einflussreiche, tendenziell demokratische Bewegung – zumindest der großen Mehrheit der erwachsenen Männer das ↗Wahlrecht gewähren wollten, lehnten dies zahlreiche Mitglieder des Unterhauses und des Offizierscorps ab. Unklar blieb auch, ob die Ausübung politischer Rechte dauerhaft auf diejenigen beschränkt bleiben sollte, die als loyale Anhänger der Republik gelten konnten, also auf eine Minderheit, oder ob man die politische Macht sogar nur denen übertragen könne, die im Sinne des ↗Puritanismus und seiner Ideale als »Heilige«, also als zuverlässige radikale Protestanten und bekehrte Christen gelten konnten.

Nach langen Debatten über unterschiedliche Verfassungsentwürfe, die im Übrigen schon 1647 nach dem Ende des ersten Bürgerkrieges begonnen hatten, erhielten England, Schottland und Irland schließlich mit dem *Instrument of Government* für *The Commonwealth of England, Scotland, and Ireland* 1653 eine geschriebene, 1657 noch einmal modifizierte Verfassung, die Elemente der monarchischen Tradition wieder aufnahm, indem sie die höchste Exekutivgewalt Oliver Cromwell als Reichsverweser (*Lord Protector*) übertrug. Die Republik sollte den Tod Cromwells (1658) jedoch nicht lange überdauern. 1660 wurde die Monarchie wiederhergestellt.

Eine Tradition des politischen Denkens, die an das Erbe der Republik anknüpfte, blieb freilich einflussreich. Ohne im Normalfall offen anti-monarchisch zu sein – der potenziell gefährliche Vorwurf einer Ablehnung der Monarchie wurde sogar oft ausdrücklich zurückgewiesen – strebten die *C.-Men* des späteren 17. und frühen 18. Jh.s doch nach einer politischen Ordnung, in der auch das Handeln des Monarchen dem ↗Gemeinwohl untergeordnet war. Prominente Vertreter dieser Richtung waren etwa John Toland und Robert Molesworth, der u. a. François Hotmans *Franco-Gallia* (1573), ein histor.-polemisches Werk der Franz. Religionskriege, ins Englische übertrug. Die zwar nicht grundsätzlich republikanische, aber doch monarchiekritische Haltung solcher Autoren war jedoch nun nicht mehr wie vor 1660 mit einem radikalprotest. Enthusiasmus verbunden, sondern orientierte sich eher am säkularisierten Ideal des freien, tugendhaften, waffenfähigen ↗Bürgers nach antikem Vorbild. In diesem Sinne wurde die C.-Idee nach 1714 in die politische Kultur Englands, aber auch in die der amerikan. Kolonien integriert, ohne dass damit in England selbst die Institution der Monarchie in Frage gestellt wurde [6].

→ Englische Revolution; Fürstenabsetzung; Puritanismus; Republik

Quellen:
[1] R. Molesworth (Hrsg.), An Account of Denmark, London 1717 [2] M. Nedham (Hrsg.), The Case of the Commonwealth of England, Stated, London 1650 [3] J. Toland (Hrsg.), The State-Anatomy of England, London 1717.

Sekundärliteratur:
[4] W. R. D. Jones (Hrsg.), The Tree of Commonwealth, 1450–1793, 2000 [5] J. P. Kenyon (Hrsg.), The Stuart Constituion. Documents and Commentary, ²1986 [6] C. Robbins (Hrsg.), The Eighteenth-Century Commonwealthmen, 1961 [7] J. Scott, What were Commonwealth Principles?, in: Historical Journal 47, 2004, 591–613.

Ronald G. Asch

Communis opinio

1. Begriff
2. Argumentationstheorie
3. Rechtsquellen

1. Begriff

Die C.O. (lat. für »allgemeine Meinung«, »herrschende Lehre«) ist ein Phänomen in den Wissenschaften und im Alltagsleben. Eine Theorie der C.O. entwickelte sich seit dem MA v. a. in der Argumentationstheorie als einem Teilgebiet der ↗Logik und in der ↗Rechtswissenschaft.

2. Argumentationstheorie

In der Argumentationstheorie (↗Topik) des MA und der Frühen Nz. spielte die C.O. eine bedeutende Rolle. Nach den Maximen, die mit dem Topos *ab au(c)toritate* (»aus Autorität«) verbunden waren, beanspruchte die Meinung eines Fachmanns die Vermutung, richtig zu sein, und ihre Wahrscheinlichkeit wurde umso größer, je mehr andere angesehene Fachleute mit ihr übereinstimmten.

Besonderes Gewicht kam dem Argument der C.O. in der kontinentaleurop. Rechtswissenschaft zu, da es hier jenseits eindeutiger Rechtstexte keine zwingenden ↗Beweise gab. Seit dem MA galt die wohl von dem Kanonisten Johannes Andreae (ca. 1270–1348) formulierte Regel, dass ein Jurist der C.O. folgen müsse, wenn sie nicht notorisch schlecht sei oder rational widerlegt werden könne. In einer großen Zahl von Traktaten wurde erörtert, wann man die Existenz einer C.O. annehmen durfte, insbes. wie groß die Anzahl der Autoritäten und wie sorgfältig die jeweilige Stellungnahme sein mussten.

Die Philosophen und ↗Juristen der ↗Aufklärung kritisierten zunehmend Autoritätsargument und Theorie der C.O. So begründeten etwa laut John Locke (1689) die Meinungen anderer keine Wahrscheinlichkeit, und nach Christian Thomasius (1691) führte der Glaube an Autoritäten zu falschen »Vorurteilen«. Dementsprechend kam die C.O. seit dem Ende des 17. Jh.s auch bei Juristen in Verruf: Ein freier Geist sollte nicht mit Hilfe von Autoritäten, sondern mit dem Gewicht der Gründe kämpfen. Am Ende des 18. Jh.s hielt man es geradezu für selbstverständlich, dass man den Meinungen der Rechtsgelehrten nicht ohne weiteres folgen durfte.

Allerdings sollte dies uneingeschränkt nur für die selbständige wiss. Arbeit gelten. Eine Reihe von Aufklärungsphilosophen hielt daran fest, sich bei Handlungsdruck oder fehlendem wiss. Sachverstand nach wie vor auf die C.O. zu berufen. Dementsprechend blieb die C.O. in der gerichtlichen Praxis, v. a. der unteren Instanzen, auch über die Aufklärungszeit hinaus ein akzeptiertes Argument. Noch Friedrich Carl von Savigny empfahl 1840 den wiss. weniger ambitionierten ↗Richtern, sich schon »im Interesse der Sicherheit des Rechts« an die gängigen Lehrmeinungen zu halten [1].

3. Rechtsquellen

In der Rechtswissenschaft berührt sich die C.O. mit der Lehre von den Rechtsquellen. Angesichts des herkömmlichen kontinentaleurop. Dualismus von ↗Gesetzes-Recht und ↗Gewohnheitsrecht war die C.O. allerdings als solche keine Rechtsquelle. Immerhin konnte eine C.O., die in der Rechtsprechung (↗Justiz) etabliert war, zu Gewohnheitsrecht werden. Das setzte eine entsprechende allgemeine Rechtsüberzeugung und (nach der im 18. Jh. vorherrschenden Ansicht) die Billigung des Gesetzgebers voraus. Unter ähnlichen Voraussetzungen wurde die C.O. zu einer »Usualinterpretation«, an welche die ↗Gerichte sich halten mussten. Einige dt. Staaten banden ihre Richter im 18. und 19. Jh. sogar durch Gesetz an die Entscheidungen der Obergerichte. Schließlich entstand in der dt. ↗Historischen Rechtsschule des 19. Jh.s eine Theorie des »wiss. Rechts«. Danach konnten auch wiss. Lehrmeinungen zur Rechtsquelle werden, allerdings nur aufgrund ihrer wiss. »Wahrheit«, nicht aufgrund der Autorität der jeweiligen Gelehrten.

→ Gewohnheitsrecht; Juristische Methodenlehre; Präjudiz; Rechtswissenschaft

Quellen:
[1] F. C. von Savigny, System des heutigen Röm. Rechts, Bd. 1, 1840.

Sekundärliteratur:
[2] W. Engelmann, Die Wiedergeburt der Rechtskultur in Italien durch die wissenschaftliche Lehre, 1938 [3] R. Ogorek, Richterkönig oder Subsumtionsautomat? Zur Justiztheorie im 19. Jh., 1986 [4] W. Schneiders, Aufklärung und Vorurteilskritik. Studien zur Geschichte der Vorurteilstheorie, 1983 [5] J. Schröder, »Communis opinio« als Argument in der Rechtstheorie des 17. und 18. Jh.s, in: G. Köbler (Hrsg.), Wege europäischer Rechtsgeschichte (FS K. Kroeschell), 1987, 404–418 [6] J. Schröder, Recht als Wissenschaft. Geschichte der juristischen Methode vom Humanismus bis zur historischen Schule (1500–1850), 2001.

Jan Schröder

Composite monarchy s. Personalunion

Concerto, Concerto grosso s. Konzert

Concetto

1. Literatur
2. Kunst

1. Literatur

C. (ital.; von lat. *conceptus*, »Zusammenfassung«/ »Gedanke«) ist ein in zahlreiche westeurop. Kultursprachen übernommener Begriff (span. *concepto/conceto*, engl. *conceit*), der von Ernst Robert Curtius mit »scharfsinnige« oder »spitzfindige« Ausdrucksweise und »Sinnspiel« [2. 298, 301], von Hugo Friedrich als »eine möglichst abnorme Pointe, ein frappierendes Sinn- oder Gedankenspiel, vielsagend, stechend, ausgefallen« [3. 636 f.] umschrieben wird, jedoch neutraler als »Begriff«, »Entwurf« oder »Gedanke« übersetzt werden kann. Deswegen korrespondiert der auf den Scharfsinn zielende C. strukturell mit dem Emblem, das Mario Praz sogar als Illustration des C. wertete: »*Emblems are therefore things (representations of objects) which illustrate a conceit*« [6. 22] (↗Emblematik).

Auch wenn C. bereits bei Dante (1265–1321) belegt ist, erscheinen erste conceptistische Traktate erst im Italien des 16. Jh.s, so der 1598 geschriebene Dialog von Camillo Pellegrini (Peregrini) *Del concetto poetico*, während Torquato Tasso (gest. 1595) in seiner Spätzeit C. noch im Sinne von Motiv oder Entwurf verwendete. Im europ. ↗Manierismus wurde C. als prägnante und pointierte Wort- und/oder Gedankenverbindung im Kontext des Stilideals der *argutia* (lat.; »Gedankenschärfe«/ »geistreicher Ausdruck«) wesentlich für die effektvolle Ausgestaltung lyrischer, aber auch prosaischer Texte (z. B. *La bella vedova* von Giambattista Marino, 1614; vgl. [3. 641]) – poetologisch fundiert 1637 in *Delle acutezze* von Matteo Pellegrini (Peregrini).

Die wohl entschiedenste Ausformung und Gestaltung erfuhr der C. durch den span. Jesuiten Baltasar Gracián in *Agudeza y arte de Ingenio* (»Scharfsinn und Kunst des Ingeniums«, 1648). *Ingenium* (lat.; »Geist«/»dichterische Begabung«) ist hier nicht primär eine künstlerische, sondern eine philosophische Kategorie, mit der kognitive wie kreative Fähigkeiten des Menschen umschrieben werden, Wahrheit zu suchen und auszudrücken. Mit C. ist die Gestaltwerdung des *ingeniums*, die die Korrespondenz zwischen Objekten scharfsinnig zum Ausdruck bringt, gemeint. Dies bezog Gracián sowohl auf die Form wie auf den Inhalt des C., der nur als vollständig galt, wenn beides untrennbar in ihm zusammenwirkte. Damit aber entzogen sich *concepto* wie *agudeza* »jeder rationalen Definition« [4. 14]. Außerdem stellt bereits die Bildung von *Concetti* einen Erkenntnisprozess dar. Wie sehr dieses Konzept trotzdem ästhetischen Kategorien verpflichtet blieb, zeigt sich bei der Beurteilung des C., für das der »gute Geschmack« (*buen gusto*), seinerseits Produkt des *ingeniums*, entscheidend war.

Allerdings zeigt die Rezeption Graciáns, dass das Zusammenwirken von Form und Inhalt unverstanden blieb und stattdessen seine Lehre einseitig interpretiert wurde. So trat in Deutschland die Betonung der Schönheit der Form weitgehend zugunsten der Morallehre in den Hintergrund, weil das Bilden von *Concetti* die Klugheit überragte – eine Dimension des ingeniösen Denkens bei Gracián, die etwa der dt. Frühaufklärer Christian Thomasius nicht sah. Außerdem markiert der Conceptismus Graciáns eine Abkehr von der aristotelischen Philosophie (↗Aristotelismus), weil er dem Prinzip der rationalen Begriffsbildung die »Macht der ingeniösen und metaphorischen Sprache« [4. 121] entgegensetzte, nicht aber eine Abkehr von der klassischen ↗Rhetorik, auch wenn das philosophische Verständnis des C. diese Vermutung nahelegt. Denn Gracián teilte nicht nur den Optimismus aller Rhetoriker, dass der kunstfertige Ausdruck sprachlich realisierbar sei, er gliederte die C. nach rhetorischen Ordnungskategorien und verfolgte mit dem ingeniösen Denken und der Bildung von C. eine eindeutige Wirkungsabsicht, nämlich wahre Erkenntnis.

Wie wenig sich Graciáns philosophisches Verständnis des C. durchzusetzen vermochte, zeigte sich nur wenige Jahre später im Traktat *Il cannochiale Aristotelico* (»Das aristotelische Fernrohr«) des ital. Jesuiten Emanuele Tesauro (1654). Als Produkt des *ingenium* ist auch bei ihm Scharfsinn (*argutezza*), traditional unterschieden in *argutia verborum* und *argutia operum* (Pointiertheit in Worten und Taten), zentrale Kategorie. Sprachlich nimmt das *ingenium* bei Tesauro im C. Gestalt an; wesentliches Stilmittel zu seiner Realisierung ist die Metapher, die im Vergleich zum C. deutlich mehr Aufmerksamkeit erfährt. Das ist dem Sachverhalt geschuldet, dass der C. bei Tesauro grundsätzlich lit. Qualität behält und nicht philosophisch gedeutet wird [5. 72–113]; [7. 47–56].

Da die philosophische Dimension des Conceptismus Graciáns weitgehend unrezipiert blieb, wurden dieser und der Tesauros häufig als Varianten eines lit. Phänomens wahrgenommen, das seinerseits in die *argutia*-Bewegung eingebettet war. Doch obwohl diese »gemeineuropäische Rhetorik-Mode« [1. 44] zentral für die Entstehung des modernen Literaturverständnisses war, weil hier die naturhafte, ingeniöse, später geniehafte Begabung für die dichterische Praxis höher bewertet wurde als die vermeintlich handwerkliche Ausarbeitung (*elocutio*), konnte sich der C. nicht etablieren. Versuche, scharfsinnige Figuren im Symbolismus und in der Lyrik des 20. Jh.s als C. zu erweisen (etwa durch Gustav René Hocke), konnten sich insgesamt nicht durchsetzen.

→ Manierismus; Rhetorik

[1] W. BARNER, Barockrhetorik, 1970 [2] E. R. CURTIUS, Europ. Literatur und lateinisches MA, ²1954 [3] H. FRIEDRICH, Epochen der ital. Lyrik, 1964 [4] E. HIDALGO-SERNA, Das ingeniöse

Denken bei Baltasar Gracián, 1985 [5] K.-P. LANGE, Theoretiker des literarischen Manierismus, 1968 [6] M. PRAZ, Studies in Seventeenth-Century Imagery, ²1975 [7] T. RECKERT, Der metaphorische »concepto« als Grundlage der ingeniösen Sprache bei Baltasar Gracián, 1991.

Kai Bremer

2. Kunst

2.1. Begriff und Grundlagen

Auch in der nzl. Kunst ist der Begriff C. weit gefasst. Er bezeichnet zum einen die kreative Formidee des Kunstwerks und zum anderen sein gedankliches Konzept von der ersten Idee bis zum ausgearbeiteten Programm eines vielteiligen Werks. Im Sinne des originär-kreativen Akts bedeutet C. die rein künstlerische Idee, d. h. die aus dem Geist des Künstlers geborene Vorstellung, die der Form des Kunstwerks zugrunde liegt (in der ⁊Kunsttheorie des ⁊Manierismus ist daher der Begriff des C. mit dem des ⁊Disegno eng verbunden).

Eine spezifische Auffassung vom inneren Vorstellungsbild hat Michelangelo in einem Sonett um 1544 formuliert: Kein Künstler ersinne einen C., der nicht schon im Marmor selbst vorhanden sei, doch nur der könne ihn freilegen, dessen Hand sein Intellekt führe [5]. Die vom schöpferischen Verstand gelenkte Hand überwindet demzufolge die ungeformte Materie und gibt dem Material die Gestalt, sodass die verwirklichte Form der geistigen Vorstellung nicht nachsteht. Dieses Verhältnis von manueller und intellektueller Arbeit wurde später immer wieder neu bestimmt. Während Michelangelo in einem Brief um 1546/47 schrieb »Man malt mit dem Kopf und nicht mit den Händen«, soll Annibale Carracci ein halbes Jahrhundert später (etwa 1599) gesagt haben: »Wir Maler sprechen mit den Händen« [6]. In der Virtuosität der Hand sah man oft einen Beweis für die Vergeistigung des Handwerks. Damit war in der gesamten Nz. der hohe Rang der künstlerischen Imagination (Vorstellungskraft) in theoretischer wie praktischer Hinsicht verbunden.

Als »gedankliches Konzept« hatte sich der C.-Begriff seit der Frührenaissance als Teil der rhetorischen ⁊Kunsttheorie entwickelt. In Albertis Malereitraktat *Della pittura* (lat. 1435, ital. 1436) besteht der C. zunächst in den Vorüberlegungen zur Themenwahl und zur künstlerischen Ausarbeitung eines Historiengemäldes (ital. *storia*). Davon abgeleitet galt C. allgemein als der inhaltliche und gestalterische Entwurf von Kunstwerken. Die seit dem 16. Jh. wirkungsreiche literarische Gattung der Ikonologie bot Dichtern und Künstlern exemplarische Concetti zur Gestaltung von Personifikationen, die vielfach histor. Verbindungen und strukturelle Analogien zur ⁊Emblematik aufweisen. ⁊Auftraggeber wie Künstler nutzten mythologische und emblematische Handbücher dafür, einen C. mit Hilfe von Personifikationen zu veranschaulichen, die einen abstrakten Begriff verkörpern (z. B. Amor für die Macht der Liebe oder Fama mit Posaune für Ruhm). Die von Cesare Ripa 1593 veröffentlichte wirkungsreiche *Iconologia* (1603 erstmals illustriert) war z. B. ein Dichtern und Künstlern verbindliches Handbuch von Personifikationen für Concetti, die in ⁊Allegorien und Emblemen Anwendung finden konnten.

Durch einen C. oder die Verknüpfung mehrerer Concetti wird ein Stoff auf eine spezifische Aussage hin interpretiert. So können komplexe Programme mit bes. Sinnstiftung für die Ordnung der Welt versehen sein und durch abstrakte Begriffe in gleichnishaften Historien sowie Glaubens- und Tugendbeispielen vor Augen geführt werden, wie dies insbes. häufig in Deckengemälden des Barock der Fall ist. Man vertraute auf die poetischen und rhetorischen Mittel der ⁊Malerei und war überzeugt, dass die Kunst der visuell-sinnlichen Erkenntnis dient, ohne auf Sprache angewiesen zu sein [4].

2.2. Concettismo im 17. und 18. Jahrhundert

Im 17. Jh. entwickelte sich im *concettismo* das in vielen barocken Kunstwerken konstitutive Prinzip, durch die poetische Kraft eines C. die Gedanken des Kunstwerks auf eine höhere Aussage zu heben [3]. Häufig entstand ein C. aus der Zusammenarbeit eines Künstlers mit einem gelehrten »Konzeptor« (etwa einem Dichter, Gelehrten oder Theologen). Wie sehr die Leistung eines C. geschätzt wurde, lässt sich daran erkennen, dass sich bes. aus der fürstlichen und klerikalen ⁊Repräsentations-Kunst zahlreiche Concetti (Programme) erhalten haben [2]. Waren Künstler sogar selbst in der Lage, einen C. zu erfinden, so brachte ihnen dies höchstes Ansehen ein, und sie galten z. B. als *pictor doctus* (lat.; »gelehrter Maler«, in Analogie zu *poeta doctus*; vgl. ⁊Dichtung).

Als Theoretiker waren viele Maler stolz darauf, einen dem jeweiligen Anlass angemessenen C. ersinnen zu können (z. B. zur Fürstenverherrlichung), und bis zum Ende des ⁊Ancien Régime bot dieses Arbeitsfeld ausreichend Aufträge. Seit der Mitte des 18. Jh.s geriet diese Art von Programmkunst in eine Krise, denn die ikonologischen Handbücher verloren im Zuge der ⁊Aufklärung ihre Vorbildlichkeit. Die Kritik richtete sich zunehmend gegen die Unverständlichkeit und den gelehrten Ballast der Concetti. Die im ⁊Barock oft genutzte Möglichkeit, die Realität durch das Kunstwerk zu transzendieren, wurde im späten 18. Jh. als vernunftswidrig abgelehnt. Gefordert war nunmehr eine vom Verstand geleitete Ausdrucksweise, die klar und eindeutig den Gedanken einsichtig machen sollte, sodass das Prinzip des Verschlüsselns und Enträtselns in den Bildenden Künsten aus der Mode kam.

→ Allegorie; Deckenmalerei; Disegno; Emblematik; Kunsttheorie

Quellen:
[1] O. Bätschmann / S. Gianfreda (Hrsg.), Leon Battista Alberti: Della pittura (Über die Malkunst), 2002.

Sekundärliteratur:
[2] S. Appuhn-Radtke, Allegorie und Emblem, in: J. Pauser et al. (Hrsg.), Quellenkunde der Habsburgermonarchie (16.–18. Jh.), 2004, 971–1005 [3] H. Bauer, Barock. Kunst einer Epoche, 1992 [4] M. Hunderner, Rhetorische Kunsttheorie und barocke Deckenmalerei, 1997 [5] D. Summers, Michelangelo and the Language of Art, 1981 [6] M. Warnke, Der Kopf in der Hand, in: W. Hofmann, Zauber der Medusa (Ausst. Kat.), 1987, 55–61.

Roland Kanz

Confessio Augustana
s. Augsburger Religionsfriede; Bekenntnis; Luthertum

Connaisseur s. Dilettant; Geschmack

Conquista s. Eroberung

Conseil du Roi s. Geheimer Rat; Staatsrat

Constitutio Criminalis Carolina
Die Peinliche Gerichtsordnung Kaiser Karls V. von 1532 (C.C.C.) ist die wichtigste Rechtssetzung des ↗Heiligen Römischen Reiches Deutscher Nation auf dem Gebiet des ↗Strafrechts und ↗Strafprozesses und das wohl bedeutendste ↗Gesetz des Alten Reiches überhaupt. Sie rezipierte die strafrechtlichen und -prozessualen Lehren der ital. Rechtswissenschaft in Deutschland und prägte das dt. und europ. Strafrecht bis ins 19. Jh.

Auf Anregung des ↗Reichskammergerichts beschloss der ↗Reichstag 1498, eine reichsweite Ordnung zu erlassen, wie man in Strafsachen verfahren solle. Hintergrund waren die territorial zersplitterte Rechtspflege, das Nebeneinander von röm.-kanonischem und älterem einheimischen Recht, teilweise willkürliche Folterungen und sehr harte ↗Leibesstrafen. Als vorbildlich und zukunftsweisend erschien die Peinliche Gerichtsordnung des Fürstbistums Bamberg (*Constitutio Criminalis Bambergensis*) von 1507. Im Wesentlichen war sie das Werk des Bamberger Hofmeisters Johann Freiherr von Schwarzenberg, der sie (im Gegensatz zur älteren Forschungsmeinung) aber nicht allein verfasste [3. 92–106]. Als späteres Mitglied des Reichsregiments wird er an der Ausarbeitung der C.C.C. beteiligt gewesen sein. Dass er aber den ersten Entwurf selbst verfasste oder zumindest dafür verantwortlich war, dass man sich bei den Beratungen ab 1521 an die Bambergensis anlehnte, ist nicht erwiesen [3. 108]. 1532 wurde die C.C.C. verabschiedet. Aufgrund einer salvatorischen Klausel konnte sie zwar von partikularen Strafgesetzen ersetzt werden (↗Partikularrecht); tatsächlich setzte sie sich jedoch im gesamten Reichsgebiet weitgehend durch und beeinflusste ihrerseits territoriale Gesetzgebungen.

Die Strafrechtspflege war nach der Konzeption der C.C.C. Aufgabe des Staates. Neben dem weiterhin bestehenden privaten Akkusationsverfahren regelte die Gerichtsordnung umfassend den ↗Inquisitionsprozess, bei dem der ↗Richter von Amts wegen Verbrechen erforschen und Straftäter verurteilen sollte. Verfahrensziele waren die Ermittlung der materiellen Wahrheit und die Feststellung der individuellen Schuld. Da es keine freie ↗Beweis-Würdigung gab, konnte ein Täter nur durch zwei Augenzeugen oder durch sein Geständnis überführt werden. Damit wurde das Geständnis zum wichtigsten Beweismittel, seine Erzwingung durch Folter die Grundlage des gemeinrechtlichen Strafprozesses.

Auf den ersten Blick wirkt die C.C.C. hart und grausam. Verschiedene Arten von ↗Todesstrafen und andere körperliche (»peinliche«) Strafen bildeten die zeittypischen Rechtsfolgen des Verbrechens. Die Neuerungen der C.C.C. zeigen sich an anderen Punkten. So hing die Zulässigkeit der ↗Folter zukünftig von der »genugsamen Anzeigung« der Straftat ab, also vom hinreichenden Tatverdacht. Nur auf Grund erwiesener Indizien durfte ein Verdächtiger der Tortur unterworfen werden [1. Art. 20, 23], und dies auch nur, wenn zuvor feststand, dass die Straftat überhaupt geschehen war [1. Art. 6]. Diese Hürden lagen teilweise so hoch, dass v. a. die Reichsstädte der C.C.C. vorwarfen, sie begünstige und fördere alle Übeltaten. Das Maß der Folter selbst stellte die C.C.C. dagegen ins Ermessen des Richters.

Im Gegensatz zu den maximilianeischen ↗Halsgerichtsordnungen zeichnete sich die C.C.C. durch scharf umrissene Tatbestände mit genauen Beschreibungen und Differenzierungen der Begehungsweise aus. Ihr sprachlicher Ernst und die Kraft des Ausdrucks wurden noch 1814 von Friedrich Carl von Savigny gerühmt; außerdem gab es bereits Ansätze zur Herausbildung eines Allgemeinen Teils des Strafrechts. Versuch, ↗Notwehr und verschiedene Schuldformen wurden als allgemeine Regelungsprobleme erkannt und abstrakt formuliert. Eine ↗Kodifikation im Sinne einer abschließenden Gesetzgebung war die C.C.C. nicht, der Grundsatz ↗Nulla poena sine lege (»Keine Bestrafung ohne Gesetz«) galt nicht. Vielmehr besaßen die Lehren der ital. Kriminalwissenschaft und strafrechtliche Gewohnheiten gesetzesgleiche Bedeutung. In Zweifelsfällen forderte die C.C.C. die Strafgerichte auf, im Wege der ↗Aktenversendung bei Rechtsgelehrten Rat einzuholen. Hierdurch förderte sie maßgeblich die ↗Professionalisierung der Strafrechtspflege. Die C.C.C. bildete damit zugleich die Grundlage, auf der sich eine eigenständige dt. ↗Strafrechtswissenschaft entwickeln konnte, die nach zaghaften Ansätzen mit Benedikt Carpzov um 1635 ihren ersten Höhepunkt erreichte.

Die enge Anlehnung an das rezipierte röm.-kanonische Recht (↗Gemeines Recht) verschafften der C.C.C. Beachtung über die Grenzen des Alten Reiches hinaus, u. a. in Holland und Polen. Noch 1767 erschien eine franz. Übersetzung, die für schweizer. Söldner in Frankreich anwendbar war. Erst der von Frankreich ausgehende reformierte Strafprozess entzog der C.C.C. im frühen 19. Jh. die Grundlagen, nachdem man zuvor in der Praxis die angedrohten harten Strafen häufig gemildert hatte. Das auf der C.C.C. beruhende gemeine dt. Strafrecht wurde in den meisten dt. Staaten erst durch die Strafgesetze der ersten Hälfte des 19. Jh.s abgeschafft, z. B. in Bayern 1813, in Hannover 1840 und in Preußen schon 1794.

→ Gesetz; Reichsgesetzgebung; Strafgesetzgebung; Strafprozess

Quellen:
[1] F.-Ch. Schroeder (Hrsg.), Die Peinliche Gerichtsordnung Kaiser Karls V. und des Heiligen Römischen Reiches von 1532, 2000.

Sekundärliteratur:
[2] A. Ignor, Geschichte des Strafprozesses in Deutschland 1532–1846, 2002 [3] P. Landau / F.-Ch. Schroeder (Hrsg.), Strafrecht, Strafprozeß und Rezeption. Grundlagen, Entwicklung und Wirkung der Constitutio Criminalis Carolina, 1984 [4] F.-Ch. Schroeder (Hrsg.), Die Carolina, 1986.

Peter Oestmann

Constitutio Criminalis Theresiana (1768)

s. Strafgesetz (Österreich 1803)

Contrat social s. Staatsvertrag

Corpus Hermeticum s. Hermetik

Corpus Iuris Canonici

1. Zustandekommen
2. Inhalte
3. Geltung

1. Zustandekommen

Der Begriff *Corpus Iuris Canonici* (CIC; »Sammlung des kanonischen Rechts«) ist die seit 1580 amtlich gebrauchte und seitdem allgemein üblich gewordene Bezeichnung für die in einer Kompilation vereinigten kirchlichen Rechtssammlungen und Gesetzbücher aus der Zeit von etwa 1140 bis zum Ende des 15. Jh.s. Es handelt sich dabei um die amtliche Zusammenfassung der in der Epoche des »klassischen Kirchenrechts« (1140–1350) ordnend bearbeiteten alten Rechtsvorschriften (lat. *Canones*) und des durch päpstliche Antwortbriefe auf Rechtsfragen (Dekretalen) neu entstandenen Rechts der kath. Kirche. Das CIC setzt sich aus fünf Teilen zusammen: dem *Decretum Gratiani* (D.G.) von etwa 1140, dem *Liber Extra* des Papstes Gregor IX. von 1234, dem *Liber Sextus* des Papstes Bonifatius VIII. von 1298, den *Clementinae* genannten Dekretalen des Papstes Clemens V. von 1317 und den Extravaganten (außerhalb der Sammlungen umlaufenden Dekretalen). In dieser Form stand das CIC bis zum Inkrafttreten des *Codex Iuris Canonici* am 19. Mai 1918 als Recht der kath. Kirche in Geltung.

2. Inhalte

Das D.G. hat den Charakter eines das ältere, seit dem 2. Jh. entstandene ↗Kirchenrecht in fast 4000 Kapiteln (lat. *capitula*) ordnenden und vereinheitlichend darstellenden Lehrbuchs. Eine heutigen Anforderungen genügende Systematik wurde nicht erreicht. Im 12. Jh. erfasste man die Materien in einer Grobgliederung mit den Begriffen *ministri* (»Weihe- und Amtsträger«), *negotia* (»kirchliche Sachangelegenheiten und Streitfragen«, zuerst der Kleriker, dann der Laien) und *sacramenta* (das gegenständliche Weihe- und das übrige ↗Sakramenten-Recht). Ferner enthält der Text einen Traktat zum Bußwesen (↗Kirchenbuße).

Das neue Recht, das aus der auf allgemeine Gerichtsverwendbarkeit zielenden Bearbeitung der Dekretalensammlungen hervorgegangen war, gewann zunehmend den Charakter einer von Päpsten erlassenen Gesetzessammlung. Einem modernen Gesetzbuch entspricht am stärksten der *Liber Sextus*. Er ist wie schon der *Liber Extra* und die späteren Sammlungen des CIC in fünf Bücher unterteilt mit den Themen *iudex* (»Richter«), *iudicium* (»Gerichtsbarkeit«), *clerus* (»Geistlichkeit«), *connubia* (»Eheverbindungen«), *crimen* (»Verbrechen«).

3. Geltung

Beide Rechte, weltliche (*leges*) und kirchliche (*canones*), machten das *ius utrumque*, »des Reiches gemeine Rechte« aus, nach denen gemäß Reichskammergerichtsordnung 1495, § 3, im Zweifel geurteilt werden sollte. Dabei wurde das CIC in der Rechtsquellenhierarchie höher als das röm. *Corpus Iuris Civilis* eingestuft, da es jünger und früher als jenes rezipiert worden war. Als Teil des ↗Gemeinen Rechts des Alten Reiches und als kaiserliches Recht galt das CIC im weltlichen Bereich bis zum Inkrafttreten des BGB am 1. Januar 1900 [5]; [8].

Besondere Geltungsprobleme brachten – v. a. für die Protestanten – die ↗Reformation und die ihr nachfolgende Entstehung der evang. Landeskirchen mit sich. Luther verbrannte am 20. Dezember 1520 vor dem Elstertor in Wittenberg neben der gegen ihn gerichteten Bannbulle (↗Kirchenbann) auch die Texte des CIC als »vergiftetes Recht« und »Schale des göttlichen Zorns«. Auf Dauer waren ihm mehr noch als das D. G. die vom Jurisdiktionsprimat des Papstes (↗Papsttum) getragenen Gesetzbücher zuwider [4]. Melanchthon, weniger rigide, Zwingli und andere Reformatoren nutzten aus dem CIC gewonnene Argumente gegen die Papstkirche [4]; [6]. Den Ausschlag für die grundsätzliche Fortgeltung des CIC als subsidiärer Rechtsquelle im dt. evang. Kirchenrecht gaben schließlich die von den Kirchenjuristen zu bewältigenden Anforderungen des Alltags. Da man nicht in kurzer Zeit ein hinreichend dichtes neues Kirchenrecht schaffen konnte, wandten sie das CIC an, sofern seine Sätze nicht dem evang. Glaubensbekenntnis, Schrift- und Rechtsverständnis widersprachen.

Die praktische Bedeutung des CIC für die Protestanten blieb also zunächst recht groß. Sie erstreckte sich nicht nur auf kirchlich zu ordnende Rechtsmaterien, sondern auch auf solche, die nach Auffassung der Reformatoren von der weltlichen Obrigkeit geregelt werden sollten. Insoweit wurde aus kanonischem Recht weltliches, aus den Regeln des CIC ein Teil des *ius civile* (Zivilrechts). Am umfassendsten – nämlich selbst als ↗Verfassungsrecht – galt das CIC in den protest. gewordenen geistlichen Fürstentümern. Dem CIC verbunden blieben vornehmlich die Legitimierung des landesherrlichen ↗Kirchenregiments, das kirchliche Vermögensrecht, das Recht der Stifter (↗Stifterrecht) und ↗Klöster, das Patronatsrecht, das Standes- und Besoldungsrecht der Geistlichen, das ↗Eherecht und das Prozessrecht (↗Prozess) [4]; [5]; [7]; [8].

Im 16. Jh. galt das CIC kraft der Autorität der von beiden Religionsparteien in je unterschiedlicher Form anerkannten christl. Universalkirche fort. Als sich die Religionsspaltung verfestigte (↗Konfessionalisierung), stützten die Protestanten ab dem Ende des 16. Jh.s die Fortgeltung des kanonischen Rechts auf dessen Anerkennung durch die weltliche Obrigkeit im Wege einer »Rezeption« [5]; [6].

→ Gemeines Recht; Kirchenrecht; Reformation

Quellen:
[1] A. FRIEDBERG, Corpus iuris canonici (2 Bde.), 1879–1881 [2] B. SCHILLING / C. F. SINTENIS, Das Corpus iuris canonici in seinen wichtigsten und anwendbarsten Theilen (2 Bde.), 1834–1837.

Sekundärliteratur:
[3] H. E. FEINE, Gliederung und Aufbau des Decretum Gratiani, in: Studia Gratiana 1, 1953, 351–370 [4] J. HECKEL, Das Decretum Gratiani und das dt. evangelische Kirchenrecht, in: Studia Gratiana 3, 1955, 485–517 [5] M. HECKEL, Die Veränderungen des kanonischen Rechts durch die Reformation und die Religionsverfassung des Alten Reiches, in: H. BOUCKMANN et al., Recht und Verfassung im Übergang vom MA zur Nz., 1998, 25–67 [6] F. SCHMIDT-KLAUSING, Das Corpus Iuris Canonici als reformatorisches Mittel Zwinglis, in: ZKG 80, 1969, 14–21 [7] A. SPRENGLER-RUPPENTHAL, Das kanonische Recht in Kirchenordnungen des 16. Jhs, in: R. H. HELMHOLZ, Canon Law in Protestant Lands, 1992, 51–121 [8] U. WOLTER, Die Fortgeltung des kanonischen Rechts und die Haltung der protestantischen Juristen zum kanonischen Recht in Deutschland bis in die Mitte des 18. Jhs., in: R. H. HELMHOLZ, Canon Law in Protestant Lands, 1992, 13–47.

Jürgen Weitzel

Corpus Iuris Civilis s. Gemeines Recht

Cortegiano

Das 1528 erschienene *Libro del C.* (»Buch vom Hofmann«) diskutiert den Sozialtypus des Hofmannes und proklamiert ein Bildungs- und Verhaltensideal im Sinne des ↗Humanismus, das in den folgenden Jahrhunderten im europ. Rahmen vielfach rezipiert wurde. Es stellt daher nicht nur einen Grundtext des frühnzl. Europa dar, sondern hat seinerseits zur »Europäisierung Europas« [2. 12] beigetragen, insofern es grenzüberschreitend der Konstruktion von kultureller Identität diente. Höfische Kultur (↗Hof) und ↗Autonomie des Individuums gehen eine charakteristische Allianz ein, die – verbunden mit Verhaltensratschlägen – auf Generationen von Lesern, Übersetzern, Kommentatoren und Autoren anziehend wirkte. Der Autor, der ital. Diplomat Baldassare Castiglione (1478–1529), inszeniert sein Werk als Dialog, den er am Hof von Urbino situiert, unter 23 Personen sowie weiteren Zuhörern. Der Dialog erstreckt sich über vier abendliche Zusammenkünfte im März 1507. Die (kontrafaktische) Suggestion des dokumentarischen Charakters des Buchs wird dadurch unterstrichen, dass es sich bei sämtlichen Gespächsteilnehmern um zeitgenössische Persönlichkeiten handelt und auch die weiteren Umstände histor. sind [8. 9].

Inhaltlich entwerfen und verwerfen die Protagonisten in ihrer Wechselrede Verhaltensmaßstäbe für den vollkommenen Hofmann bzw. die Hofdame (↗Dame). Das Themenspektrum umfasst Konversation, Dichten, Singen, Musizieren, Tanzen, Malerei u. v. m. Als Leitideale erscheinen wiederholt die ↗Tugenden und Kriterien der ↗Sprezzatura, der Fähigkeit, Schwierigstes scheinbar mühelos, wie selbstverständlich auszuführen: »Anmut« (*grazia*), »Angemessenheit« (*misura*), »Begabung« (*ingenio*) und »Kunst« (*arte*). Ihr Gegenteil, das ostentative Vorführen seiner Fähigkeiten, wird als »Angeberei« (*affettazione*) abgelehnt. In einem Raum, der kaum durch Moral, Recht oder Religion bestimmt ist, entfaltet sich eine umfassende Gesellschaftsethik, deren oberste Prinzipien einer freien und toleranten Gesinnung entspringen, die weniger auf individuellen Selbsterhalt und Selbstbehauptung im Sinne einer machiavellistischen Klugheitslehre abzielt, denn auf kultivierter ↗Geselligkeit basiert.

Adressat des Wunsches nach Anerkennung und Gunst ist nicht primär der Fürst, sondern gleichrangige Personen, insbesondere das andere Geschlecht. Die ↗Geschlechterrollen sind von erotisch aufgeladener ↗Gleichberechtigung geprägt. Auf antiken Vorbildern (insbes. Cicero) fußend, entfaltet sich so ein Gesellschafts- und Zivilisationsmodell, das zwar von einer ritterlichen Kultur und adeligen Ehrbegriffen ausgeht (↗Adelsehre), jedoch weit darüber hinaus Verbindlichkeit zu gewinnen vermag [8.17]. Durch die offene Kontroverse und die Anschaulichkeit und Leichtigkeit des Stils wirkt das Buch niemals doktrinär, sondern reproduziert seinerseits die empfohlenen Verhaltensmaximen und betont die kommunikative Prozesshaftigkeit von Normsetzung, -vermittlung und -durchsetzung.

Das Buch wurde noch im 16. Jh. ins Spanische (1534), Französische (1537), Englische und Lateinische (1561) sowie ins Deutsche (1565 [7]) übersetzt und erlebte bis zum 18. Jh. zahllose Ausgaben [2. 203–207], wobei durchaus Konjunkturen der Beliebtheit auszumachen sind. Möglicherweise zirkulierten in dem Jahrhundert nach seinem Erscheinen 100 000 Exemplare [2. 165]. Diese Popularität reflektiert einerseits den Aufstieg der frühnzl. Hofkultur und der andauernden Bedeutung des Sozialtypus des Hofmannes, für den solche Anleitungsliteratur essentiell war. Andererseits unterscheidet sich der »C.« von sonstigen Hoftraktaten und der Ratgeberliteratur durch seinen vergleichsweise unpolitischen Zugriff, der einen stärkeren Wertepluralismus impliziert und im Zweifel die Autonomie und Freiheit des Individuums machttaktischer Unterwerfung oder karrieristischer »Verstellung« (lat. *simulatio, dissimulatio*) vorzieht. Ästhetisierung und ↗Witz sind so präsent wie in keinem anderen vergleichbaren Werk.

Entsprechend kontrovers wurde das Buch unter den Einflüssen von ↗Manierismus, ↗Machiavellismus, ↗Tacitismus, ↗Neustoizismus und bes. des aufdämmernden ↗Absolutismus bewertet, die eher Graciáns *Oraculo Manual* sowie Werke des galanten Höflichkeitsdiskurses [1] statt Castigliones C. wertschätzten (↗Anstandsliteratur). Im Verlauf der ↗Aufklärung gerieten der Hof und die höfisch geprägten Höflichkeitsideale ohnehin unter Generalverdacht. Für das 19. Jh. gerieten sämtliche Hoftheorie und nzl. Zeremonialliteratur über das ↗Decorum zum Spottobjekt schlechthin [9. 6–10]. Die höfische Anleitungsliteratur wurde zum Synonym einer Ethik, die sich in der Verfeinerung von adeligem Müßiggang und höfischer Selbstbespiegelung erschöpft hatte, wobei der C. infolge der Wertschätzung für die Renaissance und wegen seiner geschmeidigen, aber nie unterwürfigen Haltung noch vergleichsweise positiv bewertet und wiederholt zum Objekt eines wohlmeinenden Interesses wurde [2. 150–160].

→ Anstandsbuch; Anstandsliteratur; Hof; Honnête homme

[1] M. BEETZ, Frühmoderne Höflichkeit. Komplimentierkunst und Gesellschaftsrituale im altdt. Sprachraum, 1990 [2] P. BURKE, Die Geschicke des »Hofmann«. Zur Wirkung eines Renaissance-Breviers über angemessenes Verhalten, 1996 (engl. 1995) [3] J. CAVALLO, Joking Matters: Politics and Dissimulation in Castiglione's Book of the Courtier, in: Renaissance Quarterly 53, 2000, 402–424 [4] R. W. HANNING / D. ROSAND (Hrsg.), Castiglione. The Ideal and the Real in Renaissance Culture, 1983 [5] M. HINZ, Rhetorische Strategien des Hofmannes. Studien zu den ital. Hofmannstraktaten des 16. und 17. Jh.s, 1992 [6] S. KOLSKY, Learning Virtue, Teaching Politics. Some Notes on Book Four of the Cortegiano, in: Forum Italicum 34, 2000, 5–29 [7] K. LEY, Castiglione und die Höflichkeit. Zur Rezeption des Cortegiano im dt. Sprachraum vom 16. bis zum 18. Jh., in: Chloe 9, 1990, 3–108 [8] E. LOOS, Literatur und Formung eines Menschenideals. Das »Libro del Cortegiano« von Baldassare Castiglione. Zur 500. Wiederkehr des Geburtsjahres des Autors 1478–1978, 1980 [9] M. VEC, Zeremonialwissenschaft im Fürstenstaat. Studien zur juristischen und politischen Theorie absolutistischer Herrschaftsrepräsentation, 1998.

Miloš Vec

Cortes s. Geheimer Rat; Staatsrat

Coutumes s. Gewohnheitsrecht

Cuius regio, eius religio

Das Schlagwort C. R. E. R. (lat. »Wes das Land, des der Glaube«) wurde vom evang. Kanonisten Joachim Stephani Anfang des 17. Jh.s für die Bestimmung des ↗Augsburger Religionsfriedens vom 29. 9. 1555 geprägt, wonach den Reichsständen für ihre Territorien die Freiheit der Entscheidung zwischen Katholizismus (↗Römisch-katholische Kirche) und Luthertum (↗Protestantismus; ↗Evangelische Kirchen) zugestanden wurde. Damit war der ↗Ewige Landfriede von 1495 auf religiöse Belange erweitert und das Reichsketzerrecht daher endgültig nicht mehr auf die lutherischen Länder anwendbar (↗Häresie). Die damit erfolgte Verlagerung der religiösen Einheit vom Reich auf die Territorien stellte sich bald als irreversibel heraus, wenngleich jene weiterhin als wünschenswert galt (§§ 139 und 140). Die der Regel C. R. E. R. zugrunde liegende Idee der weltlichen Religionshoheit wurzelt im ma. Konzept der Einheit von Herrschaft, Recht und Religion. Die bereits vorreformatorisch akzeptierten kirchenhoheitlichen Eingriffsrechte der weltlichen Obrigkeit in Verbindung mit den offenen Formulierungen des Reichsabschieds von Speyer (1526) wurden von den evang. Reichsständen bereits vor 1555 im Sinne des Prinzips C. R. E. R. eingesetzt. Im Ganzen stellt die reichsrechtliche Verankerung dieses Grundsatzes den Abschluss und Höhepunkt einer spätma. Entwicklung dar. Indem er das konfessionelle Zeitalter einläutete (↗Konfessionalisierung), bedeutete er aber auch den Übergang zu nzl. politischen Strukturen.

Der Grundsatz C. R. E. R. in Verbindung mit einer Reihe von flankierenden Maßnahmen des Augsburger Religionsfriedens (*reservatum ecclesiasticum*, lat. für »Geistlicher Vorbehalt«, und *Declaratio Ferdinandea*, die Sonderbestimmung für die Reichsstädte) stellte einen mühsam erarbeiteten Kompromiss dar, der mit einigen Unklarheiten verbunden war. Er konnte daher politisch, juristisch und theologisch vielfältig gedeutet werden, je nachdem, ob er der ↗Staatsräson oder der Politik der Konfessionsparteien dienen sollte. Der konfessionelle Konflikt war zwar für einige Zeit eingedämmt, konnte aber erst nach der Katastrophe des ↗Dreißigjährigen Krieges (1618–1648) durch die den ↗Augsburger Religionsfrieden (1555) ergänzenden und erweiternden Bestimmungen des ↗Westfälischen Friedens (1648) entschärft werden. Damit waren die Grundlagen für das Reichskirchenrecht bis zum ↗Reichsdeputationshauptschluss 1803 geschaffen.

Entscheidend für die weitere Entwicklung des Reichskirchenrechts (↗Kirchenrecht) war, dass mit der Verlagerung der Konfessionseinheit von der Reichsebene auf die Territorialebene ein Verrechtlichungsschub sowohl auf der Ebene der ↗Reichsverfassung als auch in den Territorien verbunden war. Auf der Reichsebene wurde der Grundsatz von der ↗Reichspublizistik immer mehr als eine »staatsrechtliche, politische Maxime in prinzipieller Distanz von jeglicher theologisch-kirchlichen Begründung, Legitimierung, Inhaltsbestimmung und Begrenzung der territorialen Religionsherrschaft weltlicher Obrigkeit« [2] gesehen. Im Kontext der aus frühnzl. Sicht bes. wichtigen Staatsaufgabe, der Ausübung des ↗Kirchenregiments, entstand eine komplexe Verfassungsordnung, welche den ↗Paritäts-Grundsatz und eine erste Parteienbildung durch die Religionsparteien einschloss. Auf der Ebene der ↗Territorien hingegen förderte der Grundsatz C. R. E. R. die Ausbildung des ↗Absolutismus. Während das Reich »föderalisiert« wurde, kam es mit Hilfe des Kirchenregiments auf der Ebene der Territorien zu einer Stärkung der staatlichen Obrigkeit. Andere Herrschaftsträger innerhalb der Territorien wurden zurückgedrängt, für Parteienbildung war hier kaum Platz.

Das mit dem Augsburger Religionsfrieden anbrechende konfessionelle Zeitalter stellt eine Übergangsphase zur nzl. Fürsten- bzw. Staatssouveränität dar. Für den Bestand des nzl. ↗Staates schien vorerst nichts so gefährlich gewesen zu sein wie die Teilung der ↗Souveränität oder die Einräumung von Freiheiten gegen die souveräne Gewalt. Es galt das Prinzip: Wird die Herrschaft geteilt, ist der Fürst nicht souverän (Jean Bodin). Die religiöse Wahrheitsfrage wurde zunehmend politisch und rechtlich ausgeblendet, die staatliche Omnipotenz durfte dadurch jedoch nicht in Frage gestellt werden. Aus politischen Gründen bestand der ↗Staat daher im konfessionellen Zeitalter auf der religiösen Einheit, da diese weiterhin als unverzichtbares Fundament politischer Ordnung galt. Ein Zugeständnis musste der Konfessionsstaat jedoch machen: Er konnte die religiöse Einheit nur durchsetzen, indem er die miteinander streitenden Konfessionen durch Ermöglichung der ↗Emigration (*ius emigrandi*) räumlich trennte (↗Auswanderungsfreiheit). Was man aus heutiger Sicht *confessional cleansing* (»konfessionelle Säuberung«) nennen könnte, war ein europaweit praktiziertes Modell, wie z. B. die Rückgängigmachung des ↗Edikts von Nantes (1589) durch das Edikt von Fontainebleau (1685) und die folgende ↗Hugenotten-Emigration aus Frankreich.

Für die Modernisierung Deutschlands brachte das geistliche Herrschaftsrecht der Reichsstände in ihren Territorien einen gewissen Verzögerungseffekt. Das *ius emigrandi* hatte zwar einen nicht zu unterschätzenden Fortschritt in der Gewissensfreiheit gebracht, es half jedoch mit, den Durchbruch zur individuellen ↗Religionsfreiheit in den Territorien hinauszuschieben.

→ Augsburger Religionsfriede; Kirche und Staat; Konfessionalisierung; Reformation; Reichsverfassung

Quellen:
[1] Augsburger Reichsabschied vom 25. September 1555, in: K. ZEUMER, (Hrsg.), Quellenslg. zur Geschichte der Dt. Reichsverfassung in MA und Nz., ²1913, 341–370.

Sekundärliteratur:
[2] M. HECKEL, Deutschland im konfessionellen Zeitalter (Dt. Geschichte 5), 1983 [3] H. SCHILLING, Aufbruch und Krise. Deutschland 1517–1648, ⁴1998 [4] B. C. SCHNEIDER, Ius Reformandi. Die Entwicklung eines Staatskirchenrechts von seinen Anfängen bis zum Ende des Alten Reiches (Jus Ecclesiasticum 68), 2001 [5] S. SKALWEIT, Reich und Reformation, 1967 [6] E. W. ZEEDEN, Konfessionsbildung. Studien zur Reformation, Gegenreformation und katholischen Reform (SpätMA und Frühe Nz. 15), 1985.

Richard Potz

Curiositas s. Neugier

Curriculum s. Lehrplan

Dame

Dalai Lama s. Lamaismus

Dame

1. Begriff
2. Trägerinnen
3. Konzept und Entwicklung
4. Praxis

1. Begriff

Der nach 1650 aus dem franz. *dame* bzw. dem ital. *dama* oder *donna* ins Deutsche übernommene Begriff ist von lat. *domina* (»Herrin«) abgeleitet. Synonyme für »Herrin« sind auch seine Entsprechungen im Spanischen (*señora*) und Englischen (*lady*, von angelsächs. *hlafdige* = »Brotherrin«). Als höfischer Titel wurde er meist in Verbindung mit dem Possessiv »mein«, *ma* bzw. *my*, gebraucht (*Madame, Madonna, My Lady* bzw. *Milady*). Beim Schach- und beim Kartenspiel bezeichnet D. die zweitwichtigste Figur oder Karte [1].

2. Trägerinnen

Prinzipiell war der Titel D. der höchsten Herrscherin vorbehalten: der Frau des Fürsten bzw. der Himmelskönigin, der Hl. Jungfrau Maria (*Madonna, Notre Dame, Our Lady, Unsere Liebe Frau*). Schon im Laufe des MA aber war er auf alle hochadligen Frauen ausgedehnt worden: in Frankreich zunächst auf die Gattin des ältesten Bruders des Königs, dann auf die königlichen Prinzessinnen (*Dames de France* bzw. *Madames royales*), während die Enkelinnen des Königs, bisweilen auch seine Nichten, als *Mademoiselles* angesprochen wurden (mittellat. *domicella* = »junge Frau«). Als *Dame d'honneur* (»Ehrendame«) wurde in der Nz. offiziell die Hofmeisterin der Fürstin, faktisch aber jede adlige Frau bezeichnet, als *Dame de la cour* jede Frau, die Zutritt zum Hof hatte. *Dame de palais* (»Palastdame«) war der Titel weiblicher Mitglieder des Hofstaates der Prinzessinnen. Bürgerinnen kam die Anrede *Mademoiselle* zu [1]; [3]; [8].

Dennoch war die Ausweitung des Titels seit 1500 nicht mehr aufzuhalten. Verbote (z. B. durch die franz. Generalstände 1560) blieben wirkungslos und förderten diese Tendenz eher noch. Schon im 18. Jh. konnte jede Frau, die sich wie eine D. verhielt, als solche angesprochen werden. Nur in England blieb *Lady* ein offizieller Titel der Gattinnen der *peers, baronets* und *knights* (Ritter) sowie der Töchter von Herzögen, Marquis und Grafen [1].

Außerhalb des Hofes trugen weibliche Korporationen (z. B. ↗Frauenorden) und deren Mitglieder (auf jeden Fall die Äbtissin) oft die Bezeichnung D. (*Dames du Sacré-Coeur, Dames Blanches*); auch die zünftig organisierten, mit königlichen ↗Privilegien ausgestatteten Pariser Marktfrauen hießen (häufig ironisch) *Dames de la Halle*. In der Franz. Revolution königstreu – noch 1793 demonstrierten sie für Königin Marie Antoinette –, wurden sie von den *Dames de la Fraternité* bekämpft, radikalen Aktivistinnen der Linken auf den Tribünen des Nationalkonvents [6]; [7].

3. Konzept und Entwicklung

»Was die Europäer von allen anderen Kulturen der Welt unterscheidet, ist … die Erfindung der ›Dame‹« [2. 46]. Die Stilisierung der Frau zur Herrin des Mannes – den oft andersartigen Realitäten zum Trotz – war in nachantiker Zeit ein Phänomen der Höfe und der aristokratischen ↗Eliten. Die Grundidee dazu stammte aus dem Minnekult: Weil edle Frauen nur edle Männer lieben, zwingen sie diese, sich moralisch, geistig, charakterlich und ästhetisch zu kultivieren, zu verfeinern und zu steigern, sich also selbst jene Disziplin aufzuerlegen, zu der Frauen ohnehin gezwungen sind. Dieses für die Nz. verbindliche D.-Konzept hatte sich im Laufe des MA in der am meisten feudal geprägten Kultur Europas entwickelt, in Frankreich. Provoziert durch den frauenfeindlichen *Roman de la Rose* (1230–1280) und Werke wie Alain Chartiers *La Belle Dame sans mercy* (1424), inspiriert zugleich durch Giovanni Boccaccios *De claris mulieribus* (um 1360; »Über berühmte Frauen«) war hier die *Querelle des femmes* (↗Querelle des sexes) entbrannt, eine Debatte über die Rangordnung zwischen den ↗Geschlechtern. Aus Werken wie Christine de Pisans *Cité des dames* (1405), Martin le Francs *Champion des dames* (1430–1440) und Agrippa von Nettesheims *De nobilitate et praecellentia foeminei sexus* (1529; »Vom Adel und Vorrang des weiblichen Geschlechts«), der bedeutendsten Antwort des ↗Humanismus auf diese Frage, erwuchs das Ideal der D. als einer perfekten Vereinigung von natürlicher Vorzüglichkeit, Erziehung und ↗Bildung [10].

Die Eigenschaften, die eine D. auszeichnen sollten, waren Dauerthemen des vornehmen Diskurses und unterlagen – wie das Ideal der *honnête femme* (↗honnête homme), das sich mit dem der D. decken konnte, aber nicht musste – einer ständigen Neubestimmung. Wie jedes erfolgreiche soziale Leitbild war das der D. ein offenes, tendenziell ständeübergreifendes. Entscheidend waren Form und Stil des Auftretens, des Umgangs, des ↗Geschmacks. Zwar nicht die Aufgaben, wohl aber die Eigenschaften einer D. ähnelten denen des vornehmen

Mannes. Mehr als diesen jedoch zeichnete es sie aus, dass sie gesellschaftliche Normen zugleich perfekt erfüllte, prägte und brach – dass sie auch Verstöße gegen geltende Regeln durch Eleganz adelte. Eine D. »konnte eigentlich keine Fehler machen. Sie konnte schwere Sünden begehen, aber sie hörte nie auf, D. zu sein« [2. 52]. Anders als dem Hofmann (↗Cortegiano) gebührten ihr alle Vorrechte und Höflichkeitserweisungen, die man Ranghöheren schuldete (König Ludwig XIV. zog selbst vor Kammerzofen den Hut). So festigte und bestätigte die D. die soziale Hierarchie, indem sie diese für einen Moment außer Kraft zu setzen schien [4]; [8].

Zentral für den D.-Diskurs blieb die ↗Liebe. Die D. durfte sich ihr keineswegs verschließen, sondern hatte sie auf eine moralisch wie ästhetisch vorbildliche Weise zu leben und zu gestalten. Literarische Muster dafür boten Baldassare Castigliones *Libro del ↗Cortegiano* (»Buch vom Hofmann«, 1528), das *Heptaméron* der Margarethe von Navarra (nach 1546, gedr. 1558 posthum) sowie die *Vies des Dames illustres de France* und die *Vies des Dames galantes* (nach 1583, gedr. 1666/67 posthum) des Pierre de Bourdeille Brantôme. Diese Werke feierten die absolute Autonomie, gerade in erotischer Hinsicht, als auszeichnendes Merkmal der D. [10]. Diese erotische Konnotation bewirkte, dass der dt. Begriff D. anfangs den hofkritischen Beiklang von ↗»Mätresse« bzw. »Dirne« besaß.

Auch deshalb stieg die D. zum Leitideal auf, weil die Konzepte des ↗Hauses und der ↗Familie (franz. *lignage*), als deren Hüterin sie fungierte und figurierte, im Zuge der frühnzl. Territorialisierung noch an Gewicht gewannen. Diese Tatsache verpflichtete sie auch zu literarischer Bildung, da ihr traditionell die Pflege der familiären Gedächtniskultur (*memoria*) zukam. Gelehrtheit widersprach dem Ideal der D. schon deshalb keineswegs. Strittig blieben nur Stil und Ausmaß solcher Beschäftigungen – so wie in männlichen Sphären über die richtige Balance zwischen *otium* (lat. für »Muße«) und *negotium* (»Pflicht«) diskutiert wurde. D.-Traktate wie *L'Honneste Femme* (1632) des Jacques du Bosc, *La Vraie Philosophie des Dames* (1646) des Sieur de Gerzan, *La Bibliothèque des Dames* (1640) und *Les Plaisirs des Dames* (1641) des François de Grenaille, später auch die Beiträge zum Streit um die *Précieuses* suchten das rechte Maß zu bestimmen [4]; [5]; [9]; [10].

Der Wandel der ↗Geschlechterrollen im Zuge der ↗Aufklärung, die Umdeutung der Frau zu einem sensitiven Naturwesen, änderte auch das Bild der D. in folgenschwerer Weise. Unter dem Einfluss Jean-Jacques Rousseaus – bes. der Frauenfiguren in *Julie ou La Nouvelle Héloïse* (1761) und *Les Confessions* (1782/88) – wurde aus der ↗Femme Forte, der selbstbewussten Gebieterin, eine empfindsame Seelenführerin (↗Empfindsamkeit). Das D.-Ideal nahm sentimentale, passive Züge an. In dieser Gestalt blieb es im 19. Jh. ein hoher sozialer Leitwert, stieß bei den Gegnern der neuen ↗bürgerlichen Gesellschaft aber eben deshalb auf heftige Kritik. Arthur Schopenhauer etwa sah 1851 im »Damenunwesen, … unserer altfranzösischen Galanterie und abgeschmackten Weiberveneration … [die] höchste Blüte christlich-germanischer Dummheit« [2. 46].

4. Praxis

So gut die Rolle der Frau in der Nz. inzwischen erforscht ist, so wenig ist es die der D. So bleibt vorerst umstritten, inwieweit vornehme Frauen zwischen 1450 und 1850 tatsächlich imstande waren, die gesellschaftliche Kultur durch autonomes Handeln bestimmend zu prägen. Vermutlich waren diese Möglichkeiten besser, als Skeptiker(innen) meinen – in Frankreich gewiss mehr als in anderen Ländern [11]. Mochten Frauen an politischen Entscheidungen in der Regel wenig direkten Anteil haben – eine Ausnahme wäre der »Damenfrieden« (franz. *paix des Dames*) von Cambrai, den weibliche Verwandte Kaiser Karls V. und König Franz' I. von Frankreich 1529 für die Kontrahenten aushandelten –, so besaßen sie doch die oft entscheidende Stimme bei der Heiratspolitik und der Konfessionsentscheidung ihrer Familien, häufig auch in politischen Konflikten (wie die führende Rolle von D. etwa in der ↗Fronde beweist). Erst recht waren D. als ↗Mäzeninnen von Schriftstellern, Künstlern und Musikern sowie als Schöpferinnen gesellschaftlicher Podien wie der ↗Salons nicht nur ein soziales Leitbild, sondern eine maßgebliche soziale Realität [3]; [5]; [6]; [7].

→ Cortegiano; Damenhof; Damenstift; Frauenbildung; Gelehrte Frauen; Geschlechterrollen; Standesbildung

[1] Art. Dames, Damoiseau, Damoiselle, in: Franz. Real-Lex. 2, 1900, 38–40 [2] A.-W. Asserate, Die Dame, in: A.-W. Asserate, Manieren, 2003, 46–62 [3] B. Bastl, Tugend, Liebe, Ehre. Die adelige Frau in der Frühen Nz., 2000 [4] P. F. Cholakian, Women and the Politics of Self-Representation in Seventeenth Century France, 2000 [5] B. Craveri, L'âge de la conversation, 2002 (ital. 2001) [6] A. Farge / N. Z. Davis (Hrsg.), Frühe Nz. (Geschichte der Frauen, hrsg. von G. Duby et al., Bd. 3), 1994 (ital. 1991) [7] W. Gibson, Women in Seventeenth-Century France, 1989 [8] J. Hirschbiegel / W. Paravicini (Hrsg.), Das Frauenzimmer. Die Frau bei Hofe im SpätMA und früher Nz. (Residenzenforschung, Bd. 11), 2000 [9] R. Kroll, Femme poète. Madeleine de Scudéry und die poésie précieuse, 1996 [10] M. Lazard, Les avenues de Fémynie. Les femmes et la Renaissance, 2001 [11] M. Ozouf, Les mots des femmes. Essai sur la singularité française, 1995.

Gerrit Walther

Damenhof

1. Begriff und Funktion
2. Geschichte
3. Struktur

1. Begriff und Funktion

Frauen der Elite hatten in allen Hochkulturen Anspruch auf eigenes Personal und Begleiter/innen, die sich um ihr leibliches und geistiges Wohl kümmerten. Als D. bezeichnet man die Gruppe von Hofdamen, Würdenträgern und Domestiken (↗Dienstboten), die einer Fürstin zu Diensten standen.

Die Funktionen des nzl. D. waren vielfältig und eng mit dem Status der Herrin verbunden. Neben der materiellen Versorgung der Fürstin und ihrer Begleitung, die v. a. zu Zeiten der ma. Reiseherrschaft die Existenz eines autonomen Hofstaates erforderte, erfüllte der D. auch politische, wirtschaftliche und kulturelle Funktionen: In ↗Monarchien gab es häufig keine Trennung zwischen Hofstaat und Regierungspersonal – hier konnte der D. politische Funktionen wahrnehmen. Besaß die Fürstin materiellen (Grund-)Besitz, so wurde dieser in der Regel von Mitgliedern ihres Hofes verwaltet. Der D. nahm auch Anteil an den Repräsentationsaufgaben des ↗Hofes und symbolisierte durch Größe und Rang seiner Mitglieder die soziale Position der Herrin und ihres Gemahls. Gleichzeitig war der D. ein Mittel zur Integration und Kontrolle des ↗Adels, dessen Politik und Heiratsstrategien vom Fürstenpaar mitbestimmt wurden. Die Hofdamen wiesen zudem die Fürstin, welche häufig aus einem fremden Land stammte, in ihr »Amt« und die Sprache, Geschichte und Kultur der neuen Heimat ein.

2. Geschichte

Bereits in der Merowinger- und Karolingerzeit sind Hofbeamte, die allein im Dienste der Königin standen [1. 82], ebenso belegt wie Hofdamen. Im 12. Jh. unterstrich die Minneliteratur die zivilisatorische Funktion des D. innerhalb der Hofgesellschaft. Gesicherte Auskünfte über die Struktur und Größenordnung der D. Europas liefern jedoch erst die Hofordnungen des 13. Jh.s. D. umfassten eine Vielzahl von Ämtern; zudem verfügten sie über ein eigenes Budget und eine autonome, vom Hofstaat des Fürsten unabhängige Struktur.

Mit der Sesshaftwerdung des Hofes ab dem 15. Jh. veränderte sich der Aufbau der D. v. a. in den dt.sprachigen Ländern [2. 247–262]. Ihr Personal wurde reduziert und verlor an Autonomie. In England, Frankreich und Spanien ist eine solche Entwicklung nicht zu beobachten. In Staaten, in denen sich ein absolutistisches Herrschaftsprinzip durchsetzte (↗Absolutismus), kam es häufig zu einer Ausweitung des Hofes und damit auch des D. Diese Entwicklung begann in Frankreich relativ früh: Zur Zeit der Religionskrise des 16. Jh.s nutzte Katharina de' Medici ihren Hofstaat sowie den ihrer Söhne, um rivalisierende Fraktionen an die Krone zu binden und zu kontrollieren. Ihr Hof bestand aus mehr als 550 Mitgliedern, der ihres Sohnes Heinrich III. erreichte 1000. In anderen Staaten setzte eine solche Erweiterung erst im 17. Jh. ein.

Mit dem Entstehen der Republiken und der ↗konstitutionellen Monarchien im 19. Jh. endete die Existenz der europ. D. in ihrer politisch relevanten Form. Vertraute und Angestellte nahmen nun den Platz der Adligen und Hofbeamten des *Ancien Régime* ein.

3. Struktur

Der D. war nach dem Modell des Hofstaates des Fürsten organisiert; von diesem unterschied sich der D. jedoch in Struktur und Größe. Der Fürstin stand umfangreicheres weibliches Personal zur Verfügung; politisch relevante Posten (z. B. Kanzler, Siegelverwahrer, Sekretäre) blieben hingegen häufig unterbesetzt. Hofleute aus der Heimat der Fürstin, eine Gruppe von »Ausländern«, wurden häufig zum Ziel öffentlicher Kritik, v. a. in international angespannten politischen Situationen.

Generell war der D. kleiner als der Hofstaat des Fürsten. Die soziale Herkunft, die politische und familiäre Position der Fürstin (z. B. Regentin oder Königinmutter) beeinflussten seine Größe. Im MA machte der D. in Frankreich etwa 50–75 % (70–130 Personen) des Hofstaates des Königs aus, im 17. und 18. Jh. jedoch nur 30 % (500 Personen). Ähnliche Größenverhältnisse sind in England, Spanien, Burgund und einigen Ländern des Alten Reiches anzutreffen. In Wien war das Ungleichgewicht wohl am stärksten ausgeprägt: 1675 umfasste der Hofstaat des Kaisers 1125 Mitglieder, der seiner Frau nur 80–90 Personen [3. 12].

Zum festen Kern der europ. D. zählten die Hofdamen und -fräulein, Hofmeister, religiöse Seelsorger, Rechnungskammer sowie Sekretariat. Dazu kam eine umfangreiche Dienerschaft, von der ein Teil sich um die Bedienung der Fürstin und ihrer Hofdamen, ein anderer Teil sich um die Versorgung der anderen Mitglieder des D. kümmerte.

Der soziale Ursprung der Hofdamen war Veränderungen unterworfen, die die politische und gesellschaftliche Entwicklung widerspiegelten. V. a. in Frankreich rangen drei Gruppen um einflussreiche Positionen bei Hofe: der zu militärischen Ehren gekommene niedere und mittlere ↗Adel sowie der Hochadel und der ↗Amtsadel. Im 16. Jh. waren alle drei Gruppen am D. vertreten. Im 17. Jh. umgaben die franz. Königin Anna von Österreich v. a. Mitglieder der ersten Gruppe. Die Damen des Hochadels dienten selten der franz. Königin und unterhielten am Königshof einen eigenen Hofstaat. All diesen Gruppen gemein war die Sorge um eine klare Abgrenzung zum ↗Bürgertum. Der Aufenthalt bei Hofe wurde v. a. im 17. und 18. Jh. zum Adelsprivileg.

Die Ernennung der Mitglieder des D. nahm die Person vor, welche die Regierungsgewalt innehatte; zumeist war dies der Fürst. Hier konnte es zu Konflikten kommen, v. a. wenn es um die Entlassung von Hofleuten ging, die aus der Heimat der Fürstin stammten. Maßnahmen dieser Art sind häufig als Hinweis auf politische Spannungen zwischen den Ländern der Ehegatten zu werten.

→ Adel; Dame; Geschlechterrollen; Hof

[1] A. Fössel, Die Königin im ma. Reich, 2000 [2] J. Hirschbiegel / W. Paravicini (Hrsg.), Das Frauenzimmer. Die Frau bei Hofe in SpätMA und früher Nz. (6. Symposium der Residenzen-Kommission der Akademie der Wissenschaften in Göttingen), 2000 [3] K. Keller, Hofdamen. Amtsträgerinnen am Wiener Hof, 2005.

Caroline zum Kolk

Damenstift

1. Begriff und Organisation
2. Geschichte

1. Begriff und Organisation

D. (auch Kanonissenstift, Frauenkonvent, freiweltliches Stift) bezeichnet im weiteren Sinne eine Frauengemeinschaft, die ein religiöses Leben führte, das keiner Bindung an eine monastische Kommunität unterlag [10] (↗Mönchtum; ↗Kloster). Die Frage, ob D. ausschließlich dem (hohen) ↗Adel vorbehalten oder ständisch gemischt waren (↗Ständegesellschaft), wird in der Forschung diskutiert. D. existierten seit dem FrühMA v. a. in sächsischem, fränkischem und oberital. Gebiet; gebräuchlich wurde die Bezeichnung im engeren Sinne jedoch erst gegen Ende des MA, als die Betonung ständischer Exklusivität offenbar zunahm. In der Frühen Nz. bezeichneten D. auch ehemalige ↗Frauenklöster, die ihre klösterliche Verfassung und die Zugehörigkeit zu einem Ordensverband abgelegt hatten. Bis ins 18. Jh. wurden europaweit neue D. gegründet.

D. verbanden religiöse und standesgemäße Lebensführung. Gelübde wurden nicht abgelegt; ebenso bestand keine Verpflichtung zur Klausur; Privatbesitz und Austritt, z. B. wegen Heirat, waren erlaubt. Entsprechend den rein männlich besetzten Domkapiteln an den Domstiften (zwölf Kanoniker) setzten sich D. aus einer begrenzten Zahl förmlich investierter Stiftsdamen zusammen (Kanonikerinnen; lat. *canonissae, sanctimoniales, dominae chori*; Stiftsjungfrauen). An ihrer Spitze stand die Äbtissin (*domina*). Hauptaufgaben waren ↗Gottesdienst, die Pflege des Gedächtnisses (*memoria*) der Gründer, die ↗Mädchenerziehung, Gastlichkeit und allgemeine Wohltätigkeit. In den Reichsstiften (z. B. Essen, Gandersheim, Quedlinburg, Herford) kam der Äbtissin der Rang einer Fürstin und Prälatin mit vollem Recht zu; sie war im ↗Reichstag mit Sitz und Stimme vertreten. Neben der religiösen ist die herausragende soziale und politische Funktion der D. als Zentren von Herrschaft und Bildung im MA zu beachten.

2. Geschichte

In der ↗Reformation versuchten Nonnen in protest. Territorien, ihre Klostergemeinschaft als D. weiter zu erhalten. Die ↗Landesherren förderten dies teilweise und erließen eigene Ordnungen für D. Damit entsprachen sie durchaus der reformatorischen Überzeugung, Klöster seien ursprünglich »Schulen« gewesen und erhaltenswert, sofern sie zu dieser Aufgabe zurückkehrten [5] (↗Klosterschule). Es finden sich sogar eine Reihe gemischt-konfessioneller D. (z. B. Keppel, Clarenberg, Geseke, Schildesche, Börstel, Herdecke, Leeden u. a.) oder »freiweltlicher« D. (Buchau, Schaaken).

Auch auf kath. Seite fand die Idee des Stifts als Schule für Frauen und Mädchen außerhalb eines religiösen Ordens europaweite Verbreitung, wurde aber im Verlauf der Nz. zunehmend in klösterliche Bahnen gelenkt. So gründete beispielsweise Françoise de Maintenon, die Geliebte und zweite Frau Ludwigs XIV., die *Maison Royale de Saint Louis à Saint Cyr* 1686 als adliges Mädchenpensionat, Schule und Stift, die sich aber später auf kirchlichen Druck dem regulierten Augustinerorden anschließen musste [9. 130–147]; in St. Cyr wurden zwischen 1686 und 1793 mehr als 3 000 Mädchen erzogen. Das Beispiel St. Cyrs wurde über verwandtschaftliche Verbindungen des europ. Adels nach Wien, Prag und St. Petersburg weitergetragen, wo es zu Gründungen ähnlicher Institutionen kam. Auch im protest. England suchte man nach einem Modell der Mädchenerziehung, das die Vorteile eines Klosters beibehalten sollte, ohne selbst ein solches zu sein [7]; [4].

In der gesamten Frühen Nz. begründeten beide Konfessionen weitere D. (kath.: St. Anna – München 1783, Wien 1769, Innsbruck 1765, Brünn 1654, Prag 1701, 1755; protest.: Wasungen 1592, Kraichgau 1718, Bischofsheim 1729, Waizenbach 1733, Birken 1740; Simultaneum: Barschau in Schlesien 1789). In kath. Gebieten erlebten D. im 17./18. Jh. noch einmal eine Blüte. Da sie den Geboten klösterlicher ↗Armut und ↗Askese nicht verpflichtet waren, stand, sofern die materielle Basis gegeben war, der Entfaltung von Pracht und Reichtum in Architektur, Musik und Kunst, Kleidung und Lebensweise nichts entgegen. Infolge der ↗Französischen Revolution wurden mit den ↗Säkularisierungen des 19. Jh.s zahlreiche D. aufgelöst. Ihr Besitz wurde u. a. in Studien- oder Landesfonds (z. B. in die Klosterkammer Hannover) überführt.

Je nach Institution überwog in den D. eher der religiös-konfessionelle, der ständisch-exklusive oder der erzieherische Charakter; er wurde als »Tradition des Hauses« dauerhaft gepflegt (z. B. die achtstellige ↗Ahnenprobe). Manche Stiftsschulen sind bis heute als Mädcheninternate oder konfessionelle Privatschulen erhalten. Es findet sich auch karitatives Engagement im Rahmen der Alten- und Krankenpflege.

Ähnlich der Stiftspfründe (↗Pfründe) eines männlichen Klerikers bot ein Platz in einem D. der Inhaberin nicht nur Unterhalt und Wohnung, sondern – nach Wegfall der Residenzpflicht – auch eine gewisse Freizügigkeit, innerhalb derer sie am gesellschaftlichen Leben ihres Standes aktiv teilnehmen und nahezu uneingeschränkt reisen konnte. Die Zuteilung eines der durchaus begehrten Plätze galt als besonderer Gunsterweis auch für die Familie der Stiftsdame, da sie damit in den Kreis der Stiftswürdigen (Stiftsadel) aufgenommen wurde.

Mehrere Motive für die Persistenz der Institution D. sind erkennbar: der Wunsch nach einer vergleichsweise freien religiös-kommunitären Lebensform, die Erziehung und Sozialisation der Töchter während Kindheit und Adoleszenz, die Suche nach Möglichkeiten der außerhäuslichen ↗Bildung, die Sicherung eines Pools ebenbürtiger Heiratskandidatinnen, die Wahrung von gesellschaftlicher Position oder die Schaffung einer dauerhaften materiellen Basis zur »Versorgung« unverheirateter Töchter des Adels oder des gehobenen (Amts-)↗Bürgertums. Die neue sozialhistor. ausgerichtete Forschung stellt D. nicht mehr als »Versorgungsstätten« für unverheiratete Frauen dar, sondern betont ihre vielfältigen Funktionen in Bildung, Gesellschaft und Politik und sieht sie als einen Ort, der Frauen zahlreiche Handlungs- und Entwicklungsmöglichkeiten bot.

→ Frauenkloster; Geschlechterrollen; Mädchenerziehung; Mädchenschule

[1] K. Andermann (Hrsg.), Geistliches Leben und standesgemäßes Auskommen. Adlige Damenstifte in Vergangenheit und Gegenwart, 1998 [2] I. Crusius (Hrsg.), Studien zum Kanonissenstift (Studien zur Germania Sacra 24), 2001 [3] B. Henze, Orden und Klöster in der Umbruchzeit der Konfessionalisierung, in: A. Schindling / W. Ziegler (Hrsg.), Die Territorien des Reichs im Zeitalter der Reformation und Konfessionalisierung, Bd. 7 (Katholisches Leben und Kirchenreform im Zeitalter der Glaubensspaltung 57), 1997, 91–105 [4] B. Hill, A Refuge from Man. The Idea of a Protestant Nunnery, in: P&P 117, 1987, 107–130 [5] L. Koch, »Eingezogenes stilles Wesen«? Protestantische Damenstifte an der Wende zum 17. Jh., in: A. Conrad (Hrsg.), »in christo ist weder man noch weyb«. Frauen in der Zeit der Reformation und katholischen Reform, 1999, 199–230 [6] U. Küppers-Braun, Frauen des hohen Adels im kaiserlich-freiweltlichen Stift Essen (1605–1803). Eine verfassungs- und sozialgeschichtliche Studie (Quellen und Studien. Veröffentlichungen des Instituts für kirchengeschichtliche Forschungen des Bistums Essen 8), 1997 [7] M. Lardy, L'éducation des filles de la noblesse et de la gentry en Angleterre au XVIIe siècle (Publications Universitaires Européennes Série III, 592), 1994, 95–110 [8] M. Meier, Standesbewußte Stiftsdamen. Stand, Familie und Geschlecht im adligen Damenstift Olsberg 1780–1810, 1990 [9] B. Neveu, Institut religieux, fondation royale et mémorial dynastique, in: Les Demoiselles de Saint-Cyr. Maison royale d'éducation 1686–1793, hrsg. von den Archives départementales des Yvelines, 1999 [10] M. Parisse, Art. Kanonissen, in: LMA 5, 1991, 907 f.

Lucia Koch

Dämonen s. Dämonologie; Teufelsglaube

Dämonisierung

Im Kontext der global stattfindenden ↗religiösen Interaktionen der Nz. kam es in Bezug auf die ↗Gottesnarrative anderer Völker und Gesellschaften, die Europäer und bes. die im Namen der ↗Christianisierung aktiven Missionare abbildeten und schufen, grundsätzlich zur D. anderer Götter. In diesem Prozess wurden Götter, Geistwesen und Ahnen außereurop. Gesellschaften den Kategorien »gut« oder »böse« zugeteilt und im Falle der Kategorie »böse« fast ausschließlich als »Dämonen« definiert – ein Thema, das gerade in der Frühen Nz. von hoher Brisanz war (↗Dämonologie). Nie wurden sie als gleichzeitig »gut« und »böse« eingestuft, obwohl dies den Gottesbegriffen zahlreicher Gesellschaften außerhalb ↗Europas näher gekommen wäre [1]. »Böse« Gottheiten wurden häufig als Inkarnationen des Teufels dargestellt (↗Teufelsglaube), einer Figur, die in den kulturell-religiösen Szenarien außereurop. Gesellschaften nicht originär verankert war. D. spielten in der christl. ↗Mission weltweit und zu verschiedenen Epochen eine doppeldeutige Rolle, da sie sowohl der Ausgrenzung als auch der Bewahrung lokaler Bräuche dienten, insofern außereurop. Götter, in Dämonenform verkleidet, die Christianisierung überleben konnten. Sie wurden in europ. wie in außereurop. Gesellschaften real, da über sie Wissen zu nicht-christl. Religionen vermittelt und reproduziert wurde, darüber hinaus aber auch Einfluss auf konkrete Umgangsweisen der Menschen mit dem Bösen genommen werden konnte; so galten manche Götter, die in Dämonenform festgeschrieben wurden, bald tatsächlich als Dämonen.

D. spiegelten zunächst den spirituellen Monopolanspruch der Missionare wider, die göttliche Vielfalt als Konkurrenz thematisierten sowie alternative ↗Gottesbilder soweit wie möglich verdrängten und fast ausschließlich stigmatisierten. Während die durch die Missionare vertretene Religion als »einzig wahre« interpretiert wurde, wurden die Religionen »der Anderen« als korrumpiert und fehlgeleitet dargestellt. ↗Ethnographien europ. Betrachter bezeugen die rapide Veränderung in dem auf die fremden Gesellschaften gerichteten Blick: Während in den frühen ethnographischen Berichten Verwunderung und Staunen auch hinsichtlich der religiösen Praxis dominierten, verfestigten sich innerhalb weniger Jahrzehnte von Europa aus gedachte universal systematisierende, bewertende und abwertende Diskurse.

In den außereurop. Gesellschaften gestaltete sich D. außerdem als ein Parallelprozess zu den Aneignungen und Übersetzungen, über die sowohl der ↗Katholizismus als auch der ↗Protestantismus gesellschaftlich integriert wurden [3]. Die D. existierender Gottesvorstellungen funktionierte, weil sie Welt- und Gottesbilder beschrieb, die für Europäer Sinn machten, und weil außereurop. Gesellschaften in ihrem Denken dadurch nicht unmittelbar beeinflusst wurden. Vielen Gesellschaften außerhalb Europas war auch nach Jahren der Interaktion die strikte Separierung von »gut« und »böse«, »göttlich« und »teuflisch« nur vage verständlich. Die Durchführung inquisitorischer Verfahren (↗Inquisition) verdeutlichte ihnen jedoch allmählich, dass diese Trennung der Kategorien unter kolonialer Herrschaft über Leben und Tod sowie Freiheit und Bestrafung entscheiden konnte [2].

Insbes. in Kontexten, in die das Christentum nachhaltig integriert wurde (vgl. ↗Christianisierung), wurden Vertreter nicht-christl. Religiosität damit konfrontiert, dass sie die sie legitimierenden Bezugsgottheiten in neuem Licht zu sehen hatten. In Südamerika z. B. gelang es den Menschen gemeinhin, unter dem Deckmantel kath. Heiliger alte indian. oder afrikan. Gottheiten weiter zu verehren, wer jedoch offen mit der Hilfe eines afrikan. Gottes Menschen heilte, geriet vor die Inquisition [2]. Männer und Frauen, die sich als Seher, Priester und Heiler auf die Kommunikation mit Gottheiten und übernatürlichen Kräften beriefen, die infolge der ↗Christianisierung als »böse« gebrandmarkt wurden, mussten sich dagegen wehren, als Gefährten des Bösen ausgegrenzt zu werden. Grundsätzlich forderte die neue religiöse Situation sie auf, zu überdenken, mit welchen Gottheiten sie sich assoziiert sehen wollten. Es zahlte sich aus, offiziell z. B. den Hl. Georg und nicht Ogún zu verehren und den »einen Gott« als »höchsten Gott« anzuerkennen.

D. wirkten sich letztendlich auch konkret auf den gesellschaftlichen Umgang mit dem Bösen aus. Das Spektrum des Bösen vergrößerte sich aufgrund dieses speziellen Aspekts der religiösen Interaktion zwar nicht notwendigerweise, auf jeden Fall aber veränderte es sich. Deshalb mussten Menschen neue Antworten auf die Herausforderungen durch das neuerlich Böse finden und beteiligen sich z. B. an zahlreichen mittel- und langfristigen gegen die Hexerei gerichteten Bewegungen. Jene traten – im Gegensatz zu den meisten lokalen Religionen – mit dem Versprechen, das Böse effektiv zu bekämpfen, nun tatsächlich zu den christl. Kirchen in Konkurrenz. Im 19. und 20. Jh. bereiteten D. auch den Boden für die Entstehung zahlreicher neuer, Unabhängiger Christlicher Kirchen [4].

→ Alterität; Christianisierung; Dämonologie; Missionierung; Teufelsglaube

[1] I. GAREIS, Wie Engel und Teufel in die Neue Welt kamen. Imaginationen von Gut und Böse im kolonialen Amerika, in: Paideuma 45, 1999, 257–273 [2] K. J. McKNIGHT, »En su tierra lo aprendió«. An African Curandero's Defense Before the Cartagena Inquisition, in: Colonial Latin American Review 12/1, 2003, 63–84 [3] B. MEYER, Beyond Syncretism: Translation and Diabolization in the Appropriation of Protestantism in Africa, in: C. STEWART / R. SHAW (Hrsg.), Syncretism/Anti-Syncretism. The Politics of Religious Synthesis, 1994, 45–68 [4] J. D. Y. PEEL, The Pastor and the Babalawo. The Interaction of Religions in Nineteenth-Century Yorubaland, in: Africa 60/3, 1990, 338–369.

Kirsten Rüther

Dämonologie

1. Definition und Gegenstand
2. Naturgesetz und übernatürliche Kräfte
3. Vernunft versus Aberglaube

1. Definition und Gegenstand

Das griech. Wort *daímōn* bezeichnet ein übernatürliches Wesen; D. ist die Lehre davon. Der bedeutendste Theoretiker der D. der Renaissance war der Philosoph Marsilio Ficino (*De triplici vita*, Florenz 1469; »Über das dreifache Leben«). Sein Interesse am Neuplatonismus (↗Platonismus) und anderen antiken philosophischen Richtungen prägte seine Vorstellung von Dämonen (= Dn.) als Wesen, die überirdische Kräfte vermitteln. Paracelsus und Henry Cornelius Agrippa (*De occulta philosophia*, 1533) entwickelten Ficinos Ansätze weiter; durch die Verknüpfung von D. und astrologischer ↗Magie schufen sie okkulte Systeme (↗Okkultismus), die wegen ihrer angeblichen Verbindungen zum Satanismus in die Kritik gerieten (↗Teufelsglaube). Vom christl. Standpunkt aus betrachteten engl. und kontinentaleurop. Autoren die Hauptdämonen als gefallene ↗Engel; sie bezeichneten sie als *incubus* (»der Aufliegende«) oder *succubus* (»der Unterliegende« – was ihre imaginierten sexuellen Beziehungen zu Menschen ausdrückte), als die falschen Götter des AT oder v. a. als die Verkörperung Satans: Obgleich ohne Zugang zum Göttlichen, war es den Dn. somit doch auferlegt, innerhalb der Schöpfung Gottes verankert zu verbleiben.

2. Naturgesetz und übernatürliche Kräfte

Auf dieser Grundlage stellte sich für Dämonologen wie Skeptiker der Frühen Nz. die Frage, ob Dn. und ihre Helfer zu den ihnen zugeschriebenen Taten fähig und ob diese natürlich oder übernatürlich seien. Dafür wurde Thomas von Aquins Unterscheidung zwischen Bestaunenswertem (lat. *mira*) und Wundern (lat. *miracula*) herangezogen – also zwischen Ereignissen mit unbekannter, aber natürlicher Ursache und solchen, die die Naturgesetze transzendieren. Teufel waren nur zu Ersterem fähig, Wunder dagegen, als Aufhebung der Naturgesetze, waren Gott als deren Urheber vorbehalten (↗Wunderglaube). Da man annahm, dass der Teufel Menschen für seine Zwecke einspannte, galt das Streben nach überirdischen (dämonischen) Kräften als Götzenverehrung, was in Martin Luthers Predigten, im calvinistischen Heidelberger Katechismus von 1563 (↗Calvinismus) und in verschiedenen kath. Beichtordnungen als Verstoß gegen das Erste Gebot ausgelegt wurde.

Man glaubte, dass Dn. in der natürlichen Welt über beträchtliche Kräfte verfügten. Solche Macht konnte Unglück über Einzelne bringen, seltener auch gravierendere histor. Ereignisse bis hin zu Kriegen verursachen. Allerdings wurde das Ausmaß ihrer Fähigkeiten heftig diskutiert. In einem Extrem behauptete Jean Bodin (*De la démonomanie des sorciers*, Paris 1583; dt. »Vom ausgelassenen wütigen Teufelsheer«, 1591), dass dämonischen Handlungen keine Grenzen gesetzt seien, wohingegen Reginald Scot (*Discoverie of Witchcraft*, London 1584; »Entdeckung der Hexerei«) den Dn. die Körperlichkeit und damit auch die Fähigkeit absprach, die materielle Welt zu verändern. Die meisten Dämonologen konzentrierten sich auf die *praeternaturalia* (einmalige Abweichungen von der Natur), die jedoch nicht im Widerspruch zu Gottes Gesetzen standen. Die Identifizierung dämonischer Einwirkungen wurde für Fälle individueller Hexerei wie auch für die allgemeine Theorie der D. zum wichtigsten Thema; und die Frage der Hexenmacht (↗Hexe; vgl. ↗Angst) stand mit der Entwicklung des frühnzl. Pyrrhonismus und ↗Skeptizismus im Zusammenhang. In seinem ironisch-satirischen *Lob der Torheit* (*Encomium moriae*, Paris 1511) nahm Erasmus die Besessenheit der ↗Hexenverfolgung aufs Korn, und Montaigne verwarf die Praxis, Hexen auf Grund bloßer Vermutungen zu »rösten« (*Essais*, Bd. 3., Paris ⁵1588, 456 f.).

3. Vernunft versus Aberglaube

Das Aufkommen von ↗Rationalismus und Experimentalphilosophie (↗Experiment) sowie des Begriffes vom Naturgesetz im 17. Jh. hatte auch auf die D. Auswirkungen. Francis Bacon lehnte in *The Advancement of Learning* (1605; dt. »Über die Würde und den Fortgang der Wissenschaften«) die Magie zugunsten der mühevolleren Methode des Experimentierens ab. Die mechanistische Weltsicht (↗Mechanismus) von Descartes, Gassendi, Hobbes (*Leviathan* 1.2, 3.37, 4.45) zog hermetische Vorstellungen (wie sie auch Paracelsus vertrat) von einem geistererfüllten ↗Kosmos in Zweifel (↗Hermetik); Fernwirkungen und die Fähigkeit des Geistes, den Bewegungszustand fremder Körper zu beeinflussen, wurden in Abrede gestellt. Doch auch der wachsende Erfolg der Experimentalphilosophie brachte die D. nicht völlig in Misskredit. François Perrault veröffentlichte 1653 *Démonologie ou traitté des demons et sorciers* (»D. oder Abhandlung über Dämonen und Zauberer«); Joseph Glanvill argumentierte 1666 in einem populären Werk (1681 als *Sadducismus triumphatus* neu aufgelegt), dass ein Leugnen der Existenz von Hexerei zur Leugnung der Wiederauferstehung führen müsse und man sich über die Zeugenaussagen zur Hexerei nicht leicht hinwegsetzen könne. Henry More, wie Glanvill ein offizielles Mitglied der Londoner *Royal Society*, schrieb ausführlich über D. und Kabbalistik (↗Kabbala) und hielt daran fest, dass das dämonische Wirken von Hexen zuverlässig belegt sei.

Eine Vielfalt wissenschaftlicher und gesellschaftlicher Faktoren beeinflusste den Glauben an Dn. und Hexen. Die neuen Philosophien fanden zunehmende Zustimmung bei einer Bildungselite, die darauf bedacht war, sich vom ↗Aberglauben des einfachen Volks abzusetzen. Richter verlangten seit dem späten 17. Jh. nach überzeugenderen Beweisen, bevor sie eine Verurteilung wegen Umgangs mit Dn. aussprachen. Die ↗Besessenheit von Dn. verlor in gleichem Maß ihren diagnostischen Status, wie sich eine materialistische, vom aufkommenden mechanistischen Weltbild inspirierte ↗Medizin etablierte. Die Wirren der engl. Bürgerkriege (↗Englische Revolution) und die Assoziation von politischem Radikalismus mit religiöser Heterodoxie veranlassten Philosophen wie Pierre Bayle, nach Beweisen für dämonische Eingriffe in den menschlichen Bereich zu suchen – in der Hoffnung, damit den Vorwurf des Atheismus zu entkräften (*Response aux questions d'un provincial*, 1704). John Lockes Unterscheidung zwischen empirischer und spekulativer Erkenntnis (↗Empirismus) verstärkte die Ablehnung der Vorstellung, dass die physische Welt von guten und bösen Geistern durchsetzt sei.

Mit Beginn des 18. Jh.s nahmen Philosophen und Juristen nur noch selten Bezug auf dämonisches Wirken – die Dn. traten den Rückzug in das Reich von Märchen, Oper und Lustspiel an. Im Volksglauben, der weniger an philosophische und religiöse Systeme gebunden war, vollzog sich ihr Niedergang weit langsamer. Tatsächlich hält sich der Glaube an die Realität dämonischer Besessenheit bis heute nicht nur in abgelegenen Landstrichen Europas, sondern in der offiziellen Lehre der kath. Kirche, die weiterhin exorzistische Rituale vorschreibt.

→ Aberglaube; Hexe; Magie; Naturwissenschaft und Religion; Okkultismus; Zauberei

[1] W. Behringer, Hexenverfolgung in Bayern: Volksmagie Glaubenseifer und Staatsräson in der frühen Nz., 1987 [2] S. Clark, Thinking with Demons: the Idea of Witchcraft in Early Modern Europe, 1999 [3] B. Easlea, Witchhunting, Magic and the New Philosophy, 1980 [4] H. C. E. Midelfort, Witch Hunting in Southwestern Germany, 1562–1684: The Social and Intellectual Foundations, 1972 [5] W. Monter, Witchcraft in France and Switzerland: The Borderlands During the Reformation, 1976 [6] G. Schormann, Hexenprozesse in Deutschland, 1981 [7] W. Stephens, Demon Lovers: Witchcraft, Sex, and the Crisis of Belief, 2002 [8] K. Thomas, Religion and the decline of magic, 1971 [9] G. Williams, Defining Dominion: The Discourses of Witchcraft in Early Modern France and Germany, 1999.

Todd Butler (Ü: D. P.)

Dampfkraft s. Dampfmaschine

Dampfmaschine

1. Allgemeines
2. Denis Papins und Thomas Saverys Pumpe
3. Die Feuermaschine Newcomens
4. James Watt und die Dampfmaschine
5. Entwicklung und Verbreitung

1. Allgemeines

Die kontinuierlich genutzte Expansionskraft des Wasserdampfes erlangte erst mit James Watts Weiterentwicklung der Newcomen-Maschine in der zweiten Hälfte des 18. Jh.s, nach 1800 dann mit der Hochdruck-D. erhebliche Bedeutung; die Verwendung der Dampfturbine setzte erst gegen Ende des 19. Jh.s ein; dennoch besaß die D. eine Initialfunktion für die ↗Industrialisierung. Sie wurde zuerst im Bergbau verwendet (↗Montanwesen; ↗Bergbautechnik), dann bald auch im Verkehrswesen (↗Dampfschiff und ↗Eisenbahn). In einem langfristigen historischen Prozess des ↗technischen Wandels drängte sie andere Antriebsformen zurück bzw. löste sie ab.

Die wichtigsten Antriebskräfte neben der tierischen und menschlichen ↗Muskelkraft blieben nach der Renaissance zunächst der Druck von Wasser (↗Wasserkraft) und Wind (↗Windenergie), deren Umsetzung seit Jahrhunderten durch Mühlensysteme bewirkt wurde. Für stärkere Druckwirkungen stand seit dem frühen 14. Jh. Sprengpulver zur Verfügung. Zur Entfaltung des komplexen Artefakts D. trugen unterschiedliche Vorüberlegungen in Theorie und Praxis bei, die mit neuen experimentell beweisbaren Erkenntnissen (↗Experiment) und zugleich mit der Ablösung der überkommenen aristotelischen Interpretation der ↗Natur in Zusammenhang standen; sie führten zu Vorstellungen von einer berechenbaren, quantitativ verstehbaren Natur

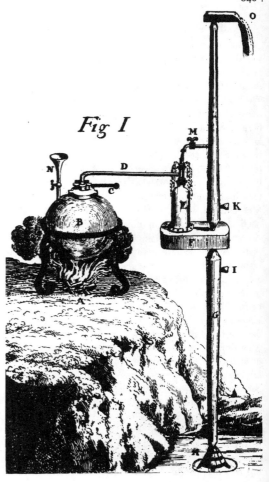

Abb. 1: Thomas Saverys, Dampfpumpe, um 1698. In Saverys Pumpe wurde Dampf aus einem separaten Kessel in einen mit Ventilen versehenen wassergefüllten Zylinder gedrückt: Der Dampf schob das Wasser entsprechend dem (geringen) Druck wie in einer Druckpumpe durch ein Klappenventil nach oben in das obere Auslaufrohr. Der im Zylinder verbliebene Dampf kondensierte nun, erzeugte damit Unterdruck und zog durch die untere Klappe Wasser in den Zylinder, das dann im folgenden Arbeitsgang wieder nach oben herausgedrückt wurde. Die geringe Zahl der bewegten Teile – sogar ein Kolben fehlte hier – gehörte sicherlich zu den positiven Elementen und zeigte die Herkunft aus dem Laboratorium an. Doch der nur niedrige Druck des Dampfes und der nur schmale Arbeitszylinder machten die Pumpe keinesfalls zum »Freund der Bergmanns«. Bedeutend war Saverys Überlegung, den Kessel vom Arbeitszylinder zu separieren, um die Naturkraft des »atmosphärischen Drucks« technisch nutzbar zu machen [19].

und Welt mit materialistisch gedachter Struktur [20] (↗Materialismus).

Im Streit um den Charakter des leeren Raumes (↗Vakuum) bot sich mit der Entdeckung des Luftdrucks und seiner Materialität (u. a. durch Evangelista Torricelli im 17. Jh.) eine ubiquitär verfügbare Kraft an, die – in geeigneter Weise als Unterdruck genutzt – eine unerschöpfliche Energiequelle zur Befriedigung herrschaftlicher und gesellschaftlicher Bedürfnisse zu sein schien (↗Pneumatik). Es fehlte allerdings ein Weg, auf dem in regelmäßigen Abständen ein Unterdruck erzeugt und damit diese Kraft genutzt werden konnte: Zum Auspumpen der aus zwei Hälften bestehenden Kugeln benötigte Otto von Guericke vier Stunden die Arbeitskraft zweier kräftiger Männer.

Hilfe bei der Lösung der vielen anstehenden Fragen boten im Meinungs- und Erkenntnisaustausch des 17. Jh.s der intensive Schriftwechsel von Gelehrten (z. B. Marin Mersennes) und Institutionen (z. B. die Pariser ↗Akademie der Wissenschaften, gegr. 1666, und die Londoner *Royal Society*, gegr. 1662), welche die Ergebnisse etwa von Christiaan Huygens und Denis Papin lebhaft diskutierten und auch auf die Ergebnisse Isaac Beeckmans von 1614/16 zurückgreifen konnten [8] (↗Gelehrtenkorrespondenz).

2. Denis Papins und Thomas Saverys Pumpe

Der niederl. Physiker Christiaan Huygens schlug 1681 vor, die Luft unter dem Kolben einer Pumpe durch Sprengstoff aus dem Zylinder zu treiben, den Kolben dabei zu fixieren und nach Schließung der Auspufflöcher den mit der Abkühlung der Luft in das Rohr eintretenden Kolben zu beobachten. Der franz. Forscher Denis Papin, der seit 1675 ebenfalls bei Robert Boyle in London experimentierte, verfolgte dabei zwei andere Wege: Zum einen griff er die Lösung auf, mit Dampf Druck auf das Wasser in einer mit Ventilklappen ausgestatteten Pumpe (Saug-Druckpumpe) zu erzeugen.

Sein engl. Konkurrent Thomas Savery (seit 1705 Mitglied der *Royal Society*) ließ diesen Druck direkt wirken und erregte mit dieser »Konstruktion Savery« in einem sehr weit gefassten Patent (1698, 1699–1731) großes Aufsehen: »*New invention for raising of water and occasioning motion to all sorts of mill work by the impellent force of fire which will be of great use and advantage for draining mines, serving towns with water, and for the working of all sorts of mills where they have not the benefit of water nor of constant winds*« (»Neue Erfindung zum Heben von Wasser und Erzeugen aller Arten von Bewegung für Mühlen, durch die Triebkraft des Feuers, die von großem Nutzen und Vorteil für das Auspumpen von Bergwerken, für die Versorgung von Städten mit Wasser und für den Betrieb aller Arten von Mühlen sein wird, wo Wasser oder ständiger Wind nicht zur Verfügung stehen.«) [11]. Saverys 1702 erschienene Werbeschrift trug den Titel *The miners's friend or an engine to raise water by fire* (»Bergmanns Freund, oder: eine Maschine, um Wasser mit Hilfe von Feuer zu heben«; vgl. Abb. 1).

Papin entwickelte die von Savery entworfene Pumpe weiter, indem er einen Kolben zwischen Dampf und Pumpwasser einsetzte (1707); doch erfüllte diese Verbesserung, die ohne die Wirkung atmosphärischen Drucks auskam, keine großtechnischen Ansprüche, auch wenn die Maschine – wie heute nachgewiesen ist – arbeitsfähig war (vgl. Abb. 2).

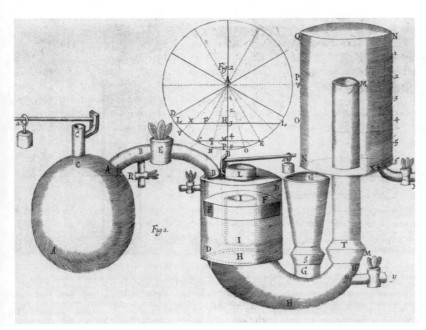

Abb. 2: Denis Papins Hochdruckdampfmaschine ohne Kondensation, 1698/1707 (Kupferstich aus: Denis Papin, *Ars nova ad aquam ignis adminiculo efficacissime elevandam*, 1707). Der in einem Kessel erzeugte Dampf drückt im Zylinder mithilfe eines schwimmenden Kolbens das Wasser über einen Windkessel in ein Steigrohr. Stellt man den Dampf ab, füllt sich der Zylinder wieder mit Wasser, der Ablauf beginnt von vorn [10. 187].

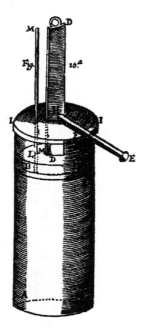

Abb. 3: Denis Papin, Dampfzylinder, 1690 (Kupferstich aus: *Acta eruditorum*, 1690). Erzeugung von Unterdruck durch die Kondensation von Wasserdampf. Im unteren Teil des Zylinders wird Wasser mithilfe von Feuer zum Sieden gebracht, der entstehende Dampf bewegt den Kolben in die Höhe. Mit der Abkühlung des Zylinders entsteht durch die Verdichtung des Wasserdampfs Unterdruck; der oben festgestellte Kolben wird nun freigegeben und durch den Luftdruck im oben offenen Zylinder nach unten geschoben [10. 185 f.].

Papin, seit 1710 wieder in England, griff daher auf einen schon 1690 von ihm empfohlenen Mechanismus zur Nutzung des atmosphärischen Drucks zurück. Er ließ diesen in einem offenen Zylinder mit Kolben wirksam werden; dies war ein Schritt von einer komplexen und eleganten (1707) hin zu einer einfachen und erfolgreichen Lösung (vgl. Abb. 3).

Diese Idee griff der mit Savery und Papin bekannte Thomas Newcomen auf; der Weg des Transfers ist umstritten.

3. Die Feuermaschine Newcomens

Der engl. Mechaniker Thomas Newcomen und seine Gehilfen, darunter u. a. John Calley und Humphrey Potter, arbeiteten bis 1712/13 daran, einen aufrecht stehenden Einzelzylinder (zunächst aus Messing) mit einem von oben eingeführten Kolben zu entwickeln, an dessen oberem Ende eine durch Zug belastbare und mit einem Balancier (Wagebaum) verbundene Kette befestigt war; das andere Ende des Wagebaums hob das Pumpgestänge über dem Schacht an, wenn der Kolben dem Luftdruck in Richtung des Zylinderbodens folgte.

Die Abkühlung des dampfgefüllten Zylinders bewirkten die Wände des Zylinders und das über dem Kolben stehende Wasser. Erst gegen Ende der Entwicklungsarbeit entdeckten Potter und Newcomen, dass die Kondensation beschleunigt werden konnte, wenn man Wasser direkt in den dampfgefüllten Innenraum spritzte; damit erhielt die Maschine eine regelbare Dynamik.

Newcomens Mitarbeiter Henry Beighton entwickelte 1718 ein Verfahren, bei dem neben der Kette ein sog. Steuerbaum am Balancier befestigt wurde: Mit dessen Hilfe konnten alle Hähne und Ventile zum Öffnen und Schließen der Dampf- und Wasserleitungen gesteuert werden. Ein Sicherheitsventil, schon von Papin verwendet, sollte vor einer Überhitzung des Kessels schützen [4].

Bei den grundsätzlichen Problemen trennte Newcomen – wie Papin – die Kraftmaschine von der Pumpe und außerdem die Dampferzeugung von der Kondensation. Hubbegrenzung, Sicherheitsventil, Entfernung von Luft aus dem Zylinder und Speisewasserversorgung waren die wichtigsten Elemente. Die Leistung der Maschine hing von der Kolbenfläche ab, unter der die Kondensation stattfand; Newcomen begann mit einem Durchmesser von 28 Zoll und ging nur zögernd zu 33 Zoll über. In den 1760/70er Jahren waren 60 bis 70 Zoll nicht selten. Die Maschinen machten 10 bis 14 Hübe in der Minute, hoben gut zwei Meter (7 Fuß) und leisteten dabei 10 Pferdestärken.

An den weiteren Entwicklungsarbeiten seiner Maschine beteiligte der Baptist Newcomen in der Folgezeit Glaubensbrüder wie den Mechaniker John Calley in Dartmouth, Devon. 1712 wurde unter dem Schutz des Savery-Patentes tatsächlich die erste funktionierende D. in der Kohlengrube bei Dudley Castle in Süd-Staffordshire (nördl. von Birmingham) errichtet (vgl. Abb. 4). Für die Nutzung des Patentes gründete man 1715 eine finanzstarke Eigentümergemeinschaft, die *joint-stock company* (»The proprietors of the invention for raising water by fire«). Diese verfügte in 80 Anteilen über zusammen 22 000 Pfund (↗Aktie, Aktiengesellschaft) [4].

Angesichts der andersartigen Wirkungsweise der Newcomen-Maschine, die durch das Patent Saverys nicht gedeckt war (wirksam wurde der atmosphärische, nicht der patentrechtlich geschützte Druck des Dampfes) erlangten Calleys Sohn und der Schwede Mårten Triewald 1722 ein eigenes engl. Patent auf 14 Jahre; sie bauten ein halbes Dutzend dieser Maschinen, ohne dass es zu einem Verbotsverfahren durch Newcomen kam, der 1729 starb. Triewald kehrte 1726 nach Schweden zurück und konzipierte dort die D. für die Kupfergrube von Dannemora (nördl. von Uppsala), die freilich nicht zum Pumpen, sondern zum Heben von Erzen gedacht war, jedoch zu keinem dauerhaften Einsatz kam [11]; zur weiteren Verbreitung vgl. [5]; [7]; [12]; [21]; [23]. So nahm die Eigentümergesellschaft Saverys für jede Maschine, die nach »ihrem Prinzip« arbeitete, zwischen 80 und 400 brit. Pfund jährlich ein, immerhin eine 11 %ige Verzinsung des eingesetzten Kapitals [4].

Zusammen mit Newcomen hatte auch Joseph Hornblower um 1718 Maschinen erbaut, die in den Folgejahren in Cornwall in den dortigen Zinnbergwerken eingesetzt wurde (ebenso sein Sohn Josiah ab 1753/55 für die amerikan. Kolonien Englands).

Henry Beighton hatte schon 1717, Thomas Barney dann 1719 detaillierte Zeichnungen der Newcomen-Maschinen erstellt und vertrieben (u. a. an Mårten Triewald aus Schweden), die in ganz Europa großes Interesse erregten. Jacob Leupold publizierte 1725 sogar eine Hochdruck-D., Desaguliers und Triewald folgten (nach Ablauf des Patents) 1734 mit Veröffentlichungen über diese Maschinen; schon wesentlich früher, ab 1720, waren jedoch erste Nachbauten auf dem Kontinent erfolgt [4]; [7]; [23]. John O'Kelly, der bei der Arbeit mit Potters Neffen Isaac Potter und Henry Beighton Erfahrungen beim Bau der Maschine gesammelt hatte, errichtete 1721/23 eine Maschine für ein Bergwerk bei Lüttich.

Isaac Potter zog aus dem unter Habsburger Regentschaft stehenden Lüttich weiter nach Wien und erhielt in einem Vertrag 1721 eine unglaublich hohe Summe für den Fall zugesprochen, dass er die Silberbergwerke bei Schemnitz (Königsberg, Nova Bana, seit 1724 in Betrieb) entwässern könne. Er baute dort – später zusammen mit Joseph Emanuel Fischer von Erlach (der 1723 eine Springbrunnen-Maschine in Wien errichtete) – eine Reihe weiterer Newcomen Maschinen [4]; [2]; [21]. In Frankreich erhielt der Mitinhaber der *Proprietors*-Gesellschaft John Meres (unter dem Namen John May) über die Vermittlung Réaumurs und der Pariser Akademie 1727 ein Exklusivprivileg für 20 Jahre [4.79]. In diesem Land wurden die meisten atmosphärischen Maschinen auf dem Kontinent erbaut; sie blieben aber mit wenigen

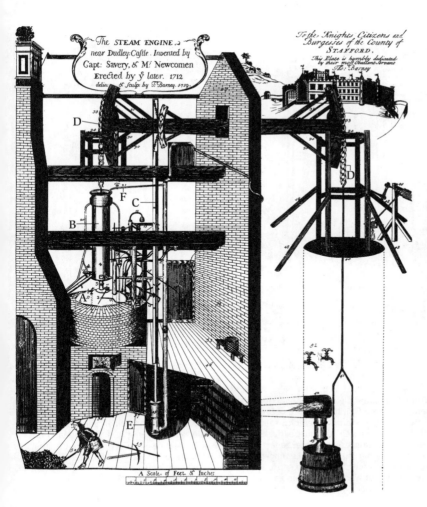

Abb. 4: Thomas Newcomens atmosphärische Dampfmaschine von Dudley Castle, 1712/13 (Kupferstich von Thomas Barney, 1719). Die *Newcomen Engine* zeigt den gewaltigen bautechnischen Aufwand, den ein solches Einzelstück benötigte. Dampferzeugung im Kessel (A), Arbeits- und Kondensationsraum im Zylinder (B) sind nun deutlich voneinander getrennt; ein Steuerbaum (C; für die Auf- und Abwärtsbewegung) hängt nahe dem Zuggestänge (D) ebenfalls am Balancier, öffnet und schließt die erforderlichen Hähne und bedient die Luftpumpe (E). Die Darstellung des Kolbens fehlt; er erhält aber auf der Oberseite »Dichtungswasser« (F).

Ausnahmen nicht dauerhaft in Betrieb, da dieser extrem kostenträchtig war, wo die entsprechenden Kohlevorkommen fehlten. 1726 wurde bei Passy (Paris) – zeitgleich mit London – eine atmosphärische Maschine zum Wasserheben für die Großstadtversorgung angelassen, während sie sonst nur in den ⁊Montanrevieren eingesetzt wurde (⁊Kohlen; ⁊Zinn).

4. James Watt und die Dampfmaschine

Als in England das Newcomen-Patent 1733 ablief, hatte man schon über 100 Maschinen fast ausschließlich für den Kohlenbergbau errichtet. Damit war der Wettlauf der Konstrukteure freigegeben, diesen komplexen Mechanismus zu verbessern [4]. John Smeatons Experimente bildeten den wesentlichen Übergang zu einer auf Funktion bzw. auf effiziente Mechanik setzenden Entwicklung. Er dimensionierte die Steuerungen an der Newcomen-Maschine so, dass eine Drehbewegung möglich wurde. Damit konnte er die Wirksamkeit – d. h. die Hubmenge Wasser pro eingesetzter Kohlenmenge – verdoppeln; 2000 Newcomen-Maschinen waren Ende des 18. Jh.s erbaut.

Auch James Watt setzte diesen von Smeaton eingeschlagenen Weg der verbesserten Mechanik fort. Mit der Kraftübertragung – zwischen Balancier und schiebender Kolbenstange war eine Gradführung unabänderlich notwendig – durch das Parallelogramm erreichte er eine Sternstunde der ⁊Mechanik, von der Umgehung der in England seit Jahrhunderten in Gebrauch befindlichen – aber plötzlich 1780 patentgeschützten – Kurbel durch das Planetengetriebe einmal ganz abgesehen (vgl. Abb. 5). Sein Verdienst als Innovator der D. bestand nun aber gerade darin, sich mit dieser Art der mecha-

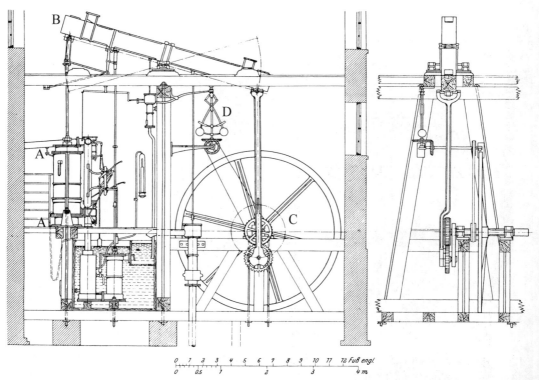

Abb. 5: Dampfmaschine von James Watt, 1784 (nach: John Farey, *A Treatise on the Steam Engine*, 1827). Watt und Boulton wurden 1780 durch fremde Patente (u. a. auf die seit Jahrhunderten bekannte Kurbel) und die erlangte Verlängerung des Watt-Patentes herausgefordert, praktische Schritte in Richtung Drehbewegung zu unternehmen. Dazu gehörten eine Reihe von Patenten 1781 bis 1784: die Expansionskraft des Dampfes sollte genutzt und der Kolben von beiden Seiten beaufschlagt werden (A); dies hatte erhebliche Rückwirkungen auf konstruktive Elemente wie die Neugestaltung (u. a. Verstärkung) des Balanciers, der nun einem Druckwechsel ausgesetzt wurde; zudem musste die Kolbenstange eine Geradführung (B) erhalten, die das Parallelogramm sicherstellte. Ferner musste zwecks Umgehung des Kurbelpatents ein Planetengetriebe (C) für die Umsetzung in eine Rotation entwickelt werden. Schließlich setzte Watt eine Drosselkappe ein, die durch umlaufende Kugeln, welche sich hoben und senkten, gesteuert wurde und so ein ganz frühes Rückkopplungselement (D) in der Mechanik darstellte, um die Umlaufgeschwindigkeit des Rades zu stabilisieren.

nischen Verbesserung zunächst nicht aufzuhalten. Als der gelernte Geometer und geübte Experimentator 1765/66 im Laboratorium der Universität Glasgow die Aufgabe erhielt, ein funktionsuntüchtiges Modell einer Newcomen-Maschine wiederherzustellen, untersuchte er in Absprache mit dem Chemieprofessor Joseph Black die im Dampf enthaltene Wärmemenge, die beim Kondensationsvorgang immer wieder in großem Umfang verloren ging und dem Zylinder bei jedem Hub erneut zugeführt werden musste [5]; [16].

Watt verlegte den Kondensationsvorgang daher in einen mit dem Arbeitszylinder verbundenen eigenen Zylinder, der den Dampf mit Hilfe einer Pumpe aufnahm. Damit konnten sowohl der Arbeitszylinder wie auch der Kondensator ihre Arbeitstemperaturen (warm, kalt) beibehalten und der Energieaufwand für den jeweiligen Temperaturwechsel eingespart werden. Zur Aufrechterhaltung der Temperatur legte Watt auch noch einen Isoliermantel um den Arbeitszylinder und tauchte den Kondensator in kaltes Wasser. Nach der Herauslösung der Pumpe und des Kessels aus dem Arbeitszylinder folgte hiermit eine weitere »Arbeitsteilung« durch Abspaltung des Kondensationsvorgangs, mit der »die Natur« nun zu deutlich höheren Arbeitsleistungen angeregt werden konnte.

Um das Patent profitabel nutzen zu können, musste sich Watt – wie schon vor ihm Newcomen – mit einem Geldgeber verbinden, den er 1768–1772 in John Roebuck fand. Der separate Kondensator wurde mit dem Patent von 1769 (Nr. 913) geschützt [16]. Dieser Schutz galt für das Verfahren, den Dampfbehälter (so nannte Watt den bisherigen Zylinder) heiß zu halten, ihn von außen wärmetechnisch zu isolieren und kaltes Wasser aus ihm fernzuhalten; für den Anbau eines separaten und kalt gehaltenen Kondensators und für das Absaugen des Restdampfes aus dem Dampfbehälter; für die Ausnutzung der Dampfexpansion; für eine Kreis-D.; für die alternative Wirkung von Expansion und Kondensation auf den Kolben; und für besonderes Abdichtungsmaterial zwischen Kolben und Dampfgefäß [16].

Als die Entwicklungen Watts sich 1774 einem Abschluss näherten, geriet Roebuck in finanzielle Schwierigkeiten, doch fand Watt in Matthew Boulton einen erfolgreicheren Finanzier, mit dem er ab 1775 eine Partnerschaft [6] einging und dessen Freunde im *House of Commons* das auf 14 Jahre laufende Patent von 1769 angesichts der vielen Verzögerungen 1776 um weitere 25 Jahre zu verlängern halfen. Zudem erlangte John Wilkinson 1784 ein Patent zum präzisen Ausbohren von großen Zylindern, mit denen nun auch Watt beliefert wurde.

Franz. Unternehmer, Militärs und Wissenschaftler hatten trotz der kolonialen Rivalität den Kontakt zu London nicht verloren [9]; [18]. Mitte der 1770er Jahre konkurrierten zumindest vier Interessenten, von verschiedenen Pariser Regierungsstellen unterstützt, um franz. Privilegien, um den Kauf und die Lieferung einer Watt-Maschine. Nachdem 1776 Watts Patent bis 1800 verlängert worden war, erhielt schließlich Jacques Constantin Périer den Zuschlag (Privileg 1777, Kaufvertrag 1779), der mit seinem Bruder eine Wasserversorgungsgesellschaft für Paris gegründet hatte [16. 152–155, 264 f.]. Die Maschine wurde noch 1779 geliefert und nahm in Chaillot bei Paris ihre Tätigkeit auf [16. 267–274]. Zeitgleich mit Périer verhandelte Preußen 1779 über die Lieferung einer Maschine für den Hettstedter Kupferbergbau [3]; [17]; [22]; dafür mussten 1785 weitere engl. Teile angeschafft und schließlich auch ein engl. Mechaniker angeheuert werden, so dass sie erst 1790 befriedigend lief [24].

Nach Neuerungen Watts, die den Wirkungsgrad erheblich verbesserten und den Kohleverbrauch reduzierten, konnten zahlreiche Betriebe, denen selbst keine Kohle zur Verfügung stand, den Brennstoff für die D. finanzieren. Die öffentlich erwartete revolutionäre Wirkung einer kraftvollen Drehbewegung für die bislang von Wasserrädern getriebenen Maschinen wurde erst mit weiteren Patenten erreicht (1781: doppeltwirkender Zylinder, d. h. der Antriebsdruck wirkte nacheinander auf beide Seiten des Kolbens und brachte daher eine gleichmäßige Drehbewegung zustande; 1784 Gestänge, das die Druckbewegung der Kolbenstange gegen den Balancier und damit »*parallel motion*« erlaubte; 1785 rauchloser Kessel und doppelwirkende D. in Betrieb). So ging Watt Schritt für Schritt auf die Bedürfnisse potentieller Käufer ein, ohne allerdings seinen sog. *governor* (den rückgekoppelten Mechanismus zur stabilen Leistungsabgabe) vor Nachahmung schützen zu können. Tatkräftige Hilfe hatte er in William Murdock und John Southern.

Erst als die Watt'schen Patente 1800 abgelaufen waren, bot sich einer großen Zahl von Konstrukteuren die Möglichkeit der Weiterentwicklung. Die von Watt erbauten Maschinen wurden zunächst – wie auch die Newcomens – im Wesentlichen an ihrem Standort selbst erbaut, Steuerung (von Watt) und Zylinder (von Wilkinson) wurden separat gefertigt. Schließlich errichteten Boulton und Watt in Soho bei Birmingham 1794 eine eigene Fabrik für D. Zur Ausbreitung der Watt-Maschinen vgl. [5]; [7]; [12]; [18]; [24].

5. Entwicklung und Verbreitung

In der weiteren Entwicklung der D. fällt zunächst die Vielzahl der denkbaren Anordnungen von Funktionselementen auf: Kessel (Feuerrohrkessel durch Richard Trevithick 1811, Wasserrohrkessel durch Ernst Alban 1840/50, Feuerungsroste), Zylinder, Kurbelwelle, Balancier (und seine Umgehung), Gestell, Schwungrad, Kraftübertragung vom Kolben auf die Arbeitsmaschine (darunter Kurbel und Kreuzkopf) – all diese Zuordnungen wurden den Bedürfnissen angepasst und mussten technisch in Form und Werkstoff optimiert werden (äußere Verbesserungen); so entstanden die Bügel-, Block-, Turm- und Hammermaschinen sowie im Jahrzehnt vor 1840 die liegenden (mit Kreuzkopfführung für die Geradführung der Kolbenstange) und die oszillierenden Zylindermaschinen. Dabei konnte die Übertragung auch fortfallen und die Kolbenstange in einem umgedreht aufgebauten Zylinder direkt auf das Pumpengestänge wirken, wie Watt schon 1765/6 überlegt hatte (Cornwallmaschine) [22].

Der andere Pfad der Weiterentwicklung lag auf dem Weg der »inneren Optimierung« der Hochdruckmaschine zur besseren thermischen Nutzung, der genaueren Steuerung (erst mit der Schiebersteuerung durch G. H. Corliss 1848 begann das Zeitalter der Präzisions-D., die bei gleicher Leistung die Hälfte des Dampfverbrauches ersparte) und Mehrfachexpansionsmaschinen: Schon Watts Konkurrent Jonathan Hornblower hatte 1781 ein Patent dafür erhalten (1790/91 erbaut, 1793 wieder aberkannt), den Restdampf des ersten Zylinders in einen zweiten, breiteren zu leiten, um die noch vorhandene Expansionskraft zu nutzen. Dessen Mitarbeitern Arthur Woolf und Richard Trevithick gelang es dann 1804/06, höheren Dampfdruck in zwei Zylindern nacheinander wirken zu lassen. Für Schiffsmaschinen (↗Dampfschiff) griffen die Kolbenstangen in um 90° versetzte Kurbeln ein, um ein besseres Drehmoment zu erhalten; so schufen sie eine ganze »Familie« von sparsamen Mehrzylinder Maschinen, die – sobald ein Behälter (*receiver*) für den Übergang dazwischen geschaltet wurde – Compound-Maschinen genannt wurden. In Deutschland baute G. M. Roentgen eine solche Maschine 1829 in das Dampfschiff »Hercules« ein.

Das Streben nach technischer und wirtschaftlicher Anpassung an solche technisch-industriellen Erfordernisse kam nach 1800 in folgenden Trends zum Ausdruck: Verbesserung der Mechanisierung und Automatisierung, Leistungserhöhung, verbesserter Wirkungsgrad und größere Leistungsdichte, d. h. geringerer Raumbedarf [22].

Weitere Anpassungen an neue Verwendungszwecke erlebte die Kolben-D.: Neben ihrem stationären Einsatz als Pumpe (Solehebung in Gradierwerken, Wasserhebung in Gruben, beim Verkehrswegebau, Wasserversorgung in Hamburg 1848, Nutzung für Gebläse, bes. im Eisenhüttenwesen, z. B. schon 1761 im schott. Carron) wurde sie für die Förderung im Bergbau (im Ruhrgebiet zuerst auf den Essener Zechen Sälzer und Neuack 1811) und als Antrieb für Transmissionen in Fabriken herangezogen (England: seit 1785; Berlin: Spinnerei Sieburg 1791, Sachsen: 1820 in Mühlau; zum Walzen 1838 bei der Gutehoffnungshütte Oberhausen). Dann wurde die Kolben-D. für immer weitere Zwecke genutzt, v. a. im sich entwickelnden Verkehrswesen für Schiffsantriebe (↗Schiffsbau) und für ↗Eisenbahnen, die jeweils tiefgehende Veränderungen in den Konstruktionsprinzipien mit sich brachten: Für die Schiffe war Funktionsstabilität bei hoher Leistung und geringem Kohlenverbrauch erforderlich, bei der Eisenbahn hohes Drehmoment und hohe Geschwindigkeit (↗Tempo) bzw. Umdrehung bei begrenzten äußeren Maßen. Obwohl die D. für ↗Lokomotiven später als die Schiffsmaschinen eingesetzt wurden, sollten sie sich für den Industrialisierungsvorgang als gewichtiger erweisen.

Die technischen Neuerungen erzielten viele konkrete Verbesserungen: sowohl bei der Größe der Maschinen und bei ihrer Fertigung als auch bei den Kesseln, die bei Hochdruckmaschinen druckfester gemacht werden mussten, bei der Feuerung (Roste) sowie bei der Umsteuerung (im Verkehr). Aufgrund dieser Folgeinnovationen erweiterte sich das Anwendungsgebiet der D. über den Bergbau hinaus bes. auf das Verkehrswesen (↗Transport und Verkehr) und auf die gewerbliche Produktion; hier setzte sich, ausgehend von Großbritannien, die Dampfkraft im ersten Drittel des 19. Jh.s bei der ↗Mechanisierung zunehmend durch. So hatte die engl. Textilindustrie 1838 bereits 3000 D. mit ca. 34 000 PS in Betrieb, aber nur mehr 2330 Wasserräder mit 28 000 PS installiert (↗Wasserkraft) [15. 168].

Wenn man die Mechanisierung sowohl als alleinige materielle (und konzeptuelle) Voraussetzung als auch als alleiniges Paradigma für den industriellen Produktionsvorgang betrachtet, so fehlt der Blick auf die nur begrenzt zur Verfügung stehenden natürlichen Ressourcen, die zum Antrieb von Technik und Verkehr notwendig sind. Der mit der Nutzung der Steinkohle fortschreitende Maschinenbau aus ↗Eisen und ↗Stahl, der die technischen Erkenntnisse der Naturwissenschaften nutzte, gehört (als Paradigma des Schwermaschinenbaus) mit zu den Grundlagen, auf denen sich bis in die zweite Hälfte des 19. Jh.s die industriellen Gesellschaften Europas und der USA entwickelten.

→ Energie; Erfindung; Industrialisierung; Maschine; Maschinenbau; Mechanisierung; Patentrecht; Technischer Wandel

Quellen:
[1] D. Papin, Fasciculus dissertationum de novibus quisdam machinis, 1695 [2] D. Papin, Ars nova ad aquam ignis adminiculo elevandam, 1707 [3] J. Tann et al. (Hrsg.), The Selected Papers of Boulton & Watt, 1775–1825, Bd. 1, 1981.

Sekundärliteratur:
[4] J. S. Allen / L. Rolt, The Steam Engine of Thomas Newcomen, 1977 [5] Centre National de la Recherche

SCIENTIFIQUE (Hrsg.), L'acquisition des techniques par les pays non-initiateurs, 1973 [6] H.W. DICKINSON / R. JENKINS, James Watt and the Steam Engine, 1927 (Ndr. 1981) [7] J. HARRIS, Essays in Industry and Technology in the Eighteenth Century, 1992 [8] G. HOLLISTER-SHORT, Before and after the Newcomen Engine of 1712. Ideas, Gestalts, Practice, in: CH. BARTELS / M.A. DENZEL (Hrsg.), Konjunkturen im europ. Bergbau in vorindustrieller Zeit (FS E. Westermann), 2000, 211–236 [9] F. KLEMM, Technik. Eine Geschichte ihrer Probleme, 1954 [10] F. KLEMM, Der Weg von Guericke zu Watt, in: F. KLEMM, Zur Kulturgeschichte der Technik. Aufsätze und Vorträge 1954–1978, 1982, 182–193 [11] S. LINDQVIST, Technology on Trial. The Introduction of Steam Power Technology into Sweden, 1715–1736, 1984 [12] C. MATSCHOSS, Die Entwicklung der Dampfmaschine (2 Bde.), 1908 [13] W. MINCHINGTON, The Energy Basis of the British Industrial Revolution, in: G. BAYERL (Hrsg.), Wind- und Wasserkraft. Die Nutzung regenerierbarer Energiequellen in der Geschichte, 1989, 342–362 [14] A.E. MUSSON / E. ROBINSON, Science and Technology in the Industrial Revolution, 1969 [15] A. PAULINYI, Industrielle Revolution. Vom Ursprung der modernen Technik, 1989 [16] J. PAYEN, Capital et machine à vapeur au XVIIIème siècle. Les frères Périer et l'introduction en France de la machine à vapeur de Watt, 1969, bes. 33–66 [17] E. ROBINSON / A.E. MUSSON, James Watt and the Steam Revolution. A Documentary History, 1969 [18] E. ROBINSON, The Early Diffusion of Steam Power, in: The Journal of Economic History 34, 1974, 91–107 [19] L.T.C. ROLT / J.S. ALLEN, The Steam Engine of Thomas Newcomen, 1977 [20] ST. SHAPIN / S. SCHAFFER, Leviathan and the Air Pump: Hobbes, Boyle and the Experimantal Life, 1985 [21] M. TEICH, The Early History of the Newcomen Engine at Nova Bana (Königsberg). Isaac Potter's Negotiations with the Kunstkammer and the Signing of the Agreement of 19 August 1921, in: East-Central Europe (L'Europe du Centre-Est), Special Volume 9, Teil 1 und 2, 1982, 24–38 [22] O. WAGENBRETH et al., Die Geschichte der Dampfmaschine, 2002 [23] W. WEBER, Innovationen im frühindustriellen Berg- und Hüttenwesen, 1976 [24] W. WEBER, Preußische Transferpolitik, in: Technikgeschichte 50, 1983, 181–196 [25] W. WEBER, Wissenschaft, technisches Wissen und Industrialisierung, in: R. VAN DÜLMEN / S. RAUSCHENBACH (Hrsg.), Macht des Wissens, 2004, 607–628.

Wolfhard Weber

Dampfschiff

Jahrtausendelang war der sich mit Booten, Flößen oder Schiffen auf dem Wasser fortbewegende Mensch auf seine eigene oder auf tierische ↗Muskelkraft sowie auf die ↗Windenergie oder die Fließkraft des Wassers angewiesen. Er benutzte Stangen zum Staken, Riemen zum Rudern, Schaufelblätter zum Paddeln, Leinen zum Treideln vom Ufer aus durch Rinder, Pferde oder Menschen (↗Treidlerei), Segel zum Vortrieb durch den Wind oder einfach die Strömung eines Gewässers.

Eine entscheidende Veränderung brachte erst die Übernahme der Kolbendampfmaschine gegen Ende des 18. Jh.s, die sich in vielfältiger Form bereits an Land bewährt hatte. Der Einsatz einer ↗Dampfmaschine allein revolutionierte die ↗Schiffahrt jedoch nicht. Die entscheidende Frage, wie die Kraft der Dampfmaschine zur Vorwärtsbewegung eines Schiffes optimal eingesetzt werden könnte, wurde erst fünfzig Jahre nach Beginn der D.-Fahrt befriedigend gelöst. Der Versuch des Amerikaners John Fitch im Jahr 1787, ein D. mit jeweils sechs senkrecht ins Wasser eintauchenden Riemen fortzubewegen, erwies sich als ebenso wenig zukunftsweisend wie das Experiment seines Landsmanns James Rumsey, der dies mit schräggestellten Stangen versuchte. Beide Beispiele zeigen die Schwierigkeit, sich gedanklich von den althergebrachten Methoden der Fortbewegung zu lösen und bisher unbekannte technische Probleme auf neuem Weg zu meistern (↗Schiffsbau).

Mit dem Schaufelrad gelangte ein Vortriebsmittel auf den Prüfstand, das sich während einer Übergangszeit für weitere Experimente eignete. 1802 bewies der Brite William Symington mit dem Schleppschiff *Charlotte Dundas* auf dem Clyde-Kanal in Schottland, dass eine Dampfmaschine in Verbindung mit einem Schaufelrad Schiffe unabhängig von Menschen- und Naturkräften antreiben konnte. Da die Kanalgesellschaft durch die vom Schiff erzeugten Wellen eine Beschädigung des Kanalufers befürchtete, blieb es bei der Demonstrationsfahrt. Mit solchen Problemen hatte Robert Fulton im September 1807 nicht zu kämpfen, als er mit dem Seitenraddampfer *Steamboat* den regelmäßigen Schiffsverkehr auf dem Hudson zwischen New York und Albany eröffnete. Dieses Schiff (das nicht *Clermont* hieß, wie bis heute zu lesen ist) wurde 1809 in *Northern River Steam Boat* umbenannt und versah über acht Jahre seinen Dienst auf dem Hudson [1]. Die Fahrt zwischen New York und Albany dauerte rund 36 Stunden bei einem Preis von sieben Dollar pro Person. Zehn Jahre später benötigte die *Chancellor Livingston* für dieselbe Strecke nur 18 Stunden, 1853 betrug die Fahrzeit 7,5 Stunden. Fulton war zwar nicht der Erfinder des D., jedoch der Erste, der aus bereits bekannter Technik ein solides, alle Vorgänger an Leistung und Lebensdauer übertreffendes D. mit verlässlichem Antrieb konstruierte.

Wie sehr diese Entwicklungen dem gesellschaftlichen Bedürfnis nach ↗Mobilität gerecht wurden, bewies der nun folgende starke Anstieg des Raddampferbaus. Noch ehe Henry Bells D. *Comet* 1812 auf dem Clyde zwischen Glasgow und Helensbourgh die kommerzielle D.-Fahrt in Europa eröffnete, waren bereits 50 Raddampfer auf nordamerikan. Gewässern im Einsatz. 1816 überquerte der erste Seitenraddampfer den engl. Kanal; die *Margery*, später *Elise*, war das erste D. auf dem europ. Kontinent, das auf der Seine verkehrte. Im selben Jahr befuhr der in Schottland gebaute Dampfer *The Defiance* den Rhein bis Köln. 1817 gelangte James Watt Jr. mit der *Caledonia* bis nach Koblenz. Zu diesem Zeitpunkt befanden sich der Mittelraddampfer *Prinzessin von Preußen* in Berlin und die in Vegesack (Bremen) gebaute *Weser* in Fahrt, während ein schott. Dampfer auf der Unterelbe zum Einsatz kam. Die genannten Schiffe wurden fast ausschließlich auf Seen, Flüssen und Kanälen eingesetzt. Im Mai 1819 wagte Kapitän Moses Rogers mit dem zu einem Seitenraddampfer umgebauten Dreimaster *Savannah* die Nordatlantiküberquerung. Allerdings kam die Dampfmaschine auf der 27,5 Tage dauernden Überfahrt nur 85 Stunden zum Einsatz. Zwar war die Fahrt wirtschaftlich ein Misserfolg, weil es an Fracht und Passagieren mangelte, aber technisch rückte die Übersee-D.-Fahrt in greifbare Nähe [3] (↗Hochseeschifffahrt).

Die nächste Atlantiküberquerung erfolgte erst acht Jahre später. In amerikan., brit. und ostasiat. Küstengewässern (↗Küstenschifffahrt) wurden jedoch zunehmend Raddampfer eingesetzt; auch erwies sich die irische See als ideales Experimentierfeld. Als 1837 mit der *Great Western* des brit. Ingenieurs und Multitalents Isambard Kingdom Brunel der Raddampfer seine technische Reife erreichte, gab es in den USA bereits ca. 700, in Großbritannien ca. 625 Raddampfer. Technisch, wirtschaftlich und militärisch war der Raddampfer jedoch keine optimale Lösung für den Vortrieb eines Schiffes auf den Ozeanen. Für die weitere Entwicklung der D.-Fahrt wurden zwei Neuerungen maßgeblich: Zum einen setzte sich der neue Werkstoff ↗Eisen durch, der sich sowohl für Gewicht, Vibration und maschinelle Beanspruchung als auch für die Rotation der Kurbelwelle sowie Bewegung der Schaufelräder als geeignet erwies. Zum anderen ließ sich der leicht zu beschädigende Schaufelradantrieb durch den robusten Schraubenpropeller ersetzen. Als Brunel 1843 sein zweites Hochseeschiff, die *Great Britain*, zu Wasser ließ, war diese sowohl aus Eisen gefertigt als auch von einer Dampfmaschine angetrieben und besaß mit dem Schraubenpropeller ein neues Vortriebsmittel.

Die zwei Dekaden zwischen der Atlantiküberquerung der *Great Britain* und der Indienststellung der *Agamemnon* 1865, die man mit einer viel ökonomischeren, weniger Kohle verbrauchenden Compounddampfmaschine ausstattete, wurden zur intensiven Verbesserung des Schiffsbaumaterials, des Antriebs und der Propulsion genutzt, so dass das D. seinen endgültigen Durchbruch als Handels- und Kriegsschiff erleben konnte [2]; [4]. Die führende Schiffsbaunation Großbritannien versorgte Deutschland und andere Länder so lange mit Dampfern, bis seit ca. 1870 einheimische ↗Werften zunehmend zum Bau solcher Schiffe in der Lage waren.

→ Dampfmaschine; Schifffahrt; Schiffsbau; Transport und Verkehr

[1] R. Gardiner, The Advent of Steam. The Merchant Steamship Before 1900, 1993 [2] G. Mau, Hauptantriebe und Hilfsmaschinen, in: L. U. Scholl (Hrsg.), Technikgeschichte des industriellen Schiffbaus in Deutschland 2, 1996, 9–64 [3] L. U. Scholl, Vom Rad zum Schraubendampfer, in: P. Kemper (Hrsg.), Am Anfang war das Rad, 1997, 199–211 [4] H.-J. Warnecke, Schiffsantriebe. 5 000 Jahre Innovation, 2005.

Lars-Ulrich Scholl

Dänisches Kolonialreich s. Kolonialreich

Daoismus s. Taoismus

Darlehen

1. Begriff
2. Darlehensvertrag
3. Anspruch auf Rückerstattung
4. Kreditsteuerung

1. Begriff

Das D. stellt schon in der Nz. die zentrale rechtliche Vertragsform für ↗Kredit-Gewährungen dar. Kennzeichen eines D. ist, dass einer Person (Darlehensnehmer) nach Maß oder Gewicht bestimmte Gegenstände (z. B. Korn, Tuch, Öl) vom Darlehensgeber mit der Abrede übertragen werden, dass später Gegenstände gleicher Art, Quantität und Qualität zurückzugeben sind. Hauptanwendungsfall war auch schon in der Nz. das ↗Geld-D. Dass der Darlehensnehmer ↗Eigentum und damit Verfügungsbefugnis an den ihm übertragenen Sachen erhielt und später andere Sachen gleicher Art und Güte zurückzugeben hatte, grenzt das D. (lat. *mutuum*) von der ↗Leihe (lat. *commodatum*) ab, bei der gerade derselbe übertragene Gegenstand wieder zurückgewährt werden musste. Diese Unterscheidung wurde in der Nz. sprachlich durch Begriffe wie »leihen zum gepbrauch« (Leihe) bzw. »leihen umb barschafft« (D.) kenntlich gemacht, wenn auch das Wort »leihen« für beide Vertragsformen verwendet wurde. Die Differenzierung entstammte dem Röm. Recht, dessen ↗Rezeption seit dem 15. Jh. das D.-Recht im Alten Reich entscheidend prägte. Dies zeigt sich bes. bei den Regelungen in den ↗Stadtrechts- und ↗Landrechts-Reformationen [6].

2. Darlehensvertrag

Ein D.-Vertrag konnte grundsätzlich formlos abgeschlossen werden, jedoch wurden häufig ↗Urkunden über die D.-Gewährung angefertigt. Im Übrigen war für die Bestellung von ↗Bürgschaften oder für Verpfändungen (↗Pfandrecht; ↗Grundpfandrecht), mit denen die Darlehensgeber üblicherweise ihren Anspruch auf Rückzahlung eines D. abzusichern suchten, in Partikularrechten häufig eine Schriftform zwingend vorgesehen. Regelmäßig verlangten die Darlehensgeber für die D.-Gewährung ein Entgelt in Form von ↗Zinsen. Hierauf versuchten Kirche und Obrigkeiten seit dem MA durch Zins- und ↗Wucher-Verbote Einfluss zu nehmen.

3. Anspruch auf Rückerstattung

Da das D. als sog. Realvertrag angesehen wurde, der nicht bereits mit der Vereinbarung zwischen den Parteien, sondern erst mit der Übergabe des D.-Gegenstandes entstand, war der Nachweis dieser Übergabe Voraussetzung für eine Klage auf Rückerstattung. Dieser Nachweis konnte durch eine ↗Urkunde erfolgen, in welcher der Darlehensnehmer z.B. die Auszahlung der D.-Summe bestätigte. Allerdings enthielt das Röm. Recht den Satz, dass der Dahrlehensnehmer bis zu zwei Jahre nach Ausstellung einer solchen Urkunde geltend machen konnte, diese sei im Hinblick auf eine erwartete Auszahlung angefertigt worden, die jedoch tatsächlich nicht stattgefunden habe (lat. *exceptio non numeratae pecuniae*, »Einrede des nicht ausgezahlten Geldes«). Diese Regel, welche die Beweiskraft der Urkunde aufhob, wurde in etliche Stadtrechte aufgenommen (z.B. Wormser Reformation 1498, 3./2., 16. Titel [1]). Die Praxis und Partikularrechte schränkten dieses Recht des Darlehensnehmers jedoch zunehmend ein, da man erkannte, dass es von betrügerischen Schuldnern zum Nachteil von Darlehensgebern verwendet wurde [2. 24].

Wegen häufiger Münzveränderungen war es für die Gläubiger von Geld-D. von besonderem Interesse, welche Bedeutung diesem Umstand bei der Bestimmung des Rückzahlungsanspruchs beigemessen wurde. Die dt. Juristen des 16. und 17. Jh.s vertraten die Ansicht, dass der Metallgehalt der ↗Münzen zum Zeitpunkt des Vertragsabschlusses über das D. entscheidend sei. Nach ihm bemesse sich der Umfang der Rückzahlungsverpflichtung. Demgegenüber sah etwa die franz. Jurisprudenz und Praxis den durch die Münzgesetze bestimmten Nominalwert als maßgebend an (so ab 1804 auch Art. 1895 des ↗Code civil). Danach war – solange der gesetzliche Kurs unverändert blieb – die Rückzahlung mit einer Geldsumme möglich, die zahlen-, wenn auch nicht wertmäßig der ursprünglichen D.-Summe entsprach. In der dt. Gesetzgebung setzte sich das Nominalprinzip etwa im 18. Jh. durch [3. 471 ff.].

4. Kreditsteuerung

Im Rahmen merkantilistischer Wirtschaftspolitik (↗Merkantilismus) wurden vielfältig rechtliche Regelungen formuliert, die auf die Bereitschaft zu D.-Vergaben einwirken sollten. So wurde etwa durch die Anordnung einer vorrangigen Befriedigung von D.-Gläubigern im ↗Konkurs ein Anreiz zur Gewährung bestimmter D. (z.B. für Begräbniskosten, Getreidekauf in Notzeiten) gegeben [4]. Ergänzende Regelungen für D. enthielten daneben ↗Polizeiordnungen. Diese untersagten u.a. Kreditgewährungen an ↗Soldaten oder ↗Studenten, um eine Verschuldung dieser Personen zu verhindern [5. 462 ff.].

→ Kredit; Pfandrecht; Privatrecht; Vertrag

Quellen:
[1] »Wormser Reformation 1498«, in: W. Kunkel et al. (Hrsg.), Quellen zur Neueren Privatrechtsgeschichte Deutschlands, Bd. 1/1: Ältere Stadtrechtsreformationen, 1936, 95–220
[2] C. G. Svarez, Amtliche Vorträge bei der Schluß-Revision des Allgemeinen Landrechts, in: Jbb. für die preußische Gesetzgebung, Rechtswissenschaft und Rechtsverwaltung 41, 1833, 3–208.

Sekundärliteratur:
[3] H. Coing, Europäisches Privatrecht, Bd. 1, 1985, 470–478
[4] S. Hofer, Kreditsteuerung durch Konkursrecht in der Frühen Nz., in: Zsch. für neuere Rechtsgeschichte, 2004, 177–188
[5] G. K. Schmelzeisen, Polizeiordnungen und Privatrecht, 1955 [6] H. Schulz, Darlehen und Leihe in romanisierten südlt. Stadtrechten des 15. und 16. Jh.s (Diss. Göttingen), 1922.

Sibylle Hofer

Darstellung s. Repräsentation; Theater

Datierung, historische s. Chronologie; Kalender

Dechristianisierung

Der dt. Begriff der D. entstand im späten 18. Jh. im Kontext religionspolitischer Debatten über die ↗Französische Revolution. Dort wurde *déchristianisation* als Kampfbegriff zur Bezeichnung zunächst spontaner gewalttätiger Aktionen kleinbürgerlicher Gruppen gegen die ↗Römisch-katholische Kirche und ihren Klerus, für den Raub von Kirchengut sowie die Verwüstung von Kirchen, anderen kirchlichen Gebäuden und Kunstschätzen verwendet (↗Ikonoklasmus). Anhänger der Revolution gebrauchten den Begriff außerdem sowohl zur Beschreibung des Bruchs mit kirchlicher Tradition, wie beispielsweise der Abschaffung des christl. ↗Kalenders nebst seiner ↗Feiertage (↗Feiertagsreduktion), als auch zur Etablierung einer neuen ↗Vernunftreligion. Im Unterschied zu Begriffen wie ↗Säkularisierung, Säkularisation und ↗Entkirchlichung bezeichnete der Begriff der D. also auch das Bemühen, die alte Religion Europas, das Christentum in der Vielfalt seiner konfessionellen Richtungen, durch eine neue, bessere, vernünftigere und der politischen Gemeinschaft nützlichere Religion zu ersetzen.

So wurden im Oktober und November 1793 in Frankreich durch den Wohlfahrtsausschuss entsprechende Gesetze erlassen, die kirchliche Prozessionen verboten, die Sonntagsruhe aufhoben, die Schließung und teilweise Zerstörung aller Kirchen vorschrieben, die Konfiszierung von Glocken und Kirchengütern anordneten, die Einführung der Zivilstandsregister (↗Zivilehe, ↗Ehetrennung) vorschrieben, Priestern die Heirat nahelegten und die Niederlegung des ↗Priesteramtes finanziell förderten. In manchen Departements wurden außerdem Kirchtürme auf »demokratische Höhe« gekürzt, Reliquien zerstört und Orte mit revolutionären Ortsnamen versehen, die z. B. Heiligennamen tilgten.

Diese Veränderungen wurden in ganz Europa zeitnah und heftig diskutiert, nicht ohne vielerorts, doch je nach Voraussetzungen unterschiedlich Nachahmung zu finden. Ab 1793 entstand in Frankreich ein Gegenkult zum kath. Heiligenkult (↗Heilige): Neben der Einführung eines neuen Kalenders, in dem die Märtyrer der Revolution verehrt wurden, gab es entsprechende patriotische Feste oder Märtyrerfeiern. Ebenso entstand eine ↗Revolutionsarchitektur mit sakralen Zügen.

Als Folge dieser initialen franz. D. wandten sich 23 Bischöfe von der Kirche ab, von denen neun noch kurz zuvor geheiratet hatten. Über 22 000 Pfarrer gaben ihr Amt ganz auf. Die Auswirkungen waren allerdings regional verschieden. Die Distanzierung der Anhänger der neuen Revolutionsordnung von der Kirche bewirkte auch die Trennung von ↗Kirche und Staat. Diese wurde durch den Nationalkonvent vom 21. 2. 1795 gesetzlich verankert. Dieser legte fest: (1) Die Religion ist Privatsache. (2) Der Staat erklärt sich in Glaubens- und Religionsangelegenheiten als neutral. (3) Es gibt forthin keine staatliche Unterstützung für Kirchen. (4) Öffentliche religiöse Zeremonien sind verboten. (5) Die Kirche bekommt z. T. Kirchengebäude und Kirchengüter zurück (u. a. Nôtre Dame in Paris). Diese Periode dauerte bis zur Regierung Napoleons (1804–1814/5) an [2].

Die komplexen Überlieferungsgeschichten des in alle europ. Sprachen eingewanderten Begriffs D. sind bisher kaum erforscht. Im neueren Diskurs der Historiker ist er gleichwohl als eine Kategorie zur Deutung der Religionsgeschichten der Moderne in Anspruch genommen worden, häufig in Verknüpfung mit dem Begriff der ↗Rechristianisierung, die sich in vielen europ. Gesellschaften während des 19. und 20. Jh.s dank missionarischer Offensivstrategien der Kirchen immer wieder beobachten ließ. In der derzeitigen Forschung steht die Frage nach den unterschiedlichen religiösen Entwicklungspfaden – Europas einerseits und der USA andererseits – in die Moderne im Vordergrund. Zunehmend bildet sich der Konsens heraus, dass die analytische Trennschärfe des Begriffs D. zu gering ist, um ihn zum Schlüssel von Gesamtdeutungen der Religionsgeschichten Europas seit dem 18. Jh. zu machen. Christl. Lebenswelten waren im Prozess krisenreicher Modernisierung gewiss vielfältigen Wandlungen ausgesetzt, ihre Promotoren waren aber zugleich auch kreative Akteure in Innovationsprozessen, z. B. durch den Aufbau sozialer Institutionen, karitativer Einrichtungen u. Ä. Insofern scheint es plausibler, Religionsgeschichten der Moderne in Perspektiven einer Transformation des Christentums (einschließlich seiner theologischen Ideen, religiösen Symbole und institutionellen Formen) und nicht im Verfallsschema von D. zu entwerfen.

→ Christianisierung; Entkirchlichung; Religionswandel; Säkularisierung

[1] F. W. Graf, Die Wiederkehr der Götter. Religion in der modernen Kultur, ³2004, 60–101 [2] E. Jacobi, Freiheit – Gleichheit – Brüderlichkeit, Bd. 3: Das Schicksal der Franz. Revolution von 1789 unter Napoleon Bonaparte, 1993 [3] H. Lehmann (Hrsg.), Säkularisierung, Dechristianisierung und Rechristianisierung im nzl. Europa. Bilanz und Perspektiven der Forschung (Veröffentlichungen des Max-Planck-Instituts für Geschichte, Bd. 130), 1997 [4] H. McLeod, European Religion in the Age of the Great Cities 1830–1930, 1995 [5] H. McLeod / W. Ustorf (Hrsg.), The Decline of Christendom in Western Europe, 1750–2000, 2003 [6] M. Vovelle, Dechristianisation in Year II (1790): Expression or Extinction of a Popular Culture?, in: C. von Greyertz (Hrsg.), Religion and Society in Early Modern Europe 1500–1800, 1984, 79–94.

Friedrich Wilhelm Graf

Deckenmalerei

1. Begriff, Orte und Themen
2. Ästhetische Konzeptionen
3. Die Verbreitung der Deckenmalerei in der Neuzeit

1. Begriff, Orte und Themen

Unter D. fasst man jegliche gemalte Dekoration zusammen, mit der die Decke eines Raumes (verschalter Dachstuhl, Flachdecke oder Gewölbe) ausgestattet sein kann. D. findet sich im profanen und sakralen Bereich und spielt dort dank ihrer sowohl ästhetischen Gestaltung als auch ikonographisch-ikonologischen Bedeutung zu fast allen Epochen der Nz. eine wichtige Rolle. Die Wahl der Themen richtete sich nach Funktion und Bedeutung der Räume.

Die Hochachtung gegenüber D. zeigt sich zum einen darin, dass die bedeutendsten Maler ihrer Zeit damit beauftragt wurden (z. B. der *Peintre du Roi* Charles Le Brun für Versailles und den Louvre); zum andern fiel der Darstellungsgegenstand, der meist mythologischer, historischer oder religiöser Natur war [1], in den Bereich der Historienmalerei (↗Historienbild), die in der Nz. an der Spitze der Bildgattungen stand. Die D. hatte in ↗Schlossbauten und Palästen der Fürsten und Adligen mit Historien- und Schlachtengemälden, politisch-histor. ↗Allegorien und mythologischen Darstellungen wesentlichen Anteil an der ↗Repräsentation: Auf hohem konzeptuellen Niveau diente sie der Glorifizierung des Herrschers, seiner Familie und seiner Taten. In Kirchen und Kapellen wurde die Wirkung der D. v. a. im Zuge der Weiterverbreitung von Glaubensinhalten, von Tugendexempla anhand von Heiligenleben und -legenden oder zur visuellen Unterstützung von Wallfahrten zu wundertätigen Bildwerken eingesetzt.

2. Ästhetische Konzeptionen

Die D. zeichnet sich durch eine enorme Vielfalt der ästhetischen Möglichkeiten und Konzepte aus. Oftmals konkurrierten mehrere ästhetische Varianten miteinander, begleitet und gesteuert von einer theoretischen Debatte über Rangfragen, ↗Decorum und Wirkmacht der D., über das Verhältnis von Bildfeld und (↗Stuck-)Rahmung und über die ästhetische Bewältigung der ↗Perspektiv-Konstruktion [2]. D. trägt wesentlich zur Gesamtwirkung des Raumes bei. Daher ist bei der Analyse der D. der tektonische Zusammenhang von Wand und Decke, die Gesamtarchitektur des Raumes, seine Größe und Lichtsituation zu beachten und in Bezug zum Betrachter zu setzen. Das Rahmen- bzw. Dekorationssystem der Decke kann der Wölbungsform und Wandarchitektur verpflichtet sein, wobei die vermittelnde oder aufteilende Funktion des Stucks (sofern vorhanden) wirksam wird, oder es kann ein eigenständiges System ausbilden und damit den architektonischen Träger negieren und eine andere Wölbungsform vortäuschen. Ebenso kann eine große zusammenhängende Fläche ohne architektonisch-dekorative Untergliederung vorliegen, was eine monumentale ↗Komposition ermöglicht – eine Variante der D., die im Verlauf der Nz. auch dank der zunehmend vorhandenen baulichen Voraussetzungen bestimmend wurde.

Die Funktion der D. bewegte sich zwischen den Möglichkeiten des ästhetischen Raumabschlusses und der illusionistischen Raumöffnung, oft vermittelt durch eine scheinarchitektonische Rahmung (↗Illusionismus). Die eigentliche raumabschließende Funktion der Decke wurde damit aufgehoben, der Realraum scheinbar erweitert oder eine neue Bildrealität geschaffen. Die Darstellung folgte dann einer Perspektive *di sotto in sù* (ital.; »von unten nach oben«), also einer perspektivischen Untersicht, die zu entsprechenden Verkürzungen führte und dem Maler große Kenntnisse in der Anwendung von Luft- und Linienperspektive abverlangte. Doch nicht allein die Augentäuschung (ital. *inganno degli occhi*) fand Interesse bei den ↗Auftraggebern: In Renaissance und Barock waren lange auch prunkvoll gerahmte Decken gefragt, in deren Felder jeweils ein Leinwandbild, das *Quadro riportato* (»eingesetztes Bild«) eingefügt war. Das *Quadro riportato* wurde höher geschätzt als das Fresko und konnte auch in fingierter Form wesentlicher Bestandteil der D. sein.

Konstitutiv für die Wirkung und Bedeutung der D. ist die Perspektive des Betrachters, dessen Wahrnehmung mehr noch als beim Tafelbild gezielt gelenkt wird. Sein idealer Standort konnte mit einem eigens markierten Punkt im Raum festgelegt sein (A. Pozzo, Deckenfresken in Sant' Ignazio, Rom 1691–1694). Auch die Bewegung des Betrachters konnte innerhalb des Raumes miteinbezogen werden, etwa wenn die vom ↗Zeremoniell und von architektonischen Abschnitten regulierten Bewegungs- und Haltepunkte das großformatige Deckenbild in verschiedene Bedeutungssegmente aufteilten (Vierkontinente-Deckenfresko G. B. Tiepolos im Treppenhaus der Residenz in Würzburg, 1751–1753) oder aber mangelnde Sinnfälligkeit der Perspektivkonstruktion einzelner Gewölbefelder zum Weitergehen zwangen.

3. Die Verbreitung der Deckenmalerei in der Neuzeit

3.1. Italien

In Italien wurden bis zum ausgehenden 17. Jh. modellhafte Lösungen der D. entwickelt. Fügten sich zunächst im frühen 15. Jh. die Bildfelder noch dem Primat der Architektur, so wurde dieses ebenso additive wie subordinierte Verhältnis erstmals von Andrea Mantegna in der *Camera degli sposi* des Gonzaga-Palastes in Mantua (ca. 1474) überwunden. Das Stichkappengewölbe des kleinen quadratischen Raumes ist im Zentrum illusionistisch aufgebrochen und gibt den Blick in den Himmel auf eine Balustrade frei, über deren Rand Frauen und Putti in den Raum hinunterschauen. Der illusionistische Effekt ist nicht zu trennen von dem Eindruck, den die Wandmalerei mit ihrer Suggestion einer offenen Halle mit Blick in die Landschaft vermittelt. Weitere wegweisende Lösungen für den Profan- und den Sakralbereich entwickelten Michelangelo und Raffael in Rom sowie Correggio in Parma: Das mit Stichkappen versehene Tonnengewölbe der Sixtinischen Kapelle weist ein fingiertes architektonisches Gerüst auf, welches in vollkommener Autonomie gegenüber der Wand ein eigenständiges Bild- und Rahmensystem konstituiert (vgl. Abb. 1).

Raffaels Lösung für die Decke der Gartenloggia in der Villa Farnesina macht den Raumtypus sinnfällig. Eine aus Stichkappen entwickelte, reich mit Früchten besetzte pergolaartige Gliederungsstruktur unterteilt die Fläche in Zwickel und einen weiten zentralen Abschnitt. Raffael vermied eine ausgeprägte *di-sotto-in-sù*-Perspektive, für die mythologischen Darstellungen im

Deckenmalerei

Abb. 1: Michelangelo, Sixtinische Kapelle im Vatikanischen Palast (Rom, 1508–1512; Ausschnitt). Der Betrachter wird mit einem hochkomplexen Bild- und Rahmensystem konfrontiert, das einen Wirkungsbereich für verschiedenste Modi und Realitätsebenen bietet: für fein abgestufte Grade des raumerweiternden Illusionismus einerseits und für die Bildebene des *Quadro riportato* andererseits, das die Sequenz der Schöpfungsgeschichte beschreibt.

Zentrum wählte er sogar Segeltücher als »Bildträger« (vgl. Abb. 2).

Correggio wagte mit seinen Fresken in den Kuppeln von San Giovanni Evangelista (ca. 1520–1524) und des Domes (1526–1530), beide in Parma, erstmals einen Blick in den offenen Himmel, in dessen Zentrum der auffahrende Christus bzw. Maria zu sehen ist. Keinem anderen illusionistischen Verfahren der D. war ein solcher Erfolg (wenn auch erst ab dem 17. Jh.) beschieden wie dieser Lösung, eine Decke durch eine Himmelsszenerie optisch zu öffnen, begleitet von konzentrisch angeordneten Figurengruppen. Das zunächst religiös bestimmte Motiv der Heiligenapotheose wurde später auch für die Glorifizierung des Herrschers genutzt. Nördlich der Alpen breitete sich das Konzept illusionistischer D. sehr zögerlich aus; im 16. Jh. begegnet es fast nur im Kontext der ↗Höfe, etwa der Wittelsbacher, die einen regen kulturellen Austausch mit Italien pflegten (vgl. die Ausstattung der Landshuter Stadtresidenz in den 1530er Jahren oder diejenige Johann Bocksbergers d. Ä. für die Neuburger Schlosskapelle von 1536).

Im fortschreitenden 16. Jh. erweist sich D. weniger als ein Reflex auf die Errungenschaften Correggios als eine Transformation des komplexen Systems der Sixtinischen Decke in unterschiedliche bauliche und funktionale Gegebenheiten. Zergliederung der Flächen, Vereinzelung statt Vereinheitlichung beherrschen die D., die dem Betrachter eine Reihe von Standpunkten zumuteten. Daneben entwickelte sich v. a. in Oberitalien die ↗Scheinarchitektur zu einem nahezu eigenständigen, sehr erfolgreichen Zweig der D.: Die ↗Quadraturmalerei ist eine virtuose, das Erstaunen (ital. *stupore*) des Betrachters hervorrufende Rahmen- und Bildarchitektur, die in perspektivischer Verkürzung die Realarchitektur weiterzuführen vorgibt.

Die D. des 17. Jh.s wurde v. a. durch Rom geprägt. Im Zuge des höfischen ↗Absolutismus und der europ. Ordenspolitik wurden die ital. Konzepte der D. nördl. der Alpen rezipiert und weiterentwickelt. Zu Beginn des Jahrhunderts wiesen zwei verschiedene Lösungen den Weg, die zunächst den Errungenschaften der ↗Renaissance verpflichtet waren, diese jedoch den neuen repräsentativen, auch baulichen Entwicklungen anpassten. Cherubino und Giovanni Albertis Decke der Sala Clementina (Rom, Vatikan 1596–1600) beispielsweise gibt oberhalb einer in extremer Untersicht gehaltenen Rahmenarchitektur den Blick frei auf einen Wolkenhimmel, der sich auf der großen, alles überwölbenden Decke mit

Abb. 2: Raffael, Psyche-Loggia in der Villa Farnesina (Rom, 1518/19). Der Raum wird von einem fingierten pergolaartigen Gerüst überspannt. Der Eindruck von Illusion beruht v. a. auf dem Verschleifen von Außen- und Innenraum, der durchlichteten Farbigkeit und der wohlüberlegten Entscheidung, den Blick in den offenen Himmel paradoxerweise zu verhängen. Das dem Blick Entzogene schafft durch die Mobilisierung der Phantasie des Betrachters erst die Illusion.

der Apotheose Papst Clemens' VIII. ausbreitet. Annibale Carracci verhüllte indes den Ausblick in der Galleria des Palazzo Farnese (1604 vollendet) mit einem farblich erstaunlich differenzierten, verschiedene Materialien vortäuschenden Dekorationssystem mit Bildern verschiedener Realitätsstufen (vgl. Abb. 3).

Protagonist der D. im 17. Jh. war Pietro da Cortona mit seinen Ausmalungen im profanen (Palazzo Barberini, vgl. Abb. 4; Appartamenti Reali im Palazzo Pitti, Florenz, ca. 1637) und im sakralen Bereich (Santa Maria in Vallicella, Rom, vor 1665). Cortona, selbst Architekt, schuf im Salone des Palazzo Barberini eine nicht nur formal, sondern auch thematisch in der Verknüpfung von mythologischer und allegorischer Motivik paradigmatische Lösung. Das architektonische Triumphalgerüst aus fingiertem Stuck und Reliefs unterteilt das Muldengewölbe in fünf Bildfelder, fein nuanciert in verschiedene Realitätsgrade und überstrahlt von leuchtendem Himmel.

Lange blieben die nachfolgenden Dekorationen, freilich mit erstaunlichen Erweiterungen, den Errungenschaften Pietro da Cortonas und auch dem Konzept der gattungsübergreifenden Illusionskunst Gianlorenzo Berninis verpflichtet: Giovanni Battista Gaulli (Rom, Il Gesù, 1676–1679) und Luca Giordano (Florenz, Palazzo Medici-Riccardi, Galerie, 1682–1683) triumphierten mit figürlichen Kompositionen, Andrea Pozzo (Rom, Sant' Ignazio, 1691–1694) stellte seinen Figurenapparat in eine konsequente und ausgedehnte Quadratur und begründete damit, nicht zuletzt durch seinen Aufenthalt in Wien, den Erfolg der auch an ⁊ Bühnenbildern orientierten Perspektivmalerei nördl. der Alpen im 18. Jh. Diese blieb aber nur eine Variante der D.

Abb. 3: Annibale Carracci, Galleria im Palazzo Farnese (Rom, 1597–1604). Kaum ein anderes Konzept vermittelt einen vergleichbar raffinierten Reichtum unterschiedlicher Materialien und Realitätsebenen. Die seitlichen »Decken-Gemälde« erscheinen in gemalten schweren goldenen Rahmen und sind wenig auf Untersicht angelegt, so dass der Eindruck von tatsächlich eingesetzten Deckenbildern entsteht, hinter denen das Gewölbe sichtbar wird. Die Bildergalerie ist gleichsam an die Decke gerückt.

3.2. Nördlich der Alpen

In Frankreich setzte sich im 17. Jh. neben dem an Cortona orientierten, figural basierten Konzept v. a. eine klassizistische Haltung mit begrenztem illusionistischen Grad und streng gegliederter Decke durch (Charles Le Brun, *Galérie d'Apollon*, Louvre, Paris, ab 1661; Spiegelgalerie, Versailles 1678–1686).

In Süddeutschland und Österreich bildete sich neben der von Pozzo vorgegebenen Richtung ein in den Grundzügen an Venedig angelehnter, dem Primat der Farbe verpflichteter ↗Illusionismus aus, der die in Italien entwickelten Konzepte nochmals auf eine neue Stufe hob. Der Wirkungsabsicht lag eine noch weit engere ästhetische Verknüpfung von Architektur, ↗Stuck und ↗Malerei zugrunde. Hier ist v. a. der auch als Architekt und Stuckateur arbeitende Deckenmaler Cosmas Damian Asam zu nennen. Er verfolgte ein den gesamten Kirchenraum erfassendes Dekorationsprinzip, das figurale und architekturbasierte Kompositionen überzeugend miteinander verknüpft (Weingarten, Benediktinerabtei- und Wallfahrtskirche, 1718–1720; vgl. Abb. 5). In Österreich stützen Johann Michael Rottmayr, Daniel Gran und Paul Troger mit ihren illusionistisch angelegten Figurkompositionen die kaiserliche bzw. Ordensrepräsentation nachhaltig (Wien, Karlskirche, 1725–1730; Hofbibliothek, 1726–1730; Stiftskirche Altenburg, 1733–1734).

Abb. 4: Pietro da Cortona, Salone im Palazzo Barberini (Rom, 1637). Das zentrale Bildfeld innerhalb des architektonischen Triumphalgerüsts dient mit der Allegorie der »Göttlichen Vorsehung«, begleitet von Tugenden, und den heraldisch angeordneten Barberini-Bienen der Verherrlichung des Papstes und seines Nepoten: Unter dem Segen der göttlichen Vorsehung ist das Wirken des Barberini-Papstes heilbringend. Cortona schafft die Illusion eines unbegrenzten Raumes, ohne auf Augentäuschung mittels einer ausgeprägten *sotto-in-sù*-Perspektive zu bauen.

Die Großartigkeit der Fresken im Treppenhaus der Würzburger Residenz (1751–1753) von Giambattista Tiepolo kann indes nicht darüber hinwegtäuschen, dass dort ein Höhepunkt der D. bereits überschritten war. In den Schlössern war D. aus den Appartements, die möglichst helle Räume mit Spiegeln an den Wänden verlangten, weitgehend verdrängt worden. Kirchen bildeten noch eine Wirkungsstätte für Deckenmaler: Das

Abb. 5: Cosmas Damian Asam, Vision des Hl. Benedikt (Langhaus-Deckenfresko, Benediktiner-Abteikirche Weingarten, 1718–1720). Als wichtiges struktives und wirkungsästhetisches Element wird Deckenmalerei gerade in Kirchenneubauten des frühen 18. Jh.s in Süddeutschland integriert und inszeniert. So schaffen in Weingarten die vier mächtigen Pfeiler, die den Wandpfeilern der Kirche nachgebildet sind und über Bögen den Ansatz einer Kuppel tragen, den Rahmen für den Ordensgründer im Zentrum, der mit weit ausgestreckten Armen dem Betrachter zu entrücken scheint.

bedeutende Spätwerk Johann Baptist Zimmermanns (Wieskirche bei Steingaden in Bayern 1753) zeigt nicht nur eine weit lichtere, den Monumentalkompositionen des Hochbarock fremde Farbigkeit, sondern auch die Ablösung des tektonischen Rahmensystems durch die Kurvierung des von der Rocaille bestimmten Stuckornaments.

Ab der Mitte des 18. Jh.s und durch die neue Forderung nach einer »edlen Simplicität« (↗Klassizismus) verloren die auf Illusion und Überwältigung bauenden Konzepte der D. zunehmend ihre Überzeugungskraft. Anton Raphael Mengs malte 1761 mit seinem *Parnass* (Villa Albani, Rom) ein programmatisch nicht-illusionistisches Deckenbild. Das klassizistische Ornament vermittelte nicht mehr zwischen Wölbung und Bild, sondern isolierte die Deckenbilder. Auch thematisch fand gerade im sakralen Bereich ein Wandel statt: Nicht mehr die Apotheose, vielmehr die Historie stand im Vordergrund. Das im Barock brillant ausgetüftelte System des Eindringens einer höheren Realität in die Welt verschwand zugunsten eines bildimmanenten Verismus.

J. G. Sulzer forderte in den 1770er Jahren, alles »nicht Denkbare« an der Decke wegzulassen [3]. Zwar führte der in Rom ausgebildete Martin Knoller mit seinen Deckenbildern in der Kirche von Neresheim (1770–1775) noch verschiedene Formen illusionistischer Konzeptionen vor, doch verweigerte er dem Betrachter die wohlbekannte Raumerweiterung, letztlich auch durch das Vermeiden einer Grenzüberschreitung zwischen Bild und Betrachterraum.

Dank dieser Reduktion der ästhetischen Illusion erhielt die ↗Wandmalerei bzw. das Wandbild in der Folgezeit den Vorrang; der immer seltener werdenden D. fiel allenfalls eine Programm und Ästhetik erläuternde Funktion zu. Man stützte sich auf Konzeptionen, die, streng architekturgebunden und deutlich subordiniert, eine z. T. überstrapazierte Renaissance-Rezeption zur Schau tragen (Peter Cornelius, Glyptothek, München, ca. 1825).

→ Illusionismus; Malerei; Perspektive; Repräsentation; Rokoko; Wandmalerei

Quellen:
[1] G. DE LAIRESSE, Het groot schilderboek, 2 Bde., 1707 [2] A. POZZO, Perspectiva pictorum et architectorum (Prospettiva de' pittori e architetti), 2 Bde., 1693–1702 [3] J. G. SULZER, Allgemeine Theorie der Schönen Künste (2 Bde.), 1771–1774.

Sekundärliteratur:
[4] H. BAUER, Der Himmel im Rokoko, 1965 [5] F. BÜTTNER, Die ästhetische Illusion und ihre Ziele – Überlegungen zur historischen Rezeption barocker Deckenmalerei in Deutschland, in: Das Münster 54, 2001, 108–127 [6] C. GOLDSTEIN, Studies in Seventeenth Century French Art Theory and Ceiling Painting, in: Art Bulletin 47, 1965, 231–256 [7] C. HECHT, Die Glorie. Begriff, Thema, Bildelement in der europ. Sakralkunst vom MA bis zum Ausgang des Barock, 2003 [8] B. W. LINDEMANN, Bilder vom Himmel. Studien zur Deckenmalerei des 17. und 18. Jh.s, 1994 [9] W. SCHÖNE, Zur Bedeutung der Schrägsicht für die Deckenmalerei des Barock, in: FS K. Badt, 1961, 144–172 [10] J. SHEARMAN, Only Connect ... Art and the Spectator in the Italian Renaissance, 1988 [11] F. WÜRTENBERGER, Die manieristische Deckenmalerei in Mittelitalien, in: Römisches Jb. für Kunstgeschichte 4, 1940, 59–141.

Eva-Bettina Krems

Déclaration des droits de l'homme et du citoyen
s. Menschen- und Bürgerrechtserklärungen

Decorum
1. Rhetorische Begriffstradition
2. Architektur und bildende Kunst

1. Rhetorische Begriffstradition

Der Begriff D. (griech. *prépon*; lat. *aptum, decorum, convenientia*; ital. *decoro, convenienza, convenevolezza*; franz. *bienséance, convenance*) entstammt der ↗Rhetorik und bezeichnet das Schickliche und Angemessene einer Rede und im Verhalten. Die Anwendungsbereiche erstrecken sich auf die Sprache und ihre Stiltheorie, in ethisch-moralischer Hinsicht auf das Verhalten im öffentlichen und privaten Leben nach Geschlecht, Alter und Stand sowie in ästhetischer Hinsicht auf Architektur und bildende Kunst. Die Lehre vom D. war seit der Antike in allen Epochen präsent. In der Nz. erlangte sie über die Rezeption antiker Rhetoriken eine tragende Bedeutung und wurde in die normativen Regelwerke der Nationalsprachen integriert (↗Poetik; ↗Topik).

Allgemein davon betroffen waren bes. literarische und künstlerische Werke, die im Dienste von ↗Repräsentations-Kunst standen. In den Werken selbst bemisst das D. das angemessene Zusammenspiel der einzelnen Bestandteile. Die Wirksamkeit des D. ist dabei vom Kontext der zeitspezifischen und lokalen Umstände wie Anlass, Publikum und Ort abhängig. Die ausführlichste in der Nz. rezipierte antike Darstellung des D. stammt von dem röm. Rhetor Quintilian (1. Jh. n. Chr.) [2]. Die Rede verlangte danach eine angemessene Stilwahl unter Maßgabe der ↗Genera dicendi (*stilus humilis, stilus mediocris, stilus gravis*; »niedriger«, »mittlerer«, »ernster bzw. hoher Stil«), durch die Aufbau, Länge, Thema und Charakter stimmig strukturiert werden. Seit der sprunghaft ansteigenden Rhetorik-Rezeption im 16. Jh. verband sich dies mit dem Ideal der Einheit von Ort, Zeit und Handlung sowie mit der Ständeklausel (Stilhöhe entsprechend dem sozialen Stand der Dramenfiguren).

2. Architektur und bildende Kunst

In Architektur und bildender Kunst wurde durch die D.-Lehre das Verhältnis von Form und Bildgegenstand zu ↗Auftraggeber und Anwendungsort bestimmt. Bereits in der Antike hatte Vitruv die D.-Lehre auf die Architektur angewandt [3]. In der Nz. übertrug Leon Battista Alberti rhetorische Prinzipien auf die Malerei- und ↗Architekturtheorie (*De pictura*, 1435; *De architectura*, Erstausgabe 1485) und folgte der Lehre der drei Stilarten. Während Alberti vorrangig sakrale und profane Bauaufgaben durch das Kriterium des D. unterschied, ordnete Sebastiano Serlio die angemessenen Formen der Architektur auch dem gesellschaftlichen Stand zu (Bauer: Hütte, Edelmann: Palast). In der gesamten Architekturtheorie der Nz., bes. in den Vitruv-Kommentaren, lässt sich verfolgen, wie das D. als Maßgabe die Wahl der Architekturformen bestimmte.

In der nzl. ↗Malerei ist das Ziel des D. die harmonische Darstellung des Schönen und Wahren in schicklicher Zweckmäßigkeit und passendem Augenblick des Stoffes, z. B. im ↗Historienbild. In der ↗Komposition bedingen *modo* (ital.; »Modus«, Charakterisierung der Personen und ihrer Umgebung) und *ordine* (»Ordnung« der Bestandteile) das Bild, wobei *copia* (»Vielfalt«) und *varietà* (»Abwechslung«) die Mittel gegen Eintönigkeit sind. Handlung, Kleidung und Affekte sollten nach Alter, Stand und Stoff eine Einheit ergeben. In der Summe sollte ein Bild »nutzen und erfreuen« (lat. *prodesse et delectare* nach Horaz, vgl. ↗Poetik) sowie bewegen (lat. *movere*). Für Leonardo da Vinci war das D. von zentraler Bedeutung für die Überzeugungskraft der Bildfiguren [1]. Bes. das sakrale Historienbild unterlag nach dem ↗Trienter Konzil der Forderung nach sittlicher Schicklichkeit (z. B. wurden nach 1564 viele nackte Gestalten in Michelangelos *Jüngstem Gericht* in der Sixtinischen Kapelle in Rom als anstößig und unangemessen erachtet und mit »Höschen« bedeckt). Bis ins 19. Jh. blieb in der religiösen Kunst diese D.-Lehre wirksam.

Im 17. Jh. verlieh Nicolas Poussin der D.-Lehre mit seinem *Modus*-Brief (1647) einen neuen Impuls, indem er in Anlehnung an die Stillagen der ↗Musik auch für die Malerei unterschiedliche *modi* im Sinne eines charakteristischen Gesamtausdrucks des Bildes formulierte

(⤴Moduslehre). Im 18. Jh. wurde die D.-Theorie mit der Urteilskategorie des »guten ⤴Geschmacks« tradiert und an vielen ⤴Kunstakademien in der Lehre der Kunstgattungen vermittelt (⤴Gattungstheorie). Erst mit der ⤴Genie-Ästhetik des späten 18. Jh.s und der Autonomisierung der Kunst um 1800 (⤴Autonomieästhetik) verlor das D. seine allgemeine Anerkennung.

→ Architekturtheorie; Disegno; Kunsttheorie; Malerei; Rhetorik

Quellen:
[1] L. Da Vinci (Hrsg.), Das Buch von der Malerei (Trattato della pittura). Nach dem Codex Vaticanus »Urbinas« 1270, hrsg. und übers. von H. Ludwig, 1970 (Neudr. der Ausg. Wien 1882) [2] M. F. Quintilanus, Ausbildung des Redners (Institutionis oratoriae libri XII), hrsg. und übers. von H. Rahn, 1972 (u. ö.) [3] Vitruvius, Zehn Bücher über Architektur (De architectura libri decem), übers. von C. Fensterbusch, 1964.

Sekundärliteratur:
[4] F. Ames-Lewis / D. Bednarek, Decorum in Renaissance Narrative Art, 1992 [5] R. Haussherr, Convenevolezza. Historische Angemessenheit in der Darstellung von Kostüm und Schauplatz bis ins 16. Jh., 1984 [6] H. W. Kruft, Geschichte der Architekturtheorie, 1985 [7] R. W. Lee, Ut pictura poesis. The Humanistic Theory of Painting, 1964 [8] U. Mildner-Flesch, Das Decorum. Herkunft, Wesen und Wirkung des Sujetstils am Beispiel Nicolas Poussins, 1993 [9] I. Rutherford / U. Mildner, Art. Decorum, in: HWRh 2, 1994, 423–521.

Roland Kanz

Deduktionen s. Staatsschriften

Deflation

Im Gegensatz zur ⤴Inflation versteht man unter D. ein anhaltendes Absinken des allgemeinen Preisniveaus, das einer Steigerung des ⤴Geldwerts und damit einer Erhöhung der Kaufkraft entspricht. Eine D. tritt meist in Verbindung mit einer wirtschaftlichen Depression auf, d. h. mit einer kumulativen Abwärtsbewegung der gesamtwirtschaftlichen Aktivität. Deflationäre Tendenzen sind seltener als inflationäre Tendenzen. Realwirtschaftliche Auswirkung einer D. ist der Rückgang von Produktion und Beschäftigung. Außerdem werden Gläubiger monetärer Forderungen wegen der Zunahme des Realwertes einer Geldeinheit begünstigt, Schuldner dagegen benachteiligt [7].

Als Ursachen einer D. lassen sich grundsätzlich zwei Möglichkeiten unterscheiden: Die geldmengeninduzierte D. resultiert aus einer Verknappung der Geldmenge im Verhältnis zum gesamtwirtschaftlichen Güterangebot. Zu einer solchen Konstellation kann es kommen, wenn das Wachstum der Geldmenge über einen längeren Zeitraum kleiner ist als das Wachstum der realen Gütermenge. Bei der gütermengeninduzierten D. steigt das Güterangebot schneller als die Nachfrage (deflatorische Lücke). Gründe dafür liegen in binnen- oder außenwirtschaftlichen Faktoren, die zu einem Rückgang der gesamtwirtschaftlichen Nachfrage führen.

Die Zusammenhänge zwischen Geldmenge, Gütermenge und Preisniveau kann man sich mit Hilfe der Verkehrsgleichung (auch Quantitätsgleichung) klarmachen. In einer Geldwirtschaft, in der alle Güter gegen ⤴Geld getauscht werden, entspricht die Summe der umgesetzten Gütermengen (T), multipliziert mit ihren Preisen (P), dem Produkt aus Geldmenge (M) und deren Umlaufgeschwindigkeit (U): $T \times P = M \times U$. Bei konstanter Umlaufgeschwindigkeit verändert sich das Preisniveau proportional zu Variationen der Geldmenge und umgekehrt proportional zu solchen der Gütermenge. Danach muss bei einer Verminderung der Geldmenge oder bei einer Erhöhung der Gütermenge unter sonst gleichen Bedingungen das Preisniveau proportional fallen. Diese funktionale Abhängigkeit des Preisniveaus von der Geldmenge ist Gegenstand der aus der Quantitätsgleichung ableitbaren Quantitätstheorie [8].

Bereits frühzeitig hat man die Erfahrung sinkender Preise mit Hilfe der Quantitätstheorie zu erklären versucht und auch auf die verheerenden Folgen der D. hingewiesen [6]. So schreibt der schott. Philosoph und Ökonom David Hume in seinem Buch *Of Money* (1752): »Der Bauer kann sein Getreide und sein Vieh nicht verkaufen und muss doch dem Grundbesitzer die gleiche Pacht zahlen. Es ist leicht vorauszusehen, wie viel Armut, Bettelei und Müßiggang daraus entstehen müssen.« Mit dem D.-Problem setzte sich im 18. Jh. – neben Hume und Vertretern der engl. klassischen Nationalökonomie – auch der schwed. Nationalökonom Pehr Niclas Christiernin auseinander.

Folgt man dem säkularen Verlauf der Getreidepreise (⤴Agrarpreise) in Europa, so lassen sich vom 15. bis zur Mitte des 19. Jh.s zwei säkulare Stagnations- bzw. D.-Perioden feststellen. Allgemein gilt das 15. Jh. als Periode der Stagnation und D., die von der ⤴Preisrevolution des 16. Jh.s abgelöst wird. Spätestens mit dem ⤴Dreißigjährigen Krieg ging die Aufschwungphase des »langen 16. Jh.s« in eine bis in die ersten Jahrzehnte des 18. Jh.s andauernde Stagnationsphase über. Zwischen 1720 und 1740 setzte in vielen Ländern ein erneuter Anstieg der Preise ein.

In der Forschung sind die Ursachen für diese D.-Phasen bis heute umstritten. Folgt man dem Modell der säkularen Wechsellagen [1], so sind vornehmlich realwirtschaftliche Faktoren ausschlaggebend. Im Aufschwung steigen ⤴Bevölkerung, Agrarproduktion und Grundrenteneinkommen. Agrar- und gewerbliche Preise steigen ebenfalls, während die ⤴Realeinkommen sinken. Aufgrund des Gesetzes vom abnehmenden Ertragszuwachs steigt die Produktion jedoch langsamer als die ⤴Bevölkerung. Der Aufschwung bricht ab und geht in den Abschwung über. Bevölkerung, Agrarproduktion und Grundrenteneinkommen gehen zurück; Agrar- und gewerbliche Preise sinken, Arbeitsproduktivität und Reallöhne steigen. Dass in dieser Dynamik der feudalen Produktionsweise auch die Geldmenge eine wichtige Rolle spielt, ist unbestritten.

So wurde darauf verwiesen, dass die Stagnationsperiode des 15. Jh.s durch einen extrem Edelmetall-, d. h. Geldmangel gekennzeichnet war [3], dass der Preisanstieg zu Beginn des 16. Jh.s mit dem Hereinströmen von ↗ Edelmetallen aus der ↗ Neuen Welt zusammenfiel und dass mit Beginn der neuerlichen Stagnationsperiode um die Mitte des 17. Jh.s auch die ↗ Silber-Importe Europas beträchtlich zurückgingen [2]. Verstärkt wurde diese deflationäre Tendenz dadurch, dass mit dem Aufschwung des Asienhandels im 17. Jh. ein weltweit integrierter Edelmetallmarkt entstand, was mit erheblichen Transfers von Silber aus Europa nach Asien verbunden war [4].

Verlässliche Aussagen über einen kausalen Zusammenhang zwischen Geldmenge und Preisniveau sind aber deshalb schwierig abzuleiten, weil sich weder die Höhe der ökonomisch relevanten Geldmenge noch die für das Geldnachfrageverhalten wichtige Umlaufgeschwindigkeit des Geldes mit den vorhandenen histor. Quellen zuverlässig rekonstruieren lassen [5].

→ Geld; Geldwert; Inflation; Preisrevolution

[1] W. Abel, Agrarkrisen und Agrarkonjunktur. Eine Geschichte der Land- und Ernährungswirtschaft Mitteleuropas seit dem hohen MA, 1978 [2] A. Attman, American Bullion in the European World Trade, 1600–1800, 1986 [3] J. Day, The Great Bullion Famine of the 15th Century, in: P&P 79, 1978, 3–54 [4] D. Flynn, World Silver and Monetary History in the 16th and 17th Centuries, 1996 [5] D. Glassman / A. Redish, New Estimates of the Money Stock in France, 1493–1680, in: Journal of Economic History, 1985, 31–46 [6] Th. M. Humphrey, Classical Deflation Theory, in: Federal Reserve Bank of Richmond Economic Quarterly 90/1, 2004, 11–32 [7] O. Kraus, Inflation und Deflation, 1952 [8] A. Woll, Art. Quantitätstheorie, in: Handwb. der Wirtschaftswissenschaft 6, 1981, 392–399.

Rainer Metz

Deich

1. Definition
2. Geschichte und technische Entwicklung
3. Deicharbeiten
4. Deich, Gesellschaft und Staat

1. Definition

D. ist ein zwecksentsprechend geformter, aus Erdbaustoffen bestehender Damm, der dem Schutz vor ↗ Überschwemmungen dient. Etymologisch ist der Begriff mit »Teich« verwandt (d. h. »etwas Aufgegrabenes«); diese Schreibweise blieb auch bis ins 18. Jh. hinein geläufig. Unterschieden wird zwischen See- und Fluss-D. Der auf seinen beiden Seiten unterschiedlich profilierte See-D. schützt niedrig gelegene küstennahe Gebiete, meist Marschenland an gezeitengeprägten Küsten. Er ist den z. T. extremen hydrodynamischen Belastungen von Tidenhub und hoch auflaufenden ↗ Sturmfluten ausgesetzt. Innerhalb Europas spielt der See-D. insbes. dort eine grundlegende Rolle, wo – wie beispielsweise in Teilen der Niederlande und Deutschlands – ein hoher Tiedenhub auf niedrig gelegene und daher gegenüber der Flut ungeschützte Küstenmarschen trifft. Die einzelnen Bestandteile des See-D. sind D.-Körper, Krone (Kappe), Binnen- und Außenböschung, Binnen- und Außenberme (Fuß; s. auch Abb. 1 unten).

Während heutige D. in der Regel aus einem von Kleierde umhüllten Sandkern bestehen, verwendete man vor dem 20. Jh. Kleierde für den gesamten D.-Körper. Um ein Abspülen zu verhindern, wurde dieser durch eine Bedeckung, z. B. aus Stroh, Reet oder Grassoden, geschützt. Neben dem See-D. als Haupt-D. (auch Winter-D., heute Landesschutz-D. genannt) gibt es weitere Varianten, die nach spezifischer Funktion und Lage unterschieden werden. So meint Sommer-D. jenen relativ niedrigen, flach geböschten D., der saisonal genutzte Weide- und Ackerflächen vor Tidenhub und niedrig auflaufenden Sommersturmfluten schützt. Seewärts vorgelagert, schirmt er zugleich den Haupt-D. ab und dient der Landgewinnung. Ein Hinter-D. (auch Achter- oder Kaje-D.) schützt vor dem aus Moor und Geest in die niedrig gelegenen Marschen strömenden Wasser; Kaje-D. bezeichnet einen provisorischen Hilfs- bzw. Not-D., der einen beschädigten oder im Bau befindlichen Haupt-D. flankiert oder beschirmt. Zum Schlaf-D. wird ein ehemaliger Haupt-D., wenn er nach seewärtiger Vorverlegung der D.-Linie zum Binnen-D. geworden ist, aber als sog. zweite D.-Linie einen zusätzlichen Schutz bildet. Deichähnliche Funktionen üben auch die binnendeichs gelegenen »Sietwenden« als wasserscheidende bzw. -leitende Grenz-D. aus.

Im Gegensatz zum See-D. ist der ebenfalls aus Erdbaustoffen bestehende Fluss-D. einem geringeren Wellenschlag ausgesetzt. Stattdessen muss er der hydrostatischen Belastung durch periodische Einstauung bei anhaltendem Hochwasser standhalten, v. a. nach starkem Niederschlag oder Schneeschmelze. Als »geschlossener« Fluss-D. schließt er beiderseits an höheres Gelände an, als »offener« nur oberstromseitig. Sog. Flügel-D. verbinden den Fluss-D. mit höherliegenden Flächen seitlich des Flusses, Leit-D. sorgen für den Abfluss des Hochwassers in eine bestimmte Richtung. Liegt ein D. ohne Vorland unmittelbar am Flussufer, wird er – wie auch der See-D. ohne Vorland – als Schar-D. bezeichnet.

2. Geschichte und technische Entwicklung

2.1. Mittelalter

D. zählen zu den ältesten Großtechnologien. Fluss-D. an Euphrat und Nil sind seit mehr als 5000 Jahren bekannt. Das Aufblühen städtischer Zentren in den Tiefebenen von z. B. Donau, Po, Rhône oder Rhein wäre ohne schon in der Römerzeit geschaffene Bedeichungssysteme nicht denkbar. Die technisch bes. avancierten See-D. spielen in Europa insbes. in den Marschengebieten der niederl., dt., westdän. und ostengl. Nordseeküste eine für Besiedlung und Bewirtschaftung existentielle Rolle. Wenngleich es an schriftlichen Quellen über die Anfänge des D.-Baus mangelt, nimmt die Küstenforschung an, dass es an der Nordsee seit dem 11. Jh. erste See-D. und seit dem 13. Jh. geschlossene Seedeichlinien gibt [3]. Zuvor hatten sich die Marschenbewohner durch sog. Warften (auch »Warfen« oder »Wurten« = künstliche Erdhügel) vor Überschwemmungen geschützt. Gegen Ende des MA zeigten sich die Nordseemarschen als fast durchgehend kultivierte und geschlossen gegen Tidenhub bzw. Sturmfluten geschützte Landschaft [6]. Neben der defensiven Schutzfunktion diente der D.-Bau auch der Landgewinnung durch Einpolderung (Polder, Koog, Groden = neu eingedeichte Wattflächen). An der Ostseeküste mit ihren besonderen landschaftlichen Gegebenheiten (Steilküsten, Dünen) spielten D. eine wesentlich geringere Rolle. Nachrichten über frühe Eindeichungen liegen z. B. für Schleswig-Holstein aus dem späten 16. Jh. vor (Eindeichung Geltinger Noor) [2]. Fluss-D. sind z. B. am Niederrhein für das 13. Jh. urkundlich belegt. Zunächst schützten sie einzelne kleine Polder und wurden dann ab dem 15. Jh. sukzessive durch flussparallele D.-Linien abgelöst, bevor es mit dem sog. Clever D.-Reglement von 1767 zur Errichtung eines einheitlich-geschlossenen Flussdeichsystems kam. An der Oder wurde das System der D. vornehmlich ab Mitte des 18. Jh.s im Zusammenhang mit der von der preuß. Landesherrschaft betriebenen Kolonisation des Oderbruches angelegt.

Die Höhe und Stärke der D. orientierte sich an technischer Machbarkeit und wirtschaftlicher Erfordernis. Ma. Nordsee-D. dienten in erster Linie dazu, die Sommer- sowie leichteren Winter-Sturmfluten abzuhalten. Ein 1244 beschriebener D. in Flandern zeigte eine Kronenhöhe von rund 3 m und eine Böschungsneigung von 1:1,5 (außen) bzw. 1:1 (innen), war also relativ steil. Häufig aber verzeichneten die frühen ma. See-D. geringere Höhen. Gelegentliche Überschwemmungen nahm man in Kauf, um die natürliche ↗Düngung des Marschenbodens zu ermöglichen.

2.2. Neuzeit

Nach den Erfahrungen verheerender ↗Sturmflut-Katastrophen wurden die D. bis zum Ende des MA vielerorts, wie etwa in Schleswig-Holstein nach der »Großen Mandränke« 1362, auf eine Höhe von 3–3,5 m gebracht. In der Frühen Nz. stieg die Höhe der D. weiter an. Als Pioniere erwiesen sich die niederl. Küstengebiete, deren D. Höhen von 5 m und mehr erreichten. Die Sohlenbreite wurde gegenüber den ma. D. verdoppelt und das Volumen verdreifacht [6]. Ebenso wichtig wie die Höhe war die Stärke und somit Festigkeit des D.-Körpers sowie dessen Profil. Im Gegensatz zur gelegentlichen Überspülung sollte ein sog. Grundbruch des D.-Körpers (ein vollständiges Durchbrechen) vermieden werden. So wurde sowohl das Außen- als auch in geringerem Umfang das Binnenprofil im Verlauf der Nz. immer stärker abgeflacht, um dem Druck der Fluten besser entgegenzutreten (vgl. Abb. 1). Zugleich trieb man den prophylaktischen D.- und Uferschutz voran. Dabei bezeichnet Stack-D. (Holz- bzw. Pfahl-D.) einen am D.-Fuß durch Holzpfähle bzw. -wände, Stein-D. einen ebenso durch Steinwerk vor Wellenschlag ge-

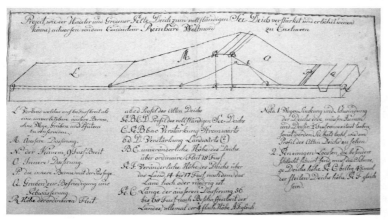

Abb. 1: Deichprofil um 1790 für den sog. Hadeler Seeband-Deich an der Mündung der Elbe in die Nordsee (Cuxhaven). Er schützt das ehemals selbständige Land Hadeln und Teile des hamburgischen Amtes Ritzebüttel. Die Zeichnung des Hamburger Wasserbauingenieurs Reinhard Woltman zeigt die dem Wellendruck besser standhaltende Abflachung des Außenprofils (M) sowie die breite Außenberme (L) zur besseren Abwehr von Wasserdruck und Wellenschlag. Auch das Binnenprofil (O) wurde im Verlauf der Nz. zunehmend abgeflacht, die Binnenberme (P) verstärkt.

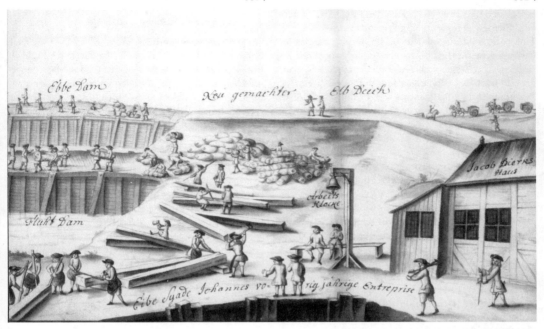

Abb. 2: Deichbauarbeiten in Wischhafen (Niederelbe), 1719 (lavierte Federzeichnung). Der Wischhafener Elbdeich war bei der Weihnachtsflut 1717 bis auf den Grund durchgebrochen und auf über 100 m zerstört worden. Die Wiederherstellungsarbeiten erwiesen sich als äußerst schwierig und langwierig. Zu sehen ist hier der Versuch des Jahres 1719, die Bruchstelle unter Leitung des Deichbauexperten Eibe Siade Johanns zu reparieren. Johanns legte zunächst beiderseits des später zu errichtenden Haupt-Deichs einen 50 Fuß breiten, mit Kistwerk gesicherten »Flut-Deich« und einen 30 Fuß breiten »Ebbe-Deich« an, um dazwischen den neuen, durch Schanzkörbe gesicherten Deich aufzufahren. Mit Hilfe von Booten waren »schwimmende Dämme« zur Abhaltung des Wassers errichtet worden. Die Darstellung belegt, wie wichtig das in den Nordseemarschen rare Holz für den Deichbau war. Die »Arbeitsklocke« verweist auf die Bedeutung effizienter Arbeitsabläufe auf solchen frühnzl. Deichgroßbaustellen, auf denen – wie hier in Wischhafen – zeitweilig über 1000 Männer beschäftigt waren.

schützten D. Sowohl dem Uferschutz wie auch der Landgewinnung dienten Stacks, Schlengen, Lahnungen und Buhnen, die – bestehend aus Pfahl-, Busch- und z. T. Steinwerk – quer zum D. ins Wasser hineingebaut wurden. Viele ↗Innovationen im D.-Bau verbreiteten sich von den niederl. Provinzen Holland und Seeland aus entlang der Küste. Zu Katalysatoren für Neuerungen wurden die schwere Schäden nach sich ziehenden großen Sturmflutkatastrophen der Nz. (Weihnachtsflut 1717, Februarflut 1825). An der dt. Ostseeküste sorgte die schwere Novemberflut 1872 für eine Neuprofilierung der D. [2].

Im Verlauf der Nz. wurde an der Nordsee immer wieder durch Einpolderungen neues Land für Besiedlung und Bewirtschaftung erschlossen. Dabei organisierte man mit z. T. generalstabsmäßiger Logistik und hunderten, ja tausenden von Arbeitskräften im Stil frühmoderner ↗Unternehmer regelrechte Großbaustellen an der Nordseeküste (u. a. Niederlande, Ostfriesland, Oldenburger Land, Schleswig-Holstein). Zu den berühmtesten Beispielen zählt die Durchdämmung des Schwarzen Bracks am Jadebusen (Niedersachsen) durch den 1615 vollendeten Ellenser Damm. In Dänemark begannen Mitte des 16. Jh. systematische D.-Verbesserungsmaßnahmen zum Schutz der Marschengebiete nördl. der heutigen dt.-dän. Grenze. In anderen Küstenregionen (z. B. Land Hadeln, Niedersachsen) hingegen basierte der D.-Bau noch bis ins 19. Jh. hinein auf lokalen Ressourcen (↗Ressourcennutzung) und wurde – meist ohne staatliche Unterstützung – praktiziert, z. B. auf D.-Verbands- bzw. Kirchspielebene.

3. Deicharbeiten

Die Arbeit am D. gehörte zur alltäglichen Lebenswelt der Küste [12] (vgl. Abb. 2). Als einfachstes und wichtigstes Arbeitsgerät wurde zunächst der Spaten genutzt (häufig als eisenbeschlagener Holzspaten). Weitere nzl. Gerätschaften waren Sturz- und Schubkarren, D.-Schlitten, Tragbahren sowie Sticknadeln (zur Bestickung der D.), Sodenschneider (Besodung), Koyerhaken (Verlegen der Laufbohlen), Rammen (Einrammen von Holzpfählen). Die Tragbahre diente dem Transport der D.-Erde durch D.-Arbeiter; sie wurde bis weit in die Nz. hinein verwendet. Effektiver war jedoch der Transport mit dem von Pferden gezogenen Sturzkarren (Störte, Wüppe). Eine wichtige Zäsur bildete die Einführung der Schubkarre, welche für die D.-Arbeiter den Transport der D.-Erde erleichterte; erstmals setzte sie der niederl. D.-Bauexperte Jan Claesz Rollwagen 1610 in Eiderstedt ein [9]. Bedeutsamstes D.-Baumaterial war die üblicherweise im Außendeichsland gewonnene Kleierde, daneben wurden v. a. Stroh, Reet und Gras (Bedeckung) sowie Holz-, Busch- und Steinwerk (Laufbohlen; D.- und Ufersicherung) benötigt [7].

Durch den D.-Bau wurden die natürlichen Entwässerungsläufe Richtung Meer abgeschnitten. Daher mussten Siele bzw. Schleusen in den D. gelegt und künstliche Entwässerungsgräben ausgehoben werden. Ein sog. Siel bezeichnet in der Regel eine nicht schiffbare, meist mit einfacher Klappe bzw. Torpaaren versehene Entwässerungsöffnung im D., eine Schleuse ein größeres und schiffbares Entwässerungsbauwerk. Die ältesten bekannten Siele waren geschlossene Holzbauwerke mit kleinen Durchlässen, in denen frei pendelnde Holzklappen aufgehängt wurden. Bei Ebbe floss das Binnenwasser automatisch durch Siel und Außentief Richtung Meer ab, bei Flut drückte das einlaufende Wasser die Sielklappe zu – ein Prinzip, das auch späteren Flügeltorbauten zugrunde lag. Die lichten Öffnungen der Siele bzw. Schleusen erweiterte man in der Nz. immer mehr. Die schadensanfälligen Holzwände und -decken wurden im Verlauf der Frühen Nz. – in den Niederlanden z.B. ab der zweiten Hälfte des 16. Jh.s – zunehmend durch Mauerwerke ersetzt und doppelte Fluttorpaare eingebaut. Zusätzliche Entwässerungstechnik unterstützte den Abfluss des Wassers: handgetriebene Entwässerungsschrauben, windgetriebene Schöpfmühlen – in den Niederlanden im 17. und 18. Jh. Hauptinstrument der Landkultivierung [13] – sowie seit dem 19. Jh. dampf- bzw. motorgetriebene Schöpfwerke.

Immer wieder trieben einzelne Persönlichkeiten die technisch-wiss. Entwicklung von D.-Bau und Entwässerung in der Frühen Nz. voran (↗Technischer Wandel), insbes. niederl. Wasserbauexperten: u. a. Andries Vierlingh (dessen Aufzeichnungen zu den wichtigsten schriftlichen Dokumenten frühnzl. Wasserbaukunst zählen), Simon Stevin (der u. a. als Oberaufseher der holländ. Land- und Wasserbauten wirkte und 1590 eine Theorie der Gezeiten aufstellte), der dt.stämmige Jan Clausen Coott, Jan Adriaanß Leeghwater oder Nicolaas Cruquius [13]. In Deutschland gehörte im 18. Jh. der jeverländische Landwirt und D.-Richter Albert Brahms zu den Pionieren der Verwissenschaftlichung im D.-Bau; er fasste seine Erkenntnisse 1754/57 in den zweibändigen *Anfangs-Gründen der D.- und Wasserbau-Kunst* zusammen [1].

4. Deich, Gesellschaft und Staat

Die Errichtung und Unterhaltung der D. – wie auch das damit verbundene, mündlich tradierte bzw. schriftlich kodifizierte D.-Recht – waren in den Marschengesellschaften konstitutiv für die Entwicklung der politisch-gesellschaftlichen Strukturen [4]. D.-Bau und -unterhaltung wurden zumeist in lokalen D.-Verbänden organisiert, denen alle deichpflichtigen Landeigentümer angehörten. Deren Vorsitzender (z. B. D.-Graf, D.-Richter) überprüfte mit den D.-Geschworenen in regelmäßigen Abständen und genau reglementierten Ritualen den D. (sog. Schau bzw. Schauung), ordnete Instandsetzungen an und verhängte Strafen. Bei schweren Verfehlungen konnten D.-Pflichtige ihren Landbesitz verwirken (sog. Spaten- bzw. Spade[n]recht). In den Niederlanden wurde das D.-Wesen u.a. durch die sog. *waterschap* (»Wassergenossenschaft«) verkörpert, die zu den ältesten demokratischen Institutionen des Landes zählen.

Organisatorisch wird i. Allg. zwischen Kabel- (Pfand-) und Kommuniondeichung unterschieden. Bei der Kabeldeichung wird der D. in Teilstrecken aufgegliedert (»Kabeln«), deren Unterhaltung und Nutzung den einzelnen D.-Pflichtigen oblag, während der D.-Verband in der Regel eine bloße Aufsichtsfunktion ausübte. Bei der Kommuniondeichung war der D.-Verband als Auftraggeber für D.-Arbeiten tätig – sie war in der Regel marktorientiert, innovativer und sorgte tendenziell für den Übergang von bäuerlichen Hand- und Spanndiensten zur ↗Lohnarbeit. Vielfach kamen Mischformen zwischen Kabel- und Kommuniondeichung vor; manchmal wurde nach schweren Sturmflutschäden zeitweilig in Kommunion gedeicht.

Nicht selten wurde auch die ↗Landesherrschaft im D.-Bau tätig oder vergab Neueindeichungen an kapitalkräftige Investoren bzw. Bauunternehmer (z. B. in Schleswig-Holstein durch sog. Oktrois bzw. »oktroyierte Köge«) [9]. Im Verlauf der Nz. reglementierte der Staat die D.-Verbände immer stärker, ließ staatlich Bediente über das D.-Wesen wachen und vereinheitlichte das D.-Recht (u. a. bremen-verdische D.-Ordnung von 1692/1743, schleswig-holsteinisches D.-Reglement von 1803, hannoversche Wasserbauverordnung von 1852). In den Niederlanden entwickelte sich der von Christiaan Brunings begründete *Rijkswaterstaat* im 19. Jh. zur zentralen Institution in technischen Fragen des ↗Wasserbaus [13]. Der zunehmende Einfluss des Staates bzw. staatlicher Gesetzgebung auf D.-Bau und -unterhaltung zeigte sich im 20. Jh. und zu Beginn des 21. Jh.s selbst in jenen Regionen, wo nach wie vor D.-Verbände aktiv sind.

→ Flussregulierung; Klima; Schleuse; Umwelt- und Umweltprobleme; Wasser; Wasserbau

Quellen:
[1] A. BRAHMS, Anfangs-Gründe der Deich- und Wasser-Baukunst, Teil 1 und 2, 1754–1757 (Ndr. 1989).

Sekundärliteratur:
[2] Historischer Küstenschutz. Deichbau, Inselschutz und Binnenentwässerung an Nord- und Ostsee (hrsg. vom Dt. Verband für Wasserwirtschaft und Kulturbau), 1992 [3] J. EY, Der frühe Deich- und Sielbau im niedersächsischen Küstengebiet, in: M. FANSA (Hrsg.), Kulturlandschaft Marsch, 2005, 1–6 [4] N. FISCHER, Wassersnot und Marschengesellschaft – Zur Geschichte der Deiche in Kehdingen, 2003 [5] D. P. HALLEWAS, Ma. Seedeiche im holländischen Küstengebiet, in: Probleme der Küstenforschung im südlichen Nordseegebiet 15, 1984, 9–27 [6] O. S. KNOTTNERUS, The Wadden Sea Region. A Unique Cultural Landscape, in: M. VOLLMER et al. (Hrsg.), Lancewad. Landscape and Cultural Heritage in the Wadden Sea Region. Project Report, 2001, 12–71 [7] J. KRAMER, Kein Deich – kein Land – kein Leben. Geschichte des Küstenschutzes an der Nordsee, 1989 [8] N. C. KRAUS (Hrsg.), History and Heritage of Coastal Engineering, 1996 [9] H. J. KÜHN, Die Anfänge des Deichbaus in Schleswig-Holstein, 1992 [10] W. PRANGE, Die Bedeichungsgeschichte der Marschen in Schleswig-Holstein, in: Probleme der Küstenforschung im südlichen Nordseegebiet 16, 1986, 1–53 [11] E. SIEBERT, Entwicklung des Deichwesens vom MA bis zur Gegenwart, in: J. OHLING (Hrsg.), Ostfriesland im Schutz des Deiches, Bd. 2, 1969, 79–388 [12] R. UPHOFF, Die Deicher, 1995 [13] G. P. VAN DER VEN (Hrsg.), Man-Made Lowlands – History of Water Management and Land Reclamation in the Netherlands, ⁴2004.

Norbert Fischer

Deismus s. Vernunftreligion

Dekabristen

Als D. (nach: russ. *dekabr'*, »Dezember«) wurden jene vorwiegend adligen Aufständischen bezeichnet, die am 14. 12. 1825 (Datum hier und im Folgenden nach altem Stil, d. h. nach Julianischem Kalender) in St. Petersburg einen missglückten Umsturzversuch unternahmen. Etwa 3 000 Offiziere und Soldaten waren auf den Senatsplatz beordert worden, um den Eid auf den neuen ↗Zaren Nikolaus I. abzulegen. Die D. versuchten an diesem Tag, die unklare Thronfolgesituation nach dem Tode Zar Alexanders I. (19. 11. 1825) auszunutzen und die versammelten Truppen zum Aufstand zu bewegen. Zarentreue Truppen schlugen jedoch den Staatsstreichversuch schnell mit Kartätschenfeuer nieder. Auch im ukrainischen Chernigov meuterte im Januar 1826 erfolglos ein Regiment.

Nach der Rückkehr aus den antinapoleonischen Kriegen (↗Befreiungskriege) waren sich viele jüngere Armeeangehörige der Rückständigkeit im autokratischen und leibeigenschaftlichen Russland bewusst geworden. Alexander I. war nicht mehr wie zu Beginn seiner Herrschaft im 1801 einsetzenden »liberalen Frühling« zu ↗Reformen bereit. Die Labilität und religiöse Entrücktheit dieses Herrschers, seine fehlende Bereitschaft zur Aufhebung der ↗Leibeigenschaft, die staatliche Überwachung der Universitäten und die unmenschliche Behandlung der Bauern in den Militärsiedlungen lösten Unwillen aus. Wohl hatte Alexander I. in Polen und Finnland die traditionellen Konstitutionen anerkannt, doch blieb in Russland die Autokratie unangetastet. Die revolutionären Erhebungen in Italien und Spanien nach 1821 sowie der Befreiungskampf der Griechen gegen die Osmanen (↗Philhellenismus) inspirierten die Verschwörer. Die D. organisierten sich in Geheimbünden, u. a. nach dem Vorbild des dt. »Tugendbundes«: 1816 im Rettungsbund (*Sojuz spasenija*) und 1818 im Wohlfahrtsbund (*Sojuz blagodenstvija*). 1822 wurden diese ↗Geheimgesellschaften zwar verboten, doch kurz darauf als »Nordgesellschaft« (*Severnoe obshhestvo*) in St. Petersburg, als »Südgesellschaft« (*Juzhnoe obshhestvo*) in der Ukraine sowie als »Gesellschaft der vereinigten Slaven« (*Obshhestvo soedinennych slavjan*) in Kiev neu gegründet.

Der Sturz der zarischen Selbstherrschaft und die Bauernbefreiung (↗Agrarreformen) waren die gemeinsamen Ziele der D., doch hatten sie hinsichtlich der angestrebten Staatsform auch unterschiedliche Vorstellungen. So forderte Nikita Murav'jov von der »Nordgesellschaft« eine konstitutionelle Monarchie (↗Konstitutionalismus) und einen föderativen Zusammenschluss russ. Länder. Pavel Pestel' bevorzugte in seiner Programmschrift *Russkaja Pravda* (»Russ. Wahrheit oder Staatliche Urkunde des großen russ. Volkes«) eine provisorische Diktatur, die den Übergang zu einem zentralisierten republikanischen Staat gewährleisten sollte; in ihm sollte nur Polen bestehen bleiben, die anderen nichtruss. Völkerschaften hingegen russifiziert werden.

Von den Zielen der D. erfuhr die Masse des Volkes nichts. Allerdings erschienen während des Aufstandes in St. Petersburg auch zivile Sympathisanten auf dem Senatsplatz. Durch die am 17. 12. 1825 gebildete zarische Untersuchungskommission wurden 579 verhaftete Aufständische verhört, 131 von ihnen vor das Oberste Strafgericht in St. Petersburg gebracht und entsprechend verschiedener »Schweregrade« ihrer angenommenen Schuld verurteilt. Fünf D. wurden am 13. 7. 1826 gehängt, die Übrigen lebenslänglich oder für 20 Jahre nach Sibirien verschickt. Einige der ihren Männern in die Verbannung folgenden Ehefrauen fanden für ihre Entschlossenheit Bewunderung. Die adligen Verschwörer wie die Regierungsanhänger hatten vorwiegend den gleichen sozialen Kreisen angehört und vertraten einen gemeinsamen Ehrenkodex. Mitglieder derselben Familien saßen mitunter einerseits auf dem Richterstuhl, andererseits auf der Anklagebank. Auch namhafte Schriftsteller waren am Aufstand beteiligt (W. Küchelbecker, K. F. Ryleev) oder sympathisierten mit den D. (A. S. Puschkin, A. S. Griboedov).

Nikolaus I. studierte eingehend die Ergebnisse der Verhöre, um Ansatzpunkte für ↗Reformen zu finden, die künftigen Erhebungen vorbeugen sollten. Seine Furcht vor Unruhen sollte durch die Revolutionen in Frankreich und Belgien 1830 (↗Julirevolution) sowie durch den Aufstand in Polen 1830/31 neue Nahrung erhalten. Nach der Niederschlagung des Aufstandes der D. wurde die geistige Situation in Russland von den meisten Intellektuellen als bedrückend empfunden. Als offizielle Staatsideologie diente die 1833 von S. S. Uvarov verkündete »Dreieinigkeit« von Selbstherrschaft, orthodoxer Rechtgläubigkeit (↗Russische orthodoxe Kirche) und zarentreuem »Volkstum«.

Die D. als Teil der radikalen Adelsintelligenz suchten für Russland neue, liberale Ideen zu verwirklichen. Dies sicherte ihrem Aufstandsversuch als dem Beginn revolutionärer Bewegungen einen Platz in der russ. Geschichte.

→ Militär; Panslawismus; Reform; Restauration; Revolution; Russländisches Reich

Quellen:
[1] G. DUDEK (Hrsg.), Die Dekabristen. Dichtungen und Dokumente, 1975.

Sekundärliteratur:
[2] N. J. EDELMAN, Verschwörung gegen den Zaren. Porträt der Dekabristen, 1984 [3] H. LEMBERG, Die nationale Gedankenwelt der Dekabristen, 1962 [4] J. M. LOTMAN, Russlands Adel. Eine Kulturgeschichte, 1997 [5] M. RAEFF, The Decembrist Movement, 1966 [6] A. M. ULAM, Russlands gescheiterte Revolutionen. Von den Dekabristen bis zu den Dissidenten, 1985.

Michael Schippan

Dekadenz

1. Begriff
2. Das Beispiel Rom
3. Aufgeklärte Dekadenz-Konzepte
4. Verwissenschaftlichung

1. Begriff

Die seit Polybios unter antiken Historikern geläufige Idee, dass Reiche und Kulturen nach ihrem Aufstieg zu Macht und Größe notwendig einem Niedergang unterworfen seien, wurde im ↗Humanismus wiederentdeckt und neu formuliert. Bis um 1800 blieb »D.« (dt. erstmals um 1700; lat. *inclinatio, ruina, depravatio*; ital. *decadenza, declino, caduta*; franz. *déclin, décadence*; engl. *decline*) daher eine Grundkategorie politischer, sozialer und ästhetischer Diskurse. Als konstitutives Element einer zyklischen Vorstellung von ↗Geschichte bezeichnete der Begriff die allmähliche (absichtsvolle oder unmerkliche) Abkehr eines Gemeinwesens von einer im Rückblick als vorbildlich empfundenen Lebensform bzw. von einem als »klassisch« geltenden Kunstideal. D. war insofern keine historische, sondern eine zutiefst normative Kategorie. Charakteristisch für den modernen wie seit Tacitus' *Dialogus de oratoribus* (um 102; »Dialog über die Redner«) schon den antiken D.-Diskurs war es, kulturelle und politisch-gesellschaftliche D. als Symptome der gleichen ↗Krise zu betrachten. Die so eröffnete Möglichkeit, politische Vorgänge ästhetisch zu konkretisieren, Kultur hingegen politisch zu konnotieren, machte D. zu einem attraktiven histor. Erklärungsmuster und zu einer ideologischen Waffe gegen kulturelle Herrschaftsansprüche, v. a. gegen die Kirche. Erklärt wurde D. stets mit jenen Motiven, die man an der Politik, Gesellschaft oder Kultur der eigenen Zeit missbilligte [3].

2. Das Beispiel Rom

Entwickelt wurde der humanistische D.-Diskurs am welthistor. Beispiel des antiken Rom. Dessen Größe sah man seit Polybios gerade in der Fähigkeit, die natürliche D. kraft perfekter Gesetze so lange wie möglich zu verzögern. Ausgangspunkt der Debatte war die Beobachtung, dass die lat. Sprache (↗Latein) nach der augusteischen Zeit zusehends an Schönheit verloren und die röm. Kultur seit dem 5. Jh. keine lit., künstlerischen und architektonischen Werke von klassischem Rang mehr hervorgebracht habe. In seinen *Historiarum ab inclinatione Romanorum imperii decades III* (nach 1440; gedruckt 1483; »Drei Dekaden von Historien seit dem Niedergang des Röm. Reiches«) beklagte Flavio Biondo, dass die röm. ↗Geschichtsschreibung seit dem Gotensturm (412) in »größte Dunkelheit« (lat. *maxima obscuritas*) verfallen sei. In seinen *Vite de' più eccellenti architetti, pittori et scultori italiani* (1550; »Lebensbeschreibungen der berühmtesten Maler, Bildhauer und Architekten«) schilderte Giorgio Vasari, wie die Künstler seit den Einfällen der ↗Barbaren den Sinn für Harmonie, Ordnung und Konzeption (ital. *disegno*) verloren und ihn erst im Laufe des 15. Jh.s allmählich wiedergewonnen hätten [1]; [5].

Strittig blieb unter den Humanisten, wann diese D. des Röm. Reiches begonnen habe – mit der röm. nationalen Selbstüberschätzung seit dem Sieg über Karthago (wie Petrarca meinte) oder erst mit der Tyrannei der Kaiser (was Leonardo Bruni glaubte) – und welche Faktoren bes. ungünstig gewirkt hätten: die maßlosen Eroberungen, der schleichende Verlust der republikanischen Freiheit, die wachsende Verweichlichung und Auflösung des röm. Nationalcharakters, die Verheerungen durch die Barbaren oder das Christentum. Diesem warf Lorenzo Ghiberti vor, antike Kunstwerke planmäßig zerstört zu haben (*Commentarii*, um 1450; ↗Antikerezeption), während Niccolò Machiavelli (wie einst die Gegner des Augustinus) es der Zersetzung der staatstragenden röm. Tugenden (lat. *virtutes*) bezichtigte [1]; [5]. Einig hingegen war man meist, dass dieses dekadente »Mittelalter«, das die große Antike von der Gegenwart trenne, bis in diese fortdauere (/Mittelalterrezeption). So diente das D.-Konzept nicht zuletzt dem propagandistischen Zweck, die Notwendigkeit humanistischer /Bildung nachdrücklich zu betonen

Zwar wurde die D.-Idee (wie überhaupt das zyklische Geschichtsmodell der Renaissance) im Konfessionellen Zeitalter zurückgedrängt und durch einen linearen, von Gott gelenkten Geschichtsverlauf ersetzt. /Religionskriege und /Dreißigjähriger Krieg aber nährten Gefühle der D. auch weiterhin. Erst in der zweiten Hälfte des 17. Jh.s wurde diese /Melancholie über die eigene Zeit allmählich durch den Stolz auf deren gelehrte Errungenschaften und Erfindungen abgelöst. Das D.-Modell verlor desto mehr an Attraktivität, je mehr man histor. Dynamik und nichtklassische poetische Formen für selbstverständlich und wünschenswert hielt (*Querelle des Anciens et des modernes*, vgl. /Antikerezeption) [4].

3. Aufgeklärte Dekadenz-Konzepte

Schon Machiavelli hatte D. aus der natürlichen Dynamik allen Lebens erklärt, das auf keiner Stufe stillstehen könne. An ihn anknüpfend fassten Montesquieus *Considérations sur les causes de la grandeur des Romains et de leur décadence* (1734; »Betrachtungen über die Ursachen der Größe und des Niederganges der Römer«) alle bisher genannten Ursachen für den Niedergang Roms systematisch zusammen, um darzulegen, dass der röm. Staat, seit er seine natürlichen Grenzen überschritten habe, aus eben den Gründen gesunken sei, die zuvor seinen Aufstieg bedingt hätten. Diese (gegenwartspolitisch motivierte) Umwertung der röm. D. aus einem tragischen Schicksal in einen Kausalmechanismus hatte auf andere Art schon Giambattista Vico vollzogen; er hatte in seinen *Principi di scienza nuova d'intorno alla comune natura delle nazioni* (1725; »Grundzüge einer neuen Wissenschaft über die gemeinsame Natur der Völker«) D. als notwendiges Durchgangsstadium eines gesetzmäßigen Kulturkreislaufs gedeutet. Der /Aufklärungshistorie und noch der philosophischen /Weltgeschichte G. W. F. Hegels galt partielle D. seither als eine notwendige Voraussetzung und Begleiterscheinung eines überwiegenden, schließlich siegreichen /Fortschritts. Dieses Erklärungsmuster parodierte Edward Gibbon, wenn er in dem gewaltigen Epochenpanorama seiner *History of the Decline and Fall of the Roman Empire* (6 Bde., 1776–1788; »Geschichte des Verfalls und Untergangs des Röm. Reiches«) noch einmal vorführte, wie das Röm. Reich durch *barbarism and religion* zugrunde gerichtet worden sei. Doch gerade in ihrer Gründlichkeit gelangte diese bedeutendste D.-Geschichte des 18. Jh.s dahin, den vermeintlichen Niedergang als einen histor. Transformationsprozess darzustellen, der sich nicht mehr normativ bewerten ließ [5]; [7].

4. Verwissenschaftlichung

Die einzige revolutionäre D.-Theorie des 18. Jh.s kam von Jean-Jacques Rousseau. Im *Discours sur les sciences et les arts* (1750; »Abhandlung über Kunst und Wissenschaft«) wie im *Discours sur l'origine et les fondemens de l'inégalité parmi les hommes* (1755; »Abhandlung über den Ursprung und die Gründe der Ungleichheit unter den Menschen«) erklärte er die Errungenschaften der Moderne für den Höhepunkt sittlicher D., da sie sich ganz von der Reinheit und Schlichtheit der »/Natur« entfernt habe [3]. Während diese paradoxe Neubestimmung von D. als universale Entfremdung zur Grundstimmung der /Romantik wurde, löste sich das D.-Konzept in der zeitgenössischen Geschichtsschreibung in eben dem Maße auf, in dem diese von moderner Wissenschaftlichkeit geprägt wurde.

Schon Wilhelm von Humboldt wurde 1807, als er nach dem Zusammenbruch Preußens eine *Geschichte des Verfalls und Unterganges der griech. Freistaaten* skizzierte, von dem gegenwartspraktischen »moralischen Interesse« geleitet, individuelle Reaktionen auf Extremsituationen zu studieren. Histor. Forschungen, die sich ähnlichen Themen widmeten – etwa J. G. Droysens *Geschichte des Hellenismus* (2 Bde., 1836/43), J. Burckhardts *Die Zeit Constantins d. Gr.* (1853) oder F. Gregorovius' *Geschichte der Stadt Rom im MA* (8 Bde., 1859–1872) –, betonten statt der D. den Eigenwert solcher Epochen. Auf die Frage, »ob die Kulturvölker wieder sinken werden, [und] ob Europa dem Verfall entgegengeht«, antwortete 1859 Leopold von Ranke, der führende Historiker seiner Zeit, dass er allenfalls »einen Verfall einzelner Zweige des Lebens oder auch einzelner Völker für möglich halte, nicht eine D. des Ganzen oder einen Ruin desselben«.

Erst um die Mitte des 19. Jh.s steigerte sich das verbreitete Zeitgefühl, »Epigone« zu sein (K. L. Immermann, 1836), zur trotzigen Selbststilisierung avantgardistischer Dichter als *décadents*. Zwei Jahrzehnte später führten wachsende Zweifel gegenüber den kulturellen und zivilisatorischen Errungenschaften der Moderne dann zu jenen radikalen D.-Visionen, die in der Zeitkritik Friedrich Nietzsches ihren vorläufigen Höhepunkt fanden [6]; [7].

→ Geschichtsphilosophie; Geschichtsschreibung; Krise

[1] A. Demandt, Die Auflösung des römischen Reiches im Urteil der Nachwelt, 1984 [2] H. Koenigsberger, Sinn und Unsinn des Dekadenzproblems in der europ. Kulturgeschichte der frühen Nz., in: J. Kunisch (Hrsg.), Spätzeit. Studien zu den Problemen eines historischen Epochenbegriffs (Historische Forschungen 42), 1990, 137–158 [3] R. Koselleck / P. Widmer (Hrsg.), Niedergang. Studien zu einem geschichtlichen Thema (Sprache und Geschichte 2), 1980 [4] R. Mortier, L'idée de décadence littéraire au XVIIIe siècle, in: R. Mortier, Le coeur

et la raison. Recueil d'études sur le dix-huitième siècle, 1990, 53–67 [5] W. REHM, Der Untergang Roms im abendländischen Denken. Ein Beitrag zur Geschichte der Geschichtsschreibung und zum Dekadenzproblem (Das Erbe der Alten 18), 1930 (Ndr. 1969) [6] F. TESSITORE, Humboldt, Niebuhr et la ›Dekadenzidee‹, in: F. TESSITORE, Contributi alla storia e alla teoria dello storicismo 2, 1995, 661–708 [7] P. WIDMER, Art. Niedergang/Untergang, in: HWPh 6, 1984, 838–846.

Gerrit Walther

Dekan s. Fakultät

Dekolonisation, erste

s. Lateinamerikanische Unabhängigkeitsrevolutionen; Nordamerikanische Revolution

Dekonfessionalisierung s. Konfessionalismus

Dekret s. Gesetzgebung

Delikt s. Straftat

Deliktsrecht

1. Grundlagen
2. Generalklausel der Verschuldenshaftung
3. Entwicklungen im 19. Jahrhundert

1. Grundlagen

Der Beginn der Nz. (15.–17. Jh.) bildete zugleich die Geburtsstunde eines Haftungsrechts im modernen Sinne. Erst in der Frühen Nz. entstand endgültig ein eigenständiges Rechtsgebiet, das allein dazu diente, die Voraussetzungen zu normieren, unter denen ein Geschädigter – unabhängig von einer vertraglichen Verbindung – von seinem Schädiger ↗Schadensersatz erhielt. Hintergrund dieser Entwicklung war einerseits die Monopolisierung der Strafverfolgung durch den Staat (↗Strafrecht) und andererseits die begriffliche und konzeptionelle Trennung von ↗Strafe und Schadensersatz, die eine Voraussetzung dafür bildete, die Schadenshaftung allein am Grundsatz der fairen Kompensation auszurichten.

Dabei waren die Terminologie und die grundlegenden Regeln des Haftungsrechts bereits früh röm. geprägt. Schon im 15. Jh. war nicht nur die gelehrte Jurisprudenz, sondern auch die juristische Populärliteratur zum D. von den Klagen und Kategorien des Röm. Rechts bestimmt. Entsprechend regelten auch die ↗Stadtrechte seit dieser Zeit nur noch wenige Einzelfragen und verwiesen im Übrigen auf das Röm. Recht. Nur das D. des engl. ↗Common Law hielt an den in England tradierten Klagen fest.

2. Generalklausel der Verschuldenshaftung

Beruhte das antike röm. D. noch auf einem differenzierten System einer Vielzahl von Klagen, so bot das ↗Gemeine Recht der Nz. ein wesentlich überschaubareres Bild: Neben der zentralen Klage wegen einer schuldhaften Schadenszufügung (lat. *actio de damno dato*) wurden im Wesentlichen nur noch die ↗Klage wegen einer arglistigen Vermögensschädigung (lat. *actio doli*; ↗Vermögensdelikte), die auch weiterhin pönale Klage wegen einer ehrkränkenden Personenverletzung (lat. *actio iniuriarum aestimatoria*) sowie spezielle Klagen für Tierschäden angewandt. Denn die im Röm. Recht noch sehr eng verstandene *actio legis Aquiliae de damno dato* erhielt jetzt einen außerordentlich weiten Anwendungsbereich: Sie sollte immer dann anwendbar sein, wenn »irgendwie ein Verschulden eines anderen dargelegt werden kann« [4. IX, II, 1]. Bereits 1625 formulierte Grotius entsprechend eine – in ihrer Reichweite freilich nicht ganz klare – »Generalklausel« der deliktischen Haftung für jedes Verschulden, wie sie sich heute im franz. ↗Code Civil von 1804 findet [1. II, XVII, 1]. Besondere Klagen waren daneben weitgehend entbehrlich.

Dabei stand »Verschulden« nun weniger für den Vorwurf eines Fehlverhaltens als für die persönliche Verantwortlichkeit hinsichtlich eines Schadensereignisses. Denn nach den altdt. Volksrechten war die Haftung zumindest terminologisch nicht an ein Verschulden geknüpft: Ein Schädiger wurde für einen Schaden immer dann haftbar gemacht, wenn dieser eine zurechenbare Folge seines Verhaltens bildete [1. 289 f.]; ähnliche Regeln einer quasistrikten »Kausal-« bzw. »Erfolghaftung« galten in England bis ins 19. Jh. [5. 58 ff.]. Während diese Regeln im franz. ↗Gewohnheitsrecht (*coutûmes*) und in frühen dt. Rechtsbüchern, wie dem Lübischen Recht, mit Hilfe von Verschuldensvermutungen in der Terminologie des Röm. Rechts reformuliert worden waren [8. 123 ff., 140 ff.], sollte umgekehrt nach Gemeinem Recht allerleichtestes »Verschulden« (lat. *culpa levissima* [4. IX, II, 14] bzw. franz. *fautes … si légères qu'elles puissent être* [1. I, II, VIII, 4, 1] oder engl. *slightest fault* [7. 524 ff.]) für die Haftung genügen. Ein genuines Fehlverhalten, das stand vor 1800 fest, war dafür nicht erforderlich [3. II, 698, 3 f.]; [6. 304 ff.].

Seit dem 17. Jh. hatte allerdings die in ganz ↗Europa herrschende, einflussreiche naturrechtliche Doktrin (↗Naturrecht und Rechtsphilosophie) die zivilrechtliche Haftung nicht mehr mit der persönlichen Verantwortlichkeit für einen Schaden, sondern als Sanktion für die Verletzung bürgerlich-rechtlicher Verhaltenspflichten erklärt, die – insbes. im Falle bloßer Fahrlässigkeit – nicht strafrechtlich bewehrt waren. Für die quasistrikte Haftung des Gemeinen Rechts und des ↗Common Law war bei einem solchen Verständnis kein Platz; entsprechend wurden seit dem Ende des 18. Jh.s die strikten Haftungstatbestände des *Common law* durch Regeln einer Verschuldenshaftung ersetzt, während in Deutschland gleichzeitig die *culpa levissima* abgeschafft oder uminterpretiert wurde: Für ein entschuldbares Versehen sollte deliktisch nicht gehaftet werden müssen [6. 340 ff., 349 ff.].

3. Entwicklungen im 19. Jahrhundert

Zu Beginn des 19. Jh.s kam es dann in sämtlichen Rechtsordnungen Europas zu einer grundlegenden Neuorientierung des Haftungsrechts. Mit verschuldensunabhängigen Haftungstatbeständen reagierte man auf Haftungslücken, die sich zuvor überall – freilich weniger aufgrund neuer technischer Risiken als vielmehr wegen der Restriktion der Verschuldenshaftung – gezeigt hatten. In Deutschland war das v. a. die moderne Gefährdungshaftung, die – zusammen mit der Eisenbahn – zuerst 1838 in Preußen eingeführt wurde [6. 363 ff., 369 ff.].

→ Rechtsgeschichte; Rechtswissenschaft; Strafrecht

Quellen:
[1] J. Domat, Les loix civiles dans leur ordre naturel, le droit public et legum delectus, Paris 1777 [2] H. Grotius, De iure belli ac pacis libri tres, Amsterdam 1642 [3] L. Molina, De iustitia et iure, Mainz 1659 [4] S. Stryk, Specimen usus moderni pandectarum, Halle 1713.

Sekundärliteratur:
[5] D. J. Ibbetson, A Historical Introduction to the Law of Obligations, 1999 [6] N. Jansen, Die Struktur des Haftungsrechts, 2003 [7] H. L. MacQueen / W. D. H. Sellar, Negligence, in: K. Reid / R. Zimmermann (Hrsg.), A History of Private Law in Scotland 2, 2000, 517–547 [8] B. Winiger, La responsabilité aquilienne en droit commun, 2002.

Nils Jansen

Demagogenverfolgungen

Nach den ↗Befreiungskriegen und der Neuordnung der dt. Staatenwelt auf dem ↗Wiener Kongress (1814/15) zielte die »Verfolgung demagogischer Umtriebe« in der ersten Hälfte des 19. Jh.s darauf ab, das monarchisch-restaurative System im ↗Deutschen Bund zu stützen und gegen nationale, liberale und bes. revolutionär-demokratische Bewegungen mit Hilfe polizeilicher und juristischer Maßnahmen vorzugehen (↗Nationalismus; ↗Liberalismus). Gleichzeitig nutzten die Großmächte Preußen und Österreich die D. zur Festigung ihrer Hegemonie, woraus sich eine Schwächung der einzelstaatlichen Kompetenzen zugunsten des Bundes ergab.

Seit der ↗Französischen Revolution hatte der Begriff »Demagoge« zunehmend die Bedeutung eines »Volksverführers« angenommen; mit dem Ausdruck »demagogische Umtriebe« wurden nach 1815 die Aktivitäten sämtlicher gegen das politische System der Restaurationszeit gerichteter politischer Strömungen umschrieben. Zunächst richtete sich das Augenmerk auf in der napoleonischen Zeit entstandene ↗Geheimgesellschaften (Tugendbund, ↗Deutsche Gesellschaften) und die ↗Burschenschaften, die auf dem Wartburgfest 1817 ihre national- und verfassungspolitischen Ziele öffentlichkeitswirksam propagierten. Die Ermordung des Schriftstellers August von Kotzebue durch den Studenten Karl Ludwig Sand 1819 diente als Anlass für ein rigoroses Vorgehen gegen die politische Opposition. Die ↗Karlsbader Beschlüsse (1819) richteten sich gegen die ↗Universitäten (Verbot der Burschenschaften, Überwachung der Hochschulen) sowie die ↗Presse (Vorzensur für Schriften unter 20 Bogen/320 Seiten; ↗Zensur) [2]. Zudem wurde eine zentrale staatspolizeiliche Untersuchungskommission in Mainz geschaffen (bis 1828) [6] und der Dt. Bund berechtigt, notfalls seine Beschlüsse militärisch gegen den Willen der Mitgliedsstaaten durchzusetzen. Diese Kompetenzen wurden durch die Wiener Schlussakte von 1820 noch einmal erweitert. Allerdings wurden die Karlsbader Beschlüsse in den Einzelstaaten unterschiedlich restriktiv umgesetzt. Die Verfolgten wichen auf nichtpolitische Organisationsformen aus, wie etwa Turner- oder Sängervereine (↗Turnerbewegung). Obwohl die Zentraluntersuchungskommission kaum juristisch verwertbare Beweise zutage förderte, kam es 1824 zu einer Verlängerung der Karlsbader Beschlüsse und einer Verschärfung der D. Der Aufgabenbereich der Kommission erweiterte sich: Zur Untersuchung vergangener »Umtriebe« kam die präventivpolizeiliche Arbeit, wozu eine umfangreiche Verfolgtenkartei angelegt wurde.

Die Mobilisierung der politischen ↗Öffentlichkeit durch die franz. ↗Julirevolution (1830), das ↗Hambacher Fest (1832) und den Frankfurter Wachensturm (1833) führte zu neuen Repressivmaßnahmen des Bundes, die auch als zweite D. bezeichnet werden. V. a. das »Maßregelngesetz« von 1832 schränkte die Möglichkeiten bürgerlicher Organisation weiter ein: ↗Zensur und Reglementierung der Presse (↗Presse- und Meinungsfreiheit) wurden verschärft, alle politischen ↗Vereine unterdrückt, politische Versammlungen und ↗Feste verboten. Die »Wiener Geheimen Sechzig Artikel« (1834) bekräftigten das rigorose Vorgehen gegen die ↗Universitäten und die Presse. Zur Überwachung und Verfolgung der Opposition richtete man exekutive ↗Behörden auf der Ebene des Bundes wie der Einzelstaaten ein. Die im Juni 1833 geschaffene Frankfurter Zentraluntersuchungsbehörde, eine staatspolizeiliche Institution ohne juristische Kompetenzen, sammelte Informationen und leitete diese an die Mitgliedsstaaten zur gerichtlichen Verfolgung weiter. Ihre Akten dokumentieren 2 140 Gerichtsverfahren gegen politisch Beschuldigte aus den Jahren

1830 bis 1842 (»Schwarzes Buch«). In mehreren Einzelstaaten wurde sog. Ministerialkommissionen die Koordinierung einschlägiger Gerichtsverfahren innerhalb des Landes übertragen, so etwa in Preußen, wo zwischen 1833 und 1836 über 1000 Beschuldigte erfasst wurden [4]; [5]. Neben diesen offiziellen Behörden schuf man 1833 auf Initiative Metternichs eine geheimpolizeiliche Nachrichtenzentrale, das Mainzer Informationsbüro, welche bis 1848 umfassendes Material über die unterschiedlichen Oppositionsströmungen sammelte.

Die Karlsbader Beschlüsse und die sich anschließenden Repressionsgesetze blieben bis zur ↗Märzrevolution 1848/49 in Kraft.

→ Karlsbader Beschlüsse; Politische Bewegungen; Politische Polizei

[1] H. Asmus, Art. Demagogenverfolgung, in: H. Reinalter (Hrsg.), Lexikon zu Demokratie und Liberalismus 1750–1848/49, 1993, 59–63 [2] E. Büssem, Die Karlsbader Beschlüsse von 1819. Die endgültige Stabilisierung der restaurativen Politik nach dem Wiener Kongreß 1814/15, 1974 [3] L. F. Ilse, Geschichte der politischen Untersuchungen welche durch die neben der Bundesversammlung errichteten Kommissionen, der Central-Untersuchungs-Commission zu Mainz und der Bundes-Central-Behörde zu Frankfurt in den Jahren 1819 bis 1827 und 1833–1842 geführt sind, 1860 (Ndr. 1975) [4] A. Löw, Die Frankfurter Bundeszentralbehörde 1833–1842 (Diss. Frankfurt am Main), 1933 [5] W. Siemann, »Deutschlands Ruhe, Sicherheit und Ordnung«. Die Anfänge der politischen Polizei 1806–1866, 1985 [6] E. Weber, Die Mainzer Zentral-Untersuchungskommission, 1970.

Hedwig Herold-Schmidt

Demi-gros-Handel s. Handel

Demographie s. Bevölkerung

Demographische Katastrophe

1. Definition
2. Dimensionen der Katastrophe
3. Gründe für die Katastrophe
4. Ausblick

1. Definition

Das Ausmaß, die Geschwindigkeit und die Dauer des Rückgangs der indigenen Bevölkerung in der für die Europäer ↗Neuen Welt nach 1492 stellten die katastrophalen ↗Epidemien, die das ma. und nzl. ↗Europa trafen, weit in den Schatten. Historiker haben daher schon frühzeitig von einer D. K. – manche gar von einem »amerikan. Holocaust« [9] oder einem ↗Genozid – gesprochen. Das große Sterben zählt zu den dunkelsten Aspekten der Geschichte der Entdeckung und ↗Eroberung Amerikas durch die Europäer. Die D.K. ist eine Grundbedingung für die Entwicklung der Kolonialgesellschaften in Amerika. Sie beeinflusste den transatlantischen ↗Kulturkontakt (↗Atlantische Welt), die Geschichte der europ. ↗Expansion sowie allgemein die nzl. ↗Weltwahrnehmungen.

2. Dimensionen der Katastrophe

Die Schätzungen zur Gesamtzahl der indian. Bevölkerung (↗Indianer), die zum Zeitpunkt der Entdeckung in der Neuen Welt lebte, divergieren erheblich und sind in der histor. Forschung seit langem umstritten. Für das spätere Hispanoamerika erscheint ein Richtwert von rund 35–45 Mio. plausibel. Für Nordamerika schwanken die Zahlen zwischen 7 und 10 Mio. Ureinwohnern und für Brasilien zwischen 500000 und 2,5 Mio. Allein in Hispanoamerika ging die indigene Bevölkerung im Lauf der folgenden gut 150 Jahre insgesamt um circa 90% zurück (vgl. Abb. 1).

Bereits im 16. Jh. war die Dimension der D.K. erschreckend. In Mexiko und Zentralamerika betrug der Bevölkerungsrückgang zwischen 1519 und 1568 wahrscheinlich mehr als 90%, in den meisten anderen Regionen zwischen 80 und 98%. Auf den Karibikinseln wie v. a. der Insel Hispaniola kann man regelrecht vom Aussterben der Urbevölkerung sprechen.

Im Gegensatz zum portug. Bereich und zu Nordamerika lässt sich die demographische Entwicklung im span. Amerika ab 1570 genauer beschreiben, da dank der Bestandsaufnahmen der Krone aus dieser Zeit im Vergleich zur Epoche der Eroberung genauere (wenn auch noch immer keineswegs sichere) Zahlenangaben vorliegen. Die Tabelle in Abb. 1 zeigt, dass die D.K. hier um 1570 noch nicht abgeschlossen war, sondern bis ca. zur Mitte des 17. Jh.s andauerte. So reduzierte sich die Zahl der Ureinwohner bis 1650 auf rund 4 Mio. Im Einzelnen ist aber auch noch nach Binnenregionen zu differenzieren: Insbes. die dicht besiedelten Kernregionen Neu-Spaniens (das heutige Mexiko mit Zentralamerika) sowie Peru weisen überdurchschnittlich starke Rückgänge auf. In den dünn besiedelten Grenzgebieten (z.B. im heutigen Chile, Argentinien, Paraguay) war demgegenüber ein weniger starker Rückgang zu verzeichnen.

3. Gründe für die Katastrophe

Die Gründe für die D.K. waren vielfältig. An erster Stelle standen die ↗Krankheiten, die im Rahmen des ↗Columbian Exchange aus Europa und Afrika nach Amerika eingeschleppt wurden. Nicht nur die auch in Europa tödlichen Pocken, ↗Pest und Typhus, sondern auch dort eher harmlose Krankheiten wie Grippe oder Masern breiteten sich z.T. pandemisch aus, forderten zahllose Todesopfer und führten langfristig zu sinken-

	1492	1570	1650	1492	1570	1650
	(in Mio. Einwohner)			(Anteil in %)		
Mexiko	12,00	3,72	0,90	34	42	23
Zentralamerika	2,93	0,44	0,20	8	5	5
Karibik	1,00	0,02	0,001	3		
Kolumbien	3,28	0,98	0,55	10	11	14
Venezuela	0,49	0,24	0,20	1	3	5
Ecuador	1,57	0,47	0,35	4	5	9
Peru	9,00	1,29	0,60	26	15	15
Bolivien	2,85	0,57	0,40	8	7	10
Paraguay	0,74	0,37	0,25	2	4	6
Argentinien	0,48	0,29	0,25	1	3	6
Uruguay	0,04	0,02	0,005			
Chile	1,10	0,44	0,30	3	5	7
Summe	**35,48**	**8,85**	**4,006**	**100**	**100**	**100**

Abb. 1: Die Entwicklung der indigenen Bevölkerung in Hispanoamerika 1492–1650 (vgl. [6. 318]). Die Tabelle basiert auf Schätzungen, die insbes. für den Stand von 1492 nur sehr ungenau sind. Sie zeigt, dass sich die D. K. noch bis zur Mitte des 17. Jh.s fortsetzte und insbes. die Kernzonen der Besiedlung wie Mexiko und Peru betraf.

den Geburtenzahlen unter den ↗Indianern, die ihnen aufgrund der fehlenden Immunität keinerlei Widerstand entgegensetzen konnten. Teils im Gefolge der Eroberer, teils diesen schon vorauseilend, wurden die Epidemien zu einem wesentlichen Faktor bei der Eroberung der indian. Reiche (↗Azteken).

Neben den Seuchen trugen die Eroberungskriege an sich zum Bevölkerungsrückgang bei. Die unterschiedlichen Formen von Versklavung (vgl. ↗Sklaverei) und ↗Zwangsarbeit, die Spanier und Portugiesen im Anschluss an die Eroberung durchsetzten, forderten weitere Todesopfer. Damit einher gingen Ernährungsprobleme, die auch auf die »Zerstörung des ökologischen Gleichgewichts« [7. 64] durch neue Erzeugnisse und Anbaumethoden zurückzuführen waren. Seuchen, Hunger, Ausbeutung und allgemeine Aussichtslosigkeit führten ferner zu einer Demoralisierung der autochthonen Bevölkerung, die sich in sinkenden ↗Fertilitäts-Raten niederschlug. Manche dieser Faktoren spielten auch dann noch eine Rolle, als der Prozess der Conquista im 17. Jh. in vielen Regionen längst abgeschlossen war und die Eroberer sich angesichts des Arbeitskräftemangels bemühten, die indian. Bevölkerung zu bewahren. Verwaltungsmaßnahmen wie die Umsiedlung und Zusammenfassung in ↗Reduktionen wirkten teilweise jedoch kontraproduktiv.

4. Ausblick

Anders als im portug. Amerika erfuhr die demographische Entwicklung der indigenen Bevölkerung seit ca. 1750 zumindest in Hispanoamerika eine Trendwende, wenngleich selbst dort nicht überall gleichmäßig und gleichzeitig. Dabei kam es in vielen Regionen zunächst zu einer Verlangsamung des Bevölkerungsrückgangs, dann zu einer Phase der Stagnation, an die sich im 17. bzw. 18. Jh. eine Phase des Wachstums anschloss. Das entscheidende Element für diese Entwicklung war die Ausbildung von Resistenzen gegen die aus Europa eingeschleppten Krankheiten. Einen weit späteren Abschluss fand dagegen die D. K. der indian. Bevölkerung Nordamerikas, die sich im Zuge der Expansion des US-amerikan. ↗Nationalstaats durch Kriege und Indianerumsiedlungsgesetze bis weit ins 19. Jh. hinein fortsetzte.

Insgesamt trug die D. K., abgesehen von der entscheidenden Schwächung des indigenen Widerstands, bei vielen Europäern auch zu einer Vertiefung der Überzeugung von ihrer eigenen Höherwertigkeit bei (↗Eurozentrismus; ↗Interkulturelle Beziehungen). Führende Puritaner Neuenglands etwa (↗Puritanismus) konnten das Sterben der Indianer demnach als Gottesurteil verstehen, das nicht zuletzt die Frage des Landbesitzes zu ihren Gunsten regelte. Auch in den iber. Reichen Amerikas förderte die D. K. eine paternalistische Haltung, nach der die Indianer als schwache und unmündige Kinder betrachtet und behandelt werden konnten. Der nachhaltige Eindruck, den die vernichtende Erfahrung der D. K. auf die indigene Bevölkerung der beiden Amerikas machte, spiegelt sich seinerseits in zahlreichen Überlieferungen über die Schrecken der Seuchen wider [1].

→ Bevölkerung; Eroberung; Expansionen; Indianer; Kolonialismus; Krankheit; Kulturkontakt

Quellen:
[1] R. Roys (Hrsg.), The Book of Chilam Balam of Chumayel, 1933.

Sekundärliteratur:
[2] N. Cook, Born to Die: Disease and New World Conquest, 1492–1650, 1999 [3] J. Daniels, The Indian Population of North America in 1492, in: William and Mary Quarterly 49, 1992, 298–320 [4] W. Denevan (Hrsg.), The Native Population of the Americas in 1492, 1976 [5] J. Hemming, Red Gold: The Conquest of the Brazilian Indians, 1978 [6] R. Pieper, Hispanoamerika: demographische Entwicklung, in: H. Pietschmann (Hrsg.), Hdb. der Geschichte Lateinamerikas 1, 1994, 313–328 [7] W. Reinhard, Geschichte der europ. Expansion, Bd. 2: Die Neue Welt, 1985 [8] B. Slicher van Bath, Het stille drama van de Indianen, in: B. Slicher van Bath (Hrsg.), Indianen en Spanjaarden. Een ontmoeting tussen twee werelden, Latijns Amerika 1500–1800, 1989, 87–115 [9] D. Stannard, American Holocaust: The Conquest of the New World, 1992.

Stefan Rinke

Demographische Krisen

1. Definition
2. Struktur und Verlauf Demographischer Krisen
3. Demographische Krisen des »type ancien«
4. Demographische Diskussion
5. Kulturgeschichtliche Perspektiven

1. Definition

Der Begriff der D. K. wird in der Bevölkerungsgeschichte auf dreifache Weise verwendet. In einem ersten und ganz allgemeinen Sinn bezeichnet er gravierende Unterbrechungen des langfristigen Wachstumstrends der europ. ↗Bevölkerung (= Bev.) durch Rückgang oder Stagnation. D. K. bezieht sich damit auf die langfristigen Zyklen der demographischen (= dem.) Entwicklung. Aus dieser Perspektive erscheinen die Periode von der Mitte des 14. bis zur Mitte des 15. Jh.s sowie das 17. Jh. als D. K. [14.16]. Die D. K. des SpätMA wurde durch die erste ↗Pest-Welle (1347–1353) eingeleitet und führte zum Rückgang der europ. Bev. um vermutlich mehr als ein Drittel. Auch die D. K. des 17. Jh.s beruhte auf wieder vermehrt auftretenden Pestwellen, zu denen eine Häufung von Versorgungskrisen und in Teilen Europas verheerende Kriege hinzukamen (z. B. der ↗Dreißigjährige Krieg). Gesamteuropäisch betrachtet führte die D. K. des 17. Jh.s zu keinem Bev.-Rückgang, wohl aber zu einer Stagnation.

In einer zweiten Verwendungsweise bezeichnet D. K. einen außergewöhnlichen Anstieg der Sterblichkeit (↗Mortalität) in Zeiträumen von einem Jahr oder wenigen Jahren, bezieht sich also auf kurzfristige dem. Rhythmen. In dieser Bedeutung ist D. K. ein Synonym für Mortalitätskrisen (Sterblichkeitskrisen), wesentlichen Faktoren der dem. Entwicklung in vorindustriellen Gesellschaften. In ↗Europa traten diese während der gesamten Frühen Nz. in kurzen Abständen auf. Von der Mitte des 18. Jh.s an verloren sie (zunächst in Westeuropa und dann auch in anderen Regionen) an Bedeutung [20.333].

Zum Dritten wird der Begriff der D. K. in der Historiographie zur europ. Nz. auch auf eine spezifische und eingeschränkte Weise benutzt, die den Zusammenhang zwischen kurzfristigen Anstiegen der ↗Getreide-Preise, der Sterblichkeit und anderen Komponenten des dem. Systems in den Mittelpunkt stellt. V. a. solche Sterblichkeitskrisen, die durch Ernährungsmangel oder Hunger verursacht wurden (↗Hungerkrisen), bewirkten auch einen deutlichen Rückgang von Heiraten und Geburten. D. K. dieser Art scheinen typisch für die dem. Entwicklung Europas der Frühen Nz. zu sein und werden in der – v. a. von franz. Demographiehistorikern beeinflussten – Forschung auch als *crises démographiques de type ancien* [6.45] oder als typische »D. K. des ↗Ancien Régime« bezeichnet [7.146].

Die Definition des Begriffs der D. K. ist allerdings unscharf. Die histor.-dem. Forschung hat die Frage, welches Ausmaß des Sterblichkeitsanstiegs den Begriff der »Krise« rechtfertigt, unterschiedlich beantwortet. Die Entscheidung für oder gegen die Verwendung des Krisenbegriffs bleibt willkürlich: Manche Demographiehistoriker nehmen die Verdoppelung der Begräbnisse in einem Jahr als Kriterium für eine D. K., andere eine Erhöhung der Sterblichkeit um 60 Prozent [18.224]. Die klassischen Beispiele für D. K. in franz. Lokal- und Regionalstudien gehen von einem Anstieg der Sterblichkeit innerhalb weniger Monate bis zum Sechs- oder Siebenfachen aus [16.513], der zum Verlust eines Viertels oder Fünftels der Bev. führen konnte. In der Regel scheint der Bev.-Verlust in üblichen D. K. des *type ancien* bei 10 bis 15 % gelegen zu haben [7.145]. Wrigley und Schofield haben sich dagegen in ihrer Bev.-Geschichte Englands für eine einheitliche statistische Maßzahl entschieden, nämlich für eine um mindestens 10 % über dem langjährigen Durchschnitt liegende Sterberate [20.332]. Ebenso ist zu unterscheiden, ob D. K. nur lokale oder regionale Bedeutung hatten oder ob sie nationale bzw. europ. Dimensionen aufwiesen.

2. Struktur und Verlauf Demographischer Krisen

D.K. wurden in der Regel durch Seuchen, Hunger oder Kriege verursacht. Zwischen diesen drei Ursachenbündeln bestanden enge Zusammenhänge. Kriegszüge trugen zur Ausbreitung von Seuchen und zur Zerrüttung des wirtschaftlichen Lebens bei; Hungersnöte und Unterernährung schwächten die Abwehrkräfte des menschlichen Organismus gegenüber Krankheitserregern; große Seuchen legten Produktion, Absatz und Handel lahm. Die drei großen Geißeln der vorindustriellen Gesellschaften traten deshalb häufig gemeinsam und in Wechselwirkung auf. Trotzdem zeigten die D.K. unterschiedliche Verlaufsformen und Ausprägungen, je nachdem, ob sie von ↗Epidemien (epidemische Krisen), Nahrungsmangel (Subsistenz- oder ↗Hungerkrisen; vgl. ↗Ernährung) oder ↗Kriegen verursacht waren [10.37]. Während D.K. in der Folge von Epidemien und Subsistenzkrisen charakteristisch für das vorindustrielle Europa waren und im 18. und 19. Jh. an Bedeutung verloren, wurden Krieg und Völkermord erst im 20. Jh. zu den Hauptverursachern von Mortalitätskrisen.

Die wichtigsten Verursacher von außergewöhnlichen Zunahmen der Sterblichkeit waren im frühnzl. Europa ansteckende Krankheiten, die sich von Mensch zu Mensch übertrugen und in Form von Epidemien ausbreiteten. Die größte Wirkung erzielte die ↗Pest, die – von Mittelasien kommend – 1347 erstmals Europa erreichte und bis 1453 den gesamten Kontinent überzog. In der zweiten Hälfte des 14. Jh.s folgten fünf weitere Pestwellen rasch aufeinander, und auch in den folgenden Jahrhunderten blieb der »Schwarze Tod«, wie er vom 16. Jh. an genannt wurde [8.19], in Europa präsent (z.B. 1520–1530, 1575–1588, 1597–1604, 1624–1631). Daneben standen zahlreiche Epidemien von regionaler Bedeutung. Die Pest erfasste Mitteleuropa zum letzten Mal 1709–1713, Russland 1770–1772, das Osmanische Reich 1841 [14.101].

Ob alle diese Epidemien von dem im späten 19. Jh. identifizierten Pesterreger verursacht wurden, ist umstritten [8.7]. Unklar ist auch, warum sich die Pest vom 17. Jh. an allmählich aus Europa zurückzog [14.102]. Fest stehen allerdings die dramatischen Bev.-Verluste, die sie bewirkte: Die Pestwellen des 14. und frühen 15. Jh.s führten in manchen Regionen, wie in der Toskana, zu einem Bev.-Rückgang von 50 bis 80%. In vielen dt. Städten des 17. Jh.s lag der Bev.-Verlust bei einem Drittel. Noch 1720 fiel die Hälfte der Einwohner von Marseille und Aix der Seuche zum Opfer [14.111]. Damit spielte die Pest »die entscheidende Rolle für die Bev.-Entwicklung im alten dem. Regime« [14.96]. Andere ↗Krankheiten, die immer wieder zu D.K. führten, waren ab dem 16. Jh. der Typhus, im 17. und 18. Jh. die ↗Pocken und als letzte der vom Osten der eurasischen Landmasse nach Europa kommenden Seuchen ab den 1820er Jahren die ↗Cholera.

D.K. als Folgen von Nahrungsmangel und Hunger waren wesentliche Faktoren der dem. Dynamik des frühnzl. Europa; allerdings führten sie meist zu einem weniger dramatischen Anstieg der Sterblichkeit und zu geringeren Bev.-Verlusten als die großen Epidemien. Der »Große Hunger« (engl. *great famine*), eine erste gesamteurop. Hungerkrise, erfasste 1315–1322 weite Teile Europas nördl. der Alpen (Polen, Deutschland, Nordfrankreich und die Brit. Inseln). Der dadurch hervorgerufene Sterblichkeitsanstieg ist v.a. in den Landgebieten schwer messbar, aber für die großen Städte Flanderns schätzt man die Bev.-Verluste auf 5 bis 10% [11.148]. Hungerkrisen waren v.a. im ausgehenden 16. und im letzten Drittel des 17. Jh.s weit verbreitet und trugen noch im 18. Jh. zu kurzfristigen Anstiegen der Mortalität bei: z.B. 1709–1710 in Deutschland, Frankreich und Italien, 1771–1774 in Mitteleuropa und Schweden. Die Jahre 1816–1817 waren von einer letzten gesamteurop. Subsistenzkrise mit hoher Sterblichkeit geprägt. Im 19. Jh. entfaltete der Hunger seine todbringende Wirkung nur noch an den Rändern des europ. Kontinents, wie z.B. in Irland ab 1845.

Zwischen einem Mangel an Nahrungsmitteln und einer D.K. bestand in der Nz. Europas allerdings in der Regel kein direkter, sondern ein vermittelter Zusammenhang. D.K. wurden nicht ausgelöst, weil eine große Zahl von Menschen verhungerte, sondern weil sich schlecht ernährte Menschen für bestimmte ↗Krankheiten anfälliger zeigten. Tödliche Folgen hatte die abnehmende Resistenz gegen manche Krankheiten infolge mangelhafter ↗Ernährung oder durch den Konsum verdorbener Lebensmittel [8.103]. Subsistenzkrisen erhöhten zudem die Anzahl sowohl der ↗Bettler, die durch das Land zogen, als auch der Insassen von städtischen Asylen und ↗Hospitälern. Die gesteigerte ↗Mobilität trug zur Ausbreitung von Infektionskrankheiten und zur Entstehung von Epidemien bei. Insbes. der Typhus trat vom 16. bis in das frühe 19. Jh. häufig gemeinsam mit Versorgungskrisen auf und bewirkte eine starke Zunahme der Sterblichkeit [14.114].

Auch der Zusammenhang von Kriegen und erhöhter Sterblichkeit ist vielschichtig. In Zeiten kleiner Söldnerheere hatten die Toten auf den Schlachtfeldern nur geringe Bedeutung für die dem. Entwicklung [16.507]. Die großen Kriege des absolutistischen Zeitalters unter Beteiligung hunderttausender ↗Soldaten führten zu höheren Opferzahlen. Man schätzt, dass die Kriege des 17. und 18. Jh.s 2,5 bis 3 Mio. Militärpersonen das Leben kosteten. Die meisten von ihnen starben aber nicht auf den Schlachtfeldern, sondern fielen verschiedenen Krankheiten oder Epidemien zum Opfer [4.243]. Von wesentlich größerem Einfluss waren die sozialen Folgen von militärischen Aktionen wie den Plünderungen oder Verwüstungen durch herumstreifende Truppen. In den Kriegen des 16. und frühen 17. Jh.s kam es immer wieder zu Massakern an der Zivilbevölkerung eroberter Städte (Sacco di Roma 1527; Maastricht 1579; Magdeburg 1631). Im 17. und 18. Jh. konnte die materielle Belastung der Bev. durch ↗Einquartierungen, Abgaben für die Versorgung von Truppen oder Reparationszahlungen drückende Ausmaße annehmen und gerade in Mangeljahren schon existierende Subsistenzkrisen empfindlich verschärfen [12]. Von besonderer Bedeutung war aber auch für die Zivilbevölkerung der Zusammenhang zwischen bewaffneten Konflikten und der Ausbreitung von Seuchen. Quer durch Europa ziehende Soldaten fielen nicht nur selbst häufig Infektionskrankheiten zum Opfer, sondern trugen auch zur Ausbreitung von ↗Epidemien in der Zivilbevölkerung bei. Einige große D.K. beruhten deshalb auf dem Zusammenwirken von Krieg, Hunger und Seuchen. Einen dramatischen Höhepunkt erreichte dieses Syndrom im ↗Dreißigjährigen Krieg, in dem sich Kriegshandlungen, der Zerfall politischer Strukturen und eine allgemeine soziale Unsicherheit mit Pestwellen und Typhusepidemien überlagerten. In großen Teilen Mittel- und Süddeutschlands sank die Bev.-Zahl um die Hälfte, in einigen der am stärksten betroffenen Gebiete Mecklenburgs und Pommerns, Hessens und der Pfalz verzeichnete man Bev.-Verluste von mehr als zwei Dritteln [4.244]. Die Bev.-Zahl des Herzogtums Württemberg ging z.B. von etwa 450000 auf 100000 zurück, obwohl es nie im eigentlichen Sinn als Kriegsschauplatz diente [18.220]. Kriege waren häufig der auslösende Faktor für Subsistenz- oder epidemische Krisen [18.220].

3. Demographische Krisen des »type ancien«

Das Konzept der *crises démographiques de type ancien* und die Annahme, dass es sich dabei um eine typische Krise der europ. Frühen Nz. handle, beruhen auf zwei Voraussetzungen: Zum einen ist dies die Beobachtung, dass die Bedeutung von Seuchen und Kriegen als Ursachen D.K. im Lauf der Nz. und insbes. ab dem 17. Jh. zurückging. Dementsprechend trat der Hunger als Auslöser einer plötzlich steigenden Mortalität in den Vordergrund; dabei war aber nicht so sehr der bloße Mangel an Nahrungsmitteln ausschlaggebend, als vielmehr Preissteigerungen des wichtigsten Grundnahrungsmittels der Frühen Nz., des ↗Brot-Getreides. Die zweite Voraussetzung beruht auf der Erschließung historischer Quellen, welche über die langfristige Entwicklung von Getreidepreisen und Reallöhnen (↗Realeinkommen) Auskunft geben und auch eine präzise zahlenmäßige Erfassung der Dynamik von Sterbefällen, Heiraten und Geburten ermöglichen. Während Preis- und Lohndaten seit dem MA zur Verfügung stehen und in der Forschung seit dem späten 19. Jh. genutzt werden, beruhen die genannten dem. Daten auf ↗Kirchenbüchern (Tauf-, Heirats- und Sterbematrikeln), die erst zur Mitte des 16. Jh.s eingeführt wurden und sich im 17. Jh. langsam ausbreiteten. Aufgrund dieser Quellenlage ist die Rekonstruktion der D.K. des *type ancien* erst für die Frühe Nz. möglich. Trotz einiger Vorläufer im späten 19. Jh. hat sich die Verwendung von Kirchenbüchern als wesentliche Grundlage der Historischen Demographie, von Frankreich ausgehend, erst von der Mitte des 20. Jh.s an durchgesetzt [9.18].

Der franz. Wirtschaftshistoriker Jean Meuvret veröffentlichte 1946 die erste Studie, die anhand einiger franz. Beispiele aus dem späten 17. und frühen 18. Jh. eine hohe Korrelation zwischen steigenden Weizenpreisen und einer ebenfalls steigenden Sterblichkeit nachwies [15]. Sein Schüler Pierre Goubert hat das Konzept der D.K. vom *type ancien* weiter ausgebaut. V.a. in seinen Untersuchungen über die Stadt Beauvais (zwischen Paris und Amiens) und die umliegende Region des Beauvaisis entwickelte er das Modell der D.K. (im folgenden Zitat am Beispiel der Jahre 1693 und 1694): »Das Mortalitätsphänomen beginnt im September. Äußerst drastisch nimmt die Zahl der Beerdigungen zu. 1694 erreicht sie das Vierfache des Durchschnitts in den vorausgegangenen Jahren. Gleichzeitig sinkt die Zahl der Heiraten gegen Null. Die Geburten gehen um die Hälfte zurück – wobei der natürliche Verzug um neun Monate zu beachten ist; die meisten Neugeborenen sterben schon nach kurzer Zeit. Diese Zeit im Zeichen des Todes dauert ein Jahr … Nach der Krise erfolgt die ausgleichende Reaktion. Die Begräbnisse werden sehr selten; sie bleiben es für zwei oder drei Jahre. Sämtliche schwächlichen Wesen waren der Krise zum Opfer gefallen. Umgekehrt folgen die Heiraten während mehrerer Monate rasch aufeinander. Manchmal steigt in dieser Zeit der aufgeschobenen Ehen die Heiratskurve sogar über die beiden andern … Die Nachkrise wird auf natürliche Weise durch eine Zeit der Taufen abgeschlossen. Die Geburtenkurve schwillt stark an und nimmt anschließend nur sehr allmählich ab. Nach etwa einem Jahrzehnt – manchmal geht es schneller, manchmal langsamer – ist das Defizit des Anfangs wieder ausgeglichen« [5]; [9.16] (vgl. Abb. 1).

4. Demographische Diskussion

Im Mittelpunkt der Diskussion über D.K. steht seit 200 Jahren die Frage nach den verursachenden und auslösenden Faktoren. Lange Zeit beherrschte das am Ende des 18. Jh.s vom engl. Theologen und Ökonomen Thomas Robert Malthus entwickelte Modell die Debatte (↗Malthusianismus) [1]. Malthus nahm an, dass Men-

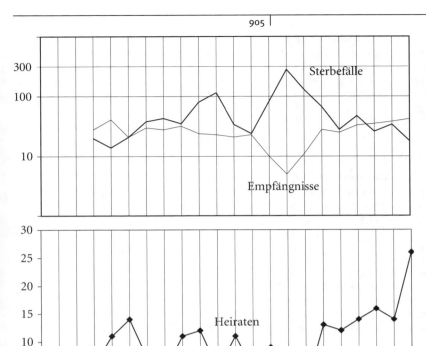

Abb. 1: Eine Demographische Krise des *type ancien*: Saint-Lambert-des-Levées (Pays de la Loire), 1624–1628. In dieser Gemeinde schwankte in normalen Zeiten die Zahl der Todesfälle pro Quartal zwischen 15 und 45. Im letzten Quartal des Jahres 1625 stieg sie auf 115, im letzten Quartal des folgenden Jahres 1626 sogar auf 280, um sich ab Mitte 1627 wieder auf einer Höhe zwischen 20 und 30 Todesfällen einzupendeln. Auf dem Höhepunkt der D. K. zu Ende 1626 fielen auch die Heiraten und Empfängnisse auf extrem niedrige Werte. Mit dem Abklingen der Krise stieg dann die Zahl der Heiraten ab dem zweiten Quartal 1627 und insbes. 1628 auf ein sehr hohes Niveau, die Zunahme der Empfängnisse schloss sich an (Quelle: [6. Bd. 2, 54]).

schen dazu neigten, sich schneller zu vermehren als ihre Unterhaltsmittel; das daraus resultierende Ungleichgewicht zwischen Bev.-Zahl und Nahrungsressourcen führe zur Verschlechterung der Lebensbedingungen sowie zu Hungersnöten, Kriegen und Seuchen und bewirke in letzter Konsequenz einen Anstieg der Sterblichkeit. Der dadurch verursachte Bev.-Rückgang stelle abschließend ein neues Gleichgewicht zwischen Bev.-Zahl und Wirtschaft her. D. K. waren aus dieser Perspektive also das zwangsläufige Ergebnis eines über den »Nahrungsspielraum« hinausführenden Bev.-Wachstums und einer daraus resultierenden »Überbevölkerung«.

In der neueren Forschung überwiegt die Kritik am malthusianischen Modell [9. 42]. Insbes. Livi Bacci hat davor gewarnt, mangelnde Ernährung als Auslöser D. K. übermäßig zu betonen [14. 59]. Auch privilegierte soziale Schichten ohne jeglichen Nahrungsmangel wiesen im 16. und 17. Jh. keine höhere ↗Lebenserwartung auf als die ↗Unterschicht; zudem verliefen die langen Zyklen der Reallöhne und der Sterblichkeit bzw. Lebenserwartung in der Frühen Nz. keineswegs parallel. Epidemien übten eine viel nachhaltigere Wirkung auf die Mortalität aus als andere Faktoren [14. 79–80]. Ein zweites Argument zielt auf die Ursachen von Missernten, die zur Steigerung der Getreidepreise und zu Subsistenzkrisen führten. Sie wurden ganz überwiegend durch exogene – nämlich klimatische – Faktoren verursacht und nicht durch Bev.-Wachstum. Ob und wie sich Missernten auf die Gesundheit bestimmter sozialer Gruppen auswirkten, hängt zudem wiederum von vielen sozialen, wirtschaftlichen und kulturellen Faktoren ab (Marktlage, soziale Stratifikation, Verteilung, Konsumgewohnheiten etc.) [13. 104].

Trotz seiner Plausibilität und empirischen Absicherung erfuhr auch das Konzept der D. K. des *type ancien* Kritik. Der Zusammenhang zwischen Steigerungen der Getreidepreise, Zunahme der Mortalität und Abnahme der Heiraten und Geburten ist zwar für viele einzelne Pfarrgemeinden belegt, kann aber offensichtlich nicht verallgemeinert werden. Engl. und ital. Beispiele zeigen, dass nicht jeder Anstieg der Getreidepreise »automatisch« eine D. K. auslöste. Missernten und auch empfindliche Teuerungen führten keineswegs immer zu einem Ansteigen der Mortalität, und umgekehrt konnte die Sterblichkeit selbst in Zeiten niedriger Getreidepreise Rekordwerte erreichen [13. 103]; [14. 73]. Eine Reihe von Infektionskrankheiten entfaltete unabhängig von der Ernährungslage ihre tödliche Wirkung; zudem folgten mitunter Missernten einer Sterblichkeitswelle, etwa wenn diese einen Mangel an Arbeitskräften nach sich zog [9. 17]. Eindeutig scheint zu sein, dass in der Frühen Nz. Europas nur sehr wenige Menschen tatsächlich verhungerten. Hunger war eine weit verbreitete und immer wiederkehrende Erfahrung, aber er führte im nzl. Europa in der Regel nicht direkt zum Tod.

5. Kulturgeschichtliche Perspektiven

D. K. (bes. die großen Mortalitätskrisen im Gefolge von Seuchen) gruben sich tief in das kollektive Gedächtnis ein und sind damit auch zum Gegenstand kulturgeschichtlicher Forschungen geworden [19]. V. a. die ↗Pest wurde in SpätMA und Früher Nz. zum Symbol für die Seuche schlechthin, so dass der Begriff der Pestilenz viele verschiedene Epidemien bezeichnet. Im 16. und 17. Jh. entstand ein breites Spektrum von Praktiken zur kulturellen Bewältigung D. K.: Pestkreuze und -säulen, Erinnerungsbücher, jährliche Dank- und Erinnerungsprozessionen. In kath. Kirchen wurden Pestaltäre errichtet und Pestheilige verehrt. Zahlreiche zeitgenössische Schriftsteller, von Boccaccio im Florenz des 14. Jh.s bis zu Daniel Defoe im London des späten 17. und frühen 18. Jh.s, behandelten das Thema [19. 62].

D. K. durch Epidemien bildeten aber auch Ansatzpunkte für obrigkeitliches Handeln [3] (↗Bevölkerungspolizei; ↗Medizinalpolizei): Auf lokaler Ebene gehörten Maßnahmen zur Sauberhaltung von Wohnungen, Häusern und Straßen dazu, Einreise- und Einfuhrverbote bis zur völligen Absperrung von Städten oder die Einrichtung besonderer Gesundheitsbehörden [2] (↗Gesundheitswesen, öffentliches). Auf staatlicher Ebene wurden vom 17. Jh. an mittels militärischer Sperren von Grenzen, der Einrichtung von Seuchenkordons und Quarantänestationen und internationaler Information/Koordinierung die Abwehr oder Eindämmung von Seuchen angestrebt [19. 47]. Den Behörden des Großherzogtums Toskana gelang es in der Pestwelle von 1656–1657, die zahlreiche ital. Territorien heimsuchte, mit solchen schnell und zielstrebig durchgeführten Aktionen ihr Land weitgehend pestfrei zu halten [14. 104–106]. Derartige Maßnahmen dienten dem Allgemeinwohl, waren trotzdem aber häufig sozial diskriminierend, indem sie sich vorwiegend gegen Armenviertel und gegen mobile Angehörige von ↗Unterschichten und ↗Minderheiten richteten, z. B. gegen ↗Bettler oder ↗Juden [2. 308].

Der Umgang mit D. K. war im nzl. Europa durch eine Mischung rationaler Maßnahmen und heftiger Emotionen geprägt [19. 56]. Nach Ansicht mancher Historiker führten D. K. v. a. in denjenigen Regionen, in denen sie gehäuft auftraten, zu einer Traumatisierung der Bevölkerung und zu einer Mentalität der »Gleichgültigkeit gegenüber dem Leben«, während sich in anderen Regionen, die im Windschatten der großen Seuchen- und Kriegszüge lagen, eine Mentalität der »Achtung vor dem Leben« ausbilden konnte [10. 91–111].

→ Bevölkerung; Epidemie; Krankheit; Mortalität

Quellen:
[1] T. R. MALTHUS, An Essay on the Principle of Population, 1798.

Sekundärliteratur:
[2] K. BOYENS, Die Krise in der Krise. Die Maßnahmen Hamburgs während der letzten Pest 1712–1714, in: O. ULBRICHT (Hrsg.), Die leidige Seuche, 2004, 295–325 [3] N. BULST, Krankheit und Gesellschaft in der Vormoderne. Das Beispiel der Pest, in: N. BULST / R. DELORT (Hrsg.), Maladies et Société (XIIe-XVIIIe siècles), 1989, 30–52 [4] J. DUPÂQUIER, Les vicissitudes du peuplement (XVe-XVIIIe siècles), in: J.-P. BARDET / J. DUPÂQUIER (Hrsg.), Histoire des populations de l'Europe 1, 1997, 237–261 [5] P. GOUBERT, En Beauvaisis: Problèmes démographiques de XVIIe siècle, in: Annales – Economies, Sociétés, Civilisations 7, 1952, 453–468 [6] P. GOUBERT, Beauvais et le Beauvaisis de 1600 à 1730, 2 Bde., 1960 [7] P. GUILLAUME / J.-P. POUSSOU, Démographie historique, 1970 [8] D. HERLIHY, The Black Death and the Transformation of the West, 1997 [9] A. E. IMHOF, Einführung in die Historische Demographie, 1977 [10] A. E. IMHOF, Die verlorenen Welten, 1984 [11] W. CH. JORDAN, The Great Famine, 1996 [12] R. KIESSLING, Armeen auf dem Durchmarsch – Kriegserfahrungen der Bevölkerung, in: J. ERICHSEN / K. HEINEMANN (Hrsg.), Die Schlacht von Höchstädt, 2004, 68–79 [13] E. LANDSTEINER, Wenig Brot und saurer Wein, in: W. BEHRINGER / H. LEHMANN (Hrsg.), Kulturelle Konsequenzen der »Kleinen Eiszeit«, 2005, 87–147 [14] M. LIVI BACCI, Europa und seine Menschen. Eine Bevölkerungsgeschichte, 1999 [15] J. MEUVRET, Les crises de subsistance et la démographie de la France d'Ancien Régime, in: Population 1, 1946, 643–650 [16] J. MEUVRET, Demographic Crisis in France from the Sixteenth to the Eighteenth Century, in: D. V. GLASS / D. E. C. EVERSLEY (Hrsg.), Population in History, 1965, 507–521 [17] CH. PFISTER, Bevölkerungsgeschichte und Historische Demographie 1500–1800, 1994 [18] W. G. RÖDEL, Mainz und seine Bevölkerung im 17. und 18. Jh., 1985 [19] O. ULBRICHT (Hrsg.), Die leidige Seuche. Pest-Fälle in der Frühen Nz., 2004 [20] E. A. WRIGLEY / R. S. SCHOFIELD, The Population History of England, 1981.

Josef Ehmer

Demographische Transition

1. Definition und Verlauf
2. Theorie und sozialwissenschaftliches Modell
3. Kritische Einwände

1. Definition und Verlauf

Der Begriff der D. T. – oder, wie es im Deutschen häufig heißt, des »demographischen Übergangs« – ist für die Bevölkerungsgeschichte (↗Bevölkerung = Bev.) von zentraler Bedeutung. Er dient zur Bezeichnung des langfristigen Rückgangs der ↗Mortalität und der ↗Fertilität und des damit verbundenen Bev.-Wachstums, das in den verschiedenen europ. Gesellschaften vom späten

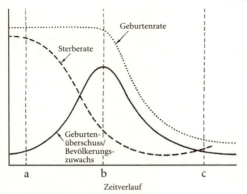

a = Beginn der Transition
b = Größter Abstand zwischen Geburten- und Sterberate und stärkster Bevölkerungszuwachs
c = Ende der Transition

Abb. 1: Schematisches Modell der demographischen Transition. In diesem Modell des demographischen Wandels ist der Ausgangszustand (der generell für vorindustrielle Bevölkerungen angenommen wird) von hohen Geburten- und Sterberaten (rund 30–40 Geburten/Sterbefälle pro 1000 Einwohner) geprägt; die Bev. wächst schwach und langsam. In der eigentlichen D. T. kommt es zuerst zu einem deutlichen und irreversiblen Rückgang der Mortalität bei gleichbleibend hoher Fertilität, was zu zunehmendem Geburtenüberschuss und zu starkem und raschem Bev.-Wachstum führt (gelegentlich auch als »Bev.-Explosion« bezeichnet). Im Folgenden sinken auch die Geburtenraten ab, Geburtenüberschuss und Bev.-Wachstum werden schwächer. Das Schließen der Schere zwischen Sterbe- und Geburtenraten markiert das Ende der Transition. Mortalität und Fertilität liegen nun wieder nahe beisammen, wenn auch auf einem sehr niedrigen Niveau. Der Geburtenüberschuss ist sehr gering, die Bevölkerung wächst – wenn überhaupt – nur langsam.

18. Jh. an beobachtet werden kann. Der Kern des Begriffs lässt sich in zwei Aussagen zusammenfassen [2.2]. Zum einen beruht er auf der Annahme, dass jede menschliche Gesellschaft auf dem Weg in die Moderne drei aufeinander folgende Phasen zu durchlaufen habe: (1) ein stabiles Gleichgewicht zwischen Mortalität und Fertilität auf hohem Niveau, (2) eine Phase der Destabilisierung und des Bev.-Wachstums, (3) schließlich ein neuerliches stabiles Gleichgewicht von Mortalität und Fertilität auf niedrigem Niveau. Zum anderen postuliert er für die zweite, transitorische Phase eine bestimmte chronologische Sequenz: Zuerst habe der Rückgang der Sterblichkeit eingesetzt, der Rückgang der Fruchtbarkeit sei dann mit zeitlicher Verzögerung gefolgt (vgl. Abb. 1).

Nach diesem Verständnis lassen sich zunächst für die einzelnen europ. Staaten (und später für die Staaten der ganzen Welt) die Anfangs- und Endpunkte wie auch die Dauer der D. T. identifizieren. Am frühesten ist sie in Frankreich (a = 1785) und Schweden (a = 1810) zu beobachten. Diese beiden demographischen (= dem.) Pionierstaaten zeigen auch eine bes. lange Dauer der Transition. Sie kam in Frankreich erst nach 185 Jahren (c = 1970) und in Schweden nach 150 Jahren (c = 1960) zum Abschluss. Hier wurzelt die D. T. also in der Frühen Nz. und vollzog sich im Lauf des 19. und 20. Jh.s. In allen anderen europ. Staaten setzte sie später ein (in Deutschland und Italien in den 1860er oder 1870er Jahren) und dauerte weniger lang. Der Bevölkerungszuwachs variierte in den einzelnen Ländern je nach dem konkreten Niveau von Mortalität und Fertilität, war insgesamt aber gewaltig. In Schweden stieg die Bevölkerungszahl in der D. T. fast auf das Vierfache, in Italien auf das 2,3-fache, in Deutschland auf mehr als das Doppelte. Frankreich blieb demgegenüber mit einem Anstieg auf das 1,6-Fache zurück [9.116].

2. Theorie und sozialwissenschaftliches Modell

Neben dieser eher umgangssprachlichen Verwendung repräsentiert der Begriff der D. T. auch ein elaboriertes sozialwiss. Modell und eine der wenigen allgemeinen dem. Theorien überhaupt [2.1]. Die »Theorie der D. T.« versucht, den säkularen Rückgang von Fertilität und Mortalität sowohl miteinander als auch mit dem im 18. Jh. einsetzenden beschleunigten globalen Bev.-Wachstum zu verknüpfen und als Teil eines ebenfalls globalen gesellschaftlichen Modernisierungsprozesses zu beschreiben und zu erklären. Ihr Gegenstand ist somit der Übergang von einem »traditionellen« zu einem »modernen« dem. Regime. Damit formuliert die D. T. grundlegende Annahmen über die Struktur und den Wandel der Bev. im nzl. ⁊ Europa.

Die »Theorie der D. T.« bezeichnet kein homogenes und geschlossenes Gedankengebäude, sondern ein Korpus von Ideen, die seit den 1920er Jahren von einer Reihe franz., brit. und amerikan. Autoren entwickelt wurden [2.1–9], um zu »Verallgemeinerungen über die mit der Modernisierung einer Gesellschaft einhergehende Abnahme von Sterblichkeit und Fruchtbarkeit« zu gelangen [3.xix]. Der Begriff selbst wurde 1945 am führenden dem. Forschungsinstitut der USA geprägt, dem *Office of Population Research* an der *Princeton University*; hier erfolgten auch die wesentlichen Schritte zur Ausformulierung einer allgemeinen Theorie [10.41]; [4], deren Kern in der Annahme besteht, dass die globale Bev.-Entwicklung in drei histor. Phasen verläuft. Die erste Phase verkörpert eine Art »dem. Naturzustand« [11.90] bis zum Beginn der Transition. Die harten Lebensumstände in diesem längsten Teil der Menschheitsgeschichte fanden demnach in einer hohen Mortalität Ausdruck, die wiederum – schon um der bloßen Bestandserhaltung willen – eine ebenso hohe Fertilität erfordere. »Jede mit der hohen Sterblichkeit der Vormoderne konfrontierte Gesellschaft benötigt eine hohe Fertilität, um zu überleben« [10.39].

Die »D. T.« wird als zweite Phase gesehen. Der gesamte Modernisierungsprozess, v. a. aber die Innovationen in der ↗Landwirtschaft, die ↗Industrialisierung und die Fortschritte im Bereich von ↗Hygiene und ↗Medizin hätten einen langfristigen Rückgang der Sterblichkeit eingeleitet. Die Fertilität reagiere dagegen langsamer auf den Modernisierungsprozess; sie sei eingebettet in religiöse Doktrinen, Moralvorstellungen, Bräuche, Familienformen usw., die allesamt auf hohe Fruchtbarkeit zielten. Deshalb bleibe die Fruchtbarkeit trotz sinkender Sterblichkeit hoch, was zu einem raschen und starken Bevölkerungswachstum führe. Erst allmählich setze ein Rückgang der Geburtenraten ein. Unter dem Einfluss urbaner und industrieller Lebensformen und im Zusammenhang mit der Zunahme des Individualismus befreiten sich die Menschen von »älteren Tabus« [10. 41] und entwickelten neue Vorstellungen über Familiengröße und Kinderzahl. Dieser radikale Wandel führe zu einer rationalen Geburtenkontrolle mittels empfängnisverhütender Praktiken.

Das Ergebnis sei eine Anpassung der Fertilität an die niedrigen Sterberaten der modernen Gesellschaft und damit auch das Ende der hohen Bev.-Wachstumsraten in der Phase der Transition. Die »neue dem. Balance« [4. 5] stellt in der »Theorie der D. T.« die dritte Phase der Bev.-Entwicklung dar. In Europa, Nordamerika und in den überseeischen Ausläufern der westl. Welt sei sie zur Mitte des 20. Jh.s Realität geworden. Sie könne ebenso in den noch nicht industrialisierten Teilen der Welt erreicht werden, wenn es dort zu einer tiefgreifenden Modernisierung nach westl. Muster komme, insbes. zu Industrialisierung, ↗Urbanisierung, Erhöhung des Lebensstandards, öffentlichen Erziehungssystemen und politischer Partizipation [10. 41, 52].

Der große Erfolg der »Theorie der D. T.« regte auch die Konstruktion ähnlicher langfristiger Entwicklungsmodelle in anderen Teilbereichen der Demographie an. Der engl. Historiker Peter Laslett prägte den Begriff der »säkularen Verwerfung« des Alters: Vom 16. bis zum 19. Jh. lagen ↗Lebenserwartung und Altenanteil auf niedrigem Niveau; im 20. Jh. stiegen beide steil an; im 21. Jh. sei eine neuerliche Stabilisierung der Lebenserwartung und des Anteils der älteren Menschen zu erwarten [8. 381] (↗Altersstruktur). Das sog. »Altern« der westl. Gesellschaften erscheint in dieser Perspektive als histor. begrenzte Entwicklung im Rahmen der D. T.

3. Kritische Einwände

Seit ihrer Entstehung wurde die »Theorie des D. T.« immer wieder modifiziert und kritisiert. Die Kritik beruht v. a. darauf, dass sich die immer zahlreicheren empirischen Befunde zur europ. Bev.-Geschichte nur schwer in die globale »Theorie der D. T.« integrieren lassen. Drei Bereiche stehen im Zentrum der Kritik. Der wichtigste davon ist die »Denkfigur zweier stabiler Lagen« vor und nach der D. T. [5. 164]. In Bezug auf die Frühe Nz. hat die neuere Forschung Zweifel an der vermuteten Balance zwischen Fertilität und Mortalität und generell an der Annahme einer stabilen »generativen Struktur« geweckt. Die – in Europa am besten erforschte – Bev.-Geschichte Englands zeigt vom 16. bis zum 18. Jh. starke Schwankungen der Fertilität, der Mortalität und des Wachstums, was zu dem Schluss führt, »dass wir auch für die Zeit vor 1780 von dem. Wechsellagen auszugehen haben, die der herkömmlichen Vorstellung mehr oder weniger konstanter, gleichsam ›naturwüchsiger‹ dem. Ausgangsniveaus in vorindustrieller Zeit widersprechen« [12. 187]. Dies impliziert die Kritik an Modellen »homöostatischer« oder »autoregulativer« vorindustrieller Bev.-Formen, die gerade in der dt. Forschung eine lange Tradition aufweisen [5. 168]. Auch in der post-transitorischen Phase ist es offensichtlich nicht zu einem dauerhaften Gleichgewicht zwischen Mortalität und Fertilität gekommen.

Ein zweiter Bereich kritischer Einwände bezieht sich auf den Beginn des Mortalitäts- und Fertilitätsrückgangs sowie seine Bindung an den Modernisierungsprozess. Die Annahme eines engen Zusammenhangs zwischen D. T., ↗Industrialisierung und ↗Urbanisierung bewirkte etwa in der dt. Bev.-Geschichte, dass der Beginn der Transition erst in der zweiten Hälfte des 19. Jh.s angesetzt wurde. Diese Fixierung führte zur Ausblendung des in vielen europ. Regionen schon im 18. Jh. beginnenden Rückgangs der Sterblichkeit [5. 164]. Auch in Bezug auf die Fertilität ließ die neuere Forschung anhand vieler Beispiele sichtbar werden, dass ↗Empfängnisverhütung und bewusste Geburtenkontrolle in einzelnen Regionen und sozialen Milieus schon lange vor dem 19. Jh. praktiziert wurden [7]. Das bisher größte Forschungsprojekt zur europ. Bev.-Geschichte, das *Princeton Project on European Fertility Decline*, konnte für den Zeitraum der D. T. keinen eindeutigen Zusammenhang zwischen Modernisierung und Geburtenrückgang nachweisen [3]. In Frankreich – als erstem großen europ. Land – sank die eheliche Fruchtbarkeit schon in der zweiten Hälfte des 18. Jh.s ab, ein Prozess, der sich zwischen 1790 und 1830 dramatisch beschleunigte [1. 313]. Nach allen sozialökonomischen Kriterien war Frankreich in diesem Zeitraum ein noch kaum modernisiertes Land. Auch in späteren Phasen des Geburtenrückgangs lässt sich im Vergleich der europ. Länder keine Parallelität zwischen Fertilität und sozialökonomischer Entwicklung erkennen [14. 148–151].

Im dritten Kritikpunkt an der »Theorie der D. T.« wird die Annahme in Frage gestellt, dass der Rückgang der Mortalität jenem der Fertilität vorauszugehen habe. Zweifel an diesem Theorem wurden schon angesichts der Entwicklung in Frankreich laut, wo die Geburtenkontrolle schon im späten 18. Jh. einsetzte und Mortalitäts- und Fertilitätsrückgang mehr oder minder parallel verliefen [2.7]. Neuere Forschungen zeigen eine große Varianz im Verhältnis von Mortalität und Fertilität. Die Beschleunigung des Bev.-Wachstums wurde in vielen europ. Regionen in der Tat durch einen Rückgang der Sterblichkeit eingeleitet, so etwa im Norden und auch in anderen Teilen Deutschlands [5]. Andererseits wurde für England nachgewiesen, dass vom 16. Jh. an die Veränderungen der Fruchtbarkeit stärker auf die Bev.-Zahl einwirkten als jene der Sterblichkeit. Im »langen 18. Jh.« (1680–1820) trug der Anstieg der Fruchtbarkeit wesentlich stärker zum Bev.-Wachstum bei als der Rückgang der Mortalität [15]. Die »Theorie der D. T.« wird dieser Varianz nicht gerecht.

Aus dieser Kritik haben manche Demographiehistoriker den Schluss gezogen, dass die »Theorie der D. T.« einen modernisierungstheoretischen Mythos darstelle, der für die empirische Forschung sinnlos sei und völlig fallen gelassen werden sollte [13]. Andere Historiker plädieren dagegen für ein Verständnis der D. T. als Phänomen der *longue durée* (»langen Dauer«), was den Begriff allerdings aus einem unmittelbaren Kontext von Industrialisierung und Urbanisierung herauslöst [6.108]. Seit den späten 1980er Jahren findet die »Theorie der D. T.« in der internationalen bevölkerungswiss. Literatur in der Tat immer weniger Verwendung. Geblieben ist dagegen der Begriff der D. T. ohne theoretische Ansprüche als bequemes Kürzel für den langfristigen Übergang von hohen zu niedrigen Geburten- und Sterberaten, der in der europ. Nz. begann.

→ Bevölkerung; Demographische Krisen; Fertilität; Fruchtbarkeit, natürliche; Mortalität

[1] J.-P. Bardet, La France en déclin, in: J.-P. Bardet / J. Dupâquier (Hrsg.), Histoire des populations de l'Europe, Bd. 2, 1998, 287–325 [2] J.-C. Chesnai, The Demographic Transition, 1992 [3] A.J. Coale / S.C. Watkins (Hrsg.), The Decline of Fertility in Europe, 1986 [4] K. Davis, The World Demographic Transition, in: Annals of the American Academy of Political and Social Sciences 237, 1945, 1–11 [5] R. Gehrmann, Bevölkerungsgeschichte Norddeutschlands zwischen Aufklärung und Vormärz, 2000 [6] R. Gehrmann, Der Sterblichkeitsrückgang um 1800 als Herausforderung an die Theorie der demographischen Transition, in: Beiträge zur historischen Sozialkunde 30, 2000, 105–109 [7] R. Jütte, Lust ohne Last. Geschichte der Empfängnisverhütung, 2003 [8] P. Laslett, The Significance of the Past in the Study of Ageing, in: Ageing and Society 4, 1984, 379–389 [9] M. Livi Bacci, A Concise History of World Population, ²1997 [10] F.W. Notestein, Population – The Long View, in: Th. Schultz (Hrsg.), Food for the World, 1945, 36–57 [11] Th. Sokoll, Der demographische Übergang, in: Beiträge zur historischen Sozialkunde 30, 2000, 90–92 [12] Th. Sokoll / R. Gehrmann, Historische Demographie und quantitative Methoden, in: Th. Maurer (Hrsg.), Aufriss der Historischen Wissenschaften 7, 2003, 152–229 [13] S. Szreter, The Idea of Demographic Transition and the Study of Fertility: A Critical Intellectual History, in: Population and Development Review 19, 1993, 659–701 [14] E. Van de Walle, Nouvelles attitudes devant la vie: la limitation des naissances, in: J.-P. Bardet / J. Dupâquier (Hrsg.), Histoire des populations de l'Europe, Bd. 2, 1998, 131–159 [15] E.A. Wrigley / R.S. Schofield, The Population History of England 1541–1871, 1981.

Josef Ehmer

Demographischer Übergang
s. Demographische Transition

Demokratie s. Staatsformenlehre

Denkmal

1. Begriff
2. Anlässe und Formen
3. Epochenabgrenzung

1. Begriff

Unter D. versteht man im weitesten Sinn Erinnerungszeichen im gesamten Umfang histor. Reliktüberlieferung, deren dokumentarischer oder memorialer Zeugniswert ursprünglich nicht beabsichtigt sein muss, sondern auch nachträglich deklariert werden kann. Beim intentional gestalteten D. handelt es sich hingegen um die Kunstform einer architektonisch-plastischen Anlage, die die Erinnerung an Personen oder Ereignisse tradiert, wobei die typologische Breite der Monumente von Säule und ↗Pyramide über das ↗Standbild bis zum Bauwerk und zur Stadtanlage reicht. Der weitere und der engere D.-Begriff, die sich seit dem 18. Jh. stark verbreiteten, lassen sich weder begriffsgeschichtlich noch im allgemeinen lit. Gebrauch strikt voneinander trennen. Der dt. Begriff D. verdankt sich der ↗Bibelübersetzung Martin Luthers, der mit *Denckmal* im Sinne eines allgemeinen Erinnerungszeichens im Kontext der Passah-Gebote die ungesäuerten Brote bezeichnet (2. Mos. 13,9; 5. Mos. 6,8 und 11,18).

Die eminente Bedeutung der ↗Antikerezeption für die gesamte D.-Kultur ist bereits bei Leon Battista Alberti offenkundig, der zu Beginn der Nz. im Rahmen seines Architekturtraktats *De re aedificatoria* (vollendet 1452, gedruckt 1485) auch erstmals eine ebenso umfassende wie lange Zeit gültige historische, formale und funktionale Bestimmung des D.-Begriffs leistete. Unter *monumenta* versteht Alberti D. in ihrem gesamten typologischen Umfang: neben Inschrift, Trophäe, Gedenksäule, ↗Obelisk, ↗Triumphbogen und Tempel auch ↗Grabmal und ↗Standbild. Der Statue (lat. *statua*) wird unter allen Formen des D. der Vorzug gegeben. D. dienen der Zierde des Gemeinwesens, der Erinnerung an die Vergangenheit und der Wertevermittlung für die

Zukunft. Aus diesem modellhaft aufgefassten Funktionszusammenhang von *ornamentum* (»Schmuck«), *memoria* (»Gedächtnis«) und *exemplum* (»Vorbild«) begründet sich Albertis idealtypische Charakterisierung des D., die aus der Anschauung antiker und nachantiker D. ebenso gewonnen ist wie aus der Kenntnis antiker Literatur und aus den Ideen des zeitgenössischen ↗Humanismus.

2. Anlässe und Formen

Ausgehend von Albertis Funktionsbestimmung lässt sich der grundsätzliche repräsentative Gehalt von D. verallgemeinern. D. dienen Einzelpersonen oder gesellschaftlichen Gruppen als den Initiatoren eines D. zur ↗Repräsentation ihres Selbstverständnisses oder ihres Anspruchs, indem sie Vergangenheit legitimieren, Gegenwart affirmativ darstellen und Normen für die Zukunft tradieren. Kommen im Standbild primär Mitglieder gesellschaftlicher ↗Eliten zur Darstellung, so umfasst das Ereignisdenkmal ein weites Spektrum von Anlässen (Schlachtensiege, dynastische Ereignisse, Naturkatastrophen). D. entstanden meist aus politisch-gesellschaftlichen Krisen; sie dienten der öffentlichen Vermittlung von ↗Politik und stellten damit weniger ein Zeugnis gesicherter ↗Herrschaft als vielmehr ein Instrument zur Stabilisierung von Staatsgewalt dar (↗Staat). Deutliche Indizien für die Entstehungsbedingungen von D. aus jeweils zeitgenössischen Konfliktlagen sind der Gestus der konkurrierenden Überbietung, der die nzl. D.-Kultur insgesamt prägt, ebenso wie die Umwidmung von D. oder der schon vor der ↗Franz. Revolution praktizierte staatlich gelenkte D.-Sturz.

Der appellative Aussagegehalt eines D., der vom Erbauer intendiert war und für den Rezipienten nachvollziehbar sein sollte, umfasste ein komplexes, histor. kontinuierlich ausdifferenziertes Ensemble von formal-ästhetischen und ikonographischen Mitteilungselementen. Der Standort steigerte je nach sozialtopographischem Rang des Ortes nicht nur die Bedeutung des Monuments, sondern garantierte ihm auch die erforderliche ↗Öffentlichkeit. Bei dem aus der architektonischen Bindung entlassenen D. erlaubte der Standort idealiter Umschreitbarkeit und Mehransichtigkeit. Der Sockel erfüllte mehrere Funktionen: eine Rahmung zum Schutz der statuarischen Bestandteile, die räumlich-ästhetische Exponierung von der Umgebung sowie die Aufnahme von Inschriften und kommentierenden ↗Reliefs.

Auch der Materialität eines D. kommt semantischer Gehalt zu, der über die Verwendung aufwendiger, oft exklusiver Materialien hinausreichte, wenn bei steinernen D. ↗Spolien verbaut oder für Bronzedenkmäler erbeutete Kanonen eingeschmolzen wurden. Zudem sichert die Materialität dem D. Dauerhaftigkeit, die als Planungsprämisse gefordert war und oftmals auch in entsprechenden Inschriftenformeln (lat. *pro perpetua memoria*, »zum ewigen Gedächtnis«) offen ausgesprochen wurde.

Bei der Formgebung war der häufige Rekurs auf die überlieferten antiken Monumente ein bedeutungssteigerndes Moment; er entsprach nicht nur dem obrigkeitlichen Repräsentationsbedarf des Stifters, sondern konnte auch die geschichtlich legitimierende Funktion eines D. untermauern. Innerhalb der für den Aussagegehalt relevanten Elemente kam schließlich der ↗Ikonographie der skulpturalen Ausstattung (Statuen, Reliefs) sowie den Inschriften ein primärer Rang zu. Die visuelle Erschließung von Bedeutung beruht beim D. stets auf dem Zusammenwirken von räumlichen Kontexten, Materialität, Bildlichkeit und Inschriften.

3. Epochenabgrenzung

Eine epochenspezifische Abgrenzung ist allein über die Formtypologie kaum zu leisten. Denn bei allem Formwandel zeichnet sich die nzl. D.-Kultur durch ein immenses, in der Antike grundgelegtes – und noch bis in die Gegenwart fortwirkendes – konservatives Beharren auf einem feststehenden Typenvorrat aus (vgl. Abb. 1).

Eine Epochendifferenzierung der Nz. gegenüber MA und Moderne wird auch durch das nach wie vor methodisch schwierige Problem einer Unterscheidung von profanem und sakralem Bereich erschwert – dies gilt für den profanen Gehalt von ↗Grabmälern wie umgekehrt für die Resakralisierung des Profandenkmals seit dem ausgehenden 18. Jh. (↗Nationaldenkmal). Die geradezu explosionsartige Zunahme von D. seit dem frühen 19. Jh. ist weitaus weniger durch typologische Neuerungen als vielmehr durch veränderte Rahmenbedingungen gekennzeichnet; dazu gehören das Hervortreten von ↗Vereinen als Stifter von D. (neben den staatlichen Instanzen), die neue Einbindung der D.-Kultur in mediale Vermittlung durch die Presse, die Kommerzialisierung von D. als touristische Attraktionen oder die Widmung von D. an Kollektive wie Armeen und Nationen. Doch auch für diese Prozesse lassen sich Vorstufen bereits in den vorangegangenen Jahrhunderten nachweisen, sodass eher als von einer Epochenzäsur von einer histor. Verdichtung der nzl. D.-Kultur seit dem 19. Jh. zu sprechen ist, die sich auch in der fest institutionalisierten ↗Denkmalpflege dokumentiert.

→ Denkmalpflege; Gedächniskunst; Grabmal; Skulptur; Standbild

[1] J. Döring, Das »Zeitalter der Monumenten-Wuth«. Zum Denkmalverständnis um 1800, in: Niederdt. Beiträge zur

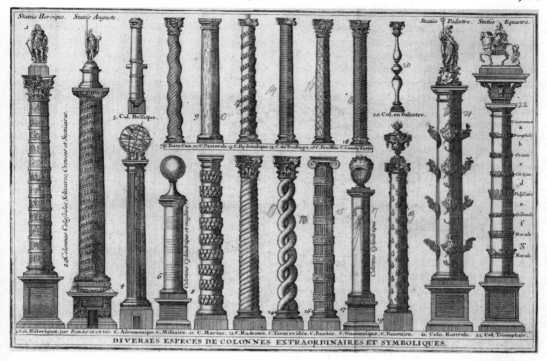

Abb. 1: Verschiedene Arten besonderer und symbolischer Säulen (aus: A. Ch. Daviler und L. Ch. Sturm, Anleitung zu der ganzen Civil-Baukunst, Augsburg 1759, Tafel 124). Die Tafel aus dem weit verbreiteten, erstmals 1691 erschienenen Architekturtraktat Davilers bietet in der Form eines Schaubildes eine Zusammenstellung von Säulenmonumenten. Der hier gezeigte antike Typenvorrat wurde in der nzl. Denkmalkultur aufgenommen und aktualisiert.

Kunstgeschichte 29, 1990, 111–149 [2] D. Erben, Geschichtsüberlieferung durch Augenschein. Zur Typologie des Ereignisdenkmals, in: A. Landwehr, Geschichte(n) der Wirklichkeit. Beiträge zur Sozial- und Kulturgeschichte des Wissens, 2002, 219–248 [3] J. Henning, Zur Kategorie »Denkmal«, in: GWU 26, 1975, 467–477 [4] J. B. Riess, The Civic View of Sculpture in Alberti's »De re aedificatoria«, in: Renaissance Quarterly 32, 1979, 1–17 [5] J. von Schlosser, Vom modernen Denkmalkultus, in: Vorträge der Bibliothek Warburg 1926–1927, 1930, 1–21 [6] J. Schuchard et al. (Hrsg.), Vergänglichkeit und Denkmal, 1985 [7] P. Seiler, Jacob Burckhardt und das »Denkmal im modernen Sinn«, in: M. Ghelardi et al. (Hrsg.), Jacob Burckhardt. Storia della cultura, storia dell'arte, 2002, 167–178 [8] N. Wibiral, Ausgewählte Beispiele des Wortgebrauchs von »Monumentum« und »Denkmal«, in: Österreichische Zsch. für Kunst und Denkmalpflege 36, 1982, 93–98.

Dietrich Erben

Denkmalpflege

D. ist die Sicherung von Bau- und Kunstdenkmälern vor Zerstörung, Verfall und Entfernung aus historisch gewachsenen Zusammenhängen sowie deren Erfassung, Erhaltung und angemessene Präsentation. Die Kriterien für die Auswahl und Bestimmung von Kulturgütern zu erhaltenswerten ↗Denkmälern sowie die Umgangsweisen mit diesen hängen vom politischen, ästhetischen und histor. Verständnis der jeweiligen Zeit ab. Als allgemeingültig kann jedoch die Anerkennung des Wertes eines histor. Denkmals für die kulturelle Gegenwart angesehen werden, die zu erhaltenden Maßnahmen veranlasst.

D. gab es bereits im antiken Tempel-, Grab- und Kaiserkult, aber auch in der Verwendung von ↗Spolien, die als fragmentierte Monumente ihre Überlieferung und Erinnerung sicherten. Im MA waren es neben den religiösen Zwecken v. a. wirtschaftliche Aspekte, die ein denkmalpflegerisches Verhalten begründeten. So wurden bei einem sakralen Neubau häufig die Fundamente des Vorgängerbaus aufgrund ihrer Bedeutung, aber auch als wieder verwertbare Bausubstanz genutzt.

Für die Frühe Nz. sind mit der ↗Antikerezeption des ↗Humanismus weiterführende denkmalpflegerische Projekte überliefert, wie etwa die Auseinandersetzung zwischen Bramante und Leonardo da Vinci über die Art und Weise der Vollendung des Mailänder Doms 1488 oder Raffaels Memorandum an Papst Leo X. von 1520 belegen, in dem er sich über die Zerstörung der antiken Denkmäler in Rom beklagt und eine Erfassung in Form zeichnerischer Bauaufnahmen fordert. Papst Paul III. berief eine Kommission zur Erhaltung antiker

Denkmäler ein. Auch im 17. und 18. Jh. erfolgten Maßnahmen der D. zum Erhalt oder zur Wiederherstellung älterer Kulturgüter, die jedoch meist im Sinne einer nationalen Geschichtslegitimation zu verstehen sind. Wenn Franz Ignaz Michael Neumann 1755 die romanischen Joche des schwer zerstörten Speyrer Doms rekonstruierte, so geschah dies in erster Linie, um ein vollendetes Bild dieses ↗Nationaldenkmals als Grablege der dt. Kaiser wieder erstehen zu lassen.

Von einer zusammenhängenden institutionalisierten D. kann man in Europa erst zu Beginn des 19. Jh.s ausgehen. Die großen Verluste an Kunstwerken während der ↗Französischen Revolution und der ↗Säkularisierung unter Napoleon seit 1803 sowie eine veränderte relativistische Kunstästhetik (↗Ästhetik) und Geschichtsauffassung in ↗Aufklärung und ↗Historismus leiteten zunächst Initiativen der D. auf privater, dann aber auch auf staatlicher Basis ein. In Frankreich engagierte sich 1796 A.-Ch. Quatremère de Quincy in seinen *Lettres* für die Rückführung der durch Napoleon aus Italien verschleppten Kunstwerke mit der Argumentation der wichtigen Bedeutung des originären Standortes für ein Denkmal [1].

Der Kunstsammler Sulpiz Boisserée setzte sich seit 1808 für den Weiterbau des unfertigen gotischen Kölner Doms zu einem dt. ↗Nationaldenkmal ein, der dann ab 1852 unter Hinzuziehung aufgefundener ma. Pläne auch erfolgte. Einen Beitrag zur Weckung des öffentlichen Interesses an der D. leisteten auch die Altertums-, Heimat- und Architektenvereine, die seit dem Anfang des 19. Jh.s aus einer idealistischen Begeisterung für das neuentdeckte MA und aus dem neugewonnenen Selbstverständnis für die eigene ↗Nation und ihre Geschichte in ganz Europa entstanden.

Erste Denkmalschutzverordnungen in Deutschland wurden auf Rat von Philipp Ernst Spieß bereits am 10. April 1780 von Markgraf Alexander von Bayern und am 22. Dezember 1780 von Landgraf Friedrich zu Hessen-Kassel erlassen. Es folgten 1812 auf Initiative des Architekten Friedrich Weinbrenner die Denkmalschutzverordnungen für das Großherzogtum Baden sowie 1818 durch den Architekten Georg Moller für das Großherzogtum Hessen-Darmstadt. In diesen Verordnungen wurde das Oberbaukolleg zur Aufstellung eines Verzeichnisses aller Überreste alter Baukunst verpflichtet, »welche in Hinsicht auf Geschichte oder Kunst verdienen erhalten zu werden« [5. 186]. Durch die Bemühungen Karl Friedrich Schinkels um die D. in Preußen wurden 1815 auf Befehl des Königs Friedrich Wilhelm III. die Staatsbehörden verpflichtet, jede wesentliche Veränderung an öffentlichen Denkmälern und Gebäuden der Oberbaudeputation zu melden [2]. Schließlich erfolgte 1835 in Preußen die Verlagerung der Zuständigkeit für die D. vom Finanzminister auf den Kultusminister, und am 1. Juli 1843 wurde der Architekt Ferdinand von Quast als erster Konservator der Kunstdenkmäler eingesetzt. Seine Aufgaben bestanden in der genauen Kenntnis der vorhandenen Kunstdenkmäler Preußens, in den Bemühungen um ihre Erhaltung und in gutachtlicher Tätigkeit bei anstehenden Restaurierungen. Mit dieser Einrichtung und der im Nachbarland Frankreich bereits 1837 gegründeten staatlichen *Commission des monuments historiques* sowie der Zentralkommission für die Erhaltung und Erforschung des Baudenkmals in Österreich und der Kaiserlichen Archäologischen Kommission in Russland (beide 1850) wurde somit in der ersten Hälfte des 19. Jh.s der Grundstein für die moderne D. gelegt.

→ Antikerezeption; Denkmal; Nationaldenkmal

Quellen:
[1] A.-Ch. Quatremère de Quincy, Lettres à Miranda sur la déplacement des monuments de l'art de l'Italie, 1796 [2] K. F. Schinkel, Memorandum zur Denkmalpflege, 1815.

Sekundärliteratur:
[3] W. Götz, Die Entwicklung der Denkmalpflege in Deutschland vor 1800, 1956 [4] N. Huse (Hrsg.), Denkmalpflege. Dt. Texte aus drei Jahrhunderten, 1984 [5] G. Kiesow, Denkmalpflege in Deutschland. Eine Einführung, 2000 [6] G. Wolff, Zwischen Tradition und Neubeginn. Zur Geschichte der Denkmalpflege in der 1. Hälfte des 19. Jh.s, 1992.

Stefanie Lieb

Denunziation

1. Begriff
2. Formen
3. Forschung

1. Begriff

Bei der Begriffsbestimmung von D. müssen eine rechtshistor. Tradition und eine gegenwärtig dominierende sozialhistor. Verwendung unterschieden werden. Im juristischen Sinn meint D. zunächst nichts anderes als eine gerichtliche Anklage (lat. *denunciatio*). Deren Wurzeln sind im neuen ↗Inquisitionsprozess zu suchen, der von Papst Innozenz III. entwickelt und vom IV. Laterankonzil bestätigt worden war; sein Ziel war es, von Amts wegen prozessrechtliche Untersuchungen zu ermöglichen, die keiner formellen Klage (wie im Akkusationsprozess) bedurften. Der *denunciatio* kam hier eine zentrale Stellung zu, da sie von jedem angestrengt werden und auch anonym erfolgen konnte [2].

Im Verlauf des 19. Jh.s erhielt das Wort D. im Deutschen seine heutige pejorative Bedeutung (im Gegensatz zu romanischen Sprachen, in denen es immer noch neutral im Sinne einer behördlichen oder gerichtlichen Anzeige verwendet wird). Spätestens nach den politischen Erfahrungen des 20. Jh.s ist das Wort D. moralisch eindeutig negativ konnotiert. Dies erschwert die wiss. Beschäftigung mit diesem Phänomen insofern, als einerseits nicht selten die nötige Distanz fehlt, andererseits Bedeutungsverschiebungen im Verständnis von D. vor und nach 1800 verschüttet werden. Sozialhistorisch ist D. daher schwierig zu fassen. Jedoch haben S. Fitzpatrick und R. Gellately einen tragfähigen Bestimmungsversuch unternommen: Demnach handelt es sich im sozialhistor. Sinn bei der D. um eine spontane Kommunikation von Individuen an eine obrigkeitliche Institution, die Vorwürfe des Fehlverhaltens von Personen oder Einrichtungen enthält und implizit oder explizit eine Bestrafung einfordert. D. werden eher privat übermittelt als öffentlich bekannt gemacht und bedienen sich aller zur Verfügung stehenden Medien [1]. Zentral für die Analyse ist jedoch das Dreiecksverhältnis zwischen Denunziant, angerufener Instanz und Denunziertem, da sich hier die juristischen und sozialen Spannungen entfalten, welche das Phänomen D. kennzeichnen. Der Unterschied zwischen einer Anzeige und einer D. ist vornehmlich darin zu sehen, dass eine Anzeige aufgrund persönlicher Betroffenheit erstattet wird, während eine D. üblicherweise mit Blick auf das »allgemeine Beste« sowie aufgrund herrschender und überindividueller Ordnungsvorstellungen religiöser, politischer, sozialer oder rechtlicher Art erfolgt.

2. Formen

Aufgrund einer als unzureichend zu klassifizierenden Forschungssituation ist es derzeit kaum möglich, einen umfassenden Überblick über die zeitlich und räumlich variierenden Formen der D. vor dem 20. Jh. zu geben. Die intensive Beschäftigung mit dem Phänomen der D. in kommunistischen und faschistischen Regimen hat in gewisser Weise den Blick auf frühere Jahrhunderte verstellt. Jedoch können folgende Aspekte festgehalten werden: In weiten Teilen Europas waren D. vor 1800 bei weitem keine Sache der Freiwilligkeit, sondern verpflichtend vorgeschrieben, so wurden z. B. in Deutschland solche Anzeigen von Schäden am »gemeinen Besten« als »Rügepflicht« bezeichnet [4]. Die maßgebliche Funktion der D. im Rahmen von Ketzer- und ↗Hexenverfolgungen zeigt deren gefährliche, potentiell immer vorhandene Ambivalenz: Vordergründig mag es um den »wahren Glauben« oder den Schutz des Gemeinwesens gegangen sein, nicht selten spielten aber Nachbarschaftskonflikte oder wirtschaftliche Interessen eine wesentlich größere Rolle. Eine neue Qualität erlangten D. in Frankreich während des 18. Jh.s. Nicht nur die ↗Monarchie bediente sich in ihren letzten Jahrzehnten eines Netzes von professionellen Spitzeln, sondern auch und gerade in der ↗Französischen Revolution erhielt die D. zur Entlarvung von »Revolutionsfeinden« einen neuen Stellenwert. Spätestens seit dieser Zeit spielte die Nutzung der D. für politische Systeme eine zentrale Rolle.

3. Forschung

Auf eine kurze Formel gebracht, lässt sich die Forschung zur D. dahingehend charakterisieren, dass sich der Schwerpunkt etwa seit 1980 von der Rechtsgeschichte zur Sozial- und Kulturgeschichte verlagert hat. Beide Ansätze schließen sich keineswegs aus, sondern ergänzen einander vielmehr; jedoch hat die histor. Forschung ihre Aufmerksamkeit vermehrt auf die Praktiken der D. und die damit in Zusammenhang stehenden Wechselwirkungen zwischen Herrschaft und Gesellschaft – nicht mehr lediglich auf Rechtsnormen – gerichtet. Darüber hinaus lässt sich die Untersuchung der D. als ein hervorragendes Mittel begreifen, um grundlegende soziokulturelle Normen innerhalb von Gesellschaften zu erforschen: Da sich jede D. vor dem Hintergrund von Unterscheidungen zwischen richtig und falsch, gut und böse oder wahr und unwahr vollzieht, spielen entsprechende sozial geteilte Grundannahmen unweigerlich eine entscheidende Rolle.

→ Hexenverfolgung; Inquisition; Kriminalität; Polizei (Gute Policey)

[1] S. Fitzpatrick / R. Gellately (Hrsg.), Accusatory Practices. Denunciation in Modern European History, 1789–1989, 1997 [2] G. Jerouschek et al. (Hrsg.), Denunziation. Historische, juristische und psychologische Aspekte, 1997 [3] I. Marszolek / O. Stieglitz (Hrsg.), Denunziation im 20. Jh. Zwischen Komparatistik und Interdisziplinarität (Historical Social Research, Sonderheft, Bd. 26), 2001 [4] F. Ross / A. Landwehr (Hrsg.), Denunziation und Justiz. Historische Dimensionen eines sozialen Phänomens, 2000.

Achim Landwehr

Depositenbank

Als D. werden Kreditinstitute bezeichnet, die Geld gegen Verzinsung »einlegen« (lat. *deponere*) und ihren Kunden dafür ↗Bank-Dienstleistungen anbieten. Als erste D. können daher die genuesischen Wechsler angesehen werden, die bereits vor 1200 Einlagen (*depositum regulare*) annahmen, Konten für diese Einleger führten, ihren Kunden Überziehungskredite gewährten und mittels Gut- und Lastschriften bargeldlose Zahlungen tätigten. Im 13. Jh. folgten die meisten oberital. Städte ebenso wie die Städte Aragons, und im 14. Jh. kam Brügge als wichtigster westeurop. ↗Wechsel-Platz hinzu. Bedingt durch zahlreiche Zusammenbrüche privater Wechselbanken im 15. Jh., errichteten die Stadtregierungen an der Wende zur Nz. öffentliche Wechsel- und D., die sich aber erst im ausgehenden 16. Jh. als erfolgreich erwiesen. Ein vergleichbares D.-Wesen bauten die Londoner

↗Goldschmiede im 17. Jh. auf, indem sie für die Einlagen verzinsliche Quittungen ausstellten und später offizielle Schuldverschreibungen, die sog. *promissory notes* oder *goldsmith notes*, emittierten. Die Nachfolger der Goldschmiede stellten im ausgehenden 18. und v. a. im 19. Jh. die engl. D. (im engeren Sinne) dar, die ihre Finanzmittel nahezu vollständig aus den Depositen ihrer Kunden generierten. Da die privaten Einlagen jederzeit in Bargeld umtauschbar sein mussten, konzentrierten sich die D. auf kurzfristige Wechseldiskontierungen, d. h. den Ankauf von Wechseln vor der Fälligkeit gegen einen Zinsabschlag (↗Diskont).

Im Laufe des 19. Jh.s. änderte sich das Profil der D. Zunächst gewannen sie als ↗Notenbanken (Zettelbanken) ihre Mittel durch die Emission von Banknoten, die als Zahlungsversprechen der Banken jederzeit in Bargeld konvertierbar waren. Durch die sog. Peel'sche Bankakte (1844), die die Notenausgabe der *Bank of England* privilegierte und die privaten Notenemissionsrechte einschränkte, mussten sich die D. neue Mobilisierungsmöglichkeiten einfallen lassen, denn die Kunden wollten ihre Einlage zur bargeldlosen Zahlung verwenden. Da sowohl der Bedarf an Zahlungsmitteln als auch die Einlagen der Banken wuchsen, wurden die Depositenguthaben der Kunden mit Hilfe des neuen Instruments des ↗Schecks nutzbar gemacht, denn der Scheck war das einzige schnell verfügbare und nicht kontingentierte Zahlungsmittel im Geschäftsverkehr. Entsprechend bauten die engl. D. in der Folgezeit ihr Einlagengeschäft aus und boten ihren Kunden den Scheck als Alternative sowohl zur ↗Banknote als auch zum Inlandswechsel an. Schecks wurden zu einem wichtigen Zahlungsmittel, und die Kreditbeschaffung erfolgte mit Hilfe des Instruments Buchkredit/Scheck. Hierbei wurde dem Scheckaussteller ein Kredit gewährt, den er zur Scheckzahlung verwenden konnte. Die D. verbanden das Passivgeschäft, d. h. die Depositenakquisition, mit kurzfristigen Aktivgeschäften wie kommerziellen Krediten und dominierten damit den engl. Bankensektor. Mit der wachsenden Konzentration unter den D. trafen die Institute untereinander Clearing-Vereinbarungen zum Ausgleich gegenseitiger Forderungen, so dass sich dann auch die Bezeichnung *clearing-banks* einbürgerte.

Durch ihren Schwerpunkt auf kurzfristigen liquiden Aktivgeschäften waren die D. weder dazu bereit noch in der Lage, den längerfristigen ↗Kredit-Bedarf, z. B. der brit. ↗Industrie, zu befriedigen. Auch auf dem Kontinent nahmen Geschäftsbanken Depositen an, wobei die Mobilisierung über Banknoten die Regel darstellte. Jedoch konzentrierten sich die meisten Banken in Frankreich oder Belgien als Anlage- bzw. ↗Universalbanken auf Wertpapieremissionen und Beteiligungsgeschäfte, und erst in der zweiten Hälfte des 19. Jh.s wurde der Depositenakquisition größere Bedeutung eingeräumt. Das Depositengeschäft bildete hierbei in der Regel nur eine Sparte der Bankdienstleistungen.

→ Bank; Kredit; Scheck; Universalbank

[1] K. E. Born, Geld und Banken im 19. und 20. Jh., 1976 [2] M. Collins, Money and Banking in the U. K., 1988 [3] C. A. E. Goodhart, The Business of Banking 1891–1914, 1972 [4] W. P. Kennedy, Industrial Structure, Capital Markets and the Origins of British Economic Decline, 1987 [5] R. H. Tilly, Depositenbank, in: M. North (Hrsg.), Das Geld und seine Geschichte. Vom MA bis zur Gegenwart, 1994, 81–82 [6] H. Van der Wee / G. Kurgan-Van Hentenryk (Hrsg.), A History of European Banking, 2000 [7] A. Weber, Depositenbanken und Spekulationsbanken. Ein Vergleich dt. und engl. Bankwesens, 1922 [8] D. Ziegler, Scheck, in: M. North (Hrsg.), Das Geld und seine Geschichte. Vom MA bis zur Gegenwart, 1994, 353–354.

Michael North

Deposition

Parallel zu anderen genossenschaftlich organisierten Personenverbänden der Vormoderne bildeten auch Magister und Scholare spezifische Sozialisations- und Lebensformen aus und formierten sich als Statusgruppen innerhalb ihrer ↗Universität wie auch in der Gesellschaft. Die Privilegierung der Universitäten durch Päpste und Kaiser (↗Akademische Freiheit) verlieh deren Lebensformen rechtliche Qualitäten und gliederte sie ständisch in die Gesellschaftsformation ein. Die Aufnahme in diese Gruppen hatte also erhebliche rechtliche und soziale Folgen und musste sowohl der Umwelt als auch dem Aufzunehmenden selbst nachhaltig vermittelt werden. Die vormoderne Gesellschaft entwickelte für Inzeptionen solcher Art rituelle Formen symbolischer Kommunikation (↗Ritual). Für die Magister und Professoren vollzog sich die Aufnahme in Form der Promotion (↗Akademische Grade), für die Scholaren in Form der sog. D.

Gemäß der Initiationstheorie A. van Genneps [9] bestand der D.-Akt aus drei Phasen. Die aufzunehmenden *beani* (vgl. franz. *bec jaune*, »Gelbschnabel«) wurden zunächst mit Hörnern, überdimensionalen Eberzähnen, Eselsohren, zerlumpten Kleidern usw. ausstaffiert und in ihrem tierhaften Naturzustand verhöhnt und verspottet (sog. Trennungsphase). Anschließend kamen furchterregende D.-Instrumente wie Zangen, Hobel, Scheren, Beile, Sägen und Bohrer zum Einsatz, mit denen der »Beanismus« symbolisch ausgemerzt wurde (Schwellenphase; vgl. Abb. 1). Das Abschlagen der Hörner (lat. *depositio cornuum*) gab dem Initiationsritual den Namen. Die abschließende Absolution (Darreichung von Salz und Wein) versinnbildlichte eine Art Wiedergeburt der Aufzunehmenden in ihrem neuen Lebenskreis (Eingliederungsphase). Die visuelle und haptische Intensität der D.-Handlungen, bei denen die Grenze zwischen

Abb. 1: Siehe wie man Studenten macht (Depositionsdarstellung aus: Jakob von der Heyden, *Speculum Cornelianum*, Straßburg 1618). Die Studenten sind anhand der Hörner deutlich zu erkennen. Im Vordergrund sieht man zwei am Boden liegende junge Männer, denen die Hörner bereits abgeschlagen worden sind. Am Tisch sitzen Professoren und ältere Studenten, die das Spektakel verfolgen.

scherzhaft angedeuteter und echter physischer wie psychischer Gewalt bisweilen wohl überschritten wurde [6], sollte bewirken, dass sich die Nostrifikation (»Einbürgerung«) und die mit ihr verbundene Statusveränderung dem nunmehrigen Studenten gleichsam in Leib und Seele einprägten.

Mit der Auflösung der Bursen seit dem 16. Jh. wurde die D. aus dem studentischen Milieu herausgelöst und als offizieller Universitätsakt institutionalisiert und fiskalisiert. Sie war nun der Immatrikulation als der formalrechtlichen Aufnahme der Studenten in die Korporation (↗Hochschulmatrikel) vorgeschaltet, wurde im Zusammenspiel der eigens für das Ritual angestellten Depositoren mit den Dekanen der ↗Philosophischen Fakultäten in quasi domestizierten Formen durchgeführt und brachte den Depositoren wie auch den Philosophischen Fakultäten nicht geringe Gebühren ein, welche die sog. Novizen für den D.-Akt leisten mussten. Die mit der Kontrolle über das Initiationsritual intendierte Disziplinierung ständisch-autonomer Lebensformen der ↗Studenten und deren Eingliederung in die Korporation gelang freilich nicht vollständig. Die ständische Qualität des studentischen Sozialverbands war immer noch so hoch, dass dieser auf die integrative Kraft gemeinschaftsstiftender Initiationsriten nicht verzichten konnte.

Neben der nun verrechtlichten Variante etablierte sich innerhalb dieses Verbands – mindestens seit dem 16. Jh. und vielleicht als eine Art Kompensation für die korporationsrechtlich vereinnahmte D. – eine etwa einjährige Initiationsphase, die mit einem »Acceßschmaus« begann und mit einem »Absolutionsschmaus« endete. Während ihres Pennaljahrs waren die auch in ihrer Kleidung als solche zu erkennenden Pennäle (von lat. *penna*, »Federbüchse«) permanenten Vexationen und Nachstellungen durch ihre älteren Kommilitonen ausgesetzt, die sie auf Korpsgeist und studentische Habitusformen einschworen. Tatsächliche Gewaltanwendung bis hin zu materieller Ausbeutung konnten dabei exzessive Formen annehmen. Solche nun eher subkulturellen und im Laufe des 17. Jh.s zunehmend obrigkeitlich kriminalisierten Formen studentischer Initiation wurden in der großen Disziplinierungswelle nach dem ↗Dreißigjährigen Krieg als Pennalismus reichsweit bekämpft [5] und soweit eingedämmt, dass sie nur noch in den Rückzugsräumen studentischer Autonomie (den Landsmannschaften und den späteren ↗Studentenverbindungen) eine Rolle spielten. »Fuchsenzeit« bei den dt. Studentenverbindungen, *fagging* in engl. Bildungseinrichtungen, *bizutage* an den franz. Eliteschulen, *ontgroening* an holländ. Universitäten oder *hazing* an amerikan. Colleges erinnern noch heute an vormoderne studentische Initiationsrituale, haben aber privaten Charakter und anders als diese keine gesellschaftliche Wirkung mehr.

Die D. selbst in ihrer verrechtlichten Variante geriet im Laufe des 17. Jh.s in die Kritik der Frühaufklärung, die darin ein unwürdiges scholastisches Possenspiel sah. Mehr noch als die zahlreichen seit dem 16. Jh. kursierenden D.-Schriften, die meistens von Depositoren stammten und die D.-Handlungen didaktisierten und verteidigten, trug freilich die Verknüpfung des Aktes mit Gebühren dazu bei, dass das Ritual an den Universitäten nur schrittweise abgebaut werden konnte und sich in Resten, wie etwa in der Absolution durch den Dekan, über die Mitte des 18. Jh.s hinaus erhielt [8]. Sein fiskalisches Substrat überlebte in Form höherer Immatrikulationsgebühren der Novizen an manchen Universitäten sogar sämtliche Rationalisierungsschübe des 18. Jh.s und an einigen älteren Universitäten auch die Gebührenreformen des 19. Jh.s. D.-Instrumente dt. Universitäten haben sich in Leipzig erhalten (Kunstsammlungen der Universität).

→ Akademische Freiheit; Ritual; Student; Universität

Quellen:
[1] ANONYMUS, Dyas Orationum de Ritu Depositionis, Straßburg 1666 [2] C. SCHÖTTGEN, Historie des ehedem auf Universitäten gebräuchlich gewesenen Pennal-Wesens, Dresden 1747.

Sekundärliteratur:
[3] P. BOURDIEU, Der Staatsadel, 2004, 93–142
[4] W. FABRICIUS, Die akademische Deposition. Beiträge zur dt. Litteratur- und Kulturgeschichte, speciell zur Sittengeschichte der Universitäten, 1895 [5] R.W. FRANKE, Der Pennalismus auf der Universität Leipzig, in: W. EMMERICH (Hrsg.), Von Land und Kultur. FS R. Kötzschke, 1937, 203–244 [6] M. FÜSSEL, Gewalt im Zeichen der Feder. Soziale Leitbilder in akademischen Initiationsriten der Frühen Nz., in: M. HOHKAMP et al. (Hrsg.), Gewalt in der Frühen Nz., 2005, 101–116 [7] H. NUWER, Wrongs of Passages. Fraternities, Sorrorities, Hazing and Binge Drinking, 1999 [8] U. RASCHE, Über die »Unruhe« am »academischen Uhrwerck«. Quellenstudien zur Geschichte des Dienstpersonals der Universität Jena vom 17. bis zum frühen 19. Jh., in: Zsch. des Vereins für thüringische Geschichte 53, 1999, 45–112
[9] A. VAN GENNEP, Übergangsriten, 1986.

Ulrich Rasche

Deputat s. Naturallohn

Desertion

D. (Fahnenflucht) bezeichnet den militärischen Straftatbestand der eigenmächtigen Entfernung aus dem Truppenverband (↗Militärstrafrecht). Im ↗Kriegsrecht der klassischen Söldnerheere am Beginn der Nz. begegnet der Begriff noch nicht, wohl aber eine ganze Reihe verwandter Verhaltensweisen, die u. a. als »Ausreißen« oder »von der Fahne laufen« umschrieben wurden. Die Bandbreite reichte vom eigenmächtigen Plündern über die Flucht aus dem Gefecht bis zum kollektiven Abrücken als einer Form von ↗Arbeitsniederlegung. Solche Handlungsweisen, die meist nur mit vorübergehender Abwesenheit verbunden waren, verweisen auf die Labilität frühnzl. Heeresorganisationen und das genossenschaftliche Selbstverständnis der ↗Söldner. Die Flucht Einzelner konnte kaum registriert und verfolgt werden und stand noch ganz im Schatten von Meutereien als häufigster Ausdrucksform militärischer Widerständigkeit [4].

Die Etablierung ↗stehender Heere ab der Mitte des 17. Jh.s schuf grundlegend neue Rahmenbedingungen. D. konnten sich nicht mehr nur im ↗Krieg, sondern auch, allerdings weit seltener, im ↗Frieden ereignen [5]. Seit im 18. Jh. vermehrt ↗Untertanen systematisch dienstverpflichtet wurden, flüchteten viele schon vor der ↗Rekrutierung. Von dort führt die Entwicklung zur legalisierten Kriegsdienstverweigerung des 20. Jh.s [1]. Mit der organisatorischen Stabilisierung veränderten sich die Möglichkeiten, der D. entgegenzuwirken, maßgeblich. Zahlreiche Edikte banden auch die Bevölkerung in die Verfolgungsmaßnahmen ein, wodurch die D. im 18. Jh. ein hohes Maß an öffentlicher Aufmerksamkeit erlangte, das nicht notwendig mit der Häufigkeit der D. übereinstimmte. In paradoxer Weise spiegelt der Aufwand der Gegenmaßnahmen gerade den Fortschritt militärischer Disziplinierung (↗Disziplin), denn die D. löste als meistens nur noch individuelle Delinquenz die kollektive Widerstandshandlung der Meuterei als bedrohlichsten Regelverstoß ab [5]. Mit der steigenden Effizienz obrigkeitlicher Strafverfolgung im 19. Jh. verblasste auch die öffentliche Wahrnehmbarkeit der D.

Parallel zum Ausbau des Heerwesens wurde das ↗Militärstrafrecht fortgeschrieben. Erst in diesem Zusammenhang fand der Fachbegriff der D. über den Umweg des Französischen Ende des 17. Jh.s Eingang in das dt.sprachige Militärrecht. Die strafrechtliche Bewertung setzte ganz auf Abschreckung durch die Drohung mit ↗Leibesstrafen und ↗Todesstrafen [1]. In der gerichtlichen Praxis wurde der Strafrahmen jedoch sehr flexibel gehandhabt. Strafandrohungen konnten sich sogar unerwünscht auswirken und rückkehrwillige Deserteure abschrecken. Individuell ausgehandelte oder pauschal verkündete ↗Begnadigungen begegnen daher im 18. Jh. beinahe regelmäßig und gelegentlich auch noch später [5].

Über die Motive der Deserteure lassen sich mangels entsprechender Quellengrundlagen nur vorsichtige Aussagen treffen. Als ein wichtiger Faktor wirkten sich Kriegserfahrungen aus, die sich v. a. bei unerfahrenen ↗Soldaten als Schockerlebnisse oder Angst, auf längere Sicht auch als Kriegsmüdigkeit ausdrücken konnten. In der Frühen Nz. spielten zudem die organisatorischen Probleme des Heerwesens noch eine große Rolle, v. a. Versorgungsmängel, ausbleibender Sold oder verweigerte Entlassungen [4]. Die Loyalität der Soldaten wurde zusätzlich durch den innermilitärischen Disziplinierungsdruck belastet. Nicht selten desertierte ein Soldat aus Furcht vor der Strafe für andere Delikte (↗Kriminalität; ↗Straftat). Frühere Erfahrungen mit ziviler Delinquenz scheinen öfters den Schritt zur D. erleichtert zu haben. Im 18. Jh. trat als epochenspezifisches Phänomen das Problem gewaltsamer Rekrutierungen hinzu. Zentralen Einfluss auf die Integration in das militärische System hatten damals wie auch in den folgenden Jahrhunderten die durchaus variable Handhabung der Menschenführung und die Prozesse der Gruppenbildung innerhalb kleinerer militärischer Einheiten [1].

Als typische Motive für D. unter dienstverpflichteten Soldaten begegnen Sorgen und Sehnsüchte, die aus der Trennung von der ↗Familie und der gewohnten Umgebung herrührten. Angehörige leisteten oft Unterstützung auf der Flucht. Allerdings konnte die Sorge vor Repressalien gegen Angehörige auch abschrecken. Nicht weniger typisch war daher der junge, ungebundene Deserteur, der in vielen Fällen durch eine Liebesbeziehung in der Umgebung Anstoß oder Unterstützung erfuhr.

Seit der revolutionären Ära Ende des 18. Jh.s und dem Aufbau nationaler Massenheere (↗Levée en masse) wurden zudem immer wieder Forderungen nach politisch oder ethisch motivierten D. laut, die sich gegen Monarchen oder Diktatoren oder auch gegen den Krieg an sich richten sollten. Solche Forderungen blieben aber eher die Ausnahme. Mit der zunehmenden Dominanz nationaler und militaristischer Wertvorstellungen ging andererseits eine Stigmatisierung der D. einher [2] (↗Patriotismus; ↗Nationalismus). Seit Ende des 19. Jh.s wurde diese Tendenz durch wiss. Diskurse vertieft, die im Sinne der militärischen Obrigkeiten die Entwicklung von Maßnahmen gegen die D. auf psychopathologische oder sozialtechnologische Erklärungsmuster stützten [1]; [3]; [6].

→ Disziplin; Militärstrafrecht; Rekrutierung; Soldaten

[1] U. Bröckling / M. Sikora (Hrsg.), Armeen und ihre Deserteure. Vernachlässigte Kapitel einer Militärgeschichte der Nz., 1998 [2] A. Forrest, Déserteurs et insoumis sous la Révolution et l'Empire, 1988 (engl. 1989) [3] C. Jahr, Gewöhnliche Soldaten. Desertion und Deserteure im dt. und brit. Heer 1914–1918 (Kritische Studien zur Geschichtswissenschaft, Bd. 123), 1998 [4] G. Parker, The Army of Flanders and the Spanish Road, 1567–1659. The Logistics of Spanish Victory and Defeat in The Low Countries' Wars, 1972 [5] M. Sikora, Disziplin und Desertion. Strukturprobleme militärischer Organisation im 18. Jh. (Historische Forschungen, Bd. 57), 1996 [6] B. Ziemann, Fluchten aus dem Konsens zum Durchhalten. Ergebnisse, Probleme und Perspektiven der Erforschung soldatischer Verweigerungsformen in der Wehrmacht 1939–1945, in: R.-D. Müller / H.-E. Volkmann (Hrsg.), Die Wehrmacht: Mythos und Realität, 1999, 589–613.

Michael Sikora

Despotie

Der aus der antiken Staatslehre stammende Begriff D. (von griech. *despóteia*, »unumschränkte Herrschaft«, z. B. des Herrn über Sklaven) bezeichnet in der Nz. verfassungsbezogen die mangelhafte Form der ↗Monarchie – im Unterschied zu Letzterer als der entwickelten »guten« ↗Herrschaft wie zur eindeutig schlechten, also der Tyrannis (↗Tyrannislehre); gemeint ist das selbstherrliche, primär dem Herrschernutzen, nur sekundär dem ↗Gemeinwohl dienende Regieren über Untertanen, die zu politischer Mitwirkung unwillig oder unfähig sind.

Zu Beginn der Nz. fand der D.-Begriff in drei Diskursen Verwendung: (1) Historiker und Ethnographen benutzten ihn, um die asiat. und afrikan. Monarchien (z. B. Tunesien, Kongo) zu qualifizieren. Dabei gingen sie von dem schon antiken Topos aus, dass »die orientalischen Völker« klimatisch oder kulturell bedingt servil seien (vgl. ↗Barbaren; ↗Anthropologie; ↗Ethnographie), während sich die Europäer durch Freiheitsliebe auszeichneten (»Asiatische D.«). (2) In der ↗politischen Theorie betonte der auf den ↗Republikanismus der antiken röm. Aristokratie rekurrierende Bürgerhumanismus des 15. Jh.s die Problematik jeglicher Monarchie; dabei verwendete man den Begriff der D. auch zur Vermeidung größerer politischer Turbulenzen, die bei Verwendung des Tyrannisvorwurfs unvermeidlich eingetreten wären. Auch eher monarchiefreundliche humanistische Richtungen setzten diese Tradition fort. Die Stellung der D. als einer zwischen Gut und Böse oszillierenden, sich schnell in die eine oder andere Richtung entwickelnden Zwischenform regte zu historischer und empirisch orientierter Reflexion an. Niccolò Machiavellis dezidiert empirischer, nichtnormativer Ansatz hatte hier eine wesentliche Wurzel. (3) Die Disputanten in der bald konfessionell verschärften Debatte um das Verhältnis von ↗Papsttum und weltlicher Herrschaft bedienten sich wechselseitig des D.-Vorwurfs.

Im ausgehenden 16. und im 17. Jh. rückte histor.-ethnographisch das ↗Osmanische Reich in den Mittelpunkt des Bedürfnisses, die Grundlagen und auch die Stabilität als despotisch angesehener Reiche genauer auszuloten. Politiktheoretisch musste Jean Bodin D. als Verfassungsbegriff aufgeben und zur Herrschaftsform umdefinieren, die in jeder Staatsform auftreten kann, nachdem er die Kategorie der ↗Souveränität zur Kennzeichnung der spezifischen Qualität jeglicher höchsten Herrschaft entwickelt hatte [1]. Für ihn stellte die despotische Monarchie die älteste und dauerhafteste Herrschaftsform dar.

Als D. konnte aber schon seit der Antike auch Eroberungsherrschaft bezeichnet werden, die sich zwar auf Rechtsansprüche stützte, aber den ↗Untertanen keine Mitwirkung einräumte und Duldung durch Vorteilsgewährung oder Manipulation gewann (etwa Ludwigs XIV. Herrschaft über eroberte dt. und niederl. Gebiete). Der Völkerrechtsdenker Hugo Grotius deklinierte diese Auffassung für das Problemfeld europäischer ↗Eroberung außereuropäischer Länder durch, mit einem aus seiner Sicht für ↗Europa günstigen Ergebnis: Nichteuropäer blieben danach natur- und kulturbedingt zur Unterwerfung geneigt; die ihnen verschafften Vorteile wögen die Nachteile auf; am Fehlen nachhaltigen Widerstands sei Zustimmung abzulesen; die Unterzeichnung entsprechender Verträge und die Befolgung von Anordnungen bedeuteten Zustimmung [3].

Für den Absolutismustheoretiker Thomas Hobbes war unerheblich, dass die unerlässliche (letztlich fiktive) vertragsförmige Unterwerfung von Untertanen unter die bei ihm unübersehbar despotische Staatsgewalt eigentlich der Furcht vor dem Tod, und nicht freiwilligem Konsens, entsprang [4]. Der Naturrechtler Samuel Pufendorf lehnte die antike These klimatisch-natürlicher Bestimmung zur D. zwar ab, ließ aber bei den Formen der geforderten Zustimmung auch völlig passive Haltungen zu [9].

Der Aufklärer John Locke hingegen definierte D. als schrankenlose, willkürliche Herrschaft; diese sei das Gegenbild zur bürgerlichen Regierung, welche mittels Vertrag zwecks Förderung von Eigentum und diesseitigem Glück geschaffen sei (↗Vertragstheorie) [5]. Deshalb könne D. keinesfalls per Zustimmung zustande kommen. Diese Auffassung wurde auch in den späteren USA übernommen; entsprechend war D. dort bald gleichbedeutend mit Tyrannis, wie etwa der Begriffsgebrauch bei Thomas Paine anzeigt [8]. Die franz. und dt. Absolutismuskritik nahm grundsätzlich denselben Weg. Um 1700 verstärkten sich die Stimmen, die den ↗Absolutismus mit D. gleichsetzten, oft unter Hinweis auf das Osmanische Reich oder Vergleichen mit dem russ. Zarentum (↗Zar).

Mit Montesquieus auch in Deutschland rezipierter Konzeption der D. als Inbegriff der auf Furcht beruhenden Zwangsherrschaft, die er vordergründig anhand orientalischer Beispiele analysierte [7]; [6], dabei aber den europ. Absolutismus im Blick hatte, rückte die D. endgültig ins Zentrum des aufgeklärten Monarchiediskurses. Die von diesem zunehmend radikaleren Diskurs beförderte ↗Französische Revolution wendete den Begriff der D. zwar zeitweilig ins Positive, indem von der »D. der Freiheit« über ihre Gegner gesprochen wurde. V. a. Benjamin Constant stellte jedoch wenig später den Revolutionsterror (↗Terreur) und die Herrschaft Napoleons als intensivierte D. heraus [2]. 1835 entwickelte Alexis de Tocqueville in seinen Betrachtungen über die amerikan. Demokratie grundlegende Einsichten darüber, auf welche Weise selbst Demokratien despotische Tendenzen hervorbringen können.

→ Absolutismus; Herrschaft; Legitimität; Monarchie; Staatsformenlehre

Quellen:
[1] J. Bodin, Les six livres de la république, 1576
[2] B. Constant, De l'esprit de la conquête, 1813
[3] H. Grotius, De iure belli ac pacis libri tres, 1625
[4] Th. Hobbes, Leviathan, 1651 [5] J. Locke, Two Treatises of Government, 1690 [6] Ch. Montesquieu, Lettres persanes, 1721 [7] Ch. Montesquieu, De l'esprit des loix, 1748
[8] Th. Paine, Common Sense, 1776 [9] S. Pufendorf, De iure naturae et gentium libri octo, 1673.

Sekundärliteratur:
[10] A. Cirakman, From the ›Terror of the World‹ to the ›Sick Man of Europe‹. European Images of Ottoman Empire and Society from the Sixteenth to the Nineteenth Century, 2002
[11] H. Dreitzel, Monarchiebegriffe in der Fürstengesellschaft. Semantik und Theorie der Einherrschaft in Deutschland, 1991
[12] A. Grosrichard, Structure du Sérail: La fiction du despotisme asiatique dans l'occident classique, 1979 [13] M. T. Poe, Russian Despotism. The Origins and Dissemination of an Early Modern Commonplace, 1993 [14] M. Richter, Art. Despotism, in: Dictionary of the History of Ideas, Bd. 2, 1973.

Wolfgang E. J. Weber

Destillation s. Chemische Gewerbe; Chemische Wissenschaften

Detailhandel s. Handel

Determinismus

Unter dem Eindruck der mathematisierten ↗Naturwissenschaft der Nz. entstand in der Philosophie des 17. Jh.s erstmals die Auffassung, dass alles Geschehen in ↗Raum und Zeit einschließlich des menschlichen Handelns seit Anbeginn der ↗Welt nicht mehr durch ↗Gott und das von ihm gesetzte höchste Gute, sondern durch unabänderliche Naturgesetze alternativlos und vollständig bestimmt (determiniert) ist. Der Begriff des D. (Gegensatz: Indeterminismus) ist allerdings erst eine Wortprägung der dt. Philosophie der zweiten Hälfte des 18. Jh.s, die die Problematik der ↗Freiheit des Menschen unter diesem Begriff diskutierte. Von dort wanderte er in die europ. Sprachen.

Sachlich setzte sich schon René Descartes mit dem offensichtlichen D. der mechanischen Physik (↗Physikalische Wissenschaften) auseinander. Er versuchte, die menschliche Freiheit dadurch zu retten, dass er zwischen der einem strengen D. gehorchenden ausgedehnten Materie (lat. *res extensa*) und der nicht mechanisch bestimmten, denkenden Seele (*res cogitans*) unterschied und nur für die Willenshandlungen des Menschen eine minimale Wechselwirkung beider Seinsbereiche über die »Schnittstelle« des Gehirns annahm (↗Cartesianismus). Baruch de Spinoza dagegen lehnte einen freien ↗Willen ab. Für ihn waren Gott und die ↗Natur ein und dasselbe (lat. *deus sive natura*), wie auch Geist und Materie nur zwei Modi derselben Substanz darstellen (↗Spinozismus). Wie der unendliche und allmächtige Gott durch keinerlei Zufälligkeit geprägt sei, vollziehe sich auch das Geschehen der Welt deshalb in strenger ↗Notwendigkeit. Sowohl gegen Descartes' absolute Willensunbestimmtheit als auch gegen Spinozas durchgängigen D. versuchte Gottfried Wilhelm Leibniz die naturgesetzliche Bestimmtheit allen Geschehens mit der menschlichen Willensfreiheit dadurch zu vereinbaren, dass er zwischen absoluter und hypothetischer Notwendigkeit unterschied. Zwar galt auch für Leibniz alles weltliche Geschehen als determiniert, doch sah er nur die mathematisch-logischen Gesetze als absolut notwendig an; die Gesetze der Natur aber und die Bestimmtheiten, denen das menschliche Handeln unterliegt, gründeten seiner Ansicht nach in dem freien, von der Wahl des Besten bestimmten und deshalb nur hypothetisch notwendigen Schöpfungsratschluss Gottes, dem der Mensch dadurch entspricht, dass er den ihm als Geschöpf individuell eigenen Bestimmungsgründen folgt.

In England wurde *materialist* als polemischer Begriff für die Vertreter eines D. geprägt, der die Natur einschließlich der Lebewesen als maschinenähnliche Systeme verstand, die allein den Gesetzen der ↗Mechanik unterliegen. Der Gottesbegriff reduzierte sich auf den des Deismus (↗Vernunftreligion), der den Schöpfer zwar als den vollkommenen Baumeister der Weltmaschine ansah, ihm aber im Ablauf ihres Geschehens keinen Platz mehr zuweisen konnte. Der Skeptiker David Hume hielt allerdings weder die Willensfreiheit noch den D. für beweisbar (↗Skeptizismus). Ähnlich wie Thomas Hobbes verstand er Freiheit als Handlungsfreiheit, im Sinne der Abwesenheit derjenigen Umstände, die eine Person davon abhalten könnten, den einmal gefassten Entschluss auszuführen. Der franz. ↗Materialismus hingegen (z. B. Julien Offray de La Mettrie) sah den Menschen einschließlich aller Bewusstseinsvorgänge als reine Maschine an und verband diese deterministische Weltsicht mit einem expliziten ↗Atheismus. Die dt. ↗Schulphilosophie des 18. Jh.s war dagegen von Leibniz' vermittelnder Haltung geprägt. Dies zeigte sich etwa bei Immanuel Kant, der den D. als die »Bestimmung der Willkür durch hinreichende innere Gründe« [1. 58] definierte und deshalb als mit einem im Sinne individueller Selbstbestimmung verstandenen Freiheitsbegriff vereinbar ansah.

Mit dem Übergang zum 19. Jh. begann sich der D. unter dem Eindruck der Erfolge der Newton'schen Mechanik als die wiss. Naturauffassung schlechthin durchzusetzen, die ihren klassischen Ausdruck in der von Pierre Simon de Laplace geprägten Fiktion eines allwissenden ›Geistes‹ fand, der aus der vollkommenen Kenntnis eines Weltzustandes aufgrund der mechanischen Gesetze jeden vergangenen oder zukünftigen Weltzustand errechnen könnte. Die ganze Welt erschien nun vollends als ein von kausalmechanischen Gesetzen regiertes determiniertes System (↗Kausalität). Zwar kam es durch die statistischen Theoreme der ↗Wärmelehre noch im 19. Jh. zu einer gewissen Abkehr vom strengen D. in den Naturwissenschaften, doch begann sich das mechanistische ↗Weltbild nun durch populärwiss. und materialistische Schriften in den Kreisen der Gebildeten zu verbreiten. Durch neue Theorien wie die Quantentheorie erlangte dann mit Beginn des 20. Jh.s die Frage nach dem D. neue Relevanz.

→ Autonomie; Freiheit; Mensch; Notwendigkeit; Philosophie; Wille

Quellen:
[1] I. Kant, Die Religion innerhalb der Grenzen der bloßen Vernunft, Königsberg ²1794.

Sekundärliteratur:
[2] C. Broad, Determinism, Indeterminism and Libertarianism, in: C. Broad, Ethics and the History of Philosophy, 1952, 195–217 [3] E. Cassirer, Determinismus und Indeterminismus in der modernen Physik, in: E Cassirer, Ges. Werke 19, 2004, 1–286 [4] G. Seebass, Freiheit und Determinismus, in: Zsch. für philosophische Forschung 47, 1993, 1–22 (und 223–245).

Dirk Evers

Deutsche Einheit

Der Begriff D. E. kennzeichnet das Bestreben der sog. dt. Nationalbewegung nach staatlicher Vereinigung der im Sinne Herders sprachlich-kulturell definierten dt. ↗Nation. Bereits der ↗Reichspublizistik des 18. Jh.s hatte »Einheit« als Maßstab für die Beurteilung der ↗Reichsverfassung gedient: Sie bedeutete nicht Zentralismus, sondern nur ein ausgewogenes Gleichgewicht zwischen Kaiser und Reichsständen. Daher fiel es angesichts wachsenden ↗Souveränitäts-Bewusstseins der Territorialherren zunehmend schwer, das Alte Reich als eine Einheit wahrzunehmen. 1806 löste sich mit dem ↗Heiligen Römischen Reich Deutscher Nation die rechtliche Verbindung der einzelnen Territorien auf, wodurch das nationale Band weiter gelockert schien. Anstelle der konkreten Reichsverfassung wurde die sprachlich-kulturell definierte Nation zum Bezugspunkt der programmatischen Forderung nach D. E.

Neben diese eher romantische Komponente trat eine politische mit der Idee der Volkssouveränität: Das nach Beseitigung ständischer Ungleichheit aus freien und gleichberechtigten Individuen (↗Individualität) zusammengesetzte Volk sollte Träger nationalstaatlicher Souveränität sein (↗Nationalstaat). In diesem Sinne war schon 1799 Ziel eines Verfassungsentwurfs »der eine und unzerteilbare dt. Freistaat«, in dem die »dt. Völkerschaft« ihr »einziger Oberherr« sein sollte [1. 184]. Zwar setzten sich solche republikanischen Extrempositionen nicht durch, doch genügte die Forderung nach bloßer Teilnahme des Volkes an der Staatsgewalt (↗Konstitutionalismus), um den Gedanken bürgerlicher ↗Freiheit mit der Idee der D. E. programmatisch zu verschmelzen. Die dt. Nationalbewegung forderte mit der D. E. also immanent die Beseitigung der hergebrachten feudal-ständischen Ordnung (↗Stand, Stände), wodurch D. E., über den nationalen Aspekt hinaus, zum Schlagwort für liberale und demokratische Ideen wurde. Im Ergebnis erschienen ↗Liberalismus und ↗Nationalismus daher nahezu als Synonyme (»Freiheit, das ist die Nation«, Ferdinand Freiligrath 1848). Weiter versprach man sich durch D. E. auch kulturelle Entfaltung sowie, als Folge einer Beseitigung der zahlreichen dt. Binnengrenzen, wirtschaftlichen Wohlstand. Insgesamt entwickelte sich der Begriff D. E. damit zu einem nahezu alle Zukunftshoffnungen umfassenden »Zauberwort« [4.3].

Die vormärzliche Verfassungssituation stand zur Forderung nach D. E. in deutlichem Widerspruch (↗Vormärz). Zwar hatten Preußen und Russland in den ↗Befreiungskriegen auf die Kraft der nationalen Idee gesetzt und die »Einheit« Deutschlands beschworen (Proklamation von Kalisch, 1813), doch wurden die derart angefachten Hoffnungen nach dem Sieg über Napoleon enttäuscht: Der 1815 gegründete ↗Deutsche Bund konnte als bloßer ↗Staatenbund nationalstaatlichen Ansprüchen nicht genügen; er erschien im Gegenteil als »der organisierte Mangel der staatsrechtlichen Einheit der dt. Nation« (Droysen 1848; [6.140]). In diesem Sinne ließ Metternich im Rahmen einer Zensurmaßnahme den Ausdruck D. E. durch »Dt. Einigkeit« ersetzen [5.40], einen Begriff, der schon seit dem 16. Jh. eine erheblich lockerere Verbindung autonomer Gebilde kennzeichnete [6.122].

Während die innere Politik des Dt. Bundes seit dem Wartburgfest 1817 zunehmend von Abwehr gegen die revolutionäre Kraft der Nationalbewegung gekennzeichnet war, hoffte diese, die Verfassung des Dt. Bundes durch eine Vertretung des Volkes zu ergänzen und somit »Deutschlands Einheit durch Nationalrepräsentation« [2] herzustellen. 1848 scheiterte jedoch die ↗Paulskirchenversammlung beim Versuch, die D. E. durch eine ↗Bundesstaats-Verfassung zu realisieren, am Gegensatz zwischen der »natürliche[n] Einheit der durch gleiche Abstammung und Sprache bedingten Nationalität«, also der D. E., und der »politische[n] Einheit der Staatsgewalt« insbes. Österreichs [3.217].

Die D. E. blieb somit unrealisiert; auch die Gründung des Dt. Reichs 1870/71 verwirklichte das in diesem Begriff enthaltene Programm nicht zur Gänze. So lebte der Wunsch nach D. E. im »großdt.« Denken bis zu dessen Desavouierung durch den Nationalsozialismus fort. Nach 1949 bezieht sich die Idee der D. E. auf die Vereinigung von DDR und BRD.

Dem Wunsch nach D. E. ähnliche Bestrebungen gab es auch in anderen Teilen Europas; sie hatten unterschiedlichen Erfolg. Während der ↗Panslawismus ebenfalls scheiterte, führte in Italien die Bewegung des ↗Risorgimento (»Wiederauferstehung«) letztlich zu einem Einheitsstaat (Ende des ↗Kirchenstaats 1870).

→ Deutscher Bund; Nation; Nationalismus; Reichsverfassung

Quellen:
[1] H. Dippel (Hrsg.), Die Anfänge des Konstitutionalismus in Deutschland. Texte dt. Verfassungsentwürfe am Ende des 18. Jh.s, 1991 [2] W. Schulz, Deutschlands Einheit durch Nationalrepräsentation, 1832 [3] W. Schulz, Art. Einheit, in: C. von Rotteck / C. Welcker, (Hrsg.), Staats-Lexikon. Encyklopädie der sämmtlichen Staatswissenschaften für alle Stände 4, ²1846, 217–222 [4] J. G. A. Wirth, Das Nationalfest der Deutschen zu Hambach, 1832.

Sekundärliteratur:
[5] W. Brauneder, Leseverein und Rechtskultur. Der Juridisch-politische Leseverein zu Wien 1840 bis 1990, 1992 [6] L. Gall / D. Blasius, Art. Einheit, in: GGB 2, ³1992, 117–151 [7] W. D. Gruner, Die dt. Frage in Europa 1800 bis 1990, 1993 [8] E. R. Huber, Dt. Verfassungsgeschichte seit 1789 (28 Bde.), 1967–1991 [9] H. Schulze, Der Weg zum Nationalstaat. Die dt. Nationalbewegung vom 18. Jh. bis zur Reichsgründung, 1985 [10] W. Siemann, Vom Staatenbund zum Nationalstaat. Deutschland 1806–1871 (Neue Dt. Geschichte Bd. 7), 1995 [11] H. Srbik, Dt. Einheit, 1935–1942.

Gerald Kohl

Deutsche Gesellschaften

Nach dem Zerfall der sog. barocken ↗Sprachgesellschaften bildete sich im frühen 18. Jh. ein neuer Typus sprachpflegender Sozietäten heraus (↗Verein). Vorformen entstanden aus Kreisen von Freunden bzw. ↗Studenten, so z. B. die *Teutschübende Gesellschaft* in Hamburg (1715) und das *Vertraute Görlitzer Collegium Poeticum* (gegr. 1697 an der Leipziger ↗Universität). Seit 1726 gab die zentrale Gründungsgestalt der neuen ↗Sozietätsbewegung, der Literaturtheoretiker Johann Christoph Gottsched, der Leipziger D. G. ihre endgültige und für die folgenden Gründungen vorbildliche Gestalt.

D. G. entstanden u. a. in Jena (1730), Göttingen (1738), Greifswald (1740), Königsberg (1741), Helmstedt (1742), Bremen (1762), Altdorf und Erlangen (1756). Die Mitglieder – ↗Geistliche, ↗Lehrer, ↗Professoren und Studenten – stammten aus dem gebildeten ↗Bürgertum bzw. der Studentenschaft. Sitz der neuen Sozietäten waren daher v. a. ↗Universitätsstädte. Obgleich die D. G. auch auf adlige Mitglieder Wert legten, um Anerkennung in der ständischen Gesellschaft der absolutistischen Staaten zu finden, versammelten sich in ihnen vorrangig Angehörige der aufstrebenden bürgerlichen Bildungsschicht (↗Bildungsbürgertum), welche die Sprachübung vor Amt und Geburtsstand stellten und ein ↗Vereinsleben im Sinne kontinuierlicher Spracharbeit entwickelten.

Intensiver und planmäßiger als die barocken Sprachgesellschaften bemühten sich die D. G. um Publikationstätigkeit. Die Leipziger Sozietät z. B. brachte *Schriften und Übersetzungen der Deutschen Gesellschaft* heraus, die Übertragungen fremdsprachiger Literatur, Reden und Aufsätze enthielten. Für die Geschichte von Literatur, aufklärerischem Denken und Öffentlichkeit in Deutschland im 18. Jh. kommt den *Beyträgen zur kritischen Historie der deutschen Sprache, Poesie und Beredsamkeit* (8 Bde., 1732–1744) der Leipziger D. G. erhebliche Bedeutung zu. Hier erschienen programmatische Aufsätze, Abhandlungen zur Literaturtheorie, zur ↗Philologie und zur (Moral-)Philosophie sowie ↗Rezensionen und Mitteilungen, die der Kommunikation zwischen den einzelnen Gesellschaften und damit dem Zusammenhalt einer förmlichen Bewegung der ↗Gelehrten- und Bildungsschicht dienten.

In wöchentlichen Sitzungen trugen die Mitglieder Reden, Briefe, Übersetzungen, Untersuchungen zu Grammatik und Wortkunde vor und diskutierten darüber. Dieses Sozietätsleben ermöglichte die Einübung neuer Umgangsformen, die auch über die unmittelbar literarischen Interessen hinaus die ↗Geselligkeit des gebildeten Bürgertums umzuformen begannen (↗Lebensstile). Ständische, herrschaftliche und konfessionelle Schranken wurden innerhalb der D.G. suspendiert, Männer unterschiedlichen Alters und aus verschiedenen Berufen trafen sich im Zeichen gemeinsamer kultureller Interessen, unterwarfen sich einer sachbezogenen Kritik und waren bemüht, ein selbständiges Urteil auf der Grundlage eigener Vernunfttätigkeit zu gewinnen und diskursiv zu vertreten. Über die philologische Arbeit hinaus ging es um die Einübung demokratischer Verfahrensregeln und damit um einen kulturellen und latent auch politischen Bildungsprozess.

Die D.G. wandten sich nicht nur an eine rein literarische, sondern auch an Vorformen einer politischen ↗Öffentlichkeit, indem sie mit Reden (etwa anlässlich des Todestages M. Luthers, des hundertjährigen Jubiläums des ↗Westfälischen Friedens von 1648, aber auch zu den Geburtstagen ihrer Landesherrn) zur öffentlichen ↗Fest-Kultur beitrugen. Die »Gelehrten« der D.G. beanspruchten für sich, die Avantgarde einer Entwicklung zu sein, die einen Wandel im System der gesellschaftlich-staatlichen Machtverteilung anstrebte; dabei wurde aber die bestehende ständische Gesellschaftsstruktur nicht explizit angegriffen. Vielmehr setzten Gottsched und die D.G. auf einen geschichtlichen Entwicklungsprozess, der zwar immer wieder in einzelnen herausragenden Persönlichkeiten wie etwa den Humanisten K. Celtis, U. von Hutten, W. Pirckheimer sowie Künstlern und Wissenschaftlern wie A. Dürer, O. von Guericke, E.W. von Tschirnhaus, Ch. Thomasius oder G.W. Leibniz kulminiert, sich jedoch jenseits der Aktionen einzelner Individuen als ein Produkt nationaler Kultur darstellt.

Hier bereits, nicht erst bei J.G. von Herder oder in der sog. *Deutschen Bewegung* seit 1763, verschrieben sich bürgerliche Gelehrte einem Programm national-kultureller Erneuerung. Die ↗Nation sollte dabei nicht nur die Gelehrten, sondern alle Bildungswilligen umfassen und damit ständische Unterschiede übergreifen. Seit den 1760er Jahren verloren die D.G. an Bedeutung; sie wurden durch die differenzierteren Aktivitäten des vielschichtigen spätaufklärerischen Sozietätswesens abgelöst (↗Lesegesellschaft; ↗Patriotische Gesellschaft; ↗Freimaurer).

Der spezielle Sozietätstyp der D.G. ist eine dt. Besonderheit, die weder in den national einheitlichen Staaten Westeuropas (England, Frankreich) noch im zu dieser Zeit national nicht geeinten Italien und auch nicht in den späteren Nationalstaaten Ostmittel- und Südeuropas eine direkte Entsprechung hat. Er ist daher symptomatisch für die Chronologie und die Formen, in denen sich speziell in Deutschland nationales Bewusstsein im 18. Jh. herausbildete. Vergleichbare Funktionen übernahmen v.a. in Ostmitteleuropa gelehrte Gesellschaften, wie sie seit dem ausgehenden 18. Jh. unter dem Einfluss von Herders Theorie nationaler Sprachkulturen entstanden.

→ Bildung; Bildungsbürgertum; Interessenverband; Sprachgesellschaften; Verein

[1] R. van Dülmen, Die Gesellschaft der Aufklärer. Zur bürgerlichen Emanzipation und aufklärerischen Kultur in Deutschland, 1986, 43–54 [2] W. Hardtwig, Genossenschaft, Sekte, Verein in Deutschland, Bd. 1: Vom SpätMA bis zur Franz. Revolution, 1997, 285–304.

Wolfgang Hardtwig

Deutscher Bund

1. Begriff
2. Vorgeschichte und Gründung
3. Rechtsnatur und Verfassung
4. Politische Tendenzen
5. Reformen
6. Ende
7. Forschung und Gesamtwürdigung

1. Begriff

Der D.B. war »ein völkerrechtlicher Verein der dt. souveränen Fürsten und freien Städte« (Art. 1 WSA = Wiener Schlussakte). Er verband 1815–1866 im Wesentlichen jene Territorien, die bis 1806 zum ↗Heiligen Römischen Reich Deutscher Nation gehört hatten (↗Reichsverfassung). Größere Gebietsveränderungen erfolgten 1839 durch den Verlust des westl. Teils von Luxemburg und durch die Aufnahme von Limburg sowie insbes. 1848 von Ostpreußen, Westpreußen und Dt.-Posen.

2. Vorgeschichte und Gründung

Für eine Neugestaltung Deutschlands nach dem sich seit 1812 abzeichnenden Ende der napoleonischen Vorherrschaft in Europa (↗Befreiungskriege) gab es verschiedene Möglichkeiten. Überlegt wurden u.a. ein ↗Nationalstaat als ↗Bundesstaat mit einem Kaiser als Oberhaupt, ein Trialismus zwischen Österreich, Preußen und dem übrigen sog. Dritten Deutschland oder ein vom Vorbild des ↗Rheinbundes inspirierter bloßer ↗Staatenbund souveräner Staaten. Die zwischen einigen dt. Staaten vereinbarte ⁊Souveränität einerseits und die Inaussichtnahme einer nationalstaatlichen Lösung zum Zweck einer Mobilisierung der Volksbewegung gegen Napoleon I. andererseits erschwerten vorerst die Entscheidung. Eine Einigung zwischen Preußen und Österreich auf dem ⁊Wiener Kongress öffnete unter außenpolitischem Druck (Rückkehr Napoleons aus Elba) den Weg für eine Neuordnung nur im Sinne eines Staatenbundes: Am 8. Juni 1815 wurde von den meisten dt. Fürsten (Baden, Württemberg und Hessen-Homburg traten erst später bei) sowie den vier freien Städten (Lübeck, Frankfurt, Bremen, Hamburg) die Dt. Bundesakte (= DBA) abgeschlossen, womit der D. B. begründet war. Er wurde sogleich am 9. Juni 1815 durch Aufnahme der DBA in die Wiener Kongressakte von allen Teilnehmerstaaten völkerrechtlich anerkannt.

3. Rechtsnatur und Verfassung

Die DBA hatte dem D. B. eine erste verfassungsrechtliche Grundlage gegeben, die weiterer Ausgestaltung bedurfte. Dazu wurde auf den Wiener Ministerial-Konferenzen die *Bundes-Supplementar-Akte* vom 15. Mai 1820 geschaffen und am 8. Juli 1820 als Bundesgesetz einstimmig angenommen (WSA).

Die Rechtsnatur des D. B. war die eines ⁊Staatenbundes mit bundesstaatlichen Elementen (⁊Bundesstaat). Als solche erscheinen außer dem Umstand, dass neben den einzelnen Staaten auch der Bund als ⁊Völkerrechts-Subjekt auftreten, also völkerrechtliche Verträge schließen und am diplomatischen Verkehr teilnehmen konnte, verschiedene Einschränkungen der einzelstaatlichen Souveränität durch die Bundesverfassung, so v. a. die Unauflöslichkeit des Bundes (Art. 5 WSA). Weiter war den Mitgliedsstaaten eine bestimmte ⁊Verfassung vorgeschrieben: Sie hatte das monarchische Prinzip (⁊Monarchie) zu wahren, wonach außerhalb der freien Städte »die gesamte Staatsgewalt in dem Oberhaupte des Staates vereinigt bleiben« musste. Der Souverän konnte »durch eine ⁊landständische Verfassung nur in der Ausübung bestimmter Rechte (!) an die Mitwirkung der Stände gebunden werden« (Art. 57 WSA). Differenzen über die Auslegung des Begriffs »landständische Verfassung« (Art. 13 DBA: altständische oder Repräsentativverfassung) erschwerten die vorgesehene Überwachung durch den D. B. (Art. 54 WSA). Eine auf echter ⁊Gewaltenteilung beruhende Verfassung war damit ausgeschlossen. Ferner hatten die Mitgliedsstaaten für ihre ordentliche ⁊Gerichtsbarkeit drei Instanzen einzurichten (Art. 12 DBA). Handelte eine einzelstaatliche Regierung bundeswidrig, so konnte der D. B. gegen sie mittels Bundesexekution vorgehen (Art. 31 ff. WSA, Exekutionsordnung 1820).

Die Bundesgewalt wurde durch die nur sehr allgemein festgestellten Bundeszwecke der »Erhaltung der äußeren und inneren Sicherheit Deutschlands und der Unabhängigkeit und Unverletzbarkeit der einzelnen dt. Staaten« bestimmt (Art. 2 DBA, ähnlich Art. 1 WSA). Zur Wahrung der inneren Sicherheit war insbes. die sog. Bundesintervention vorgesehen, mittels welcher der D. B. eine einzelstaatliche Regierung (in der Regel nur auf deren Ersuchen) bei der Aufrechterhaltung der inneren Ordnung unterstützen konnte (Art. 25 ff. WSA). Der äußeren Sicherheit dienten zunächst bloß militärische Bündnisverpflichtungen (Art. 11 DBA, Art. 35 ff. WSA); ab 1821/22 sahen Beschlüsse über die Kriegsverfassung des D. B. ein Kontingentsheer vor, das aber erst im Falle eines ⁊Krieges einen Oberfeldherrn erhalten sollte. Als ständige militärische Einrichtungen gab es fünf Bundesfestungen. Zugleich präsentierte sich der Bund aber auch als friedensstiftende Instanz, deren Anrufung gegen aggressive Mitgliedsstaaten selbst ausländischen Mächten offen stand. Der D. B. konnte in solchen Fällen vom Aggressor Abhilfe verlangen und friedenssichernde Maßregeln treffen (Art. 36 WSA). Für Konflikte zwischen den Mitgliedern war ein Vermittlungs- und Entscheidungsverfahren vorgesehen (Austrägalordnung 1817; ⁊Austrägalgerichtsbarkeit), mit dem der D. B. einen Beitrag zur Entwicklung der dt. Verfassungsgerichtsbarkeit lieferte.

In Ansätzen sah die Verfassung des D. B. auch ⁊Grundrechte vor. Zwar wurden die christl. Konfessionen als gleichberechtigt erklärt (Art. 16 DBA), die ⁊Freizügigkeit der Person sowie die Grunderwerbsfreiheit innerhalb des Bundes festgeschrieben und die Pressefreiheit (⁊Presse- und Meinungsfreiheit) programmatisch angekündigt (Art. 18 DBA), doch fehlte vielfach eine entsprechende Umsetzung sowie allgemein die Durchsetzbarkeit dieser Aussprüche. Im Falle einer Rechtsverweigerung durch einen Mitgliedsstaat konnte der davon Betroffene den D. B. um Vermittlung bitten (Art. 29 WSA).

Das einzige Organ des D. B. bildete die Bundesversammlung (»Bundestag«), die als Konferenz instruktionsgebundener Gesandter unter österr. Vorsitz in Frankfurt/Main tagte, und zwar in zwei Formen: Im »Engeren Rat« gab es nur 17 Stimmen, wobei neben elf Einzelstimmen die minder bedeutenden Mitglieder in sechs Kuriatstimmen zusammengefasst waren. Im »Plenum« hatte jedes Mitglied zumindest eine, größere jedoch bis zu vier Stimmen; es entschied über die Grundgesetze des D. B., über die DBA selbst, über organische Einrichtungen (Institutionen) oder »gemeinnützige Anordnungen sonstiger Art«. Einstimmigkeit war nur bei Annahme oder Ablehnung der Grundgesetze, bei Beschlüssen über organische Einrichtungen und Rechte einzelner Staaten sowie in Religionsangelegenheiten erforderlich (Art. 4 ff. DBA). Die o. g. »gemeinnützigen Anordnungen« beruhten auf der Grundlage freiwilliger Vereinbarungen der Mitglieder. Sie führten teils zu einer fortschrittlichen ⁊Rechtseinheit im ⁊Urheberrecht, im ⁊Wechselrecht und ⁊Handelsrecht (Allgemeines Dt. Handelsgesetzbuch 1861), teils blieben solche Versuche im Entwurfsstadium stecken (so zuletzt 1866 der *Dresdner Entwurf* eines Obligationenrechts).

4. Politische Tendenzen

Der D. B. war – wie im europ. Rahmen die ⁊Heilige Allianz – auch Instrument einer Stabilitäts- und Sicherheitspolitik. Der Bundeszweck einer »Erhaltung der äußeren und inneren Sicherheit« war keine Leerformel, sondern wurde in sehr konkreten Maßnahmen umgesetzt. Die größten Gefahren für die innere Sicherheit schienen der Metternich'schen Politik seit dem Wartburgfest 1817 von den liberal-demokratischen und (von der Gründung lediglich eines Staatenbundes enttäuschten) nationalen Bestrebungen auszugehen (⁊Nationalismus), zu deren Bekämpfung der D. B. nutzbar gemacht wurde (⁊Demagogenverfolgungen). Einen ersten Höhepunkt erreichte diese Tendenz schon 1819 mit den ⁊Karlsbader Beschlüssen, die u. a. eine scharfe ⁊Zensur nach sich zogen; nach 1830 wurde die repressive Politik unter dem Eindruck der Pariser ⁊Julirevolution weiter verschärft. Insgesamt erschien der D. B. geradezu als eine »Inkarnation der Illiberalität und Unterdrückung« [10. 368]. Zu diesem Bild trug auch das Verhalten des Bundes im Konflikt um die einseitig von König Ernst August verfügte Aufhebung der hannoverschen Verfassung 1833 bei: Obwohl die bestehenden Verfassungen nur auf verfassungskonformem Weg abgeändert werden sollten (Art. 56 WSA), schritt der D. B. gegen diesen Verfassungsbruch nicht ein.

Ein Ausbau des D. B. zu einem Wirtschaftsbund scheiterte an den unterschiedlichen Interessen Preußens und Österreichs. Der außerhalb der Bundesverfassung unter preuß. Führung ohne Österreich errichtete Deutsche ⁊Zollverein entwickelte sich ab 1834 zum »Nebenbuhler des D. B.« [3. Bd. 1, 11] und legte einen Grundstein für den Konflikt um die Vorherrschaft innerhalb des Bundes.

5. Reformen

Wiederholt wurde eine Reform der Bundesverfassung versucht. Nur für kurze Zeit gelang dies unter dem Eindruck der Revolution von 1848: Die Bundesversammlung setzte zur Revision der Bundesverfassung einen aus 17 »Männern des allgemeinen Vertrauens« (je ein Vertreter für jede Stimme der engeren Versammlung) bestehenden Ausschuss ein, der einen Verfassungsentwurf erarbeitete. Daneben lieferte sie durch mehrere Beschlüsse die Rechtsgrundlage für die Wahl der revolutionär initiierten Dt. ⁊Nationalversammlung, die in der Frankfurter Paulskirche zusammentrat. Diese ⁊Paulskirchenversammlung schuf am 28. Juni 1848, dem Schema einer ⁊konstitutionellen Monarchie folgend, eine provisorische Zentralgewalt mit einem Reichsverweser (Wahl Erzherzog Johanns am 29. Juni 1848) und einer Reichsregierung. Dem Reichsverweser übertrug die Bundesversammlung am 12. Juli 1848 ihre Befugnisse.

Die von der Nationalversammlung erarbeitete *Verfassung des Dt. Reiches* (28. März 1849) sah für das gesamte Bundesgebiet statt des Staatenbundes einen ⁊Bundesstaat (Dt. Reich) mit erbkaiserlicher Spitze vor. Mitgliedstaaten mit Gebieten auch außerhalb des D. B. durften diese mit ihren Bundesgebieten nur in ⁊Personalunion verbinden. Dagegen verstieß Österreich insbes. mit seiner Gesamtstaatsverfassung vom 4. März 1849 und schloss sich damit de facto aus dem geplanten Bundesstaat aus. Dies sowie die Ablehnung der Kaiserkrone durch den preuß. König und die mangelnde Effektivität der ⁊Reichsverfassung führten zum Scheitern der Nationalversammlung. Danach gelang weder Preußen die Schaffung eines kleindt. Bundesstaates (Erfurter Union, 28. Mai 1849) noch Österreich die Einbeziehung seines gesamten Staatsgebietes in den Bund. Nach erfolglosen Ministerkonferenzen in Dresden 1850/51 wurde der D. B. im Mai 1851 in seinem vorrevolutionären Zustand wiederhergestellt.

Kein Erfolg war auch weiteren Reformüberlegungen in den Jahren 1859 bis 1863 beschieden. Den Plänen Österreichs zu einer Delegiertenversammlung aller einzelstaatlichen ⁊Parlamente (z. B. am Frankfurter Fürstentag 1863) setzte Preußen, gestärkt durch seine Position im Zollverein, das für Österreich inakzeptable Konzept eines von der Bevölkerung gewählten Nationalparlaments entgegen und positionierte sich damit als fortschrittliche Führungsmacht.

6. Ende

Ungeachtet der Zusammenarbeit bei der Aufarbeitung der revolutionären Veränderungen (⁊Restauration) verschärfte sich nach 1851 der Interessengegensatz zwischen Österreich, das seine formelle Vorrangstellung zu wahren suchte, und Preußen, das zumindest eine Gleichrangigkeit anstrebte. Als Preußen das von Österreich verwaltete Holstein besetzte, erwirkte Österreich als »vorläufige Maßnahme« (Art. 19 WSA) die Mobilmachung von Bundestruppen gegen Preußen. Dieses erklärte den Vorgang als Bundesbruch und (im Widerspruch zur Unauflöslichkeit des Bundes) den D. B. für erloschen, weitere Staaten folgten mit Sezessionserklärungen. Der militärische Konflikt endete mit einem Sieg Preußens und seiner v. a. norddt. Verbündeten gegen Österreich und die süd- und mitteldt. Staaten: Sie mussten die Auflösung des D. B. anerkennen. Am 23. August 1866 erfolgte der preuß.-österr. Friedensschluss in Prag; einen Tag später fand die letzte, von nur mehr neun

Gesandten besuchte Sitzung der Bundesversammlung (kriegsbedingt in Augsburg) statt.

7. Forschung und Gesamtwürdigung

In der Erforschung des D. B. lassen sich mehrere Perioden unterscheiden. Während seines Bestandes dominierten Arbeiten dokumentarischen Charakters, teils mit durchaus politisch-oppositioneller Zielsetzung [3]. Nach seinem Untergang wurde der D. B. zunehmend als mehr oder weniger chaotische Periode des Übergangs und der Neuorientierung auf dem Weg zum Zweiten Kaiserreich (1871) verstanden und dementsprechend negativ beurteilt, so etwa von Treitschke (»Fluch der Lächerlichkeit«) oder Sybel (»organisierte Anarchie«; vgl. [7. 42 f.]). Nach 1918 veränderten sich zwar manche Akzentuierungen, die nationalstaatliche Sicht blieb allerdings erhalten und wurde während der NS-Zeit noch betont. Schon seit den 1920er Jahren fanden jedoch auch die europ. Rolle des D. B. und dessen föderale Strukturen Beachtung (↗ Föderalismus). Nach 1945 verstärkte sich aufgrund von Detailstudien die mittel- und kleinstaatliche Perspektive. Gleichzeitig wurde, vielleicht unter dem Eindruck neuer supranationaler Organisationen, der D. B. wegen der ihm immanenten Begrenzung staatlicher Außenpolitik vermehrt als Friedensordnung begriffen. Die Einbettung der »Dt. Frage« in einen europ. Rahmen ließ den Bund schließlich als »trendwidrige Präfiguration einer postnationalen Grundordnung« erscheinen (vgl. [7. 58]). Seit dem ausgehenden 20. Jh. wendet sich die Forschung wieder stärker dem D. B. zu; insbes. wurde 1988 das Großprojekt einer umfangreichen Quellenpublikation in Angriff genommen [1]. Daneben ist jedoch auch die Tendenz zu anlassbezogener Geschichtsbetrachtung festzustellen [5].

Insgesamt haben die Maßstäbe kleindt.-nationalstaatlicher sowie liberal-demokratischer Politik lange Zeit eine negative Beurteilung des D. B. nach sich gezogen, wohingegen der Wert der Bundesverfassung als Friedensordnung, in der während fast eines halben Jahrhunderts rechtliche Mechanismen zur Konfliktbewältigung an die Stelle militärischer »Lösungen« traten, vergessen wurde. Das Scheitern einer solchen Friedensordnung, nicht zuletzt aufgrund mangelnder Aufgeschlossenheit gegenüber der politischen ↗ Öffentlichkeit, ist von bleibendem Erkenntniswert.

→ Bündnis; Deutsche Einheit; Restauration; Staatenbund; Verfassung

Quellen:
[1] L. Gall (Hrsg.), Quellen zur Geschichte des Dt. Bundes, 1996 ff. [2] E. R. Huber (Hrsg.), Dokumente zur Dt. Verfassungsgeschichte I, ³1978 [3] G. von Struve, Das öffentliche Recht des dt. Bundes (2 Bde.), 1846 [4] C. Welcker, Art. Dt. Bund und dt. Bundesrecht, in: C. von Rotteck / C. Welcker (Hrsg.), Staats-Lexikon 4, 1846, 6–40.

Sekundärliteratur:
[5] J. Flöter / G. Wartenberg (Hrsg.), Die Dresdner Konferenz 1850/51, 2002 [6] E. R. Huber, Dt. Verfassungsgeschichte seit 1789, 1967–1991 [7] H. Rumpler (Hrsg.), Dt. Bund und dt. Frage, 1990 [8] Th. Schieder, Vom Dt. Bund zum Dt. Reich (Hdb. der dt. Geschichte 15), ¹⁶1999 [9] W. Siemann, Vom Staatenbund zum Nationalstaat. Deutschland 1806–1871 (Die Neue Dt. Geschichte 7), 1995 [10] H.-U. Wehler, Dt. Gesellschaftsgeschichte 2, 1987.

Gerald Kohl

Deutscher Dualismus

1. Definition
2. Der deutsche Dualismus im Heiligen Römischen Reich
3. Der deutsche Dualismus im Deutschen Bund
4. Ausblick

1. Definition

Ungeachtet aller bipolaren Machtkonstellationen im ma. und nzl. Reich bezeichnet D. D. primär die Auseinandersetzung zwischen Habsburg und Hohenzollern (vereinfacht gesagt: Österreich und Preußen), deren Dauer und politische Intensität weit über frühere Differenzen der *Casa de Austria* etwa mit Sachsen oder Bayern hinausragten, nachdem sich die Habsburger als dt. Kaiserdynastie der Nz. etabliert hatten.

2. Der deutsche Dualismus im Heiligen Römischen Reich

Der D. D. geht auf die Veränderungen im Machtgefüge des ↗ Heiligen Römischen Reiches Deutscher Nation seit der Mitte des 17. Jh.s zurück, in deren Verlauf die Hohenzollern zum führenden Reichsstand im norddt. Raum aufstiegen, was durch die Annahme der Königswürde für das außerreichische Preußen auch nach außen hin dokumentiert wurde (1701; ↗ Monarchie).

Begünstigt worden war das Anwachsen der reichsständischen Macht durch die völkerrechtlich im ↗ Westfälischen Frieden (1648) festgelegte Schwächung des Kaisers und die »Libertät« der einzelnen Reichsfürsten (zur Reichsgeschichte überhaupt vgl. [1]). Diese hatte sich realpolitisch schon zuvor ausgeprägt, nun aber war sie gleichsam international garantiert und wurde v. a. von Frankreich zur Schwächung und Neutralisierung des jahrhundertealten Gegners aktiv betrieben und gefördert, denn der habsburgische Besitz (zu dessen europ. Komponente vgl. [2]) umgriff Frankreich zwei Jahrhunderte lang sowohl vom Westen (Spanien) als auch vom Osten (Reich). Mit dem Pyrenäenfrieden von 1659, spätestens jedoch mit dem Aussterben der span. Linie des

Hauses Habsburg (1700) und bes. nach dem Ende des Span. ↗Erbfolgekriegs (1713/14) sollte dieser »europ. D.« zwischen Frankreich und Österreich an Virulenz verlieren.

In den 1740er Jahren manifestierte sich die Ausprägung des D. D. als Konkurrenz zwischen Preußen und Österreich in einer neuen Qualität, als nach dem Aussterben der österr. Habsburger (1740 mit Karl VI.) zwar der Wittelsbacher Karl Albrecht zum neuen Kaiser (1742–45) gewählt, zum gefährlichsten Gegner Wiens aber Friedrich II. von Preußen wurde. Aufbauend auf der durch rigorose Spar-, Autarkie- und Wehrpolitik kampfstark gewordenen preuß. Militärmonarchie (zu Ideologie und Historiographie vgl. [8]) seines Vaters, des »Soldatenkönigs« Friedrich Wilhelm, konnte Friedrich II. im Österr. ↗Erbfolgekrieg den Großteil der ökonomisch hochentwickelten Provinz Schlesien, in das er ohne ↗Kriegserklärung eingefallen war, für sich gewinnen (Friede von Aachen, 1748) und vermochte diesen Besitz auch im ↗Siebenjährigen Krieg gegen die Rückeroberungsversuche der Habsburger zu behaupten (Friede von Hubertusburg, 1763). Das bedeutete nicht nur eine permanente Machtvergrößerung Preußens, sondern blieb eine Konstante in der Auseinandersetzung um Einfluss und Vormacht im Reich für dieses und das folgende Jahrhundert. Entsprechend konsequent arbeitete Preußen einer Machterweiterung der seit 1745 wieder die Kaiserkrone tragenden Habsburg-Lothringer im Reich entgegen: 1785 trug es wesentlich zum Scheitern aller Pläne Josephs II. bei, die österr. Niederlande (Belgien) gegen Bayern zu tauschen.

Auch danach konnte es weiterhin ein temporäres Zusammengehen der zwei dt. Vormächte geben, wie sich an den (für beide Seiten gewinnbringenden) ↗Teilungen Polens (1772/95) und im Anfangskampf gegen die ↗Französische Revolution zeigte. Doch gerade in den anschließenden, ganz Europa in einen Hegemonialkampf einbeziehenden napoleonischen Feldzügen (↗Befreiungskriege) gingen Habsburg und Hohenzollern in den Koalitionskriegen die meiste Zeit getrennte Wege. Erst die Konsequenz der jeweils isoliert erlittenen Niederlagen mit darauf folgenden teilweise enormen Schwächungen und Gebietsverlusten für beide Staaten führte schließlich zum gemeinsamen Agieren der beiden in der finalen praktisch gesamt-europ. Allianz gegen den franz. Kaiser, die dessen Niederlage mit anschließender Entmachtung und Exilierung (1814/15) besiegelte.

3. Der deutsche Dualismus im Deutschen Bund

3.1. Vom Vormärz zur Revolution von 1848

Schon auf dem der Wiederherstellung und Neuordnung von Europas Staatenwelt gewidmeten ↗Wiener Kongress (1814/15) wurden wieder Risse in dieser Allianz sichtbar, die sich in einer russ.-preuß. und einer engl.-österr. Annäherung manifestierten. Die aufgrund der vorhergegangenen Erfahrungen v. a. vom einflussreichen österr. Staatskanzler Metternich propagierte Gleichgewichtspolitik (vgl. ↗Gleichgewicht der Kräfte) und nicht zuletzt die Furcht vor sozialen Umbrüchen nach revolutionärem Muster (↗Revolution) führten zu einer Politik der informellen Vorabsprachen zwischen der nunmehrigen Präsidialmacht Österreich und Preußen im ↗Deutschen Bund. Dieser war als Nachfolgeorganisation des Alten Reichs errichtet worden, und der Konsens zwischen Wien und Berlin ermöglichte die (institutionell nicht vorgegebene) Dominanz der beiden Vormächte über die restlichen Staaten des Bundes – nicht zuletzt über die unter Napoleon vergrößerten Mittelstaaten wie Bayern oder Württemberg (↗Rheinbund) und deren Selbständigkeitswillen. In Verbindung mit der im ↗Vormärz weitverbreiteten Furcht der Regierungen vor Volkserhebungen war so geraume Zeit eine wirksame antirevolutionäre Konstellation gesichert. Die österr.-preuß. Verständigung wurde aber durch die wirtschaftliche Bündnis- und Sonderpolitik Berlins (↗Zollverein, deutscher) durchbrochen.

Als im europ. Revolutionsjahr 1848 (↗Märzrevolution 1848/49) die nationalliberale dt. Einheitsbewegung über die etablierten Autoritäten zu triumphieren und ein neues Reich begründen zu können schien, verstärkte sie wieder den D. D. War Österreich anfangs sehr prominent in der Frankfurter Nationalversammlung (vgl. ↗Paulskirchenversammlung [9]) vertreten (Erzherzog Johann als Reichsverweser, von Schmerling als Innenminister bzw. Ministerpräsident), so ließ die primär nationale Ausrichtung der angestrebten neuen Staatlichkeit die historisch gewachsene, polyethnische Habsburgermonarchie als grundsätzliches Problem erscheinen. Dies galt umso mehr, als sich im Spätherbst 1848 das unter Fürst Felix von Schwarzenberg gegenrevolutionär erstarkte und auf straffe Zentralisation setzende Österreich gegen eine Teilung seiner »dt.« und »nichtdt.« Ländergruppen und deren Verbindung in einer bloßen ↗Personalunion verwahrte. Genau dies hatte die Paulskirche mit der »Frage an Österreich« gefordert. Der preuß. König lehnte die Kaiserkrone zwar ab, aber das Angebot selbst bedeutete nicht nur unterschwellig eine Stärkung von Preußens Führungsanspruch zumindest im Norden des Dt. Bundes, wie er sich auch in der mit Hannover und Sachsen eingegangenen »Erfurter Union« (1849) manifestierte. Die Eskalation eines daraufhin bereits begonnenen Waffengangs zwischen den Vormächten um die Führungsposition und den Machtstatus in Deutschland verhinderte nicht zuletzt Russland, das im Vertrag von Olmütz (1850) die Rückkehr zum alten Bund »aktiv« vermittelte; an eine Wiederherstellung der vormärzlichen Situation mit einvernehmlich ausgeübter österr.-preuß. Vorherrschaft war jedoch nicht mehr zu denken.

3.2. 1848 bis 1866

Mit dem Sieg über die Revolution konnte ihr nationaler Impetus aber nicht gebrochen werden. Die Stimmung in der Öffentlichkeit war nunmehr als politischer Faktor zu berücksichtigen, galt es doch für die Vormächte, »moralische Eroberungen« (so der preuß. Regent und spätere König Wilhelm im November 1858) zu machen. Insofern wuchs dem D. D. nun mehr als eine zwischenstaatliche, nämlich auch eine nationale Komponente zu und wandelte sich zur »deutschen Frage« [5].

Auch die Haltung der Vormächte zueinander hatte sich geändert. Österreich beharrte im Zeichen des neoabsolutistischen Systems mehr als zuvor auf der formalen Dominanz im Bund. Dagegen war das nunmehr konstitutionell gewordene Preußen nicht am Status quo interessiert; es strebte nach Erweiterung des eigenen Machtbereichs im nördlichen Deutschland, betrieb über den ↗Zollverein seine wirtschaftliche Vormachtstellung und blockte alle österr. Beitrittsbemühungen konsequent ab.

Otto von Bismarck betrieb dann, zunächst als preuß. Bundesgesandter in Frankfurt (1851–59), ab 1862 als Ministerpräsident zielstrebig Preußens Machterweiterung zu Lasten Österreichs [7]. Der Versuch, den Bund auf dem Frankfurter Fürstentag 1863 in liberalparlamentarischem Sinn zu reformieren, scheiterte.

Bismarck vermochte sich mit seinem vom König gestützten harten Kurs gegen Volksvertretung und öffentliche Meinung zu behaupten und durchzusetzen. Dabei konnte er von der wenig stetigen Politik des jungen österr. Herrschers Franz Joseph I. profitieren. Trotz der Differenzen im Krimkrieg (1853–56) und im österr.-ital. Krieg (1859), in dem Österreich ohne Bundesunterstützung geblieben war, schloss Wien sich in der Schleswig-Holstein-Frage der Haltung Berlins an. Danach gewannen beide Vormächte im militärischen Alleingang ohne den Rest des Dt. Bundes und wegen eines weitgehend passiven Verhaltens der europ. Mächte die beiden Elbherzogtümer (Friede von Wien 1864) [4]. Über die Frage nach dem weiteren Schicksal dieser Eroberung spitzte sich die Auseinandersetzung zwischen Wien und Berlin zu. Bismarck konnte durch Ausnützung der internationalen Situation und aufgrund der militärischen Überlegenheit Preußens den Machtkampf im Bund für sich entscheiden, obwohl die vier Königreiche Bayern, Hannover, Sachsen und Württemberg auf Österreichs Seite standen. Nach der entscheidenden Schlacht bei Königgrätz anerkannte Österreich seine Niederlage und schied 1866 (Friede von Prag) explizit aus Deutschland aus. Der Dt. Bund wurde aufgelöst, und das durch erhebliche Annexion stark vergrößerte Preußen errichtete einen von ihm dominierten Norddt. Bund, der die Grundlage für das Kaiserreich von 1870/71 bildete.

4. Ausblick

Gerade diese gewaltsame Beendigung des Dt. Bundes und damit auch des D. D. zeigte sehr deutlich, dass von einem schrittweisen Hinauswachsen Österreichs aus dem Reich bzw. aus Deutschland nicht die Rede sein konnte. Auch die intensiven Revisionsbemühungen Österreichs nach 1866 unter dem Ministerpräsidenten von Beust, des lange Zeit profiliertesten Gegenspielers Bismarcks, belegen dies eindrücklich. Doch genau ein solches vermeintliches Hinauswachsen Österreichs wurde immer wieder angeführt, um das Geschehen von 1866 sowohl in der preuß. als auch in der österr. Historiographie im Nachhinein zu legitimieren [6]. Zu diesem Zweck wurde auch die angebliche frühe Eigenstaatlichkeit Österreichs betont, die sich aber von jener der übrigen Reichsstände seit dem ↗Westfälischen Frieden nicht unterschied. Die geschichtswiss. Diskussion über die Stellung Österreichs im Reich entwickelte sich seit der Mitte des 19. Jh. entlang einer klein- bzw. großdt. inspirierten, »national« bzw. »universalistisch« ausgerichteten Interpretationslinie, die auch in anderer Hinsicht – etwa bezüglich der kaiserlichen Italienpolitik im MA oder bezüglich der Bewertung der ↗Reformation und des konfessionellen Zeitalters – zu beobachten war, wo die Begriffspaare »Katholisch–Protestantisch« und »Kaiserlich–Ständisch« ähnliche Antagonismen markierten wie etwa »Habsburg–Hohenzollern«. Erst mit der Überwindung der nationalstaatlich zentrierten Geschichtsbetrachtung haben sich in den letzten Jahrzehnten neue Sichtweisen des Alten Reiches und des Dt. Bundes entwickelt.

→ Deutscher Bund; Wiener Kongress

[1] K. O. von Aretin, Das Alte Reich. 1648–1806, 4 Bde., 1993–2000 [2] J. Bérenger, Die Geschichte des Habsburgerreiches. 1273 bis 1918, ²1996 [3] H. Böhme, Deutschlands Weg zur Großmacht. Studien zum Verhältnis von Wirtschaft und Staat während der Reichsgründungszeit, 1848–1881, ²1972 [4] A. Doering-Manteuffel, Die dt. Frage und das europ. Staatensystem 1815–1871, ²2001 [5] W. D. Gruner, Die dt. Frage in Europa 1800–1990, 1993 [6] H. Klueting, Das Reich und Österreich 1648–1740, 1999 [7] O. Pflanze, Bismarck, 2 Bde., 1997–1998 [8] G. Ritter, Staatskunst und Kriegshandwerk. Das Problem des »Militarismus« in Deutschland, 4 Bde., 1959–1968 [9] G. Wollstein, Das »Großdeutschland« der Paulskirche. Nationale Ziele in der bürgerlichen Revolution 1848/49, 1977.

Michael Derndarsky

Deutsches Privatrecht

1. Begriff
2. Das Deutsche Privatrecht im 18. Jahrhundert
3. Das Deutsche Privatrecht der Historischen Rechtsschule

1. Begriff

Unter D. P., zunächst lat. als *Ius Germanicum privatum* bezeichnet, verstand man seit etwa dem Beginn des 18. Jh.s die als einheimisch, dt. oder germanisch aufgefassten Teile des ↗Privatrechts. Der Begriff erfasste also bewusst ein engeres Spektrum des P., als es die allgemeine Wortbedeutung – Gesamtheit aller P.-Normen – nahe legt. Er setzte voraus, dass es P.-Normen gab, die unabhängig vom röm.-kanonischen Recht entstanden bzw. nicht davon beeinflusst oder darin enthalten waren. V. a. aber bezeichnet D. P. denjenigen Teil der nzl. ↗Rechtswissenschaft, der sich mit der genannten Materie histor. und systematisch befasste (»Wissenschaft des D. P.«). Als Wissenschaftsdisziplin ist das D. P. heute obsolet: Als Fach mit dem Anspruch, einen Teil des geltenden P. zu systematisieren, verlor es mit Inkrafttreten des BGB seine Bedeutung; als rechtshistor. Fach ist es überholt, da sich Forschungen, die von der Suche nach genuin dt.- oder germanisch-rechtlichen P.-Ideen und -Sätzen getragen waren oder sind, selbst hinsichtlich der ma. Rechtsordnung weitgehend als fragwürdig herausgestellt haben und eine Institutionengeschichte (z. B. Geschichte der ↗Ehe, des ↗Eigentums, des ↗Vertrags) sinnvollerweise nicht isoliert im Sinne eines D. P. betrieben werden kann.

2. Das Deutsche Privatrecht im 18. Jahrhundert

Die rechtshistor. Forschung hat sich mit dem D. P. im 18. Jh. bisher insbes. unter dem Aspekt der Vorgeschichte des Faches D. P., wie es sich im 19. Jh. ausprägte, beschäftigt und das *Ius Germanicum privatum* des 18. Jh.s aus dieser Perspektive beurteilt. Trotz der unbefriedigenden Forschungslage lassen sich einige Entwicklungslinien, Voraussetzungen und Funktionen des Faches im 18. Jh. herausarbeiten.

Im Verlauf der ↗Rezeption des römisch-kanonischen Rechts auf dem europ. Kontinent und in Deutschland musste sich die Jurisprudenz mit der Frage auseinandersetzen, in welchem Verhältnis das rezipierte Röm. Recht zu überlieferten einheimischen Rechtssätzen und Akten der ↗Gesetzgebung stand. Die Frage, welcher dieser Rechtsmaterien im Falle widersprüchlicher Aussagen der Vorrang zu gewähren sei, wurde in der Theorie stets zu Lasten des Röm. Rechts entschieden, das lediglich subsidiär gelten sollte. Dementsprechend entstand auf dem europ. Kontinent das Bedürfnis, in der Rechtslehre auch andere Quellen als das Röm. Recht zu berücksichtigen und darzustellen. In Deutschland erfolgte dies in der Literatur des ↗Usus modernus pandectarum unter bezeichnenden Buchtiteln wie *Iurisprudentia Romano-Germanica Forensis* (Georg Adam Struve, 1670), um die Behandlung des Röm. Rechts an dt. Verhältnisse insbes. in der forensischen Praxis anzupassen – ohne darin ein theoretisches Problem zu sehen [9].

In der Folge entstanden Lehrveranstaltungen und Lehrbücher, die als nicht röm.-rechtlich angesehene und partikularrechtliche Rechtssätze in den Vordergrund stellten und mit dem Röm. Recht kontrastierten; die Forschungsliteratur sieht dies als den »Beginn der Wissenschaft des D. P.« und nennt in diesem Zusammenhang die Namen Johann Schilter, Christian Thomasius und Georg Beyer [9. 202–213]. Zwei weitere Werke sind als Marksteine der Geschichte des Faches zu nennen: ein 1733 von Johann Friedrich Polack veröffentlichtes systematisches Lehrbuch der Germanenrechte, das durch einen Vergleich gemeinsame Rechtsprinzipien herauszuarbeiten suchte [4], und v. a. ein 1735/37 publiziertes Lehrbuch von Johann Gottlieb Heineccius [3], das sich sowohl auf ma. Rechtsquellen als auch auf zeitgenössisches dt. ↗Partikularrecht, also die Gesetzgebung der Territorien, stützte [9. 213–222].

Das Fach beschäftigte sich also u. a. mit den buntscheckigen partikularrechtlichen Materien, die nicht oder nur schwer mit dem Röm. Recht vereinbar waren und auch nicht aus dem Röm. Recht heraus interpretiert werden sollten. Es erfüllte so das Bedürfnis der dt. ↗Territorialstaaten des 18. Jh.s, ihren zukünftigen Staatsdienern an den Landesuniversitäten nützliche Kenntnisse – in diesem Fall im Partikularrecht – vermitteln zu lassen (↗Beamtenausbildung). Darüber hinaus lässt sich erkennen, dass sich das D. P. deshalb als Universitätsdisziplin etablieren konnte, weil es Vorarbeiten für die Anstrengungen der aufgeklärt-absolutistischen Staaten lieferte, das Röm. Recht durch ebenfalls subsidiär geltende ↗Kodifikationen und überhaupt durch Gesetze zu ersetzen: Insofern ist das D. P. im Zusammenhang mit den Bestrebungen des ↗Reformabsolutismus zu sehen, zunächst eine umfassende Bestandsaufnahme und Systematisierung aller Wissensbereiche (hier also der als einheimisch angesehenen Rechtssätze) vorzunehmen, um auf dieser Grundlage ↗Reformen zu verwirklichen. Daher verwundert es nicht, dass während des ganzen 18. Jh.s zahlreiche Lehrbücher des D. P. erschienen, u. a. von Johann Stephan Pütter, Johann Georg Estor und Justus Friedrich Runde (↗Rechtsliteratur).

Um 1800 war das D. P. jedenfalls fester Bestandteil des Curriculums der ↗juristischen Fakultäten. Ludwig Jakob Ulrich definierte es 1804: »Die Wissenschaft des heutigen Teutschen P. ist eine theoretische Darstellung aller, ächt Teutscher, zu dem P. im weiteren Sinne gehöriger, Wahrheiten, welche heut zu Tag in mehreren

Teutschen Provinzen wirklich Anwendung haben, oder doch haben können und sollten« [5.50]. Neben dem damit angesprochenen Problem der Geltung der vom D. P. herausgearbeiteten Prinzipien als anzuwendendes Recht befand sich das D. P. in einem weiteren Dilemma: Als Quellen des D. P. wurden u. a. die im frühen MA entstandenen Germanenrechte, die Stadtrechte und Rechtsbücher (u. a. Sachsenspiegel oder Schwabenspiegel) des Hoch- und SpätMA und die seit Ausgang des MA in den Territorien zu findenden Akte der Gesetzgebung angesehen.

Angesichts des heterogenen und lückenhaften Quellenmaterials und dessen – im Gegensatz zum *Corpus iuris civilis* – vorwiegend geringen Abstraktionsgrades bestanden erhebliche Schwierigkeiten, gemeinsame leitende Grundsätze und systematische Verbindungen herauszuarbeiten; bezeichnenderweise folgten die Darstellungen des D. P. im 18. und meist auch im 19. Jh. weitgehend dem in der Wissenschaft des Römischen Rechts entwickelten Gliederungssystem (Institutionensystem) [8]. Man hoffte daher auf eine eigenständige gesamtdt. Kodifikation, um dadurch das D. P. als Fach und demgemäß das deutlich erkannte Problem entfallen zu lassen, »was denn das für eine Theorie des teutschen P. sey, die sich mit den Bestimmungen einzelner Rechtsinstitute von einer blos particularen Gültigkeit befasse, und diese doch in einer gewissen Gestalt der Allgemeinheit darzustellen sich bestrebe?«

3. Das Deutsche Privatrecht der Historischen Rechtsschule

Doch zu einer gesamtdt. Zivilrechtskodifikation kam es vorerst nicht (↗Kodifikationsstreit), so dass das D. P. des 19. Jh.s zunächst von Kontinuität geprägt war. Allerdings machte sich um 1815 der Einfluss eines neuen histor. Denkens in der dt. Rechtswissenschaft geltend: Das D. P. entwickelte sich dadurch zu einer der charakteristischen und einflussreichsten Wissenschaftsdisziplinen der dt. ↗Historischen Rechtsschule. Ihre theoretischen Grundlagen galten zwar als Teil der Hinwendung zum ↗Historismus in Europa, und sie beeinflussten die Rechtswissenschaft anderer europ. Länder, u. a. Frankreichs; aber die spezifischen Charakteristika, Funktionen und Wirkungen des D. P. ergaben sich aus dem dt. Kontext.

Da alles Recht, so die dezidiert gegen das zeitgenössische ↗Naturrecht und die Kodifikationsbewegung vertretene Auffassung eines Gründers der Historischen Rechtsschule, Friedrich Carl von Savignys, organisch aus dem »↗Volksgeist« (dem Bewusstsein des Volkes) gewachsen sei, könne es nur (rechts-)historisch wiss. aufbereitet und für das 19. Jh. brauchbar gemacht werden; die Rechtswissenschaft erschien daher als geschichtliche Wissenschaft, die sich den Stoffmassen des histor. gewachsenen Rechts widmen sollte. Insbes. auf dem Gebiet des P. musste allerdings die Frage beantwortet werden, welches denn die zu bearbeitenden Rechtsquellen waren. In Betracht kamen das Röm. Recht und die vom D. P. behandelten Rechtsmaterien, die zunächst beide als einschlägig angesehen wurden. Mit den skizzierten neuen theoretischen Grundlagen behauptete das Fach D. P. seinen festen Platz im Curriculum aller dt. juristischen Fakultäten und wurde in zahlreichen Lehrbüchern, u. a. von Karl Friedrich Eichhorn, Karl Joseph Anton Mittermaier und Georg Beseler, sowie in Einzelabhandlungen bearbeitet.

Die Quellenfrage führte allerdings um 1840 zu einem Schulenstreit zwischen den sog. (juristischen) Romanisten (↗Romanistik), die im Wesentlichen im *Corpus iuris civilis* die im P. zu bearbeitende Rechtsquelle sahen (↗Pandektenwissenschaft), und den sog. (juristischen) Germanisten (↗Germanistik), die das Röm. Recht als »fremdes« Recht ansahen, sich den histor. »germanisch-« und »deutsch-rechtlichen« Quellen zuwandten und ein sog. Gemeines D. P. rekonstruieren wollten [6. 11–20]. Trotz beiderseitiger Polemik [10. 10 ff.]; [7. 258–261] wurde der Streit wissenschaftlich schnell gegenstandslos, als sich um 1850 die mit dem Namen Karl Friedrich Gerber verbundene Auffassung durchsetzte, dem D. P. komme keine unmittelbare Rechtsgeltung zu, sondern es sei v. a. als Wissenschaft von Bedeutung [7. 261 f.]. Das tat der Wirkung des D. P. freilich keinen Abbruch – im Gegenteil, der Rückzug befähigte das Fach auch nach dem Inkrafttreten des BGB am 1. 1. 1900 zum Überleben bis weit ins 20. Jh. hinein. Noch 1963 schrieb der Rechtshistoriker Hans Thieme, das D. P. stelle »unser nationales Erbe«, »die german.-dt. Wurzeln unserer Überlieferung« und auch »heute eine Einheit mit eigener Systematik dar, folgt seinen eigenen methodischen Gesetzen und greift weit hinaus über die Grenzen des bürgerlichen Rechts, beispielsweise bei der Behandlung der Genossenschaften und Stiftungen, des Lehnsrechts, Ständerechts oder der Regalien« [10. 3].

Fragt man nach den Charakteristika, Funktionen und Wirkungen des D. P. vor allem in der ersten Hälfte des 19. Jh.s, so fällt zunächst die Kontinuität zum D. P. des 18. Jh.s auf: Nach wie vor wurden einerseits die erwähnten älteren, als germanisch- oder deutsch-rechtlich angesehenen Quellen und andererseits das Partikularrecht, nunmehr auch der dt. Staaten des 19. Jh.s, als vom D. P. zu erforschender Rechtsstoff angesehen. Entscheidend war freilich, dass man – jetzt unter den Vorzeichen der Historischen Rechtsschule – glaubte, dieser Rechtsstoff stamme von aufzufindenden übergeordneten Regeln ab, deren »Inbegriff ... das ungeschriebene gemeine deutsche P.« sei, das es so zu rekonstruieren gelte [2. 129].

Die angesichts der Heterogenität der Quellen anachronistische Suche danach trug eindeutig nationale, spätestens gegen Ende des 19. und im 20. Jh. auch nationalistische Züge (↗Nationalismus). Daneben ließen sich mit dem germanischen und ma. deutschen Recht assoziierte genossenschaftliche und freiheitliche Züge politisch im Sinne des vormärzlichen ↗Liberalismus einsetzen [6. 24 ff., 39]. Die für das P. des 19. Jh.s wichtigste Funktion des D. P. ergab sich jedoch daraus, dass auch das Partikularrecht der dt. Staaten zu den vom D. P. berücksichtigten Quellen gehörte: Dies führte dazu, dass das D. P. Rechtsmaterien thematisierte und zu systematisieren versuchte, die das Instrumentarium der Wissenschaft des röm. P. nicht oder nur schwer erfassen konnte, die aber im Zeitalter der Industrialisierung von ungeheurer praktischer und zukunftsweisender Bedeutung waren, so z. B. das ↗Handels- und ↗Gesellschaftsrecht und das Recht des ↗Geistigen Eigentums.

→ Germanistik (rechtlich); Historische Rechtsschule; Privatrecht; Rechtsgeschichte; Romanistik (rechtlich)

Quellen:
[1] W. A. F. Danz et al., Vorwort der Herausgeber, in: Critisches Archiv der neuesten juridischen Litteratur und Rechtspflege in Teutschland 5, 1806, XI–XII [2] K. F. Eichhorn, Über das geschichtliche Studium des dt. Rechts, in: Zeitschrift für geschichtliche Rechtswissenschaft 1, 1815, 124–146 [3] J. G. Heineccius, Elementa iuris Germanici tum veteris, tum hodierni (2 Bde.), Halle 1735–1737 [4] J. F. Polack, Systema Iurisprudentiae civilis Germanicae antiquae, Leipzig 1733 [5] L. J. Ulrich, Versuch einer Kritik der von Hufeland und Feuerbach behaupteten Deduction der Principien des heutigen Teutschen Privatrechts, 1804.

Sekundärliteratur:
[6] G. Dilcher / B.-R. Kern, Die juristische Germanistik des 19. Jh.s und die Fachtradition der Dt. Rechtsgeschichte, in: ZRG GA 100, 1984, 1–46 [7] K. Kroeschell, Zielsetzung und Arbeitsweise der Wissenschaft vom gemeinen dt. Privatrecht, in: H. Coing / W. Wilhelm (Hrsg.), Wissenschaft und Kodifikation des Privatrechts im 19. Jh. 1, 1974, 249–276 [8] K. von Lewinski, Deutschrechtliche Systembildung im 19. Jh., 2001 [9] K. Luig, Die Anfänge der Wissenschaft des dt. Privatrechts, in: Ius Commune 1, 1967, 195–222 [10] H. Thieme, Savigny und das Dt. Recht, in: ZRG GA 80, 1963, 1–26.

Diethelm Klippel

Devianz

1. Grundlagen
2. Devianz und soziale Kontrolle
3. Normendissens und Pluralisierung

1. Grundlagen

D. (abweichendes Verhalten) ist eine relationale Kategorie der Sozialwissenschaften, die sinnvoll nur in Bezug auf bestimmte Normen zu definieren ist. Diese können rechtlich-formeller Natur sein (z. B. ↗Strafrecht), ebenso aber eine – nicht unbedingt schriftlich fixierte – gesellschaftliche Verhaltensregel (z. B. moralischer Art) repräsentieren. Jede Etikettierung eines Verhaltens als deviant stellt zugleich einen Akt sozialer Kontrolle dar, wobei mit der Definition in der Regel zugleich Sanktionen einhergehen (↗Sozialdisziplinierung). Auch das Spektrum der Sanktionen ist breit: von bloßer sozialer Missbilligung über rechtliche Strafen bis hin zur gesellschaftlichen Stigmatisierung und ↗Ausgrenzung. Die Existenz von D. im Spannungsfeld von Normen und Instanzen sozialer Kontrolle darf als anthropologische Universalie gelten. Ihre jeweilige Ausprägung jedoch ist histor. variabel und somit ein wichtiger Indikator für gesellschaftliche Strukturen und Wandlungen [9]. Verschiedene Gebiete der Geschichtswissenschaft, insbes. die historische Kriminalitätsforschung und die historische Konfliktforschung sowie die Mentalitäts-, Sozial- und Rechtsgeschichte, haben sich deshalb intensiv den Erscheinungsformen von D. gewidmet [2].

2. Devianz und soziale Kontrolle

Als eine allgemeine Tendenz lässt sich festhalten, dass es im Zuge der Ausdifferenzierung der nzl. ↗Gesellschaft zu einer Vervielfältigung differenzierter, schriftlicher Normenkataloge und zur Entfaltung eines Apparates formalisierter Sozialkontrolle kam. Zunächst in der spätma. Stadt, dann im frühmodernen ›Staat‹ wurde die Kontrolle abweichenden Verhaltens somit zu einer Aufgabe obrigkeitlicher Instanzen, wobei diese die informelle soziale Kontrolle ergänzte, nicht aber ablöste. Facetten dieses Prozesses waren etwa die Entstehung eines öffentlichen ↗Strafrechts (↗Constitutio Criminalis Carolina von 1532), das erst im modernen Sinne ↗»Kriminalität« hervorbrachte, ebenso wie die Fülle von ↗Polizeiordnungen, in denen die ›gute Ordnung‹ fixiert und abweichende Verhaltensweisen stigmatisiert wurden. Weltliche ebenso wie geistliche Gerichte und obrigkeitliche Verwaltungsinstitutionen beschäftigten sich mit der Bestimmung und Unterdrückung abweichenden Verhaltens. Gleichzeitig wurden die ↗Untertanen in die Pflicht genommen, sich durch Anzeigen an der Bezeichnung abweichenden Verhaltens zu beteiligen (↗Denunziation); formelle und informelle Instanzen der Kontrolle blieben miteinander verzahnt [5].

Handlungsmaxime der Lebenswelt war dabei die ↗Ehre: Von der ehrbaren und ehrenhaften Welt der Etablierten wurden die Gruppen minderer Ehre (etwa die Schinder oder ↗Büttel) und Menschen, die durch gerichtliches Urteil ehrlos geworden waren, stigmatisiert (↗Ehrverlust; ↗Unehrlichkeit) [3]. Insgesamt nahm der Umfang des als »unzüchtig« etikettierten, oft sogar kriminalisierten Verhaltens zu, so z. B. im Bereich der Sexual- und ↗Sittlichkeitsdelikte, aber auch im Bereich der ↗Fest-Kultur (Verbot des Tanzens oder der Fastnacht). Zur Formierung der ›guten Ordnung‹ gehörte weiterhin die Ausgrenzung ganzer (Rand-)Gruppen wie der ↗Bettler und Vaganten (↗Fahrendes Volk), der ↗Juden und der ↗Zigeuner oder auch fiktiver Gruppen wie der ↗Hexen [4]; [8]. Abgesehen von den ethnisch-religiösen ↗Minderheiten, insbes. den ↗Juden, finden sich Hinweise für eigene Werte und Normen dieser Gruppen (Subkultur) allerdings nur in Ansätzen.

3. Normendissens und Pluralisierung

Dennoch besitzen Normen niemals völlig universale und überzeitliche Geltung. Weil sie unterschiedlich ausgelegt oder völlig bestritten werden und weil ihnen konkurrierende Normen gegenübergestellt werden können, ist D. immer eine Frage des Standpunkts. Auch in der vormodernen Gesellschaft war ein gewisses Maß an Normendissens immer gegeben. Bei bäuerlichen Unruhen etwa wurden die Protestierenden als kriminelle Aufrührer gegen die Ordnung stigmatisiert, während sie ihre Ansprüche und Aktionen durch das alte Herkommen gedeckt sahen (vgl. ↗Bauernkrieg; ↗Widerstand, bäuerlicher).

Mit der Ausdifferenzierung der frühnzl. Gesellschaft ging ein allmählicher Prozess der Pluralisierung einher, der diese Normengegensätze noch verstärken sollte und ein einheitliches Bezugssystem zur Bestimmung von D. zunehmend obsolet machte [7]. Das zeigte sich zunächst auf dem Gebiet der Religion, wo die großen Konfessionen ihre absoluten Wahrheitsansprüche nicht – jedenfalls nicht flächendeckend – zur Geltung bringen konnten (↗Konfessionalisierung). Der jeweilig Andersgläubige blieb deviant, aber man musste gegenseitig lernen, mit einem gewissen Maß an Abweichung zu leben. War die Duldung zunächst zeitlich befristet und pragmatisch motiviert, so wurde spätestens mit der Aufklärung ↗Toleranz und damit eine Minderung bzw. ein völliger Verzicht auf Stigmatisierung und Sanktionierung bestimmter Formen von D. (z. B. Unzucht, Kindsmord) zum Programm erhoben.

Partielle Entkriminalisierungstendenzen im ↗Strafrecht, Toleranzpatente gegenüber Juden und die schärfere Markierung der Grenze zwischen öffentlichen Angelegenheiten und einer ↗Privatsphäre, die der rigiden Sozialkontrolle der traditionellen *face-to-face*-Gesellschaft Grenzen zu setzen versprach und tendenziell mehr Verhaltensfreiräume schuf, dürfen aber nicht darüber hinwegtäuschen, dass sich auch und gerade die entstehende ↗bürgerliche Gesellschaft zur Markierung ihrer Grenzen auf die Stigmatisierung abweichender Verhaltensweisen und devianter sozialer, politischer oder ethnischer Gruppen angewiesen sah [6].

An der Neubestimmung dessen, was als abweichend galt und wie mit D. umzugehen sei, beteiligten sich auch die großen Rechtskodifikationen des späten 18. und frühen 19. Jh.s (u. a. ↗Code pénal in Frankreich 1791 und 1810; ↗Allgemeines Landrecht für die preußischen Staaten 1794; Strafgesetzbuch für das Königreich Bayern 1813). Die Definitionshoheit über D. lag aber zunehmend bei den Wissenschaften, etwa bei der ↗Medizin, was dann im 19. Jh. in einen eigenständigen kriminologischen Diskurs über pathologische oder »geborene« Abweichler (↗Kriminalpsychologie) sowie in eine systematische Kriminalpolitik münden sollte [1].

→ Alterität; Ausgrenzung; Kriminalität; Sozialdisziplinierung; Soziale Wertesysteme

[1] P. Becker, Verderbnis und Entartung. Eine Geschichte der Kriminologie im 19. Jh. in Diskurs und Praxis, 2002
[2] A. Blauert / G. Schwerhoff (Hrsg.), Kriminalitätsgeschichte. Beiträge zur Sozial- und Kulturgeschichte der Vormoderne, 2000 [3] R. von Dülmen, Der ehrlose Mensch. Unehrlichkeit und soziale Ausgrenzung in der Frühen Nz., 1999
[4] J. Guilbaud et al. (Hrsg.), Normes culturelles et construction de la déviance. Accusations et procès antijudaïques et antisémites à l'époque moderne et contemporaine, 2004
[5] K. Härter (Hrsg.), Policey und frühnzl. Gesellschaft, 2000
[6] R. Ludi, Die Fabrikation des Verbrechens. Zur Geschichte der modernen Kriminalpolitik 1750–1850, 1999 [7] M. Mulsow, Pluralisierung, in: A. Völker-Rasor (Hrsg.), Frühe Nz., 2000, 303–307 [8] B. Roeck, Außenseiter, Randgruppen, Minderheiten. Fremde im Deutschland der frühen Nz., 1993
[9] G. Schwerhoff, Devianz in der alteurop. Gesellschaft. Umrisse einer historischen Kriminalitätsforschung, in: ZHF 19, 1992, 385–414.

Gerd Schwerhoff

Dezisionenliteratur s. Rechtsliteratur

Diakon/Diakonisse

Der Diakonat (lat. *diaconatus*, »(Kirchen)Dienst«, Amt des D.; von griech. *diákonos*, »(Kirchen)Diener«) entwickelte sich im Laufe von Spätantike und MA zur – Männern vorbehaltenen – untersten Weihestufe des kirchlichen ↗Amtes und zum Durchgangsstadium auf dem Weg zum ↗Priesteramt. Die ↗Römisch-katholische Kirche der Nz. hielt daran fest. Die ↗Reformation hingegen lehnte diese Konstruktion aus zwei Gründen ab: Sie wies die Vorstellung eines gestuften Amtes mit ihrer Implikation einer Steigerung von Weihegraden ab. Zudem bestand sie auf der Eigenständigkeit des Diakonats als eines Dienstes mit spezifischen Aufgaben, deren Schwerpunkt in der christl. motivierten Liebestätigkeit an Bedürftigen jeglicher Art liegt [1]; [7] (↗Diakonie).

Die luth. Reformation hat, so sehr sie die Eigenständigkeit des diakonischen Dienstes gegenüber dem Predigtamt (↗Pfarramt) betonte, diesen doch nur punktuell in einem besonderen – ehrenamtlich wahrzunehmenden – Amt institutionalisiert, so z. B. im Geltungsbereich der ↗Kirchenordnungen des Reformators Johannes Bugenhagen (Braunschweig, Hamburg). Als Aufgabe der Gemeinschaft aller Christen betrachtet, wurden die – reichhaltigen – diakonischen Hilfeleistungen aufgrund der Einheit von kirchlicher und bürgerlicher Gemeinde meist von den politischen Verantwortungsträgern organisiert. »D.« war vielfach der Titel für nachgeordnete Pastoren an Kirchen mit mehreren ordinierten Amtsträgern. Calvin und die calvinistischen Bekenntnisse hingegen (↗Calvinismus), die von einem biblisch vorgegebenen Nebeneinander von drei oder vier Ämtern ausgingen (darunter auch dem des D.), schrieben die Organisation des Liebesdienstes in Form eines besonderen Amtes, des Diakonats, ausdrücklich vor. Eingerichtet wurde ein solches Amt allerdings nur selten. Auch Versuche der ↗Herrnhuter Brüdergemeine im 18. Jh., einen Diakonat einzurichten (hier nun für Männer und Frauen), waren wenig erfolgreich [1]; [7].

Einen Einschnitt brachte das 19. Jh.: Sowohl die allmähliche Entflechtung von kirchlicher und bürgerlicher Gemeinde als auch die durch die Veränderung der wirtschaftlichen und sozialen Verhältnisse verursachten Nöte (↗Industrialisierung) sowie die Impulse der ↗Erweckungsbewegung führten im Protestantismus zur Ausbildung eines eigenständigen, hauptamtlichen und professionell wahrgenommenen Diakonats für Männer und Frauen. Seine Zentren bildeten Bruder- bzw. Mutterhäuser, welche der Ausbildung sowie der geistlichen Gemeinschaft und – insbes. bei Frauen – auch der Lebensgemeinschaft dienten. Die ersten Bruderhäuser gründete der in Hamburg und Berlin wirksame Theologe Johann Hinrich Wichern, um Mitarbeiter für seine v. a. erzieherischen Aufgaben gewidmeten Anstalten (1833 »Rauhes Haus« in Hamburg), dann auch für vielfältige Einsätze in Fürsorge, ↗Armenpflege und im Gefängnisdienst verfügbar zu haben (↗Diakonie). Auch wenn Wichern selbst diesen Dienst von einem noch zu begründenden kirchlichen Diakonat unterschieden wissen wollte, stellten seine Bruderhäuser den wichtigsten Ausgangspunkt des selbständigen evang. männlichen Diakonats dar [2].

Gleichzeitig begründeten, inspiriert u. a. von röm.-kath. Vorbildern (Frauengemeinschaft der »Barmherzigen Schwestern«, Vinzentinerinnen) und Ansätzen Amalie Sievekings, Theodor und Friederike Fliedner im Rheinland den weiblichen evang. Diakonat, dessen Trägerinnen in Anknüpfung an altkirchlichen Sprachgebrauch Diakonissen genannt wurden; ihr Aufgabengebiet lag in der Krankenpflege, der Kinder-, Armen- und Gefangenenfürsorge sowie im Schulunterricht (1836 Mutterhaus Kaiserswerth bei Düsseldorf, binnen weniger Jahrzehnte weitere Mutterhäuser in Deutschland, Schweden, Holland, der Schweiz, Frankreich sowie Niederlassungen in Amerika, Kleinasien, Afrika) [5]; [6]; [4]. Auch für die männliche Diakonie wurde Th. Fliedner wichtig, indem er den Anstoß zur Errichtung einer D.-Anstalt für die Arbeit in der Gemeinde gab (1844 Mühlheim/Ruhr) [5].

Einen eigenen Akzent setzte in Franken der im Unterschied zu den unierten Theologen Wichern und Fliedner (↗Union) dezidiert lutherische Wilhelm Löhe, als er eine Gemeinschaft von Diakonissen als Mittelpunkt diakonischer Anstalten mit pflegerischen und schulischen Zwecken ins Leben rief (1854 Neuendettelsau). Hierdurch wollte er das altkirchliche Amt der Gemeindediakonisse wiederbegründen. Dieser Kreis, den Löhe zunehmend mit den antikisierenden Formen von Lebensgemeinschaft, liturgischer Einbindung und Jungfräulichkeitsideal versah, sollte die Keimzelle der Verwirklichung einer apostolisch-episkopalen Brüderkirche nach altkirchlichem Vorbild sein [3]. Solche Vorstellungen stießen auf heftigen Widerspruch, doch das ganze 19. Jh. hindurch wuchs die Zahl der Diakonissen und der Mutterhausgründungen. Dass sich hier ganz neue, im evang. Raum bislang so nicht gegebene Möglichkeiten von Berufsausbildung und Berufstätigkeit unverheirateter Frauen bildeten (↗Frauenberufe), war ein wesentlicher Grund für die schnelle und weite Verbreitung dieses Amts.

→ Amt; Diakonie; Nächstenliebe; Reformation

[1] M. Gerhardt, Johann Hinrich Wichern (3 Bde.), 1927–1931 [2] H. Krimm (Hrsg.), Das diakonische Amt der Kirche, ²1965 [3] G. Müller, Wilhelm Löhe, in: M. Greschat (Hrsg.), Gestalten der Kirchengeschichte 9, 1985, 71–87 [4] J. Schmidt, Beruf Schwester. Die Entwicklung des Frauenbildes und des Berufsbildes der Diakonie im 19. Jh., 1994 [5] A. Sticker, Theodor und Friederike Fliedner. Von den Anfängen der Frauendiakonie, 1965 [6] E. Wacker, Der Diakonissenberuf (2 Bde.), 1902 [7] D. Wendebourg, Das eine Amt der Kirche, in: Zsch. für evang. Kirchenrecht 45, 2000, 4–37.

Dorothea Wendebourg

Diakonie

1. Begriff
2. Spätmittelalter und Reformationszeit
3. Frühe Neuzeit
4. Das 19. Jahrhundert

1. Begriff

Der Begriff D. (von griech. *diakonía*, »(Kirchen-)Dienst«) war vor dem 19. Jh. im kirchlichen Bereich nicht gebräuchlich, da er sich seit der alten Kirche eng mit demjenigen des ↗Diakons verband. Dieser hatte zwar ursprünglich die Zuständigkeit für die Armenfürsorge in den Gemeinden besessen, war aber seit der

Spätantike mehr und mehr in die klassische Ämterstruktur Bischof – Presbyter – Diakon eingeordnet worden (↗Amt) und bezeichnete schließlich einen nachrangigen Priester. Die Reformation, v. a. in ihrer lutherischen Ausprägung, behielt diese Bedeutung weitgehend bei. Die vereinzelt versuchte Erneuerung des altkirchlichen Diakonenamts (z. B. durch J. Bugenhagen) gelang nicht; nur in der reformierten Tradition (↗Calvinismus) wurde der Diakon als Nichttheologe und Mitglied der Gemeindeleitung für die Aufsicht – nicht jedoch für die praktische Ausübung – der Armenpflege zuständig. Statt von D. spricht man deshalb besser von kirchlicher ↗Armenpflege im Sinne einer Betreuung der sozial Schwachen in der Gemeinde bzw. der frühnzl. Stadtgesellschaft, in der Christen- und Bürgergemeinde zunächst eine ideelle Einheit bildeten.

Erst als im 19. Jh. die Debatte um ein besonderes kirchliches Amt von ↗Diakon/Diakonisse einsetzte, wurde der Terminus D. in Analogie zur sog. ↗Inneren Mission verwandt und bald mit ihr identifiziert. Der eigentliche Begründer der Inneren Mission, J. H. Wichern, wollte D. allerdings auf die protest. »Liebestätigkeit« (↗Nächstenliebe) und deren doppeltes Ziel, Wortverkündigung und soziale Arbeit, beschränkt wissen.

2. Spätmittelalter und Reformationszeit

↗Armut und das Risiko, arm zu werden, galten am Ausgang des MA als gottgegebenes Schicksal, das sowohl bestimmte Berufsgruppen (Texil-, Bau- und Agrarsektor, Vaganten) als auch generell Witwen und Waisen sowie alte und kranke Menschen betraf. Bettelei auf der einen und die Almosengabe auf der anderen Seite zählten zu den sozialen Regulierungsmechanismen (vgl. ↗Armenpflege; ↗Armen- und Bettelwesen). Dabei spielten die Überprüfung der jeweiligen Bedürftigkeit und der Leistungsgedanke nur insofern eine Rolle, als die Empfänger gehalten waren, für das Seelenheil der Spender zu beten; Letztere handelten primär im Bewusstsein, ihr eigenes Seelenheil zu befördern; eine Bekämpfung der Armut stand dabei nicht im Vordergrund.

Das wurde am Ende des 15. Jh.s anders, als humanistisches Gedankengut und der sich ausbildende ↗Territorialstaat den Bettel an sich arbeitsfähiger Personen als unethisch kritisierten und der Staat in ihm einen Störfaktor für die administrative Durchdringung des Landes sah. In der Forschungsliteratur wird von »Kommunalisierung, Rationalisierung, Bürokratisierung und Pädagogisierung« als den der nzl. Armenfürsorge zugrunde liegenden vier Prinzipien gesprochen, nach denen Armut zunehmend als von der frühbürgerlichen Lebensführung abweichendes, vielfach selbst zu verantwortendes Verhalten (↗Devianz) verstanden und mit staatlich-kommunalen Mitteln bekämpft wurde [6].

Fortan unterschied man zwischen ›würdigen‹ und ›unwürdigen‹ Armen – nur Erstere durften auf Unterstützung hoffen, deren Vorbedingung Anpassung an die bürgerlichen ↗Tugenden wie Fleiß, Ordnung und Mäßigung war (↗Arbeitsmoral). Diese Definition bedingte die Schaffung eines Systems der ↗Sozialdisziplinierung und Kontrolle, zu dem auf kirchlicher Seite als Voraussetzung sozialer Hilfen der »fromme Lebenswandel« mit regelmäßigem Kirchgang und Teilnahme an den ↗Sakramenten trat.

Entgegen früheren Auffassungen [8] bewirkten nicht die von der Reformation ausgehenden Impulse den grundsätzlichen Wandel der Wohlfahrtsgesinnung und der Einstellung gegenüber der Armenpflege-Klientel, wie die Armenordnungen von Straßburg, Nürnberg und Wien aus dieser Zeit demonstrieren. Jedoch setzte die Reformation neue theologische Akzente, indem sie mit der ↗Rechtfertigungslehre das Almosengeben von der Gewinnung des Seelenheils abkoppelte. Stiftungen und Schenkungen sowie Einzelspenden galten fortan als »Frucht der Liebe aus dem Glauben« (Melanchthon; lat. *amor fidei fructus*) und wiesen damit den Verdienst- und Leistungsgedanken ab. Das erwies sich in der Praxis als problematisch, da die Spendenbereitschaft nun zurückging, was bereits Luther kritisch anmerkte; nach dessen Tod führte dies zu heftigen theologischen Debatten über Nützlichkeit oder Schaden der »guten Werke« für den Glauben.

In seiner Schrift *An den christl. Adel* (1520) wies Luther die Armenfürsorge den Städten zu; auch beteiligte er sich an der Ausarbeitung besonderer Armen- bzw. Kastenordnungen (u. a. Wittenberg, Leisnig), in denen geregelt wurde, wer zu den Unterstützungsempfängern zählen sollte. Dabei handelte es sich in erster Linie um die ortsansässigen Armen, während vagierende ↗Bettler von Hilfsleistungen ausgeschlossen blieben. Aus dem »gemeinen Kasten« sollten ferner die Bezahlung von Pfarrern und Lehrern sowie der Erhalt und der Neubau von kirchlichen Gebäuden erfolgen. Unter dem Gesichtspunkt der Einheit von christl. und politischer Gemeinde schien die Schaffung eines eigenständigen Diakonen-Amts in den lutherischen Landeskirchen nicht notwendig (↗Luthertum), während Calvin es auf der Ebene der Einzelgemeinde wieder einführte.

Diese Ordnungen beschränkten sich auf die Städte und funktionierten nur so lange, wie die ökonomische Situation es zuließ. Not- und Kriegszeiten überforderten die Armenfürsorge jedoch, was an dem fehlenden Finanzausgleich zwischen den Gemeinden und einer diese übergreifenden Organisationsstruktur lag. So konnten die reformatorischen Armenordnungen letztlich nur Impulse theologischer und sozialer Art vermitteln; die Armut jedoch gänzlich zu überwinden und die Unterstützungsklientel fest in die christl. Gemeinden zu integrieren vermochten die Ordnungen entgegen den ursprünglichen Intentionen nicht.

3. Frühe Neuzeit

Seit Mitte des 17. Jh.s löste sich die Einheit von Christen- und Bürgergemeinde allmählich auf und machte einer Arbeitsteilung Platz, in der sich die Theologen auf die geistliche Betreuung der Gemeindeglieder konzentrierten. Das wurde deutlich, als Ph. J. Spener, Senior der Kirche in Frankfurt am Main, es ablehnte, sich an der Trägerschaft des 1679 neu gegründeten und von ihm mit angeregten Frankfurter ↗Waisenhauses zu beteiligen, und zwar mit der Begründung, dies sei die Aufgabe der politischen Gemeinde, in der schließlich Christen als ↗Bürger tätig seien. Die Pfarrer sollten sich auf die »Weckung der Gewissen« und auf geistlichen Rat konzentrieren, damit »alles nach Gottes Willen geschehe« [7. 219]. Das Frankfurter Waisenhaus wurde bald zum Modell für ähnliche Gründungen, u. a. in Kassel und Stuttgart, weil es den Charakter eines Zucht- und Arbeitshauses mit Manufakturbetrieben verband, die den notwendigen Unterhalt sichern sollten. Der kirchliche Einfluss trat demgegenüber zurück; die Armenfürsorge wandelte sich von dem Segment traditioneller ↗Kirchenordnungen zu jenem der absolutistischen ↗Polizeiordnungen [9. 633].

Diese Tendenz konnten und wollten auch die Francke'schen Stiftungen in Halle/Saale nicht aufhalten, obschon sie als – weitgehend singuläres – Beispiel dafür stehen, dass die Obrigkeit Einzelpersonen durchaus Freiräume für sozialkaritatives Handeln aus christl. Verantwortung beließ. A. H. Francke konzentrierte sich indessen ganz auf sein Waisenhaus, an das er im Stile eines religiösen Unternehmertums erfolgreiche ↗Manufakturen (Apotheke, Verlag) angliederte, welche durch ihren ökonomischen Erfolg die Existenz dieser Einrichtung sicherten. Anders als das Frankfurter Haus beutete er seine Kinder und Jugendlichen jedoch nicht wirtschaftlich aus, sondern verfolgte primär religiös-pädagogische und nicht sozialfürsorgerische Ziele. Zu den Vorläufern diakonischen Handelns im Sinne Wicherns können die vormodernen Francke'schen Stiftungen daher nur bedingt gezählt werden.

4. Das 19. Jahrhundert

Vor dem Hintergrund des ↗Pauperismus in der ersten Hälfte des 19. Jh.s gewann eine eigenständige D. innerhalb des ↗Protestantismus wieder an Bedeutung. Den Hintergrund bildeten sowohl die ↗Erweckungsbewegung als auch die Verantwortung der frühbürgerlichen Gesellschaft für das *bonum commune* (↗»Gemeinwohl«). Jetzt entstanden überall Einzelinitiativen, die sich zunächst sozial verwahrlosten Jugendlichen widmeten (Rettungshäuser). Es blieb J. H. Wichern vorbehalten, diese Gründungen zur ↗»Inneren Mission« zusammenzufassen, die als freier Verein neben den verfassten Landeskirchen wirkte. Für den Hamburger Theologen bedeutete soziale Arbeit die Voraussetzung für die Verkündigung des Evangeliums (Volksmission), um die Religion und christl. Glauben Entfremdeten allmählich wieder an das Christentum zu binden. Diese doppelte Zielrichtung nannte er D.

Auf dem Wittenberger Kirchentag von 1848 gelang es Wichern, die Teilnehmer für sein Konzept eines freien, verbandlich organisierten diakonischen Netzwerks zu gewinnen, das sich unter Koordination durch den 1849 gegründeten *Central-Ausschuss für die Innere Mission* im Laufe des 19. Jh.s über den gesamten dt.sprachigen Raum und darüber hinaus ausbreiten sollte. Eine Sozialreform stand nicht auf Wicherns Programm, sondern primär die soziale und religiöse »Besserung« des Individuums, was er in seiner Einrichtung, dem »Rauhen Haus« in Hamburg-Horn, beispielhaft verwirklichte. Er war es auch, der zusammen mit Th. Fliedner (Kaiserswerth bei Düsseldorf) und anderen eine Erneuerung des altkirchlichen diakonischen Amts anstrebte (Monbijou-Konferenz 1856), was jedoch an der Sorge der Konsistorien und Geistlichen scheiterte, die D. strebe danach, Kernaufgaben der verfassten Kirche zu übernehmen.

→ Armenpflege; Armen- und Bettelwesen; Diakon/Diakonisse; Innere Mission; Nächstenliebe

[1] M. Greschat, Die Vorgeschichte der Inneren Mission, in: U. Röper et al. (Hrsg.), Die Macht der Nächstenliebe, 1998, 46–57 (Ausst.kat.) [2] J. C. Kaiser, Art. Armenfürsorge VI.2, in: RGG⁴ 1, 761–763 [3] J. C. Kaiser, Art. Diakonie, in: RGG⁴ 2, 792–794 [4] J. C. Kaiser, Der Diakonat als geordnetes Amt der Kirche, in: Diakonie. Jubiläumsjahrbuch, 1998, 212–219 [5] S. Kreiker, Armut, Schule, Obrigkeit. Armenversorgung und Schulwesen in den evang. Kirchenordnungen des 16. Jh.s, 1997 [6] C. Sachsse / F. Tennstedt, Geschichte der Armenfürsorge in Deutschland, Bd. 1, 1980 [7] U. Sträter, Pietismus und Sozialtätigkeit, in: Pietismus und Neuzeit 8, 1982, 201–230 [8] R. Stupperich, Art. Armenfürsorge III, in: TRE 4, 1979, 29–34 [9] G. Uhlhorn, Die christliche Liebesthätigkeit, ²1895.

Jochen-Christoph Kaiser

Dialekt

1. Definition
2. Deutscher Sprachraum
3. Britische Inseln

1. Definition

Unter D. versteht man verschiedenartige, eng miteinander verwandte und daher meist auch wechselseitig verständliche, primär mündlich gebrauchte, räumlich

Abb. 1: Der deutsche Sprachraum und seine Dialekte. Die Einteilung des Deutschen in Dialektverbände beruht auf den alle Ge erfassenden Aufnahmen des *Deutschen Sprachatlasses* in Marburg/Lahn von 1880 bis 1888 (Deutsches Reich und Luxemburg)

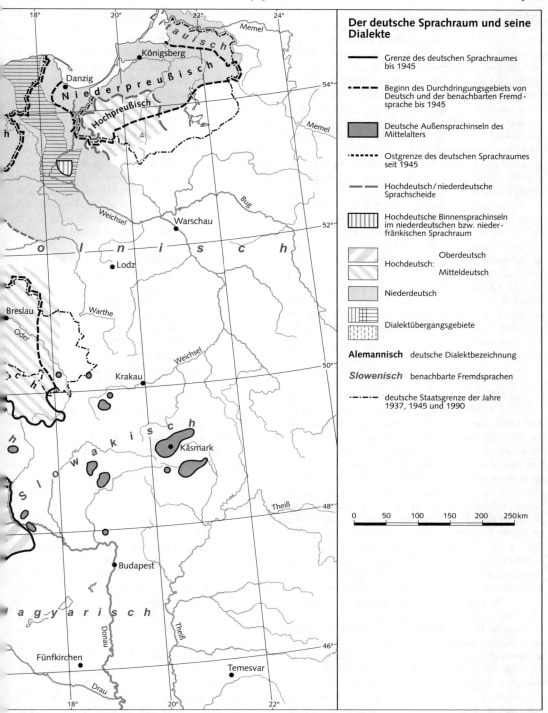

26 bis 1939 (Tschechoslowakei, Schweiz, Südtirol). Die Ausformung der einzelnen Dialektverbände bildete sich durchschnittlich mittelalter (13.–14. Jh.) aus.

begrenzt verbreitete Idiome, die zusammen eine ↗Sprache bilden. Im Verhältnis zu der sie überdachenden Schrift- und gesprochenen Standardsprache sind D. gegenwartsbezogen (synchronisch) dadurch charakterisiert, dass sie von dieser auf allen sprachlichen Ebenen (Laut- und Formenbestand, Wort- und Satzbildung, Wortschatz und Wortbedeutungen) am stärksten abweichen. Geschichtsbezogen (diachronisch) sind D. durch genuine Auseinanderentwicklung älterer gemeinsamer Vorstufen bei teilweise wechselseitigen Beeinflussungen entstanden. Sie gehen nicht auf die jüngere Schrift- und Standardsprache zurück, die die Elaborierung und allgemeine Durchsetzung eines bestimmten ursprünglichen geschriebenen D. verkörpert.

Alle europ. Sprachen verfügen über D., deren Herkunft und Geschichte zwar jeweils verschieden ist, die aber immer in einem soziologischen Spannungsverhältnis zur jeweiligen Schrift- und Standardsprache stehen. In Verbindung mit den daraus resultierenden sozialen und räumlichen Differenzierungen der gesprochenen Sprache hat sich daher auch in den einzelnen europ. Sprachen eine unterschiedliche Einstufung und Terminologie von D. herausgebildet. Im Folgenden sollen exemplarisch die nzl. Entwicklungen der dt. und der engl. D. vorgestellt werden.

2. Deutscher Sprachraum

Die Differenzierung des Deutschen in D. wurde im 17. Jh. im Rahmen der Schaffung einer auf das Schrifttum Martin Luthers zurückgehenden einheitlichen, ostmitteldt. geprägten neuhochdt. Schriftsprache bes. bewusst und als hinderlich empfunden. Obwohl 1640 Philipp von Zesen »D.« zu »Mundart« verdeutschte, blieb es Gelehrtenwort und bezeichnete bald die regional verschiedene Aussprache der »Hochdeutsch« benannten Schriftsprache. Während sich im Süden und Osten der Begriff D. populär durchsetzte, bildete sich im Norden und Westen dafür das zunächst auf die Sprache der Bauern auf dem flachen Land bezogene, bald aber abwertende »Platt«. Erst als im frühen 19. Jh. im Gefolge der MA-Begeisterung die genuinen Wurzeln des D. erkannt wurden, setzte allmählich die Dialektologie ein, wobei wegen der Fremdwortablehnung der Ausdruck »Mundart« aufgegriffen wurde.

Nachdem die neuhochdt. Schriftsprache um 1750/60 auch im Süden aufgenommen worden war, begann sich als Vermittlung zwischen D. und der Standardsprache in der städtischen Oberschicht die Umgangssprache auszubilden, die im 19./20. Jh. auch die Mittelschichten erfasste und in Nord- und Mitteldeutschland, heute als Substandard bezeichnet, zur Alltagssprache wurde. Während Süddeutschland und Österreich eine soziologisch und situativ bestimmte Verwendung von Hochdeutsch, Umgangssprache und D. aufweisen, herrscht in der Schweiz und in Liechtenstein Diglossie mit D. in allen Gesellschaftsschichten und Alltagssituationen bei sehr eingeschränkter Verwendung der Standardsprache.

Die dt. D. beruhen auf dem Westgermanischen, das sich im 1. Jh. im heute nordd. Raum aus dem Nordseegermanischen, dem Weser-Rheingermanischen und dem Elbgermanischen zusammensetzte. Aus diesen gingen, verbunden mit den räumlichen Verschiebungen der Völkerwanderungszeit nach Südwesten und Süden sowie charakteristischen Lautwandlungen (insbes. der die konsonantischen Verschlusslaute t, p, k betreffenden, räumlich gestaffelten »Zweiten« oder »Hochdeutschen Lautverschiebung« zu z/ss, pf/ff, kch/ch), das Althochdeutsch und das (davon nicht betroffene) Altniederdeutsch (Altniederfränkisch und Altsächsisch) des 8. bis 10./11. Jh.s hervor, die die Grundlagen der dt. D.-Verbände bilden.

In der Weiterentwicklung im Mittelhochdeutschen und Mittelniederdeutschen des 11. bis 13. Jh.s kam es über die bereits bestehenden Unterschiede hinaus zur Ausbildung heute noch bestimmender charakteristischer Eigenschaften, sodass für die Zeit um 1300 vielfach mit dem Bestehen sowohl der großräumigen D.-Landschaften als auch des für sie jeweils typischen Laut-, Formen- und Wortbestandes gerechnet wird, ehe die Folgezeit weitere kleinräumige Differenzierungen brachte (vgl. Abb. 1). Sie hängen einerseits von der feudalherrschaftlichen Territorial- und Gesellschaftsgliederung des Spät-MA und der Frühen Nz. ab, insofern v. a. die Landbevölkerung zur Sesshaftigkeit gezwungen war, was zur kontinuierlichen autochthonen D.-Entwicklung wesentlich beitrug. Andererseits bestanden stets soziologische Beziehungen der bäuerlichen ↗Unterschicht zur Oberschicht der »Herren« sowie damit verbunden räumliche Beziehungen zwischen Land und Stadt (↗Stadt-Land-Beziehungen); aufgrund nachahmenswerter Vorbildlichkeit wurden städtisch-oberschichtige »herrensprachliche« Sprachformen aufgegriffen, was sich sprachgeographisch als Ausbreitung vom Zentrum zur Peripherie niederschlug. Dadurch erscheinen diachronisch gesehen Kernräume durch Neuerungen »moderner«, während Randzonen an ursprünglichen Formationen festhielten und dementsprechend »konservativer« und bisweilen in spezifischer Weise auch eigenständig sind.

Das Deutsche wird zunächst in die Großräume des Hochdeutschen und des Niederdeutschen unterteilt. Das Hochdeutsche umfasst (1) das Oberdeutsche mit Alemannisch, Bairisch und Ostfränkisch, (2) das Westmitteldeutsche mit Rheinfränkisch, Hessisch, Moselfränkisch und Ripuarisch sowie (3) das im Rahmen der dt. Ostsiedlung des MA aus Altland-Dialekten hervorgegangene Ostmitteldeutsche mit Thüringisch, Obersächsisch und bis 1945 Schlesisch und Hochpreußisch.

Zum Niederdeutschen gehören (a) als Westniederdeutsch das West- und Ostfälische, (b) das Nordniederdeutsche oder -sächsische sowie (c) im Neusiedelland als Ostniederdeutsch das Brandenburgische und Mecklenburgische und bis 1945 das Pommersche und Niederpreußische. Auf altniederfränkischer Basis befindet sich (d) das mit dem Niederländischen eng verwandte Niederfränkische am Niederrhein, während (e) das Nordfriesische auf den Inseln und am Festland sowie das Ostfriesische im Saterland eine eigene Sprache auf nordseegermanischer Grundlage bilden. Die einzelnen D.-Verbände sind nicht streng voneinander abgegrenzt, sondern gehen in mehr oder minder breiten Zonen ineinander über.

→ Sprache; Volkssprache

[1] W. Besch et al. (Hrsg.), Dialektologie. Ein Hdb. zur dt. und allgemeinen Dialektforschung (2 Bde.), 1982–1983 [2] J. Göschel et al. (Hrsg.), Dialekt und Dialektologie, 1980 [3] H. Niebaum / J. Macha, Einführung in die Dialektologie des Deutschen, 1999 [4] C. V. J. Russ (Hrsg.), The Dialects of Modern German, 1990 [5] P. Wiesinger, »Sprache« und »Dialekt« als sachliches und terminologisches Problem, in: J. Göschel et al. (Hrsg.), Dialekt und Dialektologie, 1980, 177–198 [6] P. Wiesinger / E. Raffin, Bibliographie zur Grammatik der dt. Dialekte (2 Bde.), 1982–1987 [7] P. Wiesinger, Die Einteilung der dt. Dialekte, in: W. Besch et al. (Hrsg.), Dialektologie. Ein Hdb. zur dt. und allgemeinen Dialektforschung, Bd. 2, 1983, 807–900.

Peter Wiesinger

3. Britische Inseln

In Großbritannien wird englisch gesprochen und geschrieben, allerdings in histor. bedingten unterschiedlichen Ausprägungen, wenn man vom Standardenglisch absieht, das in Bezug auf ↗Grammatik und Wortschatz als ↗Sprache der Gebildeten für ganz Großbritannien verbindlich ist.

3.1. England

Die Aussprache des Standardenglisch weist zum einen regionale Abweichungen auf – in Schottland wird diese Variante schott. Englisch (*Standard Scottish English* oder *Educated Scots*) genannt –, zum anderen gibt es in Großbritannien eine überregionale Aussprache des Standardenglisch, die sog. *Received Pronunciation*, die heute aber nur von einem geringen Prozentsatz der Bevölkerung gesprochen wird. Diese von den Gebildeten verwendete Form wird als »sozialer D.« bezeichnet.

Daneben haben sich bis heute regionale D. erhalten, die – wie die Standardsprache – auf die drei D. des Altenglischen, nämlich Anglisch, Westsächsisch und Kentisch, zurückgehen. Ab dem späten 9. Jh. wurde aufgrund politischer und kultureller Vormachtstellung der D. eines Randgebiets (Wessex) zur schriftsprachlichen Norm, die mit der normannischen Eroberung (1066) endete. Das Französische herrschte danach in der Oberschicht Englands gut 250 Jahre lang vor. Das frühe Mittelenglisch war durch dialektale Aufsplitterung gekennzeichnet. Ein neuer Standard, jetzt die Sprache Londons als Sitz des Hofes und der wirtschaftlichen Macht sowie der zentralen *Midlands*, begann sich im 14 Jh. herauszubilden. Daher lassen sich Texte, die nach 1450 geschrieben wurden, nicht mehr eindeutig lokalisieren und datieren.

Die Äußerungen des engl. Schriftstellers George Puttenham von 1589 [1] stellen das ausführlichste Zeugnis zur Wertung von Varietäten des Frühneuenglischen dar. Er warnt ausdrücklich vor dem Gebrauch der Sprache (1) der Bewohner von Grenzgebieten und Hafenstädten, weil dort Sprachmischungen auftreten; (2) der ↗Universitäten, wegen der Latinismen und Gräzismen (↗Latein); (3) der Landbevölkerung; (4) der unteren Schichten; (5) der alten Dichter und (6) der *Northern-men* jenseits des Trent, d. h. nördl. der Grafschaften Nottingham und Lincoln. Das beste Englisch war nach Puttenham auf einen Umkreis von etwa 60 Meilen um London begrenzt, d. h., dass Oxford und Cambridge in diesem Kreis liegen, die anderen größeren Städte im Westen, Osten und Norden Englands jedoch außerhalb.

Trotz des enormen Anwachsens der industriellen Zentren seit der zweiten Hälfte des 18. Jh.s (↗Industrialisierung) blieb der D.-Gebrauch in den großen engl. Städten bis in die zweite Hälfte des 19. Jh.s lebendig. Der entscheidende Grund dafür scheint zu sein, dass die neue Stadtbevölkerung zum großen Teil aus dem jeweiligen ländlichen Einzugsgebiet der Zentren stammte (↗Arbeitsmigration). Allen normierenden Einflüssen zum Trotz, die sich v. a. seit Ende des 19. Jh.s durch die Einführung der allgemeinen Schulpflicht (↗Schulordnung) und den Ausbau der Verkehrswege bemerkbar gemacht haben, zeigt die engl. Sprache heute noch immer auf allen sprachlichen Ebenen eine erstaunliche Vielfalt. Für die traditionellen D. gibt es genügend Daten aus dem 19. und 20. Jh., die eine regionale Gliederung erlauben [3]; [4]. Gegenwärtig ist ein Wandel der regionalen D. Englands von traditionellen zu modernen D. festzustellen. Für Letztere wurden bislang keine Daten systematisch erhoben. Aufgrund einiger Aussprachemerkmale wurde eine areale Gliederung vorgestellt, die natürlich anders aussieht als die der traditionellen D. Ehemals wichtige Sprachscheiden spielen heute keine Rolle mehr [4. 100 f.].

3.2. Schottland

In Schottland gab es Ansätze zu einer zweiten Standardsprache, die sich aus der ↗Literatursprache der Dichter der lit. Blütezeit (1450–1555) entwickelten. Diese

↗Nationalsprache basierte auf dem zentralschott. D. der Regionen von Lothian und Fife. Wiederum entschieden außersprachliche Gründe, vornehmlich die Vereinigung der Kronen 1603 und der damit verbundene zunehmende südengl. Einfluss, über das allmähliche Absinken des Schottischen. Auch gälisches Substrat führte zu besonderen Ausprägungen des Englischen, zum Hochlandenglisch im Westen Schottlands, wo das schott. Gälisch mittlerweile kaum mehr eine Rolle spielt, und zum Insel- bzw. Kontaktenglisch der Inseln an der Westküste Schottlands, wo der gälische Einfluss noch stärker ist [4].

Das Schottische, auch (*Lowland*) *Scots*, wird von patriotischen Schotten als Sprache bezeichnet. In jedem Fall ist es mehr als ein D. (des Englischen), denn es hat seit dem 15. Jh. eigene D. entwickelt [2]; [4]. Die politische Grenze zwischen England und Schottland, die sprachlich früher fast keine Rolle spielte, ist erst im letzten Jahrhundert zu einer deutlichen Sprachgrenze geworden, v. a. in der Lexik.

→ Sprache; Sprachgebiete

Quellen:
[1] G. PUTTENHAM, The Arte of English Poesie, London 1589.

Sekundärliteratur:
[2] J. Y. MATHER / H. H. SPEITEL (Hrsg.), The Linguistic Atlas of Scotland: Scots Section, 3 Teile, 1975–1986 [3] W. VIERECK / H. RAMISCH (Hrsg.), The Computer Developed Linguistic Atlas of England, 2 Bde., 1991–1997 [4] W. VIERECK et al., dtv-Atlas Engl. Sprache, 2002.

Wolfgang Viereck

Dialektdichtung

Die in der »schönen« Literatur verwendete ↗Sprache steht häufig an der nzl. Wiege der nationalen Hoch- oder Standardsprachen. Dies zeigt die *langue littéraire* in Frankreich ebenso wie die *literaturny jazyk* in den slawischen Sprachen. Auch im Deutschen spielte die Sprache der maßgebenden Literatur des 18. und 19. Jh.s bei der Ausbildung des Hochdeutschen eine entscheidende Rolle und bestimmte und vermittelte die Vorstellung von gutem Deutsch. Neben diesen lit. geprägten Hochsprachen existieren noch andere Sprachen, von denen die ↗Dialekte die auffallendsten sind. Sie sind keine verdorbene Hochsprache, sondern die der Hochsprache geschichtlich vorausgehenden Sprachformen, die sich von dieser in drei Punkten unterscheiden: (1) Ihre kommunikative Reichweite ist begrenzt; Dialekte sind also Regionalsprachen; (2) ihr Gebrauch wird nicht durch gesetzte Normen (Standards) geregelt, deshalb gibt es zwar Dialektschreibungen, aber keine verbindliche Orthographie; (3) sie werden überwiegend mündlich gebraucht (↗Mündlichkeit).

Dementsprechend ist eine Unterscheidung zwischen Dialekten und Hochsprachen auch erst seit der Zeit möglich, in der sich als Ergebnis sprachgeschichtlicher Prozesse eine Standardsprache herausbildete, und zwar in Form einer Ausgleichssprache wie etwa des Ostmitteldeutschen im Deutschen oder aber in der Bevorzugung einer Regionalsprache wie etwa beim Französischen im Französischen. Vor der Etablierung der Standardsprachen, die dann als Deutsch oder Französisch auch zu ↗Nationalsprachen wurden, ist die Statusunterscheidung bei Sprachen irrelevant. Deshalb bezeichnet die Sprachgeschichtsforschung ihre Studien zu den germanischen Sprachen und Sprachstufen als »Sammlung kurzer Grammatiken germanischer Dialekte« [3]. Somit kann auch erst von D. gesprochen werden, seitdem es die koexistierenden Sprachformen von Dialekt und Standardsprache gibt, im Deutschen und Französischen seit dem 16. Jh.

Mit Blick auf die Verwendung des Dialekts in der Literatur ist zwischen der D. als einer durchgehend im Dialekt verfassten Form der Dichtung und Werken zu unterscheiden, die dialektale Passagen in einen hochsprachlichen Text integrieren (meist in der Figurenrede). Mit der Entwicklung des Druckwesens (↗Buchdruck) und der sich ausbildenden regionalen Schreibsprachen verloren die ↗Literatursprachen immer mehr ihre lokalen Besonderheiten. Inhaltlich ergaben sich aber aus dem Nebeneinander von Hochsprache und Dialekten unterschiedliche Sprachbewertungen – in Bezug auf den Dialekt Kennzeichnungen wie Wärme, Gemütlichkeit, Vertrautheit (in positivem Sinne), Beschränktheit, Zurückgebliebenheit und Derbheit (in negativem Sinne). Diese Attribute wurden auch auf die D. übertragen, sodass sich ab dem frühen 19. Jh. eine Gegenüberstellung von relevanter hochsprachlicher Literatur und irrelevanter dialektsprachlicher Literatur abzeichnete. Das zeigte sich bereits in der Besprechung der *Alemannischen Gedichte* Johann Peter Hebels, die Goethe 1804 veröffentlichte: Goethe betonte, dass »die höheren Gefühle von Tod, Vergänglichkeit des Irdischen, Dauer des Himmlischen« [2.584] dem Dialekt und der in ihm verfassten Volkspoesie nicht anstünden und demnach verschiedene literarische Zuständigkeiten vorlägen.

Dies führte in der Folge zu einer differenzierten Funktionalisierung der Literatursprachen in dem Sinne, dass die »große Welt« und die »tiefen Gefühle« in der Hochsprache, die »kleine Welt« und Scherzhaftes im Dialekt behandelt wurden. Dies belegen die dt. ↗Schwank-Dichtungen ebenso wie etwa die stark dialektal geprägten Stücke des Holländers Gerbrand A. Bredero im 17. Jh.

Zum Ende des 18. Jh.s setzten die Gedichte des Schotten Robert Burns neue Maßstäbe für den lit. Gebrauch des Dialekts. Im dt.sprachigen Raum waren es am Übergang vom 18. zum 19. Jh. der Alemanne Johann

Peter Hebel mit seinen ⁊Kalendergeschichten, Johann Heinrich Voß mit den niederdt. und Maler Müller mit den pfälzischen ⁊Idyllen, die dem Dialekt lit. Dignität verliehen.

Die D. profitierte von der im 19. Jh. einsetzenden wiss. Erforschung der Dialekte. Klaus Groth und Fritz Reuter im Niederdeutschen, das österr. Volkstheater Johann Nepomuk Nestroys und die sich überall entwickelnde dialektal geprägte Kleinliteratur sind durch den Aufbau eines sprachlichen »Heimathorizonts«, der Sehnsucht nach der verlorenen Kindheit sowie dem Bemühen um eine homogene und authentische Sprache im Sinne eines »echten Dialektes« gekennzeichnet. Anders als im Bereich der hochsprachlichen Literatur fehlten der D. in der Regel eine qualifizierte Verlagsbetreuung und die Aufmerksamkeit der professionellen Kritik. Dennoch gilt der niederdt. Fritz Reuter als der erfolgreichste Romancier in der dt. Literatur des 19. Jh.s, und der bekannteste Exponent der provenzalischen D., Frédéric Mistral, wurde 1904 sogar mit dem Literaturnobelpreis gewürdigt.

→ Dialekt; Gattungsgeschichte; Literatursprachen; Mündlichkeit; Sprache

Quellen:
[1] M. Bosch (Hrsg.), Mundartliteratur. Texte aus sechs Jahrhunderten, 1979 [2] J. W. Goethe, Johann Peter Hebel. Allemannische Gedichte, in: K. Richter et al. (Hrsg.), Johann Wolfgang Goethe: Sämtliche Werke nach Epochen seines Schaffens, Bd. 6/2, 1988, 581–588.

Sekundärliteratur:
[3] W. Braune et al. (Hrsg.), Sammlung kurzer Grammatiken germanischer Dialekte, ¹⁵2004 [4] W. Haas, Dialekt als Sprache literarischer Werke, in: W. Besch et al. (Hrsg.), Dialektologie. Ein Hdb. zur dt. und allgemeinen Dialektforschung, 2. Halbband, 1983, 1637–1651 [5] J. Hein, Das Wiener Volkstheater. Raimund und Nestroy, 1978 [6] M. Jaeger, Theorien der Mundartdichtung. Studien zu Anspruch und Funktion, 1964.

Dieter Stellmacher

Dialektik

1. Begriff
2. Humanismus
3. Entwicklung seit Bacons und Descartes' Dialektik-Kritik
4. Das 19. Jahrhundert

1. Begriff

D. (abgeleitet von griech. *dialégesthai*, »sich unterreden«, davon das Substantiv *dialektikḗ* [*téchnē*]; lat. [*ars*] *dialectica*) bezeichnete seit Aristoteles die ⁊Methode des vernünftigen Argumentierens, unter Einschluss auch bloß wahrscheinlicher Argumente; dadurch unterschied sich die D. von der zwingend beweisenden ⁊Logik. Als Argumentationslehre kann die D. jedoch gleichsam als angewandte Logik charakterisiert werden, die im ma. universitären Lehrbetrieb innerhalb der sieben Freien Künste (⁊Artes liberales) neben der ⁊Grammatik und ⁊Rhetorik Bestandteil des sog. *triviums* war.

2. Humanismus

Im Verlauf der Nz. wandelte sich das Verständnis von D. einschneidend: D. als angewandte Syllogistik (Lehre vom Schließen) wurde in der Scholastik-Kritik der Humanisten heftig attackiert (vgl. ⁊Humanismus) [7. 272–286]. Zugleich wurde die D. durch das von Rudolph Agricola in *De inventione dialectica* (postum 1515 bzw. 1539) entwickelte Modell einer Engführung mit der ciceronianischen Rhetoriktradition neu belebt. Agricola erhob die D. zum Instrument der Darstellung sowohl des notwendig Wahren als auch des nur Wahrscheinlichen und damit zum Instrument und Weg aller Wissenschaften schlechthin [1. II, 7; II, 28]. Damit verschob sich der Akzent gegenüber der ma. D. von der Schlusslehre auf die Begriffsdisposition (Begriffsdarlegung), die nunmehr im Zentrum der D. stand und ihre Ausweitung zur topischen (⁊Topik) Universalwissenschaft ermöglichte [12]. Agricolas Neubelebung der D. wirkte somit auch auf die Entwicklung einer theologischen ⁊Topik sowohl bei Philipp Melanchthon und Melchior Cano, als auch auf die Enzyklopädistik ein. Sie provozierte überdies einen Wandel bei der Darstellung der Lehre von der dialektischen Invention von Argumenten (lat. *inventio*) in der span. ⁊Spätscholastik, die der D. die Gewinnung nicht mehr nur wahrscheinlicher, sondern nun auch notwendiger Argumente zutraute [11].

3. Entwicklung seit Bacons und Descartes' Dialektik-Kritik

Seit Francis Bacon artikulierte sich massive Kritik an der D. und der mit ihr verbundenen Methode der Auffindung von Argumenten gemäß feststehender Topoi (⁊Loci communes). Gegen sie wurde das Ideal einer Wissenschaftlichkeit erhoben, das auf die Gewinnung neuer Einsichten zielte und den Inventionsbegriff folglich aus seiner Einbindung in das Modell einer dialektisch verfassten Wissensdisposition zu befreien versuchte. Bes. eindringlich und wirkmächtig wurde die Kritik an der D. von René Descartes vorgetragen. Descartes verknüpfte seine D.-Kritik mit der Abwertung von Rhetorik und ⁊Gedächtnis-Kunst und konzipierte seinen Methodenbegriff »klarer und distinkter Erkenntnis« (⁊Erkenntnistheorie) ausdrücklich gegen die von der D. und der Topik erbrachte Fülle von Argumentationsformen.

Der Versuch Agricolas, das alte Konkurrenzverhältnis von Rhetorik und Philosophie zugunsten einer nach dialektischen Ordnungskriterien organisierten Wissenschaft aufzulösen, wurde also durch die Rhetorik-Kritik auf der Basis von Bacons Inventionsbegriff und von Descartes' Methodenbegriff im Verlauf des 17. Jh.s obsolet. Auch wenn Giovanni Battista Vico sich nochmals für die dialektische Methode einsetzte, weil sie aufgrund der Berücksichtigung auch nur wahrscheinlicher Argumente erfahrungsnäher sei als die cartesische, so galt D. doch im 18. Jh. gemeinhin als eine vorrangig von den Juristen aus strategischen Gründen betriebene »Pseudomethode« ohne wiss. Erkenntniswert [11. 183 f.].

Die Diskreditierung der D. als eines wissenschaftsungeeigneten Bestandteils der Rhetorik wirkte bis ins 19. Jh. fort und wurde auch von den Protagonisten des dt. ↗Idealismus geteilt, die dem Begriff jedoch im Gefolge Immanuel Kants eine von den rhetorisch-topischen Traditionen unabhängige neue Bedeutung zumaßen. Kant entwickelte eine transzendentale D.: Sie zielt auf die Aufhebung von Fehlschlüssen ab, in die sich die ↗Vernunft verwickelt, wenn sie über die Grenzen menschlicher Erfahrungsmöglichkeiten hinaus fragt [3. B 85f.].

4. Das 19. Jahrhundert

An die kantische Auffassung einer transzendentalen D. als einem vernunftinternen Prozess des Aufweises und der Auflösung von Widersprüchen schloss Georg Wilhelm Friedrich Hegel an. In seiner spekulativen D. vollzog er die interne Bewegung des Absoluten nach, das sich aus seiner differenzlosen, anfänglichen Identität in sein Gegenteil entäußert, um dieses dann in der Identität von Identität und Nichtidentität aufzuheben [2.1, 124]. D. bezeichnet dabei gleichermaßen die Entwicklung des Absoluten wie dessen philosophischen Nachvollzug im erkennenden Subjekt.

In kritischer Auseinandersetzung mit der transzendentalphilosophischen Subjekt-Objekt-D. J. G. Fichtes arbeitete Friedrich W. J. Schelling D. als ontologisches Prinzip heraus, das ebenso die Entwicklung des Absoluten wie die der ↗Natur und der ↗Geschichte bestimmt [5]. Dadurch legte Schelling in seinem Spätwerk die Grundlage einer den Rahmen der Transzendentalphilosophie sprengenden Real-D., wie sie insbes. im dialektischen ↗Materialismus vertreten wurde [9. 332]. Bei Karl Marx wird D. so zunächst zur sozialwiss. Methode, die auf eine histor. erklärende und zugleich normativ ausgerichtete ↗Gesellschaftstheorie zielt, aber auch bereits die innere Gesetzmäßigkeit der ökonomischen Entwicklung beschreibt. Im Anschluss an Marx [4] wurde D. dann als universales Geschichtsgesetz ausgelegt: Die marxistische Fortschrittshoffnung gründete auf dem dialektischen Verlauf der Geschichte, die nach der Überwindung der Gegensätze von Kapitalismus und Diktatur des Proletariats eine klassenlose Gesellschaft ohne Privateigentum herbeiführen sollte. Vor dem Hintergrund eines verengten und objektivistischen D.-Verständnisses konnte Friedrich Engels die stark simplifizierende Auffassung von D. als eines Dreisprungs von These, Antithese und Synthese propagieren.

Im Unterschied zur Entwicklung einer Real-D. hatte Friedrich Schleiermacher eine auf die antiken Ursprünge der D. bei Platon zurückgreifende D.-Konzeption ausgearbeitet, die die Vereinigung von Logik und Metaphysik beabsichtigte und seine ↗Hermeneutik fundierte [6]. Insbes. die ontologische und geschichtsphilosophische Auslegung der D. (↗Geschichtsphilosophie) provozierte bereits im 19. Jh. sowohl von Seiten der sich formierenden Existenzphilosophie (Søren Kierkegaard, Arthur Schopenhauer) als auch von Seiten einer Neubegründung der formalen Logik (Friedrich Adolf Trendelenburg, Bernhard Bolzano) eine massive D.-Kritik [13], die angesichts der faschistischen und sozialistischen Totalitarismen im 20. Jh. in unterschiedlichen philosophischen Richtungen (Theodor W. Adorno, Karl Popper) fortgeführt und radikalisiert wurde [8].

→ Geschichtsphilosophie; Logik; Materialismus; Methode; Rhetorik; Topik

Quellen:
[1] R. Agricola, De inventione dialectica, 3 Bde., Köln 1539 (hrsg. von L. Mundt, 1992) [2] G. W. F. Hegel, Differenz des Fichte'schen und Schelling'schen Systems der Philosophie, Jena 1801 [3] I. Kant, Kritik der reinen Vernunft B, 1787 [4] K. Marx, Zur Kritik der Politischen Ökonomie, 1859 [5] F. W. J. Schelling, Philosophie der Mythologie, 1856–1858 [6] F. D. E. Schleiermacher, Dialektik, 1839 [7] L. Vives, In pseudodialecticos, Basel 1565.

Sekundärliteratur:
[8] Th. W. Adorno, Negative Dialektik, 1966 [9] M. Frank, Der unendliche Mangel an Sein. Schellings Hegelkritik und die Anfänge der Marxschen Dialektik, 1975 [10] H. H. Holz, Einheit und Widerspruch. Problemgeschichte der Dialektik in der Nz., 1997–1998 [11] L. Oeing-Hanhoff, Art. Dialektik, in: HWPh 2, 180–184 [12] W. Schmidt-Biggemann, Topica universalis. Eine Modellgeschichte humanistischer und barocker Universalwissenschaft, 1983 [13] P. Stekeler-Weithofer, Art. Dialektik, in: H. J. Sandkühler (Hrsg.), Enzyklopädie Philosophie 1, 1999, 243–255.

Sicco Lehmann-Brauns

Dialogliteratur

1. Definition
2. Entwicklung der Gattung

1. Definition

Mit dem Terminus D. wird eine lit. Gattung bezeichnet, deren konstitutives Merkmal die Wechselrede zwischen mindestens zwei realen oder fiktiven Personen darstellt. Vom Dialog als Strukturelement anderer Textsorten wie des ⁊Romans ist die D. als Gattung dadurch zu unterscheiden, dass sie, abgesehen von einer fakultativen Rahmenhandlung, ausschließlich in Gesprächsform abgefasst ist. Vom ⁊Drama setzt sie sich durch das Fehlen einer voll ausgeprägten Binnenhandlung ab, wobei sich hier Übergangsformen konstatieren lassen. D., in deren Verlauf die Teilnehmer wechseln oder der Aufenthaltsort geändert wird, kann durchaus Ansätze einer begleitenden Handlung zeigen und sich dem Lesedrama annähern, das ebenso nicht zur Aufführung bestimmt ist.

Die Spannbreite der D. markiert auf der einen Seite das hierarchisch strukturierte Gespräch zwischen einem Lehrer und einem oder mehreren Schülern, auf der anderen die kontrovers und ergebnisoffen geführte Diskussion gleichrangiger Gesprächspartner, in welcher durch das Abwägen unterschiedlicher Standpunkte ein Erkenntnisprozess in Gang gesetzt wird, der am Ende in einen Konsens, aber auch in eine Aporie münden kann. Ist auch eine solche Gesprächsgestaltung Ausweis für die spezifische Möglichkeit der Gattung, die Inszenierung einer Stimmen- und Redevielfalt im Sinne Bachtins zu befördern, ergibt sich doch vor dem Hintergrund des gesamten Typenspektrums, dass der Zusammenhang zwischen D. und Bachtin'scher Dialogizität keinesfalls zwingend ist [6.10–19]; gerade das Lehrgespräch kann als Beleg dienen, dass der Gattung D. auch entschieden monologische Spielarten angehören. In der Nz. herrschte jedoch jener Formtypus vor, der im freien Austausch unterschiedlicher Meinungen Erkenntnis als diskursiven und von allen Teilnehmern gleichermaßen betriebenen Prozess der Wahrheitsfindung vorführte. Er war in denjenigen Epochen der Nz. bes. verbreitet, in denen »Wahrheit« nicht als dogmatisch gesetzt, sondern als Konsequenz gemeinschaftlichen und von differenten Positionen ausgehenden Suchens begriffen wurde, namentlich in ⁊Humanismus und ⁊Aufklärung, in Deutschland auch in der Frühromantik (⁊Romantik).

2. Entwicklung der Gattung

Im MA waren der Lehrdialog in der Tradition der Spätwerke des Augustinus, das Religionsgespräch, in dem in der Regel die christl. Position die Oberhand gewann, sowie der Trostdialog in der Nachfolge der *Consolatio philosophiae* des Boethius die meistverbreiteten Formen der Gattung. Die D. des Humanismus fand hingegen ihr Vorbild v.a. in den Dialogen Ciceros. Nachdem bereits Petrarcas *Secretum* (1342/43) deren Einfluss in Gesprächskonstellation und Diskussionsverlauf widerspiegelte, übernahm L. Bruni in seinem *Dialogus ad Petrum Paulum Histrum* (ca. 1401–1406) erstmals auch den typischen Rahmen ciceronianischer Dialoginszenierung – das informelle und hierarchiefreie Zusammentreffen einer Gruppe gebildeter Personen, welche in Stunden der Muße gemeinsam um Erkenntnis ringen –, um programmatisch eine neuartige, sich von scholastischer Disputierpraxis abhebende humanistische Diskussionsform zu modellieren [6.115–161].

Davon ausgehend avancierte die zunächst nur lat., ab Mitte des 15. Jh.s zunehmend auch volkssprachliche humanistische D. nicht nur zu einer im theoretischen Diskurs der Epoche bevorzugten Gattung, sondern auch zum privilegierten Medium, in dem die Leitbilder einer neu entstehenden humanistischen Kommunikationskultur entworfen wurden (⁊Kommunikation). Diese Funktion der D. hinterließ selbst dort ihre Spuren, wo wie im Œuvre G. Pontanos Gespräche im Kreise einer bereits institutionalisierten ⁊Akademie inszeniert (z.B. *Actius*, 1495–1499) oder ab dem 16. Jh. (freilich unter anderen sozialen Bedingungen) zunehmend auch Adelshöfe zu Schauplätzen gelehrter Unterhaltungen erhoben wurden, so etwa in B. Castigliones *Libro del ⁊Cortegiano* (1528) [5]; [2]. Auch solche Darstellungen akademischer oder höfischer Diskussionszirkel, in denen das Vorbild der Dialoge Ciceros durch den Rückgriff auf die Tradition des Symposions (Platon, Xenophon, Macrobius) ergänzt wird, zielten neben der thematischen Erörterung stets auf die Präsentation vorbildlichen kommunikativen und sozialen Verhaltens.

An die Seite der D. im weiteren Sinne ciceronianischer Prägung trat etwa seit dem zweiten Drittel des 15. Jh.s ein Dialogtyp, dessen Vorbild im Œuvre Lukians, insbes. in dessen *Götter-* und *Unterweltsgesprächen* lag. Ihrem Modell entsprechend fand die lukianeske D. des Humanismus ihren Gegenstand in der polemisch-satirischen Behandlung zeitgenössischer Missstände, mithin in der verfremdenden Exposition gesellschafts- oder ideologiekritischer Inhalte; anders als bei Lukian konnte sie indes auch zur ernsten Verhandlung moralphilosophischer und erbaulicher Fragen herangezogen werden. In Deutschland erfuhr dieser Typus seit U. von Huttens *Gesprächsbüchlein* (1521) in der konfessionellen Auseinandersetzung weite Verbreitung (⁊Reformation) [1.27–51].

Wenn auch v.a. die *Colloquia familiaria* (1518) und der *Ciceronianus* (1528) des Erasmus von Rotterdam bezeugen, dass die D. auch nördl. der Alpen prominente Vertreter hatte, blieb die – im Anschluss an die Wiederentdeckung der aristotelischen *Poetik* einsetzende – theoretische Beschäftigung mit der D. als Gattung auf Italien beschränkt. Dabei setzten sich die seit der zweiten Hälfte des 16. Jh.s entstandenen Traktate (z.B. C. Sigonio *De dialogo liber*, 1561) bes. mit den zentralen Problemen diskursiver Verarbeitung von Wissen, weniger aber mit dem Verhältnis der D. zur jeweiligen zeitgenössischen kommunikativen Praxis auseinander [9].

Nachdem das 17. Jh., abgesehen von wenigen Ausnahmen wie G.Ph. Harsdörffers didaktisch orientierten

Frauenzimmer Gesprächsspiele (1641–49), kaum D. hervorbrachte [12], stiegen sie in der ↗Aufklärung wieder zu einer breit gepflegten Gattung auf, welche wie im 15. und 16. Jh. prinzipiell allen Gegenstandsbereichen des theoretischen Diskurses offen stand [3]; [8]. Wenngleich auch in ihr reale Vertreter der zeitgenössischen Gelehrtenwelt als *dramatis personae* des Gesprächsgeschehens auftraten, zielte die D. des 18. Jh.s weniger auf eine sich neu konstituierende Kommunikationskultur, sondern darauf, die Überprüfung differenter Standpunkte als Grundlage eines auf Meinungsfreiheit basierenden Erkenntnisgewinns vorzuführen. Eine solche Interessenlage beförderte eine besondere Wertschätzung der Dialoge Platons, doch ist in Frankreich seit Ende des 17. Jh.s auch eine Wiederbelebung der Lukianrezeption zu konstatieren, die in den *Nouveaux dialogues des morts* des B. le Bovier de Fontenelle (1683) ihren produktivsten Ausdruck fand. Von J. C. Gottsched ins Deutsche übersetzt, begründeten sie ein neues Interesse an den Dialogen Lukians auch in Deutschland, das in Ch. M. Wielands *Neuen Göttergesprächen* (1789–93) kulminierte und in dessen *Gesprächen unter vier Augen* (1798) seine auf aktuelle politische Themen bezogene und jeden antiken Gewands entkleidete Weiterentwicklung erfuhr [1. 65–119].

Neben Wielands Werken belegen etwa M. Mendelsohns *Philosophische Gespräche* (1755), G. E. Lessings *Ernst und Falk. Gespräche für Freimäurer* (1778) oder F. H. Jacobis *David Hume über den Glauben oder Idealismus und Realism*us (1787) die Breite, welche die von Frankreich und England – mit Autoren wie Ch. Perrault, Voltaire, J. J. Rousseau auf der einen, Shaftesbury und D. Hume auf der anderen Seite – ihren Ausgang nehmende D. auch in Deutschland erreichte; doch stand sie im 18. Jh., anders als im Humanismus, in ständiger Konkurrenz mit dem Traktat, dem etwa von Gottsched das Primat bei der Vermittlung wiss. Ergebnisse eingeräumt wurde. Gestand eine solche Auffassung dem Dialog allein pädagogischen Nutzen zu, beschränkt auf den Bereich der Laienbildung und der wiss. Propädeutik, ist dennoch nicht zu übersehen, dass Dialoge auch im 18. Jh. zur Behandlung komplexer philosophischer Fragen herangezogen wurden, z. B. J. G. Herders *Über die Seelenwanderung* (1782) oder *Gott. Einige Gespräche* (1787).

Während die D. in anderen europ. Literaturen gegen Ende des 18. Jh.s nahezu versiegte, erlebte sie in Deutschland eine Nachblüte in der ↗Romantik u. a. im Œuvre der Brüder Schlegel, F. W. J. Schellings und insbes. bei K. W. F. Solger [3. 161–215].

→ Erzählliteratur; Gattungsgeschichte

[1] M. Baumbach, Lukian in Deutschland. Eine forschungs- und rezeptionsgeschichtliche Analyse vom Humanismus bis zur Gegenwart, 2002 [2] V. Cox, The Renaissance Dialogue, 1992 [3] Th. Fries, Dialog der Aufklärung. Shaftesbury, Rousseau, Solger, 1993 [4] Th. Fries / K. Weimar, Art. Dialog 2, in: K. Weimar (Hrsg.), RDL 1, 1997, 354–356 [5] R. Girardi, La società del dialogo. Retorica e ideologia nella letteratura conviviale del Cinquecento, 1989 [6] K. W. Hempfer (Hrsg.), Möglichkeiten des Dialogs. Struktur und Funktion einer literarischen Gattung zwischen MA und Renaissance in Italien, 2002 [7] D. Marsh, The Quattrocento Dialogue. Classical Tradition and Humanist Innovation, 1980 [8] B. Schlieben-Lange (Hrsg.), Fachgespräche in Aufklärung und Revolution, 1989 [9] J. R. Snyder, Writing the Scene of Speaking. Theories of Dialogue in the Late Italian Renaissance, 1989 [10] J. Wertheimer, »Der Güter Gefährlichstes, die Sprache«. Zur Krise des Dialogs zwischen Aufklärung und Romantik, 1990 [11] H.-G. Winter, Dialog und Dialogroman in der Aufklärung, 1974 [12] R. Zeller, Spiel und Konversation im Barock. Untersuchungen zu Harsdörffers »Gesprächspielen«, 1974.

Gernot Michael Müller

Diamanten s. Edelsteine

Diarium s. Tagebuch

Diaspora

1. Theoretische Grundlagen
2. Die schwarze Diaspora als Fallbeispiel
3. Die jüdische Diaspora

1. Theoretische Grundlagen

1.1. Begriffsbestimmung

Der Begriff der D. wurde jahrhundertelang ausschließlich mit religiöser Referenz (s. u. 3.) verwendet, als Bezeichnung für eine Glaubensgemeinschaft, die fern vom »Gelobten Land« oder in einem von einer anderen Glaubensgemeinschaft dominierten Gebiet lebt. In den letzten Jahrzehnten des 20. Jh.s gewann der Begriff jedoch Konjunktur in den Sozial- und Kulturwissenschaften. In den USA und Großbritannien werden inzwischen globale Austausch-, Migrations- und Siedlungsprozesse, die sich einer nationalstaatlichen Zuordnung entziehen, aber dennoch durch die Begrifflichkeit, die für die Beschreibung des Nationalstaats entwickelt wurde, mitgeprägt sind, als *Diaspora Studies* bezeichnet. Diasporas lassen sich ebenso wie Nationalstaaten als »vorgestellte Gemeinschaften« [2] begreifen; das Konzept situiert sich im Spannungsfeld zwischen kosmopolitischer Flexibilität und einem radikalem ↗Nationalismus, der nicht länger territorial definiert ist.

Der Begriff D. stammt aus dem Griechischen (*diasporá*) und bedeutet »Zerstreuung« oder »Verbreitung«. Das Verb *diaspeírein* war ursprünglich »ausschließlich negativ konnotiert« und »bezeichnete Prozesse materieller Zerstreuung und Zerteilung, die Auflösung eines Ganzen in verschiedene Teile ohne weitere Beziehung zueinander« [16. 139]. Der Bedeutungswandel des Begriffs, der der aktuellen Verwendung näher kommt, fand im 3. Jh. v. Chr. im Zuge der Übersetzung der hebr. Bibel (des AT) ins Griechische statt (sog. *Septuaginta*). In diesem Kontext bezeichnete D. die meist unfreiwillige Existenz in der Fremde, im Exil oder in der Verbannung im engen Bezug auf einen idealisierten originären geographischen und/oder spirituellen Bezugspunkt. Auch wenn sich im Laufe der jüd. und später christl. Geschichte der D. zahlreiche Bedeutungsverschiebungen und Neudeutungen ergaben, vollzog sich die wohl elementarste Adaption des Begriffs für neue Kontexte in den 1960er Jahren, als zunächst in der Afrikanistik – mit explizitem Verweis auf die jüd. D. – die Rede von einer »afrikan.« bzw. »schwarzen« D. aufkam (s. u. 2.). In der Folge übernahmen zahlreiche weitere Minderheitengruppen und ethnische Gemeinschaften den Begriff zur Selbstbeschreibung.

1.2. Neuere Forschungsansätze

1991 wurden in der Zeitschrift *Diaspora* von W. Safran folgende Kriterien für eine über religiöse Identifizierungen hinausgehende Begriffsbestimmung vorgeschlagen: D. sind Gemeinschaften von *expatriates*, (1) die sich von einem ursprünglichen Zentrum aus an mindestens zwei periphere Orte verstreut haben; (2) die eine Erinnerung, Vision oder einen Mythos des ursprünglichen Heimatlandes aufrechterhalten; (3) die glauben, dass sie in ihrem Gastland nicht voll akzeptiert sind; (4) die die Heimat ihrer Ahnen als Ort einer letztlichen, zeitlich aber noch nicht absehbaren Rückkehr sehen; (5) die sich der Aufrechterhaltung und Wiederherstellung dieser Heimat widmen; und (6) deren Gruppenbewusstsein und -solidarität zentral über die anhaltende Beziehung zum Heimatland geprägt ist [18. 83–84].

Um die aktuelle und histor. Vielfalt der Gemeinschaften zu beschreiben, die sich heute als diasporisch verstehen oder als diasporisch verstanden werden, reichen diese Kriterien aber nicht aus. Daher wurde 1997 von R. Cohen eine weitere Differenzierung zwischen Opfer-D., Handels-D. (↗Kaufmannsdiaspora), Arbeits-D. sowie kulturellen und imperialen D. vorgenommen [7. 27–28], die wichtige Bezugspunkte für eine sozial- und kulturhistor. Annäherung an das Phänomen aufzeigte. In diesem Kontext wurden die afrikan. D. – neben der palästinensischen, armenischen und irischen – als Opfer-D. definiert, die aus einem aufgezwungenen Prozess der ↗Verschleppung oder Unterwerfung entstanden sei. Opfer-D. entwerfen nach [7] ihre Geschichte oft im engen Bezug auf die Geschichte der jüd. D. (vgl. unten 2.1. und 3.).

Ein Beispiel für Kaufmannsdiasporas sind die südchines. Händler, welche sich ab dem 16. Jh. in Manila, Nagasaki und später im ganzen südostasiat. Raum sowie der ↗Neuen Welt niederließen, wobei eng geknüpfte Clan- und Familiennetzwerke die Interaktion mit der lokalen Bevölkerung und regionalen Gruppen organisierten. Die imperiale D. kann am Beispiel des ↗British Empire erklärt werden, das für die diasporische und indigene Bevölkerung der Kolonien gleichermaßen eine komplexe Struktur aus legalen, sprachlichen, religiösen und kulturellen Bedingungen etablierte, um seinen hegemonialen Herrschaftsanspruch zu sichern. Als kulturelle D. gelten primär globale ethnische Minderheitsbewegungen in der postmodernen Welt. Obgleich diese Begriffe von Cohen als höchst vorläufig ausgewiesen werden und Mischverhältnisse bzw. Übergänge zwischen den unterschiedlichen Formationen und Konstellationen nicht ausgeschlossen sind, erscheint sein Kategorisierungsversuch nicht unproblematisch, weil er den kultur- und sozialhistor. Begleitumständen und Kontexten einzelner Diasporisierungsprozesse zu wenig Rechnung trägt (vgl. [4]).

Auf der Grundlage von Safrans Definition [18] vollzog sich im Umfeld der poststrukturalistischen und postkolonialen Theorie ein weiterer Bedeutungswandel des Begriffs D. In verschiedenen Ansätzen ([13]; [6]; [14]) werden die Hybridität und der Konstruktcharakter des Bezugspunktes (der ↗»Heimat«) stark betont. Diasporische Gemeinschaften, so lautet inzwischen der Tenor der Debatte, sind von *dispersal and fragmentation* (»Zerstreuung und Fragmentierung«) [14. 394] mindestens ebenso geprägt wie von einem homogenisierenden Rückkehrgedanken oder einem verbindlichen Heimatkonzept. Der Zusammenhalt der Gemeinschaft muss sich so auch nicht über ein Ursprungsland organisieren, sondern kann sehr wohl ebenso im Bezug auf Mitglieder der eigenen ethnischen Gemeinschaft weltweit geschehen [7. 25].

Auch wenn sich die kritische Debatte um die Begriffsbestimmung als äußerst produktiv erwiesen hat, macht sie doch auch deutlich, dass eine zu offene Fassung des Terminus, wie sie sich in den aktuellen sozial- und kulturwiss. Debatten andeutet, wenig hilfreich ist. So droht »D.« in manchen Adaptionen inzwischen zum Synonym für »Minderheitenkulturen« oder »Leben in der Fremde« generalisiert zu werden. Um sein zu starkes Diffundieren zu vermeiden, sollte zumindest die Kategorie der Zerstreuung – und damit die Gegebenheit von wenigstens zwei peripheren Orten unabhängig vom ursprünglichen Ausgangspunkt – als verbindlich gelten; auch die Existenz einer mythisierenden Komponente sollte bei der Bestimmung von D.-Gemeinschaften zentral sein.

V. a. aber ist es wichtig anzuerkennen, dass sich D. oft erst im Nachhinein – als Projektion der Nachgeborenen – formiert, wodurch der Begriff selbst eine durchaus auch problematische Funktion für die Geschichtsschreibung erhält. So warnte Anderson nachdrücklich davor, retrospektiv einen »Mythos diasporischer kollektiver Subjektivitäten« zu etablieren, indem man die Denkmodelle des späten 20. und angehenden 21. Jh.s auf völlig andersartige Kontexte projiziert, und so ahistor. Konzepte von ethnischer Zugehörigkeit und religiöser oder nationalstaatlicher Identifizierung konstruiert. Als (Negativ-)Beispiel verwies er auf den Penguin Atlas of Diasporas von 1995, der etwa für das Jahr 1250 in Portugal 40 000 Juden zur jüd. D. zählt, und dabei die Ambivalenzen und Diskrepanzen bei der retrospektiven Festlegung »who ›was‹ a Jew in thirteenth-century Portugal« völlig unterschlägt [3. 131].

Vor diesem Hintergrund wurde vorgeschlagen, den Begriff D. nur auf neuartige Formen der Gemeinschafts- und Identitätskonstruktion zu beziehen, auch wenn es »exemplarische D.-Gemeinschaften … lange vor dem Zeitalter der Globalisierung gegeben« habe [16. 151], und so den Begriff D. streng zu periodisieren. Doch das Konzept D. lässt sich durchaus historisieren, wie die o. g. Beispiele zeigen, und kann – vorsichtig eingesetzt – für kulturhistor. Untersuchungen ein wichtiges Korrektiv darstellen. Denn die Fokussierung auf diasporische Geschichte(n) eröffnet den Blick für histor. Entwicklungen, wie sie die »großen Erzählungen« der Nationalstaatsentwicklung und der Machtblöcke (»erste und dritte Welt«, »Ostblock und der Westen«, Orient und Okzident) nicht in den Blick kommen lassen. So ist eingewandt worden, dass die Handelsgeschichte seit der Frühen Nz. primär aus der Perspektive europ. Unternehmen und ↗Handelsgesellschaften geschrieben wurde [11]. Wenn man dagegen den asiat. Binnenhandel in den Blick nimmt, der vorwiegend von chines., arab. und jüd. diasporischen Gemeinschaften bestimmt wurde (↗Kaufmannsdiaspora), werden die Ergebnisse der etablierten Geschichtsschreibung radikal konterkariert und korrigiert [11. 63]. In Studien, die derart die Perspektive verändern oder verschieben, kommt eine »Vorgeschichte der Globalisierung« zum Vorschein, die sich nicht länger an den Prämissen von Zentrum und Peripherie orientiert.

2. Die schwarze Diaspora als Fallbeispiel

2.1. Analogien von jüdischer und schwarzer Diaspora

»In vielerlei Hinsicht ist die Not der Menschen afrikan. Herkunft, insbesondere jener in der Neuen Welt, mit der Not der Juden vergleichbar« [20]. Zahlreiche Analogien lassen sich zwischen den Erzählungen um die jüd. Diasporisierung und den Dreieckshandel aufzeigen (↗Sklavenhandel; ↗Atlantische Welt). Wie die Juden wurden auch die Afrikaner in der Folge Opfer eines »mächtigen Imperialismus«; sie emigrierten nicht freiwillig, sondern gezwungenermaßen, und wie die Juden entwickelten sie »Mythen, Rationalisierungen und Theorien, um ihre Not zu erklären« [20. 11–13]. Dieses Denkmodell, das die Erfahrungen der jüd. und der schwarzen D. analogisiert, hat eine lange Tradition; eine frühe Version findet sich bereits in der Autobiographie Olaudah Equianos von 1789, in der er seine Erfahrungen als Sklave und freier Seemann im internationalen Handel zwischen Westafrika, der Karibik, Lateinamerika, den USA und England beschreibt. Das Volk der Ibo, dem er sich zurechnet, identifiziert er als einen der verlorenen Stämme Israels und stilisiert so den Prozess der Versklavung zur weiteren Verschleppung der bereits Exilierten [1].

Die ersten systematischen Ausführungen zu den Analogien zwischen der jüd. und der schwarzen D. finden sich im 19. Jh. bei dem afroamerikan. Autor und Politiker E. W. Blyden, dessen Schriften deutlich machen, dass sich die ↗Ausgrenzungs-Erfahrung bei Juden wie bei den diasporischen Afrikanern nicht nur in vergleichbaren Leidensgeschichten niederschlägt, sondern dass auch die Protestbewegungen, Selbstreflexionen und kulturellen Selbstinszenierungen Parallelen aufweisen. Das wird vielleicht am offensichtlichsten in den Variationen des Rückkehrgedankens in der Geschichte der jüd. und der afrikan. D.: In beiden Kontexten spielte der Gedanke der Rückkehr in die »Heimat« zu unterschiedlichen Zeiten eine gewichtige Rolle. Aber in beiden Kontexten steht der Rückkehrgedanke nie absolut; es gab immer auch Gegenstimmen, die mehr oder weniger vehement dafür plädierten, die diasporische Bedingtheit als Ausgangspunkt einer Einflussnahme »in der Fremde« zu begreifen (s. u. 3.1.).

Angesichts der vielen offensichtlichen und versteckten Analogien zwischen den Erfahrungen und Erzählungen der jüd. und der schwarzen D., und angesichts der Tatsache, dass viele abolitionistische Predigten, Erzählungen und Propagandaschriften des 19. Jh.s die biblisch-jüd. »Vorgeschichte« der afrikan. Versklavung ansprechen, ist es umso erstaunlicher, dass die explizite Übertragung des Begriffs D. auf die Situation von schwarzen Gemeinschaften weltweit erst vor relativ kurzer Zeit geschah. Blyden etwa verwendet den Ausdruck D. nicht, sondern ausschließlich den des ↗Exils.

Die aktuelle Konjunktur des Terminus D. lässt sich auf einige afrikanistische Arbeiten der späten 1950er und frühen 1960er Jahre zurückführen. Zum akademischen Schlagwort wurde die African diaspora dann Ende der 1980er Jahre mit der Adaption des Begriffs durch führende Autoren der brit. Kultur- und Sozialwissenschaften [14]; [13]. Tatsächlich mag seine Karriere für die Auseinandersetzung mit schwarzen Kulturen und Bewegungen weltweit wesentlich mit eben der Tatsache zusammenhängen, dass keiner der Vordenker der Ideen von Panafrikanismus und *Négritude* den Terminus D. benutzte, auch wenn alle diese Denker und Aktivisten von dem Gedanken einer weltweit vernetzten schwarzen Bewegung ausgingen. Eine »erste« Begriffsverwendung ist schwierig zu verorten, doch scheint die erfolgreiche Appropriation für den Kontext schwarzer globaler Gemeinschaften dem Afrikanisten G. Shepperson zu verdanken zu sein ([19]; vgl. hierzu [10]).

2.2. »Black Atlantic« als alternativer Geschichtsentwurf

Das von P. Gilroy vorgelegte Konzept des *Black Atlantic* [12] kann man als konsequentes Weiterdenken dieses D.-Konzepts verstehen: als Ansatz, der gerade aufgrund seiner radikalen Absage an ältere Konzepte und Theorien eine innovative Richtung für die *Diaspora Studies* eröffnet, auch wenn er seinerseits eine Reihe neuer Probleme und Kontroversen schafft. Hierbei werden afrikan. Strukturen – oder auch schwarz-atlantische Traditionen (↗Atlantische Welt) – als ein Gegenmodell zur euro-amerikan. ↗Moderne verstanden. Im Gegensatz zu etablierten Denkmodellen von afrodiasporischen Beziehungen und Austauschverhältnissen, wie sie etwa von den Denkern des Panafrikanismus oder der *Négritude* angenommen werden, geht das Konzept des *Black Atlantic* von keiner vorgängigen kulturellen oder rassischen afrikan. Identität aus, sondern entwirft ein sich ständig verschiebendes und neu konfigurierendes Gefüge dynamischer Beziehungen zwischen schwarzen Menschen und Gemeinschaften weltweit.

Die Geschichte des *Black Atlantic* wird als alternativer Geschichtsentwurf, eben als *counterculture of modernity* verstanden, der sich von den Anfängen des transatlantischen Kontakts im 16. Jh. (z. B. stammte Christopher Kolumbus' Steuermann, Pedro Niño, aus Nordafrika) bis zur gegenwärtigen globalen Kultur diasporischer Musik erstreckt. Dieser Ansatz wendet sich radikal gegen die Vorstellung eines sternförmig auf Afrika ausgerichteten Systems schwarzer Kulturen, wie es das afrozentristische Weltbild postuliert. Stattdessen wird Afrika als ein Bezugspunkt unter vielen anderen für das komplexe und dezentrale Netzwerk schwarzer Interaktionen kreuz und quer über den Atlantik gesehen.

Der Begriff des »schwarzen Atlantik« ist insofern glücklich gewählt, als er nicht auf eine bestimmte kulturelle, religiöse oder gar nationalstaatliche Ausgangssituation, einen verbindlichen Status quo dessen verweist, was als »afrikan.« zu verstehen wäre, sondern den Fokus auf den Raum »dazwischen«, den Atlantik als Begegnungsraum, als Kontaktzone und als Austauschsphäre lenkt. Durch die Untersuchung der komplizierten transatlantischen Lebensläufe von Intellektuellen, Autoren und Künstlern entsteht eine Geschichte des atlantischen Raums, in der schwarze Menschen nicht nur als Transportgut oder als Opfer, als wahlweise verabscheuungswürdige oder bedauernswerte Objekte in Erscheinung treten, sondern als handlungsmächtige, produktive und autonom gestaltende Individuen mit eigenen Interessen und Werten, die sich nicht von den Interessen und Werten der hegemonialen Systeme vereinnahmen lassen.

Mit dieser radikalen Zuspitzung des D.-Begriffs wendet sich die Theorie des *Black Atlantic* letztlich gegen die Grundannahmen der vorhergehenden Debatte. Denn *Black Atlantic* und die schwarze D. werden bewusst als Konstrukt gedacht – als Ergebnis einer Geschichte aus Zuschreibungen, Projektionen, Vorurteilen und Selbstinszenierungen. Die schwarzen Menschen weltweit verstanden und verstehen sich nach diesem Ansatz als Teil einer Gemeinschaft eben nicht aufgrund einer gemeinsamen »afrikan. Kultur« und schon gar nicht auf der Basis eines verbindlichen schriftlich niedergelegten Kodex, sondern v. a., weil sie die histor. Erfahrung von Unterdrückung, Ausgrenzung und Ausbeutung teilen – und so in der ↗Neuen Welt erst zu »Afrikanern« gemacht wurden.

Man mag die utopische Semantik, die der Begriff D. in solchen Adaptionen gewann, kritisieren. Doch die Aufmerksamkeit, mit der die Kultur-, Sozial- und Geschichtswissenschaften derzeit auf Theorien wie die des *Black Atlantic* reagieren, kommt nicht von ungefähr. Sie verweist auf ein Bedürfnis nach Theorien und Denkmodellen, die die außereurop. Geschichte und die Geschichte von sog. Randgruppen – von ↗Minderheiten, Subalternen und marginalisierten Gemeinschaften – nicht als bloße Fußnote zum etablierten Wissenskanon ansehen, sondern diese Geschichte in ihrer Komplexität und ihrem Facettenreichtum nutzen, um die etablierte Geschichtsschreibung zu überprüfen und in wesentlichen Teilen neu zu schreiben. Für dieses Projekt stellt der D.-Begriff einen wichtigen Bezugspunkt dar.

→ Atlantische Welt; Exil; Sklavenhandel; Sklaverei; Zwangsmigration

Quellen:
[1] O. Equiano, The Interesting Narrative of the Life of Olaudah Equiano or Gustavus Vassa, the African. Written by himself, London 1789.

Sekundärliteratur:
[2] B. Anderson, Imagined Communities. Reflections on the Origin and Spread of Nationalism, 1983 [3] B. Anderson, Nationalism, Identity, and the World-in-Motion: On the Logics of Seriality, in: B. Robbins / Ph. Cheah (Hrsg.), Cosmopolitics. Thinking and Feeling beyond the Nation, 1998, 117–133 [4] F. Anthias, Evaluating ›Diasporas‹: Beyond Ethnicity?, in: Sociology 32/3, 1998, 557–580 [5] M. Baumann, Diaspora: Genealogies of Semantics and Transcultural Comparison, in:

Numen 47, 2000, 313–337 [6] J. CLIFFORD, Diasporas, in: J. CLIFFORD, Routes. Travel and Translation in the Late Twentieth Century, 1997, 244–277 [7] R. COHEN, Global Diasporas. An Introduction, 1997 [8] M. DABAG / K. PLATT, Diaspora und das kollektive Gedächtnis, in: M. DABAG / K. PLATT (Hrsg.), Identität in der Fremde, 1993, 117–144 [9] H. DORSCH, Afrikanische Diaspora und Black Atlantic. Einführung in Geschichte und aktuelle Diskussion, 2000 [10] B. H. EDWARDS, The Uses of Diaspora, in: Social Text 19/1, 2001, 45–73 [11] A. G. FRANK, ReOrient. Global Economy in the Asian Age, 1998 [12] P. GILROY, The Black Atlantic. Modernity and Double Consciousness, 1993 [13] P. GILROY, Diaspora, in: Paragraph 17/1, 1994, 206–212 [14] ST. HALL, Cultural Identity and Diaspora, in: P. WILLIAMS / L. CHRISMAN (Hrsg.), Colonial Discourse and Post-Colonial Theory. A Reader, 1994, 392–403 [15] J. E. HARRIS (Hrsg.), Global Dimensions of the African Diaspora, ²1993 [16] M. KRINGS, Diaspora: Historische Erfahrung oder wissenschaftliches Konzept? Zur Konjunktur eines Begriffes in den Sozialwissenschaften, in: Paideuma 49, 2003, 137–152 [17] R. MAYER, Diaspora, 2005 (im Druck) [18] W. SAFRAN, Diasporas in Modern Societies: Myths of Homeland and Return, in: Diaspora 1/1, 1991, 83–89 [19] G. SHEPPERSON, The African Diaspora – or the African Abroad, in: Africa Forum 1/2, 1966, 76–93 [20] E. P. SKINNER, The Dialectic between Diasporas and Homelands, in: J. E. HARRIS (Hrsg.), Global Dimensions of the African Diaspora, ²1993, 11–40.

Ruth Mayer

3. Die jüdische Diaspora

3.1. Geschichte und Bewertung

Die Existenz einer jüd. D. lässt sich bereits in die biblische Zeit zurückverfolgen. Gleichwohl wurde das Leben außerhalb des »Gelobten Landes« zu allen Zeiten als unbefriedigend und anormal empfunden. Dies hing nicht zuletzt damit zusammen, dass nach traditioneller Auffassung die jüd. Religion nur im Lande Israel vollständig ausgeübt werden kann. Zahlreiche Bestimmungen des Religionsgesetzes, der Halacha (↗Jüdisches Recht), sind an das Heilige Land gebunden. Seit der Zerstörung des Zweiten Tempels durch die Römer im Jahre 70 n. Chr. hat zwar der Tempelkult in Jerusalem seine zentrale Bedeutung verloren, doch ist er lediglich ausgesetzt, keineswegs aber suspendiert worden. Die Hoffnung auf Rückkehr nach *Erez Israel* (»Land Israel«) und die Wiedererrichtung des Tempels stellten daher stets ein religiöses Ideal dar, das jedoch in vormoderner Zeit erst in den Tagen des ↗Messias für möglich gehalten wurde. Die Existenz in der D. wurde auch als Strafe aufgefasst und in dieser Hinsicht der Vertreibung aus dem Paradies analog gesetzt. Wie Adam, weil er Gottes Gebot übertreten hatte, aus dem Garten Eden vertrieben wurde, so musste auch Israel ins Exil gehen, weil es die Gebote der ↗Tora missachtet hatte.

Während also auch in der Nz. die Existenz in der D. negativ bewertet wurde, kam es seit dem 19. Jh., insbes. in den Kreisen des westeurop. und später des nordamerikan. ↗Reformjudentums, zu einer Neubewertung der D.-Existenz und gleichzeitig zu einer Infragestellung der zentralen Rolle des Landes Israel. Diese Neubewertung stand in enger Beziehung zu dem Prozess der ↗Emanzipation und Akkulturation des ↗Judentums in diesen Ländern; es bedeutete gleichzeitig eine Ablehnung der Auffassung des Judentums als eigenständiger ↗Nation und ging mit einer ↗Konfessionalisierung des Judentums einher, das nunmehr als den evang. Kirchen und der röm.-kath. Kirche parallele Gemeinschaft verstanden wurde. Die Existenz in der D. konnte dabei sogar positiv gedeutet und als Auftrag Israels zur Verbreitung des ↗Monotheismus unter den Völkern verstanden werden. Die osteurop. Orthodoxie und das oriental. Judentum hielten jedoch an der bes. Verbindung zu *Erez Israel* und an der negativen Bewertung der D. fest.

Trotz der engen Beziehung des Judentums zu seinem Land lebten bereits seit der Zerstörung des ersten Tempels (586 v. Chr.) größere Teile des jüd. Volkes außerhalb ihres angestammten Landes. Nach der Zerstörung des zweiten Tempels im Jahre 70 ist wohl davon auszugehen, dass die weitaus meisten Juden in der D. lebten. Dabei sollten sich die Zentren jüd. Lebens im Laufe der Jahrhunderte immer wieder verschieben. Während in der Spätantike Babylonien gegenüber anderen Orten der D. dominierte, sollte vom 8.–15. Jh. Spanien eine herausragende Rolle spielen. Daneben gewannen auch die jüd. Siedlungsgebiete in Zentraleuropa zunehmend an Bedeutung.

3.2. Gruppen der jüdischen Diaspora

In der Nz. unterscheidet man zunächst zwei große jüd. Gruppen in der D., deren Bezeichnung von ihrem jeweiligen Hauptsiedlungsgebiet im MA abgeleitet ist: ↗Aschkenasim und ↗Sefardim (Sefarden). Letztere Gruppe leitet ihren Namen von Sefarad ab, der hebr. Bezeichnung für Spanien, wogegen Aschkenas Deutschland bezeichnet. Daneben gibt es bis heute kleinere D.-Gruppen, die den beiden Großgruppen nicht zugeordnet werden können. Hierzu zählen an erster Stelle die Jemeniten, die auch über einen eigenständigen liturgischen Ritus verfügen. Daneben müssen noch einige Sondergruppen aus unterschiedlichen Gründen von der Mehrheit der o. g. Gruppen des Judentums differenziert werden, entweder weil sie zahlreiche rituelle oder glaubensmäßige Unterschiede aufweisen, oder weil sie eine vollständig von den übrigen Strömungen des Judentums isolierte Entwicklung genommen hatten.

Zu den theologischen verschiedenen Gruppen gehören die Karäer, die sich durch ihre Ablehnung der mündlichen Lehre von den übrigen Juden unterschieden; sie stellten zwischen dem 8. und 11. Jh. eine ernsthafte Herausforderung für das normative Judentum dar, verloren danach jedoch zunehmend an Einfluss. Seit der

Frühen Nz. gab es nur noch in Kairo, Hit (Irak), Istanbul und Osteuropa kleinere Diaspora-Gemeinden; die Mehrheit der Karäer lebt mittlerweile im Staate Israel. Zur zweiten historisch separierten Gruppe gehören etwa die Beta Israel, die äthiopischen Juden, die früher auch unter dem Namen Falascha bekannt waren und durch ihre Isolation vom übrigen Judentum eine ganz eigenständige Entwicklung genommen haben. Gleiches gilt für Gruppen des ind. Judentums. Zu den Sefardim werden häufig auch weite Teile der oriental. Juden gerechnet, deren Ursprünge nicht in Spanien liegen. Dies ist z. T. dadurch bedingt, dass sie sich in ritueller Hinsicht nach dem sefardischen Ritus richten und nicht wie die Jemeniten über einen eigenen verfügen.

Die Aschkenasim breiteten sich im späten MA und in der Frühen Nz. zunehmend nach Osteuropa aus. Insbes. in Polen und im zaristischen Russland bildeten sie bedeutende Gemeinden. In Osteuropa kam es daneben auch zur Entstehung weiterer bedeutender religiöser Strömungen, wie des ↗Hasidismus (Chassidismus), der bis heute innerhalb der jüd. Orthodoxie eine bedeutende Kraft darstellt. Das westeurop. Judentum sollte hingegen im Zuge der Emanzipation stärker zu einer reformorientierten Auffassung des Judentums neigen.

Das sefardische Judentum befand sich seit seiner Vertreibung aus Spanien 1492 in einer doppelten Emigration. Sefardische Juden lebten danach hauptsächlich in Nordafrika und im ↗Osmanischen Reich bzw. in dessen Nachfolgestaaten. Seit Ende des 16. Jh.s war auch auf dt. Boden in Hamburg eine kleine Gemeinde sefardischer Juden ansässig. Bedeutende jüd. Gemeinden gab es auch außerhalb des Osman. Reiches, so im Jemen, in Persien oder in Mittelasien.

Bei allen genannten Gruppen hat es in den letzten hundert Jahren größere Verschiebungen gegeben, die teilweise zu einer vollständigen Auflösung zahlreicher D.-Gemeinden geführt haben. Bereits im 19. Jh. setzte im osteurop. Judentum – bedingt durch die rechtliche und gesellschaftliche Diskriminierung und hervorgerufen durch zahlreiche Pogrome (↗Judenfeindschaft) – eine ↗Emigration nach Westen ein, die nach und nach zum Aufstieg des nordamerikan. Judentums führen sollte (↗Glaubensflüchtlinge). Erst die Schoah führte jedoch in vielen Ländern Europas zu einer nahezu vollständigen Zerstörung jüd. Gemeinden. Demgegenüber blieben die sefardische D. in der Türkei sowie die Gemeinden in den oriental. Ländern zunächst intakt; hier kam es erst in der Folge der Entstehung des Staates Israel zu einer teilweise vollständigen Auflösung ganzer Gemeinden.

3.3. Diaspora und umgebende Kultur

Wenn auch die D.-Situation (wie eingangs erwähnt) als ein anormaler Zustand empfunden wurde, hat sie doch zu keiner Zeit zu einem völligen Rückzug von der nichtjüd. Umwelt geführt. Sicherlich erschwert die traditionelle Halacha (↗Jüdisches Recht) den gesellschaftlichen Umgang mit Nichtjuden, und dort, wo jüdischerseits die strenge Observanz des Religionsgesetzes aufgegeben und die Assimilation an die nichtjüd. Umwelt angestrebt wurde, scheiterte diese häufig am Unwillen der Nichtjuden. Dennoch verstanden es Juden, sich mit der D.-Situation zu arrangieren, nahmen Elemente der umliegenden Kultur auf und konnten eine gestaltende Rolle innerhalb ihrer jeweiligen Umgebung spielen.

In diesem Zusammenhang ist auch auf die Entstehung eigenständiger Sprachen und Literaturen zu verweisen, die ↗Juden in allen Ländern der D. ausgebildet haben; die ↗jüdischen Sprachen vermischen stets Elemente der jeweiligen Mehrheitssprache mit einem unterschiedlich hohen Anteil hebräischer Wörter und werden in der Regel in hebr. Buchstaben geschrieben (↗Jüdische Literatur). Die bekannteste dieser Sprachen ist das Jiddische, das aus dem Mittelhochdeutschen entstanden ist und Elemente der slawischen Sprachen sowie des Hebräischen und Aramäischen aufgenommen hat. Innerhalb des sefardischen Judentums entstand das Ladino (oder Judezmo), das heutzutage auch mit lat. Buchstaben geschrieben wird. In den arab. Ländern bildete sich das Judeo-Arabische aus, in dem auch zahlreiche bedeutende Werke der mittelalterlichen jüd. Religionsphilosophie verfasst wurden. In Persien und in Mittelasien war demgegenüber das Judeo-Persische vorherrschend.

Interessanterweise sprechen Juden häufig die gleiche Sprache wie andere ortsansässige ↗Minderheiten, jedoch nicht die Sprache der Mehrheit. So sprechen etwa die Juden Kurdistans nicht Kurdisch, sondern Neuostaramäisch (Neusyrisch) wie ihre christl. Nachbarn. Die Juden der iran. Stadt Kerman sprechen denselben Dialekt wie die Zoroastrier dieses Ortes, nicht jedoch den Dialekt ihrer muslim. Nachbarn. Die zunehmende Assimilation an die jeweilige Mehrheitsgesellschaft hat jedoch meist zu einer langsamen Aufgabe dieser Sprachen geführt, die heutzutage in ihrem Bestand gefährdet sind.

Auch im Bereich von Literatur, Musik und bildenden Künsten wurden Einflüsse aus der Umgebung aufgenommen (↗Jüdische Literatur; ↗Jüdische Kunst; ↗Jüdische Musik). In Persien etwa, wo die klassische pers. Dichtung bis heute eine bes. Verehrung genießt, kam es auch unter den Juden zur Ausbildung entsprechender Werke, bei denen häufig Motive iran. Mythologie mit biblischen Stoffen verbunden wurden (wie etwa im *Ardeschir-Name* des im 14. Jh. im Iran lebenden Dichters Mowlana Schahin Schirazi, wo persische Königslegenden mit Erzählungen aus dem Buch Esther verknüpft werden). Der um 1600 in Italien wirkende Komponist Salamone de' Rossi, um ein weiteres Beispiel zu nennen, war ganz dem in seiner Zeit vorherrschenden musikalischen Stil der höfischen Kunstmusik verpflichtet.

→ Aschkenasim; Emanzipation; Gemeinde; Juden; Judentum; Jüdische Sprachen; Sefardim

[1] F. Y. BAER, Galut, 1936 [2] B. Z. DINUR (Hrsg.), yisra'el ba-goläh, 1926–1966 [3] A. M. EISEN, Galut. Modern Jewish Reflection on Homelessness and Homecoming, 1986 [4] Y. KAUFMANN, goläh wa-nekhar, 1929–1932 [5] A. LEVINE, Scattered among the Peoples. The Jewish Diaspora in Ten Portraits, 2002.

Hans-Michael Haußig

Diät s. Diätetik; Ernährung

Diätetik

1. Ursprung des Begriffes
2. Frühneuzeitliche Regimina der Gesundheit
3. Von der Diätetik zur Hygiene und Diätkost (18.–19. Jahrhundert)

1. Ursprung des Begriffes

Der Begriff D. (lat. *regimen*, franz. *régime*, engl. *hygiene*) stammt von griech. *díaita* (»Lebensweise«) und bedeutet »Lehre von der gesunden Lebensführung«. Die antike hippokratische Medizin verstand die Bewahrung der ↗Gesundheit als eine ihrer zentralen Aufgaben: D. stellte neben der medikamentösen Therapie und der Chirurgie eine der drei konstitutiven Interventionsformen der ↗Medizin dar. Die antike Philosophie begründete das für die D. zentrale Prinzip vom (Mittel-)Maß – als geordnete seelische und körperliche Lebensführung – ethisch und ästhetisch (vgl. z. B. Platon, Gorgias 506d–507d). Allerdings spielten für die frühnzl. D. noch die in der Antike entwickelten und im MA weiter tradierten naturphilosophischen Theorien (↗Naturphilosophie) zur Erklärung des ↗Kosmos und des Menschen (Mikro- und Makrokosmos) eine große Rolle. Diese sahen die Natur aus vier ↗Elementen (Erde, Luft, Feuer und Wasser) und Qualitäten (warm, kalt, feucht und trocken) konstituiert, mit denen die vier körperlichen Säfte (lat. *humores*: Blut, Phlegma, schwarze und gelbe Galle) korrespondierten. Sie blieben bis ins 18. Jh. hinein ein anerkanntes Erklärungsmodell (↗Humoralpathologie).

Die individuell angepasste Lebensführung, die man unter Berücksichtigung der vier Jahreszeiten und der vier Lebensalter bestimmte, sollte dazu beitragen, ein Gleichgewicht der Körpersäfte herzustellen (griech. *eukrasía*) und so die Gesundheit gewährleisten. Die der antiken D. eigenen Bereiche der *sex res non naturales* (»sechs nicht natürlichen Dinge«) (1) Licht und Luft, (2) Essen und Trinken, (3) Bewegung und Ruhe, (4) Schlaf und Wachen, (5) Füllung und Entlehrung und (6) Gemütsbewegungen, die im MA auch dank des Beitrages der arab. Medizin ihre Systematisierung erlebten, flossen in die frühnzl. Texte zur *ars vivendi* (»Lebenskunst«) ein. Diese erklärten die rechte Lebensordnung als Voraussetzung für Gesundheit. Maß und Zurückhaltung von Exzessen blieben die zentralen Kriterien der D., welche die Wiedererlangung und Bewahrung der Gesundheit sowie das Erreichen eines möglichst langen Lebens versprach.

2. Frühneuzeitliche Regimina der Gesundheit

Obwohl Chirurgie (↗Wundarznei) und medikamentöse Therapie im Laufe des 16. Jh.s an Bedeutung gewannen, blieb die D. wichtiger Bestandteil der ↗Medizin und wesentlicher Ausdruck humanistischer Kultur. Im 16. Jh. wurden ma. Texte zu D. wie das berühmte und mehrfach überlieferte *Regimen sanitatis Salernitanum* (13. Jh., »Gesundheitslehre von Salerno«) gedruckt; Galens zentrale diätetische Schrift, *De sanitate tuenda* (»Über die Bewahrung der Gesundheit«) wurde von Thomas Linacre 1517 aus dem Griechischen ins Lateinische übersetzt. Vertreter der humanistischen Medizin wie Gerolamo Cardano, Giulio degli Alessandrini und Timothy Bright verfassten gelehrte Werke auf ↗Latein, die dem galenischen Modell folgten und eine intensive Beschäftigung mit D. belegen. Doch neben der gelehrten Strömung der D. existierte die nicht weniger bedeutende populäre und in den verschiedenen Landessprachen verfasste Literatur, wie z. B. Thomas Elyots *The Castel of Helth* (1534) oder Castor Durantes *Il tesoro della sanità* (1588; »Der Schatz der Gesundheit«).

D. erlebte in der Frühen Nz. eine mindestens dreifache Differenzierung: (1) Sie richtete sich an ein spezielles Zielpublikum und setzte somit eine Richtung fort, welche die ma. *Regimina* für spezifische Berufs- oder Altersgruppen sowie Geschlechter formuliert hatten. Nachdem Marsilio Ficino (*Liber de vita*; 1489, »Buch vom Leben«) diätetische Empfehlungen zum langen und angenehmen Leben für ↗Gelehrte verfasst hatte, erschienen im 15. und 16. Jh. Traktate über die Lebensführung der Familienväter [18], der Literaten und Magistraten [7] sowie der Reisenden [8] oder der älteren Menschen [19]; der letzteren Gruppe gehören die umfassenden Werke zur Verlängerung des Lebens an, welche als Vorläufer der Makrobiotik angesehen werden dürfen [4] (↗Hohes Alter). (2) Einzelne Gebiete der D. – nur ein oder zwei der »sechs nicht natürlichen Dinge« (s. o.) – wurden zum Thema eigener Abhandlungen: ↗Sport und Bewegung [12], Ausscheidungen [11], Lebensmittel wie ↗Milch oder ↗Wein [1] bzw. seit Beginn des 17. Jh.s auch ↗Genussmittel wie ↗Kaffee, ↗Tee, Schokolade (↗Kakao) und ↗Tabak. (3) Geographische oder klimatische Aspekte rückten in Texten, die Lebensregeln für die Bewohner verschiedener Städte entwickelten, in den Vordergrund.

Die Gesundheit der Bewohner von Städten wie z. B. Rom oder Genua wurde hier thematisiert und in Verbindung mit den lokalen Eigenschaften von ↗Wasser, ↗Klima und Essgewohnheiten gesetzt (↗Essen). Die Erstellung eines entsprechenden *Regime* basierte auf der Berücksichtigung dieser ortsgebundenen Voraussetzungen [13]. Trotz der Ausdifferenzierung blieb die humoralpathologische Verfassung des Individuums bis weit ins 18. Jh. hinein der zentrale Gegenstand der D.

3. Von der Diätetik zur Hygiene und Diätkost (18.–19. Jahrhundert)

3.1. Wandel

Mit der ↗Aufklärung erhielt die D. eine zuvor nie gekannte soziale Dimension. Ein erster und wichtiger Vertreter dieser Neuausrichtung war der engl. Arzt Georg Cheyne, der den Terminus »↗Hygiene« als die D. umfassend und über sie hinausgehend verstand [3]. Cheyne betonte die Interdependenz zwischen dem Zuwachs nervöser Leiden (↗Hysterie, ↗Melancholie), schlechten Essgewohnheiten und mangelnder Bewegung im urbanen Leben.

Essen und Trinken brachte man nun zunehmend mit den verschiedenen Bevölkerungsschichten in Verbindung, die als Verbraucher spezifischer Lebensmittel (↗Kartoffeln, Kakao etc.) galten. Die im letzten Drittel des 18. Jh.s immer deutlicher werdende Kritik am verbürgerlichten Leben in den Städten, welches eine Entfremdung von der ↗Natur mit sich bringe, betonte den Zusammenhang zwischen Zivilisation und physisch-moralischer ↗Dekadenz. Diese Strömung bildete den Nährboden für die seit der Mitte des 19. Jh.s die Medizin dominierende Degenerationstheorie (auf endo- und exogene Faktoren zurückgeführte und für erblich gehaltene psycho-physische und moralische Entartung bestimmter gesellschaftlicher Gruppen).

Zu den Medizinern, die den Einfluss der D. auf ↗Gesundheit und ↗Krankheit sowie ihre Rolle im Rahmen der Prävention und Rehabilitation hervorhoben, zählten Simon André Tissot, Etienne Tourtel, Franz Anton Mai, Bernhard Christoph Faust, Christoph Wilhelm von Hufeland und Friedrich Hoffmann, der 1744 eine D. für Arbeiter entwickelte, die auch als Mittel zur Vorbeugung spezifischer ↗Berufskrankheiten fungieren sollte [9] (↗Gewerbepathologie). Hufeland prägte 1796 den Begriff der Makrobiotik als der Kunst, das menschliche Leben zu verlängern [10]. Diese auf der Regulierung natürlicher Lebensfunktionen basierende D. betonte die Einheit von Leib und Seele sowie Natur und Kultur und stellte den Bezug zwischen Gesundheit und allgemeiner Wohlfahrt her. So dehnte sich das Spektrum der D. im Laufe des 18. Jh.s auch auf die moralische Sphäre aus. Diese Bemühungen, die soziale Relevanz des gesundheitlich natürlichen und sittlichen Zustandes des Individuums hervorzuheben, lässt sich ebenfalls im durch die Vertreter der D. propagierten Ideal der Beherrschung und Selbstkontrolle – als Grundlagen für ein Leben nach Maß – ablesen; hier wurde auch ↗Sexualität thematisiert [17].

3.2. Popularisierung und Forschung

Als bedeutendes Mittel der Popularisierung diätetischer Auffassungen außerhalb der Medizin sind die Gattungen der ↗Kochbücher einerseits und der intellektuellen gastronomischen Abhandlungen andererseits zu nennen. Beide Subtypen weisen Verbindungen zu den seit der Antike bestehenden Ökonomika-Büchern und Traktaten über die ↗Kochkunst auf. Frauen gehörten zur häufig angesprochenen Zielgruppe der ersten Gattung und auch zu deren Autorinnen [16]. Im Sinne einer »Gastrosophie«, die sich als bewusst umfassende D. gegen die isolierte Betrachtung von Essen und Trinken verstand, verfasste der Jurist Anthelme Brillat-Savarin 1826 seine *Physiologie du goût* (»Physiologie des Geschmacks«) und wies auf die zentrale Bedeutung der Gastronomie für den Menschen hin. In Deutschland war der bedeutendste Vertreter der »Esskunst« Carl Friedrich von Rumohr; in seinem *Geist der Kochkunst* (1822) werden Prinzipien, histor. Grundlagen und Moral der Esskunst sowie deren Verhältnis zu den anderen Künsten erläutert.

Mit der Kunst, die zur korrekten Bildung, Haltung und Bewegung des ↗Körpers führen sollte, befasste sich der dt. Arzt und Pädagoge Daniel Gottlob Moritz Schreber [16]. Die von ihm gegen Ende der Nz. erfundenen und propagierten Kopfhalter, Geradehalter, Kinnbänder etc. sollten von Kindheit an Körper und Moral dressierend veredeln und so das Ideal eines orthopädisch gesunden Wachstums fördern. Schrebers Erziehungsmodell, in dem er Bewegung, Gartenarbeit, Vermeidung sexueller und kulinarischer Genüsse, kalte Bäder etc. propagierte, fand in der Lehre des Pfarrers Sebastian Kneipp und in der »Heilnahrung« des Schweizers Maximilian Bircher-Benner seine Fortsetzung.

Forschungsgegenstände und Ziele der D. wurden im Zusammenhang mit entscheidenden Veränderungen des 19. Jh.s (darunter Transportmöglichkeiten, Aufschwung der Agrarwissenschaft, Konservierungsmethoden, Wissen um Nährwerte und Hygiene) neu definiert. D. beschränkte ihren Betätigungsraum zunehmend auf Diätkost oder Diät. In der Gesamtheit aufgegeben, wurden die restlichen »sechs nicht natürlichen Dinge« von den sich in der Medizin herausbildenden Spezialfächern und Disziplinen absorbiert (z.B. Bewegungstherapie, ↗Physiologie, ↗Psychologie etc.). In der Zeit der Fragmentierung der D. stellte der alle Lebensbereiche umfassende

Gedanke einer gesunden oder naturgemäßen Lebensführung, wie sie von der Naturheilbewegung propagiert wurde (↗Naturheilkunde), eine Ausnahme dar [22. 214–217]. Die medizinische Umsetzung dieses Versuches, die Tradition der ganzheitlichen D. aufrecht zu erhalten, äußerte sich auf therapeutischer Ebene. Die Errichtung von Sanatorien und Kurorten entsprach der Überzeugung, dass Luft, Licht und gute Ernährung im Kampf gegen die Tuberkulose helfen.

Mit dem Aufblühen der Ernährungswissenschaft rückte die ↗Ernährung als Gegenstand physiologischer und chemischer Untersuchungen in das Licht des Labors; die verschiedensten Nahrungstypen wurden untersucht, definiert und zunehmend quantifiziert (Heilkost, Krankenkost, Sportlerkost, Abmagerungskuren, etc.). Verfahren zur ↗Lebensmittelkonservierung entwickelte man in der ersten Hälfte des 19. Jh.s: Justus Liebigs Fleischextrakt und Julius Maggis »Suppenwürfel« sowie Louis Pasteurs Methode zur Pasteurisierung der Milch und anderer der Fermentierung unterliegenden Produkte wie Wein und Bier revolutionierten Produktion und ↗Konsum von Lebensmitteln. Konsumverhalten und -gewohnheit änderten sich dementsprechend rasant, so dass zur Mitte des 19. Jh.s Stimmen lauter wurden, die zur Mäßigung und Bevorzugung möglichst regionale, bzw. »nationaler« Lebensmittel plädierten. Gegen die ungesunde und übermäßige Ernährung und deren Gefahren entwickelten Mediziner und Laien Programme von Wasser-, Luft- und Sonnenbädern, begleitet von den verschiedensten »Entschlackungsdiäten«. Um das Ideal des schlanken, trainierten, gesunden und jung aussehenden Körpers entstand eine Träume fördernde Industrie, die eine sich immer weiter spezialisierende Palette von Erzeugnissen produzierte.

→ Ernährung; Gesundheit; Hygiene; Körper; Konsum; Krankheit; Medizin

Quellen:
[1] G.C. BARICELLI, De lactis, seri et butry facultatibus et usu ..., Neapel 1623 [2] A. BRILLAT-SAVARIN, Physiologie du goût, 1826 [3] G. CHEYNE, Essay of Health and Long Life, London 1724 [4] A. CORNARO, Discorsi intorno alla vita sorbia, Venedig 1563 [5] C. DURANTE, Il tesoro della sanità, Rom 1588 [6] T. ELYOT, The Castel of Helth, London 1534 [7] G. GRATAROLO, De literatorum et eorum qui magistratibus funguntur ... valetudine, Basel 1555 [8] G. GRATAROLO, Proficiscentium, seu magnis itineribus diversas terras obeuntium medicina, Köln 1571 [9] F. HOFFMANN, Kurzgefaßte Diaetetic, Leipzig 1744 [10] CH. W. VON HUFELAND, Makrobiotik oder die Kunst, das menschliche Leben zu verlängern, Jena 1797 [11] G. MERCURIALE, De morbis cutaneis et omnibus corporis humani excrementis tractatus ..., Venedig 1572 [12] G. MERCURIALE, De arte gymnastica, Venedig 1573 [13] A. PETRONIO, De victu Romanorum et de sanitate tuenda, Rom 1581 [14] C.F. VON RUMOHR, Geist der Kochkunst, 1822 [15] M.S. SCHELLHAMMER, Der ... vortrefflichen Köchin, Nürnberg 1703 [16] D.G.M. SCHREBER, Die ärztliche Zimmergymnastik, 1855 [17] S. TISSOT, L'Onanisme: Ou dissertation physique sur les maladies produites par la masturbation, Lausanne 1760 [18] F. TOMMASI, Reggimento del padre di famiglia, Florenz 1580 [19] G. ZERBIE, Gerontocomia, Rom 1489.

Sekundärliteratur:
[20] K. BERGDOLT, Leib und Seele. Eine Kulturgeschichte des gesunden Lebens, 1999 [21] D. VON ENGELHARDT, Krankheit, Schmerz und Lebenskunst: eine Kulturgeschichte der Körpererfahrung, 1999 [22] S. MERTA, Wege und Irrwege zum modernen Schlankheitskult. Diätkost und Körperkultur als Suche nach neuen Lebensstilformen 1880–1930, 2003 [23] R. PALMER, Health, Hygiene and Longevity in Medieval and Renaissance Europe, in: Y. KAWAKITA et al. (Hrsg.), History of Hygiene, 1991, 75–98.

Mariacarla Gadebusch-Bondio

Dichter

1. Definition und Wortgeschichte
2. Historische Entwicklung
3. Poeta doctus versus Genie
4. Die Entwicklung zum freien Schriftsteller
5. Dichterkrönung

1. Definition und Wortgeschichte

Als D. wird der Verfasser literarischer Texte bezeichnet. Die Semantik des Begriffs reicht vom neutralen Verfasser von Schriftstücken bis zum schöpferischen D. Das Verständnis umfasst somit den D. als handwerklich Tätigen, der bestimmte erlernbare Techniken verwendet, ebenso wie den Schöpfer genialer Kunstwerke, die auf eine besondere Inspiration zurückzuführen sind. Zu allen Zeiten gab es gerade in der dt. Sprache Überschneidungen mit anderen Begriffen, so in der gesamten Frühen Nz. mit »Poet«. Heute besteht eine Tendenz, den D.-Begriff einzugrenzen und für einige seiner tradtionellen Betätigungsfelder durch neutralere Bezeichnungen wie ↗Autor, Schriftsteller oder Verfasser abzulösen. Vom D. spricht man gegenwärtig zum einen mit Bezug auf Produzenten versifizierter Texte, zum anderen in der Begrenzung auf anerkannte Verfasser von lyrischen, epischen und dramatischen Texten (↗Lyrik; ↗Epos; ↗Drama), die einen autonomen Kunstcharakter anstreben und sich von sog. Zweckformen einer Gebrauchsliteratur absetzen [10]. Die Unterscheidung zwischen Schriftsteller im Sinne eines übergeordneten Sammelbegriffs und D., der wertend auf die qualitative Spitze von Verfassern beschränkt bleibt, wird allerdings zunehmend in Frage gestellt, so dass derzeit die wertneutrale Bezeichnung Schriftsteller an Bedeutung gewinnt, während D. eine Rückbindung an klassisch-romantische Traditionen und Normen impliziert.

Das Wort ist im heutigen Sinn als mhdt. *tihtaere* erstmals im 12. Jh. im Epos *König Rother* (um 1160/70) nachgewiesen. Im 13. Jh. bezeichnete u.a. Rudolf von

Ems das D.-Bewusstsein im Medium einer Erzählerfigur als *tihtaere* (*Der guote Gerhart*, V. 6907; um 1215/25). Daneben finden sich die Bezeichnungen Meister, Singer, Meistersinger und Poet. Im SpätMA wurde *tihtaere* mehr und mehr durch den Begriff Poet verdrängt, der im 13. Jh. über lat. *poeta* oder aus dem altfranz. *poëte* ins Deutsche entlehnt wurde [9. 638]. Poet blieb bis ins 18. Jh. das übliche Wort für D. Erst im Laufe des 18. Jh.s wurde der Begriff D. durch Johann Christoph Gottsched sowie Johann Jakob Bodmer und Johann Jakob Breitinger wieder gebräuchlicher und programmatisch verwendet, bis er schließlich den Platz des mittlerweile abgewerteten Poeten einnahm: Der D., den Inspiration und Phantasie kennzeichnen, verdrängte den gelehrten Poeten (lat. *poeta doctus*) des 16. und 17. Jh.s. Schon Martin Opitz beklagt im *Buch von der deutschen Poeterey* (1624) zu Beginn des dritten Kapitels den abwertenden Gebrauch des Terminus Poet: »Wenn sie einen gar verächtlich halten wollen / so nennen sie jhn einen Poeten.« Johann Christoph Adelung vermerkt 1777, dass Poet, »ein ehedem sehr gangbares Wort, ... durch den Missbrauch nunmehr etwas verächtliches an sich genommen hat« und durch »Dichter« ersetzt wird [1. 1111]. Daneben ging parallel zur ab 1723 belegten Bezeichnung »Schriftsteller« der Gebrauch des Wortes D. zurück, das mehr und mehr zu einem Titel wurde, der einigen Herausragenden aus der wachsenden Gruppe der Schriftsteller im Sinne einer Wertschätzung verliehen wurde [8. 128]. Ein Zeichen der Hochschätzung des D. ist die Tradition der D.-Krönung (s. u. 5.).

2. Historische Entwicklung

Es gibt kein einheitliches und überzeitliches Selbstverständnis des D. Vielmehr steht dieses in engem Verhältnis zum jeweiligen Dichtungsideal und der sozialen Wirklichkeit seiner Zeit.

Dass es den D. früher gab als den ↗Schreiber, legen die epischen Formeln der *Ilias* und *Odyssee* nahe, die auf eine mündliche Tradition vor der schriftlichen Fassung der homerischen Epen schließen lassen [11. 52–59]. Im archaischen Griechenland galt der D. als Werkzeug und Dolmetscher der Götter, nicht als Schöpfer einer fiktiven Welt; er war auch kultischer Sänger (Aoide, Rhapsode). Im griech. Mythos bezwingt der D.-Sänger Orpheus mit seinem Gesang Menschen, Tiere, Bäume und Felsen; als Archetyp des D. hat Orpheus Teil an der Inspirationsquelle des Göttlichen und ist im Besitz göttlicher Weisheit. Der D. ist hier keinesfalls bloß »Verseschmied«, sondern Wissender und Weissagender zugleich. Platons *Ion* (um 400 v. Chr.) steht an der Nahtstelle, an der alte Vorstellungen von göttlich inspirierter Dichtung und neue poetologische Erklärungsmuster zusammentreffen. Platons Urteil in der *Politeía* (um 375 v. Chr.), dass alle D. lügen und deshalb aus seinem Idealstaat verbannt werden sollen, verabschiedet den universalen Weltdeutungsanspruch der Dichtung. Steckt in der archaischen Allwissenheit des epischen Erzählers noch der Anspruch des Sängers, gültige Wahrheiten zu verkünden, so produziert der D. jetzt selbst Geschaffenes, also Fiktion [17. 8]. Umgekehrt betont der Begriff D. (griech. poiētés, »der Schaffende« vom Verb poieín, »machen, schaffen«) in Abgrenzung vom bloß vortragenden »Sänger« die Autorschaft eines dichterisch agierenden Subjekts.

In Zeiten, in denen Dichten mit göttlicher Inspiration einhergeht, rückt der D. in die Nähe des Rhapsoden oder wird zum *vates* (lat. für »priesterlicher Seher«). Als *poeta vates* – eine Vorstellung, die auf den röm. Philologen Varro zurückgeht – ist er Interpret der mythischen Welt. Die Bezeichnung *vates* wurde in augusteischer Zeit von Vergil, Horaz und Ovid gebraucht, die den D. als aus göttlicher Inspiration heraus Schaffenden beschreiben [14]. Die Vorstellung vom *poeta vates* wurde im 18. Jh. etwa von Friedrich Gottlieb Klopstock aufgegriffen.

3. Poeta doctus versus Genie

In ↗Renaissance und ↗Barock traten neben die dichterische Begabung (lat. *ingenium*) die dichterische Technik (lat. *ars*) und das gelehrte Wissen (lat. *doctrina*). Der gelehrte D. (lat. *poeta eruditus*, in der Renaissance gebräuchlichere Bezeichnung für den *poeta doctus*) wurde zum Leitbild der Zeit [4. 20 f.]. Da der D. Wissen vermitteln wollte, musste er über Wissen verfügen, das sich v. a. durch den Besitz humanistischer, d. h. an der Antike orientierter ↗Bildung auszeichnete (↗Antikerezeption). Die Auffassung des Dichters zeigte zu dieser Zeit wegen des starken Einflusses der ↗Rhetorik deutliche Ähnlichkeiten mit der des Redners (lat. *orator*). Der gelehrten Adressatenschaft und der sozialen Zugehörigkeit des *poeta doctus* zum Gelehrtenstand stand als Inbegriff des nichtgelehrten Handwerks-Poeten Hans Sachs gegenüber.

Diese Entwicklung dichterischer Selbstauffassung war schon bei Horaz vorbereitet, der in der *Ars poetica* (»Dichtkunst«) die klassisch gewordene Konzeption des *poeta doctus* entwarf. Nach Horaz muss der D. über dichterische Begabung verfügen, aber gleichzeitig alle poetischen und rhetorischen Mittel beherrschen. Die horazische Konzeption stellt somit eine Synthese von Inspiration und Handwerk dar. Horaz weist dem D. außerdem die Doppelfunktion zu, sein Publikum durch Nachahmung zu belehren und zu unterhalten (lat. *prodesse et delectare*; ↗Poetik). Der Typus des *poeta doctus* veränderte sich zwar in der Frühen Nz., die Forderung nach ↗Gelehrsamkeit bleibt dabei aber unangefochten. Variationen betreffen allein die Art der Gelehrsamkeit, wenn etwa statt humanistischer Bildung seit dem 18. Jh. die Populärphilosophie in den Vordergrund rückt [7. 8].

In der nach Gottsched einsetzenden ↗Sturm-und-Drang-Zeit (zweite Hälfte des 18. Jh.s) begann die Abkehr von Gelehrsamkeitskonzepten und entsprechend vom *poeta doctus*. Das Postulat des volkstümlich-genialen D. gab die Bildungsexklusivität gegenüber dem Nicht-Gelehrten auf. Dem Regelsystem wurde ein an ↗Genie und ↗Gefühl orientiertes Dichten entgegengesetzt. Während Gottsched in seiner *Critischen Dichtkunst* (1730) Poet und D. noch parallel verwendete, wurde Ersterer in der Geniezeit vollständig vom Begriff D. abgelöst. Auch das 19. Jh. blieb dem antigelehrten D.-Ideal verpflichtet, während das 20. Jh. den Begriff des *poeta doctus*, der sich seit Beginn dieses Jh.s in fast allen europ. Literaturen findet, wieder aufgriff [2].

Im Sturm und Drang wurde dem gelehrten Literatentum demnach eine neue Auffassung des D. entgegengesetzt, die sich um die Leitbegriffe »Natur« und »Genie« formierte. Aus der Verabsolutierung des Gefühls folgte die rigide Absage an das gelehrt-wissenschaftliche Poetenideal des ↗Humanismus. Neben Geniekult und Subjektivismus trat jetzt das Ideal des »Volkssängers« bzw. »Volksdichters« (Johann Gottfried Herder) [7. 11 f.]. Prometheus, der im Mythos die schöpferischen und selbstschöpferischen Fähigkeiten des Menschen verkörpert, war der Prototyp der Genialität dieses neu gewonnenen dichterischen Selbstverständnisses.

Die Entgegensetzung von *poeta doctus* und Genie wurde zwar in Deutschland mit besonderer Vehemenz betrieben, findet sich jedoch zeitgenössisch im gesamteurop. Raum, so etwa – ausgeprägter – in England und – weniger dezidiert – in Frankreich [15].

4. Die Entwicklung zum freien Schriftsteller

Faktoren, die ab dem 18. Jh. die Tätigkeit des D. beeinflussten, waren die Herausbildung eines bürgerlichen ↗Publikums und eines freien ↗Buchmarkts, durch die das Dichten den Charakter der Beschäftigung in den Nebenstunden verlor. Wie die Anschauung vom Publikum und Kunstkritiker (↗Kunstkritik), so wandelte sich auch das Selbstverständnis der D. Gotthold Ephraim Lessing und Klopstock waren für diese Entwicklung repräsentativ, da sie zumindest zeitweilig als Berufs-D. tätig waren, im Sinne von hauptberuflichen Schriftstellern, die von ihrer schriftstellerischen Tätigkeit lebten. Sie stellen damit frühe Beispiele des seit dem 19. Jh. an Bedeutung gewinnenden Typus des ›freien Schriftstellers‹ dar. In zunehmendem Maße distanzierte sich dieser von den ästhetischen Normen der ↗Poetiken des frühen 18. Jh.s und entzog sich der Aufgabe, die Leser der höheren Stände zu unterhalten und zu rühmen bzw. die Leser der mittleren und niederen Stände zu belehren und zu bessern [8. 128]. Als entscheidend für seinen Erfolg erwies sich in der Folge v. a. die Fähigkeit, den Bedürfnissen eines rasant wachsenden und sich stetig ausdifferenzierenden lit. Marktes gerecht zu werden. Im Unterschied zum traditionellen D. trat der das Dichten als Beruf betreibende ›freie Schriftsteller‹ in eine ungesicherte Konkurrenzsituation ein; die Professionalisierung der schriftstellerischen Tätigkeit ermöglichte jedoch zugleich die Einführung eines Urheberschutzes bereits in der ersten Hälfte des 19. Jh.s und die berufsständische Organisation der Schriftsteller.

5. Dichterkrönung

5.1. Historische Entwicklung

Die D.-Krönung, ein in der Antike gepflegter Brauch, D. durch einen Lorbeerkranz auszuzeichnen, wurde in der röm. Kaiserzeit zur offiziellen Institution. In den Capitolinischen Wettkämpfen in griech. und lat. Poesie erhielt der Sieger im dichterischen Wettstreit (griech. *agón*) als Preis einen Kranz aus der Hand des Kaisers [6. 148]. Im MA gab es Versuche, diese Tradition wieder aufleben zu lassen; so wurde der Epiker Gunther von Pairis von Friedrich I. Barbarossa mit dem D.-Lorbeer gekrönt.

Der Titel *poeta laureatus* (»lorbeergekrönter Dichter«) ist eine Neuschöpfung der Renaissance, die mit dem Vordringen des ↗Humanismus in die ↗Universitäten Europas in Zusammenhang steht. Als Erster wurde 1315 Albertino Mussato von der Universität Padua durch den Bischof und Rektor der Universität gekrönt. 1341 erhielt Francesco Petrarca vom röm. Senator auf dem Kapitol den Lorbeerkranz und damit verbunden das *privilegium laureationis* (Krönungsprivileg). Die D.-Krönung (lat. *coronatio*) wurde zu einer humanistischen Tradition, die zunächst nur Papst und Kaiser vornahmen. Durch den Titel *poeta laureatus* entstand eine Verbindung zwischen den akademischen ↗Gelehrten und den nichtakademischen D. Der *poeta laureatus* erhielt nach vorausgegangener D.-Prüfung die Erlaubnis, öffentlich zu lesen und zu disputieren. Die D.-Krönung wurde vermutlich auch in Frankreich praktiziert, denn Petrarca erhielt nicht nur aus Italien, sondern auch aus Paris eine Einladung, diese Würde entgegenzunehmen. Mit der Krönung Enea Silvio Piccolominis durch Friedrich III. 1442 in Frankfurt am Main fand erstmals eine solche Zeremonie auf dt. Boden statt. In Nürnberg verlieh Friedrich III. 1487 Konrad Celtis als erstem Deutschen den Titel eines *poeta laureatus*.

Der Stellenwert der D.-Krönung änderte sich mit der Delegierung der Befugnis. 1501 setzte Kaiser Maximilian I. an der Wiener Universität das *Collegium poetarum et mathematicorum* (»Kolleg der Dichter und Mathematiker«) ein und verlieh dem *poeta laureatus* Celtis und dessen Nachfolgern das Recht, ihrerseits Studierende der Poetik zu krönen. Durch eine Prüfung und Insignien wie Ring, Zepter, Siegel und Lorbeer wurde die D.-Krönung zu einem institutionell gefestigten und gesicherten Rechtsakt. Durch die Erlaubnis, ↗Poetik und ↗Rhetorik an allen Universitäten zu lehren, wurde der akademische Charakter des Titels unterstrichen.

Ein Wandel im Verhältnis von D. und Kaiser lässt sich während der Regierungszeit Maximilians I. feststellen, der u.a. Heinrich Bebel (1501) und Ulrich von Hutten (1517) auszeichnete. Lobte der *poeta laureatus* anfangs in einer festlichen Preisrede, einem *Panegyricus*, in der Person des Kaisers gleichzeitig sich selbst, indem er als D. den höchsten Rang beanspruchte, so wurde er später für die Verherrlichung der militärischen Siege Maximilians und schließlich für die Lenkung der Untertanen vereinnahmt. Die Aufgaben des *poeta laureatus* gewannen so unter Maximilian ein völlig anderes Profil [12.109f.]. Die Humanisten schätzten den Poetentitel so hoch ein, dass etwa Jakob Locher und Nikodemus Frischlin aufgrund der Ehrung den Vortritt vor dem Dekan der Fakultät beanspruchten, ein Anliegen, das ihnen allerdings verwehrt wurde [16.21]. Den Titel erhielten die gekrönten Poeten im 15. und frühen 16. Jh. übrigens immer noch allein für ihre lat. Werke (↗Neulateinische Dichtung; ↗Latein), selbst wenn sie auch durch dt.sprachige Dichtung Beachtung fanden, so etwa Ulrich von Hutten.

Mit der ↗Reformation verlor der eng an den Humanismus gebundene Titel des *poeta laureatus* an Bedeutung. Seit Ende des 16. Jh.s lag die D.-Krönung fast völlig in der Hand der Pfalzgrafen. Sie galt jetzt außerdem nicht mehr zugleich als Erwerb des philosophischen Doktorgrades (↗Akademische Grade) wie zuvor in Wien [18.21]. Mit der Delegierung der Krönungsbefugnis verlor der Titel im Zusammenhang mit seiner geradezu inflationären Verwendung gleichzeitig deutlich an Wert. Erst im 17. Jh. wurden die ersten Deutsch schreibenden D. gekrönt, so Martin Opitz (1625) und Andreas Gryphius (1637). Allerdings schrieben diese für ihre dt.sprachigen Texte ausgezeichneten *poetae laureati* auch lat. Texte. Später wurde der Titel sogar als literaturpolitische Maßnahme eingesetzt: Gottsched, Dekan der ↗Philosophischen Fakultät in Leipzig, verlieh in seiner Eigenschaft als Pfalzgraf und im Kampf gegen Bodmer und Breitinger den Titel 1752 an Christoph Otto von Schönaich, um seine eigene Schule durchzusetzen. Der letzte dt. *poeta laureatus* war 1804 Karl von Reinhard, der Herausgeber der ästhetischen Vorlesungen Gottlieb August Bürgers.

Im 18. Jh. wurde der Titel erstmals auch an Frauen verliehen [5]. Als erste Dichterin wurde 1733 Christiana Mariana Ziegler von der Philosophischen Fakultät der Universität Wittenberg gekrönt. Sidonia Hedwig Zäunemann erhielt 1738 als erste von der Universität Göttingen ausgezeichnete Frau die Urkunde der gekrönten Dichterin.

5.2. Dichterkrönung in England

Auch andere europ. Herrscher pflegten D. zu krönen. Eine eigene Entwicklung haben Titel und Amt in England erfahren. Dort hat sich der Titel des *poet laureate*, von den Königen verliehen und mit einem ↗Honorar verbunden, bis in die Gegenwart erhalten und gilt als erstrebenswerte Auszeichnung. Er gilt auf Lebenszeit und wird in der Regel erst nach dem Tod seines Trägers weitergegeben [3]. Erster offizieller *poet laureate* war Ben Jonson (1616), danach John Dryden (1668). 1670 wurde der Titel mit dem Amt des königlichen Historiographen verbunden und seine Vergütung auf 200 Pfund und ein Fass Sherry festgelegt. Von dem Geehrten wurde erwartet, Maskenspiele (↗Maske) für höfische Festlichkeiten zu verfassen (↗Fest; ↗Hof). Im 19. Jh. trat ein Wandel in der Wertschätzung des Amtes ein. Die enge Bindung an den Hof entfiel und die jährlichen ↗Oden wurden nicht mehr gefordert. Die D.-Krönung war nun weniger Amt als Ehre, weniger Verpflichtung als Auszeichnung.

→ Autor; Dichterbund; Genie; Literarische Institutionen; Poetik; Rhetorik; Schriftkultur

[1] J.CH. ADELUNG, Versuch eines vollständigen grammatisch-kritischen Wörterbuchs der hochdt. Mundart, Bd. 3, 1777
[2] W. BARNER, Poeta doctus. Über die Renaissance eines Dichterideals in der dt. Literatur des 20. Jh.s, in: J. BRUMMACK et al., Literaturwissenschaft und Geistesgeschichte (FS R. Brinkmann), 1981, 725–752 [3] E. BROADUS, The Laureatship. A Study of the Office of Poet Laureate in England, 1921 [4] A. BUCK, Einleitung: Renaissance und Barock, in: K. VON SEE (Hrsg.), Neues Hdb. der Literaturwissenschaft 9, 1972, 1–27
[5] A. DETKEN, Gekrönte Poetinnen – Gelegenheitsdichtung von Ziegler und Zäunemann, in: S. HEUDECKER et al. (Hrsg.), Kulturelle Orientierung um 1700, 2004, 263–281 [6] J. EBERLE, Dichterkrönungen, in: Schweizer Monatshefte 44, 1964–1965, 147–155 [7] G.E. GRIMM, Einleitung. Zwischen Beruf und Berufung – Aspekte und Aporien des modernen Dichterbildes, in: G.E. GRIMM (Hrsg.), Metamorphosen des Dichters. Das Rollenverständnis dt. Schriftsteller vom Barock bis zur Gegenwart, 1992, 7–15 [8] H.J. HAFERKORN, Zur Entstehung der bürgerlich-literarischen Intelligenz und des Schriftstellers in Deutschland zwischen 1750 und 1800, in: B. LUTZ (Hrsg.), Dt. Bürgertum und literarische Intelligenz 1750–1800, 1974, 113–275
[9] F. KLUGE / E. SEEBOLD, Etymologisches WB der dt. Sprache, ²³1995 [10] H. KREUZER, Einleitung, in: LiLi 11/42, 1981, 7–13
[11] A. LESKY, Geschichte der griechischen Literatur, ³1971
[12] D. MERTENS, Maximilians gekrönte Dichter über Krieg und Frieden, in: F.J. WORSTBROCK (Hrsg.), Krieg und Frieden im Horizont des Renaissancehumanismus, 1986, 105–123
[13] I. OHLBAUM, Im Garten der Dichter. Der Petrarca-Preis, 1997 [14] M. RUNES, Geschichte des Wortes, in: Beiträge zur griechischen und lateinischen Sprachforschung (FS P. Kretschmer), 1926, 202–216 [15] J. SCHMIDT, Die Geschichte des Genie-Gedankens in der dt. Literatur, Philosophie und Politik 1750–1945, Bd. 1, ²1988 [16] P. SEIBERT, Der tichter und poeta

am Beginn der Nz., in: LiLi 11/42, 1981, 13–28 [17] R. SELBMANN, Dichterberuf. Zum Selbstverständnis des Schriftstellers von der Aufklärung bis zur Gegenwart, 1994 [18] T. VERWEYEN, Dichterkrönung. Rechts- und sozialgeschichtliche Aspekte literarischen Lebens in Deutschland, in: C. WIEDEMANN (Hrsg.), Literatur und Gesellschaft im Barock (Germanisch-romanische Monatsschrift, Beiheft 1), 1979, 7–29.

Anke Detken

Dichterbund

Ebenso wie die Begriffe Freundschaftsbund, Dichterschule, Dichterkreis und Dichterverein hat es auch die Bezeichnung D. bis heute weder in der historiographisch orientierten Vereinsforschung (↗Verein) noch in der Literaturwissenschaft zur »Trennschärfe eines Terminus« [7.174] gebracht. Als Selbst- und Fremdetikettierungen wurden und werden diese Bezeichnungen vielmehr gleichermaßen in Distinktion zueinander (z. B. nach dem Grad der formellen Organisation oder dem der Zugänglichkeit für eine größere Öffentlichkeit) wie auch mit bisweilen zur Synonymität tendierenden Überlappungen verwendet. Dabei wurde jeweils zu späteren Zeiten auf die früher eingeführten Bezeichnungen immer dann zurückgegriffen, wenn sie in kulturkritischer Absicht gegen aktuelle gesellschaftliche und ästhetisch-lit. Entwicklungen gewendet werden konnten; nicht zufällig kam es etwa um 1900 zu einer großen Zahl von »Bund«-Gründungen im lit.-kulturellen Bereich [6] (↗Literarische Institutionen). Trotz des offenkundig inkonsequenten Begriffsgebrauchs gibt es jedoch eine zumindest latente Verknüpfung der verschiedenen Bezeichnungen mit je spezifischen histor. Ausformungen von Gruppenbildung im literarischen Leben:

(1) Als Assoziations-Typus einer noch vormodernen Gesellschaft können die ihre Trägerschaft aus dem städtisch-ständischen ↗Bürgertum rekrutierenden »Meistersingerschulen« des 16. und die (normativen) Dichterschulen des 16. und 17. Jh.s wie der *Pegnesische Blumenorden* in Nürnberg (gegründet 1644) und die *Königsberger Dichterschule* (seit den 1620er Jahren) gelten. Sie setzen »die Lehrbarkeit von Dichtung und die ständische Bindung der Autorschaft voraus« [7.175] und überschneiden sich in Intention und Tätigkeitsbereich mit den eher gelehrten und bisweilen kulturreformerisch agierenden ↗Sprachgesellschaften wie der *Fruchtbringenden Gesellschaft* (gegr. 1617 in Weimar) und der *Deutschgesinnten Genossenschaft* (um 1643 in Hamburg) [5. 22–46].

(2) Die Freundschaftsbünde bzw. D. des 17. und 18. Jh.s wie der *Bremer Beiträger* (ab ca. 1744), der *Hallesche Dichterbund* (ab etwa 1739), der *Halberstädter Dichterkreis* (ab ca. 1740) und v. a. der zwischen 1772 und 1776 bestehende *Göttinger Hain* pflegten als ihre »soziale Basis« [7.175] einen anakreontisch-empfindsamen und teilweise ins Sakrale überhöhten Freundschaftskult, dokumentiert in regem Briefverkehr [1] und häufig auch in einem meist nur intern zugänglichen Bundesbuch als zentralem Aufschreibeort. Den Mittelpunkt dieses Freundschaftskultes (↗Amicitia) bildeten vielfach ein rituell gepflegter Freundschaftsort und die Ausrichtung der eigenen lit. Produktion sowie des Lebens überhaupt auf einen für vorbildlich erachteten ↗Dichter (beim *Hainbund* Friedrich Gottlieb Klopstock und seine antikisierende Odendichtung).

Diese Unmittelbarkeit sinnlich erfahrbaren lit. Gruppenlebens im Rahmen eines auf gemeinsame ästhetisch-ideologische Optionen orientierten D. (»Affinität zum religiös-mythischen Dichtungspathos Klopstocks«, Gruppenprotest »im Namen der Jugend«, Opposition »gegen franz. Geschmack und für Vaterlandsernst, Tugend- und Empfindungswahrheit« [8. 325, 327, 333]) konnte dann auch leicht gegen vorhandene Formen von Kunstkritik gerichtet und mit einem literaturreformerischen, teilweise sogar übergreifend kulturrevolutionären Gestus verknüpft werden (so etwa für den *Göttinger Hain* in seiner tendenziell gegenaufklärerischen Orientierung und der vehementen Opposition gegen Christoph Martin Wieland sichtbar [8]). Als nach außen gerichtete Publikationsmedien dienten den D. ↗Almanache, Jahrbücher oder ↗Zeitschriften (*Göttinger Musenalmanach* und *Deutsches Museum* im Falle des *Göttinger Hains*), die die Mitglieder eines Bundes mit ihren lit. Arbeiten versammelten und so auf einer weiteren Ebene integrierten [3.187–192].

Nicht nur ideologische, sondern auch soziale Homogenität besaßen die D. des 18. Jh.s vielfach dadurch, dass sie Generationsgruppen mit weitgehend ähnlichen sozialen Merkmalen darstellten. So setzte sich – Gottfried August Bürger und Matthias Claudius als Sonderfälle ausgenommen – das gute Dutzend Mitglieder des *Hainbundes* fast ausnahmslos aus relativ gleichaltrigen Göttinger ↗Studenten der Theologie, Jurisprudenz und Philologie aus Nord- und Mitteldeutschland zusammen, u. a. Heinrich Christian Boie, Johann Friedrich Hahn, Ludwig Christian Hölty, Johann Martin Miller, Christian und Friedrich Leopold zu Stolberg sowie Johann Heinrich Voß.

D. des 17. und 18. Jh.s wie der *Göttinger Hain* stellten somit über den engeren lit. Interessensbereich hinausgehende, spezifisch assoziative Lebensformen mit eigener Physiognomie dar [2]. Sie können als soziale Institutionen der Verknüpfung eines noch vormodernen, auf sozialer Homogenität beruhenden »Einigungsprinzips« (auf das beim *Hainbund* etwa die bardischen, ans Mittelhochdeutsche angelehnten Bundesnamen der Mitglieder verweisen) mit spezifisch nzl. Formen »assoziativer Gesellschaftsbildung« [4.790] angesehen werden.

→ Bund; Dichter; Gesellschaft, literarische; Literarische Institutionen; Sprachgesellschaft; Verein

Quellen:
[1] A. KELLETAT (Hrsg.), Der Göttinger Hain, Stuttgart 1967.

Sekundärliteratur:
[2] A. BECK, »Der Bund ist ewig«. Zur Physiognomie einer Lebensform im 18. Jh., 1982 [3] H.N. FÜGEN, Die Hauptrichtungen der Literatursoziologie und ihre Methoden, ⁶1974 [4] K. HARDTWIG, Art. Verein, in: GGB 6, 1990, 789–829 [5] J. HERMAND, Die deutschen Dichterbünde. Von den Meistersingern zum PEN-Club, 1998 [6] R. PARR, Interdiskursive As-Sociation. Studien zu literarisch-kulturellen Gruppierungen zwischen Vormärz und Weimarer Republik, 2000 [7] W. SCHMITZ, Art. Dichterkreis, in: V. MEID (Hrsg.), Literaturlexikon. Begriffe, Realien, Methoden 13, 1992, 174–178 [8] H.-J. SCHRADER, Mit Feuer, Schwert und schlechtem Gewissen. Zum Kreuzzug der Hainbündler gegen Wieland, in: Euphorion 78, 1984, 325–367.

Rolf Parr

Dichtergesellschaften s. Sprachgesellschaften

Dichtung s. Dichter; Lyrik

Dichtung, geistliche
s. Erbauungsliteratur; Geistliche Dichtung

Didaktik s. Pädagogik

Diebstahl

Beim D. handelt es sich um die mit Abstand am häufigsten belegte ↗Straftat der Nz. Das moderne Recht versteht darunter die Wegnahme einer fremden beweglichen Sache in der Absicht, sich dieselbe anzueignen. Im frühnzl. ↗Recht standen sich jedoch zwei Auffassungen gegenüber. Die ital. Gemeinrechtswissenschaft (↗Gemeines Recht) ging in Anlehnung an das Röm. Recht von einem äußerst weiten D.-Begriff (lat. *furtum*) aus und subsumierte darunter Sach-, Gebrauchs- und Besitzentwendung. Demgegenüber umfasste der dt.-rechtliche D.-Begriff nur die Sachentziehung. Im Unterschied zum offenen ↗Raub war D. eine heimliche Straftat. Das ma. Recht bestrafte daher den Dieb strenger als den Räuber (»Den Dieb soll man hängen«: Sachsenspiegel II, 13 § 1). Im SpätMA verschob sich die Abgrenzung dahin, dass Raub fortan die gewaltsame, D. dagegen die gewaltfreie Wegnahme war.

Die für die dt. Rechtsentwicklung wegweisende ↗Constitutio Criminalis Carolina von 1532 lehnte sich im Gegensatz zu anderen darin geregelten Delikten beim D. eng an das einheimische Recht an und enthielt zahlreiche verschiedene Tatbestände (Art. 157–175). Je nach Wert der gestohlenen Sache unterschied man zwischen großem und kleinem D. Als Sanktionen drohten für den heimlichen D. ↗Buße und doppelter Wertersatz, für den offenen D. ↗Pranger, Staupenschlag und Landesverweisung (↗Verbannung; ↗Strafe). Beim großen D., insbes. beim Einbruch, gab es weiterhin die ↗Todesstrafe. Die dt. Gesetzgebung des 18. Jh.s (↗Codex Iuris Bavarici Criminalis 1751, Constitutio Criminalis Theresiana 1768, ↗Allgemeines Landrecht für die preußischen Staaten 1794) lehnte sich demgegenüber enger an das Röm. Recht an und bezog in den weiten D.-Begriff die Unterschlagung ein. Erst Ende des 18. Jh.s sah Gallus Aloys Caspar Kleinschrod den D. als reines ↗Eigentumsdelikt an. Paul Johann Anselm von Feuerbach schloss sich dieser bis heute herrschenden Auffassung in seinem Strafgesetzbuch für das Königreich Bayern vom 16. Mai 1813 an, und auch der franz. ↗Code Pénal von 1810 übernahm diese Sichtweise.

Die nzl. Eigentumsdelinquenz stand in unmittelbarer Beziehung zu den Lebensmittelpreisen und zum Lebensstandard. Hohe Brotpreise führten zu wachsender ↗Armut in Stadt und Land. In europ. ↗Großstädten wie London oder Paris entwickelten sich regelrechte kriminelle Milieus, die ihren Unterhalt mit D. verdienten. In mittleren Städten wie den dt. ↗Reichsstädten gab es diese Unterwelt nicht, wohl aber soziale Randgruppen, die häufig straffällig wurden, weil sie ihr Leben mit ihrem geringen Einkommen nicht anders bestreiten konnten (↗Sozialstruktur). Außerhalb der Städte waren es oftmals die umherziehenden Gruppen sog. landschädlicher Leute, die bes. häufig D. begingen. Gegen Ende der ↗Ständegesellschaft gewann die ↗Armut als Massenarmut zuvor ungekannte Ausmaße. Überspitzt kann man daher das 18. Jh. als »Jahrhundert des D.« bezeichnen [5.371]; dies betraf nicht nur Deutschland, sondern auch Frankreich und die Niederlande. Ob es gegen Ende des ↗Ancien Régimes insgesamt eine Verschiebung von der ↗Gewaltkriminalität zur Eigentumskriminalität gab, ist noch nicht abschließend geklärt. In Skandinavien jedenfalls lag die D.-Rate bis ins späte 18. Jh. erheblich unter dem europ. Durchschnitt. Doch gab es dort keinen ↗Inquisitionsprozess, also keine Strafverfolgung von Amts wegen, und die finanziellen Risiken des Anklageverfahrens könnten Geschädigte davon abgehalten haben, D. vor Gericht zu bringen.

In Mitteleuropa empfand man die angedrohten sehr strengen D.-Strafen gerade bei jugendlichen Tätern bereits im späten 16. Jh. als zu hart. Der Fall des 16-jährigen Diebes Evert Jans, dem im Prozess die Todesstrafe drohte, gab dem Rat der Stadt Amsterdam den Anlass, 1596 das erste Zuchthaus zu eröffnen (↗Gefängnis), um zukünftige peinliche Strafen bei Jugendlichen zu vermeiden. Bei den in den Zuchthäusern inhaftierten Straftätern handelte es sich bis ins 19. Jh. größtenteils um Diebe. Teilweise jedoch führte die Zurückdrängung der ↗Todesstrafe beim D. zu einem Anstieg der ↗Kriminalität. Preußen verschärfte daher in einer Zirkularordnung von 1799 die Strafdrohung wieder, nur vier Jahre, nachdem das Allgemeine Landrecht die Strafen gesenkt hatte. Demgegenüber waren die D.-Strafen im engl. ↗Common

Law bis ins 19. Jh. sehr hart, wenn auch teilweise eine Begnadigung zur Deportation nach Australien stattfand. Möglicherweise waren sowohl die hohe Eigentumskriminalität als auch die zahlreichen Todesstrafen für D. eine Folge der sich mit der frühen Industrialisierung verschärfenden sozialen Ungleichheit.

Von besonderer sozialer Bedeutung war der Holz-D. Brennholzmangel führte dazu, dass v. a. im frühen 19. Jh. in großen Teilen Deutschlands die Bevölkerung eigenmächtig Holz sammelte oder fällte. Im Gegensatz zu städtischer D.-Kriminalität galt diese Art der Selbstversorgung weithin nicht als unehrenhaft. Da das ungeschlagene Holz nach zeitgenössischer Auffassung nicht dem Eigentümer des ↗Walds gehörte, war das Sammeln von sog. Raffholz zunächst lediglich ein geringer »Holzfrevel«. Strafverschärfungen wie das preuß. Holzdiebstahlgesetz von 1821 dehnten die Strafbarkeit von D. erheblich aus. So gab es 1850 in Preußen 35 000 Verurteilungen wegen D. allgemein, aber 265 000 wegen Holz-D. In der Pfalz wurde 1843 jeder fünfte Einwohner wegen Forstfrevel verurteilt. Für Karl Marx war dies ein Schlüsselerlebnis. Wenn jede Eigentumsverletzung D. sei, meinte er 1842, dann sei Eigentum selbst D. [1].

→ Eigentum; Kriminalität; Raub; Strafgesetzgebung; Straftat

Quellen:
[1] K. Marx, Debatten über das Holzdiebstahlsgesetz, in: Marx-Engels-Werke 1, Berlin 1976, 109–116.

Sekundärliteratur:
[2] A. Beuke, Diebe im Münsterland. Pferdediebstahl und andere Beschaffungskriminalität vor und während des Dreißigjährigen Krieges, in: Westfälische Forschungen 54, 2004, 57–98 [3] A. Blauert / G. Schwerhoff (Hrsg.), Kriminalitätsgeschichte, 2000 [4] C. Brandt, Die Entstehung des Code pénal von 1810, 2002 [5] J. Eibach, Frankfurter Verhöre, 2003 [6] H. Janssen, Der Diebstahl in seiner Entwicklung von der Carolina bis zum Ausgang des 18. Jh.s, 1969.

Peter Oestmann / Karoline Kahl

Dienstbarkeit s. Immobiliarrechte

Dienstboten

1. Begriff
2. Vermittlung und Vertragsabschluss
3. Dienstbotenordnungen
4. Hierarchie, Löhne, Arbeitsbedingungen
5. Verbreitung

1. Begriff

Der Begriff D. ist in Mitteleuropa ungefähr seit dem 13. Jh. belegt. Im dt. Sprachraum wurden die D. auch als »Ehehalten« (v. a. im süddt. Raum, Bayern, Kärnten), »Brödlinge« oder generell als ↗Gesinde bezeichnet (*gesinden,* »jemanden zum Diener machen«). Bis zum 19. Jh. wurden die Wörter D. und Gesinde parallel verwendet. Das »in Dienst gehen« war eine lebenszyklische Erfahrung für einen Großteil der männlichen und weiblichen ledigen ↗Bevölkerung. Die Jahre des Gesindedienstes wurden als Ausbildungsphase vor der Verheiratung und als Verpflichtung zur ↗Arbeit angesehen. 1564 hielt Peter Glaser im *Gesindeteufel* dazu fest, dass sich jeder, der »sonst keine Kunst/ Handwerck oder was anders/ davon man sich redlich nehren und behelffen kan/ gelernet/ … zu dienst begeben« solle [2.79].

Nach Arbeitsort, Aufgabenbereichen und den auszuführenden Tätigkeiten wurde zwischen ländlichen und städtischen ↗Diensten unterschieden. Gemeinsam war ihnen, dass »Gesindepersonen« in den Dienst- bzw. Arbeitgeberhaushalt eingebunden waren. Das Wachstum der Städte und die Verbreitung der bürgerlichen Lebensweise führten im ausgehenden 18. und 19. Jh. zu einer starken Nachfrage nach D. in den städtischen ↗Haushalten des Mittelstandes. Gleichzeitig mit dem gestiegenen Bedarf verlor dieser Arbeitsbereich jedoch für Männer aufgrund sich neu eröffnender Erwerbsmöglichkeiten durch die ↗Industrialisierung an Attraktivität. Die Folge war, dass bis zum Ende des 19. Jh.s das D.-Wesen v. a. in den Städten zu einer fast ausschließlich weiblichen Erwerbsdomäne wurde.

2. Vermittlung und Vertragsabschluss

Dienstantritt bzw. Wechsel der D. erfolgte entweder im Frühjahr zu Lichtmess (2. Februar) oder im Herbst zu Michaeli (29. September); in den Städten konnte dies auch an Georgi (23. April) und Jakobi (25. Juli) stattfinden. Vermittelt wurden D. teilweise bis zum Ende des 19. Jh.s auf Gesindemärkten, die v. a. für ländliche D. und ↗Landarbeiter relevant waren und z. B. am ersten Montag im Dezember, am zweiten Weihnachtstag oder zu Neujahr stattfanden. In Deutschland gab es Gesindemärkte in der Rheinprovinz in Bitburg, in Orten des nördl. Moselgebietes, in der Eifel, in Ostfriesland, in Dithmarschen, in Mitteldeutschland, in Metz, in Württemberg und in Ravensburg, das auch als Umschlagplatz für kindliche D., die sog. »Schwabenkinder«, bekannt war [15] (↗Kinderarbeit). In Breslau, Dresden und Frankfurt/Main waren Gesindemärkte bereits im 19. Jh. verboten.

In England erfolgte die Anwerbung und Vermittlung der D. auf lokalen Märkten, wo bis zu 2 000 und 3 000 junge Frauen und Männer zusammenkommen konnten, um angeheuert zu werden. Im Süden und Osten Englands erfolgte die Anwerbung an *michaelmas* (Michaeli), im Norden an *martinmas* (Martini, 11. November) [8.72]. Die D. wurden üblicherweise für ein Jahr verdingt. Auch die zumeist am Stadtrand gelegenen *staging inns* entwickelten sich zu Vermittlerstationen für ankommende D. [8.136]. Ab Mitte des 18. Jh.s setzten sich *registry offices* und *statute halls* als Vermittlungsagenturen durch; daneben nahm auch die eigenständige Arbeitssuche der D. zu.

Speziell für weibliche D. gab es in manchen Städten bereits im 14. Jh. gewerbliche Dienstvermittler. In Nürnberg bestanden 1421 drei und 1590 schon 14 Vermittlerstellen; zwischen 1521 und 1525 wurde das Vermittlerwesen dann obrigkeitlich festgelegt; 1616 folgten Leipzig und 1640 Breslau, wo zwölf »Mägdeschickerinnen« konzessioniert wurden [5.170–172]. In Salzburg bezeichnete man sie im 18. Jh. als »Hindinerinnen«, in Berlin als »Makler/innen« [1.205]. Für ihre Tätigkeit bekamen die Makler eine Gebühr, in der Regel ungefähr die Hälfte des »Mietpfennings« oder »Handgeldes«, das die Herrschaft den D. bei Arbeitsantritt zahlte [5.171]. Die Vermittlungsstellen dienten vielfach auch als Quartier, wo die D. Unterkunft finden konnten. Darüber hinaus sollte das Maklerwesen den ungeregelten Zuzug und häufigen Wechsel der D. sowie eine mögliche Selbstorganisation der D. verhindern.

Nach der Einführung der *Preußischen Gesindeordnung* 1810 wurde die Zahl der Vermittlungsstellen reduziert. In Dresden erhielten z.B. zwischen 1838 und 1866 nur vier Vermittler eine Konzession; in Berlin bestanden 1864 nur acht konzessionierte Büros. Zahlreiche Vermittlungen erfolgten daher »vor der Tür«; die Zahl der »Winkelmakler« wird für Berlin 1864 auf 460 geschätzt [5.171–173]. In Wien erfolgte im 19. Jh. eine Zentralisierung der Arbeitsvermittlung, um Angebot und Nachfrage besser zu steuern.

Die Kontrakte wurden mündlich und per Handschlag abgeschlossen und durch die Bezahlung eines »Darangelds«, auch »Dingpfennig« oder »Hälftelgeld« genannt, besiegelt. Das Antrittsgeld stand in engem Zusammenhang mit der Nachfrage und dem Angebot an D. und konnte je nach Ort und Zeit stark variieren. In Österreich durfte es nach der Josephinischen Dienstordnung »nie weniger als den zwanzigsten Theil des Lohnes betragen« und wurde vom Jahresgehalt abgezogen [1.209]. Der mündliche ⁊Dienstvertrag war bindend und erstreckte sich in der Regel auf ein Jahr. Die zu erbringenden Arbeitsleistungen wurden ebenfalls mündlich vereinbart. Ähnlich war die Vorgehensweise in England: Der auf ein Jahr abgeschlossene mündliche Kontrakt war begleitet von der Zahlung eines *token*, auch *earnest*, *God's penny* oder *fastening penny* genannt [8.72].

3. Dienstbotenordnungen

D. nahmen im MA die Stellung von Schutzbefohlenen des »Dienstherrn« ein, was einer privatrechtlichen Regelung gleichkam. Seit dem 15. Jh. wichen diese öffentlich-rechtlichen Gesetzgebungen, geregelt zunächst über die (Reichs-)⁊Polizeiordnungen, später eigenen D.-Ordnungen, die sehr einseitig zugunsten der Dienstgeber abgefasst waren. Neben obligatorischen Entlassungsscheinen, Zwangsfristen für den Ein- und Austritt, für die Dauer der Verdingungszeit und für die Kündigung wurden auch die zwangsweise Rückführung des Gesindes und dessen Bestrafung, unterstützt von der Sicherheitswache, im Falle des Vertragsbruches gesetzlich festgelegt. In der Habsburgermonarchie konnten die Herrschaften auf dem Lande bis zur Aufhebung der ⁊Leibeigenschaft Ende des 18. Jh.s ein Zwangsgesinderecht aussprechen. Unter Joseph II. wurde der Großteil der Zwangsvorschriften beseitigt und als Kontraktbasis der »freie Vertrag« geschaffen.

Im 18. und frühen 19. Jh. erreichte die D.-Gesetzgebung einen Höhepunkt: In zahlreichen Städten und Ländern wurden Gesinde- und D.-Ordnungen erlassen [7.200–205]. Für Berlin sind etwa Gesindeordnungen von 1718, 1735 und 1746, aus dem Fürstentum Lippe von 1795 oder aus Salzburg die Sittenordnung von 1736 überliefert. In der Habsburgermonarchie wurden 1782 spezielle D.-Ordnungen für Städte in Böhmen, Mähren, Schlesien und 1784 auch für Wien erlassen, wodurch es zur rechtlichen Trennung von Stadt- und Landgesinde kam. Eine Zäsur stellte das Jahr 1810 dar: Neue Gesindeordnungen wurden sowohl in Preußen (8. November 1810) wie auch in Wien (1. Mai 1810) in Kraft gesetzt, die bis 1910 bestehen sollten.

4. Hierarchie, Löhne, Arbeitsbedingungen

Innerhalb der D. gab es eine nach ⁊Geschlecht und Qualifikation weit abgestufte Hierarchie, die einen Niederschlag in den Löhnen fand. Weibliche D. rangierten mit Ausnahme der Köchinnen stets in den unteren Hierarchierängen. Der franz. Prinzenerzieher Abt Claude Fleury teilte 1688 das häusliche Personal in elf Gruppen. In Jonathan Swifts 1745 publizierten Schrift *Direction to servants* werden 16 Gruppen genannt, in den Berliner Gesindeordnungen von 1718, 1735 und 1746 sind es 13 Gruppen. Diese Einteilungen waren allerdings nur für herrschaftliche und höfische Haushalte zutreffend, die in Frankreich im 18. Jh. durchschnittlich 30 und mehr D., in England meist zwischen 20 und 25 D. beschäftigten. In Deutschland war eine derart hohe Zahl an D., mit Ausnahme von Patrizierhaushalten in Nürnberg seit dem 17. Jh., weniger verbreitet [5.177].

Auf großen Gutshöfen konnte es unter den männlichen D. erhebliche Lohnunterschiede geben. Die stark geschlechtsspezifisch ausgerichtete Hierarchie sowie die weitverbreitete Ansicht, dass Hausarbeit unproduktive Arbeit sei, hatten zur Folge, dass die Geldlöhne der weiblichen D. deutlich unter denjenigen der männlichen lagen. Die Differenz konnte dabei ein Drittel bis zu einem Viertel, manchmal gar die Hälfte ausmachen. Vielfach waren einige Sachleistungen (↗Naturallohn) wie Kleider, Schnaps, Wein oder in England der tägliche ↗Tee, ein Teil des (Jahres-)Lohnes. Der Großteil der D. in Städten wurde aus dem lokalen Umkreis rekrutiert; ↗Arbeitsmigration über kürzere oder längere Strecken zählten zur Alltags- und Lebenserfahrung der D.

Die Arbeitsbedingungen waren durch die Eingebundenheit in den Dienstgeberhaushalt kaum einer Kontrolle unterworfen. Die starke Fluktuation der D. sowie überlieferte Selbstzeugnisse und die Ende des 19. Jh.s durchgeführten Untersuchungen zu den Arbeitsverhältnissen zeigen, dass die D. teilweise enormer Ausbeutung ausgesetzt waren. Studien zum Alter der D. machen deutlich, dass dies für die Mehrheit nur eine *temporary and transitional period* [8.76], einen Abschnitt im Lebenszyklus vorwiegend zwischen dem 15. und 30. Lebensjahr darstellte. Langjährig beschäftigte D. stellten eher eine Ausnahme dar. Für D. im Alter war die Versorgung prekär; es bestanden nur wenige private karitative Einrichtungen. Manchmal erhielten D. ein einfaches oder doppeltes Jahresgehalt als ↗Altersversorgung ausbezahlt; zum überwiegenden Teil landeten sie im Alter in den städtischen Armen(versorgungs)häusern (↗Armen- und Bettelwesen).

5. Verbreitung

In England waren in der Frühen Nz. rund 60% der Bevölkerung im Alter zwischen 15 und 24 Jahren als D. tätig. In der Landwirtschaft machten die D. rund ein Drittel bis zur Hälfte der gegen Lohn beschäftigten Arbeitskräfte aus [9.3]. In engl. Städten des 17. Jh.s betrug der Anteil der D. an der Gesamtbevölkerung zumeist zwischen 3% und 7%.

In Salzburg verfügten 1647 rund zwei Drittel aller Haushalte von selbständigen Gewerbe- und Handelstreibenden über D., in der Stadt Hall in Tirol jeder zweite und in Innsbruck 47% [4]; [10]. In den Großstädten war der Anteil der D. an der Gesamtbevölkerung im 17. und 18. Jh. bereits deutlich höher – in London 1696 rund 11–13% der Gesamtbevölkerung; 1767 waren es rund 50000, 1775 zählte man bereits 80000 D. [8.126]. Zwischen 1695 und 1725 waren in London ein Viertel der weiblichen Erwerbstätigen D. [3.132] (↗Frauenarbeit). Auch für dt. Städte wird angenommen, dass der Prozentanteil der D. an der Gesamtbevölkerung im 17. und 18. Jh. bereits zwischen 10 und 20% betrug [2.19].

Das 18. Jh. bedeutete in mehrerer Hinsicht eine Zäsur. In einigen europ. Ländern folgte man dem Vorbild Hollands, wo es seit 1636 eine D.-Steuer gab: 1776 führte man in England für männliche, 1785 für weibliche D. eine ↗Steuer ein; Preußen und Hamburg folgten [12.9]. Die hohen Steuern insbes. für männliche D. und die sich für Männer neu eröffnenden Erwerbsbereiche durch die ↗Industrialisierung waren Gründe für den Rückgang der männlichen D.-Zahlen. Gleichzeitig stieg seitens des städtischen Mittelstandes durch dessen Kopie des adeligen Lebensstils die Nachfrage nach D. Der wachsende Bedarf wurde vorrangig von Frauen gedeckt. Eine 1806 in England und Wales durchgeführte Zählung ergab, dass von den rund 910000 D. 800000 weiblich waren; 1851 wurden dann 783543 weibliche und nur 124595 männliche D. gezählt; 40% der weiblichen D. waren unter 19 Jahre alt und 66% unter 24.

Der Beginn der Feminisierung des D.-Wesens (↗Geschlechterrollen) wird unterschiedlich zwischen dem Beginn des 18. und der Mitte des 19. Jh.s datiert [6.15]; [11.9]; [8.128ff.]; [13]. Für England wird angenommen, dass sie bereits im frühen 18. Jh. mit dem Rückgang der Gesindestellen in der ↗Landwirtschaft und dem Anwachsen der Mittelschicht einsetzte, da beide eine große Nachfrage nach weiblichen D. zur Folge hatten. Auch machten weibliche D. im ausgehenden 18. Jh. einen weit höheren Prozentanteil der Gesamtbevölkerung aus als zur Mitte des 19. Jh.s. Einen Beschäftigungshöhepunkt bei weiblichen D. gab es zwischen 1851 und 1871; in der zweiten Hälfte des 19. Jh.s war ihr Prozentanteil an der Gesamtbevölkerung und an der weiblichen Erwerbstätigkeit bereits rückläufig [13.253]. Ähnlich die Ergebnisse für dt., österr. und ital. Städte: Machten die D. im frühen 19. Jh. in Hamburg, München, Köln, Bochum und Bremen noch rund 10% der Gesamtbevölkerung aus, so sank ihr Anteil auf knapp 3 bzw. 4% zu Beginn des 20. Jh.s. Auch in den ital. Städten Florenz, Turin und Venedig ging der prozentuelle Anteil der D. bis 1911 auf rund 4% zurück. Ähnlich war die Tendenz in Wien, wo der D.-Anteil an der weiblichen Gesamterwerbsbevölkerung 1869 18,3%, zehn Jahre später 12,4% und 1910 nur noch 9% betrug. Das D.-Wesen hatte demnach im 19. Jh. deutlich an Bedeutung als Erwerbsbereich für breite Schichten und v.a. für weibliche Arbeitskräfte verloren. Die Gründe dafür liegen in der zunehmenden Wertschätzung individueller Autonomie und familialer Intimität auch in den unteren Schichten sowie in dem sich auffächernden Erwerbsangebot für jüngere Frauen in Industrie, Handel und außerhäuslichen Dienstleistungen. Dienstverhältnisse blieben immer stärker jungen Zuwanderinnen vorbehalten.

→ Arbeit; Frauenarbeit; Geschlechterrollen; Gesinde; Haushalt; Lohnarbeit

[1] G. BARTH-SCALMANI, Weibliche Dienstboten in der Stadt des ausgehenden 18. Jh.s. Leopold Mozarts Seccaturen mit den Menschen, in: Mitteilungen der Gesellschaft für Salzburger Landeskunde 137, 1997, 199–218 [2] R. DÜRR, Mägde in der

Stadt. Das Beispiel Schwäbisch-Hall in der Frühen Nz., 1995 [3] P. EARLE, The Female Labour Market in London in the Late Seventeenth and Early Eighteenth Centuries, in: P. SHARPE (Hrsg.), Women's Work. The English Experience 1650–1914, 1998, 121–149 [4] F. EDER, Geschlechterproportion und Arbeitsorganisation im Land Salzburg, 17.–19. Jh., 1990 [5] R. ENGELSING, Der Arbeitsmarkt der Dienstboten, in: H. KELLENBENZ (Hrsg.), Wirtschaftspolitik und Arbeitsmarkt. Bericht über die 4. Arbeitstagung der Gesellschaft für Sozial- und Wirtschaftsgeschichte. Wien, 14. und 15. April, 1974, 159–257 [6] C. FAIRCHILDS, Domestic Enemies: Servants and Their Masters in Old Regime France, 1984 [7] C. HARRASSER, Von Dienstboten und Landarbeitern: eine Bibliographie zu (fast) vergessenen Berufen, 1996 [8] B. HILL, Women, Work and Sexual Politics in Eighteenth-Century England, 1994 [9] A. KUSSMAUL, Servants in Husbandry in Early Modern England, 1981 [10] F. MATHIS, Zur Bevölkerungsstruktur österr. Städte im 17. Jh., 1977 [11] T. MCBRIDE, The Domestic Revolution. The Modernization of Houshold Service in England and France 1820–1920, 1976 [12] L. ROSS, Weibliche Dienstboten und Dienstbotenhaltung in England, 1912 [13] L. SCHWARZ, English Servants and Their Employers during the Eighteenth and Nineteenth Centuries, in: Economic History Review 52/2, 1999, 236–256 [14] P. SHARPE, Adapting to Capitalism: Working Women in the English Economy 1700–1850, 1996 [15] O. UHLIG, Die Schwabenkinder aus Tirol und Vorarlberg, 1978.

Sylvia Hahn

Dienste, städtische

Die Inhaber nzl. städtischer ↗Ämter verrichteten regelmäßig spezifische Aufgaben für die ↗Stadt; für ihre Tätigkeiten erhielten sie festgesetzte, turnusmäßige Besoldungen (↗Beamter). In der Frühen Nz. wurde bei Amtsantritt, in vielen Städten aber auch jährlich, ein D.-Eid abgelegt, der in groben Zügen auf die Pflichten der Amtsinhaber Bezug nahm. Darüber hinaus erließ die ↗Obrigkeit seit Mitte des 17. Jh.s vermehrt Amtsordnungen; diese legten die Aufgabenbereiche der städtischen Bediensteten fest und konnten bei Amtsantritt ausgehändigt sowie zur Erinnerung in regelmäßigen Abständen vorgelesen werden [1].

Die Vorbildung der Amtsträger stellte die Weichen für die Amtsstufen. Da sich die Anforderungsprofile nach der zu besetzenden Stelle richteten, variierten die Selektionskriterien von Amt zu Amt. Anwärter auf einige Amtsgruppen mussten sich zur Überprüfung ihrer Qualifikation auch einer Aufnahmeprüfung unterziehen (↗Beamtenausbildung). Große Gewichtung kam auch der Persönlichkeit des Bewerbers zu. In der Regel wurden drei bis vier Aspiranten in die engere Auswahl gezogen. Um über ausreichende Personalressourcen zu verfügen, konnte einem abgelehnten Bewerber eine Exspektanz eingeräumt werden, d. h. der Betreffende durfte sich berechtigte Hoffnungen machen, bei erneut eintretender Vakanz in die engere Wahl zu gelangen. ↗Stipendien konnten mit der Auflage verbunden sein, später in den D. der Stadt treten zu müssen [1].

Die Amtsträger erhielten eine sichere und regelmäßige Besoldung, was v. a. in Krisenzeiten hoch einzuschätzen war; so war für die Ratsherren, die sich in größeren Städten zunehmend aus ↗Juristen zusammensetzten [3. 9–17], die Herrschaft in der Stadt nicht nur eine Frage der Macht, sondern auch des fehlenden finanziellen Risikos. Der kommunale Dienst fungierte auch als Auffangbecken für arbeitsfähige und arbeitswillige Personen, die unverschuldet in ↗Armut geraten waren, z. B. bei Überbesetzung eines ↗Handwerks (↗Zunft) oder aus Krankheitsgründen. Diesen Personen ein städtisches Amt zu verleihen, um sie vor dem finanziellen Ruin zu bewahren, ist allerdings nicht allein auf ein mildtätiges Agieren der Obrigkeit, sondern auch auf sozialpolitische Erwägungen zurückzuführen [1] (↗Arbeitsmoral).

Die Amtselite (↗Eliten) erlangte im Verlauf der Nz. zunehmend nur dann Spitzenpositionen (wie z. B. die Superintendentur oder die Mitgliedschaft im Inneren Rat), wenn sie bereits einige Zeit der Stadt gedient hatte. »Senkrechtstartern« bot der städtische D., selbst wenn diese über ein gut ausgebautes ↗Klientel-System verfügten, kaum Chancen; so musste die hohe Auszeichnung, in den ↗Rat gewählt zu werden, vielfach über eine Reihe von Jahren verdient werden [4.9]. Der Eintritt in den kommunalen D. zeichnete die Karrierelaufbahn grundsätzlich vor. Der städtische D. bildete keinen Kanal der sozialen Mobilität. Wie das Beispiel der Reichsstadt Regensburg zeigt, konnten ab Mitte des 17. Jh.s Spitzenpositionen nur noch von Akademikern bekleidet werden (↗Beamtenlehre).

Die Obrigkeit wachte darüber, dass ihre Amtsträger Vorbildfunktionen ausübten; der Bürgerschaft (↗Bürgertum; ↗Stadtbürgertum) sollte kein Anlass geboten werden, die althergebrachte Ordnung in Frage zu stellen. Bei Fehlverhalten drohten den Bediensteten Geld- und Gefängnisstrafen, Stadtverweisung und sogar die ↗Todesstrafe. Auch der in der Sakralität verankerte D.-Eid diente ihrer Disziplinierung. Verschuldung, Konfessionswechsel, ↗Ehebruch, zerrüttete Familienverhältnisse, Sexualvergehen, ↗Diebstahl und Nachlässigkeit konnten z. B. zum Ausschluss aus dem städtischen D. führen. Die Mehrheit der Amtsträger blieb bis zu ihrem Tod im D. einer Stadt, doch konnten fortschreitendes Alter (↗Hohes Alter) und Gebrechlichkeit zu einer Verringerung der Dienstfähigkeit führen [2. 426]. Niedere Ämter konnten in diesem Fall auch durch Personen vertreten werden, die nicht im städtischen D. standen.

→ Amt; Beamter; Kommune; Stadt

[1] B. BLESSING, Städtische Bedienstete. Regensburger Amtsträger von 1660–1802/10, 2005 [2] M. MAURER, Die Biographie des Bürgers. Lebensformen und Denkweisen in der formativen Phase des dt. Bürgertums 1680–1815, 1996 [3] H. SCHILLING,

Vergleichende Betrachtungen zur Geschichte der bürgerlichen Eliten in den Niederlanden und in Nordwestdeutschland, in: H. SCHILLING / H. DIEDERIKS (Hrsg.), Bürgerliche Eliten in den Niederlanden und in Nordwestdeutschland, 1985, 1–32 [4] H. SPETH, Die Reichsstadt Isny am Ende des alten Reichs (1775–1806), 1973.

Bettina Blessing

Dienstvertrag

1. Begriff
2. Abgrenzungen
3. Rechtsquellen
4. Regelungsinhalte

1. Begriff

Unter die Kategorie des D. fallen im heutigen Recht Vereinbarungen, durch die eine Person verpflichtet wird, bestimmte Dienstleistungen gegen Vergütung auszuführen. Als eigener ↗Vertrags-Typ wurde der D. von der ↗Rechtswissenschaft in der Nz. erst allmählich ausdifferenziert. Den Ausgangspunkt dafür bildete das rezipierte Röm. Recht, das im Begriff der »Miete« (lat. *locatio conductio*, »Miete«, »Dienst- und Werkvertrag«, »Pacht«) eine umfassende Vertragsart kannte, die neben der ↗Lohnarbeit andere sozial bedeutsame Verhältnisse wie etwa die Wohnungsmiete und die Landpacht mit einschloss.

2. Abgrenzungen

Etwa seit dem 17. Jh. begann die Rechtswissenschaft, den D. (lat. *locatio conductio operarum*) vom ↗Werkvertrag (lat. *locatio conductio operis*) zu unterscheiden, wobei keine einheitlichen Kriterien verwendet wurden. Z. T. stellten die Juristen darauf ab, ob der Vertrag primär auf die Leistung der Dienste an sich (dann »D.«) oder auf einen bestimmten ↗Arbeits-Erfolg (Werkvertrag) gerichtet sei. Diese Abgrenzung nahm später das BGB (1900) auf. Teilweise galt als Kennzeichen aber auch die Selbständigkeit (Werkvertrag) bzw. Unselbständigkeit (D.) des Verpflichteten bei der Tätigkeit. Dieser Aspekt erhielt am Ende des 19. Jh.s bei der Ausbildung des Arbeitsvertrags als Sonderform des D. besondere Bedeutung (↗Arbeitsrecht).

Des Weiteren wurde die ↗Miete in Sach- und »Dienstmiete« aufgegliedert. Dabei blieb während der gesamten Nz. bis zum Ende des 19. Jh.s die wichtige Unterscheidung zwischen »höheren« und »niederen Diensten« (lat. *operae liberales* und *operae illiberales*) bestehen. Nur die letztgenannte Gruppe sollte dem Recht des D. unterstellt sein. Diese Differenzierung spiegelte die gesellschaftliche Bewertung von ↗Berufen wider. Im Anschluss an die Regeln des Röm. Rechts wurde überwiegend darauf abgestellt, ob die Arbeit eine wiss. Ausbildung (↗Bildung) erfordere bzw. ob die Tätigkeit üblicherweise des ↗Lohnes wegen übernommen werde. Zu den sog. höheren Diensten zählte man etwa diejenigen von Advokaten, ↗Lehrern oder Ärzten. In die Kategorie der niederen Dienste wurde z. B. die Arbeit von ↗Dienstboten, ↗Handwerkern oder ↗Tagelöhnern eingeordnet. Eine entsprechende Einteilung nahm auch die franz. Rechtswissenschaft im Anschluss an Art. 1779 des ↗Code civil (1804) vor. Dagegen ordnete das österr. ↗Allgemeine Bürgerliche Gesetzbuch (1811) die Geltung des D.-Rechts ausdrücklich auch für Verträge mit Ärzten, ↗Anwälten etc. an (§ 1163).

3. Rechtsquellen

Die Rechtsbeziehungen zwischen Dienstherren und Dienstverpflichteten wurde in der Nz. nicht nur durch das rezipierte und von der Rechtswissenschaft bearbeitete Röm. Recht (↗Rezeption; ↗Gemeines Recht), sondern daneben auch durch zahlreiche partikulare Gesetze bestimmt (↗Partikularrecht). Diese gesetzlichen Regelungen waren dadurch gekennzeichnet, dass sie nach Berufsgruppen differenzierten. So enthielten ↗Stadtrechte und ↗Landrechte des 16. Jh.s sowie ↗Polizeiordnungen des 16.–18. Jh.s besondere Vorschriften etwa für Handlungsgehilfen, Manufaktur- und Heimarbeiter oder für Handwerker, deren Rechtsstellung zusätzlich durch ↗Zunft-Statuten festgelegt wurde. Neben Sonderordnungen für Bergleute und Schiffspersonal wurden darüber hinaus bis ins 19. Jh. zahlreiche Gesindeordnungen erlassen (↗Gesinderecht).

Auf der Grundlage dieser nzl. sowie der ma. deutschen Rechtsregeln, insbes. des Gesinderechts, entwickelte 1914 Otto Gierke die Theorie, dass es sich beim D. um ein gegenüber der röm. *locatio conductio* eigenständiges Institut des dt. Rechts handele (↗Deutsches Privatrecht) [1]. Dessen Kennzeichen sah er in einer personenrechtlichen Verbindung der Parteien durch ein gegenseitiges Treueverhältnis.

4. Regelungsinhalte

Wichtige Rechtsfragen bildeten in der rechtswiss. Diskussion sowie in den ↗Gesetzen die Lohnzahlung, die Arbeitsbedingungen, die Dauer sowie Beendigung des D. oder die Haftung etwa für fehlerhafte Dienstleistungen. Bes. bedeutsam war daneben die Entscheidung, welchen Einfluss eine ↗Krankheit des Dienstverpflichteten oder andere von keinem Vertragspartner zu vertretende Hindernisse für die Erbringung der Dienstleistung (z. B. Unwetter, Brand, Krieg) auf den Lohnanspruch haben sollten. Auch an diesem Punkt lässt sich eine soziale Differenzierung beobachten: Ärzten, Gesandten, Juristen oder Professoren etwa wurde in solchen Fällen eher ein Lohnanspruch zugebilligt als z. B. Hausangestellten (↗Gesinde) oder Handwerkern, die in der Regel mit dem Risiko eines Lohnverlustes belastet wurden [5].

→ Arbeit; Arbeitsrecht; Privatrecht; Vertrag

Quellen:
[1] O. GIERKE, Die Wurzeln des Dienstvertrages, in: FS H. Brunner, 1914, 37–68.

Sekundärliteratur:
[2] H. COING, § 88, in: Europäisches Privatrecht I, 1985, 456–461 [3] H. COING, § 96 III, in: Europäisches Privatrecht II, 1989, 483–484 [4] T. MAYER-MALY, Vorindustrielles Arbeitsrecht, in: Recht der Arbeit, 1975, 59–63 [5] J. RÜCKERT, Vom Casus zur Unmöglichkeit und von der Sphäre zum Synallagma. Weichenstellungen bei der Risikoverteilung im gegenseitigen Vertrag, entwickelt am Beispiel des Dienstvertrages, in: Zsch. für neuere Rechtsgeschichte 6, 1984, 40–73.

Sibylle Hofer

Differentialgeometrie

Ein zentraler Aspekt der Erneuerung der ↗Mathematik im 17. Jh. war die Kombination geometrischer Themen mit symbolisch-kalkulatorischen Techniken, die sich auf das Infinitesimale, d. h. das unendlich Kleine bezogen (↗Analysis; ↗Infinitesimalien). Dadurch wurde eine neue Weise, ↗Geometrie zu betreiben möglich, die für das 17. Jh. am treffendsten als Infinitesimalgeometrie bezeichnet wird und die sich ab dem 18. Jh. – dem Jahrhundert des Ausbaus des ↗Differentialkalküls – als D. weiterentwickelte.

Gegenstand der D. waren im 17. und 18. Jh. insbes. die Krümmungseigenschaften von ebenen und räumlichen Kurven sowie jene von gekrümmt im Raum liegenden Flächen. Wesentliche erste Schritte in das neue Gebiet unternahm bereits der junge Newton. In zunächst unpublizierten Manuskripten nutzte er ab den 1660er Jahren den von ihm entwickelten Fluxionskalkül auch zur Untersuchung der Krümmungseigenschaften ebener Kurven. Die Krümmung einer Kurve in einem bestimmten Punkt war dabei durch den Kehrwert des Radius jenes Kreises definiert, der sich in dem betrachteten Punkt der Kurve am glattesten anschmiegte. Die frühen kontinentalen Vertreter des Differentialkalküls verfolgten ähnliche Ziele.

Um 1730 unternahm der junge franz. Mathematiker Alexis Clairaut ausführliche Studien zu räumlich gekrümmten Kurven. In Folge seines Werks *Recherches sur les courbes à double courbure* wurde er 1731 als jüngstes jemals gewähltes Mitglied in die Pariser *Académie des Sciences* aufgenommen und zu einem führenden Vertreter des franz. ↗Newtonianismus. Seine Interessen wandten sich in den 1730er Jahren auch der D. von Flächen und insbes. der des Geoids zu, d. h. der Form der Oberfläche der Erde (↗Geodäsie). Um die Mitte des Jahrhunderts trugen etliche führende Mathematiker Europas zum weiteren Ausbau des Gebiets bei, darunter Leonhard Euler, der den Differentialkalkül u. a. erfolgreich auf die Bestimmung kürzester Linien auf gekrümmten Flächen (geodätische Kurven) anwendete. Eine grundsätzliche Schwierigkeit bestand in der Festlegung eines geeigneten Krümmungsbegriffs für Flächen.

In seiner Schrift *Recherches sur la courbure des surfaces* (1760) konnte Euler zeigen, dass die Krümmungen aller Kurven, die sich beim Schnitt einer im gewöhnlichen (Euklidischen) Raum gegebenen Fläche mit Ebenen ergeben, welche eine feste, auf der Fläche senkrecht stehende Gerade enthalten, in ihrem gemeinsamen Schnittpunkt stets aus lediglich zwei solchen Krümmungen (den beiden sog. Hauptkrümmungen der Fläche) berechnet werden können [1]. Dieser Sachverhalt erlaubte es, die Krümmung einer Fläche in einem ihrer Punkte als das Produkt der beiden Hauptkrümmungen zu definieren – eine Idee, die nach 1800 Verbreitung fand. Lagen die Schmiegkreise der beiden Hauptkrümmungen stets auf unterschiedlichen Seiten der Fläche, sprach man auch von Flächen negativer Krümmung.

Auch für Euler blieben geodätische Anwendungen der Hauptgrund für den Ausbau der D. von Flächen; so studierte er in den 1770 Jahren die Frage, welche Flächen unter Erhaltung ihrer inneren Maßverhältnisse (d. h. von in bzw. entlang der Fläche gemessenen Kurvenlängen und von Winkeln zwischen denselben) aufeinander »abgewickelt« werden konnten. Auch diese Frage war von Bedeutung für die Geodäsie, denn die Grundschwierigkeit jeder Kartenprojektion besteht darin, dass die Oberfläche einer Kugel bzw. des Geoids nicht in diesem Sinn auf eine ebene Fläche abgewickelt werden kann.

Im revolutionären Frankreich förderte der Geometer und erste Direktor der ↗École Polytechnique, Gaspard Monge, den weiteren Ausbau der D. Seine Neukonzeption der analytischen und deskriptiven Geometrie umfasste auch die Bereitstellung neuer grundlegender Techniken zur analytischen Beschreibung gekrümmter Flächen und Kurven sowie davon abgeleiteter Gebilde wie Tangenten, Tangentialebenen, Evoluten usw. Monge und etliche seiner Schüler an der *École Polytechnique* trugen ferner dazu bei, diese Techniken in neue physikalisch-technische Anwendungsgebiete wie die ↗Mechanik und die ↗Optik zu integrieren.

Eine bedeutende Weiterentwicklung der D. von Flächen ergab sich in einer knappen Schrift, in der Carl Friedrich Gauss 1827 die theoretischen Grundlagen seiner umfangreichen geodätischen Arbeiten entwickelte [2]. Die bisher entwickelten Verfahren zur Analyse gekrümmter Flächen zusammenfassend, schlug Gauss vor, die Krümmungseigenschaften einer Fläche in einer Weise zu beschreiben, die nur von deren inneren Maßverhältnissen und nicht wie in allen früheren Ansätzen (etwa dem Eulerschen, s. o.) von ihrer speziellen Lage im Raum abhing. Damit wurde es möglich, eine intrinsische D. von Flächen aufzubauen, die von deren Einbettung in den Raum der traditionellen euklidischen Geometrie ganz absah. Dieser Ansatz erwies sich in der Folge (insbes. in den Händen von Gauss' Schüler Bernhard Riemann) als der Schlüssel zu einer D. höherdimensionaler »Räume« bzw. »Mannigfaltigkeiten«, die seither eines der mächtigsten Werkzeuge der modernen Mathematik darstellt.

→ Analysis; Geometrie; Mathematische Wissenschaften

Quellen:
[1] L. EULER, Recherches sur la courbure des surfaces, in: Mémoires de l'Académie des Sciences de Berlin 16, 1760, 119–143
[2] C. F. GAUSS, Disquisitiones generales circa superficies curvas, in: C. F. GAUSS, Allgemeine Flächentheorie, hrsg. von A. Wangerin, 1989 (Orig. 1827).

Moritz Epple

Differentialkalkül

»Differential« und »Fluxion« sind Grundbegriffe in den von G. W. Leibniz und I. Newton erfundenen Infinitesimalkalkülen (↗Infinitesimalien). In Newtons Version der Infinitesimalrechnung werden »fließende« Größen, sog. Fluenten, untersucht, deren momentane Änderungsgeschwindigkeiten »Fluxionen« heißen. Die »Differentiale« des Leibnizschen D. sind dagegen Differenzen zwischen zwei unendlich nahe benachbarten Zuständen einer Größe, also »unendlich kleine« Größen (↗Analysis). Trotz dieser Unterschiede in der Begrifflichkeit und der benutzten Symbolik zeigten sich im Lauf des 18. Jh.s so viele Ähnlichkeiten zwischen den beiden Kalkülen, dass mit Recht davon gesprochen werden kann, Leibniz und Newton hätten (unabhängig voneinander) nahezu dieselbe Theorie erfunden.

Die erste über mathematische Einzelprobleme hinausgehende Anwendung der Fluxionsrechnung führte Newton in seinem Hauptwerk *Philosophiae naturalis principa mathematica* (»Die mathematischen Grundlagen der Naturphilosophie«) von 1687 durch (↗Mechanik, ↗Himmelsmechanik). Die verwendeten Ergebnisse seiner Fluxionsrechnung stellte Newton darin allerdings weitgehend in einer geometrischen Form dar, welche die volle Bedeutung seines Kalküls nicht offenbar werden ließ. Leibniz' Ideen wurden von zwei exzellenten Mathematikern, den Basler Brüdern Jakob und Johann Bernoulli, aufgegriffen, die ab 1690 den D. weiterentwickelten und auf zahlreiche Probleme der ↗Geometrie, ↗Astronomie und ↗Optik anwendeten. Die Bernoullis untersuchten auch Probleme der ↗Elastizitäts-Theorie und der ↗Hydrodynamik, während die Newton'sche ↗Mechanik bei ihrer Arbeit zunächst nur eine untergeordnete Rolle spielte.

Das von dem Marquis de L'Hospital verfasste, auf einem unveröffentlichten Manuskript von Johann Bernoulli beruhende Lehrbuch *Analyse des infinimets petits* (1696) machte den Leibniz'schen Kalkül dann einem größeren Kreis von Wissenschaftlern bekannt und sicherte diesem eine Dominanz gegenüber dem Newtons, die etliche Jahrzehnte anhalten sollte. Nur in England hielt man sich an Newtons Begriffe und Symbolik, was zeitweise in eine gewisse wiss. Isolation führte.

Die Begründer der nzl. ↗Analysis erkannten früh, dass die Aufgabe, aus einer Gleichung zwischen Fluxionen eine Beziehung zwischen Fluenten zu finden (Newton) bzw. aus einer Relation zwischen Differentialen auf eine entsprechende Beziehung von Größen zu schließen (Leibniz) – die »umgekehrte Tangentenmethode« –, von fundamentaler Bedeutung für die Anwendung des D. auf quantitativ beschreibbare Naturphänomene und technische Beziehungen war. Das von Johann Bernoulli für de L'Hospital verfasste Manuskript, das 1742 unter dem Titel *Lectiones mathematicae de methodo integralium* (»Mathematische Lektionen über die Integral-Methode«) veröffentlicht wurde, kann auch als das erste Lehrbuch der Differentialgleichungen betrachtet werden.

Die neuen Kalküle entfalteten ihre eigentliche Stärke erst durch die Benutzung von Fluxionen bzw. Differentialen höherer Ordnung. Diese deckten Beziehungen zwischen voneinander abhängigen Größen auf, die sich der unmittelbaren Anschauung entzogen. So beruhte Newtons Dynamik wesentlich auf dem Begriff der Kraft und dem diesem assoziierten Begriff der Beschleunigung, also einer Fluxion zweiter Ordnung. In ähnlicher Weise konnte Johann Bernoulli eine Theorie des Krümmungsverhaltens von Kurven (↗Differentialgeometrie) geben, die wesentlich darauf beruhte, dass Differentiale von Differentialen, also Differentiale zweiter Ordnung, gebildet wurden. Das hatte auch eine unmittelbare Anwendung in der Theorie der Balkenbiegung, da die Krümmung eines Balkens der Biegekraft proportional ist.

Die Anwendungen erzwangen ferner den Ausbau einer Differentialrechnung für Funktionen mehrerer Veränderlicher. Differentiale verschiedener Variablen, die zusammen in einer Formel auftreten, sog. partielle Differentiale, traten bereits bei Leibniz im Kontext der Berechnung der sog. Einhüllenden einer Kurvenschar auf. Eine systematische Theorie der partiellen Differentiale und der partiellen Differentialgleichungen wurde erst im 18. Jh. entwickelt. Ab 1730 publizierten Alexis Clairaut und v. a. Leonhard Euler eine Reihe von Arbeiten, in denen die wesentlichen Sachverhalte für das Rechnen mit partiellen Differentialen festgestellt wurden.

Die weitere Entwicklung der Analysis hat faktisch zu einer Fusion von Newtons und Leibniz' Begrifflichkeit geführt. Auch diese Entwicklung verdankte sich maßgeblich Euler. Er rechnete wie Leibniz mit unendlich kleinen Größen, andererseits trat bei ihm der Begriff der Funktion in den Vordergrund. Zu einer Funktion gehörten ihre Ableitungen (»Differentialkoeffizienten« bei Euler, *fonctions dérivées* bei Lagrange). Dadurch wurden Newtons Fluxionen, ohne dass dieser Terminus benutzt wurde, in den D. integriert. Eulers Lehrbücher *Institutiones calculi differentialis* (1755) und *Institutiones calculi integralis* (1768) gaben eine einflussreiche und umfassende Darstellung dieses mächtigen mathematischen Kalküls.

In der Bewegung zur ↗mathematischen Strenge am Beginn des 19. Jh.s wurden unendlich kleine Größen allmählich aus der mathematischen Analysis verdrängt, die Sprache der Differentiale war aber so nützlich, dass man auf sie nicht verzichtete. Der D. des ausgehenden 18. Jh.s liefert bis heute die Grundlage einer ganzen Reihe mathematischer Theorien.

→ Analysis; Differentialgeometrie; Geometrie; Mathematische Wissenschaften

[1] H. N. JAHNKE (Hrsg.), A History of Analysis, 2003.

Hans Niels Jahnke

Digesten s. Gemeines Recht

Dilettant

1. Begriff
2. Dilettant, Kenner und Liebhaber in der Musik
3. Kunst

1. Begriff

Der D. (von ital. *dilettare*, »ergötzen«) bezeichnet einen nicht-berufsmäßigen Kunstausübenden und ist im Italienischen seit dem späten 17. Jh., im Deutschen seit den 1760er Jahren belegt. Der Terminus bildet mit den anderen Bezeichnungen für »Kenner« (franz. *connaisseur*) und »Liebhaber« (franz. *amateur*) seit dem 18. Jh. ein komplex verwobenes Feld nicht-professioneller Kunstübung und -wahrnehmung, dessen Hintergrund auch eine institutionell stets vorangetriebene ↗Professionalisierung in den Künsten selbst und damit auch eine soziale Akzentverschiebung darstellt [6. 235]. Seine Voraussetzung ist einerseits die Verbindung aller sinnlich wahrnehmbaren Erscheinungsformen des Schönen zu einem neuen System der »schönen Künste«, der *beaux arts*. Andererseits bewirkte die Herausbildung einer Beurteilung dieses Schönen, die unter dem Einfluss des engl. ↗Sensualismus erfolgte, nach den im Prinzip einheitlichen Grundsätzen der *critic* eine immer weitergehende Differenzierung dieses Urteils auch bei denjenigen, die agierend oder rezipierend mit den Künsten befasst waren, ohne diese selbst in einem umfassenden und selbständigen Sinne auszuüben.

Erst aufgrund dieser differenzierten Verwendung der Termini konnte es im späten 18. Jh. möglich werden, die Liebhaberei als *dilettantism* in strenger Opposition zum eigentlichen Künstler zu definieren (bei K. Ph. Moritz, F. von Schiller, J. W. von Goethe) und daraus Paradigmen einer klassizistischen Kunsttheorie abzuleiten (↗Klassizismus).

2. Dilettant, Kenner und Liebhaber in der Musik

Mit der systemischen Neudefinition der ↗Musik nicht mehr im Rahmen der ↗Artes liberales, sondern der schönen Künste rückte das akustische Ereignis selbst in den Vordergrund der denkenden Auseinandersetzung mit Musik. Das Geschmacksurteil als Instanz setzte dabei den im Sinne sensualistischer Erfahrungslehre aufnahmebereiten Hörer voraus, der nun als Liebhaber zum ausdrücklichen Adressaten von Musik wurde (J. S. Bach, 1726 [2]); seine ↗Bildung trat auch in den Vordergrund eines theoretischen Neuanfangs (J. Mattheson, 1713, bezogen auf den *galant homme* [3]). Der Liebhaber in diesem Sinne ist zunächst der verständige Spieler und Hörer, schließlich sogar der verständige ↗Komponist, dessen Tun durch die aus der seelenbewegenden Kraft der Musik abgeleitete (und durch sie beglaubigte) Doppelfunktion des *delectare* und *prodesse*, des »Vergnügens und Nutzens«, gewissermaßen nobilitiert ist.

Seit dem frühen 18. Jh. ist der Liebhaber deswegen eine zentrale Instanz des musikalischen Publikationswesens, aber auch des beginnenden Konzertwesens, schließlich sogar des sich stets weiter ausdifferenzierenden ↗Opern-Wesens jenseits der reinen Hoftheater. »Der musikalische Dilettante« (so der Titel einer 1770 erschienenen Wochenschrift von J. F. Daube) wurde zur entscheidenden Bezugsgröße einer sich doppelgleisig, publizistisch und in der öffentlichen Aufführung neu formierenden öffentlichen Musikkultur. Schon in den Anfängen der ital. Begriffsverwendung, in Drucken von T. Albinoni (1694), B. Marcello (1708) und F. A. Bonporti (1727), wurde die Selbstbezeichnung *dilettante* zur Abgrenzung der patrizischen Komponisten von den »Brotkomponisten« verwendet.

Zum Gegenbegriff des Liebhabers bzw. D. wurde im 18. Jh. der Kenner, bei dem es sich gleichwohl ebenfalls nicht um einen professionellen Musikausübenden handelt. Vielmehr galt als Kenner derjenige, der sein ↗Geschmacks-Urteil auf vernunftmäßige Erkenntnis, mithin auf klare Begriffe gründen konnte. Folglich wurde die Hinwendung der Musik an »Kenner und Liebhaber« gleichermaßen nicht nur zu einem verkaufsfördernden Umsatzkriterium (v. a. gedruckter Klavier- und Vokalmusik seit etwa 1760; vgl. C. P. E. Bach, 1779 [1]), vielmehr offenbarte sich darin der ästhetische Anspruch, die Bedürfnisse sowohl des nur Hörenden wie auch des differenziert Urteilenden in einem musikalischen Kunstwerk zu vereinen. In diesem Sinne wurde auch das öffentliche ↗Konzert, in London bereits seit den 1730er Jahren, zu einer Veranstaltung, in der mit Hilfe einer großbesetzten Musik sowohl der Kenner befriedigt als auch der Liebhaber erfreut werden sollte. W. A. Mozarts *Wiener Akademien* in den 1780er Jahren zeigen diesen Anspruch deutlich.

In der klassizistischen Kunstkritik ist dann auch – wohl in der Einsicht eines immer weiter diversifizierten Konzert- und Druckangebots – in der Musik die strenge Scheidung des Kenners vom Liebhaber herbeigeführt worden, gipfelnd gleichzeitig in der kunstreligiösen Erfahrung der Frühromantiker, bei denen das auf musikalischer Kennerschaft gegründete Urteil zum Modus der exklusiven Abgrenzung wird. Am deutlichsten sichtbar ist diese Dichotomie in L. van Beethovens Musik, die sich in Wien, v. a. bis um 1815, innerhalb einer aristokratischen ↗Elite vollzog und sich doch imaginär an eine möglichst große Öffentlichkeit wenden wollte. Mit der immer weitergehenden Abgrenzung einer musikalischen »D.-Kultur« in Druckpraxis und Hausmusik gegen die in den Konzerten gepflegte »hohe Kunst« wurde der ursprüngliche und produktive Gebrauch des Begriffsfeldes Kenner-Liebhaber-D. in den ersten Jahrzehnten des 19. Jh.s obsolet.

→ Geschmack; Kunstakademie; Musik; Musikästhetik

Quellen:
[1] C. P. E. Bach, Sechs Clavier-Sonaten für Kenner und Liebhaber: erste Sammlung, Leipzig 1779 [2] J. S. Bach, Clavier Ubung ... denen Liebhabern zur Gemüths Ergoezung verfertiget, Leipzig 1726 [3] J. Mattheson, Das neu-eröffnete Orchestre, oder universelle und gründliche Anleitung, wie ein Galant Homme einen vollkommnen Begriff von der Hoheit und Würde der edlen Music erlangen, seinen Gout darnach formiren ... möge, Hamburg 1713.

Sekundärliteratur:
[4] A. Biba, Der Dilettant in Österreich, in: Österreichische Musikzeitung 43, 1988, 3–6 [5] E. Reimer, Kenner-Liebhaber-Dilettant, in: H. H. Eggebrecht (Hrsg.), Handwb. der musikalischen Terminologie, 1974 [6] J. Stenzel, »Hochadeliche Dilettantische Richtersprüche«. Zur Verwendung des Wortes ›Dilettant‹ in Deutschland, in: Jb. der dt. Schillergesellschaft 18, 1974, 234–244.

Laurenz Lütteken

3. Kunst

Die früheste Definition des D. in Bezug auf bildende Kunst findet sich 1681 bei Filippo Baldinucci [1], doch legt seine Formulierung bereits dessen weitgehende Bekanntheit zumindest im Italien des 17. Jh.s nahe [7. 236]; [4. 439 f.]. Die mit dem Begriff bereits bei Baldinucci und in seiner Folge allgemein getroffene Differenzierung zwischen dem Laien und dem Professionellen (↗Professionalisierung) ist im Wesentlichen sozial, an einigen Stellen jedoch auch kritisch wertend gemeint. D. zu sein bedeutete in diesem Zusammenhang eine gemeinhin respektvoll betrachtete und geschätzte Kombination aus Kunst und gesellschaftlichem Leben, in der zunehmend gerade dem bürgerlichen Mitglied der zeitgenössischen Kunstöffentlichkeit ein wesentliches Mitspracherecht in ästhetischen und allgemein kunstkritischen Angelegenheiten zugesprochen wurde. Gegenüber seinem adligen Gegenpart, bei dem die laienhaft bildkünstlerische Betätigung statusbezogener Anspruch und gleichzeitig Ausdruck seiner gesellschaftlichen Stellung war, zeichnete den bürgerlichen D. aus, dass sich seine artistischen Ambitionen oftmals konträr zu seinen tatsächlichen beruflichen Aufgaben präsentierten.

Die bis heute weitgehend vorherrschende pejorative Bedeutung im Sinne des stümperhaften Pfuschers und künstlerisch nur unzureichend begabten Laien entstand ebenfalls bereits früh, etwa mit weitreichender Auswirkung in Sulzers *Allgemeiner Theorie der schönen Künste* (1771–1774; 2. Aufl. 1792) [8]; [9]. Im Rahmen der sich ausprägenden ↗Genie-Ästhetik des dt. ↗Idealismus erfuhr diese Konnotation eine entscheidende Fundierung [6. 755], bes. in den Schriften Schillers und – etwas weniger stark negativ pointiert – Goethes [8]; [9]. Hier wird dem D. die dem wahren Künstler stets eigene Begabung abgesprochen, eine »Beziehung der Kunst auf philosophische Wahrheit herzustellen« [6. 754]. Stattdessen reduziere er, so Schiller, »das große Ideal nach dem kleinen Durchmesser seiner Fähigkeit, weil er nicht im Stande ist, seine Fähigkeit nach dem großen Maßstab des Ideals zu erweitern« [3. 21]; und weiter Goethe: »Der D. verhält sich zur Kunst wie der Pfuscher zum Handwerk« [2. 322].

Doch ungeachtet ihrer weitgehend negativen Reputation um 1800 kommt den D. für die Entwicklung der bildenden Kunst sowie für deren Vermittlung und die beginnende wiss. ↗Kunstgeschichtsschreibung (etwa im Rahmen der Bestrebungen der 1734 in London gegründeten *Society of Dilettanti*) eine wichtige Rolle zu [5]. So hat z. B. das »Pittoreske« als Stilphänomen seine Wurzeln im Dilettantismus der Zeit nach 1750 [5. 97]. Einige der wichtigsten Neuerungen bei den druckgraphischen Reproduktionstechniken (↗Reproduktionsgraphik) des 17. und 18. Jh.s sind Inventionen von D., etwa die auf Ludwig von Siegen zurückgehende Schabkunst (Mezzotinto), die sich gerade in England im 18. Jh. großer Beliebtheit erfreute, oder die von Alois Sennefelder 1796 entwickelte Lithographie (↗Druckgraphik). Selbst die Erfindung der ↗Photographie ist ihnen im Wesentlichen zu verdanken: Anders als Daguerre waren Niépce und Talbot D.

→ Geschmack; Kunstakademie; Kunstsammlung; Kunsttheorie

Quellen:
[1] F. BALDINUCCI, Vocabolario toscano dell'arte del disegno, 1681.

Sekundärliteratur:
[2] Goethes Werke, 1. Abt., Bd. 47, 1896 [3] Schillers Werke, Nationalausgabe, Bd. 21, 1963 [4] S. BATTAGLIA, Grande dizionario della lingua italiana, Bd. 4, 1966 [5] W. KEMP, » ... einen wahrhaft bildenden Zeichenunterricht überall einzuführen«, 1979 [6] G. MATTENKLOTT, Das Ende des Dilettantismus, in: Merkur 41, 1987, 748–761 [7] J. STENZEL, »Hochadeliche Dilettantische Richtersprüche«. Zur Verwendung des Wortes ›Dilettant‹ in Deutschland, in: Jb. der dt. Schillergesellschaft 18, 1974, 234–244 [8] H. R. VAGET, Der Dilettant. Eine Skizze der Wort- und Bedeutungsgeschichte, in: Jb. der dt. Schillergesellschaft 14, 1970, 131–158 [9] H. R. VAGET, Dilettantismus und Meisterschaft, 1971.

Stephan Brakensiek

Dimorphismus

1. Definition
2. Geschichte
3. Der Bienenkönig

1. Definition

Die Tatsache, dass die Fortpflanzung tierischen und pflanzlichen Lebens für einen großen Teil der bekannten Arten zweigeschlechtlich ist, wird mit dem Begriff D. oder Bimorphismus bezeichnet. Es geht um die binäre Struktur der belebten Welt, die sich in vielfältiger Weise auch in anderen Bereichen, z. B. der Sprache, wiederfindet. Überall dort, wo mit Naturmetaphern und -analogien gearbeitet wird, ist der D. ein gängiges Denk- und Darstellungsmuster weit über die Biologie hinaus.

Der D. ist zu allen Zeiten als Denkfigur auch dazu verwandt worden, um die soziale Zuordnung von Geschlechterrollen zu begründen, d. h. zuweilen gleiche, meist aber unterschiedliche Eigenschaften und Fähigkeiten jeweils Mann und Frau zuzuordnen. In der Vorstellungswelt nicht nur des Abendlandes spielt das Denken in Polaritäten eine grundlegende Rolle. Wie die Polarität der ↗Geschlechter sind auch andere Polaritäten nach gut/schlecht, primär/sekundär usw. bewertet und hierarchisiert worden. Zugleich werden spezifische Polaritäten wie Körper/Geist, Passivität/Aktivität, Wahrnehmung/Denken usw. der Geschlechterpolarität zugeordnet [1].

2. Geschichte

Während der D. von ↗Tier und ↗Mensch offensichtlich war und daher in die Naturforschung seit der Antike als Ordnungsmerkmal Eingang gefunden hatte, galt das nicht für die Pflanzen. Zwar belegen ausreichend Zeugnisse, dass Naturbeobachtungen schon in der Antike Hinweise auf die Zweigeschlechtlichkeit der Pflanzen ergaben, doch zu keinem Zeitpunkt führten diese zu weiteren Schlüssen [5. 406–415]. Erst die im Gefolge der experimentellen ↗Naturwissenschaften aufkommenden empirischen Forschungen des 17. Jh.s führten zur klaren Feststellung des D. auch der Pflanzen: Nach wichtigen, u. a. auf die neuen Möglichkeiten des ↗Mikroskops gestützten Vorarbeiten von Marcello Malpighi, Nehemiah Grew und John Ray war Rudolf Jakob Camerarius (1665–1721) wohl derjenige, der zuerst den D. und die daraus folgenden Fragen der Pflanzenphysiologie korrekt beschrieb [4. 178–231]. Von Carl von Linné wurde der D. zur Grundlage seines Klassifikationssystems gemacht (↗Botanik). Erstmals verwendete er die noch heute gebräuchlichen Symbole (♀ und ♂) [7]. Linné bediente sich bei der botanischen Beschreibung der Geschlechterdifferenz einer anthropomorphen, am Sozialleben des Menschen orientierten Terminologie, die er allerdings bereits vorfand. In lat. Begriffen wie *nuptiae plantarum* (»Pflanzenvermählung«) oder der Vorstellung vom Geschlechtsverkehr der Pflanzen (↗Sexualität, pflanzliche) wird deutlich, dass es um eine Naturalisierung der Geschlechterdifferenz geht, die dann wieder als biomorphes Interpretament für die Erklärung gesellschaftlicher Unterschiede zwischen Mann und Frau genutzt werden kann.

Während in der Antike die Geschlechterdifferenz in die herrschende Kosmologie (↗Kosmos) eingeordnet und im Sinne der vier elementaren Qualitäten interpretiert wurde – heiß, trocken, feucht, kalt – (↗Elemente), entstand im 18. Jh. die Vorstellung der Geschlechterkomplementarität. Die sich in der ↗Aufklärung durchsetzende Vorstellung einer Grundlegung der Gesellschaft durch die Gesetze der ↗Natur legitimierte damit historisch vorhandene Unterschiede [6. 31–66].

3. Der Bienenkönig

Dass die gesellschaftliche Vorrangstellung des Mannes den Naturforschern des 18. Jh.s erhebliche Probleme bei der Interpretation ihrer Befunde bereiten konnte, zeigt die Geschichte des Bienenkönigs, der bereits im 17. Jh. als Bienenkönigin beschrieben worden war, aber erst im 18. Jh. endgültig entthront wurde [3] (↗Biene). Auf Aristoteles gründete die bis in die Frühe Nz. gültige Ansicht über das Sozialleben der Bienen. Röm. Schriftsteller bestätigten die aristotelischen Ansichten über die Asexualität der Bienen und den Bienenstock als Vorbild für die menschliche Gesellschaft: Von des Königs Gnade (lat. *principis clementia*), der seinen Stachel nicht nutzt, über Keuschheit, Sauberkeit, Kooperation, Fleiß, Autorität und Gehorsam der Bienen diente der Bienenstaat als Modell für die menschliche Gesellschaft [3. 10–13].

Engl. Bienenkundler des 17. Jh.s stimmten darin überein, dass der Bienenstock ein Symbol für politische und ökonomische Tugenden sei, beschrieben ihn aber als amazonisches Reich, ohne sich des Widerspruchs zur aristotelischen Tradition bewusst zu sein bzw. diese zu thematisieren. Sie behaupteten, dass der König männlich sei, aber dem Geschlecht nach weiblich. Zuweilen wurde der König bereits als Königin bezeichnet, die in der menschlichen Gesellschaft nur in Ausnahmefällen herrschen dürfe, wenn ein männlicher Kandidat nicht bereitstünde. Auch gynokratische Bienen konnten in der engl. Naturkunde des 17. Jh.s also keinen Schrecken verbreiten, sondern wurden in das herrschende patriarchalische Bild eingepasst [3.15f.].

Das Mikroskop entthronte den König, als Jan Swammerdam in den 1670er Jahren die Genitalien der Königin und der Drohnen beschrieb; wegen der späten Publikation (*Bybel der Natuure*, posthum 1737/38) fanden seine Erkenntnisse allerdings nicht vor der Mitte des 18. Jh.s Resonanz. Sein Befund hinderte Swammerdam aber nicht, die üblichen Geschlechterstereotypen (aktiver Mann, passive Frau usw.) weiterzuverbreiten. René Antoine Ferchault de Réaumur trennte in den *Mémoires pour servir à l'histoire des insectes* (Paris 1737–1742) deutlich zoologische Fakten von den bisher vorherrschenden anthropomorphen Fiktionen, indem er auf die reproduktive Funktion der Königin hinwies und auf ihre Befruchtung durch die Drohnen, die er mit einem Männerserail verglich [3.19f.]. Erst von Georges-Louis Leclerc, Comte de Buffon, wurde im vierten Band der 1753 erschienenen *Histoire naturelle* dezidiert jegliche anthropomorphe Interpretation abgelehnt und in das Reich der Mythologie verwiesen: Beim Bienenstock handele es sich um eine Ansammlung kleiner Kreaturen, die mit den Menschen nur das Wachs und den Honig gemein hätten. Jeder Intelligenz beraubt, täten die Bienen das, was sie täten, als Konsequenz mechanischer, von Gott geschaffener Naturgesetze. Menschen könnten daher von den Bienen nichts lernen [1.23].

Auch wenn noch einige Zeit trotz solch einflussreicher und klarer Stellungnahmen die alten Ansichten nicht zu verdrängen waren, wurde schließlich angesichts der offensichtlichen Tatsachen der Bienenstock aus einem Exempel für den absolutistischen ⁊Staat zu einem für Familie und Mutterschaft bzw. für eine auf Kooperation und ⁊Gemeinwohl bedachte Gesellschaft. Zugleich wurde der Bienenkönigin – wie der Frau – die reproduktive Rolle als wesentliche zugeschrieben. Die Zirkularität der Argumentation wird deutlich: In die Natur wird die patriarchale Organisation hineingelesen, die dann als ›naturgegeben‹ wieder zur Rechtfertigung der Gesellschaftsordnung verwandt werden kann [3.27f.].

Der D. ist deshalb nicht nur ein Gegenstand der Wissenschaftsgeschichte, sondern der Gesellschaftsgeschichte insgesamt, da die soziale Welt von Vorstellungen des D. durchdrungen ist. So ist offensichtlich, dass z.B. die Welt der Gegenstände sekundäre, geschlechtsspezifische Bedeutungen mitträgt [2.125]. Es öffnet sich also das weite Feld der Geschlechtergeschichte, d.h. der sich wandelnden Geschlechterstereotypen (⁊Geschlechterrollen).

→ Biene; Geschlecht; Geschlechterrollen; Natur; Sexualität

[1] M. Heinz et al., Art. Weiblich/männlich, in: HWPh 12, 2004, 343–371 [2] K.-H. Kohl, Die Macht der Dinge. Geschichte und Theorie sakraler Objekte, 2003 [3] J. Merrick, Royal Bees: The Gender Politics of the Behive in Early Modern Europe, in: Studies in Eighteenth Century Culture 18, 1988, 7–37 [4] A.G. Morton, History of Botanical Science: An Account of the Development of Botany from Ancient Time to Present Day, 1981 [5] J. von Sachs, Geschichte der Botanik vom 16. Jh. bis 1860, 1876 [6] L. Schiebinger, Am Busen der Natur. Erkenntnis und Geschlecht in den Anfängen der Wissenschaft, 1995 (engl. Orig.: Nature's Body: Gender in the Making of Modern Science, 1993) [7] G. Wolters, Art. Linné, in: J. Mittelstrass / G. Wolters (Hrsg.), Enz. Philosophie und Wissenschaftstheorie 2, 1984, 617–618.

Jörn Sieglerschmidt

Diplomatie

1. Grundlagen neuzeitlicher Diplomatie
2. Entwicklung
3. Theorie und Praxis
4. Bedeutung und Funktion der Diplomatie
5. Diplomatische Ämter
6. Forschungstendenzen

1. Grundlagen neuzeitlicher Diplomatie

Das moderne System der Staatenbeziehungen mit ständigen Vertretungen, einem diplomatischen (= dipl.) Usus und Gesandtenrecht sowie einem ausdifferenzierten Gesandtenwesen ist eine Kommunikationsform, die sich innerhalb ⁊Alteuropas entwickelt hat. Allerdings gibt es eine epochen- und kulturübergreifende Tendenz von Gemeinwesen wie Staaten, Städten oder Stämmen, Formen der ⁊Kommunikation mit anderen zu entwickeln. Insbes. die Unantastbarkeit fremder Boten und Gesandter lässt sich histor. vielfach beobachten. Die europ. D. war zunächst die Kommunikation der christl. Gemeinwesen, die sich v.a. nach den innerchristl. Religionskriegen (⁊Konfessionskriege) des 16. und 17. Jh.s säkularisierte. Bis heute aktuelle dipl. Funktionen wie ⁊Mediation oder ⁊Schiedsgerichtsbarkeit waren ursprünglich Aufgaben des Papstes als des Oberhauptes der Christenheit (⁊Papsttum). Sie wurden in einem nicht mehr religiös orientierten und nicht mehr hegemonialen Miteinander der europ. Staaten neu definiert.

Die Präsenz des ↗Osmanischen Reiches als Großmacht in Europa stellte für die christl. Staaten aber bereits im 15. und 16. Jh. einen Grund dar, sich in ihren außenpolitischen Beziehungen über den christl. Kontext hinaus den islam. Staaten – neben dem Osmanischen Reich auch Persien – zu öffnen. Religiöse Vorbehalte auf beiden Seiten sowie Hegemonialansprüche (↗Hegemonie) einzelner Fürsten, die keine Gleichordnung akzeptierten – so z. B. der Sultan des Osmanischen Reiches und der Kaiser von China – verhinderten aber bis ins 19. Jh. hinein die weitere Ausbreitung ständiger D. [11]; [19]; [27].

2. Entwicklung

2.1. Ursprünge und Ausbau seit der Renaissance
2.2. Professionalisierung und Institutionalisierung

2.1. Ursprünge und Ausbau seit der Renaissance

Datierung und Ort der ersten residierenden ↗Gesandtschaften sind umstritten. Die ständige D., welche den Grundstein für die Formen des bis heute gültigen zwischenstaatlichen Umgangs legte, hat ihren Ursprung in den Beziehungen der ital. Staaten im 15. Jh. Im 16. Jh. zogen andere europ. Fürsten wie Franz I. von Frankreich nach – eventuell angeregt durch den unmittelbaren Kontakt mit Italien –, indem sie vermehrt Gesandtschaften abordneten und ständige Beziehungen mit anderen Fürsten aufnahmen. Die Steigerung zwischenstaatlicher Beziehungen durch häufigere und dann auch ständige Gesandtschaften war zunächst eine Folge des in der Frühen Nz. intensivierten ↗Krieges: Die kriegerischen Beziehungen brachten ein verstärktes Bedürfnis nach Information und bedingten häufigere ↗Bündnis- und ↗Friedensverhandlungen.

Die Diplomaten unterstützten mit ihren Mitteln die Kriegspolitik, ggf. durch ↗Spionage und Lügen. Die Renaissance-D. hat folglich bis heute einen eher anrüchigen Ruf. Könige wie Ludwig XI. von Frankreich, Ferdinand von Aragón oder Heinrich VII. von England lehnten die Zulassung ständiger ↗Botschafter an ihrem ↗Hof ab, weil sie die Möglichkeit der Spionage fürchteten oder eher allgemeines Misstrauen denn eine Verbesserung der Beziehung erwarteten [11]; [23]; [12]; [21]. Im 17. Jh. setzte sich das von Kardinal Richelieu im 6. Kapitel seines *Testament Politique* formulierte Prinzip durch: *négocier sans cesse, ouvertement ou secrètement, en tous lieux, encore même qu'on n'en reçoive pas un fruit présent* (»unaufhörlich verhandeln, offen oder im Geheimen, überall, selbst dann, wenn man keinen aktuellen Nutzen daraus zieht«). Unter Ludwig XIV. erreichte die D. als Methode zur Durchsetzung politischer Ziele und zur herrschaftlichen Selbstdarstellung einen Höhepunkt ihrer Intensität; Frankreich unterhielt dipl. Kontakte bis nach Marokko und Siam [4]; [31].

Der Intensivierung der D. folgte ihre Restriktion auf Souveräne (↗Souveränität). Das *droit d'ambassade*, das Recht, einen legitimen Botschafter zu entsenden, der völkerrechtlich durch dipl. ↗Immunität – daneben konkret auch durch Schutzbriefe – abgesichert war, wurde mithin gleich dem Recht zur ↗Kriegführung ein Souveränitäts-Recht [11]. Eine Ausnahme bildeten die Reichsstände, die mit der Bestätigung des Bündnisrechts im ↗Westfälischen Frieden (1648) auch das Recht behielten, D. zu betreiben. Im SpätMA dagegen war die politische ↗Kommunikation zwischen unterschiedlichsten Gemeinwesen möglich gewesen, wobei insbes. das Beziehungsgeflecht der ↗Hanse gut organisiert war [17]. Im 16. Jh. gab es in Italien nach wie vor eine städtische D. Bereits Ludwig XI. und Maximilian I. bemühten sich aber um eine Beschränkung des *droit d'ambassade*. Umgekehrt wurde von offiziell anerkannten Diplomaten erwartet, dass sie nicht mit ↗Vasallen oder ↗Untertanen verhandelten. Gesandte von Gemeinwesen, die man für nicht berechtigt hielt, solche zu entsenden, und die ohne Schutzbrief reisten, waren permanent gefährdet: Die Gesandten Portugals etwa, das sich seit 1640 im Aufstand gegen Spanien befand, aber zunächst nicht als eigenständiger Staat allgemein anerkannt war, konnten zum Westfälischen Friedenskongress nur im Schutz der franz. Gesandtschaft reisen und wurden mehrfach Opfer von Übergriffen: 1644 wurde die Leiche des verstorbenen Gesandten Rodrigo de Botelho beschlagnahmt; 1648 überfielen Mitglieder der span. Gesandtschaft die der Portugiesen, ohne dass dieser Vorfall Konsequenzen gehabt hätte.

Eine erste große Bewährungsprobe der nzl. D. war die christl. Glaubensspaltung seit der ↗Reformation. Die Frage nach dem Kapellenrecht, d. h. ob und in welchem Umfang Gesandte im Gastland ihre Konfession ausüben durften, belastete nun zusätzlich die noch offene Diskussion über Art und Umfang dipl. ↗Immunität. Die Gesandten selbst verstanden sich dabei nicht selten als Schutzherren ihrer Konfession, was das latente Misstrauen gegen sie verschärfte. Zur zweiten großen Bewährungsprobe der D. wurde die ↗Französische Revolution. Die ideologische Frage nach der Herleitung eines ↗Staates und seines Souveräns schien die Kommunikation zwischen »alten« dynastischen und »neuen« revolutionären Staaten auszuschließen, zumal franz. Gesandte auch im Ausland als Revolutionäre auftraten. Es kam zu einigen ernsten Zwischenfällen; der spektakulärste davon war der Rastatter Gesandtenmord von 1799, als Husaren, die in österr. Auftrag die Papiere der vom Kongress abreisenden Franzosen beschlagnahmen sollten, dabei die Gesandten A.-E. Bonnier d'Alco und Claude Roberjot ermordeten und den dritten, Jean Debry, schwer verletzten. Trotz derartiger Belastungen setzte sich aber die pragmatische Erkenntnis durch, dass die gewachsenen zwischenstaatlichen Kommunikationsstrukturen unverzichtbar waren, auch wenn ein Abbau der dipl. ↗Privilegien im 19. Jh. weiter diskutiert wurde, da diese als ein Relikt aristokratischer Eliten erschienen (↗Adel) [11].

Ein wichtiger Gradmesser für die Öffnung der nzl. D. über den christl.-europ. Raum hinaus sind die Beziehungen zum ↗Osmanischen Reich: Venedig war bereits im 15. Jh. ein Vorreiter der Beziehungen zu den islam. Staaten (↗Interkulturelle Beziehungen), seit dem 16. Jh. gab es rege Kontakte Frankreichs oder der Habsburger zum Osmanischen Reich und schließlich auch einen ständigen kaiserlichen Botschafter in Istanbul. 1568 gestand der Sultan den kaiserlichen Gesandten dipl. ↗Immunität auch im Kriegsfall zu. Erst im 18. Jh. aber adaptierte das Osmanische Reich wichtige Prinzipien des europ. ↗Völkerrechts, so dass Beziehungen zu nicht-islam. Staaten nicht mehr als Ausnahme in einem in der Theorie beständigen Kriegszustand galten. Bis zu dieser Zeit hatten christl. Diplomaten bei der Pforte – ebenso wie osman. Diplomaten in christl. Staaten – lediglich eine rechtlich ungesicherte Stellung. In den 1790er Jahren wurden dann die ersten ständigen osman. Gesandtschaften in Wien und Paris errichtet. Da es im 19. Jh. zu keinem osman.-habsburgischen Krieg mehr kam, bestanden die beiderseitigen dipl. Beziehungen auf ständiger Basis fort, und Wien wurde zum wichtigsten Außenposten in Westeuropa. De iure wurde das Osman. Reich mit dem Frieden von Paris 1856 in das europ. ↗Staatensystem aufgenommen [19]; [7].

2.2. Professionalisierung und Institutionalisierung

Die Professionalisierung und Institutionalisierung der europ. D. erfolgte insgesamt nur sehr zögerlich: So gab es in Großbritannien einen *Secretary of State for Foreign Affairs* und entsprechend ein *Foreign Office* erst seit 1782. Bis dahin teilten sich die Staatssekretäre des *Northern* und des *Southern Department* neben außenpolitischen auch koloniale und innerbritische Aufgaben [5].

In Frankreich gab es einen Staatssekretär mit Zuständigkeit für auswärtige Staaten seit 1589. Nach zwischenzeitlichen administrativen Rückschritten existierte seit 1626 ein eigener *secrétaire d'état aux affaires étrangères* [2]. Wenn aber ein allgemeines Handbuch der Staatskunst wie Philippe de Béthunes *Le Conseiller d'Estat* von 1633 auf Verhandlungen und Verträge erst im 50. Kapitel (weit hinter Militär und Handel) einging, deutet dies darauf hin, dass D. innerhalb der Regierungstätigkeit noch nicht als eigener Bereich begriffen und vielleicht sogar gering geschätzt wurde. Der systematische Aufbau eines dipl. Corps fand in Frankreich – wie in anderen Ländern auch – noch nicht statt. In der ersten Hälfte des 17. Jh.s konstituierte sich die Entourage eines Botschafters üblicherweise aus dessen Verwandten, Klienten (↗Klientel) und privatem Haushalt. Ein größeres dipl. Netzwerk konnte aus Klienten eines Botschafters bestehen [36]. Ludwig XIV. ordnete dann die D. zwar stärker auf seine Person hin und perfektionierte die vorhandenen Methoden und Instrumentarien, leitete aber keine wesentlichen institutionellen Innovationen ein.

Russland, das aufgrund seiner geographischen Lage und Ausdehnung eine weitgespannte D. in unterschiedlichen politischen und kulturellen Räumen – neben West- und Nordeuropa v. a. auch in Asien – betrieb, besaß mit dem 1549 gegründeten und im 17. Jh. weiter ausgebauten Gesandtschaftsamt (russ. *Posol'skij Prikaz*) früh eine durchorganisierte Behörde für Außenbeziehungen (↗Russisches Reich). Ständige Diplomaten wurden in Moskau dennoch erst allmählich seit dem Ende des 16. Jh.s zugelassen. Der Zar selbst entsandte solche erst seit dem 17. Jh. Peter I. institutionalisierte die internationalen Beziehungen weiter durch die Gründung des Kollegs für auswärtige Angelegenheiten (*Kollegija inostrannych del*), das die Vorstufe für das 1802 von Alexander I. zusammen mit anderen Ministerien begründete Außenministerium (*Ministerstvo inostrannych del*) bildete [16]; [24].

Da das Gesandtschaftswesen – wie bei Béthune – lange nicht als eigene Sparte des Staatsdienstes galt, wurde auch die Frage der professionellen Ausbildung erst spät in Angriff genommen. Der franz. Politiker und Botschafter Abel Servien bestritt in der Mitte des 17. Jh.s sogar noch rundweg, dass langfristige dipl. Erfahrung oder Landeskenntnis einen Gesandten besser qualifizierten als allgemeine administrative Kenntnisse. François de Callières bemängelte in einem 1716 publizierten D.-Handbuch die fehlende spezifische Qualifikation zeitgenössischer Gesandter. 1712 unternahm der franz. Staatssekretär Jean-Baptiste Colbert de Torcy einen Versuch, die dipl. Ausbildung zu professionalisieren, und gründete die *Académie Politique*, die allerdings schon 1720 ihre Arbeit einstellte. Die um 1752 von Johann Daniel Schöpflin in Straßburg ins Leben gerufene dipl. Schule (*École Diplomatique*), zu deren Hörern u. a. Metternich und eventuell auch Napoleon gehörten, bereitete auf den Staatsdienst im weiteren Sinne vor und wurde als politisch-dipl. Kaderschmiede von zahlreichen europ. Staaten genutzt, da es sonst keine vergleichbare nationale oder internationale Ausbildung gab. Im Zuge der Franz. Revolution endete ihre Tätigkeit, und Versuche der neuen franz. Regierung, eine ähnliche Institution für Frankreich nun zentralstaatlich organisiert in Paris zu etablieren, blieben ohne Ergebnis [40]; [39].

3. Theorie und Praxis

Erst mit der Intensivierung und Verstetigung der D. entwickelte sich ein ausgeprägter Usus, und schlüssige Theorien konnten nur auf der Basis einer hinlänglichen Praxis entstehen. Bis zum Ende des 18. Jh.s existierte nicht einmal der Begriff D., welcher die zwischenstaatliche Kommunikation mit einem Terminus zusammenfasst: Richelieu überschrieb das 6. Kapitel seines *Testament Politique*, das vom Nutzen ständiger D. handelt, mit *négotiation continuelle* (»anhaltende Verhandlungen«), Callières nannte sein D.-Handbuch *De la Manière de négocier avec les Souverains* (»Von der Art des Verhandelns mit Souveränen«).

Als diplomatiegeschichtliche Zäsur wird der ↗Westfälische Frieden von 1648 angesehen. In der zweiten Hälfte des 17. Jh.s setzten sich ständige D. und Prinzipien wie dipl. ↗Immunität der Gesandtschaft oder Exterritorialität der Botschaft durch, welche bereits in den 1620er Jahren von Hugo Grotius fixiert worden waren. Aufgrund der Verfestigung des Gesandtschaftsrechts sowie auch der Säkularisierung der ↗Politik hörten konfessionelle Konflikte weitgehend auf, den dipl. Alltag zu belasten. Ein für die spätere D. zentrales Prinzip allerdings, nämlich nur eigene ↗Untertanen mit der dipl. Vertretung zu beauftragen, setzte sich erst nach 1789 endgültig durch [11]. Der Westfälische Friedenskongress bot v. a. einen einmaligen Fundus dipl. Beispielfälle, von dem die Theoretiker profitierten, so dass bereits dessen Teilnehmer voraussahen, dass dort Standards für die Zukunft gesetzt werden würden. Abraham de Wicquefort war der Erste, der den Kongress 1681 in seinem *L'Ambassadeur et ses fonctions* aufarbeitete; sein Buch wurde neben dem Callières' das dipl. Standardwerk für künftige Generationen. Erst 1822 löste Karl von Mertens' *Manuel diplomatique* (in späteren Auflagen: *Guide diplomatique*) sie ab.

Die D.-Theorie insbes. des 15. und 16. Jh.s war dagegen oft akademisch und blieb, da sie an der Realität vorbeiging, eher unbeachtet. Inwieweit die frühen Theoretiker überhaupt rezipiert wurden, ist unklar. Zu den wichtigsten Werken der Frühphase nzl. D. gehören der Botschafterspiegel *Ambaxiator Brevilogus* des Bernard de Rosergio von 1436 und Konrad Brauns *De Legationibus* (»Über Gesandtschaften«) von 1548. Im 17. Jh. waren bis zum Erscheinen des Buches Wicqueforts die einzigen Botschafterspiegel das seit 1603 mehrfach und in mehreren Sprachen aufgelegte *De la Charge et Dignité de l'Ambassadeur* (»Von dem Amt und der Würde des Botschafters«) des Jean Hotman de Villiers und das bes. in der franz. Übersetzung *Le parfait Ambassadeur* seit 1635 verbreitete Werk des Spaniers Juan Antonio de Vera y Zuñiga. Daneben wurden Fragen der D.-Theorie im Rahmen des allgemeinen ↗Völkerrechts z. B. von Hugo Grotius behandelt [15]; [3]; [29]; [23]; [36].

Theorie und Praxis der nzl. D. klafften mitunter auseinander. Viele Probleme wurden pragmatisch gelöst, so dass man eine konsequente einheitliche Praxis zunächst oft nicht erkennt. Zwar war die dipl. Immunität eines der am frühesten akzeptierten Prinzipien, doch bestritten noch Theoretiker im 16. Jh. ihre Unbedingtheit. Immer wieder kam es zu Fällen, die als Verletzung der Immunität bzw. der Exterritorialität der Botschaft interpretiert werden konnten; gleichzeitig beharrten selbst die entsendenden Fürsten und auch die Botschafter kaum auf diesen Rechten, wenn es innerhalb der Gesandtschaft zu Verfehlungen kam. Erst in der zweiten Hälfte des 17. Jh.s verfestigten sich Immunität und Exterritorialität weitgehend. Völlig ungeschützt blieb lange die Diplomatenpost: 1525 kam es sogar zur spektakulären Beschlagnahmung der Papiere des kaiserlichen Botschafters in England, Louis de Praet. Die Gesandten selbst reagierten auf dieses Problem, indem sie zunehmend chiffrierte Nachrichten versandten oder verdeckte Boten nutzten (↗Botenwesen) [11].

Ein latentes dipl. Problem, das zunächst nur in der Praxis gelöst werden konnte, stellten Protokoll- und Rangfragen dar. Es gab traditionelle Rangstufungen wie den unangefochtenen ersten Platz des Kaisers unter den weltlichen Fürsten oder die Vorbildfunktion des Protokolls am päpstlichen Hof unter kath. Fürsten. Aber grundsätzlich wurde um zeremonielle Privilegien und den Rang heftig gestritten, weil die Behandlung eines Diplomaten die Stellung seines Souveräns in der Staatengemeinschaft widerspiegelte. Dabei wurde selbst die Anwendung von ↗Gewalt in Kauf genommen oder sogar bewusst einkalkuliert. Die heftigsten Rangstreitigkeiten datieren aus dem franz.-span. Dauerkonflikt im 17. Jh. Der berüchtigte Höhepunkt dieser Auseinandersetzung fand 1661 in London auf offener Straße statt: Ein Streit um die Vorfahrt der Kutschen forderte mehrere Tote und zahlreiche Verletzte. Kritik am übertriebenen ↗Zeremoniell oder den heftigen Rangstreitigkeiten übten bereits die Zeitgenossen, ohne dass sich, angesichts der prekären politischen Implikation dieser Fragen, zunächst etwas änderte [11]; [32]. Eine erste vertragliche Übereinkunft über Gesandtenrecht und dipl. Usus wurde erst mit dem Wiener Reglement von 1815 geschaffen und mit dem Aachener Protokoll von 1818, welche auch Präzedenzfragen endgültig beseitigten, da sie das Prinzip der Gleichrangigkeit der Staaten festschrieben.

4. Bedeutung und Funktion der Diplomatie

4.1. Die Rolle von Individuen in der Frühphase
4.2. Informationsbeschaffung

Die intensivierten dipl. Beziehungen der europ. Staaten korrelierten zwar zunächst mit den zunehmenden kriegerischen Auseinandersetzungen, doch entwickelte die D. bald ein Eigenleben und eigene Funktionen, und es entstanden ↗Friedensutopien mit der Zielsetzung einer Überwindung des Krieges durch D. Die D. wurde ein eigenständiges Instrument der ↗Politik; geschickte Verhandlungen oder ein gutes dipl. ↗Netzwerk konnten militärische und/oder politische Schwäche sogar zu einem gewissen Grad kompensieren. ↗Staaten konnten somit in den internationalen Beziehungen eine Rolle einnehmen, die ihrer eigentlichen politischen Bedeutung nicht entsprachen. Beispiele dafür sind im 17. Jh. Hessen-Kassel [13] und Pfalz-Neuburg [18] sowie im 17. und 18. Jh. Savoyen [26]; [35].

4.1. Die Rolle von Individuen in der Frühphase

Die nzl. D. löste v. a. langfristig die Beziehungen zwischen den zumeist noch dynastischen Staaten von der Person des Herrschers und seiner ↗Dynastie ab und bereitete so die weitaus weniger personenbezogenen Beziehungen moderner Staaten vor. Der Gesandtenaustausch ersetzte zunehmend die kostspieligen und in ihrem Verlauf unberechenbaren persönlichen Herrschertreffen [11]. Allerdings fielen damit auch die positiven Faktoren persönlicher Beziehungen zwischen politischen Entscheidungsträgern weg – ein Aspekt, den die zeitgenössische Politik durch die sog. Gipfel-D. wieder auszugleichen sucht. Mit der Entsendung politisch geschulter Diplomaten in den internationalen Beziehungen verschwand allmählich überhaupt das Phänomen, zwischenstaatliche Verhandlungen durch Repräsentanten der Dynastie (neben dem Fürsten selbst auch seine Familie im weiteren Sinne) führen zu lassen. Damit wurde auch die Rolle von Frauen in der D. wieder reduziert, die als Verwandte von Fürsten gelegentlich Verhandlungen geführt hatten wie im Fall des sog. Damenfriedens von Cambrai (1529), den die Mutter Franz' I., Luise von Savoyen, und die Tante Karls V., Margarete von Österreich, ausgehandelt hatten [33]. Die mögliche Besetzung von dipl. Ämtern mit Frauen wurde sogar bereits von frühen Theoretikern wie z.B. J.A. de Vera diskutiert und keineswegs pauschal abgelehnt. Vereinzelt wurden auch Frauen ernannt, die nicht aus der Dynastie stammten; einmalig blieb die Ernennung einer Botschafterin durch Frankreich, Renée de Guébriant, 1645 [37].

Die nzl. D. blieb zunächst noch stark personenabhängig. Den Gesandten wurde in der Regel viel Verantwortung übertragen, da eine schlechte ↗Infrastruktur regelmäßige Kommunikation nicht immer gewährleistete und da die D. wenig institutionalisiert war. Die zwischenstaatlichen Beziehungen hingen dabei an Personen, die keine spezifische Ausbildung, oft auch keine einschlägigen Erfahrungen oder Kenntnisse mitbrachten. Endgültig überwunden wurde dieses Problem erst im 19. Jh., als dipl. Karrieren allgemein üblich wurden, sowie durch die gezielte Diplomatenausbildung im 20. Jh. In der frühen Phase der D. ließen selbst Politiker wie Richelieu und Mazarin, die auf den Ausbau zentralstaatlicher Kontrolle setzten, den Gesandten überraschend viel Spielraum und verstanden sie ausdrücklich als Mitgestalter der ↗Außenpolitik. Die Gesandten sahen sich folglich auch selbst sehr frei in ihren Entscheidungen. Einen spektakulären Fall stellt die Unterzeichnung eines von franz. Diplomaten 1630 in Regensburg mit dem Kaiser geschlossenen Vertrages durch Charles Brûlart de Léon und Père Joseph dar: Der Gesandte Brûlart überschritt mit dem Vertrag seine Vollmacht, Père Joseph war nicht einmal als Bevollmächtigter akkreditiert. Da der Vertrag Richelieus außenpolitischen Zielsetzungen entgegenstand, annullierte er ihn, ein bis dahin einmaliger Vorgang, den zu akzeptieren sich die habsburgische Seite weigerte [25]. Allerdings wurden erst unter Ludwig XIV. (nach 1661) die Gesandten zu bloßen Vollstreckern konkreter königlicher Vorgaben [4]; [31].

Ständige D. ersetzte auch die Rolle von Fürstinnen als Mittlerinnen zwischen ihrem Geburtsland und dem Land, in das sie geheiratet hatten, eine naturgemäß nicht spannungsfreie Funktion, die wiss. noch kaum aufgearbeitet ist. Den Zeitgenossen war sie vertraut; die franz. Gesandten beim Westfälischen Friedenskongress bezeichneten die poln. Königin Caecilia Renata, eine Habsburgerin, als *Bon Résident* des Kaisers am poln. Hof, also mit einer eigentlich dipl. Amtsbenennung [36]. Im 17. Jh. zeigte sich dann eine zunehmende Tendenz, die quasi-dipl. Funktionen eingeheirateter Fürstinnen zurückzudrängen. Im Fall der engl. Königin Henrietta Maria, einer Schwester Ludwigs XIII. von Frankreich, kamen die gleichen konfessionellen Spannungen zum Tragen, welche auch die D. belasteten: Henrietta Maria stand im Zentrum einer eigenen pro-kath. Außenpolitik auf engl. Boden, so dass ihr franz. Hofstaat 1626 ausgewiesen wurde [14].

4.2. Informationsbeschaffung

Ein wichtiger Faktor, ständige Gesandtschaften zu unterhalten, war von Anfang an neben Verhandlungen und der Pflege gegenseitiger Beziehungen das Sammeln von Informationen. Gesandte deckten damit einerseits den Bereich ab, der heute unter Aufklärung und ↗Spionage fällt; sie wurde folglich mit einem gewissen Misstrauen betrachtet [4]. Andererseits lieferten sie auch regelmäßig Neuigkeiten und Hintergrundinformationen ganz alltäglicher Natur, die in der Heimat kaum zu bekommen waren, insbes. nicht vor Erscheinen der ersten gedruckten ↗Zeitungen seit dem 17. Jh. In Russland, wo gedruckte Zeitungen erst seit 1703 erschienen, war der *Posol'skij Prikaz* (s.o. 2.2.) beauftragt, dem Zaren

Abb. 1: Botschaftertreppe in Versailles (Kupferstich aus: *Le Grand Escalier du château de Versailles, Taf. 6, 1725*). Ludwig XIV. ließ in Versailles eine eigene, bereits unter Ludwig XV. wieder entfernte *escalier des ambassadeurs* errichten, die durch die Darstellungen von Louis de Surugue de Surgis dokumentiert ist. Sie stellte einen künstlerischen Triumphzug durch die franz. Geschichte dar, den die Botschafter auf dem Weg zur Audienz passieren mussten. Der »Sonnenkönig« bezog damit gezielt auch die auswärtigen Diplomaten in seine höfische Inszenierung der eigenen und der franz. Größe ein.

und seinen Beratern regelmäßige schriftliche Berichte über die Geschehnisse im Ausland nach Art geschriebener Zeitungen (den sog. *vesti* oder *kuranty*) abzuliefern. Sie stellen eine einzigartige Quelle für die Erforschung der Wahrnehmung des Auslands in der russ. Politik dar, aber auch für breitere kulturhist. Fragestellungen [22]. Die Relationen venez. Gesandter aus verschiedenen Ländern wiederum sind in ihrer Form einmalige reguläre politische Hintergrundberichte und -analysen.

Im 16. Jh. lieferten Gesandte oft als Erste systematische Informationen v. a. über Länder, mit denen es noch kaum Austausch gab. Sie prägten so das Bild dieser Länder nicht nur in der Politik, sondern auch in der Gesellschaft: Die 1595 gedruckten ↗Reiseberichte des kaiserlichen Gesandten im Osmanischen Reich, Ogier Ghislain de Busbecq, oder die in der zweiten Hälfte des 16. Jh.s publizierten Darstellungen Sigmund von Herbersteins [28], des ersten kaiserlichen Gesandten in Moskau, sind bis heute vielgelesene und -zitierte kulturhistor. Dokumente, die über die Jahrhunderte hinweg als Quellen für eine Fülle von Informationen weit über die Politik hinaus dienten. Die Aufgabe, den Regierungen über allgemeine Neuigkeiten zu berichten, ging allerdings bald auf die sog. Residenten (im Land niedergelassene, teils einheimische Berichterstatter fremder Regierungen) über, die im Rang weit unter Botschaftern standen. Letzteren oblagen in erster Linie Verhandlungen und Berichte über außenpolitische Interna. Da Diplomaten ihrer Regierung zwangsläufig regelmäßig schriftlich berichteten, stellen dipl. Quellen, sofern sie systematisch archiviert wurden, einen umfassenden Fundus innerhalb nzl. Regierungstätigkeit dar [9]. Mit der erwähnten Institutionalisierung von ↗Außenpolitik und D. ging die Schaffung von ↗Archiven einher. Wo dies spät einsetzte, bleiben Überlieferungslücken, zumal der Einbehalt von Amtspapieren – verstanden als privater Besitz – bis weit in die Nz. hinein üblich blieb.

Eine weitere wichtige Funktion, die Botschafter von Anfang an erfüllten, die aber im Zeitalter des höfischen ↗Absolutismus an Bedeutung zunahm, war die der ↗Repräsentation des Fürsten im Ausland. Bes. Ludwig XIV. baute sie in doppelter Weise aus: Zum einen setzten die franz. Botschafter die königliche Inszenierung im Ausland fort. Zum anderen bezog er die fremden Diplomaten in Frankreich in seine höfische Darstellung ein (vgl. Abb. 1). Botschafter galten im Ausland quasi als Abbilder bzw. Verkörperung ihrer Fürsten und waren entsprechend zu behandeln. Ein zentraler Teil der dipl. Repräsentation war deshalb die erwähnte Verteidigung des Ranges sowie die entsprechende protokollarische Behandlung. Wichtig war aber auch ein der Position des zu repräsentierenden Fürsten entsprechendes – mitunter höchst kostspieliges – Auftreten. Dies manifestierte sich direkt beim Einzug des Botschafters in eine Stadt, die dem monarchischen Einzug (franz. *entrée*) nachgebildet war. Spektakulär war z. B. der Einzug des höchstrangigen franz. Botschafters Henri de Longueville beim Westfälischen Friedenskongress in Münster 1645, dessen Beschreibung vielfach – u. a. als ↗Flugschrift – verbreitet wurde und erheblich zum Ansehen der franz. Monarchie im Ausland beitrug (↗Herrschaftszeremoniell).

5. Diplomatische Ämter

Aufgrund der zögerlichen Professionalisierung und Institutionalisierung der D. blieben auch viele Amtsbezeichnungen lange unspezifisch. Der höchster Titel war der des ↗Botschafters, der nur restriktiv vergeben wurde. Daneben existierten eine Fülle unspezifischer Amtsbezeichnungen wie (Ab-)Gesandter (franz. *envoyé*), Kommissar, Deputierter, Beauftragter (franz. *chargé d'affaires*), Agent usw., die im Prinzip wenig über Status, Entsender und Funktion aussagten. Bloße Gesandte standen im Rang unter Botschaftern, auch wenn sie einen höherrangigen Fürsten vertraten. Zu Verhandlungen und Repräsentation war – sofern der Entsender das *droit d'ambassade* besaß – ein entsprechend ausgewiesener Botschafter zu entsenden. Souveräne schickten Gesandte o. Ä. nur bei unbedeutenderen Missionen, wobei die Abordnung eines einfachen Gesandten z. B. zu Friedensverhandlungen bereits als Grund galt, am Friedenswillen des Gegners zu zweifeln.

Neben dem angemessenen Titel war bei konkreten Verhandlungen auch eine angemessene Bevollmächtigung durch den Souverän nötig. Seit dem Debakel des Regensburger Vertrages 1630 (s. o. 4.1.) überprüfte man vor Verhandlungen sorgfältig, ob die Diplomaten hinlängliche Vollmacht (lat. *plena potestas*, franz. *plein pouvoir*) besaßen, so dass nun auch der Begriff des Bevollmächtigten (lat. *plenipotentiarius*, franz. *plénipotentiaire*) aufkam. Dieser Begriff bezog sich nur auf die Verhandlungskompetenz und sagte nichts über den sonstigen dipl. Status aus.

Ein weiterer Terminus, dessen Verwendung relativ klar umrissen ist, ist der des Residenten. Seine Hauptaufgabe war die Sammlung von Informationen, oft auch die Abwicklung finanzieller Transaktionen, seltener Verhandlungen. Da Residenten sehr lange – manchmal zwanzig Jahre und länger – in ihrem Amt blieben, konnten sie allerdings zur Pflege der zwischenstaatlichen Beziehungen durchaus beitragen. Nicht ungewöhnlich war, dass sie ihr Amt in ihrem Heimatland für fremde Mächte wahrnahmen. Residenten besaßen in der dipl. Hierarchie einen sehr niedrigen Status und umfassten auch Personen, deren Herkunft ein höheres Amt ausschloss, so dass sich trotz des ergänzenden Charakters der Funktionen von Resident und ständigem Botschafter keine reguläre Karriere von einem Amt zum anderen entwickelte. Eine grobe Klassifizierung der dipl. Ämter legten erst das Wiener Reglement von 1815 (*↗*Wiener Kongress) und das Aachener Protokoll von 1818 fest.

6. Forschungstendenzen

Die klassische D.-Geschichte beschäftigt sich v. a. mit zwischenstaatlichen Verhandlungen und der Entwicklung der Beziehungen, seltener mit dem dipl. Alltag. Eine umfassende internationale D.-Geschichte bleibt neben einer Darstellung der D. auch vieler einzelner Staaten noch ein Desiderat. In den letzten Jahrzehnten wurde ein über die klassische D.-Geschichte weit hinausgehendes breites Spektrum an Fragestellungen erschlossen: kommunikationshistor. Aspekte [21], konfessionelle Faktoren [13], strukturhistor.-ökonomische Implikationen [6], die Rolle der gegenseitigen Kenntnis und Wahrnehmung (Rezeption und Perzeption) [30]; [10]; [38] oder der Einfluss von Innenpolitik und Klientelbeziehungen [36]. Die nzl. D. wird so heute als weitaus mehr als ein reines Ergebnis außenpolitischer Regierungsvorgaben untersucht.

→ Außenpolitik; Botschafter; Friedensverhandlungen; Gesandtschaft; Nuntius; Staat

[1] M. S. ANDERSON, The Rise of Modern Diplomacy 1450–1919, 1993 [2] J. BAILLOU (Hrsg.), Les affaires étrangères et le corps diplomatique français, Bd. 1 (De l'Ancien Régime au Second Empire), 1984 [3] B. BEHRENS, Treatises on the Ambassador Written in the Fifteenth and Early Sixteenth Centuries, in: The English Historical Review 51, 1936, 616–627 [4] L. BÉLY, Espions et ambassadeurs au temps de Louis XIV, 1990 [5] J. BLACK, British Diplomats and Diplomacy 1688–1800, 2001 [6] F. BOSBACH, Die Kosten des Westfälischen Friedenskongresses. Eine strukturgeschichtliche Untersuchung, 1984 [7] R. H. DAVISON, Vienna as a Major Ottoman Diplomatic Post in the Nineteenth Century, in: A. TIETZE (Hrsg.), Habsburgisch-osmanische Beziehungen (Beihefte zur Wiener Zsch. für die Kunde des Morgenlandes, Bd. 13), 1985, 251–280 [8] H. DUCHHARDT, Das diplomatische Abschiedsgeschenk, in: AFG 57, 1975, 345–362 [9] F. EDELMAYER, Gesandtschaftsberichte in der Frühen Nz., in: J. PAUSER et al. (Hrsg.), Quellenkunde der Habsburgermonarchie (16.–18. Jh.). Ein exemplarisches Hdb. (Mitteilungen des Instituts für Österr. Geschichtsforschung, Ergänzungsbd. 44), 2004, 849–859 [10] S. EXTERNBRINK / J. ULBERT (Hrsg.), Formen internationaler Beziehungen in der Frühen Nz. Frankreich und das Alte Reich im europ. Staatensystem. FS K. Malettke (Historische Forschungen, Bd. 71), 2001 [11] L. S. FREY / M. L. FREY, The History of Diplomatic Immunity, 1999 [12] D. FRIGO (Hrsg.), Politics and Diplomacy in Early Modern Italy, 1450–1800, 2000 [13] H. GRÄF, Konfession und internationales System. Die Außenpolitik Hessen-Kassels im konfessionellen Zeitalter (Quellen und Forschungen zur hessischen Geschichte, Bd. 94), 1993 [14] C. M. HIBBARD, The Role of a Queen Consort. The Household and Court of Henrietta Maria, 1625–1642, in: R. G. ASCH / A. M. BIRKE (Hrsg.), Princes, Patronage and the Nobility. The Court at the Beginning of the Modern Age, c. 1450–1650, 1991, 393–414 [15] V. E. HRABAR, De Legatis et Legationibus Tractatus Varii, 1905 [16] I. S. IVANOV et al. (Hrsg.), Rossijskaja diplomatija: istorija i sovremennost'. Materialy Naučno-praktičeskoj konferenzii, posvjaščennoj 450-letiju sozdanija Posol'skogo prikaza 29 oktjabrja 1999 goda MGIMO, 2001 [17] S. JENKS, England, die Hanse und Preußen: Handel und Diplomatie 1377–1474, Teil 2: Diplomatie (Quellen und Darstellungen zur hansischen Geschichte, N. F. Bd. 38), 1992 [18] A. KOLLER, Die Vermittlung des Friedens von Vossem (1673) durch den jülich-bergischen Vizekanzler Stratmann. 1668–1674 (Schriftenreihe der Vereinigung zur Erforschung der Neueren Geschichte, Bd. 22), 1995 [19] G. KOMATSU, Die Türkei und das europ. Staatensystem, in: C. ROLL (Hrsg.), Recht und Reich im Zeitalter der Reformation. FS H. Rabe, 1996, 121–144 [20] M. LUNITZ, Diplomatie und Diplomaten. Studien zu den ständigen Gesandten Kaiser Karls V. in Frankreich, 1988 [21] C. LUTTER, Politische Kommunikation an der Wende vom MA zur Nz. Die diplomatischen Beziehungen zwischen der Republik Venedig und Maximilian I., 1495–1508 (Veröffentlichungen des Instituts für Österr. Geschichtsforschung, Bd. 34), 1998 [22] I. MAIER, Presseberichte am Zarenhof im 17. Jh. Ein Beitrag zur Vorgeschichte der gedruckten Zeitung in Russland, in: Jb. für Kommunikationsgeschichte 6, 2004, 103–127 [23] G. MATTINGLY, Renaissance Diplomacy, 1955 [24] B. MEISSNER, Die zaristische Diplomatie. Der Gesandtschafts-Prikas (Posol'skij Prikaz), in: Jb. für Geschichte

Osteuropas N. F. 4, 1956, 237–245 [25] D. P. O'CONNELL, A Cause Célèbre in the History of Treaty-Making: The Refusal to Ratify the Peace Treaty of Regensburg in 1630, in: The British Year Book of International Law 1967, 1969, 71–90 [26] T. OSBORNE, Dynasty and Diplomacy in the Court of Savoy: Political Culture and the Thirty Years' War, 2002 [27] B. VON PALOMBINI, Bündniswerben abendländischer Mächte um Persien 1453–1600 (Freiburger Islamstudien, Bd. 1), 1968 [28] B. PICARD, Das Gesandtschaftswesen Ostmitteleuropas in der frühen Nz. (Wiener Archiv für Geschichte des Slawentums und Osteuropas, Bd. 6), 1967 [29] D. E. QUELLER, The Office of Ambassador in the Middle Ages, 1967 [30] M. ROHRSCHNEIDER, Tradition und Perzeption als Faktoren in den internationalen Beziehungen. Das Beispiel der wechselseitigen Wahrnehmung der franz. und span. Politik auf dem Westfälischen Friedenskongreß, in: ZHF 29, 2002, 257–282 [31] W. J. ROOSEN, The Age of Louis XIV. The Rise of Modern Diplomacy, 1976 [32] W. J. ROOSEN, Early Modern Diplomatic Ceremonial: A Systems Approach, in: The Journal of Modern History 52, 1980, 452–476 [33] J. G. RUSSELL, Diplomats at Work. Three Renaissance Studies, 1992 [34] R. C. SCHWINGES / K. WRIEDT (Hrsg.), Gesandtschafts- und Botenwesen im spätma. Europa (Vorträge und Forschungen hrsg. vom Konstanzer Arbeitskreis für ma. Geschichte, Bd. 60), 2003 [35] C. STORRS, War, Diplomacy and the Rise of Savoy, 1999 [36] A. TISCHER, Franz. Diplomatie und Diplomaten auf dem Westfälischen Friedenskongreß. Außenpolitik unter Richelieu und Mazarin (Schriftenreihe der Vereinigung zur Erforschung der Neueren Geschichte, Bd. 29), 1999 [37] A. TISCHER, Eine franz. Botschafterin in Polen: die Gesandtschaftsreise Renée de Guébriants zum Hofe Władisławs IV. 1645/1646, in: L'Homme. Zsch. für feministische Geschichtswissenschaft 2, 2001, 305–321 [38] J. ULBERT, Der Reichstag im Spiegel franz. Gesandtenberichte (1715–1723), in: O. ASBACH et al. (Hrsg.), Altes Reich, Frankreich und Europa. Politische, philosophische und historische Aspekte des franz. Deutschlandbildes im 17. und 18. Jh. (Historische Forschungen, Bd. 70), 2001, 145–169 [39] B. VOGLER / J. VOSS (Hrsg.), Strasbourg, Schoepflin et l'Europe au XVIIIe siècle. Actes du colloque Strasbourg 1994 (Pariser Historische Studien, Bd. 42), 1996 [40] J. VOSS, Universität, Geschichtswissenschaft und Diplomatie im Zeitalter der Aufklärung: Johann Daniel Schöpflin (1694–1771), 1979.

Anuschka Tischer

Direktorium s. Directoire

Directoire

1. Definition und Forschungsgeschichte
2. Republik ohne Republikaner
3. Expansion und Revolutionierung

1. Definition und Forschungsgeschichte

Unter dem D. (»Direktorium«) versteht man die Phase der ↗Französischen Revolution vom Inkrafttreten der ↗Verfassung des Jahres III (Ende Oktober 1795) bis zum Staatsstreich Napoleon Bonapartes (am 18./19. Brumaire des Jahres VII = 9./10. November 1799) [3]; [6]; [8]. Das D. war ein weiterer – vergeblicher – Versuch in der langen Kette der Bemühungen seit 1789, die Revolution zu »beenden«, d. h. die revolutionäre Dynamik zu unterbrechen und ein verfassungsmäßiges Regierungssystem zu errichten.

Die bonapartistische und linksrepublikanisch-marxistische Historiographie hat bis weit ins 20. Jh. das D. als eine Zeit des Chaos, der Korruption und einer unverhüllten großbürgerlichen Klassenherrschaft denunziert. Heute sieht man eher die konstruktiven Ansätze v. a. auf den Gebieten von Verwaltung, Wirtschaft und Militär und erkennt, dass das D. trotz seines Scheiterns einen wichtigen Beitrag zur »Einübung in die Republik« (franz. *apprentissage de la république*) in Frankreich leistete.

2. Republik ohne Republikaner

Die Verfassung des Jahres III war das Werk der »Thermidorianer« (nach Thermidor, dem elften Monat im franz. Revolutionskalender), also derjenigen Politiker der ↗Nationalversammlung, die im Juli 1794 Robespierre gestürzt und in den folgenden Monaten ihre Herrschaft sowohl gegen Aufstände der ↗Sansculotten als auch gegen Versuche einer royalistischen Restauration (↗Gegenrevolution) behauptet hatten (↗Terreur, ↗Jakobinismus). Die Verfassung sah ein Zweikammerparlament auf der Basis eines mehrstufigen Zensus-↗Wahlrechts und eine kollektive Exekutive (↗Gewaltenteilung) aus fünf Direktoren vor, die dem Regime den Namen gab. Schon die Abstimmung über die Verfassung und die ersten Wahlen 1795 zeigten, dass große Teile der Bevölkerung die neuen Verhältnisse ablehnten und dass dem D. eine wirkliche Massenbasis fehlte. Die Opposition formierte sich sowohl links als auch rechts. Auf der Rechten versuchte eine breite Koalition aus Royalisten unterschiedlicher Provenienz mit Unterstützung des brit. Geheimdienstes, die Herrschaft der »Königsmörder« zu liquidieren und die Monarchie der Bourbonen wiederherzustellen. Auch machten radikale Republikaner in der Tradition des Jahres II Front gegen die elitären Bestrebungen der Thermidorianer [7]; [5]. Beide Lager waren äußerst heterogen; es gab in ihnen durchaus Kräfte, die bereit waren, innerhalb des Rahmens der Verfassung zu operieren. Allerdings wurde sowohl 1797 nach dem Wahlsieg der Royalisten als auch im folgenden Jahr angesichts eines drohenden Siegs der Neojakobiner von Regierungsseite Gewalt gegen die Opposition eingesetzt und das Parlament »gesäubert« (1797) bzw. die Wahlen manipuliert und die unerwünschten Ergebnisse »korrigiert« (1798).

Trotz dieser destabilisierenden Entwicklungen erzielte das D. wichtige Erfolge: Überwindung der ↗Inflation und Stabilisierung der ↗Währung, Eindämmung der Staatsverschuldung, Aufbau einer funktionierenden Finanz- und Steuerverwaltung, Institutionalisierung der Wehrpflicht (↗Levée en masse), Ansätze einer wirtschaftlichen Erholung. Dennoch wurde sowohl in der Bevölkerung als auch in den gesellschaftlichen ↗Eliten, selbst bei Teilen der politischen Klasse, die Abwendung von der »bürgerlichen« Republik immer stärker. Seit dem Sommer 1799 wurde angesichts einer krisenhaften Entwicklung der inneren und äußeren Politik – Niederlagen gegen die Armeen der zweiten Koalition, Wiederaufflammen der gegenrevolutionären Guerilla in West- und Südwestfrankreich, Erfolge der Neojakobiner bei Teilwahlen, teilweiser Zusammenbruch der öffentlichen Ordnung in den *départements* – der Ruf nach einer autoritären Reorganisation immer lauter. Der wegen seiner militärischen Erfolge populäre Revolutionsgeneral Napoleon Bonaparte sollte im November 1799 von dieser Sehnsucht nach einem »Retter« entscheidend profitieren.

3. Expansion und Revolutionierung

Außenpolitisch setzten sich unter dem D. zunächst die militärischen Erfolge gegen die verbündeten ↗Monarchien fort, die seit Frühjahr 1794 eine Wende des Krieges eingeläutet hatten [2]. Preußen und Spanien schlossen im Frühjahr und Sommer 1795 mit Frankreich Frieden, Spanien verbündete sich 1796 mit der Republik der »Königsmörder«. Nach den überraschenden Siegen General Bonapartes in Oberitalien schloss auch Österreich im Oktober 1797 Frieden. Großbritannien gelang es nicht, in Kooperation mit der innerfranz. royalistischen Opposition das D. zu stürzen.

1797/98 hatte sich das revolutionäre Frankreich als Hegemonialmacht in West-, Mittel- und Südeuropa etabliert. Die unterworfenen Gebiete wurden entweder annektiert (Belgien, linkes Rheinufer) oder in Zusammenarbeit mit örtlichen Anhängern einer revolutionären Umgestaltung in ↗Schwesterrepubliken genannte Satelliten umgewandelt (Niederlande, Norditalien). Diese Bestrebungen erreichten 1798/99 ihren Höhepunkt mit der Revolutionierung der Schweiz, des Kirchenstaates und des Königreiches Neapel sowie mit dem gescheiterten Projekt, unterstützt durch die revolutionäre Bewegung der *United Irishmen*, Irland aus dem brit. Herrschaftsverband herauszubrechen [4].

Allerdings beruhte diese Hegemoniestellung der *grande nation* auf brüchigen Grundlagen [1]. Vielerorts gab es in der Bevölkerung wachsende Opposition gegen die franz. Okkupanten und ihre lokalen Kollaborateure. Die europ. Großmächte waren zudem nicht bereit, die machtpolitische Transformation seit 1794 hinzunehmen. Angesichts der militärischen Erfolge der neu formierten Koalition der europ. Monarchien und der Volksaufstände gegen die Besatzer v.a. in Süd- und Mittelitalien geriet das franz. Hegemonialsystem im Frühjahr und Sommer 1799 in eine schwere Krise, die zwar noch vor Bonapartes Machtergreifung überwunden werden konnte, die jedoch entscheidend zur inneren Delegitimierung des D. beitrug.

→ Französische Revolution

[1] T. C. W. Blanning, The French Revolution in Germany: Occupation and Resistance in the Rhineland 1792–1802, 1983 [2] T. C. W. Blanning, The Origins of the French Revolutionary Wars, 1986 [3] R. Dupuy / M. Morabito (Hrsg.), 1795: Pour une république sans révolution, 1996 [4] M. Elliott, Partners in Revolution. The United Irishmen and France, 1982 [5] B. Gainot, 1799, un nouveau Jacobinisme? La démocratie représentative, une alternative à brumaire, 2001 [6] J.-P. Jessenne et al. (Hrsg.), Du Directoire au Consulat (4 Bde.), 1999–2001 [7] I. Woloch, Jacobin Legacy. The Democratic Movement under the Directory, 1970 [8] D. Woronoff, La République bourgeoise de Thermidor à Brumaire, 1972.

Michael Wagner

Dirigent

Der D. im modernen Verständnis (als Leiter einer ↗Orchester-, ↗Chor- oder ↗Opern-Aufführung mit der künstlerischen Hauptverantwortung für die »Interpretation«) ist eine histor. relativ junge Erscheinung [3]. Im ↗Generalbasszeitalter, also vor der Mitte des 18. Jh.s, war noch die Leitung der Aufführung von einem Tasteninstrument aus üblich, häufig (und ebenfalls bis weit über das Generalbasszeitalter hinaus) erfolgte sie aber auch vom ersten Violinpult aus. Dabei waren das vernehmliche Taktieren (mit dem Geigenbogen oder der Notenrolle auf dem Notenpult) oder das laute Taktschlagen (mit dem Stab oder dem Fuß auf dem Boden) geläufige Praktiken, die sich bis lange ins 18. Jh., in der Chor- und Operndirektion vielfach gar bis weit ins 19. Jh. hielten.

Während das Berufsbild des Kapellmeisters im 17. und 18. Jh. noch die Fähigkeiten des vielfach instrumental versierten und komponierenden Universalmusikers vereinte, verselbständigte sich seine Funktion an der Wende vom 18. zum 19. Jh. – im Verlauf einer fortschreitenden Arbeitsteilung und parallel zur Entwicklung eines öffentlichen Konzertwesens – schrittweise zu einem eigenen Berufsstand und emanzipierte sich von den Rollen des leitenden Ensemblemitglieds und des Komponisten der aufzuführenden ↗Musik [2]. Dabei ist – mit erheblichen regionalen Entwicklungsunterschieden – die allmähliche Herausbildung der Aufführungsleitung als eigenständige Rolle zunächst eng an die kontinuierliche Arbeit mit bestimmten Klangkörpern gebunden und für die Wahrnehmung durch die Zeitgenossen fest mit diesen verknüpft: so etwa Johann Christian Cannabich als Konzertmeister mit dem legendären Mannheimer (nach 1778 Münchner) Orchester, François-Antoine Habeneck seit 1828 mit dem Orchester des Pariser *Conservatoire* oder Felix Mendelssohn in den 1840er Jahren mit dem Leipziger Gewandhausorchester. Mendelssohn ist auch einer der ersten Orchesterleiter, für den das Dirigat mit dem Taktstock nachweisbar ist.

Noch bis ins späte 19. Jh. wird die Geschichte des Dirigierens v. a. durch D. bestimmt, die zugleich ↗Komponisten waren (Hector Berlioz, Mendelssohn, Gustav Mahler, Richard Strauss), während andere zunächst auch als D. tätige Komponisten mit der allmählichen Delegation der Aufführung ihrer Werke der zunehmenden Professionalisierung des Dirigierens Rechnung trugen (Franz Liszt, Richard Wagner). Das 19. Jh. war die eigentliche Epoche der Genese des Berufs-D., der eigene kompositorische Ambitionen zugunsten der Interpretententätigkeit zurückstellt oder gar aufgibt. Wohl die einflussreichste Figur dieser Zeit war der von Wagner und Liszt protegierte, später für Brahms eintretende Hans von Bülow (1830–1894), der durch seine Tourneen mit der Meininger Hofkapelle und danach mit seiner Leitung der Berliner Philharmoniker das Ideal des konsequenten Orchestererziehers und die Idee einer präzis umzusetzenden Interpretationsauffassung des musikalischen Werks für die nachfolgenden Generationen prägte.

Insofern bot das 19. Jh. auch den Schauplatz für die folgenreiche Entwicklung der musikalischen »↗Interpretation« samt den um diesen Begriff und dessen Sachverhalt zentrierten ästhetischen Debatten, die den D. mit Wirkung bis in die Gegenwart zum Inbegriff des auratischen Musikvermittlers und subjektiven Bekenntnismusikers werden ließen (vergleichbar ist allenfalls noch der Kultstatus des solistisch auftretenden Pianisten [4]). Die damit verbundene Herausbildung des hauptamtlichen D., für den die eigene kompositorische Betätigung zunehmend an Bedeutung verlor und der zur zentralen Figur eines komplex organisierten Musiklebens aufsteigen konnte, führte auch zu neuen musikal. Organisationsformen selbst, gipfelnd in der Zelebration des großen Orchesterkonzertes (↗Konzert). Als Musikdirektor freier Vereine oder städtischer Institutionen, als Kapellmeister höfischer Ensembles wurde der D. zur tragenden Figur eines Musiklebens, in dem in immer stärkerem Maße die produzierende von der reproduzierenden Seite der Musik geschieden wurde [1]. Symptomatisch dafür mag die Figur Richard Wagners erscheinen, der, ursprünglich als D. und ↗Komponist tätig, sich nach der Flucht aus seinem Dresdner Amt nie wieder als Ausführender band und nur anfangs noch als D. um exemplarische Beethoven-Aufführungen bemüht war.

→ Komponist; Konzert; Musik; Orchester

[1] C. Dahlhaus, Der Dirigent als Statthalter, in: Melos. Neue Zsch. für Musik 2, 1976, 370–371 [2] E. W. Galkin, A History of Orchestral Conducting in Theory and Practice, 1986 [3] P. Gülke, Art. Dirigieren, in: MGG² S2, 1995, 1257–1273 [4] H.-K. Jungheinrich, Der Musikdarsteller. Zur Kunst des Dirigenten, 1986 [5] H. Scherchen, Lehrbuch des Dirigierens, 1956 (Orig. 1929) [6] G. Schünemann, Geschichte des Dirigierens, 1913 [7] A. Seidl, Moderne Dirigenten, 1922 [8] F. Weingartner, Über das Dirigieren, ⁴1913.

Hans-Joachim Hinrichsen

Disegno

1. Begriff
2. Disegno im Kunstwissen der Renaissance
3. Disegno als »Vater der Künste« (Vasari)
4. Disegno als göttliche Inspiration
5. Der Antagonismus von Disegno und Farbe

1. Begriff

In der ital. Kunst bedeutet D. (franz. *dessin*, engl. *design*) seit Beginn der ↗Renaissance mehr als nur ↗»Zeichnung«. Das Kunstwissen in Praxis und Theorie verbindet sich im D.-Begriff zu einem Konzept künstlerischer Kreativität. D. bezeichnet auf der einen Seite die Zeichnung von den ersten Strichen im Entwurfsstadium bis hin zur bildmäßig ausgeführten Reinzeichnung, also in einem werkvorbereitenden Medium die Demonstration des eigenen Könnens und des Einfallsreichtums. Auf der anderen Seite meint der Begriff auch die geistige Idee und den Entwurf, der vor dem inneren Auge des Künstlers entsteht, noch bevor der erste Strich gesetzt ist.

2. Disegno im Kunstwissen der Renaissance

Nobilitert war die Zeichnung durch die antike Legende vom Ursprung der Kunst, die durch die Umrisszeichnung von Profilporträts entstanden sein soll (vgl. Quintilian, *Institutionis oratoriae* X,2,7; Plinius, *Naturalis historia* 35,16). Schon Cennino Cennini begriff in seinem *Libro dell'arte* (ca. 1390) [2] – einem Malereitraktat, der die Schwelle von der spätma. Werkstatttradition zur frühnzl. ↗Kunsttheorie markiert – den D. als Grundlage aller Kunst, denn die Schüler sollten sich ausgiebig an vorbildhaften Meistern üben und einen Fundus an Zeichnungen anlegen. Dadurch erlange der Künstler die Fähigkeit, viele »Zeichnungen im Kopf« (*molto disegno entro la testa*) zu speichern [2. Kap. 13]. Auch wenn Leon Battista Alberti in seinem Malereitraktat (1435/36) den Stellenwert des D. nicht theoretisiert, so wird doch deutlich, dass der D. das Entwurfsmedium für das ↗Naturstudium ist [1].

Für Leonardo da Vinci war der D. ein wiss. Instrument zur Durchdringung der Naturgesetze; er nannte ihn eine »Gottheit« [5.180–181]. Auch Michelangelo sah nach dem Bericht des Francisco de Hollanda (1548) im D. den »Urquell und die Seele aller Arten des Malens und die Wurzel jeder Wissenschaft« [3. 113–115]. Allerdings betonen Michelangelos Biographen, dass er aufgrund seiner Kreativität im D. viele seiner Werke nicht zu Ende führen konnte, weil ihn immer neue Ideen und der Wunsch zu ihrer Verwirklichung vorantrieben. Schon seit der ital. Frührenaissance (zu Beginn des 15. Jh.s) wurden Zeichnungen nicht nur als handwerkliche Vorlage, sondern auch als Ideenfundus gesammelt. ↗Auftraggeber und Mäzene begannen, Zeichnungen nach intellektuellen Aspekten zu sammeln. Im 16. Jh. waren z. B. Zeichnungen Michelangelos nicht nur aufgrund ihrer Virtuosität, sondern auch wegen ihrer ↗Concetti (Ideenkonzepte) begehrt.

3. Disegno als »Vater der Künste« (Vasari)

Mitte des 16. Jh.s bezeichnete der Künstler, Kunsttheoretiker und Vitenschreiber Giorgio Vasari den D. als »Vater« der Architektur, Bildhauerei und ↗Malerei [4. Bd. 1, 168], dem die *inventio* (»Erfindung«) als »Mutter« zur Seite gestellt wird [4. Bd. 2, 11]. D. war für Vasari der kreative Oberbegriff für Kunstwerke aller Gattungen, denn er verstand ihn als Potenz des geistigen Entwurfs, der aus dem Intellekt hervorgeht und dank der spezifisch künstlerischen Imagination (Vorstellungskraft) Gestalt gewinnt. Demnach wird der geistige Entwurf vom inneren Urteilsvermögen überprüft, um dann von der fähigen Hand von der ersten ↗Skizze bis zur Reinzeichnung ausgeführt zu werden. Durch diese intellektuelle Instanz des schöpferischen Prozesses zeichnete sich für Vasari der Künstler aus.

Vasari vollzog die Synthese aus den zuvor in der ↗Paragone-Debatte (Rangstreit der Künste) diskutierten Argumenten für und wider die Vorzüge von Malerei oder ↗Skulptur, indem er den D. als eine alles unter sich fassende Beurteilungskategorie bestimmte. Damit ließen sich Architektur, Malerei und Skulptur gleichrangig behandeln und der ideelle Stellenwert der Kunst im Rang von Wissenschaften verankern. Die Emanzipation vom Handwerk war erreicht, als 1563 in Florenz unter dem Protektorat von Großherzog Cosimo I. de' Medici die *Accademia del Disegno* gegründet wurde, in der sich die vorher verschiedenen Zünften zugeordneten Künstler vereinigten und das Konzept des D. zum programmatischen Ideal erhoben.

4. Disegno als göttliche Inspiration

Zu einer Metaphysik des D. erweiterte Federico Zuccari die manieristische Theorie in seinem Traktat *L'idea de' pittori, scultori, et architetti* (1607) [6] und bezeichnete ihn als »Form aller Formen«, in einer eigens ausgeführten Etymologie sogar als »Zeichen Gottes« (ital. »*segno di Dio*«). Als *principe* (Vorsteher) leitete er die röm. *Accademia di San Luca* und hielt seit 1593 in diesem Rahmen Vorträge, in denen er seine D.-Theorie zu vermitteln versuchte, dabei aber auf geringe Resonanz stieß. Sein eigenes Wohn- und Atelierhaus in Rom schmückte Zuccari mit einem Freskenzyklus, der in der Allegorie des D. gipfelt (vgl. Abb. 1).

Zuccari unterschied zwischen dem *D. interno* (»innerer Zeichnung«, künstlerischer Idee) und dem *D. esterno* (»äußerer Zeichnung«, sichtbarer Form). Demnach wird die Inspiration zum *D. interno* durch die *scintilla della divinità* (den »Funken der Gottheit«, vgl. auch die lat. Beischrift unter dem D. in Abb. 1) gestiftet, die in einem göttlichen Akt der Begnadung dem Künstler zuteil wird. Zuccari unterteilte sein Konzept in weitere Kategorien, die für die geistige Seite deutlich machen sollten, dass der Mensch sich wie Gott seinen *D. interno* bildet, der zur Grundlage aller intellektuellen und konzipierenden Tätigkeit wird. Auf der praktischen Seite umfasst der *D. esterno* alle natürlichen und künstlichen Gegenstände, durch deren Wahrnehmung der Fundus der inneren Vorstellungen wiederum Anregungen empfangen kann. Der Künstler ist befähigt, ↗Schönheit zu gestalten und unabhängig von der Naturnachahmung neue Dinge zu erfinden, weil er Repräsentant der göttlichen Prinzipien ist, und daher gründet für Zuccari die ästhetische Qualität des Kunstwerks auch in Gott.

Die Zeitgenossen reagierten auf den Versuch, intellektuelle Kreativität, praktische Zeichnung und akademisches Lehrdenken in einer Synthese zu bündeln, mit Zurückhaltung, und so war Zuccaris kunsttheoretisches System das Ende der Bemühungen, das Gesamtproblem künstlerischer Konzeption und Ausführung im D. fassen zu wollen. Immerhin unterschied noch 1672 Charles Le Brun zwischen *dessin intellectuel* und *dessin practique* [10. 165–173], und in der Praxis der akademischen Ausbildung blieb dieser geistige Anspruch der ↗Zeichnung bis ins 19. Jh. lebendig.

5. Der Antagonismus von Disegno und Farbe

Um die Mitte des 16. Jh.s polarisierten sich die Ideale der ↗Malerei zwischen Zeichnung und Farbe (↗Kolorit), wobei der florent.-röm. Kunstkreis mehr dem Vorrang des D. zugerechnet wurde, während die venez. und oberital. Malerei für ihre Dominanz der Farbe bekannt war. Fassbar wird diese Opposition zuerst bei Paolo Pino (1548), der Tizian der Farbe und Michelangelo dem D. zuordnete [7. I. 127]. Vasaris Konzeption des D. gab der praktischen Zeichnung den Vorrang vor der Farbe, denn während die D. dem Intellekt verbunden sei, befriedige die Farbe nur die sinnliche Wahrnehmung des Auges. In einer Gegenschrift *L'Aretino* (1557) verteidigte der venez. Literat Lodovico Dolce [7. I. 141–206] die Vorzüge der

Abb. 1: Federico Zuccari, Allegorie des Disegno (Deckenfresko im Palazzo Zuccari, Rom, um 1599). Die Personifikation des Disegno ist als bärtiger älterer Mann dargestellt, der zum Zeichen der untrennbaren Verbundenheit der drei Schwesterkünste Architektur, Malerei und Skulptur mit drei Kränzen geschmückt ist. Die weiblichen Personifikationen der drei Gattungen, erkennbar an ihren Arbeitsinstrumenten, umgeben den Disegno (links die Architektur, rechts die Malerei, oben die Skulptur).

Farbe, wie sie in Venedig ausgeprägt wurde. Es handelte sich weniger um eine handfeste Kontroverse als vielmehr um einen kunsttheoretischen Diskurs, der die Charakteristik der künstlerischen Medien in Bezug zu ihren mimetischen Ausdrucksmöglichkeiten setzte (↗ Mimesis).

Dieser in Italien vorgeprägte Diskurs wurde in der zweiten Hälfte des 17. Jh.s an der Pariser *Academie Royale de peinture et de sculpture* im Streit der »Rubenisten« und »Poussinisten« aufgegriffen, wobei diesmal Rubens für die Farbe und Poussin für die Zeichnung als Vorbilder diskutiert wurden. Wortführer für den D. waren Charles Le Brun und André Félibien und für die Farbe Roger de Piles, dessen theoretische Schriften schließlich für eine Vorliebe des Kolorismus im frühen 18. Jh. sorgten – worauf etwa auch der Erfolg Antoine Watteaus beruhte. In der Folgezeit ist bezeichnend, dass der Antagonismus von D. und Farbe in den ↗ Kunstakademien tradiert und in stilisierten Oppositionen entfacht wurde, so im 18. Jh. in London zwischen Joshua Reynolds und Thomas Gainsborough und im 19. Jh. in Paris zwischen Jean-Dominique Ingres und Eugène Delacroix.

→ Concetto; Einbildungskraft; Gattungstheorie; Kunstakademie; Kunsttheorie; Malerei; Zeichnung

Quellen:
[1] L. B. Alberti, Della pittura (Über die Malkunst), hrsg. von O. Bätschmann und S. Gianfreda, 2002 [2] C. Cennini, Libro dell'arte, hrsg. von M. Serchi, 1991 [3] F. de Hollanda, Vier Gespräche über die Malerei, übers. von J. de Vasconcellos, 1899 [4] G. Vasari, Le vite, hrsg. von G. Milanesi (9 Bde.), 1878–1885 (Orig. 1568) [5] L. da Vinci, Trattato della pittura, hrsg. von H. Ludwig, 1882 [6] F. Zuccari, L'idea de' pittori, scultori, et architetti, Turin 1607.

Sekundärliteratur:
[7] P. BAROCCHI (Hrsg.), Trattati d'arte del Cinquecento (3 Bde.), 1960–1962 [8] K.-E. BARZMAN, The Florentine Academy and the Early Modern State. The Discipline of Disegno, 2000 [9] W. KEMP, Disegno – Beiträge zur Geschichte des Begriffs zwischen 1547 und 1607, in: Marburger Jb. für Kunstwissenschaft 19, 1974, 219–240 [10] P.-E. KNABE, Schlüsselbegriffe des kunsttheoretischen Denkens in Frankreich von der Spätklassik bis zum Ende der Aufklärung, 1972 [11] U. PFISTERER, Die Entstehung des Kunstwerks. Federico Zuccaris »L'idea de' pittori, scultori, et architetti«, in: Zsch. für Ästhetik und Allgemeine Kunstwissenschaft 38, 1993, 237–268.

Roland Kanz

Diskont

D. (ital. *sconto*) ist eine spezielle Form des ↗Zinses, der vom Nennbetrag eines Kreditpapiers abgezogen wird, wenn dieses vor dem Verfallstag zur Einlösung kommt. Voraussetzung für die Diskontierung waren zum einen die Übertragbarkeit und die Veräußerung von ↗Kredit-Instrumenten (Wechsel, Inhaber-Schuldscheine) und zum anderen die Legalisierung der Zinsforderung mit einer Festlegung der maximalen Zinshöhe. Letzteres geschah für die habsburgischen Niederlande durch ein kaiserliches Mandat 1541 (Darlehenszins bis 12,5%) und in England 1571 mit der Legalisierung eines Zinssatzes von maximal 10%. Das erste überlieferte Beispiel ist ein engl. Inhaberschuldschein, der 1536 in Antwerpen diskontiert wurde. Diese Diskontierung stellte aber noch eine Ausnahme dar, da sie in der Antwerpener Kaufmannschaft nicht vor dem Ende des 16. Jh.s zusammen mit dem ↗Indossament üblich wurde. Im Laufe des 17. Jh.s fand der D. dann v.a. in England Verbreitung, wo die Goldschmiede-Bankiers Inhaber-Schuldscheine, Wechsel und sogar *Exchequer Bills* diskontierten (↗Bank), obwohl erst der *Promissory Notes Act* von 1704 den vollen gesetzlichen Schutz für die Übertragung dieser Papiere mittels Indossament bot.

Die Bedeutung des D. liegt erstens darin, dass durch seine Verbreitung der ↗Wechsel von einem Instrument vornehmlich des internationalen Zahlungsverkehrs zum Gegenstand von Geldmärkten werden konnte (↗Geldwirtschaft). Als Substitut von ↗Edelmetallen spielte er v.a. im 18. Jh. eine erhebliche Bedeutung in der Liquiditätsversorgung des Handels. In Verbindung damit konnte zweitens die moderne Zentralbankfunktion der kurzfristigen Liquiditätssteuerung entstehen (↗Notenbank). Durch die großzügige Diskontierung von Wechseln und durch die Tolerierung von teilweise daraus folgenden Edelmetallabflüssen ins Ausland, erstmals in der sog. *South Sea Bubble* (1720) und dann wieder 1763 und 1773, agierte die Bank of England als sog. *lender of last resort* und trug damit maßgeblich zur Bewältigung internationaler Finanzkrisen bei [9. 304 f.].

Drittens begünstigte die Verbreitung des Diskontierens die Differenzierung zwischen mit Waren handelnden ↗Kaufleuten und in Geldgeschäfte involvierten *merchant-bankers* bzw. reinen Bankhäusern (↗Bank). Schon im SpätMA zogen z.B. lombardische Kaufleute Wechsel direkt auf ihre ausländischen Geschäftspartner, die damit zu Wechselschuldnern wurden, und nutzten *merchant-bankers* für die Abwicklung des Geldtransfers. Bis zum 18. Jh. begünstigte die Verbreitung des Diskontierens eine Konstellation, bei der Bankhäuser auf ihre ausländischen Korrespondenten Wechsel zogen, diese dann von Kaufleuten als Zahlungsmittel aufgekauft und durch deren ausländischen Geschäftspartner mittels Diskontierung durch eine Bank in Bar- oder Buchgeld eingelöst wurden [1. 80–110]; [6. Kap. 1]. Es war somit keine direkte Vertrauensbeziehung zwischen Fernkaufleuten an verschiedenen Standorten erforderlich, wodurch langfristig die Eingangsbarrieren zum ↗Fernhandel erheblich sanken.

Entsprechend stellte die Diskontierung von Wechseln das zentrale Geschäftsfeld vieler früher Geschäftsbanken dar. Dies gilt sowohl in den Niederlanden seit dem frühen 18. Jh. für das Akzeptgeschäft, mit dem Bankiers die Annahme und das Zahlungsversprechen eines Wechsels garantierten, als auch für die engl. *country banks*. Letztere mobilisierten die Ersparnisse der ländlichen Bevölkerung, transferierten die Überschüsse auf den Londoner Geldmarkt, wo D.-Häuser oder *bill brokers* die Wechsel aus den entstehenden Industrieregionen diskontierten und damit die Industrielle Revolution finanzierten (↗Industrialisierung). Die Wechsel konnten die *bill brokers* bei der *Bank of England* zum Re-D. einreichen und sich auf diese Weise refinanzieren.

In Deutschland ebenso wie in Frankreich wurde vom D. seltener Gebrauch gemacht, da die Rediskontierungsmöglichkeiten fehlten. Allein die Hamburger Kaufmannsbankiers (engl. *merchant-bankers*) gaben Akzeptkredite und verkauften die akzeptierten Wechsel an der Hamburger ↗Börse. Die Situation änderte sich in Deutschland, als sich die Reichsbank seit 1876 auf die Wechseldiskontierung konzentrierte. Über ihre Filialen kaufte sie direkt Wechsel des ↗Handels und der ↗Industrie an und bot auch den Banken die Möglichkeit der Refinanzierung, indem sie Wechsel rediskontierte. Insgesamt wurden so von der Reichsbank 30 bis 40% der umlaufenden Wechsel diskontiert, die dann wiederum der Notendeckung dienten. Seit den 1880er Jahren räumten auch die ↗Universalbanken der Wechseldiskontierung ebenso wie der Depositenakquisition größeren Raum ein, da sie – als Folge der Gründerkrise – das Kreditgeschäft anstelle der Aktienemission ausweiteten.

→ Bank; Indossament; Kredit; Wechsel; Zins

[1] M. A. Denzel, »La practica della cambiatura«: Europ. Zahlungsverkehr vom 14. bis zum 17. Jh., 1994 [2] E. Kerridge, Trade and Banking in Early Modern England, 1988 [3] W. Th. King, The History of the London Discount Market, 1936 [4] J. H. Munro, Die Anfänge der Übertragbarkeit: Einige Kreditinnovationen im engl.-flämischen Handel des SpätMA (1360–1540), in: M. North (Hrsg.), Kredit im spätma. und frühnzl. Europa, 1991, 39–70 [5] J. H. Munro, Diskont, in: M. North (Hrsg.), Von Aktie bis Zoll: Ein historisches Lex. des Geldes, 1995, 85–87 [6] L. Neal, The Rise of Financial Capitalism: International Capital Markets in the Age of Reason, 1990 [7] M. North, Das Geld und seine Geschichte vom MA bis zur Gegenwart, 1994, 90., 162–164 [8] M. North, The Great German Banking Houses and European Merchants, 16th–19th Centuries, in: A. Teichova et al. (Hrsg.), Banking, Trade and Industry: Europe, America and Asia from the Thirteenth to the Twentieth Century, 1997, 35–49 [9] E. S. Schubert, Innovations, Debts and Bubbles: Inernational Integration of Financial Markets in Western Europe, 1688–1720, in: Journal of Economic History 48, 1988, 299–306 [10] H. van der Wee, The Growth of the Antwerp Market and the European Economy. Fourteenth – Sixteenth Centuries, Bd. 2/II, 1963.

Michael North

Disputation

Als Prüfungsverfahren des Wissens wie als intellektuelle, soziale und kulturelle Repräsentation der ↗Universität verkörperte die D. den Schlussstein des ma.-frühnzl. Bildungsgewölbes. In der Nz. wurde sie zum Ausgangspunkt des Fachseminars, der ↗Dissertation und ↗Habilitation, des Wissenschaftsaufsatzes und der Kritik und damit der modernen Universität.

In der ma. Universität war die D. der wichtigste Veranstaltungstyp neben der *lectio*, der ↗Vorlesung. Die Tradierung des Wissens bestand im Lesen und Kommentieren autoritativer Texte und im Erörtern der mit ihnen verknüpften Fragen in der D. Die D. formalisierte sich rasch im Zuge der Aristotelesrezeption (↗Antikerezeption). Schon im 13. Jh. wurde sie zur *ars obligatoria*, zur vorgeschriebenen Vorgehensweise, die als praktischer Teil der ↗Dialektik aus formalisierten Schlussverfahren, den Syllogismen, bestand. Ein Syllogismus gliedert sich in einen allgemeinen Obersatz (»Alle Philosophen sind Menschen«), einen besonderen Untersatz (»Sokrates war ein Philosoph«) und einen Schluss (»Ergo war Sokrates ein Mensch«), der sich entsprechend fortsetzen lässt (»Alle Menschen sind sterblich, ergo …«).

Die D. war ein mündliches Verfahren, das von einer Autorität, dem Praeses, geleitet wurde. In der Regel verteidigte ein Respondent Thesen; ein oder mehrere Opponenten griffen diese an. Dieses Schema fand diverse Ausprägung analog zur Universitätsverfassung. Es gab *disputationes ordinariae* und *extraordinariae*, je nachdem, ob sie in den Statuten vorgesehen waren. Es gab *disputationes publicae*, so etwa die *privatae*, je nachdem, ob sie mit Publikum erfolgten. Um ↗akademische Grade und die Lehrerlaubnis zu erlangen, waren Inaugural-D. vorgeschrieben. Diese zählen zur Gruppe der »feierlichen« *disputationes solemnes*, so etwa die *disputatio quodlibetaria*, in der die Magister einmal im Jahr vor versammelter Universität beliebige Fragen des Auditoriums behandelten. Die Teilnahme war für die Mitglieder der ↗Fakultät bzw. Universität verpflichtend. In der Frühen Nz. entstanden Zirkular-D., in denen Studenten zu Übungszwecken der Reihe nach die Rolle des Respondenten übernahmen. Sie bildeten eine Wurzel des Fachseminars [1]; [2].

Das Verlaufsmuster ist für all diese D.-Formen gleich: Der Opponent kritisierte die Grundsätze des Respondenten. Der Respondent rechtfertigte sie daraufhin, d. h. man diskutierte die Positionen. Der Respondent fungierte dabei bis ins 18. Jh. hinein als Organ des Praeses, von dem die zu diskutierenden Sätze stammten und dessen Votum die D. abschloss. Die D. endet im Konsens. Auf ↗Latein als feierlicher Akt der Gruppe geführt, repräsentierte die D. so die Fakultät, die Universität und das Gelehrtentum als Korporation und Stand (↗Gelehrter). Dabei beschränkten sich die Verfahren der D. nicht auf die Universität. Sie waren ebenso integraler Bestandteil juristischer Praxis wie Basis der reformatorischen ↗Religionsgespräche [2].

Im Laufe des MA und der Frühen Nz. entwickelte sich die D. an den Universitäten von einer Erörterung von *quaestiones* – Fragen, die aus den Autoritätstexten hervorgingen – zur Diskussion von Thesen. Mit dem aufkommenden ↗Buchdruck verschriftlichte sich die D., wobei zunächst die D.-Thesen gedruckt wurden und im Vorfeld der D. zirkulierten. Seit der zweiten Hälfte des 17. Jh.s wurde verstärkt die gesamte Argumentation veröffentlicht. Die gedruckten D. brachen die lokale Bindung der D. auf und kamen als eine Vorstufe der ↗Journale in den gelehrten Netzwerken in Umlauf. Die der D. vorsitzenden ↗Professoren, von denen die Texte stammten, konnten sich dabei zunutze machen, dass die Druckkosten dem promovierenden Respondenten oblagen. Es finden sich Beispiele thematisch zusammenhängender D.-Serien, die so den Kapiteln eines Buchs entsprechen. Die gedruckten D. – sie wurden immer mehr auch ↗Dissertationen genannt – waren Ende des 17. Jh.s zum Universitätsstandard geworden. Inhaltlich tendierten sie mit Thesen, Begriffsklärung, Literaturdiskussion und Argumentation zu Fachaufsätzen [1]; [2].

Mit der Ausbreitung gelehrter Journale (↗Gelehrte Zeitschrift; ↗Fachzeitschrift; ↗Acta Eruditorum) im 18. Jh. ging die Autorenschaft der Dissertationen von den ↗Professoren zu den Respondenten über. Die mündliche Tradition der D. verlor angesichts der neuen Medien, angesichts heftiger Ablehnung alten »scholastischen« Brauchtums, aber auch aufgrund zurückgehender Lateinkenntnisse an Bedeutung. So heißt es von den

D. an der Universität Göttingen am Ende des 18. Jh.s, die Respondenten hätten sich ihre Opponenten ausgewählt und man habe Thesen, Kritik und deren Beantwortung gemeinsam auf Latein aufgesetzt, um sie dann – mangels Sprachfertigkeit – während der D. zu verlesen. Im 19. Jh. wurde die D. endgültig zum mündlichen Teil des im Wesentlichen schriftlichen Promotions- bzw. in Deutschland Habilitationsverfahrens [1].

→ Dissertation; Forschungsorganisation; Gelehrsamkeit; Wissensorganisation

[1] K. CHANG, From Oral Disputation to Written Text: The Transformation of the Dissertation in Early Modern Europe, in: History of Universities 2, 2004, 129–187 [2] M. GIERL, Korrespondenzen, Disputationen, Zeitschriften. Wissensorganisation und die Entwicklung der gelehrten Medienrepublik zwischen 1670 und 1730, in: R. VAN DÜLMEN / S. RAUSCHENBACH (Hrsg.), Macht des Wissens. Die Entstehung der modernen Wissensgesellschaft, 2004, 417–438.

Martin Gierl

Dissenters

Der Begriff D., von engl. *dissent* (»abweichen«), kam seit 1660 in England zur Zeit der ↗Restauration auf und bezeichnet Anhänger kirchlicher Gruppen (Presbyterianer, Kongregationalisten, ↗Baptisten, ↗Quäker u. a.), die das Uniformitätsgesetz von 1662 ablehnten und sich von der anglikanischen Staatskirche (↗Anglikanismus) trennten.

Elisabeth I. hatte zwar eine Übereinkunft (*settlement*) zwischen den widerstreitenden Kräften innerhalb der *Church of England* erreicht, einzelne Puritaner (↗Puritanismus) aber lehnten Priesterkleidung und Zeremonien prinzipiell ab und gründeten seit den 1570er Jahren eigene Gemeinden in London, Norwich, Gainsborough und Southwark. Die Gemeindegründungen lösten in den 1580er und 90er Jahren eine Verhaftungswelle aus und zwangen die Abweichler zur ↗Emigration in die Niederlande (Middelburg, Leiden und Amsterdam), wo ihre führenden Häupter, darunter Robert Brown (»Brownisten«) und John Robinson, erstmals die ekklesiologischen Grundsätze des ↗Kongregationalismus formulierten. Die im Kern demokratisch-toleranten Ideen sowie das Hauptanliegen der D., die Autonomie der Einzelgemeinde, entfalteten eine nachhaltige Wirkung in Nordamerika, nachdem zuerst 1620 aus der Leidener Exilgemeinde 101 Menschen auf der *Mayflower* von Plymouth aus in die ↗Neue Welt aufgebrochen waren. Gleichfalls schufen die kongregationalistischen Grundanschauungen das Klima für die Entstehung des Baptismus, der sich 1609 unter der Leitung John Smyths formierte.

In der Zeit der engl. Republik (1649–1660; ↗Commonwealth) erhielten radikale Zirkel aufgrund der gewährten freien Religionsausübung weiteren Zulauf. Die Wirren des engl. ↗Bürgerkrieges begünstigten das Auftreten von ↗Endzeit-Propheten (Quintomonarchisten; vgl. ↗Chiliasmus) und die Entstehung libertinistischer Ideen (Ranters, Familisten). In dieser Umbruchzeit trafen Not und Elend die unteren Gesellschaftsschichten bes. hart, so dass Nonkonformisten die Forderung nach grundlegenden politischen und sozialen Reformen erhoben (Levellers, Diggers). Etliche Separatisten schlossen sich später den vergleichsweise gemäßigten ↗Quäkern an. Wortführer der Quäker war der Schuster George Fox, der seit 1652 einen Kreis von Anhängern um sich versammelte. Sie propagierten den direkten Zugang jedes Individuums zu Gott und verwarfen alle Vermittlungsinstanzen wie Schrift (↗Bibel), ↗Sakrament und Predigtamt. Zudem vertraten sie einen konsequenten Pazifismus. Da das quäkerische Ideal der Gewissensfreiheit in Europa nicht zu verwirklichen war, erwarb William Penn in den Jahren 1674–1682 umfangreichen Landbesitz in Nordamerika (Pennsylvania) und gewährte allen ↗Glaubensflüchtlingen Meinungs- und ↗Religionsfreiheit (*Holy Experiment*).

In der Zeit der Restauration versuchte Karl II. (reg. 1660–1685) die anglikanische Staatskirche durch die Einführung der »Uniformitätsakte« zu konsolidieren, indem jeder Geistliche das ↗Book of Common Prayer, die offizielle Kirchenordnung der *Church of England*, anerkennen musste. 2000 Geistliche legten daraufhin ihre Ämter nieder, Hunderte starben in Gefängnissen. Erst die »Toleranzakte« von 1689 garantierte den Separatisten das Recht auf freie Ausübung des Gottesdienstes. Der Zugang zu Staatsämtern und Universitäten blieb ihnen aber auch weiterhin verwehrt. Ihr Anteil an der Gesamtbevölkerung betrug zu dieser Zeit etwa 6 %.

Eine weitere wichtige Gruppe der D.-Bewegung bilden die ↗Methodisten. Sie gingen aus den *religious societies* hervor, die am Ende des 17. Jh.s v. a. in London entstanden waren. Obwohl ihr Begründer John Wesley den engen Kontakt mit der Staatskirche suchte, schuf er gleichzeitig durch die Einrichtung von »Banden«, »Klassen« und einer Generalkonferenz feste Gemeindestrukturen. Die Leitung oblag ↗Diakonen, Ältesten und Superintendenten. 1796 kam es schließlich über der heiklen Frage der Ordination zum Bruch mit der anglikanischen Staatskirche.

Erst im 19. Jh. wurde den Mitgliedern nonkonformistischer Gemeinden, wie auch den Katholiken, in Großbritannien die volle rechtliche Gleichstellung gewährt. Heute zählen Presbyterianer, Kongregationalisten, Baptisten, Quäker und Methodisten zu den ↗Freikirchen. Der Begriff »D.« erfuhr im 20. Jh. eine zeitliche und geographische Ausweitung und wird heute auch für Hussiten und ↗Täufer gebraucht.

Die D.-Bewegung hat eine reiche ↗Erbauungsliteratur hervorgebracht (Lewis Bayly, *The Practice of Piety*, 1612; Richard Baxter, *The Saints' Everlasting Rest*, 1649;

John Milton, *Paradise Lost*, 1667; John Bunyan, *The Pilgrim's Progress*, 1678), ↗Toleranz und ↗Menschenrechte eingefordert, Bildungseinrichtungen gegründet (*Harvard College*, 1639) und die ↗Mission gefördert (*London Missionary Society*, 1795).

→ Anglikanismus; Glaubensflüchtlinge; Kirche und Staat; Puritanismus; Religiöse Bewegungen

[1] H. M. Davies, The English Free Churches, ²1963 [2] N. H. Keeble, The Literary Culture of Nonconformity in Later Seventeenth-Century England, 1987 [3] E. Payne, The Free Church Tradition in the Life of England, 1944 [4] E. Routley, English Religious Dissent, 1960 [5] M. R. Watts, The Dissenters, 2 Bde., 1978–1995.

Marcus Meier

Dissertation

Die Ursprünge der D. (lat. *dissertatio*, engl. *dissertation thesis*, franz. *thèse de doctorat*, ital. *tesi di laurea*) sind umstritten. In jedem Fall hängen sie aufs engste mit der Lehrform der ↗Disputation an ma. ↗Universitäten zusammen. Die Begriffe D. und Disputation wurden oftmals – zumindest bis zum 17. Jh. – synonym als Bezeichnungen für akademische Streitschriften und gelehrte Abhandlungen verwendet, wobei die Disputation wohl ursprünglich das eigentliche Streitgespräch, die D. hingegen die zu diesem Zweck vorgelegte Schrift bezeichnete. Frühe D. trugen zunächst den Charakter von öffentlichen Ankündigungen des feierlichen Disputationsaktes, waren mithin lediglich Titelblätter im ↗Einblattdruck, an welche erst später auch die Disputationsthesen angehängt wurden. Aus letzteren entwickelten sich seit dem 16 Jh. regelrechte kleinere Abhandlungen. Der Usus des D.-Druckes setzte sich ebenfalls in dieser Zeit durch und erklärt sich möglicherweise auch durch Zensurabsichten der ↗Fakultäten.

Bis weit in die Frühe Nz. war der Erwerb ↗akademischer Grade insbes. mit der Teilnahme der ↗Studenten an einer bestimmten Anzahl öffentlich abgehaltener Disputationen – entweder als Respondenten (lat. *defendentes*) oder Opponenten (lat. *argumentantes*, *interrogantes*) – verknüpft. Generell unterscheidet man zwischen Promotionsschriften (lat. *dissertatio inauguralis pro gradu*; Begriff aus dem 17. Jh.) und Übungs-D. (lat. *dissertatio exercitii causa*), wobei Letztere wegen ihrer Prüfungsrelevanz und ihres pädagogisch-didaktischen Nutzens mit Abstand die Mehrheit der D.-Drucke in vormoderner Zeit bildeten. Magisterpromotionen konnten vielerorts auch ohne gedruckte *Inaugural-D.* stattfinden. Daneben wurden D. auch von ↗Professoren gefordert, zu deren Lehrverpflichtungen das regelmäßige Abhalten von *disputationes* und *lectiones* gehörte. Die »älteren D.« – so der bibliothekswiss. Begriff für die D. vor 1800 – verlangten nicht die Präsentation neuer Forschungsergebnisse. Sie sollten vielmehr die klare argumentative Stringenz und allgemeine Verständlichkeit des Gelehrten nachweisen. Im Einzelfall ist die Autorschaft von D. schwierig zu ermitteln. Verfasser einer D. war häufig der Vorsitzende der Disputation (lat. *praeses*) selbst oder dieser gemeinsam mit dem Respondenten.

Die Entwicklung der D. von mehr oder weniger umfangreichen Thesensammlungen zu eigenständig verfassten wiss. Abhandlungen mit Autorenzitaten markiert einen Prozess, an dessen Ende die Anerkennung der D. als besondere akademische Leistung und Qualifikationskriterium steht. Er ist gleichermaßen eine Antwort auf die aufklärerische Forderung (↗Aufklärung) nach freieren Darstellungsformen für wiss. Erkenntnisse und der Ausbildung der Fähigkeit selbständigen Denkens – anstelle des unter dem Einfluss des ↗Späthumanismus vielerorts zu einem stilisierten und starren Disputierwesen verkommenen akademischen Lehrbetriebs – wie auch auf das Problem der Bildungsreformer um 1800 bei ihrer Suche nach einem objektiveren Nachweis der Gelehrsamkeit von Studierenden (vgl. ↗Bildungspolitik). Mit dem Ende der Übungs-D. im Laufe des 18. Jh.s nahm die Quantität der D., die nunmehr als Inaugural-D. allein den Charakter von Promotionsschriften trugen, stetig ab. Als wichtiger Bestandteil des Rechtsaktes von Promotionen müssen jedoch bis heute D. als nunmehr eigenständig verfasste, bestimmten wiss.-methodischen und gesetzlichen Anforderungen genügende Arbeiten durch den Promovenden in Form einer Disputation verteidigt werden, sofern nicht von den Fakultäten ein Rigorosum als Prüfungsleistung vorgesehen ist. Für D. besteht – im Gegensatz zu Habilitationsschriften (↗Habilitation) – in der Regel Druckzwang, nicht zuletzt zur Sicherung ↗geistigen Eigentums.

Zu juristischen D. vgl. auch ↗Rechtsliteratur.

→ Akademische Grade; Disputation; Universität

[1] B. C. Bazan, Les questions disputées et les questions quodlibétiques dans les facultés de théologie, de droit et de médicine, 1985 [2] G. Bengeser, Doktorpromotion in Deutschland. Begriff, Geschichte, gegenwärtige Gestalt, 1964 [3] E. Horn, Die Disputationen und Promotionen an den dt. Universitäten, vornehmlich seit dem 16. Jh., 1893 [4] R. Jung / P. Kaegbein (Hrsg.), Dissertationen in Wissenschaft und Bibliotheken, 1979 [5] H. Marti, Der wissenschaftsgeschichtliche Dokumentationswert alter Dissertationen, in: Nouvelles de la République des Lettres 1, 1981, 117–132 [6] H. Marti, Dissertation, in: HWRh 2, 1994, 880–884 [7] H. Marti, Dissertation und Promotion an frühnzl. Universitäten des dt. Sprachraums, in: R. A. Müller (Hrsg.), Promotionen und Promotionswesen an dt. Hochschulen der Frühmoderne, 2001, 1–20.

Matthias Asche

Dissimulatio s. Lüge

Disziplin

1. Religiöse Disziplin
2. Militärische Disziplin

1. Religiöse Disziplin

1.1. Allgemeines

In der Nz. zeigt sich in allen Konfessionen ein gesteigertes Bestreben, das Leben der Gläubigen christl. Normen zu unterwerfen. Die Forschung zur ↗Konfessionalisierung war lange auf ↗Kirchenzucht (engl. *church discipline* oder *Christian discipline*, franz. *discipline ecclésiastique*) verengt und setzte diese mit ↗Sozialdisziplinierung gleich [10. 502] oder parallelisierte sie der staatlichen Kriminalitätsabwehr. Erst neuerdings werden die Aspekte der »Selbstregulierung« betont [11. 680] und die Zucht in das kirchliche Bemühen um eine »religiös durchformte Gesellschaft« eingeordnet [3. 295] (vgl. [4]).

Tatsächlich brachte die ↗Reformation eine Neubesinnung auf das altkirchliche Verständnis der lat. *disciplina* (im Sinne von »Erziehung«, entsprechend griech. *paideía*), die das Ganze der christl. Lebensgestaltung bzw. der kirchlichen Einwirkung auf das Leben der Gläubigen umfasste [5. 1106]; am deutlichsten bei Calvin, der die *disciplina* als »Nerv« der Kirche der *doctrina* (»Lehre«) an die Seite stellte [1. 87]. Ausgangspunkt kirchlichen Handelns war meist der eigenständige religiöse Zweck der D., die Ausübung der Schlüsselgewalt (Vergebung oder Belassung der ↗Sünden nach Matthäus 18,18), doch wurden i. Allg. auch die sozialen Aspekte der D. unterstützt; so kam es zur Interaktion mit staatlich-gesellschaftlicher Sozialkontrolle. Calvin z. B. bestimmte den Zweck der D. dreifach als Reinhaltung der Kirche, Schutz der Guten und Korrektur der Bösen [1. 96 f.]. Neben der Kirchenzucht zählte er auch das Fasten und die Disziplinierung der Amtsträger zur D.

1.2. Dimensionen der Disziplin

Die D. basierte auf (1) der Festlegung und Verbreitung eines Systems von Normen, (2) einem Instrumentarium zu deren Kontrolle und (3) einem System von Sanktionen bei Verstößen.

(1) Die Normen ergaben sich aus dem kanonischen Recht (↗Kirchenrecht), das im ↗Katholizismus durch die Dekrete des ↗Trienter Konzils (1563) verschärft und präzisiert wurde, im ↗Protestantismus durch die ↗Kirchenordnungen. Verbreitet wurde das Regelwerk in ↗Predigt und Katechese. Weil die Verstöße oft dieselben wie die von der Kriminaljustiz geahndeten waren, lässt sich eine scharfe Trennung von »Sündenzucht« und »Strafzucht« nicht vornehmen.

(2) Zur Kontrolle diente in Katholizismus und ↗Luthertum die ↗Visitation durch Bischöfe bzw. andere Träger des Aufsichtsamts. Daneben stand die ↗Beichte, die v. a. aufgrund des röm.-kath. Anspruchs einer vollständigen Beichte ein effektives Instrument der Selbstkontrolle darstellte. Im reformierten Protestantismus (↗Calvinismus), der eine bes. rigorose Praxis der D. übte (↗Protestantische Ethik), war Calvins ↗Konsistorium in Genf, ein Gremium aus Predigern und Ratsmitgliedern, für die Kontrolle der Gläubigen zuständig. Obrigkeitlich dominiert waren auch die Chorgerichte in der dt. Schweiz; in den westeurop. calvinistischen Diasporagemeinden übernahmen Presbyterien, die von angesehenen Gemeindegliedern und dem Prediger gebildet wurden, diese Aufgabe. Dieses Modell setzte sich auch in staatskirchlich verfassten reformierten Kirchen durch, etwa in der Pfalz. Im ↗Anglikanismus und im westdt. Katholizismus bestand eine bischöfliche oder archidiakonale Kirchengerichtsbarkeit, die aber z. T. auf gemeindliche Beteiligung (durch Kirchengeschworene) zählen konnte.

(3) Vorgesehene Sanktionen waren (nach Matthäus 18, 15–17) zunächst Ermahnungen, dann der Ausschluss aus der Gemeinschaft. Darin spiegelt sich das tiefste Motiv der D.: die Kirche, bes. das ↗Sakrament, vor Profanierung zu schützen. Die im Katholizismus bestehende weltliche Strafgewalt der Kirche lehnten die Reformatoren ab: ↗Strafe sollte nur erzieherische, keine vergeltende Funktion haben. Der ↗Kirchenbann war im Protestantismus deshalb keine »große Exkommunikation«, die auch weltliche Sanktionen nach sich zog, sondern nur noch ein befristeter Ausschluss vom Abendmahl. Doch hatte dieser »kleine Bann« oft auch Folgen für die bürgerlichen Rechte. Die Schweizer Chorgerichte und die schott. *kirk sessions* verhängten sogar Geldstrafen, was die in der Praxis kaum auflösbare Vermischung der religiösen D. mit weltlicher Strafzucht unterstreicht.

Mit der Privatisierung der Religion in der ↗Aufklärung war überall, bes. in evang. Kirchen, ein Rückgang der öffentlichen D. verbunden. Versuche zur Wiedereinführung strenger D. im Konfessionalismus des 19. Jh. waren nicht von Dauer.

1.3. Disziplin der Geistlichen

Die D. der Amtsträger (↗Amt) spielte in allen Konfessionen eine bes. Rolle; sie hat im heutigen kirchlichen Disziplinarrecht direkte Kontinuität. Schon in der Alten Kirche war die Absetzung (Deposition) Strafe für eine grobe Verletzung der Amtspflichten. In der nzl. Röm.-kath. Kirche wurde zwischen (befristeter) Suspension, Deposition und Degradation (Entlassung aus dem Klerikerstand) differenziert. Letztere setzte ein gerichtliches Verfahren voraus, die anderen Disziplinarmaßnahmen (auch leichtere wie Einkommensentzug o. Ä.) konnten vom Bischof ausgesprochen werden. Instrument der Kontrolle waren die ↗Visitationen, seltener die Diözesansynoden. Die zentrale Stellung des Bischofs bei der D. blieb auch im ↗Anglikanismus erhalten.

Die lutherische ↗Reformation übertrug die bischöflichen Aufsichtskompetenzen auf die ↗Landesherren, die auf der Grundlage von Visitationsberichten Maßnahmen bis zur Absetzung verhängen konnten. Die Amtspflichten waren in den ↗Kirchenordnungen festgelegt. Seit der Mitte des 16. Jh.s übernahmen meist ↗Konsistorien die Disziplinargewalt. Als aber im 18. Jh. Pfarrer als Beamte angesehen wurden, glich man Normen und Instanzen für ihre D. immer mehr dem staatlichen Recht an. 1748 verfügte Friedrich II. von Preußen die Zuständigkeit des Kammergerichts für Prozesse in »Priestersachen« [2. 8]. Das ↗Allgemeine Landrecht für die preußischen Staaten brachte den Höhepunkt der Säkularisierung des kirchlichen Disziplinarrechts. Im 19. Jh. wurden die Konsistorien wieder in ihre Kompetenzen eingesetzt. Eigenständige Disziplinargesetze entstanden erst im ↗Kulturkampf 1871–1878.

Bestanden im Luthertum nur vereinzelt Klerikersynoden als Instrumente der Selbstkontrolle, so nahmen diese im ↗Calvinismus die zentrale Stellung ein. Die 1528 in Zürich gegründete Synode vereinte alle Pfarrer und diente – unter maßgeblicher Beteiligung des Rates – der Durchsetzung der D. im Klerus. Sie konnte Amtsenthebungen aussprechen; größerer Wert wurde aber zuerst auf Ermahnung gelegt. Demselben Zweck diente die *Compagnie des Pasteurs* in Genf; als von 1561 an in Westeuropa die gesamte Kirchenleitung in die Hände der Synoden überging, übernahmen diese auch die Zuständigkeit für die D. der Prediger. In den reformierten Kirchen Deutschlands, z. B. der Pfalz, gab es dagegen dieselbe Entwicklung wie im dt. Luthertum.

→ Beichte; Kirchenbann; Kirchenzucht; Sozialdisziplinierung; Sünde

[1] P. Benedict, Christ's Churches Purely Reformed. A Social History of Calvinism, 2002 [2] K. Hansch, Die Disziplinargerichtsbarkeit in der evang. Kirche, 1961 [3] A. Holzem, Religion und Lebensformen. Kath. Konfessionalisierung im Sendgericht des Fürstbistums Münster 1570–1800, 2000 [4] A. Johann, Kontrolle mit Konsens. Sozialdisziplinierung in der Reichsstadt Frankfurt am Main im 16. Jh., 2001 [5] W. Knoch et al., Art. Disciplina, in: LMA 3, 1986, 1106–1110 [6] W. Rees, Die Strafgewalt der Kirche. Das geltende kirchliche Strafrecht, dargestellt auf der Grundlage seiner Entwicklungsgeschichte, 1993 [7] H. Roodenburg / P. Spierenburg (Hrsg.), Social Control in Europe, 2004 [8] H. Schilling (Hrsg.), Kirchenzucht und Sozialdisziplinierung im frühnzl. Europa. Mit einer Auswahlbibliographie, 1994 [9] H. Schilling (Hrsg.), Institutionen, Instrumente und Akteure sozialer Kontrolle und Disziplinierung im frühnzl. Europa, 1999 [10] H. Schilling, Ausgewählte Abhandlungen zur europ. Reformations- und Konfessionsgeschichte (Historische Forschungen, Bd. 75), 2002, 489–699 [11] H. R. Schmidt, Sozialdisziplinierung? Ein Plädoyer für das Ende des Etatismus in der Konfessionalisierungsforschung, in: HZ 265, 1997, 639–682.

Martin Friedrich

2. Militärische Disziplin

Die Entwicklung des nzl. Konzeptes militärischer D. steht in engem Zusammenhang mit der oranischen ↗Heeresreform Ende des 16. Jh.s. Sie war daher Teil eines Erneuerungsprogramms, das aktuelle Herausforderungen durch die kreative Aneignung antiker Vorbilder zum Militärwesen zu bewältigen suchte [4]. Die *disciplina militaris* bildete somit eine späte Facette jener umfassenden Bildungsbewegung der ↗Renaissance, die wesentlich zur Konstituierung eines nzl. Epochenbewusstseins beitrug (↗Neuzeit). Auf militärischem Gebiet regten die antiken Texte die Einführung neuartiger taktischer Formationen an, deren Erfolg darauf beruhte, dass zahlreiche planmäßig aufgestellte Soldaten koordinierte Bewegungen und Handgriffe vollzogen. Deren Einübung erforderte, mehr als bis dahin üblich, gemeinsame Ausbildung und regelmäßige Übungen. Das Wort D. bezeichnete vor diesem Hintergrund in seinem engsten Sinn die Unterweisung und Anleitung der ↗Soldaten und wurde gelegentlich auch als Synonym für Drill verstanden. In einem etwas weiteren Sinn konnten auch die für eine erfolgreiche ↗Kriegführung notwendigen Vorschriften und Vorkehrungen mit D. überschrieben werden.

Eine einflussreiche Deutung des Begriffs stammt von dem niederl. Philologen und Staatstheoretiker Justus Lipsius (1547–1606), der in Anlehnung an den röm. Autor Valerius Maximus militärische D. als wichtigste Zierde und Stütze der Staatsgewalt begriff [1]. Er verstand darunter eine strenge Ausbildung der Soldaten zu Stärke und männlicher Tugend, die er auf vier Elemente gestützt sah: Übung, Ordnung, (Selbst-)Zucht und Beispiele. Lipsius gilt als Hauptvertreter einer neustoischen Ethik (↗Neustoizismus), und in diesem Sinne war seine Vorstellung von D. in ein umfassendes ↗Tugend-Ideal eingebettet, das sich durch Selbstbeherrschung und Mäßigung auszeichnen und konkret dazu beitragen sollte, die Zügellosigkeiten der zeitgenössischen Söldnerheere zu überwinden (↗Söldner) [5].

Solche Werte fügten sich nahtlos in die spezifischen Anforderungen einer militärischen ↗Taktik, die von den Soldaten keine individuelle Tapferkeit oder Leidenschaft, sondern primär die mechanische Ausübung eintrainierter Bewegungen und Handgriffe verlangte. Das Konzept forcierte zugleich die Entwicklung eines eigenständigen militärischen Verhaltens- und Normenkodex und damit die Verselbständigung des militärischen Systems. Nicht zufällig wurde es zuerst in den Niederlanden entworfen, wo kriegerische Bedrohungen auf relativ differenzierte und verbürgerlichte gesellschaftliche Strukturen stießen [3]. Da die neue Taktik für wenigstens zwei Jahrhunderte fortgeschrieben wurde, entwickelte sich der D.-Begriff rasch zu einer allgegenwärtig beschworenen Formel für die wichtigsten militärischen Werte. Als dt. Übersetzung begegnet in Lexika und Handbüchern in der Regel der Begriff Kriegszucht. Beides bezeichnete allgemein die Handhabung der militärischen Ordnung; als »gute« D. galt dann eine kollektive wie individuelle Haltung, die die vorgegebenen Normen dauerhaft praktizierte und verinnerlichte [6].

Die Komplexität moderner militärischer Organisationen ist auf die Fügsamkeit ihrer Mitglieder angewiesen geblieben; deshalb galt und gilt D. nach wie vor als militärischer Leitwert [2]. Die Veränderung politischer und militärtechnischer Rahmenbedingungen brachte allerdings auch partiell konkurrierende Werte zur Geltung. Vorbereitet durch patriotische Konzepte (⁊Patriotismus) aus der zweiten Hälfte des 18. Jh.s, wurde um die Wende zum 19. Jh. die Entfachung revolutionärer oder nationaler Leidenschaften – in Abkehr von den stoischen Idealen der Selbstbeherrschung – zu einem Merkmal der neuen Massenkriegführung. In der Gefechtsführung eröffnete die Auflösung der geschlossenen Formationen selbständige Handlungsspielräume für die einzelnen Soldaten und insbes. für Gruppenführer, die im Konzept der Auftragstaktik systematisiert werden konnten. Schon der vielkritisierte »Gamaschendienst« im preuß. Heer des 19. Jh.s zeigte an, dass im Gegenzug zu solchen Entwicklungen der Kasernenhofdrill zum Reservat für die Anwendung herkömmlicher Disziplinierungstechniken werden konnte.

Auch außerhalb des Militärs erlangten der Begriff der D. und die damit verbundenen Vorstellungen in der Frühen Nz. Bedeutung, beispielsweise in der Disziplinierung von Randgruppen in Arbeits- und Zuchthäusern (⁊Arbeitshaus), später beispielsweise in Gestalt der ⁊Fabrikdisziplin, aber auch der v. a. in der Sozialdemokratie beschworenen Partei-D. als Bedingung für die Wirksamkeit selbst oppositioneller politischer Organisationen [2]. In der Geschichtswissenschaft hat das Konzept der ⁊Sozialdisziplinierung großen Einfluss ausgeübt: Der Historiker Gerhard Oestreich, selbst durch seine Studien über Justus Lipsius inspiriert, verstand darunter einen die Frühe Nz. charakterisierenden Fundamentalprozess, den er als sozialgeschichtliche Dimension der verfassungsgeschichtlich fragwürdig gewordenen Vorstellung eines monarchischen ⁊Absolutismus zur Seite stellte [5].

→ Krieg; Kriegführung; Militärische Revolution; Taktik

Quellen:
[1] J. LIPSIUS, Politicorum seu civilis doctrinae libri sex, Leiden 1589.

Sekundärliteratur:
[2] U. BRÖCKLING, Disziplin. Soziologie und Geschichte militärischer Gehorsamsproduktion, 1997 [3] M. D. FELD, The Structure of Violence. Armed Forces as Social Systems, 1977 [4] W. HAHLWEG, Die Heeresreform der Oranier und die Antike, 1987 [5] G. OESTREICH, Geist und Gestalt des frühmodernen Staates, 1969 [6] M. SIKORA, Diziplin und Desertion. Strukturprobleme militärischer Organisation im 18. Jh., 1996.

Michael Sikora

Disziplinen, gelehrte

1. Begriff
2. Die gelehrten Disziplinen im Humanismus
3. Wissenschaftliche Revolution, aufgeklärte Gelehrsamkeit und gelehrte Disziplinen
4. Die autonomen wissenschaftlichen Disziplinen des 19. Jahrhunderts

1. Begriff

In der Frühen Nz. bildeten sich die Methoden, Institutionen, Gegenstandsbereiche und Diskussionsverfahren der modernen Wissenschaft heraus. Ihre elementare Gliederungskategorie und Organisationsform waren die G. D.

Verwandt mit griech. *didaskalía* (»Lehre«, »Unterricht«, »Einweisung«) leitet sich D. vom lat. *discere* (»lernen«) ab und teilt mit ihrem pädagogischen Gegenstück, der Doktrin (von lat. *docere*, »lehren«) die gleiche etymologische Wurzel [4]. Schon das lat. Begriffsfeld der *disciplina* mit den Polen »Fach«, »Wissen«, »Unterweisung«, »Gehorsam« (vgl. lat. *disciplina militaris*; ⁊Disziplin) weist auf den Doppelcharakter von ⁊Wissensorganisation und Wissenskommunikation hin, der den Begriff auch in der Nz. bestimmte. Auf Seiten desjenigen, der sich die D. aneignet, bedeutete D. Kennen und Können (lat. *ars*, »Kunst«; *facultas*, »Fähigkeit«; *scientia*, »Kenntnis«, »Wissen«, »Wissenschaft«), von Seiten des Wissens war D. der methodisch geordnete Kenntnisbereich; so konstituierten die G. D. ⁊Bildung als soziales und institutionalisiertes Feld.

Die antike Bildungsorganisation der *enkýklios paideía*, des »Bildungskreises« aus den sieben ⁊Artes liberales (Grammatik, Rhetorik, Dialektik: Trivium; Arithmetik, Geometrie, Astronomie, Musik: Quadrivium) war in der ma. Universität zur Artistenfakultät geworden, auf der die höheren ⁊Fakultäten der Theologie, Jurisprudenz und Medizin aufbauten. Analog wird der Begriff D. im Sinne von organisierter Bildung seit der Antike synonym zu Kunst, Wissensgebiet, Fach und Wissenschaft oder als deren Unterkategorie benutzt. Dem Charakter der D. gemäß, Wissenschaft als ⁊System zu definieren, gab es gegenüber dem allgemeinen Wortgebrauch früh Versuche, den Begriffsinhalt der G. D.

intern wie in Abgrenzung zu alternativen Begriffen zu bestimmen. Enzyklopädisten des MA unterschieden zwischen den *artes* des Triviums und den *disciplinae* des Quadriviums. Die Enzyklopädisten der Frühen Nz. widmeten der Bestimmung und Zuordnung der G.D. ein eigenes Fach. Die Klassifikation der D. wurde – etwa bei J.H. Alsted 1630 – zur *technologia,* auf der das System der ↗Enzyklopädie beruhte [3].

In Verbindung von aristotelischer Wissenschaftslehre (↗Aristotelismus) und ramistischem Definieren und Dichotomisieren (↗Ramismus) wurden die D. in theoretische und praktische eingeteilt, wobei sich die Ersteren wiederum in *sapientia* (»Weisheit«) und *scientia* (»Wissenschaft«) gliederten, die Letzteren in *prudentiae* (»Klugheitslehren«) und *artes* (»Künste«) – je nachdem, ob eine D. ihre Erkenntnis von Gott bzw. direkten Gründen ableitete oder sich auf Handlungsanweisungen bzw. Fertigkeiten bezog. Nach Art, Subjekt, Gegenstand und Zweck des Wissens unterschieden, formen die D. so die wohldefinierten, hierarchisch aufeinander bezogenen, gleichstrukturierten Einheiten des Wissensgebäudes.

Die ↗Aufklärung dagegen setzte den umfassenden Wissensdiskurs gegen die Fachklassifikation. Das, was man Wissenschaft nenne und bei den Griechen *sophia, disdaskalía, paideía,* bei den Römern *doctrina, litterae, studia, scientia, artes, sapientia, disciplinae* heiße, sei die vernunftgegründete ↗Gelehrsamkeit [1.4]. Um 1800 kehrte D. als wiss. Leitbegriff wieder. Die Betonung lag nun auf der disziplinären Autonomie: Wissenschaft war, was nach Theorie, ↗Methode, Gegenstand und Organisation selbständig war.

2. Die gelehrten Disziplinen im Humanismus

Die ma. Universität bereitete mit den Sprach- und Zahlenlehren der Artistenfakultät auf die oberen Fakultäten vor. Man folgte ↗Lehrbüchern, betrieb Bibelexegese, studierte in der Theologie die ↗Dogmatik nach den Sentenzen des Petrus Lombardus, in der Jurisprudenz (↗Rechtswissenschaft) Röm. Recht und ↗Kirchenrecht nach Justinian bzw. Gratian, die Medizin nach Galen und Hippokrates, das Quadrivium nach den Kompendien Johannes de Sacroboscos, die Rhetorik nach Cicero, die Logik, Physik, Metaphysik und Ethik nach Aristoteles. Man kommentierte und disputierte die Texte, zu Fragen umgesetzt, feierlich nach den Regeln der ↗Dialektik. Doch differenzierte sich das Wissensfeld mit der fortschreitenden Rezeption der antiken und arab. Medizin und Mathematik seit dem 12. Jh. und nicht zuletzt durch die Integration der aristotelischen Physik, ↗Metaphysik und praktischen Philosophie (↗Ethik).

Mit dem ↗Humanismus trat die Inaugenscheinnahme des Wissens, bes. der Textüberlieferung, hinzu.

Gefordert waren sprachliche Fähigkeiten und Gelehrtendialog. Lehrstühle für ↗Gräzistik, ↗Hebraistik, Historie, häufig in Verbindung mit ↗Rhetorik, begannen sich im ersten Drittel des 16. Jh.s zu verbreiten, wie auch die humanistischen Gelehrtengesellschaften, die sich um antike Texte (↗Philologie; ↗Textkritik) und Kultur bis hin ↗Theater und ↗Musik kümmerten. Die praktische Medizin wurde mit Chirurgie und ↗Pharmazie in die ↗Medizinische Fakultät aufgenommen. Der sich rasch verbreitende ↗Buchdruck tat ein Übriges, dass nun Bildungserörterung und -pflege – wie es den Interessen und der Kultur der florierenden Städte entsprach – zum Bildungserwerb trat.

Der Versuch der humanistischen Enzyklopädisten, Wissen als Ordnung gelehrter D. zu systematisieren, reagierte hierauf. Ihre ↗Enzyklopädien waren weniger als Sammlung allen Wissens denn als universelles Ein- und Zuordnungsschema (*ordo disciplinarum*) intendiert, das den Wissenszuwachs handhabbar hielt, indem es Kenntnisse in ein wohl definiertes Disziplinennetz einwies. Die Fächer der Artistenfakultät wurden dabei zum ebenso umfassenden wie harmonischen Wissensgebäude der ↗Philosophie, das mit seinen theoretischen D. (↗Metaphysik, ↗Pneumatik und Physik/↗Physikalische Wissenschaften) sowie den mathematischen Fächern (↗Mathematische Wissenschaften) das Seiende (geistiges wie körperliches) und seine Quantitäten verarbeitete. Die praktischen D. ↗Ethik, ↗Politik und Ökonomie bauten auf den theoretischen D. mit ihren metaphysischen, theologisch verankerten Leitsätzen auf und boten allgemeine Handlungsanweisungen. Potentiell zu Verwalterinnen der Wissensnormen geworden, wurden die Artistenfakultäten im 17. Jh. häufig in ↗Philosophische Fakultäten umbenannt.

3. Wissenschaftliche Revolution, aufgeklärte Gelehrsamkeit und gelehrte Disziplinen

Mit Hilfe des humanistischen Ordnungssystems der G.D., das zwischen altem Lehr- und Lernschema und neuer Wissensgewinnung vermittelte, konnte die Gesamtbildung des Einzelnen als Wissenszweck intakt bleiben. Im 17. und 18. Jh. verschob sich der Akzent auf die Gewinnung empirischen Wissens (↗Empirismus). Der Nutzen des Wissens (↗Wissen und Wissensideale) und der an ihm ausgerichtete Wissensdiskurs über die Sachen wurden den tradierten Wissensanordnungen, dem Wortwissen, gegenübergestellt. Die Kenntnisse, die die europ. ↗Expansion und der Staatsausbau seit dem 16. Jh. mit sich brachten – von der ↗Botanik, ↗Zoologie, ↗Mineralogie, der histor. und statistischen Landeskenntnis bis zur Rezeption lokalen und internationalen Rechts – fanden im Ausbau der Wissensapparate ihr Gegenstück. Mit ihnen begann sich die Schere von Differenzierung und Spezialisierung der Wissensbereiche zu öffnen. Beginnend in der Medizin mit ↗Botanischen Gärten (ab 1544) und Seziersälen (den ↗anatomischen Theatern, ab 1595), gefolgt von ↗Observatorien (ab 1632), begleitet von der Ausbreitung der Wissenschaftsgesellschaften und ↗Akademien (*Accademia del Cimento*, Florenz 1657; *Royal Society*, London 1662; *Académie des Sciences*, Paris 1666), trat institutionalisierte Erfahrung und ihre Debatte zum Buchwissen.

Im ↗Buch der Natur zu lesen förderte die Entwicklung von ↗wissenschaftlichen Instrumenten (Fernrohr 1608, Mikroskop 1665; Thermometer 1724 von D. G. Fahrenheit) und forderte parallel dazu Sprachregelungen und Kompetenzen, um die Wahrnehmungen als Datenmaterial und als Problem benennbar zu machen. Alte Themen wie das ↗Vakuum, die Erdanziehung (↗Schwere), die Natur des Feuers, des Lichts, der Zeugung usw. sowie neu gefundene Phänomene wie die ↗Elektrizität schufen sich verzweigende empirische Diskurse. Dies führte dazu, dass sich die G. D. quer zur universitären Einteilung tendenziell zu Diskursfeldern wandelten. Die sich annähernden Bereiche ↗Naturphilosophie (mit den theoretischen Fächern ↗Mathematik und Physik) und ↗Naturgeschichte (mit den praktischen Fächern ↗Botanik, ↗Zoologie und ↗Meteorologie) waren in der Philosophischen bzw. Medizinischen Fakultät institutionalisiert; das für das 18. Jh. charakteristische Gegenstandsfeld der ↗Staatswissenschaften, das Naturrecht, Politik, Verwaltungswissenschaft sowie Staats- und ↗Universalgeschichte umfasste, wurde in der Philosophischen und ↗Juristischen Fakultät gelehrt.

Im Reflex auf die wuchernden Diskursfelder bot die franz. *Encyclopédie* (1751) statt eines Körpers von G. D. das Wissen, nur locker den drei Erkenntnisvermögen Gedächtnis, Vernunft und Imagination zugeordnet und alphabetisiert. Anstelle der Klassifikation der G. D. trat die Nomenklatur und Klassifikation der Dinge – so in der Medizin die Nosologie als eigenes Fach für Krankheitsklassifikation, in der ↗Geologie die Klassifikation der Gesteinsformationen ab 1750 durch G. Arduino u. a., in der Botanik die Einteilung nach ↗Arten durch C. von Linné (1751), in der ↗Chemie die Etablierung der chemischen ↗Elemente durrch A. L. de Lavoisier und C. L. Berthollet (1787).

4. Die autonomen wissenschaftlichen Disziplinen des 19. Jahrhunderts

Wachstum und Institutionalisierung der D. gingen Hand in Hand. Schon die ma. Ur-Universität im 12. Jh. in Paris war entstanden, um die angestiegene Zahl dort privat lehrender Magister zu organisieren. Einen ähnlichen Organisationsschub erlebte die nzl. Wissenschaftsgeschichte mit dem Souveränwerden der G. D. um 1800. Hatte der Wissensdiskurs im 18. Jh. im Zeichen des gemeinen Nutzens gestanden, folgte nun die staatliche Wissensinstitutionalisierung im Zeichen der autonomen wissenschaftlichen D. Die Gegenstandserörterungen spezialisierten sich; seit 1780 wurden vermehrt ↗Fachzeitschriften gegründet: so Crells *Chemisches Journal* 1778, das unter dem Titel *Chemische Annalen* bis 1803 fortgesetzt wurde, und das *Journal der Physik* 1790, das als *Annalen der Physik* bis heute existiert. Fachgesellschaften folgten, z. B. in London die *Linnean Society* 1777, die *Geological Society* 1807, die *Society for the Promotion of Animal Chemistry* 1809 und die *Astronomical Society* 1820. Der sich organisierende Fachdiskurs war von Methoden-, Theorie- und Gegenstandsbildung begleitet. So konnte J.-B. de Lamarck 1802 die Entstehung der ↗Biologie ausrufen und, gestützt auf die Debatten zur ↗Zeugungslehre und auf die Entdeckung pflanzlicher ↗Sexualität, das organische Leben als ebenso »ausschließlichen« wie »umfassenden« Gegenstand bezeichnen [2. x]

Die Genese von Fachwissenschaftlern – der engl. Begriff *scientist* taucht zuerst 1830 auf – ging mit der Entstehung eigenständiger *scientific communities* Hand in Hand. ↗Wissensorganisation im Zuge gelehrter Diskussion ging dabei in Wissenschaftsorganisation im Zuge von Institutionenbildung über. Die D. wurden autonom, weil eine Reihe ihnen zugeordneter Einrichtungen entstand, die alle Aufgaben der Wissensorganisation – Lehre, Forschung und Popularisierung – abdeckten. Die Einheit von ↗Forschung und Lehre der Humboldt'schen Universität wurde sprichwörtlich; an den dt. ↗Universitäten wurden Fachseminare eingerichtet, für ↗Philologie am Ende des 18. Jh.s in Göttingen und Halle, flächendeckend ab 1810; für ↗Naturwissenschaften in Bonn 1825, Königsberg 1834, Halle 1839; für Mathematik und Physik 1834 in Königsberg, 1856 in München. Die Spezialisierung von Fachgebieten fand in Lehrstuhldifferenzierungen Ausdruck; so ist aus der Klassischen ↗Philologie die Deutsche Philologie nach 1810 und aus dieser wiederum die Romanistik nach 1850 hervorgegangen.

Außerhalb der Universitäten entstanden seit 1800 eigenständige Kultusministerien. Geschichts-, naturkundliche sowie Ärzte- und Apotheker-Vereine blühten auf – je 20 wurden von 1800 bis 1830 gegründet, je 40 zwischen 1831 und 1850, je 60 weitere bis 1870 (↗Verein). Fachverbände formierten sich; häufig entwickelten sie sich aus den Sektionen der allgemeinen Wissenschaftsverbände (*Versammlung deutscher Naturforscher und Ärzte* 1822, *British Association for the Advancement of Science* 1831, *Versammlung deutscher Philologen, Schulmänner und Orientalisten* 1837). Mit der Etablierung des internationalen Konferenzwesens – zunächst in Verbindung mit den Weltausstellungen (ab 1851) –, mit der fachbezogenen Verleihung wiss. Titel (↗Akademische Grade), mit der Errichtung von Forschungsinstituten und mit der Etablierung eigener Fach- und Wissenschaftsgeschichten am Ende des 19. Jh.s vervollständigte sich die Entwicklung der wiss. D. zu autonomen Grundbausteinen des Wissenschaftssystems. Die gelehrten D. wurden jetzt nicht mehr durch den ↗Gelehrten verkörpert, sondern der Wissenschaftler arbeitete im Fach. Bei allem Wandel jedoch blieben die D. sozial gesehen Institutionen, in wissenschaftlicher Hinsicht Orte der Kommunikation und auf Seite der mit ihnen Beschäftigten zu kennende und zu befolgende Komplexe von Regeln.

→ Artes liberales; Artes mechanicae; Forschung; Gelehrsamkeit; Wissenschaftliche Instrumente; Wissensgesellschaft; Wissen und Wissensorganisation

Quellen:
[1] J.-A. Fabricius, Abriß einer allgemeinen Historie der Gelehrsamkeit, Leipzig 1752–1754 [2] J. B. Lamarck, Recherches sur l'organisation des corps vivants, Paris 1802.

Sekundärliteratur:
[3] H. Hotson, Johann Heinrich Alsted 1588–1638, 2000 [4] H.-I. Marrou, »Doctrina« et »Disciplina«, in: Archivum Latinitatis Medii Aevi 9, 1934, 1–23 [5] W. Rüegg (Hrsg.), Geschichte der Universität in Europa, 1993–2004 [6] G. Schubring (Hrsg.), »Einsamkeit« und »Freiheit« neu besichtigt, 1991 [7] R. Stichweh, The Sociology of Scientific Disciplines, in: Science in Context 5/1, 1992, 3–15.

Martin Gierl

Divination s. Schamanen

Djihad s. Religionskriege

Dogma

1. Definition
2. Die Entwicklung im Protestantismus
3. Die Entwicklung im Katholizismus

1. Definition

Ähnlich wie im antiken, altkirchlichen und scholastischen Sprachgebrauch wird der Begriff D. (griech.; »Lehrsatz«) in der Nz. zur Bezeichnung von Lehren und Schulmeinungen unterschiedlichen Inhalts gebraucht. Dabei können sowohl die allgemein als wahr geltenden kirchlichen Lehren als auch umstrittene philosophische Schulmeinungen und sogar christl. Irrlehren als D. etikettiert werden. Da der Begriff somit durchaus abwertende Bedeutung haben konnte, ist zu verstehen, dass die in der christl. ↗Theologie des lat. Westens als verbindlich angesehenen Glaubenslehren bis in die Frühe Nz. hinein vorzugsweise als Glaubensartikel (lat. *articuli fidei*) und nicht als D. bezeichnet wurden.

Im 16. Jh. gewann der Begriff in der christl. Theologie zunehmend an Bedeutung. Damit einhergehend wurde in der kath. Tradition die D.-Definition von Vinzenz von Lerin (gest. vor 450) wiederentdeckt, wonach ein christl. D. eine der Kirche anvertraute göttliche Offenbarungswahrheit zum Ausdruck bringt, die immer, überall und von allen zu glauben sei (↗Offenbarung). Gegenüber der Lehrgewalt, welche die kath. Lehre dem kirchlichen ↗Lehramt bzw. dem ↗Papsttum zuschrieb, wurde im protest. Bereich die Heilige Schrift (↗Bibel) als alleiniges Erkenntnisprinzip des christl. ↗Glaubens und als alleinige Richtschnur für die Beurteilung der christl. Lehre angesehen. Als D. wurden vornehmlich die Bekenntnisse zur Dreieinigkeit Gottes (↗Trinität) und zur einen, gottmenschlichen Person Jesu Christi bezeichnet (↗Christologie). Demgegenüber bezog die kath. Tradition den Begriff auf alle Lehren, in denen die ↗Römisch-katholische Kirche eine Offenbarungswahrheit endgültig und universalkirchlich verbindlich verkündete; ihre Leugnung verwarf und verurteilte sie als Irrlehre (↗Häresie).

2. Die Entwicklung im Protestantismus

Im konfessionellen Zeitalter (16./17. Jh.; ↗Konfessionalisierung) hatten evang. und röm.-kath. Theologie sodann mit einem wachsenden Spektrum dogmenkritischer Positionen zu ringen. Denn die zentralen christl. Glaubenslehren von der Dreieinigkeit Gottes, der Inkarnation des Gottessohnes und der Versöhnung der Menschen durch den Tod Jesu Christi am Kreuz wurden nun nicht mehr nur von jüd. und islam. Seite bestritten, sondern stießen auch innerchristl. bei manchen humanistischen Denkern, im ↗Sozinianismus und bei anderen Antitrinitariern auf Kritik [9]. Gegenüber den deistischen Modellen (↗Vernunftreligion), den christl. Offenbarungsinhalt auf das der ↗Vernunft Zugängliche zu reduzieren [9.115–122], wurde in der Theologie der Frühaufklärung versucht, die christl. D. als Explikation der biblischen Offenbarungsreligion zu verteidigen und deren Notwendigkeit für den Menschen zu demonstrieren. Da jedoch mit der histor.-kritischen Erforschung des biblischen Kanons auch die formale Autorität der Bibel als Quelle und Richtschnur des Glaubens in die Krise geriet, gingen evang. Aufklärungstheologen des 18. Jh.s wie J. D. Michaelis und J. J. Spalding, aber auch G. E. Lessing dazu über, den vernunftgemäßen, der religiösen Natur des Menschen entsprechenden Kern der christl. Glaubenslehren aufzuzeigen (↗Aufklärung). J. S. Semler und J. G. Herder brachten überdies die Freiheit und Selbständigkeit der privaten Religion gegenüber den D. der öffentlich gelehrten kirchlichen Religion zur Geltung. Mit dem Interesse an der Entstehung des Kanons erwachten auch das Interesse an der Entstehung der christl. D. und das Bewusstsein für ihre Geschichtlichkeit.

Auf der Basis seiner transzendentalphilosophischen Vernunftkritik überführte schließlich I. Kant die aufgeklärte D.-Kritik in das Konzept einer reinen ↗Vernunftreligion und schrieb den kirchlichen D. lediglich eine Vehikelfunktion für die Realisierung der Moralität des Menschen zu (↗Ethik) [5]. Auf diese Form der D.- und ↗Religionskritik reagierte der evang. Theologe F. Schleiermacher, indem er die Religion als »eigene Provinz im Gemüt« neben Denken und Handeln bestimmte [7. 2. Rede], die Religiosität des Menschen subjektivitätstheoretisch verankerte und die christl. Glaubenslehren als Inhalte des christl. frommen Selbstbewusstseins auslegte. D. galten ihm dabei als »Auffassungen der christl. frommen Gemütszustände in der Rede dargestellt« [8. § 15] (vgl. ↗Dogmatik 2.2.). Im Unterschied zu diesem Ansatz versuchten G. W. F. Hegel und seine theologischen Schüler, den »wahren« Gehalt des trinitarischen und des christologischen D. spekulativ zu rekonstruieren. Während daraufhin D. F. Strauß im 19. Jh. das christl. D. einer radikalen Entmythologisierung unterzog und die These vertrat, die wahre Kritik des D. sei seine Geschichte, wurde im konfessionellen ↗Luthertum durch Th. F. D. Kliefoth die Geschichte des D. als Entfaltung der einzelnen Momente der christl. Wahrheit gedeutet [6]; [9. 567].

→ Bibel; Dogmatik; Dogmengeschichte; Glauben; Kirche; Theologie

Quellen:
[1] Bekenntnisschriften der evangelisch-lutherischen Kirche, hrsg. vom Dt. Evangelischen Kirchenausschuss im Gedenkjahr der Augsburgischen Konfession 1930, [8]1979 [2] H. Denzinger / P. Hünermann (Hrsg.), Kompendium der Glaubensbekenntnisse und kirchlichen Lehrentscheidungen, [38]1999 [3] A. von Harnack, Lehrbuch der Dogmengeschichte, 3 Bde., 1886–1890 [4] A. von Harnack, Das Wesen des Christentums, 1900 [5] I. Kant, Die Religion innerhalb der Grenzen der bloßen Vernunft, 1793–1794 [6] Th. F. D. Kliefoth, Einleitung in die Dogmengeschichte, 1839 [7] F. Schleiermacher, Reden über die Religion an die Gebildeten unter ihren Verächtern, 1799 [8] F. Schleiermacher, Der christliche Glaube (2 Bde.), 1830–1831.

Sekundärliteratur:
[9] J. Rohls, Protestantische Theologie der Nz., Bd. 1, 1997.

Friederike Nüssel

3. Die Entwicklung im Katholizismus

Gegenüber der im HochMA vorherrschenden Sicht des Glaubens als eines gewachsenen Ganzen mit unterschiedlichen, von der Kirche garantierten theologischen und disziplinären Aussagen, die noch das ↗Trienter Konzil (1545–1563) bestimmte, trat in der Nz. immer mehr die Frage nach der Vergewisserung der Glaubenslehre und damit nach der Rolle des kirchlichen ↗Lehramts in den Vordergrund [5. 114–135].

Parallel dazu wurde von kath. Theologen vorgeschlagen, mittels Konzentration auf zentrale Glaubenswahrheiten eine Einigung unter den Konfessionen zu ermöglichen (↗Irenik). Der franz. Theologe F. Veronius stellte im 17. Jh. die These auf, alles das und nur das gehöre zum kath. ↗Glauben, was im Wort Gottes offenbart und von der kath. Kirche als zu glauben vorgelegt worden sei [4. 1037]; [5. 584 f.]. Der von der Aufklärung beeinflusste dt. Theologe Ph. N. Chrismann bezeichnete solche Glaubenswahrheiten am Ende des 18. Jh. ausdrücklich als D. und deren Leugnung als ↗Häresie [1. 882]; [5. 584 f.]. Obwohl die ↗Neuscholastik es ablehnte, auf diese Weise den Bereich des D. einzugrenzen, übernahm sie den so definierten Begriff dennoch [3. 47].

Das Erste Vatikanische Konzil (1869–1870) definierte, ohne den Terminus selbst zu gebrauchen, D. als eine Aussage, die im geschriebenen oder überlieferten Wort Gottes enthalten ist (↗Schrift und Tradition) und vom ordentlichen oder außerordentlichen Lehramt der Kirche als von Gott offenbart (↗Offenbarung) und deshalb als zu glauben vorgelegt wird [2. Nr. 3011]. Papst Pius IX., der die Dogmatisierung der päpstlichen Unfehlbarkeit intensiv betrieb (↗Papsttum), die das Erste Vatikanum schließlich vornahm, hatte bereits 1854 von dieser Vollmacht Gebrauch gemacht und die »Unbefleckte Empfängnis Mariens« als D. festgelegt [2. Nr. 2803] (↗Marienverehrung). Die jüngere kath. Theologie hat im Umkreis des Zweiten Vatikanischen Konzils (1962–1965) [2. Nr. 4206] das intellektualistische D.-Verständnis des Ersten Vatikanums in Richtung eines personalkommunikativen zu öffnen versucht: Gott – so die neuere Auffassung – teilt in seiner Offenbarung nicht etwas mit, sondern sich selbst.

→ Dogmatik; Lehramt; Schrift und Tradition; Theologie

Quellen:
[1] Ph. N. Chrismann, Regula fidei catholicae et collectio dogmatum credendorum, Kempten 1792, in: J. P. Migne (Hrsg.), Theologiae cursus completus, Bd. 6, 1841, 874–1070 [2] H. Denzinger / P. Hünermann (Hrsg.), Kompendium der Glaubensbekenntnisse und kirchlichen Lehrentscheidungen, [40]2004 [3] J. Kleutgen, Die Theologie der Vorzeit verteidigt, Bd. 1, [2]1867 [4] F. Veronius, Regula fidei catholicae, Löwen 1720, in: J. P. Migne (Hrsg.), Theologiae cursus completus, Bd. 1, 1839, 1037–1112.

Sekundärliteratur:
[5] H. Filser, Dogma, Dogmen, Dogmatik. Eine Untersuchung zur Begründung und zur Entstehungsgeschichte einer theologischen Disziplin von der Reformation bis zur Spätaufklärung, 2001.

Peter Walter

Dogmatik

1. Begriff
2. Evangelische Dogmatik
3. Katholische Dogmatik
4. Orthodoxe Dogmatik

1. Begriff

Obwohl D. der Sache nach schon von altkirchlichen Theologen wie Origenes (3. Jh. n. Chr.) betrieben wurde, bürgerte sich der Begriff D. (lat. *theologia dogmatica*, von griech. *dogmatiké*, »die die kirchliche Lehre – *dógma* – betreffende Lehre«, also »Theologische Lehre«, »Glaubenslehre«) erst in der ↗Theologie des 17. Jh.s ein. In der Frühaufklärung bot J. F. Buddeus in seiner enzyklopädischen Einführung in die Theologie (1727) erstmalig eine Definition [11]: Unter D. sei der Teil der Theologie zu verstehen, welcher die aus der ↗Bibel gewonnenen heilsnotwendigen Glaubenslehren in ihrem Zusammenhang erkläre und beweise [2. 336].

2. Evangelische Dogmatik

2.1. Entwicklung bis zur Aufklärung

Eine wichtige Voraussetzung für die Bestimmung der evang. D. als eigenständige theologische Disziplin war die Einführung der sog. *Loci*-Methode durch Philipp Melanchthon. In seinen theologischen *Loci communes* (1521; »Hauptartikel der christl. Lehre«) interpretierte er die zentralen Begriffe der christl. Lehre aus dem Römerbrief und schuf damit das erste Kompendium reformatorischer Theologie (↗Reformation). In der Folgezeit wurden *Loci*-Vorlesungen als fester Bestandteil des evang. Theologiestudiums eingeführt; es entstanden zahlreiche theologische Lehrbücher mit dem Titel *Loci theologici*, die sich als eine eigene Gattung theologischer Literatur neben Kommentaren zu einzelnen biblischen Büchern und Sentenzen der Kirchenväter etablierten. Im Zuge der Wiederkehr der aristotelischen ↗Metaphysik im konfessionellen Zeitalter des 16./17. Jh.s entstand eine Schultheologie, die sich aristotelischer Termini und Unterscheidungen zur Erklärung der christl. Glaubensaussagen bediente.

Im Anschluss an den reformierten Theologen B. Keckermann entwarfen im 17. Jh. lutherische Theologen die Theologie als eine praktische Disziplin, die nach der auf Aristoteles zurückgeführten analytischen Methode die Mittel darzustellen habe, mithilfe derer der sündige Mensch als das Subjekt der Theologie zu dem ihm von Gott bestimmten Ziel geführt werde. Anstelle der theologischen *Loci* wurden nun theologische Systeme konzipiert, in denen die christl. Glaubenslehren analytisch abgehandelt und kontroverstheologisch verteidigt wurden (↗Kontroverstheologie). Von dieser wiss. Erörterung in der sog. *theologia acroamatica* (»wissenschaftl. Theologie«) oder *theologia systematica*, wie man sie in den Systemen von A. Calov und J. A. Quenstedt findet, wurde die sog. positive, thetische oder katechetische Theologie unterschieden, die das elementare Glaubenswissen für angehende Pfarrer präsentierte. Diese beiden Verfahrensweisen führte Buddeus in seiner Definition der D. zusammen; im Rekurs auf die Lehre von den Fundamentalartikeln, die im 17. Jh. von evang. Theologen entwickelt worden war, unterschied er dabei die theologische Lehre als das dogmatische (= dogm.) Fundament von dem realen Fundament des Glaubens, d. h. der Versöhnung des Menschen mit Gott durch den Mittler Jesus Christus.

Zu den festen Lehrbeständen evang. D. gehören seit der Ausbildung der Schultheologie die Gottes-, ↗Trinitäts- und ↗Schöpfungslehre, die Anthropologie und die ↗Sünden-Lehre sowie schließlich der Komplex der Lehrstücke, in denen die göttliche ↗Heilsordnung entfaltet wird. Dieser umfasst Erwählungslehre, ↗Christologie, ↗Gnadenlehre und ↗Eschatologie. Im Gefolge der kontroverstheologischen Auseinandersetzungen entstand in diesem Zusammenhang außerdem ein eigenes Lehrstück von der Kirche (↗Ekklesiologie) zur Klärung der Frage nach dem Wesen der Kirche und ihrer Bedeutung für die Vermittlung des Heils. Kennzeichnend für die nzl. Theologieentwicklung ist aber v. a. die Ausbildung der theologischen Prinzipienlehre, die aus der kontroverstheologischen Frage nach der Autorität der ↗Bibel im Verhältnis zur kirchlichen Lehrtradition und dem Erkenntnisvermögen der ↗Vernunft erwuchs und zur Entstehung eines eigenen Lehrstücks von der Heiligen Schrift führte; zusammen mit dem Theologiebegriff wurde dieses in den sog. *Prolegomena der Theologie* verhandelt.

2.2. Entwicklung seit der Aufklärung

Durch das Aufkommen rationalistischer und atheistischer Positionen (↗Atheismus) wurde im Zeitalter der Aufklärung zudem die Frage nach der Bedeutung der Religion im Sinne der Gotteserkenntnis und -verehrung virulent, auf die in der Frühaufklärung Buddeus in seiner D. mit dem Nachweis der natürlichen Religiosität des Menschen zu antworten suchte (↗Natürliche Religion) [1. 5–20] und so der Ausbildung eines allgemeinen Religionsbegriffs den Weg bereitete. Als jedoch mit der historisch-kritischen Erforschung des Kanons die reformatorische Überzeugung von der Autorität der Bibel in die Krise geriet und durch I. Kants Widerlegung der Gottesbeweise (↗Theodizee) die These von der natürlichen Gotteserkenntnis des Menschen strittig wurde, stand die D. im 18. Jh. vor der Aufgabe, die systematische

Auslegung des christl. Glaubens insgesamt neu zu fundieren und einer Umformung zu unterziehen. In der Reaktion auf Kants Vernunft- und ↗Religionskritik wurden zunächst rationalistische und supranaturalistische Modelle der D. entwickelt (↗Theologische Richtungen). So bestimmte J. A. L. Wegscheider [10] die Vernunft als obersten Beurteilungsmaßstab der Religion und konzentrierte sich ganz auf die moralischen Lehren Jesu, während G. Ch. Storr [9] die in der Schrift bezeugte übernatürliche ↗Offenbarung als einzigen Zugang zum Übersinnlichen ansah und der ↗Vernunft die Kompetenz zur Beurteilung der christl. Religion absprach. Anders als in der älteren Schriftlehre wurde im Supranaturalismus allerdings versucht, die Autorität der Schrift geschichtlich zu beweisen.

Während diese Entwürfe keinen dauerhaften Einfluss gewannen, wurde für die evang. D. im 19. Jh. die Konzeption F. Schleiermachers [7] grundlegend. Er verstand die christl. Glaubensaussagen nicht als Aussagen über etwas, das unabhängig vom Bewusstsein gegeben ist, sondern als Ausdruck christl. frommer Gemütszustände. Entsprechend rekonstruierte er die traditionellen Gehalte der D. in den beiden Hauptteilen seiner Glaubenslehre als Voraussetzungen und Tatsachen des christl. frommen Selbstbewusstseins. Das Wesen der Frömmigkeit bestimmte er dabei als das Gefühl völliger Abhängigkeit, das als unmittelbares Selbstbewusstsein alle Bewusstseinsvollzüge begleite [7. § 4] und somit zur Subjektivität des Menschen gehöre (↗Frömmigkeitskulturen).

Bei dieser Konzeption ging es nicht mehr wie bei älteren dogm. Entwürfen darum, die Wahrheit und Absolutheit der christl. Religion aufzuweisen. Schleiermacher wollte vielmehr zeigen, dass und wie sich die im ↗Protestantismus geltende Lehre als Funktion der Selbstauslegung des frommen Selbstbewusstseins entwickeln lasse. Schleiermacher verstand die Theologie dabei insgesamt als eine Wissenschaft, die auf die zusammenstimmende Leitung der Kirche bezogen sei [6] und strich damit die kirchliche Funktion der Theologie und der D. [7. § 2] heraus. Da es die D. mit der in der Kirche geltenden Lehre als einer geschichtlichen Größe zu tun habe, bestimmte er die D. – anders als alle älteren und die meisten nachfolgenden enzyklopädischen Entwürfe – als Teil der historischen Theologie.

Im Gegenzug zu Schleiermachers Konzentration auf das fromme Selbstbewusstsein, die von verschiedenen Seiten als subjektivistisch kritisiert wurde, konzipierten K. Daub [3] und Ph. K. Marheinecke [5] im Anschluss an F. W. J. Schelling und G. W. F. Hegel die D. spekulativ aus der Idee Gottes und seiner Selbstoffenbarung im menschlichen Geist und gliederten sie trinitarisch. Die Frage, was Aufgabe und Ausgangspunkt evang. D. sein kann, bestimmte somit die ausgehende Nz. und wies in die Moderne.

→ Bibel; Dogma; Dogmengeschichte; Theologie

Quellen:
[1] J. F. BUDDEUS, Institutiones theologiae dogmaticae, 1723 [2] J. F. BUDDEUS, Isagoge historico-theologica ad theologiam universam singulasque eius partes, 1727 [3] C. DAUB, Einleitung in das Studium der christlichen Dogmatik, 1810 [4] J. B. HEINRICH, Dogmatische Theologie, ²1881 [5] PH. K. MARHEINEKE, Die Grundlehren der christlichen Dogmatik, 1819 (2. Aufl. 1827) [6] F. SCHLEIERMACHER, Kurze Darstellung des theologischen Studiums, 1810 (2. Aufl. 1830) [7] F. SCHLEIERMACHER, Der christliche Glaube nach den Grundsätzen der evangelischen Kirche im Zusammenhange dargestellt, 1821 (2. Aufl. 1830) [8] F. A. STAUDENMAIER, Die christliche Dogmatik, 1844–1852 [9] G. CH. STORR, Doctrinae christianae pars theoretica e sacris litteris repetita, 1793 (dt.: Lehrbuch der christlichen Dogmatik, 1803) [10] J. A. L. WEGSCHEIDER, Institutiones theologiae dogmaticae, 1815.

Sekundärliteratur:
[11] F. NÜSSEL, Bund und Versöhnung. Zur Begründung der Dogmatik bei Johann Franz Buddeus, 1996.

Friederike Nüssel

3. Katholische Dogmatik

Für das Entstehen der kath. D. an der Wende vom 16. zum 17. Jh. dürften mehrere Faktoren ausschlaggebend gewesen sein: zum einen das durch den Streit zwischen den Konfessionen (↗Konfessionalisierung), aber auch der ↗theologischen Richtungen untereinander hervorgerufene Bedürfnis nach einer zuverlässigen Darstellung der kirchlichen Lehre sowie zum andern der Wunsch nach einer Theologie, die weniger auf Spekulation hinzielt als an ↗Schrift und Tradition sowie am kirchlichen ↗Lehramt orientiert ist [7]. Für eine so ausgerichtete Theologie setzte sich im 16. Jh. die Bezeichnung »Positive Theologie« durch (↗Dogmengeschichte). Der Stellenwert der unterschiedlichen Bezeugungsinstanzen (Schrift, Tradition, Lehramt, Kirchenväter, Theologen usw.) wurde maßgeblich von M. Cano in dessen Hauptwerk *De locis theologicis* (Salamanca 1563; »Über die theologischen Örter«) reflektiert. Ende des 16. Jh.s verselbständigte sich zudem die Darlegung der kirchlichen Sittenlehre (↗Moraltheologie) gegenüber derjenigen der Glaubenslehre im engeren Sinn. Für die Bezeichnung Letzterer als D. dürfte die Renaissance des Begriffs ↗Dogma im 16. Jh. ausschlaggebend gewesen sein.

War die kath. D. zunächst aus einer gewissen Entgegensetzung zur scholastischen Methode entstanden, verbanden sich beide im 17. Jh. zu einer das »positive« und das scholastische Element vereinenden Vorgehensweise: Viele Traktate führten das Wortpaar *dogmatico-scholasticus* im Titel. Die Darlegung des Stoffes geschah weniger dialektisch als didaktisch-erklärend; die Stelle der ma. *quaestio* (»Frage«), die ein Problem in Frageform entfaltete, nahm eine Darstellung mit etwa folgendem Aufbau ein: These (lat. *thesis*), Meinungen (*opinio-*

nes), Autoritätsbeweise (*probationes*), theologische Begründung (*ratio theologica*), Auflösung der Probleme (*solutio*), Anhänge (*scholia*) – häufig als Nutzanwendungen für Leben und Frömmigkeit.

Im 18. Jh. trat v. a. im dt.sprachigen Raum neben diese Form der D. eine von der ↗Schulphilosophie beeinflusste Systematische ↗Theologie, die stärker an der systematischen Deduktion der einzelnen Gedanken aus einem einzigen Prinzip interessiert war. Die Frage nach der Einheit und Differenziertheit der Theologie nach Gegenstand und Methode wurde in zahlreichen ↗theologischen Enzyklopädien entfaltet. Im 19. Jh. wurde dieser Prozess der Systematisierung, der immer auch ein Versuch war, sich die zeitgenössische Philosophie anzueignen, fortgesetzt. Der Münsteraner bzw. Bonner Dogmatiker G. Hermes etwa nahm das Gespräch mit Kant auf [2], der Wiener Privatgelehrte A. Günther setzte sich mit dem deutschen ↗Idealismus auseinander [3], während die Katholische Tübinger Schule unter dem Einfluss der ↗Romantik eine Neubestimmung des Verhältnisses von Kirche, Theologie und Geschichte unternahm [6]. Solche Versuche gerieten zunehmend in die Kritik der ↗Neuscholastik, welche vom italienischsprachigen Raum ihren Ausgang nahm, inhaltlich hauptsächlich an Th. von Aquin, formal aber an die thetische Methode des 17. Jh. anknüpfte. Der »positive« Aspekt der D. verkümmerte häufig zu einem ungeschichtlichen Zusammentragen von Beweisstellen (lat. *dicta probantia*) aus Schrift und Tradition, wobei v. a. die jeweils jüngsten Aussagen des päpstlichen Lehramts den Interpretationsrahmen setzten (↗Dogma). Die theologischen Aufbrüche von Hermes und Günther wurden 1835 bzw. 1857 auf den ↗Index verbotener Bücher gesetzt [4]; [5].

→ Dogma; Dogmengeschichte; Katholizismus; Theologie; Theologische Richtungen

[1] H. Filser, Dogma, Dogmen, Dogmatik. Eine Untersuchung zur Begründung und zur Entstehungsgeschichte einer theologischen Disziplin von der Reformation bis zur Spätaufklärung, 2001 [2] T. Fliethmann, Vernünftig glauben. Die Theorie der Theologie bei Georg Hermes, 1997 [3] B. Osswaldt, Anton Günther. Theologisches Denken im Kontext einer Philosophie der Subjektivität, 1990 [4] H. H. Schwedt, Das römische Urteil über Georg Hermes (1775–1831). Ein Beitrag zur Geschichte der Inquisition im 19. Jh., 1980 [5] H. H. Schwedt, Die Verurteilung der Werke Anton Günthers (1857) und seiner Schüler, in: Zsch. für Kirchengeschichte 101, 1990, 301–343 [6] A. van Harskamp, Theologie im Kontext. Auf der Suche nach der Methode ideologiekritischer Analyse der Theologie, illustriert an Werken von Drey, Möhler und Staudenmaier, 2000 [7] P. Walter, Humanistische Einflüsse auf die Entstehung der Dogmatik? Ein Beitrag zur Vorgeschichte einer theologischen Disziplin, in: E. Schockenhoff / P. Walter (Hrsg.), Dogma und Glaube. Bausteine für eine theologische Erkenntnislehre (FS für W. Kasper), 1993, 50–68.

Peter Walter

4. Orthodoxe Dogmatik

4.1. Charakteristika der neuzeitlichen orthodoxen Dogmatik

Die nzl. Gestalt der orth. D. bildete sich weitgehend jenseits der mit dem Epochenbegriff der Nz. umschriebenen kulturellen Umbrüche und Neuanfänge aus. Die Länder des byz.-orth. Kulturkreises waren spätestens seit der Eroberung Konstantinopels 1453 entweder der osman. Fremdherrschaft unterworfen (Serbien, Bulgarien, Griechenland) oder begannen sich erst als eigenständige Staatengebilde zu entwickeln (Russland, Ukraine). Zudem konnte die orth. D. anders als die lat. geprägte ↗Theologie nicht auf dogmatische (= dogm.) Werke zurückgreifen, da hier »die punktuelle, apologetisch-polemische Auseinandersetzung mit Häresie und Heterodoxie (Lateiner) an erster Stelle« stand [4. 236], scholastische Systeme hingegen aufgrund eines prinzipiellen Vorbehaltes gegenüber Wissenschaft und theologischer Systembildung nicht eigens entwickelt worden waren.

Nzl. Fragestellungen wurden deshalb in der orth. D. vorwiegend indirekte, in Form der polemischen Auseinandersetzung mit »häretischen« Strömungen innerhalb und außerhalb der ↗orthodoxen Kirchen behandelt. Der in diesem Zusammenhang erfolgende Rückgriff auf die westl. ↗Kontroverstheologie zur Verteidigung der eigenen Position brachte allerdings dogm. Entwürfe hervor, denen ein unverkennbar kath. bzw. protest. Gepräge eigen war. Wenn schließlich im 18. und 19. Jh. auch bei einzelnen orth. Theologen eine intensive Auseinandersetzung mit den in der westl. Philosophie und Theologie diskutierten Fragen erfolgte, so gingen die wichtigsten Impulse für die weitere Entwicklung gleichwohl von der Tradition der Kirchenväter aus.

4.2. Kontroverspunkte gegenüber der katholischen und protestantischen Lehre

In der dogm. Auseinandersetzung mit der lat. ↗Theologie dominierten jene Kontroversfragen, die in gebündelter Form im Unionsdekret von Ferrara und Florenz vom 6. Juli 1439 behandelt wurden: das *Filioque* (»und vom Sohn«) – der Ausgang des Hl. Geistes von Gott Vater und Gott Sohn (↗Trinität) –, der Gebrauch ungesäuerten Brotes in der Eucharistie (↗Sakrament), das ↗Fegefeuer, die Seligkeit (Gottesschau) der Heiligen, der Primat des ↗Papsttums. Während sich dabei auf Seiten der ↗Röm.-kath. Kirche mit dem Unionsdekret die Hoffnung verband, jene noch auf die Zeit vor der Kirchenspaltung (↗Schisma) von 1054 zurückgehenden Differenzpunkte endgültig überwunden zu haben, führte nicht zuletzt das Zusammentreffen der Union von Ferrara-Florenz mit dem Fall Konstantinopels 1453 in den

⁊Orthodoxen Kirchen dazu, die herkömmliche Position in diesen Fragen desto mehr als wesentlichen Bestandteil der orth. Identität zu behaupten.

In der Auseinandersetzung mit der protest. Theologie standen Fragen der ⁊Rechtfertigungslehre und der Erlösungslehre (⁊Erlösung) sowie des ⁊Sakraments- und ⁊Amts-Verständnisses im Vordergrund, bisweilen aber auch solche der Ikonenverehrung (vgl. ⁊Ikone; ⁊Bilderverehrung) und des ⁊Mönchtums, die bereits vor der Begegnung mit den aus der ⁊Reformation hervorgegangenen Kirchen in der ⁊Polemik gegenüber inner-orth. häretischen Strömungen von Bedeutung waren.

4.3. Entwicklungen im griechisch geprägten Kulturkreis

Die griech. orth. D. bewegte sich zunächst ganz in den traditionellen, von der byz. Theologie vorgegebenen Bahnen (⁊Griechische orthodoxe Kirche). Davon gibt namentlich der Briefwechsel (1573–1581) zwischen dem Ökumenischen Patriarchen Jeremias II. und den Tübinger Theologen unter Vermittlung des Altphilologen Martin Crusius Zeugnis. Eine Wende hin zu einer größeren Aufgeschlossenheit gegenüber der westl. Theologie und Philosophie fand ihren Höhepunkt in der *Confessio fidei* (»Glaubensbekenntnis«) des Patriarchen von Alexandria und Konstantinopel, Kyrillos Lukaris, aus dem Jahre 1629. Da die *Confessio* unverkennbar calvinistische Züge trug (⁊Calvinismus), indem sie u. a. die doppelte Prädestination lehrte (⁊Prädestinationslehre) und das Abendmahl als rein geistlichen Genuss des Leibes und Blutes Christi verstand (⁊Sakrament), setzte schon bald eine weit über den griech. Raum hinausgehende Reaktion ein, die in der dezidierten Anknüpfung an die kath. Theologie dem protest. Einfluss begegnen wollte. Charakteristisch stand hierfür die *Confessio* des Patriarchen Dositheos von Jerusalem, die sich durch eine der lat. Scholastik entlehnte Terminologie und Argumentationsweise auszeichnete.

Im 18. und beginnenden 19. Jh. kam es namentlich bei dem Gelehrten und Leiter der Athosakademie Eugenios Vulgaris und seinen Schülern zu einer intensiven Begegnung mit der Philosophie der ⁊Aufklärung. Doch fand zeitgleich eine Rückbesinnung auf die eigenen Quellen statt, an deren Beginn u. a. die Herausgabe der *Philokalie* (»Liebe zur Schönheit«), einer Sammlung asketischer und dogmatischer Schriften aus dem 4. bis 15. Jh., durch den Erzbischof Makarios von Korinth und den Mönch Nikodemos Hagioreites stand.

4.4. Entwicklungen im slawisch geprägten Kulturkreis

Die erste umfassende Darstellung des orth. Glaubens in Russland (⁊Russische orthodoxe Kirche), der *Prosvetitel'* (»Erleuchter«) von 1502–1504, stammte von dem kirchenpolitisch einflussreichen Abt Josif von Volokalamsk. War diese Darstellung ebenso wie das einflussreiche dogm. Schrifttum des Maksim Grek v. a. durch die »Häresie« der »Judaisierenden« (einer Novgoroder und Moskauer Strömung, die u. a. die Trinitätslehre und die Ikonenverehrung ablehnte) veranlasst, so wurden auch für die Folgezeit inner- bzw. außerorth. »häretische« Strömungen für die dogmatische Arbeit bestimmend, so im *Istiny pokazanie* (ca. 1566; »Darlegung der Wahrheit«) des Zinovij von Oten. Zu den bedeutendsten dogm. Werken des 17. Jh.s gehörten die gesamtorth. Anerkennung erlangende *Confessio Orthodoxa* (1666) des Metropoliten von Kiev, Petr Mogila, und die Schrift *Kamen very* (»Fels des Glaubens«) des u. a. in Kiev ausgebildeten Metropoliten von Rjazan' und späteren Patriarchatsverwesers Stefan Javorskij. Beide Werke waren stark kath. beeinflusst.

Protest. Gedankengut zeigte sich bei dem Erzbischof von Novgorod Feofan Prokopovič, dessen D.-Vorlesungen zu einem elementaren Bestandteil der theologischen Ausbildung werden sollten. Das weit verbreitete Werk *Pravoslavnoe učenie ili sokraščennoe christianskoe bogoslovie* (1765; »Orth. Lehre oder kurz gefasste christliche Theologie«) des Metropoliten von Moskau Platon Levšin hatte nicht zuletzt in dieser von Feofan Prokopovič geprägten Schultradition seine Voraussetzung. Im 19. Jh. dominierten zunächst Schriften wie die umfangreiche *Pravoslavno-dogmatičeskoe bogoslovie* (1849–1853; »Orth.-dogmatische Theologie«) des Metropoliten von Moskau Makarij Bulgakov, die wieder an die Tradition des Petr Mogila anknüpften. Erst an der Wende vom 19. zum 20. Jh. zeichneten sich dogmatische Ansätze ab, die stärker der eigenen Tradition verpflichtet waren, zugleich aber Impulse aus Laientheologie und ⁊Religionsphilosophie sowie aus der Begegnung mit der westl. und hier v. a. der deutschen evang. Theologie aufnahmen.

→ Dogma; Orthodoxe Kirchen; Schisma; Sakrament; Theologie

[1] K. C. Felmy, Die russische Theologie seit Peter d. Gr., in: K. C. Felmy, Diskos. Glaube, Erfahrung und Kirche in der neueren orthodoxen Theologie. Gesammelte Aufsätze, hrsg. von Heinz Ohme/Johann Schneider (Oikonomia, Bd. 41), 2003, 250–316 [2] G. Florovskij, Puti russkogo bogoslovija, 1937 [3] G. Podskalsky, Griechische Theologie in der Zeit der Türkenherrschaft (1453–1821). Die Orthodoxie im Spannungsfeld der nachreformatorischen Konfessionen des Westens, 1988 [4] G. Podskalsky, Theologische Literatur des MA in Bulgarien und Serbien (865–1459), 2000 [5] T. M. Seebohm, Ratio und Charisma. Ansätze und Ausbildung eines philosophischen und wissenschaftlichen Weltverständnisses im Moskauer Russland (Mainzer Philosophische Forschungen, Bd. 17), 1977.

Jennifer Wasmuth

Dogmengeschichte

1. Gegenstand und Vorgeschichte
2. Rationalistische Geschichtskritik
3. Konstruktive Neubegründungen im 19. Jahrhundert
4. Ausblick

1. Gegenstand und Vorgeschichte

Die Idee einer D., also einer Historisierung des Wahrheitsanspruchs kirchlicher Lehre, wurde im Zeitalter der ↗Aufklärung als eine sublime Form der Dogmenkritik entwickelt und führte im 19. Jh. zu konstruktiven Neubegründungen der theologischen Geschichtsschreibung. Die Alte Kirche war von der Unabänderlichkeit ihrer Lehrtradition überzeugt; dogmatische Abweichungen galten ihr darum als Ausdruck von Ketzerei (↗Häresie). Im MA tauchte zaghaft der Gedanke auf, der bindende kirchliche Lehrbestand könnte, wenn auch nicht verändert, so doch – etwa zur Abwehr neuartiger Irrlehren – erweitert werden. Die Reformatoren (↗Reformation) maßen die altkirchlichen ↗Dogmen an der ↗Bibel und übernahmen ihre Lehrgehalte als schriftgemäß, tadelten aber deren bisweilen unbiblische Ausdrucksweise. Im Prozess der zunehmenden ↗Konfessionalisierung des Christentums wurde der Beweis der eigenen Lehrtreue zu einer wichtigen Waffe im kontroverstheologischen Streit (↗Kontroverstheologie). Daraus erklärt sich die im 17. Jh. einsetzende intensive Erschließung des dogmengesch. Quellenbestands. Diese historiographische Aufarbeitung – exemplarisch repräsentiert durch die gelehrten Studien des Jesuiten D. Petavius [7] und des Calvinisten J. Forbes of Corse [2] – dürfte eine wichtige Voraussetzung des im 18. Jh. auftauchenden Gedankens einer selbständigen Disziplin der D. darstellen.

2. Rationalistische Geschichtskritik

Der Aufklärungstheologe J. F. W. Jerusalem hatte 1747 den allerdings unausgeführten Plan entwickelt, eine D. der ersten christl. Jahrhunderte zu schreiben, die aus der Lehrtradition die Fehlentwicklungen, die namentlich aus der Hellenisierung des Christentums (also der kulturellen Anpassung an die griech. Denkweise) resultierten, aussondern und damit die ursprüngliche, einfache und allgemein gültige Lehre Jesu freilegen sollte [10]. In der dogmengesch. Forschung des evang. Theologen J. S. Semler, der mit dem Nachweis der geschichtlichen Bedingtheit der Dogmen deren Absolutheitsanspruch zu relativieren, dabei aber auch ihre Bedeutung historisch zu würdigen suchte, erlangte jenes Programm erstmals Konturen. Parallel zur Entstehung der historisch-kritischen Bibelauslegung (↗Exegese) setzte im späten 18. Jh. eine breite, kritisch motivierte Dogmengeschichtsschreibung ein (z. B. S. G. Lange [5], W. Münscher [6]), die den Wechsel der Lehrvorstellungen »pragmatisch«, d. h. aus persönlichen Motiven und durch äußere Faktoren erklärte, ihn bisweilen sogar mit den »Moden der Frauenzimmer« verglich [6. Bd. 1, 46]; die destruktive Intention der Dogmengeschichtsschreibung kulminierte in dem 1840 geäußerten Diktum von D. F. Strauß: »Die wahre Kritik des Dogmas ist seine Geschichte« [8. Bd. 1, 71].

3. Konstruktive Neubegründungen im 19. Jahrhundert

Demgegenüber kam es im 19. Jh. [14] zu verschiedenen Neubegründungen einer wiss. D. In Aufnahme des Hegel'schen Denkens entfaltete 1847 der evang. Theologe F. Ch. Baur die geschichtliche ↗Dialektik des christl. Lehrbildungsprozesses und fand dessen innere Einheit und Ausrichtung in der Definition des Dogmas als der Objektivation des Geistes, wodurch sich die D. als »der fortgehende Process des denkenden Bewußtseins mit dem Dogma« erklären ließ [1. 9]. Analog zu Baur wurde die D. auch von anderen idealistisch revitalisiert (z. B. I. A. Dorner, Ph. K. Marheineke). Aus dem Boden des lutherischen ↗Konfessionalismus erwuchs das Programm einer positionellen Neukonstituierung (↗Luthertum). Th. Kliefoth sah 1839 in dem Prozess der Dogmenbildung die geschichtlich notwendige Selbstentfaltung der christl. Wahrheit, die sich in vier Perioden vollziehe und deren letzte in der gegenwärtig anhebenden Beantwortung der Frage, was Kirche sei oder sein solle, bestehe [4]. G. Thomasius begriff die »Christl. D. als Entwicklungs-Geschichte des kirchlichen Lehrbegriffs« [9] und damit als den historisch relativen, jedoch theologisch notwendigen Prozess der Entfaltung der die Kirche begründenden Heilswahrheit.

Auf kath. Seite entwickelte die Tübinger Schule (J. S. von Drey, J. A. Möhler, J. E. Kuhn) das romantisch inspirierte Modell einer geschichtlich-organischen Ausdifferenzierung der Lehrtradition.

4. Ausblick

Ihren entscheidenden Höhepunkt fand die wiss. D. gegen Ende des 19. Jh.s in dem epochalen Werk des evang. Theologen A. von Harnack [3]. Während er in der Ostkirche die D. bereits im 8. Jh. vollendet sah, unterschied er im Westen einen dreifachen Ausgang: in der Reformation, im Ersten Vaticanum (1870) sowie, seitens der dissentierenden Religiosität, im ↗Sozinianismus. Die altkirchliche Dogmenbildung erklärte Harnack als Ausdruck und Konsequenz der platonischen Überfremdung des Evangeliums; er würdigte die Hellenisierung des antiken Christentums [12] aber zugleich als die notwendige Bedingung seines geschichtlichen Überlebens. Seit Harnack sind ähnlich geschlossene Entwürfe einer D. nicht mehr entstanden, vielleicht sogar unausführbar geworden.

→ Bibel; Dogmatik; Theologie

Quellen:
[1] F. Ch. Baur, Lehrbuch der christl. Dogmengeschichte, 1847 [2] J. Forbes of Corse, Instructiones historicae-theologicae, 1645 [3] A. von Harnack, Lehrbuch der Dogmengeschichte, 3 Bde., 1886–1890 [4] Th. Kliefoth, Einleitung in die Dogmengeschichte, 1839 [5] S. G. Lange, Ausführliche Geschichte der Dogmen, 1796 [6] W. Münscher, Hdb. der christl. Dogmengeschichte, 4 Bde., 1797–1809 [7] D. Petavius, De theologicis dogmatibus, 4 Bde., 1644–1650 [8] D. F. Strauss, Christl. Glaubenslehre, 2 Bde., 1840/41 [9] G. Thomasius, Christl. Dogmengeschichte als Entwicklungs-Geschichte des kirchlichen Lehrbegriffs, 2 Bde., 1874/76.

Sekundärliteratur:
[10] K. Aner, Die Historia dogmatum des Abtes Jerusalem, in: ZKG 47, 1928, 76–103 [11] I. Böhm, Dogma und Geschichte, 1987 [12] W. Glawe, Die Hellenisierung des Christentums in der Geschichte der Theologie von Luther bis auf die Gegenwart, 1912 [13] M. A. Lipps, Dogmengeschichte als Dogmenkritik, 1983 [14] K. G. Steck, Dogma und Dogmengeschichte in der Theologie des 19. Jhs, in: W. Schneemelcher (Hrsg.), Das Erbe des 19. Jhs, 1960, 21–66 [15] Ch. Walther, Zur Struktur der Dogmenkritik in der neueren protest. Dogmengeschichtsschreibung, ihrer inneren Begründung und Absicht, in: ZKG 70, 1959, 89–111.

Albrecht Beutel

Dogmenkritik s. Dogmengeschichte

Doktorat s. Akademische Grade; Dissertation

Doktrinäre s. Liberalismus

Dom s. Kirchenbau

Domäne

1. Begriff und Rechtseigenschaft
2. Wirtschaftliche Bedeutung der Domänen
3. Verwaltung und Bewirtschaftung der Domänen

1. Begriff und Rechtseigenschaft

Der Begriff D. (von lat. *dominium*, mittellat. *domanium* bzw. franz. *domaine*; »Herrschaftsrecht«, »Herrengut«), kam im 18. Jh. in Deutschland als Bezeichnung für die Vermögens- und Rechtsmasse der landesherrlichen Güter auf. Ausgangspunkt hierfür war die wiss. Auseinandersetzung der Kameralisten mit den finanziellen Grundlagen der Landesherrschaft, die zu einer systematischen Unterscheidung von grundherrschaftlichen und hoheitlichen Einkünften führte (↗Kameralismus) [10. 77–79]. In der Folge wurden die D.-Einkünfte von den Einnahmen aus ↗Regalien (im Bergwerks-, Münz-, Post-, Straßen-, Geleit-, Zoll-, Jagd-, Forst- und Wasserwesen) und ↗Steuern getrennt. Zum D.-Besitz im weiteren Sinn zählte die Gesamtheit des herrschaftlichen ↗Grundbesitzes (Äcker, Wiesen, Weiden, Teiche, Wälder) sowie die damit verbundenen Pertinenzien, i. e. »Zubehör« wie ↗Mühlengewerbe, Schäfereien, Steinbrüche, Lehmgruben, ↗Gasthäuser und Nutzungsrechte wie Grundzinsen, ↗Zehnten, ↗Fron-Dienste. Als D.-Gut oder Domanialgut im engeren Sinn wurden die herrschaftlichen Landgüter und Weinberge bezeichnet. Hierfür existierte eine Vielzahl von nach Zeit und Ort unterschiedlichen Synonyma: Kammergut, Tafelgut, Krongut, Vicedomgut, Fiskalgut, Vorwerk, Meierei u. v. m.

Mit der Einführung des Begriffs D. ging außerdem ein Wandel in der Auffassung von der eigentumsrechtlichen Zuordnung der herrschaftlichen Güter einher, die nicht ohne Folgen für die Verwendung der D.-Einkünfte blieb. Galten die landesherrlichen Güter bis dahin als ↗Eigentum des Landesherrn zur Finanzierung einer standesgemäßen Hofhaltung, so wurden die D. nun als Staatsgüter angesehen, deren Einkünfte in der Verwendung zweckgebunden waren und für die der Grundsatz der Unveräußerlichkeit galt. Gleichzeitig etablierten die Kameralisten die Trennung der D.-Güter von den Chatoulgütern, benannt nach der »Schatulle« (einem gängigen Begriff für die fürstliche Privatkasse). Über diese auch als Patrimonial-, Kabinett-, Erb- oder Familiengüter bezeichneten fürstlichen Privatgüter konnte der ↗Landesherr als Privatperson frei verfügen, solange dies nicht durch Lehensbeziehungen (↗Lehnsrecht), Familienverträge oder ↗Fideikommisse eingeschränkt war. Entscheidend für die Qualifizierung als Chatoulgut war eine privatrechtliche Form des Erwerbs wie Erbschaft, Tausch oder ↗Kauf.

2. Wirtschaftliche Bedeutung der Domänen

Systematische Untersuchungen zum D.-Besitz der europ. Staaten liegen nicht vor. Teils handelte es sich bei den landesherrlichen Gütern ursprünglich um Eigengut der Fürsten, teils um ehemaliges Reichsgut, das durch ↗Schenkung, Belehnung, Verpfändung und Verkauf, aber auch auf dem Weg der Aneignung in den Besitz der Landesherren gekommen war – mit der Folge, dass das ↗Heilige Römische Reich Deutscher Nation bei seiner Auflösung 1806 keine D. mehr besaß. Zur Vergrößerung des Kammerguts trugen außerdem hoheitliche Formen des Erwerbs bei (Heimfall von Lehen, Urbarmachung wüster Landstriche, Besitzzugewinne durch Eroberung). Erheblichen Zuwachs erfuhr das Kammergut im 16. Jh. einerseits in den infolge der ↗Reformation protest. gewordenen Territorien durch die ↗Säkularisierung des Kirchenguts, andererseits durch das allgemeine Bestreben, die D.-Einkünfte durch eine intensivere Nutzung der landesherrlichen Güter zu steigern. Dies führte insbes. im Raum zwischen Elbe und Weichsel zur Intensivierung der landesherrlichen Gutswirtschaft [5]. Eine ähnliche Entwicklung lässt sich für Holstein, Schleswig [8] sowie für die welfischen Territorien in Niedersachsen [9], für Hessen [6], Lippe [7], Württemberg und Baden feststellen, auch wenn Letztere nach Anzahl und Größe der ↗Gutsbetriebe merklich hinter den ostelbischen Territorien zurückstanden.

Da die D.-Einnahmen durch eine Intensivierung der Eigenwirtschaft nur begrenzt vermehrbar waren, richtete sich das Interesse der Landesherren im Verlauf der Nz. auf die Steigerung der ↗Steuern. In Hessen-Kassel z. B. vervierfachten sich zwar die D.-Einkünfte von der Mitte des 16. bis zum Ende des 18. Jh.s, ihr Anteil an den landesherrlichen Einnahmen ging jedoch von 80 % auf 40 % zurück [3.166]. Im Herzogtum Schleswig wurden bereits seit Beginn des 17. Jh.s, als der Ausbau der landesherrlichen Gutswirtschaft seinen Höhepunkt erreichte, vereinzelt D.-Güter aufgelöst und zu Erbzinsrecht an die Untertanen ausgegeben (↗Bäuerliche Besitzrechte), bevor im 18. Jh. allgemein die Auflösung der D. begann. Ähnliches gilt für Dänemark, dessen D. fast vollständig veräußert wurden. In England erreichte infolge des Verkaufs der *crown-lands* im 17. Jh. der Anteil der D.-Einkünfte an den Gesamteinnahmen des Staates im 18. Jh. kaum mehr 1 %, und in Frankreich lag er bei 2 bis 11 % [2.155]; [4]. Während die meisten westeurop. Staaten durch Veräußerung ihres D.-Besitzes – Gestüte (↗Pferde) und Forste (↗Wald) ausgenommen – zu Steuerstaaten wurden, blieben die dt. Länder in der Regel bis in das 19. Jh. hinein Domänenstaaten.

3. Verwaltung und Bewirtschaftung der Domänen

Um eine effektive Verwaltung der landesherrlichen Güter zu erreichen, wurden in den meisten größeren Territorien zu Beginn der Nz. (Rent-)Kammern als zentrale Finanzbehörden eingerichtet. Zu den Aufgaben der kollegial verfassten Kammern gehörte u. a. die Verwaltung der Einkünfte aus den D., die Bewirtschaftung der Güter und die Kontrolle der Lokalbeamten und Pächter (↗Pacht). Kontroverse Ansichten bestanden insbes. darüber, welche Nutzungsform maximale bzw. – unter Berücksichtigung konfligierender wirtschaftspolitischer Zielsetzungen – optimale Einkünfte versprach. Zeitlich lassen sich drei Bewirtschaftungsformen unterscheiden:

(1) Bei der bis Mitte des 17. Jh.s vorherrschenden Administration bzw. Selbstverwaltung oder Amtsverwaltung erfolgte die Bewirtschaftung der Güter auf Rechnung des Landesherrn durch Kammerbedienstete oder lokale Amtsträger. Hierdurch behielten Landesherr und Rentkammer direkten Einfluss auf die Wirtschaftsführung und profitierten von reichen ↗Ernten und hohen Preisen. Als Nachteile erwiesen sich die Unbestimmtheit des jährlichen Ertrags und die Schmälerung der Einkünfte durch hohe Sach- und Personalkosten sowie durch Nachlässigkeiten und Betrügereien der Administratoren. Aus diesen Gründen beschränkte sich die Verwaltung zunehmend auf Gestüte, Musterwirtschaften und auf heruntergewirtschaftete, nicht zu verpachtende Güter.

(2) Die Verpachtung setzte sich nach dem ↗Dreißigjährigen Krieg (1618–1648) allmählich durch und war insbes. in norddt. Ländern üblich. Sie erfolgte auf bestimmte Zeit (Zeitpacht), auf Lebenszeit (Vitalpacht) oder über den Tod hinaus (Erbpacht). Die Dauer der Zeitpachtverträge variierte zwischen 3 und 18 Jahren. Einerseits durfte sie für die Pächter nicht zu kurz sein, damit ein Ausgleich guter und schlechter Jahre gewährleistet war und sich Investitionen auszahlten, andererseits nicht zu lange, damit die Landesherrschaft – durch Anpassung des Pachtzinses – an ↗Boden-Meliorationen und steigenden ↗Agrarpreisen partizipieren konnte. Die Vorteile der Verpachtung für den Landesherrn und dessen D.-Verwaltung lagen in der Reduzierung der Ausgaben für Wirtschafts- und Aufsichtspersonal. Außerdem versprach sie gleichförmige und beständige Einnahmen, da der Pachtzins weitgehend vom Betriebsergebnis abgekoppelt war. Damit lag das Risiko von ↗Ernte-Einbußen, ↗Viehseuchen und Misswirtschaft nicht mehr bei der Landesherrschaft, sondern bei den Pächtern. Allerdings bestand bei unverschuldeten Missernten die Möglichkeit, einen Pachtnachlass zu erwirken [1].

(3) Mit Aufgabe des Grundsatzes der Unveräußerlichkeit gegen Ende des 18. Jh.s setzten sich in den meisten dt. Territorien die Parzellierung der D. und die Verleihung an sog. Kolonisten durch. Hierfür waren v. a. bevölkerungspolitische Motive entscheidend. Einer größeren Anzahl von Menschen sollte die Gelegenheit zur Haushaltsgründung gegeben werden (↗Peuplierung). Ein weiteres Argument war die im Zuge der Spätaufklärung aufgekommene Vorstellung, ↗Kleinbauern seien in der Lage, das Land produktiver zu nutzen. Die entgangenen Pachteinnahmen sollten durch die von den Kolonisten erhobenen Steuern ausgeglichen werden. Insgesamt versprach man sich von der Auflösung der D. eine Hebung des individuellen wie des nationalen Wohlstands. Trotz dieser Erwägungen hielten z. B. Preußen, Hessen und Württemberg aus macht- und finanzpolitischen Gründen auch nach der Wende zum 19. Jh. an zahlreichen D. fest.

→ Grundbesitz; Gutsbetrieb; Lokalverwaltung; Pacht; Staatsfinanzen

[1] A. BLOMEYER, Pachtrecht und Pachtverträge, 1873
[2] C. CLAY, Landlords and Estate Management in England, in: J. THIRSK (Hrsg.), The Agrarian History of England and Wales.

Bd. 5/2: 1640–1750, 1985, 119–251 [3] F. Freiherr Waitz von Eschen, Die Anfänge des gewerblichen Domänenstaates in Hessen unter Landgraf Philipp dem Großmütigen, in: H. Wunder et al. (Hrsg.), Landgraf Philipp der Großmütige von Hessen und seine Residenz Kassel, 2004, 151–170 [4] R.W. Hoyle (Hrsg.), The Estates of the English Crown, 1558–1640, 1992 [5] H. Kaak, Die Gutsherrschaft. Theoriegeschichtliche Untersuchungen zum Agrarwesen im ostelbischen Raum, 1991 [6] K. Krüger, Finanzstaat Hessen 1500–1567. Staatsbildung im Übergang vom Domänenstaat zum Steuerstaat, 1981 [7] R. Linde et al., Adelsgüter und Domänen in Lippe. Anmerkungen zu einem brachliegenden Forschungsfeld, in: Lippische Mitteilungen aus Geschichte und Landeskunde 73, 2004, 13–107 [8] C.P. Rasmussen, Ostelbische Gutsherrschaft und nordwestdt. Freiheit in einem Land – die Güter des Herzogtums Schleswig 1524–1770, in: Zsch. für Agrargeschichte und Agrarsoziologie 52, 2004, 25–40 [9] D. Saalfeld, Bauernwirtschaft und Gutsbetrieb in der vorindustriellen Zeit, 1960 [10] H. Schulz, Das System und die Prinzipien der Einkünfte im werdenden Staat der Nz., dargestellt anhand der kameralwissenschaftlichen Literatur (1600–1835), 1982.

Jochen Ebert

Dominium eminens s. Ius eminens

Dominium Maris Baltici s. Ostseeherrschaft

Dorf

1. Definition
2. Siedlungsgeschichte
3. Sozial- und Wirtschaftsgeschichte

1. Definition

D. sind topographische, soziale und wirtschaftliche Einheiten. In der histor. Geographie wird ein D. als ländliche Gruppensiedlung definiert. Von einem Gut (vgl. ↗Gutsbetrieb) unterscheidet sich eine dörfliche (= dörfl.) ↗Siedlung durch ein wirtschaftsgeschichtliches Kriterium, nämlich durch die Existenz verschiedener ↗Haushalte, die ihre Entscheidungen im Kern unabhängig voneinander treffen. D. bildeten außerdem eine Basis für die Verankerung von Institutionen, unabhängig davon, ob diese eher auf die Interessen der Bewohner zugeschnitten (↗Dorfgemeinde) oder stärker mit Elementen von Herrschaft verquickt waren (↗Dorfgericht; ↗Kirchenzucht).

2. Siedlungsgeschichte

Die große Mehrheit der europ. D. wurde im Früh- und HochMA gegründet. Die heutige Siedlungsverteilung in den Landschaften bildete sich jedoch erst im Verlauf der Wüstungsperiode (↗Agrarkrise) im 15. Jh. heraus: Kleine Ortschaften wurden vielfach aufgegeben oder mit größeren vereinigt, Kleingemarkungen zusammengelegt [9.168, 178]. Mit der Wachstumsphase des 16. Jh.s stabilisierte sich die Verteilung der Siedlungen, das Auftreten von Nachsiedlerschichten mit kleinen Besitzeinheiten sorgte für eine Verdichtung der Ortsbilder. Zu Neugründungen kam es in Deutschland im 17. und 18. Jh. im Zusammenhang mit der Auswanderung franz. Protestanten (↗Hugenotten) oder im Kontext von ↗Feuchtlandkultivierungen, z.B. im Oderbruch, ähnlich wie in den niederl. *Poldern* oder den engl. *Fenlands*.

Seit dem SpätMA waren zahlreiche D. nördl. der Alpen mit einem D.-Zaun, dem Etter [1], umgeben, der rudimentär vor feindlichen Übergriffen schützte und das Auslaufen von Tieren auf die ↗Flur verhinderte. In

Abb. 1: Predigt des Hans Behem in Niklashausen (kolorierter Holzschnitt aus: Hartmann Schedel, Weltchronik, Nürnberg 1493, Bl. 255 r.). Das Wirken Behems, des Führers einer sozialreligiösen, antiklerikalen Massenbewegung, die 1476 gewaltsam niedergeschlagen wurde, war Anlass für die Darstellung des D. Niklashausen. D.-Platz, Wirtshaus (mit dem ausgesteckten Rundbalken), ummauerter Kirchhof, Kirche, der geflochtene Etter (Zaun) und ein Backhaus sind seine herausragenden Merkmale. An die Kirche sind sog. Wallfahrtskerzen gelehnt, die überdimensional dargestellt sind.

Abb. 2: »Rodingen« (heute Rhoda bei Erfurt; Ausschnitt einer kolorierten Karte, 1556). Steinerne, eng aneinander gelehnte, teils zweigeschossige Häuser mit ersten Ziegeldächern verleihen dem D. ein eher städtisches Aussehen, das mit dem Anbau der Färbepflanze Waid und der Möglichkeit der Gütertrennung in Verbindung gebracht werden kann. Beides ermöglichte auch den armen Leuten eine Haushaltsgründung, was zu dichter Besiedlung führte.

fruchtbaren Flussebenen bzw. Weinbaugebieten wie dem Elsass und Mainfranken waren ummauerte D. anzutreffen. Ansonsten boten bei äußerer Bedrohung die Kirche und ein ummauerter Kirchhof Schutz (vgl. Abb. 1) [12]. In Südfrankreich, einzelnen dt. Mittelgebirgs-D. und in Siebenbürgen bildeten sie als Kirchenburgen seit dem SpätMA ein wehrhaftes Ensemble.

D., in denen Realteilung (↗Erbpraxis, ländliche) bzw. intensive Wirtschaftsformen praktiziert wurden, zeichneten sich schon im 16. Jh. durch dichte Gebäudeanordnung und Besiedlung aus (vgl. Abb. 2). Die privaten Gebäude waren im Stil nicht einheitlich gestaltet, da die ↗Agrarkonjunkturen seit dem 16. Jh. einzelnen Haushalten die Realisierung von baulichen Innovationen ermöglichten.

3. Sozial- und Wirtschaftsgeschichte

3.1. Topographie und Sozialleben

In der Sicht eines D.-Bewohners aus dem Nördlinger Ries von 1576 war ein D. ein Ensemble von sozial differenzierten Einzelhaushalten und infrastrukturellen Einrichtungen: »Ein dorff sey ein gemaine Pauerschafft, darinn Vil Mayer Und sölden [↗Bauern und Kleinstellenbesitzer] sambt einer Kirchen, Wirtshäuser, Schmidten, Badhauß Und was zu gemeiner Bauerschafft gehörtt« [21.66]. Die Aufzählung ist durch die Nennung des zentralen Versammlungs- und Festplatzes zu ergänzen, des Ties bzw. Angers oder Spielhofs, der seit dem HochMA öfter von einer Linde beschattet wurde. Am D.-Platz war das Wirtshaus (↗Gasthaus) zu finden, das Zentrum dörfl. Geselligkeit, wo die Männer das Wort führten. ↗Schmiede und Mühle (↗Mühlengewerbe) waren bis ins 20. Jh. nicht nur Funktionsgebäude, sondern auch Kommunikationsorte [16.146–162] (↗Kommunikation). Das Gleiche galt für Gemeindebackhäuser und ↗Brunnen, wo man eher Frauen antraf (↗Öffentlichkeit).

Die Einzelhaushalte standen miteinander in ↗Nachbarschafts-Beziehungen, in die auch die jüd. Bewohner einbezogen waren [23.264–275]; [24.355 f., 443 f.]. Sie waren der Idee nach auf gegenseitigem Respekt und Hilfe gegründet, gaben in dicht bebauten D. jedoch auch zu endlosen Streitigkeiten Anlass. Die verheirateten Frauen bildeten eine besondere Nachbarschaftsgruppe, die Hilfe bei ↗Schwangerschaften und ↗Geburten leistete [10.86], bisweilen auch Abweichungen von der dörfl. Moral sanktionierte. Die ↗Jugend beiderlei Geschlechts kam, teils von älteren Personen beaufsichtigt, abends reihum zu sog. ↗Spinnstuben zusammen. Die Burschen des D. bildeten eine Gruppe für sich, die sich im Wirtshaus und auf den Gassen zu Spiel und Schabernack traf, um – durch ↗Alkoholkonsum ermutigt – das andere Geschlecht zu beeindrucken. Die Kontrolle des Paarungsverhaltens – insbes. die Abwehr auswärtiger Konkurrenten – diente der Bildung dörfl. Identität und der Einordnung in dörfl. Hierarchien [19.317 f.].

3.2. Soziale Schichtung

Die dörfl. ↗Landwirtschaft beinhaltete – abhängig von ihrer jeweils speziellen Ausrichtung – mehr oder weniger starke kollektive Elemente, die von den ↗Dorfgemeinden organisiert wurden. Neben den kollektiven Praktiken ist die seit dem HochMA bestehende soziale

Ungleichheit (↗Gleichheit) nicht zu vergessen [7. 58–65]. Bis zur Mitte des 18. Jh.s waren Unterschiede im ↗Grundbesitz in D., in denen die Anwesen vorwiegend geschlossen übergeben wurden (↗Erbpraxis), stärker ausgeprägt als bei Realteilung. Da in Realteilungsgebieten Niederlassungsfreiheit für alle »D.-Kinder« herrschte, nahm die Zahl der Haushalte mit dem Bevölkerungswachstum auf Kosten der Größe des Grundbesitzes zu (z. B. im Göttinger Realteilungsgebiet zwischen 1664 und 1766 um 72 %, während in der benachbarten Herrschaft Calenberg mit vorwiegend geschlossener Vererbung der Anstieg nur 18 % betrug [3. 77 f.]). In zahlreichen Realteilungs-D. bestand bereits die Mittelschicht aus prekären Existenzen, die höchstens in guten ↗Ernte-Jahren von ihrem Landbesitz leben konnten [6. 363 f.]; [13. 80 f.]. In einigen Realteilungsgemeinden wie dem badischen Göbrichen [4. 356] und dem württembergischen Neckarhausen [17. 239 f.] prägten sich in der zweiten Hälfte des 18. Jh.s nach dem Vorbild der D. mit geschlossener Vererbung die sozialen Unterschiede stärker aus, da die Reichen zunehmend schichtenendogam heirateten. Innerdörfl. Sozialkonflikte wurden durch diese Polarisierung begünstigt [17. 48 f.].

Die Ausübung eines ↗Handwerks war nur dort eine Alternative, wo innerdörfl. genügend zahlungsfähige Nachfrage bestand – im 18. Jh. auf der Grundlage der Wirtschaftserfolge von ↗Großbauern z. B. in der Magdeburger Börde oder im Oldenburger Land. In Realteilungsgebieten wie Baden und Württemberg waren dagegen im Laufe des 18. Jh.s die Handwerke hoffnungslos überbesetzt [14. 149 f.].

Auf die vielgestaltige D.-Landschaft Englands [5. 121–127] wurde seit dem späten 15. Jh. v. a. im Einzugsbereich des Londoner Marktes durch ↗Enclosures Einfluss genommen. Diese sorgten nicht nur für eine Umgestaltung der ↗Fluren. Nach der Durchführung von Einhegungen verstärkte sich auch die Kontrolle der großen Landbesitzer über die Ansiedlung und das Verhalten der ↗Tagelöhner. Im Extremfall verwischten sich die Unterschiede zwischen Gut und D. An der Wende zum 19. Jh. wurden einige dieser D., v. a. wenn nur ein Eigentümer übrig geblieben war, zu paternalistischen »Modell-D.« umgestaltet, indem – wie z. B. in Ripley in der Grafschaft Yorkshire – für die ansässigen ↗Landarbeiter neue, teils geräumige *cottages* errichtet wurden [26. 37 f.].

3.3. Ressourcentransfers und Klientelbeziehungen

Die einzelnen dörfl. ↗Haushalte waren zwar rechnerisch unabhängig, aber nicht ökonomisch autark. Dies war v. a. durch die ungleiche Landverteilung bedingt. Für die notwendigen Anpassungs- bzw. Transferprozesse, die Versorgung mit Arbeitskräften oder Gespannsleistungen (↗Anspannung, tierische), bildete »das D.« als topographische und soziale Einheit die Grundlage.

Anders als in Russland, wo der Landbesitz unter Mitwirkung der D.-Gemeinden periodisch der Kapazität der Haushalte angepasst wurde, konnten in West- und Mitteleuropa lebenslaufzyklische Schwankungen (z. B. Land- und Arbeitskräfteknappheit, wenn in einem Haus kleine Kinder zu betreuen waren) nur auf privater Basis, z. B. durch die vorzeitige bzw. verzögerte Ausgründung von Haushalten, den Verkauf von Land oder die Einstellung von Arbeitskräften ausgeglichen werden (vgl. ↗Bodenmarkt) [4. 350 f.]; [17. 250–299]. Die Stabilisierung bzw. Fixierung der ungleichen Landausstattung bedingte asymmetrische Austauschverhältnisse, den Transfer von Arbeitskraft auf der einen und von Produktionsmitteln wie Gespannen und Geräten (↗Anspannung) auf der anderen Seite. Die Ausgleichsprozesse geschahen zwar marktförmig (↗Markt), waren jedoch oft von Patronage- bzw. ↗Klientel-Verhältnissen gesteuert, die mit Verhaltenserwartungen verbunden waren und – wie meisterhaft für das piemontesische Santena analysiert worden ist [11. 146 f.] – von den Haushalten der Besitzenden zum Aufbau lokaler politischer Macht bzw. zur dörfl. ↗Parteibildung eingesetzt wurden.

Zur Absicherung der asymmetrischen Allianzen diente das dörfl. Verständnis von ↗Ehre [19. 301 f.]. Es kann als Ensemble von Selbst- und Fremdeinschätzungen umrissen werden, das Sozialbeziehungen und Ressourcentransfers durch quasi vorgegebene Einschätzungen der Personen planbar machte. Neben materiellen Kriterien (Geld-, Grundbesitz) spielten dabei immaterielle Kriterien wie Verlässlichkeit und Ehrlichkeit eine Rolle. Ehre war kein statisches Konstrukt, sondern wurde reproduziert und ggf. verändert im dörfl. »Gerede« [23. 265 f.], einem stetig evaluierenden Prozess (↗Öffentlichkeit), in dem dörfl. Hierarchien und Erwartungen restrukturiert wurden – in Abhängigkeit allerdings von gesamtgesellschaftlichen, durch die Konfessionen vermittelten Orientierungen.

3.4. Ressourcentransfers und Erwerbsschwerpunkte

Die Gestalt der Ressourcentransfers konnte sich von D. zu D. unterscheiden – in Abhängigkeit von Art und Intensität der ↗Grundherrschaft, von den Übergabe- bzw. Erbschaftspraktiken und nicht zuletzt von dörfl. ↗Ökotypen bzw., weiter gefasst, von Erwerbsschwerpunkten. Letztere beruhten auf regionalen Wirtschaftspfaden, die zu unterschiedlichen Zeiträumen aufgenommen wurden, in Zentraleuropa meist im 15. und 16. Jh. Wenngleich sich Erwerbsschwerpunkte im jeweiligen D. nicht einheitlich verbreiteten, strukturierten sie das Zusammenwirken der Haushalte.

In einem Ackerbau-D. wie Körle bei Kassel z. B. waren bis ins 20. Jh. Gespannshilfen (↗Anspannung) für die dörfl. Machtverteilung konstitutiv [25. 146–155]. In Orten, die – wie im Paderborner Land – stärker von der Nutzung von ↗Allmenden lebten, war hingegen die ↗Dorfgemeinde die für die Ressourcenverteilung wichtigste Institution [8. 16, 32]. Wo – z. B. in Flandern oder dem Oberrheingebiet – der Schwerpunkt auf Sonderkulturen wie ↗Gemüse, ↗Faserpflanzen und Färbepflanzen oder auch ↗Wein lag, bildeten ↗Lohnarbeits- oder ↗Pacht-Verhältnisse den Kern örtlicher Klientelbeziehungen, während die Abhängigkeit von Gespannshilfen durch den Einsatz von ↗Handgeräten auf den meist kleinen und intensiv genutzten Flächen minimiert werden konnte [6]. In den waldreichen Gegenden Hessens, Thüringens und Frankens waren die Menschen seit dem späten 16. Jh. zu anderen Formen der ↗Spezialisierung gezwungen, z. B. zur Herstellung von Körben, Besen, Peitschen, Holzschuhen und -löffeln, die von dörfl. Hausierern bis nach England, Frankreich oder Russland getragen wurden (↗Hausierhandel). Hinter den jeweiligen Spezialisierungen stand »nicht der einzelne Taglöhner oder Kleinbauer, sondern eine größere Zahl von D.-Einwohnern, ja das D. selbst« (↗Ländliches Gewerbe) [20. 80 f.]. Dörfl. Hierarchien waren in solchen Kontexten nicht auf Land- und Gespannsbesitz aufgebaut.

Wo sich protoindustrielle Verhältnisse herausbildeten (↗Protoindustrialisierung), wurden dagegen außerdörfl. Ressourcen, wie z. B. Spinnmaterial oder Garn, ins D. getragen. Fand die Produktion – wie die Weberei im Osnabrücker Land – vorwiegend auf großbäuerlichen Betrieben statt, festigten sich dörfl. Hierarchien [18. 319 f.]. ngsmöglichkeiten oder Rohmaterialien in Erscheinung, begründeten sie alternative Schichtungs- und Patronagesysteme, die von den traditionellen ↗Eliten, den Land- und Gespannsbesitzern, mit Argwohn betrachtet wurden [22. 243]. Bezogen Kleinexistenzen etwa Spinnmaterial oder Garn direkt von einem Händler, gingen sie eigenständig Beziehungen nach außen ein, die allerdings in neue Abhängigkeiten münden konnten (↗Verlagssystem) [15. 254]; [5. 72].

Im Laufe des 19. Jh.s reduzierte sich die Vielfalt der dörfl. Erwerbsschwerpunkte aufgrund regionaler Reagrarisierungsvorgänge, des Rückgangs protoindustrieller Erwerbsmöglichkeiten und der vollständigen Privatisierung der Landwirtschaft durch ↗Flur-Bereinigung, ↗Allmendeteilungen und die Ablösung von Weiderechten (↗Agrarreformen). Wenn vorhanden, nahm die Bedeutung außerdörfl. Erwerbsarbeit in Gestalt von Pendlerverhältnissen zu [25]. Allerdings erreichte der Strukturwandel auf dem Kontinent erst im 20. Jh. die Ausmaße, die in England durch die sich ausweitenden ↗Enclosures an vielen Stellen bereits seit der Mitte des 18. Jh.s in Gang gesetzt worden waren.

→ Bauern; Dorfgemeinde; Klientel; Ländliche Gesellschaft; Öffentlichkeit; Protoindustrialisierung; Sozialstruktur

[1] K. S. Bader, Studien zur Rechtsgeschichte des ma. Dorfes; Bd. 1: Das ma. Dorf als Friedens- und Rechtsbereich, 1957 [2] R. Beck, Unterfinning. Ländliche Welt vor Anbruch der Moderne, 1993 [3] L. Berkner, Inheritance, Land Tenure and Peasant Family Structure. A German Regional Comparison, in: J. Goody et al. (Hrsg.), Family and Inheritance. Rural Society in Western Europe, 1200–1800, 1976, 71–95 [4] G. Fertig, Lokales Leben, atlantische Welt. Die Entscheidung zur Auswanderung vom Rhein nach Nordamerika, 2000 [5] R. von Friedeburg, Sündenzucht und sozialer Wandel. Earls Colne (England), Ipswich und Springfield (Neuengland) c. 1524–1690 im Vergleich, 1993 [6] N. Grüne, Vom innerdörflichen Sozialkonflikt zum »modernen« antiobrigkeitlichen Gemeindeprotest, in: Zsch. für die Geschichte des Oberrheins 151, 2003, 341–383 [7] J.-P. Gutton, La sociabilité villageoise dans l'ancienne France. Solidarités et voisinages du XVIe au XVIIIe siècle, 1979 [8] F.-W. Henning, Bauernwirtschaft und Bauerneinkommen im Fürstentum Paderborn im 18. Jh., 1970 [9] H. Jänichen, Markung und Allmende und die ma. Wüstungsvorgänge im nördlichen Schwaben, in: H. Jänichen, Beiträge zur Wirtschaftsgeschichte des ma. Dorfes, 1970, 159–217 [10] E. Labouvie, Andere Umstände. Eine Kulturgeschichte der Geburt, 1998 [11] G. Levi, Das immaterielle Erbe. Eine bäuerliche Welt an der Schwelle zur Moderne, 1986 [12] A. Lömker-Schlögell, Befestigte Kirchen und Kirchhöfe im MA. Eine Übersicht über das Reichsgebiet – eine Bestandsaufnahme für das Hochstift Osnabrück, 1998 [13] G. Mahlerwein, Die Herren im Dorf. Bäuerliche Oberschicht und ländliche Elitenbildung in Rheinhessen 1700–1850, 2001 [14] A. Maisch, Notdürftiger Unterhalt und gehörige Schranken. Lebensbedingungen und Lebensstile in württembergischen Dörfern der Frühen Nz., 1992 [15] U. Pfister, Die Zürcher Fabriques. Protoindustrielles Wachstum vom 16. bis zum 18. Jh., 1992 [16] S. Rappe-Weber, Nach dem Krieg. Die Entstehung einer neuen Ordnung in Hehlen an der Weser (1650–1700), 2001 [17] D. W. Sabean, Property, Production, and Family in Neckarhausen, 1700–1870, 1990 [18] J. Schlumbohm, Agrarische Besitzklassen und gewerbliche Produktionsverhältnisse. Großbauern, Kleinbesitzer und Landlose als Leinenproduzenten im Umland von Osnabrück und Bielefeld während des frühen 19. Jh.s, in: Mentalitäten und Lebensverhältnisse (FS R. Vierhaus), 1982, 315–334 [19] A. Schnyder-Burghartz, Alltag und Lebensformen auf der Basler Landschaft um 1700, 1992 [20] E. Schubert, Arme Leute, Bettler und Gauner im Franken des 18. Jh.s, 1983 [21] A. Schunka, Soziales Wissen und dörfliche Welt. Herrschaft, Jagd und Naturwahrnehmung in Zeugenaussagen des Reichskammergerichts aus Nordschwaben (16.–17. Jh.), 2000 [22] A. Sczesny, Zwischen Wandel und Kontinuität. Ländliches Gewerbe und ländliche Gesellschaft im Ostschwaben des 17. und 18. Jh.s, 2002 [23] C. Ulbrich, Shulamit und Margarete. Macht, Geschlecht und Religion in einer ländlichen Gesellschaft des 18. Jh.s, 1999 [24] S. Ullmann, Nachbarschaft und Konkurrenz. Juden und Christen in Dörfern der Markgrafschaft Burgau 1650 bis 1750, 1999 [25] K. Wagner, Leben auf dem Lande im Wandel der Industrialisierung. Die Veränderung der dörflichen Lebensweise und der politischen Kultur vor dem Hintergrund der Industrialisierung – am Beispiel des hessischen Dorfes Körle, 1986 [26] T. Wild, Village England. A Social History of the Countryside, 2004.

Werner Troßbach

Dorfgemeinde

1. Begriff
2. Ursprüngliche Aufgaben
3. Organe
4. Aufgabenwandel im Zuge der Staatsbildung

1. Begriff

Die D. vertrat als juristische ↗Person die Interessen des ↗Dorfes gegenüber Nachbargemeinden, ↗Grundherrschaft und ↗Staat. D. entstanden im 12. Jh. zunächst in England, Nordfrankreich und Flandern, wurden in der Ostkolonisation in die Gebiete östl. der Elbe transferiert [14. 35–38] und breiteten sich seit dem 13. Jh. in allen europ. Ländern aus.

2. Ursprüngliche Aufgaben

D. waren ursprünglich aus ↗Haushalten zusammengesetzt, nicht aus Individuen. Aus der Zugehörigkeit zur D. konnten ↗Allmende-Rechte abgeleitet werden. Voraussetzung war meist Haus- und Landbesitz (↗Grundbesitz) [13. 55 f.]. Der Umgang mit den kommunalen Ressourcen stellte regionenübergreifend die wichtigste Aufgabe der D. dar. Darunter ist an erster Stelle die Regelung von Ackerbau und Weide zu nennen [14. 51], die als »ursprünglicher Kernbereich« der D. erscheint [12. 220]. Der Zugang zu den Ressourcen der D. wurde seit dem 15. Jh. vielfach quotiert. So konnten Kleinstellenbesitzer (↗Kleinbauern) z.B. weniger Tiere in die gemeinschaftliche Herde eintreiben als ↗Großbauern. Diese Praxis gab Anlass zu vielfältigen innerdörflichen Konflikten [13. 113 f.]. D. konnten als Wirtschaftssubjekte in Erscheinung treten, z.B. beim Verkauf von Holz aus dem Gemeindewald.

Aus der Kontrolle der kommunalen Ressourcen wurde ein – mehr oder weniger – von herrschaftlichen Interventionen freies Satzungsrecht abgeleitet, das von der Gemeindeversammlung ausgeübt wurde. Wurde gegen Satzungen der D. – in Frankreich *franchises* bzw. *coutumes*, in England *by-laws*, in Deutschland »Einung« (Süden) bzw. »Willkür« (Norden) genannt [10] – verstoßen, setzten die Gemeindeversammlungen bis ins 18. Jh. weitgehend autonom Strafen an.

Verkaufserlöse, Strafen oder Gebühren wanderten in die Gemeindekasse. Die damit verbundene Notwendigkeit einer Rechnungsführung nahm in dem Maße zu, wie Gemeinden zusätzlichen Grundbesitz erwarben sowie Nutz- und Repräsentationsgebäude – Back-, Hirten- und Rathäuser – errichteten. Dies geschah im 16. und 18. Jh. vor dem Hintergrund agrarischer und gewerblicher Konjunkturen (↗Agrarkonjunkturen) v.a. dort, wo die kommunale Ressourcennutzung weitgehend frei von herrschaftlicher Einmischung vonstatten gehen konnte – in Deutschland im Südwesten und in den Mittelgebirgen [5].

3. Organe

In der Gemeindeversammlung hatten die christl. Haushaltsvorstände (Ehemänner oder Witwen) Sitz und Stimme [2. 43 und 83–86], unabhängig vom Umfang des Landbesitzes. Jüd. Dorfbewohner konnten zwar als Hausbesitzer Allmenderechte erwerben, waren aber in der Gemeindeversammlung meist nicht vertreten [11. 382–393]. Beschlüsse wurden mit Mehrheit gefasst [1. 294], auch bei der Vergabe von ↗Ämtern. Inwieweit Kleinstellenbesitzer ihre Interessen zu vertreten wagten, hing von Faktoren außerhalb der Versammlung ab, etwa vom dörflichen Erwerbsschwerpunkt (↗Dorf), der über die Ausgestaltung von Patronagebeziehungen mitentschied, die in die Entscheidungen der Versammlungen hineinspielten [8. 149]. In Württemberg und Baden zog das oligarchisch zusammengesetzte ↗Dorfgericht seit dem späten 16. Jh. vermehrt Funktionen der Gemeindeversammlung an sich [6. 426 f.], was zu einer Verfestigung der Oberschichtendominanz führte. In Frankreich wurde 1787 für die Provinzen ohne ↗Ständeversammlung ein Zensus für die Teilnahme an Gemeindeentscheidungen festgesetzt [4. 88–92]. Im Anschluss an eine Gemeindeversammlung fand oft die Gemeindezeche bzw. »das Gelage« statt, an dem vielfach auch die Ehefrauen der »Gemeindsmänner«, manchmal auch jüd. Bewohner, teilnahmen [3. 250].

4. Aufgabenwandel im Zuge der Staatsbildung

Wenngleich D. auch bei der Organisation des bäuerlichen ↗Widerstandes in Erscheinung traten, wurden sie seit der Mitte des 16. Jh.s verstärkt in den Staatsaufbau einbezogen. Gemeindeorgane übernahmen die Verteilung der ↗Steuer-Lasten auf die einzelnen Haushalte und leisteten – in Frankreich wie in Preußen – einen Beitrag zur Unterhaltung der Heere des 17. und 18. Jh.s [4. 123–139]. In vielen Bereichen – von der Leichenbestattung bis zum Feuerschutz (↗Feuerwehr) – erließ der »Policey-Staat« lediglich Rahmenordnungen und überließ die Implementation den Gemeinden (»Herrschaft mit Bauern« [14. 80]). Dementsprechend konnten auch ↗Gutsherrschafts-Gesellschaften nicht ohne D. auskommen.

Land- und z.T. auch hausbesitzlose Haushalte (↗Einlieger, ↗Häusler), die vermehrt seit dem 16. Jh. auftraten, wurden in Deutschland meist in den minderberechtigten Status von Beisassen [13. 56–58 und 119 f.] abgedrängt (vgl. ↗Unterschichten). Sie waren in der Gemeindeversammlung nicht vertreten und hatten meist keinen Allmendezugang aus eigenem Recht. In England hingegen waren Allmenderechte für landlose *cottagers* eher verbreitet – ein Argument für große Landbesitzer, ↗Enclosures auf den Weg zu bringen [7.65–69]. Durch diese verloren nicht nur die *cottagers* ihre materiellen Grundlagen, sondern auch die D.

Dagegen gewannen in England seit dem 16. Jh. die Institutionen der Kirchengemeinde an Bedeutung, da sie ein mit der Individualisierung der Landwirtschaft (↗Agrarindividualismus) wachsendes Problemfeld verwalteten: die Armenversorgung (↗Armen- und Bettelwesen). Auch auf dem Kontinent wurde die ↗Armenpflege in die Hände der Kirchen- bzw. Religionsgemeinden christl. oder jüd. [11.371–378] Ausprägung gelegt. Für Zuwanderer waren die Herkunftsgemeinden verantwortlich (»Heimatrecht«), wenn sie nicht eigens von der »neuen« D. aufgenommen worden waren – aufgrund eines Stellenkaufs etwa oder einer Einheirat. Daraus entwickelte sich eine Art Dorfbürgerstatus [9.24], der allerdings nur fallweise Beisassen umfasste. Er war auf das Individuum bezogen und stellte eine Vorform der bis zur ↗Französischen Revolution fehlenden bzw. nur rudimentär ausgebildeten ↗Staatsbürgerschaft dar.

→ Allmende; Dorf; Ländliche Gesellschaft

[1] K. S. Bader, Studien zur Rechtsgeschichte des ma. Dorfes, Bd. 2: Dorfgenossenschaft und Dorfgemeinde, 1962 [2] P. Blickle, Kommunalismus. Skizzen einer gesellschaftlichen Organisationsform, Bd. 1: Oberdeutschland, 2000 [3] G. Gersmann, Orte der Kommunikation, Orte der Auseinandersetzung. Konfliktursachen und Konfliktverläufe in der frühnzl. Dorfgesellschaft, in: M. Eriksson / B. Krug-Richter (Hrsg.), Streitkulturen. Gewalt, Konflikt und Kommunikation in der ländlichen Gesellschaft (16.–19. Jh.), 2003, 249–268 [4] P. Gutton, La sociabilité villageoise dans l'ancienne France. Solidarités et voisinages du XVIe au XVIIIe siècle, 1979 [5] H. Harnisch, Gemeindeeigentum und Gemeindefinanzen im Spätfeudalismus, in: Jb. für Regionalgeschichte 8, 1981, 126–174 [6] A. Maisch, Notdürftiger Unterhalt und gehörige Schranken. Lebensbedingungen und Lebensstile in württembergischen Dörfern der frühen Nz., 1992 [7] J. M. Neeson, Commoners. Common Right, Enclosure and Social Change in England, 1700–1820, 1993 [8] S. Rappe-Weber, Nach dem Krieg. Die Entstehung einer neuen Ordnung in Hehlen an der Weser (1650–1700), 2001 [9] D. W. Sabean, Das zweischneidige Schwert. Herrschaft und Widerspruch im Württemberg der frühen Nz., 1990 [10] W. Trossbach, Einung, Willkür, Dorfordnung. Anmerkung zur (Re-)Formierung dörflicher Gemeinden (13. bis 16. Jh.), in: J. Flemming et al. (Hrsg.), Lesarten der Geschichte (FS H. Wunder), 2004, 597–620 [11] S. Ullmann, Nachbarschaft und Konkurrenz. Juden und Christen in Dörfern der Markgrafschaft Burgau 1650 bis 1750, 1999 [12] E. E. Weber, Städtische Herrschaft und bäuerliche Untertanen im Alltag und Konflikt. Die Reichsstadt Rottweil und ihre Landschaft vom 30jährigen Krieg bis zur Mediatisierung, Bd. 1, 1992 [13] D. Wehrenberg, Die wechselseitigen Beziehungen zwischen Allmendrechten und Gemeindefronverpflichtungen vornehmlich in Oberdeutschland, 1969 [14] H. Wunder, Die bäuerliche Gemeinde in Deutschland, 1986.

Werner Troßbach

Dorfgericht

D. lassen sich seit dem späten MA im gesamten dt. Sprach- und Kulturraum nachweisen. Allerdings ist es überaus schwierig, aus dem diffusen Gesamtbefund ein allgemeingültiges Bild dörflicher Gerichtsbarkeit zu gewinnen. Klarheit besteht immerhin darüber, dass es sich bei den D. hinsichtlich ihrer Zuständigkeit um räumlich und personell auf ein ↗Dorf oder mehrere Weiler zugeschnittene Gerichtsverbände handelte. Gemäß der ma. Vorstellung von ↗Gerichtsbarkeit als Hoheitsrecht setzten D. grundsätzlich einen außerhalb des genossenschaftlichen Gerichtsverbandes der ↗Dorfgemeinde angesiedelten Herrschaftsträger in Gestalt des ↗Gerichtsherrn voraus [1]. Insoweit war das D. ein ↗Gericht im Dorf und kein Gericht des Dorfes [5]; [7]. Gleichwohl lassen sich mit Blick auf die Gerichtsherrschaft vereinzelt auch genossenschaftliche Elemente nachweisen [1]; [6] (z. B. Pfändungsrecht dörflicher Amtsträger und Rügegerichtsbarkeit). Die auf das Dorf und die dazugehörige Gemeindeflur bezogenen D. sind in zweierlei Hinsicht abzugrenzen: zum einen von den auf den inneren Dorfraum begrenzten »Ettergerichten« des dt. Südwestens (nach dem german. *Etter*, dem aus lebenden Hecken bzw. Ruten geflochtenen Dorfzaun) [1] und zum anderen von solchen Gerichten, die mehrere Dörfer betrafen. Tagungsort des meist dreimal im Jahr stattfindenden D. waren traditionell zentrale Orte im Dorf, etwa unter der Linde, auf dem Kirchhof und später zunehmend auch in der Dorfschenke.

Tendenziell verdrängten die im Zusammenhang mit der Gemeindebildung im Spät-MA entstehenden D. andere Formen der niederen Gerichtsbarkeit weitgehend. Über die Einzelheiten des Verlaufs dieses auch als »Verdorfung« des Gerichts bezeichneten Vorgangs besteht nach wie vor weithin Unklarheit. Als gesichert kann jedoch gelten, dass das D. nicht schlechthin als Niedergericht für Bagatellsachen angesehen werden darf, sondern dass insbes. im dt. Nordosten im Rahmen der Kolonisation auch D. mit hochgerichtlichen Kompetenzen entstanden [4], die dann allerdings in der Frühen Nz. an die sich herausbildenden landesherrlichen Gerichte abgegeben werden mussten (↗Landesherrschaft).

Bei aller Mannigfaltigkeit im Detail treten hinsichtlich des Aufbaus und der Besetzung dörflicher Gerichte eine Reihe vergleichbarer Grundstrukturen deutlich hervor. Regelmäßig bestanden die D. aus dem das Verfahren leitenden, aber an der Urteilsfindung nicht beteiligten ↗Richter (↗Schultheiß) und einem Kollegium von (12 oder 7) Schöffen (↗Laienrichter). Die Bestellung zum Schöffenamt erfolgte teils durch Ergänzungswahl innerhalb des Kollegiums, teils durch Einsetzung seitens der Herrschaft, teils auch durch Wahl in der Gemeinde, wobei nicht selten die verschiedenen Verfahren miteinander kombiniert wurden. Als nachgeordnete Hilfspersonen der D. fungierten Fronbote (↗Gerichtsbote), ↗Büttel, Dorfknecht und Gerichtsschreiber.

Die ma. Praxis des Rechtszugs an den Oberhof galt weithin auch für die D.; verschiedentlich dürfte ausgangs des MA dadurch sogar deren Fortbestand gesichert worden sein [3]. Allerdings ist im Rahmen der Herausbildung und Konsolidierung der ↗Landesherrschaft im SpätMA eine Tendenz zur Einordnung der D. in die landesherrliche ↗Gerichtsverfassung als staatliche Untergerichte nicht zu übersehen [2].

Für die Frage nach Zuständigkeit und Kompetenzen der D. ist für die Nz. die Quellenlage zwar gegenüber dem MA insgesamt besser; aber deren Aufarbeitung ist bislang nur punktuell erfolgt. Als ein Schwerpunkt der Tätigkeit dörflicher Gerichte erscheint die freiwillige Gerichtsbarkeit. Im einzelnen ging es dabei um Vertragsschlüsse, Ehe- und Erbschaftsangelegenheiten (↗Eherecht; ↗Erbrecht), die Dokumentation von Besitzwechseln sowie die Ausstellung von Geburts- bzw. Abschiedsbriefen und die Aufnahme in bzw. die Entlassung aus der Gemeinde. Ferner war das D. als Niedergericht in Bagatellsachen sowohl im Bereich des ↗Privatrechts als auch des ↗Strafrechts tätig, wobei die Zuständigkeit auf den engen Bereich des jeweiligen Dorfes und seiner Flur begrenzt war. Hier ging es um Grenz- und Flurstreitigkeiten, Pfändungen (↗Pfandrecht) oder aber Verbalinjurien (↗Beleidigung) und Tätlichkeiten. Ausdruck der zunehmenden »Verstaatlichung« der D. war die Ausweitung ihrer gerichtlichen Tätigkeit bei Verstößen gegen das nzl. Policeyrecht (↗Polizeiordnungen; ↗Polizeistrafrecht), das in teilweise erheblichem Umfang auch in lokalen Satzungen (Dorfordnungen) geregelt war; dies betraf z. B. Verstöße gegen die Sonntagsheiligung, die Flurordnung, Brandschutzbestimmungen u.Ä.

→ Dorf; Gericht; Gerichtsbarkeit; Partikularrecht

[1] K. S. BADER, Studien zur Rechtsgeschichte des ma. Dorfes, 3 Bde., 1957–1973 [2] K. BLASCHKE, Dorfgemeinde und Stadtgemeinde in Sachsen 1300–1800, in: PETER BLICKLE (Hrsg.), Landgemeinde und Stadtgemeinde, 1991, 119–143 [3] G. GUDIAN, Der Oberhof Ingelheim, in: ZRG Germ. Abt. 81, 1964, 267–297 [4] K. KROESCHELL, Art. Dorf, in: HRG 1, 1967, 772–773 [5] M. NIKOLAY-PANTER, Entstehung und Entwicklung der Landgemeinde im Trierer Raum, 1976, 78–114 [6] B. SCHILDT, Bauer – Gemeinde – Nachbarschaft. Verfassung und Recht der Landgemeinde Thüringens in der Frühen Nz., 1996, 128–140 [7] S. SCHMITT, Territorialstaat und Gemeinde im kurpfälzischen Oberamt Alzey, 1992, 113–132.

Bernd Schildt

Dorfgeschichte

1. Begriff
2. Krise der Restauration
3. Phasen und Tendenzen der Dorfgeschichte

1. Begriff

Der Sammelbegriff D. ist dem Titel von Berthold Auerbachs *Schwarzwälder Dorfgeschichten* (1842 ff.) entlehnt. Er bezeichnet Prosaerzählungen über dörfliches Leben, die seit etwa 1840 erschienen und im dt. Sprachraum (und nur hier) für ein bis zwei Jahrzehnte als eine »epochemachende« Erscheinung galten. Ungeachtet ihrer Formenvielfalt wurden die D. als eine eigenständige, auf die Hauptfragen des Zeitalters antwortende Textsorte wahrgenommen: Erstens machte sie die Deutschen mit ihren unterschiedlichen Regionen bekannt, zweitens lenkte sie das öffentliche Interesse auf alarmierende Umstände. Sie schilderte das Landleben, das zuvor meist als idyllisch (↗Idylle) beschrieben worden war, in der Phase einer schweren Agrarkrise, die ihrerseits Teil der allgemeinen Krise der ↗Restauration war.

2. Krise der Restauration

Die D. profilierten sich dabei an zwei Krisenphänomenen:

(1) Literatur- und Kulturkrise: Die Hochliteratur war vom ↗Bildungsbürgertum geprägt und hatte wenig Bezug zum breiten »Volk«, also zu ↗Landarbeitern, ↗Bauern, ↗Handwerkern oder ↗Kaufleuten, die als potentielle Lesergruppen an Bedeutung gewannen. Die Tatsache, dass die Mächte der Restauration jedes freie und öffentliche Wirken der Staatsbürger (↗Bürger) unterbanden, verschärfte den Missstand: Statt erzählter Handlung bot die Novellistik kritische Reflexionen über die Unmöglichkeit zu handeln, womit sie schlichte Leser nicht erreichte. Anders die D.: Indem sie Geschichten aus einfachen Lebensverhältnissen konkret erzählte, fand sie viele Leser und leitete eine allgemeine Erneuerung der Erzählkunst ein.

(2) Politische und soziale Krise: In Mitteleuropa wurde der ↗Industrialisierungs-Prozess gelähmt durch abschreckende Beispiele (Manchester, Lyon), durch bürokratische Hemmnisse und Furcht vor der politischen ↗Revolution. Die Stagnation trieb Teile der schnell wachsenden Landbevölkerung in die ↗Armut. Das liberale ↗Bürgertum hoffte trotzdem, die ↗ländliche Gesellschaft werde dank ihrer konservativen Gesinnung nicht nur der Krise trotzen, sondern die ganze bürgerliche Ordnung in den Stürmen der Industrialisierung stabilisieren. So brachten die D. sowohl die Besorgnis über Missstände als auch die bürgerlich-liberale Hoffnung auf einen Ausgleich durch ländliche Kräfte zum Ausdruck (↗Liberalismus).

3. Phasen und Tendenzen der Dorfgeschichte

Die D.-Autoren der 1840er Jahre waren Liberale (Jeremias Gotthelf), liberale bis radikale Demokraten (Berthold Auerbach, Gottfried Kinkel, Josef Rank, Carl Arnold Schloenbach, Konrad Otto Zitelmann) und Sozialisten verschiedener Schattierung (Alexander Weill, Ernst Dronke, Friedrich Saß, Georg Schirges). Geistlichkeit, Feudaladel und Staatsbürokratie werden in den D. als Exponenten der Restauration angegriffen; die volkstümlichen Sitten, die relative Autarkie und die Familienstruktur der bäuerlichen Betriebe gelten in den D. als Schutzdämme gegen die Vermassung (↗Masse).

Der erfolgreichste Autor von D. war Berthold Auerbach. In seinem Buch *Schrift und Volk* (1846) verwarf er Elendsschilderungen und politische Predigten. Für ihn galten die Gesetze des Kunstwerks, dessen Schönheit er im Sinne Friedrich Schillers als sinnliche Erscheinung der ↗Freiheit und als Mittel der ästhetischen Nationalerziehung begriff. Konflikte sollten wie im ↗Drama durch Handeln ausgetragen und im Licht einer besseren Zukunft »verklärt« werden. Mit der tragischen D. wurde der Landmann erstmals in der dt. Literatur als schicksalsfähig anerkannt.

Während die explizit kritische D. nach der gescheiterten ↗Märzrevolution 1848/49 keinen Markt mehr fand und ihre Autoren z. T. verschärfte politische Verfolgung litten, wurden Auerbachs D. und ihr ästhetisches Konzept in der einflussreichen Zeitschrift *Die Grenzboten* zum Programm des neuen literarischen ↗Realismus erhoben.

Jeremias Gotthelf (Pseudonym des reformierten bernischen Landpfarrers Albert Bitzius) vertrat als Erzähler und politischer Publizist leidenschaftlich ein liberales, aber religiös gebundenes Gemeinwesen auf der Basis des christl. Hauses. In seinen ↗Romanen und Geschichten, die stets polemisch auf die politischen Gegebenheiten bezogen sind, verbinden sich individuelle Psychologie mit typisierenden Formen religiöser und ethischer Normvermittlung (↗Idylle; ↗Satire). Spätere Autoren von Rang waren Ludwig Anzengruber, Marie von Ebner-Eschenbach und Peter Rosegger. Der Übergang der D. in den (meist konservativeren) Bauernroman ist fließend.

→ Realismus; Vormärz

Quellen:
[1] Die Dorfgeschichte. Dokumente, in: Max Bucher et al. (Hrsg.), Realismus und Gründerzeit. Manifeste und Dokumente zur dt. Literatur 1848–1880, Bd. 2, 1975, 148–213.

Sekundärliteratur:
[2] U. Baur, Dorfgeschichte. Zur Entstehung und gesellschaftlichen Funktion einer literarischen Gattung im Vormärz, 1978 [3] W. Hahl, Gesellschaftlicher Konservatismus und literarischer Realismus. Das Modell einer dt. Sozialverfassung in den Dorfgeschichten, in: Max Bucher et al. (Hrsg.), Realismus und Gründerzeit. Manifeste und Dokumente zur dt. Literatur 1848–1880, Bd. 1, 1976, 48–93, 269–274 [4] J. Hein, Dorfgeschichte, 1976 [5] J. Schönert, Berthold Auerbachs ›Schwarzwälder Dorfgeschichten‹ der 40er und 50er Jahre als Beispiel eines ›literarischen Wandels‹?, in: Michael Titzmann (Hrsg.), Zwischen Goethezeit und Realismus. Wandel und Spezifik in der Phase des Biedermeier, 2002, 331–345.

Werner Hahl

Dorfrecht s. Partikularrecht

Dörrfrüchte s. Lebensmittelkonservierung

Draht

1. Verwendung
2. Herstellung
3. Zentren

1. Verwendung

Der unscheinbar wirkende D. hatte immer eine Schlüsselstellung für die technische Entwicklung, so auch im SpätMA und in der Frühen Nz. D. war ein unverzichtbares Vorprodukt für fast alle Sparten der Produktion. Kettenhemden aus genieteten oder geweißten Eisendrahtringen prägten die ma. Wehrtechnik. Aus Eisen- und Stahl-D. gefertigte Näh- und Stecknadeln gehörten zu den elementaren Werkzeugen zahlreicher ↗Handwerke. Bei der Tuchherstellung ersetzte Kratzen-D. die Kratzdistel. In der Müllerei und der ↗Papier-Erzeugung kamen D.-Siebe zum Einsatz. Ketten, Käfige, Geflechte, Schmuck, Bürsten und viele andere Gegenstände wurden aus D. gefertigt. Schrauben, Nieten, Stifte, Ösen, Klammern und andere Befestigungselemente aus D. waren für die Herstellung unzähliger Erzeugnisse sowie für bauliche Konstruktionen aller Art unabdingbar.

D. (urspgl. der »Gedrehte«) ist nach dem gedrillten Textilfaden benannt. Die sprachliche Herkunft weist auf ein etwa 5000 Jahre altes Verfahren der D.-Herstellung hin: das Verdrillen von aus Blechen geschnittenen Streifen. Um 3000 v. Chr. fertigten die Ägypter vermutlich auf diese Art und Weise Gold-D., der zur Herstellung von Schmuck und Goldfäden sowie zur Befestigung lockerer Zähne im Gebiss verwendet wurde.

2. Herstellung

Gezogener D. konnte erst mithilfe des Zieheisens hergestellt werden. Durch die konischen Löcher dieses ↗Werkzeugs, die sog. Hole, ließ sich der angespitzte D. kalt mit einer Zange ziehen. Dadurch dehnte er sich gleichmäßig, wurde also dünner und länger. In immer kleiner werdenden Holen wiederholte man den Vorgang so lange, bis der D. den gewünschten Durchmesser hatte. Diese Technik der spanlosen Verjüngung des D. war in Persien möglicherweise schon im 6. oder 5. Jh. v. Chr. bekannt. Bei den Kelten ist sie für die zweite Hälfte des 1. Jahrtausends v. Chr. nachweisbar [5].

Ein eigenständiges D.-Zieherhandwerk in Mitteleuropa mit dem Schwerpunkt Deutschland entstand erst im MA [5]. Die seit dem SpätMA zu beobachtende marktbeherrschende Stellung der dt. D.-Produktionsstandorte basierte auf idealen geologischen und naturräumlichen Gegebenheiten, d. h. dem regionalen Zusammentreffen von Erzvorkommen, Waldreichtum und Wasserkraft. Mangels landwirtschaftlicher Alternativen und auf der Basis handwerklicher Traditionen entwickelte sich unter diesen günstigen Bedingungen in Mittelfranken und im märkischen Sauerland ein Technologievorsprung, der trotz gelegentlichem ↗Technologietransfer über Jahrhunderte erhalten blieb.

Für die Herstellung der vom 8. bis zum 14. Jh. im Abendland gebräuchlichen Kettenhemden wurde Eisen-D. benötigt. Im hohen MA war die D.-Zieherei ein städtisches, fast immer in ↗Zünften organisiertes Handwerk, das den Ringelpanzermachern zuarbeitete [4]; [5]. Es ist u. a. für Augsburg, Frankfurt am Main, Iserlohn, Altena, Nürnberg, Köln, aber auch für die Lombardei mit Mailand, die Normandie mit l'Aigle, London und verschiedene Regionen Österreichs nachweisbar [1]; [5]. Bis ins 14. Jh., bei groben Stärken sogar bis ins 15. Jh., wurde der D. ausschließlich mit ↗Muskelkraft durch das Zieheisen gezogen. Feinen und mittleren D. zog man auf dem Leirenzug, kleine Mengen Edelmetall-D. auch auf dem Trampelzug, groben D. anfangs auf dem Trampelzug, seit etwa 1360 auf dem Schockenzug [5].

Ab Mitte des 14. Jh.s konnten die einfachen Drehbewegungen des Leirenzuges mithilfe der ↗Wasserkraft in Gang gesetzt werden. Eine sich drehende Ziehscheibe spulte den feinen oder mittleren D. von einer Ablaufhaspel ab, zog ihn durch ein Zieheisen und wickelte ihn auf. Diese Windenscheibenzüge erlaubten eine kontinuierliche Produktion [5]. Zwischen 1401 und 1415 entwickelte man in Nürnberg einen wassergetriebenen D.-Zug für groben D. Der eigentliche Ziehvorgang basierte bei Bank- und Kleinzögersbänken auf den technischen Prinzipien des Schockenziehens. Geschmiedete D.-Stangen geringer Lauflänge wurden von einer rhythmisch nachfassenden Zange durch ein Zieheisen gezogen. Kontinuierliches Ziehen von Grob-D. war noch nicht möglich [6]. Wassergetriebene Windenscheibenzüge, Bankzögersbänke und Kleinzögersbänke blieben bis in die 1830er-Jahre Stand der Technik (vgl. Abb. 1). Erst der aus industriellem Puddeleisen (↗Eisen) hergestellte Walz-D. hatte als Vormaterial eine ausreichende Lauflänge, um auch groben D. kontinuierlich auf Winden-

Abb. 1: Die »Drat-Mühl« (Kupferstich aus: G. Ch. Weigel, *Ständebuch*, 1698). Der Drahtzieher wickelt den eben auf der wassergetriebenen Bankzögersbank gezogenen mittelgroben D. auf. Links ist eine Kupplung erkennbar. Sie verbindet die rhythmisch nachfassende Ziehzange, die den D. ruckweise durch das Zieheisen zieht, mit dem Wasserrad. Die Zangenbisse auf dem D. müssen vor dem nächsten Ziehvorgang ausgefeilt oder ausgeschmiedet werden. Im Vordergrund ist ein wassergetriebener Windenscheibenzug für feinen und mittleren D. zu sehen. Rechts befindet sich die Ablaufhaspel, hinten links die Ziehscheibe und vorne der noch nicht aufgelegte D. Die rechteckige Vertiefung rechts neben der Ziehscheibe dient der Verankerung des Zieheisens.

scheibenzügen mithilfe der vereinzelt noch bis Mitte des 20. Jh.s genutzten ↗Wasserkraft zu ziehen [5].

3. Zentren

Der wassergetriebene Grobzug bewirkte eine Produktionssteigerung um nahezu das Hundertfache. Er löste bahnbrechende Umwälzungen in der Folge- und Vorproduktion aus und stärkte Nürnbergs Marktposition bei D. und D.-Produkten. Der seit dem 14. Jh. bemerkbare Absatzrückgang bei Kettenhemden wurde durch die Erschließung neuer Produktfelder wie Nadeln, D.-Siebe oder Schrauben mehr als wettgemacht. Seit 1422 verdrängten Nürnberger Produkte die Erzeugnisse der Lombardei, des märkischen Sauerlandes, der Normandie und anderer konkurrierender D.-Reviere. Nur Spezialprodukte, wie etwa die Iserlohner Kettenhemden und die D.-Kratzen für die Wolltuchbearbeitung, behaupteten sich gegen die Nürnberger Vormachtstellung. Ab 1510 führte Abwerbung von Fachkräften und Spionage zur Etablierung weiterer Produktionsstätten in Breslau, Bautzen, Salzburg, Prag, Ilmenau, Stolberg,

Ulm und Schleusingen. Die Nürnberger D.-Handwerker wahrten aber ihren technologischen Vorsprung, indem sie 1530 den Grobdrahtzug weiter automatisierten. Zwischen 1363 und 1621 verzehnfachte sich die Zahl der Meisterbetriebe der Nürnberger D.-Zieher von 22 auf 229 [6].

Nach dem ↗Dreißigjährigen Krieg (1618–1648) vollzog sich mit dem wirtschaftlichen Niedergang Nürnbergs und seines D.-Handwerks gleichzeitig der Aufstieg des ebenfalls traditionsreichen D.-Gewerbes des märkischen Sauerlandes [5]. Allein das Herstellen leonischer D. aus Edelmetallen blieb weiterhin eine Domäne des mittelfränkischen Raumes [3] sowie ital. und franz. Manufakturen. Gezogener Edelmetall-D. wurde plattgewalzt und anschließend um einen schmiegsamen Seidenfaden gewickelt, damit er sich einweben oder aufsticken ließ. Der Name leonischer D. leitet sich von der franz. Stadt Lyon ab, die ein bedeutendes Seidenzentrum war. In Deutschland bot das märkische Sauerland die besten naturräumlichen Grundlagen für eine wassergetriebene D.-Produktion. Mitte des 16. Jh.s hatte es zudem den technologischen Vorsprung Nürnbergs in der Grobdrahtherstellung aufgeholt. 1745 und 1782 wurden Aachener Nadelarbeiter nach Iserlohn und Altena abgeworben und bauten dort Produktionsbetriebe für Nähnadeln aus Eisen- und Stahl-D. auf [4]. Um 1725 wurden in und um Altena 101 D.-Ziehereien mit 102 Bankzögersbänken, 125 Kleinzögersbänken und 162 Windenscheiben gezählt. Sie stellten jährlich rund 700 Tonnen Eisen-D. und 120 Tonnen Stahl-D. her, was etwa drei Viertel der gesamten dt. Produktion entsprach. Diese marktbeherrschende Position bestand bis in die 1870er Jahre [5].

Mit den Reidemeistern bildete sich im märkischen Sauerland eine zunftähnlich organisierte Unternehmerschaft (↗Unternehmer) heraus [1]; [2]. Überproduktion und Absatzkrisen begegneten sie mit genossenschaftlichen Kartellen (↗Genossenschaft). Der vom Altenaer Magistrat 1686 organisierte sog. D.-Stapel sah vor, den finanzschwächeren Reidemeistern den D. zu festen Preisen abzukaufen. Durch Lagerung sollte er künstlich verknappt werden, um höhere Verkaufserlöse zu erzielen. Bereits 1695 scheiterte die freiwillige Übereinkunft an den kapitalkräftigeren D.-Unternehmern. Der 1744 eingerichtete, straffer organisierte zweite Eisendrahtstapel hatte bis 1823 Bestand, da er sämtliche Reidemeister zu einem Kartell zusammenfasste. 1764 wurde in Altena auch ein Stahldrahtstapel gegründet. In Iserlohn gab es seit 1720/22 einen Kratzendrahtstapel unter staatlicher Aufsicht [2]; [5]. Zeitgleich kam es zur regionalen Abstimmung von Produktionsschwerpunkten. 1686 wurde ein D.-Teilungsvertrag zwischen Altena und Lüdenscheid, 1734 ein weiterer zwischen Altena und Iserlohn abgeschlossen. Die Verträge legten fest, dass in Lüdenscheid grober, in Altena mittlerer und in Iserlohn feiner D. gezogen werden durfte [5]. Die 1810 in Preußen verkündete ↗Gewerbefreiheit und die damit verbundene Aufhebung des Zunftzwangs bewirkten das Ende dieser Marktabsprachen [2]; [5].

→ Gewerbe; Produktinnovationen; Technischer Wandel

[1] R. HOLBACH, Frühformen von Verlag und Großbetrieb in der gewerblichen Produktion (13.–16. Jh.), 1994 [2] R.D. KOHL, Osemundhämmer, Drahtrollen und Reidemeister, in: M. DÜTTMANN / S. SENSEN (Hrsg.), Draht. Vom Kettenhemd zum Supraleiter, 2001, 108–119 [3] W. MEHL, Die leonische Drahtindustrie, in: M. DÜTTMANN / S. SENSEN (Hrsg.), Draht. Vom Kettenhemd zum Supraleiter, 2001, 93–107 [4] S. SENSEN, Goldschmied, Panzermacher, Nadler. Frühe Berufe und Erzeugnisse der Drahtweiterverarbeitung, in: M. DÜTTMANN / S. SENSEN (Hrsg.), Draht. Vom Kettenhemd zum Supraleiter, 2001, 181–213 [5] S. SENSEN, Zur Geschichte des Drahtziehens in Deutschland, in: M. DÜTTMANN / S. SENSEN (Hrsg.), Draht. Vom Kettenhemd zum Supraleiter, 2001, 63–92 [6] W. VON STROMER, Innovation und Wachstum im SpätMA: Die Erfindung der Drahtmühle als Stimulator, in: Technikgeschichte 44, 1977, 89–120.

Stephan Sensen

Drama

1. Theoretische Grundlagen der Poetik
2. Dramengeschichte

1. Theoretische Grundlagen der Poetik

1.1. Begriff

Das Wort D. (griech. *dráma*) ist eine Ableitung aus dem (dorischen) Verb *dran* (»tun«, »handeln«, »mit dem Körper agieren«). Bereits die griech. Antike verwendete D. gattungstypologisch als Oberbegriff für Tragödie und Komödie, die sich von anderen Gattungen wie dem lyrischen Gedicht, dem Epos oder der Geschichtsschreibung durch die Dominanz einer Handlung unterscheiden, die von Figuren dargestellt wird: Aristoteles bezeichnete in seiner Schrift *Perí poiētikḗs* (»Von der Dichtkunst«, etwa 335 v. Chr.) dichterische Werke als D., die »sich Betätigende« nachahmen [1. Kap. 3].

Trotz dieser klaren literaturtheoretischen Definition, ihrer Adaptation durch Horaz' *Ars poetica* (etwa 18 v. Chr.) und einer breiten Rezeption der aristotelischen *Poetik* seit dem 15. Jh. konnte sich D. als Gattungsbegriff (↗Gattungsgeschichte) im dt. Sprachraum erst im Laufe des 19. Jh.s – durch den Einfluss klassizistischer franz. ↗Literaturtheorien – zunächst v. a. in poetologischen Schriften durchsetzen: In der Frühen Nz. wurde er auch für die ↗Oper verwendet, für ↗Tragödie und ↗Komödie finden sich statt dem allgemeinen D. sowohl in der ↗Poetik (z. B. in Martin Opitz' *Buch von der deutschen Poeterey*, 1624, und in Johann Christoph Gottscheds *Versuch einer Critischen Dichtkunst*, 1730) als auch in der lit. Praxis die aus dem Inhalt deduzierten Bezeichnungen »Komödie« (z. B. Jakob Bidermanns *Cenodoxus*, 1635) und »Trauerspiel« (z. B. Andreas Gryphius' *Catharina von Georgien*, 1657), schließlich »Stück«, bzw. für die Komödie »Lustspiel« (z. B. Lessings *Der junge Gelehrte*, 1754), späterhin insbes. für die Tragödie das allgemeinere »Schauspiel« (z. B. Goethes *Götz von Berlichingen*, 1773, oder *Iphigenie*, 1779).

Im 19. Jh. verwendeten z. B. Kleist (*Penthesilea*, 1807) oder Hebbel (*Agnes Bernauer*, 1852) wieder das altbewährte »Trauerspiel«. In Hegels *Ästhetik* (1835) erhält der Begriff D. schließlich seinen festen poetologischen Ort, wobei in Bezug zur dorischen Herkunft des Wortes bes. die Sinnlichkeit des dramatischen Kunstwerkes wegen seiner nicht nur möglichen, sondern auch nötigen szenischen Aufführbarkeit von Handlungen hervorgehoben wird [5. 475–510]. Gustav Freytag gab in seiner *Technik des Dramas* (1863) als Gattungen die mittlerweile geläufigen Bezeichnungen »Lustspiel«, »Trauerspiel« und »Schauspiel« an, wobei er Letztere als die »zwei Arten des ernsten Dramas« bezeichnete [2. 98]. Zum Ende des 19. Jh.s subsumierte der Begriff D. alle Spielformen, denen meist ein schriftlicher Text zugrunde lag, neben Tragödie und Komödie auch die Oper – streng genommen jedes szenische Arrangement (wie etwa Pantomime, Puppen- oder Schattenspiel). Konstitutiv war jeweils der Aspekt der durch Figuren direkt dargestellten Handlung.

1.2. Leitkategorien der aristotelischen Dramentheorie

Unter Berücksichtigung der Etymologie des Wortes *dran* führte Aristoteles im sechsten Kapitel seiner *Poetik* mit den Begriffen *mímēsis* und *mýthos* zentrale Kategorien der D.-Theorie ein: Das D. bzw. die Tragödie hat als Gegenstand die ↗Mimesis, die »Nachahmung einer guten und in sich geschlossenen Handlung« [1. Kap. 6], die nicht erzählt oder berichtet, sondern von Figuren dargeboten und auf der ↗Bühne unmittelbar inszeniert werden kann. Als die Nachahmung von Handlung bezeichnet Aristoteles den *mýthos*, die Zusammenfügung der Geschehnisse. Im Unterschied zu den in der ↗Geschichtsschreibung berichteten Handlungen, die sich tatsächlich ereignet haben, müssen die dramatischen Handlungen nicht unbedingt tatsächlich geschehen sein, sondern sie ahmen mögliche Lebenswirklichkeiten nach: das, was geschehen könnte. Nicht der gewöhnliche Mensch betritt die Bühne der griech. Polis, sondern exemplarische Figuren des griech.-röm. Sagenkreises. Denn Handlungen sollen nicht Menschen nachahmen, sondern »Charaktere«, um an deren Schicksal zu lernen. Das D. probiert und analysiert anhand allseits bekannter mythologischer Geschichten mögliche menschliche Verhaltensweisen.

Aus diesem Aspekt der nachahmenden Handlung resultieren zwei konstitutive Unterschiede zu lyrischen und narrativen Texten: die Unmittelbarkeit der Figurenrede und die potentiell immer mitzudenkende Aufführbarkeit des schriftlichen D.-Textes. Alles, was geschieht, gedacht und gefühlt wird, vermitteln sprechende Figuren. An die Stelle eines allein reflektierenden Ichs oder des kommentierenden Erzählers, der sich, insofern auktorial, an mehreren Orten gleichzeitig befinden könnte, tritt die Figurenrede. Bereits Platon verwies implizit auf das »Redekriterium« [20. 20] der dramatischen Gattung: »Und jetzt denke ich Dir schon deutlich zu machen [...], dass von der gesamten Dichtung und Fabel einiges ganz in Darstellung besteht, wie du sagst, die Tragödie und Komödie, anderes aber in dem Bericht des Dichters selbst, welches du vorzüglich in den Dithyramben finden kannst, noch anderes aus beiden verbunden, wie in der epischen Dichtkunst [...]« [10. 394c]. Das Kriterium der Rede bestimmte die Form des D., sein vorwiegend dialogisches Moment. Diese Unmittelbarkeit wird noch verstärkt, wenn das D. nicht nur gelesen, sondern auch aufgeführt wird. Bestimmte Formen der Reflexion, die die Lektüre des schriftlichen D.-Textes bietet, entfallen bei seiner Aufführung, für die das D., abgesehen vom Lese-D., in den meisten Fällen gedacht ist, auch wenn die Wurzeln des Begriffs nicht zwingend auf eine schriftliche Textgrundlage hinweisen.

Für die ersten Zuschauer der griech. D. im 6. und 5. Jh. v. Chr. gab es vermutlich nur die Aufführung, da die D.-Texte in schriftlicher Form weithin nicht zugänglich waren. Kommuniziert wurden die Stücke im ↗Theater. Aristoteles verfasste seine *Poetik* erst im 4. Jh. v. Chr., nach der Blütezeit des griech. Theaters, das seine politische Funktion in der Polis eingebüßt hatte. Die klassischen Stücke (des Aischylos, Sophokles, Euripides, Aristophanes) wurden zu seiner Zeit noch gespielt, oft jedoch nicht in Gänze, sondern nur in ihren wirksamsten Teilen, aufgeführt auch von professionellen Wandertruppen – ähnlich denen im 17. Jh. in Europa.

Dass Aristoteles seine ↗*Poetik* vorwiegend aus Textzeugen entwickelte, könnte der Grund dafür sein, dass er der ↗Inszenierung einen geringen Rang zuwies: »Die Inszenierung vermag zwar die Zuschauer zu ergreifen; sie ist jedoch das Kunstloseste und hat am wenigsten etwas mit Dichtkunst zu tun. Denn die Wirkung der Tragödie (*kátharsis*) kommt auch ohne Aufführung und ↗Schauspieler zustande« [1. Kap. 6; vgl. auch Kap. 14]. Vermutlich hätte Aristoteles' *Poetik* andere Akzente gesetzt, wäre sie anhand von tatsächlichen Aufführungen konzipiert worden. In jedem Fall ist die D.-Geschichte der Nz. ohne diesen kurzen und prägnanten Text, der klare dramentheoretische Kategorien vorgibt, nicht zu denken.

1.3. Poetik des Dramas: Aristotelesrezeption und Regelpoetiken

Zu Beginn der Rezeption der aristotelischen *Poetik* in der Frühen Nz. steht ihre Übersetzung ins Lateinische, etwa die *Poetica* Giorgio Vallas (1498). In Italien folgten gelehrte Kommentare, z. B. Lodovico Castelvetros *Poetica d'Aristotele vulgarizzata e sposta* (1576), die *Poetices libri septem* (1561) des Julius Caesar Scaliger oder in Deutschland der Kommentar von Daniel Heinsius' *De poetica liber* (1611). Martin Opitz' *Buch von der deutschen Poeterey* (1624) und Johann Christoph Gottscheds *Versuch einer Critischen Dichtkunst vor die Deutschen* (1730) sind in ihrem normativen Charakter von Aristoteles und Horaz beeinflusst. Bes. die franz. Regelpoetiken des ↗Humanismus, so etwa Vauquelin de la Fresnayes *Art poétique* (1574) oder Jean de la Tailles *De l'art de la tragédie* (1572), rezipierten die antiken Poetiken vertiefend, ebenso auch diejenigen des franz. ↗Klassizismus, die sich dabei auch kritisch mit ihrer ↗Ästhetik auseinandersetzten, so Pierre Corneilles poetologische Schriften (*Discours de l'utilité et des parties du poème dramatique, Discours de la Tragédie et des moyens de la traîter selon le vraisemblable ou le nécessaire, Discours des trois unités d'action, de jour et de lieu*, 1660) oder Nicolas Boileaus *L'Art poétique* (1674).

Die Regelpoetiken aristotelischer Provenienz sahen einen geschlossenen Aufbau des D. vor: drei oder fünf Akte, die sich in Szenen unterteilten: einen eröffnenden Teil (die Exposition), Anlage und Darstellung der Verwicklung und schließlich die Auflösung bzw. Katastrophe, womit auch der heitere Ausgang der Komödie gemeint sein konnte. Elementar waren weiterhin die ↗Ständeklausel, die für die Tragödie Figuren aus den oberen und für die Komödie Figuren aus den unteren gesellschaftlichen Schichten vorsieht, die Lehre von den drei Einheiten (des Ortes, der Zeit und der Handlung) sowie die Dreipersonenregel oder das Verbot der leeren Bühne. Wirkungsästhetisch bedeutsam war die Lehre von der Katharsis, d. h. die Vorgabe, dass die Tragödie durch das Vorführen von »Jammer und Schaudern« [1. Kap. 6] von eben diesen Affekten reinigen sollte. Innovationen gegenüber diesen reglementierenden Vorschriften erfolgten in England unter dem Einfluss Shakespeares, der in Deutschland erst später rezipiert wurde. So kritisierte Goethe in seiner Rede *Zum Shakespeares-Tag* (1771) das regelmäßige Theater, das ihm »kerkermäßig ängstlich« erschien, und spielte Shakespeares D. gegen die franz. klassizistischen Vorbilder aus [3. 225].

In noch schärferer Polemik gegen Aristoteles gaben sich Jakob Michael Reinhold Lenz' *Anmerkungen übers Theater* (1774), die mehr Individualität und Psychologie bei der Ausgestaltung der Figuren forderten und ebenso die regelfreieren Stücke Shakespeares favorisierten. Für unzeitgemäß erklärte Lenz auch den Schicksalsbegriff, welcher der aristotelischen D.-Poetik zugrunde liegt [6. 257]. Schließlich setzte sich Goethe in seiner *Nachlese zu Aristoteles' Poetik* (1827) kritisch mit der Katharsis-Lehre auseinander. Bereits Lessing befasste sich im *Briefwechsel über das Trauerspiel* (1756) differenziert mit dieser und setzte sich zugleich von den franz. Vorbildern ab: Er forderte bürgerliches Personal auf der Bühne und erklärte als das höchste Ziel des D., nicht Bewunderung, sondern Mitleid zu erregen [7. 163]. An Lessings Mitleidsästhetik schließt Friedrich Schillers Schrift *Über die tragische Kunst* (1792) an. Mitte des 19. Jh.s lieferte Gustav Freytag mit *Die Technik des Dramas* (1862) eine ausführliche, in ihrem Charakter normative Poetik, die jedoch weiter versuchte, die aristotelischen Kategorien im Sinne einer nzl. Anthropologie und Ästhetik umzudenken.

Die variantenreiche Rezeption der aristotelischen Poetik wurde also für Theorie und Praxis des nzl. D. leitend und wegweisend. Das gesamte europ. D.-Schaffen der Nz. ist ohne die teils affirmative und teils kritische Auseinandersetzung damit nicht zu denken.

2. Dramengeschichte

2.1. Das Drama im Kontext der europäischen Festkultur

Die Blütezeiten des europ. Theaters im 16. und 17. Jh. verliefen phasenverschoben und waren jeweils abhängig von der Entwicklung einer vom ↗Hof dominierten (oft auch finanzierten) ausgeprägten theatralen ↗Fest-Kultur. Ihnen ging ein mehr oder weniger regelloses Theaterwesen voran, das eng mit dem religiösen Leben und der ↗Volkskultur verbunden war: Geistliche Spiele, ↗Passionsspiele, Oster- und ↗Fastnachtspiele, an öffentlichen Orten (meist auf ↗Marktplätzen) aufgeführt, brachten dem Zuschauer das biblische Geschehen nahe. Diese Feste, die sich meist über mehrere Tage erstreckten, hatten insofern eine kathartische Funktion, als sie dem Volk einen Raum ungezügelter Freiheit gewährten. Deshalb wurden sie im Verlauf des 16. Jh.s europaweit verboten.

Ein zweites Phänomen bildeten ebenfalls europaweit die Wandertruppen. Ital. Schauspielgruppen der ↗Commedia dell'arte und engl. Wanderbühnen prägten in der Frühen Nz. auch das Theaterleben an den ↗Höfen. Das Motiv der Truppen war finanzieller Art; sie wollten unterhalten und zu diesem Zweck gaben sie komischen Figuren breiten Raum: dem Pickelhering, dem Harlekin und dem Hanswurst, die auch in den teils ernsten Stoffen eine performative Funktion erhielten (↗Performanz). Die ursprünglichen D.-Texte wurden dabei bisweilen bis zur Unkenntlichkeit entstellt. Die ↗Inszenierung gewann ein so starkes Eigenleben, dass Ende des 17. Jh.s von den Fürsten und Gönnern bisweilen die Forderung der Werktreue erhoben wurde. Das Repertoire der Wanderbühnen bestand meist aus Versatzstücken bekannter Stoffe und Motive aus D. Shakespeares, Calderóns, Molières oder Corneilles, später auch Lohensteins und Gryphius' – Stücken, die heute zur Weltliteratur gehören und die den Grundstein und die Folie für das D. der Nz. lieferten.

2.2. England und Spanien

In England bot die Regierungszeit Elisabeths I. den Hintergrund für den Erfolg der Shakespeare-D., die in den ersten öffentlichen Theatern, etwa im *Swan* (1595) oder im *Globe* (1599), zur Aufführung kamen und allen gesellschaftlichen Schichten offen standen: Das D. war zur Vermittlung auf seine Inszenierung angewiesen, da Lesen (↗Lesekultur) und Schreiben (↗Schriftlichkeit) immer noch ein Privileg der Gelehrtenschicht war (↗Analphabetismus). Shakespeares Stücke formten bereits den Topos der »Welt als Theater«, des ↗Theatrum mundi, den später der span. Hofdichter Pedro Calderón de la Barca in seinem *El gran teatro del mundo* (1645) beispielhaft inszenierte. In den vorgeführten Lebenswirklichkeiten ging es um Rollenfindung, um Identitäten in einer Zeit, in der übliche Denkfiguren in Zweifel gezogen wurden und alte Ordnungsmuster durch neue wiss. Erkenntnisse, politische Umwälzungen und Verunsicherungen in Glaubenswahrheiten zerfielen. Die Gattung des ↗Geschichtsdramas gewann u. a. mit Shakespeares York-Tetralogie an Ansehen (ca. 1590–1593) [19. 9–40]. Später folgten *Hamlet* (1601) oder *King Lear* (1605). Shakespeare schuf experimentierfreudig ein antiaristotelisches D., indem er z. B. mehrere Handlungsstränge anlegte, auf dreiflächiger Bühne spielen ließ oder Sphären und gesellschaftliche Schichten vermischte, so in der wirkungsmächtigen Komödie *A Midsummer Night's Dream* (1595).

Im Unterschied zur ital. ↗Commedia-Tradition und zum elisabethanischen Theater erlangte im D. des span. *Siglo de Oro* (16./17. Jh.; ↗Klassiken, europäische) und im dt. ↗Barock-D. der heilsgeschichtliche Aspekt konstitutive Bedeutung für die Konzeption von Inhalt und Form. In Spanien wurden die Stücke ähnlich wie in England von breiten gesellschaftlichen Kreisen, nicht nur am Hof, sondern in öffentlichen Theatern, den *Corrales* (↗Bühne), rezipiert: Außerordentlich produktiv war Lope de Vega, der etwa 1500 D. verfasste, darunter allein 400 *autos sacramentales*, kurze belehrende und zugleich unterhaltende Stücke geistlichen Inhalts, die am Fronleichnamstag vor König und Volk aufgeführt wurden.

2.3. Das deutsche Barockdrama

Das dt. ↗Barock-D. ist wie ein großer Teil der dt. Literatur des 17. Jh.s ohne die speziellen kulturgeschichtlichen Hintergründe nicht zu verstehen: ↗Konfessionskriege seit dem ↗Augsburger Religionsfrieden (1555), ↗Gegenreformation, Zersplitterung des Reiches in Fürstentümer, schließlich der ↗Dreißigjährige Krieg prägten die lit. Texte wie auch die sich ausbildende höfische Kultur, die ihr Leben zunehmend am franz. und span. ↗Zeremoniell ausrichtete. Neben den ↗Gymnasien und kirchlichen Institutionen waren es die Fürstenhöfe, an denen die Barock-D. zur Aufführung gelangten. In keinem Fall nahm das Volk solch regen Anteil am Theaterleben wie in England oder Spanien. Dies lag auch daran, dass es sich beim dt. Barock-D. um Literatur von ↗Gelehrten für Gelehrte handelte [13. 220 f.], die deutlich in der Tradition humanistischer ↗Gelehrsamkeit stand. Die Autoren versuchten, die antike D.-Poetologie lit. umzusetzen, wie es auch die zahlreichen barocken, an den antiken Vorbildern geschulten Poetiken vorgaben, etwa Opitz' *Buch von der deutschen Poeterey* (1624) [9. 27 f.].

Die wichtigsten Gattungen waren das kath. ↗Jesuitendrama und das protest. ↗Schuldrama bzw. ↗Märtyrerdrama. Das Jesuitendrama (Ordens-D.) verstand sich im Dienst der ↗Gegenreformation. Jakob Bidermann (*Cenodoxus*, 1602, *Philemon Martyr*, 1618) und Jakob Balde (*Jephtias Tragoedia*, 1654) waren seine wichtigsten Vertreter.

Exempel des Widerstandes aus protest.-lutherischer Perspektive war das schlesische Kunst-D., allen voran die Tragödien des Andreas Gryphius (*Leo Armenius*, 1650; *Carolus Stuardus*, 1657; *Catharina von Georgien*, 1657). Wie auch sein Landsmann Daniel Caspar von Lohenstein gewann der *poeta doctus* (»gelehrte ↗Dichter«) Gryphius seine Diskussionen um Glauben, politische Verantwortung und Widerstand aus Historiographien, die geeignete Beispiele boten, um ideale Beständigkeit, die (neu)stoisch-christl. *constantia* der Märtyrer, darzustellen. Lohenstein wählte gerne Stoffe aus der röm. Antike, um noch differenzierter als Gryphius das Lavieren zwischen politischer Staatsklugheit, individueller Selbstbehauptung und Humanität zu erörtern. Seine *Cleopatra* (1661/1680), *Agrippina* (1665) und *Sophonisbe* (1680) weisen den Autor als gelehrten Kenner und eigenwilligen Interpreten der röm. Historiographie aus (insbes. Tacitus). Neben dem Versmaß des Alexandriners stellten die sog. »Reyen« ein weiteres spezielles Formelement dar; sie waren in Anlehnung an die Chöre der antiken D. den Akten zwischengeschaltet und kommentierten das Geschehen oft moralistisch. In der Tradition dieser Trauerspiele stehen August Adolf von

Haugwitz (*Maria Stuarda*, 1683) oder Johann Christian Hallmann (*Mariamne*, 1670).

Neben dem Trauerspiel entwickelte sich eine eigene ↗Komödien-Tradition, die in den Humanismus zurückreicht (Jakob Frischlin, Hans Sachs, Jacob Ayrer). Die komischen Vorbilder lieferten weiterhin die lat. Komödien des Plautus und Terenz. Die Komik in der barocken Komödie resultierte häufig daraus, dass Kommunikation misslang, wie etwa in Andreas Gryphius' *Absurda Comica oder Herr Peter Squentz* (1658) und im *Horribilicribrifax* (1663). Außerordentlich produktiv im Bereich der Lustspiele war außerdem Christian Weise, der mit seinen deutlich dem Diesseits verpflichteten Stücken das Ende des Barockzeitalters markierte.

2.4. Das 18. Jahrhundert

In Frankreich etablierte sich mit der Regierungszeit Ludwigs XIV. (1643–1715) am ↗Hof und in öffentlichen Pariser ↗Theatern eine ausgeprägte Festkultur: Molière feierte mit seinen Komödien große Erfolge; Jean Racine versuchte im Bereich der Tragödie Pierre Corneille den Rang streitig zu machen. Für das dt. D. der Frühaufklärung galten die franz. klassizistischen Stücke als Vorbilder, nicht das dt. barocke D., das u. a. wegen seines rhetorischen »Schwulstes« kritisiert wurde.

Johann Christoph Gottsched entwarf im *Versuch einer Critischen Dichtkunst* (1730) eine strenge Regelpoetik nach antikem Muster. In der *Deutschen Schaubühne* (1740–1745) versammelte er Stücke, die nach Form und Inhalt Vorbildcharakter besaßen, u. a. Übersetzungen franz. Dramatik. Sein *Sterbender Cato* (1731) sollte ein Muster seines poetologischen Programms sein, dessen erstes Ziel die moralisch vernünftige Unterweisung des Publikums durch Nachahmung der vernünftigen Natur bildete. Entsprechend sollte das Phantastische und Wunderbare von der Bühne vertrieben werden, etwa die im Barockzeitalter und auf den Wanderbühnen so beliebte Harlekin-Figur. Auch die Komödie, in der sich Gottscheds Frau, Luise Adelgunde Victorie Gottsched, und Christian Fürchtegott Gellert einen Namen machten, stand im Dienst eines aufklärerischen Moralismus. Gottsched gab den Anstoß für eine »Literarisierung des Theaters« [17. 87], insofern der schriftliche D.-Text unbesehen seiner Aufführung als Grundlage vernünftiger, aufklärerischer Belehrung verfasst sein sollte. Derweil feierte in Frankreich Pierre Carlet de Marivaux mit seinen psychologischen und sozialkritischen Prosakomödien Erfolge (*Arlequin poli par l'amour*, 1720; *La nouvelle colonie*, 1729) [15].

In Deutschland hatte schließlich der neue Adressatenkreis des ↗Bürgertums Einfluss auf die Theorie und Praxis des D. Lessing setzte seine Poetik des Mitleids (s. o. 1.3.) in der Gattung des ↗bürgerlichen Trauerspiels um, das er mit *Miß Sara Sampson* (1755) in Deutschland begründete und mit *Emilia Galotti* (1772) fortführte. Variationen fand Lessings *Emilia Galotti* z. B. in Friedrich Schillers *Kabale und Liebe* (1784) und noch in der Mitte des 19. Jh.s in Christian Friedrich Hebbels *Maria Magdalene* (1844). Vorbilder lieferte die engl. Literatur, etwa George Lillos *The London Merchant* (1731), das in Hamburg 1754 zum ersten Mal in dt. Sprache aufgeführt wurde. In der Nachfolge von Denis Diderot fand es auch in Frankreich zahlreiche Adaptationen.

Der bürgerlichen ↗Familie mit ihren überkommenen Moral- und ↗Tugend-Vorstellungen sollte auf der ↗Bühne ihr Spiegelbild vorgeführt werden. Um dies zu erreichen, führte Lessing den sog.»gemischten Charakter« in das D. ein, dessen Notwendigkeit er theoretisch in seiner *Hamburgischen Dramaturgie* (1767–1769) erläuterte [8. 581 f.] und sich so von einer strengen rationalistischen Regelpoetik im Gottsched'schen Sinne entfernte. Allerdings setzte er dieses Konzept nicht immer um. So kehrte sein D. um ↗Toleranz und ↗Humanität, *Nathan der Weise* (1779), wieder zu einer exempelhaften Figurendarstellung zurück. Vordergründig leistete Lessing dramatische Innovationen mit seiner Mitleidsästhetik, der Einführung des »gemischten Charakters« und der Abschaffung der ↗Ständeklausel. Auffällig ist auch seine Vorliebe für die unregelmäßige Dramatik Shakespeares, deren produktive Rezeption er zwar selbst kaum vorantrieb; Shakespeare aber konnte gut gegen den rationalistischen Dogmatismus eines Gottsched ins Feld geführt werden [14. 190 f.]. Für Lessing blieb jedoch, wie generell für die D.-Theorie der ↗Aufklärung, Aristoteles' *Poetik* der zentrale Referenztext [12. 35]. Neben dem bürgerlichen Trauerspiel verhalf Lessing der ↗Komödie mit seinen Lustspielen zu neuem Ansehen (z. B. *Der junge Gelehrte*, 1754; *Die Juden*, 1754; *Minna von Barnhelm*, 1767). Diese konzipierte er in kritischer Auseinandersetzung v. a. mit der sächs. Typenkomödie, der franz. *comédie larmoyante*, der ↗Commedia dell'arte und den Komödien Gellerts.

Parallel zu Lessing verfasste Carlo Goldoni in Italien mit seinen Komödien eine bemerkenswerte Theaterreform, die andere Wege ging: Das D. sollte nicht allein Welt abbilden, wie etwa das bürgerliche Illusionstheater in Deutschland, sondern Welt und Theater wurden in einen neuen Bezug zueinander gesetzt; beide wurden als »Bücher« aufgefasst, aus denen sich der D.-Autor bedienen konnte. Der Zuschauer sollte Distanz gewinnen, indem z. B. Figuren aus der eigenen bürgerlichen Welt als Rollenspielende erkannt wurden, sodass ein anderer Reflexionsrahmen entstand. Nicht Identifikation war das Ziel, wie etwa in Lessings Mitleidsästhetik, sondern Lernen der Lebenswirklichkeiten durch kritisches Distanzverhalten. Durch facettenreiche Figurenzeichnungen »kommentieren« einander Theater und Welt »gegenseitig« [16. 267].

In Frankreich war Pierre Augustine Beaumarchais der erfolgreichste Dramatiker seiner Zeit. Seine Figaro-Trilogie trägt vorrevolutionäre Züge. Jean-François Ducis machte durch Übersetzung Shakespeare in Frankreich bekannt (*Hamlet*, 1769; *Macbeth*, 1778; *Othello*, 1792). Louis Carrogis verweist mit seinen *Proverbes dramatiques* (1768–1781; auf eine Pointe zugespitzte dramatische Umsetzungen von Sprichwörtern) bereits auf die Tradition des Einakters der über Alfred de Musset im 19. Jh. in Deutschland populär wurde.

In Deutschland fanden tiefgreifende Entwicklungen erst gegen Ende des 18. Jh.s statt. Die Begeisterung für das Shakespeare'sche D. drückte sich nun in der Auflösung der starren regelpoetischen Vorgaben bezüglich Stil und Tektonik aus: allen voran in Goethes Schauspiel *Götz von Berlichingen* (1773), das als offenes D. konzipiert war, mehrere Handlungsstränge gleichzeitig anlegte und Szenen locker miteinander verband. Zu den wichtigsten D. dieser ↗Sturm und Drang-Periode gehören Jakob Michael Reinhold Lenz' ebenfalls bewusst antiaristotelisch aufgebaute Komödien *Der Hofmeister* (1774) und *Die Soldaten* (1776), welche die Gattungsgrenzen sprengten und Komisches mit Tragischem mischten, sowie Schillers Schauspiel *Die Räuber* (1781).

2.5. Weimarer Klassik

Das D. des ↗Barock war weitestgehend der höfischen Repräsentationskultur verpflichtet und stand in religiösen Diskussionszusammenhängen; dasjenige der Aufklärung suchte das ↗Bürgertum als neuen Adressatenkreis, seine Verankerung und Legitimation in der gesellschaftlichen Wirklichkeit. Das D. der Weimarer Klassik (↗Klassiken, europäische), das mit der Rückkehr Goethes aus Italien 1788 und seiner Neukonzeption der *Iphigenie auf Tauris* (1787) seinen Anfang nahm, zeichnete sich durch seinen absoluten Kunstcharakter aus. Gegenläufig zu ihren dramatischen Anfängen entwickelten Goethe und Schiller eine ↗Autonomieästhetik, die (wie die Poetik Gottscheds und Lessings) weiterhin die moralische Besserung der Rezipienten anstrebte, dies jedoch nicht durch Nachahmung von Natur und Gesellschaft, durch Einfühlung und Identifikation zu erreichen suchte, sondern durch ästhetische Distanzierung, die wiederum Reflexion auf die eigenen moralischen Begrifflichkeiten auslösen sollte: »Richtigere Begriffe«, so Schiller in seiner Rede *Was kann eine gute stehende Schaubühne eigentlich wirken* (1784) [11. 828], formten sich durch die Schauspiele.

Die Bühne am Weimarer Hof bildete das Experimentierfeld, auf dem nicht nur eigene Produktionen, sondern viele Stücke der gesamten abendländischen D.-Tradition experimentell zur Aufführung kamen. Das zeittypische und von Johann Joachim Winckelmann initiierte Interesse an der griech. Antike äußerte sich zwar auch durch übernommene Stoffe, wie etwa in der *Iphigenie auf Tauris* (1787), jedoch bes. in der Reflexion eines ↗Idealismus der Form sowohl als ästhetischer als auch anthropologischer Kategorie und der Möglichkeiten humanitären Handelns. Fluchtpunkt bildete ein idealistisches Menschenbild, so etwa in Goethes *Egmont* (1789), *Torquato Tasso* (1807) und auch in den Faust-tragödien (1808/32), ebenso in Schillers *Don Karlos Infant von Spanien* (1785) oder *Maria Stuart* (1808).

2.6. Entwicklungen im 19. Jahrhundert

Das 19. Jh. zeichnete sich durch eine äußerst facettenreiche D.-Produktion aus, die teils noch in klassischer Tradition stand, teils bereits auf das D. der Klassischen ↗Moderne vorauswies. An einer Gelenkstelle zwischen ↗Klassizismus und ↗Romantik ist Heinrich von Kleists Dramatik anzusetzen. Während der Aufbau seiner Stücke noch regelmäßigen Charakter trägt, insofern sie Exposition, Verwicklung und Katastrophe erkennen lassen, so beinhalten sie andererseits wunderbare oder phantastische bzw. irrationale Elemente, wie sie (auch unter dem Einfluss Shakespeares) für das romantische D. Ludwig Tiecks oder Clemens Brentanos typisch sind. Außerdem mischte Kleist komische Nuancen in extrem tragische Gegenstände, so etwa in *Die Familie Schroffenstein* (1803). Die zentrale Thematik des Stückes, das Problem der sprachlichen Verständigung und der aus ihr resultierenden Missverständnisse, griff strukturell ein komödiantisches Motiv auf und verwies damit auf die brüchig gewordene Sprach- bzw. Zeichenwelt der aufkommenden Moderne. Es nahm insofern bereits das Thema von Hofmannsthals *Chandos-Brief* (1902) vorweg; ebenso auch der auf dem Wiener Burgtheater erfolgreiche Franz Grillparzer mit seiner Komödie *Weh dem, der lügt!* (1838). In England waren in der ersten Hälfte des 19. Jh.s Byron und Shelley berühmte Vertreter des romantischen Dramas.

Schon bevor Friedrich Hebbel (*Maria Magdalene*, 1844, *Agnes Bernauer*, 1852) an die Tradition des bürgerlichen Trauerspiels anknüpfte, hatten inhaltlich und formal Georg Büchners *Woyzeck* (um 1836 entstanden, 1878 erschienen) wie auch einige D. Grabbes neue Akzente gesetzt. Der *Woyzeck* trägt szenisch-fragmentarischen Charakter und besitzt einen offenen Schluss. Büchner gestaltete zum ersten Mal eine Figur aus den untersten Ständen als Protagonisten eines Trauerspiels. Die sozialkritischen Anklänge des Stückes sind auch aus dem Kontext der Revolutionsjahre heraus zu verstehen und weisen auf das naturalistische D. voraus, das mit heterogenen, symbolistischen und ästhetizistischen Tendenzen in der Literatur den Beginn der Klassischen Moderne markiert.

→ Literaturtheorie; Komödie; Poetik; Rhetorik; Tragödie

Quellen:
[1] ARISTOTELES, Poetik (Griechisch/Deutsch), übers. und hrsg. von M. Fuhrmann, 1982 [2] G. FREYTAG, Die Technik des Dramas, ¹³1992 (Nachdruck der Ausg. 1922; Orig. 1863) [3] J. W. VON GOETHE, Zum Shakespeares-Tag, in: J. W. VON GOETHE, Werke, Bd. 12, hrsg. von E. Trunz, ¹²1994, 221–227 [4] J. CH. GOTTSCHED, Versuch einer Critischen Dichtkunst, in: J. CH. GOTTSCHED, Schriften zur Literatur, hrsg. von H. Steinmetz, 1998, 12–196 [5] G. W. F. HEGEL, Werke, Bd. 15: Vorlesungen über die Ästhetik 3, 1986 [6] J. M. R. LENZ, Anmerkungen übers Theater, in: J. M. R. LENZ, Gesammelte Schriften, Bd. 4: Prosa, hrsg. von E. Levy, 1909, 243–277 [7] G. E. LESSING, Briefwechsel über das Trauerspiel, in: G. E. LESSING, Werke, Bd. 4: Dramaturgische Schriften, hrsg. von H. G. Göpfert, 1996, 153–227 [8] G. E. LESSING, Hamburgische Dramaturgie, in: G. E. LESSING, Werke, Bd. 4: Dramaturgische Schriften, hrsg. von H. G. Göpfert, 1996, 229–720 [9] M. OPITZ, Buch von der dt. Poeterey, hrsg. von C. Sommer, 1995 (Orig. 1624) [10] PLATON, Werke, Bd. 4: Politeia. Der Staat, hrsg. von G. Eigler, 1990 [11] F. SCHILLER, Was kann eine gute stehende Schaubühne eigentlich wirken?, in: F. SCHILLER, Sämtliche Werke, Bd. 5: Erzählungen und Theoretische Schriften, hrsg. von G. Fricke und H. G. Göpfert, ⁹1993, 818–831.

Sekundärliteratur:
[12] P. A. ALT, Tragödie der Aufklärung, 1994 [13] W. BARNER, Barockrhetorik. Untersuchungen zu ihren geschichtlichen Grundlagen, 1970 [14] P. J. BRENNER, Gotthold Ephraim Lessing, 2000 [15] M. DESCOTES, Les grands rôles du théâtre de Marivaux, 1972 [16] E. FISCHER-LICHTE, Geschichte des Dramas, Bd. 1: Von der Antike bis zu dt. Klassik, ²1999 [17] E. FISCHER-LICHTE, Kurze Geschichte des dt. Theaters, ²1999 [18] E. FISCHER-LICHTE, Semiotik des Theaters. Eine Einführung, Bd. 1: Das System der theatralischen Zeichen, 2003 [19] D. NIEFANGER, Geschichtsdrama der Frühen Nz. 1495–1773, 2005 [20] M. PFISTER, Das Drama. Theorie und Analyse, ¹¹2001.

Stefanie Arend

Dramaturgie

Das griech. Wort *dramaturgía* umfasst die Erstellung eines dramatischen Textes und die theatralische Aufführungspraxis. Als Wissenschaft vom ↗Drama und seiner Gestaltung auf der ↗Bühne theoretisiert D. sowohl Kompositionsprinzipien als auch Wirkungsintentionen und beschäftigt sich demnach nicht nur mit der Dramentheorie, sondern auch mit Möglichkeiten der konkreten ↗Inszenierung. Spezifischer versteht man seit dem 19. Jh. unter D. außerdem das Praxisfeld des Dramaturgen.

Noch bis ins 19. Jh. war die *Poetik* des Aristoteles (335 v. Chr.) ein zentraler Bezugspunkt für die europ. D. – obwohl sie darlegt, dass das Drama auch ohne Aufführung Wirkungsmacht besitzt. Die *Poetik* gibt Aufschluss über die Doppeldeutigkeit des Begriffs D. Zum einen beschäftigt sich Aristoteles mit Fragen der Dramenpoetik; zentral sind hier v. a. das Gebot der ↗Mimesis und ein Äquivalent der ↗Ständeklausel sowie die Forderung nach Geschlossenheit der dramatischen Handlung. Letztere korrespondiert mit der Lehre von den drei Einheiten von Ort, Zeit und Handlung, auf welche die aristotelische *Poetik* in der Rezeptionsgeschichte häufig reduziert wurde (etwa bei Lodovico Castelvetro, Nicolas Boileau-Despréaux, Johann Christoph Gottsched). Herausragende Komponenten der dramatischen Handlung sind v. a. die *peripéteia* (Peripetie, entscheidender »Umschwung«) und die *anagnórisis* (»Wiedererkennung«). Außerdem wird die Symmetrie der Handlung gefordert, die noch 1863 für Gustav Freytag in seiner *Technik des Dramas* von entscheidender Bedeutung war. Wirkungsästhetisch zentral wurde v. a. das Konzept der *kátharsis* (»Reinigung«), das ebenfalls einer variantenreichen Rezeption unterworfen war. Die Interpretationen reichten von einem ethisch-moralischen bis hin zu einem medizinischen Kontext, wobei die griech. Begriffe *éleos* und *phóbos* sowohl mit Reinigung durch die Affekte »Furcht« und »Mitleid« übersetzt wurden als auch mit der Reinigung von »Jammer« und »Schrecken«.

Eine zweite wichtige Entwicklungslinie geht auf die *Ars poetica* des Horaz zurück (14 v. Chr.), die eine stärkere Charakterisierung der Personen in den Mittelpunkt stellt; die Selbstvergewisserung des Individuums und die Erkenntnis seiner Möglichkeiten werden zentral. V. a. Poetiken der Renaissance griffen auf Horaz zurück (z. B. Julius Caesar Scaliger, Marco Girolamo Vida, Antonio Minturno, Lodovico Castelvetro) und hoben das *prodesse et delectare* (»Nützen und Erfreuen«), d. h. den moralischen und zugleich erfreuenden Wert des Dramas hervor.

Im 17. Jh. bildete sich auf diesen beiden Traditionslinien aufbauend eine normative ↗Poetik der D. aus, die 1570 von Castelvetro in seinen *Abhandlungen über die Aristotelische Poetik* vorformuliert wurde. Den Höhepunkt dieser Entwicklung stellt Boileaus *L'art poétique* (1674) dar, in der er – ebenso wie Martin Opitz in seiner *Poeterey* (1624) – u. a. die drei Einheiten, die Ständeklausel und eine angemessene Sprache forderte. Gegen diesen Normativismus rebellierten bereits sehr früh Poetiken, die die Unabhängigkeit von festen Gattungsregeln proklamierten und mehr dramaturgische Freiräume beanspruchten, so etwa Pierre Corneille in seinem *Discours sur l'art* (1660) oder Denis Diderot in *De la poésie dramatique* (1758). V. a. Gotthold Ephraim Lessing und Johann Gottfried Herder versuchten, unter Verweis auf Shakespeare, eine vermittelnde Position zwischen strenger Regelpoetik einerseits und dramaturgischer Freiheit andererseits zu finden, bei der Dramenverfassung und auch bei der Inszenierung. Lessing war es auch, der durch seine *Hamburgische Dramaturgie* (1767/68) das moderne Verständnis des Begriffs D. prägte. Angeregt durch seine 52 Theaterkritiken löste sich die D. von der Buchstäblichkeit der lit. Vorlage und hob die Medialität des Kunstwerks, insbes. der Bühnenkunst, hervor.

Um die Mitte des 18. Jh.s fand ein Paradigmenwechsel statt. Eine neue ↗Ästhetik entfaltete sich, die der Empfindung größeren Raum gab (↗Gefühl) sowie die Natürlichkeit und psychologische Wahrscheinlichkeit der Dramenfiguren in den Mittelpunkt stellte. Zentral wurde die von Lessing geforderte sog. Mitleids-D., die u. a. durch die Abschaffung der Ständeklausel intensiviert werden sollte (vgl. ↗Drama; ↗Bürgerliches Trauerspiel). Nicht nur Lessing und Friedrich Schiller (*Die Schaubühne als eine moralische Anstalt betrachtet*, 1784), sondern auch Jakob Michael Reinhold Lenz wies in seinen *Anmerkungen übers Theater* (1774) darauf hin, dass nicht die Einhaltung der Regeln entscheidend sei, sondern das Erreichen einer Wirkung. Die Maximen eines regelgemäßen Dramas wurden verworfen; so wurde ein rascher Schauplatzwechsel mit vielschichtigen Szenenaufbauten möglich, der es erlaubte, mehrere Handlungsstränge gleichzeitig zu präsentieren.

Durch die Komplexität der Aufführungspraxis wurde die Tätigkeit des Dramaturgen immer wichtiger. Beschränkten sich die dramaturgischen Anweisungen noch bis ins 18. Jh. ausschließlich auf theoretische Anmerkungen in den Poetiken, so etablierte sich – angeregt durch Lessing – im späten 18. Jh. bzw. im beginnenden 19. Jh. die D. als eigenständige Praxis. Hier sind für den dt.sprachigen Bereich v. a. Joseph Schreyvogel und Ludwig Tieck zu nennen, aber auch Karl Gutzkow, außerdem Karl Immermann, der sich an theoretischen Vorgaben Goethes orientierte. Die D. wurde zunehmend zu einer textunabhängigen Größe, die die theatrale Aufführung mitgestaltete.

→ Drama; Inszenierung; Performanz; Poetik; Theater

[1] E. Fischer-Lichte (Hrsg.), Das Drama und seine Inszenierung, 1985 [2] K. Hammer (Hrsg.), Dramaturgische Schriften des 18./19. Jh.s (2 Bde.), 1969–1987 [3] B. von Wiese, Dt. Dramaturgie (2 Bde.), 1956–1969.

Stephanie Waldow

Drehbank

1. Frühe Formen
2. Weiterentwicklung seit dem 16. Jahrhundert
3. Die Drehbank als Werkzeugmaschine

1. Frühe Formen

Noch vor Beginn der Frühen Nz. waren D. zu unterschiedlichen Zwecken, etwa zum Abdrehen von Säulentrommeln oder Gelbgussteilen (Messing), ausgebildet. So finden sich im Nürnberger *Hausbuch der Mendelschen Zwölfbrüderstiftung* zwischen 1425 und 1436 entstandene Darstellungen von Drechslern, Zinngießern und Rosenkranzmachern an ihren zum Antrieb mit Tritt

Abb. 1: Drechsler beim Abdrehen einer hölzernen (?) Büchse (aquarellierte Federzeichnung aus: Hausbuch der Mendelschen Zwölfbrüderstiftung, Album I, 1425–1436, fol. 18v). Das Werkstück wird zwischen die beiden eisernen Spitzen eingespannt, die ihrerseits jeweils beweglich in einer sog. Docke lagern. Die rechte Docke kann in ihrer Position je nach Länge des Werkstücks zwischen den beiden Längsbalken des Gestells der Drehbank verschoben und dann mit Keilen gesichert werden. Der Antrieb erfolgt über eine Schnur aus verdrehten Lederriemen oder Darmsaiten, die oben am Federbaum aufgehängt, dann um die Antriebsspindel geschlungen und unten am Tritt befestigt werden. Der Tritt selbst ist gelenkig zwischen zwei in den Boden eingelassenen Docken eingespannt. Das Werkzeug kann mit beiden Händen gefasst und gegen das Werkstück geführt werden, was das Drehen größerer und schwerer Werkstücke wie auch einen höheren Grad an Genauigkeit erlaubte. Die Auflage für das eiserne Schnittwerkzeug fehlt auf dem Bild ebenso wie der zweite Keil zur sicheren Positionierung der verschiebbaren Docke.

und Federbaum oder aber einer Handkurbel versehenen D. (vgl. Abb. 1) [7]. Früheste franz. Abbildungen (Miniaturen und Glasfenster) stammen bereits aus der zweiten Hälfte des 13. Jh.s, nachdem die D. dort seit 1250 stärkere Verbreitung gefunden hatten [6]; [7].

Wie bei ihren mit dem Fiedelbogen angetriebenen Vorläufern, deren Ursprünge sich in der Frühgeschichte nicht zuletzt Ägyptens oder Chinas verlieren [9]; [13], wurde das zwischen einer festen und einer verschiebbaren Docke eingespannte Werkstück auch bei den stattdessen mit Tritt und Federbaum ausgerüsteten D. durch eine entweder um eine eiserne Spindel oder aber um das Werkstück selbst geschlungene Hanfschnur oder Darmsaite in Drehbewegung versetzt. In beiden Fällen war indes lediglich ein diskontinuierliches Vorgehen möglich. Das von einer festen Auflage gestützte und gleichermaßen gegen das Werkstück gedrückte sowie an ihm entlanggeführte Schnittwerkzeug musste während der gegenläufigen Rückholbewegung des Bogens oder Federbaums zurückgezogen werden. Jedoch ermöglichte der Antrieb mit dem Fuß über den Tritt, das ⁊Werkzeug zugleich kräftiger und sicherer gegen das Werkstück zu führen, während der Federbaum die von den Rückholbewegungen hervorgerufenen Unterbrechungen merklich verkürzte und damit den Arbeitsvorgang insgesamt deutlich beschleunigte [12]; [13]. Gerade bei Teilen, die wie Spulen oder Naben in größeren Serien zu fertigen waren, ergab sich daraus ein beträchtlicher Zeitgewinn.

2. Weiterentwicklung seit dem 16. Jahrhundert

Ein kontinuierlicher Schnittvorgang ließ sich jedoch erst mit der D. erreichen, die Leonardo da Vinci um 1490 auf einer Zeichnung im *Codex Atlanticus* festgehalten hatte. Bei ihr war der Tritt über eine Schnur oder Pleuelstange mit der gekröpften Antriebswelle oder Arbeitsspindel sowie einer Schwungscheibe verbunden, die zwischen den einzelnen Trittbewegungen die Überwindung des Totpunktes gewährleistete und zudem die Schnittgeschwindigkeit verstetigte [9].

Musste der Dreher oder Drechsler hier allerdings noch selbst für den Antrieb sorgen, so wurde ihm diese Last bereits im 16. Jh. durch einen Gehilfen abgenommen, der das Werkstück beidhändig mit der Kurbel über ein großes Schwungrad und ein Treibseil in Bewegung versetzte [4]. Der 1698 in Christoph Weigels *Ständebuch* aufgenommene Rotschmied-Drechsel bediente sich zum Abdrehen von Gussstücken aus Kupfer oder Messing sogar der ⁊Wasserkraft [5] (vgl. Abb. 2).

In Nürnberg, das nach der Zerstörung der belg. Stadt Dinant 1466 deren Nachfolge als Zentrum der Gelbgießerei (Messinggießerei) angetreten hatte, waren in der vermutlich schon bald danach eingerichteten Rotgießer-Mühle knapp 30 über eine Riementransmission von Wasserrädern angetriebene und mit auswechselbarem Spannfutter versehene Plan-D. unterschiedlicher Größe aufgestellt; auf ihnen konnte man im späten 18. Jh. selbst Werkstücke wie Glocken mit einem Gewicht von bis zu drei Zentnern bearbeiten [10].

Stücke dieser Ausmaße ließen sich manuell gerade noch bearbeiten, doch waren auf längere Sicht Werkzeughalter unumgänglich. Bereits das *Mittelalterliche Hausbuch* zeigt um 1480 einen solchen Support, der in der offenen Führung zwischen den Längsriegeln, d.h.

Abb. 2: Der Rothschmied-Drechsel (Kupferstich aus: Ch. Weigel, *Ständebuch*, 1698). Ein Drechsler der Nürnberger Rotschmiede dreht an seiner vom unterschlächtigen Wasserrad hinten links über einen Riemen angetriebenen Drehbank Passflächen an den Enden von Gelbguss-Rohrstücken (Messing) ab; es handelt sich möglicherweise um Zylinder für hydraulische Pressen, deren Einsatz in der Nürnberger Tuchappretur schon kurz vor der Mitte des 16. Jh.s nachgewiesen ist. Rechts von ihm ist im Hintergrund ein weiterer Drechsler damit beschäftigt, am ebenfalls vom Wasserrad angetriebenen Schleifstein sein Schnittwerkzeug zu schärfen. Beim Abdrehen ruht das manuell geführte Schnittwerkzeug in einer Gabel, die mit dem Fuß in die Löcher eines auf den beiden Docken liegenden Bretts eingeklinkt werden kann, um die Position des Werkzeugs zu sichern und den Schnittdruck zu steigern. Das Werkstück ist zwischen eiserne Spitzen gespannt, von denen wiederum eine über eine Gewindespindel mit Kurbel verstellbar ist. Links im Hintergrund finden sich Reifen als weitere Werkstücke, die gewöhnlich bereits seriell zu bearbeiten waren. Die mechanische Werkstatt der Nürnberger Rotschmiede entspricht damit im Wesentlichen vergleichbaren Einrichtungen im Maschinenbau während der ersten Hälfte des 19. Jh.s.

dem Bett der D., fixiert und bei dem das ⁊Werkzeug selbst überdies über eine Schraube zugestellt werden kann, um eine gleichbleibende Schnitttiefe zu ermöglichen [9]. Sie war v.a. beim Schneiden von Gewinden erforderlich [8].

Ein Muttergewinde zur Herstellung von Gewindestangen, die dann wiederum v.a. als Leitspindeln für D. oder die auf der Werkbank fixierten und über die Bogensehne oder Handkurbel angetriebenen Drehstühle der Feinmechanik insbes. von ⁊Uhrmachern [2] zu verwenden waren, zeigt schon das *Mittelalterliche Hausbuch* als auch wenig später Leonardo da Vinci. Er schlägt auf seiner Zeichnung zugleich ein Wechselrädergetriebe vor.

Diente die Leitspindel dazu, den Support gleichmäßig am Werkstück entlangzuführen, so ermöglichte ein Getriebe auswechselbarer Zahnräder den Schnitt unterschiedlicher Gewindesteigungen [1].

Jacques Besson, der Leonardo da Vinci als Ingenieur am franz. Hof nachfolgte, arbeitete diese Idee dann in der zweiten Hälfte des 16. Jh.s zu einer Drehmaschine aus, bei der ein Mutterschloss in die Leitspindel eingreifen kann, um den Support eine gleichmäßige Schnittbewegung vollziehen zu lassen [3]; [6]. Obwohl Bessons D. trotz ihres robusten hölzernen Gestells sicher noch keine hohe Präzision leisten konnte, markiert sie den Beginn der Entwicklung zum Ornament- und Fassondrehen, bei dem sich mittels Schablonen oder Kurvenscheiben, die zur Steuerung des Werkzeugsupports in einer Parallelbewegung abgetastet werden, auch Werkstücke mit einem anderen als nur kreisrunden Querschnitt hervorbringen ließen [6]; [8]. Besson erweiterte damit das Ansehen, das die D. schon seit Kaiser Maximilian I. Ende des 15. Jh.s als Utensil fürstlicher Nebenbeschäftigung genossen hatte; zugleich stiegen die Möglichkeiten, auf der D. immer kompliziertere Gegenstände für fürstliche ↗Kunstkammern und im 18. Jh. für die ↗Sammlungen von Instrumenten zu mathematisch-physikalischen ↗Experimenten herzustellen [11].

In dieser Tradition wurzelt zwar auch noch das 1701 von Charles Plumier publizierte Werk *L'art du tourneur*, doch stellt es ebenso Besonderheiten vor, die selbst bei erheblich gesteigertem Schnittdruck noch die Steifigkeit des Gestells der D. sowie eine Festigkeit ihrer Spannvorrichtungen gewährleisten, die zur passgenauen Bearbeitung eines Werkstücks notwendig waren [6]; [9]. Schritt für Schritt verbesserte man die D. im Laufe des 18. Jh.s. Hierzu wurden gleichermaßen ältere, bis dahin jedoch kaum realisierbare Ideen übernommen, wie beispielsweise Erfahrungen insbes. aus der Entwicklung der Drehstühle zur Fertigung von Teilen für ↗Uhren oder ↗mathematische Instrumente; diese übertrug man auf D. zur Bearbeitung schwerer Gussteile wie Walzen, Geschützrohre oder Dampfmaschinenzylinder [6]; [9].

3. Die Drehbank als Werkzeugmaschine

Während zum Drechseln von Gegenständen aus Holz, Horn oder anderen eher weichen Werkstoffen vielerorts noch D. mit manuell geführtem Werkzeug sowie Tritt und Federbaum zu ihrem Antrieb in Gebrauch blieben [1], entstand mit der mechanischen D. von Henry Maudslay zur Bearbeitung insbes. gusseiserner Teile 1797 eine vielseitig einsetzbare ↗Werkzeugmaschine. Sie vereinte, was zuvor mit den verfügbaren D. und anderen Mitteln nicht zuverlässig hergestellt werden konnte: (1) ein robustes Bett mit prismatischen Führungsbahnen für den Kreuzsupport, der es erlaubte, das Werkzeug stufenlos in jeden gewünschten Winkel zum Werkstück zu bringen; (2) ein mehrgängiges Wechselrädergetriebe zwischen Antriebswelle und Leitspindel; (3) eine Planscheibe mit Zentrierspitze und Schraubvorrichtungen zum sicheren Aufspannen des Werkstücks; (4) schließlich den auf derselben Achse gegenüberliegenden Reitstock, der sich auf den Führungsbahnen je nach der Länge des zu bearbeitenden Werkstücks verschieben ließ [6]; [9]; [13].

Dieser Prototyp einer universell einsetzbaren Drehmaschine wurde in den folgenden Jahrzehnten ausdifferenziert, um so gegossene oder vorgeschmiedete Teile (z. B. Dampfmaschinenzylinder, Walzen, Eisenbahnräder und deren Reifen oder Spindeln sowie Wellen aller Art und Größe) aus- oder abdrehen zu können. Dies war eine wesentliche Voraussetzung für die Fertigung im industriell betriebenen ↗Maschinenbau.

→ Handwerk; Innovation; Technischer Wandel; Werkzeugmaschine

Quellen:
[1] G. Altmütter, Art. Drechslerkunst, in: J. J. Prechtl (Hrsg.), Technologische Encyklopädie oder alphabetisches Hdb. der Technologie, der technischen Chemie und des Maschinenwesens 4, 1833, 272–431 [2] G. Altmütter, Art. Drehstuhl, in: J. J. Prechtl (Hrsg.), Technologische Encyklopädie oder alphabetisches Hdb. der Technologie, der technischen Chemie und des Maschinenwesens 4, 1833, 431–478 [3] J. Besson, Théatre des instruments mathématiques et méchaniques, Lyon 1578 [4] H. Sachs / J. Amman, Eygentliche Beschreibung aller Stände auff Erden, Frankfurt am Main 1568 [5] G. Ch. Weigel, Abbildung und Beschreibung der Gemein-Nützlichen Hauptstände, Regensburg 1698 (Ndr. 1987).

Sekundärliteratur:
[6] A. K. Corry, Engineering, Methods of Manufacture and Production, in: I. McNeil (Hrsg.), An Encyclopedia of the History of Technology, 1990, 388–428 [7] F. Klemm / A. Wissner, Die Handwerkstechnik im Mendelschen Brüderbuch, in: W. Treue et al. (Hrsg.), Das Hausbuch der Mendelschen Zwölfbrüderstiftung zu Nürnberg. Dt. Handwerkerbilder des 15. und 16. Jh.s, Bd. 1, 1965, 103–108 [8] A. Nedoluha, Geschichte der Werkzeuge und Werkzeugmaschinen, 1961 [9] L. T. C. Rolt, Tools for the Job. A Short History of Machine Tools, 1965 [10] J. Tschueke, Messing auf der Drehbank. Die Rotschmiedsdrechslermühlen: Ein Nürnberger Geheimnis, in: J. Franzke et al. (Hrsg.), Räder im Fluß. Die Geschichte der Nürnberger Mühlen, 1986, 100–106 [11] A. Walz, Kunsthandwerk, in: Herzog Anton Ulrich-Museum (Hrsg.), Weltenharmonie. Die Kunstkammer und die Ordnung des Wissens, 2000, 185–274 [12] L. White Jr., Die ma. Technik und der Wandel der Gesellschaft, 1968 [13] K. Wittmann, Die Entwicklung der Drehbank, 1960.

Michael Mende

Dreieckshandel s. Atlantische Welt; Sklavenhandel

Dreifelderwirtschaft s. Flur; Fruchtfolgen

Dreißigjähriger Krieg

1. Zeitliche Eingrenzung
2. Kriegsphasen
3. Ursachen des Konflikts
4. Unbeteiligte Mächte
5. Radikale Politikstile und Europäisierung der Konflikte
6. Folgen

1. Zeitliche Eingrenzung

Der D.K. bezeichnet eine Folge von Konflikten, die mit den »böhm. Unruhen« 1618 einsetzten und mit dem ↗Westfälischen Frieden 1648 ihren Abschluss fanden. Der Begriff ist keine historiographische ex-post-Konstruktion, sondern war bereits den Zeitgenossen geläufig, die die Auseinandersetzungen als kohärent begriffen [12].

Die Vorgeschichte des D.K. reicht bis an den Anfang des 17. Jh.s zurück [14]. Seit dieser Zeit mehrten sich die Krisensymptome im Alten Reich (↗Heiliges Römisches Reich Deutscher Nation) und verdichteten sich zu einer allgemeinen Kriegserwartung. Eine zunehmende konfessionelle Polarisierung des Reichsverbandes hemmte die Funktionsfähigkeit der Reichsorgane. Der ↗Reichstag von 1613 ging ohne Reichsabschied zu Ende; erst 1640 sollte diese Institution wieder aktiv werden.

Konkreter Ausdruck für die Kriegserwartungen war die Organisation vieler ↗Reichsstände in konfessionellen Bünden (↗Bündnis): 1608 formierte sich die protest. Union, 1610 trat ihr als Pendant die Kath. Liga gegenüber. Im Krieg selbst sollte sich die Union als handlungsunfähig erweisen und trennte sich am 12. 4. 1621, während die Liga unter bayerischer Ägide bis 1631 eine militärische Macht darstellte und erst 1635 im Prager Frieden aufgelöst wurde. Als 1609 der Jülich-Klevische Erbfolgestreit (↗Erbfolgekrieg) ausbrach, zeigten sich aber die Reichsstände bei aller konfessionellen Gegensätzlichkeit nicht wirklich kriegsbereit. Es waren v.a. auswärtige Mächte, allen voran Frankreich und Spanien, die einen Krieg in ihr politisches Kalkül zogen und eine europ. Dimension erkennen ließen, die erst in den 1630er Jahren den Krieg mitprägen sollte. Doch noch einmal gelang eine Deeskalation, die dem Reich einige Jahre Frieden gab.

Genauso wenig wie sich der Ursprung des Krieges auf das Jahr 1618 datieren lässt, markiert das Jahr 1648 seine vollständige Beendigung: Nicht auf allen Kriegsschauplätzen und nicht für alle Kriegsparteien hörten die Kämpfe auf. So schlossen die span. und die franz. ↗Krone erst 1659 den sog. Pyrenäen-Frieden. Das Reich fand Frieden, doch bedurften die Vereinbarungen von 1648 noch entsprechender Ausführungsbestimmungen, die erst der Nürnberger Exekutionstag 1649/50 formulierte. Bis dahin gab es zwar keine Kämpfe mehr im Reich, doch mit den nach wie vor vielerorts im Land stehenden Truppen (↗Stehendes Heer) blieb die Situation angespannt. Der Krieg konnte jederzeit wieder aufgenommen werden, und die materiellen Belastungen blieben für die betroffenen ↗Territorien vergleichbar mit denen in Kriegszeiten. Erst durch diese Vor- und Nachgeschichte lässt sich der D.K. in die frühnzl. Geschichte des Alten Reichs und ↗Europas einordnen [2]; [4]; [10].

2. Kriegsphasen

Der D.K. wird in verschiedene Phasen unterteilt; auch diese Substrukturierung ist nicht im Nachhinein entstanden. Vielmehr wurden die Einzelfeldzüge und -kriege bereits durch den integrierenden Blickwinkel der Zeitgenossen zum D.K. zusammengefasst.

2.1. Ständerevolte in Böhmen

Der D.K. begann als eine böhm. ↗Ständerevolte [1] gegen die kath. Habsburger Herrschaft, die mit dem sog. Prager Fenstersturz kaiserlicher Amtsträger am 23. Mai 1618 einen spektakulären Auftakt erlebte. Nach ersten militärischen Erfolgen der böhm. Stände, die in (letztlich gescheiterten) Versuchen zur Einnahme Wiens kulminierten (Mai und November 1619), holten die Habsburger im Sommer 1620 zum Gegenschlag aus. Mit Hilfe des Heeres der verbündeten kath. Liga wurden zunächst die oberösterr. Stände niedergeworfen. Daran schloss sich der Feldzug in Böhmen an, der mit dem Sieg Habsburgs am Weißen Berg (8. 11. 1620) endete. Er besiegelte das Ende des böhm. Königtums Friedrichs von der Pfalz, der als »Winterkönig« verspottet ins Exil nach Den Haag floh. Nach diesem Sieg verlagerte sich der Krieg ins Reich [10].

2.2. Ausbau der kaiserlichen Machtposition

Die Schlacht am Weißen Berg war der Auftakt zu einer Serie von Siegen, welche die Macht des ↗Kaisers und der kath. ↗Reichsstände in den 1620er Jahren festigen sollte. Der Pfälzische Krieg (1621–23) bedeutete für Friedrich nach dem Ende des böhm. Königtums auch den Verlust seiner Stammlande. Schon ab August 1620 hatten span. Truppen weite Teile der Pfalz besetzt, am 19. 9. 1622 fiel Heidelberg. Kaiser Ferdinand II. übertrug 1623 die pfälzische Kurwürde auf Maximilian von Bayern. 1625 entbrannte der Niedersächsisch-Dän. Krieg, als der protest. Christian IV. von Dänemark als Kreisoberst des Niedersächsischen ↗Reichskreises Truppen aufstellte. Er sah sich nicht nur den Soldaten der Liga unter Graf Tilly gegenüber, sondern auch dem Herzog von Wallenstein, der hier erstmals für den Kaiser eine Armee ins Feld führte. Der Krieg endete mit der Niederlage des dän. Königs und im Frieden von Lübeck (7. 7. 1629). Auch der Norden des Reiches befand sich nun unter der Kontrolle des Kaisers.

2.3. Kriegseintritt Schwedens

Mit der Landung König Gustavs II. Adolf im Juli 1630 an der pommerschen Küste begann der Schwed. Krieg. Eine völlige Umkehrung der Machtverhältnisse leitete die Niederlage der kaiserlich-ligistischen Truppen bei Breitenfeld nahe Leipzig ein (17.9.1631); der Siegeszug führte Gustav II. Adolf bis nach München. Eine Entscheidung bedeutete dies noch nicht; der Kriegsausgang schien mit dem Tod des schwed. Königs in der Schlacht bei Lützen (16.11.1632) offener denn je. Der schwed. Reichskanzler Oxenstierna führte die schwed. Politik fort und organisierte die Verbündeten Schwedens im Heilbronner Bund (23.4.1633). Die schwed. Dominanz im Reich brach mit der Schlacht bei Nördlingen (6.9.1634) zusammen. Der Kaiser nutzte diese Situation, um im Frieden von Prag (30.5.1635) seinen Entwurf für eine Friedensordnung im Reich durchzusetzen [15].

2.4. Rolle Frankreichs

Doch jetzt trat Frankreich offen in den Krieg ein, um die Sache der Gegner Habsburgs zu unterstützen; der Franz. oder Europ. Krieg begann. Nach einigen Rückschlägen setzte sich die franz. und die wieder erstarkte schwed. Militärmacht durch. Krieg wurde nun mit wechselndem Ausgang in praktisch allen Gebieten des Reiches geführt, doch die entscheidenden Kämpfe verlagerten sich immer weiter in den Süden. Die Schlachten bei Jankau in Schlesien (6.3.1645), Alerheim (3.8.1645) und schließlich Zusmarshausen (17.5.1648), beide in der Umgebung von Augsburg, führten dem Kaiser und seinen Verbündeten die militärische Aussichtslosigkeit der Lage vor Augen. Dies beförderte die seit 1644 in Münster und Osnabrück geführten ↗Friedensverhandlungen, die mit der Unterzeichnung der Verträge am 24.10.1648 dem Krieg ein Ende setzten [6]; [5].

3. Ursachen des Konflikts

Welche Konflikte standen hinter diesen 30 Jahren Krieg? Auffällig ist ein Konglomerat aus regionalen und europ. Spannungen, das die Fortdauer des Krieges beförderte [13]; [15]. In Böhmen entzündete sich 1618 der Konflikt zwischen dem habsburgischen ↗Landesherrn und den böhm. ↗Ständen an konfessionellen Streitigkeiten. Über den konkreten Anlass hinaus war schnell die Option einer ↗Ständestaats-Gründung in greifbarer Nähe, als die Letzteren nicht nur den habsburgischen Landesherrn durch den am 27.8.1619 zum König gewählten calvinistischen ↗Kurfürsten Friedrich V. von der Pfalz ersetzten, sondern auch eigene staatliche Strukturen auszubilden begannen. Hinzu kam der Zusammenschluss mit Ständekorporationen anderer habsburgischer Erbländer zu einer Stände-↗Konföderation.

3.1. Pfälzische Kurwürde

Mit dem Engagement des pfälzischen Wittelsbachers in Böhmen kam Bewegung in andere Konfliktkonstellationen. Der Kampf gegen Böhmen wurde rasch zum Kampf um die pfälzische Kur – so sah es der bayerische Wittelsbacher Maximilian, der hier sein vordringliches Kriegsziel erblickte. Der seit dem 14. Jh. schwelende Streit um diese Kurwürde war zwar zunächst ein interner dynastischer Streit im Hause Wittelsbach (↗Dynastie), sollte aber im D.K. bis 1648 ungelöst bleiben und immer wieder Anlass auch für andere Mächte zu Interventionen im Alten Reich geben.

Die pfälzischen Hoffnungen auf Hilfe durch den engl. König, dessen Tochter Elisabeth mit Friedrich von der Pfalz verheiratet war, wurden zwar enttäuscht. Aber die Restitution des Pfälzers sollte Bestandteil des politischen Programms aller werden, die sich dem Haus Habsburg in den Weg stellten, seien es ↗Kriegsunternehmer wie Ernst von Mansfeld und Christian von Braunschweig, seien es Monarchen wie Gustav II. Adolf oder Ludwig XIII. von Frankreich. Die Pfalzfrage blieb somit bis 1648 auf der Agenda der Kriegführenden.

3.2. Schwedische Machtinteressen

Für viele auswärtige Potentaten gab es Machtinteressen, die weithin die Belange des Reiches mitberührten. Schwedens Konzeption eines *dominium maris baltici* (»↗Ostseeherrschaft«) konnte die habsburgische Machtentfaltung bis an die Ostsee kaum hinnehmen. Die franz. Krone trachtete danach, Habsburgs Einfluss zu reduzieren, wo es nur ging – sei es in Oberitalien, wo der (dritte) Mantuanische Erbfolgekrieg (1627–1631) auch mit Hilfe kaiserlicher Truppen ausgefochten wurde, sei es in Deutschland, wo protest. Reichsstände zumindest finanzielle Unterstützung Frankreichs im Kampf gegen einen allzu dominanten Kaiser aus dem Hause Habsburg erhielten. Genauso wichtig wurde es aus Sicht Kardinal Richelieus, der seit 1624 die franz. Politik bestimmte, dass die Kooperation zwischen der dt. und span. Linie der Habsburger unterbunden wurde. Zu Beginn des Krieges war dies eine wichtige Voraussetzung für die habsburgische Selbstbehauptung gewesen, weil span. Truppen am Rhein operierten.

3.3. Konfessionelle Auseinandersetzungen

Im Reich selbst speiste sich das Konfliktpotential v.a. aus dem Konfessionsstreit. Nach wie vor war die religiös-konfessionelle Dimension des Streits präsent, wenngleich eine durchgängig konsequente, konfessionelle Lagerbildung nicht erreicht wurde – die ↗Gegenreformation wurde von vielen ihrer Träger, aber auch von den Betroffenen als Kampf um die Seelen aufgefasst; das 100-jährige ↗Reformationsjubiläum 1617 tat ein Übriges dazu [4]. Eine religiös inspirierte Publizistik wurde eifrig und breit rezipiert und verschärfte die konfessionell angespannte Atmosphäre, schürte Ängste und vertiefte die Gegensätze zwischen den ↗Bekenntnissen [16].

Auf territorialer und dynastischer Ebene aber überwölbten Machtinteressen die konfessionellen Zwistigkeiten. Dabei entbrannte der Streit um die geistlichen Güter nicht nur zwischen den Konfessionen. Gerade zwischen den Häusern Habsburg und Wittelsbach, also den beiden Vorkämpfern für die kath. Konfession, lief die Besetzung der zu rekatholisierenden Stifte auf die Frage hinaus, wer in welchen Regionen Einfluss und Macht im Reich begründen und ausbauen konnte. Vergleichbare Strategien lassen sich aber auch für die sächsischen Wettiner und die brandenburgischen Hohenzollern nachweisen. Beide Häuser wetteiferten um die Stelle des Administrators im Erzstift Magdeburg, um auf diese Weise einen territorialen Stützpunkt an der mittleren Elbe zu erwerben. Auch die Intervention Christians IV. von Dänemark war im Wesentlichen den territorialen Ambitionen seines Hauses Holstein-Gottorf, v. a. auf norddt. Stifter (geistliche Fürstentümer), geschuldet. Überhaupt spielten sich unterhalb der europ. Konfliktebene zahllose regionale Auseinandersetzungen ab, in denen meist dynastische Ziele verfolgt wurden.

3.4. Opposition der Reichsstände gegen den Kaiser

Das Reich sah wiederum die klassische Konfliktlage um die Machtverteilung zwischen den ↗Reichsständen und dem ↗Kaiser [2]; [15]. Dabei nährte die kaiserliche Dominanz in den 1620er Jahren Konzepte einer erstarkten kaiserlichen Zentralgewalt, die ohne Reichstag und Reichsgerichte, nur mit der fallweisen Unterstützung der Kurfürsten sehr selbstherrlich zu agieren wusste. Ein Erfolg kaiserlicher Politik sollte noch einmal das Verbot reichsständischer ↗Bünde im Prager Frieden 1635 sein, mit dem ein wichtiges Instrument einer reichsständischen Politik, wie es bes. die Liga dargestellt hatte [8], ausgeschaltet wurde. Außer diesen Bünden erlebten noch die Reichskreise eine gewisse Blüte.

Die ↗Kurfürsten hatten im Reichsgefüge zunächst eine dominante Stellung, als nach der Paralyse des Reichstags v. a. Kurfürstentage die Bühne für reichspolitische Aktivitäten boten. Doch 1630 wurde der letzte Kurfürstentag abgehalten, der nicht zum Zweck der Königswahl einberufen wurde. Damit drängten v. a. die Reichsfürsten auf ihre Partizipation an den Reichsgeschäften: Die Kurfürsten mussten in dieser Phase hart um ihre »Präeminenz« (Vorrang) vor den Reichsfürsten kämpfen, die wiederum im Kampf um die »Parification« (Gleichstellung mit den Kurfürsten) am Ende wichtige Erfolge erzielten – auch die reichsfürstliche Beteiligung an den Friedensverhandlungen gehörte dazu. Neben der Begrenzung kaiserlicher und kurfürstlicher Machtambitionen im Reichsgefüge sollte sich aber als wichtig erweisen, dass zum Ende des Kriegs wieder der Reichstag als Bühne der Reichspolitik neue Bedeutung gewonnen hatte [4]; [15].

4. Unbeteiligte Mächte

Ungeachtet aller Verwicklung der verschiedenen Konflikte und Konfliktebenen gab es auch am Krieg unbeteiligte Mächte. Dass sich einige Neben- und Parallelkonflikte kaum mit dem D. K. verschränkten, ist ein Befund, der meist übersehen wird, aber für den Verlauf des D. K. bedeutsam war. So hielt sich die engl. Krone aus den kontinentalen Händeln heraus, von wenigen ↗Subsidien-Zahlungen an Friedrich V. von der Pfalz und der Entsendung von Truppenkontingenten abgesehen. Ab den 1640er Jahren war das Königreich ohnehin im Bürgerkrieg mit sich selbst beschäftigt (↗Englische Revolution). Kaum erwähnenswerte Hilfe des Kaisers erhielt Polen im Konflikt mit Schweden, dessen Herrscher die poln. Wasa-Könige als illegitim ansahen. Der Waffenstillstand von Altmark (25. 9. 1629) schrieb schwed. Erfolge fest, der Konflikt wurde erst ab 1655 wieder aufgenommen (Erster ↗Nordischer Krieg).

Das Zarenreich war am großen europ. Ringen völlig unbeteiligt. Sehr hoch muss auch die Ruhe an der Balkanfront eingeschätzt werden, durch die Habsburg seine Kräfte ganz auf den mitteleurop. Kriegsschauplatz konzentrieren konnte: Nach dem Frieden von Zsitva-Torok (11. 11. 1606) gab es bis 1663/64 keine Kämpfe mit dem ↗Osmanischen Reich, von gelegentlichen kriegerischen Händeln mit dem Pufferstaat Siebenbürgen unter den Fürsten Gábor Bethlen und Georg Rákóczi abgesehen. Trotz der geographischen Nähe gab es schließlich überraschend wenig direkte (militärische) Verschränkungen mit den Geschehnissen der zeitgleich verlaufenden span.-niederl. Auseinandersetzungen (↗Niederländischer Aufstand). Die span. Habsburger erwarteten zwar Waffenhilfe von der österr. Linie der Dynastie, doch die mit dem Kaiser verbündeten Reichsstände sperrten sich gegen dieses Engagement. Die ↗Schweizerische Eidgenossenschaft war durch die strategische Bedeutung der Alpenpässe in Graubünden (Veltlin) involviert, ohne wirklich in den Strudel der Ereignisse gerissen zu werden.

5. Radikale Politikstile und Europäisierung der Konflikte

Die Verwicklung der verschiedenen Konfliktfelder und die Verstetigung der Konflikte wurden durch zwei Faktoren befördert: (1) Zum einen war dies eine weithin vorherrschende Radikalisierung der politischen Entscheidungsträger. Eine dem Ausgleich verpflichtete Politik, die den ↗Augsburger Religionsfrieden als nicht zu diskutierendes Gut akzeptierte, war durchweg diskreditiert. Die moderierende Ausgleichspolitik, wie sie Kardinal Klesl in den Jahren vor dem Krieg verfolgte, sollte sich als Auslaufmodell erweisen. Allenfalls Kursachsen war noch bereit, eigene Interessen mit Reichsbelangen abzustimmen, sah aber schon 1620 kein Problem darin, für die Unterstützung Habsburgs in Böhmen territorialen Gewinn zu machen (Lausitzen) [7].

Fürsten und Räte auf allen Seiten meinten, eine Unausweichlichkeit des Krieges zu erkennen – eine Einstellung, die mit einer vielfach anzutreffenden eschatologischen ↗Endzeit-Stimmung konvergierte. Je nach Kriegsglück sah man sich mit existentiellen Bedrohungsszenarien konfrontiert oder erblickte die Chance zu einer konsequenten Umsetzung maximaler Kriegsziele, denen eine konfessionelle Legitimierung zugrunde lag. In dieser Hinsicht war der D.K. durchaus auch ein ↗Religionskrieg. Es waren in der zeitgenössischen Terminologie die *Theologici*, die eine nach konfessionellen Grundsätzen ausgerichtete Politik und ↗Kriegführung bestimmten. Erst im Verlauf der Kriegsjahre konnten sich die *Politici* als Vertreter einer auf ↗Staatsräson und Augenmaß bedachten, weitgehend säkularen Politik Gehör verschaffen [4].

(2) Zum anderen war eine immer stärkere Europäisierung der Politik zu beobachten. Alle Kriegsparteien suchten verstärkt Hilfe bei auswärtigen Bündnispartnern. Dies galt im Vorfeld des D.K. bereits für calvinistische Reichsfürsten wie Kurfürst Friedrich V. von der Pfalz und für den Landgraf von Hessen-Kassel (↗Calvinismus), aber auch für kath. Reichsfürsten wie Maximilian von Bayern und die in der Kath. Liga organisierten Reichsstände insgesamt. V.a. Subsidien zur ↗Kriegsfinanzierung spielten eine große Rolle. Frankreich führte auf diese Weise lange Zeit einen »verdeckten Krieg«, indem es nach dem Vertrag von Bärwalde mit Schweden (23.1.1631) die Kriegführung Gustav Adolfs mit erheblichen Mitteln unterstützte. Aber auch Bündnisse zwischen Bayern und Frankreich (Fontainebleau, 8.5.1631), Hessen-Kassel und Schweden (Werben, 22.8.1631) und namentlich der Heilbronner Bund zwischen Schweden und prot. Reichsständen (23.4.1633, s.o. 2.3.) involvierten auswärtige Mächte immer tiefer ins Kriegsgeschehen.

Das alternative Konzept der Reichsstände war eine ↗Neutralitäts-Politik, die weder der als aggressiv empfundenen kaiserlichen Politik folgen noch sich einem auswärtigen Potentaten anschließen wollte. Dieses Politikmuster verfolgten lange Zeit etwa Kursachsen und Kurbrandenburg, aber auch eine große Zahl von kleineren Reichsständen. Angesichts der immer stärkeren Einflussnahme auswärtiger Mächte im Reich war diese Politik letztlich zum Scheitern verurteilt. Zudem ließ die neue Form der Kriegführung, in der die Heeresversorgung über das ↗Kontributions-System organisiert wurde, fast alle Reichsterritorien zu Teilen des Kriegstheaters werden und erzwang somit deren Teilnahme am Krieg.

Auf europ. Ebene konkurrierten universalistische Konzepte um die ↗Hegemonie in Europa. Der habsburgische Anspruch auf Weltherrschaft kollidierte mit dem Streben des franz. Königtums nach einer eigenen imperialen Machtstellung. Als dritter Universalismus (↗Universalmonarchie) bestimmte der ↗Gotizismus die schwed. Politik [4]. Alle diese Großmächte fochten für eigene Interessen europaweit, von der Ostsee bis zum Alpenraum, in Oberitalien und im franz.-span. Grenzland ebenso wie im Reich.

6. Folgen

Die Folgen des D.K. können kaum überschätzt werden [11]. Die Erfahrungen der Kriegszeit ([3]; [9]) verliehen dem Staatsbildungsprozess (↗Staat) neuen Schwung. In vielen Territorien setzten die Fürsten in der zweiten Hälfte des 17. Jh.s eine Stärkung der landesherrlichen Gewalt durch, um Handlungsspielraum und Gestaltungsmöglichkeiten zu erweitern. Voraussetzung dafür war eine signifikante Erhöhung des ↗Steuer-Aufkommens, auch für den Auf- und Ausbau einer militärischen Macht. Leidtragende waren v.a. die ↗Bauern, die mit erhöhten Abgabenlasten konfrontiert wurden, aber auch die Städte (↗Akzise).

Das Reich, das kurz vor und während des Krieges handlungsunfähig gewesen war, fand mit den Regelungen des ↗Westfälischen Friedens, der auch einen Reichsfrieden und ein Reichsgrundgesetz darstellte, zu neuer Stabilität. Einige mächtigere Reichsstände wie Bayern führten auch nach 1648 eine betont ambitionierte, eigenständige Politik fort oder nahmen wie Brandenburg eine solche in bewusster Neuorientierung jetzt auf, deren Aktionsradius deutlich über das Reich hinausragte. Sie trafen auf europ. Ebene auf eine sich seit der Jahrhundertmitte verfestigende Mächtekonstellation, die sich in der Nachfolge der im Krieg weitgehend diskreditierten Universalmachtansprüche (Spanien, Schweden, Frankreich) unter dem Primat des Mächtegleichgewichts herausbildete (↗Gleichgewicht der Kräfte).

Durch die weitreichenden Zerstörungen und schweren ↗Bevölkerungs-Verluste hat der D.K. im dt. ↗Geschichtsbewusstsein tiefe Spuren hinterlassen, auch wenn die Spannweite regionaler Unterschiede groß war und die Verlustquoten von ca. 10% bis über 50% und in Extremfällen bis an die 70% reichten. Dazu trug v. a. die zeitgenössische Publizistik bei, die den D. K. zu einem der großen Medienereignisse der Frühen Nz. werden ließ [4]. Die Wertung als Katastrophe der dt. Geschichte wurde nicht zuletzt durch eine entsprechende Wahrnehmung seit dem frühen 19. Jh. gefördert und erst im 20. Jh. durch die Erfahrung des Zweiten Weltkriegs relativiert.

→ Konfessionskriege; Krieg; Westfälischer Friede

Quellen:
[1] M. Toegel (Hrsg.), Documenta Bohemica Bellum Tricennale, Bd. 1–2: Der Beginn des Dreißigjährigen Krieges. Der Kampf um Böhmen, 1972.

Sekundärliteratur:
[2] R. G. Asch, The Thirty Years War. The Holy Roman Empire and Europe, 1618–1648, 1997 [3] M. Asche / A. Schindling (Hrsg.), Das Strafgericht Gottes. Kriegserfahrung und Religion im Heiligen Römischen Reich Deutscher Nation im Zeitalter des Dreißigjährigen Krieges, 2001 [4] J. Burkhardt, Der Dreißigjährige Krieg, 1992 [5] K. Bussmann / H. Schilling (Hrsg.), 1648. Krieg und Frieden in Europa (Kat.-Bde. zur 26. Europa-Ausstellung in Münster und Osnabrück 1998/99), 1998 [6] H. Duchhardt (Hrsg.), Der Westfälische Friede. Diplomatie – politische Zäsur – kulturelles Umfeld – Rezeptionsgeschichte, 1998 [7] A. Gotthard, »Politice seint wir bäpstisch«. Kursachsen und der dt. Protestantismus im frühen 17. Jh., in: ZHF 20, 1993, 275–319 [8] M. Kaiser, Politik und Kriegführung. Maximilian von Bayern, Tilly und die Kath. Liga im Dreißigjährigen Krieg, 1999 [9] B. Krusenstjern / H. Medick (Hrsg.), Zwischen Alltag und Katastrophe. Der Dreißigjährige Krieg aus der Nähe, 1999 [10] G. Parker, Der Dreißigjährige Krieg, 1987 [11] V. Press, Soziale Folgen des Dreißigjährigen Krieges, in: W. Schulze (Hrsg.), Ständische Gesellschaft und soziale Mobilität, 1988, 239–268 [12] K. Repgen, Seit wann gibt es den Begriff »Dreißigjähriger Krieg«?, in: H. Dollinger et al. (Hrsg.), Weltpolitik, Europagedanke, Regionalismus (FS H. Gollwitzer), 1982, 59–70 [13] K. Repgen (Hrsg.), Krieg und Politik 1618–1648. Europ. Probleme und Perspektiven, 1988 [14] M. Ritter, Dt. Geschichte im Zeitalter der Gegenreformationen und des Dreißigjährigen Krieges (1555–1648), 1908 [15] G. Schmidt, Der Dreißigjährige Krieg, 2003 [16] S. S. Tschopp, Heilsgeschichtliche Deutungsmuster in der Publizistik des Dreißigjährigen Krieges, 1991.

Michael Kaiser

Drogenkonsum

1. Definition und Überblick
2. Betäubungsmittel und Stimulantia

1. Definition und Überblick

Nach heutiger Auffassung sind unter dem Begriff »Drogen« alle psychoaktiven (= bewusstseinsbeeinflussenden) Substanzen zu verstehen; im Folgenden werden jene behandelt, deren Konsum im nzl. Europa massenhaft bzw. in sozial relevantem Umfang verbreitet war. Bestimmend für die bis ins letzte Drittel des 19. Jh.s überwiegend permissive Einstellung gegenüber dem D. war zum einen, dass der Einsatz pflanzlicher Wirkstoffe zur Heilbehandlung, zur Dämpfung von Hunger-, Kälte- und Schmerzempfindungen, zur Leistungssteigerung und zur Beruhigung bei Angst- und Erregungszuständen von den frühesten Kulturen an zur menschlichen Überlebenstechnik gehörte. Die Grenze zwischen jeweils medizinischem, lebenserleichterndem und hedonistischem Gebrauch wurde dabei vor Durchbruch der naturwiss. ↗Medizin (spätes 19. Jh.) kaum reflektiert. Es existierte sogar insofern eine »Welt ohne Sucht«, als drogeninduzierte Reaktionen und Befindlichkeiten (z. B. Rauschzustände) in Unkenntnis der Wirkungszusammenhänge primär als Sitten- und Charakterfrage, nicht jedoch in Verbindung mit einem möglichen Krankheitssyndrom gesehen wurden. Obrigkeitliche Eingriffsversuche und (v. a. kirchliche) Gegenpropaganda gab es daher lediglich bei der Einführung kulturfremder Drogen (z. B. ↗Tabak) und bei krisenhaften Entwicklungen (z. B. im Fall des ↗Alkoholkonsums im 16./17. Jh.).

Bei den sog. Hexendrogen (Salben, Tränken) blieb bis in die Frühe Nz. im Kontext magischer Rituale und Praktiken (↗Magie) die ehemals auch kultisch-religiöse Funktion von Rauschdrogen innerhalb des europ. Kulturraumes zweifellos am längsten erhalten. Die halluzinogen (etwa in Form von Flug- und Körperverwandlungserlebnissen) wirkenden Nachtschatten- und Hahnenfußgewächse Alraune, Tollkirsche, Bilsenkraut, Stechapfel und Eisenhut gehörten weit über die subkulturellen »Hexenbräuche« hinaus (↗Hexe) zu den volksmedizinischen Basismitteln, die für ihre Wirksamkeit als Schmerz- und Schlafmittel, aber auch als Aphrodisiaka geschätzt wurden. Als Stimulanzien, Aphrodisiaka und vielfältig einsetzbare Heilmittel angewandt wurden auch »berauschende ↗Gewürze« wie Safran, Muskatnuss und Koriander.

Ein Spezifikum des europ. D. stellte dagegen das »Arsenikessen« in den österr. Alpenländern dar. Arsenik (↗Arsen), das bei der Erzverhüttung entsteht (»↗Hüttenrauch«), war bis zum Ersten Weltkrieg wichtiger Bestandteil der Volks- und Armenmedizin. Als einzig bekanntes anorganisches Rauschgift wurde es wegen seiner leistungs- und vitalitätssteigernden, aber auch kosmetischen Wirksamkeit (Haut- und Haarqualität) einerseits im Tierdoping (Rosstäuscherei), andererseits als Aufputschmittel von Menschen mit schweren körperlichen Tätigkeiten in der Land- und Forstwirtschaft bzw. im Bergbau- und Hüttenwesen verwendet. Trotz hoher Toxizität konnte es aufgrund seiner Toleranzbildung von daran Gewöhnten auch in Dosierungen vertragen werden, die normalerweise als tödlich gelten.

2. Betäubungsmittel und Stimulantia

Als eminent abendländische Droge ist das ↗Opium zu bezeichnen. Als das Betäubungsmittel schlechthin spätestens in der griech.-röm. Medizin fest etabliert, erreichte es als *Laudanum (Paracelsi)*, ein alkoholischer Opiumauszug, im 17. und 18. Jh. europaweit den Rang eines Wundermittels mit nahezu unbegrenzt angenommener Indikationsbreite. Seinen Erfolg verdankte es zweifelsfrei v. a. auch seinen willkommenen stimmungsbezogenen Nebeneffekten, denn Opium wurde in Dosierungen verschrieben bzw. in Selbstmedikation konsumiert, die nach heutiger Erkenntnis zur Suchtbildung ausreichten. Der häufige bis regelmäßige Konsum von Laudanum erstreckte sich über alle Altersgruppen und Gesellschaftsschichten, von der einfachen Bevölkerung bis zu den europ. Eliten. Nahezu alle europ. Herrscherfamilien und Hofgesellschaften der Zeit des aufgeklärten Absolutismus waren davon betroffen; als bes. tragische Beispiele unter den Kulturschaffenden sind Novalis, E. T. A. Hoffmann, Baudelaire, Lord Byron oder Edgar Allen Poe zu nennen.

Mit der einsetzenden ↗Industrialisierung erreichte der Opiatkonsum durch seine Verbreitung unter Industrie- und Hafenarbeitern, Bergleuten und in der Weberbevölkerung sogar noch weitere Dimensionen; man schenkte Opiate bedenkenlos auch in den Wirtshäusern aus. Ihr Suchtbildungspotential wurde erst im letzten Drittel des 19. Jh.s erkannt.

Die bis heute größte Verbreitung erlangten allerdings Alkohol und Tabak. Alkohol, schon seit der europ. Frühgeschichte eine kulturell vertraute Droge, entwickelte sich im Laufe des 16. Jh.s erstmals zum gesellschaftlich wahrgenommenen Problem, als die einsetzende Kommerzialisierung der Destillation zum Massenkonsum hochprozentiger Alkoholika (↗Branntwein) unter Beibehaltung der gewohnten Trinkstile führte (↗Alkoholkonsum; ↗Trinkkultur). Eine weitere Ausbreitungswelle verlief Ende des 19. und Anfang des 20. Jh.s parallel zur Entstehung der ↗Manufakturen und ↗Fabriken, diesmal in der sozial differenzierten Form des Elendsalkoholismus.

Der ↗Tabak verdankte seinen europ. Siegeszug den beiden Katastrophen des 17. Jh.s, dem ↗Dreißigjährigen Krieg und der ↗Pest. Anfangs erbittert bekämpft, entschieden sich die meisten Staaten schon aufgrund der enormen Produktionsausweitung schnell für den fiskalischen Gewinn durch seine Besteuerung. Als weltweit augenscheinlich mit allen sozialen und kulturellen Voraussetzungen »kompatible« Droge (seine Verbreitung stellt die erste Drogen-Pandemie dar) wurde Tabak zunächst getrunken, geschnupft und mittels Pfeife geraucht, bis sich mit dem Krimkrieg die Zigarette allgemein durchsetzte. Ergänzt wurde die europ. Drogenpalette schließlich durch die Genuss- bzw. Purindrogen ↗Kaffee, ↗Tee und Schokolade (↗Kakao) im 17. und 18. Jh. (↗Genussmittel).

→ Heilpflanzen; Medizin; Pharmazie; Statuskonsum; Trunksucht

[1] A. ALBERS / P. MULLEN, Psychoaktive Pflanzen, Pilze und Tiere, 2000 [2] D. BECKMANN / B. BECKMANN, Das geheime Wissen der Kräuterhexen. Alltagswissen vergangener Zeiten, ³1999 [3] H.-G. BEHR, Weltmacht Droge. Das Geschäft mit der Sucht, 1980 [4] G. SCHENK, Das Buch der Gifte, 1954 [5] W. SCHIVELBUSCH, Das Paradies, der Geschmack und die Vernunft. Eine Geschichte der Genussmittel, ⁵2002 [6] W. SCHMIDTBAUER / J. VOM SCHEIDT, Hdb. der Rauschdrogen, ⁸1997 [7] M. SEEFELDER, Opium. Eine Kulturgeschichte, ²1990 [8] G. VÖLGER (Hrsg.), Rausch und Realität. Drogen im Kulturvergleich (2 Bde.), 1981.

Birgit Bolognese-Leuchtenmüller

Drohung

1. Drohung im Recht
2. Drohung im Alltagsleben
3. Drohung als intellektuelles Konzept

1. Drohung im Recht

Im Bereich des ↗Strafrechts bedeutete D. das Inaussichtstellen eines Übels, dessen Verwirklichung vom Verhalten des Bedrohten abhing. Diese Form der Nötigung oder Erpressung gehörte in der Nz. zum Tatbestandsmerkmal verschiedenster Verbrechen, z. T. mit direktem sprachlichen Niederschlag wie bei der »Notzucht« (↗Vergewaltigung), aber auch bei ↗Raub oder ↗Mord, gegen welche jede Form der ↗Notwehr zulässig war [3. Art. 139–145]. D. spielten auch bei Verbrechen, die dem ↗Landfriedens-Bruch subsumiert wurden, oder bei politischen Verbrechen wie Rebellion eine Rolle (↗Sedition; ↗Widerstand). Bei »heimlichen« Verbrechen wie der ↗Zauberei oder Hexerei (↗Hexe) konnten D. rechtsrelevant werden und als Indiz für die Anwendung der ↗Folter dienen, etwa wenn »jemands zu bezaubern bedrahet und dem bedraheten dergleichen beschicht«, also der angedrohte Schaden dann tatsächlich eintraf [3. Art. 44]. Parallel dazu wurden D. inkriminiert, bei denen physische Gewaltanwendung gegen Leib oder Gut angekündigt wurde [2. Art. 38]; [4. 1137 f.].

Im Bereich der minderen Delikte wurden D. in den ↗Polizeiordnungen behandelt, wo sie, je nachdem, ob sie sich im Bereich der Verbalinjurien bewegten oder ob es bereits zu Tätlichkeiten (Realinjurien) gekommen war, in abgestufter Form sanktioniert wurden (z. B. Stiftkemptische Landesordnung von 1562 [5. 60–64, Art. 16–26]). D. mit Waffen oder Wurfgeschossen, körperliche Angriffe mit »trockenen Streichen« oder solche, die zu blutenden Wunden (»Blutrunsten«, »Blutrissigkeit«) führten, wurden mit Härte, wenn auch meist als Frevel mit Geld- ↗Bußen bestraft (Augsburger Polizeiordnung von 1537 [8. 99 ff., 113 f., Art. 8 und 21]).

Beim nächtlichen Herausfordern (↗Herausforderung) aus dem Haus oder Angriffen auf das Haus wurden jedoch ↗Leibesstrafen und ↗Todesstrafen angedroht, denn der Bruch des Hausfriedens war nicht nur in England ein Delikt von ganz besonderer Qualität. Die Ursache für die Härte der ↗Strafen lag darin, dass man nicht nur den konkreten Angriff, sondern den abstrakten Bruch des ↗Landfriedens sah, also einen Angriff auf den ↗Staat. Um Ordnung zu schaffen, wurde bereits die Androhung von Angriffen (z. B. Drohreden, das Zücken des Messers etc.) inkriminiert. Manchmal taucht der Begriff »D.« sogar als eigenes Delikt auf, etwa im Augsburger Stadtrecht von 1276 (Art. 66) oder in der Polizeiordnung des Reichsklosters Elchingen 1685/1718 [8. 327, § 11]). Meist wurden D. jedoch im Rahmen anderer Deliktbeschreibungen mitbehandelt, so in der Bamberger Halsgerichtsordnung (*Bambergensis*) von 1507 [2. Art. 153].

2. Drohung im Alltagsleben

D. haben epochenspezifische und anthropologische Aspekte. Sie dienen – wie im Tierreich – zur Einschüchterung von Gegnern oder Rivalen, in der direkten Interaktion durch entsprechende Mimik (Drohmimik), ↗Gestik (Drohen mit der Faust), durch spezifische Akustik (Schimpfen, Schreien, drohendes Schweigen) oder Optik (durch vorgetäuschten Angriff, Intentionsbewegungen, aber auch durch zeittypische Accessoires wie Keulen, Messer, Wurfbeile, eiserne Wurfkreuze oder Schusswaffen). Hinzu kommen in der Nz. medial vermittelte D. wie Drohbriefe und gedruckte Drohschriften, die dem Empfänger anonym zugestellt wurden oder den Charakter einer ↗Kriegserklärung haben konnten. Die Übergänge zwischen Beschimpfungen, Drohworten und Verfluchungen (↗Fluch) waren meist ebenso nahtlos wie die zwischen Verbal- und Realinjurien.

Im ↗Alltag waren D. eng verknüpft mit dem Konzept der ↗Ehre. Verbale Angriffe auf den Leumund bedrohten wegen ihrer rechtlichen Relevanz im Prinzip nicht nur das Individuum, sondern alle Angehörige eines ↗Haushalts bzw. das ↗ganze Haus. D. konnten unabhängig vom tatsächlichen Verhalten einer Person eingesetzt werden, sobald sich Angriffsflächen boten. Sie waren eng mit dem Konzept der Unordnung oder der Unreinheit im Sinne von Mary Douglas verbunden und oft auf ↗Sexualität bezogen. Verleumderische Drohreden waren gefährlich, weil sie die Arena der ↗Öffentlichkeit nutzten und neben der direkten Demütigung ↗Gerüchte in die Welt setzten, die zum Verlust des guten Rufs führen konnten. Dies hatte auch Konsequenzen für das Sozialverhalten. Darüber hinaus besteht eine enge Beziehung zu jener physischen Unsicherheit, durch die die frühmoderne Gesellschaft gekennzeichnet war. Dies betraf einerseits das weite Feld der ↗Gewaltkriminalität, die insbes. von epochenspezifischen sozialen Gruppen auszugehen schien (»gartenden Knechten«, »starken Bettlern« etc.). Die Macht des Staates reichte zwar aus, um das ↗Fehde-Wesen abzustellen, nicht aber, um abgelegene Höfe vor Überfällen zu schützen. Zum anderen betraf es die verbreitete Tendenz, von der verbalen D. zum physischen Angriff überzugehen, sei es auf der Straße und auf öffentlichen Plätzen oder im ↗Gasthaus.

3. Drohung als intellektuelles Konzept

Intellektuelle wie der unbekannte Autor des Artikels »D.« in Zedlers *Universal-Lexicon* [1] oder Denis Diderot artikulierten zur Zeit der ↗Aufklärung ein Konzept, in den D. in einem größeren Zusammenhang betrachtet wurde. Im Mittelpunkt stand dabei wie schon zur Zeit der ↗Reformation und des ↗Barock Gott, der die Individuen und die ↗Gesellschaft mit Sanktionen bedrohte. Nach seinem Vorbild stellen D. auch für Fürsten oder ↗Eltern ein vernünftiges Mittel dar, um durch Furcht die ↗Ordnung zu bewahren. Im Gegensatz zu privaten D. gilt der Einsatz von D. durch den Staat (oder durch Gott) als legitim, da er die öffentliche Ordnung garantiert.

→ Fluch; Polizeiordnungen; Ritual; Strafe; Straftat

Quellen:
[1] Art. Drohung, in: Zedler 7, 1734, 1469 f. [2] J. Kohler / W. Scheel (Hrsg.), Bambergensis: Die Bambergische Halsgerichtsordnung, Halle/Saale 1902 [3] G. Radbruch (Hrsg.), Constitutio Criminalis Carolina (CCC): Die peinliche Gerichtsordnung Kaiser Karls V. von 1532, Stuttgart 1975.

Sekundärliteratur:
[4] Art. Drohe, Drohnis, Drohrede, Drohschriften, Drohung, Drohworte, in: E. von Künssberg (Hrsg.), DRW 2, 1932–1935, 1136–1141 [5] P. Bickle et al. (Hrsg.), Gute Policey als Politik im 16. Jh. Die Entstehung eines öffentlichen Raumes in Oberdeutschland, 2003 [6] M. J. Braddick, Negotiating Power in Early Modern Society: Order, Hierarchy and Subordination in Britain and Ireland, 2001 [7] M. E. Perry, Crime and Society in Early Modern Seville, 1990 [8] W. Wüst (Hrsg.), Die »gute« Policey im Reichskreis. Bd. 1: Der Schwäbische Reichskreis, 2001 [9] W. Wüst (Hrsg.), Die »gute« Policey im Reichskreis. Bd. 2: Der Fränkische Reichskreis, 2003.

Wolfgang Behringer / William Naphy

Druckgraphik

1. Definition
2. Quellen und Forschungsgeschichte
3. Die Techniken und ihre Entwicklung
4. Arbeitsteilung
5. Herstellungszentren
6. Anwendungsgebiete

1. Definition

Die D. umfasst alle druckgraphischen Techniken und deren Erzeugnisse. Zusammen mit der ↗Zeichnung gehört sie zur Kunstgattung der Graphik (von griech. *gráphein,* »schreiben«, »zeichnen«). Von der Zeichnung unterscheidet sich die D. durch die Verwendung einer je nach Technik verschiedenen Druckplatte, die es ermöglicht, einen einzigen Entwurf zu vervielfältigen. Auf dieser Eigenschaft der Reproduzierbarkeit beruht die historische Bedeutung der D.

2. Quellen und Forschungsgeschichte

Gedruckte Anleitungen zum Anfertigen von D. erschienen erst lange nach der Erfindung der ältesten Verfahren: Das früheste Handbuch über Radierung und Kupferstich wurde 1645 in Paris von Abraham Bosse publiziert [3]. Die dt. Ausg. von 1765 ist wesentlich erweitert und bezieht auch die Technik der »Schwarzen Kunst« (*Mezzotinto*) ein [1]. Lange nach der Blütezeit des Holzschnitts verfasste Jean Michel Papillon 1766 ein ausführliches Handbuch zur Technik mit Beispieltafeln zum Farbholzschnitt [5]. Ein Resümee eigener und fremder Versuche zur Lithographie gab 1818 Alois Senefelder – 19 Jahre nach Patentierung des Verfahrens [6].

Die ersten Werkverzeichnisse der europ. Graphik in der 2. Hälfte des 18. Jh.s basierten auf dem Wunsch, das Kunstsammeln zu systematisieren (↗Kunstsammlung). So schuf Rudolf Füssli 1798 mit seinem Verzeichnis nach Schulen ein Handbuch für den Graphiksammler [12]. Bes. Einfluss erlangte der 1803–1821 in Wien erschienene *Peintre-Graveur* von Adam Bartsch [9]; das 21-bändige Werk dient seit 1978 als Grundlage des fortlaufend publizierten *Illustrated Bartsch* [27]. Das 1864–1878 erarbeitete Verzeichnis dt. Graphiker von Andreas Andresen [8] ist inzwischen von den ebenfalls noch nicht abgeschlossenen Werkverzeichnissen dt. und niederl. Graphiker, die F.W.H. Hollstein 1949 begann [15]; [16]; [23]; [24], und monographischen Katalogen abgelöst worden. Als Überblick noch immer grundlegend, wenn auch in Einzelheiten überholt, ist Max Lehrs' 1908–1934 erarbeiteter Katalog der frühesten Kupferstiche [21].

3. Die Techniken und ihre Entwicklung

3.1. Hochdruck
3.2. Tiefdruck
3.3. Flachdruck

Eine Voraussetzung für die Entwicklung der D. war die Einführung der Papierherstellung in Mitteleuropa seit dem 14. Jh. (↗Papier). Das im Verhältnis zum Pergament preisgünstige Hadernpapier wurde der wichtigste Druckträger, obwohl gelegentlich auch Pergament oder textile Träger (für sog. Zeugdrucke auf Leinen, Baumwolle oder Seide) Verwendung fanden.

Die Techniken der D. werden in Hoch-, Tief- und Flachdruck gegliedert. In Hoch- und Tiefdruck kommen jeweils reliefierte Druckplatten zur Anwendung: Bei Hochdrucktechniken wird die Druckerschwärze oder eine andere Farbe auf die erhabenen Partien aufgebracht (s. u. 3.1.), während bei Tiefdrucktechniken die Farbe in den Vertiefungen des Reliefs sitzt und während des Druckvorgangs aus diesen herausgesaugt wird (s. u. 3.2.). Für den Flachdruck werden auf chemischem Wege druckende und nicht druckende Partien erzeugt (s. u. 3.3.).

3.1. Hochdruck

3.1.1. Holzschnitt
3.1.2. Holzstich

Abb. 1: Hans Baldung, gen. Grien, Die Hexen (Detail), 1510 (Farbholzschnitt von zwei Platten, 37,5 x 27,7 cm). Der mit Hilfe einer schwarzen Strichplatte und unterschiedlich eingefärbten Tonplatten (rot und braun) gedruckte Farbholzschnitt zeigt die ausdrucksstarke Hell-Dunkel-Wirkung der Technik, die zur Benennung *Clair-obscur- (oder Chiaroscuro-) Holzschnitt* führte: Der in beiden Platten ausgesparte weiße Papierton erzeugt helle Lichter in den Körpern der nackten Hexen, die im Dunkel der Nacht von einer außerhalb des Bildes liegenden Lichtquelle beleuchtet werden. Die Tonplatte gibt den mittleren Helligkeitsgrad wieder, während die Strichplatte die schwarzen Konturen und Schattenschraffuren liefert.

3.1.1. Holzschnitt

Die älteste Hochdrucktechnik ist der Holzschnitt. Seine europ. Geschichte (die Vorläufer in Asien hat; dazu [25. 61–96]) begann um 1400 [18. 45–95, bes. 51]; [25. 84–96]. Als Druckplatte dient der Holzstock, ein aus Langholz (längs der Holzfaser) geschnittenes, geglättetes Brett. Hierauf wird – in der Regel nur auf eine Seite – die Vorzeichnung des Holzschnitts aufgetragen. Anschließend hebt der Formschneider (s. u. 4.) mit Hilfe von Hohleisen die Flächen außerhalb der Zeichnung aus, so dass deren Linien als erhabene Grate stehen bleiben. Im sog. Weißlinienschnitt, der im ersten Drittel des 16. Jh.s v. a. in der Schweiz beliebt war, wurde umgekehrt verfahren; die Linien der Zeichnung wurden eingetieft. Auf den fertigen Holzstock wird vorsichtig die Druckerschwärze aufgebracht (mit Rolle oder Tampon); daraufhin kann gedruckt werden, entweder im Handdruckverfahren (Reiberdruck) oder in der Druckerpresse. Fertige Holzschnitte, bei denen die Zeichnung schwarz vor weißem Grund erscheint (im Weißlinienschnitt umgekehrt), weisen einen leichten Reliefunterschied zwischen druckenden Graten und unbedruckter Papierfläche auf. Bevor ein Holzstock durch die mechanische Beanspruchung in der Presse an Reliefqualität verliert, können ca. 400 Drucke hergestellt werden. Die Technik des Holzschnitts erreichte im ersten Viertel des 16. Jh.s mit Albrecht Dürer und seinen Zeitgenossen einen technischen und künstlerischen Höhepunkt.

Zur Herstellung farbiger Holzschnitte bot sich zunächst die Handkolorierung an, ggf. mit Hilfe von Schablonen. Sie erhöhte den Verkaufspreis beträchtlich [28. 194 f.]. Seit dem frühen 16. Jh. wurden auch Farbholzschnitte angefertigt: Dafür wurde die schwarz-weiße Strichplatte um eine oder mehrere farbige Tonplatten ergänzt, die in entsprechend vielen Arbeitsgängen übereinander gedruckt wurden (vgl. Abb. 1). Im Gegensatz zum japanischen Farbholzschnitt, bei dem aquarellartige Farben mit dem Pinsel auf den Holzstock aufgetragen wurden, blieben die Grenzen der einzelnen Farbstufen im europ. Holzschnitt stets erkennbar.

Als Hochdrucktechnik eignete sich der Holzschnitt insbes. für die frühe ↗Buchillustration, weil die Lettern des Schriftsatzes auf der gleichen Ebene druckten.

3.1.2. Holzstich

Neuartige Druckstöcke aus Holz verwandte der engl. Graphiker Thomas Bewick kurz vor 1800: Quer zur Faser geschnittene Buchsbaumplatten (Hirnholz) gaben äußerst widerstandsfähige, mit dem Stichel zu bearbeitende Druckplatten ab. Sie wurden in der ersten Hälfte des 19. Jh.s gerne für die Illustration von Büchern und für kommerzielle ↗Werbung genutzt [14].

3.2. Tiefdruck

3.2.1. Kupferstich
3.2.2. Kaltnadelarbeit
3.2.3. Mezzotinto
3.2.4. Radierung
3.2.5. Aquatinta
3.2.6. Stahlstich

3.2.1. Kupferstich

Die früheste Tiefdrucktechnik ist der Kupferstich [18. 95–124]; [25. 105–122]. Er dürfte um 1420 entwickelt worden sein, vielleicht im Oberrheingebiet. Als Druckplatte dient eine ebene Metallplatte, in der Regel aus Kupfer. Ihre Oberfläche wird entweder mit Kreidepulver oder Ruß beschichtet, um während der Arbeit die Lini-

Abb. 2: Claude Mellan, *Vera Ikon* (Detail), 1649 (Kupferstich von einer Platte, 43 x 32 cm). Mellan erwies sich mit diesem Blatt als Virtuose des Kupferstichs: Allein mit Hilfe einer an- und abschwellenden Linie modellierte er das Antlitz Christi, wie es sich nach der Legende im Schweißtuch der Veronika abdrückte. Mellan setzte den Stichel an der Nasenspitze Jesu an und gestaltete den Stich durch Drehen der Platte als Spirale. Dieses Verfahren wurde durch die Beischrift *FORMATVR VNICVS VNA, NON ALTER* (»Der Einzige, kein anderer, ist durch eine ›Linie‹ gebildet«) in doppelter Weise interpretiert: Der »Einzige« (der Messias als einmalige Offenbarung Gottes) ist mit Hilfe einer [Linie] dargestellt, aber zugleich spielt das Motto, wie dessen Konzeptor Michel de Marolles berichtet, auf den Künstler Mellan an, der seine Kunstfertigkeit durch eine einmalige, unwiederholbare Arbeit unter Beweis stellte.

enführung im roten Kupfer sichtbar zu machen. Die Vorzeichnung kann durch das sog. Nadeln (Perforieren) ihrer Konturen und anschließendes Aufblasen von Kreide- oder Kohlenstaub übertragen werden, oder sie wird »gerötelt«, d.h. an der Rückseite mit roter Kreide bedeckt, die sich auf der Platte niederschlägt, wenn die Konturen der Zeichnung mit leichtem Druck umfahren werden. Anschließend bearbeitet der Kupferstecher die Platte mit Hilfe verschiedener Stichel. Wenn er einen Stichel mit rhombenförmigem Querschnitt verwendet, wird die gestochene Furche um so breiter, je tiefer er den Stichel in das Kupfer eindringen lässt. Das An- und Abschwellen dieser Furche, auch »Taille« genannt, erlaubt die Modulation plastisch wirkender Darstellungen (vgl. Abb. 2). Weitere Plastizität ergeben Kreuzlagen (sich überschneidende Linien) oder Punktierung. Nachdem die vom Stichel ausgehobenen Metallspäne entfernt sind, wird Druckerschwärze auf die erwärmte Platte aufgebracht; wenn auch die feinsten Furchen mit Farbe gefüllt sind, wird die Plattenoberfläche saubergewischt und anschließend in die Druckerpresse geschoben. Damit die Druckerschwärze zuverlässig vom Papier aufgenommen wird, muss die Presse hohen Druck ausüben. Dieser bewirkt den sog. Plattenrand, eine deutlich sichtbare Einprägung der Plattenkonturen im Papier. Gegenüber dem Holzschnitt hat der Kupferstich den Vorteil, dass die Technik höchst subtile Linien ermöglicht; deshalb wurde sie seit dem späten 16. Jh. für hochrangige Arbeiten bevorzugt. Die manuelle Erfahrung voraussetzende Technik begünstigte die Entstehung von Stecherzentren (s. u. 5.).

3.2.2. Kaltnadelarbeit

Auch bei der Kaltnadelarbeit, mit der seit dem letzten Viertel des 15. Jh.s experimentiert wurde, wird eine Metallplatte, in der Regel eine Kupferplatte, verwendet. Anstatt mit Sticheln (Kupferstich) wird die Platte jedoch mit einer Stahlnadel bearbeitet, die wie ein Zeichenstift geführt wird. Diese schiebt das angerissene Metall seitlich der gezogenen Furchen auf. Das hat zur Folge, dass die Druckerschwärze nicht nur in den Linien der Zeichnung, sondern auch im seitlich aufgeschobenen Metall

Abb. 3: Rembrandt Harmensz van Rijn, Flucht nach Ägypten, 1651 (Radierung mit Kaltnadel und Stichel, 12,7 x 11 cm). Die nächtliche Flucht der Heiligen Familie vor Herodes lieferte im 17. Jh. mehrfach das Thema für Nachtdarstellungen. Das aus der Laterne Josephs in die Dunkelheit fallende Licht war für den Radierer Rembrandt eine Herausforderung, mit den Möglichkeiten einer fortschreitenden Stufenätzung und durch unvollständiges Auswischen der Druckerschwärze die größtmögliche Stimmung zu erzielen. Auf diesem Druck des ersten Plattenzustandes sind die im Bereich der Laterne liegenden Partien kontrastreich und hell druckend, während die auf dem Esel reitende Maria nur als hellgrauer Schemen vor tiefschwarzem, in dichten Strichlagen geätztem Hintergrund erkennbar ist.

haftet. Kaltnadeldrucke weisen daher häufig eine gewisse Unschärfe auf. Die keine spezielle Ausbildung erfordernde Technik wurde – im Gegensatz zum Kupferstich – auch von vielen Malern verwendet.

3.2.3. Mezzotinto

Das Mezzotinto-Verfahren (Schabkunst, »Schwarze Kunst«) wurde um 1640 in Hessen von dem Amateurgraphiker Ludwig von Siegen entwickelt. Hierbei wird die gesamte Druckplatte zunächst mit Hilfe eines Wiegestahls aufgeraut, so dass eine eng gezähnte Oberfläche entsteht, in deren Vertiefungen Druckerschwärze haften kann. Die Zeichnung wird eingebracht, indem die Platte mit Hilfe von Schabern partiell geglättet wird. Die vollständig blanken Partien ergeben die Lichter, alle Zwischentöne entstehen durch mehr oder weniger starkes Glätten [22]. Das Mezzotinto-Verfahren war durch seine Flächigkeit und seine »malerischen« Tonabstufungen zur Reproduktion von Gemälden prädestiniert (↗Reproduktionsgraphik). Seine Blütezeit waren das späte 17. und das 18. Jh. (England, Augsburg, Wien). Jakob Christof le Blon stellte nach 1737 auch Farbdrucke von Mezzotintoplatten her [18. 140 f.].

3.2.4. Radierung

Die seit dem frühen 16. Jh. verwendete (Ätz-)Radierung bot erweiterte Möglichkeiten durch den Einsatz chemischer Reaktionen [3]; [2]; [1]; [19]. Ausgangspunkt ist eine mit Ätzgrund (Firnis aus einer Mischung von Wachs, Harz und Asphalt) bedeckte Kupferplatte, die mit Ruß geschwärzt wird. Auf diesem Grund wird die Zeichnung mit Hilfe einer Radiernadel eingekratzt, die das Metall der Platte freilegt, ohne es mechanisch zu verletzen. Anschließend wird die Platte einer Kupfer angreifenden Säure ausgesetzt (Eisenchlorid, Salpetersäure), die das Metall überall dort ätzt, wo der Deckfirnis es nicht schützt. Die Platte kann nach Entfernen des Ätzgrundes wie im Kupferstich zum Druck gebracht werden, oder sie kann in einem zweiten Vorgang, auch in weiteren Schritten erneut geätzt werden (sog. Stufenätzung). Dafür werden die Partien, die nur zartlinig drucken sollen, mit Ätzgrund abgedeckt, während die dunkler geplanten erneut der Säure ausgesetzt werden. Die stimmungsvollen Radierungen Rembrandts beruhen auf diesem Prinzip (vgl. Abb. 3). Geätzte Linien erscheinen weniger scharfrandig als gestochene.

In der zweiten Hälfte des 18. Jh.s wurden zwei Varianten der Radierung beliebt, v. a. in Frankreich und England: die sog. Crayon- und die Punktiermanier. Die erste wurde um 1750 von Jean Charles François entwickelt [4]. Mit Hilfe geeigneter Instrumente (»Mattoir«, »Roulette«, »Échoppe«) gelang es, im Ätzgrund die unregelmäßigen Schollen einer Kreidezeichnung so

Abb. 4: Gilles Demarteau d. Ä. nach François Boucher, Mädchenkopf im Profil, um 1760–1770 (Crayonmanier, 21 x 16,5 cm). Die Crayonmanier ahmt täuschend sowohl die scharfen, dichten Striche mit der Kante des Kreidestiftes als auch die breiten Schraffuren mit der Fläche nach. Eine Druckfarbe im Ton von Rötelkreide machte die Illusion perfekt. Die Anteile der Künstler an dieser Graphik sind jedoch genau bezeichnet: *Boucher inv[enit] del[ineavit]* (Bilderfindung und Zeichnung) und *Demarteau l'[aî]né sculp[sit]* (Stich). Damit ist der mögliche Irrtum ausgeschlossen, es könne sich um eine echte Kreidezeichnung von Boucher handeln.

perfekt nachzuahmen, dass oft nur der Plattenrand die Unterscheidung des Tiefdrucks von einer Handzeichnung oder einer Kreidelithographie (s. u. 3.3.) zulässt (vgl. Abb. 4). Bei der Punktiermanier wird der Ätzgrund mit Nadeln durchstochen; die Dichte der Punkte entscheidet über den Helligkeitsgrad des Drucks. Ab 1764 wurde der in England tätige Francesco Bartolozzi für farbige, von mehreren Platten gedruckte Radierungen in Punktiermanier berühmt.

3.2.5. Aquatinta

Als Erfinder der Technik gilt Jean Baptiste Le Prince, der ab 1768 Aquatinta-Drucke auf den Markt brachte. Ihre aquarellartige Wirkung kommt durch folgendes Verfahren zustande: Die Metallplatte wird in einen sog. Staubkasten eingebracht, in dem durch einen Blasebalg Harzkörner aufgewirbelt werden. Sie schlagen sich auf der Platte nieder und werden durch Erhitzen zum Anschmelzen gebracht. Während des Ätzvorgangs (oder der Stufenätzungen) schützen sie punktförmig das Metall und sorgen so für ein Plattenrelief. Die Zeichnung

3.3. Flachdruck

Die einzige bis 1850 bekannte Flachdrucktechnik war die Lithographie, für die Alois Senefelder aufgrund älterer Versuche (1797/98) 1799 das Patent erhielt [6]; [25.152–169]. Wie der Name (von griech. *líthos*, »Stein«) sagt, findet bei dieser Drucktechnik eine Druckplatte aus Stein Verwendung, häufig eine Natursteinplatte aus Solnhofener Kalkstein. Nach dem Planschleifen und Entsäuern der Platte kann mit fetten Zeichenmitteln (Tusche, Kreide) auf dem Stein gezeichnet werden. Danach wird die Platte mit einer Lösung aus Gummiarabikum und verdünnter Salpetersäure behandelt; durch sie werden die nicht von der Zeichnung bedeckten Steinporen hydrophil, während die fette Zeichnung mit dem Kalkstein ($CaCO_3$) verseift. Nach dem Auswaschen des Steins kann er mit Farbe bewalzt werden; nur die verseiften Poren nehmen die fette Druckfarbe an, während die hydrophilen sie abstoßen. Für mehrfarbige Drucke müssen entsprechend viele Druckvorgänge stattfinden. Je nach Art des verwendeten Zeichenmittels unterscheidet man u. a. Kreide- und Federlithographie.

Das von Anfang an gebräuchliche Umdruckverfahren erleichterte dem Künstler die Arbeit insofern, als er nicht direkt auf den Stein zeichnen musste, sondern eine entsprechend präparierte Zeichnung auf den Stein abklatschen (lassen) konnte. Dieses ursprünglich für den Notendruck entwickelte Verfahren wurde bald für den Druck farbiger Journalillustrationen und Plakate beliebt.

4. Arbeitsteilung

Die meisten druckgraphischen Techniken boten sich für eine Arbeitsteilung an [25.38–42]: An erster Stelle stand die Entwurfszeichnung eines Künstlers, die häufig von einem Kunsthandwerker, dem »Reißer«, seitenverkehrt auf die Druckplatte oder den Holzstock umgezeichnet wurde. Die Reliefierung der Platte besorgten Formschneider [11] oder Kupferstecher; die fertige Platte übernahm dann der Drucker bzw. Verleger. Wie überlieferte Rechnungen belegen, wurde die manuelle Tätigkeit von Formschneidern und Kupferstechern im 16. Jh. höher entlohnt als die des Reißers und diese höher als die Zeichnung des entwerfenden Künstlers [28.189–194]. Die Arbeitsanteile der beteiligten Meister wurden seit der zweiten Hälfte des 16. Jh.s mit kennzeichnenden Namenszusätzen (»Adressen«) erläutert. Bes. häufig sind die lat. Bezeichnungen: *invenit*, *delineavit*, *pinxit* (»hat [den Entwurf] erfunden«, »gezeichnet«, »gemalt«), *sculpsit*, *incidit* (»hat gestochen«, »radiert«) und *excudit* (»hat gedruckt/verlegt«). Die Aussage *fecit* (»hat gemacht«), beinhaltete – oft nur fiktiv – sämtliche Arbeitsschritte.

Für die Vermarktung waren in der Regel Graphikverlage zuständig, die einen Teil ihrer Produktion über

Abb. 5: Francisco de Goya, *Asta su Abuelo* (»Bis zu seinem Ahnen«), 1799 (*Caprichos*, Bl. 39; Aquatinta). Der in einem Buch mit Porträts seiner Artgenossen blätternde Esel parodiert den Stolz von Zeitgenossen Goyas auf ihre Abstammung und das Alter ihrer Familien. Die in drei Stufen geätzte Aquatintaplatte erweckt den Eindruck einer Pinselzeichnung. Im Hintergrund wird jedoch die feine Körnung sichtbar, die durch das Anschmelzen des Harzstaubes auf der Platte und das Ätzen der unbedeckten Partien entstanden ist.

entsteht durch das partielle Aufbringen oder Auswaschen von Ätzgrund mit dem Pinsel. Als Meister der Aquatinta wurde v. a. Francisco de Goya bekannt (vgl. Abb. 5).

3.2.6. Stahlstich

1819 erfanden Jacob Perkins und Gideon Fairman ein Verfahren (Dekarbonisierung), nach dessen Anwendung Stahlplatten wie Kupferplatten zu bearbeiten waren [25.150 f.]. Diese zunächst für die Banknotenproduktion genutzte Technik bildete im 19. Jh. die beste Möglichkeit, eine hohe Anzahl von Drucken ohne Qualitätsverlust herzustellen. Charles Heath setzte den Stahlstich auch für Buchillustrationen ein; ab 1830 wurden Modezeichnungen, Veduten und Tafelwerke in dieser Technik publiziert [17].

»Buchführer« (reisende Händler) verbreiten ließen; aus dem 18. Jh. sind auch Angebotskataloge erhalten, nach denen schriftlich bestellt werden konnte.

5. Herstellungszentren

Zwischen 1400 und 1850 gab es unterschiedliche Zentren der D. Für die Frühzeit ist man auf Vermutungen angewiesen, da die meisten Blätter anonym erschienen oder nur monogrammiert sind. Aus stilistischen Erwägungen und wenigen Quellen schließt man auf die Tätigkeit von Graphikern v. a. im Oberrheingebiet (Basel, Straßburg, Colmar). Im letzten Drittel des 15. Jh.s erhielten Städte, in denen sich Buchdrucker niedergelassen hatten, bes. Bedeutung für die D.: im dt. Sprachraum Augsburg, Nürnberg, Mainz, Frankfurt am Main und Köln, in den Niederlanden u. a. Löwen und Antwerpen, in Frankreich Lyon und Paris, in Italien v. a. Venedig.

In der ersten Hälfte des 16. Jh.s erhielt Nürnberg durch Albrecht Dürer und seine Nachfolger überragende Bedeutung für die europ. Graphik der ↗Renaissance. In der zweiten Hälfte des 16. Jh.s verschob sich der Schwerpunkt hochwertiger Kupferstichproduktion in die Niederlande, v. a. nach Antwerpen, wo die Werkstatt des Hendrik Goltzius den Stil des niederl. ↗Manierismus maßgeblich prägte. 1588 heiratete der Antwerpener Stecher Dominikus Custos nach mehrjähriger Wanderschaft in Augsburg und begründete hier ein etwa 200 Jahre lang florierendes, ganz Europa belieferndes Zentrum der D. [7]; [13]. Frankfurt am Main gewann nach 1626 durch die vielfältige Tätigkeit des Kupferstechers und Verlegers Matthäus Merian d. Ä. Bedeutung für die dt. ↗Buchillustration, druckgraphische Serien, ↗Veduten und Landkarten.

Im 17. Jh. erlangten die für Peter Paul Rubens tätigen Stecher bes. Wertschätzung [26]. Nach der Mitte des Jh.s wurde die kühle, technisch perfekte Manier der Pariser Stecher vorbildlich für ihre europ. Kollegen (vgl. Abb. 2). Im 18. Jh. entstanden in Paris auch technische Innovationen (s. o. 3.2.4., 3.2.5.), aber zugleich gewann London an Bedeutung für alle graphischen Techniken: John Raphael Smith schuf empfindsame Mezzotinto-Porträts nach Thomas Gainsborough und George Romney [22]. John Flaxman gab durch seine Umrissradierungen dem ↗Klassizismus ein adäquates Ausdrucksmittel, und die engl. Erfindungen von Holz- und Stahlstich (s. o. 3.1.2., 3.2.6.) revolutionierten die ↗Buchillustration des 19. Jh.s [10].

6. Anwendungsgebiete

Vor der Erfindung der ↗Photographie eignete sich die D. für alle Funktionen, bei denen es von Vorteil war, eine bildliche Darstellung zu vervielfältigen: für ↗Einblattdrucke (↗Gratulationsblatt, Ornamentstich, ↗Porträt, ↗Thesenblatt, ↗Vedute, ↗Wappenkalender) ebenso wie für gebundene Publikationen (↗Buchillustration, ↗Flugschrift). Die Reproduktionsgraphik war ein bedeutendes Medium zur Verbreitung von Gemälden und Reliefs, das seinerseits die Basis für künstlerische Neuerfindungen bilden konnte.

→ Bildpropaganda; Buchdruck; Buchillustration; Druckmedien

Quellen:

[1] Anonymus, Die Kunst in Kupfer zu stechen, sowohl vermittelst des Aetzwaßers als mit dem Grabstichel, Dresden 1765 [2] G. A. Böckler, Radier-Büchlein. Handelt von der Etzkunst ..., Nürnberg 1645 [3] A. Bosse, Traité des manières de graver en taille-douce, Paris 1645 [4] J. H. Meynier, Anleitung zur Aetzkunst, besonders im Crayon und Tuschmanier ..., Hof 1804 [5] J. M. Papillon, Traité historique et pratique de la gravure en bois, Paris 1766 (2 Bde.) [6] A. Senefelder, Vollständiges Lehrbuch der Steindruckerey, München 1818 [7] P. von Stetten, Kunst-Gewerb- und Handwerks-Geschichte der Reichs-Stadt Augsburg, Augsburg 1779.

Sekundärliteratur:

[8] A. Andresen, Der dt. Peintre-Graveur (5 Bde.), 1864–1878 [9] A. Bartsch, Le Peintre-Graveur (21 Bde.), 1803–1821 [10] T. Clayton, The English Print 1688–1802, 1997 [11] T. Falk, Art. Formschneider, in: RDK 10, 2004, 190–224 [12] H. R. Füssli, Kritisches Verzeichnis der beßten, nach den berühmtesten Mahlern aller Schulen vorhandenen Kupferstiche, 1798 [13] H. Gier / J. Janota (Hrsg.), Augsburger Buchdruck und Verlagswesen, 1997 [14] E. M. Hanebutt-Benz, Studien zum dt. Holzstich im 19. Jh., 1984 [15] F. W. H. Hollstein (Hrsg.), Hollstein's Dutch and Flemish Etchings, Engravings and Woodcuts, 1450–1700, 1949–2004 [16] F. W. H. Hollstein (Hrsg.), Hollstein's German Etchings, Engravings and Woodcuts, 1400–1700, 1954–1998 [17] B. Hunniset, Engraved on Steel. The History of Picture Production Using Steel Plates, 1998 [18] W. Koschatzky, Die Kunst der Graphik, ²1976 [19] W. Koschatzky / K. Sotriffer, Mit Nadel und Säure. Fünfhundert Jahre Kunst der Radierung, 1982 [20] C. Le Blanc, Manuel de l'amateur de l'estampes (4 Bde.), 1854–1889 [21] M. Lehrs, Geschichte und kritischer Katalog des dt., niederl. und franz. Kupferstichs im 15. Jh. (10 Bde.), 1908–1934 (Ndr. 1969) [22] J. Leisching, Schabkunst. Ihre Technik und Geschichte in ihren Hauptwerken ..., 1913 [23] G. Luijten et al. (Hrsg.), The New Hollstein Dutch and Flemish Etchings, Engravings and Woodcuts, 1450–1700, 1993 [24] G. Luijten / R. Zijlma (Hrsg.), The New Hollstein German Etchings, Engravings and Woodcuts, 1400–1700, 1996 [25] R. Mayer, Gedruckte Kunst, 1984 [26] I. Pohlen, Untersuchungen zur Reproduktionsgraphik der Rubenswerkstatt, 1985 [27] W. L. Strauss, The Illustrated Bartsch, 1978–2003 [28] U. Tiemann, Untersuchungen zu Nürnberger Holzschnitt und Briefmalerei in der 1. Hälfte des 16. Jh.s, 1993.

Sibylle Appuhn-Radtke

Druckmedien

1. Begriff
2. Technikgeschichte der Druckmedien
3. Bücher
4. Einblattdrucke und Flugschriften
5. Zeitungen
6. Zeitschriften
7. Druckmedien und Medienrevolution

1. Begriff

Unter »Drucken« versteht man die Übertragung von Farbe auf Papier (oder anderen Bedruckstoffen) mittels einer Druckform. Zu den so hergestellten D. für die Nz. werden gerechnet: ↗Buch, Broschüre, ↗Einblattdruck (↗Kalender, Flugblatt, Ablassbrief, Andachtsbild etc.), ↗Flugschrift, ↗Messrelation, ↗Zeitung, ↗Zeitschrift, ↗Plakat etc. sowie Produkte aus dem Bereich des Akzidenzdruckes (Gelegenheitsdrucks) wie Formulare, Briefpapier, Visitenkarten.

2. Technikgeschichte der Druckmedien

Obwohl nachweislich bereits im 7. Jh. in Korea von Holzstöcken sog. Reiberdrucke im Hochdruckverfahren hergestellt wurden und man im 11. Jh. in China mit beweglichen Druckstempeln aus verschiedenen Materialien experimentierte, gilt das von Johannes Gutenberg entwickelte Verfahren als grundlegende Innovation der Frühen Nz. Mit seinem perfekt aufeinander abgestimmten System von Einzelkomponenten gelang ihm um 1450 in Mainz der entscheidende Schritt hin zu einer effizienten Methode, identische Exemplare eines Schriftwerkes in hohen Auflagen herzustellen [3].

Parallel zu Gutenbergs Drucksystem mit beweglichen Einzeltypen existierte seit Mitte des 15. Jh.s auch die Technik des Holztafeldrucks. Die von hölzernen Druckstöcken hergestellten Blockbücher konnten vereinzelt bis ca. 1530 nachgewiesen werden (↗Druckgraphik). Doch der technisch überlegene ↗Buchdruck nach Gutenbergs Methode setzte sich durch. Der zentrale Punkt seiner Erfindung war die Idee, Texte in ihre kleinsten Einheiten, also in Buchstaben, Zahlen, Zeichen etc., zu zerlegen. Mit dem Handgießinstrument stellte er die erforderlichen Typen aus einer Blei-Zinn-Antimon-Legierung her und ordnete sie nach einem ausgeklügelten System im Setzkasten an, um sie dann mit Hilfe des Winkelhakens zu Worten und Sätzen zusammenzufügen. Die so hergestellten Texte konnte er mittels seiner hölzernen Druckpresse beliebig oft vervielfältigen [5]. Das Faszinierende an dieser neuen Technik war nicht allein die Schnelligkeit, mit der man nun identische Exemplare eines D. herstellen konnte, sondern v. a. die intellektuelle Leistung dieser Erfindung. Die Druckgeschichtsforschung spricht hier von der ersten Revolutionierung des Druckgewerbes, der Mechanisierung (vgl. Abb. 1).

Gutenbergs Methode des Tiegeldruckprinzips (flache Druckform und flacher Gegendruck) blieb bis auf einige Detailverbesserungen rund 350 Jahre lang unverändert. Diese neuartige Herstellungstechnik führte all-

Abb. 1: Typographeum (Kupferstich aus: Ch.F. Geßner, Die so nöthig als nützliche Buchdruckerkunst und Schriftgießerey, Bd. 1, Leipzig 1740, nach S. 170). Der Stich gibt Einblicke in die Arbeitswelt einer Druckerei (»Offizin«) des 18. Jh.s. Die Setzer stehen vor ihren Setzkästen und stellen im Winkelhaken aus einzelnen Bleitypen den Satz zusammen, der im arbeitsteiligen Verfahren vom Ballen- und Pressmeister eingefärbt und an den hölzernen Pressen gedruckt wird.

Abb. 2: Lithographische Schnellpresse, erfunden und gebaut von der Firma G. Sigl in Wien (Anzeige im *Journal für Buchdruckerkunst*, 1852). An den Schnellpressen konnten zum monotonen Anlegen und Abnehmen der Papierbogen auch ungelernte Arbeitskräfte (Frauen und Kinder) eingesetzt werden. Als Antriebsquelle kam in der Anfangszeit nicht nur die Dampfmaschine zum Einsatz; häufig wurde auch noch die menschliche Kraft zum Drehen des Schwungrads genutzt.

mählich zu einer deutlichen ↗Standardisierung der D., so beispielsweise der Ausbildung von Buchformaten, der Entstehung von Druckschriften und den damit einhergehenden typographischen Gestaltungselementen (Layout). Mit der Möglichkeit, nun von einer (Druck-)Form in kürzester Zeit eine hohe Auflage identischer Exemplare kostengünstig herzustellen, wuchs die Text- bzw. Informationssicherheit, eine entscheidende Ausgangsbasis für die Weiterentwicklung der D. Um eine solche ›Stabilisierung‹ der Texte zu erreichen, mussten sich die innerbetrieblichen Abläufe bei den sog. Druckerverlegern weiterentwickeln. Neben die Setzer traten um 1470 freie Mitarbeiter für Korrektoren- und Editorenarbeiten, um vollständige und fehlerfreie Drucke zu garantieren.

Erst Ende des 18. Jh.s lösten die ersten eisernen Pressen von Wilhelm Haas (1772) und Charles Earl of Stanhope (1800) allmählich die hölzernen Druckpressen ab. Da aber auch bei den sog. Ganzmetallpressen alle Arbeitsgänge manuell ausgeführt wurden, hing deren Leistung von der Schnelligkeit ab, mit der die Drucker die zur Bedienung notwendigen Handgriffe ausführen konnten. In experimentellen Untersuchungen an erhaltenen Druckpressen aus dieser Zeit konnten Stundenleistungen von maximal 360 einseitig bedruckten Bogen erreicht werden [9.16].

1812 wurde eine weitere Verbesserung im Druckmaschinenbau vorgestellt, die Schnellpresse, entwickelt und gebaut in England von den dt. Maschinenbauern Friedrich Koenig und Andreas Friedrich Bauer. Diese neuartige Maschine funktionierte nach dem Zylinder/Flachformdruckprinzip (flache Druckform und runder Gegendruck). Mit der Einführung der Schnellpresse begann die zweite Revolutionierung des Druckgewerbes, die Maschinisierung (vgl. Abb. 2).

Zu den ersten Kunden gehörten v. a. Zeitungsverleger: 1814 kaufte der Verleger der Londoner *Times*, John Walter, zwei Schnellpressen, die erste Bestellung aus Deutschland stammte 1823 von der *Berliner Zeitung*, ein Jahr später erhielt die Cotta'sche Druckerei in Augsburg für den Druck der *Allgemeinen Zeitung* ebenfalls eine Schnellpresse. Eine Druckleistung von 1500 bis 2000 Bogen pro Stunde ermöglichte nun bei der Herstellung der D. höhere Auflagen, und durch den Einsatz von angelernten Hilfskräften zur Maschinenbedienung konnten auch die Stückkosten der D. gesenkt werden. Neben weiteren zahlreichen Neuerungen des 19. Jh.s bei ↗Papier, Satztechnik, Reproduktion und Weiterverarbeitung wurde bereits 1798 mit der Erfindung des Flachdruckverfahrens durch Alois Senefelder, der Lithographie, eine entscheidende Ausgangsbasis für die technische Weiterentwicklung der D. gelegt.

3. Bücher

Die ersten gedruckten ↗Bücher, die zwischen 1450 und 1500 hergestellt wurden, bezeichnet man als Wiegendrucke bzw. ↗Inkunabeln [4]. Als Vorlagen für Text und Gestaltung dienten die Handschriften des MA; daher überwog Schrifttum für kirchliche, universitäre und schulische Zwecke. Die Inkunabeldrucker entwarfen z. B. ihre Schrifttypen nach handschriftlichen Vorbildern, benutzten Abbreviaturen (Kürzel) und Ligaturen (Buchstabenverbindungen). Die Initialen wurden für die spätere Einzeichnung durch Rubrikatoren, die bereits in Handschriften bestimmte Abschnitte durch rote Farbe hervorhoben, ausgespart.

Die Buchhistoriker können rund 27 000 Inkunabeln mit anfänglichen Auflagenhöhen bis 200, ab ca. 1470 zwischen 300 und 600 Exemplaren nachweisen, über 80 % in lat. Sprache. Bis 1500 entstanden Druckereien in über 250 europ. Städten. Zum Massenmedium wurde das Buch jedoch erst im Zeitalter der ↗Reformation. Die erste lat. Gesamtausgabe von Luthers Schriften (Okt. 1518 bei Johann Froben in Basel) war rasch europaweit ausverkauft. Neben ↗Fachprosa erschienen im 16. Jh. D. in den ↗Volkssprachen, so etwa ↗Flugschriften, Traktate und ↗Satiren, die neue Leser- bzw. Käuferschichten in den verschiedenen europ. Staaten erreichten.

Ab 1500 änderte sich das äußere Erscheinungsbild der Bücher. In den Inkunabeln waren bibliographische Angaben wie Buchtitel, Druckort, Erscheinungsjahr und Druckerverleger noch im Kolophon angegeben. Ab 1520 setzten sich das Titelblatt und die Seitenzählung durch. Die Buchformate kennzeichnete man durch die Anzahl der Bogenfalzungen: Folio (2°; bis 45 cm Rückenhöhe), Quarto (4°; bis 35 cm), Oktav (8°; bis 25 cm), Sedez (16°; bis 15 cm). Bücher wurden sowohl in gebundener Form als auch in losen Papierbogen verkauft, Käufer ließen sie sich je nach Geschmack und finanziellen Möglichkeiten individuell binden. Illustrationstechniken waren Holzschnitt (Hochdruck) und Kupferstich (Tiefdruck). Als Titelkupfer oder Frontispiz (Abbildung gegenüber dem Titelblatt) gehörten die im Tiefdruckverfahren hergestellten Illustrationen in der Titelei zum gewohnten Erscheinungsbild von Büchern. Allmählich entwickelten sich für das gedruckte Buch auch eigene ↗Typographien.

Der Buchvertrieb erfolgte durch sog. Buchführer, die ihre Waren in stationären Geschäftsräumen oder als ambulante Buchhändler verkauften. Der ↗Buchhandel in der Frühen Nz. erfuhr durch die ↗Buchmessen in Frankfurt und in Leipzig eine weitere Professionalisierung. Bis zu Beginn des 19. Jh.s blieb das Buch jedoch ein manuell hergestelltes Produkt. Erst mit der beginnenden ↗Industrialisierung änderte sich durch neue Druck- und Illustrationstechniken das Erscheinungsbild des Buches, und strukturelle Veränderungen im buchhändlerischen Geschäftsverkehr (z. B. Übergang vom Tausch- zum Konditionshandel, Einführung des Nettohandels) führten bereits Ende des 18. Jh.s sowohl zu einer quantitativen als auch qualitativen Ausweitung des ↗Buchmarktes [11]; [12].

4. Einblattdrucke und Flugschriften

Zur Gruppe der ↗Einblattdrucke, die nur einseitig bedruckt wurden, zählen Ablassbriefe, ↗Kalender, Buchhändleranzeigen, Flugblätter und ähnliche Mitteilungen. Für die Geschichte der Zeitung spielen v. a. die Flugblätter eine wichtige Rolle, da sie seit dem 15. Jh. über aktuelle und spektakuläre Begebenheiten berichteten. Überwiegend mit Holzschnitten illustriert, erschienen sie nicht periodisch, sondern jeweils ereignisbezogen. Bei religiös-politischen Flugblättern waren v. a. karikierende Holzschnitte beliebt, die Mischwesen aus Mensch und Tier zeigten. Im Titel einiger Flugblätter tauchte bereits zu Beginn des 16. Jh.s das Wort »Zeitung« im Sinne von ↗Nachricht auf. Ältester Beleg (1502) war die *Newe Zeitung von orient und auff gange*, die über die Rückeroberung der Insel Lesbos berichtete. Das Attribut »new« (gesprochen: neu) gab dieser Gruppe von Einblattdrucken ihren Namen ↗Newe Zeitung (vgl. Abb. 3).

Abb. 3: Beispiel einer *Newen Zeitung* mit einem Bericht über die Geburt siamesischer Zwillinge: »Warhafftige und eigentliche Contrafactur einer wunderlichen Mißgeburt, so den 26. Augusti dieses 1620. Jahrs zu Renartzhofen ... von eines Schmids Weib daselbsten / an die Welt todt geboren« (Einblattdruck mit Kupferstich-Illustrationen, Nürnberg, ca. 1620). Beim formalen Aufbau von Flugblättern und *Newen Zeitungen* folgte häufig der langen Überschrift eine Abbildung, die die Aufmerksamkeit der Käufer auf sich ziehen sollte. Beliebte Motive waren Naturkatastrophen, Teufelsaustreibungen, Fabelwesen und Missgeburten. Danach begann der eigentliche Text, zusammengestellt aus Nachrichten von Kaufleuten, Reisenden und Postmeistern.

Die Forschung geht von durchschnittlichen Auflagen zwischen 1000 und 1500 Exemplaren je Ausgabe aus. Die Blütezeit der geschätzten 8000 bis 10000 Titel dieser Gattung lag im späten 16. und frühen 17. Jh., danach verloren die *Newen Zeitungen* an Bedeutung.

Im Gegensatz zu den Flugblättern waren die ↗Flugschriften umfangreicher (häufig acht Seiten im Quartformat) und konnten daher auch ausführlicher berichten [8]. Neben den reinen Nachrichten brachten sie auch Meinungen zu meist religiösen und politischen Themen. Im Zeitalter der Reformation wurden schätzungsweise 10000 Ausgaben mit einer durchschnittlichen Auflage von 1000 Exemplaren gedruckt. Die Verbreitung von Flugschriften und Flugblättern erfolgte durch reisende Händler. Anfangs noch in lat. Sprache verfasst, erschienen ab ca. 1520 v. a. dt.sprachige Ausgaben. Allein von Luthers Schrift *An den christlichen*

Adel deutscher Nation wurden innerhalb weniger Tage über 4000 Exemplare verbreitet.

Aus den Messkatalogen der Buchhändler (seit 1564) entstanden die ↗Messrelationen. Diese bis zu 100 Seiten starken Druckschriften veröffentlichen in periodischen Abständen Dokumente und unkommentierte Berichte politischen und gesellschaftlichen Inhalts. Die Messrelationen richteten sich anfangs v. a. an Besucher von Handels-↗Messen und ↗Jahrmärkten und erschienen unter den Bezeichnungen »Chronik«, »Verzeichniß«, »Geschicht Schrifften« oder »Breviarium« bis zum Ende der Frühen Nz. Der Forschungsstand weist noch zahlreiche Lücken auf, doch gelten die Messrelationen als Vorläufer der ↗Wochenzeitung.

5. Zeitungen

Die ersten ↗Zeitungen entstanden zu Beginn des 17. Jh.s im dt.sprachigen Raum. In der ↗Zeitungswissenschaft wird der abgelehnte Antrag des Straßburger Druckers Johann Carolus auf ein Privileg zum Zeitungsdruck (1605) als ihre Geburtsurkunde gewertet. Die ersten erhaltenen Zeitungsausgaben, der sog. ↗Aviso aus Wolfenbüttel und die ↗Straßburger Relation, stammen jedoch aus dem Jahr 1609. Diese Wochenzeitungen erfüllten alle Kriterien, die damals eine Zeitung auszeichneten: ↗Aktualität, ↗Periodizität und ↗Publizität.

Die erste Tageszeitung, die in Leipzig herausgegebenen *Einkommenden Zeitungen*, wurde 1650 von Timotheus Ritzsch sechsmal pro Woche gedruckt. Die Anzahl der im 17. Jh. erschienenen Zeitungen wird auf 60 bis 80, mit durchschnittlichen Auflagenhöhen zwischen 350 und 400 Exemplaren geschätzt. In der zweiten Hälfte des 18. Jh.s sollen in Deutschland rund 250 Zeitungen mit einer Gesamtauflage von über 300 000 Exemplaren erschienen sein [10].

Das typographische Erscheinungsbild von Zeitungen der Frühen Nz. war durch den Faktor Zeit geprägt. Im Gegensatz zum ästhetisch anspruchsvollen Bücherdruck wurde beim Druck von Zeitungen wenig Sorgfalt auf gleichmäßigen Farbauftrag und auf ein harmonisch gesetztes Schriftbild gelegt. Zwischenüberschriften mit Orts- und Zeitangaben sowie Schmuckornamente gliederten die anfangs einspaltigen, später zweispaltigen kleinformatigen Blätter (Quart- oder Oktavformat): Sie erschienen mit unterschiedlich ausgeprägten Zeitungsköpfen, meist ohne Inhaltsübersichten. Die Nutzung von kleinen Schriftgraden und der Verzicht auf Abbildungen ermöglichte größere Textmengen in den vier- oder achtseitigen Zeitungen.

Im späten 17. Jh. entstand eine neue Zeitungsgattung, das Anzeigenblatt. Auf die »Intelligenz«- und »Adreß-Comptoirs« zurückgehend, in denen gegen Gebühr Anzeigen in Listen eingetragen und eingesehen werden konnten, bezeichnete man diesen Zeitungstyp als ↗Intelligenzblätter oder »Frag- und Anzeigennachrichten«. Mit dem Aufkommen der staatlichen Amtsblätter im ausgehenden 18. Jh., die Bekanntmachungen und Anordnungen der Behörden publizierten, verloren in den nachfolgenden Jahrzehnten auch die Intelligenzblätter ihre Existenzberechtigung.

Die ↗Zensur war (und ist) ein ständiger Wegbegleiter der Zeitung. Im 18. Jh. bemühten sich viele Landesfürsten und Herrscher in Europa, wenigstens eine Zeitung innerhalb ihres Machtbereiches erscheinen zu lassen. Die unter strenger Aufsicht stehenden Zeitungen nannte man daher Staatszeitungen. Im Gefolge der drucktechnischen Verbesserungen und einer beschleunigten Nachrichtenübermittlung veränderte sich in der zweiten Hälfte des 19. Jh.s auch die formale und die inhaltliche Qualität der Zeitung.

6. Zeitschriften

Eine genaue Abgrenzung zwischen Zeitung und ↗Zeitschrift erfolgte bis ins späte 19. Jh. nicht. Selbst in der Erforschung von periodischen D. gelang es nicht, »einen einheitlich strukturierten Zeitschriftenbegriff zu gewinnen« [1. 892]. Das *Journal des Sçavans*, 1665 in Paris gegründet, gilt als erste Zeitschrift der Welt. Noch im selben Jahr erschien in England ebenfalls die wiss. Zeitschrift *Philosophical Transactions*; das dt. Pendant, die lat. ↗*Acta Eruditorum*, wurde erstmals 1682 von Otto Mencke monatlich in Leipzig herausgegeben. Mit ↗Rezensionen und Abhandlungen zu allen Gebieten der Wissenschaft und mit zahlreichen Illustrationen versehen, zählt man diesen Zeitschriften-Typ zur Gruppe der ↗Gelehrten Zeitschriften. Zusammen mit den ab ca. 1700 entstandenen wiss. ↗Fachzeitschriften begann eine weitere fachliche Differenzierung, mit der diese D. den Grundstein für die nzl. Wissenschaft legten [7].

Im Laufe des 18. Jh.s entstand eine reichhaltige Ansammlung von Zeitschriften und Journalen für die unterschiedlichsten Lesebedürfnisse. Die ↗Politische Zeitschrift analysierte und kommentierte nicht nur entsprechende Themen aus den Zeitungen, sondern integrierte auch unterhaltende Elemente, um die Erwartungen der Leserschaft zu befriedigen. Die ↗Moralischen Wochenschriften richteten sich als D. der ↗Aufklärung an das ↗Bürgertum und spiegeln in ihrer Themenvielfalt alle Aspekte des geistigen und gesellschaftlichen Lebens wider. Die von der Wissenschaft auch als »Krämerladen« bezeichneten ↗Literarisch-kulturellen Zeitschriften versuchten, durch eine ständige Erweiterung der Themenvielfalt einen Großteil des bildungsbürgerlichen ↗Publikums zu erreichen (↗Bildungsbürgertum).

Die Zeitschriften waren Lieferwerke, die am Jahresende mit Titelblatt und Register versehen und gebunden werden konnten. Eine spätere Herausgabe in Buchform war meist vorgesehen. In den Formaten Groß- oder Kleinoktav gedruckt, waren die Zeitschriften unterschiedlich umfangreich, teilweise bis zu 20 Bogen stark. Ihr äußeres Erscheinungsbild änderte sich wie bei den anderen D. im Laufe des 19. Jh.s, bedingt hier v. a. durch die neuen Illustrationstechniken, die den sog. »Illustrierten« auch den Namen gaben. So waren etwa dem seit 1820 erscheinenden *Polytechnischen Journal* (Stuttgart, Cotta'sche Buchhandlung) illustrierte Tafeln mit Kupferstichen und Lithographien als Anlage beigefügt, da Texte und Abbildungen nicht in einem Arbeitsgang im Hochdruck hergestellt werden konnten. Das typographische Erscheinungsbild im eigentlichen Textbereich ähnelte dem eines Fachbuches mit Inhaltsverzeichnis und durchgehender Seitennummerierung.

7. Druckmedien und Medienrevolution

Mit der Möglichkeit der schriftlichen Fixierung von Informationen wurde ein Grundpfeiler jeglicher Wissensvermittlung gelegt. Während bei den handschriftlichen Medien jedoch beim Kopieren der Vorlagen Fehler auftraten und durch das zeitaufwendige Vervielfältigen durch ↗Schreiber der Preis für das einzelne Exemplar stieg, stellte erst der Übergang von handschriftlichen zu gedruckten Medien eine ↗Medienrevolution dar: Nun wurde erstmals durch die Mechanisierung und Serialisierung der Herstellung eine deutliche Stabilisierung der Texte erreicht [2]. Dies ermöglichte es den kirchlichen und weltlichen Institutionen in der Frühen Nz., Regeln und Gesetze in standardisierter Form zu verbreiten [6]. Natürlich nutzten deren Kritiker diese Möglichkeit ebenfalls. Für die Ausbildung der »öffentlichen ↗Meinung«, eines Begriffs, der erstmals im 18. Jh. in England und Frankreich geprägt wurde, waren die D. unverzichtbar. In der Gelehrtenwelt verbesserte die Verbindlichkeit der D. die wiss. Kommunikation und steigerte die Erkenntnisfortschritte.

→ Buch; Buchdruck; Druckgraphik; Medien; Offizin; Zeitschrift; Zeitung

[1] H. BOHRMANN, Forschungsgeschichte der Zeitschrift, in: J.-F. LEONHARD et al. (Hrsg.), Medienwissenschaft. Ein Hdb. zur Entwicklung der Medien und Kommunikationsformen, Bd. 15.1, 1999, 892–895 [2] E. L. EISENSTEIN, The Printing Press as an Agent of Change – Communications and Cultural Transformations in Early-Modern Europe (2 Bde.), 1979 [3] S. FÜSSEL, Gutenberg und seine Wirkung, 1999 [4] F. GELDNER, Inkunabelkunde, 1978 [5] C. W. GERHARDT, Der Buchdruck, 1975 [6] M. GIESECKE, Der Buchdruck in der frühen Nz., 1991 [7] J. KIRCHNER, Das dt. Zeitschriftenwesen. Seine Geschichte und seine Probleme (2 Bde.), 1958–1962 [8] H.-J. KÖHLER (Hrsg.), Flugschriften als Massenmedium der Reformationszeit, 1981 [9] R. MÜNCH, Druckgeschichtsforschung zwischen Theorie und Praxis, in: S. FÜSSEL (Hrsg.), Im Zentrum: das Buch, 1997, 12–21 [10] R. STÖBER, Dt. Pressegeschichte. Einführung, Systematik, Glossar, 2000 [11] H. WIDMANN, Geschichte des Buchhandels vom Altertum bis zur Gegenwart, 1975 [12] R. WITTMANN, Geschichte des dt. Buchhandels. Ein Überblick, ²1999.

Roger Münch

Druckprivileg

1. Begriff und Funktion
2. Rechtsdogmatische Begründung des Schutzes
3. Schutzzwecke der Druckprivilegien
4. Ablösung der Druckprivilegien durch gesetzliche Regelungen

1. Begriff und Funktion

Mit der Erfindung des ↗Buchdrucks um 1440 waren der Vervielfältigung und Verbreitung von Texten keine Grenzen mehr gesetzt. Die Veröffentlichungsfreiheit eröffnete den Druckern Möglichkeiten zu unberechtigtem Nachdruck, der zu Gewinnverlust und damit zu wirtschaftlichem Schaden auf Seiten des ↗Autors und der von ihm legitimierten Drucker und Verleger (↗Verlag) führte. Die Schutzwürdigkeit der Interessen dieser Produzenten war in den mitteleurop. Staaten (16.–20. Jh.) – wenn auch aus unterschiedlichen Gründen (Ökonomie, ↗geistiges Eigentum, ↗Persönlichkeitsrecht) – überwiegend anerkannt. Rechtlicher Schutz konnte generell durch Gesetze (v. a. Ende 18. bis 20. Jh.), internationale Verträge (19./20. Jh.) oder ↗Privilegien (16. bis 19. Jh.) geboten werden. Solange Gesetze als allgemeine Steuerungskraft fehlten oder mangelhaft waren [5. 420, 424], bot das D. (lat. *privilegium impressorium*) für Autor, Drucker und Verleger individuellen Rechtsschutz. Das D. erlaubte allein dem Privilegierten den Druck und Vertrieb und schloss somit alle anderen von der ursprünglichen Vervielfältigungsfreiheit aus. Der Begriff der D. umfasste daher je nach Begünstigtem auch Autoren- und Verleger-Privilegien.

2. Rechtsdogmatische Begründung des Schutzes

Die grundsätzlich jedem ↗Privileg anhaftende Schutzwirkung konnte zur Sicherung gegen unberechtigten Nachdruck eingesetzt werden. Bei Nachdruck durch Nichtprivilegierte hatten diese ein Strafgeld je zur Hälfte dem Privilegienerteiler und dem geschädigten Privilegierten zu zahlen. Für das Alte Reich wurden D. vom Kaiser durch den ↗Reichshofrat, für die Territorien von der gesetzgebenden Obrigkeit erteilt. Der territoriale Geltungsbereich war somit geteilt, reichte z. T. auch über das eigentliche Reichsgebiet hinaus [8. 353]. Die Bekanntmachung der D. war Wirkungsvoraussetzung, die häufig durch Abdruck des D. im geschützten Buch sichergestellt wurde [3.33]. Das erleichterte die Beweislage bei Klagen gegen den Nachdruck und die Vollstreckbarkeit aus der Privilegienurkunde. D. waren zumeist zeitlich begrenzt und ihre Erteilung mit einem Prüfungs- und Zensurverfahren verknüpft [7.53–58, 83]. Grundsätzlich bestand kein Anspruch auf ein D., denn die Erteilung galt als ein Gnadenakt des Herrschers. Deshalb ist über Ablehnungsgründe auch wenig bekannt [8.372–375]. Aus der Häufigkeit der Erteilung von D. ist auf eine anspruchsähnliche Position des Antragstellers geschlossen worden [10]; der grundsätzliche Unterschied zum gesetzlich bestimmten Anspruch im 19. Jh. wurde dadurch jedoch verwischt, da ein Widerruf jederzeit möglich war.

3. Schutzzwecke der Druckprivilegien

Das erste nachweisbare D. stammt von 1469 aus Venedig. Seit 1494 indiziert eine ständig ansteigende Zahl von D. den wachsenden Bedarf an Schutz gegen Nachdruck [4.22]; [10.40–48]. Die Argumente für und gegen den Schutz durch D. wechselten zwischen materiellen und ideellen Motiven [5.422, 426f.]. Die Schutzwürdigkeit wurde mit der *communis omnium utilitas* (dem »allgemeinen Nutzen«) begründet (z.B. Neuheit des Werkes, Sicherung des Lohnes für Arbeitsleistung, Förderung der Wissenschaften) [7.61–65]. Zur rechtlichen Begründung der D. diente v.a. der Begriff des ↗Eigentums und damit der Schutz vor ↗Diebstahl. Da dieser generell verboten war, wurde z.T. auch das D. für überflüssig gehalten [1.73]. Eine neue Legitimation bildete seit Ende des 18. Jh.s das naturrechtlich motivierte ↗Persönlichkeitsrecht. Versuche, ein ↗Urheberrechts-Bewusstsein bereits für das 16. bis 18. Jh. nachzuweisen [10], verkennen jedoch, dass Wirtschaft, ↗Zensur, ↗Steuer usw. Schutzzwecke waren, die außerhalb der Person des Autors lagen [6.191–194]. Das Schutzinteresse der Drucker dominierte, wenn auch die Autoren-Stellung durch die Praxis der D. gestärkt wurde [5.424].

4. Ablösung der Druckprivilegien durch gesetzliche Regelungen

Ende des 18. Jh.s verlor das D. seine Rechtfertigung durch die liberale Theorie in Politik und Wirtschaft (↗Liberalismus), da es im Widerspruch zu ↗Gewerbefreiheit, Gleichheitssatz und Kodifikationsidee stand [6.200]. V.a. Buchhändler und Verleger forderten eine Abkehr von dem »aus Gnade« (*ex gratia*) erteilten D. und einen gesetzlich garantierten Schutz. Das »Autorrecht« als »allgemein anerkanntes menschliches Recht« des »Urhebers« zeigt die »neue Rechtsbildung« an [2.186, 189]. Der schon Ende des 18. Jh.s erklärte Wunsch nach einer »allgemeinen Gesetzgebung« [3.66], wurde im 19. Jh. allmählich erfüllt (z.B. preuß. Gesetz vom 11.6.1837). Im 18. Jh. waren lediglich partielle gesetzliche Regelungen über den Nachdruck ergangen [11.589f.]. Die ↗Reichsverfassung von 1871 öffnete den Weg für eine allgemeine Gesetzgebung zum »Schutz des ↗geistigen Eigentums« (Art. 4, Ziff. 6), sodass der Autor nicht mehr – wie Eduard Gans 1832 kritisiert hatte – auf den Schutz durch die »erniedrigenden Privilegien« angewiesen war [7.227].

→ Buch; Geistiges Eigentum; Nachdruck; Privilegien; Urheberrecht; Verlag

Quellen:
[1] Art. Nachdruck derer Bücher, in: Zedler 23, 1740, 60–80 [2] J.C. BLUNTSCHLI, Deutsches Privatrecht, Bd. 1, 1853 [3] F.G.A. LOBETHAN, Abhandlung über die Lehre von den Privilegien überhaupt und Buchhändlerprivilegien insbesondere, Dispensationen und Immunitäten, 1796 [4] J.S. PÜTTER, Der Büchernachdruck nach ächten Grundsätzen des Rechts, 1774 [5] H.G. SCHEIDEMANTEL, Bücher, Buchwesen, Büchernachdruck, in: Repertorium des Teutschen Staats- und Lehnrechts 1, 1782, 412–427.

Sekundärliteratur:
[6] B. DÖLEMEYER / D. KLIPPEL, Der Beitrag der dt. Rechtswissenschaft zur Theorie des gewerblichen Rechtsschutzes und Urheberrechts, in: F.-K. BEIER et al. (Hrsg.), Gewerblicher Rechtsschutz und Urheberrecht in Deutschland: FS der Dt. Vereinigung für Gewerblichen Rechtsschutz und Urheberrecht, Bd. 1, 1991, 185–237 [7] L. GIESEKE, Vom Privileg zum Urheberrecht, 1995 [8] H.-J. KOPPITZ, Zur Form der Anträge auf Bewilligung kaiserlicher Druckprivilegien durch den Reichshofrat und zu den Gründen ihrer Ablehnung, in: B. DÖLEMEYER / H. MOHNHAUPT, Das Privileg im europ. Vergleich 1, 1997, 347–375 [9] H. MOHNHAUPT, Untersuchungen zum Verhältnis von Privileg und Kodifikation, in: Ius Commune 5, 1975, 71–121 [10] H. POHLMANN, Das neue Geschichtsbild der dt. Urheberrechtsentwicklung, 1961 [11] E. WADLE, Vor- oder Frühgeschichte des Urheberrechts? Zur Diskussion über die Privilegien gegen den Nachdruck, in: E. WADLE, Geistiges Eigentum, 1996, 119–128, vgl. 589–590.

Heinz Mohnhaupt

Drucktechnik

s. Buchdruck; Druckgraphik; Druckmedien

Dualismus

1. Religiöser und philosophischer Begriff
2. Philosophischer Dualismus
3. Kritik des Dualismus

1. Religiöser und philosophischer Begriff

D. bezeichnet religiöse, kosmologische, philosophische (metaphysische, erkenntnistheoretische) oder ethische Lehren, denen zufolge die Wirklichkeit durch zwei einander entgegengesetzte Prinzipien konstituiert bzw. in zwei getrennte Regionen aufgeteilt ist, beispielsweise

Sinnliches und Intelligibles, Materielles und Immaterielles, ›Ding an sich‹ und Erscheinung, Gut und Böse. Der Antagonismus zweier transzendenter Kräfte (↗Transzendenz) kennzeichnet die antiken und modernen gnostischen Systeme, aber auch die unterschiedlichen Ausformungen der Prinzipienpolarität Platons, manche religiösen Motive der ↗Askese sowie den nzl. D. der Substanzen bei R. Descartes, der die Zuordnung von Geist und Körper oder von Denken und Außenwelt problematisch macht.

Der Ausdruck lässt sich bis auf die *Historia religionis veterum Persarum* (1700; »Geschichte der Religion der alten Perser«) des Oxforder Orientalisten Thomas Hyde zurückführen [3.162]. *Dualistae* sind hier die Anhänger der Auffassung, die der guten Gottheit Yezâd eine in gleicher Weise ewige Gottheit Ahâriman (Ahrîman) gegenüberstellte. Das Wort hat bei Hyde insofern pejorativen Sinn, als er die *magi dualistae* der altpers. Religion als häretische, im Manichäismus (↗Gnosis) kulminierende Fehlentwicklung einschätzte [9]. Die religionsgeschichtliche Begriffsbildung ermöglichte der Philosophie, die beiden gleich ewigen Götter als zwei äquivalente Weltprinzipien zu interpretieren und damit das Konzept des D. auf weite Bereiche der Philosophie auszudehnen.

Durch P. Bayle, der sich z. T. kritisch auf Hyde bezog, dann durch G. W. Leibniz wurde die antike Zwei-Prinzipien-Lehre in größerem Umfang bekannt; darüber hinaus bezeichnete der Begriff aber auch eine im Gegensatz zum eleatischen Monismus (der die Auffassung vertritt, dass es nur ein Prinzip des Seins bzw. nur einen Gott geben könne) stehende philosophische Position.

2. Philosophischer Dualismus

Bei Leibniz' Erwähnungen dualistischer Gedanken in der ↗Theodizee stand noch die Frage nach dem Übel in der Welt im Mittelpunkt, dessen dualistische Erklärung für sein System der prästabilierten Harmonie, das die Wirklichkeit in ihrer Vielfalt aus einem einzigen Vernunftmodell zu begründen suchte, nicht akzeptabel gewesen wäre. Dagegen kennzeichnete Christian Wolff im frühen 18. Jh. mit dem nunmehr vorhandenen Begriff D. eine Philosophie, die (anders als der Monismus) die Existenz sowohl materieller als auch immaterieller Substanzen (v. a. der Seele) annimmt. Wolff konstatierte daher, dass der D. als die vorherrschende philosophische Richtung anzusehen sei. Er meinte damit v. a. die von Descartes getroffene Unterscheidung zweier Arten von (geschaffenen) Substanzen mit unterschiedlichen Attributen, die deshalb real voneinander verschieden seien (↗Cartesianismus) [8]. Diese Unterscheidung wandte sich gegen den aristotelischen Hylemorphismus (nach dem die endlichen Substanzen als begriffliche Einheit dieser Prinzipien gedacht werden) und ermöglichte einerseits eine mathematische, d. h. mechanistische Beschreibung der Welt ausgedehnter Körper (vgl. ↗Mechanismus), andererseits gestattete sie es, weiterhin die Selbständigkeit und Unsterblichkeit der denkenden ↗Seele zu postulieren. Aber dieser D. machte die Korrelation zwischen Zuständen des ↗Körpers und solchen des ↗Geistes sowie den Ideen im Geist und der Außenwelt zum Problem.

Dieses suchten die Theorien des Occasionalismus (↗Philosophie) oder Leibniz' System der prästabilierten Harmonie durch die Einwirkung Gottes (dessen Existenz als a priori bewiesen gilt) zu lösen. Gott garantiert die Korrespondenz zwischen Geist und Materie/Körper entweder durch situativen Eingriff oder aber – bei Leibniz – durch göttliche Wahl einer (bestmöglichen) Welt, die alle sukzessiv erscheinenden körperlichen und geistigen Zustände von vornherein umfasst [10].

3. Kritik des Dualismus

Sowohl der Occasionalismus N. Malebranches als auch Leibniz' Lehre von den Monaden – die oberhalb der Unterscheidung zwischen Physischem und Geistigem bzw. mechanischer und teleologischer Verursachung stehen und deshalb eben diese Unterscheidungen begründen [7.225 ff.]; [6.607 ff.] – bieten jedoch metaphysische Lösungen für die Thematik, die dann I. Kant im Gefolge D. Humes erkenntnistheoretisch kritisierte (↗Skepsis). Nun erscheint D. als die »dogmatische« Auffassung, die Erscheinungen der sinnlichen Welt nicht nur als Vorstellungen des Subjektes, sondern zugleich als von ihm unabhängige Objekte anzusetzen [4.243–245]. Obgleich das Ziel der Transzendentalphilosophie darin bestand, eben diesen D. zu überwinden, bescheinigte G. W. F. Hegel sowohl der Philosophie G. Fichtes wie derjenigen Kants, an dieser Aufgabe gescheitert zu sein. Vielmehr hebe erst die dialektisch erreichte Einheit von Gedachtem und Denken im »Begriff« die Dualität zwischen den Dingen und den Vorstellungen wie auch diejenige von Ich und Nicht-Ich auf [2.625]; hier konstituiert sich das Wissen allerdings wiederum, wie bereits bei Malebranche und Leibniz, als Form der Einsicht in das Wesen Gottes. Die Philosophie vom Kopf wieder auf die Füße stellend, erklärte dagegen der frühe K. Marx die revolutionäre Praxis zum Ort und zum Mittel, die realen Dualismen der industriellen und kapitalistischen Gesellschaft zu versöhnen.

Den Gegenpol zu einer Philosophie, die alle in der Welt erscheinenden Gegensätze in dialektische Momente der Vernunft aufhebt und die deren Bewegung im absoluten Wissen kulminieren lässt, markierte am Ende des 19. Jh.s F. Nietzsches Absage an ein Denken in den Dualitäten von wahrer und sinnlicher Welt, von Gut und Böse, Gott und Welt, verbunden mit der Absage an alle Versuche, sie miteinander zu versöhnen. Damit erhob Nietzsche den Anspruch, das Problem des D., dessen Erfahrung in Philosophie und Theologie bereits weit vor Beginn der Nz. in unterschiedlichen Formen thematisiert worden war, um es gedanklich zu bewältigen, auf besondere Weise gelöst zu haben: indem er es nämlich – vermeintlich endgültig – einfach beseitigte.

→ Idealismus; Materialismus; Philosophie; Theologie

Quellen:
[1] R. Descartes, Meditationes de prima philosophia, in: C. Adam / P. Tannery (Hrsg.), Œuvres de Descartes, Bd. 7, 1903 [2] G.W.F. Hegel, Vorlesungen über die Geschichte der Philosophie 3, in: G.W.F. Hegel, Sämtliche Werke. Jubiläumsausgabe, hrsg. v. H. Glockner, Bd. 19, 1959 [3] T. Hyde, Historia religionis veterum Persarum, ²1760 [4] I. Kant, Kritik der reinen Vernunft, in: Kant, AA, Bd. 4, 1911 [5] G. Leibniz, Système nouveau pour expliquer la nature des substances et leur communication entre elles, aussi bien que l'union de l'âme avec le corps. Remarques sur les Objections de M. Foucher, in: G. Leibniz, Die philosophischen Schriften, hrsg. von C.I. Gerhardt, Bd. 4, 1880, 477–494 [6] G. Leibniz, Monadologie, in: G. Leibniz, Die philosophischen Schriften, hrsg. von C.I. Gerhardt, Bd. 6, 1885, 607–623 [7] N. Malebranche, De la recherche de la verité. Eclaircissement 15, in: N. Malebranche, Œuvres complètes, hrsg. von A. Robinet, Bd. 3, 1964, 225–229.

Sekundärliteratur:
[8] A. Beckermann, Descartes' metaphysischer Beweis für den Dualismus. Analyse und Kritik, 1986 [9] U. Bianchi, Il dualismo religioso. Saggio storico ed etnologico, ²1983 [10] R. Specht, Commercium mentis et corporis. Über Kausalvorstellungen im Cartesianismus, 1966.

Michael Weichenhan

Dualistischer Ständestaat s. Ständestaat

Duell

1. Begriff
2. Entwicklungen im 16. und 17. Jahrhundert
3. Zivilisierung im 18. Jahrhundert

1. Begriff

D. sind verabredete, regelhafte und mit tödlichen Waffen ausgefochtene Zweikämpfe, in denen es um die Wahrung der ↗Ehre geht. Sie kamen im 16. Jh. unter männlichen Angehörigen des ↗Adels in Mode, zunächst in Spanien, Frankreich und Italien, nach dem ↗Dreißigjährigen Krieg auch in den dt. Territorien. Im 18. und frühen 19. Jh. erstreckte sich ihr Verbreitungsgebiet auf ganz Europa, einschließlich Großbritannien und Russland [3].

Als ma. Vorläufer des D. gelten gerichtliche Zweikämpfe, ↗Fehden und ritterliche Turniere. Mit dem Turnier teilte es die Bindung an einen adligen Ehrenkodex, in dem Tapferkeit (↗Adelsehre) eine große Rolle spielte. Anders als das Turnier aber war das D. kein zeremonieller Akt der Freundschaft, sondern ein Mittel persönlicher Konfliktregelung. Hierin ähnelte es der Fehde, von der es sich wiederum dadurch unterschied, dass es Regeln folgte und die Kampfhandlungen gemeinhin nicht auf Dritte ausweitete. Das galt zwar auch für den gerichtlichen Zweikampf, doch war das D. kein vor dem ↗Gerichtsherrn ausgetragener Rechtsstreit, und sein Ausgang stellte keine juristische Streitentscheidung dar.

2. Entwicklungen im 16. und 17. Jahrhundert

Ausgelöst wurde ein D. durch eine Ehrenkränkung. Äußerste Reizbarkeit in der Wahrnehmung der ↗Beleidigung und allzeitige Bereitschaft, die Integrität des Gegenübers durch Angriffe zu verletzen, paarten sich in der Frühen Nz. zu einer adligen Streitkultur, in der Zweikämpfe an der Tagesordnung waren. Sie konnten die Form unangekündigter Attacken, spontaner Rencontres und sorgfältig eingefädelter D. annehmen; die Grenzen waren fließend. Fanden D. zu Beginn des 16. Jh.s, wie für Frankreich bezeugt, in einem offiziellen, genau geordneten und kontrollierten Rahmen statt, ähnelten sie 100 Jahre später mörderischen, rachegeleiteten Raufhändeln. Selbst die Einführung von Sekundanten vermochte daran zunächst nichts zu ändern; anstatt auf Regelkonformität und Fairness zu achten, verstanden diese sich als Helfer und Beschützer ihrer Klienten und griffen aktiv in das Gefecht ein [1].

Obwohl nicht jeder Ehrkonflikt unter Adligen in einem D. endete, nahm die Zahl der D. und Herausforderungen seit dem späten 16. Jh. nicht nur in Frankreich, sondern auch in England deutlich zu. In den dt. Territorien bürgerte sich der private Ehrenzweikampf erst im 17. Jh. ein. 1652 erließ der brandenburgische Kurfürst Friedrich Wilhelm, dem sächsischen und österr. Beispiel folgend, ein erstes D.-Mandat. Es verbot Herausforderungen und förmliche Zweikämpfe; Duellanten, die den Gegner töteten, erwartete die ↗Todesstrafe, und auch Sekundanten wurden haftbar gemacht. In der Praxis wurden diese Strafen zwar verhängt, aber selten vollstreckt. In der Regel ließ der ↗Landesherr Gnade vor Recht ergehen.

In dieser Haltung spiegelt sich eine Herrschaftstechnik, die eng an die Ausformung absolutistischer Staatlichkeit (↗Absolutismus) gebunden ist. Verweisen die zahlreichen D.-Verbote auf das fürstliche Interesse, Äußerungen adliger Eigenmacht und Selbstjustiz zu unterbinden und das staatliche ↗Gewaltmonopol kompromisslos durchzusetzen, lässt die großzügige ↗Begnadigungs-Praxis doch das Bemühen erkennen, das neue hierarchische Verhältnis zwischen Fürst und Adel zu entspannen. In dem Maße, wie der Adel seit dem 17. Jh. in die ↗Hof-Kultur integriert und mit Ämterprivilegien (↗Privilegien) in

Militär und ↗Verwaltung unmittelbar in den staatlichen Betrieb eingebunden wurde, stand seine Freiheit, Ehre nach eigenen Konventionen zu wahren, zur Disposition. Dem Ansinnen des Landesherrn, jenen Konventionen abzuschwören, verweigerten sich Adlige beharrlich. Allenfalls waren sie bereit, die Regeln des D. schärfer zu fassen.

3. Zivilisierung im 18. Jahrhundert

Im 18. Jh. lässt sich eine merkliche Zivilisierung des Ehrenzweikampfs beobachten: Er streifte seinen wilden, von Affekten bestimmten Charakter zunehmend ab. Die häufigere Verwendung von Pistolen anstelle von Schlagwaffen erzielte ein diszipliniertes und distanzierteres Verhalten der Duellanten. Sekundanten achteten darauf, dass das D. in geordneten, die Chancengleichheit der Gegner wahrenden Bahnen verlief. Das Ziel des D. war defensiv, nicht aggressiv: Es ging nicht darum, Ehre zu vermehren, indem man den Sieg davontrug. Vielmehr wurde Ehre gewahrt, indem der Beleidiger ebenso wie der Beleidigte zeigten, dass Ehre für sie mehr wog als Leib und Leben. An der potentiellen Tödlichkeit des Waffengangs wurde deshalb nicht gerüttelt; Fäuste oder Stöcke qualifizierten nicht zum D.

Mit dieser Bestimmung grenzte sich der Adel gegen Männer »gemeinen Standes« ab, deren körperliche Auseinandersetzungen nicht als D. angesehen wurden. Das Recht bestätigte und verstärkte diese Sichtweise: Selbst wenn sich Nichtadlige formgemäß zum Zweikampf herausforderten und mit Degen oder Pistole aufeinander losgingen, fiel dies nicht unter die Strafbestimmungen des D., sondern wurde als ↗Mord-Versuch eingestuft. Erst die bürgerliche Rechtsordnung des postrevolutionären Frankreichs beendete die ständischen Distinktionen; in Preußen lebten sie bis 1851 fort. Der *Code Napoléon* (↗Napoleonische Gesetzbücher) räumte darüber hinaus auch mit der rechtlichen Sonderstellung des D. auf: Anders als das ↗Allgemeine Landrecht für die preußischen Staaten von 1794 subsumierte er D. unter die Strafbestimmungen für Körperverletzung und Totschlag. In Preußen dagegen – und im Dt. Kaiserreich (ab 1871), das die preuß. Regelungen übernahm – blieb das D. ein spezieller Tatbestand, mit einem eigenen Titel im Strafgesetzbuch.

Die juristische Privilegierung reflektiert die hohe Anerkennung, die der Staat dem D. noch im 19. Jh. zollte. Der Ehrenkodex, auf den es rekurriert und von dem es sein Prestige bezieht, erfreute sich im Militär und in der höheren Beamtenschaft ungeminderter Wertschätzung. In dem Maße, wie sich diese Institutionen bürgerlichen Männern öffneten, verbreitete auch das D. seine soziale Basis [2]. Lediglich in Ländern ohne starke absolutistische Traditionen, wie in Großbritannien oder den Niederlanden, verlor es bereits im 19. Jh. an Geltung. Die meisten kontinentaleurop. Staaten dagegen verabschiedeten sich erst im frühen 20. Jh. von einer Konvention, die über vier Jahrhunderte lang als ein wichtiges Signalzeichen adliger – später auch bürgerlich-militärischer – Kultur und Vorrechte diente.

→ Adel; Ehre; Gewalt; Konflikt

[1] F. BILLACOIS, Le duel dans la société française des XVIe–XVIIe siècles, 1986 [2] U. FREVERT, Ehrenmänner. Das Duell in der bürgerlichen Gesellschaft, 1991 [3] V. G. KIERNAN, The Duel in European History, 1988 [4] P. SPIERENBURG (Hrsg.), Men and Violence: Gender, Honor, and Rituals in Modern Europe and America, 1998.

Ute Frevert

Dukat

Zu den frühen und erfolgreichen europ. Goldmünzen des MA gehörte die ab 1284 in Venedig geprägte Zechine (von ital. *zecca/zecha*, ↗»Münze«), die auf der Vorderseite den vor dem hl. Markus knienden Dogen und auf der Rückseite den stehenden Christus – jeweils in einer Mandorla – darstellte. Wegen des letzten Wortes der Umschrift (*Sit tibi Christe datus quem tu regis iste ducatus* = »Dir, Christus, sei übergeben dieses Herzogtum, welches du regierst.«) erhielt sie den Namen D. Die venez. D. bestanden aus mit damaligen Mitteln herstellbarem Feingold und wurden bis zum Ende der Republik 1797 geprägt, mit nur einer Gewichtsreduktion von 3,54 auf 3,49 g (1526). Als im Lauf des 14. Jh.s immer mehr Länder zur Goldprägung übergingen, begann auch das goldreiche Ungarn 1325 mit der Ausgabe hochfeiner Goldmünzen. Zunächst folgten die ungar. D. dem Münzbild des 1252 erstmals geschlagenen *Fiorino d'oro* von Florenz (Johannes der Täufer und die Florentiner Lilie), bald ging man aber zum hl. Ladislaus und dem ungar. Wappen über.

Aus dem *Fiorino* oder Florentiner entwickelte sich – parallel zum D. – der Goldgulden, der als Kernmünze des 1385/86 begründeten Münzvereins der rheinischen Kurfürsten bis ins 16. Jh. Standard im Alten Reich wurde, aber schon im Lauf der zweiten Hälfte des 14. Jh.s an Goldgehalt verlor. Dieser Prozess setzte sich im Lauf des 15. Jh.s fort, als auch andere Prägeherren einschließlich des Königs den Goldgulden übernahmen (↗Münzverschlechterung). Der ungar. Goldgulden, auf den die Bezeichnung D. ebenfalls überging, blieb mit gewissen Schwankungen mehr oder weniger stabil. Er breitete sich über Italien auch auf die Iber. Halbinsel aus: Portugal prägte ab 1457 etwas geringere *Cruzados de ouro* und Spanien ab 1497 einfache und doppelte *Excelentes*. Wegen seiner Stabilität gewann der D. immer mehr an Boden. Wichtig war seine Einführung als alleinige Goldmünze in den habsburgischen Ländern im Jahr 1527. Die Reichsmünzordnung von 1559 nahm den D. als Reichsgoldmünze neben dem Goldgulden an: 67 D. sollten aus der *Kölner Mark* geprägt werden; sie hatten ein Rauhgewicht von 3,49 g und ein Feingewicht von 3,44 g. Diese

Norm blieb von nun an bindend, auch wenn bes. in Italien und den Niederlanden geringwertige Nachahmungen u. a. mit ungar. oder span. Münzbild entstanden.

Die D. breiteten sich im 16. und in der ersten Hälfte des 17. Jh.s im Alten Reich aus und verdrängten die Goldgulden selbst in den Münzstätten der rheinischen Kurfürsten. Zunächst wollte der Kaiser im letzten Viertel des 16. Jh.s die D.-Prägung einschränken und gestattete nur denjenigen, die in eigenen Gruben gefördertes ↗Gold verarbeiteten, die Prägung von D. Bes. viele D. wurden in den österr. und ungar. Münzstätten der Habsburger geprägt. Auch das Osmanische Reich übernahm den D. als *sultani altun*, jedoch nicht dessen hohen Standard. In Frankreich konnten die D. nie Fuß fassen. Die auf dem doppelten span. *Escudo de oro* (↗Krone) fußenden und ab 1640 geprägten *Louis d'or* wurden zu einer ernsten Konkurrenz der D. im Alten Reich; im 18. und 19. Jh. wurden sie bes. von nord- und mitteldt. Reichsständen geprägt, so dass der D. in dieser Periode v. a. eine österr.-süddt. Goldmünze war.

Als die Republik der Vereinigten Niederlande 1586 eine umfassende Münzreform vornahm, führte sie den D. mit einheitlichem Münzbild (Ritter mit Pfeilbündel und liegendes Quadrat mit dem Hinweis auf die Prägung der D. nach den Bestimmungen der Reichsmünzordnung) ein, der bis ins 20. Jh. als Handelsgoldmünze auch für Südostasien geprägt wurde. Er wurde überall gerne akzeptiert, obwohl er den Standard der Reichsmünzgesetze nicht ganz erreichte. Niederl. D. kursierten u. a. im Ostseeraum und wurden auch von Russland nachgeprägt, ebenso von Württemberg für den Russlandfeldzug von 1812. Zu den D.-Nachahmungen gehörten auch die 1757 bis 1765 geprägten geringerwertigen dän. Kurant-D. zu zwölf Mark.

Der Begriff D. wurde auch auf Silbermünzen übertragen: Die ab der Mitte des 16. Jh.s geprägten ital. *Scudi d'argento* hießen auch *Ducato d'argento* oder *Ducatone*. Diese Bezeichnung wurde auf die ab 1618 in den span. Niederlanden geprägten schweren Talermünzen übertragen. Ab 1659 münzte die Niederl. Republik den span.-niederl. *Patagon* oder *Albertustaler* als silbernen D. und den span.-niederl. *Dukaton* als »Silbernen Reiter«.

Im 19. Jh. spielten die D. außerhalb der Habsburger Monarchie eine zunehmend geringere Rolle. Der Wiener ↗Münzvertrag von 1857 beendete die D.-Prägung im Gebiet des ↗Zollvereins und führte mit der Vereinsgoldkrone eine (allerdings erfolglose) einheitliche Goldmünze ein. Lediglich Österreich behielt das Recht, noch bis 1865 D. zu prägen. Nach dem Ausscheiden aus dem ↗Deutschen Bund (1866) setzte Österreich seine D.-Prägung jedoch wieder fort. Noch heute stellt das Österr. Hauptmünzamt einfache und vierfache D. mit der Jahreszahl 1915 her.

→ Geld; Gulden; Münze; Münzprägung

[1] H. E. van Gelder, De Nederlandse munten, ⁶1976 [2] U. Hagen-Jahnke / R. Walburg, Nzl. Goldmünzen in der Münzensammlung der Dt. Bundesbank, 1985 [3] N. Klüssenberg, Der Münzschatz von Niederhone und die hessisch-kasselsche Denkmalpflegeverordnung von 1780, 1987 [4] M. North, Das Geld und seine Geschichte. Vom MA bis zur Gegenwart, 1994 [5] M. North, Art. Dukat, in: M. North (Hrsg.), Von Aktie bis Zoll. Ein historisches Lex. des Geldes, 1995, 95 [6] A. Pohl, Ungarische Goldgulden des MA (1325–1540), 1974 [7] K. Schneider, Rheingold. Die Währung der Rheinischen Kurfürsten, 2003 [8] F. von Schrötter, Art. Dukat, Dukaton, in: WB der Münzkunde, 1930, 167–168 [9] J. Weschke / U. Hagen-Jahnke, Ma. Goldmünzen in der Münzensammlung der Dt. Bundesbank, 1982.

Konrad Schneider

Düngung

1. Begriff
2. Tierische Fäkalien
3. Weitere Materialien

1. Begriff

Unter D. versteht man die Zufuhr von Nährstoffen in den ↗Boden. Im Ackerbau geschah dies durch Einbringung organischer und anorganischer Stoffe sowie durch Grün-D. (↗Leguminosen). Wiesen erhielten Dungstoffe v. a. durch Bewässerung.

2. Tierische Fäkalien

Stallmist wurde durch die Mischung von tierischen Fäkalien mit Einstreustoffen – neben Stroh vielfach mit Laub, Baumnadeln und -zweigen – gewonnen. Er enthält alle für den Anbau von ↗Getreide erforderlichen Nährstoffe und reichert Humus im Boden an. Nährstoffverluste können bei luftabschließender Lagerung verringert werden, was bis ins 18. Jh. kaum beachtet wurde. Die Bauern des Schweizer Emmentals wurden dagegen an der Wende zum 19. Jh. für ihre mustergültig aufgeschichteten Misthaufen gelobt [4.23]. Die Anlage von Jauchegruben ist zuerst um 1730 im Schweizer Kanton Zürich belegt [4.16f.]. Die ↗Bauern trugen die Jauche zuerst in Behältern auf dem Rücken auf Felder und Wiesen, bevor nach 1750 das Jauchefass in Gebrauch kam. In Nordwestdeutschland wurde – teils auf dem Umweg durch den Stall – Bodenoberfläche (Plaggen) von extensiv genutzten Flächen (↗Allmende) auf Ackerland transferiert, was auf den abgebenden Flächen oft Bodendegradation auslöste (↗Boden).

Stallmist wurde in der Nz. in die ↗Brache eingearbeitet, das Sommerfeld blieb ungedüngt. Den seit der Römerzeit beklagten Düngermangel führte der Kameralist Justi 1767 darauf zurück, dass man im »Verhältnisse … zu der Ackerzahl fast allenthalben zu wenig Vieh hält« [1.45]. Dem lag ein ungünstiges Verhältnis von

Wiesen- zu Ackerland zugrunde, das v. a. für Phasen von »Vergetreidung« kennzeichnend war, mit der in den Kernregionen der Landwirtschaft auf Bevölkerungszuwächse reagiert wurde. Da die ↗Stallhaltung meist nur die Wintermonate umfasste, ging außerdem tierischer Dünger auf großräumigen Allmenden verloren. Agrarreformer (↗Agrarreformen) und ↗Agrarpioniere des 18. Jh.s sahen den Ausweg in einer Verbesserung des ↗Wiesenbaus und der Ausdehnung von Futterbau und Stallhaltung nach engl. Vorbild.

Bei der Beweidung konnte der Dung dann genutzt werden, wenn das Vieh auf Äckern und Wiesen blieb. V. a. ↗Schafe wurden nachts in Pferchen gehalten, um den Dunganfall auf den intensiv genutzten Teilen der Gemarkung zu konzentrieren. Der Dung, den die Herden der südfranz. Wanderschäfer (↗Transhumanz) auf den Feldern zurückließen, war bei den ansässigen Bauern so begehrt, dass die Größe der Pferche im 18. Jh. proportional zum Umfang des einzelbetrieblichen Ackerlandes eingerichtet wurde, wobei man den Standort in der Nacht mehrfach wechselte [7.193–196].

In der Umgebung der Städte ermöglichten die anfallenden tierischen und menschlichen Fäkalien intensiven, oft kleinbetrieblich organisierten Anbau von ↗Gemüse, Faser- oder Färbepflanzen (↗Stadt-Land-Beziehungen). Der in Paris anfallende Pferdemist reichte im späten 18. Jh. aus, die Landwirtschaft in einem Umkreis von 15 km mit Dung zu versorgen [5.178], im Gegenzug wurde Stroh zur Einstreu in die Stadt geliefert. In Seckenheim am Neckar kamen 1840 ca. 3000 Tonnen Abtrittsdünger aus Mannheim auf die Felder [3.370]. In England war es aufgrund städtischer Kanalisationssysteme bereits in der ersten Hälfte des 19. Jh.s möglich, Abwässer auf die Felder zu pumpen [9.62], wobei man sich der Umweltproblematik nicht bewusst war (↗Assanierung).

3. Weitere Materialien

Der Eintrag eines Kalk-Ton-Gemischs, die Mergelung, war ein Element des Aufschwungs (↗Agrarrevolution), der die engl. Grafschaft Norfolk im 18. Jh. an die Spitze der europ. Landwirtschaft brachte. Weitere Materialien wie Laub, Teich- und Flussschlamm, Muschelschalen, Algen, Fischereiabfälle, Ruß und Aschen (↗Brandwirtschaft), darunter die kaliumhaltige Pottasche, wurden nicht allein in Norfolk [8.78], sondern – ähnlich wie die Mergelung – auch auf dem Kontinent genutzt [2.223]. Im 18. Jh. wurde Kalk den Äckern auch in Form von Gips zugeführt, der in Steinbrüchen abgebaut und in Gipsmühlen zerkleinert wurde. Im Zürcher Wehntal waren um 1780 ca. 15 Mühlen in Funktion [6.276]. Auf die leichten Böden der engl. Grafschaft Lincolnshire wurde seit dem späten 18. Jh. Knochenmehl ausgebracht, z. T. aus Deutschland und Südamerika importiert [9.68].

Um 1840 kam in England und Deutschland verstärkt der im Südwesten Afrikas und Amerikas als Guano petrifizierte Vogelkot zum Einsatz. Etwas später begann man in Südamerika mit der Gewinnung und dem Export von Chilesalpeter. Tierknochen bildeten zunächst den Grundstoff für die erste Düngerfabrik [9.69f.], die John Bennet Lawes 1843 in Deptford bei London nach einem Vorbereitungsstadium auf seinem Landsitz Rothamsted einrichtete, bevor Rohphosphate eingesetzt wurden, die man in Südamerika und Nordafrika abbaute. Die Entdeckung der Prinzipien der Pflanzenernährung durch den Gießener Chemiker Justus von Liebig (1840) bereitete Ertragssteigerungen, aber auch ökologische Probleme ungeahnten Ausmaßes vor.

→ Abfall; Agrarrevolution; Boden; Bodenbearbeitung; Viehwirtschaft

Quellen:
[1] J. H. G. von Justi, Über die Haupthindernisse für den landwirtschaftlichen Betrieb, in: W. Conze (Hrsg.), Quellen zur Geschichte der dt. Bauernbefreiung, 1957, 43–46.

Sekundärliteratur:
[2] W. Abel, Geschichte der dt. Landwirtschaft vom frühen MA bis zum 19. Jh., ²1967 [3] N. Grüne, Vom innerdörflichen Sozialkonflikt zum »modernen« antiobrigkeitlichen Gemeindeprotest, in: Zsch. für die Geschichte des Oberrheins 151, 2003, 341–383 [4] A. Hauser, Güllewirtschaft und Stallmist – zwei große Erfindungen der Landwirtschaft, in: Schweizer landwirtschaftliche Forschung 13, 1974, 15–26 [5] Ph. T. Hoffman, Growth in a Traditional Society. The French Countryside 1450–1815, 2000 [6] T. Meier, Handwerk, Hausarbeit, Heimarbeit. Nichtagrarische Tätigkeiten und Erwerbsformen in einem traditionellen Ackerbaugebiet des 18. Jh.s (Zürcher Unterland), 1986 [7] J.-M. Moriceau, L'élevage sous l'Ancien Régime (XVIe–XVIIIe siècles), 1999 [8] N. Riches, The Agricultural Revolution in Norfolk, ²1967 (1. Aufl. 1937) [9] F. M. L. Thompson, The Second Agricultural Revolution, 1815–1880, in: The Economic History Review 22, 1968, 62–77.

Werner Troßbach

Dunkelheit

1. Definition
2. Kunst und Wissenschaft
3. Alltag
4. Hautfarbe

1. Definition

Für die Menschen der Frühen Nz. war D. ein mächtiges Symbol wie auch tägliche Erfahrung. Als Symbol konnte D. das Böse, den ↗Tod und den Teufel repräsentieren, doch auch das Göttliche oder Besondere. Als Abwesenheit von Licht oder als Hautfarbe war D. alltägliche Erfahrung. Im MA waren die Assoziationen mit der D. hauptsächlich negativ. Ab etwa 1700 jedoch ergänzten positive Sichtweisen die traditionelle negative

Einschätzung: D. wurde nun auch als spirituelle Erleuchtung interpretiert; neue Bedeutungen der D. in Kunst, Geselligkeit und Schauspiel erweiterten das bisherige Spektrum. Diese Ambivalenz charakterisiert D. bis heute.

Schon die frühe christl. Tradition brachte D. und ↗Nacht mit dem Bösen oder dem Fernsein von Gott in Verbindung. Die Paulus-Briefe kontrastieren wiederholt Licht und D. (z. B. 2. Kor 6,14); dieses Motiv wird in Augustinus' *Confessions* (»Bekenntnissen«) wiederholt aufgenommen. Neuplatonische Einflüsse auf die christl. Spiritualität förderten dagegen die Interpretation von D. und Nacht als Pfade zu Gott. Diese ›negative‹ oder apophatische Theologie geht größtenteils auf die neuplatonischen Schriften des Pseudo-Dionysius Areopagites (5./6. Jh.) zurück. Im frühnzl. Europa wurde diese dominante Vorstellung von D. als Unwissen oder als das Böse ebenso wie die der apophatischen Gegenströmung übernommen. In den 1520er Jahren bedienten sich alle Parteien des Konfessionsstreits in ihren Schriften und Predigten der einfachen Metapher von Licht und D. als Gut und Böse (↗Konfessionalisierung). Für Luther war D. das Ergebnis menschlichen Unvermögens, die klare Verkündigung in der Heiligen Schrift zu verstehen.

Ab dem Ende des 16. Jh.s ist ein ganz neues Verständnis von D. und Nacht in der christl. visuellen und literarischen Symbolik feststellbar. Nach dem span. Mystiker Johannes vom Kreuz ist der Glaube zu Gott »so dunkel wie die Nacht für den Verstand« und Gott selbst »dunkle Nacht für die Seele in diesem Leben« [2]. Im letzten Werk des lutherischen Schuster-Theologen Jakob Böhme, dem *Mysterium magnum oder Erklärung über das erste Buch Mosis* (1623), heißt es: »Die Finsterniß ist die gröste Feindschaft des Lichts, und ist doch die Ursach, dass das Licht offenbar werde« [1]. In der Metaphorik dieser Theologen besaß D. auch positive Präsenz und eigenständigen Wert (↗Mystik).

2. Kunst und Wissenschaft

In Kunst und Wissenschaft des 17. Jh.s verstand man D. als konkrete Gegebenheit, die zu verschiedenen Zwecken eingesetzt werden konnte. Auf dem *chiaroscuro* der Renaissance aufbauend, benutzen Künstler wie Caravaggio, Rembrandt und Poussin D., um physische und emotionale Tiefe herzustellen, natürliches und göttliches Licht zu betonen und Bildräume zu definieren (↗Malerei). Die barocke Perspektiv-↗Bühne basierte auf der D. als visuellem Effekt, und »Sonnenkönige« wie Ludwig XIV. oder Friedrich August I. (der Starke) von Sachsen-Polen bevorzugten nächtliche Feierlichkeiten als Kulisse für die eigene königliche Brillanz. Isaac Newton benutzte D. als Medium für die Untersuchung der Eigenschaften des ↗Lichts und für Astronomen war die D. der Nacht unabdingbar, um das All zu erforschen (↗Astronomie).

3. Alltag

Im frühnzl. Alltagsleben (↗Alltag) brachte die Nacht ganz neue Gefahren und Gelegenheiten. Alltagshistoriker haben festgestellt, dass in der Frühen Nz. viele gewöhnliche Menschen – freiwillig oder notgedrungen – nachts tätig waren (↗Arbeitszeit) [12]. Der lang akzeptierte Befund, dass die D. der Nacht vorherrschend mit ↗Angst und Unsicherheit verbunden war, muss daher relativiert werden, wenn auch Umfang und Vielfalt dieses »Nachtlebens« schwer einzuschätzen sind. Die Nacht war nicht nur Zeit des ↗Schlafs, sondern auch der ↗Arbeit. Wenn die D. über dem Land hereinbrach, kam die meiste Arbeit außerhalb des Hauses zum Erliegen. Im Haus mochte die Feuerstelle (im Winter) genug Licht für einige Tätigkeiten spenden; sonst verwendeten die einfachen Leute Rußlichter und Öllampen, die Reichen Kerzen (↗Beleuchtung). In den dörflichen ↗Spinnstuben verband man abendliche Arbeit und ↗Freizeit. In den großen nordwesteurop. Städten machte die öffentliche Straßenbeleuchtung die Nacht weniger bedrohlich (Paris: ab 1667; Amsterdam: ab 1669). Während die ältere Forschung davon ausging, dass die Kosten für häusliche Beleuchtung deren Gebrauch beschränkt hätten, weisen neueste Studien über Nordamerika in der Kolonialzeit und über Paris im 18. Jh. darauf hin, dass die Benutzung von Lampen und Kerzen sehr weit verbreitet war. Darüber hinaus sind nzl. Schreibkalendern und ↗Tagebüchern zahlreiche Beispiele für nächtliche ↗Reisen zu entnehmen.

4. Hautfarbe

Auch die Bedeutung der Hautfarbe veränderte sich, doch ging hierbei die Tendenz von ambivalenter Betrachtung hin zur Verfestigung der Sicht, dass dunkle Hautfarbe das Hauptmerkmal von ↗Rasse sei. Vor dem späten 18. Jh. verstand man in der ↗Reiseliteratur, in medizinischen Abhandlungen und in der Alltagssprache unter »Komplexion« die Kombination von Säften, Hautfarbe und Veranlagung; dunkle Haut wurde dabei als charakteristisches Merkmal nicht gesondert hervorgehoben. Laut [13] betrachteten Europäer Asiaten, Afrikaner und Amerikaner zwar als »dunkel«, glaubten aber, dass diese Hautfarbe eine reversible Auswirkung von Klima, Ernährung und Geographie, jedoch kein unabänderliches Kennzeichen von Rasse sei. In den letzten Jahrzehnten des 18. Jh.s gab es eine Zunahme klassifizierender Rassenlehren, die die Hautfarbe als dauerhaftes und unveränderliches Rassenmerkmal einschätzten und eine Hierarchie propagierten, in der die »weißen« Europäer an der Spitze standen (↗Anthropologie; ↗Ausgrenzung). Parallel zu dieser Entwicklung entwarfen die Aufklärer (↗Aufklärung) im Rückgriff auf die frühesten christl. Vorstellungen eine säkularisierte Sicht und deuteten D. erneut negativ als Unwissen oder ↗Aberglaube.

→ Beleuchtung; Licht und Farbe; Nacht; Rasse

Quellen:
[1] J. Böhme, Sämtliche Schriften, Bd. 7, 1958 (Faksimileausgabe; Orig. 1730) [2] Johannes vom Kreuz, Sämtliche Werke. Teil 1: Die dunkle Nacht, ³1997 [3] A. Kircher, Ars magna lucis et umbriae: In decem libros digesta, 1646.

Sekundärliteratur:
[4] D. Bertrand (Hrsg.), Penser la nuit: XVᵉ–XVIIᵉ siècle. (Colloques, congrès et conférences sur la Renaissance 35), 2003 [5] P. Choné, L'atelier des nuits. L'histoire et signification du nocturne dans l'art d'occident, 1992 [6] A. R. Ekirch, At Day's Close: Night in Times Past, 2005 [7] K. Goldammer, Lichtsymbolik in philosophischer Weltanschauung, Mystik und Theosophie vom 15. bis 17. Jh., in: Studium Generale 13/11, 1960, 670–682 [8] K. F. Hall, Things of Darkness: Economies of Race and Gender in Early Modern England, 1995 [9] C. Koslofsky, Court Culture and Street Lighting in Seventeenth-Century Europe, in: Journal of Urban History 28/6, 2002, 743–768 [10] R. Mortier, Clartés et ombres du siècle des lumières, 1969 [11] B. D. Palmer, Cultures of Darkness. Night Travels in the Histories of Transgression, 2000 [12] N. Schindler, Nächtliche Ruhestörung. Zur Sozialgeschichte der Nacht in der frühen Nz., in: N. Schindler (Hrsg.), Widerspenstige Leute. Studien zur Volkskultur in der frühen Nz., 1992, 215–257 [13] R. Wheeler, The Complexion of Race: Categories of Difference in Eighteenth-Century British Culture, 2000.

Craig Koslofsky (Ü: P. O. M.)

Dürre

1. Begriff und Definition
2. Dürrefolgen
3. Messung von Dürreereignissen über Dürre-Indizes
4. Dürreereignisse im historischen Kontext
5. Dürre in Mitteleuropa seit der Frühen Neuzeit

1. Begriff und Definition

Gemeinhin als Zeiträume außergewöhnlicher Trockenheit verstanden, zählen D. neben ↗Überschwemmungen oder Wirbelstürmen (↗Sturm) zu den unregelmäßig wiederkehrenden ↗Klimaextremen. D. können in nahezu allen Klimazonen auftreten und sind demzufolge von der sog. Aridität zu unterscheiden, welche auf Regionen mit geringem Niederschlag begrenzt ist und dort ein permanentes Klimacharakteristikum darstellt. In Anlehnung an die Definition der *World Meteorological Organization* (WMO) [2] liegt einer D. zunächst eine signifikante Abweichung des Niederschlags vom langjährigen Durchschnitt zugrunde, welche aufgrund des ↗Wasser-Defizits eine Reihe spezifischer Auswirkungen auf Mensch und Natur zur Folge hat.

Eine meteorologische D. bezeichnet einen Zeitraum, in dem Niederschläge hinsichtlich ihrer Dauer und/oder Intensität wesentlich reduziert sind oder gänzlich ausbleiben. Liegt an vier aufeinander folgenden Tagen das Temperaturmaximum über dem Regelwert des langjährigen mittleren Maximums und die relative Luftfeuchtigkeit bei höchstens 40 % (gemessen zum Mittagstermin um 14 Uhr), so spricht man von einer D.-Periode [5].

Von hydrologischer D. ist die Rede, wenn durch andauernde Niederschlagsdefizite die Pegelstände in Oberflächengewässern bzw. Grundwasserreservoiren unter einen statistischen Durchschnittswert sinken. Sie kann noch lange nach Beendigung einer meteorologischen D. andauern.

Zu einer landwirtschaftlichen D. kommt es, wenn die Bodenfeuchte unter das für ein spezielles Anbauprodukt benötigte Maß fällt. Sie tritt meist zeitversetzt nach einer meteorologischen D. ein (je nach vorangegangener Bodendurchfeuchtung), jedoch zeitlich gesehen vor der hydrologischen D.; sie führt zu Ernte- bzw. Ertragsverlusten. Um eine landwirtschaftliche D. auszulösen, reichen häufig wenige Wochen Trockenheit während der kritischen Wachstumsphase der Anbauprodukte aus.

Die sozioökonomische D. beginnt, wenn sich aufgrund von witterungsbedingtem Wassermangel die Versorgungslage mit ökonomischen Gütern derart verschlechtert, dass ein fortwährender Bedarf nicht mehr hinreichend gedeckt werden kann bzw. Gesundheit, Wohlbefinden oder Lebensqualität beeinträchtigt werden (vgl. Abb. 1).

2. Dürrefolgen

Die z. T. weitreichenden Auswirkungen einer D. können i. Allg. in ökonomische, ökologische und soziale Folgen unterteilt werden, wobei das Ausmaß – wie bei jedem anderen extremen Naturereignis – je nach Dauer und Intensität deutlich schwanken kann, beispielsweise von geringen Ernteertragsverlusten bis hin zu langjährigen Hungersnöten mit Todesfällen. Ökonomische D.-Folgen ergeben sich überwiegend in Wirtschaftsbereichen, die im bes. Maße auf Wasserressourcen angewiesen sind, wie beispielsweise ↗Wald-Wirtschaft, ↗Fischerei und ↗Landwirtschaft. Unter ökologischen Auswirkungen werden Verluste bei Floren- und Faunenspezies und Habitaten, Verminderung der Luftqualität, Minderung der Wasserqualität sowie ↗Boden-Erosion u. Ä. verstanden.

Soziale Folgeerscheinungen umfassen eine Reduktion des Lebensstandards, Auswirkungen auf das Wohlbefinden bis hin zu gesundheitlichen Schäden mit Todesfolge, Konflikte um die knapp gewordenen Wasserressourcen sowie Wanderungs- und Fluchtbewegungen aus den von D. betroffenen Regionen. D. wirken so selbst lange nach Beendigung der eigentlichen D.-Phase nach.

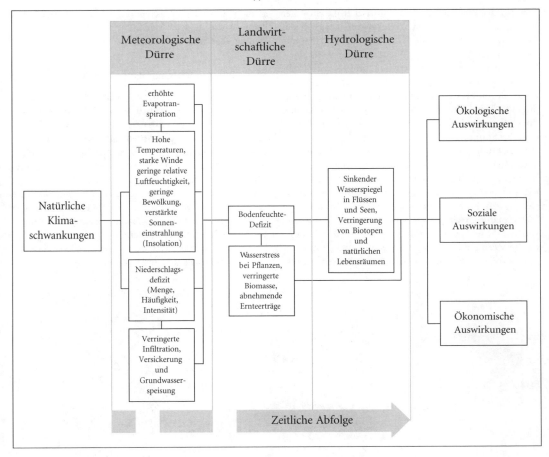

Abb. 1: Ursachen und Auswirkungen von Dürre

Als Beispiele sind hier die Verödung ganzer Landstriche durch Desertifikationserscheinungen und die Abwanderung von Bauern, die ihrer Existenzgrundlage beraubt waren, zu nennen. 1846/47 kam es in West- und Mitteleuropa zu Hungerkatastrophen, da die Kartoffelernte durch einen Pilz und die Getreideernte durch Trockenheit ausfielen, was zur Auswanderung nach Amerika oder zur Abwanderung in die sich industrialisierenden Gebiete führte. Die zunehmende Verarmung war auch ein Faktor in der Revolution von 1848.

3. Messung von Dürreereignissen über Dürre-Indizes

Um D. in Intensität und Stärke bewerten zu können, werden häufig sog. D.-Indizes abgeleitet. Zu den einfachsten Arten, Trockenheit zu beschreiben, zählt die prozentuale Abweichung des Niederschlags von einem langjährigen Durchschnittswert, meist einem 30-jährigen Mittelwert, einer sog. Standardperiode. Ein solcher Index lässt sich leicht für verschiedene Zeitskalen (Monat, Saison, Jahr) errechnen und ist für eine erste Einschätzung der Feuchteverhältnisse zweckmäßig.

Neben der Einstufung rezenter Witterungsbedingungen als D.-Ereignis können D.-Indizes auch zur Einordnung von Trockenperioden in einen langfristigen Kontext dienen, um beispielsweise Aussagen über die Häufigkeit und Regelmäßigkeit des Auftretens von D. verschiedener Intensitäten und Dauer möglich werden zu lassen. Nach dem Aufkommen erster Messgeräte im 16. Jh. setzten instrumentelle Klimaaufzeichnungen (Niederschlag, Temperatur, Luftdruck) erst ab 1700 ein [4.18–20].

4. Dürreereignisse im historischen Kontext

Um nun Angaben über die Ereignisse vor dem Beginn instrumenteller Klimaaufzeichnungen abzuleiten, wird bei der Bestimmung von historischen D. entweder auf Klimarekonstruktionen zurückgegriffen, aus denen sich letztlich trocken-heiße Phasen oder Einzeljahre anhand von Temperatur- oder Niederschlagswerten ableiten lassen, oder es werden spezifische Indizes entwickelt, welche auch D.-Folgen einbeziehen. Letztere finden sich zahlreich in histor. Chroniken und Annalen. Neben direkten Klimahinweisen auf die Wärmeentwicklung und -dauer, auf das Ausbleiben von Niederschlägen oder bestimmte Witterungsverläufe und Angaben zur Windrichtung sind in solchen histor. Quellen insbes. ökologische und sozial-ökonomische D.-Folgen vielfältig belegt. Die Quellen beziehen sich häufig auf Niedrigwasserstände von Seen und Flüssen, die u. a. das Stillstehen von Mühlen zur Folge hatten; allgemein auf Wassermangel, welcher beispielsweise eine Rationierung von Wasser notwendig machte; auf signifikante Einbrüche bei ↗Ernten; herausragende Weinqualitäten und auf das Eintreten verfrühter phänologischer Phasen (jahreszeitlich gebundene Erscheinungen der Pflanzen- und Tierwelt wie Austrieb und Blüte bei Pflanzen); sie berichten aber auch über Hitzetote.

5. Dürre in Mitteleuropa seit der Frühen Neuzeit

Ausgesprochene D.-Jahre und D.-Phasen sind im gesamten Verlauf der Frühen Nz. auszumachen. So wurden 1473, 1483, 1503 und 1504 in weiten Teilen Mitteleuropas als solche beschrieben. Zu einer ganz außergewöhnlichen Sequenz von sehr trockenen Jahren, welche in einer Jahrtausend-D. gipfelte, kam es 1534, 1536 und 1540 (mit Abstrichen auch 1532). Die Abfolge von diesen trockenen und dazwischen aufgetretenen feuchten Jahren ist in dieser Form einzigartig geblieben und schlägt sich in einer unverwechselbaren Sägezahnsignatur in Baumringchronologien nieder.

Davon war 1540 das extremste D.-Jahr in Mitteleuropa (Deutschland und Anrainerstaaten), ja eines

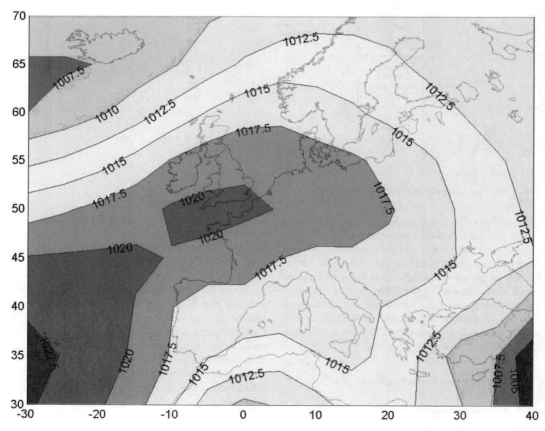

Abb. 2: Rekonstruierte Luftdruckdatenfelder für den Sommer 1540. Diese zeigen wie auch für weitere Trockenjahre eine typische Hochdruckbrücke über Mitteleuropa, eine sog. HB-Lage. Der hohe Druck ist von der Iberischen Halbinsel, über Frankreich bis nach Mitteleuropa ausgebildet. Der Hochdruckeinfluss bleibt bei dieser stabilen Wetterlage oft bis zu mehreren Wochen bestehen und führt zu trocken-heißen Bedingungen.

der herausragendsten des gesamten Jahrtausends. Bereits in den ersten beiden Monaten trat eine deutliche Wärmeanomalie auf. Quellenaussagen zufolge soll es in 26 Wochen nur an fünf Tagen »Tropflesregen« gegeben haben [4]. Dieser Umstand führte zu einer kaum beschreibbaren Wasserverknappung. Bereits im Juni betrug das Niederschlagsdefizit 25 %, und auch der Herbst fiel deutlich zu trocken aus. Den Winzern kam die Hitze entgegen: Der ↗Wein entwickelte sich durch seinen extrem hohen Zuckergehalt zu einem Jahrtausend-Rekordjahrgang, für den man, wie in der Würzburger Hofkellerei noch heute zu sehen, einige Prunkfässer baute [4]; letzte Flaschen dieser Kollektion sind immer noch – mit Inhalt – im speyerischen Weinmuseum und im Bürgerspital in Würzburg als Zeugen eines einzigartigen Jahres zu bewundern.

In Regensburg nutzte man den durch die Trockenheit hervorgerufenen niedrigen Wasserstand, um für den »Kranen« neue Fundamente zu errichten. Der für die Trockenheit verantwortliche Hochdruckeinfluss war im Sommer 1540 in weiten Teilen Ost-, West- und Mitteleuropas wirksam; erst im November des Jahres kam es schließlich zu einem Kälteeinbruch, der die lang ersehnten Niederschläge mit sich brachte [4.106–109]. Auf der Basis rekonstruierter Luftdruckdatenfelder kann man die Zirkulationsverhältnisse von 1540 darstellen (vgl. Abb. 2).

Mit 1565 und 1568 folgten weitere Trockenjahre, die aber nicht so stark ausfielen wie der Jahrhundertsommer von 1590. Die Jahre 1616, 1631, 1666 und 1669 verzeichneten weitere außergewöhnliche D.

Schon Mitte Februar 1669 brachte eine Tauperiode milde Verhältnisse nach Deutschland. Der Frühling blieb zwar vorerst kühl, für diese Jahreszeit jedoch außergewöhnlich trocken. Es folgte ein ausnehmend heißer und niederschlagsarmer Sommer. Für den Raum Mainfranken konnte im Zeitraum Mai bis Juli ein Niederschlagsdefizit von rund 25 % rekonstruiert werden. Quellen berichten, dass bereits Mitte Juni die Wiesen in Franken ausgetrocknet gewesen seien. Als die Trockenheit bis in den Herbst anhielt, machten sich erste Mängel in der ↗Wasserversorgung bemerkbar. Die ↗Brunnen trockneten aus, und selbst der Rhein wies Anfang Oktober einen beachtlichen Niedrigstand auf [4.161]. In der Nordostschweiz war der Wassermangel derart extrem, dass die Töss im Spätsommer vollständig trocken lag [7]. Aufgrund der Trockenheit wurde die Wintersaat erst spät ausgebracht [4.161]. Auch 1684 und 1719 reihen sich in die Rekordjahre ein.

In Zürich – wo der Schweizer Naturforscher Johann Jacob Scheuchzer als erster instrumentelle Messungen durchführte – gab es von Mitte März bis zum 20. Juni 1719 nur geringe Niederschlagsmengen, die den ausgetrockneten, steinharten Boden nicht aufweichen konnten. In den Weinbergen richteten ungewöhnlich viele Heuschrecken großen Schaden an. In Basel »nahmen die Brunnen wegen so lang schon gewesener grossen hitz und trueckne … dermassen ab, dass man an vielen orthen endlich stund weit zu mahlen und zu wasser gehen musste und wurden die brunnen tag und nacht verwacht [überwacht] weilen Leuth und Vich Mangel an Wasser hatten« [6.26f., vgl. 187f.]. Außergewöhnliche D. blieben anschließend für längere Zeit aus, auch wenn 1726, 1728 und 1780 als heiß beschrieben wurden.

Eine Besonderheit stellt das Jahr 1783 dar, in welchem sich ein durch starke Vulkanaktivität der Laki-Spalte auf Island hervorgerufener Höherauch – ein in der höheren Atmosphäre befindlicher Dunstschleier – ausbildete. Nahezu zeitgleich stellte sich eine außergewöhnliche Hitze und lang anhaltende Trockenheit ein, die den ganzen Sommer über West- und Mitteleuropa andauerte. Dies verwundert zunächst, denn ein solcher atmosphärischer Dunstschleier mindert die direkte Sonneneinstrahlung. Dennoch wurden diese Effekte offensichtlich durch eine zirkulationsdynamische Anomalie überkompensiert: Besondere Großwetterlagen, die zu schwül-warmer bis heißer Witterung führen, dominierten den Sommer und sorgten so für ausgeprägte Hitze [4]. Dürre und heiße Sommer traten in Mitteleuropa wohl ebenso 1788, 1794, 1798, 1802, 1803, 1834, 1846 und 1859 auf; sie erreichten allerdings nicht das Niveau der Jahrhundertereignisse.

Fragt man nach aktuellen Beispielen, dann ähnelt der extreme Sommer von 1540 den Ereignissen von 1947 und 2003. Auf einen bitterkalten Nachkriegswinter folgte 1947 eine außergewöhnliche Trockenheit, welche sich in einer schlimmen Missernte niederschlug. Bis 2003 hielt der Sommer 1947 mit einer Abweichung von 2,2 Kelvin vom Referenzwert 1961–1990 den absoluten Sommertemperaturanomalie-Rekord seit Beginn der instrumentellen Aufzeichnungen [1].

Einen ungewöhnlichen Rekordsommer wie beispielsweise 2003 erlebt man statistisch gesehen seltener als einmal in 450 Jahren; seit Beginn der instrumentellen Temperaturmessungen gab es keinen heißeren Sommer. 3,4 Kelvin lag das Temperaturmittel der Monate Juni, Juli und August über dem Referenzwert [1]. Auch die Pegelstände verschiedenster dt. Flüsse fielen auf ein histor. Minimum, z. B. erreichte der Rhein am Pegel Emmerich mit 50 cm den niedrigsten Stand seit Beginn der instrumentellen Aufzeichnungen [3]. Dieser Dürresommer entfachte nach den Hochwasserkatastrophen 2002 die Diskussion um einen anthropogen verursachten globalen Klimawandel erneut.

→ Klima und Naturkatastrophen; Klimaextreme; Klimalehren; Landwirtschaft; Meteorologie; Wasser; Wettererfassung

Quellen:
[1] C. Schönwiese et al., Statistisch-klimatologische Analyse des Hitzesommers 2003 in Deutschland, in: Klimastatusbericht (hrsg. vom Dt. Wetterdienst), 2003, 123–132 [2] International Meteorological Vocabulary (hrsg. von World Meteorological Association), 1992.

Sekundärliteratur:
[3] C. Beck et al., Die Trockenperiode des Jahres 2003 in Deutschland im Kontext langzeitlicher Niederschlagsvariabilität, in: Klimastatusbericht 2003 (hrsg. vom Dt. Wetterdienst), 142–151 [4] R. Glaser, Klimageschichte Mitteleuropas – 1000 Jahre Wetter, Klima, Katastrophen, 2001 [5] E. Heyer, Witterung und Klima. Eine allgemeine Klimatologie, 1981 [6] Ch. Pfister, Wetternachhersage. 500 Jahre Klimavariationen und Naturkatastrophen (1496–1995), 1999 [7] Ch. Pfister / M. Rutishauser, Dürresommer im Schweizer Mittelland seit 1525, in: Trockenheit in der Schweiz – Workshopbericht, 2000, A1–A16.

Rüdiger Glaser / Sebastian Tyczewski